项 目 资 助

国家社科基金一般项目：

近代中国慈善组织公信力研究（项目编号：15BZS019）

国家社科基金一般项目：

中国近代灾害信息传递与灾害治理研究（项目编号：21BZS015）

山东师范大学科研创新团队项目：

中国近代慈善组织公信力研究创新团队

中国近代慈善组织公信力

史料选编

上　卷

王林　祝介梅　主编

人民出版社

目　录

第一编　慈善组织概况

第二编　慈善文选

第三编　慈善组织章程选编

第四编　政府鼓励监督慈善组织法规选编

第五编　慈善组织征信录选编

编写说明

本书所选史料,以近代(1840—1949)慈善组织公信力有关的原始文献为主。全书共分五编:第一编近代慈善组织发展概况;第二编近代慈善文选;第三编近代慈善组织章程规则;第四编政府鼓励监督慈善组织法规;第五编近代慈善组织征信录选编。

一、本书所选史料大体按时间先后排序,同一组织、同一地区的文献尽可能连续编排。

二、本书所收史料,一律保持原样,不做改动。原文中的省略、注释、说明保持不变。编者的省略在括号内注明(略——编者注),编者的注释加页下注,并注明编者注。原文中的"如左"、"左列"分别改为"如下"、"下列"。明显的错字在后面加"( )",在"( )"内写上正确字;无法辨别的字,用"□"代替。

三、本书所收史料一律使用现代规范简化字体加标点,并按现行行文规范进行合理分段,以方便读者阅读、引用。

四、本书所收史料的序号与现代标准不一致的,一仍其旧。

五、本书所收史料中的数字一般用小写的汉字"一、二、三"等,个别地方一仍其旧。

六、本书所收史料一律注明出处,报纸注明报名、时间、版次,期刊注明刊名、刊期和出版年月,著作注明作者(编者)、书名、卷册、出版社、出版年份,档案史料注明所藏档案馆名称。

七、本书所收史料尽可能注明时间,一般注明形成时间,无法确定形成时间的注明刊发时间。

八、本书所收文献,标题一般采用原有标题,重新拟定标题的用页下注说明。

前　言

一

　　慈善组织是指主要依靠募集社会资金而从事救济活动的社会组织。慈善组织要想生存和发展，就必须募集到充足的资金，而要募集充足的资金就必须赢得公众的信任，具有较高的公信力。简单地讲，慈善组织的公信力就是慈善组织赢得社会公众信任的能力及影响力。由于慈善组织主要依靠募集社会资金来从事救济活动，故是否具有公信力以及公信力的高低，对慈善组织的生存和发展具有决定性的意义，是慈善组织生存和发展的基石。

　　近代以来，天灾人祸频发，有待救济的灾民、难民、贫民遍地，而历届政府因权威不足、财力困难又无力救济，这就为慈善组织的生存和发展提供了广大的空间，由社会力量发起成立的慈善组织成为救灾济贫的重要力量。各类慈善组织在救灾济贫的实践中，有合作、有竞争、有模仿、有创新，在继承传统与借鉴西方的基础上，逐渐形成了一套公信力生成和维护机制，并涌现出一批具有较高公信力的慈善组织，在救灾济贫中发挥了重要的作用。

　　鉴于公信力对慈善组织生存和发展的重要性，以及近代慈善组织在公信力建设方面已取得的成绩，为深化对近代慈善组织公信力的研究提供史料，笔者在多年研究近代慈善组织公信力的基础上，组织师生编辑出版《中国近代慈善组织公信力史料选编》一书。其目的是为近代慈善组织公信力研究提供基本的史料及进一步查找史料的线索。研究近代慈善组织公信力是深化近代慈善组织和慈善事业研究的重要路径，而史料的发掘和整理无疑是研究的第一步。本书收集了近代众多慈善组织的章程规则，政府鼓励监督慈善组织的法规，以及慈善组织为获得公众信任而编印的《征信录》《报告书》，还有社会各界对慈善组织公信力建设的意见和建议，这些都是研究慈善组织公信力的最基本史料。研究者还可以以这些史料为线索，进一步去寻找更多与公信力相关的史料，从而推进关于近代慈善组织公信力的研究。

二

慈善组织公信力生成机制可分内部治理机制和外部监督机制两部分，内部治理机制包括慈善组织的章程、规则，以及为赢得社会信任而编印的《征信录》，外部监督机制包括政府制定的各种监督慈善组织的法规、条例，以及社会各界利用报刊等进行舆论监督。本书按上述内容进行选编，共分五部分，即近代慈善组织发展概况、慈善文选、慈善组织章程规则、政府监督慈善组织法规、征信录。

第一编近代慈善组织发展概况。主要选录介绍近代慈善组织发展情况的史料，以便让读者对近代慈善组织发展的整体情况有所了解，同时也为阅读以下几编提供背景知识。本编首先选编了华洋义赈会、世界红卍字会、中国红十字会这三大慈善组织的史料，其次选编了部分省市慈善组织的史料，既有对某省市慈善组织发展情况的整体介绍，如上海各慈善团体概况、江苏慈善团体、成都慈善团体调查、湖南河北全省救济院概况等，也有对某些重要慈善组织发展情况的介绍，如天津广仁堂、世界红卍字会烟台分会恤养院等。通读本编，可以对中国近代慈善组织发展的整体情况，以及重要的慈善组织有基本的了解。

第二编慈善文选。选录社会各界对慈善、慈善组织、慈善事业的认识、意见和评价，有些文章还对慈善组织如何赢得社会信任提出有针对性的建议。近代义赈兴起，为救济灾荒而成立的义赈组织众多，是近代灾荒救济中的一支重要力量，本编也选录一些各界人士对义赈组织如何放赈的意见和建议。社会各界对慈善组织的评价文章当时大多通过报刊发表出来，这些文章有些呼吁大力发展慈善事业；有些为慈善事业出谋划策；有些指出当时慈善组织存在的诸多问题。所有这些言论既为慈善组织的发展制造了有益的舆论环境，同时也是一种社会监督，对慈善组织的发展无疑会产生积极的影响，是研究近代慈善组织公信力不可忽视的重要史料。

第三编慈善组织章程规则。主要选录近代慈善组织的章程和规则，这是慈善组织构建公信力最重要的制度保障。本编既选录了近代三大慈善组织的重要章程规则，也选录一些地方性慈善组织的章程规则，如上海仁济善堂、上海联义善会、北京香山慈幼院、世界红卍字会烟台分会恤养院、天津广仁堂、奉天同善堂等，以在共性中凸显个性。南京国民政府时期的救济院是各级政府归并各类官立、公立慈善机构而设立的官办慈善机构，本编亦选录一部分救济院的章程。通读本编，可以明显地看出近代慈善组织的内部治理结构如何从董事制演变到董事会制再到董监事会制。这部分内容展现了近代慈善组织构建公信力的内部机制。

第四编政府鼓励监督慈善组织法规。主要选录近代历届政府鼓励、监督慈善组织的各项法规、条例，以及临时性的训令、通告。近代慈善组织的发展与政府的鼓励、倡导、资助有直接的关系，慈善组织公信力的建设也离不开政府的监督。特别是南京国民政府时期颁布了众多监督慈善组织的法规和条例，对慈善组织进行行政监督，国民党也将慈善组织列入社会团体或人民团体而加以指导。这种党政共同指导和监督慈善组织的格局，是政权向慈善领域扩展的具体表现，一方面对慈善组织的发展是一种限制和干扰；另一方面，也能约束和规范慈善组织的行为，对慈善组织的健康发展也不无益处，是慈善组织构建公信力不可或缺的外部监督机制。

第五编征信录。选录十份近代慈善组织的《征信录》（有些称《报告书》）。《征信录》是慈善组织的会计报告和业务报告，是慈善组织最重要的信息公开载体，也是慈善组织构建公信力最重要的证据。这十份《征信录》有三份分别是华洋义赈会、中国红十字会和世界红卍字会的《征信录》，其他几份分别是晚清善堂、1913年上海慈善团、北平贫民救济会的征信录或收支清单，最后一份是上海市通志馆收藏的征信录目录。《征信录》是与慈善组织公信力关系最直接、最密切的史料，但因《征信录》是慈善组织的收支清单和捐款明细，没有统一的体例，主体内容是罗列人名、数字，整理起来极为麻烦，且容易出错，故本书只是选录极少一部分以显其体例与格式，使读者对《征信录》这种文本有一个大致的了解。

三

本书在选编过程中遵循以下原则：第一，尽可能选择与慈善组织公信力关系密切的史料。本书除第一编慈善组织发展概况是背景介绍外，其余四编均与慈善组织公信力建设有密切的关系，是研究近代慈善组织公信力必须利用的史料。第二，选择最具代表性和典型性的史料。既重点关注三大慈善组织，也关注地方性有影响的慈善组织，力求兼顾全国和地方、临时与常设、重点与一般，尽可能反映不同地区、不同类型慈善组织在建构公信力方面的共性与个性。第三，在兼顾一般的同时，突出重点。除大量选录三大慈善组织的史料外，还特别关注上海的慈善组织，因为上海是近代慈善事业的中心，慈善组织不仅数量多、业绩突出，而且在公信力建设方面也是走在全国前列，最具代表性和典型性。在地方性慈善组织中，较多地选录了天津广仁堂、奉天同善堂、北京香山慈幼院、世界红卍字会烟台分会恤养院等慈善组织的章程规则，因为这几个慈善组织不仅延续时间长、规模大，而且规章制度比较健全，特别是天津广仁堂从清末的董事制演变为民国时期的董事会制，堪称近代慈善组织内部治理结构变化的缩影。第四，既选择慈善组织自身形成的核心史料，也选择与慈善组织公信力相关的外围史料。如慈善组织章程规则、征信录都是慈善组织自身形成的史料，而政府制定的监督慈善组织的法规条例，虽是外围史料，却与慈善组织公信力的生成与维护有密切的关系。再如，民国时期，会计师大量参与慈善组织的活动，为慈善组织制定会计规则、审查账目、出具查账证明书，为慈善组织构建公信力提供有力的技术支持，故本书也选编一些会计师与慈善组织关系的文章。第五，尽可能保持史料原貌，除使用简化字、加标点和纠正明显的错字外，不对史料做任何改动。第六，所有史料均注明出处，便于读者进一步查找和核对。每份史料尽可能注明形成时间或刊载时间。

本书的史料来源主要有以下几种：一是报刊。当时的报刊对慈善组织的活动极为关注，刊登了大量慈善组织的信息，包括慈善组织章程、慈善组织创办与发展情况、慈善组织募捐清单、社会各界人士对慈善组织（义赈）的评价、政府监督慈善组织的法规等，本书从中选录了大量史料，特别是政府法规都刊登在各级政府公报上。二是慈善组织编印的《征信录》或《报告书》。本书从中选录了大量慈善组织的章程规则，还直接选编了几份征信录原文。三是当时出版的资料汇编或著作。如《上海市慈善组织概况》一文选编自《上海市慈善团体财产整理委员会报告册》，《南通之慈善》一文选自《二十年来之南通》，其他慈善组织概况、慈善文选也多选自当时出版的资料汇编或著作。四是图书馆、档案馆所藏史料。如天津广仁堂章程规则抄录自国家图书馆古籍馆所藏的《广仁堂章程》和《广仁堂整顿新章》两书，上海若干慈善组织的章程抄录自上海市档案馆和上海图书馆。五是当代整理出版的史料。如从《郑观应集》《熊希龄集》《经元善集》《谢家福书信集》《民国时期社会调查丛编》等书中选录一部分史料，在此对相关书籍的编者及出版社表示感谢。

四

　　本书以近代慈善组织公信力为主题选编史料，其价值有以下几个方面：第一，能推动对近代慈善组织的整体研究。目前学界对近代慈善组织的研究，多集中在慈善组织的发展历程、慈善组织的业绩、著名慈善组织、上海天津等地的慈善组织等，而对慈善组织与政府的关系、慈善组织与工商业的关系、慈善组织与地方社会的关系、慈善组织公信力建设、慈善组织经费来源等研究仍很薄弱。本书选编的史料与上述专题多有关联，能进一步推进近代慈善组织的整体研究。第二，能深化对近代慈善组织公信力的研究。如前所述，研究近代慈善组织公信力是深化近代慈善组织研究的有效路径，本书选编的史料为这一研究提供了第一手的史料，无疑会推动这一专题的研究。第三，能深化近代慈善组织与政府关系的研究。近代慈善组织的发展不完全取决于自身，还与当时所处的政治环境有密切的关系，特别是政府对慈善事业的态度直接关系慈善组织的生死存亡。本书选编的史料在这一方面有充分的体现。第四，能为近代社会史研究提供参考史料。慈善组织是社会组织之一种，慈善史也属于社会史的范畴。近代慈善组织与当地社会、当地工商业发展有密切的关系，本书所选史料对此也有记载。如天津广仁堂最初是由苏皖浙三省旅津商人创办和管理，但在清末地方自治的大背景下，天津地方士绅想将广仁堂收归自办，由此引发延续数年的广仁堂南北之争，这在本书所选史料中有具体的反映，若由此深入进去，不失为考察善堂与地方社会的有益视角。总之，本书虽以近代慈善组织公信力为主题选编史料，但其价值不限于公信力研究，对近代慈善组织的整体研究和专题研究都会有所裨益。

本书亦有不足或遗憾之处。一是限于篇幅，选编史料数量有限，只能是小规模的整理。二是限于经费和技术条件，无法将慈善组织构建公信力的最重要载体——《征信录》进行大规模的整理。近代慈善组织编印的《征信录》数量庞大，除少量数字化和影印出版外，绝大部分深藏图书馆或档案馆，查阅利用极不方便。如从上海市通志馆编印的征信录目录可知，截至1936年7月，该馆收藏的《征信录》有254种715册。而这些《征信录》除在上海图书馆和上海市档案馆有少量收藏外，大部分无从查找。从有关文章提供的线索看，这些《征信录》可能后来被上海市博物馆收藏，但目前不对外开放，仍无法查阅。在此，希望有能力者将图书馆、档案馆所藏的《征信录》进行大规模的影印出版，这必定能极大地推进近代慈善组织和慈善事业的研究。

第一编　慈善组织概况

义赈及慈善团体一览表

（1921 年）

名称	立案年月日	会址	发起人或代表者	成立年月日	摘要
辛酉被灾各省救济联合会	十年十月十五日	北京丰盛胡同	会长钱能训，副会长朱启钤、熊希龄、江朝宗	十年十月	
江苏水灾筹赈会	十年十月十九日	北京北半截胡同江苏会馆	主任徐邦杰等	十年九月二十五日	
上海苏省水灾义赈会	十年十月二十五日	上海广仁善堂	会长冯煦	十年十月十六日	
中国慈善会	十年十月二十六日	直隶天津	发起人庄蕴宽等	十年十月	该会宗旨系为预储赈款，防备荒年，并筹办一切慈善事业
江皖浙鄂湘黔灾赈协济会	十年十月二十六日	北京大方家胡同	发起人王怀庆等，会长王士珍，副会长吴镜孙、恽宝惠	同上	
浙江筹赈会	十年十月二十九日	北京下斜街浙江公会	会长孙宝琦	十年十月	
安徽华洋义赈会	十年十月三十日	安徽安庆省长公署	会长张文生、韩仁敦、许世英	十年十月十六日	

续表

名称	立案年月日	会址	发起人或代表者	成立年月日	摘要
上海义赈协会	十年十一月二日	上海	冯煦	十年十月三十一日	与北京、安徽水灾义赈协会合办皖北义赈
湖南华洋筹赈会	十年十一月七日	湖南长沙	中西理事赵恒惕、赫兰思等共十二名	同上	
旅京河南义赈会	十年十一月十五日	北京达智桥嵩云草堂	理事袁乃宽等六人	十年十一月八日	
上海华洋义赈会	十年十一月二十日	上海	名誉会长钱能训等及各国领事等，会长朱佩浃、郭主教，副会长聂其杰	十年十一月十六日	
俄国灾荒赈济会	十年十二月二日	北京大方家胡同	董事长熊希龄，副董事长蔡元培等九人	十年十月	
旅京湖南辰沅永靖各属救灾会	十年十二月二日	草厂八条	主任熊希龄、陈复初、舒和钧	十年九月二十五日	
江苏水灾筹赈会	同上	江苏会馆	理事颜惠庆等二十人	同上	
江西驻京筹赈会	十年十二月十四日	宣外江西会馆	主任欧阳武	十年十一月二十二日	
旅京山东水灾急赈会	十年十二月十六日	西单牌楼英子胡同	会长赵尔巽、柯劭忞、潘复	十年十月一日	
备考	查本表所列，系以民国十年十二月以前呈部立案之各团体为限，余俟续编				

——原载《赈务通告》1922年第2期。

各地慈幼事业概况

（约 1934 年后）

各地办理之慈幼事业，乘各代表出席全慈会议之际，分请约略叙述概况，俾资互相观摩，惟限于篇幅，未能悉数刊载为憾！兹就原报告中择要分列如后，作为改进慈幼事业之参考。

——编者

中华慈幼协会概况

许建屏

本会于民国十七年成立，迄今已历六载。以维护、保障、救济等方法，谋求儿童幸福为宗旨。五年来，以限于经济人材，未获有较优之成绩。然承各方之提倡与赞助，使得稍具规模。兹将过去工作分述如下：

建设方面：本会对建设方面，可分物质的与精神的两部份而言。物质的建设：为先后成立慈幼教养院、慈幼诊疗所、慈幼托儿所及在建设中之慈幼痨病疗养院，接收闸北平民教养院等皆是。精神的建设：如提倡儿童节、儿童年，呈请制定儿童法律与设立儿童法庭及呈请司法院规定慈幼团体对被虐待儿童案件有代告诉权等皆是。

保障方面：统计数年来先后办理虐媳、蓄婢、遗弃、卖买、拐骗、虐待儿童等案件，凡三百余起，均已设法为谋法律之保障，妥善之安置。

救济方面：如甘、豫、鲁诸省之旱灾，武汉之水患，淞沪、华北中日之战变，先后由本会分别派员救济灾童一万名以上。或留院教养，或分遣寄养，均使各得其所，无虑冻馁。平时犹于可能范围内，力谋此项工作之推行。

教育方面：如发行现代父母，提倡父母教育；刊行儿童丛书与儿童图画、歌集，推行儿童教育等，尤为慈幼事业的中心设施。他如聘请国内外著名人士，播音演讲慈幼教育之精义等皆是。

卫生方面：如儿童健康比赛、注射防疫针、种痘、灭蝇、展览会等儿童卫生运动，每年例必大规模举行一次或二次。

组织方面：各地成立慈幼会者有北平滦县等处，在筹备中者有南京等处。近更广征会员，筹募基金，使基础日渐巩固，组织日臻完密，以冀事业之发展。

世界红卍字会（中华总会、各地分会）慈幼事业概况

熊希龄

本会为纯粹慈善团体，自民国十一年成立，设总会于北平，次第推设分会于各省市埠、县、镇，达三百余处。在此十二三年过程中，一方努力于水旱、兵燹、疫疠之临时赈救；一方筹进育幼、养老、恤贫之永久慈业。所有历年赈救工作，另有专册报告。而关于慈幼及其他慈业，其已粗具规模者，则各地有育婴堂、孤儿院、贫儿工厂及中小学校、与夫医院、贫民工厂，养老、恤养、残废等院，因利、恤嫠、恤产、平粜等局；盖大同之义，必使老幼废疾者皆有养，鳏寡孤独者有所活，乃为民生根本要图。本会逐渐推行，罔敢或懈，惜为时间资力所限，且因临时赈救事务，需款浩繁，竭全力以注之，犹苦力有未逮，以致永久慈业未能充分发展，此则本会同人所引为遗憾者也。兹将中华总会及各地分会所办慈幼及各项慈业分别列表如下：

项别	数目	毕业人数	现有人数
小学	六二校	五三三一人	四五五二人
育婴堂	一〇所		九五七人
贫民习艺所	五所		四九五人
孤儿院	二所		一八三人

项别	数目	毕业人数	现有人数
恤养院	二所		五八〇人
统计			六七六七人

中华儿童教育社概况

葛鲤庭

　　本社为研究小学教育、幼稚教育、家庭教育之学术团体，于十八年七月，在杭州举行成立大会。历年在无锡、上海、南京、济南、武昌举行年会，讨论儿童中心、健康、公民、生产等教育问题。每月发行儿童教育，现已出至第六卷、第四期，交由商务书馆代售。丛书已出版者计四种：（1）董任坚译《初级儿童教育》；（2）董任坚译《行为课程》；（3）董任坚译《性的教育》；（4）葛承训著《新儿童文学》。并有年报，第一期《健康教育》，在大东书局出版；第二期《公民教育》，已在印刷中；第三期《生产教育》，正在编辑。

　　全社组织，对外为新教育国际联盟中国支部。对内设总社于南京，设事务所及编辑所于上海，各地并设分社及社友读书会。近拟推进国内儿童教育，组织推广部，增进社员互助实益；组织介绍部，办理联合保险及书报流通。社员分两种：个人社员近二千人，团体社员计三十七。社务由理事会主持，现任理事为董任坚、程其保、陈鹤琴、马客谈、罗廷光、吴研因、张宗麟、葛鲤庭、郑宗海、胡叔异、李清悚、沈百英、许本震、雷震清、沈子善十五人。互推董任坚、葛鲤庭、沈子善为常务理事。

中华全国基督教协进会慈幼工作概况

朱立德

　　本会因鉴于慈幼工作为建设明日中国之要图，而实施是项工作之场所，当以家庭为最重要。故本会有一家庭委员会特别研究及实行家庭改良之步骤，而达到慈幼之目标。本会基于此种信念，特敦聘家庭专家充任干事，设计宣传，并会同其他干事亲到各地，考察一般教会家庭之需要。五年来，倡导"基督化家庭运动周"，每年十月底至十一月初，各地教堂均有热烈之盛会，教内外人士之参加者均以千万计。其先不过藉此宣传家庭中应改革之点：如改良家庭中之娱乐、卫生、信仰及儿童教育与玩具等等。及至今日已觉大多数人业经了解此项运动之意义，甚有非基督徒亦起而与教会合作，故至近一二年来，本会乃作进一步之策划，即从前注重宣传者，今乃提倡实行，如家庭娱乐、家庭卫生、儿童玩具等，均编纂简单材料，介绍可能之方法，以便家庭与儿童可以起而实行。

本会提倡家庭道德而以基督为标准，良以人生仅孜孜于物质方面，而忽略道德方面，实失人生之真谛。不独如此，人生若无良好之道德标准，则家庭间父母子女之关系将无由维系，因此本会年来亦编制儿童宗教课本及家庭挂图等数种，以资倡导，使为父母者，先有良好之品格以为子女效法。质言之：本会所倡导之基督化家庭运动，即先在改良家庭，养成良好之父母，造成良好之环境，以资培植良好之儿童。此为本会之间接慈幼事业。

本会直接救济儿童之工作，如年前陕西旱灾时，本会特将巨款寄助西安救济儿童之机关。武汉及长江水灾时，曾捐助款项及旧衣救济受灾之儿童。一·二八时，亦曾捐助款项，托由基督教战地难民救济会救济兵灾中之儿童，此为本会之直接慈幼事业。

中国救济妇孺总会概况

王仲甫

中国救济妇孺总会，创于民国元年，专办迷拐妇孺。由朱葆三、王一亭、徐乾麟等卅余位同志发起，上海设立总会，远在大连、奉天、营口、哈尔滨、吉林、黑龙江、天津，近在杭垣、吴兴等处，设立分会。救回妇孺，留养于上海江湾留养院，分别传属认领资遣，期满任人乞养择配。男则习艺，女则学工，以谋自立，迄今二十三年，办理有八千九百余起，留养妇孺常有千百，费用之巨，均恃筹集。回忆此二十三年中，所经过之顿挫，以民十六为尤甚，奄奄一息，不可终日。至十九年，鄙人忝任会董并驻办会务，积极整理，粗具规模。不料一・二八变起，江湾留养院，适当其冲，损害又不待言，旋虽修复旧观，惟内部工艺工场，尚未完全恢复，承办其事者，不无遗憾也欤。

中国育婴保健会概况

万友竹

本会由胡定安、潘凤起、林几、胡宣明、陈闻达、谢筼寿诸先生等十余人发起，又得戴季陶、戴钮有恒、陈果夫、王震、邵元冲、王用宾、朱家骅、褚民谊、陈立夫诸先生等四十余人之赞助，乃于十九年之十月创立于首都。以改善育婴方法，保障婴儿健康，谋培养他日强健之国民为目的；而以治疗婴儿疾病、灌输育儿常识、研究儿科学术，并协助其他育婴事业为职志。本会创立伊始，佥以第一步刻不容缓举办之事业，厥为婴儿施诊所之设立。因于二十年春，在四象桥会址内附设首都婴儿施诊所一处，特约负责义务医师，逐日免费为贫苦婴儿施诊、施药。三年之中，共计初诊者一六四二人，复诊二四八七人。病儿家庭之职业，以车夫、工人、小贩、农夫居多。本年春，承孝园主人戴公季陶特于城北五台山孝园内营屋拨借会址，遂迁移于此。又于新会所内增设城北施诊所一处，加聘义务医师，免费施诊、施药。至非赤贫病儿，以信任本会诊所医师前来就诊者，亦日有数起。惟本会恐有碍贫儿诊额，除婉言谢绝外，常酌量情形，为介至学验并富之医家医治。至有关于婴儿保健问题，向本会询问者，则随时以书面或口头详细答复，以符本会宗旨。本年夏季奇热，首都贫苦婴儿患病者亦因之激增，以夏季疾病，类多急症，若必令候至规定时间就诊，延误病况，因于夏季七、八、九三月间，城北诊所方面，增聘李医师怀廉常川驻所，随时施诊。三月来就诊见愈者，数倍于往昔。以上所述不过为诊务方面之情形。至婴儿如何可免发生疾病？如何可使婴儿循序滋长？何者为合理之卫生？凡此种种常识之灌输，本会除通常印制《婴儿卫生常识》各种刊物随诊分送外，又主编《育婴月刊》附本京《新民报》发行。并时以本会或同人名义，于全国各书报发表文字，促国人对于慈幼事业之注意。本会时向各地医界人士及慈善团体联络，以期事业之发展。二十二年广州、佛山两处，已筹设分会，其他多在接洽中。今后预计进行之事业甚多，其荦荦大者，厥有下列各事：一、建筑大规模婴儿保健院；二、建筑婴儿牛乳场及果物园；三、举办育婴展览会；四、开办育婴看护训练班；五、推广分会；六、建筑本会总会所；七、筹备举行母亲会。总之育婴保健之事业设备，千万端绪，靡有底止。环顾中国，一切皆甚幼稚，而兹事体大，非集众力，尤不足以观厥成也。

中华基督教女青年会全国协会慈幼工作概况

丁淑静

女青年会事业，向以培养妇女能力，启展妇女才智，俾能了解切身问题，认识社会环境，担负齐家建国责任为旨。故工作方针，均注重于治本预防方面。儿童为国家命脉、民族基础，女青年会既注重治本工作，对儿童事业自所重视，除遇非常时候，致力临时救急工作，如战区收容落难儿童、水旱灾区收养孤儿等外，咸注重于实际治本工作之措施。现各地女青年会对于儿童工作，约可分为间接、直接两种。间接方面：如举行母亲会，召集家庭为母者讨论研究儿童保管、教养、卫生、心理等问题，使有充分之常识，抚育其子女。又聘请有专门学识之专家，从事研究儿童各种问题，以贡献于家庭之父母。全国协会方面，并出版关于儿童问题书籍，如儿童的乐园、婴儿宝藏、儿童的教养等，借以增加母亲学识，间接造福于儿童。直接方面：各市会每年有优美婴儿比赛会或保婴会之举行，请护士、医师，作身体上、生理上之检查。有疾者嘱依法及早诊治，健康者亦指示其营养之方。智力方面，亦常举行常识测验、脑力测验等，以促儿童心理上、智力上之发展。此外关于幼稚教育，亦极注重，在缺乏幼稚园之各地女青年会，多有于会中附设幼稚园及儿童游乐场设备秋千、滑板等种种之游戏用具，以供给儿童之正当娱乐。对于较大之儿童，并有主日学校之举办，于星期日藉学校余暇，举行主日教育，作修身及人格锻炼之教导。俾养成儿童之高尚健全人格，将来为良好之国民。

浙江慈幼事业概况

沈尔乔

浙省慈幼事业约分下列四种：

一、关于育婴部分：

此部分事业规模较大者为浙江省区救济院之育婴所。该所始创于南宋之慈幼局，逮光复后，与同善、普济二堂成鼎峙势，民十七后，即隶于省区救济院。经费来源，省府列入省区救济院整个之预算内，由院统收统付，每月支出预算数为三千八百二十四元。内部分人乳、代乳、寄养三部。现各部婴孩共四百五十一人。其次有私立武林育婴堂，始于民十七年五月。其经费系由私人捐助，每年开支约一万八九千元。现有婴孩二百三十四人，而寄养部分有一百七十九人。此外各县之救济院，除南田、分水、晋宁等僻小县份外，多数有育婴所之设。其设施均照部令行之。

二、关于幼稚教育部分：

省区方面（一）有国立浙江大学文理学院教育系培育院。该院于本年八月开始创办，报名者仅十二人，全年经费二千五百元，悉由浙大教育系拨给；（二）杭州高级中学附属小学幼稚园，创于民十七年，现有幼童五十一人，每期纳费三元，其经费在附小经常费项下支付，月约百元；（三）省立杭州师范附属小学幼稚园，创于民十六年，经费由省拨给，全年约一千二百元，其课程为识字、计数、常论、劳作，现有幼童五十二人；（四）杭州弘道女中附设幼稚园，创于民元，经费由国外基督教会补助，全年约一千二百元，内分大小两班：（1）大班五至六岁；（2）小班四至五岁，现共有学生四十余人，教施与杭师幼稚园相仿；（五）杭州市立横河小学幼稚园成立已有十余年，现有幼童五十二人，所收者多商人子女。教者从游戏入手陶冶性情，经费由该小学划一部分充用。此外，各县市中小学多无幼稚教育之设施。

三、贫儿、孤儿教养部分：

省区方面此项事业范围较大者，除省立贫儿院外，有省区救济院之贫儿所。该所成立于民国四年七月。民十七，隶入于省区救济院。经费与该院育婴所同，每月预算九百二十八元。教育方面与普通小学略同，惟特别注重劳作。

学生人数，现有一百七十四人。此外，各县亦间有贫孤儿童教班之设施者，如海宁、昌化、嘉善、吴兴、镇海、绍兴等，均有类此性质事业之设施。

四、关于妇孺教养部分：

省区方面是项事业有：（一）杭州妇孺救济会，成立于民国十三年，至今十余年。其性质系救济被拐、被虐之妇孺。经费由各方劝募，月约开支五百余元。现留养有六十三人，并教以手工、烹饪、织袜、国文等；（二）省区救济院之济良所，创于民十七年七月，经费月支一百六十五元，与育婴、贫儿二所同由省款开支。其性质系拯救娼妓、婢女等被压迫之弱女，现有十余人留所。教养期满六月以上，察其品性端正者，由院为之择配；（三）省立民众教育馆妇孺运动场，现正积极筹备中。其性质系提倡慈幼体育，开办费定三百元，经常费尚无定数。

此外，各县之妇女会，系属党部指导，不负教养之责，仅为妇孺解决纠纷，似不属于慈幼范围，故不赘。

湖南慈幼事业概况

曾孟其、盛先茂

湖南慈幼事业，近年以来，虽承兵匪之余，而进行仍未稍懈。政府提倡于上，人民努力于下，成绩日有进步。现查市区内属政府主办者有长沙市贫儿院，收容男女贫儿四百人，依部颁小学规程编制，教养兼施。毕业后，在市立贫民工艺厂继续择习一艺，俾养成其独立生活之技能。市立贫民教养所，亦有幼童收容教养，恒在三四百人。属慈善团体主办者，有湖南佛教慈儿院，教养百余人。湖南慈善款产委员会恤孤所，教养四五十人。省区救济院孤儿所，教养百人左右。省区救济院育婴所堂养、寄养，共达四百余人。属私人主办者，有湖南孤儿院，教养千一百人，为全省慈幼事业规模之最大者。于文科，则授以国民教育应有之科目，于实科，则分设刺绣、缝纫、制笔、理发、土木、纺织、石印诸科，令其各精一艺。更设农场于岳、华、南三县交界之隆庆河，占地五万亩，作实地学习农业之所，预计八年之后，可直接生活五万人。湖南贫女院教养三百余人。他如桃源、汉寿等县亦次第有孤儿院之组织。至长沙市贫儿院，由长沙市政府主办，全年经费一〇.二八〇.〇三元（原文如此，疑为

10280.03 元——编者注），现有院生三五六，教职员二一。

附注：湖南省区救济院育婴所另有单独报告，编入本实录第八七页。

四川慈幼事业概况

陈配德

　　川省慈幼事业，在清季成都有慈惠堂、育婴堂等之设置，继而法国天主堂亦办育婴堂，中西慈善会又创孤儿院。民十三年成都市通俗教育馆附设儿童图书馆，十四年成都市并合育婴堂、孤老院暨各工厂，组设堂厂董事会以慈惠堂总理尹仲锡主其成。先后设培根小学数处，收育孤贫子弟及穷苦婴孩，供其衣食，教以技能，颇著成绩。逮十九年六月陈益廷、徐申甫等合组四川省会慈善救济会，公推陈益廷为执行委员会主席。连年成立小学校四所，共有学生千余名，一律义务教育。开办平民教养工厂一所，收纳孤穷子弟百余名，教养兼施。侧重普通科学及小手工业，俾长成能以自活，出品成绩优秀，屡获四川各次劝业会褒章奖凭。设售货所以应社会需求，并筹备大规模之孤儿院暂先收养灾区儿童三百余人。设西医社两所，每日平均施治二百余人，医药概不收费。二十一年成都巷战发生，特组临时救护队三十余组，救护难民凡数千人，每月鳏、寡、孤、穷，领费生活者亦千余人。其他物质各项救济工作，无不尽量推行，为川省近年勃兴之一大慈善团体。二十一年成都市救济院成立，政府特简该会主席为救济院长，该院亦有孤儿院之筹划。重庆则有刘子如捐资创办之孤儿院历有年所，公义足风！惜近年为军队骚扰，绩效未彰。其余各县育婴堂之设，亦不在少。惟灾患频仍，饥馑渐增，兼以兵匪充斥，难民日众，于是儿童失学、失养者更甚于往昔；则慈幼事业之举办，尤属不可或缓之要图也。

山东省会慈幼事业概况

邹宝庚

一、省会慈幼机关

省会慈幼机关：省赈务会设立者一，曰：省立救济院孤儿所。市政府设立者二，曰：市立救济院孤儿所、育婴所。慈善家募集经费设立者二，曰：省会慈善公所孤儿院、普济孤儿院。省立救济院孤儿所创设于民国二十年，先是十九年冬，省赈务会设粥厂于省会东关，食粥之老幼达七千人。翌年春，粥厂结束，无所归者多幕天席地，乞讨为生。于是设救济院分养老、孤儿二所。孤儿所收容六岁以上十五岁以下者，以分别教养之。市立救济院孤儿所、育婴所设立，先省立救济院二年。省会慈善公所孤儿院创设于民国四年，普济孤儿院创设于民国九年，皆应社会之需要设立者也。

二、慈幼机关之教养

省立救济院孤儿所收养孤儿三百人，市立救济院孤儿、育婴二所亦约三百人。省会慈善公所孤儿、育婴二部共一百二十八人，普济孤儿院幼儿六七十人，总计八百人而弱。其中女儿约占十分之一，婴儿约占百分之一。省立救济院孤儿所工作人员，共十六人，分任管训教导之责，管理尚严格。训练重自治，分三百人为八级教学。除女生外，每级起居共一室，饮食共一堂，作为一自治乡，设乡长一人。十人为一间，设间长。五人为一邻，设邻长。举凡日常生活，皆邻、间长领导之，乡长总其成。主任、教职员辅助、指导，立于监督地位。教育原则，工读并重。惟十二岁以下之幼童，照普通小学编制，授以初小课程。十二岁以上者，授以职业教育。工艺分木工、席工、针织、成衣、制鞋五科。初步取自给主义，进而谋设工厂，兼重营业。供给衣服崇尚朴素，男女分内外院，隔离居住。所中设中西药房及养病室，聘中西医师，担任检验体格、诊治疾病。此省立救济院之大概情形也。市立救济院孤儿所、省会慈善公所孤儿院、普济孤儿院，大致皆按儿童年龄，分别施以普通及职业教育。市立救济院孤儿所，年龄长者除设科授以工艺外，且有送平民工厂练习工艺者。省会慈善公所孤儿院，其教育分学术部、工厂部。十二岁以下之幼童，编入学术部，授以国民教育。十二岁以上者入工厂部，分织布、木工、石印。女生习针织、缝纫。每日八小时工作外，仍授以补习教育二节。各所院于管理训练皆主严格勤劳，婴儿养育分用奶妈与喂代乳粉两种。孤儿养育方面：饮食、衣服、卫生，各所院皆大致相似，取标准于乡农小康之家，无过之与不及。市立救济院孤儿所与省会慈善公所孤儿院，皆设音乐部，一以陶淑孤儿性情，一以为将来谋生之资。此各所院之大概情形也。

三、慈幼机关之经费

省立救济院孤儿所之经费，每年约一万八千元，由救济院呈领经费中支给之。市立救济院孤儿、育婴两所之经费略多，省会慈善公所孤儿院之经费，每年约七千二百元，各自向所设立之机关支领。普济孤儿院之经费略少，由基金生息项下支用，总计年约五万元上下。此慈幼经费之大概情形也。

至于世界红卍字会济南分会之慈幼工作概况，该会出席代表另有报告，故未叙及。

福建省会慈幼事业概况

沈永嫌

福建省会慈幼事业机关，有惠儿院、孤儿院、孤儿所、育婴堂四处，情形如下：

（甲）私立福建惠儿院

成立于民国十二年六月，专收孤贫儿童，供给衣食住院。修满四年初小课程后，日间工作八小时，晚间补修高小课程，三年毕业，即可自立。现设缝工、藤竹、蚕桑等部，供儿童实习。资质优良者，由院选送他校，以求深造。一切费用，由院完全负担。本院无基金，月需经费一千七百元，大半由营业赢利，募集捐款及政府补助费拨充。现有儿童二百零八人。

（乙）私立福建孤儿院

成立于民国纪元前三年，由美人克洛朴博士捐资创设。设完全小学六级、工艺传习所、川石休养所、幼稚园、细木科、音乐科及藤漆土木印刷等科。资质优良者，分送各男女学校，或留学外国。本院无基金，年需经费二万五千元。现由政府按月补助一千元，不足之数，向美国基督报，福州各教会及各界慈善家捐助维持。现有儿童二百三十二人。

（丙）福建省会孤儿所

在民国十五年，国军入闽以前，原系法国教会所设立之仁慈堂。专收弃置婴孩，培育成人，充作教会人才之用。十五年收为公有，定名为福建贫儿教养院。十八年五月，由民政厅接收改为孤儿所。经常费每月一千五百元，由财政厅拨给。现有男女生一百二十人。

（丁）福建省会育婴堂

创设于清乾隆间，分堂内居住、堂外领养两种。基金数万元，均系不动产，每月收息金千余元。现有婴儿一百名。

香山慈幼院概况

熊希龄

本院创办于民国六年。因顺直水灾收养男女灾童千余人，原名慈幼局，系属临时性质。嗣水患平后，其父母陆续领回，尚有无家可归者二百余人，乃于七年商请前清皇室拨用香山静宜园旧址，建筑永久校舍，九年十月十日正式成立。初设幼稚园、小学，次第添设中学、师范、职业、专工各部。十五年改行分院制，分为总院、第一院蒙养部、第二院小学部、第三院男女中学部、第四院职业部、第五院职工部、第六院大学部七部，详见本院发展史中。继又增设婴儿园及高中各班，复于二十二年八月由董事会以至各分校，均改新组织法。计董事会设正、副董事长、常务、监察、保管基金各董事，暨会计处、京沪事务所等处；秘书处分设文牍、会计事务、教育、编辑、农业、工业、卫生八科；第一校分第一、二幼稚园，婴儿园，家庭总部；第二校完全小学；第三校幼稚师范；第四校农工实习场；第五校工徒学校；另有奖学金补助毕业生考升中、大学之规定，详见组织大纲中。兹将各分校要点条列于下：

一、本院第一校婴儿园自十八年成立以来，逐渐扩充，日见发展，收养一岁至三岁婴儿，与育婴堂不同，以其兼备保姆实地练习也。摘其要点如下：
（一）教养儿童纯采科学方法，所设保姆训练班，即以婴儿为实习。凡婴儿饮食、衣服、睡眠、便溺、洗涤，均由保姆亲身为之，因此园无乳母、看妈、女仆也；（二）婴儿正额生具系孤贫子女，经调查家况合格，方准收录，所有衣食等费，完全由院供给。其附学自费生暂定额为五名，但非父死或母亡及无人代为养育者，方能收养；其有父母俱存请求寄养者，不能收录。正附生待遇均系一律，并无歧视；（三）保姆训练班所收保姆，每月给津贴十元，其所生子女，均送本院各校教养，待保姆毕业出园就事后，按其能力所及，担负其子女学费。

二、本院第一校第一幼稚园于民国十年成立，亦与其他普通幼稚园不同，以其兼寄宿也。摘其要点如下：（一）该园儿童完全寄宿，由教职员保姆共负训管之责；（二）儿童身体营养，按照医科指定方法，支配食料及滋养品；（三）教育儿童则采用最新式之教学法，使儿童充分发展其个性；（四）幼稚生毕业后，升入小学，赴第二校上课，课毕回园，施以家庭之管理，教以子弟应尽之职务及礼节，称为模范生，二年后再拨入小学部寄宿。此外另有第二幼稚园，设在院外静宜园大街，专收香山附近贫苦儿童通学，课毕回家，冀以普及乡村幼稚教育，使得同享教育幸福。

三、本院第一校家庭总部于二十二年成立，将及一载。实施新家庭生活，使儿童发生浓厚兴趣，并养成良好习惯，摘其要点如下：

（一）衣食住方面：饮食均经医员指导，采用富于滋养之品，并通盘筹算，力求撙节；衣服及被褥均系自行缝制，以俭朴为主旨；房舍分为各家，每家家长一人，以保姆充任，领率儿童十人同居。有住室、客堂、饭厅、厨房、储藏室等。空气流通，温度适宜，屋内随时扫除清洁；此外如购物、烹饪、缝补、洗涤、写算账目一切工作，均由家长督率儿童学习自做，使成习惯，对于经费仍须量入为出，不令溢支；（二）礼节方面：各儿童对于家长事以母亲之礼，对同居儿童均以兄、弟、姊、妹相称，孝友之情，有逾骨肉。每日下课回家，或途中相遇。互相称呼鞠躬为礼。对于各师长亦然；（三）家庭方面：各家每周自开家庭讨论会一次，由各家长召集儿童，互相研究以往各事之得失，凡列席者均有发言及表决权，以求尽善。

四、本院第二校小学部于民国九年成立，历经扩充设备，增加学额。摘其要点如下：（一）行政组织：除事务、教务两课外，另设家务一课，管理学生衣、食、住及疾病各种事项，并负训导之责。学生住室则以数户编为一村，各村统属于家务课；（二）班级编制：除一、二、三、四、五、六各年级均系单式级外，另有一二及三四年两复式级；（三）课程：编订设计教学具体课程，以作实施之标准；劳作科则实行输赴第四校各工场实习，以养成儿童工作及劳动之习惯；（四）教学方法分为三种：1.试验设计教学，使低年级课程与幼稚园教育相衔接；2.试验、算术能力分团，以增进儿童算术之程度；3.试验复式教学法，以为一般乡村小学之模范；（五）训练规律：组织学生自治会，以练习儿童作事能力；施行训练历，以统一全校训练，集中目标而使全体学生行动均守规律；（六）共同生活：师生饮食相同，起居一律均共甘苦，并选学生赴家庭总部居住，以训练其治家修身之道；（七）出版刊物：有《晓声半月刊》，发表学生文艺作品；又有《儿童教育》，登于《庸报附刊》，发表幼稚园教育作品，以供研究小学教育者之参考。

五、本院第三校幼稚师范学校于十九年秋成立。摘其要点如下：（一）各种学科，概重实习，分为参观、参与支配三个步骤：始则参观幼稚园之设备及教师之教学法；继而参与供给材料，渐至于儿童全部之活动；终于支配时间利用北平各幼稚园下午无课的空间，视其经费裕绌，竭力补助，俾得广收贫寒幼童，同受幼稚园之教育。现办者有中心幼稚园、民众幼稚园、求知及第二蒙养院，均系下午一组，总计二百余人，即由师范二年级担任招生、编级、选材及一切指导之责。因师范生于幼稚园实习一科，定有二年之计划也。（二）师范课程在教师方面："有各科希望达到之标准"，每学期有"学科程序表"之规定，及"教学进度表"之统计，每月则有"工作录"之指定，而以知识、技能、兴趣、习惯、态度五项，考核其各科之成绩；在学生方面：则有每月及每周"工作计划表"之分配与统计，道尔顿制之课程指导书，即现用之"工作录"也。用虽同而实异，盖课程指导书内容偏于知识之推究，不如工作录能兼顾实际之工作；其次该校导师，虽亦按时指导，但所费时间仅依照采用班级制时所规定者而已足，不必如道制之作尽日守业室也；又其次该校作业除研究室以外，若幼稚园、婴儿园、工场及社会一切机关，无一非求学之地，并不如道制之拘拘于作业室。此均与道制不同者也。（三）毕业期限设法变通，因三年之期限太远，而年来各生家境变化又速，故课程之编制，各学年俱有结束，此不特可供教学之标准，且为学生学业留有伸缩之可能，大概一年则以幼师速成科为权衡，二年则以幼师完全科为标的。前者休业，可充幼稚园导师；后者可充幼稚园主任，待三年毕业之后，并可兼任小学低年级与婴儿园之教师矣。（四）本院因信"生活即教育"之说，更期望师范生能为平民服务，故采取平民生活，欲达此种目标，既非由于训话，全校学生必须住校，即在平民生活中养成其基本的习惯、兴趣。现在各生学宿、膳杂、零用等费，仅一百五十元，即足供其全年十二月之消费。仅三元五角，已足供其全月之伙食。嗣后平民幼稚生日多。师范生每人在实际上所得之经验，亦将与日俱增矣。

六、本院第四校农工实习场所属农工各场，均经民九以后次第设立，原有中等职业、专工各班，先后毕业。嗣于二十三年八月改组，将各场改归小学学生实习，兼收专工通学生。摘其要点如下：（一）本院高小毕业正额生，照章须学工三年，按其志愿、体格与家庭职业，分拨农、工各场学习，计工授食。迨其年限已满，技艺精熟，即行毕业出院独立谋生，不致有失业之虞。其资质如堪深造者，仍可继续升学也。又第二校三、四、五、六各年级学生，亦在各场实习劳作，每日一小时，使其增加农工常识；并发展其兴趣与能力，以为将来择业之标准。盖本院设在北平西郊，创办农、工各场，因乡村环境而设施一切，洵有莫大之便利。惟鉴于国内农、工学校及机关，对于训练实习工作，尚少适当之教学法，本院现正尽力研究，以期获得比较的标准方式，并以供给全国之参考。（二）该校农业有作物、园艺、果树、森林、蚕桑、畜牧等试验，并参照定县中华平民教育促进会试验区之改良办法，调查乡村农业状况，采取其所长，而改革其所短，以谋推广普及；工业有铁工、木工、化学、陶工、印刷、织染、刺绣等科，一方面教授学生技术，一方面从事制造出品，营业销售，以谋扩充发展。又陶工场陶土出在香山附近，采取制品，既属便利，而研究改良，亦复易于试验考察也。

七、本院第五校工徒学校，鉴于普通职业学校附设实习工场均系试验性质，不但工作技能、工厂生活不加研究；且于组织法、管理法、经营法等均不注重，以致学生毕业，不易谋得职业，而实业团体需要人才，反感缺乏。该校力矫此弊，乃与著名工场合作，而有下列四项之利益：（一）利用著名工场技师优高之技术与充足之经验，令学生与工人实地工作，受必需之训练，俾得真实技能，以期学有实用。（二）令学生参加工场工作，与工人相等，以养成其工场生活，不畏劳苦，一旦入社会服务，安之若素；职业团体，即收实用之效。（三）既与营业之工场合作，则实习自无损失，制品亦无积压，不须另筹实习费用。（四）职业学校学生，除应有学识、技术外，关于工厂之组织法、管理法及一切盈亏计算与经营法，均属工厂切要问题，该校学生既参加工场实习，以历练之经验，自能领会一切，可补课本之不足。综上四点观之，则按实习程序学成之后，确能造就完全实业职工，而为国家社会之生产份子矣。

北平怀幼会概况

朱熊芷

本会发起于民国九年，定名为北平怀幼会（Peiping Home Finding Society）。在成立之先，北平市有育婴堂与天主教堂所设之孤儿院及仁慈堂。育婴堂为一规模较大之弃儿收容机关，孤儿院则专收女婴，抚至相当年龄，即授以手工以及初级教育。至成年，为之择偶。但怀幼会之宗旨及工作目标与上述二机关稍异。本会认为接收与抚养婴儿，仅为儿童福利工作之初步，将婴儿置于相当之家庭，俾能与一般儿童享受同样之家庭教育及自然发展，方为工作之最后目标。

当成立之初，并无固定之婴儿寄宿舍（Receiving Home）所接受之婴儿，皆分别寄养于热心慈善事业者之家庭中，婴儿之费用，则由本会供给。至民国二十年始有婴儿寄宿舍与保养家庭（Boarding Home）之设备。至民国二十一年，本会扩充工作范围，开始接收寄养婴儿（Boarding Cases）。最近本会认为设立寄宿舍，并非优良之办法，且所费过巨，决定取消，完全采用保养家庭制。

本会系一独立之实际工作机关，组织较简，而工作则趋繁重，本会一切重要会务，由理事会会议决定，由干事负责执行。会中无巨额基金，亦无固定收入。费用之来源有二：（一）由理事及干事向各方募捐；（二）由寄养婴儿家长所付之寄养费，寄养费每月自十二元至十七元。凡至本会领婴儿者，只须手续合格，不必付交分文，但常有自愿捐款，以示对于本会工作之同情。

本会婴儿可分为二类：（一）寄养者。寄养之原因，有因父母出外工作，无人照料家务；有因家境贫寒父母无力赡养，凡请求寄养婴儿而经济情形不甚宽裕者，本会则为酌量减低寄养费，以至完全免费。（二）私生者或因他种原因为父母所遗弃者。关于救护婴儿之工作，可分为三大步骤：

（甲）接收抚养遗弃或寄养婴儿：婴儿之接收，有由各机关介绍，有由个人按章程请求者。但在每一婴儿收容之前，必由干事先作详细调查，然后将调查结果书成记录案，在理事会中提出讨论，或与顾问磋商，决定是否收留。在婴儿进会前，必先经医士检查，经证明确实无传染疾病后，始能接收。婴儿寄宿所分为二种：其一，寄宿舍。由会中租赁房屋，雇用保姆，在干事监视下看护儿童；其二，保养家庭（每一保养家庭至多寄养二婴儿）。所有寄宿舍及保养家之保姆，全须受医生检查体格，经证明确实无传染疾病后——砂眼、肺病、梅毒等——方认为合格。

婴儿食物普通包括鲜牛奶（在夏季则改用罐头奶）、鱼肝油、菜蔬、鸡子、米粥。食物之份量及种类，在检查身体时由医生指定。婴儿每一、二星期必由保姆带至医院检查体格。遇有疾病，则随时送交医院诊治。关于婴儿卫生及医药方面，怀幼会与协和医院有密切之联络，现会中之卫生委员即协和医院之护士，卫生委员常至寄宿舍及保养家中，予保姆等以有效之指导监视。婴儿之检查与诊治，亦完全由该医院之医师义务担任。

婴儿记录无异于婴儿之生活日记，婴儿记录分为二种：其一为医药记录，由协和医院保留，但干事可以随时到院检视，由该项记录可以得知该婴儿之体重、身长、食物之份量与种类，诞辰与治症之次数，病之性质以及其他；其二，社会记录，由怀幼会保留，由此种记录可知各婴儿原来之家庭状况、入会原因，以及入会后各种情形与变迁。

（乙）为遗弃婴儿寻觅相当家庭（即任人领为螟蛉子女）为遗弃婴儿寻觅家庭乃救护儿童之最后目的，会中对于婴儿之承继极为重视。凡来会中领取儿童者，干事必先作严密之调查，然后将调查结果制成记录，提出理事会讨论，或与顾问磋商，以决定是否准许。领育儿童夫妇必须经医生检查证明确无传染病者。一合适之承继家庭应有下列之优点：（一）父母身体健康；（二）家庭经济宽裕；（三）家庭和睦、无特殊纠纷；（四）父母不能生育。凡有能生育而愿领螟蛉子女必须经过详细调查，证明经济宽裕，可赡养多量子女，并符合（一）、（三）条件，方可允许。子女承领后，则双方签订字据，以明关系。在儿童领出时，干事必将儿童喂养之方法，详细传授该儿之义母，并劝其时将儿童带至医院检验体格。义父、母之社会记录与所承继婴儿记录置于一处，以作将来之参考。

（丙）承继儿童之保护工作，为保护婴儿计，本会会章特规定干事有探访调查各继承家庭（adopted Home）之义务，至承继儿童十八岁时止。在此十八年间承继契约上之保证人与铺保，对儿童之安全负完全责任。凡承继家有迁居，离平等事，必须到会报告干事，并交该儿童最近照片一张。至探访工作，每年至少有一次，每次探访之结果，皆详细记载于被承继儿童之记录中，凡遇有与儿童不利之情形，则由干事报告理事会，由理事会决定措置方法。其措置办法，多半即将儿童领回，由会中另为寻觅合适之家庭。在事实上，儿童承继后发生问题者，为数颇少。

以上为本会工作情形之大概。计自开办到今，所安置之儿童已有二百数十名，惜因经费困难，不得扩大救护之范围，乃本会发展之极大阻碍也。

北平五台山普济佛教会育婴堂育幼院概况

朱绍阳

北平五台山普济佛教会，原系设在山西五台山内。仰承普济禅师之意旨，成立慈善目的之组织。普济禅师以数十年之道行，发愿宏扬佛法，重修寺院，故集合各大善士，创立本会。数十年来，在山西五台山所修寺庙甚多。后因国内迭遭水旱刀兵之灾，人民流离失所者随处皆是。遂将总会设在北平，并邀朱子桥将军加入本会，助办慈善救济事业。近数年间，活人无算，适值北平育婴堂以经费支绌，无人管理，即由朱子桥将军商同本会接办，募款兴修，力加整顿。并请北平市政府月助协款，作为经常费用，而大部分款项，除由本会担负外，并请各界人士捐助。嗣以育婴堂婴儿年龄渐长，不可养而不教，复在北平西郊，创设育幼院，将育婴堂五岁以上之儿童，送往教养，内分幼稚园及小学、中学三部，以完成中等职业教育，造成健全国民为宗旨。当成立之初，预募基金，本已集有成数，旋因九·一八国难发生，所募基金大部分均在东北，不能汇寄。基金未能收集，经济遂感竭蹶。一切事业，因之亦不能依照原定计划进行。现时之经费，全系另外设法募集，以期继续施行原来之计划也。

北平慈幼会概况

王锡之

朔自去年北方中日战争，人民逃亡北平，露宿街头，形甚狼狈。故各界争先恐后，设法收容，本会设立八处收容所，收容妇孺千余名，并蒙上海各慈善团体协助金钱、小米、医药、棉被等物，妇孺各得饱以米饭，并施以儿童教育开其知识。至秋间战争稍息，人民回家，经详细调查，确有孤儿、孤女，父母俱被炸死，无人照管，零丁孤苦，惨状难言，故拟设孤儿院两处以拯济之。一在密云县，一在怀柔县，现在进行筹备中。

南京市社会局救济院慈幼工作概况

王献芬

南京市市办之慈幼事业，有社会局救济院所属之育婴所、孤儿所及妇女教养所。救济院成立于十八年五月，由前普育堂、济良所、乞丐收容所、救生堂四慈善机关合并改组。其中育婴所系就前普育堂之育婴堂赓续办理；孤儿所于二十二年三月添设；妇女教养总所留养青年被压迫妇女，乃递嬗前济良所主办之事业。现全院收容者共男女计二四九四人，内中计婴儿一六六人，女婴约百分之九十几，孤儿、贫儿共五四七人，娼妓、婢妾、养媳等，共八十九人。全院经临两项经费，平均每月约支一万元。就经常费言：育婴所约月支一千五百元，孤儿所约月支一千六百元，妇女教养总所约月支八百元；其余则用之于养老所、残废所、游民习艺所、水上救护所，妇女教养一、二分所。因全院经费须合并编制预算计算，故只能纪其概数。兹将育婴、孤儿、妇女三所最近概况，择要分述如左：

（一）育婴所

育婴所虽系赓续以前育婴堂之历史，惟改组后迭经整顿革新，如严格检选乳姆，厉行有规律之人工营养法，添用保婴士、护士并新招保婴练习生四十名，专事改进婴儿营养，检查婴儿体重与发育状况，订定营养标准，并注意疾病治疗及隔离。

（二）孤儿所

孤儿所留养之男女儿童、孤儿占全数五分之一，弱贫儿占全数五分之四；强贫儿多系被救济之残老、贫妇、节妇之子女，以欲施行严格训练，故拨入孤儿所教养。孤儿、贫儿未达学龄者，入所内自设之幼稚班，受幼稚教育；已达学龄者，则分别送入市立完全小学及简易小学免费入学；晚间由管理员督率自修，起居作息，胥照规律。小学教育受完，或为其代谋职业，或拨至本院所办之印刷厂习艺。廿二年四年，曾考送孤儿、贫儿四十名，由院供给膳费，入中国合众公司之蚕桑试验场，肄习蚕桑。

（三）妇女教养所

妇女教养总所，收容娼妓、婢妾及童养媳，予以教养。其中未成年者，约占三分之一。分组训练，半工半读。工艺有制鞋、毛巾、缝纫、理发等组，课业注重读、写、算及常识灌输。娼妓入所，均须抽验血液，治疗疾病。已届结婚年龄之养媳、婢女及教养满六阅月之娼妓，即检查身体，登报公开择配，其手续均于院章内严密规定也。

开国纪念贫儿第一教养院概况

桑钟

民元吾党革命军北伐，师次徐、宿，适该地水灾奇重，哀鸿遍野，前南京留守黄克强先生，见而悯之，除设法赈济外，并饬令各军士将无依之灾童，暂为收留，以便设法教养，待和议成功，北伐军撤回南京，统计军士所携之儿童多至八百余名，当由留守聘请黄宗汉先生（留守夫人）主持组织贫儿院，以为先总理开国纪念特殊慈善机关，故当时名学生曰孙文某某，名院曰"开国纪念贫儿第一教养院"，并令江苏省每月补助三千元，指拨"南京中正街升平桥清上元"县署为院址——现为白下路一三一号占地二十四点零三五五亩——经数月筹备，本院于民元九月间遂诞生焉。民二革命失败，宗汉先生以党员故，随克强先生走上海，院务托诸周其永先生维持。处军阀淫威之下，数以为革命机关，而欲解散，几经解释与奋斗，始免于难。不幸民八不戒于火，精华付之一炬；且经济来源日减，甚至赊借度日，处此风雨飘摇中，经同人一再挣扎，本院未致夭殇，亦云幸矣！民十七，吾党统一全国，本院亦因之而顿有生气，盖本院成立于革命时期，产生于革命巨子之手，且为开国纪念特殊慈善机关，党国先进，多喜与以指导和援助，故本院前途日趋光明。适周其永先生因疾告辞，仍请黄宗汉先生重来长院。整顿与发展同时并进，致本院工读方面，日臻完备。兹将本院现在概况及将来计划，略述如下：

（一）现在概况

本院行政以董事会为最高行政机关，负有推选院长、指导院务、筹划经费、审核预决算之权。董事会之下为院长，次为院务主任。下设总务、教务、训育三部。本院经费之来源，分政府补助、工艺赢余、各界乐捐三种。惟因各种工艺尚属初办，赢余有限，社会不宁，经济恐慌，乐捐者少。以致经费几全赖政府津贴：计财政部，每月一千九百元，江苏财政厅二千元（民廿年起八成发为一千六百元），南京财政局八十三元三角三分。

凡属贫寒或革命遗孤无力养教之子弟，而体格健全，年龄在八岁至十四岁，经介绍人证明，填具志愿书，皆得入院，以半工半读为施教原则。学级共分五：即低级、中级、高级、初中与专工是也。在高级学生，须分习藤竹工、西乐、织袜、缝纫与织巾等工；在初中学生须习无线电、打字、簿记与速记等技能，庶学生毕业出院，可以自立。又学生之最优秀者，本院助其在外升学，现在分布各省中学师范及专科者凡十四校，其他分送各机关及各工厂学习者亦有数十人。

（二）将来之计划

本院以都市施教，颇不相宜，拟迁至乡间。原院址改为市场，以其收入作为扩充本院之用。并于现在每月收入之中，酌拨一部份，在安徽宣城开辟农场一所，面积甚广，约占七十余方里。预计于三年内，分植茶叶、茶油、杉桐油各树，各植十万株左右；枣子、银杏、枇子各树，各在三万株左右；牧畜、养鱼、农作同时进行，预定十年中，将宣城农场各工作次第完成，将来能有成效，收入定有可观，院中经费既不发生影响，则院务自日有进展，当可使社会一般贫苦儿童，多得受教养之机会。

私立南京孤儿院概况

杨叔平

本院成立于本年夏间，专罗孤遗，兼施教养。除依照部颁初级小学课程训练儿童之人本修养外，教养趋重之点有三：一曰健康训练；二曰生产训练；三曰集团训练。在孤儿个人可以养成自立谋生之能力，在国家可多一部分有用之国民。惟是创设伊始，模规未具，有赖诸先进指导协助耳。

陕西灾童教养院概况

路孝愉

本院于十八年十月间，在陕灾最烈之时，由朱子桥将军筹设。收养无家可归之男女灾童六百余名，组织教育、工业、事务三股，教养兼施。又成立扶风灾童教养院收养男女灾童亦五百余人。其经费来源概由朱子桥将军筹募维持，每月约需洋二千余元。成立以来，业经六载于兹，其造就确能自立者，陆续出院，自谋生活。现仍有灾童六百余名，每日二餐，以黄米为主，助以馒头、盐菜等物食料。教育股分中学、高小、初级三部分；工业股分织布、绕纱、毛巾、织袜、制鞋、栽绒、制服、理发、手工、刺绣、木工等科。

西安孤儿教养院概况

张子宜

本院成立之初，仅地二十亩，屋十余间，嗣因孤儿日渐增多，陆续建筑大小房屋共一百五十四间，楼房十八间，而地址亦增至一百二十亩。收容孤儿，初仅二十余名，不幸陕灾连年荒旱，继以兵燹，流离失所之孤儿，来院日增，除先后计有八百四十五名孤儿出院外，现在院内孤儿、孤女尚有七百零八名。教授编制计共有初级八级、高级四级。课外实施训练更为重要。凡关于儿童生活之需要，每周提出一中心题目，促其实践，并于每日早会，施以全体之训话，并教以各项工艺之实习，以期培成自谋生活之能力。每晨朝操，编为七大队，授以各项体育之训练。设有图书馆、阅报室、壁报社，每日于课余，由各管理员分别指导儿童阅报、读书、编刊物以及栽花、灌林、沥扫等，除幼稚生由管理员引导游动外，其余分类作工二小时。凡由本院毕业之孤儿，择其成绩优良者，使投考中学。现受中学教育者十二名，一切费用悉由本院供给。全体孤儿除幼稚生外，其余均须于上课之后，分类学习工艺、计设、栽绒、制鞋、织布、缝纫、花边、刺绣等科。

皖省苦儿院概况

潘怡然

本院始于民国七年，由怡然参观上海贫儿院有感，因商旧友赵粹然，在江苏驻芜米捐局，原有一厘功德捐，年约三千余元，作创办基金。呈奉江苏省长暨财政厅长令准备案，分函省内外人士多方劝募，拟具章程，八年二月始筹备成立。招收孤苦儿童定额百名，施以教养。旋因赁屋狭小，将本城太平寺马营、马号废址两处，拨作院址，由本院在募款项下，修造教室等百余间。九年由省议会议决，每年在省库拨给二千四百二十元，以为补助金。复思院儿以习艺为重，筹设工厂又以院儿名额太少，议添招百名，由安徽财政厅每月另拨添班补助费三百元。十二年五月，呈奉省长令准将院附近一带官基，拨归院内领管，陆续在节余经费项下，建市屋七十余间。十四、十五两年续建一百余间。十七、十八两年又建五十余间。均已先后出租生息，现时月进租息三百六十元，悉作本院教养基金。十四年九月备价领有本县竹墩保护圩洲滩地六百亩，大王保十余里江心突涨之沙滩水影洲地，约千余亩，俟出水后，招佃承垦。二十年以后共购买东流县各圩内洲地四百余亩，拟选派院儿实习农事，以为院儿将来出院后，富有农事上之技能。十六年五月，安徽省政务委员会令，依据整理慈善委员会，呈将本城教养局商并本院代办，自是院儿名额，共二百四十名。十七年八月，董君亨衢以所创办习勤女工厂无法支持，归并本院办理。十九年一月，本院工厂因资本周转不灵，且技师教艺，无如各私办工厂教授学徒之勤恳，将工厂各科改由各技师承包经营。自是院儿习艺，较有成效。且本院自二十年后，各县署月捐停止。而各厘局捐款，亦自裁厘之后，完全断绝。即原有江苏驻芜米捐局捐款，亦被裁无存。厥后院务全恃房屋租金，暨乐队募捐之款，与省库补助费为挹注，此本院成立经过工作之概况也。至受本院教养儿童，自开办起至现在止，共计一千一百余人。出院谋生者约八百余人。内高小毕业者四十人，初小毕业者一百三十余人，工厂毕业者二百余人，由高初两级肄业而未毕业，中途出院，入农、工、商、军、警各界谋生者，四百余人。在院病故者仅六人。现在留院教养者二百八十人。经费一项，自八年二月开办起，至二十二年十二月底止，共计收入二十三万四千余元，而支出方面，如建筑一项，计三万八千七百余元，伙食一项，计洋九万六千三百余元，院儿衣被、教育、医药、教职员薪金，夫役工资及办公设备购领各圩洲地等项。合计支出二十三万一千余元。

河南省救济院概况
李祝庭

河南省救济院，于民国十七年三月间，奉令成立。系由救苦庙与普育堂合组而设。内分事务、管理两组；养老、孤儿、残废、育婴、妇女、贷款、施医等七所及工读学校、贫民工厂、瞽目学校、佣工训练班与各所贫民班长训练班。其中育婴、孤儿两所，全为办理慈幼事宜。育婴方法分为乳姆哺养与人工哺养两种，即雇用乳姆全住所内，每一乳姆以哺养婴儿一名为限；并施以适宜之代乳粉（即人工哺养）。现有男女婴儿八十余名。孤儿所教养兼施，内有工读学校、贫民工厂，俾其半日作工，半日读书，以便各个学成有用人才，而资日后出院谋生。学校方面，设主任一人、教员五人，分班教以各种学科；并组织童子军六十名。工厂方面，分为织布、织袜、洋铁、编组、刺绣、缝纫、戏剧、化妆、席、木、鞋等十一科；并定工徒分红办法，以资鼓励。现有男女孤儿四百余名。此外又有分院一处；内有男女婴儿共十八名，全系外带哺养。男女孤儿共一百六十余名，教养兼施。计有学校、工厂，半日作工，半日读书。学校设主任一人，教员三人，分班教授。工厂设竹、木、席、化妆、裱糊等科。专为培养男女孤儿之用。

河南辉县贫儿院概况
罗守智

民国十七年间，辉县政府奉令变卖袁氏在辉田产，当由邑绅徐古愚等出资二万八千余元购得，捐作本院之基金。十八年初，即着手筹备。乃以地方多故，直至十九年初始告成立。先由委员会聘请陈小亭任院长，后复改聘魏云衢兼任院长。当时因无适当院址，暂借民屋，招收男生二十名，内部设备甚简。后魏院长因事去职，由高汉庭接充，添聘技师，于学科之外，兼习工艺，工读参半，教养兼施，而规模大体略备。二十一年八月，以罗子明兼任院长，将组织略加变更，添招院生极贫者二十名、次贫者六十名，从事培植。并出资五千五百元，购定民房，修理改造，至是获有固定院址矣。二十二年元月，遵照部颁监督慈善团体办法，将委员会改为董事会，加聘董事，公推贾锦坛为董事长。二十三年七月，奉到内政部省政府民政厅令，均蒙准予备案。并由县发给立案证书，本院在法律上之地位，至是乃完全确定。最近院中情形，学科方面：为便利将来择业，略偏重于各实用科；工艺方面：则加授编组木石等项，并设出品推销处，使儿童轮值经司；经济方面：设保管会督察稽核。惟院生收容有限，数年培育，独立生活能力，每感不足。两次出院旧生廿余名。仍多依人执业，前途希望微微，是则所尽夜傍徨者也。

湖南省区救济院育婴所概况

盛先茂

本院育婴所，原以旧所狭隘，不适养婴，故有改图之必要。乃于民国二十一年八月邀请各界官绅，成立建筑委员会，筹商建筑，多蒙各界赞助幸得完成，今已移住新所矣。

育婴所原名育婴堂，肇自前清雍正二年。朝旨各省通都大邑，广设育婴堂，于时布政使济南朱公纲遵捐俸金六百两，购置登龙巷民房为堂址（登龙巷后因育婴堂所在遂改名育婴街）。甫具基础，旋即去任。越五年，布政使绥德张公璨慨捐巨金，踊成其事；复倡率僚属，广为劝募，谋为经久之制，命地方人士陈君俊炜等输月管事。虽创于朱公，成于张公，然经营草创，规模尚未宏备。迨乾隆十一年巡抚杨公锡绂饬长沙太守吕公肃高专主其事，乃崇大其规制，区画详备，煞费苦心，此所以附设有吕太守祠，以纪德政。道光中叶，巡抚钱公宝琛、陆公费瑔，先后修订章程定为官绅合办，遴委同通州县官一员驻堂经理。溯厥二百数十年间。救全生命，当以数十万计。民国成立，改委员制为堂长制，由地方人士中选任之。任堂长者为黄君式廓。民国四年，地方士绅汪君诒书等以省区慈善团体设立须有统一之计画。呈请本省政府召集绅士会议，组织慈善事业总公所，负监督考查之责。各机关各置主任一人或二人，主任育婴堂者为陈君守晸、孙君志焘、李君佛肩先后各三年。民国十三年主任为刘君经瓒、李君建谟。时适水灾之后，送婴者日益增多，房屋狭小难容，殊不适于卫生，因思非另行觅地改建扩大之房屋，义举莫能尽善。乃建议总公所请变卖固有之堂址，另行觅地改建，经会议通过，并呈奉政府批准。甫经着手进行，购得地基，旋以时局影响，未竟厥事。主任又经改选罗君余、刘君镒。民国十八年间，部颁救济院规则，本院旋以成立育婴为院，规必设六所之一，遂改堂为所，隶属本院。复选李君建谟为主任，现已请假，另选曹君铎代理。

育婴堂经费，其初由官绅合助，置有田房产业，支用租金，遇岁歉婴多，经费不敷，得请拨公款补助。其后又置有盐票一张，复有常姓捐沅江明朗垸湖田一庄，岁租八千余石，最为产业大宗。但该垸地处低洼，辄膺水患，每三年之中，恒不过一届有秋，且常年修堤费用，必数千元，若遇大水堤身溃决，修复每费数万元。自隶属总公所之后，十数年来，通盘计算，殊属得不偿失。现已呈请政府核准变卖，此项变卖所得之价，将来仍当置产抵补，现在所存各乡冲田及市区房租、盐票租金，均由本院基金管理委员会经理其事，岁收的款。总计产业租息金额，又益以支配之盐税附加，共不过二万余元。分事业、事务两项支配用途。关于事业费者，则养婴部之乳妇工食，并用品、医药、设备、消耗及管理、调查各职员薪给、工役工食与所外寄养、自养、乳资、另养工资。关于事务费者，则办事员之薪给、工役工食及办公费，添置、修缮文具，印刷、消耗岁支恒达三万数千元。现因感于经济困难，事业费通以八折实支。但事务费所占之数，仅百分之六，纵减亦即无几，每年短缺，仍在万元左右也。

江西省区救济院、育婴所、孤儿所概况

伍毓瑞、蔡长庆

（甲）育婴所

江西育婴事业，始自前清康熙十九年，巡抚安世鼎建堂于进贤门外，乾隆间巡抚明德增扩之。道光年间，知府贺长龄修葺。收育贫苦及遗弃女婴，属于政府办理。至咸丰时则有南邑卢善人私创之，复有巡抚刘坤一建局于筷子巷南，旧火药库遗址。同治二年，巡抚沈葆真会绅设于局百花洲，旋复移建于天灯下。经管不涉官吏，养无额育之限，育婴堂亦归并之。盖本省风气未开，重男轻女，恶习难破，贫民所生女婴，均送局抚养。若规定名额，额满不收，则暮夜抛弃或即行溺毙者，不知凡几。故为实行救济起见，势不能不尽量收容。惟所收女婴约计二千左右，如不设法疏通，酌给津贴，使贫民领抱为养女，必须由局养其成人，方为发配，则此十数年间收养女婴，必逐渐增至三万余人。匪特难募巨款，政府亦难筹补助，此江西育婴事业，基于历来习惯，办理极为困难，与京沪各处情形绝不相同者也。至民国十七年，成立救济院，育婴事项，隶院管辖。迨二十一年三月，江西慈善总会改组后，救济院所属各所，概由该会推荐地方士绅办理。是年六月一日始行接收，现经该会推举李君和先生为正主任、邵立元先生为副主任。数年以来，办理经过，不无可述：如筹募经费、修理房室、搏节糜费、添雇乳妇、改良抱育待遇、注重卫生、施行乳妇训练等等，不遗余力。

查廿一年六月前，每乳妇哺二、三名婴孩不等，人乳不敷，即代以不合婴儿体质之食品，以致夭亡甚多，仅存活一百二十余名。自六月一日改组后，力加整顿，以一乳妇哺一婴儿为原则，并恢复发常粮、恩粮、大粮各办法，存活之数，遂较前增加。截至本年八月底，实存活留养二千四百六十四名、常粮一千一百二十一名、恩粮一百二十一名、大粮一名、不领粮一千五百十七名、寄养一百一十五名、自养十三名，共五千三百五十二名。

育婴事业办理不易，兹就经过实况略述数端：（一）收育婴儿，不能限制名额，若加以限制，则私婴抛弃于野外及僻巷内，或深夜置诸所门者，数见不鲜；（二）曾受花柳遗毒之婴儿，口内已溃烂，明知难治，而送入所内者，为数甚多；（三）贫户婴儿患病垂危，无力医治，为省却棺殓埋葬费起见，而送入所内者，亦复不少；（四）先天不足之私生女婴，肢体未具，而送入所内者，往往有之；（五）远道乡人，送婴儿来省，需时较久，饥渴之余，复感受寒热者，十居八九；（六）送入所内婴儿，均系出生数日或至一月，鲜有超过四、五月者。以上六项，若拒绝不收，则为见死不救；收容之后，又不能完全救治，此办理最困难之原因也。

附注：

常粮：凡普通无疾病者属之，全年津贴二十四元，期限为一年。

恩粮：凡瘦弱生疮者属之，全年津贴十二元、米三石六斗，津贴年限视其情形轻重酌定之。

大粮：凡残废者属之，其办法与恩粮同津贴，期限为五年。

（乙）婴儿所

本所于廿一年九月上旬修理房屋，下旬收养婴儿，十月一日实行上课。因程度不齐，入学试验，既无法举行，施教困难，乃加以智力测验，而分一、二、三年级三班。课程按照初小制度编订，并加授藤竹、针织、缝纫等工艺，以养成实用人才。惟因经费奇绌，仅设办事员及管教员各一人。特殊管教，无法维持，虽增聘义务教师、技师多人，分别担任教授。施行以来，在课读方面，勉为应付；而工艺方面，成绩殊鲜。乃自本年起，将行政费复加紧缩，请救济院增拨房屋，将工艺部扩为慈幼工厂，加聘技师，添设毛巾组。并采用二部制，改为工读班。除选年龄较长、程度相当之孤儿，分别送外习艺学业外，其年龄较大者，则轮充传达、洗涤等勤务，将行自给自养之初步。且服役时间，因支配适宜，并不妨碍学业。其成绩特优及年龄较小不能胜任工艺者，编为专读班一、二、三年各级。课程编订，均仍旧贯，惟工读加授浅近应用文，以备实用，此关于教的方面之概况也。

入所孤儿，匪区流落者有之，赤贫无靠者有之，衣衫褴褛，鸠形鹄面，自不待言。既经收养，自当力谋其衣、食、住三者相当解决。每名各制单褂裤两套、夹衣一套、罩褂一套（均采用国产蓝布）。规定隔日换洗一次，以资清洁。所着之鞋，系优待半价购买帆布胶鞋，经久耐用，晴雨两宜，袜则纯黑。夏、秋两季，实行赤足草鞋，不但经济，且可养成其劳动化。至于伙食，每日一粥两饭，平日蔬菜，逢星期及一号、十五号等日，则添加荤菜，均以清洁营养为主。每名每月需银三元有零，占全所经费三分之二。晚间睡眠之床，用竹质仿制德式，二人一榻。冬日盖被、垫被、单褥均用白布，每月洗涤两次，易于清洁检查；夏季将垫被收藏，即以竹制床面代作簟席。至于枕头，一律禁用，免至妨害儿童肺量之扩充及背部之弯曲。如染病之孤儿轻微者，住本所隔病室，由施医所之医生诊治；患传染病者，送圣类思医院及豫章医院，免费留院治疗。每年春、秋二季，全体种痘及检查体格一次。此关于养的方面之概况也。

其他如组织幼幼市政府，养成自治能力；训练童子军，灌输童军学识；发行《博爱周刊》《孤儿生活刊》；设立慈幼图书馆，多所启迪。设置运动器具，组织贩卖实习团，练习商业常识等等，皆为课外之运动。

济南红卍字会第一育婴堂概况

成妙空

本堂在济南麟祥门外永庆街，购地四亩余，由红卍字会捐助，共洋五万一千余元，充作基金，建筑房屋四十余间，于民国十四年五月成立。如生息不敷，每年开支仍由各会员捐助之。自民国十七年起，共收养男女婴儿五百三十余名，先后被领为子女者五百十余名，现养有女婴二十一名。婴儿均用勒吐精代乳粉。小儿食用一月之后，不但身体胖润，且疾病甚少，较食鲜牛乳及罐头乳为宜。如有疾病，即送入育婴、养病、隔离等室，并请本会中西医院之医生诊治；其无病婴儿，常服婴儿药片，通畅胃肠，减少疾病。本堂备有摇篮手车及婴儿各项玩具，每值天气晴暖之时，抱至院内，稍见日光，并游玩一、二小时，以资强健身体。婴儿稍长者，杂以米面菜蔬，递减乳粉。凡欲领养本堂婴儿者，须经本堂调查确系殷实之家，缺少子女者，找有妥保，方准领出。但领出后每半年须到本堂报告生活状况，本堂并随时调查之。

烟台红卍字会恤养院慈幼工作概况

马海峰

烟台恤养院，系民国十九年六月创办，至十二月底，计收孤儿卅名、婴儿一名。孤儿入院手续，系经人报告，调查合格者通知入院。婴儿系在本院门首及各处设置接婴屉接收。二十年收孤儿卅一名、婴儿六名；二十一年收孤儿廿二名、婴儿七名；二十二年收孤儿卅五名、婴儿十三名；廿三年截止到现在（九月底）收孤儿卅七名、婴儿八名、孤女六名。四年来计共收孤儿一百五十七名、婴儿卅五名、孤女六名。

凡年在六岁前，由保姆看护教养，七岁入本院正式小学。其中年龄稍大者，则半工半读，现有机织、针织、缝纫、织带、制履、木工六种，择其性之所近者分配习之。在工读之余，有各种球类运动，锻炼其身体；有各种游艺及乐器消遣，活泼其精神，此本院慈幼工作之大略情形也。

汉口孤儿院概况

李嘉禾

武汉各大慈善家，本怜孤怀幼之德意，合力筹募经费，于民国二十一年十月创办本院于汉口。适承水灾疲敝之余，惨淡经营，筹备四月之久，始告成立，即以"养""训""教"兼施方法，授以普通学识、童子军训练、工艺技能及农商业常识。俾日后成人，得以自立为宗旨。先后由本院介绍出院，自立谋生者计二十四名，兹将过去之两年工作，约略言之如次：

1. 行政组织

于董事会董事长之下，设正、副院长各一人，院务主任一人。院务主任之下，分为总务教导二组。总务组分为文书、会计、事务三股。教导组分为智能、技能、卫生三股。又设经济审核、经济募捐、基金保管三委员会。股之下得酌设事务员若干，协助办理服务事宜，而以院长或院务主任为主体，另由孤儿代表，产生村民大会，组织村政局，内分总务、公安、教育、卫生、建设五科。以增进儿童之德育、智育、体育、美育与群育。

2. 经费来源

由董事会捐募而来，计分基金、募捐、月捐、特别捐四种，其特别捐随意乐助，年月捐每年或每月认捐一儿或数儿之教养等费，每孤儿月需洋约八元，年需九十六元。所有基金已于廿三年四月，在汉口泰宁街购置房产。现在统计原有孤儿三百五十名，出院孤儿一百七十名，新入院孤儿一百八十名，最近在院孤儿总计三百六十名，导师和技师合廿一人，月支经费在二千余元左右，年支经费约三万余元之谱。

3. 环境布置

本院院址在汉口慈善会内，将全院院舍，划分为教育、工商、农业、军事四区，包含辽宁、吉林、黑龙江、热河四省。各区之路名，即以东四省之县名标之，并于适宜处悬挂国耻图表，以备孤儿随时观察，随时引起爱国观念，恢复失地之雄心。复将历代由孤贫成名之模范人物遗像、事迹张悬于各教室及公共集会场所，俾孤儿随时随地观摩。此外卫生、设备、艺术、环境亦均注意及之。

4. 养的方面

本院对于实施养的方法，特加注意：一、注重健康教育；二、养成卫生习惯；三、留意身心娱乐。

5. 训导方面

本院训导方法，有下列十点：一、训话；二、集会；三、童子军训练；四、参加社会活动；五、孤儿自治；六、实施好村民训练；七、施行训练中心；八、布置适当环境；九、教师以身作则；十、多与孤儿个别谈话。质言之，多注重积极的训导方法，而少用消极之遏制耳。

6. 教学方面

本院因学级不同，教学亦因之而异。低年部，则行设计教学法；中年部，则实施中心教育；高级部，则行自学辅导制。并设特班，专为新生及低能儿补习之需。关于劳作方面，归入技能股，分设石印、鞋作、针织、藤竹、缝纫、刺绣、木工、理发等科。学习工艺，并设营业部，作为商业实习。开辟农场，作为农作之用。

镇江苦儿院概况

杨崇皋

本院自民元创办迄今，已达二十三载。经过情形，约分三期。当辛亥光复之时，镇江为南北要冲，人民流离失所，贫苦儿童触目皆是。赤十字会分社，目击情形，联合镇江绅商各界组织本院，呈请县政府拨给旧旗营佐领公廨为院址，颓垣败瓦，仅蔽风雨，虽名苦儿院，不啻栖流所。收容苦儿不过百名，施以旧式教育。设备不完，教养未臻美备，其用心亦良苦矣。此民元至民六第一期之经过情形也。

迨民国四年，余姚魏小辅先生，以慈幼事业为各国所重，实为地方不可或缺之机关，乃联合热心慈善之士，分任募捐，筹集巨款，改建院所，并陆续添购邻地、邻屋。对于教养设备，次第添置，扩充儿童名额，由百名增至二百余名。按照部定小学编制，分为国民科、高等科，另设工艺科，计共八级。自民六至民十六年止，毕业学生达三四百人，升学者以限于经费，仅廿余名，其余均陆续代谋出路，分习工商，今日大都服务军、政、学及工商各界，均能自立，且多半已完家室。当时对于儿童教养，力求完备，成绩日渐发达。然每年经费，均须二万五六千元，甚至几及二万元以上。在此时期，工艺略分两科：（一）文明纸伞科；（二）缝纫科。缝纫科学生毕业者数十人，今日均能服务京沪各西服号，均能自给，纸伞成绩至为优美，曾参与美国费城出品展览会、上海市商会出品展览会、江苏全省物品展览会。物品展览，均获优良奖状。而美国人士尤为欢迎，来函订购。徒以关税繁重，运费过巨，不能畅销，因是不克尽力发展。而纸伞科学生，所得工资，亦不足自活，乃又为之改习排字及修理汽车等工艺，今日已均能自立矣。此民六改组后至十五年间第二期之经过情形也。

自十六年后，世界金融，忽不景气，国内水旱兵灾，相继频至。特别捐款，因难筹募；经常捐款，亦逐渐减少。甚至公家补助费，亦折扣发放，本院不得不谋紧缩。儿童名额，由二百余名减至百廿名。升学制度，亦特停止。各项费用，力谋撙节。然计口授食，省无可省，每年仍需用九千元左右，而每年收入，尚不敷抵。此民十六迄今第三期之经过情形也。

本院创办之初，既无恒产，又无基金，今日捐款又如此其难，按照现在情形，维持现状，犹虞不足，不谋的款，以资绝望，发展固所难期，而前途亦殊可忧虑也。

镇江孤儿院概况
包斐尔

一九〇六年，中国扬子江区水灾浩大，纽约基督报社，捐助巨款，委派华侨传道西牧代为施赈。灾后，在中国境内设孤儿院二十五处，镇江孤儿院亦为其中之一。迨一九一三年安东孤儿院南迁，与本院合并。一九二一年，复由河北灾区招收灾童一百五十三人。一九二九年由山东灾区招收三十四人。一九三三年由陕西灾区招收二十七人。历年既久，又加兼收本地孤贫男女，以及教会寒家失学子弟，先后教养，不下千余人。在一九二一年间，纽约捐款，移作他用，经济来源断绝，不得已自行筹募，虽在困难之中，事工仍未停止。计自开办迄今，已历二十五载，成绩尚佳。其训练方法概照本院定章，系采半工半读之制，课程悉遵部章。工艺男生分织、染两科，女生分花边、刺绣，统计升学者占百分之八，现下皆服务于教会、社会、传道、教授等职。其未升学者，皆有相当职业，自谋生活。现在留院之未成年学生共一百二十余人。

太嘉宝救济院概况

朱恺俦

一·二八之役，太仓、嘉定、宝山三县，沦入战区，生民涂炭！江苏省战区救济委员会因议特设本院为长期之救济，于二十一年十月组筹备委员会，在太、嘉、宝三县交界之墅沟桥（在沪北四十公里），度地营建院所，于二十三年二月落成，由江苏省政府特定章程，组织董事会，处理院务，其设备预定有养老所、育婴所、残废所、习艺所、施医所。本年九月，先办育婴所，养育方法采取科学哺饲。自九月二十三日开始收婴以来，不及两旬，收婴七十三名，其余各所，正在设计续办。

苏州乐群社会堂慈幼工作概况

戴仰钦

本会于民国十二年，扩充社会服务事业，慈幼工作计有：（一）胎教会：专为有孕之妇女而设，请产科女医师讲演"胎教育与来日儿童之关系"，并指导起居饮食以及保护健康等种种问题；（二）幼稚园：计设二处，聘请幼稚师范专科毕业者为教师，按现代最新方法教育之；（三）工儿蒙养园：系为工人子女而设，俾父母入厂工作时，儿童得以照顾，并受幼稚教育。现有工儿五十余；（四）义务小学：本会设立男女完全小学各一外，特为贫寒子弟设立义务小学一所，程度四年，额定五十名；（五）贫儿晨校：专为拉车生活客民之子弟，终日在街头巷口或垃圾桶旁，拾取烟头、字纸、破布等之污物，以补家中生活上不足之小孩而设，每晨七时至八时半为授课期，教以国文、常识、卫生等科；（六）夏令义务学校：每逢夏令，本会利用青年之空闲时间，开设义务学校男女各一所，期定六星期；（七）婴孩卫生会：征集婴孩免费加入，自初生至四岁为止。每星期三，特请博习医院之内幼专科医生，检验婴孩之体格，平日逐家探望婴孩，指导为父母者育儿之要旨；（八）健康比赛会：年行一次，与赛儿童分甲、乙两组，优者给奖；（九）播种牛痘：于春、秋两季免费举行；（十）免费洗浴：（1）凡初生至三岁之婴孩，在家未便洗浴者，每星期六之上午，有护士于本会为之洗浴，并不取费；（2）凡贫寒家庭于冬天不便洗浴之儿童，由本会职员调查劝导，分送浴券，每星期得来本会免费洗浴一次；（十一）孤儿院：系采用家庭式，额定三十名。由会聘请保姆，儿童年龄自八岁至十三岁，日中分送乐群、尚德两小学肄业，早晚在院劳作，毕业后送入工商业实习；（十二）童子团：征集儿童，互选职员，分德、智、体、群四部。分工合作外，另有劳作、先试木工、制玩具。指导者为本会之青年干事；（十三）灭苍蝇：征集儿童组织灭蝇队，先训练扑灭及避免蝇污之法，结束时按扑灭之数多寡，分别给奖。每年扑灭母蝇及幼蝇总在数十万以上；（十四）演讲会：江苏吴县禁烟演讲竞赛会，全苏公私立小学参加演讲，评判结果，本会尚德小学之九龄童陈聘珍得列于第一。

其他，如提倡四四儿童节、举行教育展览会、开映儿童教育电影、举行家庭运动周。分母亲日、父亲日、儿童日、拒毒日、娱乐日、展览日等皆是。

苏州普益社慈幼工作概况

诸重华

本社在苏，为社交机关中创设最早，对于社会事业，莫不尽力服务，于儿童福利，尤极重视。当江浙齐卢战争之时，战区居民，流离失所，特组救护队，在战区救护儿童、婴孩出险，为数颇巨。一·二八之役，复受苏人士之委托，办理救护事宜，收养儿童。并在收容所内设立儿童临时学校，教养兼施。此犹系临时工作。至于固定事业：如（一）在苏州妇女教养院内设立星期幼女讲习会每星期举行讲演一次，以期唤醒幼女觉悟，并灌输应有常识；（二）利用儿童星期例假，组织星期学校，授以相当智识（知识）；（三）在游民乞丐习艺所内设立福音会，对一般童年乞丐，教以识字，并以娱乐演讲等感化其上进；（四）择定平民区域及棚户猬集之处，设立儿童义务学校多所，便利一般无力入学之儿童，得受相当智识；（五）每届暑期开办夏日儿童学校，使在假期中不致荒废学业；（六）庆祝儿童节，已举行二届，每届到会儿童千余人，表演游艺。赠送纪念章，藉以引起儿童兴趣；（七）自一九二九年设立蒙养院二载后，因经济缺乏，以致停顿，现正计划续办中。余如婴儿健康比赛、沐浴、种痘、暨儿童演讲竞赛会等等，每年均分上、下学期举行，以期引起社会注重儿童健康，并发扬儿童学识。至于常年送诊给药，其中尤以婴孩及儿童求治为多。本社对于儿童读物，设置独多，陈列图书室，供应阅览，补助儿童课外参考。再本社与当地贫儿院、妇女教养院、育婴院各慈善机关，本合作互助之精神，早经联络。近复蒙育婴院之邀，参加该院设计委员会，此皆本社服务儿童工作方面之大概情形也。

松江育婴堂概况

张伯初

　　松江育婴堂在清康熙间，初建于白龙潭，重建于水云亭，均不久废止。嘉庆十四年，郡人杜昌意等捐资四千缗为基金，后购置房屋一所（即今之堂址）重建婴堂，翌年工竣。即订定规条，开始收婴。道光时复增订条文，并购堂之河西醉白池屋为征租处。咸丰十年至同治元年，松城屡遭兵燹，堂务因之停顿。七年，郡人仇炳台重定规条，恢复如旧，阅时既久，又形废弛。光绪十一年知府时乃风谕饬清查，并延聘公正士绅，悉心整顿，办理二十余年，堂产日增，堂务日上。三十二年，开办蒙养院。至民国五年改为幼稚园。宣统二年，于堂东兴建巨厦，添设孤贫儿院，后命名广育院。民国九年，增设第二幼稚园。十二年，增设第三、第四、第五幼稚园。十三年以第一幼稚园，附设于广育院，其他幼稚园改称平民小学。年拨经费一千二百元，委托松江县教育局代办。

　　育婴堂办理事业现有男女婴孩约九百人，留养本堂者，恒在六十名之数，余皆外领，谓之外育婴孩。有接婴分堂三处，一在华阳桥，一在天马山，一在亭林；有发婴分局一处，在张泽镇。近年松江袜厂增多，附近妇女，做织袜工作收益较多，故领婴者少，因此张泽方面，发婴有突飞猛进之势。枫泾育婴事务委托松善接婴堂办理。每月四日，由本堂派员前往发粮，每名月给二元，现有婴孩八十名。

　　本堂设总察一人，察婴九人，除张泽方面每月轮派二人前往外，分七路考察每月考察四次，将其结果，报告于总察。总察每月抽察一次，报告司婴册。本堂设有人工营养室，备有婴床十副，每副二孩，为救济乳妇不足时之用。常备代乳粉以为营养，雇有女佣四人至六人，专司喂哺。婴孩之患有残疾者，无人愿领，留在堂中，特设残废部一所。现有残废男婴十五人（女婴仍留内堂）。设管理员一人管理之。

　　堂内聘有西医一人，常川检查诊治；看护二人，受医师之指挥，随时注意婴孩保育及乳妇清洁卫生事宜；中医二十人，诊治外领婴孩；并设药房一所，备有各种婴孩药品，由总察经管。每年春、秋二季，施种牛痘，年计二千余名。育婴堂附设之广育院专以教养苦儿，常年经费洋八千元。又全节堂贴嫠子教养费一千元。本院学生除通学生外，额定八十名。支配松江三十二名，奉、金、上、南、青、川六县，各八名，供给衣、食、住及书籍等。全节嫠子额定二十名。

福建泉州开元慈儿院概况

叶青眼

　　本院院址在福建泉州开元寺内，于民国十四年，由开元寺住持释转道、现任中国佛教总会会长圆瑛法师、释转物三人及当地人士所创办。经有十年历史，于民国十八年间，经教育厅许可立案，目的专在收容一般无依孤儿，兼施教养。学生名额，初由五六十名递增至有一百六十余名。每年开支，亦由五六千元增至一万三四千元。本院组织，以董事会为最高机关。因地理上关系，分海内外董事部。海外有新加坡、马六甲、槟榔屿、仰光董事会；海内有内地责任董事会，彼此共同负责，筹措经济及综理一切院务。近年因南洋商况不佳，海外各董事会，力难兼顾，经济来源，大部份由内地董事会设筹。加以去年九月间，院舍回禄，闽变之时，院产房屋又遭焚毁，损失达二万余元，一面筹建新院舍，一面维持现状，颇感困难。最近由新加坡董事会函新加坡商会，呈请福建省政府拨款补助，经荷批准，令教育厅酌核补助，现正等待教厅批令。本院内容原分教、养、工三部分，教学方面，系依照教部小学课程办理，与普通小学相同。养务方面，一切生活费用如饮食、衣服、卧具以及疾病时医药，均由院中供给，故名为学校，俨同一大家庭，有教职员，又有保姆医生。工艺方面，向来设有裁缝、制鞋、藤竹、裱褙、映像各科。因学生年龄幼少，试办窒碍，不克成功，故现在只除映像外，各科均已停止，唯专致力课内外园艺劳作。院有二亩许园艺场所，试验以来，成绩颇好，学生卒业，经有五届。除在南洋内地实习工商业外，亦有一部份优秀者设法助其升入省立乡村师范各校。学生在院，因各有训练，故出院后，尚能守分耐劳也。

绍兴县救济院育婴所、孤儿所概况

孙庆麟

本院育婴所于民国十八年三月改组成立；孤儿所于民国十九年七月改组成立，由育婴所兼办，附设于育婴所。全年收入二六三五六元，支出四〇七八七元，不敷一四四三一元。收养总数计内养乳婴六二名、领婴四八名、孤儿六五名，外养乳婴四六七名、领婴三〇九名、贴养三八名，共计九八九名（本年八月份人数）。外养乳婴每名每月乳资二元八角，领婴每名每月工资一元五角，贴养每名每月工资一元五角。健婴分别食量，按时乳哺，并以代乳品补充之。病婴送入疗养号分别疗治，除时时举行清洁检查及体格检查外，每逢春秋两季，各举行婴儿比赛会一次，邀请各界人士评判给奖，以激励乳妇。对于外养乳领婴，除按月派员分头调查状况外，并于每月终发放乳领资时，检查婴儿之照相及肥瘠。孤儿之平时衣食卧起，并洗濯补缀等事，悉由领妇管理领导之。其余非星期及假期，均由各部级任教师及值日教师领导之。凡年在六岁以上者，入初级部；六岁以下者，入幼稚园。经初级毕业或过于身体较大者，入缝纫部。每月常作短距离之旅行，并时举行团体或个别训话。人民讨领子女者，经调查合格后，概予给领。年长孤女，则为之择配成家。内养孤儿，除缝纫手工，必须学习外，并另习理发，以图自立。对于残废孤儿，则均送入残废所附设之盲哑校肄业。

中华儿童学会概况

吴涵真

中华儿童学会，于五月十日由港政府批准立案。为手续便利起见，先组织一筹备会进行各项事宜，迨六月十一日诸事就绪，宣告正式成立。当时基本会员十一人，会址九龙弥敦道五四八号二楼。征求会员一事，本会非常严格，极端注重质的方面，不注重量的方面，故到现在仅得会员卅余人。成立一月，即创办一中华儿童书院，惟是本会会员多属教育界中人，各有本身职业关系，不能注其全力以办社会事业，进行未免迟缓耳。

上海市儿童幸福委员会概况

钱弗公

上海市儿童幸福委员会系播种于廿二年之儿童节，成立于同年九月。当廿二年儿童节上海市各界代表举行庆祝大会时，鉴于儿童幸福之促进，儿童事业之实施，须有永久团体主持之必要，乃有组织本会之计议，并即推定教育、卫生、社会、公安四局负责筹备。迨至九月，规模略具，正式宣告成立，并聘市长吴铁城为会长，教育局长潘公展为常务主席。

本会组织：于会长之下，设常务委员会，委员七人，每月开会一次，负主持会务之责，而由常务主席总其成。常务委员会之下，复设儿童事业、儿童健康、儿童研究及儿童保障四部，各设主任一人，委员若干人，秉承常务委员会分任各部工作之进行。

本会工作范围，限于上海一市。经常费用，由市政府按月拨给一百五十元，事业费则随时需用，随时募集，并无的款之收入。至本会事业可分儿童幸福之促进及儿童事业之实施两大部份。前者指儿童幸福之提倡，偏重于宣传方面，如播音演讲之举行、家庭教育讲座之设置、儿童年之提倡、儿童节之庆祝以及其他文字之宣传等均属之；后者系指实际举办之事业，如第一托儿所之创办、儿童图书馆之设立、儿童晨报之出版、儿童园游会之举行、模范儿童之选举、流浪儿之救济等等，均系荦荦大者。

至于未来计划，摘要言之有如下列：（一）筹设劳动托儿所，所址以确定在蓬莱路近泮坊，现正从事修饰房屋；（二）筹设儿童电影院，拟与电影协会合办；（三）出版家庭教育讲座月刊，与家庭工业社合办，一切已筹备就绪，定于廿四年元旦创刊；（四）编著《儿童幸福丛书》，第一种《中国儿童年实施法》，业经脱稿付印，不日即可出版；第二种《中国儿童年鉴》，现正着手编选，年底亦可印行，其他各种业书，亦在拟订计划，分头编辑中；（五）编选儿童读物，已具计划，正待实施。

上海新普育堂慈幼事业概况

陆隐耕

上海新普育堂创办于民国元年，承普育堂原有之名义，筹募款项，在大南门陆家浜建造新屋，收容茕独无告之男女老幼。疾病、残废、疯癫等人，免费供给其衣、食、住、宿、医药、教育。占地八十余亩，建西式楼房三十余所，收容贫民约三千人。属于慈幼一项，分育婴院、幼稚院、学校、工场、女贫儿院等五大部。凡遗弃婴儿、迷路被拐孩童、孤儿以及家属赤贫无力抚育之孩童，均可收录教养之。（一）育婴儿：分堂内留养、堂外寄养两部。婴儿之有疾病者，留堂医治之；健全之婴儿，则选合格之乳娘寄养之。现有婴儿五百余人；（二）幼稚院：现有幼稚生二百余人；（三）学校：定名正修学校，经上海市教育局立案，自小学至初中程度，现有学生四百余人，每年经费约四万元；（四）工场：儿童之有残疾或资质愚鲁者，送入工场，就其性之所近，教以工艺，如成衣、皮鞋、织布、织袜、木工等，现有学生五十余人；（五）女贫儿院现有女贫儿二百余人。

上海游民习勤所概况

吴棠

本所系前上海市公所总董李平书先生邀集地方慈善机关及各公团发起创

办，于民国十八年四月开始收容，六月十一日正式成立。组织董事会，推王一亭先生为董事长。经费来源，除上海邑庙董事会每年补助一万二千元外，余由上海慈善团拨给，并未在外募捐，每年需用约四万元左右。开办迄今，共用去银五十二万四千余元。全所占地共九十四亩余，现有房屋，分成年部与儿童部，各有宿舍、工场、讲堂、教室、膳堂、病院及职员办公室、陈列处、巡丁宿舍等处。收容游民定额八百名，现尚未足额。凡收容人有原习技能，为本所所有者，仍令学习本艺。此外则分别调查其志趣，及身体之强弱、年龄之大小，分配相当工作。现分机织、针织、印刷、缝纫、木竹、白铁、制鞋、织布、草工、糊盒、理发、园艺、洗濯、卫生、炊事、杂役等十六种。凡工作者，均有奖金，其支配方法于每月中考查其工作勤惰与优劣，分别酌给奖金。此项奖金，仍代为保管，各给存折，待期满释放时，凭折全数发给，并准其寄回家中。各科工作，均有相当余利，此项余利，自开办迄今，除拨支儿童部建筑经费一万之外，尚积存二万三千二百余元，备作扩充工场之用。幼童部分，定额三百人，现有一百七十余人。除工作外，均授以普通教育，管理方法，采辅导主义。

普益习艺所概况

黄济北

民元邑绅李钟钰等悯贫寒子弟失于教养，在上海南市车站路同仁辅元堂义冢地内划出一部分，筹款建筑，开办本所。专收十二岁至十六岁贫儿，给以衣、食、住、宿，教授工艺、书算，期以三年学成。民国三年，改隶于上海慈善团，现有艺徒一百二十人。公益分金工、藤器、缝纫、裱画、泥塑等科。经费来源：上海市政府年补助银三千元；上海慈善团年拨银四千八百元；其他如资产生息、工场出品、销售之盈余及捐款等，年约银一万六千元。经费之用途：事业经费，年支约银一万八千元；事务经费，年支约银六千元，现拟推广艺徒名额，增加工艺。

上海私立贫儿教养院概况

郭守纯

本院于民国十九年五月，由潮州郭子彬、郑培之、英人亚伯拉罕等发起成立。招收贫苦子弟肄业，学宿衣食等费，一律免收。并组织董事会筹款，充本院院产基本金。经董事会议决，不准移作他用。院址购胶州路地四十亩许为之。先建筑教室、工场、宿舍、膳堂、厨房、浴室、医院等，继筑礼堂、会客室、教职员办事室、温习室、园圃等。成立之始，只有生徒四十余人，后续增加。十三年春，因房屋不敷，乃由董事郭子彬先生捐建教室、宿舍、浴室、盥洗室等，计增房屋五幢，并增设铁木工科，添办机器。至民国十六年，学生达一百六十人。惟试办数年，所费殊巨。历届毕业数十人，多数改途，仍任铁、木工者仅三五人，感其不尽适合，乃停办铁、木两工科。附设初级中学及小学。以后另办何种职业，正在熟筹。为借增岁入计，并于院后租出地亩，商向承租人收回一部，增建楼房，业已落成出租。二十二年，中小学先后呈准市教育局立案。二十三年，小学复又奉令呈准，更名私立贫儿教养小学。所有中小学生徒毕业会考，均要及格。中学总成绩，列入甲等。在社会均有相当职业。去年将成都路院有地产，改租与上海女子商业储蓄银行。岁入骤增，乃增收学生，扩充教室，而教职员因亦增聘。惟绌于经费，屋舍未及增建，学生渐形拥挤，不无余憾！现计初中三学级小学分八个教室，并单式编制，教职员二十八人，学生共四百二十九人。

上海盲童学校概况

何子健

英儒约翰傅兰雅博士，留华多年，目击中华盲哑，确具天赋本能，因为社会所轻视，致成无依无告流离颠沛之儿童，心焉悯之！其时中国虽设有若干盲哑教育机关，但考其实际，多未能注意于启发盲人之个性及本能，不过为一变像之留养机关而已，博士乃有举办此种特殊教育之决心。惟博士系一学者，对经济殊无办法，但对此种事业之宏愿，始终不渝。经三十年之筹谋，于一九一一年，出其半生心血之积，计银七万两，组织中华盲人基金会，并派其文郎傅步兰夫妇，赴美国专习盲哑教育。学成来华。本校即于一九一二年冬，正式成立。初赁屋于北四川路底，开始招生。翌年，基金会于亿定盘路购地十亩，自建校舍。一九一五年秋落成，本校即迁入新屋。至一九二八年，博士临终遗命，将其遗产三分之一约六万两，捐为兴办中华盲女教育之基金，然感于原有之校舍，朽旧狭小，难以招收女生。因是董事会及基金会议决售去原有之基址，另购虹桥路之基地，建筑新屋。于一九三一年冬落成，即行迁入，并开始招收女生。

本校成立之初，内部组织分小学、工艺、盲人师资养成等部，至迁入亿定盘路后二年，承圣约翰大学允许，凡本校小学毕业成绩优良之学生，可免费保送该校肄业。二十年来，先后毕业该校大学部者六人，中学部者九人。及本校师资养成部二十余人，均各有相当之职业。一九二七年，因圣约翰大学变更中学制，本校即添设初级中学。是年冬，傅兰雅博士又捐购盲字符号印书机及制板机各一部，即成立傅雅印书部，除译印各科课本及其他书籍外，并发行周刊、月刊各一种。此部工作，对于统一全国盲字符号，其功效甚著。工艺部除毕业至他处服务者外，现留校者计十五人，每年制品约七八千元。盲人工作所得之工资，多者月得三十元，少者亦在十元左右，全校现有盲人八十一人。

傅兰雅博士之始愿，需办盲哑及低能儿三种学校。因于一九二六年赁屋于极司非尔路创立哑校，博士爰将江湾地基十四亩，捐为哑校基舍。惜此事手续程序未经办妥。博士即归道山，致使该校因毫无基金，前途发展深感困难。现正在组织董事会，以谋校基之巩固，现有学生□十四人。

上海福童所概况

蔡守道

本所成立于民国廿二年九月，由赵晋卿、李登辉、郭秉文夫人等发起创办，专为收容无告子遗，找寻流落丐童，施以衣食，导以技艺，期成将来有为之青年。邀集热心同志王正廷、张之江、林我将等为本所委员。组织救丐委员会，推举赵晋卿先生为会长，李登辉先生为副会长，谢颂羔先生为书记，吴筱谷先生为会计，守道则被推为总干事。继由李登辉先生慨助基地七亩，筹建所址于江湾屈家桥，承各方之赞助，遂得于二十三年秋新屋竣工，计分讲堂、膳堂、饭厅、卧室、会客室等部，即于十月一日全体迁入（惟办事处仍设北四川路横浜桥境）。丐童在所，上午读书，下午作工，现暂设缝纫、木工、园艺三科，视各童性相近者，分别教导，至其他应办事业，现亦逐渐进行。

江湾腾佩福幼园概况

郭鲍懿

腾佩福幼园，系鲍懿集少数同志，募得捐资所创办。当一·二八之役，江湾、闸北等处，闾阎成墟，死亡盈野！所遗孤子，无家可归，致优良儿童，失教失养，殊堪怜悯！此即为创设本园之动机，力谋实现者也。本年春，得李登辉博士助给基地一方，于四月兴工建筑，于六月告成，九月正式收容儿童，兼施教养，且聘有护士、庶务教员，各司专职，规模粗具，惟力薄能鲜，未能广纳孤童为缺憾耳！

上海仁济育婴堂概况

陈一清

本堂年收婴孩约八百余名，男婴居十分之一弱，女婴居十分之九强，病婴居十分之六、七。常年延聘中西医士诊断之。每年领出计五百余名，每年病殇计二百余名。留养本堂者常年计八九十名。每一乳妈哺婴两名，乳水不足时，以勒吐精辅助之。寄养在外者，常年计八九十名，每一户只准寄养一名，按旬由稽查职员调查之。

上海市佛教会慈幼院概况

关炯

　　上海市佛教会，鉴于我国多数孤苦儿童，无相当教养，或于幼时疾病夭折，或长大后流为游民，国家前途，隐忧堪虑。爰于民国二十一年十一月二十一日，创议设立慈幼院，以收养孤苦儿童，授以生活技能，俾期自立。当时推定永禅法师及李经纬先生为筹备主任，着手计划。民国二十二年一月十六日，复开会通过施行细则，并推炯为院长，开生和尚为名誉院长，决定借用闸北宝莲寺余屋为院址，积极筹备，一方面聘请教师，暨物色技师。惟经济来源，仅恃市佛教会临时筹助，并无的款，可资挹注，故一切设备，不得不因陋就简。迨筹划就绪，即于二十二年二月五日，正式开学。院生名额，初定五十名。入院时对于儿童家庭状况、教育程度及检验体格等，均经严密之调查与审核。儿童入院后，一切饮食、衣服、文具、书籍等，均由院尽量供给。开学后，将全数院生，分中、初两班教授。初级每日上课五小时，余暇之时，习作轻微之工艺作品。中级上午上课，下午作工。其工作范围，亦因设备关系，暂设缝纫、制鞋、造香三科，均请专门技师教授。活动方面，如自治会、音乐组、篮球队、兵乓队等，相继组织成立。惟感院址狭隘，而卧室及教室，光线更属不充，乃于二十三年二月，招工添建楼房六幢，于九月下旬工竣落成。计造价九千余元，统由捐募而来。现在每月经常开支，约七百元，由佛教会拨给支用。院生名额，亦扩充至八十名。设备方面，仅粗具规模，暂敷应用耳。

——原载全国慈幼领袖会议大会秘书处编：《全国慈幼领袖会议实录》，第65—104页。

中国华洋义赈救灾总会会务一览

（1933 年）

（一）本会之创始

民国九年冀、鲁、豫、晋、陕五省大旱，远近喧传，群起组织救济机关，大小不一，各自为政。乃由梁士诒、汪大燮、熊希龄、蔡廷干诸公发起，在旧都联合十四团体，成立华北救灾协会。是时驻华美使克兰氏，联合各国驻京公使，成立国际对华救灾会。嗣由该两大团体合组北京国际统一救灾总会，一时捐款踊跃，救活灾民二百四十万人。迨赈务结束，由北京国际统一救灾总会，发起纠合各地华洋义赈会，在北京开会，为保存已往所得之经验，俾适于日后应用，遂成立一永久机关，定名为中国华洋义赈救灾总会，是为本会成立之始。

（二）总会之组织

本会之工作，不限于一省一市，故其组织具有特性。由各省分会中各派代表，华洋各一人，充本会会员。每二年开常会一次，于全体会员常会时，推选会长、副会长各一人、司库二人、秘书一人，为本会职员。又就会员中公举六员，连同职员组成执行委员会，在会章所赋与之职务权限内，执行本会一切事业。至会务之执行，另设总干事一人，常川驻会，负责主持。总会办事处现有工程、农利、稽核、文牍、庶务、档卷等六股。

（三）分会之设置

本会分会，现有山东、河南、山西、湖北、湖南、陕西、江西、四川、贵州、云南、甘肃、绥远十二处，其董事由华洋人士各半数充之。又在上海、安庆、南昌各设本会事务所。

（四）办赈之原则

本会办赈之原则，以经济的方法，为大量之救济，不欲养成贫民之倚赖性，使其永堕穷途。除实行以工代赈外，平时并注重防灾工作及改善农民经济生活各种事业。但对于老弱残废疾病之人，于必要时，自当为相当之施舍。除临时急赈不计外，施赈原则如下：（甲）对灾民不以金钱空施。（乙）对灾民不以粮食空施。（丙）凡壮丁及能工作之人，皆应从事相当之工作以养家糊口。（丁）如于粮食缺乏之地，即以粮食为工资。（戊）工资应按工作单位，核实施给。

（五）防灾之计画

凡人临病而求医，不如于未病时设法防之，使不成病。故临灾而施救，亦不如于未灾时设法防之，使不成灾。盖救灾仅济一时之急，而防灾则可止未来之祸，防灾之计画，在工程方面，如水利、堤工、路工等，是为工赈。在农业方面，有籽种之改良，及农村合作之发展等事。此种施赈计画，一以维持贫民生命，一以建设公众事业，其意义甚为深远，收效之宏，固不专在防灾方面也。

（六）本会已办之工赈

本会在此十二年间所办工程，统计新筑及修补之道路，有一万三千余里，修治之河道海塘，与修理或新筑之堤岸有二千六百里，筑渠一千六百里，掘井六千余口，所费赈款共计一千零十六万元。

民国十二年本会为湖南修筑湘潭至宝庆一段公路，工程坚固，设计完善，并由本会担任养路费十年。湘民称为全省公路之模范。

民国十七年以来，陕西常患大旱。本会利用关中灾民，次第修路。现尚在建筑自西安至兰州之路，此段路程，在昔须历十八天可达，现虽尚未竣工，而路程已可缩短至四天。

本会兴修筑之水渠，以绥远之民生渠，与陕西之泾惠渠，为最大之工程。民生渠可引黄河水以灌阴山南坡之大平原，计十五亿亩。泾惠渠系修复汉代古渠，可引泾水以灌五亿余亩。

民非水不生活，地非水不生产。于无水之地而求水，非凿井不为功。本会承凿之井，在邯郸及定县一带，计砖井三千口，在鲁、冀二省十县，计井一千九百三十六口，在正定则筑蓄水池一百口。

（七）本会已办之合作

本会自民国十年成立后，鉴于消极的放赈，不若积极的防灾，认定一切凡可有益农民之设施，均有防灾的效能。遂于十二年提倡农业合作，设立委员会，筹措进行。复于十四年设立农利股，负责执行，暂以河北一省为试办区域。截至本年，承认社数达四百零八杜，社员一万一千八百六十五人。此外有未承认社五百零六社，社员一万一千三百三十二人。历年放款累计总数为三十七万零一百六十余元。其用途之统计，在农艺方面者，约占百分之三十三，如籽种草料人工等是。在农业资产方面者，约占百分之二十七，如购买农具牲畜等事。用在清理旧债方面者，约占百分之二十二。用在资助小本商业、农村工业以及其他事业者，约占百分之十六。其余百分之二，为改良农业之用。银行方面已有上海、中国、金城等三家实行参加放款。对于社员教育，每年举办讲习会并设立巡回书库，发行合作讯。十余年来，本只专办信用合作一种。自本年起，并提倡兼营运销供给业务。此外皖、赣、湘三省自农赈结束后，亦即继办合作，三省现已成立合作社二千零八十六处。鄂省之农赈，本系国民政府救济水灾委员会办理，嗣见本会办理皖、赣两省农赈，甚著成效，亦委托本会湖北分会办理，目下正由本会派员指导续办合作中。

（八）本会已办之农赈

民国二十年，长江流域洪水为患，灾情惨重，尤以鄂、湘、皖、赣、苏五省为最。本会受国民政府救济水灾委员会之委托，承办皖、赣两省农赈，先后共拨美麦一万六千八百吨，约合国币一百二十五万元，作为农赈资金。被灾各区，凡经本会调查员认为有贷放农赈必要之村庄，即指导当地农民组织互助社，当即择定安庆、芜湖、蚌埠、南昌、九江五处，设立分办事处，负责进行。半年间，计在安徽、江西二省三十七县中，共成立互助社三千六百六十四处，社员二十万零二千三百零二人。贷放赈款达一百二十余万元，迄今已收回贷款八十万二千余元。两省农事之得以迅速恢复者，农赈实与有力焉。此外湘省之农赈，亦由本会湖南分会承办，计先后贷款五十四万四千余元。农赈既竣，即续办合作。

关于农赈及合作书籍，本会先后出版者已有多种。惟有出版已久，分发无存者，兹将现存之重要者录后：《农赈说明》《农村合作社是什么》《农村信用合作社章程摘要》《农村信用合作社簿记程式》《合作讲习手册》《组织合作社的步骤》《合作讲习会汇刊》（已出八册）、《合作讯》每月一册（已出至第九十九期）。以上各书，有免费者，有定价者，惟合作社用，照章折收。

（九）款项之来源

本会创办以来，先后用款为数颇巨。除民国九年办理北五省旱灾事，由前政府以关税附加税为抵押，发行公债四百万元，交由本会分配施赈。暨民国二十年扬子水灾承办皖赣农赈及赣省工赈，由国民政府指拨美麦二万三千八百吨，折价国币约一百七十六万余元外，余数大都来自外国，其中尤以美国为最多。计美国红十字会曾捐助洋十七万余元，美国华灾协济会等团体先后捐助洋一千一百七十七万余元。民国十八年以国内公私经济，同形竭蹶。执委会议决向海外募款，爰委派专员，亲赴南洋英荷两属劝募赈款。计募得之款，总数为二十七万五千二百余元。至会中一切帐目，聘有会计师常川到会审核，每年公布一次。会务成绩，详历年中西文报告书，兹不赘。

（附件略——编者注）

——原载中国华洋义赈救灾总会丛刊（乙种第 56 号）：《中国华洋义赈救灾总会会务一览》，1933 年，第 1—5 页。

中国华洋义赈救灾总会十五周年纪念册

（1936 年）

本会简史

本会会名为中国华洋义赈救灾总会，（在办赈各省社会人士咸以"华洋义赈会"之简名称本会。）为内政部给照立案之特种慈善团体，成立于民国十年。先是民九北五省大旱，各地中外人士纷组赈团，从事救济。翌年灾情减轻，赈务告一段落。九月二十一日，北京国际统一救灾总会召集各地华洋赈团代表举行联合会议于北京（今北平），筹商赈务。到会者有北京、上海、天津、济南、开封、太原、汉口等七会代表，咸以中国灾荒频仍，赈团不相联络，救灾防灾，俱感困难。当时议决，由七团体共同组织一永久性之中央救灾机关，以便保管各团体义赈余款，统筹全国救灾防灾事宜。十一月十六日，各团体代表复开会于上海，正式通过组织中国华洋义赈救灾总会，拟定章程，设总事务所于北京，公推梁如浩君为会长，艾德敷君为总干事，负责执行会务。各地华洋赈团一律改为分会，藉明系统，以筹办赈济天灾，及提倡防灾事业为主要会务。总会成立至今时止，由七会扩充至鲁、豫、晋、鄂、湘、陕、赣、川、贵、云、甘、绥，及扬子顾问委员会分会计共十三处。

本会为一国际组织，无宗教政治之界限。由分会推派华洋代表各一人为本会会员，每二年举行常会一次，讨论会务，决定事业方针。并由常会推举不超过会员半数之社会热心士绅为额外会员，襄助会务。设会长一人，副会长一人，秘书一人（总干事兼），华洋司库各一人，悉由常会推选，任期二年，是为本会最高职员。更由常会推举会员六人，华洋各半，连同上项职员共十一人，组织执行委员会，主持会务，平均每月举行会议一次。此外并组织各种专门委办会，分负审核之责。

总事务所之组织，以总干事为其主干，分设总务、稽核、农利、工程、征募五股，执行一切会务。并在南京、上海、安庆、南昌四地，先后分设事务所各一处。

本会办赈方法，力求其合乎科学精神、经济条件。不欲使灾民倚赖成性，永堕穷途，实行以工代赈。除对老弱残疾予以相当施舍外，（一）对灾民不空施金钱，（二）对灾民不空施粮食，（三）壮丁使之从事相当工作养家糊口，（四）粮食缺乏之处以粮食为工资，（五）工资按工作单位核实施给。此为办赈原则之大概也。

防灾事业，尤所重视。盖以救灾急于一时，金钱粮食，徒滋浪费，而防灾可消弭祸患于未来。故本会自成立以还，多致力于防灾事业。于工程方面，则兴办水利、公路，修筑河堤。于农利方面，则举办合作，提倡凿井。前者属于救济防灾，后者趋重农村建设，改善农民经济。

十五年以来，所办赈务防灾事业以及赈款收支账目，逐年均有中西文报告书印送各界，以资征信。兹当十五年工作告一段落之际，特将会务一般情形综合统计附列图表若干种，向国内外之留心近代荒政者一报告焉。

本会组织系统

（略——编者注）

今后会务计划大纲

义赈会一向没有纪念过它的周年，因为平平泛泛的年年开一次纪念会，实在太无意义。今年是它的十五周年，故小有举动，用意是在结束既往，启发未来。

义赈会的已往，读者多少知道。它是救济与防灾并重的，可是拿它已往的成绩来看，它的工作是偏重在防灾一面。它所建设的道路工程、水利工程，以及指导协助的农村合作等事，都是从防灾两个字面上做出来的文章，亦就是使得它在整个乡村建设运动中，略有贡献的事业。

若说因为它办了那些事业，事实上就预防了多少天灾，无形中就减少了多少饿死的人，谁亦不敢下一论断，而且笔者敢于大胆的说，除了这五六千万元赈款直接受惠者，以及所修复之堤圩，直接受其保障之田地等，可以按图索骥估算之外。在这多灾多难之国家，它的防灾工作，九牛一毛的比例来比喻，恐怕还嫌得夸张些。所以义赈会正面的防灾工作，写在一个报告书里，或是画在一张地图上，看来虽是花花绿绿，亦有可观，但它工作的意义，实不在此。

义赈会有幸得很，得与当代的许多社会服务团体，如平教会、职教社……等，从以前的军阀混战时代做起，做了十五年，好容易造成一种风气，转变了国人的目光，鼓起了多少人建设的勇气。技术方面、人才方面，亦多少为国家预储了一些材料，可以供今日政府社会的不时之需，这是义赈会意外的收获，亦即是它最大的成功。以它慈善团体的资格，得在今日乡建中有一份子之贡献，更是它最大的光荣。

现在我们已经踏进了建设时期了。政府的努力，即以建设为依归。近年来公路的建设，水利的讲求，合作事业的推行，年年俱有显著进步。义赈会此时，与其继续旧业，再做那些从前以为必需而此后为不必需之工作，反而虚糜赈款于重复之事工，甚至紊乱系统，阻碍整个计划的进步，还不若奉行义赈会一贯的服务宗旨，另辟所以为人民服务的途径。义赈会认清这个环境，所以决定将以往的事业做个结束，对将来的会务重定方针，要借十五周年纪念的机会向社会作一报告。

义赈会此后的服务，将在三方面着力，以前偏重防灾，以后救防并重。社会团体之中，惟独义赈会设有工程人员。以前办工赈，此后有机会时，当然仍要办工赈。不过大规模的道路水利工程，经政府的多方努力完成者，已年有增加。此后义赈会将站在这些大工程与人民之间，协助人民利用这些新的设备，同时亦即扩大新建设的效用。有了国道、省道，人民还要村路；有了大的水渠，人民还要引水的小渠。此外种种费工少，需款小，政府无暇顾及，人民无力举办，而与当地人民却有密切关系的农村工程，无地无之。义赈会的工程师，此后将特别注意为人民兴办这些地方性的小工程，这是工程一方面。

对于合作事业，义赈会一下手，就取定试验态度的。在没有合作事业的地方，做些"开荒"工作则有之，但是大片段的推行，义赈会自知没有这个力量，担当不起这份责任，所以始终不敢以之自任的。至于发见新问题，草拟出方案去实地试行，因此而得到经验等等事，义赈会是极乐意做的。这种技术试验，自有它的价值，所以义赈会此后仍将集中力量向这方面做去。现时已把推广性工作交还给政府机关去办了，这是农村合作一方面。

此外义赈会将匀出一部力量，将赈济的技术多加研究。天灾流行，无岁无之。莫说建设事业尚在各方努力进行的我国，灾歉在所难免，就是建设事业早甚发达的国家，赈济亦有必要的时候。近年来美国的救济事业办得轰轰烈烈，就是明征。赈济即是一种不可避免的工作，吾们便应研究赈济的技术。义赈会前此十五年中把赈济看作次要，使得它能发展它防灾的事工，此后则打算在赈济事业多加注意。本来吾国的荒政自古就很讲求的，可是几千年来墨守成法，赈务的效率未能十分发挥。今日沿用施赈方法，还是中古时代的遗制，所以义赈会打算把施赈的技术，多多研究，使它合理化。一面训练它散在各地的人员，使得他们平时受过训练，一遇灾情即可出发。而且一到灾区，即知如何下手去拯救灾民于未死之前，好像消防队救火一样，这是救济一方面。

义赈会此后的工作方针大概如此。就是在平时为扩大建设的效用，协助人民增加生产的力量，贯澈它防灾的主张。到天灾时，要想做到能全体动员驰赴灾区，真正能从水火中去救人，充分发挥赈济的效力。

这个"三元计划"已经义赈会二年以上的考虑讨论，新近方始决定实施。以十五周年之纪念，为新旧会务方针之分野。它一向想"到人不到之处，做人不做的事"。它此后的设施，当然仍要保守着这个见解去实现。工作方针虽要随着环境略有变更，但它为人类服务的宗旨是保持勿替的。

国府提匾

本会成立十五年以来，每遇各省水旱灾荒，随时举办急赈、工赈、农赈，与医药卫生事务，以及平时在各省推行合作事业，与修路、筑堤、凿井、开河等防灾工作，不一而足。民国二十五年，五月承赈务委员会同内政部呈请行政院奖给本会普惠灾黎匾额一方，暨前总干事梅乐瑞君褒章一座、奖证一份。（图略——编者注）

不虞之誉

美国红十字会外交组副主席毕克尼尔氏：吾人以为贵会所推行关于扩大救灾计划之建设事业，系基于最合理之原则，而期于灾民所受少数之痛苦中，获最大量之永久救济者。

国联合作专家甘布尔氏：中国合作运动，自经中国华洋义赈救灾总会倡导后，努力推行，日有进步。河北省为该会首先创办合作之区，全副精神所在，成绩独冠全邦。该省农民享受合作利益亦最早，至今口碑载道，良非无因。普通慈善团体，徒务救济目前灾患，而于成灾原因之铲除，每多忽略。该会独

具远大眼光，倡导合作，力谋农民幸福，宜其声名洋溢乎全国也。（二五、六、二四，《申报》）

长江氏：西兰公路最大工程，以泾川县汭河桥六盘山盘道和华家岭山道为主要。……六盘山凿石所成之盘道，中外皆认为巨工，但完全为华洋义赈会作成，并非西兰公路之力。泾川县之汭河桥工程亦大，但其三分之二，亦为华洋义赈会所筑成。……迄今已数年之久，尚屹然未丝毫动摇。（二四、一二、二三，《天津大公报》）

《大公报》：华洋义赈会十几年来的成绩，实在值得特笔大书，因其十年来精神财力之所注，不仅是慈善的救济事业，而是有建设性的社会事业。其所办的万余处农村合作社，便是最值得称赞的工作。……其事业皆科学化，主持人都是专家，更能本一贯的精神，有组织，有步骤，继续努力这种组织与精神，应看作对于我国社会之最大贡献。各种社会事业，都应以此为榜样。（二五五、五、一六，《上海大公报》短评）

我国农村经济之复兴工作，以华洋义赈救灾总会致力最早。该会自民国十年成立后，感于救灾不如防灾，乃兴水利以防河患，筑公路以利交通，倡合作以苏民困，藉中外人士之协力同心，惨淡经营，颇著成效，而为我国农村经济之复兴工作树一良好基础。（二五、六、七，《天津大公报》社论）

上海密勒氏评论报主笔鲍维乐氏：华洋义赈总会之工作可称中国近来最满人意者。该会能使闲居无事之千余人同时均有事可干，且该会兴筑公路，实足改善国内经济之来源。该会能于内政经济混乱下，不断进行工作。去春该会在扬子流域湘省举办之堤工，即于□□骚扰之下，以非常手段为之，最足受人称道。

美国合众社访员顾汝德氏：予在中国从事新闻事业多年，对华洋义赈总会之建设工作，刻有深切印象。慈善事业本所以补塞空穴，今该会为未雨之绸缪，实具有远大之眼光。其工程师本其能力与才智，以努力服务，实堪达慈善之最终目的矣。

《纽约时报》通讯员阿宾德氏：予历年在中国各处从事新闻事业以来，得一种判断，以为贵会所事，乃最切要之工作。不特有利于中国无数贫民，即在华之各国侨民，亦可享受将来之幸福矣。

顾维钧氏：予常注意华洋义赈总会之防灾工作，极感兴趣。吾国国情虽不稳固，而该会各种建设工程，竟能推行至西南之云贵等远地，与历次年报所载之在冀鲁等省工作无异。予深信该会倘能将工作推广于各灾区，定可减少多数之民困矣。

王正廷氏：中国华洋义赈救灾总会历年之工作，堪称高尚。其所向无前之成功，早为世人所公认，亦为鄙人所钦仰不置者。鄙意救灾固为要图，防灾尤为重要。盖一为救济于已然，一为防范于未然。贵会所进行关于防灾之各种具体计划，应征求热心公益者之同意。盖此项工作既基于人道主义及国际亲善精神，自能有感动力，且具永久性也。

王景春氏：中国华洋义赈救灾总会之工作，效率极高，信誉极隆。其募集捐款有新标准，其救灾计划与具有永久性之改进工作，相辅而行，用意极善，自应得各方资助之同情。谨祝贵会努力进步，早告成功。

陈公博氏：贵会代办四省农贷，系承受前国民政府救济水灾委员会之委托，迨后水灾会结束，移转全国经济委员会接管。撰其时日，已将五年。核其基金，积有巨万。截至一月份，四省共办有互助社二七七四社，合作社六三八三社，社员共三三四九五八人。窃谓如此巨大事业，实属艰难缔造之功，千万农民隐受其福，良非浅鲜。（二五、三、三〇）

胡美氏：华洋义赈总会工作之意义，非只临危而施有限之救济，常于未灾而筹多种之方法。予得在该会湖南分会服务数年，至为忻幸。该会总会在该省所费事工，以兴筑公路及其他类似之工作，为利交通而防灾害之具，颇见效率。该会次要之工作，即为实地训练青年工程师，俾能储才以推广将来之工作，该会之进行方法殊可称科学化。

司徒雷登氏：华洋义赈总会之救灾防灾方法，早已公认为慈善工作之主要出发点。经济与道德二方，均收极重大之功效。贵会所努力之大规模训练事业，实不容忽视，其中且有许多青年工程师之实地练习，诚为中国放一异彩矣。

协和医校教授兰安生氏：鄙人深信贵会之工作，系在妥善管理之下，而所用各捐户之款项，已得大量之收获。

上海字林西报：中国华洋义赈救灾总会十五年来，时时为国民谋福利。过去曾以修渠、筑路、掘井及补助地方上同样事业，并提倡合作运动，以解决防灾救灾上久难解决之问题。该会十余年来之辛劳，足以改进农村经济，及补助政府力量之不足，并警醒全国上下一致努力发展农村建设事业。今人咸以"农村建设"为口头禅，实则是项事业，系该会首先创办也。（二三、一〇、二二）

《中国评论周报》：值此风雨飘摇，经济衰落之秋，求一机关能屹然独立，一面谋减少天灾，一面谋发扬防灾方法者，非中国华洋义赈救灾总会莫属。该会成立十有余年，其组织虽系慈善机关，然其独自开辟救灾防灾方法，谓为建设救灾之机关，谁曰不宜。（二三、二、一）

上海大美晚报：中国华洋义赈救灾总会在此工作十三年间，所收受之赈款，已达五千万元之巨，其中一千二百三十五万元专用诸建设工程，此项工程设计，较诸该会所办之救灾事业，尤足令人注意。盖该会认为，救济灾民固属迫切，而如何防灾于未来，更属非常重要。因之建设防灾，遂成该会之不二法门。此种计划，吾人曾盛称之，并希该会本其素愿，努力做去，庶能在今日及未来之中国，创占一极伟大之地位也。（二四、二、四）

英国议院顾问委员会之建议：关于退还庚子赔款案，英国议院顾问委员会曾于民国十五年，向外长张伯伦有所报告，其语如下："前有某代表建议退还庚子赔款，每年支配之数，其用于办理乡村教育与改善农村以及与此有关之举动者，应为百分之三十，而此百分之三十用于救灾及农村合作者，至少为百分之五。今请将此款交给中国华洋义赈救灾总会，办理上列两项工作。该会实为中国现今惟一之良好社团，且更无须多糜款项及重复事工，成立其他类似之社团。最可忻幸者，该会愿负责用此款项，以办理有经验之事业也。"

红十字会联合会顾问赫尔氏：贵会关于救济灾民之工赈计划，实为救灾技术中真实而永久之贡献。

第二届万国红十字会议案：民国十五年十一月，万国红十字会在日本东京举行第二届远东大会，邀请本会列席。本会执委会派梁会长如浩、周执委永治、章总干事元善三人为代表，届期前往。当于会场提出科学方法之救灾建略一篇，又在该会防灾审查会，将本会事工据实宣布，得通过一议案如下：

"中国之灾患，与远东之安危盛衰至关重要，中国华洋义赈救灾总会实为防止灾患及发扬红会精神之最良机关，用将该会赈务方案特为表扬，倘能循行不懈，足使中国境内不再见灾也。"

总会历年职员一览表

年份	十年	十一年	十二年	十三年	十四年	十五年	十六年	十七年	十八年	十九年	二十年	二十一年	二十二年	二十三年	二十四年	二十五年
名誉会长											王正廷、梁如浩	王正廷、梁如浩	王正廷、梁如浩、朱庆澜、许世英、白树仁、辛普生	王正廷、梁如浩、朱庆澜、许世英、白树仁、辛普生	梁如浩、朱庆澜、许世英、白树仁、辛普生、颜惠庆	梁如浩、朱庆澜、许世英、白树仁、辛普生、颜惠庆、梅景周
名誉副会长													赖佛来、江声	江声	江声	江声
会长	梁如浩	梁如浩	梁如浩	梁如浩	梁如浩	梁如浩	梁如浩	梁如浩	梁如浩	梁如浩	颜惠庆	颜惠庆	颜惠庆	颜惠庆	王正廷	王正廷
副会长	怀履光	怀履光	德来格	德来格	德来格	德来格、宝道	宝道	宝道	谷卓志	谷卓志	艾德敷	艾德敷	艾德敷	艾德敷	艾德敷	艾德敷

续表

年份	十年	十一年	十二年	十三年	十四年	十五年	十六年	十七年	十八年	十九年	二十年	二十一年	二十二年	二十三年	二十四年	二十五年
司库	刘芳、卢立基	刘芳、卢立基	蔡廷干、罗文余	蔡廷干、贝克	周诒春、贝克	周诒春、贝克、周永治	周诒春、周永治	周诒春、周永治	周诒春、周永治	周诒春、周永治	金叔初、步隆	金叔初、步隆	金叔初、卞纳德	金叔初、卞纳德	金叔初、傅克纳	全绍文、丹陛
总干事兼秘书	艾德敷	艾德敷、梅乐瑞、章元善（代）	梅乐瑞	梅乐瑞	梅乐瑞	梅乐瑞、章元善（代）	梅乐瑞、章元善（代）	章元善（代）	章元善	章元善	章元善、周诒春（代）	章元善、李广诚（代）	章元善、李广诚（代）	章元善	章元善	章元善
副总干事	章元善	章元善	章元善	章元善	章元善	艾德敷	艾德敷				艾德敷	黄秀峰				
名誉执行干事								艾德敷	艾德敷			周诒春	周诒春	周诒春	周诒春	
执行副干事									柯乐文							
赈务主任											贝克	贝克				

续表

年份	十年	十一年	十二年	十三年	十四年	十五年	十六年	十七年	十八年	十九年	二十年	二十一年	二十二年	二十三年	二十四年	二十五年
名誉视察干事											安献今	安献今	安献今	安献今	安献今	
名誉农学干事									敖远桥	敖远桥	敖远桥	敖远桥				
合作指导员				于永滋	于永滋											
助理干事									李广诚	李广诚	李广诚	李广诚	李广诚	李广诚	李广诚	李广诚
总务股主任															丁鼎文（代）	丁鼎文（代）
文牍股主任		朱季华	施祖镛	邹奋	方乘	方乘	吴宗屏	吴宗屏	王守兑	王守兑	王守兑	王守兑	黄涪	夏廷献		
档卷股主任		李树华	江秀炳	夏纬森	夏纬森	夏纬森	夏纬森	夏纬森	夏纬森	夏纬森	夏纬森	徐辅治	丁鼎文	丁鼎文	丁鼎文	
庶务股主任		南隐樵	南隐樵	南隐樵	李镜明	李镜明	李镜明	李镜明	徐辅治	徐宗翰	徐宗翰	徐宗翰	徐宗翰	徐宗翰	徐宗翰	

续表

年份	十年	十一年	十二年	十三年	十四年	十五年	十六年	十七年	十八年	十九年	二十年	二十一年	二十二年	二十三年	二十四年	二十五年
稽核股主任	高尔森	高尔森	郝尔□	郝尔□	吕义森	吕义森	克来满	克来满	克来满	克来满	克来满	史译宣	史译宣	季履义	季履义	季履义
工程股主任				塔德	塔德	塔德	塔德	塔德	塔德	塔德	塔德	塔德	塔德	塔德	塔德、张季春（代）	裴季浩（代）、张季春（代）
统计股主任				程则汪	程则汪	包松青										
农利股主任				杨嗣诚	董时进	唐有恒	杨嗣诚	杨嗣诚	杨嗣诚	杨嗣诚	虞振镛	于永滋	于永滋	于永滋、李在耘（代）	于永滋、李在耘（代）	
花签股主任				俞培新	李镜明	张绍珩										
征募股主任															谢安道	骆传华

续表

年份	十年	十一年	十二年	十三年	十四年	十五年	十六年	十七年	十八年	十九年	二十年	二十一年	二十二年	二十三年	二十四年	二十五年
征募股副主任															骆传华	

注：（一）总务股于二十四年八月一日成立，内分文牍、档卷、庶务三组（即以前三股所改组）；（二）名誉副会长赖佛来君于二十二年十一月三十日病故。

本会历届常会一览表

（第六次年会议决年会改为常会每两年开会一次）

会别	地点	日期	到会人数
华洋义赈机关代表会议	北平	十年九月二十一至二十二日	十四人
成立大会	上海	十年十一月十六至十七日	十四人
第一次年会	汉口	十二年一月十七至十八日	十九人
第二次年会	上海	十三年一月二十一至二十三日	二十五人
第三次年会	北平	十四年三月十二至十四日	二十四人
第四次年会	天津	十七年十一月十五至十六日	三十四人
第五次年会	归化	二十年六月十九至二十日	三十四人
第六次年会	南京	二十二年五月二十六至二十七日	二十六人
第七届常会	西安	二十四年五月十七至十八日	二十八人

历届执行委员会一览表

十年十一月十八日至十二年一月十八日	方维因、艾德敷、梁如浩、密尔士、孙仲英、章元善、梅乐瑞、劳之常、德来格、蔡廷干、刘芳、卢立基、怀履光
十二年一月十九日至十三年一月廿三日	方维因、安汝智、梁如浩、孙仲英、梅乐瑞、劳之常、曾务初、德来格、蔡廷干、韩世琦、罗文余、怀履光

续表

十三年一月廿四日至十四年三月十四日	全绍清、贝克、梁如浩、孙仲英、陶德满、梅乐瑞、劳之常、曾务初、德来格、蔡廷干、颜惠庆、韩世琦、怀履光
十四年三月十五日至十七年三月廿九日	贝克、贝乐业、余日章、吴德施、周永治、周诒春、梁如浩、渡边哲信、梅乐瑞、德来格、潘莲茹、颜惠庆、宝道、谭立德、怀履光、章元善
十七年三月三十日至十一月十六日	卞纳德、吴德施、周永治、周诒春、柯乐文、秦汾、梁如浩、渡边哲信、章元善、戴乐仁、颜惠庆、宝道
十七年十一月十七日至二十年六月廿日	全绍文、伊博恩、谷卓志、李协、周永治、周诒春、步隆、柯乐文、梁如浩、章元善、戴乐仁、颜惠庆、宝道
二十年六月廿一日至二十二年五月廿七日	卞纳德、全绍文、朱友渔、艾德敷、吉礼泰、伊博恩、步隆、金叔初、张煜全、毕雅德、章元善、冯曦、奥图尔、颜惠庆
二十二年五月廿八日至二十四年五月十八日	卞纳德、全绍文、艾德敷、吉礼泰、金叔初、林行规、栢乐五、张煜全、章元善、傅克纳、毕雅德、戴乐仁、颜惠庆、怀履光
二十四年五月十九日至二十六年常会	王正廷、丹陛、安献今、全绍文、朱友渔、艾德敷、贝克、金叔初、林行规、栢乐五、孙晋方、章元善、傅克纳

注:(一)以上各委员以姓氏笔画多寡为次;(二)退职委员与继任委员并列表内;(三)因多数额外会员任期已满,十七年三月三十日至十一月十六日各委员多由第一百五十三次执委会推选。

内政部立案　中国华洋义赈救灾总会
(China International Famine Relief Commission)

【会务】(一)筹办赈济天灾　(二)提倡防灾事业

【总会】北平东城菜厂胡同六号

　　【电报挂号】二四〇五或 Famrel

　　【电本】本德雷氏电本　教会电本　内地会电本

　　【电话】东局　三二八四　四四〇四

【驻京事务所】南京中正路程阁老巷三十一号

　　【电报挂号】二四〇五或 Famrel

　　【电话】二二六四五

【驻沪事务所】上海河南路五〇五号

　　【电报挂号】二〇一二或 Yarel

　　【电话】九一七六八

【各省分会】山东、河南、山西、湖北、湖南、陕西、江西、四川、贵州、云南、甘肃、绥远、扬子流域赈务顾问委员会

【常设分委办会】农利分委办会、合作分委办会、章则分委办会、公告分委办会、财务分委办会、设计分委办会

【组织】由各省分会代表于每次常会时推选会员，华洋各半，组织执行委员会统理一切会务。

【民国二十五年度执行委员会】（以姓氏笔画多寡为次）王正廷、丹陛、艾德敷、全绍文、安献今、朱友渔、贝克、林行规、孙晋方、栢乐伍、章元善

【民国二十五年度职员】

名誉会长：梁如浩、朱庆澜、许世英、白树仁、辛普生、颜惠庆、梅景周

名誉副会长：江声

会长：土正廷

副会长：艾德敷

司库：全绍文、丹陛

总干事兼秘书：章元善

名誉总稽核：季履义

查账员：汤生洋行

【总会分股】总务、稽核、工程、农利、征募

【刊物】参看书后《丛刊目录》

　　　　——原载中国华洋义赈救灾总会丛刊（甲种第 48 号）：《十五周年纪念册（民国十年至二十五年）》，1936 年。

中国华洋义赈救灾总会概况

（1936 年）

中国华洋义赈救灾总会职员一览

名誉会长：颜惠庆、梁如浩、朱庆澜、许世英、D.A.Brown、J.H.Simpson

名誉副会长：H.Johnson

执行委员会

会长：王正廷

副会长：D.W.Edwards

司库：全绍文、C.G.Danby

林行规、朱友渔、孙晋方、E.H.Ballon、G.F.Andrew、J.E.Eaker、Harry Jowett

总事务所

总干事：章元善

助理干事：李广诚

总务股主任：丁鼎文

农利股主任：于永滋

征募股主任：骆传华

名誉稽核股主任：Wm.Kelly

工程股代理主任：裴季浩

扬子流域赈务顾问委员会

会长：陈光甫

副会长：伍连德、朱友渔

名誉司库：张度、W.J.Keswick

名誉书记：梅华铨

名誉会计：W.W.Lockwood

王正廷、郭顺、郑莱、曹云祥、郭秉文、李登辉、梁小初

G.Findlay Andrew，R.Calder-Marshall，A.M.Chapelain，Georges Padoux，G.G.Stroebe，J.E.Baker，A.Reiss，J.B.Woods Sr.，R.L.P.Baude

上海义务委员会

会长：郭承恩

副会长：刘驭万、Agnes Roman

名誉司库：徐新六、W.J.Keswick

郑际镛、陈鹤琴、翟克恭、胡咏骐、马荫良、陆梅僧、沈体兰、施葆真、王锡蓁、杨益惠、谢祖仪、魏文彬

Rewi Alley，S.S.Beath，N. B. Doodha，E.Koehler，P.L.Moore，Mrs.H.G.Newsham，Miss J.B.Perkins，Mrs.J.B.Sawyer，P. B. Sullivan，Baroness Leonie，Ungern-Sternberg，Paul Premet，H.J.Timperley

目录

弁言

近年我国天灾迭乘，人民饥寒疾苦，颠沛流连，子不遑顾其父，夫不能畜其妻者，比比皆是！急公好义之士，悯疮痍之满目也，起而募捐乞赈，为恤患救灾之举。急则治标，固未尝不可收效于一时。若夫治本之道，首在预防，而预防之法，又端赖建设。是以本会成立之初，即力倡建设救灾之议，欲以人力之建设，谋天灾之防卫，秉此主张，努力经营者，十五年于兹矣。惟兹事重

大，非集众人之力，未易早观厥成，本会力薄能鲜，深望热心公益人士，共同
协助，俾偿所愿。兹为使各界明悉本会已往成绩及现时状况起见，特辑是册，
以供披阅。关心赈务者，幸有以教正之！

民国二十五年六月一日编者识

义赈总会重要防灾工程之费用与效果

工程名称	完成年度	费款总数	所获利益
1. 山东利津修复河道工程	民十二	$1500000	使二百方英里之良田得资垦种，二十五万之灾民得归故乡
2. 湖北石首堤工	民十四	$150000	自此石首堤外，每年增加农产二百万元
3. 赣江堤工	民十五	$200000	江口三角洲之良田，得以保护，每年可收获二百万元以上
4. 河北千里堤工程	民十五	$400000	使四百方英里之低洼地，变为良田，每年可收获五百万元以上
5. 河北大城修堤工程	民十五	$15000	使田地四万亩得免水患，共计所得收获，价值在一千万元以上
6. 河北石芦水渠	民十七	$134000	使七万亩田地得免旱灾
7. 绥远民生渠	民二十	$824000	可灌溉农田一百二十余万亩
8. 陕西泾惠渠	民二十一	$1300000	使陕西中部六十万亩田地，皆受灌溉之利
9. 河北山东掘井工程	民十至二十五	$424860	使八万亩田地得受灌溉之利，每年增加农产品四十四万三千余元
10. 江宁淳化镇水利工程	民二十四	$5000	农田六千余亩可资灌溉，每年增加农产品九千余元
11. 山东泉河疏浚工程	民二十五	$25500	每年农产品可增收八十万元

成立之经过与任务

本会成立于民国十年冬，时当华北大旱之后，国内中西人士组织之华洋
义赈团体，约有十余处，但各自为政，不相联属。翌年赈务结束，各团体代表

集会数次，共商善后，佥以欲消弭灾荒，须有事权统一性质永久之团体，从事策划，预为防范，议决设中国华洋义赈救灾总会于北平，就原有各华洋赈灾团体，改为分会，此为本会成立之始，其会务经规定如下：

（一）筹办天灾赈济

（二）提倡防灾工作

组织

本会系中西人士合组之慈善团体，绝无政治宗教畛域之分，在国民政府内政部立案，主持会务者为执行委员会，其委员名额，中西各半，设总事务所于北平。总干事之下，分设总务、稽核、农利、工程及征募五股，常川办事。山东、河南、山西、陕西、甘肃、绥远、湖南、湖北、江西、贵州、云南、四川等十二省，各设分会。南京、上海、安庆、南昌等处，各设事务所。扬子流域之赈务，设有顾问委员会，驻沪办公，除筹办江苏、浙江、安徽三省赈务外，凡扬子江流域以及华南一带，尚未设有分会之处，所有赈灾防灾事工，均由其统筹并顾。

本会组织系统

（图略——编者注）

工作成绩

本会十五年来，办理急赈及各项防灾工作，用款已达五千万元有奇，而专用于建设事业者，约占全数三分之一，计一千二百余万元。兹将业已完成之事工，择其荦荦大者，略举于后：

一、开渠——陕西渭河流域之泾惠渠，系由本会与陕西省政府合力开浚，用款一百三十万元，农田资其灌溉者，不下六十万亩。绥远、萨托两县之民生渠，兴办于民国十八年大旱之后，费时两载，西部始告完成，可灌田二十五万英亩。此外如河北省之石芦水渠，南京淳化镇之蓄水池，以及在各省所开之渠，不胜备举。

二、凿井——河北山东两省，地势高峻，连年亢旱，损失殊巨。而民九为尤甚，因倡议凿井，以资灌溉，由本会集基金，陆续贷与农民，从事开凿，先后共成五千七百二十七口，每口以灌田十六亩计，共可灌溉农田九万余亩。

三、浚河——本会以疏浚河道，可防御水灾，故从事此项工程，不遗余力，统计历年所浚，已达二百九十英里。

四、筑堤——本会历年在江西、湖北、河北、河南、山东、安徽等省，先后筑成之堤防，计长九百零四英里。

五、筑路——本会鉴于交通与防灾救灾关系之密切，故积极提倡修筑公路。在国内十四省中，统计先后筑成新路二千零二十八英里，修理旧路一千四百四十八英里。而工程最巨者，厥为西兰公路，该路横贯西安、兰州之间，为西北交通要道，共长四百八十英里，用款达五十余万元，筑成大部路基山道后，由国民政府经济委员会接造完成。他如湖南、贵州两省公路，均由本会首倡筑造，迄今车辆畅行，交通利捷，行旅称便焉。

六、合作社——本会为国内提倡农村合作社之先锋，此为社会所公认，初仅在河北一省试办，嗣渐扩展至湘、鄂、皖、赣、陕各省。至民国二十五年四月，经本会直接指导而组成之合作社共有二千八百六十五处。贷与各社之款，共达七十三万零七百五十元。其因本会合作事业，已著成效，闻风兴起者为数尤夥，农民受益殊外鲜浅。

七、急赈——本会虽竭力从事于建设防灾事业，而于猝发之水灾、旱灾，救济仍不遗余力，如收容灾民，办理平粜，及布施衣食医药等，十数年来，我国灾荒迭见，而元气犹未大伤者，本会与有力焉。其他事工繁多，不胜枚举。

施赈原则

本会事工中心，不专务消极的救济，尤注重积极的建设，所谓"建设救灾"主义是也。至其施赈之原则，业于二十年举行第六届年会时，修正如下：

一、遇有灾情发生，当地财力显然不能防止多数生命之损失，而其情形，又不适于办理工赈时，本会应办急赈。

二、本会办理急赈，应尽量采用以工代赈，从事建设工程，及短期低利贷款办法。

三、本会之主要事工，即为继续提倡及实施各种预防灾害计划，计分以下两类：

（甲）筑路、灌溉、修堤、掘井、开垦、水利等建设工程事业。

（乙）举办信用运销供给各种合作社，改善农村经济，改进农业方法，提倡家庭工业，使农民逐渐脱离困境。

四、在救灾及防灾两方面，主要责任仍由政府及地方当局负之，本会则处于襄助地位。

五、本会之赈款，应根据上列标准而加以支配，俾能收最大之效果。换言之，即欲引起当地政府及人民之踊跃参加，与负责之决心。

年捐之旨趣

我国近年灾荒迭见，防护救济，需款浩繁，本会历年赈款经费，多取给于临时捐助。但缓不济急，每有延误，且劝募频繁，虽好施之士，亦将厌倦，而灾祲严重，义又不忍坐视。详筹熟计，惟有举办年捐一法，差堪补救：即每年预筹定款，留存积储，于无事之秋，用作建设经费，以防灾患，一旦变生不测，随时拨充赈济，以拯生灵。此种未雨绸缪预为准备之法，至为美善。盖建设年有进步，灾荒自可随而减少，渐至消灭。即不幸而天降鞠凶，亦既有备无患，生命财产，牺牲自必减少，况灾荒果因建设周备而防止，急赈即可无须举办，是协助年捐非特有利于目前之建设，且可免日后急赈捐募之频繁，以视昔之临患施救，疾笃求医者，其优劣为何如耶！尚希国内外热心公益人士，共表同情，力予赞助；或慷慨输将，或勤劳劝募，庶几众擎易举，集腋成裘，本会事业赖以进行，主张得以贯澈，国计民生，实利赖之！

今后之工作计划

本会鉴于国内重要建设，既由政府负责举办，在此情势下，今后本会工作计划，自当随环境改变。今请略述其梗概：

一、促进乡村建设。本会今后之设施，拟择政府不暇兼顾而人民又无力举办之工程，从事办理，如联络乡村之公路与支路，及沟通田野之大渠与支渠等是。

二、提高合作效能。目今政府对于合作事业，倡导不遗余力，本会今后除协助政府，举办合作，同时竭其全力以从事于试验工作，俾得贡献新的经验与技术。庶几合作之效能日增，而农村经济得以渐次恢复。

三、改进急赈技术造就救灾人才。科学化之技术与纪律化之人才，洵为今日救灾之切要问题。盖施赈费用之多寡，与夫办事之迟速，全视技术与人才之程度而不同。故本会今后对于急赈技术之改进以及救灾人才之训练，自应切实注意。

义务员须知

一、我们深信赈灾与防灾，为今日中国紧要的工作，我们更深信赈灾与防灾为国人应尽之义务。因为有了灾荒，民众的生活便不能安定，其他一切的建设，都谈不到。所以为中国华洋义赈救灾总会协募捐款，乃是一种必需的社会服务。

二、我们固然需要大多数人的经济援助，并且要引起国人对于防灾工作有伟大之兴趣，及共同的赞助。我们应知国家的经济，是与个人息息相通的，如果有一方不景气，或竟崩溃，我们就要受其影响。所以赈灾防灾，直接虽是为公众，间接还是为自己。

三、我们募捐的目的，不专在少数人的大宗捐款，最希望能有多数人加入，而能年年继续不断的捐助。

四、本会印好的认捐单及防灾工作刊物，是预备大家索取的，倘然要用时，可以随时用信或电话通知，立刻送上。

五、本会捐款种类，分做四项：（一）学生捐：国币二角以上，（二）普通捐：国币一元至五元，（三）特别捐：国币十元，（四）赞助捐：国币二十五元以上。

六、本会发出的认捐单，请逐项详细填写，便利填发收据，及后来考查。

七、义务员应先在自己机关内劝募，所有同事、同学大家捐助后，再向外界推展。

八、义务员经募的捐款，必须代收清楚，连认捐单送交本会征募股。

九、本会收到捐款，立即擎奉正式收据，以作征信。

十、为便利征募起见，凡本会义务员每人填给证章一份。

十一、请各义务员积极劝募，希望在最短期间办了手续，不要超过一星期。

十二、对于募捐手续，如有不明了的地方，可随时询问本会征募股，自有明白的答复。

募捐运动之组织法

一、名誉顾问——聘请各行号总经理、工厂厂长、学校校长，担任中国华洋义赈救灾总会募捐运动名誉顾问，并与说明防灾工作之需要。

二、各机关代表——请各顾问迳派代表一人，充任特别义务员，即为该机关中募捐运动之领袖。

三、特别义务员——向各特别义务员说明中国华洋义赈救灾总会防灾工作及募捐之计划，务使了解，庶可竭力协助募捐运动。

四、认捐单——凡名誉顾问及特别义务员，均须先自填一认捐单，然后再向他人征募。

五、义务员——在各机关中，聘请热心公益者多位，担任义务员，并希先自填一黄色认捐单，至特别义务员或义务员之认捐数，各随其意，不拘多寡。

六、义务委员会——各机关在聘定义务员后，即应召集会议，协商募捐方法，一致努力进行，并宜不时集会，报告募捐情形，以资比较，而促竞争。

七、义务员之数目——如各机关人数甚多，则义务员亦须酌量加聘，俾收众擎易举之效。

八、分机关之劝募——凡在本市有分机关者，并宜聘请各分机关重要职员，担任义务员，学校则请各班班长任之。若分机关不止一处，或学校班数甚多，则于总机关中特请一人，专任指导各分机关或各班之募捐运动。

九、募捐之期限——义务员聘定后，即宜积极进行募捐运动，务于最短期限（最好在一星期内）完成之，然后再向外推展。

十、收款之办法——经募者须将所捐之款，代收清讫，连同认捐单，缴送本会，免再派人收取。

十一、认捐单须填明——凡义务员及认捐人，务请在认捐单上逐项详细填写，以便填发收据，及备事后查考。

十二、扩大募捐运动——希望辗转介绍多数同事同学，担任义务员，扩大募捐运动，俾藉群力而收宏效。

中国华洋义赈救灾总会章程及办事细则

第一条　名称。本会定名为中国华洋义赈救灾总会。

第二条　任务。本会代表各省分会处理下列事项。

一、联络中外人士筹赈天灾。

二、提倡防灾事业，惟此项防灾事业属于政府机关主管者，应秉承主管机关办理。

第三条 会员。凡经本会承认之华洋赈团俱得各派代表两人（中外各一）充本会会员，其任期为二年，或至继任会员选出之日为止。

本会于常会开会时，得举会员若干人。但其人数不得超过前项代表总数之半，其任期亦为二年，或至继任会员选出之日为止。此项会员非经另举不得即充执行委员会委员。

遇代表会员缺额时，应由原派赈团派员接充之。遇选举会员缺额时，由执行委员会选员接充之。补缺者，须与出缺者同隶于一国籍。

由以上三项方法选派人员皆为本会会员。

第四条 职权。本会有执行本章程第二条所定任务之权，遇执行时得交分会处理之，或由执行委员会会同分会处理之。

本会得制定章程及办事细则并修改之，凡由分会或其他团体或个人交与本会之赈款，本会得全权处分之。

第五条 职员。本会设会长一人、副会长一人、秘书兼总干事一人、华洋会计各一人，均于常会时以过半数之表决选定之。其任期均为二年，或至继任职员选出之日为止。以上各职员之掌职，均依同类团体之惯例行之，本会常会于办事细则内订定之。

第六条 办事员。本会得聘用义务或有薪给之办事人员若干人，办理本会会务。

第七条 委员会。本会设置执行委员会以本会职员及常会时，由本会就会员中举出之六员组成之。选任此项执行委员，以能代表多数分会为主旨，其国籍亦以华洋各半为宜，该委员会得依赋与本会任务之权限，代表本会执行一切事务。

本会为会务便利计，得设置其他常设或临时委员会，委以相当之职权。

第八条 会议。本会会议以有会员总额半数之出席，而出席者分会代表占半数时，为足法定人数。

本会会员得以书面委托他人代表出席于本会一切会议，但代表分会之会员如不能亲自莅会时，应由该分会另委代表，每一会员只能代表一他会员。

第九条 修正。本章程得以分会三分二之可决修正之，遇于常会修改章程时，须有分会三分二之出席（每一分会有一议决权），并应于开会一个月前先将修正案送交各分会。

总会办事细则

第一条　开会。本会常会每二年召集一次，于开会年度之六月三十日以前举行之，由会长及秘书订期召集。

遇有特别事项，得由会长及秘书召集特别会议。

第二条　任期。本会职员及执行委员之任期以至下届常会时为届满，执行委员缺额时，得由执行委员会延请相当人员补充。

第三条　会计。本会会计年度于每年一月一日起算。

会计支付款项应依执行委员会所核定，并由会长、总干事两人或一人副署之。

第四条　报告。常会开会时，执行委员会各项常设委员会，以及各省分会，须将前届常会开会以来经办事项编造报告书，连同业经查帐员审核之收支表册，提交常会查核。

遇有特别事项应另编其他报告书。

第五条　拨款。执行委员会拨款办赈时，只准拨交业经本会承认之各省分会，但执行委员会直接派员办赈时，不在此限。

无本会分会之省分，如遇急赈，执行委员会得酌核情形，妥慎办理。

第六条　承认新会。执行委员会遇新成立华洋赈团请求加入本会时，若核与下列各款相符，得予以承认

一、由华洋相等人数组成者。

二、所收款项除特别协商外，愿汇总解交本会，听凭本会支配者。

三、能履行本会一切议决案者。

四、其章程经执行委员会认为与本会宗旨符合者。

五、愿受本会章程及办事细则之拘束者。

第七条　法定人数。执行委员会会议以有委员总额半数亲自或代表出席，为足法定人数，每一委员只能兼代一人。

惊人的事实

一、考历史纪载，我国自西历纪元前一百零八年起，至纪元后一千九百十一年止，在此二千余年中，即有一千八百十八年，是曾发生各种重大灾荒。

二、在最近十五年中，我国因水旱等灾，所受之损失，足以偿还近百年来对外战争之赔款总数而有余。

三、在最近十五年中，我国因水旱灾，所受损失之总数，尽够偿还一切内外各债。

四、民国二十年，全国水灾之损失总数达二十万万元，超过庚子赔款总数，约四倍余。

五、民国二十年的水灾，灾区所损失之粮食，至少足以供给全上海人民七年之需用。

六、民廿三年旱灾损失总额，足以开办五百个规模宏大的纱厂，至少可收容一百万失业的工人。

七、倘以民廿三年旱灾的损失总额，用为修筑公路，至少可筑十万英里良好的汽车路。

八、倘以民廿三年旱灾的损失总额，用为兴办水利工程，如陕西的泾惠渠，绥远的民生渠，至少可筑六百个，足使一百二十五万方里的田地，不致再受旱灾。

九、我国对外贸易的入超，每年达数万万元，主要的缘因，是国内米麦棉的生产量，不敷消费，所以然者，则由频遭水旱灾，倘使灾除，必获丰收，而对外贸易自易平衡。

十、我国水旱等灾，如能运用科学方法，为预防止，必可减至最低限度，中国华洋义赈救灾总会之防灾工作，不特直接有利于灾民，间接实能促进国家之经济复兴。

荣誉一斑

一、蒋院长谈话（十七·一二·二）

……贵会于民国九年北五省旱灾一役，曾经联合中外各界募集大宗赈款，办理得法，全活甚众，成绩斐然，素所钦佩……但现在国政统一未久，百端尚在草创，而各省灾情如此之重，灾区如此之广，情势迫切，如蒙贵会饥溺为怀，当仁不让，努力进行，共抒国难，曷胜盼切之至云。

二、陈公博先生来函（三五·三·三十）

……查贵会代办四省农贷，系承受前国民政府救济水灾委员会之委托，迨后水灾会结束，移转全国经济委员会接管。揆其时日，已将五年，核其基金，集有巨万。截至一月份，四省共办有互助社二七七四社，合作社六三八三社，社员共三三四九五八人，窃谓如此巨大事业，实属艰难，缔造之功，千万农民，隐受其福，良非浅鲜。而尤为难能可贵者，贵会对于皖赣两省农贷创办之初，自行筹集办事经费十五万元，义行仁风，至堪钦佩。今承贵会将四省合作完全移交，稽之账册，考之事功，成效昭然，足资模范。除函请全国经济委员会呈请国民政府特予褒扬外，特先专函表示谢忱。

三、《上海大公报》短评（二五·五·十六）

华洋义赈会十几年来的成绩，实在值得特笔大书，因其十年来精神财力之所注，不仅是慈善的救济事业，而是有建设性的社会事业，其所办的一万余处农村合作社，便是最值得称赞的工作……其事业皆科学化，主持人都是专家，更能本一贯的精神，有组织，有步骤，继续努力。这种组织与精神，应看作对于我国社会之最大贡献，各种社会事业都应该以此为榜样。

——原载中国华洋义赈救灾总会征募股：《中国华洋义赈救灾总会概况》，1936年，第1—26页。

世界红卍字会宣言

（1935 年）

世界上人群物类，林林总总，形形色色，各以类聚，各以居别，诚万有不同之极矣。具此不同之异趣，而无日无时不共表其生存活跃之现象，以期各得其安乐和平之幸福，其性又何尝不同。乃意想与事实，往往适得其反，是何故欤？盖求之之法未尽善也。所谓尽善之法，果何云者？要在以道德为体，以慈善为用，从万有同具之性，求所以振发其相亲相爱、互助互利之精神，则所为人群物类安乐和平之幸福，乃得入乎不同而同之正轨，此世界红卍字会所以产生于今世之原由也。兹特约略述之如次：

命名：世界红卍字会（以下简称"卍字会"）之名称，果何所取义乎？"世界"二字揭示普及全球，无人、无我、无界、无域，无一切歧视之真意也。"红卍字"云者，红色取其如赤子之心，且具有光华灿烂之景象也。"卍"字则取其四围上下，无不普遍，无不圆通，运动不滞，周流不息，所以形成为天下大同之鹄的也。"会"为集合共同意志，经营共同事业之对外公开之一种表示。此为命名之所由来。

宗旨：依大纲第二项之规定，以促进世界和平救济灾患为宗旨。"和平"二字，无论任何人类，任何社会，任何国家，莫不以此为同希望之目的。然如何而使其实现，是全赖吾人之共同努力以促进之。灾患为人群物类所同感之痛苦，有有形的，有无形的，有形如水、火、刀、兵、疫疠以及困穷疾苦等类，必思有以救之济之。其无形者，更当思患而预防之，或从无形处，有以感之化之，必使灾患不生，而后人群物类得以安其安，乐其乐，尚何有痛苦之可言。此为卍字会宗旨之所由立。

工作：卍字会诞生于公历一九二二年，此十余年来之种种工作，大都无日不在救济灾患之过程中，其如历次战争，无役不有临时救济队之组织，如各省之水旱偏灾，则有各会合力筹办之临时赈济及其善后。对于国际，则有日本两次震灾之赈救（一九二三、一九二七）、南京之役（一九二七）则有英、美、法、挪、日等国侨居二百余人之救护。中俄战争（一九二九）则有边疆救济队之出发。凡此皆属于临时慈务之范围。其属于永久者，则有医院、学校、贫民工厂、育婴堂、残废院、恤养院、惜字会、因利局等。而平时之施棺、施药及冬季之粥厂、施衣、施粮等事，尤不胜枚举。另有工作报告书，无待赘述。此卍字会工作之大凡。

红卍字会与红十字会： 在卍字会组设之百余年前，有万国红十字会，其经过成绩，久为吾人所敬仰，惟十字会起源于战时之救护，故各国十字会之组织，大半隶属于陆海军之范围，故其工作亦多重于战争之救济，卍字会则以平时与非平时发生之天灾人祸，皆负救济与安全之责任。又以十字会产生于西欧，推行于东亚，卍字会欲以力求世界和平安乐之真幸福，奋勉从事，以期推及于东西各国为世界人群物类结一大善缘，此卍字会同人之职责。

卍字会之前途： 卍字会为纯粹慈善团体，其根源发生于道院，或者以为其中含有宗教之意味，不知吾人非不信仰宗教也。但不特立一宗，不拘于一教，将融会各宗教之真理，而有取夫万有同具之道德性根为其主宰。本此道德精神，发而为慈善事业，则内外一致，物我俱忘。故不分种族，不涉党派，不谈政治，为卍字会精神之所寄。窃愿与世之言宗教与非宗教者，共修共化同趋于相亲相爱、互助互利之一途，庶几人群物类之安乐幸福，可以实得，而世界亦可长保其永久和平。此卍字会前途之愿望。

以上各端，略述大要，第以卍字会成立，甫十余年，草创经营，未臻美备，又值宇内灾难频仍，奔走救济，不遑宁处。对于社会应尽之责，与世界胞与之所期望，程途尚属辽远，所望各方明达，指导而辅翼之，是所翘企。

——原载《道慈杂志》1935 年第 2 卷第 14 期。

世界红卐字会中华总会一览序

世界红卐字会为纯粹世界性之团体，不涉党派，不谈政治，不作慈善范围以外之企图，专以"救济灾患、促进世界和平"为宗旨。所以卐会自国历十一年即西历一千九百二十二年诞生以来次第于河北、山东、山西、陕西、河南、湖北、安徽、四川、湖南、江西、浙江、江苏、福建、绥远、察哈尔、东三省等省区设立分会三百一十七处，几无日不在筹划救济之中。

凡遇水火刀兵之灾，均有临时救济队之组织，不分国籍，不论种族，无不实施救济与收容医疗掩埋等工作，故在国内历十五年之久，经过八十四次之水旱兵灾，救济会员等捐款至二百一十万零八千之数，米面、衣服尚不在内。救济资遣收容伤兵、难民至八百四十万零零九百四十七人之多。

在国际，则如日本两次地震之赈救（国历十二年及十六年，西历一九二三及一九二七年），南京之役（国历十六年，西历一九二七年），有英、日、美、法、挪威等国侨民二百余人之救护，中俄战争（国历十九年即西历一九二九年）有边疆救济队之出发，函馆火灾、大阪风灾、美国震灾之赈济（国历二十二年即西历一九三三年），凡此皆属于临时慈务（其详载在一览中）。尚有属于永久者，则中华总会及各省县市乡分支会设有中学一处、小学八十四处、育婴堂十八处、工徒习艺所四处、孤儿院五处、恤养院两处、贫儿贫民习艺所三处、残废院两处、恤嫠局十二处、恤产局十四处、平民工厂三处、贷济所五十一处、医院十六院、施诊施药所一百七十五处、防疫所十一处、施棺所三十九处，共计机关三百四十三处，凡此皆属于永久慈务。

总之，无论临时永久诸慈业是由人类同具之本性，以求振发相亲相爱、互助互利之精神而谋全世界永久和平之幸福也。抑本会尤有与他公益不同者，则在本会会员不分宗教、门户，由儒、释、道、耶、回五教信徒组织而成，以归之于道。所谓道者，即惟一无二之真理也。意谓各教宗旨原在弭化人类之争宗教而分门别户，不能消减其自争又安能弥世界之争。故本会合五教而统一于道，即先从宗教去争始也，倘得世界各国共同提倡而协助之，则尤所馨香叩祷者矣。

　　　　　　　　　　　　　——原载《世界红卍字会中华总会一览》，1937 年。

世界红卍字会中华总会组织及工作概要

一、**名称**　世界红卍字会中华总会。

二、**宗旨**　以促进世界和平，救济灾患为宗旨。

三、**组织**　总会之下各省市埠县镇设分支，各会总会设董事，十五人内推董事长一人，下设总务、储计、防灾、救济、慈业、交际六部，分任职务，分支各会组织亦同，惟各部改称各股。

四、**经费**　本会经费均由会员摊认，每逢各省市县灾患发生时，即由总分各会会员分等出资，捐集十五年以来历共捐款二百一十余万，十分之九出自各会会员，其余则由会外自愿捐入，故本会从未向外劝募。

五、**设立地点**　北平西城西单牌楼拾饭寺十七号。

六、**成立沿革**　民国十年（西历一千九百二十一年），由钱能训、徐世光、杜秉寅、王芝祥、何澍、王人文、乔保衡、李佳白等发起在北平组织世界红卍字会筹备处。十一年（西历一千九百二十二年）十月，经前内务部批准正式成立，现由董事长熊希龄，及董事许兰洲、何澍、马文盛、王汝勤、王人文、夏椿年、封永修、李智真、杨圆诚等负责办理。

七、**立案年月**　民国十一年（西历一千九百二十二年）十月在北平内务部立案，十八年（西历一千九百二十九年）十月在国民政府行政院继续立案，二十三年（西历一千九百三十四年）在北平市党务整理委员会换领民字七十九号新许可证，十一月在北平市社会局续行立案，并经转呈内政部批准重行立案。

八、**分会**　历年推设各省县商埠、分支各会共三百一十七处，并于朝鲜、香港、南洋、星嘉坡等处推设分会。

九、**工作**　本会工作分永久、临时两项，临时慈业复分赈济与救济，兹将种别分列于后。

甲　永久慈业

一、卐字中学　本会中学设于北平西郊青龙桥，为各分会小学升学之所。现有三班，每班名额规定五十名，共有学生一百四十名。

二、各地小学　本会由各省区县市乡分支会设立小学，共有八十四处。自民国十一年（即西历一九二二年）迄今先后毕业者共计四千九百零三名。现有学生二百六十班，计八千五百一十四名。

三、育婴堂　本会及各分会办理育婴事业计有十八处，现抚养婴儿计一千六百六十三名。

四、贫儿习艺所　本会及分会因各地灾荒之后办理贫儿习艺所，共有四处，工徒计有二百七十七名。工业以染织木器、缝纫、革履、农具为主。

五、孤儿院　本会历年办理国内各省水旱兵灾善后，对于无父无母之孤儿设院教养，并授以工艺技能，计山东、陕西、远东等处设有五院，教养孤儿五百零九名。

六、恤养院　本会所办恤养事业分为恤养孤儿、婴儿、嫠妇、产妇、残废老人等事，于山东省烟台牟平分设两院，计恤养五百三十七名孤儿。一部分设机织、针织、织带、制履、缝纫、木工六项工业。

七、医院　本会为救济贫民疾苦，特于各省设立医院，计有十六处。自民国十二年（即西历一九二三年）迄今诊治人数统计四十八万三千四百四十四名。民国二十四年（即西历一九三五年）统计共诊治七万五千九百八十八名。

八、残废院　本会历年办理兵灾救济，所有因伤残废者特于河北、山东两省组设残废院，专事收养残废，先后共收人数计一千一百九十六名。

九、贷济所　本会鉴于农村破产，市面萧条，一般小本营生者无资生活，特于各省市县设立贷济所及因利局，计设立五十一处，以维持农村及平民生活。历年共贷出八万五千五百七十八元。民国二十四年（即西历一九三五年）共贷出九千三百七十四元四角。

十、恤嫠局　中年嫠妇无资生活，最为痛苦。本会各地分会各就其力量设立恤嫠局共十二处，受恤人数计一千三百九十九名。

十一、恤产局　孕妇生产无资，每每影响其健康。本会特于各省设立恤产局。对于孕妇特加补助，计共组设十四处，先后受恤者历年共有一千三百五十三名。民国二十四年（即西历一九三五年）受恤之孕妇计有二百三十七名。

十二、平民工厂　本会对于无业之壮丁特于河北、绥远、山东等省地设立贫民工厂，制造农器与栽绒地毯，各种毛织品，人数计有五百三十二名。对于失业之贫儿，于陕西、山东、江苏各省组设贫儿习艺所，教以工艺，使能自立。现有工作人数二百八十七名。

十三、粥厂　本会因都市贫民众多，历年在冬季严寒时每于各省市分设粥厂三十一处，并于北地各省设立暖厂以救饥寒。施粥购米统计九千一百九十七石。受赈人数统计共十六万九千三百零五名。

十四、施诊施药所　本会各省分会未经设立医院之处或设诊所及施药所，免费治疗给药统计，共一百七十五处。

十五、防疫所　防疫所专以预防天花、救治霍乱等病，本会于河北、山东、河南、安徽、山西等省组织防疫所十一处，历年救治统计二万三千五百五十名。

十六、施棺所　本会对于无力棺殓之平民施以棺木，特于各省县市设立施棺所三十九处，统计施棺六万零零四十一具。民国二十五年即西历一九三六年共施棺一千五百二十四具。

乙　临时慈业

一、救济事项

本会对于历次兵灾，总分各会联合救济队组织恪守国际战时公法之旨，驰赴战区救济，不分国籍，不论种族，无不实施救济与收容、医疗、掩埋等工作。自民国十三年即西历一九二四年以来，吾华不幸变乱迭乘，本会于此十余年间几无日不在救济灾患之中。兹将本会办理历年战事救济工作概要分述如后。

民国十三年即西历一九二四年奉直两军交讧，本会派救济队出发北平、天津杨村及榆关一带救济，并于北平、天津设立临时医院四处，妇孺收容所三处，救治受伤兵民统计三千八百五十一名，收容妇孺三千七百八十名，掩埋尸骸一千一百五十一具。未几又值苏浙两军阋墙，总会暨南京分会组队出发昆山、浏河、宜兴、嘉兴、上海、丹阳、无锡、常州、杭州，并于南京下关、镇江等处组织各地救济大规模医院、收容所二十三处，共救治受伤民兵四千九百五十六名，收容妇孺五千二百名，掩埋尸骸二千四百四十一具。

民国十四年即西历一九二五年，奉军与国民军抗战，同时闽军又袭取苏、浙、直、鲁、豫及长江一带沦为战区。总分各会共组救济队三十大队出发各地救济，并于河北、江苏、察哈尔、绥远、河南、湖北、浙江、安徽、山东等省地设立医院十五处，收容所五十八处，共救治受伤兵民十一万五千九百五十一名，收容妇孺五万六千五百十一名，掩埋尸骸五千零六十九具。

民国十五年即西历一九二六年，京汉、京奉、津浦各路线及南口等地均发生战事。在北方则组织救济队分东西两路出发，东路出发京奉沿线至榆关，津浦路线至德州。西路出发，京汉路线至驻马店一带。是年，鄂赣战事踵起，本会南京办事处联合南京、镇江、常州、上海、徐州、芜湖各会组织联合救济队，南北各省共设临时医院十五处，收容所三十二处，共救治受伤兵民十八万六千六百五十三名，收容妇孺二万二千七百三十一名，掩埋尸骸二千五百六十八具。是役也，南联队督队长王春山君暨队员伕役乘江永轮上驶，以该轮失慎，队长员伕为慈捐躯者凡四十三人。总津济及安徽各会续组联队南下，再接再厉。

十六年即西历一九二七年南北两军剧战，国军入南京，秩序未定，停泊下关，各国兵舰因侨民消息不通发生误会，向城内开放大炮二三十发，轰毁房屋及炸伤居民。经由本会派员至英舰与舰司令面洽，由本会派救济队分赴各国领事馆及金陵大学等处接护外侨，送至兵舰。计送英侨十八人，美侨一百二十人，法侨三人，挪威侨二人，日侨七十人，邮政局及侨居各地者三十余人，又兵舰食品缺乏，复经本会代购面包、菜蔬、食品等物送至该舰。是年，南京救济队及平津济联合救济队则出发南京之龙潭及杭州桐庐、富阳、衢州等处救济，安徽各会联合救济队则出发合肥等处，西北各省分会联合救济队则出发大同、绥远等处。河北、山东等省战事蜂起，总会又派队分路出发。席不暇暖，又晋军守涿州被奉军围困月余，本会要求双方军事长官允许救出难民，设立临时医院十五处，妇孺收容所共救治受伤兵民一万七千一百五十八名，收容妇孺四千九百九十八名，掩埋尸体一千五百六十名。

十七年即西历一九二八年，京奉、津浦两路线及德州、济南一带发生战事，尤以济南围城为严重，经本会与日领事磋商开放东南两门入城救济妇孺出险。是役苏、鲁、河北等省共组医院二十八处，收容所五十六处，救治二万八千七百九十二名，收容妇孺十万零五千零四十四名，掩埋尸体五百三十九具。十八年即西历一九二九年中俄战事发生，本会组织边疆救济队出发绥芬、满洲里、扎兰诺等地救济，满洲里失陷，本会救济队不分中外一体救济。

十九年即西历一九三十年，冀、鲁、豫三省以及津浦、平汉路沿线战事，总分各会组织联合救济队先后出发各战区救济，设立临时医院十二处，共救治受伤兵民十五万八千九百三十二名，掩埋尸体三千二百三十八具。

二十年即西历一九三一年，东北三省发生事变，经营口、安东、长春、吉林各会组成救济队，分别救济，又在北平设立收容所，并于沈阳设立大规模粥厂，每日就食者一万五千九百五十九名。是役共救治受伤兵民二百五十四名，掩埋尸体八百六十六具。

二十一年即西历一九三二年，上海一·二八中日战争，由总分各会共组十大队，在淞沪各地救济，设立临时医院六处，收容所六处，救治受伤兵民十七万七千九百十七名，收容妇孺十一万六千零七十五名，掩埋尸体三千零五十九具，沿京沪路线，各分会资遣妇孺共十三万五千零六十七名。是年，山东军队变乱，登莱、栖霞、掖县一带发生战事，共救治一万五千八百四十八名，收容妇孺二万零零五十名。

二十二年即西历一九三三年，热河战事发生，长城各口军事继起，总会组织救济队二十二队，东自山海关，西至察绥两省，于平津、锦州等处设立医院七处，收容所六十五处，共救治二万二千一百三十七名，收容妇孺三万零零四十九名，掩埋尸体二千六百三十具。是役也，金菩慧监理被炸殉慈，总队长陈槎济受伤。

二十三年即西历一九三四年，华南方面闽军变乱，同时绥远、包头等处亦发生战事，总分各会联合组织救济队四队出发战区救济，共救治受伤兵民九千三百六十六名，收容妇孺五千八百二十名，掩埋尸体五百九十一具。

二十五年即西历一九三六年，山西匪灾，总会联合西北各会救济队出发战区救护。旋以绥远战事发生，调往集宁、百灵庙、包头、兴和一带救济，正在工作之中。

以上共组一百三十二队，救治受伤兵民七十四万一千八百十五名，收容妇孺三十七万零二百五十八名，掩埋尸体二万三千七百十二具。

二、赈济工作

民国十年即西历一九二一年，山东利津黄河决口，总分各会共募捐款十二万，赈济灾民四万三千七百零五人。

民国十二年即西历一九二三年，河北省黄河民埝溃决，总分各会募集赈款十三万五千元，赈济灾民五万一千零五十一人。

民国十三年即西历一九二四年，日本东京等处地震，总会拨款一万元购米二千石运往赈济，共赈灾民四万零八百一十一人。是年，湖南、湖北、江西、河北、福建、察哈尔等省洪水为灾，总分各会共筹募赈款十五万三千元，赈米三千石，赈衣八百套，共赈灾民九万一千三百零八人，收容妇孺四千八百人，掩埋尸体一百五十具。旋值苏、豫、河北各省，奉直两军战事疮痍满目。由总分各会续募赈米五千石，杂粮二千石，赈衣一千三百套，共济灾民三万四千零二十人。

民国十四年即西历一九二五年，沿津浦、陇海至平津一带兵灾，总分各会共募赈米八百石，杂粮六千石，赈面七千一百三十袋，赈衣二万零九百五十套，共赈灾民六万七千四百二十五人。资遣回籍灾民八百零五人。旋值上海五卅案发生，总会拨款三千元赈恤。

民国十五年即西历一九二六年，国军北伐，河北及山海关、南口一带发生兵灾，总分各会共募集赈款一万六千五百元，赈米六百石，杂粮一万石，赈衣五千套，共赈灾民六万七千五百九十人。

民国十六年即西历一九二七年，国军进展山东、河北、察哈尔、山西，战云密布，被灾之区载道流离，善后赈济共筹赈款五万三千元，赈米六千零五十石，赈面七千零八十九袋，杂粮六千零三十石，共赈济灾民二十四万六千五百六十三人。济南分会收容妇孺四万五千三百八十一人，资遣七千五百人。是年，日本关西发生地震，总会拨发赈款五千元。

民国十七年即西历一九二八年，山东兵燹之后，全省六十余县忽遭奇旱，同时而利津黄河决口，灾情更烈。陕西省兵匪各灾迭乘，旱灾之惨尤甚于山东，甚至易子而食，折骸而炊。河北、河南两省亦因旱、兵两灾饥馑载途。总分各会协合募集赈款八万七千三百三十元，赈米一千五百石，杂粮十一万四千六百零九石，共赈济一百一十四万六千零零九人，收容四千零八十人，并于陕西、山东等省设立灾童收容所及教养院。

民国十八年即西历一九二九年，河北永定河水灾，河南匪灾，总分各会共募集一万零九百五十四元五角，赈面五百六十八袋，赈衣二百套，共赈济八千二百六十六人，移民出关就食者共一万三千八百四十人。

民国十九年即西历一九三十年，西北各省暨河南等省匪旱两灾未息，总分各会又继续筹募七万三千零八十元，赈米八百七十八石，赈衣三千七百二十三套，共资遣灾民六万五千八百零一人。同时东北、辽东等处又告水灾，本会又募集二万八千四百元，赈米五百一十四石，红粮五千一百石，共赈灾民一万八千一百零一人，掩埋尸体一百七十一具。

民国二十年即西历一九三一年，扬子江及黄河两流域，湘、鄂、皖、鲁、豫等十六省大水灾。东北各省事变踵起，难民入关避难者不下五千余万。共筹募捐款十六万八千零四十九元，共赈济灾民六十二万二千七百二十四人，资遣三十九万六千零一十五人。

民国二十一年即西历一九三二年，河南、热河、山东、江苏各省兵灾。先后兵灾尤以一·二八战事灾情最为惨烈，物质之损失，人民之死亡不可胜计。加以苏皖等省水灾之后人民之痛苦益深，同时哈尔滨滨江江流泛溢冲没房屋，人畜无算。总分各会共筹募二十一万八千三百元，赈米二十一车，赈面二万三千六百八十三袋，杂粮三千五百石，赈衣一万零六百套，共赈济三十六万八千六百七十二人，共收容三万五千七百四十一人。

民国二十二年即西历一九三三年，美国加厘佛尼省地震，总会特拨十万元由詹公使转汇美国赈济。是年，陕西关中十余县苦旱，冀、热等省又遭兵祸，四川、重庆大火，皖省合肥、六安、霍邱、立煌等县复值匪乱，而同时黄河忽告溃决，冀、鲁、苏、豫、晋、陕各省顿成泽国，人祸天灾相逼而来。总分各会合募二十八万零五百三十元，赈米二千九百石，杂粮六百三十石，赈衣一千七百三十五件，分拨国内外赈济，共赈灾民一百七十四万二千五百二十八人，收容妇孺十七万三千六百八十九人。

民国二十三年即西历一九三四年，冀、鲁、皖、苏、豫、川、湘、鄂、闽、宁夏、东北等十六省三百四十县水、旱、震、虫、风、雹各灾区域广大，灾民众多。昔分全国为五大区，由总分各会合筹十六万零四千元，分区查放，并于河南灾区办理移民工作。而江西一省遭□□扰乱，全省八十一县几于无县无灾，烧杀之惨，亘古未闻。

广昌一县白骨堆山，死亡之多，可以概见。匪灾之后，又继以水旱两灾，民不堪命。总分各会合募十六万九千九百元，连同药品、食盐、布匹、赈衣之款合计三十万元。一面办理急赈，一面从事医疗及掩埋工作，总计本年募集赈款三十七万八千二百七十一元，赈米一万一千四百八十三石，红粮五千六百石，赈衣七万二千一百二十三套，布六百匹，食盐一万斤，共赈各省灾民一百九十二万四千七百七十六人，掩埋尸骸三千零九十六具。

民国二十四年安徽省先涝后旱，灾情之广及于全省，总分各会合募七万四千元，赈面二千七百袋，查放桐城、合肥二十八县。是年，长江上游溃决，黄河两岸又告崩溃，灾连十六省区，广数千里，受灾之重较之二十年（西历一九三一年）为尤甚。长江流域被灾者为湘、鄂、赣、皖、江、浙、闽、蜀等八省，计灾区二百六十县，黄河两岸被灾者为晋、陕、冀、甘、苏、鲁、豫、察、绥等九省一百八十九县。经总分各会合力募二十二万八千五百元，分拨各区分会，查放并承美国红十字会捐助赈款五万元，经支配湘、鄂、鲁、豫、冀南及西北、东北各灾区，又募集面粉二千七百袋，赈衣四万八千五百件，共赈灾民一百二十一万九千五百九十一人。是年，夏间，台湾地震，台侨联电呼吁当由远东各会筹募五千元汇往灾区赈济。

民国二十五年即西历一九三六年，晋省匪灾之后，石楼、永和各县均被蹂躏。总分各会募款一万零四百元，择最重灾区查放急赈，共赈济灾民二万零八百十五人。

综计赈济工作十五年以来，共募赈款二百一十万零八千三百二十二元五角，赈米三万二千二百八十七石，杂粮十五万零四百九十五石，面粉四万零七百四十四袋，赈衣十三万零一百八十七套，布六百匹，食盐一万斤，赈济七百六十五万七千九百九十五人，资遣四十八万四千零六十一人，收容二十五万八千八百九十一人，掩埋三千二百六十七具。

——原载《世界红卐字会中华总会一览》，1937 年。

卍会缘起暨慈善事业概要

卍会缘起

天地不能有泰而无否，日月不能有明而无晦，世道不能有治而无乱，人类不能永久承平而无劫害。卍会者发源于道院，为纯粹之慈善团体，鉴于劫乱频仍，以多方救援者也，创始于民国十年，在北京发起，成立于民国十一年十月，经政府批准在案，历年推设国内海外分会，综计有三百余处。其宗旨以促进世界和平，救济灾患，其组织统于世界红卍字会之下，系以总主分支各会，其工作则有永久、临时之分。永久慈业，如卍字学校、医院、育婴堂、孤儿院、恤养院、残废院、印刷所、施诊所、施药所、防疫所、施棺所、因利局、恤嫠局、恤产局、平粜局、贫民工厂、粥厂等是。临时慈业，则分救济事项、赈济事项，遇有水旱疫疠等之天灾发生，则组织赈济队从事赈施；倘逢兵燹等之人患骤起，则组织救济队前往救护等是。其经费则由会内同人自由捐助，遇水旱、兵燹大患发生时，用款繁多，动至数十百万之巨，或有时向外劝募。所有卍会工作一切开支，历年均有详细表册报告公开，以昭核实。此则卍会创设缘起，暨历年来经过实在之大概情形也。

世界红卍字会中华总分各会历年经办慈业概要

兹将本会十余年来各地举办各项永久慈业及国内外临时赈救分项摘要概述于后。

一、永久恤养事项

（一）卍字中学

总会鉴于各地分会所设卍字小学校将近百处，所有毕业学生多有无力升学者，贫民子弟学业势将中辍。为培育人才及使各地小学毕业学生升学起见，乃与香山慈幼院于廿三年（一九三四年）合办三三制卍字中学一处，校址在西郊青龙桥，招收学生一百余人，初中业经毕业，一班市府会考，全班均予升学，二十六年复经增设高中，奈以事变忽起，各地交通阻塞，各生于暑假后无法返校，不得已暂告停办。

（二）卍字小学

卍会为注意贫民子弟教育，设贫民小学校，所有书籍用具概不收费，总会及各地分会自民国十一年（一九二二年）起至廿六年（一九三七年）止，次第设立者计有八十五处，分设于北京、河北、山东、山西、河南、江苏、安徽、浙江、绥远及远东，各地分会每校学生约在百人内外。

（三）卍字医院、施诊所

卍会所设医院统系施诊施药性质，内分中医西医两部，现已成立者计有总会牟平、泰安、上海、合肥等十六处，其他各省分会则多设有施诊所作医院之准备，共计九十四处。

（四）施药所

各省分会于施诊所外常年配制各项中西药品随时施舍，其设专所施放者计有八十八处。

（五）残废院

收养肢体不全或因病残废之人，其能工作者教以简易工作，并附设聋哑学校令其练习识字，北京、天津、济南、烟台、牟平皆有之，共计五处。

（六）平民工厂、贫儿童习艺所

卍会收纳当地或被灾区域贫民贫儿，延请技师教以染织等工艺，定期毕业以养成技术人才，如北京、莱芜之厚生工厂，包头之济生工厂以及烟台、泰县、曲塘、西安之贫儿习艺所均是。

（七）恤嫠、恤产局

各会为抚恤贫苦产妇嫠妇设局办理，或住局抚养或外住，按月领恤，各地分会设恤嫠局者廿处，设恤产局者十四处，但烟台、牟平两会则设于恤养院内。

（八）平粜局

各会遇各地灾歉民食不足，则办购米粮，举办平粜以救济之，各地设立者已有七处。

（九）因利局

各会多附设因利局贷与贫人小本营生，其法借给银元数元以内或铜元若干千，一月后分头无利归还各会，设有此局者计四十八处，又设贷济所者二处。

（十）防疫所

各会遇有疫症发生，则购备西药施行免费注射并附送免疫药品，各地设有防疫所者现有十二处。

（十一）粥厂

每届严冬或紧急灾荒，凡贫民无力生活者则设粥厂，以救济之总会设有粥厂二处按年举办，其他各分会亦随时随地或按年按季设立之，每年约计四十余处。

（十二）育婴堂

专为收养无力抚育之婴儿，雇保姆看护或用人乳或用牛乳，稍长入幼稚园或小学，成人后有愿领回者听之，各地分会已设立者计济南等十八处。

（十三）孤儿院

收养男女孤儿，教以工作，各会设立者计烟台、牟平、滕县、岐山、沈阳等五处。

（十四）恤养院

收养男女孤儿，教以工作，烟台、牟平均设此院，现有人数共五百八十人。

（十五）惜字会

卍总会为敬惜字纸以尊重文化，于十三年（一九二四年）联合同志组织惜字会，购置惜字箱或木制或竹制，置于通衢以便行人随手捡拾，每日派人分赴各处收取入炉焚化之（未完）（其慈业统计表容后续期登录）。

（十六）慈济印刷所

使贫民以工代赈，特设印刷所排印卍会宣传慈善之文字，已成立者有北京、济南、济宁、东北等四处。

（十七）卍字新闻及月刊

特于北京、沈阳、济南等地创办新闻或月刊，以提倡道德慈善俾益社会为主旨，所有各会振务或救济及捐款等事均由各新闻随时露布，其他如上海东南联合总办事处及各会所办之庚刊、周刊、旬刊及日刊亦复不少。

（十八）公墓义地施棺

民国十三年（一九二四年）总会因北京市贫民死亡，无力置棺营葬者时有所闻，当由大兴分会同仁集资于德胜门外购置义地，复经总会同仁施送棺木，迨至民国二十二年（一九三三年）复由总会联合各分会集资于遵化石门地方购置民地五十九亩六分，修建房屋二处凿井植柳建立公墓，埋葬因战事死亡兵民，其各地分会设所施棺者计有四十处。

（十九）冬赈

总分各会每届冬令鉴于各地贫民饥寒交迫无衣无食，除设粥厂施粥外，复募集赈款米粮并购棉衣按户施放，其南京、北京、上海、天津、济南各地贫民尤夥。每次冬赈所放赈粮数至四五十万斤，棉衣五六千套，其他文贫之救济以及贫警之赀助为数亦属不赀，此历年冬赈之概略情形也。

以上所述各项皆由总分各会历年以来成立之永久慈业，特列统计总表于后。

世界红卍字会中华总会、各地分会永久慈业统计总表

省别	卍字中学	小学校	卍字医院	施诊所	施药所	残废院	平民工厂	恤嫠局	恤产局	平粜局	因利局	贷济所	防疫所	施棺所	粥厂	育婴堂	贫儿习艺所	孤儿院	恤养院	合计
河北	一	一五	一	九	七	二		二			一		一	四	四					四九
山东		三〇	七	二三	二四	三	一	五	六	三	一九		五	八	七	七	一	三	二	一五四
河南	三	二	三	三								一	二	一	三					一八
江苏	四	二		一三	一四			一		三	五	一	一	三	五	三	二			五七
浙江		一		二	二									一						六

续表

合计	恤养院	孤儿院	贫儿习艺所	育婴堂	粥厂	施棺所	防疫所	贷济所	因利局	平粜局	恤产局	恤嫠局	平民工厂	残废院	施药所	施诊所	卍字医院	小学校	卍字中学	类别／省别
三六				三	一	五	一		五	一					六	六	一	七		安徽
一																一				湖南
一																一				福建
二																一	一			四川
六								一							二	二		一		山西
一一		一	一			二								一	三	三				陕西
二																一				察哈尔
八						一								一	一	三		二		绥远
一四三		一		五	一九	一五			一八		六	三		三	二四	二六	三	二二		东北
一																一				香港
四九五	二	五	四	一八	三九	四〇	一三	二	四八	七	一四	一二	三	五	八八	九四	一六	八五	一	统计
																				附记

二、临时赈救事项

本会办理临时赈救事业复分救济与赈济及国内与国际分别详列于后。

（甲）国内之救济

（一）救济队之开始　民国十三年（一九二四）直奉失和，京津、榆关及江浙两省先后发生战事，首由本会及南京分会公同组织第一第二两救济队，分途出发昆山、浏河、宜兴、嘉兴、上海、丹阳、常州、杭州、京津、榆关、杨村等处救护，并于北京天坛、南京下关、天津、镇江相继设立临时医院。共计两队治疗伤兵七千余名，收容伤兵八千余名，掩埋死尸三千余具，其各处分设收容所五十余处，收容妇孺两万五千余名口，旋因战事停止随之结束，此为卍总会成立救济工作之肇始。

（二）长江一带及直鲁豫战争之救济　民国十四年（一九二五）长江一带及直鲁豫各省战事发生，本会联合各会合组救济队三十队之多，分途出发各战区实施救济工作，此役共计救护伤兵难民十一万五千九百余人，掩埋死尸五千余具，收容妇孺五万余名口。

（三）南北战争之救济（一）　民国十五年（一九二六）赣鄂、京汉、京奉、津浦各路及南口之役，本会就上年所组之队分组东、西、南三路联合救济队。东路由京出发，榆关、德州一带，西路至驻马店一带等处，南路由南京联合南会所组之救济队分赴九江等地从事救济。计平汉方面救护伤亡及难民十八万六千六百五十余人，南口附近掩埋死尸一千六百余具，医治伤兵病民一千余人，北平收容难民一万二千六百余人。本年十月南联救济队出发九江救济在浔遇难以身殉慈者，计有队长王春山及队员夫役等四十人之多，各员夫等为慈捐躯其精神固虽死犹生永远存在也。

（四）南北战争之救济（二）　民国十六年（一九二七）战事日益扩大，南北各省区无一不在水深火热之中，南方军占领湘鄂，沿江而东也，长江流域战云弥漫。平津济联合救济队于上年十二月，南下到南京至杭州桐庐、富阳、衢州一带，折回南京会同南宁救济队出发江宁镇秣陵关一带救护伤兵难民，共有一万五千二百五十余人，不幸而有外舰炮击南京之事（见另条）。皖北联合救济队自上年至南京嗣折回迄于苏之徐州、鲁之济宁。西北联合救济队出发京汉路救护，因交通梗阻留滞郑州六阅月，回平后复驰赴大同、绥远等处办理救济事宜。皖之合肥围城月余由芜湖、巢县、柘皋、蚌埠联合救济，又龙潭之役有上海、镇江、南宁各队出发救护，共设立临时医院七处，合肥收容伤兵四千余人，掩埋一千五百余具，龙潭医治伤兵一千八百六十人，实施掩埋共计三千二百五十六具。

（五）南京外侨之救护　民国十六年（一九二七）三月下旬正当南北军剧战之际，南京秩序未定，突于二十五日下午三时停泊下关江面，各国兵舰因侨民消息不通发生误会，向城内开放大炮二三十发，轰毁房屋及炸伤居民甚夥，人心惊怖不可言状。城内外商民纷纷请卍会设法解救，并由下关司令部函请以慈善团体资格出为和缓，当由江宁分会会长许君佛明带同救济队长刘志，译员萧成之、黄殿英各执卍字旗至江干，向外舰作旗语表示要求停炮，至再三危险，不堪言状，乃卒以卍会救济队员之毅然无恐方得中止发炮。旋由英舰派船接往面洽，英舰司令提出条件托为转送当局，适当局亦备有致外舰公函六件托为转送英舰。次日当局派代表至南京分会约同陶席三会长偕往下关，会同许树璋会长率救济队齐至江干仍作旗语，即由英舰派船来接同见英舰司令，当局代表声明道歉，意允为派兵保护，其交涉则归政府办理。英舰司令要求即日将城内外所有各国外侨悉行送至兵舰，当由陶许两会长应允，由卍会护送。旋即登岸率南宁救济队会同京津济救济队，郝静存总队长亲率队员夫役雇用汽车、马车、洋车多辆，分往各国领事馆及金陵大学邮政局接护外侨陆续送至兵舰，计护送英侨十八人，美侨百二十人，法侨三人，挪威侨二人，日侨七十四人，邮便局及侨居各地者二十余人，共计二百五十余人。越数日英舰司令又函卍会云，舰上缺乏食品请求援助，卍会一本人道观念并得地方当局许可，即行派人代购面包数百磅及一切菜蔬食品送至该舰，而各国兵舰官员兵士以及各方人士对于卍会救济任务不分中外极致感谢之意。

（六）涿州围城之救济　民国十六年（一九二七）晋军坚守涿州，自九月十六日起至十七年（一九二八）一月八日始行解围，共百二十余日。总会及固安分会共组两救济队出发东、南、北三部，一面在西河村、莲池村、范家坡、徐里营、沙坎村、大小吴村、杨家分设妇孺收容所十余处，收容难民三千余人。然城内居民处于围城之中食物渐绝，卍会联合各慈善团体要求双方军事长官，允许派员入城救出难民，第一次于十一月十四日推举卍会副会长孔慧航、吴德通二君入城，由枪林炮雨之中以绳系之而上外以白布蒙眼，入城后与晋军司令接洽，救出妇孺三百余人，缒城而下。迨十二月九日以城中粮食罄尽，居民咸将饿毙，由吴君偕同夏君止吉二次入城接洽和议，往返三次后始得解围，事后散放米粮棉衣及油盐煤炭等类，计用赈款一万五千元。

（七）冀鲁战事之救济　民国十七年（一九二八）北方战事未终，西则有总会及通县、固安、保定，东则有天津、杨柳青、静海、沧县各会，所组之救济队收容难民数达十万人，疗治受伤兵民人数共计一万一千二百余人，而平津济联合救济队则留驻德州一带三月之久，诊治受伤兵民一万五千八百四十五人，而天津之救济队及滦县、唐山、临榆所组之联合救济队仍在天津东一带实施救济。

（八）济南事变之救济　民国十七年（一九二八）五月三日济南发生事变，商埠居民食粮告绝，济南卍会救济队队员分赴警备地导引灾民、妇孺出埠，分住城关各收容所，并与商埠当局商洽设法接济埠内居民食料、饮料。至九、十二日情势紧张，城内居民困于危城中，卍会以慈善团体名义，一方与日领磋商让出南门、新东门，一方商请南军司令开放东南两门以便救护难民出险，双方认可，适于十日夜南军退出，卍会当即派员入城办理救济事宜。计自五月一日起至十五日，共掩埋死亡五百余具，医治伤兵一千五百余人，临时收容难民二千余人。嗣后会同各团体备给衣服食品护送徒手南军九百余名，由青岛附船回沪。一面电知沪会接待资遣，此次变出非常，商民歇业，一般贫民饥不得食，适前由奉、吉、黑、热四省慈善会运存未放赈粮七千余包，比由济南分会就近散放急赈。一面分函鲁省各分会支配，每县千包或五百包，由各分会派员运往散放，并由总会两次遣派赈济慰问团，由海道转青前赴济南并携带捐助赈款，分别死亡受伤及房屋被焚者分等抚恤，共计赈济洋一万二千四百六十四元。

（九）冀鲁豫战事之救济　民国十九年（一九三〇）豫鲁冀等省战事发生，首由总会联合天津、保定、济南等会组成联合救济队，出发徐州一带实施救济，嗣经南京、上海、无锡、徐州、蚌埠、德州、潍县、泰安、烟台、牟平、商邱、曲阜、兖州、滕县、邹县、汶上、马牧集、平阳、郑州、开封、临榆、察哈尔、福州等分会，或分别组织或联合组织共计二十余队先后出发各地救济，又由总会加组第一、第二、第三特别救济队沿津浦、平汉一带救济，总计救济治疗伤病兵民十五万八千余人，掩埋三千数百余具。

（十）东北事变之救济　民国二十年（一九三一）九月十八日沈阳发生事变，卍会因见死亡暴露，由东北主会组织掩埋队，分头掩埋四百五十余具。未几，长春各会亦均派队赈救，共救济伤兵百余人，掩埋尸体二百零七具。卜奎、滨江两会则组织联合救济队赴前方救护伤兵八十九人，掩埋军民尸体二百〇六具。沈阳经此事变，市民逃避，所余者皆系赤贫，沈卍会设立粥厂每日就食者一万五千余人，并由总会组织东北慰问团赴沈长一带慰问，并在平设所收容入关难民。此关内外各卍会救济东北事变之大略情形也。

（十一）冀南战事之救济　民国二十年（一九三一）夏间，奉石发生冲突，总会会同津会组织总津联合第一救济队出发，保定城内设收容所四处、诊疗所二处，嗣由保会组织救护队担任后方一切救护事宜，总津第一队则赴保定南方实施救济并放急赈，此役收容妇孺四千余人，治疗军民一千余人，掩埋尸体二百三十余具，此外尚有西北、东北、济南、鲁西所组之第二至第六各队，均因战事结束中途折回。

（十二）上海事变之救济　民国二十一年（一九三二）一月二十八日，日军与上海第十九路军发生战事，延至一月之久，嘉定、泰仓、昆山、青浦等县皆为战区，损失以千万计，军民死伤无数，诚浩劫也。上海卍会联合沪上各善团竭力救济，并由各地卍会为经济上之援助，组织东南联合救济队九队，由江乾六、陈槎济诸君率领分赴前方实施救济、掩埋等工作，又在各处设立医院收容所各六处，各所收容二万六七千人，每院治疗或八九十人或二三百人不等，并掩埋尸体二千余具。又由总会组织东亚救济队由封聿端、曹珩原两君率领南下，赴苏州设所治疗，每日就诊者三百余人，并在太仓、昆山一带救济难民数千人，迨战事平定，派队赴各处掩埋尸体千余具。统计各处被救治难民约十七万七千九百十七人，收容二万三千余人，掩埋尸体三千余具，并放急赈一次。总会因各救队数月辛劳，乃推任惟登、封聿端二君携带纪念章及稿品多种，亲至苏浙加以慰劳。沪上中外人士见我卍会不避危险，努力救人，规模宏大，成绩昭著，均为人所难能，莫不同深钦颂卍徽飘扬，大有一日千里之势。此总分各会救济上海事变之情形也。

（十三）胶东兵灾之救济　民国二十一年（一九三二）秋胶东一带刘军与省军冲突，掖城被围，总会特联合胶东各会组织胶东联合救济队四队，于八月二十三日分赴登莱青一带相机救济，并在掖县、莱阳设收容所二十余处，收容难民三千七百余人，治疗二千一百余人，赈济难民一万余人。嗣因救队不敷分配，又由莱阳分会加组二队分驻莱城，设收容所五处，收容难民二万余人，复施放急赈并由总会拨助赈米二百包，赈衣六千套，运赴灾区散放，青岛分会亦组队参加，共救济难民三万五千八百余人。

（十四）扩大救济　民国二十二年（一九三三）榆关事变，滦东、平北、热河等处同时均有战事，总会当即联合南北各会组设监理部，于总会先后组织救济队二十余队，分赴各战区实施救济，于平、津、察设立后方医院五所，收容所四十余所，并设立监察队以巡视各队工作，运输队以运送难民、伤兵，迨至协定成立，始告结束。此役共治疗伤兵四千五百余名，收容各地及入关难民妇孺十万余口，掩埋尸体三百六十余具，并于遵化组立公墓，救济期间，救济队监理金菩慧在石匣驻所被炸殉慈，夫役李荣福同殉，督队长陈槎济、夫役陈富庆均受伤医治半年始愈，卍会救济队勇毅精神永垂不朽矣！

（十五）平北方吉战争之救济　民国二十二年（一九三三）秋扩大救济之后，平市西北战事发生，昌平、怀柔一带灾民纷纷逃避，总会组织临时救济队二队赴高丽营、小汤山、百善庄、沙河镇等处救济伤亡，运送难民，并在城郊及昌平县属之纪家窑、牛坊圈等地设收容所八处，复在青龙桥设立医院。此役共计收容难民三千余人，救治受伤兵民千余人。惟当方吉撤退之时，汤山遗留重伤官兵二百余名，经本会多方设法，始得运至青龙桥医治，又在战区放急赈一次，赈洋一千余元。此总会办理平北救济之情形也。

（十六）西北战事之救济　民国二十二年（一九三三）冬，孙军在绥西、平罗、磴口一带与宁夏军发生冲突，总会于二十三年（一九三四）一月组织华北联合救济队，由总队长王真皈、副队长叶厚临率全队员夫赴包头相机救济，并由察、绥、包各会组织联队参加。由叶队长率领赴五原、临河调查地震灾况，又由刘息珍分队长率队至延庆施诊，三路同时工作，包队在包头车站等四处设所施诊，前后共诊治兵民三千九百一十八人，设收容所一处，收容伤兵难民五千八百二十人，又在包头、五原两地掩埋尸骨五百九十余具，五原队查放五临急赈，延庆队前后诊治一千四百余人，至六月分别结束。其间队员任曜性、白万荃，夫役陈好善三人均患痧症甚重，诊治半月始愈，愈后力疾从公，殊堪嘉念。此西北救济之大略情形也。

（十七）闽省兵灾之救济　民国二十三年（一九三四）春浙闽战事发生，总会特组织华北救济队，以韩雍祥君为监理，由聂承临队长率领队员医夫南下赴沪，会同沪会所组华南救济队，分水路出发，以福州为终点，一面由总会电准军事委员会通令前方当局一体保护。华南队遵水路迳赴闽垣，华北队由陆路过杭至建平、蒲城而至延平，在该处查放急振一次，计振灾民七百五十七口，振洋一千五百余元，又分振南台三县洲火灾四百元，并设治疗所一处，诊治九百余人，华南队抵闽后设所二处，治疗兵民三千余人，又在永泰镇想思岭等处放振一千六百元，此次救济除组队外，并由各会联合组织救济队驻福办事处以资策进。此闽省救济之大概情形也。

（十八）晋省匪灾之救济　民国二十五年（一九三六）春□□自陕境渡河窜晋，晋西右楼一带，晋北静乐一带，晋南汾蒲一带受灾甚重，当由总会联合胶东各分会组织第一救济队，于四月二十四日出发石家庄，在石门女会设施诊所，前后四月有余，共诊治兵民一万零零四十八人，随在队中选择队员七人，由聂承临总队长率领赴晋参加查放急赈工作，先后公推任惟登、袁善净、王志清诸君入晋视察灾况，并由太原分会组织救济队三队，分赴灾区各县实施赈救，嗣因□□退尽，改由各队查放急赈，救济工作暂告结束。此晋省救济之情形也。

（乙）国际之救济

东北边疆之救济　民国十七年（一九二八）中俄发生战事，由总会函商东北主会，联合东北各分会组队驰往东北边疆救济，当经推苏经麟会长为总督队长，封君聿端为总队长。先由苏经麟会长至沈，与东北各会筹议救济办法，随于十月十日由封聿端总队长率领队长员夫役等先至沈阳，复与东北主会协商。由东北各会加选队长员，议定先分二组，其第一组以汪君慧沧为队长，万君济和为医队长，队员医员十人，译员一人，夫役八人；第二组以梁君立筠为队长，队员医员十人，夫役十人。先至哈尔滨再分往绥芬、满洲里等处救济，于十月二十五日驻哈尔滨，继以绥芬交通阻滞，复议改由第一组救济队先出发满洲里救济，第二组暂留哈埠办理临时医院治疗事宜。十一月十二日，汪队长慧沧率一组员役由哈出发，十三日晚抵满洲里，当与梁总司令忠甲接洽救济手续，深承前方军事当局及地方商民一致欢迎，复将我会救济主旨译成华俄合璧文字刊发传单散布，以免对外发生误会。嗣因前方战事变化，满洲里、札兰诺尔等处相继失陷，救济队遂被阻于满洲里六十余日，消息隔阂，总会闻信之始，即函请外交部转电第三国家转知俄国当局，查明本会救济队踪迹，并请认明红卍字标识，特别保护，旋奉外部复电，已电德使馆，据复称已呈本国外交部转达苏联政府查明保护等因。幸东俄和议协定，俄军退出国境，救济队始于十八年

（一九二九）一月十四日全队回哈，继以各路战事停止，救济工作告一段落，一、二两组救济队随先后返沈，分别回会。当第一组救济队之被阻满洲里也，其时，俄军飞机日夜飞翔，纷掷炸弹，并四出搜查，对于我队尚能优遇，我队于枪林弹雨之中，队长员役亦均不顾危险，遇有被炸之处，不分中俄军民妇孺，均施以治疗掩埋，共计掩埋一百五十余具，治疗军民五百二十余名。此本会东北边疆救济之工作大略也。

——原载《卍字月刊》1938 年第 1 卷第 1 期、2 期。

宗教关系慈善团体
（1941 年）

第一章　各省县慈善团体概况

一、河北省慈善团体

中国红十字会清苑分会

（会址）　清苑城内东马道。

（成立年月）　民国六年成立。

（事业概况）　办理慈善救济事业。

（管理者姓名及略历）　贾字让，年五十二岁。

（经费来源）　各方捐助。

正字慈善会保定筹备处

（处址）　清苑城内中心街。

（成立年月）　民国二十八年成立。

（组织）　主任一人，书记二人。

（事业概况）　调查灾况，设法救济。

（管理者姓名及略历）　程敏，年五十岁。

（经费来源）　由北京总会发给。

世界红卍字会保定分会

（会址）　清苑城内北大街。

（成立年月）　民国十六年七月成立。

（建筑状况）　平房十四间。

（组织）　会长下设救护、施舍二部。

（事业概况） 办理赈济事业。

（管理者姓名及略历） 康如厚，年五十七岁。

（执事人数） 三人。

（经费来源） 由会员捐助。

百善堂

（堂址） 清苑城内南马道。

（成立年月） 清光绪二十年成立。

（建筑状况） 平房三十二间。

（组织） 会长一人，名誉会长三人，副会长二人，会计主任一人，监察董事十二人。

（事业概况） 施送棺木、药品。

（管理者姓名及略历） 周幼珊，年六十五岁。

（经费来源） 由会员捐助。

保定慈善掩骨会

（会址） 清苑城内新民南街。

（成立年月） 民国二十七年成立。

（组织） 会长下设会计、文牍、庶务、交际等四股。

（事业概况） 抬埋掩骨，敬惜字纸。

（管理者姓名及略历） 李书田，年五十二岁。

（经费来源） 由会员捐助。

世界红卍字会徐水分会

（会址） 徐水县城内北大街。

（成立年月） 民国十七年九月廿三日。

（事业概况） 救灾济贫。

（管理者姓名） 赵锦章，年七十一岁，徐水县人。

（执事人数） 七人。

（经费来源） 遇事时由会员摊派。

世界红卍字会安新分会

（会址） 安新县北关。

（沿革及成立年月） 民（国）二十五年三月成立，二十八年迁移北关。

（事业概况） 成立水灾救济办事处，救济灾民及施粥。

（管理者姓名） 赵虹桥，年六十六岁，安新县人，清文生。

（经费来源） 由会员捐助。

中华圣公会医院

（院址） 安国县东关。

（成立年月） 民国二十二年十月成立。

（事业概况） 济贫救难，凡遇贫苦人治病时，可减药费并附收容年老无依或幼孤之人。

（管理者姓名） 杜扬增，现任院长。

（经费财产状况） 由圣公会发给或募集，合院房舍六十余间，每年由会拨给经费数千元。

顺义县慈善会

（会址） 顺义县公署西邻。

（成立年月） 民国五年一月成立。

（建筑状况） 建有瓦房五十九间，内有崇德祠六间。

（事业概况） 常年施棺，并设有男女义茔，专人看护，经理庙会，施粥舍茶，春间施种牛痘。遇有荒年，奉具公署委托办理赈务。

（管理者姓名及略历） 谢耕田，号子耘，年六十九岁，顺义县人，前清钦天监文生，历来服务教育界。

（经费及财产状况） 房租年入五百五十一元，地租年入七百六十八元，年支一千一百余元，盈亏概不外募。

世界红卍字会涿县分会

（会址） 涿县城内西丁市口路北。

（成立年月） 民国十四年十一月十五日。

（组织） 会长、副会长、总务股副主任、干事、储计股、慈业股、交际股主任及干事一人。

（事业概况） 施种牛痘及各种时疫药品，散放赈面，提倡敬惜字纸。

（管理者姓名及略历） 孔化中，经商。

（经费来源） 由各会员捐助。

北京正字会涿县分会

（会址） 涿县城内南大街五号。

（成立年月） 二十七年四月三日。

（组织）　董事长、总务组、储蓄组、慈善组、交际组。

（事业状况）　附设平民初小一校，免收费用，供给书籍。

（管理者姓名及略历）　李香庵，曾任小学教员。

（经费来源）　由北京总会按月发给。

涿县慈善医院

（院址）　涿县城内鼓楼。

（成立年月）　民国二十七年四月。

（组织）　院长以下分四组，事务组、会计组、交际组、西医组。

（事业状况）　每日施医施药，并施种牛痘及注射防疫针。

（管理者姓名及略历）　吴冠卿，北京求实中学毕业，曾充医院医生。

（经费来源）　基金利息及随时于各处捐募。

涿县亲民至善总会

（会址）　涿县城内鼓楼前大街一〇八号。

（成立年月）　民国二十七年八月。

（组织）　会长以下分三组，总务组、交际组、慈善组。

（事业状况）　附设初级小学一校，免收费用，供给书籍。

（管理者姓名及略历）　徐仲三，充亲民至善总会会长。

（经费来源）　基金利息及各会员募化。

北京正字慈善会良乡分会

（会址）　良乡县城内饮马井街。

（成立年月）　民国二十七年九月二十二日成立。

（组织）　会长一人，董事八人，下设总务、储藏、慈业、交际等四组。

（事业概况）　办理赈救事业。

（管理者姓名及略历）　张埙，读儒书五年。

（执事人数）　一三人。

（经费来源）　由北京正字慈善总会拨给。

世界红卍字会昌黎分会

（院址）　昌黎城内西花园。

（成立年月）　民国十五年十一月一日成立。

（组织）　设正副会长各一人，会员若干人。

（事业状况）　办理施诊救济事业。

（管理者姓名及略历）　齐仲芳，年六十三岁，前清监生，曾任县长。

（经费及财产状况）　经费由会长、会员捐助，不动产房殿三十一间。

世界红卍字会乐亭分会

（会址）　乐亭县东关。

（成立年月）　于民国十七年十二月一日成立，二十八年九月二十日奉令改为新民红卍字分会。

（组织）　正会长一人，副会长二人。

（事业概况）　救济人民灾患，每月并利用休假日讲演道德。

（管理者姓名）　周觐唐，年六十一岁，曾充本县警务所长、财政所长、参事等职。

（经费来源）　由会员捐助。

万善济慈会

（会址）　临榆县南关天元亭街。

（成立年月）　民国二十五年八月十五日成立，原名佛学研究会，民国二十七年六月改称今名。

（事业概况）　劝善济贫。

（管理者姓名及略历）　杨治世，年六十八岁，牟平人，曾任侦探长。

（经费来源）　由会员捐助。

世界红卍字会秦皇岛分会

（会址）　临榆秦皇岛高平街三号。

（成立年月）　民国十九年五月十五日成立，会址原设东大庙，民国二十三年五月十五日迁移现址。

（事业概况）　劝人向善，救济灾患。

（管理人姓名及略历）　王镇斋，年五十五岁，河北沧县人，北京汇文学校毕业。

（经费及财产状况）　每月经费一五〇元，由会员捐助，不动产房屋二十间，义地六亩。

天主堂附设育婴院

（院址）　丰润县三女河黄花港。

（成立年月）　清光绪二十八年四月七日成立。

（组织）　院长一人，副院长二人。

（事业概况）　收育婴儿。

（管理者姓名及略历）　安治平，年六十四岁，荷兰大学毕业。

（经费及财产状况）　经费由卢龙总堂发给，不动产楼房三十六间，平房二十五间，约值五万元。

私立圣若瑟工业养成所

（所址）　唐山市王谢庄前街副二十九号。

（成立年月）　民国二十七年十一月成立。

（事业概况）　教养贫苦儿童，授以谋生技能。

（管理者姓名）　劳院长，荷兰人。

（经费之来源）　由信徒捐助。

世界红卍字会唐山分会

（会址）　唐山南市街二号。

（成立年月）　民国十四年成立。

（事业概况）　常期施药及其他慈善事业之举办。

（管理者姓名）　邓埠琴，曾为农，营商。

（经费来源）　由会长、会员自筹。

世界红卍字会杨柳青分会

（会址）　天津县杨柳青。

（成立年月）　民国十七年五月成立。

（事业概况）　每年冬季散放棉衣、粮米及设立贫民工厂等事。

（管理者姓名及略历）　周旸含，年七十五岁，河北天津人。

（执事人数）　四人。

（经费及财产状况）　每月经费由会长捐助。

世界红卍字会静海分会

（会址）　静海城内河沿南街。

（成立年月）　民国十一年十月一日成立。

（管理者姓名及略历）　辛荣春，年五十七岁，河北静海人。

（执事人数）　三人。

（经费及财产状况）　每月经费三十元，由各会员捐助。

世界红卍字会宁河分会

（会址）　宁河县芦台北街六一号。

（成立年月）　民国十五年五月一日成立。

（组织）　正副会长下设总务、储计、防灾、救济、慈善、交际六股，每股设正副主任各一人。

（事业概况）　设施诊所医疗贫病，赈衣施粥，救济灾苦。

（管理者姓名及略历）　刘星台，年五十九岁，河北芦台人，业商。

（执事人数）　十余人。

（经费及财产状况）　经费由会员捐助，不动产五十一间，约值六千元。

世界红卍字会沧县分会

（会址）　沧县城内石牌坊。

（成立年月）　民国十五年成立。

（管理者姓名及略历）　徐信公，年四十九岁。

（执事人数）　五人。

（经费及财产状况）　每月经费二百元，由总会支领。

吕祖慈善会

（会址）　南皮城北街。

（电话）　十三。

（成立年月）　民国十三年二月十五日成立。

（事业概况）　办理慈善救济事业。

（管理者姓名及略历）　张宝轩，年七十五岁，河北南皮人，曾充南皮公署司法科书记。

（执事人数）　二人。

（经费及财产状况）　每月经费由信者负担。

世界红卍字会泊镇分会

（会址）　交河泊镇西大街。

（电话）　一二四。

（成立年月）　民国二十一年四月成立。

（管理者姓名及略历）　张筱轩，年五十八岁，河北交河县人，商业学校毕业。

（执事人数）　四人。

（经费及财产状况）　每月经费一百元，由会员捐助。

世界红卍字会连镇分会

（会址）　吴桥县连镇。

（成立年月）　民国十八年二月成立。

（管理者姓名及略历）　仇德元，年五十八岁，河北宁津人。

（执事人数）　二人。

（经费及财产状况）　每月经费除由会员每月纳五角外，余由总会支领。

世界红卍字会景县分会

（会址）　景县城内开福寺。

（成立年月）　民国二十三年九月成立。

（管理者姓名及略岁）　殷希禹，年五十二岁，河北景县人。

（执事人数）　二人。

（经费及财产状况）　每月经费由会员捐助。

世界红卍字会石门分会

（会址）　正定城内新华街卍字胡同一号。

（成立年月）　民国十二年三月卅一日成立。

（组织）　内部共分六股，即总务、储计、防灾、救济、慈善、交际，现因无何工作，各股未设专人，由会长及住会者兼理之。

（事业概况）　视机举办各项慈善事业，现随时赴灾区赈济。

（管理者姓名）　葛善源，年五十一岁，河北获鹿人，业商。

（执事人数）　会员四十人。

（经费及财产状况）　会址房产一所，值价二万余元，每月经费来源，恃会员会费、月费、特别捐等维持。

世界红卍字会获鹿县分会

（会址）　获鹿县潭沟。

（成立年月）　民国二十三年三月成立。

（建筑状况）　房屋三十八间。

（事业概况）　施医舍药。

（管理者姓名）　葛鉴堂。

（执事人数）　六人。

（经费来源）　由会员认捐。

平山县救济院

（院址）　平山县城内东街。

（成立年月）　民国十八年七月成立。

（组织）　院长一人，事务员一人。

（事业概况）　收容贫民，授以谋生技术。

（管理者姓名及略历）　刘子春，年四十三岁，平山县人。

（经费来源）　由县公署发给。

明德善社

（社址）　赵县县前铺。

（成立年月）　民国二十二年七月十五日成立。

（组织）　分社长及社员执事共八人。

（事业概况）　创立贫民义塾，赈济施粥，施舍棺木等。

（管理者姓名及略历）　郭冲霄，曾充本县商会会长等职。

（经费及财产状况）　由社员捐助。

中国红十字会邢台分会

（会址）　邢台南关刘家台。

（成立年月）　民国十四年春创立。

（组织）　会长、副会长各一人，理事会、监事会干事各三人。

（事业概况）　医疗、施食、施衣。

（管理者姓名及略历）　贾湘，年六十六岁，邢台人，清儒。

（执事人数）　全会会员计八人。

（经费及财产状况）　由红十字会医院收费补助。

中国红十字会清河分会

（会址）　清河县楼官庄。

（成立年月）　民国廿七年十月，汉榜受临清总会之命，募集同志成立斯会，以迄于今。

（组织）　受临清红十字会总会直辖，现本会无事务员。

（建筑状况）　事务所房三间，由楼官庄人刘大波义务贷与。

（事业概况）　普及卫生思想，兼为效济事业。

（管理者姓名及略历）　段汉榜，年三十八岁，中学卒业，习农，兼治医学。

（经费及财产状况）　由总会支付经费。

明善堂

（堂址）　磁县城内楼后道西。

（成立年月）　光绪三十年创设，迄今。

（组织）　正副主任各一人，下分印刷、售卖二部，以伙友分别担任。

（事业概况）　每年救济贫穷，施舍药品，敬惜字纸，兼印刷善书，售卖文具。

（管理者姓名及略历）　马敬斋，豫临漳县人，系素业商界之人。

（执事人数）　二人。

（经费及财产状况）　依赖营业余资，经常费平均支出每月八十五元。

十善社

（社址）　大名县 [前] 前街路东。

（成立年月）　本社初设于豫省会开封，民十七年社长贾中信旋里，遂将该社移至此地。

（建筑状况）　庄房一所，借自郭姓。

（管理者姓名及略历）　郑日升，曾充道署谘议。

（经费及财产状况）　由社员自由捐助。

世界红卍字会大名分会

（会址）　大名县城内通兴里街。

（成立年月）　创自民国二十六年二月。

（事业概况）　习坐诵经，导人向善。

（管理者姓名及略历）　张临安，前清拔贡，曾任学部京官，本县人。

（经费及财产状况）　由会员自由捐助。

世界红卍字会大名妇女分会

（会址）　大名县羊市街路西。

（成立年月）　民国廿四年，自男世界红卍字会分出创立。

（组织）　本会归世界红卍字会统辖，有会长一人。

（事业概况）　在会会员于业余来会诵经跪祷。

（管理者姓名及略历）　陈董氏。

（经费及财产状况）　由会员认捐。

二、山东省慈善团体

世界红卍字会蓬莱分会

（会址）　蓬莱县城内东南坊状元。

（成立年月）　民国十一年成立。

（组织）　通掌下设院监、文牍、会计、同修。

（事业概况）　设立粥厂，救济贫苦。

（管理者姓名及略历）　李书蒉，年六十八岁，经商。

（执事人数）　六人。

（经费来源）　由慈善家捐助。

世界红卍字会栖霞分会

（会址）　栖霞县城南关。

（成立年月）　民国十八年三月成立。

（组织）　正副会长各一人，会员若干人。

（事业概况）　设施诊所及学校各一处，办理恤婴及赈济。

（管理者姓名及略历）　谢涤尘，年六十七岁，前清附生。

（执事人数）　五人。

（经费来源）　由会员捐助。

世界红卍字会文登分会

（会址）　文登东关林宅街。

（成立年月）　原为道院，民国十九年改称今名。

（组织）　会长下设有纂方、修方、院掌、院监。

（事业概况）　办理救济事业。

（管理者姓名及略历）　于立权，年六十四岁，清贡生，曾充江西省署秘书。

（执事人数）　四人。

（经费来源）　由修方捐助。

世界红卍字会牟平分会

（会址）　牟平县城内卍字街。

（成立年月）　民国十六年六月成立。

（建筑状况）　楼房二百四十八间，平房三十间。

（组织）　会长下设总务、防灾、救济、慈善、交际五股。

（事业概况）　办理慈善救济事业。

（管理者姓名及略历）　曹承虔，年四十九岁，北京中华大学法科毕业。

（执事人数）　十二人。

（经费来源）　由会员捐助。

世界红卍字会福山分会

（会址）　福山县西门。

（成立年月）　民国十五年由阁县绅董组织慈善团体，以救济困苦民众。

（事业概况）　每年冬季施放棉衣、医药。

（管理者姓名及略历）　萧龢悟，年五十二岁，山东福山县人，省立烟台第八中学毕业。

（执事人数）　八人。

（经费及财产状况）　每月经费四十元，由会员及各善士捐助之。

世界红卍字会莱阳分会

（会址）　莱阳县城内庆升平街。

（成立年月）　民国十四年十月一日成立。

（事业概况）　施医施药，救济贫苦。

（管理者姓名及略历）　张英觉，年六十一岁，莱阳县人。

（经费来源）　由会员捐助。

广仁堂

（堂址）　烟台道恕街八号。

（成立年月）　清光绪十八年，经盛道会同地方绅商创设，民国三年改称胶东第一广仁堂，二十七年奉烟台市公署令更名为烟台市广仁堂。

（事业概况）　每年施舍医药、棺木及救济残厂。

（管理者姓名及略历）　翟秋圃，年四十九岁，山东掖县人，奉天农林学校毕业。

（经费及财产状况）　每月经费一千四百余元。每年收房租一万六千六百余元。房屋一千五百五十三间，在福山县出租土地三亩，义冢地四百六十五亩。

世界红卍字会潍县分会

（会址）　潍县城里小十字口。

（成立年月）　民国十六年三月成立。

（组织）　正副会长三人，正副会监三人。以下设六股，每股正副主任三人。

（事业概况）　设立施诊所及卍字小学各一处。

（管理者姓名及略历）　陈德孚，年五十六岁，山东潍县人，潍县道院副统掌。

（执事人数）　六人。

（经费来源）　常年经费三六〇〇元，由会员捐助。

世界红卍字会掖县分会

（会址）　掖县城内大十字口东。

（成立年月）　民国十七年创办，二十二年成立。

（组织）　会长下设有文牍、庶务，及医务。

（事业概况）　设有施诊所、因利局，办理赈济事业。

（管理者姓名）　王毓辉。

（执事人数）　九人。

（经费来源）　由会员捐助。

同善社

（社址）　掖县城内青罗观。

（成立年月）　民国九年成立。

（事业概况）　施诊舍药。

（管理者姓名）　孙德璋。

（经费来源）　善士捐助。

掖县救济院

（院址）　掖县城内东道门首街。

（成立年月）　雍正年间创设普济堂，民国二十年改称今名。

（事业概况）　收容老残孤苦。

（管理者姓名）　翟震起。

（经费来源）　善士捐助。

世界红卍字会平度分会

（会址）　平度县东关文典巷街路北。

（成立年月）　民国二十四年十一月成立。

（事业概况）　每年施药及棉衣等事。

（管理者姓名及略历）　高明斋，年六十五岁，山东省平度县三堤村人。

（执事人数）　十一人。

世界红卍字会高密分会

（会址）　高密城内公安东街六号。

（成立年月）　民国二十二年五月二十九日成立。

（组织）　会长一人，副会长二人，下设文牍、庶务、会计、救济等四股。

（事业概况）　施药、施衣、施粥。

（管理人姓名及略历）　徐锦堂，年四十三岁，山东掖县人，私立小学校毕业。

（执事人数）　四人。

（经费及财产状况）　每月经费由会员捐助。

高密协和妇女会

（会址）　高密城内东马道。

（成立年月）　民国二十七年七月七日成立。

（事业概况）　救济灾民，施放米、衣等事。

（管理者姓名及略历）　单瑞华，年二十一岁，山东高密县人，高密师范毕业。

（经费及财产状况）　每月支出六十元，由县公署发给。

中国红十字会诸城分会

（会址）　诸城南关街。

（事业概况）　办理慈善事业。

（管理者姓名及略历）　于良佐。

世界红卍字会诸城分会

（会址）　诸城府前街。

（事业概况）　办理慈善事业。

（管理者姓名及略历）　王文山。

诸城县救济院

（院址）　诸城县署内。

（事业概况）　办理慈善救济事业。

（管理者姓名及略历）　王为雨。

世界红卍字会昌邑分会

（会址） 昌邑城内。

（成立年月） 民国二十六年五月十六日成立。

（事业概况） 救济贫民。

（管理者姓名及略历） 孙子言，年五十九岁，昌邑县人，小学卒业。

（经费） 各方捐助。

世界红卍字会昌乐分会

（会址） 昌乐城西门里建设胡同。

（成立年月） 民国十四年成立，十七年停办，二十九年恢复。

（组织） 会长下分设六部，每部主任一人，副主任一人，分掌其事。

（事业概况） 办理慈善事业。

（管理者姓名） 阎理堂。

（经费来源） 各方募集。

世界红卍字会胶县分会

（会址） 胶县旧协台街署。

（成立年月） 民国十九年成立。

（事业概况） 办理慈善事业。

（管理者姓名及略历） 李少海，年五十七岁，山东省胶县人，曾充县公署建设科长。

（执事人数） 二人。

（经费及财产状况） 每年四千五百元经费，由会长、会员募集之。

世界红卍字会益都分会

（会址） 益都新民街十三号。

（成立年月） 民国十一年成立。

（事业概况） 施诊济贫。

（管理者姓名及略历） 郇笏臣，年五十七岁，益都县人，读书五年，兼任商会会长。

（执事人数） 二人。

（经费及财产状况） 不动产房屋一所，约值一千二百元，其他收入每年约一千一百元。

中国红十字会广饶分会

（会址）　广饶县城内马道街。

（成立年月）　民国十七年成立。

（组织）　会长下设宣传、施疗二组。

（事业概况）　办理慈善救济事业。

（管理者姓名）　范庚生。

（经费来源）　由会员捐助。

世界红卍字会广饶分会

（会址）　广饶县城内阁子街。

（成立年月）　民国十六年成立。

（事业概况）　办理慈善救济事业。

（管理者姓名）　贾雪门。

（执事人数）　八十三人。

（经费来源）　由会员捐助。

中国红十字会临朐分会

（会址）　临朐县城南门里。

（成立年月）　民国二十五年十月成立。

（组织）　设正副会长各一人，理事长一人，监事长一人，文牍、会计各一人。

（事业概况）　设医院一处，免费施诊。

（管理人姓名及略历）　马云彩，年五十八岁，师范毕业。

（执事人数）　六人。

（经费）　由会员捐助。

世界红卍字会临朐分会

（会址）　临朐县城内北门里路东。

（成立年月）　民国十五年五月成立。

（组织）　会长下设庶务、文牍、会计、救济、交际等五股。

（事业概况）　救济灾贫。

（管理者姓名及略历）　张光然，年五十四岁，临朐县人，小学卒业。

（执事人数）　七人。

（经费及财产状况）　由会员捐助，动产约值一百元。

世界红卍字会博山分会

（会址）　博山城内北夹道。

（成立年月）　民国十五年七月成立。

（事业概况）　救济灾患，施医兴学。

（管理者姓名及略历）　王镜真，年四十八岁，博山县人，经商。

（经费来源）　由会员分担。

世界红卍字会周村分会

（会址）　长山县周村镇老龙窝三十六号。

（成立年月）　民国十五年十一月成立，隶属于北京世界红卍字会中华总会。

（建筑状况）　平房二十二间，草房十八间。

（组织）　会长及会监下设股若干，分掌其事。

（事业概况）　设诊疗所一处及救济队一组，办理各项慈善事业。

（管理者姓名及略历）　周履安，年五十岁，长山县人，前清庠生，优级师范毕业，曾任北京市财政局长。

（执事人数）　十余人。

（经费来源）　由会员捐助。

世界红卍字会淄川分会

（会址）　淄川县城内北街精忠巷。

（成立年月）　民国十二年十月成立。

（组织）　内设总务、储计、防灾、救济、慈业、交际等六股。

（事业概况）　常年施医，冬季施放衣、粥，救济贫苦。

（管理者姓名及略历）　耿圆鞠，年六十六岁，在会服务十余年。

（执事人数）　十二人。

（经费来源）　各方募集。

世界（红）卍字会莒县分会

（会址）　莒县城内松园街。

（成立年月）　民国二十四年三月一日成立。

（会所建筑状况）　北房七间，东、西、南房各六间。

（组织）　正副会长及设会监各一人，下设总务、储计、防灾、救济、慈善、交际等六股。

（事业概况）　设有治疗所、平粜所及收容所，办理慈善救济事业。

（管理人姓名及略历）　于经武，年四十五岁，山东省立农业专门学校毕业，历任莒县农业学校校长，及农会会长。

（执事人数）　十四人。

（经费）　由会员及地方绅士捐助。

同善社

（社址）　日照县城东门外。

（成立年月）　民国二十七年七月成立。

（组织）　社长一人，管理员一人。

（事业概况）　办理慈善事业。

（管理者姓名及略历）　丁维佩，年七十岁，前清庠生。

（经费）　由北京总会按月补助。

世界红卍字会长清分会

（会址）　长清县城内东平街。

（成立年月）　民国二十七年一月成立。

（建筑状况）　瓦房十二间。

（事业概况）　救济贫苦，施疗疾病。

（管理者姓名）　宋绍衡。

（经费来源）　各方捐助。

世界红卍字会济阳分会

（会址）　济阳城内。

（成立年月）　民国二十八年十月成立。

（事业概况）　施医，提倡慈善事业。

（管理者姓名及略历）　艾人性，年七十岁，前清文生。

（经费）　每月五十元，由各方捐募。

山东民众慈善医院

（院址）　济南市江家池。

（电话）　一〇九〇。

（成立年月）　民国二十一年五月成立。

（管理者姓名及略历）　张星五，年五十一岁，山东滕县人，法政学校毕业。

（经费及财产状况）　每月经费由各慈善家捐助。

山东省会慈善公所慈幼院

（院址）　济南运署街十五号。

（电话）　七九四。

（成立年月）　民国四年成立，原名孤儿院，于十八年改为慈幼院。

（事业概况）　收养男孤儿五十名，女孤儿二十四名，婴儿三名。六岁以上、十二岁以下者受教育，十二岁以上、十八岁以下者学手艺。

（管理者姓名及略历）　毕炜，年四十二岁，山东淄川人，山东省立第一师范毕业。

（经费及财产状况）　每月伙食、办公等费均由慈善公所支领。

山东慈悲总社

（社址）　济南馆驿街中门影壁后。

（电话）　四五八。

（成立年月）　创设之初，名为精一馆，由民国初年改称。山东慈悲总社，由杨济川、张荆山二社长负责创修管理，自民国十九年改为董事制选，举何少江为董事长，负责进行社务。

（管理者姓名及略历）　何少江，年四十一岁，山东平阴县人，北京汇文大学毕业。

（经费及财产状况）　本社基金千元，地基三亩，房舍二十九间，每月经费三十八元，由社员捐助。

正宗救济会

（会址）　济南东燕窝。

（成立年月）　民国十六年二月成立。

（事业概况）　讲诵各教经文，及施医药、办理学校等事。

（管理者姓名及略历）　李永真，年四十九岁，山东招远人。

（经费及财产状况）　本会经费由会员自行捐助。

世界红卍字会历城妇女分会

（会址）　济南商埠魏家庄大街二十三号。

（成立年月）　民国二十三年十月十六日成立，并经呈准市政府立案。

（事业概况）　每年春冬两季，举办放赈、施药等事，平日各会员于礼拜日诵经。

（管理者姓名及略历）　张界乘，年三十二岁，山东滕县人。

（经费及财产状况）　每月经费由会员捐款。

世界红卍字会全鲁各分会联合救济办事处

（处址）　济南商埠魏家庄民康里七号。

（电话）　六七。

（成立年月）　世界红卍字会于民国十一年在北京成立中华红卍字会总会，推及分会于各地，鲁省先后创设分会七十余处，至十七年十一月，全鲁各分会，因本省连年灾劫，遂各举代表议定，组设世界红卍字会全鲁各分会联合救济办事处，公推本会会长为总监理，其他各会长为监理、副监理，以资联合办事。并组设全署卍字联施诊总所及第一、二两施诊所，设立卍联因利局，二十年七月组设历城道院，同时成立历城红卍字会，附设临时医院，先后均经呈准前市政府立案。

（事业概况）　每年春冬两季，施放赈粮、赈衣，夏季施药，平日施棺，遇有兵灾旱灾，随时救护、收容、掩埋，并设药院。

（管理人姓名及略历）　冯圆勃，年五十七岁，山东桓台人。

（经费及财产状况）　每月经费由会员特别捐输。

红卍字会第二施诊所

（所址）　济南府东街一一六号。

（成立年月）　民国十八年十一月七日成立。

（事业概况）　兴办道院，扩大施诊范围。

（管理者姓名及略历）　管素湛，年六十六岁，江苏武进人。

（经费及财产状况）　每月经费由上新街院支领。

国医慈善医院

（院址）　济南舜庙街二号。

（电话）　一四九五。

（成立年月）　于民国十六年成立，定名为中西慈善医院，二十七年七月改组为国医慈善医院。

（事业概况）　扩大组织，广事施诊。

（管理者姓名及略历）　李伯成，年五十六岁，山东章丘人。

（经费及财产状况）　每月经费由各方捐助。

济南贫民医院

（院址）　济南西关馆驿街中间影壁后二十六号。

（成立年月）　民国十六年十月经周百朋募建养病室十余间，定名为栖流贫民养病所，十七年附添建房舍三十余间，始更名为济南贫民医院。

（事业概况）　每年诊疗贫民约九万余人。

（管理者姓名及略历）　周百朋，年五十二岁，山东长清人，留美伟普鲁大学商科毕业，历充上海华丰、青岛华新、济南鲁丰各纱厂经理。

（经费及财产状况）　每月经费四百圆，由山东厚德贫民工厂支领。

济南诚善社附设治疗所

（所址）　济南普利街三元宫。

（电话）　一〇三七。

（成立年月）　民国十七年成立，后因环境关系，无形取消，二十七年六月呈请恢复，每逢三、六、九日施疗。

（事业概况）　按日疗病，每人仅收药费五分，贫者免费，并募集捐款、筹办冬赈等事。

（管理者姓名及略历）　钱宝亭，年五十八岁，河北省人。

（经费及财产状况）　每月经费由社支捐助。

世界红卍字会东阿分会

（会址）　东阿县西门里路北。

（成立年月）　民国二十二年四月成立。

（组织）　设总务、储计、防灾、救济、慈善、交际等六股。

（事业概况）　施粥施诊。

（管理者姓名及略历）　马阿一，年七十五岁，曾充商会副会长。

（执事人数）　九人。

（经费）　由会员捐助。

世界红卍字会东平分会

（会址）　东平县关帝庙街。

（成立年月）　民国二十二年四月成立。

（组织）　会长下设文牍、总务、救济、医疗等股。

（建筑状况）　设有医院一处，施诊、施药，并组有救护队办理救护工作。

（管理者姓名及略历）　孙次芳，年四十五岁，曾任东平县商会副会长。

（执事人数）　四人。

（经费来源）　由会员捐助。

世界红卍字会莱芜分会

（会址）　莱芜县城西关。

（成立年月）　民国十一年八月成立。

（组织）　会长一人，管理员一人。

（事业概况）　施诊、施药，办理赈务。

（管理者姓名及略历）　何素璞，年七十三岁，莱芜县立师范讲习所毕业。

（执事人数）　三人。

（经费来源）　由会员捐助。

世界红卍字会济宁分会

（会址）　济宁小由家街。

（成立年月）　民国十年十一月成立。

（事业概况）　救济灾患。

（管理者姓名及略历）　戴仪轩，年四十六岁，安徽寿县人，高中程度。

（经费及财产状况）　由会员捐助，不动产房一所，约值一万元。

正宗慈善院

（院址）　济宁县东南关新街。

（成立年月）　民国初年成立。

（事业概况）　每日诚诵佛经，救济贫民，施送中西药品。

（管理者姓名及略历）　傅进臣，年五十三岁，济宁县人。

（经费）　由各善士乐捐。

世界红卍字会滋阳分会

（会址）　滋阳县内大井街十七号。

（成立年月）　民国十四年十一月成立。

（建筑状况）　平房三十六间。

（组织）　正副会长各一人，会员多人。

（事业概况）　办理赈济事业，附设医院及小学各一处。

（管理者姓名及略历）　唐毓尧，年五十岁，曾任商会委员。

（执事人数）　四人。

（经费来源）　由会员捐助。

山东省汶上县慈善会

（会址）　汶上县城内公安街。

（成立年月）　初名检善社，于民国二十三年四月一日改称今名。

（建筑状况）　建有统、慈、宣、坐、经等五院，共房十四间。

（组织）　设正副会长及坛长各一人。

（事业概况）　分季发放衣服、谷米，救济贫苦。

（管理者姓名及略历）　荣世明，年五十二岁，曾任汶上县商会会长。

（执事人数）　百余人。

（经费来源）　由会员捐助。

世界红卍字会汶上县分会

（会址）　汶上县城内公安街。

（成立年月）　民国十三年二月二十五日成立。

（组织）　会长、会监下设总务、储计、交际、防灾、救济及慈善等六股。

（事业概况）　每年放赈二次，施诊，医药。

（管理者姓名及略历）　曹焕章，年四十六岁，曾任汶上县警务局保安股长。

（执事人数）　百余人。

（经费来源）　由会员捐助。

中国红十字会曲阜分会

（会址）　曲阜县西关。

（成立年月）　民国二十六年成立。

（组织）　会长下设医药、救济、事务三股。

（事业概况）　办理救济事业。

（管理者姓名及略历）　赵三峰，年六十一岁，美以美会牧师。

（经费来源）　由会员捐助。

世界红卍字会曲阜分会

（会址）　曲阜东门内。

（成立年月）　民国十七年成立。

（组织）　会长下设总务、储计、防灾、救济、慈业、交际六股。

（事业概况）　办理赈济慈善事业。

（管理者姓名及略历）　孙振吉，年五十六岁。

（执事人数）　三十九人。

（经费来源）　由会员捐助。

世界红卍字会滕县分会

（会址）　滕县城内庠门东街。

（成立年月）　民国十四年十二月成立。

（组织）　会长下设总务、储计、防灾、救济、慈善、交际等六股。

（事业概况）　施医、施药，办理赈务及其他有关慈善事业。

（管理者姓名及略历）　张兰溪，年六十三岁，滕县人，儒学。

（经费及财产状况）　会费收入，不动产房屋三十余间，约值一万余元。

灵恩医院

（院址）　邹县县城里南门大街路东。

（成立年月）　民国二十七年成立。

（组织）　设正副院长各一人，医生一人，助理一人。

（事业概况）　诊病、施药，办理防疫事业。

（管理者姓名）　刘仙舟。

（执事人数）　四人。

（经费来源）　由院长捐助。

世界红卍字会峄县分会

（会址）　峄县枣庄车站南。

（成立年月）　民国二十年八月成立。

（组织）　会长一人，副会长二人，文牍、会计各一人。

（事业概况）　赈灾、恤贫。

（管理者姓名及略历）　刘筱峰，年四十八岁，复兴炭矿公司总办。

（经费来源）　由各方捐助。

峄县孤儿院

（院址）　峄县城南关。

（成立年月）　民国二十一年七月一日成立。

（组织）　院长一人，看护五人。

（事业概况）　收容孤苦儿童，设立学校工厂，教以工读。

（管理者姓名及略历）　万美丽，年四十九岁，美国神学院毕业。

（经费来源）　由中外慈善家捐助。

世界红卍字会宁阳分会

（会址）　宁阳县城内南街。

（成立年月）　民国二十八年成立。

（组织）　设保管、救治、卫生三股。

（事业概况）　办理救济事业。

（管理者姓名及略历）　徐耀卿，年六十六岁，前清庠生。

（执事人数）　五人。

（经费来源）　各方募集。

世界红卍字会郓城分会

（会址）　郓城城内南门大街。

（成立年月）　民国二十三年八月成立。

（组织）　内设总务、防灾、储计、救济、慈善及交际等六股。

（事业概况）　每日施医诊病，年中分四季放赈。

（管理者姓名及略历）　张继善，年五十岁，郓城县人，前清秀才。

（经费）　由会员捐助。

中国红十字会曹县分会

（会址）　曹县县署东街。

（成立年月）　民国十一年二月成立。

（组织）　会长一人，办事员二人。

（事业概况）　施药济贫。

（管理者姓名及略历）　万名炜，年七十一岁。

（执事人数）　二人。

（经费来源）　由慈善家捐助。

世界红卍字会寿张分会

（会址）　寿张县城内文庙前街。

（成立年月）　民国二十一年八月成立。

（事业概况）　办理救济事业。

（管理者姓名及略历）　赵元化，年六十三岁，现任会长。

（执事人数）　六〇人。

（经费来源）　由会员捐助。

公仁堂

（堂址）　聊城县内小太平街。

（成立年月）　清光绪三十一年成立。

（建筑状况）　草房二十余间。

（事业概况）　施诊施药，种痘掩骨。

（管理者姓名及略历）　邓善堂，年六十五岁，曾任自治乡长及镇长。

（执事人数）　二十余人。

（经费来源）　由会员捐助。

世界红卍字会聊城分会

（会址）　聊城县城内北大口迤西路北。

（成立年月）　民国十一年七月成立。

（建筑状况）　平房十四间。

（事业概况）　奉坛祈禳，施药掩骨。

（管理者姓名及略历）　王华鹏，年六十九岁，曾任少校营长。

（执事人数）　十余人。

（经费来源）　由会员捐助。

中国红十字会临清分会

（会址）　临清东白塔窑。

（成立年月）　该会隶属于上海万国红十字会，经李存善在临清成立分会。

（事业概况）　救济贫苦，办理慈善事业。

（管理者姓名及略历）　李存善，年六十二岁，临清县人，初级小学毕业。

（经费）　由会员供给。

世界红卍字会临清分会

（会址）　临清古楼西街。

（成立年月）　该会隶属于北京红卍字总会，民国十四年经赵源冲成立临清分会。

（组织）　正副会长各一人，办事员一人，夫役一人。

（事业概况）　施诊及办理赈济。

（管理者姓名及略历）　迟清冲，年七十岁，山东临清县人，清代文童。

（经费）　由会员纳费。

世界红卍字会德县分会

（会址）　德县北门内步云街。

（成立年月）　民国十三年五月成立。

（组织）　会长下设总务、储计、防灾、救济、慈善、交际等六股。

（事业概况）　春季种痘，冬季施粥，常年施药，办理学校，救济失学。

（管理者姓名及略历）　马石良，年五十五岁，德县师范传习所毕业。

（执事人数）　十一人。

（经费来源）　由会员捐助。

世界红卍字会冠县分会

（会址）　冠县城内北门内。

（成立年月）　民国五年成立。

（组织）　正副会长下设统长及院监。

（事业概况）　施医、赈粮，办理各科慈善事业。

（管理者姓名及略历）　梁樾庵，年五十九岁，前清文生。

（经费）　由基金及会员捐款支配。

世界红卍字会禹城分会

（会址）　禹城县西门大街路北。

（成立年月）　民国十四年十一月一日成立。

（组织）　会员制。

（事业概况）　每日施药，冬季施粥。

（管理者姓名及略历）　刘惠村，年三十七岁，禹城县人。

（经费）　由会员捐助。

三、山西省慈善团体

世界红卍字会榆次分会

（会址）　榆次北关道北街八号。

（成立年月）　民国二十二年二月十五日成立。

（事业概况）　办理慈善事业。

（管理者姓名及略历）　宋真理，年四十八岁，介休县人，业商。

（经费来源）　由会员捐助。

世界红卍字会阳泉分会

（会址）　平定县楼儿街六号。

（成立年月）　民国二十一年五月成立。

（建筑状况）　阳泉上站本会房院系购买，医院及佛堂系自建。

（组织）　正副会长各一人，下设会监、会计、庶务、文书、防灾、慈善、救济等股。

（事业概况）　诱经坐功，施赈救灾。

（管理者姓名及略历）　叶灵原，山西闻喜县人，现任阳曲县人。

（执事人数）　七人。

（经费及财产状况）　由会员捐助，有房屋二所，价值一万二千元。

世界红卍字会代县分会

（会址）　代县城内文庙街。

（成立年月）　民国二十四年成立。

（建筑状况）　平房一所，计八间。

（组织）　会长一人。

（事业概况）　救济贫苦。

（管理者姓名及略历）　康庚，年七十三岁，前清秀才，曾任襄陵县长及绥远善后局长。

（执事人数）　一人。

（经费来源）　由各方捐助。

世界红卍字会太原分会

（会址）　太原市新民二条甲乙十八号。

（成立年月）　民国十九年九月成立。

（组织）　会长下设会员若干人。

（事业概况）　办理一切慈善事业，设有医院一处，施诊施药。

（管理者姓名及略历）　郑醴泉，年五十四岁，山西平鲁县人，北洋银行学校毕业，前充电灯公司经理。

（执事人数）　六〇人。

（经费及财产状况）　经费由会员捐助，不动产房屋二所，约值二万元。

四、河南省慈善团体

福善局

（局址）　武安县城西王家池青龙庙。

（成立年月）　民国五年成立。

（事业概况）　隆冬施衣、舍粥，夏季散放茶水，放生、救灾、济贫。

（管理者姓名）　李植亭，年五十五岁，武安县人。

（经费来源）　由会友捐助。

辉县救济院

（院址）　辉县城内朱氏胡同。

（成立年月）　民国二十四年三月成立。

（组织）　设正副院长各一人，下有办事员二人。

（事业概况）　收容教养孤苦儿童。

（管理者姓名）　贾树标，年六十六岁，辉县人，清时受命世袭云骑尉，曾任辉县商会会长。

红十字会修武分会

（会址）　修武县东关大街。

（成立年月）　民国十七年成立。

（事业概况）　治疗疾病，凡本会会员免费诊察，其非本会会员来会求诊者略收诊费。

（管理者姓名）　张慕韩。

（经费来源）　会员捐助及患病者之诊金。

中国红十字会修武分会

（会址）　修武县南关恩赐医院。

（成立年月）　民国二年。

（事业概况）　宣教，代人治疗疾病。

（管理者姓名）　乔赐龄，年五十六岁，彰德人。

（经费来源）　教友自由捐助。

中国红十字会沁阳分会

（会址）　沁阳城内白庙门街。

（成立年月）　民国八年成立。

（建筑状况） 房卅余间，借自药商会馆。

（组织） 会长一人，副会长二人，常务理事、常务监事各三人，理事、监事各三人，西医二人，中医二人，看护二人。

（事业概况） 施诊施医。

（管理者姓名） 马虎臣，年五十八岁，河北密云县人。

（执事人数） 二十人。

（经费来源） 地租及会员捐助。

中国红十字会延津分会

（会址） 延津县南街。

（组织） 会长一名，理事九名，监事七名。

（事业概况） 救济贫民、施疗、防疫等工作。

（管理者姓名） 周泰运，年四十六岁，河南省延津县人，师范卒业。

（执事人数） 十七人。

（经费来源） 由本会势集捐款。

乐善局

（局址） 阳武县城内小南街。

（成立年月） 民国九年二月三日。

（组织） 正副局长各一人，督察、施药、监察各一人，购经、会计各二人。

（事业概况） 施药、施粮、施衣、劝善。

（管理者姓名及略历） 王才臣，年四十二岁，阳武县人，中学毕业，曾充商会主席。

（执事人数） 十人。

（经费来源） 由局中善士捐输。

中国红十字会汲县分会

（会址） 汲县北门里。

（成立年月） 民国十年三月成立。

（事业概况） 施医、施药、施衣、施饭、修路、补桥。

（管理者姓名） 吴克勋，年五十四岁，开封人。

（经费来源） 捐募。

世界红卍字会汲县分会

（会址）　汲县城内贡院街。

（成立年月）　民国二十一年六月成立。

（事业概况）　诵经、修道，冬季举办粥厂。

（管理者姓名及略历）　张友兰，年五十一岁，汲县人。

（经费及财产状况）　由会员捐助，有道院一处，十六间。

同善救世会

（会址）　彰德县城内县西街。

（成立年月）　民国十一年十月十五日成立。

（组织）　会长、董事、主任、理事、干事、会计、施药员各一人。

（事业概况）　设立施诊所，施医舍药，夏施茶水，冬散赈衣，春日施种牛痘。

（管理者姓名及略历）　曹元贞，年四十二岁，彰德人，自幼为尼。

彰德县救济院

（院址）　彰德县城内后仓街。

（成立年月）　本院初名慈善局，时在民国九年五月十日，至民国廿年产生救济院，二者合并。

（组织）　院长、社长、总务、主任、文牍。

（事业概况）　救济贫苦儿童，养老人及收容残废者，春、冬施赈，夏施茶水，冬舍衣服。

（管理者姓名及略历）　李仁谋，年五十二岁，浙江奉化人。

（执事人数）　职员十二人，会友三十五人。

（经费及财产状况）　房地租金，及临时募捐，现有房五十八间，地一顷五十一亩。

仁愍善局

（局址）　商丘县光华十街。

（成立年月）　民国二十四年四月成立。

（管理者姓名及略历）　胡香岩。

（执事人数）　一人。

（经费及财产状况）　房屋十一间。

慈善会

（会址）　商丘县新民二街。

（成立年月）　民国元年二月成立。

（管理者姓名及略历）　张书明，红卍字会会长。

（执事人数）　一人。

（经费及财产状况）　房屋五间。及会员捐助。

主善局

（局址）　开封贤人巷。

（成立年月）　光绪三十年成立。

（事业概况）　办理慈善。

（管理者姓名及略历）　崔瑞香，学界。

（执事人数）　一人。

（经费及财产状况）　每月收房租十余元之谱。

平心社

（社址）　开封东棚板街。

（成立年月）　于光绪十五年创立。

（建筑状况）　本社房屋。

（事业概况）　劝善济贫。

（管理者姓名及略历）　崔惟清，开封人，学界。

（执事人数）　一人。

（经费及财产状况）　房屋十余间，义地十余亩。

北京正字慈善会开封分会筹备处

（会址）　开封大旗纛街十九号。

（成立年月）　民国二十八年六月二十七日成立。

（组织）　本处暂设筹备主任一人，主任以下分设交际、总务。

（事业概况）　办理慈善，普利民生，救济灾难。

（管理者姓名）　王余道。

（执事人数）　二人。

（经费及财产状况）　由北京正字总会请领。

世界红卍字会开封分会

（会址）　开封东二道街二十六号。

（成立年月）　民国十一年成立，十五年停顿，十九年复兴。

（组织）　总会长王人文。

（事业概况）　施诊，赈灾劫，诵经，祈祷和平。

（管理者姓名及略历）　杨尚志。

（执事人数）　二人。

（经费及财产状况）　每月由会员认助。有房产二所。

世界红卍字会总会开封妇女分会

（会址）　开封南阳市五七号。

（成立年月）　民国二十三年成立于刷绒街，二十四年八月迁移南阳市。

（建筑状况）　世界红卍字会河南总分会。

（事业概况）　施诊，救灾患，诵经，祈祷和平。

（管理者姓名及略历）　刘修果。

（执事人数）　三十一人。

（经费及财产状况）　由各会员认助，房屋一处。

河南明德学社

（社址）　开封青云街九号。

（成立年月）　民国二十四年十二月二十四日。

（事业概况）　宣传明德真义，普劝民众善行。

（管理者姓名及略历）　周子樾，开封人，高师毕业，历充教员。

（执事人数）　一人。

（经费及财产状况）　社员担负。

和春施药局

（局址）　开封市后第四巷四号。

（成立年月）　光绪七年六月成立。

（事业概况）　除施药外，拟冬季放馒首以济贫民。

（管理者姓名及略历）　宋西轩。

（执事人数）　一人。

（经费及财产状况）　各善士资助，及房屋三十间。

善济善堂

（堂址）　开封西兴隆街一号。

（成立年月）　清光绪十八年六月成立。

（事业概况）　办理慈善救济事业。

（管理者姓名及略历）　秦冕卿，开封人，经商。

（执事人数）　一人。

（经费及财产略历）　会首捐助，不动产房五十四间。

万善局

（局址）　开封市袁宅街一号。

（成立年月）　该局创始于清道光年间，黄河决口之后，嗣于宣统元年组设万善局，办理义学、施药、慈善等事，民国逐渐办理慈善，十九年红卍字会分会借此局合办理慈善事宜，旋于去岁阳历八月仍还本局，办理善事，屡有碑记。

（建筑状况）　房舍十三间，小学教室外余七间，设诊室、施药所，并在局医生及办事人、勤务等居住。

（事业概况）　伏暑施茶水，冬季施米票。

（管理者姓名及略历）　李秀峰，商务会副会长。

（执事人数）　一人。

（经费及财产状况）　每月十八九元，如遇要事，临时筹划，及平房九间。

穆蔼堂

（堂址）　开封新民街三号。

（成立年月）　道光元年五月成立。

（事业概况）　办理慈善救济事业。

（管理者姓名）　杨捷三。

（经费及财产状况）　董事捐助，不动产瓦房八十间，约值六千元。

五、江苏省慈善团体

中国济生会清江分会

（会址）　淮阴中市镇双桥巷口。

（成立年月）　民国八年六月成立。

（组织）　本会设正副会长，下分文牍科，分经济、会计、审核、庶务、交际等股。

（管理者姓名及略历）　李玉书，年五十三岁，江苏淮阴人。

（执事人数）　十四人。

（经费及财产状况）　每月经费由上海总会支领。

淮阴县救济院

（院址）　淮阴县一区同庆乡。

（成立年月）　原为育婴堂，民国十七年改组易名救济院。

（建筑状况）　平房百余间，楼房十八间。

（组织）　院长一人，妇女、育婴主任各一人，文牍、会计各一人。

（事业概况）　办理救济事业。

（管理者姓名）　徐韫之。

（经费及财产状况）　有滩地十余顷，稻田数十亩，每年约收二千元充作经费。

世界红卍字会宿迁分会

（会址）　宿迁县第一区兴亚镇一保一甲三户。

（成立年月）　民国二十三年一月成立。

（事业概况）　施医施药，办理一切救济事业。

（管理者姓名及略历）　刘子彬，年四十六岁，曾任滋阳县红卍字会首席会长。

（执事人数）　一十六人。

（经费来源）　由会员捐助。

世界红卍字会徐县分会

（会址）　徐县东关德镇二马路西头。

（成立年月）　民国十四年十一月成立。

（管理者姓名及略历）　杨石兰，年六十七岁，江苏徐县人，苏县警察学校毕业，曾任徐县警察厅总务科长、代理厅长。

（执事人数）　一人。

（经费及财产状况）　每月经费由会员分担之。

徐州红卍字会施诊所

（所址）　徐州公明巷二十三号。

（成立年月）　民国十三年成立。

（管理者姓名及略历）　刘世久，年五十岁，江苏铜山人。

（执事人数）　五人。

（经费及财产状况）　每月经费由卍字会发给。

第二章　各特别市慈善团体概况

一、北京特别市慈善团体

五台山普济佛教会平民医院

（院址）　内三报恩寺胡同十一号。

（成立年月）　本院前为平民疗养所，自民国十九年间改归五台山普济佛教会平民医院。

（建筑状况）　系借用五台山古佛寺下院庙内。

（组织）　事务主任一员，事务员一人，医务主任一员，内科医士二人，外科医士一人，临时戒烟科大夫一人。

（事业概况）　本院办理救济事业，凡来本院诊治，只收号金二文，贫者免费，并施给药证，赴大生堂药栈取药，每日赴本院诊治者若在一二百名不等。

（管理者姓名及略历）　陈连富，中学毕业，现任主任。

（经费及财产状况）　由五台山普济佛教会拨来。

中国红十字会北京分会

（会址）　乾面胡同二二号。

（成立年月）　民国十九年九月二十三日成立。

（现在会务概况）　救恤伤兵，赈济灾民。

（会长姓名）　吴祥凤。

中华妇女红卍字会宛平分会

（会址）　内五后圆恩寺六号旁门。

（成立年月）　民国十六年组织迄今，历经办理慈善事业。

（管理者姓名及略历）　王从觉。

（执事人数）　一人。

（经费及财产状况）　会员临时捐助。

正字慈善会

（会址）　和内铜井大院马神庙。

（成立年月）　民国二十五年四月成立。

（现在会务概况）　救灾济贫。

（会长姓名）　李即义。

北京公益联合会

（会址）　养蜂夹道。

（成立年月）　民国十八年六月四日成立。

（现在会务概况）　维持市民粮食，保护妇女，救济事业。

（会长姓名）　恽宝惠。

北京公善养济院

（院址）　宣外南下洼子六号。

（成立年月）　民国十八年九月成立。

（现在会务概况）　救济无告贫民。

（院长姓名）　恽宝惠。

北京白卍字会

（会址）　西四南魏胡同八号。

（成立年月）　民国二十三年二月二日成立。

（现在会务概况）　赈济。

（会长姓名）　恽宝惠。

北京利仁养济院

（院址）　宣外南横街三八号。

（成立年月）　民国十八年九月成立。

（现在会务概况）　救济无告贫民。

（院长姓名）　恽宝惠。

北京育婴堂

（地址）　西安门养蜂夹道。

（成立年月）　民国十八年六月四日成立。

（现在会务概况）　抚养男女婴儿。

（会长姓名）　恽宝惠。

北京恒善总会

（会址）　西城太仆寺街十一号。

（沿革及成立年月）　民国十二年六月四日成立。

（现在会务概况）　救济贫民，办理慈善。

（会长姓名）　林步随。

北京恩济慈善保骨会

（会址）　北长街兴隆寺。

（成立年月）　民国十九年二月成立。

（现在会务概况）　保管骸骨。

（会长姓名）　张和成。

北京贫民救济会

（会址）　北海东桑园门一号。

（现在会务概况）　办理冬赈。

（会长姓名）　余晋龢。张水淇。

北京蓝卍字会

（会址）　西总布胡同十四号。

（成立年月）　民国二十八年一月九日成立。

（现在会务概况）　办理慈善救济事业。

（会长姓名）　宋文祥。

北京龙泉孤儿院

（院址）　宣外南下洼子。

（成立年月）　民国九年九月六日成立。

（现在会务概况）　联合办理救济事业。

（管理者姓名）　胡观生。

世界红卍字会大兴分会

（会址）　内三北门仓七八号。

（成立年月）　本会遵照中华总会颁布之组织大纲，于民国十三年十二月成立分会。

（建筑状况）　自有产有契约。

（组织）　会长、副会长、会监以下设总务、储计、防灾、救济、慈业、交际六股。

（事业概况）　现值各地水灾，正在筹款备办食品，运送灾区施救。

（管理者姓名及略历）　祝墨缘，私塾，业商。

（执事人数）　一人。

（经费及财政状况）　会员认助及房屋四十九间，义地一处。

世界红卍字会中华总会

（会址）　西单舍饭寺十七号。

（电话）　西局一三七一、一四七一。

（成立年月）　民国十年，由钱能训、徐世光、杜秉寅、王芝祥、何澍、王人文、乔保衡、李佳百等发起，在北京组织世界红卍字会筹备处，十一年十月经前内务部批准，正式成立世界红卍字会中华总会。

（组织）　会长以下，分设总务、储计、防灾、救济、慈业及交际六部。

（现在会务概况）　宛平卢沟桥之急赈，各队分途救护及掩埋，城郊各收容所之成立，医务工作救济队查放南苑等急赈，资遣城郊各收容所难民妇孺。

（将来计划）　临时各种灾患之赈救，及永久恤养。

（会长姓名及略历）　王人文，前清四川总督。

（经费之来源数目及支配）　一会员入会费，一会员特别捐，一补助费，总会常年经费约一万余元，赈救费无额。

世界红卍字会宛平分会

（会址）　北郊北上坡十五号。

（成立年月）　民国十八年七月成立。

（建筑状况）　该分会有房四十余间，宛平道院恩隆所有，并无契约。

（组织）　管理员一人，调查员数人。

（事业概况）　研讨救济此次曾经受水灾难民，内容分调查、施赈各部。

（管理者姓名及略历）　高文盛，私塾，红卍字会会长。

（执事人数）　一人。

（经费及财产状况）　由总会发给及房屋四十余间。

世界妇女红卍字会大兴分会

（会址）　内三香饵胡同五十号。

（成立年月）　民国十七年十月成立。

（建筑状况）　该会址系借用广德堂之房。

（组织）　总务、慈业、储计、救济、防灾、交际六股。

（事业概况）　春、冬二季，办理救济事业。

（管理者姓名及略历）　祝任气礼，高中毕业，现任会长。

（执事人数）　一人。

（经费及财产状况）　由会长、会员共同捐助。

世界妇女红卍字会中华总会

（会址）　内三魏家胡同十三号。

（成立年月）　民国十五年一月成立后，正会长马庆群，现更李厚礼。

（建筑状况）　马辉堂之产系租赁，有契约。

（组织）　会长、副会长、会员。

（事业概况）　每年夏天施暑汤，冬天施赈及临时救济。

（管理者姓名及略历）　李厚礼，中学毕业，现任会长。

（执事人数）　一人。

（经费及财产状况）　临时现募及基金千元。

各慈善团体联合会

（会址）　北京市社会局内。

（成立年月）　民国二十四年十二月成立。

（现在会务概况）　联合办理救济事业。

（会长姓名）　胡观生。

妇女养济院

（院址）　内三蒋家胡同六号。

（成立年月）　民国九年四月八日成立。

（组织）　专济无家老妇，系按家庭制。

（事业概况）　专以救济无家老妇，每日施以二饭。

（管理者姓名及略历）　王李如卿，私学二年，现任院长。

（执事人数）　一人。

（经费及财产状况）　美以美会、公理会、耶稣基督教及佛教会捐助，及房三十一间。

熊朱义助儿童幸福基金社

（社址）　石驸马大街。

（成立年月）　民国二十二年五月十八日成立。

（现在会务概况）　以私产办理儿童幸福事业。

（会长姓名）　周作民。

养老院

（院址）　东城甘雨胡同二十号。

（成立年月）　民国十八年十月十二日成立。

（现在会务概况）　救济年老无依男女。

（会长姓名）　外侨福伟民。

怀幼会

（会址）　协和医院。

（成立年月）　民国二十年一月八日成立。

（现在会务概况）　收养婴儿。

（会长姓名）　浦爱德。

觉生救济财团

（团址）　暂借西四广济寺内。

（成立年月）　民国二十七年十月成立。

（建筑状况）　借广济寺庙房，有契约。

（组织）　本财团系以北宁铁路故局长陈觉生遗产之一部分，在京津专办，救济贫民为宗旨。

（事业概况）　救济贫民。

（管理者姓名及略历）　江朝宗，大学成绩委员。

（执事人数）　一人。

（经费及财产状况）　储款三万元。

二、天津特别市慈善团体

一心天道龙善圣教会

（会址）　天津南开杨家花园东西大街四十七号。

（成立年月）　本会创于民国二年，以提倡固有道德，举办慈善事业为宗旨，二十三年二月蒙日本驻津总领事馆特准设立，颁发许可状，二十八年又重行登记。

（组织）　会长以下，设监理协助，并设总务、文书、会计、庶务、交际、管理、赈济等七组。

（事业概况）　举办冬赈，设立粥厂，施舍药品等慈善事业。

（管理者姓名）　马冠英，年六十岁，曾充世界红卍字会会长，山县分会会长，北京普化救世佛教会会监。

（执事人数）　二十人。

（经费来源）　由会员捐助。

引善社

（社址）　天津城内府署街东头。

（成立年月）　清光绪十六年六月成立。

（事业概况）　每月办理恤贫等慈善事业。

（管理者姓名及略历）　葛如川，年七十岁。

（执事人数）　四人。

（经费来源）　由房地租金及董事捐助。

天津市黄卍字会

（会址）　天津河北望海楼后二条胡同十六号。

（电话）　六局一五二二。

（成立年月）　民国二十七年三月成立。

（组织）　计分总务、保管、慈济、交际四课，又有调整、救护、编纂、监察四委员会。

（事业概况）　施粥、施衣、施药及办义务学校三处。

（管理者姓名及略历）　薛兰亭，年四十三岁，天津市商会整理委员，日华经济联盟会监事。

（执事人数）　二十一名。

（经费来源）　由会员捐助。

天津市黄卍字会第三分会

（会址）　天津大寺西胡同二十号。

（组织）　会长一名，会员一名。

（管理人姓名及略历）　张湘洲，年四十七岁，商人。

（执事人数）　六人。

（经费来源）　每月平均八九十元，由会友捐纳。

天津市蓝卍字会

（会址）　天津法租界大同桥东文新里。

（成立年月）　民国廿四年五月经前故会长朱绍亭，及董事李佑丞等具名呈请，经社会局立案。

（组织）　会长一人，副会长二人，下设总务、施救、交际、储计四部。

（事业概况）　办理粥厂，施药、施茶及牛痘，成立义务学校四处，专收贫苦失学儿童。

（管理者姓名及略历）　宋耀曾，年五十岁，天津人，现任凯记公司总理。

（执事人数）　十人。

（经费来源）　由董事及会员等捐助。

天津长芦育婴堂

（堂址）　天津西门内中营西邵家大门五号。

（成立年月）　清乾隆五十九年十月奉旨成立。

（组织）　甲，由士绅、盐商等所组织，董事会管理本堂一切对内对外之事宜。乙，本堂设总务主任一人，总管本堂内部一切事宜。丙，总务主任以下分会计、庶务、文牍、教育、卫生等股。

（事业状况）　本堂专门收养贫苦无依之孤儿，并与以教育及年长代为婚配，或介绍职业，令其自行谋生。

（管理人姓名及略历）　陈子林，年六十三岁，现任义生盐店总泛。

（执事人数）　十五人。

（经费及其来源）　每月津武口岸捐助一千五百元为本堂常年经费。

中心堂

（堂址）　天津市鸽子集十一号。

（沿革及成立年月）　民国十三年三月成立。

（管理人姓名及略历）　游子山，年七十八岁。

（经费来源）　自家担负。

中国红十字会天津分会

（会址）　天津河北三官庙大街一一四号。

（成立年月）　民国元年九月成立。

（组织）　会长以下，设文牍、会计、庶务、医务四科。

（事业概况）　办理粥厂，施种牛痘，散放棉衣。

（管理者姓名及略历）　赵聘卿，年六十岁，现任天津市公署参事。

（执事人数）　十四人。

（经费来源）　由会员捐助。

永善西局

（局址）　天津市李大院八号。

（成立年月）　清咸丰七年八月。

（组织）　正副会长各一人。

（管理者姓名及略历）　何竹轩，年五十八岁。

（经费来源）　捐助。

北京正字慈善会天津分会

（会址）　天津南开大街路西八号。

（成立年月）　北京总会，因二十六年津市当事变之后，人民流离失业者甚多，拟推广慈业，施以救济，派员来津调查，办理春赈，因灾区广泛，有设分会必要，于民国二十八年七月呈准津市署立案，至八月三十日分会正式成立。

（组织）　董事制，设董事长一人，副董事长二人，内部分设总务、储藏、慈善、交际四组，设正副组长各一人，组以下分设文牍、出纳、会计、庶务、调查、救济、内勤、外勤八股。每股设正副主任各一人。

（管理者姓名及略历）　房浩如，年四十二岁，棉纱商业。

（人数）　二十九人。

（经费及其来源）　会员入会费，及常年会费，会员捐助，总会补助。

北善堂

（堂址）　天津市西窑洼大街五十七号。

（成立年月）　民国九年由故董李雅亭等草创规模，迨至民国十六年八月，又由董事张锡九等醵资鸠工建设，该堂堂务较前日渐进展。

（组织）　董事会。

（事业概况）　每月之二十五日施放恤贫玉面七十三户，并常年不辍，施棺、舍药。

（管理者姓名及略历）　陈振源，年六十二岁，业商。

（经费来源）　由各善士捐助。

世界白卍字慈善总会

（会址）　天津河北三马路同善里十六号。

（成立年月）　民国十六年成立。

（事业概况）　施米、施粥、施衣。

（管理者姓名及略历）　刘玉枚，现任本会正会长。

（执事人数）　二人。

（经费来源）　由会员捐助。

世界红卍字会天津分会

（会址）　天津日租界挑山街五号。

（电话）　二局二七五四。

（成立年月）　民国十一年十月成立于松岛街七十三号，会长为徐世光先生，嗣后十七年间自置挑山街楼房作为永久会址。

（组织）　本会会长以下，设总务、储计、防灾、救济、慈业、交际六股。每股设主任一人，副主任二人，干事、办事员若干人。

（事业概况）　办理学校及施诊所。

（管理者姓名及略历）　张钧元，年七十一岁，河北密云人，曾设察哈尔都统。

（执事人数）　四十八人。

（经费来源）　由会员捐助。

世界慈善联合会临时办事处

（处址）　天津河北三经路同春里十六号。

（成立年月）　民国十六年一月成立，由会长刘玉权创办，公推黎前大总统为正会长，刘玉权为副会长。黎公逝世后，改推现任满洲国务总理张公景惠为正会长，十八年间在哈尔滨马家沟设立难民收容所二十余处，十九年哈水灾有十七国领事官参加，救济不分种族，不分畛域，改名世界慈善总会，以白卍字为标帜，二十八年蒙天津特别市公署批示，名称改为世界白卍字慈善总会，公选刘玉权为正会长，在此设立临时办事处。

（组织）　会长以下均为会员，现有名誉会员计四百余人。

（事业概况）　各处施米、施粥、施钱、施衣，凡属救济事业，尽量所为。

（管理人姓名及略历）　刘玉权，年六十四岁，历办慈善数十年。

（执事人数）　三人。

（经费来源）　会费充作经费。

同义抬埋第一分会

（会址）　天津东南城小红桥帝君庙前二号。

（成立年月）　民国二十三年六月成立。

（组织）　会长一人，办事员二人。

（事业状况）　抬埋掩骨。

（管理者姓名及略历）　纪钜鹏，年五十四岁，运输业。

（执事人数）　三人。

（经费来源）　会员月费公集支配。

益善局

（局址）　天津仙坛胡同二号。

（成立年月）　清同治十一年。

（组织）　会长一人，会员八人。

（管理人姓名及略历）　王汉臣，商人。

崇善东社

（社址）　天津河东尚师坟地前。

（电话）　六局八三七。

（成立年月）　民国八年夏季成立。

（组织）　董事数人。

（事业概况）　设有小学校一处，常年办理施粥、茶、米、面、棉衣等事业。

（管理者姓名及略历）　郭桐萱，曾任东兴房产公司总办。

（执事人数）　一十二人。

（经费来源）　由民众自由捐助。

备济社

（社址）　天津特二区孙家胡同一七号。

（成立年月）　清光绪五年成立。

（组织）　民国十九年设董事会处理诸业务。

（事业概况）　每年春、秋二季施种牛痘，并施放恤嫠。

（管理者姓名及略历）　赵聘卿，年六〇岁，天津市公署参事。

（执事人数）　三人。

（经费来源）　本社基金五万元，每年以息金作经费。

慈慧普济同善会

（会址）　天津当铺后胡同二号。

（成立年月）　民国十七年十八日成立，为慈善社，于二十八年十月二十日改慈慧同善社，又于二十九年五月八日改为此名。

（管理人姓名及略历）　杨仲明，年五十八岁，南关北大染厂经理。

（执事人数）　二十一人。

（经费来源）　由会员自行捐资，支配一切杂项。

广仁堂

（堂址）　天津市西南城角。

（电话）　二局四三七五。

（成立年月）　清光绪四年成立。

（组织）　本堂系苏、皖、浙三省士绅捐资创办，现由三省旅津会馆组织董事会，对于堂务有监督议决之权，另聘堂长、科长办理堂内行政事宜。

（事业概况）　收容穷无依归之寡妇孤儿，俾免失所，孤儿不分性别，均施以适当教育，期自谋生计，此外设有男女小学校、幼女教养所、女工厂、施医所，暨堂外恤嫠，凡力所及，尽量设施。

（管理人姓名及略历）　张筱岱，现任津市特别市公署高级顾问。

（执事人数）　二十八人。

（经费来源）　基产房地租收入约六万元。

广济补遗社

（社址）　天津河北关下三官庙大街。

（成立年月）　清光绪二十二年十月十二日成立，民国二十四年九月二十七日立案。

（事业概况）　抚恤贫寒，办理教育及冬赈等事。

（管理者姓名）　高镜寰，年三十七岁，天津人，现充律师。

（执事人数）　十一人。

（经费来源）　每年四千元，由社董担任。

积善社

（社址）　天津城内费家胡同八号。

（成立年月）　民国十七年间继南善堂改组，曾于十七年一月，呈准社会局备案。

（组织）　委员制。

（事业概况）　办理救济、恤嫠、冬赈、施药等事。

（管理者姓名及略历）　康振普，年七十一岁，天津人，业商。

（执事人数）　一人。

（经费来源）　由各董事捐募。

济生社善堂

（堂址）　天津东门内济重社胡同二号。

（成立年月）　清光绪十二年成立。

（管理者姓名及略历）　李嘉麟，年七十一岁。

（执事人数）　四人。

（经费来源）　由本堂房租、地租充作经费。

显立文坛掩骨社

（社址）　天津西沽村公所街十五号。

（成立年月）　民国十九年二月七日成立。

（事业概况）　遇有倒毙及无力葬埋者，义务抬埋之。

（管理者姓名及略历）　万兆福，年六十六岁。

（执事人数）　三人。

（经费来源）　由慈善家捐助。

三、青岛特别市慈善团体

世界红卍字会青岛分会

（会址）　青岛新泰路十三号。

（电话）　二局三七二。

（成立年月）　民国十一年七月十五日成立。

（组织）　会长一人，会计、庶务、文牍各一人。

（事业概况）　办理慈善事业，冬施衣、粥，夏舍茶、汤。

（管理者姓名及略历）　丛弼良，年七十一岁，业商。

（执事人数）　四人。

（经费来源）　由会员捐助。

世界红卍字会青岛妇女分会

（会址）　青岛苏州路十九号。

（电话）　二局三七二。

（成立年月）　民国十一年七月十五日成立。

（事业概况）　办理慈善事业，附设学校、医院。

（管理者姓名及略历）　丛萱南，年七十一岁，山东蓬莱人。

（执事人数）　十三人。

（经费及财产状况）　经费全年一千三百元，不动产楼房三十七间。

即墨红卍字会

（会址）　青岛鸭绿池街。

（成立年月）　民国二十二年成立。

（事业概况）　办理赈济慈善事业。

（管理者姓名及略历）　胡墨原，年五十七岁，山东即墨县人。

（执事人数）　二人。

（经费及财产状况）　经费无定额，由会员捐助，并有房舍二十八间。

——原载东亚宗教协会编：《华北宗教年鉴》，

新民印书馆 1941 年版，第 543—573 页。

七年来的社会福利工作

（张鸿钧　1947 年）

社会福利事业，在中国数千年前即倡行最力，周设大司徒职司其事。《礼》云："以保息六养万民，一曰慈幼，二曰养老，三曰振穷，四曰恤贫，五曰宽疾，六曰安富。"大同篇又谓："使老有所终，壮有所用，幼有所长，矜鳏寡孤独废疾者皆有所养。"此项记载，不仅已说明当时的社会福利政策，而且影响了中国数千年来社会安全的思想制度。总理倡导革命，即以《礼运·大同篇》为最高理想。更可明证，促进世界大同，亦必自社会福利事业推行始。

民二十九年十一月行政院成立社会部后，设有专司，主管社会福利事业，并从事决定政策、计划、方法，分年实施。兹将七年来社会福利工作，简述如次：

一、行政：由综合单一而专业分工

所谓社会福利，本与公共福利的意义相同，同时社会是个人的结合体，社会的福利，当然也就是个人的福利。人类的需要范围愈广，福利工作也就愈繁重、愈艰巨。当社会部成立社会福利司时，综合所有社会福利事业由一个单位去主管，责重事繁，分工必求其精密。因此，将整个社会福利事业依其性质，划成七个部门，各设科室职掌其事。计社会保险业务，由社会福利司第一科主管；农工福利业务由第二科主管；社会服务业务由第三科主管；职业介绍业务由第四科主管；社会救济业务由第五科主管；儿童福利业务由第六科主管；工矿检查业务由工矿检查室主管。殆后，各部门业务逐渐开展，且各以实际需要，不得不扩展其范围，分别使其成立单一独立的机构，以收分工之实效。所以，在三十四年以后，遂逐渐将社会福利司各科室主管业务，分期改设处局主管，以专责成。计三十四年至三十五年间，先后将工矿检查室改为工矿检查处；第三科改为社会服务事业管理处。三十六年又将第一科准备扩充为社会保险局。至此全部社会福利行政益臻完善，社会福利工作也就能于专业分工的组织下得到更迅速合理的普遍发展。

二、政策：由消极救济而积极福利

救济，原含有消极慈善的意义，乃是对于贫穷可怜的人一种恩惠的设施。其实这种观念只应存在于专制时代，因为专制时代，一切都属于君主所有，对于民众的救济，可认为是仁政，是恩典。在民主时代，政府是人民的代表，一切属于人民。政府救济人民的生活，应是当然的责任，人民享受政府的救济，是人民应享的权利。政府对人民应把消极的救济变成积极的福利。因此，我们七年来对社会福利政策，有一个显著的改变，以往偏重消极的救济工作，现在多趋向于积极的福利设施，或二者兼顾，齐头并进。如救济儿童并不是设立机构收容孤贫儿童的问题，我们是要使全国的儿童如何获得合理的生长、如何享受合理的教育、如何保障儿童的权利，进一步还要保护胎儿降生；救济残老，并不在供给衣食，使有所终，就算尽了最大的义务，乃是如何使"残而不废""老有所安"；救济灾荒巨变，不在事务救济，而着重社会保险，以作预防；对于失业的救济，不在于贷款或发放救济金，而在于推行劳工福利与职业介绍。历年来，社会部所颁布之各种社会福利法规，如《救济法》，各项保险法规，及正在拟订的《儿童法》及《国民就业法》等，皆具有此种精神。各项社会福利事业设施，亦可表现为积极性的福利设施，非仅消极救济而已。

三、业务：由实验研究而示范推广

社会福利工作，乃是近世纪以来的新兴事业，尤其在中国办理社会福利业务，几等拓荒工作，无可循之成规，更无可参考之资料，一切从头做起。自"无"到"有"；自"有"到"好"；自"好"到"多"。确定步骤，探讨方法，建设规模，皆不能略有疏忽。所以我们七年来的业务，均先从实验研究着手，然后再示范推广。譬如说，我们为实施社区儿童福利要建立儿童福利中心区的制度，因这种业务在中国史无先例，故事先必须约集专家制订方案，再于北碚成立儿童福利实验区，实验业务设施，研究实施方法。若干年来该区对托儿事业及小型儿童福利所之设施，已提出实验报告，但我们仍觉得以北碚环境为背景之实验结果，或有不能适合于大都市采用之处，复员以后，又于南京成立儿童福利实验区。该区筹备期中，对组导儿童已能提出完备的报告。一俟两实验区对社区儿童福利工作求得最正确的实验报告后，即可普遍推广于全国。再如救济院及育幼院业务，以往我国各地虽有节妇堂、济良所、孤儿院等设置，但多为消极施舍性质，失去积极福利的用意。因此，我们为建立救济院及育幼院的合理设置标准，在重庆、南京分别设立实验救济院，在各省市设立育幼院，以为实验研究机构。同时，我们的实验研究工作，并不固步自封，一方面适应本国环境，另一方面还尽量采取欧美各国的优良先例，如儿童营养及育幼机关救养标准，曾约聘欧美专家为顾问，经常提出意见以作参考。

四、设施：由建立据点而普及全面

据点是全面的起始，若求全面设施得到合理普遍，必先考虑到据点建立的地区环境之重要。因为据点可以控制全面，全面的精神多集中在据点。所以我们七年来的社会福利设施是先从建立据点开始，而后再普及全面的。所谓据点建立，我们是决定于实际环境的需要，在抗战期中，因战区难童纷纷流浪于重庆，即于重庆设立育幼院六所，因难民及失业人员无处求职，即设立职业介绍所。空袭以后，因残老者无家可归，即成立实验救济院、残疾教养所。因西南各省来往重庆之行旅人员甚众，多感交通食宿困难，即于重庆、贵阳、桂林、衡阳各地设立社会服务处。迨后，西南、西北战事紧张，流亡难童更多，我们又先后设立广西、广东、河南各地育幼院；复员时期，后方难民纷纷返籍，我们又于沿江各地如宜昌、汉口、九江、南京分设社会服务处为返籍难民服务。数年以来，社会福利设施之据点均已建立完成，且多已进入全面普及的阶段。以目前估计，职业介绍所已发展至五百七十余单位，救济院所已达三千余单位，育幼机关已达二千所左右，几已普遍全国各地。然而，我们仍觉不够，除积极推行，力求普及外，对院外救济则更求普遍。如每年冬令救济及灾区救济范围皆极为广泛，儿童之家庭补助范围将尽量推广。务使每一个国民都能享受到国民应享受的福利，以实现大同之治的最高理想。

——原载《社会工作通讯》1947年第4卷第11期。

中国社会救济之历史发展

（俞敏良　1948 年）

一、民国以前之社会救济
二、民国以后之社会救济
三、战时之社会救济
四、战后复员之社会救济
专在叙述各期社会救济，以显示我国社会救济事业是随时代需要而发展。

（甲）民国以前之社会救济

　　天灾与贫穷在中国有悠久之历史背景，几千年来中国几无年不有灾荒，西欧学者所以称中国为灾荒国度也。远在虞夏之时，即有洪水为患，书经尧典云"汤汤洪水方割，荡荡怀山襄陵，浩浩滔天"。惟古代王君多能负起"一民饥，曰我饥之；一民寒，曰我寒之"之赈恤责任。左传戴文公十六年"振廪同食"，即为君主施行仁政之具体表现。古代之社会事业家管子集当时社会事业之大成云："老老、慈幼、恤孤、养疾、合独，问病、通穷、振困、接绝"，实为极完备之社会救济项目。至战国时李悝所发明之常平仓，更为历代赈饥平粜之渊源。以后历代均有恤养制度，救荒政策，及各项社会救济之实施。宋董煟之救荒全法云："救荒有赈济、赈粜、赈贷三者，名既不同，用各有体。赈济者，用义仓米施及老弱残疾孤贫者，米不及，或散钱与之……务在选用得人。"至《康济录》一书所引历代救济荒贫之事迹，更可视为一部中国社会事业发展史。惟中国古来素重家族伦理观念，所以使救济事业久久滞留于贤君仁政，及个人慈善施舍观念之下，而不易发展为一种社会公共事业。古代赈恤之最高理想有如《礼运·大同篇》所谓"人不独亲其亲，子其子……使老有所终，幼有所长，鳏寡孤独者皆有所养"之道德观念。此种精神与欧美各国之社会工作，发源于宗教之博爱精神者同出一辙。欧美初期社会事业皆由教会担任。中古天主教之慈事业深入民间，普遍全欧，几为当时社会事业之唯一领导者。

中国民间尚有其他救济事业，由佛教、道家、善士，以宗教信仰为出发点，而设立之普济堂、同善堂、育婴堂、养老院、慈善会、施粥厂等。此亦足以说明中国社会救济除官赈外，亦有由私立机关在民间普遍发展。

欧美各国之慈善事业，首先起源于基督教，而后逐渐转入政府工作。一六〇一年英国伊利沙白女王所颁之救贫法案，为后世救济法之滥觞，此为社会救济工作变成政府行政之开始。惟中国之社会救济，迄至清末，大部分仍留在民间自由组织状态之下，虽自西洋文化输入，尤以基督教在华创办之新式孤儿院盲哑学校等，足称中国救济事业现代化之前奏，然仍属于少数私立机关而已。此外尚有中国红十字会成立于一九〇四（光绪三十年）日俄战争之时，然当时亦不过以民间团体地位推动社会事业。至临时之水旱天灾救济，直至民国初年，亦仅由全国各省九十九个慈善会及善堂[①]零星执行，毫无系统组织及中央机构。据统计当时灾害计达七十七次之多。[②]其救济方法，不外临时施粥、施米、施医、施棺、冬赈五项。其经费来源亦只由慈善社团不动产利息收入，及私人自动捐助现款或米谷充之。

（乙）民国以后之社会救济

民国以来，国内天灾人祸频仍，救济需要，亦与时俱增。中国现代之社会事业，可谓由临时救灾工作发展而成。前此之社会救济，全凭个人之慈善施舍、建功积德之封建观念。其只能赈济一时之社会痛苦，不独未能维持经常之社会福利工作，而且有时反生流弊。例如有假借救济名义以图私利，或滥施惠与，反而贻害被救济者之自尊、自助精神。此种缺点，皆因社会救济行政未经系统化，工作人员未经训练，工作技术未经考究之结果。迄民国九年，一般社会人士逐渐感觉当时社会救济之需要，乃创立华北救灾协会，是为中国联合救济机构之开始。华北救灾协会首先大规模筹募赈款，救济灾荒。继之豫、晋、陕、鲁各省大旱，由梁士诒、熊希龄等联合十四社团举行募款赈灾，同时驻华美使亦联合各国公使组国际对华救灾会，未几中外两机构合并，组成北京国际

---

① 见二十二年《申报》馆年鉴。
② 见三十四年内政部年鉴。

统一救灾总会。当时曾救活灾民二百四十余万人。至赈务结束,为保存已往办理救济经验俾作经常救济之准备,遂成立永久机关,取名为中国华洋义赈救灾总会。

民国十七年国民政府成立,内政部公布管理各地私立慈善机关规则,于是救济事业,渐入正轨。当时冀、鲁人民又值凶旱之年,国府乃组织冀鲁赈灾委员会,以许世英为主席。同年八月内政部设赈务处,及赈款委员会,薛笃弼、许世英前后任主席。同时设三个区分会,一为豫、陕、甘赈灾委员会,一为晋、察、绥赈灾委员会,一为两粤赈灾委员会。以后凡被灾各省得设省赈务会、县设赈务分会,由当地政府党部及民众团体代表组成之。

民国十八年二月,国民政府因鉴上述各机关赈政仍不能一致,遂合并成立国民政府赈灾委员会,改隶行政院。次年又改组为赈务委员会,管理全国灾赈事业。

民国二十年以后因华北水灾严重,又另组国民政府救济水灾委员会。当时江、淮、汉、运诸水泛滥,空前浩劫。政府以美麦四十五万吨,合国币四千五百万元,作为救济灾区人民之用。同时设立工赈处,分十八灾区。各区设工赈局,推行合作生产,修筑公路及水利工程各项工赈,扶助人民恢复生产能力。并于急赈、工赈外,尚有农赈,以农村互助社方式赊放粮食、农具,耕牛、种籽、肥料从事复兴农业。由国民政府救济水灾委员会,委托华洋义赈会代办。

以上所述中国之社会救济虽随时代演进,然均着重于临时救灾,故均未足以代表整个之社会救济事业。迄民国二十七年五月社会部成立,部内有关社会救济行政者为社会福利司,下设儿童福利、社会救济、职业介绍、社会服务、劳工福利及社会保险六科。各省市设社会处局,管理全国社会福利及救济事业。至此社会事业始得多方面之发展。社会行政,亦逐渐系统化。

（丙）战时之社会救济

中国社会救济除上述临时救灾事业外,尚有战时之非常时期救济,及战后之善后救济,亦大有助于中国整个社会事业之发展。民国二十六年,七七事变起后,行政院成立非常时期难民救济委员会,执行战时社会救济。民国二十七年,战区范围日广,赈济工作日繁,政府遂将内政部之赈务委员会及非常时期难民救济委员会合并,于该年四月在汉口成立赈济委员会,规定凡经常救济工作属于社会部，临时赈济工作属于赈济委员会。民国二十九年国民政府公布《赈济委员会组织法》，计设三处。第一处掌管总务事项，第二处掌管难民之救护、运输、收容、给养事项，第三处掌管儿童教养、难民生产、小本贷款事项。各战区并分设救济区办事处。

在战时除由赈济委员会负责政府救济外，尚有两类机构协助进行战时救济者，一为固有之社会工作团体，如红十字会所办之救护总队之医药救济；一为在战时成立之救济机关，例如全国男女青年会所举办之学生救济委员会、中华基督教会所办之负伤将士协会、蒋夫人所领导之战时儿童保育会，以及国际救济委员会（后改为美国援华救济联合会）。对于战时前方将士及后方难民加以各种有效之救济，成绩亦著。

民国三十二年九月国民政府公布社会救济法，评定救济范围、救济设施、救济方法及救济经费四章。规定救济项目有安老、育婴、残废教养、流民习艺、医药救济、家庭补助、贷款、职业介绍以及天灾急赈各种业务。各省、市、县普设救济院，救济经费得列入中央及地方预算。

（丁）战后复员之社会救济

第二次世界大战结束后之善后救济，在国际者有联合国善后救济总署，在中国有行政院善后救济总署。联合国善后救济总署于战时民国三十二年十一月在华盛顿成立，中国亦于三十三年三月在行政院设立善后救济调查设计委员会，分组起草救济计划。三十三年九月，《中国之善后救济计划书》送达联合国救济总署，同时联合国善后救济总署亦在中国设立办事处。继之行政院善后救济总署亦于三十三年底正式成立。联合国善后救济总署可称为世界有史以来最大规模之救济机构。中国行政院善后救济总署业务设储运、分配、财务、赈恤四厅及农业复员、工矿复员、卫生医药、交通器材四委员会。接受联合国救济物资，配发救济全国难民。全国又分设东北、台湾，冀热平津、晋绥察、鲁青、河南、上海、苏宁、浙闽、安徽、江西、湖北、湖南、广东、广西十五分署，执行实地救济工作。

联合国善后救济总署之经费，系由联合国中未受战事直接影响之会员国，捐助其国家一年总收入百份之一，总额为二十亿美元。其中美国捐助者为十三亿五千万美元。此项资金由联总斟酌市场情形，根据各国需要，采购物资，供应救济。其分配中国者，除经费六亿四千七百五十万元外，尚有各种物资二百七十万吨。此种物资除农工善后建设器具外，余为粮食、罐头、奶粉、衣着、布匹及药品。此外联合国又遣派外籍社会福利工作专家八十余人，来华协助社会福利救济工作。

中国善后救济总署组织中之赈恤厅为执行战后复员社会救济工作之机构。赈恤厅下设三组，分掌难民遣送、直接救济及工赈业务。善后救济之宗旨在于减少因战事而受灾难人民之痛苦，并使其经济生活早日恢复常态。其工作目标有下列各种：

（一）使难民得在复员过渡时期中有适当之粮食、衣着及住所以维持健康；

（二）以交通工具遣送难民还乡，或以物资补助难民家庭，使离散之家庭，得以重建；

（三）对社会救济及福利机关、学校、医院之复员及重建予以补助；

（四）对老弱者、失依儿童及伤残者予以特殊救济；

（五）对难民之卫生医药予以补助；

（六）以物资补助推动难民工赈及各种自助工作；

（七）唤起社会责任，使对未来灾害作有计划之救济设施。

至举办赈恤业务之方式，又可分为四类：（一）由总署及各分署工作队直接举办赈务者；（二）与现有社会机关合作举办赈务者；（三）委托原有社会机关代办赈务者；（四）以物资、现金或人才补助现有之救济院所，以充实其业务者。

据统计在两年半中善后救济总署及各分署所办社会救济之成效，有下列各类：

（一）全国被资助遣送返乡之难民达一百五十万余人；

（二）全国各分署对复员后而未能即时复业或复耕之难民，以及遭受因战事而产生之各种水旱天灾之难民，加以紧急之粮食救济。此种粮食大部分为面粉、米、麦及罐头食品四类，计共发三十四万余长吨。全国共设粥厂以及其他供食站一六一所，并有活动厨车三十一辆，巡回各灾区供应民食。全国难民赖此种粮食救济以养活者约计四百万人。此外更设立儿童营养站三〇三八六站，供应儿童达二八四〇〇〇〇人；

（三）衣着救济可分为两种：一为联总赠送之西装鞋物等，一为新制之寒衣被服。全国计散发西装旧衣三二七一六包（每包约一百件衣服）。其有不合难民穿用者，则设立缝纫厂加以改制。新制棉衣计三百万套，全国受赈人数共计六百万人；

（四）房屋救济，计全国设立平民住宅或善救新村二五八二所。修造农舍一二二七二幢，修葺公共福利机关七八三所；

（五）全国补助之社会救济机关，有儿童福利机关四九七所、老弱伤残救济机关及省县救济院所四三五所。计受益之儿童达一二二七四九人，老弱伤残者一六二五四三人。

（六）工赈系对难民之一种积极救济，既能使难民自食其力，又可协助战后建设，以达到"寓善后于救济"之目的。工赈种类分为水利工赈、公路铁路工赈、房屋修建工赈、市政工赈及其他手工场工赈五类。其中以水利工赈规模最大，计全国举办者有五〇二处，共发工粮六九五八八九八长吨，现金一〇八七八五二九〇四五元。

经过八年战争之后，一国之复员非属容易。此次中国战后只就复员过程一事上，尚未发生大变乱，大部分应归功于善后救济总署之社会救济工作——使大量难民得以遣送回籍，饥荒水旱得以救济，被破坏之都市、村镇得以重建，农、工、矿得以逐渐恢复生产。

善后救济总署为检讨，并保留此次空前大规模之社会救济经验及中外各专家对未来中国社会救济工作之建议，特于（民国）三十六年三月二十三日至二十八日在上海召集第一次全国社会福利工作会议。参加会议者有社会部及各省社会处代表、全国公私立社会福利机关代表、各大学社会工作学系代表以及中外社会福利专家二百十九人。出席代表按其所属机关性质分为七小组，对今后中国社会工作提出建议案四十九件。[①] 此种建议案，足称为中国社会救济史上之重要文献。

民国三十五年九月社会部曾颁布《战后社会安全初步设施纲领及实施办法》，内分立法、训练人才、辅导国民就业、筹办社会保险及加强社会救济五类。关于社会保险者，政府认定社会保险为福利全体国民，保障社会永久安全之设施，应由中央主持办理，力谋其业务之扩展与充实，并规定由社会部商同有关机关积极筹办分期、分区并分业实施。其第一期应办之社会保险为职业、伤害、老废、死亡、疾病、生育及失业各种保险。至保险之对象，先以产业之职工为主，公教人员次之，俟成效显著，再图次第推广及于国民全体。初期创

---

① 见 Proceedings of Social Walfare Conference March 1947.

办社会保险为谋奠定保障社会定全之始基，规定采用强制政策，凡合被保险人之规定者，应强制其加入。惟关于制定保险费率以及保险给付，务求公允合理。且为预防保险事故之发生，所有安全及福利设施，尤应同时举办。最近社会部已设立社会保险局，统筹全国社会保险业务。

关于加强社会救济者，规定社会安全计划开始实施时，社会部依据修订社会救济法之规定及其立法精神，利用全国原有设施，创设新制度，推行社会福利。其办法有建立社会补助金制度，保护及救助儿童及充实救济机构三项。[①]

三十六年十二月公布宪法，其中第十三章基本国策，第四节社会安全，其中第一五五条规定：国家为谋社会福利，应实施社会保险制度，人民之老弱、残废、无力生活，及受非常灾害者，国家应予以适当之扶助与救济。自是中国社会救济，将进入社会福利与社会安全阶段，且成为宪法上之基本国策。

——原载《社会建设月刊（重庆）》1948 年复刊 1 第 2 期。

[①]　见社会部编：《四大社会政策纲领及其实施办法》。

记上海新普育堂

（*伊人 1918 年*）

新普育堂者，上海善堂之一也。始自民国元年，建筑于沪南陆家浜同仁辅元堂之普安亭义地，承旧普育堂之名义办法而扩充之，故曰新普育堂。主其事者，上海公教进行会会长陆君伯鸿也。热心任事，竭力经营，成绩斐然，彰彰在人耳目。试读民国元年至三年之《新普育堂报告册》，与夫四、五年之《征信录》，即得之矣。惟阅《征信录》所列《年月度预算书》，经常门年度收入，乃仅三万五千七百二十三元，年度支出，则须七万九千二百十二元，出入相抵，不敷逾收入数一倍有奇。又自元年二月开办起，至五年十二月止，虽临时收入有十万金之巨，与经常年度收入相埒，而依收支统计，已积亏至七万五千金。则是事业之大，任事者仔肩之重，由此可见。爰乐为记其大概如下，并期中外善士，有以辅助之、维持之，庶经费无不继之虞，茕民被普育之泽，幸甚幸甚。

一、办法

专收茕民。无告之老幼、男女、疾病、残废、疯癫等人，供给其衣、食、住宿、医药。不分宗教，一体收养。

二、组织

（甲）董事会：集议堂中兴革事宜，及担任筹募经费等项；（乙）主任：总理全堂事务；（丙）医生：（现由何理中博士担任）施诊堂内外病人；（丁）看护妇：（仁爱会修女担任）；（戊）助理员：分任文牍、会计、书记、庶务、医药及教育等事。

三、经费

（甲）常年经费：由地方官署局所及中外士绅拨给；（乙）特别费：由中外官绅商学各界及各教会捐助。

四、事业

收养各项茕民，定额一千五百名，分各院如下：（一）男贫病院；（二）女贫病院；（三）男老人院；（四）女老人院；（五）男残废院；（六）女残废院；（七）男贫儿院；（八）女贫儿院；（九）男疯人院；（十）女疯人院；（十一）男病犯室；（十二）女寄养所；（十三）节妇院；（十四）育婴院；（十五）传染病院。又附设之事业如下：（一）施医所；（二）小学校；（三）习艺所；四、吴淞、江湾、闸北、杨树浦之分医局（设自民国五年）。

五、成绩

（甲）最近调查：（一）建筑物约值十八万五千金；（二）堂址较旧普育堂大逾十倍；（三）留养各类茕民，共一千四百余名。（乙）民国四、五年统计：（一）留养各类茕民，共一千一百九十六名；（二）施治门诊，二十二万五千名；（三）入堂留养及治疗者，七千五百七十三人；（四）病愈出堂者，四千九百三十六人；（五）病老死亡者，二千三百七十一人；（六）择配及给领者，九十六人。

——原载《圣教杂志》1918 年第 7 卷第 5 期。

上海济良所

（范博理　1927年）

济良所成立以来的三个时期

济良所成立，已经有四十余年的历史。开始创办的人，为西国教士，最初的时候，内部规模很小，所收容妇女人数也不多。这是第一期创始时代的状况。到了后来，有两位中国教士吴鸿玉与金勤牲君，他们不满意内部组织的简陋，想竭力扩充，因为不得西教士的同意，就独力捐募，后来竟得成立规模较大的济良所，这是第二期时代。自从经过这时候，内部的组织，日渐广大，到了现在收容的妇女，达到四五百人之多，而且所中的办事权力也渐由西人手中集中于国人的手中，这是第三期发展时期。

济良所对于妓女待遇的影响

当济良所没有成立之前，妓寮虐待娼妓的情形，十分残酷。他们驱策无知而且孱弱的女子，以极不文明的手段，使她们替他们做牛马作摇钱树，反用种种强迫而且惨无人道的手段的酷刑，加到这些贫苦无告的弱女子，这是何等的痛心呢！济良所初成立的时候，投入所中的娼妓，不是身被炮烙，血肉糊涂，就是身经鞭挞，遍体鳞伤，她们被虐待的情形，不是现在妓寮的种种方法所可比拟的。但自娼妓有了济良所投奔之后，一般经营妓业的，都大起恐慌，为防止他们所依赖为生活的娼妓投奔济良所，就不敢用那种不能忍受的酷刑严法了，于是娼妓在妓寮中的待遇，也无形中因之改善，这是济良（所）成立后对于娼妓的大影响。

妇女堕落为妓的原因

我们要考察妇女堕落的原因，就可知这是社会的罪恶，不是妇女本身的罪恶。济良所收容的妇女，十分之七，为娼妓受虐或是自愿脱离苦坑而投入的，此外十分之三，是人家的婢妾，也是被虐待而逼迫投入所中的。娼妓和婢妾堕落的原因，有最重大的三点：（一）从幼年的时候，被他人拐卖到妓寮。（二）被自身父母所鬻身为妓妾。（三）很少的人，她们自己愿意做娼妓或婢妾的，就是有些妇女自身甘操神女生活者，也由于经济势力的压迫，不得已而出此。这个问题，是研究社会问题的人，应当注意的。

所中工作和经济的支配

上海济良所，工作的区域，可分两部：一为事务所，专办接收事务，里面附设平民学校，凡娼妓或婢妾投奔济良所，由济良所告工部局，由捕房将虐待者带到公堂审问，询明虐待情形，按其轻重施罚，然后把投入的娼妓或婢妾转送到济良所。该处专司收纳等事务，被收纳的妇女，设法加以造就，使她们自身能够独立，按其资质程度，可分三等。第一等资质聪明、年纪青秀，把她们送到各地女校读书，很有多数的青年的妇女，成为有用的人材；第二等是有技艺能够手工的，她们很有多数人能做精美的工作；第三等则稍次，但也设法使她们能做种种有用的工作。总括一句话，她们没有一人是吃闲饭的，她们手工所得工资之一部分，是归所中所有，所中每年经常费，约需三万余元，其中三分之二，都仰给于此，余外三分之一，为中外慈善家所捐助的，她们属于已有一部分工资，平时由所中代为保管，需用时可以支取。

所中妇女的善后

投入济良所的妇女，由所中为她们择配，所外如有人请领，所中按其身份与情况，替他们撮合，惟须纳相当的银两给所中，作为配劳之资。有许多妓女与她相识的客人约定终身，因为妓院为本身利益关系，不许她从良接受客人为她赎身，她们就投入济良所，她的目的是以济良所为过渡的，但这不是常见。至于投入以后有戚眷来招认的，经有相当的保证和手续，所中也愿归还之，但也有困难不愿领回的，所中也准他们彼此交往。以上事实的报告是出诸该所热心办事员之口，未敢增删，最后记者须补充的就是娼妓的痛苦，已经赤裸裸的放在我们目前了！这济良所就是她们的呼声和血泪所促成的成绩，但除此以外她们走投无途，娼妓是我们整个的不幸的女同胞中之一部分，她们如得不到自由和平等，就是整个的女同胞未得到自由和平等。现在全民解放的机会在目前，这万恶制度的根本已经摇动了，最近各省党治下的政纲已经确定了废娼的一条，我们须努力作政治的后盾，督促政府逐步的执行，并且我们为要安顿彼等的生活起见，尤须注一脉的视线去提倡创设职业的团体，这济良所的工作可以作我们行动的借镜，这是我草这篇文的第一个希望。至于现存的济良所工作，我们也表示极钦仰极铭感的态度，但社会是进化的，所以我们的工作，须适应时势潮流的要求，离开固定的方式求其精而益精，使现成的济良所实施完美的（职）业教育，成为已成熟的职业团体，作为建设和扩充的基础，并且使内部的人真得恢复全部的自由和平等，又极希望各界能用极诚恳的态度，与他们协力统作，这是我第二个希望。

——原载《节制》1927 年第 6 卷第 4 期。

上海市社会局核准注册之公益慈善团体表

（1929 年 7 月份止）

团体名称	所在地	主持者姓名	事业	执照号数
上海秋心社	普育路洪兴里六号	胡笃周	办理义务学校，出版秋心报	公字一号
上海一善社	城内净土街三二号	孙经培	施医、药、衣、米、茶、放生、种痘、惜字	公字二号
上海普益习艺所	南火车站后路	杨逸	工场授艺，各科分图画、藤器、泥塑、机器、毛织、缝纫、国文、算术、簿记	公字四号
同仁辅元堂	南市乔浜路梅家弄	凌纪椿	恤嫠、施衣、米、粥、医药、材、掩埋、救生	公字五号
沪北栖流公所	新闸成都路	王震	收养、贫病、种痘、施暑药、救生、捞尸	公字六号
上海慈善团	南市乔浜路梅家弄	凌纪椿	统辖同仁辅元堂等六团体及救灾、义校	公字七号
少年宣讲团	中华路尚文门口	汪龙超	通俗演讲、公众阅报、格言牌	公字八号
中华麻疯救济会	博物院路二十号	李元培	办理救济麻疯	公字九号
沪南神州医院	咸瓜街老太平巷	黄涵之	施医给药	公字十号

续表

团体名称	所在地	主持者姓名	事业	执照号数
上海孤儿院	龙华镇北茂公桥	王震	收养孤苦男女，授以教育及技能	公字十一号
吴淞佛教居士林	龙华浜徐家宅	韩则佩	劝修净业、施医药、义校	公字十二号
上海理教联合会	沪宁车站路一三号	张一尘	劝戒烟酒，并施医药	公字十三号
浦滨公益会	殷行镇北丁巷	陈维翰	施衣、米、医药、材、掩埋	公字十四号
蓝十字会谦益伤科专门医院	海宁路求安坊	王彬彦	施医给药，救护伤残	公字十五号
盛德善会	民国路永安街口	叶增铭	施衣、米、医药、赈济	公字十六号
同仁保安堂	南京路一六〇号	瞿庆墀	施医、药、年、米、棺、掩埋、恤嫠	公字十七号
浦左同乡会	薛家浜里弄	秦锡田	联络乡谊，办理公益	公字十八号
淮安六邑会馆	兰路二〇二号	周永顺	建设丙舍，寄柩、运柩回籍	公字十九号
江淮公所	新民路九七〇号	顾竹轩	寄柩及遗柩回籍安厝	公字二十号
江淮旅沪同乡会	徽宁路五五号	成燮春	联络乡谊，合谋公益	公字二一号
休宁旅沪同乡会	爱文义路丹凤里	胡复华	团结乡谊，共谋旅沪同乡公益	公字二二号
江平育婴堂	闸北新马路	赵刘如冰	育婴	公字二三号
上海育婴堂内兼保赤局	城内唐家弄	黄星阶	育婴、保赤、种痘	公字二四号
上海广益善堂	天后宫桥北塊	王震	施医、药、衣、米、茶、恤嫠、义校	公字二五号
仁济堂	云南路五六六号	王震	育婴、恤嫠、施医、药、衣、米、义校	公字二六号

团体名称	所在地	主持者姓名	事业	执照号数
位中善堂	大东门外郎家桥街	王震	施医、药、衣、米、恤嫠、种痘、义校	公字二七号
上海济心会	小东门天官坊	陈桂山	施医、药、衣、米、施材、种痘	公字二八号
吴淞救生局	吴淞东昇路	印书畦	救生、捞尸、拖带遭风失事船只	公字二九号
至圣善院	兆丰路五七号	翁寅初	施医、药、衣、米、义校	公字三一号
普善山庄	闸北普善路	王震	施医、药、衣、米、材、掩埋、义校、分设中西医院	公字三二号
徽宁旅沪同乡会	新闸路鸿祥里	黄怜生	施诊、月刊、阅报室	公字三五号
广义善堂	吴淞外马路东首	缪恭明	施材、给药、息影	公字三六号
上海复善堂	复善堂街三五号	王震	施医、药、衣、米、恤嫠、种痘、义校	公字三七号
公立上海医院	南市外滩多稼路	秦锡田等	施诊	公字三八号
义济善会	新桥路南瞿真人路	范开泰	施材、殓衣、掩埋、义校	公字三九号
新会旅沪同乡会	北四川路清云里二号	李竹平	施衣、义校	公字四〇号
宁波旅沪同乡会	西藏路八十号	虞洽卿	分设公学十所	公字四一号
普济善会	中华路七一五号	王一亭	施医、药、衣、米、棺、赈灾、施种牛痘、义校	公字四二号
中国救济妇孺会	江湾镇	王一亭	救济、留养被拐迷路妇孺	公字四三号
广益中医院	城内石皮弄	丁仲英	施医	公字四四号

团体名称	所在地	主持者姓名	事业	执照号数
闸北慈善团	闸北大统路一六七号	王栋	惠儿院、留养妇孺、施医、药、衣、粥、材、掩埋	公字四五号
上海联益善会	狄思威路东有恒路	陆文仲	施医、衣、材、米、掩埋	公字四六号
吴淞积德善堂	吴淞北市河路	俞惟珏	施材、药、衣、米、殓尸、掩埋、恤孤、惜字	公字四七号
中国吴淞仁德会	吴淞一兴路天后宫内	厉品仙	施医、药、衣、米、痘、茶、惜字	公字四八号
沪北米业联合会	闸北长安路二四号	范和笙	关于米业、浚河、保卫、建筑、码头、会所、殡舍	公字四九号
海昌公所	新闸共和新路	张宝儒	寄柩、运柩、掩埋	公字五〇号
江湾崇善堂慈善会	江湾大寺后	陆徵宇	施医、药、衣、米、棺、茶、恤嫠	公字五一号
上海新普育堂	沪闵南柘路	陆伯鸿	收养劳民，分设男女、养老、残废、贫病、疯人、男病、犯女、贫儿、幼稚、育婴、妇女、寄养各院	公字五二号
觉园佛教净业社慈善部	赫德路十九号	黄庆澜	施医、药、衣、米、牛痘及资遣贫乏者	公字五三号
上海惜米公所	西门仪凤街	林正明	施药、衣、材、茶、义校、惜字	公字五四号
存善堂储材善会	贝勒路均益里	许范远	施材	公字五五号
浦东公所	丰记码头	傅恭弼	资助同乡、免利借本、施材、代殓等	公字五六号
上海残疾院	车站后路	王一亭	收养老幼残废，贫民施以工作	公字五七号

团体名称	所在地	主持者姓名	事业	执照号数
上海联义善会	北车站旱桥西交通路	翁寅初	义校、抚儿院、施医、药、衣、米、材，兼办赈济	公字五八号
博济善会	华德路保定路口	姚占魁	舍材、施医、给药	公字五九号
上海特别市妇女协会	小南门梅家弄	徐呵梅		公字六〇号
绍兴七县旅沪同乡会	爱而近路北山西路绍兴里	田祈原	办有两级小学两校	公字六一号
沪南慈善会	南市薛家浜	王震	施医、药、衣、米、材、赈济、种痘、义校	公字六二号
江阴公所	小西门外江阴街	奚萼衔	施材、寄枢、运枢、惜字、恤嫠	公字六三号
通如崇海启五县旅沪同乡会	南市大码头街	顾泽民	施医、药、材、义塚	公字六四号
上海集义善会	新纪浜路三二八号	窦耀庭	施医、药、施材、种痘	公字六五号
上海佛教会	南京路三六二号	释仰西	推行慈善事业，创立学校、医院	公字六六号
惠生社	大场乡	王震	学校、医院、养老院、施衣、米、恤嫠	公字六七号
苏州旅沪同乡会	新闸路平江公所	张一鹏	各项公益慈善事项	公字六八号
星江敦梓堂	小南门外糖坊弄	朱兰甫	资助茶业、施粥、送暑药	公字六九号
世界佛教居士林	新露园路口	王一亭	学校、施医、图书馆	公字七〇号
济安所施材会	张华浜殷行乡	韩则佩	施材	公字七一号

续表

团体名称	所在地	主持者姓名	事业	执照号数
同义善会	民国路 露香园路	张茂章	施医、药、材、学校	公字七二号
湖社	北浙江路信昌里八二七号	陈其采	社会调查、土产推销、出版物	公字七三号
延绪山庄	会文路	戴耕莘	施材、寄柩、掩埋	公字七四号
上海粤商医院	闸北天通庵路	陈炳谦	施医、药及产科	公字七五号
附注: 执照第三、三〇、三三、三四号作废				

——原载《上海特别市市政府市政公报》1929 年第 30 期。

上海各慈善团体概况 ①
（1930 年）

一、上海慈善团

上海慈善团，系就市区内原有之同仁辅元堂、果育堂、普育堂、育婴堂、救生局、同仁辅元分堂、全节堂、清节堂、保节堂、赊葬局、保赤局、普安施粥厂等合并组织而成。民国十八年奉市社会局令，接收同仁保安堂、沪北栖流公所、淞沪教养院，隐然为市内公立慈善团体之中心。资产最巨，事业亦多，除恤嫠、赡老、济贫、矜孤、施棺、赊棺、赊葬、义冢、收埋暴露，以及施医、给药、施粥（现已停办）、施米、救生、义校等项，由该团同仁辅元堂直接办理者外，尚有育婴堂、妇女教养所、普益习艺所、保安养老所、上海游民习勤第一所、第二所、慈善病院等事业，又新普育堂，亦加入该团，并由该团按年补助二万余元。该团现在组织，以董事会为最高机关，由董事会公推常务董事七人，分掌总务、财政、田房、地租、建设、保管等项，均须常川到会办公。至该团经费，计经常临时收入共银三十万余元，支出共银五十一万八千余元，收支不敷，负债甚巨。所幸该团地产颇多，位置冲要，如能善为使用，年可增巨额收益。如北浙江路塚地二十三亩余，能将工部局合约取消，改建市房出租，除建筑等费及利息外，年得租金十余万元。

二、新普育堂

新普育堂承前普育堂名义产业，由陆伯鸿筹款，就大南门外陆家浜上海慈善团之普安亭义地，重行建筑扩充范围，专收茕民无告、老幼男女、疾病残

① 标题为编者所拟。

废、疯癫等人，不分宗教，供给其衣食、住宿、医药。堂中分老民院、男残废院、男贫病院、男疯人院、男病犯院、老妇院、女残废院、女贫病院、女疯人院、女贫儿院、幼稚院、育婴院、妇女寄养院、时疫医院、工艺学校等，留养人数恒达一千七百余人以上。此外又增设杨树浦圣心医院，筹设闸北医院，事业逐渐推广，以致积亏达三四十万元。价值较巨资产，大抵分别押借。经费收入，全恃捐款，年约十四万元。房地租金虽有四万余元，而利息支付亦达二三万元左右。经费支出，事务方面约一万元，事业方面约十二万元。至其组织虽设有董事会，担任募捐筹款、稽核账目人口以及应兴应革事宜，但以主任二人综理全堂事务。此外则聘请仁爱会修女二十人，担任全堂及时疫医院内部一切事宜，除衣食零用外，均尽义务。

查该堂事业，为本市各善堂冠。而经费支付全恃捐款，租金收入仅敷债息，则其经济组织之不健全可深危惧。虽曰办理得宜，不患人之不乐助，但捐款之来，多少带有人的问题。主任得其人，十余万捐款不难措集，设不得其人将奈何。故本会以为债款总应筹清偿之策，基金有逐渐募集之必要，至于组织之改善，亦不容忽视也。

三、浦滨公益会

浦滨公益会，系民国七年，由殷行绅商赵鸿藻等集资设立，办理施诊、给药、施材、掩埋及义务学校等事业。适衣周古塘辟军工路，蜿蜒数十里，路旁荒塚枯骨，以及全乡无主荒坟四十二处，计地二十亩有零，交由该会清理管业。旋又拟举办救生事业，由工巡捐局将沿浦工地适中之点，区划九亩八分九厘，为该会建筑轮埠，及办事处、验尸所等之用。至该会组织，系以赞成该会宗旨，认纳会费者为会员。由会员总会公推董事五人，主持会务。现仅有会员五十人，资产收益甚少，经济竭蹶，各项重要事业，均陷停顿。

四、普善山庄

普善山庄，系于民国二年，由王一亭、王骏生等集合同志捐资设立，专办义塚、施材、掩埋、暴露、施诊、给药等事业。计年约掩埋大小棺三万具，施棺千余具，施医受治者四万余人。设事务所于北海路，及普善产科医院于新民路，南市分庄于南市三官堂路，浦东分庄于浦东其昌栈。至其组织，由创办人、赞助人、捐助人，认有常捐者名誉董事，于每年一月召集年会，推举董事十五人，组织董事会；由董事会互推总董一人、常务董事二人、经济董事四人，办理各项事务。更就常务董事中，公推主任一人，管理庄内一切事务。医院方面，另行公推院长一人，主持医院事务。庄中房地产，均为办理事业之用。每年经常费三万二千余元，临时费六千余元，除事业收入及历年积余金利息各三千元抵补外，均以常捐、特捐挹注。常捐由捐助人各自认定，一年或半年一付。特捐由赞助人随愿捐输，如有不敷，由各董事设法筹集之。该庄财产均以彭浦大场一带为多，地处偏僻，均系义塜，一时颇难改善使用；其在市区内者，均为事务所及办理事业之用，兹分述于后。

五、中国救济妇孺会

中国救济妇孺会，系于民国元年，由王一亭、徐乾麟等集合同志捐资设立，以维持人道、消遏拐掠、救护妇孺为目的。关于调查及发现拐案，采用委托调查、奖励告发、请求官厅协助三种方法。关于救济被掠妇孺，采用具保认领、资遣回籍、留会教养、给领择配四种方法。计自开办迄今，救回被拐妇孺达四千八百余人以上，现在留养在院者约有四百人左右。其组织系在本市设立本部，他埠则组织分会。会员以捐资会费，定资格为五种：1. 名誉会员；2. 特别会员；3. 赞成会员；4. 普通会员；5. 赞助会员。由名誉、特别、赞成三种会员，选举正副会长各一人，总务科、教育科董事各三人，文牍、经济、调查、庶务、交际等科董事各四人。至对该会热心赞助者，得公推为名誉董事。计该会现共有会员千余人，会长、会董及名誉董事百余人。事务所设于天后宫桥广益善堂内，留养院则设于江湾。每年约须事务经费七千元，事业经费五万元，除租金收入三千元外，余均恃捐款挹注，幸历年收付尚足相抵。

六、厚仁堂

厚仁堂原系引翔港同仁辅元分堂，道光二十七年，周镐捐房二十二间，即由该镇士绅周锡琮、王森培、王焕崧等，倡议捐资，脱离辅元堂单独设立。所办事业，以恤嫠、赡老、施衣米、施诊、给药、施棺、掩埋为主，间于经济可能范围内，临时稍为扩充。其组织系由地方公正士绅，及捐助者后裔，推举董事若干人，任期三年。再由各董事选举十一人为常务董事，组织常务董事会；再由常务董事会推举三人，组织主任董事会，处理一切事务。主任董事互推为总董、协董，分别执行职务。常务董事及主任董事任期均为一年，连举得连任。经费收入以资产滋息为主，计十九年份租金约五千元，息金约五百元；支出事务经费五百元，事业经费三千元，其他二千五百元。至该堂房地产，均在二十三保引翔一带，间有在公共租界东区，属热闹或沿铺地段，值价颇巨，惜均少数使用。自市中心区域确定，引翔为市中心与租界交通要道，将来淞沪路等兴筑，市面繁盛，地价激涨，则该堂地产收益，自亦随增。故全市慈善团体中，除上海慈善团仁济堂外，较有发展希望者即为该堂。本会对于该堂产业整理，关于使用未适当者，如有契约关系，一律予以补救或纠正；其无契约关系者，则为改善使用方法；其未使用而已有发展之希望者，则予以详细之设计；其尚须等待者，均饬向土地局清丈立界，换证管业。至该堂组织之如何改善，事业之如何扩充，斯尤财产整理后，亟应由社会局确定者也。

七、仁济善堂

仁济善堂，系由光绪辛巳年（七年），由施善昌等集合组织，办理慈善事业：如矜恤、施医、赠药、发粟、给衣、施材、助殓、掩埋、惜字、放生等，是为普通之慈善事务；筹办猝遇水旱饥荒之义赈，救护被难之灾黎，是为临时之慈善事务；设堂收受贫苦男女小孩抚养，是为育婴之慈善事务；设立义务学校、贫民露天学校，及夜学等，是为教育之慈善事务。该堂资产颇多，且均在特区范围，位置冲要，收益甚巨。故其经常费，以地房产滋息为主，年可收八万五千余元。事业收入，约一万五千余元，捐款收入约六千元。除因临时事业特别劝募外，平时并不外募。支出方面，事务费一万余元，事业费约六万元，补助经费及利息支付各约一万五千元。至该堂组织，系以年满三十岁以上，品行端方，有正当职业，热心公益，经董事二人之介绍，经董事会全体通过者为董事。由董事会推选董事，任总董、副总董、交际、审核、文牍、经济、产业、调查、教育、医药、庶务等科事务；均尽义务，不支取夫马津贴等费。以总董主持堂中一切事务，各科另雇用员役办理事务。旋以应时势潮流，谋进行顺利，设改组委员会，改董事为委员，由委员中公推正副主席，及常务委员十二人处理各项事务。

八、闸北慈善团

闸北慈善团，系于民国元年，由王栋等集合同志设立，假上海慈善团施粥厂旧址为事务所。所办事业，以惠儿院及妇女寄养所为主。凡被拐、私逃、迷路、孤苦男女，皆分别收容，教以普通书算等浅近学识，并于惠儿院内，设音乐课堂，教授音乐，寄养所内，设缝纫科。此外虽有施粥、施医、施材、施衣、施种牛痘、施痧药等类，惟须视经济能力，量为办理。育婴堂，则由董事中一人捐资举办。其组织以各界中有乐善好施，热诚足以协助善举者，延为议董。就议董中，公推热心慈善者十二人，为经济董事，负保管财产、查核经费等事务。富有资望、经验者二人为总董，执行全团事务。至主任则经董事会选举，常川驻团，指挥各员，办理一切事务。经费年约二万余元，除房地租约收一千六百余元外，并由市政府按年补助一万五千六百元，盖不啻市办慈善机关也。

九、广益善堂

广益善堂，设立于光绪十一年，以济困扶危、救生恤贫为宗旨。办理事业，以施医给药为主，就诊者日约四五百号，夏季另行施茶、暑药。其次为施衣、米、恤嫠、义务等项，其组织采用董事制，公延富具经验、素有声望者为董事，其有乐善好施，足以协助善举者，亦得聘为董事。由董事会推举总董一人，执行全堂事务，担负一切责任；余如医药、地产、学务、经济、会计等部，均各有负责董事办理一切。堂中设主任一人，督促会计、文牍等雇员，常川驻堂服务。经费收入，分月捐、特捐、衣米捐、房租及事业收入等项，年约二万一千余元，中以房租为大宗，年可收一万五千余元；支出差足相抵。至该堂产业，为数尚少，虽不无位置冲要者，而受契约束缚，致使用方面，一时颇难发展。现仅于租价及欠租，严事整理而已。

十、至圣善院

至圣善院，系于民国六年由翁寅初、崔福庄等，集合同志捐资设立。本古圣诚意正心，阐扬大道，期于咸若之遗范，以救贫苦、编氓力、尽义务为职责。初假朱家木桥，办理施诊给药，施送暑药衣米及义务学校。十一年购张锦卿在廿三保二图章字圩第二百十六号，曹朗泉户名则田一亩二分六厘，价六千三百元，即今道契第一万一千二百十四号，坐落兆丰路东有恒路至圣街内，丈见一亩二分五厘四毫。环境尚可，计估价每亩一万三千元。即以建筑楼房十幢两侧厢，为办理事业及事务所之用，造价约一万二千两。至该院组织，系以发起人，或有特别捐款及热心善事而经推举者为董事。由董事推举正副院长各一人，院主任二人，经济、会计、审稽、交际等各一人，由院长总揽院中一切事务，主任时常莅院，指挥各职员办理事务。经费收入，以捐款为主，年约七千元；事业收入约六千元。支出，事务经费约二千元，事业经费约一万元。

十一、吴淞救生局

吴淞救生局，系于道光三十年间，由知县金督同吴淞士绅筹捐，置备帆船两艘。嗣经太平天国之变，继以粤难，局、船均毁。光绪四年，巡道冯饬县兴复，知县吴，士绅朱蕃、刘世安等，创捐建造屋所，重置帆船一艘。民国十一年，瑞安轮失事，以原有帆船，万难救护，经罗某等发起轮船救生会，会同吴淞士绅募集经费。十四年七月，购慈航轮船开驶浦江，实行救护落水人口及打捞尸物。即由筹设轮船救生发起人推举董事九人，组织董事会。由会推驻局董事二人，办理各项事务。旋慈航轮以机器朽腐，耗损煤斤，经由该局呈准拍卖。卖价七千元，存市银行，一面进行募集资金，为购新轮之用。在新轮未购前，特约小轮巡驶救护。至该局虽有资产，尚无收益，除关署年补助二千元外，向恃进口装货船只征收船捐，以资挹注。经费枯窘，事业因以不著云。

十二、同义善会

同义善会，原系五金同业朱葆三等创议设立，以与外人贸易，每百两抽银一两，为公所经费。光绪二十三年，购旧营地为会址。所办事业，如施医药、施材、教育等，皆系慈善性质，无畛域异同之分。现采用董事制，公推商界中富具经验、素有声望，及乐善好施，能赞助该会善举者为董事。更公推总董一人，执行全会事务。经费则由会员认捐特捐及房产滋息维持。近年中华路商业渐次兴盛，该会露香园路基地，颇属冲要，将来收益激增，则该会事业亦可藉资发展。

十三、盛德善社

盛德善社创立于民国九年，初名灵学会，刊有《精神祈祷》及《灵学举隅》刊物二种。十七年起，始改今名。系同志集资设立性质，凡热心慈善，经会员介绍，不限国界，均得为会员。其事业分：1. 各种灾赈；2. 施医药；3. 施材救济贫民；4. 施衣；5. 施米粥；6. 义校等项。组织以会员选举董事，更就董事中推举二人为正副社长。十八年十月，董事会改为委员会。至经费收入，全恃捐款挹注，年约二万余元。支出，事务方面六千四百余元，事业方面一万八千余元，历年收支不敷，积欠颇巨。

十四、一善社

一善社，系于民国十二年间，由北部一善社分出，仅办理惜字、施茶等善举，故初称为上海南部一善惜字社。十五年起，添设中西施医给药，惜字仅为事业之一部分，因即与北部脱离关系，定名为上海一善社。系同志集资性质，有社员一百〇四人，除经济董事三人负筹划经济责任外，各项事业均有董事一人负责办理。

十五、博济善会

博济善会，系于民国八年，由姚占魁、徐鹤亭等集合同志捐资设立。十三年徐鹤亭退出，另组普济善会，该会遂由主任姚占魁负责维持，假宝善堂二十三保十三图率圩二百〇四号徐斌荣户名，划地五分，地点华德路保定路口，为办理事业及事务所之用。租期二十年，租金五百元，即作为捐款。事业分施［衣］舍材、施诊给药及冬令散发衣米。旋以经费竭蹶，施衣售材，暂行停止。其组织以认捐多寡，分为名誉、特别、正式、普通等会员，推举董事，组织董事会。更由董事会，公推主任一人，雇用人员，执行全会一切事务。经费以事业收入最多，计五千余元，捐款两千余元，息金一千元。支出，事务经费一千余元，事业经费六千余元，收支差足相抵。

十六、吴淞广义善堂

广义善堂，系于光绪三十一年，由吴淞绅董盛如玉、王予炘、缪恭寅等，创议设立。宝山县拨吴淞厂冈号三十三图火字圩六十六号五丘公地一方，地点在外马路，计二亩三分一厘二毫，先后建息影公所，为浮尸路毙收殓之用；及广义善堂，为旅淞商人疾病调理之处。旋以侨淞日多，贫苦者流，苦乏棺殓，于民国十二年起，设立施材会。有户捐筹总登簿一本，十六年起，户筹从新整理，计共八十四人，施材一具，每人捐小洋一二角，再由领材人补助洋四元。堂中执行委员七人，即由八十四人选出，处理各项事务。因经费短少，事业寥寥，十九年份仅施材九具。

十七、惜米公所

惜米公所，系于光绪十九年，由瞿诒荪、徐敬熙、盛传鎞等，集合同志设立。时新开河十六铺一带，米业行栈林立，米包上下，狼藉万状。该会即雇工于每日潮退时，就污泥中，掬取米谷，并扫集地上米粒，汇集大缸中，漂洗洁净，分别上、次两号，上者送给残病院及附近赤贫人民；较为碎杂者，送往放生局饲畜。计每日所集米粮，恒在一石以上。故为持久计，复由各董事劝募捐资。

十八、济心会

济心会，初名万缘坛，后名海屿信义公所，系陈桂山、陈麓华等集合同志捐资设立。现有会员五十余人，每人每月纳费一元，由会员推举委员长、委员等，处理各项事务。

十九、沪南慈善会

沪南慈善会，系于民国八年，由王震、严兆濂、顾履桂等集合同志捐资设立。初假丰记码头浦东公所房屋，办理施棺、施衣等事业。九年正式成立，兼办施种牛痘、施医给药，并将原有事业扩充。十六年临时设妇孺收容所，以拯兵燹余生；设沿海筹赈会，以恤饥馑，收容伤兵，资遣回里。该会系由认捐会员推举会董十二人，正副会长二人，处理各项事务。

二十、联益善会

联益善会，系于民国七年，由江趋丹、郭方衡等集合同志设立。初名联益施材会，在美租界梧州路办理施材掩埋事宜。旋以设立医院、义校，冬施衣米，于民国十年起，改为今名，勉力进行各种事业。如夏设时疫诊所，分区施注防疫针，协赈水旱风灾，本埠江北草棚火灾救济，及甲子战事，棺殓中国红十字会各医院身故兵民，组织埋葬队，出发掩埋等项。现捐款寥落，经费竭蹶，如义校、医院，则暂行停办，施材、掩埋、施衣米等，则缩小范围。计十九年七月至十二月，支出事务经费一千三百六十七元，事业经费仅一百三十五元六角。其组织系以创办及捐款者为会员，再由会员选举总务、经济、医药、教育、调查、交际、文牍、庶务董事各一人，更有理事主任，督促各科职员办理事务。

二十一、普济善会

普济善会，系于民国七年由郭竹樵、严味莲等，集合同志捐资设立。初在西林寺偏殿，赁屋数椽，办理平粜救济贫民。嗣以后来者日多，乃筹集经费，改办常年善举，如施医、给药、施衣米、施棺、临时急赈。

二十二、上海孤儿院

上海孤儿院，系于民元前六年，由沈缦云、李平书及王一亭等创议设立。初借长老会堂之大东门内雨化堂为院址，后由王一亭、顾馨一等人，向龙华六合公司购基地二十亩（尚未过入该院户名），建筑院舍，旋复向民户购进十亩以备扩充之用。其组织以董事会为最高机关，由创办人及赞助董事组织之。另有院务会议，由院务主任及全体教职员组织，办理院中各项事务。至所办事业，专以收养男女贫苦孤儿，授以普通学识及工艺技能，冀其日后成人，能藉艺自立，作社会上良善国民为目的。每年收容孤儿约三四百名，教养等项，略具成绩。经费收入以捐款占大部分，年约二万五千余元，事业收入约四千元。支出，事务经费一万元，事业经费二万元。

二十三、思济堂

思济堂，设立于清咸丰八年，现由夏绍庭负责主持。所办事业仅夏季施医给药，冬季施米两项。计施医药年需银二千六百元，施米九百三十一元。除认月捐年约二百元外，余均由临时捐款挹注。经费不足，成绩未著，其组织办法，仿仁济堂例，设改组委员会，由委员中公推正主席一人、副主席二人、常务委员十二人，办理各项事务。

二十四、残疾院

上海残疾院，系于民国八年，由王一亭等集合同志捐资设立。以收容身体残废，确系贫苦，无谋生能力者，给以衣食，教以技艺，使能享其天年。其组织，系由捐资院董，公推主任董事一人，综理全院一切事务。另聘事务主任一人，掌理院中日常事务。经费常年收入二万余元，内特别捐达一万余元，支出约如上数，中以膳费为多，占一万三千元左右。

二十五、位中善堂

位中堂，系于光绪十一年，由汤少谷等集合同志捐资设立。初假烟叶公所，办理施衣、给药等等善举。光绪十四年，由汤奋发宏愿，捐资购置二十五保十六图，大东门外万叙街小桥北首，基地七分四厘四毫九丝，建立仁济南堂；旋筹款翻造，更名位中堂。并将基单契据，存上海县署备案贮库，永为善地。宣统二年，尹则卿以提倡西法牛痘劝募，置南市大王庙楼屋三进，交由该堂管业，永作牛痘保赤会产，所有租金，即为该堂经常费用。现在事业，计施医药日约三百号，恤嫠无定额，义务小学有学生二百人，除大暑严冬外，常以施种牛痘，暑天施送暑药，冬季随经济状况施衣施米。经费收入，计捐款一万五千元，租金约一千元，事业约五千元。支出，计事务经费一万元，事业经费一万二千元。其组织系以公正热心人士，经董事介绍，由会通过者为董事。组织董事会公举总理一人，协理二人，总理堂中一应事宜及指挥监督职员办理事务。

二十六、保息善局

保息局，系于同治元年，由吴县士绅冯桂芬等集合同乡捐资设立。时洪、杨陷苏城，长、元、吴三县居民避难来沪者日众，贫苦颠连，衣食莫继，该局乃假广福寺内，办理恤嫠、赡老、施粥、施棺、代葬、送诊、给药、义学、惜字等事业。由丝业各商慨助，每包捐银二钱，年约数千金，是为正宗经费，余均酌量劝募，随缘乐助。现以捐款寥落，经费短绌，事业逐渐紧缩。计施诊月仅四百三四十号，恤赡六十余人，极贫者月给大洋半元，次贫者月给钱五百文，义务学校有教员一人，学生二十人，冬季施衣三百件，施米六十石。其组织系以原有董事现在沪地者，公推主席董事一人，常务董事四人，轮流到局考查办事勤惰，督促事业进行。董事会每年二月开大会一次，年改推董事三分之二，连推得连任，以二次为限。至该局产业，如肇家浜、潘家木桥等处，以市面渐次兴旺，地价增长，如能改善使用，收益增多，事业亦可有发展之望，兹分述于后。

二十七、复善堂

复善堂系于同治三年，由曹海珊等邀集绅商设立，办理施医、给药、施种牛痘、施衣米、矜嫠、赡老、义务学校等事业。设董事二十七人，内公推总董一人，常务董事四人，处理日常事务。经费收入，年约一万余元，内除房租一千余元外，余均系常年或临时捐款，支出差足相抵。事务所设于本市复善堂街一百二十五号。该堂资产寥落，亩积零碎，又多为办理事业之用，兹述于后。

二十八、联义善会

联义善会，系于光绪三十三年，由王士俊、翁兆圭等集合同志捐资设立。初假平江公所，鸠工庀材，并代办验票、施棺等事。庚戌年五月，在新闸陈家浜设立材料所。壬子年，在沪宁车站旱桥王家宅，即今交通路，购地建屋，办理施棺、掩埋及施医给药。丁巳年设立义务学校，冬季施送食米。乙丑年将南市乔家路济云坛，改为南市分会，设立义务学校及惜字等慈善事业。计施医给药，日约二百余号；义务学校有学生七百余人，抚儿院收养贫儿三十余人，施棺年约六七百具，冬季施衣米为数亦可观。其组织，系由认捐会员，于每年春季开大会时，推富有经验资望者为董事。由董事公推正副会长一人，坐办一人，经济董四人，会计董四人，查账董二人，庶务董四人，学校董二人，中西医董二人，材料董二人，抚儿院董一人，惜字董一人，各有专责，均尽义务。经费经常开支年约五万元，临时开支三万元，而经常收入年仅二万五千元，临时捐募收入年达五万余元，适与支出相反。故经济调度，颇为困难。至该会房地产甚少，且为办理事业之用，收益甚微，兹述于后。

——原载上海市慈善团体财产整理委员会编：《上海市慈善团体财产整理委员会报告册》第二编《各慈善团体财产报告》，1931年。

上海的院外救济事业及其改进

（吴泽霖　章复）

一、院外救济事业的特色

社会救济事业的制度最重要的是院内的救济（Indoor Relief）和院外的救济（Outdoor Relief）两种，院内的救济，为收容被救济者于有机组织之机关内加以救济，内分儿童、游民、老残、妇女等四类；院外的救济，大可分为施诊给药、施棺掩埋、义教及施物（包括钱、米、衣、茶等）四类。本文仅就院外的救济事业，加以申述。

上海院外救济机关因历史和环境的关系，使我们可以看出有几种显著的特点，与其他救济事业所歧异的：

（一）善堂式的旧式机关——办理院外救济事业的都为旧式的善堂，很少有新类的机关设立。

（二）由公益团体兼设——有些院外救济的事业，多半由公益团体所兼设，如各地同乡会、公所、会馆等，他们的救济对象也是偏于一方面，有地方性的。

（三）缺乏借贷事业——内政部颁布救济种类六项，将贷款所列为其中之一种，各地救济院也都有贷款所的设立。可是在上海非但没设有专门贷款的机关，就是兼营的团体也是很少，现市政府在各平民新村设立平民借贷处，但规模也甚小，很少人能沾其实惠。

（四）缺乏各种统计资料——院外救济机关对于被救济者的人数、年龄、性别等，从不加以登记，即自己所施出物品的数量、施散的时期和施散于何种人，亦毫未统计。

（五）缺乏科学管理方法——院外救济事业因大多为旧式的善堂，所以对于科学的管理法，就未免忽略。办事既毫无头绪，组织也缺少系统，即如统计表格之缺乏，就可以作为不科学化的明证。

（六）救济事业的雷同——在二十所院外救济机关中，大部分救济的性质是相同的，如施医给药一项，为院外救济事业中必需举办者，因之有十九所有这种设立。

（七）救济时期长期的多于临时的——从救济的时期来分，可别为长期的和临时的两种，上海的院外救济事业以长期的为多。

（八）主持人员皆年高德长以慈悲为怀者——此种机关，他们多半带有慈悲为怀的性质，适宜于年高人的工作，年轻好动者，决不愿在这里服务。

（九）经费大部份仰给于捐助——院外救济机关是纯粹的一个消费机关，每年的支出，数目不在少数，所以他们经费的来源，除自有少数基金产业外，泰半仰求于外人之捐募，以为维持。

从上列九点，我们可以显见它的特异性。至上海院外救济事业的内容，据本人实地调查的结果，可列如下表：

机关名称	经济情形		用费分配			救济种类							
	经常收入	全年支出	行政费	事业费	杂费	医药	棺埋	施物					义教
								钱	米	衣	茶	
保息局	4000	3800	20.00	73.80	6.20	—	—	—	—	—	—	—
位中善堂	12000	19000	11.00	84.00	5.00	—		—	—	—	—	—
同仁公济堂	6000	15860	9.00	87.00	4.00	—		—	—	—	—	—
广益善堂	10000	10000	5.00	85.00	10.00	—		—	—	—	—	—
联义善会	79600	80794	2.00	95.00	3.00	—	—	—	—	—	—	—
复善堂		5000	9.68	84.50	5.80	—		—				—
至圣善院	5139	9234	5.00	95.00	5.00	—		—				—

续表

机关名称	经济情形		用费分配			救济种类						
	经常收入	全年支出	行政费	事业费	杂费	医药	棺埋	施物				义教
								钱	米	衣	茶	
上海仁济堂	60000	60000	5.60	92.80	1.60	—	—	—				—
普善山庄	62600	59200	60.00	86.00	4.00	—	—					
博济善会		8000	15.00	72.50	12.50	—	—					
佛教会施诊所	600	600	40.00	60.00		—						
同仁辅元堂	10148	10148	3.20	95.10	1.70	—	—		—		—	
星江敦梓堂	4000	4000	10.75	86.05	3.20	—						
苏州旅沪同乡会		8000	12.90	83.77	3.33			—				—
宁波旅沪同乡会	80000	150000	19.00	71.90	9.10	—		—	—	—		—
惜金公所	13000	13000	22.40	71.80	75.80	—	—	—				
徽宁会馆	50000	50000	3.00	95.00	2.00	—	—					
上海慈幼诊疗所	6883	6883	20.00	75.00	5.00	—						
闸北慈善团		20000	15.00	75.00	10.00	—		—				

机关名称	经济情形		用费分配			救济种类							
	经常收入	全年支出	行政费	事业费	杂费	医药	棺埋	施物					义教
								钱	米	衣	茶		
新普育堂		180000	10.00	85.00	5.00	—							—
共计	403970	778519	100.00	100.00	100.00	19	8	11	7	5	6		11

上表为二十所院外救济机关内容的分析，注有"——"者，即表示该所有此项的救济，院外救济对于人类、性别等均无详确登记，且都是散漫无一定的，故此项数字，无从统计，兹将各项救济事业于下文分述之：

二、院外救济事业的分析

（一）施诊给药——施诊给药为院外救济中最普遍的事业，二十所机关中有十九所举办，此种施济，其时期大多为长期的，惟给药有几所机关则在夏季，平时无施。在十九所有此项救济机关中，有十七所为中医，二所为西医，其救济情形，被救济者无需何种条件，贫富不论，每日按时施诊，每次缴号金自铜元十枚至大洋二角不等，各所每日挂号者平均有二百人。红十字医院等虽有施诊，但为数极少，且无统计报告。

尚有一种救济机关专门在夏季施送药品，如时疫水、八卦丹、辟瘟丹等，每逢夏秋之交，则施种牛痘及注射预防针，皆为临时救济。

此种慈善机关，对于统计表格，都付阙如，问之则说"大约多少"，或云"已呈报市社会局"，即主持人员也不能知其确数，据民二十年度市社会局业务报告将就诊人数、医生数、每数一医生按月医治人数及支出经费数额，曾加以统计，结果共计就诊人数，有四八三八四六人，平均每所有三二二五六人，每一医生按月诊治人数平均为四三六人，每所支出经费平均为一九九七〇二元。这些数目的真确性，我们不能担保，但至少可供参考。

（二）施棺埋掩——上海一市，客乡人较本地人为多，有经商失败者，流落无归；有外出寻业无成者，有来沪找人未着者，有来自他方的逃犯者，一旦猝遇变故，举目无亲，至其死亡，更无人为其营葬，所以施棺埋掩的事业，是为发达，在二十所院外救济机关中，有八所举办是项工作，其中以普善山庄及同仁辅元堂的事业最大，全年施出棺材最多时有二四二九七具，棺材分有等级，木皮薄棺每具约价十元，木心市棺每具约价二十元。其施棺手续，凡苦主持有公安局证明文件，或由举办团体发票施与。举办埋掩事业机关较少，有者为兼营，故无以划分。

（三）施物——施物可分为施钱、施衣、施米、施茶四种。二十所院外救济机关施钱者有十一所，施米者有七所，施衣者有五所，施茶者有六所，兹分述之：

1. 施钱——施钱的办法有者为恤嫠，有者为遣散，大部份以恤嫠为最多。恤嫠其实亦即院外的养老事业，凡年龄在六十以上的无靠寡妇，得请求该院每年施以相当用资，为定期的救济。其施发时期，或按年，或按季，或按月，届期由本人持领牌至该所领取。每人所得数目，平均全年在十元左右。遣散则为客居异乡者，经商失败或遭意外变故，归家乏川资，计其路途远近以施散，此等施散大多为公益团体对于同乡的救济，其每人所得数目，因路之远近而不同，难于统计。

2. 施米——二十所中施米机关共有七所，近年来因米价高涨，各机关都从事紧缩，即附设的粥厂，除星江敦梓堂为同业同乡设立，有小规模的粥厂外，其余均已停办。施米的时期为临时的，大概到冬季才举办，故又名"年米"。施米的手续，由各机关先期印就一升或二升米票，散给贫民，以凭领米。施米地点，或即在举办的机关内，或向米店认购米几石，即转托凭票代发，每人平均约得一升。

3. 施衣——施衣机关，计有保息局、位中善堂、联义善会、至圣善院与闸北慈善团五所，衣服用以蔽寒，故都于严冬时济济，每套估计大洋二元。此种衣服一部份由所内供给，大部份由好善者制成"舍衣"后，捐助所内，再由所内发给各贫民，发定为止，五所施衣机关全年共计施衣二六〇二袭，内百分之六三为外人捐助的，百分之三七由所内自备。

4. 施茶——施茶，举办于夏季，共有六所，其方法为每当炎暑时赤日当空，在沿途设有公共饮茶桶，专备行路人及一般劳苦阶级饮喝，至私人设立的，为数更多，因所费甚少，在家户前设一木桶，满贮茶水，仅费些微的代价，足供无数人的饮料，所以人们也乐于举办。

（四）义教——这里所谓义教，是专指一般慈善机关所设立的义务学校而言。善堂的救济工作最重要的是"以养以教"和"养生送死"，"启蒙养正"的义务学校，当然也是其中事业之一。

二十所院外救济机关中举办义务学校的共有十一所，内有学生三八四一人，每生平均所占用费为一七五四元，其中以初级小学为最多，初中仅新普育堂附设正修中学一所。

义务学校的学费可分为全免和半免两种；全免者所有书籍纸笔等零件均由院方捐赠，半免则取一部份学费，大概较之一般学校的学费减少五分之二，学生不供膳宿，都为走读生（新普育堂一部份例外），其课程均按照教育部所颁布。学生既不限于资格，故入学者未必皆为贫苦人家子弟，因各机关对于学生家庭状况未加调查，详情仅从主持者口头报告而已。

义务学校的教员以普通中学毕业为最多，但也有几位是老学究和专科以上的毕业生，他们的待遇很菲薄，办学精神也不振作。学校内的物质设备更固陋就简，一间小教室内挤坐着五六十个学童，其景况无异于旧时的私塾，无疑的，善堂里所有的设施多半含有"古色古香"的意味，无论从精神上或物质上，都可以观察出来。

三、院外救济事业的改进

根据上述各论，使我们明了上海院外救济事业一般的现象，而得到下列几点意见：

1. 施诊给药固为救济贫病人家，用意良善，因经费的缺乏，或聘得庸医，或人数拥挤，因一时疏忽，反易促人死亡。其补救办法，应从严聘请医生，最好多请国医，每日规定挂号人数，以示限制，俾医生能悉心诊治。

2. 施棺埋掩的工作，为大都市中不可少之救济事业，最好能利用火葬则较为经济，又合卫生。

3. 施物为院外救济机关中最散漫的救济事业，此种救济方法，易养成被救济者的依赖恶习，反而助长贫穷现象，如仅抱慈悲为怀的施发，还不如废止为宜。

4. 义教为院外救济，又类似院内的救济，惟院内救济亦有义务学校，如上海孤儿院、上海慈幼教养院，是其所不同者，即一则住院，一则不住院而已。近来上海市教育局推行义务识字学校，其性质与救济机关设立的迥乎不同，故不在本范围之内。

5.院外救济大部份皆为旧式机关，所用方法亦守旧不变，主持人员更缺少科学训练，对于行政效率，当不甚高。

以上几点，都是显露上海院外救济事业的缺陷，使我们感觉有改进的必要。在这般善堂式的院外救济机关中，他们最重要的工作是义教和施诊给药，但自当局推行义务识字学校以来，义教可以无须存在。施诊给药的救济事业是最危险的，善堂中往往因拙于经济，但又勉为其难，于是聘请庸医，购得劣等药品，所在皆有，结果反足以害人。在社会事业发达的国家，人民治病是政府的责任，上海市卫生处的设立，如果能扩大规模，普遍于各区，善堂内举办的此种事业，就可取消。

在院外救济机关中，还有一种缺点就是统计表格的缺少，和"征信录"的不科学化，其改善办法，最好由政府督率，对于被救济者的年龄、性别等都要登记，制成统计图表；经济收支的报告，应废除"征信录"，改用新式簿记，每年刊行院务概况，使外人知道院内救济工作的情形，引起社会上的注意。

——原载《兴中月刊》1937年第1卷第1期。

国难期中的上海救济团体

（章章）

上海的救济团体，本来很多，长期办理者固有，临时济急者亦有。前者如仁济堂（云南路）等机关，后者如水灾急赈会等组织，均属成绩卓著，有口皆碑。诚以上海为中国经济的中心，登高一呼，万方响应，并以过去如西北旱灾和长江水灾的一切慈善事业，莫不以此间为倡导的唯一地点。

本篇所叙述的救济团体，并不以上海一切慈善组织为范围，凡是与"九一八"或"一·二八"有关的团体均在介绍之列，比若豫鄂皖三省赈灾会之类的组织，拟不加以论列。

一、上海战区难民临时救济会

上海战区难民临时救济会，是"一·二八"时的一个庞大组织，顾名思义，亦可知该会的宗旨了。该会曾设有难民收容所三十余处，先后救济难民有十余万人。那时本市市党部、社会局等机关，均派有精练职员，前往作义务的协助。迨至停战协定签字，始告结束。

那时另有上海市民地方维持会、上海市童子军理事会，以及宁波、江淮、广东等同乡会，虽曾各办有救济难民的工作，但终不若该会的范围大而设备全。

该会的委员人数，竟有一百余人之多，盖以空前的救济事业，非集合各界人力和财力，殊不足以言长久的维持。长驻会中的干部人员，有如下列：

常委　许世英　朱庆澜　王震　屈映光　赵锡卿　黄涵之　潘公展　　　　黄伯度　闻兰亭

二、上海东北难民救济会

上海东北难民救济会，是由本市商界巨子王晓籁等所主持的团体，所以负责人员，亦以各业领袖居多。成绩方面，尚属可观，所有先后汇到东北赈济难民的捐款，为数殊巨，我们只看每日报纸上所载的报告即可作一显著的明证。至其主办人员，有如下列：

主席理事	王晓籁　史量才　杜月笙　张啸林　虞洽卿		
总务组主任	穆藕初（正）	王延松	江问渔（副）
捐务组主任	王晓籁（正）	骆清华	黄延芳（副）
宣传组主任	林康侯（正）	严谔声	黄任之（副）
保管组主任	贝淞荪（正）	胡孟嘉	吴蕴齐（副）
支给组主任	史量才（正）	徐寄庼	俞佐庭（副）
审核组主任	胡筠庄（正）	徐永祚	潘序伦（副）

三、上海各慈善团体赈济东北难民联合会

上海各慈善团体赈济东北难民联合会一望而知是由本市各慈善团体联合的组织，计其参加的会员，则有中国红十字会、华洋义赈会、世界红卍字会、中国济生会、联义善会、惠生慈善社、中国道德总会、普善山庄、辛未救济会等十余善团。它们为集中力量起见，始有这样的举动，由分歧而联合，吾人实同情之至。兹将所有任职人员列后：

董　事　长　许世英（正）　熊希龄　王一亭（副）

常务董事　王正庭　孔祥熙　闻兰亭　张啸林　杜月笙　屈映光　陈其采
　　　　　郑洪年　赵锡恩　林康侯　樊　光　王晓籁　叶誉虎　张兰坪
　　　　　朱吟江　顾吉生　翁寅初　冯仰山　席云生　郭　顺　黄伯度
　　　　　钱镜平

财务董事　张公权　胡孟嘉　吴蕴斋　秦润卿　胡楚卿　王延松　黄庆澜

董　　　事　王培元　王彬彦　宋汉章　贝淞荪　汪伯奇　李馥荪　李组绅
　　　　　哈少甫　姚慕莲　徐寄庼　徐乾麟　袁履登　陆伯冯　陈光甫
　　　　　陈良玉　陈蔗青　陈松源　冯柳堂　张之江　张竹坪　劳敬修
　　　　　虞洽卿　邬志豪　荣宗敬　潘公展　刘鸿生　刘展安　刘云舫
　　　　　裴云卿

| 监　　察 | 朱企洛 | 李祖虞 | 李次山 | 李云书 | 吴凯声 | 徐永祚 | 殷铸夫 |
| | 高一涵 | 黄金荣 | 黄焕南 | 褚慧僧 | 潘序伦 | 谢韬甫 | 关芸农 |

四、上海市商会筹募援救东北捐款委员会

上海市商会筹募援救东北捐款委员会的性质，照字面解释，当然属于援助团体的范围，不过，我所以把它亦列入救济团体者，据该会内部人员称，该会的工作，不仅在专门援助东北作战的正式军队和义军，且对东北难民以及其他的一切救济事业，尤为主要的任务。是故本篇加以叙及者，并非无因。然该会系属最近成立，尚未见有若何成绩，吾人以意度之，当亦是一个后来居上的团体吧！该会服务人员，是与各业公会、航空救国捐款保管委员会相同，这是应附带提出的。内部分工合作，计分如后：

常务委员	王晓籁	杜月笙	陆文韶	王延松	贝淞荪	俞佐廷
	陈松源					
总务组主任	骆清华（正）	郑澄清	马少荃（副）			
保管组主任	陈蔗青（正）	裴云卿	闻兰亭（副）			
宣传组主任	诸文绮（正）	严谔声	金润庠（副）			
委　　员	郑泽南	潘旭昇	陈翙周	马骥良	叶家兴	劳敬修
	蒋志刚	方椒伯	葛杰臣	柯干臣	鲁正炳	陆凤竹
	刘敏斋	谢仲乐	屠开徵	邵宝兴		

此外尚有东北难民救济协会、上海妇女救济东北同胞协会、东北协会（该会是研究东北，援助东北，并救济东北，主持者为市长吴铁城）、地方协会（该会是援助东北并救济东北）等组织，均为直接或间接救济东北的团体，此中尤以东北协会的工作有类官民合作，尤为出色。

以上是把各种救济团体的简况报告了，现在要略加管见。办理救济事业，原属急公好义，但以名目繁多，任务则一，与其叠床架屋，何如整齐划一？本市各种救济性质的团体果能在一致之战线上，协力前进，既免复杂的视线，且增工作的效能。所幸目前官方已有"捐款统一委员会"的筹备，尚望实行赞助，力促其成，开倡上海救国工作的新纪元，纠正以往纷歧的步伐，行见国福民利，何乐不为？未识本市各救济团体诸公，亦以为然否？

——原载《上海周报》1933 年第 1 卷第 24 期。

上海的老残救济事业

（吴泽霖 章复 1936 年）

一、老残与贫穷

贫穷的原因，有个人的与非个人的两种：与个人无关的，是属于社会及自然的事变，如天灾人祸的流行；由自个人的，则为疾病、残废和衰老的现象。

老残为造成贫穷的一大因子，我们至今已无可否认。衰老残废者的救济，确为纯粹的救贫事业，和救济游民的性质是各别的。因为老人与残废，他们已无能力自谋生存，从事救济老残事业的人，决不能把这许多衰老和残废者，用他的返老还童术，减缩他们一些年岁，或者对于盲人、跛子，恢复他们的常态。所以救济事业是消极的，救济老残的事业，更是消极的救济事业。

救济衰老和残废，很不易把它们分开，两者同为消极的救贫事业。在古时对于老残的救济，也常是相提并论。

> 大道之行也，天下为公。矜孤独废疾者，皆有所养。——《礼运》
>
> 民年八十上听一子不从役，孤独癃老废疾不能自存者，三长内送养食之。
> ——《北魏制》
>
> 以天下没人户绝田，募人耕，收其租，储于广惠仓，以给州县之老幼贫疾、不能自存者。
> ——《宋制》

近代救济老残的机关，有些把它们根本不分开，如镇江省会救济院主办的残废养老所，可以为例。有些名异实合，因为残废者的年龄，虽然幼小的也不少，但大部份是岁数很大的；至于老弱的人，身心有缺陷的，更不在少数，这种情形，在中国尤为显著。大概衰老是年龄的残缺，残废是身体的残缺，救济老残者只能把他们聚集于户内，供以衣食，免受饥寒的痛苦，以尽其天年，但要使这般寄生者变为生产者，是不可能的事。所以贫穷的老者，虽然受到了救济，还终不能免于贫穷。

衰老和残废，能致人于贫穷，而受救济的老残者，大多为已成贫穷的人。基于以上各端，养老和残废的救济，确有合并讨论的必要。

二、上海老残救济事业的分析

养老和残废救济的关系，既如上述，上海当然也不能例外。就上海的老残救济机关来看：如新普育堂的老残部和上海残疾院，他们所收容的被救济者在性质上是很混杂而不分的。

上海的老残救济机关不在少数，因为有些为教会或私人办理，不愿公开，无从调查。就是我们所调查的安老院，也是费尽唇舌，才能达到目的；有些名为救济，实即用以牟利，根本不能认为救济机关。在这样情形之下，所调查到的仅是安老院、保安养老所、保安养老第二所、上海残疾院和新普育堂（附设有养老、残废二部）五所机关而已。兹将上海老残救济事业的内容，分述如下：

1. 数量方面——综合五所救济老残机关，在人数方面，共有一三九○人，内有男性一○三二人，占百分之七四点九○；女性三五八人，占总数百分之二五点一○，各所人数，有如下表。

机关名称	男数	女数	合计
安老院	一七二	一五八	二三○
保安养老所	二六七		二六七
上海残疾院	二三○	一二○	三五○
保安养老第二所	一八○		一八○
新普育堂残废部	三三		三三
新普育堂养老部	一五○	八○	二三○
总计	一○三二	三五八	一三九○

所民的年龄，很少统计，但依照定章，最小的须在六十岁以上，惟残疾者不在此限，据上海残疾院统计，二五八个残废者的年龄如下：

年龄	人数
一〇——一五	七
一六——二〇	一五
二一——二五	一九
二六——三〇	二四
三一——三五	二一
三六——四〇	三三
四一——四五	四三
四六——五〇	三三
五一——五五	二七
五六——六〇	二三
六一——八〇	一三
总计	二五八

　　所民的籍贯，以江苏省为最多，其他各省都有，但真正土著却很少。至于他们从前的职业和家庭状况，既乏统计资料，更无从调查。

　　2. 所民来源——老残救济事业既以养老和救济残废者为宗旨，故所民非老弱，即为残废；他们不能以己力获得必要的生活需要品，以致流落街头，求乞于市，只要有一所供给膳宿的机关，虽然所供给的是粗饭淡食，已够他们满足，而趋之若鹜，所以大部份为自愿入院，由公安局强迫入院者为数很少。惟自愿入院，须具有保证，先行登记，俟有缺额，方得补入。

　　老人一部，都是年逾六十的贫苦的老者。残废的种类，则可分为瘖、疯、跛、盲和其他五种。上海救济老残的机关内以瘖、聋为最多，占总数百分之三〇．二四；盲人占总数百分之二六．二〇；疯人占百分之二五．八〇；跛子占百分之九．六八；其他占百分之八．〇八。

　　3. 救济情形——五所救济老残的机关中，除保安养老所和保安养老第二所为上海慈善团主办外，其余均由私人设立，经济的来源，泰半仰给于外界的捐募。救济游民的机关，还可以藉工作以获到一笔收入，救济老残的机关不但纯是一种消费的机关，此辈老残身死以后，更须有一笔办理善后的支出，所以经费的支出是很浩大的。上海的老残机关全年支出每所平均约二万元，每一被救济者占八十元之谱。

4. 物质设备——救济老残的机关对于物质的设备都很简陋，空气的污浊，光线的不足，人声的嘈杂，尤其是它们的特色，但安老院物质的设备，实驾全市救济机关之上，为此辈孤苦残疾者之乐园，如睡车、卧铺等，都颇带有小资产阶级的色彩。

保安养老所的建筑很合式，保安养老第二所今秋由旧有之栖流所改建，剩有空屋甚多，将来尚可发展。至如卫生设备、娱乐设备，尚不多见。

5. 管理方法——因为收容的人都是老残者，连服务在这种机关里的职员也以老残者为多，组织很散漫，生活也极颓废，管理上则大多叫他们信仰宗教，诵经念佛，以消遣岁月。在工艺方面，有纺织、编结、缝纫、糊盒等轻易手工，自由工作，出品如有盈余，归本人所得，这也无非是解除他们长日无聊的烦闷。

安老院为修道女所办，她们对待这班老残者，一如己之长老，备极爱护，服侍亦甚周到。一般老残者呼此辈修道女为"嬷嬷"，彼此无分界限，相处颇为亲昵。

老残救济事业的一般情形，已如上述，从此可见有两种特点。第一，救济老残的机关仅是养而无教。他们觉得此辈老态龙钟和带有身心残缺的人，无教育之必要，即使教了他们，在社会上也无裨益，何况都是年岁很大，"暮气很深"，有了不良的习惯，不易改变，所以对他们是取放任主义的，而教育的设施，娱乐的设备，因之毫不注意。

第二，善后问题。这些老残者入院之后，很少中途出院，养于斯，老于斯，实际上无异一个送死机关，因之对于老残者身后的处置，成为很大的问题。一般救济老残的机关对于这点，如棺木、衾衣、墓土等，都由所内供给，或转托其他慈善机关办理，如无亲属具领，即由所代为葬殓，并将死者姓名、年龄、籍贯注明，标立于塚侧。

救济老残的事业，尤其在养老方面，还有一种院外的救济，其性质为施散恤金于穷苦的孤嫠。此等事业，大多由善堂举办，当另题申述之。

三、结言

救济老残事业在上海的救济事业中比较是完善的，因为救济老残的事业根本不如其他救济事业的困难，无论在物质方面或精神方面，只需尽了恤养之责，就算完事。但就我们调查所得，有下列几点，作为贡献：

1. 救济残废机关的缺乏——上海救济残废者的机关从表面上看来，已有上海残疾院、新普育堂的残废部和其他养老兼营的残废机关，但真正救济残废机关尚付缺如。内政部颁布救济院规则，把养老和残废二部分开的，如果救济残废者同养老事业一般的仅是施以膳宿，使尽其天年，则无需有另设残废所的必要。我们认为有些残废者并不就是终身残缺、无可救药的人，如果能加以适当的治疗，或可使他们成为有用的人才。就是退一步说：倘使这许多残废者并不会因之都变为生产者，但至少可减免他们暂时的痛苦。

2. 环境的改变——上海救济老残者的机关，大半在人口集中之区，于是房屋不得不窄狭，空气不免污浊，人声又是喧哗，都是不适宜于这班老残者的。救济老残者的机关应设在都市近郊，充分利用环境的幽美，空气的新鲜，以调剂老残者的身心。

3. 迷信宗教的观念——对于老残者施以宗教，其优点有二：第一，可藉念佛膜拜，以消遣岁月；第二，老残者皆为社会上最痛苦之阶级，或因病而终身流落者，或从前不得志者，或曾做歹事者，其希望只有祈求于来生，授以宗教可使忏悔从前的众恶，俾此辈老者在凄凉的晚景中，因宗教而有所安慰。故老残救济事业恒由教堂办理，也是这个原因。

4. 救济老残事业的国家化——上海救济老残者的机关，纯是由于教会或私人团体所创办，这就是证明救济老残者的责任现都推诿于民众。至于他们救济的动机，还是出于我国旧时的美德，和同情心的施布。但我们今后应把救济老残事业的观念改变，要知道这并不是民众的责任，而是国家的责任，并不是少数人民可以办理，而应由国家主持。在欧西各国，他们对于老残者都很优恤，考之我国过去历史，救济事业也很重视。

5. 老残者的预防——生命有衰老期，是人类不可避免的事。中国人在贫穷线下者，几占百分之八十以上，衰老而贫穷，固然可怜，但年壮的残废者，则更形痛苦。我们不能避免生命的衰老，但至少可以下法预防残疾者数量的增加。第一，提倡人寿保险和疾病保险；第二，宣传预防的知识；第三，设立各种残疾疗养院。

——原载《华年》1936 年第 5 卷第 48 期。

视察上海市社会救济事业报告

（吴时中　1936 年）

　　本部为注重社会救济事业起见，派员往上海视察，归后曾编报告书，内容计分四项：（一）概说；（二）视察之社会救济事业；（三）视察后之感想；（四）整理意见，条理井然，为该项事业极重要之资料，爱商得原视察人同意，登诸本报。

——编者志

　　上海市为全国工商业中心，全市人口近三百万，生产发达为全国各商埠冠，同时因人口集中，而贫富之阶级悬殊，富者膏粱文绣，渠渠夏屋，一掷千金，毫无吝色；贫乏者至无立锥，终日不能谋一饱，不独子女教养为艰，而平日餐宿咸感困难，以至懦弱者白昼转陡乞食，午夜则露宿街栖，不肖者趋于下流，盗窃拐骗，层出不穷，社会情形复杂不可究诘。推厥原因，莫非由于教养未周，故需要救济，至为迫切。但市府向无收容机关之设置，全赖私人团体捐资举办之慈善事业。据市社会局主管人员云，市府早有计画办一大规模之救济院，惟以经费不充未能着手，又以上海为中外观瞻所系，未便因陋就简，以致久未实现。但市府举办事业，属于社会救济性质者，亦有数种，即平民住所、平民新村及平民借本处，其余概属于私人团体所经营。据社会局方面言，此种团体，不下百余处，故此次奉命视察沪市，除上述市府所办三种事业外，择其规模较宏，成绩较著者计十一处，其余因时间所限，不及一一考察，兹就考察各该事业情形分别陈述于后：

一、第三平民住所

概况：

　　上海市共有平民住所四处，均为上海市政府所建筑，以收容蓬户居民，因时间关系，不及一一前往，此次参观者为第三平民住所，在交通路，面积十二亩，房屋二百五十余间，共二百七十余户，约一千四百余人。

经费：

每月开支七百余元，每号每月收租金两元，水费五角，除开支外，尚可有余。

管理情形：

设总管理员一人，隶属社会局，主持各平民住所管理职责，各住所设管理员一人，分别掌理每一住所事务，此外有职员两人，关于收取租金及登记事项，公役两人，掌理一切杂役及递送公文。

设备：

有洗衣处，阅报处，会客室，礼堂，旁有义务小学，凡住所居户学龄儿童均得入学。

二、第一平民新村

概况：

平民新村有三所，不及一一前往，第一平民新村在其美路，占地三十余亩，四周为住宅，中为运动场，租金分甲、乙两种。甲种月租四元，乙种月租三元，每户门前均有草地方丈可莳花草，其租户限制为月薪三十元以下者，有公共宿舍，每床每月收费一元，男女均有，居户工人以外，大都为小学教职员。

经费：

建筑费十余万元，每月收入约七八百元，收支恰可平衡。

设备：

设有完全小学、礼堂、运动场、公共浴室、阅报室等。

组织：

职员九人，其中主任一人，负主持督导之责，直隶平民福利委员会属市政府管辖，盖平民福利委员会系捐集款项，办理平民福利事业，故不若甲民住宅之完全由社会局筹款建筑，故不属于社会局范围。

三、贫民借本处（市区第二所）

概况：

贫民借本处，系隶属于社会局，其下设所十八处，单独在市区者二所，附设于平民住所者三所，由平民住所职员兼办，设乡村者十三所，由市政委员会兼办。

经费：

由市政府拨基金四万元，该处附设于社会局内，连分所两处共职员十人，其附设于平民住宅者，则由平民住宅职员兼办，附设于乡区者，由市政委员兼办。

贷本方式：

市区每次每人贷款二十元，利息一分，一百天还清，每次五角，由借款人依式备具请求书及家庭状况表，并觅具铺保呈经该处派人调查明确，然后准许照借，如借户应还而逾限期至三次以上者，下次再借，即减少应借数目，以示惩警，乡区农事借本每年每户一次三个月还一半，六个月还清，但限于耕种田地五亩以下者。

将来计划：

以沪市人口之众，此区区数目，殊感不敷应用，惟市款有限，无法拨充，但据社会局主管人言，一·二八战后，战区委员会曾设有战区临时借本处，计筹有款项三十六万元，当时借贷，系分为借屋贷款及小工业贷款，建屋贷款每户二百元，小工业每户借款五百元，均分四年还清，每年还四分之一，嗣战区临时贷本处撤销，即交贷本处代收，原计画即将该款收回拨充贷款之用，但因农村凋敝，此项人民又多系子余，生活困难，达于极点，故多未能如期归还，将来收回时，该所即可扩充。

四、新普育堂

概况：

新普育堂为陆伯鸿氏所创办，规模宏大，为沪市慈善事业之冠，举凡救济事业中，养老、育幼、济贫、医药、教育，该堂无不举办，院址占地约百亩，房屋大小计一千余间。

经费：

该会因所办事业范围至广，故每年支出数量亦巨，大抵每年为十八万元上下，其经费来源，除由该堂产业（房租）滋息每年收四万余元，其余大都由劝募而来，其大宗经费，由邑庙董事会慈善团上海市财政局补助，惟近年来因市面萧条募款不易，故据该会负责人云，截至上年底已积亏四十万元。

组织：

设有董事会，由陆伯鸿任董事长，实际事务，悉由其子陆隐耕君（董事）

担任，院内办事人员计有四十余人，除学校在外，其中二十余人为天主教女修士，悉系义务，不支薪给，医士亦多系尽义务，盖创办人为天主教徒，故其所服务人员，大抵为教徒。

该院计分养老、残废、育婴三部，男女兼收，现在收容人数总计约二千二百余人，其中婴孩约八百余人，但婴孩留堂者，仅八十余名，大抵均属病婴，由其他慈善团体转送留养医治及私人请求收容医治者，其余均由该堂分别寄养人家，每人每月津贴两元，逐月由该堂派人前往调查一次。

该堂附设正修中学校及小学，所有被收容之儿童，分别令其插入相当班次。

此外在上海县境北桥地方设有普慈疗养院，由该堂之疯人院所扩充，聘有专门医师为之疗治，据该堂主事人云，大概有十分之三四经该医院诊疗痊愈出院，（因时间关系未及前往参观）。

五、上海孤儿院

概况：

院址在上海市龙华路，创办人为王一亭先生，开始于前清光绪三十一年，有三十余年之历史，最初只十数人，院址约二十亩，菜园十亩，楼房四十八幢，平房三十二间，环境优美，树木蓊隆，院长为浙江海宁人张之涛，基督教徒，自民国二十年任事已历七年，人极诚笃，办事井然有条，对待学生，和蔼可亲，不啻家人父子有足多者，收容人数，该院原定额四百人，但实际上已超过定额，计现时女生九十余人，男生四百余人，年龄自八岁至十八岁，其中有少数由家属津贴伙食。

经费：

该院院基值洋一万元，园地值洋五千元，房屋值七万余元，无固定基金，月支二千四五百元，全年约支三万元，其用于伙食者约为十分之六，其余用在薪俸及设备消耗等，完全由董事会募集而来。

组织：

董事会负经济上责任，院长由董事会聘任，对董事会负责，教职员及技师、保姆约三十余人，分负教养及事务之责，其中事务人员仅七人，其余皆为教员及技师、保姆。

教学方式：

该院各级小学俱备，一、二年级全日上课，三年级以上至六年级则半工半读。

关于工艺有美术、印刷、装订、藤工、竹工、木工、园艺、缝纫、织袜等工艺，全年生产约二千余元，该院美术造像甚精，多为教堂定塑，藤工从前颇著盛誉，近年来因市面不景气，销路颇受影响。

院生来源及出路：

院生多由董事介绍，在院毕业，大抵由家属领回，亦有由院介绍职业者，其天资聪颖堪深造者，则由该院保送香山慈幼院或南洋中学升学继续肆业，至介绍出院就业者，以商界为最多，其次军、政、医、学、农、工、邮皆有。

六、游民习勤所

概况：

所址在漕河泾，为上海慈善团所主办，发起于民国十五年，但至十八年六月始正式成立，迄今已有七年之历史，曾于二十年经党政机关立案，院址占地九十余亩，计开办时购地费一万九千余元，建筑费二十四万，开办费二万六千余元，专收容游民乞丐，因其间往往有犯罪及不逞之徒，故采取严格管理，仿照监狱式。收容人数，原定八百人，但现已超过，其间儿童一百五十余人，余为成年。

经费：

每月预算四千五百元，但实支仅三千余元，除由上海邑庙董事会每年补助一万二千元，余由上海慈善团拨助之。

组织：

公推热心赞助人士组织董事会，王一亭先生为董事长，负一切责任，事务方面设主任一人，股长三人，股员五人，由慈善团聘请充任，另雇用警士二十余人负守卫责任。

收容手续：

上海慈善团保送外，以上海市社会局、公安局或捐款较多之人士以及该所董事二人以上函送，此外亦有家属因子弟之桀傲不驯请求收容者，但须由其家属担负每月六元之衣食费。

训练方式：

分成年与儿童二部，初入所时，每人独居，经过一二星期后，察性情尚好，即令杂居。入所年龄，以十二岁以上六十岁以下者为限。以作工为原则，每日工作十小时，其间分机织、针织、印刷、缝纫、木竹工、铁工、制鞋、织布、草工、糊盒、理发、园艺、洗濯、卫生、炊事、杂役等。年幼者，每晚施以小学教育；年长者，每周上讲堂二次。每晚在讲堂举行集合教诲，于每月中考查工作勤惰优劣，分别酌给奖金（多者每月八九元，少者一元上下），由所代为保管，期满释放发给或寄回家。

训练期间：

定为三年，但经过一年以上，悔过有据，确有生活能力具结永不再为游民乞丐者，亦得提前释放，其品行不良或年幼及无家可归者，得酌量延长。

七、贫儿教养院

概况：

院址在胶州路，该院原为潮惠旅沪同乡会所捐资，专为教养潮惠贫寒子弟而设，自民国九年创始，院址有四十亩，自建市房六亩，租出十亩，尚余二十余亩，此外尚有租界内地基数亩，建屋出租。

经费：

该院早年由潮惠旅沪同乡会捐资四十万两，购地建屋，并在其他地方置备地基，现在不动产约值八十一万元，动产约二十二万八千余元，实为沪上慈善团最充实者，外常年开支约七万元。

组织：

院设董事会，院董七人（内有美籍二人）互推主席一人，其中二人为永久董事，其余均一年一任，院长由潮惠会馆就董事中聘任充任，现设初中及完全小学各级，现有学生计四百五十四人，教职员二十八人，均依照教部定章办理，曾呈经上海市教育局立案。

入院手续：

限于潮惠同乡家属之无力者报名后，须经院董签字，再由董事会审查，再经过考试后，报由董事会审核录取。

教学方式：

初为半工半读制，设有铁、木、农三科，七年毕业者数十人，因毕业生既不屑充普通工匠，其资格又不足为工程师，而教学宗旨，即归失败，于是将铁、木两科取消，农科亦以沪市地价高昂，未能扩张农场作罢，遂改办中小学，校址固极广阔，设备亦称完备。

将来计划：

该院校董均习于保守，不愿与社会人士接触，惟该院现任院长郭守纯为人沉着，富于思想，以该院据有多数基金，若不于事业方面图发展，未免可惜，因有迁校郊外之议，而以原址出租或建房屋以资生产，提一部分基金于郊外购地千亩，扩充事业，培养学生，以农事为主，并拟有迁校计画书（附件）业经该会董事会议决，不久当可实现。

八、平民教养院

概况：

院址在闸北，原为地方协会主办，一・二八以后，由地方协会委托中华慈幼协会代办，院址约八十亩，颇具林木之胜。

组织：

由中华慈幼协会聘任主任一人，职员三人，此外义务教员一人。

收容来源：

由公安局及社会局送流浪儿童或被拐之男性儿童，年龄大抵自十二岁至十八岁。

经费：

地方协会原有经费八万元作为基金，存银行生息每月六百元，另由中华慈幼协会补助六百元，年支出约一万五千元。

训导方式：

分甲、乙、丙、丁四级授以国语、常识、算术诸课目，其年长者则设特别训练班加紧公民训练。关于劳作方面，则有制盒、洗衣、木工、缝纫、织袜、理发、看护、厨房、农场实习等工作。

院生出路：

该院改组后四年中先后收容五百余人，经介绍至各处服务者有二百余人，颇为一般人士所赞许。

将来计画：

本年度解放之婢女，拟会同公安局设训练班以养成婢女之生活技能。

该院院长王振常精明干练，对于院务整理，不遗余力。而对于训育方面偏重感化主义，其院生之有过失者，不惮谆谆劝导，而其罚则（则）令犯过者于一小园内独自种植花木，期其自省，与以体罚及禁闭者，其效力尤宏，故院生对之均相亲相爱。而经受训练之人出院以后，咸能得社会之信仰，诚为训导之良好方法，倘各都市地方咸能仿照办理，则流浪儿童，不致永远徘徊歧路，而社会上亦增加不少有力之生产者。每一院生用费每年统计平均在百元以外，是则不无稍费耳。

九、慈幼教养院

概况：

该院为中华慈幼协会所主办事业之一，因十八年鲁、豫等省旱灾，该会派员前往救济无家可归之儿童百余人，分别安置于各地孤儿院，并以儿童救济事业有组织之必要，乃于十九年三月创设教养院于沪市西虬江路长安里地方，一·二八之役院址适当其冲，被敌军炸毁，迁入姚主教路，未几复迁汇山路，并于同年九月附设慈幼小学，因战后收容儿童增多，房屋不敷，遂迁入塘山路现在地址，屋系租赁洋楼一幢，计三层约二十余间，现有院生半由十八年鲁、豫灾区及一·二八沪战收容，半由公安局、社会局、地方法院、救济会等机关团体送交留养，时有被人领养出院，亦有令其习艺者，现在约有百余名，男女兼收，年龄自五岁至十二岁。

经费：

每年一万五千元，工部局津贴一千元，其余完全由中华慈幼协会负担。

教养方式：

该院自幼稚园至小学各年级具备，采取复式编制。工作方面，女生以造鞋、织袜、缝纫、家事，男生如合作社之组织、银行之成立、秩序之维持，其他如缝织等技艺清洁工作亦多由男生担任。

管理情形：

该院设院长一人，由中华慈幼协会聘任教职员七人，保姆及男女工役三人，分负管理教导之责。被收容人出路。该院儿童，除由其本生父母领回外，大都被领作养子女，但须经该院调查，身家清白，信用素著，确无子女者，亦有医院或商店、工厂领作看护生学徒者，领养后由该院随时派人调查，女生并由院得本人同意代为择配。

十、慈幼诊疗所

概况：

所址在闸北宝兴路，因该处工厂林立，贫民麋集，由中华慈幼协会创设救济贫病儿童，并协助一般家庭讲求儿童卫生。设有内外科及齿科，医药费全免，医师八人，悉尽义务，惟主任一人系专任支薪，另有护士五人。在（民国）二十四年一年内被诊治儿童一万二千三百四十四名，儿童来所参加沐浴者一千一百五十五名，参加儿童会者二千一百七十一名。举行母亲会八次，又常派护士前往曾经诊病儿童家庭访问，指导一切卫生事宜。

经费：

每月七百元，由中华慈幼协会担负。

将来计划：

拟请上海市卫生局接收继续办理，并推及全市各区。

十一、慈幼托儿所

概况：

所址在杨树浦工厂区域地方，为中华慈幼协会与沪江大学、沪东公社合办，专为工人寄托子女而设，房屋即为沪东公社所借用，不收租金。游戏场及操场，均借用沪东中学，该会创办初意，期望各工厂观摹试办。

经费：

月支三百元，由中华慈幼协会负担。

组织：

保姆二人，月薪一百元，男外女工二人，司洒扫之役。

收容人数：

计五十人，每名月贴经费五角。

教养方式：

上午六时送所，下午六时领回，午餐由所供给，其托养期间，至多以四年为限，其课程表照幼稚园标准。

该所经费无多，而办理颇有秩序，收养之孩童动作，均活泼而灵敏，惟该处为工人麇集之所，名额过少，供不应求，而该所经费无多，不能尽量扩充，所冀工厂方面能继续创办，庶几得普遍收容。

十二、慈幼瘰病疗养院

概况：

院址在江湾镇地方叶家花园与澄衷医院合作，该园为上海富商叶澄衷氏之私家园林，花木扶疏，山石玲珑，澄衷医院即得该园主人之特许附设园内，故中华慈幼协会与澄衷医院合作，成立慈幼痨恫疗养院，于二十四年三月开幕，现在收容儿童二千余人。

经费：

该院建筑费用一万余元，悉由劝募而得，经常经费，由慈幼协会每月补助百元，以为聘请保姆兼为购置儿童玩具、书籍之用，医药事项完全由澄衷医院负担，病人入院者月收费十五元。

十三、劳动托儿所

概况：

该所为上海儿童幸福委员会主办，受中华慈幼协会之补助指导，所址在上海蓬莱路，为南市最繁盛之区域，其房屋为里弄式五上五下，系教育局借用。

组织：

主任一人，保姆一人，练习生三人。

经费：

每月四百五十元，由中华慈幼协会拨充者一百五十元，余由市政府公安、教育、社会、卫生各局分任。

收容人数：

原定日间托儿部三十名，夜间托儿部十五名，但现因市政府暨各局经费不能按期拨发，故只收容日间托儿部三十名，日夜托儿部六名，关于纳费，日间托儿部每月两元，日夜托儿部十二元。

十四、腾佩幼稚园

概况：

园址在闸北腾佩路，地基约二亩，为李登辉博士纪念其夫人所捐助，建筑费一万余元，由郭秉文夫人劝募，并由中华慈幼协会补助一千元，（学生人数五十人，均系纳费课程，均遵照教育部章办理）。

经费：

常年经费大概一万元，因是日负责人不在院，无从详询，据中华慈幼协会负责人云，完全由劝募而来。

园址位置近乡村，环境优良，设备亦颇周到，惟系对于一般儿童而设，不属于救济事业范围，以其为中华慈幼协会补助事业之一种，故由该会领导参观。

视察上海市社会救济事业之感想

甲、属于市政府主办者

平民住所及平民新村：

沪市寸土寸金，不仅劳动阶级一席一椽之栖不易得，即一般中等生活以下之人士，亦莫不感住居之困难，市府此等设施，实予中等以下之市民以莫大之便利，洵为急务，但就两者互相比较，平民新村系专为蓬户居民，而平民新村居户，则为工厂工人之待遇之稍优，以及小学教师，惟其限制则薪给须在三十元以下者，就物质方面言，平民新村建筑既较优良，空气亦极流通，举凡诊疗所、图书馆、阅报室、体育场、浴室、合作社、学校等，应有尽有，远非平民住所可企及，更自租金言，平民新村每户每月收四元五角及三元五角，而平民住所则收费两元，并外加水费五角，以物质与租价相衡，则平民住所似嫌稍昂，且平民住所并阅报室、通俗图书馆、体育场等，均付阙如，似于平民教育及体格方面，均欠周到，即清洁方面，亦欠注意，仍有改良之必要，且以该市人口之多，而平民住所及平民新村仅有五处，充其量不过容纳五六千人，扩充亦有必要。

贫民借本处：

以沪市人口之繁，其小本经营之待供资本以为周转者必多，此种事业，实属必要，该市办理情形言办法周详，颇少借而不还者，惟资本仅四万元，且有一部分须贷及农村，数目未免过少，有积极扩充之必要，盖在一般民众，固得所救济，即在政府方面，亦尚属生产事业，不妨尽量扩充，于一般贫民生计，关系至巨，第果如市府人员所述计画，将战区临时救济处之款，俟收回后全数拨充，则关于贫民救济定非浅鲜。

乙、属于社会团体主办者

新普育堂：

为沪市规模最大之社会救济事业，创办人之魄力，有足多者，惟以主事人过忙，而所办之救济事业范围又过广，所用人员，多属于天主教徒，思想学识殊欠充分，办事精神，亦欠紧张。儿童寄养在外者月给津贴两元，虽该堂有派人查看之举，而儿童数量多至数百人，对于儿童营养健康，势不能不有所防害，有必然者，且即就该堂收容之人而论，似于体育方面均少注意，且于技能上亦嫌未能切实施教，收容人出院后之出路不无影响也。

上海孤儿院：

在上海有三十年以上之历史，对于学生之知识技能，在教学方面，均尚能顾全周到，故学生出路据该院报告，尚称良好，而教职员与学生间之精神，尤为融洽，足为办理社会救济事业者之楷模，在沪市负有相当之信誉，非偶然也。

游民习勤所：

专为收容游民乞丐及流浪儿童而设，大都由地方法院、公安局强迫送入。在管理方面，采取严格主义，与其他救济机关迥不相同，惟就个人观感，该所虽属社会救济事业，俨然与监狱无异，一入其间，不觉有令人可怖状态，虽其中不乏狡黠之徒，然究竟以多施感化教育为宜，尤其对于未成年之儿童，更应偏重于感化方面，是则不能不希望该所当事人加以改进者也。又每人每年收容平均需费百余元，亦嫌过费，似尚不无搏节之可能也。

贫儿教养院基金产业之巨，沪市社会救济事业，无出其右，顾其董事会之董事，大都抱闭关主义，与社会间颇少接触，难得观摩切磋机会。且其名称虽为贫儿教养院，而实际上所办之事业，仅为普通学校与贫儿教养意义，不甚相符。且服饰饮食，均过于中人之家，无以养成吃苦耐劳之风气，诚有贵族孤儿之趋势，惟院长郭君人极诚笃，颇拟改善该校，有迁校于郊外，以原校址租赁或价卖以扩充事业，并以农艺为基础，并表示甚愿政府指导促成，洵属不无见地。果能实现，于社会救济事业，必多贡献。

丙、属于中华慈幼协会主办及指导补助者

平民教养院：

经费一半由慈善团供给，半由中华慈幼协会补助，其人员事务，亦由中华慈幼协会支配，虽以平民为名，而实际上悉为未成年之男童，该院院长王振常精神能力均佳，对于院生悉用感化方法，以是师生间感情颇切，有家人父子之风。对于院生出路，尤能多方设法绍介。其余人员，仅有四人，亦均能各尽厥职，故处处均在动的状态中。并计画于（民国）二十五年度起办婢女教养院，收容一般解放之婢女，尤能得当务之急。其所收容之院生，亦多法院及公安局移送，与平民习勤所所收之男生相同，惟其教养方法及其精神均远过之，该院如能逐渐扩充，对于流浪儿童救济裨益必多。

慈幼教养院：

为中华慈幼协会主办事业之一，一切设备教养，均称适宜，惟该院本系救济性质，而院生居住享用，过于中人以上之家庭，不适于吾国社会情形。且以每年一万五千元之经费，收容儿童不及百人，亦太不经济，最好能将院址移于较为偏僻之地，房屋不必华丽，但求朴素洁净，空气流通；生活亦不必过于安逸，以免将来出院时，处境困难。且经费亦可减少，将节余经费，扩充名额，以宏救济。

慈幼瘰病疗养院：

位置在叶家花园，地址幽静，花木扶疏，对于儿童自较适宜。因为医药完全由澄衷医院负担，中华慈幼协会仅负智育方面责任，故津贴经费每月只有百余元，并且收住院费，惟系为一般家庭经济宽裕之儿童而设，与社会救济不无差别耳。

慈幼诊疗所：

完全为中华慈幼协会办理，经费亦全由该会负担，以附近工厂工人之子女为对象，就该院负责者口头报告情形，不独患病儿童受其恩惠，即儿童家庭亦颇受该院指导，而对于家庭卫生诸多改革，获益不浅，尤其每月派人至曾在该院之儿童家庭访问指导，与儿童家庭有密切关系，收益不少。倘能各处分设，于市民健康必多裨益。惟该会经费无多，自不能尽量设施，所冀市卫生机关能仿照办理。其于增进市民健康，当非浅鲜也。

慈幼托儿所与劳动托儿所：

宗旨同为工人界子弟而设，但一则为中华慈幼协会主办，一则为上海儿童幸福委员会主办，受中华慈幼协会之经费补助。但语其成绩，则前者用费少而精神完聚，后者经费多而精神较为散漫，是则在当事人之不善支配。且劳动托儿所主旨，原以收容工人子女，而考其家庭状况调查表，则多为警察人员之子弟，亦属不合。且该院每月经费开支四五百元，房屋尚系借用，且甚宽敞，尽可扩充名额，而其收容之人数仅有二十余名，日夜住所儿童只有三名，且每名收费十二元，未免浪费，不能不亟图改善者也。

整理上海市社会救济事业之意见

总观以上所述，是知上海市现有之社会救济事业，显有二种不同之趋向：一为保守者现状之持续；一为时代性的新兴事业之尝试。属于前者，或则基础巩固，拥有厚赀；或虽基金无多，但有继续募集资源之能力，类皆萧规曹随，不欲轻言兴革，如贫儿教养院、新普育堂等是也。属于后者，间有需要确切，办理得当者，惟以事属创举，且经费全恃公款。而公帑支绌，人才难得，欲求事业之推广，戛乎甚难，如平民新村贷款所等是也。沪市各公私立慈善团体尤有最堪注意者，即各团体各自为政，彼此不相关联，私立者无论已，即政府所办亦复如是，是故下举情形，乃为不可避免之事实。

一、各自为政，彼此无相互之关系，少联络观摩之机会；

二、目的办法各各不同，究其教养方法是否适合社会环境及其需要，以无共同之标的，而不能齐一步骤。

此种情形，似应亟予纠正，否则以沪市财力人力之优越。一部分办理之不求进步，充其所届，惟有造成畸形之发展，不能平均健全其组织也。兹就管见所及略述整理之步骤，以结本文。

整理步骤：

一、由市经费项下划拨一部分的款，充作社会救济事业之用；

二、设立市救济院，为全市社会救济事业之最高组织，除本身办理各地方救济院规则所规定各项事业外，并得指导监督市内其他一切社会救济事业，促进其业务；

三、在市救济院未成立前，应组织一全市社会救济事业联合会，凡公、私立之社会救济事业，均须加入为会员，俾互相策画改进，收观摩砥砺之效。中华慈幼协会成立一慈幼事业联合会，集合沪市多数慈幼事业团体而成，曾开过大会两次，颇有成效；

四、社会局对于各种社会救济事业，固应视经济情形，竭力扩充。而对私立之慈善团体，尤应依照《监督慈善团体法》切实监督，其成绩优良者，予以名誉上之鼓励，或经济上之补助；不善者分别予以纠正或迳裁并；其有假借名义，营图私利者，并应查明严究。

五、由市社会局或社会救济事业联合会，开办训练所，注意社会救济事业人才之养成，盖办理社会救济事业，不独须具有科学之思想，且须有牺牲耐劳之精神也。

——原载《内政公报》1936年第9卷第9期。

上海社会救济事业史的检讨（上）

（吴泽霖、章复　1937 年）

社会救济事业在中国为一新颖的学识，近代国内一般学者很少有研究，即社会上人士对于社会救济事业的设施，更为漠视。然而社会救济事业的名称虽新，社会救济事业的事业，在中国确是具有悠久的历史。即以上海而论：上海社会救济事业的发动也很早，在《上海县志》上我们可以散见很多关于救济事业的记载，有些机关留传到现在，尚屹然独存。当时的救济事业最足以申述的，不外乎（一）善堂；（二）水道；（三）田赋；（四）义赈四点。兹分述如下：

一、善堂——善堂也可以说是旧时固定的救济机关，它是大部份由人民捐资兴办的，有些由官家负倡导之责，其经费亦仰给于当地一般士绅，它们的救济内容有育婴、养老、残废、乞丐、施物、埋掩、义学、恤嫠、放生、惜字等，此类善堂，在明洪武初已有养济院的成立。寻废去，留婴堂、纵溪善堂亦毁于康熙年间，现尚存留者，当推育婴堂为最早。

邑志载："康熙四十九年，邑宰及绅士捐地取租以供育婴。"

此为全市救济机关中历史最悠久者，中途迭经变革，既改名为上海育婴堂，附设于上海慈善团内。其次如同善堂、同仁堂、孤老院等，皆次第成立于乾隆、嘉庆间，有二十余所之多。至今或废或存，或并或分，已漫不可稽，据《上海县志》所载，尚留有一部分之痕迹，依其救济办法，分述于后：

1. 给养——给养包括育婴、养老、残废、乞丐等的教养事业。此类机关，除康熙年间成立的育婴堂外，尚有孤老院、同仁堂、仁济堂、普育堂等，它们大多重于院内的救济，收容一般被救济阶级在院内，供以膳宿，并无固定的规则，有些或授以简单的教育和轻易的手工业，即这种设施，已是很少。例如普育堂对于乞丐的救济："……延董设局，收养丐童，抚而教之，艺成听其自去。"

这般被救济者出院后究属如何，他们就不管了。但此类救济，其方法还算是完善的。至于对这班被救济者的待遇，则"器用什物衣食，均由堂给"。

被救济者的资格，大部份是当地社会上咸认为可怜无告的阶级，因为同情心所策动，对于他们资格的选择，并无严格的规定，同仁堂的赡老条例如："凡年过六十贫苦无依或残疾不能谋生者，月给钱六百文。"

此亦不过是一种人数的限制方法。大概当时经费的来源，泰半是用人民捐助，无固定的基金，所以对于名额的限定，稍加审慎些。普育堂规定老男、男残废、养病三所，每所额定六十名，老妇及女残废以二十名为额，抚教以八十名为额，贴婴每年以百名为额，此为院内救济机关中规模最大者，共有三四百名额，无其他机关，可与伦比。

2.施赈——给养是纯粹院内的救济，施赈则为院外的救济，施赈内容有施物、埋掩、放生、惜字等，这是普通的赒济，对于被救济者的自由不加以干涉。其救济性质是属于暂时的或季节性的，社会上一旦遇有灾害，如水灾、旱灾或兵燹，就要临时筹划救济办法。过去上海的善堂式的院外救济机关，甚为发达，如同善堂、恒善堂、济善堂、复善堂等都是这类的机关。内部的工作，彼此颇近，相延迄今，尚没有稍易其初衷。它们的救济种类以施物为最要，所谓施物，包括施钱、施米、施衣、施粥、施棺、施药等等，施衣、施米、施粥以冬季为最多，施棺、施药以夏季为最多，施钱皆用以恤嫠或贴婴，有为月给，有为年给，至其救济办法，未见详载。我们以现在存留的善堂推测，当时救济情形的零乱和漫无头绪，可以不言而喻了。兹将上海社会过去的善堂式的救济机关，例表如后，以资参考。

机关名称	成立时间	经费来源	救济种类	救济办法	附注
养济院	明洪武七年				已废
留婴堂	清康熙年间				已废
纵溪善堂	康熙年间				已废

机关名称	成立时间	经费来源	救济种类	救济办法	附注
育婴堂	康熙四十九年	由邑宰及绅士捐地取租，以供育婴之用。	育婴		今名上海育婴堂，属于上海慈善团
同善堂	乾隆十年	租钱	施物、埋掩、义学	岁取租钱为施棺、施药、惜字、埋掩，又设义塾廷师教里中子弟	在乾隆六十年并入同仁堂
孤老院	嘉庆七年	在县解存项下动支	养老、施物	岁给扶贫银米，由孤贫头领给	毁废
同仁堂	嘉庆九年	有总捐、岁捐、豆业，按月提捐	养老、施物、义学、埋掩等	（1）恤嫠，凡旧族孀居贫苦无依者，月给钱七百文；（2）赡老，凡年过六十贫苦无依，或残疾不能谋生者，月给钱六百文；（3）施棺，凡贫无以敛者予之棺并灰砂百斤；（4）埋掩，凡无主棺木及贫不能葬者，一律收埋；（5）义学、施棉衣、收买字纸、代葬济急、水龙、放生、收瘗、路毙浮尸	今同仁辅元堂
清辉阁	嘉庆年间		施棺、惜字		堂址在城外
仁济堂			保护产母、婴孩矜孤、施医等		

续表

机关名称	成立时间	经费来源	救济种类	救济办法	附注
普育堂		其常年经费在关库，月给钱五百串，淞沪厘局月给钱三百串，余俱由茶丝商栈抽捐充费	收容乞丐、残废、养老、育婴、义学、施医药	（1）院内救济如收容乞丐，抚而教之，艺成听其自去。残废不能自赡者设堂留养，并推广之，分立七所，收养老男、老妇、男残废、女残废及养病、抚教、贴婴，并设义塾及医药两局。其老男及男残废、养病三所，每所以六十名为额，老妇及女残废以二十名为额，抚教以八十名为额。以上各所，均在堂内，器用、什物、贴婴，每年以百名为额，每贴婴贴费三年为止。层递而下，至三年额亦三百名。	
恒善堂	咸丰六年		施棺、埋掩		堂址在城外
果育堂	咸丰八年		义学、施棺、埋掩、义冢、恤嫠、赡老、水龙、施衣、米、医、药、粥厂		
济善堂	咸丰九年				
复善堂	同治二年				

机关名称	成立时间	经费来源	救济种类	救济办法	附注
公善堂	道光十二年		义冢、掩埋、施棺、恤嫠、惜字、放生		堂址在城外
衍善堂	道光十七年		义冢、掩埋暴露、义学、恤嫠		堂址在城外
同仁辅元堂	道光二十三年				至廿六年并同仁堂而成
悦善堂	道光廿三年		施棺、埋掩、惜字		堂址在城外
懋仁堂	道光廿五年		施棺、埋掩		堂址在城外
全节堂	道光廿六年		恤嫠、赊葬		
厚仁堂	道光廿七年		施棺、埋掩、义冢		堂址在城外
宝善堂	道光年间		施棺		堂址在城外

——原载《华年》1937 年第 6 卷第 4 期。

天主教上海教区救济事业之检讨

（周应时　1946 年）

一、业务概况

天主教上海教区由天主教慈协会、慈幼会、婴孩会、拯亡会、善牧会、安老会等创办之救济事业，计有一心教养院、斯高工艺学校、土山湾孤儿工艺院圣母院、育婴堂、若瑟孤儿院、善牧救济院、安老院、母佑会济灵救济院等八个单位，夷考其办理业务及收容救济人数，列表说明于次：

天主教上海教区现有救济事业说明表

名称	主办者	举办宗旨及业务	收容人数
一心教养院	天主教慈协会及慈幼会主办	教学贫寒工人子弟，抢救失学儿童并设工艺部，授以木工、裁缝、鞋匠等技能	收容自八岁起至十二岁止失学儿童六百名
斯高工艺学院	天主教慈幼会创办	以在工厂区域救济工人家庭之子弟，使受良好教育及工艺技能，工艺部暂设电气、机械、木工、印刷四科	工艺及学校两部合计收容四百名
善牧救济院	天主教善牧会修女主办	感化成年女子之堕落者并教养十二岁以上赤贫女子，俾保持其精神之纯洁与健康	收容人数约一百二十名
若瑟孤儿院	天主教拯亡会修女创办	收容被人遗弃之婴孩、孤儿，施以教养	收容孤儿一百二十名
圣母院育婴堂	天主教拯亡会主办	收容被人遗弃或贫苦无力留养之婴孩，内部分设婴孩、幼稚、学校、习艺四部	留养人数四六〇名

续表

名称	主办者	举办宗旨及业务	收容人数
土山湾孤儿工艺院	天主教婴孩会及慈协会交由耶稣会主办	收容男性孤儿及贫家子弟，教养兼施，工场部份分设印刷、装订、木器、铜器、图画五部	收容孤儿二五〇名
安老院	天主教上海教区委托安老会修女主办	收养六十岁以上六亲无靠之男女老人，使之乐享余年，并教以轻便工作	暂定收容男老人一百八十名，女老人一百七十名
母佑会济灵救济院	天主教慈协会及慈幼会主办	教养贫苦工人家庭之女子，授以普通教育家庭手工，使能服务社会，院内设幼稚班、小学部、职业初中部	全院学生计七十名

上表所列八单位，以办理业务分析，举凡安老、育婴、育幼、残疾教养、习艺、妇女教养、施医等项，各单位均有相当完备之救济设施。综合天主教在上海教区举办之各项救济事业，参照中央颁布省市救济组织法之规定，其组织性质，实等于一健全完备之私立市救济院。天主教会过去奠定此良好救济事业基础，其设备环境之优良，管理方法之严密，办理历史悠久，成绩昭昭在人耳目。吾人从事社会救济事业，固应多注意积极方法，俾冀符合政府颁布《社会救济法》之精神，所谓积极方法，即是对社会救济实施，不仅在解除受救济人之痛苦，尤注重扶植受救济人之自立，不仅对救济人作衣食住之救济，尤注重对受救人技能、思想与德行之训练，使救济人由无用变为有用，由消费变为生产（节录社会部谷部长"社会救济法与社会救济事业"演讲词）。此项救济原则，天主教会已有深切之体会认识，故颇能重视事业性之救济设施，而发挥显著之成绩，此点殊值嘉许。

二、改进建议

天主教救济事业之经费来源，过去大部系恃海外教友捐款补助，平素对于施救对象及教养管理情况，因受宗教条例之约束，大都讳莫如深，颇多与外界隔阂之处，此足以影响其事业发展，关系良非浅鲜。抗战期间，因经费来源剧形减少，维持极为艰困，如安老院等救济机构，举凡老人日常衣食，俱由修女丐募得来，此中经过，颇多辛酸故事。复员以后，幸赖当地善后救济机关及地方热心社会救济人士之扶助，始得以维持迄今。刻天气转凉，如圣母院孤儿收容所，今冬五百余名孤儿之棉衣被褥，均无着落，亟须向各界劝募，从知具有经常性之社会救济事业，必须配合社会力量与政府之辅导，方能顺利推行，延续持久。宗教门户之见，似宜积极改善，澈底消除也。

其次运用历史悠久之机构团体，办理当前各项救济工作，并依《社会救济法》之规定，充实并改善原有救济设施，此为政府对于社会救济行政实施要点，同时亦为当地社会行政机关赋有之责任。天主教救济事业，过去幸有此良好基础，及时改进，自感较易，政府自必本责任立场，充分扶持其发展，惟笔者愿建议改进者有两端：一为天主教现有各种救济事业，既具优良之环境与完备之设施，今后对于收容救济人数，尚有尽量利用扩充之可能，其次如土山湾孤儿工艺院，其工场部分有印刷、装订、图画、木匠、五金等项设备，基础相当完善，每年事业经费支出，达六千万元之谱，而造就之工艺人才介绍至社会服务者，据该院主持人告知，全年统计只有十二名，此实为一种浪费。推究其故，亦因该院平时与外界多所隔阂，对于工艺生出路，未能与工商界人士取得密切联系，此应促请该院院长伏允恭先生，加以注意考虑者也。

最后愿掬诚告者，天主教会创办之救济事业，大致均交由教区内各单位修女主持管理，如安老院、圣母院、育婴堂等，一切洗浣侍奉，俱由修女躬亲服役。在抗战时期，各救济机构经费来源，均赖一般修女外出丐募，得以艰苦维持，渡过难关，一般修女咸知本天主教义，发挥悲天悯人之济世精神，真实肯为社会牺牲服务。此后惟冀加紧其本位努力，使天主教救济事业，配合政府力量与辅导，逐步求改进发展。尤有告者，吾人从事于社会救济事业，物质上待遇，固属菲薄；精神上收获，可谓无穷。此可于实际工作中体验得之，愿天主教负责当局，善为诱导焉。

——原载《社会月刊》1946 年第 1 卷第 4 期。

上海善举

慈善团之始末

沪上慈善事业，甲于他处，所有各善堂之创设及归并情形，兹为一一详录，以供阅者参考。康熙四十九年，有育婴堂之设。乾隆十年，有同善堂之设。嘉庆九年，有同仁堂之设。兴办未久，遂与同善堂并合。道光八年，同仁堂开办救生局。道光十六年，同仁堂兼管育婴堂事务。道光二十三年，辅元堂继之而起。二十六年，设全节堂。咸丰五年，一律合并，更名曰同仁辅元堂。八年，建果育堂。同治二年，设同仁辅元分堂于法界。六年，有普育堂之建。十年，果育堂设轮船救生局于杨家渡，监管八铺之仁济堂事务。是年建清节堂，嗣又添建保节堂，此二堂均归果育堂管理。光绪九年，果育与普育合办闸北同善粥厂。十七年，普育堂加设保赤局。改革后，普育及清节、保节，以补助官费无着，难以支持，乃并合为一团体，兼筹并顾，酌盈剂虚。遂于民国元年二月，设慈善团事务所于同仁辅元堂内，即将果育等堂事宜合办，以省开支。新普育堂经费及普益习业所常费，素仰给于工巡捐局。嗣因工巡捐局拨款较少，不敷开支，亦求助于慈善团。考各善堂所办各种善举，实事求是，厥功甚伟，非办事者之热心，不能有此成效焉。

各善堂之创始

一育婴堂，在闾水桥东，清康熙四十九年建。倡议者张永铨，捐宅者曹烂曾、李士达、曹炳曾、曹培廉、曹培年解囊相助，李宗袁、曹锡栋、曹锡龢任其役。乾隆三十九年，朱之灏、朱朝栋增建屋宇，又与李宗袁、凌存淳、李焕秉、瞿忠等，集资千计。郭其相捐田七十亩，绅士又从而和之，共得一百八十七亩有奇，取租以供育婴之用。乾隆四十八年，乔钟沂议以育婴余资赡给贫老，朱之淇首捐银三千两，共集得钱八千缗，田一百七十二亩有奇。以租息散给，每月人六百文，可给数十人。日久弊生，事有不继，嗣以海关税行，具票领银千两，岁取海舶厘钱以给之。因盈亏不齐，司事者闻于官。五十八年，巡道李廷敬将票销毁，定以每月海关公项内捐给五十人，税行捐给五十人，命贫老按月赴关署验票而领，永以为例。道光十六年，知县黄冕以育婴事，谕同仁堂兼理。咸丰五年，知县孙丰及众钱业各捐市房一所，董事经纬又集捐置华金田，收租充用。

一同善堂，在虹桥南，清乾隆十年，知县王俒同绅商公建。基一亩有奇，好善者又捐田一百五十四亩有奇。井市房一所，岁取租钱，为施棺、施药、惜字、掩埋之用。又设义塾延师，教里中子弟。司其事者，为邢正铨、金应杓、乔承颐等。越六十年改名同仁堂。咸丰初，有医士周棠劝、沈维桢创立惠育之举，凡贫士初生婴孩，月给汤药之费，俾资抚育。又于同治五年，将维桢所捐银三百五十两，并婴儿二十七人，交济善堂接办。房屋交同仁堂兼管，且于其中设两义塾焉。

一同仁堂，在药局弄，清嘉庆九年设。先是嘉庆五年，知县汤焘捐置北郭田，偕邑人朱文煜、徐思德等，设立义塚，榜曰同仁。欲建堂推广其事，未果，至是绅士捐购乔氏屋，建为堂，司总者李炯、朱朝坤、陈元锦、江发瑞等。其捐有总捐、岁捐，豆业按月提捐。其事一恤嫠，凡旧族孀居、贫苦无依者，月给钱七百；一赡老，凡年过六十，贫苦无依，或残疾不能谋生者，月给钱六百；一施棺，凡贫无以殓者，予之棺，并灰砂百斤；一掩埋，凡无主棺木，及贫不能葬者，一例收埋。后又建义学，施棉衣，收买字纸，以及代葬济急，水龙放生，收瘗路毙浮尸等事。他如栖流救生，给过路流民口粮，悉与焉。故同仁堂为诸善堂之冠。

一同仁辅元堂即同仁堂也。清道光二十三年，邑人梅益奎，得杭州赊棺条规，遂与海门施湘帆、慈溪韩再桥，募捐就龚氏屋设赊棺栈。司其事者，为朱增龄、江驾鹏、龚锡华等。二十六年，典同仁堂后陆氏屋为局，于是合局栈为一，造正副号棺。衣冠之贫乏者，皆得赊用焉。又集资施药，自仲夏始，至仲秋止。咸丰五年，董事经纬归并为一，乃易今名。又加代给尸场验费，及收卖淫书、挑除垃圾、稽察渡船之事。同治五年，又置华金两邑田五十三顷八十八亩有奇，以三十八顷八十三亩有奇归同仁辅元，十五顷四亩有奇归育婴。建仓房于华邑德冈镇，收租充费。咸丰三年，金陵之役，难民南下，劝捐留养，共费钱六万余缗。嗣于十年四月间，苏常失守，被难男妇转徙来沪者，不下二万余名。复劝捐留养，由巡道给予护照，陆续送至海门、镇洋各邑安插，又费五万余缗。同治元年，以全节堂釐多费寡，添保、守两等，俟缺额以次补入。保月给钱三百，守月给钱二百。其捐在辅元所收松上五善堂捐内分拨，益以官绅月捐。

一全节堂，在淘沙场。清道光二十六年，陈炳煃、江驾鹏、叶介寿等，募捐建立。以釐妇年三十内外，分冰、霜两等。冰字月给钱七百，霜字月给钱六百。每月发釐粮外，并设赊葬局，凡有墓田而无力营葬者，由局埋葬，即同仁代葬旧规。而云赊者，隐其名也。

一果育堂，在全节堂后，袁公祠内。初江驾鹏、费培镇、顾锡麒等，于庄家桥南，借民房设义塾，邑人刘枢以果育名其堂。至清咸丰八年，于袁公祠后添建楼房迁往焉。义学之外，若施赊棺木、掩埋义塚、恤釐赡老等事，皆仿同仁堂行之。又集捐资添备水龙、水担、施医药、衣米。立达生局以济产妇，置苏太谊园以瘗旅魂。同治二年，昆山、太仓相继克复，巡道吴煦论、董事葛绳孝、瞿世仁等，前往收埋，并设粥厂，苏城克复亦如之。后与同仁分管查察渡船之事。

一仁济堂，在安仁桥。初朱鉉等为卫生起见，专办产母婴孩需用之物。清咸丰八年，推广为矜孤一事，又广为施医、施药、给孩棺等事。司之者果育同仁也。

一济善堂，在县治南申明亭左。清咸丰九年，叶绍虞等以暑疫流行，客寓贫民，每为寓主所不容，沿街倒卧，因请县示禁。如有在寓患病，到堂报明，延医往诊，给药炭费，痊则赠以川资，死则施以棺椁。同治三年，购申明亭亭地建房，并重建申明亭为乡约所。又添义学、施医、水龙、水担，及接办惠育之事。

一复善堂，在南门外教场西。董事徐泰、戴国钧、陈义华等，于同治二年，捐买民房为堂。基地六分二厘，举行诸善，后又添修葺古墓一事。

一善育堂，在半段泾。初巡道应宝时于淘沙场陈公祠，延董设局，收养丐童，抚而教之，艺成听其自去成立。其有残废不能自赡者，就半段泾茶商旧所，派员董廖纶、余治、李曾祜设堂留养，并推广之，分立七所，收养老男老妇，残废男女及养病、抚教、恤婴。并设义塾，及医药两局。其老男及男残废、养病三所，每所以六十名为额；老妇及女残废，以二十名为额；抚教以八十名为额。以上六所，均在堂内，器用、什物、衣食均由堂给备，共额三百名。其堂外之保产恤婴，每年以百名为额。每婴贴费，三年为止，层递而下，至三年，额亦三百名。其常年经费，在关库月给发五百串，松沪厘局月给钱三百串，余俱由丝商茶栈，抽捐充费。堂房及基地七亩五分七厘九毫，系各茶商李振玉等公捐。其东数楹于同治八年，由董添造。保息局在县治西北广福寺。同治元年，夏大疫，时苏人避难来沪者甚众，苏绅公建为施医药、施棺、代葬之所。其始专为苏人避难者设，厥后旁及他处，不分畛域。苏城复，局分苏州，而沪局亦如旧。经费以丝绢为主，故嘉湖人亦与闻其事。倡捐经始者，为秀水王亭谦，夙好善，后以子成进士得封云。

以上所述，就上海著名之善堂，为近今所存在者而言，其余无甚著名之堂。及现已消灭者，亦不详其原始焉。

同仁辅元堂之沿革

（一）命名　沪上办理慈善机关，向只同仁堂一所。所办慈善事业，止施棺、恤嫠等事。上虞人经芳洲遂起倡辅元堂，补同仁之所未及。其后以经费故，两堂合并，故定名为同仁辅元堂也。

（二）现在之情形　现在所办之事业，共分六科。

第一科　恤嫠　赡老　矜孤　济贫

第二科　施棺　赊棺　赊葬　义塚

第三科　育婴　保赤

第四科　养老院　残废院　贫病院

第五科　贫民习艺所

第六科　妇女工艺院

以上六科，非一机关所能悉办，于是有普育堂（专管第四科）、新普育堂（民国二年成立，辅助普育堂者）、育婴堂（专管第三科）、清节保节堂（专管第六科）、贫民习艺所（民国元年成立以前为勤生院）之设，可谓为沪上办理慈善事业之总机关。嗣于民国元年，以经费暨办事之不能斟酌尽善，乃联络诸堂，统名慈善团，以同仁辅元堂为办公处，基础益加坚固矣。

孤儿院历史

上海之有孤儿院，实始于光绪丙午之夏。时适北省兵灾之后，疮痍满目，

嗷嗷待哺之鸿，蔽野而来，大江以南，所在皆是。沪上当江海之冲，又夙以繁
富称于时，以故鸠形鹄面之辈，益以斯土为目的地，挥之不忍，济之不给，一
般慈善家，大有穷于应付之势。所谓博施济众，尧舜其尤病诸，此类是也。高
君凤池，本耶教信徒，为商务印书馆重要职员，秉性慈祥，以博爱为人生无上
之天职。目睹及此，悲从中来，于是不得已而思其次。以难民中最可悯者，厥
维失怙之孤儿。每因力不足而自赡，随众流离，非误入歧途，即槁饿沟壑。茕
茕赤子，果何罪而罹此浩劫耶？因商之李君平书、沈君缦云、王君一亭等，谋
创孤儿院以救济之。初次集议于徐园，是日狂风骤雨，而与议诸君，应时莅
会，志不稍衰。遂推定干事员，并认常年经费三千余元。复委张君廷雍，赴日
本冈山孤儿院调查办法，盖以事属创举，不厌求详也。张固热心好善者，即日
欣然就道，并携有卜女士介绍书。抵东邦，极蒙冈山院殷勤招待，尽一月之
力，始克毕事。复至大阪扶植会参考一切，弥觉周到。回沪后，遂决议着手进
行。初以房屋一事，煞费踌躇。适大东门内火神庙西首，有雨化堂者，为长老
会之公产。该堂原有小学校，因事停办，商诸西董，慨允假用十年，连同空
地亩许，不取租金。于是孤儿院之基础，始确然成立矣。时已届隆冬，彼孤儿
之托足无所者，短褐不完，嗷嗷待食，就地调查，已不下数十名。遂择其中尤
苦者，先收十五名。一面雇匠就隙地添筑楼房四幢，即令此十五孤儿，任搬运
土木之役。至翌年四月，工程告竣。承造者为陈君基明，不但建筑合度，且以
事关公益，愿将此项工料伙食，全数充捐。陈君之热心好义，真足为工界放一
异彩矣，可不敬哉？夏六月，行正式落成礼，来宾极一时之盛。沪道瑞莘儒、
邑宰李紫璈，咸莅止焉。秋七月，小学堂成，定名育孤工读学校，计收生徒
五十三名。以年岁不等，分四级教授，尤长者拨入清心书院。冬十一月，工艺
所成立，以地位窄狭，先办穿藤一门。时仅半载，而毕业此技者，达十三人。
出品精良，定价廉于市售者十之一。以故人人乐购，常苦应接不暇。此外如音
乐队，成绩尤佳。凡给役于婚丧喜庆，随班游行，步伐整齐，抑扬合节，为沪
上首屈一指。且他队之行经华租各界，遇有禁阻奏乐地点，例须停止者（如礼
拜堂及制造局等处），惟孤儿院音乐队，得照常通过，亦可见其得人崇仰之一
斑矣。嗣该院院董，以开办以来，报名求进者，络绎而至，大有人满之患，因
力谋扩充而赈孤苦。遂向六合公司，以贱价购得龙华附近基地二十余亩，建筑
斋舍操场，并辟菜园一畦。即令院生任灌溉之责，布置井然。至今该院之独能
传播人口者，实始事诸公苦心孤诣之功。至该院立法之谨严，章程之美备，在

我国孤儿院中，当首屈一指也。

贫儿院

贫儿院以收养寒苦子女，教成一能一技，俾能自活，且使地方减除恶劣分子，即为社会培养良善为宗旨。考其创办之时，为清光绪三十二年，由故绅曾少卿及商会诸董发起，成立于清宣统元年。蒙政府褒奖，院址设于斜桥南。开办时只基地二十五亩，迄今已较前增加四十余亩，规模宏敞，布置有序，先后教养男女贫儿四百念七人。由该院出身现供职于社会者，计交通事业四人，音乐家二人，各项商业十四人，工人十，军人五，女教员二人。由该院介绍而得职业者四十一人，代为出嫁女子一人。院中设有国民学校，男部分四级，女部分三级。高等小学补习科，男部分三级，女部分二级。或由该院保送，或由本人考入各中校、各专门、各师范学校，以及各书局、各实业机关学习者三十二人。现留院教养者，仍有二百十二人。该院经费，均赖沪上慈善家慷慨乐输，主其事者为总董周金箴、院长施子英、经济部董苏本炎、主事高砚耘云。

中国救济妇孺会

中国救济妇孺会，始创于民国元年十二月，由绍兴同乡会董联合宁波、湖州同乡会等十余团体，组织而成，定名曰全国妇孺救济会，公推徐乾麟、袁芸生、许默斋、田资民诸君管理会务。嗣因事务日繁，乃于民国二年二月廿七日，在沪北总商会开选举干事会，遂更名为中国救济妇孺会，并举定干事员三十三人。由黄翙昌、许默斋二君，修改会章。暂借闸北森康里楼屋一所，为妇女留养所，斜桥永锡堂为男孩留养所。留养妇孺日多，房屋不敷应用，遂租江湾玉佛寺为留养院。迨至六月初十日，修葺工竣，遂将留养妇孺二百余人，悉数迁至江湾新所。十二月七日邀集全体会员在江湾开成立大会，并由会员举定董事三十八人。十二月二十七日由当选董事选定正副会长及各科办事人员共三十余人，内分经济、文牍、交际、调查、庶务、教育、评议等科。溯自成立迄今，已经七载，受其惠者万有余人。他若大连等处并设有分会云，此亦是沪上慈善事业中之巨擘也。

放牛局与狗棚

清同光时，上海有金梅溪者，善士也，创放牛局于小南门外。乡间老牸，不能任犁锄者，皆可售与局中。薥秫之属，无不具备。俾得了此残生，不致宛转于屠刀之下。其有病者，延牛医治之，愈后仍准赎回耕作。又见巡捕之杀犬也，建狗棚数十间，请于捕头，凡所获无主之狗，俱送至棚中，不数日狺狺者以千百计。保全物命，德莫大焉。好为苛论者，乃以贱人贵畜讥之，未免过矣。

戒烟会

风潇雨晦之天，一榻横陈，烟霞呼吸，亦觉人生乐事。今则黄花明日，徒为黑籍者叹耳。昔租界中大小烟馆，数以千计，其著名者，南诚信以高敞胜，眠云阁以清雅胜。入其中者，但觉书栋雕栏，色色华丽，桌必云石，椅必文楠，庭罗中外之名花，室列名人之书画，别开生面，雅近风流，费青蚨二百头，即可丐留半日。然销铄精神，废时失事，人皆知其祸害。而染之者，卒难戒绝。若西人之患，则不在烟而在酒，往往杏花村近，蚁绿香浮，濡首不知，沿途滋事。甚有工作之人，日得数百钱，衣食且不暇顾，而梨花春暖，鸟唤提壶，竹叶香浓，人思挈榼，血汗之资。有半供红友之需者，耶稣教中某西士，恻然悯之，因就南京路西首，设一戒烟会。凡愿戒之人，咸得入会。会中音乐间作，果馔并陈，打弹踢球，无所不可。惟不许面秀才，及青州从事辈，杂坐其间，立法可为美善矣。苟有志戒烟者，仿而效之，亦何患鹄面鸠形，为人鄙视也耶？

沪北之栖流公所

昔时沪滨之北，新闸之南，有栖流所，系安插流民而设。闻毁于兵燹，遗址无从查考。光绪乙卯陈宝渠司马，悯荡子之飘流，谋贫民之栖止，禀陈道宪会同厅县于新闸大王庙得公地一方，鸠工庀材，阅三月而成新所。当委瞿开桐为堂内董事，嗣后扩充号舍，留养贫民至二百余人之多。常年经费，全赖公堂罚款及众善士之乐输。宣统初年，因章程仍有未善，由堂董重行修改。溯自开办迄今已历四十寒暑，教养游民不下数千名，亦上海慈善机关之巨擘也。用纪大略，以告留心社会事业者。

刘江氏捐款十万元

刘江氏因妻妾涉讼案，遵故翁刘听泉遗嘱，于清宣统二年十月二十四日，亲由沪赴苏州，带洋十万元，交程（雪楼）抚案内，声明此款专助上海学堂经费。抚批刘江氏与杨斯盛同一奖励云云。后经学界议决，呈准此款拨入江苏教育总会，在上海设立法政学堂。距刘江氏缴款至一年有余，而十万元之巨资，竟掷诸虚牝。嗣经至戚江确生函致教育总会姚子让，恳其呈请澈究。于是偌大之款，始知被裕苏坐办革守李厚裕，悉数擅行放出无存，而沪道刘襄孙与之通同一气者也。夫以一妇人毁家兴学之产，而仅供贪官滑吏之私囊。食其赐者，不过南洋中学区区二千元而已，岂刘江氏始愿所及料哉？然而刘江氏不朽矣。

医院地址

医院为慈善事业，沪上所设者，有念余处，然散布各地。病家每患急症，常以一时不明所在地，殊多贻误。兹调查各院地址，列之于左，以备居沪者之参考焉。

宝隆医院　白克路

公济医院　北苏州路八号

广仁医院　西门外斜桥

同仁医院　西华德路十二号

广仁医院　爱文义路二号

广慈医院　金神父路

仁济女医院　麦家圈六号

工部局医院　靶子路一号

广福医院　沪军营附近

妇孺医院　西门外方斜路一〇六号

大同医院　霞飞路

仁爱医院　吕班路

上海医院　南市新泰码头

中国公立医院　宝山路天通庵西

分医院　九江路七号

中国红十字会总医院　徐家汇路七号

中国红十字会市医院　天津路八十号

中国红十字会南市医院　十六铺

广肇医院　海宁路一百念六号

仁济医院　山东路

采芝堂宰鹿受罚

西人于虐待牲畜一事，悬为厉禁，凡非法宰捕，致令受不正当之痛苦者，捕房有干涉拘罚之权。近因旧历年关，租界居民，购买鸡鸭，以供度年之用。每因不谙定章，倒提两足，以致纷纷拘罚。捕房对于此事，虑华捕之忽视也，又悬赏以鼓励之。故违章者，百无一免，不知者或疑捕房有意苛待，实则向章如是。不过平时为华捕所见，或略加指斥，或拘罚三五角而已。犹忆昔年南京路采芝堂药铺，因宰鹿遵用古法，用绳缢颈，正在鼓吹喧阗，实施悬勒之际，为卫生处西人所见，指为残忍无道，鸣捕拘罚。盖吾国古时，视鹿为仙兽，其血肉皮骨，目为温补珍品，故宰时不用刀割，使血不外溢，则功用自全。此固载诸医书，而业此者，必于事前预筮天医吉日，张饰鼓乐，遍贴广告，以炫其配合之悉按方书，藉以扩充其销路。乃西人不解此意，遂冤遭罚锾，亦可见西人误会之甚矣。然自是而后，租界药铺，鉴于此事，凡遇宰鹿，遂移入华界举行矣（按可以杀鸡，而不可倒提其两足，以一正当一不正当为词，使鸡而能言，不识以为然否？一笑）。

西人火葬地

上海自辟租界以来，西人旅居者日多，死亡自亦不鲜，其瘗埋处除二马路警钟楼下之外，若静安寺路左近，亦为西人之坟墓地。西俗如有葬事，则司事坟丁及工部局医官，均须莅止，各司其职。墓地之屋内，设簿籍，载明某人葬埋地段及方向记号，备家族或关系人查阅之便。西俗尚火葬，如行火葬礼，必禀明医官及死者之病单证明，方可施葬。如欲开掘或移葬，或另建设墓志碑石等，亦非申请医官不可。其火葬费，现金上等者需银五十两，下等者亦十余两。地葬之地价，上等五十两，次者十两，预购地亦可，但亦需费银十两。营造坟茔，下等者费银五两，中等十二两五钱，上等二十五两。以视我国人停柩不葬，卜地择年，以致暴露荒郊，受风雨之摧残。弃骸骨而莫顾者，自彼善于此也。

——原载《老上海·十九善举》，上海泰东图书局，时间不详，第1—15页。

民国上海的慈善 ①
（1936年）

慈善团

上海慈善团，元年始组织成立，缘自清宣统三年改政以后，各善堂经费盈绌不等，有向赖官款补助者，骤形缺乏，爰公议将市区旧有之同仁辅元堂、果育堂、普济堂、育婴堂、清节保节堂、全节堂、同仁辅元分堂施粥厂、救生局暨新成立之新普育堂、贫民习勤所（后改名普益习艺所）合为一大团体，酌盈剂虚，统一办理。以同仁辅元堂为事务所，设经理、副经理各一人，并置文牍、会计、庶务等科，办理全团事务，凡基金、基产、款项收支，统由经理任之（清保节堂、育婴堂各设主任，收支统一，新普育堂暨普益习艺所各设主任，各自收支经费，不敷团中按月分别补助）。设董事会为监督机关，月开常会一次。常年各项善举经费约银十四五万圆，以公款生息、公产租金及常捐征费等收入充用至临时捐赈，恤遣流亡，襄助义举，尤岁糜不资。附设义务初级小学校三所，十二年购置，毗连同仁辅元堂，东首陆姓地一亩，建第一小学校舍，至各分机关或改或废，因革互异，分列于后。

同仁辅元堂（见前志并续志）：元年改组后，以慈善团经理、副经理兼是堂主任，办理恤嫠、赡老、矜孤、施衣、施米、施茶、施粥、施医、施药、施棺、赊棺、代葬、救生、掩埋、救火诸善举。款产生息，收入较多，而养生送死常年需费，亦视昔倍蓰，连年添置浦东北蔡镇义地共一百三亩有奇。

育婴堂（见前志并续志）：留养婴孩悉依旧制，堂中第四进平屋，地气潮湿，有碍卫生。民国四年秋，改建楼房六幢，并披屋围墙（用费四千二百元）。

---

① 标题为编者所拟。

清节保节堂（见续志）：一切暂循旧制，经费由慈善团通力协筹。

同仁辅元分堂（见续志）：二年法租界工部局放宽宁波路商，让基地六分三厘七毫，偿还地价（地价银四千七百八十二两，又偿还拆屋损失费银二千七十五两）。因将堂后义冢移迁浦东北蔡镇，腾出空地建楼屋三幢，后进平屋五间，为分堂办事所，度堂屋西偏建设验尸所（分堂向办义举以收埋路毙，及客栈旅馆送来病重待尽者居多，并担任法租界安当、爱仁两医院送来病故尸骸有应报请检验者，向以堂屋狭小，露置庭心，日炙雨淋，情形可惨。且法租界无验尸专所，因仿英租界斐伦路格式，特建验尸所）。

施粥厂：由同仁辅元堂经办，在陆家浜中道桥北岸，因旧有普安亭施粥厂、闸北同善粥厂，光复后均废，而施粥为隆冬惯例，贫民跂望未可撤消，故赁屋举办。初借旧时江苏海运局地址及商船会馆余屋，六年始建厂屋两进、平屋十五间，每冬施粥两月，附设年终施给米票领米处，平时为第二义务初级小学校舍。

救生局：初在老白渡，并于杨家渡设轮船救生局（见续志），均赖官款拨济。光复后官费无著，轮船归淞沪警察厅水巡队使用。爰议将两局合并，六年与沪南工巡捐局商准，以慈善团所有薛家浜滩地一条，换得市有之南码头南首出浦公地一方建筑局所，并改筑码头，救生收尸起落较便。

儒寡会（见续志）：仍由同仁辅元堂经管。

新普育堂：在陆家浜普安桥南，本同仁辅元堂义冢地。慈善团谋改组普育堂，以旧址不敷用，度地另建（建筑规画见续志附注）。由市议会订定简章，公推陆伯鸿为主任。二年二月工竣，由主任延请天主教修女十二人管理看护事宜。旧堂贫老病民悉数迁入所，设养老院、贫儿所、残废院、贫病院、病犯院、寄养所，均男女分院，为屋二百余间。嗣又添建男女疯人院、割诊室、制药室、毒疮室、门诊室、戒烟室、呆人院、幼稚舍。六年复拓，购民地十余亩，设置工场，改建厨房、仓廪、养牲场、洗衣所、佣人宿舍。各院留养人数恒逾定额一千五百名以上，凡留养之男女贫儿均入堂中，附设之小学校，肄业、毕业后，就其性质所近，体制所宜，授以工艺，习艺有成，准其出外谋生，女贫儿及笄后由堂择配。十二年冬，复增筑工艺专门学校，三层楼洋房二百余栋（建筑费十万两），占地三十余亩，收容学生一千三百人。并于堂南同仁堂公地及价购民地，建南市时疫医院传染病院一所，并于杨树浦（详医院）、江湾、吴淞、闸北、又袋角、梅家巷、松江、昆山各处设立分医院，常年经费约需十二万元。除公款拨助、官厅补助、堂产租金、业户特捐、工艺出品等项收入抵支外，由中外公教团体暨绅商捐助。自开办以来，支出已达一百三十余万，上述收入相抵，不足以息借给之负欠约二十余万元。常年留养茕民平均一千七百人，施医给药之门诊人数合之各分院每年平均五十万人以上。

普益习艺所：原名贫民习艺所（创办缘起、建筑规画已见续志），元年九月开办，公推张焕斗主任，招收贫寒子弟额定一百五十人，学习各种工艺，教养兼施。二年七月，沪南发生兵事，大门左侧楼房五幢毁于炮火，艺徒星散，因是中辍。三年秋募捐续办，始改今名，分设图画、写真、音乐、陶器、泥塑、机器、藤器、木器、竹器、毛织诸艺科，并国文、英文两学科。常年经费二万元，以公产收入、公团补助、绅商捐款、工艺出品等项充用。每岁夏秋值池荷园菊盛开，举展览会各一次，许艺徒家属来所探视，并点缀会场，薄收游资，推销工艺出品，以资补助。

附裁并各堂：果育堂（见前志续志，并入同仁辅元堂后淘沙场，堂产租予张崇义，堂改设尚侠学校，经岁通租。二年三月忽告火警被毁无余，嗣由慈善团建造育德里，房屋出租）、普育堂（见前志续志，并入新普育堂，并接管堂产）、保赤局（见续志，并入育婴堂）。

慈善团组成适江苏暂行市乡制，颁布善举属市自治范围，因隶入上海市政厅，三年自治停止，由县委任绅董经办。十二年自治回复，仍隶上海市，每年预算决算列有专册。

上海邑庙董事会：民国十五年十二月成立，公推秦锡田为会长，订定章程二十三条，十六年一月呈准县公署备案，同年十一月并呈市政府备案，会董额设十一人。会所初借北区救火会，泪星宿殿重建工竣，复募款翻建中厅财神殿、许真君殿，至十七年，本会会所落成始移入。办事各殿均派管理员责成缴纳香资，以充公益经费。先是两廊浮摊占地既多，交通不便，订立办法九条实行取缔。十六年三月，呈准县公署备案，两廊房租、摊租由上海县公款公产管理处移交管理，原有东西两房住持由会雇用，每月酌给工食银，责成保管经卷、服装、法器。每年开会四次，以三月、六月、九月、十二月行之。

善　堂

同仁保安堂：在南京路（详续志），办理英美租界掩骼埋胔，逐渐推广，其恤嫠、赡老、施棺、施米、施医药诸善举俱循旧进行。

沪北栖流公所：在新闸大王庙后（详续志），近复添设水泥、花砖、人造石各工艺，其少年聪颖者教以西药。八年改建号舍，并添筑浴室、养病室、疯所。

保息局：苏绅冯桂芬创办，初于清咸丰年间借城北广福寺，设苏郡保息局，办理发粮、施棺、施衣、施医、施粥等善举，经费以盛绸等提捐为大宗。苏籍寓沪绅士，如袁仲蔚、陈绶卿、施善畦等，先后任事，历六十余年。十一年添购蒲淞市章虹桥，即二十八保十九图空字圩地（四亩九分），作为义冢。

同愿留心惜字会：在吾园路八号（续志作同愿留心社，在也是园后）。清光绪二十一年，川沙人郭关龙募捐设立。常雇夫役八名，收拾沿街字纸米饭，兼办赊棺及掩埋路毙孩尸。经费由会员分认，分年捐、月捐二种。

贫儿院：在斜桥南局门路（详续志），最近组织分三部，曰留养部，留养院中供给衣食、施以教育者，一百四十人；曰通学部，寄学公私立学校，由院担任学费者，二十余人；曰职业部，由院遴派各工厂习业者，十余人。

上海普济善会：在中华路旧大南门，十二年春购地建屋，所办善举为惜字纸、施医药衣米，附设普济义务小学校，会长郭辉，副会长严兆濂、沈锡圭。

中国红十字会总办事处：在九江路，初称万国红十字会，元年十月迁总会于北京（总会之事业凡二，一战时得经军事长官及战地司令官之同意救护伤兵；一平时得地方官厅之协助赈灾施疗），而于上海设总办事处，以政府任命之副议长一人驻处处理之，凡筹募款项、联络分会、征集会员及其他一切会务均属焉。

中国红十字会沪城分会：在旧县前街，清宣统三年八月成立。光复初编练临时救护队，以备不虞。癸丑沪南发生战事，救护受伤兵民，掩埋路毙，各队员咸极奋勇，战事甫息，设立临时防疫医院。其后宁镇兵燹，借总办事处施救运沪被创兵民，全活数百人。历年办理卫生、防疫、保赤、种痘、施衣、施米，糜资綦巨，皆由会员担负。

沪南慈善会：在马家厂浦东公所，八年夏时疫流行，死亡相继。旅沪善士朱世杰、王汝舟、孙文光等发起施材会，后会员加入者众，乃组成斯会，兼施诊给药、施种牛痘，隆冬施给衣米，呈准淞沪护军使署立案给示。十年夏，副会长严兆濂借垫银八千余两，购薛家浜口陈姓芦课地二亩五分，建平房九间，开办义务学校。十三年二月建会所。

城北慈善会：在九亩地大境，十年八月成立。会长沈锡圭，副会长姚文枬、姚福同。

妇孺救济会：留养院为旅沪浙绅朱佩珍、徐懋、王震等，以各地拐案迭见，妇孺之被害者实繁有徒，因于元年秋发起斯会，资雇探役随处缉访。设留养院于江湾，广四十余亩，有教室、工场、西药课等。被救之妇孺无家属承领者留养，人数平均五百人，事务所在民国路。

济良所：为西国善女包女士等发起，以租界为烟花丛薮，龟捣凌虐，买女至无人道，因于清光绪季年创设。济良所凡不愿为娼者，或被虐无告者，或被龟捣霸阻从良者皆可投所，报告由所转禀会审公廨讯夺。如奉堂谕择配，即留所教以女红及书算。总所在闸北宝山路之天通镇，分所在福州路。

联义善会：在沪宁车站旱桥西首王家宅，清光绪三十三年，王士俊等醵资组织，始借平江公所，办理验票、施棺。宣统二年，于新闸陈家浜设立材料所。民国元年，始自购地五亩六分建造会所（七阁间变厢房三进），又市楼房四十五幢，四年始兼办施医给药，六年设立义务学校，冬季施送衣米，并添建校舍、孔圣堂、关帝殿，附设联云社、乩坛，问卜求医不取植。九年设抚儿院，定额六十名，衣食教养不收费，十年添购地三亩九分六厘三毫，作操场等用，设总办事处于北山东路。

至圣善院：在虹口兆丰路。五年，由盛缘笃等创办。十一年，特建院所占地一亩二分六厘，附设义务小学校，院长王震，副院长余盛煜、王皋荪。

普善山庄：事务所在闸北中华新路。三年，由王骏生等创办，设义务小学，于宝山县之彭浦乡，设普善西医院，于闸北新民路，又在上宝两县境内购地一百八十余亩，埋葬无主旅榇、遗弃孩尸，并于西门外斜桥设立分庄施诊给药。

一善社：在蓬莱路报关公所内，印送善书，雇役收拾字纸，并制惜字麓偏悬道旁，以免字纸散弃，附设义务小学。

涌泉施材会：姚福卿等发起，并于法华市西购地十三亩有奇，为义冢，施棺局在蒲淞市，三年始设，凡本市贫苦死亡，实无力成殓者，由图董担保施给之。

恒善堂：在颛桥镇十八保十五图，专办掩埋、施棺、施药诸善举。学堂田五亩七分（在上邑十八保十五图一百十九号，计一亩五分三厘，又一百二十六号，计九分七厘，又在华邑三十六保四十图三百六十三号，计二亩三分三厘，四十三图四百二十七号，计九分。）

同善施材会：在塘桥乡泰隆桥北首，十年，春里人胡珊山、高守智、盛麟书、倪绣章募捐租地建屋创办。

保婴会：在塘湾乡，九年，春里人陈善、丁汝霖、杨德圻、彭召棠等，募捐二千余元，购地五十余亩，充经常费，附设会所于乡公所，额定保婴八十名。

恒裕堂殡舍：在塘湾镇北，十五年，彭召棠募款建筑殡舍三间，为客民寄柩之所（十八保二十六图阳字圩二百八十号）。

浦东同仁慈善会：初设于高行乡清晖阁，十二年，由叶增铭、翟德纯等募捐，在二十二保二十四图高行南镇猛将堂旧址建造会所，夏施医药，冬施衣米，春秋施种牛痘，附设义务小学校，并举办施棺掩埋。

广慈苦儿院：在闵行镇横泾东，七年，水警第一区区长沈葆义与绅士李祖佑、黄申锡、乔世德等，购地二十余亩，捐作院址。葆义独助万金，督工兴筑，并呈请省长年拨三千元，旧松属各县长合捐千元，充经常费，收养孤贫孩童，不分区域，额定二百名，分班授以普通学识，毕业后分送各工厂学习。工艺院址面临浦江，池水清漪，花木繁茂，池以南，厅事五楹为客座监督室暨院长、院董、文牍、会计诸办公室。此外，若课堂、宿舍、食堂、病房、厨房、浴室、操场为屋五十余间，池跨以桥里人朱承鼎题曰儒歌桥。

济急社：在漕河泾镇，八年由唐祖镒等，就城隍庙为办事处，举办施棺施药，十三年兵灾后停办。

公立上海医院（即续志上海医院）：在马家厂积谷仓码头，借用积谷仓外基地建筑。清季，由李钟珏创设，五年四月归县立，始定今名，设董事会议定章程，遴聘院长。十一年十二月，设医务长、事务长各一人，常年经费在五万圆以上，收入不足，由县地方公款拨助，或自行募集。

中国公立医院（见续志）：主治鼠疫、天花、猩花热、白喉等传染病，仍由沈敦和、陈炳谦、陆伯鸿迭任总理协理，为华人主办成绩最著之传染病院。

防疫所（见续志）：在闸北宝山路宝兴里，民国二年隶淞沪警察厅，主治鼠疫及检查疫疠，三年停办。

——原载中国地方志集成《民国上海县志》卷一〇，慈善，

上海书店出版社 1991 年版，第 175—178 页。

上海慈善面——善团、善堂、善会、善社

（简再 1948 年）

慈善团体

上海人口殷□，多得是巨官富商，生活优裕，但也始终有着不少不少穷苦无告的人，鹑衣鹄面，三餐不给。一班仁人君子，于自己饱暖之余，不忍坐视，眼见他们啼饥号寒而"莫为之所"，因而种种慈善和救济的团体便先后产生。像现在的冬令庇寒所，那还只是一种暂时性质的机构，上海正有着许多经常设立慈善机关在，兹先略述其源流如次：

乾隆十年，有同善堂之设；嘉庆九年，有同仁堂之设，兴办未久，便与同善堂合并。道光八年，同仁开设救生局；道光二十三年，辅元堂继之而起；二十六年，设全节堂；咸丰五年，一律合并，更名曰同仁辅元堂。

咸丰八年，建果育堂；同治二年，法租界内设同仁辅元分堂；同治六年，建普育堂。同治十年建清节堂，嗣又添建保节堂（均归果育堂管理）。光绪九年，果育、普育合办同善粥厂；光绪十七年，普育堂加设保赤局。

革命后，普育及清节、保节，以补助官费无着，难以支持，遂统合为一团体，这便是民国元年二月设于同仁辅元堂内的慈善团事务所，盖所以兼筹并顾，以节省开支，而当时新普育堂的经费，普益习艺所的常费也因仰给来源的工巡捐局拨款不多，无法应付，同时求助于该慈善团，于是该慈善团体便渐渐庞大，成为广济众生的一个慈善集团——即上海慈善团。

上海慈善团 团址在南市乔家滨梅家弄，重要支持人物为王震、凌纪椿、杨逸等。它拥有房产六十四处，地产二十一处，田产六千七百余亩，统辖同仁辅元、育婴、清节、新普育、同仁保安五堂及普益习艺所等慈善机关（战前调查），其主要经办事项为救济灾荒，资送难民，设立义校。

沪南慈善委会　会址在南市油车码头五五号，该会由王震、顾馨一等于民国八年所发起。成立时先办施棺、施米；次年，添办施医、施药、施衣；民十一秋，添办义务学校；民卅年，添办施粥。目前办理者：一施粥，每日受施贫民一千余人；二施医，每日六七十人；三施药，每日六七十帖；四义务教育，每学期培植贫寒子弟五百人。

该会月需四千余万（三十六年），均由各董事捐募，今后拟充实现办善举，并添设西医施诊部及义务中学等。

该会附属机构有义务小学一所、同善药局一所。现任董事长姚义璋，主任杨昌年。

闸北慈善团　团址在闸北大统路。平时藉房地租收入开支，民国十八年七月起，由市政府年拨一万五千六百元作为补助。除施医药、施衣粥外，并施材掩埋，设有惠儿院一所，女寄养所一处。

其他，沪东有沪东慈善会（兰路太平寺）；沪西有慈善会（肇周路天佑坊一□二号）；以前尚有一个城北慈善会（小北门内大境路）。

江湾崇善堂慈善会　成立的年岁很早，还是远在道光九年，一直办理掩埋、施医给药、施衣施茶等工作。会址在江湾镇公安街关帝殿，内部由董事会负全责主持会务，后由常务董事一人（现为王德竣）处置办理。

上海中和慈善会　成立于战后——三十五年四月，会址在沉香阁路四九号。理监事会下设有总务、赈济、调查三组，现已举办中和义校一所（收容学生百余人，分四级）、施诊给药所一处及施材会一组，将来尚拟开办小额贷金。经费完全由会员捐认，分临时与经常两种。主要职员有马圣祥等。

觉园佛教净业社慈善部　主持人为施省之，关纲之等，地址在今常德路九十号，除寻常施赈外，经办事项有：辅助临时救济机关，募集灾款，资遣贫乏。

上海的慈善团体，据民国廿四年统计，大小一共有七十一个单位，现在当然不止此数，这些团体倒也有个联合会的组织：

上海慈善团体联合会　成立于民国十六年八月，内设正副理事长、常务理事、理事。每月由各善团会员缴纳会费二十万元，作为事务费。这是一个领导各项团举办各项善举的团体，每年冬季，均设立庇寒所，以收容贫民。现任重要人员为黄涵之、冯仰山、陆介孙、谢驾千、叶振权等。团址在云南中路卅五号。

善　堂

纷纷南北善堂开，尽有真心不计财，无限饥寒贫病辈，施衣施药
有栽培。

——沪江商业市景词

一、同善堂在虹桥南。乾隆十年，知县王健会同绅商公建基地一亩有奇，
好善者又捐田一百五十四亩余，市房一所，岁取租钱，为施棺、施药、惜字、
掩埋之用。又设义塾延师，教里中子弟，当时司其事者为邢正铨、金应杓、乔
承颐等。

二、同仁堂在药局弄，嘉庆九年设。先是，知县汤熹捐置北郭田，偕邑
人朱文煜、徐思德等设立义塚，榜曰同仁，欲建堂推广其事未果。至是，绅士
捐购乔氏屋，建为堂，司总者李炯、朱朝坤、陈元锦、江发瑞等。经费全赖捐
助，有总捐、岁捐、月捐等。主办的事，计有四端：（1）恤嫠——凡旧族孀居
贫苦无依者，月给钱七百；（2）赡老——凡年过六十，贫苦无告，或残疾不能
谋生的，月给钱六百；（3）施棺——凡贫无以为殓者，给棺，再加灰砂百斤；
（4）掩埋——凡无主棺木及贫不能葬者，一例收埋。

"后又建义学，施棉衣，收买字纸，以及代葬济急，水龙放生，收痉路毙
浮尸等事。"

三、同仁辅元堂道光二十三年，邑人梅益奎与海门施湘帆，慈溪韩再桥
募捐就龚氏屋，设赊棺栈。二十六年，典同仁堂后陆氏屋为局，于是合局栈为
一。辅元之设，原以补同仁之所不及，咸丰五年，上虞人经芳洲口纬"经费
关系"将同仁与辅元归并为一，更易今名。善举方面，"又加代给尸场验费及
收买淫书，挑除垃圾，稽察渡船之事。同治五年，又置华金两邑田五十三顷
八十八亩有奇，三十八顷八十三亩归同仁辅元，十五顷四亩有奇归育婴"，并
建仓房于华邑德冈镇。到民初，因为内设慈善团事务所的关系，所办事业统筹
之下，计分六科进行；第一科：恤嫠、赡老、矜孤、济贫；第二科：赊棺、赊葬、
义塚；第三科：育婴、保赤（归新普育堂，育婴堂办）；第四科：养老院、残废院、
贫病院（归普育堂办）；第五科：贫民习艺所（民元成立，以前为勤生院）；第六科：

妇女工艺院（归清节、保节办）。

四、全节堂在淘沙场，道光二十六年，陈炳煌、江驾鹏、叶介寿等募捐建立，"以嫠妇年三十内外，分冰霜两等"，冰字月给钱七百，霜字月给钱六百，每月发嫠粮外，并除赊葬局。

五、普育堂在全节堂后袁公祠内。最初，江驾鸣、费培镇、顾锡麒等在庄家桥南，借民房设义塾，邑人刘枢以果育名其堂。咸丰八年，在袁公祠后添建楼房迁住。义学之外，并施赊棺木，掩埋义塚，恤嫠赡老等事，皆仿同仁堂行之。又集捐资添备水龙水担，施医药衣米，立达生局以济产妇，同治二年，并设粥厂。

六、仁济堂原在安仁桥。最初有朱镕等为卫生起见，专办产母婴孩需用之物。咸丰八年，"推广为矜孤一事"，惟正式成立则在光绪九年。距今六十五年前——"南京路虹庙附近，出现了一座'文明局'，它就是仁济善堂的前身。文明局所办的社会公益事业，主要的是敬惜字纸，开义设塾，和向民众宣传的劝善运动，此外也致力于恤贫、恤嫠等慈善事业。成立以后，为适应社会上的实际需要，事业日见增加，范围亦渐渐扩大，不久就从南京路迁到北海路，改名为'中和局'。中和局的主持者得到各界的鼓励，更提高了他们为社会而服务的信念，于是购进了今日云南路（三十五号）的土地作为永久基础，同时又扩充事业的范围，名称也由中和局而改名为仁济堂。这是光绪九年的事，由施善昌先生主其事。"又该堂一向是"施医给药，收育弃婴，举办义校，施材义塚，施衣施米，恤嫠恤贫以及其他救济"，目前"仍照上项办理，仅义校及施材施米暂时停办。"（据最近调查）战前，重要主持人物为王震、项如林、张贤清、方质君，现都采重监事会制，下设财产、教育、救济三组；事务、会计、医务、药务四科。正副董事长为黄涵之、屈文六。附属机构有仁济育婴堂，共拥有房屋五处，义塚地等五处。

七、济善堂在旧县治南申明亭左。咸丰九年，有叶绍虞等鉴于鼠疫流行，客寓民贫，每遭不容，沿街倒卧，因呈明当局，"延医往诊，给药炭费，瘥则赠以川资，死则施以棺槽。"同治三年，购留申明亭地建房，添办义学，接办惠育。

八、济善堂在南门外教场西，董事徐泰、戴国钧、陈义华等于同治二年，捐买民房屋为堂，基地六分二厘，举行诸善，复又添葺古墓一事。

九、同仁保安堂南京路虹庙隔壁，为已故姚文枬所创办。善举的范围很广，赡老恤嫠之外，施医药又施米材，它置有上宝两县地产一百五十五亩及南北市房屋三处。

十、位中善堂，由绅商查先、汤少谷诸人集合同志十数位于光绪十四年创办成立，嗣由汤君捐资购屋，基础益固，迄今已六十年。该堂"每日施送医药，夏秋每日诊二百号至三百号，冬春每日诊一百号至二百号，分内科、外科、妇科、儿科、针科、牛痘科，药材自备"。董事制，下设常务、医务、文牍、会计、庶务。"无恒产，亦无基金，全赖各董事及善信自认捐助，向不在外劝募。"堂址在大东外门郎家桥街八十五号，附设义务小学一所，暂办四级，额限四百名。现任董事长为姚鑫之。

十一、广益善堂，该堂于光绪十三年间，"由沪绅朱佩珍、叶澄震、王震等捐资发起。先设施医部于天后宫内，后又创办给药部、养老院，恤嫠妇，施材具，置义塚，以及办理掩埋，冬令施送炭米，夏季急救药茶，并在闸北永兴路购地建校，兴办义务小学，经常补助各省灾赈。战争期内，校基及本堂所赖之南北市房屋悉遭于火，现在仅办施诊给药，每日约三百余号；施茶约十五石；施暑药无限数；恤嫠每月十二人。一俟经济宽裕，拟先恢复义小，添设西医部。"（卅六年调查）内部于董事制下，设事务、医务、药务三部；开支藉房地产及事业收入，不足之数，由董事会员负责筹募。现任董事长为谢蘅聪。

十二、公济善堂，该堂系于民国二十六年三月，由前放生局与沪南同仁公济善堂合并改组而成，堂址在南市陆家浜路五九〇弄一号。"廿六年战事发生，堂址沦陷，房屋被毁，全部业务停顿。卅五年八月，整办恢复，现办理施送面粉、大米，施衣施粥，施诊给药，施棺种痘等业务。"经费仰给房地租开支，自遭战事损失，现收房金极微。采董监事制，"本市复善善堂及同愿善堂各董监多半兼任本堂监事，于卅五年十一月奉市社会局指定，准予通力合作，合并办公"（该堂自述）。现任董事长为李右之。

十三、善育堂在半段泾。初巡道应宝时于淘沙场陈公祠，延董设局，收养食童，抚而教之，艺成听其自去成立，其有残废不能自赡者，就半段泾茶商旧所，派员设堂留养，并推广之，分立七所，收养老男老妇、残废男女及养病、抚教、贴婴，并设义塾及医药两局。其老男及男残废、养病三所，每所以六十名为额；老妇及女残废，以二十名为额。以上六所，均在堂内，器用什物衣食均由堂供给，共额三百名。其堂外之保产、贴婴，每年以百名为额，每婴贴费，为三年为止，层递而下，至三年，亦三百名。其常年经费，在关库，月给发五百串，北沪厘局月给三百串，余组由丝商茶栈，抽捐充费。堂房及基地七亩五分七厘九毫，系各茶商李振玉等合捐。其东数楹于同治八年，由董添建（老上海），这善堂在民国初年尚存在，战前未见听说，战后更无闻，然而倒实在是个矜老恤孤，怜及残废的慈悲之所。

上海的善堂自不止上面著名的十二处，还有很多，兹将查得出地址的堂名，罗列如下：

济元堂（四明公所甬人设，施药）、同义善堂（宁波路九〇号湖州人设，施棺寄柩）、济善堂（四川北路二八七号）、保灵堂（长阳路余庆里二〇四四号）、广仁体善堂（青岛路四号）、同善乐义堂（麦根路）、普济善堂（华记路）、普缘善堂（钱家宅）、诚化曹善堂（厦门路尊德里八二号）、广仁堂（成都路广仁里）

但这里特别须一笔的是，民国二年，陆伯鸿所创办的新普育堂，迄今已有三十多年的历史，所收容的老弱残废、孤儿寡妇，历年来不下十余万人。试看南市国货路畔那一百二十亩的广场，廿余幢西式洋楼，在葱茏的林木中隐现着这里简直不像一个慈善机关，而是一个新的社会，尘世上的"桃源"！

善　会

上海联义善会　这是设立很早的一个善会。"清光绪三十三年丁未九月，由王士俊、沈荣淦诸人组织成立，推翁寅初为总办，先行施材。次年五月，设会所于成都路。壬子年，购地旱桥西首王家宅五亩余，建筑会所，为施赈给药之用（即北会——交通路一六七弄）。丙辰年，设立义教及办理冬赈衣米；次年复购附近地六亩，建筑校舍。辛酉年购进乔家路南会房屋（南会乔家路八五号）。壬戌年，接办江平育婴堂，以讫于今。战前，由会董制改为理事制，设有联义南北小学各一所、施诊给药各一所、北会育婴堂一所（一称抚儿院）、施材所一处。在抗战时，此会会所被毁，南会亦以环境不良停顿。胜利后，所办均系简易工作，如常年施送成药，施材及冬令衣米等。"（该会卅六年自述）未来计划，拟恢复以前工作。经济情形："除常年会费及新会员入会费、会员捐助外，有北会出租市屋五十余幢（按：该会共拥有房屋九十五间，基地十四亩零）在战时悉遭炮火，现在整理中。"办事处设于北苏州路四六二号，理事长为黄涵之。

上海普济善会　本市似乎有两个普济善会，或者仅系先后接续，亦未可知，尚待详查。一个设于战前，会址在中华路七一五号，主持人物为王震、沈健候等，它置有房屋九幢二披，地七分有余，经常施舍医药米材，并附设义校（廿四年上海市年鉴）。一个设于战时期中，据其自述谓：在战事中，各地难胞群集沪滨，贫病交迫，情殊可悯，徐君再康广施医药，不取分文，同人等恐其独力难支，爰特联合同志，成立斯会，以广善额，除常年施诊给药（每日受诊者百人），补助隐贫外，每冬施发棉衣五百套，夏令则协助防疫注射，该善会成立于三十年五月，设址于张家宅路七十五号，由会员大会选举理监事，理事长、秘书长下组织秘书处，下再设总务、救济、医药三科。会员年捐悉备医药，每冬棉衣由棉会员分担之。职员及会所设备，完全义务，故出入尚堪相抵。至于本会会员以装订业、营造业为大宗。现任理事长为王知本。

上海尊圣善会　民国十三年成立。除常年施诊给药，施米施衣等外，于二十六年七七军兴，曾集款办理尊圣难民收容所于法藏寺，收容难民一千四百余人，至廿八年结束。继又办理隐贫施米，至三十年结束，后接办隐贫贷金。三十三年七月始创办尊圣义务小学校，现有男女学生二二二名。经费由各会员认助，内设正副会长，分总务、赈务、散务、经济四组，会址在太仓路一八〇号。现任重要职员为徐乾麟、龚静岩等。

上海联益善会　会社今在长治路雅安里口，负责人为陆文中、江趋丹等。有基地一方，坐落二十三保一区四十七图。平日施医施材，兼施衣米，成立年分待查。

上海览德轩善会　民国十四年五月成立。初设于南市王家码头懋业里内，继迁至会稽街慎余里卅一号，即现址。刊有览德录（民十一年）一书行世，迄今有季刊四册劝世。该会以"儒理劝化行善为宗旨"，常年办理"施医给药，恤嫠施材，冬米寒衣，敬送善书及临时善举"。经费由会员随缘乐助，重要人员有潘志文、陈麒生、程桐生、叶超然等。

上海崇德善会　该会于民国三十年冬筹备成立，三十四年间市社会局呈请立案，次年五月奉令核准。冬季施送棉衣米粮，夏季施送药品及茶；同时并办施材及临时灾祸救济事项。计划设立平民医院。内部理监制下分设总务、组织、服务三股，其经常开支由理事会员捐助，现任理事长为徐乾麟。

至于憩安善会（汉中路汉中里）、同义善会（民国路尼山里附近）、储材善会（乔家浜路），在这里是只能带到算数了。

善　社

　　关于善社方面，有灵学会盛德善社（民国路永安街），主持人为顾履桂等；上海一心善社（城内净土街三二号），主持人为孙经培等，除寻常善举外，或济贫，或放生。有上海善德善社，"成立于抗战军兴沦陷期内（三十一年六月），不问政治，不涉党派，完全以利济人群，造福地方为主旨。"所办各项善（举）中，"以日常施诊给药为大宗，有中医西医两部，每日就诊者约百余号，其他如施材、恤嫠、施衣、施茶、助学金等，现亦正同时举办中。"（该社自造）经费全恃各方面捐款，由理事长现任蔡润身为对内外负责人，社址在小东门北宝带弄五号。

　　上海普缘社成立于民国十八年二月，"系私立团体，所办事业，尤以施粥为有成绩。"内部分六股办理，经费时感拮据，理事长金九林，社址设长乐路二六六弄一一号。

　　——原载《台湾新社会》1948 年第 1 卷第 7 期。

北京学生旱灾纪念日始末记

（1921 年）

一、缘起

去年直鲁豫秦晋五省的旱灾，是几十年来所未曾见过的。在十二月的时候，有河南、汉口、上海、山东、天津、北京六处赈灾会的代表在北京会议。据他们详细调查的结果，五省的灾民，至少有一千五百五十万。各处已经筹得的款，只有二百八十多万元。按照养活一人到今年麦秋，需款六元计算，只能救活五十万人；其余的一千五百万，倘若不给他们多筹款项，等着就要冻死饿死。这几个月内，筹款的事情，虽然是不少，但是偏于有钱阶级和知识阶级的居多数；若要捐款普及，令各界的男女老幼，对于他们受灾的同胞，表一点同甘共苦的心，都能够量力捐助赈款，最好就是举行一个纪念日。在欧美各国，因为办理慈善事业，纪念日是常见的事；在我们中国，却是没有办过。因为这次赈灾需款甚急，所以北京的旱灾纪念日，就应时发生。

二、办理的机关

纪念日的意思，是男青年会和女青年会的服务股提出来的。他们以为办理这件事的人，最好就是各学校的学生，所以就把纪念日的草案，交给北京基督教学校事业联合会。这个联合会，是男女青年会的学校部和各教会、各学校，共同组织办理学界布道事业的机关。联合会是极端赞成纪念日的意思，所以就把这件事情，完全交托给信徒代表团办理。信徒代表团是各学校男女学生和教职员信徒所组织的，也是附属于联合会的一个团体。他们经过几次的商议，以为纪念日是全城的一个大举动，应当请北京全体学生所组织的北京学生联合会协同办理。纪念日的原案，是用国际统一救灾总会的名义去办纪念日，所得的款项，也是完全交给他们办赈，所以第一步的办法，就是要得救灾总会这样的应许。自然他们是极表欢迎，立时就通过照办。信徒代表团随着就派人和北京学生联合会接洽，请他们同代表团合办这事。他们经过两次的会议，就回信说："举行旱灾纪念日，……事属慈善事业，本会决不反对。唯因事实上种种困难，已转致各校同学，以私人名义，前来赞助。"同时也派人和北京女学界联合会接洽。他们也因为意见不大一致，所以也没正式加入。信徒代表团因为时间已迫，就决定即时进行，约请委办，组织纪念日筹备会。十一月二十八日，筹备会成立。委办共十一人，如下：黄世英女士、马金芳女士、张淑荣女士、夏女士、安女士、齐树芸、吴道晋、刘砥泉、寇润岚、柴约翰、吴耀宗。

夏安寇柴四位是美国人，其余是中国人。除了刘夏二位是男女青年会服务股的干事，其余都是北京基督教学校事业联合会的干事和职员。当时推定了吴耀宗任委办长，黄世英女士任副委办长，并将各委办分配在经济、庶务、交际、文牍四股办事，用男青年会的学校部作总事务所。

三、纪念日的章程

下列的章程，是经过好几次的商议修改，才定出来的。

北京旱灾纪念日章程

（一）名称

北京旱灾纪念日筹备会。本会承国际统一救灾总会之委托，专筹备北京旱灾纪念日事务，以收齐款项交付总会为止。

（二）宗旨

提倡男妇老幼各尽己力，捐输赈款，藉资纪念被灾难民。

（三）组织

（甲）由北京基督教学校事业联合会，分请男女学界及男女青年会服务股，组织筹备委办共同办理。

（乙）在各学校设立事务分所，由校长、职教员与学生若干负责，以期易于进行。

（丙）事务总所设于米市，青年会各执行干事等均按时莅会供职。

（四）日期

纪念日在阳历十二月十八日（即星期六日）上午九时至下午五时。

（五）纪念章

（甲）纪念章均系纸质所造，上系红绒绳。

（乙）纪念章式样与两枚铜子大小相等。（图略——编者注）

（六）纪念章分销法

甲、按校址区域，视学员数目多寡分为地段，以便届时按区分销。

乙、义勇员佩戴特别徽章，手持集赈罐及纪念章，见凡未佩戴纪念章者，即言请尽力捐助款项拯救被灾同胞，但收款时应由捐款人自行投入集赈罐，后由义勇员声言多谢。

丙、各校事务分所须将集赈罐书写该校名称、号数及学生姓名交与学员，分三人为一组。销毕，每罐经全组人签字交还本校事务分所，转送总事务所。

丁、不论男女，凡中学以上学员经该校事务分所许可，均有充当义勇员之资格，中学以下学员应负鼓吹及协助责任。

（七）集赈罐

甲、以瓦性扑满样式定烧，上刻旱灾纪念赈款自投某某学校第〇号字样，惟口径须以投入银元及不能倒出赈款为标准。

乙、每集赈罐须有本会戳记方为有效。

丙、式样图（略——编者注）

（八）以上章程如有未完善之处，得由筹备委办酌议修改。

四、各学校的接洽

北京中学以上的男校共有五十三，女校十八。学生共一万六千余人，自然为募款的事，我们用不了这样多的学生；我们也没有功夫都同他们接洽；所以我们所接洽的，就限于素日同基督教事业有关系的学校。如果他们校长肯帮忙，就先见校长，不然，就和学校青年会或基督徒学生商量。愿意加入的学校，第一步办法，就是征求募款的义勇员，第二步就是组织事务分所。每一个学校，要经好几次的接洽。有时学生不大踊跃，就要派人去演说，鼓舞勉励他们。好在基督教学校事业联合会，在各教会区域，都有学生干事，可以就近同各校接洽一切，省却总事务所许多工夫。各校接洽略有头绪，就用国际统一救灾总会的名义，招集一个各校代表会议，讨论纪念日办事细则，也请了救灾总会的两位干事，给他们演说旱灾的状况，和报告现在救灾总会所办的事情。现在把办事细则，列在下面。

北京旱灾纪念日办事细则

各校事务分所组织法

（一）事务分所办事员应有五人，以校长或其代表为主任，职教员一人，学生三人，但此项组织法及人数得按每校情形酌议变通。

（二）事务分所成立后，即将办事员人数、姓名报告米市大街青年会内北京旱灾纪念日事务总所。

（三）事务分所应设于校内适宜地点以便办事。

（四）各事务分所应在十二月十五日以前，将本校义勇员组织完备并将人数报告总事务所，以便分配地段。

（五）每校所用集赈罐、纪念章、徽章俱由总事务所派人送到各事务分所，转发义勇员。

（六）集振罐须有本会戳记方为有效，送到事务分所后，由办事员将本校名称、队数、号数书写罐上，募捐已毕，由全组义勇员签字交回事务分所，候总事务所派人来取。

（七）事务分所应将本校所任区域分配各队担任地点，并在纪念日派职教员若干人为巡视员协助一切。

（八）总事务所在纪念日特派专员至各区域襄助办事，并与事务分所接洽一切事宜。

（九）义勇员销售纪念章暂定为每人六十枚，但数目应视地点之繁盛与否酌为变更，如义勇员已将纪念章销罄，仍能多销，应由事务分所派人供给。

（十）未经销售之纪念章，应于事务所派员提取捐款时交还。

（十一）事务分所于事务繁重时得请其他职教员及学生帮助。

义勇员募捐办法

（一）纪念日自上午九时至下午四时半，各义勇员在本校事务分所指定之地点募捐，午间用饭时间各自临时酌定。

（二）义勇员分三人为一组，每人各佩徽章一枚，持集赈罐一个，纪念章六十枚，但纪念章数目得视地点之繁盛与否酌为变更。

（三）义勇员见未佩带纪念章者，即言请捐助款项，拯救被灾同胞，并言捐款系交国际统一救灾总会助赈。

（四）义勇员当俟捐款人将捐款自行投入集赈罐内，始给与纪念章。

（五）除街上行人外，义勇员可向各铺户、公署等劝捐，惟不得妨碍营业及办公。

（六）义勇员募捐已毕，由全组人在集赈罐上签字，交还本校事务分所。

（七）如义勇员将集赈罐无意打破，应约同组员向本校巡视员或总事务所特派员声明，如该罐已经装有捐款，即将该款交付巡视员或特派员转送事务分所。

五、警察厅的交涉

两年以来，北京的学生，常有关于外交或政治的活动，政府是非常惧怕的；所以每逢学生有什么举动，他们就要特别的注意。这次办理纪念日，我们以为纯然是慈善事业，警厅当然没有不答应的，所以事前并没有什么接洽。等到筹备会成立以后，才通知国际统一救灾总会，请他们报告警厅，立案保护。但是救灾总会没有去信以前，有几家报纸，已经把纪念日的草案登出。警厅看见了，就去函询问救灾总会，是否有此举动；又问募款学生共有多少，如果麇集一处，恐怕要堵塞交通，滋生事端。又因为原定时间，是上午九时至下午八时，恐怕天色昏黑，在冬防吃紧的时候，防维不周，致生妨碍。请将此项募捐办法，即行作罢，或另筹善法，以祈共维治安等语。救灾总会就立刻回信，说明学生大约四千人，系将全城分为若干区，分任劝募，并非麇集一处。时间一层，已经同筹备会商量，改为上午九时，至下午五时。警厅得信之后仍不满意，学生四千人，以为仍系过多，下午五时，仍系太晚；至于捐款，既系随意，恐怕所得有限，徒劳无功。救灾总会又回信说，筹备会可以限制学生到三千人，时间可以再改为下午四时半；至于捐款，因为关系灾民目前的急需，未必至于很少。于是警厅第三次来信说："事关慈善，本厅未便再为峻拒，惟冬日昼间短促，所定下午四时半为止，万勿稍有逾时。募捐人数，亦万勿超过三千之额。"我们所要挂的白布广告，也只许我们在白天悬挂。因为"巡警夜间各有专司，似不能负守旗之责。"除文书往来之外，警厅、救济总会、筹备会几方面，又几次派人往返接洽。最后警厅还送来八条的"限制条例"：一、不能在途中阻拦行人募捐；二、不能演说；三、不能以捐一文嫌少；四、不能有两起同到一处募捐；五、不能入铺柜及人家内劝募；六、不能勉强人上捐；七、到限定时间即行停止募捐；八、逾时间警察干涉。

第一条"阻拦"二字，据警厅派来人说，是"非上捐不许放行"的意思，我们当然没有这种办法。其余几条，赘之又赘，未免杞人之忧。

后来我们的广告，有几处被警察撕下来，学生非常的忿怒，前门楼的电灯牌，藉口恐怕发生危险，几次交涉，都不让做。到纪念日的前一天晚上，才许在前门桥搭上。我们所用的集赈罐，还要盖警厅的印，后来因为大半已经发出去，只盖了几百。到纪念日的晚晌，好几处地方，有警察来监视数钱。这一切麻烦，却是我们事前所没想到的。

六、事前的筹备

纪念日所用的集赈罐，系土质的，在京东的土窑定做了四千个。纪念章三万枚，义勇员徽章五千枚，是在财政部印刷局定做的。筹备会成立以后，最要紧的事，就是鼓吹。关于鼓吹，我们有三种办法：第一是传单，印了几万张，在各处城门要道分散。第二是广告，有一种是白布的大横额，挂在来往最众的地方；有一种是女学生所预备的图画，极其美丽。第三是报馆，我们请了十几家要紧的报馆到筹备会，请他们登载关于纪念日的稿件，并且著论提倡。各报极其赞成，照我们所请求的去办。有好几家在纪念日前几天，用很大的字，登些醒目的广告。航空处本来答应派几架飞机，在纪念日飞翔，撒放传单，后来没得照办。海军部应允派乐队在街上游行奏乐。十几家的汽车行，也愿意派三十辆汽车，在纪念日尽义务。各校的事务分所，得不断的派人去接洽。或者因为组织没有完备，或者因为人数略有增减。得了各校的确的报告以后，总事务所就将北京全城，按学校人数的多寡，分作区域。每校各给一张本区的地图，地点的分配，自然有大小，有繁盛的，有僻静的。经过好几次的调和修改，才得大家的满意。纪念日前两天，各校应用的东西，都给他们送出去。几千的集赈罐，都盖上筹备会的印，各校又自己填上本校的名称和罐的号数。徽章是每人一个，纪念章是每人七十五至一百枚。章程和办事细则，每个学生都给一份。纪念日的巡视员是请本校的教职员充任；特派员是总事务所请青年会的中西干事和别的西国朋友担任，都有特别的徽章。存款的地方，是预先请妥花旗银行，在纪念日的晚晌，留门候我们存放。也请了十几家的中西银行，在纪念日作分销纪念章的机关。

七、纪念日的情形

筹备的事，都妥当了。我们所最盼望的，就是纪念日晴和的天气。十二月十八日的清晨，天略有点黑黄的颜色，可是没有风，也不很冷。午前九点在青年会门口，有三十多辆汽车，围着一大堆人，汽车上都插着纪念日的白旗和五色旗。远远的听见海军部的乐队，奏着军乐，望着青年会前进。育英学校的童子军，也是精神焕发，排队站立。一会儿，青年会财政商业学校四百多的学生，每人拿着一个扑满，在门前排队，照了相后，一个一个，都向各人认定的地点出发。军乐队和童子军，也就乘上汽车，到各处游行奏乐，走起来有一里多长。总事务所，有两位干事，坐着汽车，到各处巡行；每人拿这些扑满、徽章、纪念章等，预备供给义勇员。九点多钟，各校的学生，都出来了。这是他们第一次在街上跟人要钱的经验，大多数是很勇敢的。路上的行人不用说，多少都得捐一点。不但是成人，连小孩子也要买一个纪念章佩着，以为荣耀；不但是有钱的人，连最贫苦的，拉洋车的啦，学徒啦，做小买卖的啦，他们都很乐意尽他们的一点微力。坐洋车的、坐马车的，学生是向他们招手，请他们停住。捐助的固然是狠多，但是也有侧着头，硬着心，一文不给的。坐汽车的，学生是用一面小旗，在路心站着，向他们招展。好些阔人，正要风驰电掣的，去忙他们的事，那有心肠，那有闲工夫停着车捐助的。然而有小数坐汽车的，见了学生的旗，也就停着，而且捐的很不少。有些胆小害臊的学生，问一声，不给，就不敢再问；胆大的，多问几声，激发那被问者的天良，就多好些捐款。前门一带最繁盛的地方，是清华的学生四百余人担任，他们从清华园来往，都有京绥路的免费车票。美使署也给他们地方，作休息所，并且很客气地招待他们。可惜前门的大商家，有些冷淡，捐助的很少，颇令我们失望。快到晌午，街上来往的人渐多，好些已经带上纪念章，学生劝捐，也正在高兴的时候，天色就慢慢的变了。起首只是微微的刮一阵风，后来愈刮愈厉害，不到半点钟的工夫，满天都黄了。空中的沙土，几乎令对面的人，不能相见；天气也冷起来，街上的人，不用说，是减了一大半。学生募了半天的捐，这个时候也累了，就都各自回去休息吃午饭。到了下午两点钟，风势更利害；还有好些学生，冲着风，冒着寒，勉力去募捐，打算到最后的五分钟才收手。不过街上寥寥的行人，正在蒙着头，藏着手，去抵御那无情的风寒，谁还背伸手去解囊。所以学生虽然热心，也无所施其技了。女学生因为要保守他们的闺范，所以早已定规，不同男学生在街上劝募。只到他们亲友的家去劝募，但是也有少数到街上去的。下午四点多钟，各区的特派员，就同着巡视员和学生等，将集赈罐打破，把钱都放在麻袋里，送到花旗银行。每校都列一个表，把罐的号数和学生的姓名，记在上面。未交回的罐，就要拿罐的学生和该校事务分所负责。这次因为学生经手的款项很多，为免去外界的疑心起见，我们一切授受的手续，都格外小心，所以始终没有给别人藉口的地方。学生也是拿一个纯洁爱人服务的心去办事，所以耳闻目见的人，都啧啧称赞他们。这是极可欣慰的一件事，募款的男校有汇文、燕京大学、高等师范、附属中学、中国大学、协和医学、青年会财政商业学校、税务、俄文、北京大学，育英、军医、兽医、朝阳、崇实、国语、高等工业、北京师范、萃文、崇德、邮电、清华、盐务、道学院、潞河二十五校。女校有燕京大学、贝满、慕贞、萃贞、第一公立女中五校。各校因为人数常常改变，所以要求多发些徽章、扑满。发出去的徽章，三千八百余枚。大约实在出发的学生，也就是三千左右。有几个学校，多次要求加添人数，因为警厅的限制，就不能应许；巡警虽然没甚么帮助，也没甚么干涉。学生的秩序组织，非常的好。所以警厅的害怕，也就销减于无形。除了潞河一校，募款是在通州，其余都在北京城内。

八、纪念日的结束

各校送到花旗银行的捐款，用十几个人的力，数了三天才数完，因为里头有铜元四十六万二千四百枚，可见中下阶级的少数捐款很多。"普及"的目的，算是达到了。各队银行纸币，合成现洋，共得八千五百零一元一角一分，里头有大总统的特捐二百元，内务总长五百元。交通总长五百元，警察总监二百元，俄国代表优林君二百五十元。可见政府对于这样的募款，本来也是很赞成的。此款已经由筹备会名誉司库寇润岚君，开具支票，亲送国际统一救灾总会领收。此次办事的人，都是各机关尽义务的，没有另支薪费。纪念日的费用，五百五十余元，也是由筹备委办定规，另外分任捐募，不要动用纪念日的捐款。最大笔的用款，是印徽章、纪念章的三百三十一元九角五分。财政部印刷局，减去四十元作为捐助，其余二百九十一元九角五分，系财政部周自齐总长和他的家属捐助的。此外的用款，系有两位美国朋友和基督教学校事业联合会分任。募款的各学校，和帮忙的机关，都由纪念日筹备会和国际统一救灾总会分函致谢。大总统因为嘉许学生服务的精神，要每校致送一个适宜的纪念品。余下的集赈罐，也是每校致送一个，留作纪念。这次的募款，能有这样的效果，真是可喜。

九、纪念日的余音

纪念日那场大风，至少把捐款刮去了一半。有人说：可惜碰见那样的天气，真是灾民的不幸。我却不是这样的看：我以为捐款虽然要紧，但是差一万两万在全数赈款之中，不算什么。这次纪念日，成就了几样可喜的事。第一是：事前的鼓吹和当日的情形，引起好多人注意旱灾的事。令他们多表一点已饥已溺的同情。第二是：捐款的普及，让最贫苦的人，都有一个机会，表现他们的爱同胞的心。第三是：给学生一个服务的很好机会，让大家知道学生不是专拿几个新名词去做文化运动，乃是身体力行，学而致用的；也是坚苦忍耐，诚实可靠的。从此普通人的和政府，对于学生的信仰，也要增加。第四是：因北京的纪念日，引起好几处的纪念日，和别的救灾的运动。北京的纪念日结束以后，我们就赶快预备了一篇"筹备学生纪念日须知"将我们所得的阅历写出来，寄去各大城市青年会的学校部，等他们好提倡这件事。各处听见北京的消息，都很受感动，愿意照样举办。据最近的报告，上海、南京、苏州、杭州、嘉兴、绍兴各处已经定在年假后同日举行。山西的太原，也定规要办，并且要邀请北京青年会的人去帮助他们。天津正在进行之中，听说对于警厅方面，有点困难。这样看来，北京的捐款，虽然因天气受影响，各处却是闻风响应，不甘落后。这真是灾民的福音，北京纪念日募捐的学生听见，也必是很欢喜。

　　　　　　　　　　　　　　　　　　十年，一月，十五。

　　　　　　　　　　　　——原载《生命（北京）》1921 年第 7 期。

香山慈幼院创办史

（熊希龄　1922 年 6 月）

慈幼院创办的宗旨

慈幼院成立的原因：在民国六年九月的时候，顺直省区发生大水灾，淹没了一百零三县，一万九千零四十五村，那被灾的百姓，有六百三十五万一千三百四十四名，那成灾的田亩，有二十五万四千八百八十九顷一百六十五亩四分三厘，真是近年来很大的浩劫。我那时奉命督办水灾善后事宜，听见各地方的灾民，因为乏食的原故，很有把他的儿女遗弃道路或标卖的，所以在北京设立了慈幼局两所，委托英君敛之去收养灾民的儿女。一所专收男孩，一所专收女孩，共总收了男女儿童，差不多有千余人。水灾平了以后，这些儿童，渐渐的被他们父母领回。可是到后来还有二百多人没有人领，所以水灾督办处，不得不设一个永久的机关，来教育这些儿童。可是京城里想找个合宜的地方来盖房子，是很不容易的事。幸得现任徐大总统同前清皇室的内务府商量，将香山静宜园的地方，拨与我们建筑慈幼院的男女两校。我那时想着城内外旗民困苦的很多，报纸上载着他们的父母，往往带着儿女去投河自尽的，又有全家子自杀的。你想可怜这些孩子，他生下地来，并无罪恶，为何遭此惨累呢？我与水灾处坐办陈汉第、罗振方两君商议，决定建一大规模的慈幼院，可以容得下一千多人，率性把城内外贫苦的民旗孩子招进来一同教育，免得这些孩子受苦。遂于民国九年九月三号开学，到今年已有了一年零八个月，这就是我们慈幼院成立的大概了。

香山静宜园的关系

香山这个地方，本来是前清皇帝的行宫。民国元年革命的时候，看守的每每把园里的树木私自砍了卖去。当时马湘伯、英敛之两位先生到这里游玩，不觉非常的叹惜，就商量着怎样可以把古迹保存。他们又觉得西山附近的人又穷苦，又没机会受教育，真是怪可怜的。所以他们打算设立静宜女子学校，由喀喇沁王福晋领衔，奏请于前清隆裕皇太后，许他借用这个地方。这时我正作热河的都统，就提助些公款，并为募了点捐款，把破旧的房屋都修理修理，静宜女子学校因此就成立了。这十年以来，毕业的学生差不多有好几百人。后来因为民国六年的水灾，我建议以工代赈，筹拨了六万块洋元交京兆尹，雇用许多饥民，修通西山的马路。由万寿山起至八大处阜成门止，取名叫做仁慈路，因此香山交通更加便利。这就是香山静宜园与慈幼院的关系。

立法的机关

这立法机关分为两种：头一种是静宜园董事会，专管园内租地和一切自治事宜，就拿所得租息作静宜女学的经费，并拿来作为修治马路、培养树木和设立园警的用度。第二种是慈幼院董事会，专管慈幼院的财政、教育、监督、审计的事情。两个会的会长都是赵先生尔巽兼任，对于两会很尽力的。所规定慈幼院的章程，院长由董事会于董事中推举，责任重在对外的。副院长由院长聘请，对于院内用人行政的事都负完全责任，这种意思是为调和立法、行政两机关，免得有冲突的，这就是两会划分权限和组织的情形。

行政的机关

行政的首领为院长、副院长，上文已言过了。以下便是各股主任：第一个为事务股，管理文牍、会计、庶务的事；第二个为教务股，管理儿童教授学籍、图书、仪器的事；第三个为保育股，管理儿童衣、食、住及疾病卫生的事；第四个为职业股，管理农、工、商各项实业的事。保育股又于男女两校各设一总管理处，各宿舍的管理员均以此两处为汇总的。教授的先生为师保，管理的先生为父母，这就是合学校家庭组织而成的特别情形。

儿童的额数及入学的规条

起初儿童只有水灾时余留二百余人，后来招收北京城内外民旗孤贫的儿童五百余人。到了民国八年，北五省旱灾，熊夫人所办的女红十字会和北五省灾区协济会在城内廊家胡同合办一个临时灾区儿童教养院，共有三百多个男女孩子。九年赈务的事竣，他们的父母领回一百多名，又剩下了二百多个孩子，他们与我商量，送入慈幼院，于去年九月收入，现已有了九百多人了。不料今年我的家乡湖南省又遭大旱，其情状比北五省更惨，不但是卖儿卖女，且更闻有食人的惨事，真是可悲可痛的。我电商湖南华洋筹赈会，请其收容灾孩二百名送来慈幼院，现已有五十名将到北京，其余一百五十人陆续派送。可是到齐后，我们慈幼院整整有一千二百多个孩子，怎奈房子不够住，不得不另筹办法了。至于入学的规则，有几件与别的学校不同，儿童的父母或亲戚保护人，愿送入院的，须遵守这几个条件：第一件，儿童入学后，非有父母的病丧大故，不准请假回家的；第二条，儿童长大后，他们的婚姻，须由院长裁可，他的父母不能擅定的。这规则为甚么如此严厉呢？因为儿童的家庭，习惯不良的多，好容易在学校尽力的改去，万一回家，又不免有点故态复萌了，青年的儿女，尤为危险，故不准其无故的回家。且儿童知识技能，一天长一天，他的婚姻，自应取其同意。若是顽固或无知识的父母觊觎人家的财礼，糊涂的订婚，岂不是他们的终身的恨事吗？所以必须经院长裁可，就是这个缘故。但是孤贫儿童欲进慈幼院的，须先在驻京董事会事务所报名，由董事会派员到他家中调查，如果是实在孤贫的，方能注册，次第传到。传到后又须先入城内廊家胡同慈幼院附属收容儿童教养所，施行初步教育，等到齐了一班，再送香山慈幼院分别教授的。

建筑的计划

慈幼院男女儿童分为两校：男校在园的东北，原是一个空地，约有二百余亩。女校乃是前清皇帝的寝宫，名曰中宫，不过四十余亩。两校相距不远，男校教室十三所，宿舍八所，玩具陈列馆一所，音乐馆一所，体育馆一所，幼稚园一所，屋内体操场一所，跑冰场一所，跑马场一所，球场四所，游泳池一座，竞驶池一座，养病室一所，校医诊察室一所，四股办公室一所，总管理处一所，儿童图书馆一所，教员宿舍二所，浴室、洗濯室、洗衣室、厕所各一所，食堂、厨房各一所，小家庭一所，工场十所，商场一所，农场二所，市政所及警察厅一所，市议会一所，电话局一所，邮政局一所，审判厅一所，四村事务所各一所，烹饪室一所，中西饭店一所，库房二所，饮茶室一所，反省室一所，训话室一所，以上共七十七所。女校教室八所，宿舍四所，教员宿舍一所，浴室、洗濯室、洗衣室、厕所各一所，食堂、厨房各一所，总管理处一所，会议厅一所，小家庭一所，饮茶室一所，市政所及警察署一所，审判厅一所，四村事务所各一所，邮电分局一所，反省室一所，训话室一所，工场五所，养蚕室一所，商场三所，烹饪室一所，球场二所，音乐室一所，儿童图书馆一所，以上共四十六所。男女公共用者：理化馆一所，图书馆一所，教育图书馆一所，两校附属者甘露旅馆一所，电灯厂一所，避暑房屋十六所，以上共二十一所。建筑的房屋虽亦不少，但是尚有不完备的地方，关系教育亦是不可少的，只好慢慢的设法添补。可是这个地方树木最多，山景最美，泉水尤其清洁，男校所用的水是就碧云寺所出的泉源，女校所用的水是就双清所出的泉源，都用铁管由高处引入，为一天然不用人力之自来水厂，这是我们香山的特点。

学科的设备

初入院的儿童多是孤贫的，有年长失学的，有半途辍学的，所以编级很是困难，只好不论他的年龄大小，只论他的识字多寡，故一级中的儿童年纪差别很大。一二学期后，渐渐有点头绪，教务股特将那天才者另为一级，低能者另为一级，普通者分为数级。现在男校中有十五级，女校中有八级。级任的教员二十三人，又有地理、历史、物理、化学、体操、音乐、手工等科，另聘教员，是为科任的教员。学级中有高小的四级，国民的十六级，幼稚的三级。男生年龄小的专读不做工，年龄大的到十四岁以上半工半读（女生年龄十一二岁以上即学缝纫）。将来高小毕业后的儿童，优秀的仍拟设立中学班，或是送往别的中学校。国民级毕业后的儿童，有优秀或年龄不到做工的时候，仍编入高小级，年龄大者专做工，另为设一补习班。这是学科的大略办法。

职业的设备

工场的宗旨有三件：一、就地方所产的原料；二、就儿童易于谋生的打算；三、就优秀儿童求最高职业的基础。所以设立陶工厂、农场、饲育场、养蚕室、雕木雕石等工场，都是就第一项所产原料的。设立鞋工场、铜工场、印刷工场、甘露旅馆、烹饪室、理发室、花边缝纫等工场，电话邮政等局，第一、第二等商场，汽车公司，都是就第二项易于谋生的。设立刺绣工场、染织工场、照相馆、图书馆、铁工场、木工场、电灯厂，都是就第三项高等工业基础的。但是农业雕刻亦有与第三项有关系的，不过我们慈幼院初步是小学，职业科设的愈多，就可以察验那个儿童的性子相近，然后令习一业，才能够为他谋终身的生计。

卫生的设备

儿童的疾病为我们慈幼院第一件要紧的事。因为人类无论贫富孩子，都是不知道卫生的，所以孩子们由四岁至十三四岁以内，为疾病最多的时候，少不留意，即要害病的。何况我们这些孩子都是贫寒家的，饮食是不饱的，营养是不良的，衣、食、住是不洁的。头癣呢，疥疮呢，眼病呢，肺病呢，瘰病呢，都是他们的普通病，孩子越聚的多越不得了。所以设立慈幼院的时候，我即与熊夫人商量，在静宜园办了个女红十字会香山医院，大半为这些孩子治疗的。

院中后来因为有肺病的须要隔离，又设了一个肺病疗养所，有急性传染很可怕的，又于远处设了一个急性传染的疗治所。儿童病后须要调养，日子很久的，又设了一个病后疗养所。但是医院虽有此许多设备，总是病后的事，而病前不有预防的办法，亦觉不好。于是院中又请了一个校医并看护员，专为检察儿童的身体。一切住食，亦要校医时时注意查验的，此是事前预防。若是有重病的，即送往医院，再重或难治的，又承北京协和医院与中央医院的帮助，不取我们的医药费，替我们诊治孩子，我们是最感谢的。

体育的设备

儿童从他家中来到慈幼院，多数是身体不好的，况且小孩子的性质是好动的，是一刻不停的，所以利用他这种性质，筹设许多体育的方法。除了器械的体操、普通的体操、兵式的体操、游戏的体操外，又添了跑马、跑场、冰场、竞驶池、游泳池、秋千、浪桥、盘杠、溜梯、自由车队、武术等种种场所。春秋的时候，教员们带他们到本园山上或乡村去旅行，夏天时候，要他们赤脚不穿鞋袜，用冷水洗脸浴身，多方的锻炼，使他们的身体渐渐强壮，免除了许多毛病。

娱乐的设备

儿童年龄到情识将开的时候，最为危险，况且贫寒家的孩子，习惯是不良的，性质是多暴戾的，所以设立了几个网球场、篮球场、军乐队、中乐队，使他们天天演习，直到日入始息，疲倦方休。涵养他的乐趣，免除他们的不良思想，才不至于有损他们健康的身体。

学生自治的设备

我们慈幼院的儿童，小学尚未毕业，谈何容易说到自治？但是我想小孩子最好动的，最好新奇的，又是最负责任的。若是职教员们肯耐烦指导他，亦是可办得到的。况各国小学校教科，都是公民须知的书，孩子们必须有点公民常识，才可算做国民。我记得当初在日本游历时，见我国的留学生的会，每次开会时不是相骂，便是相打，飞墨盒、推桌子，秩序是极不好的，我心中很不谓然。那晓得民国元年第一届国会开幕后，许多议员都是从前留学日本的学生，所以养成不好的习惯，到了议员，仍然是紊乱秩序的。我因此发生感想，就在慈幼院提倡自治，使他们脑筋中添些常识，习惯上遵守秩序，又有教员们从旁指导，他们的言行，是决不捣乱的。所以我们仿照上海职业学校的办法，设立了一个市议会，两校的市事务所、警察所、初级审判所、邮局、电话局，又将各宿舍分为八村（男女两校各四村），即以校训勤、谦、俭、恕、仁、毅、公、平八字为村名。村各有长和事务所，议员和市长、村长、警察所长、审判长、检察长，市所属总务、文化、卫生、经济等科长都是议会选举的，这是我们慈幼院学生自治的设备。

各委员会的设备

慈幼院的教育是合学校、家庭、社会为一的，这种问题很大，不单是本院中职业员所能研究解决的，必须集合各大教育家来考究试验的，所以章程上设立一个评议会，延请北京有学识经验的为会员。但是开学未久，材料不多，尚未敢遽行开会，拟将所经过的事实集成议案，再请各会员去讨论。此外因辅助学生、指导学生的关系，又设立了一个自治指导委员会、测验智力委员会、出版委员会、体育检查委员会，将来问题愈多，其他委员会尚须逐渐添设的。但希望各教员、职员的互相联络，互相研究，做一个有统系、有条理的模范。

历次经过的困难

我们设立慈幼院的时候，以为多筹一文的钱，多救一人的生命，故起初即一气招入六百余个孩子。那知道这些孩子都是有病的，年纪小的，家庭少教育的，习惯不良的，越多越难管理，简直是手忙脚乱，应付不及，整个变成腐败样子。当时若是循序渐进，分为几批收录，每批只招二三十个孩子，决不致有此困难了。

管理人的方面，我们因为省费的原故，每一人管理百余个孩子。那知道照料难周，经验又不足，孩子遗尿的，生虱的，患病的，遗失衣裤的，真是无法清理。

教员的方面，起初本拟令其兼为管理员的，既省费又与儿童有点感情。那知道教员所任的一级学生有五六十个，弄得精疲力倦，亦无暇再兼顾了。

那时候学界的新潮流正发动，都是主张自治的，互助的。我们也想仿办，于是要学生先做织布、织袜、制鞋、缝纫等工艺，自己做的自己穿，岂不是自食其力吗？那知道儿童年长的少，初做工又不熟，几十人的工作，何能供给六百余个孩子的使用？后来赶办不及，只得仍向北京去买了来。

互助的事亦失败。因为我们调查北京贫儿院的章程，每一个大孩子须照料小孩子一人，是很好的互助法子，我们也想照办。那知道我们的孩子初来时失学的多，习惯不好的也多，他自己尚要人去训练才能够顾他自身，若是责令照料幼稚的儿童，真是无益而有损的。不比贫儿院成立日久，有了程度的，新来的儿童又只一二人，是可办得到的。

后来我们想法子将管理与教授分开，各专各的责成。那知道又闹出权限不清的争端，两方面意见很深，而且这一级教员看见那一级教员的学生有不良的行为，亦不去管他。于是我们又商议一个法子，每日朝会由各教员轮流演说，每晚各宿舍预备教员一间房子，亦由各教员轮流值宿。这意思是为联络统一起见的，那知道女教员有许多不便的地方，仍是不能完全实行。

建筑的一方面失败亦不少。起初两校房图是何工程师生荣打样的，我嫌其估价太高，交送政府工程师马荣去审度。他说可以减省，做个说明书，去招人投标。中标的为桐发公，当即令马荣做工程处的监督。那知道桐发公偷工减料，被我另派员查出，扣罚了他一万数千元，他尚不肯遵办。有人说彼与马荣是亲戚，此中情形难免不有毛病。后来各项工程只得改招德国罗克格公司去办了。

水道的工程乃我们慈幼院最重要的一件事。因为我们千余人饮料，起初用钢管从山上引泉水至两校，那知道办理者不晓得埋下地须要三尺多深，到了冬天全行冻裂。后来改请德工程师换用铁管，去年没有冻坏，但是男校的泉水用电机抽上昭庙仍不够用，而且遇着电灯厂机器有损坏的时候，抽水机亦停了，所以今年又添一蓄水池，仍从山上引入慈幼院。

电灯亦为慈幼院一问题，因煤油灯有危险。起初开学时即买了三四部煤油小电机，光亮仍不足，恐影响到儿童的眼睛。去年改用三十六匹马力的煤气引擎电机，那知装得不合法，只有二十八匹马力，屡经与承办的公司交涉，双方试验，查出是某处的螺钉不好，现正在整理中。但是只有一部机器，仍恐有停顿的时候。我们院里孩子年纪小的居多，晚上没有灯是不行的，不得不加添水汀机一部，才可算有备无患呢。

孩子们疾病的事，我们慈幼院自开幕以来，忙到如今，大半都是此项问题。孩子们初来的时候，简直是人人带了病来，每日住院有四五十个，门诊的有百余个。医生与管理员都是愁闷的，好容易挨到去年夏天，孩子们身体渐壮，害病的也少了，那知道新收入的教养院的儿童，又多害病的，二百余个中竟有七八十个带病来的。所以我们想尽了方法，设立许多隔离所，许多养病所，才得以慢慢地治好。人人说道教育是改造性质的，我们这里简直是改造身体呢！

我们慈幼院尚有一问题，亦是最困难的。各处普通的国民学校都是通学的儿童，课毕后各自回家。独我们这里学校即家庭，课毕后先生们若是不带同他们玩，孩子们便四散跑跳，弄得个毫无秩序。所以教员们每遇星期或年暑假尚可回家，管理员是一步不能离的，一刻不得闲的。前年皖直战争的时候，我们正将慈幼院的儿童移到香山，炮声一响，有些职教员皆心慌了，那时真是急得不可开交，所以别的学校有兵荒时可停课、可散学，我们这里是不行的。

以上我所说的困难不过几段大概，尚有许多曲折的事不可枚举，只算是一言难尽了。总之，我们的困难，第一件，是向来未办过此种家庭学校的事，纯用学校的方法是不行的；第二件，我们教育行政人才不够，都是笨拙的，疏忽的，遇了事简直不能各人自己想出办法；第三件，关于建筑等事均属专门的科学技能，我们无此人才，所以失败。我们自开办以来，直可说是无事不失败，无时不失败了，但是我们虽失败，仍是无事无时不改良的。

历次改革的方法

管理的方面，我们第一学期的时候，取严格干涉的主义，因为孩子们在家时少教育，习惯多粗野的，若不用点严格法子，是难收其放心的，是难令其守法的。到了第二学期，孩子们有点知识，我们即改宽些，渐渐向活泼方面去行。今到第三学期，大的孩子们长进很快，简直许其自治了，这是我们管理法取渐进的主义。

教授的方面，我们这里先生都是北京女子高等师范、天津女子师范、北京保定师范等学校毕业的。教授用启发式，是很合宜的，但是国语一门，我起初亦很觉白话文太繁曲，不如国文的。近来考察高小四班，学白话文的通得很快，我想国民学校的学生，家寒急须谋生计的很多，他们毕业后就要做事或学农、工、商，必须能写能用才可算国民，所以白话文是顶快的，顶适宜的。又我们孩子受过多少困苦，大家都知道应求学、应做工才得享独立生活的幸福，这虽是他们的好处，但我从旁观察，总觉得孩子们有点偏在读书一方面，做事时有点不敏捷，不会想主意的毛病，所以仿照南高的办法，主张用设计的教育，凡事要他们自己计画。他们各村公园的花坛，要他们自己打样，自己栽种；两院的道路，要他们自己去修，自己去取名；图书馆的章程，要他们自己去拟；恳亲会运动会，要他们自己去布置；新剧、游艺，要他们自己去编演。先从近处切身的事起码，一一都要他们自己去设计，先生们从旁指导他们去做。

职业的方面，这里农、工、商三项都有的，但是孩子们程度浅，若是授以学理，恐是不懂的，所以主张先用实物的教授，实习的方法。学农的跟着先生选种、栽地、喂牲口、使用各农器；学商的跟着先生做徒弟，学买卖、学簿算；学工的跟着先生们天天做工。待到件件熟悉时，他的普通学亦有了程度，然后再教以农、商、工的学理，他们必定有益的。还有一件我们正在想改革的，因为北高师铁工教员美国笛恩先生对我说，工场的学生最不好是只讲学理，不肯同工人一样劳苦，他劝我们铁工厂全用外边厂店办法。我由此想着学农、工、商的儿童，虽是为他们谋一职业技能，但其中亦有天才可为领袖资格的儿童，若是不使训练办理厂店的法子，他们学成技能后亦不过为人佣工，博得点蝇头微利。所以我们商议，决计将农、工、商各场全用组织公司办法，每一公司有股东、有董事、有经理、有分科办事员，年终的时候，仍算给盈亏分息，教员学生均可为以上的各职员。但董事、股东必须推选敦品不记过的儿童充当，如此练成儿童一种习惯，我想是与社会很相合的。

住食的方面，我上文曾说到宿舍改村的事，因为从前省电灯、省煤炭、省管理员等费的原故，将宿舍做成统间，每间住百余个孩子，后来发生疥疮、眼睛的传染病很快很多。我想此种尚是慢性的传染，已觉得可怕，若是急性传染，如猩红热、白喉、霍乱的病，岂不更可危吗？而且小孩的性质好动好聚，随便睡人家的床枕，使用人家的物件，极容易传染病的。所以决计改造，将十三岁至十八岁的孩子改为分房制，每房住四人，以其年纪渐大，女孩子换衣等事诸多不便的原故。十岁至十二岁的孩子，改为每房二十五人，两房中间设一女管理员，并加一女仆照料，以其年纪尚小，尚须有人帮助的原故。四岁至九岁的孩子另居一处，有三个教员，又有三个保姆，又有四个女仆，才能照料得来，以其年纪太小，饮食起居完全要人扶助，晚间并要唤醒一二次，恐其遗尿的原故。倘若是各房中查出有疑似传染病的孩子，即送医生检查，将他隔离了。至于食料，起初均用大米饭，后来我查出厨房里北方工人不会煮饭，水沸后将饭用漏斗取出，精华均遗在水中，决不会滋养的。所以午餐改用面食馒头，早餐小米，晚餐玉米，较稻米似为好点。又孩子们洗濯，手巾、脸盆起初都是几人共用的，吃菜的碗盘也是一种，后来免不了的传染病，所以一律改为每人各一件，刻写上他的名字，不准他们随便混乱使用。

已往的经验和效果

我们的学校教授的方面，如果有热心教育的教员天天去研究，是可以希望逐渐改良的。但是保育的方面狠难得法，因为兼了家庭的责任，那管理员必须有父母的心肠，又须有贤明慈爱富于经验的父母知识，才可以办得下地。此项的管理员，若是小姐们，少了做父母的经验；若是太太们，有学问的又少，而且她自己若有儿女，亦断不能分她的身子来做此种事。我们年纪小的孩子，离开他的慈爱父母，交与我们教育，倘若是不用家庭训练，随时随事去训练，将来长大了，恐怕是不能理家做事的。

人家的父母或亲戚保护人，将他的小小孩子送来，到有一千多个，实在很是繁难的一件事。你想有钱的人家多养几个孩子，有许多乳母仆妇帮同照料，尚且来不及，我们一个管员要管四五十个孩子，比较起来是容易吗？刮大风的时候，暑热的时候，严寒的时候，流行病的时候，霍乱病的时候，春天发麻痘的时候，我们真是发愁。冬天烧煤炉的时候，尤觉得可怕，直到了撤炉的时候，方才放心。每晚更深时听见电话或有人叫门，心里觉得扑扑的跳，这种责任是很不容易负的。但是这里有一种好处，山乡的空气好，猩红热、白喉、霍乱等症是未曾发现的。

贫寒家的孩子却有几种能干，你看他小小年纪，他觉很有气力，很能做事。四五岁的孩子，他也能自己穿着，因为他的父母自己天天去做苦工，是不能照管他的，所以他们从小时候都是自动的多。他们还有一种好处，油、盐、柴、米等食物价钱，他们都知道，因为他们的父母要他当小差使，买物呀，煮饭呀，他们都会点，所以比有钱的孩子强。

我们这里种类很多，有各省的孩子，有前清皇帝宗室的孩子，有八旗的孩子，有曾做过官僚的孩子，有军警遗族的孩子，有农、工、商家世的孩子，有革命党遗族的孩子，真是无奇不有。但是论身体呢？城内不如乡下的孩子，旗籍不如汉族的孩子，汉族中又以庄家户的孩子为最强，有终年不害病的。论天分呢？南方的孩子稍比北方的孩子灵敏点，因为北方天冷，他们每年只有八个月做事，到了冬天，各人都住在屋内取暖，有四个月少用五官的原故。但是我们尚未全用智力测量的法子去测验，故亦未敢去断定他们的。不过以普通眼光观察，觉得有点分别呢。

年纪大点孩子习惯难得改些，小的最容易。有一个女孩子好哭脸，又有一个男孩子好多吃，后来病了到医院，我与大夫商量把那好哭的关在空房里，饿了他一天，他以后总不哭了。又把好多吃的孩子限制他的馒头，约有个多月，他后来回到院中，送他多的吃，他也不要了。所以我们对于年纪大的孩子，用种种方法劝导他，养全他的廉耻，年纪小的孩子如有恶习惯，我们是用严厉干涉的，因为年纪小的天真烂漫，事过后却不记在心里，不晓得甚么抑郁，所以容易教导些。

孩子们有病的，气质上、性情上有点不同，不仅是女孩子们在经期的时候有许多变象，即如遗尿的孩子三十余个，他们的性质总有点顽皮。生瘰疬症的孩子十余个，他们性质不是暴躁便是郁闷。现在这两项的病，我们尚没有治疗好法子，其他的各种病，我们也有点子经验。我们的孩子在病院里有因感冒或他病发热的，温度到顶高的时候，大夫倒很着急，以为是难得好的。我说中国人的身体与外国人的不同，中国人少肉食，血脉是不旺的，温度高是不要紧的，请他们大夫不要怕，不要戴冰帽。后来果然都好了。当时我所说的非懂医理的话，原是安慰他们大夫的，但是不幸而言中，想来亦或有点子道理。还有一件事，也是极好笑的，孩子们得了瘰疬、麻疹等等传染病的时候，他们看护员也有怕得很的。我与林大夫等天天看他们的病，并不用甚么预防器，却是没有传染。我想我们若是胆子大，那抵抗力必定是强的，或者将来体衰的，不免有点传染。但目前是没有此事的。

孩子们喜运动、喜摹仿、喜做事，是他们的天性。做鞋工的儿子爱学鞋工，做农家的儿子爱学做菜，整钟表的儿子爱习机件，或者是他们父母的遗传，或者他小时看惯的，脑筋中有印象，这都是我们可利用的。所以我们现在调查他们个性，预备将来支配他们学职业时专科，免得违反他们的本能。

我们在这一年半中经验的很多，可惜记不完全，只得将大概情形报告报告。此后再随时附在《香山月刊》以供参考，但是我们也有几宗效果可以告诉的：我们的学校在山乡，离城是很远的，孩子们又不准请假回家，家庭的、社会的恶习惯是没有传染的。耳朵里听不着恶声，眼睛里看不见恶行，这是很好的环境。但亦有种不便的事情，因为离城太远，与家庭社会隔绝太久，他们又没有钱买东西，平常日用的物价亦不知道，将来出校时岂不是一个书呆子吗？而且穿吃均是公家的东西，习惯久了，视为自然，不晓得爱惜节俭，岂不是害了他们吗？所以我们想出一个法子，就在商场打算，要商场的儿童储蓄银行，发行钞票六千元，有一元的票子，有几角的票子，有铜元几枚的票子，这票子只能在院里使用。一面要四股主任办个预算，每个教室，每个管理，每个村的公用品，每年每月需款若干，每个学生教育品、保育品，每年每月需款若干。预算结果，高小学生一年的教育费九元，国民学生一年的教育费四元三角八分六厘。男女学生的保育品如衣服、鞋袜杂件，每个每年需费八元，除公用品由职教员管理购用外，孩子们费用按人每月发给所定的钞票额数，令其自向商场购买。有能节省余出的钱（如鞋子定例每年十二双，他如只穿八双，那四双的钱是余的），仍归他自己所有，但须存在储蓄银行。如须添补用度，须由他的先生们许可。他若是毕业出院，所余的钱付还他作资本。这种办法一方面可奖励他们勤俭，一方面可令他们养成买卖习惯。商场中买卖有发票，有印花，有各种簿据，与校外的社会情形简直是一样，结果颇有效验。他们有了预算的限制，很会打算。平常用算式簿起草多是写大字，多空处，现在因为节省打算，字也写小了，纸也写密了，其他各物亦不敢不爱惜了。但是年纪大的孩子，准其自己管理钞票，小的仍由他先生们代管。就我们商场经理说预算数目，照每月卖出的东西，计算尚只有十分之六七，是余出的有三四分了，这是我们院内特别的情形，此效果是很大的。

又我们学生自治会的事也有效果，他们办选举的时候，十分踊跃（选举投票均照成人的一样）。我们定的选举法，国民二年以上的有选举权，国民四年以上的有被选举权，因品行记过者剥夺他的选举权。他们年纪大的孩子也有运动投票的，但是投票的孩子，他们年纪虽小，他们居然不受运动，选出来的人都是平日诚实和气有品行的孩子，这是孩子们无私利的原故，而且影响很大。我听得医院林大夫说，有一个孩子犯了事，林大夫要记过，他去哭求大夫莫要记他的过，因为记了过，他明年就没有选举权了。他们的议会议事的时候，也有秩序。他们自己所起草的食堂规则有几十条，虽是孩子话，也很周密的。他们的法庭审过一次大案，他们的法官律师辩护审判，也觉不错。他们的警察每日课后站岗，也很能尽力的服务。

卫生的事我们是费尽心力的。头一批的孩子进院来，害病的很多，旗籍中十有八人，好容易治了一年，身体渐壮了。第二批进来的孩子，又是与前批一样，生疥疮的倒有百余个，病了四五个月不见得好。戈登先生想出法子，限令他们天天洗澡，不到一个月都好了。还有眼睛病的最利害，上年我们请协和医院的大夫来查，他说九百人中有七百多个，亏得协和医院热心帮助，派他的大夫住院诊治，现在渐渐好了四百多个，其余三百多个再有几个月可希望全好了。

我们又遇了一个机会振起我们孩子的精神，就是本月奉直战争的时候，第一次炮声一响，我们的生徒也有点慌了。当时我即召集他们来演说，我说我家在沅州、上海、天津、北京四处，元二年两次革命的时候，我上海家里来了避难的亲友二十余人，四年洪宪战争的时候，我沅州家里住了避难的邻人几百人，五六年复辟及皖直战争的时候，我天津家里来了避难的戚友三十余人，那时熊夫人并办了妇孺救济会，请南开学校学生及青年会会员做队员，我北京家里住了避难的四百余人，救济会在战线赈救了一千七百余人。今我们慈幼院的孩子是被人救济的，遇到此等机会，我们不独不要怕，并要牺牲性命去救人，才算得是慈幼的真精神。结果孩子们都踊跃从命，组织了一个救济队四十六名，分为四队，供给熊夫人的女红十字会调遣。那天出发时，男女孩子八百多人都到车边欢送，是很热闹的。

第一、第二两队由北京出发到了长辛店战线，救治伤兵伤民数十人，并眼见他们打仗，炮子落在身旁亦不害怕。第二、第四两队均是十三四岁年纪小的，由西山出发至离长辛店不远，又在香山东边设立临时病院，奉军溃退时救济逃难妇女数十人，溃兵到了这院里亦没有粗暴的行为，这是我们的孩子第一次救人的成绩。

此外又组织了一个保卫队，挑选了四十名都是学兵式操的十四岁至十八岁的孩子。他们很能勇敢服务，在女校医院两处外面立了三个帐篷，白日持枪站岗，晚间放哨，十余日都不大睡觉。其余的孩子因他们保卫队为公家服务，替他们送饭，又替他们洗衣，他们这种互助的精神倒也不错。

这时候我们觉得有一件事很可笑的，我们看见许多报纸上载着直奉军在我们香山上架着大炮，又说甘露旅馆有好多流弹打到的，那知道我们这里很安静，睡也睡得着，因为城内谣言我们听不见的。但是我们想想报馆访事的人是未曾察察地理与军事上的关系，你想我们香山距战线四五十里，比北京城尚隔得远，地势在弓背上，不当要冲的。就说军事，那座十几生的野战大炮，若要扛上山，非有几百千人是抬不上去的。奉军在那卢沟桥长辛店，偏在我们香山的东南边，直军要打他，弹子决不会流到四五十里的西北山里，我们拿地图和军事上常识研究研究就明白了。

我写到此处，我们那第一、第二救护队尚在黄村以南各灾区，只好待他们事竣后再报告了。

现在的缺点

教授呢，我们的先生从前都是受的静的教育，动的方面很少，每次教务会议的时候，他们提出议案的很少，发言争辩的很少。他们上课的时候，每日有四点多钟，个个似乎有疲倦的样子，教室外没有与孩子们同玩的。我上年在南高演说，我说新式教育都希望学生们自动呀、好奇呀、互助呀，我却是希望先生们自动呢、好奇呢、互助呢！因为先生们能自动，学生们无不自动的，先生们能好奇，才能去讨论训练教授的方法，先生们能互助，才能有彼此公同研究教授的心得。我们的小孩越小的越活泼，他们自己在他的教室前面挖土种花草的，兴味是很浓的。要他们无论做甚么事，他们都是争上前的。如果我们的先生肯利用这个机会指导他们，我想是有大效果的。

先生们还有一点急性的毛病，他们只想孩子好，遇了笨的孩子功课做不上来，先生们就要责罚。从前有个先生，他为人很诚直的，但是性子急，孩子没有对劲的，他就要打他，后来暑假，他也辞了。我想体罚的事总是最下乘，孩子们挨惯打的，脸皮也厚了，廉耻也忘了，此后便没有法子去加重，总是用种种善诱的法子好。孩子们的天分优劣原不等，我们这里职业教育有几等，随他们智愚都可学一个技艺，不必个个都要做上等的，先生们因材而教便对了，仍是不性急的好。

管理呢，我们的职员为孩子的衣、食、住总算很麻烦了，但是家庭的训练很少点细密的工夫。孩子们能做事的几个人，转来转去，都是这几个当差。我想我幼稚的时候，我的父亲很严，吃饭的时候不准仆役替我们盛饭，并且一桌上的长辈也要我们去服侍。有客来的时候，要我们去招待，有传话的时候，要我们去传话。无论家里什么事，都要小孩子跟着学，所以我到如今办点庶务，也觉能做，都是从小的时候当过小差使的原故。所以我想管理的责任，同他们父母一样，应该使个个小孩子都要学做事，学礼节，并且要使那习惯不好的小孩子都训练成一个好孩子，这才是能尽父母的责任。

孩子们有不好的犯了事，我们责罚须有点斟酌。有一个孩子很能干，从前先生都喜欢他，那晓得他胆大，竟自偷先生的钱物，后来先生责罚了，同住的孩子都笑骂他，他的哥子很好，为他的事哭了几天不吃饭。我恐怕这孩子不改过，又被同学的耻笑，反不利他，我将他交送他哥子管，并搬到他哥子一个房里住，他很快改了。有一天在路上捡得一个银表，他即缴到管理处。不料先生不注意，将他哥子调到商场里去住，他一个人到半个月后，旧病又发了，不得已将他送回家去，这是管理方面少点斟酌了。又有一个孩子很聪明，因为他的体子弱，须加点滋养料，要他同先生们一块吃饭，那晓得他就骄了，后来犯的事太大，将他送回家去住了个把月，他千悔万悔，哭求再收留。那时准了，却大意点，不应该要他仍住在原处，同学的孩子，不免总有些耻笑他，他不快活。有一天不上课，管理的先生查出，倘若是当时罚他便完了事，因为迟了点，那孩子有点害怕，仍旧逃回家了，这也是少点斟酌的原故。

体育呢，我们的体操虽是种类很多，但总有点像照例的功课。孩子们因为是半工半读，又要去办各种事，似乎太忙，他们去学习打球等类的事，简直少工夫，少则提不起兴味，没有将这件变成嗜好，所以自然运动的事，年纪大的孩子倒不如年纪小的多。

卫生呢，我们尚有许多不完备的地方，因为眼病尚有三百多个孩子。大夫太少又太忙，两院的检查身体的事，一时间难以告竣。这种统计表没有编好，所以教授管理两处，于生理有关系的问题亦没有详密的解决。孩子们天性总是好动的，他们病稍好点，就嫌医院太寂寞，没有肯安心静养的，回到了学堂，不几天又病了。这种情形也须替他想个法子，或有人在医院内少许讲点书和故事才好。还有孩子中身体强弱都不等的，若是不加生理上考察，同一样的时间教授也是肯吃亏的。有一个十三岁的孩子，他得了暴躁神经病，后来好了，教务股萧主任将他送到女校上课，化化他的戾气，结果尚不错。有一天我问他身体如何，他说别的都好，只有上算学课时他的头就有点痛。像这种的事，我们应须研究的，但是要件件的周密完备，就需要加添职教员、医生才可办到。

教科书呢，我们这里用的是两书局编的本子，我曾看了一遍，实在不合我们的用。有一天教地理的先生请假，我替他上了一点钟的课，那一天正是家乡湖南省的地理，简单几句，毫无趣味。而且有最可笑的，他说湖南商务繁盛的地方为湘潭、常德、芦林潭等处。湘潭、常德是不错的，但是芦林潭在洞庭湖里，春夏水大时大半淹没，秋后水涸，始有人民做买卖的添造些泥土房子，并非大商埠。编教科书的大约误会秋水干涸，大轮船不能直到长沙常德的，就在芦林潭起驳，以为芦林潭是大商埠了。我想教地理的只教孩子们记点名词是干燥无味的，必须多用点图画，或是将近人旅行的日记载入较为有趣味，但是要免此缺点，必须我们自己编纂课本，才能适合我们特殊学校的用处。

工作呢，我们院里农、工、商职业的种类虽亦不少，但合于十二岁以内的小孩子的手工尚应多添几种才好，因为小孩子最喜欢的是做手工。小时候将他养成习惯，而且可考察他们的性质，是与那类工作相宜，以后要他学甚么职业便有几分把握了。

职业教习呢，我们最困难的是鞋工、理发、铜器等类的工场，因为此项匠师没有受过教育的，习惯上有点不甚好的。我们默察这几个工场的孩子，言语举动，都不大文雅，就是近朱者赤近墨者黑的原故。我想手工的教员应须有一个养成所才好，或者替他们设一个补习班，使他们受点教育的陶冶。

学生的自修呢，我们虽定了个钟点，每日要他们复习，教员们也去监视，但是他们复习的都是简单一个课本，高声朗诵的几遍了事。我想是不甚有益的，似须另给他们点参考书，或是白话故事小说的书，使他们有点兴味，可辅助他们的课本。无奈我们孩子太多，需款又不少了。

学生的审美思想呢，亦似不多。有一天我要孩子们去观察我们园中松树，判定那一株松树长得美，他们只有一二人说得中，其余的说不出甚么。我想教育的方法是要他们懂得是非美恶，有判断的知识，将来才可应用到农、工、商职业的物品，关系是很大的。

我们职教员的公同心理上尚有一个大缺点，就是他们把慈幼院当做是我一个人办的，没有认做这个慈幼院是大家的公产，先生们、学生们都是这里的主人，应该完全负责的。我曾几次的演说，告诉他们生徒须要将自己家产个个都明白，都能管理才好。因为我的年纪大，终究要死的，我死了，人人都能管理这家产，然后才能永久发展的。但是我虽然这么大声疾呼的讲，眼前尚未见得他们是照办的。

将来的筹画

我们现在办的是小学校，将来毕业的孩子，普通程度的自然是学成技能，出院去谋生计了，但是优秀的应如何处置呢？若是送往别的中学校，再进而高等或大学校，那么学费亦须要的多，我们慈幼院能够担任吗？这也是我们的重要问题。我去年到南边看了几处孤儿院，他那里也有许多优秀的孩子，但是因经费少，只能学一个普通工艺，你想可惜不可惜？难道有天才的孤贫孩子竟不许他与富家的孩子同享高等教育吗？我因此感想，想出一个计画，拟在香山附近另建筑一个第二慈幼院，将那普通程度只谋生计的孩子移到那边去，专习一种易于谋生的技能，现在的慈幼院改为收养天才的孩子，高小的毕业后开中等班，中等的毕业后开高等职业班。好在我们院里农、工、商三项工场均是现成的，与近来新式"六三二"制亦相合的。此种计画能成，各省的孤儿院的天才孩子亦可招他来学了。

近来有几处学校要找我们孩子做花边教习，又有一处的银行，要想找我们的孩子去做徒弟。我均不允许的原故，因为他们孩子到院只有一年零八个月，他们的根基不稳固，若是快出去，难免他变坏。我想总要陶镕得几年，使他们真正成一个好孩子，才不致受恶社会的传染。我去年本办了一个负贩团，要他们孩子趁星期日到各村市里去学买卖。后来我听见天津有一个日本某洋行经理，闹了大乱子。他是日本一个孤儿院的学生，很有才具，出院后替人到中国卖仁丹，后来卖吗啡，最后就办了这个洋行，起了野心去投机，骗了赈逃走，为日本警察厅拿获，交送法庭去办罪。我因此想想根基不稳固的小孩子，眼前不敢要他去负贩了。我又因此想想我们慈幼院，既是注重养成一般良善社会的国民，将来分散到各处去做工，能够保得不受社会化吗？所以我又想出两个计画来：

第一个计划，我想在香山附近设一个新村，我们的孩子长大后，愿做村民的，就在此成家立业，完全组织一个新社会。

第二个计划，我想在江苏的北边（本院已购有田地）或吉、黑两省与绥远特别区的地方，多领些土地，我们的孩子学成后，一班一班的迁往那边组织一个新村。

这是我们理想的计画，能否做到，且看将来的财政如何。我想海内的仁人君子，必定肯帮助我的。

目前不可少的建筑

我们既是因为添收湖南省的被灾的孩子，我们的房子实是不够住，又须要建筑宿舍，所以我想就此机会即设一个第二慈幼院。现在地基已有了，就是那从前炮厂的地方，离我们香山只有几里地，承江都统让给我们，共有百余亩，可容得三四百个孩子。这笔建筑费需有五万余元。

我们的孩子有千余人，从前的大礼堂太窄了，必须另建一个才可集会，这也是不可少的。预算经费约须三万余元。

我们的幼稚园是借用别的房子，不大合式，而且阳光太少，与幼稚顶不相宜的，必须另建一个，预算经费约二万元。

我们的屋内体操场、游泳池都是便于夏季的，冬天绝不相宜，而且检查身体，尤为难用。拟仿照青年会的健身房图样，添建一个体育场，预算经费五万余元。

我们既是要他们小孩子多识天然的科学，一切器物也须预备完全，才可够用。而且我们地方离城太远，事事物物均须独立的，拟添建一个博物馆，征集各品，预算经费二万余元。

我们的小孩子下课后，觉得玩的物件太少，必须有关于教育及职业的游艺才可利用。拟建一手工及游艺室，预算经费约二万余元。

我们的小孩子有不听教，犯了革除的事，是我们的最难问题。因为他们的家大半是无父母的，我们若是革除他，便无家可归了。即是有父或有母的，我想将他送回，又恐他的父母暴戾，将他打坏，并且他又没有饭吃，岂不是太可怜吗？所以我想设个感化院，才能救济我们的不足。预算经费二万余元。

照这样算来，目前不可少的建设又须二十一万元，教育上才可办得完备了。

经费不足的问题

我们两校的经费都是由水灾督办处将赈余粜余等款拨来的，从未募过捐的，约计开办建筑购置费共支付六十万零八千六百八十四元九角一分五厘，除了自有的款去扣抵外，现在亏借银行及公款洋十八万余元，须要设法筹还的。至于常年的经费，都是历年购买公债与股票的利息充用。结至民国十年六月止，共有公债九十万零零九千八百五十八元，各项股票五万元，又银三万二千两，又法国公债票五万佛郎，合共银洋百余万元，按照六厘摊算，年约收入息金六七万元，后来不敷支出，又承前代理财政部长潘馨航，将中国实业银行部股的红利拨归我们慈幼院为经费，年约收入红息五万余元。

不料事变陡生，财政部的计画，要将元年公债改换四折的整理公债。我们与女红十字会所购元年公债一百一十万元，只换得整理公债四十余万元，常年费便不敷了。后来又承前财政部长周子廙热心相助，另外加拨我们与女红十字会的抵押元年公债一百余万元，虽是尚差数万元，总算经费有了救济了。

但是国家财政是一天不如一天的，他所有公债的利息能够照发与否，实在没有把握。我又商求财政部替我们担保在中国银行每月透支三千元，每年六月、十二月付息的时候，尽他去扣还。至中国实业银行的部股利息，也是照此办法。我们以为是可靠了，不料去年冬天金融风潮，那两家银行变了卦，不准我们透支。那时节我们真是要绝粮了，又承前财政部长张岱杉与次长钟蕙生他来帮助，替我们与道胜银行、汇理银行两家商定，每月扣提盐款八千元，到得六月、十二月公债发息的时候，财政部自去扣还。得了此笔可靠的款，我们两校始得支持现在的状况，这里帮助我们的财政部朱耀东、张训钦、张润普、卢鉴泉、卫龙涛诸君都是很出力的，真正是功德无量。

　　照我们的预算，若只按普通慈善事去办，每个小孩子年需教育保育费七八十元，即可敷衍。但是照我上文所说教育须完备职业、须完备的办法，每个小孩子至少年需常费一百二十元，而临时的购置和职业的原料等款尚不在内，按照一千二百个孩子扣算，每年常款即须十四万四千元。如果是我们上项所固定的基本金没有变动，除收入十一万元外，尚差三万四千元是要另筹的。我们现已制成一部详细预算册子，甚么杂用，都有细数，不日也可刊供众览了。

　　预算的册子内保育费是很不能省的，因为他们孩子的健康，须得将他的病治好。他们虽是穷孩子，却是害的吃贵药的病。有一个孩子出麻疹，热度很高，后来吃了许多犀角、铃羊角的药始治好，他一个人就吃了百多块洋钱的药。还有害肺病的、贫血的，大夫说无药治，只有吃好的滋养品。鸡汤呀、牛奶呀、肉呀、鸡蛋呀，都是不得不备办的，每年的医药费要两三千元。还有眼病的七百多个孩子，天天搽眼睛痛的药并器械，也花了千把块银元，这种费你看能省吗？

　　孩子们走路总是好跑，他们的鞋子费也就不少，一个人至少一年要穿十二双，一千二百多个孩子每年鞋子费就要四五千块银元。我因为我们孩子少得糖吃，过年过节的时候送他们点糖果，每个孩子不过二三枚铜元的糖，总数就要二三十块银元，这是人太多的原故，无论何项费用都加多了。大夫说孩子们吃的菜总须常常掉换，每礼拜的肉食一次也太少，应该加一次才可有益他的身体，但是经费不够，无法照办了。

　　教务费，我们要照上文所说的缺点去改良。我想自己编辑教科的书，添买学生参考的书，加聘高等程度的教员，都是要增经费的。

　　我们所编的预算册，教务、事务、保育三股的数目算是有点把握，独有职业股的费用，估计是不容易的。因为孩子们到了做工的年龄不过十分之二，而且初学做工又都是不熟的，还有半工半读的孩子，每日做工只有两三点钟，机器是有空闲的，所以只能作为练习的使用，不敢作为营业收入的计算。

希望教育家及慈善家的帮助

　　我们的学校办法难的是责任太大，将父母、师保的担子全都负着，有一点子不注意，就要闹出乱子。去年全城里流行麻疹的时候，我见报上京里某育婴堂一百个婴儿死了九十多个。我们那时真是胆战心惊的，所以这种学校是不容易办的，好的是孩子都在这里住，离开了他的家庭社会，恶习惯是可渐渐化除的。他又离开他的父母，撒娇溺爱亦是可免的，所以孩子们长进得快。我想教育界的热心家，若拿这里做一个试验场，是很有益的。因为城内小学校学生都是通学的，有时因家庭的关系，或改校，或迁居，没有能读完的，那么我们想要始终研究试验他是很难的。若是我们这里的孩子，尽他的力量，由国民到中学的时间是很长的，我们可以慢慢的试验他，得了一个结果的凭据。

我们这里有许多未解决的问题，也须教育家来研究的。有一个孩子他很顽皮，但是他害了大病后却变好了。又看一个孩子他很老实，但是他害了病后，又觉得性子不好了。我想这是生理上必有变化的，应该有一个医学专家与教育家去共同研究的。

还有男女同学的问题，我们也想试试，结果很奇怪。那小女孩和男生同教室的，都变成男性了，回到他的女校，很不安静，简直和那班女孩子是两样。那男孩子和女生同教室的，不到几个月升到男校班上，又多变成女性了。我想或者是一班中男少女多、女少男多的原故。但是我们很想用一个平均数的再去试验他，这件事也可供教育家的研究。

我们学级中虽有个低能班，但是教了一年零八月，觉得真正低能的不过几个人。幼稚班中有两个傻孩子，初来的时候甚么不知道，近来也渐渐有点知识了。害遗尿病的、害瘰疬症的，他们都有脾气，上文我已说过，我想这都是生理上有欠缺的。你看那平常顶和气的人，他一到病了便不耐烦，爱发气。由此去推测，凡小孩子有不好性质的，必是生理上有许多关系，或者是他的父母遗传上有点影响。我们教育家果是肯研究的，尽可将他的父母或保护人叫来详详细细去问他的。

以上所举的几段事，不过是我们院里的大概。我想供教育家研究试验的必定很多，但我非直接的教员，我也不能详说了，这都是关系科学的解剖，应该有各项专门家来讨论来实验才好，这是我们希望教育家帮助的理由。

我自从办了水灾和这个慈幼院，我始知道贫民的社会是很可怜的。我们的孩子初到的时候，害病的多是肠胃病。有一个孩子，他是叫化子的儿子，到院几个月，他害的肠胃病死了。你想他们在家所吃的都是不好的东西，所以肠胃的毛病很厉害。又有一个十五岁的女孩子，她到院几天就患风瘀痘病也死了，问他的家世，他有父母两个人，只有一间小房子，刚够她父母睡觉。守终日在屋外蹲着，所以全身害的疼痛拘挛的病，他死的时候，熊夫人替她装殓，是很伤心的。

还有我们孩子，第一次经过检查的身体，他们大多数是眼睛短视的，不如有钱的孩子好。因为他的家穷，没有灯光，都在黑暗处过的光阴。但他们的牙齿却都比有钱的孩子好，因为他们没有钱买糖吃的原故。

儿子爱父母是自然的天性，但是我们幼稚班有个五岁的小孩子，他的母亲在女红十字会医院做女仆，这个小孩子却愿意随着保姆，不愿意上他母亲那边去。问他的原故，他说他在家里天天吃糠，他是很怕回去的。

天下最可惨的是后母。我们女校有一个小孩子，他父亲家也有饭吃，因为他后母虐待，特地央我收了。他进来十几天，我问他你想回家么？他说不愿意。我说你家里吃得好，这里的饭菜是很粗的，不如你家里好。他说他情愿吃不好的。你想小孩子们最爱的是吃，可见得精神上痛苦比吃的痛苦更利害了。又有一个男孩子，他几次犯了偷人家东西，我想将他送回家，他的姐姐在女校，我叫他来问他的家世。他姐姐哭个不了，说他家后母的种种虐待的情形，结果我也伤感了，这小孩子只得不送他回家了。

又是一个小女孩子，她是人家买来做义女的。他的母亲很恶，他父亲尚有点良心，看不过意，转托朋友将她送了来。后来她母亲知道不答应，屡次到院里要领回，我知道这种情节，不准他领。他十分的同我们争，我只得函告北京警察厅将他的事情立了案，杜绝他的希望。

我们收录儿童的规则：照章报名后，须经董事会派员去调查，就我们所经过的情形，我们不调查罢了，若是调查，就非收他不可。因为看见他们的情状或是一家子无父母，只有几个小孩子，邻家去照看的，那么非收录他全家不可。所以我们两校的孩子大半是兄弟姊妹的。又一家几口人只有一条衣裤的，大家都要睡在被窝里，那个要出门，才穿那一件衣裤的。又有无衣裤的人，拿报纸做衣裤的。你看这种情状，忍不收录他吗？所以现在北京城内经我们调查后应该收录的，尚有几百个小孩子。可是房子不够住，我们也是无法传到了。

还有一件事我们是最感痛苦的，我们的规则不收残疾的孩子，但是调查那孤儿家中，也有残疾的，你若是只收好的，那么有残疾的便应饿死了不成？我想我们救济这些孩子，因为他没父母、没饭吃是可怜的，那么有残疾的人，比那身体完全的小孩子岂不更可怜吗？岂不更应该收养吗？所以我想须添设一个残疾院才能得圆满了。

我们香山的附近旗人的家都穷得不堪，他们的住屋都拆卖了，一村一村的全都是凄惨的。他们小孩子终日捡那烧剩了的煤渣和遗弃了的零碎菜叶子，我看见实在是可怜的。我想我们两校的孩子得有安身的处所，那么他们也是同样的小孩子，相形的厚薄太参差了。所以我想在香山外找得几所公家的房子，借来做个贫民小学校，将他们孩子招来受点教育，每日送他几个铜子吃饭。可是没有经费，我再三央求银行公会替我们募点款，他们尚未答应着，这是让我最失望的。

我现在所说的都是我香山的情形，那北京城内外的穷民，更比这里多，我劝有钱的人发点慈悲心，赶快去救他们，因为人道主义是应该注重的。贫民饿极了去做不好的行为，富民亦是不能独饱的，贫民得着传染的疫症，富民亦是要受累的，世界的不和平都是贫富不平的原故，我们要从这里去着想，便都肯拿钱做好事了。

而且做好事的人，决没有危险的事，因为人人都是有个良心的。现在南北各省的匪都多，但是我们年年办赈，从未有被劫赈款赈粮的。上年北五省的灾荒，红十字会派了一个救济队在京南遇着马贼，要他们下车，后来问出是红十字队，他说你们是救人的，我们也不同你为难了。上年湖北兵变，到处抢掠，有一家善士他收养了六十几个灾孩子，变兵到他家里，看见这种情形，竟不去抢他。那四年洪宪的时代，我的家乡沅州地方，南北兵破城几次，我的母亲避在一个乡村唐姓家里，后来到了许多土匪，那唐姓以为是我家的目标引起土匪的来抢。那知道那匪头来说，熊老太太向来做好事，我们是敬重的，是不敢侵犯的，我们愿派几个兄弟在这里保护。后来我的母亲愿回凤凰老家，他们匪目又派了几个人护送到凤凰的。这是我们湘西的人都知道的，可见他们土匪也是有良心的。我们慈幼院在这香山的地方，那西苑的许多兵队常常到这里游观，都是规规矩矩，从未有不对的地方。这一次战事，那些溃兵也未有一个到这里来，只有几次到我们所设的临时病院（离香山三里路），那时院中收留避难的妇女数十人，住在北院，溃兵来时，告诉他有妇女们在那里，要他不进去，他都依从，只要点洗脸水洗过就走了。

这都是我们经过的事，敢告诉海内有钱的慈善家，到了离乱的时代，尽管做好事，是决无危险的，这是我们希望慈善家帮助的理由。

　　我在世上什么事都经验过了，我觉得总是悲观的，政治的罪恶是不消说了，就是实业呢，我也曾入了股。我觉得经理人都不是拿良心对着股东的，所以我也灰心了。就是社会呢，我办过几年赈，我觉得真是用良心做事的少，甚至有几个殷实的绅士也要不干净。我在北京修了几道工赈的马路，约有三百多里，有一处系与外国慈善家合办的，修好了交与地方官去接管。那天津的报纸忽然谓我卖路与外人，你想社会事还能办吗？所以我很悲观，我只缩小范围办我的慈幼院，他们孩子都是真心的爱我，把我当他的父母，我却把他们当我的儿女，成立我们这个大家庭，这便是我的终身志愿了。

　　——原载熊希龄:《香山慈幼院创办史》，1922 年，第 1—37 页。

北平特别市社会局救济事业小史（节选）

（1929 年）

第二章　本局成立时之公营救济事业及其弊病

公营救济事业乃对私营救济事业而言，前者属于中央或地方政府所经营或施设之救济事业，后者乃属于私人所经营或施设之救济事业也。二者互有得失，要非本章所论之范围，兹略述公营救济之理由及必要：

1. 贫穷或其他不幸之事实，多由社会不完善之制度所产生，所谓由环境之孵化而成，故社会应负公营救济之义务；

2. 贫穷或其他不幸之事实，有牵一发而动全身，影响社会安宁之虞。为防患未然计，社会实有公营救济之必要。

公营救济乃为重要之救济事业，为各国所重视，兹进而述本局成立时之公营救济事业及其弊病：

一、本局成立时之公营救济事业

北平在本局成立前已有数种公立慈善机关以营救济事业，如关于贫民之救济，则有平民习艺工厂及贫民教养院；关于妇女之救济，则有妇女习工厂；济良所则救济娼妓；疯人收养所则救济精神病之人；感化所则救济无业流民之触犯刑章者。此等机关成立之先后，内容之良窳，虽非一致，然其性质要不失为公营救济事业也。析述如下：

1. 平民习艺工厂

该厂建自晚清，经费原定为四千元，除由前市政公所每月拨付二千五百元外，另由前内务部月拨一千五百元，历来预算均依此为准，嗣后改归前财政部按月减拨三千八百元。自（民国）十七年一、六两月间，先后划归前市政公所及市政府管辖范围内，每月经费又改拨二千五百元。该厂向少基金，早先存款，经前内务部提取一空。

2. 贫民教养院

该院设自民国十一年一月，属前京师警察厅管辖，以收容各区乞丐及贫困幼童，俾得习艺自立。其收容之人数原以千名为额，视经费之状况，定伸缩之标准。经费则由各区劝募、住铺月捐款外，如有不敷，呈由警厅酌予补助，以策进行。

3. 妇女习工厂

该厂成于民国七年一月，收容贫苦及因案判结之妇女，教养兼施。经费分正项经费、加添经费、领娶厂女捐款、赁房租金及厂女米面费等项，不足时得由前警察厅补助。

4. 济良所

该所创自逊清末叶，初系官督商办，凡（一）诱拐抑勒来历不明之妓女；（二）受人羁束不能自由之妓女；（三）不愿为娼之妇女；（四）无宗可归、无亲可给之妇女，经司法或警察官厅讯实者，由警察厅送交所中，教养择配。经费既无定数，内容陷于窳败。

5. 疯人收养所

该所专司监护医治送所之男女疯人，成立于清末，原为内城教养院之一部，迨民国七年，始迁地与贫民教养所分离而为疯人收养所，内分男、女各疯人院、轻、重各病症室。经费由前警厅供给，积欠甚巨。所内员司薪资、警察饷项、商店垫款均未能清偿。惟对于优待办法，有普通与特别之分，其经费则由各人自备。

6. 感化所

该所收容法律效力所未及之刑事犯，以教以养，潜移默化，使其迁善自立。原名为京师警察厅教养局。经费既未确定，内容亦殊简单。至十七年六月，由北平公安局改组为感化所。

兹为明了此等救济机关当时之状况起见，列表于下：

本局成立时北平公营救济事业机关情形概览表

名称	宗旨	组织	经费	性别	成立年月	属何机关管辖	收容人数	地址	备考
			1. 供给之来源; 2. 经费是否充足; 3. 预算是否确定	仅收男性或收女性或两性兼收					
平民习艺厂	收养市内贫民,授以相当之教育与工艺,使能自立。	内分总务、工事、营业三课,三课分管理、文牍、会计、庶务、艺工、审核、监察、材料、调查、售卖十股	原定每月为四千元,嗣经递减。十七年一月起,月定为二千五百元	仅收男性	前清光绪三十三年	原属前清巡警部,继改属民政部,改为内政部,十七年一月改归前市政公所	约一百余名	西城皮库胡同	原名京都游民习艺所,十七年一月改名京都平民习艺工厂
贫民教养院	收容沿街乞讨贫民、孤儿,教以习艺,养成自立能力	总务股、营业股、工务股;警卫股;医药室;教室;藤竹科、木器科、巾带科、织袜科、制鞋科、音乐科	1. 各警区代募捐款; 2. 不充足; 3. 未确定	男女两性兼收	民国十一年十一月	前京师警察厅	男四百余名、女四十六名	崇文门外东大地沙土山	

续表

名称	宗旨	组织	性别	成立年月	属何机关管辖	收容人数	地址	备考
妇女习工厂	收容贫苦因无依及货租案判结之妇女，授以技艺，施教养成有辅助家庭之能力	缝纫科、手工科、毛巾科、刺绣科、扣花科、编物科、织带科、初级小学	专收妇女，惟可携带八岁以下之男孩	民国七年一月	前京师警察厅	约百余人	西四北石碑胡同	该院民国七年以前为内城贫民教养院，内附疯人所、济良所、验治局等。至七年以后，虽改为妇女习工厂，而各该附设机关仍在厂内。民国十二年间，始各迁出，成为独立机关

续表

名称	宗旨	组织	经费	性别	成立年月	属何机关管辖	收容人数	地址	备考
济良所	收容妇女教养择配	内设管理员、女董事、女检察、女教习、男司学等人员	1.工巡捐局拨款；2.领取者之捐助；3.特别捐助；4.原济良所房屋租银；5.拨给米石；6.不足时由警察厅临时补助	仅收女性	前清光绪三十二年	前京师警察厅	无定额。由社会局妇女习艺工厂接收，时所内仅七人	前门外流璃厂，梁家园	清光绪三十二年，绅商杨伸二、彭翼君发起募捐，创济良所于前外正道庙街，官督商办，旋迁至东四牌楼十二条。宣统年间改归官办，附设于石牌胡同之内城教养院内。民十一年迁梁家园

续表

名称	宗旨	组织	经费	性别	成立年月	属何机关管辖	收容人数	地址	备考
疯人收养所	收容各处送所男、女疯人,监护医治	男疯人院、女疯人院各院分重轻各病症室、暂愈室、感化室、精神疗养室、工作室	1.由前警厅拨发;2.不充足;3.大体确定	两性兼收	前清末叶附于内城贫民教养院;民国七年,迁地改为疯人收养所	前京师警察厅	每日平均人数约一百四十名	地安门外宝钞胡同高公庵	
感化所	收容不及法律裁判之刑事犯,教养兼施,授以相当技艺,使能立足社会	织布科、鞋科、绳科、铁科、木科、书钉科、縢科		男性	原名京师警察厅教养局;至十七年六月由北平公安局改组为感化所	前京师警察厅	约百余人	彰内教子胡同	

二、本局成立时公营救济事业之弊病

综上所述，则当时各公营救济事业机关之弊病如下：

1.各救济机关根本上之缺点

（甲）无统一之上级机关

庶政贵于有统一之上级机关，专司其事，则系统分明，责成攸属，庶促事业之进行，收指臂之实效。上述各救济机关中平民习艺工厂属于前市政公所管辖，而在职员司，多由前内务部及市政公所两处人员兼充代理，事权不一，漫无定章。其余各机关隶属于前京师警察厅，而警厅职责重在公安，事责烦剧，慈善机关归其管辖，势难详为归划。

（乙）无大规模之救济机关

北平地面辽阔，人民麇集，以原有贫民之众多，复以历年之增加，而公营救济机关竟寥若晨星，内容复不完善，向隅之贫民必多，其不能作普遍之救济也显然。

（丙）经费之不确定

经费为事业兴替之先决问题，贵有确实之来源与一定之预算，上述各机关之经费，类多建筑于劝募与捐助基础之上，供给靡定，竭蹶时虞，故各机关经费递次缩减，预算仅具形式。如平民习艺工厂、贫民教养院、妇女习艺工厂、济良所、疯人收养所，每月预算虽大体确定，如能按数支给或可勉强敷用。但频年以时局影响，公帑支绌、积欠未发，愈累愈巨。各机关无不啼饥号寒，相视束手，有岌岌不可终日之势。

2.各救济机关之流弊

（甲）职员官僚化

公务人员之生活宜平民化，工作宜劳动化，庶几款不虚糜，官不滥设，亦即庶政进行之推动机。上述各机关之服务人员，多染官僚积习，阶级之观念犹存，以固位做官为事业，不以救济为事业。如济良所中收容之女子仅七人，而职员则约达二十名，其余亦多随班画，到月领干俸。

（乙）待遇不良

救济为慈善事业，对于受救济者之待遇，应于相当及可能范围之内，力图改善，庶不违戾救济之本旨。上述各机关对于受救济者之待遇，任意漠视，酷刻薄遇，如贫民教养院对于八十余岁之老翁，冬夜令卧地板，余如衣被之敝陋、饮食之粗劣，每况愈下，势难忍受，揆之救济本旨相去远甚。

（丙）工作之不分

事业之推进，贵乎划清事责，区分工作，组织完善，始有系统可寻，而收分工合作之效。上述各机关之内部，关于救济事业之本身工作，其组织多因陋就简，凌乱无章。如贫民教养院、妇女习艺工厂，关于救济与教养各事业，无所抉择，混为一谈。

（丁）规章之不备

规章为事业活动之准绳，进行之步骤与方针，胥于是赖，尤贵因时制宜，厘定完善，不致无所适从，茫无头绪。上述各机关初虽犄具规章，厘为成文，然实际上仍多陈陈相因，甚且付诸缺如，恣为放任。

要之本局成立前北平公营救济事业之机关，虽非无相常之基础，然以时事影响，继以经理非人，已如告朔之饩羊，有形式而无精神，有名义而无实质矣。

——原载管欧编：《北平特别市社会局救济事业小史》，1929 年，第 10—18 页。

北平特别市社会局已登记给照之公益慈善团体一览表

（1929）

名称	地址	主办人	领照年月	备考
香山慈幼院	平西香山	熊希龄	十八年五月	凭照第一号
五台山普济佛教会	东城老君堂	朱庆澜等	十八年六月	凭照第二号
北平恒善社	西城太仆寺街	陈梁	十八年六月	凭照第三号
北平公益联合会	西安门内养蜂夹道	步济时、恽宝惠等	十八年六月	凭照第四号
北平育婴堂	养蜂夹道	朱庆澜	十八年六月	凭照第五号
北平华洋义赈会	东单大土地庙	恽宝惠等	十八年六月	凭照第六号
北平民生救济会	西单甘石桥	张福荫	十八年六月	凭照第七号
万国道德总会	东四三条	杜延年	十八年六月	凭照第八号
世界红卍字会中华总会	西单舍饭寺	熊希龄	十八年六月	凭照第九号
北平剧场公会	宣内未英胡同	胡显卿	十八年八月	凭照第十号
中国三教圣道总会	南草厂小乘巷胡同	黄欲仁	十八年八月	凭照第十一号
世界金卍字会中华总会	西四广济寺	朱庆澜	十八年八月	凭照第十二号

——原载《北平特别市市政公报》1929 年第 7 期。

北平社会局登记之慈善团体略历及办理救济事业概况

（1930 年 10 月）

一、香山慈幼院

该院创于民国八年，成立于民国九年十月，创办人为熊希龄，专办慈善教育。总院之外设分院六：第一院为蒙养部；第二院小学部；第三院男、女中学部；第四院职业部；第五院女子职业学校及职工学校；第六院大学部。六院之外另设妇女家庭工业传习所三处、特别院感化学校一处。第三分院男校及附属小学并工厂分设在西郊，其余各院均在香山一带。原募基金为公债及股票等，历年因经费困难均抵押无存。现在经费经国民政府核准，每月由建设委员会协助洋一万元，江海关每月拨码头捐洋三千元。其余不敷之款，经财政部批准由计画庚款委员会指拨。计各省遇水旱灾之贫苦儿童，经该院收养教育者，总数为男一千四百余人，女七百余人。职员人数男九十二人，女五十人。于十八年五月在本局登记凭照第一号。

二、五台山普济佛教会

该会成立于民国十七年四月，会址在东城老君堂，创办人为朱庆澜、杨万春等。专办救灾及其他救济事业，经常费用由会员经募。计该会举办事业最大为补助北平育婴堂，冬季设立粥厂并施放棉衣及最近之办理陕西急赈补助。各赈灾机关办理急赈及捐助其他慈善机关办理救济事业。计去冬一季共支此项费用洋十一万五千一百余元，受惠贫民计三百余万人，职员人数十二人。于十八年六月在本局登记凭照第二号。

三、北平恒善总社

该社为陈梁所创办，成立于前清末季。由主办人出资八千元为基金，经常费用随时由会员劝募，并分设东、西、北三分社，以救济贫民为主旨。所办事业最著者为国都南移时之资送各省失职官吏回籍，设立贫民挑花女子工厂，施棺木、医药、棉衣、米面。去冬与救世新教总会合办粥厂一处，运送陕、甘、绥灾童四次赴沪等工作。受惠人数约数万人，总社在西城太仆寺街十号，职员九员。于十八年六月在本局登记凭照第三号。

四、北平公益联合会

该会为男女青年会地方服务团等团体所创办，主办人为恽宝惠、孟锡钰等，成立于民国十一年四月间。专办救济贫民、施助葬埋、介绍职业及协助各善团各项救济事业。去冬施放棉衣三千套、洋两千元、玉米面一万斤、基金共一万三千余元。经常费用随时募集，受惠人数约六万余人，男女职员共三十二员，会址在西城养蜂夹道一号。于十八年六月在本局登记凭照第四号。

五、北平育婴堂

该堂为邓宇安、陈遇春等所创办，成立于民国六年四月，以收养无告男女婴儿为宗旨。每月经费随时募集，其后因经费困难，由朱子桥接办，负责整顿筹集经费，改善内部。现在收容婴儿七十六人，每星期由协和医院派医生一人看护一人，各个施以检验，以防疾病。对于能言语之婴儿在三岁以上者，组织幼稚园，聘教育专家教授。八岁以上者设小学班，授以新制书籍，训以党义。总计由该堂抚养成人者，共一千四百余人，堂址在西城养蜂夹道。于十八年六月在本局登记凭照第五号。

六、北平华洋义赈会

该会为中国华洋义赈救灾总会之北平分会，由恽宝惠等主办之，会址在大土地庙五号。以防灾救患为基本工作，在旧京兆二十县范围内修理民堤。民工及人民自行请求，或该会调查所得，办理防灾御患等工作。于民国十五年由该会及总会拨借宛平石芦水利公会洋十八万余元，在平西石景山下开一闸门，并开掘水渠数道，借用永定河水灌溉平西一带旱地。去冬在宛平县第一区施放小米一千六百斤，宝、武、霸、良四县施现洋七千元。现正筹款办理移民事项，已与东省当局接洽，规定兴安区为移民地点，一俟经费筹足，即可从事移民。基金由督办赈务公署拨洋七万三千五百元，经常费用由总会拨给，职员十一员。于十八年六月在本局登记凭照第六号。

七、北平民生救济会

该会设在西单北，甘石桥路东九号，创办人为张福荫，基金总数洋一千元，每月经费由会费及捐募项下充之。前设平民补习学校八处、讲演所四处。旋因经费困难，先后停办，现在专办救济贫民事项。去冬在西、北、东各城内极贫户散放玉米面，受惠者共三百余户。于十八年六月在本局登记凭照第七号。

八、万国道德总会

该会为杜延年所创办，会址在东单三条胡同。以改进社会、缔造大同、促进世界进化、谋人类幸福为宗旨，兼办慈善事业。基金约七万余元，每年经常费一万余元，由该会售卖书籍项下开支。现在举办教育赈务、垦务工业、安插灾民等工作，救人数约六万余人。去冬设立粥厂两处，共施米十一万余斤，每日领粥贫民约三千人。于十八年六月在本局登记凭照第九号。

九、世界红卍字会中华总会

该会设于西单舍饭寺十七号，为熊希龄所创办，主办人为王芝祥、徐友梅等。以促进世界和平，救灾恤患，账（赈）济贫民为宗旨。每年经费约一万三千余元，由会员捐助。现在举办救护队，救济伤兵。去冬举办粥厂两处，共施米一千零五十四石，并在平市城郊各处施棉衣两千三百余套、玉米面六万一千三百九十余斤。十八年六月在本局登记凭照第十号。

十、北平剧场公会

该会为胡显卿所主办，会址在西四北大街。以谋剧业同人互助及救济同业贫苦为宗旨。基金约三百余元，每月经常费由会员担任，救济人数约百余人。于十八年八月在本局登记凭照第十一号。

十一、中国三教圣道总会

该会为黄欲仁等所创办，会址在西直门南草厂小乘巷，成立于民国十二年八月。以劝人行善、救济贫民为宗旨。基金约三千六百余元，经常费用常年为一千元，由售卖善书及临时募捐项下开支。每届冬季举办粥厂，施放米面。去冬设立粥厂一处，共施米四百余石，每日领粥平均二千五百余人。总计数年来救济人数约八万余人。于十八年八月在本局登记凭照第十二号。

十二、世界金卍字会中华总会

该会设于西四牌楼广济寺内，为汪大燮等所创办，主办人为朱子桥、曾志远等，成立于民国十四年十二月。常年经费随时由会员劝募。救济目的分为治标、治本两办法：治标则为设立粥厂、煖厂，暨放衣、放粮等；治本办法为提倡职业、建立工厂等。现拟在平举办纺织厂一处，尚未就绪。救济人数约三千余人。去冬独设粥厂一处，施粥四全月，与五台山佛教会合办粥厂一处，施放棉衣三百余套，放小米两万斤、又购小米一千六百余元施放、施钱二百七十余元。平日尚配有救急药品，随时施送。于民国十八年八月在本局登记凭照第十三号。

十三、北平慈善妇女职业工厂

该厂为山东赈务处所创办，厂址在永康胡同十一号，主办人为庄肇一。专收贫苦归女，授以普通手艺，教以简易文字，工读兼施，期在最短时间内，能以自立为归。基金由山东赈务处拨发三千元，每月经费由该厂董事会津贴一百廿元。现在收容妇女共五十人。工艺为织袜、毛巾两种，文字为国语、簿记、算术等课，职教员男女共八员。于十八年八月在本局登记凭照第十四号。

十四、龙泉孤儿院

该院为龙泉寺住持道兴等所创办，设在南下洼子龙泉寺内。依佛教普济众生之旨，收接孤黎，教养兼施，期能自谋生活为宗旨。现在主办人为龙泉寺住持明净。经常费悉赖年节月捐以及房租补助费等项，共收入六千余元。现本局每月补助该院洋七十元，按月支给。该院工艺计有织帘、藤竹、织布、织席、乐队、刻字、印刷、木工、泥瓦、制鞋、缝纫、织染等组。收容人数共八十余人，职教员十四员。于十八年九月在本局登记凭照第十五号。

十五、全国佛教龙华义赈总会

该会为刘云程所创办，会长为丁清泰，设在广安门善果寺内，以救济灾黎为宗旨，经常费由会员随时劝募。现在举办慈善学校、粥厂等救济工作，共有职员十五员。去冬在善果寺设立粥厂一处，放粥四个月，共施小米七百余包，每日领粥人数约三千二百余人。所立民众学校，计两班学生共八十名。在外三、四、五区界内及香山黑龙潭等处施玉米五万斤、棉衣三千七百套。施助本市城郊死亡病苦，补助费洋二百三十余元；捐助湖北赈灾洋五百元；捐助疯人收养所等三机关玉米一百四十包；拨给河南赈灾会等处及零星施放玉米共一百三十余包又一万一千余斤。于十八年九月在本局登记凭照第十七号。

十六、公善养济院

该院为谢维藩、恽宝惠等所创办，院址在宣外南下洼子。以救济无告贫民为宗旨。基金由创办人捐资，购地三十余亩、房八十余间，每月收租金洋一百三十余元作为经常费用。去冬收容贫民平均约一千五百余名，每日供给小米饭两餐、菜二碗。于十八年九月在本局登记凭照第十八号。

十七、利仁养济院

该院为翁同龢所创办，院址在宣外南横街，以救济残老病废之贫民为宗旨。现由恽宝惠、翁之熹、刘宇启等主办。基金由创办人捐资，购置房产一百二十间，每月收房租一百四十元，作为经常费用。去冬收容残老贫民平均约一千二百余名，每日供给小米饭两餐、菜两碗。于十八年九月在本局登记凭照第十九号。

十八、中国红十字会北平分会

该会原系中国红十字总会，嗣国都南移，总会改在南京，即就东城干面胡同。总会旧址改为北平分会，继续办理地方慈善事业。主办人为商震容、卓璋等。现在有医院一处，免费治疗，施诊舍药。计该会自去冬迄今举办事业为施放棉衣二千套，施种牛痘，组织救护队赴前方救护伤兵。并在郑州设立临时诊疗所，疗治受伤军民等工作。基金约九万余元，每年经费约两万元，职员九员。于十八年九月在本局登记凭照第二十号。

十九、旅平陕西汉中十二邑救灾会

该会为旅平陕人高瀚湘、薛伯安、王树岚等所创办，以救济汉中十二邑灾荒为宗旨，会址即设在宣外烂熳胡同。汉中十二邑馆内筹有运输费两千元，经常费每月约需百元左右。专办救济汉中十二邑灾荒，向各善团接洽，筹募赈粮，运送各该地，赈济灾民。职员九员。于十九年九月在本局登记凭照第二十一号。

二十、养老院

该院为旅平外侨妇女福韦氏等所创办，院址在东城甘雨胡同，女职员九员，以收养年老无依妇女为宗旨。由外侨认捐一万元为基金，每年经常费约三千元，亦由外侨捐助。现在收容年老贫苦妇女约六十余人。于十八年十月在本局登记凭照第二十二号。

二十一、中华圣公会北平冬赈委员会

该会为杜德恒、费景春等所创办，会址在宣内南沟沿，以救济贫苦人民为宗旨，专办冬赈，设立粥厂放米等工作，所需经费由该会中外人士捐助。去冬在阜内南顺城街花园宫立粥厂一处，施粥一百日，每日施米一百六十斤，每日饮粥人数七百余人，施放棉衣二百零八件。于十八年十二月在本局登记凭照第二十三号。

二十二、美以美会地方服务团

该团为王治平、王学易等所主办，设在崇内孝顺胡同。美以美会以救济贫民、补助社会为宗旨。基金为一千二百元，常年经费为一千元。去冬办理习工粥厂一处，以工代赈。来厂领粥者须作工，每日领粥者约四十余人，每日施米十五斤，以三个月为期。施棉衣二百五十身，小孩棉被五十床。于十九年一月在本局登记凭照第二十五号。

——原载《北平特别市社会局救济专刊》，1930年10月，第102—110页。

北平特别市附属慈善机关小史

（1930 年 10 月）

第一习艺工厂

该厂系前清光绪三十二年所创办，原名京都游民习艺所，专收男性贫民，授以相当之教育与工艺。厂址设于皮库胡同，属巡警部，继改属民政部；民国成立，改属内政部。十七年一月改属京师市政公所，更名为京都平民习艺工厂。十七年六月统一告成，由北平特别市市政府接收，更名为北平特别市平民习艺工厂。十七年八月六日社会局成立先后，奉市府训令以该厂属于社会救济事业，乃划归本局管理，定名为北平特别市第一习艺工厂。内分铅印系、石印系、刷印系、铸字系、刻字系、排字系、制带系、毛巾系、胰皂系、栽绒系、织布系、音乐系等系。十八年一月变更组织，将制带、毛巾、胰皂、栽绒、织布、音乐各系划归第二习艺工厂，而第一习艺工厂则专司印刷事宜，故又名北平特别市总印刷所。该厂有分所一处，系首都南迁后，市府借用交通部保管处地址及机器经营之。嗣市府拟裁撤之，而又不忍工人之失业，始交由该厂收留承办。十八年九月，为减少开支及管理便利起见，呈准市府将分厂划归总厂。经费原定四千元，除由前市政公所每月拨付二千五百元外，另由前内政部月拨一千五百元，嗣后改归前财政部按月减拨三千八百元。自十七年一、六两月间，先后划归前市政公所及市政府管辖，每月经费又改拨二千五百元。十八年六月市府改组，每月经费复改为一千零五十元，其由分所归并工人之工饷，则视营业之状况，由盈余项下开支。现有工徒二百余人，年来内容大加扩充，各号铅字铸造齐全承印。本市各机关、各团体、各学校、各会社刊物颇多。十八年秋该厂以各号铅字与赛河北省国货展览会，以七十九分得二等奖章一枚及二等奖状一纸，评语为"研究得法"。

第二习艺工厂

该厂创于民国九年秋季，原名乞丐收容所，所址设于崇文门外东大地沙土山，属京师警察厅，专收容沿街乞讨之男女贫民孤儿，教以习艺，养成自立能力。十一年一月更名为贫民教养院，十七年六月市政府成立警察厅改为公安局，该厂仍隶属之。十七年八月社会局成立，划归本局管理。因男女一并收容，弊端殊多，乃将妇女归并他机关，只余男性贫民。更分组为北平特别市第二习艺工厂及北平特别市救济院，并将教子胡同小寺街之感化所归并于救济院之感化部，而以原感化所址改为第二习艺工厂分厂。本厂工作则有藤竹、织袜、毛巾、缝纫、木工、制鞋、织布、雕刻等组，分厂计分织布、织带、缝纫、毛巾、栽绒、绳鞋、袜等科。因成立较晚，十八年二月起始有出品，嗣后为生产集中及节省经费起见，复将分厂各科并入本厂。经费原由各区劝募，住铺户捐款，不敷时呈由警察厅，酌予补助。自划归本局后，每月经常费规定一千七百二十二元。现有贫民艺徒三百五十余人，分藤竹组、木工组、毛巾组、织布组、织袜组、织带组、制鞋组、缝纫组、音乐组等九组。除星期外，每日习艺七小时。并按艺徒程度分为三级，每晚授以普通功课。对于管理努力养成其活泼精神，发展其工作兴趣，期于习艺期满（三年）后，均能有充分之生活能力。出品以毛巾、织袜、织带、藤竹及搓澡布为大宗，推销亦极佳。音乐组乐器、歌曲均甚谙熟，常出应喜白事，颇得社会一般人之赞许。

妇女习艺工厂

前清光绪三十二年绅商杨钦三、彭翼仲二君发起募捐，创办济良所，官督商办，专收容娼妓，教养择配。所址设于前门外五道庙，旋迁至东门牌楼十二条。宣统年间改归官办，附设于西城石碑胡同之内城贫民教养院内。民国七年，教养院改为妇女习艺工厂，该所仍附设于厂内。迨至民国十一年始，迁移梁家园而隶属于京师警察厅。十七年六月，市政府成立警察厅，改为公安局，该所仍隶属之。迨至十七年八月，社会局成立，乃划归本局接管，嗣以该所内容窳败，仅余七人，遂由妇女习艺工厂接收而合并之。十七年十月间，将石碑胡同之工厂改为救济院，而于梁家园之原济良所，地址则改为妇女习艺工厂，专司女性工艺技术之教导。继因清化寺街慈幼女工厂，受本局补助经费，更改名义曰"第二妇女习艺工厂"，遂以本局所属之妇女习艺工厂，改为第一妇女习艺工厂。十八年六月，因第二妇女习艺工厂办理不善，停止补助，于是第一妇女习艺工厂，又改为北平特别市妇女习艺工厂，经常费每月规定为六百九十九元二角。现有厂女一百五十余人，分刺绣组、挑花组、编织组、缝纫组、织袜组、毛巾组等六组。每日除习艺七小时外，并按程度分为两班（四组），授以普通功课。出品以织袜、刺绣、挑花、毛织品为大宗，推销尚佳。

第一救济院

该院原名教养局，设于彰仪门内教子胡同小寺街，系前清光绪二十九年所创办，属顺天府尹。专收容男性不及法律裁判之刑事犯，教养兼施，授以相当技艺使能立足社会。民国二年，改隶京师警察厅。十七年六月，市府成立，由公安局改组为感化所。十七年八月，社会局成立，改由社会局接管。嗣以教养院分组为救济院及第二习艺工厂，乃将感化所归并救济院之感化部，而以感化所原址充作第二习艺工厂分厂，旋将分厂合并本厂，原址又作救济院址。院内分儿童部、残老部、工作部、感化部及临时收容部等五部后，复将救济院扩充为救济第一院及救济第二院。第一院为农作部，部址先农坛西，有沃地三百余亩；第二院则以救济第一院改充之。两院之名义虽分，寔则由一院长兼理之。未几，又将救济第二院改为救济第一院，以院内之儿童部与农作部改为救济第二院。各设院长一人，负责办理。十八年十一月一日救济第一院复改为第一救济院，经常费每月规定一千一百三十五元，共有贫民二百五十名，分工作部、残老部、优待部、感化部、音乐部、临时收容部等七部。工作部又分毛巾科、绳科、鞋科等三科，出品以毛巾、麻绳为大宗。关于土木工程，劳工队均能成作，而北平市之土马路以及拆除皇城等项，皆该劳工队工作之成绩。音乐部练习乐曲，亦颇娴熟，月应喜白事三五次不等。贫民于工作之外，并教以普通功课，而于管训一节，尤加注意焉。

第二救济院

该院原系男救济院之儿童部，专收容贫苦无告十三岁以下、八岁以上之男性儿童。十七年冬月，男救济院改组扩充为两院：第一院为农作部，第二院即原来之男救济院。未几，又将第二院改为第一院，而以农作部及男救济院中之儿童部划分为救济第二院，以先农坛为救济第二院农作部地址，以东城校尉营贤良寺为救济第二院儿童部地址。十八年六月间，第二院名义虽仍存在，而实际则将儿童部附属于妇女救济院，并迁至西城半截胡同正气社为部址。十八年十一月一日，农作部出租，遂将儿童部更名为第二救济院，经常费每月规定五百零五元。现有儿童一百五十名，分甲、乙、丙、丁四班，授以四二制之小学教育，期满转送第一习艺工厂或第二习艺工厂习艺。优秀者，则转送高级之慈善学校，以求深造。儿童成绩优秀者均（约）十分之一，劣者约十分之一，普通学力者约十分之八。因多系贫苦儿童，未受家庭教育，故不若市立各小学校进步之速也。

妇女救济院

该院创于前清末年，名曰内城贫民教养院，院址在石碑胡同内，附疯人所、济良所、验治局等。民国七年一月，改为妇女习艺工厂，除疯人所迁移高公菴划归独立外，其他各附设机关仍在厂内，隶属于前京师警察厅。十二年间，该厂内附设机关始各迁出，成为独立机关。十七年六月，市政府成立警察厅，改为公安局，该厂仍属之。十七年八月，社会局成立，改归本局接管。该时济良所收容之妇女仅余七人，内客腐败。而妇女工厂内亦有不能工作与能工作两部，于是将能工作者合置一处，改为妇女习艺工厂，以梁家园济良所旧址为厂址，另将此二处不能工作之老弱妇女合置一处，改为妇女救济院，以石碑胡同妇女习艺厂为院址，专收容贫苦无依及因案判结之妇女（惟可携带八岁以下之男孩），授艺施教，以养成有辅助家庭之能力。十八年二月间，救娼部成立，经费系独立，而行政则附属于妇女救济院。该部初成立时，设于大李纱帽胡同。十八年十月迁移该院之内。十八年六月间，救济第二院之儿童部，曾一度隶属于该院。十八年十一月一日，该儿童部复划归独立，该院经常费每月规定一千零九十三元。现有院女一百五十余人，分工作部、感化部、儿童部（女儿童部、男儿童部）、残老部、救娼部等五部。凡院女之衣服、鞋袜、被褥、理发等役，均由工作部妇女任之。男女儿童分两班，授以普通初级小学校功课；青年妇女则另有特别班，教以普通常识。

疯人收养所

该所于前清末年附设于石碑胡同内城贫民教养院内，名疯人所，专收男女疯人监护、医治，属内城警察厅管理。民国二年，内外城警察厅合并，更名为疯人收养所。民国七年，始迁移于地安门外高公菴之天仙菴庙内，为独立机关。十七年六月，市政府成立，改隶公安局。十七年八月，社会局成立，乃划归本局管理。每月经费规定七百五十九元，所内分男疯人部、女疯人部等，二部现有疯人百余名口。

乞丐收容所

自国都南迁，市面萧条，加以四郊天灾迭见，人民无以为生势，不得不流为乞讨，因之北平市内之乞丐大有盈街塞巷之概。本局职司救济，未便坐视，乃呈准市府函借故宫博物院管之，地安门内雁翅楼西排为所址。于民国十八年九月二十日开始收容，复奉市府令以农作部租金每月五百三十六元，及第二妇女习艺工厂经费每月百五十元，共计六百八十六元为经常费。十八年十一月一日正式成立，先后收容乞丐，不下三千余名，除死亡、结领及拨入其他附属机关者外，现有乞丐五百余名口，分残老部、感化部、工作部、幼弱部、妇女部等五部。凡乞丐被服之拆洗成作等役，则由妇女部任之。工作部系劳工队，每日分往各自治街，协助工作。幼弱部现在分组授课，教以普通小学校之课程，以作入工厂习艺之备准。

——原载《北平特别市社会局救济专刊》，1930 年，第 37—43 页。

长芦育婴堂参观记

（1927 年）

育婴堂为慈善机关之一种，然以其所"育"者，为无人抚养之"婴"孩之故，其责任较之别种慈善机关为特重。大公记者曾往长芦育婴堂参观，由该堂庶务员霍晓峰氏招待。据霍君言，该堂经费最初由长芦盐运使署拨给，现在则由津武口岸盐店担任。在两年前，每月经费为三千元，今则减为常年二万元，分十二个月领取。计阴历正月至十一月，每月一千六百元，十二月二千四百元。当前此经费充裕之际，不拘男孩女孩，有主无主，一律收养。有主婴孩收养时，并发给注有一定年限之执照，如其家长或保护人于期限届满时，缴还执照，即可领回自养。现在则以经费关系，只收无主女孩。计全堂现有乳婴二十八口，五六岁以上至十八九岁者，一百六十余口。乳婴以乳妇十八人分任喂乳之责，并酌量喂以飞膺牌牛奶及烘糕面糊。其他一百六十余口，则由成堂妇廿三人抚育之，其主要食品为四号面。但年龄较大者，每半个月得食肉半斤，较少者四两。女孩至十岁左右，即令学习工作。工作时间，视时季而异。夏季早七时起，晚六时止；春、秋二季，早七时三十分起，晚五时三十分止；冬季则自早八时至晚五时为工作时间。午饭休息自十二时至一时，每逢阴历初一、十五全体休息。每日并由女巡查员授课一小时，其课目本有国文、算术二项，但现任女巡查员，不能教算术，故仅授国文。读法、习字，间日行之。上课时间，计入工作时间之内，譬如现在秋季，工作应至下午五时三十分止。但事实上，四时三十分后，即为读书时间。工作种类为织毛巾、绣花及编织绒线品，其出品在南市民益公司及北马路售品所两处发售。售品赢利，女孩得分润一部，每半个月分派一次。据阴历八月下半月帐册载，分得最多者为铜子一百六十五枚，但亦有仅得三四十枚者。盖赢利分派，以工作之多寡与巧拙为标准也。女孩得钱后购买脂粉或其他食用品，一听自便，堂中绝不干涉。留堂至十八九岁时，即由该堂为之择配，并赠以价值银元六元之梳洗器具。堂中卫生事务，由中医二人任之。诊察时间，普通为上午九时至十时，但有特别病症，亦可随时到堂。乳婴及五、六岁以上之女孩，分居两部。乳婴部分共为五院，但现在以婴孩不多，仅占两院。床铺设备，非常简单，清洁卫生似未讲求。乳妇衣服，亦欠整齐洁净。惟当记者参观时，乳婴二十八口，无一啼哭者，大抵乳妇抚育，尚能合法。记者初意，本欲参观全部，因霍君言：其他一部，设备亦无特殊处，且年龄较长之女孩，一见男宾，每易引起思念父兄家长之情绪，而发生悲感，故向例谢绝参观，遂亦未往。综言参观所及，除乳婴部分之卫生设备及清洁状况，尚待改良整顿外，大体可谓满意，惟记者为年龄较长之女孩，打算尤有愿向该堂建议者：（一）在工作八、九小时以后，精神已极疲乏，再令读书，太不相宜，故应改工作开始时之一小时，为读书时间；（二）烹饪为普通女子应具之知识，近今欧美都会，且有设立女子烹饪学校者。据霍君言：该堂女孩均不习烹饪，深恐一旦择配，离出堂门，吃饭就会成为问题。故简单烹饪方法，必须教授；（三）该堂乳妇及成堂妇，月薪俱为银元二元。如能改善待遇，则抚育教道，必更尽力，婴孩幸福，必更增进不少也。

——原载《坦途》1927 年第 1 期。

天津广仁堂概况

（马步英　1929 年）

一、沿革

广仁堂之组成系由李文忠公所提倡，开办于清末光绪四年，正式成立于光绪八年间，集资建筑于本市之西南城隅。宗旨乃依中国旧社会之观念，维护节妇之贞操，并因社会之困苦状况而救济贫寒之孤女弱孀。堂中现有房屋二百九十余间，多系旧式建筑；面积广大占地约四十亩，设备尚称完善，天津之旧式慈善机关中为不可多得者，年来办理成绩尚佳，多为社会人士所称赞。

二、组织

堂中最高机关为董事会，有董事九人，计江苏三人、安徽三人、浙江三人。近日只有李组才、娄鲁青、张直卿、郑翔伯、张公衡、陈锡舟、曹继先、张紫垣等八人，至其余一人则尚未推定。内部办事细目如下：

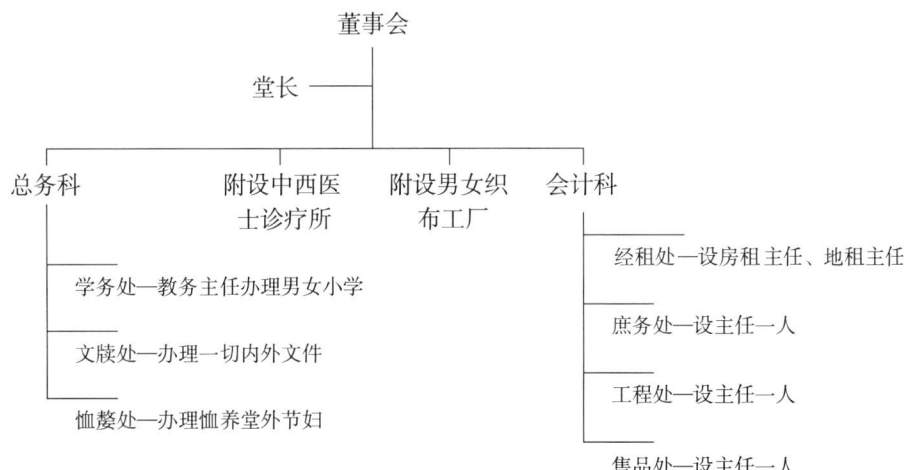

诊疗所情形——办理堂中一切卫生事项，治疗堂中妇女之一切疾病。并有规定时间专司外诊，外诊挂号费为铜元十六枚。内分中医部及西医部，各有正副医生二人，医生薪金每月由三十元至二十元者不等。

男织布工厂——占房七八间，内有提花织布机八架、平面织布机四架。成年工人多系外请，童工多节妇之子。工作时间每日约八小时，工作报酬依所织之布而论，每织明华葛一匹给洋一元，双丝葛一元六角。最快者每人每日可织明华葛一匹。童工之工资甚微，月给工资两次，每次最多每人可得洋五角。童工之衣食住皆由堂中供给，外工则否。所织之布匹零整发售。

女织布工厂——一切工人完全系堂中妇女，内有平面机十四架，毛巾机四架，工资以系按着工作效率，每织条布一匹给资二毛，格布两毛五分，花纹布三毛，每人每日最多可织半匹，所织布匹与男工厂消路相同，共有女工四十余名。总观成绩女工次于男工。

院内共有职员三十余位，资格不齐，薪金不丰，因多系半义务性质。夫役三十七人，有警士二人司保护之责。

三、经费

每年收入皆系房租地租，及小部分之私人捐助。该堂共有地二百顷，皆在八里台之北，房产一千二百余间。此外如工厂出品之售价等，每年总收入最多八万，最少六万。支出项目多为堂中妇女之消耗及每年之冬赈等，平均每年之用款约五万元，但遇意外事体，如房屋之修葺，田地因荒旱而减少收入等情，则用费较少，现在经济状况稍形拮据。

四、入堂

凡志愿守节而无养赡，或有养赡，而不便在外守节者，可由节妇具呈请求入堂。堂中即派人调查，认为合格者，填写愿书，觅妥铺保，即可入院。其由公安局或地方法院保送者亦可收纳，惟亦必须觅有相当铺保。

五、统计

现有节妇一百二十余名，节妇子六十余名，节妇女及恤女约五十余名。节妇子年及十二岁者，即与其母分别居住。所恤养之堂外节妇约五百余户，堂外节妇每月可得一元五角之资助。堂中妇女之籍贯省分不一，不过河北省人约占十分之八。年龄由最幼以至最老，有仅数龄者，有过七八十岁者。

六、堂中生活

每日起床为早六点，午饭十二点，晚十点息灯。堂中妇女之衣服皆由堂中供给，每年每人给衣服两身，皆系耐用之布料。饮食由堂中每人月支给饭费四元，其九岁以下之幼童则与半数，以此为全堂妇孺之火食费，酌量耗用，所食物品定不丰美，粗给蔬食而已。节妇之住所分东西两大院，东院有房六十二间，西院有房六十七间，节妇每人独居一室，其有子女者与子女同居。堂中妇女之工作，大部为纺织，亦有操手工业者，工作时间平均每日为八小时。教育状况多施之于节妇之子女。内设男女小学各一所，计男校学生百二十人，堂外者六十余名；女校学生八十余人，堂外学生四十余名。堂外学生不收学费，但有自备书籍者。教员共有五人，男三女二，多系男女师范毕业者。每月薪金皆为三十元。外附膳资十元，各班人数不等，读书时间每日约七八小时。

堂中卫生状况不甚完满，惟尚清洁，虽有医生之设置，但并未见有任何卫生之施设。节妇孤女之住所，地板亦颇光亮，惟床铺颇不清洁，盖系贫寒过甚所致。如堂中能供给每人以白布被单两条，并督促其常加洗易，则较清洁而美观矣。

内有幼女教养所一处，系由西门内之幼女教养所合并迁此而成，原为陈芝琴所主办也。幼女皆系院外，来习于此。有指导员一人，指导彼等工作。工作所得，尽为自有。该指导员月薪三十元，另有饭费七元，由堂中按月支给。现在幼女十三名，多习毛织之手工业。

七、出堂

堂中妇女有愿出堂者，须写明请求书。书明理由，呈请董事会，经董事会之批准，堂长之许可，始准堂出。孤女之成年及笄者，亦可由堂中代为择配，使其出嫁。日后并可与堂中来往，一如归宁其家庭焉。

堂中附设有施棺所，施与贫死之无棺者。

——原载《南开双周》1929 年第 4 卷第 5 期。

救济妇孺机关——广仁堂参观记

（爱菊　1935 年）

广仁堂，外间虽知其为若何性质，而对其内部组织，则鲜知者，前日曾亲往参观，兹将所得，介绍如次。

一、沿革

光绪八年三月初六日，大学士、直隶总督、一等肃毅伯臣李鸿章奉津郡创设广仁堂，收恤妇需教养，已着成效。并请按年偿给南米三百石，于江苏海运漕粮项下，在津就近拨领，以广皇仁（下略）。又奏：广仁堂中，恭设怡贤亲王等神位，请颁匾额一片。光绪八年三月初九日，内阁奉上谕李鸿章奏，前因怡贤亲王创修水利，功德及民，天津地方曾为建立祠宇，迄今年久荒废，绅民追慕不忘，于广仁堂恭设神牌，以正室为王祠宇，岁时祭祀（下略）。

——碑文

由以上碑文记载可知，广仁堂为李鸿章一手创立无疑。又据碑记，广仁堂建于光绪八年，至今已有五十三年的历史，虽经此长久年代，而从未停顿过，或发生什么事故。历任堂长之经营完善，与管理严密，其一贯精神殊堪钦佩。

二、组织

内部组织：最高机关设董事会，遇一切对外事务，得随时召开董事会议。堂长一人（现任堂长蔡乐棠君），管理全堂一切事务；总务一人；会计、庶务各一人，分理堂里金钱出入与各种开支。东、西两敬节所，各设管理一人，司管节妇一切事务；经管房租、地亩各一人；男女工厂各一，内设工头与技师各一人；一、二、三、四年级小学一所，分班教授，除校长外另聘教员四人。所定功课与讲授书籍，均与堂外小学校无异。图书室一，专陈列外间赠送各种书籍杂志与学生之成绩。并附设医院一所，分中、西医二科，中、西医生各一人。除与堂内人治病外，堂外之人若确为贫寒者，亦可随时医治，不取分文，否则得缴纳相当医药费。

蒙魏君殷勤招待，引导笔者参观各部，并承讲解一切，在此谨志谢意。

广仁堂位于西南城角城外，正门朝南，后门临鬼市。占地四十八亩，分前、中、后三院，房屋三十余所，约二百余间，共六百余人。堂外房产约四五千间，地约二百余顷。每年收获后变卖现洋，备堂里意外之开消。房产则分租、赁二种，全堂一切开支，悉仰仗于房租。前院包括董事、总务、会计、庶务办公室、餐厅；中院包括文华殿（供奉怡贤亲王处）、会议室、男女工厂、女小学（学生约二十余人）、女生宿舍、图书室与东西两敬节所（现有节妇四百余人）。敬节所管理室，即设于敬节所内。中院院中有亭一，碑即设立亭内。后院则纯花园式建筑，进门后即觉香味扑鼻。院中奇草异花，不可胜数。且拥有广大农场，大多种植五谷类，蔬菜、果实类则占小部分。据管理者声称：全为学生课外作业，学生除工、学外，并教以种植知识，俾养成一完善有用之青年。另辟有运动场，篮球、网球俱备。堂里当局对儿童健康，颇为重视。笔者询问魏君：节妇进院有若何手续？据答：须经堂里人介绍方可入院，入院后须恪守堂规，如违犯三次者即行开除。至节妇进院携带小孩，若在七岁以上者，入小学部上学；未满七岁者，则归母教养。除供给衣食住外，每人每月发给现洋四元，作为一切零花费用，待遇不为不厚矣。再问及每日工作时间，据答：每日晨七时起床、晚十时睡觉；十一时半、五时半为用餐时间；八时至十一时半、一时至五时半为工作时间。至于学校上课时间完全与外间相同，无任意加减钟点事情。且对儿童身心修养，极为注重。全堂儿童身体俱都强健异常，并无若何疾病发生云。

——原载《大公报》1935年5月22日第16版。

广仁堂

（一心　1936 年）

于天津市立救济院辞出后，即急赴往城西南隅之广仁堂，由该堂文牍魏君担任招待，谈及该堂之沿革及组织诸方面。后引导至节妇、孤女之住处，及附设之小学校教室、成绩室，及女工厂、孟母祠、施诊所等处参观并详为解答，五时五十分辞出。兹将视察所得，实述如下：

一、沿革

于光绪四年开办、光绪八年始得正式成立。由北洋大臣李鸿章主办，救济贫困之孀妇，以全其节操，并救济一切无依靠之孤女。得各方捐助地亩为该堂基本产业，又遇有因争执而无法解决之地亩官厅则充公，划为该堂所有。堂租开支堂内一切费用，故继续至今。不若他救济机关，时有经费无着之困难，为今惟存之救济节妇之机关。

二、组织

该堂最高机关为董事会，有董事九人，系由江苏、浙江、安徽三省会馆所选出者。每馆选三人为董事，于三人中复选一人为常务董事。主事者有堂董一人，下分总务、庶务、会计、经租四处。每处有主任一人，今堂董为蔡乐堂。

三、经费情形

每年收入约五万余元，每皆由房地之租金而来，地租较房租为多，地多在八里台、东洼等处。收支尚余充裕，所余悉充冬赈之用。

四、人数

有节妇二百余人、小孩百余人，共三百余人。年纪有至八九十岁者，幼小孩童尚有在襁褓之中者。

五、出入堂手续

凡属节妇应具函声请，经调查确实，确属特别贫寒，找具相当铺保即可入堂。

至既入堂而复出堂者，究属少数，每多半老死于此。至出堂者，大概皆节妇子能自立，具请帖，领其母出堂。孤女除由其家属具保领出，即待抵相当年龄为之择配。节妇中途如实愿出堂，本堂亦不逼迫，由其亲属保领，即可出堂。

六、待遇情形

入堂之节妇即可按其子女，及其什物移入。堂内备房一间，今以人多屋少，择子女少老两家共居一间，男孩十二岁者即须与节妇分居。九岁上者每月给洋四元，九岁者每月给洋两元，充饭食柴禾等用，堂内有专人代为购买。衣被全由堂内供给，被一人一份，三年换一次，衣服、棉夹季季添一套，拆后改单衣。总之，室内一切偏重人情，但亦不能太随便，禁购烟酒，不许外出购物。在壁上凿有大洞，装一可旋转之大箱，以旋转取难。堂内设有女工厂、小学校。大人可织布，小孩可纺线，半天工作半天读书。岁大者天天工作，老者可免工作。工作皆有工资，但甚微。节妇子女读书，一切费用皆由堂内供给。天资灵敏，较有为之节妇子，只要能考取其他学校即可供之使深造。今于本校有二人，省市师范、扶轮电报学校等均有之。

七、附设小学

与外面之小学相同，有教室三，学生约百余人，书籍等费全由堂内供给，一切略具规模成绩，图书室有学生之手工图画。

八、附设工厂

有女工厂一处为织布纺线，先尚有织毛巾等，今已取消。完全为旧式木织机，共十四架，织中国之白土布。有纺车十余架。如幼小女孩任之工作皆与以工资，但甚微。

九、院场情形

广约四十亩，有东、西两敬节所，节妇孤女居焉，约共百余间。敬节所为两重门，有男女管理员管理。庭院中有碑一座，纪李鸿章立广仁堂设立缘起。小学校在其极南院，如厂在东跨院，施诊所及孟母祠在西敬节所内。

十、视察感想

女子守节的问题，各人的见解不同，我们不敢妄加论。若单就救济孤苦无依的孀妇而论，则实亦有相当的需要；但是竟只注重衣食住的供给，而未能一律的责以相当的工作，课以相当的教育，竟使她们都终身地倚赖着他人养活，这实是应当讨论的问题啊！

——原载《津中周刊》1936 年第 155 期。

南京特别市公益慈善团体一览表

（1929 年 6 月社会局调查）

名称	主持人	成立年月	事业	地址	备注
佛教慈幼院	邓兆馥	民国十五年	收留孤苦儿童，教养兼施	下关三汊河	准注册
慈善惜字总会	王兆祥 陆慎夫	民国十一年	惜字、掩埋、施材	绫庄巷	准注册
中华理教劝戒烟酒总会	秦钟山 张万有 周祺禄	民国七年	劝戒烟酒	龙王庙 火民巷	准注册
乐善堂	张斌	同治五年	恤嫠	李府巷	准注册
省心继善堂	邵钜卿	同治十年	施材、赊材、送诊、施药、恤嫠、掩埋、惜字	南门外窑湾三十号	准注册
宁郡义仓	魏家骅	光绪卅二年	冬季开办粥厂及施材、半赊材，荒年筹办平粜	中华门外见子桥义仓巷	准注册
修善堂	刘友柏	光绪五年	保婴	估衣廊	准注册
广丰备仓	甘仲琴	道光年间	存谷防荒、筹办平粜、年终售粥	汉西门罗汉寺湾	准注册
俭德储蓄会南京分会	金济孙	民国九年	设施义务教育，宣传俭德，附设有南京俭德公学小学部	下关二马路	准注册
开国念纪贫儿教养院	黄宗汉	民国元年	收留贫儿，教养兼施	昇平桥	准注册

续表

名称	主持人	成立年月	事业	地址	备注
代葬局	刘友柏	光绪二十九年	巡行掩埋，代葬暴露尸棺	十庙口	准注册
金陵义渡总局	张斌	光绪十六年	长江义渡	李府巷	准注册
崇善报	陆晋轩	嘉庆二年	保婴、恤嫠、赊材、施药、施米、施茶	金沙井卅一号	准注册
同善堂	陈学勤	光绪二年	掩埋材料	中华门外雨花岗	准注册
普善堂	周梓园	光绪十七年	初级小学、保婴、半赊材	同上	准注册
众志复善堂	董镛生	民国七年	施材、赊材、掩埋、惜字	使署街	准注册
掩埋公所	宗吴氏	民国十四年	掩埋、惜字、施茶，留养老弱妇女	中山桥美孚栈二号	准注册
广善堂	周仲涛	光绪四年	施材、施送外症膏药及夏令暑药、掩埋	韩家巷	准注册
抚善堂	叶廷琦	民国二十三年	粥厂、施材、施药、散米票、送药	安品街	准注册
崇仁堂	鲁学恭	同治十年	施材、恤嫠、放生、惜字、掩埋、施药、放粥，设有崇仁分堂	绒庄街	准注册
公善南堂	陈秀山	光绪五年	义务小学、恤嫠、掩埋、施材、施药、给米，设有公善小学	雨花台	准注册
积善堂	陆锡龄	道光年间	全施材、半赊材、恤嫠	十庙口	准注册
广利慈善会	蒋汝正	民国八年	贷济夏药冬赈	三条巷文昌宫	准注册
兴善堂	许翔	光绪八年	恤嫠、保婴、施材、惜字、施米	箍桶巷	准注册

名称	主持人	成立年月	事业	地址	备注
合善堂	金松林	民国十五年	施材、施医、施药、惜字	小板巷	准注册
厚德堂	陶学树	民国十五年	半赊材、施材	善司庙骁骑营	准注册
义兴善堂	张开寿	光绪三年	施材、施药、施茶、掩埋、惜字	东花园	准注册
下关乐善堂	许石泉	民国九年	施医、施药、施材、施衣、施粥、恤嫠、掩埋，设有龙江学校	兴中门外下关	准注册
德正恤烬会	崔锡之	民国十三年	赈济火灾、掩埋、送诊、送药	牛皮街	准注册
世界红卍字会南京分会	魏家骅	民国十一年	赈灾、掩埋、救护、施药、施材、施衣、施米、施粥，设有贷济处	大香庐	准注册
孝善赊材局	潘乐吾	光绪二十八年	施材、半赊材	牛皮街	准注册
惜谷公所	柴品三	民国七年	扫谷、掩埋、惜字	张家巷四号	准注册
济善堂	龚镜湖	光绪二年	恤嫠、施材，现已停止，业令整顿	南一区四圣堂	准试办
公善北堂	周歧山	同治十三年	掩埋已故婴孩	鼓楼北区署旁	准试办
益善堂	吴汉卿	民国十二年	施材、义塚、施米、施衣	中正街锅底塘十六号	准试办
仁育堂	潘国桢	光绪廿一年	施衣、掩埋、施米、施茶、施药、恤嫠	卢妃巷	准试办，原名仁育医院
世界红卍字会江宁分会	许树璋	民国十二年	赈灾、掩埋、救护、施米、施药、施材、施衣	下关祥泰里	因令更改名称，暂准备案

续表

名称	主持人	成立年月	事业	地址	备注
中国红十字会下关商埠分会	戴云章	民国十三年	布种牛痘、施诊、救护、掩埋	兴中门外大街	因令更改名称，暂准备案
继善堂	杨雨田	同治五年	义学、施医、施茶	梧桐树	准试办
荫惜善堂			恤嫠	科巷	改组中

——原载《首都市政公报》1929 年第 39 期。

南京市公益慈善团体一览表 ①

（1930 年 6 月调查）

名称	主持人	成立年月	事业	地址	备注
佛教慈幼院	邓兆馥	民国十五年	收留孤苦儿童，教养兼施	下关三汊河	准注册
慈善惜字总会	王兆祥 陆慎失	民国十一年	惜字、掩埋、施材	绫庄巷	准注册
中华理教劝戒烟酒总会	秦钟山 张万有 周祺禄	民国七年	劝戒烟酒	龙王庙 火瓦巷	同前
乐善堂	张斌	前清同治五年	恤嫠	李府巷	同前
省心继善堂	邵钜卿	前清同治十年	施材、赊材、送诊、施药、恤嫠、掩埋、惜字	南门外窑湾三十号	同前
宁郡义仓	魏家骅	前清光绪三十二年	冬季开办粥厂及施材、半赊材，荒年筹办平粜	中华门外见子桥义仓巷	同前
修善堂	刘友柏	前清光绪二年	保婴	估衣廊	同前
广丰备仓	甘仲琴	前清道光年间	存谷防荒、筹办平粜、年终售粥	汉西门罗汉寺湾	同前

---

① 标题为编者所拟，原标题为"京市公益慈善团体一览表"。

续表

名称	主持人	成立年月	事业	地址	备注
俭德储蓄会南京分会	金济孙	民国九年	设施义务教育，宣传俭德，附设有南京俭德公学小学部	下关二马路	同前
开国纪念贫儿教养院	黄宗汉	民国元年	收留贫儿，教养兼施	昇平桥	同前
代葬局	刘友柏	前清光绪二十九年	巡行掩埋，代葬暴露尸棺	十庙口	准注册
金陵义渡总局	张斌	前清光绪十六年	长江义渡	李府巷	同前
崇善堂	陆晋轩	前清嘉庆二年	保婴、惜孩、赊材、施药、施米、施茶	金沙井三十一号	同前
同善堂	陈学劝	前清光绪二年	掩埋施材	中华门外雨花岗	同前
普善堂	周梓园	前清光绪十七年	初级小学、保婴、半赊材	中华门外雨花岗	同前
众志复善堂	董镛生	民国七年	施材、赊材、掩埋、惜字	使署街	同前
掩埋公所	宗吴氏	民国纪元前十四年	掩埋、惜字、施茶，留养老弱妇女	中山桥美孚栈街二号	同前
广善堂	周仲涛	前清光绪四年	施材、施送外症膏药及夏令暑药、掩埋	韩家巷	同前
抚善堂	叶廷琦	民国纪元前二十三年	粥厂、施材、施药、散米票、送诊	安品街	同前
崇仁堂	鲁学恭	前清同治十年	施材、恤孩、放生、惜字、掩埋、施药、放粥，设有崇仁分堂	绒庄菴	同前
公善南堂	陈秀山	前清光绪五年	义务小学、恤孩、掩埋、施材、施药、给米票，设有公善小学	雨花台	同前

续表

名称	主持人	成立年月	事业	地址	备注
积善堂	陆锡龄	前清道光年间	全施材、半赊材、恤嫠	十庙口	同前
广利慈善会	蒋汝正	民国八年	贷济夏药冬赈	三条巷文昌宫	准注册
兴善堂	许翔	前清光绪八年	恤嫠、保婴、施材、惜字、施米	箍桶巷	准注册
合善堂	金松林	民国十五年	施材、施医、施药、惜字	小板巷	准注册
厚德堂	陶学树	民国十五年	半赊材、施材	善司庙骁骑营	准注册
义兴善堂	张开寿	前清光绪三年	施材、施药、施茶、掩埋、惜字	东花园	准注册
下关乐善堂	许石泉	民国九年	施医、施药、施材、施衣、施粥、恤嫠、掩埋，设有龙江学校	兴中门外下关	准注册
德正恤烬会	崔锡之	民国十三年	赈济火灾、掩埋、送诊、送药	牛皮街	准注册
世界红卍字会南京分会	魏家骅	民国十一年	赈灾、掩埋、救护、施药、施材、施衣、施米、施粥，设有贷济处	大香炉	准注册
世界红卍字会下关分会	许树璋	民国十二年	赈灾、掩埋、救护、施米、施药、施材、施衣	下关祥泰里	准注册
孝善赊材局	潘乐吾	前清光绪二十八年	施材、半赊材	牛皮街	准注册
旋吉寄所	陶国铨	前清光绪二十年	办理粤、湘、鄂三省同乡旋榇、回籍、停柩、待葬等事	下关兴中门外	准注册
仁育堂	潘国桢	前清光绪二十一年	施医、掩埋、施米、施茶、施药、恤嫠	卢妃巷	准注册

名称	主持人	成立年月	事业	地址	备注
性善堂	柴品三	前清光绪年间	扫谷、掩埋、惜字	张家衖四号	准注册
中国红十字会下关商埠分会	戴云章	民国十三年	布种牛痘、施诊、救护、掩埋	兴中门外大街	国会更正名称，旧准备案
公善北堂	周岐山	前清同治十三年	掩埋死孩	鼓楼北医署旁	准试办
益善堂	吴汉卿	民国十二年	施材、义塚、施米、施衣	中正街锅底塘十六号	准试办
继善堂	杨雨田	前清同治五年	义学、施医、施茶	梧桐树	准试办
体善堂	童德兴		施材、施药、施茶、恤贫	三牌楼小门口	准试办
济善堂	龚镜湖	前清光绪二年	恤嫠、施材，现已停止，业令整顿	南一区四圣堂	准试办
荫惜善堂			恤嫠	科巷	改组中

——原载《京市救济院十九年年刊》，1931 年 4 月。

南京特别市市内公益慈善团体一览表

（1932 年）

名称	主持人	成立年月	事业	地址	备注
佛教慈幼院	邓兆馥	民国十五年	收留孤苦儿童，教养兼施	下关三河	准注册
慈善惜字总会	王兆祥 陆慎夫	民国十一年	惜字、掩埋、施材	绫庄巷	准注册
中华理教拒毒同志会	欧阳伯康 张万有 周祺禄	民国七年	劝戒烟酒	龙王庙 火瓦巷	同前
乐善堂	张斌	前清同治五年	恤嫠	李府巷	同前
省心继善堂	邵钜卿	前清同治十年	施材、赊材、送诊、施药、恤嫠、掩埋、惜字	南门外窑湾三十号	同前
私立义仓	魏家骅	前清光绪三十二年	冬季开办粥厂及施材、半赊材，荒年筹办平粜	中华门外见子桥义仓巷	同前
修善堂	刘友柏	前清光绪二年	保婴	估衣廊	同前
广丰备仓	甘仲琴	前清道光年间	存谷防荒、筹办平粜、年终售粥	汉西门罗汉寺湾	同前
俭德储蓄会南京分会	金济孙	民国九年	设施义务教育，宣传俭德，附设有南京俭德公学小学部	下关二马路	同前

名称	主持人	成立年月	事业	地址	备注
开会纪念贫儿教养院	黄宗汉	民国元年	收留贫儿，教养兼施	昇平桥	同前
代葬局	刘友柏	前清光绪二十九年	巡行掩埋，代葬暴露尸棺	十庙口	同前
金陵义渡总局	张斌	前清光绪十二年	长江义渡局	李府巷	同前
崇善堂	陆晋轩	前清嘉庆三年	保婴、惜孩、赊材、施药、施米、施茶	金沙井三十一号	同前
同善堂	陈学勤	前清光绪二年	掩埋施材	中华门外雨花岗	同前
普善堂	周梓园	前清光绪十七年	初级小学、保婴、半赊材	同上	同前
众志复善堂	董镛生	民国七年	施材、赊材、掩埋、惜字	使署街	同前
掩埋公所	宗吴氏	民国纪元前十四年	掩埋、惜字、施茶、留养老弱妇女	中山桥美孚栈街二号	同前
广善堂	周仲涛	前清光绪四年	施材、施送外症膏药及夏令暑药、掩埋	韩家巷	同前
崇仁堂	鲁学恭	前清同治十年	施材、恤孩、放生、惜字、掩埋、施药、放粥，设有崇仁分堂	绒庄街	同前
公善南堂	陈秀山	前清光绪五年	义务小学、恤孩、掩埋、施材、施药、给米票，设有公善小学	雨花台	同前
积善堂	陆锡龄	前清道光年间	全施材米、赊材、恤孩	十庙口	同前
广利慈善会	蒋汝正	民国八年	贷济夏药冬赈	三条巷文昌宫	同前
兴善堂	许翔	前清光绪八年	恤孩、保婴、施材、惜字、施米	箍桶巷	同前

名称	主持人	成立年月	事业	地址	备注
合善堂	金松林	民国十五年	施材、施医药、惜字	小板巷	同前
厚德堂	陶学树	民国十五年	半赊材、施材	善司庙骁骑营	同前
义兴善堂	张开寿	前清光绪三年	施材、施药、施茶、掩埋、惜字	东花园	同前
下关乐善堂	许石泉	民国九年	施医、施药、施材、施衣、施粥、恤嫠、掩埋，设有龙江学校	下关兴中门外	准注册
德正恤烬会	崔锡之	民国十三年	赈济火灾、掩埋、送诊、送药	牛皮街	同前
世界红卍字会南京分会	魏家骅	民国十一年	赈灾、掩埋、救护、施药、施材、施衣、施米、施粥，设有贷济处	大香炉	同前
世界红卍字会下关分会	许树璋	民国十二年	赈灾、掩埋、施粥、救护、施米、施药、施材、施衣	下关祥泰里	同前
孝善赊材局	潘乐吾	前清光绪二十八年	施材、半赊材	牛皮街	同前
施吉济所	陶国铨	前清光绪二十年	办理粤、湘、鄂三省同乡施椽、回籍、停柩、转葬等事	下关兴中门外	同前
仁育堂	潘国桢	前清光绪二十一年	施材、掩埋、施米、施茶、施药、恤嫠	卢妃巷	同前
中国红十字会下关商埠分会	戴云章	民国十三年	布种牛痘、施诊、救护、掩埋	兴中门外大街	因令更正名称，暂备案
公善北堂	周岐山	前清同治十三年	掩埋死孩	鼓楼北区署旁	准试办
益善堂	吴汉卿	民国十二年	施材、义塚、施米、施衣	中正街锡底塘十六号	准试办

续表

名称	主持人	成立年月	事业	地址	备注
继善堂	杨雨田	前清同治五年	义学、施医、施茶	梧桐树	准试办
体善堂	童德兴		施材、施药、施茶、恤贫	三牌楼小门口	准试办
济善堂	龚镜湖	前清光绪二年	恤嫠、施材，现已停止，业令整顿	南一区四圣堂	准试办
荫惜善堂			恤嫠	科巷	改组中
惜谷公所	叶品三	民国七年	惜谷、掩埋、惜字	张家衙四号	准注册
旌德宝兴管理委员会	吕必刚	前清	教育	东牌楼	同前
佛教居士林	朱同生	由金光明佛会改组	研究佛学，办理慈善事业	四方城	同前
崇道善堂	涂云山	前清宣统初年	施茶、施衣、惜字、戒烟	钞库街四十八号	同前
回教公会	马伶余	民国二十年	振灾、教务，办理文化教育、慈善公益事业	汉西门大礼拜寺巷清真寺	同前

——原载《南京社会特刊》1932年第3期。

南京市救济院之沿革及概况

（曹小春）

　　京市救济院，原由江宁普育堂改组，该堂成立于前清雍正十一年，为两江总督赵公所创办，地址在南城外三里佟园，其时分"普济""育婴"二堂，故定名普育。而普济堂内，又分"老民""老妇""残废"三部。迨咸丰时，毁于兵燹。同治四年，两江总督马新贻，率同官绅捐赀恢复，因佟园旧址，地势卑下，初就秦淮南岸之崇义堂，修葺为堂址。继复购城南剪子巷基地，建筑新堂（即今救济院所在），一切规模，照雍正旧制而扩充之。陆续于邻近一带，成立四堂，一曰普育堂，内分收容贫妇，及老残废二部；二曰普育分堂，内分收容老妇，及女残废，并就近于龙泉巷设立残废新堂，共计三部；三曰育婴堂；四曰清节堂，计分总堂、分堂、候补室三部；此外仍设有义塾，以教授各堂收容子弟。堂务在前清时，初由绅办，后改官办，入民国后，复由绅办。前后二百余年，计捐募及购置堂产有房屋九十余所，洲圩鱼套九处，田地四千余亩，为南京唯一之慈善机关。（以上另有堂志专书可备参考）因主其事者，不善经理，积弊丛生。迨民国十六年南京特别市政府成立，收归市有，组织普育堂整理委员会管理之，将旧有之贫妇，及男女残废各堂，改名为院，并将老妇堂改名养老院，清节堂改名节妇院，育婴堂改名育婴院，旧有义塾改组普育小学校，并添设盲哑学校一所。十七年二月奉令隶属京市教育局，另组接管普育堂委员会，各院名称仍旧，仅将节妇院改名妇女院，嗣又改委员制为主任制。是年九月，复奉令改隶京市社会局，并将普育、盲哑两校，划归教育局管辖。十八年五月一日，奉令由普育堂改组为救济院，颁订组织章程，额定经常费，年支十八万八千七百六十元。规划管辖八所，除孤儿一所尚未成立，余均就旧有各院，统改为所，曰养老所、残废所、育婴所，并将旧有妇女院加入本市济良所，合组为妇女教养所，又归并本市游民习艺所、贷款所、水上救护所，合并成立救济院。兹将上列已成之七所概况，分述于后：

（一）育婴所概况

育婴所设本院西首对门，具有与普育堂同等之历史，已详第一节，兹不复述。所内收容婴孩，常在一百口以外，多数均系被遗弃者，亦间有穷户送所留养者，自隶属救济院后，已采用科学化，分人工喂食，与人乳哺养，兼施办法。所内除主任外，设有管理员、医生、护士、保姆等职，并雇用乳佣若干人。遇有来所请领抚为子女者，必取具妥保，由所报院，经过精密调查，而后核准。

（二）养老所概况

养老所设本院东首斜对面，并于后身龙泉巷设立第一分所，其历史上系由普育堂管辖之老民堂、老妇堂等，变更组织而成（详见沿革篇）。所内收容孤苦无依老年人等，约三百三十余人，按月计口发给柴米盐菜钱各自炊爨。自隶属救济院后，鉴于年老龙钟，自炊不便，计划筹设公灶，改编给养预算，以期改善待遇，现正在进行中。所内设主任一员，分所设管理员一员，主持所务。穷民投所者，先行取保具呈救济院，经调查确实，发所留养。

（三）残废所概况

残废所在前清时，原名老残废堂、女残废堂，均附设在普育堂内。民国十六年整理委员会时期，改堂为院，迁设城南大夫第。迄今名称虽改，地址仍旧，并于本所左侧，设立第一分所，均收容本市贫苦无依残废人等，约二百三四十人。其待遇办法及现在计划，并入所手续，与养老所同。兹从略。

（四）贷款所概况

贷款所，原名贫民借贷所。附属救生局，民国十七年改隶社会局。十八年五月救济院成立，隶属救济院，改定今名。此所专为扶助本市有志谋生、心余力绌之贫民，无利贷与少数资本，分十个月零碎抽还，助其自立。其基金一万元，系因历史关系，由救生局财产项下拨定，存入市库，陆续发放，以资周转。贷款手续，系由借贷人取保具书申请，经调查确系正当营业，然后贷与。所内设主任、会计、调查、书记各员，分任其事。地址因就市民便利，设立夫子庙河街。

（五）妇女教养所概况

妇女教养所，系就原有之济良所，与普育堂旧有之贫妇院、节妇院，三部份混合组织而成。内部仍区分旧济良所，为妇女教养总所，附设救济院内；旧节妇院为第一分所，仍设城南小油坊巷原址；旧贫妇院为第二分所，仍旧附设救济院内原址。事业上亦按诸各部实际性质，分别积极、消极两种待遇。总所（即旧济良所）专收容青年堕落妇女，或由本人自行投所，或由警厅查获移送，常在百名以内。待遇、教养兼施，半日授以工艺（如织袜、缝纫、织毛巾等），半日教以读书（分常识、国文、算术等科），间或送往工厂实习，期能自立谋生。总所除主任外，设有管理员、教员、文牍、会计、庶务等专职。一、二两分所（即旧节妇、贫妇两院）收容者，多系中年以上之妇女，训练较难，待遇上，原系依照前普育堂向章，按月计口发给柴米盐菜钱，各自炊爨度日。十九年秋已先将附设院内之第二分所，房屋修葺，待遇改善，开办公灶，成立工艺班，责令留养妇女，各习工艺，并附设儿童班、幼稚园，指导趋重职业途径（参观改组经过篇）。计两分所收容贫节妇女共五百余人，均属穷苦无依，禀求入所，经调查确实而留养者。每分所各设管理员一人，仍隶属总所主任管辖之。

（六）游民习艺所概况

游民习艺所，系脱胎于以前南京警察厅所设之乞丐收容所。民国十八年五月，救济院成立，划归救济院管辖。所址设和平门外约二十里之笆斗山。另于救济院对面，分设出品营业处。所内派有捕送夫役，在本市各街巷搜捕乞丐游民，并由各警区协同捕送，按其性质，授以技能，并分别施以强迫感化等教育，期养成其独立谋生能力，免为社会游民。现在艺术上，有印刷、雕刻、园圃、织席等品；教育上，分国文、算术、常识等科。其出品则送归营业处在本市销售，所内计收容游民四百余人，设有主任、经理、事务员、教诲员、技师、会计、文牍、医生等职。

（七）水上救护所概况

水上救护所，原名金陵救生局，成立于前清嘉庆年间，为士绅胡、汪等姓所创办。洪杨兵燹后，江宁知府涂升经营规复，交由地方士绅主管。地址初在城内信府河，继复迁至下关老江口。中间百余年，迭经捐募购置，财产甚钜，称南京富有之慈善机关。民国十六年收归市有，由教育局接收管理。十七年改归社会局管理。十八年秋又划归救济院管辖。计有分所六处，曰烈山、犊儿矶、大胜关、笆斗山、周家山、三港口，有救生红船十二艘，巡船二艘，巡划、飞划各乙艘，分布各分所，专司保护长江水面失事船只，及捞收水面浮尸事务。所内设有主任、会计、庶务、船务等专员，六分所各设助理一员。

接本院于十九年十一月间，复经一度励行裁员减政，实施职业救济之改革。事业方面，组织方面，或增或减，或裁或并，概况略有变更，可参观改组经过篇。

编者识

——原载《京市救济院十九年年刊》，1931 年 4 月，第 9—13 页。

广州市爱育善堂整理工作概述

（振新 1947 年）

一、爱育善堂的起源

民国十八年以前，市社会局还未设立，本市经常的社会救济福利事业，完全是由私人设立的善堂去经营的，当时市内私人这种的慈善团体也不少，但著名的有所谓九大善堂，爱育善堂便是其中之一了。

爱育善堂创立于清同治十年，是当时的地方绅士仿照上海普育堂的办法组织的。壬申年，爱育善堂碑记有云："同治辛未之春，缙绅钟觐平、陈次壬等具禀以兴建善堂为请，盖仿照上海普育堂而设也。"因为那时正当太平天国变乱之后，社会经过了一次重大兵燹，民生困苦，政府的恤助抚辑工作，力有不及，私人办理的慈善事业，便乘时而起。同治十年，广东善后总局和有关的官署对爱育善堂的成立，曾会衔布告有云："照得粤东地属海疆，民臻蕃庶，虽菁华之毕聚，亦丰啬之难均。言念穷黎，每多无告，矧自咸丰四年，军兴以后，崔苻叠扰，兵燹频惊，人心渐即于浇漓，生计愈形其竭蹶。虽已多方抚辑，尤期迅起疮痍，欲上迓夫祥和，宜广修夫善举。"可见那时的社会情况，和官署对善堂的殷望了。

爱育善堂成立初期的事业，便已颇具规模，当时的善堂首事钟觐平等上禀当局有谓："所有宣讲圣谕、开设义学、施棺赠药、赡老恤嫠以及栖养废疾诸大端，皆议次第举行。"再查善堂昔日文献，善堂得政府认许开设是同治十年三月的事。到五月间，他们就已设有宣讲圣谕的场所，开办了七所义学，和实行赠药施棺，显示他们善事的进行，是很热心而迅捷。而且除了办理社会救济福利，还首重提倡教育，免费收容失学儿童，更是值得我们注意的。

二、民国以来的爱育善堂

民国以来，爱育善堂渐渐以市内各行商为其主体，参看民国二十年的改组章程第六条："本堂向由原日创办者及捐助年捐之银业行、麦面行、当押行、咸鱼行、土茶行、菜栏行、土丝行、檀香行、玉器行、珍珠行、北江行、鸭栏行、油行、米埠行、经司行、烟丝行、京果海味行、果栏行、颜料行、南北行、麦子行、匹头行、药材行、参茸行、花生芝麻行、鲜鱼行、洋杂货行、酱料行、南番布行、米糠行等行头。每年轮值两行为当年值理，由各该行推举身家殷实，热心任事之商董数名为代表，是为会员。但以上各行头因年代已久，间有变迁不能轮值，或有热心善举之行头，亦可加入轮值。"

至于他们的事业，在《民国廿二年征信录》里刊登的节略宣言，有这样的概述："……岭表东西，大江南北，敝堂救灾恤邻，不分畛域，概与实施。如从前修筑石角围，办理风灾，各府县之水灾赈济，修筑各处园基，派米救饥、举办平粜，及各省灾异，无不尽力而为之……略计每年设立义学二十七校，教育贫民逾千……赠医七、八万人，施药七、八万剂，施棺执葬千余具……又春、冬两季，赠种洋痘数千。天热施茶，天寒施粥，施派棉衣……"真是洋洋大观，对他们经费的来源，又说："敝堂办理一切善举经费，全赖收租以资挹注，向来不设缘簿劝捐。"其实，善堂的产业确属不少，收益自能有庞大的数字，虽然他们不设缘簿劝捐，但年中也有不少自动乐捐的。

自广州沦陷，敌伪盘踞七年，市内原有的公私机关设施，多遭破坏，或则蒙受巨大损失。爱育善堂在本市沦陷时期，产业也损失很大。虽然还有留市的若干原日值理，维持局面，但业务一蹶不振。况且自从民国廿五年以后，就没有刊过征信录，至今十年来帐目未加整理，流弊滋生，这是最堪痛惜的事！

三、爱育善堂的整理经过

本市复员以来，社会局对市内救济及社会福利，认为当前急务，关于慈善团体的业务，特别重视。去年底经过详细调查之后，发现办理不佳的善堂，已先后派出人员加以整理，务求其成为完美的社会福利机关，澈底肃清假善济私的积弊。并加派局内高级职员指导其工作进行，至局派各善堂整理委员的标准，是遴选与该善堂有历史关系的公正人士，或是附近地区热心公益的名流与殷商。整理的工作，首重善产与其收益的清查整顿，并及经办事业的改进。在整理工作完成，善堂各种业务设施，都上轨道之后，再普遍征求同人，正式选举理事，这是政府辅导各善堂业务进展的原意。

本年一月，社会局会派爱育善堂整理委员黄咏雩、胡颂棠、卓叔和、梁作平、黎可与、何仲献、陈伯绮、何丽天、陈大年、黎尧、何德初等十一人，指定黄咏雩为召集人。另派社会局视察一员为指导员，十九日接收进行整理。在这仅仅一个多月的时间，他们的工作正迅速在进步，现在整理工作虽未全部完成，因为事务的繁重，或者还要一个相当长的期间。但整理工作的成绩，也有很多可报告的资料了。

（甲）行政上的整理

这里应该首先叙述的，当然是爱育善堂整理委员会的组织。该会现设常务委员五人，互推主任委员一人。下分总务、福利、财务、筹募、稽核五组。常务委员每人兼负一组的工作，因此五组的工作，便随时可以联系了。至其他各委员也全部分配入各组负责，其下就事务上的需要设一总干事，并分设若干职员。另聘有医生二人、民众学校校长及各分校教员十五人。现在的主任委员是黄咏雩（兼财务）;常务委员是胡颂棠（兼总务）、卓叔和（兼福利）、何仲献（兼筹募）、黎可与（兼稽核）；总干事是罗冕庭，医生是黄序东和张阶平；民众学校校长是梁显声，其组织系如下图（略——编者注）。

其次是爱育善堂本身行政事务上的整理。以前该堂各种办事规章，颇具规模。近年来主事人因循敷衍，事务渐渐废弛。他们的作用，仅是维持这个善堂的躯壳而已。在人事方面，完全不注意职员的生活待遇，遂致弊病极易发生；在账目方面，完全不注意清理，甚至每月的收入也不知有统计；在产业方面，完全不注意管理，以至坐看房地的被侵毁。而土地清丈与登记，更是绝未依法办理，诸如此类，实不胜列举。整理委员会接收之始，首先即调整职员待遇，使得安心专责。计昔日堂内职员每月薪金最高者不过五万六千元，最低只得二万六千余元；现在最高月薪为十八万元，最低也有六万元。在堂内工作职员，还供给膳宿。帐款之收支，已全部改用新式会计。其余办事细则及各种事务处理的手续，正分别拟定，以树立常规。此外，尤建立堂内的会议制度，各项较重要的事件，必须经过委员会议之通过，方能执行。每日的经常业务，则编定轮值常务委员到堂处理。因此整理工作，可以迅速地进展。

（乙）善产的整理

关于善产的整理，大致可分为两大部份：其一是围田；一是铺屋。爱育善堂的围田，统计在中山、南海、番禺和本市近郊的合共二十五顷有余，市内铺屋共一百五十九间。这个偌大数字的房屋田产，其收益在战前每年也有五万元。据二十五年的征信录载：田租共一万九千八百一十九元三角四分，屋租共三万零一百一十三元一角六分。所以爱育善堂向来不注重募捐，单靠田产和铺屋的租款，已经可以办理不少事业。可惜在整理之前的主事人办理不善，与各佃户租客所定的租额，低至几乎不能估料。所定的年期，每每也很长。至于土地的面积丈量和登记，除了很少数外，全部未曾办过，在上文也曾提及了。所以整理工作，颇为繁重。现在决定整理的步骤是先调整田租、次调整铺屋租、再次办理丈量登记的手续，和清查被毁、被占的房屋。

在接收整理的时期，既发现爱育善堂以前所立的围田批约，有许多还未满批期。而所订的租值，过于低廉，影响善款收入极大，势须改订。但一时实难完全撤批，于是公推梁作平、何仲献两委员，先将各围田应得之租值调查，估定底价，呈报社会局核复，再约请各承耕人从新议租。在增加善产收益、办理社会福利的大前提下，幸而各耕人都能明理合作，工作得以顺利完成。计大坦尾、蚬涌沙两处围田是由双方协议加租成功。另订新约的，下八学的围田租约——这是旧任理事经办惟一公开招投订立的租约，所以租值也比其他围田较高。但据说后来因天时不佳，收成减少，又将原定租额减收的，现在也协议成功，恢复了原约的租值。雁企沙和缯沙的承耕人则愿放弃佃权，撤销批约，即另开投招耕。此外，塞口沙围田旧约已满期，当然由整理委员会公开开投。里水的围田也是旧约满期的，但开投了三次都因参与竞投的人数不足，开投不成，结果仍以每年每亩租谷一八〇觔批耕。围田租项的整理，至此告一段落。兹将原日各围田租值和整理后增加的收益，详细列表如下（略——编者注）。

由上表所列，经整理后，全年租谷的收入共六三六八一六司码斤，折合时值共四九六七一六四八〇元，其增加租谷部份折合时值亦达二八二七〇一五二二元（依法业主负担之征实额未扣除）。

市内铺屋业的整理，其办法也和田租整理相若，第一步是派员先将各铺屋的面积加以测量，和观察其所在街道的环境、建筑物的状况、现在租客使用的状况，再调查附近屋租时值。将各项详明列册，拟定应调整的新租值；第二步是送交整理委员会开会覆核议定；第三步就请各租客来议租。现在第一、二步工作都已经完成，第三步工作也做了一部分。计现出租铺屋共七十六间，另破坏不能出租屋地八十三间。原日善堂每月收租共二百一十四万，照整理委员会调查估计的租值每月应达一千五百万元。不过屋租的改议，比较田租的修改为复杂而困难，自然需要较长时间的努力。此外，铺屋业中如河南爱育街在沦陷期间被敌伪拆毁为渔市场，小东门育秀坊有若干住屋遭误会为敌伪产业之被封，都是增加整理工作之波折的。

今后无论善堂的田产与铺屋，必须依法丈量登记，这是急切而繁重的工作，而且需要一笔很大的款项，这恐怕也就是整理委员会最近将来的一件最重大的职责。

（丙）事业的改进

爱育善堂的业务整理，大致也可分为两大类。第一，是救济福利事业。该堂原日已聘有中医两名，每日在堂赠医，设有中药房。贫民在堂诊症之后，同时就可以领取施药，现在每日到堂诊病领药的贫民约二百余人。关于药材的购置，整委会已特约市内药材商业公会何佛缘、禤新两先生协助。由善堂开列要施赠的药材，送请该会分配指定各药商减价配售。至医生方面，正计划加聘新医，以求改良。另代广州市冬令救济委员会办理施饭，每日施饭一千五百人。此外捐助方便医院五十万元及最近先后捐助广州市冬令救济委员会四百五十万元，另垫借一百五十万元。

第二，是办理民众学校。爱育善堂成立之始，便有开设义学这一件工作。由同治十年到现在，始终也就是办义学，并没有跟着学校制度之进步而改善。义学就是免费的学塾，最近还保留着五所。整理工作开始以后，感觉目前推广民众教育的重要，刚巧又是学期开始的时候，便毅然将这五所义学改为民众学校，当然一样也是免收学费的。原日每一所义学只有教师一人，收容学生五十人。现在每一所民众学校聘请教员三人，扩充为三班，分别在上午、下午、晚间上课。每班收容学生五十人，不分性别和年龄，较原来的员生都增加三倍。对于师资也从新依据法定标准审查后，才遴选聘用，课本改为采用社会教育家徐锡龄教授新编的民众课本。这几所民校的地址分布如下：

第一分校：小新街（市中区）

第二分校：小东门豆腐巷（市东区）

第三分校：西华□司马坊（市西区）

第四分校：龙津路连元大街（市西区）

第五分校：河南同福东路（市南区）

至民校的组织是很简单的，这五个民校共设一个校长，以总其成。每一分校设一主任，处理该分校的事务，办公费是每班每月一万元。原来的设备过于简陋，也从新设置了必需的教学用具。校舍粉饰一新，现在这几个民校都已经招足班额开课了。

以上概述各点，仅是爱育善堂整理工作的初步，我们正热诚期望着这个善堂拥有如此巨大的收益，将来必须成为市内最完美的社会福利机关，举办最实在的社会福利事业。

——原载《社会行政月刊》1947 年第 2 卷第 2 期。

改良汉市各善堂之意见（附表）

（沈开寰　1929年）

一、一般现状

查汉市善堂共有七十二个，（包括汉口，汉阳，鹦鹉洲，硚口。计汉口四十五，桥口三，汉阳二十四，鹦鹉洲三）。总核善举不外送诊、施药、施板棺、施茶、施衣、施米、恤孤、矜寡、义学、义冢、收埋、路灯、救火、种痘、惜字等十五种，除施茶、施衣、种痘、施药水有时间性，及收埋、救火、施米临时发生外，其日常仅送诊、施药、施板棺、教育、恤孤、矜寡、义冢、路灯、惜字数种而已，然尤以送诊、施药、教育、施棺四项为主要善举。兹就此四项统计如下：

善举类别	数　　量
施药	占全数之三十四
送诊	占全数之三十一
教育	占全数之二十八
施棺	占全数之一十九

观上表可知，汉市善堂虽多，而所行善事极为简单。此四项善事，又互相牵联，凡有施药送诊，必兼施棺或教育。教育虽有独办者，究属不多。窃意该项善事，轻而易举，所费尤为不大，如送诊、施药、聘请落伍医生、或赋闲无事者一二人，费半日之功夫，已足举事，彼无聊之医生，一则诚有微利可获，再则负慈善之美名，何乐不为！大都兼办学校者，亦类此情形。至施棺一节，更属无聊之极，类皆以施棺为名，卖棺是实，甚有以卖棺之赢余，为善堂

经费之来源。查各善堂创办历有年所，或数十年之久，无论对外一切设施，或内部组织，一沿向例。而主其事者，复多思想陈腐，或智识简陋之辈，既墨守旧法，又无能谋刷新善务，少有长进，成绩未由建树。即以七十二善堂平均每堂每年以千元计之，则每年所耗至七万二千元之巨，而人民每年所得之实际利益，是否值七万二千元之代价，尚一疑问！况慈善事业依社会之情况，满足贫民实际之需要而产生，苟社会进展，社会需要变迁，则慈善事业亦当随社会需要之变迁，而改异其事业也。本此原则，则汉市在四十年前所创办之各善堂，是否能适合现今社会之要求，实一疑问。其所办各项善举，是否在时间上、空间上不受限制，亦一疑问。以教育一项言之，在数十年前中国教育尚未萌芽，学校之名词更藏在母胎里，所谓教育不过富家子弟在家庭中之识字教育而已。一般贫寒者，仍无受教育之机会。那时慈善家于善堂设私塾，以教清寒子弟，其用意至美至善，确为事实上所需要。若谓时至今日，仍需要该项教育，即无异中国社会天天在开倒车。试问青年学童尚需要"子曰""孟子见梁惠王"这类教材吗？满脑袋封建思想之冬烘先生，尚配为人师吗？况今学旨大变，日新月异，市府对于教育事宜，设有专局办理，小学满布、义塾林立，何需乎善堂办学，更何贵乎不合时代之教育！此所以汉市各善堂之亟待整顿，实不容缓图也。兹就鄙见所及胪陈如下。

二、整理计划

（一）整理原则分甲、乙、丙、丁四级

甲　助其发展

乙　导其改良

丙　归并

丁　取缔

关于丁项，或因地区关系，事实上确为人民所需要，虽经费不足，办事不力，只可设法改良，并助其发达之。

（甲）永安堂　道生堂　愿善堂　培心堂　敦仁堂　潜仁堂　济众堂　安善堂　中和堂　济生堂　同化普善堂　厚善堂　修德堂　敦本堂　敦化堂

（乙）化善堂　依善堂　宝善堂　圣慧堂　圣化堂　复善堂　从善堂　乐善堂　奠安堂　仁善堂　同德堂　友仁堂　天元堂　大生堂　潜修堂　崇善

堂　道安堂　培善堂　同济堂　玉成堂　新心堂　惠济堂　敦实堂　保安堂

（丙）自新堂　广济堂　普化堂　成善堂　普济堂　怀善堂　武义堂　潜龙堂　济安堂　同善堂　义诚堂　永静堂　补善堂　福善堂

（丁）同善小补堂　普庆堂　三宝堂　乾化堂　官圣堂　崇善普济堂　诚道堂　乾化堂（鹦鹉洲）　崇文堂　圣德堂　书善堂　静镇堂　崇义堂

至于甲、乙、丙、丁四级分别之标准规定如下：

（1）堂舍宏敞，经费足敷，主持有人，善举确有成绩者，属于甲类。

（2）堂址敷用，经费拮据，善举不足，主持有人，属于乙类。

（3）堂舍狭仄，经费无着，善举极渺，所在地善堂众多者，属于丙类。

（4）租借民屋，经费毫无，善无所举，亦无人主持，并带有迷信色彩者，属于丁类。

（二）内部整顿

1. 取缔办学与卖棺

汉市教育，何劳善堂费心，理由已如上述。各种救济事业，有比教育重几百倍者。应舍轻就重，弃缓图急，将已办学校截至本学期止，一律停办。事前并将各该善堂每年办学所需经费总数，详细查明。据上统计，各善堂办小学者有二十八所，每所平均每月五十元，则月可得一千四百元，年即可得一万六千八百元。若将此一万余元之数，移作急要救济事业，其收效较办教育多矣！又棺材一项，多至一十九处，富有之堂，积存在数百具以上，有继续不断雇匠制造者。若每堂平均五十具，每具价二十元计算，则所获之数为一万九千元，两共数在三万五千元以上。再查板棺原料，多买自木行，其交易情形，须详密查明。一方面勒令停止出卖，并调查其存货部。另组织营业部办理之，或以廉价批发各棺商，将所得价金，作兴办救济事业之基金。

2. 延长送诊施药时间并取缔馈金

查现在各善堂送诊施药，仅上午四小时（八时至十二时），过午不诊，其原因一系善堂偷惰，一系各医生兼任之故。但病之来，固不必在规定时间内，殊非救济之道，下午亦应继续送诊施药。又诊病时病人多馈以铜元多少不等，随便奉送，既云善事，又未规定医费何能私受，故极有禁止之必要，以杜流弊。

3. 归并水龙

汉口各善堂没有办有水龙者，可不论。汉阳因街道狭逼，各善堂办水龙者较多，甚有水龙三具，亦以善堂名之，如成善堂、同善堂、义诚堂、永安堂等。查水龙乃系社会事业，非慈善事业，应将善堂取销水龙归并于适中地点，组织救火会，交由公安局负责指导。

4. 善堂革命化

现有多数善堂，暮气沉沉，毫无生气，如风中残烛！不扑自灭之状态。无论陈设习尚，皆有改革之必要：（一）禁绝拜神诵经之举（神虽去龛尚在，并有焚香之类）；（二）肃清封建遗物（肃静回避牌之类）；（三）挂总理遗像及关于善馈事之各种标对；（四）制关于总理民生之遗教，使一般慈善家明白办慈善事业，不仅是以道德心为出发点，实为发扬人类互助之精神。

5. 取缔借用堂址

各善堂因屋多不用，遂招外人之觊觎，如有借作市立小学也、驻兵也、警署也、党部也，有将整个善堂划分为几个机关，甚至淹没善名，喧宾夺主者，非予以收回不足以言整理。万一有不得已时，亦当出钱租借。

（三）地区分配

善堂之设立，原为救济贫民，地区之清静、边僻、热闹、繁盛，遂与善堂之地点发生密切关系，故整理时尤须注意于此。

1. 汉口各善堂设立地点尚属平均，依警察区署统计如下。

署别	一署	二署	三署	四署	五署	六署	七署	八署	三分署	四分署
数目	七	七	七	七	五	四	七	一	三	二

惟九、十、十一各署尚付缺如，幸该三区多系富户，毋需乎善堂之救济。但大智门铁路外一带，多系贫民住宅仅奠安堂，殊觉不敷。况奠安堂经费困难，房屋狭逼，所办善举，仅送诊施药而已，似有设法整理扩充或添设之必要。

2. 硚口居户多属贫困，然善堂仅保安、普济二堂。而普济势在归并，则保安一堂依现时情形，恐不足应付，非予以扩大善务，或添设善堂不可，否则贫民之受惠者，实难普通也。

3.鹦鹉洲在形式上虽有潜龙、乾化、崇善三堂，实际上适等于零。该处地近乡僻，民多贫穷，诊病施药恃善堂之救济者甚殷。虽该地各商类多小本经营，然多无力救人，该地同属汉市范围，应作全盘之打算也。

4.汉阳照现有善堂之数，不谓不多，若一按内容，率皆有名无实。除厚善、敦本、培善等数堂可观外，余皆为一躯壳耳。苟能予以整顿，尚足应付，又汉口之桥口，距汉阳数里之遥，居民多贫，亦有添设善堂之必要。

三、善堂之设计

依照目前汉市各善堂所办善务之现状观察，影响于社会甚少，施惠于贫民亦微，可断言也。此后整理之方针，应从合乎社会实际需要，救济贫民全部痛苦上着手。查汉市除政府已办有贫民教养所，妇孺救济院外，尚有其他救济事业亟应举办者，如罪犯出狱救济所、残废院、养老院、孤儿院等。但政府财力有限，而已办之妇孺救济院教养所，尚时虞竭蹶，更何有余力再办必需巨款之各种院所。故不得不借力各善堂。矧残废、孤儿、养老为善堂分内事，自不能以经费困难，藉词不办，容或有一堂财力不足，则正可合数堂而为之，集腋成裘，众擎易举，则将来汉市救济事业之发达，可预卜也。

1. 急待筹办者

（一）罪犯出狱救济所；（二）残废院；（三）养老院；（四）孤儿院。

2. 经费

视各善堂之财力如何，指定每月补助金若干元，拨作开办费及经常费。

3. 地址

可就原有各善堂中派充之。

4. 人材

此项筹备事务责任綦重，恐非现任各善堂之董事委员所能胜任，应聘定富有经验者，擘画筹办。

——原载《社会》1929 年第 3 期。

汉市七十三家之善堂

（丁布五　1929 年）

一、本市慈善事业之需要

本党革命的目的，即在解决民生问题。所以，总理本着天下为公的精神，特别注意于贫苦无告者的救济。总理认为：革命的结果，务使"老有所终，壮有所用，幼有所育，矜寡孤独废疾者皆有所养，男有分，女有归"。故确定本党对内政纲第三项曰："土地之税收，地价之增益，公地之生产，山林川泽之息，矿产水力之利，皆为地方政府之所有，用以经营地方人民之事业，及育幼养老、济贫、救灾、卫生各种公共之需要。"所谓育幼、养老、济贫、救灾、施诊就是慈善事业。所以慈善事业是病的社会，最重要的事业，也就是老幼孤独贫病残废者的救星。于此可知慈善事业之可贵与重要了吧。

查汉市居民约在百万以上，其中贫而无告者的数目，虽然还没有确实的统计。然而由我们想像的估计起来，当然不在少数。那些老而无养的，幼而无育的，鳏的，寡的，孤的，独的，残废的，疾病的，是多么可怜呵！他们一切生活，是失其凭借。就是那些手足胼胝，以一人的血汗来维持一家生活的人，在平时已苦不能饱暖，一旦失业，就无所维持其生活了。像这两类的人们，在汉口社会里，果何可胜数呢？所以这种慈善事业，在汉口更是占了极重要的地位。

二、汉市各善堂一览

汉市的慈善事业素由人民自动的办理，此种慈善场所，即普通之所谓善堂。汉口、汉阳二处的善堂，经这次调查所得的共有七十三所，其名称与组织虽有不同，而其目的却是一样的。兹将汉口、汉阳二处善堂录之于后：

汉口各善堂一览表

名　称	地　点
依善堂	横堤堤街
大化乐善堂	药王庙堤街
从仁堂	大火路堤街
宝善善堂	大火路堤外
圣慧善堂	苏湖公所堤街
官圣善堂	中路广货公所前敦五里
善济善堂	观音阁堤街光济里一号
复善善堂	玉皇阁堤街
广济善堂	存仁巷中路第一号
敦宝善堂	存仁巷
仁善堂	大通巷中路
保安善堂	本市第一区硚口正街
圣化善堂	利济巷
安善堂	五彩正街
中和善堂	大水巷上首第六号
同善小补堂	太平巷
从善堂	杨千总巷内
愿善堂	篮子街
惠滋善堂	长胜街
同德善堂	牛路口堤街
滋善善堂	大通巷堤街
敦仁善堂	苗家码头巷内
普济善堂	硚口外
镇安善堂	存仁巷内
三宝善堂	大龙家巷
乐善堂	花楼中路苗家码头

续表

名　称	地　点
同化善堂	日租界铁路外（同化施送诊施药所）
友仁义社善堂	新兴街铁路外
奠安善堂	大智门铁路陈家湖
普庆慈善堂筹备处	汉寿里第一百一十一号
新心善堂	张美之巷兴隆街
玉成善堂	半边街南岳殿
济生善堂	土垱中山路外
同济善堂	半边街
乾化主善堂	武圣宫美益里四号
永安善堂	大夹街
慈济善堂	花布街
道生善堂	大董家巷
普善堂	小江家
培心善堂	洪益正巷
济众善堂	天宝巷
潜仁善堂	天宝街正街
崇善普济善堂	老官庙
化善善堂	尚义巷
普化善堂	土垱文书巷内
天元慈善堂	仁厚里
共计四十六家	

汉阳各善堂一览表

名　称	地　点
敬节育婴堂	东门城内正街
原善堂	西门外鄢家大巷

名　称	地　点
道安善堂	西门内正街
怀善堂	西门外
培善堂	高工桥下首
大生堂	西门外北城边
补善堂	东阳坊洗马口下首
圣德堂	大别山头
义诚堂	东门内太白巷
敦化堂	月湖口正街
成善堂	天符庙
崇善堂	鹦鹉洲头
永静堂	东岳庙正街
崇文堂	江防局铁门关正街
崇义堂	月湖口街
福善街	弹铗街
书善堂	月湖口正街下首
乾化堂	鹦鹉洲
修德堂	城内西城角
私立潜修堂	西门外青石桥湾里
潜龙堂	鹦鹉洲
静镇堂	段家巷
武义堂	西门桥外
诚道堂	西门外白鹤井
同善堂	汉阳山尾
敦本善堂	铁门关附近
万善堂	第五区萧家庙
共二十七家	

武昌各善堂一览表

名　称	地　点
崇文三四社救火会	斗级街七十八号
宝善社	粮道街古刹巷
积善堂	司门口南楼上
至善堂	新桥正街十五号
同善堂	都府堤
培善堂	保安门外十字街第三十九号
治善堂	抚院街七十六号
宏道善堂	斗级营
真官祠救火会	望山门内真官祠街第三号
元善堂	武胜门外四马路下首
内福善堂	望山门内清真寺十号
三善堂	武泰闸榨栏口十六号
全善堂	大朝街南段三十六号
卫生堂	曇华林第四号
诚善堂	起义门外第五号
中社公所	警察一署中社街
永安社	忠孝门内百步梯
忠孝社	忠孝门外正街
道善堂	武胜门外砖瓦巷
明德社	三道街六十七号
同正善堂	黄土坡下街二十二号
惠安社	青龙巷第一百五十五号
敦善堂	吉祥巷十二号
滋善堂	大东门外
上敦义堂	文昌门外
聚善堂	贡院东卷棚

续表

名　称	地　点
济善堂	文昌门正街四十三号
外福善堂	汉阳门外筷子街
普安堂	武胜内正街七十五号
存善堂	花堤中街十三号
敬德社	小东门内水口关帝庙街
益善堂	读书堂街第二号
衡善堂	抚院街第一百四十八号
培济善堂	巡道岭一百零三号
下敦义堂	中新河
新兴一社	贡院新街
乐义堂	武胜门箍桶街
惠济善堂	平湖门西街五十一号
普济善堂	杏花天街第七号
滋生堂	得胜桥街
崇德社	候补街七十二号
世界红卍字会武昌分会	王府口街六十三号
敬善善堂	敬善救火会
武昌慈善会	抚院街九十一号
保安善堂	保安正街古关帝庙
恒善堂	武昌大朝街北段
共计四十六家	

以上各善堂除武昌各善堂外，汉市善堂共七十三家。在各个善堂之上，无论在汉口、汉阳、武昌三处，均有善堂联合会的组织，用以统一该地善堂慈善事业的工作，如汉口有汉口善堂联合会，汉阳有汉阳善堂联合会，武昌有武昌善社联合会等，惟其组织简单，无甚可述。

三、各善堂的情况

善堂的宗旨，既在实行慈善事业，所以他们的工作，就是所谓施衣、施米、施诊、施药等善举。兹根据最近调查所得，可以将各善堂所作事业分类统计如下：

慈善事业类别	家　数
送诊	32
施药	55
种痘	32
防痘	1
义塾	37
惜字	14
施米	29
施茶	36
恤孤	30
救贫	8
救火	23
义渡	7
救生	3
放生	1
施棺	33
掩埋	8
义塚	37
收埋露棺	6
收埋水面浮尸	1
培修荒塚	3
培修道路	4
设立路灯	11

其实这种善堂因为距今已久，经过长期的消磨，所办各种事业，早已极少可取之处。查考其内容则已泰半腐败不堪，徒有其名而已，试举其劣点如下：

（1）经费支绌——慈善事业的成败，可说完全取决于经济之充足与否。查各善堂的经费来源，初是由于许多善士捐助所得，但多年的消费，因有出无入再加财产经理不得其法，对于经费一层早已周转不灵，所以所谓善堂，亦无所行其善举了。

（2）负责乏人——慈善事业之办理，更有赖乎负责有人。今查许多善堂，只在门前挂起一块善堂的招牌，而无人专职办理，即使其间尚有人在料理琐细事务的，但各种较大的善举，很少有人去负责执行。

（3）弊窦业生——经费支绌，负责乏人倒也罢了，而且我们还能发现有些善堂里面，弊窦甚多，致名实两不相符。譬如在经费则名曰：施医送诊，而医生仍任意收受病者的馈金；在善堂则已施棺木，其实只是售卖。种种流弊，不一而足，像这样，不仅是贻患于贫民，实为慈善事业之罪人。

（4）教育腐化——本市善堂共计七十三所，其中附有义塾者有三十二所，可见他们对于义务教育，亦不可谓不热心了，但一考其内容，则出人意料之外。贫民的子弟为什么要去受教育？谁都知道，他们是预备将来在社会上谋生，在社会上谋生必定要有将来社会须要的智能。然而二十年前的"子曰馆"，现在尚存在于举办慈善事业的机关，并且还收罗许多谋生最急的贫苦青年，灌溉着现代社会所摒弃的子书五经的腐化教育，岂非笑话之至。夫小学为一切教育的基础，贫苦青年前途，真是何堪闻问呀！

综之汉市的善堂，多半是只有其名的，若不实施整顿，恐其利犹不足以抵其害。

四、善堂的迷信

迷信之风相沿太久了，致一般无知的人们都受了迷信的毒而不能自拔，有些善堂的人员，也因被从前的各种迷信观念濡染过深，一时不能完全摆脱。近来虽因政府严厉取缔，致未敢公然而行。然而暗地里仍是信奉神佛，以迎一般无知贫民的迷信心理，自惑惑人，可笑亦复可恨。

至于迷信的举动，各善堂所做的，大概相差不多，虽在本局三令五申，取缔禁止之下，仍有以下种种现象：

一、供奉的——济公、韦驮、观音、佛像、天师像等。

二、问卜的——求签、打卦、扶乩、下马等。

三、符水、画符、乾符、佛药、黄表佛等。

此种有迷信的善堂，经本局派员密查之所得，其确有迷信之举动者，以下列二十家为最深。兹录名如次：

汉口：济世善堂、圣慧善堂、济众善堂、圣化善堂、崇善普济堂、中和善堂、官圣善堂、潜仁善堂、天元慈善堂、保安善堂、普济善堂、宝善堂、复善堂等。

汉阳：武义善堂、诚道堂、潜修堂、乾化堂、成善堂、大生堂、厚善堂等。

五、整顿各善堂的先声

本市各善堂的大概情况既如上述，足知贫民所得的慈善补助实微，这种善堂的无补于社会的实情，是无可讳言的了。本局负有改良社会的职责，决不能任慈善事业长此堕落下去，所以便设计来加以整顿。于是八月十一日，就有蒋局长在汉口善堂联合会召集各善堂的训话。

但是各善堂虽欲用心积虑去谋整顿，然而没有切实的办法和应行的方针，也是枉然，在本局亦深以此为忧。乃于八月三十一日，由蔡竹屏、龙钜唐二同志，代表本局，再集各善堂代表四十四人，在本局开谈话会一次，尽量指示各善堂办理慈善事业的办法和方针，并有善堂代表陈君，报告汉口善堂过去和现在的大概情形，使吾人整顿进行，知有所着手了。

六、颁发本局管理各善堂的暂行通则及组织章程

善堂办理慈善事业，向来没有标准，致少数善堂，竟可藉公营私。我们要想切实整顿，必先要订立规章，使他们有所遵循。故本局特拟定管理各善堂的暂行通则，和善堂的组织章程，并呈请市府核准施行。兹将该通则和章程附后：

汉口特别市管理本市各善堂暂行规则

（第二十四次市政会议通过）

第一条　本通则依据社会局组织细则第四条第四项第七款之规定制定之。

第二条　本市各善堂须将设立地点、成立沿革及现在负责人姓名、所办事业、经费来源、收支预算等事，详细呈报社会局。查明确实后，由社会局注册给照保护之。新请设立之善堂，须将前项规定详细呈报，经查核后，准予试办

两月。确有成绩者，然后准予注册给照保护之。

第三条　各善堂之组织须采用委员制，设委员会经理事务。其委员之名额，由各善堂自行酌定，但必须由会员中选举之。主席委员由委员互选之，均为义务职。前项会员以出资该善堂之市民为限。各善堂之委员会，每届年终改组一次，但委员连选得连任。

第四条　主席委员如因故请假时，得指定其他委员代理。如请假在两月以上者，应将事由及代理人姓名呈报社会局备查。

第五条　各善堂委员或职员，如有舞弊营私，或旷废职务被人检举，或经社会局调查确实者，得依法惩办。

第六条　甲区与乙区毗连之处，如因善堂公务上发生纠葛，须将事实呈报社会局核示。

第七条　各善堂委员及职员能于最短期间处理紧急救济事项，其成绩足为市民称颂者，或继续任事在三年以上确有成绩者，得由社会局呈请市政府，分别予以奖励，其规程另定之。

第八条　本市各善堂每届月初须将本月工作之计划及上月工作之经过分别填具报告表，呈报社会局核夺，其表式另定之。

第九条　各善堂每届月终，须将收支款项造具报告表，呈经社会局核准后，榜示各善堂门首，以昭大公而释群疑。每届年终，汇集每月收支状况，刊印《征信录》，分发各该善堂会员。如会员中有疑问者，得呈请社会局查核之。

第十条　社会局复核各善堂出纳账项收据，如发现错讹遗漏等事，得派员纠正或依法办理。

第十一条　各善堂所办事业，社会局认为不适当者，得随时纠正，并派员指导之。

第十二条　各善堂均应接受社会局所委人员之指导，但社会局所委人员如有包庇、受贿、不法各情事。准各情事、准各堂据实呈诉社会局处分之。

第十三条　各善堂如因费不足，认为必须募集者，须先将募集理由及方法呈请社会局核准后，方可举办。

第十四条　各善堂依前条规定募集捐款，须制定收据、缴核存根、三联券册呈送社会局加盖印信。收捐完毕，应将缴一联呈社会局条查。

第十五条　各善堂如因特别灾难，须组织或扩大救济机关时，应即呈报社会局备案，其募捐手续均依第十三、第十四各条之规定办理之。

第十六条　各善堂办理各项慈善事细则，另订颁发之。

第十七条　各善堂绝对不准有诵经礼忏、假神惑众及设立乱坛治病等荒诞之举。违者，应予查封，并惩办其负责人员。

第十八条　本通则如有未尽事宜，得由社会局提请市政会议改之。

第十九条　本通则自公布之日施行。

汉口特别市善堂组织章程

（第二十四次市政会议通过）

第一章　总则

第一条　本市各善堂均遵照本章程组织之。

第二条　本市各善堂以办理一切公益慈善事业为宗旨。

第三条　本市各善堂均受社会局之指导及监督。

第四条　本市各善堂须有固定地点及充裕基金，经社会局审查合格者，始得设立。

第二章　会员

第五条　凡其有下列资格之一者，得为善堂会员。

一、办理慈善事业著有成绩者；

二、捐助款项在五十元以上者；

三、捐助施用品价格在五十元以上者。

第六条　本市各善堂会员均须遵守本章程及履行一切议案。

第七条　本市各善堂会员不得以私人名义或假借善堂名义向外募捐。

第三章　组织

第八条　本市各善堂组织为委员制，由委员中推选执行委员五人或七人，组织委员会，并由执行委员中推选主席委员一人，主持会中一切事务。

第九条　本市各善堂于委员会之下分总务、财务、善务三股，各股设主任一人，由执行委员会推任之。

第十条　各股依事务之繁简，得酌用雇员，但须经委员会之通过。

第十一条　本市各善堂委员及各股主任均为义务职，但经委员会之通过，得酌给车马费。

第四章　职权

第十二条　本市各善堂执行委员会之职权如下：

一、办理党务进行事宜；

二、编制预算决算；

三、审查收支账目；

四、召集会员大会；

五、堂内员役之考核及奖惩事宜。

第十三条　本市各善堂各股之职掌如下：

一、总务股办理文书、交际、庶务、统计及一切不属财善两股事宜；

二、财务股办理收支及保管财产事宜；

三、善务股办理公益慈善事业之一切实施事宜。

第五章　任期与会期

第十四条　本市各善堂执行委员任期为一年，但得连选连任。

第十五条　本市各善堂会期如下：

一、会员大员每年举行一次，由执行委员召集之；

二、执行委员会至少每月开例会一次，遇必要时由主席委员召集临时会议。

第六章　经费

第十六条　本市各善堂经费之来源分下列三项：

一、原有财产之息金；

二、会员月捐；

三、个人捐助者。

第十七条　本市各善堂收入支出款项，每月终结算一次，经执行委员会审查公布后，呈报社会局备案。

第七章　附则

第十八条　本市各善堂举办公益慈善事业之规则另定之。

第十九条　本市各善堂办事细则另定之。

第二十条　本市各善堂会议细则另定之。

第二十一条　本章程如有未尽事宜，得由社会局提请市政会议议决修改之。

第二十二条　本章程自公布之日施行。

七、各善堂呈请注册

自从本局把《暂行通则》和《组织章程》颁发之后，即训令各善堂限期注册，注册的合格与否，视其能否符合《暂行通则》和《组织章程》的规定为标准。十日之内，各善堂均络续改组刷新完毕，先后备文附其《组织章程》、《善务表》、《职员表》呈请注册，并求发给执照。这些事项，本局已分别核办了。

八、颁发各善堂办理慈善事业规则九种

汉口特别市善堂设立义务学校规则
（第七次局务会议通过）

第一条　凡本市各善堂有办理义务学校者，除遵照管理本市善堂暂行通则之规定外，并须依照本规则之规定。

第二条　善堂设立义务学校除呈报社会局外，应照教育部颁布之法令，向教育局立案。

第三条　义务学校不得收取学费、书籍费及其他杂费。

第四条　义务学校每月收支经费，须据实呈报社会局审核。

第五条　义务学校办理情形随时由社会、教育两局派员考核之。

第六条　义务学校须将本期实施状况及下期教育计画每学期终，呈报社会、教育两局审核。

第七条　本规则如有未尽事宜，得呈请社会局修正之。

第八条　本规则由社会局公布之日施行。

汉口特别市善堂施医、施药规则
（第七次局务会议通过）

第一条　凡本市各善堂有施医、施药者，除遵照《管理本市善堂暂行通则》之规定外，并须依照本规则之规定。

第二条　各善堂延聘之中西医生及药剂师，须经卫生局考查合格者，方可任用。并须将该医生姓名、年龄、性别、出身经历等详细履历，呈报社会局备案。

第三条　施医、施药时间为每日上午七时至十二时、下午一时至五时，但急症不在此限。

第四条　凡施医除赤贫者外，得酌收挂号费，但其数目至多不得过一百文。

第五条　无论中药、西药概不取资。

第六条　凡善堂所施药品，须先呈送卫生局化验。已腐败之药品，不得施送，违则严办。

第七条　施医、施药均须编号登记，以备考查。

第八条　施医情形须于月终填表，呈报社会局审查备案（表式另定之）。

第九条　其他施种牛痘或注射防疫针等，届时得呈请社会局核准施行之。

第十条　本规则如有未尽事宜，得随时呈社会局修订之。

第十一条　本规则自社会局公布之日施行。

汉口特别市善堂施棺、施冢规则

（第七次局务会议通过）

第一条　凡本市各善堂有施棺、施冢者，除遵照《管理本市善堂暂行通则》之规定外，并须依照本规则之规定。

第二条　施送棺木以严密坚固者为限。

第三条　领取棺木者须开明姓名、地址、职业与死者之关系，及死者之职业、性别、年龄、致死原因，并取具妥保，经调查确系贫困者方准发给。

第四条　每届月终须将该月份施棺数目、价值及受施人之姓名、职业、住址分别造册，呈送社会局备案。

第五条　义冢以距离本市较远之旷野或山麓，与依照内政部所颁定之公墓条例第三条之规定为限。

第六条　义冢地址择定后须呈请社会局核准。

第七条　义冢周围须建筑围垣，但在山麓者不在此限。

第八条　义冢深度至少须入土五尺，方准安葬。

第九条　被葬者之姓名、籍贯及没葬之年、月、日须详细登记，以备查考。

第十条　本规则如有未尽事宜，得随时呈请社会局修订之。

第十一条　本规则自社会局公布之日施行。

汉口特别市设立残废养老院规则

（第七次局务会议通过）

第一条　凡本市各善堂有设立养老残废院者，除遵照《管理本市善堂暂行通则》之规定外，并须依照本规则之规定。

第二条　养老残废院以收留市内年迈无依，及无处可投之残废男女为限。

第三条　有下列诸种情形之一者，方许其入：

　　　　甲、年在五十岁以上之年老男女而衰弱无依者；

　　　　乙、残废不能作业者。

第四条　残废者须视其智力授以特技。

第五条　凡住院者之衣食及疾病之调养、死亡之葬殓，悉由院负责办理。

第六条　住院者如因病死亡，须将其疾病及诊断经过、医生证明书，呈报社会局备案。

第七条　各善堂设立养老残废院，应先将地址、基金、经常费及详细计画，呈准社会局备案。

第八条　养老残废院如规模较大者，应附设盲哑学校。

第九条　本规则如有未尽事宜，得随时呈请社会局修订之。

第十条　本规则自社会局公布之日施行。

汉口特别市善堂设立育婴院规则

（第七次局务会议通过）八月三十日

第一条　凡本市各善堂有设立育婴院者，除遵照《管理本市善堂暂行通则》之规定外，并须依照本规则之规定。

第二条　育婴院专收留弃婴，从事抚育。

第三条　婴孩入院须将性别、年龄及收育情形，随时呈报社会局备案。

第四条　婴孩如因病夭亡，须将其疾病及诊断经过及医生证明书，呈报社会局备案。

第五条　婴孩年届学龄，即应呈报社会局，送入义务学校求学。

第六条　育婴院应有幼稚娱乐之设备，及各种有益婴儿之用具、玩具。

第七条　育婴院如规模较大者，得酌量附设幼稚园。

第八条　本规则如有未尽事宜，得随时呈请社会局修订之。

第九条　本规则自社会局公布之日施行。

汉口特别市善堂施米规则

（第七次局务会议通过）八月三十日

第一条　凡本市各善堂有施衣、施米者，除遵照《管理本市善堂暂行通则》之规定外，并须依照本规则之规定。

第二条　施衣以清洁完整者为限。

第三条　施米以品质洁净者为限。

第四条　在施衣、米之前，应先派员调查被施者是否赤贫，并规定其数量，以免冒滥而防取巧。

第五条　被施者之姓名、住址、职业，均须登入簿册以备考查。

第六条　购置衣米之数量、受领人之姓名、住址、职业及其领得数量，应按月列表，呈报社会局审查备案。

第七条　施衣、施米得酌量情形，由二善堂以上联合举行之。

第八条　本规则如有未尽事宜，得随时呈请社会局修订之。

第九条　本规则自社会局公布之日施行。

汉口特别市善堂施茶规则
（第七次局务会议通过）八月十三日

第一条　凡本市各善堂有施茶者，除遵照《管理本市善堂暂行规则》之规定外，并须依照本规则之规定。

第二条　茶水以清洁煮沸者为限。

第三条　施茶处须建设茶亭，盛茶器具须用有开关机之大铅桶，或有益之大磁缸。

第四条　茶水每日至少倾换一次，茶具每日洗濯一次。

第五条　善堂应将设置茶亭之地点、时期，呈报社会局备案。

第六条　本规则如有未尽事宜，得随时呈请社会局修订之。

第七条　本规则自社会局公布之日施行。

汉口特别市善堂设备救生船规则
（第七次局务会议通过）八月三十日

第一条　凡本市各善堂有设备救生船者，除遵照《管理本市善堂暂行通则》之规定外，并须依照本规则之规定。

第二条　救生船如遇江上发生危险时，须立即驶往从事拯救。

第三条　救生船以船身须坚固，能受风浪者为限。

第四条　救生船出救时，以救人为限。

第五条　救生船员役，须择勇敢、善泅水者充当之。

第六条　救生船员役，每旬至少须操练一次。

第七条　善堂设备、救生船数目及停泊地点，须呈报社会局备案。

第八条　救生船须将每次救护情形，随时呈报社会局备查。

第九条　本规则如有未尽事宜，得随时呈请社会局修订之。

第十条　本规则自社会局公布之日施行。

汉口特别市各善堂设立消防队规则

（第七次局务会议通过）八月二十日

第一条　凡本市各善堂有设立消防队者，除遵照《管理本市善堂暂行通则》之规定外，并须依照本规则之规定。

第二条　各区市内发生火警时，须立即饬队前往扑灭。

第三条　在冬防时期，应特别戒备。

第四条　消防队员每旬至少须操练一次，并应与其他消防队联络。

第五条　灾区发现有人在内时，宜先设法拯救。

第六条　每遇发生火警，须将灾区范围、肇事原因及施救情形，随时呈报社会局备查。

第七条　消防队队员姓名及组织情形，须详细呈报社会局备案。

第八条　本规则如有未尽事宜，得随时呈请社会局修订之。

第九条　本规则自社会局公布之日施行。

——原载《社会》1929 年第 3 期。

为整理本市慈善事业告慈善团体及各界书

（蒋坚忍　1929 年）

坚忍任事以来，四阅月矣。对万绪千端之社会事业，综错复杂之社会现象，概抱迅速建设、澈底禁革之决心。竭智尽虑，未敢或懈；境虽艰，愿不违，力虽拙，志不渝。盖欲有以副党国付托之重，市民期望之殷也。

环观本市整个的社会状态，颇呈杌陧不安之现象：拐骗频闻，自杀屡见；劫掠盗窃，层出不穷；失所流离，触目皆是；一般市民，复有倾于怠惰淫邪生活之趋向。此种社会病态，或为贫穷之结果，或种贫穷之恶因，总于贫穷有密切关系，而每个市民尤直接、间接受莫大之影响。欲救治此种病态，在民生主义的经济组织未能切实实现之前，禁令刑法不能尽其用，道德伦理不能收其效，唯救贫政策与奖励改良慈善事业，乃为实际上补救之办法。然救贫政策，在欧美各国，虽久已普遍，在我国则寥若晨星。至人民所办理之慈善事业，又往往因其为抽象名词，易流于空泛不切实际。骛慈善之名易，行慈善之实难，行无计划之慈善事业尚易，欲行有计划、有意义、能减少贫穷之因果、救治社会病态之慈善事业则诚难。故坚忍对本市慈善事业之整理监督，不稍轻忽。今更以平时之意见，及处理本市慈善事业之态度与方针，逐一为慈善界及各界人士告。兹请先释。

慈善事业之意义

慈善之立场为同情，慈善之表现为互助，慈善之对象为贫穷。慈善事业，实即救贫事业。社会间贫的现象愈显露，则慈善事业愈需要，反之社会间如无贫民，即无所谓救贫事业之存在。然贫穷之原因，有属于天然者、有属于社会者、有属于境遇者、有属于过失者。属于天然者，如水火凶收是；属于社会者，如战争失业是；属于境遇者，如孤寡老弱是；属于过失者，如怠惰流落是。其种贫之因，各有不同，受贫之果，亦将因之而异。办理慈善事业者，应分析其原因，区别其轻重，斟酌其缓急，揆度其情形，而为各种适宜方式之救济，则社会病态，得以减少；市民安宁，得以保障。否则慈善事业即往往流于救助不足，与滥行无计划救助二种弊害之间。前者使其趋于末路，是增贫之果；后者减轻其生计责任心，是种贫之因。故慈善事业实为一种极有意义、极可研究的社会事业，亦即市民对社会之义务问题、责任问题，而非绝对的舍施问题，更非处分贫穷过失之问题也。慈善之意义既如此，吾人之责任又如彼，则应鉴既往以明得失，察现状以谋改善，请再一述。

本市慈善事业之过去与现在

慈善事业之由来，与人类社会相联系。有人类即有同情，有社会斯有互助。同情与互助，实为慈善事业最初之胚胎。今姑以慈善团体之组织，为研究本市过去慈善事业之对象。以形式言，同光年间，为本市慈善事业最发达时期，盖多数能力雄厚之善堂，胥成立于其时。以事业言，则民十左右，实为本市慈善事业最光辉时期，盖巍然灿烂之慈善会，即创设于斯时也。查善堂创立之动机，在明瞭慈善事业之重要，与夫责任之不可免；乃事实上多根据于"作善降祥"之佞神观念。财产为神而舍施，劳力为神而牺牲，以至于所施所赠之事物，无不沾有神权之色彩，施者及被施者，亦无不受渺茫神说之支配。试观乎本市各善堂之房屋，均类似庙宇，即可从而证明；然是举虽愚，要亦当时思想环境使之然耳，其向善之心，诚未可厚非也。民国以还，民智渐启，好善之士，除少数头脑陈腐者，盲守迷信外，多已明瞭慈善事业之重要，抛弃怪诞不经、扶乩礼忏之举，而为集资鸠工建立大规模慈善机关之宏愿。筚路蓝缕，惨淡经营，建筑辉煌之慈善会，乃出现于汉市社会。固不论其办理是否完全，设备是否合乎科学原则，要其耗费若干人之心血精力，捐输若干人之金钱财产，实为吾汉口市民所深悉熟闻也。汉市慈善团体在革命军底定武汉之前，既一度为釜底游魂之军阀所剥削，迨革命军底定武汉之后，又再度为残酷横暴之□□所蹂躏。于是房屋被据，事业停顿，慈善二字，几被视为打倒之对象，办理慈善人士，悉视为土劣之代表。一般具有热忱忠厚之慈善家，均怵于"无慈不痞，是善皆棍"之声浪，隐名匿迹，不敢再入慈善之门；而刁猾机智、口蜜腹剑之正牌善棍善痞，反得乘机活动。从此本市慈善事业，遂一落千丈，前途乃不堪闻问矣。近年以来，地方秩序较定，政府得稍顾及慈善事业之整理。办理慈善事业之人士，亦稍觉安心，慈善事业得重燃余烬，渐见复苏。然如久病之后，无生气、无进步则一如其旧。即以本市七十余家善堂言，除多半善仅其名，门可罗雀者外，其上焉者亦不过将堂产之收入，作固定、刻板、无计划、非科学的善务而已。欲求能随时代潮流以进化，发扬光大，为慈善事业之模范者，几不可得。而办理善务人员，尤多互相侵轧，互相攻私，不惜破坏善务，泄一己私愤。间仍有扶乩惑众，诵忏敛钱，甚有隐善堂之名，把持善堂财产，以公济私者。种种弱点，不一而足。言其一人一堂之关系尚浅，其影响于公众者实大。堕落其一己一堂之名誉不足惜，其破坏本市慈善界之整个名誉乃可痛恨，此坚忍之所以认为慈善事业之整理与改善未可或缓者也。次请讨论。

今后本市慈善事业之方针

人类之文明，不外生活经验之累积。全部历史的经验，实为吾人推循向进化之路的踏足石。明乎此，则只一回顾过去本市慈善事业之缺点，即显然知今后本市慈善事业之方针，当循下列三种原则以进行：

（一）科学的而非迷信的；

（二）积极的而非消极的；

（三）统一的、有计划的而非散漫的无计划的。

关于第一点，为慈善团体能否存在于现代社会的问题。同善社之封禁，即坐于沈惑迷信而不自拔。盖世界上之一事一物，若不与时代环境相关联，违反时代潮流，必为潮流所淘汰，实毫无疑义。故今后慈善事业，不能仍用神权时代之措施，应处处以科学精神为依归。关于第二点，为慈善事业能否收实效的问题。举例以明之：慈善之施救，应注重于贫之出路，使其受救助之后，得能离贫之羁束，而为社会生产健全份子。不应仅仅以消极的施舍衣米为满足，致反启其依赖心。关于第三点，为慈善事业能否进步的问题。本市各善堂之所以无生气、不进步之原因，盖坐于无计划、不统一之弊。置瓶钵三五，备少许药物，美其名为施药；辟破屋一隅，纠生徒十余，张其词曰兴学；甚有终年只施茶一处，送丸数包，亦标榜为慈善事业，此不特于社会救贫无补，实反为社会之赘瘤。故今后应注重于整个性之计划，视客观的环境所需要而定，非以主观的就办理便利而设施。换言之：社会上一般贫民如需衣需食，不但衣之食之，且为之作积极的救济，使之能自得衣食，则解衣推食，不让古人称仁于前矣。坚忍以此三种原则为慈善团体告，亦即以此三种原则为整理本市慈善事业之根本方针。最近复根据此三种原则，与慈善界及各界商筹创设孤儿院、残废院、育婴堂、贫民借本处及公当等。本市多热心慈善人士，对于极有意义之慈善设施，当能一唱百和，共襄义举，俾众志成城，于最近期间，促其实现也。故最后当诚挚表示。

对慈善界及各界之希望

本市慈善事业，如以善堂之数量论，实居全国之首。然其成绩，则未能驾其他城市而上，此盖非办理慈善事业人士顾料所及，实亦本市救贫事业之缺憾也。本市居全国中心，在历史上、地理上均居极重要之位置。总理建国方略中，曾计划本市成为世界最大都市之一，与纽约、伦敦相比拟。本市人口之增加，当以建设进步为正比例，则本市救贫事业之发展，亦当以此相策进。盖都市人口愈增多，物质生活愈提高，则贫穷之现象愈多且愈显著。此非武断臆测之词，实有科学的统计为根据。据德国拜耶邦所辖各地之调查统计：地方人口在五百人以上，则贫穷受救助者，每千人中占二十三人；人口在五千人以上者，每千人中占三十五人；人口在二万以上者，每千人中占四十八人。以此衡诸其他都市，其情形亦相仿佛。大城市中贫民较多之原因，一则近年农村生活不能安定，而大都市谋生者多；再则城市物质生活高，救贫事业较发达，受救助较易也。本市贫民之确数，及种贫之因，尚待作整个详密之调查统计。要之本市物质生活日高，救贫事业日是需要，此则可以社会现象为映证。故在政府方面，积极谋救贫政策之推行；在市民方面，应自觉救贫责任之切要。因救贫非特为人，且亦为已，盖救助贫民，减少社会病态，一方面实保持市民本身之安宁也。至慈善事业过去之受摧残，乃系社会组织变态中之特殊现象，亦足证明军阀□□铁蹄之下，凡百事业，靡不受其蹂躏，固非仅慈善事业而已。故隐匿恐惧之办理慈善事业人士，仍应本其服务社会之初衷，积极的尽心尽力，为社会贫苦同胞谋幸福，不应因噎废食。至过去办理善务不当者，希望从兹警惕，本同情之旨，作有意义之善举。吾人办理任何事业，不惮有过失，而惟恐不知过失之所在，更惧知过失而不能改。故政府对无成绩之善堂，均准其遵照政府命令改善之，无人负责者，归并之由善联会接收之。对办理得法确有成绩者，无论其为个人或团体，均优予奖励，力加保护。至冥顽不灵，尚秘密宣传迷信，及有把持操纵劣迹者，则严加罚办，决不宽容。此坚忍所恳切表示，而希望办理慈善事业者共勉者也。总理以慈善遗训相昭示，以"老有所终、壮有所用、幼有所长、矜寡孤独废疾者皆有所养"，为大同之世。愿本市慈善各界，均能体此旨而力行，使本市慈善事业，不特在形式上、数量上为全国之冠，尤能于实质上为各地之臬圭，斯则党国之荣，市民之福，不仅坚忍所企盼已也。

中华民国十八年十一月八日

——原载《社会》1929 年第 4 期。

成都市慈善团体的调查（节选）

（冯献光　1935年）

第二章　慈善团体的历史观

第一节　慈惠堂的历史

第一项　慈惠堂的历史

民国十四年冬，市府督办罗平章将省城旧有慈善机关普济堂、育婴堂、幼孩厂、济贫厂，交归本地绅商办理，定名为成都市救恤事业董事会，共举董事八人，尹仲锡先生其一也。及由刘豫波先生、曾奂如先生建议，经会议决，举仲锡先生为主任，主任会所即设慈惠堂内，一切事件慈惠堂因为总会焉。接事时经费困难，市府拨款扶助不少。后因政局关系，代办陈鸿文虑责任未专或卷入政潮，因而共商改组办法，意脱离官厅，专归绅办。电告罗督办，遂决定另立一慈善名义，将此二堂二厂全归慈善院主办，而以仲锡先生为筹备主任，慈惠堂主办慈善事业范围而扩大焉。

仲锡先生在职，苦心经营，认如己事，经济因而日见丰裕，事业因而日益发达。其增募及购得之田产房业，有如下：

（一）东门外之真武宫一带之房产，连厕所大小共十八间，招佃客十四家，年收租银一千元左右。除香火费及恤嫠二项支出外，在民国十七年际，嫠妇一名，每月发钱财一串，余数尽拨归慈惠堂应用。

（二）八里庄光华寺公田二十八亩，除僧人食外，年可收谷二十余石；此项系任姓先年公所置，为公共使用；因梁有臣等来堂请愿捐入慈惠堂管业。

（三）五显庙田一百七十九亩，年可收谷二百三十余石。赖家店街房及地皮共四十四间，旱地二十二亩，年收租银四十元左右；此项系庙僧隆斌因杀人罪发觉，以四千元抚恤费归慈惠堂管业；后将五显庙改为慈惠堂别庄。

（四）成都府城隍庙一所并偏院等处，原系财政厅掌管收租，民国十六年时官产清理处欲变卖该庙，而中东大街首人共欲保存，无法解决。慈惠堂以三千元杂项买价买入后，遂将偏院及前院修好租人，所得租银一千九百余元，作女婴教养所之用。

（五）东门外火柴厂左边地皮，原系厂中技师王直卿自行出资修房一院，铺面十间。直卿病殁，经其弟文卿以一千二百元售与慈惠堂；年可得租银二百一十元左右。火柴厂路旁空地由厂修成铺面十间，年得租银二百一十元以上。

慈惠堂总会所的历史，既如上述；下面再来分述它的支堂各个的历史概况：

第二项　普济堂的历史

此堂系前清雍正年代巡抚杨秘首创成立；遂宁士绅张文端公益捐巨款而扩充之。原分男女二厂，专收孤老贫穷残疾无靠之人而养之；民国呼为孤老院。定章收养六百人。有田三千三百余亩，地二千八百余亩，皆散在成华、温江、金堂等处，岁可入租米五百四十余石，租银三千一百余元。据闻普济堂前有田地七千余亩，今则亩数减低，隐没私囊，可深痛也！民十三年前堂中所收养孤贫，多无从稽考，且至多收至五百人养之而矣！且入之时例有花费门者亦有需索！每日只有薄粥一次，所居房舍又率卑陋，年久失修，皆欹倾欲圮！孤老院之所以为人所齿冷也！于十三年后，仲锡先生接办，在清理田产后，补葺培修之余，乃于每日增干饭一次；于民国十六年，乃更为两餐干饭。嗟呼！极痛孤老，得以苟延岁月，何幸荣也！

第三项　济贫厂的历史

此厂系由市政公所设立，初意专为收纳市中游民，由外北绅商经营，办有草鞋工、木工，规模尚宏；嗣因改组渐不如前。民国十三年时厂中有六十九人，内有小孩二十八名，余皆年长四十多岁者，大都拘自市中责令出力为人运物，北关外扛抬木料者，多佣于此；然必仰赖揽工包办，厂中所养之人，皆为包工部下耳；而工人所得工钱不过十之二三而已！幼孩不能任重，仅能为婚丧之家，擎旗抬盒；且不得日日有事，无事则嬉踞厂中，吃饭睡觉，游惰为性。民国十三年后，年以二十岁能自谋生活者，分别遣归；幼孩则留厂中，读书习算；

依照培根兴学办法，聘请教员教之，并添招孤穷子弟，共五十余名；按法至今，唯名更为慈惠堂第二教养所而已。

第四项　幼孩厂的历史

此厂表面较济贫厂为优，内有泥工、木工、石工、军乐、体操各科。然细按之幼孩能力薄弱，石工不能举锥木，泥工不能登高负重，视同虚设。所习唯体操军乐二事，体操尚可活泼精神；唯军乐则主管迎送，随婚丧之雇列队而出。民国十三年后，酌量改就，分别程度，厘为两班；延师教授，亦如培根办法；分为三班，另设织布一科；慧者听其深造，钝者则令学习工艺，不致为游惰。按法至今，唯布科已停，而名更为慈惠堂第一教养所。

第五项　瞽童教养所的历史

慈惠堂向即收养瞽童，请一老瞽教之，所业算命，说书。民国十三年时，仅有瞽童八九人，聚一黑室中，日随其师沿街卖唱或算命，幸则日得钱多至数百文，其师复分其半；不幸则或终日无所得；将来终局仍不得活！乃以洋琴而为瞽者适宜之业，乃延师教之，瞽童数日增至三十人。民国十四年际，丁白日邀奏技者，价格十二千文，晚间减半。各童所得钱除制衣服修理器具外，一并易为现银，存储中国银行生息；按照受雇次数第次分派之，每人给与一折。堂中不取分文，两餐任由堂中供给。民国十七年将瞽童增至四十人。

第六项　培根义学的历史

初就慈惠堂旧有贫儿十余人，扩而招收，专意孤贫流落子弟，定名曰义学。第一年中有生五十三人，办法先由人介绍或到门申请，经堂中职员调查，调明应收者则取具保人，量其资材分班教授。始入时两言厉禁曰："不许说诳话哄人，不许说怪骂人。"法重讲解，读书之外有体操、习字、珠算等；渐则令之联缀字句，作文，练习尺牍与夫簿记；质敏而文理较顺者，则提为特别班。

后以经费渐裕，乃着手整理，增孤贫子弟名额以养以教。在初办数月中，管理尚严，非孤贫欲入学者，议定每月纳学费银一元，大致皆附近居人，归而自食；渐有在堂食宿者，即缴食宿费二元；此风一开，相请托于办事情面收愈额也。义学中竟有自费免费之名目，不免有对峙之势凌蔑孤贫！因弊革尤，而除其弊，遂将纳费食费者一律取销，以实为孤贫而设之本旨。

第七项　文诚义学的历史

民国十四年时，丁文诚公祠，举周奉池将军、尹仲锡先生为首事；周将军自认对外，而管理银钱、布置祠内之事专属诸尹先生。当接收时有田一百七十六亩，应收租米一百二十三石，现金二百八十元；悦来公司股票七百元，乐利纸厂股票五百元，丁康侯借款四百元，除付给住持僧人衣单每月钱二十五串，及春秋二季费用外，所余经众议决，任以教育孤贫子弟；而以人款殊少，乃议将大门两边空地改修铺面十一间，又将花园划为两段，前大院分修独院两所以招租，月收入五十余元，充作经费；定名为文诚义学，专用祠款，以纪其实。

第八项　培根特别班的历史

借用火柴余利和培修丁文诚祠余款，意在丁文诚公祠后部，修楼房五间。适民国十四年善后委员会成立，经多方募化，捐得集楼房修理费七百六十五元，戴石泉先生捐银三百元，重庆商号捐银一百元，又陈益廷将军募而成之，李注东司令捐银三百三十六元，楼房得以建筑完成。楼上作特别班学生寝室，下作教室，名为培根义学特别班，以别于丁公祠所设之文诚义学。文诚经费不足时，则由慈惠堂补助之，培根特别班费用，又完全由慈惠堂支付也。

第九项　育婴堂的历史

此堂为贫民不能自育其子者而设，原属男女并育，但俗习重男轻女，曩者女多于男，后则几有女无男矣！有田三百七十余亩，岁可收租米二百七十余石。向由财政厅月助银四百四十元，此款尚已足用。后因财政厅乏实款拨助，每月济铜元二三十钏；幸市政府每月尚补助银一百五十元，堂中事务得以苟延进行！额定婴儿八十名，乳妇一人，保育一人，月支银一元零五仙；其有领养在外者，月支铜元三千文。婴儿率皆羸弱，虽开办百余年，几无成效可言！就近三四年成效考之，婴儿侵弱寻至于死者居多；幸而不至于死者不过奄奄一息耳！考其有至二岁能行者，即断乳提为饭孩，交保姆经管，保姆一人或领四五饭孩，饥饿不时，塞责之行何其不因之疾而殇其命耶！然而留得一命便是贩卖人口的换身！无怪乎，常叹育婴堂是贩卖人口的制造所！盖上中之家，每因孩童稀少，多来堂抱领，领后多用之为奴！甚幸十三年际，此弊遂改，延垂至今。

第十项　女婴教养所及幼稚园的历史

拯救女孩于被轻视的社会里，养成他们能写读算织缝烹，明道理而顾廉耻，有习劳苦能操作，此建立女婴教养所之动机也。得军政长官恤孤怜雏热心，于民国十六年时，募集厂洋一万零二百余元，就永租宝光寺菜园五亩，先为建房一排，计十三间，于十七年时先将育婴堂幼稚园移入；时幼稚园尚有男孩五人，至大者不过五六岁耳。其经费来源议定将慈惠堂别庄田业拨给一半，每年可收租银七百余元，又将城隍庙岁收租银一千六百余元，拨归女婴教养所为常年经费，和中国银行二万二千四百余元之银本，利息三千二百二十五元，共经费五千六百元左右。此女婴教养所及幼稚园之大概史事也。

第十一项　借贷处的历史

民国十三年冬间开始办理无利借贷，就大成会址设立办事处；并于城厢内外设二十分处，每一处公推一人为主任。其开办费：一省署拨赈余项下银一千元，二募银三千二百六十六元三角，三杨司令莘野交来罚银五百三十七元，四公益经理处拨来售和祥未交之枭款银七百七十元；共计五千五百七十三元一角。按照二十分处，街市繁简量为分拨；来借者多可千余串，少者数百文。十三年夏，慈惠堂因易首事，为便利照料计，遂将无利借贷处迁入慈惠堂，增设轻利借贷与学生借贷。

第十二项　全节堂的历史

查此堂经费原系姚娄氏捐出成都西门外土桥侧高家碾水田一百亩，住房一院；岁收租谷一百四十四石，以为全节堂之用嗣。因姚娄氏身故乏嗣，续捐出成都西门外土桥双水碾水田六十亩，住房半院；唯以此田负有三千二百两债务，本身出谷一百一十四石，尚不敷利谷十四石！房产则有成都东御河沿街瓦房一院，大小共十五间；堂屋一间，作为姚公夫妇享堂，供有牌位；春秋二季循例举行。其余之房，共招佃户三家，月收租银四元五角。堂中共赡养节妇七十七名，每人每月给铜元两千文，又看司一名，每月给钱两千文，姚春田经手祭扫每年银十二两分两季使用。

第二节　盲哑学校的历史

此校在民国十一年秋，由西人夏时雨先生，邀集中西同志王鹤岑、胡锦章、费尔朴先生等二十余人，由社会服务团名义在南打金街浸礼会内，创办一盲哑学校；彭正芳先生应聘为盲生教师。时校中功课简单，收生方面亦不拘老幼。十二年春，意在推广，乃同绵阳议商合办，绵校因而移至成都，教员王汉臣亦因来成都教授；收生方面因此限定年龄，增加学科，分班教授；一切工作，渐有起色。十三年夏，由南打金街，移迁至王家坝。十四年春经杨督理子惠参观后，提倡收哑生，因而同夏君磋商办法，始划江渎庙为盲哑校址；培修工竣，用银一千四百余元，定名为中西慈善团体盲哑学校。殊十五年际杨督理离成都，因军队驻扎，多遭不幸！幸承英美会推爱，将昭忠祠街一段空地，借作建盲哑校址，于十八年暑假后，乃迁至新舍，以至今日。

第三节　中西组合慈善会的历史

此会系由西国人士所组织之博爱团，及中国人士所组合之互助团共同组合而成，故定名曰中西组合慈善会。夏时雨、冯碧霞、王鹤岑、俞凤冈先生等其创始人也。于民国十年十月成立。

第五章　慈善团体所办的事项观

第一节　慈惠堂所办的事项

慈惠堂是总揽权务和支配事务的总会所，是在尘哗的境遇乏科学方法的指导下，不进不退的生存着。这事务繁杂和责任广大的团体，既无精密的组织，乏分工协作的精神，那办事的掣肘，经济的不活动，当是自然的现象！办事员的素餐尸位，也是应有的过程！就是有少许的热心办事人员，任凭终日勤爱，也都是表现的心有余而力不足，产生出来的现象总是无良好的结果。下面来分部的讨论他们所办的事项的内容和究竟。

（一）普济堂

俗呼曰孤老院，是在街头的一隅。有管理一人，月薪二十元；文牍、庶务、收租各一人，月薪平均在十元零三角左右；稽察一人，月薪三元；其他夫役十余人，月资也不过二三元的中数。

堂中的布置以性别的差异分为二院，男院及女院是也。男院内有十条街，内设舍长七人，分执管理。女院有五条街，内设舍长三人，分执管理。男女孤老有八百七十人，当中盲者约居四，哑的居一，而废疾不能行者甚居少数。

其管理规条，系民国九年六月由军事警察厅批准，今而择取为壁上挂文，择录其重者如后：

一、本堂为收养贫孤原为拯救穷途之衰老起见，必须备有孤老贫三字方为合格，但有年未及衰老而确有疾者，得享同等待遇。

二、本堂孤老每月发给盐菜钱一次以免淡食。

三、本堂孤老如不遵守约束，胆敢聚众违抗，为首者处第一种惩戒，轻者处第二种惩戒。

四、本堂孤老在堂内外作偷窃骗诈之行为，处以第二种以下第三种以上之惩戒。

五、不准酗酒滋事，口角，打殴，违者处以第三种以下第四种以上之惩戒。

六、孤老出外不准讨钱，乞食，致坏本堂名誉，违者处以第四种惩戒。——一种惩戒，革除堂外永不收养；二种惩戒，较壮者充苦役一月以上三月以下，老疾者罚盐菜钱一月以下三月以上……

为要避免风雨苟安延命的孤老们，在这种紊乱不安的社会里，于这种只有惩戒，而无善法的引导下，也算是一种适宜的环境！不过在近来的办事人手腕下，规条实行的只有二种了：男的孤贫在堂有非法行为，轻则罚，重则革销；女的也是一样。在这种严烈的规条下，当然堂中没有什么非法的行为，孤老们只在如狼似虎的威势下，苟安候死罢了！

说到全堂的菜费、油费、杂费的开支，每月是按前数年的规条，在以钱计算的方式下，以三百千文，完用作为这项开支用途。九百的孤老们，来平均计算，每人每月不到四十文钱，若还社会中物质的价格，有日益上涨的话，他们的生活，只有日趋于更可怜的态状！他们每日除二顿白丸药外，桌上有的不过是一些盐菜！幸喜在没有方法为他们谋点进款的引导下，他们还能在沿街作点为社会进行所不许的进钱方法：算命也，看相也，测字也，沿街唱书也，总来祈路人的迷信怜恤！再高尚点的，就作零星贩卖，竹器也，火草也，叶烟和土炉也等，来作菜钱和衣服的补充。这些都是好的现象，未曾乞食行窃，致毁该堂名誉。

若是亲身的去拜会他们的居处，褴褛破片是当然的现象，病状愁容是应有的表征，幸好有瓦房和土墙为避风雨，这也觉是孤老的幸事！若询问他们办事人员有无求改良的方法，他们的回答的口气，不言是经济的困难，便道是不敢多言荐举！看人们在日新进步的社会里，只知保守旧章，因循陈法，这是公共慈善事业业务进行的不幸，同时也是孤老们的苦境！

（二）瞽童教养所

它是在慈惠堂后部的黑暗的污而卑湿的房里存着。现有瞽童五十余人，每日学习唱洋琴的技术，为应外人的照顾外，就是只有吃饭饮水的工作！他们的生活自然是简单化，衣服自然是褴褛化，而他们的卧具被盖，较诸乞丐的所有，亦不过程度上的差别，有一个木床，和一被盖罢了！到他们居处的地方，就觉是人生的地狱，人就是变像的鬼魔，只觉可怜、可悲和可惜！

（三）培根义学及文诚义学

培根义学是散在数处办理，它的学生有家者在散学后，住家夜宿；苦孤贫而无家者，则食宿都在校中了。它分散的处所：

一是在慈惠堂的后部，是与瞽童教养所挨邻。它有学生五十余人，年龄均在十岁左右；分为二班教授，设校长一人，教员两人，管理一人。

二是在北门外簸箕街，是幼孩厂的更名，即今名为慈惠堂第二教养所是也。现有学生七十二人，年龄均在十岁以下；分为甲乙丙三班教授，设校长一人，教员三人，管理一人。

三是在马镇街，即慈惠堂第一教养所。现有学生八十余人，年龄均在十岁左右；分为甲乙丙三班教授，设校长一人，教员三人，管理一人。

四文诚义学，地址是在方正街，丁公祠之前院。现有学生七有十二人，分甲乙丙三班教授，有校长一人，教员三人，管理一人。

在这四所当中，都是在能认识几个日常应用单字的口号下，同一的择取陈腐不堪的私塾式的死板的刻字教授方法！老师们的年龄年轻的话，倒有实足的精神来作这讲堂上格格不相容的传道工作；可是看他们的教员大半是五十岁下走的老师！夕阳西下的精神，萎靡不整的态度，就是在窗外听的调查人，也深得是听之不聪，莫明其妙的样子！学生倒是一时定精留神，去领会去接受老师的教训，但是去看他们桌上所放的书籍，又是和老师所有的，两下相差有见不同的样子！说到他们的课程表，有孟子，有《论语》，有诗歌，有尺牍，不特重珠算而且重呗文；甲班并添《左传》！这样繁难需待深刻研究的课程，在有好的方法指导下，恐也需要许久的过程，才有相当的明白其中的究竟；若是为日常生活计，在一般十来岁的孤儿们，平日里既失去活泼生动的环境，又在死板无生气的过程上，来作这深刻的领略，恐怕是实足的徒劳无益的过程！倒是纸上的文章，嘘唏无足轻重无足批论，可惜者，慈善事业的前途，多为之悲鸣！孤儿们少年的光阴，多为之虚掷！为实用计，反为不实用方法害，这是一件多么可痛恨的事！

手工，图画，体操及音乐，当然是他们力所不足，而为蔑视的课程。去亲身的莅在他们的环境，总觉表现的死板的空气、忧愁的四境；觉是人生中另有的宇宙、别世的环境！居处倒是清洁，不过在卑湿里的卧房，暑天到夜里与蚊虫为友，寒天要与冷风仇敌！他们每日的二餐中，除可饱食的白饭外，桌上有的不过是两千文钱为八九十人购来作菜蔬油料的物品！

说到教员的薪水，校长是十四元，教员是依甲乙丙三班的等次，分为十二元，十元和八元，至说厂房小工月资也不过在二元的上下。在慈善团体为服务精神而任务，倒是可钦可敬的行为，但是生活费的需要也是人们的先决问题！这点也恐怕是慈善事业中旁边的重要问题。

（四）培根义学特别班

是处在丁文诚公祠的后部，学生的生活较为优裕，宿在楼上清洁适宜可言。有学生二十余人，他们是较智明的青年，他们是文诚和培根义学中的出类拔萃的学生。在他们的课程表上，有国文、经学、国故论衡、庄子、韩非、史学、算术和英文；且有柔术，在这种不正常的发展上，是有相当的可贺。不过从以上的环境中产生出来的学生，恐非绝顶的天才，难能明了其中奥微真理！有一专聘教员，月薪六十元，是位有学识的指导者；因他的识见，才勉强随口应付的添上英文和算术！在他们破毁的藏书室里，为书虽不足道，但藏有万文库一部，也觉是可贺的地方。

（五）育婴堂

地址在育婴堂街；堂中表面清洁，内部也觉干净。婴儿们是居住在一所空气流通阳光也觉充足的室里。现有婴儿一百七十余人，年约在五岁上下，当中男的只有五个！在一百七十余人，几有一半是被邻近的居友，因月资乳费一元一角的关系，是领在她的家里喂养；故在堂中的实数是八十个的左右。堂中乳母多半来自乡间，她们既为生活所迫，来自乏相当教育的地方，除以婴儿的啼哭是饥痛的表现外，其他可说一点也不知道！乳资的优良，在一元一角的月薪下，当然是无法去讲究的！婴儿的动用器具，在经济的困难下，也是无法谈到的！在这种情形下，生存的婴儿，当然是死板是不活泼，面色是菜色的表现！所可幸的，就是被领去在堂外育的较为活泼较为丰满。

堂设堂长一人，月薪十四元，庶务一人，月薪十二元，稽察、内管堂一女的一各一人，月薪各四元；至说厨房月资是两元六角，其他杂役的月资也不过在一元一角。

堂中每日三餐，早午二餐桌上还可见一二盘有盐味的蔬菜；至说晚餐，蔬菜就需得自备了！每月中的三个牙祭，在他们每人平均不过有肉二两！

至说堂中收养儿童的方法，那更有出奇的地方：若是明白的送来要求堂中收养，恐怕要见在旧习惯下是要被拒绝的，因恐滋生其他意外口角和事变！故一般不幸的婴儿，就要人静或夜深的时候，要私下的被丢在该堂门口或侧近，待看门的发觉的时候，才有收入被养的可能。

（六）女婴教养所及幼稚园

为要教育从育婴堂来的五岁以下的女婴儿，就在普济堂的侧后，设有这一所建筑物了。它不特面积广大，而建筑的取势也觉美丽和庄严。它是慈惠堂特注意的事功，是在精益求精进行建筑的计划行程上。从惨状的普济堂，入这所宏大的建筑物的时候，立足的要改变你的心意状态，使你会发生惊异的感想！内有清洁的适宜的为宿婴儿的五个寝室，每个可容三十八九个婴儿；床被亦整节有秩。讲堂亦觉宏壮清洁可观。

内设女堂长及庶务各一人，月薪各八元。女婴教养所有女教员二人，年在五十及六十；男教员一人，现年七十左右，月薪均是八元。其下设经理五人，月薪四元，分担照顾婴儿起居行动。至于幼稚园是附设的性质，幼稚生在上午是随便游玩的时间；在午后有一受过新方法的女教员，来引导他们去学音乐、游戏和识字。

他们所授的课程与文诚和培根亦有见异的地方：就是在讲认字的工作外，因一女教员的建议，在求日常生活应用上，择用了现在施用的国语教科书，来作指导他们的课文；这在他们的环境中，是一件深可庆贺的事情。内中设有缝纫一科，现有八个女生学习！为要养成女生的技能。女生年长及笄时，堂中待为遣嫁，以了结终身。伙食状况亦较他义学为优，油米不计外，每月有九百五十千文为所中菜蔬费。

环境影响于人生的一切，是很重要的；况婴儿的幼年，是富于模仿性的时代，有这种较好的环境来改造他们，深觉可贺的地方。唯以在哺乳的时代，受了不良的待遇，以成相当的不活泼的形态！故在调查行程上，见他们读书的时候，不特有的活泼的现象，就是在午后的游戏行程上，也觉得是死板不灵！从一位女教员的谈话里，她说："眼睛是不灵动的，皮肤是乏痛的感觉。"这二句话真是实足的描写这一般可怜的儿童在不良的环境下，产生出来的状况！

（七）借贷处和全节堂

近因经费的困难，这二处的工作，可说是乏丰富的材料来供给叙述。借贷处是办的轻利借贷，先经取条的手续，再由铺保作证，一次可借银五元，分五月还完；每月二十日为付还之期，最后的一月，付息一角。

全节堂目下已成了破瓦颓园，污朽不堪！尚有佃客三家，月可收租银十元。每月之八日，为节妇领节妇钱之期，每人一月可领铜元二千文；目下有二百节妇的左右，按期来堂领钱。

第二节　盲哑学校所办的事项

此校虽名盲哑学校，其实在民国二十一年前，因缺乏训练哑生的教员，没有招收哑生。到二十一年时，张清根先生由烟台专习训练哑生返川，因此方始招收哑生，校中因实有盲哑二组。现有盲生男的五人，女的七人；哑生男的十七人，女的七人。

此校含有学校的性质，虽在特殊的教育的方法下；盲生不能习图画，哑生不能习音乐。其所授之课程，按特殊的方法，概遵教育部定章，与普通小学课程，无大区别；在特殊点上就是盲生用拼音刺字法用代写字，哑生看嘴式学习发出字音。

盲生分为三班教授，哑生分为四班。午前授以国语、算术和历史等；午后则授以手工和游戏。盲生方面特重音乐，女哑生特重刺绣。其盲生前后小学毕业有千余人也：有任教会和医院中布道和弹琴工作者，亦有充当教员和工作藤工者。

此校建筑是择中西合式，地处干洁，空气流通，光线充足；而一般寝室在男女分居上，均在楼上，一清洁可观；衣履清洁，均成活泼气概。

第六图　盲哑学校内的一幕（图略——编者注）

第三节　中西组合慈善会所办的事项

此会办养老、孤儿两院：于养老院意其孤老终其天年，于孤儿院意其孤儿异日成人能自谋生活，服务社会为职务。养老院是设在会中之左侧，因经费关系，人数限于十五。年在六十岁下而确系孤老无法谋生者，经中人介绍，方有入院的资格和可能。衣服亦多由堂中供给，每日三餐，菜蔬亦觉素洁可食，孤老们心悦安处。有三人月因得相当工资，充当该会看门传事工作，亦有洗衣、打草鞋和纺线者。居室亦觉清洁。死后安葬费用亦由堂中供给。

孤儿院中现有孤儿五十人。于孤儿的训练上有相当失错的地方：偏重工业，学习手艺，而忽略青年方面智识上的训导！虽有教习说的是教以珠算，笔算，书函和说条，恐怕是表面答覆情面的话。白日里关于求智识方面既无一定规律，为增智的时刻；若求在夜间，恐怕在重视工业利益的过程上，白日里整个的疲劳，也是一件肤浅而确有不能可的事情！毕业生近有9人在会中充当办事人员，手熟情深，会务进行效率，数年前增益可观。工作起居方面，均按四季定有时表；唯望在其有善良的组织下，力求补救和改善，庶几在慈善事业方面，方足引为模范。

（该文系华西协合大学文学院社会学系毕业论文，1935年5月）

——原载何一民、姚乐野主编：《民国时期社会调查丛编》三编（四川大学卷）上卷，福建教育出版社2014年版，第149—168页。

成都市慈善机关调查（节选）

（马必宁　1937 年）

第二章　成都市慈善机关的史的检讨

成都市的慈善机关大多数皆创办于民国以后，很少创办于前清时代的。在《华阳县志》上面记载的仅十二处 [①]，此十二处至今均尚存在。

十二处慈善机关中半数为院内救济，半数为院外救济。当时不论院内或院外救济，其工作皆是消极的，只是一种养而不教的机关而已。善济堂为成立最早的慈善机关，专收男、女、孤、贫、老、弱、残废等无告的人。此种人入堂之后便得了终身之靠，每日不必劳动，嬉踞厂中或出外乞食，皆无人过问，实无异于寄生虫的养成所。幼孩厂之目的在收养贫苦儿童而予以手艺之训练，以便他日可以图谋生计；但所设备科目却不适于幼童，故收效极微，他如育婴堂、济贫厂等亦皆无甚成绩可言。

院外救济以施物为主：有施米，施医药，施棺等等。这种慈善机关对于被救济者的背景如何丝毫不加过问，其领受救济的资格也无严格的规定；凡救济者认为可怜或贫穷之辈皆可得到一张米票或其他的救济票据。

当时各慈善机关之经费来源各有不同。普济堂、育婴堂、济贫厂、幼孩厂为公办的，自己有田产。慈惠堂、正心堂亦有产业。疯人院由警察局每月拨款。天主堂及其他各善堂乃由募捐而来。今将成都市过去的慈善机关列表如下，以资参考。

[①]　林时进：《华阳县志》卷三，第 36 页，华阳县中学图书馆藏版。

第一表　前清年间创办的慈善机关

名称	性质	所办慈善事项	地址	创办年限	备考
普济堂	官办	专收男女孤贫老弱残疾无告之人	宝光寺侧	雍正年间	现归慈惠堂
育婴堂	官办	为贫民不能自育其子女者而设	育婴堂街	年代不可考	现归慈惠堂
幼孩厂	官办	收容贫苦儿童	马镇街	年代不可考	现归慈惠堂更名培根小学
济贫厂	官办	收容市面游民	天涯石街	年代不可考	现归慈惠堂
慈惠堂	不可考	收容瞽童孤儿	慈惠堂街	清之中叶	
乐善公所	私办	恤嫠，养老，施棺，米，地，放生，惜字，保产，利孤	纯化街	清嘉庆年间	
集善公所	公办	施医药	文殊院前	清宣统年间	闻此机关现仍存在但却未寻到
正心堂	公办	施医药，棺，地，保产，育婴，施米，半价粜米	大科甲巷	清咸丰年间	
体仁慈善会	公办	施药，济贫，恤嫠，惜字，孤儿	惜字宫	清光绪二十年	
疯人院	官办	收容有疯疾者	白马寺	清宣统年间	
天主堂	私办	收容婴儿，孤苦无告者，外有医疗院	平安桥	清咸丰年间	
与人同慈善会	公办	医药，恤嫠	外东三元街	光绪二十七年	

现有成都市的各慈善机关大致可分为二种：一为给养式的院内救济，包括育婴，儿童教养，老残救济等事业；一为施赈式的院外救济，其主要的工作有施物，掩埋，义学等。今择数重要机关略述其历史于后。

第一节　慈惠堂的历史

慈惠堂创办于前清中叶，当时内容如何已不可考，于民国十二年由慈惠堂首事刘豫波、张立先诸人，移交与当地士绅尹仲锡办理，并举为总理。兹后事业乃日渐进步。因尹总理凡事苦心经营，不辞劳苦，务求能达到办慈善事业的目的。于民国十三年冬慈惠堂开始创办借贷处，设轻利、无利及学生借贷三种。民国十四年又创办培根火柴厂及文诚义学；并就慈惠堂原有之贫儿十余人扩大名额，开办培根义学，又整顿旧有之瞽童收容，定名为瞽童教养所。同年市府督办罗平章将省城旧有慈善机关，如普济堂、育婴堂、济贫厂、幼孩厂及平民工厂五处，交归本地士绅办理，组织成都市救恤事业董事会以管理之。举尹仲锡先生主任，会所亦设慈惠堂内。二年后因恐责任不专，将来或卷入政潮，故改组为专归士绅办理的慈善院。主任及地址二者依旧。慈善院名虽独立，但与慈惠堂实有密切的关系，甚至可以视为一个机关，凡慈善院所不敷之经费或其他用具等莫不取给于慈惠堂，甚至办公用之笔墨纸张亦莫不由慈惠堂供给。民国十七年成都县知事谢某又将全节堂交尹总理主持。同年尹总理因见及育婴堂女婴年渐长成，如任人领出恐有拐卖等情形，不送出则堂又窄小无处可容，故辟普济堂附近之地以创办女婴教养所。[①]

文诚义学、培根义学、幼孩厂及济贫厂四处现已合并称为培根小学。其中又分三部：在城外丞相祠者为预备班，丁公祠者为初小二年；马镇街者规模最大，收容初小三四年及高小二年者。凡天资愚拙不能读书者则送往天涯石街之平民工厂（现称培根孤贫子弟教养所第三所），或培根火柴厂。最近又新创一农业初级学校，以使各生皆有所长，他日能谋独立于社会。

第二节　四川善团联合会及各善会之历史

四川善团联合会成立于民国十九年，其职责在转承政府与各善会间之一切事务。

过去善团联合会尚未成立之时，各善会与政府之间，时起误会，发生不少纠纷，此会成立之后，政府亦派人参加，双方取得联络，纠纷渐形消灭。

现参加善团联合会之本市善会计有四十六处。凡在市府立案者均已参加。

---

① 《慈惠堂》第一期特刊，第23—44页，慈惠堂。

成都市之善会，前面已经说过多成立于民国以后。在此四十六个善会中，仅四处——乐善公所、正心堂、体仁慈善会，及与人同慈善会创办于前清，其余的皆成立于民国以后。兹将其会数及成立年限列表于下：

第二表　民国以后各善会成立之年限及其数目

年限	元年至五年	五年至十年	十年至十五年	十五年至二十年	二十年至二十五年	总计
善会数目	一	八	十一	七	十	三十七

由上表得知成立于民国十年至十五年之善会占最多数，共计十一处，其中尤以民国十五年成立者为最多。考其原因大约有二：

（一）民国十三年水灾——民国十三年省城患水灾，其范围虽不甚大，但受害者不在少数，一般善士于是创办善会以资救济。

（二）官府之注重——当时官府渐知注意慈善事业。将省城旧有的慈善机关改组交慈惠堂办理，拨款给育婴堂，又发回惠昌火柴厂之地与慈惠堂等等，此足以表示当时政府对于慈善事业的关心。[①]

其次为成立于民国二十年至二十五年之善会，共计十处。此乃因民国二十二年成都市巷战发生后，死伤人众，一般善士体上天好生之德，争办善会，以救济一般贫苦无告者，及掩埋无人领去之尸骨。

第三节　其他各慈善机关的历史

以上二大团体所办之慈善事业在成都市可算为最重要者。此外尚有市府及教会等所创办者，分述于下：

（甲）政府创办者

（一）市府创办之游民教养所——共有二处：一在白马寺，一在东校场之城隍庙。后者成立于民国二十三年，前者成立于民国二十七年。原名乞丐教养所，收容市区之乞丐及儿童；但现改为游民教养所，专收流浪在外之贫苦儿童。[②]

---

① 《慈惠堂》第一期特刊，第2页，慈惠堂。
② 《成都市二十七年度工作报告》，《成都市政府周报》，创刊号，第6页，《成都市政府周报》编辑委员会，民国二十八年四月。

（二）警局创办之济良所，迷失儿童收容所及残废军人教养院——济良所与迷失儿童收容所附属于警察局内，规模甚小，二者皆成立于民国十一年。残废军人教养院于二十七年八月方创办，虽现已收容五百余人，但却还在筹备时期，一切尚未就绪。

（乙）教会创办者

（一）天主堂——天主堂于清咸丰年间已来成都。于光绪二十九年创办圣婴院，光绪三十四年创办医疗院及育婴分堂于北门外。此外尚有三处施医药，创办年代却查考不出来。

（二）中西组合慈善会——此会由中西基督徒所组织之博爱团与互助团二团团员所合办。成立于民国十年十月。分二部：一为养老，一为育孤。

除以上各慈善团体之外，尚有慈幼会、保育院等等之分会于抗战后设立于成都，其历史兹不多述。

第三章　各慈善机关的现状

慈善事业是有时代性的，历史的背景和实际的环境可以影响到它的消长与本质；社会的需要可以决定它的动向，欧美各国的慈善事业近来在观点与意义上差不多已根本改变，以前以为慈善是政府当局或社会上层阶级对于平民之一种施惠，现在却被视为政府对人民的一种责任，是人民当享的一种权利，事业范围也较前扩充，昔时只对贫穷人士或残废、老、弱予以补助，近年却遍及全民众，以前多限于金钱的救济，今则代以医药教育等等之设施，以前之限于消极方面而为被动的施惠者，今则扩充至积极方面，使受惠者得谋自立的生活，至于其他如救济人材之训练，组织之改进，处处皆足以表现欧美各国慈善事业的进步。①

我国的慈善事业却不同了，实际的环境，历史的背景，及社会的需要虽已改变，但我国的慈善事业却仍"墨守成规"不能适应环境，尤其在成都市简直找不出一个合乎科学化，类似近代的慈善机关来，它们都是以消极的慈善为怀，并不是积极的想为社会谋福利，服务的人员大半都是头发斑白、老态龙钟

---

① 陈凌云：《现代各国社会救济》，第1—2页，商务印书馆印。

的长者，他们认为慈善事业是一种道德上的工作，只要清廉自守，遵守古训的办下去便算达到目的，他们对于慈善的真义，不甚明瞭，自然不能谈到积极的为社会谋福利了。

成都市的慈善机关数目虽然很多，但事业范围却不大，有许多的慈善机关，每年的经费仅数百元，一年的经费在万元以上的非常之少，从各方面看来成都市的慈善事业都极落后。

第一节　成都市慈善机关的分类

成都市的慈善机关共有六十五处，其中如普济堂、女婴教养所等虽同归慈惠堂办理，但因其事业及地点皆异，故各个仍视若一独立之机关，以便于分析研究，兹依其性质、方法及宗教三方面分类如下：

（甲）按性质而分类

从性质上我们可以把成都市所有的慈善机关分为公立、官立及私立三种，[①]公立的共十二所，官立的六所，私立的（包括教会立的）四十七处。

（乙）按方法而分类

在现代慈善事业中按方法而分类的极其普遍，方法不外院内救济及院外救济，前者重教育，后者重施舍，在成都市院内救济的慈善机关有十八处，院外救济的共四十七处，院外救济机关较院内救济机关多的原故，大概是因为院外救济规模较小，易于办理。

（丙）按宗教而分类

本市慈善机关大多数带宗教性质，此次调查时关于宗教信仰一项，著者曾特别注意；但不幸有些机关因不明瞭调查之意义，而多方遮掩，不愿真诚答复，故有五个机关的宗教性质不明，在所知道的六十处中，没有宗教性质者共二十处，有宗教性质者共四十处。其中又以儒教的占最多数，计二十处；道教的十处；佛教的六处；基督教的四处。但所谓儒教者非纯粹属于孔教而多系一种杂色的机关。

第二节　成都市慈善机关在地理上的分布与其环境

（甲）地理上的分布

在开始调查之前，曾将各慈善机关的地址从地图上找出，并做一符号在地

---

① 《内政年鉴），第一册《民政篇》第三章"救济行政"，（B）第408页。

图上，根据那张地图发现了以下各现象：

（一）慈善机关大多数散布在城之东、南、北、中四部，城西极少——究此原因，乃因城西是富有阶级之住宅区，贫民极少，慈善事业既以贫民为对象，自然多设于贫民较多之处。

（二）院外救济慈善机关多在人口稠密之处——院外救济以施舍为主，在人口稠密的地方需要施舍的人大概较多，故此种机关的设立也多。

（三）院内救济慈善机关多散布在偏僻之地——偏僻之地，地价既低，环境又好，空气流通，光线充足，且院内被救济者多半不常出外，交通不便也无很大妨碍，是以多数院内慈善机关设立于偏僻之处。

（乙）环境

大多数的慈善机关都是在离大街不顶远的小巷子里，那里没有高大的房屋，没有华丽的商店，四围的住房和商店都是极鄙陋破坏的，在六十五处慈善机关中，有四十四处是在这种环境里，在热闹大街上的最少，只有十处，在偏僻之地的也只有十一处。

这六十五个慈善机关之所在地，大多数是庙宇或祠堂，利用庙宇或祠堂办公的共有三十五个，特别是院外救济，四十七个之中在庙宇或祠堂内办公的就有三十三个，这大概是因为庙宇的买价或租价便宜，地方又宽大合用之故，院内救济机关，大多数是自己建筑房屋，很少利用庙宇的，这也许是因为庙宇对于住宿不甚方便，而办理这种事业的经费，大概也比较充足。

第三节　慈善机关之组织

成都市慈善机关的组织系统多半相似，大约可分为以下数种：

（甲）各善会的组织

成都市的善会组织差不多每个都是一样，上面有一个主席，主席之下分为财务、总务、善务三股，总务之下有书记、文书、交际；财务股之下有会计、稽查、庶务；善务股之下则有主管各善务之主任。主任数目以该善会所办善务为标准，如办有十种职务，则主任亦为十人，每种善务多由一人负责，但规模较大之慈善机关亦有由二人负责者。

（乙）慈惠堂之组织

慈惠堂在成都市办了很多的事业，其所附属的机关现有普济堂、育婴堂、女婴教养所、培根小学、培根火柴厂、民生工厂、培根农林初级学校、瞽童教养所，及借贷、恤嫠处等等共计九处，这一些地方的经济权及推动权全在慈惠堂掌握中，它们的组织自然比较严密，现在它们的组织大略如此：上设总理，以下分为二大部分，一是监查处，一是总务处，监查处有监查主任及三十位监查委员；总务处有总务主任，主任之下分设五股。

（丙）中西组合慈善院之组织

中西组合慈善院之组织与普通一般慈善机关稍有不同，略述之于下：其最高机关为评议部，设评议长一人，评议员九十九人，评议员皆为本市各界名人，由评议部推选董事十五人，执行评议部议决一切事务，内分审查、教育、财政，及交际四股，实际工作之执行人员，如正副主任、司书、管理、技师等等皆由董事部委派。

其他各慈善机关之组织与以上二处的大致相同，兹不多述。

第四节　工作人员之数目及其待遇

成都市各慈善机关的工作人员全是一般对于慈善事业很少认识，缺乏训练的人们，他们不知道如何去调查，如何才能真正帮助贫民！大多数的工作人员是年龄在五十以上，在别的事业方面已不能出力者，也有许多人是以此为暂时安身之处。有训练之工作人员可说是完全没有，但欧美各国却极重视慈善事业之人材，多有立专门学校或训练所，以便训练特殊人材来担任此项工作者，例如德国设有许多专门学校，收一班中小学以上的学生，予以二年至五年之训练，而后方能成为正式服务人员，[①]与此相较，成都市的慈善机关服务人员实在瞠乎其后的了！

各慈善机关的工作人员数目及待遇，因救济之方法而异，兹特分开而讨论之如下：

（甲）院内救济机关之工作人员数目及其待遇

院内救济机关实数为十八处，但因慈惠堂为育婴堂、普济堂等院内救济机关之总办事处；又有县立救济院，虽属院外救济，但其养老部性质为院内救济，故皆列入。残废军人救济院因调查结果不可靠除外，共计十九处，兹列表如下：

---

① 陈凌云：《现代各国社会救济》，第68—74页，上海商务印书馆印。

第三表　成都市院内救济机关工作人员人数及其待遇

机关名称	工作人员数目						每月工资（元）				备　考
	职　员			工　役			职　员		工　役		
	男	女	合计	男	女	合计	最高	最低	最高	最低	
慈惠堂	15	—	15	10	—	10	—	—	3.00	1.00	
培根义学	13	—	13	7	—	7	20.00	8.00	3.00	1.50	
培根农业学校	5	—	5	2	—	2	25.00	10.00	5.00	3.00	
培根火柴厂	7	—	7	5	—	5	22.00	10.00	5.00	3.00	
民生工厂	12	—	12	7	—	7	16.00	10.00	3.00	1.00	
瞽童教养所	2	—	2	—	—	—	14.00	5.00	—	—	由瞽童自己工作，伙食与慈惠堂合在一起
普济堂	5	—	5	9	—	9	20.00	12.00	3.00	1.00	
育婴堂	5	1	6	10	12	22	14.00	6.00	3.00	1.40	
女婴教养所	1	13	14	5	13	18	20.00	–	3.00	1.00	
天主堂医疗院	4	—	4	—	—	—	—	—	—	—	工役由已痊愈之病人负担，职员薪金不肯明言
天主堂育婴堂	—	3	3	—	—	—	—	—	5.00	1.00	
天主堂圣婴院	—	6	6	2	6	8	—	—	—	—	由数位年老妇女负担工作工资不肯明言
中西组合慈善院	12	—	12	3	1	4	30.00	10.00	8.00	4.00	
济良迷失儿童所	—	3	3	—	1	1	20.00	20.00	4.00	4.00	
第一游民教养所	11	—	11	4	—	4	30.00	8.00	5.00	5.00	

机关名称	工作人员数目						每月工资（元）				备　考
	职　员			工　役			职　员		工　役		
	男	女	合计	男	女	合计	最高	最低	最高	最低	
第二游民教养所	5	—	5	4	—	4	30.00	12.00	5.00	5.00	
县立救济院养老部	1	—	1	1	—	1	10.00	10.00	2.00	2.00	
慈幼会灾童收容所	2	1	3	3	—	3	10.00	8.00	—	—	
保育院	1	16	17	2	2	4	60.00	15.00	3.00	2.00	
总计或平均	101	43	144	74	35	109	22.73	10.39	4.00	2.39	

由上表看来，各机关之工作人员并不在少数，十九处机关内共有工作人员二百五十三人，平均每机关有十三点三人。这些工作人员内，共有职员一百四十四人，占全数56.9%；工役一百零九人，占全数43.1%。不论职员或工役皆以男子占大多数，在职员一百四十四人内，女子仅四十三人，占职员全数30%；在工役一百零九人内，女子三十五人，占工役全数32.1%。

在待遇方面，我们也可由上表看出，一般的说来，待遇很低，职员方面最高的月薪为六十元（保育院）；最低者仅六元；普通一般职员常在十元左右，工役的待遇更不用说，每月最高的八元，最低的一元，普通的三元。

（乙）院外救济机关之工作人员数目及其待遇

各善会职员多半是由会员尽义务，既无薪金，又无一定办公时间及人数，有事便来，无事便去，至于工役，大多数的机关只有一个，为不办事时的看守人而已，待遇也极低，最多的不过每月四元，普通一般都是一元左右（伙食在外）。

第五节　经济状况

关于经济的调查在目前的中国是最不容易的一种工作，此次的调查也不能例外，究竟此次经济方面的调查确实到什么程度，作者自己也不敢说，不过是尽了力量令各机关说出实话来罢了，院内救济机关与院外救济机关的经济状况大不相同，故还是分开来说好些。

（甲）院内救济机关之经济状况

院内救济机关计十八处，但残废军人收容所及培根初级农林学校最近方才成立，故其经济状况尚不能知道；又天主堂所办之医疗院，药品既全由平安桥医院中支取，职员薪金又由教会发，故此三处的除外。此外天主堂育婴堂之经费由圣婴院支配，故合为一处，又将成都县立救济院养老部列入，共计十五处，今将各机关经济状况列表如下：

第四表　成都市十五个院内救济机关之经费分析

机关名称	人数	每月收入					每月支出			每人分担
		合计	津贴	拨款	捐助	产业	合计	行政费	事业费	
女婴教养所	198	784.00	—	784.00	—	—	784.00	184.00	600.00	3.96
育婴堂	434	1990.00	135.00	1650.00	—	205.00	1990.00	650.00	1340.00	4.59
培根小学校	450	2284.70	342.00	1942.70	—	—	2284.70	321.70	1963.00	5.08
培根火柴厂	38	522.00	522.00	—	—	—	332.00	150.00	182.00	8.74
民生工厂	103	474.00	426.78	47.42	—	—	474.20	170.00	304.20	4.60
瞽童教养所	50	199.00	—	199.00	—	—	199.00	19.00	180.00	3.98
普济堂	853	1610.00	—	127.00	—	1483.00	1610.00	210.00	1400.00	1.98
天主堂圣婴院	446	3500.00	—	3500.00	—	—	3500.00	—	3500.00	7.85
中西组合慈善院	65	582.33	225.00	—	323.00	35.33	583.33	191.16	392.17	8.97
保育院	286	2000.00	—	2000.00	—	—	2000.00	200.00	1500.00	7.00
灾童收容所	60	416.66	—	406.66	10.00	—	416.66	70.00	346.66	6.93
第一游民教养所	247	1023.66	—	1023.66	—	—	1023.66	209.00	814.66	4.14

续表

机关名称	人数	每月收入					每月支出			每人分担
		合计	津贴	拨款	捐助	产业	合计	行政费	事业费	
第二游民教养所	170	729.00	——	729.00	——	——	729.00	184.00	545.00	4.29
济良迷失儿童所	35	109.00	——	169.00	——	——	169.00	64.00	105.00	4.83
县立救济院养老部	19	92.00	——	92.00	——	——	92.00	12.00	80.00	4.84
总计	3454	16377.55	1650.78	12670.44	333.00	1723.33	16187.55	2934.86	13252.69	4.69

收入共分为四种：（一）津贴，由政府机关如市府按月发给的；（二）拨款，由会拨付的；（三）捐助，向私人方面募捐的；（四）产业自有基金，田产每月的收入。[①] 支出方面只分行政与事业二项，杂费多算入行政费中，实际上各机关极之此种统计，故其数目多半皆由估计而来。

由上表可知成都市院内救济事业之费用总共每月为 16187.55 元，每年为194250.60 元，15 所院内救济机关收容人数共 3454 人，平均每月每人 4.69 元。

15 个机关之行政费占总数 18.1%；事业费占总数 81.9%。这样看来，成都市各院内救济机关行政费却并不算多，其最大原因大概是因为本地工资薪金便宜，但行政费过少又未免要影响到行政的效率。

（乙）院外救济事业之经济状况

院外救济事业，并无经常收入，一切费用全由会员分担，除会所之外很少有其他产业者。善会内之职员大致全为会员，其服务纯为义务性质，故每年行政费极少。有数善会的工人工资并不在少数，但却得不到正确的报告，因为被调查者不肯实说；至于会内所用的纸张笔墨，据云皆由各会员捐助，但不知究费若干。因彼等以善会为当尽义务之事业，且又不愿将会内经济情形公开，故百般隐蔽。是以其行政费究为若干，实无法可查。兹仅将各善会之事业费列表于后：

[①]　吴泽霖等：《上海社会救济事业之调查》，第 19 页，上海，大夏。

第五表　成都市 47 个院外救济机关事业费之分析

机关名称	每年事业总费	施医药	施棺	冬季施衣米	恤嫠	保产	义学	其他	备考
东益慈善会	4916.00	1300.00	244.00	2000.00	312.00	—	1000.00	60.00	"其他"为拾字纸
直心慈善会	1850.00	—	216.00	400.00	96.00	20.00	800.00	318.00	施茶及惜字
归仁慈善会	704.00	—	160.00	400.00	120.00	—	—	24.00	惜字
孝德慈善会	6690.00	950.00	800.00	4050.00	360.00	30.00	500.00	—	
忠义慈善会	1680.80	—	100.00	1000.00	580.80	—	—	—	
觉迷慈善会	3255.00	—	—	2760.00	480.00	—	—	15.00	惜字
明志慈善会	622.00	—	—	300.00	72.00	—	250.00	—	
至诚慈善会	2180.00	300.00	108.00	1080.00	192.00	—	500.00	—	
两仪慈善会	9930.90	1279.90	392.00	3960.00	960.00	159.00	2600.00	580.00	济米
明性慈善会	1107.00	100.00	104.00	600.00	228.00	35.00	—	40.00	施茶
三益慈善会	296.00	20.00	—	180.00	96.00	—	—	—	
辅善慈善会	1860.00	300.00	140.00	560.00	234.00	30.00	500.00	96.00	惜字
崇伦慈善会	4256.00	1800.00	250.00	1408.00	—	—	800.00	—	
通儒慈善会	2139.70	100.00	60.00	1141.60	300.00	18.10	500.00	20.00	惜字
体仁慈善会	5667.20	1088.00	360.00	1750.00	1200.00	30.00	800.00	439.20	育婴及惜字
善济慈善会	1202.00	400.00	100.00	120.00	72.00	—	500.00	10.00	施茶
乐善公所	4632.90	1414.50	282.00	1972.00	228.10	80.30	—	656.00	放生，恤贫，养老，废疾，育婴，临时

续表

机关名称	每年事业总费	施医药	施棺	冬季施衣米	恤嫠	保产	义学	其他	备考
崇善局	1822.00	800.00	200.00	—	144.00	50.00	—	628.00	同上
宝筏慈善会	1654.00	700.00	90.00	400.00	144.00	20.00	300.00	—	—
从心慈善会	2523.00	100.00	240.00	1400.00	174.00	9.00	600.00	—	—
乐善慈善会	1530.00	150.00	—	1200.00	120.00	—	—	60.00	施茶
固本慈善会	822.00	50.00	400.00	320.00	48.00	4.00	—	—	—
众善慈善会	1425.80	30.00	63.00	730.00	202.80	—	400.00	—	—
明道慈善会	4210.00	200.00	600.00	2000.00	360.00	50.00	1000.00	—	—
敦孝慈善会	3771.20	450.00	142.20	2140.00	300.00	39.00	700.00	—	—
志心慈善会	2618.00	500.00	200.00	1250.00	48.00	20.00	600.00	—	—
忠孝慈善会	5080.00	1500.00	360.00	2400.00	720.00	100.00	—	—	—
三福堂慈善会	1631.00	1000.00	60.00	400.00	168.00	3.00	—	—	—
大中慈善会	290.00	—	140.00	150.00	—	—	—	—	—
中和慈善会	1081.00	—	15.00	700.00	174.00	180.00	—	12.00	惜字
与人同慈善会	790.00	550.00	—	—	240.00	—	—	—	—
觉灵慈善会	1780.00	800.00	150.00	700.00	120.00	—	—	10.00	施茶
廉化慈善会	1368.00	200.00	200.00	800.00	168.00	—	—	—	—

续表

机关名称	每年事业总费	施医药	施棺	冬季施衣米	恤嫠	保产	义学	其他	备考
积仁慈善会	1480.00	—	1080.00	400.00	—	—	—	—	
品德慈善会	1816.00	400.00	108.00	400.00	108.00	—	800.00	—	
玉参慈善会	4460.00	500.00	200.00	3400.00	—	—	360.00	—	
立人慈善会	943.50	451.50	120.00	330.00	42.00	—	—	—	
真诚慈善会	2974.00	600.00	400.00	800.00	144.00	30.00	1000.00	—	
仁德慈善会	1070.00	100.00	125.00	700.00	135.00	—	—	10.00	施茶
正日常德慈善会	500.00	400.00	—	100.00	—	—	—	—	
真如轩慈善会	2140.40	600.00	280.00	900.00	110.40	—	250.00	—	
正心堂慈善会	3790.00	900.00	90.00	2600.00	200.00	—	—	—	
慈惠堂	2160.00	—	—	—	1920.00	—	240.00	—	
全浙慈善事务所	7400.00	3000.00	1000.00	1100.00	600.00	—	—	1400.00	
省会慈善救济院	6100.00	800.00	450.00	2400.00	50.00	—	2400.00	—	
成都县立救济院	2000.00	1000.00	—	1000.00	—	—	—	—	临时赈济
明德慈善会	3344.80	500.00	204.00	2290.00	73.80	5.00	260.00	9.00	
总计	125666.20	25333.90	10233.20	54991.60	12044.90	915.40	17660.00	4387.20	
与总数之百分比	99.75	20.16	8.14	43.60	9.59	0.72	14.05	3.49	

　　由上表可知成都市每年院外救济事业费总共有 125666.20 元；平均每月 10472.20 元；每机关平均每月为 222.08 元，并不算多。125666.20 元之中，以冬季施赈费占最多数，计为全数 43.6%；其次为施医药，占 20.16%；保产最少，占 0.72%。由此可见冬季施赈为最重要的一种院外救济。

　　47 个善会的每年经费以两仪慈善会的为最多，共计 9930.90 元；以大中慈善会的为最少，共计 290.00 元。每年经费超过 5000 元者仅 6 处，不及 1000 元者有 8 处。

（丙）成都市慈善事业之经济状况

　　若是把院内及院外救济机关的用度合并计算，则每月为 26659.75 元。若以全成都市人口 458476 人（二十七年 11 月省府之调查）计算，[①] 平均分摊之每人每月仅担负 5 分 8 厘。这个数目实在太少了。

——原载金陵女子文理学院社会学系编：《社会调查集刊》（上集），

成都书院 1937 年版，第 4—21 页。

[①]　四川省政府：《四川统计月刊》第一卷第二期，第 12 页，四川省府统计室。

成都市慈善机关之概况调查（节选）

（张婉琼　1947年）

第二章　成都市慈善机关之沿革

第一节　萌芽时期（前清）

前清时，成都虽亦常有慈善事业之举办，然多系出诸个人，范围颇小，其有慈善机关之组织，乃自清代中叶开始。据《华阳县志》记载，清季创办之慈善机关，计有普济堂、育婴堂、幼孩厂、济贫厂、慈惠堂、乐善公所、集善公所、正心堂、体仁慈善会、疯人院、天主堂，与人同慈善会等十二处[①]，其间或经合并，或经停废，至今尚存在者，仅乐善公所、正心堂、体仁慈善会及与人同慈善会等四处。当时各慈善机关之组织，异常简陋，其内容如何，无法详考，惟据《华阳县志》记载及调查所得，可知各慈善机关中，院内救济较少，院外救济较多，不论其为院内或院外救济，其工作皆属消极，仅为养而不教之机关而已。如普济堂为成立最早之慈善机关，专收男女孤贫老弱残废等无靠之人，一经入堂，则终身解决，每日不必劳动，嬉踞所中，甚或出外乞食，亦无人过问，如此情况，实无异于寄生虫之养成所。又如幼孩厂之设立，目的在收养贫苦儿童，而予以手艺之训练，使他日可自立更生，然考其所设各科，均不适于幼童，其收效极微，自所难免。他如育婴堂、济贫厂、集善公所、疯人院等，亦皆虚设而无成绩。至院外救济，乃以施物为主，约有施米、施药、施棺、施地等类，此等慈善机关，对于被救济者之境况如何，丝毫不加过问，其领受救济之资格，亦无严格之规定，每以救济者之意思，为救济之准绳，即凡

① 林思进：《华阳县志》卷三，成都志古堂书局，第36页。

救济者，认为可怜，或贫穷之人，皆可得到救济，如领得米票、钱票及其他救济票据等。当时各慈善机关之经费，有系官款，有为捐募，皆集有基金，或置有田产，每年即以其息金或租谷，作为救济费用。是乃成都市慈善机关在萌芽时期之概况也。

第二节　成长时期（民国元年至民国三十年）

前清时，成都之慈善机关，为数甚少，即在民国初年，亦不多见。直至民国五年以后，始逐渐增加，尤以民国十年至三十年间，不断增设，诚如雨后春笋，几达现有慈善机关4/5，其成长可谓盛极一时。盖因此时期中，成都曾罹水灾，其范围虽不太大，而受害者则为数甚众，兼之时疫亦曾一度流行，死亡颇多，一般乐善好施之士，于是创办慈善机关，以救济之；又因民国十年至二十五年间，为四川军阀争雄时代，连年兵燹，军民伤亡甚众，所遗孤儿孀老，流离无依，于是好善者，乃创办慈善机关以资救济；更有因军阀时代，各地拆毁庙宇，占领公地，一般守旧人士，意欲保护庙宇，乃联络各界，成立慈善机关，创办义学，既可保护神庙，又可藉以教养贫苦之子弟，并办理善务，用以救济贫苦；此外尚有部份退伍军人，自觉昔年从军，难免作恶，或误伤人命，或取不义之财，故组织慈善机构，办理善务，藉以赎罪，并图结来生之缘，其出发点，虽为现代办理救济事业者所不取，然因此而成立之慈善机关，则非少数。由上述数端，遂促成成都慈善机关之成长。考当时各慈善机关之组织，仍属简陋，然所办之业务，则较萌芽时期为多，约有无利借贷，施棺施地，送诊送药，掩埋枯骼，孤儿义学，养老恤嫠，急救贫产，助育婴孩，施钱施米，临时救济，放生宣讲，施茶施衣等十余项，其中较大之慈善机关，有达十三四项者，较小之慈善机关，亦办有五项以上，但多属院外救济，院内救济极少，而其工作，仍颇消极，多为养而不教，并不令被救济者，将来可自立更生，是以成都市之慈善机关，于此时期中，虽创立甚多，成长迅速，然仅数量之增加，而质量并未改良，仍非合于现代办理社会救济事业之组织机构也。

第三节　改进时期（民国三十一年以后）

由上节所述，知成都之慈善机关，在民国三十一年以前，其办理之业务虽多，而其组织，则欠完备，因之成都市政府，力谋改革，先后曾于民国二十七年、二十八年、三十年作普通调查，以图改进，殊办理未能澈底，收效极微，致其组织，仍与往昔无异。迄至民国三十一年，成都市政府复以最大之努力，作精详之调查，并令饬各慈善机关，将一切情形，详细具报，成都市政府遂根据调查及各慈善机关呈报之实情，拟就改进办法，分令各慈善机关，遵照办理，自是成都市之慈善机关，始由杂乱之集团，进而为较有组织之机构。惟此项办法，并非尽善，且各慈善机关，守旧性极强，多未能悉心改革，除组织有所改善外，其他仍均依旧，所办之业务，亦仍多为消极之救济，而少积极之训教，且因近年来物价高涨，若干救济事业，均告停办，其业务范围，反较昔年缩小，然关于组织及管理方面，各慈善机关，皆拟力求改良，继续作有计划之推进，余之视斯时为改进时期者，即以此也。

第三章　成都市慈善机关之总概况

第一节　创办人

就余调查之 61 慈善机关中，其创办人均为当地士绅及年高望重者，兹将各创办人概况分析列表如次：

第一表　成都市慈善机关创办人与创办机关之关系表

项别	慈善机关数
创办人兼理会务者	40
创办人未兼理会务者	17
未详	4
总合	61

关于慈善机关之创办人，有兼理会务者，亦有未兼理会务者，其中以兼理会务者较多数，约 40 人，而未兼理会务者，仅占少数。（见第一表）

论及年龄，以 60 至 65 岁者为最多，50 至 55 岁者次之。盖因 50 岁以上者，多已退休，每每藉此善务以度余生。且有少数创办人，自恐青年时代行为失检，而欲以善务补偿前非，因此之故，所有慈善机关，均为年老者所创办。（见第二表）

第二表　成都市慈善机关创办人之年龄表

年龄组	人数
40 ~ 45	2
46 ~ 50	1
51 ~ 55	10
56 ~ 60	9
61 ~ 65	12
66 ~ 70	5
71 ~ 75	7
76 ~ 80	2
81 ~ 85	1
86 ~ 90	1
未详	11
总合	61

就业于私塾者较多，而卒业于陆军军官学校者亦不少，受大学教育者，则仅有二人而已。（见第三表）

第三表　成都市慈善机关创办人之教育程度表

教育程度	人数
大学	2
专科学校	7
中学	4
私塾	13
陆军军官学校	10
未详	25
总合	61

至其籍贯，以四川省成都县及华阳县者为最多。（见第四表）

第四表　成都市慈善机关创办人之籍贯表

地域别	人数	地域别	人数	地域别	人数
本省	43	成都	19	华阳	7

地域别	人数	地域别	人数	地域别	人数
三台	2	巴县	2	温江	1
郫县	1	双流	1	简阳	1
新津	1	内江	1	安岳	1
隆昌	1	万县	1	乐山	1
宜宾	1	蒲江	1	西充	1
外省	2	外国	1	未详	15
				总合	61

至其职业，经商者占第一位，其次为军政界，最少者为传教士。（见第五表）

第五表　成都市慈善机关创办人之职业表

职业别	人数	职业别	人数	职业别	人数
商界	16	军界	13	政界	7
闲居	6	法界	3	医界	3
教育	2	传教士	1	未详	10
				总合	61

至其性别，创办人为男性者 55 人，而女性创办人仅 2 人，其余有未详者 4 人。（见第六表）

第六表　成都市慈善机关创办人之性别表

性别	人数
男 女 未详	55 2 4
总合	61

诸创办人中，除5人未详外，已死亡者12人，存在者仅44人矣。（见第七表）

第七表　成都市慈善机关创办人之死亡表

项别	人数
现存	44
已亡	12
未详	5
总合	61

第二节　组织

成都市慈善机关之组织，大致相似，所不同者，仅为其规模之大小而已。详究之，不外理监事制、堂长制、董事制、总理制等四种，兹分别详述如次：

（甲）理监事制

一、理事会：设理事七人，由会员大会推选之，正副理事长各一人，由理事互推担任。其职权：（1）编选预算，（2）办理善务事宜，（3）召集会员大会，（4）代表善会对外事宜。下设：（一）总务组，置主任一人或二人，掌管文牍、庶务、交际、统计、宣传、调查、设计及不属财务善务二组之一切事宜。（二）设财务组，置主任一人或二人，掌管收支、稽核及保管财产公物等事宜。（三）设善务组，置主任一人或二人，掌管各项公益慈善事宜。

二、监事会：设监事五人，以一人为常务监事。其职权：（1）审核预算，（2）审核收支账目，（3）审核员役奖惩，（4）职员及会员之纠正。至理监事之任期，各慈善机关略有不同，有一年为任期者，二年为任期者，或三年为任期者，但均可连选连任。

（乙）堂长制

设正副堂长各一人，总揽一切事务，下设委员数人，分别管理各种与会务有关事项，至委员人数之多少，乃视慈善机关之大小而决定。堂长与委员均由会员大众公推，任期二年，并得连选连任。

（丙）董事制

设董事长一人或正副董事长各一人，其下设文书股、交通股、庶务股、施药股、施米股、施茶股、施棺股、义地股、恤嫠或养老股、总务股等，各股设主任一人，分别办理有关慈善之各种事宜。各股之下，视事务之繁简得增设辅助员数人，协办各有关业务。董事长及各股主任，均由会员大会公推，其任期皆以二年为限。

（丁）总理制

设总理一人，或正副总理各一人，其下设襄办数人，办理各种有关慈善事项，视业务之多寡，以决定襄办之人数，如该慈善机关，所办之业务为"十全"[①]，则设襄办十人，若不足十全者，则依办理之业务缩减设置之，襄办之下，视工作之繁简增设若干辅助人员。总理及襄办均由会员大众公推，任期亦为二年，并得连选连任。兹将各慈善机关采行制度，统计列表如次：

第九表　成都市慈善机关之组织概况表

名称	慈善机关数
理监事制	50
董事制	5
堂长制	1
总理制	1
未详	4
总合	61

由上表知，各慈善机关中，采行理监事制者最多，约 50 单位，董事制次之，堂长制及总理制最少，仅各有 1 处。理监事制较其他组织为多之原因，乃民国三十一年市政府分令各慈善机关改组，限其采行理监事制度，其未改组，仍行他种制度者，无非其中少数之顽固分子而已。

第三节　经费

关于经费之来源，各慈善机关颇不一致，有房租、地租、息金、田产、临时捐募、会员乐捐等，据调查列表如次：

---

① "十全"：即慈善机关所办理之业务共有十项，包括养老、济贫、恤嫠、施棺、施医、施药、借贷、掩骨、义学、赈孤等，故曰"十全"。

第十表　成都市慈善机关之经费来源表

经费来源	慈善机关数	经费来源	慈善机关数
常费	10	临时劝募	25
息金	3	房租	7
田房产	2	基金	3
果市经纪费	1	会员乐捐	2
未详	7	田房产及政府辅助	1
		总合	61

由上表知，就中临时劝募者为最多，田产收益及政府辅助者较少，其来源虽各不同，但其支出，则大致相似。各慈善机关均量入为出，如遇经费不足，或有特殊情形，亦尝以"请会"①方式解决之，但此种情形为数颇少。此外尚有因某种救济事业，概由承办处临时自行筹集者，但须于事毕后十日内，将收支账目结算清楚，公布会员周知，并报主管机关审核。各慈善机关除雇员夫役外，其他人员概系无给职，但至远道施行救济时，得由慈善机关斟酌给与川资津贴，如不愿接受者，则自备之。至遇特殊事故，必须实行募捐时，应由会员大会通过，及主管机关之许可，并将捐册编列号码送至主管机关盖印备案，此为各慈善机关经费之概况也。

第四节　会员

各慈善机关之会员，有多至三百余人者，有少至十余人者，完全因会务之范围大小而定。就中男会员较女会员为多，有少数慈善机关，尝限制女性加入，盖因以往有二三慈善机关，男女会员之教育程度高低不等，入会之初，彼此并不相识，继而因工作关系，渐形熟悉，由熟悉而生友谊，每由友谊更进而为情侣矣，因此之故，会外谣诼时生，会内工作效率大减，以致影响工作之推

---

① "请会"：乃会首邀其亲友或邻里，数人或十人为会友，约定集会时间，及应纳会金，会金于集会时缴纳。集会时间，有为一月一次，二月一次，或三月一次者不等，会金总款，第一次由会首收得，以后由众会友认占次数，依次收得，亦有除会首第一次外，其余会众，则于每次集会时，以摇彩方式定之，无论其方式如何，请会之会首，皆系整收零付，其余会众，皆系零付整收。

行，一旦被主管机关查觉，视为乌合之众，则令其改组，甚或解散，因此若干慈善机关不愿重蹈覆辙，乃限制女性参加。兹将各慈善机关之会员人数及性别列表如次：

第十一表　成都市慈善机关男女会员人数表

会员人数组	慈善机关数	会员人数总计		
		男	女	共
50 人以下	16	476	138	614
50—99	16	859	291	1150
100—149	10	820	292	1112
150—199	3	337	414	751
200—249	3	361	312	673
250—299	3	450	390	840
300—349	1	185	162	347
350—399	1	156	225	381
未详	8	—	—	—
总合	61	3644	2224	5868
平均每慈善机关	—	59.74	36.46	96.20

由上表知各慈善机关之会员有 50—99 人者最多，300 人以上者为最少。今再就其入会、退会及权利义务与惩奖分别详述于后：

（甲）会员之入会与退出

一、依正式手续入会者：凡自愿捐资出力办理慈善事业，而行为优良、热心公益者，均可遵照慈善机关章程之规定，为其会员。入会时，须由会员二人以上之介绍，及理监事之认可，始能取得会员资格。入会后如有违反规则或不良行为，得由理监事会之议决，取消其会员资格，惟会员资格之取得与取消须以会议方式公开决定之。

二、非依正式手续入会者：凡地方人士，本诸同情心理，而愿出力出钱，或捐助实物，且行为善良者，由会员一人或二人以上之介绍，无须理监事会之认可，即能为其会员，至会员资格之取得与取消，亦无须以会议方式公开决定之。

三、由亲友关系入会者：如主办慈善机关者，因见会内之人材缺乏，或经费不足，则自动邀请亲友加入本会，其目的重在加强人力与财力，入会与退出，无一定之限制。

四、由其他特殊原因入会者：若干慈善机关中，有少数会员，因其家中之人口伤亡颇重，或因个人之疾病，自愿将其产业捐与慈善机关，办理各种善务，但自身不能或不愿担任慈善机关中之任何工作，而愿为名誉会员。

（乙）会员之权利与义务

各慈善机关之会员，其权利较少，而其义务则较多，盖以入会者皆欲救济他人，而不以之自相救济之故。

一、权利：

（1）会员有发言建议及表决权。

（2）会员对慈善机关之职员有选举及被选举权。

二、义务：

（1）会员有遵守慈善机关章程中各种规定之义务。

（2）会员有履行慈善机关决议或主管机关指挥监督之义务。

（3）会员有切实推行各项慈善事业之义务。

（4）会员有不得任意违反慈善机关宗旨之义务。

（丙）会员之惩奖

一、惩罚：

如会员在外假借慈善机关之名义或冒制慈善机关之标记，以营私利者，情形严重者，则诉之于法庭严办。违反规则，或懈怠职守及藉端舞弊者，于查明情形后，或停止职权或取消会员资格，情形严重者，送法庭究办。

二、奖励：

凡会员有热心办理救济事业，而其成绩确有事实表现，及捐助数目较大者，得由该慈善机关分别予以奖励。至其奖励之方式，约有下列数种：

（1）勋章：由慈善机关制定各种勋章，呈报主管机关核定后，分发各受奖会员。

（2）旗帜：由慈善机关制定各种旗帜，呈报主管机关核定后，分发各受奖会员。

（3）题字赞扬：由慈善机关恭请名流，或当地机关首长题字，以赞扬各受奖会员。

（4）名誉奖：登报颂扬。

第五节　业务

成都市慈善机关所办理之业务，虽各因其经济情形而异，然不外下列十余种：一、无利贷款；二、施棺施地；三、送诊送药；四、掩埋枯骸；五、孤儿义学；六、养老恤嫠；七、急济贫产；八、助育婴孩；九、施钱施米；十、临时救济；十一、放生；十二、惜字；十三、宣讲；十四、施茶；十五、施衣等业务。兹再列表如次：

第十二表　成都市慈善机关之业务概况表

业务名称	已办机关数	未办机关数	未详机关数	总合
施棺	50	6	5	61
施地	43	13	5	61
施药	33	23	5	61
保产	31	25	5	61
施钱施米	29	27	5	61
临时救济	24	12	5	61
义学	22	34	5	61
送诊	19	37	5	61
施茶	17	39	5	61
无利借贷	17	39	5	61
惜字	15	41	5	61
养老恤嫠	14	42	5	61
送诊施药	13	43	5	61
施衣	8	48	5	61
宣讲	5	51	5	61
放生	5	51	5	61

业务名称	已办机关数	未办机关数	未详机关数	总合
助育婴儿	4	52	5	61
掩埋尸骨	3	53	5	61
轻利借贷	1	55	5	61

其有因经济不足，而无力全部办理者，则于其中选择数种而办理之。据上表知，施棺施药施地者最多，因该三项工作于贫苦之利益甚大，若干慈善机关皆乐为之也。总上列各项业务，除孤儿义学、施棺施地、助育婴孩、冬季施钱施米等项外，余均定时办理，大多数于阴历朔望日举办，其中亦有用阴历初七、十七、二十七，或用初十、二十日、三十日者，其时间概由各慈善机关自定，惟较有连系之各慈善机关，均避免彼此之时间重复。兹将各项业务分述于后：

一、无利借贷：此项业务乃为帮助工商小贩，及贫而急于需款者所设。其办法，乃给与少数现款，以济临时急需，或充实资本。借贷之先，由被救济者，用书面或直接面谈，向慈善机关陈明实情后，而有保甲证明者，该慈善机关即派员调查请求者之实况是否合于规定，合者则借予之，不合者则拒绝之。其给与之数目，视请求者之实际需要而异，但办理此项业务之各慈善机关，各有定额，若超其定额，亦不能借与，复因物价涨跌不定，故数目亦常有变动。大多数慈善机关，皆为无利借贷，而少数之慈善机关亦有轻微之利息，同时借贷者还清后，又可再借，但事实上，多为不能收回之歹账，因此对借贷者之保人及其实况之调查，极为之严格，以免需款者，不得其用，而假冒者，得到利益。

二、施棺施地：此项业务专为贫而无靠者所设。施与之先，须保甲长盖章证明，死者实无力安葬，并经慈善机关查明实情，认可后始能给与。其棺木之来源，或为会员乐捐，或为社会人士捐助，普通各慈善机关所施棺木，一为火匣[①]，一为棺木，火匣全为施舍，棺木因其价值较贵，则取半费，但老者亦可免

---

① "火匣"：乃以木板四合而成之长方匣，代替棺材，以装死尸，因其工作简单，状如火柴匣，故名之曰"火匣"。

费与之。至于施地方面，其请求之手续亦如前述。而义地之来源，亦与棺木相似，或为善士乐捐，或为慈善机关自行购置。

三、送诊施药：在余调查之六十一处慈善机关中，除少数无力办理外，大多数均办有此项业务，惟多数均为短期，不在春夏，即在夏秋，且有少数慈善机关，仅于夏季举办，终年举办者甚少。极贫者既送药又送诊，次贫或不贫者，则仅送诊而不送药。医生多为中医，且系义务，并无薪给。药材及药费之来源，或为慈善机关存款购备，或为好善者所捐助。送诊送药时间，每三日办理一次，或为三六九日，或为二五八日。请求诊治者，无统计数字，至多有五六百人，至少亦有数十余人。此外尚有部份慈善机关，专门在夏季施送药品，如救济仙方药粉、救急药水、如意丸以及其他药等，多包成小包，凡前来索取者，不分贫富，均给与之，且有少数慈善机关，自制此类药品，取用者多能得救。此项业务，各慈善机关每年所支出之款项为最多，而其所收之效果亦极大。

四、掩埋枯骸：此项业务乃为死而无人收埋之路毙，或官山[1]埋葬之尸骨，因时间过久，露骨于外者，则将其埋葬之，或修建白骨塔[2]以集体收容之，要皆不忍见白骨暴露而为者也。

五、孤儿义学：所谓义学，乃指慈善机关所设立之免费学校，在余调查之六十一处慈善机关中，办理义学者，仅有二十二处。此种义学教员，多数为私塾老师，亦有部份为市政府训练之小学教员所兼任，部份教员有薪，部份教员无给，学生之学费，亦为全数免缴，有少数学校虽收最少数之学费，如实在无力者，则仍免缴之，学生完全系走学，仅中西组合慈善会之孤儿院为例外，此于后章详述之。校内物质设备，皆因陋就简，教堂甚为拥挤；光线亦不充足；桌椅高低不等，与破旧之私塾无异。至于卫生方面，则坏不堪言。二十二所学校中，有全属私塾者，则采用四书五经为课本，以个别方法教授之，然大部份皆为初高级小学。由于义学之举办，亦可见其已由消极之救济事业，渐进而改为积极之预防。不仅对于贫弱、残废儿童予以相当之保护，而且注意到普通儿童之教养，使成年后得到工作机会，不至失业。就学之诸儿童，毕业后升学者极少，大多于毕业后，即充当学徒。

---

① "官山"：乃慈善机关所购置或善士乐捐之土地，用以埋葬贫穷无靠之死者。

② "白骨塔"：乃慈善机关捐款修造之砖屋，用以收容尸骨者，状似塔形，故曰"白骨塔"。

六、养老恤嫠：此项业务乃为夫死守节，家贫而不能生活者所设。凡有请求者，须保甲证明，慈善机关跟即派人调查后，如情形属实，则给一牌据，凭此据每月定日领定赈款，数目虽少，但可一人向数慈善机关取得领款据，集少成多，无靠之寡妇，亦能借以维持生活。此领款牌据，每年换发一次，多于年底收回，次年开春再发。

七、急济保产：凡贫苦人家，生产小孩后，三日内可前往慈善机关报请，经调查属实，并合于规定者，则可发给金钱或什物，以补助之。

八、助育婴孩：凡贫穷人家，对于出生之婴儿，若无法抚养，即可向慈善机关报请，经调查属实后，则给与金钱救济。此项业务，亦发给领款据，按时领款，惟以五岁内之婴儿为限。

九、施钱施米：此种救济乃短期之救济，大半在冬腊月办理。先由慈善机关购得米粮，依米粮之多寡，置成米票，每张载明领米之数量，然后再由会员或非会员，照市价将米票承买，分送贫穷无靠之人，按照米票上印就之数量，一升或二升，向慈善机关领取。施钱方法，与施米相似，惟票据上印明若干元而已。各慈善机关，每年所施之钱、米，多少不等，多则多施，少则少施，全以该慈善机关之经济情形而定。

十、临时救济：多数慈善机关，均列有此项业务，但实际举办者，则属少数。因此项业务，对于临时发生灾情，如水灾、火灾等，均应给与救济；但现有各慈善机关中，大多经费不足，有款者，则可单尽人力，无款者，则根本不能举办。然有少数慈善机关，当某地之灾情严重时，则设法向社会人士与本会会员募集，并联络新闻界合作，然后将募集之款，以作某项临时救济之用。如去岁湘灾严重时，成都善团联合会，即以此法募款汇往赈救之。余因调查亦曾被邀参加是项工作，知其结果尚属良好。

十一、放生：此项业务，乃由会员或非会员，购买各种生物，如鱼虾、鸟类，放于池中或空中，使各种被擒生物得恢复自由，举办者均认为救生以造来世福，或为后孙积德。此项业务已不如前发达，现有之六十一慈善机关中，仅五处有之，因科学昌明，迷信观念大减，此项救济，并不实际，即或将所买之生物放出，亦可又为他人擒获，甚或专门擒就，以出售他人，是放生实为徒劳无益之行为。

十二、惜字：办理此项业务之慈善机关，其工作方法有二：（一）以金钱收买贫穷者所收集之破烂字纸，以斤数计算，收买后将其焚烧，再将其灰送至河中。（二）购置若干惜字篓，分散各地，使一般人，均有惜字之习惯，每有烂字纸，则将其拾入篓内，满后集体焚烧。举办者，亦皆认为惜字，可以得福，并以为惜字者眼目光明，因此之故，有若干眼目不光明之人，多用金钱作此项工作。现因物价高涨，购置字篓不易，且此项工作亦极迷信空虚，至今亦逐渐减少。

十三、宣讲：少数慈善机关，尝规定时间地点，当众作劝善归过之宣讲，其内容多为孝悌忠信、礼义廉耻之事实，目的在藉以挽回人心，使其向善。惟此项工作，行之甚难，盖宣讲人员不易征得，故六十一慈善机关中举办者仅有五处。

十四、施药：此项业务，每于夏季举行。方法：由慈善机关于各街头，置大茶缸一具，盛以药茶，供路人取食。

十五、施衣：此项业务，每于冬季举行。其方法：乃由慈善机关制就若干棉衣，或由慈善机关向各善士募集旧衣物，施给贫苦，报请领取者，须由保甲证明，并经慈善机关调查属实后，始能发给。

（全文系私立金陵女子文理学院社会学系毕业论文，张世文指导，1947 年秋季）

　　——原载何一民、姚乐野主编：《民国时期社会调查丛编》三编（四川大学卷）上卷，福建教育出版社 2014 年版，第 695—727 页。

济南道院办理各项慈业及慈善报告书

（1922 年、1923 年）

（甲）第一国民学校

第一国民学校，于民国十年夏历四月二十二日成立，设在正觉寺街四景花园。赁屋五大间，内设教室三间，教员、夫役室各一间。校长兼各科教授一员，月薪四十千文。夫役一名，每月工资五元。学生四十名，多系贫民。应用书籍、纸张、笔墨及操衣等项，均由校内供给。教授课程，悉遵部章，当经函请历城县劝学所分呈备案。全校经费，每年预算大洋四百元，由张君济真所缴之院费内照数划拨，足敷开支。现查该校教授共分三级，第一级学生，能作简单文字，在百字上下；第二级能填字联句；第三级亦能填字。第因教室狭小，请求入学者不能收容。拟迁移宽厂房屋，添招一班，庶邻近之平民学童，不至有失学之虞。

（乙）第二国民学校

第二国民学校，于民国十一年夏历八月初一日成立，设在东关霞侣市。赁观音堂房屋九间，内设教室三间，教员室、学生休息室、夫役室各二间。校长兼各科教授一员，夫役一名，学生三十名。其员役薪工与学生应用书籍、纸张、笔墨以及教授课程，均与第一学校相同。所异者，校舍系赁用庙宇，房租较少，是以较省。每年有三百二三十元，当能足用。该校开办费、购置费及十一年分非经常费，均在刘君福缘捐洋二百元与无名氏捐洋一百元项下动支，已足敷用。惟十二年经常各费，尚无着落。慈院业经印刷捐册，须由在道诸方，竭力劝募，方可维持。现查该校教授亦分三级，第一级学生，能作简单文字在四五十字左右；第二级能填字联句；第三级亦能填字，其成绩尚有可观。

（丙）残废院

残废院于民国十一年夏历九月初九日成立，设于千佛山下。经绣阳义社捐地基十亩有奇，又自购地基一亩七分，共建筑房屋七十间，内设礼堂、讲堂、盲哑院、工作室、夫役室、厨室、男住室、女住室、男餐室、女餐室、储藏室、诊病室、养病室、浴室，凡十五处。院设院长一，监理一，名誉总董十，主任董事三，董事四十八。均系名誉职，不支薪金。办事员三员，医生二员，夫役二名，厨役一名，均酌给薪工洋十余元数元不等。男残废人四十二名，女残废人七名。平时令其纺织羊毛、糊洋火盒，所得工资以一半归本人自用，其余一半，院为之存放生息，备将来各该残废人于出院后，作正当用途。所有现收残废人等伙食及单袄、棉衣、被等件，概由本院供给。自开办以来，入捐款洋一万三千一百七十九元零四分，赈务处拨助基本金洋一万元，佛山会门路捐洋一百十元零四角四分五厘，存行生息洋四元四角二分，共洋二万三千二百九十三元九角零五厘，内支建筑房屋洋九千四百八十五元四角。开办伊始，所置木器，添购地基，凿井一眼，印刷物品，购备衣被，配制药品，各种费用，共支洋三千五百九十八元一角七分三厘，员役薪工及残废人等伙食共支洋五百八十一元五角一分二厘，支存道生银行基本金一万元，共支洋二万三千六百六十一元零八分五厘。收支统计，现存基本金洋一万元正，不敷开支洋三百七十一元一角八分，系由道生银行暂行借给，拟以续收之款弥补，将来捐册全数收齐。当有大宗捐款，届时酌量情形，添筑房屋四十间，再收残废人百余名，以足百五十之数。期将疲聋残疾人等，尽行收容，以符设立残废院之本旨。

（丁）第一栖流工作所

工作所于民国十一年阴历二月初一日成立，设在西新街，赁房二十余间。除办事室、夫役室、厨室而外，设工厂三处，一木工厂、一铜工厂、一毛毯工厂。木工厂以定做镜框为大宗；铜工厂恭制各院神位之外，并仿造衣钩、门锁、插销等件；毛毯厂以制地毯为大宗。所内职员，另详所章，生徒三十二名，多系利津、滨沾各县灾童。其饮食及单夹棉衣被等件，均由本所供给，此办理该所之大概情形也。自开办以来，入天津拯救山东水灾协会资助洋一万元（存道生银行生息按月一分），又入利津赈灾余款项下洋六千元（入道生银行优先股），又入捐款洋二千二百六十八元二角九分，共入洋一万八千二百六十八元二角九分。又本年收道生银行存款利息及红利洋一千三百九十八元零八分，又工作所售货洋五百四十二元七角四分，又存货物值洋七百三十七元六角，共计洋二千六百七十八元四角二分。开办所置木器、铜厂、机器、毛毯器具、灾童衣被及招收灾童、修理房屋、刷印册簿各种费用，共支洋八百十三元四角三分。又自开办迄今，其房租、办事员、技师、助手、夫役、厨役薪工及生徒伙食等项，共支洋一千四百六十元，此收支确实之数目也。惟开办伊始，学习工徒手艺生疏，恒不免多费原料，是以本年所得纯益，不敷开支。现在生徒手工，渐渐纯熟。再将该所各项工艺，加意研究，逐渐改良，其成绩当有可观者矣。

（戊）慈济印刷所

印刷所于民国十年夏历九月初十日成立，设在西关估衣市街，赁房二十余间。除以门面上下楼房，作为售销物品及接待室外，其余房屋，分作工厂三处：一木印工厂，一石印工厂，一铅印工厂。木印工厂，以印刷信封、信笺、各种公文恳为大宗；铅印工厂，以恭印真经、心经，暨其他经卷，并各种志报、文书为大宗。所内设总理一、协理一，董事主任一，董事四，均不支薪。经理一员、办事员二员、工师十二名，每员酌给薪工二十元、十数元、数元不等。练习生十二名，仅供伙食，不给薪工。自开办以来，所有收支及盈余数目，另有详细报告。惟所得实利无多，是因该所资本短少，不敷周转。若再添招股本洋一两万元，俾所内不致借用息洋，并得以贱价收存货物，足资因应，其获利必能倍蓰于前。甚望在道各方，认募股金。俾能发展道务前途与投资营业，两有裨益，幸加意焉。

（己）因利局

辛酉年三月二十三日奉

训速办因利局，以裕贫民生计等语。当由在道诸方，捐助大洋三百七十四元，京钱二千六百五十四千文。拟订章程，呈请省县备案。该局于是年夏历五月初三日成立，附设于本院。嗣迁移西新街第一栖流工作所内，按章贷借，接济贫民。十一年夏历十月间，又收本院杜统掌默靖捐助大洋五百元正。两年以来，常川贷户不下五百余户，每户京钱五千、十千不等。前捐之数，以现在情形计算，辗转贷借，尚足敷用。

（庚）各处赈务

（一）利沾东三县借放籼种钱文

壬戌年夏历正月十五日，奉训春赈，不能过清明前二十日籽粒下种，速派调查员或由各农商会代查一县四五十家，每家给钱六千，麦种一斗者为最重，分三等；其次各减四分之一为次重（即给钱四千五百文、麦种七升）；再减四分之一者为微重（即给钱二千、麦种五升）。以上查无可种之地，发者负赔偿之责。先放一等四县，利沾、滨东记之等语。当于利津水灾赈款余存项下，划拨大洋六百元，合京钱一千九百二十千文。公推裴君素觉、白君素空、叶君灵原、步君连城、陆君福烨、刘君圆爽，带往各县借放。除滨县一县，因为时已晚，不能种麦，且无人协助来函辞却外，计利津借放籽种支京钱五百二十七千六百文；沾化借放籽种支京钱二百九十五千文，又借京钱三百三十千文；东平借放籽种支京钱二百八十五千文，又借京钱三百千文以上。共支京钱一千七百三十七千六百文，其余京钱一百八十二千二百四十文，均作办事人来往川资，收支相抵。现查利津一县，因所种麦地被水淹没，未有收获，前备之款，不能归还。余如沾化、东平两县，岁获丰稔，前借之款已如数收回。沾化款存于县署，东平原借之数仅五百八十五千文，经该县商会捐助京钱十五千，凑足京钱六百千文以二分息存该县殷实商号，有字据二纸，寄存本院为证。

（二）沂水火灾

十一年夏历四月初四日，奉训筹办沂水水灾平粜救济会，一面出启募款，一面派修如静存主办、拟简章。如无家产屋宇者可买，此粜价与市面同秤加四成者为最重户，加二成者为次，加一成者即街市无屋有产之民，日出限四五十户。次者五百余口，重者五千余口，每口半合一日，匀算能办三个月，至少须消耗七八千元，救他赈不赈之灾。是谓道赈等语当经出，启捐募大洋四千元整，又京钱一千二百九十千文，奉派李君惟能、姜君宝臣赴青州购办高粮凡十五次，共粜入六百三十四石二斗四升，系青州斗，折合沂水斗计一百八十三石七斗八合六勺，除去风耗四石四斗八升四合六勺，实粜入高粮一百七十九石三斗零一合四勺。又奉派赵君灵源、张君鸣春在沂水承办平粜，计办事人川资旅费、运粮、脚力及加秤消耗等项，共亏损京钱一千二百九十千文，大洋三千四百三十六元九角九分，剩余洋五百六十三元零一分。现交慈济印刷所暂存，以备将来作其他赈款之用。

（三）浙江水灾

奉训急筹赈恤于杭州道院，附设账务处函知本院代募，并寄来捐册五本，当由同人分投劝募，计共收大洋八百十元，随时由本院汇，寄取有收据为证，至捐款人姓名应由杭院汇登公报，俾众周知。

（辛）衣药

（一）棉衣

十一年夏历九月十二日，章丘道院奉济祖训以利津、宫家决口，灾民无衣无食，阅之伤怀，由章院抄函通知本院，转函各省、县院，筹赈棉衣百件，届时送本院赈施等语，本院当即遵办，计收各地道院及本院棉衣二千余件。由本院公推李君惟能、王君恒中，运往决口东西两坝散放。有利津县知事谢函为证，至各道院所助衣款详细数目，应俟汇齐后，另函通知。

（二）药品

十一年夏秋之交，虎列辣疫盛行一时，本院当即设立临时救济防疫会，共捐募大洋二百零四元七角，京钱五百零一千文。印刷预防治疗各方传单，广为散布。并遵坛训，施送定中丸、六一散、建中丸、纯阳正气丸、蜜丸各种药品。公推公修士、专修士六人，每日轮流于城厢内外散送方药，并请盛君灵得、罗君素珠分赴乡间，广为施送，外县农、商各会及各省、县道院亦分别邮寄。所有印刷方单、制送药品以及调查津贴共支大洋一百零九元八角四分，京钱五百二十五千一百文，剩余大洋九十四元八角六分。嗣夏历十一月二十九日，叶仙奉孙真人谕，今春之咽喉及瘟症甚烈，速制药分散，并示养阴清肺丸、清瘟解毒丸二方。本院遵即配制多料存院，施送并印刷方单一万张，分散城关内外，并邮寄各省、县、道院及各县农商各会，以备患者照方疗治。

（壬）道生银行

由道业银号改组，续招股本于十一年七月十日正式开幕。总理张君晋阶协理，车君百闻营业半载，截至十二月底，止计得纯益洋二万六千四百五十九元九角七分，拨归道院慈善准备金一千三百五十八元五角七分。

——原载《道德杂志》1922 年第 2 卷第 8 期；《道德杂志》1922 年第 2 卷第 9 期；《道德杂志》1923 年第 2 卷第 10 期。

二十年代烟台的慈善机构 [①]

（郑千里　1923 年）

第一章　胶东第一广仁堂

广仁堂系当地官商公共设立之慈善机关也，原始系盛宣怀（杏荪）长斯邦时所创办。该堂财产颇富，计有房屋一千八百余间，义地一千二百余亩，其一切支出统赖此项房租，充为常年经费。惟该堂房产被官厅占用者，约居半数。倘照时价计算，每年足能收入四万余元。惟□官厅占用且不给租，即老年租户及公馆赁住者，亦以久占低价便宜，不肯公道增租。所以市房每间每月无有过两元者，公馆居屋亦无有过一元者。统计全年收入仅有一万余元，更以杂捐收入二千余元，合共约一万五千余元。遂至入不敷出，历年亏空云。该堂原设十所十会，今已减为六所二会，其名称如下：

（一）男女慈幼所；（二）济良所；（三）施医所；（四）养病所；（五）庇寒所；（六）寄柩所（妇女罪犯寄押所不在此限）。

（一）掩骼施材会；（二）恤嫠孤贫会。

其余又附设男国民学校、女国民学校各一处，并常年津贴模范高等国民学校校舍。堂产经费一千六百吊，均不在此例。惟广仁堂附设学校多系收容外间贫穷子弟，依照国民学校章程而教授之。至女子小学校，则专对堂内之慈幼、济良两所。各妇女，施以相当之教授，但工读参半。即堂外之贫家幼女，亦肯收容云。

该堂之男女慈幼两所，寄养之幼孩。乳时，则雇有奶母抚育之；稍长，又令女役看护伺养之。饮食衣服，概由堂内供给。七八岁时，令入男女两校识字

学工，以备成人后，女者择配，男者自图生活云。

至广仁堂每年施棺，约达一千余口。埠内路倒或贫民死后，无力备棺者，凡经检厅、警厅验明发照到堂领取时，均给予之。如未经官厅检验明白者，须由当地大商或名绅出条盖章保无假冒情事，照例亦予发棺。庇寒所并不附在堂内，另于天仙茶园附近设所收容之。常年收养残病贫民，男约八九十名，女约二十余名。至冬至日起，又收入赤身贫穷者入所。每年多至千余名，少亦六七百人。入所后，每人发给棉衣一套，每日领菜钱十文，片片二斤半，雇号役看守服侍之。直至来年二月初一日，始将所收入者尽数放出。至此项慈善，原系冬赈施粥，历年由该堂协同商会、商董募捐或演义务戏办理之。至择配一节，凡有欲领妇为室者，例须具呈胶东道尹公署请求。经道署批准，交由广仁堂调查明白后，并经当地二家以上之铺保，保其确系择配，并无其他弊病者，准由堂内领出妇女云。

第二章　烟台贫民工厂

烟台贫民工厂，亦为烟台公立之慈善机关，系澹台玉田君因感于广仁堂之腐败不堪，乃创此以谋实惠贫民者也。先是广仁堂变卖东马路东海岸之茔地，澹台君主张以所得的款，办理烟台公园贫民工厂及公立医院三事。旋因未得监督该堂事业之长官所谅解，未予照办。然君因此激刺，而创立贫民工厂之心益切。民国五年春，官商谦会于前渤海春番菜馆。澹台玉田君席间，提倡设立贫民工厂事，几与□道尹吴渔川先生言语冲突，益见其为热心公益无所顾忌也。后经省议会提案省政府，准由广仁堂拨款创立贫民工厂。不足，又经当地绅商呈准发售贫民奖券，以充开办经费。幸首奖为本埠钜商张颜山君所得，张君又以悉数捐入工厂，以致经费充足，办理绰如焉。厂现设华丰街路南，即电灯公司发电所斜对过。民国八年开幕。厂内置职员八人，经理以下有管理员一人，会计一人，监工、技师若干人，书记一人，庶务司事计三人，巡警三人，夫役五人。工艺分染织、藤竹、织带、攻木、毛巾、纺绳、缝纫、鞋工八部，工徒二百名。以十二三岁之童子，约占四分之三。每日习工以外，复轮流上班练习汉文。目下制造品有各色条布、丝光提花布、各色腿带、洋灯芯、毛巾、斜文台布、藤竹器具、中西各式木器家具、包做衣服、中西各式木件杂物。包做衣服，中西学士操衣，军警制服，各样时式缎鞋、布鞋及粗细麻绳等类。该厂亦极注意卫生，内容井井有条，故秩序甚属可观。常年经费约需一万四五千余元，工作盈余可达四五千元，不敷之款由济会设法维持之。

第三章　幼童孤贫院

烟台幼童孤贫院，系教会方面之慈善事业，为英人马茂兰主人所建设。创办以来，进行颇佳。内分男女两院，并有男女工厂。所出之布匹，多为出口家□采购。木器等品，亦为中西人士所欢迎。自民国十一年秋，复聘得美国女士戴稚士管理院务。事务日见起色，计有男女生徒百余名、教员四名、技师四名。此院为我华人之贫苦子弟而设，其造福贫民不浅。所望吾国慈善之士，亦能赞助该院。俾其慈善之工，日进无疆。或踵而提倡我华人自理之恤孤院，则我华人慈善之荣誉，当不让欧美人士独先也。

第四章　启瘖学校

启瘖学校，为美国长老会梅夫人所建设，近有哈女士助理院务。亦分男女二院，专取聋哑学生。教之育之，成效颇著，远近闻风而来者不乏其人。近更大事建筑者，扩充校舍、讲堂等。观其楼房高大、伟壮、华丽，前途定有可观。

第五章　胶东赈灾公会

胶东赈灾公会之设立，原系前办理直鲁豫大灾荒之筹赈协会递嬗而成者。因当地绅商，对于恤灾救邻之事业，素具热心。历次办理赈务，均卓有成效。后又发现沪浙风灾、甘肃地震等变，时国人伤亡损失者，受创至巨。直豫苏浙水灾连绵，而尤以山东黄河决口、利津沾化一带二十余县，灾情綦重。西府前次才被旱荒，元气尚未恢复，又益以水灾。人民所受苦况，有并家室都全行漂没者，其惨状直有令人不忍卒闻。当地政绅商学各界，旋即接收胶东筹赈协会之存余款项，改组设立斯会。其办赈情形，以施本省灾区为主，外省之灾情较重者为辅。当派于子明、曲子元两君，带款一万元，亲赴利津一带实行放赈。前后所募赈捐，达大洋二万数百余元。施赈区域，以利津沾化等县为最多。再次如章丘火灾、即墨水灾、汕头风灾、甘肃震灾，并西府各逃荒灾民之经烟者，均分别酌量施赈之。会址附设于青年会内，现下尚存有大钱四千余吊，留作本地冬赈之用。会中办事人员，以澹台玉田、吴敬之、于子明、倪显廷诸君为最有毅力。兹并录其职员名单如下，以见组织：

▲名誉会长：张镇守使，胶东道尹；正会长澹台玉田，副会长于子明、吴敬之。

▲司库：游汉廷　▲存款：山东银行　▲文牍：倪显庭

▲总干事：徐宗民、曲子元。干事：刘滋堂、刘保之、孙伯峨、朱玉田、张宗岳、刘汉舫、李虹轩、李华亭、黄烈卿、卫国祯、郑千里、刘雍熙、于梓生、李子超、杜树棠、刘彝堂、崔葆生等三十人。

第六章　教会方面其他之慈善机关

上述孤贫院、启瘖学校之事业，均为耶稣教、奇山教会或长老会所创办。此外又有幼稚园并各种医院（医院事业另详卫生篇）事业亦均为重要。惟天主教方面则又有仁慈堂、育婴堂、施医院、养老院、孤贫院、麻疯院等机关，其办法亦均有条理。惟中国人自办大规模之公立医院，或孤儿院等，则尚付缺如云。

此外又有拒毒会者，为中国人方面所自创。前提倡戒烟并设所收容疗治吗啡烟客。以办事人员颇具热心，故收效甚巨。后因有他种困难，忽告中止。慈善事业之难办于此可见一斑矣。

第七章　第二监狱之教养工作

监狱改良于社会道德至有关系。盖古代之立法，意主儆戒，主儆戒故不避惨刻；今日之立法意主感化，主感化故注重教养。教养若备，"犯罪"者固有改过迁善之余地。即彼不犯罪者，亦收观摩反省之效验。故教养工作，又为监狱所不可缺之事业云。

烟台第二监狱之创设，内容颇为完备。所占狱址共计五十余亩，其建筑又极为适宜。院内有牧畜场（专畜羊豕等家畜）、种植场（专种菜蔬，隙地植花卉，树木只限果树，须审地势以裁之）、行刑场等。所有房舍前进则为办公室，并附设出品陈列所焉。再进则为工厂及狱室等，狱室男女隔绝。女狱偏与西，自为院落，廊下均设栅栏，而妇女之作工场即在此院。与此院相对，坐落于西南隅者为医院，罪人有病迁于此处调养。饮食既特别优待，且按时令医士诊断。俾侍役将药饵备好，送院内分进病人。待其痊愈，再回狱室，或令作工。

监狱中男子作工场，则分为石印、毛巾、地毯、藤竹、织布、缝纫、木工、麻鞋等科，而尤以毛巾、地毯、藤竹等为最优美，为最发达。此外尚有糊火柴匣者，系代中蚨公司作手工，占用人数颇多。现以洋袜之销路甚畅，习成出狱，足可谋生，乃复添此科。各工场均极阔整净洁，工场之外有教诲堂及饭堂，罪人按时赴教诲堂听讲，赴饭堂饮食。其教授与学堂无异，而于改良人格问题尤加注意。除狱中之教诲外，并许教会中人日至狱中布道，罪人因此而化莠为良者甚多。其男子狱室分单监、二人监、五人监、七人监。大约罪名较重，而罪人性情凶悍者，均入单监，或二人监。每一监有对面房数十间，其两端必有暗室一，使其悔过者也。写信室一，使其通达情愫者也。更有便室、浴面处及普通浴室、特别浴室等，不及备载。此外尤有优待之小饭堂，亦附设于监室之侧。遇悔过有据、作工特勤者，可至此优待饭堂饮食。其饮食较精，与在医院者相仿佛云。

第八章　烟台益工会

烟台自有发网营业以来，妇女界中之生活，大显活动。在该业最盛时间，计各出口家所用女工，足有两万余人。每月所得工资，每人约在十元左右。此等女工来自各乡间，多数均未受过教育，为生活所迫出外作工，亦甚可惜。尤可令人注意者，妇女道德问题，并无人为之开导。以致猥亵之事，不时发生，此益工会之所应时而生也。计该会初创时，规模最小，不过于各工厂中，午间派会中人轮派教授其手工、习字并演讲道德等端。近则为妇女屡开演讲大会、交谊大会，女工因而大受裨益。闻近日该会更欲应时势之要求，提倡天足会、卫生会等等。观其报告中之计画，竟欲在烟建设一工人模范村。其目的之伟大自可惊人，至观其办理之魄力，亦安知其理想之计画不将成为事实耶？此亦新烟台中之新色彩也。该会职员附表如下：

△会长　狄师娘　袁润甫

△副会长　李师娘　吴覃臣

△书记　郑文应

△司库　吴覃臣师娘

△宣道部长　李师娘　委办　杜姑娘　曲子元　徐宗民

△演说部长　吴覃臣　委办　袁润甫

△进行部长　徐宗民　委办　刘滋堂

△书报部长　杜姑娘　委办　袁润甫

△招待部长　郑文应师娘　委办　侯梅生师娘　刘润之师娘　连之舟师娘

△平民教育　东部部长　郑文应师娘　西部部长　刘润之师娘

△夜校　东部部长　侯梅生师娘　西部部长　连之舟师娘

△募捐部长　狄师娘　委办　慕雅各等　教授女工部长　巴姑娘　教授男工部长　曲子元　徐宗民等　教员及女布道士　有美贞华、李志正各女士等六七人。

盖此虽为教会附助机关，要亦不为慈善事业之一云？

——原载郑千里编著：《烟台要览·慈善篇第二十二》，1923 年，第 1—5 页。

三十年代烟台的慈善机构 [1]

（刘精一　1937 年）

一、胶东第一广仁堂

胶东第一广仁堂，于清光绪十八年，系由胶东道尹盛宣怀会同地方绅商创办者。发轫迄今，有四十余年的悠久历史，为烟埠资格最老之慈善机关。彼时虽系初创，而经费尚称裕余，故又在莱州府（掖县）设第二广仁堂，在青州府（益都）设第三广仁堂。嗣以时代之演变，人事之递嬗，二、三两堂，乃因经费艰窘，遂告停顿。惟第一堂以恃地基房产收用，得以赓续迄今，仍行办理。现经费虽形支绌堪虞，而举办事业，却较前增多，总计共十有三项。其内部情形，经调查于次：

济良所。宣统元年创办，专事收容娼寮乐户之雏妓，受鸨妓虐待，或系自己悔悟前非，愿淑身向善自行投入，或经官署转送者，均一体收容，以救济之。入所后，除供给其衣食外，并着其读书习算，习针黹执炊等事。在所以六个月为期，期满即予择配。其配偶，须以年龄品貌相当者为合格。经双方对相同意后，由男方取具连环商保，查实家有资产者，方准领出。数十年以还，由该堂拯救遭受虐待之妓女，而得享家庭幸福者，不下数百余口。自二十四年七月至二十五年五月，即有三十三名。现时住所者，尚有十数名待择配。

慈幼所。清光绪十八年创立。系专收容幼失怙恃，及被诱拐骗卖陷落娼户，或经官署转送之未成年难女。其幼稚者，聘有保姆养育之；稍长，即教以读书、习字、针黹女红，以及执炊洗濯等事。至十八岁时，为之择配，其手续一如济良所。现时所中人数，共有十数口。

---

[1]　标题为编者所拟。

女学校。民国十一年开办。该校性质，系属半工半读，不招外生，只就在堂妇女，教授浅显易明文字。俾该等择配出堂时，得有执掌家事能力。其教授科目，分国语、模范公民、常识、珠算、体育等。一切书籍文具等费，悉由堂中供给。

施医所。清光绪十八年开办。系专为贫病男女无力延医服药者而设。凡前往就诊之贫民，经医诊脉后，即发给药品。其有家属者，只施以药品；无家属者，则收入养病所内调养，施以医药饮食不取分文。惟其衣服整齐不类贫民者，只施诊给方，而不给药。其施医时间，每日上午九时开诊，至十二时截止。该所并于每年春期，施种牛痘一个月。遐迩人士前往栽种者，历年均在千名以上。

庇寒所。设于五区德源街，清光绪十八年创设。专事收养经烟过路之老幼男女及游食难民，临时在所寄养，但须经官厅检查后，方准收容。每日给饭两餐，天寒时给棉衣，并随时商请地方官署及商会，设法资遣回籍，不准在所久居。

养病所。清光绪十八年开办。系设于庇寒所之里院。凡埠内贫苦病人，无处存身，到堂求医者，先经施医所医士诊脉给药，然后送入该所养护。每日早晚赐饭两餐，逐日由医士按时前往诊断。如交冬令，并发给棉衣御寒。病愈后，续留几日，候体格恢复常态，即令其出所。遇有病故者，由该堂备棺葬于义地，立标志之，以备其亲属认领。

残废院。民国五年设立。专收容男女老羸残疾不能工作之贫民，由院中供给衣食。而其有子能事奉其亲，或能自食其力者，一概不收。

备棺会。清光绪十八年举办。专为救济一般死亡、无资棺殓贫民而设。由该堂自行购木佣匠制作，存于堂内，以便贫民领用，不收分文。惟事主具领时，须经查明属实，方准发给。其每年施棺数目，不下数百具。其中以码头病毙贫民，及枪毙匪类为多数。

掩骨会。清光绪十八年成立。该会以施棺为始事，以义冢为终事。共备义地七处，合计四百余亩，均位于距市内五里以外之山岗。专事掩埋贫民之尸骨，免致暴露。数十年来，行将葬满，现只余空地十余亩矣。掩埋手续，须先开具死者姓名、年岁、籍贯，经官署坊长或商号盖印，证明属实，方准埋葬。如有衙署执行死刑罪犯，亦一体埋葬之。但须由其亲属，自立标志。无亲属者由该会标志之，以备有人认领。

恤嫠会。清光绪十八年成立。专事救济贫寒无子之守节嫠妇。凡距烟埠三十里以内之嫠妇，经地方公证人报告具保，由该会发给折据，即可按月凭折到堂领取恤金五角。若年老无子极贫无告之难妇，亦可领折，每月领取恤金两角。

惜字会。该堂备有焚化字纸炉一座，雇用惜字夫一名，常年担笼，搜取各机关、团体、商号、公寓以及民宅抛弃之字纸。沿街抛弃之字纸，亦收取之，担回该会，装于炉内焚化。如炉内积存灰满，即以蒲包盛装，雇用舢板，抛于海洋之中。

暖粥场。设庇寒所内。该堂以时届冬令，一般贫民，谋生不易，啼饥号寒，惨不忍睹。是以每至冬令，特假庇寒所内办冬赈饭场三个月，于国历十二月间开办。请准地方官署派警至场弹压，收容老幼男女贫民，入场居住就食，不准随便出入。每日发给包米片片二斤；咸菜开水，随时发给，无定数。并每人赐以棉衣一套御寒，由该堂职员逐日视监管理。至来年三月，天气和暖，再请官署，遣送出境。如遇春寒，随时商酌展期。近年每冬收容人数，约在三百人左右。

二、聋哑学校

聋哑教育，系创自德法，继之英美，而今凡文明诸国，莫不有之。我烟埠亦于民国纪元前十三年，创设聋哑学校。继起者则有上海、天津、南京、福建等处。化残废之儿童，成为有用之人材，殊福利人群匪浅也。

该校略史：首创人原为美人梅理士。于西历一八八七年，在登州府创办。嗣以该地偏僻，难以扩展，遂移至烟台。只以初办伊始，梅理士经营筹划，煞费心血；复以年逾古稀，血萎气衰，不数年乃逝世。校务遂由美人梅耐德承办，教务由葛爱德掌管。既而梅亦因事去职，而校长一职，遂由葛氏充任。

经费来源：由中外各大善士劝募而得。全校经常费用，每年开销需数万元。所收学生，各省籍均有，尤以胶东各地占多数。现时校中，共有男女生四十二名。一切宿膳，均在校中。

每生每年收膳费百元，但无力缴纳者听之。故现时校中有少数学生，以经济困窘免缴学费者。校中职员，除校长外，有华籍教师八名，其中有在校服务二十五年以上者。其坚忍卓绝之精神，亦足见一斑矣。

教学方法：该校有学生六班。其初入校时，须入预备班，练习发音与听觉。

以训练其残废之器官，而作入正班之准备。一俟稍有门径后，即次第递升，由初级而高级。但其毕业期限无确实规定，须视各生之程度为转移，总以能养成自谋生活之技能为主体。其教学主旨，为语言、工艺、文字三项。除语言科外，余与普通小学无异。各生每日须记日记一篇，将日常生活载其上，既可练习文字，又能记载事务，诚属一举两得也。此外对求生教育，更为注意。于课余之暇，就各生性情所近，分别学习土木工、园艺、烹饪、发网、花边、抹地刷子等工艺。均聘专门教师教授，以培养其本能。一切杂务多由学生自操，以养成服苦耐劳及生活自立之习惯。故该校历届毕业生，已达百余名。升学者有之，服务社会者有之，均有正当职业，尤以供职上海商务印书馆者为最多。

练习师资：以该校历史悠久，蜚声国内外，昔时上海、成都、福建、南京等地，均派专员至该校练习，学成后各归原处，办理聋哑学校。近顷又有天津、香港聋哑学校，派来实习者。该校师生等，均常川驻于校内，虽遇假期，亦不得擅自外出。既或外出，亦由先生领导。或跑山岭，或游海滨，以领略大自然常识也。

三、红卍字会

世界红卍字会，总会设北平，烟台分主会，于民国十四年筹办，翌年三月始宣告成立。以宣道行慈为宗旨，由澹台盛冲、王道揆、王承宴、王慈勋、王盛开为责任会长；刘麟瑞、聂承临、王树慈、曹承意为副会长；徐盛造、曹承虔、杜德芬、刘盛君为责任副会长；李承荷、孙道佑、牟绍先、褚文郁、陈承因、王盛国、杨盛中为副会长。下并设总务股、储计股、防灾股，每股设主任一名，干事多名，分任其事。入会会员共总百余人，所举办之慈善事业，成绩昭著，深为社会一般人士赞许。其举办慈业如下：一、因利局。向贫户贷款，每户以十元为限。统计十数年来，共贷放二千五百余户。二、冬春各赈。于每岁十一月一日起，至来岁二月秒止。遇严寒天气，派赈员分区调查，每人每日放片片一二枚，棉衣一套或一件，酌量情形赈施。三、防饥会。由各会长募集款项存储，以备急需。四、育德学校。共有东西两校，专收贫苦学生，有学生五百余名。不收学费，并由学校供给书籍文具。五、资遣难民。有流落他乡、四顾无亲之难民，则给以免费车船票，并酌给路费，送至家乡为止。六、恤养院。（详见另篇）七、普济医院。专事救济患病贫民，施医施药，十数年来共施诊十八万九千余人。八、栖流所。设恤养院内。九、平粜局。粜粮赈济贫民，领户分四等：甲，免费；乙，半价；丙，收成本四分之一；丁，按市价折收一成或二成。十、年赈。于春节时量贫苦者之情形资助之。十一、惜字会。雇用夫役，捡拾抛弃字纸，以焚化之。十二、义地。在通伸村购有义地十数亩，分男女两塚。遇有亲尸无殓者，得于该地葬埋之。

四、恤养院

缘起：该院系为烟台红卍字会附设之永久慈善机关，发轫于民国十八年冬，惟彼时系在筹备时期中。迄至二十二年，一切筹备就绪，始正式开幕。数年以来，经该院王树慈正院长、褚文郁、王盛开两副院长，经营擘划，各项事功，已著成效。匪但在本省境内能独树一帜，即以全国各地言，亦为仅有之慈幼机关焉。

院址：该院位于南山路南首，占地十数亩，有楼房三幢，平房百数十间，设备整洁幽雅。孤儿等一切衣食住行，均在院内，俨然一小社会焉。

设备：一、孤儿部分。系收养十二岁以内家中贫苦无父或母之男女孤。一经报告，即行调查。如合定章，随时收入。所有衣食住各项，悉由院中供给，并施以相当教育及工艺，俾其出院时能以自立。年满十八岁以上，方准出院。二、婴儿部分。系接收失养之男女弃婴遗婴，以维人道，而重生命。法于该院门首设接婴屉一具，埠内各区设代收所若干处，以资普拯。凡代收婴儿一名者，给予酬金五元。婴儿进院后，延用乳妇抚育，逾三岁拨归孤儿部分。一切待遇，与孤儿同。三、产妇部分。系遇将产或已产之贫妇，随时调查，发给恤金，以十日为期，期施洋五元。极贫者恤二期，并施药品，在冬季则兼施棉衣。俾饥寒之躯，得有调养，而全两命。四、嫠妇部分。系遇有年未四十丧其所天之节妇，查其家无长物，饔飧不给者，即发折据一只，每月凭折领款。额以二元、三元、四元三等，以恤其苦，而励其节。五、残废、老羸二部。其异常困苦，因有亲属牵连，不能住院之男女残老，每月周恤一元或二、三元不等，由调查员随户送给。若只身无依者，则收入院内。男女分居，畀以衣食，病故者予棺掩埋。有家可归者，则设法运至原籍。

名额：该院有职员二十余名，教员十数名，男女孤儿二百八十余，婴儿九十余，领恤嫠妇九十余，产妇一千一百五十余，残废七十余，领恤残废七十余，老羸三十余，领恤九十余，总计每月开支三千余元。孤儿每年每名需费洋六十余元，费极少之款，而办伟大事业，亦可见该院同人用心之苦矣。但其基金寥寥，拮据堪虞，幸赖各方热烈捐助，尚足维持现状。

教养……该院除养育孤儿外，并施以教训工作。聪颖者授以小校课程，添授英日语，并设有皮鞋、木工、机织、铜铁工等部，俾较笨拙者学习，以期他日出院时有谋生之技能。该院服务人员，极为辛苦，然皆有教导不倦之势。是以各孤儿举动行止，均十足表现合理化。

五、白卍字会

世界白卍字会烟台总会，位于埠内北大街。民国十九年由崔葆生等创办，专以行慈善事业为宗旨。其举办事项，计有施药、济贫、施诊、赈灾，并创办开化初级小学一处。入会人数男一千四百名，女五百三十口。该会亦为区内有数之慈善团体也。

——原载刘精一：《烟台概览》，复兴印刷书局1937年版，第76—86页。

世界红卍字会烟台分会恤养院沿革

（1936 年）

　　尝闻大道之行也，天下为公，选贤与能，讲信修睦，故人不独亲其亲，不独子其子，使老有所终，壮有所用，幼有所长，矜寡孤独废疾者皆有所养，古圣垂训，由来久矣。世界红卍字会，本以促进世界和平，救济灾患为宗旨，而对于大同之精神，亟亟然惟恐不逮，溯自民国十一年，中华总会成立于北平，国内各地分会，次第成立。烟台分会，设于民国十五年五月。自成立以来，各项临时慈业，无不随时举办，永久慈业，尤为积极筹进。

　　近年以还，天灾人祸，纷至沓来，而伶仃孤苦者，比比皆是，乃于十八年冬，应社会之需要，发起孤儿院之组织。王君树慈，更首发宏愿，筹募基金，遂成立烟台卍会孤儿院筹备处，同人等日夜孳孳，竭诚筹进。十九年二月，公推王君盛开、褚君文郁前往北平、天津、济南各会参观，以资藉镜。在平奉总会示，着烟会孤儿院改为恤养院，旋烟后，开会讨论恤养之义意，认为应扩大范围，若贫苦之孤儿，失养之婴儿，贞节无告之嫠妇，均应在分别恤养之列。其时烟会之恤产局，亦拟归并本院办理，遂于是年四月成立董事会，澹台会长盛冲，被选为董事长；王君承宴，为副董事长；王君道揆、聂君承临、徐君盛造、曹君承虔、杜君德芬、谢君涤尘、刘君云程、李君承荷、王君盛国等九人为董事，任王君树慈为院长；王君盛开、褚君文郁为副院长。商借刘董事云程在本埠南山路之别墅为院址，大体既定，遂于六月朔实行开办，内分孤儿、婴儿、嫠妇、产妇四部，以符名实。复以基金缺乏，由王君树慈提倡，驰赴上海、滨江各处劝募；王君承宴、陈君槎济、季君盛研、王君用辉、王君承泮等五人，协同助理，烟埠又由董事长澹台盛冲君，及各董事等，分头托钵。幸赖各地大善士当仁不让，解囊相助，始有今日之规模，此本院成立之大概情形也。惟是事属初创，缺乏经验，内部设备，尤形简陋，开办以来，实无成绩之可言。不过认真实践，悉心从事，俾诸苦与，能得所依，庶期不负各大善士施与之至意而已。

至于本院之内容：计孤儿部分，初系收养十二岁以内家中贫苦无父或母之男孤，一经报告，即行调查，如合定章，随时收入，所有衣食住各项，悉由院中供给，并施以相当教育及工艺，俾其长大足以自立。年满十八岁以上，方准出院；二十二年春，因房舍稍事扩展，更加收女孤，不使其有向隅之叹；婴儿部分，系接收失养之男女弃婴遗婴，以维人道而重生命。由本院门首设接婴屉一具，埠内各区分设代收所若干处，以资普拯，凡代收婴儿一名者，给予酬金五元。婴儿收院后，延用乳妇抚育，逾三岁，拨归孤儿部分，一切待遇，与孤儿同；嫠妇部分系有年未四十丧其所天之节妇，查其家无长物，饔飧不给者，即发折据一扣，每月凭折领款，额以二元或三四元三等，以恤其苦，而励其贞；产妇部分，系遇将产或已产之贫妇，随时调查，发给恤金，以十日为期，每期施洋三元，极贫者恤二期，并施药品，在冬季则兼施棉衣，俾彼饥寒之躯，得有调养，而全两命；二十一年春，本会前办之残废院，复又移交本院，遂增分残废、老羸二部，其异常困苦，因有亲属牵连，不能住院之男女残羸，即仿照恤嫠办法，每月周恤一元或二三元不等，由调查员逐户送给。若只身无依者，则收入院内，男女分居，畀以衣食；病故后，予棺掩埋；有家可归者，则设法运至原籍，如是以恤，如是以养。试办三载，其内部增至六项，规模亦可谓逐渐进展；遂于二十二年八月正式开幕，自兹而后，各部苦与日增，事务益形繁颐，责任以之而重，兢兢业业，时虞陨越。

近三年来，力事改善，六部之中，孤婴为最重要，关于孤儿之根本教育及生活问题，莫不积极筹进。婴儿之抚育，曩者全用乳母，近则兼用人工喂养，新旧合参。其收婴所，前系选用住户代收，近则改由本会各平粜分局负责，原定逾三岁拨归孤儿部分，考之事实上实有困难，遂又改为六岁，内部之大略如此。

而关于董事之征请，除各项董事外，则又先后加推王君承宴为责任董事长；陈君槎济、王君慈勋为副董事长；牟君承牲、陈君盛境、曹君诚意、牟君绍先、刘君盛君、宋君允明、杨君盛中、王君盛銮、迟君承镕、李君明静等十人为董事；李君永祥为责任董事，以期群策群力，共筹进展，登苦与于衽席，树大同之基础，以副诸大善士协助之至意，此本院沿革之大概情形也。

范围既扩，用费浩繁，而心长力棉之虞，时萦五中，盖本院前途之维进，固属任重道远，而基金将来之消耗，实亦有加无已，每年筹募之数，虽子母相权，而入不敷出，所差太巨，今者每月开支已达至二千五六百元矣。兹将开支细目，附列于后，以供公鉴。

至各大善士捐助款项及台衔，则由本会编印报告，而资征信。兹值三周纪念，用特将历年经过，约略陈述，即希先进诸公有以教之，则幸甚焉！

———原载世界红卍字烟台分会会编：《世界红卍字会烟台
　　分会恤养院三周纪念册》，1936 年，第 1—4 页。

世界红卍字会烟台分会恤养院历年事略

（1936 年）

民国十九年

本院院址：原系借定刘董事云程别墅，夏四月着手修茸，并建筑正门三间，费洋九百元。

六月，本院开始试办，对于孤儿均先期调查，计合格者十余名，皆分知次第入院，暂由家务股训育。十月间，陆续收至二十余名，大多数已至入学年龄，遂延请教员于十一月实行开学，自六月至十二月入院者，计二十四名。

关于婴儿：除由本院门首设置接婴屉外，复由埠内各区分设代收所四处，至七月间增至十处并张贴收婴广告，半载以来，仅收一名。

恤嫠一项：由调查员分头调查，极端郑重，自七月间开始施恤，至十二月共恤嫠妇二十八名。

恤产部分：原系本会恤产局归并，自本院开办时，即行接办，至十二月底，计恤产妇一百五十一名。

民国二十年

是年五月，孤儿周恤慈，年十岁，河北河间人，八岁失怙，父吉顺左足残，居烟多年毫无积蓄，家无田产，仅房三间，二月间入院，五月接电叔母病笃，请归承继，逐出院回籍。

慈业之创，全赖精诚，而欲历久弗渝，致远不敝，则在乎精神团结，基金充裕。

乃议定：凡输助本院基金，独捐二千元以上者，征为特别董事；千元以上者，征为名誉董事；五百元以上者，征为赞助董事。并各征照片一幅，悬于礼堂，以志功德，而示不忘。遂即分别函征，又推举男女董事若干人，以期内外分部，共维进行。

本院收养孤儿，日见增加，院舍不敷应用，复商刘董事，就院内西部，仍由本院自行建筑楼房十四间，供给孤儿教室及寝室，并由院中建筑界墙，内外分部，整齐严肃，秋八月工竣，费洋四千六百余元。

八月二十八日，刘董事云程归真，时在旅顺侨居，本院除令孤儿遥祭外，并特征其遗像，将来院址稍宽时，设一祀室，每朔由孤儿恭祀，以志其不朽之德。

本年续收孤儿三十七名，出院一名，共计六十名。

婴儿原有一名，本年续收六名，惟该项婴儿，多有遗传流毒，万分难医。亡于胎毒者二名，亡于惊风者一名，均给槽埋于义地。

嫠妇原有二十八名，本年增加十七名，统计四十五名。

本年恤产二百四十二名，统计三百九十三名。

民国二十一年

本会所办之残废院：于四月间移交本院接办，计驻院者五名，按月施恤者二十五名，遂分别增设残废、老赢二部，并设置男驻所，及女驻所，以别男女之防。是年六月以孤儿已逾三班（每班二十名），教室遂分为二，复增聘教员二人，兼负训育之责。

院基未定，深属可虑，刘董事云程生前对于本院基址，曾发宏愿，将所借之址，以半价相让，归道后，而其哲嗣文德君，克承先志，慨然让予，作价二万六千元，仅收半数，秋七月实行立约，本院院基，于是奠定。

嫠妇日见增加，为便于检查计，遂各为其摄照二寸像片存院，以杜流弊，而免冒滥。

冬十月，以孤儿年龄渐长，除授正课外，应教以相当之工艺，先由简单适用者着手，遂购织洋袜机六部，以资肄习。

王董事盛国年六十有五，牟平人，十一月初八日归真，十二月十二日就窆，本院院长，率孤儿两班，前往执绋。

本年增加孤儿二十二名，共计八十二名。

婴儿增加七名，以胎毒亡二名，时疫亡一名，共计尚有男六名，女二名。

本年增加嫠妇十四名，夏张氏于四月送夫柩回籍，施予川资六元，共讨尚有五十八名。

本年恤产一百六十名，统计五百五十八名。

残废自本年四月接办以来，增加驻院者十二名，病故三名，均由院备衣施棺掩埋，现有男残十三名，女残一名，按月领恤者增加十四名，病故三名，尚有二十三名。

收入驻院之老赢，计男一名，女二名，按月领恤者增加十三名，病故三名，现有二十三名。

民国二十二年

春三月，以孤婴日增，院舍愈不敷用，所有各室，亟应扩展，兹议定就院内东部南崖，建筑楼房三十二间，以地址不甚整齐，商购南邻地基一段，价洋三百五十元，遂筹备开工，复由西部南崖筑平房六间，以备扩充，如教室、寝室、工艺室、游艺室、图书室、音乐室、浴室，均粗具规模，计共费洋一万八千一百七十余元。

夏四月，商购本院北界毗连之处，平房二十余间，计地一亩一分余，价洋五千元，遂得增设机织、缝纫、皮鞋、织带，各项工业，购置机械，延请技师，选十五岁以上男孤，就其性之所近，分别教授，复由南界购平地两段，东西相连，计地四亩八分余，先后购妥，共计洋六千零二十余元，以为将来体育场之设备。

残废赵成义、刘庆旭等，于四月出院，于明海、李元兴，于七月出院，潘吉十月出院，均酌给川资，遣送回籍。

四月二十二日，名誉董事唐君盛裕皈真，五七开吊，回牟平原籍安葬，本院派孤儿往祭，执绋送至埠外。

嫠妇赵李氏，莒县人；许朱氏，邹县人，均扶夫枢回籍安葬，先后请求资遣，本院赐予该赵李氏川资十元，许朱氏川资十六元。

本院自民国十九年六月，开始试办，至本年六月，历经三年。在此三年中，内部各项，虽未就绪，而设备上粗具规模，兹经董事会议定，就本会晋升中央分主会纪念日，并新址落成庆典之便，而本院亦正式开幕，于九月二十日（即旧历八月朔）举行，其时山东主席韩向方先生，因公来烟，特蒙辱临训勉，并施孤儿单衣二百二十套，而各地卍会来宾，计有中华总会会长，许君德辉、李君智真、杨君圆诚、王君灵觉、刘君灵默等十余人；济南母会，侯君素爽等；卍会驻津办事处，苏君经麟；南京办事处，任君惟登；天津主会，乔君德铨等；远东主会，刘君祥普等；热河分会，唐君道空；滨江分会，韩君雍祥；长春分会，迟君仰空；安东分会，王君性真等；辽阳分会，张君惟真；济宁分会，刘君尘虔；大连分会，刘君英机等；及胶东各会会长，并本市各机关、各团体，惠然光临者，四百余人，市内各界男女来宾，不下二千余人，孤儿家属百余人，济济跄跄，殊极一时之盛。

秋九月，牟平恤养院开幕，由本院拨去男孤儿二十名。冬十月，残废邢麟禄病故，通知其原介人送柩回籍，资助二元。

十一月开始收养女孤。

十二月二十二日。

常务董事王君盛銮皈真，派孤儿往寓致祭。

本院祀室，设于办公室楼上，正位设于北，皈道各董事位，设于外间之右，刘董事云程，王董事盛国，唐董事盛裕，王董事盛銮之遗像，均移入祀焉。元旦及每朔望，由院长主献，行常仪，孤儿分班行之，对于董事，则五叩礼，以表不忘盛德云。

百行之端，首重孝道，本年以祀室设备，复于元旦由西院设祀棚，为孤儿之三代设位，并附设已故之孤、嫠、残、赢各位，俾诸孤儿孝思不匮云。

孤儿日增，年龄渐长，关于教务，亟事励进，本年复辟教室分而为三，增聘教员三人，而体育英文，各专责成。

本年增加男孤五十名，除拨牟平二十名，及病亡一名外，现有一百十一名，女孤共收五名。

婴儿增加八名，病亡四名，现有男八名，女四名。

嫠妇增加十三名，病故一名，回籍二名，现有六十八名。

本年恤产，一百五十七名，统计七百十四名。

残废，增加驻院者十九名，出院一名，回籍五名，病故三名，现有男二十一名，女三名。按月领恤者，增加九名，病故二名，收入院内二名，现有二十八名。

老赢，增加驻院者五名，病故一名，出院一名，现有男女各三名。按月领恤者，增加二十名，病故五名，现有三十八名。

民国二十三年

本院定章，关于孤儿教养，内外分司，年满十岁以上者，归外部训管，不及十岁者则归内部，兹以幼孤多及入学年龄，遂由内部设教室，聘教员，与女孤合班教授。

春二月，由内院建筑北平房三间，作内餐室，又西厢二间，作婴儿厨房，共费洋四百五十元。

三月，由外院西南隅建筑楼房十三间，计洋二千六百元，四月工竣，游艺室移于楼上，盥漱室移于楼下，又筑南院围墙，建设南体育场，如篮球、跳竿、铁杠、双杠、跳台、滑梯、蹊跷板、浪木、秋千、沙坑等，均设备焉，场内原有土井二眼，改装机器，以防危险。

本院婴儿代收所，原由埠内各区分设十处，连年以来，均未实行尽职，兹经董事会议定，原设各代收所，一律撤销，由本会各平粜分局，添设接婴屉，归各该局负责，计总分各局，共设六处，于四月设备完善矣。

夏五月，就原游艺室正房三间，设第二餐室，每桌仍八人，该室可容九十六人。

六月，以残赢部份，房舍不敷，由南院墙外东南隅，购地一亩二分八厘，原有平房十一间，计洋一千六百八十余元，略事修饰，移残赢一小部份于此。

牟董事承牲，六月三日皈真，援例派孤儿往祭，并移遗像入祀室。

秋七月，增设木工场，其前设织带一项，因无进展，遂停止焉。

八月，香山慈幼院院长，兼本院名誉董事长，熊秉三先生，来院参观，本院开会欢迎，极承赐教，获益匪浅，并摄影，以资纪念。

九月，杜董事德芬，因公赴申，对于本院基金，曾随缘呼吁，作一度之筹募，其关心也如是。

冬十月，中华慈幼协会，召开全国慈幼领袖会议于上海，函嘱参加，本院原推褚院长文郁代表出席，嗣因赴平考查人工育婴法，未能克期南旋，复改派教员马君海峰赴申与会，本院提案，系（教养儿童宜适合于国内生活状况）并带孤儿文艺，及实用工艺出品多种，以资陈列，蒙该慈幼大会评判结果，列入优等，发给奖状。

驻院残赢之病故无所归者，向就广仁堂义地，或西南沟义地掩埋，本年春，本会设备义地于埠西，通伸村南山之麓，而前埋南沟之婴儿残赢，因该地建设马路，遂均迁移于本会义地，并各立石碣，俾诸枯骨得有永安之地，时在十月朔后十日也。

残废周丹庭，一月出院；刘开发，赵学智，四月出院；姜书山，孙书昌，五月出院；秦广顺，六月出院；邢元书，八月出院，均酌给川资，遣送回籍。

本年增加男孤五十五名，出院三名，病亡二名，现有一百六十一名，女孤增加五名，现共十名。

婴儿，增加六名，病亡四名，现有男女各七名。

嫠妇，增加十二名，病故一名，现有七十九名。

本年恤产，一百五十七名，统计八百七十一名。

残废，增加驻院者二十名，回籍七名，出院五名，病故二名，现有男二十八名，女二名；其按月领恤者，增加二十名，病亡四名，回籍一名，现有四十三名。

老羸，增加驻院者五名，出院一名，病故一名，现有男六名，女三名，按月领恤者，增加二十二名，病故六名，现有五十四名。

民国二十四年

男女孤儿，须教养并重，现计男女生一百七十余名，将来之收容，有加无已，原有内教室一，外教室三，已有不敷之虞，兹就去春建筑之楼房，增设一室，加聘教员一人，以资扩展。

本院名誉董事长，熊秉三先生，惠赐孤儿幼童文库一部，其关心慈幼，期望之殷，令人至为感佩。

本院各部，大致就序，虽未臻于完备，而亦差堪稍慰，惟婴儿一部，终无成绩，时常引以为憾，考其原因，先天受病太深，后天感受风寒与激刺，亦所在多有，如患胎毒，或疳疾，或惊风，而致夭折者，居其多数，所谓先天后天两有伤损，此一明征。而拘守旧法，以致发育不良，是亦缺点。赞助董事，褚金德凝女士，见此情况，深为痛惜，于年前亲赴香山慈幼院，考察育婴法，实地见习半载，岁杪。归来，仿照香山人工喂养，时常到院指导，两月以来，颇有成效，惟该董事，亲理家政，时有不得兼顾之感云。

春二月，增日语一课，特聘教员，专门教授。

春分节届，正植树时期，新农种植公司，郑君根智，送到各种树苗一百余株，分植院之四周，不惟又增一番点缀，而于卫生上，亦获益不鲜。

本之不固，枝叶难荣，本院基金寥寥，而用费日增，同人等不胜惶惧。爰推王董事长承宴，褚院长文郁，托钵呼吁，由连而申，作一度之筹募，决定后，于二月十二日，随利通轮赴连，廿一日旋烟，略事料理。于三月二十一日，复相偕搭车由济转申，四月十五日回院，两旬以来，再渡重洋，共募洋一万一千余元，此本院基金第三次之筹募也。

三月，蓬莱梁君益三，请领男婴乾蕴为养子，查与本院章第三十二条之规定相符，遂完全手续领出。

三月十五日，本会十周纪念，各地卐会代表参与庆典者，计中华总会，济南母会，南京、四明、镇江、无锡、上海、常州、江阴、广东、香港，以及胶东各分会，共三十余会，二百余人，来院参观，本院特开游艺会一次，表示欢迎。

去岁春，院内西南隅建筑之楼房，议定接筑两层，每层五间，夏四月开工，五月工竣，计费洋二千六百元，该楼西截四层，共十八间，东截平房五间，为将来扩展教室之准备。

四月，掖县翟君，领男婴乾晋为养子。

六月，家务长李斐蔚女士辞职，请领女婴坤恭为养女，本院定章，对于女婴，至为慎重，无论谁何，不得请领，而该李女士，寡居最早，在院服务有年，该婴生后到院，女士爱若己出，相依为命，故经董事会一再讨论，认为可行，遂允所请，但嗣后任何人不得援以为例，设非有此特殊情形，绝对不能如此破格云。

残废周国堂、隋玉发、王小生等人，先后出院，分别资遣回籍。

孤儿年龄渐长，学程至高小者，已有多人，其堪造就者，当然另为设计，而中下者流，为其将来出路，则须妥为筹划，兹经董事会议定，设一范围较大之工厂，营业以有特长而可靠者为准，定名为烟台红卐字会恤养院孤儿工作所，先成立铜工部，专制各项铜丝铜片，再行相机扩充其他部份，秋八月组成选送孤儿，入厂肄习，将来各孤出院后之生活，似无大虞矣。

九月，平度史君焕亭，领男婴乾仁为养子。

冬十二月，以原有教室，东西分列，管理上不甚适宜，兹就寒假之便，将盥漱、游艺各室，移于东楼底一层，东西分列，内四间为盥漱室，外四间为游艺室，上三层均归婴儿部，以资扩展，其教室，则移于院西南隅新建之楼，上之第四层，南为教养科及教务股，北间为孤儿自治会，其下三层，依次设第一、第二、第三、第四各教室，而内部之教室，列为第五焉。

人口繁多，疾病难免，医药一项，所费亦属不小，遂设医药室，备置药柜，选购应用中西药品，既可节费，又称便利。

本年增加男孤四十二名，出院十一名，病亡二名，现有一百九十名，女孤增加九名，出院二名，病故一名，现有十六名。

婴儿，增加十名，病亡五名，领出五名，现有男八名，女十一名。

嫠妇，增加十三名，统计九十二名。

本年恤产，二百零六名，统计一千零七十七名。

残废，增加驻院者五名，出院四名，病故四名，现有男二十六名，女一名，按月领恤者，增加十二名，病故六名，现有四十九名。

老羸，增加驻院者五名，出院一名，病故三名，现有男七名，女三名，按月领恤者，增加十九名，病故八名，现有六十五名。

民国二十五年

全国经济委员会蚕丝业改良委员会委员，蔡仁抱先生，为视察胶东各县蚕丝状况，由申来烟，参观各学校工厂等，一月三日，先临本院，览及孤儿作文，尤加赏赞，遂命数题，内有家庭状况自述一题，以此藉悉各孤家庭苦况，不禁恻然，遂函送洋二百元，俾予诸孤，以示体恤，洵可谓仁慈在抱，惠被孤苦，令人钦感之至。

李董事承荷，牟平人，一月二十八日殁真于烟寓，灵柩回籍，派孤儿执绋，送至车站。

烟台卍会，为胶东各会之主枢，而本院之责任，自应胶东各会所共任，果能精神团结，方可历久而弗渝，春二月，公推褚院长文郁，巡视胶东各会道慈，与该院各董事藉资联洽，报告院内之情状，二月中分赴各处，由西而东，凡在胶东范围以内者，均巡视无遗，将来各该会各董事，必能群策群力，一致维进云。

夏四月，烟台特区举行儿童年儿童节庆祝大会，本院孤儿参加，蒙山东烟台特区行政专员，张奎文先生，颁给纪念奖状。

去岁春，本埠青年会主办烟台全区童子组春季篮球赛，本院孤儿篮球队参加，荣获冠军，本年五月，蒙该体委会委员长张颂屏先生，赠送纪念银盾一座。

本院正式开幕，业经三年，兹经董事会议定，仍趁本会晋升分主及胶联会成立纪念日，本院举行三周年纪念，并编印报告书，公诸各慈善大家，以表内容，而求正于各先进焉。

本院特别董事张君颜山，热心教育，素孚声望，而对于本院孤儿，关心尤切，二十三年五月，赐予孤儿果饵费一千元，去岁年终，又赐五百元，张董事之意，畀予果品肉类食物，适合于儿童滋养，并资鼓励，而本院以此多数慈款，未肯供给于口腹，承张董事鼓励之意，除普通分予食物外，而对于运动用具、游戏物品，尽由该项支付，俾其有益于心身，而作永久之纪念。本年五月，又蒙赐书籍费一千五百元，遂由上海商务印书馆订购万有文库第一、二两集，计用洋一千一百余元，泽及孤寒，已达极点，诸孤他年有成，实张董事之厚赐也，本院同人均钦感不置云。

本院院址，次第购置，计地十二亩有奇，原有平房六十余间，楼房十余间，连年建筑平房十余间，楼房六十余间，牟董事成牲，在本院左侧，有平房六十余间，计地二亩四分余，慨捐本会，以备建设慈业之需，于是本会栖流所设于其中，育德小学设于南，本院女残废老羸设于育德栖流之间，而男残废老羸设于其北，五六年来，未尝变更，本年自入春后，孤儿之求恤者，络绎不绝，而院内之餐室、寝室、教室均形拥挤，实有收不胜收，容无可容之概，乃经董事会讨论，由沟南崖另购校址，育德迁移，则该房悉归并本院，各工艺室移于南，第二、三、四、五各寝室设于北，前之工艺室则设第三餐室，及成绩室、养病室等，夏六月从事修葺，如此归并，而本院院址，统计则有地十四亩余，房二百十余间矣，此院址之情形也。

各部人数，本年截至六月底，计男孤，增加四十名，出院四名，现有二百二十六名；女孤，增加十三名，出院一名，现有二十八名；婴儿，增加十三名，病亡五名，现有男九名，女十八名；釐妇，增加九名，病故三名，现有九十八名；产妇，施恤一百四十一名，统计一千二百十八名；驻院残废，增加十二名，出院一名，资遣回籍，病故三名，现有男三十二名，女二名；领恤残废，增加十一名，病故六名，现有五十四名；驻院老羸，增加五名，病故二名，现有男十名，女三名；领恤老羸，增加九名，病故三名，现有七十一名。历年总计六部，达至二千余名，此本院恤养人数之报告也。

历年开支，自民国十九年六月开始，至年终，计支开办费一千八百七十二元四角六分，经常费四千零九十元零五角三分，共计五千九百六十二元九角九分。二十年经常费八千九百五十元零五角五分，临时费五千一百九十三元五角七分，共计一万四千一百四十四元一角二分。二十一年经常费一万二千九百六十二元四角四分，临时费八百四十四元二角八分，购置二万六千元，共计三万九千八百零六元七角二分。二十二年经常费二万零零六十一元四毛五分，临时费一万九千六百十二元五毛九分，购置一万二千三百五十一元九毛七分，共计五万二千零二十六元零一分。二十三年经常费二万二千二百六十七元一毛六分，临时费一万二千七百零九元二毛六分，购置一千八百八十二元二毛六分，共计三万六千八百五十八元六毛八分。二十四年经常费二万五千八百五十一元八毛六分，临时费五千三百四十五元四毛四分，共计三万一千一百九十七元三毛。二十五年截至六月底，经常费一万六千九百五十一元五毛八分，临时费二百七十元零九毛六分，共计一万七千二百二十二元五毛四分。历年总计经常费十一万一千一百三十五元五毛七分，临时费四万五千八百四十八元五毛六分，购置四万零二百三十四元二毛三分，统共计洋十九万七千二百十八元三毛六分，其细目表列于后，此本院开支之总计也。

本院六部，除婺妇、产妇二部外，余均驻院，其孤儿用费，所有衣食、教育、医药及杂费等，第一年每人均洋一百元，第二年均六十五元一毛一分，第三年均六十六元零六分，第四年均七十二元二毛三分（本年粮价提高），第五年均五十九元一毛九分，第六年均六十元零零二分，残赢每人每年均洋三十八元之数，多则不过四十元，而婴儿时增时减，难核确数，每人年须一百二十元左右，至领恤各部，每增一名，年须三四十元，此本院增加负担之概况也。

六年来之经过，虽如上述，而应报告者，难免挂漏，惟是日夜孳孳，犹恐陨越，来日方长，难卸仔肩，慨孤苦之无告，愧点金而乏术，深盼各慈善大家，抱恻悯之怀，慨解义囊，鼎力襄助，俾彼鳏寡孤独废疾者皆有所养，则不惟孤苦感德，而敝院亦馨香顶礼者也，爰布事略，即请慈鉴。

——原载世界红卍字会烟台分会编：《世界红卍字会烟台分会恤养院三周纪念册》，1936年，第5—20页。

江苏省各县慈善团体调查一览表

（第五科第二股编制 1929 年）

县别	机关类别	何时成立	救济性质	救济人数	主办人员	经费若干	经费来源	其他事项
高邮（一、八、二三，一三）	粥厂	无从稽考	补助贫民	四千余户口，平粜一千余户口	张镛	县款三千元、平粜二千元	县款及劝募	
	救生义渡局	民四四年十一月	施救、渡船	未定	赵福林	岁出一千一百六十六元	地方费内支取及各机关补助	
	育婴堂	清乾隆初年	收养无依婴孩	年约口百口	选董经理	年约一万五千元	堂内田房产、亩捐附税、县捐补助	附设因利义捐
	义仓管理委员会	清光绪六年	备荒		张荫千等	年一千八百六十二元	1. 仓本息金；2. 县款补助	

续表

县别	机关类别	何时成立	救济性质	救济人数	主办人员	经费若干	经费来源	其他事项
高邮（一八、三、一三）	永保寿红船义渡救生局	道光年间	救来往商客	一千数百名	金龙文	二千二百六十九元	县地方税补助外，有田租房、各业捐	船四支
	贫民工厂	民国九年	教养贫民完成工业技能	百名	职员六人，技师八人	约九千元	省款及地方款补助	
	增广立贞所	清光绪时	收养贫嫠	嫠妇约四十人，子女约三十人	董事二人，职员二人	三千余元	慈善家施款及嫠妇施工资	每岁由县补助六百元，恤嫠会补助五百元
睢宁（一七、六、廿九）	安怀堂	清季	救济残废	一百名	卓则尧	三千一百千文	慈善捐助	
江宁（一七、七、一三）	广善堂	光绪五年	施棺给药		董宝龙	年约三百元	田租	
	同德善堂附设育婴	宣统三年	施棺、育婴	年约百名	王栋臣	年约千元	募捐	
	顺安堂	民国五年	施棺	不定	缪沂	百数十元	募捐	
	普善堂	宣统元年	施棺		陈维富		筹募	
	普济医院	民国十三年	中医内外科		业同锦		沪汉募捐	

续表

县别	机关类别	何时成立	救济性质	救济人数	主办人员	经费若干	经费来源	其他事项
江宁（一七、七、一三）	中国红十字会下关商埠分会乡事务所	民国十六年	救济、掩埋、施药水	救济三四十名，掩埋八九十名	职员二人，夫役八名	一百八十二元四钱	筹募	
	实业小学	前清成立	贫苦儿童	一百四十人	职员七人	一百七十六元	县教育局拨领	
	幼稚园	民国十六年	穷困农民	三十人	职员二人	四十元	晓庄学校补助	
吴县（一七、六、二八）	第一医院	民国九年	贫病	年约数千人	主管员一人，职员三人	年约三千七百余元	县政府拨款，暨基金息与本院收入	
	莲溪同仁堂	乾隆四十七年	施棺、施葬、施医、药、衣、米		主管一人，职员四人	年约二千二百余元	公款	
	徐庄仁济堂	乾隆四十八年	寄棺、施粥、收埋、代葬		主管一人，职员二人	年约七百余元	公款	
	孤老粮（院）	光绪三十年	救济孤独无子者	约三百余人	沈子初	月约四十元	自产	
	积善局	光绪二十年	恤嫠、借本、救烟、保婴	三千余户	王植甫	二万余元	吴贻善等捐助	

续表

县别	机关类别	何时成立	救济性质	救济人数	主办人员	经费若干	经费来源	其他事项
吴县（一七、六、二八）	济急会	民国十年	专救济珠晶玉同业贫苦	约二百余人	朱永源	无定额	珠晶玉业商人公筹	
	推仁局	同治八年	代葬死因及无主、无力棺柩	年约数百人	唐少起	无定额	洋货公所随时筹措	
	隐贫会	民国十五年	卖平价饭无利借本	约共百余人	曹崧乔	无定额	随时自筹	
	种善局	同治七年	代除梏木		三人	数百元	募捐	
	吉庆玩急救局	同治十一年	急救饮生烟、磷毒	年约七八十人	钱养勋	无定额	个人捐助	
	第一义仓	前清	荒歉之年拨谷平粜，以济民食	每次四五万户口	主管一人，职员四人	年约四千七百余元	公款	
	第一感化院	光绪初年	收容游民流丐，授以工艺，养成自活能力	二百名	主管一人，职员九人	年约一万四千余元	公款	
	游民习艺所	宣统元年	学艺感化兼施	常川约百人	约十人	月由公益局发给五百余元	由地方公益局拨	
	康济小学	光绪二十一年	儿童教育	一百二十人	七人	月八十七元	租田，息金，捐募	

续表

县别	机关类别	何时成立	救济性质	救济人数	主办人员	经费若干	经费来源	其他事项
吴县（一七、六、二八）	元保婴局	同治九年	保护婴孩	每年约数十口	一人	年约数百元	募捐	
	晏成平民义务夜校	民国十五年	书籍用品一概免费	七十余人	十余人	月约五十余元	筹募	
	垂裕第三平校	民国十六年	学费、书籍等，一概免收	约八十人	四人	月约二十余元	由平校委员会筹拨	
	金阊商业补习夜校	民国十七年三月	办理商人本位之教育	五十余人	七人	月需不逾百元	由教育局拨给	
	第二实业民众夜校	民国十七年五月	实施民众教育	七十人	八人	每班月需约十余元	由中央大学民众教育校负担	
	清节堂	嘉庆十七年	专收青年孀妇	无定额	五人	年约二万元	田租收入	余由陈氏倾家独资创办
	苦儿院	民国元年四月	收养贫苦子弟	五十余名	十二人	年约五千余元	系由各善士劝募	
	游民乞丐习艺所	民国十一年十二月	收养无业游民	约有二千余人	十一人	月约五百元	由商店担任并由慈善家捐助	
	第二义仓	光绪五年	备荒		保管员一人	年约八百余元	公款	

续表

县别	机关类别	何时成立	救济性质	救济人数	主办人员	经费若干	经费来源	其他事项
吴县（一七、六、二八）	安节院	同治二年	留养贫苦节妇及其子女	节妇八十余人，子女四十余人	职员十人	年约一万余元	公款	附设安平小学，教训节妇子女
	第一养老院	康熙四十九年	留养年老无依男子或残废者	额定三百名	主管一人，办事三人	年约二万四千元	公款	
	妇女养老院	乾隆年间	留养年老无依妇女	现有二百人	主管一人，办事八人	年约一万七千余元	公款	兼办掩埋、暴露、恤嫠等项善举
	育婴院	康熙十五年	留养婴孩	五百七十余名	十四人	年约二万九千余元	公款	同上
	同仁堂	同治二年	施材、施冬衣、米、施医药、收字纸	施衣四百人、施材五、六十具、施医药千余人	陈熙冶等	一千二百元	麦豆稻租	
秦县（十七、七、九）	育婴堂	康熙六十一年	收养婴孩	平均约一百二十人	十人	年约二千五百余元	捐资	附税项补助二百元（助乳）
	残妇收容所	民国九年	疲癃、残疾、无依之妇女	内号二十六名，外号四十名	吴钱龄等	年收约一千三百余元	年领附税九百六十元，商铺捐约三百余元	

续表

县别	机关类别	何时成立	救济性质	救济人数	主办人员	经费若干	经费来源	其他事项
泰县（十七、七、九）	普济堂	雍正十年	无家室之病夫	约二百名	八人	约四千元	田房收入，及县府并慈善家补助	历年亏空
	贫儿院	民国七年	收养贫儿	平均约七十人	八人	共一千九百六十元	市民集资创办，官厅补助	附设贫儿学校
	因利局	民国四年六月	接济贫苦肩挑负贩	一千三百余户	八人	月支七十五元	县府补助及典息	
	姜堰市立平民职业学校	民国十五年七月	救济失学贫民	四十五名	校董十六人，职教员五人	每年五百六十余元	募捐	
	海安保婴会	民国六年	贫苦不能哺养之婴孩	无定额	李保元等	年需四百五十元	个人捐助	
	海安施药局	光绪初年	贫病不能服药	无定额	同上	年需一百二十元	典息善缘	
	海安施材局	同治初年	贫苦不能收验	三十四口	同上	年需二百五十五元	房租，善捐	
	海安育婴堂	民国元年	贫苦不能哺养之婴孩	六百二十口	十一人	一万一千元	田房租商厘善士	
	海安恤嫠局	嘉庆年间	贫苦无依之孀妇	一百余人	三人	一千二百元	田房租	

续表

县别	机关类别	何时成立	救济性质	救济人数	主办人员	经费若干	经费来源	其他事项
泰县（十七，七，九）	曲塘因利局	民国九年	扶助小本营业	三百余名	三人	一千五百千文	由行铺出	
	曲塘红卍字分会	民国十三年十月	救济灾患	无定额	十六人	年收洋约五百元	会员每人年纳五元	
	曲塘贫儿工艺传习所	民国十六年十二月	教以相当工业	二十名	九人	基金三千元，年费五百元	捐募	
	曲塘接婴堂	民国十四年	接育婴孩	一百四十四名	三人	每年约五百元	私人募集	
	白米因利局	光绪三十年	放钱无利，分期还本	一百余名	王培堃	约四百千文	捐助	
	坂埨因利局	民国十五年三月	小本营生，无资者量借	无定数	夏继元	三十元	捐助	
	坂埨接婴局	民国十二年	临时接婴	无定数	石虎臣	劝募	劝募	
	坂埨积谷	民国八年	春放救济贫民，秋收还谷	同上	陈义琢等	福兴僧智缘，移产拨助。	田一百三十七亩，收稻一百〇九担	
	燮汉因利局	民国八年	救济贫民	百余人	刘钰和	钱一千千文	商界劝募	
	红十字会泰县城区分会	民国十五年二月	博爱恤兵	每年二千余人	李寿开	年共二千三百余元	捐募	
	城地藏庵施棺所	民国八年	施棺	无定数	陈正立	无定数	劝募	

续表

县别	机关类别	何时成立	救济性质	救济人数	主办人员	经费若干	经费来源	其他事项
泰县（十七、七、九）	城南斗营粥厂施棺	民国八年	每年冬施粥，平时施棺		卢闵潭	同上	同上	
	县城崇德堂	民国十五年	施粥、恤嫠、施药、施茶、救火等项	七百余人	汪朝枨等	施粥一百五十元	劝募	
	县城聚善堂	民国十一年	施粥、恤嫠、收字纸、施材、义学		公推主办	零星募化，无定数	募化	
	县城求善堂	民国七年	施粥、救济老弱	约八百人	输值义务	无的款，任人施送		
	泰口育婴局	光绪五年	收育婴孩	约三四十名	经理二人、办事三人	约一千二百元	以盐引捐及田房租	
	贫民工艺厂	民国九年	贫民染织布匹，造成自谋生计	一百余人	十二人	年支四千余元	省补助一千元，余由厂长筹借	历年亏空甚巨
	清节堂	嘉庆二十五年	收养贫苦无依媚妇，并随带子女	共九十余名	职员八人、夫役六人	膳费九千千文、媚妇九百余千文、杂项一千五百余千文	典息、房租、田租及县府补助	

续表

县别	机关类别	何时成立	救济性质	救济人数	主办人员	经费若干	经费来源	其他事项
泰县（十七，七，九）	姜堰扶会	民国十年八月	七十岁以上老而无子者，每月给钱四百文	约一百名	黄照村等	年约五百千文	慈善家愿助	
	姜堰保婴局	光绪十二年	收养婴孩	二百余名	职员九人，仆役十二名，抚婴妇一百余	年约一万四千余千文	租谷收入四千余千文	不敷，由地方上下陆陈抽厘，及慈善家补助
	姜堰肉利局	民国十二年十二月	救济贫疲	约六百名	职员四人	约四千文	捐助	
	县城马神庙粥厂	光绪年间	施粥	七八百至千余人	时石渠	无定数	除县赋税项下按助二百五十元，余均劝募	
	县城京江公善堂粥厂	光绪初年	施粥	约六七百至千余人	临时公推	约百元至千元	募捐	
	县城兴善堂粥厂	民国九年	救济贫老残废者	约二百口	临时公推	无的款	劝募	
	县城养和堂粥厂	民国元年	施粥	约千余人	张锡畴	约千元余	县政府每年补助百元	无

续表

县别	机关类别	何时成立	救济性质	救济人数	主办人员	经费若干	经费来源	其他事项
泰县（十七、七、九）	县城勉善堂粥厂	光绪初年	施粥	无定额	吉少堂、沈渭卿	无	募集	
	县城慈善堂半济卖粥厂	民国十一年	施卖	无定额	陈星炳、许仲迁铭	无	劝募	收字纸
	县城清化坊北山寺粥厂	数十年	冬季施粥		卢松灵	无定数	卢氏自筹	
	县城吟香馆	十年以上	施粥		王幼丹	无定数	自筹	
	县城安家坊石头巷王宅施粥厂	百余年	每日施粥		王颂侯	无定数	自筹	
	县城坡子坊施材	十年	施棺	无定数	王子芹		劝募	
	县城管王坊农业同行施衣会	二十年	施寒衣及施寿衣		葛凤仪		农业同行募集	
	县城承吉坊施材所	三十年	施棺	无定数	高少伯	无的款	劝募	
	县城宝善堂	民国十年	每年冬起至清明止放粥	约二百余口	李吉甫、桂馨谷	月约一百七十元	由主办人代募	

续表

县别	机关类别	何时成立	救济性质	救济人数	主办人员	经费若干	经费来源	其他事项
泰县（十七、七、九）	县城陆陈公所半济粥厂	民国十四年	半济	无定额	李吉甫、桂馨谷、徐菊人	无的款	募化	
	红十字会姜堰分会	民国七年	博爱、恤兵及一切慈善事	民国十六年，医伤兵五百余名；每年终给冬衣，统计约千余人	谢洪绶	年收支总数约千元	会费、田苗、租谷及募捐	
	姜堰冬季临时粥厂	光绪初年	每年冬天放三四十天	多则七千余人，少则三四千人	王梦榴	多则六七千元，少则二三千元。	无的款，由慈善家补助。	
	曲塘广育粥厂	光绪二十年	施粥	约千余人	王宝芝、卢尔伯	年约二千元	商铺广募捐	
	樊汊恤嫠会	光绪年间	抚恤	一百名	黄文沼	四百余元	田房租收入	
无锡县（一七、七、二一）	同仁堂	嘉庆二年	施米、棉、菜、草荐、掩埋等		华佐治、秦仁存	五千元	由创办人及其他慈家助田苗	
	清节堂	同治三年	择妇女中极贫节者发给口粮	贞节妇女六十余人	王凌泉、孙牌鸿、汤曾谦	每年二百余元	每年得粮百五十元，房租三十元	

续表

县别	机关类别	何时成立	救济性质	救济人数	主办人员	经费若干	经费来源	其他事项
无锡县（一七、七、二一）	育婴堂	康熙年间	育婴	共一万六千二百余口	秦铭光、华庭辉	三千余元	原捐田租	
	恒善堂	道光年间	贫苦嫠妇按月给钱	额定嫠妇四百名	华文川、蒋士松	收约四千元，支约四千元。	捐款房田租	施衣、米、药材等
	普济堂（分男、女两院）	男养老院乾隆年间，女养老院民国八年	生养死葬	男老八十五人，女老三十八人	董事四人，司事六人	男养院八千七百余元，女养院千四百余元	田房租捐	施药、施除夕米
泰兴县（十七、十二、三十一）	大兴贫儿院	民国十七年秋	教养贫儿，附设养老部	院内收三十名，院外收二十名，养老部收四名	主任金鈫	常预算三千二百元	基金利息及田亩租谷	
	养济院	前清成立	救济鳏寡、孤独、残废	正孤贫三百一名，副孤贫百六十二名	由县政府经办，不支薪工	典本钱共二千千文，田租十六千五百文		
	育婴堂	清初成立	收男女无依婴孩	现一百余口，来去多少不一	董事合议制，别无主办	典钱一万余千、田一千余亩，市房十八间	息钱、田租、房租	
	体善堂	清初成立	埋葬及施医	无定数	张穗政、张穗修、曹国枏	大洋三百八十多元	田房租	

续表

县别	机关类别	何时成立	救济性质	救济人数	主办人员	经费若干	经费来源	其他事项
泰兴县（十七、十二、三十一）	同仁堂	前清成立	施材及处理监所犯人	无定数	董事合议制	典钱一千五百千，田地一百四十余亩，市房七间	田房租息金	
	义渡局	光绪十年	补助救生不足，平时渡江	三万余人	张懋政、曹国枬、吴长吉	洋七百三十元、钱三千六百余千文	盐局捐助、各典捐助、田租等	
	救生局	光绪二年	巡逻江中危险，捞救人民	计数十人	张懋政、曹国枬、吴长吉	洋百四十元、钱百八十千文	田租、典息、海关捐助	
	城中粥局	光绪年	施粥于贫民	每次约千余人左右	张懋政、曹国枬	洋五百三十元、钱四百二十千文	田房租及利息	
	保节局	清初设立	贫婪、抚孤、守寡	月给二百人	董事合议制	一千六百九十余元	田房租金	
灌云县（十七、六、二）	同善堂	道光年间	施医药、材、棉衣、掩埋等	无定数	顾恩甲	每年八十元	池滩租	
砀山县（十七、五、三十一）	养济院	嘉庆年间	招济盲目、残废	现住院者三十八人	公产管理处经营	三百二十元零	亩捐	

续表

县别	机关类别	何时成立	救济性质	救济人数	主办人员	经费若干	经费来源	其他事项
淮安县（十七、五、三十一）	粥厂	同治年间	养贫劳、老弱之人	无定数	章鉴虞	临时捐助	募捐	另置房屋为老弱者住所
	东药局	同治年间	施医药	无定数	汪姓等	汪姓等七家捐助	淮邑士绅捐助	
	西药局	同治年间	施医药	无定数	何姓等	临时捐助	士绅捐助	
	文通寺施药处	光绪年间	施药	无定数	韦姓	临时捐助	淮邑善士捐助	
	公善堂	民国二年	施钱、米、劳衣	无标准	徐姓等	临时捐助	募捐	
	临时防疫医院		施中西医药品	无标准	临时推举	临时筹划	捐募	
	集资施材局	光绪年间	施棺	无标准	沈姓等	临时捐助	集资创办	
	济幼堂施材局	光绪年间	掩埋尸骸	无标准	高益吾	临时捐助	募捐创办	另置操地，以备掩埋小材之用
	义会	光绪年间	施殡殓	无标准	沈姓	临时捐助	淮邑士绅创办	

续表

县别	机关类别	何时成立	救济性质	救济人数	主办人员	经费若干	经费来源	其他事项
淮安县（十七、五、三十一）	流尸局	民国十四年间	捞救流尸	无标准	邱世忠	无标准	淮邑士绅十人捐助	
	保墓局	光绪年间	修理无嗣者坟墓	无标准	徐佩等	经费不确	张、陈两姓捐助田产	
	绵泽堂	同治年间	为无祀柱柩化冥镪	无标准	王姓等	临时捐助	王范捐资创办	
	施济会	同治年间	施寒衣、助葬费	无标准	张仲昆	随时捐助	土绅临时捐助	
	育婴堂	雍正二年	收养婴儿，附设义学	三四十名	金崇信、邱世忠等	农产约得五万金	清时漕运总督购田创办	
	普济堂	雍正年间	养老弱残废	八十余名	邱世忠等	有田租与育婴堂合收入	盐商程公出资购田创办	
	慈幼堂	咸丰年间	育养贫子弟	二十余名	田介眉	田二顷，岁收二百余石	田租籽	
	江北慈幼院	民国十五年	教养贫劳子弟	六十余人	院长周作民	每年万元	捐助	另由驻津准人王其康购院址一所
	清节堂	咸丰年间	收容嫠妇	二十余人	何其杰	收获租籽数目不确	捐田二项为经费	
	勤节堂	民国十年	收容嫠妇	二十一人	解姓等共三人	常年经费二千文	邑绅捐田	

续表

县别	机关类别	何时成立	救济性质	救济人数	主办人员	经费若干	经费来源	其他事项
高淳县（十七，五，二）	保婴局	光绪十三年	保留女孩	每年约四五百人	施斗南口	每年三四千元	租谷、房租并捐助	
	游民习艺所	民国十五年	教戒游民	艺徒二三十人、学成出所十余人	正、副各一人、主任一人	月支百六十余元	由款产处保婴、救生两局，月共任九十元，余出品约六十余元	
吴江县（十七，五，二）	县育婴堂	前清	救济遗弃婴孩	无定额	费福熙	年支一千余元	支由县财政处	
	县安节局	前清	救济节妇	三〇四人	沈廷镜	年支七百六十余元	同上	
	县代赈所	前清	施棺	年约数十具	徐大湜	年支五百多元	同上	
	云泽市保赤局	前清	保留婴孩	无定额	施省之	年支七千余元	丝经特捐及田租	
	湖滨留婴局	前清	保留婴孩	无定额	曹承同	年支二千余元	同上	
	县政府孤贫口粮	前清	救济孤儿	二五〇余人	县政府	年支一千二百元	县赋税内支	

续表

县别	机关类别	何时成立	救济性质	救济人数	主办人员	经费若干	经费来源	其他事项
六合县（十七、五、二一）	养济院	前清	养济贫苦残废	四十八名	王乃屏	七十七千九百文	田赋项下赋税及公益堂捐助	
启东县（十七、五、廿一）	贫儿教养院	民国十年	教养孤儿	五十名为额	共九名	年支六千三百九十元	各公团补助及捐募	
	崇海育婴堂	光绪廿年	收养小孩	十余名	二人	千余元	绅商负担	
溧水县（十七、五、十八）	保婴局	宣统元年九月	收养男女弃婴	一千八百八十九名	李学白	二千余元	由苏州保婴局童陆寿慈等捐募	
	筹备仓	光绪四年	积谷备荒	无定额	八人	一千八百余元	随忙带征	
昆山县（十七、五、五、三）	县慈善局	嘉庆年间	施棺、施药、恤贫、育婴等	数千人	委员五人，常委二人	一万四千元	田租	另设清节堂留养青年节妇
	县孤儿院	民国十四年八月	教养贫孤儿	四十名	二人	四千九百余元	慈善局租息	系慈善局附设
常熟县（十七、五、十三）	育婴堂	待查	抚育婴孩	约五十人	屈氏创办	待查	屈氏私款	
	安济堂	待查	养年老男妇	定额百名	同上	待查	屈氏义庄专款	

续表

续表

县别	机关类别	何时成立	救济性质	救济人数	主办人员	经费若干	经费来源	其他事项
常熟县（十七、五、十二）	广仁堂	待查	施医药	千人以上	公款、公产处	待查	田产	
	清节堂	待查	收青年孀妇	百名	三人	待查	捐置田亩	
	苦儿院	待查	教养贫苦儿女	五十名	二人	待查	邑人张鸣独办	
	游民习艺所	待查	教游民工艺	五十名	看守所长兼	待查	县地方款	
	红十字会	待查	防疫	无定额	会员均为职员，无定数	待查	会员担任	
丹阳县（十七、五、十一）	红卍字会	民国十三年	救济次民	千余人	二人	无定额	募捐	
	育婴堂	五六十年前	养贫者之婴儿	四千余人	二人	约千元	田租	
	栖流医药所	二十年前	救贫苦患病者	无统计	二人	约一二百元	捐	
	贫民工厂	筹备期间	使失业工人得以谋生	二十多人	五人	九千元	忙漕带征	
	平民学校	民国十六年	教学	一百二十余人	主任五人，教员九人	每校月十元	教育局津贴	共五所

续表

县别	机关类别	何时成立	救济性质	救济人数	主办人员	经费若干	经费来源	其他事项
海门县（十七，五，二）	育婴堂	光绪三十四年	收养婴儿	百人	陆松圃	一千二百元	地方捐及轮船公司	
	涧甽堂	乾隆五十六年	收养年老无依者	五十人	地方款产管理处	田产四千八百余亩	节妇刘、陈氏捐助	
	溥善堂	光绪十六年	施棺给瘞	无定额	地方款产管理处	田产二千余亩、钱三千文	捐助	
	游民习艺所	民国二年	教养游民	八十名	所长一员	月支三百廿元	地方捐	
武进县（十七，十一，十六）	东同仁堂	嘉庆六年	掩埋路尸	无定额	屠孝崟、蔡晋成、汪纶	五百元	公款、公产管理处	施茶、药、寒衣
	南怀仁堂	乾隆三十一年	同上	同上	同上	一千五百元	同上	
	西同仁堂	乾隆五十七年	同上	同上	同上	三千元	同上	
	北存仁堂	乾隆四十一年	同上	同上	同上	二千元	同上	
	寿安堂	道光十五年	施诊给药	六、七月约六千余人	同上	五千元	同上并有地方费补助	
	普济堂	乾隆三十九年	收养老民	三十名	同上	二千元	公款产管理处	

续表

县别	机关类别	何时成立	救济性质	救济人数	主办人员	经费若干	经费来源	其他事项
武进县（十七、十一、十六）	一善堂	同治十一年	各种慈善	共七八百人	蒋寿衡、谢景和、汪世铨	二千元	田租及捐募	
	栖流所	光绪二十四年	养老	百人	王立峯	六千余金	盛家私家	残废附内
	年长医局	光绪初年	施诊给药	每月约二百人	李漱云、庄茂之	三万金	刘、恽、盛姓等集资	兼办保节、保婴
	普爱医社	宣统三年	施诊给药	约四千人	刘咏笙、刘荀人、曾则先	千余金	捐助	
	中国红十字会常州分会	民国十二年	救灾恤兵	无定额	正会长赵衡	临时募集	会员会费及捐募	
	红卍字会常州分会	民国十二年	救灾恤兵	无定额	郭钧辅	临时募集	劝募	
	敦化堂	光绪初年	施药、材	无定额	行政人员负担	田产约二百元	田租	
	同善堂	前清	施口粮、寒衣	三百五十名	委员五人	三千五六百元	田房房金及捐助	

续表

县别	机关类别	何时成立	救济性质	救济人数	主办人员	经费若干	经费来源	其他事项
武进县（十七、十一、十六）	常州贫儿院（附设女子部、妇女工艺部）	民国十二年九月；民国十七年三月	慈善；教育	共四五百人	冯嘉锡	年支一万四千余元	省补助款、盐款、民财两厅补助款，共三千五百洋元及南洋侨商捐助等	
	县平民工艺厂	民国十六年十月十五日	教贫儿工艺	一百名	冯嘉锡、伍玑	七千元	利息及县税	
	育婴堂	康熙十五年	收养弃婴	无定额	屠孝笝、蔡晋成、汪纶	一万五千元	公款产管理处	春间布种牛痘
	接婴所	民国元年	救贫子女	无定（额）	一人	每一婴孩援用洋二元	同善堂开支	
郡县（十七、十一、十四）	县贫儿教养院	民国十二年冬	教养贫儿	八十人	院长焦黄恭	三千五百元三万千	省款、捐募	现拟改组救济院
嘉定县（十七、十一、十三）	清节堂	光绪十八年	节妇	二十五名	地方款产处	二千九百余元	田房租金、典息等	
	存仁堂	同治年间	施棺	无统计	朱锡蕃、赵惠生	二千元	田房租金	

续表

县别	机关类别	何时成立	救济性质	救济人数	主办人员	经费若干	经费来源	其他事项
嘉定县（十七、十一、十三）	育婴堂	康熙四十六年	婴儿	三四十名	共四人	四千元	田房租金并典息	
宝山县（十七、十一、二十三）	惠生社	民国十一年四月	施衣、米、药	无定额	王一亭 黄涵之	九千余元	劝募	
	贫民习艺所	民国七年	教养	六十二人	十二人	无定数	省补助特捐	
	城乡善堂	民国三年	一切慈善及赈济	无定数	七人	二千四百千文	捐助	
江都县（十七、十、二十九）	育婴堂	同治年间	收养婴儿	二千余名	主任二人	九万余千文	两淮运食商捐助	附设小学校一所，工厂正在筹备
	立贞堂	道光二十年	收养孀寡青年	二百八十人	主任一人，司事十三人	一万二千文	同上	附设义塾一所
	全节堂	同治初年	收养嫠孤	一百卅人	主任一人	一万六千千文	同上	
	栖流所	光绪七年	收养孤苦流民	一百余人	主任一员	二万五千千文	同上	附设义塾一所，并施医药
	扶持局	同治十年	收养孤苦残废	一百六十人	主任一名	一百九千千文	田房租金并捐助	

续表

县别	机关类别	何时成立	救济性质	救济人数	主办人员	经费若干	经费来源	其他事项
江都县（十七、十、二十九）	实济局	同治初年	收生老残废	一百二十余人	主任一名	九千千文	捐助	
	务本堂	同治八年	施医药、掩埋、施材	无标准	主任一名	三千千文	田房租金	
	因利局	光绪二年	贷款于贫民	三千三百户	主任一人、司事十二人	四千几百千文	捐助	
	庇寒所	光绪二十一年	施医、药、棺、粥、收乞丐	百余名	主任一人	二千八百千文	捐输	
	沿江义渡局	光绪十年	济渡救生	无定数	主任一人	一万八千多千文	两淮场运、食商捐助	
	槐子桥保婴局	同治十一年	收养婴孩	二百数十名	主任一人	五千千文	两淮、济南两场商捐助	
	邵伯妪栖所	同治初年	收老、残、男、妇。	六十名	司事一人	四千五百千文	房租及捐助	
	陈家沟义渡局	同治初年	济渡行人	日有数百人	司事一人	共二千余千文	捐助	
	贫儿负贩团	民国八年四月	慈善营业兼教育	生额四十名	汪幼仪主任	洋一千六百元、钱一千七百千	盐务各方捐助	每日派生出外、负贩物品；余利津贴各生

续表

县别	机关类别	何时成立	救济性质	救济人数	主办人员	经费若干	经费来源	其他事项
宝应县（十七、十一、二十一）	工艺贞节堂	光绪十四年	收纳贞女	四十五名	共六人	九百千文	捐募	附设公艺如针线等
	张公惠济仓	同治九年	春夏借稻谷及助赈	无定数	经董一人	稻约七十石，金百元	朱曼伯张漕督捐办	
	育婴堂	光绪年间	收养婴孩	七八十名	经董八人	一千二百余元	田房租金并施助	遇不足由县补助
	残废老人堂	光绪三十一年	收养残废	五十名	经理三人	米百四十石，钱八九百千文	息金、房租、农产物等	遇不足则募捐
	积谷仓	光绪四年	备荒	以万计	经董二人	稻二千四百五百石	附加税二千元	
南汇县（十七、十一、九）	贫民工艺厂	民国七年五月	日工夜读	四十人	十一人	三千多元	省款与县款	不足则募捐
	游民习艺所	宣统元年	教以工艺	六十人	四人	每月三百元	县地方附加税	
	育婴堂	道光二十二年	收婴儿	三十一名	王景沂	二千六百余元	田租金	
	养婴院		给口粮	四百名	县筹款产处	每月一百元	县地方内务费	
	普济堂	同治十三年	给口粮	三百十名	龚源本	三千余元	荡租	设有董事会计十一人

续表

县别	机关类别	何时成立	救济性质	救济人数	主办人员	经费若干	经费来源	其他事项
南汇县（十七、十一、九）	恤嫠公所	同治六年	给贫妇口粮	四百余户	杜衡告、龚源本等	九千元	汤租	本公所系用委员制办理
沛县（十七、十一、二十）	义务戒烟医院	民国十七年八月十日	给戒烟药品	无定数	李占五	五十元	捐募	
	义务牛痘所	民国十四年三月	栝种牛痘	三四百人	李占五	八十元	捐募	
涟水县（十七、十一、二十一）	县苦儿院	民国十三年十二月十日	半工半读	三十多人	八人	三千二百二十元	财厅提补房租及捐助	
	防灾会利济局	民国十四年十一月二日	贷款	每次三百户	唐宗郡、阎炯南等	三千九百多元	江苏防灾会拨发	
江浦县（十七、九、三十）	救济孤贫所	民国十七年	济孤贫	共四十二人	詹其桂	钱三百七十四千文	内务费	
	贷济所	民国十三年	借贷金钱	七八十户	黄蓿光	六百四千元	前县长词锾余款	前年兵灾，损失三百多千
	敬节堂	光绪二十二年	济孤寡	九十户	市行政局	四千元	募助	
	贫儿教养院	民国十二年	半工半读	七十名	七人	约五千元	忙漕带征兼省款补助	兼设贩卖部
	贫民工厂	民国十二年	织布染色	二十人	五人	四千元	忙漕带征	同上

续表

县别	机关类别	何时成立	救济性质	救济人数	主办人员	经费若干	经费来源	其他事项
泗阳县（十七、十二、十四）	红十字会众兴公会	民国十五年一月	救济伤兵灾民	共四千七百五十人	苏康甫、廖子勤	一千六百十六元	会员捐助	
	因利局	民国十五年三月	救济失业贫民	八百余人	陶穆立	三千元	上海防灾协会拨用	
金坛县（十七、十二、十三）	恒善粥厂	光绪二十六年	施粥	约二千余人	经董及办事员	约三千余金	地方税及菜业公益捐	
	育婴堂	光绪六年	抚育婴孩	三百七十余名	董事长	六千五百余元	县政府带征各项杂捐	
	公立医院	民国十一年八月	施医	四千余名	院长及主任院董	年约三千元	茧捐及县赋税	
扬中县（十七、十二、十三）	呈明该县以前因土瘠民贫，向无慈善团体。现经设立救济院，筹备处内分育婴、残废、养老、施医四所，侯筹有的款成立再报。							
阜宁县（十七、十二、二十八）	县救济院分设右列三所				共计七人	共约洋一千六百元 钱二千九百多千文	基金息、田租、忙漕带征税及其他罚款等	本院兼施寒衣
	养老所	民国十七年十一月	衰老男妇	约二十六人	主任一人			
	育婴所	同上	婴孩	十一人	共四人			
	施医所	同上	施医药	十一人	中西医各一人			

续表

县别	机关类别	何时成立	救济性质	救济人数	主办人员	经费若干	经费来源	其他事项
阜宁县（十七、十二、二十八）	城区红十字分会	民国十五年	恤兵、救时疫	约千人	四十名	一千余元	会员劝募	临时医院防疫所
	慈善总会	宣统元年	施医、药，修道路，施棺、衣	不计数	六十五人	无定数	会员劝募	临时防疫所及救济所
金坛县（十七、十二、十五）	恤嫠局	光绪十一年	抚恤老少嫠妇	一百六十二人	育婴堂董事长	洋二百三十六元，钱四百五十三千	附税利息	
	积谷仓	前清	备荒	无定数	陈恩泽 王干臣	共银一万四千余元，谷三千八百零石	原有	
沐阳县（十七、十二、二十七）	牛痘局	光绪二十七年	施种牛痘	二百余人	三人	五十千文	附税	原附设在红十字会，现停办，附税归入党部
	育婴堂	民国六年	慈善	八九人	六人	六七百千	私人创办	现已停办
	利济局	民国六年	借贷银钱	五百余人	三人	三千元	江苏防灾会借拨	
奉贤县（十七、十二、十）	好善堂	同治七年	施棺材及公墓	定二十人	陆鸿宾	约二百四十元	田租	公墓田约九亩
	青育婴堂	光绪十八年	保育婴孩	约百人	曹恩泰	一千二百元	田租	

续表

县别	机关类别	何时成立	救济性质	救济人数	主办人员	经费若干	经费来源	其他事项
奉贤县（十七、十二、十）	贷赈局	民国二年	半卖义棺	年约三十余具	商会会董	二百余元	乡款补助，余募捐	
	乡行政局代办	民国十一年	给口粮	四十九人	行政局财政股	二百三十五千文	县经费及筹垫	
	乐善堂	民国十五年	施棺、衣、药、粮	无定数	金乃超 李熊祥 李章教	亏空二百余元	劝募	
	东伽嫠局	同治年间	嫠妇	约二百人	施恩湛	八百余元	公田租金	
	养济院	光绪二十二年	救济残废孤独	十三人	杨荣福	三百二十元	捐助	
	兴善堂	光绪十八年	各种善举	二百五十人	阮维藩	年约千八百余元	田租捐助	
	南育婴堂	道光二十六年	拓育婴孩	年收百七十余人	陈兆文	洋百十余元，钱五十余千	田产租金	
	浦南同寿与善堂	民国十二年	给孤贫钱四、五、六百不等	二百五十人	蒋洁己	一千五百千	田亩募捐	
	西伽嫠局	同治六年	济嫠妇	一百八十余名	陈金双 宋修延等	九百余元	田产租金	

续表

县别	机关类别	何时成立	救济性质	救济人数	主办人员	经费若干	经费来源	其他事项
仪征县（十七、十二、三）	地方救济院	民国十七年七月	院内设六所	残废古老定二十名，其他救济不定额	院长孙家谟，副李起敬	一万余元	收并各庙寺之田产	
靖江县（十七、十二、十七）	救济院内分六所	民国十七年九月二十五日	教养贫民	一千一百余人	院长盛德新等	五千一百四十二元	田租、利息、附税等	
赣榆县（十七、十二、十五）	救济院	民国十七年十二月一日	内设养老等六所	无确定	约十六人	不详	没收王逆住良之财产	
铜山县（十七、九、三）	养济院	光绪二年	收养失目之人	七十余人	院长王芝武	百余千	租粮及募化	
	贫儿教养院	民国十四年九月	收养孤贫	一百十名	九人	每年四千五百元	省政府补助及收租	不敷时募化
萧县（十七、十二、三十）	贫儿教养院	民国十一年八月	教养贫儿	八十八	六人	六千一百二十元	省款补助、附税、募捐	
南通县（十七、十二、三十）	市同仁堂	乾隆初年	施药、棺、掩埋	无定额	经理三人	年约八百元	田租及捐助	兼办水龙局
	吕四市同善堂	同治三年	育婴、养老、伽嫠	无定数	慈善委员会经营	约二千元	田租及善捐	附设贫民借本所

续表

县别	机关类别	何时成立	救济性质	救济人数	主办人员	经费若干	经费来源	其他事项
南通县（十七，十二，三十）	平潮市同善堂	民国十一年	疗病、掩埋	约二十人	主办汤广田一人	年约八十元	产租与过载捐	附设公墓一处
	唐闸市旅殡厝所	民国十四年	停寄客籍棺柩	无定额	主办张鉴清	无确定	每柩收看守费一元	
	垦牧乡同善旅舍	民国十二年	养残废棺板	无定额	主办洪祥继	无确定	功捐	
	县丰裕仓	道光三十年	备荒	无定额	款产处经管	一万一千六百千文	忙漕带征与捐款	拨款办平粜
	县新育婴堂	光绪三十二年	育婴孩	年约千余口	主办一人	二万一千二百元	田租，息款，县费	附设幼稚园及初级小学并习艺科岁出二万八千元
	南通第三养老院	民国元年十一月	养老	二百四十余人	主办二人	岁入约六千余元，岁出约一万二千元	田租与捐款	
	南通济良所	民国四年	救济娼妓、婢妾	无定额	三人	年约百余元	县公安局筹拨	
	栖流所	民国五年	收养流离失业者	约千人	县公安局派员办理	年约二千二百元	捐助	附设习艺所

续表

县别	机关类别	何时成立	救济性质	救济人数	主办人员	经费若干	经费来源	其他事项
南通县（十七、十二、三十）	余东市太平社仓	民国十一年	积谷备荒	无定额	三人	岁入二百余元	庙产田租	
	余东市拯婴局	年远无考	拯婴	年约五百名	一人	一千五百六十元	息金捐款	
	平潮市接婴局	清末	接收婴儿	年约四十名	一人	年约一百五十元	花布捐	收存之婴，随送渐育婴堂
	平潮市施粥局	清中	施粥	年约三百余人	一人	年约二百余元	产租	冬季办理
	三益乡社仓	民国八年	借给贫民	年约二千余人	行政局管理	年约百元	捐款	
	垦牧乡义仓	民国十二年	积谷备荒	无定额	通海垦牧公司经营	岁入千元	基金利息	兼办平粜
	刘海沙乡社仓	民国十一年	借给贫民	约三百余人	社仓经营会	年约二百元	地方捐助	
	金沙市游民工厂	民国二年	教养游民	六十余名	五人	四千八百七十元	田房租金与捐助	附设贫儿院
	四安市游民习艺所	民国十年	教养游民	六十四人	二人	二千八百余元	捐款	兼办清洁街道
	骑岸乡临时游民感化所	民国十七年	戒鸦片	三十人	行政局管理	三百元	地方公款	

续表

县别	机关类别	何时成立	救济性质	救济人数	主办人员	经费若干	经费来源	其他事项
丰县（十八、二、二十一）	贫儿教养院	民国十三年一月	教养兼施	三十人	李乃正	三百三十万七千六百九十元	省款与县款补助	
上海县（十八、二、二十三）	普安堂	同治十三年	接婴、贷赊、施棺等	五十名	陈之纲	二千八百元	常捐、特捐	
	广慈苦儿院	民国七年	教养贫儿	一百五十名	院长庄礼楷	全年一万五千元	省补助常捐、特捐	
	红十字分会	民国十三年九月	救灾民、伤兵	无定额	会长徐熙春，干事孙伯颜	年约一千元	捐募	
青浦县（十八、二、二十七）	殡朋社	宣统二年	施送棺木	无限制	徐震民	四百元	城乡市行政局年助百元	余捐款
	施米局	民国九年冬	施送贫米	年冬施米五十石，约一千余人	救火会长郭庆鸿	五六百元	城内各富商捐助	
	丰备仓	同治八年	平粜施米	无定额	司账一人	岁收乡银二万元	忙漕带征与田租、利息	由款产会及各区行政局共同管理
	同仁堂	嘉庆八年	施棺、施医药	医药约万人，棺百余具	司账及事务员三人	共一千六百元	田租及地方附税	

续表

县别	机关类别	何时成立	救济性质	救济人数	主办人员	经费若干	经费来源	其他事项
青浦县（十八、二、二十七）	接婴堂	道光七年	接养婴孩	年约三百五十婴	司账及事务共三人	共一千六百五十元	田租及地方附税	
	儒嫠会	同治九年	救济贫嫠	二百四十四名	丰备仓、司账兼管	岁入约一千五百元	基金息，附税，田租等	
	养济院即孤老院	同治十二年重建	救济残老孤贫	住院三十一名，给粮二百七十人	同上	岁入一千三百七十元	存息，租息，附税	筹济堂并列在内
	中国济生分会太仓分会	无考	夏令施医药	无定额	临时订请	无定数	临时受人补助	设刘河乡
太仓县（十八、二、二十六）	普济堂	前清	养老贫民	三十名	常川驻堂管理员一人	每名每月饮食约计五元	田租收入	夏季帐席，冬季衣被均临时支出，不在经费内开支
	北东南三婴堂	前清	保婴	年约八九百名	每堂司事一人	年约四千元	租米金，捐募	
	育婴堂	前清	保婴	年约四百余口	司事一人	年约千余元	租息，月捐	收支相抵不敷，洋三百余元，设沙溪乡

续表

县别	机关类别	何时成立	救济性质	救济人数	主办人员	经费若干	经费来源	其他事项
太仓县（十八，二，二十六）	育婴堂	前清	保婴	年约三百余口	司事一人	约千元	租米金捐助	设新塘乡
	育婴堂	前清	保婴	年约百余名	司事一人	年约七百余元	租米金、捐募	设茜泾乡
	育婴堂	前清	保婴	无定额	司事一人	年约一千五百元	田租、典捐、花户捐	在璜泾乡
	育婴堂	前清	保婴	年约四百名以上	司事一人	年约一千余元	田租、房租、年会等	在浮陆乡行政局，年助一百二十元
	集善堂	前清	保婴	年约四百余名	经理一人，其他共十二人	年需五千四百余元	原有租产及募集	在刘河乡
	同善堂	前清	孺婴伽蓝	孺婴八名，伽蓝一百名	司事一人	年约二百余元	租息当捐	在沙溪乡
	伽蓝会	前清	伽蓝	二十名	浮陆乡政局	年约五六十元	乡政局开支	在浮陆乡
	脱骖会	前清	施棺	无定额	育婴堂经办	无定数	捐募	在浮陆乡
	昭义社	民国七年十一月	施药、施棺	无定额	社长等十一人	年约七八十元	田租收入	在王秀乡

续表

县别	机关类别	何时成立	救济性质	救济人数	主办人员	经费若干	经费来源	其他事项
兴化县（十八、二、十七）	积善会南普济堂	康熙四十九年	恤贫、施材、施医、火赈	俱无定额	顾桂馨、魏隽、陈康寿	共约二千二百余元	田租、房租、存款、息金	
	育婴堂	康熙八年	收养婴孩	约二百四五十名	顾桂馨、魏隽、陈康寿	共约八千一百元	田、房租、附税、商捐、息金	
	济急局	光绪二十八年	救火、赈灾、施医药	共约五六百名	总理一人、副理二人	共约四五千文	田房租及捐助	
	妇孺教济所	光绪二十五年	抚济贫妇及其子女	现有妇孺四十名	院长及主任共五人	预计一千六百八十四元	救济院基金息拨充	
	丰图积谷仓	光绪五年	积谷备荒	人数无定	经理四人	存谷各一万四千八百五十石三十四斤	各图带征一次	
江阴县（十八、二、十八）	育婴堂	光绪年间	养育贫民婴儿	约二百名	公款产管理处主办	年约六千余元	田亩租息	现由救济院接收改组
	保节局	光绪年间	保护嫠妇	约六百口	由经董管理	年约五千元	漕沙田亩租息	同上
	公善堂	嘉庆年间	赠财、扶病、恤寒、掩骼	约二千人	市行政局管理	约需三千元	漕沙田亩租息	同上

续表

县别	机关类别	何时成立	救济性质	救济人数	主办人员	经费若干	经费来源	其他事项
江阴县（十八、二十八）	保婴局	光绪年间	保护贫民婴儿	约一百名	前由经董管理	年约二千元	漕沙田亩租息	现由救济院接收改组
	平民习艺所	民国元年成立	教贫儿工艺	约三十名	曹宗锋	年约二千余元	区册捐及附税	同上
	县救济院	民国十七年八月	养老、残废，救济贫民生计	约二千人	院长姜洪、副王志贤	每月约二千二百元	地方慈善费及捐助基金	育婴所、贷款所、贫儿习艺所先行成立，其余各所在筹办中
	贷款所	即日成立	借贷不取利息	无定额	二人	五百元	住育堂缴存俶价拨充	收有的款再行扩充
	游民感化所	正在筹办	感化游民	暂定四十名	主任一人，办事员二人	年约四百余元	功募	现正修理房屋，俟工竣后即成立
	妇女教养所	正在筹办	救济贫妇	约五百名	主任一人，办事员二人	预计约四千元	漕沙田亩租息及捐款	现正筹划进行
	普济堂	同治年间	养年老、孤贫	无定额	由各该堂董管理	无定数	漕沙田亩	

续表

县别	机关类别	何时成立	救济性质	救济人数	主办人员	经费若干	经费来源	其他事项
江阴县（十八、二十八）	孺嫠局	同治年间	同恤嫠寡，婴孩保赠	无	由市政局管理	年约五百元	漕沙田亩租息	现救济院拟接收并入妇女教养所办理
	登仁堂	道光年间	恤嫠惜字	无	由市政局管理	年约一千元	漕沙田亩租金	同上
	接婴堂	光绪年间	收养婴孩	约二百名	枫泾市董事八人	约一千八百元	租息及市政局补助并乐助	
松江县（十八、二十）	同善会	乾隆年间	周济贫老	约三百余名	同上	约三千余元	田地租息	附设义务小学一所，兼施棺掩埋
	保婴堂	同治年间	收养婴孩	约七十名	泗泾乡司，月董事六人	约七百元	田租捐款	施棺、施药、掩埋
	辅德堂	道光年间	周恤嫠妇	约一千名	五人	约五千元	田租	施棺、施药
	崇节堂	道光年间	周恤嫠妇	约三百二十名	亭林市司，月董事会	约一千二百元	田租	
	同善堂	同上	周恤贫苦男女	约三百六十名	同上	约一千三百元	田租	分设后冈同善会，由亭林市政局办

续表

县别	机关类别	何时成立	救济性质	救济人数	主办人员	经费若干	经费来源	其他事项
松江县（十八、二、三）	济婴局	道光年间	专施婴孩衣服、糕饼	约二百七十名	张泽乡输流，经办十二人	约二千元	田地租息	
	作善堂	咸丰年间	施棺掩埋	无定额	经办八人	约四百元	同上	
	积善堂	道光年间	施棺、药、掩埋	无定额	新桥乡委员制五人	约四百元	田房租息	兼办殡舍补助，消防
	全节堂	道光年间	收养婺妇伽发衣、米、金	婺妇及子女共约一百六十名外，伽一千八百名	旧松属七县，董事共三十人	约五万元	田租	附设松筠女子小学一所，教养婺女，兼收外生
	育婴堂	嘉庆年间	收养遗弃婴儿	约一千名	同上	约七万元	同上	附设广育教养孤贫儿幼稚园五所
	普济堂	乾隆年间	收养男、女老民	约一百六十名	旧松属七县，董事共三十人	约七千余元	田租	
如皋县（十八、一、六）	救生义渡	民国十七年	救生	无定数	董宾亦、倪冠卿、石屏锦	现存银一百六十七元	捐款	

续表

县别	机关类别	何时成立	救济性质	救济人数	主办人员	经费若干	经费来源	其他事项
如皋县（十八、一、六）	施材局	民国元年	救济死亡	年约十人	朱汝煋	一百四十元	捐款	预制材若干，每施一口，临时收捐
	因利局	民国十二年	救济小本营业	十六人	黄文浚	二百十七元	捐款	
	临时送诊所	民国十七年	救济患疾病者	八百人	闵之中	二百八十元	捐款	因经费有限，仅于夏间送诊两月
	养济院	前清	按月发放口粮一次	二百三十八名		每月支五十一元	地方附税	
	育德堂	道光初年	赈粥、施医药	施粥每日约七八千人，施医药每日百余人	公推热心公益者主任之	年约支银一万数千元	本堂并无恒产，全恃捐助挪借	遇赤贫乏亏病死，施棺殡埋
	市留养堂	道光二年	收养年有七十岁之贫老	住堂、堂外各三十人	邓建勋、贾兴	年约需二千元	田租	田租不敷时，由主办人筹集之
	普济堂	乾隆三年	老苦无依，月给口粮，冬给寒衣	额设一百五十名	经理钱昌颐	圩田租一百八十元，民田租二百四十元，房租二十四元	上项租款	旧有圩田，民三年间圯没殆尽，现仅存如上数

续表

县别	机关类别	何时成立	救济性质	救济人数	主办人员	经费若干	经费来源	其他事项
如皋县（十八、一、六）	保节局	光绪十六年	贫苦孀妇按月给粮	粮分三等甲，二十名；乙，四十名；丙，一百三十名	经理 于兆昌	年支约八百七十余元	田房租息	经理不支薪金伙食
	育婴堂	康熙七年	抚育遗弃婴孩	年收约一千三四百名	经理员 于兆昌	年支约二万四千余元	田房租息，特税补助，善捐等	与（干）城区义学务外合立幼稚园一所，年由本堂津贴，经费二千余元
	卢港市游民习艺所	民国九年	戒吸鸦片，教以工艺	六十八人	卢宗邦，卢福元	五十元	由卢庄卢氏分担	
	立发市因利局	民国八年	借贷	共约二百人	刘退思	基金二百元，无经费		
	如皋任济局	光绪初年	冬季施粥	年约一千五百余口	经理孙开泰等共四人	年约一千余元	仅有善士施送租金四十元，其余另由本局劝募	

备注：查有句容、丹徒、溧阳、金山、川沙、崇明、宜兴、淮阴、盐城、东台、宿迁、东海等十二县未据呈报到，厅业已严令，催促在案。

——原载《明日之江苏》1929 年第 6 期。

江苏省会救济院之概况及其设施计划

（愈友仁、陈斯白　1930 年）

缪厅长下车伊始，即以民间疾苦为怀，深感本省救济事业，日趋窳败，颇思有以振刷之。第以各县向乏完整之救济事业机关，一时确有无所遵循之感，爰有创办省立救济院之举，藉为各县楷模。当委任友仁、斯白等为正、副院长，嗣以地方人士，佥以镇江当省会之区，似宜改称省会救济院为宜，经缪厅长提请第二一六次省政府委员会议决修正名称在案。溯友仁等自承乏以来，整理经营，迄今已七阅月。兹者时序推移，适值岁首，所有过去工作之情形及今后预期之计划，谨当为省会及各县父老兄弟姊妹一报告焉。惟友仁等智能鲜薄，过去之作既尟成绩之可言；预期之计划更恐谬误之多端，敬希办理救济事业之诸先进，锡以严格之批评，周详之指导，此不独友仁、斯白等之幸，抑亦院属各居民之幸也。

（甲）过去之工作

一、关于筹备方面

本院自十八年六月十三日委定正、副院长后，即经择定院址开始办公。随将前省会公安局经办之乞丐收容所，及民厅所设之省会妇女临时救济所，分别接收，并改正名称，加以整理。旋又于七月三十一日，奉令改为省会救济院，即将镇江县救济院及向属该院之养老、残废、济良三所分别接收改名，隶属本院。此本院成立后筹备之经过情形也。

二、关于组织方面

本院组织：院本部原设总务、教育二课：（一）总务课，分卫生、财产、庶务、文书、会计、编辑六股；（二）教育课分幼稚教育、小学教育、成人教育、职工教育、特殊教育五股。至院属各所，计有六所：（一）游民习艺所；（二）妇女救济所；（三）养老所；（四）残废所；（五）育婴所；（六）孤儿所。除育婴、孤儿两所，尚未成立外，并将县属之济良所，改为妇女第一分所，又将前县救济院地址，添设工艺品销售处，销售各所工艺出品。嗣以经费支绌，又复变更组织。院本部总务、教育两课，暂不设置，仅存文书、会计、庶务、教育、编辑五股。其他院属各所，亦分别裁并，如工艺品销售处，则予以裁撤，残废所与养老所合并，妇女救济所第一分所并入妇女救济所。本院除上组织外，并设有各种委员会。其对外者，拟设基金保管委员会、设计委员会、募捐委员会。惟以各委员会组织章程，尚未奉民厅颁发，以故各委尚未推定，本年拟组织完成。其对内已设教育委员会、经济委员会，编辑委员会早由院务会议公推各委先后组织成立，开始工作。此本院筹备成立后组织之大略也。

三、关于经费方面

本院成立以来，时逾半载，经常费预算案，于十八年十一月，始奉厅令核准为二千八百八十元，计院本部为八百七十六元，游民习艺所为八百三十一元，妇女救济所为八百八十一元，残废养老所为七百八十元，临时费一百三十元。在预算案未确定前三个月，计领到民厅开办费一万六千元及本院原有乞丐捐、房捐、戏捐、月捐、节捐、年捐等，共每月收入约六百余元。所有院本部筹备成立，及各所一切开支，洵系挪用开办费，及上列杂捐，以资维持。惟救济事业，范围至广，仅恃省款之补助，只能维持现状，曷足以言发展。除已由缪厅长，依照内政部颁布各地，把救济院规则第十一条之规定："筹慕临时捐款外，并将原有各捐，切实整顿，俾得增加收入，以资进展。"

四、关于工作方面

（子）接收各所事项

（1）按本埠乞丐收容所，向归省会公安局办理，自本院成立后，十八年六月二十五日，奉民厅令，饬将省会公安局原办之乞丐收容所，归院接办。当于六月二十七日前往该所接收，准前所长邹世懋造送移交清册四份，均经照册点收，呈报民厅备案。

（2）妇女救济所原为民政厅直接管辖，自本院成立后，由厅委任张希纯为该所主任，该主任于十八年七月十日迳往接收并缮造接收清册报院查核。

（3）本院自奉令改名省会救济院后，即于十八年八月五日函知镇江县救济院准备移交，六日派员前往接收。当据该院函送卷宗、文具、什物、账目等册五本，又该院附属之养老、残废、济良三所清册共十四本。惟该院负债甚巨，除少数债款，已由院筹还外，余如接管之人力车辆，因未能通行，其损失约七八千元，经已呈请民厅核示。

（丑）成立各所事项

（1）原隶省会公安局之乞丐收容所，其名称及内容，均属于消极之救济，嗣经本院呈准改名游民习艺所，谋积极救济办法，并经呈由民政厅转函建设厅核准，将前第三工厂机器拨归该所应用。

（2）原设古通巷之省会临时妇女救济所，仍就原址，加以整理，改为江苏省会救济院妇女救济所，于十八年七月十日组织成立。

（3）原隶县救济院之济良所，自本院接收后，即改名为妇女救济所第一分所，于十八年七月组织成立。嗣因经费缩减，已于同年十一月并入妇女救济所办理。

（4）原隶县救济院之余善堂、养老所、残废所，本院接收后，即分别改名为省会救济院养老所、残废所两所，于八年八月间成立。后因经费支绌，爰于同年十一月二十日，将两所合并办理，更名为残废养老所。

（5）育婴、孤儿两所，现正着手筹备。

（6）本院除各所外，前曾就县救济院地址，设一工艺品销售处，销售各所工艺出品。嗣因地址偏远，营业不振，益以经费支绌，难于维持，遂于十八年十月奉令裁撤。

（寅）各所收容人数

（1）游民习艺所：一百十七人；

（2）妇女救济所：五十人；

（3）残废所：八十四人；

（4）养老所：九十六人。

（说明）按各所收容人数，日有增加，惟房屋狭隘，已有人满之患，爰由第五次院务会议，暂定游民习艺所收容一百十名，妇女救济所收容六十名，残废养老所收容一百八十名。今后亟拟设法扩充，以广收容而资救济。

（卯）留养居民之待遇

（1）凡各所留养之居民，其饮食悉归本院供给。

（2）各居民原拟一律由本院供给制服，每年发单棉衣各一套，现因经费不足，一时尚难办到。惟妇女救济第一分所，曾每人发给单制服一套，其他各所，凡见有破旧不能蔽体之衣服者，悉由本院查明补给。再游民习艺所曾由缪厅长捐助男女制服一百三十套，及省会公安局募给旧废制服，为冬季御寒之用。又妇女救济所亦曾由崇实女子中学拨助旧废鞋帽八十七件，以给居民穿着。至残废养老所，近来本埠隐名善士携带铜元角洋，到所散放居民零用者，亦复不少。

（3）各所收容居民，俱系留所教养，每因人数日多，其房屋多不敷用。故居民寝室，逐日均由管理人员，督饬打扫清洁，以防病菌，而重卫生。

（4）本院原设医务干事一人，逐日分往各所诊视居民疾病，并指导各所居民卫生事宜。遇有传染病及危险重症，则移送省立医院诊治。迨十八年十一月院本部及各所预算由民厅规定，各所有医药费之额支，爰将医务干事裁减，由各所自行延医。

（辰）教育事项

（1）本院设教育干事一人，专司指导各所，办理教育之责；并组有教育委员会，讨论各所教育上之一切设施。现妇女救济所于每日上午授课半日，教以党义平民千字课，及粗浅之常识，下午教授各种手工，用分组教授法，教以织袜、剪发、刺绣、裁缝、织造等工艺。

（2）游民习艺所由该所主任预定训育方针，每日早间授以极简单之军事训练，同时举行个别和团体，讲话以感化其身心。至课程方面，仅授平民千字课、三民主义浅说。至于工艺亦极端注重，已设有藤工、竹工两科。其衰老者，命糊火柴纸盒。工资归各人自得。

（3）养老残废所，除每日举行训话一次外，并授以极简单之工艺，如糊纸盒、穿毛刷、糊布骨、扎笤帚等。

此外院本部各项工作，如调查齐燮元逆产，及公立慈善机关主席奔牛惨案善后委员会，此其荦荦大者。他如编印《救济月刊》，作公开之宣传。调制各项表册，为调查之统计。均经分别实行，得有相当之成绩。以上所陈，为本院过去之工作，事后回溯，不禁惭潸叹息者久之。盖友仁、斯白等，长院之初，对于整理之方法，进行之策略，经费之筹划，待遇之改善，一若胸有成竹者。讵知计划与事实，殊难一致，计划所期望者，未必为能现诸事实，事实所表现者，未必尽能悉如计划。是以原定之进行步骤，半载以还，施行顺利者有之、劳而无功者有之、结果适得其反者有之。行之中梗，必须变更方略，姑底于成者亦有之。惟是前事不忘，后世之师。今后自当本先总理之遗教，鼓其奋斗精神，努力迈进，以冀为省会救济事业，放一曙光。是则友仁、斯白临深履薄，夙夜惕厉者也。

（乙）今后之预期

A. 关于整理方面者

本院创设伊始规模粗具，整理规划，实为切要之图，治法与治人，尤宜双方兼顾。兹拟严行稽核各所工作人员之勤惰，并考查其成绩。其最要之工作，对于各所居民，注重职业指导，期于最短期内，授以特种技能，俾得自谋生活。俟训练成功后由院代为介绍职业。更当注意改善居民之待遇，使居民生活上不致感受痛苦。并拟添设工艺场，完成其工艺上之设备，此对于各所亟应整理者也。再省会内各官立、公立慈善机关，办理无方，黑幕重重者在所不免。本院拟根据《江苏省会救济院组织章程》第七条之规定，接收改名，继续办法。兹特不惮烦缕，敬将整理方法，为省会父老兄弟姊妹，逐项陈之：

一、设立党义研究会

党义研究会省会各机关，均已先后组设，本院自成立后，除由院本部组织成立外，其他各所尚无是项组织。今后拟令各所工作人员，集会研究，使从事救济事业者，咸了然本党政纲政策，以为设施之准则而明革命之真谛。此友仁、斯白认为亟待进行者一也。

二、严行考核各所工作成绩

办理救济事业，不仅在消极的养，尤须注重积极的教，此乃天经地义之论，任何人所不用否认。是以友仁、斯白等对于各所人员，除于每次总理纪念周，谆谆训勉，嘱令注重教育工艺外。并又印发各项工作报告表，著成救济事业工作人员应具五种认识与十项美德之小册，加以督促指导。兹拟自本年起严行考核各所工作成绩，优者奖之，劣者汰之。务使人尽其才，才尽其用。使救济之事业，日臻完善，被救济之民众得沾实惠。此友仁、斯白等认为亟待进行者二也。

三、各所改进计划

1. 游民习艺所工作计划，除已由该所主任朱宛邻拟具大纲，呈院核准施行外。但因经费支绌，未能尽量表现。兹于该所教育方面，拟添设阅报社暨讲授公民常识。于工艺方面，拟增授各种小工艺，如织毛巾、结草鞋之类，修筑省会马路等。他如训练方法，则学校式与军队式互用，启发式与讲演式并行。

2. 妇女救济所，该所自改组成立以来，张主任希纯，对内之整顿擘划，对外之奔走接洽，均甚努力，以故训育教学，颇有可观。惟去岁以预算未能确定，对于娱乐之设备，烹饪之实习，工艺种类之推广，职业指导之施行，或以公帑支绌，或以房屋狭隘，未能尽量添置，克期进行。本年内拟一一见诸实施。

3. 残废、养老两所，现已合并办理。惟该所居民，或系年力衰迈，或系肢体残缺，其留养及教管情形，自与其他各所不同。盖因年迈者入所就养，贵在能娱乐其身心。残废者经所收容，须授以特殊之教育，兹据该所拟具最近改进计划如下：

（1）属于精神娱乐方面者，如添设留声机器及音乐会等；

（2）属于教育方面者，如设立壁报、图书室、阅报室、工作场、盲哑学校等；

（3）属于设备方面者，如安置电话、移建灶屋、置办教室桌椅、装设自来水管、加放电灯光线等；

（4）属于卫生方面，如举行种痘、筹设男女浴室、雇用洗衣专役以及添辟施诊调养各室等；

（5）属于待遇方面者，如募制被褥、改三餐制、装居民寝室地板等。

以上计划均甚切要，拟即分别缓急，促其实现。此友仁、斯白等认为亟待进行者三也。

此外尚有关于以上各所须共策进行者：

甲　饮食方面

（1）条件

a 满足

b 适宜

c 清洁

（2）方法

a 用三餐制

b 养成自营自食之能力

乙　衣服方面

（1）条件

a 适时

b 整洁

（2）方法

a 每人给寒衣一套，单衣一套或二套

b 规定洗换日期

丙　居住方面

（1）条件

a 安全

b 宽适

c 整洁

（2）方法

a 各室规定居住人数

b 每日扫除一次或两次

丁　其他方面

（1）娱乐：购备普通乐器，演习平民歌曲；

（2）运动：举行军操，及各种球戏等。

四、整理公立、官立慈善机关

1. 调查省会各官立、公立慈善机关

省会各官立、公立慈善机关，其财产零乱纠纷，不加确切之调查，殊不足

以言整理。且组织方面，亦亟复杂，名称不同，办法多异。例如水上救济，同一性质，有救生会、义渡局、救生公所之分。似此情形，各项开支，自难求其经济。其他如施医、施药、施棺等机关之设立，有重叠至六七所以上者，因以人才财力，分而不聚，以致事半功倍，费用多而实效鲜。

今后拟切实调查各公立慈善机关之事业，然后依其性质，分别归并。绝不使各慈善机关原办之事业，有一部份之废止。如此，事业既可统一，事权亦可集中，管理自便，办事较易，庶不致有顾此失彼之虞。

2. **整理官立、公立慈善团体之财产**

省会各官立、公立慈善团体之财产，诚有如内政部救济事业计划书所云：救济事业，易入于少数私人之手，甚或为土豪劣绅所把持，侵蚀之外，复凭藉以为非作恶云云。本院对于此种现象，当然不能任其延续。爰拟查明后，将各该慈善团体之财产，集中于本院，由地方法团，及地方公正人士，组织基金保管委员会，共同负责保管，用免把持侵蚀之弊。所有田地滩荡，则从事绘图丈测。所有市房住屋，则从事修理整顿。所有钱庄存款，则重新确定其利息。各所开支，经本院调查后，仍按照各慈善机关原办事业之经费，为归并后各所之经费。分别性质，编定预算，由各所按月来院领取；并按月呈报支用情形，以备稽核。至筹募捐款，概由本院主持，各所不能各自为政，以杜流弊。

B. 关于扩充方面者

一、事业之扩充

办理救济事业，根本要务，在解决无依无告者生活问题，促进人类之平等。当此民生凋敝，影响于社会治安者尤大。本院拟于本年度内，将省会游民乞丐，一律收捕肃清，募集捐款，并请省府、县府拨助公帑，开办大规模之平民工厂，为游民实习工艺之地。不但可以增加生产，供社会之需要；而盗匪之源，亦不战自绝。其关于幼稚教育者，育婴、孤儿两所，拟仿照北平慈幼院，及上海普育堂办法，积极筹设。又拟于残废所中，增设盲哑学校，施以特殊教育。俟各所居民训练，著有成效，拟择一江中荒僻芦洲，开辟新村，将该民等悉数迁入，从事操作，创造新的环境，养成为新的国民。此本院救济事业，所亟待扩充者也。此外为荒灾之救助、时疫之防止、贫民职业之介绍、贫民住宅之筹划、贷款施诊两所之组设，则以目前限于经济，一时尚难办到。但保护贫民之健康，维持贫民之生计，乃救济院唯一之天职，自当慎密计划，期其实现。

二、经费之筹划

经费之充裕，为办理救济事业必不可少之要素。值兹公帑竭蹶之际，若仅恃省款补助，设备必不能用，欲求办理完善，是犹缘木求鱼，势非力筹巨额之基金，实不足以言事业。兹根据《省会救济院组织章程》第四条、第四项及《建国大纲》第八条之规定，就可能范围内确定经费之筹措方法，略述如下：

（1）整理：整理各公立、官立之慈善团体财产。

（2）公产：地方所有公产，或无主之产业，应即归公，充作救济事业之基金。

（3）拨助：县政府区公所应酌量拨款津贴，以资维持。

（4）捐募：根据《省会救济院组织章程》第四条、第四项，向各界捐募。

以上计划，虽经厘定，但友仁、斯白等，以一二人之绵薄，肩负如许之责任，殊非易易。尚望商会诸公父老兄弟姊妹，协同赞助，渐趋实施。则岂独省会范围内颠连无告之同胞，赖以生存，即本党民生主义之建设，亦将造端省会。友仁、斯白等，不胜馨香祷祝之至焉。

——原载《明日之江苏》1930 年第 2 卷第 2 期。

江苏慈善团体

（赵如珩　1935年）

非常救济机关

江苏救济事业，除平常设立救济等以救贫病残废者外，临时有水灾及兵灾等事件发生，即成立水灾或兵灾之救济机关。如二十年洪水为灾而成立之江北水灾临时义赈会，暨二十一年淞沪抗日战争停止以后，成立之太嘉宝兵灾救济委员会及太嘉宝救济院等是。以皆属于临时性质者也。

救济机关数目

江苏全省救济机关及慈善团体之详备统计，殊不易得。据内政部十九年所调查江苏四十三县之救济事业概况，救济院有七十二所（内养老计十五所，育婴计十五所，施医九所，残废八所，贷款十所），旧有慈善团体三百另一所（内养老四十四，孤儿十九，育婴四十九，施医三十，丧葬四十九，残废六，贷款六，济贫三十八，救灾三，习艺四十二，其他三十），总计三百七十三所。

各种救济费用及人数

又据十九年内政部调查：本省救贫费用及救济人数统计。经费数额为84836元（内官费6902元，公费51806元，私费26128元），人数为15679名（内男10986名，女4693名）。

孤儿

又本省孤儿救济机关经费及人数统计，机关计有三十四（内官立者十，公立者十六，私立者八）。经费计有72090元（内官费33705元，公费26205元，私费12180元）。收容孤儿计1407名（内男1353名，女54名）。

育婴

又本省育婴机关经费及人数统计，机关计有六十四（内官立者十三，公立者二十三，私立者二十八）。经费计186885元（内官费42454元，公费123493元，私费20939元）。收容婴儿计5195名（内男1926名，女3269名）。

养老

又本省养老机关经费及人数统计，机关计有五十九所（内官立者十一，公立者二十八，私立者二十）。经费计有126488元（内官费7903元，公费71828元，私费46757元）。收容老人计3618名（内男774名，女2844名）。

赈灾

关于本省之赈灾概况，据中央赈灾委员会报告：自十八年十月五日至十九年一月底止，分配于本省之公债计有二十五万元，分配之赈款计有二千元。又据赈务委员会报告：自十九年二月一日至二十年三月底止，分配于本省之赈款计有四万五千元。又据国民政府救济水灾委员会二十一年六月报告：除工赈不计外，急赈本省现款计有九十万，冬衣七万五千套，美麦八千六百吨。又据二十一年四月二十六日江苏水灾义赈会报告急冬两赈款项：计急赈款项有四十万五千七百八十八元另二分，粥厂加款有五万一千六百二十元；计冬赈款项有六十二万二百二十九元八角四分；以上急冬两赈共一百另七万七千六百三十七元八角六分，加之拨给江都、涟水等县工赈款项及川旅广告等费，合计一百二十六万五千九百九十九元九分八厘。又据二十一年十月三十日江北水灾临时义赈会报告，先后共支赈款计有二十五万三千五百八十四元三角七分四厘。

此外，二十一年江苏省太嘉宝兵灾救济委员会赈放之款项亦有数十万元。

骤观苏省近年来由于水兵两灾之赈款而言，其直接受水兵两灾之人民损失不计外，已属可惊而苏省近年来地方财政之穷困以及农村济之衰落，是乃理所必然，势所必至之矣！

第二目　慈善团体

关于本省救济机关及慈善团体详备统计之不易得，已言之矣。兹据民国十七及二十二两年本省民政厅先后调查所得之慈善团体数目，列表如下：

江苏各县慈善团体一览表（一）

县别	院所别	院长主任姓名	职员人数	院内办理状况	收容人数	经费预算	成立年月
金坛	救济院	马荫棠朱庆泰	文书一人书记一人	办理施医所、贷款所、育婴所、习艺所一切事宜，月领经费六十五元，职员薪金、勤务工资、笔墨纸张、油电等费在内，正、副院长义务职		每月六十五元	十八年七月
	育婴所	林仲桢	会计一人、文牍一人	凡弃婴及贫民子女均为收养，以一乳母饲育一婴为原则	男十五名，女二百一十名	每月四百十六元，基金毫无，捐田三百余亩	光绪十一年八月
	贷款所	朱庆泰	文牍兼会计一人	基金一千元，暂贷城内贫民小贩，由二元至五元随收随放，不取利息，贷款人数增至二百八十人。后由县政府将耕牛案罚金七百九十元拨入，以资扩充		十五元	二十二年一月

续表

县别	院所别	院长·主任姓名	职员人数	院内办理状况	收容人数	经费预算	成立年月
金坛	平民习艺所	马荫棠	会计兼庶务一人、训育兼管理一人、工务管理一人、书记一人、收发一人、警卫长一人、体育兼技师六人	本所于二十一年秋奉令将游民收容所改组为平民习艺所，内设印刷组、裱糊组、美术组、藤篾组、草织组、木作组、军乐组、国乐组、其余棉织、缝纫两组，因经费困难，尚未开办	八十一名	常年费六千九百十二元，临时费六百八十元	二十一年十二月一日
	施医所	朱庆泰	医师一人、助医一人、司药兼会计一人	该所自经费主任积极整理，信誉昭著。夏、秋两季，每日门诊平均约七十余人，免费者多，收入拮据，现设法增加经费	每月约九人	每月二百六十四元	十八年
泰兴	救济院	李生公 韩梅龄	六人	督饬下列各局所，办理救济事业		经费由下列各局所按月津贴，正、副院长不支生活费与车马费，以资撙节	十八年五月十三日
	育婴所	李生公	五人	凡遗弃及无人领养婴孩，由所收养至七八岁时，送孤儿所习艺	一百二十名	年支经费五千一百五十二元，主任不支俸另支棒	同上

续表

县别	院所别	院长、主任姓名	职员人数	院内办理状况	收容人数	经费预算	成立年月
泰兴	妇女救济所	叶同山	四人	凡婺妇贫苦者，由所发给月饷，为数甚微	一百二十名	年支三千二百七十元	同上
	救生义渡局	李生公	六人	设船只八艘、救生船一艘。救济贫民渡江，或遇急救事宜。每年夏季大修理一次	每天平均百余人	年支经费四千四百三十四元，主任不支薪	同上
	孤儿所	印希良	五人	孤儿以初级小学课程教授，以学校化为标准。另设藤工、伞工、缝工三部，令孤儿习艺以便谋生	六十名	年支四千四百元	同上
	施医所	封维四	六人	聘任中西医士四人，名誉医士数人，凡贫民无力治者，到所免费诊疗	每天平均约二十余人	年支二千四百零二元	同上
	残废所	周维四	三人	所内残民，除发给月饷外，教授编制芦扉、草鞋、草苕，出售津贴	八十名	年支三百四十元	同上
	施粥所	朱北庆	一人	每年冬至后至次年清明止，于每晨施粥一次	每天一百余人	年支二千四百另二元	同上
	施材掩埋所	朱士骏	一人	凡无名尸体及贫民无力购材，由所调查确实后发给		年支六百七十元	同上

续表

县别	院所别	院长、主任姓名	职员人数	院内办理状况	收容人数	经费预算	成立年月
泰兴	贫民贷款所	印希良	一人	该所由育婴所、救济所、孤儿所，各拨洋一百元办理，免息贷借贫民小本营生	借户五十名	主任不支薪，职员由他所调用	二十一年十二月二十八日
丰县	救济院	张绍绪	一院、两所，共十六人	院内分施医所及孤儿所两部分		总额经二十一万三千三百五十二元	二十二年七月
	孤儿所	张绍绪	八人	孤儿衣食住由所供给，每日两小时读书，四小时工作，分染、织两科	四十人		同上
	施医所	邵宪芝	六人	按照医院组织，每日门诊七小时			同上
高邮	私立保婴局	委员制各钟瑞、宋均、李诚、韦陈文、周庭骥、唐瑾、翰、李光、邵述、部茂如	二人	局中由委员轮流值月，婴儿每名每月给钱一千文	四百十七名		光绪十三年

续表

县别	院所别	院长、主任姓名	职员人数	院内办理状况	收容人数	经费预算	成立年月
高邮	私立养老所	杨斌		由区公所代办，以每月息金，每名给钱六百文	住所二十三名，不住所五十名	年支二百四十元	十七年十一月
	救济院	沙元榘、江鼎	六人	组织贷款、育婴、孤贫、感化等所		年支六百元	十七年十一月
	育婴所	黄文浚	十四人	内分总务、医务、保育、登记四股，每股设股长以专责任	现有男六十六名，女一千另三十九名	年支二万二千一百十二元	原名育婴堂，十七年改为育婴所
	贷款所	何镇黄	二人	夏借零还，月之二日及十六日为借款、还款之期，余则为登记及调查日期	贷款人五百六十九名	基金一千三百九十五元四角六分七厘	十七年十二月
如皋	孤贫所	余笃	二人	每月十日发口粮一次，就孤贫中排选最苦者，住所日给养膳费	二百三十八名，又留养者十七名	口粮年支二百六十元，留养年支六百元	十八年三月
	残废所	项本源	四人	残废衣食住由所供给，丧葬由所办理。有能工作者，教以浅近工艺	四十五名	年支三千二百元	二十年四月
	感化所	神汝金	五人	收容全县游民，教以浅近工艺，分四组：缝工、烹任、园艺、鞋工，并识字、珠算	四十名	年支二千八百五十六元	二十年四月

续表

县别	院所所别	院长、主任姓名	职员人数	院内办理状况	收容人数	经费预算	成立年月
江阴	救济院	曹远模 顾浩桂	七人	设文书、会计两股		每月预算三百余元	十七年八月
	恤嫠所	陈晓青	二人	每月十五日发给口粮一次	正额五百口，每口五角二百五十口，每口二角五分。三节附领一百五十口，每口一元，半年米每口五角	每月预算四百元	十八年十月
	育婴所	夏厥谋	三人	每月发给内外堂婴粮一次、衣裙两次、年米一次	外堂三百口，内堂八十口	每月预算三百六十元	十七年十月
	贫民习艺所	夏厥谋	四人	分木工、印刷、藤工三科	四十人	每月三百元	十八年四月
	孤儿所	夏厥谋	一人	每月教员授课五小时，早晚自习	三十人	每月预算一百元不敷	十八年九月
	贷款所	陈晓青	一人	小贩经营盂本，准其告贷五元至二十元		以五百元基金生息，作办公费，以五百元作贷款金	十八年二月

续表

县别	院所别	院长、主任姓名	职员人数	院内办理状况	收容人数	经费预算	成立年月
海门	救济院	蔡楂英 沈天如	二人	办理呈转文件，指导各所改进，每月举行院务会议一次		一千二百元	十八年一月
	养老所	杨大宾	一人	老人衣食由所供给，或缫绳或编织，所获盈余提成充赏	三十八人	一千四百元	十八年三月
	残废所	杨大宾	一人	残废人衣食由所供给	二十四人	八百元	十八年三月
	育婴所	陈饮	三人	婴孩留所育者十余名，余均交乡妇抚养	一百三十四人	六千七百元	同上
	贷款所	孙令扬	一人	借本每户三元，一星期还一角五分，二十次还清，不取息		经费由院经费内酌拨	同上
	施医所	陆鼎三	五人	驻所医生一人，来治者不取分文	每月七、八号	二百元	同上
宿迁	救济院	萧梦蝶 姜儿如	五人	本院原设养老、残废、育婴、孤儿、施医、戒烟、习艺等所，后因庙产纠纷，基金动摇，仅存孤儿、育婴两所，其残老、残妇皆任院外，按月发款补助		五千四百五十七元	十九年十月

续表

县别	院所别	院长·主任姓名	职员人数	院内办理状况	收容人数	经费预算	成立年月
宿迁	孤儿所	院长兼任	五人	本所设工艺厂营业部及孤儿夜校	四十人	二千二百二十元	同上
	育婴所	院长兼	一人	因收养人数不多，暂交乳母带养，每月发给衣食费用	六人	四百八十元	同上
启东	第一区施医所	郭心慧	三人	救济贫病、防治时疫、办理卫生事项		一百八十元	二十二年十月
	第二区施医所	杨欣态	三人	同上		一百八十元	八月二十四日
	第三区施医所	施文范	四人	同上		一百八十元	十月一日
	第四区施医所	张俊元	四人	同上		一百八十元	八月
	第五区施医所	施秉瑜	四人	同上		一百八十元	七月十五日
	第六区施医所	顾南裔	四人	同上		一百八十元	七月一日
	第八区施医所	顾传英	三人	同上		一百八十元	十一月一日

续表

县别	院所别	院长、主任姓名	职员人数	院内办理状况	收容人数	经费预算	成立年月
仪征	救济院	章安元 程恩泰	总务主任一人	综理各所事务		七十二万八千六百元	十七年七月
	养老孤儿所	程恩泰	干事一人	收养老人、孤儿，供给衣食，半工半读。所有津贴者有七百人	老人二十名，孤儿三十二名	四百七十二万零一百八十元	十七年一月
	残废育婴所	赵显宗	干事一人	养老残废，供给衣食。自乳、寄乳津贴有一百三十五名	残废二十二名，婴儿十二名	二百五十七万一千六百元	十七年七月
	施医贷款所	孙子修	干事一人	贫民诊病不取号金，贷款不取息金		三十三万一千八百元	十七年七月
兴化	救济院	王景尧 姚公良	五人	管辖各所，经办施医、施药，恤贫营业		年支七百二十元	十七年八月
	育婴所	张惟一	四人	收养育孩，雇佣乳母，月分三次经司，有愿领者，领经商保放领	二百八十人	年支经费七千二百元	十八年一月
	妇孺救济所	成文彬	二人	留养善资孀妇及子女，子女送校就学	四十八	年支一千二百元	十七年九月
	养老所	魏仕贞	一人	按月发给养老金，分甲、乙、丙三等	三百二十八	年支一千二百元	十八年六月

续表

县别	院所别	院长、主任姓名	职员人数	院内办理状况	收容人数	经费预算	成立年月
兴化	贷款所	朱鸿儒	二人	小本营业，觅保来所。借贷分六元，四元、二元三级，按日归还百分之一，百日还足，再行借款		年支经费五百元	十八年七月
	救济院	徐筹 吴御鸣	三人	管理各所		十八万两千元	十八年四月
	苦儿教养所	查志超	四人	收容孤苦儿童，授予六年小学教育	五十人	四十一万元	同上
	贫民习艺所	宝子文	四人	分布、巾、线三厂，教授艺徒	四十人	三万七千元	同上
江浦	浦镇医院及训练班	王伯华	四人	贫民就医不取医药费，招收小学毕业生以护士知识	病号日三四十人、训练生十人	十八万元	十八年七月
	城中诊疗所	陈廷章	二人	贫民就医不取医药费	病号日三四十人	八万元	十九年七月
	衰老残废所	陈仲苏	二人	不住所每人月给津贴一千四百文	九十八人	五万元	十八年四月

续表

县别	院所别	院长、主任姓名	职员人数	院内办理状况	收容人数	经费预算	成立年月
江浦	施材掩埋所	詹虎臣	城内及浦镇、汤泉、永宁、西葛、西镇各设一所，共五主任	贫民死亡无人殓葬者，皆由所办		五万元	十八年四月
	救济院	许福嘉	设管理、事务、文书、会计四科	分掌各所事务		年支一千五百八十元	二十一年四月
青浦	育婴所	李嗣侯	三人	分内、外育二种，如孩数增多时分送松属，共立育孩婴堂抚养	二十名	年支二千七百六十五元	同上
	施材掩埋所	李嗣侯	一人	春、秋二节分赴四乡，拾无主浮历（尸），代为掩理，并免费施材、设殡园寄柩		年支二千三百八十四元	同上
	施医所	李嗣侯		特约本县医生担任义务施诊、施药		年支一千四百七十元	同上
	游民习艺所	朱云楼	一人	设木、藤、漆、竹、绳各科，童才习艺	二十名	年支三千六百五十八元	二十年十二月

续表

县别	院所别	院长、主任姓名	职员人数	院内办理状况	收容人数	经费预算	成立年月
青浦	贷款所	朱云樊		无利借贷，每人以十元为限，百日收还		一千二百五十四元	同上
	恤贫会	许福嘉		孤贫口粮每月给一千文，恤嫠口粮年三元，分三节发给	五百名	一千八百元	二十一年四月
	救济院	凌维翰 冯芳梫	人数各列所内	办理育婴、孤贫、施医、施瘄、掩埋事宜		经费分列各所内	十八年一月
	育婴所	冯芳乾	四人	分所养、寄养、放领三种	二百十八	四千零六十元	同上
	孤贫所	凌维翰	二人	月给口粮折，按期验放，不收容	一千零四十六名	二千零八十四元	同上
	保婴所	陆思义	一人	分所养、寄养、放领三种	二十八	二百四十元	同上
崇明	第一医院	凌维翰	四人	贫病、施医药并办戒烟事宜		地方费津贴四百八十元，县政府烟案罚金二成，项下酌拨无定数	二十一年七月
	施棺掩埋所	凌维翰	一人			一百五十元	十八年一月
	感化所	王绥卿	四人	分官费、自费、清乡官费三部，施予感化	一百二十名	每月三百六十九元	十六年七月

续表

县别	院所别	院长、主任姓名	职员人数	院内办理状况	收容人数	经费预算	成立年月
崇明	乞丐收容所	谭祥麟	一人	收容男女乞丐	五十名	每月二百元	十八年三月
	残废所	盛秀峯	二人	收容男女残废贫民	七十名	每月三百五十元	十九年三月
	养老所	汪澄生	主任一人	收养孤独老民	四十名	每月一百元	同上
	东同仁堂	姚赈珊	主任一人	掩埋水陆路毙、夏季施茶、施药、冬季施给寒衣		年支三百元	嘉庆六年
	南怀仁堂	华明初	主任一人	与东同仁堂同并办惜字		年支四百元	乾隆三十一年
	西同仁堂	马次立	一人	办理各项慈善事业			
	北存仁堂	徐菊溪	一人	月给四元，其余办理慈善事业	月给五十名	年支八百元	乾隆四十一年
沛县	救济院	朱惠生	设教务、营业、会计、庶务各一人　另设技师三人	办理孤儿所	五十名	年支七千二百二十二元	十二年二月
	孤儿所	院长兼	四人	分木工、缝工、缝纫三科		列在院部内	同上
宝山	施医所	董维城		施医		年支九百四十元	十七年五月
	孤儿所	王毓清		收容孤儿，教养兼施		年支一千元	二十年

续表

县别	院所别	院长、主任姓名	职员人数	院内办理状况	收容人数	经费预算	成立年月
宝山	贫儿教养所	王毓清	八人	收容贫苦儿童，教以工读，给以衣食	六十四人	年支六千一百二十七元	七年
	救济院	钱基厚 蔡文鑫	二人	督促各所工作，发展救济事业		三千三百元	二十年五月
	养老所	杨寿楣	七人	收容男女鳏独老人，供给衣食住。死亡者，给以棺木埋葬	一百十名	一万元	同上
无锡	游民习艺所	吴邦周 华晋奎	职员十人，技师四人，警卫六人	收容艺徒，授以教育、工艺，衣被随季更换	二百八十七名	二万四千元	十八年一月
	育婴所	华廷辉 蔡权	七人	收容遗弃婴孩，雇用妇乳十余人以哺育之	二十余口	五千元	二十年五月
	施医所	华文川	五人	施诊给药		二千元	
靖江	救济院	盛致新 朱立	四人	总辖各所并设柜征收，各所田租逐月分发		年支六千余元	十七年九月
	养老所	盛虞	一人	收养老迈男妇，并发放所外口粮	所内十一人，所外二百十人	年支一千六百余元	同上
	育婴所	朱秉文	二人	收养遗弃婴孩，分发所内外乳妇哺育	所内十六人，所外二百余名	年支二千余元	同上

续表

县别	院所别	院长·主任姓名	职员人数	院内办理状况	收容人数	经费预算	成立年月
南汇	救济院	潘可均　张鉴平	文书、会计各一人	综理指导各所工作，并发外养口粮	外养一千口	年支五千二百八十元	十八年六月
	游民感化所	院长兼	营业会计一人，管理、教员各一人	分木、竹、藤、漆四种，附营业部	六十人	年支六千六百元	十八年六月
	妇女教养暨孤儿所	马耿阶	指导员一人，教员一人，管理一人	妇女分工作教海孤儿，设初级教育	妇女四十名，孤儿六十名	六千九百六十元	十九年二月
	育婴及残废所	潘祥钦	保育员一人	雇用乳妇保育婴儿，附养残废	无定额	三千元	十八年六月
	养老所	王建		抚养老人	二十名	二千元	十八年六月
邳县	救济院	焦黄恭　宋光培	正副院长二人，会计一人，事务二人，文书二人，收发门房一人	管理养老、孤儿、育婴、妇女、施医、习艺六所		三千五百四十五元	十八年一月
	养老所	徐在瀛	主任一人，会计一人，事务一人	收养男女老人，年发单棉衣、被褥、鞋帽	二十五人	一千四百元	同上

续表

县别	院所别	院长、主任姓名	职员人数	院内办理状况	收容人数	经费预算	成立年月
邳县	孤儿所	宋光培	主任一人、教务主任一人、教员一人、会计事务养老所兼	收养男女孤儿，半工半读，年发单棉衣、鞋袜、被褥	六十二人	三千七百元	同上
	育婴所	袁化民	主任一人，会计事务养老所兼乳妇六人	收养男女婴儿，由乳妇保养或由妇女所带养	二十一人	七百六十元	同上
	施医所	程之恭	主任一人，医生二人，看护生二人	分中、西两部，贫病不收医药资，中药以五剂为限，兼办戒烟		一千六百元	十九年七月
	妇女所	焦黄恭	主任一人，会计事务养老所兼任	收养孀妇及被虐待或拐逃之妇女，授以工艺及字课	二十人	一千二百元	同上
	习艺所	焦黄恭	主任一人，工师一人，会计、书记各一人	分印刷、水泥、木工并制造洋瓦、织红、浴盆、各式花缸瓷瓶	四十五人	基金共五千四百元	十八年七月
武进	救济院	史锡口 张佩绅	三人	管理七所工作		每月二百元	十九年三月
	育婴所	院长兼	六人	收养弃婴，多数贴外哺乳，余留所	内外共三百口	每月八百元	同上

续表

县别	院所别	院长、主任姓名	职员人数	院内办理状况	收容人数	经费预算	成立年月
武进	婴孩疗养所	院长兼	中西医各一人，职员二人	医治婴孩	二十口	每月一百元	二十二年十二月
	施医所	院长兼	救济院前	夏季施诊给药二个月，代红十字会一个月，余由三、六、九日施诊		年支七千元	十九年
	施医所	盛守章		施诊给药，春、秋免费种痘，夏令施防疫针		年支四百余元	同上
	残废所	孙家模	一人	收养残废男女，并发所外残废口粮	所内二十四名，所外二百余名	年支一千二百元	同上
	救济院	马为理	正副院长二人，事务员四人	综理各所事务，考核各所预算		九百二十元	十八年三月
盐城	育婴所	阮健斋	八人	雇佣乳妇饲育婴，并取寄婴办法	所内外共一百八十名	每年预算八千余元	十八年五月
	妇女教养所	陶宗栋	三人	就原有藕粟局改组，月给钱一千文	所内外共一百三十人	年支八百余元	十八年五月
	贷款所	王作舟	二人	借贷分五千、十千两项，按日抽还，原本以一个月为还之期	一百三十户	三百元	二十二年七月

续表

县别	院所别	院长、主任姓名	职员人数	院内办理状况	收容人数	经费预算	成立年月
萧县	救济院	权泰丰 张任之	一人	院设四所，综理一切工作		经常（费）五千八百六十八元，临时费二百六十元	十九年八月
	孤儿所	张任之	二人	收养孤儿，教以课程及工艺	五十名	列在救济院预算内	同上
	习艺所	权泰丰	三人	分木、织二科	二人	同上	同上
	贷借所	许振家	二人	设县城一所		同上	十九年十二月
句容	救济院	孔宪功 张益人	二人	督饬各所，办理所内一切事宜		一千八百元	十七年十月
	孤儿所	刘成连	三人	教养兼施，分两教室，供给食宿	八十名	二千二百八十元	十七年十一月
	育婴所	王厚铭	职员一人，乳媪六人	分设育婴、保婴、寄婴三部	七十五名	一千六百八十元	十八年一月
	贷款所	不设主任	职员一人	以公款一千元为流动资金，贷放以五元为限，隔六日还本一元		四百八十元	同上
	施医所	不设主任	职员一人	施诊给药，发施医药证令，向约定之医士及药铺诊治，药费由所给算		四千八百元	同上

续表

县别	院所别	院长、主任姓名	职员人数	院内办理状况	收容人数	经费预算	成立年月
上海	闵行游民习艺所	金作宾 吴景青	二人	收容无业游民，教以简单工艺	二十人	一千元	十八年
	闸行普安善堂	张启勋	三人	办理殡舍、育婴、施材、公墓等事	婴儿三十人	经费无定规，取之捐款	前清同治
	慈善团	彭占棠	二人	同上		一千八百元	十九年二月
	救济院	王曜	七人	办理育婴、养老、残废、贷款等所		二千三百元	二十年一月
	育婴所	王曜	十一人	原有育婴堂改组，所内婴儿由乳妈饲养，所外者发给工食	内外六十七人	八千七百五十元	二十年七月
高邮	养老所	吴声鸿	四人	以私有立贞增广所及伽蓝局改组，收容原有妇女，俱给食住，教以轻便工艺	三十八人	二千六百元	同上
	残废所	陈则檠		就原有养济院改设，收容原有残废。大名月给一元八角，小名月给六角	住所五十人，不住所约一百五十人	一千四百四十元	同上
	贷款所	周恕		以因利局原有基金一千二百千文放领生息，现设法清理，再筹基金办理			二十二年六月

续表

县别	院所别	院长、主任姓名	职员人数	院内办理状况	收容人数	经费预算	成立年月
铜山	救济院	段中裁	二人	设总务、管理两股，并监督指导各所		二千七百九十六元	十八年十二月
	残废所	徐中干	二人	收容男女贫苦无依之残废人，供给衣食住，教以浅近常识及编织等技术	七十八	二千二百六十六元	十九年二月
	妇女救济所	葛开增	三人	就县公安局妇女救济院改组，收容堕入歧途及无力自救之妇女，以四个月为教养期间，上午国语、算术、习字、家事、音乐等课，下午纺株、刺绣等课	九十八名	一千五百三十六元	十九年四月
	孤儿所	徐星增	三人	就贫儿院改组，收容贫苦无依之孤儿，由本院小学毕业后令人本院工厂	九十七名	合育婴所共年支四千零三十七元	十九年五月
	育婴所	徐星增	二人	收容贫苦及被遗弃之婴儿，分留养、寄养两种，满六周送入孤儿所	五十九名	经费详上	同上

续表

县别	院所别	院长、主任姓名	职员人数	院内办理状况	收容人数	经费预算	成立年月
铜山	施药所	冯子达	五人	分中、西两部，定时施诊，急症，随到随诊。春季种痘，均不收药费、号金	至二十年终，共计诊疗四十八万六千六百六十五人，种痘一万四千零七十三人，注防疫针二千四百三十七人	年支二千三百八十七元	十九年三月
	贷款所	陈朗初	二人	资金二万一千余串文，无息贷与贫民营业，分十千、二十千两种，四分十周期，二十周期，每周或平均每月偿还一次		年支一千零三十二元	十九年一月
	平民住所	汪秉枢	一人	十九年刘经扶总指挥发起募捐，就北夹河劝工场旧址建设住宅九十六间，礼堂一座，竣工后交由本院管理。招贫民九十三户，居之所内，设民众校学，阅书报室，运动场园圃	九十三户	年支三百七十元	二十年五月
	贫民习艺所	段丰裁	六人	收容游民乞丐，供以衣食住，教以工艺使之自谋生活	三百五十人	年支一万二千四百六十二元	二十二年五月

续表

县别	院所别	院长、主任姓名	职员人数	院内办理状况	收容人数	经费预算	成立年月
江都	救济院	院长张允龢，副院长朱嘉桢、郭兰石	十二人	受县政府监督指挥，隶属各所办理慈善一切事宜	列各所下	每月奉定二百六十元，遵照厅令，暂按八折支给，院长均不支薪	十八年四月二十二日
	育婴所	主任许听松	男职员三十二人、女职员六人	收养孤贫遗弃男女乳婴，兼办外乳，各乡镇另设分所四处	在所乳婴并外乳、自乳，计有三千名口	每年约四万五六千元	前清同治八年
	贫民习艺所	汪锡恩	四人	收养孤贫子弟，教育习艺，以养成其生活能力	四十名	每年约二千余元	十八年四月
	游民感化所	杨绳武	八人	收容无业游民，乞丐及官厅因案寄养之人，教以相当工艺	六七十名	每年五千余元	十七年三月二十日
	残废所	朱瀚清	七人	收容贫苦无依之男性老幼残废	一百四十名	每年六七千余元	前清同治十年
	妇女救济所	张廷槐	男四人、女二名	收容被诱为娼妇女，或孤贫无依及身为婢妾童养媳，因受虐待而求解放，并官厅因案寄养之妇女	定额四十名，现时收容约有二十余名	每年约四千余元	十九年

续表

县别	院所别	院长、主任姓名	职员人数	院内办理状况	收容人数	经费预算	成立年月
江都	贷款所	严云樵	十二人	专以肩挑负贩，小本营生者，免利借本，自五千文至十五千文，止分百日还本，辗转周转	贷出二千三百余户	每年约二千余元	前清光绪二年
	施医所	施蕊衫	九人	专施贫病医学并舍药	无定额	每年约二千余元	前清同治六年
	施棺掩埋所	杭藕林	二人	专施孤贫身故，无以为殓及云亏路毙遗尸，或因案执法死刑，无家属认领者，均所给棺收殓埋葬	无定额	每年约一千余元	
	孤儿所	金恒善		专收孤贫无依儿童，教养兼施，依学校制度分级，教授书算	定额一百二十名		
南通	救济院	徐肇华 宗之瑜	九人	院长以下，设总务主任一人。文书，事务二股，各设主任一人，助理员，办事员若干人，办理院务及各所事务		三千五百二十八元	十九年十二月
	妇女教养所	钱乃昌	四人	主任以下设助理员，教员若干人，授以女红及家事教育等课	十人	二千一百七十八元	二十年八月

续表

县别	院所别	院长、主任姓名	职员人数	院内办理状况	收容人数	经费预算	成立年月
南通	游民习艺所	江茂冬	七人	主任以下设助理员、工厂管理及技师若干人。内设工厂，计分织、缝、绳、藤等四组	四十人	五千八百三十九元	二十一年一月
	游民收容所	江茂冬	五人	主任以下设助理员、办事员若干人，内设收容、戒烟、悔过等室	五十人	三千九百八十四元	二十一年十二月
	孤儿所	徐子维	三人	主任以下设教员、事务员，技师若干人，授以完全小学教育及机缝工作	寄宿生二十名，通学生五名	二千六百五十二元	二十二年九月
	贷款所	正院长兼任		附设游民习艺所，各项事务由各职员兼任，不另支薪	年计贷户二百名	基金四百元	二十年七月
	施医所（暑期）	丁子新		二十二年七月一日起成立，期限三月，现已结束	期内贫病来就诊者不下二百余名	六十元	临时设立
	第七区救济院	李宾谷沙金声	九人	除育婴、养老两所外，现正积极筹办游民收容所及借贷所，其他间办临时救济事项，如种痘所、防疫所、施医所等		收入约五千元，除本院开支不足三百元外，余均分拨各所应用	二十年九月

续表

县别	院所别	院长、主任姓名	职员人数	院内办理状况	收容人数	经费预算	成立年月
	第七区救济院育婴所	曹佑谟	三人	内号乳妇额设二十名，膳宿由所供。结工资每名二元五角，外号乳妇向无定额工资，每名每月二千文	四百余人	四千元	二十年九月
	第七区救济院养老所	陈也宗	二人	内号老人额设二十四名，每月给养老金一元，由所供给息宿；外号十八名，每月给金如上并不供给宿息	四十二人	五百元	同上
	第七区救济院游民收容所					正在筹备中	
	第七区救济院贫民借贷所					同上	
南通	第九区金沙救济院	顾益山 罗镜清 徐子杰	院长、副院长、主任、文牍、会计、庶务、管理、医士九人	院内附设游民习艺、养老、施诊三所		六千二百八十四元	二十年六月

续表

县别	院所别	院长、主任姓名	职员人数	院内办理状况	收容人数	经费预算	成立年月
南通	第九区金沙救济院游民习艺所	救济院主任徐子杰兼	三人	分棉织、印刷、藤竹三科	一百另七名	归救济院统筹统拨	同上
	南通县第九区金沙救济院养老所	同上	一人	收容年老力衰、不堪操作之男女	十四名	同上	同上
	第九区金沙救济院施诊所	同上	一人	对于贫苦无力治者施诊、施药，概不取资		同上	同上
丹阳	救济院	朱朝魁 吉绍棠	六人	依照内政部十七年颁布之规则，办理以下各所厂事宜		每年经费一千九百九十二元	十七年七月一日
	常年施医所	主任由院长朱朝魁兼	八人	内设中西医两部，常年施医。西医部医药兼施，中医部施诊不给药		九百六十元	
	夏冬施医所	本院主办		内设中西医两部，中西医药一概兼施		一千六百元	

续表

县别	院所别	院长、主任姓名	职员人数	院内办理状况	收容人数	经费预算	成立年月
	贷款所	主任由院长会计陈敏轩兼	二人	贫民贷款交利无利，每人以五元为限		一百二十元	
	育婴所	主任吴襄卿	四人	接受遗弃婴儿，办理养育事宜		二百元	
	残废所	主任由本院第一股股长陈土华兼	二人	办理收养孤老、残废事宜	一百人	六百元	
	施材所	主任由本院第二股股长何毓林兼	二人	办理半价施材事宜			
丹阳	冬季粥厂	本院主办		内分施粥及发米票两部办理		九百元	
	游民习艺所	何均	会计一人、庶务兼管理员一人、书记一人，系兼职收捐员一人	年老及残废收养，年壮者作工，工作因无资本，暂分草工、竹工两种	额定五十名	三千七百二十元	十八年十二月

续表

县别	院所别	院长、主任姓名	职员人数	院内办理状况	收容人数	经费预算	成立年月
淮安	救济院	郝福宜 姚仁寿	四人	管辖全院及各所行政		二千五百零八元	十八年六月
	育婴所	喻幼坡	三人	收养贫苦、不能抚养或无人抚养之婴孩。分留养、领养、自养三部	额数无限定，尽送留，现有婴孩一百三十六人	三千三百八十四元	同上
	孤儿所	顾祖谟	五人	收留六岁以上十六岁以下之儿童，附设学校一所，工厂一所，商店一所，军乐队一组	额数暂定八十人	一千三百五十六元	同上
	孤儿第一分所	汪小川	一人	收留六岁以上十六岁以下之儿童，教养兼施，因经费限制，所有儿童悉数免费送往附近小学肄业	额数暂定二十人	四百九十二元	同上
	养老残废所	管兆鼎 何定儿	四人	养老所收留六十岁以上无人抚养之老人；残废所收留一切残废、恶疾、不能谋生之人，利用余闲分别授以轻松、适宜之工艺，以免坐食	额数暂定一百人	二千五百五十六元	同上

续表

县别	院所别	院长、主任姓名	职员人数	院内办理状况	收容人数	经费预算	成立年月
淮安	妇女救济所	方超珊	一人	因基金无着，未能正式开办，对于无力谋生之年老妇女，酌施津贴，聊资救济	额数暂定一百三十二人	三百六十元	同上

上表所列，仅为金坛等三十一县，依据据二十三年各县政府呈报江苏省省民政厅之档案，其他各县并无最近之调查统计。兹据十七、十八两年，各县政府呈报民政厅之数目估补允如下，虽今已有变动，然亦足以观一班概况。

江苏各县慈善团体一览表（二）

县别	机关类别	成立日期	救济性质	救济人数	经费额数	经费来源	其他事项
高邮	粥厂	无从稽考	补助贫民	四千余户口，平余一千余户口	县款三千元，平余二千元	县款及劝募	
	救生义渡局	民国四年十一月	施救渡船	未定	岁出费一千一百六十六元	地方费内支取，及各机关补助	
	育婴堂	清乾隆初年	收养无依婴孩	年约二百口	年约一万五千元	堂内田房产附税，苗捐补助	附设因利义捐
	义仓管理委员会	清光绪六年	备荒		年约一千〇六十二元，年约一千八百元	1. 仓本息金；2. 县款补助	

续表

县别	机关类别	成立日期	救济性质	救济人数	经费额数	经费来源	其他事项
高邮	永保福寿红船义渡救生局	道光年间	救来住商客	一千数百名	二千二百六十九元	县地方税补助，外有由租房各业捐	船四支
	贫民工厂	民国九年	教养贫民，完成工业技能	百名	约九千元	省款及地方款补助	
	增广立贞所	清光绪时	收养贫嫠	嫠妇约四十人、子女约三十人	三千余元	慈善家施款，及嫠妇工资	每岁由县补助六百元，伽嫠会补助五百元
睢宁	安怀堂	清季	救济残废	一百名	三千一百千文	慈善捐助	
	同德善堂附设育婴	宣统三年	施棺育婴	千约百名	千约千元	募捐	
	顺安堂	民国五年	施棺	不定	百余元	募捐	
	普善堂	宣统元年	施棺			筹募	
江宁	普济医院	民国十三年	中医内外科			沪汉募捐	
	中国红十字会下关商埠分会乡事务所	民国十六年	救济掩埋施药水	救济三四十名、掩埋八九十人	一百八十二元四角	筹募	

续表

县别	机关类别	成立日期	救济性质	救济人数	经费额数	经费来源	其他事项
江宁	广善堂	光绪五年	施棺给药		年约三百元	田租	
	第一医院	民国九年	贫病	年约千人	年约三千七百余元	县政府拨款、暨基金息与本院收入	
	莲溪同仁堂	乾隆四十七年	施棺、施葬、施医、药、衣、米		年约二千二百余元	公款	
	徐庄仁济堂	乾隆四十八年	寄柩、施粥、代葬、收埋		年约七百余元	公款	
吴县	孤老院	光绪三十年	救济孤独无子者	约三百余人	月约四十元	自产	
	积善局	光绪二十年	恤嫠、借本、救烟、保婴	三千余户	二万余元	吴赈善等捐助	
	济急会	民国十年	专救济珠品玉同业贫苦	约二百余人	无定额	珠品玉业商人公筹	
	推仁局	同治八年	代葬死囚及无主无力棺板	年约数百人	无定额	洋货公所随时筹措	

续表

县别	机关类别	成立日期	救济性质	救济人数	经费额数	经费来源	其他事项
吴县	隐贫会	民国十五年	卖平价饭，免利借本	约共百余人	无定额	随时自筹	
	种善局	同治七年	代除稽木		数百元	募捐	
	吉庆坛急救局	同治十一年	急救饮食生烟、瘢毒	年约七八十人	无定额	个人捐助	
	第一义仓	前清	荒歉之年，拨谷平粜以济民食	每次四五万户口	年约四千七百余元	公款	
	第一感化院	光绪初年	收容游民乞丐，授以工艺，养成自活能力	二百名	年约一万四千余元	公款	
	游民习艺所	宣统元年	学艺兼感施	常川约百人	月由公益局发给五百余元	由地方公益局拨	
	第二义仓	光绪五年	备荒		年约八百余元	公款	
	仁元保婴局	同治九年	保护婴孩	每年约数十口	年约数百余元	募捐	
	安节院	同治二年	留养贫苦节妇及其子女	节妇八十余人，子女四十余人	年约一万余元	公款	附设平民小学，教训节妇子女

续表

县别	机关类别	成立日期	救济性质	救济人数	经费额数	经费来源	其他事项
吴县	第一养老院	康熙四十九年	留养年老无依男子或残废者	额定三百名	年约二万四千元	公款	
	妇女养老院	乾隆同	留养年老妇女	现有二百名	年约一万七千余元	公款	兼办掩埋、暴露、恤嫠等项善举
	育婴院	康熙十五年	留养婴孩	五百七十余名	年约二万九千余元	公款	同上
	清节堂	嘉庆十七年	专收青年孀妇	无定额	年约二万元	田租收入	余由陈氏倾家独资创办
	苦儿院	民国元年四月	收养贫苦子弟	五十余名	年约五千余元	系由各善士劝募	
	游民乞丐习艺所	民国十一年十二月	收养无业游民	约有二千余人	月约五千元	由商店担任并由慈善家捐助	
泰县	同仁堂	同治二年	施材、施冬衣、米、施医药、收字条	施衣四百人、施材五六十具、施医药二千余人	一千二百元	麦、豆、稻租	
	育婴堂	康熙六十一年	收养婴孩	平均约一百二十人	年约二千五百余元	捐资	赋税项朴助二百元（助乳）

续表

县别	机关类别	成立日期	救济性质	救济人数	经费额数	经费来源	其他事项
泰县	残妇收容所	民国九年	疲癃、残废、无依之妇女	内号二十六名，外号四十名	年收约一千三百余元	年额赋税九百六十元，商铺捐约三百余元	
	善济堂	雍正十年	无家室之病夫	约二百名	约四千元	田房收入及县府并慈善家补助	历年亏空
	贫儿院	民国七年	收养贫儿	平均约七十八名	共一千九百六十元	市民集资创办，官厅补助	附设贫儿学校
	因利局	民国四年六月	接济贫苦肩挑负贩	一千三百余户	月支七十五元	县府补助及典息	
	海安保婴会	民国六年	贫苦不能哺养之婴孩	无定额	年需四百五十元	个人捐助	
	海安施药局	光绪初年	贫病不能服药	无定额	年需一百二十元	典息善缘	
	海安施材局	同治初年	贫苦不能收殓	二十四口	年需二百五十五元	房租善捐	
	海安育婴堂	民国元年	贫苦不能哺养之婴孩	六百二十口	一万一千元	田房租、商厘善士	

续表

县别	机关类别	成立日期	救济性质	救济人数	经费额数	经费来源	其他事项
	海安恤整局	嘉庆年间	贫苦无依之孀妇	一百余人	一千二百元	田房租	
	曲塘因利局	民国九年	扶助小本营业	三百余名	一千五百千文	由行铺出	
	曲塘红卍字分会	民国十三年十月	救济灾患	无定额	年收约五百元	会员每人年约五元	
	曲塘贫儿工艺传习所	民国十六年十二月	教以相当工业	二十名	基金三千元、年费五百元	捐募	
	曲塘接婴堂	民国十四年	接育婴孩	一百四十四名	每年约五百元	私人募集	
	白米因利局	光绪三十年	放钱无利分期还本	一百余名	约四百千文	捐助	
	坂埨因利局	民国十五年三月	小本营生之资者量借	无定数	三十元	捐助	
	坂埨接婴局	民国十二年	临时接婴	无定数		劝募	
	坂埨积谷	民国八年	春放救济贫民，秋收还谷	无定数	福兴曾智缘移产拨助	田一百三十七亩，收稻一〇九担	
	樊汊因利局	民国八年	救济贫民	百余人	钱一千文	商界劝募	

泰县

续表

县别	机关类别	成立日期	救济性质	救济人数	经费额数	经费来源	其他事项
泰县	红十字会泰县城区分会	民国十五年二月	博爱恤兵	每年二千余人	年共二千三百余元	捐募	
	城地藏庵施棺所	民国八年	施棺	无定数	无定数	劝募	
	城南斗宫粥厂施棺	民国八年	每年冬施粥、平时施棺		无定数	同上	
	县城崇德堂	民国十五年	施粥、恤嫠、施药、施茶、救火等项	七百余人	施粥一百五十五元	同上	
	县城聚善堂	民国十一年	施粥、恤嫠、收字纸、施材、义学		无定数	募化	
	县城求善堂	民国七年	施粥、救济老弱	约八百人	无的款任人施送		
	泰县育婴局	光绪五年	收育婴孩	约三百四十名	约一千二百元	以盐引捐及田房租	
	贫民工艺厂	民国九年	贫民染织布匹，造成自谋生计	一百余人	年支四千余元	省补助一千元，余由厂长筹措	历年亏空甚巨

续表

县别	机关类别	成立日期	救济性质	救济人数	经费额数	经费来源	其他事项
泰县	清节堂	嘉庆五年	收养贫苦无依孀妇，并随带子女	共九十余人	膳费九千千文，孀妇九百余千文，杂项一千五百余千文	典息、房租、田租及县府补助	
	姜堰扶独会	民国十年五月	七十岁以上老而无子者，每月给钱四百文	约一百名	约五百千文	慈善家愿助	
	姜堰保婴局	光绪十二年	收养婴孩	二百余名	年约一万四千余千文	租谷收入四千余千文	不敷，由地方上下陆续抽厘及慈善家补助
	姜堰因利局	民国十二年十二月	救海贫眍	约六百名	约四千千文	捐助	
	县城马神庙粥厂	光绪年间	施粥	七八百至千余人	无定数	除县附税项下拨助二百五十元，余均功募	
	县城京江公善堂粥厂	光绪初年	施粥	约六七百至千余人	百元至千元	募捐	
	县城兴善堂粥厂	民国九年	救济贫老、残废者	约二百口	无的款	功募	

续表

县别	机关类别	成立日期	救济性质	救济人数	经费额数	经费来源	其他事项
泰县	县城养和堂粥厂	民国元年	施粥	约千余人	约千余元	县政府每年补助百元	
	县城勉善堂粥厂	光绪初年	施粥	无定额	无的款	募集	
	县城慈善堂半济实粥所	民国十一年	施粥	无定额	同上	劝募	收字纸
	县城清化坊北山寺粥厂	数十年	冬季施粥		无定数	卢氏自筹	
	县城吟香馆	十年以上	施粥		无定数	自筹	
	县城安家坊石头巷王宅施舆厂	百余年	每日施粥		无定数	自筹	
	县城坡子坊施材	十年	施棺			劝募	
	县管王坊农业同行施衣会	二十年	施棉衣及施寿衣			农业同行募集	
	县城永吉坊施材所	三十年	施棺	无定数	无的款	劝募	

续表

县别	机关类别	成立日期	救济性质	救济人数	经费额数	经费来源	其他事项
泰县	县城宝善堂	民国十年	每年冬起至清明止放粥	约二百余口	月约一七〇元	由主办人代募	
	县城陆陈公所半济粥厂	民国十四年	半济	无定额	无的款	募化	
	红十字会姜堰分会	民国七年	博爱恤兵及一切慈善事	民国十六年，医伤兵五百余名，每年终给冬衣，统计约千余人	年收支总数约千元	会费、田亩租谷及募捐	
	姜堰各季临时粥厂	光绪初年	每年冬天放三四十天	多则七千余人，少则三四千人	多则六七千元，少则二三千元	无的款，由慈善家补助	
	曲塘广育粥厂	光绪二十年	施粥	约千余人	年约二千元	商铺户捐募	
	樊汶恤嫠会	光绪年间	抚恤	一百名	四百余元	田房租收入	
无锡	同仁堂	嘉庆二年	施米、棉、菜、草荐、掩埋等		五千余元	由创办人及其他捐助田亩	
	清节堂	同治三年	择妇女中极贫苦者，发给口粮	贞节妇女六十余人	每年二百余元	每年租粮百十元，房租三十元	

续表

县别	机关类别	成立日期	救济性质	救济人数	经费额数	经费来源	其他事项
无锡	育婴堂	康熙年间	育婴	共一万六千二百余口	三千余元	愿捐田租	
	恒善堂	道光年间	贫苦釐妇按月捐钱	额定釐妇四百名	收给四千元，支约四千元	捐款房田租	施医、米、药材等
	普善堂男养老院	乾隆年间	生养死葬	男老八十五人	八千八百元	田房租捐	施药、施除夕米
	普济堂女养老院	民国八年	生养死葬	女老三十名	一千四百元	同上	同上
	泰兴贫儿院	民国十七年秋季	教育贫儿，附设养老部	院内收三十名，院外收二十名，养老所收四名	常预算三千二百元	基金及利息、田亩租款	
泰兴	养济院	前清成立	救济鳏寡、孤独、残废等	正孤贫一三二名，副孤贫一六二名	典本钱二千文，田租十六千五百文		
	育婴堂	清初成立	收男女无依婴孩	现一百十余口，来去多少不一	典钱一万余千，田一千余亩，市田房十八间	息钱、田租、房屋租	
	恤善堂	清初成立	埋葬及施医	无定数	三百八十余元	田房租	
	同仁堂	前清成立	施材及瘗埋监所犯人	无定数	典钱一千五百千，田地一百四十余亩，市房七间	田房租息金	

续表

县别	机关类别	成立日期	救济性质	救济人数	经费额数	经费来源	其他事项
泰兴	义渡局	光绪十年	补助救生不足，平时渡贫民过江	三万余人	洋七百三十元，钱三千六百余千文	监局捐助，各典捐助、田租等	
	救生局	光绪二年	巡逻江中危险，捞救人民	计数十人	洋一百四十五元，钱二百八十千文	田租典息，海关捐助	
	城中粥局	光绪年	施粥以贫民	每次约千余人左右	洋五〇元，钱四二〇千	田房租及利息	
灌云	保节局	清初成立	贫嫠、抚孤、守寡	月给二百人	一千六百九十余元	田房租金	
	同善堂	道光年间	施医药、材、棉衣、掩埋	无定数	每年八十元	池滩租	
砀山	养济院	嘉庆年间	招济盲目、残废	现住院者三十八人	三百二十元另	亩捐	
淮安	粥厂	同治年间	养贫穷、老弱之人	无定数	临时捐助	募捐	另置房屋，为老弱者住所
	西药局	同治年间	施医药	无定数	临时捐助	土绅捐助	
	东药局	同治年间	施医药	无定数	汪姓等七家捐助	记淮邑土绅捐助	

续表

县别	机关类别	成立日期	救济性质	救济人数	经费额数	经费来源	其他事项
淮安	文通寺施药处	光绪年间	施药	无定数	临时捐助	淮邑善士捐助	
	公善堂	民国二年	施钱、米、夯衣	无标准	临时捐助	募捐	
	临时防疫医院		施中西医药	无标准	临时筹划	募捐	
	集赈堂施材局	光绪年间	施棺	同上	临时捐助	集资创办	
	济幼堂施材局	光绪年间	掩埋尸骸	同上	同上	募捐创办	另置埋地，以备掩瘗小材之用
	义会	光绪年间	施殡殓	同上	同上	淮邑士绅创办	
	流尸局	民国十四年	救捞源尸	同上	无标准	淮邑士绅十人捐助	
	保墓局	光绪年间	修理无嗣者坟墓	同上	经费不确	张、陈两姓，捐助田产	
	绵泽局	同治年间	为无祀住亡化灵榇	同上	临时捐助	王范捐资创办	
	施济会	同治年间	施寒衣、助葬费	同上	临时捐助	土绅临时捐助	

续表

县别	机关类别	成立日期	救济性质	救济人数	经费额数	经费来源	其他事项
淮安	育婴堂	雍正二年	收养婴儿，附设学校	三四十名	农产约得五万金	清时漕运，县督购田创办	
	普济堂	雍正年间	养老、弱、残、废	八十余人	有田租与育婴堂合收入	盐商程全出资购田创办	
	慈幼堂	咸丰年间	育养贫劳子弟	二十余人	田二顷，岁收二百余石	田租籽	
	江北慈幼院	民国十五年	同上	六十余人	每年万元	捐助	
	清节堂	咸丰年间	收容孀妇	二十人	收获租籽，数目不确	捐田二项为经费	
	勤节堂	民国十年	收容孀妇	二十一人	常年经费二千千文	邑绅捐田	
高淳	保婴局	光绪十三年	保留女孩	每年约四五百人	每年三四千元	租产、房租并捐助	
	游民习艺所	民国十五年	教戒游民	艺徒二三十人，学成出所十余人	月支百六十余元	田款产处、保婴、救生两局，月共任几十元，余出品约六十余元	
吴江	县育婴堂	前清	救济遗弃婴孩	无定额	年支一千余元	支由县财政处	
	县安节局	前清	救济节妇	三○四人	年支七百六十余元	同上	
	县代殓所	前清	施棺	年约数十具	年支七千余元	同上	

续表

县别	机关类别	成立日期	救济性质	救济人数	经费额数	经费来源	其他事项
吴江	震泽市保赤局	前清	保留婴孩	无定额	年支七千余元	丝经特捐及田租	
	湖滨留婴局	前清	保留婴孩	无定额	年支二千余元	同上	
	县政府孤贫口粮	前清	救济孤儿	二百五十余人	年支一千二百元	县附税内支	
六合	养济院	前清	养济贫苦残废	四十名	七十七九百元（原文如此——编者注）	田赋项下税及公益堂捐助	
	贫民教养院	民国十年	教养孤儿	额五十名	年支六千三百九十元	各公团补助及捐募	
启东	崇海育婴堂	光绪二十年	收养小孩	十余名	千余元	绅商负担	
溧水	保婴局	宣统元年九月	收养男女弃婴	一千八百八十九人	二千余元	由苏州保婴局董陆寿慈等捐募	
	筹备仓	光绪四年	积谷备荒	无定额	一千八百余元	随忙带征	
昆山	县慈善局	嘉庆年间	施棺、施药、恤贫、育婴等	数千名	一万四千元	田租	另设清节堂，留养青年节妇
	县孤儿院	民国十四年八月	报养贫孤儿	四十名	四千九百元	慈善局租息	系慈善局附设
常熟	育婴堂	待查	抚育婴堂	约五十名	待查	屈氏私款	

续表

县别	机关类别	成立日期	救济性质	救济人数	经费额数	经费来源	其他事项
常熟	安济堂	待查	养老年男妇	定额百名	待查	屈氏义庄专款	
	广仁堂	待查	施医药	千人以上	待查	田产	
	清节堂	待查	收青年孀妇	百名	待查	捐置田亩	
	苦儿院	待查	教养贫苦儿女	五十名	待查	邑人张鸣独办	
	游民习艺所	待查	教游民工艺	五十名	待查	县地方款	
	红十字会	待查	防疫	无定额	待查	会员担任	
	红卍字会	民国十三年	救济灾民	千余人	无定额	募捐	
丹阳	育婴堂	五六十年前	养贫者之婴儿	四千余人	约千元	田租	
	栖流医药所	二十年前	救贫苦患病者	无统计	约一二百元	捐	
	贫民工厂	筹备时期	使失业工人得以谋生	二十多人	几千元	忙漕带征	
海门	育婴堂	光绪三十四年	收养婴儿	百人	一千二百元	地方捐及轮船公司	

续表

县别	机关类别	成立日期	救济性质	救济人数	经费额数	经费来源	其他事项
海门	涧畦堂	乾隆五十六年	收养年老无依者	五十人	田产四千八百余亩	节妇刘、陈氏捐助	
	溥善堂	光绪十六年	施棺收殓	无定额	田产二千余亩，钱三千千文	捐助	
	游民习艺所	民国二年	教养游民	八十名	月支三百二十元	地方捐	
武进	东同仁堂	嘉庆六年	掩埋路尸	无定额	五百元	公款、公产管理处	施茶、药、寒衣
	南怀仁堂	乾隆三十一年	同上	无定额	一千五百元	同上	
	西同仁堂	乾隆五十七年	同上	无定额	三千元	同上	
	北存仁堂	乾隆四十一年	同上	无定额	二千元	同上	
	寿安堂	道光十五年	施诊给药	六、七月约六千余人	五千元	同上并有地方费补助	
	普济堂	乾隆三十九年	收养老民	三十名	二千元	公款产管理处	
	一善堂	同治十一年	各种慈善	共七八百名	二千元	田租及捐募	
	栖流所	光绪二十四年	养老	百名	六千元	盛家私家	残废附内

续表

县别	机关类别	成立日期	救济性质	救济人数	经费额数	经费来源	其他事项
	年长医局	光绪初年	施诊给药	每月约二百名	三万元	刘荤整姓等集资	兼办保节、保婴
	普爱医社	宣统三年	施诊给药	约四千名	千余元	捐助	
	中国红十字会常州分会	民国十二年	救灾恤兵	无定数	临时募集	会员会费及捐募	
	红十字会常州分会	民国十二年	救灾恤兵	无定数	同上	功募	
	敦化堂	光绪初年	施药、材	无定数	田产约二百元	田租	
武进	同善堂	前清	施口粮、集衣	三百五十名	三千五六百元	田房房（租）及捐助	
	常州贫民附设女子部	民国十二年九月	慈善教育	共四百名	年支一万四千余元	省补助款、盐款、民财两厅朴。	
	妇女工艺部	民国十七年三月				助款共三千五百元，及商洋怀商捐助等	
	县平民工艺厂	民国十六年十月十五日	教贫民工艺	一百名	六千元	利息及县税	
	育婴堂	康熙十五年	收养弃婴	无定额	一万五千元	公款产管理处	春间置种牛痘
	接婴所	民国元年	救贫子女	同上	每一婴孩用洋二元	同善堂开支	

续表

县别	机关类别	成立日期	救济性质	救济人数	经费额数	经费来源	其他事项
邠县	县贫民教养院	民国十二年冬	教养贫民	八十名	三千五百元，三万千文	省款捐募	班拟改组救济院
嘉定	清节堂	光绪十八年	节妇	二十五名	二千九百元	田房租金、典息等	
	存仁堂	同治年间	施棺	无统计	二千元	田房租金	
	教婴堂	康熙四十六年	婴儿	三四十名	四千元	田房租金并典息	
宝山	惠生社	民国十一年四月	施米、施药、施衣	无定额	九千余元	劝募	
	贫民习艺所	民国七年	教养	六十二人	无定数	省劝助特捐	
江都	城乡善堂	民国三年	一切慈善及赈济	无定数	二千四百千文	捐助	
	育婴堂	同治年间	收养婴儿	二千余名	九万余千文	两淮运食商捐助	附设小学校一所，工厂正在筹备
	立贞堂	道光二十年	收养孀寡青年	二八〇人	一万二千文	同上	附设义塾一所
	全节堂	同治初年	收养釐孤	一三〇人	一万六千文	同上	
	栖流所	光绪七年	收民，养孤苦源民	一百余人	二万五千文	同上	附设义塾一所，并施医药

续表

县别	机关类别	成立日期	救济性质	救济人数	经费额数	经费来源	其他事项
江都	扶持局	同治十年	收养孤苦残废	一百六十人	一百九千文	田房租金并捐助	
	实济局	同治初年	收年老残废	一百二十余人	九千千文	捐助	
	务本堂	同治八年	施医药、掩埋、施材	无标准	三千千文	田房租金	
	因利局	光绪二年	贷款于贫民	三千三百户	四千几百千文	捐助	
	庇寒所	光绪二十一年	施医、药、棺、粥、收乞丐	百余民	二千八百千文	捐助	
	沿江义渡局	光绪十年	济渡救生	无定数	一万八千余千文	两淮场运食商捐助	
	槐子桥保婴局	同治十一年	收养婴孩	二百数十名	五千千文	两淮、济南两场商分助	
	邵伯姬栖所	同治初年	收老年残废男妇	六十名	四千五百千文	房租及捐助	
	陈家沟义渡局	同治初年	济渡行人	日有数百人	二千余千文	捐助	
	贫民负贩团	民国八年四月	慈善营业兼教育	生额四十名	洋一千六百元，钱一千七百千	盐务及各方捐助	每日派生品外，负贩物品，余利津贴等

续表

县别	机关类别	成立日期	救济性质	救济人数	经费额数	经费来源	其他事项
宝应	工艺贞节堂	光绪十四年	收纳贞女	四十五名	九百千文	捐募	附设工艺、针线等
	张公惠济仓	同治九年	春、夏借谷及助赈	无定数	稻约七十石百元	朱曼伯张潜督捐办	
	育婴堂	光绪年间	收养婴儿	七八十名	一千二百余元	田房租金并施助	遇不足由县补助
	残废老人堂	光绪三十一年	收养残废	五十名	米一百四十石，钱八九百千	息金、房租、农产物等	遇不足则募捐
	积谷仓	光绪四年	备荒	以万计	稻二千四百五百石	附加税二千元	
	贫民工艺厂	民国七年五月	日工夜资	四十人	三千多元	省款与县款	不足则募捐
南汇	游民习艺所	宣统元年	教以工艺	六十人	每月三百元	县地方附加税	
	育婴堂	道光二十二年	收婴儿	三十一人	二千六百余元	田租金	
	养济院		给口粮	四百名	每月一百元	县地方内务费	
	普海堂	同治十三年	给口粮	三百十名	三千余元	汤租	设董事会计十一人

续表

县别	机关类别	成立日期	救济性质	救济人数	经费额数	经费来源	其他事项
南汇	恤嫠公所	同治六年	给贫妇口粮	四百余户	九千元	汤租	本公所系用委员制办理
沛县	义务戒烟医院	民国十七年十月	给戒烟药品	无定数	五十元	捐募	
	义务牛痘所	民国十四年三月	布种牛痘	三四百人	八十元	捐募	
	县苦儿院	民国十三年十二月十日	半工半读	三十多人	三千二百二十元	财厅提朴房租及捐助	
涟水	防灾会利济所	民国十四年十一月二日	贷款	每次三百户	三千九百多元	江苏防灾会拨发	
	救济孤贫所	民国十七年	济孤贫	四十二人	三百七十四千	内务费	
	贷济处	民国十三年	借贷金钱	七八十户	六百四十千	前县长罚镪余款	前年兵灾，损失三百多千
江浦	敬节堂	光绪二十二年	济孤寡	九十户	四千元	募助	
	贫儿教养院	民国十三年	半工半读	七十名	约五千元	忙漕带征，兼省款补助	兼设贩卖部
	贫民工厂	民国十二年	织布染色	二十人	四千元	忙漕带征	同上

续表

县别	机关类别	成立日期	救济性质	救济人数	经费额数	经费来源	其他事项
泗阳	红十字会众兴公会	民国十五年一月	救济伤兵、灾民	四千七百五十人	一千六百十六元	会员捐助	
	因利局	民国十五年三月	救济失业贫民	八百余人	三千元	上海防灾协会拨用	
金坛	恒善粥厂	光绪二十六年	施粥	二千余人	三千余元	地方税及蚕业公益捐	
	育婴堂	光绪六年	抚育婴孩	三百七十余名	六千五百余元	县政府带征各项杂捐	
	公立医院	民国十一年八月	施医	四千余人	年约三千元	茧捐及县附税	
扬中	救济院						
阜宁	县救济院分设本列三所						
	养老所	民国十七年十一月	衰老男妇	约二十六人	共收洋约一千六百元，钱二千九百多千文	基金息、田租、忙漕、代征税及其他罚款等	本院兼施寒衣
	育婴所	同上	婴孩	十一人			
	施医所	同上	施医药	十一人			
	城区红十字会分会	民国十年	恤兵、救时疫	约千人	一千余元	会员劝募	临时附医院防疫所

续表

县别	机关类别	成立日期	救济性质	救济人数	经费额数	经费来源	其他事项
阜宁	慈善总会	宣统元年	施医、药、衣、施棺、修道路	不计数	无定数	会员劝募	同上并有救济所
金坛	恤嫠局	光绪十一年	抚恤老少嫠妇	一百六十二人	洋二百三十六元，钱四百五十三千	附税利息	
	积谷仓	前清	备荒	无定额	洋一万四千余元，谷三千八百另担	原有	
沭阳	牛痘局	光绪二十七年	施种牛痘	二百余人	五十千文	附税	原附设在红十字会，现停办，附税，归入党部
	育善堂	民国六年	慈善	八九人	六七百千	私人创办	现停办
	利济局	民国十六年	借拨银钱	五百余人	三千元	江苏防灾会借拨	
奉贤	好善堂	同治七年	施材及公基	定二十人	二百四十元	田租	公基田约九亩
	青育婴堂	光绪十八年	保育婴孩	约百人	一千二百元	田租	
	贷赈局	民国二年	半卖义棺	年约三十余具	二百余元	乡款补助，余分	
	乡行政局代办	民国十一年	给口粮	四十九人	二百三十五千文	县经费及筹垫	

续表

县别	机关类别	成立日期	救济性质	救济人数	经费额数	经费来源	其他事项
奉贤	乐善堂	民国十五年	施棺、衣、药、粮	无定数	亏空二百余元	劝募	
	东伽嫠局	同治年间	嫠妇	约二百人	八百余元	公田租金	
	养济院	光绪二十三年	救济残废孤独	十三人	三百二十元	捐助	
	兴善堂	光绪十八年	各种慈善	二百五十人	一千八百余元	田租捐助	
	南育婴堂	道光二十六年	抚育婴孩	年收一百七十余人	洋百数十元、钱五十余千文	田产租金	
	浦南同寿与善堂	民国十二年	给孤贫钱四、五、六百元	二百五十人	一千五百千	田亩募捐	
	西伽嫠局	同治六年	济嫠妇	一百八十余名	九百余元	田屋租金	
仪征	地方救济院	民国十七年七月	院内设六所	残废孤老定二十名，其他救济不定额	一万余元	收并各庙寺之田产	
靖江	策济院内分六所	民国十七年十月	教养贫民	一千一百余人	五千一百四十二元	利田利息附税等	
赣榆	救济院	民国十七年十二月	内设养老等六所	无确定	不详	没收王逆佐良之财产	

续表

县别	机关类别	成立日期	救济性质	救济人数	经费额数	经费来源	其他事项
铜山	养济院	光绪二年	收养失目之人	七十余人	百余千	租粮及募化	
萧县	贫儿教养院	民国十四年九月	收孤百贫	十余名	每年四千五百元	省政府补助及收租	不敷时募化
	贫儿教养院	民国十一年八月	教养贫儿	八十人	六千一百二十元	省款补助，附税募捐	
南通	市同仁堂	乾隆初年	施药、棺、掩埋	无定额	年约八百元	田租及捐助	兼水水龙局
	吕四市同善堂	同治三年	育婴、养老、恤嫠	无定数	约二千元	田租及善助	附设贫民借本所
	平潮市同善堂	民国十一年	疗病掩埋	约二十人	年约八十元	产捐与过载捐	附设公墓一处
	唐闸市旅殡厝所	民国十四年	停寄客籍棺柩	无定额	每柩收看守费一元		
	垦牧乡同善旅舍	民国十二年	养残废、寄柩	无定额	无定额	功捐	
	县丰裕仓	道光三十年	备荒	无定额	一万一千六百千文	忙漕代征与捐款	拨款办平粜
	县新育婴堂	光绪三十二年	育婴孩	约千余口	二万一千二百元	田租息款、县费	附设幼稚园及初级小学并习艺科，岁出二万八千元

续表

县别	机关类别	成立日期	救济性质	救济人数	经费额数	经费来源	其他事项
南通	南通第一（十三？）养老院	民国元年十一月	养老	二百四十余人	岁入六千余元，岁出约一万二千元	田租与捐助	
	南通济良所	民国四年	救济娼妓婢妾	无定额	年约百余元	县公安局筹拨	
	栖流所	民国五年	收养流离失业者	约千人	年约二千八百元	捐助	附设习艺所
	余东市太平社仓	民国十一年	积谷备荒	无定额	岁出二百余元	庙植田租	
	余东市拯婴局	年远无考	拯婴	年约五百名	一千五百六十五元	息金捐款	
	平潮市接婴所	清末	接婴孩	年约四十名	一百五十元	花布捐	收存之婴，随送新育婴堂
	平潮市施粥厂	清中	施粥	年约三百余人	二百余元	产租	冬季办理
	三岔乡社仓	民国八年	借给贫民	年约二千余人	年约百元	款捐	
	垦牧乡养仓	民国十二年	积谷备荒	无定额	岁入千元	基金利息	兼办平粜
	刘海沙乡社仓	民国十一年	借给贫民	约三百余人	年约二百元	地方捐助	

续表

县别	机关类别	成立日期	救济性质	救济人数	经费额数	经费来源	其他事项
南通	金沙市游民工厂	民国二年	教养游民	六十余名	四百八十七元	田房租金与捐助	附设贫儿院
南通	四安市游民习艺所	民国十年	教养游民	六十四名	二千八百余元	捐款	兼办清洁街道
	骑岸乡临时游民慈化所	民国十七年	戒烟	三十一人	三百元	地方公款	
丰县	贫民教养院	民国十三年	教养兼施	一二十人	九十六万七千零三十三元	省款与县款补助	
	普安堂	同治十三年	接婴、贷除、施棺等	五十名	二万八千元	常捐、特捐	
上海	广慈苦儿院	民国七年	教养贫儿	一百五十名	一万五千元	省补助常捐、特捐	
	红十字会分会	民国十三年	救次民伤兵	无定额	一千元	捐募	
	赕明社	宣统二年	施送粕米	无限制	四百元	城乡市行政局年助百元	
青浦	施米局	民国九年	施送贫米	年冬施米约五十石，约一千多人	五六百元	城内各富商捐助	余捐募

续表

县别	机关类别	成立日期	救济性质	救济人数	经费额数	经费来源	其他事项
青浦	丰备仓	同治八年	平粜施米	无定数	岁入约二万元	忙漕代征与由田租基金利息	由捐款产会及各区行政局共同管理
	同仁堂	嘉庆八年	施棺、施医药	医药约万人，棺百余具	一千六百元	田租及地方附税	
	接婴堂	道光七年	接养婴孩	三百五十名	一千六百五十元	同上	
	儒婺会	同治九年	救恤贫婺	二百四十四名	一千五百元	基金息、附税、田租等	
	养济院即孤老院	同治十二年重建	救济残老孤贫	住院三十一名，给粮二百七十名	一千三百七十元	存息、租息、附税	寿济堂并列在内
太仓	国济生分会太仓分会	无查考	夏令施医药	无定额	无定数	临时受人补助	设浏河乡
	普济堂	前清	养老贫民	三十名	每名每月饭食约计五元	田租收入	夏季账席、冬季衣被均临时支出，不在经费内开支
	北京东南三婴堂	前清	保婴	年约八九百名	四千元	租米金、捐募	
	育婴堂	前清	保婴	年约四百余口	年约千余元	租息月捐	收支相抵，不敷三百余元，设沙溪乡

续表

县别	机关类别	成立日期	救济性质	救济人数	经费额数	经费来源	其他事项
大仓	育婴堂	前清	保婴	年约三百余口	一千元	租米金、捐助	设新塘乡
	育婴堂	前清	保婴	年约百余口	年约七百余元	同上	设茜墩乡
	育婴堂	前清	保婴	无定额	一千五百元	田租、典捐及花户捐	设璜泾乡
	育婴堂	前清	保婴	年约四百名以上	年约一千余元	田租、房租、年会等	在浮陆乡行政局，年助一百二十元
	集善堂	前清	保婴	年约四百余名	五千四百元	原有租产及募集	在浏河乡
	同善堂	前清	孺寡恤嫠	孺寡八名、恤嫠一百名	年约二百余元	租息当捐	在沙溪乡
	恤嫠会	前清	恤嫠	二十名	年约五六十元	乡政局开支	在浮陆乡
	脱骖会	前清	施棺	无定额	无定数	捐募	设浮陆乡
	昭文社	民国七年	施医、施棺	无定额	年约七八十元	田租收入	设王秀乡
兴化	积善会南普济堂	康熙四十九年	恤贫、施材、施医、火赈	俱无定额	共约二千二百余元	田租、房租、存款、息金	
	育婴堂	康熙八年	收养婴孩	约二百四十五名	共约八千一百元	田房租、附税、商捐、息金	

续表

县别	机关类别	成立日期	救济性质	救济人数	经费额数	经费来源	其他事项
兴化	济急局	光绪二十八年	救火、赈灾、施医药	共约五六百名	共约四千五千文	田房租及捐助	
	妇孺救济所	光绪二十五年	抚养贫妇及其子女	有妇孺四十名	一千六百八十四元	救济院基金息拨充	
	丰图积谷仓	光绪五年	积谷备荒	人数无定	存谷二万四千八百五十名三十四斤	各图带征一次	
江阴	育婴堂	光绪年间	养育贫民婴儿	约二百名	年约六千元	田亩租息	现在救济院接收改组
	保节局	光绪年间	保护孀妇	约六百口	年约五百元	漕沙田亩租息	同上
	公善堂	嘉庆年间	赠材、扶病、伽寒、掩骼	约二千人	约需三千元	同上	同上
	保婴局	光绪年间	保护贫民婴儿	约一百名	年约二千元	同上	同上
	平民习艺所	民国元年	救贫儿工艺	约三十名	年约二千余元	区册捐及附税	同上

续表

县别	机关类别	成立日期	救济性质	救济人数	经费额数	经费来源	其他事项
江阴	县救济院	民四四十七年	养老残废，救济平民生计	约二千人	每月二千二百元	地方慈善费及捐基金	育婴所，贷款所，贫民习艺所先行成立，其余任各所筹办中
	贷款所	不日成立	借贷不取利息	无定额	五百元	住育堂缴存，佃价拨充	收有的款，再行扩充
	游民感化所	正在筹办	感化游民	暂定四十名	四百余元	劝募	现已修理房屋，后工竣后即成立
	妇女教养所	正在筹办	救济贫民	约五百名	四千元	漕沙、田亩租息及捐款	现在筹划进行
	普济堂	同治年间	养年老孩贫	无定额	无定数	漕沙田亩	
	孀嫠局	同治年间	同恤孤孀嫠殁后情恔	无	年约五百元	同上并租息	现救济院接收，并入妇女教养所办理
	登仁堂	道光年间	恤嫠惜子	无	年约一千元	同上	同上
松江	接婴堂	光绪年间	收养婴孩	约二百名	约一千八百元	租息及市政局补助并乐助	

续表

县别	机关类别	成立日期	救济性质	救济人数	经费额数	经费来源	其他事项
松江	同善堂	乾隆年间	周济贫老	约三百余名	约三千余元	田地租息	附设义务小学一所，兼施棺掩埋
	保婴堂	同治年间	接养婴孩	约七十名	约七百元	田租捐款	施棺、施药、掩埋
	辅德堂	道光年间	周恤嫠妇	约一千名	约五千元	田租	施棺、施药
	崇节堂	道光年间	同上	约三百二十名	约一千二百元	田租	
	同善堂	道光年间	周恤贫苦男女	约三百六十名	约一千三百元	田租	
	济婴局	道光年间	专施婴孩衣服、糕饼	约二百七十名	约二千元	田地租息	
	作善堂	咸丰年间	施棺掩埋	无定额	约四百元	同上	
	积善堂	道光年间	施棺、药、掩埋	无定额	约四百元	田租房息	兼办殡舍补助、消防
	全节堂	道光年间	收养嫠妇，恒发衣、米、金	嫠妇及子女共约一百六七十名，外恤一千七八百名	约五万元	田租	附设松筠女子小学一所，教养嫠女兼收外生

续表

县别	机关类别	成立日期	救济性质	救济人数	经费额数	经费来源	其他事项
松江	育婴堂	嘉庆年间	收养遗弃婴儿	约一千名	约七万元	同上	附设广育,教养孤贫儿,幼稚园五所
	普济堂	乾隆年间	收养男女老民	约一百六十名	约七千余元	同上	
	救生义渡	民国十七年	救生	无定数	现存银一百六十七元另	捐款	
	施材局	民国元年	救济死亡	年约数十人	一百四十元	捐款	预制材若干,每施一口,临时收捐
	因利局	民国十二年	救济小本营业	十六人	二百十七元	捐款	
	临时送诊所	民国十七年	救济患疾病者	八百人	二百八十元	捐款	因经费有限,仅于夏间送诊两月
如皋	养济院	前清	按月发放口粮一次	二百三十八名	每月支五十一元	地方附税	
	育德堂	道光初年	施粥、施医药	施粥每日约七八千人,施医药每日百余人	一万数千元	本堂并无恒产,全恃捐助挪借	遇亦贫乏丐病死,施棺殓埋

续表

县别	机关类别	成立日期	救济性质	救济人数	经费额数	经费来源	其他事项
如皋	市留养堂	道光二年	收养年有七十岁之贫老	住堂三十人、堂外三十人	一千元	田租	田租不敷时，由主办人筹集
	普济堂	乾隆三年	老苦依月给口粮、冬施寒衣	一百五十名	圩租一百八十元，民田租二百四十元，房租二十四元	上项租款	旧有圩田，民二年间押没殆尽，现仅如上数
	保节局	光绪十六年	贫苦媚妇按月给粮	粮分三等。甲，二十人；乙，四十八人；丙，一百三十人	八百七十元	田房租息	
	育婴堂	康熙七年	抚养遗弃婴孩	一千三百四十人	二万四千元	田房租息、特税补助、善捐	
	芦港市游民习艺所	民国九年	戒烟教以工艺	六十八人	五十元	由芦庄卢氏分担	
	立发市因利局	民国八年	贷借	二百人	基金二百元，无经费		
	如皋往济局	光绪初年	冬季施粥	一千五百余口	一千余元	仅有善士施送租金四十元，另由募助	

（附注）：上列（一）（二）两表，以宜兴、溧阳、金山、川沙、东台、淮阴、东海七县未有呈报，均未列入。

第三目　省会救济院

沿革：江苏省会救济院成立于民国十八年，原名镇江县救济院，为镇江县政府会同地方人士所组织，所有经费与事业之责任，悉由地方负担。旋于十八年一月，江苏省政府因感本省救济事业，日趋洼败，非谋振刷，不足以减少人民之痛苦，遂有创立江苏省立救济院之议，以为全省救济事业之模范。乃经民政厅重拟章则，编制经费。并决定省立救济院下，先行试办妇女救济所、乞丐收容所、育婴所、孤儿所、残废所、养老所等，同时并将镇江县救济院所属各所归并之，加以扩大。后经镇江人士公请，以既欲接收镇江救济院，则省立救济院字样，似应改为省会救济院为宜。当经民政厅容纳公意，修正名称，于同年八月一日，成立江苏省会救济院，并委俞友仁为正院长、陈斯白为副院长，负责综理院务。

分所：其时院部之下，分设四所：即游民习艺所、妇女救济所、残废所、养老所。嗣因经费支绌，将残废、养老两所合并为残废养老所。

组织：各所视事务之繁简，分设主任、指导、文牍、会计以及技师、教师等职员。院部组织分总务、指导、会计三课。二十一年改课为股，各股设股主任及股员，分揽各股事务。后因经费与员额缩减，于二十二年奉厅重颁规程，严令整顿，并仅设院长一人，内部组织亦多变更，派徐履安、何续友先后继任院长。截至本年度止，复经民政厅规定，院长之下设指导、事务、文书、助理、书记各一人；残废养老所设主任、事务、训导各一人，技师一人，收容所民二百四十人；游民习艺所设主任、事务、训导各一人，技师二人，收容所民一百八十人；妇女救济所设主任、事务各一人，专任教员二人，荐任教员三人，技师六人，收容所民八十人。

经费：全院经费年共三万五千九百七十元，除去省款年补助三万四千余元外，院产收入及捐款约一千九百余元，其他并无收入。此为民国十八年由镇江县救济院而改为今日省会救济院过程中之概况也。

第四目　江苏省太嘉宝救济院

太嘉宝救济院之起因，系一·二八兵灾之后，太仓、嘉定、宝山三县，遍地疮痍，江苏省政府乃有战区救济委员之设，东办急振，复议设立是院，谋长期之救济。二十一年十月组织筹备委员会，勘定太、嘉、宝三县交界之墅沟桥收购民田二百零三亩为院址。廿二年四月，省政府顾主席莅临奠基。廿三年二月动工建筑，七月落成。由省政府公布组织规程，成立董事会。院之编制设养老、育婴、残废、习艺、施医五所。于廿三年九月试办育婴所，廿四年三月，试办习艺所之抚儿部，各所之未能同时举办者，限于经费也。经费之来源，由省救济会在战区救济费一百万元，忙漕抵借券内拨五万五千元为基金。另由太仓、嘉定、宝山三县救济会就其东拨忙漕抵借券内移助基金二十万元，开办费十六万元。此项抵借券系由财政厅分发各县承募，连年灾歉，尚未能齐。

——原载赵如珩编：《江苏省鉴》（下），新中国
建设学会，1935 年，第 123—189 页。

南通之慈善

（1930年）

汤诰谓福善祸淫，伊训言作福降祥，是福之来，祥之降。尽以其身心之善力，能否感召天心为依据。福自德兴，善由苦求；利济为怀，须臾勿忘。居栋梁轮奂之舍，恒念屋宇倾圮之危栖；衣温凉定匀之服，当知寒暑逼人之困苦；处光荣轩昂之境，须知贫苦乞怜之难堪；叙家室团聚之欢，益见分析离居之凄凉。体上天仁济心，度斯民无量劫。积善余庆，古有明征。今也世道衰微，德育沦亡，目义举为多事，称贫苦为废人。背相济相生之善念，倡生活竞争之误解。大防既溃，浩劫弥天。喜新厌故，弃实务虚。不知本末，不悉中外。即推之欧美各邦，无一不以博爱为宗旨。凡百义举，非出自国家，即出诸善士。思虑周密，规划严明。如恤穷院、育婴堂，而尤以英制为善。养老院则衣裙无异充裕之家，老儒会则读书寒士虑其就食为耻，继粟继肉，致其居。绣花会则世家妇女，家道中落，不能自瞻，聚之深邃堂室，供给饮馔。童艺院则查明失业子弟，教以雕刻之艺。此类体微周切之设施，与南通实相吻合焉。然欧美各国凡属慈善机关，均非一二善士为之。南通慈善机关不下十余所，皆张詧、张謇两先生，惨淡经营，精心筹办，始有今日之成效。鬻字鬻裘，签售古董，犹虞慈善之无资；仁泽普施，惠及孤老，惜天下难多靓此等人也。

第一节　养老院

我国古无养老院之称，盖有养老而无法也。近年来，有欧美天主教会童贞女二十余人，悯世界老人之失养，发起志愿，愿为世界尽养老之职。建院于沪南，养老人百余名，而此二十余童贞女为之分任管理之役。凡老人耳目支体之所欲适，与乎意趣之不能尽达者，纤屑为之计。至于募乞金钱粟布，为开创继续之需，此二十余人者亦任之。虽世所称孝子贤孙有不及，度无能过之者也。

而南通张季直先生慈善士也，见之有感，乃于其六十寿日，仿行于南通。以个人之老而未至失养，知凡老之须养，而失养之可矜，故愿以一县为全国导，而有此养老院之设也。其后叔俨先生七十寿辰，亦建筑一院于海门，名曰第二养老院。民国十一年季直先生七十寿日，所得中外戚友之馈礼，复建第三养老院于一院之前。每院均额定百二十名，男老八十，女老四十，兹特分详尽于后。愿今之慈善家仿而效之也可。

第一目　南通第一养老院

一、开办之年月。民国二年五月二十五日，季直先生六十寿辰，所得戚友之馈礼而建之。

二、地址及建设。院址在南通城南白衣庵侧，占地十七亩半。先于庵左设男院二十四间，次于庵右设女院十六间。食堂、溷溷、庋物、洗衣室各附其院。庖所、病室、储藏、接待、管理、看守等室，则两院共之。两院各有二场，为各尽所能，聚而工作之地。器具悉由院备。男院寝室容八十人至百人，女院寝室容三十人至四十人。按室编床，按床编号，记于册，揭于板。两院各有草地一所，植有花木，供老人饭后之游散。

三、经费。建筑设备及常年费用，均由季直先生担任。常年费约六千余元，建设费则以季直先生六十寿辰所得各戚友之赠礼为之。除慈善家馈助各基本产外，设有募捐册于院中。如来宾参观，慨助金钱及一切人生应用物品，亦有登记，按月登报声谢，并入年册。如有工厂、钱庄、商号及米行、粮店、典铺、衣庄、京杂货店、饭馆等，以米、麦、面饼、粮食、菜、饭、油、盐、糖、酱及新旧衣服、帐、席、被、褥、鞋、袜、黄白棉花、棉絮、零趸色白布见赠者，不论多少，均按月登报声谢。

四、入院之年格。无论男女，年必在六十以上者，始得入院。但必确无子孙及甥婿等戚属，又无田宅可倚，而茕独无靠者。入院不论何时，必得族邻及地方法团证明之介绍书。如视听支体有废疾不完全者不得入院（另投残废院），额满即停止入院，仍按介绍书到院之前后存记，以备补入。现有老人一百二十五名，已超出定额五名也。

五、寝室之规定。入院时，由管理人按寝室先后次第，指定床位，帐枕被褥，亦由院内供给。食堂则由管理人按年岁指定坐次，年同次月，月同次日，每席八人。每日六时至七时起身，八时早餐，十二时午餐，六时晚餐，九时息灯就寝。理发、饮茶、吸烟、沐浴皆至公共定所。工场、寝室内不得吸烟或带火具，盖以各处均有电灯也。

六、院内之管理。到院日必先就浴。衣如褴褛污垢者，以院备有志衣易之，所换之衣仍为洗濯纫补，加志以备更换。带院之物，如非日用必须者，随时报由管理人查检件数，详记藏储室，按名册之号橱收存，给予存证。如须取用，持证向管理人说明，偕同往取。入院时如带有原业之田房产契，由院长知照田房所在之法团，查明确否及时值之价，收入院册，呈报民政署立案。作为老人助院之产田，由院代纳租税。日用衣物，入庋物室号橱收存，惟体积必与号橱之容积相称。每一星期必就更换衣袜，其换濯之衣，交明洗衣室。如有破绽，晾干后，随时纫补，折叠入橱。鞋帽破绽，亦须随时修补。每十二星期约洗帐一次，洗褥二次，厕所每日亦须清洁一次。如有与老人关系之人到院省视者，报明传信处通知本人于工场寝室外接见，不得留饭。全院室内外及器物均须整洁，每日由管理员检察一次。全院亦非常和睦肃静，雇用丁壮，亦不得叫骂呼号及其他不规则之行动。如有犯者，初次则申饬扣俸，再犯立即斥退。

七、组织及其职务。设院长一人（月薪十八元），任察核全院之出入及雇用支配人役之事。董事无定额，任修订章程、稽核院务及筹款补助诸事。院长由董事延聘相当之人，亦得聘热心慈善之宗教人。有给，董事由赞助本院人内推举；无给，院长之下设主管一人，视察寝室及工作等处，洒扫清洁及有无争闹等事。主管之下，又设帮管二人。一任屋内，一任屋外，帮同主管照料一切，以老人中识字解算者任之。无给，年终酌给劳金。又设会计兼书记一人，由院雇用。如老人中有相当之人，亦得应用，而于年终酌给劳金。院门住看守及传信者二人，以老人中精力尚健者任之。储藏室、养病室、庖所、洗衣所，照料各一人，皆无给。

八、老人之工作。选曾习缝工、革工之老人，任修补衣服鞋袜之事，且分别向习某事及与某事相近之老人，任其所能胜之工作。其不能胜工作者，则任庖所拣菜、烧火、洗扫地板、清洁厕所，并耘菜、锄草、捉虫等事。每日工作由主管酌量年力，以三小时至五小时为准。如有作工精勤，核其所值，能除于一日膳费之外者，售得物价，特别登记，供其人之自用。早晚无工作时，院长为讲慈善或宗教家言，仍听信教自由。担水、淘米、煮饭、洗衣、种菜、修树、担粪等事，由院分别雇用男女年壮者为之。

九、游息及医药。每日三餐后，及星期日，可随意在院内草地及园圃空处游息，以裨益于精神。如若院外游行及有不得已之事故出院者，须向院长及主管报明事由及往还时刻。雇用之人，非星期不得离院。即因事请假出院者，亦须报明院长及主管订定往还之时期。逾二日者需觅代，代到方行。

延有明于医学者一二人为院中义务医生，药金、舆金由院给，年终酌送劳金。如医生审为不当仍住寝室者，即移入病室或医院疗治。

十、老人在院期限。入院以后至于终世棺殓，皆由院备。葬地亦由院备，葬深必在地面下三尺，葬后每岁由院照例设祭。如愿终世后归其祖茔或合葬者，须由其有关系之亲属，于终世后，约同原介绍人证领。老人住院之后，如有其戚属愿迎回终养者，亦得听许。惟需认助其人在院历年之膳费，其年数不得少于过半。若有带来产业，核值给还其半。

十一、额外老人。老人之年在五十以上未及六十，而体力健康、性情勤笃者，亦可入院，为额外老人。但须任相当之职务，至年满六十，即入正额，交替所职。此种额外老人，男八人或十二人，分任赴城乡各区募领什物之事。无给，出旅时酌给川资。女四人或六人，任病室调护之事，亦无给。此种老人，如尚未入正额即终世者，亦与正额老人相当待遇之。

第二目　第二养老院

此院在海门长乐镇，开办于民国九年，乃张叔俨先生七十寿诞所得戚友馈送之礼为创办费。以先生原籍海门，故其教育、慈善事业，亦多为先生所创设。现有老人九十四名，男七十二，女二十二。常年费七千余元，皆仰给于先生。其组织管理及入院规则等，与第一院同。

第三目　第三养老院

此院在第一养老院之对面，创办于民国十一年，系张季直先生七十寿诞所得亲朋戚故之馈礼为之，建筑费三万余元。现有老人百二十四名，男八十三，女则四十一也。其余组织管理及入院规则等，亦与第一院同，兹不赘。

第二节　贫民工场

一、地址。在南通县西门外大码头，开办于民国三年八月，由张季直先生创办。专授教贫民子弟各项工艺，俾能自谋生活。场内并附设有恶童感化院及游民习艺所，为南通地方公益事之一也。

二、经费。建设开办所用之款，捐自两淮盐商。而常年经费，年约万元左右，亦由盐务局及地方筹之。场有养鱼河一段，年可得鱼洋数百元。且有场圃百余亩，所种蔬菜，除供自食外，年亦可得售菜洋数十元。至工徒所制成之各项物品，则年可获千余元。

三、组织。上设有场董，无定额，皆名誉职，由地方各法团公推，任筹款及维持场中一切事务。下有场长一人，主管场中一切事务，并考察职员之勤惰贤否，及执行工徒赏罚之事。场长之下，设有会计、庶务各一人，专司场中银钱出入及一切庶务。又有监工司事一人至三人，考察各工师教法之良否，工徒习艺之勤惰，及分配材料、收发成品等事。又设营业司事一人，司采办材料、收售物品诸事。又聘有义务职之教习及医生各一人。

四、工艺种类。分木工、织工、漆工、藤竹工、革工及缝纫工五科，每科延工师教授。视工徒之多少，定工师之名数，察工徒性质所近而专授一艺。

五、工徒名额及资格。现有工徒八十五人，原定额百人，分三次招入。初办之时招四十名，三月后续招三十名，半年后再招三十名，额满即止。如有缺出，随时招补。先收南通贫民子弟，然后及于他县及他省，年龄以十三岁至十八岁、体质强壮者为合格。但入场之贫民子弟，必须家实赤贫，无力营生，觅有妥实铺户及地方各法团之保证者。

六、工作时间。春季，上午七时上工，十一时半放工；午后一时上工，五时放工。夏秋二季，上午六时上工，十一时半放工；午后二时上工，六时放工。冬季，上午八时上工，十一时半放工；午后一时上工，五时放工。均摇铃为号。各工徒于每日放工后，随意在空地运动身体，或体操、或游戏。凡遇民国纪念日、国庆日、端午、中秋，均歇工一日，惟星期歇工半日。年节自十二月廿八日起至新年一月初三日均歇工，而轮值炊所及有应供日需之役者，不在此例。

七、毕业期限。工徒于所习各工艺，能自制成物品，不假工师修饰者，经厂长查验得实，给予毕业证书。但毕业后，须在本场尽义务一年，始得出外就业，或荐往他处为工师。其有愿留本场为工师者，视其工作之精良，酌定工资。如有习艺未成、半途托故辍业者，按在场时日，责令保人赔偿衣食之费。

八、工徒特别服务。凡洒扫房屋、洗浣衣服、炊煮饭食、种植蔬菜、清洁厕所、看护病人诸事，均择各工徒力能胜任者轮流任役，由监工人商承场长酌量指派。

九、监守。该场分监守职务为四种：（一）监守大门四人。凡进出人等，均归其稽查通报。以二人为一班，左右站立，每班三小时一更替。（二）监守工场四人。凡工徒有口角、争闹、犯规、偷惰等情，均归其弹压稽察。以二人为一班，每班二人，在工场门口巡回逻察，每班三小时一交替。（三）监守人如无疾病或婚丧大事，不得请假。（四）工徒轮值诸务及在食堂宿舍，均责成工师监守，稽察管理。

十、工场及食宿之规则。工徒在工场习艺时，不准口角斗殴，不准喧哗吵闹，不准偷惰游戏，不准弃毁物料，不准随地吐痰。在食堂宿舍，均照指定位置食宿，不准紊乱，食宿时并不许言语。每人食毕，应将碗筷安置妥帖，不许乱放。每日晨起，应将被褥折叠整齐，不许乱堆。

十一、衣食及教诲。工徒衣食均由该场备给，概不取资。冬日每人给棉被褥各一条，青蓝布棉衣裤一套，布短衫裤两套，夏给蚊帐、草席各一，秋给夹衣。凡衣均缀符号，鞋袜随时给与，破绽由场补换。每日一粥二饭，每餐每人给蔬菜一品，凡国庆纪念及年节日均加给荤食。每日晚膳后，由教习教授各工徒简易识字及书算一小时。星期日则演讲可资劝戒之事，以期养成良善性质。

十二、工徒之赏罚。谨守规则、勤勉习艺者，优给饭菜。勤奋工作能自制作物品者，酌起工资，存储会计处以备日后给领谋生。凡受赏者，就食时得设特席。偷惰、游戏、怠于习艺者，减给饭菜，仍以不致饥饿太过为度。顽梗桀骜、不听教授者，初次罚令面壁，直立三小时，二次罚做苦工。屡戒不悛者，每日关闭暗室三小时至六小时。俟其改悔，方准免罚。凡受罚者就食时在矮座。

十三、工徒之卫生。食堂宿舍，每日均由各工徒轮值洒扫洁净。各工徒每月理发一次，平时每星期一沐浴，盛暑逐日一浴。单衣裤平时每星期一换洗，盛暑则间日一洗。冬季被褥，宜时晒晾，两月一洗濯。工徒不准吃食各种烟品。

十四、工徒之医疗。工徒有病，汤药之费由该场给付。小病在宿舍调养，重病或有痘疫传染等症，则迁入养病室或医院，家属有愿领回调养者听。病室需常用避疫药水洗濯。工徒有病在宿舍时，责成同舍之人照料。如在病室，另派年老耐劳之人专司看护及照料汤药。

十五、薪工及伙食。该场职员，除名誉场董不支薪水，及义务教习医生只于年终酌酬劳金外，余皆支给薪水。场长每月五十元，会计十五元，庶务十二元，监工及营业每名十二元，监守每名六元，工师每人十元至二十元不等。场长、会计、庶务、监工、营业每名每月之火食洋五元，监守四元，工师四元，均由场中供给。工徒每名每月三元，由会计处派人代办柴米蔬菜，交轮值炊所工徒炊煮。

此外尚雇有庖丁一名，专为本场职员置备火食，每月工食洋八元。杂务工一名，专司洗菜、淘米、煮饭及职员开饭一切事务，月支工洋六元。茶房一名或两名，伺应宾客茶烟，及该场诸职员茶水开饭、洒扫等事，月支工食洋六元。

第三节　济良所

我国济良所，虽各省皆有，然仅限于省会及商埠，至于各县之有此名目者盖少闻焉。南通年来工商业日渐发达，而地方妓数亦因之而增。然无良之人视资为利之见，爱之贵如珠玉，恶之则若粪土。南通警务长杨君懋荣视此不忍，乃商请退、啬二老，创办济良所于通城内南街已废税务署内。民国三年创始，逾年乃成。入所之女，每日授课四小时，科目为国文、伦理、算学、缝纫、手工、洗濯、烹饪等，期以六月毕业。定额二十四人，经费一千二百余元。除由募捐及妓捐收入外，退、啬二老年亦有补助。所内现有职员三人，收养之女子十二人。闻自开办以来，收养女子不下五六百人矣。并附杨君南通济良所记于后。

南通济良所记

中国言地方自治者，必曰南通。实业、教育、卫生、慈善次第兴，举灿然矣。懋荣承乏南通警务，思有所效以为之助。上年请设济良所，退翁、啬翁是之，乃请于县。因故税司废署经营规划，逾年而成。应备之室，与具与事，亦略备矣。夫济良所，警察行政之一也，旧惟省城及商埠有之，外县无闻焉。非独力之不足，抑非其应有之责也，南通则尝以地方之力佐军政司法之不足及。济良所尤有慈善之意存焉，此懋荣之所以请也。地方妓数之盛，恒视工商业为比例。商业盛，则易为善，亦易为不善。而以妓为业者，则以人之易为不善为大利矣。夫至利人之为不善以营其生，人之至无良者也。以至无良之人视资为利之见，爱之则珠玉，恶之则粪土，宁有理可言。由是为所爱者将陷落至于终身，而为所恶者呼号之、践踏之，甚且夷于囚，此亦天下最可悯之女子矣。南通慈善及于穷老、遗婴、残废、盲哑，则此至可悯之女子，固不得而遗之。废税署屋，毁坏已甚。懋荣为剪荆剃芜，简良去朽。堂之室之，庖之福之，有所不足。更益以民室而偿其值，成所舍二十五间。入所之女，延师授以国文、伦理、算学、缝纫、手工、浣濯、烹饪诸学，其期为六月，其额容二十四人，具载章程，是为懋荣职志所在。时惧不副地方之期许而终其事，邑之君子尚辅翼之。所于民国四年五月落成，记其概如此。杨懋荣。

第四节　栖流所

栖流所在南通城之西门外，开办于民国五年。即就前清时之养济院所改造，所以收养哀怜无依之乞丐者也。占地二亩许，建筑清洁，空气流通，管理得法。现有乞丐九十余人，日作粗工。闻已习有小艺，而分遣各处作工谋食者已有八九百人之多。开办者退、啬两翁，常年经费千余元，除募捐及昔之丐头费外，余均由退、啬二老捐助。南通之行丐者亦不得谓之无福矣。兹将原记录后，益知二老之爱惜贫人无所不至也。

南通栖流所记

南通城西有养济院，所以栖流丐者。前清承明之遗辙，县之有司奉行岁给凡三数十千，不计丐之多少也。逢国大庆，所谓恩赉，数亦不过百缗。平日则任徒跣披发叫呼于市，市人厌之，醵金付丐头散给，使约束而归纳于所。其于外来流丐，则任其乞如故，是亦言自治者之缺憾矣。詧兄弟既建残废院、盲哑学校于狼山，收山路之丐以次而及于城。城之丐非盲非哑、非残废者为多。乃因故养济院，由詧捐资，警察长杨君规划而修之，崇基葺之。下以湿蒸去，升檐之庳，以通光气。辟浴室以蠲其污垢，广高以程其操作。益收风人，俾市无扰。凡栖流之室二十有四，工作之室四，庖厨之室二，巡视之室三，风人之室四，浴厕之室三。土丐则令习一艺而遣焉，流丐则令得食且宿而遣焉。监视管理有章，食息起居有规，不敢束湿薪，不敢纵害马。詧兄弟之意，视丐为人而已。经始于民国五年五月，阅五月落成。凡用银一千三百元有奇，经常所须，则取市原有之醵金；不足，益以募。苟詧兄弟力所能应者，不以累里父老。而来日方长，维持勿替，亦不能不望之于父老也。张詧记。

第五节　南通残废院

南通残废院为张季直先生所创办，在狼山北麓，与盲哑学校相毗连。开办于民国五年二月，占地六亩许，每年经费六千元左右。但经费之所出，除备有募捐箱置于狼山各庙募捐外，余均由创办人担负。有办事人数名，男残百余人，女残二十三人。有男女工场，为其平日工作之用。每日作工四小时，上午二时，下午二时。工作种类有草鞋、艾条、烛心、火柴箱……残者疾病死亡，均由院中医治埋葬。入院后之衣食，纯由院中供养。残废者不论老幼，不分畛域，皆可入院。其住院之规则，与养老院相似。不过彼以年龄为限别，而此则以残废为标准耳。阅者可观养老院条，不另赘。

第六节　育婴堂

南通育婴堂，在距城十余里之唐家闸。开办于清光绪三十二年，占地二十四亩余。建筑雄壮，皆系新式洋房，颇适婴儿之卫生。张叔俨、张季直两先生为正副院长，均系义务职。下有女主任一人，乳姆十余人，月薪五元至十元不等。有婴儿二百余人，女婴为多。长者约十三四岁，最幼者约两三月。有轻细女工，如打洋袜、手套等类。由乳姆或女教员教之，七岁送入幼稚园。既长，聪颖者则送入女师附小，毕业后复升入女师。至女师毕业，则自能求生活矣。鲁钝者则送入女工传习所或女子蚕桑讲习所，以求得一职业。闻有二女生行将毕业于女师，此为他处育婴堂所未闻也。男婴孩则送入贫民工厂教习一业，以为他日谋生活之计。如有婴儿无姓氏者，堂中则为之取名定姓。男孩姓唐，女则姓汤，盖以该堂在唐家闸，而地之施主姓汤故也。常年费三万余元，出自于县费、田租、利息以及捐款也。

第七节　江苏第四监狱

江苏第四监狱原为南通地方监狱，在城内府学街西，于民国十二年奉命改为今名。其中之办法甚善，故特将十三年参观所得者，分述于后。

一、经费。该监狱自奉准改组后，月增经常费七百余元。自十三年七月份起，即由省拨领。李典狱长以开办费既未另拨，而规模又不能不稍事更张，特将七月份至十一月份增加之经费捐款存储，内部开支仍暂照旧章，计储得三千余元。即以此款，用于设备，以求完善。惟预算扩充设备所需洋七千元以上，现在该监内部已照章增设各科人员。经常费方面，恐不能再事撙节。则亏短之数，尚有待于筹措也。

二、设备。监房围墙两边，原系木栅门，现改用铁栅，两走廊亦设铅板棚。狱室之窗棂改大，加装铁条。新制灰色狱衣，计棉裎裤三百套，夹裎裤三百套，单裯裤六百套，被褥三百床。全部房屋均刷以油漆，病室新葺，用水门汀铺地。内则空气流通，外则禁卫严密。南通之犯人，亦可谓不幸之幸也。

三、组织。上设典狱长一人，由高检厅直接委任，总管监内外全部事务。下分三科二所，第一科主办案牍、会计、统计等项事宜；第二科主办监房、人犯、守卫事宜；第三科主办工厂、制造、营业事宜。二所者，教务所与医务所是也。各科置科长一人，以看守长充之。教务所以教诲师任所长，医务所则以医士任所长。悉遵照监狱处务规则办理。

四、人犯。在监狱人犯现共二百余名，其由邻县解来者仅二十余人，每县不过四五名。就现有之狱室及设备可容三百名。将来各县解来人犯日渐加多，非扩充名额不可。至人犯之给养，除衣食外，每日由守卫员分班督率在围墙内环行半小时，以资运动。惟已在工场服役者不在此限。偶罹疾病，即由医士治疗。每十日一集教堂，由教诲师施以适当之教化。其余均遵照监狱规则施行。

五、工厂。原分肥皂、线袜、毛巾、印刷、漆制等部，现在惟毛巾、皂肥、印刷三部继续作工。漆制部存货多，销路微，线袜销路尚佳。惜成本昂贵，亏蚀颇巨，故均停工。印刷部顾客绝鲜，肥皂销路亦不佳。其比较上最发达者，惟毛巾部耳。此部工人最多，约二十余名，所出毛巾质厚经用，市上畅销。统计各部共约工人四十余名，凡工人之待遇，视不服役人犯较优。每日早晨多食稀饭一顿，其他服劳役者亦同此。

第八节　医院

医院为调养病人之所，济生救死之地。天生烝民，无人不有病，有病无不医。故有人应有医，有医应备院。而南通一邑耳，竟有医院数所，不可不谓南通病者之幸，南通人之福也。

第一目　南通医院

南通医院在城南与医学专门相连，开办于民国二年，占地十一亩，为张叔俨、张季直两先生私资创办，半系慈善事业。年费数万元，均系创办人担任。其组织上设院长，下有主任及总医长各一。每科又置医长及医生，共八，并有职员及看护妇二十余人。近又附设有助产看护妇养成所，年收生数十名，概免学费，而设备亦甚完善。分内科（妇科、儿科附）、外科（产科附）、皮花科、眼耳鼻喉科（齿科附）及爱光线科等。病室分三等，赤病者诊病可免收药金。

前有德国人夏德门博士为总医长，外科大手术类能施行。今年春，夏氏任满去职，继其任者为某君，亦医学之名家也。此外尚有分院二所，一在金沙市，一在唐家闸。主其事者均系南通医学毕业之学生，成绩尚好，颇受人民之信仰也。

第二目　基督医院

基督医院在南通城西门外端平桥河西，开办于民国五年十月，占地二十四亩。经费八千五百元，由南通基督教会补助。医士五人，分内外科、妇科、花柳科、眼目科及痘科等。病室分四等，头等二元，最少三角，皆以日计。

第九节　金沙游民工厂

金沙市为南通二十一乡市之首镇，其教育、实业、市政之发达，除城区及唐闸外，实无有以出其右者。而市镇中尤以游民工厂为著名。余十三年暑假，从大有晋实习返校时，曾一往参观。厂址在金沙教场河东小包场，开办于民国二年。创办人为市绅孙敬澄先生，年费二万余元，系以私人之资及地方之补助而成者。令无业之游民，分工作事，秩序井然。有藤工、染色、纺织、造胰皂烛、编花、打袜、珐琅诸工作，工人男女约一百余人，在金沙及南通俱有售品处。其出品亦颇精美细腻，为一般人民所欢迎。厂中又设有教养院，工人除工作外，又教以习字、国语、算术、常识、修身等课，三年卒业，再欲留场办事与否俱听便。管理宽严得中，对于奖劝等条例，与贫民工厂同，故不赘。

——原载《二十年来之南通》，1930年，第89—111页。

浙江省区救济院概况报告

（黄祖昊　1937 年）

　　省区救济院由杭市原有地方慈善机关同善堂、普济堂、育婴堂并合而成。同善堂创于清同治五年间，为浙巡抚左宗棠捐廉设置，专办施医、施材、掩埋、种痘、借钱、义渡、义塾等善举。普济堂创于清嘉庆十一年，由仁和邑绅高伯阳募捐设立，主在收养老人，并兼办接婴、恤灾、医药诸事。育婴堂源于南宋之慈幼局，几经变革，于清同治五年重建，专事收育贫婴。迨清宣统元年，此三机关合并归杭州府治辖，而总称曰同善堂。民国十七年，改隶杭州市政府，称市立同善堂，事业一仍其旧。同年十一月，就同善堂原有各机关，改组为浙江省区救济院，直隶于省政府民政厅，当时仅成立养老、育婴、施医、残废四所，并将育婴所内残废儿童，设立盲哑教养所。十八年五月，合并原有市立贫民工厂、贫儿院、贫女习艺所、乞丐留养所、感化习艺所、济良所。至二十年、二十一年间，先后建筑平民住宅、平民新村，并设立贷款所，建筑无主公墓，范围日渐扩大。其中如贫民工厂、贫女习艺所、感化习艺所，均有简易工艺，俾在收养期间，学习生活技能，故有制品出售，如布匹、毛巾、藤竹木器、刺绣织物……此外兼办施材、掩埋，并代办孤寡、恤金等事项。总计院内收容人数，平均每月在二千人以上，院外救济人数，平均每月在一万至二万左右。鳏寡孤独，困穷无告者，自赤婴孤儿以至老耄无依及残废人，无不兼收并蓄，分别施以教养，使能自立自救。

　　经费收入，全年计省款补助十二万元，院产租息及乐捐约二万余元。其支配用途，行政费占百分之一九、二八弱，事业费占百分之八十，七二强。

　　年来院中一切设施，整理改善，颇具成效，其事业方针已趋向积极进行。兹将各厂所概况分述于后：

子、养老所

一、收容人数：共计三百六十六名。

二、工艺方面：该所收容人除衰弱疾病外，按照个性、年龄、体力、技能，予以轻便工作，分任竹木工、泥水工、缝纫、理发、洗衣、修橡胶鞋、糊火柴匣、结麻绳、劈香篾、养鸡、养鱼、莳花、养蜂等项。此乃收容人自动工作，每日所得，为日常零用。

三、教育方面：衣、食、住均由所供给，注重老人训练，采用精神训话及个人训导方式，养成良好道德与集团生活习惯，食物给与富有滋养料之食品。每逢一，吃豆腐肉羹，逢节或年终分给鱼肉。卫生每月举行大扫除，清洁检查一次。每半年举行健康检查一次。管理注重纪律生活。娱乐每周举行化装讲演，遇各种纪念日，由残废所盲生举行国乐演奏，并置备无线电收音机及棋书等，供收容人调剂精神生活。

四、最近设施：该所收容人数众多，娱乐方面，似觉欠缺，增在后园花房边添辟花园一座，并在各舍室天井或室旁，植以各色花卉，以供收容人赏玩，藉增生活之兴趣。（未完）

——原载《浙江自治》1937 年第 2 卷第 1 期。

杭州市社会救济事业 [①]

（唐应晨　1937 年）

社会救济事业，在市政设施上，占了很重要的地位，今日欧美各大城市，市政当局，对于救贫运动，无不是热烈的倡导，尤以对于养老、残废、乞丐收容，暨育婴所等组织，均有极完备的设施。在我国各大小城市，都把这种社会救济事业，当着一种慈善性质，多半由少数地方慈善家管理，经费来源，除向各处募捐外，专靠一点公产公款的收入来补助，在这不科学的管理之下，完备的设施，当然谈不到。自从各大都会的市政府成立以后，此类组织渐渐为市政当局所注意，有的把它收归公办，有的予以补助，有的开始创办，仍有不少的还未举办。在这情势之下，本社同人义不容辞的要负起一部分督促和倡导的责任，引起社会人士的同情，为这许多不幸的市民谋福利。编者有见于此，乃于上月底邀集本社同人冯秉坤先生等，赴杭市省区救济院，作一实地考察。该院成立于民国二十四年，原为普济堂、同善堂合并而成，院长为周市长兼任，设总干事，下为总务股、理产股、管理股，再分育婴所、贫儿所、贫民工厂及济良所、平民新村、施医所、感化习艺所、残废所、乞丐收容所、贷款所、平民住宅等部。爰摘要志之，以飨读者。

一、育婴所

杭市的育婴所有两个，一个是私人慈善性质，我们参观的是属于浙江省区救济院的一个。育婴所，住市区佑圣观巷，与梅花碑省政府为邻，距离省区救济院亦不远，施医所在其右。在从前该所为慈幼局，是私人慈善机关，自从民国十八年，市政府始接收公办。屋舍虽有数进之多，但颇古旧，婴室多为

改建者，院子里草地上有一儿童运动场，设有木马、浪船等玩具，后院附设小学一所，现有学生百余人，入学者多为所外附近之儿童。该所每月经常费为三千八百余元，由市库直接担负，内部组织分事务、育婴、医药数部，现有职员廿余人，担任行政方面的工作，另有保婴练习生，日夜分班轮流着在婴房看护。所里现在开办"保婴练习生训练班"，现有五十多人在受训练，都寄宿在所里，除供膳宿外，每月给以十几元的津贴，每天请医生及保婴专家教授保婴、看护、医药、卫生上的常识，和外国文的补习，在所内东边一个教室里上课。

全院收容的孩子，总计现有六百余名，其中一部分约四百余名是在外面寄托，依旧由乳娘用人乳抚育，每月由所津贴乳娘三元，婴孩遇有疾病时，仍送所诊疗，但俟长成后乳娘多收养为己有。在院留养的计有一百五十余名，年龄规定自一岁到六岁，满六岁的就送到贫儿院去读书。孩子的管理，分四个大室，从初生起到初生后六个月是一室，六个月到十二个月又是一室，一岁到二岁是一室，二岁到六岁又是一室，床与床间的距离都是一样，排列成行格，每个木质小床上有棉被褥各一条。冬天室内有火炉，夏天有纱窗，蚊蝇不致飞进。每只小床上，都插着一张"婴儿保育日志"，上面有该儿进院时医生检验其健康结果的记录，每天检验两次的温度登记，孩子每次的进食数量，呕吐过否以及大小便次数等等，都有详细记载，以作检查其健康与否的参考，每天中午就由医生在各室巡回诊察，有病的就送到另一"病婴室"去治疗。

婴房的前面走廊上有几个浪船，预备给成龄的儿童游戏，附近还有浴室，每个孩子一个小面盆，编成号数置放架上，过去因为没有注意到面盆手巾可以传染疾病，用了公共巾盆以后，以致许多儿童患了目疾，变成半盲，或是残废。此外还有一日光浴室，四面装着玻璃，风吹不进去，而利用太阳光直穿进去。西面有个烘尿布的烘房，因为孩子撒尿的次数很多，用的尿布就要不够分配周转，所以仿照茧厂烘房，特别建筑一所具有热力很强的尿布烘房，每日约可烘干尿布八千多块，烘房是一间见方的房子，门关起来四面不通风，开门来看，一个炉子靠壁筑着，半在墙外，四壁上上下下都是铁条，伸开着像只手，每根铁条上面，都有凹缝，可以挂几块尿布，门一关，不到片刻，洗净的尿布便都干了，木柴和炭都可以做燃料。

孩子的食品从前用人乳，因为雇奶娘费用等，管理不便，不卫生的关系，现在改用人工哺育法，外面有调乳室，孩子有的是吃鲜牛奶、鱼肝油、番茄、橘汁、麦精糎、乳酸等种种的混食品，有的是吃豆浆、糕糊等。这由医生检验孩子的体质后，再决定其吃那（哪）几种，要多少数量。断了乳的大孩，则有儿童室，有小型的嫁具、台子、凳子、演讲台等，每次由看护士喂他们的饮食。

考究该所婴孩的来源，不外因家境贫困无力抚养送所的，亦有因私生子碍于礼教而不敢留养的，更有因先天残废疾病而不愿抚养的。婴儿多为女性，盖因社会的传统观念，重男轻女的封建思想。该所能用科学管理的方法而使婴儿死亡率逐渐降低，这是值得赞美的，至于内部的设备仍有加以添置改进的必要。

二、贫儿所

贫儿所的学生分两部，一部是正额生，是由育婴所"升"上去的，膳宿完全由所供给，一部是附额生，是贫苦的家庭子弟，膳宿自备，全所人数总计二百三十余人，正额与附额相差无几。儿童年龄最低五岁，最高十八岁，学生的编制分六学级，训育目标和寻常小学相似。学生在所成绩特优的，并得由救济院补助升学。教学的特点是注重实地训练，如劳作注重器具的制作，美术注重生活环境的整洁与欣赏，另一特点是一切都由儿童自己动手，所中不雇用工役，一切杂事都由儿童分组操作，他们自己扫地，自己洗衣，自己缝补，自己交换理发，他们是实地体验着"生产教育"的中高年级的学生有工作场。高年级学制藤器，中年级学制竹器，室中是几张工作台，和几具未完成的藤竹器。儿童的寝室共分十一室，每室一个室长，负督导全室儿童之责。每间房子里十几张铺，白的被褥上面平匀地放着白的被褥，和学校里实施军事管理的样子差不多，衣物集中置放在另一室里，寝室里格外显得干净。这里也有诊疗室，也有浴室，也有自然实验室，可是因经费支绌，这大部份东西都需要金钱的滋补了，实验室里的仪器，据说也是人家送的。

三、贫民工厂

贫民工厂里的艺徒总数一百九十二名，一部份是贫儿所毕业了升上去的，一部份则是公安局拘送来的游民。

这里是学校化的工场，也是社会化的学校，到处是整齐清洁，到处是机声轧轧。工艺方面共分布科、竹科、木科、藤科、画瓷、漆画、泥水、毛巾、漂染、印花、理发等十一科。艺徒进厂时，按其能力个性，分派到各科去，每科都请了技师管教，习艺期限二年毕业，实习一年，给凭出厂，有了技能，到处可以生活，但也有心恋故土，工作了十几年还是自愿留厂的，则亦听便。补习教育方面，就艺徒的年龄智力，分为甲乙丙丁四级，每日授公民、国语、算术、常识等科两小时，课程内容，均与所习工艺互相联系，以求实用，并施行军事训练，以养成军国民习惯，平时则又充分予以课外活动机会，如集会、远足、参观等。

艺徒的衣食住，完全由厂供给，平时制品，酌量订定工资，按月提成发给现金，以供零用，其余则代为存储银行，等毕业出厂时，补助川旅。但定的工资较一般的工资低，所以工作很忙，也有出厂去工作的，门口的名牌箱上，挂着几块"出外工作"的竹签。

他们的日常生活上的必需品，除采购原料外，完全是"出在自己手里"，他们自己修建自己的房屋，最近期内，要筹建浴池，改制寝室用具，及室内运动器具之设置，"自己劳动，自己享受"。他们仿佛脱出了现社会经济分配定律的支配，而又在过着"耕田而食，凿井而饮"的原始自然经济时代的生活了。

他们做成的东西，自己用不着的，也在厂里发售，工厂对面的"商品陈列室"真也说得上"琳琅满目"，像进了一个小型的百货商店。浙赣展览会后才在杭州市上出现的瓷照像，也有两块陈列着，这也是艺徒做的，此外他们还有音乐队。

四、济良所

贫女习艺所和济良所是拼在一处的，习艺所的所女，有的是贫儿院毕业的，有的是由育婴所直接进去的。在贫儿所里男女同学，毕业后，男的进民工厂，女的则进贫女习艺所，因了工作部门的不同，和管理上的方便，所以便有这样的分划。济良所的则是被虐待的和被欺凌的一群，有民家妇女，有婢女，也有从前过着卖笑生涯的，但现在则不问出身如何，一律的工作读书，她们在准备着做一个人——一个自由独立的人。

门口礼堂两侧的玻璃橱里，陈列着许多所女的作品，有绒线衫，有棉织品，也有绣着"寒梅雪影""秋高气爽""秋江帆影"等标题的湘绣风景，这是客堂的点缀品，现在与总理遗像相映，不调和中，也有一种矛盾的异趣。习艺所的房屋，颇有些像大庭园，窗棂刻得颇为工致。现在贫女习艺所的所女共五十五名，济良所女十八名，教养相同，膳食都由所供给，并酌量补助被服。教学每日授课两小时，分高初两级，课程有国语、算术、常识、图画等科，教授图画是为了学习刺绣时的便利。晨间举行早操，下午举行课外活动，所以也有一个整洁的操场。工艺方面，每日实习二小时，分缝纫、刺绣、编物、织袜、织带等五科，并设缝刺、编织两工厂，最近新辟了邻近的两间房子，油漆完竣，工场已迁入新屋里。

五、残废所

该所旧称残废院，民国十四年成立，初设于藩署库厅衙内，十七年归杭州市政府办理，同年十一月改隶该院，更名为残废所，并迁设于养老所内。二十四年七月，原有市立残废院并入本所，同年八月间，该院盲哑教养所并入该所，设盲哑部，总称为残废所。本所设主任一人，主持全所事务（由养老所主任兼任）；事务员一人，办理文书、会计、庶务事项；管理二人，办理收容人之训导养护事宜；助理一人，助理所内一切事务。收容人编制与养老所同分为下列四部：（1）男残部——第一区段——五舍——六十室；（2）女残部——第二区段——二舍——二十一室；（3）低能部——第二区段——二舍——二十一室；（4）盲哑部——第三区段——二室。区段长、舍长、室长亦系选派养老所内干练老人充任之。

现有残废人三百三十三名，其中男残部二百三十一名，女残部三十八名，低能部三十五名，盲哑部二十九名，全部残废人中最高年龄八十岁者三人（男性），最低年龄六岁者六人（男性），其间年龄相同人数最多者为五十六岁，与六十一岁之男残废人均有三十名之多。在教养训导、卫生管理各方面，与养老所同，对盲人则专设眼科治疗室，以期得一线光明之希望。至盲人工作：糊火柴盒、缝纫、泥工、玩具等轻易工作。

六、乞丐收容所

民国十六年杭州市公安局设立乞丐留养院，十八年五月改隶该院，称乞丐留养所，旋于二十年六月停办。后于二十四年九月十日正式成立。该所设主任一人，办事员、管理员、助理员各一人，分任文书、会计、庶务、训导等职，收容乞丐额定一百名。编为男丐、女丐、童丐三部，各设稽查一人，协助管理员办理日常事务。

该所成立后，即收容乞丐四百余人，除先后遣回原籍尚余一百六十余人外，此后逐月留养人均在一百五六十左右，至今年六月底止，共收容乞丐一千七百余人，收容乞丐均由公安局拘送，入所时即拍照编号存案，有家可归者资遣回籍。全所收容人中以绍兴籍者居多，杭县次之，外县外省均有。年龄以三十岁以上与六十岁以下者为最多，二十岁左右者次之，年老残废者，分送养老残废所留养，惟为数不多。收容人以前职业，以工人为最多，其次为农人、商人，此项流为乞丐原因，虽大都由社会工商业凋敝所致，而自我的朽惰，与暴弃、乖僻、好逸恶劳，实为失业沦落之主因，故该所特别注意训育方面之勤劳，刻苦习惯之养成，与自爱自立精神之陶冶。管理方面，主从严格，凡不守分者，即予训斥禁闭。卫生方面，按期举行大扫除，及清洁检查，并分期沐浴。体格健好者，即令充作夫役。老弱者，教以编织草鞋、草绳等物或种菜。童丐则教以识字，并派出所外劳动服役，担任清道工作。

七、施医所

民国十二年，于同善堂内设惠民医药局，迨十七年四月，改隶市政府，同年十一月改归救济院办理，称为施医所。该所为救助贫病及辅助卫生防疫行政而设，成立以来，仅限中医内外两科，于民国二十四年八月间增设西医部，及中医分诊处三所，统称为"施医所"。所内设正主任一人、副主任二人，主持施医事务，诊治病人，除固定医士每日到所外，另聘名誉医士十余人。就诊者，亦得领取施医证，持赴各名誉医士处，免费诊治，对急症者亦有免费出诊规定。对贫病购药方面，由本院约定市区内各著名药号，凡持有该所诊治方笺者，一概折价以示体恤。

自二十四年七月起至二十五年六月底止，平均逐月施诊与春季种痘人数，中西内外科约在一万人以上。此项受诊人数中，中医方面男子多于女子，年龄以三岁至四十为最多，病类以伤科、外科最多，内科、儿妇科次之，精神病最少数。求诊病人以失业无业者最多，计占22.00%；其次为家庭服务者占19.50%；再次为工人商人。西医方面，女子病多于男子，病类以外科中之疖痈最多，疥疮次之。

该所改进事项，如增设西医部，及聘名誉医士外，并商得杭州市国药业同业公会同意，均经次第实施矣。

八、养老所

该所旧有普济堂之千叟厂，民国十六年千叟厂改称老人堂，十七年归杭州市政府办理，十八年改组，隶属本院，称为养老所。该所设主任一人，主持全所事务；事务员一人，办理文书、会计、庶务事项；管理员二人，办理收养人之训导养护事宜；助理一人，办理一切事务。收容人方面（老人）分"段""舍""室"居住，老人部为第一区段，老妇部为第二区段。第一区段下分六舍，一百另八室；第二区段分三舍，二十六室。各区段设区段长一人，各舍室各设舍长、室长一人，选择体力强健，有管理能力者充任，协助管理老人日常生活起居，与报告人数，维持风纪，指导督促一切关于清洁卫生各事项。

现有老人三百四十名，内妇女四十一名，其中八名系旧清节堂遗留，今仍留养在内，老人中最高年龄九十岁者三人，余均在六十岁以上。留养最久者老妇一人，系清光绪二十八年到所。老人中绍兴籍最多，计一百十八人，其次为杭县籍，计五十八人。老妇中以杭县籍最多，计十四人，绍兴籍次之，计八人，其余外省外县均有。教养方面，改良膳食，添办服御，并注重老人训练，采用精神训话及个人训导方式，养成良好道德与集团生活习惯。其体力较健全，令其担任勤务，就其服役勤惰，酌给津贴，以资鼓励。卫生方面，每月举行大扫除清洁检查一次，每半年举行健康检查一次。管理注重纪律生活，由老人中区段长协助办理。娱乐方面，每周举行化装讲演，遇各种纪念日，由残废所盲哑部盲生，举行国乐演奏，以调剂精神生活。老人日常规定习作简单轻便工作，故依其年龄体力，分任糊火柴盒、缝纫、结麻绳、劈香篾、修橡胶鞋、养猪、养鸡、莳花、养蜂、养鱼等工作。

九、平民新村

民国二十四年，于本市清泰门外蔡和桥地方建造平民村舍，计建平屋一百三十八间（每间分为前后两半间），需银二万二千余元，旋即建筑平民礼堂、食堂等处而成现在之村舍。该院委派管理员一人，管理全村事务，凡欲租者，须依租赁规则领取居住证后始得迁入，此项居住证以六个月为期，期满另换新证，住户分甲乙两等，即居住一间月纳租金一元者为甲户，居住半间月纳租金半元者为乙户，至居民户籍及人事登记亦均次第举办矣。全村共有住户一百四十一户，内甲种住户一百三十一户，乙种住户十户，人口共计七百四十五人，内男子三百三十人，女子三百零三人，学龄儿童一百余人，住户职业统以拉车者最多。教育方面，设民众夜校一所，短期小学班一班；卫生方面，装有自来水及公共厕所；训练方面，由住户组新村自治会，协办全村事务。他如儿童运动场，民众茶园，消费合作社，均经设立以植改善村民生活之基础。

根据以上所载，即可知杭市的社会救济事业，业经初具雏形。从私人慈善机关手里逐渐接管为公办，此尚为第二部工作，今后仍需要第三部整理的工作，各部加以扩充，要能尽量收容，不仅施惠于少数贫苦市民。市库虽然有限，但亦不能如此保守下去，当局最好能与地方慈善家联络或者是金融巨子，共攘善举，创设完善的救济机关，尽量收容这般迷途的羔羊，更要利用这种机关，来作生产的事业，并以科学的方法去管理。这样办理，定能成绩斐然，引起社会的同情，自动会有人出来赞助。该院缺少宣传，未尝不是一件缺憾，办救济事业的人，最好能抱有牺己利人的决心。编者参观以后，感到社会救济事业在今日市政设施中，确甚重要，因他的范围太大，纯粹单靠政府的力量是不够的，所以想要发展，须靠外界帮助的力量，怎样慈善家才肯解囊，确是目前值得研究的问题。

——原载《市政评论》1937 年第 5 卷第 4 期。

福州市慈善机关一览表

（1928 年）

名称	地址	创办年月	当事人姓名	按月经费数目	经费筹法
福建惠儿院	北门越山书院	民国十二年六月五日	董事长蓝建枢理事长沈永濂	一千四百余元	由财政厅支领
福建孤儿院	南台下渡三百三十六号	前清宣统元年	院长叶启蓁	一千五百余元	由财政厅支领
福建省会残疾收容所	城内候官县前五十二号	民国十二年三月七日	所长陈国瑜	一千三百二十八元	由财政厅支领
福建兵灾先后协会	水部门兜六十六号	民国十六年三月六日	会长	一百余元	赈款寄存财政厅陆续支领
福建贫民医院	南公园七号	民国十二年一月十日	正院长萨镇冰副院长石纪麟	一千四百余元	由财政厅支领
中国红十字会福州分会	南台中洲户部前五区十六号	民国四年	理事长王纲	无定额	由各会员募捐
世界红卍字会福州分会	城内贡院前横街口第五号	民国十二年五月	会长萨镇冰副会长王纲	五十元	由各会员募捐
福州市医立卫生会	城内南营四十五号	民国十六年七月三日	主任委员中医陈永庚西医汪鐏钦	二百元	由各界募捐
福州市贫民工艺厂	城内候官县前	民国六年三月	厂长	一千元	征收城台商铺丐首票

续表

名称	地址	创办年月	当事人姓名	按月经费数目	经费筹法
福州市贫儿教养院	南门外斗中街洗马桥百三十号	民国十六年一月十四日	委员长李文滨	一千七百余元	由财政厅支领
福州市妇女教养院	城内中协埕四十五号	民国十六年八月	院长徐元璞	二百五十元	由福州市公安局支领
福州灾民贷用所	城内肃威路二十八号	民国十五年五月	主任方熺藩	一百二十元	由华洋义赈分会支领
福州城隍庙善社	城内剑光亭三号	前清同治七年	总理于君彦副理祝福康	二百元	由省长署支领三十六元由财政厅支领七十二元
福州钟峰阜社	城内达明里	民国元年	社长翁应谋	三十元	由各社员募捐
省会普济堂	北门越山普济衕五号	前清雍正年间	总理吴征麒	一千零三十四元	由财政厅支领
官立敬节堂	北门越山普济衕五号	前清道光二年	总理吴征麒	二百九十三元三角	由财政厅支领
省会育婴堂	城内光禄坊	前清乾隆年间	监察委员于君彦执行委员张贻惠	一千二百元	由该堂营业收入
省会敬节堂	城内光禄坊	前清乾隆年间	堂长于君彦	每季八百元	由该堂营业收入
福州维善社	南台铺前顶五号	前清光绪元年	社长卢肇基	一百一十元	由社员常年捐、特别捐
惟善社义山局劝葬部	南台铺前顶五号	前清光绪元年	董事卢肇基	无定额	由惟善社社员、维持员募捐
商立慈善社	南台夏体泉三山会馆	民国元年二月	社长黄秉荣	一百七十元	由钱、布两商捐助

续表

名称	地址	创办年月	当事人姓名	按月经费数目	经费筹法
慈善社捞葬局	南台夏体泉三山会馆	民国九年	董事黄秉荣	无定额	由钱、布两商捐助
福州述善社	南台上杭街三十五号	前清道光年间	理事郑心雨	六十元	由会员常捐及各界募捐
福州保婴慈善会	南台下杭街拏公庙	民国元年	董事郑心雨	七十元	由会员月捐及各界募捐

——原载《福建民政月刊》1928 年第 3 期。

福建省会慈善事业略述

（杨中白 1936年）

绪言

慈善事业，在现今社会各种事业中，实占重要地位之一。尤以近年来吾国到处天灾人祸，民众转徙流亡，孤寡贫弱以及残废之徒，苦于无告者，其数颇足惊人，此辈苟延其惨痛之生活，亟待政府或社会上有力者为之设法救济，是慈善事业诚未可忽视也。兹仅就省会最近慈善事业，作一简明概述于下：

慈善团体及其性质

省会慈善团体，计有：1. 孤儿院；2. 普济堂；3. 惠儿院；4. 贫民医院；5. 育婴堂；6. 冶山善社；7. 残疾收容所；8. 民生妇女等六个女工厂，共计约有十余团体，以其创立性质之不同，可分为政府创办、私人创办及外国人创办三种。

重要的慈善团体述源

孤儿院

孤儿院创立于清宣统元年，由美国基督报主笔克洛朴博士捐资主办，购买院所，收养孤儿。开办之始，并无确定基金、经费，仅由克君担任。七年后，由美师姑夏氏继而主持，并以华人叶君启蓁为院长。惟经费仍形拮据，每感困难，但经惨淡经营，院务渐有起色，社会对此，逐加重视。维持迄今，垂三十稔。最近该院全年预算约需二万九千元之谱，除政府每月补助一千五百元外，不敷之数，仍由美国《基督报》向各教会及各慈善家募捐以资维持。至目下该院职员，则院长一人，教员十八人，看护二人，设有高级、初级小学校六组，工艺传习所、川石休养所、幼稚园、细木科、音乐科及藤漆、土木、印刷等科。全院孤儿二百八十八人，院长仍系叶君。闻该院现在尚拟力事整顿，俾臻完善。

普济堂

普济堂在各慈善团体中虽创立最先，然乏真确记载，故不得其详。该堂系于清雍正年间由福建巡抚赵慎畛创建，先拨官款数万两，以作基金，并由绅富捐款凑成，至道光间，所有基金被按经历白某挪用。道光末季，复由省绅郭柏荫等出而整理。降至民国初年，所有款项，又因政府某项需款，而先行借用，一度几陷停顿。幸过此而后，该堂经费政府已能按月实行补助，现主其事者为魏锡滋君。该堂完全收容年老男女孤贫者，分内与外堂两种，各五百名。内堂系住堂内，每名每月发给口粮三元；外堂则每名每月津贴八角，全部名额，约六七百人。

残疾收容所

残疾收容所，系于民国十二年萨鼎铭氏任省长时手创。萨氏见义勇为，最初个人捐廉三百余元，充开办费；此后按月皆由政府补助其经常费。从前该所除收容残疾贫民外，并兼管东、西院麻疯，自民国二十三年将麻疯移归闽侯县政府管理。现该所收容名额，计内所一百二十五名，外所二十名；职员仅所长一人，办事员三人。最近该所因经费困难，尚须一番紧缩，以谋收支相抵，同时所中一切设施，仍有待继续，努力进行。

今后之需要

社会上举凡一切事业，欲求其长足进展，靡不赖财力以辅之。慈善事业乃完全救济性质，其自身之生产力弱，而消耗力反强，故办理此种事业，能抱定救济为目的可矣。现在省会各慈善团体，所办事业，多未能充分发展，盖大半因陷于经费困难，心余力薄。此后一方面需要政府详审各团体事业范围、办事能力，加以指导辅助，务使各个团体均能尽量发挥其社会效能，一方面需要主事者及办事人员脚踏实地，认真苦干，俾慈善事业趋于蒸蒸日上，间接亦可以影响于社会之安定，政治之修明。

——原载《全球通讯社福州分社两年纪念特刊》，1936 年，第 94—95 页。

长沙市之社会救济事业

（唐季清　1935 年）

长沙市古名湘州，亦称潭州，今为湘南之省会，南通岭表，北顾荆鄂，左披章贡，右契黔中，据湘省之襟要，控南北之枢机。铁道贯通，轮舟四达，户口殷繁，商贾辐辏，繁富冠于全省。自施行市制以来，市政设施，日有近展，如拆毁城垣修筑马路，举办各种社会事业，以期市面，趋于繁荣。但近数年来，灾患频仍，工商业疲蔽不堪，以致金融周转不灵，顿呈萧条景象，因此市内贫民日增，有待于救济者，满目皆是，实为目前一大严重问题也！关于社会救济事业，若仅依私人慈善团体维持，则力有所不贷，计划难期周密。而负责市政之当局自不能袖手旁观，见难不救。至若公立救济机关，应尽量扩充，以事收容；私立之慈善团体，施以物质之补助，苟以严厉之监督，此名正言顺，义不容辞也！笔者特将该市现有社会救济事业，公诸社会，藉之引起市政当局之注意，而作研究市政者之参考，兹分别略述如下：

一、关于育幼方面

（1）育婴有育婴所，以前称为育婴堂，现全所婴孩约千名左右，计分四种育婴办法；（A）所养，由贫户送往所中哺养，由所中雇请乳妇任之者曰所养；（B）寄养，所中不能尽养，每名给费二元，寄往所外哺养者曰寄养；（C）自养，各贫户自生婴孩，无力抚养，报请津贴，经所许可每名给津贴一元者曰自养；（D）留养，所中之有残疾，无人抚领而寄往外间，月给津贴由一元六角至三元者曰留养。

（2）慈幼设有慈幼机关：（A）孤儿所，惜规模不大，为专收该市妇女教养所嫠妇子女，授以小学四年课程；（B）贫女院，专收贫苦幼女，分别授以谋生技能，现收容者约有二百余名；（C）孤儿院，该市设总院及第一分院，南县设第二分院，统共收容贫苦孤儿约千名上下，内部分机织、印刷、刺绣，缝纫等十部，仍有农场，教以各种技能，操习耕耘农作。

二、关于养恤方面

（1）养老所，凡年老孤苦无以为生者，有养老所可以收容。大半在六十岁以上，现有五百人左右。其办法为月支恤粮，须经调查属实确系年老无养，视情形分月给二元二角、一元八角、一元四角、一元四级不等，亦有兼营小贩而自作小补。新所建于糠街坡，该所系就省区原有之南养济院及收容所改组合并而成。

（2）盲哑学校招收盲哑男童，授以各种功课，设有工厂，教以技术，现有学生七八十人，所出作品，成绩颇佳。

（3）残废所，收容聋哑及肢体残废之男女二百余名，备有宿舍，月给恤粮，亦有在外充役而博微利者，该所系就原有之惠老院、北养济院、旧惠济院改组合并而成。

（4）妇女教养所，凡年在二十岁以上，三十六岁以下，无自救能力，兼不能脱卸之扶养义务之嫠妇，得收入教养，现全所妇女约二百余人，所中所设织布、毛巾、纺纱、缝纫、刺绣各科，除习艺外，并施以教读，不仅各人手工出品能得报酬，所中每月每人仍月给扶助费二元，此所系荷花池与巡道街二处保节堂改组而成。

（5）敬恤堂，亦为专门救济嫠妇机关，其收养规定，限于无嫡系亲族之赤贫老妇，月给以赡养。

三、关于施救方面

（1）小本借贷处。资本约五万元，分六元贷户与九元贷户两种，专贷与无本营生之小贩，使作为营业之资本，不取息金，贷款手续须有铺保，订期归还，所址设于织机巷。

（2）施送所。凡赤贫市民，患病前来就诊者，不取诊金，酌送医药，每逢时疫流行，即分散大批药品，该所系同仁小补堂及城南送诊局两处，于民国十八年合并改组而成。

（3）救生所。该所设有各种器具，防备投江、翻舟、溺人之事，并打捞浮尸，给予掩埋。

（4）施材掩埋所。专施与赤贫之户，无力购买棺木者，或道途倒毙以及遇险毙命者，皆备棺掩埋。

（5）救荒储藏所，此为慈善性质之备荒机关，计有两处，计储量共为五万五千余石，藉此调剂城乡市民之粮食，作为灾荒时以平价粜出，一在潮正街，一在皇仓后街。施行迄今，颇著成效。

综观上述各种社会救济机关，有足以可取法者固属甚多，而急待改善扩充者，亦复不少，如下列各端：

（1）育婴所之抚养婴儿四种办法，颇为完善，惜未能有医药上之设备，所寄托之保姆，须时时经医生检查，处处须注意婴儿之卫生，育婴所于全市应多设分所，以能效法科学设备之托儿所办法为最佳。

（2）施医所，应扩大为市民医院，于各处分设诊疗所，不独使贫民蒙其惠，而得普及一般市民。

（3）小本借贷处之规模太小，资本过少，市政当局应予以资助，收效必宏，料急拟求贷之小本市民，定不在少数。

（4）残废所不应仅给恤金了事，亦当授以生产技能，全市之聋哑残废者，不论贫富，为数亦颇巨，大可谓一残废工厂，何妨废人利用，一举两得。

以上所举四项，不过为最显著者，要皆公益行政，决非消极之慈善性质可比，各种社会救济事业，皆为市政当局所应负之责，市民立于从旁赞助而已！今日之市行政，非往昔之纸上虚文，敷衍塞责可比。长沙市次于北平市，而对于社会救济事业，尤有种种设备，日趋改进之途，拥有偌多人口之平市，关于社会救济事业，岂可忽视而后人耶？

——原载《市政评论》1935 年第 3 卷第 19 期。

湖南全省救济院概况表

院别	成立年月	组设情形	经费状况	备考
湖南省区救济院	十八年九月	计设有养老、残废、孤儿、育婴、施医、贷款、妇女教养、省河救生、救荒储藏等八所及盲哑一校	该院系由原有各公私慈善机关合并组织，计年收田租八千余石，房屋地基、盐票租金七千余元，盐税附加五万余元，作为基金统筹支配，全年度经费共计二十万余元	该院系就原有之养济院、保节堂、保恤学校、惠老院、育婴堂、救生局、湘义仓、同仁小补堂等慈善团体改正名称归并办理
湘潭县救济院	十八年一月	现已遵章完成六所组织（养老、孤儿、残废、育婴、施医、贷款），并酌量地方情形增设有贫儿习艺所、妇女教养所、施材掩埋救生所及孤儿学校、导盲学校等	年收租粮约一万四千余石，屋租洋约九千余元，乞丐捐洋四千余元	该县并设有贫民工厂，不动产三万二千元，动产六千四百元
湘阴县救济院	十八年一月	因经费困难仅设有育婴一所	就该县原有育婴产款作为救济院基金	
浏阳县救济院	二十二年	计设有育婴、孤儿、施医、施棺、救生、乞丐、收容各所及种痘局	该院系由原有公私慈善机合并组织，计田租约三千石，动产约四千元	该县各区乡公私慈善团体亦颇发达

续表

院别	成立年月	组设情形	经费状况	备考
醴陵县救济院	二十年十二月	已成立育婴、孤儿、施医、施棺四所，又因利所附设孤儿所内	将原有育婴堂、同仁医院、孤儿院、同德堂、因利所各机关改并，但各所基金照旧独立，救济院经费由各所平均负担	
湘乡县救济院	十九年一月	现已成立孤儿、施医、育婴三所并拟将原有之皆不忍堂改为养老所	就该县原有之慈善团体田租作为基金，计田租一千一百余石，地方补助金及公益捐约四千五百元	
益阳县救济院	十七年十月	内设孤儿、育婴、施医、贷款、养老、残废六所	该院全年支出约二万余元，除产业收入五千余元外，余由各项慈善捐款及殷实捐补助之	
宁乡县救济院	二十一年一月	暂成立残废、施棺二所，其余施医、育婴各所正在次第筹设	以地方补助费及城区肥料捐为基金，全年支出约三千余元	该县尚设有赈灾贫民工厂一所
攸县救济院	二十一年三月	已成立育婴、施医、孤儿三所，种痘局附设孤儿所内	不动产铺屋约值九六〇元，田租一千八百六十三石，约值二万八千元	
邵阳县救济院	十九年十一月	辖育婴、施医、残废、贫民工艺四所	育婴所田租约二千石，施医所田租约八百石，残废所年支三千九百元，贫民工艺所年支六千元，由地方款及公益捐项下开支	

院别	成立年月	组设情形	经费状况	备考
新化县救济院	十九年七月	设立孤儿、施医二所	该院动产六千元,不动产一千元	
武冈县救济院	十八年	就各私立慈善团体组设救济院,辖育婴局十所	田产一百八十亩,房屋十一间	
新宁县救济院	二十一年七月	内设养济所及施医所、平民工厂(织、染、藤三科)	不动产田租六八〇石,约值九千元,房屋约值一千八百元,仓库值二百元并呈准省赈务会将工赈贷款拨作该院基金	该县救济院系将养老、残废两所合并,定名为养济所。育婴、施医各所刻在筹设中
城步县救济院	二十一年四月	暂分养老、施医二所,此外尚有赈灾贫民工厂一所	不动产约计一万二千元	
岳阳县救济院	十九年七月	分孤儿、残废、育婴、乞丐、义渡各所	共计田产一百七十七石五斗,房屋三栋,义船四艘	
安化县救济院	二十年一月	曾设有育婴、施医二所	该县向无何项公私慈善团体,故筹措基金极为困难	院务无形停顿,仅有贫民工厂稍资救济
临湘县救济院	十九年五月	现已成立育婴、施医二所,并附设种痘、义渡二局	不动产约一万元	
华容县救济院	十九年八月	暂设施医、孤儿二所	救济院不动产约六千元,施医所不动产约一万元,孤儿所不动产约一万四千元	
澧县救济院	十八年一月	内设孤儿、育婴、施医、施棺各所及喜孝会	以该算原有之育婴经费及同善文化各善堂产款归并作为基金,年度经费预算约五千余元	

续表

院别	成立年月	组设情形	经费状况	备考
临澧县救济院	二十二年	成立施医、施棺、残废各所，此外尚有私立同善堂及育婴堂	救济院田租二十石，房屋约值二千一百元，动产千元，育婴堂不动产一千二百元，同善堂财产六百元	
常德县救济院	十九年六月	成立育婴、孤儿、施医、掩埋、贷款各所，敬节附于育婴所内	就该县原有慈善团体之产款作为基金，统计不动产约值十一万五千元，动产一万七千余元	该县原有之育婴堂、孤儿院、牛痘局、灾民公贷处均已归合并办
汉寿县救济院	二十年七月	内设育婴、施医、孤儿、残废、养老五所	就原有孤儿院及各慈善机关改并，并因其基金年支经费一万一千六百余元	
沅江县救济院	二十年七月	内设育婴、养老、施医、施棺四所，附设洞庭救生义渡局	总计不动产约四万四千五百元，年支经费约四千六百元	该县设有贫民工厂，动产约六千五百元，不动产约三千元
衡阳县救济院	十九年一月	已遵照部章完成六所组织，此外并有游民感化所、妇女教养所、济良所之设立	该县各慈善机关原有田租一万二千余石，归并统筹支配外，并于田赋项下募捐八万五千余元作为基金	该院系就原有补恤堂、孤儿院、育婴堂、养济院、继仁堂、同仁堂、因利局等慈善团体归并办理
衡山县救济院	十八年十一月	将该县原有之育婴堂、同善堂归并成立育婴、残废、施医三所，设种痘局	就原有公私各慈善团体之田产岁收作为基金，并由地方产款项下酌量补助	
耒阳县救济院	十八年四月	设立养老、育婴、孤儿、施医四所及种痘局	以该县原有之育婴堂、同仁局田租一千四百石作为基金	

院别	成立年月	组设情形	经费状况	备考
常宁县救济院	十八年七月	设立育婴、养老、施医三所	总计田租、铺屋约值六千余元	该县原有之养济院、育婴堂、良济医院等慈善团体均归并办理
安仁县救济院	二十一年二月	私立救婴局、养老院暂维现状，受救济院之指导办理育婴养老事宜，救济院设有贫民习艺所	救济院基金一万五千元，救婴局不动产约值十万元，养老院田租四百石，贫民习艺所经费二千五百元	
零陵县救济院	二十一年	成立养老、育婴、施医、施棺四所	该院田租九百石，地铺租金九百元	
祁阳县救济院	二十一年三月	将旧有善庆堂、养济院等慈善机关改并成立育婴、贷款、残废、施医、孤儿所	善庆堂之基金约四万元，另组基金委员会管理之	该县尚有私立慈幼堂及三吾慈幼院，经费亦颇充裕
道县救济院	十八年二月	现已成立育婴、孤儿、施医、工艺各所	动产约一万二千元，不动产约值三千元	
宁远县救济院	十八年十一月	现已成立育婴、施医、贷款三所	育婴所不动产二万元，施医所不动产五百元，贷款所五千元	
永明县救济院	二十年二月	现仅设立育婴所，余俟经费充裕再行筹设	以该县原有之慈善经费及地方款项补助作为基金	
江华县救济院	十七年十月	现已设立育婴、施医、贷款三所	以该县原有之育婴田产、救生局房租及募捐所得作为基金	
新田县救济院	十九年九月	设有育婴、养老、孤儿、施医各所	就该原有之慈善团体田租归并作为基金	该县原有之众善堂、新旧养济院、城乡三育婴堂均经合并统筹办理

续表

院别	成立年月	组设情形	经费状况	备考
郴县救济院	十八年八月	现为经费所限，仅成立育婴、施医二所	就该县原有育婴堂之田租百余石及停办之医学堂田租二百余石作为基金，及捐田共七百九十七石三斗	该县尚有私立余庆慈善会基金约三千元
永兴县救济院	二十年五月	曾成立施医、种痘二所	将县有没收之逆产及匪灾急赈洋三千元作为基金	二十二年省委出巡，因经费困难，令饬暂行停办
桂东县救济院	二十一年	成立养老、施医、残废、育婴四所	救济院田租二百石，育婴所田租三百五十石，养老所田租一百一十石，残废所田租四十石，施医所田租五十石	该县原有之道德会及文化社均经归并合办
汝城县救济院	二十年一月	现已成立育婴、施医二所，余拟次第筹设	以该县原有之育婴田产及没收逆产特税附加等作为基金	
桂阳县救济院	十九年一月	现已成立育婴、施医、贷款三所	就该县原有育婴堂之地点及全部款项作为基金，并由地方产款项下酌量补助	
临武县救济院	二十五年三月	暂成立教养、施医二所及贫民工艺厂	以该县固有慈善团体产款及捐募所得作为基金，贫民工艺厂已有基金四千元	
嘉禾县救济院	二十二年		动产十二元，不动产二百元	该院经费困难，院务陷于停顿
沅陵县救济院	二十年十二月	就原有之救生局、育婴堂改为救生、育婴二所，旋增设施医所，附设种痘处	基金分田租、房租二种，田租年可收谷千石，房租所入年可收洋七千余元	该县设有贫民工厂，动产一万四千元

院别	成立年月	组设情形	经费状况	备考
溆浦县救济院	二十年十月	现已成立育婴、贷款、施医、孤儿四所	将县有育婴堂、种痘局、公贷处原有财产归并作为基金，共有田三百一十五石，贷款一万二千元	
芷江县救济院	十九年十月	该院现已设立育婴、养老、残废、施医、贷款五所	就原有之公私慈善团体产款作为基金，统计动产约五千五百元，不动产约一万五千元	
黔阳县救济院	二十年七月	设立育婴、救生两所，其育婴所兼办点种牛痘事宜	救济院田租一千四百石，育婴所田租五百石，救生所田租九百石	
麻阳县救济院	二十三年三月	设立育婴、孤儿、孤老三所	就该县原有公私慈善团体产款归并作为基金	
靖县救济院	二十年一月	因经费奇绌，仅设立育婴一所	就该县原有育婴局之盐捐作为基金，一面设法筹募	因匪祸停办
绥宁县救济院	二十四年	暂成立施医、贷款二所	就该县原有慈善产款作为基金	
通道县救济院	十八年三月	因经费不敷，现仅成立施医、育婴二所	以该县没收之匪产暨各项罚款、捐款作为基金	
龙山县救济院	十八年九月	现成立养老、残废、孤儿三所	将该县原有之育婴堂及体仁堂产款作为基金	
晃县救济院	二十年一月	因经费所限，仅成立育婴一所	就募捐所得及地方补助作为临时基金	该县尚设有贫民工厂
慈利县救济院	二十年一月	曾设有养老、育婴二所，兼办残废、孤儿事项	就原有慈善团体之经费及募捐所得作为基金	该县迭遭匪祸天灾，经济枯竭，院务无形停顿

续表

院别	成立年月	组设情形	经费状况	备考
石门县救济院	二十一年七月	救济院仅设养老一所，此外尚有贫民工厂之设立	养老所以原孤老院租谷十余石为基金，贫民工厂有动产、不动产约四万元	
大庸县救济院	二十一年六月	设立孤儿、养老、施医三所	将原有育婴堂田租拨入为基金，另筹屠捐及木排捐补充之	
安乡县救济院	二十四年	设立养老、育婴、施医三所	未详	
蓝山县救济院	二十四年	设立育婴、残废二所	就原有公立慈善团体产款合组而成	

附注

一、本省救济事业迭经令饬，各市县依法组设救济院，宽筹救济基金完成各所设备，并依法组织基金管理委员会，慎重保管基金，核实用途。

二、严令各市县按期造报救济院办理情形，并随时派员考察，以资整顿。

三、因特殊情形未能成立救济院者，有长沙、平江、茶陵、南县、桃源、鄮县、东安、宜章、资兴、泸溪、辰溪、会同、永顺、保靖、桑植、古丈、乾城、凤凰、永绥等十九市县，除令饬从速筹设外，并奖励私人慈善团体办理各种救济事业。

——原载《统计月刊》1937 年第 2 卷第 1 期。

河北省各县救济院概况表

（1932 年）

县别＼类别	成立年月	院内已设各所	经费情形	附注
大兴	十七年十月	养老所、孤儿所、残废所	由京兆养济院经费拨移	该救济院系由旧京兆养济院改组，因院内规模较大，已定名为河北省第一救济院
清苑	十七年十一月	育婴所、妇女教养所、施医所、残废所	由原有各慈善机关经费拨移	该救济院系由旧育婴堂、全节堂、养病堂、栖流所、养济院、普济堂、恤嫠会改组，因院内规模较大，已定名为河北省第二救济院
通县	十七年十二月	养老所、孤儿所	由县地方款酌量筹拨并设法募集	该县救济院内原设残废、妇婴养育两所，于民国二十年六月间据报改组为以上两所
武清	十七年十一月	游民感化所、贫民习艺所、施材掩埋所	由各区向富户劝募	
房山	十七年十月	施医所、贷款所	由地方公益基金拨支	
沧县	十七年十一月	养老所、孤儿所、残废所	以旧先斯院义地拨作基金	该县救济院系由旧先斯院改组
阜城	十七年十一月	施医所	由县筹募	

续表

县别／类别	成立年月	院内已设各所	经费情形	附注
宁津	十七年十一月	养老所、残废所	由旧养济院经费拨移	该县救济院系由旧养济院改组
滦县	十七年十二月	养老所、孤儿所	由留养局经费拨移，年约四百元	
大城	十七年十一月	施医所	由贫民医院经费拨移	该县救济院系由旧贫民医院改组
新镇	十七年十二月	养老所、孤儿所、施医所、贷款所	由县设筹	
徐水	十七年十二月	养老所、残废所	由县筹募	
望都	十七年十一月	施医所	由原有教养院基金一千三百余元，每年所得息洋一百五十余元充作药资，如有不敷再临时筹措	该所附设于县私立广慈医院内，中西医士均系义务职，俟筹有款项再行扩充
容城	十七年十月	施医所、贷款所	由县筹募	
雄县	十七年十一月	养老所、残废所	由县设筹	
正定	十七年十一月	养老所、孤儿所、残废所	由孤贫口粮月支数扩充，如有不敷再临时筹措	
获鹿	十七年十一月	养老所、贷款所、施医所	养老所以旧有孤贫成本一千三百八十元作为基金，皮捐每月二十元，与留养局地租每年七十元作为常年进款。贷款所由特别储蓄项下拨款八百元作为放款基金，嗣后再筹施医所，由特别生息项下拨洋一千元作为基金	
井陉	十七年十一月	施医所、贫民习艺所	由留养局及贫民工厂经费拨充，年约八百余元	贫民习艺所由旧有贫民工厂改组

续表

县别＼类别	成立年月	院内已设各所	经费情形	附注
阜平	十七年十月	养老所、残废所	由备荒局、留养局及水灾救济会存款拨充	
栾城	十七年十二月	养老所、残废所	由留养局地租及铺房租款拨充，年约六百元	
平山	十七年十一月	养老所、残废所、施医所	由留养局地租及生息金拨充	
元氏	十七年十二月	残废所、贫儿习艺所	由孤贫口粮拨充，年约七百余元	
晋县	十七年十二月	孤儿所、贫儿习艺所	由罪犯习艺所经费拨充，年约八百余元	贫儿习艺所由旧有罪犯习艺所改组
易县	十七年十一月	施医所	以向日祭祝费之六成，年约三百余元，拨充经费。如果不敷，随时劝募	
曲阳	十七年十一月	养老所、孤儿所、残废所	由士绅捐款共二千一百元作为基金，并随时劝募	
深县	十七年十一月	养老所、残废所	由县劝募	
饶阳	十七年十二月	养老所、贷款所	由县筹募	
大名	十七年十一月	养老所、残废所、施医所	由县月拨洋一百二十元	
安平	十七年九月	养老所、孤儿所、残废所、施医所、贷款所、贫儿习艺所	基金二千元	
沙河	十七年八月	养老所、孤儿所、贫儿习艺所	由县拨发	
巨鹿	十七年十一月	施医所、残废所	由县筹募	

续表

县别／类别	成立年月	院内已设各所	经费情形	附注
尧山	十七年十月	养老所、施医所	由县筹募	
内邱	十七年十二月	残废所	由旧有养济院经费拨移	该县救济院系由旧养济院改组
肥乡	十七年十二月	施医所、残废所	由地方款项下开支	
磁县	十七年十一月	孤儿所	由旧孤儿院经费拨移	孤儿所系由旧孤儿院改组
南宫	十七年十一月	养老所、孤儿所、施医所、贷款所	由留养局经费及孤贫口粮拨充	
枣强	十七年十二月	养老所、残废所	由留养局经费及孤贫口粮拨充，年约二千余元	该县救济院系由留养局改组
柏乡	十七年十一月	养老所、残废所	以城隍庙庙产作为基金	
隆平	十七年十一月	孤贫救济所、贷款所	由原有孤贫口粮拨充	
高邑	十七年十一月	游民感化所	由县筹募	
宁晋	十七年十二月	养老所、残废所	由地方款内酌拨	
香河	十八年十二月	养老所、残废所	由民商捐助四百元并设法筹募	
灵寿	十八年三月	残废所	由孤贫口粮基金及商捐拨充	
赵县	十八年二月	施医所	由地方公款拨发三千元作为基金	
宛平	十八年三月	养老所、残废所	由县筹募洋一千元	
三河	十八年一月	养老所、残废所	由旧有慈善款六千五百元及留养局每年地租一百六十吊拨充	
蓟县	十八年一月	妇女教养所、贫儿习艺所	由县筹募	
永清	十八年二月	养老所	由留养局及因利局基金拨移	

续表

县别／类别	成立年月	院内已设各所	经费情形	附注
涿县	十八年六月	养老所、贫儿所、施粥厂	由济贫粥厂基金一千余元、基本地四顷十四亩拨作基金，以其利息充作经费	该县救济院由旧有济贫粥厂改组
良乡	十八年五月	养老所、施医所	由县筹募	
密云	十八年二月	施医所	由杂税附加项下月拨洋二十元并设法筹捐	
平谷	十八年一月	养老所、育婴所、贫儿所、施医所、残废所、贷款所	由县设筹	
吴桥	十八年一月	施医所、游民感化所	由县筹募	游民感化所系由工艺局及习艺所改组
故城	十八年一月	施医所、残废所	由施医局及养济院经费拨移	施医所系由旧有施医局改组，残废所由养济院改组
卢龙	十八年四月	施医所、残废所、孤儿所、贷款所、养老所	由公益捐项下拨充	
乐亭	十八年十二月	贷款所	由县筹募	
遵化	十八年二月	养老所、孤儿所	由留养局经费拨充	
宁河	十八年二月	施医所、贷款所	由留养局经费及祭规洋屠附月款拨充，年约四百元	
定兴	十八年一月	残废所、施医所	由留养局成本拨移，如有不敷，再行设筹	
完县	十八年三月	残废所、施医所	由留养局息金拨充，年约一千六百余吊	施医所系于二十年六月间据报成立
无极	十八年四月	养老所、贫儿所、残废所	由留养局经费拨充	
新乐	十八年五月	施医所	由县拨补	

续表

类别 县别	成立年月	院内已设各所	经费情形	附注
深泽	十八年六月	施医所	由县劝募	
东明	十八年二月	养老所、施医所	由县筹募	
任县	十八年五月	施医所	由县设筹	
曲周	十八年三月	残废所、贫儿所	由孤贫口粮及留养局地租拨充	
鸡泽	十八年二月	养老所、育婴所、残废所	由县筹募	
新河	十八年四月	施医所、贷款所、育婴所	由地亩加捐约二千元	
武邑	十八年二月	养老所、贫儿所、育婴所、游民感化所	由随粮带征地方公款项下及留养局基金拨充，共一千八百余元	育婴所系于二十年五月间据报成立
献县	十九年一月	育婴所、施医所	由县设筹	
静海	十九年一月	贷款所	由县财务局拨款	
肃宁	十九年一月	施医所	由种痘局基金拨充并设法劝募	该施医所系由旧种痘局改组
宝坻	二十年六月	贷款所	向境内商富募洋四千元	
石门市	十七年十二月	养老所、孤儿所、贷款所、残废所、育婴所、妇女所	由石门贫民教养院经费拨移	该市救济院系由旧贫民教养院改组
景县	二十年六月	施医所	由留养局基金拨充并由杂税附加款内年拨洋七百一十元	
河间			由斗牙税项下附加二千五百元	据呈拟由斗牙税项下附加二千五百元作为经费，惟拟成立何所未据叙明，已令饬查明呈复，尚未据复

县别＼类别	成立年月	院内已设各所	经费情形	附注
文安			由旧有捐款发商生息银拨充	据呈拟将旧有捐款发商生息银拨充，惟拟成立何所未据叙明，已令饬查明呈复，尚未据复
濮阳			由孤贫口粮留养局及养济院经费拨充，共三千六百余元，钱三千四百余吊	据呈业将救济院成立，惟未叙明已成立何所，已令饬查明呈复，尚未据复
邢台			由该县救济总会经费拨移	该县救济院系由前救济总会改组，据呈业将救济院组织成立，惟已成立何所未据叙明，已饬查明呈复，尚未据复
清河			由地方绅董提倡慈济捐	据呈拟设立救济、恤孤等分院，惟此项名称与救济院规则第二条所列各所名义不符，已饬改正，尚未据复
固安				据呈拟将该县施棺会、施诊所、育婴牛痘局等遵照救济院规则改正名称，惟拟改为何所未据叙明，已饬妥拟具复，尚未据复
定县				据呈该县有养济院一处，拟先整顿完善再次第筹各所，已饬遵照救济院规则第七条改正名称，尚未据复

续表

县别＼类别	成立年月	院内已设各所	经费情形	附注
满城				据呈该县拟将留养局改组为救济院，惟拟成立何所未据声叙，已饬查明具复，尚未据复
南乐				据呈已设立救济委员会，因与救济院规则不合，已饬改组，尚未据报
说明	本省办理救济情形，迭经遵照部颁救济院规则，通令切实筹办。经过长时间之督促与努力，复经历次特殊事变之中止进行。截至十九年度为止，据报成立者计为大兴、清苑、肃宁等七十四县，石门一市，其中完县、武邑两县各于十九年度据报添设一所，通县据报改组。至据报成立而未叙明成立何所，或已筹有端倪，尚未正式成立者，计河间、文安等九县。综核各县救济院，大致系由旧日慈善机关改组，至其内部规模之大小，则以旧日有无基金可因，及筹款之难易为衡。其中以大兴县属北平地方之河北省第一救济院，及清苑县属保定地方之河北省第二救济院，规模较大，至其余尚未筹有端倪。各县迟缓筹原因或因迭遭灾歉无力筹设，或因筹款困难请予缓办。除仍督催切实筹办外，兹将已成立救济院各县列表如上。

——原载《河北民政刊要》1932 年第 3 期。

第二编　慈善文选

善　棍

（清末）

俗称无赖之徒曰棍徒，又曰地棍，又曰土棍，亦曰痞棍。盖俗以棒为棍，状其凶恶，如以棒击人也。其名所由起，则原于李绅《拜三川守诗序》，谓："闾巷恶少年，免帽散衣，聚为群斗，或差肩追绕击大球，里言谓之打棍，士庶苦之。"云云。是则凡得恶名者，始可曰棍。而光宣间，乃竟有假托善名而为恶者，人目之曰善棍。其人辄假慈善事业之名，赁屋于市，标其名曰某某善堂，刊刻缘起，四出募捐，并列负有资望之绅商姓名，谓之曰发起人、赞成人，或从而尊之曰董事，以求取信于人，冀得踊跃输助。其实凡列名者，未必一一过问，惟经手之数人，得朋分金钱而已。

其号称经办之事，如放赈也，办学也，育婴也，养老也，又有衣米、医药、棺冢以及惜字、凉茶之施舍，一一胪列，巨细靡遗。究之，实行者一二而已。所得之资，泰半自润，甚且有因以致富者。其所以得善棍之名者，亦以其诈欺取人财耳。

——原载徐珂编纂：《清稗类钞·棍骗类》（第四十册），
商务印书馆 1918 年版，第 9 页。

论善堂新闻

（1874 年）

善堂之设，原以周济贫人，非以补助董事也。故于夏令，则施医药，所以救穷乏之疾苦也；施棺木，所以妥死亡之魂灵也。于冬令，则施热粥，所以活困苦之残喘也；施棉衣，所以免乞丐之冻毙也。此四端者，尤为最急之务，其他虽当举行，尚在可缓之列，若并此四端而无之，又何贵乎设立善堂也。乃事积久则弊丛生，人无良则资分用，虽窃善堂之名，而亡善堂之实，遂使前人之良法美意，一旦荡然无存，岂非虽有犹无乎？亦何怪贫人之痛恨董事，敢怒而不敢言，惟有咨嗟叹息，私相诅咒而已。吾于咸丰之初，来游上海，彼时城中未经红头窃据，城外未遭粤逆蹂躏，善堂林立，□于他邑，而资斧亦皆充足。闻施借棺木一事，其棺木之价，有可值数十金者，其他善举，亦多类是。时有友人戏谓余曰："君亦知人皆乐为上海人乎？"余曰："何为其然也？"友曰："上海繁华，经营贸易，发迹较易，此人所共知也，至于身死之后，并可借得一具美材，以掩遗骨。妻妾能守，则有清节堂养赡之；子孙能读，则有各义塾教诲之。病则有医药，饥则有热粥，寒则有棉衣，皆可仰望取给于各善堂也。"此言虽戏，亦足见上海善堂之多，与董事之能实心实力以任事也。闻今日则异是，虽各善堂，事有废兴，人分良莠，不能一概而论。然闻间有善堂，或遇好嬉董事，借前人之遗规，求官宪之告示，初则藉此劝捐于富商大贾，及至富商大贾知其仅有空言，毫无实行，不肯捐资，计穷力竭。遂仗官书余威，勒派于妓馆烟间，而妓馆烟间自知所作所为，尽干例禁，不敢不遵告示书捐，既书捐数，即行催缴全清，否则不堪其扰。捐项缴齐，各董分用，取之于妓馆烟间者，依然用之于妓馆烟间矣。至贫人之求医药者，则应之曰无资延买；求棺者则应之曰无力购办；求热粥与棉衣者，则应之曰实无银洋置备米与布也。吁，是真有善堂之名，而竟无善堂之实矣。较之昔日乐善好施之善堂，与今日奉公守法之善堂，奚啻天渊哉。本馆得诸传闻，不知信否，惟素喜直言，不畏人怒，故敢据闻直陈，愿诸君司善堂事者，有则改之，无则加勉可也。并望诸君勿责本馆，喜采谣啄而好尽言也，则幸甚。

——原载《申报》1874年2月5日第547号第1版。

海州查赈章程 [1]

（李金镛　1876 年）

光绪二年，江北旱灾，十月间难民纷纷南下，常州绅士设厂留养。仆既备寒衣赈给之，复念少壮者可来就食，老弱必致坐毙。因赴沪上谋于江君云泉、胡君雪岩、周君味六、顾君容斋，具有同心，各输巨款，特苦无人往办。仆与金君少愚慨然身任，并邀袁子鹏、秦□齐、庄小山、杨殿臣、朱寿崖、尹敏斋诸君，星速就道。时适唐君景星亦有此议，倩瞿君星五同往。十二月十三日，始抵沭阳境，东乡大熟，西乡大荒，抢案日数十起，高流镇一带，人心思乱，谣言日甚。邑尊嘱仆守候差保造册，以便施放。仆思赈贵亲查，不当假手，因偕诸君驰赴高流察看，见鸠形鹄面者相属于道，八口之家往往仅存一二，当以好言抚慰。一面挨户清查，有奄奄垂毙刻不待缓者，视人数之多寡，先为酌给或二三百文至千文不等，仍付粮票候赈，人心为之一定。城中闻信后谓运钱至乡，是导民劫盗也，不候造册，是紊乱赈章也，驰书阻止。仆思赈务之不振，由于州县委之佐贰，佐贰委诸书役，以故上耗巨款下无实惠。仆等承诸君重托，岂可复蹈故辙？且念昔从孝惠余师查赈，无不亲查亲放，从未酿成事端。遂决意七路分查，随查随放，□较董保所造册籍相符者，十不及五。盖若辈以取费之多少作户口之准则，所以小康之家无一不载，极贫者鲜得入焉。仆既幸免斯弊，诸善士益踊跃解囊，至有典衣鬻钗弃产助赈者，遂由沭阳而宿迁而海州而赣榆而山东。虽破官赈之范围，幸未酿成夫盗劫。爰就海州查放之法，亲录如下，以备当世采择焉。

一、须多邀同志挨户查赈也。下乡查户时，每至一处即先传该处地保，着

---

[1]　此章程最初由李金镛 1876 年在苏北放赈时所拟定，1878 年在《申报》刊载时，增加了开头的说明文字。——编者注。

将所辖村庄逐庄开明，不许遗漏，并传庄头遍告各饥户在家候查，不得迁动混淆，一面按庄挨户清查。实系极贫者，按口填给联票，亲交收执。倘有刁民藏匿粮食，希图领赈者，查出之后，合庄概行缓查。或有灾民狡黠者，往往于查过之后，奔入他家，或前村至后村，希图再领。察弊之法：一则观其衣服之华朴，食锅之大小，睡铺之多寡，与人丁口数是否相符；一则隔别研问，称呼有无支吾。更有迁入空舍，希图再领者，则察其锅缝粘合与否，器具安顿与否，水缸小磨浮动与否，芦帘及挂物之绳曾被烟煤熏黑与否。据此数端，真伪立见。然有闻赈归家，实非冒户者，则须查问庄头，一体照给。仆查南池沟时，得一冒户，合村不查，至合邑查毕方再补查，自此以后冒户遂少。

二、查户宜用两联印票也。票载某县某处某姓名大几口小几口，存根类是。每百张订成一本，骑缝处编列号数，送县用印。票则随查随给，根则凭造清册。口数若大壹小无，竟须照写"壹"字、"无"字，盖小写数目及"无"字作"〇"，皆易更改也。

三、口数宜酌量也。官赈向有极贫次贫之分，查户每多争论，不如默为区别，凡遇家无宿粮，人将垂毙之户，小口不妨改给大口，且不妨多给一二口。事虽从权，民受实惠。稍逾此者，按口照给，尚有余蓄者，或仅给一大口，或仅一小口，全在查赈者平心察酌，博访邻居，庶几无滥无遗。大抵查赈秉公，则虽劣生刁监，不敢阻挠。仆每见佐贰官下乡查户有碎舆裂衣之事，究其故则由查赈之事委之书差董保，于是与若辈熟识者所得必多，贫苦之户反多向隅，以致酿成事端。仆等查赈海州、青州、武定等处，户口有五十万之多，皆贴然无事，固由民情之纯朴，或亦稍得持平之道欤。

四、查户宜简从节费也。凡同人赴乡骑驴，则带驴夫一名，或乘小车，则带车夫一名，清书一名写票，路远亦准骑驴，小甲一名打灰印，地保一名引路，家人一名携取物件，不带家人即命驴夫兼之。总不许与闻户口之事，以免舞弊，清书写票亦宜留心看写。所带书役每日给予工食，不得过丰，不得过俭，总据官价酌加为准。

五、查户宜赶紧也。自大早饱饭之后，随带干粮即行起身，至晚方歇。人烟稠密之地，查至四百户为止，不可再多。户口凋零之地，每日亦查二百户，不可再少。如所查之地离寓十里之内，则当归寓，十里以外，沿途借宿，庶不耽延时刻。寓所须留清书二人，今日所查之户，明日即令造册，一乡查竣即可出示给放。

六、放赈宜妥慎也。一乡查竣后，即择空大地方两处，一处收验联票，批注所给若干，一处凭票给发。先期将某日某时放第几牌某庄出示晓谕，庶鱼贯而来，不致拥挤，每天可放一千七八百户。凡有粮可买之地，放钱为便，俾老弱可以取携；无粮可买则宜放粮放粥，然手脚既费，必致拥挤，宜令挨排坐定，次第而放，庶免拥挤跌扑之弊。

七、委员下乡难信任也。名为查户，实则具文。每至一乡，即往董事家中，董事先行设席留饭，或留茶点，然后呈出名册，勒请照册给票，干求无厌。委员明知冒户不实，碍于茶饭之情，受其挟制，以至若辈习以为常，故须破除若辈伎俩。仆每至一村，即逐户挨查，查竣即往别村。乡董备饭不扰，备茶不饮。渴时令小户烧茶，给以钱文。偶有著名富户坚留茶点，并不干求者，亦必查竣此村，而后少息。（光绪四年二月初十日京报全录）

无锡李金镛稿

——原载《申报》1878 年 3 月 28 日第 1815 号第 2 版、1878 年 3 月 29 日第 1816 号第 3 版。

经璞山诸君查赈豫陕义赈章程节略
（郑观应　晚清）

　　查赈放粮向无定章，从古至今实鲜善法。不独南、北情形迥别，即毗连州、县亦属风俗不同。因地制宜，尤在办理者聚精会神、不辞劳瘁，博访咨诹，须事事留心也。经璞山诸君赴豫、陕查赈，沿途采访办赈良法。在灵宝数月，查放陕、灵、阌三处全境饥民共九万馀口，设立粥厂、筹备棉衣，使隆冬之时不致冻馁。添送药物以救时症。兹将其所赈情形，开列于后。

　　一、贫寒士必须格外周恤也。周恤寒士，事在首要。今农田既水旱成灾，砚田更荒枯无望。文人又不能别操他业，情之可怜实为酸鼻。一到灾区，先请学中开造寒生户册，立名之义，总算伙助膏火以全儒生体面。武生中安分守己，实系穷苦者，亦酌资助。

　　二、放赈银粮尤须变通办理也。一到灾区，有粮可运者，宁可散给银钱。少一番转手，即少一番弊端。如无粮食之处，不得不向远方运之。承运之友，择诚实可靠者，亦须立誓明心。若散给粮食设立粥厂，尤不宜用本地人为司事，恐因情通弊，势所不免。用远方人，则情无可通，弊亦可除。

　　三、查赈仍须随带书差也。一到某县，会同印官开列全境都图。由官派书差带领下乡，着差役先传地保，逐户亲查。先看床铺、席板多寡，锅盖尘沙有无，再察其人面上肌肤如何，自能了然于胸。然后填给联票，数目字样均须大写，即如"大口几名、小口无"，于小口之下，亦端端整整写一"无"字，至用书办者，恐口音不同，问姓道名庶免写错。

　　四、下乡编查，必须紧户宽口也。目见稍可敷衍之家，断不可滥给联票。至年老、残废、孤寡、妇女宽给口粮，多沾一分实济。

　　五、给发联票仍须加印小戳也。联票虽由地方官盖印，经查司事必须加印小戳，以绝胥役串弊。若中上吃饭停查，及晚间住宿，均须将未填票簿收在自己身边，以杜飞票之弊。

六、开放之日仍宜按里挨村也。无论施粮赈银，历查前人办法，城中固非宜，宜择离乡左右十数里之中，或庙宇或园场。一边换给小票，一边持票照领，不致拥挤，法固尽善。某等探悉前次官放，在极苦之户领到者，无不扣折短少，皆因年老残废、年轻妇女步趋不便，托人代领，尽被中饱。或到开放之处，拥挤不前，畏羞落后，托人转递亦被硬扣。某等立意仍照编查时逐户亲自散放，庶绝刁民过手之弊。

七、保婴恤嫠必须专司其事也。查户时随处留心，先录一底册。有厂屋可留养处，总以留养为主。至按月给钱，必须请本地公正绅士总司其事。盖查赈放粮二三月可了，而保婴一事全在隆冬之际。某等远处他乡，不能因保婴事专立局名以省费用。

——原载夏东元编：《郑观应集·盛世危言后编》（四），中华书局 2013 年版，第 1371—1372 页。

设桶劝助晋豫赈捐启

（经元善　1878年5月8日）

易子而食，析骸以爨，此楚宋交兵围城中惨状也，岂意水旱饥荒而亦有人相食之事。如上年晋豫旱灾，赤地数千里，草根树皮，掘剥殆尽，渐至易子析骸，奇惨万状，延今数月之久。闻朝廷发帑截漕，官绅劝捐助赈，已上下力竭，公私义尽，而仍饿莩载道，千百万哀鸿犹嗷嗷延颈者，实以灾区较广，为日甚长，恤怜之心未已，劝捐之术已穷。即备捐簿数万本，亦不能执途人而尽劝之也。因拟仿缸桶随意变通劝捐之法，制备木桶百具，择城内外聚市街道各设一桶，劝道路行人随愿投钱，自数文以至数百文，或钱或洋，多多益善。统计百桶能日得钱百千，可延残喘四五千人，积少成多，不无小补。愿往来过客，见此捐桶，如见晋豫饥民之垂毙道路，急施一饭之赀以救之，所费无多，厥功非小。并祈推广同志，转相告劝，自一家以至各家，一邑以至各邑，俾妇稚皆知，感动恻隐，具在人心，此以不劝之劝，补赈局所不及劝，为两省饥民乞命耳。所有分设捐桶章程及附劝各条开列如下，或有未尽善之处，尚祈留心赈务者随时惠教焉。

一、制木桶百具，编立号数，上刻一孔，比腰园式略长，约可二百文并贯而入，外加封锁，并书四言劝捐小启于桶面，使行人过目即知。

二、择城内外聚市地方，托公正店铺将捐桶置其门外，就柱上加钉羊眼，将桶锁住。晚间即烦店铺携桶入内，开锁盘点，见捐钱若干，由堂发一号簿，逐日登记，明晨仍烦加锁移置原处。此外如有可以设桶之处，闻见未周，尚祈好善者随时随地留心察看，到堂关照。

三、每桶立一手折，书明几号、设在某处，堂中司事每日持折向各店铺，将昨日盘见钱数登折，饬使凭折挑取，或间数日一挑，以钱数多寡为定。堂中立一总册，将挑回捐钱按桶逐日登记。

四、每桶每日能得钱一千文或数百文，以百桶计之，每月可得钱二三千钱，或半月或一月汇缴赈局，由局分解晋豫。

五、将所拟捐启及劝捐章程抄呈道宪邑尊备案，传谕各铺地甲随时照料外，并将捐启刊刻、分送、张挂，并列《申报》《新报》，以广善缘。

六、租界市廛较广，人烟稠密，往来商贾不惜小费，更可多设几桶。惟虑或有阻挠，所望照管得人。幸西商救灾恤邻，不分畛域，有从数万里外寄银助赈者，有集资远赴灾区设法施济者，不独饥民为之感泣也。今租界所设捐桶，犹赖工部局巡捕房一视同仁，以杜阻挠而全善举。

七、衣食日用一切浮费有可节省者，悉以分济饥民。日舍一二十文，已活人一命。缓步当车，晚食当肉，何损于我。

八、喜庆宴会固不可少，然回想灾区，草根树皮甘于山珍海味，何不少分余沥，以润饥肠。

九、歌台舞榭，酒池肉林，多逢场作戏之人，试一念两省饥民易子析骸之惨，必情兴为之少减。况彼饥民何罪，降此凶灾，我侪何福，享此安乐？自问应亦难信，盍稍撙节以救风餐露宿、奄奄待毙之人。

十、庵观烧香点烛，兼焚楮锭，或助灯油，以沪地南北统计之，每日不下数百金。如往天竺、普陀、茅山、龙华等处，所费尤巨。倘移此款以赈饥，则心香一瓣，化为几缕炊烟，神佛有知，必喜其能先其所急，获福更倍。

十一、妇女最易感发善心，试以《山西饥民单》《河南铁泪图》示阅，或为讲解，无不恻然动于中，其发心施舍，每有过于男子之真诚。

十二、此举为晋豫饥民待赈孔亟，官绅劝捐之术已穷，故设此变通之法。本堂司事及所托照管之各店铺，俱公正可靠，不受薪水。事竣当刊附征信录，以照核实。如有丝毫染指，雷殛火烧，子孙绝灭。幸乐善诸君共谅焉。

同仁辅元堂谨启。

——原载《申报》1878 年 5 月 8 日第 1850 号第 3 版。

善堂司事不可倚势说

（1879 年 12 月 12 日）

地方之有善堂，所以成义举，所以广善缘，法至美也，意至良也。司其事者，宜何如深体此意，为地方造福，为闾阎取，则非可藉是作威福也。东南各省乐善者，众善堂林立，或为保婴而以慈幼为心，或为清节而以恤嫠为事，或赡贫而设栖流之所，或养老而立普济之堂。原夫众姓集资举行善事，特简于众，择其有品有才者使之主其事，勤稽察，司出入，勿使有一人之不得其所，而其责为已尽矣，非谓假以事权而即可恣行妄为。

然近来善堂司事往往有恃其势力，以鱼肉乡里者。盖善堂之设，所以补地方官之不足，而相助为理，故地方官于善堂司事亦必假以词色。凡有堂中公事应该商办者，或虚心下问多所嘉纳。而彼司事之人遂以为地方官惟我之言是听，而日久胆壮，乃益觉趾高气扬。偶有触其气者，竟有睚眦必报之意。而善堂之有益于乡里者，至是而反有害于乡里矣。试一顾名思义，岂设立善堂之初意哉！

昨报载被逼服毒一则，云：苏城某南货铺为城中某善堂司事所开，其店伙亏空过多，遂至服毒身死。夫以店伙而亏空东人之资，固属不合，然律以官法，亦未有死罪也。况所亏空者虽以店伙负欠借为弥补所致，而生意既不甚佳，安保无折阅之虑，乃结算亏欠约有六七百金。而店东概不肯认，以为店本悉属善款，悉令伙一人赔偿，是直欲以店中所折阅之生意，令其伙一人身上着落，有是理乎？且其伙在店已曾用绳自缢，幸为众人救解。此时为店东者，当亦动其恻隐之心，乃不但不代为弥缝，而且做意恫喝，胁以送官，致该伙求生无路，甘于服毒，是亦可谓残忍之尤矣！

夫善堂捐集之资，岂可任其一人运用，彼既将善款借作资本，以图从中取利，而复以善款不容短少呵吓其伙，则竟借善堂之势以逞其恶也。以善堂而有势可恃，尚得谓之善堂乎哉？大抵该店东之在善堂也，亦未必遂有善可为也。善堂董事类多乡绅，而乡绅之中品类不齐，其有好事者一成，有人有求于彼，稍加以谀词，无不兴高采烈任意妄行。

故近今以来，往往闻有善堂董事经手讼事，出入公署，私情请托，无所不为。为司事者，乃亦假虎之威，遇有些小公事，亦窃其董事之名片，向官关说，其间颠倒是非、混淆曲直者所在多有，此风之渐长已非伊朝夕矣！推原其故，以善堂之名气太重，官信之太过，善堂之绅董未能择人，而司事者更不问其人品，于是乎，假为善之名，行为恶之实。窃深惜善堂之名目为若辈所坏也。某店东之事其显焉者耳，穷乡僻壤之间，不特不能常得见官，亦且不能常见绅士。昔在乡间见有索债而未即偿者，则曰：如不即行交出，吾将送入某善堂，而欠者无不赶即措缴者。盖一经缴入善堂，则所欠若干，不但分文不能短少，而且另有所费，故不若还之债主之为愈也。

即此以观，善堂之势焰熏赫已可概见，恶用是善堂为哉，虽然地方之有善堂究属美事，因噎而废食，非策之上也。计惟有设立定章，善堂但管善堂之事，此外地方公事一概不得参预，除该堂应商之事外，不得时至官署，亦不以片纸入公门，而司事之人严加稽查，不许其依托善堂之势，一有劣迹立即斥出，如此则善堂之设无害于百姓而有益于闾阎，安在其不可为者，而其要则全乎一事，曰得人。

——原载《申报》1879 年 12 月 12 日第 2378 号第 1 版。

善堂宜防流弊说

（1880 年 3 月 31 日）

日昨本报载有增设善堂一则，据杨城访事友人来函云：因育婴堂所乳养之小孩由渐而长至四岁以上，堂内不能容留，故另设一保安堂以居之，近来保安之堂经兵燹颓圮，刻闻府县另择善地开堂收养，更其名曰怀少，盖取圣人少者怀之之意，而推广其慈幼之恩，意至良也，善至盛也。然而其流弊不可不防，而其章程不可不肃也。何则善堂之举，杨城固可称首，而各处亦不乏焉。然此中之弊端，实不一而足。以善堂之有益于民，而民率多咨怨，则又安取此空名之善也乎。请即各善堂弊端之可知者指而出之，俾董其事者，有则改之无则加勉，或于设立善堂之意不无少裨也。

有所谓贞节清节堂者，收养孀妇之处，□然人有额数，满则不能再进，已未免有向隅之叹然，犹曰限于经费也。而所收养者往往皆以情面请托而得之，其果有穷乡茕妇茹苦含辛而衣食不给者，多以无情分之故，不能位置，而稍有资蓄者反得滥竽其间，此一弊也。

育婴堂，所以收养遗弃之孩也，然所雇之乳妇，或领孩至家而饲以糕粉，乳则仍哺其亲生之子女，甚者且一乳两雇。堂中董事亦不时查察，而终不能破除情面，故堂中之孩无不鸠形鹄面，从无肥胖白净之人，此一弊也。

矫其弊者，或以察察为明而轻举妄动。以余所闻，某育婴堂董事于清晨至某乳媪家伺其曾否用心于抚养，适该媪他出，如是者再，遂以为必有别情，而遽抱其孩以去。其实则该媪以清晨出汲，并无他意。闻董事抱孩而去，竟欲觅死，此则又太鲁莽而不能详审，所谓矫枉而过正者也。养济堂者，所以保养耆年也，然其中稍有可任奔走者，类多驱使若仆隶，而果有老病疲癃不能动止，或粥饭棉衣不以时给，至于啼饥号寒者有之，此一弊也，是其大略也。

若夫善堂司事之人，必以老成谨慎为要，而近来司事之辈良莠不齐，竟有恃善堂之势凌轹平民者，此又一弊也。

即其书捐收款亦当随缘乐助，而近则多有其势汹汹，形同勒掯者，此又一弊也。

至于收用之数，必核结榜末，以凭征信，而所收之数或多浮于其所用之数，其滚存之钱，或由经手人放典生息，甚有私借与人以取重利者，则是以善举之资而为盘剥之计也。更有挪取善堂经费开张店铺以觅利。如前报所载，为经理店务之伙亏空，倚势勒赔，以至该伙轻生者，此又一弊也。

乡间或有欠项，或系赌博之类，或系勒写之据，而本人不能收取，则即助入善堂，由善堂禀请提追，往往而有，则是以善堂而为人包索欠项，岂设立善堂之本意哉，此又一弊也。

说者谓善堂之设，民捐民办，故不由地方官经手，盖恐防吏胥之舞弄也。然地方官以其兴办善举，足为地方矜式，每多假以词色，因而出入衙门，或遇事之牵涉该堂者，地方官每多左袒，而董事辈遂公然自以为人莫与抗，因而渐开请托包揽之门，而善堂之声势遂为乡间所侧目。

凡此种之弊窦，托为善之名，无为善之实，而人方恨苦不暇，又何感激之有。故吾谓善堂之增设固属好事，而弊端不除，章程不肃，则亦徒有虚文而已。顾欲肃其章程亦非难也，从来治法治人相济为用，而有人则法可以立，无人则法不自行，此其大彰明较著者也。欲以实心行实政，使善堂之名克副其实，道在择人而已也。不徇私情面而私心化，无向隅亦无滥厕，无疏漏亦无苛求。一堂有一堂之事，此外皆不得与闻，除请地方官出示严禁地棍滋扰而外，不准干预公事，亦不得以善堂声势欺压平民，而有欠项之捐入该堂者，一概不收，而经费亦以足敷开销而止。即使岁修添补等项，亦当预储以备不虞。不得私放重息，移挪别用，而实收实用，确查编册，一无遗漏蒙混，则有利无弊，实惠及民。善堂之增设未始，非地方之福也。天下之事有一利即有一弊，不独善堂为然。惟苦于不知其弊，但知其利，则弊愈滋而利决不能溥。苟能指而出之，俾知利中之弊足以害利，而随时审查，杜其渐而防其微，则利以兴而弊以绝，惟在当其事者之实事求是而已。如恐其弊之难绝而遂并其利焉者而置之，则因噎废食，抑又不可有志于善者，盍亦审诸。

——原载《申报》1880 年 3 月 31 日第 2482 号第 1 版。

创设广仁堂折

（李鸿章　光绪八年三月初六日 [①]）

奏为津郡创设广仁堂，收恤妇孺，分别教养，已著成效，恭折仰祈圣鉴事。窃天津、河间等属地瘠民贫，迭遭灾歉，孤儿嫠妇往往无以自存，情甚可悯，必须创设善堂，兼筹教养。前于光绪四年旱灾后，据南省劝赈绅士前署陕西藩司王承基、候选道郑官应、主事经元善等集捐洋银一万元。经臣商属前督办河间赈务今太仆寺卿吴大澂、候选知府李金镛，先于津郡东门外南斜街暂设广仁堂，收养天津、河间两府属遗弃女子、贫苦节妇。一面倡劝捐资，多多益善，饬道员盛宣怀等督同绅董妥筹经久之策。嗣因经费集有成数，遂于西门外太平庄卜地建堂，共盖屋二百八十馀间，将南斜街原收妇孺归并太平庄，于堂中分设六所：一曰慈幼所。收养男孩，初收则为涤垢治病，继则分拨各所授事。二曰蒙养所。设义塾五斋，择聪俊者延师课读；三曰力田所。于堂之左右购置地亩，种植木棉稻黍菜蔬，择粗笨者雇老农教习。四曰工艺所。择不能读者，令习编藤织席，刻字印书，嗣年长业成，听其出堂自谋衣食。五曰敬节所。收养青年节妇及无依幼女，仍令各勤女工，不使闲逸。幼女无家可归，俟长成为之择配。六曰戒烟所。专延良医，妥置方药，疗治鸦片瘾病，使吸食者有自新之路，庶烟禁不致徒设。各所均派诚实司事专管，其敬节所均系妇女，终日扃锁，以慎关防。饭食等项，悉由转桶出入。公举年高有德之节妇在内管束，俟守节年例相符，由在堂绅董出结移县，转请旌表。现计开办三年，屋宇一律竣工，章程亦皆妥定，耕读纺织成效昭然。而戒烟除瘾者，已有二千馀人，实于风俗人心大有裨助。嗣后应责成绅董遵照定章实心经理，务垂永久。溯查道

---

① 该折原档有两份，另一份时间作"初七日"，上谕内容亦不尽相同，谕文曰：着自本年起每年偿给天津广仁堂南米三百石俾资养赡。六所中惟戒烟所尤为善举，若果疗治有效，于风俗大有裨益。

光年间，保定省城创设全节堂，其时只收养妇女五十名。今津郡广仁堂定额七百五十名之多，各所收养穷民亦众，岁需教养费用甚巨，而存本生息之款无几，诚恐未能持久。除督同官绅随时设法募捐接济外，查上年京城仿照津章，新设广仁堂，经顺天府尹奏奉谕旨，每年赏给南米三百石，钦遵在案。津郡创设广仁堂，实为北省赈抚善后一大义举，与京城善堂情事相同，相应奏明敕部立案，并援案吁恳天恩，准自本年起，每年赏给南米三百石，于江苏海运漕粮项下在津就近拨领，以广皇仁。是否有当，理合恭折具奏。伏乞皇太后、皇上圣鉴训示。谨奏。

着每年赏给南米三百石，准于漕粮项下就近拨领。创设广仁堂，收养妇孺，教养兼施，办理井井有条。所请米石着准其拨用。惟宜督饬绅董实心经理，以期行之永久，不可视为具文。

——原载顾廷龙、戴逸主编：《李鸿章全集·奏议十》（第10册），安徽教育出版社2008年版，第59—60页。

条陈八则

（谢家福　1889年）

一、请驰奏灾状也。定例报灾，不过九月。然道光癸巳成灾于十月之中，经前抚宪林文忠公剀切陈奏，有案可循。本年成灾十分至八九分不等，尚非道光癸巳可比。若因州县未尽详报，或虞以轻报重，尚待覆查，则时日愈迟，蠲赈愈缓，灾民之生计愈促矣。夫州县宪多收一石之粮，即多得一石。公费之利，安肯以轻报重？况遇偏灾之岁，轻重不齐，下顾民生，亦不得不上顾国计，自应持重审详，补苴正供。今则高低田亩尽在水中，且太湖之水、浙江之水皆蓄而未泄，广有来源，全无去路。即使自今伊使天气晴朗，仅惟上高之田尚可收割二三成，幸而不必赈恤，势难再征漕粮。中下之田终成绝望，并须赈贷。朝廷爱民如子，倘蒙各大宪详切敷陈，请蠲请赈，终不为例文所缚，亦断不疑损上益下也。况不见蠲减之奏，无以动本省绅富捐赈之心；不见发帑恩旨，无以劝各省协赈之款。此节似为第一要义。

二、请筹款买米也。劝捐绅富，资难遽集，非由官中先筹巨款，恐误事机。现闻浙省派员来苏办米二十万石，米市已空，米价已自二十四文一升腾贵至四十八文，必须赶紧备款采办。一面通饬关卡，凡遇贩米入境者，悉免厘税，藉以招徕客贩。比闻苏藩属上年赈余十余万金，已蒙批发办米，然为数非多，似宜奏明于不论何款中极少再拨二十万金续为采办，将来平粜给赈需用正多，不得不多为之备。

三、请奏准开捐也。查道光癸未，宁、扬、苏、松、常、镇、太七属水灾，苏藩库拨银三十一万余两，浒墅关苏粮道、江粮道各库共拨银二十三万余两，户部指拨银四十五万余两，绅富捐一百九十五万余两，共计三百万两。道光癸巳，苏、松、太三属水灾拨帑十三万两，又劝绅富捐八九十万串以资赈济，又筹拨银二十九万两开浚浏河、白茅河以工代赈，共得一百二十万两。道光己酉，苏、松、常、镇、太五属水灾共用官捐义赈一百二十万两，民间自捐自放并未报官立案，及留养江北灾民之费尚不在内。此次灾与相等，冬春待赈尤急。苏藩五府属赈需恐难减于一百二十万两之数，即使拨帑劝捐，终虞不足，应请仿照前年江皖赈捐之案，奏准报捐翎枝、贡、监衔封等项，藉裕赈需。凡不愿得奖者，一千两以上奏请建坊；五百两以上由督抚宪给匾嘉奖；二百两以上由藩臬宪给匾嘉奖；一百千以上由府县宪给匾嘉奖。本地绅士就官他省者，由郡中官绅公函劝募。现在本籍之绅富，劝其乐助巨资，不宜苟派。

四、请先行平粜也。查嘉庆甲子等岁大水，彭氏二林、简缘、秋岳诸公举行平粜，先期查户给票，按家口多寡自一升至三升止，其值较市每升减钱十文。按日凭票籴米，民皆称便。现在筹捐艰难，拟请每升照市减价四文，（能减六文、八文、十文尤妙，各随其力。）每口每月自第一次发米三斗事竣归本外，以后每口每月补发耗米一半，一升五合，就查见极贫户口多寡以定米数，发交本地公正绅士周转买卖，一月之后，再行补发，一半耗米，一次所有，一月内减价亏耗之数，即由本县绅富筹捐补足。力所不继者，他县绅富协济之，务使周转至一月为止。庶每口每月米本仅耗五六十文，官中筹备米耗以五十万口计之，每月仅须三万串，承办之绅富亦每月每口捐贴五六十文，以贫户一千口计之，每月只须六十千文，以较放赈轻而易举，然买米者可得一月平价之惠，民情即不至骚动。如蒙准行，再将彭绅原章抄呈。至于丰备仓所积之谷，就长、元、吴三县计，闻有十二万石，虽收买藏储极为周妥，然新旧不齐，春碓不速，只可备赈给之用，不能资以平粜，大抵各县皆然，合并声明。

五、请以工代赈也。吴中大患不在旱而在水。今春闻开浚吴淞之议，识者以手加额。现既未及举行，移款办米是亦救急之道。然吴淞、白茆等河一日不浚，则苏、松、太三属永切其鱼之患。宜乘此捐振之时，但赈老弱妇女，节其坐食之赈，移作河工之费，使壮者就食工中，一举两得。

六、请续拟赈恤也。一交严冬，凡被灾最重之区，如果积水不退，既无可食之米，又无籴米之钱，必须按查户口给发钱米。设厂发衣，挑担发粥，设立牛当，保恤孤婴，举所有荒政成法，尽利推行，俾资存活。特冬春为日正长，赈款尚无把握，不敢遽抒刍论。惟大麦种亟须向江北采办，俾立春后半月之内可以播种。

七、请劝缓收租也。道光时历次大水，吴中业户间有全免田租者，亦有照减粮之成数以定租额者。因寒苦之家，义祭之产无可别谋，支度更无从筹费贴粮，故上宪悉听其便。现在倚田为活者比比皆是，而农民之苦况亦甚于前。查向来业户均于十月下旬收取租米，此时漕粮之蠲减尚未奏定，似宜劝令各业户展缓至十一月奏定蠲减成数后，分别减免，酌量收取，以恤佃困。

八、请严办抢米也。查嘉庆甲子大水灾，民得以全活者，实赖巡抚汪公捐集赈款至三百万两之多。然其时乱民俞长春纠众抢米，自六月初一起至初六日止。九县中共有一千七百五十七案，始由汪公宽仁未即严办，遂至闾阎汹惧，绅富寒心，赈捐因之掣肘。自初六日汪公执俞戮之，其乱遂定，然九县已骚扰不堪。现在人心不古，枭匪混杂，震泽等处已闻有吃大户、分米行之事，同里至平望镇航船已停，北圻镇民纷纷欲避，唐家河有剪网船三十余号，颇为商旅之患，必须先行严禁，三令五申。遇有抢劫，惩一儆百，遏乱荫用重典，古法也。

——原载苏州博物馆编：《谢家福书信集》，文物出版社2015年版，第106—107页。

江、震急赈条议

（谢家福　1889 年）

现在重在查明被灾户口，并非即是放赈，需先认清题目。

凡遇粒米均无、朝不保暮者为极贫，距将来官赈之期尚远，不能不先接济。每大口给钱二百文，小口减半。震泽一县不得过八千串，吴江一县不得过四千串。

各路中如果愿募捐钱附同另给，但可将次贫一并给发，不可每口过于二百文，恐各路相形见绌，致多窒碍也。另给之钱作捐款收账。

未没之圩不查，已没之圩而家道殷实者不登册。室如悬磬、粒米俱无者为极贫，仅存斗粟者为次贫，分别登册。

册子须造两分，一存经办董事处，一送县署。又造极贫给钱之册一本，送苏州。册式如下：某县，某都，某图，某圩。

极贫某人。（大男几口，小男几口，大女几口，小女几口。）共几口。有节、孕妇。给钱几百文。

次贫某人。（大男、女几口，小男、女几口。）共几口。（有节妇，有孕妇。小口两口作一口。凡遇二大三小则共数书三口半，每半页十行计十户。）

每路请司事二人，支薪水六千文。船只伙食零用极多，以三十千文为则，如愿自备，收作捐款。

分八路开查，尽十一月二十日必须查竣。工迟不如拙速。

——原载苏州博物馆编：《谢家福书信集》，文物出版社2015 年版，第 114—115 页。

江震两邑办赈章程七条

（谢家福　1889年）

拟冬春两赈也。急赈已由县会同绅士查户酌恤，所领库款一千及提用积谷款吴江二千串、震泽四千串，震镇平贷钱二千六百串，协赈公所洋一万二千元，俟急赈放毕，由绅报销。如有赢余，归入冬赈。倘有不敷，再行另筹，以清界线。一俟人手毕集，再行分路开查。年内赶办冬赈。明年二月间，续办春赈。

拟官绅筹捐也。此次钦奉恩谕给帑，应由大宪按拨，此外库款有无可以筹拨之处，亦候大宪裁夺。江、震本地并无闲款，仅谷钱不及四万串，应请尽数拨用。各镇绅富，自应量力输助。所有捐项，无论大小，均归江、震筹赈局刊发收照。事竣，刊刻征信，以期共见。

拟善士查户也。所有江、震两县被灾停征之圩，应即敦请妥实善士八人分作四路，按圩查勘。除不贫之户外，分别某都、某图、某圩、某户大小若干口，极贫或次贫随给两联赈票。（赈票编号后，先送县印骑缝。）苟能存活或有生计者，概不给票，每口给钱若干，俟款集酌之，并不注明票上。所有赈票存根每两日送局一次，由局雇人造成清册，以作放赈账本。（凡村中本贫之户，种田不多，水已没过稻头，朝暮已经乏食者，谓之极贫。或现有水稻可捞，而家本贫苦，春花不及补种者，谓之次贫。）

拟四路放款也。每一路查毕，即在本路适中之地设立放钱公所。先三日发告示到乡，某日在某处公所放某某圩赈款，届时凭票封根给发，并加盖冬赈已放红戳。俟放春赈后再将赈票收回。

拟撙节经费也。管账、管钱、缮写清册，帮同查户，均须延请司事，所需饭食、薪水、盘川、纸笔以及书吏、地保、圩长、工食概不开支官款，由本地捐项内动支。其城局应用公费，由绅董捐给，概不开支。

拟推广善举也。失所幼孩、怀孕妇人、老病残疾、守节寡妇、有无耕牛，均于查户时注明票根，以便登入清册。

拟严惩流弊也。设有绅董侵吞，司事徇冒，差保朦蔽，克扣灾户，哄闹邻族，挪移等情，经查出，由官严办，不稍宽贷。

——原载苏州博物馆编：《谢家福书信集》，文物出版社
2015年版，第163—165页。

论官赈不如义赈

（佚名 1892 年）

　　昔贤有言，官赈不如义赈，向犹疑其说之不尽可信，今观于各省官赈义赈之利弊，而后恍然于此说之确不可易也。盖官赈必假手于胥吏、丁差，若辈惟利是趋，无弊不作，断不能实惠及于闾阎。即使官甚明察，而以一人之身，耳目亦有所难周，若不肖州县，则上下相蒙，益复不堪设想。故自来办官赈者，无不百弊丛生，有名无实，其见诸奏报及各家纪述者，指不胜屈。即观近日山西巡抚胡中丞奏办革书陈某之事可知矣，奏中大略谓：近因归绥道属被旱成灾，委员驰往各属会同开仓赈济，乃有托克托厅已革户书陈春受捏报户口，冒领仓谷至二百石五斗之多。当此垂死饥黎延颈待哺，竟敢从中舞弊，将数千名口粮侵吞入己，实属忍心害理，罪不容诛，当即批饬就地正法，以惩蠹弊而重赈务云云。似此杀一警百，彼胥吏、丁差自当懍王法之难逃，不敢存舞弊之心，即委员等益当仰体宪意，认真查办，涓滴归公。范文正有言，一家哭何如一路哭，中丞此举可谓得之，然而官赈之难靠则固于此而益见矣。

　　若义赈之胜于官赈，亦不必远述往事也。试就近事言之，光绪初元，晋豫大荒，赤地千里，于是东南诸君子奋然而起，纠约同志大开义赈，或司劝募之任，或司查散之职。迄今十余年来，赈务之广几半于十八行省，赈银之巨几及数千百万，自古以来，未有义赈如此之久且广，广且巨者也。所恃者办赈诸君子实心任事，声誉素著，故能呼应灵捷，转输不穷，其在各省散赈者，又皆不辞劳苦，躬自查放。旱则奔驰于烈日之下，涝则跋涉于泥泞之中，所到之处，灾民感激涕零，绝无议其有私弊者，用是义声大振，至于上达天听，屡荷传旨嘉奖，义赈胜于官赈不从可知乎。

　　虽然义赈之善固矣，而窃不能无过虑于其间，欲为办赈诸君子进一议焉。夫天灾流行，无时蔑有。从前未设轮船电报之时，信息阻滞，呼吁无从，今则朝灾夕报,纷至沓来,天灾无偶止之时,即捐务无暂停之日,顾此既虑其失彼,博施实难于遍及。夫有盛必有衰者,理之常也,今捐务亦既疲极矣,而办赈诸君笔舌互用,劝募不衰,力任其劳,至为不易。所虑者以诸君子特开之义赈,而各省竟视为通行之善举,一有偏灾,便烦筹措,是无论仁浆义粟万不能如取如携,而以堂堂中国,绝无荒政之修,但以赈捐为事,既非政体,亦终非久长之策。且目前诸君刻苦清正,固皆一时之望,而他日接手,实难其选。窃以为天灾虽无时蔑有,究竟小灾多而大灾少,似宜明定章程,凡州县遇有水旱灾荒,不致灾及通省者,应由本省大吏自行赈抚,或由籍隶该州县之著名绅董,出外劝募以补不足。若事关通省灾区广大,然后由义赈局分投查赈,赈毕即行停办。如此则赈局之力可以稍宽,不至无息肩之日,即捐户之气亦可稍纾,不至有弩末之患,不然者,日复一日,年复一年,必有赈不胜赈,捐无可捐之时,何若留其有余,使常可开办之为得乎?因论义赈而纵言之,质之阅者以为如何?

——原载《字林沪报》1892 年 11 月 8 日。

中国亟宜创兴红十字会说

（1899 年 4 月 10 日）

　　红十字会者何？泰西各国施医疗疾之善举也，人但知两国交争例由红十字会中人奔赴沙场医疗被创军士，开设临时病院，施以药饵，供其衣履、糇粮，殊不知平日遇有疹疠、天花，或则洪涛溿濎之中轮船失事，会中人亦皆得施其神术，以拯生灵，正不第枪林弹雨之间得以行慧心仁术也。

　　其会滥觞于瑞士，各国闻此义举，无不仿而行之。日本当明治维新，萨摩乱作，有亲王中之好善者设立慈善会，以救疮痍。顾其术只行于国中，尚未与各国互相联络，每苦推行未广，不无扞格之虞，乃遣人航海赴欧西考订章程，藉通声气。各国允其入会，遂改名"赤十字社"，募捐巨款，大扩规模。

　　迨乎衅起，高丽、中东交战，"赤十字社"中医生及看护妇之驰赴战地者多至十万人。不特日兵临阵受伤，蒙其医疗，即华兵之中弹而仆者，亦不分畛域，一体留医。盖社中人与战事无关，故得奔驰于千军万马之中，两国皆不得伤害焉。

　　今者海东波靖，玉帛重修，我中国朝野上下闻皆知西法之美善，于是远近各埠凡有集款施医赠药者，多托名仿照红十字会章程，大书特书，藉以矜奇炫异。嘻！其亦知欲兴红十字会，必先与东西各国会中人联合，欲联合东西各国会中人，必先由政府互相商允乎！虽然中国苟未兴西医之术，虽由政府商之各国，我知各国亦决不准其入会，以致有名无实，徒损红十字会声名，若不待其允否而我先贸然兴之，窃恐两军相见之时，我虽自称红十字会医生，彼仍认为敌人而遽以枪炮从事，致未及疗人之疾已先被疾而归。然则中国不兴红十字会则已，欲兴红十字会，其于医术可不研求精进，弃旧法而启新机欤？

　　或曰："中国既有军中医士，即无红十字会，亦可疗军前被恤之人。"殊不知各国交战定章，军医海则居舰中，陆则留营内，非若红十字会中之医士可以遄行无阻，四出施医。入会之人，手执白底红十字小方旗，腰悬长刀，肩荷洋枪，背负医囊，其装束与军医迥乎不同，而实足辅军医之所不及。

在昔辽东之役，我中国因无红十字会，是以受伤军士大半由日本"赤十字社"中人代为敷治，至愈后始交还。厥后大阪华商孙君实夫，商之日本执政大臣及赤十字社各员，拟即设法仿行，曾译出章程十余条，登诸本报。日本政府许以竭力襄助俾底于成，孙君乃具禀星使裕公批准转详总署。我知孙君既已具此善念，必能竭忠尽智以底于成，不致被废于半途之消也。

或又曰："方今兵戈载戢，海波不扬，既不至于兴戎，安用此红十字会？"则应之曰，顷固言之矣，红十字会中人平日遇有疹疠、天花或则洪涛潢潏之中轮船失事，皆得施其神术以拯生灵。目前疹疠、天花尚不多见，轮船失事岁亦不数数闻。然皖北、山东以及江苏之淮、徐、海诸处，或旱或涝，饥馑荐臻，小民荡析离居，死亡载道。死者长已矣，其幸而生者，经旬槁饿，病骨支离，加以尸气熏蒸，必多疾疫，如有红十字会，正宜乘此时世艰难之际，施妙术以救群黎。惜乎衮衮群公先事尚未经议及耳，此不佞所以亟盼中国创兴红十字会，莫让泰西、日本专美于前也。

——原载《申报》1899 年 4 月 10 日第 9332 号第 1 版。

浙江筹赈章程

（经元善　1889 年）

谨将浙江筹赈局开办章程公同酌议十二条，呈请宪核。

一、省城同善堂向办善举，现奉饬作为筹赈总局，官赈义赈相辅而行，应请遴委驻局一员，总司文案收支，遇事会商防军、厘捐两局提调，或有应行禀请示遵之处，即由委员面禀，俾得速办。

二、奉发浙江筹赈总局关防，所有上下文移及收捐联票，均应盖用，应请檄饬驻局委员管理，随时行用，以昭信守。

三、总局收支款目，由沪绅会同遴派公正董事二三人，随时登记。某县应发某款，由提调与驻局委员禀候司道酌定，饬令如数动拨，按月开折呈报各衙门查考，以昭核实。

四、名为官赈义赈合办，仍当稍存区别。开办之始，自不能不先动官款，惟为数较多，善堂既无库储，应请以十万两饬寄藩、运外库，如有应发之款，不拘卯期，随请随发，以免稽延。其余银洋及协济捐输款项，收到后即由局核发收照，即将银洋公同发交省城殷实钱铺，易成洋元现钱，立折随时提取，或即令汇寄，以期便捷。每届月底总结一次，分别呈报。

五、办赈应先查户口，或就各州县已查之册，按册抽查，或逐细核查，量分上灾中灾、极贫次贫，得有户口实数，彼时协济捐输亦略有大数可稽，按口约派，各就地方情形，或平粜，或散给米谷，或携带银洋，就地易钱放给。大致以年内赈一次，明年仲春季春再各赈一次，俾得均匀沾惠。

六、杭、嘉、湖、绍各府属幅员甚广，势难普赈。就地方而论，湖州最重，杭、嘉次之，绍又次之，宁则蛟水早退，且彼处物力较丰，尚足自赈，不必省局为之筹画。就民情而论，客民重于土民，滨河之民急于腹里及山乡之民。此种斟酌损益，全□地方官会同公正绅士，认真厘剔，庶不致漫无收束。

至此次被水淹□塘堤堰闸桥跳，有关农田衢路之处，散赈之时，并准随便察看，酌量拨款修筑，以工代赈，于地方受利尤深。

七、本届灾振，荷蒙抚宪率属倡捐，所有各府城乡绅富各业，自应量力捐输，以全梓谊。即以沪局所来募册，由局盖用关防，加具简要启词，照历届成章，分行各府州县暨各局各学，妥为谆劝，务期多多益善，以资补助。

八、请饬下厘捐总局，分行湖州、宁波各府局，按照沪局所请，洋丝每包捐洋四元，洋药每箱捐洋四元，以十一月初一日为始，务令劝谕各商遵照捐输，一俟赈务办竣，即行出示停止。

九、请饬下运司衙门，谕饬四所甲商，每盐一引捐银□□。惟所定捐数，已较前次海防、郑工诸捐酌减，不得再有推诿，以保桑梓。

十、在局办事绅士，均系自备资斧，不支薪水。惟司帐及收发银钱各董事，应酌给茶膳，分赴各属办赈绅董，应酌给盘费等项，均俟沪绅到省，查照奉直等省办赈章程，会商禀办。至总局费用，亦应公同商定，撙节开支，以杜靡费。

十一、除奏拨库款外，所有邻省协济及本省募捐银洋，均请奏请照历届振捐章程，准予请奖封典、虚衔、贡监，并援照晋豫推广章程，准捐从一品封典三品衔。其原有三品衔之道员，准捐二品顶戴翎枝一项，现在山东振捐业已奉准，应一体奏请准捐，俾得踊跃乐输。再，封典、虚衔、贡监三项振捐，本系奉准通行，拟请由藩司先颁空白实收，发交各府，遇有捐生报捐，即由府就近填给实收，以期迅速观感。事竣后，所有在事地方官及委员，分别劳绩，量以内外奖叙，绅士则无庸给奖。

十二、各郡邑贤守令及好义绅富，有先其所急，业经查户筹赈之处，应饬令将办理情形禀明，即无庸再查。所用经费，亦会县查明报局，准列收支款目，以备核奖。其有已经放赈，而力有不足、未能续赈之乡村，应由放赈绅士查明报放，俾收救灾救澈之效。

以上十二条，谨就现在情形，粗拟条目，所有未尽事宜，统容随时禀候示遵，合并声明。

——原载朱浒编：《中国近代思想家文库·经元善卷》，中国人民大学出版社 2014 年版，第 343—344 页。

筹捐必刻征信录说

（吴江、任保罗　1904 年）

近闻无锡米业，抗捐罢市，拆毁学堂，放火焚屋，酿成大案，不禁为之长叹，且有不容已于言者。地方善事，不可无绅董，官可赖之以周知民隐，民可依之以通达下情。官而贤，能为一邑造福；绅而贤，亦能为一乡一镇造福。地方公事，大概民捐民办，所谓就本地筹捐，以充本地之用，如团防，如清道，如学堂等类，然而其名目虽异，其弊端则一。为董事者，类皆任意滥用，无人顾问，侵吞入己，假公济私，其结众怨，实由自取。他邑不必论，即以吴江一邑而论，各镇皆抽米捐、肉捐、烟捐、茶捐、酒捐，以办地方各事，皆由董事经手，皆属怨声载道，皆谓各业中受苦之人，如群起而食董事之肉，例得免罪。故余谓今日无锡一案，如当道办理得法，则各邑可免效尤，如办理稍欠和平，恐天下从此多事矣，因各董事所收之款，从未有人刊刻征信录，分送于纳捐之人者，能无受人之指摘乎。方今端大中丞，励精图治，力矫旧令尹之所为，数日以来，颂声载道，用敢敬献一善后之策，以效愚者之一得。其策维何，即在勒令各董事，将所收之款，按年印送四柱清册，除呈报各署查核外，分送各业，每店一册，不准遗漏。并饬县谕令各业公举业董二三人，由县一体给谕，饬令稽查董事用款。如有浮支不实，或滥费挪移等情，准其赴县禀究，县官回护不理，准其上控。如是则给各经董有所顾忌，而各业亦必乐输，各事亦必易举，一举三得，有利无弊，是所望于贤明之长上焉。

——原载《万国公报》1904 年第 188 期。

论慈善事业中外之不同

（录八月十二日《时报》）

　　慈善事业之不可一日辍于天下，是固理论家之所同认者也，而施之于中国为尤切。欲救今日之中国，必自改良风俗始，必自增进民德始，必自联合人群始，而是数者，皆非以慈善事业诱掖而将助之，则终无以立其基础。然而慈善之事业，欧美诸国今日行之，而中国亦自古有之，且中国人所以营营于慈善事业者，其热诚或较他国人为殷，其扩充此事业之范围，或较他国为尤广。顾以其收效之结果，相提并论，则其影响社会，乃有相背而驰者。盖西人之慈善事业，皆有以裨助其文明，而中国之慈善事业，乃每与文明之进步，显不相容，而加以无穷之阻力，证据昭然，良不可讳。故近日愤世嫉俗之徒，尝发为善书有害于天下之说，而其集矢于时俗所为慈善事业者，尤非一端。虽然中国之慈善事业无益于社会，而有害于文明，大略如是矣。顾以平情论之，则其无益也。其有害也，皆其所以号称慈善者，性质悬殊，而非其宗旨之谬也，必谓慈善之宗旨为谬。则彼西人之为此事业者，何以又能裨助文明？是则因噎废食之谈，终不可垂为定说也。

　　窃尝以慈善之事业，合中外而察之，其不同之端，略有可言者，一则用心之不侔也。中国之创为慈善事业者，类多由于迷信祸福之深，然西人之慈善团体，亦大半沿于教会，其于因果之念，要莫能免。所以异者，则中国人先有一祸福之见存，而慈善之事业，实缘此祸福之心而起，故其为慈善之行也，恒以祸福为本位。而慈善之事业乃不啻为此祸福之刍狗焉，其慈善心之所发者，既有不同，即其慈善之实施者，亦相牴牾，不问可知矣。今为设其比例，譬有一公积金于此，甲欲以用之于学堂，乙欲以投之于庙会，则将乙胜焉；丙欲移之于工程，丁欲施之于塔捐，则将丁胜焉。至于提科举之费以游学，借修志之款以藏书，虽其事无与于报施，而众情之向背，尤将有以迥异。推其原理，则罔不由祸福之一念，以生其歧视之心。一若以某事为可避祸而得福者，又若以某事不能消灾而致祥者，而其所以自为去就者，乃于是卜之，则虽以解衣推食之所为，而持较传芭会巫祝之行，何所择哉？

是慈善之本旨，不西人若矣。一则志趣之不博也。西人之有慈善事业，其名目至为不一，然要皆以善待同类、高尚人格之二语，以为用心，而视为凡人所当尽之义务。其琐琐之事，姑勿具陈，而其著为美谈者，则莫若英人之东伦敦善会焉。东伦敦者，英国贫民之薮也，其俗之污，地之陋，有不待言者，乃英之世阀妇女不惮其烦。至有结为专会，投身以入此贫民之窟宅，而为之整理，助其治生者，盖非有利益之实、名誉之见而始为之，直以为人之待人，固当若是而已矣。而卒使贫民绝其所以致贫之因，生计渐立，教育渐进，不致为全国社会之累，则善会博爱之功也。故说者谓举英国一切之事，一应之物，皆不足为伦敦之花，而惟此扶助贫民之实，庶足以当之，其为慈善事业抑亦伟矣。而我中国之为慈善事业者，曾足以语此宏识否乎。吾恐其于善待同类、高尚人格之二语，未必有所会也。

是慈善之怀抱，又不西人若矣。一则办法之悬绝也。彼西人之以慈善待人也，匪惟衣之食之，煦之嚅之而已。盖凡人之所以致此贫困者，不自天灾，不由鬼祸，而实人事之阙憾，有以使之然也。故慈善家之用心，以为不绝其贫困之由，则其贫困终莫得而救，而慈善之责任，于是为未尽焉。夫所赖以绝其贫困之由者，将何道之从，毋亦为之各筹其生计，使皆有以自存，而不至终于徒手待食已耳。于是愚昧者施以相当之教育，游惰者授以适用之劳工。其视中国为善者之养而亡教，予之食而不任以事者，孰能持久，不问可知矣。为伦理学家之言者，谓人当艰苦之余，若一听其身心腐败，则必至背戾道德，其毒害且不止于一身，而终为世蠹。故必当其腐败之初，加以合格之救济，则被救济者，得以再立于人群，而社会上不啻多一有用之良民，则受者与者交得其益，无异环而相报也。而所谓合格之救济者，匪曰糇粮，匪曰缯帛，亦惟俾之职业，进以学问而已矣。为此说者，骤听之或讶其迂远难行，非如是，则终不能获澄源塞流之效。而贫困之由不可绝，则慈善之事业且无尽期，尤不若此法之较捷也。

而我中国之为慈善事业者，则何尝深虑及此，是条理不西人若矣。一则器量之相殊也，凡人植于天地之中，侪于社会之列，圆其颅，方其趾，以含生负气而栖息于此人种之间，固当一例平等视之，不能以一己所居之地位，对待于他人所居之地位，而有所高下轩轾于其间也。彼为慈善事业之人，与就养于慈善事业之人，虽有救人与待救之分，而其为人类之种，则一而已。夫尊敬人群之说，或不能尽语于常人，而彼号曰慈善家者，则岂有不明此意以善体之者。乃观于吾国之为善者，则若有稍异此者焉，盖中国之流品，本有高下之相悬，故不能去其轩轾之见，而救人者与待救者遂亦若以此而判其高下。于是呼蹴之与，嗟来之食，皆在不获免之例矣。况如第一说之所云，中国之为慈善者，皆先以祸福之酬报为心，而慈善之事业，实为此祸福之刍狗者也。为善之本源若此，则救人者其视此待救之人，无异供其求福之一物，盖与世俗徼福于鬼神之冥具品无别。其视西人之以救人为天职，为义务，而其对于被救者温辞异色，曾无自矜之意，相逊又何如耶？此所以慈善事业，虽溢于国中，而于合人群、固团体诸大端，终未有受其影响者也，是风气不西人若矣。

综上数者，杂然举之，于其不同之源，固多未尽也。以慈善事业之有裨于天下也若此，而施之今日之中国为尤切，则虽以其无意识无精神之所为，亦何可过为高论以相绳，而沮其为善之初心，隳其为善之盛德。虽然所贵乎慈善事业者，以其有改良风俗，增进道德高尚人格之厚望也，乃若所举之数说以求之，不将有背道而驰之虑，而几几为阻遏进步之象乎。作者之为是篇，泛论世风，非有专指，惟愿闻者，有则改焉。

——原载《东方杂志》1904 年第 11 期。

东三省红十字普济善会章程并启

于呼！吾民何不幸，而复遇此东三省战事耶？天祸朔方，俄日构衅，波涛汹涌，血肉横飞，内虞伏莽，外畏强邻，迁徙流离，呼号宛转，有欲归不得者，有欲出不能者。闻南省商幕中人，至今既未一回，而黑龙江海城相近各处，复有难女千余人，仓猝图避，欲搭火车回牛庄者，亦尚滞留半途，弱质惊魂，进退维谷，惟有一死是听。然是犹不过近来海战时情形，而未入于腹地也。

中国钦奉谕旨，虽经宣明为中立国，然辽河以东，必有战务。一旦以黄海之师船脱移，而直指鸭绿江之陆岸，则奉天、吉林、黑龙江即为两战国刀兵之薮，恐厥祸有不止是者。烽火仓皇，田庐灰烬，匪徒肆掠于先，盗骑追袭于后，身家性命之不知，父母妻子之罔顾，青磷白骨，心惊唳鹤之声，雪窖冰天，肠断哀鸿之响，试思及此，悲何堪言？吾民何辜，身蹈其境，而守局外之例者，其能漠不一动于中耶？

夫公法有互相保护之责，而况在同洲战地？有局外救援之权，而况在本国？比年西北多兵，而东南晏然无事，沙漠横戈，两雄相竞，我民处此，耳骇目震，辄复有不遑宁息之概。仆等何人，仰荷眷佑，箫鼓承平，依然新岁景象。念我东人，乃遽殃及，骨肉摧残，风云愁惨。而如何设法救济一节，人心皇皇，迄未为之议及。同志伤之，特先筹垫十万金，拟设东三省红十字普济善会，延请中西大善董，就近开办，在沪设立总局，专为集款之所，而另设分局于京津，招留救援出难之人，以期一气贯注救之之法。凡在北方之南人，既必一一救回，而本地居民，亦必扶同出险，振抚兼施，医药互治，用符西国红十字会之本旨。

或曰庚子之役，上海有救济善会之设，各国义之。今东三省复有是举，固被难人民所亟盼，而亦两战国所乐从也。其事与庚子得毋相同，顾事则同矣，而其实有难焉者：庚子联军虽夥，令出于一，故与甲国商之而允，而乙国亦必无阻，今则必周旋二国之间，较为棘手，其难一；庚子第在京师，今则奉天、吉林、黑龙江绵亘数省，其地益远，其难二；联军在外无留难救济会事，今则必深入两战国屯军之处，穿越险道，节节遇兵，其难三；拳匪时已平定，今则两战国外，又有胡匪马贼出没其中，到处抢劫，其难四。有是四难，而人心皇皇，欲进辄退，以是无创设善会意，同志知之，慨念时艰，伤心同类，激昂慷慨，乃愈有不敢自己之势。

上海为中外通商巨埠，缙绅名流，硕腹巨贾，车马辐辏，靡不毕集，而善举亦惟是为最多，善量为最大，筹赈鬻恤，各省靡不挹注。是以警报传来，他处往往遇险，而歇浦一隅，祥云拥护，赖诸大仁长斡旋之力，盘石长安，独以造地方无穷之福，而为吴中乐土。北望全辽，舰队猬集，炮火连天，其相去果何如耶！危急存亡，在于眉睫，我不之援而谁援耶？而尚望人之援我耶？濡毫吮墨，涕泗横流，特发宏愿，为我东三省绅民九顿首以请：

一、本会援泰西红十字会例，名东三省红十字普济善会，专以救济该省被难人民为事。

二、就近先行商恳上海俄日两领事，照会驻扎战地统兵大员，认明是会有局外救护之权，行军不得侵损。

三、西国红十字会原系专行治伤而设，东三省亦必另设医院，规合本义。

四、本会救济宗旨，无论南北方人，务先挈令速离危地，以避大难，视专医疾病者，用意较深，而愿力亦较宏厚，一切照料，必极周至，以军务平静为止。

五、红十字会旗制文凭，合先绘一图样，缮写俄日两文，呈请核验。

六、所有图样，一面即请俄日两领事签字刊行，带往奉吉，以免阻挠，并疑为间谍。

七、本会建旗之处，与两国行军利害无碍，两国不得在此界线内互施炮火。

八、救济人所到之处，无害行军防堵及有关禁令者，概不能限止前往。

九、所救绅民妇孺，不得无故拦阻，沿途火车商船，应请一体装载，费由本会照给。

十、该处火车如不及搭客，由本会另雇大车，车上题有红十字旗号者，两国行军不得调遣他用。

十一、红十字旗所到之处，遇晚应即驻宿，不得惊扰。

十二、本会驻宿之处，或须开战，统领应先照会，以便他迁。

十三、本会司事衣服，左袂缀有红十字旗式，以便行军一望而知，其制均归一律。

十四、救护人所到之处，凡遇胡匪马贼，应请两国行军保护，或自请中国兵队备御，两国行军不得以不准携带军火为辞，以保善会司事及善会所救之人。

十五、东三省现以奉天、吉林两省为最危迫，拟由是处先行下手，黑龙江从缓。黑龙江如有逃亡人民已入奉吉境内者，亦一体援出。盖其地隔处辽远，势难遽及也。俟办有就绪，合亟推广照办。

十六、辽河迤东将来必为用兵之地，而其西皆平静，所救诸人或至辽西，或至热河朝阳、平泉，或至昌图迤北之康平、奉化，或至蒙古草地均可。同是中国子民，应请该地方官随时保护抚恤，支搭草棚，给予粮食，以为暂时养生之计。如尚不足，仍由本会拨款协助。

十七、南人则或至海口、牛庄，或由热河至京师、直隶，一经救出，得有生路，可即资遣回籍。

十八、旅顺、海参崴现亦有急于求救之人，并请由本会备轮，往来救护。

十九、遇救诸人，无论在舟在车，男女必分别，老幼必扶持，不得稍有陨越，以示慎恤。

二十、难民在道，应请东三省将军派兵保护。

二十一、其在热河境内，即请直隶统兵大员派兵保护。

二十二、生者既已得援，南人棺木遇便应酌核带归。

二十三、本会开办伊始，宏纲细目，诸务殷繁，特行公举才望夙著，熟悉中外以及北方情形大员为董事，总理局务。

二十四、本会另举西董事，与东三省教士联络举行，以免外人拦阻。

二十五、奉天、吉林官场，上海董事，如有与之熟悉者，应即电请帮忙，或该省绅士有实心可靠者，亦可电托。

二十六、东三省向有耶稣教会，教士能通汉文，应由上海董事电请襄助。

二十七、如有明达君子，勇于为善，能自备资斧往助义举者，本会实所深望，否则本会亦必预备川资。

二十八、拟请俄文翻译三四人同往办事，然须天津、吉林方有，无则法文亦可。

二十九、现拟于上海设立总局，筹划一切办法，中西董事外，应另举筹款董事数人。

三十、天津、京师另设分局，以便招呼。

三十一、刻以该省祸迫，未有的款可筹，特先由创办同志垫银十万两，以应急需。

三十二、各省如有助款入会者，不拘多寡，请寄上海总局，刊发征信录，并随时登报，以昭核实。

三十三、时势危迫，朝不待夕，中西董事既举，应亟与俄日两领事面商开办。

三十四、前事虽系商办善举，应请政府协助，由董事电恳政务处、外务部、商部及各地方官，竭力保护。

三十五、救济事急，势难以信札往还，应请电政大臣准免电资，藉节用项，省一资即多救一人，庶归实际。

三十六、附搭各舟车价值，由董事电商从廉。

三十七、救出诸人川资饭食，应候另行刊示定章。凡事实事求是，局中无论何项，人不得侵蚀分文，以重义举。

三十八、总局董事不取薪水，惟中外笔墨文案，司事按月致送。

三十九、是系忽迫草创章程，应候随时修改，以期完美。

甲辰正月东三省红十字普济善会谨启

——原载《申报》1904 年 3 月 3 日第 11088 号第 1 版。

中国宜入红十字会说

泰西之有红十字会也，始于瑞士国，厥后各国皆仿而行之。瑞士徽章红地白十字，会中则反其规制以白地红十字为徽章。当夫两军相见之时，炮火喧天，弹丸如密霰。凡红十字旗所到之处，两军无不悉心保护，不能伤害一人，盖以会中人专以医疗受伤军士为宗，一视同仁，无分畛域，故虽暴戾至无道之国亦不敢干犯众怒遽以兵刃相加焉。

日本红十字会创于明治十年，其时国政维新，群藩逆命，西南之役，满目伤痍，好善士乃约集同志诸人，设立博爱社，禀经征讨总督府允许，驰赴战地疗疾医伤，成效昭彰，名誉大噪。爰于讫事之后议定永设此社，随于西历一千八百六十三年，日本文久三年即我大清同治二年十月，与瑞京日内瓦万国总会互相联络，更定今名（注：今名赤十字社）。迨一千八百六十四年，由日本元治元年即我大清同治三年，与欧洲诸国政府订立约章，遵守会中规则，奏蒙日皇及后恩赐眷护而推宗室一人为总裁，其下有赞助社员、特别社员、慈惠员、理事员以及社长、副社长、干事诸职，岁输捐款，集腋成裘，叶布枝分，遍于全国。不特国有战事助军团军医部疗治伤残，即遇水火天灾亦罔不从事救护。甲午之战，会中医士及侍疾妇女随师赴三韩及奉天各地者多至十万人，厥功亦伟矣哉！

迩岁以来，如暹罗，如越南，如波斯，如土耳其，凡百小邦，莫不入红十字会，所未入会者惟中国及高丽耳。嗟乎，高丽固弱小不足言，以我中国声明文物之邦而亦漠然置之，非特贻消友邦，即自问亦能无所愧恧乎？我友孙实甫上舍（注：名淦，江苏上海人），言及此事。上舍商于日之大阪府，夙以好善闻于时，奋然而兴，曰：有是哉！我其首先立之基础哉！乃译成《日本赤十字社章程》呈诸总理各国事务衙门及驻日使署，荷蒙王大臣暨星使批准施行。仆亦商诸寓沪日医原口君（注：名谦尔，日本长崎人），以《瑞士万国红十字会章程》译作华文登诸戊戌年《申报》。上舍之意，欲兴此会，必先创设医学堂，招集学生数百人授以医伤侍疾之法，只以事体重大，经费浩繁，虚愿徒存，急切难于成就，然此心固未尝一日或忘也。

今者，俄日构兵，奉天告急，辽东各郡邑生灵涂炭，载道死亡。在俄日两军，各有会中人互相救疗，独我中国孑遗黎庶，不死于兵火，即死于疾病、流离，援手无从，呼天莫应。同人爰拟变通其法，创兴普济善会，一面电商各国红十字会及瑞士万国总会准用红十字徽章，一面禀求俄日诸国驻沪领事官准往辽东救援被难之黎庶，先自筹垫经费十万，然后四处募捐，仍公举朴实耐劳之人亲身前赴战场，力行救护之事。此外恪守局外中立之旨，一切战务略不与闻，但使无损红十字旗声名。

我知俄日及瑞士诸邦善与人同，宜无不乐于应允也。新正十有七日，同人会于本邑仁济善堂，裙屐衣冠于于而至，或任办事，或愿募捐，观察使仲礼沈公复洋洋千余言，申明泰西红十字会缘起，在座咸欢喜赞叹，乐观厥成，而仆尤深有望焉。

此次普济善会特中国红十字会之先声耳，诚能于俄日战事既平不废此举，商之瑞士万国红十字会得以列名其间，仿效日本章程，变通尽善，首设医学校教以泰西疗疾医伤诸技术（注：英国陆军医官帕脱君所著《临阵伤科捷要》一书最合教授红十字会学生之用，今江南制造局有译本），此外如孙文所译《红十字会救伤第一法》亦颇有用，正不必以人废言也。次筹常年捐款，积之于平日，庶免取办于临时，而凡赞助社员、特别社员、慈惠员、理事员以及社长、副社长、干事诸人，各以所长分别派定。俾红十字徽帜近而照耀于中国二十一行省，远且及于泰东西，无使暹罗、波斯、土耳其诸小邦反凌驾我声名文物之中国，庸讵非快意之举乎？

抑又回忆十五六年前，有英国名医梅威令者就台湾设立红十字会学堂，募得我华聪慧子弟数人，悉心指授，学有成效则携之至沪，一试其临阵救护之方。其人咸戎服佩刀，手执红十字小方旗，号褂右肩亦绣一红十字。其时未有太平车之制，凡受伤而仆者，用洋枪卷绒单舁之。今者……其人未识留滞何处，倘得聘为教习，非徒易收驾轻就熟之效，且可藉以联络欧美各国会中人，亦一举两得之事也，同人其有意乎？

——原载《申报》1904 年 3 月 5 日第 11090 号第 1 版。

论善堂宜兼设工艺传习所

（1905 年）

民之生也，果待人以养乎。顾以人养人，不如使人自养之周密也；以财养人，不如以艺养人之恒久也。以人养人，其为人也，疴痒犹或有隔膜，使人自养，其为己也，利害皆系于切身。养人以财，财尽则为沟壑之瘰；养人以艺，艺在是即温饱之券。故天下不患有穷民而患有闲民，不患有孤独废疾穷而无告之民，而患有无所事事、待人而食、不自振拔之民，不自振拔之民愈以多，养人之财愈以巨。此近日各地善堂董其事者，所以劝捐募款常哑哑焉，而终不免左支右绌，穷于罗掘之一日。

善堂之设，固担养人之责者也。其老也，则敬之，其婴也，则育之，其嫠也，则恤之，其贞节也，则完其操守而保全之，其残疾也，则悯其笃癃而赒济之，惠于困穷，无微不至。及所施予，则又为之衡轻重斟缓急，或岁一赉焉，或季一赡焉，或月一禀焉。至广厦所庇，群萃而处，一饘一粥，朝夕相资，亦必竭蹶经营，使能毕给所欲而后已。以是为善，善讵不大，然而吾谓此犹是每人而悦之之事也。

何言之，吾观泰西其好善也，与吾国同，其所以为善堂也，则与吾国不尽同。养童稚之所，命其名曰童艺院，养妇女之所，命其名曰绣花局，养残疾之所，命其名曰聋盲喑哑诸学堂。虽孩笑之婴儿，稍解知识，育之之法与教兼施。惟年迈茕独而后，乃直名之为养老。是待人以养，独老者然耳。苟未及老，则皆期于人自为养，而但提挈倡导，使之各循其端绪焉，惠而不费，如是如是。

今吾国生计极绌矣，生计绌则财用匮，财匮而人竞自恤，其能分所余以济穷民之无告者，必视曩之比例逐渐以减少。而堂以善名，则不能使仰给之众与之同减，而蒙为善不终之讥讪也。且今日善堂之弊，胡可胜言，微论经手不肖侵牟蠹蚀，假借其名以渔利也，即洁清自好热心任事，能无忝于乐善之名誉，顾利善堂之施予者，其列于册籍，岂皆赤贫无倚资，以求死之人众哉。夫安坐仰食，贤者之所耻，平民之所甘。惟其甘之故，一额有缺，辗转求补，或因缘势力，或请托人情，捷足先登，争者群起。然而巧则得之，拙则失之，强则兼之，弱则半之，其惠逮于真穷民也，盖亦无几。

不特此也，一人之身计，其衣食但使不冻不馁，极少日必百钱数十钱，如近来物价昂贵，则又视此而加进焉。善堂之所施予，岁一给者，或数百或千钱，多则二千三千止矣；季一给者，大率准此以立算；月一给者，为钱不过二三百，多至四百或五百，已为特别之顾恤矣。然岁得二三千者，一日只有七八钱，月得四五百者，一日只有十钱二十钱。一人一日之所食，计其所费相差尚远，而曰善堂为善，将使不馁且不冻也。得乎？否乎？

或曰善堂之款如津贴，然第可裨补所不足。若日用诸事，凡所需者，当自作苦而得之，何能悉仰于善堂。虽然善堂月支，少者数十千焉，多者数百千焉，积月为岁，则由千而万耗。此巨万有用之款而于穷民生计，曾不过十分弥补其一二。是善堂者，第可为善，经董司事之善堂，而不可为养无告之民之善堂。

况既谓善堂之款，但为津贴，穷民日用，宜自作苦，是无事坐食，固不可也。人不可无事而坐食，则何若移此岁费无益之巨款，聘良工师，购精机器，教之工艺，而使仰给善堂之老者、稚者、贞者、嫠者与夫盲聋喑哑之废疾者，衣食保暖，生计充足，各得所养，不为人累之为愈乎。虽董其事者，改创之始，图度非易，顾一劳永佚，遵斯以往，曾不必数数筹款，数数劝捐矣。惠普于民而财不费，为善之大宜，莫大于斯。

或又曰工艺者，妇女所可能也，即盲聋喑哑废疾无用，苟仿泰西教法以教之，犹可能也。若乳婴癃老稚昧衰朽，非有善堂，其无告者，何恃以为养，不知此非观乎其通之说也。夫一人作工，日得工价足可自赡，其作成之物出售，得值准本计息必有余利，取其所赢以恤贫老，以育乳幼，何患不给。矧工艺果进，日有扩充，羡余既多，积小成大，他日以佐殖产，多兴劳工，开辟地利，则地方善举并可辅国家善政之所急，以视善堂功用，为广为狭，必能辨之。

或且曰，近之善堂已患款绌，倘教工艺，需用滋多，且所收之人，定额广则经费不支，定额隘则向隅抱憾，惠民而不普及，亦何贵此，纷更为曰，此吾所以不言改善堂为工艺局，而言善堂宜兼设工艺传习所也。夫传习者，人人得而习之之谓也。今以善堂旧有之地，旧有之款，略加筹措，区别男女而分教之。毕业者去，愿学者来，去者各执一艺，足以谋生，来者共程厥工，非徒仰食。较之善堂养人之定额，有经数年十数年而不能开一缺、补一人者，其向隅之数不差少耶。

且吾所谓以善堂之款兼设工艺传习所者，尤有数利焉。善堂之弊，每多冒滥，司事者即有查核之责，而情势有碍，往往难行。教工则得值之低昂，必视成物之多寡，优胜劣败，无所容私，其利一。善堂贴项敷用不足，作工得值衣食而外，其勤者仍有所余，余而储之，久必多蓄，即年力衰废，不能工作而养生有恃，无藉于人，其利二。民劳则思，民逸则淫，吾国妇工久废不讲，以为依人而食，固其分也，既教之工女，亦有事相观，而善蚕织之任，可复古初，其利三。综兹三利，而与善堂之弊相比絜焉，则散财之不如教工，断断明甚。

嗟乎，以工代赈，吾国之为贫民计，有行之者；善堂兼设工艺传习所，吾国之为无告穷民计，向未知其说也。欧亚既通，知识互换，礼失求野，善善从长，近日如皖省清节堂之改章，湘省女工所之创始，东省聋瞽哑学校之发萌，善政实行，渐有影响，因其影响而推广焉，则仿而行之，变而通之，是又在担养人之责，而为地方办善堂者。

——原载《南洋官报》1905 年第 4 期。

论改良社会有赖于慈善团体
（录《时报》）

　　我国人以无公德、图私利，闻于天下，然国中慈善团体（如善堂之类）乃独甚多，此亦差可自慰之一事也。但其组织之法颇不完全，办事之方尤无规律，而其最甚者，则在于宗旨办法之差谬，是以造端宏大而收效常在细微，义主济人而结果每适相反，非徒无益，其惰民志而增恶俗者，盖比比而是。推其所以致此者，盖亦未尝就受我施者之情状若何，他人之观感若何，详加研究，是以终无大益也。比者改良社会之说遍于国中，虽方法若何，未尝有为之条举者，然大致不过曰演说也，设白话报也，立半日学堂也。以教育为之基，以劝诱为之用，求异而易入、浅而易明之道，以冀渐渍于人心，而变更其习俗。其事皆属之在下，非朝廷与官所，能家喻而户晓，周举而遍行也。

　　然则改良社会其重大之关系虽在国家，而当此责任者则诚舍士民莫属。惟今日风气挺身任事者本不多觏，而改良社会尤须任劳任怨，恐未必有人乐为，且习俗既深，尤非一时所能改，恐贤者因之退阻，不肖者益以阻挠，故与其以一二人之力为之，不如合多数人之力为之，与其鼓舞于一时，不若支持于永久，欲求有补于时艰。而其事又与改良社会相近，为今日所可行者，则莫如借助于慈善团体之举矣。

　　夫吾国慈善团体核计不下千百所，其基本当不下数百万金，恒常施医、舍粥、诵经、礼忏，半消耗于无用之地，其能设一二义塾以教人者已属寥寥。夫诵经、礼忏之无益固不待言，即舍粥、施医，宜若无恶不知，与其施医何若劝人之卫生，与其舍粥何若助人之生计，不使人自为谋而代为之谋，徒足以长愚而劝惰耳。况其事半无实济，所有款项徒供绅董之吞蚀，已无复微益之可言，徒令屯积巨资，阻人民之生计。我国慈善事业如此，是所谓知有养不知有教者也。

今欲借助于彼，以改良社会，宜先就其有害者除之，如本属利人之事，则宜师其意而变其法，不必多张名目，以能不惊庸耳俗目为主，然后可以博社会之景，从而一面仍宜保存当事者之利益，以免阻挠误事。大抵一人专管者，其弊必多，众人公管者，其弊必少，设能澈（彻）底清查，公推管理，善之善者也，否则如上所策，亦终胜于目下之腐败。惟任事者，至不易得，设有名无实，则其弊仍与前同，故宜公举数人，实任稽查之责。

至于举办之事，大约不出以上三端。善堂本有宣讲一门，今宜举各种重要事情编成讲义，随地宣讲，仍与往日之讲善书者，一例令妇孺皆能通晓，则民智不期瀹而自瀹，可无事诰诫之繁矣。至于稍稍识字之人，则宜设白话报以供其用，材料应极丰富，文笔应极简明，庶几看一次有一次之功识，一字有一字之用。善堂本有刊印善书之例，并有专以刊善书为事者，今宜设法移其款应用，每年有数百金即可集事，如合数处为之，尤极易成。至于半日学堂，近日议设者多，然官中办事，万不能如此切实绵密，若图私立，又未必有能任此者之人，故仍以公立为宜，此事须款无多，观天津已办者，可见旧日善堂多附义塾，每年亦必耗二三百金，而误人子弟，不可胜数，今若移其款，以办半日学堂，则一举手间可化无用为有用，而成效尤将远胜比者。各省善堂亦有举办中小学堂者，然吾谓不如办半日学堂之为要，谓其与慈善之事更相近也。

以上三者，皆就现行之事略为改变，而即为改良社会之基础，至他日推而广之，又安见地方议会之不由此而出耶！

——原载《四川官报》1906 年第 1 期。

江北水灾义赈记略

（译谭 1907 年）

江北水灾之重，为万国所共知，已弥漫于淮安、徐州两府属之地。推水灾之所由来，则淮河与运河水涨，遂令附近一带，皆成泽国耳。中政府曾出巨款之振济，然杯水车薪、无济于事，故在该处之西教士，通函各国之慈善家，劝募捐输。上海字林报亦派人亲往灾地调查，其报告所言，则谓该处因饿而死之人甚多，于是上海各教士亦合辞公电英美各国，以求资助。复与中国善士，合成华洋义赈会，举一委办以主之。未几，收得各国及中国各处之捐款甚多。

虽然，其初中国官场，不甚愿外人之干涉此事，并欲将各国之捐款概交于官之手，无庸外人入内地放赈。无如外国捐款之人，不能信任中国之官，以其易生弊病也，故不得已而以捐款交诸委办与教士，否则捐款不可得。而取要之此意，亦非不善，甚望中外之人，协力同心，以助振灾区为心而已。

前者灾民，有逃至扬州、镇江、南京等处者，支篷栖止于荒野之中。官惧其生乱也，资送解回本处，允以放赈救济，因此灾民纷纷皆归。西国委办见政府既给以钱，则宜再给以粮食。又有长江轮船公司，愿担任转运，不取水脚，即放赈之人往来，亦不取船费。而粮食既至镇江，中国官于其处预备小轮，驳往灾区以散之。然粮食既多，驳船不足敷用，又购小轮二艘。西人放振有一定之章程与规则，议由本处绅商协助，以工代赈。其不能作工者，亦逐一振之，且沿门考察，免遗漏与隐射焉。

有中国人谓以工代赈，出力多则食物亦多，不如安坐之可以少食也，此岂非省俭之法乎？西人答之曰：如此，但顾目前，而不顾将来，非计也。彼所作者乃修路挑河等工，皆有益于将来，而免祸难之再至者，是一劳永逸之计，即多食何伤焉。又有人谓监工之役甚苦，谁能任之？则除教士以外，断无人愿为，且人民亦甚乐教士为之，因清廉可信也。故六阅月以来，不但本处教士，即河南、直隶、山东、浙江、江西等省之教士往者，亦有若干人。而尤出力者，则为女教士，更有三教士，染难民之热病而死。故所修之路、所挑之河与所填高之洼地、所增筑之坝埧，已属甚多，中国官民无不同声赞美，以为不愧爱人如己之训矣。

今略举以工代赈之情形如下，则如在五里潭一处，修路者有灾民二万六千人，其妻女小孩不作工者，合计之，全活十二万五千人。在来安一处，修路者有灾民一万人，所全活亦不计其数。安东城中，蓄水甚多，挑水沟以泄水，水去而旧路复露，又筑高而宽之新路，又加高洼地数百顷，如此则非惟水灾永绝，且亦可耕种焉。又从安东西门开新河以入海，亦一要工也。至于山阳，全活九万五千人，其城西有一坝长二十八里，坍塌不堪用，今已将其堤修复矣。此坝能保护人民二万五千云。此皆以工代赈之大略也。

若夫所收之款，上海西国委办经收者，至西历六月十七日止，共得二十二万七千七百九十五圆零五角八分，又银五十六万一千三百零一两。镇江委办经收者，亦与上款不甚相远。捐款之来源，大约坎拿大与美国占多数。坎拿大所捐，经季君理斐之手，计长老会所捐金一万九千六百十二圆三角二分，孟得力教会报所捐金五千余圆。又有美国纽约教会报所收捐，约金圆七十万有奇，美国红十字会所收捐亦属不少。旅外各华侨所捐，颇为踊跃。亦有款从外来，未归委办，而直接送至放赈教士处者。中国从前，亦有荒灾，而捐款无若此次之多且勇。且更当感谢美国政府，两次以兵轮送粮食于中国，未尝取费也。在上海及各处之教士与商人，所捐亦颇可观。又立一万国义赈赛珍会，其所收六万七千一百十二圆。如此可见各国为救人之事，费财费力，是亦中外辑睦之一证也。

今江北农田，可望有秋成。所惜有数处并无种子，恐届时之灾民，仍属不能减少耳。闻江督亦于运河筑坝，行以工代赈之法，且用机器挖泥。然若津镇铁路开工，又可销纳灾民无数，且铁路通则运输速，而无后凶荒之忧。凡人经一番阅历，增一番见识，中国官吏诚能表明其爱国之心，早设善法，以防灾害，庶不致临渴而掘井也。今者灾难虽厉，亦非无益于世，协赈一举，可令东西之联合，更为坚固，则岂徒然哉。

——原载《万国公报》1907 年第 222 期。

创设红十字会之理由

（王熙普　1907 年）

生命之贱莫中国人若，死道之多亦莫如中国人若，糊涂而死、不得其所而死莫中国人若，死数之多、死法之最惨亦莫如数年以来之中国人若。噫！殆矣！今年曰四万万，明年曰四万万，是以何种统计表为根据乎？国家既无实数调查，所谓"四万万"三字亦不过大约而已，吾不计其生但计其死。

观于江北灾民四十万也，观于云南灾民二三十万也，观于湖南灾民及其他之各种灾民而或数十万、百数十万也，以日计之，相隔不过六七月，以地计之，纵横已遍万余里，虽未必全行死亡，即减少人口之一大实据。广西之役死者十数万人，东三省之役死者十数万人，庚子之役几乎百灶无烟，萍乡、钦廉之乱，未有不死亡相藉，事虽无常，亦减少人口之一大实据。

不常有之天灾姑无足论，不幸而为中国人无时不在危险之中。衣食住三者生活上不可缺一者也，饮食不洁，衣冠污秽，居住不良，皆为吾国人之特色。无地方卫生局以改良之，肮脏而死，吾不知其几千万人；而或瘟疫流行无专司以预防之，或疾病痛楚无医院以调养之，育儿法不良，国人多丧于褓褓之中，收生术未精，性命恒操诸稳婆之手。床褥殷殷，举国无一看护妇，青囊垒垒，大都皆是无学人，或死于鸦片之毒，或死于吗啡之毒，种种难书，不死于天灾，不死于人祸，死法之多既已如此矣，而又加以天灾人祸，宁不悲乎？

中国人不暇自悲而外国人悲之，中国人不暇自救而外国人救之，以四万万民族之力不能自立医院，彼少如辰星之异国教士医院且遍于中国，是不但吾人可羞可耻，使一国国民群盛其崇拜外人之心而为外人权利灌入之导线也。且生命权为外人所操，欲其生则生之，欲其死则死之，吾国人亦太危也哉！

甲午、庚子之战，吾国无红十字军，万国耻之，始托英人代办。不能自救其生命，已耻不可言，不能自救反使救济权为外人所操，嘤嘤乞救于外人，耻莫甚焉。

是则不立红十字会以拯救于平时，不成红十字军以救济于战时，不但为国民之耻，抑亦国家之耻也，不但为国民之危，抑亦国家之危也。是红十字会者，诚吾国今日之要图，吾同胞当尽之义务而不可一日缓者。吾国乐善诸公，每于小事而注重之，于大事而忽略之，何重视一部分之小事而轻视一国之大计耶！苟能定大计于未雨绸缪，又何至因小事而临渴掘井也哉？盖防患于未然，一切患难即可以消弭于无形耳，况夫红十字会者，不但防未来之患，种种危道将一并而扫除之。

红十字会者，系体天地好生之德最大之慈善事业也，遇天灾者则济其生，遇人祸者则救其命，疾病痛楚设医院以拯治之，瘟疫流行设善法以防维之，收生法不良则设收生学堂，看护术不谙则设看护学堂，庸医杀人则出全力以禁之，卫生不修则出全力以提倡之。禁鸦片烟之毒刻不容缓，除吗啡之害势所必然，务使我神明种族日见其强，务使我神明种族日以加多，救一个人即培养一分元气，爱国诸公欲救吾国必自救吾国之人民始，热心诸公欲保权利必自保吾民之生命始。

近年以来善举极其发达，吾知吾同胞诸公当必以吾言为然也。沪上交通之地，耳目易周，苟办理之得法，即足以模范全国，办理而稍有成效，即可以推广内地，故不办红十字会则已，苟欲办之，必自上海始。且热心公益之士大半皆荟萃于斯，不提倡则已，一提倡之，踊跃输捐热心从事当不乏人也。鄙人人微言轻，断不足以为其事之起发人，即如江北赈捐，提倡者亦二三大善士之力，此事重大，将十倍百倍于赈灾，吾料好善诸公当必有以成之者，如其起发有人，鄙人效蚊背负山以万金为倡首之捐。至于红十字会应办事件，条目颇繁，以捐款之多少定办事之范围，脚踏实地，断无有不至善至美者也。谨将入手方略及办事秩序为诸公缕析陈之如下：

（一）暂设红十字会事务所

无论此会成立与否，皆不可无暂时办事之处。汪惕予君热心赞成，愿借其医院之一部分为临时事务所，自今日以后一切函件事故，请直接大马路小菜场对面贵州路第二号汪惕予医院可也。

（二）组织会员

俟将本会章程发布过后即大开会员组织会，所有本会一切职员皆于会员组织会之时举定之。

（三）求请行政官之允许及其保护提倡

大凡慈善事业，法律上保护之条，本会成立过后，期得优美之，保护所有本会一切行动权限，亦须注册立案。

（四）禁绝害人毒物

市上所售各种吗啡丸药及各种有吗啡之药汁药水，由本会禀明行政长官，约齐中西医员，当场分化，以禁绝之。

（五）设立戒烟会

目下所最急最要者，戒烟问题也，务必多请中外高明医学家研究善法以实行之。

（六）设立红十字医院

租赁空气清爽、房屋宽大之区为之，虽不能十分完备，至少亦须容二三百人。

（七）设立红十字军医学堂

红十字军断非未受教育之人所能任其责，拟就会员之中或会员之外排选若干人，聘请久经历练之名家以教育之。

（八）设立收生学堂及看护妇学堂

收生者不谙法则，动即草菅人命，病人无看护妇以经理之，不觉自蹈危机，此诚不可一日缓而当速办者也。

（九）设立寄生院

或胎病之妇，或贫苦之家，断非室家中所能调养者，则入寄生院以生产之。

（十）设立娼妓检查所

上海万商云集，娼妓亦非常之多，受其毒者动有性命之忧，拟多聘女医照西人检查法检查之。

（十一）设立卫生演说会及劝戒洋烟会

吾国人不重卫生，上下社会皆然，苟不演说而引导之，万不能启其愚蒙。劝戒洋烟之必要，想亦人所共知，拟由本会会员担任其事，分投演说。

红十字会所应办之事不仅如斯已也，以上数端皆目下所必当办而不可一日缓者，但办理之迟速，要皆以经济之范围定之，若得经济活泼，不难一年而办齐，经济艰难，惟有次第举行之一法也。

至若筹捐问题，捐款经归何人承收，皆于初次开会之时酌定之。

——原载《申报》1907 年 7 月 3 日第 12284 号第 20 版、7 月 4 日
第 12285 号第 20 版、7 月 5 日第 12286 号第 20 版。

上海位中善堂征信录序

（1909 年）

善堂之有征信录，犹国之有史，家之有谱，所以究本穷源，稽考事项，征者征其出入之消长，信者信其善行之可凭。盖经费赖善长之解囊，施济授穷黎以实惠，若非钩稽之细密，何以昭信于大公。

（中略——编者注）爰将丁未年为始，收付出入总数，一一和盘托出，或月计而岁会，或经募而捐助，一文不漏，千缕具载，有愿皆登，有征必信，名列台衔以昭崇善。汇集成编，花名罗列，纲举目张，条分缕析，钩较有序，稽察有方，从此划清界限，月核岁修，永为成例。若不涓滴归公，侵蚀必遭天谴。荷蒙诸君子乐善好施，踊跃输将，多多益善，冀集腋成裘，赖聚沙以成塔。总司出纳之权，莫不朝乾夕惕。倘能积水为渠，再当推广善愿，以期久远，则本堂深有厚望焉。是用序于简端，时在光绪三十三年岁次丁未冬月之吉。

位中善堂司事谨识

——原载《上海位中善堂征信录（光绪三十三、三十四年）》，
上海南市华兴书局 1909 年印。

义赈刍言 ①

（刘钟琳　1903 年）

履勘——凡拟赈某地，倡之者，先往灾区，周历四境，相其受灾之轻重缓急，户口之多寡贫富，见其官绅，商量入手之处，开办之法，需人款若干，或赈钱赈粮，得其端倪，仍回集人款，克日来办。

集人——须邀实心救人、实力办事、虚己从善、能任劳怨之人，自发愿往赈者，乃不致贻误，否则宁少无滥。

筹款——赈款集有成数，即日自运以行，如陆路荒远，可请沿途地方官拨兵勇护送，惟万不可受供应。凡赈款分厘，皆须亲给于饥民，办赈之人川资食用，皆须自备，或力不能备者，则倡首者为之筹备。

设局——到灾区，择适中要地，借公所或寺庙为局，集人款如其地，一面与官绅商兑赈银，换钱或购粮，一面分人四散查户。局中留一二人收钱、发钱，与官绅商办赈事及与查户之友往来通函，并考察灾情，调剂损益，留局之人，关系亦甚重要。

查户——办赈得失，以查户为最要关键。既至灾地，即日审清途境，绘图，分路，各带在官户口清册，每友一雇（雇一）小手车或驴，襆被，携笔册，沿路挨村查勘。将至一村，先遥视其大概景象，至村口，下车驴，觅村中长老，问明若干户，语其引路，至一户，呼家长出，令引入室，逐细察度。视其一家老幼身面、年岁、衣履、行坐、言语，视其室之器具、厨箸及平日藏贮钱谷之所，视其儿童、牛犬之肥瘠衰旺，问其人平日之所业，一一详审熟筹。

---

① 此文初刊于《四川官报》1904 年第 22 期，标题为"筹办义赈刍略"，文字略有不同。又，忏盦编的《赈灾辑要》（广益书局 1936 年版）亦收录有此文，并在文后附言："右稿自癸卯泊乙巳印行于成都、济南、安庆。岁丙丁，淮徐海凤颍泗诸府州荐饥，为赈诸君多以此编为标本，均云可见施行。"（《赈灾辑要》，第 7 页）——编者注

相其家受灾之轻重缓急，为算至收稼之日，约赈给若干，乃能救其一家之命，变通量剂。故有户同口同，或其人之老弱壮羸不同，情形缓急之不同，田庐器畜之不同，所赈给多寡，因之有过半倍蓰之殊。如茕独死病不能支持毫无生计者，必给兼人之食。盖所赈者灾，不能偏赈贫穷，必为缩羡补不足，减次贫，加极贫，以不均为均，期于救人救澈。此查户之所以极重，非其人之心地、精力、眼光、智识俱优，难胜其任。即四者俱优，亦断无胜任愉快之日，虽圣贤豪杰为之，亦无自足之时，无可止之境。故尧舜犹病，文王如伤，禹稷犹己饥溺，伊尹若己内沟。语云：救荒无善策。旨哉言矣。惟有专诚殚精，始终罔懈，非赈无思，非赈无言，非赈无事，自然无一时不如疚病，无一事不觉殃害，庶乎失差减，查十户，行十事，或有二三不误者。若以矜心、躁心、忮心、懦心临之，一日不知殃几千百人，是人不死于灾而死于赈之之人矣。谨举经曰：如保赤子，心诚求之，为赈之心之体，时时念念，当如此。复举传曰：险阻艰难备尝之，民之情伪尽知之，为赈之用与效如此。

覆查——领赈一邑之人，挨查户及半时，必亲身四出覆勘，抽查一次，以考所得之得失，以量剂补救之，关系至要，不可轻忽。

急赈——查户时，择尤饥之户，不能待至发总赈之日者，先给一小赈票，写明某村某人给钱若干，率自一千起，递加至十千止，票上注日月，亲书字押，令即日往发赈局所领钱，暂济急赈，至总赈大票，查时仍审酌写给。

总赈——须俟查户十之七八，约算每口应给若干，计于赈银大数，无甚赢奇绌，定日期，写告条，曰：某月某日，于某某乡赈钱或粮。凡领赈者，务于是日黎明，齐集某所，亲身持票，每村之人，各聚一处，听候挨村点名，亲手给与赈钱。在三五日前，将告条分贴城市及所放之乡村，至发赈日，须择宽广之地，分友至局所，总要门口设几，按赈票根册，挨乡村逐一点名验票，令饥民亲身持票进内。至发钱及粮所领给，随时注销原票，领赈饥民令其由后门出入，不得出入一门。是日，一俟放毕，尽晚截算大数，请本地绅士襄算赈票，俟赈藏之日，将赈票与根册算清，开明大数，交地方官报告，册票存案。

平粜——凡灾区，丁户过繁，无款遍赈，须另筹垫若干金，集本地绅士之廉正仁明者，十数人或七八人，分任购米发粜等事，或募集若干金，预备粜亏之款，周转运粜，亏尽为止。其应粜之民，即由查户友人于查时分别次贫之户，给一平粜票，写明某某大小若干，每名应粜若干，或路远与老弱妇女不能日日来粜者，准予三五七日一粜，皆于票中注明。若灾轻不赈，止须平粜之邑，亦必先认真查户，给票发粜。总之，无论官义赈粜，皆必自查户入手，查户真切，则事事有济，查户颟顸，则事事虚糜。

育孩——凡无依赖幼孩，不能自存者，与灾民幼孩之弃于路而饥欲死者，分友设局收育之，俟赈蒇，设法留款，令人分领或留养。此须经理得人，始不致聚而殃之。盖赈灾宜分不宜聚，或行寄养之法，以所收之孩，给资寄养于慈谨中老妇人之家，令十日一验孩发钱。亦有饥苦不能自育其孩者，酌给钱，令养之勿弃，亦十日一送验发钱。

兴工——此须与地方官绅同心同力，始可举行，纲目繁多，不备志。

预防粮涨——放赈之地，奸商必先期屯粮，抬价以罔利，须先将该处近数日内市价，与附近州邑粮价，亲查明确，先期请官出示。自开赈之日始，不准抬长粮价，以赈蒇之日为止，违者重罚。然抑价必有闭粜之患，先将暗密察访屯粮之商民若干家，临时请官谆谆劝谕令粜，尤须与地方官，先请大府筹款，购粮平粜，或即照本值发卖，并请援案奏免关税，发护照，招商自运粮至灾区发售，则粮日多，价日贱。昔于徐于皖，皆行之，奇效。

禁贩人口——灾区贩卖妇女幼孩，需先请官严禁，仍与同人到处察访，凡有窝家贩户，确查指名，请官拿办。此似于义赈无涉，然妇稚出贩，则灾后之生聚益凋，元气难复，所以不得不防。

医药——灾区必有疫，凡将赈之初，必先筹百金数百金，购时疫良药。大约水灾之疫，宜热药，如塘栖痧药、纯阳正气丸、立生丹之类；寒热温邪，宜菩提丸；泻痢，宜治痢散；疟疾，宜十钱已瘧方；旱灾之疫，宜凉药，如清瘟败毒饮、太清丸之类。若能访聘良医，设施医局，尤善。

瘗埋——遇有死丧之家，看其情形，给与棺瘗之费，路有饿莩及残骨，随呼地保雇人，出资买席，督视深埋，有停柩久者，劝助令葬，此皆吊死防疫之义。

善后——赈款有余，如所赈之地，官或绅有实心实力勤恤民隐者，与商量留款，兴办水利、习艺、种植、育婴、栖流等善举，如无人款，则已。

程限——同赈之人，率数人公雇一谨愿之仆，或二仆，不得一人一仆，在途在局，甘苦与共，每饭一蔬，不得受官绅一切微末之馈。查户之友，酌定每人一日，需食用川资若干，皆须一律，不得稍歧，天明出查，日暮，随所至借宿。非自买之物，分粒不食，非亲查之户，不得给票。所查之村，或令地保引路，亦止令立于门外，不得令其挽言，亦不得令各村之人先来迎接，或备车驴来者，必婉言令反，虽固邀请，亦宜却之。开局之日，即请官出示办法，令灾民各还家候查，不得在局门求乞。出查之友，各请官给乡董谕帖，令互相开导，并带一简明牌示，略言查户章程与自备资斧不须供应及严禁董保借端需索事。凡于赈可以益助之事，同求进步，有妨害之事，共相杜绝，庶期核实，差免殃民。

虚己——凡至一邑一乡，必先访求公正廉明、众望所归之绅士耆老，商请相助。或其地当事绅董，不尽可恃，必旁咨博采，求不当事之端人正士。如必不能出身相助，能于事直言无隐，可以知灾情民俗，及所应办之事，办法之当改革损益，于赈亦大有益。每遇绅商耆老，必详问情形与局中及查户之友宽严得失，并访问其所知一乡之善士，邀为臂助。有来助者，嘱其随时留心访察赈务情形，尽以相告。查户之友，每日于所历之乡村，遇人辄详加访问，到此村必问未查之村情形若何，过彼村仍问已查之村当否若何。遇有乡居好善之士，必邀其在乡或至局相助。十室之邑，必有忠信，所善及人，言从者众，亦至要之端也。

和衷——办赈之人，各行心之所安，同求于事有济，乃反身而诚，同群维恤之义。同人须化一切意见，闻见互相告，过失互相规，起居饮食与俱，艰苦疾痛与共。本为救死扶伤而来，目击灾民之相继而毙，不能尽拯，即粗粝不忍饱，奔走不遑处，更何忍求饫肥甘，日耽安逸。凡查户之人，每日须将所至情形及所给多寡，函告于局，在局之人，须日访察四乡灾情，与查户者之或宽或严，随时函告，持一邑之平，以为量剂。或在局之友，四出覆勘抽查，见查户之友，必以得失尽情相告，无少隐讳，或恳恳函告，总期于灾民有济，即有一二浮言谰语，亦彼此有闻必告，惟期多尽一分心力，多救一分民命。若隐默曲从，平日友道尚不可，况当次十百千万灾民生死呼吸之际，而忍为此世态酬酢，自问此心，能为人乎，能对天乎？总之，凡有害于赈有背于义者，同人必去之务尽，防之维严，或稍免殃民之罪耳。

——原载《中国红十字会月刊》1940 年第 60 期。

张竹君致沈仲礼书

（张竹君　1911年10月26日）

　　仲礼观察阁下：公窃慈善二字欺世盗名利久矣，今又欲将牛头马面之红十字会以混世人耳目，公之罪尚可数乎？日俄之役，公忽异想天开，以万国红十字会名义搜括资财，即以吾粤而论，汇至公处者二万金，他国他省可以类推，而公未尝有一次报告。鄙人当时被本省官绅命急至沪诣公，待出发至今已八年矣。公顾未尝一命鄙人出至战地，乃未几而万国红十字会变为大清红十字会。及川鄂事起，公又未尝一遣所谓红十字会者往救同胞。鄙人不忍坐视，爰约同人发起中国赤十字会，将急赴战地，而公又将大清红十字会变为绅办红十字会。始之变也，殆欲掩外人之资也，继之变也，又欲掩全国官民之资而貌为公等数人之事也。公虽善变，亦知天下人不可以尽欺乎？鄙人此行生死不可知，而于濒行时为公一言者，欲公知慈善事业非公所能任，且不得以巧取豪夺自鸣得意也。公倘尚恤人言，则请将八年来收支报告天下人，否则当以吾粤所捐二万金还诸吾粤，吾粤人必能自为之。谨白。

　　　　　　　　　　　　　　　　　　　　　　　　　　　九月初三日

——原载《民立报》1911年10月26日。

沈仲礼驳张竹君女士书

（沈仲礼　1911 年 10 月 28 日）

　　阅九月初五日《民立报》登有张竹君女士致鄙人书，所以教督鄙人者用意甚厚，惜乎其言之无征也。鄙人之办红十字会，始于光绪二十九年冬间俄日之战，其时战地华人遭池鱼之殃，企足以待援救，而中国尚未同瑞士红十字总会缔盟，照日来弗条约所载未能悬挂红十字旗以施战地救护之方法，不得已商之旅沪西人，公同办理，创设上海万国红十字会，推举中西董事十二人，鄙人与其列，皆绅也。光绪三十年中国政府允鄙人与各绅士之请，遣使臣张德彝至瑞士缔盟入会，由是中国得援用日来弗条约设立正式之红十字会。为总董者鄙人与任逢辛、施子英两观察，皆绅也。中国之有红十字会，于今八年，国家承认，全球承认，而始终不离乎绅办，本无所掩，更何所谓变乎？

　　武汉事起，鄙人搜集物品，添聘人员，劝募捐款，未尝有一日之息，初三开会，初五成行，自问可告无罪。以女士之宏亮，当知此事非咄嗟可办，而顾言之轻易若是，岂以数十女生、数千经费即可尽战地救护之能事乎？

　　鄙人之佩女士有年矣。俄日之役，女士顾念同胞，抱冰而至，适值两国将次议和，鄙人在事言事，婉言谢之。初非有区分省界之心，自顷以来，女士在上海兴女学，办医院，声望日隆，今者慧海慈航，乘风西上。鄙人瞻望幢麾，香花以祝，初不料开罪已在八年前也。

　　鄙人办理慈善事业，虽募款三百余万，未尝经理银钱。红十字会财政历由会计总董施子英观察主持，逐年帐目具在，所以不即造报销者，因辽沈救护之后，即以余款建筑会所及医院、学堂，年来缔造经营，由渐而进，所建之割症剖解房热度光线既贵，适宜觚式椭形，尤为繁复。新瑞和洋行承造此项房屋，完工未久，医院甫于前月开幕。红十字会规模于今粗具，而用款亦始有结束。施观察正在赶造报销，以副中外捐户乐观厥成之意。造竣后自当刊册宣布，女士拭目俟之可矣。

鄙人才短竭蹶，女士若以办事迟缓责鄙人，鄙人当悚息听命，今以报销责鄙人，是教鄙人以越俎也，鄙人不敢也。

鄙人之于红十字会，薪水夫马丝毫无所取，本非图利而来，硁硁之愚且不能见信于女士，更何足以欺世盗名乎？承女士教督，在鄙人非不乐受尽言，但既布之报章，恐阅者不察，有伤中外慈善家饥溺之怀，故敬布区区以求谅于女士者，求谅于天下。三光在上，实鉴此心，非好为无意识之争辩也。

沈敦和敬白（1911 年 10 月 28 日）

——原载《申报》1911 年 10 月 28 日第 13909 号第 18 版。

红十字会理事总长沈敦和报告

（沈敦和　1911 年）

今日为本会特别大会，讨论进行方法，渥承中外各董暨诸君子联袂偕来，热心赞助，敢以本会缘起及现在办理情形为诸君子告。

溯吾中国向无红十字会，癸卯冬月俄日之战，辽沈一带华人死伤甚众，鄙人与施子英、任逢辛二君，恻然悯之。然照《日来弗条约》，凡未向瑞士总会缔盟者不能擅悬红十字旗，以施战地救护之方法。爰经商之旅沪各国官商及吾华绅商公同组织创办上海万国红十字，派遣医队前往救护。综计是役战地人民被救出险者，十三万一千一百七十七人。

兵燹甫经，灾荒又起，本会复往赈济，又二十二万五千一百三十八人。甲辰中国政府允鄙人等之请遣张德彝星使至瑞士缔盟入会。是为本会成立之始，万国公认。鄙人等爰就上海徐家汇路建医院、设学堂、培养人才，已历年所。

本年八月，武汉事起，风云日紧，受伤军民莫不延企以待救拯。本会常董组织甲、乙、丙三医队，派英医柯师为领队，会同峨利生、班纳德、王培元、杨智生诸医博士暨男女看护三十余人，于本月初四日出发，备带药品器具、担架、绷带、帐幕等件，驰往战地。业在俄租界设临时医院，旋由武汉普济、同仁、普爱、仁济、天主教各医院特派代表来沪联合，均认为本会分医院，协力救护。他如宜昌、长沙、南昌、九江、南京、镇江、扬州、清江、苏州、无锡、常熟、杭州、福州、山东、吴淞等埠，及上海城内亦经联合英美各国教会医院组织分会，次第推广，并续编医队驻沪，以备缓急。一面征集特别会员、正会员，所以合群策群力，以期一致进行也。

近接武汉医队报告，自本月初六七日，两军剧战之后，军民受伤甚众，本医队不顾危险，驰入战线，从枪林弹雨间尽力抢救。各学生均躬任担架奔驰往返，每日约二十里之遥，甚至肩足肿碎，悉忘痛楚，异常奋勇。而峨利生君能将受伤各军士脑部及胸内之子弹分别检取，得庆更生，成绩优美，为驻汉各国海军医官所推许，声誉骤起。因之就医军民日益众多，几至在坑满坑，在谷满谷，有应接不暇之势。

黎都督慨助捐款银一万两，其夫人尤亲临慰问受伤军民，并每人赏给零用两元，不分南北界限，各军民相与感泣，举动文明，洵不可及。惟是战殁军民积尸遍野，不下五六千人，血肉狼藉，雀狗争食，惨不忍言，且臭气熏蒸，恐酿疫疠，尤足灰战士之心，更宜亟行掩埋，以慰忠魂。

鄙人爰即商允西商赁定钢船二艘，载运尸身，择地埋葬，但需请人赴汉经理，拟即于第一次征集特别会员、正会员内选举经理员，以承斯乏。顾念本会范围愈大，造端愈宏，经费浩繁，尤非赖诸大善士慷慨解囊，源源接济，不足以促进行而持久远。而旅沪各国绅商亦多深表同情，敦促开会讨论进行方法，想莅会诸君子热心卓识，必能不吝指教，以底于完善之地步也。商民幸甚，本会幸甚。

——原载《申报》1911 年 11 月 19 日第 13931 号第 19 版。

直隶都督冯国璋为整顿津广仁堂堂务事札津广仁堂总董尹湉

（1912 年 11 月 1 日）

为札饬事。案据天津县城议事会呈称：窃查敝会接有邓文公投递说帖内称：本埠广仁堂之设，专为收养孀妇子女保婴恤嫠为宗旨，原定章程法美意良，诚善举也。所有南北办善董事不领薪水，仅领车马费数节文，以襄善举。

自庚子乱后周廉访学熙到堂总办其事，当在堂内附设女工厂一处，以为教育贫家子女，复设章程，裁去保婴，核减恤嫠，以期节减经费，挹彼注兹。此种办法虽于前章略异，仍存道德之心，公正无私。且周总办到堂后，只委正任班一员为堂中坐办，节制全堂事务，一依故辙，当无异议。乃自周总办升任后，以洪道恩广为该堂总办，一味位置私人，置善举于不顾。种种弊窦，难以枚举。兹查洪道到堂后，委派潘某充当医官，月薪 20 余两。又，派稽核名目，又加薪银 50 两，津贴在外。又，派吴钟英为总稽查，月薪 40 两，后因另差使不能到堂，改薪为车马费 20 两。又，派吴某充当管理房租司事，亦领薪水数十两。以上 3 人均系洪道同乡。又，派汤某为稽查，月薪 20 两，此人北京有差，从未到堂办事，每月薪水派人来领，已经领过三四年之久。又，派程某为挂名文牍委员，月薪 16 两，亦不到堂办事。以上 2 人均系洪道兰侄，徒得干俸而已。又，派戴赞 1 名充缮写，伊妻郝氏为女稽查，月薪至五六十两之多。现在堂中半是洪道私人，似此以广仁堂之善款，为洪道之养闲院，实属有害善举。伏查广仁堂原有不动产，值银数 10 万两之多，进款：一房产每年约得万余两；又，东洼地 108 顷，每年租洋 1 万 4~5 千元；又，南乡一带地土，每年租洋四千余元；又，纪庄子河柳滩地 20 余顷，以及各斗店捐，当行银号利息，并各衙署捐款，亦有万余两，约计每年进款在 4 万余两上下。至广仁堂收养节妇子女及堂外恤嫠，并全堂夫役人等工金，并每年岁修房屋之处亦不过用万余两之谱。在从前各坐办皆按章程办理。自徐道思谦到堂后，虽有节妇役堂，未有门径一概不用，恤嫠一概不给。至女工厂监督，自归强傅氏经理，所有厂内女司事并工师匠徒，非潘、徐、强等 3 人之私人概不收用，亦不问公事技艺如何。此种工厂有名无实，徒费善款，以供群小分肥而已。且潘某与强傅氏，实系狼狈为奸，搅乱堂规，不堪入目。现在潘某在帐房借用善款 1000 余两，作为嫖赌之资，逐日花天酒地，任意挥霍。此次借款，归还多少不得而知。现时堂中员司皆思分肥，当共和时代，万不能容彼等以此善款任人之分肥。若不认真查办，定有均分之势。今为维持善举起见，顾不揣冒昧，用敢据实陈请，伏思贵会有监督地方财政之权，维持善举之责，应请速予查办以维善政，而儆群奸。倘蒙俯准开会，俟调查时，自当详为声复，以凭核办等因。准此，查此事已闻都督派人查办，敝会合将原递说帖所称各节据实录陈，恳请转交查办委员，一并认真详查，以保善举而维公益，无任盼祷之至。除答复该人民外，理合备文，即希察鉴施行，等情到本都督。据此，除批示：据呈已悉。前据韩荫桓、赵元礼等禀揭该堂总董滥用私人，浮支款项各节，当经委员查明，将代理总董程建勋撤差，派尹湉接充在案。兹据呈请前因，候札行该总董切实澈查申复，以凭核夺此批，等因印发外，合行札饬。札到该总董，即便遵照办理。切切此札。

——原载天津市档案馆编：《北洋军阀天津档案史料选编》，

天津古籍出版社 1990 年版，第 239—241 页。

为广仁堂事忠告苏、皖、浙三省父老
并天津自治各机关

（朱应柱　1913 年）

　　津埠广仁堂一事，南北小涉风潮，事阅经年，变态不一，下走原情据理，所主张亦因而有异。向者广仁堂业绩昭著，口碑载道，因该堂命名天河广仁堂，以为天津、河间二府属人所设，遂爱戴二属大善士不已。去岁《新天津报》诬蔑广仁堂女管理傅素贞名誉，经被害人告诉检察厅提起公诉，由审判厅判决，处以罪刑。适下走留学北洋法政专门学校，刑法之学稍有所窥，以为《新天津报》指摘事实，公然侮辱人，不问其事实有无，罪名成立，无可辩护矣。继有某绅诉愿于行政官厅，云傅素贞虐待丁徒，经行政官厅派员确查，尽属子虚，下走始悟该绅为报复前衅起见，并以广仁堂不告诉该绅诬告罪为可惜也。后有天津某绅奉派为广仁堂总董，经苏、皖、浙三省人严词拒绝。下走不察，以为该堂旧有人员把持堂务，甚不满意于苏、皖、浙三省人之行为也。

　　今夏，见天津自治各机关呈请民政长收回广仁堂自办一节，就现行法令，保节恤嫠，本属自治范围，下走极表赞成。近以本校正科毕业参观各机关以资经验，下走亦循例请于校长参观育婴堂、广仁堂、育黎堂、贫民院。育婴堂近在比邻，今尚未往，余三处则饱览无余。贫民院系一私立财团，为于士俊所组织，粗具规模，贫民分门习艺，适合慈善本旨。而育黎堂则不然，其蓄养贫民计二百六十余人，老幼废笃者不及百人，余皆青年壮丁，每日除食粥外，无所事事，孔子所谓饱食终日无所用心，孟子所谓逸居无教，则近于禽兽，主干育黎堂者当知所改计矣。最后抵广仁堂，见其规模宏大，出品众多，方以为幸，复见恤子恤女安坐无哗，女工厂内井井有序，虽不足以表示内容，要亦征其管理严肃，然而职权所在，即义务所在，管理之善，亦不过为所当为，何待赞颂□所异者调查章程后，稍知其要领，遂致前日之所以爱戴天河者，今转而爱戴苏皖浙也，前日之所以恨其把持者，今转而谓其能拥护也，前日之所以赞成归自治范围者，今转而知其不能成立也。细虑前途，不禁为之太息流涕矣。

前清光绪初年，直隶荒歉频仍，天河尤甚，以致孤儿嫠妇往往无以自存，情甚可悯，必须创设善堂，兼筹教养，而天河地瘠民贫，无款可筹。经助赈南绅王承基、郑官应、经元善诸大善士在南省集捐洋银一万元，于清光绪四年交由前直督李鸿章，商属吴大澂、李金镛于津郡东门外南斜街暂设广仁堂，专收天津、河间两府属遗弃子女、贫苦节妇，并由盛宣怀倡劝捐资，一时诸善士解囊捐助，集腋成裘，其中以南省沙船为最多，众擎易举，遂得凑集银数万两，发商生息，乃于西门外太平庄卜地建堂，将南斜街原收妇孺归并。此堂分设六所，曰敬节所、慈幼所、蒙养所、力田所、工艺所、戒烟所。彼时天、河二属连年水患，流离失所者不知凡几，收养堂内者几至千人之多，经费犹嫌不敷，于是求补助于各官署、各税关始得成效大著，此皆前直督李鸿章所经营也。当时诸大善士犹以支持一时不能支持久远为虑，建议收买荒地。彼时津郡荒地仅二三百京钱一亩，遂买东洼地百八顷，南洼地九十七顷，季家庄地三十五顷，除零星收买者不计外，共大宗地亩二百四十顷。至今日各官署、各税关之补助费概行停止不给，而堂内犹能支持者，皆当时诸大善士惨淡经营之大力也。其魄力不可谓不宏大，其精诚不可谓不周密，吾侪后生能不望而肃然起敬哉。

光绪八年，由前直督李鸿章奏请在案。迄二十六年庚子之乱，诸事停废。又经今大总统袁世凯督直时派陆嘉谷、周学熙为总董，因时局改变，添设学堂、工厂，使左近妇孺皆可入堂学习，以广仁施，而符名实。由是观之，则广仁堂经费为苏皖浙三省所捐助，是该堂以南人之捐款而始有创设之基础，前之认为天、河人所设而爱戴之者误矣。按捐助行为因特定与继续之目的，不求报偿，而处置其财产因之依法令与以人格，新民法所谓财团法人是也。查新民法第一百四十三条云：设立财团法人须经主务官厅许可。第一百四十四条云：设立财团法人之人须订立规条，其规条须记下列事项：（一）目的，（二）名称，（三）事务所，（四）捐助财产之规定，（五）董事任免之规定。同条又云，以捐助行为所定事项，视为记载，于规条者同。广仁堂创办之始，曾呈请前直督李鸿章立案，与新民法第一百四十三条符合，其第一百四十四条所列事项，虽未明列于规条内，而目的则以永久行善，名称则云天河广仁堂，事务所则存津郡西门外太平庄，捐助财产之规定则称出自南中同志输诚乐助，惟任免董事虽未经捐助人明揭于规条内，而民法第一百四十四条所云，以捐助行为所定事项视为记载于规条者同，则董事之任免固自有据矣。查广仁堂大纲八条内第六条云，南人创办北事等语，则董事必南人无疑，此可据者一也；广仁堂余事十条内有云，本堂司事及教习人等多半南人等语，则董事及余人必在南人范围内，此可据者二也；又袁世凯札文内有云该堂向由南绅经理一语，则历来董事尽属南人者可知，此可据者三也。

有此三据，则董事任免当视为记载于规条，归诸南人无疑矣。且财团董事实际上经捐助者选任居多，缘捐助者创设财团，其苦心孤诣，殊非易易。当财团未成立时，其财产仍为本人所有，尚可自由管理，一经成立，则财产团诸法人一由董事所主持，与本人脱离关系，苟董事选任不得其人，则与捐助者之目的有违背之虞。故各国民法公例，必先设立财团法人之人，定董事之任免者，职是理也。今广仁堂经费既为南人所捐助，则南人为设立财团法人之人，其规定任用董事，实际上必选任南人，如前列吴大澂、李金镛、盛宣怀、陆嘉谷、周学熙等皆南中人员，历历可证，非苏皖浙人之把持堂务也，实依法令所保障之法，益而自为拥护也。津郡自治各机关呈请收回广仁堂，引用城镇乡地方自治章程第九条第五项云，保节恤嫠归诸自治范围，原不为误，惟此项标明本城镇乡之善举，今广仁堂所办善举，包括天津、河间二府属之善举，非津郡一城之善举，已属不合，况广仁堂为私立财团，惟主务官厅有监督权，议会何得越俎，何能收回？查城镇乡自治章程第九十五条云，公款公产之内有系私家捐助，当时指为办理某事之用者，不得移作他用，今广仁堂公产为私人捐助，又指为专收天河妇孺之用，何得移作一县之用？种种理由，前此之赞成归自治范围者又误矣。

下走按图索骥，揣摩至再，尤不敢自信，于月之二十三日邀集诸同志宴会，到者为白子坚武、朱子秉颐、刘子毓俊、张子继之、孙子文焕、李子培藩、冯子次安、荆子可恒、田子解、梁子国宾、徐子国瑞、丁子桂年、赵子瑞麟、彭子心衡、杨子玉瑞、李子维祺、李子之藩、刘子士琦、尼子鼎云、周子维城、祖子福洪。诸子皆精于法理，同学六七载，学识优长，席间研究此事，告以下走所主张，并备有广仁堂章程，互相传观，咸直鄙说，而教以进行之方。下走本不欲置身事内，遂婉辞谢绝。席散后，夜阑人静，反复思索，实有不能已于言者，谨为我苏、皖、浙三省父老并天津各自治机关告之。广仁堂与津郡风潮一再发生，初则一二人与一部分人所冲突，继则一二机关与一部分人所冲突，近且举一县之所有机关而与广仁堂全体冲突，有攻击必有防御，闻我苏、皖、浙三省父老已妥筹对待之方矣。夫津郡素称通达，文明先步，自治各机关尤多老成练达之士，向以义务为重，不以权利为重，埠间团体林立，从来未见争夺。防疫医院事属卫生，应归自治范围而不争者，以其属诸行政范围故也。青年会、白十字会、南开中学堂事关教养，应归诸自治范围，而不取者，以其为私立财团故也。何独对于广仁堂而一再争取乎？是诚昧于广仁堂历史，而不知其为私人财团耳。今既经明白解析，必能破除陈见，置而不问，则风平浪静，相安如初矣。

我苏、皖、浙三省父老，其姑安勿躁可也。苟津郡各机关志在攘夺，始终倔强，下走虽性嗜和平，不与辩难，我苏、皖、浙三省中其通达人情、明白法理者颇不乏人，将根据法令，援引新民法，陈请法庭判断，理之所在，定操必胜，我苏、皖、浙三省父老其勿患得患失可也。惟是苍狗白云，变幻莫测，诉讼提起，险象环生，法庭虽不黑暗，而印花有费，传票有费，证人及鉴定人有费，且律师之费，动辄盈千累万，兼以苏、皖、浙三省之好事者，今日开会，明日聚议，伙食茶点，一需供给，彼等岂能别筹资用，必在广仁堂现存款项下开支。而且讼案不结，堂中正人君子其能理事、能整顿事者必从事于诉讼，所余之人既无监守，一任自由，黠滑者讬词运动，攫取巨金，不肖者藉端浮开，侵蚀无遗，广仁堂几许膏血，而必任其破产而后止乎。广仁堂破产，因津人之争夺，南人处于不得已也，有词可藉。北人则何以对津、河二郡之妇孺乎，此所为不取者一也。

光绪初年，天津、河间迭遭荒歉，卖儿鬻女，无地无之，甚至不必给钱，只须有人领去，聊予饘粥，已觉欢天喜地。迩时京津人贩舟车络绎，侯家后实为渊薮。苏、皖、浙三省大善士目击心伤，不忍妇孺沦入下贱，大施恻隐之心，创议保全之策，不避跋涉，携重资北来，成全津、河二郡贤母千子无算。津人饮水思源，凡稍具人心者，当感激之，爱戴之，而思所以维持之，保存之，则广仁堂万年常存，即津、河二郡妇孺万年蒙庥。无所谓争也，乃津人必欲争之，是诚何心哉，此所为不取者二也。

广仁堂旧章，津郡选公正绅士二人襄理堂务，新章增至四人，有稽查及评议之权，使总董、堂董有所畏惧，不敢放肆，以收间接监督之效。然当时设立议绅，原为集思广益起见，所谓出于礼让者，是非有当设之必要也。苟事涉法庭，当事者畸于极端，指财团为苏、皖、浙三省所捐助，不应使他省无关系人与闻其事，则前章当可取消。津绅虽公正，而英雄无用武之地，不能稽查，不得评议，一任后来总董、堂董通同作弊，莫之谁何？津人放弃自己权利而攘夺他人权利，其结局并旧有权利而亦失之，此所为不取者三也。

下走不求于广仁堂，无悔于津郡各机关，只以广仁堂前途起见，故不惮苦口焦唇，为两造广进忠告，务求平心静气，不为流言所惑，不为外物所诱，各自安守本分，勿予人以口实，庶使广仁堂无危险之虞，而津河妇孺有所依赖，其福利岂有涯涘耶，不禁顶礼馨香祝之。

——原载《大公报》1913 年 7 月 3 日第 5 版、7 月 4 日第 5 版。

旅居顺直苏皖浙三省士绅姜桂题等
为广仁堂事呈内务部文并批

（姜桂题等 1913年）

呈为善堂定章严密请予立案以持永久而免动摇事。窃照天津广仁善堂创始于前清光绪四年，其时顺直一带饥馑荐臻，孤寡流离，多被掠卖，合肥李文忠公开府畿疆，心有不忍，商同前督办河间赈务吴公大澂，并咨行顺天府尹，在于津河出口地面及京师前门外一带搜查掠卖之妇女，悉送天津，妥为安置，一面督劝苏、皖、浙三省义绅携资北来，创立善堂，名曰广仁堂，专收媚孤教养，并由苏绅王承基等首捐开办经费一万元，淮军各将领继之，浙绅严作霖、姚文焯又各捐购地、垦田巨款。至光绪八年，规模大备，经李公奏明立案，声明南绅向善有成，鉴定章程，垂为定案。历由三省人之宦直者经理堂务，萧规曹随，愈推愈广，基金发越，达至数十万之多，留养媚孤至数百口之众，堂中设立敬节、慈幼、蒙养各所，工艺、力田、纺织、机器、美术各科，秩序井然，造端宏远。

庚子遭乱，堂务废弛。迨光绪三十一年大总统在直督任内，力求整顿，查照旧案，重定整顿新章，札委浙绅陆运司嘉谷、皖绅周道学熙为广仁堂总董，以苏绅张道振启会办堂务，声明该堂向由南绅经理，该司道等籍隶浙、皖、苏省务即认真经理，以资扩充各等因。盖以胚胎善堂之人办理接续善堂之事，故能水乳交融后先媲美，推之中外通例，凡西人之行善于内地者，无不以西人管之，北省之公产在南省者，无不以北人理之，广仁堂之在天津也，又何独不然？去岁政体骤变，各省自为风气，津人士横生意见，致有控案，即三省人之旅津者，亦不免假公济私，轻议改组，蔑弃良规。桂题等察悉情形，叠开会议，请求直隶都督仍令遵照旧章办理，所有控案改组各禀件，均请取消在案。惟念慈善事业本在大部范围之内，谨将天津广仁堂光绪初年成立旧章以及光绪三十一年整顿新章印本各呈一分，伏乞鉴核立案，俯赐保护，并咨行直隶都督兼民政长查照施行，敬候批示只遵，谨呈。

内务部批：呈悉。已据情转咨直隶都督切实保护以维善举，此批。

——原载《大公报》1913 年 5 月 30 日第 6 版。

中国红十字会第三届征信录序

（沈敦和　1914年）

（前略——编者注）按之会章，凡所收捐款以及振济之需、医药之费，与夫日用杂项，类须一一编厘，岁著于录，以昭核实。兹届起自民国纪元九月以迄三年六月，是为第三届征信录，将以供当世君子考察焉。传曰：虽善无征，无征不信。然则斯录之辑又乌容已耶。刊既竣，爰书其大概以弁之端。

中华民国三年十二月，鄞县沈敦和谨序

——原载《中国红十字会第三届征信录》，1914年。

慈善事业

（高劳　1915 年）

慈善事业，中外皆励行之，固人类优美之行为，高尚之道德，而不容诋议者也。顾奉行不善，则往往利弊参半。如赈贫之事，至仁惠也，然不加审择，则不免奖励游惰。育婴之举，至慈爱也，然养而不教，则无异制造莠民。若其他之良法美意，因经理不得其人，而弊害丛出者，更无论已。吾国慈善事业，至为繁伙，惟多失慈善本意，且界限不明，系统紊杂，或与公益混为一事，或与宗教并为一谈，甚且以鬼神迷信之事，占慈善事业之泰半。夫公益慈善，性质本殊，然其作用，犹觉相类。宗教已别为一事，虽宗教家每好行慈善，慈善事业，亦多为宗教家所提倡。然信仰崇拜，与博爱广济，意义绝不相蒙。若鬼神之事，则尤属荒诞。未能济人，安能济鬼，于虚无之中，多耗一分资财，即于实质之上，减少一分效力。况科学昌明而后，迷信已被动摇，若列诸慈善之中，则慈善事业，恐不免为社会所诟病。窃谓吾国慈善事业，亟当为根本之厘整。慈善家暨一般社会，不可不具抉别之意识，凡济人而能为其人谋利益，且可减轻国家之负累者为上，如聋瞽之教育等事是也。消极之救济，若恤嫠养老等次之。其直接虽为慈善，而间接足以发生流弊者，则宜随时纠正，审度而行。任事者即本此意以为后先，输财者亦本此旨以为厚薄，而假托名义，因缘为奸，依附鬼神，欺蒙渔利之决宜禁绝，更不待论矣。群学之定义，谓人民之结合；国家之形成，实以爱为基础。慈善事业，亦用爱之一端也。然则事体虽小，廓其弊而整理之，亦群治所不容忽视也欤。

——原载《东方杂志》1915 年第 12 卷第 10 期。

中国慈善事业之现状

（谢洪赉 1915 年）

周礼大司徒以保息六养万民，一曰慈幼，二曰养老，三曰振穷，四曰恤贫，五曰宽疾，六曰安富。可见吾国上古之时，慈善事业纯隶之于官，考历史所记，凡贤士大夫施治一方，莫不以康济民生为要务。近古以还，民间慈善团体逐渐设立，于民众之各项困苦，几无不有机关以救济之。其势力之雄厚者，率为官督绅办，通都大邑，每有极大之善堂若干所，内具慈善机关颇备，规模宏大，擘画精详，所有恒产或多至十余万，年中例行之善举，为惠亦溥，正不可以其为旧法而蔑视之也。今取旧有之善举，自浅近至深广，分类而略言之，以为吾人研究之资。

一曰广爱，惜字、放生二事属之。夫惜字之原意，本未可厚非，然持之过甚，则徒贻识者之讥耳。各处奉行最虔，街头巷尾，常见夫役，终日拾取字纸，积烧成灰，沉诸湖海，则因科甲时代思邀功名之念为之冲动耳。今科举既废，此后或将日就衰落矣。放生源于戒杀，虽为儒经本有之义，但佛教慈悲主义，实扬其波。世俗之人，无问若何自远于道，而于戒杀放生一举，无不乐为赞成。尝于苏州之昌善局，见放生之动物，不可数计，自牛羊以至鱼介，皆分区豢养，以尽其天年。杭州西湖之后湖，为放生区域，渔罟不得入之。每年四月八日佛诞，合城士女，俱作放生之会，所活之鱼介，为数甚巨，可谓仁及禽兽者矣。推而置之于实践人道主义，是在志士之转移耳。

二曰妥亡，施棺、安柩、瘗胔三事属之。施棺之法，有全施、半施、赊欠三等之别，随其家人之财力厚薄而施行之，各城善堂无不以此项为要图，杭州一城，专施柩之社会尤众。安柩之举，则因客死不能一时归榇者而设，各大市之地方公所及会馆，大半以此为目的；此疆彼界，颇有类别，而乡僻小郡未建公所者，殊觉不便，上海延绪山庄兼容各处人士旅榇，一时人情称便，赞扬不绝于口，亦有由也。瘗胔则于义冢，即明太祖漏泽园之遗制，凡道毙客死无人收殓者，或刑戮罪犯无家属收埋者，则善堂取而葬之；义园各处奉行亦甚广远，此皆本诸吾国人重视亡骸之厚意，不肯委诸水火，亦有仁者之遗风焉。

三曰救急，其事颇繁。夏时炎暑，劳动者奔走于烈日之下，常苦口渴，于是有施茶之举。凡道途冲要之点，靡不设之，免彼苦力掬饮秽水之弊，诚卫生之益事也。施医给药在大城市中亦习行之，曩在吴下，见昭忠祠内施医局，延时医十余人，内外各科悉备。凡来求治者，按科施诊，或用针刀，或给药饵，俱不取分文。一年需款至数万金，后因局中司事发药多舞弊者，因小变其法。凡来局求治者，开方之后持方至指定之药肆，即可取药，年终由该肆向局结账领款。今沪上各善堂亦多有施医之制，兼为婴孩施种牛痘。（二三十年之前，牛痘尚未盛行，世俗不甚信用，各省官绅多特开牛痘局，以为保婴之举，亦为一项慈善事业，今则人心开通，习知牛痘之有益，故此等局亦无庸专设矣。）然每多限制，未有如此之规画尽善者也。此外如夏令施痧药，常年施急症药，则随处好善之士，零星为之。冬令施粥，始于春秋时卫国公叔文子之拯荒，今日沿用不改，为各处贫民生计之一助，其规自十二月初一日至二月三十日，计严冬三月之间，每一城市划分若干区，各区置一粥厂，先令极贫之户，按人口报名，大人给全筹，小孩给半筹，以后三月之内，每日上下午按筹发粥。据杭州一城而言之，每令需米三千五百余石，值银币一万五千余圆，其经费悉由义仓存款之子金取给，亦绝大善举也。杭郡如此，江浙二省诸大城，亦相仿佛。贫民之距厂过远者，往返不便，则又有粥担之法，移粥就民，更为便利。然非饥馑满途之时，不举行也。施粥之弊在于耗废小民之时晷太多，每日上下午仆仆赴厂，终日更无事可为矣。于是有施米之法，报名给筹，一如施粥，每大口每日例给米一升，五日或十日一次，至局领取，则不致妨碍工作之时间矣。其有中人之家，一时困乏，无以自存，碍于颜面不愿赴局支领者，则又有散米票之法，每票注定米一斗或三斗，托米店分给。因于市井之中，察访此等户口，与以米票一纸或数纸，即可支持一冬。然非谨慎访问，则易有冒滥之弊，不可不察也。施法之举亦于每年冬令举行，计棉袄裤一袭，即可为贫民御寒之需，定制质库不得收押，所以免斯辈之无赖者质押以换酒食也。其他救急之事，按地不同，此文不及备述。昔在吴中见一大厦，额曰无忌公所，不解其由，略加访问，始知江南习俗，失火之家不得径入人家寄居，每露宿户外，不蔽风雨，情殊可悯，故有心人特建此所，以为遇灾者栖止之地，亦一特别之善事也。

　　四曰养生，条目亦众。吾国陋俗，生女多不举，故婴堂之数独盛，各城市靡不设之。荒岁之后，收养尤多，年长则为之择配，间有用寄养之法者，以婴儿散于民家，每婴月给津贴千文，主其事者不时巡视考察，以防忽略，此法盖所以求省费也。吾国之俗极重妇女之守节，故恤嫠之举亦盛，各都会恒有一二处，或称之曰恤嫠局，或称之曰清节堂。凡入其中者，衣食由局中供给，诸嫠操作所得，自行存积，以为不时之需。少年守节有子女者，入堂之后，待子女长成，可以迎养回家，其存款听其支取。养老之典，吾国古制本极隆重，遍国中耆老，例可得政府之存问也。尝见市上有老者，身被黄布袍而求布施，俗称之为食老人粮者，即古礼存问老人之遗意也。近世国家养老之制无存，各处善堂尚有老人院一部，然设额甚少，不足遍及，亦告朔饩羊之类而已。残废之徒，无以自存，多流为乞丐，善堂亦不甚措意。昔日在浙江之余姚县，见县中有存款一注，每年子金，专助残废之贫民，每人每年可得钱二十四千文，分四季散给，由知县主其事。每人有铁牌一方，上注姓名，按牌验放，不得冒滥。然定额只数十人，一县之中残废者多矣，沐恩者止此数，然犹胜于无也。他处州县未知有此例否，则非鄙人之所知矣。养济院专收无告之民，其制甚古，宋时京师置福田院，养三百人，后又推行各郡县。明太祖诏令天下郡县立养济院，民不能自生，许入院沾养，月给米三斗，薪三十斤，冬夏布一匹，可谓厚矣。今则为乞丐之总汇，惟有丐头总其成，昔日之意无复存者矣。栖流一所，惟大都会有之，专为安插客民之无资回家者，然无告之民往往营求入之，以求尽其天年，则亦养济之类耳。

　　五曰公益，此类事业，皆一时建设，经久不损，可以长享其利者。最常见者为大道上之凉亭，江南各处，无问城乡，所在皆是。其始者皆由合里之人鸠资建之，以其余资于附近造屋若干廛，如坐落得宜，则收取租资，即足供养亭之需，不劳更募矣。各处要津之桥梁，兴造之法，亦与此同，但其资巨而任艰耳。大江之上，则有义渡，当创设时，集得基本金甚富，多置田地，由绅士司理，年收租金，以为造船雇夫之用。如杭州钱塘江上渡船，其尤著者也。又如宁波附郭之二大浮梁，年年修船之费颇巨，皆赖基本金之雄厚，故得便利大众，久而不绝。长江与钱塘江之救生红船办法亦大略相仿，其有基本金不足者，则按年仍向各铺户收捐，以补所缺焉。各城镇之救火会，其组织亦名分区域，置器有款，雇役有款，纯由捐募而来，实为善举之性质。虽其器制已甚古旧，然合全国而计之，则为数正自不赀，决不得藐视之也。此外筑路一事，为行善最普通之举，四方好积德之士，每乐为之，观修桥铺路一语，为善事之代表，亦可见矣。

六曰拯困，此类事业，多属经济性质，救助而兼含奖劝生利之意味，故为慈善事业中特开一生面者。其法一为社仓，此制创于隋代之长孙平，令乡里各社共立义仓，收获之日，各出粟麦藏焉，设司事一人，检校多少，岁或不登，则发之以赈本社，以同社之储蓄，济同社之急，法莫善焉。其后宋代朱子又设法流通仓米，夏则听民贷粟于仓，冬则令民加息以偿。每石息米一斗，遇歉岁则蠲减之，是则年有增益，久而不患饥馑矣。其制流行甚广，虽积久而流弊甚多。然各城一遇凶歉，实行平粜，俱赖义仓积谷或存款，为之挹注，则今人犹食古君子之赐也。二曰义庄，其法创自宋之范文正公，宗旨在济助本族之贫乏者。置良田数千亩，年收租息，积储之以待用，养族人之困穷者，日有食，岁有衣，嫁娶凶丧皆有赡，择族中长而贤者一人，主其出纳。今江浙二省义庄颇多，皆本此意焉。即民间小有财者，无不置祭田以为子孙计，虽师范公之遗意，而其理想狭窄特甚矣。三曰因利局，其法兴自近代。盖假资本于小民，使之得营业以糊口也。规例各处不一，大旨先储基本金一二千贯，贫民之有的保者，均可借取，加息若干分，每旬一还，若干旬而还尽。所收利息，足供本局人员之薪资，及不期之消耗而有余。因民之利而利之，亦经济之善者也。四曰质牛，乡民入秋冬之际，偶有急需，则不惜鬻牛以图目前，转瞬春耕之期已届，而无法再购牛力。故有心人深悉其中苦境，特立质牛之所，凡以牛来质者，代为收养，及春则准其取赎，不加利息。如是则救急与耕耘两不废矣，诚利农之善法也。

七曰劝化，此为转移人心之潜势力。古今善士无不利用之，以为根本之要图。善堂之中，多兼设义学，收罗贫寒子弟，教以诵读，其中多有自拔之士。近日教育改革，此等义学类多改设为学堂矣。与义学并行者为宣讲，亦劝谕大众之良法也。所讲者为圣谕，为乡约，为劝惩故事，宣讲生例须习练，宣讲之书裒然成帙，可见其事之见重于世矣。顾宣讲之所不及者，则继之以刻书。数十年前江南人士颇有注意于此者，余莲村先生其最著也，苏州之得见斋、上海之翼化堂，专以刊刻善书为务，数十年来流风不绝，皆余先生之力也。先生又尝拟以戏剧改良社会，故有庶几堂今乐之著。盖先生固一热心社会教育之士，使其见闻今时西国志士之所设施，必有莫逆于心者矣。

以上所言，皆旧存之慈善事业，继续施行者也。风会所趋，咸与维新，于是中国之慈善界，亦有革新之思想。然耳目所及，其粗具规模者尚不多见。惟上海之贫儿院、孤儿院，乃以新法教养儿童，又妇孺救济会，专于收被拐骗之男女童，杭州之贫民习艺所，召集乞丐，使之各习一艺，皆可谓实惠及人之举，而为时人所钦佩者也。

夫中国之慈善事业，其款目不可谓之不赅备，其经济不可谓之不充裕，而其中流弊所在，亦正不可枚举。其不能日益兴盛者，盖自有其原因也。一则由于组织未完善也。大抵一项善举之设立，恒由有势力者为之提倡，或由贤明长官为之主持。规划既定，执行之实，多在司事。若辈惟知保全己利，不知振作，其不肖者且因之而舞弊焉。迨长官去任，或志士凋谢，则其事日即于衰败。即使有存者，亦奉行故事，苟且敷衍而已。人亡政息，几为千篇一例，不能如文明国之组织法团，付托董事，一切办法，俱有法律为准绳，是为可惜耳。一则由于无统一之精神也。一城一市之慈善机关，多者每至十余处，分门别户，俨若有争胜之心焉。此中耗费颇为不少，如能仿欧美诸大都会慈善联合团之制，互相结集，则财力益为雄厚，研究益为精详，而所成就者，自益广远矣。一则由于含迷信之性质也。尝见善堂之中，附设乩坛，或分符箓，或颁方剂，以为救苦一法。主其事者或且沉溺其中，置急务于不问，其迷惑可为甚矣。即如寻常善堂，恒以拾字、放生为要图，以今日科学的眼光观之，则亦迷信之一种也，是亟宜改良者也。一则由于权力之易于把持也。主善堂者，率为巨绅世家，往往父没子继，他人不得干预，因循墨守，不思与时俱进。虽有嘉言谠论，是辈多不易理会，亦不乐改作，故少进步之思想。若因以为私立者，则闭藏深固，惟恐其病之受烛照，自更不愿外人之与闻其事矣。此处善举之大概，几无不如是也。

夫如是，中国之慈善事业固亟需新精神之输入，然如何而得此事之成就，则诚极困难之问题也。盖善堂之势力，纯在老旧绅士之手。此中固多仁慈谙练之辈，然其与新思想相去甚远，欲沟通而变化之，殊非易易也。凡吾基督徒之经营慈善事业者，于此盖有重大之责任焉。鄙意以为新旧社会事业接近之初，必以互相亲密为要务。惟望各处教会志士，能渐与旧慈善界之领袖往返酬酢，以得社交上之利益，而后以泰西慈善事业之新趋向，为之陈说。奖其所长，补其所短，渐移默化，使之心悦诚服，庶几终有改革之动机焉。又教会中遇有新事业之举行，宜乘机邀请当地重要人物，求其同意与赞成，期其于新事业渐多信用，则日后自易于接洽也。按近日之所闻，如上海之孤儿院、宁波之孤儿院、慈溪之保黎病院，俱系教会信士与地方绅士同事，成绩甚佳，可为证据。小城市与镇乡之牧师，实为教会慈善事业之指导者，使其平日之交际，与临时之演讲，俱能取此意存诸衷怀，以改良社会为己任，则地方人士必渐能以慈善事业与之相提携，而后新精神之输入，殆于此有深望焉。

——原载《兴华报》1915 年第 12 卷第 8、9 期。

中国红十字会谨募直隶水灾急赈

（1917 年）

天不厌祸，灾祲荐臻，直省霪雨连旬，伏泛暴涨，近畿一十四县，顿成泽国，而天津被灾尤重，沿河各村，尽在汪洋巨浸之中。居庐既遭冲塌，田禾亦多淹没，浩浩灾黎，枵腹露处，号哭之声澈于四野，其惨酷情形，笔难罄述。

本会迭接天津曹督军暨侨绅严昭明君及天津红十字分会函电告灾，并称现正赶办急赈，嘱速协助，俾资接济等因。当经筹垫巨款赶汇散放，一面呈请中央政府拨款补助。惟是灾区既广，灾民甚夥，非赖众擎，断难济事，用特代为呼吁，务祈薄海内外仁人君子笃念疴瘝，宏施捐助。惠不拘乎多寡，情不分乎畛域，但期集腋成裘，聚沙为塔。多得一金，即可多活一命；早施一日，即可早救一人，则功德自无涯量矣。云霓望切，伫盼甘霖，本会谨代直省哀鸿九顿以请，如蒙慨输，请送交本会总办事处，照掣收据，登报征信，惟祈公鉴。

上海二马路中国红十字会总办事处沈敦和启

——原载《申报》1917 年 8 月 18 日第 15988 号第 2 版。

沈仲礼、朱葆三谨募京兆、直隶水灾急赈

（1917 年）

京直水灾蔓延十四县，千百村庄尽在汪洋巨浸之中，田庐淹没，人畜漂流，其灾情重大，实为从来所未有。鄙人等迭接曹督军、王京兆尹暨旅津浙绅严焦铭君等函电乞赈，赶即电准中央政府在红会青岛灾赈余款项下先拨银一万元，并自助巨款分汇散放，一面派员分往京直各灾区调查。

据称，现在孑余灾民露处高埠，颗粒无资，嗷嗷待哺，号哭之声，震动四野，实令人闻之酸鼻，□之伤心，非集有大宗急赈，断不足以普骏惠而全蚁命。惟值此市面凋敝，金融竭蹶，筹捐掣肘，托钵技穷，殊有绠短汲深之惧。务祈薄海同胞念切痌瘝，情殷饥溺，或节衣食之资，或移宴游之费，不拘多寡，源源接济，则京直巨万哀鸿庶其有瘳，曷胜馨香企祷之至。如蒙慨助，请送上海二马路中国红十字会总办事处，照掣收据，登报征信，惟祈公鉴。

上海二马路中国红十字会总办事处谨启

——原载《申报》1917 年 9 月 5 日第 16006 号第 2 版。

中国红十字会敬募京直二次水灾急赈

（1917 年）

今秋京兆、直隶两省水灾，多至九十余处，实为从来未有的大劫。那料上一次的水尚未净退，而天津地面，第二次大水又来了。阿呦，这样的天灾叠至，叫北地灾民如何能受呢？日昨，本会放赈员来电说道：天津各河的水，顿时涨起，三岔河、三条石、三官庙、侯家后等处，水深没踝，都成泽国。居民不及逃避，葬入水中，那幸而活着的，大家躲在高阜，呼号待救。故而本会放赈员，冒险雇舟，在那高楼上，屋顶上，以及大树梢头，极力的抢救，保全灾民至六七百人之多。除去男壮，有可以投靠的，自己散去外，那妇孺老弱之辈，皆送到女子工艺传习所暂为留养，一面购办干粮、药物、芦席等件，见人散放，以济目前，无如现在避难的灾民，扶老携幼，成群结队的，沿路不绝。其枵腹露体，嗷嗷待哺的情形，言之实在可惨。

本会接电后，现正赶办杂粮饼干棉衣等，刻日续运至津散放。但是灾区既大，灾民极多，倘要一律赈济，断不是本会独立所能办到的。故而要求恳普天下的仁人君子，大家量力捐助，或省吃一台酒席，或省做一件新衣，将那款子送至本会，充助急赈。多得一金，就可以多活一命；早施一日，就可以早救一人。况且北方地方寒冷得很，一到八九月间，就要穿着棉衣了，但望诸位大善士，大家捐助棉衣，不拘新的旧的大的小的都可以合用的，但使北省灾民，大家保全性命，免得饥，免得冻，岂不是助捐诸公的功德么？天道好还，报应不爽，积善余庆，可以预先算定的。诸公诸公快来捐助嘘，倘蒙乐助，不论现款、棉衣，均请送至二马路本会总办事处，立取收据，并登报征信，决不有误。

上海二马路中国红十字会总办事处沈敦和启

——原载《申报》1917 年 9 月 28 日第 16029 号第 2 版。

调查上海本地慈善事业

（朱友渔　1919 年）

一、慈善事业在法律上之情形

救贫济困，为社会上一种重要事务。社会系团体性质，故全体应为少数负责。中国习惯以四等人谓应受公众之救济，四等者，孤、寡、老、病也。前清例律载一条极有趣味之法律，大旨谓凡贫困之鳏寡与残废失助之人，无亲族为之救济，应由地方官扶持保护，否则杖六十。

此项法律，不啻规定贫困者，当然有要求救济之权利，但以缺乏相当之办法与经费，故几几等于具文。政府对于积谷仓、慈善公所、水灾赈恤等务，亦不定条例。大概中国之慈善事业，非政府之事业而公共之事业也。

有一种法律上之方式，使各慈善机关含有官办性质。当机关成立时，将其组织缘由经过情形，呈报地方官厅立案。地方官厅乃出一示，注明该机关之名称目的，通告人民，禁止滋扰。此项示谕，即张挂机关门首。

此项办法，滋足消灭政府与机关间关系，而使机关办理失当，政府本可干涉机关，然寻常毫不注意，对于机关之事业，漫不加察，对于其财政收支，亦从不加以稽查。

二、慈善事业之类别

大多数慈善机关，纯属混合性质，以一个机关，办理多种事业。故即一小小机关，亦每见其条列种种事业，准备施行，如送诊、施药、施衣、施米、施棺、代葬、义学、惜字、恤嫠、赡老、乡约、放生等是也。然亦有数所限于办理某种事业，或留养婴孩，或医治贫病，或恤嫠，或赡老，皆备有宿舍，以供受救济者之居住。

机关之名称，大抵不能表著其所作之事业。或以小团体冒大名目，如华洋善举公所、中华慈善协会、诚济慈善协会等均处偏僻地位，将来容能发达，然其名义完全不正。现在新产出之慈善机关，往往有此谬误。其旧式机关有固定之经费不需假助于人者，则其名称每含文学意味，如同仁堂、保安善堂、复善堂、保息局等是也。

三、救济之方法

救济方法，大概分户内与户外两种。户内救济要受救济者居住屋内，英国公共救济即是此制。此制以工作房为其主要场所，其利在对于受救济者得与以审慎之监护，藉以减少浮冒等费，而其弊则在使贫困者，益离社会孤立，不复能保持其在社会上之生活。

户外救济，在德国阿而白弗而镇与汉堡诸城多有行之者。根据一种主义，谓贫困者应就其居处与以相当之援助，不应使其脱离家庭，用以增进其人之自尊与经济的独立。然此法之大著成效者，纯系于义务视察员。此项视察员随时与贫困家庭往来，因而酌予以相当之救济，否则必致浮冒等弊相继发生，而此法亦失其效力矣。

中国慈善事业之救济方法大多数属于户外性质，但并无视察员之设置，撮述其情形如次。

甲、贫病者赴施医局就诊，医生为之处方，既毕，即依方领取药饵而去。其人姓名、里居、年岁，均纪于册，但其家庭情形，略不询及，其病后如何，亦无人调查。

乙、派人四出，沿途以米票、衣票分给贫困者，票面注明机关所在地，受票者即可赴各机关依票面所开米之量数与衣之件数领取。领取后即四散，无复有所过问。

丙、老妇、嫠妇由熟人介绍于慈善机关，机关注其姓名于册，每月一日赴机关领取钱四百文至六百文。机关之与受救济者，仅在授受此项抚恤费，外此殊无关系。

丁、贫妇生儿不能自育，告诸机关，机关给予钱千文，以后月给五百文，凡十二月，此儿须岁以二次赴机关受验。

戊、死者家族，无以殡殓，诉诸机关，领取棺木，殓讫葬诸义葬，可以不名一钱。

上海所有慈善机关，大抵皆采用上述各种户外救济方法。

户内救济，限于特别人物，如清节堂专收嫠妇，衣之食之，终其天年；如孤儿院专收无人抚养之婴儿，儿死或被人领去认为义子，即与机关脱离关系；如养老堂专收六十以上之老而贫困者，或六十以次之残废者，给以衣食；如栖流所专收迷途失业及无家之人，亦给以衣食，留所时间不一定，随其志愿。

今则各慈善机关，均逐渐改良进步，如工艺的孤儿院、贫人之医院、养老之院，均依近世新法办理。就上海所已发见者，如新普育堂、龙华孤儿院、红十字医院、普益习艺所，其救济方法，均有规则，以恢复受救济者之生活能力为目的。此等慈善事业，前途大有希望，正须有公款以补助之。

四、普通暨财政的处理方法

每一机关职员分两部，即名誉董事与司事职员。名誉董事以本地有资本并有名望之人充之，实际上于机关内部行政，绝不干与。惟间亦有为办事员之一者，则虽无俸给，实负大部分之责任。司事职员概括书记、会计、庶务、监理等员，月俸在十三圆以下，膳宿与新闻纸、茶烟车资及暑日之西瓜等私人费用，均由机关支给。又此项职员不论机关收容贫困者与否，均居住机关内，或并其家族而居之。以公关机关作为私人家屋，当然不合近世机关行政制原则。

上海有许多有资本有名望而倾向慈善事业之人，其姓名辄见于各机关名誉董事录中，其最著者为朱葆三、施子英、沈仲礼、谭干臣、王一亭、陆崧侯、高翰卿、陆伯鸿诸君，至西人之见于名誉董事录中者，仅一二处而已。

上海一埠所有慈善经费，每年共得若干，无从知其确数。此项统计，其可以据以调查者，仅散见于各大机关之报告。据已得到其报告之二十二机关，其岁入经费，都凡五十万元。此数概括私人捐款、不动产收入与少数之官厅补助费。集款之通常方法，向各商家依其营业之所入，岁提百分之若干充作慈善经费，此项捐款有时由各业公所代为征集之。

机关每年辑行征信录一种，以保持其名誉，并社会之信用。录中包括收支报告、捐金题名与受救济者一览等，间具所办事业之统计，或附录地方官厅准予筹款办事之文告。然录中并无审计员审核无误之证明，亦无经手收支员之姓名。且此项报告，颇难卒读，为常人所不留意。盖谓字画既黑白分明，断无错误也，使录中略具机关事业之趣旨与其性质效能之说明，则其书亦非无价值。此在数所新式机关，固已有行之者。顾其收支报告一门，在出版前能先经审计员稽核一过，签字证明其无误，则机关基础，益可巩固矣。

五、上海数种慈善事业之情形

上海本地有救济与慈善机关至四十所以上，其收受之救济者，系分籍贯。又有多数公所与会社，办理许多慈善事业，但享其利益者，限于会员。基都教会施送医药等事，范围甚大。天主教会对于抚养老人最为活动，基督教机关如同仁医院、孤儿院、安老院、济良所等，皆举办极早，为中国慈善机关之模范。

欲将各机关逐一叙明，本编实未暇及，只能就数所述之，以见一斑。

甲、老式之慈善机关

栖流所：创于一八九七年，在新闸北成都路，收养受救济者约二百名，教以数种工艺，并酌给以工资。房屋凡三进，四周互相联属，中有广大之场地，计划甚佳。惟卧室处置疏漏，不合卫生。附设学校一所，亦甚发达。岁入一九一二年度二万四千元，次年一万四千元。此项性质之机关，上海仅此一所。

广仁医局：创于一九〇三年，在南成都路，为沈氏家族所设，日有医生六人到局诊治，以上午九时始至下午二时止，就诊者据称岁约五万人，岁入一万元，居所场地值四万元，无报告。

保安善堂：创于一八六一年，在南京路，其地在价值未贵时为本城所捐置。主要事业为施棺代葬，而以施医、恤老、赡嫠、施米、施衣附之。据其一九一四年度之记载，在暑期三个月，就诊者凡八千五百人，代葬一千八百三十九人，贱售棺木一百十四口，施送棺木六百六十七口，赊棺二十八口。此外固定受济之人，老者二十四人，寡妇二十六人，施米一百八十石，收入一万三千五百八十八元，又前期之存余款一万零九百三十元。

救济机关：散布城内外者甚多，约有四类，一租地者，二经费窘迫者，三曾发达者，四就财力所及举办各种事业者，均无甚可观。其差强人意之处，或者附设义学教授贫民子弟，然有数处则并义学校而无之，门前冷落，除一副牌匾外，几无复有表其机关性质之事物，有之亦仅高悬墙头之官厅文告耳，举数所如下表：

华洋善举公所	北河南路
诚济慈善协会	肇周路
广仁体善局	共和路
中华翕济会	义冢路
中华慈善协会	七浦路
果仁堂	北西藏路
同仁济善堂	山海关路

仁济堂：在云南路，创于一八七九年，城外旧慈善机关中之最大者也。一九一五年度收入三万五千元，其中二万元为不动产收入。全年就诊者四万六千六百十人，医士十三人，初等小学学生六十四人，教员三人。施送棺木一百九十三具，施米六十石。永久受救济者老妇三十七人，寡妇八十九人，月各给与钱四百文至一千文。有给职职员九人，仆役九人。房屋敞大，但多为职员家族所占，几变堂中人俱乐部，堂中不收纳寄居之贫困者。

保息局：创于一八六三年，盖在粤匪乱时，设以留养苏州逃沪之难民者也，现在广福寺。一九一五年度收入四千元，夏令施送医药，冬令施粥。一九一三年共施粥三万七千四百六十三碗，碗受钱一文，搜集纸字八千一百五十斤。

元济堂：在北四川路，为粤人所创建，时一八八七年也。岁入一万元，房屋甚好，施送医药，事业甚大。

复善堂：在南门清心中学后。所有慈善事业，均榜列门首，谓应举办，岁入一九一六年共二千七百元，屋自有，但已陈旧。

联义善会：创于一九一三年，在沪宁铁路车站北，施送医药棺木。一九一四年度，共施棺木五百二十五口，收入一万二千六百元，似甚发达。

位中善堂：创于一八八五年，在南市近黄浦滩，主要事业为施送医药。一九一五年度就诊者一万九千三百三十四人，收入三千一百六十元。

保婴局：创于一八七四年，在邑庙内，岁入二千元。其事业为扶助贫民哺育婴儿，每口月给钱四百文至五百文，受此救济者凡一百二十人，局中不自收养婴儿。

广肇医院：在海宁路，创于一八九一年，分院在沪宁火车站相近，建于一九一二年。院中并收养病人，惟诊治全用中医方法，建筑优美，惟待遇病人太恶，专为粤人而设，其一九一四年度事业之统计如下：

院外就诊者	一万八千三百三十九人
住院病人	一百八十四人
传染病症在分院者	八十五人
处方	九千九百二十一纸
医生	二人
收入银	二万一千〇四十三两
支出银	二万〇七百四十七两

广益善堂：创于一八八七年，在北苏州。其事业分养老、育婴、义学、收拾字纸、施衣施棺等数类。据其一九一四年之记载，就医者六万零七百三十二人，施药三万五千六百六十一剂，种痘者一千二百三十人，住堂老人三十一人，收养婴儿七十二人，其中死者二十九人，被领作义子者二十四人，受救济之寡妇二十四人，初等小学学生十九人，收入一万二千元，其中五千六百四十元为不动产利息。

上海慈善团：创于一九一二年，合数大旧机关而成，所谓旧机关，其成立或远在纪元前一七一〇年之前。现在城中，拥有巨大之不动产及无数利益，下图表示本团之组合及其历史上之关系。

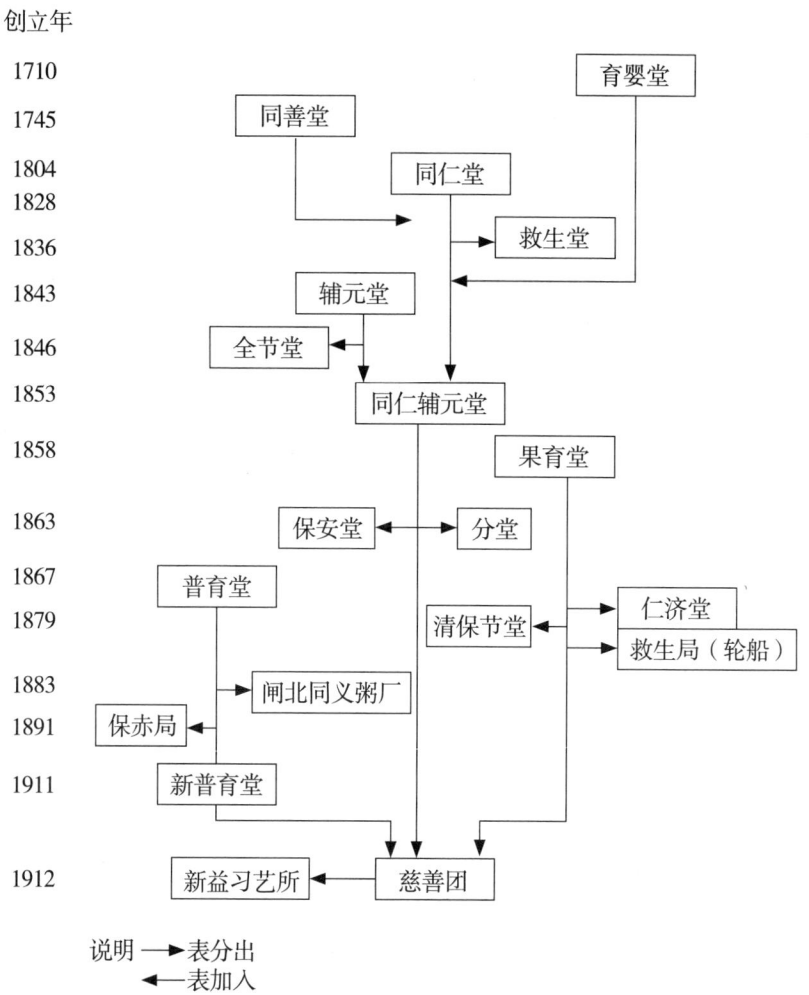

创立年

慈善团组织图

一九一五年度收入十八万二百九十八元五角九分，支出十三万四千七百九十二元八角五分。

支出之款项如下：

一	抚恤金	四千四百七十四元
二	施米	一千三百四十七元
三	施衣	二百十七元

四	施粥	六百五十八元
五	施棺代葬	三万四千七百九十九元
六	施医	二千五百九十元
七	火政	七百五十元
八	救生	六百五十五元
九	清节	九千七百二十六元
十	创建栖流所	四千二百九十七元
十一	慈善捐款	六千元
十二	路灯	四十四元
十三	收拾字纸	二十一元
十四	建屋	四万五千三百六十元
十五	纳税修理等费	一万六千九百一十二元
十六	修桥	九十九元
十七	总事务所与三分所薪工公费	共一万六千七百四十六元

据其救济表，有寡妇三百人，月各给银五角，年老残废者三百人，月各给银五角，孤儿四十人，月各给银四角，贫儿一百人，月各给银五角。

至其施棺代葬表册，最可惊骇，志其统计如下：

造棺：

儿童用，二千九百六十具；

成人用，一千三百四十七具；

特别，七百二十五具；

藏骨用，八千四百六十一具；

统计一万三千四百九十三具。

施棺：

成人，四千二百十五具；

儿童，八千一百七十九具。

收拾朽坏暴露棺木代葬：

大，五百六十七具；

中，六百九十八具；

小，五千零二十具。

代葬暴露尸体（包括溺死尸身），一千一百三十八具。

统计一万九千八百十七具。

乙、新式之慈善机关

新普育堂：初创于一八六七年，一九一一年以天主教会之协助，大加革新，分医院、养老残废院、孤儿院、疯人院、犯囚院、医药局六部。总理陆伯鸿，义务从公。有天主教女教徒十二人，担任看护，料理医药并教授之责，亦不受俸。一九一三年度统计，凡收男子六千七百九十人，妇女一千三百三十三人。医治全愈而去者，男子四千七百三十一人，妇女六百三十五人。病故者男子一千二百八十人，妇女二百九十一人。留堂者男子六百六十八人，妇女三百五十八人。

建筑宏敞，设备精良，占地凡八十亩，服务诸女子，作事周到，待遇堂中人极好，为全埠人士所信托，所愿资助。一九一四年收入四万四千三百九十五元，就中一万五千九百元为华人公产支出，造屋购地费三万六千一百七十二元，公费三万四千七百八十五元，就中七百五十七元为职员俸给，一千二百十元为仆役工资，余为堂中费用，慈善机关中之最经济者也。

龙华孤儿院：创于一九○六年，为华基督教徒所发起，故颇有宗教气息。一九一五年，夏瑞芳夫人以纪念其故夫，故为造一教堂，费银九千六百元。据一九一五年度统计，住院与在分院之男儿，都凡二百十六人，女儿七十七人，收入一万七千八百六十元，支出一万七千八百二十三元，就中三千一百六十七元为薪工。建筑设备并佳，占地二十亩，无不动产，其事业为教育刺绣、木工、藤工、莳园蔬，管理待遇亦皆周到。

贫儿院：在高昌庙相近，创于一九○八年，占地二十五亩，为盛宣怀氏所捐置，此外产业有存款三万元，农田三百亩。一九一三年度统计，住院人一百七十八名。是年制造局之役，大受损失，估计价值凡二万六千元，迄未恢复。收入二万零八百四十四元，支出一万二千四百二十七元，就中二千六百二十元为薪工，经理曾在日专研社会事业。

普益习艺所：在小西门相近，创于一九一二年，房屋极大，占地二十亩，事业为铜工、美术、绘画、雕漆、木工、裁缝等，中有一百五十人，衣食均由所供给，管理周到，岁出约一万八千元。

惠儿院：在大统路，创于一九一二年，设以留养自宁逃难之人者也。院屋已旧，原为收容乞丐之所，有男儿八十，女儿五十（此数不详）。衣食均由院供给，事业为教育，此外男铜工、木工，女纺织缝纫，管理周到。一九一六年上半年收入九千九百八十一元，闸北工巡捐局月拨补助费一千元。

中国救济妇孺会：在江湾，创于一九一二年，各地酌设支部，设备管理均佳，其截留并遣回被拐妇孺之方法，尤为周密。一九一五年，统计住会者，有男儿二百五十二人，女儿九十人，遣回者一百五十一人，成婚者四人。事业为教育、织布、铜工等。收入四万三千元，支出四万一千元，本类机关第有此会。

中国红十字会：此为全国慈善机关，在沪有医院一所，分药房一所，对于水灾、兵灾及歉收等之救济及其活动，一九一〇年加入海牙会。

六、改良本埠慈善机关之意见

研究本埠慈善机关，发现数种可以注意之情形。一、机关甚多，遍布全埠；二、无政府或地方官厅担负管辖之责任；三、人民不知机关事业之情形；四、各机关间缺少联络结合；五、缺乏受过教练之办事人及女办事人；六、救济支出款项，为数不为不巨，而乞丐贫民依然不少；七、仍有许多慈善事业，照老式方法办理，缺少效验。

甲、组织研究慈善及救济方法之机关

在文明进化之国，救济问题同为政治教育机关、政治家、慈善家所热心研究之一端。欲救济发挥效能，必须先有慈善心肠与锐敏头脑，故心肠与头脑第一要熟练。吾辈无不希望吾慈善机关之改善，以冀得到最多之效能、最好之结果。改善机关之第一步为引起公众注意力，引起公众注意力宜先在各市乡组织研究慈善及救济方法之机关之权，由机关担任调查地方情形，举其所得，发表于新闻纸或各种定期出版物，期众周知，且鼓励研究外国救济制，并辑印此项书籍。此机关又可组织慈善会议，以为从事慈善事业，研究本地诸问题之所。如此则中国慈善事业之促进，慈善机关之革新，必有达到目的之一日。

乙、立法与省管理制

一般人对于救济问题之重要及良善之救济之价值，其思想既已唤醒，于是机关可以从而改良，而关于管理此项机关之法律，亦可随而提出。在社会应尽力设法，使政府统辖各项公共慈善机关，即不能到统辖之地步，管理亦必不

可少。盖欲办理完善之事业，而发生其效能，固非是不能也。观于意大利之前事，可为取法。意大利慈善事业，其始亦如吾国，公私慈善机关，充斥全国，然无一归省辖者，以至毫无实效。至一八九○年，制定政府统辖慈善机关法律，各省皆有管理其境内各项慈善机关之权。于是成绩始渐著，立法之前，先组织一王家委员会，调查国中所有各机关，其总数其财产其历史等等，一一记载于册，然后依据之而为法。今日意大利之制度，以管理统辖之权，归于地方官。凡地方人口在五千以上者，设一慈善局，地方议会本有办理慈善事业及监督慈善机关之权，此项局员即由会指派。各机关均须依法将各期财政情形等造册呈报，存案备查，凡此皆吾国政府将来所应仿办者也。

丙、学校大学研究社会学之鼓励

不论何种新思想、新事业，欲其传入一国，必先传入其学校大学，故小学之公民教练，与高等教育机关之社会学教授，皆为引起公众注意慈善事业及输入社会知识之要件。此项教科，今日新式学校，已有设置者，但尚须极端进行。各校应设公民科或实践社会学科，各生均应与以习知社会状况之机会，教育家尤应提出并传入社会学研究之方法。此举之结果，其一必为社会服务热心之发达，社会服务热心之发达，即社会事业改善之导线也。

——原载《教育与职业》1919 年第 11 期。

中国红十字会第六届征信录叙

（沈敦和　1919 年）

敦和于今岁七月交卸会务，计自前清光绪三十年起至三十二年止，刊布第一届征信录。三十三年起至民国元年八月止，刊布第二届征信录。民国元年九月起至三年六月止，刊布第三届征信录。三年七月起至五年六月止，刊布第四届征信录。复于今岁七月刊布第五届征信录，则自五年七月起至七年七月止。（中略——编者注）顾自七年八月起至今岁六月止，为期则有十有一月之久，而新旧交替，宜有公告。为敦和言，则个人应有结束也。为慈善言，则红会自开办以迄今兹，其间经历种种困苦艰厄之事实，同人维护保护之殷拳，兹以衰朽余年，蒙政府俯谅下情，俾得安闲藏拙，赋我遂初，则是此录之成，为红会昭告大信于天下，而敦和承乏行间十数稔，藉免陨越之惧者，各大善士之惠我，乃永永无极矣。刊印告竣，聊志数言，以谂来许。

中华民国八年八月　沈敦和识

——原载《中国红十字会第六届征信录》，1919 年。

劝绅衿商董在各内地宜建慈善医院文

（记者　1920年）

　　老友张先生槎客，浙之仁厚者，既助施医之事于南林，以济其珂乡人士，复恻恻焉悯各地之贫病者，尝期望有力之人，广设慈善医院。属余为文，以劝告当世缙绅先生，余浅尝国学，岂娴文事，顾张先生志在善与人同，不可却也，遂草此稿，以质诸疴瘝在抱者。

　　孟子曰："人皆有不忍人之心。"不忍者，仁也，即佛教之所谓救世与普渡也，耶教之牺牲与博爱也。近世人道主义，充塞于两半球，亦本乎慈善之念，诚以人与人，既合而为群，宜秉相爱、相提、相扶持、相救济之精神，不忍坐视同类者之贫穷无告，疾苦颠连也。

　　今日吾国，丁此浇漓之世，天灾未已，兵燹频临，满目疮痍，遍地荆棘，矧以公众生计之困，则贫病交侵，风俗污染之深，则疫疠酝酿。设吾国民，不力图自卫，深恐来日大难，人皆刍狗，天行酷虐，殆将同归淘汰矣，故不得不仰望国中之优秀分子、缙绅先生、阛阓兴业之家、乡里赀雄之族，各发不忍人之心，建立慈善医院于各内地，以惠苍生也。昔在宋朝，建立药局，民有疾苦，多方疗治，虽以今世国家之仁政视之，不啻大辂之与椎轮，而意美法良，大可推行于今日。海通以还，英美教会，创立医院于各商埠及内地，盖本乎宗教救世之观念而来，拯起病夫，不知凡几，近年美国人洛克返尔，挟数百万之巨款，越太平洋而来华，建立医院与医校于北京，宏规冠于东方，尤见其博爱之精神，充溢于灵府，洋溢于全球，结晶而建广厦，加惠以济邻邦。吾民有自救之能力，而常处于被救之地位，一为返想，其何以自处耶。

　　余尝求吾民漠然于医院之原因，盖由卫生之智识，尚在幼稚时期，医药之关系，未尝用心研究故也。试思一岁之中，失治于痨瘵者若干人，失治于花柳病者若干人，失治于霍乱、痢疾、伤寒、温热症者若干人，外症之未得割治而不救者若干人，产妇之丧亡于不善收生者若干人，婴儿之夭折于不善保育者若干人，因贫困无赀治疗，而殒命者又若干人。呜呼！逝者已矣，对于现今，对于将来，能一再坐以待毙乎？然则医院之建设，诚急不容缓矣。

抑我之所谓医院者，非专事形式之医院也。亦非如某国人之医生住宅即号为医院也。必须以慈善为宗旨，以便利平民为目的。使患病者，得享健全之福，使体弱者，得免夭折之忧，此不得不有望于各地之热心有力者矣。

观于内地慈善之事业，如育婴、恤嫠、施棺等事，成规相循，秩然毕举，何以慈善性质之医院，为地方所不可缺者，独付之阙如乎。殊不知拯危急者，非医院无以解倒悬，治传染者，非医院不能行隔绝，以视育婴恤嫠之善举，同为一方生命所关，而医院实形重要，虽内地恒有设局施医之举，而危证险候之有赖于高深科学者，固当取法所长，不容偏废。恻隐之心，人皆有之，兴念及此，孰有视同类之死伤夭折，而不图自救也。

余曾旅美欧，考外人之所以强，乃饶于自治力，而视社会之事，如家事也。返观吾国，则社会之观念至为薄弱，公益之事业，大半因循，既乏同群团结之实力，又无推行博爱之精神，积习既深，则惮于提倡，宜其对于病菌丛生，病夫载路，而惟归咎于天时之不正，人力之难施，良可慨也。须知一地方之治安，应由一地方之人民，共筹之而共任之，十室之邑，必有忠信，急公好义之风，何地蔑有，况乎欧美慈善家，既已导轨于前，吾人不难仿行于后，与其托生命之权于他人，何如发觉悟之心，而自救同胞之为愈也。

且国种争存之道，非一端也，然欲造强固之国家，必赖乎健全之国民，以故欧美国人，首从卫生之法，学校有专科，国人有常识，地方有集会，要皆有医院相辅而行。返观吾国，内地设医院者，既绝无仅有，明卫生者，如凤毛麟角，所关诚非细故。亭林有言曰："天下兴亡，匹夫有责。"医院与卫生事业，为国人强弱寿夭之所关，有责者，尚可忽视乎？夫慈善性质之医院，亦不必逢人施诊赠药者，贫者固宜免费，若系小康之家，以及中赀以上者，即可酌量纳资，以不觉困难为度，至于绅富求医，最宜任其乐助。人之欲善，谁不如我，但须办法合宜，同志必乐于补助，迨成效大著，乡人自乐于输将，是则医院之经营，亦不致艰于持久也。

至于开办之费，有能独立担任，固为上策，否则亦可集赀而为之，所谓众擎易举也。若为地方共谋之计，则方法綦繁，非可言罄。或利用公产之区，或开辟官荒之地，近乡者，种植以兴利，近市者，建屋以征租。种种方法，皆可为医院之根本，要贵乎因地制宜、因时制宜，以为经久之计焉。

综上而言，创立医院，以救贫病之人，实立德立功，寿人寿世之大事业，尚望吾同胞之有力者，及各地之有责任者，本其不忍人之心，改漠视社会之习惯，助有益地方之事业，勉为一方之万家生佛，以垂荣名于后世而勿替，此吾人所昕夕祷祝者。

——原载《中华医学杂志（上海）》1920 年第 6 卷第 3 期。

办赈随录

（王恩熙　1920 年）

鄙人日前承农学济灾会之托，赴直隶邯郸、成安等县散赈，所历情形，均随时笔录，并考其利弊，附以鄙见，兹不揣固陋，特为发表，用告办赈诸君，敢云老马识途，聊备大雅参考云耳。

一、灾地情形

各灾地均自去秋以迄今夏，得雨不及一寸，土地异常干旱，秋麦无收，春苗枯槁，晚造仍不能下种。其低洼之地，禾苗虽不至枯死，而生长不过半尺，收量不及原种。故因地势土质之不同，所受旱灾虽有轻重之分，实成普遍之象，尤以植棉各地受创最深（如成安县棉地占全境之过半数）。因植棉之区种棉既多，产粮自少，即在丰年，民食已缺，全靠售得棉价，从外购入粮食，以资接济。本年棉既未播，则所恃之富源顿失，谷复无收，则粮食之来源更竭，平日有地百数十亩之户，今亦嗷嗷待哺，灾情之重，可想而知。约计每县极贫待赈之户口，总占半数。以上灾户，房屋洞穿，不蔽风雨，衣物变尽，家徒四壁，以野菜（土名刺菜，茎叶均有刺，摩之刺手，现为灾民日食之大宗要物，近畿乡农，有用以饲豕者，而灾民则视为珍物，间辄遍地搜掘，晒干贮备冬用，行迹所至，正见各户均在铺晒，不知此物殊无养料，夏日食之，已形菜色，冬寒一至，该物既无养料，何以发热度而保体温，其势必至饿毙不止，又况此物无多，易于食尽乎。）、树叶为常食，间或杂以糠屑、粗粮、棉子等物，然已不可多睹。灾民鸠形鹄面，衣衫褴褛，气息奄奄，令人目睹心痛。夏间霍乱盛行，灾民因饥弱而死于疫者，为数不少。逃荒之人，其初甚众，继以求食不易，多以遄返，亦有死于外者。粮食之价，去年小米一斗约值四五角，高粱三四角，今则小米涨至一元二三角，高粱一元左右，其他粮价之增加，略可以此相例。牲口之数，则因屠宰及变卖，较之去年约减十之六七，且价值廉贱，前者值三四十元之畜，今则只值数元耳。地价亦随而低落，上地每亩约值五六元，中地约值二三元，闻本地富豪承受不少，某要人亦购地万余亩，似此情形，深恐各贫户明年无地可耕。彼辈乘危以图利，亦可谓绝无人心矣。惟望以拯救为己任者，有以禁制之。平粜局各县虽已设立，惟多有名无实，故往粜者甚不踊跃，以其粮价较普通市价不差上下，而贫民远道往粜，得不偿失也。邢台县所办之平粜局，尤属腐败，所售粮食，定价既昂，品质甚劣，不堪入口。该县之小米，每斤需值铜元十五枚（小米较本京之白面为贵，殊可惊人），良有以也。

二、散赈手续

此次散赈为免除弊端起见，凡事不肯假手于人，其办法系先得发放地点，布置停妥（地点宜每区设一处，俾灾民得就近领取，以免长途往返之苦）。一面得各该村正副传到，查询灾状，并着其将灾户开列清册，限日送到，随即分头下乡，按户调查，如情形相符，即填与领单，着其某日赴某处领取。领单内并要求各该村正作见证人，注入其名。查放毕，召集各领户，共拍一照。至此次所放赈物，系查酌当地情形，或放种子，或放粮食。

三、办赈管见

办赈一事，虽似轻而易举，然偶有不慎，即弊窦丛生，或昧于当地情形，措置失当，徒耗巨款，终至灾黎受惠无多，均非办赈者之初心也。兹将经历所得，暨愚虑所及，条述如下：

（甲）各慈善团体须速图统一。

鄙人此次到各灾区，见有同属一处，而曾受救济灾会之施赈者，亦有慈善团体尚未临及者，似此一则源源受惠，一则嗷嗷向隅，畸重畸轻，厚彼薄此，何以期普遍而对灾黎，皆因赈会林立，各行其是，未谋统一之弊也。鄙意以为欲免斯弊，各赈会须举出诚实勤能之干事若干人，组织总会，总会分部办事，并设委员会（委员须各会均占有）。凡事须经委员会议决，由会长指挥各干事执行。至筹款一层，不防分道扬镳，固多多而益善。惟募得之款，仍须汇由总会分配。如此办理，庶脉络贯通，全体灵动，凡事由总会统筹全划，自可免偏颇之弊。

（乙）放赈万不可假手于人。

鄙人此次到各县，见各知事办理赈务，仍以平常处理政务之敷衍手段出之。藉曰不舞弊，而因循玩忽，已误事不少。鄙人每到一县，因须借助知事之事，见其迟缓，催之再三，彼辄形不耐烦之色，而又无可奈何。又如鄙人到成安县时，已有某二会发到麦种共百余石，请托该县官绅发放。迨鄙人在该县将麦种放毕，临行时，问该二会之麦种，尚未起运，而其时已届寒露，种麦已迟，再过数天，即全不能下种。诸如此事，不一而足。又不独官绅不可假手，即村正副亦未必可靠。鄙人此次所到各村，其中村正副公正者固多，而狡黠者亦不少。如着其开贫户之册，则将其私人非贫者亦列入，而极贫者反被屏除，又或将其私人之户，分列数名，以冀多领，因此而被查出或被告发者，所在多有。故散赈一事，苟非万不得已，切不可假手于人，总须由会选派委员，亲彼查放，方臻完善。

（丙）散赈宜因人而施。

今之办赈者，或曰宜放钱粮，或曰宜放种子，或曰宜施工赈。其实灾民之种类、性质、地位各不相同，不能一律而施，否则或徒耗赈款，或窒碍难行，甚或养成灾民之惰性，不可不慎也。据鄙人查看所及，均可将灾民分为三类，即妇孺（限于孤寡而言）、残废者为一类，无地或有地数亩（在乡间有地数亩者亦等于无地）之壮丁为一类，有地百数十亩者又为一类。其属于第一类者，既无可靠，又乏谋生能力，惟有施以急赈，以放粗粮、棉衣等物为最宜。其属于第二类者，平时在乡中，或为佃种，或为农工，当此饥寒交迫，施以急赈，固无不可，惟此类最宜施以工赈。其属于第三类者，在平时颇足自给，本年因颗粒无收，一时陷于困境，苟非加以助力，实无法支持，若因此而变产倾家，至属可悯。然施以急赈，似可不必，施以工赈，又属碍难。盖乡农习性，土著心重，苟非万不得已，亦不愿远出为工，而况薄有田地者乎。故属此类者，最宜借以资金，不取利息，使之维持原状，限其明年收获后偿还。以上三者，须详细查确，兼施并行，庶称周到，而亦款不虚糜，民受实惠也。

以上三款，不过就视察所及，举其大端，其他细故，尤须因地制宜，随时变通，方臻妥善。惟无论如何，办赈总以简捷为要，万勿筑室道谋，各存私见，必须即议即决，坐言起行。散赈人员，尤须体念灾民之惨状，不辞劳瘁，昕夕赶办。盖延迟一分钟之光阴，则数千万之灾黎，多受一分钟之病苦，其中且有因此而毙命者，是我虽非杀伯仁，实因我之延玩而死，抚心自问，其何以安。当此严冬一至，草本皆枯，哀此灾黎，无衣无食，展转待毙，惨不忍闻，同属生灵，何福何祸，慈善诸公闻之亦有动于中乎。

——原载《救灾周刊》1920 年第 8 期。

查放注意

（唐宗愈、唐宗郭　1920 年）

一、查户注意

定户

凡所食非纯粹粮食，掺合薯叶、野菜、糠麸、树皮、草根等类者，或所食更苦于此者，应给赈票，其有余粮或有生计尚可自活者，即应剔除不给赈票。

定口

一家人口剔除壮丁及出外谋生者，其老弱妇孺均照目见实数填写。大人填大口，小孩填小口。如有重病、新产、新丧、残废，或一寡妇而抚数孩，并有衰老舅姑者，或妇孺而鸠形鹄面，确为垂毙者，或壮丁因灾身死，所余老弱面有饥色者，或衰老幼弱而孑身无靠者，可于实数外加几大口或几小口，并注明因何加口。如因灾苦较轻，亦可照实数酌减，每一百票以三百口为限。

定字

一大口定"贤"字，一口半定"孙"字，二口定"子"字，二口半定"福"字，三口定"赉"字，三口半定"极"字，四口定"激"字。小口一口作大口半口，小口二口作大口一口，如遇四大口以上则定二字，如四口半则定"极贤"二字，余类推。

附则

甲、口数一二三须写大写壹贰叁，余类推，月日均用阳历。

乙、不能自领者，须询明何人代领，批明票上何故不能自领托某人代领。

丙、逃户须询明该村董保及邻人，该户何时逃出，逃往何处，注明原册以备补给逃户时之考证。

丁、遇危急不能待赈之户，请在川资项下酌给一二元，批明票上某月某日给急赈几元，如盖名戳。

戊、先君办赈要言须请切记遵办。

己、布告条举规约须请切实照办。

二、放款注意

散放赈款应会同当地官绅办理，先期知照县知事，自备某县知事某会同验放讫木戳，届期邀集县知事、商会长、农会长、劝学所长及地方正绅到场，会同验放。灾民持票前来，由总办或专会办就票上批明银元若干、铜元若干枚或粮若干斤、衣若干件，当众发给。由县知事或县知事自托亲信代表，于所批银元数、铜元数、粮数、衣数之旁，加盖所备会同验放讫木戳。散放完毕将赈票函送县署存案，换取该县知事会同验放接存赈票印，收送会备查。

散放地点应酌量县境大小，分设数处，务使领赈之人当日可以来回。

散放地点借用庙宇公屋均可，并以有军警或保卫团驻扎之地为妥，门前须有旷场可容多人，最好有两门可以一入一出。

每日散放以一千户为率，放钱可加，放粮宜减，须先期匀配，分别区村次序，布告各村届时来领，循序鱼贯而入。

散放之时须有同人常在门外走动察听，以杜董保敛钱取扣及债主索欠等事。

——原载《救灾周刊》1920 年第 1 期。

敬告办赈机关

（徐忍寒　1920 年）

一、宜预定计划广征意见

夫理愈辩而愈明，事愈虑而愈周，故凡欲成事立业，尤宜集思广益，以期尽善尽美。办赈亦然，当先预定计划，然后广征意见，例如：

（一）支配赈款

宜依灾民之多寡为根据乎，抑以歉收之轻重为标准乎，而调查灾民与勘估歉收，究以何者为准确。

（二）施赈方法

急赈宜先于工赈乎，抑急赈与工赈兼施（如强壮者用工赈，老弱者放急赈），或急赈与工赈并重（指赈款平均言）。而发放急赈，宜给以衣食乎？抑予以现款乎？或给衣食以济其急，予现款以善其后乎？至于施予被褥，是否较衣服为有益？更就举办工赈而论，则灾有水旱兵燹之分，地有气候形势之异，人有男女老幼之别，时有严寒酷暑、风雨冰雪之变，亦宜斟酌妥善，视其先后缓急，而扼要举办也。

（三）善后方法

宜办何种工程，或用何种方法，以消弭水旱灾害。暨灾孩之如何教养，耕牛之如何保管等，均在其列。以上三端，当开会讨论，更将讨论结果登报征求中外意见，俾妥定方针而利进行。

二、选派委员以免舞弊

晚近世风不古，人心险诈，所派放赈人员，责任綦重，关系尤大。倘或感情用事滥予派遣，则难免无败类厕足其间。设被染指，则通同劣绅，吃赈分肥，虚报名额，浮冒开支，掉换赈物，掺用伪币，种种弊窦，不胜枚举。而又苦于无从监察，一旦被人发觉，非特剥夺灾民生命，抑且破坏机关名誉。是宜选派现有职业，信用素著，而又热心公益，或向办慈善之人员，前往放赈，庶赈款不致虚糜，灾民得沾实惠。

三、宜汇刊征信录以重赈款

常见个人或团体暨公私机关等，捐助赈款后，筹赈机关除给执收据外，不论捐款巨细，必更登报表扬，以昭郑重。顾一鳞一爪，是否与收款总数相符，无从稽核，且不宁维是，办赈事竣，理合造具报销，广告公众。今观筹赈机关，类不举行，则赈款之是否涓滴济灾，末由覆按，国人因而生疑，因疑吝捐，甚且啧有烦言。果办赈者而非营私舞弊，则手续之不完备，亦难以辞咎。是宜汇刊征信录，以明核实而章信用。

四、刊印报告以留成绩

谚云：前事不忘，后事之师。凡办一事，宜留成绩，以为日后改进之张本固矣。况办理赈济，系公众委托之善举，尤应刊送报告书，以固信用，而备参考。内容宜将灾区图、灾象摄影、灾民生活摄影、办赈出力暨赞助人员摄影、灾民歉收放赈各比较表，暨预算决算表，以及放赈员日记办赈心得、发放急赈情形、举办工赈情形等，详细登载以供众览而留成绩。

五、处理赈款须立预算决算

办赈者欲求进行之有依据，施赈之无偏颇，非立预算不可，例如急赈、工赈、开支三项，各占全数几分之几。预算既定，划清界限，各不相侵，则进行有所依据，自无顾此失彼之弊矣。又如共有赈款百万，棉衣万袭，欲分施五省，则平均预算：甲省有灾民二百万，应得赈款十万，棉衣千袭；乙省有灾民三百万，则应得赈款十五万，棉衣千五百袭；丙省有灾民四百万，则应得赈款二十万，棉衣二千袭；丁省有灾民五百万，则应得赈款二十五万，棉衣二千五百袭；戊省有灾民六百万，则应得赈款三十万，棉衣三千袭。如是支配，自无偏颇不均之弊矣。倘事后欲公布赈款之盈亏，款项、赈额之尽属相符，暨撙节开支，以至极低限度，仅占赈款全数几分之几等，则非编立决算不可。预算决算既立，宜编入报告书，以供众览。若赈款有余，宜拨充善举，不足当设法补弥。如是则办事既周密，手续又完备，而谓不能固社会之信用，予不信也。

六、设立会所须广事联络

灾区各省，宜设分会，各县宜立事务所，以通声气而利会务。会所房屋可借当地公共机关以省开支，办事人员除原派放赈者外，宜广邀就地教育会、商会、农会、教会、善堂，暨各界领袖代表等人，使负监督指导协助之责。如是则款不多糜，赈有实效，而放赈员亦无所施其舞弊伎俩矣。

七、收抚灾孩须施以教养

灾民乏食以致鬻男卖女，凄惨极矣。办赈者或慈善家，出而收抚，固属善举，惟仍宜予以义务教育，然后再施以职业之训练，俾成健全之国民。苟能若此，则教养之恩，功德无量。倘或利用生产，遽使劳动，是以善始而以恶终，岂号为慈善家所宜出此哉。

八、灾民患病须给以医药

当此天气日渐寒冷，灾地饥民，正在嗷嗷待哺，冻馁交侵。壮且强者，尚能支持，老且弱者，必致疾病，设不治以医药，势将委诸沟壑。是故办赈机关，宜与红十字会联合办理，办赈机关给药，红十字会施医，以拯同胞而重人道。

　　　　　　　　　　——原载《救灾周刊》1920 年第 5 期。

筹议救荒之各面观

（1920 年 9 月 15 日）

本年北方旱灾，弥漫数省，情状惨酷，实为近数十年来所罕觏。政府方面，现经人民呼吁，舆论督促，亦知灾情奇重，不可忽视。除已明令责成地方官募款办赈，购粮平粜外，连日并由国务院商同内务部筹拟澈底救济之法。最初以款项无着，颇觉棘手，嗣经内部建议，举办义赈奖券，拟具说帖，提交阁议，维时多数阁员，均以奖券性质类似赌博，流弊将无底极，万不宜采此饮鸩止渴之政策。然讨论多时，欲求一他项挹注之法，竟不可得，结果遂照内部提案，完全通过。此项筹款途径决定后，随议及办理赈务之机关问题，于兹共有三方面提出意见：

1. 中央方面，拟将直鲁豫陕四省之赈务并为一起，设一督办名义，通盘筹划，一致进行；2. 直隶长官方面，拟仅就直鲁豫三省巡阅使区域内，设一督办，专司三省之赈务，至陕西一省，则由该省另行办理；3. 鲁豫陕三省长官方面，则拟各就本省设一督办，办理本省赈务。以上三方面意见不同如此，将来究何适从，大约须俟内务部组设赈灾委员会成立核议之后，方能定夺。

又关于赈务督办之人选问题，目前亦尚在商洽之中，中央本属意于熊希龄，熊为办赈熟手，自属合宜，然恐其未必肯就，故又改拟在任京兆尹王瑚。王脑筋陈旧，顾彼薄负廉洁之名，若令督办赈务，或不至有侵吞中饱情弊，现时京津人士，尚属望之。惟闻直省当局，有保荐梁士诒及边守靖之说，结果如何，要须俟督办之省分范围商妥后，方能决定。

据北京红十字总会函云：京中各慈善大家鉴于北五省灾荒频仍，饥民流离失所，惨不忍言，特于本月十一日在熊希龄宅会议，设法救济。到会者颇不乏人，如梁士诒亦派代表与会，结果拟联合各慈善团体，共组北五省灾区协济会，拟举黎前大总统及梁士诒为名誉会长，并公推赵尔巽先生为会长，熊希龄、汪大燮二先生副之，暂假金鱼胡同中国红十字会为会所，当由到会发起诸君公捐四千余元以为提倡，即日组织成立，积极进行，从此五省灾黎，可望稍苏涸辙云云。

据英文《华北明星报》云：各国人士对于今岁荒歉、华北各县灾民颇为关心，至各处难民携老扶幼，仆仆来津，其嗷嗷待哺状况，殊堪怜悯。已有美公使克兰氏出为领袖，组织万国委员会，专为劝导各国人士踊跃助款，救济灾黎事宜，灾民受惠，实非浅鲜，而吾人亦应感激无涯。今据现时赈灾进行景况前途颇抱乐观，其尤可奇者，即华北带领日军之南司令对于直鲁豫三省难民，尚助赈款一千元。据前日寄来新沂州之新闻云，在高丽有多数日本报纸，鼓吹日人助输赈款，救济华北灾民。夫此次救济灾黎，已实达万国性质，不独无告灾民共沾实惠，且使中外人士协同共作，益见和好云。

《字林报》社论略云：目前北方灾情极重，为一九〇六年江北荒馑后所未有，即较诸十四年前江北灾情，恐有过之而无不及。曩者江北灾区，约四万方哩，饥民约一千万人，今年则收获无着之地，蔓延豫直鲁奉四省，据目前调查，不止十万方里，饥民约三四千万人，警报传来，惨不忍闻。

据八月三十日河南彰德府教会报告，过去十二个月得雨仅三寸，农田全无收成，闻全境所获，不足平时百分之八，难民盈千，避往他省，辄不见纳，惟在边界掘草根刮树皮，苟延残喘而已。牲畜久已售脱，儿女卖为奴隶，甚至投毒毙之，以免饿死之苦。闻挟有树皮一束者，竟被人杀害夺去，可谓惨极。

报纸多披露灾状，赈济之亟待举办，亦为人所共认，北京政府将欲何为，今尚不能明悉。传闻政府拟拨直隶浚河经费二百万元，并另设法以应亟需，直省长曹锐有拨款二百万元之说，未审是否自解私囊，如系私款，则诚莫大之惠□。驻京美使拟组织万国委员会，在实际上给予助力，天津华人方设立赈济会，而上海则已有中外人士合组委员会之消息，闻拟筹募五百万元，先向华人劝募，然后乞助于外人，并担保赈款用途。

吾人于此有一言不得不直说者，中国劝募赈款，外人辄乐予输助，华人亦慷慨输将，或尽义务，相助放赈，此乃无可疑者，惟中政府将有何举动乎？中外人士甚愿知之，仅发着该部设法筹款等语之命令，何补于事？即拨借河工经费之计划，亦属挖肉补疮之谋。若国库空虚，无以应命，则政府衮衮诸公，宜自提银行存款以为之。人言藉藉，咸谓政府诸人在京发不义之财，为数极大，使此传言，仅虚实参半，则诸公自解悭囊，救此巨灾，亦无损于诸公囊橐之充实也。平时中国人民固愿坐视执政者侵蚀自肥而不加扰，但今日与平时不同，执政者苟稍有天良，宜将其平时所厚积之国民脂膏交还少许，以救其平时所鱼肉之人民。虽然，此种道德上义务，无法可使政府承认之，外人亦不因北京官僚之无动于衷，而遂稍减其恤灾之热心，但政府如何举动，定有人从旁察视，纪其善恶而公布之，为华人告焉。

——原载《申报》1920 年 9 月 15 日第 17088 号第 7 版。

慈善事业

（张揆让　1920年）

要研究"慈善事业"一问题，第一要晓得什么是"慈善"。简单说来，凡是牺牲自己的金钱、精神、气力去帮助别人都是慈善行为。社会上的人类，有了种种原因，是不平等的。物质文明格外进步，人类不平等的现象，就格外显明。所以强有力的人，格外应该帮助力弱的人。为什么呢？因为社会的进步，全靠各分子的健全。若是一部分的人不能自立，社会的进步就要受影响。所以慈善事业最大的目的，就是要使社会常常有进步，并不是单救那受饥寒的人就可以算数的。社会学家说，"要晓得一社会中文明程度的高低，只要考察他慈善事业的发达不发达就晓得了。"

慈善事业的重要我们已经看见了，他的目的我们也认清楚了，现在我们再研究方法。怎样的方法最有效，就是说最有益于社会？譬如拿铜钱给讨饭的，算得有效的慈善事业么？不能。因为这样的给钱，非但不能减少讨饭的人数，并且可以使他们增加。这就算不得有益于社会，也算不得帮，只算得害人。那么怎样才算得真正的帮助呢？真正的帮助一定要使受帮助的人有自营生活的能力，不做社会的负担。所以教育（广义）是最有效力的。譬如残废的人，像聋子、瞎子、哑子等，他们本是社会的负担，若教育他们，使他成一种有用的人，勿要靠着别人生活，这就是真正的帮助了。又譬如路上一个人，伸出了手，向我讨钱，我就给他几个钱；一个人走上门来讨饭，我就给他一碗饭，这只算得一时的救济，这种方法是有害于社会的。社会学家说，"帮助人，要使他能自己帮助自己。"照此看来，可见"帮助"并不是外界的供给，是发起受帮助人的潜势的能力。所以慈善事业的界说，就是"帮助不能自立的人，使他能永久自立，不做社会的担负。"所以慈善家做事，一定要想想事情的结果，要担保他所做的事有益于社会，还要担保他所救助的人永久能自立。若单是

"以仁存心"不管结果，那就算不得二十世纪的慈善家，只算得孔夫子眼里一位"君子"，这样"君子"在我们眼里看来就是一个"瞎子"。

我很敬重中国妇人的富有慈善心，但是我很反对他的慈善政策。他们只有"良心"，没有担保结果的"责任心"。所以社会处处多有"瞎眼的仁人君子"，缺乏那有真正价值的慈善家。所以我说要慈善事业发达，一定要先把老色的"仁人君子之风"灭绝才行。

——原载《复旦》1920 年第 8 期。

华洋义赈会致各县通函

（1920 年）

径启者。敝会筹办义振，由劝募股陆伯鸿股长组织劝募队，计分红、黄、蓝、白、青五色旗为之标记，四出劝募，各有会章以识区别，而昭征信。顷闻有无业游民假灾振名义伪造信函捐册，冒充慈善机关人员分赴贵县等处，向绅商居民劝募捐款情事。用特函陈台端，倘有此种冒名募捐之人在境内骗取银钱者，应请准予就地人民随时送县按律惩办。务希迅赐出示晓谕，俾众周知而杜假冒，实纫公谊，敬颂台绥。

华洋义赈会，1920 年 10 月 11 日

——原载《华洋义赈会征信录》，1921 年编印。

华洋义赈会启

（1920 年）

径启者。敝会成立以来，拨放赈款赈品为数甚巨。叠接各处捐户来函询问种种情形，亟应有详确之报告，以昭大信。所有先后拨交尊处赈款或赈品，其散放地点、种类及受赈灾民户口数目，凡属于敝会赈款或赈品所放之处，应即逐次补列一表，填送敝会备查。兹附奉表式五纸，请查照分别填注签字盖章，克日寄沪。嗣后如有拨收，亦须照此办法。查敝会此次筹办赈务，既完全委托尊处散放，在敝会固极端信仰，惟各捐户岂能一一见谅，非有此表宣布，则责备纷来，颇觉难以答复，且将来刊印征信录时，亦万不可少。烦渎之处，尚希鉴谅为幸。嵩此奉布，敬颂善安。

——原载《华洋义赈会征信录》，1921 年编印。

华洋义赈会征信录叙六

（席裕成 1921 年）

　　自去年十月冬赈起至今年春赈，凡山东、直隶、河南以及山西、陕西、浙江、甘肃等省之灾民，悉拜仁人之赐矣。虽然活人固多，集款亦巨，使于出纳之际，疏于记载，未免兴虽善无征之叹。无征则纵实事求是，无愧于心，而未条分缕析供诸众览，不将有无征不信之虞乎！且也从此风调雨顺，国泰民安，永无旱干水溢饥馑荐臻之日，是固大幸。不幸而民生再罹此厄，前此未能征信，即登高而呼，窃恐群山不能悉应，则办事者皆受疏忽之愆犹属细事，而绝亿万人再生之路，其影响所及良非浅鲜也。是以征信录之辑不可或缺。

中华民国十年十月　立功席裕成谨志

——原载《华洋义赈会征信录》，1921 年编印。

华洋义赈会征信录叙九

（沈泽春　1921 年）

（前略——编者注）吾国惯例，凡慈善事业必刊送征信录，以昭核实。况本会募款至二百数十万元，对内对外不能不将经过历史一为宣布，则此次征信录之刻，又乌可缓？（中略——编者注）放赈务求实际，用费力戒虚糜而已。同人等即本斯旨，故事无大小，议必公开，款无巨细，必列议案，俾绝大义举得以昭示来兹。惟本会设于上海，所有赈款赈品均由赈务股支配拨解各灾区之华洋合组义赈机关查放，其散放情形应报告于本会者，本会曾制就表式分送请各处填造。乃函电频催，至今多数未见寄到，或有以填送困难不能照办为言。本会既经结束，势难久待，不得不将兹编付印，免再稽延时日。泽春从事编辑，无非汇集各方报告以总其成，其间漏略之处固多，而放赈细表一种竟付阙如，尤为遗憾。

中华民国十年十二月　吴兴沈泽春谨叙

——原载《华洋义赈会征信录》，1921 年编印。

中国红十字会第七届征信录序

（汪大燮、蔡廷幹　1921年）

今第七届征信录告成矣，计自民国八年七月一日起至十年七月三十一日止，凡历两年一月之久，继续沈前副会长所刊第六届征信录之后。顾沈前副会长于八月交卸会务，其所刊第六届实终止于八年六月，而大燮则于九年八月任事，廷幹则于民国八年八月。此次刊印第七届征信录，谨始于八年七月，以承前届之后，礼无或缺也。岁月如流，事更两载，其间迭遭灾变，慄慄寸衷，幸无陨越之虞，实赖将伯之助。各大善士之惠我无疆，敢不昭示来兹，以扬仁风而供众览。刊印告竣，聊缀片言。

中华民国十年八月　汪大燮、蔡廷幹

——原载《中国红十字会第七届征信录》，1921年。

民国六年水灾民捐赈款征信录序

（熊希龄　1921 年）

本处于民国六年，畿辅水灾，承政府委任办理善后事宜，当时呈明大总统，即将赈款分为官、民两项，官款所属支出，事竣后，造册报告，交由审计院核准。民捐所属支出，交由水灾赈济联合会汇册报告，并延请财政部、审计院各派两员，会同稽核。计自六年以迄今日，审计院对于第一次报销，业已核复，第二次报销册，尚未告竣。而本处除民国六、七两年办理冬春各赈外，民国八年顺直各属复有偏灾，亦由本处以赈余之款，分别散放。再余者，移充永久慈幼院工程基金各费，直至民国九年十月，方始就绪，本处机关乃得裁撤，以此种种原因，故本处之报告亦由是迟延。今关于官款收支各册，业经刊印《畿辅水灾善后纪实》一书，以供众览，其民捐收支各册，制成征信录，分送海内外之捐助者，用副各慈善家委托之至意。谨将历年经过情形，摘要报告，乞赐审览，而加教示焉。

希龄于民国六年九月□日，即阴历八月十日，水决天津，淹灌全埠，难民露宿，呼号求援，惨不忍见。当即奔赴北京，乞助于中国银行公会，承集捐款万余元，交由京师警厅购备粮食，运津赈济。嗣复往告政府，力主筹款办赈，蒙梁总长启超、汪总长大燮等，提出于国务会议，而各阁员佥请梁总长以电话询龄，谓须担任办赈责任，方能定议等语。希龄自知不才，难以任重，何敢出以冒昧。惟当时若不承诺，则此数百万之饥民，无有全活希望，遂不得不勉为其难，此希龄当日承办善后工赈之实在情形也。

就职以后，调查灾区一百零三县，被灾村数一万九千零四十五村，被灾人口六百二十五万一千三百四十四名，成灾田亩二十五万四千八百二十三顷零六十亩四分三厘七毫六丝，其房屋、衣物、器具及不动产等，尚不在内。本处体察灾情，既因区域之广，难民之多，深虑一夫不得其所。又因时已九秋，寒期将近，非筹迅速救济之法，不足以期灾民之全活。于是决定计划，第一要求政府拨给巨款，以便赈务之进行；第二委托地方士绅及教会，办理赈济，以杜官吏之侵蚀；第三联合中外慈善团体，公同支配，以免偏远之向隅；第四堵筑决口，筹定春工，以防水患之蔓延。宗旨既定，而赈务、河工乃得次第进行。

赈务分为四项：一、急赈。二、冬赈。三、春赈。四、杂赈。急赈已有直隶省长及京兆尹担任，故本处仅放安平、定县、安国、沧县、盐山、内邱等六县，冬赈则委托顺直助赈局担任，春赈则委托顺直义赈会担任，均由本处拨给官款。杂赈则委由京畿水灾赈济联合会担任，本处另以民捐之款陆续交付。自六年九月奉命办赈之日起，以至善后事竣之日止，均系委托中外慈善团体代办，本处从未直接经手放赈。惟加派委员监视督察，以求实惠及民而已。

河工分为三项：一、急工。二、春工。三、测量工程。急工堵筑决口，使其田亩涸复，不误春耕。春工培补堤防，免其伏秋两汛再罗水患。测量关系治本计划，为顺直河务永久之图。此皆纯由官款支出，而未动拨民捐者也。

冬赈春赈之外，又有平粜、赈煤、贷纱、寒衣及以工代赈之马路等项。其委托地方官绅与教会设立粥厂、义当、因利局、籽种借贷所、老弱留养所，而由本处提款补助者，亦均列于杂赈范围，所以辅冬赈、春赈之所不及也。

平粜粮食为红粮、玉米两种，由工赈项下拨银四十四万元，在奉、吉等省采购，所购粮石随到随卖，随卖随购，前后套担，共购粮八万四千二百三十六石一斗八升，连装盛麻袋，共支出银元八十五万八千六百三十五元四角，支配五十九县，分别平粜。嗣因第二批粮食到时，各县粮价已平，春收又丰，亦有将所余之粮改为放赈者，其数约四分之一也。

赈煤有由开滦公司、井陉公司捐助者三千四百吨，有由本处自购者七千八百八十一吨，今共煤一万一千二百八十一吨，计支配散放四十一县。当时因水灾之后，民间向供燃料之秫楷，淹没无存，煤矿亦为水浸停采，村落炊烟断绝者，所在皆是，柴、煤价昂数倍，甚有所得放赈钱文，不足以购一薪者。时值冬令，啼饥号寒，情形尤为困苦，不得不备此一项，以救其穷也。

贷纱办法则以直隶各属人民生计纯为农产，惟中部宝坻、高阳、饶阳等县，多以织布为业，约占其全县人口十分之六七，自水灾以后，纱业停顿，减销五分之三，各县机户因灾无力购纱，停机待赈，倍极惨苦。本处因思各机户以每户织机一架，平均价值十元计算，十万机户即需成本一百万元，小民终岁勤劳，蓄此十元，正非易易。倘因饥寒迫切，或久停废弃，甚至析而为薪，将来无力购置，必至多数失业。倘能量为救济，小民赖以生活，以十万机户计，每户五口，即可养活五十万人。故本处决计向三井洋行贷纱一百万元，委托天津商业联合会转发各县商会，贷给布商，以十个月为限，如数缴还，其息款则由本处担任，并未摊加于各商也。

寒衣有以本处以民捐款制备者，共大小棉衣裤二十八万八千三百四十件；有由本处将捐助单夹衣改制者，共大小棉衣裤二万五千零十四件；有由各处官民捐助者，共大小棉衣裤十四万八千六百零一件，统计棉衣裤四十六万一千九百五十五件，共支配散放一百零三县。及各经手官绅与教会共捐助之皮衣、鞋帽、布匹、棉絮等项，尚不在内也。

以工代赈之修筑马路，分为三道：一曰京通马路。由美国红十字会与本处合办，各出款十万元。二曰西山马路。由本处拨给京兆尹承修，款六万元。三曰门头沟马路。由本处代京兆尹向中法实业银行借款二十五万元，此路以门头沟矿被水侵灌停工，工人失业者多，特为修筑，以复矿业而便交通。统计各路，约及一百数十余里，均雇用就近灾民工作，既成之后，京通名为博爱路；西山名为仁慈路；门头沟名为德惠路。用志美、法两国慈善家之意也。

其委托教会及地方官民设立各杂赈机关，而由本处补助或保息者，结果亦甚良善。统计共办成因利局三百零九处，义当三十九处，老弱留养所一百八十一处，粥厂五百九十三处，籽种借贷所四十九处，约共集款九十余万元，皆由本处补助，及各地方自筹之款。而为之订立划一章程，使赈务之设置周密，辅官赈之所不及，亦极有益于无告者也。

此外尚有各国及南方各慈善团体捐赀自放者，如江苏仁德堂义赈公会、上海义赈会、上海义赈协会、上海广仁堂盛宅、上海中国济生会、江苏唐宗愈、宗郭两君、上海中国红十字会、佛教慈悲会、中华圣公会、华北基督教会、奉直会馆水灾赈捐事务所、日本义助会、香港公诚公司、美国红十字会、宁波赵保禄主教、献县天主教堂、近畿救急赈捐会，天津水灾急赈会、旅沪顺直会馆水灾急赈会、英国教士鲍秉公等二十团体。分往各灾区散银、粮、棉衣，其详数均载于《善后纪实》书内，约共值银元一百余万元。北方灾黎之被其恩惠，而得庆更生者，至今尚感念不置也。

至于赈务之收支各款，本处最初已分为两项：一为官款，即为政府所拨，共收现洋四百二十五万六千三百二十八元七角二分，共支出赈款，现洋二百四十五万七千二百零一元一角九分四厘。河工款，现洋一百五十七万四千九百八十九元零二分八厘。二为民捐，即由中外官民所捐，共收入现洋九十二万二千二百一十元零三角五分一厘，中钞、公债尚未在内。共支出寒衣及杂赈，现洋五十三万九千六百三十七元二角七分三厘。除收支两抵外，所余官民等结存现款，及中钞公债等项，均移拨慈幼院为基金及开办建筑之费。此外尚有银行浮存官民等款利息，现银一万零一百三十元零一角，又浮存日本借款利息，日金八万九千二百零零四角二分。除照章支销京津两处水灾联合会会费四千余元外，所余各利金，亦移拨慈幼院与女红十字会为基金及建筑医院之用，其详细账目，均载于《善后纪实》及《民捐征信录》两书，可比对也。

当时议定支用赈款之法，凡属本处行政经费，另由财政部按月提发，凡属京畿水灾赈济联合会会费，另于官款所存银行息金项下拨用，均不动用官民所拨所捐之分文，庶使赈款涓滴及于灾区。故本处散放各赈，办理工程，先尽官款支配，后及民捐。迨至善后事竣，尚有平粜还本，息金余存及民捐陆续收入之款，本尽数拨与慈幼院与女红十字会医院，此为结束民国六年水灾赈款之实录。前次中外各报有疑借款移为政府行政及军费者，见此两册亦可释然矣。

慈幼院之设立，缘于六年水灾时，各县难民有鬻弃子女之惨，特于北京立一临时慈幼局，收养男女孩童，将及千人。迨及七年水患既平，难民陆续领回，尚余二百余人未有来领者，商之本京各慈善机关，均以房屋不敷，难为收录。不得已乃于香山建立永久慈幼院，扩充名额，至可容千名，其经常费，则将所余赈款购买七年、元年公债及各实业股票，约得百余万元，年得利金六万余元。组织董事会经理其事，用垂久远，亦以留政府及慈善家之纪念也。（详目另载慈幼院收支报告书。）

综计此次工赈，希龄以毫无经验之身，而负此重大艰难之责，兢兢业业，惟惧不胜。其所以得免遗误者，全赖政府之大力主持；地方长官之和衷共济；中外各慈善团体之倾诚相助；同事僚友之匡襄辅翼；京畿人民之朴厚见信。故能于冬春各赈办理迅速，灾民不致有冻饿毙命者，此其可幸者一也。

各河决口及伏秋两汛，均经堵筑宣防，次年得免再罹水患，秋收可获，赈期不致延长者，此其可幸者二也。

平粜一项，向多亏损，本处初次运到粮食支配各县，粮价即平，第二次竟可不需，且能全数收回粜本，鲜有失耗者，此其可幸者三也。

贷纱之举，当时政府尚有怀疑，而本处坚持进行，商民竟皆保全信用，如期还款，不致丝毫蒂欠者，其可幸者四也。

所不可恝然者，惟关于治河根本计划，则因顺直水利委员会测量未竣，一时尚无表见，殊觉无以慰吾民之望。而本年北方旱灾，比之六年水灾为尤重，希龄虽竭心力之所至，迭次拟具筹款条陈，呼号于当道之前，尚无速成之效果，致使六年所救活孑遗之民，或终不免一死于沟壑，此则希龄所惆惆心悲，而不能自已也。

中华民国十年一月二十八日　熊希龄叙

——原载周秋光编：《熊希龄集》第七册，湖南人民出版社 2008 年版，第 447—453 页。

慈善家之沈敦和

（1922 年）

自郑罕宋乐输粟贷民，见称于仲尼，钟离聂阳哀鳏寡矜狐独，见问于威后，而慈善家始着闻于世。两千年来，大吉之家，缙绅之族，好行其德者，代不乏人。顾其范围所及，不过一乡一邑一人一物之间。操术易而被泽寡，虽曰慈善，不足以言事业也。环海交通，万事恢广，有伟人出好善之量优于天下，则本其政治思想，外交手段，并力以兼营之。而其人之慈善事业，遂开亘古未有之局。此今日之沈敦和，所以见重于中外乎。

敦和之入都也，督臣王文韶、枢臣瞿鸿禨调敦和充路矿提调，兼总开平煤矿建平金矿事。始为矿局总办者，侍郎张翼也。内容紊乱，外患乘之。敦和接任数月，即以目疾辞归，寻充沪宁铁路总办，改充通商银行董事。未几俄日旅顺战事作，日本以炮击俄船坞，死船坞华工二百余人，俄人死者止六名。其后俄日日夕鏖战，自旅顺蔓延东省，战地华人，死伤枕藉。闻者恻然，而无策以救济之。

敦和言于众曰：战地华人，遭池鱼之殃，呼救而罔应者，无他，以吾国无红十字会故也。红十字会之设，始于瑞士，遍于环球，独吾国向不入会。以不入会之国，而欲设红十字会，外人必不承认。不承认，则不能入战地以救民。事亟矣，宜设一万国红十字会，牵合日俄两国及局外中立各国，共同组织，以收战地救护之权。众称善。敦和复商之英教士李提摩太，英按察使威金生，英商安德生，及英法德美俄日各领事，皆以为然。遂借租界工部局开特别会议，公推敦和与施则敬、任锡汾、任凤苞，英人威金生、裴式楷、安德生、麦尼而、李提摩太，法人勃鲁那，德人实隆，美人葛累为中西办事总董。当场募中西捐款五万两，而商约大臣吕海寰、盛宣怀、电政大臣吴重熹，适奉电旨，颁内帑十万两为经费。内外官绅，输捐者愈众。

光绪甲辰二月，上海万国红十字会成立，借丝业会馆为办事处。敦和与中西各董，先后驰电营口、烟台、沟帮子、新民屯、辽阳、沈阳、开原、铁岭、安暑河、吉林、海参崴等地中西官绅，各设分会，由上海购运药物，前往分别救护。其无关战事人民，救护出险，及会员乘坐中国火车轮船、往来电报，均经议明，作为路局、轮局、电局捐助，概免给费。并由李提摩太，电致东三省，凡耶稣教会所设医院，悉悬红十字会旗，医战地华人之受伤者。派直隶候补府史善诒等，会同营口西董魏伯诗德等，办理东三省协赈事宜。银钱粟米，不绝于道。敦和与中西各董刊布简章八条，为各分会办事暂行规则。其最要者，为第五、第六两条，节录如下：

第五条　本会最重救护战地因战事被难、无关战事之人民，其救护之法有数端：

甲、水路现已阻塞，由难民自行设法出险至烟台，分会查察，近则给资，听其自回原籍；远则给以轮船免票。

乙、陆路分会，均依傍火车站设立。蒙北洋大臣核准，火车免票，发交会员领存应用，与北洋救济公所，事同一律。察难民之实系贫苦一无所有者，方给免票。递转至卢汉铁路，照给半票。招商局轮船，照给免票。其再转至沪者，验明免票。于换给免票之外，量其归途远近，加给川费，自洋二元起，递至数元不等，以足敷到家尚略有余为度。其候船宿食之费，仍由本会核实给付。

丙、轮船火车免票或半票，设已用竣，未及续领，或领而未到，而适有多数难民急待运送者，则有营口初办时之法。先与站局约明，于每人衣襟手心钤一印记，编数十人为一起，会员亲自护送，至车船停处，帮同船车办事人验明，俾即启行。其中如有贫苦不堪者，每人加给洋一二元，按日按人详细登簿，以便征信。

丁、同是被难，而其人向来体面，或携带家眷，尚有行李，但无现钱；或不愿侵占难民免票地步，欲自留体面者，则有沟帮子初办时之法。计其车费若干，其人写立借据，由本会如数代给。一面将借据寄交其所指地方，索回借款；或寄交上海总会，听候酌办，总使其出险而免受窘。

戊、体面人不用免票外，尚有官商，知战国禁令，不敢出险者，则有新民屯之办法。由其人自将眷属行李分为数起，商明本会，附入难民之列，仍不用免票，由本会一体保护出险，惟不列入难民册报中。

己、以上救护出险各办法，无论何国人，均一体相待。营口曾救护德人，随时知照天津接护。烟台曾救护俄人、韩人，资遣回国。各分会须加意照办，毋得稍有歧视。

第六条 救护出险办法，业已略备。尚有土著，系恋世业；或已濒于危，又知他出仍无可为生者，该分会目击心伤，岂能忍置。本会预筹办法数端：

甲、地方被兵，即多失业，衣食何资，饥寒可悯。中国最重赈荒，现已由总董会议，广设筹款之法。款集办赈，应随地制宜，总期不出险之无关战事人民，不绝生机。

乙、大兵之后，必有凶年，并多疫疠，又非医院之医伤药品，所能疗治。现先购运暑药，交各分会散给，随时再讲求避疫方药，购运济用。

丙、战地炮火纷飞，未易过问。战地外及附近处，或有不愿出险、不能出险之人民。既与战事无关，凡有中国地方官之处，均已有大吏拨款，饬交设法赈抚。本会谊应协助，已切嘱各分会中西会员，因地制宜，带同翻译，与交战国将领，恳切情商，以期有济。

光绪丙午春，俄日已媾和。红十字会救济事竣，各地分会皆裁撤，协赈事亦于是年七月截止。综计两年中战地人民被救者，十三万一千一百七十七人，被赈者二十二万五千一百三十八人。瑞士红十字会闻敦和之创是举也，遂函驻英使臣张德彝，请中国入会。敦和与各总董，亦以是请命政府，朝旨报可，命德彝前往瑞士，补划会约。故中国之入红十字会，敦和导之也。其后万国红十字会，遂改为大清红十字会，亦设医学堂，以养成医院人才，规模灿备。敦和慈善之名由是振。

是年夏，江北积雨，淮水高涨，溃决两岸，漂没民居数万，溺死无算。水遂汇入洪泽湖，湖以运河为尾闾。而运河入江之瓜洲口，狭窄不能连泄同，于是水势倒灌，全地遂成泽国。河水本涨与堤岸相平，且有地低于河身二丈之处，久雨堤崩，一泻千丈，万顷农田，沉于釜底。凡江北灾区面积，达四万方里，饥民载道，流离转徙。江南大吏筹款施赈，犹苦不济。敦和乃与英商李德立谋，倡办华洋义振会，推李德立为干事部长，而自与李佳白为书记员，董理会事。

李德立以灾区较广，欲与各教士亲往调查，以便放赈。江督端方，恐外人深入灾地，饥民铤走肇衅，商请李德立将捐款交其地方绅士，代为散给。李不允，以书抵江督曰：外洋捐款各户，皆信由中国内地各西教士经赈是款，故慷

慨乐输。倘余等董事，承认江督意旨，款归各地华绅赈给，则必大违各捐户之
心。既教士不预赈务，则余侪亦不能复向外洋募捐。如谓扰乱之际，虑有莠民
滋事，可令教士等但在本境办赈，勿深入荒僻之区，俾华官得以保护。华绅应
造饥民册，列灾户人口，经教士调查核实，给发月票。一切办法，可与中国政
府相辅而行，使余等不失信于外洋各捐户，敢请俯允云云。江督仍游移。敦和
知江督意在慎重外人生命，防患未然，为婉商于李德立。李乃言如教士在办赈
所遇有意外，不关国际交涉。彼此疑虑，遂各释然，裨益赈务不小。

上海华洋义振会既开办，敦和与中西董事四出募捐，义声远振，施银
助粮，络绎于道。美总统罗斯福，亦宣告国民，令尽救灾恤邻之谊，集款至
五十万金元。其余中西捐款，数亦不赀，共得百六十万元。是年值敦和五十初
度，亲友致送寿礼千余元，并自备筵资百元，悉以助赈。明年春，敦和复与英
商伊德，就上海张氏味莼园，设万国赛珍会，中外士女列肆售物，所得之资，
即充赈款。四日之中，凡得七万余元。

是役也，会设于上海，而于镇江储积银米，分解灾区。敦和与中西议董，
商定放赈方法四则：

一、工赈，以工代赈。本会曾屡告于政府，须大兴工程，如筑铁路，修道
路，浚河道，筑堤堰等，工赈有数善焉：（一）可容多数贫民工作，以获资存
活，不致束手待毙；（二）工程既毕，必与地方大有裨益；（三）浚河筑堤，可
永免水灾之害。目下宿迁已开办工赈，他处亦当仿办。

二、低价粜粮。灾民赤贫如洗，而官赈但有铜元。本会乃决议购运麦粉，
以低价粜给灾民。麦粉每包五十斤，减价售银一两二钱三分，仅占成本三分之
二。每包复分作小包，包约数斤，令灾民持票购粉。

三、赈给。至灾民之极贫，而患病不能工作者，既未获得赈钱，赤手空
拳，何能得食。其地方分会董事，查悉确实极贫，则给以钱米。

四、散给籽粮。本会购备澳洲麦种五百石，运至灾区，散给田农以明年籽
粮。是项方法，经中西董事，及地方官绅通过实行。捐款既多，推行尤力，自
丙午讫丁未，计浚河几六百里，筑路几四百里，造桥三十余座，统计受赈之
民，一百二十一万余人。越三年，为宣统庚戌，皖属颍州、凤阳等府十余州
县，霖雨为灾，大水骤至，皖民昏垫同于丙申。皖抚朱家宝，请于朝，派敦和
与美国博士福开森，董理华洋义赈会事，办法一如丙申。而江北淮徐海各属，
同时告灾，复以赈皖之法赈之。中西人士及海外华侨，皆高敦和之义，捐资助

振，凡得一百四十余万元，所全活一百三万余人。凶年之后，继以大疫。敦和为组织医队，携带中西药品，前往救治。江淮之间，三五年中，两被奇荒，公私扫地，而居民尚有孑遗者，敦和联合西人筹办义赈之力也。然敦和未尝自伐，每与人言义赈成绩，必首推李德立，次及福开森，谓非两君提倡之功不及此，以故西人咸乐为赞助云。

敦和之以慈善名也，始于红十字会，继以华洋义赈，而今则以医院。其办医院也，仿自光绪戊申之秋。时则上海时疫大行，患之者或朝发而夕死，俗称之为瘪螺痧。西人恐其传染也，特设医院，治华人之患瘪螺痧者。华人不愿往。敦和诇知西医柯师，发明盐水注射机器，灌治时疫，可以起死回生。又以病人不愿入外国医院，虑为西人借口，乃就上海租界自设时疫医院两处。倡捐五百元，募款八千余元，为开办经费。延中西义务医生六人诊治之，愈五百余人。其明年，以住院人多，推广病舍，而成绩亦愈着。计戊申己酉庚戌三年中医活，殆六千余人。有海关巡船长西人卡尔生，亦被救治。时疫医院之名震中外，是为中国自立医院之导源。

庚戌十月，上海鼠疫作。租界工部局，饬医按户检验，居民苦之。适有以疫死者六人，讹言大起，群情汹汹，几成巨变。然工部局仍坚持防疫之议不少让，官绅虽甚患之，无如何也。甬人苏葆笙、粤人陈炳谦以自立医院之谋告敦和。敦和偕绅商就商工部局，反复辩难，历五小时，工部局许之，猝然问曰：凡办医院，必须有资望有学问之人，中国人谁能如此者？在座绅商，以敦和应。工部局素闻时疫医院名，诇知敦和能，乃曰如沈君者，可以承认，但检疫不可间断，中国医院之成，请以四日为限。闻者皆有难色。敦和出，大会士民，登台演说，力言治安不可扰，主权不可损，医院成立不可缓。慷慨激昂，继以挥涕。会场千余人，无不感动者。粤人张子标让宝山县境之补萝园为院舍，议值四万，子标仅收三万三千，余七千及园中什物，悉输医院。十月二十二日，中国公立医院成，适当工部局四日之限。

时值上海银市恐慌，绅商自救不赡，然闻敦和之风，莫不解囊相助。苏淞太道刘燕翼亦请款万两为之倡，医院经费沛然。敦和总理院事，派遣华人之习西医者四人，女医一人，照工部局指定地段，分途按户检查。计居民二千四百余家，十日查竣。开封路有李陈氏者，病势剧，状类疫，舁入医院，由西医亨司德针取血点考验，知系伤寒，证明非疫。敦和为延华医施方药，三日而愈，于是公立医院信用昭著，人心大安。医生查验，遂无阻力。西人亦刊报称善。

宣统辛亥正月，工部局示谕，规定租界防疫永久办法五条。略言凡华人患疫，其查验隔避诊治各事，概归华人医院办理。又种痘治霍乱等症，及关于人身一切，亦归华人自行办理。其见重于西人如此。租界华人，始有自立之资格矣。医院信用既著，华人患病者，鼠疫非鼠疫，皆来求治。补萝园不能容，乃与大清红十字会合设分医院于天津路，病者称便。

自公立医院开办，上海鼠疫遂熄，而盛行于东三省。中西官商，惧疫之由北而南也。开会筹议，咸请敦和推广防范。而法总领事，更请于该租界内，另设医院，以免向隅。敦和力任其难，为请苏淞太道刘燕翼，通禀督抚，奏拨经费。电旨报可。于是敦和续购公立医院毗近隙地十亩许，增建养病舍、沐浴室、殡殓所、化验疫质所，及水池、水塔、电灯之属，规制益宏，而于法租界内，则赁定福开森路之汪氏余村园，鸠工改葺，□日成立，是谓中国防疫医院。一应经费，悉由官给，不动公立医院丝毫捐款。法人对于租界主权，最为注重，虽极细故，均弗许通融。至是敦和宣言该院办法，一如公立医院成议，法公董局竟欣然乐从，其见重外人如此。会海宁路天宝里翁姓家，偶见鼠疫，不数日其二女即相继染疫毙，辗转迁避，寓居法界嘉善旅馆。翁妻郑氏，疫势复剧，腋核纹起，热逾百度，已渐濒危险。当为该院查悉，令之入院，悉心调治，卒获大痊，未至滋蔓。以故福建、广东、台湾、香港等埠，鼠疫时作时止，惟上海终得保为无疫口岸。西人皆推服敦和，而上海居民尤感激敦和不置。

案医院之成立，虽为慈善事业，实含有外交之性质。当工部局检疫时，沪上讹言，一日数惊。强者与外人相持，弱者挈家逃避，纷纷扰扰，如大敌之当前，追兵之在后也。时无敦和，则医院必不成，医院不成，则此事遂无结束。歌舞之地，变为寂寞之滨，可计日待也。敦和一奋袂而措沪上于泰山之安，不特国人望公如岁，即西人亦未尝不心悦而诚服焉。此为敦和平生第一快事。

敦和好善之诚，根于天性，故生平所营慈善事业甚多。以上所述，皆与政治外交有关系者。方办华洋义赈时，上海有妓女赛桂芬，受鸨母酷虐，足不能行，乘车至西门觅济良所不得，痛苦道旁。巡防局送至县署。县令讯知其伤足之由，当堂在足心取出铁钉长二寸余，已血绣矣。席子佩、汪汉溪以告敦和。敦和恻然曰：此亦苍生忍坐视乎？集资在四马路另设济良分所，群推敦和为华董。凡妓女受鸨凌虐者，即可就近投入留养。又商请会审公廨，禁十四岁以下女子之为妓者，虐妓之风颇息。其余力所能及，犹卓卓如此，则其他可知矣。

——原载孙善根编著：《中国红十字运动奠基人沈敦和年谱长编》，
浙江大学出版社2014年版，第245—250页。

北京国际统一救灾总会人选委员会报告

（1920 年）

此次施赈几达一千七百万元之巨，欲使征集人员足敷办事，其事最重，而亦至难。虽外国人员中，少数工程师及会计、速记、录事受有薪金，然均较普通商场薪金定率为低减。其余事务均赖自尽义务、不受薪金之人员，或各机关指派之人员办理。至义务人员因其平日皆各有应负之重任，既慨然任赈，自觉难能而可贵，诚以诸贤辍业废学，甚至抛弃其预定之计划，而奇走于五省灾区荒凉贫苦之村落，苟非恻隐之心天然发现，曷克臻此。统计由六十机关派出协同办理赈务之外国人员，计五百八十四人，其中三百七十五人之服务时间，约为五千五百九十七星期，其余于就近地方服务者，亦达一千六百四十二星期，总计全年服务者可一百四十人。华人之服务于斯者，计达三千人。其办赈者数目之大，证以各国救灾史，可谓绝无而仅有。兹就各机关及个人所服务之时间，以货币从省中算，亦得一百万元焉。人选委员会未成立以前，赈务归各区自办。嗣各灾区代表齐集北京，联席会议，群推北京国际统一救灾总会主持征集办赈人员一切事宜，本委员会遂得因之而成立，发布通告征求事务人员，分别缓急遣派。其已报到者，计至本会开第一次会议时，收受各地请求书已达二十六起。乃通电于报名人员中征求义务员三十人，服务期间约两星期以上，并函致各地传道会，陈述需人情形，使当时所需人员只以六个月为期，则应征人数亦相差无几。而事竟有不然者，致使人员之应征者虽络绎于道，而卒不敷其所求。甚有一星期内派出人员至六十二名，而所需人数尚相差甚远。征求人员之通告，先后于二月一日、三月十五日、四月初旬发出，而征集与派出之数，有不能按各地请求之数以为标准者。例如二月以前，各地请求之人员不过外国人三十名，然当时派往各区者，竟需外国人四十六名，华人一百十五名。故本会所难解决者，不在择人以任某种要务之问题，乃衡量各地之请求，以决定某地所需义务人员最为缺乏之问题也。惟其如是，故必周知各灾区之情状暨各灾区自定之计划。事机之来，往往有急待解决，而所需人员未及详查，致间有人地不宜之叹。幸华洋人士大都耐劳称职，其尤应特述而铭记者，即本国学生之废弃学业，牺牲一己，以为国人，其中有九十一人之服务期间多至半载以上，七十七人则服务至三月或六月不等。大概义务人员中以学生为最多数，间亦有少数外国人任事不受薪金者，多由各教会及各机关指派而来也。办赈人员之生活备极艰辛，所处之环境无不触目伤心者，所治之事无不困心恒虑而刻无暇晷也。哀鸿遍野，荡析流离，千数人之生命系于其手，故恐惧交并曾无已时。凡所以震动其心志，耗竭其精力者，虽军旅大事无以加之。是则吾人对于不辞劳瘁，身历广漠灾区之义务人员，莫不书绅为铭佩也。

经手赈务人员办事困难，有时虽美意良法，且被人饰辞指摘，非难横来，令人难堪。即如京兆区内永清县之赈务，本会办赈人员，于事竣之后，被人在永清县署提起赈务舞弊诉讼，本会得悉，立派中西专员到地调查，始知所诉各节全属子虚。该地绅界办赈机关以为不满，并请京兆尹派员覆查。京兆尹据呈，除派员清查外，并令该县再加调查具覆。经此严密侦查，所获结果于所诉各节仍属无可证实，适与本会所查相符。此案又经上诉于京师高等审判厅，该厅依法未能受理，而彼方诬告本会办赈人员之意，始行作罢。查本会人员委身赈务，经历千辛万苦且遭此非分之猜疑，甚至被诉于法庭，于此可知办赈之难，非有至高之道德观念者不堪其苦也。

本会重大之责任在输送放赈人员。政府所给免票为数有限，况出发人员因种种之困难，其携去者不能迅速寄返，致赈务旅费支出至二千五百元。政府协助本会，不独对于免票之期满者为之转换，其票额亦屡次增加，又输送灾工二千五百名于山西、直隶，孤儿二百名于扬子江流域，均不取值。铁路人员亦时时协助，遇本会有多数放赈人员出发时，必为之特备车辆也。

此次编制报告，凡曾经协助办赈之教会及其他机关，其始拟尽行记载，俾牺牲劳力与时间之善举，靡有淹没。惟灾区甚广，机关繁散，几无有一会能稽其全体者。吾辈屡向各地教会及各地方赈灾会搜集，而所得均不如愿，乃于五六月之间，将种种疑问逐一列举，函询曾向本会报告放赈各员，始得详细正确之消息，以从事于编辑焉。

虽然本会于各员住址多有未悉，遂有无从发函者，其他各员又多有时间迫促，未及函复者，致错谬之处仍不得免焉。他日各机关阅此报告，关于诸同仁贡献之记载，容有发见其不确当者，但吾辈已予诸同仁以供给资料之机会，而公所供给之资料亦既采用无遗矣。

办理赈务之外国人员

机关名称	人数		作工期间以星期为单位		各项人员退职之时期		
	报告之数	总数	报告已经作工之期间	将来尚须继续之期间	作工六月以上始行退职者	三月至六月者	一月至三月者
各长老会	六六	八二	九七九	一〇〇	一七	一一	二八
美国北长老会	四〇	四九	五五二	三〇	九	七	一六
坎拿大长老会	一三	二〇	三二九	七〇	八	二	三
苏格兰自由礼拜堂	六	六	三五				六
英吉利长老会	一	一	二一				一
苏格兰礼拜堂			二〇				
美国南长老会	四	四	一九				三
爱尔兰长老会	一	一	三				
美国传道总会	二九	三四	四九七	一五	八	八	九
英国传道会	三二	三七	四一四	一九	六	五	二〇
英伦教会	九	一〇	二一九	四	四	四	
美国教会传道会	二一	二五	一五六	一五	一		一九
坎拿大教会	二	二	三九		一		一
美以美会	三三	三七	三八六	一五	四	一六	二二
北美以美圣公会	二五	二九	三〇四	一五	三	一五	一六
南美以美圣公会	四	四	二八			一	三
合众美以美会	三	三	四九		一		二
美以美耶稣新教会	一	一	五				一
伦敦传道会	一七	一九	三七四	一〇	八	一	八
浸礼传道会	二二	二四	三四一	一〇	五	五	一〇
英吉利浸礼会	一三	一三	三五七		五	二	六

机关名称	人数		作工期间以星期为单位		各项人员退职之时期		
	报告之数	总数	报告已经作工之期间	将来尚须继续之期间	作工六月以上始行退职者	三月至六月者	一月至三月者
南浸礼会	七	九	七七	一〇		三	三
瑞典浸礼会	二	二	七				一
丹麦瑞典挪威中国等联合会	一三	一八	三三四	二〇	一〇	三	
基督教青年会	一八	二一	二八三	一〇	四	五	四
瑞典驻中国传道会	七	一二	二八四	二〇	七		二
中英传道会	一三	二四	二三四	一〇〇	二	六	三
合众国海陆军	一六	四一	二一六	三三六		一〇	六
第十五师步兵	八	一五	一〇〇	九六		四	四
美国使馆卫队	六	二二	八六	二四〇		四	二
独立官吏	二	四	三〇			二	
独立办事人员	一六	二一	二一〇	二〇	三	四	七
北京协和医校	九	九	一三三		四		
救世军	八	一四	一二八	二五	三	一	二
刘达伦传道会	一一	二五	一二二	一四五	二		八
罗马教会	二	八	四一	一二〇	一		一
挪威刘达伦传道会	二	八	三二	二五	一		
瑞典传道会	四	四	二八				四
丹麦传道会	二	四	一一				二
美国刘达伦会	一	一	一〇				
同胞礼拜堂	四	一〇	八二	七五	二		二
神道会	四	四	八二		二	二	
独立传道会	四	四	七六		一	三	
圣经会	四	四	六七		一		三

机关名称	人数		作工期间以星期为单位		各项人员退职之时期		
	报告之数	总数	报告已经作工之期间	将来尚须继续之期间	作工六月以上始行退职者	三月至六月者	一月至三月者
英国烟草公司	七	七	六三			一	
交通部	一	一	四五		一		
各地基督教传道会	三	三	三八		二		
驻中国耶路会	二	三	三〇	八		二	一
福音传道联合会	一	一	二六		一		
密尔敦斯特华德基金社	三	三	二三				三
全国神道会	四	七	二一	一〇			二
基督教徒传道会	二	二	二一			一	一
马罗尼传道会	四	四	一九				三
七日来复会	四	五	一八	四			四
清华学校	四	四	一七				三
耶稣礼拜堂	一	一	一六				
美国耶稣来复传道会	一	一	一三			一	
基督教徒宣教师联合会	二	二	一一				二
基督教女青年会	三	三	一〇				
塞尔佛来沙公司	一	一	八				一
浦利茂教友	一	一	七				
金陵大学	一	一	五				
南开学校	二	二	四				
北洋大学	二	二	四				
美国贸易公司	一	一	一				
罗马天主教传道会		三五		七〇〇			

续表

机关名称	人数		作工期间以星期为单位		各项人员退职之时期		
	报告之数	总数	报告已经作工之期间	将来尚须继续之期间	作工六月以上始行退职者	三月至六月者	一月至三月者
檀香山红十字会		六					
美国红十字会随营部		一					
其他具报太迟未及分类者		四七					
总计	三七五	五八四	五五九七	一六四二	八七	七七	一〇五

办赈各国人员数目

国别	男	女	男女合计
美	二七六	四一	三一七
英	六四	一四	七八
瑞典	二七	一五	四二
坎拿大	一三	九	二二
法	一五		一五
德	一四		一四
意	九		九
挪威	五	二	七
丹麦	三	一	四
奥	一		一
芬兰	一		一
俄	一		一
其他不分别国者			二六
总计	四二九	八二	五三七

办理赈务之华员数目

地方之区别	年长者	年少者	调查员	雇员	教师	合计
直隶西部	一六五	一七三	七八	二七三	五〇	七三九
京兆	七	二六				三三
保定府	一三四	二五	一九	一三八	二七	三七〇
通州	六	一〇		七六		九二
正定府	三〇	五〇	二	一〇	四	九六
顺德府	二	二四	五七	四二		一二五
大名府	一六	一一		七	一九	五三
直隶东部	五六	二一七	八〇	四六		三九九
天津南	一二	二四	一一	二三		七〇
沧州	一二	二				一四
河间肃宁县及献县	一六	一五		二三		五四
冀州	一六	一七六	六九			二六一
山东	一三八	四三五	三四	八〇	三〇六	九九三
美国红十字会		三五				三五
济安	二	九五		二		九九
德州	二一	九二	二五	二三	三〇六	四六七
黄河西北	一〇一	一七五	四	四九		三二九
黄河东南	一四	三八	五	六		六三
河南	五六	七八	七八	一六八		三八〇
彰德府	一〇	二〇				三〇
河南府	三一	五八	七八	一五四		三二一
武安	一五			一四		二九
陕西	一三六	二〇七	二〇八	一〇二		六五三
其他各处	一〇	八	五	三三		五六
总计	五六一	一一一八	四八三	七〇二	三五六	二五六七

——原载《北京国际统一救灾会总会报告书》，1922 年，第 45—52 页。

北京国际统一救灾总会施赈方法及户口之调查

（1920 年）

顺德府分会施赈方法

（费恩 著）

一、亲自调查方法

1.旅行人数以偶数为佳。

2.抵一村落之后宜寻访下列人员之一人。

A　村正

B　村副

C　地方长官

3.请其引导只往极望赈济之家。

4.速行视察注意下列各款。

A　人民畜有牲口否。

B　寝具套数是否与所报之家中人口数目相当。

C　有封锁之房屋否。

当进村时有仓卒隐藏之事甚多。

D　查看犬钵视其所食何物。

E　引导者领至此家，系由其自己随便之意耶，抑经过时由他人请其入看耶。

F　院内是否数户同居，如系数户同居者，宜考察彼等是否由一家故意分居而备查察者。

G　细察粉筛有粉印否（筛大约挂在堂屋壁间）。

H　察看锅内，视人民所食者为何物。

I　其夫或已外出（或在院外窃听亦未可料），但其妻则声言伊为寡妇也，此宜注意。

J　除有询问禁止人言。

K　此屋向有人居耶，抑临时设备者耶。

（一）常住房屋似甚少洁净者，假住房屋则为新房扫除者。

（二）真正住人房屋，挂门帘之木钉其顶必有尘埃。

（三）真正住人房屋，必有一锅，且有新烧过之痕迹。

（四）真正住人房屋，能嗅出曾有人住过，假住房屋则较清冷。

L　余空房屋有拆下者否，其木材卖却耶，抑烧去耶。

5. 自警

A　宴会除不得已时，此外须谢绝饮食，故除茶水外，一切宜却之。

B　凡辩论之人须远离之，否则为其劫夺。

C　道路传说间亦有采取者，宜往视之。

D　勿变动心意，已缮就之券不可改变之，不然必将为请求者所劫夺。

注意：亲自调查方法，以顺德府地方而论，则以从各村头人所得之户口册为根据，赈券则由野外组直接送给于人民。

二、村正副方法

1. 在赴某县城之前，宜函知该县知事。

A　定一日期以便各村村正来会。

B　每一村村正须携带该村极贫者及每户已成年者（壮者）、未成年者（幼者）之最近名册。

C　县知事宜为吾人备办者如下：

（1）为吾人及本团居住之地方。

（2）另一场所以为办公之地，县中最善之地以为居住办事用者，恐无过于大庙宇矣。

（3）书记一组（由十人以至二十人）以写粮券。

（4）桌椅等物以便书记应用。

D 诸君宜知办事时间均系按日程而定者，故无论何人误时迟到，均将自失其良机，设使行有余力，诸君未尝不可以行善。中国官吏人等办事须时，并对于他人时间，亦多方延误。

2.应于见村长之前一日抵县城。

3.拜访县知事。

A 谈论救济计划，盖伊或不能于君函中完全明了其旨趣也。

B 宜察言观色，自知其愿与助力之程度。

C 伊必诉其不能多请书记之苦，君宜婉言坚请之，如举办需费之事，伊只以甚微之助力，以相敷衍。

D 书记宜限以早晨七时到办公室，如是于十钟时方能来到。

4.查看所需器具均齐备否，若未备时，宜即备之，切勿待至开始办公之早晨方搬入办公室。

5.宜于事前将粮券簿编列号数。

6.各团员宜各派以特别事务。

A 以二人以上审查送来之名册，并对于每村村正加以反问后，更于名册中删除某种类之人（如出外者及友朋近族之人能工作者，又次贫者可在各种工程上作工）。

B 彼等指定人口若干与村正（此人口数即系村长由其自作表册中选出者），但须注意该村长是否将口数分配于全村，作为每家占一成年计算，若照此办法，则所余者自得耳。

伊乃出而另造新册以返。

C 以一二人监督缮写，将经稽查员批核之名单嘱缮写者，照写广告，此广告即由村正携返，广告内容言领券者之姓名及米谷发给之日期，村正亦宜与以章程一纸，以便与名单同时张贴，关于彼村详情亦宜博访。

7.村长来过又去后，缮写者可书券。

8.本团出外放券宜为偶数并兼稽查。

A 券宜交与券上同名之人。

B 稽查员必须确信领券者为急需之人。

9.稽查员宜调查村长之品行。

A 彼或不交回过期粮券。

B 彼或以假名冒领粮券而实自用。

C 彼或以粮券售诸他人。

D 彼或于列人姓名于表册时，对被列者索以小费。

E 彼或因厌憎之故，不列其人之名。

F 彼或以其富友之名列入册内。

当经过村落时，关于此事之消息均不待搜集即自然传来。

10.稽查员汇集各项条陈。

特别计划

一、因饥饿救济资金而从事之计划，其目的有二：

（1）为饥荒难民筹生计，故可使其所得赒恤不必过多。

（2）某种事业之永久改善能防止将来之饥馑者。

二、各类计划

（1）转运便利之改善

A 碎石道路之建筑。

B 泥土道路之修理，且使其与附近之地方之平面齐高。

C 介绍宽大铁轮马车。

D 掘新运河或修理旧有者。

（2）灌溉及水源之改良

A 灌溉用之运河。

B 井。

C 蓄水池于山中以贮雨水。

（3）植树

A 沿水道种树以坚两旁泥土。

B 蓄水池旁植以树木。

C 山上荒地植以树木。

D 平原沙漠之开垦方法宜以植树为之。

（4）洪水之防御

A 设堤以防城市之受灾。

B 从沙床处更改河道。

C 设堤而使河道自然疏通。

三、管理

（1）调查一项宜亲自行之，盖报告往往不可靠也。

（2）监督：宜以一人管理款项，选择工人，伊能管理之，并审查之，并须有县署官吏相助为理。

大名府分会施赈方法

沙利士　著

（一）形势

本区有十二县，人口约二兆余，监督其事者，为官厅及基督教会、天主教会等，惟后者为数甚少，多集中于大名府，只能处理该处之事务焉。

（二）手续

召集各县代表询问本地情形及其需赈紧迫之程度，并用百分法表出之，计最急需赈之平均数为百分之十九点，此盖将有因饥而死之危险者也。赈款总额中应分归各县之成数，悉由委员会会议决定之，各县均得指派代表列席，以代表本县之组织，设立中央干事部，并订定法规后，就大概情形略为讨论，惟并无详细条陈达于总部或执行委员会。

（三）问题

赈济应如何迅速连续分配于全境，具能使其公允，及与政府共同合作等问题，现由二外人偕一当地华秘书，会同本地执行委员详细讨论。设使吾人筹备赈济，千万饥民以免饿死，则独一无二之方法莫如先照政府之户口册以分配粮券。缘此种户口册，吾人虽不能认为至可信者，而以在各村调查之经过情形而论，则该项户口册中所列为最贫之家，常有百分之九十为真确者，然则较之吾人仓卒间所能办者，固已略胜矣。

至于分配方法以及所分配之数，则由执行委员会决定之。方当会议之初，并不知他处如何设施，而议决之数量竟与他处适相符合，即每人月得粮二十斤，岂非最有意味之事乎。至其余之另一问题，即分配地点应由数个中心行之，抑仅由一处是也。此层经过长时间之辩论后，乃决定先由邯郸一处试办，华人固莫不赞成，而外人则每多反对。在赞成者之意以为可以节省运费，赈款均得施于贫乏者之身，而不致为运输费所虚糜，且此时众人无事可作以藉谋微利，故用此法为佳。换言之，即虽系分得之赈粮，仍须出劳力以为代价也。反对者则以为贫弱之人弗克远行。遂又规定每村应得粮券在二十张左右者，得由一人代领而以手车载之，以免跋涉，盖粮券二十张应给之粮，适为一手车所载之量也。或又谓各村距离邯郸远近不一，领粮者之劳逸不均，殊欠公允。于是又决定至邯郸路程在半日以上者，得多领赈粮数目，使与运输费用约略相等。又恐领粮之人拥聚于邯郸也，乃不注明领粮日期于券上，而临时在各县张贴布告以通知之，于是各县人民分期而来，不致有人满之患矣。此种办法最为有效，因既能使在邯郸办事人员劳逸平均，可使区内稽查员得乘机追随于领粮者之后，以遍巡各县而侦发其弊端焉。该会并曾决定分配赈粮均按户数计算，盖因以个人计算，则应得之粮虽匀分家庭，但必不能尽人足食也，成年者每人给与粮券一张，孩儿则每二人一张。而因粮券有限之故，遂议决有一种村落可完全无须发给，即应行赈济之村落，亦当按照政府户口册，用抽签法以选出之。此选出之村落中应行赈济之户口，再由户口册内所载之最贫户内，用抽签法以选出之。此法华人所最为赞成，以其可使董其事者不致被人讥议其不公平也。就实际上言之，人人之需要俱属相等，故从事选择时，谁当受赈，谁不当受赈，则恐有偏倚也。华人分配赈济往往使个人所得者异常稀薄，以便雨露均沾，但吾人则仍遵照救济之，使足以维持其生命至秋日收获后为止之原则而行之。

记载粮券数目及领粮人姓名之簿册，俱应由会在城内妥存，以便随时稽核。其发觉舞弊之村落，则由委员会停止其应受之赈济。有谓赈粮之最易发生弊端者，尝由一个中心点分配所致，究竟有何理由可以断其必然则未能证明。余以为最有效验之防弊法，则惟有勤于监视而已。不论何地，相距五里或五十里，均当随时侦察，则弊端日少矣。吾人现即本此主张，视实力之所能及而认真监察焉。

吾人为组织上易于伸缩起见，于每一纸上印粮券四张，而分为第一、第二、第三、第四号，每号领取粮食之时间、地点、性质、数量，均于临时以布告通知之。如此则各号粮券应给之数量或多或少，可视供给赈粮之来源如何，以为转移，而时间之久，暂亦可以各地需粮之缓急为标准。按照上项计划实行，则发粮部共需职员五人如下：

（一）书记一人

（二）发粮员二人

（三）监视员二人

倘能于以上人员之外，更添精明干练之华人六员或八员，则其成绩必更有可观矣。

野外调查方法试行于大名府境内，而曾收有最良之效果者。

下述之调查及分配粮券方法，曾经试行而著有实效者也。

每至一村时，即请该村村长将该村内最贫苦之家开列一表，但其人数不得过全村户口总数之百分之十五，并须声明本表所列人数亦非应全受赈者。盖本表所列之人数，仍须施以选择，方可从而赈之。至如选择之责任，则在吾人而不在村长，所有被选人名应由警察对众宣读，并揭示于通衢。

编写上项人名表册时，室内除曾任前岁之村长外，勿令他人杂于其间。缘聚观者众，每易使名额扩大故也。此盖由于傍观之人，莫不欲列入己名，既列入己名矣，则更进一步而求列入其友人之名，以至友人之友人亦将为之说项。此种情形，势所不免，异地皆然，莫不以此为烦恼者也。

表册编定之后，须由此等户口内实行抽查四五家，如均确系嗷嗷待哺者，则表册上所有户口即予采择，否则斟酌临时情形，加以删除或全部抛弃亦无不可。

在离开村市之前，必须于通衢内为一度之演说，述明贫苦之家均经本会登记，徒以粮券不敷，未能普济，其被选者亦系侥幸也云云，以示大公。并须言及彼等未经检查之户，其得救济之机会适与已经检查者相等，以免老妇等之喧哓。

然后告知村长，于一二日内前往某地领取粮券。在发给粮券之前一日，宜将被选入之户数、姓名，用救济会名义揭示于通衢。如是，则村长不能不按照所列户数以分配粮券，而不应取得粮券者，亦不至向村长纠缠，使村长可以有卸责地步也。

到村中后，始命村长造具最贫户口册，似乎需时，吾人曾经试派兵士先期告知村长预制该表。然村长所列户数往往过多，每难满足，而该地官员又不忠诚，则更有可乘之机，极贫之人每多冒报，实则此等户口并无受赈之必要也。

——原载《北京国际统一救灾总会报告书》，1922 年，第 141—149 页。

中国红十字会全国大会纪（节选）

（议长演说词）本会自民国二年统一大会而后，逾十年始获与邦人君子相聚一堂，□轩称庆之中，尤有俯仰踌躇之慨。邦人君子，谅有同情。溯本会发轫之岁在甲辰，海上诸寓公相与醵金，肇设万国红十字会，其名虽屡改，而卒定今名。岁辛亥得加入瑞士万国联合会，于是公共组织之慈善团体，蔚然成为国际慈善团体之一焉，诚盛事也。

夫公共组织之慈善团体，非国家组织之慈善团体，自非询谋佥同，即无可为施行之准则。八年八月，蔡副会长尝于开会之顷，告诸议员曰：外间颇有误会为收编官办者，须为剖明，应请各方释疑，疑者何？盖误疑此为商办事业，收回者有可染指耳？夫公共组织之慈善团体，既无利可以觊觎，国家何乐于收回？此固无可疑虑者，顾国家未尝收回公共组织之慈善团体。而民国三年、九年两次公布之《中国红十字会条例及施行规则》，似不知本会固有民国二年统一大会曾经通过之《中国红十字会章程》，悉本诸公共意思所编辑者，抑且政府公布之法律案，必先经过国会之议决而后能发生效力。民国三年，于时无国会。民国九年，新国会虽经召集，而此《中国红十字会条例及施行规则》，初未闻其提交会议，是则不成为法律，更绝无效力之可言。本会为公共组织之慈善团体，仍当以公共意思为根据。十年以来，人事变动，前此统一大会通过之章程，不尽可以适用，即不能不由常议会于万国联合大会后，参酌通例，亟事修正。此当告知一也。

本会并无经常收入，全恃捐款以资挹注，此犹水之无源，草木之无根，可流通一时，不可峙立永久。何况灾祲迭告，应接不暇，商市凋敝，乐输已成弩末，思之渐为危惧。因念美国红十字会，其基金达三千余万金元；日本赤十字社次之，亦得二千余万日金。本会事业，犹是美日两国红会之事业，而施之国内者且加繁，自非广募基金不可。不敢遽拟美与日，庶几得十之五，即足以树不拔之基。然求得美日十之五之基金，所望非奢，要不能不谓之巨，使非合群策群力以赴之，宁望有成功之一日。邦人君子，其能相与有成乎。此当告者二也。

基金之募集，为道多端，征求会员其一也。民国三年统一大会之时，本会会员仅两千余人，今逮三万矣，所加者不为不多，然以全国人口总额较之，又不能不谓之少。故累岁所收会费，仅能弥补捐款之不足，未尝能储之为基金。抑且事变纷乘不际，将伯徒呼，究仍以现有会员为同心之佳侣，以人数过少，遂往往竭蹶不能相应。如九年北五省灾赈，北京募得之数，不逮上海，其所以相差之巨，是否人与地之关系，在明白事理之大君子，自不待查而已了然于心。继今以后，有欲为本会之永久计，为会务之进行计，皆不能不从征求会员入手，不能得美国人口总额十之六之会员，庶几得十之三，即可以肆应而无穷。此当告者三也。

常议会为本会主体，常议会议员则为本会之骨干，今当选举之期，邦人君子，抚今而追昔，必能兢兢焉以得人为志，来者得人，庶几弥去者之憾，是则馨香祷祀以求之已。

——原载《申报》1922 年 6 月 27 日第 17723 号第 14 版。

中国红十字会第八届征信录序

（杨晟　1922年）

自本年六月二十五日大会修正章程后，晟谬承公选，复膺大总统特加任命驻沪服务。旋又承简充吾国代表，赴暹罗国与议万国红十字会联合大会，行有日矣。适本会第八届征信录刊成。是录起于民国十年八月一日，止于十一年六月三十日。一朞之时，计不足者一月，则承第七届而留后第九届之故也。十一年七月八日，常议会议决，嗣后征信录，一年一报告，不用连年并计，每年以七月始。今届止于六月，职是之故。年来天灾人患，酷烈于前，竭蹶以图，幸无陨越。各大善士将伯之助，本会实嘉赖之。用昭实录，以供众览。

中华民国十一年十月　杨晟谨识

——原载《中国红十字会第八届征信录》，1922年。

本会之新年希望——中国红十字会

（1923 年）

今日为中华民国十二年元旦，履端于始，百度维新。我中国红十字会之希望于此新年者，厥有四端。

元　关于国际者

今世界倘欲渐趋于大同之轨乎，其必导源红十字会无疑也。列邦多设有是会，成立时代，或先后不同，发展能力，或深浅不一，而皆有慈善观念以为骨干，且皆有奋勇精神以策进行。我中国红会，与红会最发达之美国比较，则固瞠乎其后。美国红会会员，占全国人数十分之六，基本美金三千万元。我会员仅三万余，基本金更无足述。然民国二年，开第一次大会，会员不过数千，上年六月开第二次大会，会员已逾三万。现定新章，纯依据公开主义，以征求会员，为唯一宗旨。基金虽乏，救护维勤，不徒国内拯灾，且为邻邦恤患。近与欧美红会会员时时携手，益觉恳亲，敢不急起直追。虽当斯风雨如晦之时，务期有日月重光之绩。自我会创始至今，届二十年，加入万国红会联盟，亦已十二年。频年列席参与欧美万国联合大会，近日又赴暹罗参与万国联合大会，今年又将赴巴黎参与万国联合大会。广思集益，互助呈能，睦谊益敦，进行必速。欧美人常以红会程度之增加，觇一国文明之进步，有光国际，关系匪轻。我中国红十字会之希望新年者，此其一。

亨　关于全国者

红十字会嚆矢，为英国女士所创兴，以瑞士小邦为总会。我中国广土众民，岂长此甘居人后。先哲有言，人性本善，大禹救民以治水，过家门而不入；汤武救民以革命，贻口实而不辞；孔行仁恕以救民，墨崇兼爱以救民，席不暖而突不黔。自古圣人，存心济世，虽无红会之名义，早具红会之精神。今世界惟此会为最高机关，不分国界，遑言南北。愿我中华全国人士，宅心慈善，默化灾祲，夺权争利之念消，离析分崩之祸弭。我国中，固常有一门老幼男女，无不入红会为会员者，如山东黄县丁□□、江苏吴县王伯和。诸君子乐善不倦，洵堪为全国楷模。且中国入会会费，实较他国为俭省，他国红会会员有常年捐，中国则止须缴纳一次会费，其数本亦无多，而明避兵灾，暗邀天佑，获福实为无尽。今年已届二十週之期，惟愿全国人多数入会，身其康强，子孙逢吉，不让古圣存心济世者，专美于前。我中国红十字会之希望新年者，此其二。

利　关于本埠者

中国红十字会，托始甲辰，即为上海士绅醵金所成，设总办事处于上海二马路，组织医队，分赴武汉江皖京豫一带，救护伤残。黎总统在武昌，奖以所费不资，厥功甚巨。电请南京孙前总统，准予立案。并经日本"赤十字社"介绍，得邀万国红十字联合会，公认为中华民国正式红十字会。自甲辰迄壬戌，十九年来，天灾人患，无岁不有。上海总办事处，亦无役不从。而组织于上海本埠者，则有五医院，曰徐家汇总医院、曰南北市两医院、曰天津路时疫医院、曰吴淞防疫医院。徐家汇总医院，曾托西医士代理数年，近岁收回自办，延请牛惠霖医博士及各名医。新又由理事长庄篆慨捐巨资，购到极大爱克司光镜，研精治疗，院务医务，皆日事扩充。北市医院，向系贷屋而居，今乃于新闸路购建广厦，迁移开幕。各医院成绩，尤愿与年俱进。又新组织救护本埠马路伤人之医队，时时奔赴，全活良多。又暹罗开万国联合大会，讨论卫生禁烟及种种公益之事，中国红会代表杨晟，已由万国红会联合会，委托组织拒土会。虽本埠总办事处，中经顿挫，譬之个人，病瘵而神旺，譬之国祚，几绝而中兴。惟愿新年成绩，更胜往年。我中国红十字会之希望新年者，此其三。

贞　关于分会者

今我中国红十字会之分会成立，计全国二十二省中，得二百余处。其筹备将设立者，尚属纷纷。上年大会，分会代表到者，计十九省一百有六处。函电赞同表示服从大会议案者，三十七处，通计一百四十三处。修正章程，讨论通则，改良会务，全国翕然。此二百余处分会，如躯干之运指臂，年年救灾振患，备尝险阻艰难。各省战祸，各地遍灾，近岁尤甚于昔岁。如奉直之战，救护者津汴各分会；潮汕之灾，救护者粤汕各分会；以迨浙温水灾，闽中兵患。沪总办事处，近日频频出发救护，浙温粤汕，而倚赖于各分会者，成绩尤多。虽其他分会，或有不能毅力进行，前曾特派调查，现拟更增采访，职有不尽，固宜取缔而望改悛，功有特殊，尤当宏奖而昭激励。深盼各分会不辞劳瘁，日起有功。我中国红十字会之希望新年者，此其四。

尤希望主持舆论者，善则赞之，过则规之，俾实事求是，凡百改良，同胞之幸福日增，国际之光荣丕焕。斯我中国红十字会，尤当额手称庆，引为深喜者已。

——原载《申报》1923 年 1 月 1 日第 17911 号第 34 版。

中国红十字会敬告各慈善团公启

（1923 年）

前月日本地震成灾，人畜死伤，山川奔竭，屋宇焚毁，种种损失不可胜计。本会忝属同盟，特由理事长庄得之君、医务长牛惠霖君依据万国红十字会会章之规定，率同医生看护二十五人，携带医具、药品及一切应用物件，驰赴东瀛，竭力救恤，业经登入报端。谅荷各界大善士，一体鉴及。

惟此次日本受灾之烈，为世界所未有。庄、牛二君前往灾地勘验，自东京以至横滨，山□变色，城市为墟。昔者锦绣交错之场，今则胥为灰炉；前为轮奂崇墉之所，斯时俱是颓垣碧血，青燐四野，频闻鬼哭，断肢折足载道，时见残骸，触目伤心。其情形有非特别筹募，不足以资援救者，故庄君于前日先行回国，筹商捐务，而牛君惠霖则率医生看护二十一人，就东京麻布区设立医院为难民治疗，以冀达救人救澈之目的。

所望薄海内外仁人君子、善女淑媛，念切痌瘝，情殷救济，或慷慨捐输，或担任劝募，但使多得一金，即可多活一命，早施一日，即可早救一人。俾此同洲灾黎咸出水火而登衽席，则功德靡有限量耶。如荷鸿施，请径寄上海红十字会总办事处或云南路仁济善堂内附设之协济日灾义赈会，照掣收据，登报征信，无任馨香祷祝之至，专此肃启诸祈公鉴。

——原载《申报》1923 年 10 月 3 日第 18177 号第 1 版。

中国红十字会敬告各慈善家公启

（1923 年）

　　日灾奇重，报章载述已详，兹不复赘。本会医队到东京后，即设临时医院于麻布区高树町日赴华侨收容所，为华侨诊治病症，并分遣队员至横滨从事救护难民。陆续回国者虽已不少，而有病不能兴，并川资无着未能起程者，亦所在皆有。异域殊乡，嗟我同胞遭此奇厄，虽妇孺闻知，亦为惨伤。本会依据万国红十字会会章，始能前往灾区，以冀达到救人救澈之目的。所望仁人君子慷慨解囊，俾此灾黎得出水火而登衽席，则功德实无涯涘。如荷鸿施，请送二马路本会总办事处或云南路仁济善堂内协济日灾义赈会，随时照掣收据，登报征信，无任馨香祷祝之至，专此肃启诸祈台鉴。

　　　　　　　　——原载《申报》1923 年 10 月 6 日第 18180 号第 2 版。

中国红十字会重庆分会癸亥
第八届征信录序言

（魏国平　1924 年）

重庆红十字会之设立，八年于兹矣。始而仅有基础，继乃渐具规模，今则粲然大备，气象聿新，如治疗所也，如中医社也，临时分医院也，常设医院也。凡属会中当办之事，不尝应有尽有乎？匪特此也，其他如出队救护掩埋，如妇孺病伤救济，与夫水火偏灾之赈恤，流离载道之给资，均莫不竭力从事，筹备维周。吁！是果何道而致此哉！夫亦以人力与财力交相为用，始克相与以有成耳。然时至今日，人力乏矣，财力殚矣，以言夫热心慈善，辄不免扼腕兴嗟，以言夫发愿解推，其奈何剥肤抱痛，而本会犹自积极进行，罔或稍懈，更得各届大人先生，从而赞助之，扶翼之，俾其成绩尚有足录者，是何以故，窃敢谓本会征信录一书，实足以动观感而资提倡。故虽处此艰难困苦之境，犹能挽救一分之厄运，以达其善与人同之目的而无间然于其中，洵非无稽之事也。由前言之，则既往之事实如此其繁，由后言之，则将来之设施愈觉其重。倘非有以信于己者，安能以信诸人，况值此国计民生均极凋敝之时，捐资颇不易易，然而会务之需款，偏又如是之繁，一涓一滴必其用途允当方得挹注非难。综计本会创始以迄于今，历时有八年之久，耗费至四十余万元之多，所得救济保全之生命，当亦不下万人，此皆各界大人先生，所目击而亲见之者，无待本会之缕述也。而惟此一年一度之用款，与一年一过之事迹，不能不录之于册，而布之于人者，诚恐事有未尽，情有未达。故窃取旁观者清之义，并深惧未信厉己之讥，望一赐省览而指导之，俾毋陨越贻羞，斯为幸甚耳。若夫藉此征信录而自信不疑，以及要众誉而夸示功绩，某纵不学，抑又何敢。

中华民国十三年甲子春正月魏国平谨记

——原载《中国红十字会月刊》1924 年第 30 期。

中国华洋义赈救灾总会赈务指南

（1924 年）

第一章　中国华洋义赈救灾总会之性质

与官府合作而不侵其职权

本会乃一国际组合，绝无政治宗教之关系，所定章程及各项规则，几无处不以保存国际性质为原则。社会方面有所作为，能与官府互相协助则进行更可顺利，其理至显。赈务之繁尤非一团体之力所能特立独行，然办赈团体所宜十分注意者，即凡对于官府只能与以相当之合作，而自身必时时保持其超政治之地位也。官府分内之职无须为之代庖。盖本会本慈善机关，以"救灾防灾"为职志，官府之力如有所不迨，得本会为之辅助，则救防之事或尤易见功。凡官府有欲本会供给款项作赈济之工作者，本会必本其向来计划为适当之监察。在工作为著手之时，本会与官府宜双方先订契约，关于用途计划担保各件，均宜有同意之规定。若其工作为修路、筑堤等事，则路堤所占之地段工作之摊派担保还本之税收，凡此种问题均应由官府负责，先为办妥。如双方事前规定不能同意，则是本会计划不能实行，自无合作实行之希望矣。

分内之事又不可诿付他人

吾人举动不可侵越行政职权，已如上述。然亦必自保其特点，成一有力之赈务机关。盖本会之款出自社会捐助，或承中外慈善家自动之委托，一经接受，本会当负全责，无劳他人之顾虑。凡捐交本会之款，本会当善为利用，采近代办赈之良法，切实散放而工作所及必直接派员处理，不假手他人。夫捐资助赈，委托散放，纯出捐助人意志之自由。本会何敢自诩万能包承一切。社会人士以义款交托何方，自有抉择，不容相强。但本会遇事综核名实，施放从严，事取凭证，与寻常办赈方法难免不相契合。故欲本会以义款移托他方，几成不可能之事实也。

办赈不杂他种作用

赈灾救难本为义举，不应含有政治或宗教之宣传，解囊纾难者无论向抱何种宗教或政治之信仰，其发愿皆以人道为心。故职司散放者，不宜利用旁人辛勤嘱托之金钱，以宣传任何宗教与政治之势力也。

赈济以天灾为范围

依本会章程之规定，赈济所施以天灾为限，不及其他，盖人灾方面，如匪患兵燹或其他原于政治之事变。自有政府或红十字会专负其责，惟天降鞠凶，事出非常，为人力所不及防备者，则人类恻隐之同情在所必发，而筹画赈济端资社会方面之众力，于是专门机关如本会者，乃应时之必要，容纳中外人士慈善之怀，为执行人道主义之所收受捐款广事救济，其办理方法又期于以最少之代价取最大之效果。赈款孳生，然后可常川应付不虞竭绌。

天灾

在中国，真正天然之灾实不多有，灾难之发生多为社会方面或经济方面之原因。如生齿日繁遂致地满人众，此属于社会问题者。而交通运输之不便往往坐酿巨灾，此又经济方面之事。但此二种不过成灾之基本原因。若水旱、蜂蝗、地震、潮涌之纷至，则人力既未尽于事前，而一切不得不委之于天命矣。

人灾

年来中国内争甚急，革命、兵变、盗贼流行，党派纷歧，蛮触相角。凡此皆人灾之主要原因，非本会之力所能顾及，故不在会务范围之内。最可注意者，中国灾荒之屡见不鲜，实由于大部麦田改种鸦片所致。数年以前，鸦片之耕种已完全禁绝，但迩来政治失纪，各省滥拥重兵，寻常田收不足供给，于是相与提倡罂粟，明禁暗奖，盖其利益之厚数倍，他谷税收之巨，可想而知。将来踵事增华，变本加厉，则米麦缺乏，民食堪虞，灾变之生岂真昊天不吊耶?

第二章 遵循之原则

本会办理赈务所认惟一原则，即以经济的方法，为大量之赈济，不欲养成倚赖性质，使人民愈堕穷途。认定以工代赈为永远良规，以廉美之食料，酬切实之工作，规定工作单位计劳授食，但对于老弱残废疾病之人，于必要之时，自可为相当之施赠也。

实施此项政策除急赈不计外，应依下列五种计划：

（一）对灾区之难民不空施以金钱；

（二）对灾区之难民不空施以粮食；

（三）凡壮丁及能工作之人皆应从事相当之工作，以养家糊口；

（四）于粮食缺乏之地应以粮食为工资，其他亦可酌量施以金钱；

（五）工资应按工作单位核实施给。

如此办理则受赈者每日所得，既仅足糊口且须竭力工作以得之，则非至贫苦者不来求赈，冒名顶替之弊不防自绝。而无业游民与乞丐为生者，自不能坐分毫末。依中国现状观之，实行此等计划诚为易易。盖一遇天灾，田收无著之时，人民束手无策，糊口无方，苟有适当之工作驱使就食，似无不乐于从事者。施放义赈（Free Relief），固亦可苟延生命于一时，而后难为继，不若用其能力作公益之事，规复田舍，减少灾因，既纾目前之灾而永久之幸福，亦于是乎在。办赈之人对于此项公益，苟能择尤举办，则促成社会之进步必大有可观。例如修筑堤防可止将来之水患，改良道路便于民食之运输，开渠凿井以资灌溉，预防旱魃为益更多。凡此诸事利皆不限于一时，盖增进人民之经济状况而国家所正缺乏者亦藉以次第兴举，为益无疆。本会即本此宗旨办理赈务，就上述诸工作纳大量之灾民兼顾并筹，一举两得。

借款之办法

堤路沟渠之建筑，既足保障田产，又足增加税收，能生财而非销耗，故本会开支赈款，多以举办此等工程为范围，并决定除急赈不计外，所放之款均作借款论。盖受赈区域得此补救方法，日后必能生出利益，应于受保证人民所应缴之税款项下附息。提还一事既毕，对他处之急赈，或应办之工程又可立时从事。但此项借款属于义举，与寻常商业贷借不同，又应酌量情形宽订归还年期，或全免利息，或酌收薄利，此乃于爱惜赈款之中，仍广救济灾黎之意，且天灾频仍，筹款不易，若长此空耗，放手散赈，不为根本防免之计，则人民之惰性于以养成而劝募之前途亦终必有穷尽之一日。无常备之计划，无可靠之的款，事变之来措手不及，坐失时机，有愿无力，此荒政中最大之缺憾。历来感受痛苦成例昭然，本会博稽古政，兼考西法，采定此种政策，固其恳恳之愚，确有所见，将矢志不挠，兢兢业业以达其目的者也。

处理赈务之信条

散赈意本慈善今规定以工代赈，量劳授食，似与办赈之原意不符。虽然此不过形式之变相耳，其实，此种办法非特不乖于原题，且顾虑更周，为利更远。

办赈之组织既不拘一格，准情处理，均期澹灾而已。其实际处理之时，应守三种信条：第一，调查灾情不厌详明，先有成竹而后可按情放赈；第二，施放之时应按核实分配之原则；第三，一切款项物品之开支应有正确之账目。欲遵此三者，惟有施行工赈办法，盖工赈非综核名实不可采用，此等原则尤为便利。在近代赈务方法中，此等原则与义赈实施之原意，固并行而不背也。

工程员之遴选

施行工赈自应有工程专家在技术方面专负其责，直接监视，故办赈团体对此项人选应极注意，其所拟工程计划与其薪金之规定账目之切实，俱应先为协定，免致偾事。

第三章　办赈时会中之组织

本会办赈之时执行部之组织俱见下表：

执行部之组织分为二例：一为处理一省之灾务者；一为处理数省之灾务者。

下表所列除表示总会与其执行委员会之统属关系外，其他各种分委办会之关系未曾涉及，以免混淆。此书之目的本专为执行部之指导，故仅将执行部各股办事之关系详为说明，其全部之进行均统属于总会或省分会之下。

第一表中总会寻常之组织与分会、支会临时所需之各部各股均历然在目，盖一省有灾，该省分会有临时加股办事之必要，而总会即将应行帮助之工作支配于常设各股分任其事，观此表所示，全部工作之精神即集中于被灾之一省。

第二表中组织之范围较广，全部工作之中心即为总会，盖总会提挈纲维，处理数省之灾务，于常设各股外亦应加设数股以应急务。而各被灾省分之分会得总会负大部之责，其自身组织即可较第一表为狭小，如此办理，灾区愈广，处理愈便，而所费亦愈少。

总会中临时之组织

倘遇数省有灾之时，总会中于常设各股之外，为应急计，有增设下列数部之必要：（一）采运部；（二）公告部；（三）查放部；（四）募捐部。

每部设部长一人，由总会给薪聘用，终日在会办事，受总副干事之指挥，并可商承总副干事雇用助手或加设其他应备之物件。

赈款之拨付权在执行委员会之手，由查放部按照灾情拟数，陈请经总副干事等提交执行委员会议决，而查放部应时得公告部供给其材料，明于各地之灾情与需要，然后准情而施免于浮滥。

本会常设之查放分委办会于赈务紧急之时，当亦大有所供献。执行委员会遇有应行研究之问题，可应时咨询该委办会，以资讨论。所有采运公告、查放各临时部部长及工程主任均为该委办会之因成，会员应时以各项消息供给该委办会。

采运部之职责

（一）专任采购粮食之事务。凡遇应放粮食时，先由查放部拟数陈请，经执行委员会核准，方可照办。而采购时，一以总副干事等所签发之采购单为凭。

（二）担任赈品与人员之运输，包括铁路、轮船及内地各种舟车之运送事宜。

（三）备办火车轮船之免票电报，免费证、海关护照等件，核实发用，以杜弊端。

公告部之职责

（一）各处报灾请赈之函件，灾情统计表及各分会之会议录报告书等均归该部接收。

（二）时时以灾情消息告知查放部，以资了解。

（三）执行新闻社职务发布，有关灾赈事务之新闻稿，而对于外间一切请求事项并与以相当之答复。

（四）有来请本会前往查灾者即与转知查放部，以凭办理。

（五）调查政府及他种团体所已办之赈务，告知查放部，以免计划之重复。

募捐部之职责

（一）通盘筹划募备赈款之方法。

（二）组织募捐委办会。

（三）监视募捐各队之行为，以防舞弊。

（四）遇有国外捐款应将来源划清，例如华侨与外人捐款不可混为一谈。

查放部之职责

（一）随时审查各处之灾情，报告决定各灾区需要缓急之程度。

（二）拟具赈务计划。

（三）征集放赈之员役，分工受职，各专责成。

（四）训练各该员役并予以适当之监视。

（五）拟定分配各灾区之赈款或粮食之数目，交由总副干事，提出执行委员会议核。

（六）与工程股合作，以便施行工赈之时有所依据，而查放部对于灾民确数既已成竹在胸，则于举办工程之时，于雇集灾民一事尤能为助。

临时各部与常设各股之关系

档卷股——所有会中来往文件均由档卷股登记保管，其他各部各股如需阅各项卷宗，可向该股主任随时调取。

庶务股——庶务股管理杂项事务，大致不外事务所中一切措置设备之事宜，该股对待临时各部与待常设各股同。

文牍股——对待临时各部与待常设股同。

稽核股——各临时部部长需用款项时，可具正式请款单，呈交总干事或副总干事认可。认可之后仍将该单退还原请款部，俾直接持向稽核股请发支票，稽核股即将支票直接交付该部，取具收据以清手续。再者，稽核股如因其他各股各部之请求，可将账目情形，如结存拨付等项，作相当之公开。

工程股——工程股对于工赈计划中一切技术方面之事，专负其责，就各灾区应办之工赈拟具计划，估定应雇灾民之数目，交会议核。如经认可，则实地兴办之时，该股对于各项工程建筑，固应专总其成。而对于查放部所召集之灾民工人，亦负指导监视之责。

执行部组织表（略——编者注）

第四章　调查

近代之赈务方法贵于先得详实之灾情，周知其缓急，然后赈济乃有根据，故完密之调查乃事前之必要。

确实消息之难得

中国幅员甚广，交通不便，灾变发生之时，欲得确实满意之消息诚非易事。此乃赈务中惟一重大之问题，不可不特加注意者。吾人调查灾情，若仅经行各灾区，仓卒浏览，据田收损失之外观为施赈之蓝本，决不能认为满意，必也对于人民受伤之程度、疾病、瘟疫之有无详加考查，然后洞见本源，措施有据。

注重人民状况不注重灾区之外观

查灾所注重之点在人民本身与其家庭之生活状态，而不以灾区之外表为观察之重心，然此层亦不能过于固执。故凡有报灾请赈之处，吾人必亲往调查，召集灾村代表询问真相，将灾时与常时之生活状态详为较量。夫观察之点人各不同，非相与彻底明了者所见，必有参差。彼昧于中国内地之真相者，往往过于张皇，误认安居乐业之地为贫乏待救之区，而自负目光老验者又每易于忽略，其所认为不足经意者，或即为成灾最速之区域也。

逐户调查

灾情大佈之后知人民待赈之急，则调查者应逐户访问，详为分析，划出极贫、次贫、壮丁、老弱之数目，然后施赈乃有彻底之根据。

补助工赈之不及

工赈为至良之方法，上论甚详，宜严定工资办法，按工作单位计劳受食，则非待赈至急者不来耗食，但遇身有废疾或老弱妇孺，不能工作者，自当另为施赠。然亦非至必不得已时，不为徒然之费也。

成灾标准之难定

在中国欲定何种情形即为有灾，乃一最难决之问题，本会自成立以来即以为虑。中国人民生活程度极低，本时有匮乏之象，水旱之来，即有一禾一稼之伤，其影响之范围已不可漠视。盖一隅一时之灾，每能牵动其他区域，使大多数之人民受数月之痛苦。又社会预防事业过于缺乏，灾变之成分随在，而有不必至水深火热之时，穷乏饥馑之状况已多不堪入目者，试一检阅中国人民每岁死亡之统计，其中可发见之灾因不暇枚举，而死于饿殍者固习若故常日有所见也。

因此吾人欲为灾字下一定义，乃事之至难者，加以灾情调查之不易，官府消息之不足恃，不特损失之确数，难以稽考，即大体灾民之统计亦茫然无所根据。此皆办赈团体所不得不负之重任。非定一调查标准，则应付之时自有无所适从之苦。故本会特有成灾标准之规定，但范围颇为宽广，而对于灾民数量之比例尤欲令有临时伸缩之可能。兹述于下，以资标准：

灾之定义

凡有下列之景况者认为成灾：

（一）凡因水旱天灾而五谷不登，以致人民十分之七咸感乏粮之苦，且其十分之三已陷于饥寒交迫之惨境者；

（二）民间盖藏将尽，而一时土质民情二者俱使农事难施者；

（三）本会给赈之范围——上项灾情如同时发现于互相毗连之十县，或不相毗连之县分，占一省县区总数三分之一者，本会始能为之筹赈，其他成灾程度不及此项标准者，悉为局部偏灾，应由当地筹赈。

调查之方法

欲详知灾情，除亲自察访灾民之本身外，别无他法。本会所定查灾方法即动必先其所至急，其不甚急切者则不必徒耗时间，煦煦访问。下列二法中其甲种乃最宜实用者，乙种则于灾区甚广不易逐户周知之时方可采及。

甲法——先由县知事或各村村长填具户册，交办赈团体，再由办赈团体按册逐户调查，以资证实。

乙法——集齐各村村长于县城，俾交出各村急待赈济之户口表，此等表中所开或稍宽泛，应令各村长核实剔除以免冒滥，再由办赈团体依甲法按表调查，但灾区过广，难于逐户调查，只须得一二户之证实，其他自属可信。

最后核定之户册自皆较原表稍有更动，发给赈票时，无论义赈（Free Relief）、工赈（Labour Relief），均以此后定之户册为根据。

（以下略——编者注）

第五章　放赈

灾情既明，办赈者即可决采何种方式以施赈济，而散放之法亦可从而规定，盖散放之法，依赈务方式而时有不同，金钱与粮食可任择一种。义赈、工赈量情而施，苟办工赈，则散放之法自较不同，盖施与之数一依工作之多寡为标准。非若义赈之时，须赖调查者，先定每户所需之数，而后为自动之散放也。

旧法之义赈

向来办理赈务者均认均平分配为一定之原则，以为凡属灾民，义无偏厚，其实此种办法确有缺点，盖赈款向难充裕。苟作全体灾民茫然作均平之分配，则实际每人受惠何啻毫末，灾民散在各处，一处放赈必有远道来归者，喘息奔波得不偿失。结果或竟不得一饱，老弱妇孺残废疾苦之人，尤为不便，而土著之民，或需赈不急者，坐享其惠。有背经济原则，求平而反召不平，作法不良于兹可见。

官赈放法

官赈放法向按均平分配之原则，盖以为赈款本为全体灾民而来，代放者无擅行选择之权，故向来慈善家熟于此等成法，无论自放、代放亦遵守不违，夫非赈款充足异常，上述之弊曷能幸免。

义赈中慎择方法

同为灾民，其需要之程度亦有缓急轻重之别。知此则动用有限之款，泛施无限之人，捉襟见肘，未有不穷于应付者。故近代赈务之方法，以慎行选择先其所急为不二良规。上章言之甚详，兹不复赘。总之，放赈之目的在于救垂死之民，少一文之浮花即多一人之全活，实际调查预为选择，舍此他无所谓"赈务计划"也。

分批散放

灾之成因多由田收之损失，有时连年荒欠，灾期延长，地无存谷，即有下届成熟之年亦有迫不及待者，故遇此种情形，办赈者不得不作长时间食料之供给，直支持至该处田收有着为止。

此项散放时间甚长，或有数月之继续，应按调查所定之灾户表逐口分配，但若将大量之食料一时散馨，其弊亦有可纪者。盖受粮者若尚不急需，或竟售出所得之粮，私作别用，又或骤得丰施，立时食尽而后无以为继，又或本有盖藏，得兹特惠更见殷实而招他人之忌。凡皆有背义赈初衷，足为进行巨梗者，最妙之法莫如分批散放，既免一时浩大之费，又收持久广济之功，凡我同人尤应注意。

应有确切之计划

实行散放非至调查完毕，计划决定之后，不得从事。而实行散放之时，必切按调查之定表与预拟之计划，寸步不违。

各处赈务专员（或即省分会干事），应将赈款先按各地所需规定分配，期于以大多数之施与活大多数之灾民，在该区以内之各查放员，应以所得实地情形时时报告该专员，以便作此项之规定。又应时时接受该专员之指示，藉收办法划一之效果。在总会方面，各人员应以目光周视赈务之全部，以资统御，而各区查放员意见有偏于一隅，不能通行者，自不必事事采用，但酌为取舍可也。

各种赈票之格式（略——编者注）

赈票发给之方法

第一法 于调查完毕之后，由查放员于灾民出发领赈之前，亲自按名点发。

第二法 赈票发与村正副，由彼分交，但同时必将所有一处应得赈之人名正式公布（由本会分会或县知事签名负责），以防吞没。再令妥员前往村内调查一次，抽查之时注意下列事项：

（一）赈票有无误给；

（二）领赈人之情状是否真为急待赈济者；

（三）村正副转发赈票是否诚实无私，注意下列数层：

（甲）将赈票吞没；

（乙）彼或冒称他人姓名，自占数票；

（丙）彼或以赈票私售与人；

（丁）彼曾于造填户册之时，向灾户需索小费；

（戊）彼或将素所嫌怨者，故意遗漏；

（己）彼或将其股实之友人擅填入表。

第六章 报销与报告

分会干事及查放员等，应将账目及报告等按期寄交总会，此即总会总理全部赈务之实况，报告之种类大别凡三：

（一）灾情报告——使总会或社会公众，藉以确知灾情与需要之程度；

（二）账目报销——非独使总会资以清结款项，并可以办事信用公布于众，俾捐助者咸得满意；

（三）赈务统计——使总会据以定目前或将来灾赈之方针，并令赈务工作有科学之精神，有可纪之价值。

全部赈务之中，查放员之责任十分重要，故本会所定查放员应用各种格式，皆曾经详密之考虑者。不特纤微毕具，且眉目了然，简便适用，如有需者可随时向总会索取，或各分会自行仿印亦无不可。

——原载中国华洋义赈救灾总会丛刊（甲种十号）：《赈务指南（节本）》，1924 年 11 月，第 1—21 页。

世界红卍字会呈政府文

（熊希龄　1926 年）

敬启者：本会于民国十一年十月成立，呈蒙内务部批准在案。其宗旨仿照万国红十字会办法，办理慈善事业，救济水旱灾民，遇有战事发生，即组织救护队，前往战区救济伤兵、难民。成立以来，各省分会先后设立九十八处，历年南北战事，组织救护队二十九队，开支经费至数十万元之巨。上年苏、直、鲁、奉各军所在之地，本会随同救护，为时亘一年之久。而江西江永轮船被火，本会队员殉难者达四十余人，甚且日本地震之灾，本会亦派员往赈，以尽救灾恤邻之谊。此本会历年事绩，当为钧院所洞鉴。但本会总会设于北京，年来目睹北京贫民之众，死亡之多，呼号之声，实有目不忍见，耳不忍闻者。窃以为都城首善之区，中外观瞻所系，若不设法接济，使饥饿于我土地，实为人道所攸关，且为各国所讪笑。何况吾国人民平和朴厚，恪守法律，自安命运，鲜所怨尤，实属世界中最纯善之民族，非东西各国民族所能比拟。其中有可确证者两端：

一、各国当欧战之余，粮食缺乏，各报纸所载，有某某地方聚众要求，某某都会抢劫粮店，皆有铤而走险，急何能择之势。独北京贫民数目历年加增，据闻极贫户口已达四十万人之众。而十余年以来，不闻有上项紊乱秩序之躁动，即可见其纯善之性习，无以复加矣。良以吾国民族遗传，涵濡于佛教者最深，有穷困者多以命定自解，有掠夺者多以来世还债为惧，故北京贫民宁甘于饿死自杀而不肯为抢劫，此为各国民族所不及也。

二、各国都城繁华之地，人心机诈，犯法者多，曾闻伦敦、巴黎距离数十里之郊外，即不免有越货之案件发生，而北京贫民饥馁如此之久，数目如此之多，询之司法界中人，据查民国元年至民国十五年之间，犯罪表册互相比较，其数目仍复未有增加。又据感化学校历年记载，幼年犯罪之由法庭送入者，其数目亦不有所超过。现在军兴之后，城郊内外尝有抢劫发见，但多为他处溃散兵勇所为，而非京籍之贫民也。此亦为各国所不及也。

夫以如此良善之人民，今处于性命不保之境遇，而政府与各团体不为之援救，生死人而闵（悯）白骨焉，其亦良心上日夜之所不安也。纵历年来公私各机关团体亦曾于冬季设立粥厂，施放棉衣，然均属于消极之救济，仅延旦夕之命，反生逸惰之弊，实非根本上永久救济之策，年耗数十万元，不徒无益，而又有害，非良法也。今本会就所调查及所经验，拟为北京城郊救济办法，约有四条。胪陈管见，乞省览焉：

一、无业之贫民固须授以相当之技能，但查本国之历史民情风俗，总以注重于家庭工业为最要。而家庭工业，尤以妇女为最适宜，以中国家庭妇女无所事者为多也。江西之景镇磁器，直隶之高阳织布，江苏之川沙毛巾，宜兴陶器等项，皆属于家庭工业，几于家给人足，无一患贫者，可为模范矣。惟是前清末季以来，各省所办之贫民工厂，其结果无不停闭者，误在视工厂为营业机关，冀其开工后，即可按年得利，维持厂费，而不知工厂宗旨既属传习，则初学者技能不熟，出货必劣，迨至技能精熟，又将毕业出厂矣。即使工厂能令全数毕业工徒留厂，然所养者亦不过此数十工徒而已，对于多数贫民未能有所普及也。现在京师救济联合会委托香山慈幼院办理西郊妇女工业传习所三处。即系按照以上情状，研究改良，所有工人均限妇女，其工业为织布、织袜、织毛巾、挑花等项，以六个月为毕业，毕业之后，令其回家自织，有无力购机者，贷之以款，有无力购料者，贷之以纱；有无法销货者，代之以售。俟其确能自立，而后介绍于商店，令其自行买卖，则高阳之成效可立而待也。

此种家庭工业果能办到，则一家之中姑媳、妯娌、姊妹、子女互相传习，更替工作，咸有愉快兴味，既不致如各公司工人之时间延长，有碍卫生，亦不致有罢工失业之害，洵为目前解决社会之一重要问题也。不但此也，妇女职业中尚有非属于技能方面，亦有极大之关系者，则为乳母与仆妇之训练事宜也。今人之父母，无论富贵贫贱，无不知爱其子女者，独于教养大事，则富者贵者多将其子女全托于乳母、仆妇之掌握，常忽之而不知整理。此乳母、仆妇大率皆未受过教育之人，一切举动言语多属鄙野，实为幼稚儿童之不良模型，感染极深之印象，致成不可挽救之习惯者，比比皆是也。虽有蒙养园、国民小学教育，在校之时不如在家之多，在父母之侧不如在乳母、仆妇之久，一齐传之，众楚咻之，教育亦受其影响，是乳母、仆妇者均家庭之密切关系也。改良家庭，必先训练仆妇，是亦妇女之重要职业，不必全恃于技能也。北京贫民旗籍居十之九，壮年男子懒惰性成，嗜好难改，已达不可救药之绝境，惟有另设严法，俾其省悟。至于妇女老弱，纯属无辜受累，亟当尽力赈救，赈救之法，惟有于妇女工业之外，设一保妇养成所，授以相当抚育之教法，及一切缝纫织毛线等小手工，限以一年毕业，毕业后介绍于绅商之家，为其子女之保妇，虽不如保姆之高深知识，然亦可胜于从前之婢仆也。盖此类职业在目前为当务之急，而学成者亦较易于他工业之需资本也。兹本此意，拟设两种机关：

甲、妇女家庭工业传习所。此仿照现在西郊办法，于京内之东北西北两城，京外之东南北三郊，设立传习所十六处，城内十处，城外三郊六处，每处妇女一百人，共计一千六百人，城内工业为刺绣、挑花、缝纫、织袜，城外为织毛巾、织袜等类，学成后，贷以款项，购机购料，分年摊还，一如西郊之法。

乙、保妇养成所。挑选年在二十五岁至四十岁之妇女入所训练，教以千字课本，以及抚育幼稚之浅理，并教以烹饪、手织、缝纫各工，其人数，拟定一千名，其地点，拟请政府将神武门外之甬子河房屋拨为宿舍，将雁翅楼之房屋拨为工厂教室，此宿舍并可每一保妇加以幼孩一、二名，交其抚育，又可全活儿童一、二千名，一举而三善备焉。

综计两种机关，可收容教养妇女二千六百名，小孩二千名，共计四千六百名，除工料教习等费外，每名每年衣食等费，约需洋六十元，四千六百名共需经费洋二十七万六千元。然以此更番训练，年有二千六百名之妇女毕业，各有生计，以赡其家，每家平均以五口计算，全活可有一万三千人，是为根本上之救济也。

二、贫民工厂之办法既如上述，只能传习，不能生利，则欲多筹厂所，关于原料工师等费，即亦耗费甚多，殊恐难以持久。且往往公家或团体所办之事，师徒对于材料，不如其私有产业之爱惜，故办理工厂所最困难者，即原料之难周转，工师之难延聘，销场之难必畅也。今拟仿照香山慈幼院所办地毯工场之办法，与燕京地毯公司订立合同，所有学生之衣、食、住及补习功课，均由慈幼院担任，所有工场之原料、工师、销售，均由燕京公司担任，学生毕业后送交该公司雇用，给以工资。如此办理，慈幼院可不虚耗工料，燕京公司又得技能熟悉之训练学生。为贫民职工教育计，未有善于此者矣。兹计算所筹经费之多寡，以定工徒之数目，如以儿童五千名为额，每名须每年衣、食、住等费六十元，五千名即须三十万元。但此项须有三年毕业，可与官私所设工厂公司协议，照以上办法，于各工厂附近地方租购房屋，或建筑寄宿舍，派员管理，并补习文课，按日令人各工厂学习技能，散工后回寄宿舍加以补习，不仅可省工料之费，而儿童得一严格管教，亦不致染受旧日工人之恶习，可为养成有教育之善良工人也。今将官私各工厂列下：

甲、财政部印刷局可代为训练五百名。

乙、陆军部被服厂可代为训练二百名。

丙、航空厂可代为训练百名。

丁、交通部铁路各铁工厂可代为训练一千名。

戊、香山慈幼院各工厂可代为训练五百名。

己、农商部各场可代为训练三百名。

庚、京津各私立工厂可代为训练二千四百名。

合计官私各工厂足可代为训练儿童五千名，不费原料之成本，不费技师之薪津，不筹出品之销路。此为便利之方法，足以解决贫民工厂之永久问题也。

三、民国以来，交通日便，生计益困，京内之贫民无所得食，其死亡者因有不忍言之惨痛，其生存者亦多有男女老弱十余人聚居于一小屋之内，污秽窒息，发生传染疾病，慢性则为沙眼、肺痨、瘰疬，急性则为白喉、猩热、霍乱、天花、痢症，左右邻居，无论贫富，皆受其累。近年来京内传染之情状，可为骇异，故对于一般贫民，若不为之筹一救济，即此疾病之影响，殷实富户亦不能高枕无忧。何况贫民生活，每日仅赖其苦力以养家口，倘一感染疾病，未能作工，则全家皆因之而同受饥寒，倘能得有医药诊治，迅速痊愈，则全家亦赖之而得以饱暖，故贫民之病实较富人为更要也。不但此也，中国各省所属之一千数百县城，医院固少，医生亦不多见，看护更无所有。各县所属之数十万乡村，鸶远僻处，非仅无西医西药，即求一中医中药而不可得，甚可叹也。故为补救起见，非设立大规模之平民医院，能容贫民病床一千位，每年养成乡村医生二百名，养成乡村医院看护二百名，方可以逐渐推广，使贫民与乡村得有再生之庆。红卍字会虽冠以世界之名，而实为我中国之所特创，非同红十字会之来自欧洲。连年以来，对于各省救护兵民之工作，久为人民所赞美，惟因缺乏医院，至感医生看护之无人，贫民疾病之无医，拟于中央先建一红卍字会平民病院。一方面专为贫民医治，一方面养成医生看护，遇有国内灾患或战事，本会固可前往救护，即东西各国或有灾患战事，本会亦当如日本地震之时，力尽救恤之谊，以为中国努力于世界人道之光荣也。此医院之地址以南池子之缎疋库最为合宜，可以向财、陆两部协商拨用。此拨请设立医院者一也。

老弱残废为世间最可怜悯之人民，今若以十四岁以下之儿童为可救，而令学工，则初生之婴孩，三四岁之幼稚，其弱小比之十四岁以上之儿童为更可矜矣。今若以壮年之妇女为应教以职业，则耄耋之老人，聋、哑、盲、跛之废疾，其情状比之壮年之妇女为更可悯矣。《礼运》曰："老有所终，壮有所用，幼有所长，矜寡孤独废疾者皆有所养"，方为大同之政。北京育婴、养老、废疾等善举，虽有一二，而向隅者多，实为政治之一缺点。应设一大规模之育婴堂、幼稚园、老人院、残废院等，所以补其不及，方足以为仁政也。此各院之地址，以骡马市大街工艺局为最相宜，可向农商部租购，此拟请设老弱、废疾等院者二也。

上项注重于家庭工业，设法提倡，既教以技能，又贷以机械、原料，并为筹广销路，可谓无微不至矣。但非有两种辅助机关，不足以推行尽利。一为农工银行，应设立此种银行，专为轻利贷放于真正农民、工人，使得发展于家庭工业与乡村农业，盖现在中国所有之银行，全属商业性质，得其接济者，无非政府与大公司，其小本之工农实未受有丝毫之益，今若与各银行协商，请其为此类银行之母，以轻利转贷于工民农民，庶足以弭社会之隐潮。二为农民工民等合作社，应有此项组织，盖农民大多数者为无产之佃户，向银行借款，既无不动产之契税担保抵押，又焉能直接享此轻利之贷款，必须有组织合作社，以社员之信用，公同担保，则此问题可解决矣。其次则工民若为家庭工业，散处零星，原料销场皆为重要问题，江苏丹阳织绸各业，近得东大农科为之筹画，组织丝绸售卖合作社，以谋丝行与机户两方面之合作，而推广绸之销路。即丝行之丝贷于机户，机户织成之后，合并运售上海，然后将丝价还之丝行，是以机户得充分之原料，又售得较优之价格，而丝行亦可得多数机户购用其丝，以发展其营业，真所谓双方得利之事也。本会意以为，家庭工业欲其推广，非有此合作社不能有利，此请设立银行与合作社者三也。今将拟办各机关综列如下：

子、红卍字会医院。预算常年经费，每月三万元，每年三十六万元。

丑、育婴堂。预算五百名，每名每年六十元，合共需经费三万元。

寅、养老及残废院。预算一千名，每名每年六十元，合共经费六万元。

卯、幼稚园。预算一千名，每名每年三十元，合共需经费三万元。此园专为贫民男女在外工作时，将其幼儿寄于此园，为之抚教，散工后仍交其父母带回。

辰、农工银行或名曰四民银行，以区别于现在农工银行，因现在之北京农工银行仍属商业性质也。此行资本若干？可用官商合股办法定之。

巳、农民工民合作社。此项经费作为补助，当不甚巨也。

四、北京自近年以来，公私经济皆感困穷，以致官民所办之慈善机关无不啼饥号寒，相视束手。上年春间，法庭囚犯之乏食，冬间各监狱囚犯之无衣，内务部游民习艺所之数日不食，均经京师救济联合会助以衣粮，始得保其生命。其他各慈善团体之所设教育及工厂，多因民穷财尽，劝募维艰，岌岌不能终日，势将陷于停办者，不可不设法补助，俾免至于废坠也。兹拟为两项办法：

甲、凡官立之慈业，均并归于统一机关管理，设立董事会以维持永久。

乙、凡私立之慈善教育及工厂，调查其成绩优良者，分别补助款项，其有未臻完善者，虽允予补助，但须盼其彻底改良。

照以上四项计划，如能实行，庶可以达圆满救济之目的。夫鳏、寡、孤、独，谓之无告之民，文王发政施仁，必先于是四者，即非有世界社会之潮流，亦需本我国数千年古先圣贤之垂训，以尽民胞物与之同情。待其办理妥协，经验宏深，然后推广于各省，使全国贫民皆沾实惠。在政府得副为民父母之实，在社会得受平等博爱之赐，庶不愧此首善之名，此本会提出建议案之原意，而求我政府之容纳施行也。惟是时局艰窘，经费难筹，必须有一的款，方足以有始有终。查近年办理赈济，对外则有海关附捐，对内则有常关与交通附捐，前项之捐，须由洋商进口货物征收，必得外交团之同意，华洋委员会之管理，附捐乃能照办，亦不过短期之征收，手续极为困难，灾民难得速惠。后项之捐，多因战争发生，交通梗阻，或为军队提用，以致毫无成绩，未可恃也。本会窃查各岸盐税，尚未有此附捐，拟请办理以上各项慈业，即于各岸盐税每百斤抽收附捐二角，其向来最重之淮税，则只抽附捐一角，以示公允。其征收机关，则请盐务稽核总所代收，分期汇解。其保管此款，则由政府特设慈善基金保管董事会，延聘公正绅商为董事，经理此项附捐之收支出入，以昭信用。盖海关税为洋商直接缴纳之人，对于中国灾民尚肯照办，岂有完全属于中国人民直接缴纳之盐税，而不可以加抽附捐之理，以此质之于稽核总所，当亦可表同意也。纵使现在南北时局尚未统一，然就北方所辖范围内之各岸盐税，先行抽收，亦必足以抵支以上各预算经费也。本会同人再四讨论，佥以为民困已深，事不可缓，谨联衔提出意见书，呈请政府，迅赐核察，提交国务会议议决施行，实纫慈谊。此呈国务院。

世界红卍字会正、副会长：乔保衡、马文盛、王芝祥、熊希龄、王士珍、徐世光、赵尔巽、许兰洲、王人文、李庆璋、王世荣。

——原载周秋光编：《熊希龄集》第七册，湖南人民出版社 2008 年版，第 868—876 页。

查账何以要请会计师

（吴君实　1928 年）

查账之目的，在确定各种企业之真实状况，以供各商家参考应用，及举发舞弊与纠正错误，会计师为查账专门人材，请之查账，自属澈底而可信任。吴君为暨南商大商学士。

——编者

我国从古迄今，不论商场官场都是偏重信用的，一班人脑筋中间，总抱着"疑人不用，用人不疑"的见解，所以除了发现舞弊和宣告破产等事而外，简直没有查账这回事。相传到今，普通社会上的人，还是脱不了这种成见，看查账为机关内部职员极不名誉的事，除了万不得已的时候，总不肯请外界的人去审核账目，就是请人查账，心里还是一百二十分的不愿意，往往不肯把各种事实，轻易发表，这种见解，真是谬误到了极点。近几年来，一般有新思想、新精神的先知先觉，提倡经济公开大声疾呼，足以发聋振聩，引起社会上一般人民的注意。讲到"经济公开"这四个字，范围很为广漠，概括而粗疏地说起来，经济公开，就是要把机关内部的账目，常常请适当的人来查核查核。（自然，这句话似乎是不大合宜，不过我一时想不到再浅近的话来，所以也只得勉强引用了。）我今天就把"查账"二字，做一个小小的范围，来和大众讨论讨论。

一、查账的真义

现在我国人民的普通心理，都以为查账的意义，在举发舞弊、纠正错误。固然，举发舞弊和纠正错误，为查账的一种目的，但是说查账的真义，仅在这两项，那却是大大的错误了。照美国孟德高慕来的解说，查账的最大目的，在确定各种企业的真实财政状况，供资本主、管理企业之当局、银行家，及投资家之参考与应用；其次要目的，方为舞弊的举发和错误的纠正。换句话说，查账的用意，是要使与该企业有利害关系的人大家安心罢了。据常人的见解，既拿查账做举发舞弊纠正错误的手段，所以只要没有舞弊和错误，便没有查账的必要。同时不论什么企业的内部职员，也存着查账的人，是与他们为难的份（分）子，常以敌意对待查账的人，可笑已极。我觉得所以会发生这种见解的原因，是因为普通社会上一般人们对于查账真义不能明了，所以我竭力主张我们已经明白或知道查账真义的人，要把这种真义，普遍地极力宣示到普通社会和民间去。

二、先行查账方法的不合宜

本节所要讨论的，就是限于行使和主持查账事务的人选的讨论，而以指出现在各机关企业等等施行不澈底的查账方法，因而发生之弊端与结果为最大目标。讲到查账的人选，在还没有查账（不论制度如何）的机关，自然不生问题，但是在名为实行而实未实行查账的各机关中，却大有研究地步。概括起来，中国现行的查账方法，不外下列两种：（一）用推选的方法来组织的检察机关。例如公司的监察人，或别种公举的临时检察员，学校或他种公益团体等机关中通行的经济检查委员会等。（二）用雇佣的方法来组织的检察机关。例如较大的商业机关，常有特设稽核处的，并且用雇佣的方法，聘定会计师或会计专门人员做稽核员的倒也不少。

第一种查账方法，用公司监察人及他机关所公举的经济检查员来担任查账的事务，有下列各项的弊病：（一）担任公司监察人的，多为了有几股股权，在公司中间占了一部分势力，故而当选，并非有会计审计等学识和经验，其他机关公推的经济检查委员等人，皆是一例如此，换句话说，这类人对于查账大都外行，逢到疑难的查账问题，决计不能解决。（二）监察和经济检查委员会等人，都是非拿会计来做专门职业的人，账目查得好不好，并无什么重大的责任和名誉的关系，所以每每不能认真详细检查，也不肯拿检查结果负责报告。（三）监察人和经济检查委员等人，执行查账职务，大都为义务性质，或略支公费，所以账目即使查得不实不尽，也不能要他负法律上的责任。（四）除了上述三种弊病以外，还有一种最重要的弊病，就是监察人和经济检查委员等人，往往和机关内部的人，如公司的董事经理，学校的校长职员，多少一定有些利害关系，即使并无关系，而外界或对方的人往往误认为总有多少关系，所说的话，难以破除情面，更难于超然独立，因之他人，对于此类的查账结果，总不能十分信任。

第二种查账方法是以雇佣关系而组织的稽核部，又犯了下列的弊病：（一）一机关中的董事会，或其他主管人员所委任的专门查账员，对于前项所列举的一、二、三，三种弊病，或者可以免除，而于第四种所说的弊病，更觉显著。（二）稽核处的职员和机关内其他职员，都有同事的情谊，朝夕见面，即使查得职员们的舞弊或违法事件，断乎不肯破面子做恶人，尽情直说，并且上司们的舞弊，做雇佣人的查账员，更不见得有那胆量来举发和批评，弄到自己的饭碗翻身，即使有了铁面无私的下属查账员，但他的查账报告，仍旧不能博得外界的信任。

三、查账所以要请会计师的原故

我国现行查账方法的缺点，已在上节里面约略地陈述了。因为现在通行的查账方法是不妥当的，所以拿查账来做专门职业的会计师，便应运而生。不过我国会计师事业的发创，还不过是十年的历史，所以社会上大多数人民，对于会计师这名称，恐怕还有从来没有听到的。就使知道这个名称，然而确实明了了会计师事业的，可说是"微乎其微""寥若晨星"。我曾经听见别人说过，懂得记账的便可以做会计师，做过账房的，就可以当查账员。这种见解的幼稚，实在出乎我人意料之外。还有比较进步一些的人，每以读过会计学、审计学的，就可以做会计师。其实这种解说，还是似是实非，认不清真实面目。潘序伦会计师在他所著的中国会计师职业里面，把会计师的资格，解说得清清楚楚。（读者如果要赏识潘先生的原文，请花大洋三角到商务印书馆寄售股，买一本暨南大学商学院会计学会所出版的会计学创刊号就好了。）他的大意是说，良好的会计师，第一应保守他的超然独立的态度，不和任何方面发生私利关系，更要具备学识、经验、才能和道德四要素。学识包括充分的会计学、商业常识，和各种法令智识。经验要经过长时期的实地练习。才能包括对事物的精速判断，对人的机警温和忠实的信格，和处理事务的缜密和有规则的习惯。道德指做会计师的应该守身如玉，丝毫不肯苟且。照美国著闻会计师孟德高慕来的解说，会计师要具备三种要素。第一是分析的本能（Analytical ability），第二是创造的本能（Constrictive Ability），第三种是经验和训练（Experience and Training）。从此我们可以断定，会计师并不是人人可以做的，懂会计学和审计学的人，不一定就配做会计师，必须具备潘先生所说的四个资格，和孟氏所举的三种要素，才配做真实而完善的会计师。请这种会计师来担任查账的职务，有下列各种的利益：（1）会计师具备良好的会计及商业学识经验，所以查账结果，要比别人查账的结果，良好而完美些。（2）会计师对于各界是个超然独立的人，既不做官，又不营商，并不与自己所承办的委托事件发生任何私害关系，他的言论和观察代表旁观的意见。俗语说得好，旁观者清，故会计师在观察的结果，比较的可靠而妥实些。（3）会计师承受委托，并非雇佣关系，且不靠在一笔生意上过活，所以查账报告可以言所欲言而毫无顾忌。（4）会计师查账是拿委托人相当公费的，查账苟有疏忽，法律上委托人是可以对会计师要求损害赔偿的。并且会计师生活，就靠在名誉上，倘然一不经心，查账结果有错误的地方，会计师的金字招牌，就要倒的了。因为这许多关系，会计师查起账来，不得不认真办理，万万不能敷衍塞责。（5）会计师既是一个超然独立的专门职业家，不和机关内部人员发生关系，他的查账报告，不论机关内外各人，都可信任得过，不比机关自己所举出的，或雇佣人所说的话，终究难于使人信为不偏不倚的。

　　所以我来总结一句，查账用别的方法，而不请教会计师，总是敷衍的办法，总是不澈底而难加信任的，要请教会计师，查账报告方才可靠有效力呢！

　　　　　　　　　　　　——原载《商业杂志》1928年第3卷第11期。

会计师职业与信用制度之关系

（潘序伦　1928 年）

研究经济学者，莫不知天然、人工、资本与商业组织为生产四大原素。但今日生产制度日见演进，生产要素亦有加增之势。故最近之经济学者，已有将广告及信用二端并入称为生产六要素者，实因近世企业界中信用之推行日广，其效用亦日著。就各种大小企业之本身而言，苟无信用以资周转，其能维持营业现状不致闭门停业者，百中殆不一二觏。故每当社会发生恐慌，信用制度一时破坏，则企业之牵连倒闭者踵相接也。

我国信用制度之设立，虽远在千百年前，但近世纪间，其发达实远逊欧美各国。然而最近数十年中，银行事业勃兴，大小企业均逐渐注重利用信用以为筹措短期、长期资本之方法。且以我国商店流动资本大都缺乏，尤不能不仰仗于短期贷款，以供贸迁需要。然而社会信用制度，如何始可得相当之保障，如何始可维系于不敝，遂为当今识者申论之要点。间尝考之，能维系信用制度，保障社会全体者，惟赖社会各企业，厉行经济公开之法，而经济公开之实施，不必假手于与企业本身无利害关系之第三者。第三者惟何？即十年来我国之新兴职业会计师而已。

完美之会计师，必具优良之道德、高深之学识、充分之经验与干练之才能四项，故恒能根据其观察之所得，对各企业之内容，为平允诚确之评论；兼以处境超然，职业独立。各种法令对会计师之事业复有严峻规定，利诱威逼之所不能及，外而同业竞争，社会清认，故足为会计师之暮鼓晨钟。且承办业务，限于与本人无切身利害关系之事，尤能以冷静之头脑、旁观之态度，言所欲言，无所顾忌。故在欧美各邦，莫不视会计师之查账报告为可靠确实之文件，向银行贷款，如未备曾经会计师确实证明之贷借对照表，往往不能得良好结果焉。

　　会计师之查账报告，为各企业财政实况所由表见之文书，社会全体根据此项报告而定放款投资之去取，不利之资金运用，因而免除因经济之不公开，或公开而不彻底而发生之种种不幸事件而消灭，企业倒闭数量，藉此减少，经济恐慌之发生，亦可于事前防止，信用制度遂得维持不隳。就企业本身言，因经济之彻底公开，与会计师之负责证明也，无信用者变而为有信用，有信用者变而为更有信用。社会人士亦竞愿予以融通资金之便利，事业因之发展，利益藉此增厚。是则会计师事业之进展一步，即全社会信用制度之保障巩固一步，社会全体莫不实受其惠。然则会计师事业之在今日，实处扼要之地位可知。

　　准前所述，因得结论曰，信用为生产要素之一，在近代社会中，其重要且胜于资本，因信用所赋予者无限止，无穷时也。故社会信用制度，亟须确立；而社会信用制度之保障，则在经济公开之实施，且必假手于超然之会计师，方能收确实之效果。质言之，会计师为社会信用制度之保障者，如会计师职业有充分之进展与运用，然后社会上信用制度，方能有切实彻底之保障也。

——原载《经济汇报》1928 年第 4 卷第 1 期。

会计师秘诀

（潘序伦　1928 年）

　　会计师为世界各国最近新兴之职业，即在此项职业发达最早之英国，计其历史，亦不过五十余年耳。我国在十年之前，未闻有会计师之名，遑论其业？然近年社会对于此项职业需要渐增，业此者亦日众，来日进步未可限量，不过就目下而论，此项职业，确在幼稚时代，社会对于会计师，既未尽悉其需要，而会计师亦未能完全博得社会之信任。余尝研究中国会计师职业尚未能迅速发达之原因，深觉其患不在社会不识会计师，而在会计师自身货色不吃硬。果真国内有吃硬之会计师，不怕社会不请教。故余第一层所欲声明者，会计师成功秘诀应反求诸己，无待求诸人也。

　　求己之道，可分四方面着想，四者苟缺其一，决无成功之望，请分说于下：

一、学识

　　常人之意，以为具有医药知识，便可做医师；具有建造学识，便可作建筑师；具有会计簿记学识，便可作会计师。此在医师、建筑师或然，而在会计师则殊不然。会计师固应备具各种簿记会计专门学识（如银行簿记、官厅簿记、工厂会计、投资会计等等），然仅有极完全良好之会计簿记学识，只可在一机关内之会计科任一事务员或主任，决不能作会计师，因会计师所行使之职务，并不限于会计一部分，实无往而不与商业全体有关也。故各种商业常识如商业管理、商业组织、工厂管理、商业理财、销售学、商品学、银行、货币、财政、税则、兑汇，以及商业政策、劳工问题等科，靡不应习之有素，更应熟谙本国各项实业法令，而以民法、民事诉讼法、商人通例、公司条例、海商法、保险法、破产法、商标法、注册条例及细则等为尤要。苟对于各种不同之工商专业，有特殊研究者尤佳，然此非可期诸常人耳，盖会计师执行业务之范围，断难以一业一部为限，有时对事对物，出具证明书或鉴定书，非赖有充分之商业常识，难以正确无误，而代委托人处理其私有权利，无在不与法律发生关系也。

依我们以前北京政府所颁《会计师注册章程》，凡曾在国内外大学或专门学校之商科或经济科肄业三年，得有卒业文凭者；或曾在资本五十万元以上之银行或公司，充任会计职员五年者，均得呈请政府为会计师。资格之限制过宽，人才之趋降太甚。依余所知，有在经济科卒业，从未习过簿记会计而呈准为会计师者；有在银行公司数年，专司记账核对之事，对于商业及会计普通智识毫无研究，亦得呈准为会计师者。会计师之本领低浅若此，而欲求社会之信用委任，真如缘木而求鱼也。

二、经验

仅有充分之学识，断不能作一良好之会计师，必有充分之经验以佐之，方可胜任而愉快，此在各种职业皆然，不仅会计师一业如此也。余初为委托人办案，因缺乏经验，不仅步步如入荆棘，且有时明知其误而卒生错误。例如第一次向官厅具呈，明知应贴用印花，然而缮发时竟至忘却，以致呈文被官厅退回。又如缮备注册文件发送呈请书时，自谓已核对数次，完全合法。然官厅指出不符合各点，将呈文驳回，则又哑然自笑。盖依智识而论，则驳回诸点，固无不知之有素，特未加注意耳。至于查账方面，有待于经验之处更多。前年有本埠某工厂厂主，托余查核两年帐目之盈亏，依照账册记载，逐年所亏甚巨。余以检查所得，向厂主直言不讳，且语侵该厂经理，谓应使之负责。乃厂主反心中坦然，殊无愠意，且事事为余解释，更为经理辩护。余意此厂主必中经理蛊惑之毒，私心为之忧虑不置，孰意其后经理私行语余，账上之亏系厂主故意将各种开支数目放大，使账目上有蚀无余，则厂内工人，不致发生加薪要求耳。余自得此经验之后，对于各处委托检查之账目，究属为盈为亏，每不敢于数字上加以深信，必须在数目字之后，再加探究，以为决定也。

语云，熟能生巧。会计师查账之技能，全赖乎此。惟欲求会计师之经验，最好在著名之会计师事务所中，实习二年至三年，仅在一银行公司中实习，则时倍而功不逮半也。因银行公司之中，其所可求得之经验，只限于一业，且只限于一部。若在会计师事务所中服务，则各种经验皆可历得。因所接办之事，各业皆有，各地皆有；正如大套戏法，各有巧妙，变化无穷也。

三、才能

会计师应具之才能，对事对物，应有精细敏速之观察，公平准确之判断；对人应有机警、温和、忠勇、诚实之性格；处理事务，应有勤奋缜密而有规则之习惯，盖会计师所接之事务及人，良疵美恶，无不具备，而事务有时忙迫异常，非赖有上述各种才能，实难以应付裕如也。

四、道德

学识、经验及才能，在会计师执行事务之时，固无一项可缺，然根本上究不若道德之重要。因商界环境，千变万化，利诱威胁，无所不极，会计师苟无强固之道德观念，则在在可以代人舞弊，为己舞弊。然会计师之职业，实为商界保障信用而设，苟有不道德行为，而自丧信用，则此项职业，即失其根本存在之理由。故会计师第一应具有不屈于任何诱惑或威胁之勇气与信念，依其学识经验及才能之所及，观察账目之是非与确误，从直报告，毫无隐徇，且绝对不可敷衍塞责，苟非检查结果确有把握，决不为人出具证明书或鉴定书；尤应保守其超然独立之地位，不握政权，不营商业，不在与己身有利害关系之事，行使其职业上应有之职权；更决不泄漏（露）职业上所得悉他人商业上之秘密。凡此诸点，会计师皆应守身如玉，丝毫不肯苟且，否则不仅信用一失，职业全隳，即人格上良心上亦无以自安也。

会计师应具美德，断难缕述，而"诚信"二字，最为重要，成功失败之机，实可谓全在于此。证之以余个人之经验阅历，益深信之而不疑。余作会计师数年，自谂于学识、经验及才能方面，实无一不去成功之标准甚远，然所以幸能以此项职业自立者，实赖始终抱持诚信之旨，不肯苟且耳。西人谚云："诚信是无上良策"（Honesty is the best policy），信然，余请述余个人经验一二则以实余言。

某年余与某二职业家合办一案，案中遗有委托人余资数千金。在法律，办案之人，分而藏之，决无他虑。在道德则有类于侵匿行为，深觉不妥。同事二人，决从法律入手，并借他事要挟，不许余有异议。当时余之为难情形，实难以言语形容。后决难逃三人从二之习惯，惟将一己应得之份，私返诸原委托人，因此得其信任。以后渠有案委托余一人办理，所得正当报酬之数，实较诸二人不义而取之数为倍蓰。此以诚字而得成效之实例也。

又某年某大商号，以账册托余查核证明。惟经理某君私语余曰，账内详情，不必细查，君只签一字于报告书中，便可将公费奉酬也。余曰不然，苟且证明，不仅与职业道德大有妨碍，且与将来业务亦大有损害，君今日因有苟且证明之需要，故来光顾。余倘依君之意，今日虽得君之微酬，然焉知不因此失君信任之心，设他日尊处另有账册，必须认真检查者，君将疑我苟且，不我委托矣。当时某君对于余之信实，颇有钦佩。未隔半年，即有其他委托事项，嘱为认真办理，报酬之数，较先一次所许者十倍也。

总之会计师如不能以"诚信"二字取信于人，则人将无有以重要事项委托办理者。所办之事，均系无关紧要或不入正途之事。会计师之职业，尚有希望耶？故会计师除应具有充分之学识经验及才能外，尚必具有高尚之道德，而"诚信"二字，尤为会计师成功秘诀之最大要素也。

——原载《生活》1928年第3卷第21期。

今后慈善事业应采取之方针

（裘金　1928 年）

报张上连篇累牍所载的，我们耳所闻目所见的，不外某地天旱歉收，某地大水，收获尽毁，某地土匪洗劫。在如此天灾人祸交迫的状态中，所苦者平民，而中产之家却尽流为贫民，其他更不待言。同时因为海禁大开以来，中国旧时的农业和手工业破产，而新兴工业又未建立，这个过渡时代，便有极大的危险。这个极大的危险，便是劳动的过剩，失业者加多，这是给现社会一个致命的危险打击。这问题一日不解决，社会永不能脱于危险而得安宁。

但是，人类有协同性（Association）和休戚相关（Solidarity），所以有种种补救的办法。虽然补救的办法，有时缺乏整个性，有头痛医头、脚痛医脚的毛病，然而如果运用得法，却也未尝不能博得一时的小安宁：固然根本的办法，还赖最后的普遍的努力。

慈善事业固然是头绪纷繁，不容易办的，但是如果有很大的努力，当能博得社会上一时的小安宁。我们既致身于这种事业，一方固在努力谋大众的幸福，一方还得对于种种困难竭力革除。这是最明显的事，我们做一种事业当想求其速效，以最短少的时间与精力，求得最大的效果。我们就过去的工作而加以观察，却很难满足我们这样的希望。组织的散漫，事权的不统一，种种都足以使工作缓进，结果欠完满，费时费力，合于经济的原则所差实甚。再归纳言之，病于缺少整个的规划，统一的组织，今后我们也唯有向这一条路进行，才能好好地完成我们这种使命。

（1）组织统一是个总原则，怎样统一呢？倒是个问题。我以为这种大事业惟有中央政府与民众或公团合办各地的慈善机关，实行总登记，全盘筹划，组织一地方的总机关。这一地方的种种慈善事业，统归其管理；各分支机关，性质相同者，或有必要者，可合者合，不可合者分立。如此管理既统一，做起事来真如手之使臂，呼应灵便，既省时又经济。人才集中，事业已举，政府居于监察领导的地位，由民众办理，既可免官僚化之嫌疑，有了政府的监督，工作不致懈怠，且可免除种种麻烦与隘厄。

（2）分工合作——残疾的人当依照其疾病之种类，分派各院，哑者到哑子院，盲子到盲子院，各以类分，各以类教。若把盲哑两者合立一院，这是不合理的。

（3）设备——应力求其完备，这样才能培植出良好的人材来，能自生产，能自独立。

（4）经费——慈善事业是全民族的事业，我们要求民族的健全，当本互助之道，彼此救助，把一般贫苦的同胞救出水火，无异于各人完成了自己的使命。然而事业的举办缺钱不可，为求减轻负担和免除麻烦计，最好按户收捐，人人当乐于输将，以期事业的早举和完成。

——原载《节制月刊》1928 年第 7 卷第 10 期。

查办"善棍"

（德征　1929 年）

慈善事业，在革命党人看来，是一件不澈底的工作。因为，革命党对于贫困，应该想法子解决；对于残废，应该有办法安顿；对于老，应该养；对于幼，应该育。如此，便用不着什么慈善机关来办什么慈善事业了。

但是，在国家对于民生问题还没有根本解决之前，对于贫困老幼残疾病废者，社会上热心于公益的人，肯出来帮助国家做救济的工作，这也不可厚非的。不过，一切的罪恶，正蓄蕴在这种热心者所办理的慈善事业中，也是一件无可讳言的事实呢！

我知道社会上有多少吃"无名氏"饭的。这些吃"无名氏"饭的，大半是热心于公益事业者之爪牙。而贪婪贿赂，莫不出之于这些吃"无名氏"饭者之手。什么叫做吃"无名氏"饭的？就是一般做慈善事业的，拿了捐簿去捐钱，利用一般不欢喜使别人知道名字的有钱老倌，便在捐款上面写上了无名氏的头衔，这样，只要一张无名氏先生的收据存根，便可以为私人括了许多慈善造孽钱，以填自己的欲壑。社会上的坏蛋太多了，因而假慈善之名以括钱的，便也不少。

上海这个地方，真是奇妙不过的，不必说，靠慈善吃饭的，自然也很多。这种吃慈善饭的，不但剋扣了"无名氏"的捐钱，并且明枪暗箭地吞没了公家的款子和产业种种弊窦，真是一言难尽。这种败类，我们现在名之曰"善棍"。

"善棍"不除，慈善事业是没法整理的。

现在有人注意到"善棍"操纵慈善事业的弊病，所以在全市代表大会上，也有了"由政府主办慈善事业"的决议。我们感到吃"无名氏"饭者造孽之多，因而也主张党部和政府澈底查办那些貌为慈善心是匪徒的善棍！

——原载《星期评论：上海民国日报附刊》第 2 卷第 42 期（1929 年 2 月 25 日）。

从参观上海贫儿教养院论到
中国慈善事业之改进

（姜敬舆　1929 年）

一、参观琐记

关心慈善事业及欲研究和调查上海社会生活的人，大概总知道胶州路上有一个慈善机关叫作"上海贫儿教养院"的吧？我校社会调查班同学，为要获得社会调查之知识及技能之训练，最近曾到那边去参观过一次。下午，我们二十来个同学集齐在贫儿教养院的会客室里，院长郭先生殷勤的招待我们，回答我们的问题。我们大家在会客室里将该院历年的照片浏览了一下，该院的事业已在我们心上留下了一个轮廓。参观开始了，最先我们到的是木工模型室。那里面有一些我们想不到的木工，是偏于机械工程方面的，奇怪着何以一个慈善机关会有这种高深的实习和研究。其次我们经过办公室门前，在布告板上我看到一些院中因学生犯规记过的布告及工读生洗衣、扫除、洗澡等的值日和轮流的人名表。我想这是一种很好的自治精神。我们到了楼上工读生的教室了，教室里面坐满了二十多个穿短衣二十岁以内的不大不小的孩子，每人手里握着图画用具，在大纸上作从事机械必须的用器画。郭先生说，工读生可常到兵工厂去实习，兵工厂的学徒也可到教养院来读书。他们还可以拿到一点钱。这时，我们更晓得教养院所从事的事业是什么。从工读生的教室到医药室，里面摆着药瓶子，有诊察室、配药室、验光处，完全像医院的组织。楼上有几个病房，病人在病榻上安静的躺着。我们又被引到初级生的教室，在这里学生读着一切小学校必修的初级国语、常识、算数、自然之类的教科书。学生都很小，都注意听先生的讲演，有些也偷偷的看看来客。

游戏室是很有意思的。最引起兴味的一点，是当游戏时学生放置随身物的小柜，连续的排列在室的四周。

寝室的设备简单洁净。不论是衣被帐褥，颜色质料都是一样。帐一律是粗夏布，被是一律的灰布，衣是短的，颜色灰的蓝的都有。这和大学生寝室的五花八门相较，真有天渊之别。

膳厅也还洁净。就食须八人一桌，每人月须膳费四元半，不可谓不廉。

运动场还不小，当我们经过时，那些学生正在高兴的玩着足球。有些还踢的不错，体育在那里是相当的被注意着。

最后我们被引到铁木二工厂了。厂屋没有一个人，据说已停止工作许久了。里面还有些机器静静的躺在地下，皮带还系着，表示有一个时候那些机轮曾经轧轧的工作过。

二、教养院之组织及历史

参观既竟，我们为欲得该院之过去历史及组织状况起见，乃请院长郭先生作一简短之报告。其辞如下：

"贫儿教养院成立于民国九年，现在算来已有十年历史了。其组织的经过是这样：九年潮商郭子彬先生等捐集大批基金，英国人（Abraham，Chatley）等亦乐于捐助巨款，两方捐款共有四十余万两。基金有着后，即着手购买院址，建筑校舍，现在诸位所见之校舍即彼时所建造者。余款三十余万两即作为基金，直到现在各年之开销，均有赖基金之维持。本院虽属慈善机关，但并不向外界募捐。

"基金向由董事会保管，但间接实由工部局保管，因有政治性质之关涉，基金可不致发生动摇也。

"学生入学无省界之分别，潮州人、上海人、江北人……均可入院受教。但须先得董事会之介绍方可报名，经本院认为品行端正、体格健康及考试及格者方得入校肄业。学生定额为一百八十名。"

学生课业原则上为高级小学程度，但工读生之修完毕业学程者，有初中三年级生之知识。学生从十一岁起入学，须修完六年方可从小学毕业，毕业后改为工读生，先作两个月工，再学两三年技能，然后由本院送至本埠各工厂练习及服务，以图自立。但学生因学业年限过长，到毕业时年龄已甚大，不愿当学徒，低位置的事亦不愿就，为适应此情形起见，毕业期已改为五年。

"本院以培植家况清寒子弟，使具职工之学识技能，以应社会需求，养成自立能力良善之国民为宗旨，故完全为慈善性质的，学生一概免费。膳费、宿费、衣服、教育用品，一概由院供给。每年每学生本院约贴费一百六七十元。镇江亦有一个同样组织，那边的待遇是每日两顿粥，衣服学生自备，要减省不少，我们这里算优厚得多了。

"本院最高组织为董事会，由英国人二人、中国人四人共同组织之。英国董事二人、中国董事一人为当然董事，是永久的，其余三董事每年改选一次。院长由董事会委任，教职员则由院长聘请。

"学校行政组织分三处，即教务、杂务、训育是也。此外院中又聘有校医一人，为生徒诊视。现有职教员共七人，最高月薪为八十元，最低为三十元。本院每月预算为一千五百两银子，每年则为一万八千两。

"本院办理素主严格。学生入学先调查其是否贫苦，再经各种考查，方得入学。入学后即须勤于所学，无事不得请假，每月只许请假一次，并须由父兄证明，方可离校。

"因本院主严格，故有虽家境并非清贫，亦愿送子弟入院就教者。本院当斟酌情形，酌收贴费，年以八十元为限。

"到本学期已毕业学生已达三十余人。毕业后因有相当技能，均有服务机会，即无须本院之帮助。兵工厂、A.B.C.内衣公司及一部分工厂，均有本院学生服务。"

郭先生的报告和解释止于此。我们从眼所看见耳所听见的，已很晓得这个慈善机关之大概情形。

三、美国之贫儿救济事业

我们要晓得一个慈善机关办理完善与否，我们可以拿它和别的同性质的机关比较着看。自然，中国还不能够看到一个理想的完善的慈善机关，一般的都是感着经济的缺乏，办理欠条理，上海贫儿教养院在这些事情上面到是要好些。现在我想拿美国贫儿的救济事业说一说，看看他们到底是怎样。美国贫儿院帮助下列一类的孩子：

一、离弃私逃的。

二、死亡的。

三、不知父母的私生子。

四、两亲离异后无倚靠的。

五、父母置于不顾的。

美国贫儿院又多雇用社会工作者（Social Workers）专司调查贫儿及救济贫儿之工作。除贫儿院对贫儿之救济外，美国政府又有"母亲抚育金"（Mother's Pension）之制度，政府制定法律，在赋税下征费，使贫苦多子之母亲，有相当收入，可以教育子女。

罗斯福总统曾召集过一次"白宫会议"，由政府将在社会上作社会工作及研究的人及保护儿童的人集在一起，讨论贫儿救济的办法，当时有以下决定：

一、不夺去儿童之家庭享受权。

二、注重贫穷之预防方面。

三、政府要补助家庭。

四、实施"小屋制度"（Cottage System）。

五、州政府为保护无靠儿童，须有专门组织。

六、政府对慈善事业之考察监督甚重要。

七、无靠儿童政府须教育之，并考核办理机关。

八、儿童保护机关须有儿童之父母及亲属之登记。

九、儿童须给以药物及疗养上之注意。

十、中央政府宜有帮助无靠儿童之组织。

十一、设各州儿童救济联合办事处。

十二、创救济制度及各州救济立法。

四、中国慈善事业的缺点

中国中央政府及各地方政府均不曾很注意社会上救济事业，中国之救济事业，严格地说，真还谈不到。就是有几个慈善机关，也大半是私人所办，或为半官性质。如残废院、孤儿院、贫儿院、疯人院、育婴堂……大半均如此。还没有听见过召集"白宫会议"那样的会议，也没听说各种无靠儿童曾被政府或慈善机关注意过，无力赡养子女的母亲，也没听说有人替她们想法子。

中国慈善事业显然是落后的、不完全的、有弊病的。我可以举出几点来，我希望能够改掉：

一、治标。只注意生活技能方面，不注意人生必有之知识及作人之方法。

二、缺少政治性质。慈善机关缺少政府的帮助和注意，法律上缺少救济明文，所以不能发展和普及。

三、办理方法不善。慈善机关对于管理多主严格，不谙儿童或残废者之生理心理的情形，过事妨碍受救济者身心之自由发展，违反教育原理及慈善事业本意。

四、不能普遍。救济只及于一部分人，或限于亲朋关系，或限于地域观念。其实救济应当是一般的。

五、靠捐款。缺少基金或经常费。

六、私人经营。由私人之慈善心之发动而组织之，非社会或团体觉其有需要而自动组织者。

我们若将上述六点和上海贫儿教养院比较研究，再参以"白宫会议"之结果而对照之，为一至有趣味之事。固然，上海贫儿院及白宫会议偏于儿童救济方面，但综合一部分事实以论断整个慈善事业之得失，亦为可能而必要。

"白宫会议"主张不夺去儿童家庭享受权，可是中国慈善机关管理严格，受救济者自由甚少，如上海贫儿院每月只许请假一次，还须父母证明，这是剥夺了儿童家庭享受权。"白宫会议"说要注意贫穷预防方面，中国却只注意治标，不在根本上着想，上海贫儿院只注重儿童之生活技能。又如，"白宫会议"说儿童保护机关须有儿童之父母及亲属之登记，中国是没有的，上海贫儿院自然与儿童家庭发生关系，但正规的登记是不曾办到。至于"白宫会议"所说的家庭要有政府补助，实施"小屋制度"，（按此乃公共慈善机关，规模甚大，在机关之小屋内，为儿童分设许多家庭，由年长者如父兄以管理之，并创学校教育之。）政府监督慈善事业，中央政府创办无靠儿童之组织，各州设儿童救济办事处，救济立法等……为吾人所不曾梦到之事。惟儿童须给以药物及疗养上之注意一点，扩大言之，即受救济者须给以药物及疗养上之注意之点，中国之慈善机关，间有相当注意及之者，如上海贫儿教养院之药室病房之设备是也。

五、中国慈善事业之改进

论至此，将进言中国慈善事业之改进。我以为改进中国慈善事业，须对症发药，知其缺点，而改革之。具体言之，约有下列数端：

一、治本。一面养成受救济者之生活技能，一面予以知识的及生活的训练，一面更从根本上免除造成受救济的贫困者、残废者的诸原因。

二、普遍的。予贫困者、残废者以整个的救济，无疆域之见及亲故的偏袒。

三、开明的、相当自由的。注意受救济者之身心自由发展，认清慈善事业之本意，顺应教育原理，不使受救济者视慈善机关为模范监狱。

四、政治力量之引用。救济事业是一个很大的工程，私人经营，在人才上，经济上，均感完全发展之不易，故须由贤明的政治力量助成之，一面由政府倡办救济机关，一面由政府制定救济立法，使一切不幸的人在生活上有保障，在法律上有关切和平等。

五、社会经营。在公共福利和对不幸者同情的观点上，社会自动的创办慈善机关，或为若干社团经营，或为志趣相同之若干个人经营，用群策群力，对不幸者作整个的普遍的救济运动。

六、余论。慈善事业之重要，我想那是不待申说的。社会进化到现阶段，本身已很不健康，一切病态的畸形的发展，很使留心社会现象的人担忧。贫穷是最主要的病态之一种，是社会不稳定的根源，是最宜留心的一个社会问题。社会上穷人一天天的多，他们的幸福必然地应当顾到，因为对人类的同情是重要的。人们帮助穷人自然有不少的方法，有主张用激烈方法的，有主张缓进的，这都不去论他。我们既晓得贫穷是一个事实，不管你们主张什么，当前临时的救济总是重要的。还有那些天赋或后天的不幸者：如只能残废、聋哑、疯疾、私儿……这许多不幸的人，他们的幸福不也是应当顾到的么？只要人类还存在着，只要人类相互的同情心没有泯灭，慈善事业没有可以休止的一天。慈善事业既是不可少的，那么无论什么人都当加以注意了。

——原载《大夏月刊》1929 年第 2 卷第 1 期。

实用公团业务概要（节选）

（章元善　1929 年）

第一章　公团之组织

组织

集合多数同志，共同担负一种事业之责任，或共谋贯澈一种之主张，谓之集会。会之组织，以章程定之。

会之主体，既属会员，故一会之原动力，自会员产生，会体之行为，即会员照章取定之共同行为。故凡会务方针、进行方法、经费筹措之分任，执事人员之布置等事，俱依会员大多数之决定行之。

至于会体本身之组织，不外"会员制""委员制""会长制"三者。会体之小者，会员人数不多，且均居住于同地，开会之时，每次出席者均可达法定人数，依事议决，是为会员制。但会体之大者，会员人数众多，散居各地，非特开会之时，不易召集，即议事之时，人多意杂，责任不专，难得要领，会务进行，反生窒碍，会员制之不尽合宜，可见一斑。

会员制之弊，既足使会员不能常常开会，且不能人人过问会务，为会务前途计，不得不将其各个人参与会务责任之一部分，委托少数会员代表担负。

会员全体之开会，每年不过一二次，开会之时，除议定会务主要方针，接受会务报告、经费报告之外，其最要事务，即系选举。选举之意义，系将本人参与会务之权利义务，委托少数会员代表享用履行之谓，选举之当选者，谓之委员，以其代表会员执行会务，故称执行委员，是为委员制。亦有从委员中，互选若干人，为执行委员者。

此项委员，其名称未有一定，有称为董事、理事、干事、评议等者，种种名目，不一而足，殊嫌混乱，但其实际性质，则均系会员公推之代表，较之纯粹商业公司之组织，大致相同。公团之会员，有若公司之股东，委员犹董事，执行委员犹常务董事。盖公司之主体为股东，其组织大都采取委员制者也。

间有会员以执行会务之权，集之一人之身者，是为会长制，除有特别情形外，此制之不良，无待赘言。故采用会长制者，在公团中不恒见也。

开会之时，又有"合议式""复议式""分议式"之别。"合议式"即由凡有表决权之会员或委员，将应议事件，逐一公同讨论表决。此种议事手续，其弊与会员制相同，在事务繁冗之会体，更不适用，盖会员全体，对于每一事件，参加意见，徒费时光，难得结果，且有时所议事件之性质，非专门学者，或富有经验之人，不能发表有价值之意见，若任由会员不经详细审查，临事遽尔表决，殊非郑重会务之道，是则"复议"或"分议式"较为妥善矣。

"复议式"之采用，大都由执行委员自行支配，视会务之繁简，定分股之多寡，分股之后，所有应议事件，分别性质，或先由各股详加考虑，决定可否，再由委员全体开会，正式表决，或以事情较大，委员会为慎重起见，不愿独自取决，将案交付审查，然后再行开会议决。其有即以分股会议之议决，为全体之议决者，不待委员或会员之加以核准，即时可以执行，是又为"分议式"矣。

至于分委员会，讨论处理事件之范围及其交付之手续，悉依委员会之议决行之。

或以会务范围较广，同会者自问见闻所及不足应付，尚须咨询他人之时，委员会或各项分委员会，得依章程之规定，自行邀请他员加入为"额外会员"参与会议。

至必要时，委员会或分委员会，并得指定相当人员，组织临时委员会，专理某案，协助进行，此项临时委员会，于所理事件解决时解散之。

总之公团组织，互有不同，总以办事顺利、敏捷、妥当三者为主要条件，上述各制及会议手续，较为普通，设会者参照采用可也。

会之为会，即会员本身或其代表之集合，其所照章议决之件，对内有法律之效力。故照章召集之会议，均有立法之机能，即在国家法律上，亦有相当之地位。

章程

公共团体，在社会之中，既有存在之价值，必有一种正当之使命，履行其使命之时，必有适宜之步骤，此种步骤，有为普通习惯，不必订定明文，有为各个团体，单独适用之程序，非有明文，不足以昭示大众，其最要之件，即系章程。盖公团之有章程，犹国家之有宪法，凡一会之组织要点，悉在章程中明白规定，以资根据，章程为一会之根本条例，又为会员相互间之一种公约，其重要可知。

章程一经议定，不宜轻易变更，变更手续，尤应严密规定，以昭郑重，否则成立之时，取定某种方针、某种形式，因章程极易变更之故，少数人遂得轻于修改，以致与设会原意，逐渐不符，本来面目，将终归丧失，而一切内部纠纷，因之起矣。

定章之时，一方固应力求章程之稳固，一方又须谋进退之自在，故凡关于施行章程之细节小目，在章程中，悉宜避免，否则动受章程之牵制，于会务进行，反感不便矣。譬如会所地址一节，于设会初旨，本无甚重大关系，择地办事以便利为主，若在章程中，将事务所在地点，一并例入条文，则此项条文亦受变更章程条文之束缚，严格言之，办事人欲将事务所迁移他处，即非将章程中关于事务所一条，照章变更不可。章程之不宜过于详细，此为证例。

章程以完备明确而不涉琐碎者为善，其文字亦以准切简当易晓不俗者为佳。

设会之时，应由发起人先期起草，联络同志，再行定期开会，讨论章程，逐条通过，始为成立。或由发起人召集同志开会，说明设会大意，如多数赞成，即可当场指定数人，担任起草。一俟章程草案拟就，再行召集会议，讨论通过，章程之要素，列举于左。

（一）会名

会之名称，与人之姓名不同，人之姓名，除姓为世代相承者外，其名则随意取定，无甚意义，知其人之姓名，不能知其人之性志何如。而会名则不然，盖会名为一会之标识，所以代表会务性质，及其范围，且为便于引用起见，不宜过于冗长，四五字最为适宜，新颖大方而简明者为佳。

会名一经议定，不宜时时变更，犹商店之牌号也，所有因广告效力，以及往来营业，对于各界所生之好感及信用，在商业上有莫大之价值，而享用此价值者，非其股东，亦非其经理，乃此商店之牌号，一旦更名，外间不察，以前所获之名誉声价，亦将随之损失矣，于公团亦然。

（二）宗旨

设会目的，究为何者，应于章程中明白声叙，照此进行，否则如大海行舟，无罗盘以指定方向，会务前途，必出意所不料之纠葛，此为设会之初，最大关键，应特别注意。

（三）会员

集志同道合者而成会，同会者谓之会员，但会员之资格何如，权利义务各何如，入会依何手续，出会受何制裁等件，均归重要，应于章程中明白规定之。

（四）委员会

会员人数既多，势不能时时开会，只得公推委员若干人，担负执行会务之责。（委员制之命意见"组织"条）其选举方法、人数、权限（如规划款项，各种常设或临时委员会之指定，及其解散，以及用人等权是。）、任期、缺额如何补选、委员会名称等问题，均应于章程中有所规定。

在不以营业为目的之团体，委员大都义务，不支薪水，但于必要时，得任用干事书记等员，支给薪水，俾得常川在会办事。

又为保持委员会业务统一起见，委员任期以轮流退职之法为宜。设如原设委员五人，每年更选五分之一，俾下届委员五人之中，至少尚有四人，曾于上年充任委员，于会内事务，素所明悉，会务进行，仍可庚续不绝，不然全部新旧交替，实际上将有莫大之弊害。

至于原举委员，任期之久暂，或由委员会自行抽签定之，或于首次选举时，分别举定，自后每年添选若干员，其任期均为若干年。如委员会共有五人，每年更选五分之一，则除第一年选举任期一年、二年、三年、四年、五年者各一人外，自第二年起，每年更选一人，其任期均各五年，依次轮推，相继去就。

（五）职员

会员互推若干人为委员，而委员之中，尤应有相当之组织，始可分配职务，以专责任。

普通习惯，职员由委员互选，应设首领一人为委员长，对外为全会代表。（或称会长、主席、董事长、评议长、干事长等名目，颇不一致）至于委员长之人选，或为固定，或为轮值，视会体本身之性质，及多数会员之议决定之，但如无特别情形，以固定一人较为适宜。

委员长之外，尚有副委员长一人或二人，协助委员长履行职务，委员长不能履行其职务时，由副委员长代理之。秘书（或称书记、总干事、干事、执行干事等名目）若干人，办理文书事件。司库（或称会计）若干人，管理财务，有时并有监察查账等员。

委员会之繁简，视委员会职责之轻重，以及人数之多寡定之。

章程之中所应规定者，为选举委员方法、人数、各员之职权，及任期等要点数端。

（六）开会

章程虽不宜涉及琐碎，然为保障会员权利，以及保持全会精神起见，应将全体会员每年开会次数、时期（如每年某月内是）以及召集会员会之方法，列入章程。

（七）法定人数

会员会开会之时，会员出席者，达全数之若干成，（不宜规定人数，以会员数目，时有增减，一经规定，反无伸缩矣）始可开会议事。表决议案，亦系聚讼纷纭之点，应将明白规定，列入章程。

（八）经费

设会办事，在在需费，固应力求撙节，然所有应支之数，于设会之始，若无充分筹备，会务前途，将受莫大之影响，甚至因之停顿，亦未可知，经费不裕，会务难望发达，可以断言，所以经费之筹措及动支方法，亦有在章程中规定之必要。

（九）修正章程

章程既为巩固会体之要件，设会之始，由会员郑重议定，非经会员大多数之同意，不可修改。必要时会员若干成，或委员若干人以上，得将修正理由及条文，由委员会秘书先期通知会员，俾有与以充分考虑之机会，再于会员开会时，提出公决。

此外如会员特别会，召集方法，提出修正案者之资格，预期通知时期之日数，以及通过修正案开会时，出席人数之多寡，可决票数之多寡等项，章程中亦应有所规定。

各种规则

章程之外，会员会、委员会等，于必要时，并可随时拟定各项规则，以资遵守，其最要之件，即为办事大纲。此项条文，有若国家种种法令之施行细则，所以辅助或补充章程之不足，凡较为重要之规定，而不必列入章程者，均应列入办事大纲之内。成立之时，应将办事大纲，交由会员会讨论通过之，此项规则，内容不关重要，应予委员会以修正之权。

此项办事大纲，所应规定者为：（1）会员会常会会期及其召集手续。（2）会员特别会之召集手续。（1、2两项可于章程中规定之。）（3）委员会常会日期、召集手续及法定人数。（4）事务员司之任免，及薪额之规定。（5）会务报告与预决算之制定及审定。（6）事务所内部之分股。（7）分委员会，与临时委员会之指定，及其解散。（8）会员会、委员会会议议事日程之编定，及议事程序，选举投票规则等。（9）会费之分等及其数额。（10）修正办事大纲之手续各项。

除办事大纲外，委员会得随时议定及施行种种规则，以资进行，各种规则之内容，视事势之所需要，斟酌拟定，但以与会章不相抵触为主要条件。

规章汇编

除业已成文之章则外，遇有加立规例之时，应由总干事用知单通告各股，以资执守或备通知簿一本，随时将规定事项，登入簿中，由各股传观，即由各股录入各股之备查簿中，并由各股主任，在原文后方画押交还。一经规定，即为成例，积之日久，应将通知簿中所载各条为根据，将各项章则修正或补充之。

所有一切章则，应用一定尺寸之纸张印刷或缮录，并用活页式书夹，随时汇订之，以备查考。此项"规章汇编"各股应备至少一册，新录用之员役人等，尤应令其细心查阅，便可免去口头训练不少，即为分会训练员役，亦以此"规章汇编"为主要教本。"规章汇编"之中，除一切章则规例之外，所有各股办事手续、程序等，亦应逐一编存。

第二章　开会

召集会议

召集会议之权，在章程或办事大纲中，明白规定，而发通知之责，则由总干事或秘书担任之。此项通知之中，除说明开会地点、日期、时间之外，有时须将开会事由列入，或将议程附粘。一会有一会之习惯，开会通知，既为应用较繁之件，预印空白书式，临时填用，尤为便利。惟预印之通知书，在印发时，固较省事，究不若缮写之信件，可以引起读者之注意。印定格式，不足引人注意，是其缺点，但除函件之外，确有极大之价值，办事者不宜忽之。

编列议程

凡非总干事职权或能力以内，所可解决之问题，均应交委员会核办，犹委员职权或能力所不克举办之事，应交会员会核办也。在平日办事之时，将应付议之件，另列一单，积有成数之时，或经过一定时期之后，或遇急待解决之事，即可取得相当职员之同意，召集会议。同时将上述之事件单编排议程，将同类或相关事件排列一起，如甲事件之解决，必先决乙事件，则此次序，应于议程中，详加考虑，始可议事顺利，省时多而成事亦多。

预备议案

开会之时，事前若无充分之预备，则议论纷纭，进行迟钝，有时且枝节横生，酿成口舌。所谓事前之预备，应由秘书或总干事为之，将属于每一事件之文件，顺其次序，置于一处，并将其事之起始沿革、趋势情形，详加审察，以便于提议之时，为简明中肯之报告，有时且可体会大多数意思，迎合事势，预拟议决案文字一二条，以便于该案付议，经过充分讨论之后，当众宣读，以备采择。有此预备，必可节省时间、唇舌不少。

编撰议事记录

议事纪录为一会会务进行之根据，最关重要，应由秘书或总干事于开会之时，摘录要旨，会散之后，编撰成文。此项记录，非速记文，不必逐字逐句录出，反嫌琐碎，如以开会性质，关系重大，可令速记一二人，到会记录，为解决日后争执之根据。但平常会议，不必有速记，记录之内容要点约略如下：

（1）开会名称、日期、时间、地点、开会次数、到会人名、主席人名、到会者资格。如系代表，并注明其所代者之姓名，如有议事日程，并录入。

（2）上届会议记录之审定，及字句之修改。

（3）议案。分列案名，讨论经过情形及结果，如有议决案，录其全文，并将提议者、附议者之姓名注明，如系投票表决者，并记其赞成反对者之票数，例如：

第四条　追加本会经费预算案。主席报告，本会会务扩充，原定经费预算已不适用，司库某君主张，追加经费每年二千元，已将新定预算表，印送同人，今请核议等语。又总干事申称本会经费，在实际上，每月超出预算一二百元不等，然而终非正当办法，确有追加预算之必要，并将开支增加情形，报告一过，经众讨论毕，黄某君提议，李某君附议，以七与二之投票表决如下：

民国某年议订之本会经费预算，今以会务扩充，议决追加每年二千元。

（4）散会时刻。

（5）记录者署名。

会议记录应于编撰之后，印送会员，俾便核阅，如有错误之处，得由各人记出，于下次开会之时修正之。一经修正，或不加修正，即予通过，应由会长或主席，当众署名于记录之后，永为根据。

分类记录

一会事务，日见繁冗，开会次数渐多，会议记录亦渐增多，若无适当编制方法，则于每一事件之沿革兴衰，搜查为难，著者于此曾有极为简易之方法，试述如下：

法将印成之记录一份，逐案裁剪为若干条，并在每条上用日戳注明开会日期，或何项会议第几次字样。将此已裁成条之记录，粘贴于坚厚之纸上，嗣后凡关于同一事件之记录，分别粘贴于此同一片上，一片粘满，再换新片，用硬纸板二块，为上下面，用书带系之成帙，如此物以类聚，检查容易。此项分类手续不必过于细密，除重大事件独占一类外，其他事件之类似者，依其性质归类，裁粘可矣。

又有时同一议案，关涉二案以上者，或同一议案，可兼存二类者，分类之时，尤应特别注意，遇有此等议案，应将印出之记录另一份，剪下分贴，务使每类完全，每案完全。不致今日后查阅之人，顾此失彼，无之不过查检费时，有之而不全，反致误事。

记录分类之时，立类名若干项，但有一类之事务，可以不同之名词代表之时，故立定类名之外，应将意同字异之名目，并列于全卷目录之中，注明某某类事件，见某某类字样，以便检查，例如"征求会员类"见"会员类"或"经费预算类"见"财务类"等是。

设会重实行

会务发达，不在会之常开，而在议决案之切实执行，否则会为开会设，而不为办事设矣。细考每开会一次，耗费至大，会期未定，当事者相互之间，已有一度之接洽，考量成熟，定期开会，始发通知，定议程。届时设会场，分头催促而成会，及讨论事件之时，千言万语，细细考量，字字斟酌，发言者口若悬河，与会者倾耳静听，记录者笔不停挥，如此各出全副精神，开此会议，加之编缮记录等事之应列入"开会善后"项下者。会议一次，人人牺牲时间精神，不在少处，说者谓如是，则既会之后，事无不举矣，孰知竟有大不然者，著者尚见各种会体，终日忙开会，总计在开会上消耗之精神、金钱及时间，远多于为主要会务而消费者。费尽一切周折，开成一会，至于会议所决应行之事，则委之不办，一次开会之效用，不过造成议事记录一份而已，读者设疑吾言为妄，则请试观一般公团之内幕可矣，知乎此，则于今日社会之上，人人忙开会而不见其效果之所以然，可恍然悟矣。

委员会一般心理

吾人在自然状态之下，处事接物，往往尚能应付适宜，及其占有地位，负有责任，则一切行动，反不自然，有时且颠倒错乱，观察力、判断力等，立现迟钝之象。不常当众演说者，一经登台，瞠目无言，是其证例。

会体之委员，亦复如是，尝见公共团体开会之时，会员各抒所见，辩论多时，聚讼纷纭，甚至意气用事，争持不让，及其当选为委员，则顿觉其负责之重，会议之时，遂不得不斟情酌理，就事论事矣。

但委员会之通病大凡有二，过与不及也。有时委员会，对于事务部，完全信任，甘为傀儡，纯以委员名义，为事务部之后盾，委员会之决议可否，悉视事务部之建议为如何定之，其对于事务部，则未免过于信任，其对于会务之注意，则未免不足。

又有时对于事务部完全怀疑，凡事务部之所建议，不问皂白，同归于屏弃之列。事务部虽切近于实际，亦不惜空中楼阁，独自经营，甚至有所决事件，使事务部无法施行之时，此等委员会，在本身职权，未免自觉其太重，而对于事务部之信任，及利用其实地经验之能力，又为不及，此种行为，诚为至不可解之现象。且有同一委员会，忽而偏于此方，忽而偏于彼方，首鼠两端，其心理极为不定之时。

上述情形，于委员相互间，亦复相同。且在委员会范围以内，委员虽各有发言投票之权，而时有少数份子，为同情之领袖，富于引动他人同意之能力。此等人物，对于一事，均能首先发表意见，余人随而和之，考其所以能为同侪领袖之故，或为其在会资格较老，或其声望及地位较高，或为其识见宏远，善于辞令等。种种原因，一会之中，智愚高下，极不一致，所以此等一二领袖之趋向，即足以左右会务之情形，实为恒见不鲜，一会之方针，亦以一二人品学之优劣为之转移。

委员之中，其资格及智识均属相等，即此项现象，不致发生，若大多数之品学，均属平常，而其中有程度较高者在，则此象顿现。若有此种领袖二人以上，则一旦发生意见极难刷除，且纠纷一起，而不易消灭矣，盖此等人物，往往富于自信力，遇事争持，坚决不让者也。

又一般委员会开会之时，对于某某议案，经长时间之讨论，各执一词，若其中无相当人物，对于个人意见，细心斟酌，权衡重轻，及时整理，提出议决案，以资取决，则此种议事，将鲜有结果，及此等会议开议时久，人各倦厌，始匆匆含糊表决，对于其他应议未及议之案件，则或草率了事，或须俟诸来日，一则失于慎重，一则贻误时日，均为不当。至若以彼此所争之案，关系甚微，而一次开会之时间，竟为之消耗殆尽，反致较有价值之问题，因之不及讨论，或以时间匆促，不予深究，轻轻议决，则其不经济时间为何如。

总之，委员开会，时时不能依照议事日程议毕各案者，即为会务不能发达之朕兆。

第三章　职员

事务部

事之易集者，或其性质限于一姓一门；范围不广者，或为少数时日即能完全办竣者，则竭一二人三数日之力为之可也。至事之有公益性质，非少数人之财力、智能所能经营，且非少数时日所能竟工者，则非集群力为之不可，遂有设会之必要。

设会之后，凡在会员，或为智能之贡献，或为经济之协助，各竭其力，渐谋进行，会中事务，照章程所定，由会员分头担任，以众望所归或声誉素著者为委员，又以素又办事能力者为秘书，为干事，犹国家之设官，量才录用，各有专责，各需专才也。

然而就今日社会上一般公共团体之情形论之，其会员大都各有职业，不过以其余力为社会服务耳，数月一会或一月一会，尚不能每会必到，安能以日常会务，由会员分负处理之责，欲求会务之进行不息，是非设事务部不可。

公团之设员办事，犹商业公司之设经理伙友也，商号之中有组织，某司账、某司进货、某司门市、某司批发，公团之事务部，亦应有组织，方始责任有归，不致推委荒废。事务部之人员，或称干事，或称事务员，由委员会定之，至于设员数目，自一人以至十人百人，均无不可，且有设一员每星期办事数日，每日办事数小时者，以事务之繁简，及经费之盈绌，定设员之多寡。

就大体而论，事务部之主要部份，即为文牍、稽核、庶务三项。在极为简单之公团事务部，即无此分股之形式，其业务实际上，亦必有此分工之精神，此外又依事务之特殊情形，分设他项组织，或将文牍、稽核、庶务三股事务，再予分析，添立他股或为专理某种事件，另设专股办事，惟无论分工如何细密，应以秘书或干事一人或数人为总干事，统理全会事务，对内为事务员之领袖，为委员会与事务部间，往返接洽之人员，对外为事务部之代表，庶一会事务，贯串一致，提纲挈领，而得收指臂相助之效，兹将公共团体之普通组织，图说如下（略——编者注）。

总干事

委员会一切事务，原则上无设立事务部之必要，委员会职员之中，其职务最为琐碎者，即系秘书，举凡委员会一切议决案之实施，悉赖文书之往来，与夫分头接洽之功，而此项职务，在一般公团，均由秘书担任之，但当选为委员者，大都为本人公私事务，均极繁冗之人，希望其于开会时到会与议则可，希望其各能履行其职务，事必躬亲，则为事实上之所不能。

苟不于委员会之外，另设专员处理事务，则一会之活动除开会议事外，无甚生气，可以预言，盖若以国家制度喻之，则委员会为立法机关，事务部为行政机关，二者不可得兼，其理甚显也。

委员会之秘书，名义上既负有执行委员会议决案之专责，惟以事实上之困难，不得不设总干事，另组事务部推行会务，二者名虽各异，而其职责则实相同，为融洽两者地位，以冀会务实施时，消灭一切隔膜之弊起见，若以总干事，兼充委员会秘书之职，则名分而实合，为最良之设置。如此办法，委员会与事务部之间，彼此均有充分之谅解，永无隔阂之苦，彼此困难情形莫不可以一言解释，而于解决各种问题之时，彼此均得开诚布公，各抒所见，俾委员会之议决，不致偏于理想，而事务部之办事，不致偏于拘束。且总干事既为委员会之一员，则每次开会既能列席与议，委员所发意见及思想，均能耳闻目睹，此种开会经过情形，于其执行会务之时，均有重大之价值，否则总干事，纯为委员会之雇员，殊不足引起其对于会务之一种兴趣及热心也。

此种以秘书兼总干事之组织，于会体固为有益，但有时为事势所迫，不易实行，总干事为事务部之首领，常川在会办事，当然为有薪给之职员，秘书则为委员会之一员，纯粹义务，欲将两职合并一员之时，必先物色相当人员，聘请为总干事，即以之为委员会秘书，或于章程中，如此规定，永著为例。

或谓以秘书兼总干事，未尝尽善，委员会为评议机关，而事务部为执行机关，以事务部之首领，参与评议在总干事方面，是不啻自断自行，于理不合，甚为明显，设如事务部于执行某案之时，措置失当，总干事实尸其咎，及委员会开会之时，对于事务部有所指摘，此时总干事以委员秘书资格，便可力与申辩，发生争执，是委员会之有此秘书，将有尾大不掉，不可制止之势矣。但委员会以大多数之同意，为解决可否之标准，上述情形，实为过虑之谈。至于总干事之于此，为相当之解释，及报告经过详情则可，侃侃自辩，非所宜也。

设有实在困难情形，不能以总干事兼任委员会秘书之职，则无论如何，委员开会之时，必令总干事列席旁听，并备委员随时之咨询，非独于委员会如此，即分委员会开会之时，亦应由总干事列席与议，为各项分委员会之因职委员，庶会内各部，互相融洽，而会务进行，因之顺利矣。

总干事既兼委员会秘书之职，其属于秘书部分之职务，即为委员开会时，印发通知、编定议程、记载议事、记录数端，至于报告会务状况、宣读往来重要文电、报告经费收支情形等项，乃其本身职务内应尽之事，所以以总干事兼秘书，实际上并无职责过繁之虑。

固定责任

组织完善方能条理分明，条理既明，责任方可固定，各股之间，各个人之间，均应有一定之责任，遇有错误，不难根查。但负责一语，骤闻之似极可恃，实际上有人负责，其贻误或与无人负责，相差无几。有金钱代价者，尚可责令照值赔偿，即此每亦不易办到，至系时间上之错误，则虽有负责者，一经蹉跎，无恢复损失之可能。"责任"二字，不啻为今日人人之口头语，所以预防错误，为增进效率之要件，及其既误而再追救之，晚矣，此组织之所以不可不完善，责任之所以不可不固定也。

会章与办事者个人效率之关系

设会目的，原为举办某事发起之人，以及参与组织之人，当时何等慎重，题目看得何等清楚，恨不得会即成立，事即照行。可惜好事多磨，枝节丛生，及至会章脱稿，渐入拘泥之境，是时所谓权利义务种种问题，逐一发生，虽斟酌再三，仍不免顾此失彼，在事者每多勉强迁就，玉成其事，以遂初愿。及至设员办事之时，则因所订章则，过于严密，转令办事之人，身不自主，束缚重重，办事者处此境地，处处牵掣，在无路可走之中，要其寻出一条路途，其遇固极可怜，而不知一会之生命，亦于成立之日，宣告死刑矣。此论章程太严之害，害在不予办事者以充分发展其知能之机会，办事者之个人效率，可无论矣。

反之，组织太松，章则太泛，茫无边际，权限不分，事权不一，万事悉凭办事者之自由行动，一切责任，办事者任之，使此人而富有经验，处事稳健，则束缚较轻，或可大有作为，但若以此漫无限制之组织，交与一鲁莽猛进者实施之，则不偾事者鲜矣。

所以欲谈个人效率，先视其所处之环境为何如，其职务上所应依据之章则，固应不偏于严谨，亦不宜过于宽泛，在规定限度之间，办事者应有自动发展之可能。此种限度，可在章则中规定，或以委员会之议决案定之，如在预算范围内，总干事得支用款项，在何项情形之下，总干事得雇用或辞退员役等是。

办事效率之要素

个人修养之法，古今名人，著述甚多，不待赘叙，今将著者反躬自省时，所能见及者，为阅者道之。

健康。体力不及脑力，则力不从心，能说不能行，不能以己之所见，或所计拟，见诸事实，知行不一，便不可得人之信服矣。反之，脑力不充，则胸无成竹，行为无目的，无计划，勤而拙者，一味笨做，费时费钱，成功极少，惰而拙者，则更不待言矣。

视察力。人事至繁，若一一要从书本中得来，则不胜其烦，即终身入学，亦必不足。须知吾人日常所闻所见，无往不是学问，苟能细心视察，随时随事，探问原由，则习惯既成，不啻身列名师门墙。一遇疑难，则此平日所得之学问，立可应用。反之，若视而不见，听而不闻，或居心骄狂，目空一切，以为无一事足劳吾心者，则虽历事多年，锋芒不去，进步必迟，个人效率必低。

教育。入世处事之先，自应受有相当之教育，以为之备。须知学校教育，充其量不外常识耳，应用之，补充之，是在个人，盖大学程度，不过能使吾人，遇有疑难，能自解决，或自寻解决之途径而已。有此根基之智能，能充量应用者，则其办事效率必高，否则反是。

办事精神

办事之人，首要明白理路，认清题目，不可畏难，遇事知分缓急轻重。于钱物，应省者省，不应省者不惜；于时间，循序渐进，不慌张，亦不疏懈，从容镇定，尽力办理，得暇整理旧业，或规画一切，以冀省工；于能力则应办者无不办，不应办者必不办。总之，能将所有时间、金钱、物质、精神、人才，分别轻重缓急，善为支配，即可运用如意，效率自高，否则偏重偏废，动静俱受牵掣。又应随时调查他人办事方法，斟酌参考，择其善者而从之，其未尽善者改之，务使适用始已。若徒知摹仿，不加思索，一味盲从，则其害甚大，不可不慎，至支配采择，究应依何者为标准，则应随事论事，非一言所能断定也。

临事不可慌张，应审察事势与物力，从容决断，指出路途，与同人分工为之，自乱步骤，犹豫因循，俱非所宜。不能立决之事，亦应在最短时期内，查明原因，寻出方法，继续为之，事事结束，不可半途而废。至事之实不可为者，则应决绝停止，不可任其无形消灭，损失信用。

某事如何应付，如何办法，一经决定，由同人照办之后，设有错误，应自负其责，万不可嫁祸于人，取巧引避。至所取之方法与手续，经办者，自应竭其所知，慎重为之，不可草率含糊，有负委托，设有贻误，自行纠正，但其情苟有可愿，为领袖者，仍应为之设法补救。

又遇某事仓卒发生，当其事者，业已处置终结，虽其办法不尽适宜，未合己意，苟其未有别情，仍应代其负责，不可藉词搪塞，令人为难，甚或对外更正，否认前议，自损信用。

一切同人共同遵守之规章，为领袖者，尤应以身作则，切实奉行，于同人职务，有功必奖，有过必惩，就事论事，不得偏私，于事于人如此，于物于钱亦然，一时苟且，丝毫沾染，己不正便不能正人矣。

办公之时，应各认定地位，尊重职权，不可但求见好于人，自甘懦庸，及公毕引退。私人交往，固不可骄慢凌人，使人难近，亦不可随波逐流，自谓圆通，私交态度，要以不卑不亢，出于自然者为宜。

在公言公，本无"客气"之可言，无如一般从公者，不辨公私，因公结冤，视友若仇者有之，于是公务场所，重虚文而轻职务，反令一言可决之事，辗转通意，久而不解，隔阂误会，因之而生，此弊亟宜防之。

人选

事务部重实在办事，闲员固绝对无存在之余地，即在事之人，亦应严格挑选，无论所办事之大小，总以准确、整齐、敏捷三者，为考成之标准。先求准确，次求整齐，再求敏捷。草率了事，或粉饰皮毛，而乖误百出者，费时失事，为害至大，虽迅速不可用也。

来会谋事者，可先以履历表，令其填写，若有余额，可以令其来会试办三四日再定去取。至其薪给一项，视其经验及预算规定之数酌定之，至于如何规定，以及如何升级加薪，各会情形不同，未能假定，但以预为规定为是，否则同人之间，误会滋生矣。

所受教育及历办事务，乃录取人员一定之标准，又以其人能守时间，耐劳苦，且能与人和衷共济者为相宜。有恶疾怪癖者，万不可用。

一时如无相当地位，可先收受其履历表，分类登记之，遇有员缺，即可依次查询，斟酌录用。

为某事觅人而不可得，可登广告征求之，广告中应说明职务性质、名目、资格、大概月薪数目数项，其余琐细，于详章中列举之可矣。愿问津者，可在相当日期以前，来会索阅详章，并履历表等件。

征员详章中，除广告中已举各点外，并应说明办公时间、假期、增薪限度、职务限度、订约废续手续，以及应否考试、试期、发表日期等项，以愈详细愈明白为佳。

录取人员，应予以书面通知，列明条件，请其复函承认，以免日后有所争执。较要人员，并应与之订立合同；杂役人等，则在履历表后方，注明录用情形，如所派何事、某日起支工给若干元字样，并令其认可为妥。

——原载章元善:《实用公团业务概要》，商务印书馆
1929 年版，第 1—32 页。

设立救济院之商榷

（陈万里　1929 年）

　　吾国社会救济事业发生极早，所谓惠民药局者，其成立历史确凿可据，盖尚在宋元时也。嗣后此种救济恤贫之观念，民间益发皇，募款益便易，办理救济事业之范围亦益扩大。因此育婴、养老、施药三者，在江浙数省几遍各县。在图始者，以慈善为怀，踊跃输将，集基金以垂久远，制堂规以示秩序，勒石为记，征信刊录。是以事虽草创，而立法井然，足资后来继起者办事之参证也。顾代久年杳，果能萧规曹随，则守成之后，典型尚存。及至一经示井金小，地方豪右之染指，则资产变卖以去，基金侵蚀殆尽，所任司务，俱属老废，是名"吃堂"，实为堂蠹，于是内部遂不堪问矣。育婴则寄养于外，三四小儿，合一乳母，疾病死亡任之，所以名为育婴，育之义无有也。养老几为乞丐之收容所，否则亦与栖流相等视，养之义无有也。施医尤可笑，主事者以局董为地盘，以施送疬药为惟一之职务，所谓施之义、医之义更无有也。坐是而最近各县之所谓社会救济事业，已名存实亡，毫无一顾之价值矣。

　　内政部有鉴于此，因有设立救济院之通令。其各地方之公立慈善机关性质，为养老、孤儿、残废、育婴、施医、贷款者，继续办理，改正名称，隶属于救济院，同时救济院各所各基金，应组织一基金管理委员会分别管理之，此为部颁《各地方救济院规则》中之重要条文。

　　愚以为此次改组救济院，第一步之工作，当然先就原有各地方官立或公立之老人堂、恤嫠会、普济院、孤儿院、贫儿院、残废院、育婴堂、济婴局、施医局、牛痘局、贫民借本处、因利局、贫民习艺所，及与《救济院规则》第二条各所名义相当之机关，一一对于原有资产，施以澈底之清查。清查之后，一面当报官厅备案，一面立石以公布之。同时对于向称为救济事业而不在现行《救济院规则》内应当设立者，如从前之清节堂，亦应在清查之列，其基金归并救济院，机关则撤消之。

复次组织基金管理委员会，依《救济院规则》第八条第二项之条文，基金管理委员会由地方法团公推委员若干人组织之，其人数以及法团之范围，法团公推之方法，均未详细规定。愚以为清查各原有机关资产之后，认为向来确实热心赞助社会救济事业，或曾经办理而声誉卓著者，应尽量加入基金管理委员会，其较之与从来救济事业毫无关系之所谓公推委员为尤重要也。

财产清查确定，基金管理委员会组织成立，同时应由院长、副院长依据《救济院规则》第二条第二项对于"各所得分别缓急，次第筹办，亦得斟酌各地方经济情形，合并办理"之办法，切实规划。而此规划之前提，愚以为应确切认定从来办理救济事业所持消极政策之错误，所以此后之救济院，应从积极建设方面着想，试举例证之：

（一）从前之育婴堂，仅负育之名，不求育之实，前已言之矣，此后应注意于婴儿之营养及体格，应注意于婴儿之疾病及其死亡率，尤应注意救济一般贫民生育而不能抚养之婴儿，使此育婴所渐渐倾向于社会公育之趋势。

（二）从前之施药局，其成绩较佳者，亦不过于暑期内，聘请一二中医生施送医药而已。此后不仅同时须延聘科学医以为之治，不仅在治已病，应注意于贫民疾病之种类及其死亡统计，应注意于贫民日常生活而促其改善，尤应注意救济一般贫民健康之环境，而为贫民惟一之卫生顾问者。

（三）从前之借本处，目的固在救济失业，但仅仅借贷而止。此后应注意于贫民生计之状况，应注意借贷后所生之效率，尤应注意于救济失业后，社会上所蒙之影响及一切可为统计之材料。

准此观察以后之救济院，当取积极方针，使救济院成为一种服务社会的机关，打破从前因乐善好施而希望因果报应之陈腐思想，以及卑劣的为善堂寄生虫之饭碗主义，此在规划所不可不注意之一点。

规划既定，重在实践。院长、副院长为救济院之切实负责者，非昔之善堂董事也。所有院中职员均为服务社会而来，挺身任事，当毅然以人溺己溺为宏愿，不应仍蹈"吃堂"之恶习，此尤院长、副院长所应注意之又一点也。

在此时期中，愚更以为基金之筹募，仍应进行不稍懈。愚常观察国人所举办之慈善事业，考其经始，规模颇可观，基金亦较充实，及至办理数年数十年后，渐次侵蚀消耗至于不能维持其经常费用。其故有二：（一）仅恃基金利息，苟且偷安；（二）则束手"吃堂"，不愿续募而已。此实吾国社会救济事业所以不能名实相符，及难望扩充振作之大原因也。此后救济院当于原有基金外，设法为继续不断的募集，不当全恃官厅补助，或自身资产所生之息金，为"量入为出"之办法。质言之，"量入为出"者，敷衍因循之代名词也。

近据考查所得，各县会产，尚多保存，以充社会救济事业之基金，似以实现的可能，此其一。同善悟善封闭以后，虽资产不多，亦应拨归救济院，此其二。此外则各地情况不同，或尚有可为募集基金之助者，是在当事者之努力筹划矣。

上所列举，仅指大纲，此外内部之整理，或须局部改善，或须全盘另组者，事较繁重，如有机缘，当别有所论列焉。

——原载《浙江民政月刊》1929 年第 14 期。

呈省政府奉令查覆慈善公所呈送交代册并请筹备基金由厅核议由

（袁家普 1929 年 8 月）

呈为呈复事案。奉钧府训令第二八八四号，内开：以据山东省会慈善公所所长秦凤仪呈称，窃所长视事以来，瞬届两月，关于前任萧所长交代一案，除原文有案邀免全录外，尾开据呈各节除指令外，合行检同原件，令仰该厅长即便查照详核议复，以凭察夺等因。并发四柱清册清折各一通，旧制产业及基金一览表各一纸，现制各款收入年别表、房产一览表各一纸，田产及现存基金一览表各一纸，到厅奉此遵查。

该所长呈称各节约分两项：一关于该所前后任交代事项，一关于筹补基金以策进行事项。

关于交代事项，因该所系各慈善家筹款自办，除每月由省库补助五百余元外，余均自收自支，向不呈报。其数目是否确实，职厅无案可稽，本难加以臆断，且各机关交案均由各该前后任自结报，该所似亦未便独异。至该所基金究应如何筹补，既奉钧令详核议复，自当遵照，将呈称各节加具意见，呈请察夺。

一、张宗昌提用一万四千九百三十元。查此款据移交四柱清册，说明内称系奉前省长公署训令拨垫慈悲社粥厂，用款后又拨还五千一百五十三元二角，尚欠九千七百七十六元八角等语。此款既系奉令垫支，似应查其收支凭证，如果证据充足而又确属无法归还，似应准予核销。

二、自行挪用各款。查此款连前张宗昌所提，共挪用基金一万三千五百四十元。前据该所前所长萧承弼呈报，实因省款补助费久未领到，无法维持，不得已始行挪用基金。按该所向系董事制，遇有重要事件均应由董事会议决通过，其挪用基金是否经董事会允许，及挪款用途是否正当，似应责成该所长确实查核，以免浮滥。

三、前会计陈珂庭亏欠五千四百一十八元余，又钱八百七十一吊余，及诉讼费三百三十元余。此款自应由前任负责，不应列入交代。侧闻此案已经涉讼，自当听候法律解决。

四、租户张仙淑预垫修房费一千四百余元。据呈该前任既已挪用基金，不合再欠该租户细微之款，不知该前任挪用基金自当考查其用途是否正确，如果用途正确，实无归还预垫之款，则所欠之数自应列入交案，以归有着。

五、请补发两年来积欠之补助费一万六千余元。查交代册列省款补助费领至十六年六月分，每月五百七十四元八角三分二厘，积欠廿四个月，共洋一万三千二百廿一元三角二分。兹据呈请补发一万六千余元，数目不符，是否按照基金一览表内官厅及其他捐助各款数目，每年八千余元，计算开列，无从悬揣。如按此数计算，则前省长公署月捐既已无着，济良所缮特捐亦不应列入积欠之内，数目错误应予更正。

六、筹补基金办法。该所系就前清广仁善堂所办，其基金多半系慈善家捐助，与官厅无涉。嗣后虽有补助经费，为数亦属寥寥。盖该所创办之始，宗旨即在募捐自办，并不依赖官厅。现在基金既已亏损，则此后进行，或量入为出缩小范围，或另募巨款以资弥助，是在该所长自行酌量办理。如欲变更办法，完全由政府负责，则该所即应收归省办，基金亦须收归省有，以符财政统一之原则。兹再一面保管多量之基金，一面请领省款补助，则事权既不统一，查考殊多不便。此次该前所长即以积欠补助费藉为口实，挪用基金，致生纠葛，岂可再蹈覆辙而不求根本解决之法。至从前积欠之补助费，前奉钧府令，据该前所长萧承弼呈报，善款欠发暂挪基金以济要需各情形，令厅查核办理，当经呈覆，应归入经济财政整理委员会办理在案。兹复奉令该所长秦凤仪呈称，各节谨按款拟具意见，详加说明。是否之处理合呈覆钧府鉴核，并请一并发交经济财政整理委员会并案办理，实为公便。

谨呈山东省政府主席陈

附呈缴四柱清册、清册各一通，旧制产业、基金表各一纸，现制各类收入年别表、房产一览表各一纸，田产、现存基金一览表各一纸。

山东省政府委员兼财政厅厅长袁家普

——原载《山东财政公报》1929年第3期。

红会为创始者建塔纪功

（1929 年）

世界独立国，必有红十字会辅助国家行政之不逮，司救灾恤邻、救疫卫生、博爱恤兵事业。凡一国之盛衰，人民之文野，于该国红会之成绩与基本考验得之。

如日本赤十字社，天皇为红会总裁，年拨帑银无定数，即国内工人侍役，咸以得为会员为荣。故日本全国，每五十一人占一会员。中国行赤十字会有功章名誉会员者，有沈仲礼、江趋丹两人。

美国达官富绅，将私有之房屋铁路遗产，捐入红会，为身后之荣。英国尝以所得税、地税指拨为年支。即前为中国属国之滇桂交界之暹罗，其国王将全国卫生救济事宜与生死统计重任，悉委托红会担任。

曾游历欧美东亚者，只见一二十层巍巍红十大厦，设以上海二马路红十字会比之，不知若何感想。然此硕果仅存幼稚之会，犹赖创始之沈故会长仲礼与已故创办人朱葆三、汪汉溪、施子英诸公，辛苦艰难、披荆斩棘，赤手造成者。近闻与四公共患难之首任理事长江趋丹暨王桂、哈洪诸人，为崇德报功计画，于该会总医院前建纪念塔、纪功碑，编译四公一生事绩，分送缔盟五十三国红会会员、本国九万会员、五百分会及数百万元之布施者，并劝勉现在之在会人员，咸知四公创造艰难，捐弃私见，共济时艰，奋袂而起，昌大会务。

兹将启事录后：

崇德报功，古有明训，所以扬前烈而劝后世者，用意至为深远。本会以国际慈善事业，为独立国应有之机关，尤为拯恤救济生命，减少人生痛苦，渴望世界和平之唯一善会。推原创始之人，以前会长鄞县沈仲礼公讳敦和为最，首席常议员施子英公讳则敬，常议会银钱董事朱葆三公讳佩珍，常议员兼监视汪汉溪公讳龙标之四公者，是皆披荆斩棘、筚路蓝缕，支持会务，始终如一，至今十数年而永不能忘者也。沈故会长日处危疑震撼之秋，怒浪惊涛之际，不惮艰险，委曲求全，个人安危，在所不计。其时施公、朱公建议最多，赞助最力，为本会重要议员。汪公让出新闻报馆二楼，创设会所，于宣传、提倡、劝募、监察、纠正诸要务独力担任，劳怨不辞。

癸丑沪南剧战数昼夜时，设平粜局五处、留养院四处、伤兵院四处，及租太古洋行之大通船救护难民，汪公恒亲往视察，日夜不倦。宁镇吴淞伤兵乘沪宁车莅沪，汪公见有流血，或已死待殓者，常暗中挥泪，其宅心慈悲有如此者。绍墀随四公之后为理事长，诸承指导，获益良多。与沈公赤手空拳，创设成立会于南京路市政厅，开统一大会、会员大会于汇中饭店，开会员恳亲会于总医院，订立各项章程，缔盟于瑞士万国红十字联合会。时有横逆之来，愤而疾言，沈公则处之泰然，慰藉劝勉，尝语绍墀曰：君曾为中国伟人李文忠建专祠、立铜像，他日能为我建一纪念碑乎。辛亥光复、武汉剧战、癸丑政变、淞沪争端，培元随沈公于枪林弹雨中抢救伤兵，玉麟、礼琦等时与四公早夕聚首，商发展会务之策，都能不尚高谈，言行如一，列议席三十余次。见会务日起有功，且邀日本赤十字社有贺长雄之助，前途未可量也。

民国六年，政府欲攫本会为国有，将沈公停职，派蔡副会长继任，绍墀虽蒙蔡公三顾，然义不独任。沈因手创之局，拔楚帜为汉帜，愧对数万捐户会员，将所有地契、公债、存款悉数移交，即不谈会事。朱、施、汪三公，亦托词离常议会。惟念四公高风亮节，成功不居，十余年来，红会主事者亦习焉忘之。

今拟征求四公事迹编译成书，分送缔盟各国、九万会员、五百分会，建纪念塔，并为四公立纪念碑，于海格路本会自建之总医院学堂前，以志纪念而勉来者。

兹事体大，愿具名发起者，恐有挂一漏万之讥，虽经绍墀等于会务忽促时代，纠合同人具名，每人纳广告费二十元，以期遍告缔盟各国，及四公亲友、本会各分会、各会员知四公嘉言懿行者，不拘文词歌赋尽请见教，俾得编入四公事迹汇刊，愿惠送立碑著书札者，望开明"立碑著书经费"字样，邮交江趋丹、王培元收存，事毕刊收支报告于四公事迹之后。仓卒不文，惟期大雅君子鉴正之。

——原载《申报》1929 年 7 月 8 日第 20220 号第 13 版。

红会征求收养灾童善策

（1929 年）

红十字会筹赈处，自成立筹赈委员会以来，关于救灾大事，咸能一德一心，实事求是。兹拟将甘绥遗弃之灾童，为移沪留养之举，仁心仁术，可以风世。兹将该会委员长李伟侯，灾童留养院名誉院长杜月笙，筹赈主任江趋丹等，讨论收容灾童问题二十余条，刊录于后。

陕甘豫绥巨灾，为百年来未有之浩劫，极人生未尝之痛苦。经三次筹赈委员会列席诸同仁研究讨论因地制宜办法，电汇甘肃一万五千元，以救逃荒妇孺及临洮仇教杀剩之无告汉人妇孺（被杀汉族至数万户）；电汇陕西万五千元，以救陕西重要之西安、三原等五县垂毙之老弱、少妇、童女；电汇豫西洛阳五千元急赈（因票车初通，逃荒者蚁聚，大半因无水无食，沿铁路倒毙者）；电汇北平五千元，托朱庆澜君、熊希龄君收容甘绥灾童。悉将日来积成之宝塔捐罗掘一空，并已举债应急。

当此存亡呼吸之际，而电如飞雪，火急哀告，忧心如焚，眠食失常，设身处地，几入陕甘饿鬼地狱，惟最悲痛而为中外古今所未有之惨剧，厥维灾区遗弃之儿女是已。

嗟乎，兽舐其犊，鸟翼其雏，物犹如是，人岂忍心，天灾人祸，无国蔑有。吾国灾患，史不绝书，夫卖妻鬻子，已露背理灭伦之兆，今竟将亲生子女随地遗弃，祸及幼稚，至如此其酷且虐者，良可慨矣。

幸蒙北平朱子乔、熊秉三诸善士留养四百名，而扒山越岭、跋涉长途将到之童稚，数逾五百。甘察绥冀，电请收容者，亦达四五千名。豫陕僻远之区，时闻匪徒恶兽，以妇孺为食者，岂四千年文化古国，演此野蛮无人道之恶剧可乎哉？

维以今日之人力、财力、事实现象，而言救济，只可照同席委员诸君所定，釜底抽薪，救人须救彻、救弱不救强之法，并为秦晋幽燕保人种、留原气，竭其绵力。

在上海设灾童留养院，暂以五百名试办入手，力足时再议扩充。惟事属创始，百端待理，竭数夜思索之力，拟就困难之点若干条，征求大慈大悲救苦救难之士女，施以人才经济良法美意之赞助，为中国树救灾之模范，为儿童求续命之灵丹。予术几穷，广征高见，拟就问题二十四条，祈公鉴教答是幸。

临时灾孩收养问题二十四条：

一、灾区遗弃之童女为数甚多，即照北平及绥甘来电，在途者已有四五百，请求收容至五六千名之多。今虽额定五百名，不及十分之一，究以沪人士之财力，以童女多少为限度？

二、灾童女并收或收男拒女？

三、童男女兼收，以六岁至十三岁身量若干英寸为限度，过限应如何办法？

四、有疾病之童女，留当地收容处医治，勿来上海。

五、灾孩分两种：（一）父母所弃或无亲属者；（二）有父母准其领回者。

六、残疾之童女，可勿送至上海。

七、先解决种牛痘，医治传染病，以防危害上海之孩童。

八、剃发、沐浴、衣裤、鞋袜、带食、宿便、被床、看护医士等。

九、沿途设收容所，有红十字分会及转运公司，先做三四七八条应办之事。

十、派得力人指挥及看护疾病，行宿饥渴，如保母之哺其子。

十一、编号于手臂与衣领摄影。

十二、沿途须有接应者，须预备干粮、食水、药品、车旅费。

十三、（甲）寄屯之费用；（乙）行动之费用；（丙）衣被鞋袜等，如第七、八、九、十、十一条费用。

十四、铁路轮船之免费。

十五、每次运送灾童限若干人。

十六、譬如由北平起点，由京奉至天津下车，天津即须有寄宿之地，候船期后途中伙食等。

十七、童抵上海，派各处救护病车，运至留养院。

十八、留养院中管理教养人才，按月经常费，常年基金，及劝募衣米鞋袜。

十九、北平红十字会灾孩暂时收容所，吸收甘绥察冀灾孩，先请其先做第四、第五、第六、第七、第八问题，然后由沪派得力人护运。今已汇五千元，大约每孩先需耗衣履、剃浴费十元，旱道皮舟等费，统址亦十元，以五百名为度，招商局江海轮一律免费，如铁路不允免费，每童须多耗若干元。

二十、郑州、洛阳、开封为红十字会灾童暂时收容所，吸收陕豫童孩，如上一条。

二十一、上海预备大屋及干事、看护、教习、医生等。

二十二、灾童女额数，假定五百名，开办费及收容护送约一万五千元，按月费约四千元。

二十三、善门难开，如十省灾区援例要求，何以善其后？

二十四、陕甘之灾，已成绝症，查放则遍地皆匪，运粮则无路可通，今粮价如珠，每洋一元，易白面两斤。欲待秋收，为期太久，良心主张，惟有为灾区作釜底抽薪之法，收养遗弃灾童，一也；接济难民，逃荒至生路，二也；救济本省逃荒妇女，三也。果能天从人愿，立集巨款，于豫西陕东，以工代赈，建筑汽车道，造树木为陕豫永久备荒之政策，并为本会世守救灾之业，四也。然捐款以沪人士为最多，移沪留养灾童一节，必能邀沪人之赞许合作，五也。

——原载《申报》1929 年 7 月 22 日第 20234 号第 14 版。

上海妇女救济事业应有的改革

（吴若华　1929 年）

一、绪论

人类生而平等之说的不可靠，总理在民权主义第三讲中，已经说得很透彻。那些天赋不平等的人，唯有借人为的力量，做到他们在社会上、政治上的地位平等，这就是总理领导我们革命的目的了。

妇女本是天赋不平等的人，更加中了数千年来纲常礼教的毒，中国妇女在社会上、政治上的地位真是低落极了：其上焉者做了一世的良妻贤母；其下焉者男子之玩物而已！所以本党在《第一次全国代表大会宣言》里，对内政策第十二项，特别提出："于法律上、经济上、教育上、社会上确认男女平等之原则，助进女权之发展。"

现在，本党已入训政时期，我们读总理遗嘱到"务须依照……《第一次代表大会宣言》继续努力以求贯彻"一节，再将那个宣言里对内政策第十二项，同目前的事实一比照，真是令人失望！尤其是物质文明比较发达的上海，更是妇女生活最痛苦的修罗场。我们朝夕所接触于眼帘耳鼓的，总不过那些弃妇、婢女、童养媳、娼妓等等伤心惨目、不忍卒睹的生活真相（这些真相留在后面叙述），哪里还敢存发展女权、男女平等的奢望！

但是政府也有政府的困难，政治非一蹴可几的事，我们并不责备政府不"继续努力以求贯彻"，也不埋怨社会冷酷无情不加援助。还是按着实际去追求实际，来把上海关于救济留养被压迫妇女的机关，就调查所得情形加以一番考察；然后根据个人的理想，参酌实在的情形，列出一些改革的方针。虽然卑之无甚高论，然而这个方针能措之实施，未始非被压迫妇女之福，所望各地方行政当局及一般关心妇女问题者加以注意了。

二、上海留养妇女机关的现状

上海救济妇女事业，差不多限于援救被迷拐的妇女，以及娼妓、婢女、童养媳和鳌妇，所以留养机关也以此类人为限。下面所记的各机关，都是在地方上有相当历史的。

（甲）清节堂

清节堂成立在前清同治初年，有五六十年的历史，为地方绅士所创办，现在隶属于上海慈善团。上海嘉定都有些地产，每年经常与临时收入有一万余元。其职务是在援助夫死家贫、志愿守节的孀妇，和她的母姑子女。如节妇年在五十以上者，入附设的保节堂。堂规很森严，节妇入堂时须具保，平时不得外出，每年出去祭扫两次，当日即须回堂。堂中设答话处，不是节妇的亲族不得来探望；来时也只能在答话处谈话。所谓答话处，是像火车站卖票的地方一样。至于生活，膳食堂中供给，五人一席，二素一荤，饭由转桶送出，膳时自己往取。堂中每月发给节妇每名八角，子女每名二角的油火零用费。住的地方，因为节妇多带有母姑子女进去，故以家为别，好像是个很奇异的小村落，又像是大家庭聚族而居的景象。总而言之：这个地方很足表现出中国旧社会的特征；但是也暴露出不清洁、无秩序的弱点。房屋本已建筑了五六十年，破旧自是不免，又不加以整理，弄得到处灰尘飞扬。住的人对于器具布置，又不按照秩序，益显出不整洁的毛病来。堂中对于节妇们的工作，是不过问的。有些妇女，自己作工津贴零用，但也限于纺纱、糊锡箔等类工作。节妇带进去的子女，由堂中送往附近小学读书或习艺，夜间由堂中延师补习。综观该堂对于养的方面，办得还不错，教的方面完全没有做。"有养无教"四字，可以概括批评了。

（乙）妇孺救济会

妇孺救济会会址在江湾，也有数十年的历史。留养的大都是被迷拐的妇孺，和司法机关送来无家可归的童养媳、婢女等，现在有二百余人。但是年龄大都在十六岁以内，因为稍大的都由会中代为择配，所以现时留养的都是很幼小的人。会中地方虽宽大，住的所在，却很感湫隘：二人共一床，二百余人只有四个房间，空气沉闷，卫生上甚是不宜。又因为留养的人大都染有下流社会的习气，已有不整洁的习惯，纠正本已为难，何况再不加以训练，任其作践，以致衣履既不整齐，又不清洁，蓬首垢面的也有，赤脚的也有，殊令人感觉不快。教育方面：据说分四级，照初等小学学制办理。当我视察的时候，正值放假，所以不知其实际成绩如何。不过照我的理想，救济机关的教育，照普通小学办法，是不很相宜的，因为这些受教者既无深造希望，当然以切合实用为主。普通小学的课程，对于实用上很有缺点，这是应该注意的地方。工作部分，现有织袜、织鞋、织毛巾，及机器缝纫四种。但是工作的人很少，工作的结果也只可供给院内自用，不能售款。该会另有附设的恤嫠院，内中都是无家可归的老妇，情形更是恶劣。她们的居处以及衣着，都醒龊破烂不堪，更不要说到教了。照该会状况，本可有所作为，乃腐败至此，真是可惜！

（丙）闸北慈善团女留养所

这个机关是附设于闸北慈善团的，人数约有七十余人，年龄大都在七八岁至十余岁之间。投所的原因，多数是由公安局送去的；此外有被迷拐的，有因受虐待而逃出的童养媳和婢女。说到所中设备，简陋得不堪。房子是旧式平屋，湫隘黑暗，一张狭而且小的板床，睡二三人的也有，睡在搁板上的也有，被褥都非常破烂醒龊。房间内除了横七竖八的板床外，一样东西也没有。留养的女孩，一个个鸠形鹄面，蓬头赤足，像贫民窟、卑田院出来的。也有一部份的人在受教育，可是除了国语、算术外，一无所有。关于生活的技能，一样也没有教授。这样机关只能算是挨命场所，"教养"二字都谈不到！

（丁）新普育堂女留养所

新普育堂是天主教人士主持的，故教会的色彩甚浓厚。管理人员大部份是天主教的女修道士，其服务精神与教育程度，自较寻常慈善机关的办事人员优胜。所中设备也很完善，饮食居处，清洁整齐；衣服虽敝，但缝补洁净，不会使人生厌恶之感。所中留养的妇孺，与别的机关微有不同的地方就是投所的大多是他处不收的残废之人，所以大半都是能吃不能做。管理方面也微感困难。现在留养的妇孺残废的八十余人，年老孤苦、无家可归的也有八十余人，另外法院送来留养的妇孺有一百余人。至于教育方法，分四级上课，约当普通初小程度，在空闲的时候，听讲《圣经》。工作只有刺绣、缝纫两种，年老之人纺纱成绩总算不错，外面向她们定做绣件的很多。幼稚的女童也学缝纫，曾见有被单一条，是八九岁幼童用碎布拼成的，成绩也还好。这个机关对于教养总算都顾到，不过对于发堂的妇女，不能平等看待，住居湫隘，未免有失教化的机会，使人终于为不善的了。教育方法，亦不大切合实用，并且稍嫌陈旧。

（戊）济良所

济良所是基督教会办的，经费是外人供给，所以管理的权也在外人手中。创办至今已有数十年，救出来被压迫的娼妓，数目的确不少，对于教养的成绩也还不错。衣、食、住整洁完善，并且授以书算、女红，总算是很有成绩的救济机关。但是教法太死板了，仅会养成一种服从性，不能自动，将独立的精神都失去，这是可遗憾的地方！

上海留养妇女机关的现状写完了，虽不能说这些机关只不过是个幌子，点缀社会上的慈善事业；但是至少说它是有养无教，还是忠厚的话头，有些地方直是挨命的所在。固然经费问题是大原因，办理的不善，却也不能辞其咎。根本的原因，也由于妇女地位的低落，生活的痛苦，需受救济者太多，所以救济事业更弄得棘手。如今将中国妇女的地位和生活，具体的写些出来。

三、中国妇女的地位和生活

中国妇女的地位——固然不但是中国妇女——在法律上完全是受男子的支配。刑法上的处分最不平等的，是亲等的差异，和奸非的相殊；在民法上妇女是准禁治产的；在经济上，一切资产的支配权操于男子；有女无子的承继，尤其是显著的不平等。至于已婚妇女的经营事业，和从事职业，非得男子同意，是绝对不能自由的。在社会上，女子的地位更低了，种种的歧视，绝无平等可言。有一个极小极无意义的例，有好些地方，喜庆的筵席，款待妇女的也要比男子差得多，其他更可知。至于童养媳、婢妾等地位，更是不齿于人类。虽然法律上也有禁止的条文——纳妾尚为法律所不禁——然而实际上，童养媳仍是很多，蓄婢可以名为义女，纳妾的风气，非但不稍减，并且已受教育的女子，也做大小人物的第二、第三……等等夫人。

在教育上，那更不必说了！重男轻女的中国社会，妇女原没有受教育的机会；现在风气虽然比较开通，政府亦注意女学，然而专为女子设立的学校，数目上既然极占少数，经费又不充裕；至于男女同学的学校，女生的数目，平均计算，恐怕还不到男生十分之一。最奇怪的，就是女子的受教育，当作企图仰攀高亲，或是维持婚姻的一种手段。不但社会有这种观念，就是在受教育的妇女，也有这种心理。还有许多女子一经订婚，就将学校的功课看得轻了，甚且辍了学预备嫁事。干脆些说，她们受教育的目的，不是为增进学识智能而来，是拿来当作点缀外观的装饰品，好增高些身价！

至于职业上呢，表面看来，女子已有相当的地位，不少的机关和商店都开放女禁。实际上却有不然，中国妇女的学识和能力，从事职业，固然大部分是够不上；便是有少数才能出众的，在职业界所占的地位，又何曾和男子平等？足见他们开放女禁，不过是迎合潮流，点缀一番，并未根据男女平等的原则；而其下焉者，更当作商业化的一种手段，利用女性做幌子，以迎合社会卑鄙的心理。

总而言之，中国的妇女，无论新旧，所处的地位都是痛苦异常的！

中国妇女所处的地位，既如上述，她们的生活，当然更是痛苦。一般人以为富贵人家的妇女，养尊处优，生活很是适意；但是实际上真像笼中的鸟，完全在男子支配之下，苦乐全以男子的好恶为转移。这种人失去了独立的人格，以"描金寄生虫"喻之，确切不移！中人之家的妇女，耗其终身精力于管理家政，抚育儿女，无安闲的时候。如果失去了丈夫的欢心，或是不幸孀居，苦况更是不堪描写！至于乡村的妇女，因为受工业经济的侵略，破坏了农业制度，因而发生农村衰落、都市发达的现象；更加以连年水旱兵燹的天灾人祸，所以农村的妇女，有很多跑进都市中作佣工。在这人欲横流、奢靡风行的社会里，看得眼红了！一方面受虚荣的诱惑，一方面又受生活的压迫（农村地方很多妇女作工来养男子，尤其是到都市作工的农妇，差不多都是为着负了生活的负担才出来），便不得不走上堕落的路上去。都市上的雏妓，大都是这一种人的后身，到了那个地位，简直不是过人的生活！残忍的老鸨，眼睛里只看见金钱，哪曾管到她们也是血肉之躯的人类？挨打忍饿，是家常便饭。别的且不必说，单想到夜静更深，索抖抖站在马路上餐风饮露的生活，岂是人类所能忍受！至于一般高等的娼妓，看看她们外表的生活，也还不错，可是实际上的痛苦，却也不能告人。她们有两种分别：一种是卖给鸨母的，叫做讨人身体，这类人是像一样物品，完全在人家掌握之中，一点生活的自由也没有。一种是自营卖笑生涯，叫做自家身体，比较稍为自由。可是她们的生活怎样？衣饰大都租借而来，租费和利息，担负可也不轻，一角孤洋印子钱的主顾，就是她们。睡眠常是不足，夜间侑酒应局，就是大寒天气，恐怕得罪客人，也只得搂抖抖的冒寒奔走。单说扶梯也不知每天要跑多少。如其有吃酒碰和，她们还有馂余可享，否则只好咸菜饭过日子。高等娼妓的生活，已是如此。以下的更不堪设想！至如婢女和童养媳，所过的也是阿鼻地狱中生活！连猫狗也不如！饥饿是她们的本分，早起晚睡是她们的天职，不论何人都是她们的上司，可以任意打骂。十余龄幼女所做的工作，有非成人所能胜任的。偶一不慎，鞭挞就会随在背后。面黄肌瘦，伤痕斑斑，是她们普通的现象。外此还有工厂里的女工，她们的生活也很痛苦。工作时间过长，做日工的要见星而往，见星而还；做夜工的要见日而往，见日而还；一口新鲜空气都呼吸不到，不要说休息了。终年牛马一般工作，吃的是冷饭，穿的是破衣（没有功夫缝补）。还有男工头和职员，用高压手段去蹂躏她们。总括一句说，中国妇女的生活，是非人生活！

因为中国妇女地位的低下，生活的痛苦，弃妇、娼婢、童养媳数量增多，救济事业愈为复杂难办。但是救济终是属于消极的、被动的。要根本解决这个问题，应根据国民党党纲，先做到男女在教育上完全平等。我们知道生活的痛苦，和地位的高下是大有关系的。中国妇女在法律上，几成附属品，受教育又限于一部份人，并且观念又不十分正确，结果是骗人骗己。她们没有相当的学识和能力，经济独立从何谈起！既没有独立的精神，又没有自立的本领，无怪要受社会轻视了！国民党是谋解放全国被压迫阶级痛苦的，党纲上规定男女有平等的权利，所以应当要求有均等的机会，可以努力奋斗，一方面提高和普及女子的教育，以培植学问和能力，确定独立的基础；一方面打破无意识的旧观念，改善妇女地位，不至将女子当作一样物品。这样才是减少妇女痛苦正本清源的办法，这个责任是在先觉妇女的努力，政府与社会的援助！

四、妇女救济事业的立足点

中国妇女的生活，既如是痛苦，实行解救，唯有靠妇女们自己努力，乞怜于人，终无济于事；但是在目前情况之下，这些受压迫而失却自助能力的妇女们如何减轻其痛苦，则须求之于社会已有的救济事业了。关于救济事业，在理论与实施上，各国因背景与立场不同，尽管稍有差异，但是出发于人类同情互助的天性，这是无间古今中外，皆是一样的。然而，如果单拿这点同情互助来作救济事业的根据，其结果也不过社会上多增一批吃闲饭的人，充其所极，可以使整个的民族，沉沦下去！尤其在今日之中国，民族衰弱、国势阽危的时候，我们不得已而谈到妇女救济问题，务必要认清了下面两点：

（一）救济期于无救济，换言之，为免除救济而救济。美国社会学者爱德华帝凡音氏（Edward T. Devine）于其所著《救济之原理》（*Principles of Relief*）一书中说："智慧之慈善，教人自助并且由物质与精神的援助，发展被救济者独立与搏节等性格。"所以救济的根本目的，应当教养兼施，增加被救济者有益生活上的智识，不要养成倚赖性。这是一切救济事业所当遵守的原则，又不独救济妇女为然。

（二）中国妇女地位的低落和生活的痛苦，本文前一节已有说明，虽然有些支离不切题，但是指出社会经济、教育制度的不良，以致妇女们才失却自助能力而不得不求助于人。所以那些不幸的妇女，既被留养于救济机关，不但要施以教育，养成她们谋生的能力，并且要提高她们的地位，打破一切重男轻女的思想与制度，养成她们独立的人格。这是谈妇女救济的，特别要认清的一点。

我们拿这两点来衡量现在上海一般所谓救济妇女的机关，有的养而不教，有的不要说到教，连养都不能满足；有的虽然顾到教养，而成绩亦不见佳。所有的房屋，也有因陋就简的，也有是借用的。设备的不良，实不能为讳。有些机关，虽有确定的基金，也一无措施，实是可惜。至于办理这种事业的人，大都头脑冬烘，思想陈腐，缺乏学识，更是到处相同的现象。所以如清节堂的名义与规制至今犹在，而教养娼妓等等被压迫妇女，则尚无一完善处所。上海救济妇女机关办理得如此腐败，自然盼望政府根据上面的理论，确定方针，去加以改革。更希望从事妇女运动的团体来做这个实际工作，以补政府所不逮。在目前公私经济俱感窘迫之际，也不必徒然空说形式上的设备如何理想化，但是上海各慈善机关有相当资产的并不少，可是不会善用，所以事业没有发展希望。此后关于救济妇女的一部分事业应该集中统一在一处，免去现在这样纷歧散漫、各自为政的弊病；在形式上但求整洁，不必怎样美观；在精神方面，断不能离开上面所举的两点。这是妇女救济事业的立足点，差以毫厘，则谬以千里了。

至于教授生活技能的，就现在各留养妇女机关而言，差不多只限于刺绣、缝纫等项目，学而有成的人，数目都寥寥无几，不要说院中的生息了。最妥当的办法，应当因人施教。不必限定一项，只须切合于日用所需的生活技能，能符实用。土山湾孤儿院出产的雕刻品，法租界监狱出产的日用器具，都很受社会欢迎，非但人人出来有生活技能，并且公家的费用，也恃以挹注，就是绝好的明证。

五、结论

大凡做一事，理论固为事实的发端，然而理论总要顾到事实。救济妇女，如果仅照理论着想，就是经费充足，恐怕中人以下，足以自活的妇女，也要趋入救济妇女的机关。不信只看上海冬季慈善家所发的米票，竟有许多衣饰楚楚的妇女，持了它向米店领米，就是一证。清节堂的节妇，多数都是因为丈夫死了，家中失去生利的主要人物，老幼无依，所以投到堂中，一家老幼都由堂中代养。愚昧的慈善，反足养成人们的依赖性。所以救济妇女的方法，最上无过于间接救济，援助他们自行改善地位和生活。次之施行适当的直接救济，使她们由于需要直接救济而变成需要间接救济，以至于不需救济。救济事业应由人民合作，政府监督、提倡和指导。救济的终极目的，期于无需救济。否则全国多数的人，都是需要救济者，谁去负救济的责任呢？救济事业如办理不当，不特浪费金钱，并且反足造成怠惰倚赖的风气，使需要救济者尤多。斯以善为政者，必治其源，穷其本，而不仅齐其末，救济妇女事业，也应该审慎经营。

——原载《社会月刊（上海）》1929 年第 1 卷第 2 期。

项 目 资 助

国家社科基金一般项目：

近代中国慈善组织公信力研究（项目编号：15BZS019）

国家社科基金一般项目：

中国近代灾害信息传递与灾害治理研究（项目编号：21BZS015）

山东师范大学科研创新团队项目：

中国近代慈善组织公信力研究创新团队

中国近代慈善组织公信力

史料选编

中　卷

王林　祝介梅　主编

人民出版社

救济事业计划书

（南京国民政府内政部　1929年）

绪言

总理于建国大纲曾揭示，建设之首要在民生。民生之积极方面，衣食住行自应并重。就消极方面言之，欲求民生之安定，必先使贫民恢复最低限度之经济能力，此则为救济事业而本部之要政也。

我国于救济事业，本极注重，邑镇设善堂，乡党设义庄，类多资产雄厚，收入丰富，本可大有所为，但因积习相沿，大多注重消极事业，而忽略积极事业，甚或为土豪恶棍所把持、侵蚀之外，复凭借之以为非作恶。是以近数年来，旧有救济事业之基础，颇有动摇之象。政府既未能确定改良之方针，人民遂无所适从。本部以为欲求救济事业之改良发展，首当谋组织之统一，以明责任；次当求经费之确定，以厚基础；再求人才之适当，以成事功。而进行之程序，则当首先设立模范救济院，以树风声。然后谋各地方救济事业之逐一推广。而于私人慈善机关，尤当奖励与取缔并行，以扶植优良之组织，而剔除害群之恶棍。是则本部办理救济事业之方针也。兹特分节规划如下。

一、统一组织

吾国各地慈善机关，组织至为纷歧，名称既不一律，办法尤多异同，现在本部颁发救济院章程，其用意在使已办救济事业之地方悉照此改组，统一办法，其重要之点有二。

其一为确定行政长官对于救济事业之责任。查我国救济事业类多出于绅办，其产本为公产，其款亦多出于政府补助，或出于税赋附加，而政府官吏则仅有监督之虚名，无管理之实权，遂致救济事业，入于少数人士之手，私相授受，无人顾问。现在依救济院章程所规定，则直属政府机关有任用人员，稽核账目，决定兴革之实权，如此组织，则一地方救济事业之成绩，可以课地方行政人员之才力，责任既专，改进自易。但管理执行之人员，则仍需就本地公正人士中遴选充任，以逐渐养成宪政时期，办理地方救济事业之人才。

其二则合并同一性质之各种事业。查我国救济事业，类多于同一地方，设有同一性质之机关多处，人才财力分而不聚，糜费多而成功少。按照救济院之组织，在同一地方仅有一院，一院之中分为六所，曰养老、曰孤儿、曰残废、曰育婴、曰施医、曰贷款。六所之中原来尚未举办者，可以暂缺，而已办有数处以上者，务使按其性质，分别归并。如此则一所有一所之事业，厘然划分，管理自较便易，筹款募捐亦必因目标显明，通力合作，而收事半功倍之效。

二、确定经费

救济事业，自以确定经费为一切设施之根据，否则经费全无把握，计划自难确定，而办事人员亦必耗费其大部分精神于奔走募捐，且因迁就筹款之故，种种敷衍因循等弊，即随之发生。考我国救济事业旧制、经费来源，多出于不动产之租息，此项不动产虽亦多由捐助而来，但一经捐入，则每年所得即为确定，故本部计划救济事业之经费，亦拟注重于土地所入，兹就整顿、拨用、捐助、三项分节规划如次。

甲、整顿。查我国旧有各项救济事业之产业，本极丰富，改设救济院后，当确实调查，详细登记。其属于土地者并应详细测丈，绘图列界，一面聘请专家、估定价格、确定租息，并用新式簿记，严加稽核。我国旧有一种积习，凡慈善机关之土地房屋、租值，必较市价为低，以为慈善之本色，不知租用产业者，即当出相当之租值，如租户实须救济，自当另筹办法，不容丝毫含混。此后当由直辖行政长官，严行督促整顿，务使产权无丝毫隐匿，租价悉当其值，果能切实执行，则全国救济事业之收入，当增进一倍以上。

乙、拨用。敬按建国大纲第十一条，土地之岁收、地价之增益、公地之生产、山林川泽之息、矿产水力之利，皆为地方政府之所有，而用以经营地方人民之事业，及育幼、养老、济贫、救灾、医病与夫种种公共之需。此项生产所入自应酌拨一部分以为救济民生之用，拟于各地方公有土地已垦、未垦二项内，各划百分之二十至百分之五十，作为救济院产业之一种，即以其岁收所入作救济院经费之一部分。各地方公有之实业，并当规定于每年纯益内酌提百分之五至百分之二十以作救济院基金之一部分，由救济院用以购产生息。如此陆续增加，救济事业之经费自可增加甚速，极为稳定。

丙、捐助。救济事业自应劝导人民捐助款项，但此项款项，除捐款人，特别指定用途者外，均应留作基金，不得流用作为经常费。尤当使一院仅有一机关募捐，勿使各所各自为政，以免流弊。捐款人更不得因捐款之故而取得院内一部分行政之权。此则于改革之始，尤当切实注意，以革除恶习，而养成新风气。

三、慎选人才应用科学方法

人民之有待于救济者，非幼童老人，必精神上、身体上、习惯上有缺憾特殊之处。从事救济事业者，第一须使一切设施，可以适应此种特殊之环境，第二须使老弱残废者各养成一种相当之技能，欲达此项目的，非训练专门人才，用科学方法不可，本部当于训政时期，一面设法训练培养适当之人才，一面使此种人才得实际经营救济事业，同时则逐渐淘汰腐化份子。而最切要者，则为下列几种职员之遴选。

一、育婴所之主持者，必须为公共卫生专科出身之人员，或为合格之医生，其他各所除贷款所外，主持者均须具有相当之医学智识，务使于居住卫生清洁之要义，有相常之素餐，而对于老弱残废者之痛苦，有澈底之认识，则对于一切设备管理，自能渐渐改良。

二、教育盲童识字及训练哑者听音，为一种科学上已告成熟之学问，在我国广州、上海、北平等处之盲哑学校，均已著有成绩，本部当与地方政府，通力合作，以训练选用奖励盲哑教育之师资，使此项人才逐渐增多，足敷各地之用。

三、我国各项公共事业，类多无完善之会计组织，慈善救济事业，尤为弊薮，现当革新之始，本部于各省市政府，固当共尽监督之责，而正本清源之法，实在遴用会计专门人才，应用完善之会计制度务使条分缕晰，丝毫不紊，则奸蠹无所假借，而积弊可以渐清。

四、设立模范救济院

救济事业，经纬万端，贵于因地制宜，非条教所能收效，故本部除于基本章则规定公布以资依据外，并当于一年内促成各省省会及特别市之救济院，以为模范，此种模范救济院，当注重以下之工作。

一、厘定各项详细章程规则、表格，在本院试用、将其成绩详细记载，以供附近各救济院之参考试行，确著成效者，并应呈请省政府核定，通行全省仿办，一面呈报本部以资比较。

二、聘用专家，详细研究，并实地试验各项教养老弱残废者之方法，如盲者之识字符号，哑者之听音部位，以及手足残废者工作时之各项辅助工具，一面引用已著效用之成规，一面创造适合环境之新法，将试验成绩，分别记录，呈报通行、俾各县得以仿行。

三、将各项设备费用，经常开支，连同出品收入，分门别类，用成本会计之方法，估定价格，与所得之成绩，作一精确之比较，研究经济上之得失，以供各地救济院之参考。

四、利用本院之设备人才及经费，酌收练习人员，训练之使成为办理救济事业之人才，以供各地救济院之用。

五、筹设各县市及村里救济院

依照本部施政程序表，筹设各县市救济院，系第二年应办之事，但各地情形不同，有可提前设立者，自应提前筹设。救济事业，在我国历史久远，各地均有积习，改革之始，必多阻挠，任事者筹备之初，必须审慎考量，博访周咨，研究不厌求详，顾虑必须周密，对于旧有救济事业之如何归并改组，旧有财产之如何清查整理，旧有人员之如何甄别，新办事人员之如何遴选，均须规划妥善。规划既定，则当以大无畏之精神，努力以赴之，须知救济院事务，关于一地之民生，而将来办理之良否，与今日之始基，大有关系也，有此一念，则当能劳怨不辞，以赴之矣。

救济院办事人员，经验学识均须较原办救济事业者为高，俸给亦必随之而增，每为庸俗所指摘。故救济院成立后，办事人员之俸给，最好能别筹的款，不动用原有救济事业之经费。

筹设各村里救济院，在本部施政程序表，列为第三年应办之事，但村里地方偏小，经济、人才两具缺乏，在最近数年内，仅可就已有之救济事业，改组整顿，未可轻言创设，以致全县之财力分散，牵动县市救济院，不能有所发展。

在村里救济院未能普设之前，应于各村里酌设县市救济院各所之分所，如育婴，可于村里设分所收婴，而送总所留养；如施医，可于村里设分所，而由总所定时派医士前往施医给药；如贷款等亦均可设立分所，以利贫民。

各地救济院创立之始，其内部事业当以宁缺毋滥为主旨，养老、孤儿、残废、育婴、施医、贷款，六所不必同时设立，其程序应以育婴为首、次施医、次孤儿、次贷款、次残废、又次为养老。但若本地方已办有一部分救济事业者，自以先谋继续旧有，次谋增加新事业为原则。惟如恤嫠所等与人道有背者，当用和缓之方法，将其资产逐渐移用于育婴、孤儿等所，移用时对于旧留养之嫠妇之生计，当予以充分之注意，勿使失所。

六、扩充救济事业

各地方救济院，除依照救济院规则之规定，参酌各省模范救济院之成绩，力谋院内设备之完善、内容之充实外，并应以本院为中心，从事于扩充救济事业，在最近三年之中，则当注重下列各事。

甲、介绍职业。救济事业本为临时性质，但其目的则在恢复被救济者之生计，故救济院除培植被救济者之职业能力外，并当设法介绍职业，使老弱残废者均可自行维持其生活，此实为从事救济事业者之最终目的，而本部所认为应即提倡者，此项工作者介绍职业而外，救济院等并当自谋一种有组织之生利事业，如盲人之音乐，哑人之广告画、美术画等，均应于最短时期造成风尚及需要，使成为一种公认之职业，以根本解决被救济者之生活问题。

乙、扩充贷款。贷款所为救济院中六所之一，如办理已见成效，应由救济院主动联合有志者组织信用合作社等，以扩充贷款之范围及效力，救济事业之基金亦可以一部分投资于合作社，以滋生利息而厚基础。

丙、建造平民房屋。我国贫民所居类多茅草为盖，涂泥为壁，甚者穴土而居，建筑平民屋，实为救济事业最重要之一部分。本部当与地方政府规划，以公款之一部分建筑大量之房屋，以安民居。此项平民屋材料，自当力求节俭，但构造式样，务求其适合光线空气种种需要，并当为之筹设公共俱乐读书之所，以养成合群精神。本部当时时以适宜之图样、送交各地政府参考，并酌筹中央款项补助建筑，仍与工商农矿二部妥商建筑工人宿舍之计划，以解决平民住宅问题。

丁、扩大卫生运动。我国卫生素不讲求，贫民尤甚，救济院中当用卫生专家及合格医士，前节已述及之；院外婴儿、老人、有残疾者之生活状况，救济院并当派遣卫生人员详为调查，加以指导，其有实在贫寒者，应加以资助，其惨无人道者，应加以干涉，使一般贫民之卫生状况得以改进。

以上四节，使救济院成为一社会救济事业之中心，而不仅处理院内事务。此种服务全社会之精神，本部当于改革之始，即为养成，而担任此种义务之必要的根基，本部当随时督促各地方救济院注意培植。

七、管理及奖励私立救济机关

公立及官立之慈善机关，应由政府负责促进整顿，而私立之救济机关仍当奖励保护，并予以充分之自由。但有以慈善之名而行敛钱肥己之实者，政府自当从严取缔；私立慈善机关中如义庄等创业以后子孙陵替，甚或不肖盗卖，政府并当干涉保存。

私立救济机关办事之方针，政府自以不干涉为原则。其有违背潮流，实应改进者，政府当劝导之；间有以慈善为名，传布不正当之教义者，或藉名聚众，行动不法者，政府自当依法制止。初不因其是否从事救济事业而有所异同也。

结论

现在军事甫经结束，建设有待，满目疮痍，亟待救济，俾劫后余生，得以稍苏，徐徐进于建设，此实本部之要职。惟目前办理赈灾、急赈以及大规模之工赈，非有专司机关不克收效，是以呈请国民政府设立赈务处及赈款委员会专责办理。而就经常之救济事业，定此最近三年内所当逐渐实行之计划，然实地设施全赖地方政府。上述各节亦必须内外合作，上下相维，乃能实行而有效也。

——原载内政部编印：《救济事业计划书》，1929 年 2 月。

为国际善业悲鸣被灾同胞请命

（江绍墀 1930 年）

中国红十字会会长、副会长、常议会议长、议员、筹赈委员、各赞助委员、全国分会会长、议长、理事长、会员大会代表诸君，各捐户、各会员、万国红十字会同盟国、红十字会公鉴：

以中国之大，人民之众，而国际慈善事业之红十字会，尚列入最次等，耻孰甚焉。自逊清末，叶任江皖华洋义赈会坐办七阅月，集款一百五十三万，正结束移交时，武昌起义，血战襄阳，追随沈故会长组织红十字会。斯时无一桌一椅一丝半文，筚路蓝缕，赤手空拳，创立总办事处医院、武汉湘皖救护队。

翌年开统一大会，修订章程、征求会员、设立分会，请日本赤十字社介绍与日来弗缔盟。癸丑宁赣淞沪之役，救伤恤死，租太古大通轮救护难民，设难民留养院、妇孺留养院，设临时医院、平粜局。种种设施，无非维持人道，减少同胞之痛苦，增高国民之人格，为匹夫应尽之责。

民三规模粗备，辞职赴鄂。民国六年又蒙常议会公推为驻会办事董事，历六阅月。民七安福政府下令停沈故会长职务，派蔡副会长继其事，是为本会由民办而入官办时代。适绍墀代理理事长之时，蒙蔡会长三顾坚请继任，尝以人格主权婉辞谢绝。十八年春，庄理事长辞职，常议会诸君以理事长一席征求同意，答以年力将衰，痰咳喘急，不胜繁剧。二月一日常议会公推医务顾问王培元君兼代理事长，蒙王议长及议员诸君以王君身兼二职，名医济世，兼为远东大药房总经理，终日又须门诊、出诊、开方、配药，恐妨会务，公推姚君虞琴暨绍墀为驻办董事。旋王君又加聘为秘书长。受事以来，力疾视事，补偏救弊，目不暇给，蒙王代理事长以文牍募捐暨整理会务相督责，向以任劳任怨自励。

慈善事业理应无分畛域，日出而作，日入而息，同事暨常议员类能言之。

惟迭接陕甘豫晋冀察绥赈务会、各分会、各会员报灾，函电声泪俱下，间有以红会扣款不放，见死不救，被灾两年，死亡枕藉，何尚不见不闻相诘责，及译瑞士万国红十字会联盟会月刊曰，华北沈灾义应协助，惟望中国红十字会保证赈款不作别用，则同盟会各国红会咸愿尽泛舟之谊。

王理事长亦以款绌灾深，创议另组筹赈处，提交议会公议，设筹赈处专司其事，公推绍墀为筹赈处主任。当时曾以会务正繁，捐款驽末，力辞不允。王议长又建议凡有赈款不得移作别用，公决永为定案。

是时因前理事长任内呈请国民政府任命正副会长之文，未蒙国民政府令准，最重要之资财董事全体辞职，又未推举，财政大事无人负责之际，不敢因赈济而耗本会之基金，终日沿门托钵，时闻各捐户讪笑之词。以赈款丝毫为重，不容有所挥霍，贵会会长何人，银钱亦无人负责，奚能取信于捐户等语。

惟灾象过惨，乞赈者急如星火，为救人性命维持会誉，计一腔热血不计其他，手拟《筹赈处试行章程》十二条，呈请常议会公决通过。六月十五日成立筹赈委员会，公推常议员李君伟侯为委员长，黄君楚久、谭君蓉圃为经济委员，林君康侯、姚君虞琴为保管委员，杜君月笙、叶君誉虎念四人为筹赈委员，保管监督赈款。公聘最高法院林壁予院长、新加坡林义顺会长若干人为赞助委员，劝募赈款。请总办事处会计谢波澄君司支出，请夏凤池君司收入，钱佩贤君簿记，姚委员保荐之诸静齐君为收捐。又登报考取书记练习生八人，司稽核、缮写、庶务、宣传、印刷诸职。

天气炎热，积劳成疾，医者力戒劳动，绍墀曾告诫同事曰：牺牲一人以苏数万灾黎计。亦良得日间奔走呼号登门求乞，漏夜编辑救命功德计划宝塔捐，并分别函托外埠熟友及南洋侨胞各省分会。不及八阅月（至十九年二月十日止）募集捐款念五万有奇及物品、衣服等物。每日五时将大小捐款悉数送存委员长经济委员指定之银行存储，开具日报单送主任室，派稽核复核无讹缮入流水簿。此慎重收入之大略也。

至支出一节，先将支款用途交筹赈委员会公议决定数目，交稽核员摘要，谢会计开具审核单加盖绍墀印章，交钱簿记入账，送委员长核准，经济委员签字，再加盖钢印，将支票交谢会计径交收款人，出具收据。凡十元以上必经委员会通过或追认。故筹赈主任概无经收银钱之可能。

至标制新棉衣，先登《申报》《新闻报》招请投标，请保管委员监标，派稽核与庶务验收分运，请洪君少圃、沈君金涛赴苏锡采购旧棉衣。至开封妇孺收容所，请开封河南省赈务会节制，洛阳则请洛阳红十字分会办理（兼收容灾童），北平及各灾区灾童收容所则请熊希龄、朱庆澜、周仁寿大善士总干，上海灾童留养院则请李委员长、杜院长主持及张总干事调派，豫西放赈队长委绍墀暂代，难民接济所兼收容灾童则请顾、徐两委员主干。印刷救命功德宝塔捐则有华昌国民两印刷所得标，每本洋二分二厘，零件则大昌元望平印刷所，均为本会十数年老主顾。余若豫西振济队运衣费，护送灾童、调查灾区川旅费，临时经委员会核准或委员长批示核实开支。至筹赈处职工十四五人，三月起开支辛伙不及二三百元，七月起捐款拥挤，月支辛津五百五十元。灾童留养院开办费及各处灾童收容所妇孺收容所，亦均额定通过数目，来电请求电汇函汇，有函电收据可凭。总之振款悉属灾民救命之钱，欲求布施，必先自重，则巨款可不召而自来。他日刊送账略，可逐条覆按也。

至绍墀虽无学问尚有天良，三十年来中外奔驰，遍历欧亚十余国，极满蒙沙漠，稍有阅历，尚多交游，厕身慈善界前后五六年，募捐逾数百万，历任本会理事长、驻办董事，四次出入枪林弹雨之中，迭处危疑震撼之秋。特力弱势孤，德不足感人，力不能弭患，愧对同志，负罪已极。噫！早知今日悔不当初。特念遍地哀鸿，满目疮痍，爱护本会等于生命，一年来忍气受辱，辛苦艰难，不惜牺牲身家性命，欲保全国际之慈善机关，欲救活多数被灾妇孺灾童暨灾民耳。设始救终弃人道之谓，何我心欲碎欲哭无声矣。

至印送之十大罪状、驱江宣言十二大罪，拥护某人打倒某人，请求书、恐吓信，《大晶报》之纪载、《中国晚报》之长篇累牍，《时事新报》之新闻，无非误解会员大会性质与宗旨，岂欲利用会期以代表为傀儡乎。光阴会誉，稍纵即逝，是鄙人所绝端维护者。惟念先哲建造之困难，一年来呕心绞脑之苦楚，饮泣吞声，不敢以恶劣现象宣示常议会，以灰任事者之心，为本会增污点，并阻捐输者乐助之忧。今惟有束身待罪，静待评判，俟委员会准许筹振处结束，准绍墀息肩，请筹振委员会公推上海著名之会计师来会清查账目，以重会务而别是非。

至绍墀向来对于告帮募捐交际、请客送礼、雇用汽车出门之川旅费，悉于驻办董事月支百元，夫马项下开支，不足则益以秘书长之月薪一百二十元，公款丝毫为重，良心犹未泯也，于筹振处不过月支车夫工饭十二元而已。

至绍墀于总办事处协助会务，谨守权限，不敢隙越，向不经手一文，任用一人。已觉自早至暮，刻无暇晷，慈善事业无权利可言，无所容其把持者也。

惟去春以迄今为总办事处多事之秋，春间则引领以待正副会长之任命，夏则有资财委员之误会暨执行委员会之组织，秋则初有虞副会长之辞职，八月则有部派三委员之调查整理，九月欢送美国红会查灾团，十月欢迎副会长复职，筹备会员大会。通宵肆应，疲于奔命，予手拮据倒尝蔗味矣。

惟年来本会声誉暂隆，会务亦有起色，同事诸君尽力职务，外界绝少訾议。绍墀与王理事长廿年共事，迭经患难，与当年披荆斩棘之常议员同舟共济，即有误会，旋即谅解。去年岁首庄王交替之先，即设誓不为理事长，力举王君肩此重任，公议私情血心赞助。年来事务较忙，眠食失时，喘病日增，断难久司重荷。惟十数年来期望本会建筑新会所，筹设种种本会应尽事业，为国际增荣誉，为本会坚基础。去年早有计划，今岁不难实现。办慈善公益事，只要有责任心，不畏难苟且，以误大事。生性躁急，中无城府，心直口快，时有因公开罪于人之处，深致不安，然区区坦白之怀可共谅于同仁。平心静气而论，此次本会之纠纷，全在三届会员大会，谓绍墀运动副会长、理事长也，是皆拟不与伦，设誓不干者也。尚有人以大权独揽把持会务相诘责，绍墀上承议长、正副会长之委托，理事长之指挥，力所能为，劳怨不辞。惟自始至今不保荐一人，不请支一文，较大之事概由理事长主持，请王君设词以证之。

至会员大会修改章程选举议员，由议员选举正副会长、理事长，不知者谓包办，谓操纵。查历届选举亦尝踵门拜请有声望财力之人，惟大都婉词谢绝或矢口峻拒，或似允非允，八年永不到会者。况本会为最难肆应之业，往往疑谤相乘，累及任事者，如沈故会长屡受冤诬，绍墀亦迭经危险，对本会已几视为畏途，与银行、工厂、公司股东会有天壤之判，所谓有义务而无权利者也，包办云何哉？破坏易，建设难，本会为国际善业，为万国视听所关，如有不惬于鄙人之处，尽请暴诸常议会公判之。幸勿多费笔墨，丧失不易恢复之本会元气。绍墀事繁多病久欲息养，俟大会终了，当遨游湖上，以乐余年。匆促叙稿，言不择意，诸希谅鉴。

中国红十字会常议会驻办董事兼筹振处主任江绍墀谨启

——原载《申报》1930年2月22日第20439号第6版。

红会各项章则呈送国民政府备案

（王震等　1930 年）

中国红十字会第三届临时会员大会，议决设立修改会章委员会，修改各项章则，所有中国红十字会章程及选举法、分会通则、执行委员会细则，均经修改会章委员会三读通过，并提交常议会审查，曾选志本报。兹悉该会常议会议决，以中国红十字会之地位，系国际上慈善法团，向直隶于中央政府，与地方上所办慈善机关有别，当将组织沿革及经过历史，缮成呈文，连同各项章则，直接呈请国民政府备案，并函上海市卫生局查照矣。兹觅得该会呈国府文及致卫生局函，刊载于后。

呈国民政府文：呈为呈送中国红十字会章程、暨选举法、分会通则、执行委员会细则，请予鉴核备案事。案查前准上海市卫生局函开，奉上海市政府训令，转奉钧座核定，解决中国红十字会总会纠纷善后办法四项到会，当以职会旧有章程，已不适用，又欠完备，于第三届临时会员大会议决，设立修改会章委员会，详加修改。并推定闻兰亭、洪雁宾、叶植生、吴甲三、董心琴、周光九、徐熙春、薛少廷、蒋达秋、杨克、李振邦十一人为委员。复请职会执行委员会诸委员，参加列席。即于八月二十日，成立修改会章委员会，推定闻兰亭为委员长。当将办理情形，函请上海市卫生局，呈复上海市政府，转呈钧府核准在案。

伏查职会为国际上慈善法团，向直隶于中央政府，成立在前清光绪三十年，其时日俄开衅，战事波及东三省，各国人民之侨居"满洲"者，咸知已履危境，亟欲出险。当时中国尚未入万国红十字联盟会，无享受战地救难医伤之权利，沪人士悯之，咸愿醵金引之出险。乃由沈敦和商准各国领事，联合英、美、德、法各中立国，设立红十字会于上海，定名为上海万国红十字会，暂行简明章程八条。清光绪三十二年，清政府派驻英公使张德彝赴瑞士，缔盟加入，于七月六日，在保和会签押《日来弗红十字条约》。清光绪三十三年，由吕海寰、盛宣怀、吴重熹，将上海创设红十字会办理情形，及善后持久事宜，奏请立案，旋改名大清红十字会，颁发关防，并派吕海寰为会长。清宣统元年，吕海寰会长为结束上海万国红十字会，将试办会章，酌拟六条，奏请立案。清宣统二年，改派盛宣怀为会长。清宣统三年，吕海寰复为会长，并派沈敦和、福开森为总董，组织万国董事会于上海，公举沈敦和及英按察使苏冯利为总董，施则敬、任逢辛为领袖董事，沈敦和兼理事长。

时适辛亥之役，武汉起义，正会长吕海寰、理事长沈敦和、福开森会同办理救济事宜，乃定今名为中国红十字会，开大会、筹捐款、组织医队驰赴战地、设临时医院于汉口、武昌、汉阳，救护伤残。复由董事会议决，制定名誉会员、特别会员、正会员。是役也，职会救护掩埋，成绩卓著。

民国元年，日本赤十字社特派员有贺长雄，由驻沪日本领事有吉明介绍，来沪参观，成绩深为嘉许。副会长沈敦和与有贺长雄暨日本医士，迭经商榷，参照东西各国成法，制定职会章程六章二十条，由是规程粗具，基础渐群。日本赤十字社社长松方侯爵，特为介绍于瑞士万国联合会，万国联合会会长阿铎尔，电允加入。中华民国前大总统徐亦因前副总统黎代请准予立案，复蒙前副总统黎及各军司令，迭电褒嘉，允为维护。南北统一，首蒙前大总统袁电允保护，并敦促进行，于是遂为正式中国红十字会。九月二十九日，开第一次会员大会，通过章程六章二十条，公举朱佩珍、施则敬等三十四人为常议员。十月六日，常议会成立，公举大总统、副总统为名誉正、副总裁，吕海寰为正会长，沈敦和为副会长兼常议会议长，公电政府，请以明令宣布。十月十九日，奉令照准。溯自武汉起义，凡战争区域，或设分会医院，从事疗伤瘗亡。顾皆仓卒成立，虽宗旨相同，而手续互歧，间有以职会名义，设立分会，而迄未接洽者，职会爰于十月三十日，特开统一大会，以期统一而巩基础。事前徧征各分会代表，并电政府及前副总统黎暨各省都督，请派代表莅沪与会，以发抒意见而利进行。是日与会者，除各分会外，外交、内务、海陆军各部及前副总统黎、奉天赵都督、江苏程都督，咸有代表列席。兼蒙前副总统黎、国务总理暨各地军民长官电致祝词，洵极一时之盛。

十一年六月二十五日，职会开第二次会员大会，通过红十字会修改章程。二十九日继续开会，选举庄录、杨晟、王震等四十八人为常议员，草订分会通则二十八条，交常议会通过施行。七月六日，开第一次常议会，互选王震、盛炳纪为正副议长，庄录为理事长。八日，开第二次常议会，选举汪大燮为会长，蔡廷幹为驻京副会长，杨晟为驻沪副会长，即日电请政府，加以任命。八月十七日，奉复电照准。十三年三月二十三日，职会开第六十三次常议会，以正副会长任期已满，照章投票改选，当选举颜惠庆为正会长、蔡廷幹为驻京副会长、杨晟为驻沪副会长，即电请政府任命。旋于四月二十九日奉令照准。十七年九月二十一日，职会开第七十五次常议会，公议以迭奉内政部部长薛来函，嘱即改选正副会长，现任正会长颜惠庆、副会长蔡廷幹、杨晟，亦以南北统一，各来电辞职。当经议决，即行改选，并选举颜惠庆为正会长、王正廷为驻京副会长、虞和德为驻沪副会长。当以历届改选，由常议会先行电呈大总统任命，国民政府改为委员制，应迳函内政部转请任命，当即函请内政部转呈。旋准内政部民字第二八六号公函内开，兹奉行政院令开，现奉国民政府第四八六号指令，本院呈，据内政部呈，援案请加任命中国红十字会会长及赍呈该会修正章程备案，乞核示由，内开，呈悉。据称，中国红十字会票选颜惠庆为正会长，王正廷、虞和德为副会长，援案请加任命，并赍呈修正该会章程，乞予备案等语。该正副会长，既属投票选出，毋庸再由本府任命，所赍章程，查阅尚属妥协，均准予备案可也，仰即知照，并转饬遵照，此令。等因奉此，相应函请查照各在案。此职会组织沿革之大略情形也。

此次修改会章委员会，以职会为国际上慈善法团，直隶于中央政府，与地方上办理慈善机关有别，爰本斯旨，加以编订。所有中国红十字会章程暨选举法、分会通则、执行委员会细则，业经修改会章委员会三读通过，并提交第一百零二次常议会审查，当经议决，应先呈报钧府核准备案后，再行函知各分会查照，以便开第四届会员大会举行选举。理合将修改会章缘由，连同中国红十字会章程暨选举法、分会通则、执行委员会细则，备文呈送。仰祈钧座核准备案，不胜迫切待命之至。谨呈国民政府主席蒋、中国红十字会常议会议长王震、正会长颜惠庆、驻京副会长王正廷、驻沪副会长虞和德。

致上海市卫生局函：径启者，兹准贵局长发下，呈请国民政府核定，解决中国红十字会总会纠纷善后办法四项到会，当即提交敝会第三届临时会员大会议决，设立修改会章委员会，修改各项章程。曾将办理情形函请贵局转呈上海市政府，呈报国民政府在案，嗣准贵局九月五日函开，奉上海市政府训令内开，兹准国民政府文官处内开，准函，经即转陈，奉主席谕，该会章既经公决修改，应转饬拟定妥善，限期呈转核夺等因，函复到会，各在案。所有敝会章程暨选举法、分会通则、执行委员会细则，业经修改会章委员会三读通过，并提交第一百零二次常议会审查，公议，先呈国民政府核准备案，再行函知各分会查照，以便开第四届会员大会，举行选举，通过在案。除将各项章程，由敝会径呈国民政府核准备案外，相应抄录呈文一纸，连同中国红十字会章程暨选举法、分会通则、执行委员会细则，函送贵局长查照。

此致上海市卫生局局长胡。中国红十字会常议会议长王震，会长颜惠庆，副会长王正廷、虞和德。

——原载《申报》1930 年 10 月 16 日第 20672 号第 14 版。

慈善政策论

（梁维四　1930 年）

一、绪言

《礼运》有言曰："大道之行也，天下为公，选贤与能，讲信修睦，故人不独亲其亲，不独子其子，使老有所终，壮有所用，幼有所长，鳏寡孤独废疾者，皆有所养。"可知言慈善者，自古有之，固不自今日始也。然余尝稽古籍，见慈善事业，载诸政令者，《诗经》有："绵蛮黄鸟，止于丘阿。道之云远，我劳如何。饮之食之，教之诲之。命彼后车，谓之载之。"盖言恤民之艰苦也。《周礼》有："以质剂致民，施其惠，散其利。"是对于恤民之艰厄，惟赒其衣食，并及其职业而已。故曰施其惠，又曰散其利。而孟子则云："文王发政施仁，必先鳏寡孤独四者。"然则鳏寡孤独四者之外，如废疾穷老无可告诉者，未必受同样之待遇明矣。惟管子有"九惠之教"，其学说，尤较进步而完备，所谓九惠之教，"一曰老，二曰慈幼，三曰恤孤，四曰养病，五曰合独，六曰问病，七曰通窍，八曰振困，九曰接绝"，殆与近世欧洲各国公共救济之组织吻合。在我国政令中，独以此数条为具体，第政策之存废，胥系乎其人，初无一定之条教，以诏示国民，故石相有词，栾公有社，陆云图像，范蠡铸金，人亡则政息，徒供后人之讴歌咏叹而已。

降及后世，慈善事业，一由地方之热心人士操之，曾未见国家颁一法，以规定其组织，输一币，以资其经费，虽有好义之士，发悲天悯人之怀，创立慈善机关，并醵资以为社会鳏寡孤独之伦作永久之保障。无如世风日下，倡之者固煞费苦心，继之者，每利国家法律监督未到，遂启其盗窃蚕食之心，往往不恤前人之惨淡经营，甘置一般残老无告与急待救济之人于死地。每见都市中慈善机关愈多，而呻吟求救之人亦愈众，何也？盖亦国家监督之法未颁，地方官厅又复放弃职权，残刻贪狠之徒，遂得假借名义，以售其奸耳。卒至宗旨纯正之慈善机关，因受其影响，转致经费蹶缺，挹注无从，爰各抱善门离开之主张，而求救之人于以多也，是诚可慨恨也已。

虽然，救灾恤难，人有同情。丁兹二十世纪文明时期，凡不合时代需要之旧习，应排而去之，即昔日所谓各家自扫门前雪之自利主义，更不容再存于今日。是以凡属圆顶方踵之伦，应推吾胞与之怀，互相援助，胡可袖手旁观，任之待毙。然而救济事业，门类纷繁，范围不一，颇引起怀疑者及热心人士之无限希望与恐惧。但以仁慈之曙光，与互助之精神，实足进社会于文明。且也人类日渐脱其自然压逼之羁绊矣，争战之端，亦图消除矣，而社会上，向无权利之妇孺残弱，又将宣告同享其权利矣。顾此新愿望，非一朝一夕所能幸偿。矧国有文野之分，民有贫富之别，一国中常见两地之生活状况，其苦乐彷隔霄壤，盖方地之进化使然，决未能解决同归一律也。然在此可悯之过程中，余以为此一般沉沦苦海之社会，其责在国家，与我等个人也。虽然，救济乃消极之事业，与其作消极之救济，曷若防患于未形，是以慈善政策，端在为民谋保险，其收效，较优于救济。譬之欲保持其健康，必先谋卫生之讲求，岂可徒乞灵于药石，然则社会救济，未可因卫生之讲求，而取消明矣。是故慈善政策，为近代社会所亟当研究之问题，而救济事业，又为吾人所应负之一种伟大职责。值兹建设开始，谨凭管见，贡其一得之愚，阅者幸赐教焉。

二、我国慈善事之概况

慈善事业，在我国无所谓政策，多由社会义之士办理，前既言之矣。但考其创立之历史，亦有由地方官厅与地方绅士合力倡办者，大别可释临时与永久两种性质：

（甲）临时性质，如赈济焉，凡水旱、兵灾、米荒、逃荒是也。其经费由地方团体与机关捐输筹措之，办理有一定时期，一切由地方官厅及团体委人持主之。

（乙）永久性质，如救济院，包括老人堂、残废院、育婴堂、栖流所、救生局、贫民收容所等，为最普通。其机关常有资产，以为慈善经费，又有善堂、会所名称，大都属于私人团体设立者，亦以恤贫济困为宗旨，一切有董事会主持之，其董事，常以当地绅商充之。

上述种种，皆我国近日社会慈善事业之显著者也。其宗旨，未始不善，惟略考其内容，或则泥守成法，或则管理未善，其成绩，往往历十百年如一日。他不必具论，即以老人堂残废院言，苟一入其地，鲜有不掩鼻却步，如入活人地狱者，其办理之善否，不问可知。至于育婴堂，余不敢一概抹杀作武断之批评，然以余在首都观察所得，所有收养之婴孩，悉付之绝无抚育常识之乳母，器具之陈秽，尤属余事。故每见朝甫收容之婴孩，隔夕即告死矣。若房屋之湫隘，空气光线之不足，收容一般褓襁孱弱之婴孩，其纵不死于乳母之调护失宜，亦将死于病矣。欲求佳成绩，讵可得乎？虽然，此盖厄于经费之支绌，未可苛责管理之不善也。南京为首善之区，可怜之现象，尚且如此，举一反三，他处或不免同一辙乎。去岁内政部，曾有《地方救济院组织规程》之颁布；行政院又有《监督慈善团体法及施行细则》颁行，深愿各地竭力遵行，不可视等具文，重蹈故习，则余将为一般告穷民，泥首预祝矣。

三、欧洲古代之慈善事业

欧洲慈善事业，由来已久，难稽其源。说者谓古代世会不知慈善为何物，殊非确论。尝见犹太法律有规定义务救济金之征收，希腊城市有公医之设立，二者乃市政中之真正事业。降至希腊罗马时代，给麦分油之制浸衰，而慷慨好施之德，渐成为腐败之救助，亚里士多德当时有言，"以如此之恩，布施穷人，即欲注水于漏卮耳"。盖深恶无益之救济，故以注水漏卮为喻乎，其语虽谐，或有慨乎言之矣。顾雅典曾有恤穷之法，惟限制穷民为资产在三个 Mines（希腊古货币名约合法币二百七十五佛朗）以上者，不得受救济。在罗马土地均分法及粮食支配法中，颇吸受慈善观念。如贫家之家长受给养，其子则由国家抚养，其目的系止家长将其子扑杀也。故当时无论何人，有报告无力养育其新生之儿女者，即有人立将需用之衣服及食品供给之，所用之经费由国家负之。西历三百二十二年罗马皇帝君士坦丁施此法令于非洲各省，救助被压逼之人，免鬻卖或典押其子女也。此为希腊罗马慈善政策之最著者。后世英法诸国对此尤多致力，兹分别书其大概，以供阅者之参考：

四、英国慈善政策之起源

救济事业之历史，在英国颇足重要，其起源于一六〇一年女王伊里瑟伯之穷民法律，继续施行至十八世纪之中叶，无特殊之修改。至乔治三世，几将全律删改之，一千八百三十四年，始又修正之，适用于三种穷民：

（一）壮健者

（二）残老者

（三）幼弱者

根据四种原则：

（一）救助之义务

（二）工作之援助

（三）穷民特别捐之征收

（四）教区居民之责任

设穷民监督人，由治安裁判官，从每区绅董中，择任之，区民有既婚未婚之无法生活者，由之给予工作，其所供给之物，大都以羊毛麻布铜铁及种种原料，直送至穷人家中，倘壮健穷民拒绝工作，该判官得置之狱。残老废疾瞀人及其他无力工作之人，如无亲属，或送入养济所，或仍留其家受给养。

向区民征捐，系偿给穷人儿女学习工艺之材料费，此项捐税，特于区中居民宗教僧侣及地主房主矿主等课收之，惟对于宗教僧侣，有土地之性质，倘本区收入不敷时，治安裁判官得在其他区内征收同样之捐，以补充之，有拒纳者，罚处监禁，或拘押惩戒所，并得扣其产业，至完纳捐额为止。

由此观之，英国之穷民法律，只施行于懒惰不欲作工及衰老不能工作两种人民而已，是项政策继续施行历一百五十年之久，颇现优良之成绩。游民乞丐因之减少，又能节制穷民捐收入之用途，故当时仅见残老者恳求救济，健壮穷民绝少妄敢要求，缘法律对之加以限制也。是以后世有人称穷民法律，在英国历史中，实居重要位置，且谓英国在十七世纪之前，所遭有关于经济性质之骚乱，未几悉归于敉平，而民间又有守法之风，及恨恶激烈之革命，盖拜受穷民法律之赐，其然岂其然乎？

五、法国慈善政策之起源

法国自若望二世（一三五〇年），以至路易十六（一七七四年），屡代致力湔涤在社会以行乞为业之污辱，故一般流氓乞丐，当时受罚极严，上从大嘉稿，下逮革命时期，所取禁止行乞之方针，法人多视为个人之痛苦，而不视为社会之祸患，多视为应禁止而不思为应救济，多以之为罪恶，为犯法，而不以之为不幸。西历五百六十七年，都尔城主教会议，所宣布之市邑救济原则，禁止城市既经收养之贫民行乞，他处是较未嘉禄敕令臣下以私人之资养，济贫民为宽矣。后经若干世纪，先遭战祸，后历凶年，困穷乞食之生涯，颇足致法国处于愁苦之境，虽救济院频开，犹未足稍弭游民乞丐之侵袭。斯时，救济院之门前。惟弥漫恐怖之空气耳。

十六世纪时代禁止之法，每将游民乞丐黑索拘拏，罚作苦工，如待囚徒，曾未见有唤起丝毫慈善观念，乞丐团体，遂扩张其可惧之势力，盘据 Courdes Miracles（巴黎昔日游民乞丐麇集之地）以为巢穴，恫吓公共治安，此类游民乞丐之巢穴，在国家安靖时，不啻恶人之渊薮，即遇战事发生，常足扰乱治安，故屡朝法王对此，均视为隐患。

由十四世纪至十七世纪时，严厉派学者始倡言若不由国家驱除此类恶薮，亦当由城市驱逐之。于是用严酷可怖之方法对待之，巴黎始告一清。以后外来之乞丐游民，驱之出境，本城乞丐，则罚作苦工，用以筑路，及执役城市各项公务，日给钱若干，以为工资，有悔不改者钉以脚镣，反动者扣以手铐，未几以工代助之策渐懈，一般巴黎强健之穷民及游民，尽数禁锢于救济院内，强迫工作。路易十四初承父志，禁止亦严，惜其主张分治之计划，为人反对甚鲜效果。及其晚年，见路上教堂及公共之地，皆有穷人伸手行乞，其数不减。救济院未设立之时，遂又放弃其禁锢方针，且也国中连年争战，饥馑荐臻，禁锢一般游荡之人，徒耗钱财，既无工场开设，又不能移于属地，原非善计，彼游荡之民，以无衣食，终又出于挺险求乞法国以工代助，穷民之策，从路易十四末年至革命之前十年，可谓完全失败。

厥后强制穷民工作之说复现，议会决定令巴黎城所有乞丐去执清洁沟渠，及修筑城墋等之工作，残老者收养于救济所，或由巴黎市官指定之所。孩童之行乞者，强制送之城中各项职业业主收留，教以一业。外来之丐，摈不许入境，本境者，由市长及邑吏驱之，修筑道路，日给工资数文。遇公家工作缺乏时，本城之泥水木匠，有收用乞丐两人之义务，拒则科以一百佛郎之罚金。流民为法官认为不事悔改者铐其足，反动者镣其手，交由看守吏监视之。此法国慈善政策之起源，其间屡见欲断欲续之趋势，至十六世纪始正式决定之。

六、法国今日公共救济机关组织之概况

公共救济机关，名称甚夥，细别之，为下列四种：

甲、医院：专免费收容贫苦病民在法国仅大都市有之。

乙、养济院：收养年老贫民废疾难愈者及遗弃之孩童，不收病人，并尽城

市均有设立。

丙、救济所：以临门救助贫老残废之人为宗旨，地方无此种机关设立，即由总救济院兼理之。

丁、贫病留养所：担任治理穷民疾病与年老残疾及被弃孩童之给养。

上列各机关，有董事会，负执行与讨论之责，因一地方常有数个慈善机关之设立，特又规定董事会组织标准：

（一）同一地方，有医院或养济院数所，得组一董事会，名曰医院监理董事会，以管理所有共同事业。

（二）如同一地方，有一救济院，董事会，或医院监理董事会，则用公共救济所监理董事会。

（三）又如同一地方，有一救济院董事会，同时又有一医院监理董事会，则合并组一公共救济所监董事会。

董事会以七人组合之，市长或区长为法定董事并为主席，有最高之裁决权。董事二名，由市参事会，用无记名投票法选举之，市参事及宗教僧侣妇女等，均得当选。余四名，由中央机关任命之，普通由府尹任命，如遇改组，或新组织时，由府尹荐请内务部任命之，任期四年，每年抽签改选一部分，除服务救济院及养济院之医士外，府尹得随意任命，妇女亦得为之。其职属于义务，向无酬报。会组成后，得指定一人为副主席，每三月开会一次，有董事四人之请求，得延会，遇必要时，区长得临时召集之。开会时，如参事会拒绝委派代表，得府尹所任命之四名董事出席，其讨论仍可有效。

职责系指导业务之进行，及管理财产及监督内外业务，审查物价，决定契约，委任职员，聘用医士，编造预决算等。造具受救济人之名单，尤属其重要之职务，此单每三个月审查一次，惟不得府尹之允许，董事会无免职权，监理董事会，乃地方分治之管理人，受行政司法机关之监督。

七、巴黎市及西纳省之慈善机关制度

（一）巴黎市立公共救济总所并管西纳府之医院，养济院及临门救助等业务，其间分两种组织：

甲、执行机关公共救济所总所长由卫生部长呈请大总统任命之，其职权等于一邑或一区之长，执管产业预决算诉讼等事。

乙、议决机关，监理会操之，又特设总收支一人，管全所收支事务。

（二）巴黎分二十区，每区设救济分所一，专办临门救助事，由区长、区佐，参事四人及资应兼书记一人办理之。每所各有其特别预算，但管理财政权则属于总所之收支员。

（三）养济院有院长一人，隶属于总救济所，不设监理董事会。

（四）临门施医给药及残老孕妇之救助，悉由总所任之。

简言之，巴黎市立之慈善机关，仅有总救济所及各区之分所两种而已。

统观英法两国慈善政策之起源，及其今日救济事业之组织，尚称完密，不嫌辞费，表而出之，或可资我国之借鉴欤。

八、我国今后应取之慈善政策

我国兵燹频仍，其间鳏人之夫、寡人之妇、孤人之父、死人之子，不知几许矣。至工商凋敝，生产荡然，少壮者铤而走险，为匪为盗，老弱者流离转徙，行乞闾阎。试一入城市，无非穷窭触目，乞丐载途，何止移羞邻国，抑亦遗污人道。嗟乎！彼岂好为此哉？特不得已也。读古人救灾恤难之遗训，不知有潸然惭报者否。为今之计，政府不能再行口惠而惠实不至之政策矣，应决定方针，设法安置一班无告之黎民，免为国家社会之障害。顾谈何容易，非钱不行，在罗掘俱穷之国家财政状况中，希望政府措置一笔慈善经费，何以异于缘木求鱼耶！不揣谫陋，爰拟两种方法，如次：

（甲）消极治标方法

（一）实行监督慈善团体：慈善事业乃地方之事业，间接即国家之事业，地方办理不善，国家未有不蒙其害者，故国家应加以监督，一方又应予以补助，庶易收效。今我国政府，非但无以补助慈善团体，又不从而监督之，在民智未开之地方，必且滋生误会。去年十月五日，行政院曾颁布《监督慈善团体法及施行细则》，第恐一纸空文，难免有人奉行不谨耳。此当剀切宣传，俾民众明瞭监督之意义，则收效其庶几乎。

（二）厉行登记：大凡一社会人士，良莠不齐，假慈善之流在所不免，故取缔之法，首重令一切公益慈善团体，依法向地方主管官厅登记立案，以杜藉名营私之徒，无所施其狡狯，以欺蒙社会；一方应予呈请立案之团体以切实之保障，坚其信用，否则，将疑为没收其财产，趑趄不前矣。

（三）奖励私立慈善团体：国家既无力为慈善事业，施惠百姓，不能不借助于私立团体，故凡独力或合力所设之慈善会，如慈幼院、养老院等，地方官厅应调查其成绩，呈报政府予以褒奖及予以永久之保障。

（乙）积极治本方法

（一）以工代助：贫民乞丐之健壮者，给以工作，不拘于工厂、作场，即驱之修筑道路，亦可容人不少。每日量给工资若干，有能携带锄铲，来投工作者，增给工资若干，懒惰不愿作工者，处罚，较之终日坐食虚耗金钱，其利害，不啻倍蓰矣。

（二）改善救济机关：查公私慈善机关，泰半具有不动产，欲图改善，应从整理其财产入手。财产整顿之后，再谋整顿各项事务，政府应颁定改革方针，派定专员视察，督促各地之循行，故事办理失宜者，责成地方官厅，限期办到一定程度，违则，予以处分。

（三）政府实行补助常年费：天下事，不虞无办法，只患无金钱。今国家苟能决定补助地方，以常年慈善经费，则改善新兴，两者俱不难办到。顾国家又安得此巨款耶？有之，政府可发行一种慈善事业邮票，以全国四万万人计算，每人每年但任一分，可得四百万元。将之拨充地方常年慈善费，虽属杯水车薪预算至少，惟嘉惠穷民，当不少也。在政府取不伤廉，在国民，惠而不费，惟政府亟施行之，人民协力助之。行见十年之后，野无闲民，而老有所终，壮有所用，幼有所长，鳏寡孤独废疾者，皆有所养矣，企予望之。

——原载《中国建设（上海）》1930 年第 2 卷第 5 期。

中国慈善事业应改良之点

（曾宪琳　1931 年）

1. 慈善事业之重要

国有文野，民有贫富，古今中外，莫不皆然，盖地方之进化使然，未能解放同归一律者也。是以凡属圆顶方踵之伦，应推吾胞物与之怀，以仁慈之曙光及互助之精神，互相援助，互相提携。昔日所谓各家自扫门前雪之自利主义，更不容再存于今日，此以人道之眼光而论，救灾恤难，人类应有之天职也。

社会最大之任务，系增进社会幸福及维持社会公道，社会幸福为人人所得之安舒高尚之生活，社会公道为人人应得之安舒高尚生活。除非因其不努力，或行为扰乱社会，无论何人，无论何种制度，均不得剥夺其安舒高尚生活。社会中有一贫穷之人，即减少社会之幸福；有一人以自己之血汗劳动而收入过少之人，即为违背社会公道。故社会中有知识与有能力之人，对于贫穷与收入不均之状况，应努力修正。盖社会幸福与社会公道为人类生活必不可少之条件，若人类社会缺少此二点，即不易存在。此以社会幸福及社会公道之眼光而论，慈善事业不可不提倡者也。

贫穷为社会一切问题中之根本问题，社会一切犯罪，如劫掠、窃盗、卖淫等；各种不良现象，如乞丐、疾病、污秽、赌博等，均直接或间接与贫穷相连，或由贫穷产生。若不设法以救济之，则此种犯罪及不良现象，将永远存于社会，足以妨害社会之秩序，阻碍国力之进步。此以社会之治安而论，慈善事业更不可不办者也。综上数端，人道主义、社会幸福、社会公道，及社会治安，慈善事业之应亟亟提倡，不待征而明矣。

2. 我国慈善事业之历史观

《礼运》有言曰："夫大道之行也，天下为公，选贤与能，讲信修睦，故人不独亲其亲，不独子其子，使老有所终，壮有所用，幼有所长，鳏寡孤独废疾者皆有所养。"由此可知中国之慈善事业，自古有之，固不自今日始也。孟子曰："文王发政施仁，必先鳏寡孤独四者。"管子有九惠之教："一曰老，二曰慈幼，三曰孤恤，四曰养病，五曰合独，六曰问病，七曰通穷，八曰振困，九曰接绝。"据中国慈善事业之精神（The Spirit of Chinese Phialuhropy By Tsu yu·yue），我国于五帝时期，已开养老恤金之例，周朝于春夏二季，救济孤儿，元朝有贫民栖留所之设，清朝有全国应建设医院之令，由此吾人更知古时帝王对于慈善事业无不再三致意矣。

3. 我国今日慈善事业之概况

慈善事业昔日虽经政府提倡，然无所谓一定之政策，故今日之慈善事业，多由社会好义之士办理之，间或亦有与地方官厅及绅士协力倡办者，其性质大别之可分为二：

a. 临时性质

此种慈善事业，不过应一时之需要而产生者，如赈济水旱、兵灾、米荒、□□等是也。其经费多由地方团体与机关捐输筹措之，其行政亦由地方官厅与团体委人主持之。

b. 永久性质

此种慈善事业，非应一时之需要而设者，含有永久性质，如孤儿院、育婴堂、贫民栖留所、济良所等是也。此种机关，大多有不动产，或由社会人士捐助之，以为救济之经费，主持其事者，多为地方之绅商也。

上述种种，皆我国今日社会慈善事业之显著者，其宗旨无不秉恻隐之心，恤贫济困。然每每救济不得其法，主持未得其人，财政舞弊，遇事敷衍，致提倡者力竭声嘶，而社会人士，多不关心，不独贫穷未尝铲除，而每见都市中慈善机关愈多，而呻吟求救之人亦愈众。去岁内政部曾有《地方救济院组织规程》之颁布，行政院又有《监督慈善机关法及施行细则》，然而人民每每视为具文，无根本之改造，良可叹也。

4. 我国慈善事业应改良之点

英国谚语曰："预防疾病，胜于事后之诊治。""未雨绸缪"，实为人类处置一切事务最理想之原则，至于慈善事业最理想之方法，当然亦为事前之预防，而非事后之救济。但现今于一切预防之计画不能实行，或实行而未发生效力之先，事后之救济，仍然重要。此不独吾国为然，世界各国无不然也。论我国慈善事业根本改良，当然在乎事前，但事后救济，应亟亟改良之点甚多，兹撮其最显者论之：

（甲）院外救济应改良之点

院外救济乃普通之赒济，对于受救济者之自由不加干涉，如粥厂、施舍、米票、面票、衣服与金钱是。我国此种救济应改良之点有二：

a. 详察求救济者之情形。

救济之目的，从社会方面观察，当然为减少贫穷与寄生者，不可使其滋长。故慈善事业中最重要之工作，为助贫人或寄生之人暂时维持其最低之生活，使渐渐脱离寄生之生活，而能独立。我国社会人士，对于贫穷可怜之状态，徒有仁慈之心肠，而乏澈底之了解，致每每不察求救者之情形，施与过滥。且常有施舍者，具有宗教之心愿，其为害更大，盖彼仅计较施舍之报酬——免灾、去病、还心愿、修来世、入天堂、造福儿孙，而不思救济对于受者之影响，致不特不肯自立者，即稍能自立者，亦不必奋图自立，可以专赖他人之救济，此何异奖励人之依赖心，更又何怪贫穷不能减少，反而日增，此我国院外善慈事业应改良者一也。

b. 免除救济之重复。

社会慈善机关甚多，而好施舍之人，亦非一家。每每同一贫穷之人，常可得数份之救济，是足以助长寄生与依赖之性质。英美各国有鉴于此，常组织慈善事业总会，以杜此流弊，其工作如下：

1. 调查救济者之情形。

2. 按所调查之情形，判别应否与以救济，建议于慈善机关。

3. 将一切求救济者之历史与情形，存记于总会，供各慈善机关之参考，以免假冒贫穷，或重复之救济。我国应亟亟仿效英美，组织此种总会，此我国院外慈善事业应改良者二也。

（乙）院内救济应改良之点

院内救济，乃一定之慈善机关，收容一班不能照顾自己，一时或永远不能脱离寄生之生活者，如孤儿院、养老院、庇寒所等是，我国此种救济应改良之点甚多，兹择其二点述之。

a. 院内救济不宜机关化（Institutionalized）。院内救济最大之流弊，莫过于机关化，人于此不自然之环境中，因常受冷淡或苛虐之待遇，丧失人所固有之和美情性，生活常为痛苦。例如孤儿院出身之儿童，因所受机关待遇之印象，与家庭儿童不同，常消失天真之和爱性情。故今欲免除我国院内救济事业之流弊，应设法减少机关之精神，增加家庭之趣味。服务于院内之人，须富有同情心，使凡在院内受救济者有和美之生活，此我国院内慈善事业应改良者一也。

b.院内救济应教养兼施。上文虽言院内救济须家庭化，但有时院内救济不可不严重者，如游惰放荡，有恶癖，不肯自立或依赖成性者，若于院内受太宽纵之待遇，实足以助长其寄生之习惯。故对于此种人于养之外，不可不教，使戒除以前之不良习惯，成为再新之人，并教以一种技能，或强迫工作，使彼等将来离院可以独立谋生。我国院内救济，每每有养而无教，致贫穷者永远不能脱离寄生之生活，此我国院内慈善事业应改良者二也。

（丙）私人救济应改良之点

慈善机关之分类：有私人与公家之别，凡不属于中央与地方所施之救济，均为私人救济。在我国政府救济未完成之时，私人救济，表现仁慈之爱、济众之心，诚足庆幸。然此种事业，常有流弊，为世人所忽视，兹举其最显者述之：

a.私人救济最易成为不慎重之施舍，对于受救济者不加以详细之调查。此予于上文言之详矣，故不赘述。

b.私人救济常以主观之判断，为施舍之标准，但贫穷为客观之事实，应否施以救济须据客观之事实决定，不能以主观之好恶心定取舍。

c.私人救济常损伤受救济者之自重心，既同为人类，即不能无端有所取与，若施者示倨傲之态，受者不免有愧怍之心，若施者露怜悯之态，受者即有自尊之意，亦觉不安。于民治社会中，人人均须平等，均须自重。盖自重心，正表示人之独立精神。如自重心受损，人即流于自卑、自贬，将成为永久之寄生者，其为害实非浅鲜。

综上三点，吾人可知社会私人慈善事业，易生流弊。故为挽救此弱点，应缩小私人之救济范围，而扩充公共慈善机关。但同时吾人应注意，无论如何，私人救济必永远存在，无法可以完全变为公共机关。故为防止私人救济之流弊起见，政府应立法规定其行动，对于假托慈善之美名，而行欺诈渔利者，应亟亟取缔。即对于一般热心之慈善机关，亦应指导工作，考核成绩，此我国私人慈善事业应改良者也。

（丁）公家救济应改良之点

公家救济乃地方或中央政府组织机关，从事各种慈善事业，因贫穷影响社会，故社会有负救济之义务者也。我国公共慈善事业，常委之一二政治人员，办理不法，流弊丛生，良可叹也！兹将其应改良之点分述如后：

a. 财政宜公开。我国公共慈善事业最大之通病，则为财政舞弊。每有以赈款为私人之应酬费，更有以办赈而为富翁者，而其行政费用之高，常有出人意外，干忍贫苦无告者于死地。以致社会人士对于此种机关失却相当信仰，经济来源每每发生危险。故为扩充我国公共慈善事业前途计，行政费用应极端节省，所有收支，按月公布，此我国公共慈善事业应改良者一也。

b. 组织宜完善。我国公共慈善机关，其组织多不甚完善。每以权限未清，遇事均感困难，故行政、财政、统计、访问、外交等部均须有精密之组织，并与地方重要团体联络，以增加救济事业之效率。至于欧美各国公共慈善事业之组织，吾人亦可取来参考，此我国公共慈善事业应改良者二也。

c. 用人宜慎重。我国慈善机关主持其事者，多未曾受过相当之训练，并缺乏社会知识及救济工作之兴趣与经验，因循旧法，不知改良，致百弊丛生。故今后用人当择其对于慈善事业有充分之学识与经验并办事热心者，处处用建设的、科学的方法，办理一切救济事宜，则其前途大有可观，此我国公共慈善事业应改良者三也。

5. 结论

我国慈善事业应改良之点甚多，上文所言：院内改良、院外改良、私人改良、公共改良，不过取其荦荦大者，如能采而行之，对于我国之慈善事业，不无稍补。但慈善事业为一种消极之救济事业，能救贫而不能除贫。此种救济不能减少失业，不能增加工资，不能消灭旱灾，不能澄清政治，除普通之疾病以外，贫穷之重要原因，均不得因此废除也。故根本防止贫穷，救济难民，宜发展交通，开辟富源，励行公共卫生事业，驱除一切疾病之根源，奖励科学研究，以控制自然，增加生产者之收入，取缔掌有生产机关者之活动与收入，防止产业之不稳，保护女子与儿童之权利。不然年年救济，处处慈善，均不足以除贫也。再者，慈善事业为社会之事业，人人有服务之责任，决不能专倚政府或一二雇员办理。故对于调查、访问、施舍，人人宜竭其全力，如是则能完成此社会之大事业也。

——原载《节制月刊》1931 年第 10 卷第 7 期。

中国红十字会为各省水灾乞振启事

（1931年）

　　近数日来，本会接到各省灾报，愈演愈惨，浮尸漂流，与水并进，身浸水中者，于日晒风吹饥饿伤感之余，又多染有疾病。死亡相继，粒食俱无，医药无资，掩埋无术。而消息传来，长江之水未退，黄河之水又增，汉口之难未纾，洛阳之灾又起。数百年未有之奇劫，断送十七八省人民之生命。行见赤地达千万里外，无农可耕，无工可作，不论为党、为政、为军、为农、为工、为商，无人供其粮米物品，亦终为后死之饿殍。在此灾民呻吟待死之时，一粒之食，美于甘露；一粒之药，甚于琼浆。救人即所以自救，有钱即应以救人，恳乞各界父老兄弟诸姑姊妹，节日用之消耗，减衣食之所需，积少成多，汇交本会，分头散放，以拯灾黎。本会为酬达各慈善家善举起见，凡捐款十元者，推赠为普通会员；捐款二十五元者，推赠为正会员（即永久会员）；捐款二百元，或代募捐款一千元以上者，推赠为特别会员；捐款一千元，及代募捐款五千元以上者，推赠为名誉会员；如曾经入会之会员捐款或代募者，则增进其会员阶级，或转赠其父母、兄弟、妻子与其亲友；其特别出力者，并由本会常议会酌议嘉奖。

　　收捐处：上海九江路中国红十字会。附志：本会并不派人在外募捐，蒙赐赈款，请概送本会，当将收据会章证书等奉上。但本会此举，因灾区广大，死亡众多，为酬答各慈善家起见，凡捐款与会员纳费之数目相符者，悉推赠会员，以留纪念。此项捐款悉数拨充各省赈灾之用，本会推赠之会员章照费，完全归本会牺牲，决不挪用捐款分文，特此声明。

——原载《申报》1931年8月24日第20973号第7版。

我对于南京市立救济院之希望

（言心哲　1931 年）

我记得贺甫生有一句话："富豪将他剩余的财富，用在慈善事业上，比用在奢侈品上还格外有害。"因为有许多的慈善事业，施舍不得当，不独不能减少贫民人数，且反足以增长他们的倚赖性。细想贺氏之言，实有至理。往日宗教之救贫制度，每有滥施的弊病，自经济学派兴起，多谓施与的慈善，不过助长惰民，为害社会。亚丹士密曾痛论英国寺区救贫行政之弊，马尔萨斯亦谓救贫法，不仅不能达救济贫民之目的，终恐酿成人心颓败之祸。天演论者如斯宾塞尔亦谓救济弱者，遗害国家，且违物竞天择之旨，不赞成慈善哲学之行为。自法儒孔德首创社会学，就社会理想之变迁，依时代之区分，以上古为崇信的理想时代，以中世纪为虚想的理想时代，至近世纪始开实究的理想时代之端。崇信的与虚想的理想时代之救济制度，既已过去，以后之救济制度，当就社会事物之真相，详加考察，迄后李蒲列（Le Play）以究实的思想，讨论救济制度，用统计方法，实际调查家庭，同为后世科学的救贫制度之基础。

自孔氏以后，社会学逐渐发达，社会学派之主张，认为人群互助，为社会进化的要素，救灾、恤贫，为人类应有的同情；社会上才智高超的人，应当教育一般低能者；有钱的人，应时眷念穷人的困苦，如此，社会才能维持团体的生活，社会病态方可望减少。似与往日经济学派之思想，迥然不同。所谓"各人打扫门前雪，休管他人瓦上霜"之利己主义，不应存在于今日之社会。此所以各种慈善事业，日形发达，救济机关林立，南京市立救济院其一也。

南京市立救济院，为首都最大公立慈善机关之一，目前收容贫民人数将近二千，内分育婴、孤儿、养老、残废、妇女教养、游民习艺、贷款、水上救护八所。作者曾几度至该院参观，并承该院执事诸君殷勤招待，使我略悉该院情形，心殊感激。今并闻将出年刊，贡献社会，征文于余，今将管见所及，略述之。

　　社会现象，本极复杂，吾人考察一事，非有精确之方法，同经年累月之时日，决难得其深奥。救济院内之贫民近二千，品类不齐，为一极大社会，走马看花，当然不能获得整个的状况。以下所言或亦在该院执事诸君计划之中，或有因事实之困难，不易执行。但是，"改弊化人，事当有渐"，且以中国今日之社会，改革之难，人所共知，惟在先觉者努力进行，社会改造前途方有希望。今将我个人对于该院之希望，略述于下。

　　第一，我希望该院注意个别调查。无论在院之贫民及将来入院之贫民，每一个人应有一种详细个案记录。

　　普通状况：如姓名，性别，籍贯，年龄，出生地，长成地，来京原因，入院日期，何人介绍入院，最近亲属的姓名、住址及其关系，最好的朋友的姓名、住址等。

　　家庭状况：如是否认识父母，如不认识，究因何故，父母的存殁，父或母死时的年龄，父母死亡的原因，父母曾否犯罪，父母有无神经病，父母之嗜好，本人已否结婚，结婚时的年龄，有无离婚，配偶是否死亡，配偶有无犯罪，配偶之教育，配偶之勤惰，配偶之生活，有无子女，子女各几人，子女有无教育，成年子女有无职业，兄弟姊妹若干。

　　经济状况：如入院前每年作工收入若干，家中除你作工外，还有何人作工，全家收入总计，全年盈亏多少，不够怎么办，为何负债及典当，父母有无负债，如有，是不是要你还，以前有无财产，财产种类，财产从何而来，财产损失的原因，有无职业，如有系何种职业，入院时已失业多久，失业的原因等。

　　教育状况：如能否识字，念过几年书，曾入何种学校念书，现在能看白话报吗，平生喜读何类书。

　　社会环境：如曾经加入何种俱乐部或会党，有无许多朋友，有无正当职业等等。

　　生理状况：如身重，身长，身之健弱，有何不治之症，在院病过几次，每次病多久，幼年是否多病，有无废疾，废疾种类，有无神经病。

　　宗教方面：如有无信仰，以前信仰何教，现在信仰何教。

　　个人嗜好：如有无饮酒，吃烟，鸦片，赌博，狎妓，争斗等等。

　　个人思想行动及其他：如曾否犯罪，政治思想，在院内服从程度，性情，特长等等。

以上均须一一加以调查，以作考察贫穷原因之根据。换句话说，我们要救济他们，便先要知道他们为什么穷到这一步。先要晓得贫穷的原因，才能用药方来治疗。此番工作，不仅足为该院处理贫民的根据，并可供给我们研究社会学的人的参考。据我知道该院尚无此类详细个案记载，假如我们要应用科学的方法来救济贫民，详细的个案记录是不可不有的。上述之个别记载事项，或嫌过繁，但表中可酌量增减，上述项目，不过举例而已。总之每一个贫民的调查和处理，须以个人为单位。因为每人的情形不同，必须分别调查，而处理的方法，亦须由各别之情形而定，始能有补于贫民自身。

第二，我希望该院能与他种有关系之机关合作。同站在一个社会的立场上，本来社会事业之进步，赖有各项机关之联络，不同种类之社会事业机关，虽各有专责及一定之界限，不应超越权限而执行非在规定范围以内之事务，但有时常限于权力，不能独立行动，或因财力缺乏，不能单自进行，故必须与他项机关合作，共相扶助，方能收完满之效果。救济院之改革，一方面当然须力谋内部之整顿，一方面须注重外界之联络。依余所见，该院与他项有合作可能性之机关，如本市之职业介绍所（荐头行），若能与之联络，可将院内贫民之能作工而愿意出院作工者，托为介绍至家庭或他处作工。本市及本市外之附近各处工厂若能与之接洽，就其贫民职业及性情之所近，送入各种工厂工作，使其得以自助，不致终其身为该院之贫民。本市各学术团体，如中央大学、金陵大学等处，若与之联络，作共同之研究，或将全院贫民仔细分析探其病源，尤为切要之工作。许多社会事业之改善，合则易举，分则难成，救济事业之发展，其需要社会之合作，人民之同情，较之他种事业为更甚。

第三，日后收留贫民宜严格甄别。院内贫民人数之增加，由于陷于绝境不得已而入院过活者固多，而由于彼此效尤，怠惰成性，相习成风，视入院为当然者亦不少。听说该院贫民以夫子庙及城南一带为最多，因该院位于城南，名为南京市立救济院，而范围几仅限于城南。由此可以推测城南贫民多的原因，实因该院在城南之故。换句话说，使无此救济院，则城南贫民不至有如此之多，是则救济院之在城南，实为城南人民贫穷之一大原因。不科学化的救贫的弊害，即此可见一般。欲挽救此弊，须严为甄别，不仅使救济院仅为城南之救济院，必须使救济院为全市之救济院。人民非有万不得已之情形，不准入内。甄别之方法，在入院前施以详尽之调查，入院后并须加以随时的考察，仔细的诊断。

第四，趋重劳役主义。劳役主义之目的，即强令贫民中能作工者从事工作，以劳动为解决贫穷问题之基本概念，预谋减少贫民求助之心。换言之即强制贫民劳役，使能生产，不复为社会之"寄生虫"。英国当十四、十五世纪时，强迫工作济贫之制即已开始。然是时入强迫工作所者，相习成风，不以为耻，几视此为当然之职业。一七九一年法国之宪法，明定政府之救助，为国家应尽之义务，设立工场，容纳无业贫民。是时法国趋重劳役主义，岁费巨款，贫民不惟不减少，且反增多。依据理论，此种劳役制度，用意非不善，其要点在能激发其自奋心使能独立自助，不至因强制劳役，而其依赖心反以加重。贫民当穷极无聊，鲜知人世间有羞耻事，监禁处罚，不仅不畏惧，且乐于从事，使劳役工作所而为此类贫民而设，工作所虽多，贫民决难望减少。故劳役主义又须在实行方法上之得法，如何而能使贫民工作效力增加，如何能激发贫民之自奋心，此实为执行劳役主义之先决问题。至于不同种类之贫民，应与以不同种类之工作，或授以不同之职业训练。使能作工者，效率增高；无职业者亦有相当技艺。此实为以实益扶其自立之最紧要的方法。

第五，对于院内所有贫民之功过须赏罚分明。救济的社会事业，贵务实际，不尚空谈。执行社会事业者，欲收行政之效果，必须赏罚分明，才能鼓励贫民向上进取。按照效果律（Law of Effect），有成就者则极满意，失败者则烦恼，因其满意，则更努力上进；因其烦恼，则每畏缩避免。赏罚功过，要利用此满意与烦恼两感情，使人向上去恶，以收行政之效果。赏罚时第一须严明，即有功必赏，有过必罚。第二须公允，即赏当其功，罚当其过。换言之，赏罚须定有标准。例如贫民之勤于工作者，就其所得，以百分之多少作为赏金。怠惰之贫民，亦可依记过办法，使之自省。他如分组比赛，奖赏成绩之优良者，亦鼓励之善法也。

最后我很希望该院的工作，每月或每季有报告，供作社会参考，唤起民众注意。在开创的时候，试办年刊，固然甚好，但年刊为期过长，且或所费不资，不易销售。以后如能办一月报或季报，较年刊为好。此种刊物，不必太厚，取其易于销行普遍，不识当局以为何如？院内种种工作，现有罗院长热心从事改革，以上的希望，我想也就是罗院长及院内执事同人的希望，在可能范围内，希望一步一步的做起来。

——原载《京市救济院十九年年刊》，1931 年 4 月，第 1—7 页。

整顿南沙育婴堂案

（俞斌　1931 年）

理由

查吾国设立育婴堂之制由来已久，总理对育婴事项载在建国大纲，实为地方行政之重要事件。迩来人民生计日艰，往往以不胜儿女之累，不得已而忍心抛弃于育婴堂者日见增多。在负地方之责者，本应创设新堂以宏救济，然处此民穷财尽，地方经济竭蹶之秋，虽具幼幼保赤之忱，其如空言无补，何故不获已而求其次，惟整顿原有之育婴堂以资补救。

按：南沙育婴堂创自亡清光绪癸巳年间，迄今已届四十载。当时由龛山周氏慨助田地并董其事，每年收育婴孩几达千数，成绩斐然。迨至亡清季年，因主持者不得人，以致经费减少，婴儿死亡率增多。由民六年至民十五年间，由沈玄卢、盛邦彦诸先生加以整顿，稍复旧观，每年经费尚有一万余元。至近数年来，查该堂常年经费，闻竟减至五六千元。堂内并不收育婴孩，仅由产儿之家自养，每月由堂给费一元，查亦不过三百婴孩而已。现在名义虽由正绅洪五其、陆元屿等主持，因该绅等自身皆有职业，故一切事权皆委于该堂账房盛廷良经管，其收支账目已有三年未曾清算，其设施之腐败已达极点，若不亟起整顿，恐该堂将消灭于无形，为此拟具办法，是否有当，敬请公决。

办法

一、由县政府聘任南沙地方公正士绅若干人为整顿南沙育婴堂委员，由该委员等组织委员会，拟具整顿办法，呈请县政府核准施行。

二、由县政府在聘任委员中指定一人或三人为主任委员，负责召集各委员及组织委员会之责。

三、由县政府训令该堂主持者，将逐年收支账目暨育婴数及婴孩死亡数等表册簿据交由委员会审核。

四、各聘任委员均为义务职，其必需之川膳费及杂用费等在地方自治费项下支给，由第六区区公所负责筹垫。

五、整理期间自成立委员会之日起，以一个月为限。

——原载《萧山县政专刊》1931 年第 46—49 期。

社会慈善事业中医药救济之改进与整理

（胡定安　1932 年）

偌大中华民国，虽有人口之众，土地之阔，而贫民之疾苦，医药救济之欠缺，社会慈善事业之不振，在在使吾人奋起而欲有所望其提倡积极改进与整理之也。中央无力顾及地方，地方向无健全自治组织，频年兵灾匪患，水旱相继，稍有资者尚不足以维持，遑论社会慈善事业之得以进展，而其中一部分医药救济，更觉无暇顾及。迫切之衣食住，尚难为灾民解决，至于社会间之贫民乞丐，犹属第二步问题。以故侈言医药救济，必先就根本问题一讨论之，而后始能了解其事业之底蕴。但慈善事业与医药救济，息息相关，吾人欲谋医药救济之改进与整理，则又不得不先将社会慈善事业一申论之。

在国家立场，社会慈善事业，半须与地方合作，而大部分公益救济，实须处处为民众谋福利也。故内政修明之国家，其社会慈善事业，因国家之组织健全，行政之设施周备，更参以社会慈善家热心毅力，一切慈善事业，均能措施适当，民受其惠，实匪浅鲜。今吾中国尚有名称上之一种社会慈善事业，类多基本不固，设备不周，与设置之目的，往往相距甚远，民众所受之实利不多。虽赖有多数社会热心慈善家奔走呼号，均系社会力量，而少国家力量为其干，均系私人力量，而少公家力量为其本。各省、各市、各县、各乡、各村，所谓社会慈善事业，百端待举。原夫社会慈善事业，全赖经济实力以维持之，助之者寡，赖之者众，于是慈善事业与组织之日见其衰，而施泽于民愈见其效力之微细矣。国贫民贫，救不救胜，济不胜济，根本尚不能救济，枝叶更无从救济，一灾甫办救济，一灾又复继起，天灾人祸，纷至沓来。在中国最近数年间，民众之牺牲于灾患浩劫者，何啻恒河沙数，救济之力量，诚如杯水车薪，望洋兴叹。然则吾人所谓改进与整理，直将固有之事业与组织，一若视为已有相当根基，惟加以改进与整理，即可引入正轨而进行有望，此尚为肤浅之谈也。实则中国一般社会慈善事业，除少数已有规模外，如加以严格整理，毫无根基之可言，因之亦少改进与整理之希望。兹姑就全国一般社会慈善事业与组织狭义言之，不论其组织是否简陋，不论其事业是否健全，吾人只能假定一最低方案，以为兴革之标准，实际上尚有讨论之要素，而吾人亦得稍有根基地向前努力以谋完善也。

旷观全国社会慈善事业，关于救济一项，最普遍者如育婴堂、养老堂、施材、施医药等机关之数，要旨赖其当地士绅之维持与慈善家之捐助。但细考各慈善机关之财产，或从前某慈善家捐资甚巨，该机关之不动产亦甚多，惟因经手之善棍中饱，不加管理，因之该机关有名无实，而捐款反散失者有之，言念及此，不乏其例，良可痛心也。国家机关，绝少顾问，地方人士，亦少监督，群众以为办慈善事业者，尽属善人，手提念珠口喃喃而表示慈悲态度，暗中打刀杀人后，即侦察中其嫌疑成分。社会人生之观察，必较常人为少。故办慈善事业之易于发生流弊，而中国一般社会慈善事业自来迄今无健全之组织，皆基因于此。内政方面，既少确切之调查，地方官厅，既少严厉之监督，因之一切慈善事业，有名无实。救济之目的何在，民众之痛苦何如。吾人以人类天良，猛省自身之责任，放眼默察社会之复杂情形，吾人更觉改进之伟大责任，应由吾人共起而负之。然则所谓医药救济，更为吾医药界同仁际此民生凋敝之时，尤应尽实际上之相当义务，使人民多少得免疾病之痛苦，并可得生命上之保障，社会慈善事业之目的在此，而国家公益救济之目的亦在此。

吾人补国家力量不足之欠缺而求普遍之医药救济起见，惟有以最低限度之物质上援助，不论设备之简陋，更加以精神上之努力，以促社会慈善事业之关于医药救济部分之发展。例如一人尽一人之力，团体尽团体之力，一医师赴乡，施种牛痘，其裨益婴儿不浅；开业医师为贫民施诊，每日有一二小时，则贫民之受惠匪浅。医药界自身之热心努力于救济，必能博得社会多数人士之同情，加以援助，一处如此，他处必相为效尤，美风传播，收效必大。吾人如能将全国社会慈善事业之组织与机关财产，精详调查，为事业之目的，定设施之方针，改善组织，慎重人道，谋地方机关之监督严密，完全以经济方法，求事业上能收实际利益。如是整理有望，则一切之改进，亦能按程序而实施，必须以行政机关之公正力量与监督，使慈善机关之弊端灭除，把持之恶习尽革，完全以博爱之精神，慈祥之观念，经理其事，庶则慈善事业前途，方有成绩可期。人为造福苍生而办事，以互助而立身，愿各本天良天职，贡献于慈善救济。医药亦救济一端，能尽一分义务，即多一分力量，众擎易举，所谓医药救济，诸同仁责无旁贷，可见改进与整理，此项工作，关系于民生至巨且宏也。

——原载《社会医报》1932 年第 168 期。

呜呼！所谓慈善事业者

（固磐 1928 年）

夫慈善美事也，本人类互助之天职，以救济人类之困厄痛苦，国家社会均应有是项组织，于是人类生存之保障，略得安全，世界各文明国无不皆然。余独叹夫中国之慈善事业，弊窦丛生，往往假慈善美名，藉此极尽其侵吞渔利之能事，手腕灵敏，设术狡狯，任何人不敢公然反对，因其招牌为慈善也。但居心之险恶，党治下决不能容其存在，谨按总理天下为公之意，无项而非公不可。默察中国社会慈善机关，营私舞弊，不乏其例。余不避私怨，胆敢以董狐之直笔，效温峤之燃犀，洞烛其奸，揭彼黑幕。慈善事业之范围大者，如贩卖地产、公款生息、浮报开支等，经营此者，不数年而居然面团团富家翁矣，此类人读本篇，倘天良发现，其亦将为之寒心乎。观彼文书，如经手私弊，雷殛火焚，固皇皇然也，一则可以坚固无智识阶级信仰，多多慨助，敛取金钱；一则可以掩蔽其罪恶，设法弥补。乡村各处之范围小者，如兰盆胜会等，亦得假公济私，可沾微利。呜呼！中国公共卫生事业既不发达，慈善事业，实为补救社会公共卫生之力量不及，今中国慈善事业又如此，尚有何望耶。吾侪当各本天良，实地调查，从事统计，整顿之、惩治之、监察之，使慈善为慈善之实，则弱小痛苦者得以受惠，方不负人类之具有良心也。

一七、七、一四日。

——原载《社会医报》1932 年第 162 期。

吞赈骗捐之可诛

（霞菲　1932 年）

湖北去年水灾之奇惨，全省几成泽国，为数百年来所未有。中央及沪津各埠，莫不组织急赈会，救济灾黎，以尽职责。最近友人冰魂新从汉口来沪，为谈湖北吞赈案件，闻之殊觉令人发指。冰魂云：救济湖北灾黎之赈款粮食，均由急赈会分发被灾县区之各县县长或该地团体具领放赈，以归简便。谁知经手人员，竟认放赈为绝好发财之机会，埋没天良，而干其"慈善起家"之工作，以致灾民流离载道，饥寒交迫。因之各县灾民，或举代表，或地方代表，呈控吞没赈款之案件，竟有数百件之多。民政厅根据善后会控案，占湖北全省各县十分之七八，内分吞赈姓名及职业，以及所吞"急赈""工赈""农赈""赈款""赈粮"及事实，洋洋大观等语。

前几日，本埠各报，已发表许世英控告全绍武、查良钊等之吞没安徽赈款，证据确凿，将来如何办法，只看法院审判。谁知湖北吞赈之案，尤为普遍，呜呼！吸削灾民血肉者，何其多耶？此等贪戾酷虐、狗彘不食、绝无良心之吞赈活尸（简直不是人，只可称尸），应该处以死刑，以平民愤。抑吾闻之，慈善团体之收款，间有公布，但其用款，绝无公开报告，黑幕舞弊，无可讳饰。并闻此次各方援助东北义勇军之款，亦有数百万，中有若干，竟寻不出其用途。"慈善起家"，"救国发财"，已闻之矣，独可惜者，外寇日深，国难方殷，绝不闻毁家纾难者！而利欲酷毒吞赈骗捐谋利之辈，又层出不穷。以如此之"活尸"，而能生存于今之世界，不亦异乎？亦可哀矣！

——原载《礼拜六》1932 年第 476 期。

呈民政厅为解散济南市慈善救济会
请鉴察备案由

（闻承烈 1932年）

为呈报事。查济南市慈善救济会新旧会长陈古仪、徐凤山互控侵吞善款一案，业将查办大致情形呈报在案，兹再将办理本案经过详情谨为钧厅陈之。

查济南慈善救济会成立于十七年三月，因五三之变死亡甚众，徐凤山纠合本地士绅劝捐埋葬。虽称当时在官厅呈报有案，惟本府在十八年七月成立，无案可稽。又查济案于民国十八年五月解决，所有以前慈善团体无论立案与否，应作无效。况该会在本府至今并未核准立案，又因办理不善，舆论上啧有烦言。前据盐商孙信卿等十五人联名致公安局函称，该会将伊等列为会长，冒名假借在外募捐，概不承认等语。上年冬间，据该会会长徐凤山胪陈善绩，呈请立案，同时并接据报告，谓徐凤山有藉端招摇、私自募捐情事。当即并案，令饬公安局详查具报，并指令该会所有应办事宜在未经查明以前暂行停止工作。嗣经查明该会施棺、舍药、种痘、舍茶尚属事实，惟开办数年，实乏扩展成绩，且持未经市府盖印之捐册，私向洛口募捐廿九元，事经洛口公安分局查出，勒令将捐款退还原主。据报前情，即将徐凤山之会长名义取消，限令改组。嗣选出陈古仪为会长，所有立案应行呈报之职会员人名表册迄未呈报。而陈古仪乃呈控徐凤山抗不交代，并将存放银行之基金四百元提为己有，并据该会职员代表杜佩之等、会员代表张连兴等联名控同前情。而同时徐凤山亦控陈古仪烟瘾甚深，与杜佩之、张连兴等狼狈为奸，伪造捐启，私行募捐，并将伊妻金镯骗去，变价三百七十二元，假充基金以备官厅查验各等情。当以案情复杂，经本府第八十八次市政会议议决，在新旧会长互控期间，停止活动。其历年账簿内，九月二十五日列有北来难民在津浦路车站发放馍馍二千斤，洋二百元，若每人按半斤施放，应有难民四千人，乃查卷宗，是日仅由蒙城北去灾民赵心敬等四十五名。又九月二十六日列有在本会放难民馍馍，洋一百五十元，按数扣算应有三千人，复查卷宗，是日南北往来并无难民灾民过境，质询徐凤山无词以对，是徐凤山显有冒支情事。其他各账所列捐款收入均未记载来源，无捐册可对，事业支出亦无单据可证，含混囫囵，疑窦甚多。又十九、二十两年，账簿皮面红签一纸分贴两本，显系补造。据称伊不识字，各账系陈古仪所办，而陈古仪屡次托病不到，无从质证。

正在查办间，据报告谓该会人员在奉令停止活动期内，有身着制服，佩带章证，私自在外募捐分肥情事。又谓陈古仪暗派私人张连兴、章子志等手持捐册收据，向津浦铁路管理委员会募得大洋五百元，又向胶济铁路管理委员会募得大洋三百余元等语。本府询准津浦路局函复属实，并持有该会所给五月二十四日礼字第二十八号收据为证，胶济路局函复则谓捐已劝募，因闻该会发生纠纷，停止进行，未将募款送交等语。适奉钧厅第二九四〇号训令，以据该会文日代电致菏泽县政府，特派魏以忱到县募捐。据该县请示，应否准其募捐，令仰查明具复以凭饬遵等因。当将上项情形呈复，并请饬菏泽县政府魏以忱扣留，连同捐启捐册、款项收据等，径行咨送本府，以凭并案办理在案。

查济南市慈善救济会未经本府核准立案，即发生新旧会长互控吞款事件，既经明令停止活动，自应静候解决，乃该会人员不遵命令，竟敢私自募捐，藉端为私人谋利，该会在社会上已失信仰，不能存在。按《监督慈善团体法》第二条内载，凡慈善团体不得利用其事业为宗教上之宣传，或兼营为私人谋利之事业，又第十一条内载，违犯第二条之规定者，主管官署得撤消其许可或解散各等语。经本府第九十六次市政会议议决，应将该会依法解散，陈古仪、徐凤山等依法究办并纪录在案。兹照议决案，业经将该济南市慈善救济会宣告解散，并将陈古仪、徐凤山等令交公安局依法究办，理合备文呈报钧厅鉴察备案。

谨呈山东省政府民政厅厅长李

济南市市长闻承烈

民国二十一年七月十五日

——原载《济南市市政月刊》1932年第5卷第4期。

防水舞弊与慈善团体之监督

（霞菲　1932 年）

五日申报汉口专电云："前汉市长何葆华，去岁防水报销，经党政会查实浮报，达八万元以上，呈总部核办。闻何已闻风远飏"等语。何已逃走，其八万元究竟如何吞没，虽未得知，但汉口二日之《武汉日报》，载有前湖北水利局长陈克明浮报上年防水抢险费用，竟达十六万三千二百余元。经查究结果，陈克明所得账目单据，乃系一本糊涂账，多半伪造。核其内容，有按址探寻而无其商店者，有虽有商店，实未卖货于水利局者，有单据之数量多于账簿者，有账簿上之数量，多于单据者，有始称无账，而又忽出崭新之流水账者，或由调查人于抽屉中搜获者，奇形怪状，不一而足。至关于薪工部分，有逐日散支，同时又并日总领者，有已于领饷单上，盖有一切在内之印章，同日又领火食者，有一人日夜作工领饷，继续二十天以上者，又有一人同日同地领饷三四次者，又有一人一日领点心钱十四次之多者。贪污之辈，制造种种怪状，其人可诛，其愚亦可鄙也！

吾人因此而思及上海救灾委员会运输专员杨树诚，利用职权，粜贱贩贵，赚钱至四十万元。该会皖北赈务专员全绍武，截留赈款，意图吞没，坐视无数灾民啼饥号寒而不救。该会淮区运输副主任王范五，克扣粮斤，达十四万三千余斤之巨。急赈处长查良钊，明知杨等之作弊，不特不予制止，反而假公济私，同恶相济。呜呼！苞苴公行，贪污成风，纲纪废弛，勾串舞弊，岂独政治舞台中之污吏优为之？而以救死扶伤之慈善团体，与夫办理灾荒之官吏，其良心亦为金钱所掩，造出种种秽德，斯真慈善人道之叛徒，而人类之蟊贼也！

夫慈善团体之黑幕重重，言不胜言，其分子之复杂，举国皆然。兹据上海慈善团体财产整理委员会报告，上海慈善团体之财产，本市区内共有房地产二千一百六十余亩，外埠共有田地产七千亩强，地产估价，在公共租界以一九二七年地价册加倍计算，在法租界者以一九三〇年地价册为标准，在外埠者概以每亩六十元为准，全部地产共值一千一百六十九万元，房屋价格则值二百四十万，两共一千四百余万元，全部产业每年收益约共一百万元，不可谓不巨！其收支实况，曾由社会局派会计师约略查核，无奈账目不清，钩稽殊难何？

慈善事业，在都市中，已成为一种特殊事业，有以终身为之而靠其噉饭之所者，因而黑幕愈多，莫可究诘！余以为慈善团体之监督，应特殊注意其组织分子，如土豪、劣绅、贪官、污吏，或财产上曾犯罪者，应拒绝参加。其预算决算亦应送主管官署审核。收支款项物品应逐日登记，并按月登报公布，一面呈报主管机关省核。捐款人有查账之权利，募捐时须得主管机关之许可，收据亦由主管机关制定，在一百元以上，尤须送主管机关钤章。如此实行，则藉慈善以发财者当必锐减。而于吞没捐款作弊之辈，一经告发，则处以重刑，杀一儆百，或可弊绝风清乎？

——原载《礼拜六》1932 年第 478 期。

清查救国捐

（1933 年）

这一月来，抗日的情绪已冷到冰点，而上海救国捐大舞弊的传说忽又沸腾到顶点。这真是一件怪事！

马占山、李杜、朱霁青和其他抗日英雄的谈话，对于救国捐的用途都表示深切的疑虑。继而马占山公布收到捐款的数目、李杜质问朱庆澜的函电，都连篇累牍，揭载于报纸，舆论界也顿时布满了紧张的空气，忽从捐款下落的疑团转移视线，集中朱庆澜一人，于是素以廉洁闻世的朱庆澜竟成为疑谤的焦点，众口铄金，百辩莫释，有关系人都感不快，国民则更觉疾首痛心。

这一事件为整个民族精神之所击，问题性质非常严重，社会上既布满了捐款舞弊的流言，当然应彻底清查，求得一个"水落石出"。然而怎样才是合理的清查办法，这是值得研究的问题。据目前所知，有四种办法：

（一）已经成立的"各界清查救国捐款委员会"，内分调查、审核等组，而以审核的责任交付上海会计师公会。

（二）各经手收汇捐款各机关成立一联合办事处，自动检查。

（三）社会制裁与国家干涉须同时发动（八月八日上海《晨报》华君评论）。内政部、社会局、各团体清查捐款委员会、捐款人清查会四机关须同时负清查的责任，而法院检察署对于本案亦须负检举的责任（八月十日上海《晨报》新君评论）。

（四）被谤的朱庆澜于八月二十一日自行电请行政院特派政府大员，彻底清查。八月二十二日《申报》梓君评论亦以情势激变，政府亟宜选派为国人所信仰之廉正大员，负责清查。

我们姑且抱冷静的态度，对于这四种办法加以一番分析。

一、捐款来源不限于上海一隅，全国各地人民和居留海外的侨胞中都含有捐款的份子，上海各团体所组织的"上海各界清查捐款委员会"，虽出于一时的公愤，动机至为纯洁，究不能以一隅而代表捐款人全体，来发挥清查的权力。

二、《申报》梓君最初主张负责经手捐款各机关速组织一联合办事处，自动总检查。但这也不是合理的办法，因为经手捐款的机关本身既为疑谤所丛集，自动检查的结果，谁肯加以信任。

三、《晨报》华君和新君的主张也不是合理的办法，因为捐款人组清查委员会，事实上不易做到，而且调查机关，纷歧林立，假使调查的结果不同，究以那一种调查为准呢？这是一个很难解决的问题。

四、朱庆澜电行政院请派政府大员，彻底清查，《申报》梓君亦以情势激变，政府特派大员，彻底清查，为急不容缓。这一办法似较合理，但朱氏所请求的，只对朱氏个人所经手的捐款，加以清查罢了。

我们以为这是很简单的事，捐款的份子为海内外的同胞，捐款的目的为抗日救国，关系整个民族，当由中央政府来组织清查委员会，这是最合理的办法，因为政府所组织的清查委员会除特派大员主持以外，尽可就办事的便利，容纳各方份子；二则政府组织的清查委员会权力统一，可以尽量发挥国家的权威。至清查的范围，应不限于朱氏所经手的款项，须及于抗日捐款的全部。调查的结果确有舞弊，负责者须受法院检举，这是当然合法的手续。但是在清查结果没有揭晓以前，我们以为那种情感富于理智的议论似以少发为妥。置疑的人们既没有确定的事实来做根据，被谤的人一时因物议沸腾，亦无法自白。我们以为一切有关系人应静候政府清查机关的成立，置疑的人们尽可列举疑点，供其参考，被谤的人亦可听候彻查，以求得一个"水落石出"。假使以道听途说为攻击之根据，视街谈巷议为"真正舆论"，以某一个人之发言"足以为信史"，都是充满了情感而缺乏理智的主张，违背了"事实最雄辩"的铁则，非我们所敢苟且赞同的。（翰）

——原载《申报月刊》1933年第二卷第九号。

救国捐款的纠纷

（1933 年）

　　自马占山、李杜二将军回沪，发表其收到抗日救国捐款数目以后，沪上人士，对救国捐款之收支上，大起疑窦，认此中有舞弊吞款之事。于是始之以各报端之责难，继之以各界清查救国捐款委员会之组织以求其水落石出。加入各界清查救国捐款委员会者有会计师公会、全国邮务总工会、全国邮务职工会、大学联会、中教联会、市教育会等诸团体。其电呈中央党部与国民政府之电文有云：

　　窃查海内外各埠接济东北义军者，总数不下二三千万之巨。近据东北主要部队马占山所公布之账目，前后仅收到一百七十余万。且据另一消息，当时仅广县一埠汇交马氏者，已达一百四十万元以上。余如李杜将军表示，渠所收到之款，仅为七万三千七百余元。综上观之，其与捐款总数，相差何止什一？

　　电中所示之收支，数目上之差额有如此之巨，能不令人咋舌？

　　朱庆澜将军为东北难民救济协会会长，上海各团体所收抗日救国捐款多经其手转发。怀疑捐款收支之巨潮一起，朱氏遂为各方集矢之的。李杜将军且由庐山亲电朱氏，责以下列数事。

　　一、朱氏以捐款五十万元，在热河开设银号；

　　二、中央为接济东北抗日各军，拨款四十万元，朱氏竟将一批送与汤玉麟，制皮军衣四万套，运往热河；

　　三、朱氏曾购八十万元之枪炮，存放北平；

　　四、天津发现朱氏从人私售子弹者被捕多人，尚在监押；

　　五、朱氏派出杨宾楼、高博绳等赴东北，暗中联络军队；

　　六、自事变后，多有在京津沪各地，假借抗日名义，专作宣传工作之人，尚多得慰劳金，实在抗日者未受其惠，试问责将谁属；

七、吉军饥寒转战，所望之服装费二十万元，未能如数取得，致遭败衄；

八、中央所拨子弹交付朱氏，而朱氏不予补充，又复制多数军衣，购大批枪炮，外间有朱氏自谋发展之说；

九、李部前后由朱氏处领得慰劳金四万元，发款条上书"朱会长赏"字样。

朱氏对此已逐节答辩，并电国府请派大员彻查。谓："庆澜办理东北救济事宜，先有东北难民救济协会之设立，后以上海各团体所受捐款，亦有交由庆澜转发者。……各该团体对于收支款项，均有执行，有审核，有保管，组织不尽相同，而谨严则一。其公布方法，有登上海各报者，亦有印分报告册于一般捐户者，自信办理此事，始终谨慎。为特电请特派公正大员彻底审核，公布结果，以昭大信。"据此以观，则清查捐款者，与捐款经手者，皆请政府彻查以明究竟。解决问题之趋势已明，其结果必有可得而见者。

九一八事变以后，国民责政府之不抵抗，于是不相信政府，而相信以援助义勇军为号召之各团体。此种团体，多而且杂，于是此团体收捐款，彼团体亦收捐款，而捐款收入之总数，遂漫不可考。真相既不能明，其所想像之数目，经过数度口传，亦愈益增大。各界清查救国捐款委员会电文中"窃查海内外各埠接济东北义勇军者，总数不下二三千万之巨"一语，即由此种原因而来。为二千万乎？抑为三千万乎？千万之差，而可以如此含糊不定，则知道听途说之数目，太富于向上的投机性，几不能为本身下一界限。当各团体竞收捐款之日，政府怵于民情之不信任，于是抱定多一事不如少一事的态度，对此绝不过问。焉知捐款发生纠纷之时，各方仍请政府彻查，以为解决问题之原则乎？各民众团体，在常时以政府为不可靠，自动收支捐款，一生问题，便又着落到政府，前后如两种心理，此一绝大错误也。政府平时躲避麻烦，放弃责任，而麻烦仍旧躲不脱，责任仍旧卸不开，此亦一种错误也。朱庆澜氏自恃民众团体对之有信仰，收支捐款，不请求政府监督，迨至疑问一生，百口难辩，仍出于请求政府彻查以昭信实，朱氏固亦铸一绝大错误也。

捐款者不相信政府，送款于各色各项之团体，各团体不相信政府，交款于朱庆澜，朱庆澜不相信政府，独断独行以支配之。迨疑问一来，朱氏不能以其人格为保证，各团体不能以其信誉为表白，真相不明而谣诼起，谣诼起而真相愈不能明。捐款问题之所以闹得满天风雨者，皆由"不信任政府"一误之所生也。向使各收款团体与朱庆澜氏，请求政府派公正大员监督指导其事，则收款之总数可稽，交款之实迹可考，作定时的、有系统的报告，以取信于捐款者及一般社会，则何至有今日疑鬼疑神之事。

政府虽不满人意，无论如何，总比个人或某某小团体为可靠，全国人士，在此次捐款纠纷上，当可得一教训也。

捐款之疑问一起，沪上有谓某人以经手捐款致富者，有谓某人由捐款中得钱出洋者，实则此皆疑似之词，无人能断其为真抑为伪也。抗日捐款，经手者太复杂，无一人或一团体总其成，捐募所经过之时间又太久，收款之义勇军又东西飘忽，踪迹不定，此种情形，适与舞弊者以便利。吾人兹姑不问捐款收入之总数为若干，单就支出一项而论，必难免侵吞截留之事。其侵吞截留者究为何人，必须彻查后始能明白，若未明白之前，假臆其为谁，而对之攻击，则亦殊失之平允。

朱庆澜氏谓捐款间有秘密性，必待政府允许而后可以公布，此其态度适更予人以疑议。且朱氏对其本身所经收支出之数目，与分配之原则，有何不可出以示人？即谓繁复难以即举，亦不妨出其节略示人。乃必欲神秘其内容，一以俟之于政府公正大员之彻查，则其此时之视政府者何重，而视沪上各民众团体者何轻也。

政府对于抗日救国捐款，早已装聋作哑，不问不闻。兹者各方均电请彻查，政府仍迟不答复。然而事势所趋，政府已无法再作痴聋。用快刀斩乱麻，以魄力树威信，这是政府应取的方法。

——原载《政治评论》1933 年第 65 期。

冒名义勇军与华侨捐款

（1933 年）

"中国不亡无天理"，这种愤激的咒诅的声音，是自国难以来，我们所习闻于市井里闾之间，甚至出于大人先生智识阶级之口的。这断不是信口而出，而是由于社会政治种种之反映。老实说，在目前的中国，无论那一方面所表现的，无一不令人悲观，无一不是召致亡国的现象。那些现象，并不会因国难而消灭，而减少。

一个不应成为问题的问题，在中国却会成为问题的。一个在国难期间所不应发生的事件，却反借着国难掩护之下，层出不穷的发生。这类问题及事件，自然很多，而关于义勇军及华侨捐款，尤其是最明显而且令我们最痛心疾首的。

谁都知道，义勇军是抗日的，然而却有不抗日的义勇军。华侨捐款，是用以救国的，然却有些华侨捐款并不曾挪用到救国方面去。谓予不信，事实是这样明显地摆在那里。

据一月十九日上海各报载汤玉麟自热河来电："自九一八事变以来，玉麟抗日守土，已具决心，凡系救国义军，无不容纳联合，藉为臂助。近阅报载，有何民魂、严伯威部，在热抗日战迹，屡有登载。查热境义军，并无何民魂其人，亦无其事，当兹国难方殷，诚恐有人借名骗财，影响救国工作，特电昭告国人，俾明真相。……"

这个问题是很值得注意的。

据我所知道，有不少所谓义勇军、救国军，他们利用交通的阻碍、消息的隔膜、宣传的艺术，及国人尤其是海外侨胞爱国的心理，他们在上海设立一个办事处，在北平又设一个办事处。一个是制造电报消息，今天说某部已攻陷了某地方，明天说某某义勇军总司令在某个地方督战的情形。一个是负传达消息，并筹收各方面捐款的责任。东派一个人，西派一个人。他们实际上并没有一个兵、一匹马，有之也只是在一些地僻人稀的地方，胡斗一阵而已，并没有真的和敌军作战。反之，真正的义勇军，如苏马李丁等，一个个因粮尽援绝，相继败退，为举世所知者，也还有不少不大知名的在那里浴血苦战，他们只会作战，不会宣传，所以没有人注意他们。

所谓义勇军的情形，既然如此，海外华侨只知爱国，不问其他。徒震于报纸上之名，加之他们派人四出活动筹款，自然有求必应。此外，上海还有一部份人物，随便拉拢了几个闻人，组织什么救国会，专在征收华侨的捐款，收到款以后，一部份固然是不知去向，一部份就因为感情或作用的关系，交给上述的有名无兵的某某军代表，互相为用，于是他们的声势也越广大。

这种情形，可以说是随国难以俱来，并不是到现在才发现的。不过有的人漠然无知，有的人宁信不疑，有的人明知不说，有的人却摇头叹息以没有办法了之罢了。

事势到了这个地步，我们受良心的驱使，不敢再隐讳下去。很显然的冒名的义勇军，一日存在，海外华侨捐款，不能集中，都足以妨碍真正义军的力量危害救国的前途。我们不明白为什么负责当局老是放过这个问题，而不设法去取缔和整顿。

——原载《华侨半月刊》1933 年第 16 期。

民族致命伤的互不信任

（一帜　1933 年）

中国有这么久的历史，这么多的民众，这么好的地方，会穷得大多数人没饭吃，弱得对外没法抵抗，这到底是怎么一回事？你说我们个人不好吧，那末，有教育的士大夫阶级，谁的聪明才智，比不上任何其他的民族呢？无教育的农工阶级，他们的勤苦耐劳，恐怕比其他民族还要驾而上之。你说政治或是经济制度不好吧，那都是人为的事。为什么自海通以后，这许多年来总归弄不好呢？毛病究竟出在那里？这个问题，是凡有心的中国人，至少应该每日静默三分钟，去仔细想一想。

对于这个问题，可以有很多的答案，我先提出一个来，以资商榷。我个人的意见以为我们民族的毛病虽多，而根本的致命伤，要算是互不信任。人类文化愈进步，社会组织愈复杂，则人与人间的关系愈密切，相互的倚赖性亦大。举凡一切公共事业、社会活动，都要靠彼此分工合作。而所以能合作的要素，全在乎能互相信任。世界上号称现代的国家，它们的政府都是建筑在民众的信任上，但凡政府的当局，一朝失去了民众的信任立刻就得辞职。这样所以政府与人民，才能联成一气，人民的一切利益，都靠政府来保障，政府的设施，都会得人民的拥护，自然政治修明、百废具举了。至于政府既为民众的政府，它对于主人地位的民众，当然无所谓不信任了。所以言论自由、出版自由、思想自由等，都为民众所应有的权利。若夫民众自身，因为彼此能互相信任，所以各种公共事业，以及大规模的公司、商店、工厂等，才能够充分发达。在现代的工商业组织之下，一个机关的事务，决不是全数股东所能亲自经管的，都须假手于董事及经理人的。如果对于他们不能信任，那末股东岂能放心投资呢？他若各种金融之放款，更须以信任为基础，如单靠抵押放款，则金融信用制度，其效用能有几何？总之，在任何现代国家中，其一切社会事业，那一桩不是以相互信任为出发点哩？

在我国怎样呢？政府根本就不是建筑在民众的信任基础上，民众对之当然谈不到信任，只有畏惧、疑虑、诅咒，甚至反抗，更何拥护之可言。而政府对于民众，也是只有疑忌与威服，所以民众应有的一切自由，都不敢充分给与了。政府与民众，这样的貌合神离，在平时尚不容易维持其相安的局面，遇到外侮，要想举国一致对外，无怪其难了。自九一八以来，外侮日深，国难日亟，虽"集中力量一致对外"的调儿高唱入云，实际上的成效，究有几何？甚且政府的一举一动，都不能得人民的谅解，而疑其别有用心。最近盛传与日妥协的空气以及从前的种种谣言，都是这种疑忌心理的反映。尤可笑的，宋哲元军在喜峰口的大捷，在捷报初来的几天，许多民众，都不信以为真，以为是别有作用的宣传。日前朱子桥将军所说，政府对于北平民众组织的慰劳团，不甚放心，派人监视，这又是政府不信任民众的表示。不但政府与民众是这样，就是中央政府与各省政府间，此省政府与彼省政府间，此军人与彼军人间亦莫不是如此。西南五省组织的联合抗日军，喧传北上已久，而至今仍不能成为事实，也就是这个缘故。中央恐怕西南各省别有作用，不敢让他们军队通过，西南也恐怕中央对于他们的军队有所动作，不敢冒昧北上。甚至最近同在五省联防下的广东，也不许蔡廷锴将军的军队通过。这样疑忌的局面，那里能够集中力量一致对外哩？就是民众自身，彼此间也是一样的互不信任。官长不能信任其属吏，股东不能信任其董事，老板不能信任其伙计，主人不能信任其仆役，甚至父子之间、夫妻之间、兄弟之间、朋友之间，都是彼此不相信任。在这种情形之下，大规模的工商业及一切合作事业，怎样能发达呢？而且你疑心人靠不住，人就是忠实，仍旧不能得你的信任，到不如索兴做骗子还得点实惠哩。所以人们愈不能互相信任，社会欺诈之风愈甚，而不信任之心亦愈变本加厉，这一个圈子越兜越远，国家民族的前途，真有点不堪设想了。

——原载《中华周报》1933 年第 72 期（1933 年 4 月 19 日）。

论提倡实业为慈善家之第一要务

（俟庐　1933 年）

天地间有自然之利焉，舍己之所利而利之，救其偏，补其缺，慈善家临时之计也。因民之所利而利之，开其源，节其流，慈善家正本之图也。是提倡实业，岂非第一要务乎。地方上兴一实业，即地方上增一利源，使无力赡养者，得以自食其力而有余，化游惰之民，共登工艺之场，事固一举而数善兼备者也。夫今之慈善家，非不以救济民生为急矣。恤孤寡、养废疾，周贫乏而施之以财，赈饥荒而馈之以粟；而且某方水、某方火，则筹款以拯之；某地兵、某地疫，则捐金以济之，岂得谓无补于一时乎？然而僻壤荒陬，货弃于地，游民失业，仰食于人，过其境者，指不胜屈，虽间有办垦务，设工厂者，类皆为一时牟利计，而未尝为地方公益起见，即见其创立此举者，亦但以资本家目之，而不以慈善家称之也。庸讵知慈善之事业，即寓此提倡实业中，而其救济民生之功，更百倍于临时筹画者哉。

吾试以生利分利之道论之，《大学》云："生之者众，食之者寡，则财恒足。"后世计学家言殖产之术，未有能出乎此也。夫一国之岁殖者，国中人民岁殖之总数也。

综一国之民，无论劳力，或不劳力，劳力矣，或生利或不生利，而其待养于地之所产，民之所出则同，一国岁殖，只有此数，惟其养徒食者数寡，而后赡能生者数多，赡能生者数多，而国之所殖乃岁进。反是则其国未有不病焉者也。一国如是，即以例诸一家一方，亦莫不如是。

计学家言财之所自出者有三：一曰土地，二曰资本，三曰劳力。三者相需，而用乃不穷。若徒有资本，而无土地以生之，劳力以成之，未有见其能增益者也。慈善家之布施困穷，乃一时权宜之策，然有分利之数，而无生利之数，而数终有限。今有人焉，慷慨好施，出数万之款，以为慈善之基本金，亦云巨矣，而放取子金，其数无多，即动用母金，将数万金而分给贫户，每户得有数金，总而计之，亦不过万户沾其利益而止。倘易而办垦务、设工厂，则分利之人，即为生利之人。工于斯，业于斯，取衣食于斯，而沾其利益者，不且更增其多数，而用之不竭哉。此仅用资本，与兼用土地劳力者之比例率也。

然吾非谓实业当兴，而其他善举之可废也。夫天灾流行，人事变迁，饥乏之民，得之则生，弗得则死，岂容坐死而不救，但筹救急者一事，而兴实业者又一事也。实业之兴，以食之者之人数，即为生之者之人数，积而久焉，可以达生众食寡之目的。食者众而生者愈众，固无庸动用其基本金，且能日增其基本金也，所谓惠而不费也。故慈善家之救急，出于不得已而分其利，而有分利之民，亦当有生利之民，与之救济，惟二者相辅而行，然后可以维持于不敝已。

嗟乎，以中国之土地，养中国四万万之人民，本自绰然而有余，特无资本劳力以济之，此所以贫乏者之众也。夫贫乏之众，道在授以生计而已，则除孤寡、残废、灾荒之外，岂无策以救之乎？救之之道，非以实业为要务乎，所望慈善家加之意焉，则非特贫民之幸，抑亦富国之基也。

——原载《慈善汇刊·第一编·论说》，1933年，第44—46页。

社会的信用

（邹韬奋　1937）

《生活》周刊突飞猛进之后，时时立在时代的前线，获得国内外数十万读者好友的热烈的赞助和深挚的友谊，于是所受环境的逼迫也一天天加甚。我参加蔡孑民、宋庆龄诸先生所领导的民权保障同盟不久以后，便不得不暂离我所爱的职务而作欧洲之游。在这时候的情形，以及后来在各国的状况，读者诸君可在《萍踪寄语》初集、二集和三集里面看到大概。我于前年九月初由美回国，刚好环游了地球一周，关于在美几个月考察所得，都记在《萍踪忆语》里面，在这里不想多说了。回国后主办《大众生活》，反映全国救亡的高潮，现在有《大众集》留下了这高潮的影象。随后在香港创办《生活日报》，这在本书《在香港的经历》一文里可见一斑。自九一八国难发生以来，我竭尽我的心力，随全国同胞共赴国难；一面尽量运用我的笔杆，为国难尽一部分宣传和研讨的责任，一面也尽量运用我的微力，参加救国运动。

十几年来在舆论界困知勉行的我，时刻感念的是许多指导我的师友，许多赞助我的同人，无量数的同情我的读者好友。我常自策勉，认为报答这样的深情厚惠于万一的途径，是要把在社会上所获得的信用，完全用在为大众谋福利的方面去。我深刻地知道，社会上所给我的信用，绝对不是我个人所造成的，是我的许多师友，许多同人，以及无量数的读者好友，直接间接所共同造成的。因此也可以说，我在社会上的信用不只是我的信用，也是许多师友，许多同人，乃至无量数的读者好友所共有的。我应该尽善地运用这种信用，这不只是对我自己应负的责任，也是对许多师友，许多同人，乃至对无量数的读者好友所应负的责任。

我这信用绝对不为着我个人自己的私的目的而用，也不被任何人或任何党派为着私的目的所利用，我这信用只许为大众而用。在现阶段，我所常常考虑的是，怎样把我所有的能力和信用运用于抗敌救亡的工作？

我生平没有私仇，但是因为现实的社会既有光明和黑暗两方面，你要立于光明方面，黑暗方面往往要中伤你。中伤的最容易的办法，是破坏你在社会上的信用。要破坏你在社会上的信用，最常见的方法是在金钱方面造你的谣言。

我主持任何机关，经手任何公款，对于账目都特别谨慎；无论如何，必须请会计师查账，得到证书。这固然是服务于公共机关者应有的职责，是很寻常的事情，本来是不值得提起的。我在这里所以还顺便提起的，因为要谈到社会上有些中伤的造谣阴谋，也许可供处世者避免陷害的参考。

也许诸君里面有许多人还记得，在马占山将军为抗敌救国血战嫩江的时候，《生活》周刊除在言论上大声疾呼，唤起民众共同奋斗外，并承国内外读者的跃踊输将，争先恐后地把捐款交给本刊汇齐汇寄前方。其中有一位"粤东女子"特捐所得遗产二万五千元，亲交给我收转。这样爱国的热诚和信任我们的深挚，使我们得到很深的感动。当时我们的周刊社的门口很小，热心的读者除邮汇捐款络绎不绝外，每天到门口来亲交捐款的，也挤得水泄不通，其中往往有卖菜的小贩和挑担的村夫，在柜台上伸手交着几只角子，或几块大洋，使人看着发生深深的感动，永不能忘的深深的感动！当时我们的同事几于全体动员，收款的收款，算账的算账，忙得不得了，为着急于清算以便从早汇交前线的战士，我们往往延长办公时间到深夜。这次捐款数量达十二万元，我们不但有细账，有收据，不但将捐款者的姓名公布（其先在本刊上公布，后来因人数太多，纸张所贴不资，特在《征信录》上全部公布，分寄各捐户），收据也制版公布，并且由会计师（潘序伦会计师）查账，认为无误，给与证明书公布。这在经手公款的人，手续上可说是应有尽有的了。但是后来仍有人用文字散布谣言，说我出国视察的费用是从捐款里括下来的！我前年回国后，听到这个消息，特把会计师所给的证明书制版，请律师（陈霆锐律师）再为登报宣布。但是仍有人故作怀疑的口吻，抹煞这铁一般的事实！这样不顾事实的行为，显然是存心要毁坏我在社会上的信用，但是终于因为我有铁据足以证明这是毁谤诬蔑，他们徒然"心劳日拙"，并不能达到他们的目的。

我们只要自己脚跟立得稳，毁谤诬蔑，是不足畏的。

——原载韬奋基金会、上海韬奋纪念馆编：《韬奋全集（增补本）》
（第 7 册），上海人民出版社 2015 年版，第 206—208 页。

社会服务事业之财政方面

（章元善　1930年）

学非所用，用非所学，的确是中国今日一种不可讳言的事实，尤其是社会学家同服务社会者两种人，非特在中国现状之下，觉得人地不相宜的居多，即在别国，亦复难免。我于社会学无甚研究，服务社会，犹如盲人骑着瞎马。诸君因为理论与实际有密切联络的必要，容许我入会，并且要我把历来经验的一部，贡献出来，备诸君的参考，诸君不耻下问的谦德，实在使我钦佩不止。

社会服务与别的职业不同。别的职业，经济责任是分开的——资本家供给资本，技术家拿来运用，筹款的不管实施，实施的不管筹款。惟独社会服务者，往往应双方兼顾，一面设法筹款，一面设法实施。所以我今天不揣冒昧提出这个"社会服务事业之财政方面"一个题目来，同诸君共同讨论。

界说。为我们讨论的便利起见，什么是社会服务事业，似乎先要有一种界说。我个人的、非科学的、完全武断的界说是"不企图金钱酬报，不列入国家行政范围内之一切为人而谋的事业，是社会服务事业"。或者说"社会服务事业，是人类之一部，鉴于某种需要，为谋另一部人的福利起见，兴办之事业"。

财务是先决条件。经此界说，可知社会服务事业的主要先决条件，就是财务。其故有三：（一）不企图金钱之酬报，社会事业，不可商业化，不能招股，无红可分。（二）不在国家行政范围以内，不列入国家预算，不能征税。（三）为人的事业，受之者不能付代价，不能取给于受惠之人。

人所忽视。社会事业之财务，虽然如此重要，但是一般热心公益的人，激于同情或处于其他心理之下，发起举办某事，忙个不了。在形式方面，一步加紧一步的进行，定章程，召会员，宣传登报，轰轰烈烈的做去，先拣比较容易解决的做。做到后来，形式粗备，章程亦有了，会员亦召着几个了，报亦见了，实地办事的时候已经到了。可是财政尚未谈起，用钱无着，开会讨论，终久一筹莫展，精神因之渐渐涣散，连开会多觉得困难。久而久之，发起人亦灰心了，会员亦不闻不问了。到那时候，苦了新举出来的职员，更苦了受雇的书记及仆役，职员们弄得莫明其妙，到底是怎么一回事。原来处于赞成地位的，现在却是适当其冲，一副担子，无端的加在他们的肩上！过些时候，原来的发起人，亦找不着了，职员们去见他们，他们亦避之惟恐不远了！于是热气完了！事亦完了！

财务无办法，前途不可乐观。上边说的情形，在吾们经验之中，已有不少的证例。吾们因之耗费的光阴精神以及金钱，实在不少。要想避免这种无谓的浪费，我以为在筹备时期，第一桩应该充分考虑的事，就是钱的来源。这个问题，如果觉得空空洞洞，毫无把握，那么前途未容乐观，万不可以为组织起来，自然就会有办法。通常的进行方法，是组织出来若干委员会，由他们分头工作。其中有一个委员会，是负筹款的责任。好像这个委员会，有一种点金之术，以为举上几位银行经理、实业巨子，什么多会有办法似的。莫说请他们当委员，就是一重难关，即使费了九牛二虎之力请到了，他们是处于被动地位。甲会请他们当财务委员，乙会亦请他们，同是一个人，这儿找他，哪儿亦找他。吾们细心一想，亦难怪他们不能尽职，不能满足大家的希望。除非有特别理由，这样财务委员，十回里有八九回，是大大勉强凑成的。他们对于职务，是完全一种"挂名"头衔。逼得他们太厉害了，他们捐上十元八元，跟着上了辞职书，到那时候，挽留罢，敦劝罢，亦就等于白说。这种情形，或者我说的太刻薄一些，但是是一种常有的现象。所以一般乐观者，用这种虚无缥缈的财务委员会来当作金矿看，不过是一种自己安慰自己的方法罢了，实际上是的确无益的。我的主张，以为要办事，要为社会服务，先得解决金钱的问题，切实的预先计划筹款的方法，万不可拿最要紧的财政问题，用委员会来搪塞目前，拿狠奢的希望，放在委员会的身上。

办什么事。要筹款办一桩事，这一桩"事"，在吾们发起人或赞成人，固然是狠明白，认为有办的必要。但是除非吾们不打算向人筹款，如果吾们要想筹款，那末第一步是要使社会中大多数的人知道吾们要办的是"什么事"。吾们或者眼光远，看得清楚这事有非办不可的地方，吾们尤得使将来的捐户，明了这种理由，引起他们的同情及赞许。不经说明，大家忽略过去；一经说明，就得大家的协助。把这事的远因近果，以及与社会甚至个人的关系，充量使人知道，就是引动他们对于某事的兴趣及注意，是日后劝捐，实际办事的预备工作。

捐与税。宣传工作充分做了之后，才可入手劝募。劝募之时，尤应知道一般捐户的心理，及他们对于公益事业的看法。我们拿出钱来，听凭别人替吾们办一种事业，拿钱的形式有三种：（一）是税，对国家（中央与地方）纳的，所办的事，如国防、交通、教育、外交、治安等。（二）是捐，地方团体来收的、办的事业，如公园、医院、孤儿院、残废院、疯人院、清洁、卫生、保卫等。（三）是乐捐，捐给社会事业服务团体，办一切辅助或补充国家及地方行政上缺欠的事业，如儿童幸福、赈济、侨民福利、工业区福利、生育节制运动、平民教育等。

法定的税，吾们是要纳的，成规的公共性质捐款，亦是要交的。惟有乐捐，则出于自动，有直接表示意识的可能。赞许这事就捐，不赞许就可不捐。

捐户的心理。"乐"与不"乐"，有关于捐与不捐。如何捐户便乐、便捐，是值得注意的问题。依我个人的观察，觉得捐户有为己、为人、为事之三大种，各有各的立场。合乎他的心理，或适当某种时机，他就乐而捐；不合他的胃口，或时机不适宜，他便不捐。同是一样捐钱办事，为己者意识浅薄，为人者因人而施，为事者是对于兴办之事，真有同情赞许之心，他捐的钱，是这种同情及赞许的表示。

为己者。持为己主义者，捐款办公益，其动机似有附带宗教色彩，同纯粹为己者之别。为着"还愿""忏悔""积德""消灾"，而施财的，是属于前者；为谋得乐善美名，为纪念已死亡之亲族，为捐官爵，为买奖牌，为得彩，为看义务戏，甚至为解除向之劝募者之麻烦（如给钱与追随之乞丐）等，是属于后者。此类捐户，虽是捐钱，其存心纯为他们自己。预备捐施的钱用完，他们是不肯捐钱办事的。

为人者。为人而施财的捐户，他的用意似较"为己"者为深远，或激于义愤，或发于同情，他就肯捐。此类捐户，初非有意捐钱，但捐钱，他们倒并不吝啬，并不是不可能的事。只要知道与之有某种关系的人，如本家、亲戚、同乡、同教、同寅、同学等与某事有关，彼必慷慨解囊，不若"为己者"的存了"化去几个，图个太平，办些什么，吾可不问"的一种心理。又有一种人，虽非为己者，但于捐款之得当与否，不加深思的。"某人来捐，面子有关，交情有关，吾如何可以不捐"。或对于某事本人虽不十分赞许，但所处地位如此，不得不捐几文来鼓励别人。或因捐启后方，鼎鼎大名的人列了一大排，或因介绍人的关系，凭着他们的声望与信用，亦肯捐钱。"某人发起，又有某人等赞助，及介绍的事，是不会错的，我亦来几文罢"，这种捐户们作如此想。

为事者。既不为着图个太平，又不为着人的关系捐钱的捐户，是的确事业的"施主"。只问事业的应做不应做，做法的对与不对，不问捐了钱与我有什么好处，或是看什么人来捐的。可是捐钱是有一定的希望与意义，希望事业见效的心，是很恳切的。认定某种事业应办，他们必尽力为之做后盾。今日有钱今日捐，他日有了钱，仍会自动的捐。他们捐的钱，或有限止，可是他们的信力、兴趣是很浓厚的，不肯拿钱来四处做好人，弄得钱散事不成，甚至受人欺骗。这种捐户，能选择事业，尽力维持，有一定的意识，能始终其事，能得到结果同满意。

捐钱者未必有钱。多数肯捐钱办事的人，是经济不甚充裕的人。有钱者未必肯捐，肯捐者未必有钱。大多数的钱，是一般中产阶级中人的钱。他们切身需要之外，略有盈余，盈余的钱，可存可不存，可省可花，只要时机适当，他们就肯拿这笔钱来捐。说是吾们希望一般捐户，肯牺牲了切身的需要，为人类谋福利，我以为是极不常见的事。我历来的经验，暗示给我：人是自私的，自己需要满足之后，方始能顾及他人。不过自私的程度不同，能"克己"的人，他自己的需要是简单些，容易满足些，他的公益心自然富足些。贪多无厌或穷奢极侈的人，自己的需要，好像再亦不会满足似的，当然永远没有余款，可以拿来谋满足他人的需要了。天下能舍己成人的人有几个，可是拔一毛利天下而不为者，却在在皆是！

捐款来晚了！捐款是劝募来的，可惜劝募开始，往往是用钱最急之时，突然来了一阵大风，吹毁了许多庄稼，一把大火烧去了无数房屋，一阵大水淹没了多少村子，因之几万、几十万人，无衣无食，嗷嗷待哺。在这种状况之下，救济是不容或缓的。可是在这种情形没有实现以前，怎么可以向人宣传，向人劝募？等到要用钱的时候，方始这种需要人人可以承认。非到那时候，捐款是捐不来的。但是等到能捐的时机来到，最有效的用钱的时机却已过去。况且捐款有了，拿去应用，多少又有些时间的消耗。所以就事论事，等到灾成捐款，款到办事，无形之中，不知耽误了多少事。我拿赈务来做我的例子，因为这是我知道的，其他社会服务事业，想来情形亦复相同。

未雨绸缪。除非吾们否认上述的情形为普遍的，吾们为社会服务者，似应提倡有统系的、有永久性的事业来，用长时间来研究与宣传，养成一般捐户

"为事捐钱"的习惯。使得社会中人，个个知道所处的社会之中，有几桩应办的社会事业，这些事业，有什么几个机关，可以担任了去办。有了可捐的钱，就会交给这几个机关，以备他们"不时"之需。有了这样的机关，非但可以免去临渴掘井的危险，并且可以预防假冒为善，从中渔利的临时团体，来往金钱时间最宝贵的当口，扰乱一气，使得有钱可捐的人，看着寒心害怕！

设如社会事业，可以分之为若干类，如卫生、教育、经济等，则每一类应有一个完善的团体，各自认清本身的领域，研究及决定治标治本、补救预防的方法，规画出事业的方针，往前做去，使得理想化为成绩，使得经验补充理想，使得社会中的人，渐渐明白他的事业、他的办法、他的成效。关心其事者，自然愿意参加；有钱可捐者，自然拿来信托他。临时发生事件，有了基本组织，且有存储款项，即可立刻应付，初步工作，即可进行无阻。一面从容筹款，继续进行，扩大范围。如此做去，捐户见捐钱可收实效，亦必充量捐输，事业得益，而投机者亦将无机可投。

事业政策要有伸缩性。捐户的心理，既不相同。他们对于"事"的态度，有的主张治标，姑息目前；有的注重治本，消弭人类痛苦于无形；有的要补救已往的缺陷；有的要积极事前的预防。服务机关的事业政策，所以要定得"雅俗共赏"。好在人间疾苦，本无止境，治标治本，双方兼顾；补救预防，并行不悖。捐户的态度，无论偏于何方，服务机关，总可尊重他们的意旨，做他们想做的事。事业政策，所以要明白规定治标补救是如何做法，治本预防又如何实行。但是亦不可为贪图接受捐款，同时接受捐户方面不可能的条件，随波逐流，损失本体的特性。

对捐户之责任。捐得钱来，是服务者责任的起点。本来社会事业，大都出于私人的自动，受良心或道义的驱使，办得好不好，成不成，没有定评，惟有对捐户，则负重大的道德上及法律上责任，所以实施比着劝募还应注意。捐来之款，是他人拿来信托吾人的。若说"这钱由我募来，主权就属于我"，那是大误。劝募之时，若已有预定计画及预算，募来的款，就应在可能范围内，切实的按着预算去用。若无预算，只有事业性质，及办法是预先宣布的，那末只要不背原则，受信托者，似有权衡轻重决定先后之权能。但无论如何，不可超出原定范围，随便移作他用。又事多钱不够，虽是普通的现象，但关于余款的处置，服务机关同捐户之间，似应有一种了解，以免日后的误会。

捐来款项的动支，不消说得，自应经过审慎的考虑。捐户的意旨要尊重，事业上得最高的效率，尤要打算。权衡轻重，分别缓急，是服务机关的责任。业经捐户指定用途的款项，自无问题，否则以求精不求多，谋持久不图速效为佳。否则有数的金钱，散布于若干事件，或一时挥霍，后继为难。结果都要弄得一事无成，花去的钱，等于虚掷，大多数的捐户，必难见谅。

"挑费"。社会服务机关的会计组织，宜简不宜繁。事业费及经费，要分划清楚。严格说来，捐下来的钱，自然是要用在事业上。但一切无显明直接关系的开支，一般捐户，认为"挑费"。"挑费"用钱愈多，捐户愈不满意。他们虽然亦承认办事就得花钱，"挑费"是不可没有的，然而总以"挑费"是一种耗损。服务机关一方面要有良好的管理、严密的组织，求事工上最高的效率、最好的成绩；一方面又要留心减少"挑费"到最低限度。他们所处的环境，可谓很困难。所以只有在会计的组织之中，有相当设备，事业费同挑费，可以有比较的可能，以求捐户的谅解。会计事务，我又是外行，但是下列的一种报告程式，简明易晓，可资模仿，所以连带介绍给诸君。（图略——编者注）

我拿这不常讨论的题目，用纯粹武断的方法作成这篇挂一漏万的文字，在诸君面前，班门弄斧，耗费诸君的光阴，实在万分抱歉。如蒙指正见教，不胜荣幸之至。

　　　　　　　　　　　　　　　　　　——十九，十，二五　北平

　　　　　　　　　　　　——原载《社会学刊》1931 年第 2 卷第 3 期。

论社会慈善事业与医政事业不可混视

（胡定安　1934 年）

社会民众之阶级、智识、生活程度，以及职业之有无、身体精神之有无欠缺等等，既各有悬殊矣。残废老弱、疾病穷困，均须恃有社会慈善救济事业以扶助之，且无论富裕之国家，亦不能免有待救济之需要也，故社会慈善救济事业，完全不能与政府之纯粹政治的设施相混而并视之。中央与地方政府对于社会慈善救济，固有其应负之责任与职掌，并其设施之范围。而社会人士协助与提倡之各种社会慈善救济事业，在政府方面应重视之、爱护之、扶植之，使与政府方面之救济范围应办之事业，合作互助，集中力量，得收较大之宏效。换言之，无论中央与地方政府，对于社会方面所提倡兴办之各种慈善救济事业，不应歧视之、摧残之、设法消极抵制之或嫉视之，使无法发展与进步。吾思稍有良心之政治家与行政家，溯古今中外之历史观之，决无对社会救济事业有不利之怀抱与恶意焉。

语云："独木难支大厦，众志可以成城。"通力合作，则力量随之而集中，尤以社会慈善救济事业，更非集中力量不足以图发展。盖社会慈善救济事业，包括范围极广，今欲论者，有关医药救济而言也。原夫社会慈善事业，除不肖者假借美名藉图渔利有当别论外，大半皆出自至诚为之服务也，宗教家之办理慈善事业，亦均抱此种意义而谋设施。可见办慈善事业，只有任劳任怨，或能免误会于万一，实则毫无权利名望之足称，绝不能与医政事业，以为有名望有权利可图所可同日而语者也。以上系概论社会慈善救济事业与医政事业不可混视之界说与关系，望读者注意及之。

其次即就慈善救济事业有关医药救济之重要设施言之，如平民施诊所、防疫医院、育婴施诊机关、残废治疗院等等，其设施之范围与目的，均系含有为社会服务之诚意与协助地方政府进行，盖决非与商业性质相同，含有竞争买卖之意义在焉。故在政府立场，对于上述各项慈善救济机关，必须多方扶护，使其发展而应适当之需要。因愈在政府服务，更宜分些精力同时亦在社会方面多所服务也，不但似为职责上所应驱使，且亦为人类良心上应有之博爱精神与慈善观念也。

世人恒有以社会慈善事业，易与医政事业相混视，因之易使社会慈善事业前途蒙莫大之影响，即就医政而言，凡参加服务社会慈善事业之人员，绝不能因人而废事。盖事业之性质既不同，其设施之方针亦迥异。慈善救济以贫民利益为对象，毫无权利思想可言，慈善事业之宗旨与本身，如能唤起注意，并能同此宗旨进行兴办，在慈善方面言之，皆所渴望与祷祝者也，此与医政事业或含带政治关系，政策各异，尤属风马牛不相及。余终以为人之好善，谁不如我，人人皆有乐于为善之心，决不致抹煞良心，而有意怀阴谋破坏慈善组织以为快也。

世道日衰，人心不古，势利为尚，互助博爱之观念薄弱，是故社会人士首宜认清社会慈善事业与医政事业，而后民众不致受影响，否则慈善事业之不易举。医政事业亦决不能因不扶助慈善事业遂博得社会同情与深切之认识也。可见主持医政事业之须具清明头脑以明辨之，更为慈善前途之幸福。中国贫民众多，许多慈善救济往往与医药救济相关联，但最紧要之关键，则在须锐利辨别慈善事业与医政事业。吾人服务社会或参与医政，可不猛省而力求避免混视乎。

——原载《医事公论》1934 年第 13 期。

江苏川南崇宝启水灾救济会办振标准

（1933 年）

通告川南崇宝启五县政府暨办事处：

敬启者。本会同人鉴于各县灾情之严重，灾黎之惨苦，并感于各县地方人士呼号乞振之热诚，组成本会，冀竭绵力，稍澹沉灾。成立以来，多方筹募，政府拨款迄无把握，民间捐款尤极细微。四十日中，实收者各方捐款三万六千余元，中央赈务委员会拨助二千元，合计仅得三万八千余元。而支出临时急赈、工赈及衣米种子等费，合计将及二十万元。皆由同人以信用担保方式向各银行借垫而来。此中艰难竭蹶情形，当为地方人士所共谅。因此，不得不希望各县县长、办事处主任，与其他办振诸君，对于赈款之支配，衣物之发给，必须以公平切实四字为办理总标准。请析言之：

第一步调查。办急赈，无论发给衣物现金，必须根据灾民清册。办工赈，无论修塘筑圩，必须根据塘圩被损实况。凡此调查工作，当然采取地方报告。而报告者私见之难除，面情之难却，皆在意中。惟有由各县总机关选派公正人员，会同办理。甲区灾况则推乙区人员前往调查，调查既毕，由总机关推员复查，或交换抽查，不如此，不足以得真相，且恐不足以息浮言。

第二步支配。调查结果，所认为需要赈物赈款之数量，按之筹募所得，供求必不能相符。即如此次本会之所供给，万不能满足各县之所需求。此中调剂盈虚，斟酌缓急，全仗各县县长与地方领袖诸君，廓然大公，不参私意。依照调查需要数量，或按成普减，或分别轻重，量为增减。至其手续，或付之公议施行，或出以断然处置。凡事欲求服众，惟有秉公。

第三步散放。无论赈款赈物，经手散放，必须手续清楚，票据完全。例如各县总机关分给各区，各区分给各段，皆须取具收据。所有款物数量，经领年月日，经领者姓名，皆须一一备具，签写正确。即各区或各分段发给灾户，能备收据最好。设或不能，亦须备有清册，按户载明姓名数量、年月日，由经发人签字，以昭负责。一面各县总机关推员严密稽查，或分区交换稽查，或普查，或抽查，总须铁面无私，勿苛勿滥。

总之，吾人办振，须念一丝一粟，皆灾民养命之源，若调查时虚报一分，散放时滥发一分，必有应活之一人，因我而冻馁以死。号称救人，而致人于死，冒行善之名，行杀人之实，可乎？又或争多论少，贪得无厌，此方浮领若干分，彼方必有若干人因我而冻馁以死。夺灾民一人之命，是大不仁；贪赈款一文之利，是大不义。不仁不义，即使国法不问，人言不恤，其如良心何？本会捐款收据，盖有"营私舞弊，天诛地灭"字样，并非迷信无稽之说，实有真理存乎其间，须知一切有形，惟心所造，千夫所指，无疾而亡，不于其身，必于子孙，物有固然，势所必至。如果办法谨严，受人毁谤，或因守正而不免横遭物议，或因秉公而诋为不近人情，但求无愧于心，焉得尽人而悦。一时之毁誉，容有难凭，久后之是非，必然大白。

本会同人，深念捐款诸君付托之重，尤念募款诸君筹集之艰，用是不惮烦言，竭诚劝告。愿各县县长、办事处主任，与其他办赈诸君，身体而力行焉。每县检奉（《办振要言》《义振刍言》合刻）各二十册，幸分发各同事，详加披览。如不敷，可续奉。

——原载《江苏川南崇宝启水灾救济会报告书》，1934 年，第 1—2 页。

为慈善界进一言

（黄国琦　1935年）

在昔王者于季春之月，以时布德行惠，命有司，发仓廪，赐贫穷，振乏绝。以公府之余粮，周天下之无告。喑聋跛躄断者侏儒，百工各以其器食之，以私人之财力，行慈善之事业。论者谓三代之隆，实王道政治之极轨，风淳俗质，几跻大同。孤独矜寡，岁有常饩。三年之耕而有一年之储，纵有凶荒，民无菜色。行善赋自天性，布施视为乐事。国家列为施政之大耑，布施者不以此而市惠。吁谟闳远，衡之今世，实未多让！东汉以降，佛法东来，沙门道盛，梵刹大兴，而布施事业，乃大宏于寺院丛林之间，此亦我佛慈悲普渡之表见，稽之简册而犹可考者也。当其盛也，政府公卿、富人居士，岁输厚资，群襄善举。一寺一院，鸣钟就食者动逾万数千人。其流风余韵，今犹隐约可见。然奚以此良善制度，非特不能扩充发扬于今日，且令今日之举办慈善事业者，不得已借镜西国，攻错他山。而推行之余，顿感财力不充，车薪杯水，衍尤丛集，窒碍多耑。坐令历史上圣哲贤王之良谟嘉猷，至今世而益蹶难振。奇衺之徒，复以物竞天择之说，曲解附会，唯求快意，亲民仁爱之泽，荡然净尽！夜气梏亡，横流弥漫。甚至以慈善之施行，为强黠者诈欺麻醉之手段，以贫穷为罪恶，归咎于不幸者之自身，非举天下苍生，日从事斗争流血不已也！

虽然，吾慈善界同人，固不可以世变之呕而卸弛其职责也，固不可以途远事难而稍馁其志气也。今者社会体态，虽错综儱杂，倍于前古，第以百粤而论，近年以还，政入常轨，政府方罄其全力，从事于天灾之预防，卫生之讲究，贫民之教养，老弱残疾者之救济，使一般尽力于慈善界者，有规可遵，有矩可循。苟能本古圣天下为公之旨，而贯之以诚信忠义之道，泯兹畛域，共同迈进，将见今日所从事者，光裕前代，发扬普照，造福有众，绝未可自封故步也。国琦猥以菲才，不自揣度，常思竭其绵薄，冀有以贡献于社会慈善事业者，盖十有余年矣。闲尝以体验之所得，事实之箴训、同志之借镜、自身之确信，窃谓今日而言社会慈善事业之推行，务求其有实效者。集中财力，网罗有经验之人才，探讨前古固有之伟规闳谟，参订当代西洋之典章制度，而加以斟酌损益，裁长补短，冀新制度之确立，以共止于至善。凡兹种切，固为当务之急，而为吾慈善界同人，所宜加以万二分之注意。其尤为切要，足以起衰救敝，拨云雾而见青天者，约有二端：

其一，正确人生信仰之树立。换言之：利他主义之躬行实践也。广宇长宙之中，为人群之最大仇敌者，莫过于"为私"之一念。盖贪私昏愦之徒，惘然不知社会为一有机体，亡其真我而日纭纷争逐于假我之中，或其始未尝无利己为公之志，物与民怀之愿。特一念触发，善端方开，灵机萌动，信仰未坚，又为习俗所牵累，环境所推移，物欲所感诱，名利所毒饵，遂使此新生之虚灵明觉，复贼其元性而莫知所向！此尤为吾慈善界同人所当省察戒慎者也。然如何然后可以达利他为公之本旨，简言之，则曰牺牲假我，服务人群，弥缝社会之缺陷，视天下贫弱老病者如一己之骨肉，视公群之痌瘝痛痒为一己之痌瘝痛痒。推言之，则合佛氏之慈悲，耶教之博爱，儒家之大同，而一以贯之。本此一贯之精神，树立共同之信仰，贞以干事，勇于舍身，精诚所至，金石为开，以仁爱牺牲之义，为慈善事业之基础，此吾慈善界同人，所当服膺不已者也。

其二，步骤统一之必要。善堂组织，几遍全省，其间不乏历史悠远，成效昭彰者，特以平日行动散漫，各自为政，无健全系统之计划，乏分工合作之良效，甚或有积习过深，因循丛脞，徒耗善款，无裨实际者。本堂有见及此，爰于第三次董事会议决议统一全省慈善机关一案，并即奉准政府通令各县市，着将各该地慈善机关，一律改为本堂、分堂或办事处。总辖于本堂统一之下，改善原有之组织，保留原有之职员。唯求气象更新，扫涤旧染，树立社会对慈善事业之热诚信仰，务使财无浪用，力不空费，无负本身之使命，而尽人类救济互助之责任，此则国琦所愿与慈善界同人，深自勖励，而期于有成者也。统一计划，推行以来，各地慈善机关之按照程序改组者，已日渐加增，全部更张，竣功在望。惟是事竟功成，有资群力，善声相感，瑞赖同好。易曰：鸣鹤在阴，其子和之。孔子曰："德不孤，必有邻。"国琦不敏，谨诵斯言以勖世之有志慈善事业者。

——原载《仁爱月刊》1935 年第 1 卷第 2 期。

救济事业之检讨与推进

（魏尔庄　1935 年）

社会之需要救济事业，原为解除社会的贫穷现象；贫穷现象之解除，固然是需要预防为主体的工作。但是预防工作，即使完善，然而天灾有时未能尽免，而人品亦至为不齐。富庶如美国，一遇水旱灾情，人民生计，有时也至感困难；社会健康如欧美各国，而低能疯癫者之不能谋生，孤儿贫老者之失养，皆为普遍之事实，不能不加以救济。因之救济事业，虽属治标工作，然亦不能不加以充分注意。

从前有一派学者（如斯宾塞尔，Spencer）多持自然进化主义之说，他们主张社会上身体健全的人，应该让他们发展，使他们繁殖；残弱不健全的人，应该让他们受自然势力之支配，归于淘汰；这样，社会才可以有进步。在功利主义思想弥漫着的社会，有这种观念的人，当然很多，不过人类文化进步后，已渐渐从被动式的物竞天择，来适应环境，一变而为主动的凭理智来适应环境。对于不适于生存的种族，应该设法不让他们繁殖，对于他们本身，总持着一个共存共荣的态度。我们为宝贵这共同生活，为尊重这大公的牺牲精神，应当在可能及不姑息的范围以内，予同胞中之不幸者，设法予以救济。而且社会上作奸犯科的人，大概也是大多数属于这一类的，我们设法救济贫穷，间接的就是维持地方治安。譬如一人病手，其始与心无关，苟不就医，势必延及全身；如果说手病，而整个身心终是健全，自属不通之论。因此，同样的社会，我们应当注意这一般老弱残废不健全的份子，使得整个的社会，日趋繁荣。

中国救济事业的发端，在《周礼》上，除荒政十二篇外，又有保息之政六：如慈幼、养老、赈穷、恤贫、宽疾、安富，为政府注意救济事业之一证。历代圣贤且多以"己饥己溺"，以及"胞与为怀"的一套话，为劝世讽人的言论；孔子也说要使"老有所终，壮有所用，幼有所长，鳏、寡、孤、独、废疾者皆有所养"。而且历代帝王奖励民间捐输资财,以济民困,亦曾视为仁政之表现。

又如西汉三国之建立常平仓制度,隋代之建立社仓及义仓制度,明代之预备仓,唐宋之和籴及王安石之青苗法等,皆属济贫之方法。他如赈灾办法,及达官贵人之置义田,均以恤孤寡、周贫老为目的。而愚夫愚妇,也因受了"与人为善,天必佑之"之幻觉的意识所鼓舞,亦多乐于施行个人的济救。因之,中国过去的救济事业,无论其为私为公,其举办的动机,或为笼络人心,或为欲得急公好义之名,或为感觉于仁的冲动,或为惑于福善祸淫之信念,所谓现代社会性的观念,可以说是绝对没有。

自从国民政府执政以来,关于此类事业,不但日夕注意,而且订有专门法规以资准绳。在公家救济方面,有《各地方救济院规则》,中间曾经察酌各地方的情形,加以修改一次,这无非是希冀切合实际,便利施行,使社会感受到真切的益处。此外,在私的方面,有《监督慈善团体法及其施行规则》之订定,以为公的救济事业之辅助。现在我们单就公的救济事业方面,加以考查,评论过去的成绩;予以研究,作为今后推动的拟议!

关于过去的成绩,根据内政部内政年鉴所得的材料,救济机关和慈善团体并在一起的统计,有如下列:

江苏	三七三所
江西	一四二所
湖北	一三二所
湖南	二四九所
山西	六九所
河南	五三所
河北	一三二所
浙江	三四七所
福建	四六所
广东	二二八所
云南	八〇所
辽宁	三六所

续表

吉林	五一所
黑龙江	一九所
新疆	五七所
热河	一六所
察哈尔	二〇所
绥远	三九所
总共	二、〇八七所

根据上面的统计，以中国幅员之大，人口之众，以及社会贫弱的成因之复杂，这样的救济事业，自然不能满足社会的需要；然而照内政年鉴的说明，这个统计，各地方并没有报齐；即使统同报齐，数字增加几倍，而从另一方面的观察，各地方救济机关，多是相沿旧习，不外单独施舍的救济行为，这种措施也不能适合时代性的救济事业，这也是大家明了的事实。

我们要推动救济事业，第一个困难问题，自然是经济。但这是属于地方财力的实际问题。我们要举办一件事，必定要统筹这一件事的经费，那时考虑事实，财力纵有不足，当为多少的问题，绝不至于一筹莫展！这是我们可以相信的。我们在原则上，自然要确定救济事业的经费，而经费的问题如何筹集，这是一个专门问题，容后再为详论。现在我们所需要研究的是有了经济如何推进事业的问题。要使得收获美满的成绩，而不致于虚耗财力，经过了上面的检查，我们可以得到下列的几个答案：

一、人才的培养和训练。过去救济事业的毛病，既然是偏在施舍方面，这固然可以说是救济方法的研究；而同时我们也可说是办理救济事业人员的因循。救济事业既是含有社会性，随时代而需要的东西，所以在人才方面，也得在可能的范围内尽量的培养，或是训练他们，具有科学的头脑，来应付这个复杂的需要。

二、救济方法的改良。我们如果仅以施舍为主力的救济这些不幸的人们，仍然不啻养成他们的倚赖心理，这样所得的效力，充其量只可说是维持了社会治安，而社会上未必即得到很大的利益。现代社会的需要，是要加强生产力量，培植国民经济，所以我们的救济事业，也要注重在生产方面，要造就他们能够个个都有技能，自食其力。

三、被救济人的调查。根据前述的救济方法，对于被救济人，应该先要详细的调查，而后可以有根据来诊断，才好再进一步的施行适宜的救济方法。

四、经费的运用。事实的昭示，各地方救济机关的事务费，往往超出事业费以上；这是显示职工薪给的数目太大，同时也可以说是人员嫌多。我们要认清救济机关是事业的机关，能够多一文钱，应该用于事业方面。仅可一人管理几样性质不同的事，绝不能使得有人没有事做，以致妨碍事业的发展。

五、注意统计材料。救济事业是需要时时改进的，救济方案更不是呆板不移的。如何可以达到这种目的？自然是要注意当时的事实，使得这种事实，可以有所考查，必定要随时登记。根据许多的登记材料，然后加以统计分析，自然随时可以得到改进的方案。

这几个原则都是很容易做到的事，如果予以深切注意，则各地方救济事业，相信在短期里，或者不难有长足的进步！

——原载《地方自治（南京）》1935 年第 4 期。

世界红卍字会查赈须知

（李天真　1936 年）

一、查赈员对于灾民，必须具有谦和容忍之态度，不得颟顸草率从事，尤须抱不惮烦劳之毅力，以期救人救彻。

二、查赈员出发时，在一二日内，必须先赴被灾最重之乡村，合查一二次，以资历验而为分查之标准。

三、查赈员担任乡区调查，无论路之远近崎岖，必须周巡偏僻，以防遗漏，致使本会赈救困苦颠连无告灾民，反有不得同沾实惠之憾。

四、查赈时，必须向灾民声明，此次之赈，系救急的，而非救贫的，故次贫者，不在被赈之列。

五、此次急赈，系各慈善团体之义赈，而非政府之官赈，官赈系普济性质，义赈则求吾人之良心之所安，抱救一人算一人之主义，须知少给一可有可无之次贫，即多救一非赈不活之极贫。

六、灾区壮丁，已由政府拨款，以工代赈，本会查放标准，专以赈救鳏寡孤独及老弱残废，或一妇人而有子女数口以上者为合格。

七、每到一村，必将灾民户口册，带至村长家中，预先向其说明，册列各户，必合于上列各项，乃可受赈。若无上列情形，由村长预将该户人名上注一暗记，以便查振员分别剔留，据实给票，实惠灾黎。（但查放员无论册列之户，实在与否，必须照册列按户调查，以辨真伪）倘村长经查问后，仍有徇情隐匿情事，查放员得报告办事处转请政府核办。

八、查赈员不得受人干求，滥给赈票，亦不得受地方供给，以杜情私。

九、查赈员遇灾民家中有牲畜者，不得给票。

十、每到灾民家中查赈时，必将灾民唤出户外，察其面貌，有无菜色病容，以决剔留。倘系妇女，必先问其丈夫何以不在家中受赈（以防冒充寡妇之弊），再查其子女口数名字，是否相符；再查男妇丁口是分是合，以防分领；然后再查屋内情形及锅灶，所食何物，罐柜有无余粮，床榻所拥何衣（屋内器具好坏不必细查）。

十一、遇有阁楼草堆，亦须仔细查看，以防隐藏粮食，冒领赈票之弊。

十二、查赈办法，系采严查宽放主义，故查赈时，应照原造户口册，从严核减，以便支配。

十三、查赈员填发赈票时，所有数目字，须用大写，以防添改。

十四、每日查毕，必须造表报告办事处，以便稽核。

——原载忏盦编：《赈灾辑要》，广益书局 1936 年版，第 116—118 页。

查赈十诫

（成静生　1936年）

一、戒延任生手，不能识别受灾成分，及不能杜冒滥防顶替，致使轻重倒置，误糜赈款。

二、戒畏难苟安，请托地方乡民，代为查户，从无弊窦，难免徇情。

三、戒曲徇地方人士私见查放，轻重不能得当。

四、戒受地方人士酒食及一切供应。

五、戒意气用事，不肯虚衷，详求灾民之隐。

六、戒心慈意软，认次灾为极贫，滥给赈票。

七、戒敷衍塞责，草率从事。

八、戒任意纾缓，迁延时日。

九、戒同人不能和衷共济，致误进行。

十、戒普查普放，救彻难期。

——原载忏盦编：《赈灾辑要》，广益书局1936年版，第162—163页。

义赈赘言

（朱琪成、乔葆元参订，成静生审定，仇襄著录，1936年）

先哲宝应刘朴生先生，昔倡义赈，与金坛冯蒿盦先生设义赈协会于上海，以礼义廉洁之操，申济世救灾之志，著有《义赈刍言》一篇，为时贤所风尚。溯今三十年，世风日下，弃质尚文，遂致是篇多感凿枘。记彼时从赈之友，均有卓立精神，蒿盦先生犹尝叹曰，义赈不绝者如缕矣。今则惟以因果法律相绳惕，已愧义之本旨，良可慨已。愿办赈者，务须参透成规，自问能否胜任，再为从事，万勿孟浪操切，既负灾民，且滋罪戾也。

义赈查户人员，实较其他公务人员为难，盖必并具慈悲心肠，坚忍学养，廉洁志气，勇敢精神不办，所谓智、仁、勇，缺一不可也。一入灾区，不但须与灾民同甘苦，尤难在鳏寡之纠缠，悍徒之恫诈，此数十日工作，几如世传释迦牟尼成佛时所受一切魔劫。苟胸中无确实涵养，鲜有不中途倦怠者。故主其事者，对于查友，决不能视为泛泛任务。古云救灾无良策，诚哉斯言。办赈之人，经过一分阅历，即感觉一分内疚，经过十分阅历，便感觉十分内疚。近有赈事办毕，夸示得意，此必锻炼未深，恐功用适当其反。

三代以上，求士惟恐其好名；三代以下，求士惟恐其不好名。今更何时，载道之士，夫岂易得。况查户为劳苦之役，又非席丰履厚者所能耐，是以每县赈友数人，甚难延选。凡延一友，虽云相从为善，亦宜体贴彼之境况，予以相当待遇，切勿过于苛刻，博一己撙节之名，使人于经济上不能久持，以致事废中途，反于赈务进行发生障碍。乐群而后济众，斯要亦近世办赈者，所宜注意。

未赈之前，勘灾亦属最要之事。除旱灾是普遍的，余若兵、水、虫、雹，皆有地势关系，分别等次，尤须详察民风淳薄，盖藏有无。昔人以不均为均，救一得一立论，今则并须融洽舆情，公开选剔，遗则多怨，滥则徒劳，均非善着。

主一县赈务，除审慎邀友勘灾外，对于地方官绅，亦应和衷共济，预开会议，广采群议，以灾区广狭，支配赈票，考虑须不厌周详。赈款最好交地方负责官署公团，共同保存，一秉大公，免滋物议。此为近时要需，不可认为受制于人，而持固执之见。

历来义赈书籍，以《义赈刍言》为最先，近如成静生先生之《办赈十要》，李天真先生所述之《查户须知》，均已尽量发挥。惟查户阅历，要在随机应变，不易着之笔墨。客岁从赈赣省旱灾，同人多属初经其役，故不揣谫陋，撮录十则，名曰赘言，非敢谓有经验，不过藉供参考云尔。

一、查赈员务须聪明练达，切忌拘泥执拗。须知查赈眼光，不能固执，尤不能挟有成见。善领会者，应随地随时，以所履所见为变更，不但水、旱、兵灾各有不同，即如久赈之区与初赈之区，亦大有类别。所谓办赈有经验，吃赈亦有经验，久赈之区，其民必多贪诈，未经赈济之处，风气究较淳厚。吾人查户之时，对于初赈之地，须要宽一分眼光，不可竟疑其作伪，间或釜有黍饭，亦须详询有否特别事故（如岁朝伏腊、归宁馈送等事），再察其衣食住光景，肉食与菜色，自可分辨，切勿孟浪，妄持此一得之明，拂然拒绝给赈，须知此种关头，最易发生惨剧。

二、查赈员如携有急赈（指给票即领之赈），更须加意审慎，不可凭一己笃爱，盖须防灾民迎合意旨。我怜于老，彼即假他人老者为父母，我怜于幼，彼即假他人幼者为子女，凑合人口，不足为奇。心慈意软，若不辅以明察，则佯死假病，种种设诈，无不毕肖。要皆年荒财尽，实逼处此。吾人需善于用慈，慎勿轻于施惠，盖善于用慈，得廉其情，轻于施惠，易启其贪。

三、义赈查户各种规则，沪上善团皆有规定，印刷流传裨益匪浅，但勤学仍不如多历。久经斯役者，一到其村，先观其气，比临其门，则贫寒之况，已具大概，及见其人面色，再察其家中用具之污洁，如果相符，即须询其人口，按次填票，毋须多事检查矣。譬如满筐桃杏，欲择其硕者，宜远观不宜近检。凝神聚气，是在未入门以前，若户户严查，转启彼村灾民藏匿之弊，亦且多延时期，反致无益有损。

四、旱灾查户比较尤难，因旱灾是普遍全灾，无一家幸免，庄农人家大都俭啬，次贫之户虽有目前之粮，彼必与极贫之户，同样挖食树皮草根，因彼虽有若干粮食，犹思留待树皮草根食尽时，自为预备，老年寡妇，尤具此种心理，查时亦须注意。

五、查赈时赈款能多，家家沾到更好，设逢灾重款少，又复限于票额，与其专赈鳏寡，不若改救儿多之家。夫鳏寡孤独，四大贫民，此古之承平世界语也，若逢世乱年荒，万勿以此为拘。今如一家只一孤老，一家则壮年夫妇率子女四五，固然以孤老为苦，有子女者为较好。须知大灾压境，同是乏食，彼老者乞食，必多有怜悯者，每日得一碗饭，可以不死，此壮者乞得四五碗饭，仅能赡其儿女，为父母者，又不忍分其子女之食，万一因饥而毙，其子女亦必相随毕命。在赈员剔其老而赈其壮，于舆论良心，均觉说不过去，惟其中紧要关键，务须深解一步。

六、查赈员凡查出灾民有不端行为者，或匪类，或烟赌，只劝其不必领振，切勿突然道破，恐彼结怨于乡导，而于明哲保身上，亦关至要。

七、查赈员每至一村镇，或用膳，或住宿，须先餐毕而后查。如住于此村，必须濒行时再查。盖查后灾民纷纷要求者必众，非但不能安于寝馈，且必致乡导者为难，若再意念稍软，滥给之弊必生，不可不慎。

八、近世人心酿劫，有灾之区，往往多匪，在各乡导负有保护之责，多有派一二保卫兵士，随同查户，或护送行路者，此举非但扰民，实则更加一层危险。须思吾人抱纯粹慈善宗旨，任何匪类，总有些许感化，即或不然，亦不过攫取川资衣服而已。若吾人随有利器，彼将先发制人，枪弹之下，其失更大。且匪人最重者武器，彼即对于吾人本不欲侵犯，而对于护随者转滋恶念，若以威镇压，多携武器，必使灾区多一番供应，又背慈善本旨，此举决然不必。

九、查赈员切忌沾名好胜，宣扬德意之厚，或表示赈款之多，是则启人干请，足使自受包围。须知赈款，是属捐助者之惠，吾人不过负调查无告，分别等次之责，倘竟攫人之功，必至贻己之患，窃谓不可。若遇民情不淳之区，以及军人或匪类干涉赈事，尤不宜宣布赈款之数。衣服且不宜华丽，能化装到穷人样子查赈，更觉事易而功倍。

十、查赈员认查之区，宜先与区长计议放赈地点。查时对于近地，不妨给票等级稍低，其远地给票等级则宜稍大，预算往返程途口粮在内。慎勿使远路灾民，仅领得少数粮食，不敷路上日食，亦滋吾人罪过。

　　　　——原载忏盫编：《赈灾辑要》，广益书局1936年版，第193—197页。

救荒一得录

（冯嘉锡、朱祖荫　1920 年）

救荒无善策，古人言之屡矣，故荒政辑要诸书，亦记载多而办法少。嘉锡昔究心于荒政，前清光绪丁未，任江苏桃源春赈，为善后计，筹款当田，己酉督办湖北荆州府属江监公石四县赈务，查放急赈冬赈，次年春赈，计八阅月，始告竣。祖荫幕齐鲁间二十年，丙子，益都旱灾，癸未、丁亥、壬辰，历城齐河水灾，己丑，新泰春荒，均躬与其事。迨官楚北，丙申、丁酉，赈济巴东建始。丁未，又办江苏海州春赈。凡兹数役，嘉锡等竭尽心力之所及，甘耐劳苦，不惮烦难，用能救人救澈。本年直豫鲁秦晋五省，自春徂秋，旱既太甚，无麦无禾，赤地数千里，饥民数千万，当轴诸公多方筹赈，中外大慈善家亦踊跃输将，合力同心，拯此灾黎，必能出水火而登衽席。嘉锡等年逾古稀，不能事事，谨以昔日办赈要旨暨赈棻当田各章程，历经行之而有效者，按照现在各省灾情，参酌考订，汇刊成编，师愚者千虑一得之意，名曰《救荒一得录》，以备仁人君子采择施行，冀于北地灾荒，有所补救，自愧衰朽，无力救灾，亦尽心焉而已。中华民国九年十月。

办赈要旨

一曰诚。承办赈务，无论委员、义绅，皆为被灾贫民托命之人，既为民命所托，责任即非常重大，必当殚精竭虑，不辞劳苦，不惮烦难，专以救人救澈为职志，必如此而力有不逮者，可求助于神灵，事乃有济。忆昔丙申丁酉，会办湖北宜昌府属赈抚，兼任巴东建始两县赈棻。丁未春，承赈江苏海州。此三州县灾荒极重，始至其地，均先备香楮，诣城隍庙默祷神前，谓此来誓竭心力，拯灾民于不死，如有不力，神明殛之，但遇力所不逮，不得不求助于神，神若不助，当诉之于上帝。谒庙事毕，然后访地方官，详询灾情，熟商办法，立即赴乡查勘，距城近者数十里，远者一二百里，地方官鞭长莫及，遇有极重要事，遥乞神灵，如乡斯应，所赈之处，灾民幸皆全活。不敢谓至诚感神，实则此心随时随事，求可以对天地，质神明，不敢自欺，不敢自逸，以身作则，随带员司及地方绅耆，咸感而思奋，合力救人之所致。人之欲善，谁不如我，要必为之领袖者有以鼓舞而诱掖之，然必出于至诚，始足以动人也。

二曰审。员绅查户放票，每查一庄，视其庄有无草堆（此指南方之稻草麦秆，北方之麦秆杂粮秆而言，非山草也），便知有无收成。每到一户，视其门外或院内有无草堆，有无牲口（骡马、牛驴），其人之为贫为富，已得大概。如门外或院内有草堆并拴有牲口者，可决其为素封之家，无须入查。其有一门内住数户者，则应问明门外或院内之草堆牲口，为何人所有，以分别之。查其户外无草堆内无粮食，或草堆极小，粮食极少，而人口极多，以及室如悬磬（一无所有），面有菜色（草根树皮，必须和杂粮粉拌食，若专用草根树皮，或和杂粮粉过少者，食之面必发黄，此即所谓菜色，且其家至以草根树皮充饥，则器中所盛，锅内所余及屋内之气味，无一而非草根树皮，不难审查也）者，皆为极贫，非赈不活。乡曲小民，十室九贫，若遇贫而遍赈之，筹款綦艰，实恐后难为继，及至不继，则极贫灾民，仍绝食而死矣。故赈之宗旨，专为救死，非救贫也。是以灾民薄有田产及其家年力精壮者多，老弱坐食者少，不至毫无生路，便为次贫。是极贫、次贫，全在查户口者悉心体察，分别等差，以期无遗无滥，此非出之以审慎做不到也。所查赈粜票根，每届五日，专送赈局造册，以备复查，分别赈粜。若专赈极贫，不办平粜，则次贫户口毋庸查也。

三曰权。放赈向以十六岁以上为大口，不及十六岁为小口。如查有鳏寡孤独赤贫毫无生理，则虽有不及十六岁者，亦可照大口给赈，缘不如此不足以救其死也。其家虽属极贫，而年力精壮者多，老弱坐食者少，则可剔除精壮，专赈老弱，缘精壮可投生路，老弱非赈不活也，是在查户口者权宜而变通之也。

四曰忍。同一灾民，专择极贫而赈之，得赈者未必知感，不得赈者必多怨詈。司查放者但期问心无愧，遇有怨我骂我者，只可置之不理。缘待赈各村庄，极贫灾民，性命系我一人之身，全赖此宝贵光阴，赶查赶放，以救其死，不暇与无知之辈争口舌也。古人云，忍辱负重，有志救人者，当念念不忘也。

五曰耐劳苦。自来救荒如救火，故查户口者，无不黎明即起，早餐毕，即携户口册赈、粜票、纸笔、图章，并带干粮（馒头锅饼之类）、腌菜（随其地所有而购之）、行李川资，乘小车出，清查户口。查毕何庄，日适当午，即烦庄户烧开水，泡干粮，以腌菜下之，即是午餐（如有同查之首事保正，亦邀与同餐）。如日已午而此庄户口尚未查完，则必查完方可午餐。餐毕，给开水钱一二百文，赶查别庄。日入而息，如日已入，该庄户口尚有未查，则应查完始息。距庄二三里内有市镇，可投市镇饭店餐宿，距市镇远，即向庄户借宿，令烧开水，泡所带干粮食之，腌菜下之，次日早餐亦然，一宿两餐，北方柴贵，水钱必须优给。镇日奔走，饮食不时，必至承查各庄户口告竣而后已，可谓劳且苦矣，然较之鸠形鹄面奄奄待毙之饥民，仍有霄壤之别。故壹意救人者甘耐劳苦，盖亦自忘其劳苦也。

六曰防顶替。查户口者，每到一庄，先令同查之首事保正，通知贫民，各归各户，静候挨查，不得往来搀杂，以防顶替。更有一种贫户，希图多领赈粮，于查造户口册时，多报口数，至员绅诣查时，则招其亲友里党以充数，此在习惯领赈者往往有之，亦不可不防也。

附历办赈粜经验章程

一、清界限。每到一县，先看地图，将境内四至八达、山川道路、都图里甲或区或乡（四乡地方，或分都图里甲，或以区名，或以乡名，各省各县名称不同），一一辨明。何都荒重，即从何都下手，每到一都，必绘一图（随其地之或方或长，四笔即了），将其都所管之地方里数村庄坐落，以及各村庄户口数目，都董及村庄首事姓名，并都内以某市镇或某村庄为中心点，四至某都界若干里，逐一登注图内。迨至他都，再将四界查勘明确，出图考证，讹者改正，则界自清。应于何都何镇或何庄设局赈粜，乃为适中，自了然于胸矣，此下手赈荒之切实办法也。

二、任正人。赈粜不假手书役，而地方公正绅士，多不肯与闻其事。每到一县，必须会同地方官，延请城内正绅，访以四乡有何正人，不论绅商士庶，但为乡人所信服，即可任事。下乡则每到甲都，即访乙都有何正人，先以函招，函招不来，则竟亲造其庐，晓以大义，感以至诚，务使出任义务而后已。如其人虽有正经之名，而无干事之才，则听其荐有才者而辅之。责成有重轻，设局经理赈粜者，任最重，必择公正而又殷实者任之，方无流弊。一局约管方三十里，四方到局领赈买粮者，至远以二十里为度，再远则一日不能往返也。其地正人多，不妨多设局以便民，若无正人之处，则断不可设局，防痞匪勾结饥民滋事也。至于素管公事之绅董，公正者理当延用，不公正者，当晓以赈济非比常事，不必与闻，且不可因不与闻而从中生事，致干拿究。理以喻之，威以董之，宽猛相济，邪僻敛迹，正人自必各效其长也。

三、查户口。每到一县，会同地方官查明何处灾重应赈，星夜前往，传集绅董，询明其地。向有户口册者，则令绅董就原册，将极次贫户，秉公标明；向无户口册者，则专开极次贫户清册，册内于各户之下，注明作何生理，如业农，所种为己业、为租田，亦须注明。克日送由查赈员绅，定期挨户清查，何日查至何处，届期，风雨无阻，必须前往。每到一庄，邀同该庄首事耆老，引到极贫次贫各户，逐一详查，问明该户大口若干，系何人，小口若干，系何人。质之同查首事耆老，所言相同，然后填给极贫赈票，凭票领赈，填给次贫粜票，凭票买粮。票内大小口数目，字必须大写，如有添改之字，必须盖章。倘极次贫户浮报口数，以及并非贫户冒领赈粜票者，同查首事耆老，当时若不举发，日后一经查明，即将该户所领赈粜票追销，治以浮冒之罪，其通同朦领之首事耆老，一并究罚。

四、辨极次贫。灾民无田地，无恒业，室如悬磬，面有菜色，或其家田产极微，老弱坐食者多，丁壮谋生者少，与夫鳏寡孤独废疾赤贫如洗非赈不活者，皆为极贫。其家虽有田产，所值不足百千，与夫藉手艺生活者，皆为次贫。极贫给赈，次贫平粜，查户散票者，务须详察情形，分别等差，救人救活，不任饿死为度。

五、分责成。办赈员绅查户散票，其势不能携带银钱米粮，遇有极贫灾民，奄奄待毙者，惟有责成本庄有粮各户，量力匀给，暂救目前，至初次放赈之日为止。如本庄实无有粮之户，则责成附近各庄富户，出粮救济，总以不任饿死为度。此项粮食，各户力能捐出极好，若无力捐，应由查赈员绅如数归还。倘或见死不救，则惟附近绅富及本庄有粮之家是问。迨经放赈之后，如尚有绝粮者，应由该乡绅首报知附近赈局，派人确查，查明为闻赈归来，或为原查遗漏，准其补赈，似此分担责成，贫民庶免绝食而死也。

六、赈需分放，且以放粮为宜。凡须赈三五月，然后麦熟秋熟有接济者，必须放粮，每日大口半斤，小口四两，按旬散放，月放三次。盖饥民领钱到手，决不能尽买米粮，即难免有所耗费，若放给粮食，则苟思活命之人，决不肯以粮易钱，另作别用，自绝生路，此放粮胜于放钱也。一月之赈，本不足供半月饱餐，并作一次散给，饥民往往只顾目前，半月之间，即将所领之赈吃尽，则下半月仍绝食而死矣，按旬分三次放，便无此弊，此历试不爽者也。

七、隶赈于粜。凡灾重之处，久赈极贫，必须平粜以济次贫。惟次贫户口亦须确切查明，填给粜票，每日大口半斤，小口四两，五日一粜。凡持粜票到局买粮者，该局须将粜给粮数日期，注明票内，一面登簿，以凭核对。若不凭票出粜，则不贫之民，均得图贱买食；奸商市侩，更可贩卖牟利。公家所耗虽多，贫民受惠无几，其弊有不可胜言者。故查赈员绅，赈票粜票，必须兼带，查系极贫，填给赈票，次贫填给粜票，此一定不易之法。粜局须设适中之地，亦有就地有正绅而设者，以设局所在之本都为甲，局之东西南北四乡各都，划为乙丙丁戊，分五日，轮流出粜。轮粜何都之日，即由何都绅首到局，监查顶冒诸弊。至于赈粮，亦由粜局经理，初次必须放票员绅亲往监放，以后责成粜局绅董，按都按旬，亦照甲乙丙丁戊五日轮流分放。放何都赈，即令何都绅首到局监放，稽查冒领。赈十日一放者，因贫民往返为难也，粜五日一轮者，虑贫民措钱为难也。倘贫民钱不凑手，届期不到，即到，亦只买一两日粮，准其措得钱文，随时补买。赈票、粜票如有遗失，准由该乡绅首认明失票人姓名，请局查照票根所载大小口数补给，并将失票号数、姓名，榜示局墙，俾经手赈粜者，一望而知，以杜他人持票顶冒。凡遇一局设定，放票员绅，即将应归该局承赈承粜各票根，逐一点交，以备考核，不得疏漏。总之，赈粜关系民命，立法贵乎周密，防弊尤不可不严，承办该县赈粜委员义绅，必须坚忍耐苦，周历各乡，明查暗访。各局绅董办理妥善者，优加奖励，办理不善者，立即斥退，庶在事者咸知自爱，弊无由生。

八、赈粜局规。被灾各县办理平粜，必于城关设总局，四乡市镇设分局。管理总分局事之公正殷实绅商，自必乐尽义务。至经管钱粮账目、经收粜价、收发米粮之人，亦甚紧要，须令城内殷实铺户，抽调该铺明白可靠铺伙，充当司事，酌给薪资。管赈司事，月给足钱八千文；经收粜价、收发米粮司事，每名月给足钱六千文；并雇诚实精壮工人两三名，搬粮打杂，每名月支工价足钱四千文。管局绅商司事以及各乡监粜监赈绅首伙食，每日三餐，薪粮菜蔬并计，每人不得过足钱二百文，工人每名不得过足钱一百五十文。油烛纸张杂支，亦应色色撙节，分文不可浪费。每日日出开粜，日入停粜，凡遇放赈之日，分拨一部分人，专放赈粮。是日赈粜告竣，管赈司事会同经收粜价收发米粮各司事，将本日收粮若干、粜粮若干、收钱支钱各若干、并放赈粮若干、除支放实存钱粮各若干，逐一核对无讹，结清账目，一日之事乃毕。粜价积有成数，即解城局收粮，须一人过秤，一人画码，装运粮食，用麻包或布袋，所收斤重，有与包上原码不符者，即将原码圈去，另画实收斤码，收毕，再将粮包斤码，登入收粮簿内。发粮时，亦将所发粮包斤码，另簿登记，收发之数清楚，则实存之数，便可按籍而稽。每日粜毕封仓，由收发米粮司事，用黄表纸画押盖章，粘封锁门，次日，验明花押，然后开仓，出纳维慎，颗粒无从偷漏。赈粜为贫民性命所系，司其事者，苟能一秉至公，认真经理，功德无量，不特本身获福，子孙亦必昌达，上天报施，固历历不爽也。

九、杜冒滥。际兹时事多艰，公家与绅商士庶，均属竭蹶，而百计筹款购粮赈粜者，专为救济被灾贫民，免于饿死。倘有并非贫民而冒领赈粮、冒买平粜粮食者，每斤罚钱一千文，不遵罚者，送地方官从严究办。

十、定赏罚。各县办理赈粜，虽由委员义绅主持，而地广事繁，不得不赖地方绅商首事，协同经理。绅商首事但能实心实力，秉公办理，一意救贫，准由承办该县赈粜之委员义绅，禀请长官从优奖励。倘敢徇私舞弊，以及侵吞赈款，即送地方官究治。（下略）

以上十条赈粜办法，大略如此。惟饥荒日久，次贫者亦成极贫，不贫者多成次贫，是赈票粜票，仍须随时补给。又荒年必有流民，应就县城内外，择地设厂，煮粥以赈之。大荒必有大疫，须备各种药物以疗之。至于本年直豫鲁晋秦，春无麦，秋无禾，灾区至五省之宽，计自今至来年麦熟，阅时七八月之久，灾情之重，倍于前清光绪丁丑戊寅之晋豫旱荒。救济之方，要以速筹大宗的款，广购各种杂粮，分别赈粜，为惟一之办法。（下略）

——原载忏盦编：《赈灾辑要》，广益书局 1936 年版，第 24—32 页。

办赈刍言

（王敬铭 1915 年）

天灾流行，国家代有，惟圣人裁成辅相，能弭阴阳缺陷于无形，余则事后力图补救，以期不负此心而已矣。夫天既生人，宁欲杀人，乃雨旸愆期，饥馑迭告，几若举一方黄童白叟，使之流离转徙而无或恤者，造物岂真不仁，盖迫于气数屈伸消息之不齐，而保抱携持，不得不延颈企踵于牧民者耳。程子有言，一命之士，苟存心于爱物，于人必有所济，况身任官吏者乎。宋郑侠上流民图，神宗览之，至徬徨终夜不能寝，况目睹情状者乎。膺牧民之责者，当以大禹之心为心，思天下之饥者由己饥之，又当以伊尹之心为心，思匹夫匹妇有不被泽者。若己推而内之沟中，本吾心有所歉，求吾心有所安，纵不得吾心多所安，亦必使吾心少所歉，此办振手续所以研究不厌精详也。敬铭服官皖鄂历办赈务，不敢以宽大博仁声，不忍以刻核枯德泽，必使惠皆实获，款不虚縻，区区私衷，差堪自信，经验既久，颇有心得，笔而录之，分为八章。语虽不文，事尚切实，倘同志者，幸而赐教，匡所不逮，敬铭尤馨香祷祝焉。时中华民国四年七月中浣，河南罗山王敬铭文阶甫，自叙于京师警视总厅卫生处差次。

筹款章第一

筹款大旨，不外现筹、预筹两义。何谓现筹，即应目前之用，集腋以成裘是也。何谓预筹，即待不时之需，有备而无患是也。然又须官绅合筹，乃克有济。合筹之中，尤侧重官筹一项，盖以名位较高，其筹款亦较易，外而邻省大吏，内而同僚属佐，远而显达交游，近而殷实绅宦，或由面商，或以函告，实具登高一呼万山皆应之势，此官筹于民之易也。再者长官对于平民，劝谕更易为力，勖以善举，风以奖励，一言九鼎，即足煦妪无数就枯之穷黎，培植累世子孙之福荫，语有之，仁人之言，其利溥哉，此官筹于民之易也。其必须预筹者何，仓卒之间，颇难集事，古人常平社仓等法，必预筹于丰稔之年者，职是故耳。今将收实效于临时，必须预筹于平日，或提倡捐廉，或谕富绅输助，时设一年荒待振之境象于心目中，诚之所通足以动物，吹嘘日久，善气自生，驯至浡然洋溢，不可遏止，自不难并蓄兼收，积成巨款，以待不时之需。种德种福，莫此为甚。所可虑者，筹款一举，既有捐输之名，难免勒索之患，果系富商豪贾，悭吝居心者，不妨揭罪惩罚，大快积忿之人心，藉储救死之公项，非然者，藉口要政，多方敲诈，是罪浮于桀也，严行禁之，弊乃不作。至善者乐输，应即加奖叙，迎发善机，似此办理，较之临时劝捐得款无几，且遗害无穷者，相去不啻万里。随时随事，本仁人之心，蓄惠人之款，一旦荐饥见告，而灾黎不至延颈待毙矣。

择人章第二

用人之道，嗜好太深者误事，心术不端者偾事，其他轻薄贪鄙，以及刚愎自用，或柔顺见好者，更不足论。关心民瘼，是在委任之得人，然非留心于平时，仓卒之间，难免滥竽而充数，夫救灾如救溺，一有错误，不啻操刀而杀人，事后追维，补救何及。当其任者，从事之时，持以庄严，运以恺恻，矢以清白，出以精详，中心惕息，天地监临，对越之余，罔敢或肆，耐劳耐苦，能断能明，内存菩萨心肠，外具金刚面目，本此为用人之准，于事必有所济。

勘灾章第三

灾区轻重缓急之次序，实为饥民生死之关键，总其事者，局所既设，督同僚友，填注赈票号数，盖印戳记，分别先后开查，随查随放，免致迫不及待之饥民，饿死于待赈之地。至稽查轻重之法，合城乡绅董同日到局，说明无滥无遗，救命不救贫之宗旨，比较何区为极重，何区为次重，又分别该区何村为极重，何村为次重。灾区轻重既确，更宜细询其受灾之由，水灾详其为山水，为雨水，为过境水，为汇归水，为污下素成泽国之水，为河流涨溢之水，为邻境决放之水；更询其何区受水时日较长，何区受水时日较短，何区水深水浅，何区受水在收获之先，何区水退可否布种，更有近水之船业渔户，水大利溥，是受水同而受害者不同。至旱蝗等灾，比较询究亦如之。比较既定，诸绅董无异词，逐一登记于册，庶胸有成竹，以为挨序查户之底本，即嘱各董赶造饥民户口册，先缴重灾册以便先查，其余挨次递缴。册内须注明某区共若干村，某村共若干户，该村仍按坐落分序列填，免致彼此淆混，又必于极贫者姓上暗加二圈，次贫者加一圈，若贫而并未绝粮者不必加圈，以清眉目，俾查户者便于按村按户照册挨查。一则可杜飞户冒赈之弊，一则绅董尽将三项贫民入册，贫民不至因剔检之故，致与绅董为难，且绅董不至以素日好恶上下其手，任意增减，致有遗漏或重叠。至于加圈之是否属实，查户者详加审察，自无大谬。总其事者，于每区开查之时，尤须亲履查勘，先与诸僚友约，使各路均归画一，亦可藉验前此绅董比较之言果实与否。检查一二日，安置妥帖，回局收票发钱，可请当地印官监放，本委便于往来梭巡，如离城较远之灾区，凡饥民领赈，一日不能往返者，须于灾区适中之地，另设分局，以就饥民走取之便。其余较轻灾区，依次挨查，查讫一区，即发一区之款，错综相间，必使日无间隙，乃不至稽延时日，阴戕饥民生命，缓急得宜，灾民蒙福矣。

查户章第四

查户一着，如布棋然，下手一错，全局皆输，无数饥民生命，尽悬于查户人之手，所谓得之则生，弗得则死也。姑无论舞弊营私，即掉以轻心，非遗则滥矣，一喜一怒，一缓一急，一疑一信之间，非虚糜赈款，即冤枉饥民，人第知办振为积德之事，而不知实为易于丧德之端。

总其事者，于查户同人下乡开查时，除分给赈票外，须附带急赈票、留养票、平粜票三项，以便分等填给，见有极贫而且病者，于赈票之外，复给以急票，令其随时走取，以纾倒悬，但必于急赈票上，注明赈票号数，并于赈票上暗记急赈钱数，使可互相印证，以便查封；见有老幼残废之无家者，则给以留养票，令其赴食粥厂；见有虽贫尚不应食赈者，则给以平粜票，令其赴局自粜。分别布置既定，总须三令五申，苦口危言以激发其天良，俾得实心将事，自携糇粮，力却供给，既省骚扰，并可杜各乡村不肖之徒，藉故科敛之弊。至于每至一区，宜一面谕本区饥民不可远离，一面嘱该区乡长传呼地保，以为向导，逐村领查，即按前日所缴饥民清册，从灾重村查起。

惟查户入手之法，须知七体并用之外，兼有五等作用，以佐耳目心思所不逮，何言七体并用。查户本任劳之事，设村庄较大，周围数里，挨户亲查，车骑不便，或间有偏僻零户，亦必亲履其地，毋使或遗，则须足力之健，填给赈票，立刻书成，倘或迟延，即至虚掷时刻，则恃手腕之捷，采纳众论，探听利弊，不可不悉其虚实，则须耳之聪，矫饰奸诈，遁词伪语，不得不辩驳之，然必有以折服其心，不至激而生事，则须言之善，至目之为用更广。

将至一村，宜先于远处眺望，合村贫富大局，树木柴薪房舍，皆可观得大概，及至其村，再观灾之轻重，若实系受水之地，其柴草颜色之荣枯，秸秆之欹斜曲直，皆外见无可隐瞒，又如树木之皮色，房屋之基址，水痕深浅，尤可察验，其有水犹未退一带汪洋者，更触目可知矣。旱蝗等灾，以此类推，亦可毕见其真象。及至一户，先审其面目荣枯，形体肥瘠，又审其房屋、衣服、器具，以其内容之多寡有无，合之外形之荣枯肥瘠，如果相侔，自无疑义，一有不称，即当推究。此外更有恃鼻之用者，食藜藿之室，其臭清而辛，食蛤蚌之家，其臭腥而秽，食米粮者饼饵之香升腾，畜牛羊者膻臭之风满院，且土著贫苦之户，梁上尘积，牖隙灰陈，又有一切败絮敝屣破釜土瓮等物，横侧其间，秽气逼人，不难立辨，若有希图冒赈者，暂假空屋以欺朦，无论新灶无灰，蟏蛸在户，而室中陈霉之气触鼻即知。至于心为百骸之君，实心办事者，其心能积诚而明，无微不显，无隐不见，凡手足口鼻耳目所不及者，皆可由心体会而得之。所谓七体并用者此也。

然犹恐其或蔽也，每到一村，其村之男女老少贫富，势必哄然出视，可先于稠人中择一极贫之人，佯谓其贫犹未甚，彼必不服，以为一寒至此，查赈者尚以为贫犹未甚，嗣再问其村中可有贫与汝等或较甚者，彼愤激之余，又恐己不得极贫之振，必特甚其词，谓村中贫者几户，并其姓名一一得之，随时登记于册，再加察验。如显问之，彼惧结怨，不敢言也。亦或暗告以此村只放若干款，如有冒领者，即占汝等之数，彼必据实相告，虽未可尽信，亦可十得七八，而稍能支持之户，不至冒领，作用一也。次择一人品平正，素为本村之望者，属其同路查验，一以备顾问，一以资弹压，既足服人，又免滋事，作用二也。然犹虑其人即能秉正，或恐众怨丛集，不敢具实报告，莫如复择一多言好事之人，使之相随，藉其好言之素性，再稍假以词色，彼必益腾其说，乡邻素惮其辩给，鲜敢与之为仇，有时言语不通，亦可资为介绍，作用三也。然又恐其多诈也，再择一老成笃实之人，令其相随，如有以少报多，及一切虚罔者，彼骤听之必诧异惊骇，神色不定，再突然加以咨询，其真情无不吐露矣，作用四也。然犹恐真情不尽流露也，再择一幼童知识未开，浑然无所偏倚，不解作伪，如见饥民所报口数不符，或宜领者被剔，彼必代鸣其苦，宜剔者冒领，彼必直揭其私，聒聒絮语，指点揶揄，复骤加以询问，彼更不解随口捏作谎语，作用五也。此五等人，虽不必时时具用，然存之于心，随时随地择而用之，必可各收其效。其余村中一切人等均令归家候查示以纷纷跟随，即将停放，然后悉心静察，藉探虚实。周历既久，凡一家人之气息贯串，与非其一家人之情意隔阂，皆可一望而知，杂一外人，即可随时摘出，此官止神行之候，非可以言传者，果臻斯境，不必沾沾恃人以为用矣。

然更有不可不知者，同属灾区，同属灾村，而其中实有大不同者，或此灾区中殷富村庄较多，彼灾区中贫苦村庄较多，若于殷富村庄较多之灾区，耽延多日，细为剔检，用心非不善也，而贫苦村庄较多之灾区，延颈待毙而不及救者，数必加多。且此灾村中富者较多，彼灾村中贫者较多，以较多之富户，分润贫户则有余，以较多之贫户，仰给富户则不足。尤当于贫户较多之村庄，先加之意，此缓急先后之间，不可不有权衡也。虽最重灾区中亦有可以自给者，较轻灾区中，亦有不免待毙者，然究不宜顾其少而弃其多。兼营并顾，势有不能，亦人力无可如何耳，惟于最重灾区，已查后仍有余间，即于受灾较轻之区，从容剔检，抑亦善矣。所难者最重灾区中无一富村，最重灾村中无一富户，既绝内助，复无外援，惟有急速拯救，迟则愈难着手。

至于灾户及口数，亦有似同而迥不同者，同一灾户，有灾而不病者，有灾而即病者，同一口数，或系老幼孤孀，或系丁壮少年，受灾同，口数同，而不同之点判若天渊。此外如同一灾口，或尚有零星器具，或并无一物存储，查勘者权衡在心，酌为增减，综计时日短长，总以散给之数，能活其生命为主。更有耕读旧家，素安本分，年荒时难，世业俱空，檐前瓦碎，门径蒿沈，更或停枢难葬，婚嫁无资，既不能入市营生，又不能沿门告化，颜面自爱，称贷无门，见查振者过门，垂泪而已，是宜格外体恤，语云周有大赉善人是富，殆近之矣。

虽然受灾轻重，既已层层辨之矣，而饥民之形状，又不可不审也，始饥而瘦，瘦久而肿，肿消而黯然无光，驯至皮骨如贴，肤如枯树，此死相也，宜急苏之，缓则无济，更有日久不食米粮，虚火上炎，两腮浮赤，如敷油状，若误认为谷气充足，颜色渥丹，则冤矣。然非饥民而伪饰冒赈者，又不可不发其覆也，间有已查过之村，其户未得领票者，又移于别村，已查过之户，既得领票者，又移于别户，其不得冒于前者，或冀侥幸于后，已领于彼者，又冀复领于此。甚至假邻父为父，邻母为母，以女作妇，以婿作子，或奄然不动，以为病不能起，或蒙被而卧，以为饥不能支，或以灶灰垢面，或以尘土涂肤，或暗室呻吟，呼之不出，第以病告，或面壁侧卧，推之不转，仅以意闻，或先嘱孺子啼饥，阿母从旁叫苦，或怂使老母哀恳，伊子壁立以泣。究之真者自真，假者自假，愚民伎俩，掩饰终不能工，且有愈掩饰愈露真象者，一经查出，只宜外树风声，聊为恐吓，使闻者不致效尤足矣。若本系饥民，而复矫饰以冀多领者，即察得其情，更宜谅其为贫起见，不为所欺而已，不可并其分所应得者，靳而不予，致以矫饰之小过，而受饿死之重罚也。

又有本宜领赈之户，一时耳目偶误，当予未予，饥民情急，或加怨詈。此由其求生之心过于畏罪之心，况误实在我，尤不可以负气，与奄奄就死之饥民无谓计较，故不惟勿加以冲突之罪，且可恍然于己之失察，或不止此一人，亟宜设法变通，阴为补给，以符救命之本旨。若被詈而直给之，凡不得领者皆以詈为得计，而效尤者众矣。

至于悍妇无知之徒，本不应给，而失望闹赈者，亦只宜威言震恐，否则慑以一村停放，则合村饥民必群与为难，其闹自解，此皆委曲矜全之苦衷也。倘有地痞恶棍，公然滋闹，或藉端科敛，讹诈自肥，访得其人劣迹素著，众论佥同，然后从重惩办，以一警百，事既易集，而恶人被责，大众称快，以为显报，愈足励人心而阴行激劝，此又刑以弼教，威克厥爱之微权也。

至于查赈时遍历各乡，又可随事随人，施行劝化，饥民视活我之人，恩同父母，情尤易亲，间有一言激励，辄为心感泪下，胜于平时训诲谆谆，善者因之相劝，恶者因之相惩，是循行抚字之时，兼有转移风教之责。又如邻境犬牙相错，屋舍相连，而彼处并无赈务，耳目所及，实系饥民，即可收入册中，不必拘泥成格，致令向隅，更同县同村，而籍贯歧出者，视其入某籍数多，即收入某籍，就近归保，不可分别太清，以致歧籍零星之户，非两遗即两跨也，当分派诸友分区开查时，须预为声明此意，俾不至龃龉隔阂，此又寓教于养，寓经于权之妙用也。

至于用人，宜若因其所长，避其所短，且人地有相宜不相宜之分，如措置乖方，即用其所长，亦必贻误。水行泛舟，陆行驾马，各适其宜，乃克有济；又查户诸同人，性质柔躁不同，迟敏因之有异，总其事者宜悉心斟酌，俾得各尽其长。受灾最重之区，以慈祥恺恻者充之，虽稍宽不为滥；受灾较轻之区，以严峻爽捷者充之，虽稍刻不为忍。然慈祥恺恻者，须戒其勿牵延耽搁；严峻爽捷者，须戒其勿潦草轻率。其有宽而滥者，须告以不饥者冒领，则真饥者受亏，明处滥予一家，暗中即饿死一户。宜予不予固丧德，不宜予而予亦丧德也，当予而予固积德，不当予而不予亦积德也。夫予夺多少之权，虽操于查户者之手，而仍视诸饥民之身与家，查户者不得丝毫任情，稍涉成见，致侵饥民食赈自有之权，如侵饥民一分权，即多造己身一分孽。福于何有乎，见有口腹是求者，则戒以人尽糟糠，我独膏腴，甚非自惜福禄之道，于居处求安者，则惕以人尽无家，我独安枕，殊背由己饥溺之心。各视长短，器使因才，临别赠言，不嫌词赘，此又主持其事者曲为调度策励之微权也，其有万不应给赈者，虽再四恳求，倩人关说，不可开补给之门，一则杜其幸得之心，俾无冒滥；二则不至牵裾就道，纷纷攘攘，徒延晷刻而耗精神。

填写赈票，务须将凭单存根，一律注明某区某村饥民姓名，及大小多少口数，以便放钱时按照发给，不至搀越混杂。将振票用讫一册，即将票根送局，以备放钱比对。填写口数钱数等字，须用壹贰叁肆等大写，庶免抹改之弊。如填写偶误，则另换一票书之，于误票中间大书"注销"二字。

若冬赈已竣，接办春赈，须再另为查户。如仍按冬赈名册，恐冬时次贫之户，交春已为极贫，且必春赈复查以收冬赈未及之饥民，俾之各得其所。况灾区孰轻孰重，早已了然于心，复查尤自易易，此则杜绝弊窦，画定规则一切之琐务也。

总之查户一节，为赈务全体之枢纽，能多尽一分心，则饥民多沾一分惠，职斯任者慎诸慎诸。

放钱章第五

放钱之始，须于领赈出入之门户，放赈错综之时日，以及对票发钱之局友，一切先事布置妥帖，立为一定不易之规，俾征信于远迩，榜期一定，不得率意改移，致饥民有往返守候愆期误时之苦。先从查过最重灾区放起，如灾区离局较远，一日不能往返者，须就灾区适中之地，另设分局以就饥民之便，每区预发传单，知会该乡绅董，遍告饥民，并将大小口各发若干数目，及开放时刻，一切规条，粘于单尾，指定某日放某区若干村。此外灾区灾村，虽已给票，非散放各该村之本期，概不得来局搀领，一则可免庞杂混淆，二则饥民如有失票者，合村人众咸集，可就便质实稽查，或究问失票实情，另为补给，所失之票，按其村庄姓名在存根册上注销，即有跳户冒赈，亦易排挤而出，苟有抱病之饥民不能来局亲领者，邻右可以代领，合村耳目所属，代领者亦不至攘为己有，但须于执票并存根上，注明某代某领以清眉目。此处放讫，再放彼处，仍照查户所缴之存根，按区按村依次唱名，鱼贯领取。局中开设二门，指定出入，庶免无力饥民，拥挤践踏，遗票落后之苦。总之，人数既众，宜区分不宜合集，散放之时，宜肃饬，不宜纷扰，如行仁无术，虽终日竭尽心力，徒劳无益。尝有自晨开放至晚未完，老弱男妇，风餐露宿，惨不可言，甚或体弱者因瘟疫而伤生，本为求活，反速其死，不善办理之咎，内省能无愧乎？他如已经查过之村，其村中出外就食之饥民，复有闻赈归家，来局求补者，不可徒凭绅董一面之词，恝然麾之使去，致令无告茕民向隅就死，务必随时随事，研究确实，立即补给。至于急票，随到随发，执留养票者，则径赴留养局收养，执平粜票者，则径赴平粜局自粜。若极贫领赈时，即给一平粜票，此又赈中之赈，办赈者所以曲代饥民筹画者也。

　　至留养平粜等局之设，所以辅赈局所未及，须与赈局声气灵通，款项通融，出自一手布置，乃能将各等不齐之饥民茕民，随其分而一一曲为补救，务使无滥无遗，无太过无不及，乃克大充其济人之本量，而毫末无歉于心，不然，无家之闲民，艰苦之中户，不沾实惠，犹有憾也。至于放赈局友，宜分对票，发钱为二事，各专职掌，耳目无分，庶免错误，每给一户，对票者将赈票与存根验讫，即于骑缝盖一戳记，唱明该户所领钱数，发钱者即如数交付，仍将各区各村领讫之票汇集，以便订辑造报。凡赈票放钱，均不可假局役传递，以防暗中侵蚀，散放诸友，尤须小心耐烦，具一番精细恻怛之心，不可因饥民一言偶误，或疑似冒赈之票，未加详审，遂呵叱扣留，况稍有不符，安知非查户给款者之偶误，须细心根究饥民。

　　赈之者如医生，一念卤莽，暗中即丧人生命，况不与其事则已，既与其事，当顾名思义，惴惴于心，无使负疚神明，开罪天地。每日清晨开放，必将本日应放之村及早放讫，庶饥民回家，不至有日暮中途，遭暴客掳夺之患。其放给赈款之地，凡未经派其襄事，概不得任意擅入，所放之款，先期点数清楚，不可令其间有多少，以致不辨清浊，俾将事无以自白，而局役转得因缘为奸。总之，事无大小，无一不宜预筹，安排既定，则若纲在纲，有条不紊，放钱者无丛脞之虞，领钱者受均平之益矣。

留养章第六

　　粥厂之设，专为无告茕民，流离难民，以及无主孤儿，无依鳏寡，并年老癃病废疾者起见。此等人无处栖身，其势至涣，概予给赈，繁复滋扰，弃而不顾，又将填于沟壑，且一律放钱，其能力薄弱，既恐为强暴所夺，或不能自炊，或不能负戴，给粮放钱，反增其累。此留养一事，虽有种种费用，层层艰难，然不可以不设也。惟须先于查户周巡时，遇此等苦民，即给以留养票，执以为入厂之券。更须于庙宇宏敞之区，或城外宽间之地，分段扎葺席棚等件，铺地遮门，俱编缀草毡，各段并设置锅甑一所。凡执留养票者，于开厂日尽数收入，以后陆续给票者，随到随收。男女各为一区，编列号数次第，并姓名、年岁登记于册，每区置一人经理，或数区置一人总理，总以苦民之多少，与一人精神能照顾周密为准。倘不设棚厂安集，而粥熟招之来，食讫遣之去，恐拥挤嘈杂，不惟不便约束，将强梁者或更食数次，懦弱者至不得一饭，势必攘攘终日，茫无头绪；使设厂而不为分区，则男女老幼，疾病残废，混杂一处，弊不胜言。总之，安置之策，事宜分不宜合，画区分类，仍是于合集之中，寓区分之旨。如不先给以留养票执照，恐已赈之饥民，复入厂以冒食，即不应领赈之平民，亦入厂以相混，势必至留不胜留，养不胜养，即终日不断烦恼。亦恐有分食不均之弊，他如医士药物，棉衣材木，备以济急，尤为留养要事。至撤局时，尤须酌给川资，此救人救澈之道也。但留养一事，经理殊难，更需择不避劳苦，不惮污秽，素具热诚朴实可靠者，乃可董其事，必时时沿棚巡视，不可疏虞，每日造粥升斗数目，生熟火候，必须亲自检点尝试，以免局役侵蚀搀拌生熟诸弊。虽其人色不齐，最难约束，必须严定条规，一律遵守，如有犯者逐出不贷，务使荒政肃如军政，人虽众不虑纷扰矣。其有地当孔道，各处饥民环集就食，又须因地制宜，随时设法，或按口授粮，设区分处，则非先时给票之法，所可概论也。

平粜章第七

查户之时，验其果系次贫，不须给赈者，预给一平粜票注明某村某户姓名口数，以为赴局平粜之券，其必先期查户给票者，为杜绝刁民贩卖，富民滥买，及一切不均不平等弊故也。夫平粜所以平谷，价而济次贫，时值灾荒，既无田可耕，又无本可贸，或素以手工易食，或素以佣工糊口，值此米珠薪桂，家无储粮，加以手工减价，畅销无路，佣工贱值，主顾无人，即馈粥杂以藜藿，而为日甚长，苦无接济，故有冬时户本次贫，交春忽成饥户者，不为筹一接济之法，则次贫将尽变为极贫，势必赈不胜赈矣。且不设平粜，则射利之豪商大贾，阴伺米粮缺少，得以握算居奇，即赈济灾民之钱，亦为贪囊所饱，是以平粜之设，不惟可补赈所未及之民，且可阴牵粮价不使过涨，不惟可隐消有钱无粮之患，且可默戢饥民截堵客运，扒抢富户之恶风。当其粜运粮食，须按原价加以运费，酌量出粜，固不宜同于市价，又不宜比市价过减，恐资本亏耗，仍难源源接济。更须析粜本为二分，一分籴谷储局出粜，一分发往丰收之处复籴，前批未完，后批继至，乃不至忽断忽续。

至开粜时须豫制红绿两筹，加以烙印，分为三等，长约五寸，中约四寸，短约三寸。以红绿两色分为循环籴粜之券，可杜一切重叠假冒之弊，以长短三种定为口数多寡等级，如六口者，则给以五寸筹，三四口一二口者，则给以四寸三寸筹，既易辨其口数多少且每日出粜升斗之数，至暮可以按筹之长短多少以相稽核，但书一总数于册，不必逐户一一琐记。于初次开粜，该户执票来籴，即收回原始给粜票，换给一筹，如第一次执红筹来局，即随时收回红筹换一绿筹，以为下次粜券，执绿筹时取换亦如之，轮流循环，倘执筹或有参差，即时推究便知其弊。至或每日一粜，或五日十日一粜，三等筹每等定价若干数，按市价减少若干钱，皆须随时视局存粮食多少酌定，一一榜示局外，或分设男女老幼两柜，以防嘈杂拥挤，指定前后出入两门，以便进退往来，亦须预为布置，榜示门首。如路远不便往返，尤宜多设分局，以就贫民之便。若不先给票，则人人可籴，未获其益，反滋其扰，其有素封之户，亦因价值便宜，争贫民之利，又或刁贩奸商，周流冒籴，希图渔利，则贫者仅沾微末之恩，黠滑反获悦来之益，此平粜所以必先查验票也。

至于不抑市价，招徕远商，请免关厘，疏通粮运，皆宜随时随势，权便施行，他如劝导有粮富户，激励好义绅民，以及弹压聚众强买之徒，均须一一榜示，如富户以余粮自粜，及出资办粜，醵资办粜者，均按其所亏之资本多寡，照助赈例请予褒奖，如远道购粮以及襄事出力者，亦按其勤劳等级请奖。倘有富户储粮不售，垄断以朘贫民脂膏者，一经查出，可尽其储购之数，令照局价粜出，如或坚持不售，尤须剀切劝谕，令照市价出售，不得坐拥红朽，视死不救，哀多益寡，安贫正以保富，俾统祸福利害而熟计之，彼纵无良，亦必听命，此皆与平粜相为表里者也。如能各集其赀，一乡一村一镇各办平粜，则臂指相助，血脉流通，境内靖而人心安，饥民富民，咸享粜平之福矣。

工赈章第八

夫补赈济留养平粜所未及，且资以浚疏河道，培筑堤防，修葺城垣，为地方一切弭灾善后之计，其惟工乎。壮年贫民，既不宜滥给赈钱，又不宜收入留养，虽有室家，而无米可炊，虽有枭局，而无钱可买，莫如以工代赈，藉收一举两得之效，是既养其身，又需其力，且可安其心志，掣其手足，以弭意外之隐患。但年荒米贵，必计其每日所得工价，养身之外，稍有赢余，以资家口为率，乃不失工赈之本旨，与其失重，无宁失轻，非独仁人之用心，亦名实庶几相副。

开工之始，划清区段，其中稍有能力者，命为工头，每工头率役夫若干数，各统所属，督催赴事，至每段每区各工头所领之役夫，姓名之下即缀以每次付价之数目，及所做之工数，俾井井有条，如军伍编列之式，则人虽众多，而控御驱策之权，一一在手，将见一律赴事，一律给钱，一律竣工，既不至有迟速参差之歧，又不至有混争怠惰之患。惟工赈之举，实因受灾较轻之区，尚无须直给赈款，或因灾区之老弱，均已给赈，而但以工赈安插壮丁则可。如灾重之区，其地无赈，而第有工赈，则须分等区别，检剔老幼困惫之饥民，自为一班，别立一册，作工付价，均不令与壮者强同，不沾沾计较其所成之功，仍隐隐曲行其赈济之意。如统不齐之饥民而强之使同，则是驱枵腹菜色之饥民于荒岁，而大兴力役也，老者幼者无力任重，且恐因欲觅一活路，而且饥且疲，反促其生，即不然，亦恐饥时所就之工，虽积二三日亦不能抵平时之一日，而所得二三日之资或不足供一日之食，彼壮者做工一日即有余，以赡其家口，老幼得二三日之资，且难自养其本身。如不论所就之工多少，而一例按日按额给价，壮者又不踊跃向前，如欲一律加厚，而壮者亦得幸邀，势必用款多而成功少，工与赈且因以两误，况大工多系按段包估给价，使人自急工，易于监督，更不能按日按额给价耶。

虽然工赈只可行于受灾较轻之地，而不可行于灾重之区，只可行于赈济之后，藉以补助，不可行于无赈之区，一律统收，如不得已而统收之，惟有分老幼困惫自为一班，尚属曲全之策。总之，以工代赈，甚非易事，审酌得宜，则赈与工并行不悖，不然工不能成，且耗赈款，民未沾恩，已负重劳，又不如赈自赈工自工之为愈矣。

以上八章，言之匪艰，行之维艰，果能实事求是，皆可见诸施行。务望关心民瘼之长官，于未荒之先，豫为亿兆计身家，通饬所属，考察平日致水致旱之由；或开沟渠，以弭水患于无形；或修池塘，以捍旱灾于未见；或占晴课雨，循行郊野，以劝农桑；或崇俭抑奢，化导乡愚，以储仓廪。弭阴阳未形之缺陷，而岁稔时和，省国家赈恤之繁难，而人安物阜，又何忧天杞人，琐于赈济留养一切补苴之术哉。

跋

右办赈刍言八章，罗山王君文阶著，王君历官皖鄂，屡办赈务，故其抉摘利弊，言之綦详，其勘灾查户两章，尤非深有阅历者不能见及。今直鲁豫三省巨灾，慈善家竞事筹赈，爰为印行，以资参考，惟放钱一说，宜改办米粮。盖一县人丁多则数十万，或十数万，少亦数万，以一省计，则数千万矣，以三省计，则万数千万矣。赈款所能集，能有几何，讵能普及，即使普及，每人所得，亦复无几，曩者办赈十九放钱，大口千许，小口数百，米珠薪桂，供一饱则可，救一命则殊不足，即大口数千，小口千许，亦不过可作旬日计耳，此放赈者所以常糜十百千万之金钱，而灾民仍相率以死于沟壑也。诚能购运米粮，且粜且赈，因地因人，随时制宜，庶灾民可沾实惠，不识办赈诸君以为何如。庚申重九后六日天良发现人谨识。

——原载忏盦编：《赈灾辑要》，广益书局1936年版，第7—24页。

办理慈善事业应有之认识

（朝阳 1936 年）

慈善事业，就其行为方面而言，可分"消极的""积极的"两种：前者如施粥、施医、施棺……等，后者如兴办义学……等，其行事虽各有不同，然其本恻忍之心，行救民之旨，则无二致也。

广州之有慈善事业，远在六十余年前，倡始于爱育善堂，其后广仁、广济、崇正、述善（初名兼善）、明善、惠行等相继勃起。虽多侧重消极方面之慈善事业，然亦有办理积极之慈善者，如爱育堂之兴办义学是。考当时慈善机关所以勃起之故，皆缘乱离之后，社会人心，懔于疾病死亡之苦，悯然兴恻忍之念，而思积德种福。故稍经号召，附者群集，殷商富户，慷慨捐资，用能普遍救济，对于社会，诚造福不浅！惟降至今日，往昔声施烂然之慈善机关，有已为官封变者，有因办理不善，日就衰落者，其能继续维持，不灭不坠，已难多睹。至于能随社会演进，发扬而光大之者，则更罕见而可贵矣！此虽有关于世事之变迁，然亦系乎人力之造就也。

本院创始，与述善同其时。其始规模颇狭，声誉莫显，嗣由各董事力谋扩充，对于救病殓死，不遗余力，声誉渐著，今则蓬然勃然，为广州最大之慈善机关，苟非办事人之努力负责，曷克臻此？本刊发刊伊始，编者嘱余为文，余因有感于斯，爰拉杂写成斯文，以就正于诸君子之前。

忆昔尝闻人言，办理慈善事业，利人而非利己者也。揣其意，以办理慈善事业，义务与权利不均衡，消耗精神财力，而无相当报酬也，此言似然而实非然。语不云乎："与人方便，自己方便。"此"自己方便"者，即"与人方便"所得之报酬也，其报酬可大可小，虽晦而不显，或不见报于即时，然固不能谓其绝无报酬也。抑吾人生于世，当力谋互助，力苟可达，又何为而斤斤计较乎报酬哉，此办理慈善事业者应有之认识也。

　　办理公共事业，贵乎廉洁，尤贵乎公开，不公开则莫能取信于人。办理慈善事业则更然，一丝一毫，皆出自热心者之慷慨捐输。彼捐输者，满腔热诚，固甚望丝毫皆能直惠于贫苦无告之人也。苟不能取众信，则人将裹足不前，涓滴不入矣！往昔声誉烂然之慈善机关，其不克继续维持，甚至闭歇者，虽其故不一，然主因亦不外乎是，此亦办理慈善事业者应有之认识也。

　　上举二点，不过较著者矣，其他尽多，限于篇幅，不再喋喋，要亦诸君之所共知矣，甚望本院同人，本已往之精神，继续努力，社会幸甚！

——原载《方便月刊》1936 年第 1 期。

社会事业与慈善事业的区别

（言心哲　1937 年）

一、基本观念之不同。狭义的慈善，就是以金钱或物品施舍与贫人，救济残废或扶助病者。广义的慈善，凡是对人表示一种同情心或给予人一些实际的帮助，也可以说是慈善。旧日慈善事业的出发点，多基于宗教、迷信与同情观念，来援助社会上一部分的不幸者。他们每把慈善事业看作"怜悯""姑息"与"恩惠"。"恩惠"之有无，全出于施助者之自动，受助者并无权要求。换言之，慈善有如礼品，赠与不赠，或赠送之多寡，全凭个人的愿意与自由，受助者固不能有所强求，他人亦不得加以干涉。往日慈善事业的动机，在"作好事""得善报""入天堂""修桥补路"为的是儿女的来将，因其出发点与基本观念之不正确，慈善事业每仅能对于社会少数分子予以援助，援助的工作亦不外施衣、施材、施粥等消极的救济事业。现代社会事业则不然，现代社会事业家一本科学的观点，屏除"报应"的观念，对于全社会不幸分子的救助，及社会环境的改良，认为应尽的义务，同时受助者，亦有要求的权利，例如往昔的医院与学校，多为慈善家所创办，今则多为地方或国家所主办，公医及公立学校制度创立以来，人人皆有权利要求此等享受之获得，固不仅限于社会之少数分子也。

二、方法上的区别。现代社会事业与慈善事业不同的第二点，即在方法上的区别。现代社会事业的举办，莫不利用各种科学方法与知识，对于一种病态的发生，莫不穷本溯源，细察因果，以为诊治之根据，此因个人及家庭的历史与夫生活环境，各有不同，故不可不注意个别诊断，因为必须如此，方能对症下药，施以适宜之治疗，此所以社会诊断，个别工作及记录，及社会调查，为社会事业方法中重要的工作。此种工作，不仅可作临时救济的参考，且可当为永久预防的依据。从前办理慈善事业者，对于社会病态，只顾及临时的救济，没有注意个别的诊断与社会调查等工作，寻求病态发生的原因，一有病态发生，每出其"一视同仁"的态度，不加区别的加以救济，故其所办之慈善事业，因其缺少科学方法，对于病态或问题的认识，多欠精确。慈善的动机，在"做好事"，"做好事"在许多方面当然也可使人获得较好的适应，但是，有许多"做好事"的人，因其没有适当的方法，其所得的结果，每与想像的结果适得其反。试观我国旧日之所谓慈善事业，不是施衣施材施粥，就是编制善书，广印佛经，分送各界，以劝世化俗，或作"敬惜字纸"一类的工作。这些"善世"，如太上感应编、阴骘文等，迷信色彩极深，其中所述劝导的意义，多限于个人，而引证的事实，无非是上古的忠、孝、节、义和功罪报应的故事，虽然不能说是全无益处，但其见解不深，范围狭隘，语涉鬼神，漫无稽考，其与现代社会事业相较实有天壤之别。

三、组织上的区别。现代社会事业是有组织与联络的，而往日慈善事业的组织不很严密，联络缺乏。昔日的慈善事业，每系少数热心分子，感于一时的需要，任意兴办，并无整个的计划与通盘的打算，组织上与系统上多不合乎科学的原则。一种事业创办，能否合乎社会长久的需要，会不会与他种事业发生冲突，重复，主办者是不去过问的。热心慈善事业者，一时高兴，发起种种事业，时过境迁，负责无人，所以许多私人举办的慈善团体，兴废不定，统制无方，漫无系统，规模狭小，对于联络方面，更不重视，所以往日的慈善机关，每各自为政不相联系。现代社会事业，不仅机关本身须有完备之组织，各种机关亦宜有密切的联络，方足以举事奏功，此因一个机关，每因限于人才经费等，许多专门部分，不能单独进行，而同时，社会事业，千头万绪，若不与其他有关之机关联合办理，不足以收事半功倍之效。一种事业之创办，有组织，有系统，有联络，才可以避免滥施与工作重复，才可以节省经费和增进效率，是以现代社会事业家，莫不从事提倡各项联络工作，期以较少的经费与人才，收较大的效果。

四、对象与范围的广狭之不同。现代社会事业的对象及范围与往日慈善事业的对象与范围，亦复有许多区别。社会事业以社会全体为对象，其目的在谋达社会全体生活及关系的调适，而慈善事业则每仅以个人为对象。往日的慈善事业，每仅注意消极的救济方面，救济以外的导防工作，则毫不顾及。救济事业因属社会事业之一部，但现代社会事业，不止消极的救济而已。现代社会事业的主要工作，在对于各种病态未形成以前，能有积极的预防，以遏止病态于未然。社会不幸分子之增加，用消极方法来救济他们，实出于不得已之举，但真正的社会事业，尤贵能正本清源，使社会病态可以根本的消失，而不至发现于社会，此正谓"一两之预防过一磅之救济"也。因此，现代社会事业的范围，除救济贫民，扶助弱者以外，对于娱乐之提倡，环境之改善，公共卫生之策划，儿童福利之鼓吹，以及社会立法之推行，社会调查之举办等等，莫不惟利是视，扩大其活动与范围。我国过去之慈善事业，大都偏于消极的救济，所谓"头痛医头，脚痛医脚"，宜乎社会病态之有加无已也。

五、工作人员的知识与训练之不同，现代社会事业，已成为一种专门职业，从事斯业者，莫不专心致志，以期于成，故欧美各国多设有社会事业专门学校，以训练此种人材，此因各种社会病态的救济与预防，须有各种新的科学知识与方法，方能应付，故能研究有素，深通各科，对于社会病态难有彻底的认识与补救。诚以各种事业，莫不有其特殊状况，惟有聚精会神，埋头苦干之专家，朝夕不懈，努力不断的运用其所得之知识与方法，从事实行与研究，方克明悉其中底蕴。但往日社会对于举办慈善事业的见解则不能，大都以为慈善事业，只要具有闲心闲力，好心好意的人，谁都能办。从前掌管慈善事业者，大都系拥有资产，热心公益之辈，以其余力从事慈善工作，纯为义务性质，不受酬劳，对于所经办之事业，热心则绰有余裕，能力则殊嫌不足，一方面是因其没有相当的训练，缺少科学知识与方法，一方面因其不能用全副精神，从事所办事业，甚至有始无终，或时作时辍，结果每不能令人满意。现在社会人士对于社会事业的观念，仍未能完全改变其传说思想，仍以为社会事业无非是"好心好意来作好事"。好事只要有钱，谁都能作，但是现代社会事业，没有像他们所想像的那样简单，非有专门训练与专门知识，是不足以应付复杂的社会环境，及解救各种社会病态的。

——原载《振济月刊》1937 年第 2 期。

给友人的信——揭发某慈善团体的黑幕

（1937 年）

某某先生：

我当写这封信给你的时候，我已经声明脱离某慈善团体了。你或者是要十分的惊奇，说我是一个"为善不卒"的人吧？说到这儿，我真觉得有些惭愧，更是觉得有满腔的愤激！我之所以要脱离某慈善团体，凭着个人的天良说来，实在不是个人的为善不卒，也不是为着什么意气之争，直捷痛快的说出来，实在是因为我的良心上还自信没有沾染黑点，不忍和那班以敛钱自肥为宗旨的假慈善家去同流合污啊。

从前，我虽然也曾听到上海地方有一班善棍，专门靠着一块慈善团体的招牌，四处劝捐，名义上是说为着某地灾民或某某公益事业求赈求助，实际上却有一大半是收入自己的钱囊中，更甚的竟有全数没收为自己财产的。所以一个身无恒产的人，做了几年慈善家，不知不觉的名也有了，利也有了，洋房子盖起来，三妻四妾的讨起来，简直是地方上的富商大绅士了。我当时还不敢十分相信，以为这也不过是少数的败类如此，像那平日负有盛名的大人物，决不至于如此，况且服务慈善团体虽然经手募捐，也决不能完全吞没自肥，难道捐款的人就不做声么？不料这次却给了我一个真实的证据，我才恍然大悟，觉得从前以君子之心度小人之心，原来是大大的错误了。社会上果真是充满着这种假着慕善招牌而敛钱自肥的善棍，不止如此，并且连那些平日自命为人格清高的绅士先生，也尽有竟是这一道中的要人啊！咳！我自从受了这次的刺激，我的脑筋中，竟不信社会上真有什么慈善家了！可怜西北无数万的灾民，不料竟做了这班"善棍"的发财品，真是良心何在！天理何在！

这班善棍的黑幕，真是举不胜举，总而言之就是吞没捐款，自肥私囊而已。可怜那些饥荒待救的灾民，正伸长着颈子在那儿喊救，一班热心拿出捐款的人们，也都以为报纸上登出征信录，相信那慈善团体必定已经前去放赈，谁知这批救人性命的钱，却已经化做这班善棍的私有财产，不是用在花天酒地，便是去买地皮讨姨太太了。重重的罪恶，已经污辱了我的良心，我现在不愿再来污辱这纸和笔了！

但是我虽然受了这种刺激，我决不灰心，并且现在还更加热心的做我所要做的工作。现在我已经捐募到手的赈款，约有……元，我已决定把这笔赈款完全拜托某基督教会的牧师代我汇到灾区去，转托该地教会牧师代我发放。这并不是我相信了他们的宗教，实在是因为我看到过去的事实，只有基督教的教徒比较的可以信靠些，所以我就决定照这样办了。足下如有何意见，务请赐教，前经允许协力劝募的赈款，不知近日成绩如何？一切请速回信。顺祝。

健安！

弟某某上

某月某日

——原载李协和编：《现代青年文库　书信选》（上册），大方书局 1937 年版，第 236—238 页。

陆伯鸿先生之慈善事业

（袁承斌　1938 年）

　　露透社上海电：公教大慈善家陆伯鸿总会长，于十二月三十日下午在法租界遇暗杀，凶手未获云云，此间人士闻讯莫不同深哀悼。宗座代表公署秘书高弥肃主教，及陆宜爱司铎当即去电唁问。全国公教进行会总监督处，及总部人员名誉会长魏丕治、副会长邓维屏等领衔纷纷设法去电，又决定将择日在西什库主教座堂，举行追思大礼弥撒云。

　　陆伯鸿先生为上海公教大慈善家、大实业家，现任中华公教进行会总会长，自中日战事爆发后又组织全国中华天主教救护总会，被推为总会长，创办上海南市新普育堂、杨树浦圣心医院、北桥普慈疗养院、松江若瑟医院。实业方面创办上海南市华商电车公司，扩为南市电气公司，合南市电灯电车为一大公司，大通航业公司，身任该公司总经理，又任闸北水电公司总经理、南市自来水公司总经理，操上海南北市电车、电灯、自来水三大企业于一人之手，其经营事业之魄力，可想而知。此外又创办大通航业公司，营业极为发达。又任法租界董事，国际圣体大会常务员等要职。兹就陆总会长一生致力于慈善事业及公教进行会事业情形略为叙述于下：

　　陆伯鸿先生为清末秀才，十八岁即游庠，后学法文于耶稣会龚西满司铎，受龚司铎德化入圣母会，从事于慈善及传教救灵事业。清末沪城大南门外有普育堂，收养残废贫病，俗名叫化病院，陆先生每主日下午必前往宣讲，施散铜元若干。民初由市议会公推陆先生加以扩充，改建房屋，即现今之新普育堂，此为陆先生慈善传教事业之嚆矢。厥后历年扩充，分为婴孩部、残废部、贫病部、男女老人部、疯人部、狱囚病人部，终年常收养三千余人，常年经费约需二十万元，自开办至今已费至五百万元。成绩方面二十六年来，共收养十万二千五百二十五人，施药施诊共二百十九万四千零七十人。

民国三年起又在杨树浦开始圣心医院之组织，初为施诊所，渐形扩充，至民国十三年，始成设备完全之正式医院，建筑购地费前后共二十七万。从民国十三年至今，圣心医院已收二万七千八百六十二名免费病人，施诊一百四十八万九千九百三十人，每年经费约须十二万元，病床有四百。

民国二十二年于上海南郊北桥附近，建筑普慈疗养院，专治精神病，为国内唯一规范伟大，新式科学设备之精神病疗养院。特请德国修士、美国修女分别主持男女部，建筑费六十余万，可容六百病人。从开办起至民国二十六年八月止，曾收精神病者九百五十三名，内六百五十一名已治愈出院，每年经费约需十万元。

此外松江若瑟医院亦系陆先生手创而负责者，又为北平中央医院经常费之负责人，另委院长主持之。

陆先生身负上述各慈善及社会事业之重责，每年约须筹划四十余万之经费，平常时有一二十万之亏空垫款。故于中日战事爆发前，求事业之永久计，曾发起四百兆基金运动，向全国人士筹划。今陆公遽遭暗杀，此四百兆基金之事业，我知天主必生后起者为之继也。

陆先生于民国元年成立上海公教进行会，二十五年来，陆先生常为上海公教进行会之灵魂。会员在会长之督促勉励指导下，从事宣讲慈善救灵工作，成绩卓著。会员皆系训练有素之热心教友，入会之初须三年训练，会员每日须默想二刻，看圣书，做省察，每瞻礼七开会，会长念圣书，会员报告上主日出外宣讲之情形，讨论并分派翌日出发宣讲之地点。每月做圣时，领补赎圣体，每年做避静三天。会员奉行之口号为吃苦与服从，每主日服从会长指派，出发宣讲，或火车，或汽船或小车，或民船，近者为本城各医院、各监狱，远者一二百里，有四五百里以外者，每有清晨出外，至夜深十一时或翌晨始回沪者。

（后略——编者注）

——原载《圣教杂志》1938 年第 27 卷第 2 期。

何谓世界红卍字会（节选）

（1939 年）

二八、问：何谓世界红卍字会？答：世界红卍字会是含有世界性的纯粹慈善团体，不涉及任何党派政治，不作慈善范围外之一切企图，不偏不倚，无忤无争。

二九、问：红卍字会宗旨若何？答：红卍字会是以救济灾患，促进世界和平为宗旨，析言之，是由人类同具之本性，求所以振发相亲相爱、互助互利之精神，而谋世界共同的幸福。

三〇、问；红卍字会由何产生？答：红卍字会产生于道院，本道以行慈、诚中形外、体用兼赅。

三一、问：红卍字会用红卍字命名，其意义安在？答：卍字取红色所以示吾人本纯洁天真以行慈，其心应若赤子之心，且卍字形式普遍四方，尤可以为促成世界大同的象征。

三二、问：红卍字会初创于何时何地？答：红卍字会于一九二二年创立于中华北京。

三三、问：组设红卍字会有无统系，有无限制？答：世界红卍字会为统属各国各地总分会的最高机关，暂设三部行使职权。（一）总监察部设于天津。（二）监察部设于济南。（三）基本执行部设于北京。此外世界各国均得设总会或主会一处，分会无定数，但非发原本道行慈的人不得为会员，故必先设道院，后设红卍字会，以防舍本逐末之弊。

三四、问：红卍字会所作慈务有无区别？答：红卍字会所作的慈务，大别之可分为二类。（一）临时赈救类。（二）永久恤养类。

三五、问：何谓临时赈救？答：对于各地临时发生的灾患，红卍字会实地救济或赈济者，均归临时赈救类。

三六、问：何谓永久恤养？答：对于贫困或被难的鳏寡孤独老幼男女，红卍字会特予抚恤或教养者，均归永久恤养类。

三七、问：红卍字会于赈救恤养以外有无教育？答：红卍字会于赈救恤养之外，酌量情形，授以职业技能，尤注重感化教育，使其得到精神上之快慰，此即卍会于救其生命之外，实行渡其性灵的至慈主义。

三八、问：至慈字义作何解释？答：行慈本有狭义广义之分，狭义行慈属于有形的，广义行慈包括无形的，红卍字会行慈有形无形两不偏废，能渡化于有形无形之间者，即谓之至慈，故红卍字会不独为万有万灵惟一的救星，并且是世界大同最忠实的先锋。

护世队

三九、问：红卍字会设立护世队，其主旨何在？答：红卍字会设立护世队，以修道力慈、弭劫化世为主旨，简言之，是不尚空谈，以身作则，实修实行的。

四〇、问：护世队之组织，有无限制？答：各国各地红卍字会均应成立护世队，但须以曾经世界红卍字会护世模范队，实施训练之人员充任队长队员。

四一、问：护世队如何服务？答：护世队平时服务于所在地之红卍字会或宣阐道化，或办理永久慈业于各地，遇有灾患发生，须就各该队员人数立即改组救济队或赈济队，尽其赈救职责。

救济队

四二、问：救济队之组织若何？答：凡一会单独所组之救济队，曰某地救济队，二会以上联合所组之队，曰某某联合救济队。

四三、问：救济队之任务共有几项？答：救济队之任务分为五项：（一）救护伤亡军民。（二）运送难民于安全地带。（三）收容难民妇孺。（四）治疗伤病军民。（五）掩埋死亡军民。

四四、问：救济队及救济人员可资证明之标识，共有几种？答：救济队各种标识均用白地红卍字，约有五种以上。（一）旗帜。（二）制服。（三）臂章。（四）识别章。（五）任职证。

四五、问：救济队人员如有犯法情事，是否由个人负责？答：如救济人员有犯法情事，其违背红卍字会宗旨章则，不问可知，当然由个人负责，受法律之制裁。

赈济队

四六、问：赈济队之职责若何？答：赈济队负调查灾情、施放赈品之专责。

四七、问：赈济队之组织标识若何？答：赈济队之组织及标识，与救济队大同小异，且救济队于救济灾患之后实施放赈时，亦可兼代赈济队职责。

永久慈业

四八、问：红卍字会所筹办之永久慈业约有几种？答：种类甚繁，除因财力所限未及筹办者外，就十二年来已办之永久慈业约有十七种如下：（一）贫民学校。（二）恤养院。（三）医院。（四）育婴堂。（五）孤儿院。（六）残废院。（七）贫民工厂。（八）平粜局。（九）恤产局。（十）恤嫠局。（十一）恤老局。（十二）因利局。（十三）贷济所。（十四）栖流所。（十五）施诊所。（十六）施药所。（十七）施棺所。

四九、问：各地分会所办之永久慈业，其经费是否由世界红卍字会发给？答：否。各地所办之永久慈业其经费须由各该地红卍字会分会自行筹办，其他各地同人则可量力协助之。

五〇、问：各地所附设之永久慈业机关是否均归世界红卍字会管辖？答：为实事求是计，由所在地之红卍字会直接管辖，而以世界红卍字会为最高监督机关。

女修

五一、问：以上所谈之道院红卍字会以及附设各队，未悉是否男女合办？答：吾人注意男女精神平等，而不准男女形质混谈杂，故男在道院研修，女在女舍研修，而红卍字会及附设各队，亦男女分别组织，以收分工合作、相助得理之效。

五二、问：道院与女道德社，红卍字会与妇女卍会，是否各自对外？答：否。男主外女主内，是阳动阴静的至理大道，故道院与女道德社，红卍字会与女卍字会，在事实上必须分别设立者纯为对内的礼防，绝非对外的体制。质言之，以道院及红卍字会对外，而不单纯以女道德社及妇女卍会对外。

——原载《卍字月刊》1939年第1卷第8期。

少不了的会计师

（邹韬奋　1940 年）

关于上几次所说的几件"轰动的事情"，都是有关于经济的事情，也就是关于银钱经手的事情，关于这方面，本店有一个特点，就是必须请会计师查账，出证明书。除《生活日报》的股款本息全部归还外，为马将军捐的款，为十九路军捐的款，都经过上海潘序伦会计师查账证明无误。我们都根据会计师的证明登报宣布及印发征信录。我们认为这个手续非常必要的。这不但是本店保持读者的信任所必要的手续，而且即我个人也受其赐，因为后来有人企图破坏我在社会上的信誉，公开用文字诬蔑，说我把替马将军捐的巨款私吞下来，用来办书店，并用为出国的费用，但是我不怕，因为我们再把会计师的证明书制铜版在报上公布，什么阴谋都无所施其伎俩。

不但关于上述的几件事而已，自从本店开办以来，每年度的收支，都请会计师查账出证明书，即在抗战以来的账目，虽因迁徙无定，未能早查，但最近也逐一由会计师清查了。少不了的会计师，他是我们在经济上绝对诚实的证人。我们向来是要请教他的。我们对同事向来是经济公开的，最重要的就是有会计师的查账和证明书。我们的事业是由艰苦中产生出来的，我们的同事所以能在很艰苦的情况中共甘苦，共同奋斗，固然是由于有着为进步文化而努力的共同目标，同时也因为我们大家都是靠工作取得生活费，没有不劳而获的分子，并因为我们的经济公开，偶有一部分的赢余，也是用到发展事业的上面去。甚至因为历年的资金不够，应分的一些股息和一些红利，都一古脑儿用作事业的维持费和发展费，大家并无怨言，也是由于请教了少不了的会计师！

——原载韬奋基金会、上海韬奋纪念馆编：《韬奋全集（增补本）》（第 9 册），上海人民出版社 2015 年版，第 736—737 页。

慈善事业会计之检讨

（龚懋德　1940 年）

一、导言

夫慈善事业，乃人类互助精神发扬广大后之产物；当其发纵之处，规模既小，事务亦简，一二人之捐助，已足应付需要而有余。迨社会中贫富之对立，愈趋明显，嗷嗷待哺者之人数，与日俱增，需要他人援手之热望，日益迫切，于是慈善事业乃扩充其规模与范围矣。至此，一二人之输将，已难应付巨大之开支，不得不向社会作公开之呼吁，而求各界作大量之捐助，以裕收入也。慈善事业之收支数量既渐趋繁钜，对于款项（与物品）收付之处理，更应力求慎重严密，方能避免流弊。作者感于际此吾国慈善事业渐呈蓬勃之时，对于慈善事业会计殊有加以注意之必要，乃本一年来掌理上海难民救济协会会计事务之经历，并参以最新之会计原理，而为此文，略抒管见，藉供办理慈善事业者之参考焉。

二、慈善事业会计之特征

考慈善事业会计与一般商业会计迥然不同。前者为收支会计，后者为损益会计，此其一。商业会计中资产之来源，在独资与合伙组织之企业为资本主之投资，公司组织之企业，为股东缴付之股本；而慈善事业会计中资产之来源为各项捐款，此其二。商业会计中之预算政策，系量入为出，而慈善事业会计中之预算政策，已渐由量入为出，转变为量出为入矣，此其三。

至慈善事业会计与政府会计，则颇有相似之处，例如两者均为收支会计，预算政策皆属量出为入，惟政府会计中收入之主要来源，为人民缴纳之捐税，以纳税为人民之义务，人民逃税，政府可强制执行缴纳，故收入比较确定；但在慈善事业会计中，则以收入多属慈善家之捐款，慈善捐款，并非捐款人之义务，是以不能强令捐助，故收入比较不确定，是为两者不同之处。

就慈善事业会计中收支之本身言，其收入虽统曰"捐款"，然其内容则异常复杂。有者为现金，有者为物品，有者为特定产业之收入。现金捐款中有一次捐助者，有认捐后分期缴纳者。在物品捐款中，有直接可供救济之用者，如米、面、罐头等食物，衣被等是；有须由受捐之慈善机关出售后，方能以所得之款，用于救济者，例如花卉、古玩、书画等是。又如捐助之物品，常不知其价值，致入账时只能记其数量，而不能记其价值，但在商业会计虽亦有物品之进出，然物品之价值，莫不确切明了，是故在慈善事业会计中对于"收入"之处理，其交错繁复之程度，实不下于其他会计也。

慈善事业之支出方面，亦有其特殊之处，盖收入项目中，既有直接可供救济之物品，故其支出项目下，除现金支出外，尚有物品之支出，此类物品之收付，在账册之价值栏内，可谓甚少影响，虽于收入之际，或依该项物品之市价，暂予记载，但于付出时，仍以同额贷出，以是物品之价值，反为无关重要，仅其数量为会计之要件耳。

三、慈善事业会计之原则

慈善事业会计之最大目标，为以最低之募捐费用，得到最高数额之捐款，及以最少之捐款，使被救者获得最大之实益。易言之，处理慈善事业收入所应达到之最高理想为使捐助之现金与物品，扫数解入慈善机关之金库及物品保管室，无涓滴或片屑流入旁人之手，除非为事实上所必需者。处理支出所应达到之最高理想为慈善机关所付出之现金与物品，应全部用于被救者所切需者，无涓滴或片屑为经手人所盗取，慈善事业会计能否达到此项理想，决定力固在人事，但制度之优劣，亦有密切关系，兹置人事不谈，仅就会计制度，作扼要之叙述与讨论。

查慈善事业之收支内容有现金与物品之分别，因现金与物品之性质不同，故其处理方式亦稍殊异，惟应采取内部牵制组织则一。

关于现金之出纳与记账，应由两人分任，一切现金捐款收入，应掣给收据，收据上至少应由慈善机关财务部分之主管职员与出纳员签字盖章。收据应采用复写多联式，编定连续号码，装订成册，每册用完之后，应将存根妥为保管，俾便查考，每日收入之现金，不论其为法币或支票、本票、汇票，应于当日银行停止办公前，解入银行，不及解入之余款，须于翌晨解入。关于现金之存解，由出纳员以外之人员办理之，藉示牵制。

在预算内之巨额现金支出，一律签发支票，支票须有财务部分之主管职员及其他重要职员共同签字，以昭慎重。如遇须为巨额之现金支出，而支出项目不属于预算范围内者，则应经慈善机关之主管组织例如董事会，理事会或常务委员会通过。至于零星开支，应采用备用金制度，预先拨出定额之现金，另由一人掌管，一切零星开支，皆由此项基金支付，再行报销。所付出之款项，均须向收款人取得正式收据，如事实上不能取得时，例如黄包车之车资，买水等之费用等，则应由经手人开单证明，藉免中饱。

以上所述，为处理现金收支时，应行遵守之原则。关于物品收发之处理，愈应予以严密之考虑。在工商业方面，一般主管人与会计员每重现金而轻物品，注意物品会计者，甚为罕见，办理慈善事业者，对于物品会计，予以关心者，尤不多睹。其实物品具有交换价值，与现金无异，对于现金，固应重视，对于物品，至少亦应同样重视。在慈善机关所收受之物品方面，最易发生之弊病，为机关内职员及经募人任意取用直接可供救济之物品，欲免此弊，对于物品之收发与保管应采取集中的内部牵制组织，即举凡外界捐助之物品不问其品质种类如何，全由一人收受，作成"点收物品报告单"单上注明物品之名称、数量、捐赠人姓名及日期，此单亦采取复写三联式，第三联作为存根，将一二两联会同物品送交物品保管室管理员点收，由该员在第一联签名盖章，证明单上所开物品业经点收无误，转送记账员登入物品分类账，并根据该单开发捐助物品收据，第二联由该员保留以备查考。至物品之发放，须凭财务部分主管人员及经管职员签证之凭单，否则物品保管室之管理员应拒绝发放，以防借公济私。物品之记账应采永续盘存制，俾可不经实地查点，随时可知现存物品之多少，物品应集中贮藏一处，以免顺手牵羊而致散失，是乃物品会计上应遵守之原则也。

如对于现金与物品之收付，仅作消极的会计处理，仍难达到前述慈善事业会计之最大目标，尚须积极的控制收支，欲控制收支，则唯预算是尚，即于会计年度开始之前，先根据过去一年之收支情形，预测来年度收支上可能发生之变动，而编制预算，经慈善机关主管组织通过，以为会计年度开始后，收支之准绳，并作测验工作效率之尺度。苟于编制预算时，发觉收入不敷支出，即可加紧劝募工作，藉增收入而利事务之进行，故编制预算亦为慈善会计中不可或缺之一门也。

再慈善机关为取信于捐助者，开拓未来之收入来源起见，应于会计年度告终之后，聘请信誉卓著之会计师，详细查核全部账册，以资防止舞弊及浪费，并藉以改善会计制度，增加工作效率。查账后会计师所出之证明书、报告书，及各项名细表，应在销数最广之新闻纸上公布，以昭信实，倘财力充裕，则不妨编印成帙，分赠曾捐助大量现金或物品之大善士，使彼等信实本人所捐助者已悉数照其意思，用于救济之途矣。

四、上海难民救济协会之会计制度

关于慈善事业会计之特征与原则，已论述如上，兹再略述上海难民救济协会——上海最大之慈善机关之会计制度，以明慈善事业会计之具体概念焉。

夫上海难民救济协会为国军西撤后应时而产生之慈善机关，专以筹募款项，救济上海难民为务，其规模之宏大，组织之严密，管理人才之优秀，可谓空前。其最高组织为全体大会，由全体大会产生理事会，设理事长一人，副理事长二人，理事长之下，设秘书处劝募委员会及司库；秘书长之下，复分设财务、事务、总务，宣传、善后、监察、教育等七处，处之下，再分各股（从略）关于会计由即隶属于司库之会计处办理之；会计处设主任一人，出纳员一人，会计员若干人，秉承司库及财务处长意志办理一切会计事务。

该会之收入，除直接收受之捐款外，为市民组、同乡组、舞场组（皆属劝募委员会）劝募之捐款，酒菜馆业、旅馆业以及各同业公会代征之难民捐，及委托银钱业代收之捐款。每日收入之捐款当日存放于往来行庄，一切收款皆给予收据。该会直接收受之捐款，由司库办公室出给二联式收据，第一联由司库财务处长、会计主任盖章后交付与捐款人，第二联为存根，作记账之凭证。各组劝募委员会及受托代收捐款各行庄、酒菜馆业、旅馆业各同业公会所用之收据为由该会会计处编号盖章发印之三联复写式收据。

该会之支出，皆依照理事会通过之预算案办理，会计处支付预算案内之款项，由财务处根据核准议案，备条通知支付后，一律开具行庄支票支付之，并须取得收款人之正式收据。至预算以外临时需要之费用，则应由秘书处签呈正副理事长先行核准，再补编预算交由财务委员会（属理事会）及理事会追认之。零星用款，先由总务处向会计处领用相当数额之备用金，每周开具细账，连同单据向会计处报销再行补足之。关于支票之签发，票面不满一万元者，须由司库、财务处长，及会计主任会同盖章，票面在一万元以上时，尚须加盖理事长印鉴。该会动用捐款手续之慎重，与内部牵制组织之严密，由此可见一斑。

关于各项收支之记账，该会均先制就凭单，并将有关之原始单据粘附于后，由经手人员签章后送呈司库及财务处处长核准后，方行入账。各项凭单于记账后，每日编号装订保存备查。记账所用科目，属于收入者为"捐款收入"、"利息收入"及"其他收入"等，支出方面为属于"事业开支"项目之补助给养费、补助寒衣费、补助医药费、补助教育费、补助建筑费、第一收容所管理费、第二收容所管理费，属于"劝募费"项目下津贴，车资、文具印刷、公告费、杂项，属之"事务开支"项目下之薪水，工资、膳食、文具印刷、电话邮电、车资修理、招待费、购置器具、购置什件、公告费、水电、房租、捐税、津贴、杂项等，所有账册，每月小计一次，半年总结算一次，每年更换账册一次。

该会之会计年度定为每年十月一至翌年九月三十日止。每半年办理决算一次，编制收支决算书资产负债表，及各项应备之明细表，送请监察委员会（属理事会）选派会计师审核，提交理事会及大会通过后，登报公布。即每月各项收支账目，亦须编制月计表，送请理事会审核。

上海难民救济协会现行会计制度，固不能谓为尽善尽美，然要皆为根据实施事实之需要与本乎现代之会计原理所制定者，未始不可为其他慈善机关创设或改良会计制度时之借镜也。

五、结语

查慈善机关因谋社会公共福利而设，其收入之来源，系本于有力者之捐助，其支出之用途，为救济遭受灾难之国民。是以其款项用途之来踪去迹，应须有良好之会计以驾御之，使其捐募款项，涓滴归公；支用费项，微细皆为必要之支出。并于每届会计年度终了之时，由会计师查账报告，俾得取信于社会，而使慈善机关成为一种廉洁从公之机构，则社会有资力之善士，自当源源不断供给其募捐之资助。是以慈善事业之消长，以其会计是否清明为推移；而是项特殊会计之能精益求精，亦所以成为慈善事业进展不衰之原动力焉。世人每每以公家事务多糊涂与多贪污为词，实则人心之出发点无不为善；徒以制度不良，环境引诱，致使涉足于借公济私之举，而使全部机关蒙不洁之羞。苟有良好会计制度为之秉笔，完备之内部牵制组织为之纠正，则此公家机关断不致有弊端之发生。此以余于本文之成，有望于慈善业会计制度之积极倡导与改进也。并所望政府能制定单行法规，对于全国慈善事业加以严密之统制，是则对于慈善事业会计之裨益，更可计日而待矣。

——原载《公信会计月刊》1940 年第 3 卷第 3 期。

社会救济法实施之检讨

（柯象峰　1945 年）

《社会救济法》于民国三十二年九月二十九日经国民政府公布。政府如斯重视人民之福利，深令吾人感慰。考社会救济在我国虽则起源甚古，推行亦广，历代视之为要政，民众尊之为仁政，但欲置之于科学的基础之上，并进而制定为法律，则尚为晚近之措施。社会救济法之公布，应视为我国社会救济事业一种划时期之进展；惟查本法内容，所涉极广，究应如何实施，方可收取宏效，实为当前亟应慎重考虑，缜密计划之问题。爰本芹曝聊贡一得之见于后。

一、摆在我们面前的事实及问题

在我国而言社会救济，诚有令人望洋兴叹之感。因为我国需要救济的范围是太广泛了，在我们实施社会救济法时，应该认清当前的事实和问题，方不致于疏漏空乏，事倍功半。摆在我们面前的事实及问题我以为是：

1. 我国待救济的人是太多了；第一我国是一个幅员广大人口众多的国家。据粗泛的估计，我国人口当在四万万五千万左右。其次据政府公布的社会救济法第一章（救济范围）第一条至第三条所规定应予救济者，其种类至为繁多，其中无力生活者有（1）六十岁以上之老年人；（2）十二岁以下之儿童；（3）妊妇；（4）疾病残废者；（5）精神病者；（6）灾民；（7）难民（战争时期）；（8）有犯罪倾向者等。试闭目仔细一思，此类人士在我国人口中所占之数字，是如何的庞大？我国卫生落后，病者极众，精神病者因遗传及环境不良，其数字当数倍于英美（英美之精神病者约占全人口千分之四），我国天灾频仍（如去岁之河南灾情），受灾害者动辄数千万，受战祸之危害的难民，更何止数千百万？如细加罗列，数字一定是可惊的。

2. 我国是一个贫穷的国家：一般的人民是大抵贫苦的。据作者年前之研究

（见拙著《中国贫穷问题》七三页至三八〇页），各家估计数字皆属甚高。在农民方面约有百分之五十至八十以上不等，而对于全国贫民之估计，则百分之五十至九十五不等，估计不同的原因，是因为各人所定之贫穷线的标准高低不一。据作者加以厘定及估计，以为我们切不可忘了中国人口四分之三以上的农民。中国农民究有多少人是能获得适当的收入呢？只就农民耕地面积的大小一项而论，就可以看出贫民的众多。每一个农家如果种地不足三十亩，是很难维持一家生活的，因为除去了所下的资本（肥料、种籽等）及繁重的税捐，所得的收入实在是很少的。但据中国的官方统计云：中国各省区家种地面积不满十亩者占全体百分之四十二点七，十至二十九亩者占百分之二十四点六，共为百分之六十九点一，而南北各县农家耕地面积在二十五亩以下者鄞县为百分之七十八点三，仪征为百分之九十三点二，江阴为九十一，吴江八十七点六，宿县六十二点六，沾化九十四点四，遵化七十二点九，唐县九十，邯郸四十二点九，以上合计平均为八十点八。换言之，以上各县农民耕地面积约有百分之八十未过二十五亩。至若耕地面积在十亩以下者，有百分之五十六点七，而况其中耕地面积稍大者，尚有不少的佃农（据卜克氏研究全国平均约有五分之一是佃农，而佃租甚高；约为八分半，或百分之八点五）。结果农民中在贫穷线以下的人口，约有四分之三，若以全国人口四万万五千万计算，不下二万六千万人口，约为全国人口百分之六十，再加上城市间劳动界约百分之五，则中国贫民至少可占全国人口百分之六十五或三分之二，如以数量计算，约为三万万左右。不过近十年来，水旱之灾，及兵灾或战祸，再加上一般固定的贫苦无依的寄养者及流民（如因兵燹灾厉所致），每年平均约有十分之一以上的人口或四五千万人口常为饿殍，以及体弱低能不能谋生者合计之，则贫民数量至少应占全国人口百分之七十五，或四分之三以上之估计，当甚可靠。设或中国约有三万万五千万人口是衣食不足，如果这些人民都有加以救济的必要，这是一个极其庞大的对象和极大的负担，这实在是一个不易解决的问题。

3. 我国是一个农业的国家：农民占全国人口四分之三以上，所以一大部份是一个乡村社会，人民大多分散居住于零落的乡村或市镇，这是一个极其稀疏而广大的“面”，不像欧美各国人口大部份是都市化，人民生活集中于大城市或“点”上，因此在我国而欲谈社会救济，应如何应付这广大的面这一问题是横梗在我们面前。

4. 家族主义与乡土观念为支持我国社会团契及互助之柱石：我国在农村社

会组织及儒家伦理思想为背境之情况下，一般人民是具有浓厚的家族主义及乡土观念的，所谓亲亲而仁民，所谓仁义至上，所谓骨肉之亲，所谓朋友有信，所谓"本家""本族"，所谓同乡同里，几乎是人与人相互维系联谊合作以至于救济之准则。我国需要救济者，何虑万千，然平时多沉淀隐没或未尽呈现于社会表面，终致呈露者极寡，大都是因为贫乏者已多由于一些亲戚、朋友、本家、同乡所关照或担负，无形中减轻公家或政府一大部分责任或担负，今日在我国如欲谈社会救济，而忽视此一大部份之固有的基础或资源，将为无法补偿之损失。故在我国尚未工业化及人口都市化之今日，似尚有大量利用此固有的观念及机构之需要，为不可轻易抹煞之事实。

5. 行善为我国可宝贵的道德思想之一：一般人民行为之最高准则，除儒家伦理思想外，即此多少含蕴着宗教色彩之"为善"的观念，实为推动救济事业之原动力，试一观我国流行之重视"善行""善举""善人"，或"善与人同"，以及修桥铺路，济困扶危、施茶施食、救死扶伤等义举，以及各地方之善会，或私人慈善团体之普遍林立，亦为我国担负地方救济事业之大本营，而为我国推行社会救济事业不可不注意之事实。

6. 我国社会救济设施之简陋：我国因民穷财窘，生活水准低落，一般设施，均系因陋就简，社会救济之设施又何能例外？故救济设施虽多，或则限于经费，或则限于设备，或则限于科学的知识。被救济者之安置，常属老幼不分，良莠不分，健康与疾病者不分；故各救济设施，多系旧型的贫民院，或藏污纳垢之人民丑恶的展览所，流弊甚多，亦系为实施社会救济时不容忽视之事实。

7. 我国社会救济人才之贫乏：在我国办理救济事业者除少数系地方正绅，多仅凭一付热烈的情感从事工作外，大部份多系不学无术，滥竽充数，以至于渔利中饱之徒，尸身其间，谋自身之救济或生财之道，以此类人士充任救济工作，又安得不肇致因循敷衍，腐败不堪，事业无成之后果？此亦为吾人所熟睹之事实。

8. 救济方法之落伍：我国固重视救济事业，然实行方法多凭主观的见解，无科学之基础，其决定何人应予救济，以及应如何救济之技术，多属无研究及素养，其间虽有多少依凭过去之经验，然多已落伍，而不能追随时代之需要了。此亦系目前无从掩饰之事实。

9. 各地救济经费之枯窘与浪费：救济本为一消耗之事业，每一设施欲求有完满之功能，须有充足之经费以供挹注，但据研究社会救济机关者之报告，多数收入不足，或无基金，收入既不固定，又安能希冀其事业之稳定？际兹物价高涨不已之际，多数收入更不足以支付需要，尤奇者，另有一部份机关收入并不感缺乏，但以不善使用，以及无预算无决算，浮支滥用之弊端百出，而事业则无多少表现，此种经费枯窘，或浪费之现象，在目前亦至为普遍。

10. 救济事业组织之不健全：我国各种组织向多散漫，故各地救济事业之组织亦自难例外。多数系各不相谋，缺乏合作，结果则各自为政，架床叠屋，自属难免，而内部行政系统，亦多因人设事，政出多门，效率低落，敷衍塞责，故我国救济事业之组织至不健全，而有待于改善也。

以上所述十点，均系就观察及研究所得举其荦荦大端，摆在吾人眼前之事实，有应为吾人认清及参考之事项，有应为吾人善为利用之事项，有应为吾人避免及改善之事项，在实施社会救济法时应一一加以体认及注意，方可期事半而功倍之效也。

二、实施社会救济法应注意之原则

吾人认为完善之社会救济办法，必依据社会救济实施之比较健全的原则，作草拟的根据。目前之社会救济法，如多已符合固佳，否则亦可供将来修订时之参考。关于社会救济之实施原则，虽经纬万端，然而稽要钩玄，亦可举其大要者：

1. 社会救济应预防及救治并重：社会救济之最经济办法，莫如注意"不幸"之预防，而救治则为预防不足之补充，正如若干人注意健康卫生，则疾病自然减少。

2. 社会救济应以适合国情及融洽习俗为得策：社会救济之实施，不能离开时间及空间的条件，故在我国而言，社会救济应不忘我国之文化及历史的背景（古代先贤嘉猷良规皆有可资借镜之处）及当地之物质条件。例如我国农村社会，民众生活至为疾苦，如一般之救济院或栖留所或监狱之设备，高过普遍民众生活水准，则贫乏人民将拥挤来此，终至无法应付。

3. 社会救济应改善固有办法，而酌采新式科学技术为实施之张本：我国先贤对于社会救济虽有不少优良办法可资采用，但以今日之环境，大异于囊昔，为适应环境起见，应斟酌损益而活用之，避免胶柱鼓瑟泥古而不通今之弊，对于欧西新兴之科学技术，亦不要盲从或固步自封，而应深加研究，并求其能适应我国环境，斟酌损益而采用之。

4. 社会救济应发扬民众同情，及互助之美德：换言之，社会救济之实施，应发动固有之民力及美德，方可收通力合作之效。

5. 社会救济之实施应谋取政府社会家庭及各个人之通力合作：社会救济之实施，决非某一方面所能为力。善于措施者，必同时取得政府方面，社会方面，该不幸者之本身方面的了解，赞助或指导，以及人力及财力之协作，方能收轻而易举之效。

6. 社会救济应以保持正常之家庭生活及救济机关家庭化为设施标准：家庭生活为最自然及最经济单位，故对于救济设施应尽量利用原有之家庭资源及便利为上策，即万不得已而采用机关留养，在可能范围内亦应使其家庭化，如寄养家庭，保育家庭等。

7. 社会救济应注重个人之重生：不幸者之救济，不应止于现状之诊治，而同时须注意恢复其正常之生活，及准备其自立谋生，如习性之改造，职业训练，或职业再造等。

8. 社会救济应有统一之行政机构：社会救济工作在纵的方面，应使其单纯化，避免叠床架屋之弊，如固有特殊工作及使命（以一般之社会救济及救灾，以及伤兵救济）而有分立之必要，亦应权限分明，而同时注意密切的分工合作。我国现正推行地方自治，社会救济事业自亦在地方事业范围中，将来如何由保而乡镇，而乡镇而县，由县而省，由省而中央，似应采取一严整之系统。

9. 社会救济应与有关之公私机关发生密切之联系：在横的方面，各级社会救济机关，应与有关之机关，如警察局、卫生院，以及性质类似之救济机关合作，共同设立一联合办事处，以收分工合作之效，并可设置类似社会服务交换所之机构，以收通力合作之效。

10. 社会救济应尽量训练及任用专业人才，实施事业制度：社会救济为一专门性的工作，自有其特殊之技术，决非任何人所能胜任愉快，政府在可能范围内，如人力及财力许可时，应及早训练各级人才而任用之。

11. 社会救济应以政府资力引发社会之资力为筹措经费之方针：社会救济事业异常庞大，因之所需费用必极浩繁，而非政府所能担负，最合理而有效的办法，为各级政府机关与民众合作及分担，在政府方面，其经费并应列入正式预算，如高级政府可以稍出资力以引发下级或地方政府之自筹经费，地方政府对于私人团体办理之慈善机关亦可以几成津贴或奖金，并藉此可以鼓励指挥及监督其工作。

总之，以上所举之原则要在认清对象标本兼施，人方财力措置得宜，而后效率始能提高也。

三、实施社会救济之办法

1.机构：社会救济之实施在机构方面可分为中央、省、及地方（县市）三级，并以县为实施单位。中央机构主持全国救济事业大计，负研究、设计、实验、示范，培养人才供给材料，督导技术，指示法令，及审核等工作之责。为完成此项责任计，应设置四个部门：第一部门为研究性的组织，如全国社会救济事业委员会，罗致全国有经验之专家组织之，负责搜罗及供给材料，研究问题，草拟计划，并附设二种社会救济事业实验区，作实验设计之所。一设置于大城市，一设置于县境，并将附设分区于乡镇，此因都市与乡镇之救济对象、问题、环境或条件迥不一致，而应分别加以实验之故。其所以设实验区者，则因以区为范围，院内救济（或机关救济如救济院），及院外救济，均可加以研究及设计也。第二部门为行政部门，办理指示法令，任用人员，及审核工作等工作。第三部门办理督导工作，可选派经验学识俱者为督导员，负推广工作，指导技术、监督、考核及联络之责。第四部门则负责训练高级人才。此事可分短期调训已经任职之人员，及与各有关之高级学术机关或大学之社会学系合作长期训练之。

省机构亦可分四部门：第一部门办理行政工作，第二部门办理研究工作，可与省内大学社会学系合作，第三部门办理推广及辅导工作，可选派有才识及有经验之督导员担任，第四部门关于中级人才之训练，亦可采调训及与省内大学社会学系合作办法办理之。

在地方如县市或乡镇，则行政部门可由县社会科或股，及乡镇公所担任，而负起推行及辅导等实际实施之责，推行及办理人员，亦自应有适当之训练、指导及考核，而任辅导之责。又可在县府设置巡回辅导员赴各地视察、指导技术及考核，应由受过中级训练之人员充任之。

2.人才：社会救济事业所需之人才甚众，在等级方面有：一、国内外专家，多任职中央及省市方之主要职务；二、高级人才（如大学研究班及大学社会学系毕业生，及已有经验再加严格训练者）；三、可任省方中级干部人才，及四、辅佐人员。如按工作性质分有：一、救济行政；二、社会个案工作者；三、养老；四、育幼；五、长于办理盲哑教育；六、办理残废教育或职业再造；七、精神病理学家，以及救荒等等方面之专家或有特殊训练者。以上系就质而言，如再就量而言，如中央方面需用五十至一百人充任研究、设计、实验、立法、考核，以及督导等工作，各省需用之行政、研究、推广及督遵人员三十至五十人，或平均以四十人计，则全国当达八百以至一千人，又各县之行政、推广、辅导、及实施人员，如以每县需用五十人计，则全国二千余县，当在一万人以上。以上总计当在一万一千人以上。如欲加以训练，势非尽量罗致，尽量训练不可，然总应有一整个之计划也。

3. 经费：救济事业之成功与否，除组织、方法、人才外，须视经费之足否，及使用情形以为断。所应注意者：第一为经费之来源。按救济事业为一全国性之事业，所需费用极为庞大，决非政府所能完全担任，故一方面应尽量利用已有之一切公私救济事业之资源为基础，必要时政府应予奖励津贴，以引发各方面之财力，共襄斯举，一方面各级政府亦应妥筹经费及基金，使事业之进展得臻巩固。其次为在公家方面救济费用，应列入正式预算，不得随意更动，而私立机关，在可能范围内应予以监督与整理。再其次救济费用用之于实际事业方面者，应较用之于行政方面者为多，事业费用应以占百分之七十至九十，行政费用不超过百分之十至三十为原则，如此可免浪费之弊。

总之，社会救济事业为我国社会行政主要之对象，因其涉及全面范围至广，如欲在实施方面克奏肤功，势非认清事实，握定原则，谨慎将事，不足以有成也。

——原载《社会建设月刊》1945 年第 1 卷第 2 期。

上海市社会救济事业总检讨

（1946 年）

复员以后，社会部对于整理全国救济事业，颇为重视，正积极按照整理计划，逐步推进，俾期充分发挥政府监督扶掖之效能。本局此次奉部令举办上海市社会救济事业总检查，实行以来，业将立案之儿童救济机关廿四单位，公益慈善团体五十三单位，先后检查完成。爰将检查情形，并关于救济行政设施，拟具改进意见，分述如下：

甲、报告检查情形

一、儿童救济机关——本局此次实行检查，以儿童教养机关办理成绩之优劣，影响于将来，至深且大，故较其他救济事业，更为重视。经邀请专家参加检查工作，自五月廿三日开始，讫二十九日为止，先将立案之儿童救济机关二十四单位，检查竣事。大致办理成绩，尚为满意，即拟根据部颁法令，予以奖励，并经函教育局提请上海市尊师运动委员会，在此次筹募教师救济基金中，分拨一部份献金，补助儿童教养机关执教人员，俾资激励。

上海市儿童救济机关检查登记表

名称	负责人	地址	举办事业
上海孤儿院	高凤池	蓬莱路西唐家弄四一号	收养男女孤儿为之抚养教育，并授以技能，使彼能自立，分设编工读部及学术工艺部二部
上海贫儿工艺院	王晓籁	南市小南门小九华街一一二弄三——六号	救济孤苦失养之儿童，授以高小相等之教育及各种工艺，使均有一技之长以维自立

续表

名称	负责人	地址	举办事业
上海爱育堂	万必胜	白利南路三三号	（一）编织绒衣（二）学做针线（三）读书
以马内利孤儿院	胡蕴琳	愚园路六六八弄一三六号	（一）教养孤儿（二）收容寡妇（三）留养老妪
上海福哑学校	汪镜渊	王家沙花园路三三号	设立福哑学校解除聋哑者之痛苦，施以相当教育与技能，养成生利能用之国民
中华基督教抚育工儿院	杨聂灵瑜	南市制造局路六三九号	（一）工儿部（二）孤儿部（三）义校部
基督教伯大尼孤儿乐园	钱团运	闸北交通路一九三三号	设立伯大尼孤儿乐园，教育孤苦儿童，造社会人才
土山湾孤儿工艺院	伏允恭	徐家汇蒲西路四四八号	设立（一）印书间（二）铜匠间（三）图书间（四）发行所（五）木匠间（六）以培养孤苦儿童成才
上海福幼院	董斌	南市董家渡公义码头一〇一号	（一）行政：设立各种委员会筹划经济及发展院务（二）经济：收入之经费一为教养之用，二为生产工作，三为扩大生产以谋经济自给（三）收容（四）教育（五）筹设院舍
上海市基督教难童教养院	朱立德	哥伦比亚路蒋家巷 A 二八号	（一）设立完全小学一所（二）选优秀苦童升入中学（三）设园艺、牧畜二科（四）附设福音堂（五）欲向政府请领空地十余亩（六）筹建院舍（上五、六、二项尚在进行中）（七）施诊
中华基督教公谊会上海怀幼院	颜遂良	南市大南门佛厂三〇号	（一）扩充家庭单位（二）教育设施之进行（1）设立师资训练班（2）设立图书馆（3）学级设施（4）技能训练
福慈聋哑义务学校	施傅元	福履理路二一八弄二号	以拯救贫苦之聋哑失业者，教之以学识技能，使俾为国家之储才，将来预计建一院舍，设立职业训练班
光震聋哑学校	李定清	中正东路浦东大厦五楼五二三号	（一）免费收容清苦聋哑儿童（二）添设中学师范艺专（三）授以生产技能
陆家路义务小学附设托儿所	袁爱玉	法华镇何家桥十号（祠堂内）	（一）抚育儿童使民众妇女可解除被子女牵累不能工作之痛苦（二）拟扩充至乡村内，以解除个人痛苦促进社会生产

名称	负责人	地址	举办事业
新生托儿所	陶漪	中正东路浦东同乡会三〇三号	（一）设育婴部（二）幼儿科（三）保育室（四）教导室（五）医务室（六）运动场以接收妇女之委托，收养一至五岁之儿童，予以合理之教养。
上海儿童保育院	李规庸	南市丽园路五一九号	（一）第一期计划办理报童学校十所（二）第二期计划设立保育院收养流浪儿童（三）第三期计划设立保育学校（四）第四期计划出版有关保育事业之刊物
智德托儿所	沈甘立智	南京路慈淑大楼四三〇号	以科学合理方法饲养婴儿，并特请助产士及实习护士以最合卫生条件之原则抚育婴儿，使成健全良好之国民
上海盲童学校	傅步兰	虹桥路二九〇号	（一）设六年小学（二）添置幼稚园工艺科（三）师资训练班（四）添办初级中学扩而招收女生（五）创设图书馆
浦东第一儿童教养院	杜月笙	浦东杨思区龙华嘴火药库废址	收容中同乡贫苦儿童，以教以养，设立义务小学，半日上课半日工作，并导以农事实习
圣母院育婴堂	朱志尧	徐家汇浦东路二〇一号	（一）设育幼所（二）托儿所（三）幼稚院（四）小学校（五）习艺所（六）希以呱呱入堂者，必以健全之体格，自立学识技能而返社会
一心教养院	朱志尧	南市国货路二八六号	解除贫苦工人之痛苦，计收养无依工人子弟四百名，供以膳宿衣斋，施以健全教育使社会减少流浪儿童
若瑟孤儿院	朱志尧	四川南路第三七号	（一）收容孤儿一百人至一百二十人（二）待经费充足拟设立（1）仁善施诊所（2）隐贫慰问班
济灵救济院	朱志尧	杨树浦路二一九号	救养贫苦儿童，供以住宿，授以普通女子应具之德性与实用之学识技能。
上海灾童教养所	王孝英	湖南路二八五号	

二、公益慈善团体——本局立案之公益慈善团体，计五十三单位，亦经分别派员检查完毕。检讨其中真心为善，举办各项设施福利社者固多，而一般基础薄弱、内容空虚之善团，常有假借名义，在外勒捐敛财情事。政府对于办理不良之善团，分别指饬改进外，其别具用心骚扰人民之善团，似有妥订办法，严加取缔之必要。

上海市立案公益慈善团体检查登记表

名称	负责人	地址	举办事业
上海普缘社	金九林	长乐路三六六弄——一号	（一）施粥（二）施诊（三）施药（四）施材（五）施衣（六）施茶
上海残疾院	王叔贤	南市车站路二一二号	
普济善堂	印世干	老北门内晏海路	（一）施诊给药（二）夏令施茶
上海闸北延绪山庄	谢蘅窗	借设河南北路一号	（一）建丙舍（二）置义冢（三）归旅榇（四）施材
中和慈善会	马圣祥	沉香阁路四九号	（一）隐贫贷金（二）识字夜校（三）施诊给药所（四）道德讲堂
只园法会	徐乾麟	永年路七八弄九九号	（一）施诊给药（二）施米（三）施衣（四）救济隐贫米及食粮
上海济良所	李慈爱	长寿路二二号	救济社会上遭遇不幸之女子
中华一元学善会	胡楚卿	天津路福绥里九号	（一）赈济鳏寡孤独（二）施送暑药（三）冬季施赈隐贫并酌给棉衣裤等慈善事业
上海基督教普益社	王完白	大东门箓竹街四三号	（一）施诊所（二）施粥（三）补助教育
中华理教总会上海市分会	徐伟如	浙江路东新桥东平里四号	实行新生活运动（一）劝戒烟酒（二）恪守人格（三）破除迷信（四）举办教育（五）各种施衣、施粥、施材之公益事业
浙江旅沪同乡服务社	朱华	四川路二一五号四〇七室	（一）江北合作社（二）江北中学
中华黄卍字会	王尧臣	天潼路六七一弄六号	（一）施诊给药（二）儿童教养（三）施诊给药（无锡分会）

续表

名称	负责人	地址	举办事业
上海慈善殓埋会	原洗凡	大境路皋春街合康里二二号	（一）施材（二）掩埋
上海七保善义会	仇化恩	国家路七七三号	（一）济恤贫病（二）施诊给药（三）设立义校补助失学
上海普济协会	谢驾千	白克路三四四弄二九号	（一）施诊给药（二）施衣（三）施粥（四）小本贷金
国医平民医院	黄涵之	劳勃生路八八号	（一）施医给药救济贫病
上海善德善社	蔡润身	小东门北宝带弄五二号	（一）施医给药（二）施材（三）恤嫠（四）施粥（五）资助清寒学生奖学金及贷学金，设义务小学（六）资助隐贫
上海市普济善会	王知本	张家宅路七五号	（一）常年施诊给药（二）每冬施寒衣（三）补助隐贫
位中善堂	姚鑫之	南市外郎家桥八五号	（一）施送中医中药（二）设立义务小学校（三）施暑药兼办种痘（四）冬施棉衣（五）施麦饼
上海崇德善会	徐乾麟	泰兴路八四弄二三号	（一）施米（二）施面粉（三）施棉衣（四）施药品（五）施棺（六）施茶
上海览德轩善会	潘子文	会稽街慎余里三一号	（一）施医给药（二）设立继儒义校（三）施卖平饭（四）施米（五）施衣（六）恤嫠（七）施材
上海仁济善堂	黄涵之	云南路三五号	（一）施诊给药（二）恤嫠恤贫（三）育养弃婴
沪南慈善会	姚义璋	南市油车码头五五号	（一）施医给药（二）施粥（三）义务学校
上海峻化聚善堂	朱燮臣	塘沽路七八四号	（一）施粥（二）施茶（三）施药（四）小本贷金
上海普善山庄	王叔英	北海路二一〇号	（一）掩埋施材（二）施诊给药（三）义务小学
上海慈善团体联合会	黄涵之	云南路三五号	依据民主主义，以互助救神专事推进改善及维护各会员所办一切事业，暨联络沟通各会员相互间情感与意旨

续表

名称	负责人	地址	举办事业
上海市仁义善会	张兰坪	新桥街九二号	（一）仁义医院（二）施衣（三）施米（四）义务学校二所
复恩善堂	毛华甫	东七浦路北江西路口六六弄三六号	（一）施种牛痘（二）义务学校（三）施棺（四）施米（五）施药
上海广益善堂	谢蘅窗	北河南路一号	（一）施衣（二）施药（三）恤嫠（四）恤贫（五）冬季施送衣米（六）夏季施送暑药及茶
江阴公所	崔福庄	中正路二六九号	（一）借材（二）运柩回籍（三）殡舍
上海栈业公义会	周学湘	北京西路二三〇号	（一）施材（二）施衣（三）施药（四）其他补助
沪南公济善堂	李右之	陆家浜路九五〇弄一号	（一）施医给药（二）妇婴义务诊所（三）平民小款借本（四）施棺、施米、施衣等（五）恤孤寡曙老护生等
上海市伶界联合会	陈月楼	方浜中路五九三号	（一）长生会施棺（二）养老院（三）恤寡会（四）梨园坟山（五）施医药
沪南广益中医院	丁仲英	城内石皮弄二七号	（一）施医送药（二）住院
上海市北长生公所	夏筱卿	暂假云南中路大庆里四〇号	（一）施医（二）施材（上二项为战前所办，现均停止）
上海丝业会馆	潘公展	山西南路二五五弄八号	举办各项公益慈善事业
世界红卍字会上海市分会	张兰坪	蒲石路二七六弄中和村一五号	（一）上海医院（二）施诊所（三）卍字中学（四）卍字小学（五）修明小学（六）临时救济
上海锡金公所	祝伊才	海宁路一〇四六号	施棺赊材部
浙宁红帮木业公所	马正新	虹口梧州路九四号	（一）木业公所（二）保安公墓
上海乐善会	梁玉明	海宁路八五八弄泳源里七号	（一）施诊给药（二）义务小学（三）夏令施茶（四）小本贷金（五）拟办冬赈施粥

续表

名称	负责人	地址	举办事业
上海联义善会	黄涵之	北苏州路四六二号	（一）施诊给药（二）义务小学（三）育养婴孩（四）施送衣米（五）施舍义材（六）赈济寒灾
上海普德会	徐乾麟	温州路八号	（一）冬赈施送寒衣（二）冬赈施送粥票（三）施诊给药（四）粥票备各界购施（五）义务夜校
上海市公益协进社	黄宣平	静安寺路九八五号	（一）协助救济慈善事业（二）公共卫生（三）社会公益（四）职业介绍
中国道德总会	徐乾麟	西七浦路底六三二号	（一）施药（二）施衣（三）施粥（四）施诊（五）救济隐贫
仁德善会	郑咏麟	南市石皮弄洛生寺内	（一）施诊给药（二）夏令施茶
上海中华道德会	潘子荣	新昌路三三一弄四号	（一）忠恕义务学校（二）德明义务学校（三）德新义务学校（四）德声义务学校（五）德明义务学校（六）施诊所（七）施棺所
上海市徽宁会馆	曹叔琴	沪南区制造局路	（一）施医药（二）寄柩（三）运柩（四）施棺（五）助殓（六）埋葬
土尔古鞑靼民族宗教会	耶马狄诺斯	源昌路三二——三一号	（一）宣教所（二）小学校（三）转发救济物品（四）介绍职业（五）发给证婚证书
宗教一善普度社	黄金荣	金陵西路一六六弄一三号	（一）施医（二）施药（三）施钱施药（四）济贫（五）施茶
上海防痨协会	陈守经	慈溪路二五号	（一）肺病第一医院（二）肺病第二医院（三）协会办事处
淮安六邑会馆	王子记	龙江路四六一号	办理厝柩、埋柩、运柩暨类似及公墓之工作
海昌公所	施少初	临时办事处暂设北山西路四三〇号，分所设海宁路余墩庙后面	本所专谋同乡公益及代办丧葬、运柩回籍等事宜
上海中国崇德会	徐乾麟	凤阳路四三九弄候在里二号	（一）施米（二）施杂粮（三）施衣（四）施诊给药（五）施材

续表

名称	负责人	地址	举办事业
江湾崇善堂慈善会	王德竣	江湾后街关帝庙殿	
莲社法会	金谦吉	合肥路瑞华坊三六号	（一）西医施诊给药（二）施痧药水（三）施时令丸药（四）施膏药
上海市仁慈善会	黄振世	海宁路南高寿里四七号	慈善事业及义务教育

乙、拟具改进意见

关于调整各救济机关行政设施，爰根据检查结果与实际情况，条陈改进意见如次：

一、各慈善团体人事组织业务推行各方面，由本局拟定制度办法，经常派员督促办理，并依照社会救济法之规定，充实并改善其原有救济设施。

二、此次检查结果，凡属成绩优良之团体，如上海爱育堂、以马内利孤儿院、徐家汇圣母院、孤儿院、漕河泾难民难童收容所等，均由本局明令奖励，并随时注意积极扶持，谋解决其困难。

三、本市各慈善团体，其名称不一，内容复杂，似应将其性质确定系财团或社团，分别依法调整。

四、为配合政府力量，切实运用善后救济物资，加强各慈善救济机关效用起见，社会局应与上海善后救济分署保持密切联系，并随时商讨合作办法，以谋救济行政与事业之健全发展。

——原载《社会月刊（上海1946）》1946年第1卷第2期。

中国社会救济制度的体系

（刘芳松　1947 年）

中国社会救济事业，历史悠久，历代君主视之为要政，人民也崇之为仁政，唯施行并没有健全的制度，亦没有完备的法典，只是随时随事，因人而异。民国肇始，社会救济列入政府行政部门，设有振济委员会以司事。二十九年社会部改隶行政院，掌理经常救济，临时救济仍由振济委员会管理，而卅一年社会救济法的制定，中国社会救济事业始基于科学的基础，制定为法律，作有计划有系统的实施，并从而为健全的发展。

社会救济法颁布后，到现在已有数载，在各级政府积极的推行下，举凡社会救济事业的制度、设施、方法、经费等，逐步实施，体制灿然，成效渐著，这数千年来古圣先贤视之为崇高理想，贤君名臣奉之为施政圭臬的社救济事业，在中国乃能完成其本身完整的体系。

现在就构成这体系中的各部分，如救济对象、救济方式及方法、救济机构及设施、救济经费，以及本省当前救济行政中主要的课题，试分别作一粗略的概述。

一、救济对象

中国是生产落后的国家，大多数人民生活于穷困的深渊，如对之施行救济工作，将以何种生活情形为对象？据柯象峰先生估计，中国农民在穷贫线下生活者约占农民中四分之三，亦即全中国人口中百分之六十，再加上都市中穷贫的劳动界约百分之五。则中国贫民占全国人口百分之六十五或三分之二。但近年各地匪患、战乱以及水旱灾歉，所影响波及的人民以最低的估计五千万人，计约占全人口百分之十，则总计中国人民在穷苦线上挣扎的共占全人口百分之七十五或四分之三。如以数目计算约三亿余人，这样中国的社会救济工作将如何着手?

所以中国的社会救济事业,根据其环境与现实,自当有其独特的范畴。

如果把中国全人民各种不同的生活水准,从中划一条横线,在横线以上的,虽也包括多数贫民,但他们尚可获得最低限度的生活,而在横线以下的,即是完全缺乏生活条件,无法延续其生命的人民,我们称这横线为生存线,则我们的社会救济事业自当以这种处于生存线下的人民,为其工作的对象。生存线仍有多数的贫民,在痛苦中煎熬,社会福利事业将以他们为对象,设法提高其生活水准,超渡之于较高的生活彼岸。在这种情形下,福利工作将是救济工作的延续。

生存线下待救的人民,依其性质,可分为三类。一是因贫弱而无力生活者,这里面包括精力衰耗六十岁以上的老人、未满十二岁的婴儿幼儿、妊妇、从事不正当职业或受虐待的妇女、无正当职业懒惰成性的游民,以及不能劳作又无义务扶养人的疾病者、伤害者、残废者,以他们为对象,我们所施行的工作,谓之贫穷救济。二是因为性形格操行不良具有犯罪倾向者,如不少良少年,并非单以事后的法律制裁,能可消灭其存在的,以他们为对象,我们所施行的工作,谓之矫正救济。三是因为非常灾变而产生的灾难者,包括因天灾如水旱、风雹、地震、蝗螟造成的灾民,因人祸如兵匪战争造成的难民(天灾中亦往往含有人为的因素,如堤坝不固酿成水灾,人祸亦可能含有自然的因素,如因风势而扩大火灾),以他们为对象,我们所施行的工作,谓之灾难救济。

贫穷救济与矫正救济,应该是经常性的工作,并应设有经常机构办理其事,我们统称之为经常救济。相对的,灾难救济应属临时的紧急性质,称之为临时救济。

二、救济方式及方法

救济方式及方法,因救济对象而不同。经常救济内的贫穷救济,凡应受救济的六十岁以上的男女、未满二岁的婴儿、一岁到十二岁的幼年男女、游民、残废人、妇女等均分别以留养的方式收容之。

但现代的救济不仅以收容留养了事,并有积极的方法。老年人使之得到同情和爱护,并视其体力从事简单工作,甚或予以职业的再造,使老有所终,并有所养,有所用。幼童则注意其身心发展授以相当教育,及技能上之训练。游民则改善其态度,改造其习惯,训练其技能,强制其劳作,诱导其工作。不幸妇女授以相当知识及技能外，并使恢复其人格，予以合理工作。

凡受救济人之疾病或生育，设所予以免费诊疗及助产，精神病患者设院予以治疗。

贫穷救济中于院内救济外，并为院外的救济，如修建平民住宅，办理职业介绍，办理救生、义渡、施贷放或放必需品及现金等。

矫正救济对于不良少年，设所予以矫正，使救之于未然，自胜于事后的法律制裁。

灾难救济的方法分工赈、急赈、生产贷款（如农贷、工商贷、小本贷等）三种。工振是以受救济人的劳力为得赈的条件，其用意于维持人民生活外，从而进行建设的工作，并可消灭受救济人的施舍的观念及依赖的心理，是救济方法最富积极意义的一种。急赈的方法更包括必需品之给与、遣送、平粜、收容等，以老弱妇女不能操作者为主要对象，其意义在于保持其生命。生产贷款向受救济者贷以生产工具（如耕牛）、原料（如种子肥料）或现金，使恢复生事，结束一地的饥饿。而受贷者须有组织或团体，此项组织或团体，平时即在谋取农民福利及从事农村建设工作，故农贷并可作为使全农民本身的组织或团体的手段。这方法，亦含有积极的意义。

另有以时间作标准，施行救济的工作者，为冬令救济。依照规定，每年十一月至次年三月底，为救济时期。这制度极适合于我国的社会环境，因为我国人民生活条件单简，春夏秋可以勉强渡过的贫民，入冬辄难脱离饥寒的苦境。冬令救济的方法分施与或平价发售必需品，开办粥厂或平价食堂，办理小本贷款或发放代金，举办工赈，设临时收容所等。

其对象分鳏寡孤苦残废者，抗战军人家属，生子女五人以上家境赤贫者，以及灾民难民。冬令救济属经常救济部门，其范围兼包括贫穷救济及灾难救济中之受救济者。

建仓积谷是我国历史悠久、最著成效的救济制度，现在我们继承下来，更置于科学方法之上。其储募范围除农村之农民外，并包括城市内的商人和居民。其使用方法分平粜、散放、贷放三种，兼而包括过去常平仓、义仓、社仓的作用。（未完）

积谷的目的在于救灾与恤贫，除兼备贫穷救济及灾难救济的意义外，并有准备救济的意义。积谷的使用可以单独办理，并可配合冬令救济办理。

总上现代社会救济事业的方式和方法，不限于院内救济，兼及于院外救济，不限于实物或金钱的救济，并扩大于医疗救济、教育救济、职业救济。注意于当事的救济，并注意事先的预防，注意解除受救济人之痛苦，并注意扶持受救济人之独立。

三、救济设施及机构

经常救济部门中，对于贫穷救济，其设施分安老、育婴、育幼、残疾教养、习艺、妇女教养、助产、施医等八所，以及其他以救济为目的之设施。上项各设施得单独办理，但如设置救济院者应于院内分办各种设施。对于矫正救济，其设施为矫正处所。以上各设施为办理收容、教养、施救的常设机构，是执行经常救济工作的大本营。

救济设施的设置，分公立的及私立的。由于现代的救济事业，国家视为行政上的责任，只有在政府全盘的计划及统一的设施下，救济工作始能获得合理而普遍的施行，以故各项救济设施政府应予直接经营办理。各级政府中除中央与省得酌量举办外，县和乡镇为国家集体生活之基层，尤应视实际需要及经济状况，分别举办，作为经营之主体。政府直接经营以外，亦奖励私人或团体举办各项救济设施。政府对私立救济设施，采取管制及监督的政策，凡私立救济设施均可得到政府合法的保护，以及享有减免赋税的权利，但私立救济设施的成立，应先经政府许可，政府并具有视察及指导之权，办理不善者，责令改善，违反法令情节重大者，并得令其停办。

冬令救济工作，其主办之机构为冬令救济委员会，省与县市均应分别设立。冬令救济委员会由社会行政机关或主管社会行政人员发动联合有关机关团体及各界代表组成，为政府及地方人士联合组成之机构。委员会之下并设筹募、监核两委员，分掌各事。其工作虽限于一特定的时期，但机构得经常保留。

积谷仓分县市仓、乡镇区仓及义仓等种类，除义仓系私人捐办者，仅受政府之监督外，余各仓之储募及使用，均由政府办理，其保管则分由各该级政府主管人负责，并由地方推举委员组织保管委员会协助之。

以上均属于办理社会救济业务之各项设施及机构，此外，为联合社会力量，发动地方人士共谋社会救济事业之发展，另有社会救济事业协会之组设。社会救济事业协会分县市及省两级，各级社会救济事业协会分别由各省县市从事于社会行政工作人员、公私立救济机构公益慈善团体之负责人、民意机关代表及热心社会救济事业之公正人士组成，另省社会救济事业协会曾应由省内各县市社会救济事业协会之代表参加。同时，各县市社会救济事业协会得受省社会救济事业协会之指导监督。

社会救济事业协会之设立，其任务为关于各地方社会救济事业业务上之联系作合，设施上之辅导改进，经费上之协助筹集，以及地方紧急救济之主办或协办等，为协助政府办理社会救济行政之有力机构。有此机构的设置，政府得以与社会力量密切合作，各地方之社会救济事业乃能收群策群力共成义举的实效。

四、救济经费

社会救济为消费的事业，既作全国性的施行，其范围广泛，业务繁多，所需经费自然极为浩大，如何解决经费问题，俾保证社会救济事业之稳定与发展，实为重要的课题。

首先社会救济事业既划入政府行政部门，其经费首应列入政府年度预算。政府为谋解决负担过重的困难，特将此项经费，分别由各级政府负担，即救济事业由中央或省举办者，列入中央或省预算；由县市举办者，列入县市预算；而业务由乡镇举办者亦由乡镇负担其经费。同时上级政府为鼓励下级政府或救济机构之自筹款物，亦可酌列救济的奖助费，或补助费。

预算列支以外，救济经费遇有特殊需用时，各级政府亦得临时指拨，以应需要。

对于临时救济工作，有救灾准备金的制度。依照法令规定，国民政府每年应由经常预算收入总额内支出百分之一为中央救灾准备金，省府每年应由经常预算收入总额内支出百分之二为省救灾准备金，县市亦可酌列救灾准备金，均积至相当成数，始得停止。此项救灾准备金为应付遇有非常灾害而设，县市如发生临时灾害，地方不能救济时，由省准备金补助之，省准备金补助之不足，再以中央准备金补助之。

列入年度预算的救济经费，多使用于经常救济，救灾准备金仅应使用于临时救济，是均系由政府直接负担之救济经费。

政府负担而外，我国救济事业历史悠久，义行善举，蔚为美风。昔时救济事业未列入行政部门，地方或私人举办之救济慈善事业，所在皆有，其经费来源，或由地方公产指拨，或经私人捐助，时日既久，复经变乱，原有款产往往因事业停顿而分散荒废，或因管理不善而挪用侵蚀，如加以清查整理，并予妥善保管，合理使用，实为救济事业之重要财源。以故今日欲解决救济经费之困难，绝不可舍近求远，忽视这过去所遗留地方已具有之现成条件，加以澈底整理使用（属于地方公有者作为地方救济事业之基金，属于尚存在的私立救济设施慈善团体者仍监督其使用），不仅可减轻政府之负担，且可奠定地方救济事业之基础。

救济费用，本诸社会联带关系的原理。根据我国古圣先贤博爱互助的精神，以及以有余补不足的原则，可以以捐募方式取之，是项捐募所得，亦为救济经费来源之一。

此外，抽捐某一地因工赈工程而受益之一部收益，以及提拨救济设施生产劳动所得之收益等，亦均为救济经费之来源。至于建仓积谷制度，各地方依照其人口总数积足一年食粮，备作防灾救荒之用，同与救灾准备金的制度，亦为救济经费来源之另一形式。

观乎以上，如能将各项救济经费，根据其性质及来源，分别筹集，合理使用，救济经费问题，当可获得适当之解决。

中国社会救济事业，固已具备一完整之体系，今后如何分别加强其实施，并共谋其健全与发展，以发挥社会救济事业整体的效能，当为政府及社会人士之责任。以本省而论，社会救济事业推行以来，各项设施及业务，渐具规模，而当前面临之诸课题，如整理各县慈善款产，整理各地公益慈善团体，充实并增设各县救济院所，实行救灾准备金制度，厉行建仓积谷，普遍成立各县社会救济事业协会，继续举办冬令救济等，益有赖于吾人今后之努力也。

附表一　中国会救济事业体系表（略——编者注）

附表二　中国社会救济行政及业务系统表（略——编者注）

——原载《安徽新社会月刊》1947 年第 1 卷第 2 期、第 3 期。

第三编　慈善组织章程选编

中国红十字会章程

（1912 年公布）

第一章 名称

一、本会名为中国红十字会，设总会于北京，设总办事处于上海。

二、本会旗帜袖章均用白地红十字为识。

第二章 宗旨

本会按照一千八百六十四年各国会订之《日来弗条约》暨一千九百零六年七月六号中国在保和会签押之《陆战时救护病伤条约》（一名《日来弗红十字条约》）办理。

甲、在战时，应遵守本国海陆军部定章及临时军司令官命令，协助医队救护病者、伤者。

乙、在平时，应筹募款项，设立医院，造就医学人才，置办医务材料并赈济水旱偏灾，防护疫疬及其他各项危害。

第三章 会员

一、本会会员分为三种：名誉会员、特别会员、正会员。

二、凡独捐洋一千元以上，或募捐洋五千元以上，或义务办事异常出力者，由常议会议决，举为名誉会员。

三、凡纳捐洋二百元以上，或募捐洋一千元以上，或义务办事一年以上者，由常议会议决，举为特别会员。

四、凡纳年捐五元满六年者，或一次纳捐二十五元者，均照章认为正会员。

五、名誉会员、特别会员、正会员均为本会终身会员。

六、名誉会员、特别会员、正会员均得本会会员佩章，各称其位。

七、本会会员中有犯刑事案，或其作事有违本会章程者，本会得褫夺其会员资格。

八、凡会员出会，无论告退、被退，所收入会费概不发还。

第四章　职务　议会

一、本会应每年开会员大会一次，报告一年间之会务，统核上年收支账目并决议下年预算。

二、会员莅会，或亲临，或函托其他会员代表，每会员一人有一选举权，惟代表者除本人外，以三选举权为限。

三、大会时应公举会长、副会长暨顾问、秘书长、理事长各职员，任期均以三年为限，又可由会员公举声望卓著者为名誉总裁。

甲、总会应归会长督率秘书长、顾问等员办理会务，凡与中央政府、京城各衙门、各直省长官并外交团交涉公文，均以中国红十字会关防为凭，每届一年，将全会会务汇报政府备案。

乙、总会总办事处由副会长、常议会及理事长主持一切。

丙、总办事处将所办会务报告会长。

四、第一次大会时，应公举会员三十六人为常议会议员，推副会长为议长。每十二人作为一班，每一班任期三年。第二班任期二年，第三班任期三年。嗣后每年开大会时，另举十二人，任期三年，以次递推。

甲、常议会应撰订办理会务细则，惟所订细则不得违背本会章程。

乙、常议会应举会计管理账目，按照定章收支，届大会时备具详册报告。

丙、常议会公举查账员，查核收支账目，届大会时备具报告。

丁、本会收入政府各种津贴，并善士捐输、各分会协款，均归常议会管理。

戊、本会存款及所置产业应在常议会中公举五人，按照定章执管。每届一年，即由此五人将存款产业各情形报告常议会，转陈会员大会。

己、常议会须有议员三分之一到会，方可决议。倘议员议事，其可决与否决适各得半数，可由议长裁决之。

庚、倘常议会请开特别会员大会，会长得以召集开会，惟须将所以开会原由预行声明。自通告日起，应于五星期内集议，除预行声明事件，不得另议他事。

第五章　分会

一、凡中国各处均得设立分会，遵照总会章程办理。

二、分会章程须交常议会核定，惟不得违背总会章程及《日来弗红十字条约》。

三、各分会应概名为"中国红十字会某处分会"。

四、各分会应按季将所办事宜并会员名册报告总会、总办事处，转呈会长查核，每一年报告大会一次。

第六章

以上所订章程如修改时，由常议会起草，转陈会员大会，经会员三分之二以上之决议，即可成立。

——原载《东方杂志》1912 年第 9 卷第 6 期。

修正中国红十字会章程 ①

（1922 年）

第一章　总则

第一条　本会依民主国社团之习惯，以本会会员组织之。

第二条　本会会务之施行以一千八百六十四年《日来弗条约》、一千九百零六年《日来弗红十字条约》、一千九百二十一年《红十字万国联合会议决案》为依据。

第三条　本会旗帜、袖章及各种标记得用白地红十字。

第四条　本会章程于会员大会通过后，陈请政府备案。

第五条　本会章程于会员大会通过后，发生效力。

民国二年统一通过之章程，于本章程发生效力后，废止之。

第二章　名称及会所

第六条　本会定名"中国红十字会"。

第七条　本会设总会于中央政府所在地，设总办事处于上海，设分会于全国各县及繁盛之市镇。

第三章　总会与总办事处之职权

第八条　总会之职权如下：

一、对于政府交接事件；

二、对于外交方面交接事件。

---

① 1929 年 4 月 4 日，内政部呈经国民政府核准备案。

第九条　总办事处职权如下：

一、对于各分会交接事件；

二、战时对于军事长官及战地司令官交接事件；

三、平时对于地方官厅交接事件；

四、对于各商埠外交方面交接事件；

五、对于红十字会万国联合会交接事件；

六、其他一切会务。

第四章　事业

第十条　本会事业如下：

一、战时得经军事长官及战地司令官之同意，救护伤兵；

二、平时得请地方官厅之协助赈灾施疗。

第十一条　为达上条之目的，得设机关如下：

（甲）平时常设之机关

一、设总医院于总办事处所在地之上海及总会所在地之北京，设分医院于分会之所在地；

二、于总医院内附设救护学校；

三、于总医院内附设看护学校。

（乙）临时特设之机关：（一）救护队；（二）掩埋队；（三）疗养院；（四）关于一切救济事宜。

第十二条　医院及救护学校、看护学校之规则另定之。

第十三条　为达救护及看护之目的，应备材料如下：

一、卫生材料，如器械、药品、滋养品、治疗用消耗品、病者被服寝具、运搬用具属之；

二、普通材料，如事务用品，被服、帐篷、食器及杂品属之；

三、赈济材料，如衣服、粮食、棺具等属之。

第五章　财产

第十四条　本会财产如下：

一、会员缴纳之会费。

二、慈善家捐助之金钱物品。

三、属于本会所有动产、不动产及其利润。

第十五条　本会得受中央政府或地方官厅之补助。

第十六条　关于财产之管理及处分之规则，由常议会订定公告之。

第六章　会员

第十七条　本会会员分五种，如下：

一、名誉会员，独捐银元一千元以上，或募捐银元五千元以上，或办事异常出力者；

二、特别会员，独捐银元二百元以上者，或募捐银元一千元以上，或办事著有成绩者；

三、正会员，每年纳捐银元五元满六年者，或一次纳捐银元二十五元者；

四、普通会员，一次纳捐十元以上者；

五、学生会员，纳捐一元者。

第十八条　除正会员外，名誉会员、特别会员之推赠均须经常议会之议决，普通会员、学生会员别以规则定之。

第十九条　名誉会员、特别会员、正会员均为终身会员，普通会员以十年为有效期间，学生会员以修业期间为有效期间。

第二十条　会员得分别佩戴本会徽章。

第二十一条　会员徽章、凭照由上海总办事处给发之。

第二十二条　会员如受剥夺公权之处分，同时丧失其会员资格。

第二十三条　会员有违反本会章程及其他不正当之行动，得经常议会之议决，宣告除名。

第二十四条　会员或丧失资格或被宣告除名，本会得追缴徽章、凭照，但所纳会费概不发还。

第二十五条　会员得以各项动产、不动产核价作为会费，但不得以无完全所有权者充之。

第七章　常议会

第二十六条　常议会设于总办事处所在地之上海。

第二十七条　常议会以议员四十八人组织之。

第二十八条　常议会议员于会员大会时选举之，选举法另定之。

第二十九条　常议会议员遇有辞职或出缺时，以次多数递补之。

第三十条　常议会议员任期三年，但得连选连任。

第三十一条　常议会之职权如下：

一、审查、预算、决算；

二、审查入会会员之资格；

三、议决会员之除名；

四、订定各项规则；

五、选举会长、副会长；

六、公推理事长；

七、公推财产委员；

八、议决其他重要事件；

九、刊印征信录及提出成绩，报告于大会。

第三十二条　常议会设议长、副议长各一人，均由议员中互选之。

第三十三条　常议会每月开会一次，由议长召集之。

第三十四条　常议会除议长外，非有四分之一以上出席之议员，不得开会。议长因事缺席时，以副议长代之。

第三十五条　常议会之议决，以出席议员过半数之同意行之。

第三十六条　常议会于战时及有紧急事件，得开临时会，由议长召集之。

第三十七条　常议会于会员大会时，举行第三十一条第五项之选举，用记名单举法行之，以得票多数者为当选，被选者以正会员为限。

第八章　会长　副会长　理事长

第三十八条　本会设会长一人、副会长二人，由常议会选举之，陈请政府加以任命。

第三十九条　会长驻于总会之所在地，副会长一驻总会，一驻总办事处所在地。

第四十条　会长之职权依第三章第八条之规定，驻于总会之副会长辅助会长处理第三章第八条规定之事务，会长有事故时，得代理之。

第四十一条　副会长之驻于上海者，其职权依第三章第九条之规定。

第四十二条　会长、副会长任期一年，但得连选连任。

第四十三条　会长为完全之名誉职。

第四十四条　本会设理事长一人，由常议会公推之。

第四十五条　理事长驻于总办事处所在之地上海。

第四十六条　理事长会同驻在上海之副会长，行使第三章第九条规定之职权。

第九章　职员

第四十七条　本会设财产委员五人，由常议会公推之。

第四十八条　本会得设顾问及理事，均由理事长会同驻在上海之副会长聘任之。

第四十九条　本会各项办事之职员，别以规则定之。

第十章　大会

第五十条　本会每三年开会员大会一次，以是年四月在总办事处所在地之上海举行之。常议会认为须开临时大会时，得临时召集之。

第五十一条　有分会总额五分二以上或会员总额五分一以上联合之请求召集临时大会，得提出理由于常议会，于五星期内召集之。

第五十二条　临时会员大会须将会议之目的登报通告之。

第五十三条　大会之议长以常议会议长充之，议长缺席时以常议会副议长代之。

第五十四条　会员大会之议决，以出席会员为限。

第五十五条　大会之议事以出席议员过半数决之，可否同数时以议长决之。

第十一章　战时及灾害时之特例

第五十六条　本会于战时随军救护之人员，得临时陈请军事长官优予待遇。

第五十七条　本会于战时随军救护人员及运送救护材料需用国有轮舶、铁道时，得临时陈请主管公署依海陆军人员行军法办理。于灾害时，办理救灾者同。

第五十八条　本会于战时随军救护人员需用房屋、粮食、船车、马匹，得陈请军事长官就地拨给之。于灾害时，救护人员需用房屋、船车者，得陈请地方官厅拨给之。

第五十九条　于战时及灾害时，如遇常议会议员、会长、副会长之任满，得延长其任期，以回复通常状况为限。

第六十条　于战事延长时，常议会得以全体一致改组临时议会，并增选必要之临时议员。前项增选之临时议员须提出于临时大会，请求其认可，前项临时议会于平和回复后解散之。

第十二章　分会

第六十一条　凡设立分会，均须经常议会之认可设立之。

第六十二条　分会章程须依据本会章程及本会规定之分会通则。

第六十三条　分会章程须经常议会之审查及认可。

第六十四条　分会应各就所在地名为"中国红十字会某地分会"。

第六十五条　分会所在地如有军事时，得受总会及地方官厅之补助费。

第六十六条　分会应按年将所办事宜及会员名册报告本会，每三年另造册报告大会。

第六十七条　分会通则别定之。

第十三章　保护

第六十八条　会员如遇危险，或为人借端诬陷、妨害身家并及红十字会全体慈善名誉者，本会应尽保护、申理之责。

第十四章　奖励及惩罚

第六十九条　奖励办法如下：

一、独捐银元五千元以上或募捐银元一万元以上者，赠以金质之功章。前项金章附赠上盘金线之赤绶。

二、独捐银元三千元以上或募捐银元六千元以上者，赠以银质之功章。前项功章附赠上盘银线之赤绶。

功章之奖赠，须经常议会之议决。

第七十条　惩罚办法如下：

一、会员有受刑事处分者，得经常议会议决，取消其会员资格；

二、会员有假借本会名义作不正当之行为者，除经常议会议决宣告除名外，其情节重大者，并得由本会常议会，或通告分会常议会，向法庭提起诉讼；

三、本会职员及分会职员有犯前项情事者，得由本会常议会或通告分会常议会取消其职员资格，另行选举。

第十五章　附则

第七十一条　本章程非经常议会五分四以上议员之提议，会员大会五分三以上出席会员之可决，不得变更之。

——原载《中国红十字会月刊》1922 年第 10 期。

中国红十字会分会章程

（1912 年公布）

第一章

一、本分会名为中国红十字某处分会，办事所设于某处。

二、本分会所用旗帜袖章，均由中国红十字会总会给发本分会，须尽力禁阻滥用。

三、本分会须遵照总会章程办理。

第二章

本分会在会同各处分会协助总会，按照一千八百六十四年各国会订之《日来弗条约》暨一千九百零六年七月六号中国在保和会签押之《陆战时救护病伤条约》（一名《日来弗红十字约》）办理：

（甲）在战时应遵守本国海陆军部定章及临时军司令官命令，协助医队救护病者伤者。

（乙）在平时应筹募款项，设立医院，造就医学人才，置办医务材料并预备赈济水旱偏灾，防护疫疠及其他各项危害之用。

第三章

一、凡纳年捐五元满六年者，或一次纳扣二十五元者均认为正会员。

二、凡独捐洋一千元以上，或募捐洋五千元以上，或办理分会会务异常出力者，均由本分会函请总会办事处议决举为总会名誉会员。

三、凡纳捐洋二百元以上，或募捐洋一千元以上，或办理分会会务一年以上者，均由本分会函请总会总办事处议决举为总会特别会员。

四、本分会会员中有犯刑事案，或其作事有违本分会章程者，本分会得剥夺其会员资格。

五、凡分会会员出会，无论告退、被退，所收入会费概不发还。

六、凡本分会所收会员会费，至少应将一半之数按季汇交总会总办事处。

第四章

一、本分会每年九月间开会一次，公举理事长、理事、秘书、会计，应按多数取决。

二、本分会执事各员任期均以一年为限。

三、遇每年开会时，可公举会员五人为议事部，协助执事员协理会务。

四、本分会理事长应按季将办事情形并会员名册以及收支款项，报告总会总办事处。

五、凡开年会时，须有会员二十人，方可议决各事。

第五章

以上所订章程，可由总会会员大会时修改，随时知照各分会办理。

——原载《中国红十字会杂志》1913年第1号。

中国红十字会组织分会章程

（1922 年）

总则

一、各省县属地方办理慈善事业得依据大总统公布《中国红十字会条例》，备具愿书，陈送总办事处（设上海九江路二十六号），听候本总会（设北京金鱼胡同）核准后组织分会。中国红十字分会以设立医院者为限，但特经总会认可者不在此限。

二、组织分会并应报由地方官厅或地方团体（如商会、农会、教育会是）备具公文，邮送本总会及总办事处，证明委系实心为善。

三、组织分会当现招正会员三十名，每名缴会费洋二十五元，共计七百五十元（上海通用银元），全数一次缴足，由本会总办事处填发佩章、凭照给领。

四、组织分会每县设立一处，但遇通商大埠应时势之需要，不在此限。

五、分会定名为"中国红十字会（某处）分会"，隶属本会。

六、分会应择定地点为会所，订期开会，公举会长及办事职员，报告本总会及总办事处听候核准，给予认可书方准就任，并由本会报明内务、海军、陆军各部暨本省军民长官立案保护之。

七、分会应用印旗、图记、免费电报、执照及救护时需用各物品，均由本会总办事处发给。

八、分会成立后续招入会者不论正会员、特别会员、名誉会员，所收会费应准一律截留，一半作分会基本金（应具基金领证），其余一半随时解交本会总办事处核收，作本会基本金，但普通会员、学生会员由分会介绍者，其会费不得截留，一并解归本会总办事处。

（甲）凡纳会费二十五元者，推赠为正会员；

（乙）凡纳会费二百元以上者，推赠为特别会员；

（丙）凡纳会费一千元以上者，推赠为名誉会员。

九、分会会务每三月报告本会总办事处一次。

职员

十、分会职员设立如下：分会长、理事长、理事、资产监督、文牍员、会计员、书记。

十一、所设职员视事务之繁简定之，各员任期三年，连举得连任一次。

事业

十二、分会宗旨以协助本会，就所在地不分畛域，办理以下各事：

（甲）在战时，应遵守中国海陆军部定章程及临时军司令官命令，协助医队救护病者、伤者。

（乙）在平时，应筹募款项，设立医院，造就医学人才，置备医务材料并预备赈济水旱偏灾、防护疫疠及其他项危害之事。

惩罚

十三、分会会员有犯刑事者或举动有违背会章者，得取销其会员资格，如有假冒红十字会名义招摇撞骗，得由分会长（或理事长）报告本会总办事处，通知地方官厅按律严惩。

十四、分会长及各职员如有品行不正、违法营私，一经本总会及总办事处查明，得知照该分会撤换，另行选举。

十五、分会执行会务有不妥适者，得由总会及总办事处分别令其更正或改组，或函请地方官厅令其更正或改组之。

奖励

十六、奖励办法如下：

（甲）捐款在一千元以上及募捐五千元以上，或对于会务有特别劳绩者，分会得报由本会总办事处分别情形陈请政府呈大总统奖励；

（乙）捐款在一千元以下及募捐在五千元以下，或对于会务著有成绩者，分会得报由本会总办事处分别奖励，陈明各部备案。

议事会

十七、分会设议事会，办理下列事项：

（1）初审分会预决算；

（2）议决会员入会之准否及除名；

（3）选举分会长及分会各职员；

（4）议决分会长临时重要事件。

以上各事项应由分会长陈报本会总办事处查考。

十八、议事会以会员十二人组织之，由分会长召集，就该分会所在地会员开分会大会，用记名单记法选举之，以得票多数者为当选，当选者由分会长报告本会总办事处。

十九、分会议事员任期三年，但第一年选举常议员之任期分三种，各如下：

（1）任期一年者四人；

（2）任期二年者四人；

（3）任期三年者四人。

二十、分会议事每月开会一次，由分会长召集之。

二十一、分会议事除议事长外，非全数议员半数以上出席不得开会，但战时及有紧急事件不在此限。

医院

二十二、医院之组织另定之。

救护队

二十三、救护队之组织另定之。

附则

二十四、本章程如有应行修改之处，由各分会议事会提出理由，由分会长陈请本会修改之。

——原载《中国红十字会月刊》1922 年第 4 期。

中国红十字会总会章程草案 [①]
（1934 年）

第一章　总则

第一条　本章程依据《中国红十字会条例施行细则》第四十三条订定之。

第二条　本会定名为"中国红十字会总会"。

第三条　本会设总会于首都，在未设首都以前得暂设于上海。

第二章　总会之职权

第四条　总会之职权如下：

一、执行全国会员代表大会决议案；

二、监督指导所属各分会及各直属机关；

三、统筹本会事业进行计划及养成救护人材；

四、征求会员及筹募捐款基金。

第三章　会员

第五条　本会会员分下列五种：

一、名誉会员　一次纳入会费洋五百元以上者，或募捐洋五千元以上，或办事异常出力而推赠者；

二、特别会员　一次纳入会费洋一百元以上者，或募捐洋一千元以上，或办事著有成（绩）而推赠者；

三、正会员　一次纳入会费洋拾元者；

---

① 第一次全国会员代表大会通过，但尚未经内政部核准施行。——原文注

四、普通会员 一次纳入会费洋五元以上者；

五、青年会员 一次纳入会费洋五角者。

前项各种会员，除名誉会员、特别会员、正会员为终身会员外，普通会员以十年为限，青年会员以五年为限，均由总会发给证书徽章。

第六条 会员得以动产、不动产核价作为会费，但不得以无完全所有权充之。

第七条 名誉会员、特别会员之推赠，均须经理事会之议决。

第八条 会员如受别夺公权之处分，同时丧失其会员资格。

第九条 会员有违反本会章程及其他不法之行为，得经理事会之议决，宣告除名，关于刑事部分仍依法办理。

第十条 会员经丧失资格或被宣告除名者，应追缴其徽章及证书，但所纳会费概不发还。

第十一条 本会会员应享之权利依下列之规定：

一、选举或被选举为本会理事或监事；

二、选举或被选举为全国会员代表大会出席代表；前项被选举权以正会员、特别会员、名誉会员为限；

三、出席全国会员大会及分会会员大会；

四、会员及其子弟得免费考入本会所设学校；

五、会员及其子弟得免费考送本会医院实习；

六、会员及其子弟得由本会考送国际红十字会秘书厅实习；

七、会员及其眷属因病入本会所设医院，得减免医药等费；

八、会员如受非法蹂躏者，得依法伸理之。

第十二条 总会及分会会员如欲移转参加时，得请其原属分会函准其所愿参加之新属分会后，再行由该会员向新属分会缴验证书正式参加，并缴纳参加费洋一元。前项会员之移转应报请总会备案。

第十三条 会员对于本会捐助或经募款项，或热心会务、贤劳卓著者，得由理事会之议决分别奖励，其办法另定之。

第四章 全国会员代表大会

第十四条 本会每三年在总会所在地开全国会员代表大会一次，以是年征求会员两个月前举行之。

第十五条　有分会总额五分之一以上请求或监事会之议决，应召集临时大会，于五星期内行之。

第十六条　临时全国会员代表大会须将会议之目的、讨论事项，登报通告之。

第十七条　全国会员代表大会之组织议事、选举规则另定之。

第五章　理事会

第十八条　理事会为本会最高执行机关，在全国会员代表大会闭会后，依照会章执行一切会务。

第十九条　理事会以理事十五人组织之，并互推常务理事五人，组织常务理事会。前项理事遇有缺额时，以候补理事递补，候补理事额定七人。

第二十条　理事会得附设各项专门委员会，延聘专门人员组织之。

第二十一条　理事会之职权为下：

一、编制预算决算；

二、进行征求会员及审查入会会员资格；

三、议决会员之除名；

四、订定各项规则及计划；

五、选举会长、副会长；

六、议决其他重要事件；

七、刊印征信录及提出成绩，报告于大会；

八、召集全国会员代表大会。

第二十二条　理事会得聘请名誉理事。

第二十三条　理事会办事规则另定之。

第六章　监事会

第二十四条　监事会为本会最高监察机关，在全国会员代表大会开幕后，依照会章监察一切会务。

第二十五条　监事会以监事十五人组织之，并互推常务监事三人。前项监事遇有出缺时，以候补监事递补，候补监事额定七人。

第二十六条　监事会组织如下：一、稽核收支；二、保管资产；三、审核预算决算；四、稽核分会收支及预算决算；五、估定物品材料购置价格。

第二十七条　监事会办事规则另定之。

第七章　会长　副会长

第二十八条　本会设会长一人、副会长二人，由理事会推选之，呈请政府加以聘任。

第二十九条　会长、副会长任期三年，但得连选连任。会长职务除法规已有规定外，对内对外公文以会长名义行之。

第八章　职员

第三十条　本会职员除《中国红十字会条例》及其《施行细则》并本章程第五章、第六章、第七章之规定外，得依事务之繁简设置职员。其职掌额数、资格、薪给、任用程序，由常务理事会同常务监事及会长、副会长会同议定之。

第三十一条　本会所属各医院及学校应设各职员，由各该院长、校长报请总会核准施行。

第三十二条　本会职员并各医院及学校职员服务及奖惩办法，均分别另定之。

第九章　附则

第三十三条　本章程经全国会员代表大会通过后，呈请内政部核准施行。

第三十四条　本章程之修改，须经全国会员代表大会之议决。

——原载《中国红十字会月刊》1935 年第 1 期。

中国红十字会分会章程草案

（1934 年）

第一章　总则

第一条　本章程依据《中国红十字会条例施行细则》第四十三条订定之。

第二条　国内各省市县得设立分会，分会之区域以其所在地之行政区域为限。同一区域不得设二分会，如同一区域已设有二分会或二分会以上者，得由总会酌量情形，分别撤销或合并之。惟特别区不在此限。

第三条　分会应以所在地之名称定名为"中国红十字会某某分会"。

第四条　筹设分会应依下列之程序：

一、由七人以上之发起人，备具申请书正副二份，并由地方法团或地方官署出具证明书，送请总会核准后先设筹备处。前项申请书式另定之。

二、发起人奉到总会转令核准，先设筹备处后，遵即推举筹备处主任一员，克日成立筹备处，开具主任履历，呈报总会备案。

三、筹备处成立后，须觅定会所并征求基本会员三十名，将全数会费连同会员名册一并报解总会核收，由总会填发会员证书、徽章及会费收据，转发各会员；并将承认书连同分会图记、印旗等件一并颁发。前项所称基本会员以正会员以上为限。

四、筹备处奉到总会承认书、图记、印旗等件后，应即定期召集全体会员开分会成立大会，议定预算，照章选举理事、监事，并依《中国红十字会条例》第五条第二项之规定，列表呈报总会核准后，方得就任。

五、筹备经费由发起人自行筹措之。

六、筹备期间以核准成立筹备处之日起，至多以三个月为限。逾限不能成立分会者，总会得将该筹备处撤销之。前项筹备处经总会决定撤销时，应即将前送申请书及证明书分别发还。

第五条 分会成立后，得由总会函请当地官署依法保护之。

第六条 分会应服从总会之监督指导，于必要时得由总会派员视察或整理之。

第七条 分会于必要时，得于其区域内分设办事处，隶属于该分会，但须呈报总会核准后，方得设立。前项分会办事处成立后，总会认为有撤销或合办之必要时，令分会遵照办理。

第八条 分会如有违背法令章程情事时，或办理不善时，总会得令其纠正或改组之。

第九条 分会经改组后，应由该分会将分会图记、印旗等件移交新理事会接受。

第十条 分会在改组未经完竣以前，应暂停活动。

第二章 组织

第十一条 分会以会员大会为最高权力机关。

第十二条 分会会员大会之组织、议事、选举规则另定之。

第十三条 分会理事会以理事七人组织之，在分会会员大会闭幕后，依照会章执行会务。

第十四条 分会理事遇有缺额时，以候补理事递补，候补理事额定三人。

第十五条 分会理事会设常务理事三人，处理日常事务。前项常务理事由全体理事互选之。

第十六条 分会理事、常务理事均任期三年，但得连选连任。

第十七条 分会理事会办事规则另定之。

第十八条 分会监事会以监事五人组织之。在分会会员大会开幕后，依照会章监察会务。

第十九条 分会监事遇有缺额时，以候补监事递补，候补监事额定三人。

第二十条 分会监事会设常务监事三人处理日常事务。前项常务监事由全体监事中互选之。

第二十一条 分会监事、常务监事均任期三年，但得连选连任。

第二十二条 分会监事会办事规则另定之。

第二十三条 分会设会长一人、副会长二人，由分会理事会选举之。

第二十四条　分会会长、副会长、理事、监事均为名誉职。

第三章　职员

第二十五条　分会职员除前章各规定外，应由会长斟酌情形遴员任用。其额数、资格及薪给，应由分会理事会商同监事会议定之。

第二十六条　分会职员服务奖惩办法，由分会理事会拟订，呈报总会核准备案施行。

第四章　资产

第二十七条　分会资产得依下列之规定：

一、基金；

二、地方官署或总会之补助金；

三、分会事业上所生之收入；

四、分会所有之动产及不动产；

五、以上各项之孳息。

第二十八条　分会资产应于每年度终了时造册分报总会备案。

第二十九条　分会资产如有增损或其他变动时，应随时专案分报总会，查明备案。

第五章　附则

第三十条　本章程须经全国会员代表大会之议决，呈请内政部核准施行，并分报备案。

第三十一条　本章程之修改须经全国会员代表大会之议决。

——原载《中国红十字会月刊》1935 年第 1 期。

中国红十字会时疫医院简章

（1922 年）

第一章　总则

甲　时疫医院系临时筹办，归红十字会管理，定名曰中国红十字会时疫医院。

乙　时疫医院赁屋，公共租界天津路三百十六号。

丙　医院设头二等男女仕商养疴室、三等男女病房，并男女候诊室、男女诊症室，男女异处。

丁　由红十字会募捐筹办，总办事处节制之。

戊　医院中推定医务主任及理事，分任医务及院务。

第二章　宗旨

甲　照中国红十字会章程，在平时应筹募款项、设立医院、造就医学人才、置办医务材料、赈济水旱偏灾、防护疫疠及他种危害。时疫为夏令最危险之症，传染最速，募款筹办自夏令开院，至秋冬时疫肃清闭幕。

乙　时疫医院专治急痧吐泻之症，无论如何危险，随到随治，由医务主任责任之，不涉别项症候。

丙　医院就医者，不论中外，不拘贫富，不论本埠外埠，男妇老幼，随时施治。病人入院后，除头二等酌收病费外，三等一律免费，并无号金等各项名目。

丁　病人医愈后，如自愿出资酬谢，悉充医院捐款，不得私相授受，又并无别项需索。设施治无效身故，立即迁入殡殓所，报知家属，听其自由入殓（欲抬回家中者听）。如实系贫苦者，由医院施送普通棺木，抬送保安堂义冢暂厝。

戊　贫病治愈后，如实在无力还乡，由医院理事查明，实在报告本会，酌送船票。

己　时疫医院纯乎慈善事业，劝募绅商捐款开办，不涉他事。

庚　救护汽车、橡皮病车，专为救护病人、抬运病人而设，不论远近，概不收资，该车等不得指作别用。

第三章　职务

甲　医务主任管理医药事宜，医生看护人等，由主任督责之，不分昼夜，轮流值班，如有延误，主任担其责任。

乙　凡遇急痧及危险不治之症，果病极危险，气尚未绝者，一经入院，随到随治。设病人无多，时疫未盛，医生他出，一经接到电话，应即赶到施治。

丙　病房候诊室、诊病室虽分头二三等及男女病室，应一律平等诊治。

丁　医院理事督率司事、看护、仆役、车夫，不分昼夜，轮流值宿，如有延误，理事担其责任。

戊　本埠病人，不论远近，一经病人家属报告，立遣病车，由家属伴送来院。

己　病人一经入院，不论重轻，不得提前拨号，除头二等病人逐日收费外，并无酬劳及额外开支名目，如有私相授受，当以违背章程论罚。

庚　如病家邀请医士出外赴诊，所需诊费由病家直接与医生自由论价，与医院无涉。

辛　医院自医务主任以下，或送薪水，或赠津贴，如有托故不到，办事因循者，当以违背章程论罚。

壬　医务主任与院务主任，各分责任，另由医务主任等妥订医药规则、病人规则，办事人应守规则，通知本会择要宣布。

癸　病人施救无效，富者任其自由殡殓，贫者由本会给以相当之棺木代为殡殓掩埋，一切不取价值，应由理事会同家属妥为办理。

第四章　报告

甲　每日将号簿日记、收支大略、医愈姓氏逐日开单报告，由本会汇报常议会。闭幕后当刊印征信录、成绩表分送捐户病家。将夏令卫生大意演成白话文，布告本外埠人事前留意并劝告抱病人，勿事挑痧及乱投医药等事。

第五章　捐款优待券

甲　不拘中外绅商各界，巨细捐款悉用红十字会正式收条，加盖指捐时疫医院字样为据。病人治愈后，如自愿捐助，亦以本会正式收据为凭，一面登报征信。

乙　凡捐时疫医院捐款，逾五十元以上，预送头等优待券一纸，许由捐款人介绍亲族朋友上等人病者一位，凭券入头等室，免收病费；捐念五元以上者，预送二等优待券一纸，准入二等病室，免收病费。惟非上等人（如仆役车夫之类），虽有优待券，只能入三等病房，以符医院定章。

丙　头等仕商养疴室，每日收回医药费三元，二等每日收回医药费一元，给以收条，并入捐款项下，作正开支。

第六章　附则

甲　此项简章经常议会通过后实行。

乙　此项简章经常议会三分之一之请求，即可修改。

丙　医务规则、院务规则、病房规则、看护司事应守章程、茶房侍役诰诫规条由管理医院院务者订正，交本会宣布。

丁　此项简章于常议会通过后交医务主任照章执行。

——原载《中国红十字会月刊》1922 年第 7 期。

中国红十字会会计规程

（1935 年）

第一章　总则

第一条　凡本会关于会计上一切事宜，均应依照本规程办理。各分会及本会附属机关之会计规程另订之。

第二条　本规程所定各种收支程序、会计科目、账簿式样及登记方法，各主管职员应一律遵行，不得擅自更改。

第三条　本会会计年度定为每年七月一日开始，至次年六月三十日终止，每月结算一次，造具月报表，每半年编制半年收支报告书。每年总决算一次，编制全年收支总报告书。

第四条　本会记账以国币银元为单位，所有银角、铜元等辅币及外国货币之收支，应照当日进出市价，折合银元入账，记账小数至分位为止，分位以下四舍五入。

第五条　本会每日收入、付出各账及库存银数，应制就日报表，由主管各员盖章负责送常务理事、常务监事备查。

第二章　收入款项

第六条　本会收入各项会费、捐款等，均须各别填具二联收据，以一联交付款人，一联存根。上项二联收据，应用订本并编定字号。

第七条　本会收据上应盖用本会会章，并由常务理事、常务监事及会长各一人签字盖章，方为有效。

第八条　本会会费、捐款概由收捐员经收。每日下午四时，收捐员应将本日填用各项收据之张数、起讫号数及其金额填制收捐日报，加盖图章，连同收入之款项交与出纳员检收。出纳员检收清讫，即在收捐日报上盖章，并即将收捐日报交与会计员登账。

第九条　会费、捐款等以外各应收款项，由出纳员经收，填制收入传票，连同凭证单据交会计员登账。

第十条　本会每日收入款项，应尽次日上午存入银行。

第十一条　本会所收各种款项，应用本会名义存放殷实银行。前项银行由常务理事会择定之。

第十二条　收据苟有误填、取消等情事，应将误填或取消之收据，附黏原号存根上，注明"作废"字样。苟有遗失或未曾收回、取消等情事，经管员应负其责。

第十三条　本会收入之会费、捐款等项，每月终应登报征信一次，并在各该存根上注明登载报纸名称及日期，以便覆核。收入之捐款等项，每户输捐数在十元以上者，对于捐户应逐户由会函谢，以昭郑重。

第三章　付出款项

第十四条　本会所有付款，一律由本会出纳员支付之。

第十五条　本会支付款项，应先由会计员开具审核单，详填用途及数额，送请秘书长依第十七条之规定转请常务理监事审核，照准后再签发支票。

第十六条　本会支票由常务理事、常务监事及会长各一人共同签字。

第十七条　五十元以上之付款，除额定开支外，可无须追加预算者应送请常务理事及常务监事各一人核准支付之；五十元以下之付款，由常务理事核准支付，此项付款得以零用现金支付之。

第十八条　本会存储零用现金不得过四百元，每月用去之数额，在月底将零用现金支付之账目送交常务监事覆核，照开支票，补足原数。

第十九条　本会付款概需取得领款人本人之收据，或由领款人在凭单上签字盖章作为收据，并由出纳员于付款后在凭单或发票上盖印"某年月日付讫"戳字。如有单据及手续不完全者，一律不准核销。

第二十条　每月经过后，会计股应将各种收据、发票等单据，按照审核单号数、日期，顺次编号，黏入单据黏存簿。

第二十一条　支付各医院经费，应根据各医院之预算。如有超出预算，依第三十条之规定办理。

第二十二条　各医院经费，概由各医院支付。本会除整数支与经费外，不得径行代为付款。如有特种原由，由本会代付者，仍作为付各该院之经费，开单连同收据发单知照各院转账，并由各该医院补填领据。

第二十三条　本会职员因公出差旅费规则另订之。

第二十四条　自办赈务救护队、掩埋队及其他临时开支，凡已经监事会核准追加预算而须预拨整款者，其拨付应按照付款核准及支付手续办理，并应由主管经手职员填具领款收据。前项支款只能作为预付费用性质，其收据不能即作报销之用，应由经手职员将该款实际用途详细记账，待该事全部或一部结束后，另开清册连同各项原始单据，有余款者并其余数，送常务理事转请常务监事核准后，方得作为开支出账。

第四章　买卖物品

第二十五条　本会收入各项捐助物品，应照本规程第六条至第八条及第十三条办理。捐助物品、收据簿及收捐日报，应与现款收据簿及收据日报各自划分，以便检点，并应另立收入捐助物品簿。其有关于现金性质者，如股票、公债等类，应由会计员根据收捐物品日报登账。其他物品如施衣、施药等类，应由物品保管员根据收捐物品日报登账，并负保管之责。

第二十六条　凡经核准购买之医具、家具等，由庶务股办到后，其单据交会计股登账，其物品交物品保管员登账编号，其购入及使用手续另订之。

第二十七条　本会出售捐助物品时，常务理事应先得常务监事之同意，其售价亦须经常务监事之认可，并应请购物者签具认购单，以资证明。

第二十八条　本会购买日常使用之物品，其数额在事务费用预算以内者，应由常务理事核准，方得购买。至于特别物品不在预算之内者，应照本规程第三十条追加预算程序办理。

第五章　预算及决算

第二十九条　在每年度开始前三个月，由理事会就总会及所属各医院、各附属机关造具总会预算，提交监事会核定后，送请会长转呈内政部备案，以为该年度收支之标准。前项预算应根据本会之财政计划及事业计划编定之。此项计划须于每年度开始前六个月拟定公布，各分会预算应由总会于每年度开始前两个月分别核准，汇送内政部备案。

第三十条　各项经费如因临时发生特别情形必须超出预算时，应由理事会将理由及超出金额提出监事会请求追加预算，经核准后请会长转送内政部备案。

第三十一条　下列各项用费在应行支拨之前，由理事长造具预算，提交监事会审核，经核准追加预算后，再按照支款手续支付之，并请会长转送内政部备案：一、赈款；二、补助费；三、救护队；四、掩埋队；五、补助分会经费；六、其他临时开支。

第三十二条　每月上旬五日内，会计员应将上月收支账目结算完毕，制成某月份收支月报表，分送会长、理事及监事备查，并须分呈四部备案。

第三十三条　每会计年度开始后一月内，会计员应将上年度账目实行结算完毕，并制成收支决算表及财产目录，送交会长、理事及监事察核后，并由内政部令派会计师检查证明无误后，分送四部备案并刊入征信录。前项会计师之查账证明书件，由内政部核定后发交理事会公布之。

第三十四条　每年收支决算表中，应将预算数目列入对照。如有不符之处，并应加注说明。

第六章　会计科目

第三十五条　本会会计科目暂定如下：

（一）收入之部

政府补助金、会费、捐款、补章及奖章费、赈捐、时疫医院捐款、捐助物品售价、息金收入、杂项收入、其他临时收入、捐助物品。

（二）支出之部

甲、事业费：

一、医院经费

常设医院经费、临时医院经费。

二、赈济

赈款、补助费、救护队、掩埋队。

三、分会经费

分会基本金、分会补助费。

乙、事务费：

一、本会开支

薪俸、伙食、公费、房地租捐、文具、印刷、广告、邮电、购置物品、购置药具、消耗、修缮、保险、旅费、车资、交际、杂项。

二、其他临时开支

（三）资产

基金、现金、银行往来存款、定期存款、公债、股票、地产房屋、暂记付款、药具家具。

（四）负债

借用基金、收支剩余金、暂记收款、未付款项。

第七章　附则

第三十六条　各分会、各医院及其他所属机关之各种会计科目、账簿式样另订之。

第三十七条　本规程由第一次全国会员代表大会通过后，由会长呈请内政部核准施行。

第三十八条　本规程以后如有应行修改增订之处，应俟下届全国会员代表大会议决通过后，由会长呈请内政部核准。

——原载《中国红十字会月刊》1935 年第 1 期。

中国红十字会分会会计规程

（1935 年）

第一条　本规程根据《总会会计规程》第一条订定之。

第二条　凡分会关于会计上一切事宜，均应依照本规程办理。

第三条　本规程所定之各种收支程序、登记方法及另订之会计科目、账簿式样，应一律遵行，不得擅自更改。

第四条　分会之会计年度及记账单位，照总会会计规程办理。

第五条　分会不得自由向外募捐，如有自愿捐助者，应由分会会长、常务理事及常务监事各一人共同签字盖章，出具正式收据、收入账册，就地登报志谢，并须呈报总会，由总会逐户函谢，以昭郑重。

第六条　分会于每年度开始前四个月，根据各该分会财政计划及事业计划，由分会理事会造具详细收支预算七份提交分会监事会审核，五份由会长呈送总会，一份由分会迳送当地主管机关备案，其余一份留会存查。

第七条　分会报解会费与总会时，可在会费内留存半数作为分会经费，同时应填具领证，随同半数会费送交总会，由总会出具正式收据，发给会员凭照。

第八条　分会支付款项应将各项单据送请分会常务监事核准签字盖章，方可支付。

第九条　分会如因临时发生特别情事，必须超出预算时，应先将理由及超出金额详呈总会核准后，再按照规定手续办理。

第十条　分会附设之医院及其他所属机关之会计均应参照总会附设各医院及其他所属机关会计规程办理，由分会监事会负审核之责。

第十一条　分会每届月终，应将本月份收支账目，制具收支月结表，报告总会审查。

第十二条　分会应于每半年编制半年收支报告书，每年总决算一次。编制全年收支总报告书各七份，由分会理事会提交分会监事会审核，五份由会长呈送总会，一份由分会迳送当地主管机关备案，其余一份留会存查。上项决算书内应将预算数目列入对照，如有不符之处，应加注说明。

第十三条　分会之收支报告，总会认为有不明了处，得吊阅账簿单据之一部或全部详细核对，或由总会派员会同当地主管官署共同审查。

第十四条　《总会会计规程》中第十二条、第十九条、第二十条、第三十七条、第三十八条之规定，各分会均适用之。

——原载《中国红十字会月刊》1935 年第 1 期。

中国红十字会附设各医院
及其他所属机关会计规程

（1935 年）

第一条　本规程根据《本会会计规程》第一条订定之。

第二条　凡本会附设各医院各机关，关于会计上一切事宜，均应依照本规程办理。

第三条　本规程所定各种收支程序、登记方法及另订之会计科目、账簿式样，应一律遵行，不得擅自更改。

第四条　各机关之会计年度及记账单位，照本会规程办理。

第五条　各机关之会计各自独立，其经费由本会拨付。

第六条　各机关不得用本机关名义向外界募款，如外界捐助款项物品，应直接交付本会。

第七条　各机关于每年度开始前四个月，根据各该机关事业计划，造具详细收支预算，送交本会审核。

第八条　各机关向本会领款，在核准预算数额以内，应先填请款单。俟本会支付时，再填领款收据支领。

第九条　各机关领款，如因临时发生特别情形，必须超出预算，应先将理由及超出金额详陈本会，请求追加预算。俟核准后，再按规定手续支领。

第十条　各医院收入挂号、医药、住院等费，均应分别填具，订成编号之三联收据，一联交付款人，一联存根，一联送交本会备查。前项三联收据，应由各该院长签字盖章，方为有效。

第十一条　各医院及各机关支付款项，应将各项单据送请各该主管人员，核准签字盖章，方可支付。

第十二条　各机关每届月终，应将本月份收支账目，制具收支月结表，报告本会备查。

　　第十三条　各机关应于每会计年度开始后两星期内，将上年度账目全部结算完毕，造具该年度收支决算表，连同账册单据送交本会，依照《本会会计规程》第三十三条办理。上项决算表内，应将预算数目列入对照。如有不符之处，应加注说明。

　　第十四条　《本会会计规程》中第十二条、第十九条、第二十条、第卅七条、第卅八条之规定，各机关均适用之。

　　　　　　　　　　　　　　——原载《中国红十字会月刊》1935 年第 1 期。

华洋义赈会简章

第一条　定名：本会定名华洋义赈会。

第二条　宗旨：本会专办劝募救济国内灾赈为宗旨。

第三条　会员：凡华洋善士皆可为本会会员。

第四条　职员：（甲）名誉会长；（乙）干事会，设干事员至少二十五人；（丙）干事长一人，副干事长四人；（丁）经济员四人；（戊）理事长一人。

第五条　任务：本会分设七股，其各股股长由干事会互相推举。（甲）经济股；（乙）文牍股；（丙）庶务股；（丁）劝募股；（戊）赈务股；（己）交际股；（庚）调查股。

第六条　放赈：放赈之法分：急赈、工赈、平粜三种。

第七条　赈款：本会所收赈款，由干事会指定分存中外各银行，凡支付赈款须由华洋会计各一人签字方生效力。

第八条　会期：干事会每星期开常会一次，如遇紧要事得由干事长召集临时会。

——原载《华洋义赈会征信录》，1921 年编印。

中国华洋义赈救灾总会章程

（1921 年 11 月 16 日草定，1925 年 3 月 12 日至 14 日修正）

一、名称

本会系各省华洋赈团之代表机关，定名为"中国华洋义赈救灾总会"。

二、职务

本会代表各省分会处理下列事项：

1. 中国境内设有天灾发生，本会联络华洋人员合筹款赈济之。

2. 对于适当防灾办法，本会从事提倡之。但查中国政府有专设机关责任攸归，凡本会一切设施自应随时与之协商举办，以资遵循而免抵触。

三、会员

1. 下列各处华洋赈团得各派遣代表中西各一员为本会会员。上海华洋义赈会、天津华北华洋义赈会、山东华洋义赈会、河南灾区救济会、山西华洋救灾会、汉口救灾会华洋联合委办、北京国际统一救灾总会（参看附注一）

2. 其他华洋赈团如愿承认本会宗旨及章程，并经本会会员三分之二投票认可者，得派遣相同之代表。

3. 本会于年会开会时得推举额外会员若干人，但其人数不得超过上项会员全数之半，额外会员之任期为一年，额外会员非经选举不得（连带）为执行委员会委员（参看附注二）。

4. 会员如有缺额，应由出缺会员之本会派员接充额外会员。如有缺额，得由执行委员会选员接充。缺额补员时仍以洋员补洋员缺，华员补华员缺。

5. 凡根据以上四项之规定而选出之会员皆为本会会员。

四、职权

本会应有全权执行本章程第二款所规定之职务，此外，更有制定并修改本会章程及办事大纲之权。对于派有代表之各分会或其他团体或个人所捐助之赈款，有自由置处之权。但会章之修改，必须有各分会代表全体三分之二之赞同方为有效。

五、职员

本会设会长一员、副会长一员、秘书兼总干事一员、中西司库各一员，均由年会时以过半数之表决选定之。其任期各为一年，各照向来公共团体规定职员之权限执行职务。常会日期于办事大纲内规定之。

六、办事员

本会得聘用义务或有薪给之办事员若干人办理本会事宜。

七、委办会

1. 执行委员会

以本会职员及每年会时，由本会会员中举出之六员组成之。其支配方法以能代表多数分会为主旨。

执行委员之国籍仍以华洋各半为宜，该委员会得在本会所赋与之职务权限内执行本会一切事业。

2. 其他委办会　本会得组织其他长设委办会或临时委办会，并赋与以相当职权，俾便进行。

八、投票

1. 法定人数　有三分二之分会代表出席时，以全会会员之半数为法定人数。

2. 出席代表　本会会员皆得以函电指定代表出席于本会一切会议，但代表分会之会员，如不能亲自到会，其代表人应由该省分会指定之。

代表权每人只限一权。

九、修正

除本章程第四款所规定外，本章程得以到会会员三分二之投票修正之。但修正提案须于开会前一个月缮送各会员知照。

附注一

本会第三届年会提议将本章程第三章第一、第二两项修正为"1. 凡经本会承认之华洋赈团，俱得各派代表中西各一员为本会会员"，并将同章第三项改为第二项，第四项改为第三项，第五项改为第四项，惟此项修正案系年会临时提议，照章须待下届年会议决修正。

附注二

第三项加"连带"二字，须待下届年会议决修正，理由与上同。

——原载中国华洋义赈救灾总会丛刊（乙种三十号）：

《章程及各项规则》，1928 年 7 月，第 1—4 页。

中国华洋义赈救灾总会办事大纲

（1921 年 12 月 20 日议订，1923 年 8 月 20 日，1924 年 1 月 21 至 23 日，1925 年 3 月 12 至 14 日修正）

第一条　开会

（一）本会年会由会长及秘书在每年三月内召集之。

（二）遇有特别事项得由会长及秘书召集特别会议。

第二条　任职时期

（一）本会职员及执行委员之任期，均以两届年会间之时期为一度。

（二）执行委员会遇有缺额，得自行延请相当人员照补其任期，以至下届年会为止。

第三条　款项

（一）本会会务年度以每年十二月一日为起点。

（二）司库在执行委员会所赋与之权限内，并由会长及总干事或总干事之副署得开支款项。

第四条　报告书

（一）年会开会时执行委员会各项长设委办会以及各省分会，须将一年来经办事项编造报告书，并将业经查账员签准之收支表册提交大会查核。

（二）遇有特别事项应另编他项报告书。

第五条　拨款

（一）执行委员会拨款之时，只准拨交业经本会承认之各省分会。

（二）其他尚无本会分会之省份，如遇急赈，执行委员会得酌核情形，妥慎办理。

第六条　承认新会

执行委员会对于新成立之华洋赈团请求加入本会时，若核与下列各则相符，得予以承认。

1. 由华洋相等人数组成者。

2. 除经特别协商者不计外，所收款项愿汇总于本会所管辖之赈款受本会支配者。

3. 能履行本会一切议决案件者。

4. 其章程经执行委员会认为与本会宗旨相符者。

5. 能承认本会章程及办事大纲者。

第七条　法定人数

执行委员会开会之时，以到会人数或代表权数达委员会全体之半数为法定人数，代表权每人只限一权。

——原载中国华洋义赈救灾总会丛刊（乙种三十号）：

《章程及各项规则》，1928 年 7 月，第 4—6 页。

中国华洋义赈救灾总会办事细则

第一条　开会　本会常会每二年召集一次，于开会年度之六月三十日以前举行之，由会长及秘书订期召集。遇有特别事项，得由会长及秘书召集特别会议。

第二条　任期　本会职员及执行委员之任期，以至下届常会时为届满，执行委员缺额时，得由执行委员会延请相当人员补充。

第三条　会计　本会会计年度于每年一月一日起算。会计支付款项应依执行委员会所核定，并由会长总干事两人或一人副署之。

第四条　报告　常会开会时执行委员会各项常设委员会以及各省分会，须将前届常会开会以来经办事项编造报告书，连同业经查账员审核之收支表册提交常会查核。遇有特别事项，应另编其他报告书。

第五条　拨款　执行委员会拨款办赈时，只准拨交业经本会承认之各省分会，但执行委员会直接派员办赈时不在此限，无本会分会之省份，如遇急赈，执行委员会得酌核情形妥慎办理。

第六条　承认新会　执行委员会遇新成立华洋赈团，请求加入本会时，若核与下列各款相符，得予以承认：

一、由华洋相等人数组成者。二、所收款项除特别协商外，愿汇总解交本会，听凭本会支配者。三、能履行本会一切议决案者。四、其章程经执行委员会认为与本会宗旨符合者。五、愿受本会章程及办事细则之拘束者。

第七条　法定人数　执行委员会会议以有委员总额半数亲自或代表出席为足法定人数，每一委员只能兼代一人。

——原载中国华洋义赈救灾总会编：《中国华洋义赈救灾总会概况》，1936年，第21—22页。

中国华洋义赈救灾总会分会章程

一、定名

本会定名为○○省华洋义赈救灾会，本会董事部即中国华洋义赈救灾总会之○○省分会。

二、职务

（甲）本会秉承中国华洋义赈救灾总会，筹赈各种天灾。

（乙）对于防灾计画，本会从事提倡之。

本会服务范围系○○省。

三、董事

本会设董事至少十人，华洋各半。如遇必要时，得随时增加员数，但仍以华洋各半为标准。开办之初，董事由地方公开推举，陈报总会执行委员会认可，其任期无定期。

倘有辞职情事，当补选之。惟仍须由总会认可后，方为有效。

四、权限

本会有全权执行本章程第二条规定之职务，并分设支会与征求会友等事。得总会之许可，本会有全权处置由总会拨交或当地筹募之一切赈款。未得总会之许可，本会不在本省境外另募赈款。按照总会定章，所有本会所募之款，除会友全费之半数得由本会扣留外，一律汇归总会管辖，受其支配。

五、职员

本会设会长一人、副会长一人、华洋干事各一人、华洋司库各一人，每年由董事互推当选。各照向来公共团体规定职员之权限执行职务。

六、法定人数

以全会董事之半数为法定人数，惟开会之时至少有中西各○人到会，始可表决议案。不能到会之董事得以函电指定代表出席于本会之会议。

七、会友

本会征求会友多员，共襄善举。所收会费之半数汇归总会，以便接济灾情较重之区，其余半数留归本会支用。

八、账目

本会一切账目悉受总会稽核，用总会所定账式每月造报一次，交由查账员逐一查核，至少每年公布一次。

九、开会

每年○月内举行年会，改选职员及出席总会代表，并解决一切事宜。开会情形应即陈报总会总干事查照。

十、修改

本章程得于董事开会时，以到会董事三分之二之投票修改之，但应加修改要点须于开会二星期前通告于各会员，始可开会投票。至于修改条文应即陈报总会俾凭核准。

——原载中国华洋义赈救灾总会丛刊（乙种三十号）：《章程及各项规则》，1928 年 7 月刊行，第 18—19 页。

中国华洋义赈救灾总会
常设分委办会办事大纲

（1923 年 10 月 25 日）

一、**名称**　本委办会为中国华洋义赈救灾总会常设分委办会之一，定名为"○○分委办会"。

二、**职务**　本委办会为中国华洋义赈救灾总会执行委员会，对于○○○事项之咨询机关，并依执行委员会之议决审查或处理关于上项一切事宜。

三、**职权**　所有执行委员会于其职权范围内议交事项，本委办会有执行之全权。

四、**会员**　本委办会会员由本委办会公同推定，再由执行委员会核准之，会员之任期为一年，得连选连任。

五、**职员**　本委办会设主任一人，干事一人，均由本委办会公同推定。

六、**办事员**　本委办会于必要时，得聘用办事员司办理本委办会一切事宜。但此项办事员司之聘定应取得执行委员会之核准，并须向总会总干事直接负责。

七、**会议**　本委办会每○○开会一次，由干事秉承主任或总会总干事或以大多数会员书面之请求召集之。

八、**议案**　一切议案经执行委员会核准后即可依照实行。

九、**会议记录**　本委办会之会议记录应由干事编述保存，并送请总会总干事备案，遇有必要时并须分送于各省分会。

十、**法定人数**　以全委办会会员之半数为法定人数。

十一、**出席代表**　本委办会会员皆得以函电指定代表出席于本委办会一切会议，惟在开会地点居住之会员不得请人代表出席，其因公私要务开会时适外出者不在此例。

——原载中国华洋义赈救灾总会丛刊（乙种三十号）：《章程及各项规则》，1928 年 7 月刊行，第 19—20 页。

世界红卍字会大纲

（1922 年）

一、**定名**　世界红卍字会。

二、**宗旨**　以促进世界和平，救济灾患为宗旨。

三、**会址**　凡国都设总会，各省县及繁盛区域设分会，但为办救济时得酌设办事处。

四、**组织**　本会设名誉会长若干人，设会长一人，设副会长四人。本会会长、副会长由大会共同推举，名誉会长由本会聘请之。

本会事务计分六部：总务部、储计部、防灾部、救济部、慈善部、交际部。

每部设主任干事一人，副主任干事二人，干事若干人。

每部视事务繁简，酌设若干股。

主任干事以下职员，由会长、副会长于会员中聘任之。

五、**经费**　本会经费计分四种：

一、会员入会费；二、会员特别捐；三、补助费；四、捐募。

六、**会员**　本会会员分二种：

一、团体入会；二、个人入会。

七、**慈善**　凡各种慈善事业，本会均尽力推行之。

八、**会期**　本会会期计分三种：

一、常会；二、特别会；三、大会。

九、**细则**　本会各部及各股办事细则另定之。

——原载世界红卍字会编：《世界红卍字会大纲及
施行细目附临时医院救济队难民收容所简章》。

世界红卍字会中华总会施行细目

（1922 年）

第一章 总则

第一条 本会定名为世界红卍字会中华总会。

第二条 本会依大纲第二项，以促进世界和平，救济灾患为宗旨。

第三条 本会设总会于北京道院，设分会于各省县及繁盛区域道院。

第四条 本会制备徽章给予会员，于执行本会事务时佩带之。

第五条 本会旗帜及臂章用白地红卍字式。

第六条 本会应制用图记，各分会图记均应由本会刊发。

第二章 会员

第七条 团体入会

凡各种之慈善团体及法团、教团，经会长提交本会常会认可者，其分子均得为本会会员。

凡各团体加入本会，精神上、经济上均应尽相当补助之义务。

第八条 个人入会

（甲）特别会员 经常会认可者

（一）独捐五百元以上者；

（二）募捐至二千元以上者；

（三）会员办事异常出力者；

（乙）名誉会员 经常会认可者

（一）独捐一百元以上者；

（二）募捐至五百元以上者；

（三）会员办事一年以上著有成绩者；

（丙）会员

凡经本会会员二人介绍，每年纳捐五元以上者。

（丁）学生会员

经本会会员二人以上之介绍，纳捐一元者。

第九条　本会特别会员、名誉会员均由本会持赠聘书；会员、学生会员，均由本会给予证书。但学生会员以修业期间为限。

第十条　本会会员如受公权褫夺，同时失其会员资格。

第十一条　入会之拒绝及会员之除名，均由常会行之，得不宣告其理由。但会员属于分会者，由分会决行之。

第十二条　凡失会员资格或被除名者，追缴本会证书及徽章，所纳会费概不发还。

第十三条　纳捐者如隐其名，或用堂记，不愿加入会员者听之。

第十四条　入会者得以相当动产、不动产，或其他有价值券等项，作为会费，但不得以无完全所有权者充之。

第三章　组织

第十五条　本会设名誉会长若干人，名誉副会长若干人。

第十六条　本会设会长一人，总理本会一切事务。

第十七条　本会设副会长四人，补助会长办理本会一切事务。

第十八条　本会会长副会长，由大会共同推举，任期四年，期满后得再被推举连任，名誉会长由本会聘请之。

第十九条　本会事务计分六部：（一）总务部；（二）储计部；（三）防灾部；（四）救济部；（五）慈业部；（六）交际部。

第二十条　每部设主任干事一人、副主任干事二人，商承会长副会长办理各本部一切事务。

第二十一条　每部视事务繁简，酌设若干股，每股干事若干人，商承各本部主任干事，办理各本股一切事务。

第二十二条　主任干事以下职员，由本会长、副会长于会员中聘任之。

第二十三条　总务部

（甲）文牍股　凡往来函牍，保管图册及编辑杂志出版品等类均属之。

（乙）演讲股　凡编拟论说及循环讲演白话报类均属之。

（丙）调查股　凡本会应需调查事件均属之。

（丁）庶务股　凡本会内一切庶务均属之。

第二十四条　储计部

（甲）审核股　凡总分各会一切收支款项、账目，均得审核之。

（乙）保管股　凡动产、不动产及一切施设物品均属之。

（丙）司纳股　凡一切收入款项均属之。

（丁）司付股　凡一切支出款项均属之。

第二十五条　防灾部

（甲）规画股　凡各项灾患应先期计画与防范等事均属之。

（乙）宣导股　凡关于促进世界和平事项应随时宣导之。

（丙）预防股　凡关于各项灾患将发见以前应实行防范事项均属之。

（丁）测勘股　凡灾患发现时应需测勘事件均属之。

（戊）工程股　凡筹备技术、机械、器具及临时各项工程均属之。

第二十六条　救济部

（甲）赈济股　凡灾区急赈、常赈等项均属之。

（乙）收容股　凡被灾人民随时设法收容及给养等类均属之。

（丙）施与股　凡医药、棺木、衣物等类均属之。

（丁）捍卫股　凡被灾区域应需捍卫、消弭等类均属之。

第二十七条　慈业部

（甲）感化股　凡关于转移风俗、救正人心及本会所设学校应尽感化事项均属之。

（乙）教养股　凡关于设立慈善学校及对于失业游民及残废无依之教养均属之。

（丙）保育股　凡关于育婴慈幼等项均属之。

（丁）工艺股　凡关于贫民工厂、妇女工厂及习艺所等项均属之。

第二十八条　交际部

（甲）联合股　凡世界善团、教团及各慈善家均应随时联合之。

（乙）劝募股　凡关于导引和平，募集捐款等类均属之。

（丙）招待股　凡各界来宾均应随时招待之。

（丁）通译股　凡世界各国语言文字与本会有关切事件均属之。

第四章　经费

第二十九条　会员入会费　依本会细目第八条办理。

第三十条　会员特别捐　凡以现金、动产、不动产，或其他有价值券等项捐入者及因临时发生事件捐入者均为本会特别捐。

第三十一条　补助费　凡国家补助款项及社会补助款项，均为本会补助金。

第三十二条　劝募　（一）本会会员自行劝募者；（二）各团体代为劝募者；（三）各机关代为劝募者。

第三十三条　各部办公费由本会常会决定之。

第三十四条　本会职员均为名誉职，但各部视事务之繁简，得酌用雇员。

第三十五条　职员如因公派赴各地者，得酌给旅费。

第三十六条　本会所属医院、学校、工厂及办理慈善各机关职员，均酌给薪金。

第三十七条　本会收捐概以盖用图记，经会长、副会长署名编号之收据为凭。

第三十八条　本会收据分为三联式，一交纳捐者，一交会长，一交储计部。

第三十九条　本会所收现款以外之物品，均由会长提付常会议决后处分之。

第四十条　本会经常预算及临时预算，应由储计部会同各部编制，经会长提交常会议决行之。其有仓猝事故发生需款甚急不及预算者，由各该主管部速定办法，经会长认可后执行，俟常会开会时提交追认之。

第四十一条　本会决算应由会长提付常会决议，报告大会登报通告。

第四十二条　本会基金以收入款项酌量存储作为基金，不得随时挪用。

第五章　慈业

第四十三条　本会应设各种学校，灌输民智，养成各项专门人才。

第四十四条　本会应编辑慈善浅说，绘印图册，送阅宣讲，补助教育所不及。

第四十五条　本会应酌设医院，慎防疾疫，救济兵灾，医院设于某地，即以世界红卍字会某地医院称之。

第四十六条 本会应筹办积谷平粜，以备拯救凶饥。

第四十七条 本会对于失业贫民，应筹立工作所及零星储蓄商店，借本处以兴民业。

第四十八条 凡有关于世界公安、社会公益事项，应须政府协助者，由本会呈请维持。

第六章 会期

第四十九条 本会常会由本会全体职员行之。每月开常会三次，讨论本会一切进行事宜。

第五十条 本会特别会分二种：

（一）全体会员特别会；（二）全体职员特别会。

凡有临时发生事件，关于最重要者，应召集全体会员特别会，次要者应召集全体职员特别会。

第五十一条 本会大会由本会全体会员行之，每年开大会一次，于每年春季定期行之，报告上年会务及稽核决算。

第五十二条 大会之召集及其会议之事项，预期登报通告。

第五十三条 大会之表决，以出席会员为限。

第五十四条 大会之议事，以过半数决之，可否同数时，由主席决定之。

第五十五条 大会以会长主席，会长缺席时，以副会长代之。

第五十六条 大会各项会议编列议案、发函通告及议事记录等事，均归总务部办理。

第七章 分会

第五十七条 各分会成立后，须同时报告本会及各地行政长官备案，并由本会刊发图记备用。

第五十八条 各分会会员入会办法依照本会施行纲目第八条办理。

第五十九条 各分会所用旗帜及臂章，由本会制发。

第六十条 各分会会员所佩徽章，应由各分会造册，报告本会制发。

第六十一条 各分会应依照本会施行细目第九条、第十条、第十一条、第十二条办理。

第六十二条　各分会收入支出款项及一切会务，应按月造册，报告本会稽核，并得由本会随时派员赴各地视察。

第六十三条　各分会所办医院、学校及慈善各事业，应将详细办法及职员履历报告本会备案。

第六十四条　各分会会长，由各该会会员推举，任期四年，期满后得再被推举连任。

第六十五条　本会每年开大会时，各分会应派代表二人以上与会。

第六十六条　各分会设于某地，即以世界红卍字会某地分会称之。

第六十七条　各分会会章及办事细目，得依照本会大纲及施行细目另定之。

第八章　奖励及惩罚

第六十八条　凡捐款在千元以上，募捐在五千元以上及以动产不动产等项捐助本会值千元以上者，均得由本会呈请分别奖励。

第六十九条　各会会员对于会务异常出力，著有特别劳绩者，由本会呈请分别奖励。

第七十条　各分会会员如有受刑事处分，或其行为有违背本会章程者，本会得除去其会员资格。

第七十一条　各会会员如假借本会名义，有不法行为者，得由本会宣布除名，依法起诉。

第七十二条　各会会长如有品行不正或违背会章者，应由各该会另行推举。

第七十三条　各分会执行会务，如有不适当者，得由本会分别知照更正或改组之。

第九章　附则

第七十四条　本会大纲及施行细目，应呈请政府备案。

第七十五条　本会各部及医院、学校、工厂并各种慈善机关办事细则另定之。

第七十六条　本会大纲及细目如有应行修改之处，应由大会提议修正之。

——原载世界红卍字会编:《世界红卍字会大纲及
施行细目附临时医院救济队难民收容所简章》。

世界红卍字会会纲

第一纲 总则

一目 本会定名为世界红卍字会。

二目 本会以促进世界和平，救济灾患为宗旨。

第二纲 组织

三目 世界红卍字会由各国总分各会共同组织之。

四目 世界红卍字会在未正式组织前得暂设三部代行职责：

（一）总监察部；

（二）监察部；

（三）基本执行部。

五目 世界各国得各设总会或主会一处，分会若干处。其已设总分各会地方得设妇女总会及妇女分会。

六目 各国总分各会名曰世界红卍字会某国总会或某地分会，其妇女各会于"某国某地"字下加"妇女字样"。

七目 各国总会及妇女总会得设总务、储计、防灾、救济、慈业、交际六部，每部视事务繁简酌设若干股。

八目 各地分会及妇女分会得设总务、储计、防灾、救济、慈业、交际六股，每股视事务繁简酌设若干组。

九目 世界红卍字会设会长、副会长，由各国总分各会代表大会推举之。

十目 各国总分各会及妇女总分各会设会长、副会长、会监、副监，均由各该会推举之。

十一目　各国总会及妇女总会设总监察、监察。其会务繁重之分会及妇女分会得设监察，均由各该会推举之。

十二目　各国总会及妇女总会之每部各地分会及妇女分会之每股，各设主任、副主任、干事，均由各该会会长就会员中选任之。

第三纲　会员

十三目　凡经基本会员二人以上之介绍，得为会员。

第四纲　事业

十四目　事业分二类：（一）临时赈救；（二）永久恤养。

第五纲　经费

十五目　经费分四种：（一）会员入会费；（二）会员特别捐；（三）补助费；（四）劝募慈款。

第六纲　会期

十六目　会期分三种：（一）常会；（二）特别会；（三）大会。

第七纲　会徽

十七目　各种标识均用白地红卍字，其式样另定之。

第八纲　附则

十八目　会则及各项章则，均依据本会纲另定之。

十九目　本会纲如有未尽事宜，须经出席大会代表三分之一人数附议，方得提出修正案，议决施行。

——原载《卍字月刊》1938 年第 1 卷第 1 期。

世界红卍字会各地分会会则

第一条　本会定名为世界红卍字会某地分会。

第二条　本会依据会纲及总会会则，以促进世界和平、救济灾患为宗旨。

第三条　本会之组设须函经总会核准，并发给图记、章则，方得成立。

第四条　本会成立后，须将经过情形暨启用图记日期函报总会，依据政府核准原案，会同本会函请所在地行政官署备案。

第五条　本会所用旗帜、臂章及会员所用徽章、门牌，须向总会备价请领，并造册报查。

第六条　本会会员入会适用总会会则第七条之规定，列举于后：

（甲）特别会员及终身特别会员　入会同修经常会认可，有后列前三项资格之一者为特别会员，其合于第四项资格或二年以上力慈不懈、成绩卓著之特别会员，均为终身特别会员。

（一）年纳会费五百元以上者；

（二）年募会费二千元以上者；

（三）终身名誉会员办事二年以上，异常出力，确有成绩者；

（四）一次交会费三千六百元以上者。

（乙）名誉会员及终身名誉会员　入会同修经常会认可，有后列前三项资格之一者为名誉会员，其合于第四项资格或二年以上力慈不懈、成绩卓著之名誉会员，均为终身名誉会员。

（一）年纳会费一百元以上者；

（二）年募会费五百元以上者；

（三）终身普通会员办事二年以上，异常出力，确有成绩者；

（四）一次交会费一千八百元以上者。

（丙）普通会员及终身普通会员　凡经本会基本会员二人以上介绍入会之同修，并经常会认可，年纳会费五元以上者为普通会员，其一次交足会费三十六元以上，或普通会员办事二年以上，异常出力，确有成绩者，均为终身普通会员。

第七条　前条所列各项会员证书均向总会请领，由本会填发。其甲、乙两项会员，除填发证书外，并函请总会加赠聘书。

第八条　本会所收会员费，应提一成五补助总会，并按季造册报缴。

第九条　凡本会会员资格之丧失，适用总会则第九条之规定列举于后：

（一）受刑事处分者；

（二）行为不正，屡戒不悛者；

（三）假借本会名义，有不法行为者；

（四）违背会章，损及会誉者；

（五）不照章交纳会费，逾一年以上者。

第十条　入会之拒绝及会员之除名，均由常会行之，得不宣告其理由。

第十一条　凡丧失会员资格或被除名者，追缴本会证书及徽章，所纳会费概不发还。

第十二条　本会得设名誉会长、名誉副会长各若干人，遇有德望素著、赞成本会宗旨，而又助之进行者，由本会函请总会聘请之。

第十三条　本会设会长一人，执行本会一切事务；设副会长二人，辅助会长处理本会一切事务。

第十四条　本会如实因慈业扩展，事务殷繁，得增设会长、副会长，但须互推首席各一人。

第十五条　本会设会监一人，副会监二人，商承会长、副会长督促及审核内部一切事务。

第十六条　本会会长、副会长、会监均由本会依法推举，任期四年，期满后得连推连任，并须将姓名、年籍及修绩造册报告总会，请发征请书。

第十七条　本会分设六股：

（一）总务股；（二）储计股；（三）防灾股；（四）救济股；（五）慈业股；（六）交际股。

第十八条　本会视事务之繁简，得依照总会会则自第二十二条至第二十七条，分别酌设各组。其各股各组之职责，亦适用该会则各条之规定。

第十九条　每股设主任各一人、干事若干人，秉承会长、会监办理事务，均由会长于会员中选任之。

第二十条　本会各职非会员不得充任，但名誉正、副会长不在此限。

第二十一条　本会职员均为义务职，但公认为力不自给者，经常会议决，得酌给津贴。

第二十二条　本会职员如因公派赴各地者，得酌给川旅费。

第二十三条　本会附设各机关之职员，均酌给薪金，但愿尽义务者，依据奖惩规则予以名誉之奖励。

第二十四条　本会应办之慈善事业，依照总会会则第五章所列各项，量力举办。

第二十五条　凡会员于应纳会费外，特别捐输款项指定用途者，非经常会通过，不得擅自挪移，其政府或社会补助之款项亦同。

第二十六条　凡本会办理慈善赈救事业，有时因助力不及，得依法劝募，事竣后应立即造册征信。

第二十七条　凡本会办理慈善赈救，各项用款须由特别会或大会决定之。

第二十八条　本会各股办公费，由常会决定之。

第二十九条　本会所收现款以外之物品，均由会长提付，常会议决后处分之。

第三十条　本会及附设机关所有经常预算，应由常会决定之。其有事发仓促、需款甚急不及预算者，由该主管部份拟定办法，经会长认可后执行，俟常会开会时提交追认之。

第三十一条　本会收款概以盖用图记，经会长及经收人署名盖章之编号收据为凭。

第三十二条　本会收据概用三联单。

第三十三条　本会支款概以会监审查、会长核准之单据，并填给传票为凭。

第三十四条　本会赈救慈款之收支，应每于赈救结束后一个月内编造征信录，分送捐款人。

第三十五条　本会每届年终，应将慈务成绩编造年报，函送总会，汇编全国慈务总编年报。

第三十六条　本会常会由本会全体职员行之，每月开会至少四次，讨论本会一切进行事宜。

第三十七条　本会特别（会）分二种：

①全体会员特别会　关于临时发生事件之最要者，召集之；

②全体职员特别会　关于临时发生事件之次要者，召集之。

第三十八条　本会每年于春季召集全体会员大会一次，报告上年会务并讨论本会一切进行事宜。

第三十九条　本会各项会议均以会长为主席。会长缺席时，由副会长一人代理之。

第四十条　本会现任各职员及附设各机关职员，均须于每年春季造册报告总会备查。上项职员如有变更，应随时函报总会备案。

第四十一条　本会则，妇女分会适用之。但第六条入会会费各项，均照五分之三计算。

第四十二条　本会办事手续适用总会办事细则有关本会则各条之规定。

第四十三条　各项附则及附设各机关单行章程均适用总（会）之规定。其有未经规定者，均自定之。但须函报总会，核准备案。

第四十四条　本会则如有应行修改之处，由总会大会提议修正之。

——原载《正俗杂志》1937 年第 2 卷第 1 期、

第 2 卷第 2 期、第 2 卷第 3 期。

世界红卍字会救济队简章

（1922 年）

第一条　本会依照施行细目第二十六条之规定组织救济队，以赈济灾民、救护伤亡为宗旨。

第二条　本会救济队出发时，遵照战时公例随军救护。

第三条　本会因运送灾民、伤兵及医药材料、粮食等事，需用轮舶火车时，得呈请军事长官，依照海陆军人员同等待遇。

第四条　本会救济队因行使职务时需用房屋、船车、粮食、马匹，得随时呈由军事长官就地补助之。

第五条　本会救济队出发时，于后方组设临时医院及妇孺收容所，诊治伤兵，收容难民。

第六条　各队员均本救世度人宗旨，激发天良，实行救济，无论何方受伤，军民均一体救济，无分畛域。

第七条　各队员无论何人，不得妄谈军事，或漏泄双方军情，违者由该员自负应得之咎，本会绝不徇庇。

第八条　各队医士、员役先期开列名单，由本会呈请所在地军事长官存案，请给通行证，以便出发。

第九条　本队随军救济，对于各慈善团体应随时联络，协力救济，以谋互助之精神。

第十条　各队员行使职务时，除由各该会发给护照，并附各该员四寸照片外，所有旗帜、臂章用品均以红卍字会为标识，其队长、员夫制服之规定如下：

（甲）督队长主任队员制服，制服用猎装式，夏用白色，冬用天青，领口两端镶以某会地名，左右各一字裤，则四季均用黄色帽，夏季套以白布帽，章用椭圆形，白磁底中镶红卍字，各员等级以帽之金边区别之，其左胸另佩识别章一枚，加盖会长印章，以资查察。

（乙）夫役制服，用蓝色裤褂，前后均用椭圆形白底大红卍字，便帽亦用蓝色，项上冠以大红卍字，另给识证，加盖会章。

第十一条　本会救济队之组织分为四部

（一）救护部　担任救护伤亡兵民事宜。

（二）运送部　担任救护伤兵、难民，随时输送、收容于安全之地，并运输医药材料及卫生食品。

（三）医药部　担任前方急施、治疗事宜。

（四）掩埋部　担任掩埋死亡兵民事宜。

第十二条　本会救济队设督队长一员，各部分设主任一员，副主任若干员，医士若干员，夫役若干人，分队出发随军救护，其有联合各会组队者，得设救济队司令统率之。

第十三条　本会救济队出发服务时，须听本会处长或办事处总监、监理及司令督队长之指挥。

第十四条　各队员分任各部事务，纯系热诚担任，自当奋勇争先，率领夫役实施救济，不得互相推诿。

第十五条　各员遇有伤亡，兵民一面救济出险，随将该伤者或死者之部队、姓名、服装、符号及附件一一注册。倘系人民受伤，应将受伤者姓名、年岁、籍贯、住址详列册簿，报告司令部及本会查考。其已死而无姓名可考者，应将死者身材、面貌、约计年岁若干、有无胡须、服何颜色衣服、鞋袜及有无财物，一一照章报告。

第十六条　凡救济伤亡兵民，如查有财务，须随时报交司令或督队长，查照该兵民家属，通知具领，各员不得稍有侵蚀情弊。

第十七条　本会救济队司令督队长、主任队员、医士须确具慈心，富有医学经验者为合格，并须亲填志愿书及取具保证书，声明愿尽义务，如有因服务而发生意外危险时，遵照本章第十九条办理之。

第十八条　本会救济队各员如有不守道德，不尽职务，或有不法行为等事，本会分别轻重，予以相当处罚。

第十九条　本会救济队各员异常出力，著有特别劳绩者，由本会分别奖励之，如因救济而死亡者，本会应分别褒扬抚恤之，其规定如下：

（甲）胪列事实呈请政府褒扬以昭激劝。

（乙）本会建立纪念碑并立公墓以隆祀典。

（丙）抚恤金：（一）督队长每员一千二百元；（二）各部分主任及队员每员六百元；（三）夫役每名三百元。

其有辞谢恤金者，本会收充特捐，登报表扬之。

第二十条　本简章如有未尽事宜须修正时，得由本会临时会议增减之，随报军事长官存案。

　　　　　——原载世界红卍字会编：《世界红卍字会大纲及
　　　　　施行细目附临时医院救济队难民收容所简章》。

世界红卍字会救济队章程

第一条　本会遇有灾患发生，随时组织救济队出发战地或灾区，负救灾、恤患、疗伤、治病、收容难民、掩埋死亡之专责。

第二条　救济队之名称

（甲）世界红卍字会（某地）救济队　凡一会单独组队时用之。

（乙）世界红卍字会（某某）联合救济队　凡二会以上联合组队时用之。如联合多数之队，得于"联合"二字下加"第一""第二"等字样，并得于联合第几救济队内分第一组、第二组。

第三条　本会组织救济队时，由当地卍会直接监督管理。如遇灾情扩大，得设管理处或联合管理处或总监理部负管理专责。

第四条　各国总会所组之救济队得设总队长、总副队长各一人，其他各队均设队长、副队长各一人。如二队以上在前方相遇时，为分工合作，对外一致计，应遵照统系公推高级会之队长主持一切。

第五条　联合组织救济队时，除各设正、副队长外，得增设督队长、副督队长各一人，若总会在联合中，则称总督队长、总副督队长。

第六条　每队设队员六人以上（医士在内），医助夫役各若干人。

第七条　救济队之任务分为五项：

（一）救护　担任救护伤亡等事。

（二）运送　担任运输难民于安全地带，并运输救济物品等事。

（三）收容　担任收容难民妇孺等事。

（四）治疗　担任临时治疗等事。

（五）掩埋　担任掩埋死亡等事。

第八条　组织救济队时先由队长招集，堪充队员及医助夫役者，试验录用后分别填具志愿书、保证书，造具名册，陈报负责管理机关，核准备案。

第九条　救济队组织成立队长，须分别填具：

（甲）章程戳记、旗帜、臂章、护照、任职证识、别章各项领单。

（乙）物品器具各项领单。

（丙）医药器具各项领单。

（丁）消耗物品领单。

（戊）款项预支单各一件，署名盖章，送负责管理机关核准给领后注册登记，并将收到各件据实册报备案。

前条及本条各事，如系联合组队，须由各该队长陈报督队长转报。

第十条　凡非本会会员不得担任救济队职务。夫役须朴实耐劳，素无嗜好且必具有妥实铺保，不得以逃兵散卒充数。

第十一条　凡救济队出发战区，须开具队长、员夫名单及符号式样，由当地卍会报各该国总会，转请双方军政长官通令所属，加以保护。如从事国际救济，则由世界红卍字会转请之。

第十二条　救济队到达前方，其驻在地点名为“某某队办公处或驻所”，概不得称为队部。

第十三条　救济队出发战区，遵照战时国际公例执行救济职务。

第十四条　救济队队员须将救济情形随时报告队长，逐日由队长汇填日报表，寄送后方负责管理机关查核。

第十五条　队长执行职务，凡所指挥在救济范围以内者，各员夫有绝对服从之义务，夫役对队员亦同。

第十六条　救济队对于救护、运送、收容、治疗、掩埋各项事务，除日报概况外，应逐日分别填入表册，一俟结束，汇呈管理机关查核。

第十七条　凡被救济者，概不准携带违禁或珍贵物品。

第十八条　凡掩埋死亡军民，如查有财物，须随时报交队长，查询该军民家属，通知其领，各员役不得稍有侵蚀情弊。

第十九条　救济队长、员夫役出发前方，不得妄谈军事时事，或漏泄双方军情。违者，由各该员伏自负应得之咎。无论语言文字，均不得妄用敌我字样。

第二十条　救济队不得受任何方面之利用或胁迫，致有轶出慈善范围以外之行动。

第二十一条　救济队之行动及住居，概不得与军队混杂或距离太远。

第二十二条　凡印有"红卍字"标识之任何器物或符号，概不得借与他人使用。

第二十三条　本会救济队因运送难民及救济用品需用轮船、火车时，得函请交通当局照优待慈善团体惯例办理。

第二十四条　本会救济队因行使职务需用房屋、车船、粮米、马匹或医药材料至必要时，得商请军事或交通长官就地补助之。

第二十五条　救济队出发前方，如遇临时捐助物品或款项者，须由队长随时报告后方负责管理机关发给收据。

第二十六条　救济队经常费用应逐月造具册报，附粘单据，寄陈负责管理机关核销。

第二十七条　救济完毕，队务结束时，队长须于三日内造具结束报告，并将原领各项器物及款项分别缴还负责管理机关点收清楚，并索取收证为凭。

第二十八条　救济队长、员之奖惩，除适用本会奖惩规则外，得另定单行规则。

第二十九条　救济队长、员、夫役，如有因救济而致伤亡者，得由负责管理机关分别表扬或抚恤之。

第三十条　本章程如有未尽事宜，由大会提议修正之。

——原载《卍字月刊》1938年第1卷第2期。

世界红卍字会赈济队章程

第一条 本会赈济被灾人民，得组织赈济队负查放专责。

第二条 本会于救济灾患后有须赈济者，得由救济队兼办赈济事宜，如办简单赈务时，并得委派赈务专员办理之。

第三条 赈济队之任务分为二项：（一）调查 实地调查灾户，分别注册，以作覆查之依据。遇有紧急赈济时，得随查随放；（二）施放 根据灾册，实行施放赈品或赈款。

第四条 办理赈济须于施放之后，立将领赈户名、数目，缮榜揭示通衢。

第五条 赈济队除适用本章程外，其关于组织、管理、制服、奖惩、日报、月报、册报，及成立、结束各事项，均参照救济队章程规定办理之。

第六条 本章程未尽事宜，由大会提议修正之。

——原载《卍字月刊》1938 年第 1 卷第 2 期。

世界红卍字会临时医院简章

第一条　本会遵照施行细目第四十五条之规定，组织临时医院设于某地，即定名为世界红卍字会某地临时医院。

第二条　本院对于任何方面受伤兵民，一体治疗，无分畛域。

第三条　本院设立地点，遵章报请各方军事长官，查照战时公例保护之。

第四条　本院设院长一人，主任一人，中西医士若干人，管理员若干人，看护若干人。

第五条　本院各职员、医士均延聘热心慈善者充之，其愿尽纯粹义务者，本会另定名誉奖励以表彰之。

第六条　凡入院治疗兵民所有饮食、医药各费用均由本会担任，但因特别关系，给养不济时，得查照救济队简章第四条之规定，请求军事长官补助之。

第七条　住院官长、士兵治愈后，如无力回籍，得由本会报请军事长官，量予资遣。

第八条　养病规则及办事细则由本会另定之。

第九条　本院设立时间以特别危险免除时为止。

第十条　本简章如有未尽事宜，得由本会临时修改之。

——原载世界红卍字会编:《世界红卍字会大纲及
施行细目附临时医院救济队难民收容所简章》。

世界红卍字会中华总会章程

（1934 年）

第一章　总则

第一条　本会定名为世界红卍字会中华总会。

第二条　本会依大纲第三项，以促进世界和平，救济灾患为宗旨。

第三条　本会设总会于国都，暂设北平，设分会于各省市县及繁盛区域。

第四条　本会制备徽章给予会员，于执行本会事务时佩带之。

第五条　本会旗帜及臂章用白地红卍字式。

第六条　本会应用图记依照法定式样办理。

第二章　会员

第七条　本会会员依照后列之规定：

（甲）会员　凡经本会会员二人介绍，每年纳会费五元以上者。

（乙）终身会员　会员一次交会费三十六元以上者，得为终身会员。

（丙）特别会员　及终身特别会员入会同志经董事会认可，有下列前三项资格之一者，为特别会员，合于第四项资格或十年以上之特别会员，均为终身特别会员：

（一）年纳会费五百元以上者；

（二）年募会费二千元以上者；

（三）会员办事一年以上，异常出力者；

（四）一次交会费三千六百元以上者；

（丁）名誉会员及终身名誉会员　经董事会认可有下列前三项资格之一者，为名誉会员，合于第四项资格者，为终身名誉会员：

（一）年纳会费一百元以上者；

（二）年募会费五百元以上者；

（三）会员办事一年，著有成绩者；

（四）一次交会费一千八百元以上者。

（戊）学生会员　凡年在十六岁以下并在学校修业期间以内，经本会会员二人介绍，年纳会费一元以上者。

第八条　本会特别会员、终身特别会员、名誉会员、终身名誉会员，均由本会特赠聘书，会员、终身会员、学生会员均由本会给予证书。

第九条　有监督慈善团体法第五条各款情事之一者，不得为本会会员。

第十条　会员退会须于一月前预告本会，经董事会认可后始得退会。

第十一条　凡因退会或开除会籍丧失会员资格者，应追缴本会证书及徽章，对于本会财产无请求权。在退会或开除前有欠缴会费时，仍需负责清偿。

第十二条　纳捐者如隐其名，或用堂记，不愿加入会员者，听之。

第十三条　入会者得以相当动产、不动产或其他有价证券等项作为会费，但不得以无完全所有权者充之。

第三章　组织

第十四条　本会董事会设董事长一人，副董事长四人，董事若干人，并得聘任名誉董事长、名誉副董事长各若干人。

第十五条　本会董事长、副董事长由董事互推之，董事由代表大会共同推举，均任期四年，期满后得再连选连任。

第十六条　本会董事长遵照会员大会决议案，总理本会一切事务，副董事长辅助董事长办理本会一切事务。

第十七条　本会董事会下设下列六部，办理一切会务：

（一）总务股（二）储计部（三）防灾部（四）救济部（五）慈业部（六）交际部。

第十八条　本会各部各设主任干事一人，副主任干事二人，商承董事长、副董事长办理各本部一切事务。

第十九条　本会各部视事务之繁简，酌设若干股，每股设干事若干人，商承各本部主任干事，办理各本股一切事务。

第二十条　本会各部主任干事、副主任干事及各股干事，由董事长、副董事长于会员中聘任之。

第二十一条　总务部设股如下：

（甲）文牍股　凡往来函牍、保管图册及编辑杂志、出版品等类均属之。

（乙）会计股　凡本会预算、决算及收支款项、登记账目、编制表报均属之。

（丙）章制股　凡修订各种章程及救济队制服规定等均属之。

（丁）讲演股　凡编拟论说及循环讲演白话报类均属之。

（戊）调查股　凡本会应需调查事件均属之。

（己）庶务股　凡本会会内一切庶务均属之。

第二十二条　储计部设股如下：

（甲）审核股　凡总分各会一切收支款项、账目审核事项均属之。

（乙）保管股　凡动产、不动产及一切物品、契约、簿据保管事项均属之。

（丙）出纳股　凡一切款项之保管、收入、支出均属之。

第二十三条　防灾部设股如下：

（甲）规画股　凡各项灾患之预防与救济之计划均属之。

（乙）测勘股　凡灾患发现时应需测勘事件均属之。

（丙）工程股　凡关于救济之技术、机械器具及临时各项工程均属之。

第二十四条　救济部设股如下：

（甲）赈济股　凡灾区急赈等项均属之。

（乙）收容股　凡被灾人民之收容给养等事均属之。

（丙）施与股　凡关于救济之医药、棺木、衣物等项均属之。

（丁）救济股　凡救济队之组织及设备等项均属之。

第二十五条　慈业部设股如下：

（甲）感化股　凡关于提倡道德、辅助社会及本会所设学校应尽感化事项均属之。

（乙）教养股　凡关于设立慈善学校及对于失业游民并残废无依之教养均属之。

（丙）保育股　凡关于育婴慈幼等项均属之。

（丁）工艺股　凡关于贫民工厂、妇女工厂及习艺所等项均属之。

第二十六条　交际部设股如下：

（甲）联洽股　凡关于善团、教团及各慈善之联洽事项均属之。

（乙）劝募股　凡关于导引和平募集救济捐款等项均属之。

（丙）招待股　凡各界来宾招待之事项均属之。

（丁）通译股　凡世界各国与本会有关切语言文字翻译之事件均属之。

第四章　经费

第二十七条　会员入会费依本章程第七条办理之。

第二十八条　会员特别捐　凡以现金、动产、不动产或其他有价证券等项捐入者，及因临时发生事件捐入者，均为本会特别捐。

第二十九条　补助费　凡国家补助款项及社会补助款项，均为本会补助金。

第三十条　劝募，凡本会办理慈善救济事业，有时须劝募款项者，约分下列三种：（一）本会会员自行劝募者；（二）各团体代为劝募者；（三）各机关代为劝募者。

第三十一条　本会职员均为名誉职，但各部视事务之繁简，得酌用雇员。

第三十二条　职员如因公派赴各地者，得酌给旅费。

第三十三条　本会所属医院、学校、工厂及办理慈善各机关职员，均酌给薪金。

第三十四条　本会办理募捐时，应先呈请主管官署许可，并将收据捐册编号，送由主管官署盖印。

第三十五条　本会收据分为三联式，一交纳捐者，一交董事长，一交储计部。

第三十六条　本会收支款项、物品应逐日登记账簿，所有单据一律保存。前项单据保存之期限不得短于十年。

第三十七条　本会所收现款以外之物品，得由董事会议决处分之。

第三十八条　本会经常支出及临时支出，由主管部分别编制审核，经董事会通过，提交代表大会决议之。其有紧急事项，而支出又关超过预算者，得由董事会核定，侯代表大会开会时提交追认。

第三十九条　本会每届月终应将一月内收支款目及办事实况公开宣布。

第四十条　本会应于收入款项内提出百分之五作为基金，非经代表大会通过不得动用。

第五章 进行事项

第四十一条 本会应设立各种学校，救济一般贫家子弟，以辅助教育之不及。

其学校之管理及课程，悉遵照政府法令办理之。

第四十二条 本会应编辑慈善浅说，绘印图册，送阅宣讲，提倡社会人心注重慈善事业，但须先期将稿本呈送主管官署查核。

第四十三条 本会应酌设医院施诊、施药，设于某地即名曰世界红卍字会中华总会某地医院。

第四十四条 本会应筹办积谷、平粜，以备救济灾黎。

第四十五条 本会应筹立工作厂所、零星储蓄商店及贷本处，以补救贫民事业。

第四十六条 凡有关于世界公安、社会公益事项，应须有政府协助者，本会得呈请协助之。

第四十七条 本会对于下列各款，应于每年六月及十二月呈报主管官署查核：

（甲）职员之任免；

（乙）职员成绩之考核；

（丙）财产之总额及收支概况；

（丁）会员之加入或告退；

（戊）办理经过情形。

第六章 会期

第四十八条 本会每年开代表大会二次，于春秋两季定期举行之。如有特别紧急事项或有全体代表十分之一以上之请求，得召集临时会。

第四十九条 本会代表大会开会时，董事长应报告详细收支账目，并说明办理会务经过情形。

第五十条 本会代表大会之召集及其会议事项，由董事会预期登报通告之。

第五十一条 本会代表大会会议时，各代表有平等表决权。

第五十二条 本会会员大会开会时，须有全体会员过半数之出席。议决事项，须有出席会员过半数之同意，可否同数时由主席决定之。惟关于变更会章，须有出席代表四分三以上之同意，或有全体代表三分二以上书面之同意，其表决方式以举手或投票行之。

第五十三条　本会代表大会之主席，由出席代表临时公推。

第五十四条　本会开代表大会时，应呈报本市党部及主管官署派员指导监视。

第五十五条　本会董事会每三月举行一次。

第五十六条　本会职员会每月举行一次。

以上两项会议均以董事长为主席，如有紧急事项得召集临时会议。

第五十七条　本会各项会议，应将各项议案及议事记录等保存，并印发各分会存查。

第七章　分会

第五十八条　各地设立分会时，须遵照本会大纲及章程制定简章，同时报告本会各地党政机关。

第五十九条　各分会所用图记、旗帜及臂章由本会制发之。

第六十条　各分会会员所佩徽章由各分会造册，报告本会制发。

第六十一条　各分会收入支出款项及办理一切会务，应按月造册报告本会稽核，并得由本会随时派员赴各地视察。

第六十二条　各分会所办医院、学校及慈善各事业，应将详细办法及职员履历报告本会及所在地主管官署备案。

第六十三条　各分会董事由各该会会员大会推举，并由董事互选，董事长、副董事长各一人，其任期四年，期满后得再连选连任。

第六十四条　各分会应于每年六月及十二月，将收支情形、经过状况呈报所在地主管官署备查。

第六十五条　本会每年开大会时，各分会应派代表二人与会。

第六十六条　各分会设于某地，即名曰世界红卍字会中华总会某地分会。

第六十七条　各分会执行会务如有不适当者，由本会指导纠正或改组之。

第八章　奖励及惩罚

第六十八条　凡捐款在千元以上，募捐在五千元以上及动产、不动产等项捐助本会值千元以上者，均得由本会依照褒扬条例呈请分别奖励。

第六十九条　本会职会员对于会务异常出力者，著有特别劳绩者，由本会依照褒扬条例呈请分别奖励。

第七十条　本会会员如有违背会章或其他不法行为，经代表大会决议后，得开除其会员资格。

第七十一条　本会董事长、董事如有违背会章或其他不法行为，经代表大会决议后，得罢免另行补选，其情节重大者并得依法起诉。关于其他职员者，由董事会罢免之。

第七十二条　各分会董事长、董事及其他职员之奖惩事项，由各分会会员大会、董事会分别办理之，并报告本会备案。

第九章　附则

第七十三条　本会大纲及章程如有未尽事宜，悉照《民法》及《监督慈善团体法》办理之。

第七十四条　本会会议规则及各部医院、学校、工厂并各种慈善机关办事细则另定之。

第七十五条　本会大纲及章程如有应行修改之处，应由代表大会提议修正并呈报主管官署备案。

第七十六条　本会大纲及章程，经呈请主管官署核准备案施行。

——原载《世界红卍字会慈业工作报告书》，1936 年，

第 5—20 页，上海市档案馆藏。

世界红卍字会分会章程
（1934年）

第一章　总则

第一条　本会定名为世界红卍字会〇〇分会。

第二条　本会依总会大纲，以促进世界和平，救济灾患为宗旨。

第三条　本会设于〇〇县。

第四条　本会由总会请领徽章，给予会员佩带。

第五条　本会旗帜及臂章用白地红卍字式。

第六条　本会应用图记，依照法定式样办理。

第二章　会员

第七条　本会会员依照后列之规定：

（甲）普通会员　凡经本会会员二人介绍，每年纳会费五元以上者。

（乙）终身普通会员　会员一次交会费三十六元以上者，得为终身会员。

（丙）名誉会员及终身名誉会员经董事会认可，有下列前三项资格之一者，为名誉会员，合于后列四项资格者，为终身名誉会员：

（一）年纳会费一百元以上者。

（二）年募会费五百元以上者。

（三）会员办事一年，著有成绩者。

（四）一次交会费一千八百元以上者。

（丁）特别会员及终身特别会员

入会同志经董事会认可，有下列前三项资格之一者为特别会员，合于后列第四项资格或十年以上之特别会员，均为终身特别会员：

（一）年纳会费五百元以上者。

（二）年募会费二千元以上者。

（三）会员办事一年以上，异常出力者。

（四）一次交会费三千六百元以上者。

第八条　本会特别会员、终身特别会员、名誉会员、终身名誉会员，均由总会特赠聘书，普通会员均由本会给予证书。

第九条　有监督慈善团体法第五条各款情事之一者，不得为本会会员。

第十条　会员退会须于一月前预告本会，经董事会认可后，始得退会。

第十一条　凡因退会或开除会籍丧失会员资格者，应追缴本会证书及徽章。如事实上不能追缴，得登报取销并报总会备案，且对于本会财产无请求权。在退会或开除前，如欠缴会费仍须负责清偿。

第十二条　纳捐者如隐其名，或用堂记不愿加入会员者听之。

第十三条　入会者得以相当动产、不动产或其他有价证券等项作为会费，但不得以无完全所有权者充之。

第三章　组织

第十四条　本会董事会设董事长一人，副董事长二人，董事若干人，并得聘任名誉董事长、名誉副董事长各若干人。

第十五条　本会董事长、副董事长，由董事互推之。董事由会员大会共同推举，均任期四年，期满后得再连选连任。

第十六条　本会董事长遵照会员大会决议案，总理本会一切事务，副董事长辅助董事长办理本会一切事务。

第十七条　本会董事会下设下列六股，办理一切会务：

（一）总务股（二）储计股（三）防灾股（四）救济股（五）慈业股（六）交际股。

第十八条　本会各股各设主任干事、副主任干事各一人，商承董事长、副董事长办理各该股一切事务。

第十九条　本会各股视事务之繁简，得酌设若干组，每组设干事一人或二人，商承各该股主任干事办理事务。

第二十条　本会各该股主任干事、副主任干事及各组干事，由董事长、副董事长于会员中聘任之。

第四章　经费

第二十一条　会员入会费依本章程第七条办理之。

第二十二条　会员特别捐　凡以现金、动产、不动产或其他有价证券等项捐入者，及因临时发生事件捐入者，均为本会特别捐。

第二十三条　补助费　凡国家补助款项及社会补助款项，均为本会补助金。

第二十四条　劝募　凡本会办理慈善救济事业，有时须劝募款项者，约分下列三种：

（一）本会会员自行劝募者。

（二）各团体代为劝募者。

（三）各机关代为劝募者。

第二十五条　本会职员均为名誉职，但各股视事务之繁简，得酌用雇员。

第二十六条　职员如因公派赴各地者，得酌给旅费。

第二十七条　本会所属医院、恤养院、因利局及办理慈善各机关职员，均酌给薪金。

第二十八条　本会对外募捐时，应先呈请主管官署许可，并将收据捐册编号，送由主管官署盖印。

第二十九条　本会收据分为三联式，一交纳捐者，一交董事长，一交储计股。

第三十条　本会收支款项、物品应逐日登记账簿保存之，前项账簿保存之期限不得短于十年。

第三十一条　本会所收现款以外之物品，得由董事会议决处分之。

第三十二条　本会经常支出及临时支出，由主管股分别编制审核，经董事会通过提交会员大会报告之，并送总会核存。

第三十三条　本会每届年终，应将一年内收支款目及办事实况编造年报，分布征信。

第三十四条　本会每年应于会员入会费项下提出一成五作为维助总会之用。

第五章　进行事项

第三十五条　本会应设立各种慈幼机关暨医院、因利局、赈济队、救济队等项，分积极、消极教养抚恤之。

第三十六条　凡有关于世界公安、社会公益事项，应须政府协助者，本会得呈请协助之。

第三十七条　本会对于下列各款，应于每年六月及十二月呈报主管官署查核：

（甲）职员之任免。

（乙）职员成绩之考核。

（丙）财产之总额及收支概况。

（丁）会员之加入或告退。

（戊）办理经过情形。

第六章　会期

第三十八条　本会每年开会员大会一次，于春季定期举行之。如有特别紧急事项，或有全体会员十分之一以上之请求，得召集临时会。

第三十九条　本会会员大会开会时，董事长应报告详细收支账目，并说明办理会务经过情形。

第四十条　本会会员大会会议时，各会员有平等表决权。

第四十一条　本会会员大会开会时，须有全体会员过半数之出席。议决事项，须有出席会员过半数之同意，可否同数时，由主席决定之。

第四十二条　本会会员大会之主席，由出席会员临时公推。

第四十三条　本会董事会每三月举行一次。

第四十四条　本会职员会每月举行一次。

以上两项会议均以董事长为主席，如有紧急事项得召集临时会议。

第七章　奖励及惩罚

第四十五条　凡捐款在千元以上，募捐在五千元以上，及动产、不动产等项捐助本会值千元以上者，均得由本会陈报总会，依照褒扬条例呈请分别奖励。

第四十六条　本会职会员对于会务异常出力者，著有特别劳绩者，由本会陈报总会，依照褒扬条例呈请分别奖励。

第四十七条　本会会员如有违背会章或其他不法行为，经会员大会决议后，得开除其会员资格并报总会备案。

第四十八条　本会董事长、董事，如有违背会章或其他不法行为，经会员大会决议后，得罢免另行补选，其情节重大者，并得依法起诉。关于其他职员者，由董事会罢免之，均须陈报总会备案。

第八章　附则

第四十九条　本会大纲及章程如有未尽事宜，悉照民法及监管慈善团体法办理之。

第五十条　本会会议规则及各附设慈善机关办事细则另定之。

第五十一条　本会章程如有应行修改之处，应由总会所召集之代表大会提议修正，并呈报主管官署备案。

第五十二条　本会章程经呈请主管官署核准备案施行。

——原载《世界红卍字会慈业工作报告书》，1936年，
第1—10页，上海市档案馆藏。

世界红卍字会济南分会救济队简章

（1924 年）

第一条　本会为救护战地伤亡，拯救难民，特设救济队，其编列次第依总会之总编制规定之。

第二条　救济队之组织分四部：

甲　救护部　担任救护伤亡事宜；

乙　运送部　担任输送伤兵难民及医药材料与赈济物品；

丙　医药部　担任前方急施治疗事宜；

丁　掩埋部　担任掩埋死亡事宜。

第三条　救济队设大队长一员，每部设队长一员，队员若干员，监察若干员，夫役若干人。救护队各长员须亲填志愿书，各役须取具保证书，均交本会存查（各书式另订之）。

第四条　救济队出发时，由总会函请双方军事长官，各发通行证随时保护，遇有需用房屋车船及关于救济必要品，得由本会随时呈请军事长官就地拨给之。

第五条　救济队员役出发时，均着制服、臂章、旗帜及用品，均以红卍字为标帜。

第六条　救济队员役不得妄谈或干预何方军事，违者各该员役自负应得之咎，本会绝不徇庇。

第七条　救济员遇有兵民伤亡者，分别医治或掩埋，标志随将姓名、服装及有无财物分别记册，兵士须详记所辖某军营连排棚，人民须详记年籍住址。已亡而无姓名可考者，应将身材、面貌、约计年岁、衣服颜色及身体上有何异志并有无财物分别注册，具报本会。

第八条　救济伤亡兵民，如有财物，除照前条记册外，应立即点交大队长收存，汇解本会，以备转发本人家属具领，不得有丝毫散失或侵蚀情事。

第九条　救济员役有特别劳绩者，由本会函报总会，酌赠以名誉奖品。遇有意外，应酌予抚恤。

第十条　本会于济南组设临时医院，并将救济适宜地点分别组设临时治疗所及妇孺收容所，其简章均另定之。

第十一条　本简章由本会呈报所在地军事长官立案，一面函报北京总会暨南京办事处备查。

第十二条　本简章如有未尽事宜，得由本会随时修正之。

——原载《道德杂志》1924 年第 4 卷第 1 期。

世界红卍字会济南分会临时医院简章

（1924 年）

第一条　本分会为治疗战地受伤军民，特于后方组织临时医院。

第二条　本院院址分二处：（甲）第一临时医院借用千佛山下残废院一部分房舍。（乙）第二临时医院借用纬一路北海医院对过桓台同乡会。

第三条　凡前方救济队送来受伤军民应急施治疗。

第四条　本院设主任一人，中西医士二人至四人，药品管理员一人。

第五条　本院各职员医士均延聘热心慈善，愿尽义务者充之。

第六条　本院设立时期，以特别危险免除时为止。

第七条　本简章如有未尽事宜，得随时修改之。

——原载《道德杂志》1924 年第 4 卷第 1 期。

世界红卍字会济南分会临时医院规则

（1924 年）

第一条　受伤军民、到院军人，应报名原隶师、旅、团、营、连、排、棚，民人应报明籍贯、职业及有无亲属住在本地，由管理员分别登记，随时报告办事处。

第二条　受伤军民到院，经本院医士验明，确系受有重伤，方准住院。伤仅轻微而行动自如者，得每日到院疗治。

第三条　受伤军民到院携有武器者，应随时点交管理员登册收存，给予收存条，出院时凭条交还。其携有银钱或重要物品亦应查照前项办理，否则本院不负保管之责。

第四条　受伤军民住院应听受本院医士施治手续，不得参加己意。

第五条　受伤军民住院，如有亲友来院看视，应报由管理员，得其许可导入病室接见，不得任便擅入。

第六条　本院按日备有素菜、饭食两餐及随时应用茶水，如欲自行添购食物，经医士同意后，报请管理员，饬役代为购买。

第七条　本院应行禁约各项如下：

一、禁止赌博；二、禁止喧器；三、慎防火烛；四、养病室每晚十点钟一律熄灯就寝。

第八条　本院疗治受伤之军民，经医士诊断伤已痊愈，应即出院。

第九条　受伤军民因伤势过重不幸死亡者，如查簿有亲属住在本地，由管理员随时饬役报知，否则由院照像备棺殓埋，标记姓名。其有遗留物件，候家属来院，具保给领。

第十条　本院各院室务求洁净，不得随意吐痰及便溺。

——原载《道德杂志》1924 年第 4 卷第 1 期。

世界红卍字会济南分会妇孺收容所章程

（1924 年 12 月 8 日修正）

第一条　本会以救护妇孺，免除危险为主旨，特组设妇孺收容所。

第二条　一地而有两收容所以上者，应定名为某地第几收容所。

第三条　收容所设主任一员，办事员二员，至多不得过四员，夫役若干人。

第四条　各县被兵地方，凡道院修方或卍会会员，有愿设立收容所者，报经本会询明情形，选派主任办理所内一切事宜，给予卍会旗帜、臂章。其办事员得由主任推定之，仍报明本会备查。

第五条　各处设立妇孺收容所，其主任及办事员概不得藉名勒捐。

第六条　妇孺入所只准每人携带行李及随身衣服。

第七条　所内收容妇孺，其秩序由主任及办事员维持之。

第八条　收容所应设登记簿，记载收容人姓氏、年籍、居址，由主任随时报告本会办事处。

第九条　如有伪造本会旗帜臂章，假借收容所名义在外招摇者，应呈请官厅依法惩治。

第十条　收容所以经过危险期间所收妇孺送还里居为义务终了之时。

第十一条　本章程如有未尽事宜，得随时开会修正之。

——原载《道德杂志》1924 年第 4 卷第 1 期。

世界红卍字会历城分会附设临时医院章程

（1937 年）

第一条　本院以疗养伤病为宗旨。

第二条　本院定名为世界红卍字会历城分会附设临时医院。

第三条　本院设于济南魏家庄树德里路东九号。

第四条　本院设职员如下：

（一）院长一人，主持全院一切事务；副院长二人协助之。

（二）事务主任一人，总管本院各项事务；事务员五人，分别担任文牍、会计、庶务、卫生、医药及登记、挂号、稽查、出入事务。

（三）内外科主任医士各一人，各科医士若干人，医助若干人。

（四）看护、女看护各若干人。

（五）夫役若干人。

第五条　凡经救济队救护之伤病军民，除随时急施治疗外，其情形较重者得运送本院疗养，并在本院逐日施诊。

第六条　本院对于入院疗养者应将姓名、籍贯、年龄、职业、住址、伤病情状等项填注册内，发给编号盖戳之识别布条，悬于左襟。

第七条　凡入院疗养者勿论何人，除随身衣物外，不得携带违禁及珍贵物品，违者不收。

第八条　凡入院疗养者均应遵守本院养病规则，其规则另定之。

第九条　凡入院疗养者，所有饮食医药各费均由本院供给，但因特别情形以致给养不济时，得由卍会请求军民长官补助之。

第十条　本院职员对于伤病男女应本道慈宗旨，随时演讲感化，俾得精神上之安慰，其医士看护对于病人之言语举动尤应加意体贴。

第十一条　来宾入院参观者，须得医士许可，由事务员引导之，否则婉言拒绝。病人亲属要求接见者亦同。

　　第十二条　凡病人亲友经医士许可接见者，必须照章挂号，由事务员引导接见，但不得多时流连或高声谈话。

　　第十三条　本院职员除照章服务外，不得对于病人谈论时事或允其袒护之请求。

　　第十四条　本院事务员及医士看护均须分班轮流值夜，其巡更由夫役任之。

　　第十五条　凡入院疗养者，愈后应即行出院。

　　第十六条　凡有对于本院输助财物者，应立即报告卍会填给收据，并修函致谢。

　　第十七条　关于本院之成立结束及日报、月报、册报、奖惩各事均参照救济队章程规定办法办理之。

　　第十八条　本章程如有未尽事宜，得提交卍会大会修正之。

——原载《世界红卍字会全鲁各分会联合救济办事处救济水灾兵灾总报告》，1938年，第5—7页。

世界红卍字会历城分会临时难民收容所章程

（1937 年）

第一条　收容所以收容被灾难民为宗旨。

第二条　收容所第几字样以成立之先后定之。

第三条　本会所设之收容所，由本会直接管辖之。

第四条　收容所事务之繁简得设后列各职员：

（一）主任管理员一人。

（二）管理员、女管理员各若干人，除分别管理男丁妇孺两部外，兼任文牍、会计、庶务、卫生及登记、挂号、稽查、出入等事。

（三）夫役若干人。

第五条　收容所内设男丁、妇孺两部，分别收容管理，其难民中有携眷者亦不得男女同居。

第六条　凡入所难民之饮食由收容所设法供给之。

第七条　收容所应将收入难民姓名、籍贯、年龄、住址及有无疾病、怀孕或携带眷属、妇孺等情详登册籍，发给编号并盖用戳记之识别布条，悬于左襟。

第八条　凡入所难民除随身衣物外，不得携带多数箱笼或违禁及珍贵物品，违者不收。

第九条　凡入所难民均应遵守收容所管理规则（管理规则另定之）。

第十条　入所难民有疾病者，收容所须报告本会派医士治疗之，或送入临时医院疗养，其孕妇将产者并应迁入避风室为之设备安全。

第十一条　凡参观收容所者，由管理员引导之。如认为情节可疑，须婉言拒绝之。

第十二条　对于入所难民须随时询其家境及被灾情形，登入调查册内，以备赈济之参考。

第十三条　管理员对于入所难民，应于本道慈宗旨，演讲化感，俾得精神上之安慰。

第十四条　凡入所难民，俟危险解除时，须立即出所回籍。

第十五条　凡有对收容所输助财物者，得先给予临时收证，再报告本会填给正式收据，并修函致谢。

第十六条　关于收容所之成立、结束及日报、月报、奖惩各事项，均参照救济队章程规定办法办理之。

——原载《世界红卐字会全鲁各分会联合救济办事处

救济水灾兵灾总报告》，1938 年，第 7—8 页。

世界红卍字会临时难民收容所简章

（1922 年）

第一条　本会遵照施行细则第二十六条之规定组织之。

第二条　本所收容被灾难民，分妇孺、老弱两部，男女分收，各别管理。

第三条　凡入所难民，不得携带贵重及危险物品。

第四条　凡入所难民均应报明姓名、籍贯、年龄、住址以凭登册给证。

第五条　凡入所难民，饮食、衣服由本会设法供给之。

第六条　凡入所难民均应遵守本所管理规约。

第七条　本所设男女主任管理员各一人，事务员若干人，接护员若干人，均由本会任用之。

第八条　凡入所难民俟特别危险解除时，由本会设法护送回籍。

第九条　本所办事细则及管理规约，由本会另订之。

第十条　本简章如有未尽事宜，得由本会随时修正之。

——原载《世界红卍字会大纲及施行细目附
临时医院救济队难民收容所简章》。

世界红卍字会烟台分会附设恤养院简章

（1936年6月第4次修正）

第一章　总则

第一条　本院以恤孤、恤婴、恤嫠、恤产、恤残、恤赢为宗旨，故定名为恤养院。

第二条　本院为烟台红卍字分会所创办，经费由卍会筹募。

第三条　本院由卍会组织董事会，议决院内重要事务，并有任免院长之权。

第四条　本院董事定为二十一人，候补董事五人，由董事互选董事长一人，责任董事长一人，副董事长二人，如对于本院有尽大力者，并得由董事会征请为特别董事，名誉董事或责任董事，赞助董事及监察。

第五条　本院所有董事每年召集大会一次，其常务董事会每月一次，遇有特别事故时，得由正副董事长临时召集之。

第六条　本院董事任期二年，并得连任。

第七条　本院设院长一人，副院长二人，管理院内一切事宜，由董事会聘任之。

第八条　本院董事暨正副院长均系义务职。

第九条　本院设总务、教养二科，各设主任一人，由院长聘任之，但须经董事会之认可。

第十条　总务科职司本院所恤孤儿、婴儿、嫠妇、残废、老赢衣食、恤金、出纳各事，凡文牍、会计、庶务、管理、工艺、调查各员均属之。教养科职司孤儿教务、婴儿抚育及孤婴残赢衣食住之管理，各事凡教务、家务各员均属之。其家务股之保姆、乳妇、女佣等，可直接属于家务长指挥之。

第二章　孤儿部

第十一条　本院孤儿部分以收养男孤十二岁以内，女孤十五岁以内，家中贫苦，无父或母之孤儿，施以相当教育及工艺，俾长大足以自立为目的。

第十二条　本院所收孤儿以身无恶疾并有正式保证者为限。

第十三条　凡来院报名各孤儿，报名后由本院调查确与院章相合者，方准入院。

第十四条　孤儿入院后六岁男女不得同居，十岁分班教养。

第十五条　孤儿入院后其亲属或其他关系人欲半途领出者，须同保证人到院说明理由，方可领回。

第十六条　孤儿入院后，至出院之日止，无论何人不得来院干涉，如有疾病死亡或遇其他不测情事，亦不得向本院作任何之要求。

第十七条　孤儿出院学期标准，男至十八岁以上，女至二十岁以上，并发给出院证书，其因正当理由中途出院而要求发给证书者，亦得酌量情形发给之。

第十八条　孤儿学期届满，凡发给出院证书者以院名为道名，均视为道院当然修方。

第十九条　本院孤儿每周由西医检查身体一次，以防疾病。

第二十条　本院孤婴遇有疾病时，需由教养科留意检查送交总务科挂号后，随时诊治之。

第三章　婴儿部

第二十一条　本院婴儿部分以接收失养婴儿，保持人道为目的。

第二十二条　本院婴儿无定额，无论男女婴儿均须收养。

第二十三条　本院抚育婴儿得酌延乳妇若干人。

第二十四条　本院乳妇以慈祥而有育婴经验者为合格。

第二十五条　本院乳妇有抚育婴儿之专责，应受家务长保姆之指挥。

第二十六条　本院门首设置接婴屉，送婴人可将婴儿置于屉内，不须与本院人员直接交受。埠内各区设有代收所，凡送婴儿一名，即与酬金五元。

第二十七条　送婴家属得将婴儿姓名、住址、籍贯、生年月日时书明，随婴置于屉内，愿将父母名氏开注者亦听，其无生庚者即以到院时之日时为其生庚。

第二十八条　婴儿无论有无姓名，均由本院排名，不得称呼原姓名，但可将原姓名详细登记收婴册内。

第二十九条　乳妇不得与婴儿同榻。

第三十条　本院抚育婴儿延用乳妇一年后，可按身体强弱酌量断乳。

第三十一条　本院婴儿年满六岁即拨归孤儿部分。

第三十二条　本院婴儿有愿领为养子者，非辽东土著不得准领，其请领手续另定之。

第三十三条　乳妇因事出院须经教养主任许可，乳妇等之亲友入院看视，只准在外接见，无论男女均不得擅入。

第四章　嫠妇部

第三十四条　本院恤嫠部分以辅助嫠妇之生计，维持纲常风化为目的。

第三十五条　本院恤嫠以家无长物，饔飧不给，未满四十，丧其所天之节妇。

第三十六条　凡来院报名之嫠妇，报名后由本院调查确实，即周恤之。

第三十七条　本院恤嫠发给折据一扣，每月凭折领款，分二元、三元、四元三等，依下列标准行之：

（一）嫠妇无翁姑子女者，每月二元。

（二）嫠妇无翁姑而有子女，或有翁姑而无子女者，每月三元。

（三）嫠妇上有翁姑，下有子女者，每月四元。

第三十八条　嫠妇领款后倘经病故或因子女成年而生计宽裕者，即停止周恤。

第三十九条　凡经本院周恤之嫠妇，每季由调查员调查一次，其情形须随时注册，如有与院章不合之处即停止周恤。

第四十条　本院对于嫠妇遇有特殊情形时，调查员得商请院长酌量办理，如有愿回原籍者，得酌情资遣之。

第五章　产妇部

第四十一条　本院恤产部分以救护贫苦产妇，慰其生计为目的。

第四十二条　本院遇有已产或将产之贫妇，接到报告后，即随时调查之。

第四十三条　产妇经本院调查，有下列情形之一者，即周恤之：

（一）贫妇怀孕将产者；

（二）贫妇已产未满二十日者；

（三）贫妇无论已产未产，身染疾病者。

第四十四条　本院恤产依下列标准行之：

（一）施洋　已产者每期施洋三元，十日为一期，以二期为限，将产者得暂施洋一元；

（二）施衣　冬日无论将产或已产者，若无棉衣者，每人施棉衣一套；

（三）施药　遇胎前产后染病者，施给相当药品。

第四十五条　本院对于产妇遇有特殊情形时，调查员得商请院长酌量办理。

第六章　残废部

第四十六条　本院残废部以收养残废贫苦无告之男女，并分别授以相当教育及工作为目的。

第四十七条　本院残废人分期收养，以二十名为一期，俟稍见完备时，再行续收。

第四十八条　凡残废人之入院者，须填具志愿书，以资证凭。

第四十九条　凡残废人入院后，倘有不良嗜好或违犯院章者，本院得随时斥退，不能复行入院。

第五十条　凡残废人有下列情形之一，确属贫苦无告者，经本院调查合格后，得收养之：

一、缺乏视能，不能谋生者；

一、缺乏听能，不能谋生者；

一、缺乏语能，不能谋生者；

一、缺乏一肢以上，不能谋生者。

第五十一条　凡残废人有下列情形之一者，概不收养：

一、因讼事牵连，希图来院避匿，或有其他情弊者。

一、素患得传染病、神经病或不良嗜好者。

第五十二条　本院收养残废人分男女二部，得酌量情形授以相当教育及工作。

第五十三条　本院残废人如有死亡时，除由该亲属愿领埋葬外，由本院备棺掩埋，不负其他责任。

第五十四条　凡残废人异常贫苦，因有亲属之牵连不能入院者，本院得酌量情形随时周恤之，但每月得施以二元之恤金。

前项之规定经调查确实后，由本院发给折据一扣，每月由调查员凭折发款。

第五十五条　本院周恤残废，遇有特殊情形时，调查员得商请院长酌量办理，如有愿回原籍者，得酌情资遣之。

第七章　老羸部

第五十六条　本院老羸部以收养贫苦无告不能谋生之老年男女为目的。

第五十七条　凡老羸人有下列情形之一，确属贫苦无告，并无亲属者，经本院调查合格后，得收养之：

一、年逾六十，因羸弱而不能谋生者；

一、年逾七十，因龙钟而不能谋生者；

前项之规定如有特殊情形时，得随时酌量办理。

第五十八条　凡老羸人有下列情形之一者，概不收养：

一、有病或不治之症者；

一、素患传染病、神经病或不良嗜好者。

第五十九条　本章除有特别规定外，适用残废部之规定。

第八章　附则

第六十条　本简章未尽之处得由董事会随时修改之。

——原载《世界红卍字会烟台分会恤养院三周纪念册》，

1936 年，第 1—10 页。

世界红卍字会烟台分会附设恤养院办事细则

第一章　董事会

第一条　本院依据简章第三条，由烟台红卍字会推举董事组织董事会，代表卍会议决一切重要院务。

第二条　本院对外以卍会或董事会名义行之。

第三条　董事会议由董事长主席，董事长缺席时，由副董事长代之，如均缺席，得临时公推之。

第四条　董事会例会于每月第二星期日午前九时举行之。

第五条　董事会非过半数出席，不得开会。所议事项由出席过半数表决之。

第六条　董事遇开会因故不能出席时，须预先通知。

第七条　董事会议时须由院长、副院长列席报告经过事项或陈述意见，但无表决权。

第八条　董事会须备议事录，其议决事项由出席董事签名，交院长或副院长分别执行之。

第九条　董事会备制铜质篆文方章一颗，（文曰）世界红卍字会烟台分会附设恤养院董事会之章。凡向卍会有所陈述及对外之普通文件须盖用此章，由董事长副署之，或副董事长代署之。

第十条　本院每届年终须由董事会将一年内院务成绩、收支概况分别编制报告书分布之。

第二章　院长、副院长

第十一条　本院依据简章第七条，由董事会聘任院长一人，副院长二人。

第十二条　院长秉承董事会综摄院务大成。其如募化交际等事项，须负专责。

第十三条　副院长二人秉承董事会辅助院长管理院内一切事务，对于全院职教员得直接指挥节制之。

第十四条　本院备制铜质篆文方章一颗，（文曰）世界红卍字会烟台分会附设恤养院之章，凡对内文件盖用此章，由院长、副院长副署之。

第十五条　本院除董事会章及院章外，其各项应用图记由院长、副院长随时酌量备制，但须报告董事会备案。

第十六条　本院除董事、院长、副院长及调查员均属义务职外，其各职教员之任免薪金之规定，由院长、副院长核定，呈报董事会追认之。

第十七条　院长、副院长至少须有一人于每日午前八时到院治事，午后四时退班，在办公时间如均因故离职，须委总务主任代行职权。

第十八条　本院每日收发文件，须由总务科汇呈院长、副院长核阅或批办。

第十九条　凡孤儿、嫠妇、产妇、残废、老羸来院求恤时，须填具求恤单，经院长、副院长分别区域，发交调查员，切实调查之。

第二十条　求恤单由调查员调查认为合格时，盖章呈经院长、副院长覆查核夺。其准恤者由院长、副院长盖章交总务科办理之。

第廿一条　凡本院支付款项或购置设备等事，均须有四联单据，经各该主任审查盖章，由总务科转呈院长、副院长允许盖章后办理之。

第廿二条　院长、副院长须于每星期内或同总务、教养二科主任举行全院总检查一次，检查毕得酌开院务会议。

第廿三条　本院每月收支须于月终，由总务科造具计算书，经院长、副院长盖章后呈缴董事会查核。

第廿四条　凡遇重要事件或未经章则明定者，院长副院长不便自主时，须呈报董事会议决之。

第三章　总务科、教养科

第廿五条　本院依据简章第九条得设总务、教养二科，各设主任一人，职员若干人。

第廿六条　各主任受院长、副院长之指挥，负监督、主持各该科职员分任事务之责。

第廿七条　总务科所属之职别列下：

（一）文牍（一）会计（一）庶务（一）管理（一）工艺（一）调查。

第廿八条　前条总务科所属各员，均须秉承总务主任分掌各事。其尚未设专员者，暂由主任兼领之。

第廿九条　文牍掌管本院撰拟收发保管及处理各项文件事宜。

第三十条　会计掌管本院银钱出纳各项账目，对于支付款项须由各该关系职员开单，经院长、副院长及总务主任先后盖章，方可支付。每届月终，须造具收支清单呈交院长、副院长核阅。

第卅一条　庶务掌管全院购置设备事宜及保管一切公物，分别列入清册以便查核。

第卅二条　管理掌管院内各该部秩序事宜。

第卅三条　工艺掌管教授孤儿各项工艺事宜。

第卅四条　本院工艺暂设机织缝纫、洋袜、皮鞋、铜工、铁工、木工，各项择令年长之孤儿，除读书外，分班教授。

第卅五条　本院工艺出品随时作价出售之。

第卅六条　调查掌管考察孤儿、嫠妇、产妇、残废、老羸来院求恤者之实况，及其他应行调查各事。

第卅七条　本院各项开支百元以下者，由院长、副院长主持支付；其百元以上者，亦由院长、副院长主持支付，但须呈报董事会追认之。

第卅八条　本院依据院规之规定，分内外两部分。凡年满十岁之孤儿拨归外部时，其宿食等事均由总务教养各主任督饬管理之。

第卅九条　本院大门每晨日出开启，晚十一时落锁。出入人员，均须遵守时刻。

第四十条　本院电灯除路灯外，须于夜十一时一律息止。其灯头由总务科发给，不得自置。

第四十一条　孤儿因事临时外出，非经教养主任派院役携领，概不得擅行。

第四十二条　各室每届冬令，得装置煤炉，凡各职员务须注重节俭，每至夜十一时，一律停息。

第四十三条　孤儿亲属来院探视，除星期日概不准接见外，其亲属到院时并须先在传达室挂号，经总务科核准，通知孤儿，由院役引至接见室接见之。

第四十四条　本院依据院规之规定，残废、老羸分男女二部，不得混同。其衣食住等事，由总务主任督饬管理之。

第四十五条　本院残废、老羸部分之门户，每日日出开启，日入关锁，晚间除安息外，不得随意喧哗。

第四十六条　残废老羸因事临时外出，非经总务主任许可后，不得擅行。

第四十七条　残废老羸其亲属来院探视时，经总务科核准后，得随时接见之。

第四十八条　本院男女职教员及院役女佣之服务规则另定之。

第四十九条　教养科所属之职别列下：

（一）教务长（一）教员（一）家务长（一）保姆。

第五十条　前条所列教养科各员，均须秉承教养主任，分掌各事。

第五十一条　家务部分所属各员，均由女职员充任之。

第五十二条　教务长、司教员教养孤儿、残废及一切训练事项，其教室规则另定之。

第五十三条　家务长司保姆管理，孤儿、婴儿、起居饮食、衣着、卫生等事。

第五十四条　婴儿之被褥，由教养主任商请院长、副院长酌量制备之。

第五十五条　婴儿之饮食如缺乳时，以牛乳或羊乳代之。

第五十六条　婴儿满四个月者，除乳食外，须以相当食料补助之。

第五十七条　孤儿眠起，春秋夜九时睡，晨六时起；夏日夜九时睡，晨五时起；冬日夜九时睡，晨六时半起。但夏日午后至少得睡一小时，均以鸣钟为号。

第五十八条　晨起衣履被褥，由各孤自行整理。年龄过稚者，女佣代之，由家务长随时检查；其外部者，则由教务长随时检查。

第五十九条　孤儿拨归外部时，其平素所用衣服帽鞋均须各自保存，并不得紊乱。

第六十条　孤儿非睡时不准入寝室，出入寝室，须鱼贯而行。床铺均编定号次，不得混乱，内部由保姆管理，外部由教员管理，其寝室规则另定之。

第六十一条　孤儿有病时，须随时移送养病室，以防传染。

第六十二条　院内每日三餐，早晚片片稀饭、咸菜，午或熟菜、干饭，每三日午餐改食馒首一次，每月朔望食面条一次，但亦得随时酌量变更之。

第六十三条　孤儿每餐以振铃为号，出入餐室须鱼贯而行；外部由教养主任督饬管理，内部由家务长督饬管理，其餐室规则另定之。

第六十四条　孤儿衣服以朴素坚固为主，均用蓝色，式样一律，每年每人须制棉衣二套，夹衣二套，单衣四套，以便更换，并须编定号数。

第六十五条　孤儿之棉夹衣每年须拆洗一次，其单衣每周须洗濯一次。

第六十六条　孤儿每人床铺一具，草褥、棉褥、棉被各一件，被单褥单各二件。草褥须每周曝晒一次，棉被褥须年拆洗一次，被单褥单每半月洗濯一次，一切拆洗等事项均由家务司理之。

第六十七条　孤儿每人蓝色布帽二顶，夏季雨笠单鞋每人每年七双，棉鞋一双，棉袜十双，均由本院定制，亦须坚固朴素，式色一律。

第六十八条　孤儿每日除上课时间外，至少须有一小时之游戏运动，由男女职员分别指导之。

第六十九条　孤儿除上课游戏运动外，须酌令服务，以养成耐劳服苦之美德，如洒扫、拂拭、搬运、洗濯、刈芟、栽种等事。

第七十条　凡孤儿之起居饮食，男女职员均须于健康二字随时注意。

第七十一条　孤儿学级须由教员考查其资质，商请教养主任提交院务会议核定之。

第七十二条　本院孤儿高初毕业后，其应如何教养，由院务会议提出意见，呈报董事会议决之。

第七十三条　残废老羸晨起衣履、被褥，除各人自能整理外，得彼此相互助理之。

第七十四条　残废老羸如有疾病时，由本院医士诊治，重则送入医院。

第七十五条　残废老羸之饮食适用孤儿部之规定。

第七十六条　残废老羸之衣服以蓝色粗布制之，每年每人发给棉夹衣各一套，单衣三套。

第七十七条　残废老羸每季更换衣服时，需将旧衣交还庶务员，以便拆洗，其单衣则每周洗濯一次。

第七十八条　残废老羸每人草褥、棉褥、棉被各一件，被单、褥单各二件，须随时曝晒，被褥每年拆洗一次，被单、褥单半月洗濯一次。

第七十九条　残废老羸每半月得沐浴理发一次，其屋内器具等项须随时拂拭，以重卫生。

第八十条　残废老羸之日用必需物品，得由总务主任酌量情形办理之。

第八十一条　残废人之有能操作者，得陈明愿作某项工艺，以便酌量筹备，其所得工资归本人自有。

第八十二条　残废老羸死亡后，查无亲属而遗有银钱衣物者，由本院尽其所有，变价选购棺木及一切身后之用。

第八十三条　本院内外部各室之清洁事宜，由孤儿及院役女佣每日分别司理，各该科主任须随时检查之。

第八十四条　孤儿开饭时，内外部由男女职员分别管理，其膳堂规则另定之。

第八十五条　孤儿需每周入浴室沐浴一次，婴儿每日由乳妇至少代为洗浴一次，晨起盥漱及理发，内外部由男女职员分别管理，其浴室规则另定之。

第四章　院务会议

第八十六条　院务会议由院长、副院长及全体职教员组织之。

第八十七条　院务会议由院长主席，院长缺席由副院长一人代行，所议事项由出席过半数表决之。

第八十八条　院务会议每月至少二次，由院长临时召集之。

第八十九条　院务会议时，关于全院兴革诸端应详加研讨，次第举行，其有不能解决者，由主席呈报董事会取决之。

第九十条　院务会议须备议事录，所议事项由主席签名。

第九十一条　本院各部种种设备及孤婴玩具、运动器具，其应增减时，得由院务会议取决之。

第五章　男女职员之限制

第九十二条　本院男职员及院役非年逾五旬，品行端方者不得任职，但有特殊情形，经董事会认可者不在此限。

第九十三条　本院女职员非孀居守贞，心性慈祥者不得任职，但遇有特殊情形，经董事会认可者，不在此限。

第九十四条　本院男女职员应各佩院章以资识别。

第六章　参观

第九十五条　来宾参观本院者，须先惠名刺，由院役导至接待室，院长、副院长或职员陪同参观。

第九十六条　凡团体来参观者，非由该团体先期约定，恕免招待。

第九十七条　参观人须书台衔、地址于来宾簿，以便汇查。

第七章　附则

第九十八条　本院内外部其他各项规则，得由院务会议随时增订之。

第九十九条　本细则如有未尽事项或不适宜处，由董事会随时修改之。

——原载《世界红卍字会烟台分会恤养院三周纪念册》，

1936年，第1—11页。

世界红卍字会四明分会章程

第一章　总则

第一条　本会定名为世界红卍字会四明分会。

第二条　本会遵照总会大纲，以促进世界和平救济灾患为宗旨。

第三条　本会会所设立浙江省鄞县鼎新街，并得设立支会于繁盛乡镇。

第四条　本会会员徽章由总会发给佩用。

第五条　本会旗帜及臂章遵照总会规定，用白地红卍字式。

第六条　本会应用图记依照法定式样办理。

第二章　会员

第七条　本会会员依照后列之规定：

甲　普通会员　凡经本会会员二人介绍，每年纳会费五元以上者。

乙　终身普通会员　会员一次交会费三十六元以上者，得为终身会员。

丙　特别会员及终身特别会员　经董事会认可，有下列前三项资格之一者为名誉会员合于第四项资格者，为终身名誉会员：（一）年纳会费一百元以上者；（二）年募会费五百元以上者；（三）会员办事一年著有成绩者；（四）一次交会费一千八百元以上者。

丁　学生会员　凡年在十六岁以下，并在学校修业间以内，经本会会员二人介绍，年纳会费一元以上者。

第八条　本会特别会员、终身特别会员、名誉会员、终身名誉会员均由本会特赠聘书。普通会员、终身普通会员、学生会员均由本会给予证书。

第九条　有监督慈善团体法第五条各款情事之一者，不得为本会会员。

第十条　会员退会须于一月前预告本会，经董事会认可后始得退会。

第十一条　凡因退会或开除会籍，丧失会员资格者，应追缴本会证书及徽章，如事实上不能追缴时，得由本会登报取销证书及徽章，并即呈报总会备案，在退会或开除前有欠缴会费等情，仍需负责清偿。

第十二条　会员丧失会员资格时，对于本会财产绝对无请求权。

第十三条　寄附者如隐其姓名或用其堂记，不愿取得会员资格得听之。

第十四条　会员以相当动产、不动产或其他有价证券等项充作会费时，须先时申请董事会之同意，方得认为缴纳会费，但不得以有瑕疵或无权原之物充之。

第三章　组织

第十五条　本会董事会，董事定额十五人，由会员共同推举之，并由董事中互推董事长一人，副董事长二人，任期均为四年，期满后得再连选连任。

第十六条　本会得征聘名誉董事长，名誉副董事、名誉董事各若干人。

第十七条　本会董事长遵照会员大会决议，总理本会一切事务，副董事长辅助董事长办理本会一切事务。

第十八条　本会董事会下设下列六股办理一切会务：1. 总务股；2. 储计股；3. 防灾股；4. 救济股；5. 慈业股；6. 交际股。

第十九条　本会各股各设主任、副主任一人，商承董事长办理各该股一切事务。

第二十条　本会各股视事务之繁简，酌设若干组，每组设干事若干人，商承各股主任、副主任办理各组一切事务。

第二十一条　本会各股主任、副主任，各组干事均由董事长于会中征聘之。

第二十二条　本会董事会各股各组办事细则另订之。

第四章　经费

第二十三条　会员入会费依本章第七条办理之。

第二十四条　会员以本会永久慈业而捐入者，或因本会临时慈业而捐入者，均为本会特别捐。

第二十五条　国家或社会补助本会款项者，均为本会补助金。

第二十六条　凡本会办理慈善救济事业，有时须劝募款项者，约分下列三种：（一）本会会员自行劝募者；（二）各团体代为劝募者；（三）各机关代为劝募者。

第二十七条　本会职员均为名誉职，但各组干事得用雇员酬给津贴。

第二十八条　职员如因公派赴各地者，均得酬给旅费。

第二十九条　本会收据暂定为二联式，一联交纳费者，一联交储计股保存。

第三十条　本会簿据暂定旧式账册，逐日记载收支款项，由储计股负责编制。

第三十一条　本会办理募捐时，应先呈请主管官署许可，并将捐册编号送由主管官署盖印。

第三十二条　本会每届年终，应将一年内收支款目及办事实况编造年报分布征信。

第三十三条　本会所收现款以外之物品，得由董事会议决处分之。

第三十四条　本会应于收入款项内提出百分之五作为基金，非经代表大会通过不得动用。

第五章　进行事项

第三十五条　本会除已设立之因利组、恤嫠组、义渡组、救济组、施材组、施茶组、施暑药组、施米组、施衣组、给药组等项外，对于下开事业，拟谋积极进行：（一）各级学校；（二）积谷会；（三）分科医院；（四）恤养院；（五）平民工厂；（六）其他关于公安或公益之慈善事业。

第三十六条　凡有关于世界公安、社会公益事项应须政府协助者，本会得呈请协助之。

第三十七条　本会对于下列各款应于每年十二月呈报主管官署查核：

甲　职员之任免；

乙　职员成绩之考核；

丙　财产之总额及收支概况；

丁　会员之加入或告退；

戊　办理经过情形。

第六章　会期

第三十八条　本会每年开会员大会一次，于春季定期举行之，如有特别紧急事项或有全体会员十分之一以上之请求，得召集临时会。

第三十九条　本会会员大会开会时，董事长应报告详细收支账目并说明办理会务经过情形。

第四十条　本会会员大会会议时，各会员有平等表决权。

第四十一条　本会会员大会开会时，须有全体会员过半数之出席，议决事项须有出席会员过半数之同意，可否同数时，由主席决定之。

第四十二条　本会会员大会之主席，由出席会员临时公推之。

第四十三条　本会董事会每三月举行一次。

第四十四条　本会职员会每月举行一次。以上两项会议均以董事长为主席，如有紧急事项，得召集临时会议。

第七章　奖励及惩罚

第四十五条　凡捐款在千元以上，募捐在五千元以上及以动产、不动产等项捐助本会值千元以上者，均得由本会陈报总会，依照褒扬条例呈请分别奖励。

第四十六条　本会职员会员对于会务异常出力，著有特别劳绩者，由本会陈报总会，依照褒扬条例呈请分别奖励。

第四十七条　本会员如有违背会章，或其他不法行为，经会员大会决议后，得开除其会员资格，并报总会备案。

第四十八条　本会董事长、董事，如有违背会章，或其他不法行为，经会员大会决议后，得罢免另行补选。其情节重大者，并得依法起诉。关于其他职员者，由董事会罢免之，均须陈报总会备案。

第八章　附则

第四十九条　本章程如有未尽事宜，悉照民法及监督慈善团体办理之。

第五十条　本会会议规则及理事细则另定之。

第五十一条　本章程如有应行修改之处，应由会员大会提议修正并呈报主管官署备案。

第五十二条　本章程经呈请主管官署核准备案施行。

——原载《正俗杂志》1937年第2卷第7—8期。

世界红卍字会成都慈幼院简章

第一章　定名

第一条　本院定名为"世界红卍字会成都慈幼院"，隶属于本会成都妇女分会，受本会中华各会联合总办事处及成都红卍字分会之指导协助。

第二章　宗旨

第二条　本院本道德慈爱之宗旨，保育难童，以培民族之元气，施以小学教育并授以谋生之技能。

第三章　组织

第三条　本院由本会中华各会联合总办事处选聘院长主持院务。

第四条　本院分设事务、教导、保育三组，每组设主任一人，由院长聘任处理组务。

第五条　事务组分文牍、会计、校务、书记；教导组分生活指导、□务劳作；保育组分保育、卫生、管理，各视事务之繁简，分设教员、保姆及事务员若干人，由院长延用助理主任分任职务。

第四章　教育方针及实施方法

第六条　本院根据中华民国教育与培养建国人才及难童之特殊需要施行精神、通德、文化、健康、生计、家庭各项教育。

第七条　本院课程之选择以适应国家社会要求及儿童实际之需要为原则，其教材之组织并应适合儿童身心之发展。

第八条　本院应用积极教导方法，以尊重儿童人格与个性，并增进其实地经验为主旨。

第九条　本院儿童学级编制应依照儿童年龄、个性之程度为学习单位，分别教授相当普通学制的一年级上下至六年级上下。

第十条　本院儿童学行成绩考查应注重平时工作及多方面平衡发展。

第五章　儿童入院毕业及退院

第十一条　本院入院儿童以六岁至十五岁，身心健全者为合格。

第十二条　本院儿童经考查学行成绩及格者，均按法定程度随时升级及毕业。

第十三条　本院儿童学行不良及其他特殊情形，不能继续求学者，均令其退学。

第六章　教师

第十四条　本院教师，除法定资格外，须实行本院教育方针并随时参与方针修正及改善。

第七章　设备及经费

第十五条　本院设备以简朴适用为原则。

第十六条　本院经费以本会中华各会联合总办事处之负责协助为原则，但成都卍字分会及本会成都妇女分会得随时筹募，以为辅助。

第八章　附则

第十七条　本简章经本会中华各会联合总办事处议决实行之。

第十八条　本简章如有未尽事宜，得随时提出本会中华各会联合总办事处核定修正之。

——原载成都市社会福利和慈善事业发展中心、成都市
档案馆编：《成都慈善档案选编（1911—1951）》，
西南交通大学出版社2020年版，第184页。

世界红卍字会南昌分会施行细则
（1935 年）

第一章　总则

第一条　本分会定名为世界红卍字会南昌分会。

第二条　本分会依会章第二条，以促进世界和平，救济灾患为宗旨。

第三条　本分会设会址于南昌市石头街七十二号。

第四条　本分会给予会员徽章，于执行本分会事务时佩带之。

第五条　本分会旗帜及臂章，均用白地红卍字式。

第六条　本分会徽章、旗帜、臂章、会员聘书、会员证书及应用图记，均由本分会呈请总会颁发。

第二章　会员

第七条　本分会会员入会办法，分为五项：

（甲）特别会员及终身特别会员

入会同志，经常会认可，有下列前三项资格之一者，得为特别会员；合于第四项资格或十年以上之特别会员，均得为终身特别会员：

（一）年纳会费五百元以上者；

（二）年募会费二千元以上者；

（三）会员办事一年以上异常出力者；

（四）一次交会费三千六百元以上者。

（乙）名誉会员及终身名誉会员

经常会认可，有下列前三项资格之一者，得为名誉会员，合于第四项资格者，得为终身名誉会员：

（一）年纳会金百元以上者；

（二）年募会费二千元以上者；

（三）会员办事一年以上，著有成绩者；

（四）一次交会费一千八百元以上者。

（丙）会员

凡经本分会会员二人介绍，每年纳会费五元以上者。

（丁）终身会员

会员一次交会费三十元以上者。

（戊）学生会员

凡年在十六岁以上，并在学校修业期间以内，经本分会会员二人介绍，年纳会费一元以上者。

第八条　本分会特别会员、终身特别会员、名誉会员、终身名誉会员，均由本分会特赠聘书；会员、终身会员、学生会员，均由本分会给予证书。

第九条　本分会会员如受公权褫夺，同时失其会员资格。

第十条　入会之拒绝及会员之除名，均由常会行之，得不宣告其理由。

第十一条　凡失会员资格或被除名者，追缴本分会证书及徽章，所纳会费概不发还。

第十二条　纳捐者如隐其姓名，或用堂记，不愿加入本会者，听之。

第十三条　入会者得以相当动产、不动产或其他有价债券等项，作为会费，但不得以无完全所有权者充之。

第三章　组织

第十四条　本分会设名誉会长若干人，名誉副会长若干人。

第十五条　本分会设会长一人，综理本会一切事务。

第十六条　本分会设副会长二人，辅助会长办理本会一切事务。

第十七条　本分会会长、副会长，由大会推举，任期四年，期满得再被推举连任；名誉会长由本会聘请之。

第十八条　本分会事务计分六股：（一）总务股；（二）储计股；（三）防灾股；（四）救济股；（五）慈业股；（六）交际股。

第十九条　每股设主任干事一人、副主任干事二人，商承会长、副会长办理各本股一切事务。

第二十条　每股视事务繁简，酌设若干组，每组设干事若干人，商承各本股主任干事办理各本组一切事务。

第二十一条　会长、副会长非本分会会员不能推举，但名誉者不在此限，其主任干事以下职员，由会长、副会长于会员中酌予聘任之。

第二十二条　总务股

（甲）文牍组　凡往来函牍、保管图册及编辑杂志出版品等均属之。

（乙）会计组　凡本分会预算决算及收支款项、登记账目、编制表报均属之。

（丙）章制组　凡修订各种章程及救济队制服规定等，均由本分会呈请总会核行之。

（丁）讲演组　凡编拟论说，及循环讲演白话报类均属之。

（戊）调查组　凡本分会应需调查事件均属之。

（己）庶务组　凡本分会会内一切庶务均属之。

第二十三条　储计股

（甲）审核组　凡本分会一切收支款项账目均得审核之。

（乙）保管组　凡动产、不动产及一切物品、契约、簿据等之保管均属之。

（丙）出纳组　凡一切款项之保管、收入、支出均属之。

第二十四条　防灾股

（甲）规画组　凡各项灾患应先期计画与防范等事均属之。

（乙）勘测组　凡灾患发现时应需测勘事件均属之。

（丙）工程组　凡筹备技术、机械、器具及临时各项工程均属之。

第二十五条　救济股

（甲）赈济组　凡灾区急赈、常赈等项均属之。

（乙）收容组　凡被灾人民随时设法收容及给养等类均属之。

（丙）施与组　凡医药、棺木、衣物等类均属之。

（丁）捍卫组　凡被灾区域应需捍卫、消弭等类均属之。

（戊）救济组　凡救济队之筹画均属之。其章则另订之。

第二十六条　慈业股

（甲）感化组　凡关于提倡道德，辅助社会及本分会所设学校，应尽感化事项均属之。

（乙）教养组　凡关于设立慈善学校及对于失业游民及残废无依之教养均

属之。

（丙）保育组　凡关于育婴慈幼等项均属之。

（丁）工艺组　凡关于贫民工厂、妇女工厂及习艺所等项均属之。

第二十七条　交际股

（甲）联合组　凡世界善团、教团及各慈善家，均应随时联合之。

（乙）劝募组　凡关于导引和平、募集救济捐款等类均属之。

（丙）招待组　凡各界来宾均应随时招待之。

第四章　经费

第二十八条　会员入会费依本分会细则第八条办理。

会员特别捐，凡以现金、动产、不动产，或其他有价债券等项捐入者，及因临时发生事件捐入者，均为本分会特别捐。

第二十九条　补助费　凡政府补助款项及社会补助款项，均为本分会补助金。

第三十条　劝募费　凡本会办理慈善救济事业，有时须劝募款项者，约分下列三种：

（一）本分会会员自行劝募者；

（二）各团体代为劝募者；

（三）各机关代为劝募者。

第三十一条　各股办公费由本分会常会决定之。

第三十二条　本分会职员均为名誉职，其常驻职员及雇员则酌给薪金。

第三十三条　职员如因公赴各地者，得酌给旅费。

第三十四条　本分会所设医院、学校、工厂及办理慈善各机关职员，得酌给薪金。

第三十五条　本分会收捐，概以盖用图记，经会长署名编号之收据为凭。

第三十六条　本分会收据分为三联式，一交纳捐者，一交会长，一交储计股。

第三十七条　本分会所收现款以外之物品，均由会长提付常会议决后处分之。

第三十八条　本分会经常预算及临时预算，应由储计股会同各股编制，经会长提交常会议决行之。其有仓猝事故发生，需款甚急不及预算者，由各该主管股速定办法，经会长认可后执行，俟常会开会时提交追认之。

第三十九条　本分会决算，应由会长提付常会议决，报告大会通过。

第四十条　本分会基金以收入款项酌量存储作为基金，不得随时挪用。

第五章　慈业

第四十一条　本分会设立各种学校，养成各种人才，以辅助社会，应遵照政府法令办理之。

第四十二条　本分会应编辑慈善浅说，绘印图册，送阅宣讲，补助教育所不及。

第四十三条　本分会应酌设医院，慎防疫疠及救济兵灾，医院设于某地，即以世界红卍字会南昌分会某地医院称之。

第四十四条　本分会应筹办积谷平粜，以备拯救饥荒。

第四十五条　本分会对于失业贫民，应筹立工作所及零星储蓄商店、贷本处，以维民生。

第四十六条　凡有关于地方公安、社会公益事项，须由政府协助者，由本分会呈请维持。

第六章　会期

第四十七条　本分会常会，由本分会全体职员行之。每星期开常会一次，讨论本会一切进行事宜。

第四十八条　本分会特别会分二种：

（一）全体会员特别会；（二）全体职员特别会。

凡有临时发生事件，关于最重要者，应召集全体会员特别会，次要者应召集全体职员特别会。

第四十九条　本分会大会由本分会全体会员行之。

每年开大会一次，于每年春季定期行之，报告上年会务及稽核决算。

第五十条　大会之召集及其会议之事项，预期登报通告。

第五十一条　大会之表决，以出席会员为限。

第五十二条　大会之议事，以出席会员过半数决之。可否同数时，由主席决定之。

第五十三条　大会以会长主席，会长缺席时，以副会长代之。

第五十四条　大会各项会议编列议案、发函通告及议事记录等，均归总务股办理。

第七章　奖励及惩罚

第五十五条　凡捐款在千元以上，募捐在五千元以上，及以动产、不动产等项捐助本分会值千元以上者，均得由本分会呈报总会，转请分别奖励。

第五十六条　本分会会员对于会务异常出力，著有特殊劳绩者，得由本分会呈报总会，转请分别奖励。

第五十七条　本分会为纯粹慈善团体，会员中如有假借本分会名义，作不法行为者，由本会宣布除名，依法起诉。

第八章　附则

第五十八条　本分会简章及施行细则，应呈请政府暨总会备案。

第五十九条　本分会各部及医院、学校、工厂并各种慈善机关办事细则另定之。

第六十条　本分会简章及施行细则，如有应行修改之处，应由大会提议修正之。

——原载《江西省政府公报》1936 年第 404 期。

世界红卍字会江阴分会简章

第一条 本会依总会大纲第二项设立之，定名世界红卍字会江阴分会。

第二条 本会依总会大纲第二项，以促进世界和平救济灾患为宗旨。

第三条 本会应用图记暨会员徽章证书，由总会颁发之。

第四条 本会会员依照总会章程第七、八、九、十、十一等条办理之。

第五条 本会设董事十七人，组织董事会，办理日常一切事务。互选正董事长一人，副董事长二人，主持会务。

第六条 本会董事由会员大会推选之，均为名誉职，任期四年，但连选得连任。

第七条 本会对外以董事长代表，副董事长副署之。董事长有事故时，副董事长代行之。

第八条 本会设总务、储计、防灾、救济、慈务、交际等六部，各设主任干事一人，副主任干事若干人，办理各本部一切事务。

第九条 本会各部主任干事，副主任干事及各股干事，由董事长、副董事长就会员中聘任之。

第十条 本会经费依总会章程第七条办理之。

第十一条 会员特别捐 凡以现金、动产、不动产或其他有价证券等项捐入者，及因临时发生事件捐入者，均作为本会特别捐。

第十二条 补助费 凡国家补助款项及社会补助款项，均为本会补助金。

第十三条 劝募如遇各种灾赈或发生特殊之慈善救济事项，急需巨款，而须向外募捐者，须经董事会议决，呈请主管机关盖印核实，造册具报。

第十四条 本会经费之收入支出，依照公益慈善团体会计通则办理，由董事会推举负责管理人，每届年度造具报告，经董事会审查后，提交会员大会通过，陈报总会暨刊印分发各会员，并呈请主管机关备案。

第十五条　本会会员大会每年于春秋两季定期，由董事会于二星期前通函召集之。

第十六条　本会董事会每月举行一次，由董事长先期通函召集。

第十七条　本会常务董事会，每星期举行一次，由董事长召集之。

第十八条　临时大会，如遇有重大事项，或会员十分一以上请求，表明会议目的及召集理由，经董事会议决，得由董事长定期召集之。

第十九条　各项议决，非有全体会员过半数之出席，会员半数之表决，可否同数得取决于主席，但变更章程之决议，以出席会员四分三以上之同意或全体会员三分二以上书面之同意方可决议。

第二十条　本会为会务之需要，谋办事便利计，得于本县区城内添设办事处，并为普及善举起见，另设妇女部办事处，办事处细则另订之。

第二十一条　本会受当地高级部之指导暨主管官署之监督。

第二十二条　本简章依照总会章程第五十八条制定，如有未尽事宜，悉照民法及监督慈善团体法办理，或由会员大会提议修改之。

第二十三条　本会简章经会员大会通过后，并呈请主管机关核准备案后施行。

——原载《内政公报》1937年第10卷第1期。

世界红卍字会江阴分会妇女部办事处细则

第一条　本处依照分会简章第二十条之规定设立之。

第二条　本细则依分会简章第二十条制定之。

第三条　本处应用戳记由分会依法刊发之。

第四条　本处设正副主任各一人，综理本处一切事务，其主任得由董事兼任之。

第五条　本处设总务、慈务二组。

第六条　本处各组各设干事二人至三人，秉承正副主任办理各本组一切事务。

第七条　本处为尊重固有道德起见，男女会员得分部工作。

第八条　本会每届月终，应将一月内会员进退、办理实况报告分会。

第九条　本处经费之收入支出，依照本市公益慈善团体会计通则办理，每届年度造册报告分会，经董事会审查后提交会员大会通过。

第十条　本处遇有灾情发生需要捐款救济时，应报告分会核办之。

第十一条　本细则如有未尽事宜，得呈请分会修改之。

第十二条　本细则经分会董事会通过后，并呈请主管机关核准备案施行。

——原载《内政公报》1937年第10卷第1期。

世界红卍字会徐州分会简章

第一条　本会依总会大纲第二项设立之，定名世界红卍字会徐州分会。

第二条　本会依总会大纲第二项，以促进世界和平救济灾患为宗旨。

第三条　本会应用图记暨会员徽章证书，由总会颁之。

第四条　本会会员依照总会章程第七、九、十、十一等条办理之。

第五条　本会设董事十五人，组织董事会，互选正董事长一人，副董事长二人主持会务，常务董事三人，办理日常一切事务。

第六条　本会董事由会员大会推选之，均为名誉职，任期四年，但连选得连任之。

第七条　本会对外以董事长代表，常务董事副署之，董事长有事故时，副董事长代行之。

第八条　本会设总务、储计、防灾、救济、慈务、交际等六部，各设主任干事一人，副主任干事一人，干事若干人，办理各本部一切事务。

第九条　本会各部主任干事、副主任干事及各股干事，由董事长、副董事长就会员中聘任之。

第十条　本会经费依总会章程第七条办理之。

第十一条　会员特别捐　凡以现金、动产、不动产或其他有价证券等项捐入者，及临时发生事件捐入者，均作为本会特别捐。

第十二条　补助费　凡国家补助款项及社会补助款项，均为本会补助金。

第十三条　劝募如遇各种赈灾或发生特殊之慈善事项，急需巨款，而须外面募捐者，须经董事会议决，呈请主管机关核准外，并将收据捐册编号，送由主管机关盖印核实造册具报。

第十四条　本会经费之收入支出，依照本县公益慈善团体会计通则办理，由董事会推举负责管理人，每届年度造具报告，经董事会审查后，提交会员大会通过，报告总会暨刊印分发各会员，并呈请主管机关备案。

第十五条　本会会员大会，每年于春秋两季，定期由董事会于二星期前通函召集之。

第十六条　本会董事会，每月举行一次，由董事长先期通函招（召）集之。

第十七条　本会常务董事会，每星期举行一次，由常务董事轮值召集之。

第十八条　临时大会如遇有重大事项或会员十分之一以上之请求，表明会议目的及召集理由，经董事议决，得由董事长定期召集之。

第十九条　各项决议非有会员过半数之出席，会员半数之表决，可否同意数得取决于主席。但变更章程之决议，以出席会员四分三以上同意，或全体会员三分二以上书面同意，方得决议。

第二十条　本会为谋办事便利计，得于本县区域内分设办事处，并为普及善举起见，另设妇女办事处，其办事细则另定之。

第二十一条　本会受高级党部之指导暨主管官署之监督。

第二十二条　本简章依照总会章程第五十八条制定之，如有未尽事宜，悉照《民法》及《监督慈善团体法》办理，或由会员大会提议修改之。

第二十三条　本简章经会员大会通过后，并呈请主管机关核准备案后施行。

　　　　　　　　——原载《内政公报》1937 年第 10 卷第 1 期。

世界红卍字会奖惩规则

第一条　关于本会全体职员之奖励与惩罚，依照本规则行之。

第二条　奖励种类列后：（一）名誉奖励；（二）晋职；（三）增贴；（四）奖金；（五）记功。

第三条　惩罚种类列后：（一）记过；（二）扣贴；（三）退职；（四）开除会员资格；（五）诉请依法究办。

第四条　有后列各项之事实者，得照第二条规定各项分别奖励之：

（一）特树慈功或劳绩卓著者；

（二）服务勤劳、才堪重任者；

（三）终年服务、克尽厥职者；

（四）服务期间异常出力者；

（五）一事或一时确实出力或应付得当者。

第五条　有后列各项之事实者，得照第三条规定各项分别惩罚之：

（一）不服劝导及言动失范者；

（二）服务不力、有亏职责者；

（三）滥用职权致本会蒙受损害者；

（四）背道违法、玷污会誉者；

（五）行为不端、触犯刑法者。

第六条　记功三次为一大功，记过三次为一大过。

第七条　非经记大功一次以上至五次者，不得受第二条一项至四项之奖励。

第八条　记大过一次以上者，得斟酌情形照第三条二项至五项之规定办理。

第九条　个人之功过得平均抵销之。

第十条　会监以下各职员应奖惩者，由各该会会长执行之。

第十一条　会监以上各职员应奖惩者，其执行办法如后：

（一）关于分会及妇女分会者，由各该总会执行之；

（二）关于各国总会及妇女总会者，由世界红卍字会执行之；

（三）关于世界红卍字会者，由各国代表大会执行之。

第十二条　本会及各国总分各会、妇女总分各会之附设机关，除适用本规则外，并得斟酌情形，依据本规则分别另定各该单行规则或施行细则。

第十三条　本规则自通布之日施行。

第十四条　本规则如有未尽事宜，由大会提议修正之。

——原载《世界红卍字会中华东南各会联合总办事处
关于训练班各种讲义底稿》，上海市档案馆藏。

世界红卍字会救济队奖惩规则

第一条　本规则依据世界红卍字会奖惩规则第十二条之规定订定之。

第二条　奖励款目:（一）特别奖励（二）名誉奖品（三）奖金（四）犒品（五）记功。

第三条　惩罚款目:（一）记过（二）扣贴（三）退职（四）开除会员资格（五）诉请依法究办。

第四条　应奖励之事实:

（一）救济时以身作则，才财并尽，功行特著者；

（二）救济时独力捐助财物，合值千元以上或劳绩卓著者；

（三）救济时异常勤劳者；

（四）救济时寻常出力者；

（五）救济期间一事或一时办理适当者。

第五条　应惩罚之事实:

（一）违背章则或不服队长指挥者；

（二）救济时怠忽职责者；

（三）救济时滥用职权、假公济私者；

（四）救济时有逾执、行动损及队誉者；

（五）救济时行为不端、触犯国法者。

第六条　记功三次为一大功，记过三次为一大过。

第七条　个人功过得平均抵销，以作第二条一至四项、第三条二至五项奖惩之比较。

第八条　第二条一至四项之奖励由队长报请后方负责管理机关查核执行，其第五项之记功则由队长随时执行陈报之。

第九条　第三条一、二两项之惩罚由队长执行后，陈报后方负责管理机关备案。其三项至五项之惩罚，则由后方负责管理机关依据队长报告查核办理。

第十条　本规则除救济队适用外，其他如收容所、治疗所、临时医院、赈济队以及于赈救组织以内之各职员得援用之。

第十一条　本规则自通布之日施行，如有未尽事宜，得提由大会修正之。

　　　　　　　　——原载《世界红卍字会中华东南各会联合总办事处
　　　　　　　　　　关于训练班各种讲义底稿》，上海市档案馆藏。

世界红卍字会救济赣灾上海总办事处简章

（1934 年）

一、本处为救济赣灾，特设总办事处于上海，商承总会戌亥救济灾患，总监理部主办赣灾一切赈救事宜。

二、本处于南京、南昌、九江等地方分设办事处，商承本处办理一切赣灾赈救事宜。

三、本处设监理若干人，监理本处一切事务。凡总会戌亥救济灾患，总监部之监理皆为本处当然监理。

四、本处设常务监理十九人，处理一切赈救事宜，并由常监中公推常务主任监理，执行本处一切事务。

五、本处总分各处应分设总务、赈济、农建、医药、采运、劝募六组，各组设主任一人，副主任二人，干事若干人，商承常务主任监理办理各本组事务。

六、本处各分处办事细则另订之。

七、本处每星期五日常务监理开会一次，议决并报告各经过事项。如有重大事件，得召集临时监理大会议决办理之。

八、本简章经函请总会备案施行。

九、本简章如有未尽事宜，得由常务监理会议提出修正之。

——原载世界红卍字会救济赣灾上海总办事处编：

《赣赈总报告》，1936 年，第 1—2 页。

世界红卍字会救济赣灾南昌办事处细则

（1934 年）

第一条　本处依据《上海救济赣灾总办事处简章》第二条之规定，设办事处于南昌，商承总处办理赈济事宜。

第二条　本处设主任监理一人，监理若干人，处理本处一切事务。

第三条　本处依总处简章第五条规定，设总务、赈济、农务、医务、采运、筹计六股，各设干事若干人，商承主任监理，办理各本组事务。惟视事繁简，得兼任两组以上办理之。

第四条　逐日事务由主任监理分别处理，遇重大及不决之事件，应报告总处办理之。

第五条　本处各组视事务之繁简，得酌用雇员助理一切。

第六条　凡关于本处用款，应分处费、队费，每月分别造具清册，函送总处查核。

第七条　本处经费分临时、经常两项：一、经常费，由本处预算列表，报总处核定之；一、临时费，实支实销，每月终造册，函送总处核发。

第八条　本细则应报告总处核定后施行。

——原载《赣赈专册》第二集，1935 年，第 110—111 页。

世界红卍字会全鲁
各分会联合救济办事处简章

（1937 年）

第一条　本办事处由全鲁各卍字分会人员联合组织之，故定名为世界红卍字会全鲁各分会联合救济办事处。

第二条　本办事处以救灾、恤难、赈济饥民为宗旨，凡处内举措一切事宜，推定驻处职员公议行之。

第三条　本办事处设于济南魏家庄民康里。

第四条　本办事处设总监理一人，监理十二人，副监理若干人，俱由大会公选之。其未被选之会及以后成会续入者，均准由各该会推选副监理一人，每部设主任一人、副主任一人或二人，干事若干人，书记若干人。

第五条　本办事处之组织分部如下：（一）总务部　凡关于救济事宜，应行筹议规画及不属于他部一切事务均属之。（二）文牍部　凡关于文电收发、起草缮写、保管图记册籍、编纂报告及征信录、会议录各事均属之。（三）会计部　凡关于款项之收支保管、登记账簿、制造表册各事均属之。（四）庶务部　凡关于购办物品及各项用品之保管、编号、修理、登记等事均属之。（五）交际部　凡关于对外接洽、劝募慈款、招待来宾、联合通译、运输等事均属之。（六）调查部　凡关于访查救济，应办各项及考察各地救济成绩等事均属之。（七）奖惩部　凡关于各分会办理救济人员之奖劳纠惩、功过登记及审核奖惩款目事项均属之。

第六条　本办事处简章如有未尽事宜得由各卍字分会提出公议修正之。

——原载《世界红卍字会全鲁各分会联合救济办事处
救济水灾兵灾总报告》，1938 年，第 2—3 页。

世界红卍字会第二联合
救济队全鲁联处第二队办事规则

（1937 年）

第一条　本队定名为世界红卍字会第二联合救济队全鲁联处第二队。

第二条　本队依据世界红卍字会全鲁各分会联合救济简章第二条之规定，设总办事处于济南市魏家庄民康里历城红卍字分会。

第三条　总办事处设总监理一人，监理若干人，副监理若干人，总监察一人，监察若干人，下设总务、文牍、会计、庶务、交际、调查、奖惩七部，每部设主任一人，副主任一人或二人，干事若干人。

第四条　总办事处各部之职务如下：

（一）总务部　凡关于救济事宜应行筹议规画及不属于他部一切事务均属之。

（二）文牍部　凡关于文电收发、起草缮写、保管图记册籍、编纂报告及征信录等事均属之。

（三）会计部　凡关于款项之收支保管、登记账簿、制造表册等事均属之。

（四）庶务部　凡关于购办物件及各项用品之保管、编号、修理、登记等事均属之。

（五）交际部　凡关于对外接洽、劝募慈款、招待来宾、联合通译、运输等事均属之。

（六）调查部　凡关于访查救济应办各项及考查各地救济成绩等事均属之。

（七）奖惩部　凡关于办理救济人员之奖劳纠惩、功过登记及审核奖惩款目事项均属之。

第五条　本队设督队长一人，副督队长若干人。

第六条　本队得分若干组队，每组队设队长一人，副队长一人或二人。

　　第七条　本队有二组队以上之救济队，为办理救济便利起见，酌设办事处，即以办事处所在地之卍会会长为首席监理，各组队之卍会会长及其他重要职员参照本规则办理之。

　　第八条　有二组队以上之救济人员办理救济事务应如何分任之处，酌量情形互商进行。如各组办理救济有特别情形，因灾情重大，赈款不足时，总办事处得函商他组，合力协助，以扩慈施。

　　第九条　本队每月收支救济款项，应于月终造具报告清册逐月公布，以昭信实。

　　第十条　本规则如有未尽事宜，得提出公议修正之。

——原载《世界红卍字会全鲁各分会联合救济办事处
救济水灾兵灾总报告》，1938年，第4—5页。

上海普育堂章程

（同治年间）

布政司衔江南分巡苏松太兵备道应，为详明事。窃查上海设立普育堂收养茕民，前经职道于同治七年七月间将办理情形禀奉抚宪。宪批：开该堂现行章程及开办至今收支一切经费数目造册送核等因。奉经转饬堂董筹办在案。是堂系于同治六年十一月二十七日开办，因上海西城半段泾地方向有丝茶公所，咸丰五年由丝茶众商集资购地造屋。十年，沪城办防借屯法兵，迨苏垣克复法兵撤退，屋宇损坏，有董事叶觐堂垫银一千八百余两，略加休整，住家其中，并将余屋放租，叶董故后，眷属流寓在内。

同治六年，借作普育堂，始则将叶姓所收各户押租代为给发，仍由该堂付给叶姓月租，以资养赡，继则修理旧房，添造新屋，并制备什物等项，共用银三千四百余两，现已列入清册。所有叶姓觐堂前垫修费银一千八百十九两五钱二厘，如数给发该家属收领，令其别住。一面饬董将房屋添修，议增收养人数，另行册报，并据丝茶职商李振玉等联名公禀，愿将公所房屋基地捐入普育堂，并将契据方单一并呈缴，声明基地坐落上邑二十五保十图谈字圩，计七亩五分七厘九毫，向在清华堂户完粮等情，当将契单发堂收存，并饬县改立普育堂。户名按年由堂纳粮，永为堂产。该职商等乐善好施，由道给匾悬堂，以示奖励，所有堂务六年十一月二十七日起至七年三月底止，系廖令纶、余董治经理。七年四月起，至六月底止，系李董曾祜、翟董世仁经理。

同治八年正月十五日奉督宪马批：如详立案，仰即转饬遵照，并饬堂董随时稽察，认真经理，毋得始勤终怠，章程册存，仍候抚部院批示缴。

抚宪丁批：详册章程均悉存查，仰仍督同厅县饬令堂董随时妥办，务期事归实济，以垂久远，仍候督部堂批示缴。

普育堂留养茕民章程

一、留养宜分项定额也。此堂收养无告茕民，分立老男、老妇、男残废、女残废、养病、抚教、贴婴为七所，并设书塾及医药两局。老男及男残废、养病三所（先定各四十名，现各增二十名），每所以六十名为额；老妇及女残废二所，各以二十名为额抚教（先定四十名，嗣因辅元、果育两堂恤嫠项下，嫠妇之子亦有未能从师读书学艺者，现又酌增四十名），以八十名为额。总计堂内留养以三百名为额，其堂之外保产贴婴（先定普字育字各四十名，现拟增二十名），每年以一百名为额，每婴贴费三年为止，层递而下至三年亦成。三百名之额按所设立堂簿，每逢月朔，应由道厅县轮流点验，如额满后有来堂报名者，由董事注入堂簿，俟有开除，挨次传补。

一、住房宜编号派管也。七所房间编定宇、宙、洪、辰、列、张、闰、余、成、吕、调、阳、云、致、雨、露、结、霜、金、生、水、玉、昆、冈、剑、巨、阙、珠、夜、光三十字号，每号二间，共六十间。每间以住六人为率，定以每号为一棚，择其中能任事者两人，一为棚头，一为帮棚。凡领钱米洒扫炊煮以及管束同棚人等，皆责成该棚头等办理，每月另给辛资，棚头钱三百文，帮棚钱一百五十文。

一、什物宜分所置给也。每所每间各置方桌一张，长凳二条，惟养病所每人各给一床，余皆两人共床一张，共席一条，每人给饭碗两只，竹筋一双。除贴婴并不住堂外，其余六所，每所各设厨房一间，其厨房应用物件一并置给。

一、出入宜给牌稽查也。凡入堂者，询明籍贯、年貌，填给腰牌，每日黎明听候传梆点名对牌，各给米八合，油盐小菜钱十五文，柴草二斤，交由棚头，总煮共食。日间无事不准出门，有事外出先向堂董请假暂缴腰牌，回时再领。日入后即将各门闭锁，令各就寝，不准点灯吸烟，以防火烛。除老弱病废外，凡可操作者，如纺纱、绩麻、做草鞋、糊银锭等事，由董酌给资本，自做生活所借之本，陆续归还其余利，自行添补衣履。

一、收养宜分别年岁也。凡老男及老妇，年六十以上，孤独无依者，方准收入，冬月给新絮袄裤各一套（袄则用花廿四两，裤则用花十二两），两人共给絮被一床（用花五角），布帽一顶，白布小衫裤一套；老男并给布鞋袜各一事，夏则各给洋布小衫裤一套，蕉扇一柄，两人共给蚊帐一顶；至残废男女不计年岁，一体收养，冬给旧絮袄裤、旧棉被，夏给旧布衫裤、蕉扇，两人共给旧蚊帐一顶。每年五月查验给过棉衣被有无破坏，注入堂册，各给钱五十文作浆洗之费，仍令自行收管。设有典质变卖等事，追缴惩逐，九月复查，择其实在破碎并新到未给者，照章添给。所给蚊帐亦每年于五月查验，各给钱五十文，责令洗补，其有十分破碎者，另行换给，所给新制衣服被帐，用至三年，始准更换。其原给本旧者，准由董察看，逐年酌量添换。有事出堂，不得私自携去，其有报明堂董准其带去者，亦准带往。

一、幼童宣教令习业也。凡无依幼童或流为丐，七八岁至十二三岁，察其举止安静者，均准收入，以四十名为额。其中有能识字者，令入药局学习，其不识字者，令习手艺。如有务正业之人，愿领为子为徒者，取具的保，准各领养，注册开除，以便续补。辅元、果育两堂恤嫠项下嫠妇之子，未能从师读书习艺八九岁至十二三岁者，准两堂送入普育堂教养。清秀者入塾读书，粗鲁者令习手艺，亦以四十名为额。习艺者，概令住堂；读书者，如愿走读，每月照章半给钱米；其住堂者，月准其母来堂看望两次，该童回家一次。如有逃塾，当日报明各该堂督同其母，寻取三日不获，报县饬令其母自寻。倘有疾病愿归者听。现延老儒一人管教二十童，课读小学四子书，月送束修钱六千文，拨给书童一人，月给辛工钱三百文，并雇刻字、印书、成衣、剃发、鞋匠五项，老匠五人，每人教习十二童。幼童入堂由董派拨，从师五日后，由师察看，不能读书及不能学习某项手艺者，报董改拨。如读书不能，降而刻字、印书、成衣。倘再不能，降而做鞋、剃发。五者均不能教，即逐出堂。既经从师学习，为师者自当严管。教一年之后，读书不循规矩，习艺一无成就，师则辞去，徒则驱逐。凡读书粗通，至十六岁，或送官塾，或就贸易，听其自便。习艺能成应助师工作半年之后听各谋食。堂中现雇刻字、印书教师两人，月给辛工钱五千文，成衣月给钱二千文，鞋匠月给钱二千文，剃发月给钱三千文，师徒悉照堂章一体给与钱米，其幼童钱米由师总领总煮，同桌共食，并设夫一名，帮同各教师照管诸童炊煮洒扫，月给工食钱二千文，各童各给絮袄裤、絮被，夏给单布衫裤、蚊帐。能知自爱者，给与新衣，否则给与旧衣。每逢五、九两月查验浆洗等事，照前章办。

一、养病宜斟酌轻重也。养病所房屋两进，一住重病，一住轻病，患疥疮者，则又另为一间。夫二名，专司煎药、扶持病人及洗扫等事，并设炊煮夫一名，每月每夫各给辛工钱二千文，日领柴米菜钱与众同。医药由司事经理医治，察其病尚能步者，令至堂前就诊；病不能起者，由医入诊，定方交局撮药，饬夫领煎给饮；病重不能食粥饭者，日不给米；能食粥者，给米一半，柴草菜钱仍行全给；病将就痊，准各全领。病痊出堂，视路远近给予川资，不得过五百之数。病者冬月给旧絮被褥一副，由司事经管，按月饬夫轮流浆洗一次，每次给钱五十文。其实在贫苦者，并给旧絮袄裤，夏则给予蚊帐、草席，每逢五月天热，则收其絮，而仍给夹被，九月即为装棉，病好出堂，不得带去。

一、保婴宜时加查察也。开堂之初，设有四十名贴婴之额，由司事往查，贫苦属实，填给普字贴婴牌照，每名月给贴哺钱七百文，以一年为断，续增保产贴婴四十名之额，以三年为断。因贫妇较多，嗣又裁去普字，统归育字，以一百名为额，均以三年为限，由果育堂董协同访察。凡贫妇将届弥月，由邻里结报到堂，查系实在贫苦，先给保产牌照，如夫婿外出并无翁姑妯娌者，准由照管产事之邻妇，持牌报领蓐草钱五百文，接稳钱二百文，芎归汤一服，苦草四两，冬棉夏夹婴衣裙一套，尿衲布四块，如系遗腹，蓐草钱文准予倍给。三朝后，由司事往查所生男女，填给贴婴牌照，月往查察一次。婴孩周岁期内，每逢十六日，准婴妇持牌到堂验领贴哺钱七百文，第二三年减半贴给，年终各给年米票一斗，每年四九月抱婴到堂汇验一次。本年新婴妇至冬各给新棉袄裤一副，须于第二三年九月送验，如不送验即将年米住给。倘婴殇亡，随时报请开除。

一、医药宜由堂自办也。堂内医生现延内科二人，外科二人，使得参酌互证，各于所开药方之上，盖用名印，并设底簿，录方存查。四医各月送钱六千文，堂外贴婴偶有报病须诊者，即往诊治，每方另送资钱一百文，药则由堂给发，务求其精而炙炒。炮制之工艺，不容草率，从事并修合丸散暑药，救济急病，系延向在饮片药铺之老成伙友为司事，月给薪水钱六千文，并挑识字幼童二人从之学习，该童等照章给与钱米外，援照棚头帮棚之式，每月另给辛资。堂中药局所购药品必须认真考校，以求真实。

一、茶水宜随时给发也。堂中留养茕民至三百名之多，茶水在所必需。专设茶灶一座，准其随时取饮。且人众气浊，如不勤加洗澡，秽气所聚，疫疬堪虞。冬则五日，夏则间日，责令老男及男残废、抚教、养病四所棚头，轮流领柴烧水共浴。夏日添设茶缸于大门，以解行人之渴。如茕民中有愿煮茶者，照棚头之式，月给辛工钱文。每遇大汛，担水于西门之外，每担给钱四文以及茶叶、柴薪各经费，每日不得过三百文。

一、茕民宜觅保投堂也。堂中收养茕民，凡吸洋烟成瘾者不收，江河流丐来历不明者亦不收。其实在安分之人，贫苦无依，始准觅保投堂。倘入堂后有不安本分之处，轻则斥逐，重则送官究治。客民艰于觅保，倒卧路旁以及尚可造就之幼丐，责成各铺小甲查报。本邑寒门旧族确有可凭者，不在此列。

一、病故宜妥为殓埋也。在堂茕民，如有病故者，由董事查报果育堂给棺；年五十以上给与号棺，余给板棺，各刻茕民姓名于上。两堂董事眼视入殓，抬葬义阡，编列字号，登注堂簿，仍分别号棺、板棺，各给掩埋抬力钱文。亲族有愿迁回祖茔者，报堂准领。

一、堂用宜月给定数也。堂中总董，月领钱十四千文，副董月领钱十二千文，司帐月领钱十千文，管理笔墨兼办察婴司事，月领钱八千文。弹压稽查司事三人，各月领钱六千文。把门堂夫二名，各月给钱四千文，饭食均在其内。更夫二名，即于茕民中挑充，除照章给钱米外，各月给钱一千文，油烛在内。堂董及司事如有馈赆、投赠、借贷、告帮等款，各归本人料理，不得并入堂用之内。

一、经费宜宽为筹备也。堂中常年经费在关库，月给钱五百串，淞沪厘局月给钱三百串，均经道局禀奉院宪批准给领。又由各茶商栈不论红绿茶箱，每箱到沪愿捐钱五文，归茶董集收，缴充堂费。目前量入为出，以期敷用，仍俟军务肃清，厘局停撤，即当酌劝商民捐资，以绵善举。现在照章动用各款，每年由堂核实造册，送道转呈院宪核销。所定章程，如有欠妥之处，随时酌改。万一堂中有意外之用，常费不敷，即由道厅县三署，酌筹拨给。

以上章程十四条，业经详颁立案，务各遵照。

——原载《中国教会新报》1869 年第 53、54、55、56、57 期。

上海新普育堂章程

（1912 年）

第一章　总纲

第一条　本堂承原有普育堂之名义，筹劝款项，就陆家浜南同仁辅元堂之普安亭义地重行建筑，扩充范围，定名曰新普育堂。

第二条　本堂参照旧普育堂办法，专收茕民无告之老幼男女疾病残废疯癫等人，供给其衣食住宿医药，不分宗教，一体收养。

第二章　组织

第三条　本堂主任一员，副主任二员，均尽义务，不支薪水。其助理各职员，由主任员延订。

第四条　本堂董事无定额，设董事会每月开常会一次，遇有特别事项，由主任员通知开临时会。

第五条　本堂敦请素有经验之著名医生一员或二员，担任治病，不支薪水。

第六条　本堂敦请仁爱会女修士十二人担任看护并门诊给药事业，均尽义务，惟衣食零用由堂供给。

第七条　本堂延订助理各职员，员额如下：驻办兼文牍一员、会计一员、书记二员、庶务二员、教习六员、配药二员。

第三章　职务

第八条　主任员总理全堂事务，凡应兴应革各件，以及进退人员保存产业募捐筹款等事，负完全责任。副主任员有协理全堂一切事务之责。

第九条　董事会董事集议堂中应兴应革事宜，并担任募捐、筹款、稽查账目、人口。如遇经费支绌时，董事会当设法维持之。

第十条　医生治疗留堂各病人，每日施诊一次。如有紧要重症，随时救治。

第十一条　看护女修士掌理各院看护事务，凡男女老幼残废贫病疯癫等人之出入，由女修士商承主任员办理。每日门诊由女修士担任施诊给药，如认为必须留堂治疗者，得留堂诊治。

第十二条　驻办员主督率内部员役教化各院留养者，并有查核购办物品、参预兴革事宜之责。

第十三条　文牍员专司本堂一切文牍，并有保存文件卷宗之责。

第十四条　会计员专管本堂银钱出入账目，以及预决算并表册等事。

第十五条　书记员专司人口出入簿册表格等事，并抄写文牍。

第十六条　庶务员专司购置物品，收取捐款租金，督率佣工服务，调查已配妇女、领去小孩有无虐待情形以及其他事项。

第十七条　教习专司教授留养之男女贫儿。

第十八条　配药员承医生及看护女修士之命，配置药品，帮助医生治病及药房内一切事件。

第四章　经费

第十九条　本堂经费分经常、特别二项。经常费由地方官署局所以及中外士绅拨给充之，不足则由慈善团、各教会设法补助。特别费由中外官绅商学各界及各教会、慈善家捐助之。

第五章　事业

第二十条　本堂收养各项男女茕民定额一千五百名口，分各院如下：

（一）男贫病院二百五十名；（二）女贫病院一百五十口；（三）男老人院二百名；（四）女老人院一百口；（五）男残废院一百名；（六）女残废院五十口；（七）男贫儿院一百五十名；（八）女贫儿院一百五十口；（九）男疯人院五十名；（十）女疯人院五十口；（十一）男病犯室五十名；（十二）女寄养所五十口；（十三）节妇院五十口；（十四）育婴院一百名口（内附幼稚舍）；（十五）男女传染病院（不定名额）。

第二十一条　本堂施看门诊，除星期日外，每日下午三时至五时止，并给药饵、号金、药资一概不取。如有暴病、服毒、吞金及跌打损伤等，可随时来堂就医，重者得留堂疗治。

第二十二条　凡留院病人之内外各症，由医生察看病情，对症施药。门诊由女修士施诊治疗给药，药品均用西药。

第二十三条　凡如堂留养者，衣服、床铺、被褥等均由本堂置备。衣服冬棉夏单，床铺一律铁质，被褥均全。每日三餐，一粥二饭，每星期食鱼肉各一次，每月食蛋两次，平日食素菜一色。

第二十四条　凡留养之男女贫儿，令入本堂附设之小学肄业。校内课程遵照现颁小学章程办理，如有天资聪颖、专心向学者，毕业后由本堂送入地方高等或专门学校肄业。

第二十五条　凡男女贫儿于本堂小学毕业者，各就其质性所近，学习工艺。如气体强壮者，一律作劳力之工；其气体素弱或残废者，察核情形，授以相当之工作，分类如下：图画、雕刻、小木、大木、小作、漆品、藤器、竹器、缝纫、染织、皮鞋、布鞋、刺绣、花边、打帘、草绳、草履、种植。

第六章　堂规

第二十六条　凡入堂留养者，于入院时均须沐浴一次，更换堂中衣服，原穿秽衣另室存储。

第二十七条　凡入堂留养者，由女修士管理之。

第二十八条　凡在堂者均宜肃静，不得喧哗高语及赌钱打架。

第二十九条　涕唾必入痰盂，不得随地吐痰，以保清洁而重卫生。

第三十条　如有疾病，由西医诊治之。

第三十一条　留养人洗濯衣服，每星期一次，夏季则每星期二次。

第三十二条　每日夏季五时半、冬季六时，一律起身。七时早膳，十一时午膳，五时晚膳，八时安息。本堂总门八时闭锁。

第三十三条　老人、残废人每月准请假出外一天，早出暮归，如夜不归宿者除名。

第三十四条　凡作工者，无论贫儿、老人、残废人，午餐常用荤菜。

第三十五条　工作物件价银，除提去存本外，视其艺之优劣，配给本人数成。

第三十六条 各院留养人如有不遵以上规则者,按照轻重酌量惩戒或除名。

第七章 附则

第三十七条 男贫儿年至二十岁以上,习成技能足以养家者,准其出外营业婚娶。女贫儿年及笄时,由堂择配。

第三十八条 凡官发妇女经六个月无人认领,本人自愿择配而有人愿娶者,由本堂函致官厅核准施行。其收入之男女贫儿准人领养,惟均须本堂调查确系妥当者,始准给领。领去后不得虐待。如经本堂庶务员查有虐待情事,立行收回。

第三十九条 凡在堂留养人死亡,无家属或家属无力者,由慈善团棺殓掩埋之。如有家属领柩,可以到家拨迁。

第四十条 本章程如有未尽事宜,由董事会议决修改之。

——原载《上海新普育堂征信录》(1915、1916 年),国家图书馆藏。

上海贫儿院章程

（1911 年）

第一章　总章

一、宗旨　收养寒苦子女兼习文艺，使各成一能一技为目的，并融合慈善教育之旨，量材培植以助其成。

二、定名　上海贫儿院。

三、地所　在上海西门外瞿真人庙南。

四、经费　由董事及协赞员承募。

五、教养　分三期。自婴孩至六岁为第一期之教养，统计六年（此期缓办）；自七岁至十四岁为第二期之教养，统计八年；自十五岁至十八岁为第三期之教养，统计四年。第一期以《蒙养院章程》为标准，参以相当之办法；第二期照《小学章程》三育并重；第三期量材度能，酌送中学堂肄业或授以各种技能，仍兼习普通学所有。第三期艺科科目如后：一木工，二漆工，三印刷，四图画，五音乐，六保姆，七产婆，八看护妇，九农桑，十裁缝，十一刺绣，十二编物，十三造花，十四机织，十五革工。

第二章　细章

甲　经理细章

一、总董、院长　总监院务，管理财政、函牍往来，外界交涉悉归主政。

二、监院　男女监院各一，管理院儿衣食住所，监督院儿饮食起居、进退干事、延请教习。

三、副监院　从院长、监院之命令，助理一切院务，兼主任教养事宜。

四、董事　承募经费，评议院事。

五、协赞员　集募捐款，协助本院者。

六、赞成员　赞成本院宗旨，捐助银钱物件者。

七、干事长，总司杂物。

八、干事，分三种：

甲　会计员　掌收支、捐款、出纳、日账及报告等。

乙　书记员　掌缮函牍、编录日志。

丙　庶务员　男女若干人，掌本院内外一切杂物。

九、教员　分授智识、技能兼监院儿起居。

十、事务生　实习杂物及管理兼修学术。

十一、保姆生　实习保育，分任管理兼修学术。

十二、医生　延订中西医生数人，诊治病儿。

乙　教养细章

子　养育

壹　起卧

一、院儿睡起有定晷，每夜足十时为度，起睡时刻依天气寒暖而定，并鸣钟为节。

二、卧榻位置均编定名次，勿混。

三、出入卧室均排班鱼贯而行。

四、男卧室由监院及事务生同睡管理，女卧室由女监院及保姆生同睡管理。

五、幼儿早起晚睡，由保姆生佐理脱着。

六、晨起衣履被褥由各儿自行整理，再由监院等检查。

七、非睡时不入卧室。

八、病儿别卧于特别室，预防传染。

九、卧室内，晚置便桶数只，惟供睡后不时急用，睡前起后仍至厕所。

贰　饮食

一、每日三餐，早餐粥，午、晚餐均饭每人一份。

二、粥菜一碟，饭菜一碗、一小碟，菜以清净滋养为主，荤菜随时酌加。

三、每日七时早餐，十二时午餐，六时晚餐，均鸣钟为节。

四、闻钟即排班肃入膳堂。

五、食堂编定坐次，不得紊。

六、每桌坐六人或坐八人为一组，派长儿二为组长，食前司置筷碗。陈饭菜食时，司添饭添水助幼儿所不及。

七、食时由职员及保姆生轮流监食。

八、午、晚饭后各饮热水少许，不饮茶。

九、晨起后少饮盐汤以解热。

十、暑天解渴酌用药茶。

叁　衣着

一、院儿衣服以朴素坚韧为主。

二、衣服色式件数由监院酌定。

三、管理衣服由女干事一人主任，保姆生分任。

四、衣着由主任裁剪，各女干事分工，衣成后由主任管理。

五、衣服均编定儿名。

六、棉夹衣服每年修理二次。

七、单衣每周洗濯一次。

八、被、褥、帐每月洗一次。

九、洗濯用女佣，俟儿长即由女儿分司洗濯。

肆　梳洗

一、设洗面室数间。

二、晨起排班入洗面室盥漱。

三、盥漱时，由保姆生监视，幼儿由保姆生佐理。

四、盥漱后，由监院检查洁否。

五、三餐事毕，排班洗面。大小便毕，亦必洗手。

六、洗面时，组长司盛水。

七、盥漱均用凉水。

八、设浴室数间或用池或用盆。

九、每周入浴一二次，夏季每日少至一次。

十、男儿入浴由职员同浴管理，女儿由女职员及保姆生同浴管理。

十一、设梳理室，一院儿理发、剃发均在其内。

十二、晨起由保姆生依次理发。

十三、剃发由干事主理，院儿试剃，不用剃发匠。

伍 游息

一、游息分休息、运动二种，由职员及保姆生管理。

二、休息设休息室，运动设运动场。

三、休息时间每日至少四时，运动由管理者随时酌定。

陆 卫生

一、院儿体育由职员及保姆生担任注意。

二、除适当运动外，凡一切起居饮食均于健康二字格外注重。

三、每季查体格一次，以征儿体之发育。

四、院儿若罹疾病，有嘱托医为之诊治。应入医院者，送入嘱托医院。

五、设特别病室，便病儿之疗养。

六、立医药簿，凡病儿之症情、药方，均详记焉。

七、病儿及医药，由女干事一人主任管理。

八、疾病时，由保姆生看护，无少怠忽。

丑 教育

壹 小学

一、按总章第二教养期之办法，先设小学一部。

二、准奏定两等小学之旨趣，编制初等、高等二级。

三、定一年为一学年，初等、高等各定四学年毕业。毕初等业者入高等科，毕高等业者入艺科。

四、贫儿家庭大都失教编制学级，不能以学龄为限，且院儿年幼，不得不暂用男女合级之制。

五、初等小学之科目凡六：修身、国文、算数、图画、唱歌、体操。高等小学加历史、地理、理科、英文、手工、器乐。

六、每日上午八时起授课四时，下午一时起授课三时，晚七时起温课一时，每周授课约四十时。

七、每逢日曜日休课，节日、盛暑及年终岁首，酌假数天。

八、考试酌分三种：（一）临时考试随时行之。（二）学年考试年终行之。（三）卒毕考试，卒业时行之。

九、课堂规则：（一）出入课堂须鱼贯。（二）上课、休课时，须对教员行敬。（三）各级推正、副级长各一司，排班及行礼。（四）来宾参观授课时，须行敬礼。

贰 服劳

一、院儿满十岁以上者，于上课及游息外，令实习杂物以养成耐苦勇为之美德。

二、洒扫院屋庭园。

三、拂拭台凳门窗。

四、搬运器物，修理道路。

五、缝纫衣着。

六、洗濯杂物，女儿洗濯衣物。

七、刈芟草莱。

八、栽种植物。

叁 习礼

一、院儿每日初见师长时正立，男儿举手，女儿鞠躬为礼。

二、晨起盥漱后，院儿全体对立行相见礼，礼式一鞠躬。

三、客来参观时依令行礼。

四、对于有师长有所叩问，男儿正立举手，女儿正立鞠躬。

五、师长有所训勉，正立肃静受教。

六、对于师长须恭顺。

七、对于同院须和厚正直。

八、言语须温厚而有伦次。

九、举止须闲静重实，勿涉卑鄙。

十、衣服冠履须端整。

第三章　贫儿入院、出院细则

一、每年收儿若干名，男女各半数，视经费定之。

二、收儿之限制如下：（一）寒苦子女不问孤否；（二）年在七岁以上，十二岁以下者；（三）五官四肢具备，无精神病、皮肤病及会出痘者；（四）女儿须天足。

三、合上开资格者，可于收儿时来院报名，并开该儿住址、家况。

四、报名后，须经本院派员调查，身家合格者，方可收取。

五、合格贫儿须由家族填写愿书，并由地方官长或校长、会长商学董及本院承认之人，作保盖印，送呈院长核定后，方准入院。

六、入院后，平日凡家族人等，非经本院许可，不得来院探望。

七、每年招待院儿家族及保证人二次（时日酌定）报告情形，参观成绩。

八、教养期满后，由家族领回，或由本院代谋生计均可。惟谋生处事，本院有监督干涉之权。

九、院儿倘有时疫、意外等事，致有疾病不测，即由本院通知保证人及家族来院察看，欲领回者听。

十、未满期前，有欲将贫儿领回者，须向保证人将在院历年经费缴还后，方准出院，仍须由保证人立出院书。

十一、贫儿在院或有习惯不合，或有他故私行脱逃等事，可即报知该家族，自行寻觅与本院无涉。其在院历年费用，由保证人担任清缴。

——原载《慈善》1911 年第 18 期。

上海市政厅慈善团办法大纲

（1912 年）

第一条　慈善团系合并市区域内各善堂，隶属市政厅统一办理慈善事业，名曰：上海市政厅慈善团。

第二条　慈善团之统一机关以同仁辅元堂为事务所，设经理、协理各一人。

第三条　慈善团之事业分为六科，各设主任一人。

第一科　恤嫠、赡老、矜孤、济贫；

第二科　施棺、赊棺、赊葬、义冢；

第三科　育婴、保赤；

第四科　养老院、残废院、贫病院；

第五科　贫民习艺所；

第六科　妇女工艺院；

以上六科施行细则另订。

第四条　养老、残废、贫病等院未成立以前，原有之普育堂照旧办理。妇女工艺院未成立以前，原有之清保节堂照旧办理。

第五条　各善堂之不办留养者，除有特别情形外，一律并归事务所统一办理。

第六条　各善堂向办之浦江救生，移交警务水巡。向办之义塾学堂，移交学务科。向办之救火水龙，改隶救火联合会。向办之施医施药，改隶卫生科。均不由慈善团办理，惟卫生科未完全成立以前，医药事宜暂由事务所照办。

第七条　经理、协理及各科主任，均由董事会推举任之。

第八条　慈善团事务所设文牍、庶务、会计等员，由经理遴选委任；其分科事业之助理员，各由该科主任遴选委任。

第九条　慈善团所有财产应责成经理协理，分别清查，汇造总册，交董事会管理。

第十条　慈善团岁入、岁出，由事务所按照会计年度编制预算，送由市政厅汇入总册，交议事会决议支配。

以上各条如有应行修改之处，得由董事会随时提出于议事会。

——原载《上海市公报》1912 年第 1 期。

上海台灾急赈会简章

（1929 年）

第一条　本会定名为上海台灾急赈会。

第二条　本会以专办台州义赈为宗旨。

第三条　本会征求上海各慈善家联合台属筹赈人员同为本会会员。

第四条　本会设上海云南路仁济堂内。

第五条　本会于赈务结束时裁撤。

第六条　本会设常务委员十一人，由会员公推之，常务委员自由认组办事。

第七条　本会设主席三人，由常务委员互推之，代表本会执行职务。

第八条　本会设总务、执行、监察三组，每组设正、副主任各一人，由本组常务委员互推之。

第九条　总务组掌文牍、会计、庶务及不属于各组事项。

第十条　执行组掌调查、宣传、捐募、放赈、采运事项。

第十一条　监察组掌视察、审计事项。

第十二条　各组事务繁琐，如常务委员中乏人专任正、副主任，得由本会另聘之。

第十三条　本会因缮写文件及办理其他事务得酌用雇员。

第十四条　除雇员外，均为义务职，但因执行事务有必须酌给津贴及川资宿食费时，由本会决定之。

第十五条　关于筹募赈款暨施赈办法，由本会随时决议之。

第十六条　办事细则由各组自定之。

第十七条　本简章如有增损事宜，由主席委员召集大会修改之。

第十八条　本简章经大会通过后实行。

——原载上海台灾急赈会编：《上海台灾急赈会征信录》，

1930年，第4—6页。

上海台灾急赈会办事通则

（1929 年）

一、本会处理事务除简章别有规定外，悉依本通则办理之。

二、本会每星期开常务委员会一次，星期三下午四时行之，遇有必要事务召集临时会议。

三、事涉两组以上者，随时协商办理。

四、本会文件须经主席委员核阅签字方可发布，如主席委员有缺席者，得由主席委员先行签发。

五、各组遇必要时，得召集各组会议。

六、本会办事时间每日上午九时至下午五时，遇必要时得提早或延长之。

七、本细则如有未尽事宜，由常务会议修改之。

八、本细则经常务委员会议决施行。

——原载《上海台灾急赈会征信录》，1930 年，第 6 页。

上海仁济善堂董事会公订简章

（约 1930 年）

第一章　总则

第一条　本堂始创于前清光绪辛巳年，由董事施善昌先生等合集组织实行慈善事业，定名上海仁济善堂。

第二条　本堂自行建筑房屋于上海英租界云南路五百六十六号为办事处。

第二章　宗旨

第三条　本堂推广慈善义务，增进世界公益为宗旨，政治时事概不预闻。

第三章　实行事类

第四条　本堂慈善义务因限于经济，当尽其能力所及者共分四类：

（一）普通之慈善义务。

（二）临时之慈善义务。

（三）育婴之慈善义务。

（四）教育之慈善义务。

第五条　普通之慈善义务，如矜恤、施医、赠药、发粟、给衣、施材、助殓、掩埋、惜字、放生等事，皆在此类之内，细则另章订之。

第六条　临时之慈善义务，如筹办猝遇水旱饥荒之义赈，救护意外被难之灾黎等事，皆在此类之内，细则另章订之。

第七条　育婴之慈善义务，如设堂收受贫苦男女小孩抚养等事，皆在此类之内，细则另章订之。

第八条　教育之慈善义务，如设立义务学校、贫民露天学校及夜学等事，皆在此类之内，细则另章订之。

第四章　经费

第九条　本堂经常费，除房屋出息及捐户助款支给外，平时并不外募（特别劝募不在此例）。

第五章　会董

第十条　本堂董事有下列二项资格，得全体通过，方为合格：

（一）年满三十岁以上，品行端方，有正当行业者。

（二）热心公益，赞助本堂，得有二位董事以上之介绍者。

第六章　职员

第十一条　本堂各要职皆由董事中选任之，全属义务，不得支取夫马及其他之津贴。

第十二条　本堂职员规定之数如下：

（一）总董一人，副总董二人。

（二）交际科董事无定额。

（三）审核科董事三人。

（四）文牍科董事三人。

（五）经济科董事三人。

（六）产业科董事三人。

（七）调查科董事三人。

（八）庶务科董事三人。

（九）医药科董事三人。

（十）教育科董事三人。

第十三条　本堂职员服务期以一年为期，届满应行改选。

第七章　董事会及各科之职务

第十四条　董事会总理本堂，实行慈善义务四大类一切事务，兼管各处附属本堂慈善机关。凡各科请核事件，寻常者当交审核科核夺，分别发由各科办理。重要者，由总董先期通知全体董事，翌日开会讨论，如一次不能表决，得能展期覆议（惟至迟由交核时计起，不得过五天）必须表决由总董署名交科办理。

第十五条 总董主持本堂一切事务，副总董襄助之，倘总董因事不能到堂，由副总董代行职务。

第十六条 交际科承董事会之意，办理各处交涉事宜与外宾接洽事件，如有疑难事件，随时商请总董邀集全体董事会议表决办理。

第十七条 审核科随时应当审查覆核事务如下：

（一）关于董事会之施行一切事务。

（二）关于董事会之拟办一切事务。

（三）关于本堂改良一切事务。

（四）关于本堂之公牍文件，预算计算书及一切报告书等类。

第十八条 文牍科管理存档各案及本堂往来之公牍文件规则等类，凡事寻常者悉承总董之意办理，重要者须由总董邀集全体董事会议表决行之。

第十九条 经济科经管出入各款，应照特定事项，会计造报月结、年结及预算、计算书等表册。凡款在五十元以上之支出，须由本科董事盖章签字。如有千元以上支出，寻常者须商请总董核准照付，临时者须由总董邀集全体董事会议表决行之，所有一切表册须妥为保存，遇董事会调验之时，即须检交候查。

第二十条 产业科管理本堂基地、房屋、收租等事，惟契据图样必须造列表册保存，如董事会调验之时，即须验交候查。凡有改革及出纳之事，寻常者商请总董核准办理，重要者须由总董邀集全体董事会议表决行之。

第二十一条 调查科随时应行事务如下：

（一）关于本堂施行慈善义务，一切应须调查事件。

（二）关于董事会交查事件。

（三）关于本堂内发生待查事件。

（四）关于社会中与本堂有关系之一切急须调查事件。

第二十二条 庶务科照章办理本堂内外一切杂务，督率员役采办什物等类，如有改动，一切寻常者商请总董核准照办，重要者须由总董邀集全体董事会议表决行之。

第二十三条 医药科承董事会之意，管理各种施药给药之事，如关于人命之处急须改革者，得随时商请总董核夺，或由总董召集全体董事会议表决行之。

第二十四条 教育科承董事会之意，管理各种教育，遇有不适用之处，或须改革者，得商请总董核夺，或由总董召集全体董事会议表决行之。

第八章　职员办事规则

第二十五条　本堂各科办事时刻，除雇用员役另订规则办理外，所有各科董事每日不论时刻，应须到堂，以便主办一切事务。

第二十六条　本堂职务董事如遇事他往，应请他董暂为兼代，以重职务。

第二十七条　各科当选董事，除准上条兼代外，不得兼补他科职务，以昭郑重。

第二十八条　各职员如经众公推出外办公，川资等费概由本堂供给（如能自备者最妙）。

第九章　集会

第二十九条　本堂开会计分常会、临时会两种，常会每逢夏历望日会议，本堂寻常已办之事及未办应行之务，如遇重要急务，应由总董函召全体董事临时会议。

第三十条　董事会系总理本堂要务，每季应公推办事董事一位，常川到堂，会同各科董事监察一切事务。

第三十一条　每届会议以全体人数三分之二为法定人数，得半数通过，并由总董付表决之。如遇重要事务或不足法定人数，得展期覆议，连接展期二次，仍不足法定人数，即由总董宣布日期开会，声明所有未到者乃权属自弃，惟有当席表决一律作为默许。

第十章　选举

第三十二条　本堂每年选举一次，届选举之期，应由总董函全体董事会集，用无记名法当场票选，或有因事不能赶到者，准其函托他董代表。

第九章附则

本简章以一年为试行之期，自开会宣布日起，如有增减之处，于年会时提出修正。

——原载《上海仁济善堂各种章程规则》，上海市档案馆藏。

上海仁济善堂委员会简章

（约 1930 年）

第一条　本堂应时势之潮流，谋进行之顺利，改董事制为委员制，分科办事，各专责任。

第二条　本堂设委员三十二人，于委员中公推正主席一人，副主席二人，常务委员十二人。

第三条　本堂承办各项善举，分设六科：

（甲）产业

（乙）经济

（丙）育婴

（丁）医药

（戊）教育

（己）施舍。

惟育婴一项事最繁重，设常务委员四人。教育、施舍二项较为简单，各设常务委员一人。其余三项各设常务委员二人。

第四条　本堂委员除主席及常务委员外，分任交际、调查事宜。

第五条　主席及常务委员应每日到堂处理应办各事，并考察办事员之勤惰。

第六条　委员会每年正月开大会一次，如有重要事件由常务委员会之决议得开临时会。

第七条　常务委员会每月一次，于每月第一星期六行之，开会时须有委员三分之一到会方得开议，须有到会委员过半数以上之同意方得决议。

第八条　常务委员每年改推，其半以抽签法定之，除被签留外，连推得连任。

第九条　本堂于各科常务委员外另设驻办一人（有给职），由主席择心地慈祥，操守廉洁者充任，惟须得常务委员之同意。

第十条　本堂各科得各设雇员若干人，人数视事务之繁简定之，由本科常务委员选任，惟需得主席之同意。

第十一条　驻办承主席及常务委员之指挥，督率各科雇员办理全堂事务，各科雇员承主席、常务委员及驻办之指挥，办理各本科事务。

第十二条　各科办事细则由各科常务委员另订之，经全体委员会通过后实行。

第十三条　未尽事宜，经各科常务委员提出得主席之同意，由全体委员会决议施行。

——原载《上海市仁济善堂各种章程规则》，上海市档案馆藏。

上海仁济善堂董事会办事规则

（1937 年 6 月编订）

第一条　本规则依据本堂章程第二章各条之规定拟定之。

第二条　本会代表大会议决本堂一切事务。

第三条　本会照章组设常务董事会，处理本堂日常事务，本堂职员及附设各机关职员之考核任免与事务之改良兴革均属之。

第四条　本会分设财产、教育、救济各组，每组由常务董事会推举委员五人组织委员会，处理各组事务。并指定二人为正副主任委员主持组务，常务董事为各组当然委员。

第五条　本会各组事务及职权如下：

一、财产组　凡本堂各项收支及房地产之整理均属之。

二、教育组　凡本堂主办之学校、育婴等均属之。

三、救济组　凡本堂施医、施药、施材、施衣米、恤嫠及临时救济事项均属之。

以上各组因事务之必要，得另分课处理，仍取决于常务董事会。

第六条　本会每月举行会议一次，常务董事会无定期，均由董事长召集之。

第七条　常务董事会设事务、会计两股，各股各设股长一人，股员若干人，办事员若干人，承办本堂一切事务。

一、事务股　凡本堂收发、撰缮文件、保管印信及一切设计、购置等事皆属之。

二、会计股，凡本堂一切收支及预算、决算等事皆属之。

第八条　本堂以上午九时至十二时，下午二时至六时为办公时间，遇有必要得提前或延长之。

第九条　常务董事会设日记簿、签到簿，本堂职员均应按时签到，由事务股长管理，遇有应行接洽事宜，详载日记簿，送呈董事长查核。

第十条　本会职员及本堂附设各机关职员，均由常务董事会分别聘委，各机关各设签到簿、日记簿，备由董事监察，随时考核，并每十日另行造册送呈董事长查核。

第十一条　本堂购置药品及一切物件，由各组决定，交由事务股开单估价，送呈董事长核办，或召集常务董事会议决行之。

第十二条　本堂收款随时扫数送交指定行庄，支款由会计股签具事由单，送由财产组主任委员签字，并由董事长及常务董事一人以上之签字方可支用。

第十三条　本会财产、教育、救济各组事务，除常务董事会交办外，并得拟具计画送交常务董事会议办。

第十四条　本规则由董事会议决施行，修改时同。

——原载《上海仁济善堂各种章程规则》，上海档案馆藏。

上海市普善山庄章程

（1930 年 6 月改订）

第一条　本山庄创自民国初年，鉴于当时闸北地居荒僻，孩尸残骨沿途抛弃，而贫苦之家病无以药，殁无以殓者，比比皆是，殊甚怜悯，爰集同志筹资筑舍，以其普及善举，定名曰普善山庄。

第二条　本山庄以济贫掩埋为目的，举办事业如下：

掩埋暴露　逐日派出夫目沿途巡察，遇有抛弃之孩尸及遗骸残骨，即行检查收埋，并备有运输车，以期迅速。

义冢施材　购置冢地，施以棺木，以备埋葬暴露尸骸。凡无主旅榇亦可入葬。

施医给药　设立白十字普善产科医院，以便贫病求治，并附施诊部施诊给药，以资救济。

第三条　本山庄主事务所在闸北普善路。

第四条　本山庄分事务所如下：

一、事务所（总事处）北海路西二号。

二、普善产科医院　闸北新民路。

三、南市分庄　南市三官堂路。

四、浦东分庄　浦东其昌栈。

第五条　本山庄以董事年会为最高机关，由下列人员组织之：

甲、创办人

乙、赞助人

丙、捐助人

丁、认有常捐者

戊、名誉董事（经由董事会议决，请声望允孚而表同情于本山庄，直接间

接维护本山庄者任之）

第六条　本山庄开董事会，每年开总会两次，由总董召集，在开会七天前书面通告之。遇必要时候，得召集临时年会。

第七条　本山庄董事年会开会，由总董主席并报告庄务经过情形，以及收支账目，并讨论决议山庄兴革事项。每届改选时期推举董事十五人，设立董事会。年会闭会后，即以董事会为最高机关，其职务如下：

一、关于事业兴革及变更事项；

二、办理主管官署交办事项；

三、聘任雇员并规定其职务；

四、议决各项规则及订定办事细则；

五、审议预算决算；

六、筹划经费（惟募捐事项须呈准官署）；

七、依法保管及处置所有资产（关于变更财产应事前呈准主管官署方生效力）；

八、考核成绩；

九、关于其他监督整理维持及改善事宜。

第八条　本山庄由董事会各董中互推总董一人、经济董四人、议董八人、常务董二人，主持本山庄一切事宜。总董对外代表本山庄及全体董事；经济董负责经济出纳之责；常务董处理山庄日常事务，并督察庄务进行，于开董会时报告之。如有重要事件，须由董事会议决之。

第九条　本山庄董事为义务职，任期以三年为一任，但连推得连任之。

第十条　本山庄董事会开会时，由总董主席，因事不能出席时，得由各董互推一人代理之。董事出席以过半数为法定人数，如董事因事不能出席，得书面委托其他出席董事代表之。惟每一董事代表以一人为限。

第十一条　本山庄每月开董事会一次，开会时各董事应准时出席，如已届开会时间而各董事尚未报道，得延长半小时，如仍不足法定人数，改开谈话会。

第十二条　本山庄决议案须有过半数董事之出席，董事过半数之表决，可否同数时取决于主席，如有复杂议案，得付审查。

第十三条　本山庄董事会置备议事录一册，记录决议各案，由各出席董事签名，以昭郑重。

第十四条　本山庄董事会公举主任一人，管理内部一切事务，但重要设施须提出董事会议决之。主任下酌设助理各员，以山庄事务繁简定之，惟须经董事会认可。干事一人、文牍一人、书记二人、会计一人、庶务三人、调查五人，均雇用职，依职务各任其事，其办事细则另定之。

第十五条　本山庄由董事会推举白十字普善产科医院院长一人，主持医院事务，其医院章程另定之。

第十六条　本山庄经费以常捐、特捐收入为抵注。常捐由捐助人各自认定，一年一付，或半年一付，悉听捐助人自便。特捐由赞助人捐输，多多益善，如有不敷出，由各董事设法筹集之。

第十七条　本山庄收支会计依据本市公益慈善团体会计通则办理，由经济董事审定，报告董事会，经复核后刊印征信录，分发各董事及各捐助人，以昭信实。

第十八条　本章程如有未尽事宜，得由董事会提出，付董事年会依法决议修正，由主管官署核准施行。

　　　　　　　　　　　　　　　　　　　　——上海市档案馆藏。

上海联益善会会章

（1921 年）

第一章　总则

第一条　本会为尊重人道，矜恤苍生起见，乃集同志组织斯会，用调查发见、施材掩埋、收殓路毙等方法，免尸骸暴露以慰幽魂，附设施医院，常年送诊给药，及冬令散发衣米等事，以济穷黎为宗旨。

第二条　本会创办之初定名曰上海联益施材会，今于庚申十二月间由董事会议决，于辛酉年起改曰上海联益善会为永久之名称。

第三条　本会纯属慈善机构，不涉党派，不分国界，无论团体个人，愿热心赞助者均可入会。

第二章　方法

第四条　关于调查发见，施材掩埋，收殓之方法：

一、（调查）地方上设有病毙穷而无措，收殓无资，不论属何籍贯，经会员及调查员调查确实，准即给予相当之材，调查员在外施行职务时，俱各佩有本会执照，并黏各该员之照相于左，以资识别而杜混淆。

二、（报告）热心君子见有贫民病毙、无资棺殓者，及路毙浮殍等，来会报告，得以收殓掩埋，曷胜感激。

三、（协助）本会施材掩埋、收殓路毙等事，除由地方官厅暨工部局立案外，并蒙饬属保护，以维善举。

四、（施材）本会施舍之材，分载赈焉婴四种，如尸属不忍殓用施材，愿出资价买者，本会备有福禄喜寿万物六种，以凭拣选，而予平价（惟物字号材，若有会员填结联票时注明，由尸属收殓，或厝会馆，或回原籍，该材亦可施给）。

五、（夫役）本会雇佣扛夫多名，如尸属愿欲本会扛夫承扛者，本会定有扛价，由尸属预付。本会扛夫除领正价之外，不得额外索取。及关系收殓掩埋事宜，不得草率，如未满尸属之处，及索诈等情，由尸属报告来会或经本会访实，按名开除。

第五条　关于认领、迁葬、归籍之方法：

（一）（认领）本会收领无名尸身时，留摄照相黏贴本会，由尸属来会具保认领。

（二）（迁葬）由尸属开明死者姓名、籍贯、年岁、职业及身故日期，具保来会准予迁葬。

（三）（归籍）除尸属具保认领外，对于海关验收手续，由本会代理，其装运费由尸属照给。

第六条　关于施医院之方法：

（一）（送诊）延请著名各科医生常年逐日施诊。

（二）（给药）到院诊治者确系贫病无资，购服汤药本会一例施给。

第七条关于散放衣米之方法：

（一）（期限）自冬季十一月起至年底为止。

（二）（代给）本会当散发衣米时，印有衣米票分送各机关及各会员，请为代给，俾得普济穷黎。

（三）（调查）本会另派调查员沿途调查，如见有穷黎冻馁者，使其到会持领，无票酌予发给。

第三章　会员

第八条　本会会员分为六种：

甲（名誉会员）捐助会费洋五百元以上，或每月捐洋三十元以上者。

乙（赞成会员）捐助会费洋二百元以上，或每月捐洋十元以上者。

丙（特别会员）捐助会费洋一百元以上，或每月捐洋五元以上者。

丁（正会员）捐助会费洋五十元以上，或每月捐洋二元以上者。

戊（普通会员）捐助会费洋二十五元以上，或每月捐洋一元以上者。

己（赞助会员）赞助本会著有成绩，经本会认可者。

第九条　本会会员证书由介绍人将认单填送，到会或来会认定注册起捐后，填给证书。

第十条　具有本会章程第八条甲乙丙丁会员名誉，应给予施材联票一，本所便施行本会给材义务，该联票填罄后，将根交来得调换新本。

第十一条　凡商会、善堂、公所、同乡会及他社团各团体捐助会费，得举代表一人，照第八条规定，得享会员权利。

第四章　董事

第十二条　本会额定董事如下：

理事主任一人，总务科一人，文牍科二人，教育科三人，医学科三人，经济科三人，庶务科二人，调查科无定额，交际科四人。

第五章　经济

第十三条　本会除会员外，并无募捐员在外沿门劝募，如热心赞助者可将捐款迳送本会，或收捐员持据收取，以杜混冒。

第十四条　收入捐款存放殷实商号，随时支取。

第十五条　凡特别捐款收到后当给收条，并汇登报章，以昭征信，而扬仁风。

第十六条　本会收支账目每届年终，由经济科详细开陈，分列报告。

第六章　经济

第十七条　本会每年开大会一次，报告上年收支账目及讨论进行方法，如遇重要事件，由理事主任召集开临时会议。

第七章　选举

第十八条　选举每届三年举行一次。

第十九条　选举票纸由事务所制备，票纸内记明年次，编列号码，盖用本会图记。

第二十条　会员名单由事务所编制，以前一月内在本会为会员者为限。

第二十一条　开会前七日，由事务所将选举票纸、会员名单并选举章程封入函内，分别寄各会员，但现已离沪，或住址不确，不便投寄者，可将该函留置事务所，听本人到事务所或会场领取。

第二十二条 选举票应书被选举各科董事姓名，并自书选举人姓名，被选举人以特捐一百元以上，或月捐二元，蝉联至三年以上者为率。

第二十三条 开会前事务所内设置投票柜，由主任委任职员管理投票事务，并邀会员监察之。

第二十四条 开会前三日内，以会员可于上午十时以后，下午八时以前，亲到事务所投票，如会员不能亲自到所，投票者请将选举票封入函内，外表明选举票并署明选举人姓名，寄交事务所，由管理人会同监察人投入柜内，如会员于开会前不及投票者，可于开会日开票时前当场投票。

第二十五条 投票柜于开会日期当众揭封开票。

第二十六条 开票时由主任委职员管理开票事务，并邀会员监察之。

第二十七条 选举票有下列情事者作无效：

一、不用事务所发寄之选举票者。

二、被选举人之姓名模糊不能辨认者。

三、夹写他事于票内者。

四、函投之票不于函外署明选举人姓名者。

第二十八条 被选举人以票数多寡为被选举次序，在本届选举董事名额以内者为当选，并依次名额加倍，开列为候补当选人，当选人姓名及候补当选人姓名当即揭示会场，并于会后通告会员。

第二十九条 事务所于开会后五日发函通知当选人，任本会职务。

第三十条 董事因事辞职，经董事会议决后，以候补当选人，依次递补。

第三十一条 关于选举事务，遇有情弊，由董事会查明决议。

第三十二条 本章程如有提议修改增加者，由大会议决后修改之。

第三十三条 本会基础须从购买基地，建造房屋着手，现暂设会所闸北华界胡家木桥、香烟桥路中市，设义冢于引翔乡二十三保四七图暨十图内。

材价（此项材价归入特捐）：福字号材每具洋六十元，禄字号材每具洋五十元，寿字号材每具洋四十元，喜字号材每具洋三十二元，万字号材每具洋二十四元，物字号材每具洋十六元，扛抬夫役费每名洋八角，如遇慈善机关每名洋六角。

——原载《上海联益善会报告》第七册，第1—7页，上海图书馆藏。

上海联义善会委员会修订简章

（1930 年）

第一章　总纲

第一条　本会联合上海慈善同志专办慈善事业，纯粹义务，故定名为联义善会。

第二条　本会以救济贫穷、赈恤灾荒为目的，其所办事业：一、施给医药；二、施送衣米；三、施送棺木；四、掩埋尸骨；五、收养贫儿；六、义务教育；七、赈济灾荒。

上项事业办事规则另订之。

第三条　本会设于闸北沪宁车站旱桥北堍交通路一六七号，南市分会乔家滨路八五号，总办事处英界山西路盆汤街桥南堍一五一号。

第二章　委员会

第四条　本会委员会以委员长一人，副委员长二人，监察委员三人，常务委员十一人组织之。

第五条　委员之职权：

（一）关于事业与兴革及变更事项。

（二）办理主管官署交办事项。

（三）聘任雇员并规定其职务。

（四）议决各项规则及订定办事细则。

（五）审议预算决算。

（六）筹划经费。

（七）保管及处置所有资产。

（八）考核成绩。

（九）其他关于监督整理及维持改善事项。

上列各项如有法令规定须呈报主管官署者，应依照手续办理。

第六条　委员之选任：

委员长、副委员长、监察委员均由常务委员用记名投票法互选，以票数多者当选，票数同者抽签定之。常务委员由出席会员于本会会员中记名投票互选，以票数多者当选，票数同者抽签定之。

第七条　委员之任期均为三年，连举得连任。如有发现监督慈善团体法第五条所规定之情事者，随时解任更选之。

第三章　会员

第八条　凡经本会会员二人以上之介绍缴纳会费，并不违犯监督慈善团体法第七条之规定者，皆得为本会会员。凡乐助巨款及各界中之资望热诚足以协助善举者，本会皆得推认为名誉会员。凡有认纳一元月费者，自愿趸交一百元至一百二十元；认纳五元月费者，自愿趸交五百元至六百元；认纳十元月费者，自愿趸交一千元至一千二百元，本会均认为永久会员并将姓名刊勒碑石。

第四章　会议决议

第九条　本会会员会每半年举行一次，于两星期前由委员会召集之，如有全体会员十分一以上之请求，表明会议目的及召集理由请求召集时，委员会受前项请求后，应于一个月内召集临时会。

第十条　本会常务会每月举行一次，由委员会长于一周前召集之。如有重要事项，得由委员长召集临时会。

第十一条　各项会议均须有全体会员或委员过半数之出席，方得开议。

第十二条　各项会议均以委员长为主席，缺席时由副委员长代之，同时缺席，临时公推之。

第十三条　下列事项需经会员会之决议：

一、变更章程；二、任免委员；三、监督委员职务之进行；四、开除会员。

第十四条　会员会决议之方法，除前条第一项变更章程应有出席会员四分之三以上之同意，或全体会员三分二以上书面之同意方得决议外，其他各项及一切会议事件均以出席会员过半数决之，议决事项如有法令规定，应呈报主管官署者，依照手续办理。

第十五条　常务委员会之决议，以出席委员过半数决之可否，同数取决于主席。

第六章　经费 ①

第十六条　经费之来源：

一、会员会费。分每月一元、五元、十元三种，由会员自认按月收取，其愿半年或全年总付或趸交若干年者，均应听其便。

二、特别捐。凡有捐助现款或衣米者，无论多寡，均为特别捐，如有书画家愿以润资充捐，无论全数或提成，均极欢迎，亦为特别捐。

第七章　会计

第十七条　会计年度以每年一月一日起，至十二月底止。

第十八条　每届年度开始，应由委员会将收入、支出编制预算。

第十九条　每年度终结时，应将上年度之收支款项及捐款者之姓名、银数编制决算书及财产目录，委托会计师查核，出具证明书，刊印征信录，分送各界以资凭信，并呈报主管官署备案。前项预算决算于会员会报告之。

第二十条　收入款项或物品应备具编号两联收据，经常务委员签印，一联存查，一联交付款人。

第二十一条　支付款项或物品，应由常务委员签印后，方得照付，并应取得领取人收据。

第二十二条　收支款项物品应逐日登入账簿，所有单据汇订成册，一律保存。

第八章　契据

第二十三条　本会田地产契据租定浙江兴业银行七〇七号保管箱保存，公推监察委员张碧臣君签开箱书钥匙二件，一由主席保存，一由监察委员王云甫君执管。

---

① 原文无第五章。——编者注

第九章　附则

第二十四条　本章程如有未尽事宜，由会员会提出修改之。

　　——原载《上海联义善会征信录（1931年—1932年）》，第3—7页。

上海联义善会总办事处办事规则

第一条　本会为事务上之便利，设总办事处于英租界山西路一五一号。

第二条　本会所办各种事业由总办事处直接监督处理之。

第三条　本处分设总务、文书、会计、出纳、捐务、庶务等股，每股设主任一人，事务员　人，分司职责。

第四条　总务为各股领袖，总持一切，其掌管事务如下：

一、与外界接洽事件；二、处理内部临时或重要事件；三、处理不属各股事件；四、考核各股办事成绩。

第五条　文书股掌管事务如下：

一、撰拟缮写公牍书启；二、填造各种调查报告表册。

第六条　会计股掌管事务如下：

一、编造预算、决算、月报、征信录；二、稽查收支款项捐助物品（每日收入、支出之款先由本股核算后，填掣收支凭单，交由付款收款人持，向出纳股照单收付，物品同）；三、核对出纳账目。

第七条　出纳股掌管事务如下：

一、保管现金捐助物品；二、收支款项（每日收支款项，除依照本会简章专条规定外，并以会计股凭单为准，物品同）；三、保存簿据。

第八条　捐务股掌管事务如下：

一、收取捐款物品（每日收得捐款连同捐册，先由会计股核算后，迳交出纳股点收，物品同）；二、编造捐册。

第九条　庶务股掌管事务如下：

一、购办物件；二、保管器具；三、办理杂务。

第十条　各股所办事务，由本股主任及总务主任核定后，方得施行。

——原载《上海联义善会征信录（1931 年—1932 年）》，第 7—8 页。

上海联义善会庶务科办事细则

第一条　接洽各项杂务，如有重要事务，随时报告总办事处核示办法。

第二条　保管房屋及修理事务，有应修理之处，应先饬匠估计，报告总办事处核办。

第三条　保管器具什物，逐一登记簿籍。

第四条　监制施送衣服，监视制造，勿任偷减工料。

第五条　管理施送衣米，凭票发给，每日发出数目，报告总办事处，收回之票一并缴核。

第六条　购办物件，先行开单，报告总办事处，核准后领款照办。

第七条　管理工役，如有不听约束情事，随时报告总办事处撤换之。

——原载《上海联义善会征信录（1931 年—1932 年）》，第 8 页。

上海联义善会中西药部办事规则

第一条　本会根据简章第二条之规定，延医施诊，以救济贫民疾苦为宗旨。

第二条　本会施医分设各科如下：内科、外科、妇科、幼科、伤科、喉科、眼科、针科。

第三条　本会医部推选正副主任各一人，主持全部事务。

第四条　本会延聘常驻医生十余人，夏秋两季就诊人多，由正副主任商由本会总办事处，总务主任临时添聘。

第五条　各科医生上午八时开诊十二时止，号数多时延长时间以诊毕为度。

第六条　医生诊病须将见症、脉象、舌色、病原、治法详载药方，以资考证。

第七条　医生药方用复写纸一张交给病人，一张存会。每届月终汇送正副主任检阅。

第八条　医生定方后，应将服法及忌食物详细告知病人。

第九条　病人就诊只须缴付号金，不收诊费。

第十条　病人就诊时，由挂号处按照先编定号数，挨次诊治，不得争先拥挤。

——原载《上海联义善会征信录（1931年—1932年）》，第9页。

上海联义善会施药局办事规则

第一条　本会根据简章第二条之规定，施送药剂，以救济贫民疾苦为宗旨。

第二条　本会药局设主任一人，主持全部事务，职员 人，分司职责。

第三条　主任随时考察存药数量及时症之需要，报告本会总办事处总务主任，斟酌添减。

第四条　凡须泡制之饮片及外科之膏丹末药，由主任督同职友，依照古法加工制配。

第五条　储存药品应随时整洁，勿任霉烂。

第六条　药柜接方配药时，于药名、数量及病人姓名、号数务须注意，不得错误。

第七条　药柜配给施药，以施医挂号所给之方为限。

——原载《上海联义善会征信录（1931年—1932年）》，第9—10页。

上海联义善会施材处办事规则

第一条　本会按照简章第二条之规定施送棺木，以实在贫不能殓者为限。

第二条　本会刊印施送材票，分送捐助施材捐之会友，俾遇有贫苦死亡者施用之。

第三条　会友施给材票时，须盖章或签字，并将死者之姓名、年岁、籍贯、住址及致死病情分别注明之。前项会友施材票，以现在捐助施材捐者为限。

第四条　丧家领得施材票时，先持至本会总办事处，偕同本会人员到地察看属实，由本会加盖图章后，持向施材处凭票领材。

第五条　本会施材连同石灰草纸等物饬人送至丧家，所有灰纸扛费均由会中施给，不取丧家分文。

第六条　如丧家须用本会扛夫、着衣入殓、抬重等事，照本会规定价目向丧家收费，不得多取分文。

第七条　本会施材并不收价，但丧家日后自愿如数缴还材款者，本会即将施材名目注销并刊登征信录，如系零星拨还者改作捐款。

第八条　丧家如用僧道鼓吹，显非极贫，本会施材即由原人扛回，往来扛费由本会自给。

第九条　丧家持票领材，如欲改用上等棺枢，应照让材定价，如数付足，不得以施材价本抵扣，其送材扛费亦由丧家付给。

第十条　本会棺木便于丧家急用起见，亦得照价出让，但须缴付现款。

——原载《上海联义善会征信录（1931 年—1932 年）》，第 10—11 页。

上海联义善会私立联义小学校简章

第一章　总则

第一节　本校定名为上海私立联义小学校。

第二节　本校以增进儿童实用之智识技能并养成健全之人格为宗旨。

第三节　本校校址在沪宁车站旱桥北堍西首。

第二章　编制、学科、修业年限

第一节　本校现设初级、高级二部，初级为单式编制，高级为复式编制。

第二节　初级学科：国语、算数、英语、三民、常识、形艺、工艺、音乐、体育；高级学科：国语、算数、英语、商业、农业、地理、历史、自然、卫生、公民、三民、形艺、工艺、音乐、体育。

第三节　修业年限，初级四年，高级二年。

第三章　学期休业日

第一节　一学年分二学期，以国历八月一日为学年之始，七月三十一日为学年之终。

第二节　休业日：暑假、寒假、年假、星期、国庆、节日、孔子圣诞、总理诞辰以及其余纪念日。

第四章　学额入学应缴费

第一节　学额暂定七百名。

第二节　初入级者，年在六岁以上十二岁以下，身体健全者为合格，入高级者，年在十一岁以上，曾在初级小学毕业者为合格。

第三节 本校不收学费，只收书籍及用品等费，均在入学时缴清，无力者亦可免收或减半。

第五章 考试、奖励、惩戒

第一节 考试分学期考试、毕业考试。

第二节 凡品行甲等、学科甲等及不缺课者，每学期分别奖励。

第三节 修业期满，考查成绩合格者，给予毕业证书。

第四节 学生有学业不进或性质不良，屡次犯校规，得令其退学。

第六章 教室规则

第一节 上课、退课均鸣号钟，排队时不得喧哗。

第二节 坐位均依照长短编定次序。

第三节 教师就座、离坐时，学生均须起立敬礼。

第四节 教师讲解时宜肃静。

第五节 学生发问或应答均须离座立正。

第六节 同座生不可问答及讲话。

第七节 非课业用品不可携入教室。

第八节 散课后无事不得在教室内逗留。

第九节 每级各举正副级长各一人，一学期为满任，又举值日生数人，每日依次轮流。正级长注意教室规则之实行，教师上课退课时司敬之口令，上课退课排队时注意同级生之秩序，发给课业用品及收集课业用品，传达教师之意见于同学及代达同学之意见于教师。副级长辅助正级长之不及，如正级长告假时候须代理其职务。值日生每日上课前后，司教室之整理拂拭，依天气寒暖而开闭门窗，及教室器具之保管，放学后之洒扫教室，洗涤痰盂等职务。

第七章 杂则

第一节 学生遇教师在五步内须正立行礼。

第二节 校具宜共同保护，用后须仍置原地。

第三节 无故不得私出校门。

第四节 勿随地吐痰，勿污秽墙壁，勿任意抛弃字纸。

第五节　在运动场不可抛掷砖瓦。

第六节　同学要亲爱勿得欺侮。

第七节　学生因病或因事缺课，须向本级级任教师请假。

第八章　附则

第一节　本简章有未尽善处，得随时修改。

——原载《上海联义善会征信录（1931 年—1932 年）》，第 11—14 页。

上海联义善会抚儿院办事规则

第一条　本院根据本会简章第二条之规定，收育贫寒孤儿，教养兼施，使之生育畅达并培成其将来自立之能力。

第二条　本院在沪宁车站旱桥北交通路一六七号。

第三条　本院收养名额暂定六十名。

第四条　贫儿入院须凭本会总办事处之证函，方得注册收养。

第五条　贫儿入院年龄以六岁以上为限。

第六条　贫儿入院后，令入本会联义小学校肄业，至十六岁时，无论已未毕业，均由介绍人或家属领回谋生。如家属无力，由本会推荐相当职业。

第七条　本院设主任一人，暂时以联义小学校校长兼任之，由主任指定教员二人为管理员，监督贫儿起居，自修课程，零设事务员一人管理庶务。

第八条　贫儿如有必要之事请假，须由家属或介绍人携带请假书函，面陈事由，亲自领回。寒暑两假期，家属如欲领回，亦照上项办理。

第九条　贫儿如有疾病，由管理员通知本会医部诊治，病重危险者报告总办事处，知照家属或介绍人领回。

第十条　贫儿有下列之行为，由主任于每学期相当奖励之，毕业后本会尽先推荐职业：一、品行端方；二、成绩良优；三、遵守各项规则。

第十一条　贫儿有下列之行为由主任相当惩戒之，其情节较重不堪造就者，报由总办事处随时开除之：一、行为卑劣；二、成绩恶劣；三、踰越范围。

第十二条　贫儿所用衣服、床帐及一切应用物品，由事务员随时开单报由总办事处购办。

——原载《上海联义善会征信录（1931年—1932年）》，第14—15页。

上海联义善会章程

（1934 年修正）

第一条　本会集合慈悲愿力之同志，依照上海市慈善团体组织规则组织办理慈善事业，定名为上海联义善会。

第二条　本会办理之慈善事业如下列：一、施诊施药；二、义务小学；三、赈济灾荒；四、施送衣米；五、育养婴孩；六、施舍义材。

第三条　本会设总会于闸北区交通路一六七号，分会于南市区乔家路八五号，办事处于北苏州路四六二号。

第四条　本会之组织如下：一、会员大会；二、理事会；三、监事会。

第五条　本会会员分基本、普通、特别、永久、名誉五种：

一、基本会员：发起人及赞助同志；

二、普通会员：经会员二人以上之介绍，不违背上海市监督慈善团体法第七条各项之规定者；

三、特别会员：捐助本会款项年达五千元或经募年达五万元以上者；

四、永久会员：普通会员或特别会员一次捐助本会基金一万元以上者；

五、名誉会员：本市素著声望之人士而有热忱赞助慈善事业者。

第六条　本会理事由会员大会选举九至十一人组织理事会，公推一人为理事长，三人为常务理事，处理本会事务。

第七条　本会监事会由会员大会选举五至七人组织监事会，公推一人为监事长。

第八条　本会理监事之选举，按照人民团体选举法选举之。

第九条　本会理监事任期二年，连选得连任，但有违背上海市监督慈善团体法第五条各项之规定者，得随时解任，以候补理监事递补之。

第十条　本会理事会之职权如下列：

一、关于事业兴革或计画变更事项；

二、关于主管官署交办事项；

三、关于本会文卷财产器物保管及对外交涉事项；

四、关于执行会员大会议决事项；

五、关于筹画经费及编制预算决算事项；

六、关于任用职员分配职务事项；

七、关于订定各项规则及其他事项。

第十一条　本会监事会之职权如下列：

一、关于监察理事会处理会务事项；

二、关于本会预算决算及各项规则之审查事项；

三、关于本会各项经费收支及财产处理之监督事项；

四、关于本会职员之考核奖惩事项。

第十二条　本会会员大会每年十二月中举行，由理事会于会期前半月通告召集之，但有全体会员三分之一之请求，得随时召集临时大会。

第十三条　本会理监事常会每月一次，由理监事长分别召集之，但有重要事项得随时召集临时会议。

第十四条　本会理监事联席会议，每三个月召集一次，由理监事长召集之。

第十五条　本会各项会议以有会员或理监事过半数之出席及出席人数三分之二之决议方得成立。

第十六条　本会各项会议除会员大会主席临时推举外，以理事长或监事长为主席，缺席时临时公推之。

第十七条　本会经费之来源如下列：一、会员会费；二、临时捐募；三、特别捐助；四、财产收益；五、事业收入。

第十八条　本会以每年一月一日至十二月三十一日为会计年度，由理事会于年度开始前一月内编造次年度预算，提请会员大会审查决定。并于年度终了后编制决算，委托会计师查核证明，并刊印征信录呈报主管官署备案。

第十九条　下列事项须经会员大会之决议执行之：一、变更章程；二、创办事业；三、改选理监事；四、开除会员。

　　第二十条　本章程经会员大会之通过呈报主管官署备案施行。

　　第二十一条　本章程如有未尽事宜，得提请会员大会修改之。

——《上海联义善会章程》，1934 年，上海市档案馆藏。

上海市仁义善会章程

（1934 年）

第一章　总则

第一条　本会本人类互助之精神，举办慈善事业以惠社会，定名为仁义善会。

第二条　本会呈准中国国民党上海特别市党部许可及上海市社会局立案并受指导监督。

第三条　本会设会所于本市新桥九二号。

第二章　会员

第四条　凡品行端正有正当职业，同情本会，经本会会员二人以上之介绍，执行委员会之通过，一次缴纳入会费国币一百元，得为本会会员。

第五条　本会会员有赞助会务、遵守章程、服从本会一切决议之义务。

第六条　本会会员权利一律平等，有选举权及被选举权。

第七条　本会会员凡有《监督慈善团体法》第五条各项规定之一者，得由监察委员会提出大会，取消其会员资格。

第八条　凡具有《监督慈善团体法》第四条各项规定之一及对本会有特殊劳绩者，得由会员大会或执监联席会议之决议，聘为本会名誉会员。

第三章　会务

第九条　本会举办之事业如下：甲、仁义医院；乙、施材助殓；丙、施衣施米；丁、助赈救灾；戊、平民教育；己、其他善举。

第四章　组织

第十条　本会由全体会员组织会员大会，为本会最高权力机关，以全体会员过半数之出席为法定人数，下列事项须经决议：

一、变更章程：依《民法》总则第五十三条办理；

二、执监委员之选举；

三、会务之兴革及变更；

四、变更财务；

五、预算决算；

六、开除会员；

七、其他重要事项。

第十一条　本会由会员大会选举执行委员九人，候补执行委员六人，组织执行委员会，处理本会一切事务。同时选举监察委员五人，候补监察委员三人，组织监察委员会，监察本会会务之进行及出纳事项。前项选举用双记名投票行之，以较多数者当选，以次多数者为候补当选。

第十二条　执行委员会互选主席一人，常务委员四人，组织常务委员会，处理日常事务。主席委员对外代表本会，对内为会员大会、执行委员会、常务委员会及执监联席会议之主席。

第十三条　本会设秘书一人，及下列各组办理会务，秘书及各组主任由执行委员会聘任之：一、总务；二、财务；三、交际；四、调查。

第十四条　凡遇重要事项由主席委员召集执监委员联席会议或组织特种委员会处理之。

第十五条　执行委员会之职权：

一、执行委员大会之决议事项；

二、主管官署交办事项；

三、筹划经费；

四、保管及处置所有财产；

五、订议各项规则，编制预算决算；

六、聘任职员并规定其职务；

七、召集会员大会及临时会；

八、关于本会其他事项。

第十六条　监察委员会之职权：

一、监察会务进行及考核其成绩；

二、审核预算决算及监督财政出纳；

三、执行委员会之决议认为有窒碍及不当时提议复议；

四、纠正及举发会员不当行为；

五、关于本会其他事项。

第十七条　本会执监委员均为义务职，任期三年，连选均得连任。

第五章　会议

第十八条　会议种类及召集程序：

一、会员大会每年三月开会一次，由执行委员会决定日期，于十日前通告召集之。或经会员四分之一之请求时，或由执行委员会提议经执行委员会之议决，均得召集临时会员大会；

二、执行委员会每月开会一次，由常务委员会通告召集之，其临时会得由常务委员会定期召集之；

三、监察委员会每月开会一次，由监察委员会轮流主席并通告召集之；

四、常务委员会每周开会一次，由主席委员定期召集之；

五、执监联席会议由主席委员召集之。

第十九条　执行委员会、监察委员会开会时，候补执监委员得列席会议，有发言权无表决权，但执监委员不足法定人数时，得由候补委员依次递补代行表决权。

第二十条　本会各种会议除本章程或法令别有规定外，需过半数之出席方得开议，经出席过半数之可决始得决议，可否同数时取决于主席。人数姓名及决议案由均须载入会议录，由主席签字盖章，以昭慎重。

第二十一条　主席委员因事不能出席时得于出席常务委员中公推一人代理之。

第六章　经费及会计

第二十二条　本会经费分经常费与特别费两种。经常费。以财产利润及入会费充任之。特别费。如因应兴事项而经费不足时，得由执行委员会之决议通告会员自由捐输，或由各委员设法筹集之，但不得派员在外募捐。

第二十三条　本会动用款项须经主席会同财务组主任签字盖章后方可支付。

第二十四条　本会每届年终应由财务组造具清册，监察委员会审核明确，提请执行委员会通过后，刊印征信录，分送会员并呈报主管官署，以昭大信。

第二十五条　本会会计参照本市慈善团体会计规程办理。

第七章　解散清算

第二十六条　本会如在不得已情状下势需解散时，须经会员三分之二以上之可决，并详述事实呈报主管官署。

第二十七条　本会解散后之清算，依照《民法》总则第三十七条至四十四条办理。

第八章　附则

第二十八条　本章程经会员大会依法决议，呈报主管官署备案。修改时亦同。

——《上海市仁义善会章程》，上海市档案馆藏。

上海位中善堂章程

（1946 年）

第一章　总纲

第一条　本堂定名为上海位中善堂。

第二条　本堂专办社会福利事业，救济贫困民众为宗旨。

第三条　本堂以上海市政区域为区域，设堂址于南市外郎家桥街八五号。

第二章　事业

第四条　本堂举办之事业如下：一、免费施医；二、免费给药；三、施种牛痘；四、义务学校；五、施送暑药；六、施送棉衣；七、施送麦饼；八、关于其他一切临时慈善公益事项。

第三章　组织

第五条　本堂沿用董监事制度，函聘各界热心慈善公益人士为本堂董事。每年三、九月集合开大会一次，产生董事长一人、副董事长二人、常务董事四人，组成常务董事会，另举监事三人组成监事会。再就董监事中推举总务主任正、副各一人，常驻本会，协同常务董事会处理堂中一应事宜。以上个人均无给职。

第六条　正副董事长、常务董事之职权：掌理本堂一应事宜及执行法令暨本章程规定之任务，并有任免及指挥、监督各职员之权。

第七条　总务正副主任秉承正副董事长及常务董事，执行董事会决议案及处理日常事务。

第八条　监事之职权得审查董事会之会务及监察会计账目。

第九条　本会各股职权如下：

一、总务　掌理文书、会计、庶务及不属于其他各股事项。

二、药务　掌理购制药材及药房一应事宜。

三、医务　掌理医部之一应事宜。

四、教育　掌理学校之一应事宜。

第十条　本堂董事均为无任期，正副董事长、常务董事及监事任期三年，改选得连任。

第四章　会议

第十一条　本堂会议分下列各种：

一、常务董事会每月开会一次，由董事长召集之。但遇紧要事项，得临时召集之。

二、监事会不定期，遇必要时由监事三分之一以上之请求召集之。

第五章　经费及会计

第十二条　本会以下列为经费：

一、董事月捐；

二、事业捐或特捐（俟举办时照募集）。

第十三条　本堂会计依照公益慈善团体会计通则办理之。

第六章　附则

第十四条　本章程完全遵守上海市社会局之指导与监督。

第十五条　本章程如有未尽事宜，经董事会决议呈准上海市社会局修改之。

第十六条　本章程经董事会决议，呈准上海市社会局备案施行之。

——原载《公益慈善团体章程》，上海市档案馆藏。

中国救济妇孺总会总章

第一章 总则

第一条　本会因欲维持人道，消遏拐掠起见，乃集同志组织斯会，用调查发见、遗妇留养等方法，以救护被掠妇孺为目的。

第二条　本会名曰中国救济妇孺会，先于上海设立本会，再于他埠组织分会。

第三条　本会纯属慈善性质，不涉党派，不分国界，无论团体个人，愿热心赞助者均可入会。

第二章 方法

第四条　关于拐案调查发见之方法为三种：

一、委托调查　本埠除雇用专员精密侦察外，复由本会委托会员分任调查本埠、外埠拐掠各案，调查赞助本会成绩卓著者，本会当举以相当之报酬。

二、奖励告发　凡轮船、火车、旅馆、客栈之执役，海关之关役及其他人等遇有拐案发见，苟审察确实，未经办公役吏觉察者，可即密报本会，得以报案。起获者，当给予报告人以相当之酬金。

三、官厅协助　本会除由各省高级官厅及地方官厅立案登记外，当请来中外司法警察，各官厅协力共助，遇有拐案发觉，经本会报告检察厅、警署，捕房当即随时饬令逮捕归案严办，以遏拐风。

第五条　关于被掠妇孺、遗妇留养之方法分为三种：

一、具保认领　由其家族来会，具保认领。

二、资遣回籍　知有家族住址而远隔他地者，由本会派员资送回籍，或交其家族或交其地方官厅及自治团体收领。

三、留会教养　被掠妇孺有不知家属住址所在，无从遣归者，均由本会留养，另设一妇孺留养院，区分男女两所。附设小学堂、工艺所授以相当之学术、工艺或分送他处学习技艺，以为他日谋生之助。

四、给领择配　如留会男女小孩久无家属认领，如有妥实绅商自愿乞养为义子义女者，经本会调查确实，许其领养；至成年女子，亦由本会妥慎择配，但以后如有本人家属认领，概许归宗。

第三章　会员

第六条　本会会员以其相助之会费，分定资格如下：

甲　名誉会员　（一次特捐银二百元以上者，月捐每年捐银五十元以上者）

乙　特别会员　（一次特捐银一百元以上者，月捐每年捐银三十元以上者）

丙　赞成会员　（一次特捐银五十元以上者，月捐每年捐银十二元以上者）

丁　普通会员　（一次特捐银十元以上者，月捐每年捐银五元以上者）

戊　赞助会员　（凡零星捐助不满五元及赞助会务著有成绩，经本会认可者）

第七条　凡一次特捐在五十元以上，年捐在三十元以上者，均为本会永久会员，是项会员应将相片各自送会，俾可制备铜版刊列报告册，以志纪念而昭郑重。

第八条　如有商会、善堂、公所、慈善同乡各会及其他各机关团体捐助会费，银满百元以上者，得举代表二人；五十元以上者，得举代表一人，同享上列会员之资格。

第九条　以上甲、乙、丙三项会员，一律填送证书及徽章；丁、戊二项会员，分别酌送徽章以示区别。

第十条　甲、乙、丙三项会员，有选举董事及被选举董事之权。

第十一条　丁、戊二项会员有选举董事权，无被选举权。

第十二条　本会会员如有两项资格者，得享二权之选举，如一次特捐银十元以上者，只享一次之选举。

第十三条　甲、乙、丙三项会员有介绍、乞养、择配之权，其介绍手续应照乞养、择配章程办理。

第十四条　本会举行大会或展览、游艺等会，各级会员均得佩章到会，指导进行。

第十五条　本会留养妇孺，教育兼施，成绩昭著，各级会员得介绍亲友随时赴院参观。惟莅院时必须佩戴徽章，俾院中执事得以接待。（此外如关于公事，应向总会接洽）

第十六条　如有拐失妇孺事件，各会员均得报告本会，派探侦查，倘被拐妇孺业已出口，查有落地者，亦得请本会设法救援。

第十七条　如有截获被拐妇孺及迷路小孩，各会员得送本会留养资遣。

第十八条　本会除当年大会外，如有特别事项，得召集会员会议办法，各级会员务尽襄助之义务。

第十九条　本会各级会员时常有征求会员之义务。

第二十条　各级会员如在会年久，捐数较优及其襄助义务征求会员之成绩昭著者，本会另有相当之报酬。

第二十一条　凡会员中如有续行，加认捐款，应按照会员资格随时递升。

第二十二条　本会会员如有事故辞退，须具函声请到会，并缴销原送之证书、徽章，经本会认可或换留，未经取消以前，该会员仍应履行其义务。

第四章　董事

第二十三条　本会额定选举之董事如下：

正会长一人，副会长一人，总务科董事三人，文牍科董事四人，经济科董事四人，调查科董事四人，庶务科董事四人，交际科董事四人，教育科董事三人（由文牍、庶务两科董事选出兼任）。

以上董事名额系于四年大会修改通过，各董事皆由会员选举，不受薪水，任期二年，任满改选，得连任。如因事变误选举，得延长之任内。遇有缺额，由董事会于候补董事中选补，关于会长、董事之职，择另于董事会章程规定之；名誉董事无定额，凡对于本会热心资助者，于每届大会前，由董事会公推为名誉董事。

第五章　选举

第二十四条　每年大会按照董事额数以得票多数人当选为本会董事，如票数相同，则以年长者当选。概由当选人互推会长、副会长及各科董事。复会各科董事自选本科主任一人。关于大会选举事宜，另于选举董事章程规定之。

第六章　开会

第二十五条　本会于每年成立之期，开大会一次，每月开董事会一次，如遇有重要事故，得由会长召集开临时会议。

第七章　分会

第二十六条　各省同志有赞成本会宗旨，担任组织分会者，须经该处商会或自治团体正式介绍，由本会出具证书方可认为某处分会。

第二十七条　凡分会所设立规则，不得与本章程抵触。

第八章　附则

第二十八条　本章程由大会通过后，如有提议修改者，须于大会前由会员五人送达修改之意见书，经大会提议，会员过半数之议决，方可修改。

本会尚有董事会简章并选董事章程及留养院办事细则、侦探规则正在修改，不及备列。留养妇女择配章程、乞养章程于民国二十年六月修编，由大会通过，附列于后编者志。

—— 原载《中国救济妇孺会甲戌年报告册》，1934 年，第 1—4 页。

中国救济妇孺总会乞养童孩章程

（1931 年）

第一条　凡至本会乞养男女童孩作为义子义女者，必须家道殷实兼有正常职业者为合格。

第二条　乞养男女童孩，其年龄以未满十岁者为限。

第三条　男女童孩到会经过一年，无家属前来认领者，方可给领。

第四条　乞养之童孩，如系官厅送会者，事前须咨询官厅核准后方可给领。

第五条　乞养本会男女童孩，必须由会员、会董或殷实士商介绍，填具志愿书（志愿书另行规定之），经董会核准调查实在，发给择选证（择选证另行规定之），到院选定委托殷实保人担保，出具保证书（保证书另行规定之），署名盖章，方可给领。

第六条　乞养之男女童孩不得令充婢妾及奴隶，并不得转移他人或贩卖。

第七条　乞养之男女童孩如在一年期内，或有亲生父母前来认领，应当许其归宗以全他人骨肉，乞养人不得留难，要求偿还养赡等费，其家属情愿酌量还者听使。

第八条　乞养人所领之童孩，应当加以管束及保护，如有因病身故及走失等事，乞养人当随时报告本会，以资稽考。

第九条　如违反第六条之章程者，除着原保人将原领之童孩追回外，应即函请官厅依法惩办。

第十条　凡乞养之家以住居本埠为限，乞养后本会有随时派员调查、稽察之权，乞养人不得违抗及拒绝。

——原载《中国救济妇孺会甲戌年报告册》，1934 年，第 5 页。

中国救济妇孺总会留养妇女择配章程

第一条　本会留养妇女必具下列资格者方许择配：甲、留养女生年满十六岁，无家属来会认领者。乙、留养女生年过十六岁，到会一年，无家属来会认领者。丙、留养无夫妇人，到会一年，无家属来认领者。

第二条　本会将合格择配之妇女姓名、籍贯、年龄及相片悬示，会中如有议婚男子，当由会员、会董或殷实士商介绍，先具请愿书（请愿书另行规定之），述明议婚男子之姓名、籍贯、年龄、职业并附最近四寸半身相片到会，经董会核准调查确实，发给择选证（择选证另行规定之），到院与议婚女生当面议婚。双方同意，委托保人出具保证书（保证书另行规定之），择星期日在留养院礼堂给婚摄影并缮结婚书两份，由介绍人签名盖章，一存本会，一交婚男收执。

第三条　议婚男子必须有正常职业，结婚后不得加以虐待及令充婢妾或贩卖情事。如有违犯，许令结婚女生报告本会，查有确据，当函送官厅惩办。

第四条　留养女生结婚后，应听夫主之管束，如遇逃亡、遗弃或离异等情发生，概由自向官厅告诉或备案，本会不负责任。

第五条　议婚女生如系官厅送会者，事前应先咨询官厅核准存案，方可结婚。

第六条　议婚男子当补助本会留养院食米洋一百元，除制给收据外，并应缴添妆费洋三十元，以备婚女添妆之用，但视议婚男子之财力得酌量增损。

——原载中国救济妇孺会编：《中国救济妇孺会甲戌年报告册》，1934年，第9页。

上海中国济生会简章

第一章　总则

第一条　本会为旅沪各省慈善家，志同道合，集成团体，并不限定人数，定名为上海中国济生会。

第二条　本会未建会所，暂租上海公共租界宁波路升安里三百六十一号房屋设立，倘房屋不敷应用时，再行设法扩充。附属慈善事务所，不在其内。

第二章　宗旨

第三条　本会实行慈善义务，以增进国民公益为宗旨。政治时事，概不与闻。

第三章　本会实行事项

第四条　本会实行慈善义务，共分四项：

（一）普通之慈善义务；

（二）临时之慈善义务；

（三）教育之慈善义务；

（四）实业之慈善义务。

第五条　普通之慈善义务，如施医、赠药、发粟、授衣、给棺、助殓等事。

第六条　临时之慈善义务，如筹办水旱饥荒之义赈，救护意外被难之灾黎等事。

第七条　教育之慈善义务，如酌设初级小学，专收贫民子弟，不取学费，以粗通书算，能学习营业为宗旨。

第八条　实业之慈善义务，如贫民工厂、垦荒、筑堤、浚河等事，皆属民生主义。其筑堤浚河，以工代赈，本会屡经办过。至工厂、垦荒，现尚有志未逮。以上四条，用款多寡，本会但视能力所及，逐渐进行。

第四章　会员

第九条　本会会员共分四种：（甲）创办会员；（乙）名誉会员；（丙）分科办事会员；（丁）普通会员。

第十条　凡本会发起之初，共同设法赞助经费者，不论多寡，均为创办会员。

第十一条　凡资望隆重，虽远在他方，未能到会办事而能慨捐经费或建议助力者，经多数会员赞成，公推为名誉会员。

第十二条　本会分交际、经济、文牍、庶务、调查、审核六科，于会员中各就资性所宜，材力所及，公众推选，分科办事。每科人数，未能确定，视会务繁简，随时增添。

第十三条　本会对于入会会员，但求身家清白，营业正当，或捐资财，不拘多寡，或来会赞助，不拘时日，总期于会务有益，均尽义务，不支薪水、夫马等费，此为普通会员。

第十四条　本会所办各事，以赈务为最重大，用款至巨，事务极繁，是以设有赈务处，专管救灾事宜。凡会员之热心慈善者，均在赈务处与六科办事职员共同商酌办理。

第十五条　凡六科办事职员，暨赈务处人员，均为本会董事，组织董事会，每年以旧历十月二十五日为周年大会（因是日系本会成立之第一日）。其余每月常会无定期。遇有要事，即通告开会，经到会董事多数通过，方可执行。

第十六条　本会于董事会中互推正会长一人、副会长二人。凡遇开会时，正、副会长与董事会人员全体列席，即以正会长为主席，正会长有事缺席时，即以副会长之年长者为主席。正、副会长提议事件，须交董事会通过，董事会议决事件，亦须经正、副会长允可，方生效力。

第十七条　本会各省办赈，暨本埠近处救灾出发，有济生会白十字救护队。凡会员之体格合宜能耐劳苦，心存救世者，均可报名列入济生队，各尽义务。出于自愿，不稍勉强。

第五章　经费

第十八条　本会现无基本金，其会所租金、电灯、饭食、雇用员役薪资、纸张、册籍、报费、杂用等项，均由正、副会长暨董事会及全体会员量力担任捐助。不请官款，亦不受地方补助。

第十九条　本会六科董事暨赈务处董事，多半自有商业，未能终日在会，是以延请科员襄理事务，酌给薪水。所办各事，仍归董事负责。

第二十条　本会办赈款项及教育、医药一切善举，经费皆先由董事会员首先捐助，其各界善信自愿捐助者，听各人自便。

第二十一条　本会于每年初冬开周年大会一次，报告一年成绩及收付账略，另印征信录，以便查核。

第六章　会帜

第二十二条　本会会帜，以天蓝色旗纱制之，纵四尺，横四尺，中有白十字，纵横各一尺，宽三寸。

第二十三条　本会会帜只有本会暨分会及附属之学校、医院，并放赈出发所在之临时事务所可以悬挂。凡会外其他机关，一概不准借用。

第二十四条　本会济生队出发，即用蓝地白十字旗。所到之处，专主救人，概不与闻政事，及逾越慈善范围以外之事。所执旗帜，不得借与他人暂用。

第七章　徽章

第二十五条　本会徽章，分金色蓝地白十字章，银质蓝地白十字章两种。凡创办会员、名誉会员、六科董事，赈务处董事，均佩金色蓝地白十字章；普通会员，均佩银质蓝地白十字章。

第二十六条　本会济生队出发时，所佩领袖徽章，均用蓝地白十字盖印，前颁铜质（文曰上海中国济生会图记）编号，以昭郑重，不得借与他人佩用。

第八章　附则

第二十七条　本会会员，以各自捐款及到会办事，即为尽职。其个人私德如何，本会概不负责。如于本会名誉有关，自有相当之对待。

第二十八条　本简章仅酌定大纲，如有增减之处，于年会时经董事三人以上或会员十人以上之提议，得修正之。

——原载朱翊新编：《大众应用文件集成》，1946 年，第 80—82 页。

上海游民习勤所简章

（1931 年）

第一条　上海慈善团为游民、乞丐谋教养之方，特于漕河泾、闸北两区内各设游民习勤所一处，定名曰上海游民习勤所第一所、第二所。

第二条　本所收容之游民、乞丐，一律授以相当教育及技能，务使革面洗心，各习一艺，养成自谋生活之能力。

第三条　第一所在漕河泾镇江苏第二监狱后面，第二所在闸北柳营路济阳桥即前淞沪教养院旧址。

第四条　第一所暂定收容额为五百人，第二所为三百五十人，额满后视经济情形逐渐扩充。

第五条　本所除设置必要之工场及宿舍外，并设立教诲堂、浴堂、养病室等，其余各种设备亦得酌量情形，随时增加。

第六条　本所收容之游民、乞丐，除上海慈善团自送外，以下列各项函送者为限：

（一）上海市社会局、公安局。

（二）团体或个人年捐，本所经费银一百元以上或一次捐银五百元以上者。

（三）本所董事二人以上函送者。

（四）游民家属之请求收容者，但其衣食费须由该家族担任。

第七条　游民、乞丐教养达一年以上，悔过有据，勤于工作，确有独立生活能力，自愿具结，永不再为游民、乞丐者，得由主任酌核，准其出所，但年龄在二十岁以下者，不在此例。

第八条　本所收容之游民、乞丐，如因一时在沪流落，原籍尚有家属，经调查确实，由所派员押登舟车回籍。

第九条　本所收容之游民、乞丐，如违犯规章，屡戒不悛，除情节重大应转送官厅法办外，得酌量情形依下列各款之一施予惩罚：

（一）淡食；

（二）减食；

（三）绝饮；

（四）独居；

（五）劳役；

（六）扣罚工资；

（七）掌责（屡戒不悛者适用之）；

（八）手铐（本款以下对于行凶及有逃走、暴动、自杀之虞者使用之）；

（九）脚镣；

（十）捕绳；

（十一）联锁。

第十条　本所由上海慈善团公推热心赞助者三十人为董事，组织董事会，筹划及监督各项进行事宜，其会章另订之。

第十一条　本所设主任一人，由董事会聘任，呈报社会局备案，主持全所事务，分设第一、第二、第三各股，每股设股长一人，股员若干人，秉承主任处理各该事务。

第十二条　上列各股长由主任选任，经董事会通过。

第十三条　本所得酌设巡目、巡丁，随时稽查，以资防卫。

第十四条　本所收容之游民、乞丐，如有死亡，遵章报告社会局、公安局或司法官署。派员检验后，摄影备棺收殓，除函达其原送机关或个人外，并通知其家属或亲友，限期二日具领，逾期不到或无亲属者，由本所代为埋葬，并将姓名、年籍标明于冢前。

第十五条　本所为讨论所务之进行及业务之设施，得召集所务会议，由主任暨各股股长组织之。

第十六条　本所各项细则另订之。

第十七条　本简章如有未尽事宜，得由董事会随时修正，呈请主管官署备案。

第十八条　本简章自呈奉社会局核准备案之日实行。

——原载《上海游民习勤所第一届报告》，1931年，第2—4页。

上海游民习勤所董事会简章

（1931 年）

第一条　游民习勤所依据上海慈善团体董事会之决议组织，董事会名曰上海慈善团游民习勤所董事会。

第二条　本会对于游民习勤所内部各项进行事宜，有监察及督促之权。

第三条　本会对于游民习勤所一切经常费及临时费用，有筹划及劝募之责任。

第四条　本会董事如合于下列资格之一者，由上海慈善团函请担任之：

（甲）在社会上夙有声望者；

（乙）对于慈善事业能热心担任者；

（丙）游民习勤所创办时，有特别赞助之力者；

（丁）对于游民习勤所热心捐助，每年满五百元以上之团体代表。

第五条　如有合于前条各款资格之一，而事实上确有窒碍，不能到会者，得推为名誉董事。

第六条　本会应推常务董事三人规划一切，并执行董事会之决议。

第七条　本会各项董事关于游民习勤所应兴应革事宜，均有提议、建议及决议之权。

第八条　本会对于游民习勤所每年度之预算、决算应切实审核，送由上海慈善团董事会议决之。

第九条　本会各项董事均系义务职，不支薪水。

第十条　本会常务董事中应推定董事长一人为开会时之主席，如董事长因故请假，得公推年长者为临时主席。

第十一条　本会定每月开常会一次，由董事长召集之，如有紧要事件，得开临时会。本会开会时，游民习勤所主任应出席，报告一切事项，并得陈述意见。

　　第十二条　开会时董事如有事故，得委托他董事为代表，惟一人不得代表二人。

　　第十三条　每届会期非有董事三分之一以上出席不得开议，惟临时会不在此限。

　　第十四条　凡提议或建议事件，非经出席董事过半数之同意，不得决议。

　　第十五条　本会决议事项应载议事录，由董事长或临时主席签字盖章，以昭郑重。

　　第十六条　本简章如有未尽事宜，经董事五人以上之提议，于开会时增修之。

——原载《上海游民习勤所第一届报告》，1931 年，第 1—2 页。

上海游民习勤所收容细则

（1931 年）

一、凡依本所简章第六条所定，送入之游民、乞丐，未逾现定额数者，均得收容。但遇有下列情形之一者，得拒绝之：

1. 年龄六十岁以上，十二岁未满者；

2. 残废及精神丧失者；

3. 患疾病者。

二、凡家属请求收容者，衣食费每月暂定为六元，由该家属预缴半年，仍与普通收容人一律待遇。

三、收容人入所时，凡姓名、籍贯、年龄、亲族、住所及携带之金钱物品，均须详细登记。

四、新收容人之身体、衣类、物品须检查之，并调查其体格及个人关系。前项之规定对于已收容者认为必要时，亦适用之。

五、身体检查及体格调查，非认为万不得已时，不得裸体为之。

六、新收容人入所时，即令沐浴、剃发、更换本所衣服，发给本所被褥，教以应守规则，并引至指定宿舍内暂时独居，使之反省。

七、收容人须一律工作，并施行训诲及教育，其有特别情形者，不在此限。

八、随身携带之金钱代为保存，其衣服、物品如有保存之价值者，亦妥为保管，均于出所时发还。

九、收容人在所尚未满一年，如有特殊情形，本所主任认为有出所之必要者，得变通办理之。

十、自费收容人在所已达规定期限，如家属实有困难情形，请求继续收容者，得延长之。

十一、收容人如疾病沉重而有家属者，得许其出所医治。

十二、收容人逃遁时，除设法追捕外，并通知原送机关。

十三、本所对于前列各条，均须由主管各股分别详细登记各种簿籍，并载明年月日，以备查考。

十四、本细则如有未尽事宜，得随时增订之。

十五、本细则经董事会议决后施行。

▲附修改简章细则之经过

本所简章曾于民国十八年夏，由上海慈善团呈奉社会局转呈市政府批准施行在案，嗣因前淞沪教养院奉社会局令归上海慈善团办理，改名为上海游民习勤第二所。所有该所简章即根据前教养院简章修改，呈请社会局批准，惟与本所简章略有不同。以同为游民习勤机关而章程各行其是，殊非划一之道，乃由慈善团重行拟定一、二两所同一简章，于二十年四月间呈奉社会局批准，转知查照施行。至本所收容细则亦于民国十八年夏经本所董事会审通过，共计十六条。兹查条文内有三条已改列现行简章内，应将该三条删除，另增（九）（十）两条，业经第十九次、第廿一次董事会议决通过。又简章内之罚则一条曾经修改，其原因详管理栏内，兹不复赘。

——原载《上海游民习勤所第一届报告》，1931年，第5页。

上海游民习勤所职员处务规程

（1931 年）

第一章　通则

第一条　本规程依据本所简章第十一、十二、十五、十六各条之规定规定之。

第二条　本所除主任外，分设第一、第二、第三三股，每股置股长一人，股员若干人。医师为股员之一，隶属于第一股，技师隶属于第三股。

第三条　各股事务有互相关连者，应共同合作，遇有权限争议及意见不同时，应取决于主任。

第四条　本所职员均须依照办公时间在办公室服务，但负管理之责者应随时行之。

第五条　各职员均须常住在所，如有事故请假，需得主任准许。

第六条　本所于星期日暂不停止工作，如遇节日，由主任临时核定。

第二章　主任

第七条　主任承本所董事会之意旨，主持本所一切事务，对于本所职员须尽指挥监督之责。

第八条　主任当严守关于本所一切规则，并督率其他职员之遵行。

第九条　主任对于本所财政有监察及处理之权。

第十条　主任对于本所全体人员有完全任免之权。

第十一条　各股职员办事之勤惰，主任当随时考察之。

第十二条　主任对于本所人员有私役、收容人情事，得严禁之。

第十三条　主任对于处理本所一切例行事务及兴革事宜时，得将办法交主管股办理，或发相当之布告。

第十四条　遇必要时得召集所务会议，其议决案即须切实执行。

第三章　第一股

第十五条　本股主管事务如下：

一、各种文件规则之起草及审查；

一、印信之典守及盖用；

一、文书之收发、处理及编纂、保存、废弃等项；

一、收容人入所、出所之登记及身份之调查；

一、预算、决算及经费之出纳；

一、统计之编辑及其材料之收集；

一、卫生、消毒、清洁法之施行；

一、收容人疾病之诊断及治疗；

一、收容人疾病死亡之通知；

一、收容人食粮之购置及分给检查；

一、收容人衣被、卧具、物品之受付保管及检查；

一、收容人书信之收发及处理；

一、收容人家属探望及馈遗物之处分；

一、建筑物及公有财产之修缮、整理及保管；

一、公用物品之购置及管理；

一、不属于各股所主管事项。

第十六条　本股设下列各组：一、文书组；一、会计组；一、名籍组；一、卫生组；一、营养组；一、保管组；一、庶务组。

第四章　第二股

第十七条　本股主管事务如下：

一、收容人之训诲教育；

一、本所警备及收容人之戒护检束；

一、巡丁之训练、监督管理及勤务配置；

一、收容人之形状视察；

一、收容人赏罚之施行；

一、收容人探望书信之监视、检阅；

一、宿舍之检查、启闭及锁钥之管理；

一、收容人宿舍之指定及管理；

一、使用书籍、器具之管理。

第十八条　本股设下列各组：一、训育组；一、管理组；一、考察组；一、警卫组。

第十九条　训诲专从事于培养道德、改良个性为主旨，分集合训诲、类别训诲、个人训诲三种。

第二十条　集合训诲对于一般收容人，于星期日、国庆节、纪念日，在讲堂行之。

第二十一条　类别训诲须分别收容人之职业、性质等，于工场或宿舍分类训诲之。

第二十二条　个人之训诲如下：（一）入所（二）出所（三）疾病（四）亲丧（五）赏罚（六）探望（七）书信。

第二十三条　奖赏训诲得集合其他收容人于讲堂行之，惩罚训诲于惩罚中及惩罚后行之，探望及书信训诲乘收容人感动时行之。

第二十四条　对于收容人，须详察其平时状况并记录其大要，以备随时随事训诲。

第二十五条　收容人除一律施以训诲外，并须依其年龄、知能、性情，授以适当之教育。如国语、算学、常识、三民主义等为必要学科，有同等学力者依其程度设补习科。

第二十六条　管理方法分三步施行，如下：

（一）第一步取严密主义；

（二）第二步取督察主义；

（三）第三步取化导主义。

第二十七条　第一时期须令收容人绝对服从所中规则、命令，完全约束其行动自由，俾各就范围而守秩序。

第二十八条　第二时期视收容人有相当程度时，令其分组自治。如果于一切行为确能改善，则指导其练习服务社会事业。

第二十九条　第三时期即测验，收容人如有自治能力，应听其行动自由，否则仍退入第二时期或第一时期。

第三十条　考察收容人之操行，分全体收容人为三级，用分数制以为施行之标准而定赏罚，其等级升降法另定之。

第三十一条　考察收容人操行之必要条件如下：

一、对于所中命令是否遵守；

一、平时应注意其个人之行动、思想及言论是否正当；

一、平时应考察其个人之所长或所短；

一、工作是否与个性合宜；

一、对于出所后之职业思想若何；

一、察看其身体衣服及住室是否清洁整齐；

一、对于社会及家属亲友之观念与感情如何。

第五章　第三股

第三十二条　本股主管事务如下：

一、督饬收容人从事工作；

二、制作品之定做、保管、变卖；

三、成品卖价及工钱之征收；

四、工艺之种类选择；

五、工艺者之配置及转役；

六、工艺之课程、工钱之估计及等级之升降；

七、工艺日课表之调查；

八、工钱及给与钱之调查；

九、工艺之原料制品、机器之收支及保管；

十、其他属于工艺之一切事项。

第三十三条　本股设下列各组：

一、材料组；一、成品组；一、监工组；一、出纳组；一、营业组。

第六章　股长股员

第三十四条　股长承主任之指挥，监督、总理各主管事务。

第三十五条　各股主管事务，除重要者须股长亲自办理外，其余得派股员分任办理。

第三十六条　股员承股长之指挥，监督助理指定之事务，有窒碍时须由股长处理，不得自行处断。

第三十七条　主任因故离职时，第一股股长得代行主任职权。

第七章　附则

第三十八条　本规程经董事会议决后施行。

——原载《上海游民习勤所第一届报告》，1931 年，第 6—11 页。

上海游民习勤所所务会议细则

（1931 年）

一、本细则依简章第十五条制定之。

二、凡关于所务之进行及业务之设施，认为有共同讨论性质者，取决于所务会议。

三、会议出席人员除主任股长外，重要股员亦得出席陈述意见。

四、会议时请驻所董事列席监视。

五、本会议定每月开常会一次，由主任召集之，如有紧要事件得开临时会议。

六、凡提议或建议事件，非经出席人员半数之同意不得议决。

七、本会议议决事项应载会议录，由主席签字、盖章，以昭郑重。

八、凡议决事项应归何股办理者，即由该股长遵照议决案督饬迅速进行。

——原载《上海游民习勤所第一届报告》，1931 年，第 12 页。

上海游民习勤所卫生细则

（1931 年）

第一条　本所医疗及卫生事务属于第一股卫生组，由医师主办之。

第二条　医师对于收容人之健康，宜随时就其居所视察之，遇有疾病即应妥慎疗治，或疑有精神异常时，需速施处遇方法，并报告于主任。

第三条　凡诊察收容人之病时，需将其姓名、病性、征候及处方等，分别载于病状调治簿。

第四条　对于患病人认为必要移置于病室者，立时调往之。

第五条　罹精神病、传染病及其他之疾病，认为在所不能施治者，得陈述意见于主任，俾为相当之处置。

第六条　收容人之工作认为有害健康时，医师须陈述意见于主任。

第七条　本所全部各处所卫生清洁事务，由主任定期派员会同医师检查之，医师照检查结果即指挥卫生巡丁率领夫役切实清洁之。普通清洁之分配应以一星期周轮一次，并逐日分载于清洁簿，以资查考。（簿式列后）

清洁检查簿

月	日	场所	检查员	检查结果及意见	清洁方法	办理日期	办理者盖印	备考

第八条　沟渠厕所等处，须定期疏通及洒扫，青草、砾屑亦定期芟除之。

第九条　便器、痰盂须逐日在一定处所洗涤之，投弃秽物、倾倒垃圾须指定适当场所。

第十条　收容人新旧衣被除在宿舍者定时轮流洗晒外，凡存库者亦分期挨次分晒。关于收容人身体上之卫生清洁，须分别规定，随时督促进行。

第十一条　每日各宿舍工场内外窗户皆须开放，并指定扫除人勤加打扫及洗抹，尤以墙壁墙根黑暗之处为紧要，所有宿舍工场及厕所以卫生药水依时洒之。

第十二条　洗濯病人衣服时，当由洗濯场主管、巡丁向医师领取消毒药水施行消毒，并不得与健康者衣服同洗，以免传染。

第十三条　每日所煮米菜须细细淘净，如见有鼠虫遗物在内，当格外注意，随时督察之。

第十四条　食水与用水须分置两缸，不可混乱。食水缸中由医师给用解毒药物，并须随时加盖。所有碗盏器具皆须上盖密封。

第十五条　炊场内外应勤加洒扫，如墙壁有烟尘灰土，尤宜随时拭去。一月或二月应通沟一次，并视察烟囱一次。

第十六条　病愈由病室调回原宿舍后，该病者所居病房须加以洒扫，窗扇通同开放，洒以消毒药水，至少需隔二日，方可再居其他。病者如患较轻病及不带传染性者不在此例。

第十七条　病人所用器具须时常洗涤，如患急性传染者，须酌量销毁之，其所居之室须特别注意消毒。

第十八条　收容人已死亡时，验尸后须将其死亡之原因及病症死状等登记死亡簿

第十九条　收容人每月入浴理发、运动次数如下表，遇有特别情形者，不在此限：

（甲）三月至五月　每月入浴四次，理发一次，运动八次。

（乙）六月至八月　每月入浴六次，理发二次，运动四次。

（丙）九月至十一月　每月入浴四次，理发一次，运动八次。

（丁）十二月至二月　每月入浴二次，理发一次，运动四次。

第二十条　本细则自公布后实行之。

——原载《上海游民习勤所第一届报告》，1931 年，第 12—14 页。

上海游民习勤所任用职员标准

（1931 年）

一、年龄须在二十五岁以上五十岁以下，身体强壮，向无一切嗜好者。

一、须常川驻所，不得自由出外及兼外务，如有必要事故，须依限请假。

一、对于所中规则及主任指挥有绝对遵从之义务。

一、在所一律素食，须在饭堂会餐。

一、在所不得饮酒、吸烟及赌博。

一、服务须忠诚耐劳。

一、应办公事不得有积压及因循敷衍等陋习。

一、须崇尚廉洁，不得有营私舞弊情事。

一、如违反以上各则者，须自行告退，否则开除。

一、以上各则业经董事会通过，如自信确能遵守者，方可投效，否则幸勿尝试。

一、本所开办之时，为实施计划起见，对于用人十分慎重，故特定用人标准，严定资格，以免徇情引用。如无确当人才，宁缺毋滥，此虽过去之事，亦可想见当时之情形也。

——原载《上海游民习勤所第一届报告》，1931 年，第 14 页。

上海游民习勤所职员请假条例

（1931 年）

一、请假者须将事由及起讫日时填列请假簿，送由主任核阅，始可离所。

二、每月定例假四日（每日以二十四小时计算）。

三、每月请假过四日以上者，除去例假四日外，其余以时计日，照原支薪水扣除半数，但请假不过三小时者，免予计算。

四、每股请假人员同时不得过半数。

五、每月不请假或请假不满四日者升工，照原支薪水半数计给。

六、凡请病假三日以内免计。三日以上，由主任派员兼代其职务，所有原薪本人支半数，兼代人支半数。

七、本条例经本所所务会议决议通过，于十八年七月起实行。

——原载《上海游民习勤所第一届报告》，1931 年，第 14—15 页。

上海游民习勤所巡目服务细则

（1931 年）

一、巡目直接受第二股管理外，并承本所股员以上人员之指挥，监督办理本所一切事宜。

二、对于本所巡丁，不问其在职与退勤，均有直接指挥监督之权，并随时训练之。

三、巡丁勤务之分配，得陈述意见于主管股。

四、巡丁职务之勤惰及称职与否，有考察督饬之责，并得据实报告于主管股，如有隐徇，查出共同处罚。

五、巡丁如有失职时，巡目须连带负责受相当惩戒。

六、对于收容人之防护、检查、约束、监视，随时随地均负完全责任，并有直接管理之权。

七、收容人有违犯规则，轻者得处理后报告主管股查核，情节较重者，应报请股长或股员核办。

八、收容人工作之勤惰，品行之良窳，举止之情状，巡目有随时查察之必要。

九、巡目如有失职或遇收容人发生意外事故，轻则记过，重则斥退。

十、巡目之勤务轮流配置之，并与巡丁同时上班，但对于全部宿舍工场及其他处所均须兼顾。

十一、轮值在股内时，听股长股员之指挥，其时间自敲起身钟起，至就寝钟止。

十二、如遇临时发生事件，由本所股员以上随时指挥办理之。

——原载《上海游民习勤所第一届报告》，1931 年，第 15 页。

上海游民习勤所巡丁服务细则

（1931 年）

第一章　纪律

第一条　凡充本所巡丁者，须依本细则及其他有关系规则执行职务。

第二条　对于本所各职员须行相当敬礼，如遇各职员指挥事件，即须勤慎执行。

第三条　待遇收容人以公平严肃为主，不得有愤怒狎昵情状。

第四条　服务中言语举动均须谨慎，非有公事不得与收容人叙谈。

第二章　服装

第五条　服务时须着制服，非公外出不得穿着。

第六条　服装须清洁整齐，如有污损须自行洗补。

第七条　警棍、警笛、日记簿、铅笔等须常携带。

第八条　去职时所用之公物，限当日缴还，如有缺坏须负赔偿之责。

第三章　出勤及缺勤

第九条　出勤时记名于出勤簿。

第十条　在指定服务地方不得擅离，如因病及其他不得已事由，须离勤务地方时，应经主管职员许可，其出所时亦同。

第十一条　因病及其他事由须告假者，应向主管职员请假，准许后方许缺勤。

第十二条　在所内除非常事变外不得奔走。

第十三条　收容人申愬事件或转达于收容人事项，须敏活执行。

第十四条 急剧之事临机处置后，报告于主管职员。

第十五条 退勤时各主管事务，须整理之文书及其他物件收检于一定地方。

第四章 检查及巡察

第十六条 收容人入所时，下列各处如疑有物品藏匿，得严密检查之：

一、头发、口耳、指爪及各隐微处；

二、衣类、卧具及其领袖、襟袋、缝里等处；

三、外科病系绷带者（或由医士解查）。

第十七条 发现违禁物品及私藏物时，应即报告主管职员。

第十八条 工作者之检身，于罢役后返舍前行之，但认为必要时得随时行之。

第十九条 宿舍之检查，每日于收容人出舍时行之，但不得已时不在此限。

第二十条 宿舍之检查须注意下列各事项：

一、门榻、墙壁、窗牖、关键；

二、房内上下四旁；

三、常置器具及衣物；

四、各处破损之有无，各物污毁之有无。

前项检查如变更物品位置时，须回复原状。

第二十一条 值巡察任务者，须注意收容人逃走、自杀、违章及预防灾变等事，所有宿舍、工场、病院、墙壁及其他建筑物须严密视察之。

第二十二条 夜间之巡逻，于使用火器地方要特别注意。

第二十三条 夜间之巡逻对于所内各处均须注意，苟与视听有感触时，即须追究，认为有变异时，从速报告主管职员或鸣警笛。

第五章 宿舍

第二十四条 宿舍之视察须注意收容人下列各事项：

一、位置之整否及动作之情状；

二、坐卧是否端正；

三、收容人与宿舍外名牌是否相符；

四、衣服及常置器具之整否；

五、意图逃走自杀等事之有无；

六、谈话、游戏、争斗、喧哗等事之有无；

七、空气是否流通，扫除是否清洁；

八、处罚者悔悟之有无；

九、昼寝及假寐者之有无；

十、猥亵行为之有无；

十一、将器物污损、弃掷及其他不洁行为之有无；

十二、不守规则事项之有无。

第二十五条　收容人出舍就役时，须令整列于宿舍门前点检后，交于工场担当之巡丁，行走时须令鱼贯而行，不得参差混乱，罢役返舍时，工场担当巡丁照前项之程序，交于宿舍担当巡丁。

第二十六条　遇有意外事故及急病暴毙者，应迅速报告并为相当之处置。

第二十七条　在宿舍内遇有形似精神病者，应视察其举动报告主管职员。

第二十八条　遇有临时出所者，如奉主管职员传知后，即行转告本人，使其自行整理其所有物品，将该出所者交付于接受之巡丁，并抹销该宿舍前牌名。

第六章　工场

第二十九条　工作者须指定其处所，不得任其自由行动。

第三十条　工场担当巡丁在勤务中须检察下列各事项：

一、工作之勤惰；

二、工作之适否；

三、制品之精粗；

四、材料器械有无缺损。

第三十一条　工作者大小便须注意下列各事项：

一、人数及其动作；

二、藏匿物之有无；

三、谈话之有无；

四、污损便所及不正行为之有无。

第三十二条　工作课程之完否须检查记入日课表，对于课程不良者须告诫之。若出于怠惰，则报告主管职员。对于工作未熟悉者，须督促之。

第三十三条　工艺材料于一定数量之外，不得交付之。

第三十四条　工作者不得使其与外人接近，并需防止其为物品之授受及拾取。

第三十五条　罢役时器具件数之足否及破损之有无，须一一点检，藏于一定地方。

第三十六条　使用火器之工场，于罢役时须注意熄火，锁闭工场时须再加检查。

第七章　门卫及传达

第三十七条　门卫巡丁常须整其姿势，对于外来之人须恳切接待之。

第三十八条　闲杂人等如在所外徘徊聚集，得禁止之。

第三十九条　对于外来之人，须询明来所之原因，如有下列事项之一方使其入门，并将其姓名、年籍、职业、来所原因登记簿册。但遇形迹可疑者，即报告主管职员，待其指挥。

一、于公务有关系者；

二、得参观之许可者；

三、本所职员因事使其到所者；

四、求面会在所办事职员者；

五、许其平日出入本所者；

六、求面会收容人者（依照探望规则办理）。

第四十条　所内各门除服务职员外，非得主管职员许可不准出入。

第四十一条　出门者携带物品，于必要时得检查之。

第八章　病院

第四十二条　病院担当巡丁须将下列各事项记入病院日记：

一、病人之姓名、年龄及病情；

二、病人之言动及其情状，足供医师之参考者；

三、入院及出院之时期。

第四十三条　对待病人须殷勤，言语举动须温和。

第四十四条　病人之衣类、卧具及其物件不清洁时，须更换之，或设法消毒。凡病室使用物件，不得与他处物件相混，其室内各处须时时扫除之。

第四十五条　病人症候急变或危笃时，从速报告医师。

第四十六条　看护人之护持事务及病室之卫生，需依医师之指挥。

第四十七条　看护人对于病人有无不当行为，须严重注意。

第九章　炊事

第四十八条　食品之部署须与卫生经济之旨两不相妨。

第四十九条　食物配与之品质及数量须由主管职员查核。

第五十条　每日之食物及消费薪炭等项作炊事科消费日表，送交主管职员查核。残饭于每日食后妥为保存，以作下次之用，并将其残余之分量记载于炊事消费日表。

第五十一条　食物及薪炭等项，十日间所需之额，三日前即向营养组领取，保管于食品库。

第五十二条　由膳堂及他处交还之食器，须检查之。有不足时，报告主管职员。

第五十三条　炊事工人之衣服常使其清洁。

第五十四条　炊场罢役时，严密检查后，方行锁闭。

第十章　沐浴理发及运动

第五十五条　收容人沐浴、理发、运动时须使其肃静，齐集于指定地点或依次进行，事毕亦同，并须查点人数及有无不规则行为，盥洗时之面巾、牙刷须令其自行执管，置列指定处所。

第五十六条　患疥疮及其他传染病者，不得与普通人同浴。

第五十七条　关于其他各项者，依卫生细则办理。

第十一章　书信及探望

第五十八条　收容人之书信限于停工时为之，但紧要时不在此限。

第五十九条　收容人不能自行写信时，得代书之，但须将其书信原文读与收容人知之。

第六十条　来信及发信均须经由主管职员核准。

第六十一条　写信时如见有违犯规则之行为，即停止并报告于主管职员。

第六十二条　有请求探望收容人时，将请求人姓名、职业及与收容人关系等件询明，记载于探望簿，经主任认可后将收容人带出。

第六十三条　收容人与探望者谈话须监察之，并将其谈话要旨记入探望簿，如有不规则行为立时禁止之，探望毕需将收容人交还原来处所，探望簿则送交主管股核阅。

第六十四条　收容人系禁止探望者，如有人请求探望时，须将其事由告之。

第十二章　附则

第六十五条　本细则未尽事宜得由本所主任随时指挥办理。

第六十六条　本细则经董事会议决后施行。

——原载《上海游民习勤所第一届报告》，1931年，第15—20页。

上海特别市救济院组织细则

（1928 年）

第一条　本院遵照内政部各地方救济院规则第一条之规定组织之，办理本市区内各项救济业事，定名为上海特别市救济院。

第二条　本院遵照内政部各地方救济院规则第二条之规定设下列各所：一、养老所；二、孤儿所；三、残废所；四、育婴所；五、施医所；六、贷款所。

第三条　本市原有慈善机关，无从归纳于前条各所者，就其事业性质之相近区分为下列各所，隶属于本院：

一、妇女教养所；二、游民感化所；三、贫民习艺所；四、施材掩埋所。

第四条　本市原有慈善团体所附设之义务学校得暂仍其旧，隶属于本院。

第五条　本院以市区广大每一市得分设若干处，而以第一、第二等冠词别之。

第六条　本院设院长一人，综理院务，副院长一人，襄理院务，由特别市政府就地方公正人士中热心公益者选任之，受社会局之指挥监督。本院因事务之繁颐得增设副院长一人。

第七条　本院设总务、会计、视察三股，各股各设总干事一人，干事若干人，由院长、副院长选任，呈由社会局转报特别市政府备案。

第八条　总干事承院长、副院长之命，督同干事办理各该股事务。

第九条　本院各所各设主任一人，由院长、副院长选任，呈由社会局转报特别市政府备案。

第十条　各所主任秉承院长、副院长管理各该所事务，执行院务会议议决之各事项。

第十一条　各所办事员由各该所主任选任，呈由本院转报社会局备案。

第十二条　本院设院务会议议决关于下列事项：

一、各所事业之兴革及其变更事项。

二、筹措救恤灾变事项。

三、筹募捐款基金事项。

四、审查预算决算事项。

五、院长、副院长交议事项。

第十三条　院务会议以院长、副院长及各所主任组织之，其议事细则另定之。本院各股总干事，于必要时得列席院务会议。

第十四条　同一事业之各所为讨论业务之进行、设施事项，得举行联席会议，其会议细则另定之。

第十五条　本院及各所办事细则另定之。

第十六条　本细则如有未尽事宜，得由院务会议提议，呈由社会局转呈特别市政府修正之。

第十七条　本细则自特别市政府公布之日施行。

——原载《上海特别市市政府市政公报》1928年第17期。

上海市民地方维持会简章

（1932 年）

第一条　名称　本会定名为上海市民地方维持会。

第二条　会务　本会因敌军犯境，集合同志就市民地位从事于慰劳将士、救济难民、调剂金融，维持商业及其他必要工作，以地方秩序恢复之日为止。

第三条　会员　凡居住本市，志愿加入本会者，由会员二人以上介绍，经理事会审定提出大会通过，得为本会会员。

第四条　组织　本会设会长一人，副会长二人，理事长十五人，由会员推举之，为办理各项会务设下列各组，由会员分任之：

（一）慰劳组（二）救济组（三）经济组（四）交际组（五）总务组

各组分股办事，其细则由各组自定之，于必要时得添设专组或委员会，并得聘任会外人士协助进行。

第五条　会议　大会于最严重时期，每日开会一次，次严重时期每星期开会若干次，但会长得依要召集临时会议，议事程序由会长宣告之。理事会开会时，以会长或副会长为主席，各组正副主任遇有关系事件亦得列席。

第六条　经费　本会会员入会费一百元；关于救济等费用，除由本会会员分认外，有愿捐助者得收受之。凡本会收支款项均公告之。

第七条　附则　本简章经大会议决施行，修正手续亦同。

——原载上海市民地方维持会编：《救国捐报告书》，

1932 年，第 77—78 页。

上海各慈善团体赈济东北难民联合会简章

（1932 年）

第一条　本会以赈济东北被难同胞为宗旨，其范围以东北受灾区域为限。

第二条　本会由上海各慈善团体联合发起组织，凡各地各慈善团体及海内外同胞赞成本会宗旨者，皆得加入。

第三条　本会由大会公推董事四十九人至九十九人，监察九人至十九人，分别执行监察会务。

第四条　本会设董事长一人，副董事长二人，常务董事十五人至三十一人，财务董事七人，由董事互推之。董事长、副董事长、常务董事组织常务董事会，处理会务并执行各种会议议决案，财务董事保管赈款品并监督收支。

第五条　本会设下列三组，秉承常务董事会办理事务：执行组、筹募组、审核组。董事会章程及各组办事细则另定之。

第六条　各组置主任一人，副主任一人，得于常务董事或董事中公推兼任之。

第七条　本会每星期开常务董事会一次，每月开董监联席会议一次，每季开大会一次，有重要事务时，得开临时会议。

第八条　本会设于上海云南路仁济堂内。

第九条　本会得设干事或雇员分办各组事务。

第十条　本简章于议决日施行，如有未尽事宜得随时提议修改之。

——原载上海各慈善团体赈济东北难民联合会编：《上海各慈善团体赈济东北难民联合征信录》，1933 年，第 23—24 页。

上海各慈善团体赈济东北难民联合会董事会章程

（1932 年）

第一条　本会由大会公推之董事组织之，受大会付托，综持会务。

第二条　依大会简章第四条，由董事互推董事长一人，副董事长二人，常务董事十五人至三十一人，财务董事七人。

第三条　本会推定之董事长、副董事长、常务董事、财务董事，依大会简章第四条第二项组织常务董事会，处理会务并执行各种会议议决案。董事长主持会务，于各种会议时为主席，对外为本会代表。董事长因事不能执行职务时，由副董事长代理之。

第四条　为增促会务进行效能起见，由常务董事会互推常驻常务董事五人至十一人，常川驻会，负责办理常董会事务。

第五条　财务董事依大会简章第四条第三项保管赈款赈品并监督收支，应互推驻会财务董事三人至五人，常川驻会，执行职务。

第六条　依大会简章第五条，设执行、筹募、审核三组，分掌事务，其职权如下：

执行组　掌理放振、调查、宣传、文书、庶务、会计、收发、典掌图记卷宗暨本会经费出纳，预决算并其他不属各组事项。

筹募组　掌理筹划、募集赈款赈品事项。

审核组　掌理收支赈款赈品之审查、稽核，并本会经费经常临时预决算审核事项。

各组酌设干事及雇员，得按事务之性质分股办事，以专责成。

第七条　各组主任、副主任各一人，由本会推任之。各组主任、副主任商承常务董事会指挥本组职员办理组务。

第八条　本会日常文件由董事长、副董事长核定署名，并由常驻常董暨关系组主任、副主任副署。其关系财务者，并须由驻会财董副署，以明责任，均仍于董事会或常董会开会时提出报告或请求追认。

第九条　本会董事、董事长、副董事长、常务董事、财务董事、各组主任、副主任均为义务职，个人之办公费用并由本人自备，但干事雇员得支最低生活费。

第十条　本会赈款赈品之收支，均应随时登报公布。本会为宣传及征信计，得发行定期或不定期刊物。

第十一条　本章程依大会简章第四条规定，于董事会议决日施行。如有未尽事宜，得随时提议修改之。

——原载上海各慈善团体赈济东北难民联合会编:《上海各慈善团体赈济东北难民联合征信录》，1933 年，第 24—26 页。

上海各慈善团体赈济
东北难民联合会驻平办事处简章
（1932 年）

第一条　本处依据上海各慈善团体赈济东北难民联合会（下简称本会）常董会决议案设立之。

第二条　本处办理事务以本会常董会议决案为根据，有重要事务时，本处得提出意见，由常董会议讨论决议办理。

第三条　本处设主任一人，由本会常董会于常务董事中公推兼任，主持处务。本处得酌设干事、雇员分股办事，由主任分别聘委，函会备案。本处得于平津两地分设或先就一地设之。本处办事细则由主任拟定，函送本会常董会议决施行。

第四条　本处依本会常董会之决议，得以本会名义，就地征募赈款赈品，并得以本会名义指定当地银行团体代收赈款，除随时或按旬登载当地报纸鸣谢公布外，均应随时函报本会常董会登记划一会计。

第五条　本处所募赈款赈品之散放，由本会常董会议决支配，并规定散放办法，本处如有意见时，得提出常董会议。

第六条　本处每星期将处务函报本会常董会一次，有特要事务时，随时函电商办。

第七条　本简章由本会常董会议决施行，如有未尽事宜，得由本会董事或本处主任提交本会常董会议修改之。

——原载上海各慈善团体赈济东北难民联合会编：《上海各慈善团体赈济东北难民联合征信录》，1933 年，第 26—27 页。

上海筹募各省水灾急赈会组织简章

（1931 年）

第一条　凡热心慈善，赞助本会筹募急赈者，皆为本会会员。

第二条　本会会员公推执行委员若干人，并由执行委员公推常务委员若干人，财务委员六人，干事长四人，常驻常委五人，处理会务。

第三条　本会之会议如下：

一、大会每月开会一次；

二、常务委员会每星期一次；

三、有紧要事件约开临时会议。

第四条　本会处理事务分设下列各组：

甲、总务组　掌文牍、会计、庶务、收发、纪录造报及不属其他各组事项；

乙、设计组　掌计划筹募赈捐及赈济方案事项；

丙、财务组　掌经收赈款赈品及存放汇拨购粮事项；

丁、宣传组　掌编制灾况报告及宣传事项；

戊、放振组　掌调查散放及关于农工赈务并运输事项；

己、医药组　掌保管药品、治疗疾病、预防疫疠及一切卫生事项；

庚、审核组　掌审查赈款赈品及本会经费之出纳事项。

第五条　前条各组各设主任干事，由常务委员会推定，其名额因事务之繁简酌定之。各组得设干事及办事员若干人，由主任干事推，由常务委员会聘任。

第六条　凡会员、委员、干事长、主任干事皆义务职，干事、办事员认为有必须给予津贴者，由常务委员酌定之。

　　第七条　本简章自本会成立日起实行。

　　　　　　　　　——原载上海筹募各省水灾急赈会编：《上海筹募各省
　　　　　　　水灾急赈会工作报告书》，1934年，第161—162页。

上海筹募各省水灾急赈会办事细则

（1931 年）

第一条　本细则根据本会组织简章拟定，除简章及各组另有规定外，处理一切会务悉依本细则办理。

第二条　本会依简章第三条之规定，每月开大会一次，每星期开常务委员会一次，常务委员会于每星期三下午四时行之，大会日期由常务委员会议定，但遇必要时，得开临时会议由常驻常委召集。

第三条　本会收到文电由总务组摘由，即时送由驻会常务委员分别拟办，发文由常驻常委签字。

第四条　本会收到赈款及由本会购买之赈品每日结束一次，由财务组负责分别存储即时通知放赈组，其他赈品常驻常委派定专员保管，分别通知各组。

第五条　本会经常特别用项由总务组制具预算提出，常务委员会议决行之。

第六条　本会支配赈款由常务委员会议公决行之。

第七条　本会大会常会及各组会议之记录，须由各会临时主席签字方可发布。

第八条　本会办事时间每日上午九时至下午六时，遇必要时得提早或延长之。

第九条　本细则未尽事宜由常务委员会修改之。

第十条　本细则由常务委员议决施行。

——原载《上海筹募各省水灾急赈会工作报告书》，
1934 年，第 162—163 页。

上海筹募各省水灾急赈会赈款收支会计审核简则

（1931 年）

第一条　本会财务组每日直接收得之赈款应填具三联单，以一联交捐款人作为收据，以一联送审核组备查，以一联存财务组入账。

第二条　本会委托各机关代收之赈款，应由代收机关填具，向本会领去应用之三联单，以一联交捐款人作为收据，以一联通知本会财务组入账，以一联存该代收机关备查。

第三条　捐款人如不愿以姓名记入收据及发表者，应用无名氏名义记入收据。惟每一无名氏之下应附记一号数，如无名氏（一）、无名氏（二），以次类推。登报发表及将来刊印征信录亦即用此记号，俾各无名氏捐款人可以识别。前项无名氏下附记之号数，各代收机关应各自编列。

第四条　本简则第一条、第二条所规定之三联单，均应分订成册，每册一百页，由本会财务组编定字号，盖用本会骑缝图章，各联均由财务组委员及经手收款员签字。

三联单每册亦应编定册号，并在册面上注明内订收据张数及其字号起迄，在将该册发给代收赈款机关应用或留充财务组自用时，应将该册号数内订收据张数及其字号起迄、领用机关名称、领用日期一一记明于三联单册登记簿，以资审核。

第五条　收据苟有误填作废情事，应将原据粘附于原号存根上注明作废字样。

第六条　财务组收款员每人应备赈款草收簿一册，将所收各户赈款依照收据字号按日逐户记入该簿，于每日下午结一总数，随将所收现款尽数送交财务组会计员。

第七条　财务组会计员每日收到收款员交来赈款，应与该员所记是日赈款草收簿之记载核对无误，即在该簿所结总数上盖章，作为收到证据，并应将所收赈款于当日汇总解存常务委员会所推定之存款银行或钱庄，取回存款凭证，一面将该日收款数额记入赈款日流簿。

第八条　财务组会计员应逐日将代收赈款机关送来之收款通知单分别结出各机关收款总数，记入赈款日流簿，并将每日通知单分别整理订册存查。

第九条　审核组委员应将本会每日所收赈款根据财务组所发收据之存根、银行钱庄存款之凭证及各代收赈款机关送来之通知单核对确实，即在赈款日流簿上所记是日收款之总数上盖章，以资证明。

第十条　财务组支款均应由常务委员会议决，通知财务组照付，即由该组会计员开具支款凭单，交由审核组委员审核无误，在凭单上盖章，然后由会计员开具支票，连同支款凭单交由常驻常委及财务委员签字支付。

第十一条　财务组支款一律应用支票，由常驻委员及财务委员各自推定签字委员三人，凡支票由常驻签字委员中之任何一人及财务签字委员中之任何一人会同签字即可发出。

第十二条　财务组支款均应取得收款机关或个人出具之正式收据。

第十三条　财务组会计员应于每日下午将一日内所有收支账目在赈款日流簿上结出"上日结存""本日共收""本日共付""本日结存"各总数，由审核组委员复核无误，即在日记簿所结该日总数上盖章，以资证明。

第十四条　财务组会计员应设立总清簿，分别收支各项性质，开立会计科目，每日由赈款日流簿过入。前项会计科目另定之。

第十五条　财务组会计员应根据收据存根及代收赈款机关通知单编制收捐报告表，于每月一日、五日、十一日、十五日、二十一日、二十五日分批送登各报发表，再将登报广告送交审核组审核。

第十六条　财务组应将每日收支各款分别会计科目编制收支日报表，送请常驻常委察核，每月应将该月份内收支各款分别会计科目，编制收支月结表，交由审核组委员审核盖章后，一面送请常务委员会察核，一面登报公告。

第十七条　本会事务结束后，财务组应将全期内收支各款分别会计科目编制收支总结表，交由审核组委员审核盖章后，送请常务委员会察核，刊印征信录，一面登报公布，一面呈请主管官厅备案。

第十八条　本办法由常务委员会议决施行，修改时亦同。

——原载《上海筹募各省水灾急赈会工作报告书》，
1934年，第163—166页。

上海筹募各省水灾急赈会办理各省冬赈简章

第一条　本简章为本会办理各省赈务之总则，现办冬令急赈得适用之。

第二条　本会于放赈各省设本会总事务所，名曰上海筹募各省水灾急赈会某省义赈总事务所，各县设分事务所，名曰上海筹募各省水灾急赈会某省某县义赈分事务所。

第三条　省总事务所设总主任一人，由本会推选任之，所内得酌用干事二人至四人办理文牍、会计、庶务、视察各事务，由总主任聘任之。

第四条　县分事务所设主任一人，由总主任推选，报由本会聘任之，所内得酌用干事一二人办理文牍、会计事务。

第五条　省总事务所总主任之图记由本会刊发启用，文曰上海筹募各省水灾急赈会某某省义赈总主任图记。其各县分事务所主任之图记由本会规定式样，发交总主任就地刊发，仍报本会备案。

第六条　各省县应用赈票、旗帜、袖章等均由总主任报由本会发给。

第七条　本会所办义赈县份系按照赈款之多寡与官赈机关事前商定划分，以收分工合作之效，而免重复偏枯之弊。凡本会未办县份，应函商国府救济会担任办理。

第八条　本会所聘各省总主任、各县主任，如兼任其他团体托办之会务，须报告本会备案。

第九条　如有其他义赈团体欲与本会各县在同一县区内办理赈务者，该县主任应即报告该总主任会同商定划分乡区，各归各放。但该放赈团体自愿与本会合放者亦可，惟须于本会赈票上加盖某义赈或某官赈团体合作戳记，并即电告本会备查。

第十条　各灾区情形不同或需要种籽，或应设粥厂，或需现款，或需粮食、棉衣，或应兼办工赈，均由总主任派员调查核定，报告本会备查。

第十一条　调查给赈均归总主任、主任主办，发款应与就地县政府或法定团体会同给领。

第十二条　赈票存根由各该省总主任汇齐缴还本会存查，所发赈票由就地县政府收回，连同赈款印收交由主任转交总主任汇寄本会。

第十三条　本会聘用放赈人员，以熟谙办理义赈者为合格，如人员不敷分配时，各总主任得选用心地慈祥、办事切实者辅佐之。

第十四条　本会照义赈办法以严查宽放，救死不救贫为宗旨，现印发办赈要言、义赈刍言两书，合订小册，发交放赈人员参阅。

第十五条　各省总事务所干事每人每月支生活费三十元为度。

第十六条　放赈经费由总主任报由本会拨发，是项放赈经费照中央赈务委员会所定旅费规则，不得超过。

第十七条　各总分事务所支付款项，务须手续完全，俾免本会审核组会计师指驳。

第十八条　各省总主任应令各出发放赈人员将办理情形随时具报各该省总事务所，转报本会备查。

第十九条　本简章由本会常务会议议决施行。

第二十条　本简章如有未尽事宜，得提出常务会议修改之。

——原载上海筹募各省水灾急赈会编:《上海筹募各省
水灾急赈会工作报告书》，1934年，第166—168页。

上海筹募各省水灾义赈会急赈实施大纲

一、本会急赈以救命不救贫，严剔次灾，加放急户，救一得一之宗旨，订定实施大纲。

二、本会急赈办法，按照向来义赈手续，参酌本届各省救灾组织，共策进行，并与省政府商定实施步骤，应赈地点，以收分工合作之效，其分负责权如次。

（甲）各省政府与党部公团、慈善团体、地方公正士绅所组织之水灾救济总会，受本会委托，保管所拨赈款，按照本会专员所发赈票，负责给赈灾民。（未设救济总会之省份由赈务会代办）

（乙）本会每省设置查赈主任一人，副主任一人至二人，负勘剔灾区，分查灾户，发给本会赈票之责。

（丙）应赈灾区县份，设有水灾救济分会，应承该总会之命，直接负该县保管发放本会赈款之责。

（丁）各省查赈主任，就应赈灾区县份，每县延任素负义赈声誉之人士为查赈干事长，另分延义赈熟手为查赈员，分别直接负勘剔灾区，查户给票，或办理收容等事务。

（戊）如需办理收容所或粥厂之灾区，由县查赈干事长派员管理，救济总会、县分会选派会计，贷本会赈款发给经费。

三、支配赈款之标准

本会支配赈款，以省为单位，视灾情之轻重，定拨赈之多寡，尤需剔轻赈重，就款设施，其支配数目，概由会议决定之。各省查赈主任，商同救济总会，视本会拨发该省赈款之多寡，定赈区范围之广狭，灾重款少，虽灾偏全省，不妨仅赈一县，甚至仅赈一县中之一二乡区，务期救一得一，不救则已，救则必生，不得好大喜功，徒糜赈款，无补灾民。本会责在剔省，查赈主任，责在剔县；查赈干事，责在剔区、剔乡；查赈员责剔户、剔口，其查剔标准分列如次：

（甲）拨款二万元以内之省份，仅能就最重灾区，赈济一县中之重中之重二三乡区；五万元以内者，仅能就最重灾区，赈济二县至三县中之重中之重二三乡区。

（乙）每大口至少无论款品，需合国币一元，小口需合国币五角。

四、查赈主任就下列资格之一者选聘之：

（甲）各该省救济水灾总会赈济组主任。

（乙）地方公正士绅，办理义赈五年以上，负有重望盛誉，且得本会常务理监事各三人以上之真切认识负责保举者。

（丙）慈善团体、宗教团体之领袖，曾经办理义赈，亲自查放五年以上，社会公认为施当其厄，名闻遐迩，且得本会常务理监事各三人以上之真切认识，负责保举者。

五、巡视及监督

本会施赈，除请各该省监察使派员巡查外，本会每省设置视察主任一人，分延视察员巡视督促进行，其视察主任推聘资格，与查赈主任资格乙、丙两种相同。

六、本届急赈以放款为原则，如地方需要赈粮，亦应就地购买，不得无故从远输运。

七、查放报销各省手续章则，以及视察人员规章，参酌旱灾义赈会章则另订之。

——原载忏庵编辑：《赈灾辑要》，1936年，第146—148页。

上海筹募各省水灾义赈会
各省查赈办事处组织大纲

第一条　各省查赈主任，办理各该省赈务，设立办事处，定名为上海筹募各省水灾义赈会某某省查赈办事处。

第二条　办事处商承本会查放组，遵照本会急赈实施大纲，办理本省受灾各县赈务。

第三条　查赈主任由本会刊发图记，以资信守，文曰："上海筹募各省水灾义赈会某省查赈主任之图记"。

第四条　应用赈票、旗帜、证章、袖章等，均由本会编号发给，以昭慎重。

第五条　应赈各县，设置县查赈办事处，其简章另定之。

第六条　办事处查赈主任以次，设副主任一人至二人，干事五人至九人，分股办事，计设总务、审核两股，干事以下，视事务繁简酌设雇员若干人。

第七条　省办事处副主任，未经本会推聘之省份，由主任推荐，请本会加聘。其各县查赈干事长及省办事处各股干事，均由主任聘任，分别报会备案。

第八条　主任受本会之委托，处理本省赈务，本办事处副主任，襄助主任规画一切。各股干事，秉承主任或副主任，处理各该股内一切事务，其办事细则另定之。

第九条　本办事处副主任、各股干事，仅支膳宿费，不领月薪。其本办事处以及县查赈办事处等机关，事务经费另由本会规定，按期拨发，不在赈款内开支。

第十条　各省赈款、赈品，由本会核发，本办事处不得经募赈款。如有捐助本处赈款，当即汇解本会，给予收据，以昭慎重。

第十一条　本办事处开始组织时，欲明各县灾况，得延任临时勘灾委员，分途查勘灾情，具报本处，酌量情形，施以拯救。

第十二条　本省重灾县份，如有设立收容所之必要，得遵照本会章则设立之，其灾民麇集之地，并得设立粥厂，均受该县查赈办事处之管理。

第十三条　本办事处得就重灾各县，分别聘任该县县长为县查赈处会办。

第十四条　本省各县查赈处、收容所、粥厂等机关，以及外勤人员、当地官厅、军警，应予以相当之保护。

第十五条　本大纲经常会议决施行。

——原载忏庵编辑:《赈灾辑要》，1936 年，第 148—150 页。

上海筹募各省水灾义赈会
各省查赈办事处办事细则

第一条　本处依据组织大纲之规定，由查赈主任主持执行本省赈务。

第二条　本处各股职员，处理股内事务，其有事涉两股者，由副主任督同会商办理，每股视事务繁简，分配办事人员，如某股事务骤增，得调他股人员相助。

第三条　各股执掌分列如下：

甲　总务股：

（一）关于收发文件事项；（一）关于印信及器具保管事项；（一）关于撰拟文件事项；（一）关于卷宗保管事项；（一）关于缮校文件事项；（一）关于印刷文件事项；（一）关于译电事项；（一）关于情报事项；（一）关于款项出纳事项；（一）关于编制预决算事项；（一）关于造报收支表册事项；（一）关于不属其他各股事项。

乙　审核股：

（一）关于编制灾民及施放赈款、赈品统计图表事项；（一）关于赈票保管及核发事项；（一）关于审核收回赈票事项；（一）关于审核事务经费事项；（一）关于汇办报销事项。

第四条　办事处办公程序，到文件由收发摘由登记，送陈主任批办，由副主任分配各股拟稿。各股查阅后，陈明副主任核刊。其无庸作复之件，由副主任交由各股，仍交收发处转管卷归档。至核刊之件，经缮写校对后，随时签章，交由收发处封发，文件底稿，由收发处转管卷归档。

第五条　会计所制收支表册，每星期送陈主任核阅一次。

第六条　审核股当随时随地搜集材料，编制图表，送陈主任核阅。

第七条　会计向银行取款，须经主任盖章签字方得有效。

第八条　本处职员至不得已请假时，须请其他职员代理，以免公务积压。

第九条　办公时间，每日上午八时起，十二时止，下午一时起，六时止，为通常办公时间。每晚至少有干事二人、译电员一人轮流值班，至夜十二时为度。遇有紧急事务，通夜不停工作。

第十条　救灾文件往来，贵乎迅捷，本处虽遇星期，概不放假。

第十一条　查放手续，由本处各县查放干事长负查放给票之责，所有赈款、赈品，概由本会径行分别汇运本省水灾救济总会接收保管。本处勘定各县灾情之后，就本会拨发款品数目，按照急赈实施大纲，分别择急支配，开单函达救济总会，照数转发各该县救济分会具领保管。一俟本处所属县查赈办事处查户给票完毕，即由查赈干事长备函，开明分区给票总数，径送县救济分会查照，并与查赈干事长会衔布告，择地定期，当众发放。在未经查竣之时，应由主任或躬亲或派员抽查。发放之时，由视察人员在场监视，查赈干事长对于开查日期，以及一县查竣之后，户口以及款品总数，均应随时报明主任，转函救济总会备案，并报本会查核。

第十二条　报销手续，于本会拨发该省赈品、赈款至该省水灾救济总会之时，随时函知本处，知照水灾救济总会接收该项款品后，除负责保管发放外，并即函复本会附送印收。一面函送本处备查，本处支配款品，除报明本会，并函达救济总会查照外，一面仍需知照县查赈干事长，各县救济分会收到该总会转发款品之时，亦应备具印收呈请总会备案。一面函知县查赈干事长，至发放竣事之时，县救济分会应核对收回赈票，备具证明书，填明实放大小口数，计放款品详数，加盖县印，送达查赈干事长，转送主任，汇送省救济总会，核发总证明书。主任即凭此检同各县票根，汇报本会，请予核销，本会仍发交会计师查核。

第十三条　事务经费，由主任向本会照章具领，酌量匀拨各县应用，其报销册藉由各县送达主任统核，汇转本会核销，除各员膳宿费，按月备具领据黏用印花外，其勘灾复查回往用费，均须附具日记或逐日说明表，连同单据黏存簿，一并送会，以便核销。

第十四条　报告程序，由各主任对于本会，除重要事件随时函电报告外，并应将工作情形，按旬汇报一次，初到各该省与地方行政机关，以及水灾救济总会接洽情形、灾情状况，尤须备具详细报告。

第十五条 查赈事务经费，由本会核发，不在所拨赈款内开支。统计总额，标准如下：（甲）拨款五万元以上之省份，总分各机关支用事务经费，不得逾赈款百分之五。（乙）拨款五万元以内之省份，总分各机关支用事务经费，不得逾赈款百分之六。（丙）拨款二万元以内之省份，总分各机关支用事务经费，不得逾赈款百分之七。

舟车费正副主任得用二等，其余职员均用三等。膳宿费分三级，一级每日三元，二级每日二元，三级每日一元，一级以主任为限。

第十六条 本细则经常会议决施行。

——原载忏庵编辑：《赈灾辑要》，1936 年，第 150—154 页。

上海筹募各省水灾
义赈会各县查赈办事处简章

第一条　本会办理各省赈务，依据急赈实施大纲之规定，各省查赈主任之下就应赈县分，设置查赈干事长，出任灾区查赈事务，在各该县城市或灾区适中地点，设立办事处。

第二条　各县查赈干事长，由本会各省查赈主任遴聘，其查赈员由干事长遴选富有经验，确具热心之士延任之，其额数约五人至十人。视查放事务之繁简，临时酌量延任，报由主任转报本会备案。

第三条　各县办事处办理文书会计，保管赈票印信，得酌延一二事务员佐理之。

第四条　各县查赈干事长，由各该县查赈主任刊发图记，俾资信守，文曰："上海筹募各省水灾义赈会某某省某某县查赈干事长图记"。

第五条　干事长及查赈员、事务员概尽义务，所需事务经费，由该省查赈主任，另行领付，不在赈款内开支。

第六条　施赈类别分六种：

（甲）急赈，对于家有死亡及食住两穷垂毙之灾民适用之。

（乙）收容所及粥厂，对于暴水冲没庐舍，无家可归之灾民适用之。

（丙）养婴，分为二类：一为寄养类，对于有可依托而无力为活之童婴适用之；一为留养类，对于无父无母无家可归之弃婴而又无人愿为寄养者适用之。

（丁）赈药，对于时疫流行传染疾病之灾民适用之。

（戊）掩埋，对于灾民死亡无人瘗埋者适用之。

（己）赈衣，于冬期施赈时，遇有无衣御寒之灾民适用之。

第七条　调查灾户时，对于以上六种赈类，或单用一类，或并用数类，随时酌量本会拨款情形办理之。

第八条　本会施赈标准，本义赈救命不救贫宗旨，严剔次灾，加放急户，但求救一活一，救人救彻，期归实际。

第九条　查放急赈程序，由干事长就勘灾所得核定。该县必须查放之灾区，先由县政府或救济分会造具分区户口清册，送交办事处，交由查赈员，连同赈票携带出发，亲历灾区，查给赈票钱数或粮数，约分五等，预定五字暗码，代表数目，不得事先宣布，以杜觊觎多寡，致生纷扰而滋弊端；俟到各村庄时，属庄长挨户领查，考核实在，视人口之多寡，察情形之缓急，分别应否给票。应给票者，随时在票上注明庄名村名以及口数，标以数目暗码，亲手发给。查竣之时，核算存根，分别各村户数大小口数，注明各票根封面，交由干事长抽查覆核。覆核后，统算配款，与该县救济分会会商分区放款地点，拟定放款日期，预发会衔布告，宣布应领款品数目，令各灾民按期亲身持票领取。发放之日，由县救济分会凭票核放，县长及公团以及本会视察人员，负责监放。放竣后，救济分会或县政府应将收回之赈票核明放出之数，出具总印收交。由干事长连同票根，送缴省办事处汇核，转报本会。其收回之赈票，即存救济会或县政府备案。

第十条　举办收容所及粥厂之程序，在于受灾各县查有突遭暴水淹没房庐，一时无处可避，攀援树巅、垛口，架木为巢，嗷嗷待哺之灾民。即须于就近较高之地，赶搭芦蓬，或借用庙宇，设立临时收容所。一面制备干糇或设立粥厂，备米煮粥，按时给食。每所留一二查赈员，办理其事，至水退灾民还家，方得撤销，此为急中之急，临时救济办法。

第十一条　养婴程序，分甲、乙两种：

（甲）寄养类，凡查有灾户人口过多，致弃婴不顾者，酌给养婴票，令其持赴办事处，凭票调换养婴折，按月领取养婴费，钱数月数，均酌量情形规定之。其无父无母且尚无人收养之童婴，由查赈员查得或地方人携送，复经审核确实者，由干事长延请地方公正人士代觅妥户，具保寄养。一面将婴童拍照存处备案，随时发给养婴折，按月给予寄养费。无论自养、寄养之婴，领费时均须随带该婴童来处验看，如果抚养尽力，著有成效，于寄养费外加给奖金，但自养者不在此例。若遇婴童发生疾病，亦须随时报处，以便医治，至撤局之时，如尚无家属领回者，当并入留养类，另筹留养办法留养之。

（乙）留养类，凡查有无父无母无家可归之弃儿，而又无人愿为寄养者，酌筹留养机关，其办法另定之。

第十二条　施放赈衣之程序，冬赈查户之时，遇有无衣御寒之灾民，随时加填赈衣票给执，候放款时一并发放。

第十三条　赈药程序，凡查有灾户染患疾病，无力医治者，应随时给以应症药品救济之。

第十四条　掩埋程序，凡查有灾民死亡，无有家属，或有家而无力瘗埋者，应随时给予掩埋费，督率其家属或庄保掩埋之。

第十五条　各县办事处应受省办事处之指导，对于本会所订一切规章负责遵守。

第十六条　本简章经常会决议施行。

——原载忏庵编辑：《赈灾辑要》，1936年，第154—158页。

上海筹募各省水灾义赈会赈务视察简章

第一条　本会办理灾重各省赈务，设置视察人员，其简章依据《急赈实施大纲》第五条之规定订定之。

第二条　各省设视察主任一人，主持各该省赈务，视察事务；视察员一人至三人，辅佐主任分赴各县视察。

第三条　主任之下，设置视察员人数，标准如下：

（甲）查放十县以上之省份，至多不逾三人。

（乙）查放六县至十县之省份，至多不逾二人。

（丙）查放三县至五县之省份设一人。

（丁）三县以内者，由视察主任自行负责，不设视察员。

第四条　视察主任，由本会常会议决聘请之。

第五条　视察员由视察主任遴荐富有义赈经验、干练诚朴之人员，报会延聘之。

第六条　视察主任及视察员，须分别周历各该省办赈县份，审核查放人员施赈方法是否适当，其责任分列于下：

（一）遇有查放人员并未根据本会《急赈实施大纲》及《查赈各项细则》办理者，得随时督促更正。

（二）遇有查赈人员支配赈款缓急轻重之间，未能得当，应随时劝导更正，或报明本会纠正。

（三）遇有地方特别情形，需要不同，认为有另筹适当办法者，应随时计划，报明本会核办，期于因地制宜，救人救彻。

（四）审核查放机关之簿据。

（五）发放赈款、赈品时，如察觉灾民有冒滥顶替情弊，应随时函达地方政府依法查究。

第七条　视察员须将按日视察情形，报由主任按周汇报本会。遇有紧急事项，并应随时电请本会核办。

第八条　视察人员概不支薪，所需舟车、膳宿两项经费，由本会比《照查赈专员办事细则》所规定之查赈经费支给。主任一级，视察员二级，其邮资纸张等费实报实销。

第九条　视察人员出发，由会发给证章护照，一面电请各该省政府转饬灾区县政府妥为保护，以利进行。

第十条　本简章经常会议决施行。

　　　　　　　　——原载忏庵编辑：《赈灾辑要》，1936 年，第 158—169 页。

上海各慈善团体筹募
黄河水灾急赈联合会章程

（1933 年）

第一条　本会以筹赈黄河水灾难民为宗旨。如有其他灾情奇重区域，本会认为应行急赈者，亦得量力救济之。

第二条　本会由下列上海各慈善团体联合发起组织：中国红十字会、华洋义赈会、中国佛教会、中国济生会、辛未救济会、联义善会、江苏灾防会、惠生慈善社、普善山庄。凡各地慈善团体及海内外同胞赞成本会宗旨者，皆得加入。

第三条　本会筹集赈款，依照义赈办法，实地直接办理受灾最重区域急赈。

第四条　本会设委员长一人，副委员长二人，执行委员若干人，监察委员若干人，由发起组织之各团体联席会议公推之。

执行委员会由委员互推十一人至十八人为常务委员。

第五条　本会执行委员会设下列四组：

总务组、筹募组、财务组、查放组。

本会监察委员会设下列二组：稽核组、视察组。

本会组织规程及各组办事细则另定之。

第六条　本会各组置主任一人，副主任二人，由执监委会公推之。

第七条　本会每星期举行常务委员会议一次，每月举行执监联席会议一次。有重要事务时，得开临时会议。如认为须开各慈善团体联席会议大会或全体委员会时，由执行常委会召集之。

第八条　本会得设干事或雇员，分办各组事务。

第九条　本会收支赈款、赈品，均登报公告之。

第十条　本会附设于上海云南路仁济堂内。

第十一条　本会得于灾区设立临时办事处。

第十二条　本简章于通过后施行，如有未尽事宜，得随时提议大会修正之。

　　　　　　　　　——原载《上海各慈善团体筹募黄河水灾
急赈联合会征信录》，1934年，第49—51页。

上海时疫医院章程

第一章　总则

第一条　以救治疫疠，保卫生命为宗旨。

第二条　本院在公共租界西藏路自行购租地基，建设院所。

第三条　本院由华人组织，纯属慈善性质，对于无论何界一律待遇。

第二章　医例

第四条　本院医治规则如下：

（一）症候　本院专治急痧、吐泻之症，不涉别项症候。

（二）时间　本院每年于夏令开幕至秋冬时疫疠肃清为止，至春、秋、冬三季，再由董事会集议临时办法。

（三）病人　本院对于各界，不论贫富男女老幼一律施治。

（四）住院　本院头二等酌收住院费，头等每天三元，二等每天一元，三等一律免费，无号金等名目。

（五）病故　病人医治无效，有力者任其自由入殓。如实系贫苦者，由本院施送普通棺木，代为殡殓掩埋。

（六）出院　病人治愈后，无力还乡，经本院查明确实者，酌贴船票旅费。

第三章　职员

第五条　本院除董事无定额外，职员分为职董及正、副院长二种。

（一）职董　职董由本院董事会公推之，其额定如下：经济董事一人，执行董事一人。

（二）院长　正院长一人，副院长二人，均由董事会推举之。

第六条　本院用人经济以及各科事务，均由职董会议决实行。

第七条　正、副院长、执行董事会及职董会议决各案，并指挥管理全院事务。

第八条　职董董事均属义务职。

第九条　职董董事、院长应担任院内一切经济，如遇院内经费不足时，应由各职董筹垫或捐募之。

第十条　本院主任、医生，经职董会及院长同意聘任之，管理院内一切医务。如助理员等，应由主任医生雇用之，但雇用之前须与院长商得同意，并酌定其薪水。凡主任医生对于本院医务有发表意见之必要时，得列席董事会共同讨论，惟关于经济及庶务等事不涉医务范围者，主任医生无参议之权。

第十一条　正、副院长任期五年，职董三年，连举得连任之。

第四章　开会

第十二条　本院规定每年夏历四月为常会期，邀集全体董事商议进行事宜，如遇有重要事故，得由院长或董事五人以上要求，召集临时会议。

第五章　捐款

第十三条　凡捐助本院款项，由本院经济董事，正、副院长出给正式收条为凭，并登报鸣谢。

第六章　附则

第十四条　本章程经大会通过后实行，如有提议修改者，须经大会过半数决议，方可修改。

第十五条　职董会章程、医务规则、院务规则、看护司事、茶房侍役等规则，均由职董会议决另订之。

——原载《上海时疫医院征信录》，1936年，第1—3页。

周浦辅善医院章程

一、总则

（一）本院定名为周浦辅善医院。

（二）本院院址周浦悦和桥南首。

（三）本院由各慈善家与辅化慈善会组织院董会，筹款设立。

（四）本院经常费由全体院董担任筹措之。

（五）本院各院董筹募经费之义务，应在每年六十元以上（自认代募均可）。

（六）凡各界热心人士赞助本院筹募，或自任经费每年在六十元以上者，不分性别，均得推为本院院董。

（七）本院以实行社会卫生、疗养人民疾病为目的，不分畛域。

（八）本院组织分事务、医务二部。

（九）本院诊治分内科、外科、产妇科、小儿科、眼科、皮肤花柳科、耳鼻咽喉科等。

（十）本院诊例分贫诊、施诊、例诊、特诊、出诊五种。

（十一）本院休息日（仅停止贫诊、施诊、例诊三种），规定如下：本院成立纪念日、政府指定之休假日、星期日。

（十二）各职员规定，每年例假四星期，须于闲空时轮流分两次休息。

二、董事会

（一）本院设院董若干人（无定额），组织董事会。

（二）本院由董事会内推举董事长一人，副董事长一人，院长一人，副院长二人，医务长一人，常务董事五人，事务主任一人，会计主任一人。

（三）本院以每年夏季开始至翌年春季终了为年度，董事会定于每年五月、十一月举行常会各一次。如遇特别事故，得由事务主任、会计主任报告董事长及院长，召集临时董事会议决施行。

（四）本院职董任期均为二年，于举行常会时推选之，连举者得连任。

三、职员及职权

（一）本院职员如下：董事长、副董事长、正院长、副院长、医务长、常务董事、事务主任、会计主任，由董事会推举之，均义务职。医务主任由院长及医务长会衔聘请之；医师、护士长、护士由医务主任聘请之，均有给职（护士学生则招收之）。司账员、文书员及员役等均有给职，由事务主任任免之。

四、服务规则

（一）本院职员须协同一致，励行本院一切规则，整理院务。

（二）各职员在休息日及休息时间内，亦须轮流值班。

（三）本院各职员如遇疾病或不得已事故，须将事由日期分别报告事务主任及医务主任，如旷日过多，应请人代理，庶几不致有碍院务。

（四）添办器具或医药材料，一切物件须开明品目，经事务主任及会计主任、医务主任察核采办。

五、诊金及时间

（一）本院诊金及时间有门诊、出诊两部。

（二）门诊分贫诊、施诊、例诊、特诊四种。

（三）贫诊施诊时间除休假日外，规定于上午九时至十二时施诊。号金初诊铜元十五枚，复诊铜元拾枚；贫诊以持有本院贫诊券来院就诊者为限，号金药资完全免费，但贵重药品及注射针照本取值。

（四）例诊时间除休假日外，规定于上午九时至十二时，下午一时至五时，号金初诊大洋四角，复诊大洋三角。

（五）在上例规定时间外，或病人欲拨号诊治者，均为特诊，号金洋壹元。

（六）深夜门诊（下午九时后至翌晨六时前），概收号金大洋壹元半。

（七）出诊时间规定下午一时至八时，依照挂号先后为次序。

（八）出诊费规定镇内洋贰元，镇外每里加半元诊金，先缴舟轿金，依定例收取。如遇路途较远，交通不便或认为有安全之问题者，须由请求出诊人觅具妥保，否则得谢绝之。

（九）凡请求出诊者，需报明症状，俾可携带主要药品以利诊治。

（十）在规定时间外请求出诊者，或欲拨号者，诊金加倍。

（十一）凡来院诊治及要求出诊者，均须先至挂号处挂号，同时缴清号金及诊金。

（十二）手术或注射及药水，均须按值取费。

（十三）本院产科出诊接产费，平产洋五元，难产另议，如欲先行诊察，可至本院挂号处，照门诊或出诊例挂号。

（十四）受伤病人如欲本院医师填具伤单者，每单收洋拾元。

（十五）出诊诊金及手术费、接产费、伤单等规定，医生得二分之一以酬其劳。

六、住院规则

（一）本院病室分三等：

（甲）头等，（每间一人）每日洋三元。

（乙）二等，（每间二人）每人每日洋壹元五角。

（丙）普通，（统房）每人每日洋五角。

（二）病人住院治疗须经医师许可，方得入院，并须填写保证书，由妥实保证人签名盖印。

（三）病人入院时须先行缴足住院费十天，以后每十天结算一次，出院时总结清算。

（四）病人如系传染病，只准住于隔离病房内。

（五）病人住头二等病房者，许住陪客一人，每日收费洋四角，亦须先行缴费十元。

（六）产科住院接产费，平产以三种计算，头等病室洋三元，二等病室洋二元，普通病室洋一元，难产另议。

（七）凡须施行重大手术者，应由病人亲族及保证人填写手术志愿书，手术费依手术之大小酌定之。

（八）贵重药品及注射药，均须按值取费。

（九）病室内各种设备，病人如有损坏，应照原价赔偿。

（十）病人除必需品外，不得携入别物。

（十一）病人不得出外行走及妄入诊察室与办事室。

（十二）病人对于饮食及院役伺候等事，设有不满意处，请通知事务处办理。

（十三）不许在病室内自行煮食物，饮酒喧哗。

（十四）病人出院须得医师允许。

（十五）病人在本院治疗停止，或医师宣告必须出院时，应即出院。

（十六）访问者或病人家族携带食物进院，须经医师许可。

（十七）探望病人时间规定上午十时至十一时半，下午一时至四时。

（十八）探望病人须向门房声明探访何人，领得探访牌，方可入院。

（十九）住头二等病房，病人在于冬季欲生火炉取暖者，须补偿火炉煤炭费每间每日洋六角。

七、附则

（一）本院每届时疫期，另增时疫部，凡系时疫来诊者，不论时在深夜或休息日，均得随到随诊。如遇有病势凶险，经本医师许可，住院得留院医治，住院及医药各费完全免收，其他杂诊一律照旧。

（二）本院进行事宜，得以据历届议决案施行之。

（三）本章程如有未尽事宜，应行修增之处，得由董事会议决修正之。

（四）本章程由董事会议决施行。

——原载《周浦辅善医院报告册》，1934年，第74—78页。

上海市救济委员会章程
（1937 年）

一、名称

本会由上海市社会局、上海市地方协会、上海市商会、上海慈善团体联合救灾会、中国红十字会、世界红卍字会、上海华洋义赈会、华公教进行会、上海基督教青年会及本市医药团体，港沪各同乡团体共同组织之，定名曰：上海市救济委员会。

二、宗旨

本会以慈善救济为宗旨，办理非常时期一切救济事宜。

三、会址

本会设总办事处于浦东大厦内，必要时得设分办事处于各处。

四、组织

本会委员无定额，设常务委员十一人，并推主席委员一人，组织常务委员会，下设秘书主任一人，秘书二人，成立秘书处，并分设总务、财务、外事、收容、给养、遣送、训导、医药、纠察、掩埋十组，各组设主任委员一人，副主任委员一人至三人，委员若干人，以专职责。本会另行指定监察委员若干人，监察本会会务之进行。

五、任务

本会各处组之任务如下：

秘书处　　主持本会内部机要及统筹全会事项。

1. 总务组　　办理本会文书、庶务及不属其他各组事项。

2. 财务组　　办理一切救济经费之筹募及收支事项。

3. 外事组　　办理外交上联络与接洽事项。

4. 收容组　　办理难民之收容及编配事项。

5. 给养组　　办理难民衣食之供给及支配事项。

6. 遣送组　　办理难民之遣送事项。

7. 训导组　　办理难民之训练及教导事项。

8. 医药组　　办理难民之诊疗及防疫事项。

9. 纠察组　　办理收容所之警卫及查察事项。

10. 掩埋组　　办理掩埋事项。

上列各处组，视会务之繁简，得由各处组主任聘任干事若干人，助理会务。

六、经费

本会一切救济经费物品，由全体委员负责筹募之。本会一切收支报告，特聘会计师证明后，送监察委员审核公布之。

七、附则

本会办事细则另订之，本简章如有未尽事宜得随时修正之，本简章通过之日施行。

——原载上海市救济委员会编：《救济工作概论》，1937 年。

上海市救济委员会办事细则

（1937 年）

第一条　本细则依照上海市救济委员会简章之规定，订定之。

第二条　本委员会设常务委员十一人，互推主席委员一人，组织常务委员会，掌理全会事务。

第三条　本会设秘书主任一人，秘书二人，成立秘书处，秉承委员会之命令，主持内部一切机要及情报工作，统筹分配全会各组应办事项，审核并承转各组收发文稿，与办理调查及宣传并人事考勤事宜。

第四条　本委员会依照简章之规定，设下列总务、财务、外事、收容、给养、遣送、训导、医药、纠察、掩埋等十组，每组设主任委员一人，副主任委员一人至三人，委员若干人，为办事上便利起见，在组以下分别设立应有职掌之各股，每股设总干事一人，干事若干人。

第五条　各组之职掌如下：

一、总务组　文书及庶务事项，对外界人员之联络事项，人员之征集及分配事项，编制报告及发布新闻事项，不属其他各组事项。

二、财务组　救济经费之筹募事项，救济经费之保管出纳事项，本会内部之会计事项，编制财务报告事项。

三、外事组　与各国领事之接洽事项，与租界当局之联络接洽事项。

四、收容组　难民之营救及收容事项，收容所之划分指定及布置事项，收容难民之管理事项，收容难民之编查登记及配置事项。

五、给养组　难民各项给养之支配与供给事项，难民衣食之征集、储藏及保管事项，难民给养之一切临时备办措置事项。

六、遣送组　遣送难民人数之统计事项，难民遣送先后之支配运输事项，对于交通工具之接洽与准备事项。

七、训导组　难民之一切教育设施事项，难民之训练服役事项，难民行为与思想之指导事项，难民之纪律管理事项。

八、医药组　难民之一切卫生设施事项，难民之疾疫预防事项，难民之疾病治疗事项，药物之措办、储藏及分配事项。

九、纠察组　难民之安全保卫及收容所之维持秩序事项，难民行为之纠正事项，难民之违警犯罪等报告处置事项，反动之侦查报捕及紧急处置事项。

十、掩埋组　难民之死亡掩埋事项，掩埋使役之管理与指挥事项，掩埋工具之保管及分发事项，掩埋地点之选择事项，掩埋以后之临时识别及死亡登记事项。

第六条　以上各处组人员为办理便利起见，应集中地点办公，地点由委员会决定之，但必要时得分办事处于市区各地，由秘书处会同各组随时遣派干事服务。

第七条　本会办公时间自上午八时起至下午六时半止，办公人员应每日签到，将签名簿报由秘书处严格考勤，必要时得延长工作时间。

第八条　本会工作人员，概为义务职，唯以事实上之需要，由各组主任遣派，外勤服务时得报由秘书处发给车膳等费。

第九条　本会工作人员，应服从委员会之命令及秘书处之调遣，随时担任在非常时期内之一切必要工作。

第十条　本会各处组之办事细则，由各处组主任在不抵触本细则范围以内另订之，报由常务委员会核准施行。

第十一条　本细则如有未尽事宜，由救济委员会随时修正之。

第十二条　本细则自救济委员会通过之日施行。

——原载上海市救济委员会编：《救济工作概论》，1937年。

非常时期救济委员会上海市分会章程

（1937 年）

第一章　总则

第一条　本分会定名为非常时期难民救济委员会上海市分会（简称上海市救济委员会）。

第二条　本会分会设总办事处于浦东大厦内，必要时得设分办事处于各处。

第三条　本分会根据行政院颁布之非常时期救济难民办法大纲第四条第七条之规定，办理本市非常时期难民救济事宜。

第二章　组织

第四条　本分会由上海市社会局会同上海戒严司令部京沪泸杭甬两路局，上海航政局暨府属有关各局，并联合上海市地方协会、上海市商会、上海慈善团体联合救灾会、中国红十字会、世界红卍字会、上海华洋义赈会救灾总会、中华公教进行会、上海基督教青年会、本市医药团体、旅沪各同乡团体等共同组织之。

第五条　本分会委员暨监察委员由上海市长就前条列举各机关团体主管人员分别聘委，并在委员中指定常务委员十九人，以社会局长为主席委员，组织常务委员会。

第六条　本分会常务委员会下设秘书主任一人，秘书二人，成立秘书处。并分设（一）总务;（二）财务;（三）外事;（四）营救;（五）收容;（六）给养;（七）遣送;（八）训导;（九）卫生;（十）纠察;（十一）掩埋等十一组。各组设主任一人，副主任一人至三人，委员若干人，以专职责。

第七条　本分会秘书主任一人，秘书二人，暨各组主任，均由委员兼任之。

第八条　本分会全体委员会议，每月举行一次，报告会务进行情形。常务委员会每星期举行一次，计划会务之推进。各组委员会议，由组主任负责随时召集之。

第九条　本分会各处组之任务如下：

秘书处　主持本会内部机要及办理文书、宣传、视察、指导、统计等事项。

1. 总务组　办理本会庶务、考核、保管账品及不属其他各组事项。

2. 财务组　办理救济经费之筹募、保管及收支事项。

3. 外事组　办理国际间之联络及接洽事项。

4. 营救组　办理难民之营救及登记事项。

5. 收容组　办理难民之管理及配置事项。

6. 给养组　办理难民给养物品之采办及分配事项。

7. 遣送组　办理难民之遣送及车船调度事项。

8. 训导组　办理难民之教育训练事项。

9. 卫生组　办理难民之诊疗及防疫事项。

10. 纠察组　办理难民之纠察及保卫事项。

11. 掩埋组　办理掩埋事项。

上列各处组视会务之繁简，得由各处组主任商承主席委员，分别聘委干事若干人助理会务。

第三章　经费

第十条　本分会经费依照救济难民办法大纲第十七条之规定，由全体委员负责办理并筹募之。

第十一条　本分会一切收支报告特聘会计师证明后，送请监察委员审核公布并报请总会察核。

第四章　附则

第十二条　本分会办事细则另订之。

第十三条　本章程如有未尽事宜，得随时修正之。

第十四条　本章程自通过之日施行。

——原载上海市救济委员会编：《救济工作概论》，1937 年。

中国红十字会上海国际委员会组织大纲

（1937 年）

（一）定名 本会定名为中国红十字会上海国际委员会。

（二）宗旨 本会以办理善举为宗旨，尤注重于筹募款项，用以救济伤兵难民并协助与本会主旨相同之各种慈善事业，但各项事工以与市政当局及其他慈善团体已经实施者不相妨碍为限并力谋与之合作。

（三）会址 本会设会所于上海，其工作区域以上海市区英法两租界及其附近各地为范围。

（四）职员 本会设委员长一人，副委员长若干人，书记、司库各一人，由执行委员会每年选任之。

（五）执行委员会 本会执行委员定额十九人，由中国红十字会特聘之，主持各项会务，为谋会务进行顺利及办理各项善举起见，得规定章程细则，所有会员均应遵守之，执行委员会开会时以满十人为法定人数，如委员遇有缺额得自行补充之。

（六）财务委员会 由执行委员会推选委员三人，组织财务委员会，对于执行委员会负责按月报告财务情形，必要时得随时报告之。

（七）分委员会 执行委员会得依其需要，设立各种分委员会授权办理各项事业，在各分委员会中，本会委员长及书记为当然委员。

（八）责任 本会会员对于本会因工作而负之债务，不负任何责任。

（九）财务 本会所收各项捐款，应由司库存入执行委员会指定之银行，每月收支账目并应列表，依照财务委员会规定之办法审计后，提出月会中报告之。

（十）会员 本会会员分下列四种：

甲、特任会员 中国红十字会特许委任者。

乙、基本会员　曾出席本会第一次会议者。

丙、普通会员　由执行委员会认可加入者。

丁、名誉会员　由执行委员会认可聘请者。

（十一）会期　本会全体会员大会经会员五人以上之请求，得由委员长随时召集之。

（十二）职权　本会章程细则之解释及一切会务，经执行委员会决定后不得再加变更。

（十三）修改　本组织大纲如有未尽事宜，经执行委员十三人以上之同意得修改之。

——原载《中国红十字会月刊》，1937 年第 30 期。

上海国际救济会章程

（1937 年）

第一条　本会由国际团体及热心人士共同组织，办理救济战区难民事宜，定名曰：上海国际救济会。

第二条　凡国际团体或个人皆得加入本会为会员，但须经本委员会通过之。

第三条　本会会员除个人会员外，凡以团体名义加入者，每一团体会员，得推举一人至三人为代表。

第四条　本会设常务委员会，由会员大会，推举委员十人（中西各半）组织之。

第五条　常务委员公推委员长二人（中西各一），其他各组职员若干人。

第六条　本会之工作设以下各组：

（一）总务组　关于文书、会计、庶务及不属各组之事皆属之。

（二）救济组　关于调查、设计、赈济等事皆属之。

（三）经济组　关于筹集款项、物品、稽核、出纳等事皆属之。

以上各组之办事细则另订之。

第七条　各组设主任一人，副主任二人，于常务委员或委员中公推兼任之。各组设干事若干人，办理本组事务，由常务委员会就各团体职员或热心赞助者聘任之。各组如事务繁重，得分股办事，每股设股长一人，必要时得设副股长一人，均以干事充任之。

第八条　本会委员主任等均为义务职。凡雇用人员，酌给生活费，如由各团体调用者，仍由原机关支薪。

第九条　本会办公经费，由入会团体分别担任之，其救济款项，由本会筹募之。

第十条　本会会员大会，由常务委员会决定召集之；常务委员会，由委员长决定召集之。

第十一条　本会收支款项及物品，除另刊报告册外，并随时登报公布之。

第十二条　本简章经会员大会通过施行，如有未尽事宜，由委员会提交大会修改之。

——原载《上海国际救济会年报（1937 年 8 月—
1938 年 8 月）》，第 86—87 页。

上海国际救济会难民收容所规则

内部组织

一、本收容所专为战地被难人民而设，为保护难民生命安全，办事迅捷起见，所内组织分为：

（一）所长　本收容所设所长一人，综理全所一切事务。

（二）分股　本所设下列各股，每股设正、副主任各一人，干事若干人，分任工作。

甲、总务股　专任文书、会计、事务、登记及一切不属其他各股之事工。

乙、伙食股　分为两部：一部采办如粮食、燃料、杂物等项；一部监督厨司炊煮及分配饭食支给。

丙、卫生股　专任清洁、防疫、医药、消毒等事。

丁、训导股　专任指导及训练难民一切常务。

戊、遣送股　专任遣送难民出境。

己、纠察股　专任守门、秩序、警报、检查等责。

二、本所每夜由所长指派职员二人值宿，以资照料。

难民管理

一、难民应由本会救济组收送各收容所，各所不得自主或接受任何机关送来之难民。

二、本所为谋难民安全起见，凡难民进所时，须经检查员详细搜查，如有形迹可疑或夹带违禁物品者，即送警务机关严讯究办。

三、难民进所时，须逐一编号登记并注明姓名、年龄、性别、籍贯、职业，眷属，详填调查表报告本会。一面填发符号，令难民悬挂襟上，以便识别。以后每日增减人数及难民状况，填表报告一次，各表由本会制发。

四、妇孺或单身男人，及残疾难民，应报告本会另行安遣。

五、难民入所后，应绝对遵守规则，服从管理人员之指导，非经准许不得任意出入。

六、难民饭食，每日规定两次，上午九时半，下午四时半。

七、每日晨六时起身，晚九时息灯安睡。

八、所内不准吸烟，或携带引火之物。

九、凡伙夫、杂役以及所内一切勤务事宜，均由总务股指派人夫办理。

十、难民卫生，须随时注意：

甲、衣服应洗涤清洁。

乙、室内应随时漉扫，每日至少二次。

丙、卧具（包括被、褥、枕、席等），须时加曝晒，至多不得逾七日。

丁、厕所须每日冲洗二次。

戊、不得随地吐痰及便溺。

十一、难民如受伤或患病，管理人员须即报告本会，护送指定病院诊治。

十二、难民中如有父母子女失散者，管理员应即报告本会，以凭查访。

十三、难民如有正常事由，需寄亲属函件时，管理员应为代写。

十四、管理员每日须与难民训话一次，如有年幼学童，应另编次上课，以免失学。

十五、难民愿回何处，或有自愿出所者，随时报由本会核办。

十六、本规则自公布之日施行，如有未尽事宜，得由各所主任，提请委员会修正之。

——原载《上海国际救济会年报（1937年8月—
1938年8月）》，第88—90页。

上海国际救济会难民收容所管理规则

一、凭本所出入证进出，并须检查。

二、不得携带任何违禁物品。

三、禁止吸烟、赌博、饮酒。

四、须绝对服从管理，不得叫嚣喧哗。

五、每晚八时熄灯睡觉，以后非有重要事故不得进出。

六、铺位排定后，非经负责人之许可不得更换。

七、行李物件，个人自行负责管理。

八、遇飞机空战时，需各安居棚内。

九、如有客来所探访难民时，须由职员领出被访者接见。

十、难民不遵守本所规则者，本所得令其迁出。

——原载《上海国际救济会年报（1937年8月—1938年8月）》，第91页。

上海国际救济会难民收容所会计简则

第一条　本简则根据本会总处会计简则订定之。

第二条　凡本会各收容所，关于会计上一切事宜，均应依照本简则办理之。

第三条　本简则所定之各种收支程序，及应备账册式样，应一律遵守，不得擅自更改。

第四条　收容所收支账目，每星期具报总处一次，每届月终应将本月份账目，制具收支月结表，并附各项单据，报告总处审查（各项单据应注明用途，货名因商店所开发票，货名货价每每难于辨认）。

第五条　收容所不得向外募捐，如有自愿送交收容所者（包括现金与物品两项），应由该所出具临时收据，并经该所主任或总干事加盖印章，一面用通知单连同捐款（物品留所用），呈报本会办事处，由本会办事处出具正式收据，以昭郑重。

第六条　收容所支付款项，应先将付款单据填明款目，说明何种物品及数目若干，送请收容所主任或总干事，核准签字盖章，方可支付。

第七条　收容所收支报告，本会办事处认为有不明了处，得吊（调）阅全部账册，详细核对。

第八条　本简则凡本会各收容所，均适用之。

应备账簿如次：流水一本、暂记一本、分类腾清一本、伙食一本（难民与职员伙食均包括在内）、助物一本（各善士直接送收容所衣服、食物、药品及收到总处拨给物品，分别登入此账）。

——原载《上海国际救济会年报（1937 年 8 月—1938 年 8 月）》，第 91—93 页。

上海国际救济会难民中学章程

第一章　总则

第一条　本校以救济战区失学青年、培养人才、促进社会文化为宗旨。

第二条　本校现暂设初级中学，男女兼收，依照教育部颁布中学课程标准办理；每周各科授课时间：国语六小时，英文三小时，算数六小时，地理二小时，历史二小时，公民二小时，新文字三小时，唱歌一小时，生产工艺九小时，体育二小时，修业期三年。

第三条　本校每学年分二学期，除星期日、国家纪念日、本校创立纪念日，及春假寒暑假外，均照常上课。

第二章　组织

第四条　本校校董会，由上海国际救济会聘请慈善团体及中外慈善家或教育家组织之。

第五条　本校聘请名誉校长一人。

第六条　本校设校长一人，由上海国际救济会教育组聘请之，负责校内外一切事务，下设教务主任一人，训育主任一人，总务主任一人，由校长聘请之，办理校内一切事务及训育事宜。

第三章　入学、休学及毕业

第七条　新生应于学期开始时入学。

第八条　完全小学毕业，或具有同等学力，经本校审查合格，入学试验及格者，均得入学。

第九条　上海各难民收容所，或慈善团体均得保送难童入学，其入学手续仍应照前条办法办理。

第十条　学生入学试验，间有少数科目不及格，而距及格标准不远者，得暂准入学试读，但须□先在本校补习不及格之科目；补习不及格者，应即退学。

第十一条　入学及编级试验依照教育部颁行之各级学校课程标准，与所投考学级相衔接，前在原校曾修习者为范围，其试验科目如下：国文、算数、常识（包括公民、自然、史地）、口试。

第十二条　录取学生须填具入学志愿书、保证书；填具保证书之保证人，须居住本市内，有正当职业，确能负监督及处理学生之责任者为适格；中途更替，须新、旧保证人连署。

第十三条　学生于学期终了，考试成绩及格，需转学他校时，得叙明理由请求，得发给转学证书。

第十四条　学生在肄业期内，因身体或其他特殊情形，经保证人或家长具文证明，确属理由正当者，得请求休学或退学；休学以一学期或一学年为限，期满后得请求复学，编入衔接之学级。

第十五条　经学校开除之学生，不发给转学证书或修业证书。

第十六条　学生修业期满，经试验及格者，准予毕业，由本校发给毕业证书。

第四章　成绩考查

第十七条　学业成绩之考查，分下列四种：

（一）日常考查。依各科性质，酌用问答习题、笔记、日记、作文、实验、采集制作图表、报告等。

（二）临时考试。依各科性质，酌用命题、测验、问答等；每学期每科约举行二次至五次，不预先通知。

（三）学期考试。于学期终，各科教学完毕后，就一学期内所习课程，考试之；考前停课一日至二日。

（四）毕业考试。于三学年修满后，就初中所习全部课程考试之，考前停课三日至四日。

第十八条　各学科学期成绩计算法，以平日考查为百分之五十，临时考试为百分之二十，学期试验为百分之三十。

第十九条　体育成绩，平日及测验成绩各占百分之五十，测验成绩按照规定之体力、体格标准及运动项目之技术标准，于每学期终了测验定之；不受体力体格检查者，为无成绩；技术分数少于上学期之成绩者，为不及格。

第二十条　各科缺席，达该各科每星期教学时数者，扣该科学期总分一分，旷课加倍，缺席达该科每学期教学时数三分之一者，不得参与该各科之学期考试。

第二十一条　不及格之学科，少于第二十二条所列者，得经教务主任之商妥，跨级补读一次。

第二十二条　平常学科三种：初中国、英、算三者之二不及格者，均不得升级，但成绩在五十分以上者，得在下学期开学前补考一次，或在本校暑期补习班中补读。

第二十三条　学期考试，因特殊原因不能参加者，得由保证人说明理由，备函请求补考。

第二十四条　操行及体育成绩不及格者，不得升级或毕业。

第五章　奖励及惩戒

第二十五条　凡学生之个人修养、为公服务、学科竞赛、课外作业及学业操行体育，有一特长或兼优者，得由本校名誉奖励之。

第二十六条　凡学生之操行及体育成绩，列入甲等，或各科成绩在八十分以上者，得由本校分别奖励之。

第二十七条　凡学生无故旷课或逃避考试者，第一次警告，第二次记大过，第三次开除学籍。

第二十八条　凡学生无故迟到或早退者，作旷课论，准用第二十七条之规定。

第二十九条　凡学生故意损坏校具房舍者，得令其退学。

第三十条　凡学生损害他人名誉及毁坏或窃取他人之书籍什物者，记大过一次。

第三十一条　有违课室规则者，记小过一次。

第六章　附则

第三十二条　本校其他各种细则另订之。

第三十三条　本章程于必要时，由校务会修改之。

——原载《上海国际救济会年报（1937 年 8 月——
1938 年 8 月）》，第 93—97 页。

上海难民救济协会简章

（1938 年）

第一条　定名　本会定名为上海难民救济协会。

第二条　宗旨　本会以采取适宜方法，在上海及其他各地筹募捐款，协助上海各救济难民团体及理事会认为合宜之其他方法，办理中国因战事遭难人民之救济与善后为宗旨。

第三条　会员　凡下列团体之代表，皆得为本会会员

（一）上海办理救济难民各团体代表。

（二）其他中外团体代表，每一团体之代表至多不得过三人。

第四条　理事会　本会由大会推选十五人为理事，组织理事会，互选理事长一人，副理事长二人，主持会务，被选资格不以会员为限，理事遇有缺额时，得由理事会推举之。

第五条　职权　本会理事会有处理会务之全权，并因会务之需要，得聘请委员组织各种委员会及聘任或雇用办事人员办理会务，理事会之主席由理事长任之，但理事长亦得于会议时，请副理事长一人代行主席职权。

第六条　委员会　本会应先设下列各委员会，在理事会指导之下执行职务：

（一）财务委员会统筹募款计划、拟定支配方法，建议于理事会核准后监督施行。

（二）事务委员会统筹居住、衣服、给养、医药、教育及其他救济事宜之计划，建议于理事会，经理事会核准后监督施行。

（三）善后委员会统筹工作训练、职业介绍、疏散移殖及其他与善后有关事宜之计划，建议于理事会、经理事会核准后监督施行。

（四）监察委员会监察各收容所之巡视工作，审核账款收支及办理理事会

委托审核之其他事项。

第七条　名誉会长　本会理事会得敦聘名誉会长一人，名誉副会长若干人。

第八条　名誉理事　本会理事会得敦聘名誉理事十五人或十五人以上，并就名誉理事中推定名誉理事长一人，名誉副理事长四人或四人以上。

第九条　秘书长、司库　本会理事会应聘请秘书长一人，并组织秘书处执行理事会之议案。本会理事会应聘请司库一人，掌理财务。

第十条　事务经费　本会事务经费由本会收入捐款项下支付之。

第十一条　会计　本会应将每年三月三十一日及九月三十日截止之全部账目，送请会计师审查完竣，提交大会审查。前项账目应详载全部收支细账，并应将全部支付用途及事务费用详细分类列表。

第十二条　大会　大会每年开大会两次应于五月十五日及十一月十五日以前召集之，通过决算并讨论及处理其他会务。大会以会员五分之一之出席为法定人数。

第十三条　临时大会　大会遇有会员十分之一以上之书面要求并附具提案，理事长应召集临时大会，其通知书应于七天前送达之临时大会，以会员五分之一之出席为法定人数。

第十四条　责任　本会会员、各委员会委员、理事会理事，因办理本会各项事务所发生之债务，个人不负责任。

第十五条　解散　本会经临时大会出席会员三分之二以上之决议，得宣告解散。

第十六条　附则　本章程经大会出席会员三分之二以上之可决得修改之。

——原载《上海难民救济协会征信录》，1942年，第10—12页。

上海难民救济协会秘书处组织大纲

（1938 年）

第一条　本处依照上海难民救济协会简章第九条之规定组织之，执行理事会之议案。

第二条　本处设秘书长一人，由理事会聘请之，督理本处一切之事务。

第三条　本处设副秘书长若干人，由理事会聘请之，协助秘书长执行职务。

第四条　本处设主任秘书一人，秘书若干人，由秘书长商承理事长聘任之，分任第五条各处事务。

第五条　本处因事务之需要分设下列五处：

（一）总务处（二）财务处（三）事务处（四）善后处（五）宣传处。

第六条　前后各处各设处长一人，于必要时得设副处长一人或数人，均由副秘书长、主任秘书或秘书兼任之。

第七条　总务处之职务如下：

（一）办理文件之收发及保管；

（二）办理庶务；

（三）办理不属于其他各处之事务。

第八条　财务处之职务如下：

（一）统筹募款计画，提出于财务委员会。

（二）拟定支配款项方法，提出于财务委员会。

（三）经理事会核准后，实施募款及支配。

（四）拟定本会救济经费及事务经费之预算。

（五）执行理事会关于财务方面之一切决议。

第九条　事务处之职务如下：

（一）统筹难民之居住、衣服、给养、医药、教育及其他救济事宜之计划，提出于事务委员会。

（二）经理事会核准后，对于上述计划实施执行。

第十条　善后处之职务如下：

（一）统筹工作训练、职业介绍、疏散移殖及其他与善后有关事宜之计划，提出于善后委员会。

（二）经理事会核准后对于上述计划实施执行。

第十一条　宣传处之职务如下：

（一）办理会事之宣传工作。

（二）办理其他经秘书长指定之宣传文字。

第十二条　本处因事务之需要，得设置办理员若干人，分配各处办事，由秘书长任充之。

第十三条　本处之开支依照预算，向司库办公室支领之。

第十四条　本大纲经理事会通过后施行，其修正时亦同。

——原载《上海难民救济协会征信录》，1942 年，第 12 页。

上海难民救济协会会计规程

（1938 年）

第一章　总则

第一条　本规程依据本会简章及本会行政系统拟定之。

第二条　本会关于会计方面，如处理预算、出纳、簿记、决算、审核等事务，除捐款收入另订规则外，悉依本规程办理。

第三条　本会关于会计方面一切事务，悉由会计科处理。

第四条　本会会计科分出纳、簿记、稽核、统计四股，分别掌管各项会计事务。

第五条　本会会计科设会计主任一人，出纳员一人，会计员三人，秉承秘书长及司库意志，办理一应会计事务，办事细则另订之。

第二章　预算

第六条　本会收入各项捐款，动用时必须依照理事会通过之预算案规定之数支用之。

第七条　本会事务经费及补助各救济机关经费应先编制预算，由财务委员会审查通过后，再送呈理事会议议决，再交与秘书处会计科执行。

第八条　本会事务经费之预算，由秘书处会计科编制，补助各救济机关之预算，由各救济机关编造，送呈本会，发交秘书处会计科汇编。

第九条　本会预算以外，临时发生紧急费用，应由秘书处签呈正副会长先行核准动支，再补编预算交与财务委员会及理事会追认之。

第三章　出纳

第十条　本会各项捐款收入，悉委全市银行、钱庄代收，捐款外各项收入均应出给收据，并于当日将收入之款扫数存放于往来之行庄。

第十一条　本会委托银行、钱庄代收捐款之收据，由本会会计科编号、盖章、印发三联复式收据，酒菜馆、旅馆、舞场附收捐款之收据亦由本会编号、盖章，印发二联收据。上述二项收据用法，悉依本会另订之捐款收入规则办理之。

第十二条　本会直接收入捐款以外之款项，由会计科出给二联式收据。第一联由出纳、会计主任、秘书长签章后，交与付款人，第二联为存根，作为记账凭证。

第十三条　本会会计科支付预算案以内之款项，一律开具行庄支票支付之，并必须取得受款人之正式收据。

第十四条　本会另（零）星用款，先由秘书处事务科向会计科先行领取备用款五百元，每旬开具细账，连同单据向会计科报销，再行补足之。

第十五条　本会动用银行钱庄存款，开具支票之印鉴，由秘书长、司库及会计主任会同盖章，方可支用。

第四章　簿记

第十六条　本会各项账目无论收入、支出、转账，均应制具凭单，将各项原始单据粘附于后，先由各经手人员签章后，送呈秘书长核准，方得登账。

第十七条　本会应备总分类账一册，补助分类账若干册，根据凭单分别登载之。

第十八条　本会各项记账凭证，登账完毕后，应逐日编号装订保存。

第十九条　本会总分类账，补助分类账应每月小计一次，半年总结算一次，每一年更换账册一次。

第五章　决算

第二十条　本会会计年度定为自本年十月一日起，至次年九月三十日止，分上下二届，上半届自本年十月一日起，至三月三十一日止，下半届自四月一日起，至九月三十日止。

第二十一条　本会每半年决算一次，应编制收支决算书，资产生负债表及各应备之附表。

第二十二条　本会每半届办理决算，各项书表定期登报公告，以昭信实。

第六章　审核

第二十三条　本会每月各项收支账目应编制月计表，送请监察委员会审核。

第二十四条　本会每半届办理决算，所编各项书表应先送请监察委员审核后，再交理事会及大会通过。

第七章

第二十五条　本规程自理事会通过之日施行。

第二十六条　本规程如有未尽事宜，随时由理事会决议修改之。

——原载《上海难民救济协会征信录》，1942年，第65—66页。

京畿水灾赈济联合会章程

（1917 年）

第一条　本会定名京畿水灾赈济联合会。

第二条　本会以联合中外各慈善团体，筹议赈济京畿一带灾区并一切善后事宜为宗旨。

第三条　本会设总事务所于北京石驸马大街，并于必要时设分事务所于相当地方，分所权限另章程规定之。

第四条　本会会员以由各慈善团体及公益团体推定后介绍于本会者充之，但每一团体推定人数不得逾三人。

第五条　本会设职员如下：

（一）会长一人、副会长二人，由会员推举之；

（二）干事七人，由会长就会员中指定之。

第六条　本会筹画赈济及善后方法以会议行之，会议分下之二种：

（一）职员会　每星期一次；

（二）大会　随时由会长召集之。

第七条　凡加入本会之各团体自行筹办之事务，均不受本会之监督，但宜将所办各事通知本会，如有必须联合画筹事项，仍应交由本会公同议决实行，其有办理赈务及其他善后事宜，欲要求本会之协助者，无论是否加入本会之各团体，均得将所拟办法陈述于本会，经本会可决，即予以助力。

第八条　本会对于中外各界得设法捐募款项，其未经劝募，径以款项捐送本会者，本会亦收受之。

第九条　本会入款于指定之银行存储之，并随时刊登中外报纸，其一切收支由会长指定职员二人经理之，按月登报一次。

第十条　本会总事务所经费由会长另筹之。

第十一条　本简章如有未尽事宜，得于大会会议修定之。

——原载《京畿水灾民捐赈款收支征信录》，1921 年印本。

京畿水灾赈济联合会职员办事规则

（1917 年）

第一条　本办事规则凡京畿水灾赈济联合会职员适用之。

第二条　办事地点在本会总事务所内。

第三条　职员办事分股如下：

（一）文牍股；

（二）会计股；

（三）庶务股。

第四条　文牍股所掌事务：

（一）关于会议筹备及纪录事项；

（二）关于文书收发及保存事项；

（三）关于编译事项；

（四）关于缮校及印刷事项。

第五条　会计股所掌事务：

（一）关于款项保管事项；

（二）关于款项出纳事项；

（三）关于各处用款支配及审核事项。

第六条　庶务股所掌事务：

（一）关于会内设备事项；

（二）关于物品购备事项；

（三）关于夫役管理事项；

（四）关于其他不属于各股事项。

第七条　各股因事务之必要得设助理员办理庶务及缮写事宜，助理员得酌支津贴。

第八条　办事时间每日由下午二时至五时。

第九条　各股办事职员如因事不得到时应函告缺席，助理员因事不到时应先期请假。

第十条　本规则如有未尽事宜，得于会议时修正之。

第十一条　本规则自议决之日实行。

——原载《京畿水灾民捐赈款收支征信录》，1921 年印本。

京畿水灾赈济联合会职员会议规则

（1917 年）

第一条　依京畿水灾赈济联合会简章第六条第一项之规定，特定本规则。凡职员会议适用之。

第二条　本会议列席以下列职员为限：（一）会长；（二）干事。

第三条　本会议于每星期五下午二时开会一次，但有特别事项时，得由会长随时召集之。

第四条　会议时会长、主席会长有事时，副会长代之。

第五条　会议时须有职员半数以上出席，始得开议。

第六条　会议事项分下之四种：

（一）会长交议者；

（二）职员建议者；

（三）会员提议者；

（四）非会员请愿者。

第七条　凡重要议案须先期提出，交由文牍股缮印，分送列席各员。

第八条　会议取决于多数可否，同数时取决于会长。

第九条　会议事项决定后，由文牍股将其结果作成决议案。

第十条　本规则如有未尽事宜，得于会议时修正之。

——原载《京畿水灾民捐赈款收支征信录》，1921 年印本。

辛酉被灾各省救济联合会简章

（1921 年）

第一条　本会由皖豫苏浙直鲁湘黔鄂秦陇蜀赣等省旅京人士共同组织，以筹赈救灾为宗旨，定名曰：辛酉被灾各省救济联合会。

第二条　本会为筹赈总机关，凡筹募之款应分拨各省救灾会，实行散放。其分拨成分，视各省灾区之大小，灾情之轻重，公同决定之。

第三条　本会设会长一人，副会长三人，主持会务，并得设名誉会长。

第四条　本会职员分为下列二部：

（一）评议部设评议若干人，评议会中一切事宜。

（二）干事部干事若干人，分任调查、文牍、会计、庶务各股事宜，每股设主任一人，副主任三人。

第五条　依前条第二项之规定，划分各股所管事项如下：

（一）调查股

关于调查接洽事项，关于调查报告事项，关于调查审议事项，关于调查保管事项，关于宣布灾情事项。

（二）文牍股

关于收发文件事项，关于撰译文件事项，关于汇编议案及报告记录事项，关于保管文件及印章事项。

（三）会计股

关于赈款登记事项，关于赈款保管事项，关于赈款稽核事项，关于赈款报告事项，关于会中经费出纳事项。

（四）庶务股

关于赈品收管分拨事项，关于赈品登记及稽核事项，关于赈品出入报告事项，关于会中各项庶务管理事项。

第六条　本会会长、副会长、名誉会长及评议干事均于开会时公推之。

第七条　评议干事除由会公推外，会长、副会长认为必要时，得聘请中外人士分别担任。

第八条　干事部各股主任、副主任，由会长、副会长指定之。

第九条　本会大会合评议、干事两部组织之。

第十条　本会事务由评议部议决，提经大会通过交干事部执行。

第十一条　评议会开会有关于各股之事件，该管股干事得出席报告情形，陈述意见。

第十二条　大会及评议会议事细则另定之。

第十三条　干事部各股办事细则，由各股自定，但须交评议会评议，提交大会通过。

第十四条　本会议事之表决，无论大会或评议会，凡被灾省分（份），各有一权，非被灾各省之职员共有一权，聘充本会职员之外国人士共有一权。

第十五条　无论大会或评议会开会时，遇有重要事件，应俟被灾省分（份）职员到会始行表决。

第十六条　大会或评议会开会均以会长主席。会长有事故时，以副会长主席。副会长有事故时，公推一人主席。

第十七条　本会大会以每星期四开会，评议会以每星期一开会，但有必要时，会长得召集临时会。

第十八条　本会筹募赈款，凡自行捐助及代为劝募者，得分别援案汇请奖励，或专案呈请特奖。

第十九条　本会筹募之款，委托京外各银行经收拨款时，知照各银行办理，其与各银行往来手续另定之。

第二十条　本会筹募之款，应随时登报宣布，每月终并由各银行将收拨数目通知本会汇总，列表送登京外各报。俟赈务完竣，连同经过情形编刊征信录，分送各省及各团体，以昭大信。

第二十一条　本会事务所暂设北京丰盛胡同，会场所暂设太平湖月台大门袁宅花园。

第二十二条　本会开办经费由发起人担任之。

第二十三条　本会会长、副会长及职员，不支薪水及夫马费。

第二十四条　本会得视事务之繁简酌用雇员。

第二十五条　本简章如有未尽事宜，得随时议决修改之。

第二十六条　本简章自大会议决之日实行。

——原载《辛酉被灾各省救济联合会报告书》，1922年，第7—10页。

辛酉被灾各省救济联合会议事细则

（1921 年）

第一章　集会

第一条　每星期上午十时，全体职员均应按时到会；每星期一上午十时，全体评议均应按时到会。

第二条　会场置签到簿，各职员应签名画到。

第二章　议案

第三条　本会职员提案应送评议部评议，再提交大会议决。但开大会时，临时动议提案勿庸提交评议会。

第三章　议事

第四条　开会时，文牍股应将本日议题印散各职员，其重要议案应由文牍股先日将事由通知。

第五条　会场置速记录，登记提议或讨论人之姓名及其言论，暨可决否决事项。

第六条　开议时，各职员应按议题起立发言。甲案毕，始许提及乙案，如有紊乱程序时，会长得止其发言。

第七条　已经否决之案件不得再行提出。

第四章　表决

第八条　凡讨论议案无异议时，即作通过；如有异议，得以举手或起立法表决之，其有认为应用投票表决者，得以投票法表决之。

第九条　投票时，被灾省份之职员如无人在场，应改期投票，并专函通知，届期再无人到会，即以已到各职员投票表决。

第十条　凡投票时，每权须推定一人代表投票，并须将代表人名刺入票瓯。

第十一条　无论用何法表决，均以到会人过半数同意决定之可否。同数时，取决于主席。

第五章　附则

第十二条　本细则如有未尽事宜，得随时议决修改之。

第十三条　本细则自大会通过日实行。

————原载《辛酉被灾各省救济联合会报告书》，1922 年，第 10—11 页。

北京旱灾纪念日章程

（1920 年）

（一）名称

北京旱灾纪念日筹备会，本会承国际统一救灾总会之委托，专筹备北京旱灾纪念日事务，以收齐款项，交付总会为止。

（二）宗旨

提倡男妇老幼各尽己力，捐输赈款，藉资纪念被灾难民。

（三）组织

（甲）由北京基督教学校事业联合会，分请男女学界及男女青年会服务股组织筹备，委办共同办理。

（乙）在各学校设立事务分所，由校长职教员与学生若干负责，以期易于进行。

（丙）事务总所设于米市青年会，各执行干事等，均按时莅会供职。

（四）日期

纪念日在阳历十二月十八日（即星期六日），上午九时至下午五时。

（五）纪念章

（甲）纪念章均系纸质所造，上系红绒绳。

（乙）纪念章式样与两枚铜子大小相等。

（六）纪念章分销法

甲、按校址区域视学员数目多寡分为地段，以便届时按区分销。

乙、义勇员佩戴特别徽章，手持集赈罐及纪念章，见凡未佩戴纪念章者，即言请尽力捐助款项，拯救被灾同胞。但收款时应由捐款人自行投入集赈罐，后由义勇员声言多谢。

丙、各校事务分所须将集赈罐书写该校名称、号数及学生姓名交与学员，分三人为一组。销毕，每罐经全组人签字交还本校事务分所，转送总事务所。

丁、不论男女，凡中学以上学员，经该校事务分所许可，均有充当义勇员之资格。中学以下学员，应负鼓吹及协助责任。

（七）集赈罐

甲、以瓦性扑满样式定烧，上刻"旱灾纪念赈款自投，某某学校，第〇号"字样，惟口径须以投入银元及不能倒出赈款为标准。

乙、每集赈罐需有本会戳记方为有效。

丙、式样图（略）

（八）以上章程如有未完善之处，得由筹备委办酌议修改。

——原载《生命（北京）》1921 年第 7 期。

北京旱灾纪念日办事细则

（1920 年）

各校事务分所组织法

（一）事务分所办事员应有五人，以校长或其代表为主任，职教员一人，学生三人，但此项组织法及人数得按每校情形酌议变通。

（二）事务分所成立后，即将办事员人数、姓名报告米市大街青年会内，北京旱灾纪念日事务总所。

（三）事务分所应设于校内适宜地点，以便办事。

（四）各事务分所应在十二月十五日以前，将本校义勇员组织完备，并将人数报告总事务所，以便分配地段。

（五）每校所用集赈罐纪念章、徽章，俱由总事务所派人送到各事务分所，转发义勇员。

（六）集赈罐须有本会戳记方为有效，送到事务分所后，由办事员将本校名称、队数、号数书写罐上。募捐已毕，由全组义勇员签字交回事务分所，候总事务所派人来取。

（七）事务分所应将本校所任区域分配各队担任地点，并在纪念日派职教员若干人为巡视员，协助一切。

（八）总事务所在纪念日特派专员至各区域襄助办事，并与事务分所接洽一切事宜。

（九）义勇员销售纪念章暂定为每人六十枚，但数目应视地点之繁盛与否，酌为变更。如义勇员已将纪念章销罄，仍能多销，应由事务分所派人供给。

（十）未经销售之纪念章，应于事务所派员提取捐款时交还。

（十一）事务分所于事务繁重时，得请其他职教员及学生帮助。

　　　　　　　　　　——摘自《北京学生旱灾纪念日始末记》，

　　　　　　　　　　原载《生命（北京）》1921年第7期。

北京学生旱灾纪念日义勇员募捐办法

（1920 年）

（一）纪念日自上午九时至下午四时半，各义勇员在本校事务分所指定之地点募捐，午间用饭时间各自临时酌定。

（二）义勇员分三人为一组，每人各佩徽章一枚，持集赈罐一个，纪念章六十枚。但纪念章数目得视地点之繁盛与否，酌为变更。

（三）义勇员见未佩带纪念章者，即言请捐助款项，拯救被灾同胞，并言捐款系交国际统一救灾总会助赈。

（四）义勇员当俟捐款人将捐款自行投入集赈罐内，始付与纪念章。

（五）除街上行人外，义勇员可向各铺户、公署等劝捐，惟不得妨碍营业及办公。

（六）义勇员募捐已毕，由全组人在集赈罐上签字，交还本校事务分所。

（七）如义勇员将集赈罐无意打破，应约同组员向本校巡视员或总事务所特派员声明。如该罐已经装有捐款，即将该款交付巡视员或特派员，转送事务分所。

——摘自《北京学生旱灾纪念日始末记》，
原载《生命（北京）》1921 年第 7 期。

北京慈善银行简章

（1920 年）

第一条　本银行组织为股份有限公司，以救济贫民生计，提倡贫民储蓄为宗旨，故定名曰北京慈善银行股份有限公司。

第二条　本银行股本总额定为十万元，每股十元，收足股本总额四分之二时，由发起人公集创立会，选举职员，呈请验资注册，开始营业。

第三条　本银行营业规定如下：

（一）办理贫民各种活期储蓄、定期储蓄、存款事项。

（二）办理贫民无利借贷事项。

（三）办理各种抵押放款事项。

第四条　活期存款，每人每次存入之数，不得少于银元一角；定期存款，每户至少以银元一元为限。

第五条　无利借贷，每户自一元起至十元止，期限至长不得逾三个月，并以有切实之保证人为限，保证人规则另定之。

第六条　本银行由股东中公举董事十一人，监察人三人。董事任期三年，监察人任期一年，均得连举连任。

第七条　本银行于董事中公推总董一人、协董一人，共同管理本银行一切事宜。总董、协董均为名誉职，每年改选一次。

第八条　本银行重要事宜，须经董事会议决行之。

第九条　监察人应随时检查各项账簿，如有不合之点，得纠正之，其重大者，随时报告总董、协董或董事会。

第十条　本银行得由董事会公推经理一人，管理本银行一切储蓄事宜。

第十一条　本银行每年营业所得余利，除提出官利五厘外，其余概作为公积金，以充各项慈善事业之用。

第十二条　本章程如有变更时，应经股东会之议决，呈请财政部定之。

第十三条　本章程如有未尽事宜，悉照《储蓄银行则例》《银行通用则例》《公司条理各规定》办理。

第十四条　本银行自奉财政部批准之日实行。

——《悟善社创办北京慈善银行述要》，

原载《灵学要志》1922年第2卷第1期。

京兆水灾华洋义赈会简章

第一章　总则

第一条　本会定名为京兆水灾华洋义赈会。

第二条　本会以救济京兆水患被灾之灾民为宗旨。

第二章　赈款及赈品

第三条　本会之赈款、赈品，分下列各项筹集之：

（甲）请求本国政府及办赈机关酌量拨给。

（乙）由本会会员，向中外慈善团体或慈善家分投募集之。

（丙）会员之捐助。

第四条　本会筹募款项，随时交由公议指定之银行或妥实商号存储，俟集有成数，再由大会公决散放办法。

第三章　会员

第五条　凡赞成本会宗旨，由本会会员二人以上之介绍得为本会会员。

第六条　捐助本会赈款在千元以上或代募赈款在五千元以上者，由本会公推为名誉理事，并照章代请奖励。

第四章　会务

第七条　本会为进行之便利分股办事如下：

（甲）总务股掌文书、会计、庶务及其他不属于各股事项。

（乙）赈务股掌赈款、赈粮、赈衣之运输、保管及散放各事项。

（丙）调查股掌调查灾情，编制报告及支配赈款、赈品各事项。

前项各股办事细则另定之。

第八条　本会设理事四人或六人（华洋各半），各股主任干事一人、干事若干人，均由会员公推之。

第九条　本会为监察赈款之出纳起见，特设监察员四人至八人（华洋各半），随时监察赈款、赈品之出纳及保管。前项监察员由大会公举之。

第十条　本会职员均系纯尽义务，但关于缮写等事得酌用雇员。

第五章　会议

第十一条　本会每星期一开理事会一次，讨论进行事项，遇必要时得开临时会议。

第六章　附则

第十二条　本会经费由会员捐助或设法筹募之。

第十三条　本会暂假东城举场西墙十七号为会所，俟觅有相当地址再行迁移。

第十四条　本简章以大会通过之日施行，如有未尽事宜，得随时开会修正之。

——原载《北京慈善汇编》，1923 年，第 58—60 页。

失业介绍所简章

第一条　本所专为家贫或因被难失业之男子介绍相当职业而设，不论京内外各公私工厂、银行、学校、商号，本所对于请求服务或需要服务者，均妥为介绍。

第二条　本所对于失业者请求介绍或雇主嘱为招募，均尽义务，并不收取介绍金及一切杂费。

第三条　本事务所设于西安门内酒醋局。

第四条　本所设总理一人，事务员五人。

第五条　凡请求本所介绍职业者，须先报名填写请求单，并须保证人及切实之住址，前项报名除请求介绍人住址在所三里以内必须亲自报名外，可邮寄请求单一纸，填明应记各项，交本所登录。

第六条　本所收到填来请求单后，分别种类登于职业分类簿，随时检查雇主所需同类之技能，依次介绍。

第七条　介绍之先后以报名之次序及雇主须要某种技能之缓急为标准，但请求介绍人确系赡养家族责任过重者，或失业时间过久者，得声请提前介绍。

第八条　各工厂、公司、商号等需要某种技能时，得以书面或电话通知本所，嘱为介绍，惟须详示工金数目及其他关系于工人之资格事项。

第九条　本所对于介绍某处，已得雇主表示录用时，即以通知书或电话通知请求介绍人，即时莅所给介绍书一纸，令其持书往晤雇主。

第十条　请求介绍人在本所未介绍前已得某处职务时，必须向本事务所声明。

第十一条　请求介绍人有下列情形之一者，不得请求介绍：

（一）囚徒出逃者；

（二）现行犯未发觉者；

（三）嗜好鸦片者；

（四）无切实保证人者（即有职业者之保证）；

（五）身有残疾及痨瘵病、精神病者；

（六）品习不良者。

第十二条　本所对于请求介绍人介绍某处雇用，俟双方面商，条件妥协后，本所介绍事务即行终了，不再负任何责任。

第十三条　凡已介绍某处却无赀赴任者，得声明缘由，经本所调查确实后，酌量借以若干费用，但须于任事第一月所得工资内悉数清偿。

第十四条　本所每周将本周内所介绍人数、处所、职业种类、工金数目及雇主须要各种技能分别列表，揭示于本所门前，或登载报端，俾众周知。

第十五条　本所职员均系名誉职，如认为必要时，得酌量给予津贴。

第十六条　本简章未尽事宜得随时增减之。

第十七条　本简章自呈准主管公署之日施行。

——原载《北京慈善汇编》，1923 年，第 99—101 页。

博爱工厂简章

第一条　定名为博爱工厂，先于北京、天津各立一厂。在北京者冠以北京，在天津者冠以天津，将来东、西陵等处即冠以东、西陵等字。又此刻北京所立，称北京博爱第一工厂，天津则称天津博爱第一工厂，以后陆续增设，依序称第二、第三等厂。

第二条　本厂专以维持京旗穷民生计，由京旗生计维持会拨款设立，以教养工徒，俾能自食其力，养成勤勉，足以生存为宗旨。

第三条　厂中工徒由会中协同本管区警署，调查穷苦之少壮男女充之，男女分厂教养，此刻先从男厂入手，而徐及女厂。

第四条　本厂所立工艺为人生日用所必需，且销售速，学习易，男女皆可从事者，一厂或设一二科、四五科不等，其科目略举如下，以后续增，随时定之：纺纱、织布、织巾、织袜、毛线、漆布、纸工、印刷。

第五条　厂中职员设经理一人管理厂中一切事务，工师每科一人，工徒每班约二十人，设工监一人，以京旗穷民中年长不能执业而老成稳练者充之，监察工徒并收发各科制器及裁料。并设售品所，设会计主任一人，以品行端正老成者充之，管售品入款，兼管厂中一切度支。

第六条　工徒在厂舍宿，由厂供给，并每人酌给月费。售品所赢以十成计之，八成为公绩，以为推广科目及增设工厂之用。余二成，一成给经理人及工师以旌成劳，余一成给工监之勤职者，与工徒之勤勉者，若执事人及工师、工监怠于业务，成绩不良，即停止发给。

第七条　工徒约二个月毕业，另招新班工徒，毕业以后，其执事勤勉，技艺精熟者，由警察邻右具保，许其向会中贷以资本，购买器具，在家中作工，所成品物由会中购买，逐件扣还其贷本；艺未精熟者，留厂补习，俟精熟再行出厂。其怠惰不能成学者斥之，被斥以后不许更入他厂，以示警戒。

第八条　工徒在厂作工每日十小时为限，严暑酌减，每星期执半工，年假放工十日，端午、中秋各放假一日。工徒非有大故，不得请假。以上八条系试办时简章，以后随时体查情形，酌量增订。

——原载《北京慈善汇编》，1923年，第66—67页。

京师茕独救济会简章

（一）本会专以募集捐款，散放鳏寡孤独及残病无依者为目的。

（二）本会凡捐银圆一百元以上者，或经募银圆三百元以上者，均为会董，由会董中公推一人为办事会董，综理调查散放及会中一切事务。

（三）本会办事董会事及各办事员均系纯粹义务，不支薪水，即因调查散放所用车资及纸张笔墨等费，亦均自备，不列入会中开支，会址亦暂时附设京津时报馆内，不支房租。俾收入涓滴皆及于贫民，以崇核实。

（四）本会收入捐款，户名及收支账目，登载《京津时报》及《日知报》公布之（不取刊费）。

（五）本会账目及办事手续，取绝端公开主义，凡曾以款项捐入本会者，无论数目多寡，均得随时来会查核，以昭大信。

——原载《北京慈善汇编》，1923 年，第 68 页。

京师公益联合会章程

第一条　本会由中外人士发起，以注重京师治安，维持市民粮食及保护妇孺、救济失业为宗旨。

第二条　本会应办事宜，联合本京各公益团体，互相协助，共图进行，故定名曰京师公益联合会。

第三条　有下列资格之一者，认为本会会员：

（一）发起人；

（二）赞成本会宗旨并捐款五元以上者；

（三）本京公益团体代表；

（四）本会公推者。

第四条　本会置职员如下：

（一）会长一人，副会长二人；

（二）总务股干事若干人；

（三）文牍股干事若干人；

（四）会计股干事若干人；

（五）交际股干事若干人；

（六）弥兵股干事若干人；

（七）食品股干事若干人；

（八）救护股干事若干人；

（九）保卫股干事若干人；

（十）公告股干事若干人。

各股得以一人为主任，一人为副主任。

第五条　本会职员由大会选举之，干事主任及副主任由会长指定之。

第六条　本会应办事宜得由职员会议决之。

第七条　本会应随时向军警机关陈述，保卫地方之意见及方法。于必要时，并向有关系之司令官提出劝告。

第八条　本会应向交通及军事当局交涉，照常留备车辆运输粮食，并筹备平价事宜。

第九条　本会应预行觅定房舍，以备临时收容。被保护妇孺及救济失业者，其规则另定之。

第十条　本会经费以募捐所得之款充之。

第十一条　本会总事务所暂设于无量大人胡同三十六号，电话东局四五二六。本会得于内外城适当地点，设立分事务所。

第十二条　本会应备图记及特别旗章。

第十三条　本章程由大会通过施行。

——原载《北京慈善汇编》，1923年，第70—72页。

北京老弱临时救济会章程

（1922 年）

第一条　名称，本会定名为北京老弱临时救济会。

第二条　宗旨，本会以教养北京极贫之老弱残废得度严冬为宗旨。

第三条　日期，以夏历十月初十日起，至明年二月十五日为止（结束时能否酌留一部分，临时再为规定）。

第四条　组织：

（一）理事部，设理事九人组织理事部，主持本会事务。设理事长一人，副理事长二人，会计、司库各一人，均由大会公推之。又硕德重望，赞助本会者，得推为名誉理事长（本部办事细则另定之）。

（二）评议部，设评议员十二人，纠查事务之进行建议，理事部以资其擘画，其评议长由该部自行推定之（本部办事细则另定之）。

（三）委员会，由理事部邀请若干人为各项分委员会，以期各专责任，共策事务上之进行（本部办事细则另定之）。

（四）干事部，由理事部委托总干事一人，秉承理事部之计画，主持一切事务。干事若干人，协助进行（本部办事细则另定之）。

第五条　会员，凡赞成本会宗旨，捐助款项者，均得为会员。

第六条　经费，本会经费由会员捐助或设法筹募。

第七条　会务，本会内分总务、募款、采买、寻觅地点、招募、教育、工作、卫生等事务，承理事会之计画，由委员会协同干事部分股执行之（各股办事细则另定之）。

第八条　地点，本会暂假无量大人胡同三十六号为会址。

第九条　本章程由大会通过施行，如不适用时，得随时修改之。

中华民国十一年十月十三日

——原载《北京慈善汇编》，1923 年，第 75—76 页。

北京新民辅成会简章

（1919 年）

第一条　本会设于北京，定名为北京新民辅成会。

第二条　本会以保护期满或假释出狱人，使有成就为宗旨。

第三条　凡出狱人之贫无所依，确有自新实据者，本会为尽下列之保护：

（一）介绍，量其所习职业介绍于各处。

（二）工作，酌设工场使能自食其力。

（三）教诲，酌定时期，施以相当之教育。

（四）调查，随时调查其品行等项，以促其改进。

（五）资送，遇有出狱人之为异籍，于必须回籍者，得设法资送之。

第四条　凡按照本会宗旨，愿尽应有义务者为会员，其赞成本会宗旨，辅助一切进行者为赞成员，赞成员得认一次会费五元或常年会费一元，会员得交入会费一元。但愿特别补助者，不在此限。

第五条　本会推定下列各项职员分别担任会务：董事九人至十五人，干事无定额。

第六条　本简章俟大会议决后施行，并报官厅立案。

附则：

第七条　本会各项章则另定之。

第八条　本会暂假米市大街北京基督教青年会德育部为事务所。

——原载《北京慈善汇编》，1923 年，第 86—87 页。

厘定京师济良所章程

第一章 组织

第一条 京师济良所由警察厅呈明内务部设立。

第二条 所中经费分下之六种：

（一）工巡捐局拨款（现时每月一百元）。

（二）领取者之捐助（无定数）。

（三）特别捐助（无定数）。

（四）原济良所房屋租银。

（五）拨给米石（现每月领米二十石）。

（六）不足时由警厅临时补助（无定数）。

第三条 妇女因下开各项事故，经司法或警察官厅讯实者，由警察厅交所中教养择配：

（一）诱拐抑勒来历不明之妓女。

（二）受人羁束不能自由之妇女。

（三）不愿为娼之妇女。

（四）无宗可归，无亲可给之妇女。

第四条 所中之职员如下：

（一）管理员一人；（二）女董事一人；（三）女检察一人；（四）教习（人数临时酌定）；（五）男司事一人。

第五条 管理员由警察厅总监遴派警正或警佐兼任，其余各员由管理员呈请警察总监聘任之。

第二章　权限

第六条　职员之职务如下之规定：

（一）管理员管理所中一切事务。

（二）女董事专管二门以内之庶务。

（三）女检察专管约束所女行止出入及工作眠食等事务。

（四）女教习专管教育。

（五）男司事专管二门以外之庶务及内外之传达。

第七条　所中款项由管理员收支，按月造具清册，报警察厅查核，转报内务部备案。

第八条　所中添置物件及手工室购买原料等项，由管理员办理。但所女应用之物，得由女董事经理。

第九条　手工室制就物品，由女董事验明，交管理售卖，售价除提出原料成本外，余利应给所女者，由管理员算明，交女董事分给（售卖手续由管理员酌定之）。

第十条　济良所与各官署往来文牍，须由警察厅核转，不得直接。

第十一条　济良所对于警察厅之文牍，须由管理员署名盖印，依公文书程序令行之。

第十二条　济良所不得收受禀词，亦不得代人呈递。惟妓女有自行投所者，须即时转送警察厅讯理。

第十三条　管理员即女检察、女教习对于不遵约束之所女，应照下列各款，酌量处罚，其情节较重者，得送请警察厅办理：

一训诫，二记小过，三记大过，四面壁端坐（一点钟至三点钟），五食无菜之饭一餐。

第十四条　济良所文牍、册籍、账目等项，警察厅得随时调阅检查之。

第三章　参观及入观

第十五条　以官署团体或公民名义请求入所，参观者须先期由警察厅发给参观券，知照管理员，届时接待。无参观券者，概行拒绝。

第十六条　入所参观者，须遵守警察厅所定参观规则，由管理员指引参观。

第十七条　妇女请求参观者，由女检察询问，许可即由女检察指引参观，无庸发给参观券。

第十八条　依第三十一条之规定，请求入观者，得由管理员发给入观券（所发之券须由管理员署名捺印）。

第十九条　入观人有不循理法举动时，女检察员应即时报告管理员，命令退所。

第二十条　参观券由警察厅制备编号，盖戳存于厅。入观券由所制备，送厅编号盖戳后存于所。

第四章　入所

第二十一条　妓女愿入济良所者，遵照下列各款，呈诉均予讯理：

（一）亲身到警察区呈诉；

（二）喊告于守望巡警；

（三）邮寄署名禀词于警察厅区；

（四）自投济良所。

第二十二条　妓女自有之钱财、衣物、器具，于呈诉愿入所时，可当堂报明开单，由官追取，交该女自行带入所中。

第二十三条　凡入济良所之女，由警察厅将该女姓名、籍贯、年岁、亲属案由详细列表送所。

第五章　教养

第二十四条　所中诸女教以浅近学科，规定于下：

（一）国文；（二）伦理；（三）算学；（四）手工；（五）烹饪；（六）图书；（七）体操；（八）音乐。

第二十五条　所中房屋规定如下（各屋细则管理员另定之）：

（一）讲堂；（二）工作室；（三）烹饪室；（四）体操场；（五）食堂；（六）寝室；（七）女董事室；（八）女检察室；（九）女教习室；（十）管理员办公室；（十一）男司事室；（十二）接待室；（十三）栉沐室（如屋不敷，姑应此格以待）；（十四）浴室；（十五）休息室；（十六）相片陈列室；（十七）养病室；（十八）厨房；（十九）储藏室；（二十）曝衣场；（二十一）女仆室；（二十二）男仆室；（二十三）特别室；（二十四）厕屋。

第二十六条　功课时间每日六点钟（细则由教习另定之）。

第二十七条　起卧饮食时间规定如下：

（一）晨起　日长时六点钟，日短时七点钟。

（二）夜卧　日长时九点钟，日短时十点钟。

（三）早饭　日长时七点钟，日短时八（点）钟。

（四）午饭　十二点钟。

（五）晚饭　七点钟。

第二十八条　休息日期照女学堂章程办理。

第二十九条　所女有病者，移居于养病室，由所延医调治。有传染病者，送官医院医治，愈后再归寝室。病势沉重者，移入特别室。

第六章　择配

第三十条　在所诸女，除不及岁外，各印相片一张，注明姓名、号数挂于相片陈列室。

第三十一条　愿领所女者，在相片陈列室观看相片，认明后，可陈明指定愿娶之女姓名号数，请求管理员发给入观券，持券到男司事室，由男司事导引入接待室，由女检察监临，该女相见面商，以彼此情愿为相当之配合。

第三十二条　请领所女者，相见面商，彼此情愿后，由本人开具年岁、籍贯、亲属、住所、职业、为妻为妾、家中有无妻妾等情，取具妥实三家铺保，水印切结担保，无假冒及卖奸转卖情事，并自拍四寸照片二张，禀请警察厅查核批示。

第三十三条　请领所女者，具禀到厅时，警察厅应即抄录保结全文，并所陈照片一张，令知管理员详查具覆，情节相符者，由厅批准。如情节各异，即予批驳或令另行具禀陈请覆查（管理员查有特别情形时，报告警察厅，可派员复查，酌核办理）。

第三十四条　请领所女者，经批准后，领娶人须亲身到所填写愿书，由管理员监临二人，当面签字发放其愿书，以一分交领娶人及出所之女收执，以一分送警察厅备案。

第三十五条　请领所女者姓名、年岁、籍贯、职业均须照式填写实情，如查有假冒者，批驳仍酌量情节究治。

第三十六条　所女除招领外，领娶人应负捐助所中经费之义务，其数由领娶人量力自定捐助之款，领娶人于填写愿书时，交纳于管理员，管理员发给收条为据。

第三十七条　所女膳费现因领有官米，暂行豁免。如官米停发时，再行酌定。

第三十八条　所女自有之财务，择配时均自带出。

第三十九条　所女无论因何案入所者，均照本章各条择配。

第七章　附则

第四十条　妇女入所后，其亲属呈请领回时，须得该女之同意方可给领（其因案送所者，须经原送官署许可）。

第四十一条　所女择配后，如有该女远近亲属藉端搅扰准本夫家，就近呈明警察区署究治。

第四十二条　所女对于本所或本身关系有意见，欲陈述时，可面陈于管理员，亦可用禀词，请求管理员代呈警察厅。

第四十三条　妇女有随代子女入所者，出所时应自行带养。其怀孕入所生产者，除生产时，由女董事照料外，所生子女，该女出所时，亦应自行带养（随带入所之子以六岁为限）。

——原载《北京慈善汇编》，1923 年，第 88—93 页。

京师警察厅规定各区署半日学校简章

第一条　宗旨，收纳无力求学之贫儿，授以日用必需之学科，以资谋生，而广造就。

第二条　名称，参合教育部所订《半日学校规程》，酌定教授方法，即定名为半日学校，各区以成立之先后，署名为某区第几半日学校。

第三条　校址，各区酌量儿童之多寡，就适中地点，用官地及公地或租用民房，先行开办，以节经费，而期逐渐推广。

第四条　经费，各校教员由各区署就长警中选择学行素优、略谙教授方法者充之，纯尽义务。校内书籍及一切经费，均由各区境热心绅董随时筹画捐助，其有不足则就各区代办自治公益捐，余款项下暂行提用，报厅备案。

第五条　学额，学生名额，由区酌量校舍之广狭，自行支配，不拘定数。

第六条　资格，学生年龄自十岁以上，十八岁以下，不论会否识字，一概收纳，以宏造就。

第七条　课程，择要分为六项：（一）修身；（二）国文；（三）习字；（四）珠算；（五）笔算；（六）体操（择年岁稍大者酌加兵式）。

第八条　教科用书，就教育部编行及审定之初等小学各图书内择用之，此项教科书，均由学校给发，不用学生缴费。

第九条　授课时间，每日以两小时至三小时为率，或上午，或下午，由各区自行酌定之。

第十条　休假日期，休息放假及学期，以各学校为标准，惟伏假不得过三星期，以免旷废。

第十一条　转学，学生修业满一学期以上，因他故由此区迁居他区时，许其转学，并由学生家长或抚养人之声请，得给予学校修业证书，以资证明（此项修业证书由各区加盖署印，发给报厅备案）。

第十二条　毕业年限，拟定为三年，以期速成。

第十三条　毕业证书，学生毕业证书由警察厅盖印，发由各区署转发，以昭郑重。

第十四条　学生出路，毕业后，警察厅择其品行程度较优者，分别给予出路，约分三项：（一）年龄在二十岁以上者，得选充军警；（二）年龄幼稚，犹欲深造者，得分送各小学校插班；（三）急欲谋生者，得由厅商请京师总商会分送各项工厂商号学徒。

第十五条　规则，学校规则由各区自定，报厅备案。

第十六条　附则，本简章如有未尽事宜，得随时增加及修正之。

——原载《北京慈善汇编》，1923 年，第 96—99 页。

中华平民教育促进会简章

第一章 总则

第一条 定名 本会定名为中华平民教育促进会总会。

第二条 宗旨 本会宗旨在使十二岁以上失学之人民，皆能领受人生及共和国民必不可少之基本教育。

第二章 会务

第三条 本会会务如下：

一、拟定全国平民教育之办法。

二、研究平民学校组织法、教学法、管理法、指导法及平民教育推行方法。

三、编辑平民学校应用之教材及报。

四、研究平民学校应用之教具。

五、培养平民教育推行人员、教育运动员、演讲员。

六、设立试验学校。

七、实地或通信调查平民教育实施状况。

八、提倡各地方组织平民教育促进会。

九、辅助各省区边疆及华侨所在地推行平民教育。

十、提倡筹画平民学校学生毕业后之继续教育事业。

十一、其他关于平民教育事项。

第三章 组织

第四条 会员资格分甲乙两项。

甲种会员之资格如下：

一、各地方平民教育促进会之机关会员，担负本会合租费者。

二、为依据本会设学标准，独力创设平民学校一校以上者。

三、赞助本会经费，每年在一百元以上者。

四、服务平民教育著有成绩，并年出会费五元者。

五、对于平民教育上有贡献，并年出会费五元者。

六、本会成立时之基本会员，年付会费五元者。

乙种会员之资格如下：凡热心平民教育并年付会费二元者。

第五条 董事会 本会董事名额每省区二人，蒙古、西藏、青海各二人，华侨所在地各一人，由该地会员提名，再由全体会员公选之，其无代表到成立会之地方，应由该地教育机关联合提名补充之。

此外设执行董事九人，由会员公推在京会员任之。董事及执行董事任期三年，每年改选三分之一，惟第一次选出之董事，任期一年、二年、三年者各三分之一，由董事会第一次开会时签定之。

董事会设董事长一人，文牍一人，会计一人，由董事会就执行董事中推选任之。

董事会每届选举由出缺之省区、边疆或华侨所在地之最高教育行政机关及省区教育会联合推选继任之人，其无教育机关及教育会之区域，由会员推选，报告董事会。其执行董事之改选，则由董事会照定额加一倍推选。候补董事、通信甲种会员，由各甲种会员就所开候选董事，按定额通信选举，但甲种会员欲于候选董事以外选举者，亦得选举之。

第六条 本会设总干事一人，由董事会聘任商承董事会主持一切事务。

第七条 本会为便利进行起见，设下列各科：

一、总务科

二、研究科

三、调查科

四、编辑科

五、推行科

六、制造科

七、训练科

第八条 各科人员分职员、雇员二种，聘员须由总干事推荐，经董事会认可聘任之。

第九条 作别赞助本会或助特别捐者，得由董事会推为名誉董事或名誉会员及赞助员。

第四章 职权

第十条 董事会之职权如下：

一、规定进行方针

二、筹募经费

三、核定计划及预决算

四、聘请总干事

五、提出候选执行董事

六、核定聘员之任免

七、审定会员及名誉赞助员之资格

八、委托各地董事在当地提倡平民教育

第十一条 总干事之职权：

一、编拟计划

二、编拟预算决算

三、推荐聘员任免雇员

四、执行董事会议决事项

五、主持全体一切进行事宜

第五章 经费

第十二条 本会经费以下列各项充之：一、会费；二、分会合租费；三、特别捐；四、补助费；五、基金利息。

第六章 会期

第十三条 本会每年开大会一次，在暑假期间举行，其地点由前一年大会决定之。

第十四条 董三（事）会每年开会一次，其地点与年会同，执行董事开会期间，地点由执行董事会商定之。

第七章 会址

第十五条 本会总事务所设在北京（现在本会筹备处设在北京西四牌楼羊市大街中华教育改进社内）。

第八章 附则

第十六条 本简章有未尽事宜，经执行董事过半数以上，或会员十人以上之提议，或大会到会甲种会员过半数通过者得修改之。

第十七条 本简章经大会通过之日起实行。

——原载《北京慈善汇编》，1923 年，第 113—119 页。

香山慈幼院章程

（1920 年）

第一节　总则

第一条　本院设在京西香山园内，以教养孤贫失学之男女儿童，使有适当之智能道德，俾可谋生于社会为宗旨。

第二条　本院养育之儿童，以年在六岁以上，十六岁以下者为合格，其收录办法另定之。但年龄稍长或稍幼者，经院长酌量认可，亦得入院。

第三条　本院设院长一人，总理一切事务；副院长一人，助理担任执行一切事务。

第四条　本院设教育股、职业股、事务股、评议会，分任各项事务。

第二节　教育股

第五条　教育股设主任一人，由院长聘定，担任关于教训管育事项，其职权列下：

一、关于编制年级事项

一、关于儿童训练事项

一、关于管理事项

一、关于教具用品之保管及处理事项

一、关于卫生事项

一、关于教授事项

一、关于设施及置备事项

一、关于学校的事务处理事项

一、关于其他属于学校方面之推行事项

一、关于评议会议决计划之推行事项

一、关于院长、副院长委托施行事项

一、关于与职业股联络进行之各种事项

第六条　教育股一切进行事宜由主任总理之，职教各员应助理主任分掌事务。

第七条　教育股职教各员由院长聘定，其聘请职教员办法及合同，由主任会同职业股拟定，送由院长核准。

第八条　高等、国民两科之各项办法及规程，由主任拟定之，送由院长核准。

第九条　高等、国民两科之课程，由本股拟定后会商职业股办理。

第十条　男女生徒得分设两部，各置部长一人，由副院长选任，但部长应兼行教授，如遇班次过多，教员不敷分配时，得以级任或科任教员兼任部长。前项部长商承主任处理本部教授、训练、养护工作之一切事务。

第十一条　级任及科任教员担任之课程，由主任支配之。

第十二条　教育股事务繁重时，得酌设事务员佐理之，并得选择学生若干人，助理本股职教员分任一切事务。

第十三条　教育股应置备之各种教具及用品，须由主任开列清单，送交副院长酌发，其通常之消耗品，得随时向事务股领取。

第十四条　教育股设备及扩充事项，得由主任拟具计划书及计算案，送交评议会讨论。

第十五条　主任因事故请假时，得以部长或教员代行其职务。

第十六条　职教员请假在一周以上者，须委托代理人。

第三节　职业股

第十七条　职业股设主任一人，由院长聘定，担任关于艺术之练习及教授事项，其职权如下：

一、关于职业管理事项

一、关于各种职业科目之实施事项

一、关于职业股之设施置备事项

一、关于农林、工厂、商店之处理及经营事项

一、关于职业方面之教授训练事项

一、关于调查事项

一、关于物品、工具、材料等之处理及保护事项

一、关于评议会议决计划之推行事项

一、关于院长委托施行事项

一、关于与教育股联络进行之各种事项

第十八条　职业股一切进行事宜由主任总理之，工师、职员、助手等应助理主任分掌事务。

第十九条　农林、工厂、商店及各种实习室、试验室等，得酌量男女生徒职业需要情形，分为两部教授，亦得各设部长一人。

第二十条　补习科之课程，由本股拟定后，会商教育股办理。

第二十一条　职业实习之事项，视社会之需要定之，凡已有之设备，（如农林、工厂、商店及各种实习室、试验室等。）遇有必须变更或须增设他种设备时，应由主任会同工师、职员拟定计划书，送由院长采择施行。

第二十二条

一、凡工师、职员等由主任商承院长聘定，其聘定办法及合同临时酌定之。

二、工师、职员、助手等之薪俸或车马费之数目，临时定之。

第二十三条　职业股各项实习中所获之出产品，（即天然及制造产品）得设售品所出售，并得以本股职员经理之。

第二十四条　职业股各项实习中所用之原料及所出之产品，得设储藏室、陈列室、材料厂、存货厂等，本股负保管及整理之责任。

第二十五条　职业股应置备之各种用具及物品，须由主任开列清单，送交副院长酌发，其通常之消耗品，得随时向事务股领取。

第二十六条　职业股职员分掌之事项及权限，由主任就本股事务之繁简随时支配之。

第二十七条　补习科之各项办法及规程，无特别规定者，得由主任拟定之。

第二十八条　主任因事故请假，得以部长或工师代行其职务。

第二十九条　职业股事务得选择学生若干人编组分任。

第三十条　关于原料之储藏及产品之售买等项账目，须由本股处理，并每月须汇报副院长一次。

第四节　事务股

第三十一条　事务股设主任一人，暂由副院长兼任，分设文牍、庶务、会计、书记等员，其职权如下：

一、关于编制预、决算表册事项

一、关于儿童衣服之置备事项

一、关于本院用品之备办事项

一、关于宿舍、膳堂、教室之设置事项

一、关于房舍之修理及涤除事项

一、关于建筑工程事项

一、关于拟、缮文牍事项

一、关于公文之保管及整理事项

一、关于物品保管及登记事项

一、关于现金出纳保管事项

一、关于账目登记及整理保管事项

一、关于儿童饮食之置备事项

一、关于交际接待事项

第三十二条　事务股职员受主任之指挥办理各项事务，但会计员须有担保品或担保人。

第三十三条　事务股办公之时间及地点，由副院长规定之。

第三十四条　事务股职员于休息日期须轮班值日，其值日之分配，由副院长定之。

第三十五条　事务股职员除因紧要事故或疾病外，不得请假。

前项职员请假在十日以内者，应托其他职员兼代，其在一月以内者，应自请代理员，但须得副院长之认可。

第三十六条　本院值日生得由副院长支配，助理职员办理各项事务。

第三十七条　凡本院雇用之工人，由事务股管理支配之。

第五节　评议会

第三十八条　本院设评议会，置评议员十人至二十人，凡本院教育、职业各种改进事宜由会中议决后，送由院长采择施行。除教育、职业两股主任、女红十字会医院院长兼任评议员外，其他评议员概由院长聘请，其职权列下：

一、讨论教育、职业两股之改进事项

一、讨论编制本院统计事项

一、讨论本院各种推行事项

一、讨论本院各项规则事项

一、讨论董事会及院长交议事项

第三十九条　评议长由会员公推一人，以全体会员过半数之同意为准。

第四十条　评议会举行会议，由评议长定期通知各会员。

第四十一条　评议会开会地点临时定之。

第四十二条　评议会应置备议事录及议决录。

第四十三条　凡院长谘询事件及会员提议事件，须由评议长编列议事录，付会公决，会员之临时动议亦准此办理。

第四十四条　凡会中议决事项，须登记于议决录，由评议长送交院长酌量施行。

第四十五条　凡会员出席过半数，即得举行会议，但须将议决结果通知未出席之会员。

第四十六条　评议会得分设各股，担任各项事务。

第四十七条　每次会议表决议案，以到会会员之过半数为准。

第四十八条　凡遇有重大问题，得由会议中商定大纲，由会员公推起草员，再行付议。

第四十九条　会议中应用之物品，由事务股供给。

第五十条　评议会事务如遇繁重时，得商承院长，酌设文牍、书记等员。

第六节　医院

第五十一条　本院对于收录之儿童关于卫生医药一切事务，均由女红十字会所设医院担任。

第五十二条　本院学生得分组在医院中服务，并得由医院长指定若干人，专习看护、治疗、配药等项。

第五十三条　本院未尽事宜，得由院长提交董事会，随时增改之。

——原载周秋光编：《熊希龄集》第七册，

湖南人民出版社 2008 年版，第 418—423 页。

香山慈幼院董事会章程

（1920 年）

第一条　本院董事会，以本院创办及赞助人组织之。

第二条　本会以筹议本院进行及监督事宜为宗旨。

第三条　本会董事无定额，除创办人外，其余有大力赞助者，得由常任董事开会议决，续请加入本会为董事。

第四条　本会应于董事中推举会长一人，副会长二人，常任董事八人，任期三年，但得联任。

第五条　会长主持本会一切事务，副会长及常任董事，辅助会长办理本会一切事务。

第六条　本会设女董事七人，于本院创办人及教职员中推举之。

第七条　本董事会职权列下：

一、关于经理本院财产事项。

二、关于保管基金及募集经费事项。

三、关于议决本院预算，决算事项。

四、关于议决本院进行及扩充办法。

五、关于检查本院簿记事项。

六、关于筹划本院生徒将来之生计事项。

第八条　本院院长由董事会于董事中推举，副院长不限于会内外人，惟选聘其品学俱优者。基金监亦由董事会于董事中推举二人担任之。

第九条　董事大会每年一次，于阳历一月举行，此外遇有重大事项，得由会长或常任董事三人以上请求，随时召集开会。常会每月一次，其议事细则另定之。

第十条　本会于每年上下学期，得由董事中推举二人，为本院稽核查账员。

第十一条　关于本院之扩充及进行办法，得由院长提出董事会议决，董事会如有意见及谘询之件，亦可交由院长送达评议会讨论研究，再行提出议决。

第十二条　本会于京城设立事务所，办理一切事务。

第十三条　本会章程经董事五人以上建议，得提交董事大会修正之。

——原载周秋光编:《熊希龄集》第七册，
湖南人民出版社 2008 年版，第 416—417 页。

香山慈幼院组织大纲

（1933 年）

第一章　总纲

第一条　本院为救济孤贫儿童，施以发达身心之完善教养，使植立德智技群四育之基础，而能独立生计，适应社会需要，以养成健全爱国之国民为宗旨。

第二条　本院教育采取现代之最新式之方法，以学校而兼家庭之教育，改革儿童公育场之空泛理想，加以随时随地随事之训导，使儿童得享家庭之幸福。

第三条　本院教育注重农工事业及其他事务之实地劳动工作，顺应儿童个性本能，使发生最浓厚之职业兴趣，以收将来择业乐业，而为国家社会增加生产之效果。

第四条　本院遵守中央颁布教育宗旨，致力于精神、物质之指导，而使儿童了解三民主义，为守法爱国之国民。

第五条　本院从民国二十二年八月秋季始业起，由董事会以至各校厂改新组织办法，试验儿童之种种教育，期以时日，俾使有所心得，而贡献于国家社会，以尽教育之义务。

第二章　组织

第一节　董事会

第六条　本院最高机关为董事会，有立法、监督、筹款、设计，推举院长及议决预决算之权，其职名列下：

一、董事长一人，副董事长二人，由董事会公推。

二、常务董事二十二人，由董事会公推。

三、执行董事七人，由常务董事公推。

四、监察董事五人，由常务董事公推。

五、保管基金四人，由常务董事公推。

六、会计处主任一人，由保管董事公推。

七、京沪事务所执行董事七人，由常务董事会公推。

八、董事若干人，由本会延请。

第七条　本院董事会章程由董事会另订之。

第二节　总院

第八条　本院设院长一人，管理全院事务，遇有重要必需时，得设副院长一人，由院长延聘。

第三节　秘书处

第九条　本院设秘书处主任一人，秘书一人，受院长之指挥助理院务，由院长聘委。

第十条　秘书处设立各科如下：

一、文牍科分收发、撰稿、档案三系。

二、会计科分出纳、审核、保管三系。

三、事务科分庶务、工程、警卫三系。

四、教育科分学籍、图器两系。

五、农业科分种植、收养、垦殖、设计四系。

六、工农科分工作、管理、材料、营业四系。

七、卫生科分治疗、清洁、检察三系。

八、编辑科分编译、纂辑、校刊三系。

第十一条　各科系各设主任一人，科员若干人，练习生若干人，分办各科系事务，均由院长聘委，其办事总则另订之。

第四节　各种指导委员会

第十二条　本院为试验新式方法，注重儿童教养，设立指导委员会，由院长延聘专门学者为指导员，其设各委员会如下：

一、教务指导委员会。

二、家务指导委员会。

三、工程指导委员会。

四、工业指导委员会。

五、农业指导委员会。

六、卫生指导委员会。

第十三条　各种委员会章程另订之。

第五节　第一校

第十四条　本院教育幼稚儿童特设第一校，所属机关如下：

一、第一幼稚园。

二、第二幼稚园。

三、婴儿园。

四、保姆及管理养成所。

五、家庭总分部。

第十五条　本院第一校设主任一人，办理该校事宜，由院长聘委，其所属各课如下：一、事务课；二、教务课；三、家务课。

第十六条　本院第一校各课各设主任一人，分办各课事务，呈由院长聘委，助理校主任办理事务，课员若干人，练习生若干人，即由校主任于教职员中选充兼任，其办事总分则另订之。

第六节　第二校

第十七条　本院教育国民初高两级儿童，特设第二校，设主任一人，办理该校事宜，由院长聘委，所属各课如下：

一、事务课；二、教务课；三、家务课。

第十八条　本院第二校各课各设主任一人，呈由院长聘委，助理该校事务，课员若干人，练习生若干人，即由校主任于教职员学生中选充兼任，其办事总分则另订之。

第七节　第三校北平幼稚师范学校

第十九条　本院为造成幼稚师范人才，特设第三校北平幼稚师范学校。设校长一人，由院长兼副校长一人，校主任一人，由院长延聘，办理全校事宜，所属各课如下：一、总务课；二、组织课；三、教务课；四、园务课。

第二十条　本院第三校各课各设主任一人，呈由院长聘委，助理校主任分办各课事务；舍监一人，管理学生宿舍一切事宜，其办事总分则另订之。

第二十一条　本院第三校因师范学生实地练习，幼稚教育附属机关如下：

一、中心幼稚园；二、平民幼稚园。

第二十二条　本院第三校所属中心幼稚园设园主任一人，呈由院长聘委，办理全园事宜。

第二十三条　本院第三校为普及幼儿教育便利，推广学生实习机关，特商北平各公私立幼稚园，每日午后借用该园，作为教导平民幼稚儿童，不收一切费用。

第八节　第四校农工实习场

第二十四条　本院为注重儿童之劳动工作，特设各场如下：

（甲）工场为儿童练习，不专营业者有十种：

一、铁工场；

二、木工场；

三、陶工场；

四、化学工场；

五、印刷工场；

六、染织工场；

七、理化馆；

八、图书室；

九、鞋工场；

十、缝纫、刺绣、挑花工场。

（乙）工场为儿童专工，而兼营业者有四：

一、香山电灯场；

二、香山饭店；

三、香山理发馆；

四、香山照像馆。

（丙）农场为儿童练习，不专营业者有五：

一、家畜饲育场；

二、生物馆；

三、第一校动物园；

四、第一校植物园；

五、苗圃。

（丁）农场为儿童工作，而兼营业者有八：

一、农场；

二、养蜂场；

三、养蚕室；

四、果园；

五、菜园；

六、葡萄园；

七、桑园；

八、黑龙江、嫩江、绥远荒地。

第二十五条　本院各农工场设技手管理，受农工两科主任之指挥，办理以上各事宜，其总分则另订之。

第九节　第五校北平工徒学校

第二十六条　本院为高小毕业学生筹谋独立生计，特设工徒学校，即就北平所设工厂地方办理，以资实习，而便营业。所属机关如下；

一、北平慈云地毯工场；

二、北平慈型机械工场；

三、北平慈泉毛巾工场；

四、北平慈华染织工场；

五、北平慈和制革工场。

第二十七条　本院第五校工徒学校设主任一人，由院长聘委，办理全校事宜，所属各科课列下：

一、事务课；

二、管工课；

三、营业课；

四、材料课。

第二十八条　本院第五校各课设主任一人，呈由院长委派，助理校主任分办各课事务，课员若干人，练习生若干人，即由职教员学生中选充兼任；各工场技手若干人，管理若干人，均呈由院长委派，其办事总分则另订之。

第三章　学生

第一节　收录

第二十九条　本院收录儿童专以孤贫为限，一经取录，即入正生学籍，学宿费全免，并一切衣食书籍等项，均由本院供给，至毕业出院时止。

第三十条　凡愿入本院之孤贫儿童，须有人介绍，及其家长请求，经由本院派员详加调查确能及格，方准记名注册，俟每年学期终时，遗有正生缺额，由本院通知来考，其收录正生章程另订之。

第三十一条　本院因社会请求，特于正生学额外另订附学生收录办法，除衣食书籍等项自备外，其学、宿、膳及杂费照章缴纳，方得入院，其收录附学生章程另订之。

第二节　考验

第三十二条　凡属正、附学生，均须经过考试，合格者乃可取录。

第三十三条　凡属正、附学生，均须经过校医处检验身体，如有与规定资格不符者，即考试及格亦不收录，其考验方法均规定于收录章程之内。

第三节　管理

第三十四条　本院管理儿童均取严格方法，出入时刻均须登记，会见亲友均须有管理员在座，一切违禁书籍物品不得藏留。

第三十五条　儿童宿舍寝兴均有一定时刻，饮食均有一定限制，不得私购零星食物，其家长致送者，亦须经过检查，果合卫生方得允准，其管理规则另定之。

第四节　升级

第三十六条　婴儿年满四岁升入幼稚园，幼稚生年满六七岁升入小学，国民初级、国初生年满十岁升入国小，高级毕业正生均须入各工厂学工三年，为专工生。在专工所得计工授食之工资，积存为升学经费，不能升学者，为购置工具，回家工作或介绍其他工厂，其规则另订之。

第三十七条　小学高级生于毕业后，如有品学优良，准其考取奖学金，为递升初高中大学之费，分别规定如下：

一、初级中学三名，每年每名奖学金一百六十元。

二、高级中学三名，每年每名奖学金二百二十元。

三、大学三名，每年每名奖学金三百四十元。

第三十八条　升级奖学金每年考试及格者继续考升，以至大学自第一年起，按年递推，其规则另定之。

第三十九条　凡高小级毕业生考得奖学金者，即不专工。未及格者，仍照三十六条，入厂专工。

第四十条　凡儿童由国小四年毕业，或未至四年而被降级两次者，如其年龄已至十三四岁，而不能考升高小者，亦得令入各工厂专工。

第五节　劳动法

第四十一条　本院初小、高小之儿童，除最幼年龄外，每日于学科外均须有一二小时入农工各场或事务上之劳动工作。

第四十二条　本院儿童劳动工作所制成之物品及工事，均照计工授食法，给予相当之工资，但须积存为升学之费与保育之需，其劳动法另定之。

第六节　习礼法

第四十三条　本院儿童自婴幼以至高小均须学习礼节，对于称呼、起坐、言行，应知敬长和群之道，其习礼法另定之。

第四十四条　本院儿童之无父无母及无家者，特设追远堂，各将其三代木主入龛，每春秋由管理员率往敬礼。

第四十五条　本院儿童之遇有病故者，特设往生堂，殡殓后由管理员率同学儿童前往奠送。

第七节 治家法

第四十六条 本院就前女校房屋,设假家庭制分为二十家,每家以保姆一人管理,概照小家庭办法,以训练勤俭治家之习惯,其居处每十家为一村,每两村为一坊,按自治法规定之。

第四十七条 本院家庭制专选孤苦无家之儿童,每家幼长支配,视如兄弟姊妹,即出就他校,考升中大学者,亦由此家庭管理,其治家法另订之。

第八条 中大升学管理法

第四十八条 凡高小毕业考中奖学金得升初中,以递至大学者,均由家庭制度之家庭总分部管理,按年由董事会会计处将奖学金款交该总部领发,一切稽核出入簿记,考察学业成绩,均由该总部会同秘书处教育科管理之。

第四十九条 凡由高小初中毕业,经院长许可,考送本院各机关及其他职业学校、工厂、医院者,其一切费用管理,均照四十八条,由该总分部会同秘书处教育科管理之。

第五十条 凡在院外他校工厂求学之儿童,每年暑假时均由家庭总部预备寄宿舍,指令各儿童居住,随时加以训导及补习功课,将其品行优劣造具表册,报告院长,其管理法另定之。

第四章 职教员

第一节 试验新教育

第五十一条 本院各校职教员均须遵照新定各法以身作则,而与儿童公同甘苦以收试验教育之效果。

第二节 奖金法

第五十二条 本院职教员之成绩卓异者,得由校主任每年汇请院长核给奖金,其奖金规则另定之。

第三节 劳功加俸法

第五十三条 本院职教员之服务勤久者,得由校主任每年汇请院长按照劳功加俸，其劳功加俸规则另定之。

第四节 等级表

第五十四条 本院职员薪俸按照等级办法核定，其等级表另定之。

第五节 优待附学

第五十五条 凡薪俸四十元以至二十五元之各职教员，在服务期内，其子弟附学者，第一年得免学费，第二年得免学宿费，第三年全免。自辞或辞退离院者，此优待例亦即停止。其在二十五元以下者，第一年得免学宿费，第三年全免，其名额均以子女二名为限，其规则另定之。

第五十六条 凡职员薪俸未满二十元，而服务时又有异常成绩者，其子女得以考补正生名额，如其薪俸进级至第四级时，仍须改为附学生，照第三十一条办理。

第五章 警卫及工友

第一节 训练

第五十七条 凡警卫及工友均须加以切实之训练，其未识字者，并须授以平民教育之千字课，得暇时兼习各工艺技能。

第二节 进等

第五十八条 工资分为五等，有异常劳绩者，特别超升；年久不倦者，按年进等，其规则另定。

第三节 优待家属

第五十九条 警卫及工友服务年久而勤慎不误者，其子女亦得考补正生。

第六十条 警卫及工友勤奋诚实，确为家累者，得由本院秘书处为之设法指导，俾其家能以谋生。

第六章　会议

第六十一条　本院各种会议列下：

一、董事会，每年二次。

二、院务会议，每月一次。

三、处务会议，每月二次。

四、校务会议，每月一次至四次。

五、教务会议，每月一次至四次。

六、事务、总务、家务会议，每月一次至四次，各场所会议每星期一次。

七、指导委员会议，随时召集。

第一节　会议规则

第六十二条　本院各会议规则由各主管机关另定之。

第二节　会议主席

第六十三条　按第六十一条各项，会议主席、董事长、院长、校主任、委员长、各处校课场所主任为当然主席。

第三节　临时会议

第六十四条　除定期会议外，如有特别急要问题，得由主席临时召集之。

第四节　会议记录

第六十五条　除董事会议、院务会议外，其余各会议记录，均须另抄一份，送呈院长核阅，交秘书处存案。

第七章　经费

第一节　基金等款

第六十六条　本院基金存款及国家社会补助等项，均由董事会保管，其规则由董事会另定之。

第六十七条　有机关团体个人捐入某校场所之款，指定用途，另立保管委员会保管基金，其每年所发息款亦统交由董事会，转拨该校领用。

第二节　捐款学费

第六十八条　凡各处特别捐款、附学学费及委托保管儿童教养费，均交由董事会汇收保管。

第三节　董事会会计处

第六十九条　董事会特设会计处，管理收发出纳，以专责成，本院处校场所应领经费按照预算核定，每月向会计处请领，其规则由董事会另定之。

第七十条　会计处应遵照中央颁布预决算章程，按年汇造总预决算表册，依期呈部。

第四节　预决算

第七十一条　本院各处校场所，每年于六月初旬编制预算册，由秘书处汇送董事会会计处加以审核，交由董事会会议决定。

第七十二条　本院各处校场所，每年于六月后编制决算册，由秘书处汇送董事会会计处加以审核，交董事会会议决定。

第七十三条　本院各处校场所收支经常临时各费，均须遵照董事会议定之预决算册办理，除项目内可流用外，其余概不能变通移易。

第七十四条　本院各处校场所，除预决算规定外，如有临时必要之支出，须经院务会议议决，得于总预备费项下开支，俟董事会开会请求追认。

第七十五条　本院各处校场所每月经费定于每月十日领发，办公费二十五日领发，薪俸费均由会计处按所定日期支付。

以上各规则均由董事会另定之。

第五节　查账

第七十六条　本院各处校场所会计员每日核结账目，呈由主任核阅盖章，每月核结账目，由董事会会计处前往次第核阅盖章。

第七十七条　本院各处校场所会计科课账目每学期终结，由董事会监察董事前往次第核阅盖章。

第七十八条　本院各处校场所会计科课账目，如发见有挪用、舞弊、侵蚀等情，应由查账人据实纠劾。

第七十九条　本院各处校场所之账簿表册单据，一律改用最新式法，由董事会会计处颁发照用。

以上各规则均由董事会另外定之。

第六节　整理债务

第八十条　本院因旧政府积欠补助经费之损失，所负各机关团体借款，应照上年院务会议议决所设院务整理委员会整理办法次第实行。

第八十一条　债务整理应由委员会负责讨论，交由院长依照执行，随时报告董事会核查。

第八十二条　债务整理委员会所议决，于各债未还本以前应付息款，均由董事会会计处按期照付。

第八章　资产

第八十三条　本院所有资产、证据、契约交由董事会保管，其属于房地产业应测绘图说，分别交由会院存案。

第八十四条　本院所有经营生利之各工场营业资本，应由各主管机关设计预算，经由院务会议议决，呈交董事会会议筹集资金办理。

第八十五条　本院所有黑、绥两省荒地，必须垦殖生利者，应由本院秘书处设计预算经费，经由院务会议议决，呈请董事会筹集资金办理。

第八十六条　本院资产及营业各项，应由各主管机关每学期造具损益表册二份，经由本院秘书处核阅，汇送董事会会计处，交董事会议决。

第九章　附则

第八十七条　本院对于已往及将来之捐助各户，以静宜园昭庙琉璃塔改名万慈塔，立碑刊志捐户姓名，以为永远纪念。

第八十八条　本院为不良儿童之应行革除而又无家可归者，得设立感化所或送公安局习艺所，以觉悟之。

第八十九条　本大纲经由院务会议议决之日暂行，俟董事会开会时请求追认。

第九十条　本大纲如有未尽事宜，得经院务会议修改，呈交董事会议决行之。

——原载《香山慈幼院各项章则》，1933 年 11 月，

北平市私立香山慈幼院印行，第 1—20 页。

香山慈幼院秘书处会计科办事总则

第一条　本科专管本处之银钱出纳及审核保管等事宜，以期收支之适合器物之护惜为要义。

第二条　本科分为出纳审核保管三系，办理各系事宜。

第三条　本科设主任一人，各系主任各一人，科员若干人，练习生若干人。

第四条　本科对于出纳之簿记表册，均用新式登记，每月终结算列表，分别损益统计，经由本处主任、院长核阅后，呈报董事会会计处。

第五条　本科对于出纳之收付票据，编号粘贴簿记。

第六条　本科按照预算规定，向董事会会计处请领经费，其每日出纳均须每日及每旬结算一次，经由本处主任核阅签名。

第七条　本科对于出纳不得有折扣及浮记、亏蚀、挪用等弊，查出分别严惩。

第八条　本科对于预算，应时加注意，不得超过，凡属各科人员，夫役薪工不得私行预支预借。

第九条　本科对于庶务之购买物品，领款时须注意于审核及票据。

第十条　本科对于各院校及库房之一切器物，有整理检查保存收发之责。

第十一条　本科对于库房所存器物，须分别门类新旧，编号存储，登载簿记。

第十二条　本科对于各校及各场所已领用之器物，均须检查数目，按件列号粘贴，以便稽考。

第十三条　本科对于院校场所之请领器物，经由院长及本处主任许可者，应查明存件发给，如不足数立即报明本处主任，另行购置。

第十四条　本科对于院校办公室及职教员学生之器物，均照本处规定数目登载簿记，每月派员检查一次，不得随意迁动，如系因事故临时借用者，事竣仍须归回原处或收还库房。

第十五条　本科对于院校场所及师生房舍所存之器物，须取具该领用机关主管员及个人收据，如其机关更易，或个人出院时，须派员点验器物，办理交代有损失或破坏者，查明情由，应令分别赔偿。

第十六条　本科对于库存之器物损坏者，应时加修理，慎重保存，凡属易被潮霉之器物，随时清出晒干，勿得稍有疏忽。

第十七条　本科对于各院校之房屋器物，有为学生个人无故损坏者，应查明情由，责令照数赔偿。

第十八条　本科对于损坏器物，应先尽本处所属之工场修理，不得外雇工人以节经费。

第十九条　本科各员对于上项第五、六、七、九、十二各条之规定不能遵行而致器物无着者，应责令该员照数赔偿。

第二十条　本科对于库房及其他存物处所，应时时注意渗漏洒扫及开启窗户，以免潮霉之损坏。

第二十一条　本科对于清理院校场所之器物簿记表册，应排印或油印多份，分送各机关存案。

第二十二条　本科人员不得有犯本处总则第十六条兼为营业谋利之事致遭惩斥。

第二十三条　本科经手出纳人员均须有妥人为之担保。

第二十四条　本总则如有修改，得由处务会议议决行之。

——原载《香山慈幼院各项章则》，1933 年 11 月，

北平市私立香山慈幼院印行，第 1—3 页。

香山慈幼院院务会议规则

第一条　本院院务会议根据组织大纲第六章各节各条订定。

第二条　本会议由下列人员组织之：

一、院长

二、秘书处主任

三、第一校主任

四、第二校主任

五、第三校主任

六、第四校主任

七、家庭总部主任

第三条　本会议主席，院长为当然主席，如有事故缺席时，得由秘书处主任代理。

第四条　本会议各校主任，如有事故缺席时，得由各校推举各科主任一人代理。

第五条　本会议秘书及记录各一人，由秘书处主任选委担任。

第六条　本会议范围如下：

一、关于本院建设设计进行各事宜

二、关于本院预决算审定事宜

三、关于本院经费筹划各事宜

四、关于本院紧急重要疑难各事宜

五、关于人员学生进退奖戒各事宜

六、关于兴革利弊各事宜

七、关于编制规章各事宜

八、关于董事会交议各事宜

九、关于各处校场所呈请交议及覆议各事宜

十、关于各委员会议复及提议各事宜

十一、关于国、市政府批令各事宜

十二、关于各学生及家长请求各事宜

十三、关于收录考试、升级学生各事宜

十四、关于其他不列举事宜

第七条 本会议事项如有关于秘书处所属各科之一部分，得通知该科主任列席。

第八条 本会议案如有财政收支等项关于董事会会计者，得函请董事会会计处主任列席。

第九条 本会议事项有由职教员学生提案者，得通知该提案人到会报告，报告毕即退席。

第十条 本会议事项有关系列席职教员之本身事项，应回避退席。

第十一条 本会议出席人应签名于议事录日期之后，俟议事录编就缮正，再于下次会议时公同审阅，如无笔误即各签名于后。

第十二条 本会议议决各案应以出席多数表决之。

第十三条 本会议定于每月第一星期，其日期由主席定之。

第十四条 本会议每年须有一次之全体职教员大会，其日期由主席定之，如有重大事件应开全体大会，由主席临时召集。

第十五条 本会议议决案须于一星期内执行。

第十六条 本会议议决各案可发表者，由会议时议定，交编辑部登载月刊或送各报。

第十七条 本会议议事秩序均照普通会议惯例规则行之。

第十八条 本规则如有未尽事宜，得由本会议修正之。

第十九条 本规则经院务会议议决之日施行。

——原载《香山慈幼院各项章则》，1933年11月，

北平市私立香山慈幼院印行，第1—3页。

香山医院章程

（1920 年）

第一条　本院为女红十字会所设，以救护伤病，施济孤贫为宗旨。

第二条　本院设于香山静宜园内昭庙遗址。

第三条　本院置院长一人，即委托慈幼院院长兼任。

第四条　本院分总务、诊治、调剂、保育四股，各股主任一人，承院长之命掌理各股事务。

第五条　总务股分为会计、文牍、庶务三科，每科各一人，事简时，得以一人兼任。

第六条　诊治股暂分为内科、外科、眼耳喉鼻科、皮肤科、产科等科，每科暂延聘医员一人，事简时，得兼任他科。

第七条　调剂股分为管理器械、配制药品两科，每科各一人，事简时，得以一人兼任。

第八条　保育股分教导、游艺两科，每科各一人，事简时，得以一人兼任。

第九条　设看护长一人，受诊治股各医员之指挥，管理看护一切事务。

第十条　本院设有病室及产室，分收费免费二种，收费者，照收费规则价目汇览收取。免费者，由医员呈由院长核定，但免费病室限于妇孺，其有成年男子，只有门诊概不住院。

第十一条　本院另于见心斋设立疗养所，专为京内外养病人而设，其收价目另定之。

第十二条　本院对于慈幼院男女两校儿童，有应尽诊治之义务，惟药膳费照实扣算。

第十三条　遇有国害及地方战事或时疫发生，本院得女红十字会通告后，即组织救护队前往办理。

第十四条　本院设有看护班，由各医员看护员担任教授。

第十五条　本院设有精洁厨房，雇员专司其事，并由医员监视一切，凡病人所需饮食，均由该厨房供给。

第十六条　本院每年收入诊病费，除开支房租、药膳费外，所有赢余，酌提十成之四，为各员酬金及看护奖金。

第十七条　本院休息日开列如下：（休息日中亦有当值员处理事务）

星期日。国庆纪念日，十月十日。统一纪念日，二月十二日。国会开幕纪念日，四月八日。拥护共和纪念日，十二月二十五日。春节，阴历元旦。夏节，阴历端午。秋节，阴历中秋。冬节，阴历冬至。本院成立纪念日，十月二十六日。女红十字会成立纪念日。年假，自十二月二十九日至一月三日。

第十八条　本院执业时间，自午前八时起，至午后四时止，惟在七、八两月，则以正午十二点为限，惟关于慈幼院两校儿童有急症者，随时诊治，不在此限。

第十九条　各员每日按时到院，同室办公，其有因疾病事故不能到者，必须于执业以前通知本院。

第二十条　院内一切事务必须决议始可处分者，及与他股有关系者，议后呈由院长裁决施行。

第廿一条　各股添购物品或须修理时，开明品名件数，交庶务员承办，但重大者，必得院长之许可。

第廿二条　本院之预算及计算书，每年十二月编制清册，送女红十字会核定。

第廿三条　各医员于每日规定诊察时间以前，齐集待诊室，按病人诊券号数，依次诊治，并须将既往现症治法经过状况详列病表，以备考查。

第廿四条　司药员按照医员所开药方发给药品，其药方应当保存，如有非本院医员所开药方而来持方取药，概不发给。

第廿五条　医员、司药、事务员每日轮流在院值班时间，如有事外出，须托他员代理，以免误公。

第廿六条　医员每日诊治人数及事务员每日收款数目，均须详细登簿，月终汇齐，呈报备案。

第廿七条　司药员每月须将新旧支存各药品数目，分别造册备查。

第廿八条　本章程作为暂时试办，如有未尽事宜，得随时修改。

——原载周秋光编:《熊希龄集》第七册，

湖南人民出版社 2008 年版，第 437—439 页。

北平龙泉孤儿院简章

（1923 年）

第一章　总则

第一条　本院由龙泉寺依佛教慈悲主义，承各界善士辅助设立，定名为龙泉孤儿院。

第二条　本院以收养无父无母孤儿，施以相当工艺教育，使长大后得有自立能力为宗旨。

第三条　本院设院长一人，经前董事会呈内务部批准，由龙泉寺住持僧充之，副院长一人，由院长之同意定之，均义务职。

第四条　院长常川住院总摄本院一切事务，如有事故不能到院治事时，由副院长代理之，未设副院长时，由院长指定总务主任代理之。

第五条　本院设在宣外南下洼龙泉寺东侧，全部房舍占用地基二十七亩，由龙泉寺捐出之。

第六条　本院经费由院长及董事筹募之，凡自助或代募本院经费者，每年于本院开成立纪念会时，柬请临会施训，由院率同孤儿礼谢并随时登报声明之。

第二章　孤儿

第七条　本院所收孤儿以一百二十名为额，以备具下列各条为限：

（一）无父或兼无母

（二）其亲属确无抚养能力

（三）年在六岁以上，十二岁以下

（四）身无恶疾

前项孤儿除由地方监督官署函送入院收养外，其他须先行报名，由介绍人来院接洽，本院如有余额，面查该儿合格者，由本院通信报名，可将保证书照格填就，觅妥实保人随带该儿来院。

第八条 孤儿入院后，如捏报不实与院章不符者，一经察出，得向保证人追缴教养费，每月以五元计算。

第九条 孤儿入院后，亲属或其他关系人欲半途领出者，须由保证人到院，方可领回。

第十条 孤儿入院后如性质过劣者，万难造就者，本院得随时交保证人领回，若故意违反规则，希图出院者，亦由保证人到院，方可领回。

第十一条 孤儿入院后至出院之日止，无论何人不得有何藉口来院干涉，其有疾病死亡或他项不测情事，非人力所能营救者并不得向本院作任何要求。

第十二条 孤儿出院年限以年满十八岁以上为标准，盖本院以培养孤儿为本旨，凡孤儿年至十八以上，即非小孤儿可比，且在院各学级各工科，均经修业，既具有自立之精神，当然依限出院，孤儿出院时应通知原保证人，出院后永远不得再行入院。

第十三条 备具下列各款者，经孤儿保证人及其亲族或关系人之同意，得领养本院孤儿为养子：一、确有教养能力；二、确无亲族承嗣；三、取得本人各亲族之同意。领养人经本院调查确实后，须立具愿书并觅具三家铺户之保证书，交由本院，呈请主管官署批准备案，再由该领养人酌捐本院经费，方得领出孤儿回家抚养。

第三章 教务股

第十四条 教务股设主任一人，由院长聘定之，其职权列下：

一、关于编制儿童学籍、年级事项

一、关于教授及设施事项

一、关于教具用品之保管及处理事项

一、关于学校处理事项

一、关于教育上之对外公函文牍事项

一、关于其他属于学校方面之推行事项

一、关于院长委托施行事项

第十五条 教务股一切进行事项，由主任总理之，教员助理之，其办事细则另定之。

第十六条　教务股教员由主任请任之。

第十七条　关于教务股设备及扩充事项，得随时商承院长施行

第四章　总务股

第十八条　总务股设主任一人，由院长聘定之，其职权列下：

一、关于银钱保管及不动产收入经费存根事项

一、关于公文保管及编制预算表事项

一、关于房舍道路之备理事项

一、关于儿童衣食置备事项

一、关于儿童训管及稽查事项

一、关于监督本股职员执行一切事项

一、关于交际接待及各股联络进行之各种事项

第十九条　总务股一切进行事项由主任总理之，各职员分掌事务，其办事细则另定之。

第二十条　总务股各职员由主任请任之。

第二十一条　总务股各职员其执掌如下：

一、管理员二人　司院内起居、饮食、卫生、清洁事宜及保存、储藏衣物一切用品

一、会计员二人　司关于款项收入支出、账簿登记、报告表册一切事宜

一、收捐员二人　司收取房租、地税、户捐一切事宜

一、医员一人　司检查孤儿身体及看护医药室诊治疾病事宜

一、书记一人　司印件公函一切缮写录稿事宜

一、音乐队长一人　司教练军乐及管带、出队、迎送，应酬一切事宜

第二十二条　关于本院一切进行事项，随时商承院长进行之。

第五章　职业股

第二十三条　职业股设主任一人，由院长聘定之，其未设主任时，由总务主任兼任之，其职权如下：

一、关于职业管理事项

一、关于各种科目之施实及调查事项

一、关于职业方面之训练教授及设施事项

一、关于物品工具材料之处理及保管事项

一、关于院长委托施行事项

一、关于其他各股联络进行之各种事项

第二十四条　职业股各股设工师、助师若干员，由主任请任之，其科目暂分八类，如下：

织布科、印刷科、制墨科、缝纫科、木工科、泥瓦科、靴鞋科、音乐队。

第二十五条　职业股各科所用之原料及所出之产品，得设储藏室、陈列室等，本股负保管及整理之责任。

第二十六条　职业股一切进行事项由主任总理之，工师助理之，其办事细则另定之。

第二十七条　职业股职员分掌之事项及权限，由主任就本股事务之简繁，随时支配之。

第二十八条　关于原料之储藏及产品之售买，账目由账房管理之。

第二十九条　职业股遇有必须变更及增设他种设备时，应由主任拟定计划书送呈院长采择施行。

第六章　名誉院长及董事

第三十条　政、商、学各界善士与本院有所援助者，由院长商取同意，推为本院名誉院长、董事。

第三十一条　名誉院长、董事对于本院，应各随愿力担负下列各项义务责任：

一、维持本院经费

一、促进本院完善

一、监察院务进行

第三十二条　董事会分两种：一常年会、一临时会。

第三十三条　常年会每年一次，于本年成立纪念会，前一月由院长招（召）集之。

第三十四条　临时会遇有特别事故，由院长或经董事五人以上之提议招（召）集之。

第三十五条　召集临时董事会，须于通知书上说明事实及理由。

第三十六条　董事会于每年开常年会时，应会同院长将下列各表册提出审议之：

一、前年度之院务概况书

二、前年之收支决算表

三、前年度之财产目录

四、次年度之预算案

前年表册，大会表决后交由院长，连同本届议录汇印成册，于成立纪念分布之。

第七章　附则

第三十七条　本章程自民国十二年八月经董事会议改订，呈奉厅署批准存案施行。

第三十八条　本章程有未尽事宜由院长于董事会开会时讨论修改之。

——原载《北平龙泉孤儿院报告书》，1934年，第87—95页。

北平五台山普济佛教总会简章

第一条　该会定名为五台山普济佛教总会。

第二条　该会以信仰佛法，实行慈善，办理救济各事项为宗旨。

第三条　该会设总会于北平，并于五台山设立分会，嗣后各省市如有设立分会必要时，次第推广之。

第四条　本会应行办理事项如下：

一、关于救济事宜：凡地方发生灾难时，由该会酌度情形，随时前往赈济

二、关于有益民生事宜：凡工厂、医院、学校等项，该会应尽力举办，或补助之

第五条　凡本市及各省市县民赞成该会宗旨，无监督慈善团体法第五条规定情事，由会员二人以上之介绍，填具志愿书，经该会董事会审查认可者，发给证书、徽章，得为本会会员。

第六条　该会会员应纳会费如下：

一、入会费二元，于入会时缴纳之

二、常年会费四元，按年缴纳之，但无力缴纳者，得声明情形，经董事会认可后免缴

第七条　该会会员于开总会时，有平等表决权。

第八条　该会会员欲退会者，应于二月前预告，经董事会认可后退会。

第九条　该会会员如有违反会章，或其他不法情事者，应由总会决议开除之。

第十条　该会会员退会或开除后，对于该会之财产，无请求权，在退会或开除前，有欠缴会费时，仍须负责清偿。

第十一条　该会设董事长一人，副董事长一人，董事二十一人，组织董事

会，遵照总会决议案办理一切事务。

第十二条　该会董事长，副董事长及董事，均由总会选举之，其任期三年，但得连选连任，故不能执行职务时，得由副董事长代理之。

第十三条　该会设监察三人，监察会中一切事务，由总会特别选举之。

第十四条　该会得聘请名誉董事长及董事若干人，襄助会中一切事务，由总会议决聘任之。

第十五条　该会董事会内，分设总务股、文牍股、救济股、交际股，承董事长、副董事长之指挥，办理各本股事务，其办事细则另定之。

第十六条　该会各股各设主任一人，干事若干人，主任由董事互推担任之，其他职员由董事会于会员中选任之。

第十七条　该会董事长、副董事长及董事等，如有违反会章，或总会决议案之行为，应由总会决议罢免之，其有侵蚀会款，或其他重大不法情事者，并应依法呈送法院究办，至于其他职员如有不法行为，由董事会罢免之。

第十八条　该会于每年一、七两月召集全体会员开总会一次，讨论一切兴革事项，其日期由董事会决定之，如遇紧急事项，经董事会认可，或由全体会员十分之一以上之请求，得随时召集临时会。

第十九条　该会总会开会时，须有全体会员过半数之出席，决议事项，须有出席会员过半数之同意，惟关于变更章程事项，须有出席会员四分之三以上之同意，其表决方式以举手或投票行之。

第二十条　该会董事长于开总会时，应报告本届详细收支账目，并说明办理事务经过情形。

第二十一条　该会董事会每月除有特别事故外，开会一次，并于月终将一月内收支款目及办事实况，报告监察审查，公开宣布。

第二十二条　该会对于下列各款，应于每年六月及十二月呈报社会局查核：

一、职员之任免

二、职员成绩之考核

三、财产之总额，及收支概况

四、会员之加入或告退

五、办理之经过情形

第二十三条　该会各职员概不支薪，如有繁重事项，得酌用雇员。

第二十四条　该会以会员所纳会费及特别捐助办理救济事业，并开支经常费用，如遇有必要时并得募集捐款。

第二十五条　该会办理募捐时，将捐册收据编号，呈经社会局核准，盖印后，方为有效。

第二十六条　该会收支款项物品，应逐日登入账簿，所有单据应一律保存。

第二十七条　该会得随时以全体会员三分之二以上之同意，呈报解散之。

第二十八条　本简章自社会局核准之日施行，如有未尽事宜，得随时召集总会决议，呈请修正之。

——原载《最新北京指南》，1938 年，第 1—5 页。

北平育婴堂简章

（1934 年）

第一章　总则

第一条　本堂以专收抛弃及无力抚育之男女婴儿教养成人为宗旨。

第二条　本堂定名为北平育婴堂。

第三条　本堂地址设在西安门内养蜂夹道乙一号。

第二章　组织及权限

第四条　本堂设董事　人，组织董事会，专司讨论一切进行、改善办法及督察各项事务，并由全体董事会推选董事长一人，副董事长二人，常务董事八人，分理本堂内外一切事务，并推选常务女董事六人，督察堂内育婴事务，董事长因故不能执行职务时，由副董事长代理之。前项董事以办理慈善事业著有成效，确能赞助本堂事业者，由本堂聘任之。

第五条　本堂董事会每月开常会一次，遇有特别事项随时召集临时会。

第六条　本堂常务董事须轮班到堂处理一切事务。

第七条　本堂常务董事因故辞职时，得由全体董事会推选补充之。

第八条　本堂设富有经验女护士长一人，护士若干人，承董事长之指挥，依最新养育婴儿方法，管理一切育婴事务。

第九条　本堂设监察员一人，内外堂管理员一人，承董事长之指挥，监察堂内外一切事务。

第十条　本堂为抚养婴儿，得招考保婴练习生，其人数视收养婴儿之多寡定之，前项练习生受内堂管理员护士长之监督指导。

第十一条　本堂为缮写及使令事项，得用司书工役及女仆。

第十二条　本堂董事及其他职员不得假藉本堂名义在外招摇，并利用本堂事业兼营私人利益。

第十三条　本堂董事及其他职员如有违反本简章之行为时，由董事会决议罢免之。

第十四条　本堂对于下列各款，于每年六月及十二月呈报社会局查核：一、职员之任免；二、职员成绩之考核；三、财产之总额及收支之状况；四、办理之经过情形。

第三章　设置

第十五条　本堂内设置如下：董事室、女董事室、会议厅、外堂办公室、内堂办公室、护士长室、医士诊视室、练习生室、招待来宾室、婴儿住室、教室、游戏室、隔离室、养病室、沐浴室、工役室、女仆室、缝纫室、传达室、器物存储室、洗衣室、厨房、仓房、厕所。

第十六条　本堂设济生阁于门首，专备接收弃儿之用，阁内安设机铃，送者由外按铃，堂内即派人前来接收。

第四章　婴儿

第十七条　本堂收养婴儿入堂时，年龄须在三岁以下，并须检查有无疾病，遇有传染之虞者，另室隔离之。

第十八条　本堂所收男女婴儿，无论何处所送，概不准领回，但婴儿亲族以抚养有力愿自领回，经查明属实者得准许之。

第十九条　本堂所育男女婴儿，如有人欲领作子女者，须经本堂审核，明确果系家道殷实，足资养赡，子女缺乏者，方许抱领，但须备具二家以上之铺保，由董事会准许后，发给抱领婴儿执照，并报明主管官厅注册，以资永久保障。如领出后查有虐待及其他情形者，本堂仍有领回之权。

第二十条　本堂所育男女婴儿至五岁以上时，施以相当教育，至七岁以上则送入相当学校，肄业或转送其他教育机关以资深造，女婴至十七岁以上时由本堂主持择配，但须征得其同意。

第二十一条　婴儿入堂，其有姓名者，即在收婴册内注明，无姓名者由本堂命以姓名，并报明本管警署登入户籍。

第二十二条　本堂婴儿之养育及卫生方法，委托各大医院婴儿科主任及各医士之检验后，由看护员依法育养。

第二十三条　本堂男女婴儿如有患病者，随时送往协和医院或中国红十字会北平医院及中央医院妇婴医院疗治，并免收医药费。

第二十四条　本堂婴儿如有病故时，立即报名本管警察署，发给掩埋执照，装殓后抬往本堂放生池婴儿坟地掩埋。

第五章　经费

第二十五条　本堂经费以捐助人捐助之款项及各机关补助费充之，其数目详见财产目录。

第二十六条　本堂一切收支经费，除每月造具计算书呈报社会局鉴核外，对于其他各捐助人并分别造送收支月报、年报，以备查核。

第二十七条　本堂支出款目，如有违反本堂宗旨之事项，所有捐助人得声请宣告其行为无效。

第二十八条　本堂收支之款项物品应逐日登入收支账簿，所有单据一律保存。

第六章　附则

第二十九条　本堂办事及管理细则、婴儿教育规则、保婴练习生规则、职工服务规则暨其他规则统由全体董事会另定之。

第三十条　本简章自全体董事会议决，呈奉社会局核准备案之日施行。如有未进（尽）事宜得由全体董事会提出议决，呈准修正之。

——原载《北平育婴堂报告书》，1935 年，第 5—9 页。

北平育婴堂办事及管理细则

第一条　本堂一切进行计画暨规定章则事项，均由董事会核定。

第二条　本堂董事会每月开常会一次，遇有特别事项随时召集临时会。

第三条　本堂日常事务由常务董事会轮班到堂处理，前项轮班日期以另表定之。

第四条　本堂堂务管理员承常务董事之指挥，管理堂内一切事务。

第五条　本堂职员、护士等须遵照服务规则，勤慎承办各项事务，遇有应行改善随时陈明堂务管理员拟具计画，转陈董事会核办。

第六条　本堂关于文牍、会计、庶务事项，均由董事会指定职员助理之。

第七条　关于拟办一切文稿并收发文件、典守本堂图记、保管卷宗及缮写校对等事宜，均由文牍主办。

第八条　收到文件应由文牍随时逐件摘由，分别登入收文簿，送呈董事会批阅。

第九条　文件发出时应由文牍随时登入发文簿，并须检查附件与盖用图记及填注日期有无遗漏或错误。

第十条　凡文署有亲启字样，应由文牍原封迳呈董事会。

第十一条　凡紧要文件由文牍应随到办，次要文件亦应在三日内办完，但须审查讨论之件不在此限。

第十二条　关于办理一切现金出纳、登记账簿并编月报、年报等事，均归会计办理之。

第十三条　支付款项时，需由会计呈经董事会核准，常务董事签字，方能照付。

第十四条　本堂每月发给薪工，应由会计按照定额先期造具清册，呈董事会核阅。

第十五条 收支款项凭单及一切单据，均应由会计粘存，负责保管。

第十六条 关于公用物品之保管，购发工役之雇调暨其他一切杂项事宜，均归庶务办理之。

第十七条 堂内饮食物料应由庶务随时巡视督察，保持清洁与适于卫生。

第十八条 添置物品须由庶务呈经董事会之核准行之。

第十九条 保管物品应由庶务分别加粘号签并登入底簿。

第二十条 本细则呈准备案后施行。

——原载《北平育婴堂报告书》，1935 年，第 11—12 页。

北平贫民救济会章程

第一章　总则

第一条　本会以救济北平贫民为宗旨。

第二条　本会实施救济时，得就北平原有慈善团体之成绩卓著者，委托分任办理，作为本会之合作团体。

第三条　本会设于北平，其他地方如有实力赞助本会者，经本会之许可得设分会。

第二章　会务

第四条　本会会务大纲如下：

甲　办理临时急赈

乙　筹办贫民救济事业

第三章　董事

第五条　凡具下列各项资格之一者，均推为本会董事：

一、各机关各法团领袖。

二、各慈善家办理慈善事业确有成效者。

三、纳捐五十元以上者。

第四章　职员

第六条　本会设常务董事八人，就中置董事长一人，副董事长三人，主持会务：

一、董事长　市长为固定常务董事兼董事长。

二、副董事长　社会、公安两局长为固定常务董事兼副董事长，余一席董事选举之。

三、前二款以外之常务董事，由董事选举之，当选者兼任一部主任干事。

第七条　本会事务分设下列四部办理之：

一、总务部

二、筹募部

三、基金部

四、审核部

第八条　总务部　本部专司执行经常会务及规划实施救济、编制预算事宜，设总务董事十五人，由董事选举之。设主任干事一人，由常务董事兼任。设干事若干人，由主任干事在本部董事会中推举之，其组织及办事规则另定之。

第九条　筹募部　本部专司筹款募捐事宜，设筹募董事以九人为度，由董事推选之，但以筹募上之必要。当增加董事额数时，得以本部董事会之公推添设之。设主任干事一人，由常务董事兼任；设干事若干人，由主任干事在本部董事会中推举之，其筹募方法与办事细则另定之。

第十条　基金部　本部专司基金与赀金之保管及动用事宜，设基金董事十一人，内一人为市政府代表，由市政府推出之。余十人由董事选出之，但银行界应占三人，其他慈善团体应占三人，各法团占三人，教育学术界占一人。设主任干事一人，由常务董事兼任。设干事若干人，由主任干事在本部董事会中推举之，其组织及保管规程、办事细则另定之。

第十一条　审核部　本部专司审核本会财政收支事宜，设审核董事七人，内一人为代表市政府之会计师，余由董事选举之。设主任干事一人，由常务董事兼任。设干事若干人，由主任干事在本部董事会中推举之，其组织及办事细则另定之。

第十二条　副董事长得兼任主任干事，各部董事得兼任他一部董事。

第十三条　常务董事、各部董事、主任干事任期均各一年，但得连举连任。

第十四条　董事、常务董事均为名誉职。

第十五条　各部干事以下职员以调用社会局现职人员为原则，不敷用时，得调用市政府、公安局职员，或就其他善团中聘派之，均为名誉职。

第五章　开会

第十六条　全体董事大会除必要情形外，每年开会二次，于赈务筹备前及结束后分别行之。

第十七条　常务董事会开会无定期，以董事长为主席。凡本会预算之成立，决算之通过，基金或赏金之保管及动拨纪念章之赠与，各部单行规程之通过，均于全体董事会行之。

第十八条　两部以上之董事联合会无定期，由有关系之两部协议召集之，联合会之主席由列席者互推之，凡两部有关联之重要事项，于联合会解决之。

第十九条　各部董事会至少每月开会一次，由主任干事定期召集之，主席临时推定之。凡各部办事规程之拟定或修改，及其重要事项，均于本会决定之。

第六章　赈款基金及经费

第二十条　本会办赈款项及日常经费，接受各方补助或临时捐募。

第二十一条　本会现有之基金贰万元，永远存本动利，用充赈济。

第七章　附则

第二十二条　本会每年刊行报告一次，有必要时得中西文并用。

第二十三条　凡对本会捐助巨款或有特别之辅助，以及本会会员劳绩卓著者，由本会特赠各种纪念章，或其他纪念物。

第二十四条　本章程于全体董事会通过后，正式施行之。

——原载《北平贫民救济会征信录》第 3 期，1935 年，第 5—9 页。

北平贫民救济会章程
（1935 年）

第一章　总则

第一条　本会由本市各机关法团领袖及各慈善家公同组织，专以救济北平贫民为宗旨，故定名曰北平贫民救济会。

第二条　本会筹足市款二万元作为基金，存本动利，用资赈济，不足时临时设法筹募。

第三条　本会设在北平。

第二章　会务

第四条　本会会务大纲如下：

（甲）办理临时急赈；

（乙）筹办贫民救济事业。

第五条　本会实施救济时，得就本市原有之慈善团体委托办理之。

第六条　本会对于下列各款，应于每年六月及十二月呈报主管官署查核：

（一）职员之更动；

（二）职员成绩之考核；

（三）财产总额及收支状况；

（四）办理经过情形。

第三章　组织

第七条　本会会务由全体董事会计划并监督之，其职权如下：

（一）编制章程；

（二）审核预计算书；

（三）选举；

（四）变动基金；

（五）考核会务。

第八条　有下列资格之一者，由本会聘为董事：

（一）各机关各法团领袖。

（二）办理慈善事业著有成效者。

（三）纳捐五十元以上者。

第九条　本会设常务董事八人，董事长一人，副董事长三人，总理一切会务，并决定聘请市长为常务董事兼董事长，社会、公安两局长为常务董事兼副董事长，其余常务董事五席及副董事长一席，由全体董事会公推之。

第十条　本会会务分设下列四部办理之：

（一）总务部　专司规划实施救济，并编制预计算及收发文件、保管卷宗等事宜。

（二）筹募部　专司筹款募捐事宜。

（三）基金部　专司基金之保管及动用事宜。

（四）审核部　专司审核收支事宜。

第十一条　本会每部设主任干事一人，干事若干人，承董事长之指挥，办理各本部事务。主任干事由选举之常务董事兼充，干事由主任干事就董事中选聘之，干事以下职员由会派用。

第十二条　本会选举之副董事长、常务董事及各部干事任期一年，但得连选连任。

第十三条　本会董事长、副董事长、董事及各部职员均为名誉职。

第四章　会期

第十四条　本会全体董事大会，每年于五、九两月各开会一次，由董事长召集之，如遇有紧急事项，得召集临时会议。

第十五条　本会董事大会开会时，须有全体董事过半数之出席。决议事项，须有出席董事过半数之同意。

第十六条　本会董事大会开会时，以董事长为主席，各部主任干事应报告收支数目，并办理会务经过情形。

第十七条　本会常务董事每月应开会一次。

第五章　经费

第十八条　本会办理赈济费用以基金利息及募捐款充之，日常支用经费就市政府补助费（每月二百元，惟十二月至三月，四个月各四百元）额内撙节开支。

第十九条　本会收支之款项物品，应逐日登入账簿，所有单据一律保存。

第二十条　本会办理募捐时，均先将收据捐册编号，送由主管官署核准盖印。

第六章　附则

第二十一条　本会办事细则另定之。

第二十二条　本章程如有未尽事宜，应由全体董事会修正之，并呈报备案。

第二十三条　本章程自经主管官署核准立案后施行。

　　　　　　　　——原载《内政公报》1935 年第 8 卷第 21 期。

北京贫民救济会章程

（1943 年）

第一章　总则

第一条　本会由本市各机关、法团领袖及各慈善家公同组织，专以救济北京贫民为宗旨，故定名曰北京贫民救济会。

第二条　本会筹足市款七万元作为基金，存本动利，用资赈济，不足时临时设法筹募。

第三条　本会设在北京。

第二章　会务

第四条　本会会务大纲如下：

（甲）办理临时急赈。

（乙）筹办贫民救济事业。

第五条　本会实施救济时得会同本市其他慈善团体办理之，并得接受其他团体之委托。

第六条　本会对于下列各款应于每年六月及十二月呈报主管官署查核：

（一）职员之更动

（二）职员成绩之考核

（三）财产总额及收支状况

（四）办理经过情形

第三章　组织

第七条　本会会务由全体理事会计划并监督之，其职权如下：

（一）编制章程

（二）审核预计算书

（三）选举

（四）变动基金

（五）考核会务

第八条 有下列资格之一者，由本会聘为理事：

（一）各机关、各法团领袖

（二）办理慈善事业著有成效者

（三）纳捐五十元以上者

第九条 本会设常务理事八人，就中推出理事长一人，副理事长三人，主持会务并决定聘请现任市长为常务理事兼理事长，社会、警察两局长为常务理事兼副理事长，其余常务理事四席及副理事长一席由全体理事会公推之。

第十条 本会会务分设下列四组办理之：

（一）总务组 专司规划、实施救济，并编制预计算及收发文件、保管卷宗等事宜

（二）筹募组 专司筹款募捐事宜

（三）基金组 专司基金之保管及动用事宜

（四）审核组 专司审核收支事宜

第十一条 本会每组设主任干事一人，干事若干人，承理事长之指挥，办理各本组事务。主任干事由选举之常务理事兼充，干事由主任干事就理事中选聘之，干事以下职员由会派用。

第十二条 本会选举之副理事长、常务理事及各组干事，任期一年，但得连选连任。

第十三条 本会理事长、副理事长及各组职员均为名誉职。

第四章 会期

第十四条 本会全体理事大会每年于五、九两月，各开会一次，由理事长召集之，如遇有紧急事项，得召集临时会议。

第十五条 本会理事大会开会时，须有全体理事过半数之出席，议决事项，须有出席理事过半数之同意。

第十六条 本会理事大会开会时，以理事长为主席，各组主任干事应报告

收支数目并办理会务经过情形。

第十七条　本会常务理事每月应开会一次。

第五章　经费

第十八条　本会办理赈济费用，以基金利息及募集捐款充之，日常支用经费就市公署补助费（每月二百元，惟十二月至三月，四个月各四百元）额内撙节开支。

第十九条　本会收支之款项物品，应随时列簿登记，所有单据一律保存。

第二十条　本会办理募捐时，均先将收据捐册编号，送由主管官署，核准盖印。

第六章　附则

第二十一条　本会办事细则另定之。

第二十二条　本章程如有未尽事宜，应由全体理事会修正之，并呈报备案。

第二十三条　本章程自经主管官署核准立案后施行。

——原载北京贫民救济会编：《北京贫民救济会
征信录》第 11 期，1943 年，第 6—10 页。

北京贫民救济会粥厂管理规则

（1942 年）

一、各厂每早均一律新九时开门，新十时放粥。

二、每领粥人入门发给竹牌一个，凭牌领粥一份。

三、男丁非老幼废疾者不准入厂（放牌时注意），准者须持有居住证以凭查验。

四、领粥人既已入厂，非领粥后不准出门，遇有不得已之事故时，须将竹牌扣留。

五、领粥人男女各分一栏，凡老幼废疾先行发放，其产妇或病人不能亲身来厂者，得由监理员查明核给代领粥牌，托人代领仍给粥一份。

六、领粥人候领时禁止喧哗拥挤。

七、厂址狭小，领粥人领粥后，须另觅地址食饮，不得停留。

八、领粥人如经发觉以粥喂猪、饲犬等情事，由会函请警察分局严行罚办。

九、厂中人员对待领粥人，务须和平，不得强暴。

十、各厂煮米，每石米用水不得过七百斤，每人约合得生米四两，煮熟后得十八两余，每石以放六百人为度，视本日煮米若干，准此放牌，以免人多粥少。

十一、每日放粥完毕后，应就本日及前二日平均人数（每人四两），计算次日煮米数，照数量米由监理员及稽查员跟同夫目、夫役，将小米逐一过筛糠砂筛簸净尽，始可预备入锅，若次日为特别放赈日期或值大风雪时，其煮米数量应由监理员从权酌定。

十二、各厂于淘米放粥及洗刷器具时，不得泼洒作践。

十三、各厂所用粥锅粥桶等件，务于每日用毕洗刷干净。

十四、盛米麻袋于小米倒出后，应由监理员督促随时如数缴还，不得遗失调换，夫役亦不得任意使用。

十五、夫役等不得私行食粥，厂内不得豢养鸡犬。

——原载《北京贫民救济会征信录》第 10 期，1942 年，第 5—6 页。

北京贫民救济会粥厂监理员办事细则

（1942 年）

一、监视粥夫筛米、过秤、入锅、出粥及放粥事项。

二、调查核发代领粥牌事项。

三、会同分局，指挥警察维持秩序。

四、会同分局造报一切账册、单表，签名盖章。

五、逐日填送报告表二份。

六、逐日报告表应将连前已用米若干，下存若干一一注明。

七、逐日报告表如有特别情形或临时发生事故时，一律在附记栏内叙明，不得遗漏。

八、十日报告表应填送二份，每逢一日一准递到，毋得愆延。

九、日报、旬报均应由各该厂主任及监理员署名签章。

十、督同督察保管米粮并一切公有物品。

——原载《北京贫民救济会征信录》第 10 期，1942 年，第 7 页。

江苏省川沙县义仓章程

（1915 年）

一、本章程自详请县知事转详巡按使，核准批回之日起为施行之期。

一、本章程查照前清川南两志所刊丰备仓章程条款，参酌办理。

一、本仓房屋年久失修，民国三年六月奉文修理，因经费支绌，除缮葺围墙并厂房客座、会计室等工程外，余均稍加补缀，俟逐年筹款续修。

一、仓谷务求干净饱绽，凡籴谷运到时，由官董验明秤准，进仓封锁，以昭慎重。

一、厂房地板下，前后均砌铁风洞以通空气，惟地处海滨易受潮湿，应在每年黄梅节前逐厂翻晒，以免霉烂，即于其时，请县查验以省手续。

一、出陈易新宜视年分（份）之远近，定折耗之多寡，不得任意虚销，致多亏折。

一、钱谷两项均为备荒根本，半文半粟，无非民脂民膏，本邑储仓存典，为数无多，除本境灾荒应办平粜赈济照章动碾外，其余无论何项，概不准颗粒丝毫挪移借拨，当永远立案以防其渐。

一、本仓各项开支全赖息款，以资挹注，现就基本钱一万千文，先提二成，籴谷以备不虞，至多不得过详定四成之数，俟将来集捐添本，再议扩充。

一、本仓事务由县饬委董理、协理公同担任，均尽义务，但支相当之公费，仓使一人酌给工膳，每年经常开支由经董撙节预算，详报核办，但准支息不得动本，年终造册报销并刊征信录，以归核实。

一、义仓重地，火烛穿窬，宜责成仓使加意防范。设遇风催雨漏，立即报董修理，每日慎守门户，毋得疏忽。凡董事之亲友，仓使之眷属，俱不准留宿借住。

一、钱数、谷数均应设立表册，逐年注明，生息若干，耗谷若干，以凭查核。

一、如遇凶歉之岁，应办赈济、平粜等事，必先详准，另拟章程举办。要在因时制宜，分派均匀，以归公允而免争执。

一、本仓需用之物，现因经费缺乏，先行择要置备，宜由仓使立簿登记，留心保管，不准外人借用。

一、仓中房屋庭除，应令仓使时常整理、打扫、清洁，经董当时往稽查。

一、本仓为全邑积储公所，闲杂人等不得任意出入，应详请县知事给示悬挂，以昭慎重。

一、本章程如有未尽事宜，当随时修正，详准施行，以期完备。

——原载方鸿铠修：《川沙县志》卷一一《慈善志》，

上海国光书局 1937 年版，第 9 页。

江苏省川沙县遵令改订保管积谷细则

（1921 年）

一、本细则呈请县知事转呈江苏赈务处暨江苏省长公署，核准施行。

一、本仓谷款甚微，除照原议案以辛、壬两年谷息籴还原额外，以后逐年生息，以二成籴谷八成储款存典。

一、仓谷务求干洁饱绽，凡籴谷运到时，由官董验明秤准，进仓封锁，以昭慎重。

一、所储仓谷，每年暑天请县莅仓开廒翻晒，监视进廒，并由仓董核计折耗实数，呈县备案。

一、出陈易新宜视年分（份）之远近，折耗之多寡，不得任意虚销，致多亏折，如耗蚀过多，查明确系保管不慎所致者，仓董应负赔偿之责。

一、钱谷两项均为备荒根本，除本境灾荒应办平籴赈济外，无论何项公事，不准颗粒丝毫挪移借拨。

一、本仓各项开支，但在息款下撙节动用，不得移用谷本。

一、本仓事务，由县委董经理，均尽义务，但支相当之公费，仓使一人酌给工膳。

一、遇有仓董交替时，旧董须造具详细数目清册专案，呈报县署。

一、新董须具接管切结存县备查，暨每届年度终了，仓董应将谷款分别造册，呈报县署，布告周知，并转报省长公署暨财政厅查考。

一、如遇凶荒之岁，应办赈济平籴等事，先由市乡经董议决办法，呈准施行。

一、本细则如有未尽事宜，当随时修正呈准施行，以期完备。

——原载方鸿铠修：《川沙县志》卷一一《慈善志》，

上海国光书局 1937 年版，第 10 页。

江苏省整顿仓谷简明办法

第一条　各县仓谷，无论存谷存款，定为官督绅管。

第二条　各县仓谷经此次清厘后，遇有交替，应造具详细数目清册，专案咨交。

第三条　仓政重在储谷，除各县原有谷石谷款并存，应随时督同绅董妥为保管外，其专储款之县，应于丰收年份提出六成，购运千圆稻谷，建仓收储，以四成发典生息，委绅经营。

第四条　各县随粮带征谷款，应按年以六成购谷，以四成生息，照前条办理。大县应储足三万石，中县二万石，小县一万石为额。

第五条　各县有征存谷款存于县署者，应即如数交出，归值年仓董管理。

第六条　各县仓谷及存款应由城乡合举公正仓董八人，分为四班，轮流管理，由县知事加给委令，以二年为任期，办有成绩者得留任，但不得逾两任期。

第七条　每年仓厫翻晒、盘量费用及仓夫工食，由谷款生息项下开支，不得动用谷本。

第八条　存仓谷石，如遇青黄不接之时，提碾粜济民食或推陈易新，均由县知事集绅议明，并将粜出谷石若干，收回粜价若干，呈报省长公署、财政厅及该管道尹公署备案。

第九条　收回粜价应随时买谷填还足额，不得藉事挪用，但粜价不能买足原额时，得先以粜价生息，以能买还原额为止。

第十条　仓董交替应由新任董事将接管谷数、款数详细呈报县知事公署备查，卸任仓董应取具新董无亏切结，呈缴县署，方能卸责。

第十一条　新旧仓董盘查仓谷所有折耗，准以谷息弥补，如耗数过多，审由经理不慎所致，应责成旧董担负赔偿。

第十二条　生息之款积久成数，亦照六谷四存办法，俾仓储有备无患。

第十三条　各县仓董每届年终应将经管谷数、款数造具四柱清册，呈报县知事公署，并榜示通衢。

第十四条　各县知事每届年终应将督管县内各项仓谷造册呈报省长公署、财政厅及道尹公署一次。

第十五条　各县仓谷如系分存各区不止一处者，均照第一、第十四各条办理。

第十六条　各县仓谷保管方法，准酌量地方情形拟定细则，呈由省署核准施行。

——原载方鸿铠修：《川沙县志》卷一一《慈善志》，

上海国光书局 1937 年版，第 10—11 页。

江苏省川沙县习艺所规则
（1906 年）

一、罪犯习艺系属创办现定织布、缝衣两宗，先令学习，各该犯不得玩忽从事，致干提责。

一、该犯如有家属来所探望，应由看役报知稽查处问明，方准进内唤该犯到天井接谈片刻。

一、该犯亲属如有信函到所，看役接收后立即交稽查处先行拆阅，如无关节等语，方准给看，否则禀官查究。

一、看役每日早起应将所内打扫干净，不许各犯在天井内大小便，以防积秽。

一、各犯每日早七点钟进所洗脸吃粥，八点钟上工，十二点钟吃饭，略停一刻，一点钟上工，五点钟停工，六点钟吃夜饭后，即由看役押送到监睡息。春夏日长，时刻另定。

一、该犯卧房所内未备，每日上工时应由看役到监领同入所，晚间即领同到监安宿，如有脱逃，惟该看役是问。

一、该犯在所工作，不许交头接耳，并不许高声喊叫。

一、每月逢十，准予该犯剃发一次，并洗浣衣服。现在浴盆、面盆、脚盆，所内均未置备，应各随时洗涤，有益卫生。

一、所内不准吸食洋烟，如该犯中素有烟瘾者，每日酌给丸药吞服，限日戒绝。

一、每月朔望，由官派令讲生到所宣讲圣谕广训，俾各犯群知观感。

一、监犯越逃，向章拿获正法，现在该犯判令入所学习工艺，加给饭食，系属格外优待，如查有起意越逃情事，察出从严惩办，其各懔之。

——原载方鸿铠修：《川沙县志》卷一一《慈善志》，

上海国光书局 1937 年版，第 11—12 页。

江苏省川沙县至元堂育婴所简章

（1900 年）

第一条　本所由至元堂同人筹捐组织而成，定名为川沙至元堂育婴所。

第二条　本所专收三岁以下男女弃孩，仿照上海新普育堂等处办法，改用新法育养。

第三条　本所由至元堂同人推举委员九人，更由委员推举委员长一人，常务委员二人组织之，其会计、书记、庶务各职，因经费不充，暂由至元堂职员兼任。

第四条　每星期日开常会一次，讨论本所进行事宜，如有特别事件，得开临时会。

第五条　本所内部设看护主任一人，副看护一人，保母视婴孩之多少，无定额。

第六条　婴孩进堂时，由庶务详细检察有无疾病残伤，询明生年月日时，编定号数，登录簿记，并挂随身号牌，交与看护主任。

第七条　编号方法由第一号起顺次接编，俟婴孩出堂，将牌取消，该号不再填补，夭伤者同。

第八条　送婴来人分别路之远近，酌给赏规，自五角至二元为度，以资鼓励。

第九条　婴孩卧室分四级，以生后三个月内为第一级，六个月内者为第二级，十二个月内为第三级，一岁以上者为第四级。

第十条　婴孩乳食用代乳粉、米汤、米糊，按照婴孩育养法制定成分用量次数表，每日应进若干视婴孩月数分别调制，由看护督率保母按次哺养。

第十一条　婴孩所用衣服被褥尿布等类，由看护督率保母随时洗涤更换。

第十二条　卧室空气温度看护须饬保母随时调节，其室内地板、门窗、器具，亦随时督率保母揩扫。

第十三条　婴孩每星期须轮流沐浴一次，若天气炎热则增加次数。浴室内温度及水之冷热，看护主任均须注意。

第十四条　婴孩发现传染病后，立即移置隔离病室，主任及保母时常留心婴孩之体温与饮食，二便倘有变异或任何病痛，立即通知庶务员延请医师诊治。一切调理应照医师所指导，不得任意或忽略。病孩用后之衣服、器具须督率保母严密消毒。

第十五条　保母分日夜班哺养婴孩，由看护主任轮流派定，随时督察，不可疏忽。

第十六条　看护主任有指挥保母全权，一保母喂养婴孩五名，其哺养方法由看护主任时常训导，若有不听指挥及服务怠惰，屡戒不悛者，报明常务委员开除另雇。

第十七条　保母之家属亲戚如有事故，到所接见后应即时退去，不得住宿。

第十八条　承领婴孩须询明承领人姓名、籍贯、住址，职业先由本所调查，经常会通过，然后取具保证，填列志愿书，注明领作子女或婿媳，不得虐待、贩卖，并应量力纳捐，补助本所经费，一面登录上列要件，以备查考。

第十九条　庶务每年于春秋两季内，往各领户循视一周，如有发现虐待及贩卖情事，应即报告委员会处分之。

第二十条　本所西首设置接婴处，招收弃孩。另在张家桥季正昌号、青墩协记、槽坊龙镇商民协会设接婴分处。

第二十一条　每届年终将全年收支各款存亏若干及在所、出所婴孩若干，造具清册，以昭征信。

第二十二条　本章程如有未尽事宜，由委员二人以上之提议，过半数之同意，得随时修正之。

——原载方鸿铠修：《川沙县志》卷一一《慈善志》，

上海国光书局1937年版，第17—18页。

江苏省川沙县至元堂施放衣米章程

（1896 年）

一、本堂分给衣米均先给小票棉衣以冬至为期，在堂中散发，冬米以十二月二十四日为期，各贫户持票向米行领取。

一、本堂棉衣备有新旧两种，新衣须觅的实保人来堂保领，堂中同人不得作保。旧衣亦须察看，实系赤贫方准领取。如有零落旧户顾惜体面者，经司事查讯确实，持衣送往，以示体恤。

一、本堂冬米票以十斤为额，预向城内外各米庄买定，届时凭票秤（称）给，如有刻扣短少，公同议罚。倘贫户得票后迟至三个月后来领，或另易他物者，即予扣留，以儆冒滥。

一、本堂衣米原为周济寡独贫民之举，凡地痞棍徒、江湖流丐，一概不给，以示区别，如敢强索硬讨来堂滋扰者，送官究办。

——原载方鸿铠修：《川沙县志》卷一一《慈善志》，

上海国光书局 1937 年版，第 23 页。

江苏省川沙县至元堂施放衣米改良章程

一、先期由同人各就地段仿造草册，分注极贫、次贫、人口多寡，汇登总册，再行核定。

一、造册须将其人姓名、住居、年岁、有无行业、有无残废一并注明，以便查考。

一、凡系妇人并须注明某人之妻，不得仅注某某氏，以免混淆。

一、棉衣先于秋间制成，本布新衣或酌买原当旧衣，总以暖而耐久者为宜。

一、米票以十斤为率，略制五斤票，以一、二、三张分等送给。

一、棉衣于十月初给发，冬米于年终给发，给衣不另用票。

一、施给衣米仍交原访人手，按户送给，来堂求领，概不发给，以杜重复冒滥之弊。

一、同人家佣仆，应由自给以杜姑息而广实惠。

——原载方鸿铠修：《川沙县志》卷一一《慈善志》，

上海国光书局 1937 年版，第 23—24 页。

江苏省上南川冬米救济会章程

（1930 年）

第一条　本会集款仿通行摇会办法，得会人所收会款，以三份（分）之二拨充川沙至元善堂、周浦慈善会、上海览德轩三处，施送冬米之用，不作收本，尚余一份存店生息，作为三处冬米永远基金，故名上南川冬米救济会。

第二条　全会分作二十股，每股银三百圆，或一人独认数股或数人合认一股，悉听量力。惟既定为会员，遇开会时必须到场或派代表，以便执行本章程规定诸事。地方好善之士以后如有愿意加入者，多多益善。惟作为附股，一切应尽义务与各股同一办理。

第三条　每年国历十二月第一星期日为摇会期，由发起人备办酒席，先期通知各会员到期齐集摇会，随摇随得，得会之人即担任采办及监施本年冬米事宜。

第四条　此项摇会期十年圆满，每年摇一次，以两股合摇，拈阄为定，一与十一合，二与十二合，余照此类推，附股附于未得会之股中。

第五条　基本金之存放，由各会员中互推三人经管之，经管人有存款领息之权，会期圆满之后，仍由原会员或承继人互推三人，继续经管之。倘经管人有缺席时，由会员补推之，以资久远。存放款项概用本会名义，由经管人盖章支领之。

第六条　经管人以二年为一任，任满重行推举，连举得连任。

第七条　施送冬米办法，由本会商同三处，相机办理，总须免送情做好之弊，昭共见共闻之实。三处每年应得拨款由全体会员决议，以三三四为比例，周浦得四分，余两处各得三分。

第八条　三处办理施送冬米时，各会员皆有监察稽核之权。

第九条　会员因事不能到会时，所有摇会收会及采办诸事，应由该会员之财产代理人或者承继人代理之。

第十条　会股认定后，各会员分别签名盖章，各执一纸，十年之内会员如有变更或缺席时，应指定承办人认为当然之义务，继续接替，俾善基永固，福泽绵长。

第十一条　摇会圆满后，每年收取基本金之利息，仍充三处冬米经费，不得移作他用，亦不得动用基金，庶该会之利益可以永垂千古，而各会员芳名亦并垂不朽。

第十二条　会期满后，每年施送冬米之前，各会员须开会议，由经管人具柬相邀，酒席费用改由利息项下开支。采办及监施诸职，就会员中推举之，庶摇会虽有尽期，而施送冬米永无尽期。

第十三条　以上章程各条如有未尽事宜，经会员半数以上之通过，得随时修改之。

——原载方鸿铠修：《川沙县志》卷一一《慈善志》，

上海国光书局 1937 年版，第 24—25 页。

江苏省川沙县集义社赊棺施棺章程

一、施棺分正副二号，正号给本乡贫苦之人，副号给流氓乞丐之类，遇有路毙，仍照同仁堂辅元堂收殓，其在上境者归上海县署，在川境者报由厅署。

一、赊棺之法本为清寒之家一时无力措资者起见，现仿各会馆及辅元果育堂成法试办，赊棺一具，核计工本若干，由该亲族等具保赊去，准于一年之内陆续归还。

——原载方鸿铠修：《川沙县志》卷一一《慈善志》，
上海国光书局1937年版，第25—26页。

重订江都贫儿院简章

一、定名

本院定名为江都贫儿院。

一、宗旨

以收容贫民子弟，施以教养，授以工艺，助其自立为宗旨。

一、额数及范围

原定一百二十名，现拟扩充至二百名，以居留江都县境内之户籍为范围。

一、资格

凡与下列两项相符者，皆有入院之资格：

（一）年龄在十一岁以上，十六岁以下，其家庭确无教养之力者。

（二）无难治之残疾及传染病者。

一、入院方法

凡合于上列资格者，由其家属来院报名注册，经本院调查合格后，再通知该生家属，邀同保证人来院填具保证书及志愿书，然后依次补入。

一、传授方法及毕业

本院注重职业教育，分文工两科。凡院生十二岁入院者，以习文科二年，工科三年为毕业；十三岁入院者，以习文科一年半，工科三年为毕业；十四五岁入院者，以习文科一年，工科三年为毕业。其体质孱弱，知识迟钝，虽至适当毕业之时，而其学业未足自立者，得留院补习以谋救济，惟至多不得过一年。

一、文科之制度

按照高、初、小学分级，教授其主要科学，以便于社会实用为主，非职业所需者，概从简略。

一、工科之制度

以便利于劳力谋生者为主，以属于资本事业者为辅，故以革工、印刷、漆工、雕刻、纺织为主科，以制革、制漆、制烛、造碱为辅科。

一、游艺

本院文科拟实施二部教育院生以半日受课，半日入游艺部实习，其科目如下：种菜、种树、种花、洒扫、烹饪、缝纫。

一、假期

本院每年放寒暑假各一次，每星期时间至多以三星期为限，院生归家与否听其自然，平时不得乞假出院。

一、分院

本院工场成立后，盈余所入，完全储为本院发展之用，惟学额扩充至四百名时，即不再事广额，而从事于增办分院。

——原载《江都贫儿院办理概况第一次报告书》，1923 年。

江都贫儿院办事细则十三条

一、董事会

本院纯粹为慈善事业，适用董事会之组织，以期集思广益而谋发展，凡有赞助本院之义举者，本院皆愿推为董事，全院一切规画悉由董事会制定，以昭慎重，其办事细则如下：

（一）设董事会会长一人，由全体董事会推举之。

（二）董事无定额。

（三）董事会有监督执行全院事务之权。

（四）每年开常会二次，讨论扩充计划及共图改善。

（五）遇有紧急事宜，随时可开临时会。

一、院长

本院设院长一人，由董事会选举或延聘，按照规定章程总辖全院事务。

一、主任

本院设事务主任一人，全院事务及职员归其统帅；设教务主任一人，全院教务及教员归其统帅；工场主任一人，管理工场一切事务。

一、宿舍管理员

本院每宿舍容留院生三十人，设管理员一人。

一、教室及教员

文科分设四教室，每教室设级任教员一人，助教员一人。

一、工科教室

附设于本院工场，其细则另于本院工场计划书内载明。

一、会计

设会计员一人，专任全院预算及稽核；办事员二人，分任事务、教务、工场、一切款目出纳等事宜。

一、庶务

庶务员三人，分任储藏、采办、医药、卫生及管理全院一切日用物品等事。

一、园艺

设苗圃一所，广五十亩，分植各种树苗；菜畦一所，广十亩，分植各种蔬食，以供院中庖馔；花圃一所，约五亩，种植各种花木，共设技师一人，工役五人，灌溉之事以院生任之。

一、缝纫

设缝纫机四张，技师一人。

一、烹饪

设庖师一人，以资教授。

一、医院及医士

本院设调养室一所，兼充临时病院。中医士一人，西医士一人，凡院生入院之第一年，皆为施种牛痘一次。

一、浴室

浴室一所，归庶务员管理。

——原载《江都贫儿院办理概况第一次报告书》，1923年。

吴县救济院章程

（1930 年）

第一条　本院遵照 部颁规则第一条之规定组织成立，隶属县政府办理本县各项慈善救济事业。

第二条　本县遵照部颁规则第二条及第七条等之规定，分别改组设立左列各机关。

男养老所（附设残废部）

女养老所（附设残废部）

育婴所

掩埋所（兼管昌善局）

特别妇孺留养所

感化习艺所

贷款所

妇女教养所

第一医院（兼办施诊）

施医所

莲溪同仁堂

徐庄仁济堂

唯亭积善堂

盲哑学校

第三条　本院除上条所属各机关专办事业外，夏季购备各项药品，冬季购备棉衣米票，施给贫民。

第四条　本院设院长一人，综理一切院务；副院长一人，襄理院务。由县政府选任之。

第五条 本院所属各机关各设主任一人，秉承院长办理各该所事务，均由本院选任，具报县政府备案。

第六条 本院暨所属各机关酌量事务之繁简，各设办事员若干人，均由本院委任之。

第七条 本县基金除原有财产外，不足之数由县政府酌拨补助，并随时设法筹募。

第八条 本院基金由地方法团公推公正人士五人，会同院长、副院长组织基金管理委员会分别管理，其办事细则由县政府召集会议订定。

第九条 本院基金无论何项情形不得移作别用。

第十条 本院基金管理委员会得呈准县政府，以其基金购置不动产。一经购置以后，非呈准县政府，不得变卖。

第十一条 本院暨所属各机关经费以基金利息并县政府补助费及临时捐款充之。

第十二条 本院暨所属各机关收支款项，应按月编造总分各表，分送党政地方各机关查核公布。

第十三条 本院每年度开始及终了时，应编造收支预算决算，具报县政府查核。

第十四条 捐助本院款项或不动产者，由县政府核给奖励，捐额值国币五千元以上者报请内政部核奖。

第十五条 本院以苏城元和路旧元和县署为院址。

第十六条 本院图记由县政府颁发钤用，所属各机关图记由本院颁发钤用。

第十七条 本院办事细则及所属各机关办事细则、收容规则等均另订之。

第十八条 本章程如有未尽事宜，得随时修改之。

第十九条 本章程送请县政府考核后转报民政厅核准备案。

——原载《吴县救济院年刊》，1931年，第1—3页。

江苏川南崇宝启水灾救济会章程

（1933年）

第一条　本会以救济川沙、南汇、崇明、宝山、启东五县境内水灾被难者为宗旨。

第二条　本会由上海各慈善及公益团体人士共同发起组织之，凡赞成本会宗旨者不论省市籍、性别，皆得入会为会员。

第三条　本会会所设在上海云南路仁济善堂，并分设事务所于四川路二百七十号。

第四条　本会筹集赈款、赈品，依照义赈办法，实地直接办理灾区救济事宜。

第五条　本会设委员长一人，副依（委）员长五人，名誉委员长一人，执行委员若干人，监察委员若干人，由会员中公推之；委员长得就副委员长中推举一人，驻会主办一切事务；执行委员中公推二十五人为常务委员。

第六条　本会执行委员会设下列八组：

总务组、筹募组、财务组、查放组、卫生组、统计组、采办组、运输组。

本会监察委员会设下列二组：稽核组、视察组。

各组办事细则另定之。

第七条　本会各组得设主任及副主任，由委员长提付大会或执监联席会通过之。

第八条　本会每星期开常务委员会一次，每月开执监联会一次，正副委员长均与会。如有重要事务得开临时会，均由委员长召集之，但执监委员五人以上同意时，亦得请由委员长召集之。

第九条　本会收受赈款、赈品，由本会及指定银行办理之。

第十条　本会收得赈款、赈品，除捐助者指定用途外，由本会量为支配，其迳送灾区者，应由该县办事处于每旬一六两日报告本会。

第十一条　本会收发赈款、赈品另订详密程序，凡服务人员均须遵守。其收发状况随时登报公告，并于结束时经会计师之审核编印征信录。

第十二条　本会紧急事件得由主管组商由委员长同意，共同负责处理，于下届执监会或大会提请追认。

第十三条　各县设办事处，关于组织得因地制宜，量为增减，但不得与本会宗旨及原则相抵触。

第十四条　本章程经大会通过后实施，遇有未尽善处须行修正者，亦由大会议决通过。

——原载《江苏川南崇宝启水灾救济会报告书》，1934 年，第 1—3 页。

江苏川南崇宝启水灾救济会各组办事细则

（1933 年）

一、本会各组办事依照会章第五条之规定分为下列两部，凡办理事务者均应遵守。

（甲）通则

二、凡事务有与他组关联者，须随时接洽通知。

三、各组所办事务按其性质而为报告，除紧要者随时报告正副委员长外，并每周制成简明报告，于次届常务委员会传阅。

四、两组以上有关事件应协助策进。

五、各组办事时间由各组酌定，报告正副委员长，有变更时亦同。

（乙）分则

六、总务组　收发撰拟文件，保管印信文卷，筹备集会，整理记录及其他不属于他组之事项。

七、筹募组　编发捐册，督促捐务，综核捐数，编制报告及其他关于筹募上应办事项。

八、财务组　收付款项，保管有金钱价值之书契，整理金钱，会计，其收付款项另定简章。

九、查放组　实赴灾地确查灾户，计口放赈，记录情况造册报告。

十、卫生组　诊疗灾民疾病，施给药品并指导灾区内应行注意之卫生事项。

十一、统计组　综核钩稽赈款赈品，灾区户口财产损失以及其他有关系之数字，编制表册。

十二、采办组　选购必要适用之成品及应用之原料，其数量价格随时商承正副委员长酌定之，数目较巨者求常务会议之决定。

十三、运输组　运输赈品，移送灾民及其他有须运送之事项。

十四、稽核组　稽核各组所办事务并综核金钱物品之数量，以期精确无误。

十五、视察组　前赴灾区或灾民所在处所，视察其状况并计划应行改进或准备之事项。

十六、各组所办事务　除账册登载外，务作记录。

十七、各组办事得酌雇员役。

十八、凡不违反本会之主旨且有益无损于本会者，各组得便宜处理，仍即报告于正副委员长或常务委员会。但因之而发生损失，其处理有失当者，应负其责。

十九、本细则如有未尽善之处，随时提请常务委员会修正之。

二十、本细则自常务委员会议决之日施行。

——原载《江苏川南崇宝启水灾救济会报告书》，1934年，第3—5页。

江苏川南崇宝启水灾
救济会收发赈款赈品办法
（1933年）

（一）本会收发赈款赈品，依照会章第十一条之规定订定程序如后，凡服务本会人员均须遵守。

（二）经收赈款或赈品之银行会团及本会指定人员，均须随时详细登记所定簿册，一面掣给收据，一面即日报告本会，但各县办事处依照会章第十条办理。

（三）发付赈款赈品须随时登记簿册，并须取得正式收据，其无法取得收据者，由经手人出具凭条，即送本会汇存查核。

（四）前条赈款赈品由正副委员长指定专员，逐日整理统计，通知主管组及关系组。

（五）赈款集中于本会指定之银行，赈品除有特殊原因者，由正副委员长通知主管组，妥慎便宜处置外，应汇储于本会指定之处所。

（六）本办法未规定者，得由正副委员长酌定适当方法，以资遵守，惟须即报告于常务委员会，记明议事簿。

——原载《江苏川南崇宝启水灾救济会报告书》，1934年，第5页。

江苏川南崇宝启水灾
救济会卫生组救护队规则

（1933 年）

（一）本组分为三队，急救此次浦东灾民。

（二）本组设总队长一人，随时分往各区指导。

（三）本组设分队长三人，队员共十七人，皆系历练男女护士，斟酌灾情轻重，分配各队服务（川沙之白龙港、横沙及南汇之祝家桥）。

（四）本组工作大纲决定于上述三灾区中各择一适中地带，各设立一施诊所施诊给药，每日上午由灾民自行投所治疗，下午由医师率领护士二三人流动救护，其病情重大者，送南汇县立医院留养。

（五）本组在上海庞主任处设立通信机关，随时接洽购办物料等事。

（六）本组另于南汇县立医院附设通讯处，由该院义务担任一切接洽事宜。

——原载《江苏川南崇宝启水灾救济会报告书》，1934 年，第 5—6 页。

私立南京孤儿院章程

（1934 年）

第一条　本院定名为私立南京孤儿院。

第二条　本院为财团性质，依据现行民法第二章第二节第三款之规定组织之。

第三条　本院以收养丧失怙恃贫苦无告之孤儿，兼授以普通学识与生活技能，俾得自立为宗旨。

第四条　本院选聘董事二十五人至二十九人组织董事会，为本院立法监察机关，董事互推董事长一人，董事概为义务职，任期三年，连选得连任，董事会细则另订之。

第五条　本院得聘名誉董事无定额。

第六条　本院设院长一人，主持本院一切院务，设院务主任一人，秉承院长办理全院事务，院长不在院时，得由院务主任代行其职权，院长为义务职，院务主任为有给职，由董事会就董事中或董事外分别选聘之。

第七条　本院因事务之繁简得设教职员若干人，办理各部事务，由院长聘任之。

第八条　本院暂设下列四部：

（一）总务部　办理一切文书、经济、庶务事宜。

（二）教导部　办理一切教务、保育事宜。

（三）工艺部　办理一切实用工艺、家事工艺、厂务等事宜。

（四）农业部　办理一切园艺、作物、森林、畜牧、场务等事宜。

第九条　本院暂收八岁以上至十二岁之孤儿一百五十名，施以教养，其办法另订之。

第十条　本院对于孤儿普通学识之陶冶，暂以部颁初级小学课程为标准，斟酌去取之。

第十一条 本院对于孤儿生活技能之训练暂分农艺、工艺二组，其办法另订之。

第十二条 凡经本院审查合格收养之孤儿，其一切教学生活所需概由本院供给之。

第十三条 本院经临各费除以原有基金之不动产支用花息外，设遇不足或扩充收容孤儿规定之额数时，概由全体董事担任筹集之。

第十四条 本院设于南京和平门外归仁塘。

第十五条 本章程由董事会通过，呈准主管官厅备案后施行。

——原载《私立南京孤儿院第一届报告》，1934 年，第 1—2 页。

私立南京孤儿院董事会细则

（1934 年）

第一条　本细则根据本院章程第四条之规定订定之。

第二条　本会依据本院章程所赋予之职权，主持本院一切院务上立法监察事宜。

第三条　本会设董事长一人，由董事互推之，对外为本会代表，对内为本会主席。董事会闭会时，其一切议决案件及日常事务由董事长主理之。

第四条　本会设交际主任、秘书主任、稽核主任各一人，由董事互推之，襄助董事长分别办理一切本会交际文书稽核事宜。

第五条　本会每月开常会一次，遇必要时得开临时会，均由董事长召集之。

第六条　本会开会遇董事长因事缺席时，得由董事互推临时主席一人代理之。

第七条　本会会议以董事过半数之出席，出席董事过半数之决议方为有效。

第八条　本会每届年终，应将院长执行本年度院务经过及收支账目之报告，公同审核公布，并拟订下半年度进行计划与收支预算，交由院长执行。

第九条　本会依据本院章程第五条之规定，为发展院务起见，得聘本京乡绅及德望素孚，热心慈幼者若干人为名誉董事。

第十条　本细则自本会议决公布之日起施行。

第十一条　本细则如有未尽事宜，随时提交本会常会修改之。

——原载《私立南京孤儿院第一届报告》，1934 年，第 4—5 页。

私立南京孤儿院捐助章程

（1934 年）

第一条　本章程根据现行民法第一编第二章第二节第三款之规定订定之。

第二条　本院经发起人捐助基金，专为收容孤儿、施以教养为宗旨。

第三条　本院所募之基金捐款分现金与不动产两种。

第四条　本院基金之现金及不动产，由董事会组织保管委员会负责保管，其细则另订之。

第五条　本院经费以基金所得之息金租课充之。

第六条　本院基金之不动产，非经捐助人之同意，董事会之通过，永远不得抵押变卖，至基金之现金，只能支取利息，不得动用本金。

第七条　本院基金之所有收入系捐助人指定为本院唯一之经费，任何人不得移作他用，倘有此等情事发生，捐助人得依法制止。

第八条　本院收容孤儿，在章程规定之名额内，不向发起人或董事以外募集捐款。但在规定之名额外，如有愿意捐助教养费若干名或其他给养者，不在此限。

第九条　本章程自经董事会通过，呈请官厅备案后施行。

——原载《私立南京孤儿院第一届报告》，1934 年，第 27—28 页。

私立南京孤儿院收养孤儿细则

（1934 年）

一、本细则根据院章第三条之规定订定之。

二、凡父母俱无，确无依靠之孤儿，其年龄在八岁以上至十二岁以下者，均可依据本细则请求本院收养。

三、凡经本院收养之孤儿，其教养费用完全由本院担负。

四、本院对于孤儿普通知识之陶冶，暂以部颁初级小学课程为标准，斟酌去取之，对于孤儿生活技能之训练，暂分农艺、工艺二组（办法另订）。

五、本院收养孤儿暂行额定一百五十名，如有热心者，愿担任若干名额之教养费，亦可于额外收养期渐扩充。

六、请求入院教养之孤儿须经本院指定之医师检验，体格健全者为限。

七、非孤儿而愿入本院教养者，须由家属或保证人担任，常年教养费亦可酌收，惟须遵守本院一切规则。

八、孤儿入院之先须由介绍人填具请求，收养书经本院查明与本细则第二第六各条之规定相合后，再由保证人填具保证书，经本院审查承认方可入院。

九、孤儿入院后倘查知该儿年龄不合，或有家属能自抚养并非无力者，其教养费须向保证人追偿，以免占其他孤儿之额位。

十、孤儿入院后以六个月为试验时期，倘在试验期中查见患有隐疾或神经病，或传染病者，或性情顽劣妨害公众，或赋性痴癫难期造就者，得将该孤儿交保证人领回。

十一、孤儿在院习完必修科后，得由本院分别性情，介绍入工商业为练习生或他种职务，但本院仍负保护之责任，至本院认为有自立能力时为止。如有天资聪明，学业成绩屡列超等者，得考送中学肄业，以资深造。

十二、本院对于在院孤儿负有教育、管理、保护之专责，保证人或孤儿之亲属均不得干涉。

十三、孤儿之保证人或亲属来院瞻望者，非经本院许可，不得接见，其细则另订之。

十四、在院孤儿享有父母所遗薄产，防人侵占需人保管者，本院亦可代为保管契据之义务，至出院时为止。

十五、在院孤儿如患疾病，由本院延医诊治或送医院治疗，如系重症，本院可通知保证人或亲属领回，自医愈后仍须入院，否则须保证人偿还其教养费。万一在院遇有不测，听凭天命，其保证人或亲属于接到本院通知后，即须领回，自行办理。如无力办理或时间迫促不及来办，本院得代为办理之。

十六、在院孤儿如有私自逃学，本院除通知其保证人等自行寻觅外，本院不负任何责任，其教养费自入院起，仍须向保证人追偿。

十七、倘遇意外之天灾人祸，为本院力所不能抵抗，致使本院不能尽教养保护之责时，本院得暂时解散而将孤儿交保证人领回，至常态恢复时为止。

十八、领养孤儿细则另订之。

十九、孤儿出院须凭保证人填具出院书存照。

二十、本细则如有未尽事宜，得随时增减之。

——原载《私立南京孤儿院第一届报告》，1934年，第28—30页。

南京市救济院组织章程

（1929 年）

第一条　本院遵照内政部各地方救济院规则第一条之规定组织之，办理本市救济事业，定名为南京市市立救济院，隶属于南京市政府社会局。

第二条　本院设院长一人，承社会局长之指挥监督总理院务，由社会局呈请市政府荐任之。

第三条　本院遵照内政部各地方救济院规则第二条之规定，并参酌本市实际情形分设下列各所：

（一）育婴所;（二）孤儿所;（三）养老所;（四）残废所;（五）妇女教养所;（六）游民习艺所;（七）贷款所;（八）水上救护所。

上列各所因事实上之必要得设分所，而以第一第二字样区别之。

第四条　本院设总务、管理二组，其职掌如下：

（一）总务组掌理文书、会计、庶务及其他不属他组事项。

（二）管理组掌理院内及各所考查、视察、统计，并留养人教育、工艺暨救济方面一切设计及管理事项。

第五条　本院各组各设组长一人，组员、办事员各若干人，各所各设所长一人，视事务之繁简，各设职员若干人，由院长呈请社会局任用之。

第六条　本院各组各所因缮校油印事件得酌设雇员，由院长委用之。

第七条　本院各组组长，各所所长承院长之命，监督与办理各该组所事务。

第八条　本院设院务会议，由院及各组长所组织之，以院长为主席，其议事细则另订之。

第九条　本院办事细则及各所章则另订之。

第十条　本章程如有未尽事宜，得呈由社会局，待呈转市府修正之。

第十一条　本章程自呈奉市府核准公布之日施行。

——原载《京市救济院十九年年刊》，1931年，第70—72页。

南京市救济院各所留养人管理规则

（1929 年）

第一条　本规则除妇女教养总所及其第二分所并游民习艺所有特殊情形另行规定外，其余养老所、残废所及妇女教养一分所等均适用之。

第二条　各所规定每日上午六时开门，下午九时关门，不得过早过迟。

第三条　住所居民每日下午九时应一律熄灯就寝。

第四条　住所居民须按编定号次居住，不得任意迁移。

第五条　居民对于所内住室等处须保持清洁，不得随地吐痰，以重卫生。

第六条　居民会客时间定为每日上午九时至十二时，下午二时至六时，逾时不得逗留款待，并须在指定会客室接谈，不得入内及留膳留宿。

第七条　住所居民对于所内公用器具须加意爱护，不得损坏。

第八条　居民遇有道德卫生等讲演时，须一律到场听讲。

第九条　所内不得有赌博、饮酒、吸烟、殴斗、喧哗及夏日裸体等情事。

第十条　住所居民所领柴米不得私相买卖及偷运出所。

第十一条　居民如有事故不能住所时，须先报告管理员转报所长，请假期不得逾一星期。

第十二条　凡遇救济院派员视察或各所所长、管理员巡视点名时，居民应一律开门应点。

第十三条　凡住所居民如有违犯本规则者，按照处罚规则办理。其规则另订之。

第十四条　凡住所居民一经收容入所后，不得离所外宿借名领粮。

第十五条　凡住所居民如遇有死亡者，须由各所所长管理员报告院长备棺殓葬，其有亲属者应通知其限于本日内具领，逾限仍由本院殓葬，将死亡者之姓名、年籍注明石标，立于冢前。

第十六条　本规则如有未尽事宜，得由本院呈准社会局修正之。

第十七条　本规则自呈奉社会局核准施行。

————原载《京市救济院十九年年刊》，1931 年，第 72—73 页。

浙江嘉善同善会原规

清·陈龙正

一、会名同善，不论有爵无爵，但素行端洁、料理精明者，即可公同推举，轮流主会。

二、助贫以劝善为主，先于孝子节妇之穷而无告者，次及贫老病苦之人，公不收于养济，私不肯为乞丐者。要在会中诸友咨访的确，然后给赈。至于不孝不弟、赌博健讼、酗酒无赖及年力强壮、游手游食以至赤贫者，皆不滥助，以乖劝善之义。又有似宜助而不助者四种：一曰衙门中人。少壮时白手取财，受享过分，暮年穷苦，稍偿其孽，此正天道，人谁敢违。二曰僧道。不耕而食，造化所嫌，况彼自能广募，此会纤微，无告所赖，岂堪分之。三曰屠户。虽行业落定，仁心必短，不敢劝其不仁。四曰败子。奢华无度，嫖赌双全，荡祖业，坏风俗，其罪大矣。可怜不足惜，正谓此四种者。主会勿徇情面，以懈众人乐施之心。

——原载《嘉善同善会育婴堂同治三、四年征信录》。

浙江省嘉善同善会育婴堂参议续规

一、同善会、育婴堂两处善举，本系分司分理，自同治三年秋，奉邑尊传谕令归并办理，俾经费不致偏绌。凡我同人遵照归并，以昭信义，以示大公。

二、本会堂事烦任重，务要和衷共济。凡应行事宜，大则呈请当道，小则关白同人，必须斟酌尽善，然后举行。如逞私专擅，不协众情，有妨善举者，议黜。一切事宜按月轮当，不可因循，亦不宜执拗，以致物议丛生。

三、本会堂司账，向系公举，兹有亏空公项。今届为始，凡用账友，必择诚实勤俭，须要有身家者保荐立据。倘有亏空账友即辞，钱洋责成保荐赔偿。再一切出入诸账，须逐项注明某姓名人手、某字号店行家，庶实而有征。倘记载不明，及有不尽善处，司事察出，即行调换，毋因熟而容情，致滋弊窦，以成隐忍养奸之罪。

四、司账经收租米钱洋，不得在本会堂外，及茶坊酒肆中随收。一则不成体统，二则易起嫌疑。即值卯期，或寻地保，适遇地保经手，及佃户送还者，理应同至本账房，核算明收。无论清与不清，概出收票，俾无两误，且便稽查。所收租息及捐款钱洋，定必当日清交司月，随登簿籍，断不准存留越日，擅自付用。倘有急需，亦当随交随支，如违即辞，以杜弊窦。司月除米行捐归入一人收管外，其余进款，当分交各同人处，不得擅自独存，万有不虞，恐妨善举，违者议黜。

五、收米麦花油丝等项捐输，司事宜随时到各行家亲自核实，以济老幼孤寡之茕独者。各行家其有天良，应必踊跃实输。倘有隐捐情弊，公议禀官究罚。

六、收进租息捐款钱洋，量数分存诸司事，随时支用，各立一折，其折存司事处。收付钱洋，账友亲笔，庶皆有凭无错。每年六月、十二月终，公算根查。倘有移挪亏空，众司事公同追偿。

七、助茕独，每月望日，司月将会钱济册整齐。十六日亲到会馆，凭牌易筹。俟一概易毕后，凭筹给钱，仍换予牌，庶绝复领。内有因病不亲到者，许其当日携牌倩人代领，不准衍期补给。如三次不亲到者，不许再代，即行扣除，以杜冒顶。

八、收弃婴，必先记其男女，及收到日时，随检衣中生辰八字，如无八字，即以所到之时为年庚。细视头顶旋螺偏正单双，十指螺箕数目，周身上下有无疤痕，一一登明号册，即付某乳娘哺育。每逢朔望，司月亲到验婴，见婴孩之肥瘠，知乳妇之好歹。账友随时照管。婴孩有病，随请医治，乳妇亦然，慎勿延玩。

九、堂中婴孩，有人领继，最宜慎重。盖婴既延生，得彼领继，成立婚嫁，胥仰托焉。倘被奸人拐骗，卖良为贱，或凶暴凌虐，亦为托付不当。今后如有领继为子女者，必先到堂说明姓氏、住址、行业，俟本堂详细察访，果其可领，然后听同诚实邻里亲戚协同保领。司月给与堂单，随将本人领纸，并保人亲押，存堂备查。本堂人役，不许索取分文。去后仍须不时探察，有犯前弊者，连同保人一并送官究治，经手者重罚。

十、给茕独絮袄，务须新置，不得收买旧衣，庶乎温暖。每年定于初冬为期，酌量发给，随记姓氏簿籍。已得领者，经历三寒，许其再领。至于未得领者，准其逐年挨给。倘有更名易氏，顶冒复领，察出惟原保罚赔，以绝已得而再得，转使未惠而失惠也。

十一、施棺不拘会册，凡贫户无棺者概给之。须预备存，凭保领给。

十二、腊月掩埋，本觅无主管者收埋。今议并将有主管之棺塌骨露者，请县出示，限令各自掩葬。如至腊中，仍置不理，酌量收埋。

十三、会堂中各择一人，常年居住照管诸事及一切器物，所用之人，必须妥协。司月稽查出纳及一切册籍。倘有差误，公同议罚。公所非比寺院，不许留寓闲杂人等，亦不许借与他人堆积什物。不系公事，毋得会众聚议。同人到会堂议办事宜，不过酌费茶点，慎勿浪用贻讥。

十四、司月交账，定于每月朔日。邀同众司事齐集公所，将各项账目钱洋公同检查，核算明白，交新司月接办，不清议罚。

十五、征信录每年三月初付梓，四月中分送，毋得迟延。凡善士乐施，无论钱洋什物，必须逐一开载，不可遗漏。至于出入账目，更须一一注明根底，切勿糊涂混过，以失征信之义。

按：先贤陈几亭先生，始创会馆旧规。每年除夕将馆中出入诸账，逐一开载明白，粘贴邑庙，以示无欺。今议每年刻就征信录，司事及司账诸人，公同具禀。俟望日显灵侯县主坐堂时，并以征信录敬呈尊神台上，越刻焚化，环叩昭告。凡会堂中大小事务钱洋出入，如有情弊，伏祈鉴察，即行显罚。此遵先贤遗意，为侵欺者儆。

附录禀稿

为核实善举，环叩神鉴，以昭公允事。切（窃）某等自同治三年冬经理同善、育婴两处事宜。上年因奉传邑谕接办抚恤，同善、育婴贯未仍旧，惶恐无已。今幸恤寡收婴次第复举，但自料识浅才疏，经理不能尽善。然过出无心，复祈神宥。某等司事及司账诸人，倘于大小事宜钱洋出纳舞弊通情，胆敢侵蚀，此固天地所不容，神明所必诛。若不叩请鉴察隐私，非惟不知戒谨，且恐或肆侵欺。为此，备沥下情，敢为上告，并以刻就征信录敬呈，伏祈显灵侯大老爷电鉴。如有侵蚀情弊，速即严行显罚，大震雷威，俾奸邪不敢混淆，正直愈深劝勉，庶人心以正，善事无虚。谨炷清香虔诚上具。

——原载《嘉善同善会育婴堂同治三、四年征信录》。

绍兴七县旅沪同乡会总章程

（1920 年）

第一条　本会为绍兴、萧山、上虞、余姚、诸暨、嵊、新昌七县公民之旅居上海或旅行上海者组织而成，入会之会员须有已入会之会员介绍，经本会之许可。

第二条　本会以联络乡谊、图谋本籍及旅外乡人之公益为目的，其办理事务之范围如下：

（一）慈善事业

（二）教育事业

（三）和解乡人之争议

（四）救济乡人之损害（如冤抑受诬，因而损害身体、名誉、财产者，得依法律以救济之）

（五）维持乡人之职业

（六）改进乡人之风习

第三条　本会办事之机关如下：

（一）议事会　议决本会事务及审查经费，设议员八十人，由会员公举，为期二年，会中设议长一人，副议长一人，由议员互选。每季开常会一次，由议长定期邀集，有重要事件时，得开临时会。议事会应设之书记员，由议长延用。

（二）董事会　执行本会事务并报告会务，于会员会中设会长一人，副会长二人，董事十二人，由议事会公举，任期二年。凡被推选为董事者，如本为议事会议员得兼任之，董事会由董事邀集随时开会。同乡中之具有资望及赞助本会著有成绩者，由议事会公推为名誉董事，列入董事会，但不与于表决之数。董事会得委托会员及同乡任本会所办各项事务，董事会应设之文牍、会计等员，由董事会延用。

（三）大会　每年于阳历十月第一星期开全体会员大会，一次审查事务或选举议员，会中重大事件得由会长提出于本会，由会员公决，有重大事件须开临时会时，得依议事会之议决，由会长邀集之。

第四条　本会会员应负下列之义务：

一、交纳会费，会费分为四项：

（一）一次纳永久入会费，银一百元

（二）年纳赞助会费，银二十元

（三）年纳特别会费，银五元

（四）年纳普通会费，银二元

二、被选为本会职员。

三、遵守本会议决之各项章程。

第五条　会员出会之事由如下：

一、除第四条第一款第一项外，不纳会费逾一年以上者。

二、被选为职员无事由而辞职者，但本款事由以下四项为标准：

（一）年逾六十以上者

（二）曾任本会职员三年以上者

（三）实有事故不能常常来沪者

（四）实有疾病不能任事者

三、其他由议事会决议辞退者。

第六条　本章程未尽事宜并关于议事会、董事会及选举职员各项细则，由议事会规定之。

——原载《绍兴七县旅沪同乡会各项章程》，第1—4页。

绍兴七县旅沪同乡会议事会章程

（1915 年）

第一条　议事会开会由议长于会期三日以前，将集会时刻、地址发函通告议员。

第二条　到会议员须签名于簿，满全额半数以上即可开会，如开会时刻已届，到会议员不足定额，议长当宣告延会一小时，延会一次后无论足额与否，即行开会。

第三条　议长、副议长于有选举年份，冬季议事会由议员以记名投票法互选，多数当选，同数者以抽签定之。议长、副议长于下届选举年份冬季议会互选完毕后为任满，任期内有缺额时，随时补选，议长缺额或缺席时，由副议长任其职务。

第四条　议事会常任预算、决算、审查员三人，于有选举年份冬季议事会中选任，选任之法依前条第一项行之。议事会审查事件得随时选任，审查员选任之法依前条第一项行之，但议事会得以便宜委议长指任。

第五条　议场之书记及其他执事人，由议长委任之。

第六条　提议事件及其次序，由议长开列，揭于议场。

第七条　董事及议员均得提议事件，但须先行通知议长，由议长提出于议事会，提议事件之关系，重要者须用誊写板印刷，于三日前分布于议员。

第八条　会员建议于议事会须开具议案，由议员一人署名，介绍送交议长，议长当将建议事件交审查员审查，经审查员之赞成，即由议长提出于议事会。

第九条　讨论议案时，发言者须起立通告议长，依通告之先后发言。

第十条　议长举静止之符号时，无论何人不得发言。

第十一条　表决议案时，由议长将表决问题说明，以起立表决之；如议员中有欲投票取决者，即可用无记名投票法表决之。

第十二条　议事会之议事录由书记记载，经议长审定署名、捺印，议员得通告书记随时查阅。

第十三条　表决事件由议长将议事录抄送董事会查阅。

第十四条　可决之议案由董事会执行，董事会有异议时，得开具理由送交议长，再行复议。若仍可决时，董事会不得再有异议。

第十五条　否决之议案不得于本季议会内再行提出。

第十六条　议员因事辞职时，须开具事由，通告议长，报告于议事会，经议事会之审查。

第十七条　议事会开会时如有欲至议场旁听者，须由议员之介绍，旁听人对于议案及议员之言论，不得表赞否之意及喧噪、拍手等事，如有秘密会议或其他事故，议长得随时谢绝之。

第十八条　本章程应行修改增删之处，由议事会议决之。

——原载《绍兴七县旅沪同乡会各项章程》，第4—7页。

绍兴七县旅沪同乡会董事会章程

（1922 年）

第一章　组织

第一条　董事会由议事会就会员或议员中投票选举之，会长一人，副会长二人，董事十二人组成之，其由议事会就会员或议员中推定之名誉董事若干人，亦得列席董事会议。

第二条　会长、副会长、董事规定二年为一任期，连举得连任。

第三条　董事会得延用事务员常川在会办理会务，亦得委托会员或同乡担任本同乡会所办事务，并对于会员有报告会务之责。

第二章　分科办事

第四条　会长、副会长、董事之职务规定如下：

（甲）会长一人，对内主持全会，对外代表全会，倘告假时由副会长代之。

（乙）副会长二人，襄助会长主持会务，倘均告假时，公推总务科董事一人代之。

（丙）总务科董事四人，策动事务员办理例行各事件，执行议决事件，处置临时发生事件（如遇重要者付董事会表决）。

（丁）文牍科董事一人，审阅文牍、契约各种记载，并注意会内案卷、册籍之整理及保存。

（戊）经济科董事二人，编制预算、决算、审查、收支簿记，财产总目，按照议决范围签字于收支单据、支配现款之存放处及有价证券之保管处，并注意会内各项存根单簿之整理及保存。

（己）调查科董事一人，担任应需调查之会务，将调查所得报告于董事会。

（庚）教育科董事二人，会同学校董事体察各校办理情形、经费状况，并筹议计画，随时报告于董事会。

（辛）征收科董事二人，联络新旧会员，审查会员名册，监督征收会费，并注意历年会员名册之整理及保存。

第五条　董事分科办事，于新董事会成立时互相推定之。

第六条　会长、副会长、董事办理职务并图各项会务，彼此接洽，均须时常到会。

第七条　各科董事有因事不能到会者，得委托董事或名誉董事代表之。

第三章　开会

第八条　董事会每隔一星期，以星期五开常会一次，遇有特别重要事件，得开临时会。

第九条　凡开会时均宜邀同在沪各名誉董事列席。

第十条　董事会开会由会长主席，会长缺席由副会长一人主席，副会长又皆缺席，由列席董事互推一人主席。

第十一条　董事会开会时须有三分之一以上列席，方得议决事件，但重要者须随时报告于议事会。

第十二条　董事会会议事件以多数为表决可否，同数时由主席决定，但名誉董事得发表意见，不与表决之列。

第十三条　议决事件记入议事录，由主席签名。

第四章　事务员

第十四条　董事会所延用之事务员，常川在会办理会务。

第十五条　事务员办事规则由董事会另订之。

第十六条　事务员之员数与薪水，以及各项开支，依据预算办理，其暂时延用及义务职者，由董事会酌定之。

第十七条　事务员不称职时，有副会长或董事一人提议，经会长同意或迳由会长提议，皆得辞退之。惟延用继任人员，得会长同意后仍须经董事会通过。

第五章　事业

第十八条　同乡会所发起之慈善教育及其他事业，有为常设机关之性质者，须另设主任，其主任之人由董事会推荐，由议事会委任之。但议事会未委任以前，得由董事会之决议先行任事。

第十九条　关于事业机关之章程、规则，由董事会提出，于议事会议决之。

第六章　财产

第二十条　同乡会之财产由董事会管理，其管理之方法由董事会提出，于议事会议决之。

第二十一条　同乡会不动产之购置及变卖，由董事会提出，于议事会议决之。

第二十二条　借债及订立关于权利、义务之契约或文书，由董事会提出，于议事会议决之。

第二十三条　专属于事业机关之财产，归董事会管理之。

第七章　会计

第二十四条　预算、决算每季由经济科董事提出，于董事会议决，由董事会提出，于议事会议决之。

第二十五条　预算外之支出及预算内之流通，须经议事会之追认，未经承认以前，由董事会负其责任。

第二十六条　专属于事业机关之财产，立特别会计，不与他财产混合。

第二十七条　同乡会所有收入支出款项，其收据支单上，须经会长及经济董事一人签字，收支簿记由经济董事时常审查签字于簿上。

第二十八条　事业机关之收入、支出，由董事会委事务员管理，其经董事会之决议移交主任者，仍由董事会定期审查。

第八章　文牍

第二十九条　以同乡会名义或董事会名义所发文牍，须经会长或董事于稿件上签字，负责盖用同乡会或董事会图记，但重要者须经董事会之通过。

第三十条　凡各文牍案件均须将原稿保存。

第九章　附则

第三十一条　本章程应修改时，由董事会提出议事会公决增删之。

——原载《绍兴七县旅沪同乡会各项章程》，第 7—13 页。

绍兴七县旅沪同乡会议事会议员选举章程

（1924 年）

第一条　选举议员每间一年于大会期日（阳历十月第一星期）举行之。

第二条　选举票纸由事务所制备，票纸内记大会年次，编列号码，盖用董事会图记。

第三条　会员名单由事务所编制印刷，以距大会一月前，在本会为会员者为限。

第四条　大会前二十日，由事务所将选举票纸、会员名单、选举章程并大会地点、开会时刻之通告书封入函内，分寄会员，但住址不确，不便投寄者，可将该函留置事务所，听本人到事务所或大会场内领取。

第五条　选举票内所书被选举人不限定名数，但至多至三十名为止，并自书选举人姓名。

第六条　事务所于大会前十五日起，每日设置投票柜，由会长委任职员一人，管理投票事务，并邀会员三人监察之。

第七条　大会前十五日以内，会员可于上午十时以后，下午八时以前，亲到事务所投票。每日投票开始时，由管理人会同监察人，将投票柜检查封锁。

第八条　会员不能亲到投票者，可将选举票封入函内，函外标明议员选举票，并署选举人姓名，寄交事务所，由管理人会同监察人验明后，即将封函代为投入柜内。

第九条　投票开始之次日起，每日开票一次，即将前一日所投之票揭封开票，开票事务由会长委任，职员三人管理并邀会员九人监察之。

第十条　大会期日设置投票柜于会场，未开会以前，会员得当场投票。

第十一条　投票于大会开会时截止，截止后当即开前一日及本日所投之票。

第十二条　选举票有下列情事，经监察人之决定作为无效：

（一）不用事务所发寄之选举票纸者。

（二）被选举人之姓名模糊，不能辨认者，但同票内其他之被选举人姓名可辨认者仍为有效。

（三）选举人姓名模糊不能辨认者。

（四）夹写他事于票内者。

第十三条　选举票内所书被选举人，每名以一权计，依权数多寡为被选次序，其次序在本届选举议员名额以内者为当选，并依名额加倍开列为候补当选；当选人姓名及候补当选人姓名当揭示于会场，并于大会后通告会员。

第十四条　事务所于大会后五日以内，发函通知当选人任本会议员之职。

第十五条　议员因事由辞职，经议事会决议允许后，通知董事会以候补当选人依次递补为议员，如因无候补当选人致议员缺额三分之一时，当于四十日内即行补选。

第十六条　关于选举事务遇有情弊，由董事会查明后，经议事会决议无效时，当于四十日内即行改选。

第十七条　补选、改选之期日，由董事会决定，届期开选举会，一切照本章程办理，于本章程中依大会推定之期日，即依选举会期日推定之。

——原载《绍兴七县旅沪同乡会各项章程》，第13—16页。

绍兴七县旅沪同乡会征收会费章程

（1924 年）

第一条　每年在大会以前入会之会员，征收当年会费；在大会以后之会员，其会费于次年起算。

第二条　会费由会员随时交付事务所，掣取收条。

第三条　每年并由事务所派员向会员收取会费，但收取当年会费于四月开始，其派出之员须有董事会署名盖印之凭信，并须随带收条。

第四条　上年未付清之会费，延至次年大会一月以内尚未付清者，即照本会总章程第五条第一项办理。

——原载《绍兴七县旅沪同乡会各项章程》，第 16—17 页。

绍兴七县旅沪同乡会学校章程

（1924 年）

第一条　绍兴七县旅沪同乡会，于上海商埠内旅居同乡较多之处，设置高级小学或初级小学或两级小学若干所，各校地址及学校程度由同乡会指定之。

第二条　绍兴七县旅沪同乡会设立之学校统名绍兴七县旅沪同乡会学校，依设立先后或其他之关系，别为第一学校、第二学校等，其编次由同乡会定之。

第三条　绍兴七县旅沪同乡会学校，由同乡会推举校董组织校董会及校董部主持之。

第四条　各校设校长一人，任校内教务事务及管理学生之事，须年在二十八岁以上，曾任高等小学校长或教员者，由校董会订请报告于同乡会。

第五条　各校教师任教授管理学生之事，须年在二十二岁以上，曾任小学教师或在中等学校毕业者，其员额由校董会议定，由各校长订请报告于校董会，但在同乡会甲校中曾任教师或现任教师者，乙校欲订请时，须经校董部之同意。

第六条　各校学级、学额、学费及编制预算细目等，由校长具意见书或草案于校董会，由校董会议决报告于同乡会，但预算总额须由校董会提出附加意见，送交同乡会议决。

第七条　各校校舍及校内设备等由校长询取校董部意见办理，并由校董部报告于同乡会。

第八条　各校教授学科及管理方法，遵照现行教育法令办理，法令未规定者，由校长决行，得随时告知校董部询取校董部之意见，重要者由校董会议决之。

第九条　各校一切事件，校长得随时告知校董部，询取校董部之意见，遇有重要事件由校董会议决之。

第十条　各校呈报官厅之文牍、表册、对外发布之章程、通告及约订合同条件等，须由校董部审查，重要者由校董会审查，其关系同乡会事务者，由校董会送交同乡会审查。

第十一条　各校收支单据由各校校长及校董部签字。

第十二条　各校一切册籍由校董公同检阅，并由校董部随时调查。

第十三条　每学期之终（放暑假寒假时），各校校长须将收支、决算、教育状况编制报告，经校董会之审查报告于同乡会。

第十四条　各校举行开学礼式、毕业礼式及成绩展览会等，由校董部决定时期，会所通知各校董，并报告于同乡会，邀请本会及各界赞助之人莅会所参观。

第十五条　各校董及其他与同乡学校有关系之人，对于各校进行及改良方法具有意见时，得表白其意见于校董部，经校董部审查后交各校长酌量采用，或由校董部提交校董会议决之。

第十六条　校董会开会时得邀请各校长与会。

第十七条　校董会议决事件由校长依议施行，如校长不能依议施行时，得具意见于校董部，邀集校董会覆议。

第十八条　各校学生先尽七县同乡子弟，如有余额得兼收各地学生。

第十九条　各校得兼收女生，但以合于小学年龄者为限。

第二十条　各校校长、教师及学生，关于寄宿、附膳各事，概由本人自理。

第二十一条　各校学费依现时习惯于寒假、暑假后始，业时征收由各校长随收随交同乡会或交校董部转交同乡会。

第二十二条　同乡子弟家境贫寒者，得免收学费，免费章程另定之。

第二十三条　各校对于学生不用体罚。

第二十四条　各校每年于暑假前举行校外考试一次，由校董部推定校外主试员考验学生，评定分数，以观成绩。

第二十五条　本章程规定各条如须删改时，须由校董会议决，议决时须得有三分之二以上之同意，未规定各条得以校董会多数之议决增加或别订条件以补充之。

——原载《绍兴七县旅沪同乡会各项章程》，第21—25页。

绍兴七县旅沪同乡会事务员办事规则

（1923 年）

第一条　本规则依董事会章程第十五条，由董事会为事务员订立之。

第二条　本会事务员书记长一人，书记员一人，缮校员一人，会计员一人，收费员二人，均常川驻会办事，并雇用茶役二人，以供差遣。

第三条　书记长由董事会延聘，书记员、缮校员、会计员、收费员由董事会录用，归书记长管理雇用之，茶役亦归书记长管理。

第四条　凡录用之事务员，雇用之茶役于到职时，皆须取具保证书存会，并由书记长造册，详载各员役之姓名、字号、籍贯、年龄、住所、通信处所、到职年月及保证书存储之所。

第五条　书记长秉承会长、董事，商榷本会事宜，主撰文牍、编辑报告，掌管钤记。

第六条　书记员秉承书记长拟办文稿、记载议案、掌管卷宗、逐日登录往来文件事由，并厘整会员名册等，备会长董事之考查。

第七条　缮校员秉承书记长办理关乎缮写校订之事，随时受文牍董事之考查。

第八条　会计员秉承书记长办理关乎银钱收支、簿据登记以及保管等事，随时受经济董事之考查。

第九条　收费员秉承书记长经收会员年费及财产上应收各费，其会员住址亦顺便查报，收到各费按日结缴，随时受征收董事之考查。

第十条　各事务员虽各有专司，但遇此忙彼闲时，仍须互相帮助，庶本会事务不致因一部分手续偏重而停滞。

第十一条　本会受理事项以总章程第二条之范围为限，各事务员当共明此旨，其有涉及刑事或系违警事项，是否在总章程第二条第四款范围以内辨别最难，非调查实情，经董事会议或经会长与书记长之商榷，本会既不得轻率受理，各事务员自不得轻率办稿。

第十二条 本会收到文件，书记员录由登簿后，即送书记长过目，再由会长或董事查阅签名或批明办法，俟覆稿办出后，由书记员将原件归入卷宗。

第十三条 本会所发文件拟稿后，需先经书记长查核签名，再由会长或董事查阅签名。其缮正之件，无论会长、董事签名与否，皆须经书记长过目后，盖用方钤或长戳，方可发出，原稿即归入卷宗并录由登簿。

第十四条 本会发出函件除邮寄之平信外，其差茶役送出者，需写回单簿；用快信挂号寄出者，须将邮局给回之凭单保存，其快信之凭单上并须加注系寄某处某人之信。

第十五条 董事会开会时，书记长、书记员须列席旁听，以备咨询，所有议案由书记员起草记载，经书记长斟酌后，缮入议事录，于下次开会时，由主席查阅签名，议事录应由书记长存储。

第十六条 本会收据支单须经会长及经济董事一人签字，经济董事审查之收支簿记须由审查之经济董事签字，规定于董事会章程第二十七条，会计员须遵照办理。

第十七条 事务员及议事会书记员之薪水，本会支出后，由会计员分送各员。须立送薪回单簿，各员收到薪水，各签字或盖章于簿。

第十八条 会内须立考勤簿，事务员逐日办事逐日签名于簿。

第十九条 事务员请假，延聘之事务员向会长或董事请假。录用之事务员须向书记长请假，或由书记长转向会长或董事请假。

第二十条 事务员请假时须就会内同事中商妥兼代之人，以免会务之停滞。惟书记长责任较重，当请假时，其商妥代理之人以得会长或董事之认可为标准，不限于会内同事。

第二十一条 本会办事星期日不停，事务员在职每月例假定为五天，在本年内前后可以移抵，若请假日数按在职月份计算，有逾每月五天时即须按日扣薪，有全年不请假者，由书记长报告会长、董事酌给奖励。

第二十二条 事务员薪水照阳历按月支给，不得透支。

第二十三条 事务员到职达半年以上者，于旧历岁底加送一个月薪水。到职达三个月以上者，于旧历岁底加半个月薪水。

第二十四条 事务员在会办事，不得以本会事务擅自宣布于报馆。

第二十五条　庆吊往来交谊限于平日，个人团体关系各有不同，事务员在本会办事遇有家庭私事时，不得利用本会名册滥发印刷品于议员、会员，免贻各同乡口实。

第二十六条　准前第三条书记长负有管理之责，凡员役有不称其职，须辞退撤换者，会长董事皆不驻会或未及详知，应由书记长直言报告，免误会务。

第二十七条　本规则经董事会通过后，于十二年七月一日开始实行。

第二十八条　本规则如有未尽事宜，随时得由董事会补正之。

——原载《绍兴七县旅沪同乡会各项章程》，第 26—30 页。

绍兴七县旅沪同乡会学校董事会章程

（1924 年）

一、同乡会学校董事简称校董，额定十五人，代表同乡会董事及捐户及学界规定资格如下：

同乡会董事代表须现为同乡会会员，年在二十五岁以上者。

捐户代表须曾捐助同乡会学校经费，年在二十五岁以上者，但无相当之人时，得以前项资格代之。

学界代表须曾在本国或外国大学校研究教育及在本国或外国高等师范学校毕业及向任学务素有经验者。

一、校董中三项代表，每项五人，均由同乡会董事推定之。

一、校董十五人，当同年推出时，宜每年用抽签法抽去五人，三项代表各占二人或一人，由同乡会董事每年推举五人补足之。此后推补之校董概以三年为任期，任满续举得连任，但连任以一次为限。

一、校董主持学校重要事件，以校董会之决议行之。

一、设立学校董事部处理关于校董会之事务，由校董会推定校董一人专任之，一人副之。

一、校董有欲邀集校董会者，通知校董部，由校董部定期邀集各校董开会。

一、学校预算总额，每半年由校董会拟定数目，提交同乡会议决收支决算，每半年由校董会报告于同乡会，由同乡会审查其他教育状况及重要事务，由校董部报告于同乡会。

一、连任期满之校董，得由同乡会董事会推为名誉校董，列席校董事会，但不与于表决之数。

——原载《绍兴七县旅沪同乡会各项章程》，第 19—21 页。

绍兴七县旅沪同乡会学校学生免费章程

（1924 年）

第一条　免费生额初级小学每校十名，兼办高级小学者加定十名。

第二条　免费生必具之资格为家况贫寒，成绩优美。

第三条　请求免费之学生，凡同乡会员皆得为之介绍于董事。

第四条　免费生家况之合格与否，由同乡会董事或校董覆查决定之，认为合格，具书介绍于学校。

第五条　免费生成绩之合格与否，由校长随时查其考验分数决定之。

第六条　免费生合格者之数逾定额时，其补入定额以到校投考之先后为序。

第七条　免费生寄午膳者，照纳费生一律办理。

第八条　免费生午后离校，须比纳费生迟半点钟，助教师理校务。

第九条　本章程如修改，需于学年更换时，由校董会议决之。

——原载《绍兴七县旅沪同乡会各项章程》，第 25—26 页。

绍兴七县旅沪同乡会
和解旅沪乡人争议事件章程
（民国前一年辛亥冬季议事会议定）

第一条　旅沪乡人有争议事件不关刑事者，愿委托本会和解时，由本人开具说帖及委托书，经会员一人之介绍署名送交董事会，委托人为会员者不必再经会员之介绍。

第二条　董事会能否任和解之责，由董事会决议。

第三条　董事会如不任和解之责，具函通知委托或介绍之会员。

第四条　董事会既任和解之责，即具函通告争议事件之关系人询其愿否，由本会和解函内须将本章程附入。

第五条　关系人如不愿由本会和解或通知后，经过一星期不回答者，董事会即具函通知委托或介绍之会员，卸去和解之责。

第六条　关系人如愿由本会和解，应于通知后一星期内开具说帖及委托书送交董事会。

第七条　董事会受两造委托后，即选定会员一人至三人为仲裁人，通知两造订定期日公开谈判会。

第八条　两造中有请求另选仲裁人者，须经董事会之决议，但两造均请另选时，当即另选通知两造。

第九条　开谈判时，两造当亲自到场或委托代表人到场，如有避匿不到者，由仲裁人报告董事会，董事会即通知两造卸去和解之责。但实有不得已之事故，于三日内通告董事会要求更开谈判者，得由董事会决议，订期另开谈判一次。

第十条　开谈判时，两造当和平向仲裁人陈述，不得自行辩论，如有争持意气者，仲裁人报告董事会，即通知两造卸去和解之责。

第十一条 两造陈述已毕，由仲裁人议定和解条件，宣告两造，并将谈判情形及和解条件通知董事会。

第十二条 愿依条件和解者，于谈判后一星期内，具函通知董事会。

第十三条 两造均愿依和解者，如有应订议约及禀请官厅销案之处，得由董事会酌量办理。

第十四条 两造中有不愿依条件和解，于谈判后一星期以内声明，不能依遵之理由，要求更开谈判者，得由董事会决议，订期另开谈判一次。

第十五条 董事会卸去和解之责后，遇有官厅将该事件委托本会理处或作证人时，董事会当据仲裁人意见呈报。

第十六条 本会和解争议，不准受委托人之酬报，如有人在外受得酬报者，本会查有切实证据，当禀请官厅究办，以免败坏本会名誉。

——原载《绍兴七县旅沪同乡会各项章程》，第17—19页。

绍兴七县旅沪同乡会会员晚餐会规约

（1914 年）

一、晚餐会以联络会员，敦厚乡谊为宗旨，业已开会二次，第三次以后即由同乡会董事依照本规约办理。

二、晚餐会每年开会二次至四次，每次集会期日由董事会决定于前一次开会时通告。

三、晚餐会会员不限定额，每次开会时，凡已入晚餐会之会员于下次仍愿入会者，须签名通知董事，得继续入会；未入会者，即由董事及继续入会之会员介绍加入，但加入之人以已入同乡会者为限。

四、晚餐会会员每届晚餐会开会时，需纳晚餐会费银一圆，于开会前半月交至事务所收存。其临时不与会者所纳之费，概不缴还。

五、晚餐会事务由董事于前一次开会时，就继续入会之会员中推定干事十五人，协同办理。

六、餐费及印刷、邮费等尽就晚餐会费内开支，每次收支款目，缮成清单于下一次晚餐会内通告。

七、晚餐会以娴雅欢娱为主，除设琴歌，备清酒以外，其余声色冗俗之事一概屏除。

——原载《绍兴七县旅沪同乡会各项章程》，第30—31 页。

浙江省区慈善救济会章程

（1929 年）

第一条　本会以维护省区慈善救济事业、筹募经费、辅助其改良扩充为宗旨。

第二条　本会定名为浙江省区慈善救济会。

第三条　本会设于杭州，但得于上海设立分办事处。

第四条　本会置董事若干人，由省政府民政厅遴选历办慈善事业确有信用经验者，呈请省政府聘任之。

第五条　本会置董事长一人、副董事长一人、常务董事三人，均由董事用记名投票法互选之。

前项互选以最多数者为当选，票数同者以抽签定之。

第六条　董事长、副董事长及常务董事，任期均为一年，连举得连任。

第七条　本会设下列各股：

一、总务股；二、调查股；三、募捐股。

前项各股办事人员，除由董事内推任外，得由董事长提出于常务董事会议议决延用之。

第八条　本会董事每半年开常会一次，遇有重要事项，得由董事三人以上之提议或常务董事会议之决议开临时会，均由董事长召集之。

第九条　本会常务董事每月开会议一次，遇有必要时得开临时会议。均由董事长召集之。

前项会议，董事长、副董事长均应出席。

第十条　本会各项会议均以董事长为主席，董事长缺席时以副董事长任之，副董事长同时缺席时，由到会董事临时互推之。

第十一条　本会各项会议均须有二分之一以上到会方可开议，其决议事件以到会之过半数取决之，可否同数取决于主席。

第十二条 本会董事均为名誉职，延用之办事人员均酌给津贴。

第十三条 本会经费预算由董事常会或临时会议决，并报请民政厅核转省政府核准。

前项预算在董事常会或临时会未开会时，得由常务董事会议决，但应于董事常会或临时会交议追认之。

第十四条 本会经费除由省政府拨助外，均由本会募集充之。

第十五条 本会关于进行事务，随时报请民政厅备案。

第十六条 本会募集之款项，应每三个月登报公告之。

第十七条 本会经费之支出及募集款项之收支，应每半年报告于董事常会或临时会，并报请民政厅核转省政府核准，并于每年终刊布之。

第十八条 本分会办事处章程另定之。

第十九条 本会会议规则及办事规则由本会定之。

第二十条 本章程由省政府公布施行。

——原载《浙江省政府公报》1929 年第 783 期。

杭州市立济良所简章

（1928 年）

第一条　本所以收容有志从良、被鸨家居奇揩阻或被鸨家凌虐之娼妓及被诱无所归之妇女暨被家长凌虐之婢女，授以普通生活之技能为宗旨。前项娼妓妇女，以杭县地方法院或本市公安局 其所属区署送交者为限，其有径投本所者，应立即报告就近警署核办。

第二条　本所直隶市政府分设三处如下：

（一）设于拱埠者，曰杭州市立第一济良所

（二）设于江干者，曰杭州市立第二济良所

（三）设于城区者，曰杭州市立第三济良所

第三条　本所设所长一人，由所在地警署长兼任之；女主任一人，秉承所长处理所内一应事务；女技师兼管理一人，助理所务。前项职员除所长外，应常川驻所。

第四条　被收容人于入所时，所有携带之物件应设簿分别登记。

第五条　本所应将收容人年龄、籍贯、住址、亲属、事由及入所年月日，详细列表，每于月终汇报市政府。

第六条　被收容人于入所时，各印五寸相片两张，一张保存，一张悬于陈列室。

第七条　被收容人除被诱者得由真正亲属随时领取外，经过半年后均应为之择配，但须得本人之同意，年幼婢女随时送交贫女习艺所习艺。

第八条　无论亲属或配偶人领取被收容人时，均须开具年龄、籍贯、住址、职业，并由殷实商铺出具并无冒领或转卖保结，函经原送机关查明属实，报由市政府核准方准领取。

第九条　领取人应酌偿被领取人在所时之膳金，前项收入应专案解送市政府。

第十条　入所参观者须先经本所主任之允许。

第十一条　本简章由市政府公布后施行。

——原载《杭州市市政月刊》1928年第1卷第10期。

浙江难民救济会简章

（1938 年）

第一条　本会由浙江旅沪同乡同业共同发起组织，以救济浙江当地难民为宗旨，定名曰浙江难民救济会。

第二条　本会会址设于上海法租界巨籁达路同福里四号世界红卍字会总办事处内，于必要时得于浙江各处设立分会。

第三条　本会分团体会员、个人会员，凡赞成本会宗旨、热心救济者，均得参加，团体会员推三人至五人为代表。

第四条　本会由会员大会推举委员若干人，组织委员会，执行会务；由委员会推举常务委员二十七人至三十五人，处理日常事务；由常务委员会公推委员长一人、副委员长二人，主持会务，办事细则另订之。本会推举中外慈善人士为顾问或名誉会长，指导会务。

第五条　本会设下列各组办理会务：

（一）总务组　办理文书、收发、会计、庶务、编译及不属于各组事项

（二）救济组　办理调查、赈济、收容、给养、遣送、卫生等事项

（三）劝募组　办理筹集赈款事项

（四）经济组　办理出纳事项

（五）审核组　办理审核事项

各组设委员若干人，主任委员一人，副主任委员二人，由常务委员会推任之，各组因事务必要得聘任干事办理组务。

第六条　本会委员均为义务职，干事酌给津贴。

第七条　本会捐募赈款悉数作为救济之用，其办事经费由参加各会员负责分担，预算由常务委员会决定之。

第八条　本会会员大会及委员会由常务委员会召集之，常务委员会由委员

长召集之。

第九条 本会捐募赈款、赈品，除随时登册外，并汇登报纸鸣谢，结束时所有收支款品刊印征信录，由会计师审核公布之。

第十条 本简章经会员大会通过施行，修改时同。

——原载《浙江难民救济会征信录》，1940年，第3—4页。

浙江难民救济会各组办事细则

（1938 年）

第一条　本细则依据本会简章第五条之规定拟定，凡本会各组事务悉依照本细则办理之。

第二条　本会各组办理本组事务，由各组主任商承正副委员长暨轮值常务委员办理之。

第三条　各组互有关系之事项，须经各关系组主任商洽办理，或召集各组联席会议商决之，各组并得开组务会议。

第四条　本会往来文件无论属于何组，先由总务组文书股列收文簿，分送各组主任核阅，发交文书股拟办之。就交各组主任审定后，由常驻常委判行，再行缮清，加盖图戳，由收发处登簿封发稿件存档。如事关重要，由常驻常委商承正副委员长核办。

第五条　本会开会时记录事项，由文书股任之，记录簿应存档备查。

第六条　本会应用物品及印刷品，统由庶务股购办，其价值十元以上者，应开单送请总务组核定盖章，向会计股领款。各物品发用处所及数量，须随时登记，其应用处所及数目购置各单据，按月粘簿送会计股复核，再请委员长核阅后，交审核组查核。

第七条　会计股每月应将本会收支概要报告常务委员，以备查考。

第八条　经济组支出赈款应由常务会议议决指拨之。

第九条　经济组对于各项付款须经本组主任或副主任签名盖章，并由总务组正副主任中之一人副署之。

第十条　经济组收支数目每一星期开报常务委员会核阅，并照录一份交总务组备考。

第十一条　经济组于登收捐助赈款赈品，随时掣给收据，登记捐款人姓名及所捐之数目，并通知总务组函谢，并汇登各报交回捐册，交会计组保存。

第十二条　收入赈款由经济组逐日送交指定各银行存储。

第十三条　赈款赈品之出纳及一切用费之支出，统交审核组审核。

第十四条　本会拯救难民，由救济组负责办理，所有救济方法及施赈地点、受赈人数、赈款赈品数量，须随时列表报告常务委员会察核。

第十五条　本会捐册由劝募组编号分发，所有经募人姓名及所领捐册本数均须登记以资查考。

第十六条　本会劝募组办理劝募事宜，随时报告常务委员会共策进行。

第十七条　本会审核组除审核各组支款单据外，并编造各项统计。

第十八条　本细则由常务会议议决施行，如有未尽事宜，得随时提交常会修正之。

　　　　　　　　　　——原载《浙江难民救济会征信录》，1940 年，第 5—6 页。

青岛市救济院组织细则

（1931 年 5 月公布，1933 年 2 月修正）

第一条　本院遵照内政部《各地方救济院规则》第一条之规定组织之，办理本市区内各项救济事业，定名为青岛市救济院，由社会局指挥监督之。

第二条　本院遵照内政部《各地方救济院规则》第二条规定，并参酌本市情形，设置下列各所：

一、残老所；

二、育婴所；

三、孤儿所；

四、济良所；

五、贷款所；

六、施医所；

七、习艺所。

第三条　本市原有之官立、公立慈善机关应依本细则之规定，分别改组归并。

第四条　本院经费以基金利息、临时捐款及政府补助金充之。

第五条　本院设院长一人综理院务，副院长一人襄理院务，由市政府就地方公正人士、热心公益者选任之。

第六条　本院设主任一人，由正副院长遴选，呈由社会局委任之，并因事务之繁简得设办事员、书记，由正副院长选任呈报社会局备案。

第七条　本院主任及办事员、书记，承院长、副院长之命办理院内事务。

第八条　本院各所各设主任一人，由院长、副院长遴选，呈由社会局委任之，秉承正副院长管理各所事务。

第九条　各所办事员、书记由各该所主任选任，呈由本院转报社会局核准备案。

第十条 各所主任得因事业之关系兼任办理之。

第十一条 本院设院务会议，以院长及各所主任组织之，本院主任于必要时得列席院务会议。

第十二条 本院办事细则及各所组织细则另定之。

第十三条 本细则如有未尽事宜，得提出市政会议修正之。

第十四条 本细则自公布之日施行。

——原载《青岛市市政法规汇编》（第一编），1936 年，第 89—90 页。

青岛市救济院办事细则
（1931 年）

第一章 总则

第一条 本细则依据本院《组织细则》第十二条订定之。

第二条 本院职员除遵照内政部《各地方救济院规则》及本院《组织细则》外，其处理各项事务均依本细则行之。

第二章 职权及责任

第三条 院长综理院务，副院长襄理院务，有指挥监督及进退本院职员并所属各所全体职员之权。

第四条 本院主任及办事员、书记，承院长副院长之命办理下列事项：

一、关于撰拟文件事项；

二、关于复核送判文稿事项；

三、关于典守印信、保管档案、收发缮校、印刷文件事项；

四、关于办理院务会议事项；

五、关于会计及预算、决算事项；

六、关于庶务事项；

七、关于对外交际事项；

八、关于视察隶属本院各所工作事项；

九、关于院长、副院长交办事项。

第三章 文书处理

第五条 凡文件到院，由传达室送交收发员，随时掣给收据。

第六条　收发员收到文件开拆后，摘由编号，填注到院日期，登入总收文簿，送交主任阅后，拟具办法，呈送院长、副院长批阅。其有附件者并应注明随原文件附送。

第七条　凡附有款项物品之文件，须于收文簿上逐一注明，应即交会计员或庶务员收存掣给收据。

第八条　凡文件直书本人姓名者，应随时送交本人，经拆阅后如系公文即交由收发员登列收文簿。

第九条　收到电文应即译出，摘由编号，登列收文簿，随即送阅。

第十条　凡紧急文件，应提前登簿速送。

第十一条　到文经院长、副院长核阅批示办法后，应遵照即时拟稿。

第十二条　拟稿员应署名盖章，如稿内有增删涂改等处，亦须由本人加盖名章，以明责任。

第十三条　一切文稿非经院长、副院长判行，不得缮签，但注明签稿并送者不在此限。

第十四条　凡稿件经院长、副院长判行后，应即缮校用印，并检查有无漏印、漏章及附件登发文簿，装封照发，一面将原稿编号归档。

第十五条　送达及邮寄文件应登送文簿，由收件机关或收件人及邮局加盖戳记，若系挂号或快递等件，应将邮局收据粘存备查。

第十六条　每一文件自到院至发出期间，紧要者不得逾一日，次要者不得逾三日，例行者不得逾五日，特别紧急文件须随到随办随发。

第四章　服务通则

第十七条　本院办公时间以每日七小时为标准，但遇必要时得延长之。

第十八条　本院每日服务时间，除星期及例假外，按照节季另定之。

第十九条　本院休息日以国民政府规定者为限，临时休假由院长、副院长命令行之，但休假期间遇有紧要事项，仍须照常工作。

第二十条　凡遇假期，职员应轮流值日，其值日员在当值之翌日，得休息三小时。

第二十一条　假期值日员应将经办事件记入值日簿，翌日上午送呈院长、副院长核阅，但遇紧要事件须随时报告。

第二十二条　本院职员每日到院须亲自署名于签到簿，并将到值、散值时间记入，每日送呈院长、副院长查阅。

第二十三条　本院职员在办公时间不得接见宾客，其因公接洽者不在此限。

第二十四条　本院职员应各置工作日记一册，记明每日工作事项，每届月终汇呈院长、副院长查阅。

第二十五条　本院职员请假，无论久暂，均应将所任职务托同事一人代理，并将代理姓名记入请假单内。

第二十六条　本院职员请假，除急病或紧急事故外，非经批准不得先自离院。

第二十七条　请假期满即须到值，如因事故不能销假，亦应将情由呈请院长、副院长核准续假，否则以旷职论。

第二十八条　每届月终编制请假一览表，呈请院长、副院长查阅。

第二十九条　本院经费除以基金利息、临时捐款拨充者外，其余政府补助费应按月缮具印领，连同领款总收据经院长副院长盖章后，呈送社会局核发。

第三十条　本院经费由会计员负责保管之。

第三十一条　每届月终由会计员开具职员薪水清单，呈请院长、副院长批发后，按照员数薪额将款备妥，填具收条，通知各员亲自领取，署名盖章粘贴印花票存查，其工役工资由庶务员传集各役亲自具领。

第三十二条　凡职员工役其有因特别事故借支薪工者，须呈请院长批准方得借付。

第三十三条　会计员收支款项，应造具日报表、旬报表，呈院长副院长核阅。

第三十四条　凡支付款项，除逐日填列日报表呈阅外，其支付巨款及购置或修缮等项，须签呈院长、副院长核准。

第三十五条　购置物品应备下列各簿：

一、物品购置簿；

二、物品发给簿；

三、单据粘存簿；

四、各项用具保存簿，除消耗品外均应列入。

第三十六条　本院职员对于公物应注意爱护，不得任意损坏，对于公用消耗品应力求节省，不得滥用。其领用物品须填写物品单，详列品名数量及用途，加盖名章交庶务存查。

第三十七条　庶务员每届月终应将所购物品分器具、消耗，造具月报，呈院长、副院长核阅。

第三十八条　本院职员应逐日轮流视察隶属本院各所工作实况，报告院长、副院长查核，其视察时间以不遗误本院工作为限。

第五章　附则

第三十九条　本细则如有未尽事宜，得由本院随时修正之，并呈报社会局备案。

第四十条　本细则自呈报备案之日施行。

——原载《青岛市市政法规汇编》（第一编），1936 年，第 90—93 页。

青岛市救济院院务会议细则

（1931 年）

第一章　总则

第一条　本细则依据本院《组织细则》第十二条订定之。

第二章　开会

第二条　本院院务会议每星期六下午举行一次，但遇特别事项得随时召集之。

第三条　本会议院长、副院长及各所主任均须出席，于必要时本院主任或建议之职员亦得列席。

第四条　本会议开会时，以院长或副院长为主席，如因事不能到会，得互推一人为临时主席。

第五条　本会议须有出席人员总额过半数之出席，方能开会。

第六条　开会时，主席恭读总理遗嘱后即宣告开会，出席人员因事退席须得主席之许可。

第七条　凡应出席人员因事不能出席，须声明原由，先行请假，开会时由记录员记入议事录。

第八条　凡未请假而遇开会时间未到者，视为缺席。

第九条　本院及各所处理日常事务之情形并议决或建议事项，均须于开会时分别提出，由主席报告之。

第三章　会议事项及议事日程

第十条　院务会议之主重事项如下：

一、重要事件之报告及讨论并决定应取之方略；

二、主管机关训示事项之执行方法；

三、各所事业之兴革及其变更；

四、筹画救济灾变；

五、筹募捐款基金；

六、审查预算决算；

七、关于全所以上事项之处分；

八、院长、副院长交议事项。

第十一条　会议事项及开会日期须记载于议事日程内，由本院编定之，于开会前印送出席人员。

第十二条　出席人员提出议案或审查报告，应由书函列具理由及其具体办法，于开会前两日交由本院列入议事日程，并于开会前印送出席人员。

第十三条　凡临时动议须变更议事日程时，由主席咨询出席人员多数之同意方得讨论。

第十四条　凡议事日程所列议案当日不能议毕，应尽先列入次期议事日程。

第四章　讨论、审查、表决及复议

第十五条　性质相同之议案，得并案讨论之。

第十六条　讨论须就本案范围内依次发言，不得涉及他事。

第十七条　讨论终结及延会、散会，由主席宣告之。

第十八条　凡议案经主席提付讨论，原提案人可自动撤回，但其他出席人员认为有讨论之必要时，经二人以上之附议，仍得继续讨论。

第十九条　凡议案应付审查者，由出席人员中推若干人审查之。

第二十条　讨论结果有数说时，主席以次表决，以多数决定之，可否同数取决于主席。

第二十一条　表决方式用无异议及举手两种。

第二十二条　凡经决议之议案，如认为有修改之必要时，经出席人员三人以上之提议，得提出复议。

前项复议事项，须经出席人员三分之二之可决，方为通过。

第二十三条　议决事项各主办人员应尽先遵办，至迟不得逾下次会期。

第五章　会议记录

第二十四条　会议时由本院职员一人列席，专司记录。

第二十五条　每次议事录，由主席于散会时签名。

第二十六条　议事录记载下列事项：

一、开会之次数及月、日、时；

二、出席或请假缺席及列席之人员姓名；

三、报告提议事项及讨论要点；

四、决议案；

五、其他必要事项。

第二十七条　议事录应于下次开会时报告之。

第二十八条　本细则如有未尽事宜，由本院提出修正之，并呈报社会局备案。

第二十九条　本细则自呈报备案之日施行。

　　——原载《青岛市市政法规汇编》（第一编），1936年，第93—95页。

青岛市救济院基金保管委员会规则

（1931 年）

第一条　本委员会依据内政部《各地方救济院规则》第八条组织之，附设于救济院。

第二条　本委员会设委员七人至九人，除救济院正副院长为当然委员外，其余委员由主管机关就本地各地方法团聘充之。

第三条　基金种类如下：

一、原有动产、不动产经指定为慈善基金者；

二、捐募款项经捐助人指定为慈善基金者；

三、其他基金。

第四条　本委员会保管之基金不得移作别用。

第五条　本会基金利息应依本市《救济院组织细则》第四条之规定按月拨充，救济院经费仍将基金额数及拨充款项逐月呈报市社会局转报市政府备案。

第六条　本会保管之动产及不动产基金如有变更移转，须经委员会开会议决，并呈报市社会局转报市政府核准备案。

第七条　本委员会互推常务委员一人办理保管事项，并设书记一人，由救济院职员兼充，均不另支薪津。

第八条　本委员会每年开常会四次，遇有重要事项，由常务委员临时召集之，开会时由常务委员主席。

第九条　本委员会会议议决事件，以三分之二委员出席，出席委员之过半数决之，可否同数时取决于主席。

第十条　本会办事细则由委员会另定之。

第十一条　本细则如有未尽事宜，得提出市政会议修正之。

第十二条　本规则自公布之日施行。

——原载《青岛市市政法规汇编》（第一编），1936年，第95—96页。

青岛市救济院基金保管委员会办事细则

（1932 年）

第一条　本细则依据《救济院基金保管委员会规则》第十条订定之。

第二条　本会每年以三、六、九、十二等月一日为常会期，遇有重要事项由常务委员会临时召集之。

第三条　凡会议记录终结，须由主席及记录人签名盖章，并印送本会各委员。

第四条　本会议决事件、执行经过情形，由常务委员于次期开会时报告之。

第五条　本会除常会及临时会外，日常事务由常务委员处理之。

第六条　凡基金款项交存之银行，经常会决定后，其存拨事项由常务委员负责执行。

第七条　关于基金财产之契约折据等件，均由常务委员负责保管之。

第八条　凡捐募之基金款项，经救济院移送本会后，应随时送存指定之银行。

基金如有变更或移转时，经议决呈报核准后，由各委员互推二人会同常务委员执行之。

第九条　本会书记承常务委员之命办理下列各事务：

一、会议记录事项；

二、缮写油印事项；

三、文件收发保存事项；

四、存拨票据填写事项；

五、簿籍登记事项。

第十条　本会事务遇有特别繁赜时，得由常务委员酌量情形，转商救济院临时加派职员协助之。

第十一条　本细则如有未尽事宜，得由本会委员二人以上之提议修正之。

第十二条　本细则呈由社会局转奉核准之日施行。

——原载《青岛市市政法规汇编》（第一编），1936年，第96—97页。

青岛市救济院习艺所组织细则

（1931年）

第一条　本所遵照市政府公布《青岛市救济院组织细则》第二条第七项之规定组织之，隶属于救济院，办理收容本市区域内无业贫民习艺事务，定名为青岛市救济院习艺所。

第二条　本所设主任一人，秉承院长、副院长管理本所一切事务，并指挥监督所属职员。

第三条　本所分设总务、管教、工艺三股，掌理职务如下：

甲、总务股事务

一、关于文牍之撰拟、收发、缮校、监印事项；

二、关于会计庶务事项；

三、关于不属其他各股事项。

乙、管教股事务

一、关于习艺生之勤惰奖惩事项；

二、关于习艺生之衣食、调剂、疾病、疗养及卫生事项；

三、关于习艺生之教育及其自修事项；

四、关于习艺生之收容及遣发事项。

丙、工艺股事务

一、关于工艺原料之采办及保管事项；

二、关于出品考核优劣、鉴定价格、陈列样品事项；

三、关于计画工艺改进事项；

四、关于出品推销事项。

第四条　本所设办事员、书记若干人，秉承主任办理本所事务，其任务之分配由主任秉承院长、副院长指定之。

第五条　本所因教授工艺之必要，得酌用工艺各科技师。

第六条　本所职员，除主任由院长、副院长遴选，呈由社会局委任外，其他职员由主任秉承院长选任，呈报社会局备案。

第七条　本所经费拟具预算，呈由救济院核定，转报社会局备案。

第八条　本所主任为谋事务之进行，得依照《青岛市救济院组织细则》第十一条之规定，参加院务会议。

第九条　本所办事细则及管理简则另定之。

第十条　本细则如有未尽事宜，得由救济院呈请修正之。

第十一条　本细则自呈奉核准之日施行。

——原载《青岛市市政法规汇编》（第一编），1936年，第97—98页。

青岛市救济院习艺所办事细则

（1932 年）

第一章　总则

第一条　本所处理事务，除遵照本所《组织细则》外，悉依本细则行之。

第二章　职权及责任

第二条　主任综理所务，有指挥监督职员之权。

第三条　办事员、书记承主任之命办理各股事务。

第四条　各股事务如有互相关联者，应会商办理，彼此意见不同时，陈由主任决定之。

第三章　文书处理

第五条　凡文件到所，由传达送交收发员，随时掣给收据。

第六条　收发员收到文件开拆后，摘由编号，填注到所日期，登入总收文簿，送交主任收阅，其有附件者并应注明随原文附送。

第七条　凡附有款项物品之文件，须于收文簿上逐一注明，应即交会计员或庶务员收存掣给收据。

第八条　凡文件直书本人姓名者，应随时送交本人，经拆阅后如系公文，即交由收发员登列收文簿。

第九条　凡紧急文件，应提前登簿速送。

第十条　到文经主任核阅批示办法后，应即时拟稿。

第十一条　拟稿员应署名盖章，如稿内有增删涂改等处，亦须由本人加盖名章，以明责任。

第十二条　一切文稿非经主任核阅盖章不得缮发。

第十三条　凡文件缮正后，应即校对盖用图记，并检点有无附件、是否须盖名章，手续完备后即登发文簿装封照发，一面将原稿编号归档。

第十四条　送达文件，应登送文簿，由收件机关或收件人加盖戳记。

第十五条　每一文件自到所至发出期间，紧要者不得逾一日，次要者不得逾二日，例行者不得逾三日，特别紧急文件须随到随办随发。

第四章　会计

第十六条　本所经费应于每月二十五日以前，由会计员造具下月预算书，经主任核阅后，连同印领呈送救济院请领。

第十七条　本所公款由主任督同会计员负责保管之。

第十八条　本所职员薪水及技师薪金，应由会计员预备发薪簿，详注职员技师职务、姓名、领薪月份，送由主任核阅签字后，再行按簿分发。

第十九条　职员技师请领薪金时，均应在收据上署名盖章、粘贴印花，以备粘存报销，公役工资由庶务员传集，亲自具领。

第二十条　每月十日以前，应由会计员造具上月经费支出计算书、收支对照表连同单据粘存簿，经主任核阅后呈报救济院查核，转呈社会局备案。

第二十一条　本所经费须与工艺营业基金划分清楚，不得彼此流用。

第五章　庶务

第二十二条　本所公用物品由庶务员随时备办之。

第二十三条　本所各职员技师需用办公物品，应备领用物品单，详列品名、数量及用途，署名盖章。向庶务员领取习艺生之用品，由庶务员按照规定随时分发之。

第二十四条　公用物品之发出以及消耗品之用数，每届月终由庶务员造具清册，送请主任核阅。

第六章　服务通则

第二十五条　本所办公时间以每日八小时为标准，但遇必要时得延长之。

第二十六条　本所每日服务时间，除星期日及例假外，按照节季另定之。

第二十七条　本所职员均须轮流值所。

第二十八条　值所分下列三种：

一、平时值所　上午七时半起至下午五时止

二、夜间值所　下午五时起至翌晨七时半止

三、假日值所　上午七时半起至下午五时止

第二十九条　平时及假日值所人员办理招待来宾、日常公务、登记报告及其他临时事项。

第三十条　夜间值所人员办理查验火烛、慎防偷窃、检点门户及其他临时事项。

第三十一条　值所人员均应将经过情形登入日记簿备查。

第三十二条　本所休息日以国民政府规定者为限，临时休假须奉有救济院命令行之，但休假期间遇有紧要事项仍须照常工作。

第三十三条　本所职员每日到所，须亲自署名于考勤簿，并将到值、散值时间记入，送请主任查阅。

第三十四条　本所职员在办公时间不得接见宾客，其因公接洽者不在此限。

第三十五条　本所职员应各置工作日记簿，记明每日工作事项，每届月终汇呈救济院查阅。

第三十六条　本所职员请假，无论久暂，均应将所任职务托同事一人代理，并将代理姓名记入请假单内。

第三十七条　本所职员请假，除急病或紧急事故外，非经批准不得先自离所。

第三十八条　请假期满即须到值，如因事故不能销假，应将情由呈明续假，否则以旷职论。

第七章　附则

第三十九条　本细则如有未尽事宜，得随时提出救济院院务会议修正之，并转呈社会局核转备案。

第四十条　本细则自呈奉核准备案之日施行。

——原载《青岛市市政法规汇编》（第一编），1936 年，第 98—101 页。

青岛市救济院习艺所工艺营业规程

（1932 年）

第一条　本所工艺营业悉依本规程办理之。

第二条　本所工艺暂设下列各科，其他科目得酌量需要情形增设之。

　　　甲、机袜科；乙、毛巾科；丙、木器科；丁、绳索科。

第三条　各科机械器具及材料须有一定位置，用毕仍存原处，不得互相移动，致碍稽查，尤须加意珍惜以重公益。

第四条　各科机械器具等件，每日放工后须严密检点数量及形状，由各该技师督率值日习艺生行之，每一星期整理一次，由各该技师督率习艺生通力合作之。

第五条　各科机械器具等件，须分别详列簿册存查，交由各该技师保管之，倘有损失情事，应负赔偿之责。

第六条　各科应置下列表单簿册，均由各该技师掌理之。

一、日记簿，记载每日本科情形；

一、习艺成绩日报表及习艺考勤簿，填列习艺生每日习艺成绩；

一、材料器具簿，记载领用材料及各种器具；

一、材料二联单，请领材料用之；

一、成品缴送簿，用以缴送成品。

第七条　本所选用技师以技艺精良、性格和平、具有常识者为合格。

第八条　各科技师须受主任指挥，并负管教习艺生之责，雇用后以三个月为试用期间，试用期满有不愿就者，得声明退职，如不声明继续有效。

第九条　各科技师如有违犯本规则或教授不力者，得解雇之。

第十条　各科技师受雇时，应填具志愿书，并觅取铺保，填具保荐书，以昭慎重。

第十一条　各科技师对于习艺生应尽心指教，切实监督，不得有凌虐情事。

第十二条　各科技师如有教授得法成绩卓著者，经主任考查确实，得酌予加薪或于本科售品盈余金项下提给百分之十以充奖金，其有发明特品者，得呈救济院转呈社会局给予特奖，以示优异。

第十三条　各科技师如因事请假，须呈明主任核准，但假期在十日以上者，即按日扣薪，并另派人代理其职务。

第十四条　甲科技师与乙科技师对于工艺一切事务，宜有互相协助、同谋改善之义务。

第十五条　各科技师举止行动应庄重端方，不得有不良嗜好，俾各习艺生有所观感，藉作镜鉴。

第十六条　各科技师如有亲友来所会晤，须遵照本所指定地处接见，不得引入工厂，致碍工作。

第十七条　各科习艺时间概免闲人入览，但在所职员及参观来宾，或与本所有关系者，不在此限。

第十八条　本所主任须每日按时视察各科。

第十九条　本所营业费应与经常费划清界限。

第二十条　本所营业基金及营业收入并盈余金各项，除按营业状况酌存若干应用外，余款应呈解救济院转存银行另定专户，每届月终转呈社会局备案。

第二十一条　无关营业之费用，不得由营业费项下开支。

第二十二条　本所营业应备置后列账簿：

甲、关于营业费项下者

一、现金出纳总簿；

一、材料价目支出簿；

一、成品价目收入簿；

一、交易往来暂记簿。

乙、关于保管材料者

一、收料簿；

一、登料簿；

一、收发材料总簿。

丙、关于保管成品者

一、收成品簿；

一、销成品簿；

一、收销成品总簿。

丁、关于机械器具者

一、机械器具总簿；

一、机械器具分类簿。

第二十三条 前条各簿均须盖用本所图记，并于封面记明页数，如有填注涂改之处，应由主管员加盖名章。

第二十四条 各种账簿每月应结算一次，并须填具营业成绩月报表，造具营业收支数目、月报表四柱清册，呈报救济院查核，转呈社会局备案。

第二十五条 本所营业账簿每届会计年度终了时总结一次，总结后应造具贷借对照表、营业结算报告表及查存表，呈送救济院查核，转呈社会局备案。

前项结算报告表应附记下列事项：

一、上年度终止损益金额；

一、本年纯益金或损失额；

一、本年售出成品总额；

一、本年损益金额占售品总额百分之几。

前项查存表应注明成品、制品、余存材料详细数目及金额。

第二十六条 赊入货款应按月付清，欠出货款应随时收取。

第二十七条 本所欠出货款，如有实系不能收取时，应详叙事由，呈报救济院核销，并汇呈社会局备案，其未经核销及不准核销者，应由主管各员负责。

第二十八条 本所职员技师均不得拖欠货款。

第二十九条 凡采办材料时，须先由采办员填具购材料单，详列种类、数量、市价、用途，送请主任考查，经核准后方得购办。

第三十条 凡材料购妥后，由采办员填具购料报告书，送请主任查阅，批交管料员点收。

第三十一条 管料员点收材料，应注意下列事项，遇必要时得由主任监督点验之。

一、品质高下适用否；

二、数量轻重短少否；

三、货色优劣；

四、单据与实物是否相符；

五、单开价目与市价有无抬高。

第三十二条　管料员点收材料无讹，登列收料簿后，应填具收讫材料转账单，连同原发货单，送交会计员核发料价。

第三十三条　会计员复核料价无讹后，应填具支款请签单，送请主任查阅盖章即付价款。

第三十四条　管料员点收材料后，应即存于储料室，所有各品并应分类位置，不得杂乱无序，有碍稽查。

第三十五条　各科需用材料，应由各该技师填具领料凭单，送请主任查核，批交管料员照发。

第三十六条　管料员发放材料须有主任批发之领料凭单方得发给，仍应随时登列发料簿，其领料凭单并须分别汇存备查。

第三十七条　凡收发材料，应将品名、数量、收发日期详细记载外，并需按月造具收发材料数目四柱清册，呈送救济院查核，转呈社会局备案。

第三十八条　储料室所存材料有无虫伤鼠啮、潮湿损失等情事，应由管料员随时检查之。

第三十九条　储料室门户非收料发料及检查时间，不得随意开放。

第四十条　各科成品由各该科技师按照种类数量登列缴送簿，送请主任查阅，批交保管成品员点收，将缴送簿盖章以明责任。

第四十一条　保管员点收成品后，应即分别登记收成品簿，并送成品室分类存储。

第四十二条　各科成品由各该技师会同采办员管料员核定售价，列表送请主任覆核后始准销售。

第四十三条　成品以材料价值及折耗与人工为其原价，其售价应以市价为标准，审查货色精粗、销路通塞，酌加相当之益金。

第四十四条　凡有来所定制货品者，应由各该技师会同采办员、管料员详核样式、尺码、料质，计算需用料价、人工及折耗，估定价目，送请主任复核批准后，始得订立定单领料制造。

第四十五条　凡成品核定售价后，应即列表发交售货员，依照出售。

第四十六条　凡出售成品，应由售货员填具报告书，送请主任查核后，批交保管员照发，其出售成品报告书并须汇存备查。

第四十七条　保管员点发成品应注意下列事项：

一、品名；

一、数量；

一、单价；

一、总价；

一、货色有无缺点；

一、发单与实物是否相符；

一、检点无讹应于发单存根上加盖检查印证。

第四十八条　保管员点发成品，检点无讹，应即分别登记售成品簿，并填具销售成品转账单，连同填给发单，送交会计员核收货款。

第四十九条　会计员核收货款无讹，应填具收款送阅单，经主任查阅盖章后，即将发单交给购货人。

第五十条　凡收售成品，除分别将品名、数量、收售日期详细记载外，并须按月造具收售成品数目月报四柱清册，呈送救济院查核，转呈社会局备案。

第五十一条　保管员应将本所成品各提一种，布置陈列室，专供来宾参观，并须注意下列各事项：

一、详阅制品科出品人及品名、价格；

一、位置须有一定次序，不得逐日移动紊乱；

一、须加意保护，不得破坏损失；

一、陈列各品须编号列簿存查；

一、来宾询问各品，应详细答复；

一、来宾愿零星购置或大宗趸批，应即会同售货员按照规定办理；

一、来宾有所指教改良，应诚意接受，详细记载日记簿，以备参考。

第五十二条　采办员与售货员应按日期调查原料与成品之市价及销路通塞情形，并比较本所与他厂出品优劣异点，详登日记簿，报告主任共同研究。

第五十三条　凡各种制品折耗残余材料，应随时设法利用，其实系无法利用者，详列品名量数与原因，报告主任查明无讹签字盖章后方得售卖，所得价格应列营业杂项收入，一面呈报救济院，按月汇呈社会局备案。

第五十四条　凡结存成品价格，应以原价为标准，但与市价相差过巨时，应按后列二款办理之：

甲、市价高于原价时，仍按原价结存，但售货时应照市价酌增，其售出盈余之款列入成品收销总簿益金栏；

乙、市价低于原价时，以市价为标准，应于每年年终将货价更正一次，其不足之款列入成品收销总簿损失栏。

第五十五条　本规程如有未尽事宜，得随时提出救济院院务会议修正之，并转呈社会局核转备案。

第五十六条　本规程自呈奉核准备案之日施行。

——原载《青岛市市政法规汇编》（第一编），1936年，第101—107页。

青岛市救济院习艺所管理习艺生章程

（1932 年）

第一章　总则

第一条　凡本市区域内，年在十三岁以上二十岁以下，身体健全无力谋生者，得为本所习艺生。

第二条　有下列情形之一者，不属本所救济范围之内，概不收容。

甲、体质赢（羸）弱不堪工作者；

乙、有精神及传染或其他不能治愈等病者；

丙、年龄不合第一条规定者。

第三条　习艺生须具志愿书，填明姓名、年龄、籍贯、住址，并觅取铺保，经其亲属携同送交本所，始得收容之。

第四条　凡异乡流落、孤苦无依，经调查确实者，得免觅保收容之，但须填具志愿书备查。

第五条　本所收容习艺生，须随时呈报救济院，汇呈社会局备案。

第六条　关于收容习艺生，各项簿记证据均须分别归档保存。

第七条　凡在所习艺生，悉依本章程管理之。

第二章　待遇

第八条　凡在所习艺生，其宿舍、衣食、被褥、鞋袜、书籍、笔墨、医药、自修等费，概由本所供给之。

第九条　本所设备教育室，教授三民主义、国语、算术、习字、常识、体操诸课程，每晚令习艺生学习二小时，每三个月考验一次，详定成绩。

第十条　本所设备阅报室，陈列各种报纸及浅近杂志，并有益身心标本，令习艺生于工余入室浏览。

第十一条　本所设备体育场，令习艺生于工余锻炼体格。

第十二条　本所设备沐浴室，每隔三日令习艺生轮流沐浴一次。

第十三条　凡遇国民政府规定假期，在所习艺生一律休息，其星期假日午后，由本所职员或技师领导往各公园游览，或往各工厂、各商场参观，藉以活泼精神、增长智识。

第十四条　本所习艺生，非关习艺事项，无论职员技师，均不得任意差遣。

第十五条　本所习艺生遇有患病者，需随时延医治之。

第十六条　本所设备疗病室，凡习艺生有患传染病者，须随时移入隔离治疗之。

第十七条　本所习艺生遇有死亡者，须随时呈报救济院，转请法院派员检验，如无亲属具领，得备棺殓葬，并将姓名、年龄、籍贯标志塚前，随时附具法院执照，呈转社会局备案，其遗留私有财物点明收归公有，以充工艺基金。

第三章　习艺

第十八条　凡习艺生入所后，均按其资质程度选择工艺科目，分别教授之。

第十九条　各科习艺生均由技师遴选，资质较优者一人为班长，以资率领。

第二十条　各科习艺生每日课以工作八小时，其时间随节季另定之。

第二十一条　各科习艺生上班下班须依次出入，不得拥挤争先。

第二十二条　各科习艺生对于指定工作位置不得紊乱，以维秩序。

第二十三条　凡习艺生分科后，不得见异思迁，请求改习别科。

第二十四条　各科习艺生在工作时间，须听技师教授指挥，不得有下列之行为：

一、不得滥用、毁坏、抛弃材料；

一、不得私作他物或空手闲坐；

一、不得无故至他科游览，妨碍工作；

一、不得自由出入或托故擅离；

一、不得吸烟或任意痰唾；

一、不得秽言亵语、嬉笑喧哗或争闹。

第二十五条　各科习艺生须听技师指派轮流值日，每日一人，专司工作时间整理器具，散工后洒扫清洁。

第二十六条　本所设置习艺考勤簿及成绩日报表，凡各科习艺生习艺成绩，均由技师逐日分别登记报告之。

第二十七条　本所设置月份考验成绩表，每月由主任督同技师考验各科习艺生一次，计算分数，详定等次，按其成绩酌给奖金。

前项奖金数目，甲等二元、乙等一元五角、丙等一元，均于翌月五日以前由售品盈余提给之。

第二十八条　各科习艺生每三个月季考一次，每年大考一次，考试等级分甲乙丙三等榜示之，如有进业甚速、制品精良可以畅销者，并得酌给特别奖金，由售品盈余项下开支，其数目按照第二十七条甲等奖金加倍核给之。

第二十九条　各科习艺生之奖金均由本所代存银行生息，其日期数目按月公布，并呈报救济院转呈社会局备案。

第三十条　各科习艺生以二年为毕业年限。

第三十一条　各科习艺生习艺期满考验及格者，须留所试验一年，按月酌给津贴。

第三十二条　各科习艺生习艺期满出所时，所得奖金及利息一并发给具领。

第三十三条　各科习艺生习艺期满能出所自谋生计或应人之聘者，除发给毕业证书外，另给试艺保证书，藉资证明而利前途，试艺保证书另定之。

第三十四条　各科习艺生试艺期满不愿出所报效者，应提充正式工人，但工资不能与其他工厂比例，除照旧借给衣食外，较其他工厂工价酌按五成发给。

第三十五条　各科习艺生成绩过低考不及格者，届习艺期满，不得提升试艺，仍留班习艺补习之，俟补习期满后，经考验及格，在试艺期间除照旧供给衣食外，不给津贴，藉示惩戒。

第三十六条　各科习艺生不得半途请给长假，其有特别事故者不在此限。

第四章　约束

第三十七条　凡习艺生上教育班，应遵守下列之规定：

一、上课须守钟点，不得任意迟延并应严守秩序，不得拥挤争先；

一、须按照排定位置，不得越席乱坐；

一、教员上课下课各生均须起立致敬；

一、授课时间须正容静听，不得左顾右盼交头接耳；

一、不得袒胸露臂、掩襟拖鞋、擅离坐位、乱掷字纸、任意痰唾；

一、除应用书籍笔墨外，不得携带他项物品；

一、对于课程有不明了之处，应俟讲毕起立敬问，不得争先互问或同时发言及问课外事项；

一、在听讲时间不得托故外出；

一、下课需随教员依次退出，不得拥挤喧扰。

第三十八条　本所习艺生宿舍分组规定之，各指派组长一人，应率领同室各生遵守下列之规定：

一、每晨闻铃须一律起床，将被褥折叠整齐，不得迟延至十五分钟，经点名后赴洗面室盥洗；

一、需听组长支配，轮流值日洒扫室内，不得污秽；

一、宿止有定处，不得擅自挪移；

一、需保持清洁，不得随地涕唾及任意涂抹门窗墙壁；

一、被褥衣服每星期日上午洒濯，平时不得任意堆置，致碍观瞻；

一、被服均编号码，各归各用，不得错乱，以资稽查；

一、室内器具均须注意珍惜，如有损失情事，一经查实，责令赔偿；

一、需小心火烛，凡火柴纸烟及其他危险物品，不得携带入内；

一、每晚十时就寝前经点名后振铃息灯，不得谈笑嬉戏，致妨他人安眠。

第三十九条　本所习艺生每日晨起洗面，须遵守下列之规定：

一、听铃按次轮流洗面；

一、每洗面时以十人为一班，不得拥挤争先；

一、洗面时不得倾水于面盆之外，洗毕需自行倒净污水，将面盆仍置原处，拭面毛巾各归各用，尤不得紊乱；

一、对于洗面器具应加爱惜，不得损坏；

一、洗面时间每次不得过十分钟；

一、洗面毕各归宿舍，听铃工作。

第四十条　本所食堂窄狭，习艺生用饭须遵守下列之规定：

一、分班开饭，以次轮流，不得预先入内候餐，在第一班未食毕以前，其余诸班须在宿舍等候，不得在堂外窥探；

一、依次就坐，不得争夺坐位，同桌人未坐齐前不得先食；

一、每开饭时必经主任视察饭菜，不得由个人发言厌恶摔打食具；

一、就餐时不得谈笑喧哗，耽延时间；

一、不得遗漏饭渣，任意抛弃或藏匿食品；

一、会食地点以食堂为限，不得开往他处；

一、逾规定时间，不另开饭，均不得向厨房强索；

一、每班会食时间至多不得逾三十分钟，食毕即出，不必守候。

第四十一条　凡习艺生接见家属及介绍人，须遵守下列之规定：

一、来人需向传达处说明姓名、事由，登录号簿，经传达后方得接见；

一、每星期日上午为接见时间，凡非规定之时日，概不接见，如有特别要事，经主任允可者不在此限；

一、接见时间至多以三十分钟为限，不得纵谈喧笑；

一、不得以类似本所材料包裹递交来人，其有必须带回之件，须将包裹经主任检查盖章，不得私相授受。

第四十二条　本所习艺生对于厕所须遵守下列之规定，以重公共卫生。

一、大小便不得遗泻坑外，须随时放水冲洗；

一、大小便后不得以石块瓦片及有字纸或硬纸充当手纸，以免堵塞坑道；

一、厕所预备药水须随时洒散。

第五章　奖惩

第四十三条　本所习艺生除进业甚速制品精良者，业经规定奖金外，其有合于下列各款之一者，经考核属实后，得分别记功或奖给物品。

一、品行端正者；一、工作勤慎者；一、维持公益者；一、匡正同学者；一、满三个月以上未请假者。

第四十四条　本所习艺生有犯下列各款情事之一者，随时严重申斥之。

一、行为不谨者；

一、互相口角者；

一、私出工厂或无故不到工厂及不上教育班者；

一、无故越科者；

一、有意托病者；

一、点名不到者；

一、逾上班时间至十分钟以上不到者；

一、未至规定时间先到食堂候餐者。

第四十五条 本所习艺生有犯下列各款情事之一者，经考查属实后得酌量轻重，分别记过或罚减十分之二至十分之四之奖金。

一、不听指挥故意怠工者；

一、出品迟延不能如期制成者；

一、作危险之游戏者；

一、私启工厂等室锁钥者；

一、损坏器物价额在一元以上者。

第四十六条 本所习艺生有犯下列各款情事之一者，经考查属实后，酌量轻重，分别记大过或罚减十分之六之奖金。

一、造谣生事者；一、私行赌博者；一、互相斗殴者；一、逾墙私出者；一、妨害公益者。

第四十七条 本所习艺生有犯下列各款情事之一者，经考查属实后，得分别轻重罚减全数奖金或除名。

一、有意损坏原料或制品恶劣不能出售者；

一、屡戒不悛、言语唐突者；

一、聚众滋事者；

一、挟嫌寻斗成伤者；

一、窃取物品确有证据者；

一、有毁本所名誉之行为者。

第六章　遣发

第四十八条 本所习艺生除试艺期满不愿留所，或违反本章第四十七条各款经除名者，均应遣发外，其经本所试验认为不堪工作者，得随时遣发之。

第四十九条 本所习艺生如有久病不愈，或感受传染病，或发生精神病，经医生诊断认为无法治疗者，得通知其家属或原介绍人及保证人领回，其自行投所者不在此限。

第五十条 凡习艺生出所，呈经救济院核准，得由其家属或介绍人及保证人缮具承领证所存查。

第五十一条　本所遣发习艺生，须将其姓名、年龄、籍贯、出所时日记载清楚，并呈报救济院，转呈社会局备案。

第五十二条　关于遣发习艺生各项簿册证据，须归档保存。

第七章　附则

第五十三条　本章程如有未尽事宜，得随时提出救济院院务会议修正之，并转呈社会局核转备案。

第五十四条　本章程自呈奉核准备案之日施行。

——原载《青岛市市政法规汇编》（第一编），1936年，第107—114页。

青岛市救济院习艺所参观简则

（1932 年）

第一条　本所参观时间以每日下午二时至四时为限，星期日停止参观。

第二条　凡参观本所非经传达处报告主任许可者，一概谢绝。

第三条　凡机关团体来所参观者，须先一日将人数通知本所，以便招待。

第四条　有下列情形之一者来所参观，概拒绝之。

一、有精神病者；

二、酗酒滋事者；

三、无正当职业者。

第五条　凡参观者，对于本所出品均可随意选购。

第六条　凡参观者，如承指教改良，本所竭诚接受。

——原载《青岛市市政法规汇编》（第一编），1936 年，第 114 页。

青岛市救济院育婴所组织细则

（1931年）

第一条　本所遵照市政府公布《青岛市救济院组织细则》第二条第二项之规定组织之，隶属于救济院，办理收育本市区域内贫苦及遗弃之男女婴孩事务，定名为青岛市救济院育婴所。前项婴孩须年在五岁以下者。

第二条　本所设主任一人，秉承院长、副院长管理本所一切事务，并指挥监督所属职员。

第三条　本所设总务、管理、调查三股，掌理职务如下：

一、总务股　掌理收发文牍、保管档案、缮校监印、会计庶务及其他不属于各股事项；

二、管理股　掌理关于育婴、清洁卫生、婴孩寒暖、疾病疗养及监督乳媪待遇婴孩事项；

三、调查股　掌理关于领养婴孩手续、视察领养有无虐待情形及其他应行调查事项。

第四条　本所设办事员、书记若干人，秉承主任办理本所事务，其任务之分配由主任秉承院长、副院长指定之。

第五条　本所职员除主任由院长、副院长遴选，呈由社会局委任外，其他职员由主任秉承院长、副院长选任，呈报社会局备案。

第六条　本所经费拟具预算，呈由救济院核定，转报社会局备案。

第七条　本所主任为谋事务之进行，得依照《青岛市救济院组织细则》第十一条之规定，参加院务会议。

第八条　本所办事细则及管理简则另定之。

第九条　本细则如有未尽事宜，得由救济院呈由社会局转请修正之。

第十条　本细则自呈奉核准之日施行。

——原载《青岛市市政法规汇编》（第一编），1936 年，第 114—115 页。

青岛市救济院育婴所办事细则
（1932 年）

第一章　总则

第一条　本所处理事务除遵照本所《组织细则》外，悉依本细则行之。

第二章　职权

第二条　主任综理所务，有指挥监督职员之权。

第三条　办事员、书记承主任之命办理各股事务。

第四条　各股事务如有互相关联者，应会商办理，彼此意见不同时，陈由主任决定之。

第三章　文书处理

第五条　凡文件到所，由传达处送交收发员，随时掣给收据。

第六条　收发员收到文件开拆后，摘由编号，填注到所日期，登入总收文簿，送交主任核阅，其有附件者并应注明随原文附送。

第七条　凡附有款项物品之文件，须于收文簿上逐一注明，应即交会计员或庶务员收存掣给收据。

第八条　凡文件直书本人姓名者，应随时送交本人，经拆阅后如系公文，即交由收发员登列收文簿。

第九条　凡紧急文件，应提前登簿速送。

第十条　到文经主任核阅批示办法后，应即时拟稿。

第十一条　拟稿员应署名盖章，如稿内有增删涂改等处，亦须由本人加盖名章，以明责任。

第十二条　凡文件缮正后，应即校对盖用图记，并检点有无附件、是否须盖名章，手续完备后即登发文簿装封照发，一面将原稿编号归档。

第十三条　送达文件应登送文簿，由收件机关或收件人加盖戳记。

第十四条　每一文件自到所至发出期间，紧要者不得逾一日，次要者不得逾二日，例行者不得逾三日，特别紧急文件需随到随办随发。

第四章　会计

第十五条　本所经费应于每月二十五日以前，由会计员造具下月预算书，经主任核阅后，连同印领呈送救济院请领。

第十六条　本所公款由主任督同会计员负责保管之。

第十七条　本所职员薪水应由会计员预备发薪簿，详注职员职务、姓名、领薪月份，送由主任核阅签字后，再行按簿分发。

第十八条　职员请领薪水时，均应在收据上署名盖章、粘贴印花，以备粘存报销，其乳媪公役工资由庶务员传集，亲自具领。

第十九条　每月十日以前，应由会计员造具上月经费支出计算书、收支对照表连同单据粘存簿，经主任核阅后呈报救济院查核。

第二十条　本所收入捐款应备三联式收据，一联存根，一联交捐款人收执，一联随时连同捐款呈送救济院核收，转报社会局备案。

第五章　庶务

第二十一条　本所公用物品应由庶务员随时备办之。

第二十二条　本所各职员及育婴室所需公用物品，应备领用物品单，详列品名、数量之用途，署名盖章，向庶务员领取。

第二十三条　公用物品之发出以及消耗品之用数，每届月终由庶务员造具清册，送请主任核阅。

第二十四条　本所房屋、器具、物品、花木等件，应由庶务员负责保管，并随时督饬公役整理清洁，不得污秽损失。

第六章　服务通则

第二十五条　本所办公时间以每日七小时为标准，但遇必要时得延长之。

第二十六条　本所每日办公时间，除星期日及例假外，按照节季另定之。

第二十七条　本所职员均须轮流值所。

第二十八条　值所分下列三种：

一、平时值所　上午七时半起至下午五时止；

二、夜间值所　下午五时起至翌晨七时半止；

三、假日值所　上午七时半起至下午五时止。

第二十九条　平时及假日值所人员办理招待来宾及日常公务，登记报告及其他临时事项。

第三十条　夜间值所人员办理查验火烛、慎防偷窃、检点门户及其他临时事项。

第三十一条　值所人员均应将经过情形登入日记簿备查。

第三十二条　本所休息日以国民政府规定者为限，临时休假须奉有救济院命令行之，但休假期间遇有紧要事项仍须照常工作。

第三十三条　本所职员每日到所亲自署名于考勤簿，并将到值散值时间记入，送主任查阅。

第三十四条　本所职员在办公时间不得接见宾客，其因公接洽者不在此限。

第三十五条　本所职员应各置工作日记簿，记明每日工作事项，每届月终汇呈救济院查阅。

第三十六条　本所职员请假，无论久暂，均应将所任职务托同事一人代理，并将姓名记入请假单内。

第三十七条　本所职员请假，除急病或紧要事故外，非经批准不得先自离所。

第三十八条　请假期满即须到值，如因事故不能销假，应将情由呈明续假，否则以旷职论。

第七章　附则

第三十九条　本细则如有未尽事宜，得随时提出救济院院务会议修正之，并转呈社会局核转备案。

第四十条　本细则自呈奉核准备案之日施行。

——原载《青岛市市政法规汇编》（第一编），1936年，第115—118页。

青岛市救济院育婴所育婴章程

（1932 年）

第一章　总纲

第一条　本所办理育婴事务，除法令别有规定仍应遵照外，悉依本章程行之。

第二章　收养婴孩

第二条　凡本市区域内被遗弃之男女婴孩年在五岁以下者，均收养之。

第三条　本所备有接婴箱，无论何人拾得初生婴孩，均可置于该箱，本所派有专员接收。

第四条　凡年在五岁以下能自行动之婴孩，经人引导送至本所者，该引导人须觅取铺保证明确系无主婴孩，得收养之。

第五条　凡因拐案之婴孩，由官厅发交本所，经审查年龄合格者，得留养之。

第六条　本所接收婴孩后须为之命名，并将到所年月日时以及五官四肢有无伤痕疤痣及其他病症详载收婴册，随时呈报救济院查核，按月汇转社会局备案。

前项命名字义及收婴册式另定之。

第三章　待遇婴孩

第七条　本所设备育婴室，均应编列号次，各设婴床一架、乳媪床二架，以便婴孩分住，俾免室内拥挤、空气闭塞。

第八条　凡收养之婴孩衣服、被褥、鞋袜、玩具等件，均由本所置备供给之。

第九条 本所每一婴孩应由一乳媪哺乳，其有可以兼食代乳品者，得以一乳媪哺乳二人，但以二人为限，不得再加。

第十条 凡未满三月之婴孩，以上午二时、六时、十时，下午二时、六时、十时为哺乳时间，倘因睡误点，得俟其醒后体察情形哺乳之。

第十一条 凡逾三个月之婴孩，除体质薄弱者仍须继续哺乳外，其气象发育者，得每日兼以滋养品饲食二次，陆续减少乳食，以便哺乳其他婴孩。

第十二条 凡较长之婴孩，其饮食须以适合消化效用者为标准，食品烹调法另定之。

第十三条 凡周岁以上之婴孩，其衣服、饮食、坐卧、举止，须随时注意检查纠正之。

第十四条 本所设有浴室，凡各婴孩春秋冬三季，每一星期沐浴一次，夏季每一星期沐浴三次，不得间断。

第十五条 本所设有游戏场，凡温和清朗天气，婴孩均须在该场吸受空气、接受阳光，助长天然发育，但夏令头宜戴帽，冬令宜服暖衣，预防疾病。

第十六条 本所婴孩每星期须延医检验体格一次，以防不虞。

第十七条 凡遇婴孩患病，需随时延医诊治，并呈报救济院备案。

第十八条 本所设有隔离室，凡婴孩患传染病者，须移于该室调治之。

第十九条 凡遇婴孩夭殇，须随时填具凭照，送往孤山义地掩埋，并呈报救济院转呈社会局备案。

第四章 选择乳媪

第二十条 凡雇用乳媪，须年在二十岁以上三十岁以下者为合格，并应询明该乳媪本生婴孩已逾几月，尤须检验体格确无疾病，乳汁实系丰富，方得由介绍人担保留用之。

第二十一条 凡乳媪留用后，需注意其性情是否和平，待遇婴孩能否尽心，倘有不合之处，应随时辞退之。

第二十二条 本所备有化验机，每月须取各乳媪之乳汁化验一次，鉴定其乳汁有无滋养力，以定去留。

第五章　管理乳媪

第二十三条　本所乳媪均由管理员指挥监督之。

第二十四条　本所备有婴孩保健表及体重标准与身长标准表，应由管理员随时与乳媪讲解之。

第二十五条　本所乳媪对于婴孩沾污之衣服、被褥等物，均应随时洗濯，保持清洁。

第二十六条　本所乳媪哺乳婴孩均须按照规定时间，哺乳毕应随时按置婴孩各床就卧，不得与之共寝，以防习惯难离并免其他危险。

第二十七条　本所乳媪对于婴孩之寒暖须特别注意，凡窗户之启闭均应随时视察，不得寒暖失宜，倘遇婴孩睡熟时，迎风窗户尤应关闭，以免感冒。

第二十八条　本所乳媪对于婴孩沐浴，均应按照规定时间，不得疏忽。凡浴水之温度，水分之拭干以及御风之衣服，应由管理员随时指导监督之。

第二十九条　本所乳媪照料婴孩不得任意擅离，倘遇洗濯就餐等事，须托同事看护，其轮流值班时间表另定之。

第三十条　本所乳媪之饮食与乳分攸关，不得十分粗粝，应由管理员随时检查之，其适宜之食品另表规定之。

第三十一条　本所乳媪均须爱护婴孩、和睦同事，不得有燥烈骄慢行为及其他不良嗜好，违者辞退。

第三十二条　本所乳媪衣服均须清洁适体，不得污秽褴褛，致碍观瞻。

第三十三条　本所乳媪对于育婴各室均应随时洒扫，力求清洁，所有室内器物、床铺、墙壁、门窗等类，应各负责保管，不准有污秽损失等情事，违者赔偿。

第三十四条　本所乳媪对于婴孩衣服被褥等件，应分任拆洗，缝纫之责不准互相推诿，并不得额外需索工资，由管理员规划指挥之。

第三十五条　本所乳媪非患病不得告假，其有特别事故告假者，不得逾四小时，告假时间所乳之婴孩，须托同事代理之。

第三十六条　本所乳媪接见家属，须在午前十一时、午后五时，非规定时间及值班时间概不准接见，但有特别事故者不在此限。

第三十七条　凡温和天气，各乳媪得抱婴孩在院内游览，吸受空气，惟不准隔墙与人接谈及购买什物，违者申斥，再犯记过。

第三十八条　本所婴孩欲买什物，须陈请管理员派人赴市采办。

第三十九条　本所乳媪如有恪守章程，所乳婴孩气象活泼、体格增重，并满三个月以上未告假者，得由管理员报告主任考查确实后，分别记功或给奖。其违背章程，屡戒不悛，所乳婴孩毫无成绩者，得由管理员报告主任考查确实后，分别记过或扣薪及辞退。

第六章　领养婴孩

第四十条　本所男女婴孩有愿领作养子养女者，须合本章程所规定。

第四十一条　凡领养婴孩者，须身家清白、衣食充足、年逾四旬确无子女者，方为合格。

第四十二条　凡无不动产仅恃职业生活欲领养婴孩者，除前条规定均须适合外，其月入薪金须在一百元以上，方准给领。

第四十三条　凡领养婴孩者，须来本所领取志愿书，填列姓名、年龄、籍贯、住址、职业及因无子女愿领某婴孩以作子女等情，亲自署名盖章，并觅取本市殷实铺保二家出具保结，署名盖章，经本所调查相符，呈报救济院核准，方得领养。经领之后，该婴孩得享有承受产业之权利。

前项志愿书及保结另定之。

第四十四条　凡领养之婴孩，本所得随时派员前往视察，倘有虐待或转卖及一切违法情事，除将该婴孩收回外，得呈救济院将领主、保人一并移送法院，依法讯办。

第四十五条　凡请领养婴孩者迁移住址，须随时报告本所，倘隐匿不报致本所无处调查，应由原铺保负责查明。

第四十六条　凡请领之婴孩，如系因案发交本所，或因特别事故留所尚待其家属认领者，概不给领。

第七章　附则

第四十七条　本所应备婴孩病殇领养等表，随时分别填列存查，每届月终造具病殇领存总册一式四份，呈报救济院查核，转呈社会局备案，其表册另定之。

第四十八条　本章程如有未尽事宜，得随时提出救济院院务会议修正之，并呈报社会局核转备案。

　　第四十九条　本章程自呈奉核准备案之日施行。

　　　　——原载《青岛市市政法规汇编》（第一编），1936 年，第 118—121 页。

青岛市救济院育婴所接婴箱简则

（1932 年）

第一条　本箱为接收无主男女婴孩而设。

第二条　本所派有专员常川守候本箱，无论何人拾得婴孩，均可随时送置箱内，以便接入饲乳。

第三条　有人送婴之时，不准他人互相探视。

第四条　凡非送婴之人不准妄动本箱，违者扭送公安局罚办。

第五条　倘有人有意涂抹或毁损本箱者，一经查明，责其赔偿，若系儿童有意所为，责成其家长赔偿。

第六条　育婴章程可到本所取阅。

——原载《青岛市市政法规汇编》（第一编），1936 年，第 121 页。

青岛市救济院育婴所参观简则

（1932 年）

第一条　本所参观时间定于每日上午十时至十二时，下午三时至五时，星期日停止参观。

第二条　凡欲参观本所非经传达处报告主任许可者，一概谢绝。

第三条　凡机关团体来本所参观者，须先一日以电话将人数通知本所，以便招待。

第四条　有下列情事之一者来本所参观，概拒绝之。

甲、有精神病者；

乙、酗酒滋事者；

丙、无正当职业者。

第五条　凡参观者，如承指教改良，本所竭诚接受。

第六条　凡参观者，如蒙随意捐助，尤所欢迎，除将大名惠数揭示门首以彰仁德外，并呈报救济院转呈社会局备案。

——原载《青岛市市政法规汇编》（第一编），1936 年，第 121—122 页。

青岛市救济院济良所组织细则

（1931 年）

第一条　本所遵照市政府公布《青岛市救济院组织细则》第二条第四项之规定组织之，隶属于救济院，办理收容本市区域内无告妇女救济事务，定名为青岛市救济院济良所。

第二条　本所设主任一人，秉承院长、副院长管理本所一切事务，并指挥监督所属职员。

第三条　本所设总务、管教、调查三股，掌理职务如下：

一、总务股　掌理收发文牍、保管档案、缮校监印、会计庶务及其他不属于各股事项；

二、管教股　掌理关于在所妇女衣食住宿、清洁卫生、疾病疗养、整饬风纪及教授相当技能、普通常识事项；

三、调查股　掌理关于遣发妇女事前事后应行调查事项。

第四条　本所设办事员、书记若干人，秉承主任办理本所事务，其任务之分配由主任秉承院长、副院长指定之。

第五条　本所职员除主任由院长、副院长遴选，呈由社会局委任外，其他职员由主任秉承院长、副院长选任，呈报社会局备案。

第六条　本所经费拟具预算，呈由救济院核定，转报社会局备案。

第七条　本所主任为谋事务之进行，得依照《青岛市救济院组织细则》第十一条之规定参加院务会议。

第八条　本所办事细则及管理简则另定之。

第九条　本细则如有未尽事宜，得由救济院呈由社会局转请修正之。

第十条　本细则自呈奉核准之日施行。

——原载《青岛市市政法规汇编》（第一编），1936 年，第 122—123 页。

青岛市救济院济良所办事细则

（1932 年）

第一章　总则

第一条　本所处理事务除遵照本所《组织细则》外，悉依本细则行之。

第二章　职权及责任

第二条　主任综理所务，有指挥监督职员之权。

第三条　办事员、书记承主任之命办理各股事务。

第四条　各股事务如有互相关联者，应会商办理，彼此意见不同时，陈由主任决定之。

第三章　文书处理

第五条　凡文件到所，由传达处送交收发员，随时掣给收据。

第六条　收发员收到文件开拆后，摘由编号，填注到所日期，登入总收文簿，送交主任核阅，其有附件者并应注明随原文附送。

第七条　凡附有款项物品之文件，须于收文簿上逐日注明，应即交会计员或庶务员收存，掣给收据。

第八条　凡文件直书本人姓名者，应随时送交本人，经拆阅后如系公文，即交由收发员登列收文簿。

第九条　凡紧急文件，应提前登簿速送。

第十条　到文经主任校阅批示办法后，应即时拟稿。

第十一条　拟稿员应署名盖章，如稿内有增删涂改等处，亦须由本人加盖名章，以明责任。

第十二条　一切文稿非经主任核阅盖章不得缮发。

第十三条　凡文件缮正后，应即校对盖用图记，并检点有无附件、是否须盖名章，手续完备后即登发文簿，装封照发，一面将原稿编号归档。

第十四条　送达文件应登送文簿，由收件机关或收件人加盖戳记。

第十五条　每一文件自到所至发出期间，紧要者不得逾一日，次要者不得逾二日，例行者不得逾三日，特别紧急文件须随到随办随发。

第四章　会计

第十六条　本所经费应于每月二十五日以前，由会计员造具下月预算书，经主任核阅后，连同印领呈送救济院请领。

第十七条　本所公款由主任督同会计员负责保管之。

第十八条　本所职员薪水及技师薪金，应由会计员预备发薪簿，详注职员技师职务、姓名、领薪月份，送由主任核阅签字后，再行按簿分发。

第十九条　职员技师请领薪金时，均应在收据上署名盖章、粘贴印花，以备粘存报销，其公役工资由庶务员传集，亲自具领。

第二十条　每月十日以前，应由会计员造具上月经费支出计算书、收支对照表连同单据粘存簿，经主任核阅后呈报救济院查核。

第二十一条　所女衣食杂用等费，应备周转金专款存储，以资垫支，遣发所女收回之慈善捐，仍旧归垫，由会计员立专账登记，不得与经费混合，每届月终，造具支出计算书，连同支付单据呈送救济院查核，转呈社会局备案。前项收回之慈善捐，应备甲乙丙三联式收据，甲联存根存所，丙联交捐款人收执，乙联随时呈送救济院备查。

第二十二条　所女手工基金应与经费划分清晰，由会计员设置材料及成品收付等簿，分别登记，每月结算一次，造具盈亏计算表，呈送救济院查核，转呈社会局备案。

第五章　庶务

第二十三条　本所公用物品由庶务员随时备办之。

第二十四条　本所各职员需用办公物品，应备具领用物品单，详列品名、数量及用途，署名盖章，向庶务员领取。

第二十五条　所女领用物品，应由管理员填具前项领单代领之。

第二十六条　公用物品之发出以及消耗品之用数，每届月终由庶务员造具清册，送请主任核阅。

第二十七条　本所房屋、器具、物品、花木等件，应由庶务员负责保管，并督饬公役整理清洁，不得污秽损失。

第六章　服务通则

第二十八条　本所办公时间，以每日七小时为标准，但遇必要时得延长之。

第二十九条　本所每日服务时间，除星期日及例假外，按照季节另定之。

第三十条　本所职员均须轮流值所。

第三十一条　值所分下列三种：

一、平时值所　上午七时半至下午五时止；

二、夜间值所　下午五时起至翌晨七时半止；

三、假日值所　上午七时半起至下午五时止。

第三十二条　平时及假日值所人员办理招待来宾、日常公务、登记报告及其他临时事项。

第三十三条　夜间值所人员办理查验火烛、慎防偷窃、检点门户及其他临时事项。

第三十四条　值所人员均应将经过情形登入日记簿备查。

第三十五条　本所休息日以国民政府规定者为限，临时休假需奉有救济院命令行之，但休假期间遇有紧要事项仍须照常工作。

第三十六条　本所职员每日到所，须亲自署名于考勤簿，并将到值散值时间记入，送主任查阅。

第三十七条　本所职员在办公时间不得接见宾客，其因公接洽者不在此限。

第三十八条　本所职员应各置工作日记簿，记明每日工作事项，每届月终汇呈救济院查阅。

第三十九条　本所职员请假，无论久暂，均应将所任职务托同事一人代理，并将代理姓名记入请假单内。

第四十条　本所职员请假，除急病或紧要事故外，非经批准不得先自离所。

第四十一条　请假期满即须到值，如因事故不能销假，应将情由呈明续假，否则以旷职论。

第七章　附则

第四十二条　本细则如有未尽事宜，得随时提出救济院院务会议修正之，并转呈社会局核转备案。

第四十三条　本细则自呈奉核准之日施行。

——原载《青岛市市政法规汇编》（第一编），1936年，第123—126页。

青岛市救济院济良所收遣所女简则

（1932 年）

第一条　本所收遣所女，悉依本简则办理之。

第二条　凡在本市境内，无论为娼妓、姬妾、婢女、童养媳，或流落无依，或被人诱拐及其他一切被压迫之无告妇女，本所概得收容之。

但前项所载之妇女，如因情势迫切径自投所者，本所得暂行收容，一面派员调查，倘因不正当行为之败露，或犯法畏罪，或受人唆使故意虚构事由者，一经查实，立即拒绝收容。

第三条　前条所到妇女，无论由公安局或法院及慈善团体移送，或自身投奔，或他人引导，一经本所审查合格收容后，即由本所保护，不受未入所前任何习惯契约之约束。

第四条　凡妇女投所，须先盘问其遇难情形、投所原因、真实姓名、籍贯、年龄及亲属通讯地址，依其投所时日，分别登记收遣妇女名册，按照入所先后编定号次，更为命名，一面即日报告救济院，每届月终造册汇呈社会局备案。

第五条　凡收容之所女倘无根据而其家属自行寻觅前来者，经本所质对能将该女之言行、性质、身体、容貌及特征逐一说明无讹，查核确无压迫情意时，准其觅具本市殷实铺保两家结呈，由本所呈请救济院核准后方得领回，每届月终汇造清册，呈转社会局备案。但外埠来青认领，前项所载收容之妇女，因人地生疏不能觅得本市相当铺保者，得将其居住地方行政机关证明文件投送本所，查询明白认为确实无冒领情事，呈报救济院核准后，亦得由该本人具结盖指印领回之，每届月终汇造清册，呈转社会局备案。

第六条　凡收容本所之妇女，以三个月为教养期。

第七条　本所所女一经教养期满，立即呈请救济院，准许其由本国人择为配偶，呈准之后，本所即将该女照片悬诸门首，以示征配之意，但未成年及具有特殊之情节者不在此例。

第八条 凡欲应征本所所女为配者，当具下列各条件：

一、应征人须与择配所女年龄相当，并须有正当职业者。

二、应征人须备申请书申明下列各点：

甲、姓名、年龄、籍贯、住址、履历、职业；

乙、家庭状况；

丙、经济能力；

丁、指明承领某所女；

戊、粘附最近四寸半身照片三张。

三、应征人填具领结声明配婚后，不得有作婢妾、虐待及转卖情事。

四、应征人取具本市殷实铺保两家，加盖图记之保结，并注明保人姓名、详细地址。

五、应征人已具各项应办手续，经本所派员查实，并得该所女同意后，呈报救济院核准，方得给领完娶。

第九条 凡应征人及保人如有通同作弊情事，一经查实，即由本所呈报救济院转送法院惩办。

第十条 凡已逾教养期及悬照无应征之所女，本所当察其所长与平日成绩，请由救济院转呈社会局准予介绍相当职业，俾得自立，若成绩较低尚可造就者，本所当酌量情形延期教养，仍按月呈报救济院转呈社会局备案。

第十一条 未成年之所女逾教养期，经本所呈报救济院核准后，得由永住本市境内年逾五十之本国人觅保领为养女，但不得为姬妾、娼婢、养媳。

第十二条 凡应征人得配所女，乐助慈善捐，本所得收受之，随时掣给联单式收据，日期之久暂以最低限度计算之，但所收入并按月汇报救济院转呈社会局备案。

第十三条 本简则如有未尽事宜，得随时提出救济院院务会议修正之，并转呈社会局核转备案。

第十四条 本简则自呈奉核准之日施行。

——原载《青岛市市政法规汇编》（第一编），1936年，第126—127页。

青岛市救济院济良所管教所女简则

（1932 年）

第一条　凡在所妇女悉依本简则管教之。

第二条　在所妇女饮食、衣服、被褥、鞋袜、医药、自修等费，概由本所供给之。

第三条　在所妇女均须实习缝纫、刺绣、织袜、烹饪各技能，其实习时间表另定之。

第四条　在所妇女均须学习三民主义、国语、算术、习字、音乐、体操、常识诸课程，其功课表另定之。

第五条　在所妇女所制物品销售后，以余利十分之三给制品人，由所存储银行，俟该所女出所时如数发给，其生息日期及应得数目按月公告之，并呈报救济院转呈社会局备案。

第六条　在所妇女对于整理宿舍、沐浴身体、补缀晒晾、洗濯被服，宜各随时注意，以重卫生。

第七条　在所妇女对于宿舍、食堂、讲堂、工作室等，均须按派定号次，恪守秩序，不得任意迁移。

第八条　凡上课用膳以摇铃为号，在所妇女均须依次鱼贯进退，不得拥挤争先。

第九条　在所妇女均不得任意喧哗，扰人工作。

第十条　在所妇女对于开灯息火等事，均须恪守规定时间，不得任意违背。

第十一条　在所妇女如有操作勤敏、品行善良者，得由管教员陈明主任考查确实后，转呈救济院以财务或名誉奖励之。

第十二条　在所妇女如有怠惰工作、性质悍顽者，应由管教员随时留意，施以纠正训戒，引就轨道，倘屡戒不悛，得呈明主任转呈救济院，以记过惩处之。

第十三条　在所妇女如系缠足者，由管教员限期勒令解放，负责监督。

第十四条　在所妇女之宿舍，除管教员及女役外，其他职员及夫役等概不得擅入，违者重惩。

第十五条　在所妇女有患病者，应由管教员陈明主任，随时延医诊治，倘患传染病者，并需移入疗病室隔离之。

第十六条　在所妇女遇有死亡者，得由主任呈报救济院，转请法院派员检验后，如无亲属具领，得备棺殓葬，并将姓名年籍标志塚前，随时附具法院执照，呈转社会局备案，其遗留私有财物点明收归公有，以充本所所女手工基金。

第十七条　本所每届月终，须将在所妇女造具名册一式三份，呈送救济院存转备查。

第十八条　本简则如有未尽事宜，得随时提出救济院院务会议修正之，并转呈社会局核转备案。

第十九条　本简则自呈奉核准备案之日施行。

——原载《青岛市市政法规汇编》（第一编），1936年，第127—128页。

青岛市救济院济良所参观简则

（1932 年）

第一条　本所参观时间除星期日停止参观外，定于每日上午十时至十二时，下午三时至五时。

第二条　凡参观本所非经传达处报告主任许可者，一概谢绝。

第三条　凡机关团体来所参观者，须先一日以电话将人数通知本所，以便招待。

第四条　凡参观者不得与所女接谈。

第五条　有下列情形之一者来所参观，概拒绝之。

甲、有精神病者；

乙、酗酒滋事者；

丙、品行不端者；

丁、无正当职业者。

第六条　凡参观者，如承指教改良，本所竭诚接受。

第七条　凡参观者，对于所女制品，均可随意选购。

第八条　凡参观者，如蒙随意捐助，尤所欢迎，除将大名及惠数揭示门首以彰仁德外，并呈报救济院汇转社会局备案。

——原载《青岛市市政法规汇编》（第一编），1936 年，第 129 页。

青岛市救济院贷款所组织细则

（1932 年）

第一条　本所遵照《青岛市救济院组织细则》第二条第五项之规定组织之，隶属于救济院，办理本市区域内贫民确无资力经营小本生意之贷款事务，定名为青岛市救济院贷款所。

第二条　本所设主任一人，秉承院长、副院长管理本所一切事务，并指挥监督所属职员。

第三条　本所设总务、出纳二股，掌理职务如下：

一、总务股　掌理收发文牍、保管档案、缮校监印、会计庶务及其他事项；

二、出纳股　掌理关于贷款、登记、调查、收付、催欠等事项。

第四条　本所设办事员、书记若干人，秉承主任办理本所事务，其任务之分配由主任秉承院长、副院长指定之。

第五条　本所职员，除主任由院长、副院长遴选，呈由社会局委任外，其他委员由主任秉承院长、副院长选任，呈报社会局备案。

第六条　本所经费拟具预算，呈由救济院核定，转由社会局转呈市政府备案。

第七条　本所俟贷款基金充裕时，得设分所。

第八条　本所主任为谋事务之进行，得依照《青岛市救济院组织细则》第十一条之规定，参加院务会议。

第九条　本所办事细则另定之。

第十条　本细则如有未尽事宜，得由救济院呈由社会局转请修正之。

第十一条　本细则自呈奉核准之日施行。

——原载《青岛市市政法规汇编》（第一编），1936 年，第 130—131 页。

青岛市救济院贷款所办事细则

（1932 年）

第一章　总则

第一条　本所处理事务除遵照本所《组织细则》外，悉依本细则行之。

第二章　职权及责任

第二条　主任综理所务，有指挥监督职员之权。

第三条　办事员、书记承主任之命办理各股事务。

第四条　各股事务如有互相关联者，应会商办理，彼此意见不同时，陈由主任决定之。

第三章　文书处理

第五条　凡文件到所，由传达处送交收发员，随时掣给收据。

第六条　收发员收到文件开拆后，摘由编号，填注到所日期，登入总收文簿，送交主任核阅，其有附件者并应注明随原文附送。

第七条　凡附有款项物品之文件，须于收文簿上逐一注明，应即交会计员或庶务员收存掣给收据。

第八条　凡文件直书本人姓名者，应随时送交本人，经拆阅后如系公文，即交由收发员登列收文簿。

第九条　凡紧急文件，应提前登簿速送。

第十条　到文经主任核阅批示办法后，应即时拟稿。

第十一条　拟稿员应署名盖章，如稿内有增删涂改等处，亦须由本人加盖名章，以明责任。

第十二条　一切文稿非经主任核阅盖章不得缮发。

第十三条　凡文件缮正后，应即校对盖用图记，并检点有无附件、是否须盖主任名章，手续完备后即登发文簿装封照发，一面将原稿编号归档。

第十四条　送达文件应登送文簿，由收件机关或收件人加盖戳记。

第十五条　每一文件自到所至发出期间，紧要者不得逾一日，次要者不得逾二日，例行者不得逾三日，特别紧急文件须随到随办随发。

第四章　会计

第十六条　本所经费应于每月二十五日以前，由会计员造具下月预算书，经主任核阅后，连同印领呈送救济院请领。

第十七条　本所公款由主任督同会计员负责保管之。

第十八条　本所职员薪水应由会计员预备发薪簿，详注职员职务、姓名、领薪月份，送由主任核阅签字后，再行按簿分发。

第十九条　职员请领薪水时，均应在收据上署名盖章、粘贴印花，以备粘存报销，其公役工资由庶务员传集，亲自具领。

第二十条　每月十日以前，应由会计员造具上月经费支出计算书、收支对照表连同单据粘存簿，经主任核阅后呈报救济院查核。

第二十一条　本所出纳贷款另立专账登记，不得与经费牵混，每届月终造具贷款详明一览表暨数目清册，呈送救济院查核，转呈社会局备案。

第五章　庶务

第二十二条　本所公用物品由庶务员随时备办之。

第二十三条　本所职员所需公用品，应填具领用物品单，署名盖章，向庶务员领取。

第二十四条　公用物品之发出以及消耗品之用数，每届月终由庶务员造具清册，送请主任核阅。

第二十五条　本所房屋、器具、物品由庶务员负责保管，并随时督饬公役整理清洁，不得污秽损失。

第六章　服务通则

第二十六条　本所办公时间以每日七小时为标准，但遇必要时得延长之。

第二十七条　本所每日办公时间，除星期日及例假外，按照节季另定之。

第二十八条　本所休息日以国民政府规定者为限，临时休假须奉有救济院命令行之，但休假期间遇有紧要事项仍须照常工作。

第二十九条　凡星期及休假日，本所职员须轮流值日。

第三十条　本所职员每日到所，须亲自署名于考勤簿，并将到值散值时间记入，送主任查阅。

第三十一条　本所职员在办公时间不得接见宾客，其因公接洽者不在此限。

第三十二条　本所职员调查贷款事项应切实负责，不得瞻徇情面，亦不得故意拒绝，均须秉公处理之。

第三十三条　本所职员均不准担保贷款。

第三十四条　本所职员应各置工作日记簿，记明每日工作事项，每届月终汇呈救济院查阅。

第三十五条　本所职员请假，无论久暂，均应将所任职务托同事一人代理，并将代理人姓名记入请假单内。

第三十六条　本所职员请假，除急病或紧急事故外，非经核准不得先自离所。

第三十七条　请假期满即须到值，如因事故不能销假，应将情由呈明续假，否则以旷职论。

第七章　附则

第三十八条　本细则如有未尽事宜，得随时提出救济院院务会议修正之，并转呈社会局核转备案。

第三十九条　本细则自呈奉核准之日施行。

——原载《青岛市市政法规汇编》（第一编），1936 年，第 131—133 页。

青岛市救济院贷款所贷款简则

（1932 年）

第一条　本所贷款除遵照内政部《各地方救济院条例》规定外，悉依本简则行之。

第二条　请求借款人，以本市区域内年在十五岁以上六十岁以下，确系贫苦，身体健全并无不良嗜好，志愿作小本营业而缺乏资本者为限。

第三条　凡欲借款者，须先来本所挂号领取请求书及保证书，依式填就，并须在保证书上注明保证人姓名、职业、住址，加盖图章，经本所调查确实后方准借款。

第四条　本所收到借款人请求书及保证书，立即发给文书收据，并注明领款约期。

第五条　请求借款人至约期领款之日，携带文书收据到所，如核准借款即将文书收据缴所，另具借据领取借款，如不准借，即凭文书收据领回保证书。

第六条　借款人领取借款时，并须领取还款证，按照所开日期及应还金额按期到所归还，由收款人盖章为凭。借款清偿时，还款证仍须缴回本所，并领还其保证书。

第七条　每人借款以一元至十元为限，倘系前已营业，一时因资本不继须借款补充者，每人以五元为限，概不取息。

第八条　每日贷款人数，得由本所酌量事实办理之。

第九条　借期以三个月为限，期满还清后方得再借，仍照本简则第三条办理。

第十条　借款人如不依期还款，本所即责成保人代还。

第十一条　借款人不得藉口营业折本狡赖债务，如有此种情形，照本简则第十条办理。

第十二条　借款人逾限不能还款，查明实有意外变故，本所得呈报救济院转呈社会局核办。

第十三条　凡以营业名义借款而作其他不正用途者，除追还借款外，并送交公安局予以相当处分。

第十四条　借款人及保证人迁移住址，须来本所或书面报告。

第十五条　借款人如将还款证遗失时，须立即通知本所换取新证，惟须缴费银五分。

第十六条　请求借款，如将文书收据遗失致生冒领情事，本所概不负责，仍由原请求人及保证人是问。

第十七条　银钱折换概照市价，由本所逐日公布之。

第十八条　本所除星期例假停止办公外，每日收付时间上午九时至十二时，下午二时至五时。

第十九条　本简则如有未尽事宜，得由本所随时呈请救济院修正，转呈社会局核转备案。

第二十条　本简则自呈奉核准之日施行。

——原载《青岛市市政法规汇编》（第一编），1936 年，第 133—135 页。

青岛市救济院施舍棺材简则

（1931 年）

第一条　本市施舍棺材，应依本简则之规定，由救济院办理之。

第二条　凡本市区内死尸有下列情形之一者，得向救济院请求施舍棺材。

一、倒毙路旁无家属认领者；

二、因犯罪枪决者；

三、在医院内病毙无家属领取者；

四、在各慈善机关收容期内病毙无家属领取者；

五、死者家属无力棺殓者。

第三条　前条各种死尸，除前条一二两款由公安局径向救济院领给棺材外，其余并须报由该管公安区所查明核转，向救济院请领。

第四条　凡向救济院领给棺材，应开具下列事项：

一、区名；

二、路名；

三、性别；

四、死者姓名年龄籍贯职业（凡倒毙溺毙等无从查考者可不列）；

五、死者原因（病毙或枪决等）；

六、应需棺材尺数；

七、具数；

八、请领人。

第五条　救济院发给棺材，须预制施棺联单，先行加盖骑缝印，编列号数，装订成册，送交公安局备用，公安局发给联单时，即在年月日上加盖印信，填注月日掣给领取，其存根由公安局存查。

第六条　凡遇有家属请求施舍棺材，应由公安局详细调查，确系贫困者方可发给。

第七条　救济院发给施棺，应依照请求事项，分别设置簿册，详细登载。

第八条　每届月终，救济院须将施棺种类、数目、日期及领取者、受施者之事实分别造具清册，呈送社会局查核，转报市政府备案。

第九条　本简则自呈奉核准之日施行。

——原载《青岛市市政法规汇编》（第一编），1936年，第135—136页。

青岛市救济院领佩证章简则

（1933 年）

第一条　本院暨各所职员、技师、乳媪、所女、习艺生领佩证章均须负责保守，不得遗失。

第二条　职员、技师不得佩带证章出入娱乐场所，但因公奉派入场者不在此限。

第三条　职员、技师遇有意外遗失证章，除由个人登报声明作废外，声请补发须缴原制价额，其一再遗失者，并须记过示儆。

第四条　乳媪、所女、习艺生遗失证章，应由主管所办理登报及声请补发等手续，免缴价额，但须申斥或记过。

第五条　职员离职，技师、乳媪解雇，所女、习艺生遣发出所，均须将证章缴回。

第六条　领发证章手续另定之。

——原载《青岛市市政法规汇编》（第一编），1936 年，第 136 页。

青岛市感化所组织细则

（1931 年）

第一条 本所为感化市区内犯罪少年、无业游民、偷窃惯犯及其他应受管教者而设，定名为青岛市感化所，隶属于社会局。

第二条 本所收容名额暂定为二百名。

第三条 本所设总务、管教、工艺三股，其职掌如下：

甲、总务股

一、关于收遣登记、调查统计事项；

二、关于原料采办及出品销售事项；

三、关于办理文书及会计庶务事项。

乙、管教股

一、关于感化教育事项；

二、关于勤惰惩奖及恶习纠正事项；

三、关于指导清洁卫生事项。

丙、工艺股

一、关于技艺教导事项；

二、关于原料出品一切保管事项。

第四条 本所设主任一员，承社会局局长之命管理全所事务，由社会局遴委，呈报市政府备案。

第五条 本所设事务员三人、书记一人，事务员由主任遴请，社会局委任，承主任之命分掌各股事务，书记雇用。

第六条 本所设教导员若干人，由主任遴请，社会局委任，但得由事务员兼任之。

第七条 本所设守卫警察若干人，由公安局派定员警兼充，受本所之指挥。

第八条　本所为促进所务及改良事项，得招集所务会议，由全体职员组织之。

第九条　本所管理简则及办事细则另订之。

第十条　本细则如有未尽事宜，得提出市政会议修正之。

第十一条　本细则自公布之日施行。

——原载《青岛市市政法规汇编》(第一编),1936 年 4 月，第 136—137 页。

广仁堂大纲八条

（1878 年）

一、是堂专为天津河间二郡而设，所属孤寡之无依无告者，均准收养。正额先以叁百名为率（节妇所带亲姑生母子女在叁百名之外）。男孩上等资质立义学以教诗书；中等资质雇梓人教以宋字刊印。余如修发、制衣皆可因材施教；下等资质试种桑棉蔬稻及区田代田之属，觅江浙老农教以种法，农隙于左近开井，庶耕凿并行，旱年可资灌溉。妇女则纺纱织布，零星女工。余如夏药、冬衣、掩埋、施米皆次第举行，名目不一。拟颜其堂曰广仁，取推广皇仁之意。

一、卜地建堂以宽大为贵。地形宜高，免潦年之泛滥也。四周宜空，免邻火延及也。其内分作中左右三院，中院建屋叁拾间为客堂、账房、管事房、仓房、卧房、厨房等项之用。左院建男号舍伍拾间，曰慈幼所，曰蒙养所，曰力田所，曰工艺所。右院建女号舍伍拾间，曰敬节所。仍宽留余地以备添造，围墙外约一二十亩之地，以便力田所用。

一、历来善堂能于衣食上用心已云尽美，然养成一班惰民，于世何补。北人素懒，更当力挽其弊，故本堂之设于读书农工加之意焉。务俾一人有一人之事，渐冀自能谋生。在事者当力求成效，毋贻空言之讥。

一、自古有治人无治法。各处善举往往开办未久，非侵吞舞弊，即有名无实，于创始者一片苦心，大为辜负，令人慨叹无穷。欲救其弊，惟慎选总董之人，重其禄，久其任，庶几循名责实，成效可臻。即其余银钱司账管事各司事，亦宜审择精勤公正者，略丰其修，俾无内顾之忧，方克专心奉公。盖款无虚靡，事有实济，虽修资略丰，暗中仍系撙节，且于大局实有裨益也。应用之人均由总董与督理堂务各位秉公议定，不得调剂亲友，应酬情面，致招物议而造孽障。

一、经费支用本款则涸可立待，断难经久。此次除建屋开办外，如有余款应交天津县衙门转交当铺，每月壹分生息。苟非大关紧要，不得轻议动本，仍由各同志广筹生计以垂永久。

一、南人创办北事，不免地脉生疏，拟由天津府县选举本地公正绅士二人，襄理堂务，以期集思广益，众志成城。

一、本堂银钱皆孤寡养命及紧要善举之资，除定章应办之事外，无论何人均不准稍有挪移，司事人等亦不准透支宕用。凡遇婚丧急切，只可另自设措，不得动支堂款分毫。司账徇情，立即辞去，仍责赔缴。

一、每月由总董将用款核结照抄一本，送督理堂务各位传观。年终汇刊征信录，由督理堂务各位核盘无误，率同总董暨经办各司事在天津府城隍庙拈香焚化。仍将征信录分送督宪、藩宪、臬宪、运宪、关道宪、津道宪、天津河间府暨同通州县助捐善士大众核阅。

——载《广仁堂章程》，1878 年，国家图书馆藏。

广仁堂收恤灾区妇女十四条

一、天津、河间二府属及通州武清，均已奉宪通饬，分别出示晓谕稽察，认真遵办，连镇即派该处千总张麟，泊头并由督办宪吴酌派委员就近盘诘，各州县查并司事下乡，并已谆嘱随处密查。凡有载留，查出拐贩妇女无可插置者，均送本堂留养，舟车之费，由堂照发。

一、略卖灾区妇女，多半青年幼稚，经卖之人，非积贩奸牙，即游兵散勇，乘危诱拐，惟利是图。此等匪徒，除将妇女扣留外，必须严切根查，送县惩处。其次，水陆各营将弁，往往以择配选胜为名，捏婚书为铁据，倚营照为护符。又其次，则当地商贾价买婢妾，遣送回南，更有他处绅商，挟赀收买，自为妻妾、婢女，在平日原可通融办理，既已奉文禁阻，设堂截留，无论何项人所带，均应一律听赎。倘有不服盘查咆哮闯越，应即送县，照略卖诱拐例治罪。至定价，幼女十四岁以下，津钱六千文，十四岁以上幼女、少妇，津钱十千文，果系公平契买，并无别故，讯取妇女确供应否，照价回赎之处，察看情形，另行酌办。

一、天津之紫竹林，为轮船汇集之所，业由津海关道垒，饬委员暨税务司严行稽查，凡有前项妇女，随时截留，均交本堂妥为办理。

一、妇女到堂，查问姓氏、籍贯、住址、年岁、有无父母舅姑兄弟、宗族是何名号、有无邻居，妇则本夫系何姓名，现在何处，有无子女身孕，女则曾否许字，夫家姓名、籍贯、住址，一一详询明确，登注清册，赎回文契存堂注销。

一、已赎妇女，如家居不远，随即遣妇完聚，均取切实铺保结状声明，如再违禁弃卖查出，并甘重罪。

一、离家过远、亲属星散、子身被略者，不能不先行留养，应将该妇女姓氏、籍贯、住址、父夫姓名、收赎缘由、留堂月日详细移知原籍地方官，出示招领，酌量远近，明定限期，至多以两月为度。

一、留堂妇女系外州县者，讯供有家，备文招领，逾限无亲属来堂，应于两月后由本堂慎选老成朴实能耐劳苦之男女司事二人，带同妇女，前往各原籍暂住，由官慎选本地妥绅设法安顿，照依清册，寻觅该亲属来县，当堂给领，仍取切实铺保领状附卷，谆嘱弗发官媒。

一、妇女本家亲属，或已逃亡，或已病故，虽有住址，无从遣送，倘有远亲近族闻信来询，所言籍贯、姓氏、年岁等一一相符，如果情愿领回，亦可照准，但须觅切实铺保领状附卷。

一、妇女无家可归又无亲族代领，不能不分别安插，除由堂留养外，未字之女应由堂代觅本地贸易场中正派之家，为之婚配，妇女即在本堂敬节所充当佣工，不准出外，以免流入下贱。

一、此事除奉各大宪通饬出示晓谕外，本堂仍将章程榜示堂门。凡青年妇女贫苦无依，或结伴流亡，或孤身乞食，并未嫁卖与人，又无亲属挈带者，准其赴堂报知，听候查明，注册列收。其有随同父兄夫婿中途乏食，意欲卖身，尚无售主，或虽经说定，尚未过卖主之手，即由亲属带同赴堂，查询明确，分别留遣，以上不在价购之列。惟业经略卖在途，无论人数多寡，有无婚书、文契，是否贩户平人，均应一律折回，赴堂首报，听候核明回赎。有家属同至者，给资领回，无家属者，留堂收养。

一、审别真伪，尤为此举之紧要关键。盖利之所在，弊即因之，一经出示，招徕给价，或本系夫妇捏造伪契声明请赎，或甫经资遣改换姓氏去而复来，至于身价之浮开，婚书之装点，媒证之勾串，地棍之扛帮诱拐，则逼认夫妻冒领，则诡称亲属，种种诈伪，均在意中。全在进堂时认真盘诘，隔别研求，参互其言辞而详审其情状，或不致堕其术中。

一、应出示者、应派差役者、应移原籍者、应惩办贩徒者，均由本堂随时备文移请天津县衙门照办。

一、留堂妇女应入敬节所，号舍衣食一切悉照敬节所章程办理。

一、此事即由敬节所司事兼管，应需经费由该管司事。

——载《广仁堂章程》，1878年，国家图书馆藏。

广仁堂敬节所六十四条

一、本堂敬节所专为青年节妇而设，凡在三十岁以内并合钦旌之例者，一律收养，以一百五十名为额，年逾三十不愿往堂者概不收养。

一、节妇情愿入堂守节，报明本堂，俟确查实在贫苦无依、又未失节统合章程者，取具亲友族邻保结，注册入堂。

一、每一号舍可容五人，拟先以青、年、守、志、白、首、完、贞、操、凛、冰、霜、心、坚、金、石、芬、扬、彤、管、节、励、寒、松二十四字分编号舍。

一、号舍外设立总门，总门以外，空院一所，造屋一间为茶房，以便节妇茶水汤药之用，饭菜仍由大厨房送进。外设总栅，总栅之外，左边为敬节所、管事房，右边为敬节所、大厨房。

一、节妇情愿入堂守节者，言明不许无故出栅，如有不耐羁苦、不安本分，难以勉留，经司事察出，即告知总董，招原保人具领出堂，免滋事端，所给被褥衣物等件照数追还。

一、节妇遗腹未生，若遽许入堂，恐生产污秽，大非所宜，应俟分娩弥月后，方令入堂。

一、节妇本非贫苦而势难家居，情愿入堂者，亦可照准。所带田亩、银钱留存堂中，田亩代为收租，交明本妇，银钱令其自归，不准生息。设立循环两册，一交本妇收管，一存管事房分别登记。

一、号舍内均已各给便桶，应逐日倒粪入坑，不准随地污积，坑墙外开一小洞，以便出粪，不准出粪者闯入总栅。

一、节妇之子读书学艺有成，或其女出嫁后婿家有力迎养，均准节妇出堂，以全孝养，仍出具领纸。以上规例。

一、节妇入堂，每名给木板、长凳一副，津席一张，衬席、秧荐一条，三年一换，十一岁以上幼童亦如之，惟另给棉被褥一副。

一、每一号舍给半桌一、板凳二、布门帘一、竹丝门帘一、藤面盆一、茶壶一、洗衣盆一、浴盆一、浴布一、便桶二，每季给筲帚一，每年给畚箕一。

一、节妇入堂，每名给蓝色杜布被面四幅，白杜布被裹六幅，内装新棉花五斤，褥用蓝布，内装新棉花四斤，单被用蓝布，五年一换。

一、节妇每名给蓝布大衫一件、白布小衫一件，蓝布单裤二条，二年一换。夏大衫一件，夏裤一条，具用蓝夏布，三年一换。蓝布面、白布裹棉袄一件，内装新棉花一斤半，蓝布面、白布里棉袄一条，内装新棉花一斤，三年一换。

一、节妇衣服、被褥购料配准，即令本妇自制，不给工价，以其自用也。不能自制者，应令自行央恳同号节妇代制，以激发其认真习学之心。

一、四时衣服，均按入堂之日起，扣足年月，发给更换。

一、节妇换给棉袄、被褥之日，即将旧者交出，由该管司事捆紧归存，冬间备施外边苦人，其单夏布衫裤听其留存，不必交出。

一、节妇各项衣服中如随身已有者，可缓另给。

一、幼子女单衫裤、夏衫裤、棉袄各量尺寸购料，交节妇自制。

一、幼子女每年春夏各给草鞋、单袜各一双，浴布一，秋冬给棉袜、棉鞋各一双，十岁以下，毡帽一顶，十岁以上，红结小帽一顶，单袜折津钱三百文，棉鞋袜折津钱一千文，毡帽折津钱三百文，小帽折津钱二百文，按时折钱，交节妇自行制办。

一、节妇及子女生母亲、姑母，每名给洗面手巾一、大碗一（盛菜）、小碗一（盛饭）、竹筷二。以上衣物。

一、节妇早、晚两餐，每日每名饭菜津钱一百二十文（节妇之母姑、十岁以外幼子女及仆妇同），十岁以内幼子女减半。由该管司事预日开写大小口人数清单，凭此向账房领钱备办，每日早晚，管事房击梆放饭，由女司事经领分给。

一、节妇粥饭菜蔬，务令厨夫烹庖洁净，该管司事日日查看，切毋大意。

一、节妇每名月给茶叶津钱六十文，各听自办。

一、内堂空地，每隔十丈开砖井一口，以便节妇浣涤等用。

一、节妇端午每名派粽子四个、盐蛋二个，不食者折津钱六十四文，中秋每名派月饼四个，不食者折津钱八十文，年节每名派猪肉一斤、年糕二方，不食者折津钱三百文，节妇之母姑子女不给。以上养赡。

一、节妇入堂，虽各有供给，然亦不得懒惰偷安、饱煖晏坐，当各就所能，勤习女红，既可为资身之需，又可为束心之助。本堂并雇老妇之能纺织者，分教纺纱、织布，各项器皿由堂备办。应如何限定课程、酌给工钱之处，另行专议章程。若勤苦者积有余饶，上以供母姑甘旨之资，下以添子女笔钱之费，亦教孝教慈之一端也。

一、节妇矢志保节，群居在堂，俱宜各安本分，彼此和谐，共完贞操。如有恃性构隙、致生是非者，初次由女司事训饬记过，女司事亦当善为调处，二次不悛，罚去三节食物（粽子、盐蛋、月饼、鱼肉），三次不悛，即招原保领出。

一、节妇有吸烟、嗜酒、弄粉、调脂者，均宜痛戒，以成完璧。以上教诫。

一、节妇有年幼子女者，均准携带入堂，抚育其子。十岁之内，随母歇宿，辰出进塾，申入依母。至十一岁起，质美者仍令读书，惟应移入蒙养所随师住宿；不能读书者，即发工艺所或力田所习学，应在慈幼所栅内号舍住宿，均于每月朔望告知该管司事领同省母一次。母病，准同医者入视，余日不准无故擅入。女令随母勤习女红，节妇伶仃孤苦，依之望之也尤切，女司事及该管司事均宜加意管教，使知勤俭忍让，毋任其母溺爱姑息，以致长大后浮荡骄惰，贻误终身。

一、节妇如有亲姑、生母奉养须人，实难分离者，准其一体收养，以广孝思。

一、节妇欲致祭翁姑、故夫，即在贞节祠内陈设，菜蔬应自备。

一、在堂节妇，倘有翁姑、故夫及本生父母暴露未葬者，本堂择地代葬，俾安节妇之心，有地无力，酌助葬资。

一、本堂限于经费，故专收青年节妇，其三十岁以外四十岁以内节妇，如有仁人君子另助巨款，当添建号舍，一体留养。

一、节妇之女，随母在堂，年已及笄，亲族择配均听伊母定夺，外人不得擅专，出嫁之日，由堂给奁资津钱三十千文。

一、未嫁夫亡、不愿改适之贞女，亦准收养，一切概照节妇办理。以上推广。

一、收养节妇，防范宜严，除本妇子女外，虽三尺之童，亦不准入总栅。

一、节妇入堂后，即不得无故出堂，男亲男族，无论长幼，概不准探望。惟父母、翁姑及老年女亲，由管事房传知，准在本堂大厅相会，仍由女司事相随照料。

一、总栅傍墙开设转桶，内设云版，外设木梆，以便敲击相闻，传递物件。

一、节妇入堂，茶水饭食俱有规则，倘其家亲族有馈送欲食者，必先交管事房验明挂号，再由转桶送交，未经查验者不准传送。

一、出入启闭锁钥，统归男司事执管，总门内之锁钥，归女司事执管。

一、节妇翁姑父母身故时，准节妇回家亲殓，或舟车、或肩舆，应视路途远近、水陆如何，由堂雇给，派男仆、女仆相随照料（车准女仆同坐，不许车夫、男仆跨沿）。成礼后，即行回堂。出殡之日，亦得送葬，均不准留连越宿。如有照料后事、经理丧葬必须暂缓者，应告知总董察酌办理。

一、遇修理号舍墙屋、夏搭凉棚等事，告知各妇女先行回避。男女司事督同工匠人等，上紧办毕。医者诊治，死者安殓，亦由男女司事监视出入，均毋脱节。

一、号舍内夜间不用灯烛，冬天不许用火炕烤火，以免疏虞。以上防范。

一、节妇以及随带子女有病，本堂为之延医，调治药饵，炭资随时照发。该管司事将药方逐一钞存，于诊治之次日上午翻阅一次，并问女司事，应换方者，即延医换方。

一、节妇之子女在堂，或因天花致病瘫痪，以及瞽目暗疾，子不能学艺、女不能出嫁者，其女留堂，照守贞例，养赡其子，十一岁起归慈幼所酌办。

一、节妇入堂后，即将夫家坟墓地址开交司事注册，有子相随者，每年清明前后，本堂给津钱二百文，令管事房老仆领同本妇之子前往祭扫，本妇不必同去。

一、节妇在堂身故，给杉木棺一具外，吊裹封口津钱四百文，殓费津钱四百文，扛材津钱八百文，开域做坟津钱八百文。

一、节妇病故，所遗子女在堂，由女司事酌派邻号节妇带领抚育，每名每月给津钱六百文，倘抚育不能尽心，即行更换，毋许争执。

一、本堂义冢内专设节妇坟，树以松柏，墓前石碣镌清故节妇某某妻、某氏之墓，其坟径八尺、高六尺、域深五尺，每冢三年加土一次，春秋由总董往视一次，毋任车马践踏。

一、节妇身故，伊家亲族有愿领棺与其夫合葬者，本堂给埋葬之费，如无亲族领棺者，即葬于本堂节妇坟地，所带子女病故，如亲族不领，即葬本堂孤儿坟内。

一、本堂于号舍总门外建立贞节祠三间，每故节妇设木主一，春秋二季由总董致祭节妇。有先人木主携带入堂者，附设贞节祠内，子长成家，令其请回供奉。

一、节妇在堂守志年岁合例者，俱由本堂代请旌表，每五十人汇建一坊。以上病亡。

一、延请年逾五十、老成持重之男司事二位，终日驻管事房，经理一切。

一、延请名门旧族、年高德劭者二位为女司事，专司内堂一切。

一、总董有暇，须时常亲至查察。以上责任。

一、每节妇十名，雇用年在四十以外之仆妇一名，为节妇服役，非家有大事不准出栅。

一、雇佣四五十岁男仆一名，常在管事房伺应。如内堂节妇置买女工需用布线针黹等物，准传梆告知管事房交男仆代买，仍于转桶递进，不得轻启总栅。倘将不应代买之物私相授受，察出，司事、男仆一并辞逐。以上役使。

一、设节妇报名簿一本，凡有报名者挨顺登记，俟查确后知会入堂，即过入花名簿内，额满后，应俟出缺挨顺补额，不得先后紊乱。

一、设收养节妇簿一本，将入堂年月日期、年岁姓氏、有无子女，并故夫及保人亲族姓名、住址、事业一一登记，节妇病故安葬及滋事出堂者，即在各名下注明日期。

一、设银钱收支簿一本（账房系总发，此须详载）。

一、设衣物收支簿一本。

一、设柴米油盐收支簿一本。

一、设稽查出入号簿一本。

一、设节妇子女医药簿一本。以上簿册。

—— 载《广仁堂章程》，1878 年，国家图书馆藏。

广仁堂慈幼所二十八条

一、本堂慈幼所系为收养幼孩而设，以年在五岁至十四岁为限，查明实系家无父母伯叔无可依倚者，方准收养。若年十四尽可自食其力，或未及岁而尚有父母伯及近亲远族可依者，概不准收。倘有捏冒混入察出，即传该亲属领回，仍将所给衣履全行追还。如非天、河二府属幼孩而流落无依者，一体收养，以广惠济。

一、额数以一百五十名为率，先以存、孤、养、幼、载、在、礼、经、诚、求、保、赤、抚、字、加、勤、黎、元、爱、育、天、地、好、生二十四字，分编号舍，每号容五人。如收不足额，则是幼孤失依者少，诚为至妙。设或人数有多，不忍坐视，应于堂外立一席棚，收养一百名为率，应先给领粥牌一块，每日发粥二次，准领粥二大碗。如存某号开除一名，即于席棚内择年幼有病者收入内所，即补入存字某号空缺，余皆照此办理。倘遇年岁荒歉，再议加广。

一、幼孩入所之日，应将该孩姓名、年贯、面貌、疤痣、箕斗、父名、母氏详细造入清册，并各给与长五寸、宽三寸腰牌一面，照册详注，令孩佩戴。应发某字几号，登册注牌，送入号舍。每月由该管司事开具管收除在简明四柱清册，送总董复阅抽查。

一、幼孩一名日给食米五合，分辰、申两餐，该管司事预日开幼孩名数字条一纸，赴账房领米，账房凭条计口，眼同量米。该管司事先以一半交厨房监视淘净入锅，严防多水克扣，仍由（该管司事、账房司事）各将每日米数注簿，一月总结，以便核对（席棚幼孩每名日给亦照此条办理，惟另锅煮食米四合应领之米）。

一、幼孩一名日给菜蔬津钱十二文，由账房逐日计口，随米发交该管司事领取汇办，席棚幼孩不给菜蔬钱，以示区别。

一、每一号舍给籐面盆一只、粗布手巾五条、藤饭碗五只、竹筷五只、便桶一个、便壶三个。

一、每一号舍住五人（内举号长一人以管四人），共给一榻，以长凳二只，架五尺见方之板上，衬秧荐一条，长枕一个，大被一条，横八尺五寸、竖五尺（内装新棉花七斤），大褥一条（内装新棉花四斤半），七尺见方，蓝布面白布里，务令温暖，每逢天晴，号长押令晒晾，毋令污秽。每日折叠整齐，违者各责手心十下，唤齐众孩分班共观。以下凡责手心者并放此，立刻押令折叠。

一、每日黎明，厨房烧热水，挑入号舍，每孩取水一盆，各自洗脸，懒惰不洗者，责手心十下。

一、本堂正厅行例架板，长枅两边搁板为凳，诸孩对面坐齐，每二人给菜一碗，每桌饭二桶，各令自盛，每桌两面，共二十人，待俱食毕，才许散坐回号，务使一例整肃。

一、每日辰正朝餐，申正晚餐，黄昏时齐归号舍安置，不许点灯，违者责手心五十下。总以日出而起、日入而息为则。

一、夏季每名制给蓝布单褂二件（十岁以外长二尺二，十岁以内长二尺），单裤二条（十岁以外长二尺二寸，十岁以内长二尺），单袜一双（足之大小，该司事开一清单，核见应用，布若干逐一裁好，交节妇分制，仍酌给工钱，藉以调剂，其余衣服被褥等件均照此办），草鞋一双（亦开足清单，交工艺所照办），津席一张，蒲扇一柄，浴布一块。

一、冬间，每名制给粗厚蓝布面、白布裹有领棉袄一件（十岁以外，长二尺八寸，棉花一斤四两；十岁以内，长二尺四寸，棉花一斤二两），棉裤一条（十岁以外，长二尺四寸，棉花十二两；十岁以内，长二尺二寸，棉花十两），棉鞋袜各一双（照单袜办法交节妇分制），毡帽一顶，束带一条，秧荐一条（以上尺寸系约略核计，每逢制衣，应由该管司事按名量准长短再做，不必拘此条定）。

一、每二十孩雇老妇一名（年在四十以外），专司照料，各孩衣服即令洗涤。

一、长枕、被褥三年一换；棉袄、棉裤、单褂、单裤、单袜、毡帽、秧荐、津席、棉袜二年一换；束带、单袜、棉鞋、手巾、蒲扇、浴布一年一换；蒲鞋二月一换。由该管司事先将发给衣物年月日期注册，扣足年月，发给更换，旧者各令缴出，可用之件备施席栅幼孩，其便桶渗漏，用油灰随时收拾。

一、各孩衣服破碎应交节妇为之补缀，如上身未久即行破碎污浊者，重责手心二十下。

一、每月各孩修发一次，定期初二、初三、十六、十七，修发匠即用工艺所者，每隔五日，同号者互相打辫一次。

一、夏天，各孩五日一洗浴，总备浴盆十只，该管司事勤加查察，如有懒惰不洗者，号长、本孩各责手心二十下。

一、各号舍及天井内，各令该处幼孩逐日洒扫清洁（每号舍给扫帚一、畚箕一），如龌龊邋遢者，将该处幼孩各责手心十下，立刻押令洒扫。

一、本所设坑厕二处，以备日间众孩大小便之用，外开小洞，以便出粪，不许出粪者闯入号舍。夜间大小便不许出号，即用便桶（每月每孩给草纸三十张），次日各自倒入坑厕，用水洗净。倘敢在天井及号舍内任意出恭者，查出，重责手心二十下，立刻押令扫除。如有夜卧后遗尿，屡戒不改者，应将此等幼孩专聚一号，以便将被褥、秧荐时常晾晒。

一、各孩送入号舍后，该管司事察其资质上等者，即送蒙养所（如资质虽非上等而未满十岁，习艺、力田尚嫌过早者，亦送蒙养所读书，使其略知做人道理），中等者即送工艺所，下等者即送力田所，夜间仍各归号舍住宿。

一、各孩遇有感风寒伤饮食染患疫病者，由号长报明司事（号长有病，散孩报明），即请医士诊治。该管司事即照方购药，令管事房仆人煎成，亲自送号押服，仍钞方于簿，每日上午看一遍，应换方者即延医换方。

一、各孩中有疤疥者，应另住一间，以免感染，仍制疤药，押令敷治，令其将饭碗、竹筷、手中便桶等分开，不准他孩混用。

一、如有尚未种痘之孩，应请种痘科于春间种治，如有出天花者，应另住一间，以免感染，仍延医诊治，制药押服。

（以上三条，该管司事当格外加意照料）

一、幼孩或有因病夭折，应给棺木，即将随身衣服装殓在本堂孤儿坟深埋，掘土三尺为度，不准浅埋暴露。每棺一具，三尺长者给津钱七百文，四尺长者给津钱一千文，五尺长者给津钱一千五百文，吊裹封口津钱二百文，殓费津钱二百文，打圹做坟津钱四百文，即由同所十二三岁之孩四名抬往坟上，该管司事亲往监视。

一、号屋五十间，除一百五十人用三十间外，夜间各局号门再做一总栅，栅外为蒙养所十间（内义塾五间，师生住房五间）、力田所二间（一住老农，一住井匠），工艺所八间（一住刻匠，一住写宋字者，一住刷印匠，一住切钉匠，一住修发匠，一住成衣匠，一住制造便桶、浴盆等器匠，一住捆屦织席等匠），此二十间外，再做一总栅，栅外以东为慈幼所管事、房司事二人常驻在内，应用仆人即于号舍内挑取，以供呼唤。内总栅酉刻上锁，黎明即开，外总栅终日上锁，无事不开，匙存管事房。

一、幼孩无故不准出外栅，工匠不许常出，间游出入时刻，必在管事房挂号注册，以便稽查，学师解节馆出入亦需注册。

一、管事房之西，用屋三间为厨房，分设五灶，雇厨夫二名，锅盆碗盏、桌椅等项由账房备办齐全，开单点交，仍逐一注册，酌拨幼孩帮助烧火，夜间仍归号舍住宿。

一、来堂幼孩乞儿居其大半野性难驯，未免互相吵闹，应由该管司事加意弹压，已入蒙养所、工艺所、力田所者，责成学师、业师严加管教，倘有顽童以大欺小、以强凌弱及不遵堂规者，轻则责惩，重则撵逐。

——载《广仁堂章程》，1878 年，国家图书馆藏。

广仁堂蒙养所十八条（仁义礼智四斋）

一、吕新吾先生曰：自教化陵夷之后，举世不知读书为何事。师弟相督，父子相传，不过取科第求富贵而已。今选社师务取年四十以上良心未丧（桂林陈文恭公曰：有良心，终不忍误坏子弟，才肯去成就人子弟，四字可为训蒙者唤醒）、志向颇端之士，不拘已未入学者，其言深切著明。今本堂仿照此意，慎延塾师，由总董酌定，以造就人才为心，以应酬情面为戒。

一、本堂先立仁、义、礼、智四斋，每斋延师一位。每位月脩津钱壹拾千文，按月支送，闰月照送。端午、中秋、岁底，每节均节敬津钱肆千文。延请时先将《李氏乡塾正误》一书及本堂章程送交阅看，果能志同道合，不以为迂，再送聘金。

一、清明、端午、七夕、中秋、重阳、冬至六节，解馆一日。平时有事解馆，一月不得过三日。每年正月十六日开馆，十二月二十四日散馆。

一、各塾专教本堂敬节所及慈幼所之孩，每塾课十人为额，堂外之孩一概不收。

一、生徒入塾，由本堂备香烛及受业门人礼帖，每一徒贽仪津钱肆百文，均由本堂备送。

一、生徒不得无故自歇，倘有疾病，即由塾师关会管事房，为之医药，病痊即行回塾，勿任托病旷功。

一、本堂立塾课日记一本，凡生徒入塾，需将本徒姓名、年岁、籍贯及父兄生业并入塾时所读何书一一登记，以便查核。至师长解馆及生徒作辍勤惰，由塾师逐日记明。

一、生徒书本、方字、笔墨、纸砚等项，均由本堂备办。

一、每日功课已毕，方准散馆。如有至晚功课不完者，接读夜书完毕乃放。每日散馆须陆续徐放，不可三五成群。

一、蒙童识字以一千为则，方字识完即授以《李氏弟子规》《吕氏小儿语》《万氏童蒙须知韵语》《小学》《孝经》《四书》（圈内注须全读）、《五经》等书。如有已读经书者，《小学》《孝经》亦需补读。

一、下午功课既毕，将所读之书或《孝弟图说》及《真氏训学斋规》《朱子论定》《程董学则》《吕氏四礼翼》《陈氏养正遗规》等书，依次讲一则或半段，须反复解说，明白晓畅。令诸徒环立听讲，须令其悉心领会，明日各令回讲。盖少成天性，善机易动，趁此时竭力开导，俾得一一向自己身上体贴奉行，将来不失为正士。其平常动作威仪，洒扫进退，亦宜随时教导，使合规矩。在塾中时，师长有问必起立而对，请业则起，请益则起。每晨到塾，向师长揖揖必深圆，解馆时亦然，朔望随同塾师在至圣先师位前行三跪九叩首礼，务要威仪严肃，毋任草率不恭。

一、授生书，量其资质，贵熟不贵多，切不可未熟强背。盖熟则终身不忘，后来理书亦不费力也。

一、生徒背书，师须句句入耳，不得任其混过，不得使徒自行互背，有乖教道。偶有舛错，随即喝住，于所错字句之旁，用朱笔记一尖角，饬令于错处再三朗诵，务期一体溜熟而后已。后再舛错，于朱上罩墨，饬读如前。罩后再错扑责弗贷，三次不悛，即行汰去。

一、书本须要安放整齐，不许乱堆、乱掷及皱褶、污秽。如有塾徒自愿夜读者，准其禀明师长，留塾夜读。总董察其背书果熟，即行酌加奖励。

一、每斋设净水一盆，生徒大小便后务要洗手，方许执书。设惜字笼一只，字纸不许碎裂抛弃。

一、塾中每逢朔望，由总董察课。先查本徒前期功课生熟，次验本期功课，以定等第。仍将各徒等第及一月中读书首数起讫，所讲、所背之书生熟如何，注明塾课日记，另钞等第实贴塾中。

一、察课首重礼貌，次讲书，次背书，次书法。礼貌驯谨，讲背习熟，字迹端好者为上等，第一名给奖花红津钱壹百文余伍拾文。驯谨而讲背不熟，字迹潦草者为次等，无奖。放纵者，讲背虽熟，字迹虽佳为三等，训饬之。放纵而讲背不熟，字迹不端者为下等，扑责之。如资性实难诵读，即发工艺所或力田所。习学察课多上等者，具见塾师实心训诲，管束有方，应即酌增节仪。

一、塾师饭菜、生徒衣食，悉由慈幼所备给。

——原载《广仁堂章程》，1878 年，国家图书馆藏。

广仁堂蒙养所十二条（信斋）

一、另设信斋一塾，专为培植成材起见。仁、义、礼、智四斋，有敏而好学，异乎寻常者，随时拨入。

一、延请品端学粹者为师，每年脩脯津钱贰百千文，每节节敬津钱捌千文。

一、是斋以六徒为额，额满不收。

一、是斋学徒正当用功吃紧之际，不得任其闲散，应一概夜读，有病即送还号舍，以便医治，病痊即行回塾，勿任旷课。

一、学徒读书有年，须知礼义，凡平时动作威仪较仁、义、礼、智四斋尤宜谨饬，倘不遵规矩，塾师严加训饬，三次不悛，退还原塾。

一、日间读经，如《易》《诗》《书》《礼记》《周礼》《仪礼》《春秋三传》，夜课则《近思录》《学庸》《或问》，并选读唐宋八大家古文。已读之书仍令照常温背，如书多不及全背，或间用抽背法，随其资质，循序渐进，既弗旷其时日，又弗疲其精神，庶几深造自得。

一、圣贤精义皆在四书五经，每读一经，随读随讲。如无暇逐人分讲，则将众徒已读之经日讲一段，令环立听讲，务得大旨，不可滑过。每日下午讲四书两三节，首讲《大学》，使知纲领、条目，毕；次《孟子》，毕；次《论语》，毕；次《中庸》。明日令其逐节还讲，如未贯通，再加细讲。如粗知大义者，令其先将此节注意玩索数番，说明一遍，然后再为反复讲解，以畅达其意。

一、读书贵乎穷理，方能作文，方能办事。塾师既将书义细讲，随时随事，亲切指点，生徒又能逐一回讲，则道理自然透彻。应各钉书一册，名曰《讲录》，将每日回讲之话，笔之于书，以简明切当为要。如有疑难，即于书上质问。塾师于其不合处笔削之，于其疑难处批示之。更将一日言行敬怠作为日记（有《陆桴亭先生日记》可以为法），察课者首于此别优劣焉。

一、察课日期。与仁、义、礼、智四斋同察课时，礼貌驯谨，讲背习熟，字迹端好，讲录详明，日记绵密，五项俱全者为上等，第一名给奖花红津贴肆百文，余二百文，本堂格外优待。驯谨而讲背不熟，字迹不端，日记潦草，讲录不通者为次等，无奖。放纵者，讲背虽熟，字迹虽佳，讲录日记虽尚可观为三等，训饬之。放纵而讲背不熟，字迹不端，日记潦草，讲录荒谬者为下等，扑责之，发回原籍。

一、是斋之设，专为明体达用，生徒中果有经书全毕，讲背全熟，屡考上等前茅者，再商时艺试帖之事。

一、生徒年皆成童，血气未定，夜或群聚，言不及义，天性易漓。须每徒一榻与塾师同卧一室。师归，即托老成司事，移榻师室，以谨防闲。

一、本堂陆续置备各种书籍，以便讲贯涉猎。如：《龙氏读书做人谱》、《程氏读书分年日程》、《叶江注近思录》、《陈氏五种遗归》、《陆氏松阳讲义》、《汪氏四书大全》、《钦定七经》（杭州书局刻）、《通志堂经解》、《十三经注疏》（阮刻）、《二十四史》（各省书局刻）、《御批通鉴纲目》、《范氏唐鉴》、《朱子纲目》、《陈氏性理字义》、《御纂性理精义》、《御纂朱子全书》、《正谊堂全书》（福建书局刻）、《张杨园先生全集》、《陆清献公全书》、《陆桴亭先生全集》、《思辨录》、《倭文端公遗书》、《吴竹如先生拙修集》、《真氏大学衍义》、《邱氏大学衍义补》、《徐氏农政全书》、《顾氏日知录》、《权衡一书》、《大清会典事例》、《朱批谕旨》、《钦定授时通考》、《皇朝经世文编》、《圣武记》、《罗忠杰公遗书》、《胡文忠公全集》、《曾文正公全集》、《吕氏古文关键》、《真氏文章正宗》、《蔡氏古文雅正》、《姚氏古文辞类纂》。

以上各种，或募藏书家捐助，嘉惠学者，或同志中各有藏本可以取寄，均不必筹款购办，以期搏节。右拟十二条，余如仁、义、礼、智四斋例。

——原载《广仁堂章程》，1878 年，国家图书馆藏。

广仁堂工艺力田所十四条

一、是所专为本堂不能读书向上之孩而设，均须待蒙养所退出，始行量材教习。亦分三等，上等者，学写宋字及刊刷切钉等事；中等者，学制衣，织带，修发，扎藤器（面盆、碗、盏之类），造木器（桌椅、便桶、吊桶、脚桶、浴盆之类），制蓑衣、箬帽、秧荐等事；下等者，雇江浙老农，教以区田、代田，只种桑棉、蔬稻，不种高粱、粟、麦，以匡北人之不逮。瞽目则学卜算，跛足则捆屦织席，俾将来谋生有术，不致废弃终身。

一、函人矢人，有仁、不仁之分，故术不可不慎。况童稚真性未漓，正宜培养元良，务令存心仁厚，是所教习诸艺于结鱼网、编雀笼等概不准习，惟择切于日用而为北方所少者教之。苟有成就，不特可使南人之官商于北者易于购买，本地亦可渐开风气。且本堂需用物件亦可随时自便，均不必购自远方，似属一举数得。

一、诸艺中除刊刷、切钉、织带、织席、制衣、修发、扎藤器、卜算等项，教习可以就近在津雇用外，其余教习均须在南方招致。

一、延请老成笃实、精于稽察之司事二人，总理各事。

一、每一艺立一册，师徒姓名，分晰记载，仍于腰牌内注明某年、某月、某日，发交某某所学习字样，以便稽查。各孩日有课，月有程，该管司事，时时督察，刻刻留心。

一、各孩工艺应选诚实精谙者充当教习，责成尽心教导，由该管司事，时加提撕。务令待如自己子弟，使其有一技之长，以为终身衣食之计，免致仍为乞丐。倘该教习漠不关心，视同膜外，甚至非理陵虐，应即送县责惩。

一、各孩学业有成，应由总董考验。除奖赏教习外（奖赏若干应分别议数），每孩酌给资本，听其出堂谋生，一面将额外者补入。

一、孩业有成，总董察其诚实可靠而又技艺精熟者，或酌留堂中，以备教习之选。

一、各孩应听教习管束。倘有不遵，初犯，教习督责；再犯，回明司事责惩；三犯，告知总董，追还衣履，即行驱逐。均由该管司事，随时专册登记。

一、教习不能尽心，以致各孩学业无成，自应将教习即行斥退，另募充补。该司事慎毋姑息因循，致糜经费。

一、诸艺果能渐有成效，可将货色售去者，除提出成本外，所得余值应专款存储，以备总董酌议奖赏教习本孩之用。

一、制成器皿虽本堂自用，亦须照时给价。其桑稻、蔬棉果有收成，亦应由堂照时给价，专款存储，再将刈获者充作公用。

一、各孩衣食等项，仍由慈幼所备给，寒暖疾病由该管司事加意照管，勿稍疏忽。

一、各教习均已定有住屋，各住其中，不得僭入各孩号舍。各孩每日功课、晚膳既毕，由司事押令各归号舍。

以上仅拟大略，仍俟教习招齐，另与精谙其事者详加讨论，再议节目、脩资等项。

——原载《广仁堂章程》，1878 年，国家图书馆藏。

广仁堂总公务处坐办任事之规则

一、本堂所管各事，头绪甚繁，应设总公务处，以提挈纲领。由总董禀明督宪，选举高年有德之正印官一人，派充坐办，常川驻堂。禀承总董之命令，以管理全堂男女员司，施行全堂一切事宜。

一、总公务处之义务，综管全堂文牍、款项，经理全堂产业，筹办全堂所设各厂所事宜，以扫除游惰习气，力行教养兼施之政策。

一、坐办有掌管银钱及办理文牍、考核员司之责。其总公务处应设堂董一人、议绅四人、收支兼稽核司事一人、庶务兼文牍司事一人、采办兼帮赈司事一人、书手一人、外巡查差弁一人，其各分处应设管库司门挂号等司事。又稽查堂外之恤产、保婴、恤嫠等事及照料堂内蒙养所之男学生，亦应专设司事，量事繁简，酌派无定额。以上均系男员司，统由总董选派，归坐办节制考察。其余男夫役人等，迳由坐办酌用。至各分处之女员司，概由坐办禀承总董选派，其能否称职应由女监督考察，随时报知坐办，转禀总董核夺升降去留，以一事权。

一、本堂除总公务处概设男员司外，其所管各分处如女工厂、敬节所、慈幼所、幼稚园、女医学堂等处，栅门以内应专派女员司，并另派年高德劭之命妇一人充女监督，以总司考察之责。另酌派名誉女议员以助之，无定额。其女员司所办各事，各清界限，不与总公务处男员司干涉。

一、凡总公务处有传知女员司之命令，概由坐办缮单盖章，或缮牌示传知女监督，转谕各该处女员司遵办。凡各处女员司如有应行禀商事件，均由监督缮单盖章，递坐办处批示。如有重要事件或疑难不能决者，应由坐办转请总董示定，再行传谕。其派在女工厂外管库之男司事，及慈幼、敬节两所外司门之男司事、女医学堂、幼稚园外挂号之男司事，只办栅门以外之该管责任，均不准侵越门内女员司之职事。其门内女员司亦不得于监督所奉坐办之命令以外，妄听门外男员司之传说，以杜纷歧。

一、本堂系属善举，以保全妇女之名节、培养幼稚之身体德性为宗旨。全堂办事员司以至夫役，男女界限宜严。所有女员司分管各厂所之门栅，终日关锁，非有坐办命令，不准开锁。如总董、坐办因公进内查看，必戴大帽，传令女监督到门导引，方可入内。此外，男员司非随同坐办带进，一概不准擅进。

一、本堂内平日须时常勤饬扫除，慎防火烛，严查出入人色及物件，此三事最关紧要。凡在各厂所栅门以内地方，概由监督责成女员司，按段分派各节妇、恤女及女仆认真办理。其在栅门以外各院及本堂前后大门通路等处，概由坐办责成外巡查差弁，分派男夫役认真办理。

一、本堂朝南大门平日应常关锁，非有特别事情经坐办示谕，不准擅开。其朝北大门日出即开，日落即闭，入夜十钟即落锁，将钥匙缴坐办处，无论何人，非有坐办条示，不准开锁，即白昼间大门上须常川派夫看守。凡外来人色，无论男女，非先回明坐办，请示允准，不得擅自放进。其堂内物件及敬节、慈幼两所之妇女，非有坐办凭条，不准擅自放出。至女工厂之女工师匠徒及医学堂、幼稚园之附课女学生，在定章上班下班时限，由领班带同出入，可毋庸候坐办凭条。倘非此时限，仍须先请坐办示，亦不准擅放出入。

一、全堂度支专恃房租、地租及岁捐、月捐、货物捐、特别捐，并存本生息等项。从前废弛散轶，现均规复旧额并新增租数，应由坐办将产业房地图契、存款折据、各种捐项底案、凭折，概行录簿盖印，分移道府厅县存案，以垂永久。嗣后每年腊月应邀集堂董、议绅会议将来年应收应付各款，通盘核计，编立预算表，禀报总董批示立案，复宣布各员司遵照并责成收支司事妥慎经理。其收款应责成杂务员司，按时认真催收，开单呈缴坐办妥存，并将单批交收支司事，登入总流水簿，再分立各项专簿，旬结月结，先由坐办签章送总董核阅。其各项支款，如总公务处以及各分厂所等处用款，均由各该管男女员司呈单，由坐办批准交收支司事核发后，统登总流水簿，再分过各处专簿，旬结月结，呈坐办签章，送总董核阅。每届半年应造报督宪察核一次。

一、本堂所有文牍信件，凡与堂外各局署官绅往来交接者，概由总董出名，盖用总办关防。其堂内各牌示、条谕以及单册等件，可由坐办出名，盖用铃记。凡照章者，坐办可自主持办理。如有特别事情，随时由坐办缮禀事簿，送总董处批示遵行。

一、本堂既以教养兼施为义务，所有从前保婴、恤产及堂外节妇、恤嫠等费，颇难核实，最滋流弊。在堂内既属虚糜巨款，在受惠者转致养成游惰。兹拟渐事裁汰，酌改办法。凡堂外节妇老病者，照旧给领，将来缺额不补。其余概令本人或其女息来本堂女工厂习艺，其原有恤款准其照给，并按日另给工资，如竟不愿到厂习艺，是必自有谋生之法，即将恤款停止。至恤产、保婴两项，嗣后凡来本堂女工厂习艺之工师匠徒中，有家实贫苦而因孕产不能到厂做工者，可酌给此项恤款。其平日并未来厂作工者，概不给此恤款。如此既易考查虚实，又兼寓鼓励工业之意。

一、外来参观宾客，无论官绅，凡男客必具公服，到门投刺，先晤坐办，填写凭单，戴大帽陪同前往。到各处门首，将凭单交女监督先行导引，坐办随同参观毕，即由坐办送出大门。凡女客到门，先由司阍导入门左女客室，由外巡查弁问明姓氏来意，报知坐办酌核。如系实意参观可允准，即缮凭单盖章，交该弁持回，导引女客至单内所指定之处所，差弁止步，将单传交女监督开栅门，延女客入内陪同参观毕，送至栅门口为止，仍属差弁导出大门。以上参观宾客，无论男女，均由坐办、监督各立参观题名册一本，随时登记姓名、来历、日期、时刻，以备查考。

——原载《广仁堂整顿新章》，1906 年，国家图书馆藏。

广仁堂堂董任事之规则

堂董应商承坐办，帮同经理堂中一切事宜。凡大事须会同坐办，禀请总董，示定施行。所任各事如下：

甲、稽查堂中各项司事、夫役之贤否勤惰。凡堂内男仆，应各派定执事督饬巡查差弁严加约束。其女仆在厂所各门限以内，由女监督管理；在门限以外，仍由差弁稽查其出入行为而报告之。

乙、凡堂内外门户，以紧严为主；内外院落，以洁净为主。应以时启闭扫除，而防其偷惰废弛之弊，尤注意于火烛及闲人之出入。

以上一条，应督饬庶务、司事及差弁管理之。

丙、堂中通年进出各款，应于上年之终，商承坐办，并会同议绅通盘筹画，拟具预算表，呈候总董核定后宣示。再按时认真考核，务令有余，毋使不足。如有违背表格短收溢支等情，应即举发，禀请查办，毋稍含混。其逐日收发账册，应着按照旬结月总，条分缕析，按月、按季、按年造报总董察核。并检查堂中公产、房租、地租之折据，各以其时期催索之。

以上一条，应督饬收支及庶务司事办理。

丁、堂中分设各项工厂、园院，各按照其订章实行，且筹酌其进步退步之状况消息而变通之，以期改良。

以上一条，应督饬各该处男女司事办理。

戊、所有往来公牍文件收发，均须注簿。凡稿件必经检订而后缮发，各以其类，存档备查。

以上一条，应督饬文牍司事办理，文牍司事有管理收发文件及抄写之责。

己、所有参观宾客，应询其来意所在而招待之，倘来历不明或非上等人，概拒绝之。

庚、遇事应与坐办及议绅虚衷研究，俾臻完善，勿得偏执己见，致误事体，亦不得徇隐苟同，有损公益。

辛、既受责成，便有应尽之义务，习于其事，乃能烛其利弊，而施其补救维持之术，切忌始勤终懈，一暴（曝）十寒。

壬、宜与工艺之研究会，而筹画堂内工厂之办法；宜与学界之研究会，而筹画堂内幼稚园之办法。其他以此类推，但研究须于公余为之，勿因此而旷误理事之时间。

癸、以勤朴为曹属率。凡在堂中任事者，无论上下，犯有不勤不朴之习者，轻者劝戒之，重者禀请总董黜之。有能勤能朴、卓见成绩者，禀请总董分别奖励之。

——原载《广仁堂整顿新章》，1906年，国家图书馆藏。

广仁堂议绅任事之规则

本堂暂额设赞成员二名、名誉员二名，统称为本堂议绅，其权限责任如下：

甲、本堂议绅，应实行稽查及评议两事，专以司法为责任，并不干预坐办及堂董行事之权。

乙、暂订每星期以三、六两日之上午十点至十二点，为议绅到堂稽查评议之期，非有大事及大风雨不得无故不到。凡议绅到堂，应由堂董商承坐办，将本期内所兴办及改革各事详细告知议绅，以觇其意识。并将本期内所有文件及出入款账册，呈于会议厅，公同阅看。阅毕，由各议绅盖章，仍即检存，不得散失。

丙、堂中备《检查簿》《议事簿》，每人各一册，刊定日期格式，专为各议绅到堂，按期填写。每期会一次，即须将己意所见及所查得之情由填写报告，交坐办及堂董，送呈总董阅核。不拘所记之多少，但不得以无所建白，模棱塞责。

丁、各议绅所应稽查之事，如章程之有未尽善者，或章程虽善而奉行之不力者，或入款之有须设法增长者，或出款之有可核实撙节者，或出入款之有与预算表不合者，均应由议绅时常考察，将情形报告于坐办及堂董，以期整顿。

戊、各议绅所应评议者，堂中各事，无论大小，凡可以兴利除弊、各有见到之处，均可建议。其小事请坐办及堂董酌办，大事则请其代禀总董定夺。

己、各议绅于全堂事务普通评议之外，仍各认堂中某事一门，为专注意之事。应格外调查中外善法，专司筹画，以辅助该事之改良进步。

庚、每年拟开大会议两次，由坐办、堂董及各议绅预将堂中半年来经理各事之办法，并堂中各厂所之成绩品备齐。如系年终大会议，并将来年之预算表拟具草案，预先出帖知照关于本堂之官绅，届期到堂参观集议，以彰公溥而振精神。

辛、议绅四人以二年为限，第一次限满应更一半留一半，以资熟手，嗣后每次更番递换二人。每届限满，应由学界公选正副四人，由总董委任二人，以二人为存记。

壬、凡未满限之议绅，有因事故欲行告退者，应由坐办在存记副议员中选员，禀请总董批准更代。

癸、赞成员二人，不支薪水，应由堂月发夫马费二十两。其名誉员二人，则薪水及夫马费一概不支。惟每遇到堂会议之期，应由堂备午饭一餐，此外概无供应，以节縻费。

　　　　　　　　　　　　——原载《广仁堂整顿新章》，1906 年，藏国家图书馆。

广仁堂女工厂试办章程

一、本厂专以教授女工为宗旨，但每日轮班在讲堂兼学书算，一点钟毕，仍归工厂习艺。

一、女学徒分甲班、乙班两等，甲班年岁限自十二岁以上二十岁以下，乙班年岁限自二十岁以上四十岁以下。在家全未习过手艺者可入甲班，至乙班学徒必须略习手艺，已知大概者，方可收录。此指学徒而言，其当艺师者，只论技艺，不论年岁。

一、女学徒应开具年岁、籍贯、姓氏、住址及家长姓名、作何营业，报明注册，以凭查考。至入场名牌及衣衿牌号，均只用第一、第二等号数编列，以代名字，易于识别。

一、妇女中有手工精巧者，不拘何项，均准随时报明本厂考验，收录量材，酌定工食，按其所长，分派各厂，充当艺师。每届半年一考，如所教学徒进步甚速，除工食外，另给优奖，倘所教无效，随时剔退，以杜滥竽。

一、本厂内分南北二场，北场可容三百人，即以三百名为额；南场可容二百人，即以二百名为额。如报名人数逾于定额，应候随时传补。

一、本厂先行教授玲珑西式花缏、机器缝纫、刺绣、草帽缏、毛巾、织布、编绒等七科手艺。此外，如绘画、裱褙、印刷等事，随时酌量添设。

一、女学徒初入厂时愿学何艺，准其自行呈明。然亦须视其才质是否相宜，试教数日后如懵然无知，即由女监工禀知女监督，令其改习别艺，以期因材造就，免至徒劳无益。

一、女学徒每早八点钟上工，十二点钟下工，仍在厂午饭，至一点钟上工，晚五点钟下工，早来晚归不得住厂。凡入厂时，须在女稽查处各自领取名牌。出厂时，将名牌仍缴原处。

一、本厂内一概不准闲杂妇女入观，所有厂内女执事人等以及艺师学徒，概不得在厂内接见亲友。倘该家属实有急迫要事，可报由坐办发给凭单，传知稽查处转告该本人出厂在外接晤。

一、女学徒每早自带干粮、咸菜来厂，至午十二点钟，由本厂散给稀饭汤，使各自食干粮，不另给饭食，以杜图吃饭、不图学艺之弊。至作工时限，茶水由本厂随时供给。

一、艺师工食及学徒奖赏，每半月一发，上半月截至初十日，下半月截至二十五日。由女监工将各师徒功过情形及应得工食奖赏开单知照稽查处汇总造册，呈由女监督盖戳后，再送呈坐办复核后，批交男收支处，按名预备，于十四、月底两日，请女监督点名发放。

一、女学徒每十名，应派一领班；每百名，应派一班长。所有本厂一切条规命令，均着班长分付领班转谕各学徒知悉。如有违犯，除将本徒记过议罚外，该管领班、班长亦并记过。

一、女艺师及学徒在厂或在讲堂，均不准接谈言笑，不准吸食水旱洋烟纸烟。此事即女监工在厂内及女教习在讲堂，亦应一律禁止。凡赴厕所，必须结伴三两人同往，不准一人独行。凡在作工时，限非有监工之命令，不准擅出厂门。凡上下工，均须挨次鱼贯而行，不准凌乱拥挤。倘有不循礼法，不遵教导者，初犯由女监工告知监督训斥记过，酌罚奖赏，再犯逐出。

一、女学徒衣衿上应缀本厂学徒牌章，早来晚归应结伴同行，不准单身独行。沿途巡警兵见有本厂学徒牌章，应加意保护，倘有匪徒调笑、欺凌、抢夺等事，立即拿交本厂究办。

一、厂内应用材料，应由各科艺师禀知监工，开具联单送至女监督处盖戳，再交女稽查处传至外库房照发，截留一联，将另一联并该件送至女稽查处点清，在原单盖戳，传送女监工处点收盖戳，将原单缴回女稽查处存查。

一、厂内成货应缴存外库，先由女监工开联单，连该货送至女监督验过盖戳，交女稽查处传至外库点收后截留一联，将一联缴回女稽查处盖戳，仍交女监工存查。

一、以上领材料、交成货两事，每届半月，外库房与女稽查处、女监工，各将凭单账册结数，呈坐办阅过，发外收支处核对一次。如有错误，惟该管人是问。

一、女学徒在未经毕业期内，每日所习工艺由女监工认真察看勤惰，于五点钟放工时复查，验其所领之料实能如数完全，并无偷减蹧蹋情形，逐日登记《查工簿》内。凡做足八点钟功夫为一工，准给奖赏津钱八十文，逐日按钟点计数，候届半月一结。如查有偷减料物或工作草率、不用心学习者，亦逐日记入《查工簿》，应记过罚扣奖赏。倘学至一个月毫不用心，全无长进，即行斥退，传补他人。

一、女学徒毕业以后发给文凭，可充各府、州、县女工厂教习，抑或酌留本厂充当艺师，给予工食。每届年终核其做成之件，计算售价，除本厂料价工食外所获余利，酌量提赏，以示鼓励。

一、厂外设库房，分生料、成货两所，派男司事专司照料，经理每日由生料所发入工厂各项料物若干，每日由工厂交回成货若干，逐细将斤重、丈尺分别登簿，以备稽考。凡发料、收货，均以女监工联单，有女监督戳记为凭。出入均由女稽查处承接。

一、本厂选派女监督一人，遵照定章总管全厂一切事务，有督察女司事并师徒及女仆之责，至逐日应习何种工作、习何等功课并应用何项料物、雇募何项艺师，均随时体察情形，预先禀知坐办，酌定示行。又设女稽查一人，专司出入记簿，看视领牌、缴牌及查核告假记过，并核对领料、缴货等事。又设女巡查一人，专司梭巡厂内各处，纠察一切犯规之事，并照料讲堂、茶炉、饭厅、厕所等处，约束女仆，以辅稽查之所不及。又设女监工二人，分南厂、北厂各一人，专司监视各科工作，照管收发材料、成货数目，并考察艺师是否用心教导、学徒是否用心学习，应逐日检验成货，细核师徒所做之工，填注分数勤惰于名册上。又设女教习二人，分南讲堂、北讲堂各一人，专司教授学徒书算、识字、图画等课，另有功课表。又雇用女仆八九人，分派监督处、稽查处、巡查处、南北讲堂、南北工厂。茶炉专供烧茶，洒扫承接料物。以上诸项人等，有不能尽职者，均由女监督禀请坐办察核辞退。

一、本厂于每年正月初十日开厂，十二月二十日停工。每逢朔望、午节、秋节、万寿、千秋、孔子诞辰，均放假一天。

一、遇有官绅妇女欲入厂参观者，由门丁回明，坐办发给凭单，传谕敲梆，启栅将凭单交由女稽查，带至女监督处延接待茶，即由女监督导观。观毕，由女监督将凭单盖戳，交稽查处存查并立簿登记。

一、本厂栅门终日关锁，锁钥归女稽查掌管。栅门以内除总办、会办、坐办外，一切男子不准擅入一步，违即拿究。如栅门内有所传呼，当敲梆唤听，差人役至栅外听候分付照办，不得入栅。凡总办、会办、坐办因公进厂，应著公服，由女监督导引，一概不携男仆，以昭慎重而杜嫌疑。

以上系试办章程二十四条，嗣后如有未尽完善之处，应随时增改。

——原载《广仁堂整顿新章》，1906 年，国家图书馆藏。

广仁堂整顿敬节所新章

一、宿舍、食堂、工场应分别三处，每处各定规则，使气象整肃。堂内西边南头第一层院盖罩棚，作工场罩棚，迤北之房作食堂，第二层孟母祠为讲堂，第三层为慈幼所即恤女宿舍。第四、五、六层为节妇宿舍，每舍立一号长，照料一切。各房内、院内轮流洒扫，其床铺、衣物各自整理，均以整洁为主。

一、每日宿食、工作应定时限，使振精神。每年（二月至四月，八月至十月）每日早六点钟起，七点钟出宿舍到食堂。早餐毕，七点半入工场，十二点放工到食堂。午餐毕，一点入工场，五点放工到食堂。晚餐毕，五点半到南园散步，六点半回宿舍，九点息（熄）灯就寝。早改（五月至七月：五点半起，六点半到食堂早餐，七点入工场；十一月至正月：七点起，八点到食堂早餐，八点半入工场）。又晚改（五月至七月：七点回宿舍；十一月至正月：六点回宿舍）。

一、设女监督一人，管理全所一切事宜。再设正、副女巡查二人，管宿舍、食堂、工场。又设女书记一人，逐日记《功过簿》，并记收发活计以及出入钱物往来人位。

一、饭食：早餐小米稀饭、玉米饽饽、咸菜；午餐：大米干饭、素菜汤、咸菜；晚餐：大米干饭、素菜汤、咸菜。每月朔望加荤菜一样。

一、工作各按本人所能，报明总稽查，择其有益者，开单呈请坐办批准，由售品所向堂外承领，转发到场，随时酌办，不拘定一事。其不能者，应随能者学习所作。工资各归本人随时立折登记，按月一结，由坐办批交总稽查点名转给。

一、每星期内逐日分班浣洗，每朔望早餐后分班入讲堂，听讲善书。（即

以第七层之东学院为浣洗所）

一、放工日期：万寿放工一日，每月朔望各放工一日，端午、中秋各放工一日，年节放工二十日。

一、家有亲族者，非大事不准请假出视。如有亲族女眷来堂看视，应于晚餐后由女巡查带往南园内接晤室相见，不得放入所内。

一、凡遇疾病，应凭女医诊单始准给假，免入工场。如系重病或传染病，应移住病室。（以第七层之西半院五间为病室）

一、严禁令、定功过。禁违背本堂定章及女管理员之命令，禁误时限，禁作践污秽，禁喧嚷戏笑，禁游惰，禁举动不端庄，禁争夺，禁毁物。以上八禁，犯者每事记过一次。如一月不犯过者，记功一次。每月终将《功过簿》送由坐办察核，有功者酌奖，有过者罚役（如替人洗衣扫地等事）。屡罚三次不悛者，扣去朔望荤菜三个月。其有性情刁泼、不服训戒者，立即开除，饬令出堂。

——原载《广仁堂整顿新章》，1906年，国家图书馆藏。

广仁堂慈幼所章程

一、本堂慈幼所系为收养贫寒、失怙恃之女孩而设，以年在五岁至十四岁为限。其男孩在八岁以内者，亦可附入此所。均须查明实系家无亲族可依者，方准收养。或行路失散，或被人诱拐，经巡警局查获送堂者亦可收养，并须查明，实系未经流入下贱行为者方可收养。倘有捏冒混入，查出即传该亲属领回，将所发给之衣物全行追还。如已入下流而无亲属可交者，即移送女习艺所留养。

一、幼孩入所之日，应将该孩姓名、籍贯、年貌、父名母氏详细造入清册，并各给与长五寸、宽三寸腰牌一面，照册详注，令该孩佩带。应发某号登册，注牌送入号舍。

一、幼孩自五岁至八岁入幼稚园，由保姆随时保育，以期养成善良之习惯。年满九岁男孩拨出，归蒙养所居住、上学。女孩入本堂女工厂习学女红，深戒有养无教，致成废人。

一、宿舍各有号数，幼孩按号住宿，不得紊乱。每号择年长而性情稳厚者，立正、副号长。凡年在八岁以内之小孩，其宿食一切应派定号长照料，仍由女管理员安排管束。并督饬女仆将院中屋内随时扫除，务期洁净，不可污秽有碍卫生。

一、早起先将床铺整齐清楚，梳头洗脸。年岁太稚者，由号长照料。事毕，赴饭堂早餐，不得喧嚷戏谑、敲桌掷碗。

一、饭食：早餐小米稀粥、玉米饽饽、咸菜。午晚两餐皆大米干饭、荤菜汤、咸菜。每朔望年节，均酌加肉食。

一、每月每人津贴、鞋袜、针线等用，共津钱三百文。年岁太稚者，由号长代为经理，仍由女管理员勤加考察。如有余存及稍长入厂做工所积余款，均交女管理员登册开单送坐办，转发收支处，代为发铺生息立折，交本人收执，逐年加增，备婚嫁或出堂时提取本利。

一、幼孩入所时，由堂内照章发给棉被褥、裹衣、棉衣及照章应用物件，不准随意污毁，以后每年拆洗填补。单夹棉衣由女管理员察夺开单，送请坐办核办，以节俭爱惜为主。

一、幼孩遇有感风寒、伤饮食及一切疾病者，须禀女管理员查明，到总务处开单，饬女仆送本堂女医诊治，毕即归本所，并将回单交总务处备查。如重病或传染病，应移住养病室，另派女仆照管。凡有病，无论轻重，均由女管理员按日将病情、医药详细填注《养病日记册》，呈坐办阅核，至病愈为止。

一、如有尚未种牛痘者，应于春间由本堂女医施种牛痘。如有出天花及生疥疮者，应另住一室，赶紧医治，以免传染。

一、女孩年过十九岁，即行择配，须由坐办派妥实人查明男家并具妥保，禀候总办批准而后出嫁。其择配有四要：一、须有实在产业及正经营业者；二、须品性端正，身体健康，无习染嗜好及痼疾者；三、年岁不得大于女子十岁以外者；四、不得为婢妾。

一、所中一切事宜应由女管理员随时教导，随时体察。如有不遵章者，轻则劝诫，重则禀知坐办，分别惩罚。

——原载《广仁堂整顿新章》，1906年，国家图书馆藏。

广仁堂蒙养所新章

一、蒙养所之设，为节妇之子及堂中所收之恤子，由十岁拨入居住，并附入官立学堂，随班肄业，以期教养兼施，将来或入工厂，或学手艺，俾可自食其力，以免游惰。

一、蒙养所须立花名册一本，凡学生之姓名、年貌、籍贯并父名母氏、某年某月某日入所、或将来归于何处，均须注清，以备考查，由敬节所男司事兼带经理。

一、拨入蒙养所时，由堂中发棉被褥一分，按号住宿，不得淆乱。

一、由蒙养所中选派年岁稍长、性情稳重者充当舍长，承庶务司事之命，以为各生之率，并照料舍中火烛及扫除一切事宜。

一、蒙养所院中舍内均以整肃洁净为主，每日舍长照料，轮流扫除。其床铺各自整理，务期整洁。总宜勤动，力戒游惰。由坐办及驻堂董事随时查验，违者记过一次，如犯三次，重罚。

一、学生如有不守规矩、不遵管教者及争斗口角者，记大过一次。如犯三次，幼者责之，长者送习艺所罚作苦工。

一、每日入学并食宿，由敬节所男司事经理，应定时限，以肃堂规。

每年（二月至四月、八月至十月）每日早六点钟起，整理床铺，扫除宿舍，净面。早餐毕，至七点半钟上学堂。放学后，十二点钟到食堂午餐。一点上学堂，放学后五点到食堂晚餐。六点至八点自习本日功课。九点息（熄）灯就寝。五月至七月，每日早五点半起，整理床铺，扫除宿舍，净面。早餐毕，至七点上学堂，余同上。十一月至正月，每日早七点起，整理床铺，扫除宿舍，净面。早餐毕，至八点半上学堂，余同上。

一、每日三餐，早小米稀粥、玉米面饽饽、咸菜。午、晚两餐，皆大米干饭、荤菜汤、咸菜。每月初二、十六两日及节年，均每名加肉四两。

一、学生所用书籍、纸笔、墨砚，均由本堂备办，每月查点一次，撙节发给。

一、学生操衣靴帽，均由堂中备办，各应爱惜保存，不得任意污破。

一、每入饭堂，各依定座位。用饭时尤宜肃静，不准喧嚣以及争斗，违者照章记过。

一、每日上学、下学，巡警兵护送，在途中尤宜整肃。下午放学后少为休息，仍温习本日所受之课，至纯熟而后止。不准随意出入，一经查出，当即记过。

一、放假日期按学堂成例，不准在外骚扰及犯一切违章之事，犯者加倍重罚。非经禀明坐办允准，不得出堂。

一、年岁太大在学堂无成效者，应送入相当之处习艺。如自请出堂习艺者，俟经查明后禀请总办批示。

——原载《广仁堂整顿新章》，1906 年，国家图书馆藏。

广仁堂幼稚园试办简章

甲 宗旨

保育儿童身体，启发儿童智识，养成善良之习惯，以补助家庭教育之所不及，并参用蒙学各教科，为将来入小学之预备。

乙 办法

本园创办伊始，诸事粗具规模，仅附设于广仁堂内，先就本堂恤养之儿童，择其年龄相当者，令其入学，暂不广告招生，如有愿将儿童附送入园者，应另行禀请，总办批准合格，方准入园。一俟经费充裕，办有规模，再行推广。

丙 职员

本园暂设员役如下，俟推广时再行添设。
一、园长一员（暂由敬节所女监督兼任）
一、保姆一员
一、女役一名
一、男园丁一名

丁 权限

本园人员之权限分别规条如下：
一、园长须审定教科，监视保姆以下之勤惰及进退役使人等，担任园中一切事务，并一切应兴、应革事宜。
一、保姆须任保育儿童身心获健全之发育，并任各种教科，以开诱儿童。

一、女役专供杂务，应听园长之指挥。

一、男园丁专供莳养花木及扫除拂拭，应听园长之指挥。

戊　额数

本园幼稚生不分羁丱暂定二十名。

己　课目

本园课目暂定为十门，其详如下（课程表附后）。

一、识字：宜先以实字教之，就实物现前指点，或以字音相同，或以字迹相类者比较而开诱之，儿童最易记，臆然不可以难字教之，致伤脑力。

一、心算：或举玩物若干，或举食物若干，以引导儿童之心思，渐次授以珠笔各算。

一、谈话：宜设有兴味、有益处、关乎身心之事、寓言，或古或今及寻常日用之事，以涵养其德性，兼养其观察注意之力。正其发音，为将来发言之基础。

一、手工：用幼稚园恩物开诱儿童之心思，练习儿童之手眼。

一、习字：宜先用笔画少者，用红墨写出，使儿童描摹之，此条参用旧法。

一、博物：宜用标本，先就儿童习见之物指示，以扩充之见闻，不难推广。

一、图画：先以简单动植用物画于板上，使儿童如法描摹。

一、联字：宜用识过、讲过之字。

一、唱歌：宜听器发声，唱平易之歌曲，最能涵养德行，愉快心情，用为儿童发育之助。

一、游戏运动：分随意、共同二种，均不外舒畅其筋力，健全其身体，使儿童得所长养。

庚　时限

本园定上午自九点至十一点，下午自一点至三点，其星期、节假及圣诞、庆典等日，俱照常例，休息一日。

辛　资格

本园幼稚生男女兼收，以五岁至八岁为度，其残病、暗疾或未种牛痘者，概不收录。

壬　学费

本园皆广仁堂养育之儿童，概无学费，以后推广外招，再为酌定。现时如有附学者，可酌收学费，每名每月洋五角。

癸　年限

本园幼稚生限定以三年为毕业，毕业后其程度最优者，由本园送入小学肄业，附课儿童亦同此例。

入园规则

一、入园、出园须依定时限，或迟或早均所不许。

二、每日早晚上班下班按时，均听号铃，不可随意出入。

三、除午餐外，茶点均有定时，不得自带食品及玩物。

四、幼稚生出入园，均须步伐齐整，不可紊乱。

五、家属探望须待课毕，在接晤室见面，谈话时限不得过五分钟，尤不可滥入开诱室及游戏场等处。其参观官绅男妇不在此例。

六、幼稚生衣服须依定制，总期朴素洁净，不可着太绚烂及太污劣之衣。

七、幼稚生如有患传染病者，查明后应即饬其请假，以防传染。

八、幼稚生在园中应守之细则，须园长随时体察，分别补入，兹不备载。

试办幼稚园课程表

第一学期（六个月作一学期，下同）

课程	星一	星二	星三	星四	星五	星六
识字	九一十	九一十	九一十	九一十	九一十	九一十
谈话	十一十一	十一十一	十一十一	十一十一	十一十一	十一十一
唱歌	一一二	一一二	一一二	一一二	一一二	一一二
游戏	二一三	二一三	二一三	二一三	二一三	二一三

第二学期

课程	星一	星二	星三	星四	星五	星六
识字	九一十	九一十	九一十	九一十	九一十	九一十
谈话	十一十一		十一十一		十一十一	
心算		十一十一		十一十一		十一十一
唱歌	一一二	一一二	一一二	一一二	一一二	一一二
游戏	二一三	二一三	二一三	二一三	二一三	二一三

第三学期

课程	星一	星二	星三	星四	星五	星六
识字	钟点均与第二期同					
谈话						
心算						
唱歌						
游戏						

第四学期

课程	星一	星二	星三	星四	星五	星六
识字	九一十	九一十	九一十	九一十	九一十	九一十
谈话	十一十一			十一十一		
心算		十一十一			十一十一	
习字			十一十一			十一十一
图画						一一二
唱歌	一一二	一一二	一一二	一一二	一一二	
游戏	二一三	二一三	二一三	二一三	二一三	二一三

第五学期

课程	星一	星二	星三	星四	星五	星六
识字	九一十	九一十	九一十	九一十	九一十	九一十
谈话	十一十一			十一十一		
心算		十一十一			十一十一	
习字		一一二			一一二	
图画			十一十一			十一十一
博物			一一二			一一二
唱歌	一一二			一一二		
体操	二一三	二一三	二一三	二一三	二一三	二一三

第六学期

课程	星一	星二	星三	星四	星五	星六
识字	九一十	九一十	九一十	九一十	九一十	九一十
谈话	十一十一					
心算		十一十一			十一十一	
习字		一一二		十一十一		
图画		二一三		一一二		
手工			十一十一		一一二	
联字			一一二		二一三	
博物			二一三			十一十一
唱歌	一一二					一一二
体操	二一三			二一三		二一三

　　以上课程谨拟大概，随时由保姆酌量变通增减，总期畅适儿童天性，不拘束而又不失之鄙恶为要。

　　　　　　　　　　——原载《广仁堂整顿新章》，1906 年，国家图书馆藏。

广仁堂女医学堂试办简章

一、本堂注意产科，以重视生命，保全妇婴为宗旨。

一、本堂学额暂定三十名，先就广仁堂收养之节妇挑取。此外，如有愿来堂肄业者，必须有妥实保人，另行禀请总办批准，考试合格方准入堂。

一、女学生应开具年岁、籍贯、姓氏、住址及家长姓名、作何营业，报名注册，以凭稽考。

一、每日入堂须用名牌，一面注明某学堂，一面注清姓氏，将号数编列佩带身边，易于识别。

一、每日时限暂定五小时，须专心学习，俟有进步，再为增加。

一、本堂一切事宜须由女监督管理，有随时考究之责。

一、本堂课程应分寻常、高等两班。寻常者，专习产科；高等者，除产科外，仍应兼习妇婴普通医理。

一、讲堂内一切课程须由女教习与女监督商订后，列表禀请总办核夺。

一、本堂设正、副教习二人，除授课时限外，可以余时轮班，出外临诊，惟往何家诊症，应由监督商明坐办后行。该教习不得私自出诊，凡出诊何家、何症及治疗方药，均应详载日记簿，回堂时呈监督阅后，转送坐办察核。

一、外来学生每日上午九钟入堂上班，十二钟下班用饭，下午一点半钟上班，三点半钟放学。堂中仅备午饭，概不住宿，其在本堂中收养者，宿食均照旧章。

一、每日上班、下班均须挨次鱼贯而行，不准凌乱、拥挤、喧嚣，如有不循礼法、不遵教导者，由女监督训斥记过，倘屡戒不悛，应禀请总办开除。

一、每日所习功课除讲义外，应备图书仪器，使学者研究体验。俟讲堂课程粗毕，仍先随教习出外临症实验，必须确有把握，方准作为毕业。

一、每半季大考一次，凡进步甚速列入优等者，禀请总办另给优奖，以示鼓励。如大考实不及格，随时剔退，以杜滥竽。

一、毕业年限视所学进步迟速，禀请总办定夺。

一、毕业后发给文凭，准其充当产科医士或留堂充作助教，酌给薪水，或出外各自行医，应具结以济人行善为主，倘有在外招摇讹索者，一经查出，追回文凭，照章议罚。

一、本堂内一概不准闲杂妇女入观，所有堂内执事人等以及学生概不得在堂内接见亲友，倘该家属实有急迫要事，可报由坐办发给凭单，传知该本人出堂外接见，时限不得过五分钟，如上课时，概不准见。

一、遇有官绅妇女欲入堂参观者，由门丁回明坐办，发给凭单，传知堂内女仆，回明女监督导观。观毕，将凭单盖戳，并立簿登记，以备存查。倘有官客参观，非特别不许入堂。

一、放假日期，每星期、端午、中秋、上元及圣诞、庆典等日，俱照常例休息一日，年假二十日（由腊月二十五日起，至正月十五日止）。

附　讲堂规则

一、每日早八点钟到堂，按时开课、毕课，均听号铃，不准随意出入。

一、授课时，学生各有定位，不得乱坐，尤不可擅离。

一、教习开讲时，须专心受教，不准谈话。

一、若有疑义，准其于教习授课毕时，起立质问。

一、学生在讲堂，无论授课、休息，均须举止端庄，不得妄言、妄动。

一、遇有外人参观到堂，均听教习口号，起立致敬。若总办、会办、坐办进堂查看，概不起立。入堂必戴官帽，以昭慎重。

一、讲堂内不许携带食物、吸饮烟茶及随意乱吐痰唾。

一、讲堂内以肃静为主，严禁哗笑争竞，违者记过。

以上系试办章程二十六条，嗣后如有未尽完善之处，随时禀请增改。

——原载《广仁堂整顿新章》，1906 年，国家图书馆藏。

津河广仁堂董事会章程

（1915 年）

由江皖浙三省会馆或同乡会中选举乡望素孚者各六人任堂中董事，名曰津河广仁堂董事会。

一、董事会之各董事，纯然义务，无薪水夫马。

二、何省董事告退，即由堂中知照何省会馆或同乡会请开会重选。

三、董事权限。凡堂中有应沿应革之事，得以建议；堂中有不实不尽之事，得以稽查。辅总董耳目所不及，并不干预总董行事之权。

四、堂中有特别事故，得提出意见书，开临时董事会。

五、董事会议取决多数，如可否各居半数，取决于总董。

六、总董更替之际，董事应各取报告其本省会馆开会选举，每省各举一人，由董事会函请巡按使于三人中择任一人。

七、董事每年按四季开会一次。

——原载《广仁堂全宗·董事会文卷》，天津市档案馆藏。

天河广仁堂修订章程

（1925 年 11 月议订）

第一条　本堂为扩充慈善事业，巩固基础起见，由江浙皖三省董事会议决经三省会馆之同意，修正章程如下。

第二条　本堂慈善事业之范围：

一、敬节：凡节妇穷无所归者收养之。

二、慈幼：凡节妇之子女与无怙恃之子女养育之。

三、教育：（甲）蒙养园，六岁以下之子女；（乙）小学，七岁以上之子女；（丙）乙种职业学校，凡十岁以上之男子；（丁）女子职业学校，凡十岁以上之女子；（戊）工厂；（己）女工厂；（庚）种植场；（辛）家政讲习所；（壬）优秀子弟堪造就高深学业者，分送中学或专门学校肄业，本堂供其学膳等费；（癸）酌量收录附近居民子女入学校。

四、恤嫠。

五、冬赈。

六、卫生医疗所。

七、施馆。

八、本堂力所能及之其他慈善事业。

第三条　董事会之职员。一、主任董事三人，由三省董事互选，更替之际应报告地方最高行政官厅立案，任期一年，连举得连任。对于本堂人员有考核进退之权。关于本堂兴革事宜，得提出意见，召集董事会议施行。对于文牍共同署名，负责教育工艺，分任主管。二、董事九人，苏浙皖三省会馆各举三人，于堂事有考察建议并议决之权。三、名誉董事无定额，地方行政长官与商学各界人士热心慈善事业者，董事会函聘之，请求协助维持。

第四条　有下列情事之一者不得充任董事：非三省土著者、未成年者、有精神病者、褫夺公权尚未复权者、与本堂缔结契约有经济关系者。

第五条　凡董事均尽义务，不支薪水及夫马费。

第六条　本堂设堂董一人，由董事会共同延揽函聘，常川住堂，处理堂中一切日行事件，对会计出纳有考核之责，对在堂人员有秉承主任董事考核进退之责。

......

第十二条　设财产保存会，由苏浙皖三省董事中各推会员一人，复由会员推定会长一人，会员之资格应以闻望素著、操行可信者充任之。管理事项如下：一、保管田地房产证券；二、增置产业及建筑改造计划，平时岁修之勘估；三、规定房地租价，招集租户，其契约之订定应审核议决；四、会计账目复核审查。

第十三条　董事会财产保存会除有不得已情形外，均于本堂组织事务室办公之。遇有应行会议事件，应由主任董事商同会长随时招集。至必要时得自行集议，但须报告主任董事、会长，得其许可。

......

第十七条　本堂会计科目，岁首议定预算，按月报告一次。年终刊布征信录，附编年鉴公布之。

......

第二十条　本章程议决后呈请直隶最高官厅立案施行。其未尽事宜或应行增删修改者，得由主任董事开具理由，召集董事会议决增删修改之。

——原载《广仁堂全宗·本堂董事会议及办事细则》，天津市档案馆藏。

天河广仁堂董事会议暨办事细则

（1927 年 6 月订）

第一条　本堂一切事务由旅津江浙皖三省会馆董事会中各推本堂董事三人，合议行之。

第二条　本堂董事九人，依据修订章程第三条之规定，应互选三人为主任董事，分年担任堂内一切进行事宜，轮流接替，不得推诿，并由主任董事三人中推举一人为值年主任董事主持之。

第三条　值年主任董事之任期一年，任期满后列入普通董事，即由其他主任董事中推举一人为值年主任董事。所遗主任董事一席，仍由该省董事中推举一人接充，以后分年依次行之。

第四条　董事常会每月至少举行一次，其日期时间由值年主任董事酌定预为通知。但遇有必要时，主任董事得以召集临时会议。

第五条　会议时非有董事五人以上之列席，不得开会。

第六条　开会时以值年主任董事为主席，如值年董事缺席，由其他主任董事推举一人代之。

第七条　本会决议以列席之董事过半数表决之，可否同数取决于主席。

第八条　董事于开会时因事不能到会，可以缺席，不得临时遣人代表。

第九条　本堂扩充事业，并对外订立合同契约及其他重要事件，须经董事会议通过后，三省主任董事始能签字执行。

第十条　本堂产业如因特别情形有出售或永租与人等情事，非经三省董事全体通过，不得执行。

第十一条　值年主任董事应常川到堂，监督堂董暨各职员，处理日行事件。所有堂内用人办事以及进出款项，应由值年主任董事负责，并会同其他主任董事随时查核，督饬会计每月造具清册，翔实报告。

第十二条　决议事项如有窒碍难行之处，值年主任可通告董事会再行复议。

第十三条　董事如有建议须于常会前三日提出意见书，以便开会讨论。

第十四条　本会所议事项由本堂文牍登记决议录内，交各董事阅看后签字盖章存查。

第十五条　本细则如有未尽事宜，得随时由本会董事员额过半数可决修正之。

第十六条　本细则经董事会议通过之日施行。

——原载《广仁堂全宗·本堂董事会议及办事细则》，天津市档案馆藏。

天津市广仁堂修订章程

（1936 年 12 月呈准立案）

第一章　总则

第一条　本堂定名为天津市广仁堂。

第二条　本堂为旅津江苏、浙江、安徽三省同乡会馆共同组织之慈善团体，以收养穷无所归之节妇或穷无怙恃之幼童幼女为宗旨。

第三条　本堂设立于本市西南城角。

第二章　董事会

第四条　本堂设董事会，由苏浙皖三省会馆每会馆推举三人共九人组成之，代表三省会馆负本堂监督指导之责，为本堂最高机关。

第五条　三省董事应各互选一人为常务董事，常川到堂执行董事会议决案，直接处理堂务并对外负责。

第六条　常务董事中应互选一人为董事长，一人为常务秘书，负责办理文牍保管案卷及记录议案诸务。

第七条　董事之任期为三年，每年改选三分之一，任期满时由董事会通知本省会馆改选，连举得连任。董事长之任期为一年，期满改选，连举得连任一次。

第八条　有下列情事之一者不得充任董事：一、非三省土著者及不能常川到会者；二、未成年或有精神病者；三、曾受刑事处分或破产宣告者；四、与本堂直接或间接缔结契约有经济关系者。

第九条　凡赞助本堂之地方行政长官与绅商学界人士，经董事会议决，得函聘为本堂名誉董事。

第十条　董事会办事细则另订之。

第三章　组织

第十一条　本堂设堂长一人，由董事会公同延揽函聘，常川住堂，受董事会之监督，综理堂务。堂长之任期订定聘约中，期满续聘，仍得连任。

第十二条　本堂堂长以下设总务科长一人，秉承堂长总领各股，办理堂内一切事务。总务科长以下设下列各股，每股设主任一人，并视事务之繁简设办事员，分掌堂务。文牍股、会计股、庶务股、管理股、训导股（各股业务略）。

第十三条　前条所列职员及学校教员、工厂技师、施医所医士等员均由堂长遴选，呈请董事会委用之。

第四章　会议

第十四条　本堂一切事务除日常例行事件外，均由董事会议行之。每月开常会一次，由董事长指定日期、时间、地点，交常务秘书发函通知，遇必要时得召集临时会议。董事会主席由董事长担任之。

第十五条　董事会于每年度终了后，立即发函通知开三省会馆董事联席大会，报告一年内工作情形及堂内经济状况。

第五章　财产保管会及本堂经费

第十六条　本堂财产无论动产不动产，另由三省会馆各推举闻望素著、操行可信并无第八条情事者一人，与董事会代表三人及本堂堂长共五人，组织财产保管委员会管理之，受董事会监督，为管理本堂财产之机关。

第十七条　财产保管会保管之财产，除所生滋息外，永远为本堂基金，非三省会馆全体通过，不得变卖、永租或移作别用。

第十八条　财产保管委员会之权限如下：一、保管本堂田地房产证券及其滋息；二、增置产业及房地之建筑改造修缮；三、规定房地租价，招集租户收取租金；四、按照本堂核定预算发给经费；五、关于本条第二项规定应随时通知董事会会同勘估，始得举行，但零星修缮数在百元以下者，不在此限；六、关于本条第三项规定所有房地租约之订立，均应得董事会之同意。

第十九条　财产保管委员会为办事便利起见，得在本堂外设立会所，并因办事需要雇佣职员。

第二十条　财产保管委员会之经费预算由董事会核定支给之。

第二十一条　财产保管委员会之改选及任期与董事会同，委员长与董事长同，其办事细则另订之。

第二十二条　本堂董事会及财产保管委员会均尽义务，不支夫马薪。

第二十三条　本堂经常费应于每年度开始前由堂长督饬主管员司造具预算，送请董事会核议，经审定后按月由财产保管委员会领用，有特别支出时，应造具临时预算。

第六章　事务

第二十四条　本堂之设施如下：一、学校；二、工厂；三、施医所；四、堂外救济；五、宗旨相同能力所及之其他慈善事业。

第二十五条　前条各项工作情形应由堂长按月提出报告，连同收支计算书单据一并送董事会审核。年度终了，并应提出所办事务总报告、收支款项总决算，连同各项统计图表、预拟计划，经董事会审核后呈报主管机关备案，一面送三省会馆设董事联席大会公布之。

第二十六条　本堂董事及职员，如有异常出力者，得由本堂呈请奖励。

第二十七条　本堂董事及职员如有违背堂章或有藉名招摇非法情事者，得由董事会议决罢免之，重者送法院。

第七章　附则

第二十八条　本章程如有未尽事宜，得随时由董事会通过增删修改之。

第二十九条　本章程经董事会通过并征得三省会馆同意，呈报本市社会局转呈内政部备案后施行之。

——原载《广仁堂全宗·天津市广仁堂修订章程》，天津市档案馆藏。

天津城董事会设立济良所暂行简章

（1913年）

第一条　济良所系属善举，本遵照《城镇乡自治章程》第五条第五项设立之。

第二条　本会因议会尚未议有完全章程，故拟定暂行简章以资维持，俟完全章程交到后，此项简章即行取消。

第三条　无论娼妓女伶及被拐妇女，或自行投入，或经官送入者，一概收留，随时配人，其有十五岁以下者送广仁堂学习工艺，以待及岁择配。

第四条　设所长一员，管理所内一切事务，惟须禀经总董认可，方能执行，倘遇有非常急紧事项，得临时主持办理。

第五条　设司帐兼庶务一员，专司收入支出银钱及关于庶务等事，惟须报明所长，方可执行。

第六条　设女管理一员，专司管理所内妇女，如有违章情事，得随时知会所长约束之。

第七条　设内外科医士各一员，专治入所妇女内外各症及花柳等病，其应需药品应由该医士开单，送交所长，凭札购取，每月结算一次。

第八条　雇用所役男名专供置购及奔走各事，女名专供内所各事，以示区别。

第九条　妓女入所之后不得再视为妓女，应以某号待配人称之，但仍按原名编号注册，以资识别。

第十条　妇女入所之后，其从前有无负债之处，本会概不管理。

第十一条　妇女在所必须安分守法，以待配人，倘有故意搅扰不受约束者，送警厅惩办。

第十二条　在所妇女饮食衣服及灯油烛纸等类均由本所备办。

第十三条　本所妇女每日预备午晚两餐，每人一份，不得容心挑剔，及彼此分拨与争夺，违者由女管理处罚立正五分钟。

第十四条　所内备有寝室，妇女分住，每间约住三四人。每早七钟同起梳洗，晚九钟熄灯就寝。

第十五条　妇女既入所待配，自是由贱为良，所有言语动作亦应庄重，万不可有喧哗笑骂及歌唱等行为，违者送警厅惩办。

第十六条　妇女不幸因病身故，拟由本所备棺成殓抬埋义地，一面将性（姓）氏年月日标记坟前，一面报由警察厅存查，以便其家属认领。

第十七条　本所划分内外两所，内所终日关键，所长须稽查员男司事及男仆不准入内谈话。

第十八条　妇女入所后，不准家属入内探视，亦不准各界人以调查为名到所聚视，倘各界人实有所指，须经城董事会认可举定人数、订明钟点，方许入内。如未经声明者，应不认为各界人另行议罚。

第十九条　凡愿来所择配之男子，须先将姓名、年岁、住址、职业或产业及有无指定之人具说帖于城董事会，一经查实无伪并得该待配人之认可，再行招至面谈。若双方均甚满足，即令其择妥实之保证具以下之甘结。倘有差错，惟保证人是问。（甲）决不虐待；（乙）不令为娼；（丙）不令学戏。

第二十条　城董事会若察其甘结属实，保证可靠，准其领娶，暂不索取食宿等费，至出所时承领人须偕同铺保到会，三而质明，方准领出。

第二十一条　待配人择配之后，如与其夫不睦，或另有变故，经司法官厅判决离婚者，应仍入所择配，不得入妓寮以免堕溷。

　　　　　　　　　　　　——原载《大公报》1913 年 8 月 12 日、13 日第 9 版。

天津市慈善事业委员会章程

（1932 年）

第一条　本会为办理全市慈善事业，联合各界善士，公共设立之永久机关，定名曰天津市慈善事业委员会。

第二条　本会办事处所暂设于积善社内。

第三条　本会由社会局于下列各界士绅中聘任主干委员十一人，担任组织之：

（一）慈善界；（二）金融界；（三）实业界；（四）自治界；（五）其他各界热心慈善之士绅。

第四条　本会由主干委员于前条所列各界中推举若干人为委员，由本会函聘之。本会成立后续聘之委员应由常务委员二人以上之介绍，由常会提出大会公认之。

第五条　本会设常务委员三十三人，均为义务职，除以主干委员为当然常务委员外，其余于开全体委员大会时公推之，任期二年，届期改选，半数以抽签法定之，本会成立后，主干委员名义即行取销。

第六条　本会设委员长一人，副委员长二人，由常务委员会之常务委员中互推之。除常置之委员长，副委员长外，并得聘请经办慈善事业成绩昭著，素负盛名者为名誉委员长，藉资指导。

第七条　本会常务委员商承委员长、副委员长处理一切通常事务，关于重要事项应由常会议决后行之。

第八条　本会设秘书一人，理事二人，由委员长、副委员长遴选妥员，由本会聘任之，襄助委员长、副委员长办理一切事务。

第九条　本会依监督慈善团体法施行规则第四条之规定，以市长为监督，以社会局长为副监督，遇有重要事务随时秉承办理。本会第一次全体大会由监督召集之。

第十条　本会斟酌事务之繁简缓急，每月开常会四次或二次，由委员长召集之，即以委员长为主席，遇必要时得召集临时会。开会时，委员长因事不能出席时，以副委员长为主席，副委员长亦不能出席时，由出席之常委公推一人为临时主席。

第十一条　本会每半年开全体大会一次，由委员长召集之，即以委员长为主席，报告详细收支账目及说明办理会务之经过情形。开会时，委员长因事不能出席，得照第十条附项之规定办理。

第十二条　大会有全体委员过半数之出席，常会有常务委员过半数之出席，即得开议，以出席委员过半数之可决为决议。

第十三条　本会为常川办理会务，得用雇员及夫役，其员额薪工数目由常会拟定，提出大会通过之。

第十四条　本会所办事项如下：

（一）临时急赈及其他临时救济事项；

（二）冬赈及开办粥厂事项；

（三）主管官署委托办理之慈善事项；

（四）本会议决举办之慈善事项。

第十五条　倘遇有灾民、难民，必须为长期之收养时，其需用款项应由主管官署筹给之，本条所谓长期指收养逾三个月而言。

第十六条　本会设下列各股，分掌各项事务：

甲　总务股　掌理文牍、会计、庶务、收发文件、会议记录、整理议案、编制表册、办理统计并保管卷宗、图记、账簿及一切公用物品等事项。

乙　保管股　掌理关于本会之慈善基金及临时捐募、官厅拨发各种款项之保管支付并粮食衣物之存放等事项。

丙　调查股　掌理关于贫苦灾民难民流民等调查事项。

丁　采办股　掌理采购赈粮、赈衣及其他赈品等事项。

戊　散放股　掌理散放赈粮、赈衣及其他赈品等事项。

己　救护股　掌理急救灾难人民及临时收容、疗养、遣送等事项。

以上各股掌理事务应依常会议决案办理，其办事细则另定之。

第十七条　凡关系二股以上之事项，由主管股会同关系股办理之。

第十八条　各股各设股长一人，干事及司事若干人，股长由常务委员中公推任充，干事由本会聘任之，司事得用雇员。但除甲乙二股须常川设置外，其他各股于必要时设置之，股长干事均为义务职。

第十九条　本会自委员长以下所有全体，各委员均负有代本会劝募赈款及其他赈品之义务。

第二十条　本会所收款项以办理慈善事业为限，不得移作他用。

第二十一条　本市各私立慈善团体中人受聘为本会委员者，应遵照本会章程，为本会服务，其本身所属慈善团体应行之事务，仍依照监督慈善团体法之规定及该团体向来之惯例办理，但其所办事务应随时报告本会，免有冲突抵触情事。

第二十二条　凡私立慈善团体中人为本会委员者，其所担任本会举办之事务，应以本会名义行之，如系本会委托该委员所属团体办理者，即由该委员代表本会，商同该团体办理。

第二十三条　凡关于私立慈善团体之单纯慈善事项，由该团体自行筹款举办者，本会概不干涉。但遇有妨碍本会事务之进行时，本会得呈请社会局纠正之。

第二十四条　本会募款之捐启，应依监督慈善团体法施行规则第七条之规定，送请社会局盖印以杜冒滥，关于收据由收款机关发给之。

第二十五条　本会办理急赈、冬赈及临时举办之其他救济事项，除由本会自行募款应用外，得呈请社会局，转请市政府拨款协济之。遇有大宗慈善专款，应拨作本会基金妥为保管之。

第二十六条　本会所需经常用费，除由市政府每月补助银洋二百元外，其不足之数，得由本会慈善事业基金利息项下支付之。

第二十七条　本会收支款项及办事经过情形应报主管官署，各手续悉依监督慈善团体法之规定办理。

第二十八条　本章程自呈奉市政府核准之日施行，如有未尽事宜，得由本会常务委员五人以上之提议，经常会出席委员三分之二以上人数通过，提请大会议决，呈请市政府核准修改之。

——原载《公安月刊》1932 年第 4、5、6 期合刊。

天津市市立贫民救济院组织规则

（1932 年）

第一条　本院根据国民政府颁布各地方救济院规则组织之，专以收容教养贫民为宗旨。

第二条　本院隶属于天津市社会局，定名曰天津市市立贫民救济院，其分院定名曰天津市贫民救济院第几分院。

第三条　本院系由旧设之育黎堂、栖流所、教养院及游民收容教养所迭经改组而成，历史极为悠久，与国民政府颁布各地方救济院规则所规定之性质不尽相同，仍参照旧制聘请董事若干人组织董事会，作为建议机关，藉收集广义之效。

第四条　本院设院长一人，总稽核一人，均由社会局任命之。

第五条　院长暨总稽核均以二年为任期，但期满仍得继续委任。

第六条　院长总揽全院用人行政之权，对于本院一切事务担负全责，总稽核襄助院长稽查各股、各所工作情形及审核收支款项事宜。

第七条　本院办事分设四股如下：

（一）会计股　掌管预算、决算、现金、出纳各事。

（二）庶务股　掌管本院购置、修缮及不属于各股之一切事务。

（三）文牍股　掌管文件及整理档案各事项。

（四）管服股　管理住院贫民衣食住宿及出入各事。

第八条　前条各股各设股长一人，股员若干人，由院长委任之，分任各该股事务。

第九条　本院为缮写文件等事，得雇用书记及司事各若干人。

第十条　本院收容贫民，其主旨在矫正游情养成良好习惯，俾于出院后能自食其力，以资生活，其组织分三部如下：

（一）教育所　教导学龄贫儿，使受国民教育并工读兼重，俾易谋生。

（二）工作所　以教导贫儿生活必需之知识技能为主旨，暂以习织土布、织毛巾、漂染、制鞋、造胰、编席等为主要工作并斟酌情形，随时增加他项工作。

（三）诊疗所　诊疗本院收容贫民之疾病及管理全院卫生事项。

第十一条　前条各所各设主任一人，教育所设教员若干人，训育员一人，工作所设技士一人，技术员若干人，诊疗所设医师护士等若干人，均由院长委任之，分任各该所事务。

第十二条　本院董事应以有下列资格之一者为合格，一、名望素著热心公益者，二、曾办慈善事业著有成效者，三、对于慈善事业或工艺有特殊之学识及经验者。

第十三条　本院董事额定二十人，由院长于地方士绅中物色合格人选，由本院函聘之。

第十四条　本院董事会每三个月，由院长召集会议一次，即以院长为主席，总稽核及各所主任亦得列席，董事会议规则另定之。

第十五条　本院收容之贫民，其有堪任劳动工作者，除在本院服务外，量其能力，介绍各机关分配工作，其老弱残废者，亦酌与轻便工作，不使其游惰。

第十六条　本院员司于每日服务外，仍应按日轮流值日，位宿以重职守，对于收容之贫民，皆负有担任讲演及矫正其旧习之责。

第十七条　本院经费分经常、临时二项，经常费造具预算书，按月向社会局请领；临时费就本院各项捐款造具说明书，临时呈请社会局批准动用。

第十八条　本院会议分院务会议、教务会议、管理会议四项，会议规则另定之。

第十九条　本院各股、各所办事细则另定之。

第二十条　本院遇冬季贫民最多时，得设冬季临时分所。

第二十一条　本院俟筹有基金时，得组织基金管理委员会，其章程另定之。

第二十二条　本规则如有未尽事宜，得由院务会议提出，呈请社会局提交市政会议修正之。

第二十三条　自公布之日施行。

——原载《公安月刊》1932年第4、5、6期合刊。

天津市慈善事业联合会章程

（1934 年）

第一章　总则

第一条　本会为联合全市各界热心慈善人士，统筹办理全市慈善事业及其他临时急赈，特设立之永久机关。

第二条　本会定名为天津市慈善事业联合会。

第三条　本会会址暂设于河东特三区二经路五号。

第四条　本会以天津市市长为监督，社会局局长为副监督。

第二章　组织

第五条　本会由天津市社会局局长商承市长，于本市各界热心慈善人士及各关系机关、各慈善团体中聘请董事若干人组织之，并得由常务董事二人以上之介绍，由常会通过提请大会追加续聘之。

第六条　本会设常务董事二十一人，候补常务董事五人，均为义务职，由监督、副监督于本会全体董事中遴选后，提请大会通过，组织常务董事会任期二年，届期改选，得连选连任。如常务董事有缺额时，即以候补常务董事递补之，在未递补以前不得列席会议。

第七条　本会设会长一人，副会长一人，由常务董事会于常务董事中互推之，处理本会一切事务，并分呈市政府、社会局备案。

第八条　本会得聘请热心慈善事业素负声望人士为名誉会长，藉资指导。

第九条　本会设秘书二人，由会长、副会长遴选委员，提交常会通过后聘任之，襄助会长、副会长办理本会一切事务。

第十条　本会设下列各股分掌各项事务：

甲、总务股　掌理文牍、会计、庶务、收发文件、会议记录、整理议案、编制表册、办理统计并保管卷宗、图记、账簿及一切公用物品等事项。

乙、保管股　掌理关于本会之慈善基金及临时捐募、官厅拨发各种款项之保管支付并粮食衣物之存放等事项。

丙、调查股　掌理关于贫民、灾民、流民等调查事项。

丁、采办股　掌理采购赈粮、赈衣及其他赈品等事项。

戊、散放股　掌理散放赈粮、赈衣及其他赈品等事项。

己、救护股　掌理急救灾难人民及临时收容、疗养、遣送等事项。

凡关系二股以上之事项，由主管股会同关系股办理之。

第十一条　前条各股各设主任董事一人，董事二人至四人，均为义务职，由常会于常务董事中推定之，并得视事务之繁简酌用司事若干人，但除甲乙两股须常川设置外，其他各股于必要时设置之。

第三章　会务

第十二条　本会会务如下：

一、每届冬赈设厂施粥、施衣及于必要时斟酌施粮事项；

二、临时急赈及其他临时救济事项；

三、主管官署委托办理之救济事项；

四、本会大会或常会议决举办之慈善事项；

五、本市慈善团体或地方人士公同建议办理之慈善事项。

第十三条　本会每年办理冬赈或临时办理急赈及其他慈善事业时，应由全市各慈善团体、各关系机关协助办理之。

第十四条　凡本市各慈善团体所办赈务，如与本会赈务之进行有抵触时，应联合归并办理，以便统筹。但各团体所办之单纯慈善事务，仍由各该团体自行设法办理之。

第十五条　各慈善团体为本会董事者，其所担任本会举办之事务应以本会名义行之，如系本会委托办理者，应随时受本会之监督考查。

第十六条　本会每年办理赈务完毕，应将收支各款及施赈各数目，并办理情形汇印征信录，送请监督、副监督核阅，并于全体大会时提出报告之。

第十七条　本会为常川办理会务，得依照本章程第十一条之规定雇用司事数人，酌给薪资，其数目由常会核定。

第四章　会款

第十八条　凡本会全体各董事均负有代本会劝募捐款及其他赈品之义务。

第十九条　本市每年举办冬赈，除应由市政府照案转发华商万国两马会春秋两季慈善加赛专款外，其不敷之数由全体董事竭力设法筹募之。

第二十条　本会所收款项及捐助物品，均以办理慈善事业为限，概不得移作他用。

第二十一条　如有临时办理急赈及其他慈善事业时，除设法筹募指定的款外，得由本会呈请地方政府或中央政府拨款办理之。

第二十二条　本会为兴办慈善事业得呈请政府筹拨慈善专款作为本会基金并妥为保管，其保管方法另定之。

第二十三条　本会赈务款项及经常费用收支，应由常会详细审定预算，除按月造报社会局及临时登报公布外并于每年冬赈完毕汇印征信录，分送各处，以昭大信。

第二十四条　本会所需经常费按照预算除由市政府照案每月拨助洋二百元外，其不敷之数，由常会核议筹拨之。

第二十五条　本会募款之捐启及收据，应依《监督慈善团体法施行规则》第七条之规定，送请社会局盖印，以杜冒滥。

第五章　会议

第二十六条　本会每一年召集全体大会一次，由监督、副监督定期召集之，如有重要事务得召集临时大会，均以监督为主席，如监督因事不能出席时，即以副监督为主席，副监督亦因事不能出席时，即以会长为主席。

第二十七条　本会常务董事会视事务之繁简，每月召集常会一次或二次，由会长定期召集之，遇必要时得召集临时会议，均以会长为主席。如会长因事不能出席时，即以副会长为主席。

第二十八条　大会有全体董事过半数之出席，常会有常务董事过半数之出席即得开会，但如有多数董事缺席时，得以全体董事或全体常务董事三分之一人数出席亦得开会，均以出席董事过半数之可决为决议。

第六章　附则

第二十九条　本会办事细则另定之。

第三十条　本章程如有未尽事宜，得由常务董事会提议经大会通过，呈由社会局提请市政会议修正之。

第三十一条　本章程自公布之日施行。

——原载《天津市政府公报》1934 年第 69 期。

黄十字会章程

（1936 年）

第一章　总则

第一条　本会定名为黄十字会。

第二条　本会以普济茕独救护灾难，推行仁义召致祥和为宗旨。

第三条　本会设总会于天津，设分会于各省市，设支会于各县区。

第二章　会员

第四条　普通会员为赞成本会宗旨，经本会会员二人介绍，每半年纳会费二元者。

第五条　特别会员为赞助本会，一次独捐五百元以上，或募捐至二千元以上，或对于本会异常出力，经本会常会认可者。

第六条　学生会员为在校学生赞成本会宗旨，经本会会员二人介绍，每半年纳会费一元者。

第七条　凡入会会员均由本会发给会证。

第八条　入会之拒绝及会员之除名，均由常会行之，得不宣告理由。

第九条　凡被除名之会员，由本会追缴会证，但所纳会费概不退还。

第三章　职员

第十条　本会设会长一人，副会长四人。

第十一条　本会设名誉会长无定额。

第十二条　本会会长、副会长由会员推举，会长综理本会一切事务，副会长赞助会长襄理一切事务，任期均四年。

第十三条　本会名誉会长，由会员推举赞助本会指导进行。

第十四条　本会事务分设四科，为总务科、慈济科、慈业科、劝善科。

第十五条　每科设科长一人，副科长一人，商承会长、名誉会长、副会长办理本科事务。

第十六条　每科视事务繁简酌设各股，每股设主任一人、副主任一人，商承科长办理各本股事务，并设科员若干人。

第十七条　凡科长以下职员，由会长于会员中选任之。

第十八条　本会职员均为义务职，但各科视事之繁简得酌用雇员。

第四章　事务

第十九条　总务科设下列各股：

（一）文书股　办理往来函牍、保管图册及编辑出版等事项。

（二）会计股　办理收支款项，保管动产及不动产等事项。

（三）庶务股　办理本会内一切庶务及不属于各股之事项。

（四）交际股　办理招待来宾，联络各界，征求会员，劝募善款等事项。

第二十条　慈济科设下列各股：

（一）赈济股　办理施赈、养老、恤嫠、恤残、恤孤、育婴、施棺、义葬等赈济事项。

（二）救护股　办理救济、收容、安置伤亡等救护事项。

（三）卫生股　办理施诊、施药、防疫、保健等卫生事项。

第二十一条　慈业科设下列各股：

（一）慈善农业股　办理农场种植等事项。

（二）慈善工业股　办理工厂及家庭工艺等事项。

（三）慈善商业股　办理籴粜、贷款、储款贸易及各种交易集合等事项。

（四）慈善教育股　办理学校、教养院等事项。

第二十二条　劝善科设下列各股：

（一）宣讲股　办理各种劝善、演讲等事项。

（二）书报股　办理各种劝善书报及设备等事项。

（三）游艺股　办理各种关于劝善之游艺等事项。

第二十三条　各股事项，如因事务复，得设各种专门场院所队，其章程另定之。

第二十四条　各科股之办事细则另定之。

第二十五条　本会设置下列各委员会，以策会务进行：

（一）经济委员会（二）监察委员会（三）设计委员会（四）征友委员会。

第二十六条　经济委员会，筹募本会经费及基金。

第二十七条　监察委员会，审核本会预算决算，考核本会职员勤惰，敦励本会会员品行。

第二十八条　设计委员会，计划本会应兴应革事宜。

第二十九条　征友委员会，征求入会会员。

第三十条　各委员会之组织及办事细则另定之。

第五章　收支会款

第三十一条　本会收入款项，分下列各项：

（一）会费　普通会员及学生会员所纳会费。

（二）特别会费　特别会员所纳之捐款。

（三）捐款　会员、非会员所捐助者。

（四）慈业之盈余　本会所属各种农工商业之赢余。

（五）基金　捐助人指定为基金者。

（六）补助费　官厅之补助费。

第三十二条　本会支出款项，分下列各项：

（一）经常费（二）临时费（三）赈济费（四）慈业投资费。

第三十三条　会款之收入及支出，另以章程定之。

第六章　会期

第三十四条　本会常会由本会全体职员行之，每月开常会三次，讨论本会一切进行事项，但临时有重要事件，亦得开临时会。

第三十五条　本会各委员会，由各委员会委员行之，每月开会二次，但临时有重要事件，亦得开临时会。

第三十六条　本会大会由本会全体会员行之，年开大会一次，但临时有重要事件，亦得开临时会。

第三十七条　各会会议章程另定之。

第七章　奖励及惩罚

第三十八条　凡捐款在一千元以上，募款在五千元以上及以不动产捐助本会值千元以上者，得由本会呈请奖励之。

第三十九条　本会会员对于会务异常出力著有特别劳绩者，由本会呈请分别奖励之。

第四十条　本会会员如有受刑事处分或其行为违背本会章程者，本会得予除名。

第四十一条　本会会员若假本会名义，有不法行为者，得由本会宣布除名，依法起诉。

第八章　附则

第四十二条　本章程如有应修改之处，应由会长提交大会议决修正。

第四十三条　本章程自本会成立之日有效。

——原载《内政公报》1936 年第 9 卷第 12 期。

黄十字会临时难民收容所简章

（1936 年）

第一条　本会依照本会章程第二十条及第二十三条规定，组织收容所于适宜地点，定名为黄十字会某地收容所。

第二条　本会收容被灾难民妇孺老弱，两部男女分收，各别管理。

第三条　凡入所难民，不得携带贵重及危险物品。

第四条　凡入所难民，均应报明姓名、年岁、职业、籍贯、住址，登册给证。

第五条　凡入所难民饮食被服，由本会担任供给，并随时注意，不得碍及卫生。

第六条　凡入所难民，均应遵守本所管理规约。

第七条　本所设男女主任各一人，管理员事务员各若干人。

第八条　凡入所难民，俟特别危险解除时，由本会设法安置，或护送回籍。

第九条　本所办事细则及管理规约，由本会另定之。

第十条　本简章如有应修改之处，由本会会长提交大会议决修正，如因情形急迫，得先由本会常会议决修正，经大会追认。

——原载《内政公报》1936 年第 9 卷第 12 期。

奉天同善堂修正本部办事规则

（民国初年）

说明：本堂行政统系于财政厅、奉天全省警务处及警察厅，立法统系于奉天省议会。其总部曰同善堂，设堂长一名，主管所属各部，受省长委任，设监理一人，监视本堂一切立法事宜，经省议会选举，受省长选任。本部设有会计、文牍、庶务三股，设股员一员，受警务处处长委任，以下司事、书记各若干，以分掌各该股该部应行事务。所属各部各设主任一人，以分司其事，直接堂长，并设庶务、工艺等员，以分掌职务。惟文牍、会计两股不另设专员，均统于总部，以昭划一而便稽核。所有各部纯系慈善事业，员司等薪俸菲薄，不足赡养家口，乃就各部分内附带相当营业，岁终计得赢余，援照教养工厂成例提成贴补员司膏伙，其余六成归本堂办理善举，所以筹善款兼示体恤也。倘营业赔累时，其责任须由各该员司分担之。其总分各部办事细则分列于下。

第一条　堂长总摄总分各部政权，对于例事督饬之，对于创办事躬亲之。

第二条　本堂所属一切事务，立有会计、文牍、庶务三股，分任办理之。各股掌管事件如下。（略——编者注）

第三条　前条三股各设股员一员，请警务处委任，承堂长之命办理一切事务。

第四条　设总稽查一员。会计股设统计员一员、司事一名、雇员一名。文牍股设司事一名、雇员四名。庶务股设司事一名、雇员一名、杂务一名。名誉劝捐员无定额，均由堂长选派之。

第五条　三股每日应办事项，随时得由该股员禀请堂长核拟之。

第六条　会计股每日收款、存款、支款登簿后，均须送堂长处核阅盖章，方为有效。

第七条　文牍股每日到文稿件得随时送请堂长核阅盖章，方准施行。

第八条　庶务股每日各处领物凭单及款折单据，必送堂长核阅盖章后，方准办理。

第九条　每星期行员司通常会二次，遇有重要事故或应兴应革者，由堂长临时招集员司会议后行之。

第十条　事务有关涉两股者，由该两股会商办理，倘意有不同时，由堂长决定之。

第十一条　事故有应守慎密者，未经宣布各该股不得漏泄。

第十二条　本堂为特别机关，事务繁冗，时间靡定，除国家庆典、纪念四节等日为例定假期外，其余无星期及办公时刻之规定。

第十三条　各员司等遇有不得已事故必须请假，俟堂长允可后方准外出。

第十四条　全部执事人员供职勤惰，随时由堂长存记，分别奖惩。

第十五条　本规则如有应行修改之处，得由各该股随时提议斟酌损益，呈堂长核定施行。

第十六条　本规则自公布之日施行。

——原载《奉天同善堂报告书（九、十、十一年份）》上册，
1932年，第19—25页。

奉天同善牛痘局修正章程
（1896 年）

第一章　名称

第一条　本局归同善堂办理，命名为奉天同善牛痘局。

第二章　宗旨

第二条　本局纯粹施种，以保护婴孩免致天花流毒为宗旨。

第三章　职任

第三条　由堂长统摄全体事务，所有医士职员等除由施医院职员兼充外，另设医士一员，其他各事项由本堂各该股员司兼任之。

第四条　本局兼差员司均系义务职，每年特别筹款以酬劳之。

第四章　时期

第五条　每年分春秋两季公布日期施种之，如有时疫发生须随时特别引种。

第五章　挂号

第六条　挂号期间每早七时起至晚六时止。

第七条　凡有引痘婴孩须先行来局挂号，注明姓名住址，每名暂收押浆小洋二角，即掣给引痘票，有额外多索者，准其声明。

第八条　每人限发一票，每票限人一名。

第九条　凡挂号者无论相识与否，领票均须按照手续办理，以便核对名额，而昭划一。

第十条　领票后须按期来局放浆，俟放浆时即将押浆洋如数发还。

第六章　放牌

第十一条　无论接浆、放浆者，一律持票来局领牌，鱼贯入室，挨号坐定，依次递迁，不得拥挤串动，如有不守秩序者，拨出最后引种。

第十二条　女人领牌入室，不得狂暴叫嚣，致令婴孩惊怖。

第十三条　每孩一名许一女人褓孩入引痘处，其他闲人一概禁入。

第十四条　如有男子褓孩来局者，另发号牌在男引痘室静候，不准杂入妇女号中，以免混乱。

第七章　收牌

第十五条　凡放浆引痘者均须挨号入门，不准拥挤串号。

第十六条　引痘者只收号牌，不收痘票。

第十七条　放浆者收号牌并收痘票，即将押浆洋如数发还，不准有揩勒情事。

第八章　引痘

第十八条　在引痘处应自行抚慰小孩稳坐，以便医士引种。

第十九条　婴孩如有疾病，经医士认为不可引种者，不得强行要求引种，准至挂号处换票改期，或收回引痘票取还押浆洋，均听其便。

第二十条　放浆者抚慰小孩坐定，听医士放浆，不得肆言抗阻。

第二十一条　放浆引种毕，至晾浆处晾浆，然后领药放出。

第九章　发药

第二十二条　放浆时察看婴孩，有花毒太重者另发透毒药。透毒散方剂说明如下。（略）

第二十三条　无论放浆引种者，均施保赤金丹药一剂。保赤金丹方剂说明如下。（略）

第十章　引痘保护法

第二十四条　未种前之预备：一、种痘前十日内须将小孩加意珍重，不可冒风受暑、受惊跌碰。一、种痘前一日须令小孩身体洁净，并须洗净贴身衣物，如能另备细软衣服宽其两袖更善。

第二十五条　种痘时之保护：一、种痘时浆既润入穴内，不可任意擦抹，晾一时许，然后穿衣，务要保护前后背心及足心。一、引种时小孩多所畏惧，须令平心静气，万不可呵责，致受惊悸，妨碍痘苗发生。一、引种时须令小孩精神畅快，不可昏睡，致防血气流通。

第二十六条　种痘后之防范：一、种痘后吃乳小孩之父母要隔离房事二星期，以免痘后发毒。一、种痘后三四日小孩身体发热，睡卧不安，甚至有忽惊忽止者，须于此时加意看护，此盖花脉发动之现象。五日发红点，六日生清浆，七日午后至十二日午前为痘浆内回之期，万不可令小孩搔破，有碍结痂。一、痘至五六七日间，睡宜仰卧，防致压伤痘苗。一、种痘后无论何时不可捻其痘根，恐痘根一伤，不惟痘不能佳，且有发生花毒之患。一、种痘后怕震惊恐怖。一、种痘后小孩及乳母宜食发性之物，以助其生发，但忌豆腐及一切辛辣之物。一、种痘后宜令身体温和，如痘后得瘫疹、泻泄等症，皆因受凉所致。

第二十七条　还浆后之谨慎：一、七日浆足必须放浆，放浆之时须敷封浆药，于结痂、落痂均有关系，世俗谬传自行回浆之说不可凭信。盖痘系先天余毒，若不放出，仍回脏腹，将来易生种种恶症。一、放浆后忌一切腥膻辛辣之物，最忌者黑枣、蘑菇、猪头肉、韭菜、荞面诸类。一、忌口时间以痂已落尽，底盘干洁后数日为限。一、放浆后一百零八天内若发生杂症，是种痘关系，宜妥为保护，不可放任。以上第二十四、二十五、二十六、二十七等条每期刷印，引痘保护法清单每附挂号票发给一份。

第二十八条　引痘者须将引痘票交由发药人添注还浆日期，然后放行。

第二十九条　每名只准发药一付，领取者不得额外多索，发药人亦不得额外多与。

第三十条　本章程如有未尽事宜，得随时更改之。

——原载《奉天同善堂报告书（九、十、十一年份）》上册，

1932年，第2—8页。

修正同善栖流所章程

（1896 年）

名称

第一条　本所归同善堂办理，即定名为同善栖流所。

宗旨

第二条　本所以救济贫苦无依之男女残废者为宗旨。

职权

第三条　设司事一员，管理一员，专司所中一切出入人数，承领发放煤米数目等事，设门役一名，号头、粥夫无定额，视收养人数以多寡之，其余各事由堂中各该股兼任，统归堂长监督办理。

收养

第四条　男女除残废者不计外，需在五十岁以上、十二岁以下者。

第五条　壮年无神经病而身有废疾者。

第六条　凡具有第四、第五二条之一者，不论警察及各机关送入或自行投所者，一律收养。

第七条　入所时由司事询明姓氏、年籍、职业、亲属，逐一注簿后，再行拨号栖止。

第八条　检查身边带有钱财证据或有关系物件者，登簿后交由会计股保存，俟出所时发还之。

第九条　凡在所内须严加管束，有不遵所章者，或送教养工厂教养，或在所罚办。

第十条 贫民在十二岁内者，择优拨作孤儿院孤儿，在二十岁内者，择优拨习艺所习艺，其他始令作粗浅工作。

宿舍规则

第十一条 每十人中择一驯谨者，放为号目，每五十人中择公正者放为副号头，每一舍内置一正号头，以管理舍中一切事务。

第十二条 四时眠起，时间随时另表定之。

第十三条 本堂员司以上及各机关人员到室者，由号头发令，宜一律脱帽。

第十四条 每舍由号头选派数人，分管洒扫楼板、倾倒痰筒、尿筒，导引瞽者便溺、扫除厕所、烧炕、扫院等事。

第十五条 工作之暇，令在院中作极简单之游戏运动。

第十六条 舍中不准吸烟饮酒，不准任意吐痰及喧哗笑语。

第十七条 贫民出门须通明号头，不准擅自出入。

第十八条 上下楼时务须稳步低声。

粥厂

第十九条 两厅置粥头一人，专管煮粥、放粥一切事项，至担水夫、烧火夫无定额，由贫民中择优派充之。

第二十条 每日煮粥两次，人各须米二合，放粥两次，人各领粥一盂，均由司员严行监视，不准小有弊端。

第二十一条 贫民无事不准擅入厂内。

第二十二条 淅米水中查有米粒、饭粒时，惟粥头是问。

第二十三条 每日食余务须检点皂（灶）内余火。

食粥

第二十四条 每日食粥两次，宜按次就食台食之，不得迁移坐次。

第二十五条 每次领粥，由号头发令，挨次鱼贯出左门至发粥处，领讫仍按次转入右门至食台坐定食之。

第二十六条 食粥毕须依次将食具送还原处，以昭整齐。

工作

第二十七条　每日食余，令作粗浅工作（如麻刀鞴布等类），应得工资除随时赏买食外，均为之储蓄。

第二十八条　工作得有红利，按照《教养工厂规则》第四十六条办理之。

讲演室

第二十九条　寻常讲演每星期日讲演一次。

第三十条　临时讲演不拘时限，由堂长及委员并外界善士愿讲演者临时召集行之。

第三十一条　贫妇讲演每星期六日行之，令其补缀废军衣为贫民着用。

浴室（附剪发）

第三十二条　在所贫民均劝令轮流沐浴，每星期沐浴一周（次）。

第三十三条　每十人为一班，每班沐浴一小时，不准逾例定时间。

第三十四条　每三星期剪发一次，于沐浴前后时间行之。

第三十五条　每当浴毕，许按次在室内浣濯衣物。

厕所

第三十六条　男女厕所春夏季每日粪除三次，秋冬季每日粪除两次。

第三十七条　每日由管理抽查数次，不准稍有臭秽，以重卫生。

第三十八条　担粪夫每月担卖大粪得洋作为该粪夫工资。

第三十九条　病室厕所须特别注意布石灰等物，以防传染。

门役室

第四十条　门役专司大门启闭，贫民出入、亲属接见不准有勒抑情弊。

第四十一条　贫民亲属探视，由门役引贫民至门役室内接见，其病不能兴者不在此限。

第四十二条　室内不准贫民留连，亦不准外人寄宿。

第四十三条　大门启闭时间另表定之，闭门后除员司因公出入不准擅自启闭。

疾病抚恤

第四十四条　男女患病者分别轻重，病轻者在所调养，病重者送病丐疗养所医治。

第四十五条　在病室调养者，每日领小米粥两次，副食以咸菜。

第四十六条　患病者许其亲属入内探视，并准其领出调养。

赏予

第四十七条　每年冬季收养无衣贫民，得请领废警衣，发给以资御寒。

第四十八条　在所贫民分别老幼，随时察看情形，发给衣服，上衣左肩下缀以工字形标志，但一经发给衣服，凡原着褴褛衣物概行废弃。

第四十九条　在所日久查有特别驯良者，或提升号目、号头或代觅差占，以资鼓励。

第五十条　每值年终赏给荤食一顿。

监视办法

第五十一条　每日按定人数由庶务处领给煤米，即随时填注册簿，发时令专人严行监视。

第五十二条　设有储藏室收存一切器物，由司事掌管锁钥，出入数目均须登簿备查。

第五十三条　每日由管理填具人数簿册及煤米数目簿册，送呈堂长核阅盖戳，月终呈报警厅备案。

附则

第五十四条　本章程自呈准之日施行，如有未尽事宜，随时呈请增减。

——原载《奉天同善堂报告书（九、十、十一年份）》上册，

1932年，第2—7页。

奉天同善济良所修正章程

（1912 年）

第一章　名称

第一条　本所系同善堂办理，故命名为奉天同善济良所。

第二章　宗旨

第二条　本所专以拯拨堕溷烟花与困苦妇女，俾归善良藉维风化为宗旨。

第三章　职任

第三条　由堂长统摄全体事务，文牍员兼任择配事项，设女管理员一员，管理所内一切事项，女教员一员，任教育事项，其他事务由本堂各该股兼任之。

第四章　入所

第四条　凡妓女酷受虐待或横被牵制，经各司法官厅及各县署审判发交者。

第五条　凡被诱逃走之娼优婢妾及被拐之民家妇女，经各行政官厅或各警署查获发交者。

第六条　无家可归收留乏人者。

第七条　不愿为娼亲自投入者。

第八条　如有帏薄不修被出于夫、被逐于父及其他特别情事，由该女亲族具结保送者。

第九条　无论女优娼妇或经本所访明，或被巡警查出，实系受假母凌虐，均须呈明行政官厅，指名提究本所，不擅自拘传，以清权限而杜弊端。

第十条　凡官厅应发交入所之妇女，须将其姓名、籍贯、年龄案由开单附送以便呈报存查。

第十一条　凡妇女入所后，专案呈报备查，每月终仍将出入人数册报一次。

第五章　参观

第十二条　来宾参观无论男妇必须先到号房投递名片，说明原委，经主管人许可后方准参观。

第十三条　来宾到堂时，须由导观人将照相妇女点名一次，参观人不得有非礼行为，亦不得与女生直接问答，以示远嫌。

第十四条　星期日所内沐浴不得参观，如有必要时不在此限。

第六章　择配

第十五条　凡在所妇女，如案已判决、年满十六岁者，各照相片注明姓名、年龄、籍贯张悬，以备愿娶者参观。

第十六条　凡拟领娶者，须先据实说明年籍、职产、家室状况或为妻为妾，由监视人明示该女。

第十七条　领娶人相中某女，即由监视人提同对相，得双方同意，各具愿婚书二份，由领娶人取具妥保三家，缴饭费大洋四十元，助善费量予捐助，具呈本堂，俟转呈批准后方许领娶。

第十八条　愿婚书二份，各粘像片二纸，由主管人监视签押，本堂各留一份，男女互执一份，以为久远证据。

第十九条　领娶后，倘夫家无故虐待，查有确据者，即将该女收回另行择配。

第二十条　本堂收回之妇女原领娶人所缴伙食、助善等费概不发还。

第二十一条　领出之妇女概由夫主管束，倘有不守家规者，虽受虐待，本堂不事干涉。

第二十二条　领出后有以妻作妾或作奴婢及转卖转赠为娼者，一经查出，即追究原领人，送交法厅科以应得之罪。

第二十三条　择配妇女如带有身价债务者，领娶人于饭费、助善外照数呈缴本堂转送警厅。倘入所满一年者，减身价十分之五，满二年者一律豁免，所有债务应照数缴纳。

第七章 教育

第二十四条 每星期日由堂长上堂演说一次。

第二十五条 凡投所妇女去留久暂，均无定期，势不能有学期学年之规定。

第二十六条 所中女生每日受课四小时，教以简单课程，拟定课程如下：正课修身、家政、国文（附习字）、算数、手工、唱歌，附课女红、烹饪。

第二十七条 年节暑寒等假期与普通学堂一律休息。

第八章 管理

第二十八条 除每日由教员授课四小时外，其余时间学习针黹职业及饮食起居，均由管理员指授管理之。

第二十九条 每日正课毕，揽作成衣得资时，为之存储生息，有临时取用者，查明酌给，俟出所时如数发给。

第三十条 女生无故不准外出，有必要时须禀准堂长，由管理员监视前往。

第三十一条 所中每日应用物品有与外部接洽者，均由管理员指挥女役行之，各女生不准直接办理。

第三十二条 所中女生学品职业勤俭优劣，由教员、管理员公共查考优劣，每月抄呈堂长核定，赏罚分别榜示。赏品如下：一、关于教育品类；二、关于衣物品类；三、关于日用品类。

第三十三条 月终考其成绩优者，分等赏给奖品；劣者分别记过以示惩戒。赏例如下：一、言语奖励；二、记功赐物奖励；三、优待奖励。

第三十四条 在所女生如有不遵教诲、不守规章者，轻微事故由管理员责罚；重者禀请堂长分别惩处。罚例如下：一、管理员处罚；二、堂长处罚；三、送警厅处罚。

第三十五条 凡在所妇女遇有生产时，女管理当妥为保护，其所生小儿倘有认领者，询问确实即交认领人出具保结领取，否则俟出所时带去。若领取人不愿抚养，则送入孤儿院照章抚养。

第三十六条　堂中员司仆役，无故不准擅入所内，并不准与女生直接问答。

第九章　抚恤

第三十七条　在所妇女有病疾者，妥为医治，倘因病身故，电请警厅拍照并知会地方检察厅检验后，由本堂备棺掩埋，再行呈报警厅备案。

第十章　施行

第三十八条　本章程自呈准之日施行。

——原载《奉天同善堂报告书（九、十、十一年份）》上册，

1932年，第3—11页。

奉天同善济良所办事细则

（1912 年）

管理室规则

一、管理员有管束所内妇女之责，每日各屋应行事件，由管理员酌派妇女轮流担任之。

一、讲堂、宿舍、饭厅、检病室等处，每日各酌派一人或二人担任洒扫暨擦磨玻璃、桌凳器具等事宜，务期内外整洁。

一、管理员每星期日将所内经过情形向堂长报告一次。

一、女生中有不守所规者，应由管理员呼入训诲之。

一、管理室每日酌派一人，帮同女役洒扫暨一切服务，以期习劳而资整顿。

一、无论何室均不得吸烟、饮酒及不规则之游戏，违者处罚。

一、管理员每日检查所内妇女，对于规则有无奉行不力逾越范围情事，酌分优劣以定赏罚，列如下：一、立正　一钟或二钟；一、罚跪　一钟或二钟；一、答责　一至三或至五；一、送惩　回明转送期限无定。

赏列如下：一、言语奖励；一、赏物奖励，物品以朴素切于实用者为宜；一、揭示奖励。

一、凡妇女入所，由管理员检查该妇女所携物件，分别登记存储，俟出所时，按册发还，如有例外物品，回明主管核办。

一、凡妇女入所，由管理员指告各项规则，俾知遵守。

检病室规则

一、检病室每日由值班人洒扫洁净。

一、妇女初来令居检病室以便检病而免传染。

一、入室三日后，经管理员检查确无病症，再行移入宿舍。

一、检查妇女，果有病症，必须由管理员逐日延医调治，痊愈后方准迁居宿舍。

一、妇女病愈迁居时，衣服等件均须拆洗洁净。

一、本室所需器具不准移置别室。

讲堂规则

一、各生闻上堂铃时，宜鱼贯出入不得紊乱秩序。

一、上堂各归座次，听候班长起呼立正，齐向教员行礼，俟教员答礼然后就坐，下堂礼亦如此。

一、坐次定后不准擅自更换。

一、不准言笑喧哗及错置书物。

一、痰唾必就痰盂，不准随意咳吐在地，以免污秽。

一、各生上堂遇有事故，须经教员许可方准离席。

一、非经管理员准假不准擅自旷课。

一、有参观者，俟来宾到堂，由班长呼行敬礼，俟来宾答礼后，方行就坐。

饭厅规则

一、排定坐次，各宜遵行，不准随意迁移。

一、每日两餐，各有定时，闻铃到厅，急归本位，不得有先后参差之弊。

一、就坐后，不准无故离坐，互相言笑。

一、每日额定汤饭，不准另外索添，并不准直接呼唤厨役、敲箸、敲碗，致形紊乱。

一、食毕即回本舍，由值班扣锁门窗，无故不准擅入。

一、每日有值班二人，扫除屋壁位置，桌凳务期清洁齐整。

宿舍规则

一、每日内由值班人洒扫清洁。

一、舍内器具暨衣物等件，每日安置整齐，不得随意堆积。

一、无事不准任意游串或丛聚一舍致生抵触。

一、段时宜勤习女红或洗濯等事，不宜疏懒，为将来家计之累。

一、休息时间不准闲谈事非，如有不平事故，须向管理员说明，敬听训诲。

一、四时睡起及上堂钟点，另表定之。

盥洗室规则

一、每日起床后，由管理督饬值日取水，令各女生分次入室盥栉。

一、入室盥栉须按号入坐，每次十二人，不准紊乱秩序。

一、盥漱秽水倾入水筒，由值日人扛出，不准溅洒屋地。

一、盥栉时不准喧哗笑语。

一、盥栉毕各将器物收拾洁净，不准随便抛置。

一、盥漱栉发每人均以三十分钟为限。

一、盥栉毕由值日将室内收拾清洁，闭锁门户，无事不得入内。

沐浴规则

一、每星期为沐浴日期，由值日先将浴室收拾洁净。

一、每沐浴日由管理员分拨班次轮流沐浴，不准兢争先后。

一、每八人为一班，每班以一句半钟为度，以示限制。

一、身带疮症者，须俟他人浴毕方准入浴。

一、浴时宜肃静，不准有喧哗笑语之行为。

一、浴毕准著衣后至盥栉室盥栉。

一、浴毕由值日将池内、室内洗刷洁净，注重卫生。

一、未浴以前浴毕以后均须经管理亲手启闭锁钥，以昭慎重。

游戏室规则

一、分正式、平时两种游戏，正式游戏由管理或教员带同入室，平时由班长带同入室。

一、游戏无论正式、平时，均不准有怒争詈骂之行为。

一、游戏品不准经抛浪掷，以爱物力。

一、游戏毕由值日将物品放置原处，室内扫除洁净。

一、是否整齐清洁，由管理或教员及班长检验一次。

——原载《奉天同善堂报告书（九、十、十一年份）》上册，

1932年，第12—16页。

奉天同善孤儿院修正章程

（1916 年）

第一章　名称

第一条　本院归同善堂办理，定名为奉天同善孤儿院。

第二章　宗旨

第二条　本院以救济无告孤儿女教养成人为宗旨。

第三章　人员

第三条　用女管理员一人，嬷母一人，教员一员，乳姬待姬无定额，其他事务由同善堂各股员司兼任之，不另支薪。

第四章　孤儿女入院规则

第四条　凡送孤儿女入院者，不论族邻亲友及路人均须出具切结。

第五条　凡各行政官厅或各县各警署送院者，须于公文中叙明孤儿女来历。

第六条　孤儿女送院时权为收留，俟调查合章后方能正式留养。

第七条　孤儿女收留后调查不合资格时，将该孤儿领回并按日向送者责缴供给金。

第八条　孤儿女留养后专案呈报备查，每月终出入人数仍汇报一次。

第五章　留养资格

第九条　无父母亲族可依赖衣食者。

第十条　有父无母，父游无方，实系家贫而不能生活者。

第十一条　有母无父，家贫母病或母出佣工而不能照养者。

第十二条　有私生儿女暗送来院者不令具结即便收养。

第十三条　有私生儿女羞于养且送者，一经外人救送来院，不令具结并给酬劳金一元。

第六章　收养限制

第十四条　年龄逾十二岁以外者。

第十五条　有宿疾不可救药者。

第十六条　疯癫聋聩者。

第七章　教育设备

第十七条　本院区分内外两院，分住男女以肃院规。

第八章　教养

第十八条　设讲堂、女工厂、恩物室、运动场、唱歌室、养病室。

第十九条　学龄孤儿由本院毕业后除择优秀者令升学外，均拨入贫民习艺所习艺，学龄孤女由女校毕业后拨入工厂分科习艺。

第二十条　由一岁至七岁，不论男女均同居一室，乳哺教诲、愿复提携均由媒母担任。

第二十一条　由八岁起，男女即分室而居，分校而教，均至十二岁初等毕业为止。

第二十二条　毕业后不论男女，查有天资颖异者，均酌送专门学校以成其材，平常者令习工艺，鲁钝者责令习劳。

第二十三条　男女工作得利时，归其所有并为存储生息，有愿临时取用者，查明支给，俟出院时尽数发给男作生计资本，女作出嫁奁妆。

第九章　退院

第二十四条　孤儿年满十六岁能自谋生活者，方许出院，如欲留院工作者听。

第二十五条　孤女年满十六岁者，一律由本院主持，照章择配，其亲属不得干预。

第二十六条　孤儿女未至出院时期，突有亲属请求领归者，经本院调查确实且系正人，得照孤儿女入院年限缴衣食教养等费。

第二十七条　至出院时期，如有亲属请领孤儿者，准照报领规则办理，孤女概不准领。

第十章　报领

第二十八条　凡欲领七岁以上之孤儿女者，亦须取孤儿女之同意，不准强迫。

第二十九条　未成年之孤儿女，有欲请领为儿女者，得经本院允准，再觅三家妥实铺保，由本院呈准后，方能给领。

第三十条　凡领为儿女者，须纳伙食费大洋三十元，助善费得向堂长商酌捐助。

第三十一条　孤儿女领出后，有作奴仆婢妾或辗转赠售者，一经本院查实，立即追儿回院，并送交司法官厅科以应得之罪。

第十一章　择配

第三十二条　孤女成年各照像片注明姓名、年龄、籍贯、张悬以备领娶者参观。

第三十三条　孤女择配只准为妻。

第三十四条　凡拟领娶孤女者，须先说明年籍、职产、家室，由监视人明示该女。

第三十五条　领娶人及孤女提同对相，得取双方同意，各具愿婚书二份，由领娶人取具妥保三家，缴饭费大洋四十元，助善费量予捐助，具呈本院，俟转呈批准后方准领娶。

第三十六条　愿婚书二份，各粘像片二纸，由主管人监视签押，本院及男女各存一份。

第三十七条　择配后，倘夫家无故虐待，查有确据，即将该女收回，另行择配。

第三十八条　本院收回之女，原领娶人所缴伙食、助善等费概不发还。

第三十九条　领出孤女概由夫主管束，倘有不守家规者，虽受虐待本院不事干涉。

第十二章　抚恤

第四十条　孤儿女遇有疾病移住病室妥为医治，倘因病身故，由堂长眼同医士依法勘验，如有奇特异状，另知会法厅检验，然后由堂备棺掩埋，并呈报警厅备案。

第十三章　施行

第四十一条　本章程自呈准之日施行，如有未尽事宜或窒碍之处，随时呈请更正。

附救生所章程

一、在本堂东墙另开一窦，名曰私生子救生所。

一、送者掀起窦门，将小孩放入，仍须将窦门关闭以免风吹。

一、送者宜将小孩姓氏、籍贯、生辰月日附带在身，不附带者听。

一、窦内有看护妇，该孩卧处有电铃机达于堂长管理各室，送入即知勿庸问答。

一、送入各孩不带姓氏者均以善为姓。

一、送入之孩隔离七日方准拨入普通室内。

一、凡病孩禁止送入。

——原载《奉天同善堂报告书（九、十、十一年份）》上册，

1932 年，第 3—13 页。

同善堂施医院修正章程

（1919 年）

第一章　名称

第一条　本院系同善堂自办，因命名为奉天同善施医院。

第二章　宗旨

第二条　本院纯施医药以拯济贫苦患者为宗旨。

第三章　职任

第三条　由堂长统摄全体事务，设医长一员，正副医员十员，专事诊病事项，司事雇员各一人，管理医务药品事项，药工二人，专司炮制经管药品发放事项，其他各事项由本堂各该股员司兼任之。

第四条　医员中分中西医法，中医主治内科等症，西医主治外科等症。

第四章　施行

第五条　每逢星期一三五诊治男病，二四六诊治女病，星期日停止诊病。

第六条　每日西医由早八时起，至十时止，中医由早九时起晚一时止，逾时不诊。

第七条　每日以五百人为度，逾额不诊。

第八条　本院专为贫苦无力医药者而设，富者不诊。

第九条　凡入院诊病者均宜确守规则，不规则者不诊。

第十条　开诊时，堂内员役不准闲到各室观望及当场接待亲友。

第五章　放牌

第十一条　凡病者入室后，须挨次坐定以便照次牌放，甘自落后者听。

第十二条　放牌时不得恃强争先致乱秩序。

第十三条　凡察有病重者，须提前就诊。

第十四条　由医长察看病情，以分别拨入中西医室诊治。

第六章　待诊

第十五条　入待诊处应分别就诊，中西医挨次落座，不得随意迁挪。

第十六条　不许任便出入，遇有便溺须一人如厕。

第十七条　不许在室内大声谈论、喧哗、笑语及随便痰唾。

第十八条　每十人为一排，按牌之号数为就诊次序。

第十九条　于未诊以前员司等轮值演说道理，病者宜默坐静听。

第七章　就诊

第二十条　就诊中医者需凝神默坐，以定脉息。

第二十一条　闻铃后须以次入诊。

第八章　诊断

第二十二条　凡男女入诊中医者，不准任便择医，尤须先将病情详告医士，听候诊脉。

第二十三条　不论男女不得向医员指名索药，司医生非有医员方帖，亦不得滥行发给。

第二十四条　病轻者，不须给以汤剂，病重者，不宜概与丸散。

第二十五条　无论汤丸散药均以适量为限。

第二十六条　就诊人不准任便吸烟谈论。

第九章　挂号

第二十七条　病者诊断后，持方至挂号处留根，收牌即赴领药不得迟留观望。

第二十八条　在挂号时不许争先落后及互相谈论问答。

第十章　发药

第二十九条　发药处为蓄药之所，室内务清洁整齐。

第三十条　所蓄之药每星期日晾晒一次。

第三十一条　领药人应按次排定，不得随便移动。

第三十二条　领药人不准向发药人索方外之药，发药人亦不得妄行给与。

第三十三条　凡无本堂药方者，无论堂内外人等，概不准妄行给药。

第三十四条　药既发讫，发药人应在方帖留押，以免重复冒领。

第三十五条　发药时，发药人宜详对方药，不得率行发出致生错误。

第十一章　药案

第三十六条　医士经过之奏效方剂，或经用之奇验之局方，应添注药案。

第三十七条　一经立案之方，无论丸散汤剂，均须将主治功效逐一注明，用作常用药品。

第十二章　制药

第三十八条　常用药品须自检地道，如法炮制，印刷方帖注明非卖品。

第三十九条　本院药工薪水甚微，如制药较购置获利时，得提成酬劳之。

第十三章　考医

第四十条　每日各医员诊病，由医长审察，方症错谬者须另行诊治。

第四十一条　医士中有医术不精者，一经查明立即辞退。

第四十二条　查医士每医一症，屡医不效者，由医长指示另更他医医之。

第四十三条　查医士有误认病症错投方剂者，立即斥去。

第四十四条　考取医士先行招考，考试合格者，着令效力三个月，查看医术精良再行升补正额。

第四十五条　本章程如有未尽事宜，随时修正之。

——原载《奉天同善堂报告书（九、十、十一年份）》上册，

1932年，第4—8页。

同善施医院药务简章

（1919 年）

第一章　饮片类

第一条　本院所有药材，凡制造、发放、保存，均由医长督饬司事药工办理之。

第二条　每年所用大宗药材，由堂长派专员赴营口等处检选真正地道者购运之。

第三条　东三省所产药材，视其常用者如辽五味、辽细辛、胆草、甘草等品，有时径向栈店中检购之。

第四条　所需药材有时缺乏，必在本城药店中添购时，必须数家比较货色，斟酌价值，方许购备。

第二章　细药类

第五条　凡贵重丸散，有时向出处购买者，如六神丸、痧药保赤散、红灵丹、如意油等品，务须本家正牌真品方需用之。

第三章　制造法

第六条　用制药工技二人，每日午前开牌，在医院检发药品，午后即切磋饮片，炮制丸散，以备施用。

第七条　每日施用丸散诸品，一半由本院经验效方，一半择普通局方之效者分别配合之。

第四章　保存法

第八条　设有储药室，无论整件药材及切出片货，均着箱笼架格装置妥叶，不准有潮湿霉菌虫蠹灰尘之弊。

第九条　凡发药室中之药柜、药匣所盛之药品，均须随时晾晒。

第十条　本院普通发药已详前章，其贵重药品另处储藏，由司事专管之，本院医员开方及堂长盖章者概不发给。

第五章　附则

第十一条　本章自公布之日施行，如有未尽事宜随时增减之。

——原载《奉天同善堂报告书（九、十、十一年份）》上册，

1932 年，第 9—10 页。

同善堂病丐疗养所章程

（1921 年）

宗旨

第一条　专收居留本城疾病无归之乞丐以疗养之。

名称

第二条　命名为同善病丐疗养所。

地点

第三条　在本城大南关玉皇阁院内。

款项

第四条　需款由玉皇阁建房生租，复由本堂年拨大洋三千三百元。

第五条　由阳历九月一日为正式成立时期。

收容

第六条　平时以各警署及其他机关送到者为限，如防疫期间非有官医检验，证认为非时疫传染者方能收容。

人数

第七条　每年春夏秋三季，以四十人为限，冬季以七十人为限。

第八条　每日经收人数须将姓名、籍贯、年岁登簿归号。

医治

第九条　由本堂派医员一名，按日诊治截留方笺根据备查。

第十条　病丐痊愈后，如无力谋生者，得分别拨归栖流、收容各所收养。

办公

第十一条　所有一切办公均由本堂各该股兼理之。

员役

第十二条　设管理一员，伙夫二名，每病丐十人于丐民中拣选看护夫一人以看护之。

伙食

第十三条　小米粥食春秋冬每日二餐，每人平均一格七。夏日三餐，每人尚须酌加。

抬埋

第十四条　病毙者由堂长、监视、医员、管理等依法勘验，如有异状得知会检察厅，检验毕由本所备棺掩埋。

第十五条　本所收入除以及病毙治愈人数，按月造具表册，呈报警察厅备查。

第十六条　本章程自呈奉批准之日施行，如有未尽事宜，得随时呈请增修之。

——原载《奉天同善堂报告书（九、十、十一年份）》下册，
1932年，第3—6页。

同善病丐疗养所细则

（1921 年）

一、本细则除遵照原章程办理外，另拟各条如下。

一、收到病丐带有衣物钱项者，登号时注明代为收存，俟出所时一律发还。

一、每日收养除遵章施行外，并为之沐浴、剪发，暂入隔离室调养。

一、在隔离室调养三四日，查非传染病者，方分别轻重病拨入轻重病室调养。

一、男病室有男看护夫，女病室有女看护妇，均由丐民中选充之。

一、看护夫专司病者起居、动作、煎药、煎水等事宜，由管理员随时督查之。

一、轻病者，每日赴诊病室诊治；重病者，由医员就病时诊治之。

一、轻病者每日诊治一次，病重者由医员加班诊治之。

一、病丐无衣者发给废军衣，病舍每名各发枕被一件。

一、本所设澡塘一处，病丐每月沐浴四次，剪发二次。

一、粥夫二人专司煮粥，冬日两餐，夏日三餐，副食咸菜均由看护夫领取分送。

一、每病室均设疫盂，遍洒石灰，以重卫生。

一、厕所院宇洒扫粪除，务令清洁。

一、病轻者在所无事，每生郁闷，由管理代揽粗浅工艺，如糊纸盒、洋火盒等类，所得余利按照工作多寡分给之，不欲作者亦不相强。

一、病丐死亡除遵章办理备棺抬埋义地外，并设标志以备家属查找，每年添坟二次。

一、每日出入人数簿、米煤册，均呈堂长核阅盖章。

一、本细则如有未尽事宜，随时改定之。

——原载《奉天同善堂报告书（九、十、十一年份）》下册，
1932年，第7—8页。

修正同善贫民收容所章程

（1920 年）

定名

第一条　本所由同善堂办理，故定名为同善贫民收容所。

宗旨

第二条　本所以救济无衣食之精壮贫民为宗旨。

分职

第三条　所有归同善堂长兼摄，其文牍、庶务、统计、会计各事务均由本堂各股兼代之。

第四条　本所与栖流所同设一处，所有管理一切事物与栖流所相辅而行。

第五条　火夫、号头无定额，视收容人数多寡以增减之。

收容

第六条　每年阴历十月初一日开办，至来年三月一日停止。

第七条　凡各机关送入或自行投所，均须收养之。

第八条　凡收有老幼废疾者，均拨入栖流栖止。

第九条　入所时询明姓氏、年籍、职业、亲属，逐一注册后，再行拨入号舍。

第十条　检查身边有钱财证据有关系物件者，登簿后交会计股保存，俟出所时发还之。

第十一条　收入贫民多半无衣，每年得呈领废军衣发给之。

第十二条　收容人数暂以四百人为限，倘人数加多款项不足时，须呈请募捐补助之。

赏罚

第十三条　贫民中有不受约束，不守秩序者，得径送省立教养工厂教诲之，稍知改悔，即行提释。

第十四条　有天性玩惰屡戒不悛者，于开释之日留所编为建筑夫，以强制其工作。

第十五条　有特别驯良者提升工目号头或代觅佣工。

第十六条　有工作勤劳者，于应得工资外，酌赏钱币用作出所后营生之本。

工作

第十七条　于贫民拣其精壮者编为清洁夫，以供各机关及商号住户扫除积雪小工等之作用。

一、清洁夫编就后即无自由去住权。

二、每十人中择派夫目一名带同工作，兼任约束，每五十人外派号头一人跟同监视。

三、出外工作每十人一号，五人一行，始终不准离行。

四、清洁夫所着废军衣，于上衣左肩下，下衣左膝下均缀以三角形异色布用作标志。

五、警署提用每日每人定为工洋一角，巡警须负看工之责。

六、各机关及商号住户请求派用时，每人每日工洋一角五分，本所自负看工之责。

七、清洁夫有拐衣逃逸时，通电就近巡警按照标志查拿。

八、清洁夫所得工资均归自有，由本所妥为存放。

九、所赚工洋于开放时付给，以资遣其回籍。

开放

第十八条　每年三月初一日即将贫民一律开放，所有衣物工资均一律发给之。

第十九条　开放时有不愿出所者，即留堂充作小工，按月发给工资。

附则

第二十条　一切宿舍粥厂沐浴监视管理抚恤各章程均仿照栖流所章程办理之。

第二十一条　本章程有未尽事宜，再行随时呈准增减。

——原载《奉天同善堂报告书（九、十、十一年份）》下册，

1932年，第2—4页。

同善堂经收捐助善款章程

第一条　凡施助本堂各部，无论多寡，均立时登号注册，发给回据，并标列本堂门首，以资观感。

第二条　每月终将施主姓名、月日款目开单，呈报警厅备查，并分登各报以资表扬。

第三条　凡施助在百元以上者，得取施主八寸像片一张，标明姓名、年月日、施款数，悬挂仰止厅以资景仰。

第四条　凡施助在五百元以上者，专案呈报，转请省长给奖。

第五条　凡施助在千元以上者，专案呈报，转请内务部给奖。

第六条　凡施助在两千元以上者，案照褒扬条例转请大总统褒扬。

第七条　凡代募捐款有以上四条各倍数之一者，得援例办理。

第八条　凡施助衣服、米粮价值与请奖条例相符者，亦得援例呈请。

第九条　凡有遗产施入在千元以上者，本堂为建碑坊用垂不朽。

第十条　本堂系慈善事业，无论中外男女各人士，凡施助者均极欢迎。

第十一条　本堂章程自呈准之日施行。

——原载《奉天同善堂报告书（九、十、十一年份）》下册，1932年，第29—30页。

成都慈惠堂章程

（1923 年）

第一章　总则

第一条　本堂以办理社会慈善事业为宗旨。

第二条　本堂定名为成都慈惠堂。

第三条　本堂设于成都市。

第四条　本堂公告事项揭载成都新闻纸。

第二章　业务

第五条　本堂之业务如下：

一、关于济贫事项；

二、关于养老事项；

三、关于慈幼事项；

四、关于恤嫠事项；

五、关于拯溺事项；

六、其他救助事项。

第六条　本堂为办理前列各事项，设置下列各事业机构：

一、普济堂；

二、养老院；

三、育婴堂；

四、幼稚园；

五、女婴教养所；

六、培根小学校；

七、恤嫠会；

八、瞽童教养所；

九、培根火柴厂；

十、培根工厂；

十一、培根农场；

十二、培根菜园；

十三、牧畜场；

十四、售货所；

十五、借贷所；

十六、拯溺所。

前开各项组织，本堂得视社会需要，依照业务性质扩充或裁并之。

第七条　本堂各事业机构之组织简章另订之。

第三章　组织

第八条　本堂设理事十一人至十五人，组织理事会，任期六年，每二年改选三分之一。第一次改选三人至五人，第二、第三两次各改选四人至五人。第一届用抽签法决定，连选得连任。

第九条　本堂设监事三人至五人，组织监事会，任期六年，每二年改选三分之一，第一次改选一人，第二、第三两次各改选一人至二人。第一届用抽签法决定，连选得连任。

第十条　理监事之改选，由理事会、监事会就士绅中各推加倍人数为候选人，由理事会、监事会各出席过半数之理监事联席会议，用无记名联记投票法选举之，得票三分之二以上者当选。

理监事因故出缺，准用前项规定补选之。

第十一条　理事会设理事长一人，副理事长一人，常务理事三人，由理事会选任。监事会设首席监事一人，常务监事一人，由监事会选任。

第十二条　有下列各款资格之一者，得被选为本堂理事或监事：

一、操行不苟，名望素著者；

二、曾办理慈善事业，著有成效者；

三、热心公益，慷慨捐助者；

四、对本堂事业有特别贡献，或重大劳绩者。

第十三条　有下列各款情事之一者，不得被选为本堂理事或监事：

一、有土劣事迹者；

二、有贪污行为者；

三、有反革命之言论或行动者；

四、为财产上之犯罪，受刑事之宣告者；

五、受破产宣告尚未复权者；

六、素无恒产而有假慈善为生之情事者；

七、吸食鸦片或其他代用品者；

八、借名慈善，倡为迷信，图遂私利者。

第十四条　理事或监事有下列各款情事之一者，依第十条规定人数，经理监联席会议通过后，得撤销其理事或监事：

一、藉本堂名义招摇有据者；

二、藉本堂事业渔利有据者；

三、损害本堂名誉或利益者；

四、无故缺席逾三个月者。

第十五条　理事会之职权如下：

一、关于本堂主要职员及事业机构、主办人之选任及解任事项；

二、关于业务方针及工作计划之草拟与核定事项；

三、关于本堂及事业机构预决算之审核事项；

四、关于本堂财务之规划事项；

五、关于理监联席会议决案之执行事项；

六、其他有关本堂事业之指导、考核及管理事项。

第十六条　监事会之职权如下：

一、关于本堂人事之纠察、弹劾事项；

二、关于本堂总决算书之核定事项；

三、关于本堂财产、财务之监查考核事项；

四、关于本堂事业之咨询调查事项；

五、其他有关监察事项。

第十七条　理事会及监事会得举行联席会议，其职权如下：

一、关于候选理、监事之选举事项；

二、关于理、监事之撤销及补充事项；

三、关于本堂财产之变更事项；

四、关于本堂事业机构之扩充裁并事项；

五、关于本堂章则之修订事项；

六、其他有关本堂事业之重大事项。

第十八条　理事及监事为名誉职，概不支薪，但因事实之需要，得视事务之性质酌支经常或临时舆马费。

第十九条　理事长综理本堂一切事务，副理事长襄助之，理事长有事故时，得代行其职权。

第二十条　常务理事襄助理事长、副理事长处理日常事务。（常务监事襄助首席监事处理日常事务。）

第二十一条　本堂设总管理处置总干事一人，承理事长、副理事长之命，办理本堂一切事务。

第二十二条　总管理处依事务性质，分置下列各组室：

一、文书组　掌理本堂文书事项；

二、事务组　掌理本堂庶务及租佃事项；

三、出纳组　掌理本堂银钱出纳事项；

四、收租组　掌理本堂房地产租之催收及稽查事项；

五、业务组　掌理本堂事业及教养之设计与考核事项；

六、会计室　掌理本堂会计事项。

前项各组室经理监联席会议之决议，得增减之。

第二十三条　总管理处各组室各设主任一人，承总干事之命办理各该管事务。干事助理、干事练习生各若干人，承主任之命分办事务。

第二十四条　总干事主任及各事业机构主管人由理事长提请理事会议通过后，聘任之。其余人员由理事长派充之。

第二十五条　总管理处及各事业机构办事细则另订之。

第四章　会议

第二十六条　理事会每月开会一次，由理事长召集之。

第二十七条　监事会每月开会一次，由首席监事召集之。

第二十八条　理监事联席会议每三个月开会一次，由理事长暨首席监事联名召集之。

第二十九条 常务理事会由理事长、副理事长及常务理事组织之,每星期开会一次。

第三十条 本堂为谋事业之推进,设业务会议,由全体理监事、总干事、各组室主任及各事业机构主管人组织之,以理事长为主席,每半年举行一次,由理事长召集之。

第三十一条 本堂各种会议得因事实需要召开临时会议。

第三十二条 本堂各种会议之决议案除第十条、第十四条及第二十九条别有规定外,以过半人数之出席及以出席人过半数之同意行之。

前项会议或表决不足法定人数时,准用《民法》关于"假决议"之规定办理。

第五章　会计

第三十三条 本堂以每年一月一日至十二月三十一日为一会计年度。

第三十四条 会计年度开始前,本堂总管理处及各事业机构应分别编制《岁出概算书》,其有收入者并应编制《岁入概算书》送总管理处。会计室汇编《岁入岁出总预算书》提经理事会核定施行。

第三十五条 会计年度终了后,本堂总管处及各事业机构,应分别编制《决算书》送由总管处。会计室汇编《总决算书》提经理事会核转监事会核定之。

第三十六条 本堂总管处及各事业机构于年终结算时,应编制下列各项书表:

一、财产目录;

二、财产增加表及财产减损表;

三、平准表;

四、损益计算书(有收入者)或余绌表(无收入者);

五、工作报告书。

第三十七条 本堂预算及前条规定之书表应依法呈报主管机关查核备案。

第三十八条 本堂每年开支如有不敷,得呈请政府拨款补助,并得对外募捐。

第六章　附则

第三十九条　本章程有未尽事宜，得提请理监联席会，依第十条规定人数通过后，修改之。

第四十条　本章程自呈准备案之日施行。

——原载成都市社会福利和慈善事业发展中心、成都市档案馆编:《成都慈善档案选编（1911—1951）》，西南交通大学出版社 2020 年版，第 27—30 页。

成都慈惠堂总管理处办事通则

一、本通则依据本堂组织章程第二十五条之规定制订之。

二、本处组织分下列各组室：

（1）文书组；

（2）事务组；

（3）租务组；

（4）出纳组；

（5）会计室；

（6）稽核室。

三、各组室除主任外，斟酌事务之繁简设置干事、助理干事、练习生。

四、各组室职员除分办各该组室事务外，遇有繁重事件，受总干事之调度，应通力合作。

五、各组室主任每星期六日应举行处务会议一次，由总干事主席检讨本周经办及待办事件，并预备下周例会提案。

六、文书组职掌：

（1）印章之典守；

（2）撰拟及保管文电函件；

（3）理监会议及常务会议例会等记录；

（4）汇编工作报告、改进计划及其他宣传刊物；

（5）文书之收发、缮写、校对；

（6）档案之整理、保管；

（7）其他有关文书事项。

七、事务组职掌：

（1）公物采购、领发及保管、布置；

（2）清洁卫生及职工伙食；

（3）房屋、墙垣之修缮；

（4）工役管理；

（5）职工薪津之领发；

（6）对外交际事项；

（7）义地施给及坟地出售；

（8）田、房、地、土购置及产权纠纷；

（9）其他庶务事项。

八、租务组职掌：

（1）田、房、地、土租金之核算与催收；

（2）田、房、地、土出租佃之管理及改进策划；

（3）田、房、地、土承佃人及收益之调查；

（4）田、房、地、土产业之管理整顿；

（5）田、房、地、土佃约、册卷之保管；

（6）田产、地皮之□□□□；

（7）其他有关租务事项。

九、出纳组职掌：

（1）现金经手、收支及登记；

（2）票据保管；

（3）其他有关出纳事项。

十、会计室职掌：

（1）传票之编制；

（2）簿籍之登记；

（3）预决算之编制；

（4）各种表册之编制；

（5）田房及财物增减、转移之登记；

（6）其他有关会计事项。

十一、稽核室职掌：

（1）稽核预算之执行；

（2）核签收支凭证；

（3）稽核计算及决算。

十二、总干事之责任：

（1）处理各组室日常请示事件；

（2）综核文稿；

（3）各种会议及宣传事项之筹办；

（4）随时提请理事长及常务会议应行注意之重要事项；

（5）提供工作报告、改进计划及拟订规章之意见并审查；

（6）本处职员考核及本堂交代事项之办理；

（7）理事长交办事项之拟办。

十三、各组室主任、副主任之责任：

（1）主管事务之处理与执行；

（2）主管文件之拟办、之提示与复核；

（3）主管重要规章计划之撰拟；

（4）主管事务之调查、设计、研究与建议；

（5）所属职员工作之分配、指导及考核之拟议。

（6）总干事交办事项之拟办。

十四、各组室干事及助理干事之责任：

（1）稿件之撰拟；

（2）主办事务之执行与建议；

（3）经办册籍、簿记、图表格式之拟订、登记、绘制、桢计及汇编保管；

（4）印章之典守及档卷资料文件之保管、整理；

（5）主任交办事件之拟办；

（6）现金之出纳与经常临时支付经费之保管；

（7）财物之购置、登记与保管；

（8）工役之训练与管理；

（9）其他临时指定之任务。

十五、各组室练习生及雇员之责任：

（1）文件之缮写与核对；

（2）文件之收发、登记；

（3）图书、档案、卷籍文件之保管；

（4）其他临时指定事项。

十六、文书处理：

（1）本堂往来文件概由文书组总收总发，其处理方法与程序依照规定行之；

（2）来文除密件外，应即行析阅编号摘由，填明年月日，汇送文书组主任查阅后，依来文性质与关系或拟批送核，或请总干事批示；

（3）文件经总干事核签后，仍交文书组，再行分别自办或转送其他组室办理；

（4）文稿办理完竣，由各该主管人阅后，连同送核簿送总干事综核，再转呈理事长判行；

（5）文稿判行后，即交文书组缮写校对，钤盖印章登入发文簿发出，并将原稿连同来文送档卷管理人员，分类编号归档；

（6）紧急文件应随到随送，封面有"密件"或"亲启"字样之文件，收发员不得开拆，经主任查阅后送总干事转候批示办理；

（7）本处文稿之字辄以只字代之，第一字为"慈"字，代表本堂，第二字为各组室之第一字。如文书组承办文稿用"慈文"二字；事务组承办用"慈事"二字，余类推；

（8）本处各组室承办文件有相互关系者，由关系较重之部分主办，交有关部分会签后转送核判；

（9）紧急文件应随到随办，不得延搁；普通文件不能即日办清者，至迟不得逾三日；密件应保守秘密。

十七、事务处理：

（1）本处承办事务人员应对所办事件妥为规划并处理；

（2）承办事务人员应将办理经过、结果、成效具报，以资考核；

（3）承办事务人员应照预定步骤迅速完成，如因意外障碍而致延长时日，或竟不能达其任务者，须声明障碍情事，听取进止；

（4）承办事务人员对所办事项发现利弊所在，应建议改进。

十八、财务管理：

（1）本堂所有巨款及契券等之管理，由保管委员会负其责任，会计稽核定有单行规程，各组室有关收支或购置领用事项，应照规定手续办理；

（2）本堂一切收入于收到后由会计室制收入传票，送稽核室核签，再交出纳组。如应转送保管委员会者，即由该组按照规定办理；

（3）本堂支出应由会计室审查原始单据，编制支出传票，并连同单据送稽核室核签后，迳交出纳组照开支票，交付领款人；

（4）本堂经费之收入与支出，应由出纳组依照规定登记，并按旬编制《现金出纳旬报表》，送稽核室核签后，再送总干事查阅，月终应编制《收支对照表》，经过此项程序后，再转呈理事长核阅；

（5）本处为便利零用开支起见，特采用预付零用金制度，由事务、租务两组报请常务会议决定后，得向出纳组领借零用金，以备支应；

（6）本处财物之购置属于今时办公必需之物品，由事务组负责人随时填具"购物单"，先送稽核室核签，再送总干事批准购置，其属于特殊购置更须加以说明，送稽核室签注意见，经总干事查阅后，转呈理事长核定；

（7）购置物品应各取单据，注明经手人员姓名，加盖私章，连同物品送交稽核室点验，或请共派员点验后，交保管人员负责收管；

（8）大宗物品领用由领人填具，领物单经各该主管人核阅，加章送稽核室核签后，交事务组验发；

（9）本处现金公用物品及财产，若有毁损遗失等情事，除因不可抗力经证明属实者外，经手人应负其责任。

十九、服务守则：

（1）本处所定办公时间，各职员应切实遵守，不得迟到早退，并须签名于划到簿；

（2）职员非因疾病、婚丧、生育或其他不得已情事时，不得请假；

（3）事假每月不得逾七日；病假在五日以上者，应缴验医生证明书；婚嫁不得逾半月；丧假不得逾二十日；娩假不得逾四十五日；

（4）职员请假应填具请假单，三日以内主任核准，三日以上由主任转请总干事核准，并须委托其他职员代理；主任请假由总干事核准；

（5）本处值日由各组室职员轮流充之，处理退公后，一切临时发生事务并备值日簿一本递交；

（6）新到职员须到文书组报到登记，离职人员须将离手续办清楚，经证明后，始得离职；

（7）干事以上人员更动时，无论离职或新到以及他调，均应由文书组根据理事长条示通报周知。

二十、本处各组室得依据本通则制订工作范围内应有之办事细则。

二十一、本通则经理事长核准后施行。

——原载成都市社会福利和慈善事业发展中心、成都市

档案馆编:《成都慈善档案选编（1911—1951）》,

西南交通大学出版社 2020 年版，第 31—32 页。

成都市正心慈善会章程

第一章　总则

第一条　本章程凡属本会及办事处职员等均应一律遵守，不得违背。

第二条　本会以人饥己饥之心，舍己救人之怀，为社会民众谋福利与办理慈善救济为宗旨。

第三条　本会定名为"正心慈善会"，在会内设理监事会综理本会一切事宜，因在新津县创建忠孝儒林称为"正心堂"，新津忠孝儒林办事处直属本会。

第二章　会务

第四条　凡入本会为会员者，须本会员二人以上介绍担保，并经理监会考核通过，认为思想纯正确能为群众服务、办理地方慈善、遵守本会宗旨者，始得入会。

第五条　凡本会会员不分贫富，均应以节省所余之款酌缴基金移作各会员先灵焚献费，以尽慎终追远之意，每月视各人之经济情形，应自度乐捐、月捐，其数不限，以作救济慈善之用。

第六条　本会所有十全善务，凡属会员均有量力扶助维持与乐捐劝墓（募）之义务。

第七条　凡有临时救济事项，应临时召开会员会议，临时集捐，量入为出，并无限度，其会员会议办法另订之。

第八条　本会会务定于每年四大会期，即农历正、四、六、九月开全体会员联席会各一次（临时会不在此限），每月于本会开理监事会至少四次（临时会不在此限），决议应兴应革事项。

第九条 凡会员等遇有应兴应革之事，会员得十人以上职员得五人以上之通过，得召集会员大会解决之。

第三章 组织

第十条 由会员大会推选理事九人，监事三人，司账一人，组织理监事联席会，办理本堂一切事务，其常务理监事由理监事互推之。

第十一条 设总务处由理事长兼办（总务处事务），会同各负责人执行一切决议及交办事项，其庶务、经捐、文牍、交际属之。

第十二条 本会所办善务计设医药、施棺、义地、保产、全婴、急济孤孀半价米、年关济米、惜字八组，受理监事会指导办理地方救济慈善事务。每组设主任一人，干事若干人，其主任一职由理监事分别兼任之，干事由主任聘请之。

第十三条 新津忠孝儒林办事处其所设人员由理监会推举，应受理监会之督导，计设主堂一人、主任一人、文牍司账各一人、招待二人，办理一切事务，并分设新津忠孝儒林办事处理监事分会，以襄助之。

第四章 职权

第十四条 总务处由理事长董督一切事务，其庶务、经捐、文牍、交际各设主任一人，干事若干人，职责如下：

（甲）庶务：凡本堂一切细务，保管款物及不属各主任之事务，概归办理；

（乙）经捐：以办理收募经常及临时各种捐款事务，凡经收者概交总务处登记存储备支；

（丙）文牍：办理撰拟公牍事务；

（丁）交际：办理本堂内外交涉、招待、庆吊、慰问及代表出席等事。

第十五条 以上各理监事及职员选任之期以三年为限，但联选得联任之。

第五章 经费

第十六条 本会原无基金，向由各会员乐捐或劝募之款物办理地方慈善救济事业，所收财物应由经捐主办统收，汇交总务处登记收存备支，事后报销。

第十七条 凡本会支付各款物，由理事长主持，在定额内支付，若遇重大开支，应开会议决始能支付。

第六章　附则

第十八条　本章程由会员大会决议通过后施行之，其施行后如遇有与本章程抵触者，可召集会议通过办理之。

第十九条　本章程如有未尽事宜，得随时由理事长或照第九条规定召集大会议决修改之。

——原载成都市社会福利和慈善事业发展中心、成都市

档案馆编:《成都慈善档案选编（1911—1951）》，

西南交通大学出版社2020年版，第105—106页。

成都中西组合慈善会简章

（1921 年）

第一章　名称

第一条　本会系由西国人士所组织之博爱团及中国人士所组织之互助团共同组织而成，故定名曰"中西组合慈善会"。

第二章　宗旨

第二条　本会即以博爱互助为宗旨。

第三章　举办事业

第三条　本会办理下列各项慈善事业：

（一）恤孤；

（二）养老；

（三）其他善举须俟经济充裕，力能举办时，方分别先后，次第兴办。

第四章　会址

第四条　本会会址设于永兴街二十九号。

第五章　组织

第五条　本会之组织分评议、董事两部。

第六条　评议部部员无定额，由博爱、互助两团分选。

第七条　评议员选定后，成立评议部，推选评议部长一人为主席。

第八条　董事部设董事十五人，由评议员中推选，但由博爱团推选三分之二，互助团推选三分之一。

第九条　董事选定后，公推会长一人，副会长二人，书记、会计各一人。会长主持一切会务；副会长襄理一切会务；书记、会计办理文卷、纪录议案暨收入支出账项、预算决算等事件。

第十条　董事部分设四股推行会务：

（一）审查股　设委员四人，办理收容孤儿、孤老及审查会务一切兴革事宜。

（二）财政股　设委员四人，办理本会银钱收入、支出、预决算案及筹定各项善举经费事宜。

（三）教育股　设委员三人，办理本院学生工作、教育上一切设施事宜。

（四）交际股　设委员四人，办理本会交际、募捐、调查、新生事宜。

以上四股委员即以董事分任，另订有办事细则。

第六章　职权

第十一条　评议、董事两部，其职权如下：

（甲）评议部　议决本会一切事件。

（乙）董事部　执行评议部议决一切事件。

第七章　任期

第十二条　两部员任期均以一年为限，但得连举连任，解任董事、职员对于会务热心者，得推为名誉董事。

第八章　会期

第十三条　评议部每年开大会一次，年终举行常会四次，每季举行。

第十四条　董事部每月开会一次。

第十五条　若有要事发生，得开临时会议。

第十六条　其日期均于开始会议时决定，惟临时会不在此限。

第十七条　评议部开会由部长召集，董事部由会长召集。

第九章　职员

第十八条　本会内分孤儿、养老两院，各设院长一人，由董事部聘请。

第十九条　主任一人办理会中一切事务，由董事部同两院长聘请。

第二十条　孤儿、养老两院，各设管理一人，由主任商同两院长聘请。

第十章　教育与工业

第二十一条　本会对于孤儿采取工读兼半主义，惟须注重于工业，除年龄幼小各生全日上课外，余均有半日工作。

第二十二条　本会现办下列各种工业：

（一）纸笺科；

（二）织工科；

（三）石印科；

（四）羊毛科。

第二十三条　教职员及各科技师由主任商同院长延请。

附则

第二十四条　本会简章若有应当修改之处，由董事部议决后，交评议会通过始得修改之。

——原载成都市社会福利和慈善事业发展中心、成都市
档案馆编：《成都慈善档案选编（1911—1951）》，
西南交通大学出版社 2020 年版，第 120—121 页。

成都市善团联合会章程

第一章 总则

第一条 本章程依据四川省政府咨请内政部核准之《四川善团联合会章程》制定之。

第二条 本会定名为成都市善团联合会。

第三条 本会以联合本市各慈善团体，依照《监督慈善团体法》第一条之规定，办理各项慈善事业为宗旨。

第四条 本会会址设立南门纯化街关岳庙内。

第二章 任务

第五条 本会对本市加入之各慈善会员有引导督促、调查、稽核、纠正、设计之责。

第三章 会员

第六条 凡本市各慈善会皆得参加本会为团体会员，其加入之手续如下：

1. 填缴参加陈请书。

2. 缴验党政机关核准立案之证明文件。

3. 缮具呈奉核准之会章暨登记清册、财产目录、会员名册、印鑑单各二份，以备存转。

4. 向四川善团联合会转请颁发会员徽章及证书等件。

第七条 会员入会权利如下：

1. 有向本会转四川善团联合会及转请市政府予以保护之权。

2. 因办慈善事业而遭屈辱者，向本会转四川善团联合会及市政府，请求依法伸雪之权。

3. 因办慈善事业发生争执时，有向本会请求调解之权。

4. 办理慈善事业力量不足，有向本会转四川善团联合会请求各方予以补助之权。

5. 对本会会务有发言建议及表决之权。

6. 对本会职员有选举及被选举之权。

第八条 会员入会义务如下：

1. 遵守本会章程，接受本会及四川善团联合会之引导。

2. 履行本会及四川善团联合会决议案件。

3. 切实推行各项慈善事业。

4. 不得有违反四川善团联合会暨本会宗旨之行为。

第四章 组织及职权

第九条 由全体会员大会中选出理事九人，并选出监事三人，分配执行及监察事宜，并各选出候补理事七人，候补监事二人，以备遇缺，依法递补。

第十条 各候补理监事得出席于各会议，但只有发言权无表决权。

第十一条 本会理监事之选举概用双记名投票，其当选人应各互推正、副理事长各一人，常务理事三人，执行日常会务，其监事中互推常务监事一人主持监察事宜。

第十二条 选举及任期：

1. 本会会员大会之票选以每会出席人代表之限定一票。

2. 各理监事任期以二年为限，但得连选连任。

第十三条 会员大会之职责如下：

1. 本市各慈善会交互之建议案之审查及决议事项。

2. 本会及本市各慈善会章程之修改或解释事项。

3. 一般慈善事业之计划事项。

4. 赈济本市区及邻县或省外灾患之设计事项。

第十四条 理事会之职责如下：

1. 指导各慈善会之事务进行及注册等事宜。

2. 办理会内文书、庶务、统计等事宜。

3.编制本会预算、决算、统计等事宜。

4.办理会员大会之召集、筹备等事宜。

第十五条　监事会之职责如下：

1.促进理事会执行全体会员大会之决议事件。

2.考查会内人员之勤惰。

3.稽核会内之收支账目。

4.督促加入各慈善会推行各项慈善事业。

5.审查本会各慈善会建议或陈请事项。

第十六条　本会暂设下列三组办理各项事务：

1.总务组掌管文牍、庶务、交际、统计、宣传、调查、设计及一切不属财、善两组之事务。

2.财务组掌管收支、稽核及保管财产事宜。

3.善务组掌管各慈善会所办教育、实业、赈灾、救济各项，慈善事业之指导、纠正等事宜。

4.本会于三组之外特设文书室、稽核文件及拟办重要函电。

第五章　会议

第十七条　本会每年举行本市慈善团体大会一次，但若因理事之决议或加入各慈善会三分之一以上之请求，亦得召集临时会员大会。凡举行大会时应请成都市政府派员指导。

第十八条　全体会员大会日期及议事程序须一月或半月前通知各慈善会。

第十九条　理事会每星期开常会一次，遇有临时事件得召集临时会议。

第六章　经费及会计

第二十条　本会经费由加入之各慈善会负担，每会每月暂行担负法币叁拾元，按月缴纳。但会务发达，于所收经费不足，经监事会审核，理事会所订预算认为不敷开支时，得由各团体会员酌量补助之。

第二十一条　本会职员除雇员得月支最低生活费外，其余概系无给职。

第二十二条　本会遇有特别事故，必须举行特别募捐时，应由全体会员大会之通过，报经市政府之许可，始得举行。其收据捐册应编列成号，送由市政府盖印，并须先期报请省联会备案。

第二十三条　本会经常各费应由理事会造具预算书，交监事会审定后，方得开支。

第二十四条　本会全年收支款项由理事会结算明确，交监事会复核后，再由理事会于全体会员大会中公布，并分呈市政府及四川善团联合会查核。

第七章　附则

第二十五条　本会之各种办事细则另订之。

第二十六条　本章程呈由成都市政府转四川省政府核转内政部备案，公布施行。

第二十七条　本章程自呈准之日施行，如有未尽事宜，得由全体会员大会议决增改，依前条规定呈请备案。

——原载成都市社会福利和慈善事业发展中心、成都市
档案馆编：《成都慈善档案选编（1911—1951）》，
西南交通大学出版社 2020 年版，第 185—187 页。

成都市孝德慈善会组织章程

第一章　宗旨

第一条　本会扶持旧有道德，启发近世博济，举办慈善，免灾利生，期达正己化人之志用符力孝成德之旨。

第二章　名义

第二条　凡入会者，须存道德，心具慈善志，故定名为孝德慈善会。

第三章　事务

第三条　本会以举办慈善为职志，以补助民生为义务，故凡济贫、救灾、矜孤、恤寡，皆为应作事务。

第四章　组织

第四条　本会为信仰道教，热心慈善之人士组合而成，其赞同会旨者，不分性别，皆得为本会会员，但须得会员二人之介绍。

第五条　本会设理事七人，由会员大会中推选成立理事会，七人中互推一人为理事长，主持执行一切会务，互推二人为常务理事，处理日常事件。

第六条　理事会以次分设总务、财务、善务三股，每股设正、副主任各一人，每股以次分设干事一人或数人办理各项事务，其人选由理事会就会员中推定之：

（一）总务股　办理文书、庶务、交际事宜。

（二）财务股　办理收支账项、核算保管公物事宜。

（三）善务股　办理送医、施药、恤嫠、保产、冬赈寒衣、借贷、急赈、施棺义地等救济事宜。

第七条　理事任期为二年，但得连选连任。

第五章　会期

第八条　本会会期分为三种：

（一）常会　每半月举行一次，凡各股应将善务状况向理事会公开报告，并策商进行。

（二）特会　于必要时由理事长通知总务股召集之。

（三）会员大会　每年十二月中旬举行，由理事长主持，各股报告全年各项经过状况，并商以后兴革，出席会员皆得发表意见，共策进行。

第六章　经费

第九条　本会经费来源如下：

（一）田地房租之收益。

（二）会员自认年捐及月捐。

（三）个人临时乐捐。

第十条　本会除雇员工友外，所有职员概属义务，无给职。

第七章　附则

第十一条　本章程如有未尽事宜，得由理事会提出，经会员大会通过，呈请主管政府修改之。

第十二条　本章程俟呈请主管政府核准后施行。

——原载成都市社会福利和慈善事业发展中心、成都市

档案馆编：《成都慈善档案选编（1911—1951）》，

西南交通大学出版社 2020 年版，第 205—206 页。

四川省会慈善救济会贫民贷款所简章

第一章　总则

第一条　本会为救济贫民生计起见，特遵照国民政府内政部公布《各地方救济院规则》第七章之规定，设立贫民贷款所。

第二条　贷款所为救济贫民、贷与营业资本而设。

第二章　贷款规定

第三条　凡贫民无资营业之男女，向本会贷款所贷款者，需符合下列各款之规定：

1.年在十五岁以上，确无不良嗜好者；

2.志愿作小本营业，或曾为营业而确无资力者；

3.具有殷实铺保，或妥当保人者。

第四条　贫民贷款须按照前条调查确实，方能贷与。

第三章　贷款数目及陆续归还办法

第五条　每人贷款额数以铜元贰拾钏至伍拾钏为限，概不收息。

第六条　前项贷款自贷款后之第二日起，届满七日后，得归还十分之一，作为十次还完。前款陆续还完后，方能继续贷与。

第四章　保人责任

第七条　贷款期满不能还本者，则由保人代为负责偿还。

第八条　逾期不能还本，查明实有意外变故时，得由主办人签条说明，交付本会酌量办理。

第五章　惩处

第九条　凡伪为营业名义借款而又不营业者，或营业而又不正当者，或营业而又与慈善性质相悖者，除追还贷款外，并函送公安局予以相当处分。

第六章　附则

第十条　本简章经委员会之决议即实施之，如有未尽事宜，得以会议方式修正之。

——原载成都市社会福利和慈善事业发展中心、成都市

档案馆编：《成都慈善档案选编（1911—1951）》，

西南交通大学出版社 2020 年版，第 218—219 页。

四川省荥经县广仁慈善会章程
（1937 年）

第一章　总则

第一条　本会系荥经县旧有之广仁善局，依法改组为荥经县广仁慈善会。

第二条　本会以济贫救灾、养老恤孤及其他救助之事业为目的。

第三条　本会设会所于荥经县城内。

第二章　会员

第四条　凡本区域内之人民具有下列资格之一者，得为本会会员：

1. 名望素著、操守可信者。

2. 曾办慈善事业，有著成效者。

3. 热心公益、慷慨捐输者。

4. 对于发起之慈善事业，有殊特之学识或经验者。

第五条　有下列各项情事之一者，不得为本会会员：

1. 土豪劣绅，有劣迹可证者。

2. 贪官污吏有案可稽者。

3. 有反革命之行动者。

4. 因财产之犯罪受刑之宣告者。

5. 受破产之宣告，尚未复权者。

6. 吸食鸦片者。

第三章　职员

第六条　本会职员设董事一人，副董事一人，董事三人以代表本会事务之执行。

第七条　正副董事就本会一切事务对外代表本会。

第四章　会务

第八条　本会所收支款项物品应逐日登入账簿，所有单据应一律保存，期间不得短于十年。

第九条　本会每届月终应张贴一月内收支项目及办理情形，公开宣布。

第十条　本会于下列各项，应于每年六月及十二月，呈报主管官署查核：

1. 职员之任免。

2. 职员成绩之考核。

3. 财产之总额及收支状况。

4. 会员之加入或退出。

5. 办理之经过情形。

第五章　会议

第十一条　本会会议由董事召集之，如有全权会员十分一以上之请求，表明会议目的及召集理由，请求召集时，董事须召集之。

第十二条　董事受前项之请求后一个月内不为召集者，得由请求之会员经主管官署之许可召集之。

第十三条　董事于开会时间，应报告详细收支账目，并说明办理会务之经过情形。

第六章　决议

第十四条　本会之决议事项如下：

（一）变更章程；

（二）任免董事；

（三）监督董事职务之执行；

（四）开除会员但以有正当理由事为限。

第十五条　会员决议除本章程别有规定者外，以出席会员过半数决之。

第十六条　会员有平等之表决权。

第十七条　变更章程之决议，应有全体会员过半数之出席，出席会员四分三以上同意，或全体会员三分二以上书面之同意。

第十八条 本会职员、会员于职守上违背法令，旷废职务，及办理慈善事业时，或营私舞弊，或发生第五条第三项、第六项情事之一者，应即罢免。

第十九条 会员得随时退会，但章程定于事务年度中，或经过预告期间后，始准退会者，未在此限。

第二十条 前项预告期间，不得超过六个月。

第七章 会费

第二十一条 本会会费分下列各种：

（一）会员捐助费及常年费；

（二）地方政府补助费；

（三）特别捐；

（四）资金之孳息。

第八章 募捐

第二十二条 凡遇天灾流疫及养老恤孤济贫之举办时，得请由主管官署之许可募集之。

第二十三条 本会如须募款时，其收据捐册，并须编号送呈主管官署钤印，方为有效。

第九章 监督

第二十四条 本会之主管机关为县政府。

第十章 附则

第二十五条 本章程依照民国十八年国民政府公布之监督慈善团体法及监督慈善团体法施行规则、民法总则各条例拟之。

第二十六条 本章程有未妥善处，得由县党部及县政府核定修改之。

——原载《内政公报》1937 年第 10 卷第 5 期。

四川省温江县培儒慈善会章程

（1937年）

第一章　总则

第一条　本章程依照监督慈善团体法暨慈善团体组织法，并民法总则各条款订定之。

第二条　本会系民国六年，由儒学人士倡行慈善，创设于温北郭家筏子，曾经军政官署核准立案，因乡间不靖，迁移县城，以培善堂名称，呈经扬县长核准立案赐示在案。民国二十二年遵照本省善团联合会之规定，凡慈善团体一律称为慈善会以归划一，复以培儒名称呈经傅前县长转呈省府核准指令在案，民国二十五年十月因遵第一条各法改订。

第三条　本会名称为培儒慈善会，盖取先儒培植人材、济困扶危之意。

第四条　本会目的系办理义学、济贫救灾、养孤恤寡等救济事业。

第二章　会员

第五条　会员须遵第一条各法之条款而志愿助资出力办理慈事业者，经会员二人介绍执行委员会认可，始能入会取得会员资格。如入会后，发生第一条各法各条款之限制及违反本章程之规定者，由执行委员会议决取销其会员资格，但会员资格之取得与取销均应公开之。

第六条　会员限于男性，如未成年而入会者，须由监护人负责介绍，至会员在会外不得以私人假借本会名义，在会内不得为私人营利之事。

第三章　组织

第七条　本会设委员七人为执行委员会，由总会就会员中推选，并就七人中互推主席委员一人，常务委员三人，主持执行一切会务。如委员因溺职或故障不克任职时，仍由总会改选之。委员七人，兼任董事，对会外为本会代表人，但以不悖第一条各法各款暨本章程之规定并总会之议决案为要，其职权如下：

1. 办理善务事宜。

2. 编制预算决算（在必要时）。

3. 审查收支账目。

4. 召集会员总会。

5. 员役奖惩考核。

第八条　执行委员会之下分为总务、财务、善务三组，每组设主任一人，由常务委员担任，或由执行委员会就会员中推定之，每组之下分为各股，每股设干事一人办事员酌设，由执行委员会与组主任商酌推定，其职掌如下：

1. 总务组：

　　第一股　办理文书、交际、统计事宜。

　　第二股　办理庶务、收发及不属财、善两组事宜。

2. 财务组：

　　第一股　办理收支并核算各组股账目事宜。

　　第二股　办理保管财产及公物事宜。

3. 善务组：办理公益慈善实施事宜分为下之十股，以会员能力及随时随事量力为之，以不悖第四条之目的为原则。

　　第一股　贫民义学。

　　第二股　养老恤寡。

　　第三股　送诊医药。

　　第四股　抚恤孤儿。

　　第五股　施给棉衣。

　　第六股　赈济残废。

　　第七股　年冬施米。

　　第八股　惠济贫产。

　　第九股　施给棺地。

　　第十股　临时救济。

第四章　任期及会期

第九条　执行委员任期为三年，但得连选连任。会期分三种：常会、特会、总会。常会每月一日午刻举行，各组股职员应将前月善务及收支数目向执行委员会公开报告，并商议善务进行事宜。特会于必要时，由主席委员通知总务组主任召集之。

第十条　总会每年夏季六月下旬及冬季十二月下旬，由主席委员召集之，届时执行委员会应将经过、善务及收支账目详细说明，俾全体会员明了一切，并依监督慈善团体法施行规则第九条之规定，呈报主管官署察核，其事项如下：

1. 职员之任免。

2. 职员之成绩之考核。

3. 财产之总额及收支状况。

4. 会员之加入及告退。

5. 办理之经过情形。

第十一条　凡届会期时本会如有兴革事宜，各会员得发表意见，由到场过半数会员通过即行表决，共同遵守之。如本年度应行推选职员时，应于冬季总会举行之。

第五章　经费

第十二条　本会除会员夫役外概属义务，如临时救灾远道工作，由执行委员商议给予津贴者，不在此限。其不愿受津贴者可移作善务捐助。

第十三条　本会经费来源如下：

1. 基金收益；2. 会员自认年捐及月捐；3. 个人临时乐捐。

第十四条　本会惟送诊施药一项，始能发册募捐，但须依法办理，其他善务用款概以第十三条之收入为限。

第十五条　本章程如有未尽事宜，得由执行委员会提出，经总会通过，呈请主管官署修改之。

第十六条　本章程经呈请主管官署核准立案后实行。

——原载《内政公报》1937年第10卷第1期。

四川省崇庆县积善公所章程

（1936 年）

第一章

第一条　本所遵照内政部颁发监督慈善团体法暨慈善团体组织法组织之。

第二条　本所自民国十二年开办以来，已十三载，原名积善公所，兹仍定名为崇庆县积善公所。

第三条　本所以济贫救灾，推行社会救助事业为宗旨。

第四条　本所地点设四川崇庆县城内三元街古韦驮堂。

第二章

第五条　凡其有下列资格之一，经本所会员二人以上之介绍者，得为本所会员：

一、尊崇道德志存利济者。

二、曾办公益慈善事业著有成绩者。

三、捐助善款或捐助物品者。

第六条　凡有下列各项情事之一者，不得为本所会员：

一、有贪污劣迹者。

二、有反革命行为者。

三、曾犯刑事处分之宣告者。

四、吸鸦片烟者。

第七条　本所会员，均应遵守本章程及履行一切议决案。

第八条　本所会员不得以私人名义或假借本所名在外募捐，并不得在所内为私人营利之事。

第三章

第九条　本所遵奉部颁慈善团体组织法，采用委员制，由会员中推选执行委员五人组织委员会，并由执行委员中推选主席一人，主持执行所内一切事务。

第十条　本所于执行委员会之下，分设总务、财务、善务三股，股设主任一人，股下分组，组设干事一人，办事员若干人，主任由执行委员兼任干事，办事员由会员推任之。

第十一条　各股依事务繁简，得酌用雇员及杂役，但须经执行委员会通过始为有效。

第十二条　本所执行委员及各股主任、各组办事及干事员，均纯尽义务，惟雇员及杂役，经执委员决定，得酌给薪资。

第四章　职权

第十三条　本所执行委员之职权如下：

一、办理善务进行事宜。

二、编制预算决算。

三、审查收支账目。

四、召集会员大会。

五、员役考核奖惩。

第十四条　本所各股之执掌如下：

一、总务股掌理文书、交际、统计、庶务及一切不属财善两股事宜。

二、财务股掌理收支及保管财产事项。

三、善务股掌理慈善事业之实施及医药无利借贷，养老、施棺、义地、年米、寒衣各事宜。

第五章　任期与会期

第十五条　本所执行委员及各股主任、各组干事、办事员，任期为二年，但得连选连任。

第十六条　本所会期分常会、临时会、大会三种：

一、常会三月举行一次；

二、临时会遇必要时由执行委员会召集之；

三、大会每届年终举行一次。

第六章　经费

第十七条　本所经费来源分下列各项：一、会员年捐；二、个人临时乐捐。

第十八条　本所收支各款除月结外，以每年终为总结算期，经执行委员会审查公布后，呈报主管官厅备案。

第七章　附则

第十九条　本所办事细则、议事细则另定之。

第二十条　本章程如有未尽事宜，得由执行委员会提出修改，经全体大会通过，呈请主管官厅备案。

第二十一条　本章程自经主管官厅核准立案后即为有效。

——原载《内政公报》1937 年第 10 卷第 1 期。

昆明市慈善会会章

（1927 年）

第一条 本会依据昆明市慈善团体协进委员会第三十次会议议决，以实行昆明市慈善团体办事章程，并促进昆明市慈善团体办事成绩为宗旨，由昆明市同善堂、体仁堂、乐善堂、崇善堂、尽心社、同仁社、恤贫会、施药会合并组织，但有合于本会宗旨之慈善团体自愿加入，得随时加入之。

第二条 本会定名为昆明市慈善会，设于昆明市二区十九段土主庙街第六号。

第三条 本会经常、临时经费，由加入本会之慈善团体一切收入，分别支配。

第四条 本会会员无定额，但以加入本会之慈善团体发起人、捐款人、承办人及昆明市各法团职员、昆明市六区区长董为限。

第五条 本会会员由本会发给会员证，有选举或被选举本会董事、理事职，他并有担任本会筹款、募捐义务。

第六条 本会分董事部、理事部。董事部设董事八人，理事部设理事十人，但有合于本会宗旨之慈善团体加入时，每加入一团体，添设董事一人，理事一人至二人。

第七条 本会董事、理事，由本会呈请昆明市政公所，就本会会员召集选举，先选董事，次选理事，均以得票最多数者为当选，得票次多数者为候补，当选其有合于本会宗旨之慈善团体，如添设董事、理事亦同此办理，但召集会员以加入团体之发起人、捐款人、承办人为限。

第八条 本会董事、理事任期均为二年，任满改选，续被选者得连任一次，其有合于本会宗旨之慈善团体加入，添设董事、理事亦同此规定。但未满二年，即值本会原有董事、理（事）改选时，亦应一律改选。

第九条　本会董事、理事因故出缺时，以候补当选人之前列者递补之，但补缺之董事、理事，其任期以补足前任未满之任期为限。

第十条　本会董事、理事均为名誉职，但视事务之繁简酌给夫马费，每人每月至多不得过十五元，其支给数目另表规定。

第十一条　本会董事八人为同善堂一人、体仁堂一人、乐善堂一人、崇善堂一人、尽心社一人、同仁社一人、恤贫会一人、施药会一人，议决下列事项，但以不抵触法律命令为限：

一、关于本会会章及主管各团体办事细则之修正事项。

二、关于本会及主管各团体预算、决算之收入支出事项。

三、关于本会及主管各团体职员、司役之进退奖惩事项。

四、关于主管各团体产业、押租之增加，减让事项。

五、关于主管各团体经费、款项之筹措募集事项。

六、关于主管各团体产业之购置、修建事项。

七、关于主管各团体事务之因革损益事项。

八、关于本会会员对于本市慈善事业之建议事项。

九、关于本市市民对于本市慈善事业之请愿事项。

十、关于本市官厅对于本市慈善事业之交办事项。

十一、关于本市各慈善团体之请求加入事项。

十二、关于其他属于本市慈善事业之临时发生事项。

第十二条　本会理事十人，为同善堂二人、体仁堂二人、乐善堂一人、崇善堂一人、尽心社一人、同仁社一人、恤贫会一人、施药会一人，执行下列事项，但以不抵触法律命令为限：

一、关于各该主管团体所有资产之保管事项。

二、关于各该主管团体之预算、决算收支报告事项。

三、关于各该主管团体之职员、司役、进退、奖惩事项。

四、关于各该主管团体之产业、押租增加减让事项。

五、关于各该主管团体之经费款项筹措、募集事项。

六、关于各该主管团体之产业购置、修建事项。

七、关于各该主管团体之事务因革损益事项。

八、关于本会会员对于本市慈善事业之建议调查事项。

九、关于本市市民对于本市慈善事业之请愿调查事项。

十、关于本市官厅对于本市慈善事业之交办调查事项。

十一、关于本市各慈善团体之请求加入调查事项。

十二、关于本市其他属于慈善事业之临时发生、调查办理事项。

第十三条　本会董事部、理事部各设主任一人，副主任一人，由董理事互选充任，对内整理会务，对外为本会代表。

第十四条　本会董事部设文牍一人，司事一人，录事一人，杂役一人，由主任、副主任分别延聘、雇募并指挥之。

第十五条　本会理事部设会计一人，录事二人，杂役一人，由理事部主任、副事任，分别延聘、雇募并指挥之。

第十六条　本会主管各团体设司事、录事、医生、教员、保姆、乳媪、看护、稳婆、杂役各若干人，视事务之繁简，由各该主管理事分别延聘、雇募并指挥之。

第十七条　本会文牍、会计、庶务、教员、医生、看护、司事、录事、保姆、稳婆、乳媪、杂役均为有给职，但视事务之繁简，酌给薪工，每人每月至多不得过五十元，至少不得过十元。

第十八条　本会会务统由会议决定，其会议分董事会、理事会、联席会。特别董事会每七日举行一次，理事会每五日举行一次，联席会每月举行一次，特别会随时举行。

第十九条　本会董事会由理事部主任、副主任召集；理事会由理事部主任、副主任召集；联席会由董事部理事部主任、副主任召集；特别会由本会召集。

第二十条　本会董事会出席人员限于董事，理事会出席人员限于理事，联席会出席人员限于董事、理事，特别会出席人员限于董事、理事及本会员。但昆明市政公所遇有必要，派员出席不在此限。

第二十一条　本会董事会理事会联席为会议，非有董事、理事三分二以上出席不得开会；特别会非有董事、理事四分三以上，会员二分一以上不得开会。

第二十二条　本会议案之提出，须经董事或理事二人以上之联署，始能付议，但本市官厅交办之件不在此限。

第二十三条　本会议案之表决，以出席人员半数为准，可否同数取决于主席，但昆明市政公所遇有必要，派员出席，不得参与表决。

第二十四条　本会议决案之执行，须经昆明市政公所之核定，始能生效，但例行应有之件不在此限。

第二十五条　本会董事会会议由董事部主任主席，主任有事故时，由副主任代理；理事会会议由理事部主任主席，有事务时由副主任代理；联席会、特别会会议，由董事部主任主席，董事部主任有事故时，由理事部主任代理。

第二十六条　本会开会情形及议决事件，均须详细记录呈报昆明市政公所查核并分别公告。

第二十七条　本会及各慈善团体每月收支经费款项及办事成绩，均应于每月汇造预算、计算书表，呈报昆明市政公所查核并分别公告。

第二十八条　本会董事部及理事部及主管各团体办事细则另为规定。

第二十九条　本会章自昆明市慈善团体协进协员会议决，呈请昆明市政公所核定之日实行。

第三十条　本会章如有未尽事宜，得随时修正，但须由本会董事会议决，呈请昆明市政公所核定之。

——原载《昆明市声旬刊》1927 年第 1 卷第 6、7 期。

广州市善团总会章程

（1926 年）

第一章　总则

第一条　本会为广州市各善堂院社 (以下简称善堂) 之总机关，名曰广州市善团总会。

第二条　本会以整顿及监督本市善堂之慈善事业及收支状况并保管其财产契据为宗旨。

第二章　职权

第三条　关于下列事项，非由本会议决，不得执行。

（一）慈善行为之及于市外者。

（二）九大善堂之支出在五百元以上者。

（三）其他善堂之支出在二百元以上者。

（四）善堂动产、不动产之处分事项。

（五）善堂董事之任职、退职事项。

第四条　善堂之契据、股票、银据、揭单及其他一切有价证券，由本会妥慎保管，其章程另定之。

第五条　善堂之现款及动产、不动产之收益，只限用于慈善事业，丝毫不得挪移。

第六条　善堂应将收支数目及办事状况，按月列表造报一次，交由本会汇呈民政厅、教育局备查，表式另定。

第七条　本会议决事项，分函各有关系之善堂照案执行。

第八条　善堂认本会议决案为有窒碍时，得自接收议决案之日起十日内，详具理由，由该堂董事会函该本会复议，复议之结果仍与初次议决案相同时，善堂应即执行，违者由本会呈请教育局，将该堂董事会解散改选。

第三章　组织

第九条　本会以会员十二人组织之，其分子如下：

（一）本市市民十人（二）香港华侨一人（三）澳门华侨一人。

第十条　本会会员，由本会自行推选，呈请广州市政府委任，但第一届会员权由广州市政府委任。

第十一条　本会由会员公推主席、副主席各一人。

第十二条　会员如未请假连续三次不到会者，应即除名另补，但港澳会员，每年到会不满三次者，始行除名。

第十三条　会员为义务职。

第十四条　会员以三年为任期，每年改选三分之一，以抽签之法定之，除一年会员外，不得连任，但得复任。

第十五条　本会设司理一人，承会员之命，办理本会一切事务。本会得设干事、书记各一人，承司理之命助理本会事务。司理、干事、书记薪金由本会定之。

第四章　会议

第十六条　本会每两星期开会一次，遇必要时，得以四人以上之提议，开临时会。

第十七条　本会会议须有会员五人以上之列席，方得开议，列席员过半数之同意，方得议决。

第五章　附则

第十八条　本会由市政府发给钤记，受教育局之监督。

第十九条　本会对外文件，以善团总会之名义行之，由主席署名盖章，主席缺席时，由副主席署名盖章。

第二十条　本会办事细则另定之。

第廿一条　本章程如有未尽事宜，得由会员五人以上之提议，提出大会通过，呈请教育局转呈市政府修正之。

　　第廿二条　本章程自市政府公布之日施行。

——原载《广州市市政公报》1926 年第 213 期。

广州城西方便医院修正组织章程

（约 1946 年）

第一章　总则

第一条　本院定名为广州城西方便医院。

第二条　本院以办理留医赠药及其他性质关联慈善事业为宗旨。

第三条　本院设在广州市西山分局辖区内盘福路。

第四条　本院直接受广州市政府社会局指导监督。

第二章　同人之权义

第五条　凡年龄在二十岁以上（不分性别），赞成本院宗旨及遵守院章，由本院同人二人以上之介绍，并经本院理事会认为合格者，均可为本院同人。

第六条　经本院依本章程第五条之规定审查合格加入本院，同时缴纳基金国币五百元者，由院发给同人证书为本院同人。

第七条　本院同人应有之义务如下：（一）遵守本院一切章则决议案；（二）互相维持本院应办之各项慈善事业；（三）介绍热心慈善事业者加入为本院同人。

第八条　本院同人应有之权利如下：（一）有选举权及被选举权；（二）有向大会弹劾理事及职员之权；（三）如遇亲友伤病须留医者，并得随时介绍入院免费留医。

第九条　本院同人如有违犯第七条第一项或在外妨害本院名誉者，理事会得提出同人大会议决，予以警告或停止其权利或取销其同人资格。

第三章　组织

第十条　本院设理事二十一人，就全体同人中选出之，以票数次多者十人为候补理事。

第十一条　理事互选理事长一人，副理事长一人，常务理事五人。

第十二条　本院定于每年十二月举行选举，其手续如下：（一）在选举前一个月登报通告各同人，凡曾纳登记年捐国币一千元者，于选举之七日前凭收条领选举票。（二）选举时呈请主管机关派员莅场监选。（三）用双记名选举法，每票限选二十一人，选举结果以得票较多之四十二人，列送广州市社会局圈定半数为当选理事，另挨次圈定十人为候补理事。

第十三条　理事均为义务职，但有特别劳之职务时，由理事会决定酌支办公费。

第十四条　理事任期定为一年，连选得连任。

第十五条　理事长对外代表本院，对内处理一切院务。

第十六条　副理事长辅助理事长处理一切院务，理事长如有故障时，代行其职务。

第十七条　本院设名誉理事若干人、顾问若干人（顾问不分国籍），由理事会就各界人士中认为对本院事业功绩有特别勋劳者或热心慈善者，分别聘任。

第十八条　名誉理事及顾问遇有提出有利于本院事业时，得出席理事会陈述意见。

第十九条　本院理事会之下设院长一人，由理事会决议直接聘任曾在国内外立案医科专门大学毕业后十年以上，并曾任公立医院医务或各科主任五年以上，品学兼优，热心服务社会者充任之。

第二十条　本院设筹募委员会，策进募捐款事务，由理事会公推理事五人或七人组织之。遇有组派省外国外筹募队，应提出理事会决议推任之。

第二十一条　本院设财产保管委员会，处理保管财产事务及有监察本院一切院务财务之权，由理事会公推理事七人组织之。

第四章　会议

第二十二条　同人大会每年开会一次，遇有重要事故，经理事会之决议得随时召集之。

第二十三条　同人大会开会时，各同人对于本院应兴应革事务，提出大会通过，交由理事会督促办理。

第二十四条　本院同人大会为最高权力机关，闭会后则以理事会为最高权力机关。

第二十五条　理事会会议每月开常会一次，遇有特别事故发生时，由理事长随时召集特别会议。

第二十六条　理事会开会时，理事长为当然主席，理事长因事缺席时，以副理事长或就常务理事中推举一人为主席。

第二十七条　理事会表决本院各案，除另有规定之办法外，由出席过半数之同意通过之，可否同数时，取决于主席。

第二十八条　理事会除另定办法外，非有全体过半数之出席，不得开会。但理事中有因事故不能参加出席时，得预先以书面委托代表参加会议，受委托代表如属本理事会理事，则有表决之权。

第五章　经费及会计

第二十九条　本院经费于每年会计年度开始前十五日编造预算，由理事会通过，提出同人大会议决施行。每年决算于会计年度截止后，报由理事会审核后，提出同人大会公布。

第三十条　本院资产无多，向藉捐款维持，经费当以下列各项为本院资产：（一）捐助之现金及物品；（二）现有及将来可以取得之动产与不动产；（三）本院资产所生之收益及其他一切收入；（四）政府补助之慈善费收入。

第三十一条　本院基本财产之处分，非有全体理事三分之二以上之出席不得开会，又非有出席理事三分之二以上之同意及呈奉政府核准，不得加以处分。

第三十二条　本院之会计年度由每年一月一日起至十二月底止。

第三十三条　每一会计年度截止后，如有盈余金，编入资产项下，但经理事会决议得拨入翌年度预算支付。

第三十四条　本院预决算每年公布一次，并呈报广州市政府社会局备案。

第三十五条　本院收支款项及物品，逐日登账，以凭考核，所有单据均须保存，关于各项证券出纳仓库物资销存，须经理事会随时派员稽核盘查。

第三十六条　本院捐册（即缘部）及捐款收据，均应先期呈缴广州市政府社会局加盖印信，始生效力。

第六章　附则

第三十七条　本院各部办事细则及内部组织机构，由常务理事提出理事会议决行之。

第三十八条　本章程由常务理事拟议，提出理事会议决，呈奉广州市政府社会局核准施行。

第三十九条　本章程如有未尽事宜，得由同人大会或理事会议决呈奉核准修正之。

——原载广州市国家档案馆编：《民国广州方便医院档案选编》，

广东人民出版社 2020 年版，第 146—153 页。

广州城西方便医院理事会
所属及各委员会办事细则

（约 1946 年）

第一章 总则

第一条 本细则依据本院组织章程第三十七条及理事会决议案订定之。

第二条 本院于理事会下另设财产保管委员会、筹募委员会、建设委员会、救济委员会及院长理事会暨各委员会，院长下分设各组室处股及护士学校，其隶属程序依照本院组织系统图表办理之。

第二章 各项委员会

第三条 财产保管委员会设主任委员一人，副主任委员一人，委员五人（照章均由理事会于当选理事中公推担任），下设稽核、采购两组，每组应设组长、干事、助理，由委员会因事务之繁简随时酌定之。

财产保管委员会之事项分列如下：（一）关于本院所有财产之契证租约保管事项；（二）关于本院资产收益及各界捐助物资之稽核、存贮事项；（三）关于不动产经理事会议定租佃原则之订价立约及保管事项；（四）关于收受各界捐赠动产、不动产之评价处理事项；（五）关于本院经临各项开支之审查及稽核事项；（六）关于本院应用各项医药用品及粮食公用物品之采购事项；（七）关于每年度决算书表及每月份收支数目之复审登记公布事项；（八）关于财产保管及稽核采购范围之其他事项。办理事项如属有关其他委会及各组室者，应与联络或会同办理之。

第四条 筹募委员会设主任委员一人，副主任委员一人，委员若干人，秉承理事会决议事项，策进募捐一切事宜，下设募捐、征集两组，每组应设组长、干事、助理，由委员会因事务之繁简随时商承理事会同意酌定之。

筹募委员会应办之事项分列如下：（一）关于计划推广国内外各捐款之来源事项；（二）关于计划征求物资之补助事项；（三）关于征求各方捐送不动产以增厚本院基金事项；（四）关于各种救济箱之增设、分配及管理核收事项；（五）关于沿门劝捐之筹集进行事项；（六）关于各项临时救济品之征集事项；（七）关于募捐缘部及各种捐助收据之编号、加印、送发、保管事项；（八）关于各种捐款及物资之核收、登记、造报暨标签、广告、鸣谢事项；（九）关于筹募范围之其他事项。办理事项如属有关其他委员会各组室者，应与联络或会同办理之。

第五条 建设委员会设主任委员一人，副主任委员一人，委员若干人，秉承理事会决议事项，策进本院各项兴革及新建设等一切事宜，下设辅导协进、调查设计、工程估计三组，每组应设组长、干事、助理，由委员会因事务之繁简随时商承理事会同意酌定之。

建设委员会应办之事项分列如下：（一）关于本院各项兴革之审核建议事项；（二）关于展拓各区留医病房、公众殓仪厅及护士学校校舍之设计事项；（三）关于各种修缮工程之估计及审查监督事项；（四）关于其他各种建设之审议、辅导、协进事项；（五）关于建设范围之其他事项。办理事项如属有关其他委会及各组室者，应与联络或会同办理之。

第六条 救济委员会设主任委员一人，副主任委员一人，委员若干人，秉承理事会决议事项，协助政府或地方善团、民众办理灾荒施赈及救济贫民等一切有关之福利事宜，需用职工临时商承理事会同意在院内抽调或雇用之。

第三章 院长及所属处室学校

第七条 本院设院长一人，秉承理事会决议事项及理事长、副理事长之意旨，综理医药及所属各部分一切事务，下设总务、医务两处及会计室、护士学校，以分别办理各该部分事宜。

第八条 总务处设主任一人，秉承院长意旨，办理该处一切事务，下设收支、庶务两股，每股设股长一人，干事、助理各若干人，因事务之繁简由院长商承理事会同意酌定之。总务处应办之事项分列如下：（一）关于收支款项之核计记账表报事项；（二）关于留院备用之现金保管事项；（三）关于财委会指定存入银行之现金送存提取事项；（四）关于筹委会募得各项捐款之汇集收支事项；（五）关于各委会及各处室奉准办理之业务专款收支、划拨、记账、表报事项。办理第五项各事宜，应先取得主办委会或各组处室负责人员签名盖章之书面通知，以备查考。（六）关于财委会指定或委托之各项物品探价及采购事项；（七）关于粮食杂物各仓库及男女等院衣物房之管理事项；（八）关于运输救护等车辆之指挥管理事项；（九）关于厨房、膳堂及殡仪厅、殓房、义山、坟场等之管理事项。（十）关于各工役、匠役之指挥管理事项；（十一）关于不属其他各处室之一切事项。

第九条　医务处设主任一人，秉承院长意旨，统率所属办理该处一切事务，下设各科主任医师及医师、护长、护士、助护、救护队长、队员暨医务、存记、留医、留产、特诊、门诊、挂号、病理检验、各病院药房管理等，干事、助理各若干人，因事务之繁简，由院长商承理事会同意酌定之。

医务处应办之事项分列如下：（一）关于各医师、护长、救护队长等之延聘及分科事项；（二）关于留医及赠诊之分科治疗、处方配剂给药事项；（三）关于各医师、护长等之值勤分配及规定暑期给假事项；（四）关于各医生护生之实习指挥调派事项；（五）关于收容、留医、留产及每日特诊、门诊等人数病历暨治愈出院、出生、死亡、义葬之挂号、存记、统计、表报事项；（六）关于各种病理之检验报告事项；（七）关于各区病室之调度管理事项；（八）关于各项药品及医疗器具之管理、存销、登记、表报事项；（九）关于治愈后之无依老弱遣送安置事项；（十）关于院外各种灾伤急病之救护事项；（十一）关于推广医疗上各项建设之筹划建议及补助实施事项；（十二）关于医务会议之编列程序及记录报告事项；（十三）关于医务范围之其他事项。

第十条　会计室设主任一人，秉承理事长、副理事长意旨，兼受院长指挥，办理会计、统计各项事宜，下设统计员、簿记员及干事、助理各若干人，因事务之繁简，由院长商承理事会酌定之。会计室应办之事项分列如下：（一）关于经核准之款项收入支出之同意副署事项；（二）关于本院各种账簿之登记保管事项；（三）关于收支单证之编存、审核及缮制传票保管事项；（四）关于各种统计图表之绘制事项；（五）关于年度预算决算各书表之编造事项；（六）关于每月份收支概况结算及经济之报告事项；（七）关于各种药物存销之审核、统计事项；（八）关于会计范围之其他事业。

第十一条　护士学校以校董会为最高权力机关，校董会之人选由理事会决议聘请之。学校设校长一人，教务主任、训育主任及舍监各一人，教员若干人，由院长商承校董会聘任。护士学校章程由校董会议定，提请理事会通过施行。

第四章　理事会所属文牍室人事室

第十二条　文牍室设主任一人，干事、助理各若干人，秉承理事长、副理事长意旨，办理该室一切事务。文牍室应办之事项分列如下：（一）关于编列会议程序及会议记录事项；（二）关于文件之撰拟翻译事项；（三）关于文件之收发缮校事项；（四）关于案卷之分类归档保管事项。

第十三条　人事室设主任一人，干事、助理各若干人，秉承理事长、副理事长意旨，办理该室一切事务。人事室应办之事项分列如下：（一）关于本院各职员工役任免调动之通告登记事项；（二）关于理事会决议延聘名誉理事、顾问及驻外代表、各项技术专门顾问之送聘登记事项；（三）关于各项薪给津贴之厘订调整事项；（四）关于各职工之任务、考勤、惩奖及请假日期登记、报告、通传事项；（五）关于各职工履历及保证书之调查核定保管事项；（六）关于各种证章证书之制发及登记事项；（七）关于各职工消费合作社之筹办监督事项；（八）关于各职工公余娱乐及一切福利事业之指导推进事项。

第十四条　本细则未经订定事项，由理事会决议行之。

第十五条　各组室处股及其他部分订有单行办事细则与本细则无抵触者，仍适用之。

第十六条　本细则由理事会决议通过施行，修改时亦同。

——原载广州市国家档案馆编：《民国广州方便医院档案选编》，广东人民出版社 2020 年版，第 163—174 页。

广州城西方便医院募捐办法

（1946 年）

（一）本院此次募捐系遵照广州市政府令饬提前办理。为节省劳力时间费用，并为应付迫切需要起见，经本院理事会第二十六次会议议决与征求同人同时举行，所有关于筹募事宜仍由征求同人委员会暨各征求队长员兼任办理，以一事权。

（二）本院发刊捐册先呈广州市社会局验印，每页加盖骑缝后由院分送各征求队长员分投劝募。至本届应征同人中，如有于基金年捐外加认特捐者，尤表欢迎。但无论经募数目多寡，均请于三十五年六月底以前交回本院结束。

（三）捐册除底面外每册五页，如签题已满，请随时用信函或电话通知，当将捐册续送。现在本院经费奇绌，待支孔亟，深望能将一部分捐款先行分次交院，尤为感盼。

（四）经募各队长员如拟将已募得之捐款先行交院，仍留捐册继续劝募时，请随时将捐册连同捐款交至本院截算，先发各该捐款之正式收据或通知本院派员携同正式收据到收，系听尊便。

（五）经募各队长员收到各捐款人捐款时，请即将其姓名及乐捐数目题入捐册内，汇交本院或通知本院派员到收。如有先题名认捐，其捐款未交须待收取者，亦请通知本院派员携同正式收据按址前往收领。

（六）本院派出职员领收捐款均佩有本院所发之职员证，载明该员姓名、年籍、粘附相片、加盖水印以为证明，接洽交收时请先查验清楚或临时用电话向本院查询，符合方予交付，以期缜密。

（七）本院收领捐款时填发之正式收据系三联式，除第三联留院存查外，其余首联擎给捐款人，次联截缴市社会局查验。每两联间骑缝处均盖有市社会局暨本院印，并在骑缝处再照填写捐款数目，以证明各联所填写之捐款数目相同。交付捐款者统希认明，庶不致误。

（八）个人或团体捐款满国币一百万元以上者，镌名存院纪念。经募满五百除照前款□石外，另由本院敬赠纪念品一件。

——原载广州市国家档案馆编：《民国广州方便医院档案选编》，

广东人民出版社 2020 年版，第 73—75 页。

广东仁爱善堂章程

（1935 年）

第一条　本善堂定名为广东仁爱善堂。

第二条　本善堂设于广州市三元宫内。

第三条　本善堂以下列宣化、布施二项帮助政府发展救济事业为宗旨。

（一）宣化：提倡孝悌、忠信、礼义、廉耻、仁爱、和平；

（二）布施：力行救济、养老、育婴、施医、赠药、施棺、赠葬、收埋骷髅等项。

第四条　本善堂社员不论性别，凡品行端正，赞成本善堂宗旨，有社员二人之介绍，经本善堂董事会审查认可者，均得加入为社员。

第五条　本善堂之组织如下：

（甲）董事长一人，副董事长二人，董事五十人至八十人，组织董事会；

（乙）主任一人，副主任一人至二人，主任之下设总务、宣化、布施、财政四部，每部各设部长一人，部之下各设干事若干人，视事务之繁简而定之。主任以下之职员由董事长委任之。

第六条　本善堂职员之权责如下：

（甲）董事长及董事负本善堂款项之筹集，计划之设施，社员入社之审查，用人之决定，财政之监察，大会之召集及其他一切督察事宜；

（乙）主任秉承董事长之命，执行董事会之决议及董事长交办之事项，督率各部职员办理日常事务；副主任秉承董事长之命，襄助主任办理一切事宜，遇主任外出时代行主任权责。

（丙）总务部秉承董事长之命，受正副主任之指导，办理文书、交际、庶务、稽核及其他不属于各部事宜；

（丁）宣化部秉承董事长之命，受正副主任指导，办理一切宣化事宜；

（戊）布施部秉承董事长之命，受正副主任指导，办理一切布施事宜；

（己）财政部秉承董事长之命，受正副主任指导，办理财政之收支、会计及保管等事宜；

（庚）董事会及各部办事细则另定之。

第七条　本善堂董事之选举办法如下：

（甲）董事由社员大会选举之；

（乙）董事长及副董事长由董事互选举之。

第八条　董事、董事长、副董事长任期定为三年，得连选连任。

第九条　本善堂之会议规定如下：

（甲）社员大会每年举行一次，于每年之春季由董事会召集之。遇有特别事故得由董事会议决随时召集之。开会时以董事长为主席；

（乙）董事会每月开会一次，于每月之第一星期日举行之。遇有特别事故应行开会时由董事长随时召集之；

（丙）堂务会议每星期开会一次，全体职员均须参加。遇有特别事故时得由主任召开临时会议。

第十条　本善堂之经费如下：

（甲）基金　社员入社应缴纳基金十元。

（乙）常年费　社员每年应缴常年费十元，分为两期缴纳；

（丙）特别捐　本善堂如因经费不敷时由董事会负责筹集之。

第十一条　本善堂社员有遵守会章决议案、缴纳会费等义务，如逾一年不缴会费者，即作为出社；如有破坏章程、损害善堂名誉者，得由董事提交社员大会议决除名。

第十二条　本章程如有未尽事宜，由大会增删之，仍呈请当地高级党部等核准及市政府依级转呈中央主管官署核准备案。

——原载《仁爱旬刊》1935 年创刊号。

广东仁爱善堂办事细则

（1935 年）

第一章　总则

第一条　本细则依据《广东仁爱善堂章程》订定之。

第二条　本善堂办公时间定每日上午八时至十二时止，下午一时至五时止。但遇特别事务不能中止，须延长时间办理之。每日办公时间之起止悉以摇铃为号，但布施部之办公时间由主任应因事实上之需要随时定之。

第三条　职员医生须依时到堂办公，非经请假不得无故不到，请假规例则另定之。

第四条　如遇特别事故，应由某项职员医生办理者，一经通知须即刻到堂，不得推诿。

第五条　无论早夜，职员医生必须按照轮值章程轮值，规则另定之。

第六条　星期例假照常办公。

第二章　正副主任办事细则

第七条　正、副主任受董事长委任，秉承董事长命令，执行董事会之决议及董事长交办事项，督率各部职员办理本堂一切事务。

第八条　各项来文主任须亲自检阅，酌定办法，签交各主管职员办理。

第九条　发出文件由主任核阅签行。

第十条　主任处理堂中事务，如遇重大事故，得陈请董事长召开董事会议。

第十一条　本堂职工如有违犯堂规、怠荒职务、屡戒不悛者，部长以下由主任任免之，各部部长由主任陈请董事开除之。

第十二条　财政之收支、职工之勤惰、医生之成绩，主任须常时加以稽核及监督。

第三章　总务部办事细则

第十三条　总务部长秉承董事长命令及正、副主任之指导，办理一切文书、交际、庶务、稽核及其他不属于各部事宜。其职权如下：

一、稽核支出用费；

二、查察全堂工役勤惰；

三、督率文书及录事办理收发拟稿、缮写校对、归档保管及会议记录各事项；

四、计划一切购置及建筑。

第十四条　总务部设文牍、交际、庶务干事各一人，录事二人。

第十五条　文牍干事秉承主任之命令及总务部长之指导，办理下列事项：

一、收发一切文件；

二、撰拟各项文稿；

三、来往公文之摘由、编号、归档、保管；

四、编定议事日程，记录集会议决案。

第十六条　各项文稿拟定后，须送各该管部长检阅，再呈主任签行缮正后，送主任盖章发出。

第十七条　交际干事秉承主任之命令及总务部长之指导，办理下列事项：

一、向各机关善团联络事项；

二、办理各种调查事项；

三、其他一切对外交际事项。

第十八条　庶务干事秉承主任命令及总务部长之指导，办理一切购置、布置及其他杂项事宜。

第十九条　庶务干事购置物品时，须开具购物品名单交总务部长核准，然后向财政部领款，再将货单交部长审核，转交会计登记入数保存。若购物款项在百元以上者，须呈交主任核准。

第二十条　总务部设录事若干人，办理缮写及印刷各种文件事宜。

第二十一条　本堂工役如不守堂规、怠荒职守者，得由部长陈请主任开除之。

第四章　财政部办事细则

第二十二条　财政部长秉承董事长命令及正副主任之指导，办理一切筹款、收支及会计各事宜。其职责如下：

一、拟设筹款计划及筹集款项；

二、款项收支及会计；

三、编印月结、年结及征信录等；

四、保管本堂一切契据、购物单据及其他有价证券等。

第二十三条　凡支出款项在百元以下者，必须总务部长签名；百元以上者，须主任签名始得支付。

第二十四条　存款在千元以上时，须陈请董事长指定殷实银号存贮，不得自由处置，并不得多存堂内，以昭慎重。

第二十五条　如违背前条规定致发生意外时，部长须负赔偿之责。

第二十六条　会计干事秉承主任命令及财政部长之指导，办理本堂一切会计事项。其职责如下：

一、逐日将收支数目清结；

二、每星期将收支各款汇计一次，列表送主任转呈董事长核阅。

第五章　宣化部办事细则

第二十七条　宣化部长秉承主任命令及正、副主任之指导，办理一切宣化事宜。其职责如下：

一、编纂八德小册；

二、汇编历代名人佳言懿行；

三、协同总务部调查及联络各善团；

四、撰述文章注释及发挥八德精蕴；

五、撰著应时救世文字；

六、宣化部设干事一人，助部长办理编纂、撰述、印刷；

七、编制、统计图表及统计册及办理宣传通讯事宜。

第六章　布施部办事细则

第二十八条　布施部长秉承董事长命令及正、副主任之指导，办理一切布施事宜。其职责如下：

一、设拟一切布施计划（以"救济事业之普及与实惠能达到真正贫民"为原则）；

二、督率员工办理下列事项；

甲、赠医施药；

乙、施棺赠葬；

丙、筹设育婴堂；

丁、筹设养老院；

戊、筹建留医室；

己、规划义冢，建设及管理；

庚、其他临时救济；

辛、办理病人病状及赠医、施药、施棺、赠葬等，统计于月终时印发各主任董事查核；

壬、查考医生成绩；

癸、保管医方、医案等存根。

第二十九条　布施部暂设医师□人，义务医生若干人，干事二人，挂号员一人，如事实必要时得增加干事若干人。

第三十条　干事秉承主任命令及布施部长之指导，办理下列事宜：

一、襄助部长办理各项布施事宜；

二、分配医生轮值时间；

三、调督病人就诊次序；

四、办理病人病症及赠医、施药统计，按日送交布施部长审核。

第三十一条　挂号员秉承主任命令及布施部长之指导，办理下列事宜：

一、病人挂号时应询明病人姓名、性别、年龄、籍贯、住址、病状及新旧症候，依到达先后之次序填入挂号簿。

二、发给候诊症，挂号手续办理完毕后，即将号数、姓名、年龄、性别、病状依式填写候诊症。

三、发给领药证，病人就诊后，如系无力购药者，即凭药方发给领药证。

第三十二条　医生秉承主任命令及部长指导，服务规则另定之。

第三十三条　本细则如有未尽事宜，得由堂务会议随时修改之。

——原载《仁爱旬刊》1935年创刊号。

广东仁爱善堂第一育婴院简章

（1935 年）

第一条 本院以救济孤苦婴孩、保育民族生机为宗旨，直隶广东仁爱善堂。

第二条 本院定名为广东仁爱善堂第一育婴院。

第三条 本院设于广州市西华路万善中约。

第四条 本院设下列各职员：

一、院长一人，秉承总堂意旨综理全院事务。

二、副院长一人，秉承总堂意旨襄助院长办理本院事务。

三、事务股长一人，秉承院长意旨办理文牍、会计、庶务及不属于他股之一切事宜。

四、医务股长一人，秉承院长意旨办理婴孩之接收、看护及一切保育事宜。

各股视事实上之需要，得设医生事务员及看护若干员，襄助股长分掌各事，办事细则另定之。

第五条 本院院长、副院长，由总堂董事长任用之，股长以下各职员由院长荐请董事长任用之。

第六条 本院收容婴孩额暂定二百名，收受婴孩不论其由直系尊亲属或出于遗弃检送均一视同仁，但以出生未满十二个月者为限，收受办法另定之。

第七条 凡享有中华民国国籍，具有正当职业，觅具殷实保铺，欲领受婴孩抚养者，得到院选择，其办法另定之。

第八条 凡留院婴孩，其饮食、衣服、医药、教育、瘗埋等一切费用，概由本院供给。

第九条 留院婴孩至满三岁后，得由本院呈总堂，转送幼稚园或孤儿院教养。

第十条　本院经费由总堂拨支，但得董事长之同意，得受个人或社团之捐助。

第十一条　本简章如有未尽事宜，董事长得随时修订之。

——原载《仁爱月刊》1935 年第 1 卷第 4 期。

广东旅沪同乡救济难民委员会组织大纲

（1937 年）

第一条　广东旅沪同乡会为救济难民起见，特设救济难民委员会。

第二条　本委员会设委员长一人，副委员长三人，为当然常务委员；另常务委员九人至十一人，组织常务委员会，办理日常会务；本会各处不能解决之事项提交常务委员会会议解决之；常务委员会每日下午五时半开会一次。

第三条　本会常务委员会设下列各处办理事务：（一）总务处（二）财务处。

第四条　本会常务委员会设总稽核一人，稽核四人，稽核本会所有出纳各项单据账册事项。

第五条　本会设特务干事若干人，办理正副委员长特派事务。

第六条　本会常务委员会总务处设处长一人，副处长三人，综理本处事务。

第七条　总务处设下列各组分别办理事务：

（一）文书组设主任一人，副主任二人，办事员若干人，撰拟收发、保管本会文件及典守本会印信事项。

（二）庶务组设主任一人，副主任二人，办事员若干人，办理本会庶务事项。

（三）收容组设主任一人，副主任二人，办事员若干人，办理本会难民收容事项。

（四）给养组设主任一人，副主任二人，办事员若干人，办理本会粮食品物之收存、保管、给发及其他一切给养事项。

（五）医务组设主任一人，副主任二人，办事员若干人，办理本会难民医理事项。

第八条　本会常务委员会财务处设处长一人，副处长五人，综理本处事务。

第九条　本会常务委员会财务处设下列各组办理事务：

（一）出纳组设主任一人，副主任二人，办理本会钱银出纳事项。

（二）会计组设主任一人，副主任二人，办理本会账目登记及单据保管事项。

（三）募捐组设主任一人，副主任三人，办理本会募捐事项。

第十条　本会各处长、副处长、总稽核、稽核、特务、干事承正副委员长之命办理主管事务，各组正副主任承各该管正副处长之命办理主管事务，其他职员秉承所属主管者之命办理事务。

第十一条　本会常务委员会于必要时，得召集全体委员会会议。

第十二条　本会组织大纲如认为有修改必要时，得由常务委员会提交委员会修改之。

——原载广东旅沪同乡会、上海广肇公所、粤侨商业联合会编：《广东旅沪同乡救济难民委员会报告书》，1938年5月，第7—8页。

广东旅沪同乡救济难民
委员会文书组处务规程

（1937 年）

一、本组织员应将姓名、任务列单送总务处，核转委员长、副委员长存查，人事变动时亦同。

二、本会来文须分类编号，摘由登录后分别重要、急要、次要、寻常，除重要、急要即送委员长、副委员长批办，发交叙稿外，其次要或寻常文件应即批稿，如与各组有关者，即会商各主管组办理，再送委员长、副委员长核行。

三、撰拟稿件须送交主任或副主任核阅后，再送处长或副处长核转委员长或副委员长判行，但急要得经主任或副主任核阅，即迳送委员长、副委员长判行缮印封发后，补送处长或副处长盖章。

四、凡用印文件非经委员长或副委员长核行后，连同原稿夹送，不得盖用本会任何印信，并须同时摘由登录于用印簿，随将原稿编卷存查。

五、凡本会各种标志、符号或襟章、臂章，非有委员长、副委员长书面批示，不得盖用本会任何印信，并须同时摘由记明用印数量，登录于用印簿，随将原条示汇存备查。

六、凡发出文件须分类编号，摘由登记。

七、凡密件，无论来文或去文，只编号不须摘由，如系来文并不得开拆。

八、凡各处报告事项，委员长、副委员长交议事项及各委员或各处处长拨交讨论事项，须编列议程于常务委员会，开会时分送各委员，如开全体委员会时，须先将议程连同开会通知书分送各委员。

九、常务委员议事录，须于翌日开会时印就分送各委员。

十、本规程如有未尽事宜得随时修正之。

十一、本规程送处长、副处长核转委员长、副委员长核定后施行。

　　　　——原载广东旅沪同乡会、上海广肇公所、粤侨商业联合会编:《广东
　　　　旅沪同乡救济难民委员会报告书》,1938年5月,第8—9页。

广东旅沪同乡救济难民
委员会收容所组织简章

（1937 年）

第一条　本所隶属于广东旅沪同乡救济难民委员会，承总务处收容组之监督指导办理收容同乡难民事宜。

第二条　本所设管理员一人，助理员若干人，均由收容组呈由总务处，转请常务委员会委任之，办理所内一切事宜。

第三条　本所因事务之需要，得酌设下列各股襄助所务：

（一）总务股　办理文书、登记、问讯、庶务等事宜。

（二）纠察股　维持所内秩序及消防事宜。

（三）粮食股　办理难民粮食之分给事宜。

（四）卫生股　办理所内有关于卫生之一切事宜。

前项各股得设股长一人，股员若干人，由管理员拟具名单送收容组，呈由总务处转请常务委员会核准任免之。

第四条　本所经办事项，除日常工作外，须随时专案报送收容组，转呈察核，但日常工作仍须报送收容组查核。

第五条　本所难民应分别有家庭者或单身男女，划区收容，每区在难民中遴选区长一人，区员若干人，协助所内职员办理该区给养及一切管理上事宜。

第六条　本所每星期开会一次，如必要时得由管理员召集临时会议。前项会议之议决案，非经送呈收容组核定后不生效力。

第七条　各所管理员经收容组主任通知，得列席收容组组务会议。

第八条　本简章如有未尽事宜，得提出收容组组务会议议决，呈请修正之。

第九条　本简章呈奉广东旅沪同乡救济难民委员会核准施行。

　　——原载广东旅沪同乡会、上海广肇公所、粤侨商业联合会编：《广东
　　　旅沪同乡救济难民委员会报告书》，1938年5月，第9—10页。

广东旅沪同乡救济难民委员会收容所管理难民规则

第一条　难民入所须经收容组审核后，发给入所许可书方能收容。

第二条　各所难民入所时先办登记手续，再就其全家或单身男女分区安置，然后拍照送交收容组，根据照片发给难民收容证。

第三条　各所难民应由职员每日按区点名一次。

第四条　各所每日出入时间规定由上午七时起至下午八时止。

第五条　难民因事外出须先挂号方准出所，回所时须呈验难民收容证，查对无讹后方准入内，如出外三日仍不回所，则注销其登记号数，不得再予收容，惟因特殊情形，非三日内可能回所者，陈明该管理员，得其允许，不在此例。

第六条　难民离所时应详叙理由，填就离所申请书并缴销难民收容证，方得离所。

第七条　难民有疾病时，须向管理员领取诊病条，由驻所医生凭此为之施治，病重者得转送医院留医。病愈后，仍准照常回所。

第八条　孕妇足月须送至本会产科部或特约医院留产，分娩后仍得照常回所。

第九条　各所对于难民之卫生、消防及所内一切秩序均须严加注意。

第十条　各所绝对禁止难民赌博、打骂、吸食鸦片及纸烟与一切违法之举动。

第十一条　各所须将每日工作报告表详细填明送交收容组备查。

第十二条　各所难民应服从管理员之指导，所内职员对待难民亦须诚恳和蔼。

第十三条　各所不得擅自收受外界捐助银物，如遇有捐送财务时，应立即交收容组处理之。

第十四条　各所需要物品时，先由管理员列单署名，向收容组请领，由该组主任审核送请总务处长批核，始得交由庶务组购办发给。

第十五条　本规则奉常务委员会核准施行。

——原载广东旅沪同乡会、上海广肇公所、粤侨商业联合会编：《广东旅沪同乡救济难民委员会报告书》，1938 年 5 月，第 10—11 页。

茂名县地方救济院章程

（1935 年）

第一章　总纲

第一条　本院定名为茂名县地方救济院。

第二条　本院以教养无自救力之老幼残废人及保护贫民健康暨救济贫民生计为宗旨。

第二章　组织

第三条　本院原照部章，应分设下列六所：（一）养老所；（二）孤儿所；（三）残废所；（四）育婴所；（五）施医所；（六）贷款所。惟因地方款项支绌，未能全设，现暂设养老、残废、孤儿等三所。其余育婴、施医两所事宜，本县已有设置，仍由茂名公医院照旧办理。俟款项充裕时，再行筹设贷款所，以期完善。

第四条　本院直接受茂名县政府监督指挥，并由县政府就本县公正人士中选任院长、副院长各一人，分别综理及襄理院务事宜。

第五条　本院养老、孤儿、残废等三所各设主任一人，办事员一人，管理各该所事务，由院长、副院长选任并呈报县政府备案。

第六条　本院养老、孤儿、残废等三所，得体察情形，分别聘选教员及雇用乳媪、公丁若干人。惟须先呈报县政府核准备案，方得选用。

第七条　本院养老、孤儿、残废等三所，应为下列之设备：（一）教室；（二）工作室；（三）游戏场；（四）男寝室、女寝室；（五）饭堂；（六）男浴室、女浴室；（七）男厕所、女厕所；（八）其他应备房间。

前列各室及场所应酌量情形，次第筹办，均须保持清洁、适合卫生为主旨。

第三章　养老所

第八条　凡无力自救之男女，年在六十岁以上无人抚养者，经由本所主任查明属实，报告院长、副院长核准，方得收养。惟现因地方款项支绌，其名额暂以五十名口为限，如遇有缺额，则以候补者依次递补之。其候补人以报名先后，经核准者为合格，至所救养之。衰老男女应由院教以有益身心之课程，并按其体质，令服下列各种操作，但过于衰老或疾病难支者得免除之。

（甲）室内操作

一、糊裱纸类物品。

二、纺织及编造等物。

三、简单书画等类。

（乙）室外操作

一、饲养家畜。

二、栽种植物。

（丙）本县适宜之简单工艺

（丁）其他体力堪胜之操作

第九条　本所职员应注意留所者之心理，得给以娱乐或讲演，以便调济其生活。

第十条　饮食起居须守规定时间，衣服被褥须随时晒濯。

第十一条　凡罹疾病者，应随时送入施医所诊治，其患传染病者须离隔之。

第十二条　凡死亡者，须由该所主任报经院长、副院长，会同公安局第一分局或司法官厅派员勘验后，备棺殓葬。其有亲属者，应通知其亲属，限于二日内具领，逾限不领则由救济院埋葬，仍须由院先行呈报县政府查核。

死亡者遗留私有物品交其亲属，无亲属者由院收作公产。

死亡者由院埋葬时，应将其姓名、年籍注明石标，立于冢前。

第四章　孤儿所

第十三条　凡在六岁以上、十五岁以下贫苦无依之幼年男女，经由本所主任查明属实，报告院长、副院长核准，方得收养。惟因地方款项支绌，其名额暂以二十名口为限，如遇有缺额则以候补者依次递补之。其候补人以报名先后，经核准者为合格。

第十四条　依第十三条规定，入所之幼年男女除被人遗弃，由司法官署或公安局所送养者外，均应由其亲邻妥实保证，方得入所。

第十五条　孤儿所孤儿应按照年龄，送就近相当学校免费肄业。

第十六条　孤儿所收养之幼年男女，于成年出所时应由院介绍以相当职业。

第十七条　孤儿所收养之幼年男女，如有愿领作养子养女者，须具领状并觅取殷实铺保二家，经院调查属实，方准照领。领后倘有虐待或转卖情事，除将领去原人收回外，并由院将领主、保人一并呈解县政府，转送司法官厅依法讯办。

第十八条　本章程第十条至十二条之规定，孤儿所得适用之。

第五章　残废所

第十九条　凡残疾人无人扶养者，不问男女老幼，经由本所主任查明属实，报告院长、副院长核准，方得收养。惟因地方款项支绌，其名额暂以三十名口为限，如遇有缺额则以候补者依次递补之。其候补人以报名先后，经核准者为合格。

第二十条　本院对于残废人入所后，应分别其肢体残废及盲哑三种，就其各个能力，于下列课程中分别选授之：（一）千字课；（二）手工；（三）简单算术；（四）平民常识；（五）音乐；（六）词曲；（七）说书；（八）各种工艺。

第二十一条　残废人受教养后确能自谋生活者，应由院介绍职业，令其出所。

第二十二条　本章程第十条至十二条之规定，残废所得适用之。

第六章　经费

第二十三条　本院经费由地方款项下拨支，如不敷用，得设法筹募，至募捐奖励办法另定之。

第二十四条　本院基金由茂名地方财政管理局保管，暂不另设基金管理委员会。一俟基金数钜时，再行设置。

第二十五条　本院各所衰老、孤贫、残废人口粮分给数目由院拟定，呈报县政府查核。

第二十六条　本院收支款项及办事实况均由院长、副院长按月公布，并分别造具计算书及办事报告表，呈报县政府查核其报告，表式另定之。

第七章　地址

第二十七条　本院设于县城北门外（即旧养济院普济堂）。

第八章　附则

第二十八条　本院及各所办事细则另定之。

第二十九条　本章程如有未尽事宜，得随时呈报修改之。

第三十条　本章程自呈奉核准日施行。

——原载《茂名县政季刊》1935 年第 7 期。

旅平河南赈灾会简章

（1928 年）

第一章　总则

第一条　本会定名为旅平河南赈灾会。

第二条　本会以募集赈捐，赈济河南灾民为宗旨。

第三条　凡旅平河南人均得为本会会员。

第四条　本会会址暂设北平达智桥嵩云草堂。

第二章　组织及职权

第五条　本会由大会推选委员二十一人，组织委员会，办理本会事务。前项办理事务以过半数议决行之，但各股日行事件得依例办理之。

第六条　委员会设主席一人及下列各股：（一）交际股八人；（二）文牍股四人；（三）会计股二人；（四）庶务股四人；（五）稽核股二人。

第七条　各股设主任一人。

第八条　主席及各股主任由委员会互推之，各股职员由委员自任之。

第九条　主席主持委员会会务，开会时为主席。

第十条　交际股担任本会一切交际事宜。

第十一条　文牍股办理本会一切文件事宜。

第十二条　会计股掌管本会收支各款事宜。

第十三条　庶务股办理本会一切杂项事宜。

第十四条　稽核股稽查本会收支一切各款事宜。

第十五条　本会各股得酌量事务之繁简，聘请本会会员为各股职员，开委员会时得列席讨论，但不参加表决。

第三章　会期

第十六条　本会大会由会员十人以上之提议，经委员会议决召集之。

第十七条　本会委员会每星期日下午二时开会一次，如有紧要事件得随时召集之。

第十八条　开会通告以委员会名义行之。

第四章　募赈及放赈

第十九条　本会会员受委员会委托，得向各善团接洽赈款，或向各方面劝募，但私人名义不得收款。

第二十条　本会向都市或各省区募捐，经委员会认为必要时，得推举代表前往接洽。

第二十一条　本会募收捐款，需发给正式收据。

第二十二条　本会募收公款或捐款，除由会计股登记登报鸣谢外，款存殷实银行，积有成数即行散放。

第二十三条　本会募收赈款每至月终由会计股结算一次，收某处某人捐款若干，详开印刷分配各委员存核。

第二十四条　本会分配赈款以调查各县灾情轻重，灾民多寡为标准。

第二十五条　本会赈款分配以委员会议决行之。

第二十六条　本会散放赈款时，收款若干，放款若干，分放某处款若干，须由会计股编制报告书，印散本会会员并揭示本会门首。

第五章　附则

第二十七条　凡热心赞助本会事务或特别捐助本会赈款者，得推为本会名誉委员或顾问。

第二十八条　本会经费由本会另筹，不得动用赈款。

第二十九条　本会对外文件以本会名义行之。

第三十条　本会委员会办事细则由委员会另定之。

第三十一条　本简章未尽事宜得随时提议修改之。

——原载《旅平河南赈灾会移送灾民垦荒就食办理
赈巢征信录》，1929 年 12 月，第 2—5 页。

河南华洋义赈救灾会章程

（1926 年）

一、定名

本会隶属于中国华洋义赈救灾总会，定名为河南华洋义赈救灾会，会所设于河南开封。

二、目的

本会目的系协同官厅举办下列各事宜：

（一）常设机关豫省遇有灾荒时办理赈务不拘何处，凡能以工代赈者概办工赈。

（二）筹画豫省防灾之方法及增进人民生活之境况。

三、会员

（一）各界之人均得为会员，计分七类：

甲、童子会员及学生会员，每年纳费五角以上。

乙、普通会员每年纳费一元以上。

丙、正会员每年纳费五元以上。

丁、特别会员每年纳费十元以上。

戊、赞成会员每年纳费二十五元以上。

己、终身会员一次纳费五百元以上或劝募一万元以上。

庚、名誉会员一次纳费五千元以上或劝募十万元以上。

（二）办理赈务异常出力者，由本会董事部推举为名誉会员。

（三）所有会员分别给予证书或徽章。

四、职员及组织

（一）本省军民两长为本会名誉会长。

（二）本会得设董事部，董事须由会员充任，有全权实行本会之目的，处置本会之捐款并制定或修改本会之章程。

（三）本会董事部以十二人以上组织之，华洋各半，首次董事由灾区救济会委办会开单函请军民两长聘任之，董事如有缺额应补及，应行退职时，均由董事三分之二以上决定之。

（四）本会设会长、副会长、秘书、司库，均华洋各一人，由董事部举出之。

（五）本会得设执行委员会，以会长、副会长、司库并由董事部举出之二员组织之，得在本会所赋予之职务权限内执行本会一切事宜。董事或执行委员开会时，执行干事得列席但无表决权。

（六）董事部年会于每年九月举行，由会长召集，其普通常会亦如之。所有本会职员，即由董事部于年会选定之。

（七）董事部得聘任义务或有薪给之办事员办理本会事宜，并得组织长设委办会或临时委办会，均赋予相当职权，俾便进行。

（八）得为各县筹设支会，均隶属于开封本会。

（九）董事部遇必要时得召集各支会代表开全省会议，所有应派代表名数及商议事件由董事部决定之。

五、款项

（一）本会所收捐款专供促进本会目的之用，由董事部酌定之。

（二）会员费

甲、遇无灾荒时，各县支会所收会员费准留五分之一存于该会，其五分之四汇至本会，即由本会将半数汇至北京总会，所余半数存于本会备用。

乙、遇有灾荒时，由董事部表决，将会员费留在本会，如支会则留在受灾县分，为办赈之用。

（三）所有账目均受正当之审查并随时刊布。

六、法定人数及修改章程

半数之董事出席为法定人数（不在省垣之董事不受此限），本章程如有应行修改之处，可于董事部年会时提出，但必须于会前两星期送交董事部，此项修改必须有三分之二董事出席表决，并经军民两长批准之后施行。

七、本章程于军民两长批准之日施行。

——原载中国华洋义赈救灾总会丛刊（甲种十七号）：
《民国十四年度赈务报告书》1926年，第63—64页。

西安孤儿教养院章程

（1931 年）

第一章 总纲

第一条 本院设立于陕西省城内，定名曰西安孤儿教养院。

第二条 本院以收养孤儿，施以适当之职业教育，务使成人后有自立能力为宗旨。

第三条 本院由各慈善家共同组织，设董事十二人，董事长一人，院长一人，副院长一人，院监一人，文牍一人，会计庶务各一人，其他职教员视孤儿之多少酌定之。

第四条 本院收养孤儿以年龄在八岁以上、十四岁以下确系无依者为限，有特别情形者不在此限。

第五条 本院教诲学课，遵照部定两级小学校章程办理工业，先以简单易习者入手，逐渐扩充。

第二章 孤儿入院出院

第六条 孤儿入院须具请愿书（请愿书由本院发给），由院长提交董事会审查议决，请愿书须有妥实之保证人署名盖章。

第七条 本非孤儿捏报入院者，经本院查明交由董事会议决，责令保证人领出，其住院费用由保证人负赔偿之责。

第八条 孤儿年满十八岁以上，能自营生活者，经董事会议决，准其出院，但认为应在本院尽义务者，须俟满义务年限，方准出院。

第九条 孤儿学业及工艺未成以前，如有欲领出教养（如收为义子者），须由领养人备具请愿书，由本院征求该孤儿之保证人，得其许可后，再由请领人取妥实保证二人以上之署名盖章，由院长调查明确，提交董事会议决，方准领养。凡领养孤儿者，须由领养人按照孤儿在本院日数缴付教养费用。

第十条　本院视孤儿学业工艺之成绩优越者，经董事会议决，得保送各学校肄毕，其升学费用，由本院负担。

第十一条　孤儿在本院应尽义务年限定为三年。

第十二条　孤儿如有死亡，由本院备棺埋葬。

第三章　董事

第十三条　本院董事以发起人并年捐经费五十元以上之赞助人及特别捐助钜款者推举之。

第十四条　董事任期三年，每年改选三分之一，但得连举连任。

第十五条　董事之改选时期，以每年开常年大会时，由原任董事依第十三条之规定推举之。

第十六条　董事对于本院有募集经费、监督出纳及监察院务之责。

第十七条　董事无故不到院在一年以上者，即行改选。

第四章　职员

第十八条　院长、副院长及院监均由董事推举之，会计由董事兼任之，其余教员工师均由院长商同董事长聘请之。

第十九条　院长管理全院事务，有监视教职员及进退雇员夫役之责。

第二十条　副院长辅助院长办理院务，院长有故时，副院长代理之。

第廿一条　会计管理本院一切出纳事项，书记办理开会召集之文件及会议之笔录并办理本院一切文件及草拟各项规则并保存文卷，院监管理孤儿一切事务。

第廿二条　院长得视院务之繁简，酌用雇员若干人。

第廿三条　本院除教员、工师、雇员支给薪水外，其余均为义务职。

第廿四条　院长、副院长任期一年，但得连选连任。

第五章　经费

第廿五条　本院经费纯由募捐。

第廿六条　凡捐助本院款物者，俱登报声谢。

第廿七条　本院款项之出纳，每月由会计编制预算决算表，连同各项收据凭单经院长核阅后，提交董事会审查并登报公布。

第六章　会议

第廿八条　本院会议分董事会及常年会。

第廿九条　常年会会议事项以全体人员过半数之出席方能开议，以出席人员过半数之表决方为有效，董事会会议事项须董事过半数之出席，出席董事过半数之表决方为有效。

第三十条　董事、院长于开会时均得提出议案，但院长不得有表决权。

第卅一条　本院常年会每年一次，董事会每月一次，常年会由董事长商同院长定期召集，董事会由董事长定期召集。

第七章　附则

第卅二条　本章程如有修改之处，须董事四分之一以上之提议，三分之二以上之表决修正之。

第卅三条　本章程自议决之日施行。

——原载《西安孤儿教养院之过去与将来》，
北平和济印刷局，1931年，第29—34页。

西安孤儿教养院办事细则

（1931 年）

第一条　本院为办事便利起见，设下列各组：

一、事务组；二、教务组；三、工农组；四、训育组。

第二条　事务组掌管下列各项事务：

一、关于一切文件事项。二、关于银钱之保管、出纳及粮食用料之购办事项。三、关于保管图记事项。四、关于保管院具事项。五、关于登记孤儿进院、出院事项。六、关于孤儿被服事项。七、关于出售本院工厂出品事项。八、其他不属于各组之事项。

第三条　教务组掌管下列各项事务：一、关于教育孤儿事项。二、关于孤儿游艺事项。三、关于图书馆之经理事项。四、关于孤儿体育事项。

第四条　工农组掌管下列各项事务：

一、关于各工厂之管理事项。二、关于农业之管理事项。三、关于林木花草之栽培事项。

第五条　训育组掌管下列各项事务：

一、关于孤儿卫生事项，如食物饮料之检查，院内之清洁，孤儿被服之洗濯及疾病之诊治，药料之煎服等。二、关于孤儿寝室之整洁事项。三、关于孤儿之请假、犯规及训练事项。

第六条　本院设院长一人，综理本院一切事务。

第七条　本院设事务主任，教务主任，工农主任，训育主任各一人，分任各组职务。

第八条　事务组分设文书股、会计股、庶务股、注册股、粮服股、营业股、收发股，各股均设股员一人，助理员若干人，分掌各股事务。

第九条　教务组分设教育股、体育股、图书馆各股馆均设股员一人，助理员若干人，管理各股事务。

第十条　工农组分设工务股，农林股，各股均设股员二人，助理员若干人，分担各股事务。

第十一条　训育组分设卫生股、斋务股、训练股，各股均设股员一人，助理员若干人，分担各股事务。

第十二条　本院聘请教员若干人，教育孤儿。

第十三条　本院聘请技师若干人，授孤儿以普通工业技能。

第十四条　本院雇用常工若干人，经管牲畜，磨面耕田。

第十五条　本院雇用厨夫若干人，专司造膳。

第十六条　本院细则如有未尽善处，可随时修改。

——原载《西安孤儿教养院之过去与将来》，
北平和济印刷局，1931年，第34—37页。

汕头市济良所章程

（1928 年）

第一条　本厅为处理被压迫之妾婢、请求从良之妓女及自愿返俗之女尼起见，特设济良所以收容之，定名为汕头市济良所。

第二条　济良所暂时附设公安局，置主任一员，秉承局长命令，管理所内一切事务，女管理一员，女役二名，受主任之指挥，办理所内一切事务，其情节重大者，由局长呈请市长核办。

第三条　凡受家主、鸨母压迫虐待之妾婢妓女及自愿返俗之女尼，准其随时到所请求解放，一经审查确实，即予收容，如对家主鸨母立有契约者，由所追缴销毁之。

第四条　经本所收容之妇女，由所摄影，并标明姓名、年岁、籍贯、出身，悬挂于门首，征求配偶。志愿择配之男子经主任之许可，得入所与择配之女子谈话。前项择配男子须双方同意，本所始为之证婚，发给证书。

第五条　发给证书时，应缴手续费，手续费分三等，甲等一百元，乙等六十元，丙等二十元，于收容入所，由主任呈请局长核定之。

第六条　到所求偶之男子，须注明姓名、年岁、籍贯、职业、住址，并须有本市正当商店担保，不得重婚及转卖。违反前项规定者，发觉后移送法院按律惩治。

第七条　本所收容之妇女，情愿出所，自营正当职业，有本市正当商店担保，经审查确实者，准许之，惟须酌缴伙食费。前项请求出所之妇女，如敢复出当娼，查出从严处罚。

第八条　留所妇女，均授与必要之智识及简单之手工，其科目由主任呈请局长定之。

第九条　凡经本所收容之妇女，必须留所满六个月，方得择配及自请出所营业。

第十条　凡妇女之收容及发放，应由局长呈报市长查核备案。

第十一条　本章程由市长呈请省政府核定公布施行。

——原载《广东省政府周刊》1928 年第 58 期。

厦门特种公安局修正济良所章程

（1934 年）

第一章　总则

第一条　本局以收容无告妇女，施行教养为宗旨，设立济良所。

第二条　凡有下列情形之一者，均许入所，称为所女：

（一）不愿为娼，确有正当理由者。

（二）妓女或养女被虐，确有证据者。

（三）妓女自愿从良，被鸨首勒掯者。

（四）迷失或被拐之妇女，无从招领者。

（五）妇女因案由法院送交行政处分者。

以上第二项所谓虐待者，如系出于正当之训诫不适用之。

第二章　员警之配置

第三条　本所因办公之必要设置员警如下：

（一）男管理员一员；

（二）女管理员一员；

（三）女教员若干人；

（四）女役二名；

（五）巡警二名。

第三章　职责

第四条　男女管理员受本局之命令及行政科之指挥，监督全所员警处理所内一切事务。

第五条　女教员受管理员之指挥，分掌本章第十三条、十四条所规定各事务。

第六条　女司事承管理员命令掌理本章第十六条所规定各事务。

第七条　女役受管理员之命令，分司所女膳食及所内一切杂务。

第八条　巡警受管理员之命令掌理所内出入门禁并防卫所内一切非常之事务。

第四章　入所

第九条　妓女有本章程第二条第一款至第三款情形时，如有愿入济良所者，应亲赴警察署或分驻所、派出所或对警察员长陈诉事由，经本局讯明核办。

第十条　妓女入所须受医生诊察，如有染梅毒者应即治疗以防传染。

第十一条　妓女自有衣物得随带入所，如被鸨母揹留时可当庭报明开单，由局追取。

第十二条　所女每日三餐卧具及必需物品，均由本所每月汇报本局，按名领费，尽数备给所有管理员、教员及司事，巡警人等均应另膳，不得分沾发给所女之膳费及物品费。

第五章　管理法

第十三条　管理员须默察所女心性如何，施以感化教育。

第十四条　管理员须视所女性质之所近，或授以浅近文字或课以女红，由女教员负责办理。

第十五条　所女如有疾病时，除报局外，并由所直接向地方医院延医到所诊治，不得带出所外就医。如必须延请外医时，或须出外诊治时，应先报请本局核准后，方可照办，其报请方法如遇紧要时，得以口头或电话行之。

第十六条　对于年幼之女婴，由女司事负责扶持，遇有患病时须加意看护，并将病状随时报告医生以便诊察，并须照本局所定之表式按名记载。

第十七条　所女随带之金钱衣服由所负责保管并查察一切。

第十八条　所女如有违背规则屡戒不悛者，得由女管理员施以相当警戒，其情节较重者送局讯办。

第十九条　本所内门非有必要时不得擅开，至所女卧房夜间九时半下钥，但有特别事故不在此限。

第二十条　闲杂人不得随意入所，各办事人等会见眷属亲友时只在内门之外接见，不得进入内门以内。

第廿一条　本局人员入所执行公务必须进入内门时，须持有入所证，否则不得擅入，违者究办。

第六章　所女应守规则

第廿二条　所女入所时须由司法科宣读本局章程，令其了解承认愿意遵从，方准入所，其不愿遵从者，不得收入本所。

第廿三条　所女应服从管理员之教导，养成良家妇女之资格。

第廿四条　所女不得随意戏谑及啼哭谩骂。

第廿五条　所女三餐须按照坐位齐集用膳，不得搀越及故意扰乱膳室秩序。

第廿六条　所女不得互相争口或结党倾轧。

第廿七条　所女须共同维持所内之清洁。

第廿八条　所女夜间九时半就寝，日间上午七时下休，不得故意违抗及搅扰他人睡寝。

第廿九条　所女入所后，须静候择配或遣发他处，不得藉端吵闹。

第七章　参观

第三十条　凡欲向本所参观者，无论机关社会人员或外国人或普通人民，均须先期向本局请给参观券（参观券上面须由行政科科长加盖名章方为有效），进所时先将参观券交巡警查验后，报告管理员导入参观，无券者一概不得入所，管理员及巡警如违章准入者，定行重办。

第卅一条　凡因领娶所女而参观者，持参观券到所时由巡警验券后，引至招待室，由男管理员询明年龄、住址、职业、籍贯，相符导往观览所女相片。领娶者须指明拟领何人，由女管理员转告所指之所女，如经同意时方得引所女至招待室相见。

第八章　给领

第卅二条　凡系被虐待之妓女，入所请求择配者，经过六个月后方得配嫁，其年龄在十三岁以下之雏妓，须俟其达到十六岁以上时方得配嫁，但十三岁以下之雏妓，如领为养女者，得准用第三十三条之规定。

第卅三条　凡系迷路或被拐之女子无从招领时，如有相当之人请领为养女者，得准其承领，但三年之内遇有该女子之亲生父母或祖父来求领回时，亦须归还。该女子于承领后，非经过满三年后不得嫁人，如该女子年龄在十三岁以上者，须抚养至十六岁以上方得嫁人。

第卅四条　凡系由法院送交行政处分之妇女，同前条办理。

第卅五条　凡领娶所女，经参观后双方同意者，再行呈局听候派员会署查明，具复，果系合格，应具四寸半身相片二张、甘保结各一份，并酌量捐助所内添置费，即可照领。

第卅六条　领娶人不得将所女虐待或转卖，或再操贱业，或领为妾以及种种不法行为，如有此情，经发觉后应从严惩办，该保人亦须连带负责。

第卅七条　所女配亲时，由局派员到所监视，填写愿书，嗣后由局随时派员前往查察。

第卅八条　所女自有之金钱、衣服，出所时均得带出。

第卅九条　本局暨所属机关各人员不得请娶所女。

第九章　经费

第四十条　本所经常特别各费，均由局拨给，月终造具四柱清册，由管理员呈报备核。

第十章　附则

第四一条　本所与各机关往来文件，皆由本局核转不得直接。

第四二条　本章程如有未尽事宜，得随时修改之。

第四三条　本章程经核定后实行并呈报上级机关备案。

——原载《厦门特种公安局警政特刊》，1934 年。

项　目　资　助

国家社科基金一般项目：

近代中国慈善组织公信力研究（项目编号：15BZS019）

国家社科基金一般项目：

中国近代灾害信息传递与灾害治理研究（项目编号：21BZS015）

山东师范大学科研创新团队项目：

中国近代慈善组织公信力研究创新团队

中国近代
慈善组织公信力
史 料 选 编

下　卷

王林　祝介梅　主编

人民出版社

第四编　政府鼓励监督
慈善组织法规选编

捐资兴学褒奖条例

（1913年）

第一条　人民以私财创立学校，或捐入学校，准由地方长官开列事实，呈请褒奖。

其以私财创办，或捐助图书馆、美术馆、宣讲所诸有关于教育事业者，准照前项办理。

第二条　褒奖之等差如下：

（一）捐资至一百元者，奖给银质三等褒章；

（二）捐资至三百元者，奖给银质二等褒章；

（三）捐资至五百元者，奖给银质一等褒章；

（四）捐资至一千元者，奖给金质三等褒章；

（五）捐资至三千元者，奖给金质二等褒章；

（六）捐资至五千元者，奖给金质一等褒章；

（七）捐资至一万元者，奖给匾额并金质一等褒章。

第三条　以动产或不动产捐助者，准折合银元计算。

第四条　捐资逾一万元者，其应得褒章，随时由教育总长呈请大总统特定。

第五条　应给银质褒章者，由各省县行政长官呈请省行政长官授与；应给金质褒章者，由省行政长官呈请教育总长授与；应给匾额并金质褒章者，由教育总长呈请大总统授与（前项匾额，由捐资者自制之）。

第六条　褒章之模型及其佩用仪式，另以图说定之。

第七条　授与褒章，均应填明执照，附同褒章一并授与，其执照式另定之。

第八条　本条例自公布日施行。

附则

第九条　捐资在本条例公布前三年内者，亦适用之。

——原载《教育周报（杭州）》1913年第16期。

修正捐资兴学褒奖条例

（1914 年 10 月 31 日）

第一条 人民以私财创立学校，或捐入学校，准由地方长官开列事实表册，详请褒奖。

华侨在国外以私财创立学校，或捐入学校培育本国子弟，准由各驻在领事开列事实表册，详请褒奖。

其以私财创办或捐助图书馆、博物馆、美术馆、宣讲所诸有关于教育事业者，准照前项办理。

第二条 褒奖之等差如下：

一、捐资至一百元者，奖给银色三等褒章；

二、捐资至三百元者，奖给银色二等褒章；

三、捐资至五百元者，奖给银色一等褒章；

四、捐资至一千元者，奖给金色三等褒章；

五、捐资至三千元者，奖给金色二等褒章；

六、捐资至五千元者，奖给金色一等褒章；

七、捐资至一万元者，奖给匾额并金色一等褒章。

第三条 私人结合之团体，捐资逾一千元者，分别奖给一、二、三等褒状。至一万元以上者，得奖给匾额。

第四条 遗嘱捐资或捐资者未得褒奖而身故时，其款逾千元者，分别奖给一、二、三等褒状。至一万元以上者，得奖给匾额。

第五条 捐资至二万元以上者，其应得褒奖，由教育总长呈请大总统特定。

第六条 以动产或不动产捐助者，准折合银元计算。

第七条 应给银色褒章者，由各道县行政长官详请省行政长官授与；应给金色褒章或匾额者，由省行政长官咨陈教育总长授与；华侨应得之褒奖由各驻在领事报部核定授与。

第八条　授与褒章，应填明执照，附同褒章一并授与，其执照式另定之。

第九条　授与匾额，由捐资者按照匾额执照所列式样自制，其执照式另定之。

第十条　授与褒状，应填明状内所列各项授与，其状式另定之。

第十一条　褒章之模型及其佩用仪式，另以图说定之。

第十二条　捐资请奖自民国元年起适用之。

第十三条　本条例自公布日施行。

——原载《江苏教育行政月报》1914 年第 16 期。

教育部修正捐资兴学褒奖条例

（1918 年 7 月 3 日）

第一条　原条文。

第二条　原条文，但第七项删。

第三条　私人结合之团体捐资在一百元以上者，得比照第二条之规定，分别给予一等至六等褒状。

第四条　遗嘱捐资或捐资者未得褒奖而身故时，其款逾百元以上者，分别奖给一等至六等褒状。

第五条　按照第二、第三、第四各条，捐资在二千元以上者，除应得各本条所定褒奖外，并汇案呈明，给予敬教劝学匾额，凡给予金色三等以上褒章、三等以上褒状者，均汇案呈明备案。

第六条　捐资至一万元以上者，除分别奖给褒章、褒状、匾额外，由教育总长呈明，加给褒辞。捐资至二万元以上者，其应得褒奖，由教育总长呈请大总统特定。

第七条　原第六条。

第八条　应给银色奖章及四等以下褒状者，由县行政长官、教育厅长，呈请省区行政长官授与，应给金色褒章及三等以上褒状者，由省区行政长官咨请教育总长授与。

第九条　原第八条。

第十条　原条文。

第十一条　原条文。

第十二条　原条文。

第十三条　原条文。

附说　照原文，但匾额执照式取消。

——原载《教育杂志》1918 年第 10 卷第 8 期。

修改捐资兴学褒奖条例

（1925 年）

第一条　人民以私财创立学校，或捐入学校，准由地方长官开列事实表册，详请褒奖。华侨在国外以私财创立学校，或捐入学校，培育本国子弟，准由各驻在领事开列事实表册，详请褒奖。其以私财创办或捐助图书馆、博物院、美术馆、宣讲所诸有关于教育事业者，准照前项办理。

第二条　褒奖之等差如下：

（一）捐资至百元者，奖给银色三等褒章；

（二）捐资至三百元者，奖给银色二等褒章；

（三）捐资至五百元者，奖给银色一等褒章；

（四）捐资至千元者，奖给金色三等褒章；

（五）捐资至三千元者，奖给金色二等褒章；

（六）捐资至五千元者，奖给金色一等褒章。

第三条　凡经募捐资至五倍前条各数者，得比照前条，分别给予褒章。

第四条　凡已受有奖章者，如续行捐资，得并计先后数目，按等或超等，晋给褒章。

第五条　私人结合之团体，捐资在百元以上者，得比照第二条之规定，分别给予一等至六等褒状。

第六条　遗嘱捐资，或捐资者未得褒奖而身故时，其款逾百元以上者，分别奖给一等至六等褒状。

第七条　按照第二、第五、第六各条，捐资在二千元以上者，除应得各本条所定褒奖外，并汇案呈明，给予"敬教劝学"匾额。依第四条之规定，先后捐资至二千元以上者，其曾经领有"敬教劝学"匾额者，不再给予匾额。

第八条　凡给予金色三等以上褒章，或三等以上褒状者，均由教育总长汇案呈明备案。

第九条　捐资至一万元以上者，除分别奖给褒章、褒状、匾额外，由教育总长呈明，加给褒辞。捐资至二万元以上，十万元未满者，除奖褒章、褒状、褒辞外，并于年终由教育总长汇案呈请明令嘉奖。捐资至十万元以上者，除奖给褒章、褒状、褒辞外，由教育总长专案呈请明令嘉奖。

第十条　以动产或不动产捐助者，准折合银元计算。

第十一条　应给银色褒章及四等以下褒状者，由县行政长官、教育厅长，呈请省区行政长官授予，应给金色褒章及三等以上褒状者，由省区行政长官咨请教育总长授予。华侨应得之褒章，由各驻在领事报部核定授予。

第十二条　凡请核给褒章、褒状及匾额、褒词者，应按照下表，随文预缴公费。（公费表）一等金色嘉祥章五元，二等四元，三等二元；一等银色嘉祥章四元，二等三元，三等二元；匾额六元，褒词六元。前项规定之公费，于晋给褒章时，应将旧章缴还，并得除其应缴公费。

第十三条　凡请褒奖案经核驳者，其预缴之公费还之。

第十四条　授予褒章，应填明执照，附同褒章一并授予，其执照式另定之。

第十五条　授予褒状，应填明状内所列各项授予，其状式另定之。

第十六条　褒状之模型及其佩用仪式，另以图规定之。

第十七条　捐资请奖，自民国元年起适用之。

第十八条　本条自公布日施行。

——原载《中华基督教教育季刊》1925 年第 1 卷第 4 期。

捐资兴学褒奖条例

（1929 年 1 月 29 日）

第一条　凡以私有财产创立或捐助学校、图书馆、博物馆、美术馆及其他教育机关者，得依本条例请给褒奖。

第二条　凡捐资者，无论用个人名义或用私人团体名义，一律按照其捐资多寡，依下列规定分别授与各等奖状。

一、捐资五百元以上者，授与五等奖状；

二、捐资一千元以上者，授与四等奖状；

三、捐资二千元以上者，授与三等奖状；

四、捐资五千元以上者，授与二等奖状；

五、捐资一万元以上者，授与一等奖状。

第三条　应授与四等以下奖状者，由大学区大学，或省教育厅，或特别市教育局开列事实表册，呈请省政府或特别市市政府核明授与，仍于年终汇报教育部备案。

第四条　应授与三等以上奖状者，由大学区大学，或省教育厅，或特别市教育局开列事实表册，呈请教育部核明授与。

第五条　捐资至三万元以上者，除授与一等奖状外，并于年终由教育部汇案，呈请国民政府明令嘉奖。

捐资至十万元以上者，除授与一等奖状外，由教育部专案呈请国民政府明令嘉奖。

第六条　凡已授有奖状者，如续行捐资，得并计先后数目，按等或超等晋授奖状。

第七条　凡经募捐资至十倍第二条所列各数者，得比照该条分别授与奖状。

第八条　凡以动产或不动产捐助者，准折合银元计算。

第九条　华侨在国外以私财创立或捐助学校及其他教育机关，以培育本国子弟者，其请奖手续由各驻在领事开列事实表册，请教育部核办。

第十条　本条例自公布日施行。

——原载《行政院公报》1929 年第 18 期。

捐资兴学褒奖条例

（1944 年 2 月 10 日）

第一条　凡以私有财产捐助公立或已立案之学校、图书馆、博物馆、美术馆、体育场、民众教育馆或其他教育事业者，依本条例褒奖之。

第二条　依前条规定捐资者，无论用个人名义、合捐名义或用团体名义，一律按照其捐资多寡，依下列规定，分别授与各等奖状。

一、捐资一千元以上者，授与七等奖状；

二、捐资三千元以上者，授与六等奖状；

三、捐资五千元以上者，授与五等奖状；

四、捐资一万元以上者，授与四等奖状；

五、捐资三万元以上者，授与三等奖状；

六、捐资五万元以上者，授与二等奖状；

七、捐资十万元以上者，授与一等奖状。

前项奖状格式，由教育部定之。

第三条　捐资应授与四等以下奖状者，由各省市教育厅局，开列事实表册及捐资证件，呈请省市政府核明授与，仍于年终汇报教育部备案。

应授与三等以上奖状者，由各省市教育厅局，或受捐之国立学校、省私立专科以上学校，或其他国立教育机关，开列事实表册及捐资证件，呈请教育部核明授与。

第四条　捐资在蒙古、西藏应授与四等以下奖状者，由蒙古各盟旗官署，西藏各地方官署分别授与，仍于年终汇案分报教育部及蒙藏委员会备案。

应授与三等以上奖状者，由各该地方官署，开列事实表册及捐资证件，送蒙藏委员会核明，咨请教育部查酌授与，但蒙藏委员会查有应授与三等以上奖状者，亦得自行咨请教育部授与。

第五条　侨民在国外捐资应授与各等奖状者，由当地领事馆或教育专员，开列事实表册及捐资证件，送侨务委员会，在未设领事馆或教育专员地方，得由学校校长或校董会董事长或其他侨民教育机关主管人员，呈侨务委员会核明，咨请教育部查酌授与，但侨务委员会查有应授与各等奖状者，亦得自行咨请教育部授与。

第六条　捐资在二十万元以上者，除授与一等奖状外，并另予奖励如下：

一、捐资二十万元以上者，年终由教育部汇案呈请行政院转呈国民政府明令嘉奖；

二、捐资一百万元以上者，由教育部专案呈请行政院转呈国民政府明令嘉奖。

侨民在国外捐资兴学者，其请奖事务，由教育部会同侨务委员会办理之。

第七条　捐资在蒙古、西藏或其他语言文化具有特殊性质之地方，至三万元以上者，除依第二条规定授与奖状外，并另予奖励如下：

一、捐资三万元以上者，由教育部、蒙藏委员会分别题颁匾额；

二、捐资五万元以上者，由教育部、蒙藏委员会分别题颁匾额，并由行政院明令嘉奖；

三、捐资十万元以上者，由行政院明令嘉奖，题颁匾额；

四、捐资二十万元以上者，由行政院转呈国民政府明令嘉奖，题颁匾额。

第八条　一人于两处以上捐资兴学者，得依本条例声请分别或合计受奖。

第九条　凡受有奖状续行捐资者，得请合计先后数目，晋授奖状。

第十条　经募捐款十倍于第二条各款所列数额者，得分别比照授与奖状。

第十一条　凡以动产或不动产捐助者，按捐助时之价值折合国币计算。

第十二条　本条例自公布日施行。

——原载《行政院公报》1944 年第 7 卷第 3 期。

捐资兴学褒奖条例

（1947 年 6 月 26 日公布）

第一条　凡私人或团体捐助公立或已立案之私立学校、图书馆、博物馆、美术馆、体育场、民众教育馆或其他有关教育文化事业者，依本条例给予褒奖，外国人捐资兴学者，得依本条例给予褒奖。

第二条　褒奖方法如下：

一、奖状分为四等，由省政府或直辖市政府给予之；

二、奖章分金质、银质两种，由教育部给予之；

三、匾额由国民政府给予之。

第三条　捐资给奖标准如下：

一、捐资至三十万元以上不满五十万元者，给予四等奖状；

二、捐资至五十万元以上不满一百万元者，给予三等奖状；

三、捐资至一百万元以上不满二百万元者，给予二等奖状；

四、捐资至二百万元以上不满五百万元者，给予一等奖状；

五、捐资至五百万元以上不满一千万元者，给予银质奖章；

六、捐资至一千万元以上不满五千万元者，给予金质奖章；

七、捐资五千万元以上者，给予匾额。

第四条　凡依本条例第三条所定应给奖状者，由主管官署开具事实，检附捐资证件、受奖人履历，呈请省政府或直辖市政府核明给予，年终由省市政府分别汇报教育部、内政部备案。

第五条　凡依本条例第三条之规定应给奖章者，由主管官署开具事实，检附捐资证件及受奖人履历，呈经上级机关，送由教育部会同内政部核呈行政院核准后，由教育部给予之。

第六条　凡依本条例第三条之规定应给予匾额者，由主管官署开明事实，检附捐资证件及受奖人履历，呈经上级机关，送由教育部会同内政部核，呈行政院转呈国民政府给予之。

第七条　侨居国外之中华民国人民，依本条例第三条所定应给褒奖者，由当地使领馆开具事实，检附捐资证件及受奖人履历，报请侨务委员会会同教育部内政部核办；在未设使领馆地方，得由校长或学校董事长或其他侨民教育主管人员，呈请侨务委员会核明后，会同教育部、内政部给予之。

第八条　捐资在蒙古、西藏地方者，由蒙古各盟旗官署、西藏地方官署依本条例之规定分别授奖，年终汇报教育部、内政部、蒙藏委员会备案。

第九条　凡已领有奖状或奖章，继续或于两地以上捐资者，得合计捐资数目晋奖，但以一次为限，一人不得同时给予两种奖状或奖章。

第一〇条　凡经募捐资超过本条例第三条各款所列数额十倍以上者，得比照同条规定给予褒奖，但募捐为其职务上应有之工作者，不适用本条例之规定。

第一一条　凡以不动产或国币以外之动产捐资者，应按当地时价折合国币计算。

第一二条　给予外国人之褒奖，由教育部会同内政部、外交部核办。

第一三条　匾额、奖状、奖章之款式，由内政部定之。

第一四条　本条例自公布日施行。

——原载《上海市政府公报》1948年第8卷第13期。

捐资兴办卫生事业褒奖条例

（1929 年 3 月 2 日）

第一条　凡捐助私财办理公共卫生及医药救济事业，而不以营利为目的者，得由主管卫生行政机关开列事实表册，呈请卫生部给奖。

其直接向卫生部捐资者，应给之褒奖，由卫生部酌核办理。

华侨应给之褒奖，由各驻在领事馆报部核办。

第二条　褒奖之等差如下：

一、捐资至一千元以上者，奖给金质三等褒章；

二、捐资至五千元以上者，奖给金质二等褒章；

三、捐资至一万元以上者，奖给金质一等褒章；

四、捐资至三万元以上者，除奖给金质一等褒章外，并加奖匾额一方；

五、捐资至五万元以上者，由卫生部提由行政院，呈请国民政府特别褒奖之。

第三条　私人结合之团体，捐资至一千元以上者，得比照前条各款之规定分别给予褒奖，但褒章改用一、二、三等褒状。

第四条　遗嘱捐资或捐资者未得褒奖而身故时，其款至一千元以上者，依前条之规定办理。

第五条　以动产或不动产捐助者，应折合银元计算。

第六条　授与褒章应填明执照，附同褒章一并授与，其褒章模型及执照式另订之。

第七条　授与褒状，应于状内填明等第，其状式另订之。

第八条　授与匾额，应并填给执照，由捐资者按照执照所定书式自制，其执照式另订之。

第九条　凡授与第二条一、二两款之褒奖，卫生部应汇案呈由行政院呈明国民政府备案，授与第二条三、四两款之褒奖，应专案呈明。

　　第十条　本条例自公布之日施行。

——原载《行政院公报》1929 年第 29 期。

捐资兴办卫生事业褒奖条例

（1944 年 4 月 1 日公布）

第一条　凡以私有财产捐助办理公共卫生，或不以营利为目的之医疗事业者，依本条例给予褒奖。

第二条　捐资者无论用个人名义、合捐名义，或用团体名义，一律按照下列规定，分别予以褒奖。

一、捐资一千元以上者，给予五等奖状；

二、捐资三千元以上者，给予四等奖状；

三、捐资五千元以上者，给予三等奖状；

四、捐资一万元以上者，给予二等奖状；

五、捐资二万元以上者，给予一等奖状；

六、捐资三万元以上者，给予银质奖章；

七、捐资五万元以上者，给予金质奖章；

八、捐资十万元以上者，给予匾额。

奖章给予个人，并附发证书，奖状、匾额给予个人或团体。

第三条　凡依第二条给予奖状者，由主管卫生官署开具事实及受奖人履历，呈请省或院辖市政府核明授与，仍于年终汇报卫生署备案。

第四条　凡依第二条给予奖章者，由主管卫生官署开具事实及受奖人履历，呈经省或院辖市政府，送由卫生署核呈行政院批准后，由卫生署给予之。

第五条　凡依第二条给予匾额者，由主管卫生官署开具事实及受奖人履历，呈经省或院辖市政府，送由卫生署核呈行政院转请国民政府给予之。

第六条　侨居外国之人民，依第二条所定，应给予褒奖者，由当地领事馆开具事实及受奖人履历，报请卫生署核办。

第七条　凡直接向卫生署捐资者，由卫生署依本条例之规定办理之。

第八条 凡已受有奖状或奖章者，如续行捐资，得并计先后数目晋给褒奖，但一人不得同时给予两种奖状或奖章。

第九条 凡经募捐资，超过第二条各款所列之数额十倍以上者，得比照同条规定，给予褒奖。

第十条 凡以不动产或国币以外之动产捐助者，按当地时价折合国币计算。

第十一条 奖状奖章之给予外国人者，卫生署应咨请外交部备案。

第十二条 奖状、奖章及奖章证书之式样，由卫生署定之。

第十三条 本条例自公布日施行。

——原载《国民政府公报（南京 1927）》1944 年渝字 663 号。

捐资兴办卫生事业褒奖条例

（1947 年 8 月 25 日）

第一条　凡私人或团体捐资兴办公共卫生或不以营利为目的之医疗事业者，依本条例之规定给予褒奖。

外国人捐资兴办卫生事业者，得依本条例之规定给予褒奖。

第二条　褒奖方法如下：

一、奖状分为四等，由省政府或直辖市政府给予之；

二、奖章分金质、银质两种，由卫生部给予之；

三、匾额由国民政府给予之。

第三条　捐资给奖标准如下：

一、捐资三十万元以上不满五十万元者，给予四等奖状；

二、捐资五十万元以上不满一百万元者，给予三等奖状；

三、捐资一百万元以上不满二百万元者，给予二等奖状；

四、捐资二百万元以上不满五百万元者，给予一等奖状；

五、捐资五百万元以上不满一千万元者，给予银质奖章；

六、捐资一千万元以上不满五千万元者，给予金质奖章；

七、捐资五千万元以上者给予匾额。

第四条　凡依本条例第三条所定应给奖状者，由主管官署开具事实，检附捐资证件及受奖人履历，呈请省政府或直辖市政府核明给予，年终由省、市政府分别汇报卫生部、内政部备案。

第五条　凡依本条例第三条所定应给奖章者，由主管官署开具事实，检附捐资证件及受奖人履历，呈经上级机关送由卫生部会同内政部核，呈行政院核准后，由卫生部给予之。

第六条　凡依本条例第三条所定应给匾额者，由主管官署开具事实，检附捐资证件及受奖人履历，呈经上级机关，送由卫生部会同内政部核，呈行政院转呈国民政府给予之。

第七条　侨居国外之中华民国人民，依本条例第三条所定应给褒奖者，由当地使领馆开具事实，检附捐资证件及受奖人履历，报请侨务委员会会同卫生部、内政部核办。

第八条　凡已领有奖状或奖章，继续或于两处以上捐资者，得合计捐资数目晋奖，但以一次为限，一人不得同时给予两种奖状或奖章。

第九条　凡经募捐资超过本条例第三条各款所列数额十倍以上者，得比照同条规定给予褒奖，但募捐为其职务上应有之工作者，不适用本条例之规定。

第一〇条　凡以不动产或国币以外之动产捐资者，应按当地时价折合国币计算。

第一二条　给予外国人之褒奖，由卫生部会同内政部、外交部核办。

第一二条　匾额、奖状、奖章之款式，由内政部定之。

第一三条　本条例自公布日施行。

——原载《上海市政府公报》1947 年第 7 卷第 18 期。

褒扬条例

（1914 年 3 月 11 日）

第一条　有下列行谊之一者，得受本条例之褒扬。

一、孝行卓绝著闻乡里者；

二、妇女节烈，贞操可以风世者；

三、特著义行可称扬者；

四、耆年硕德为乡里矜式者；

五、赈恤乡族、救济贫困，事状昭著者；

六、创兴公益事业，或捐助财产千元以上为公益事业者；

七、著述书籍、制造器用，于学术技艺有发明或改良之功者；

八、提倡勤俭及其他善良风俗，化行乡邑，有事状可称举者；

九、年逾百岁者。

第二条　合于前条所定各款之一者，不论已故现存，其子孙、亲族、邻里均得具呈事状于县知事，请其确考行实，呈请褒扬。

第三条　县知事访查有合于第一条所定各款之一者，征考行实，详录事状，呈报上级地方长官复核无异，据其事状，呈报于内务总长。

第四条　县知事于前条所规定之呈报，有事状不实者，得依文官惩戒令惩戒之。

第五条　内务总长审定其事状合于第一条所定各款之一者，据其事状，分别等差，经由国务总理呈请大总统，给予匾额题字并金质、银质褒章。

受本条之题字褒章者，其本人及家族愿建坊立碑者，得自为之。

给与金银褒章时，由内务部附给褒章证书。

（褒章图式略——编者注）

第六条　褒章所用之绶，其颜色依下列之规定：

合于第一条第一款、第二款者，绶用黄色；

合于第一条第三款者，绶用红色；

合于第一条第四款、第五款、第六款、第八款，绶用蓝色；

合于第一条第七款者，绶用紫色；

合于第一条第九款者，绶用青色；

有兼二款以上之行谊而绶色不同者，得合二色以上为一绶。

第七条　兼有第一条所定二款以上之行谊者，除由内务总长依第五条呈请外，并得呈请大总统加给褒辞。

第八条　已受有第五条、第七条之褒扬，其后有同一之行谊应受褒扬者，每次给与饰版一枚，附着于褒章之绶佩之。

第九条　第五条所定匾额题字，由内务部拟定格式字样，呈请大总统亲书押印。

前项之匾额题字，其行谊同一者，用同一字样。

第十条　应受褒章之人已故时，不发给褒章。

第十一条　送致褒扬物品于受褒扬之人或其家族者，由该管县知事行之。

第十二条　褒章只许本人佩用，但受刑之处分者，追缴其褒章。

受前项之追缴处分者，其已给匾额题字，应缴纳于该管县知事。

第十二条　本条例自公布日施行。

——原载《浙江公报》1914 年第 754 期。

褒扬条例

（1931 年 7 月 11 日公布）

第一条　合于下列各项之一者，得依本条例之规定褒扬之。

一、德行优异；二、热心公益。

第二条　前条第一款所称之德行优异，凡忠孝、仁爱、信义、和平足以保存固有之道德者属之；第二款所称之热心公益，凡创办教育、慈善及其他公益之事业，或因办理此等事业而捐助款项者属之。

第三条　合于第一条各款之一者，得由其本籍之乡邻亲属，或事迹表著所在地之公正人民，详列事实，呈请县市政府转呈省政府，咨请内政部请予褒扬。

第四条　县市政府查访有合于第一条各款之一者，亦得详征事实，呈由省政府转咨内政部请予褒扬。

第五条　前二条之市政府，如系直隶行政院者，得迳咨内政部。

第六条　受褒扬人之事实，县市政府、省政府、内政部均有确实调查之责，其由乡邻亲属呈请者，并取具当地公正人民二人以上之证明书。

第七条　内政部据咨呈之事实加以审核，拟具褒扬方法，呈请行政院转呈国民政府行之。

第八条　褒扬方法如下：

一、匾额；二、褒章。

第九条　受褒扬人于呈请时亡故，或亡故后呈请者，仅得颁给匾额。

第十条　给予匾额或褒章时，并附给褒扬证书。

前项匾额、褒章及证书，均不得征收费用。

第十一条　褒扬事实，具备本条例第一条所列各款者，得呈请加给褒辞，但同一事实，不得受两次褒扬。

第十二条　呈请褒扬者，除详叙事实外，应依式填列清册五份，一存县市政府，一存省政府，一存内政府，一存行政院，一存国民政府，但直隶行政院之市无须经省政府。

第十三条　受褒扬后，查明事实，系属虚伪者，除撤销原案外，并追缴褒扬品。

第十四条　送致褒扬品，由该管县市政府行之。

第十五条　本条例施行细则及第八条之褒章式样，第十条之褒扬证书式样，第十二条之清册式样，均由内政部定之。

第十六条　本条例自公布日施行。

———原载《行政院公报》1931 年第 271 期。

褒扬条例施行细则

（1932 年）

第一条　本细则依《褒扬条例》第十五条之规定制定之。

第二条　《褒扬条例》第二条所称固有道德，以能正人心、厚风俗、矜式人群者为标准，其违背人道，如割股疗亲、望门守节，及青年寡居等，均不得援用。

第三条　《褒扬条例》第二条所称创办教育慈善，及其他公益事业，以能福利社会，昭垂久远，或救灾恤邻，嘉惠民生者为标准。

第四条　《褒扬条例》第二条所称捐助款项，以私资独自捐助满五千元以上者为限，其捐助在五千元以下者，得由省政府，或直隶于行政院之市政府，颁给匾额，并于年终汇报内政部备案。关于捐助款项之褒奖，另有法令规定者，从其规定。

第五条　凡经募捐款，在前条所定私资捐额五倍以上者，得依前条办理，以不动产捐助者，准照时价折合银元计算。历年继续捐资者，得将数目先后并计。

第六条　《褒扬条例》第三条所称事迹表著，所在地如在省会，得迳呈省政府，在首都得迳呈内政部。但呈省政府者，需有同乡现任委任职公务员二人以上之呈请，现任荐任职公务员二人以上之证明。呈内政部者，需有其同乡现任荐任职公务员二人以上之呈请，现任简任职公务员二人以上之证明。

第七条　凡县市政府依《褒扬条例》第四条之规定，呈请褒扬者，除胪列事实外，应附具证明书，省政府及内政部对于受褒扬人之事实，有疑义时，得转饬县市政府复查。

证明书式列后。

第八条　凡呈请褒扬者，其事实清册，务求翔实，如关于人物，须列举姓名字号，关于时间，须详列年月日，不得以浮泛空洞之词相敷衍。

事实清册式列后。（已附印《褒扬条例》中）

第九条　受褒扬之人亡故时，愿将匾额镌石建碑者听。

第十条　受褒扬人之褒章，限于本人佩带。

第十一条　华侨远离祖国，或因年代久远，与其原籍无甚关系者，得由其侨居所在地领事，呈请外交部转咨内政部办理。

第十二条　依本细则第六条、第十一条呈请褒扬者，其褒扬品由原呈请人具领转给。

第十三条　县市政府领事及原呈请人致送褒扬品时，不得需索费用及赏金。

第十四条　凡呈请褒扬人，意存瞻徇，致发生《褒扬条例》第十三条之事实者，县长、市长、领事及原呈请之同乡公务员，应依法惩戒。

前项惩戒，得依《公务员惩戒法》行之。

第十五条　本细则自公布日施行。

——原载《广东省政府公报》1932 年第 192 期。

义赈奖劝章程

（1914 年 8 月 13 日公布）

第一条　凡捐助义赈款银一千元以上者，依《褒扬条例》第一条规定，报由内务部呈请大总统褒扬之。

第二条　凡捐助义赈款银未满一千元者，由各地方行政长官依下列各款给与奖章：

一、千元未满五百元以上者，给一等奖章；

二、五百元未满三百元以上者，给二等奖章；

三、三百元未满二百元以上者，给三等奖章；

四、二百元未满一百元以上者，给四等奖章；

五、一百元未满五十元以上者，给五等奖章。

第三条　凡经募义赈款银五倍捐款之数者，得准照前条规定分别给与奖章。

第四条　义赈奖章质用银，绶用蓝色，其章式由各地方行政长官自定，镌刻某省某年及某义赈字样，陈报内务部。

第五条　义赈奖章由各地方行政长官制备给与，给与奖章时应附给证书，叙明事由。

第六条　各地方行政长官应将受奖人之姓名、籍贯、及其捐募事由、款额汇报内务部备核。

第七条　义赈奖章无论内国人或外国人，均得受之，但只许受奖人终身佩带。

第八条　本章程自公布日施行。

——原载《内务公报》1914 年第 13 期。

义赈奖励章程

（1920 年 10 月 6 日公布）

第一条　合于下列各款之一者，依本章程之规定奖励之：

一、捐助赈款者；二、经募赈款者；三、办赈出力者。

第二条　凡捐助义赈款银一万元以上，或经募银五万元以上者，应报内务部，呈请特予优加奖励。

第三条　凡捐助义赈款银一千元以上，或经募银五千元以上者，应报内务部，呈请给予勋章，或题给匾额。

第四条　凡捐助义赈款银五百元以上，或经募银三千元以上者，应报内务部，呈请给予一等或二等金色奖章，或题给匾额。

第五条　凡由各团体名义，捐助或经募义赈款银，合于第二、第三、第四各条之规定者，应报由内务部，呈请题给匾额。

第六条　凡办赈人员异常出力者，应报由内务部，审核成绩，分别呈请大总统，给予勋章，或传令嘉奖，或呈准大总统，给予一等或二等金色奖章，或题给匾额。

第七条　凡依前条规定请奖时，各地方行政长官，或特派督办赈务人员，应开列请奖人员之办赈事迹，并须出具切实考语，报由内务部审核转呈以杜冒滥。

第八条　凡捐助义赈款银未满五百元者，由地方行政长官，或特派督办赈务人员给予匾额，或依下列之规定，给予奖章：

一、五百元未满四百元以上者，给予一等银色奖章；

二、四百元未满三百元以上者，给予二等银色奖章；

三、三百元未满二百元以上者，给予三等银色奖章；

四、二百元未满一百元以上者，给予四等银色奖章；

五、一百元未满五十元以上者，给予五等银色奖章。

第九条 凡经募义赈款银五倍前条捐款之数者，准照前条规定，分别给予匾额、奖章。

第十条 凡以各团体名义捐助或经募义赈款银，合于第八、第九条之规定者，由各地方行政长官，或特派督办赈务人员，题给匾额。

第十一条 凡办赈人员寻常出力者，由各地方行政长官或特派督办人员准照第八条之规定次序，分别给予奖章或题给匾额。

第十二条 其由各地方行政长官或特派督办赈务人员径行给奖时，应将受奖人之姓名、籍贯或某团体之名称、捐助或经募款额，并办赈人员之出力事实，汇报内务部备核。

第十三条 一二等金色义赈奖章，绶用红色，一二三四五等银色义赈奖章，绶用蓝色（式如下）（图略）。

第十四条 义振勋章、奖章及匾额，本国人及外国人得一律给予，但勋章奖章以受奖人佩戴为限，其外国人或外国人组织之慈善团体，不愿受勋章奖章或匾额时，得酌量给予纪念赠品。

第十五条 本章程自奉批准日施行。

——原载《赈务通告》1920 年第 1 期。

捐资举办救济事业褒奖条例

（1929 年）

第一条　凡以私有财产创办或捐助救济事业之褒奖，除另有法令规定者外，悉以本条例办理之。

第二条　凡捐资者，无论以个人名义或私人团体名义，一律按照其捐资多寡，依下列之规定分别题给奖匾。

一、捐资一百元以上者，其奖匾由普通市政府或县政府题给；

二、捐资五百元以上者，其奖匾由各省民政厅题给；

三、捐资一千元以上者，其奖匾由省政府或特别市政府题给；

四、捐资五千元以上者，其奖匾由国民政府题给。

第三条　由国民政府题颁之奖匾，须经地方主管最高长官开列事实，报由内政部核转，其由省政府、特别市政府暨民政厅题给之奖匾，应于年终汇报内政部备案。

第四条　已受奖匾者如续行捐资，得并计先后数目褒奖。

第五条　凡经募捐资在第二条所列各数五倍以上者，得比照该条题给奖匾。

第六条　凡以动产或不动产捐助者，准折合银元计算。

第七条　凡经办救济事业在五年以上确有成绩者，经地方主管最高长官之申请，由内政部临时核办之。

第八条　华侨在国外以私财创办或捐助救济事业，以救济本国人民者，经各驻在地公使或领事之申请，由内政部临时核办之。

第九条　本条例自公布日施行。

——原载《交通公报》1929 年第 34 期。

捐资兴办社会福利事业褒奖条例

（1942 年 8 月 29 日公布）

第一条　凡私人或团体捐资创办或补助下列社会福利事业者，依本条例给予褒奖。

一、社会救济事业；

二、工农福利事业；

三、儿童福利事业；

四、其他社会福利事业。

外国人捐助前项各款事业之一者，亦得依本条例给予褒奖。

第二条　褒奖方法如下：

一、奖状分为五等，由省及院辖市政府给予之；

二、奖章分金质、银质两种，由社会部给予之；

三、匾额由国民政府给予之。

第三条　捐资给奖标准如下：

一、捐资一千元以上者，给予五等奖状；

二、捐资三千元以上者，给予四等奖状；

三、捐资五千元以上者，给予三等奖状；

四、捐资一万元以上者，给予二等奖状；

五、捐资二万元以上者，给予一等奖状；

六、捐资三万元以上者，给予银质奖章；

七、捐资五万元以上者，给予金质奖章；

八、捐资十万元以上者，给予匾额。

奖章给予个人，并附发证书，奖状、匾额给予个人或团体。

第四条　凡依第三条所定应给奖状者，由主管官署开具事实及受奖人履历，呈请省政府或院辖市政府核明给予，年终汇报社会部备案。

第五条　凡依第三条所定应给奖章者，由主管官署开具事实及受奖人履历，呈经上级机关送由社会部核，呈行政院批准后，由社会部给予之。

第六条　凡依第三条所定应给匾额者，由主管官署开具事实暨受奖人履历，呈经上级机关，送由社会部核，呈行政院转请国民政府给予之。

第七条　侨居外国之人民，依第三条所定应给褒奖者，由当地领事馆开具事实及受奖人履历，报请社会部核办。

第八条　凡已领有奖状或奖章继续捐资者，得并计先后数目晋奖，但一人不得同时给予两种奖章或奖状。

第九条　凡经募捐资，超过第三条各款所列之数额十倍以上者，得比照同条规定，给予褒奖。

第十条　凡以不动产或国币以外之动产捐助者，按当地时价折合国币计算。

第十一条　奖状、奖章之给予外国人者，社会部应咨请外交部备案。

第十二条　奖状、奖章及奖章证书之式样，由社会部定之。

第十三条　本条例自公布日施行。

——原载《社会部公报》1942 年第 7 期。

捐资兴办社会福利事业褒奖条例

（1947 年）

第一条　凡私人或团体捐资创办或辅助下列社会福利事业者，依本条例之规定给予褒奖。

一、社会救济事业；

二、农工福利事业；

三、儿童福利事业；

四、盲哑福利事业；

五、其他社会福利事业。

外国人捐助前项各款事业之一者，得依本条例给予褒奖。

第二条　褒奖方法如下：

一、奖状分为四等，由省政府或直辖市政府给予之；

二、奖章分金质、银质两种，由社会部给予之；

三、匾额由国民政府给予之。

第三条　捐资给奖标准如下：

一、捐资三十万元以上不满五十万元者，给予四等奖状；

二、捐资五十万元以上不满一百万元者，给予三等奖状；

三、捐资一百万元以上不满二百万元者，给予二等奖状；

四、捐资二百万元以上不满五百万元者，给予一等奖状；

五、捐资五百万元以上不满一千万元者，给予银质奖章；

六、捐资一千万元以上不满五千万元者，给予金质奖章；

七、捐资五千万元以上者，给予匾额。

第四条　凡依本条例第三条所定应给奖状者，由主管官署开具事实，检附捐资证件及受奖人履历，呈请省政府或直辖市政府核明给予，年终由省市政府分别汇报内政部、社会部备案。

第五条　凡依本条例第三条所定应给奖章者，由主管官署开具事实，检附捐资证件及受奖人履历，呈经上级机关送由社会部会同内政部核，呈行政院核准后，由社会部给予之。

第六条　凡依本条例第三条所定应给匾额者，由主管官署开具事实，检附捐资证件及受奖人履历，呈经上级机关，送由社会部会同内政部核，呈行政院转请国民政府给予之。

第七条　侨居国外之中华民国人民，依本条例第三条所定应给褒奖者，由当地使领馆开具事实，检附捐资证件及受奖人履历，报请侨务委员会会同社会部、内政部核办。

第八条　凡已领有奖状或奖章，继续或于两处以上捐资者，得合计捐资数目晋奖，但以一次为限，一人不得同时给予两种奖状或奖章。

第九条　凡经募捐资超过本条例第三条各款所列数额十倍以上，得比照同条规定给予褒奖，但募捐为其职务上应有之工作者，不适用本条例之规定。

第十条　凡以不动产或国币以外之动产捐资者，应按当地时价折合国币计算。

第十一条　给予外国人之褒奖，由社会部会同内政部、外交部核办。

第十二条　匾额、奖状、奖章之款式，由内政部定之。

第十三条　本条例自公布日施行。

　　　　　　　　　　——原载《广西省政府公报》1947 年第 2228 期。

各地方救济院规则

（1928 年 5 月 23 日）

第一章 总纲

第一条 各省区、各特别市、各县市政府，为教养无自救力之老幼残废人，并保护贫民健康，救济贫民生计，于各该省区、省会、特别市政府及县市政府所在地，依本规则规定设立救济院。

各县乡区屯镇人口较繁处所，亦将酌量情形设立之。

第二条 救济院分设下列各所：

一、养老所；二、孤儿所；三、残废所；四、育婴所；五、施医所；六、贷款所。

各县、各普通市及乡区村镇设立救济院时，对于前项列举各所，得分别缓急次第筹办，亦得斟酌各地方经济情形合并办理。

第三条 救济院设立院长一人综理院务，副院长一人襄理院务，各省区由民政厅，各特别市由市政府，各县各普通市及乡区村镇由县市政府，就当地公正人士中选任之。

第四条 救济院各所，各设主任一人，办事员若干人，管理各该所事务，由院长、副长选任，并呈报主管机关备案。

第五条 救济院按照各所情形，分别选任教育、医士、看护妇及雇用乳媪公丁若干人。

第六条 救济院地址，得利用寺庙或公共适宜场所。

第七条 救济院基金，由各地方收入内酌量补助，或设法筹募。

各地方原有之官立公立慈善机关，其性质有与本规定第二条各所名义相当者，得因其地址及基金继续办理，改正名称，使隶属于救济院。

第八条　救济院各所之基金，应组织基金管理委员会分别管理之。

基金管理委员会，由各地方法团公推委员若干人组织之，救济院院长、副院长，为当然委员。

第九条　救济院基金，无论何项情形，不得移作别用。

第十条　救济院基金管理委员会，得呈准主管机关，以其基金购置不动产，一经购置以后，非呈准主管机关不得变卖。

第十一条　救济院经费，以基金利息及临时捐款充之。

第十二条　各地方慈善事业，由私人或私人团体集资办理者一律维持现状，但须受主管机关监督。

第二章　养老所

第十三条　凡无力自救之男女，年在六十岁以上无人抚养者，均得收养于本所。

第十四条　养老所收养之衰老男女，应教以有益身心之课程，并按其体质，令服下列各种操作，但衰老或疾病难支者得免除之。

（甲）室内操作

一、糊纸类物品；二、纺织及编造等物；三、简单书画等类。

（乙）室外操作

一、饲养家畜；二、栽种植物。

（丙）本地适宜之简单工艺

（丁）其他体力堪胜之操作

第十五条　养老所应注意留所者之心理，得给以娱乐或讲演，以调剂其生活。

第十六条　养老所应为下列之设备：

一、教室；二、工作室；三、游戏场；四、男寝室，女寝室；五、饭室；六、男浴室，女浴室；七、男厕所，女厕所；八、其他应备房间。

前列各室及场所，应酌量情形次第筹办，均需保持清洁，适合卫生。

第十七条　饮食起居，须守规则时间，衣服被褥，须随时晒濯。

第十八条　凡罹疾病者，应随时送入施医所诊治，其患传染病者，须离隔之。

第十九条　凡死亡者，须由该所主任报经院长、副院长，会同公安局或司法官厅，派员勘验后备棺殓葬，其有亲属者应通知其亲属，限于二日内具领，逾限不领，仍由救济院埋葬。

死亡者遗留私有物品，交其亲属，无亲属者收作公产。

死亡者由院埋葬时，应将其姓名、年籍注明石标立于冢前。

第三章　孤儿所

第二十条　凡在六岁以上，十五岁以下，贫苦无依之幼年男女，均得收养于本所。

第二十一条　依前条规定入所之幼年男女，除被人遗弃，由司法官署或公安局送养者外，均应由其亲邻妥实保证方得入所。

第二十二条　孤儿所孤儿，应按照年龄，送就近相当学校免费肄业，所内设备事项，准用第十六条之规定，但一、二两项得酌量办理。

第二十三条　孤儿所收养之幼年男女，于成年出所时，应介绍以相当职业。

第二十四条　孤儿所收养之幼年男女，如有愿领作养子养女者，须具领状，并觅取殷实铺保二家，经所调查属实方准照领，领后倘有虐待或转卖情事，除将原领之人收回外，并由院将领主保人，一并移送司法官厅依法讯办。前项领出之男女，救济院得随时访查验视。

第二十五条　第十七条至十九条之规定，孤儿所得适用之。

第四章　残废所

第二十六条　凡残废人无人抚养者，不问男女老幼，均得收养于本所。

第二十七条　残废所设备事项，除准用第十六条之规定外，对于入所者应分肢体残废及盲哑三种，就其各个能力，于下列课程中分别选授：

一、千字课；二、手工；三、简易算术；四、平民常识；五、音乐；六、词曲；七、说书；八、各种工艺。

第二十八条　残废所经费充足者，应增聘教员，开办盲哑学校。

第二十九条　残废人受教养后，确能自谋生活者，应为介绍职业，令其出所。

第三十条　第十七至第十九条之规定，残废所得适用之。

第五章 育婴所

第三十一条 凡贫苦及被遗弃之男女婴孩，均得收养于本所，前项婴孩，须年在六岁以下者。

第三十二条 育婴所雇用饲婴之乳媪，每媪饲婴以一名为限，如有困难情形时，育婴所得呈准院长、副院长，改用适宜之代乳品。

第三十三条 育婴所应设置游艺场、浴室，并置各种有益之玩具。

第三十四条 收养男女婴孩，年满六岁以上时，应送入孤儿所，其无父母及无主之婴孩，并准用第二十四条之规定办法。

第六章 施医所

第三十五条 施医所为疗治贫民疾病，并辅助卫生防疫各行政而设。

第三十六条 施医所医士，须精选长于医术，得有官署许可证者聘任。

第三十七条 施医所应设备下列各室：

一、医士室；二、诊士室；三、手术室；四、药剂室；五、挂号室；六、待诊室。

第三十八条 除救济院收容之人，或赤贫无力者外，得酌收挂号费，其数目由主管机关参酌地方情形自定之。

第三十九条 诊治时间，每日上午八时至十二时，下午一时至五时，但遇有危急症应随时诊治。

第四十条 西药由施医所备办，概不收费，中药除赤贫者外，由病人自购。

第四十一条 施医所医士不许收受病人馈送。

第四十二条 施医所辅助卫生、防疫、行政，应受主管机关之指挥。

第四十三条 每年种痘时期，由施医所负责种痘，并须先期布告。

第七章 贷款所

第四十四条 贷款所为救济贫民，贷与营业资金而设。

第四十五条 凡贫苦无资营业之男女，向贷款所贷款者，须合下列各款之规定：

一、年在十五岁以上，确无不良嗜好者；

二、志愿作小本营业，或曾为营业而确无资力者；

三、具有殷实铺保或妥当保人者。

第四十六条　贫民贷款，须按前条调查确实，方准照贷。

第四十七条　每人贷款额数，以五元至二十元为限，概不取息。

前项贷款，得斟酌情形，规定陆续归还办法。

第四十八条　贷款期满仍不还本者，责成保人代偿。

第四十九条　逾期不能还本，查明实有意外变故时，得由主任呈明院长酌量办理。

第五十条　凡假营业名义借款而不营业者，除追还贷款外，并送交公安局予以相当处分。

第八章　附则

第五十一条　救济院各所收支款项及办事实况，均由院长、副院长按月公布，并分别造具计算书及事实清册，呈报主管机关查核。

第五十二条　救济院各所办事细则，由各该主管机关核定之。

第五十三条　救济院基金管理委员会之组织及办事细则，由各该主管机关酌定，具报内政部备案。

第五十四条　凡捐助救济院款项或不动产者，由主管机关核给奖励，其捐额值国币五千元以上者，具报内政部核奖。

第五十五条　本规则所称各主管机关其区别如下：

一、省区政府所在地，以民政厅为主管机关；

二、特别市以特别市政府为主管机关；

三、各县各普通市及乡区村镇，以县市政府为主管机关。

第五十六条　各县及各普通市之救济院一切组织、设施、册报等事项，经县市政府处理后，仍应呈报该管民政厅考核，其依本规则之规定，应报内政部核办或备案者，亦应呈由该管民政厅核转。

第五十七条　本规则如有未尽事宜，得由内政部修正之。

第五十八条　本规则自公布日施行。

——原载《广东民政公报》1930 年第 69、70 两期合刊。

管理各地方私立慈善机关规则

（1928 年）

第一条　依各地方救济院规则第十二条规定，仍准维持原状或新请立案之私立慈善机关，应遵照本规则办理。

第二条　各地方私立慈善机关应将机关名称、所在地址、所办事业、财产状况、现任职员姓名、履历详细造册，呈报主管机关查核，转报内政部备案。

第三条　各地方私立慈善机关，每届月终，应将一月内收支款目及办事实况逐一公开，并分别造具计算书及事实清册，呈报主管机关查核。

第四条　因临时救济事件组织慈善机关者，除查照第二条规定办理外，并应于事毕日分别查照前条规定办理。

第五条　各地方私立慈善机关或因临时组织之慈善机关，如须捐募款项时，应先呈请主管机关核准其收据捐册，并应编号送由主管机关盖印方为有效。

第六条　主管机关对于各地方私立慈善机关各项册报，认为有检查之必要时，得随时派员检查之。

第七条　本规则自公布日施行。

——原载《国民政府公报》1928 年第 75 期。

监督慈善团体法

（1929 年 6 月 12 日公布）

第一条　本法称慈善团体者谓济贫、救灾、养老、恤孤及其他以救助事业为目的之团体。

第二条　凡慈善团体不得利用其事业为宗教上之宣传，或兼营为私人谋利之事业。

第三条　慈善团体除属于财团性质者外，应有五人以上之发起人。

第四条　前条规定之发起人应有下列各项资格之一：

一、名望素著操守可信者；二、曾办慈善事业著有成效者；三、热心公益、慷慨捐输者；四、对于发起之慈善事业有特殊之学识或经验者。

第五条　有下列各款情事之一者，不得为第三条规定发起人：

一、土豪劣绅有劣迹可指证者；二、贪官污吏有案可稽者；三、有反革命之行动者；四、因财产上之犯罪受刑之宣告者；五、受破产之宣告尚未复权者；六、吸食鸦片者。

第六条　慈善团体之章程有未妥善者，主管官署得于许可设立前命其修正。

第七条　有第五条各项情事之一者，不得为慈善团体之会员。

第八条　慈善团体属于社团性质者，每年至少应开总会二次。

董事于开总会时应报告详细收支账目，并说明办理会务之经过情形。

第九条　慈善团体所收支之款项物品应逐日登入账簿，所有单据应一律保存。

前项账簿单据之保存期间不得短于十年。

第十条　主管官署得随时检查慈善团体办理之情形及其财产状况。

第十一条　慈善团体如有拒绝主管官署之检查或违反第二条之规定者，主管官署得撤销其许可或解散之。

第十二条　办理慈善事业著有成绩者，主管官署得呈请国民政府或省政府褒奖之。

第十三条　办理慈善团体除本法有规定者外，依民法及其他法律之规定。

第十四条　本法施行日期及施行规则由行政院定之。

——原载《立法院公报》1929 年第 7 期。

监督慈善团体法施行规则

（1929 年 7 月 19 日）

第一条　本规则依《监督慈善团体法》第十四条规定制定。

第二条　监督慈善团体法所称慈善团体，凡永久设立或临时办理者均属之。

第三条　慈善团体设立时应先得主管官署之许可，再依民法社团或财团之规定，将应行登记之事项造具清册，呈经主管官署核定，其财产在五千元以下者汇报内政部备案，在五千元以上者专报备案。

主管官署汇报或专报内政部时，在省由省政府，在特别市由特别市政府转报之。

第四条　前条所称主管官署如下：

一、省会为民政厅；

二、特别市为特别市政府社会局；

三、各县市为县市政府。

民政厅得指定省会警务处或县政府为主管官署，特别市政府除社会局外得指定其他各局为主管官署。

第五条　民政厅特别市政府以下之主管官署，于核准或解散慈善团体时，并须呈经民政厅或特别市政府核定之。

第六条　主管官署审查发起人之资格及事迹，得令其提出证明文件或取具保结。

第七条　慈善团体如须募款时，应先得主管官署之许可，其收据捐册并须编号送由主管官署盖印方为有效。

第八条　慈善团体每届月终，应将一月内收支款目及办事实况公开宣布。

第九条　慈善团体对于下列各款，应于每年六月及十二月呈报主管官署查核：

一、职员之任免；二、职员成绩之考核；三、财产之总领及收支之状况；四、会员之加入或告退；五、办理之经过情形。

第十条　主管官署因考核上之必要，得令慈善团体造送预算书及计算书。

第十一条　监督慈善团体法第九条之账簿单据，如慈善团体解散时未满十年者，应由原办人或发起人负责保管。

第十二条　监督慈善团体法第十二条之褒奖，依照救济事业褒奖条例办理。

第十三条　监督慈善团体法施行前，凡依旧日法规组织之慈善团体，应呈由主管官署重行核定转报备案。

第十四条　监督慈善团体法定于民国十八年十月十五日施行。

——原载《杭州市市政公报》1929 年第 9 期。

各地方仓储管理规则

（1930 年 1 月 15 日公布）

第一章　总则

第一条　各地方为备荒恤贫设立之积谷仓，分为县仓、市仓、区仓、乡仓、镇仓、义仓六种，依本规则办理。

第二条　县仓、市仓归县政府或市政府，区仓归区公所，乡仓、镇仓归乡公所或镇公所办理，其由私人捐办之仓称为义仓，依《监督慈善团体法》之规定办理之。

第三条　各仓积谷数目，县市各仓由民政厅定之，区仓由县政府定之，乡镇各仓以一户积谷一石为准，按数递加。

前项谷数，适用《度量衡法》第四条容量之规定。

第四条　县市区乡镇各仓筹备积谷，应以地方公款办理，如无地方公款时，得依下列办法行之：

一、派收；

二、捐募。

派收应于丰年粮贱时以公平方法收集，其贫乏户不得派收，捐募应向殷实民户或热心公益之人劝办之。

派收及捐募完竣后，应造具出谷人姓名及谷数清单榜示之。

第五条　县市区乡镇各仓积谷，不得挪作别用或变价存储，其依法使用之仓谷须于一年内填还。

第六条　县市区乡镇仓谷应由县长、市长、区长、乡长、镇长各自负责管理，并由地方各推公正士绅三人至五人协助之。

前项管理遇县长、市长、区长、乡长、镇长交替时，均应依交代程序办理。

第七条　县市政府应于每年一月三十日以前，汇开县市各仓及县政府以下之区乡镇各仓七年积谷总数，报由民政厅汇开全省各县市积谷总数清册，送由省政府备案，并转内政部备案。

第二章　县市仓

第八条　县仓、市仓应于县政府所在地设立。

第九条　县市各仓应用旧有仓廒，或以官产改建新仓。

前项仓廒之建筑及修葺费，由地方公款开支之。

第十条　县市政府对于下列事项，需呈经民政厅核准备案。

一、仓廒之建筑及修葺事项；

二、仓谷之派收或捐募事项；

三、仓谷之出入及以陈易新事项；

四、仓谷之管理事项。

第十一条　县市仓谷之使用，依下列办法行之：

一、平粜；

二、散放。

第十二条　县市各仓收放仓谷时，须由县政府或市政府约集地方法团代表莅观之。

第三章　镇乡区仓

第十三条　区乡镇各仓，应于区公所、乡公所所在地设立之。

第十四条　区乡镇各仓得以公共寺庙或公共房舍充之，仓廒之建筑及修葺费由区乡镇公款开支之。

第十五条　区乡镇各公所对于下列事项，区公所应呈经县政府，乡公所、镇公所应呈经区公所核准备案。

一、仓廒之建筑及修葺事项；

二、仓谷之派收或捐募事项；

三、仓谷之出入及以陈易新事项；

四、仓款之管理事项。

区公所对于乡镇公所办理前项第二款及第三款事项，须转请县政府核准，其第一款及第四款事项，应汇报县政府备案。

第十六条　区乡镇仓谷之使用，依下列办法行之：

一、贷与；二、平粜；三、散放。

前项贷与总额以所存仓谷三分之一为限，于每年青黄不接时，准各贫户告贷，候新谷登场，按一分加息，将本利一并归仓。

第十七条　区乡镇各仓收放仓谷时，区仓由区公所呈请县政府派员验视，乡镇各仓由乡公所或镇公所呈请区长验视。

第十八条　区乡镇各仓备谷数量，每年终时区仓由区公所报县政府，乡镇各仓由乡公所或镇公所报经区公所，转报县政府备案。

第四章　义仓

第十九条　各地仓除依《监督慈善团体法施行规则》办理外，其设于区乡镇者，并应分报当地区公所、镇公所查考。

第二十条　义仓储谷之使用，由管理人依下列办法酌定行之：

一、贷与；

二、平粜；

三、散放。

前项第一款贷与，如取息时须比照第十六条，不得超过一分，第二款平粜价格须经主管官署之核准。

第二十一条　义仓备谷数量每年终时应报主管官署查考。

第五章　附则

第二十二条　特别市举办各仓，得比照本规则办理。

第二十三条　县市仓谷管理细则由民政厅定之，并报省政府备案，区乡镇各仓储管理细则由县政府定之，并报民政厅备案。

第二十四条　本规则施行后，旧有县市以下所设立各积谷仓均应按照本规则管理，内政部前颁之《义仓管理规则》废止。

第二十五条　本规则自公布日施行。

——原载中国国民党中央执行委员会社会部编印：

《特种社团法规方案》，1940 年 4 月。

人民团体组织方案

（1929 年 6 月 22 日）

第一节　人民团体之分类

本案所称之人民团体，除地方自治团体另案规定外，分职业团体及社会团体两种。

一、职业团体为农会、工会、商会等。

二、社会团体为学生团体、妇女团体及各种慈善团体、文化团体等。

第二节　党部对于人民团体之关系

本党对于依法组织之人民团体，应尽力扶植，加以指导，对于违反三民主义之行为，应加以严厉之纠正，对于非法之团体，本党应尽力检举，由政府制裁之。

第三节　人民团体之组织程序

职业团体，如农会、工会、商会等，依下列程序组织之：

一、凡欲组织职业团体者，须有在当地有住所之发起人五十人以上之连署，推举代表，具备理由书，向当地高级党部申请许可。

二、接受申请之党部，应即派员视察，党部认为合格时即发许可证书，并派员指导，指导员之任用及其工作方法，由中央常务委员会另行详细规定之。

三、许可证书内载明将来组成之团体，必须遵守下列事项：

（一）不得有违反三民主义之言论及行为；

（二）接受中国国民党之指导；

（三）遵守国家法律服从政府命令；

（四）会员以真正同业者及法律所许可之人为限；

（五）有反革命行为或受剥夺公权处分者不得为会员；

（六）除例会外，各项会议须得当地高级党部及政府之许可方可召集；

（七）违反上列规定者受应得之处分。

四、发起人领得许可证书后，得组织筹备会，推定筹备员，并呈报政府主管机关备案。

五、筹备会拟定该会章程草案，呈请当地高级党部核准后，再依章程草案进行组织。

六、前项章程草案内必须载明下列事项：

（一）名称及业务之性质；

（二）目的及职务；

（三）区域及所在地；

（四）职员之人数职权及选任解职之规定；

（五）会员之资格及其权利义务；

（六）会议之组织；

（七）经费之来源；

（八）会计；

（九）解散及清算。

七、团体组织完成，经当地高级党部认为健全时，应呈请政府核准章程立案。

社会团体应在党部指导、政府监督之下组织之，并须依法呈请政府核准立案。

——原载《立法专刊》1930年第2辑。

社会团体组织程序

（1930年2月3日）

社会团体如学生团体、妇女团体及各种慈善团体、文化团体等，依下列程序组织之。

一、凡欲组织社会团体者，须由在当地居住并有正当业务之发起人五人以上之连署，推举代表，具备理由书，向当地高级党部申请许可。

二、接受申请之党部应即派员视察，党部认为合格时即发许可证书，并派员指导其组织。

指导员之任用及其工作方法另定之。

三、许可证书内载明将来组织之团体必须遵守下列事项：

（一）不得有违反三民主义之言论及行为；

（二）接受中国国民党之指导；

（三）遵守国家法律，服从政府命令；

（四）有反革命行为或受剥夺公权处分者不得为会员；

（五）除例会外，各项会议须得当地高级党部及政府之许可方可召集；

（六）违反上列规定者受应得之处分。

四、发起人领得许可证书后，得推定筹备员，组织筹备会，并呈报政府主管官署备案。

五、筹备会拟订该会章程草案，呈请当地高级党部备案后，再依章程草案进行组织，此须（项）章程草案须载明下列事项：

（甲）名称及性质；（乙）目的；（丙）所在地；（丁）职员之人数、职权及选任解职之规定；（戊）会员之资格及其权利义务；（己）会议之组织，会期之规定；（庚）经费之来源；（辛）会计；（壬）解散清算。

六、团体组织完成，经当地高级党部认为健全时，仍由该团体呈请高级党部核准章程后，呈报主管官署立案或备案。

七、凡已有组织之社会团体未领得党部许可证书者，须呈送各该会章程及职员履历表、会员名册各三份申请许可。

八、接受前项申请之党部，应即派员视察，认为合格时即发许可证书，并将章程重行核准后，仍由该团体呈请主管官署立案或备案。

——原载《中央党务月刊》1930 年第 19 期。

修正人民团体组织方案

（1930 年 7 月 17 日）

本党自第二届四中全会以来，已经历次决议确定人民团体组织行动之纲领。第三次全国代表大会关于民众运动之标的，于原则上确定四端。三届二中全会本此四项原则，更制定人民团体组织方案，其四项原则之大意如下：

一、民众运动必须以人民在社会生存上之需要为出发点，而造成其为有组织之人民。

二、全国农工已得有相当之组织者，今后必须由本党协助之使增进知识与技能，提高其社会道德之标准，促进其生产力与生产额，而达到改善人民生计之目的。

三、农业经济占中国国民经济之主要部分，今后之民众运动必须以扶植农村教育、农村组织、合作运动及灌输农业新生产方法为主要之任务。

四、本党对于男女青年之今后，应竭力作成学校以内之自治生活；实行男女普遍的体育训练，提倡科学与文艺之集会、结社与出版，奖励实用科学的研究与发明。

此两年间，国民政府根据本党所确定之原则制为各种法律及条例，凡属人民团体均已有所依据。惟法令之颁行未久，人民对于法治之素养不深，已有之组织则未尽合法，未有组织者尚不知应如何进行，兼以智识缺乏利害不明之故，往往为危害民国扰乱社会之反动份子所利用挑拨，而不自知。当此训政开始之时，一面应由政府依据法律以定其奖励制裁，而同时亦应由党部依据本党所决定之原则教以合法之途径。尽美善之主义非法不行，正确之民意非法不显，而行法守法之道又非指导无以为功也。兹为指导民众依法组织团体以谋其各自所应求得之幸福，而达到国民革命完成之目的起见，特根据本党决议，更定人民团体组织方案如下。

第一节　人民团体之分类

本案所称之人民团体，除地方自治团体另有规定外，分为职业团体及社会团体两种：

（一）职业团体，如农会、工会、商会、工商同业公会等；

（二）社会团体，如学生团体、妇女团体、文化团体、宗教团体、各种慈善团体等。

第二节　党部及政府对人民团体之关系

本党对于依此标的组织之人民团体应尽力扶植，并加以指导；对于非法团体或有违反三民主义的行为之团体应严加纠正，或尽力检举，由政府分别制裁之。

第三节　人民团体组织程序

职业团体，如农会、工会、工商同业公会等，社会团体，如学生团体、妇女团体、文化团体、宗教团体、各种慈善团体等，除法律另有规定外，其组织依下列程序为之：

（一）凡欲组织职业团体者，须于上列各职业有同业关系，并于当地有住所之发起人五十人以上之连署，欲组织社会团体者，须由在当地有住所并有正当业务之发起人三十人以上之连署，推举代表，具备理由书，先向当地高级党部申请许可。

附注：凡欲组织职业团体，有同业关系者，除农会法规正在起草中，将来颁布后应依据新法组织外，欲组织工会者，须有工会法第一条至第三条所定之资格；欲组织商会者，须有商会法第六条至第十条所定之资格；欲组织工商同业公会者，须有工商同业公会法第三条所定之资格。欲组织慈善团体者，须有监督慈善团体法第四条之资格等，是其例。

（二）接受申请之党部应即派员前往视察，如认为不合，当据理驳斥；认为合法时，即核发许可证，并派员指导。

指导员之任用及其工作方法，由本党中央常务委员会另定之。

（三）许可证内载明将来组织之团体必须遵守下列事项：

一、不得有违反三民主义之言论及行为；

二、接受中国国民党之指挥；

三、遵守国家法律，服从政府命令；

四、职业团体会员以真正同业者及法律所许可之人为限，社会团体会员以有正当业务者为限；

五、有反革命行为或受剥夺公民权及开除党籍处分者，不得为会员；

六、除例会外，各项会议须得当地高级党部及主管官署之许可方可召集；

七、违反上列规定者，受应得之处分。

附注：应得处分，如工会法第三十七条，及第四十七条至第五十条，监督慈善团体法第十一条等之所定。

（四）发起人领得许可证后，得组织筹备会，推定筹备员，并呈报主管官署备案。

（五）筹备会应照民法第四七条及其他法令之所定拟定章程草案，呈请当地高级党部核准并呈报政府后，始得进行组织。

（六）前项章程草案，应依民法第四八条及其他法令所定之事项详细记载。

附注：其他法令所定之事项，如工会法第八条，商会法第七条，工商同业公会法第四条，妇女团体组织大纲第六条，文化团体组织大纲第五条等之类。

（七）团体组织完成，其章程经当地高级党部复核后，呈请政府备案。

凡人民团体应在党部指导政府监督之下组织之，而其中之社会团体，除有特别法令规定者应从特别法令之规定外，一切以公益为目的之社团、财团，并须依民法第四八条呈请主管官署备案；其一切组织方法，章程内容，均须具备民法所规定之条件。

（八）本方案实行前已有组织之人民团体，其组织内容与本方案不合者，当地高级党部应令其改组。

中央执行委员会令

查本届第二次全体会议，以各项旧有人民团体组织法规多不适于训政时期之需要，而新法规又在拟订之中，为适应实际需要起见，特制定人民团体组织方案；嗣又经第七十次常会制定社会团体组织程序，先后颁行各在案。现查工会法、商会法、工商同业公会法等均经政府公布施行，前述两项法规殊有重行修正之必要。兹经本会第一〇一次常会通过人民团体组织方案之修正案，其社会团体组织程序已并入方案中酌加规定，应即废止之。除分函并分令外，特随令附发修正人民团体组织方案一份，仰即知照，并转行所属一体知照，为要。此令！

中华民国十九年七月二十四日

——原载《中央党务月刊》1930 年第 24 期。

各地方慈善团体立案办法

（1932 年 9 月 23 日）

一、各地方慈善团体依《监督慈善团体法》及《监督慈善团体法施行规则》第三条或第十三条，向所在地主管官署呈请立案时，依本办法行之。

二、慈善团体立案，应由全体董事备具正副呈请书，并附呈下列各文件：

1. 章程或捐助章程；2. 登记清册；3. 财产目录；4. 印鉴单；5. 全体社员名册或捐助人名册；6. 职员名册；7. 各项足资证明之文件。

三、前项章程及登记清册所有记载事项，应分别依照民法总则第四十七条、第四十八条、第六十条及第六十一条各规定办理。

四、各主管官署办理慈善团体立案时，应酌置下列各簿册：

1. 慈善团体登记簿；2. 慈善团体登记收件存根册；3. 慈善团体登记证书存根册；4. 其他。

五、慈善团体以事务所之设置或迁移，立案事项之变更消灭或废止，为立案或为立案之更正及涂销者，应由董事向原立案官署声请之。

为前项声请者，应附具声请事由之证明文件。

六、各主管官署接受慈善团体立案呈请书后，应即行立案，其有需调查者，应于两星期内调查完毕；但有特别事由者，不在此限。

七、各主管官署对于慈善团体之呈请，查有违背法令及本办法者，应令其补正，始行立案。

八、各主管官署准许慈善团体立案后，应即发给立案证书，并公告之。

九、慈善团体所附呈各项证明文件及其他应行发还之文件，主管官署应盖印，并记载立案数号、收件年月日、收件号数后，再行发还。

十、主管官署立案完毕后，发现立案有错误或遗漏时，应即通知原立案慈善团体，于指定期限内补正之。

十一、慈善团体之主事务所或分事务所迁移至原立案官署管辖区域以外，为迁移之立案者，其原立案即行销结，立案证书应同时缴销。

十二、慈善团体经依法解散后，原立案官署应即饬令缴销其立案证书，并公告之。

十三、各地方慈善团体立案后，主管官署应于三个月内依照《监督慈善团体法》施行规则第三条后半段之规定，分别转报内政部备案。

十四、本办法所规定之呈请书式、立案证书，及各项册式另定之。

十五、本办法公布前，各省市所订单行规则，得于不抵触本办法范围内仍适用之。

——原载《广东省政府公报》1932 年第 203 期。

修正监督慈善团体法施行规则

（1941 年 6 月 6 日）

第一条　本规则依监督慈善团体法第十四条规定制定之。

第二条　监督慈善团体法所称慈善团体，凡永久设立或临时办理者均属之。

第三条　慈善团体设立时，应先得地方主管官署之许可，再依民法社团或财团之规定，将应行登记之事项造具清册，呈经主管官署核定。其财产在五千元以下者，汇报社会部备案，在五千元以上者，专报备案。

主管官署汇报或专报社会部时，在省或院辖市，由该省政府或市政府转报之。

已经立案之慈善团体，于原立案官署管辖区域以外设立分事务所者，仍应遵照本条规定办理之。

第四条　前条所称之地方主管官署如下：

（一）各县市为县市政府。

（二）院辖市为社会局。

院辖市政府如未成立社会局时，得指定其他各局为主管官署。

（三）具有国际性之慈善团体，其事业范围及于全国者，得经社会部之特许，以社会部为其主管官署，但其分事务所仍应受所在地地方主管官署之指导监督。

第五条　主管官署于核准或解散慈善团体时，应呈经社会处，未设社会处之省，呈经民政厅或院辖市政府核定之。社会处、民政厅或院辖市政府核定解散慈善团体时，应转报或迳报社会部备案。

第六条　主管官署审查发起人之资格及事迹，得令其提出证明文件或取具保结。

第七条　慈善团体如须募捐时，应将募捐计划预定起讫日期，呈经地方主管官署许可，其捐册及收据须编号送由地方主管官署盖印方为有效，并将募款情形结束后一个月内呈报备查暨登载当地报纸或用印刷品公布。

第八条　慈善团体每月终应将一月内收支情形、办事实况及捐款捐物登报或用印刷品公布。

第九条　慈善团体对于下列各款，应于每年六月及十二月造具清册，呈报主管官署查核。

（一）董事之推选；

（二）职员之资格及任免；

（三）职员成绩之考核；

（四）财产之总额及收支之状况；

（五）会员之加入或告退；

（六）办理之经过情形。

地方主管官署根据前项报告汇报社会处，未设社会处之省汇报民政厅，报由省政府（院辖市社会局报由市政府）汇报社会部备查。

第一〇条　省政府、院辖市政府应于每年一月及七月举行总检查各一次，并将检查结果报告社会部查核，社会部每年应举行全国总检查各一次，其时间程序由社会部定之。

第一一条　主管官署因考核上之必要，得令慈善团体造送预算书及计算书。

第一二条　监督慈善团体法第九条之账簿单据，如慈善团体解散时未满十年者，应由原办人或发起人负责保管之。

第一三条　监督慈善团体法第十二条之褒奖另定之。

第一四条　监督慈善团体法施行前，凡依旧日法规组织之慈善团体，应呈由主管官署重行核定转报备案。

第一五条　监督慈善团体法定于民国十八年十月十五日施行。

　　　　　　　　　　——原载《山东省政府公报》1946 年复刊第 9 期。

寺庙兴办公益慈善事业实施办法

（1932 年 9 月 12 日）

第一条　本办法依照《监督寺庙条例》第十条之规定制定之。

第二条　寺庙应兴办之公益或慈善事业，暂就下列各种事项范围内，斟酌地方需要及经济情形办理之。

一、关于民众教育事项；

二、关于济贫救灾事项；

三、关于育婴养老事项；

四、关于公共卫生事项；

五、其他公益或慈善事项。

前项各种事业兴办时，另有法令规定者，仍应从其规定。

第三条　寺庙出资兴办事业时，应按其每年财产总收入，依下列之标准，每年分两次缴纳之。

一、五百元以上一千元未满者，百分之二；

二、一千元以上三千元未满者，百分之四；

三、三千元以上五千元未满者，百分之六；

四、五千元以上一万元未满者，百分之八；

五、一万元以上者，百分之十。

其全年总收入不满五百元之寺庙，志愿量力纳款者听。

第四条　寺庙于前条所定标准外，自愿另行捐助款项兴办事业者，由该管官署依照《褒扬条例》呈请褒扬。

第五条　本办法公布前，寺庙曾经出资举办公益或慈善事业，及已资助其他地方公共团体或学校者，仍照旧办理，但所出款项尚不足第三条所定标准时，应如数补足，如已超过，仍维持原状。

第六条　本办法第二条所列公益或慈善事业兴办之先后，及第三条所列款项之征收保管，均由该管公署组织寺庙兴办公益慈善事业委员会负责办理，并计划一切进行事宜，其各种规程由该管官署订定之。

第七条　前条所称委员会，以下列人员组织之，并受该管官署之指挥监督：

一、该管官署代表一人；

二、地方自治团体代表三人；

三、《监督寺庙条例》第八条所称之所属教会代表（如无教会者暂缺）一人；

四、僧道代表二人。

第八条　委员会对于地方兴办公益或慈善事业，应将办理状况及收支情形，每年年终报请该管官署查核，递转内政部备查。

其每月应造之收支预算计算，应依通常程序办理，并公告周知。

第九条　寺庙住持如违反本办法之规定抗不缴款者，委员会得呈明该管官署，依照《监督寺庙条例》第十一条规定，革除其住持之职。

第十条　本办法自呈准公布之日施行，如有未尽事宜，得由内政部随时修正之，并呈报行政院备案。

——原载《湖北省政府公报》1932 年第 12 期。

佛教寺庙兴办慈善公益事业规则

（1935 年 1 月 14 日）

第一条　本规则依照《监督寺庙条例》第十条，并《中国佛教会会章》第十二条规定拟订之。

第二条　如寺庙应斟酌地方之需要，兴办慈善公益事业，其范围如下：

（一）关于民众教育事项；

（二）关于济贫救灾事项；

（三）关于育幼养老事项；

（四）关于卫生医药事项；

（五）关于其他慈善公益事项。

第三条　前条各项事业兴办时，应酌量各寺庙经济情形，得由一寺独立兴办，或由数寺院合力举办，或当地佛教会督促该地全体寺庙共同举办之。

第四条　由当地佛教会督促该地全体寺庙共同举办之慈善公益事业，应设立委员会负责计划并办理之。

前项委员会，由当地佛教会推选代表三人，各寺庙推选代表四人组织之，其组织方法另定之。

第五条　寺庙兴办慈善公益事业，其出资：应按各该寺庙每年总收入数目，依下列各项为标准：

（一）一百元未满者，百分之一；

（二）一百元以上三百元未满者，百分之二；

（三）三百元以上五百元未满者，百分之三；

（四）五百元以上一千元未满者，百分之四；

（五）一千元以上者，百分之五。（一千元以上，概征百分之五者，因收入巨大之寺庙，其僧侣必众，开支必繁如丛林，收入虽或逾万元，但住僧常数百人，自给且时虞不足，故不能再用累进之法。）

第六条　寺庙兴办慈善公益事业，应受主管官署之监督，并当地佛教会之指导。

第七条　寺庙兴办慈善公益事业时，应报告主管官署，及当地佛教会备案，并由当地佛教会转呈中国佛教会备查。

第八条　寺庙兴办慈善公益事业，应将办理状况，及收支情形，于每年年终，除呈报主管官署转呈内政部备案外，并报由当地佛教会递转中国佛教会评定成绩，分别惩奖，呈报内政部备查。

第九条　寺庙兴办慈善公益事业，其成绩优良，或出资超过第五条所列标准者，由当地佛教会呈请中国佛教会奖励之；其成绩过劣，或出资不及第五条所列标准者，由当地佛教会责令改进，或令其补足。

第十条　寺庙住持不遵第五条规定者，由当地佛教会请求主管官署协助令其出资，如再抗违，得照《监督寺庙条例》第十一条规定办理之。

第十一条　本规则呈请内政部核准实行，如有未尽事宜，得由中国佛教会呈准内政部随时修改之。

第十二条　本规则施行细则另定之。

——原载《河北民政刊要》1935 年第 39 期。

修正寺庙兴办公益慈善事业实施办法

（1939 年 10 月 25 日）

第一条　本办法依照《监督寺庙条例》第十条之规定订定之。

第二条　寺庙应兴办之公益慈善事业，暂定范围如下：

（一）关于民众教育事项；

（二）关于济贫救灾事项；

（三）关于育幼养老事项；

（四）关于公共卫生事项；

（五）关于优待出征军人家属事项；

（六）其他公益或慈善事项。

前项各种事业兴办时，另有法令规定者，仍应从其规定。

第三条　寺庙兴办公益慈善事业，应由主管官署督令当地教会组织寺庙兴办公益慈善事业委员会，斟酌当地需要及经济情形，就前条所列事项负责统筹办理。

当地教会尚未组织成立时，由主管官署负责组织，如有佛道两种教会，得合并组织之。

第四条　寺庙兴办公益慈善事业委员会，应设于该管官署所在地。

第五条　寺庙兴办公益慈善事业委员会以下列各代表充任委员，均为无给职。

（一）该管官署代表一人；

（二）所属教会代表二人；

（三）地方自治团体代表二人；

（四）出资之各寺庙代表二人。

前项委员会应互推一人为主席委员，处理日常事务。

所属教会尚未组织成立时，得由出资之各寺庙加推代表二人。

第六条　寺庙兴办公益慈善事业委员会办事人员应由所属教会及寺庙调员兼任，必要时得酌用雇员。

第七条　寺庙出资兴办公益慈善事业时，应按各该寺庙每年财产总收入，依下列标准，每年由当地寺庙兴办公益慈善事业委员会征收之。

（一）一百元以上三百元未满者，百分之二；

（二）三百元以上五百元未满者，百分之三；

（三）五百元以上一千元未满者，百分之四；

（四）一千元以上三千元未满者，百分之五；

（五）三千元以上五千元未满者，百分之六；

（六）寺庙财产收入在五千元以上者，应由当地寺庙兴办公益慈善事业委员会，斟酌各该寺庙收支状况，妥定出资标准，呈准该管官署核准施行。但其限度不得少于百分之六，不得多于百分之十。

第八条　前条所称寺庙财产总收入应以各该寺庙财产登记表及寺庙变动登记表为准，但寺庙兴办公益慈善事业委员会认为有重新调查之必要时，得呈请该管官署派员调查之，并由该管官署将调查结果递报内政部备查。

第九条　寺庙兴办公益慈善事业委员会所征收之款，以十分之一充该会办公费及雇员薪给，其余概充兴办事业之经费，不得拨作他用。

第十条　寺庙于第七条所定标准外，自愿另行捐助款项兴办事业者，由该管官署依法呈请褒扬。

第十一条　本办法公布前，寺庙曾经出资兴办公益慈善事业，或已资助其他地方团体学校者，应照旧办理，并将所办事业或捐助款项之经过及概况，呈报该管官署暨寺庙兴办公益慈善事业委员会备查。但所出款项尚不足第七条所定标准时，应如数补足，如已超过，仍维持现状。

第十二条　寺庙兴办公益慈善事业委员会对所办事业，应将每年办理状况及收支情形，于次年开始一个月内，报请该管官署查核，递转内政部备查。

第十三条　寺庙住持如违反本办法之规定，抗不出资或拒绝调查者，寺庙兴办公益慈善事业委员会得呈明该管官署，依照《监督寺庙条例》第十一条规定，革除其住持之职。

第十四条　本办法自呈准公布之日施行，如有未尽事宜，得由内政部随时修正并呈报行政院备案。

——原载《北平市政府公报》1947 年第 2 卷第 23 期。

各省市举办平粜暂行办法大纲

（1934 年 12 月 8 日）

一、办理平粜机关除各省、市、县政府外，凡慈善团体、公益机关均可举办，惟须先得各该主管监督官署之许可。

二、凡被灾区域遇粮价过高或于青黄不接时，应就原有仓储积谷开办平粜，其未设仓储地方亦应筹集资金举办。

三、各地方仓储存有谷款者，应准作为举办平粜之粜本，其曾被挪用之谷款或积谷，应责成主管官署限期追回，办理平粜或粜谷存仓。

四、仓储平粜总数最高不得逾仓存十分之七。

五、凡仓储出粜米粮，均限于秋后籴补。

六、各平粜机关于平粜时，应按照情形规定每次购粮之最多数量，购买人应以贫民为限。

七、平粜须收现款，不得赊欠，并将所收现款随时向谷价较廉地方续买谷米，以备继续平粜。

八、平粜之价须较市价酌减，由地方主管官署定之。

九、平粜时应斟酌地方情形，多设分粜所，俾乡间贫民亦能享平粜之利益。

十、办理平粜人员及管仓员役捏名报买、窃卖或与奸商勾结，故意稽延出粜时间希图操纵粮价者，由主管官署随时查明，从严惩办。

十一、转运平粜米粮准由地方主管官署转请核发护照，免纳税捐并减免运费。

十二、各地方办理平粜机关，应将办理情形依照后列表式按期呈报各该主管监督官署查核，并径送内政部一份备查。

十三、各地方应办平粜，应由省市政府考核成绩，分别奖惩。

十四、本办法自呈奉行政院核准后施行。

——原载《特种社团法规方案》，1940 年 4 月。

赈款给奖章程

（1936 年）

第一条　凡捐助赈款者，依本章之规定奖励之。

第二条　赈款给奖分下列四种：

一、省务会给予银质褒章；二、国民政府振款委员会给予金质褒章；三、国民政府振款委员会题给匾额；四、国民政府题给匾额。

第三条　匾额及褒章之给予，依下列之规定行之：

捐款	褒章	等级	匾额
一百元以上	银质	四等	匾额
二百元以上	银质	三等	
三百元以上	银质	二等	
四百元以上	银质	一等	
五百元以上	金质	三等	
一千元以上	金质	二等	赈款委员会提给
五千元以上	金质	一等	同上
一万元以上	金质	特等	国民政府提给

第四条　匾额及褒章之给予，依下列程序之规定行之：

奖别	程序
银质奖章	省赈务委员会通过后给予之
金质奖章	省赈务会呈请国民政府振款委员会常务委员会议通过后给予之
振款委员匾额	同上
国民政府匾额	国民政府振款委员会呈请国民政府给予之

第五条　凡人民乐善好施，确有成绩可资表率者，虽捐款未满足额，亦得由赈务会专案呈请国民政府赈款委员会题给匾额。

第六条　凡私人团体捐助赈款，亦得援本章程第三条、第四条之规定请奖。

第七条　凡私人或私人团体自办赈务，著有成绩者，得报由各省赈务会派员考核，比照本章程之规定，分别呈请或径予给奖。

第八条　凡呈请给奖及由会赠与者，将受奖人之姓名、籍贯或团体之名称、连同事迹，分报内政部备案。

第九条　褒章及证章形式另定之。

第十条　本章程自呈准国民政府公布日施行。

——原载中华民国行政院编：《中华民国法规大全》（第二册），

上海商务印书馆 1936 年版，第 802—803 页。

社会救济法

（1943 年 9 月 29 日公布）

第一章　救济范围

第一条　合于下列各款规定之一，因贫穷而无力生活者，得依本办法予以救济。

一、年在六十岁以上精力衰耗者；

二、未满十二岁者；

三、妊妇；

四、因疾病伤害残废或其他精神上、身体上之障碍，不能从事劳作者；

五、因水旱或其他天灾事变，致受重大损害，或因而失业者；

六、其他依法令应予救济者。

第二条　对于遭受非常灾变之难民，所为之紧急救济，其受救济人不以前条所列者为限。

第三条　对于性格操行不良，具有犯罪倾向，有矫正之必要者，予以矫正救济。

第四条　应受救济人得向主管官署或有救济设施之处所，请求予以适当之救济，但救济亦得依职权为之。

第五条　依第一条所列各款规定得受救济者，如有受扶养之权利。其扶养义务人具有抚养能力时，得不予以救济，但有切迫情形者，不在此限。

第二章　救济设施

第六条　救济设施分列下列各种：

一、安老所；二、育婴所；三、育幼所；四、残疾教养所；五、习艺所；六、妇女教养所；七、助产所；八、施医所；九、其他以救济为目的之设施。

第七条　各种救济设施，由各县市视实际需要及经济状况依照本法分别举办，中央及省亦得酌量办理，其设置救济院者，得于院内分办各种救济设施。

乡镇财力充裕者，亦得举办各种救济设施。

第八条　团体或私人亦得举办救济设施，但应经主管官署之许可。

第九条　主管官署对于前条之救济设施有视察及指导之权。

第十条　团体或私人办理之救济设施，主管官署应予以保护，其成绩卓著者，应予以奖励。

第十一条　团体或私人办理之救济设施，如办理不善者，主管官署得令其改进，其违反法令情节重大者，并得令其停办。

第十二条　救济设施得利用公共适宜处所为其地址，但应先经主管官署之核准。

第十三条　法院或警察机关得将应受救济人送交救济设施处所，非有正当理由，不得拒绝接受。

第三章　救济方法

第十四条　救济除本法或其他法律另有规定者外，依受救济人之需要，以下列方法为之：

一、救济设施处所内之留养；

二、现款或食物衣服等必需品之给与；

三、免费医疗；

四、免费助产；

五、住宅之廉价或免费供给；

六、资金之无息或低息贷与；

七、粮食之无息或低息贷与；

八、减免土地赋税；

九、实施感化教育及公民训练；

十、实施技能训练及公民训练；

十一、职业介绍；

十二、其他依法令所定之救济方法。

第十五条　凡年在六十岁以上之男女，应受救济者，得于安老所内留养之。

第十六条　凡未满二岁之男女婴孩，应受救济者，得于育婴所内留养之。

第十七条　凡满二岁以上未满十二岁之幼年男女，应受救济者，得于育幼所内留养之。

第十八条　育幼所应按留养儿童之年龄，设置相当班次，授以相当教育，并为技能上之训练，或送就近相当学校免费肄业。

第十九条　留养于育幼所者，出所时应予以适当之安置。

第二十条　生育子女逾五人者，如因生活困难无力养育，得请求主管官署给予补助费，或将该子女送育婴所或育幼所留养之。

第二十一条　育婴所或育幼所留养之婴孩儿童，如有人愿收养为子女者，得具妥实保证，请求主管官署核准给领。

前项之婴孩儿童，如有直系血亲尊亲属者，于核准给领前应得其同意。

给领后，主管官署或原育婴所育幼所得于相当期内，查视被收养人之生活状况。

第二十二条　残疾人应受救济者，得留养于残疾教养所。

第二十三条　残疾教养所对于留养者应分盲、哑及肢体残废三种，就其各个能力授以相当之智识及技能，必要时并得开办盲哑学校。

第二十四条　残疾人受教养后，力能自谋生活者，应为介绍职业，令其出所。

第二十五条　残废之荣誉军人，其救济设施不适用于本法之规定。

第二十六条　为治疗受救济人疾病得设置施医所。

第二十七条　施医所得附设于公立医院，或由主管官署嘱托著有声誉之私立医院设置之，其设有卫生院所之县市，得由该院所办理。

第二十八条　应受救济之妊妇，由助产所医师助产女士助产，未设助产所之县市乡镇，应为指定助产之医师、助产士或处所，不收费用。

第二十九条　为治疗精神病及防护社会利益，得设精神病院，患精神病而应受救济者，得令入院治疗。

第三十条　对于幼年男女之应受矫正救济者，得设矫正处所，予以矫正。

第三十一条　为收容曾从事不正当业务或受虐待之妇女，得设置妇女教养所，授以相当之智识及技能，并矫正其不良习惯。

第三十二条　对于懒惰成习或无正当职业之游民，得设置习艺所收容之，强制其劳作，并授以必要之知识及技能，养成其勤俭之习惯。

第三十三条　对于受救济人应予介绍职业者，由职业介绍所办理之。

第三十四条　在人口稠密之地区，住宅不敷居住时，县市政府得修建平民住宅，廉价出租，或修建宿舍，免费或廉价供平民暂时居住。

第三十五条　粮食或其他生活必需品之价格昂贵，致一般平民无力购买时，县市政府得办理公共食堂，或采凭证购买制，以廉价供给之。

第三十六条　县市乡镇为准备救荒，设置义仓，得以粮食无息或低息贷与平民，令于次期收获时偿还。

第三十七条　每届冬季，得视事实之需要，开办粥厂，或对平民发给粮食棉衣或其他生活必需品。

第三十八条　各地遇有水、旱、风、雹、地震、蝗螟等灾，县市政府得视被灾情形，呈请减免土地赋税。

第三十九条　为救济遭受非常灾变之灾民、难民，实施紧急赈济时，得为现款或食物衣服等必需品之给与，必要时并得设所予以临时收容。

第四十条　对于专供临时急赈之赈品及灾民、难民之输送，得免缴运费。前项振品并得免税。

第四十一条　受救济人或流浪人死亡无人埋葬者，由代葬所埋葬，未设代葬所者，其代葬事务由所在之乡镇公所办理之，其在救济设施处所内死亡者，由救济设施主管人办理之。

第四章　救济费用

第四十二条　救济设施由县市举办者，其费用由县市负担，中央或省举办者，其费用由中央或省负担。

救济设施由乡镇举办者，其费用由乡镇负担。

第四十三条　救济设施由团体或私人举办者，其费用由各该团体或私人负担。

前项救济设施，办理著有成绩者，得由主管官署酌予补助。

第四十四条　救济事业经费，应列入中央及地方预算。

第四十五条　县市依本法举办之救济事业，得由中央政府予以补助。

第四十六条　各种救济设施，得于设置时筹募资金，其因事业发展而扩充设备者，并得增募基金，但团体或私人举办之救济设施，非经主管官署核准，不得向外募捐。

第四十七条　救济经费之募集，不得用摊派或其他强制征募方法。

第四十八条　救济经费不得移作别用。

第四十九条　救济设施，应由主办人将收支款项及办理实况，按月公布，并分别造具计算书及事实清册，呈报主管官署查核。

第五章　附则

第五十条　本法称主管官署，在中央为社会部，在省为省政府，在市为市政府，在县为县政府；但第二十六条至二十九条所定事项之中央主管官署，为卫生署；关于临时及紧急之救济，由赈济委员会主管。

第五十一条　本法关于省市之规定，于相当于省或市之特别行政区域准用之；关于县之规定，于相当于县之行政区域准用之。

第五十二条　本法施行细则及各种救济设施或其他救济事业之实施办法，由社会部会同各有关部、会、署拟订，呈请行政院核定之。

第五十三条　本法自公布日施行。

——原载《立法院公报》1943 年第 128 期。

社会救济法施行细则

（1944 年 9 月 5 日）

第一条　本细则依《社会救济法》第五十二条之规定订定之。

第二条　凡向主管官署或有救济设施之处所请求救济者，应先填具申请书送请查核办理。其有情势迫切急待救济者，救济设施处所得暂予收容之。

由司法或治安机关移请救济者，仍应依前项之规定办理。申请书格式另定之。

第三条　受救济人有下列情形之一者，得停止其救济：

一、受救济原因消灭者；

二、不遵主管官署或救济设施负责人所为之合法处置，其情节重大者；

三、以诈欺或其他不正当方法获取救济者。

有前项第三款情形经查明属实者，得由主管官署责令受救济人或其保证人偿还其所受救济之一切费用。

第四条　救济设施应按其业务性质，依照本法第六条规定其名称。本法施行后，其原有名称不合规定者，应依法改正之。

第五条　凡救济设施由省市县或乡镇举办者，应冠以省、市、县或乡镇名称；一省市县有二以上同性质之救济设施时，以数字区分之。

由团体或私人创办者，准另冠名称，但应冠以"私立"二字。

第六条　举办救济设施，应于成立后一个月内将下列各项报由当地主管官署核转社会部备案：

一、名称及地址；

二、有关组织管理及各项设施之规章；

三、经费来源及其概算；

四、业务性质及收容人数；

五、职员名册。

团体或私人创办各种救济设施，应依照前项各款先向主管官署申请许可。

救济业务如与赈济委员会或卫生署有关者，并应分报备案。

第七条　各种救济设施处所应按年将工作计划、经费预算、工作报告、收支计算等分别呈报主管官署查核。主管官署并得随时派员视导，视其办理成绩分别予以奖惩。

前项视导人员因职务上之需要，得向救济设施查阅有关案卷及账册簿据，主持人员不得拒绝。

第八条　本法所称救济设施处所内之留养，应分别性质规定留养期限及教养标准。除老人及残疾人经教养后仍难自谋生活者应予终身留养外，届期应使出所自立谋生。

第九条　救济设施对于受救济人生产劳动之收益，除提拨百分之六十为充实基金及改良设备外，其余百分之四十应给予受救济人。

第十条　受医疗或助产之救济必须住院者，应取具贫苦无力之证明。

前项证明得由乡镇保甲长或人民团体负责人为之。如系伪证，除代受救济人偿还一切费用外，并得移请其主管官署依法予以惩处。

第十一条　平民住宅由当地政府建筑，廉价或免费供给受救济人居住。

第十二条　以义仓粮食贷与平民者，仍应收回实物。办理平粜者，仍应籴补，不得改存现款。

第十三条　冬季救济以每年十一月至翌年三月为起止期，但各地得视实际情形酌予伸缩。

第十四条　灾难救济必须设所临时收容者，须预定收容限期，其无力生活者应即分别转送各种经常救济设施。

前项收容限期，最长不得逾三月。

第十五条　受救济人或流浪人死亡时，应由救济设施就当地公墓埋葬之。

前项公墓如由救济设施自行筹设时，仍应依法递报内政部备案。

第十六条　本法第四十八条所称之救济经费如下：

一、列入年度预算之救济经费；

二、地方救济事业基金款产及其孳息；

三、救济设施生产劳动所得之收益；

四、经政府临时指拨之救济经费；

五、捐赠救济设施之款产及其孳息。

第十七条　筹募救济经费或基金，除照《统一募捐运动办法》及《统一捐款献金收支处理办法》办理外，并应使用三联收据，以一联交执，一联报核，一联存查。

前项收据，应先拟定格式，编列号次，送请主管官署加盖印信。

募捐结束后，应于一个月内公布捐款人姓名、捐额及拟定之用途，未用捐册并应截角缴送主管官署注销。

第十八条　本细则自公布日施行。

——原载《行政院公报》1944 年第 7 卷第 10 期。

管理私立救济设施规则

（1944 年 9 月 5 日）

第一条　团体或私人创办之救济设施为私立救济设施，教会、寺庙、家族、各种人民团体、及外人或国际团体在本国境内设立之各种救济设施，均属之。

第二条　私立救济设施之创办、变更及停办，均需呈经主管官署之核准。

第三条　私立救济设施应设立董事会，由团体或创办人延聘七人至十五人为董事组织之，并以团体之负责人或创办人为董事长。

创办人死亡，或不愿为董事长时，由各董事互推一人或由创办人指定一人为董事长。

私立救济设施，历史悠久，董事会无法产生时，得由创办人之继承人，或关系方面，商承主管官署，延聘董事组织之。

董事死亡或因故辞退者，得由团体或创办人，或董事会议决另聘之。

外人或国际团体，在国内创办救济设施之董事会，应有三分之一华籍董事。

第四条　董事会每三个月至六个月开会一次，审查救济设施之业务，执行款项收支，及人员工作情形，并指导督促其改进。

第五条　私立救济设施，应于创办时，依照《社会救济法施行细则》第六条之规定，先行申请许可，创办成立后，应于一个月内呈请立案。

准予立案者，应发给立案证书。

第六条　主管官署于接收私立救济设施创办或成立之书面申请后，应于一周内，为准否之批答。

前项申请，主管官署认为有调查之必要时，应于两周内调查完竣。

第七条　本规则未施行前，私立救济设施，于创立一年后，不为立案之申请者，主管官署得勒令停办。

第八条　私立救济设施，不得利用其事业，为宗教或别有作用之宣传，并不得兼营私人谋利之事业。

第九条　私立救济设施，对于财产状况、款项收支、工作进度及人事考核等，得依《社会救济法施行细则》第七条之规定，每年分两次，于六月及十二月，呈报主管官署查核。

第十条　私立救济设施迁移地址时，应报告主管官署备案。如迁至原管辖区域之外时，应分别呈报。

第十一条　私立救济设施办理不善时，主管官署应令其改进。如违反法令情节重大者，得撤销其立案或勒令停办。

第十二条　因临时救济创办之私立救济设施，准用本规则第二条、第五条、第六条、第八条、第十条、第十三条、第十四条之规定。其所定时间得酌予缩短，并应分报赈济委员会备案。

第十三条　私立救济设施之财产及各项设备不得收归公有，但由原创办之团体私人或其董事会之声请，或其事业发生纠葛无人负责时，得由主管官署拟订办法，呈准上级机关处理之。

第十四条　凡经立案之私立救济设施，主管官署应于三个月内依照《社会救济法施行细则》第六条之规定，呈报社会部备案。

第十五条　本规则所称之主管官署，依《救济院规程》第四十六条之规定。

第十六条　本规则所称之立案证书及各项表册，由社会部定之。

第十七条　本规则自公布日施行。

——原载《法令周报（重庆）》1944 年第 2 卷第 15 期。

救济院规程

（1944 年 9 月 5 日）

第一章　总则

第一条　公立救济院各种救济设施依《社会救济法》第六条之规定。

各省（市）、县（市）得视实际需要及经济状况次第设立之。

私立救济院至少有二种以上之救济设施。

第二条　公立救济院置院长一人，综理院务；副院长一人，襄理院务。均由主管官署遴选当地公正人士或训练合格人员聘任之。

私立救济设施之业务主持人由创办人或董事会推选，其所属工作人员由业务主持人聘派之，并报请主管官署备案。

第三条　公立救济院得因事务繁简分组办事，其分组办法及职掌划分由主管官署订定之，并呈报上级机关备案。

每组置组长一人，由院长遴请主管官署派任之。

第四条　公立救济院各所各置所长一人，主办各该所事务，由院长遴请主管官署派任之。

第五条　公立救济院及各所得置干事、教师、技士、医师、助产士、护士、保育员、办事员、助理员、保姆及公役，其名额由主管官署就业务需要拟呈上级机关核定之。

前项人员由院长派任，如教师、技士、医师、助产士、护士、保育员有数人时，得指定一人为主任。

第六条　县市乡镇所设之公立救济院院长，得出席县市乡镇会议。

第七条　公立救济院应按月举行院务会议一次，由院长、副院长、各所所长、各组组长组织之，以院长为主席。

第八条 公立救济院得视业务需要设置各种委员会，研讨业务改进及专门问题，其组织办法由主管官署拟订并报上级机关备案。

第九条 公立私立救济院或各所保有地方款产或募有基金者，应组织管理委员会管理，其组织及管理办法由社会部另定之。

第十条 公立私立救济院暨各所所有款产孳息及业务收益，由院长统筹支配之。

第二章 安老所

第十一条 依法留养于安老所内之男女，应视其体质令服下列操作：

一、糊制纸类物品；

二、编织植物类用具；

三、纺纱或洗补衣物；

四、饲养家畜、种植园蔬；

五、其他体力堪胜之简单工艺。

凡体力衰弱疾病难支者得免除之。

第十二条 安老所对于留养之男女，应教以有益身心之课程。

前项课程得用演讲或座谈方式行之，并予以正当娱乐。

第十三条 安老所留养之男女力能自谋生活或其受救济原因消灭时，得许其出所。

第三章 育婴所育幼所

第十四条 育婴所、育幼所收容之童婴应注意其身体之发展，对于饮食营养应随时调节，体温清洁需设法保持。

第十五条 为适应童婴之教养，得购置代乳品、饼饵及各项玩具。

第十六条 负责保育童婴之人员及童婴身体发育情形，得由医师按旬检查一次，以确保其康健。

第十七条 留所之学龄儿童应依教育法令设班教育，其因人数过少不便施教者，得洽送附近学校免费肄业。

第十八条 对于年龄较长之儿童须施以职业训练，其有天资卓越才堪造就者，得呈请主管官署洽送相当学校继续深造。

第十九条 领养童婴及逾龄儿童出所办法，由社会部另订之。

第四章　残疾教养所

第二十条　患残疾而无力自救者，应先由施医所设法治疗始得留所教养。

第二十一条　残疾教养所对于肢体残废之人应分别施以特殊训练，使能擅长一技自谋生计。其训练课程如下：

一、识字、缮写文书、管理及其他应用文艺；

二、公民常识及各种应用智能；

三、音乐、戏曲、雕刻、绘画及各项艺术；

四、各种工艺制造；

五、其他可以谋生之技能。

第二十二条　盲哑之人本所不能施教时，除洽送有该项设备之处所外，应由本所设法筹设。

第二十三条　残疾之人经教养有成后应为介绍职业，其力能谋生者得强令出所，必要时得贷予小本，辅导其经营各种事业。

第五章　习艺所

第二十四条　依法收容于习艺所之男女，应强制其劳作并施行严格管理及公民与智能训练，以转换其性行。

第二十五条　习艺所应视其经济状况及当地需要设置工厂、农场或其他生产设备。

第二十六条　习艺所收容训练之男女以一年为期，必要时得延长或缩短之，但须呈经主管官署之核准。

第二十七条　凡在习艺所受训之人，期满后应令出所或辅导其就业，其无家可归者得为其介绍职业。

第二十八条　习艺所对于不良少年由其家长送训者，得酌收伙食、服装、书类及其他杂项费用。

前项费用不得越过其施训经费之个人平均分配数，并需呈报主管官署备案。

第六章　妇女教养所

第二十九条　妇女教养所对收养之妇女应施行体格检查，其染有疾病者应先予治疗。

第三十条　留所教养之妇女应授以家事、缝纫、纺织、园艺、饲养及其他各项技能。

曾操不正当职业之妇女，得隔别施训，并设法矫正其心理及性行。

第三十一条　留所教养之妇女得参加本院各项工农设备共同操作，由各所所长商承院长分派之。

第三十二条　留所妇女教养期间定为一年至二年，必要时得延长或缩短之，但须呈经主管官署之核准。

第三十三条　妇女教养期满后，得循其志愿代为介绍婚姻或辅导就业，其有自愿随其家属者应责令家属取具妥实保证。

介绍婚姻须经双方同意，并须择期公开举行婚礼。

曾操不正当职业之妇女由其家属领回后仍理旧业，经治安机关发觉者，除依法究办外，得向其家属追缴留所教养时一切费用。

第七章　助产所施医所

第三十四条　助产所、施医所应各有医药及床位之设备，但得合并办理。

第三十五条　助产施医场所依照《社会救济法》第二十七条至第二十九条之规定，经公私医疗院所代办者，其办法由当地主管官署定之。

第三十六条　非贫苦无依之人民要求入所助产或医疗者，得酌收医药伙食等费，其数额由救济院按照当地当时物价，拟呈主管官署核定公告之。

第三十七条　在助产所出生之婴儿应受救济者，得移送育婴所；在施医所医疗之贫民病至伤残无力自救者，得移送残疾教养所。

第三十八条　免费入所助产其时间在生产前后计算不得过二周，免费入所治疗由主治医师诊察病情决定其出所日期。

第三十九条　助产所施医所之门诊时间、入所治疗、健康检查、种痘防疫及其他关于助产暨医药方面之各项手续，由救济院拟呈主管官署核定施行。

第四十条　施医所应受主管官署之指挥，辅助地方办理卫生及防疫。

第八章　附则

第四十一条　贷款、借粮、供应住宅、施棺掩埋、办理义渡及其他依法令应予救济之事项，由县市政府根据实际需要拟订办法，呈请省政府核准施行并呈报社会部备案。

前项救济业务在直隶于行政院之市，由社会局拟呈市政府核准施行，并报社会部备案。

第四十二条　救济院对收容各种应受救济人之教养管理办法，由主管官署拟呈上级机关核定之。

第四十三条　收容于各所之人在收容期间患病者应予诊治，患传染病者须隔离之。

第四十四条　收容于各所之人在收容期间死亡者，应报请司法及治安机关派员勘验备棺殓葬，其有亲属者并应同时通知跟同办理，亲属愿自行殓葬者听之。

死亡者遗留私有物品交其亲属，无亲属者视作公物。

第四十五条　救济院对于各所教养之人民出所后，应于一定期间内派员或委托当地救济治安机关查视其生活状况，并得与之联络通讯。

对于出所之童婴妇女如查有妨害其自由或侵犯其法益者，救济院得呈请主管官署依法究办。

第四十六条　本规程所称之主管官署，在中央为社会部，在省市为省市政府社会处局，未设社会处之省为民政厅，在县为县政府。

关于助产施医事项之主管官署为卫生署，省为卫生处，县为卫生院。

第四十七条　救济院及各所办事细则由主管官署订定之，并呈报上级机关备案。

第四十八条　本规程自公布日施行。

——原载《行政院公报》1944 年第 7 卷第 10 期。

私立救济设施减免赋税考核办法

（1945 年 4 月 17 日）

第一条　私立救济设施减免赋税之考核，除法令别有规定外，悉依照本办法办理。

第二条　私立救济设施申请减免赋税，应将其固定财产依照下列规定详细造册，呈报社会行政主管官署核转社会部，分别咨请财政部、地政署核定之。

甲、属于地产者，应详载下列事项：

一、种类；

二、座落四至及面积；

三、定着物情形及其现值；

四、申请地价或估价；

五、每年收益；

六、每年应纳赋税额；

七、现时使用状况及使用人姓名职业与居地或住址；

八、所有权来历；

九、业已依法登记者，其登记号数及所有权状或他项权利证明书号数。

乙、属于股票或其他有价证券者，应详载下列事项：

一、名称；

二、发行机关及负责人姓名；

三、股额或证券数额；

四、总值；

五、还本付息期限；

六、每年收益；

七、每年应纳捐税额；

八、票券保管处所及保管人姓名职业与居地或住址；

九、所有权来历。

丙、属于现金者，应详载下列事项：

一、金额；

二、存放处所；

三、每年收益；

四、每年应纳捐税额；

五、保管人姓名职业及居地或住址；

六、现款来历。

丁、属于生产事业或从事劳动所得之收益者，应详载下列事项：

一、种类；

二、生产劳动概况；

三、每年收益估计；

四、其他。

戊、属于定额补助者，应详载下列事项：

一、补助之机关团体或个人；

二、补助现金或实物总额；

三、每年补助次数；

四、补助期限；

五、有无指定用途。

第三条　私立救济设施之一切财产，应将全部书状或契据呈送主管官署验印。

第四条　私立救济设施收支数目应逐日登入账簿，所有单据应一律妥为保存，其保存期限不得短于十年。

第五条　凡呈准立案之私立救济设施，成立在五年以上，对于社会救济事业著有成绩者，经核准后得享受下列待遇：

甲、自身用地准予依法免税；

乙、有收益之土地或房屋、股票、债券、现金、孳息及生产劳动收益等，其直接使用于救济事业者，分别情形准予减税或免税。

第六条　凡有下列情事之一者不得呈请减税或免税，其已受减税或免税待遇者，并得由主管官署会同财务行政及土地行政官署予以撤销：

甲、未经依法立案者；

乙、违反法令情节重大，经撤销立案或勒令停办者；

丙、自动申请停办或解散或变更业务性质无关救济者；

丁、利用其事业为宗教或别有作用之宣传或兼营私人谋利之事业经查明属实者。

第七条　凡有下列情事之一者不得呈请全部减税或免税，其已享有减税或免税待遇者，由主管官署会同财务行政及土地行政官署予以部分或全部撤销：

甲、所办事业不完全属于救济性质者；

乙、自动申请变更后之业务不完全属于救济性质者。

第八条　本办法自公布日施行。

——原载《山东省政府公报》1947 年复刊第 37 期。

中国红十字会条例

（1914 年 9 月 24 日）

第一条　中国红十字会依陆军部、海军部之指定，辅助陆海军战时卫生勤务，并依内务部之指定分任赈灾、施疗及其他救护事宜。

第二条　中国红十字会得募款设立医院、造就救护人材并储备救护材料。

第三条　中国红十字会设总会于北京，设分会于各省，各分会均隶属于总会。

总会设会长一人，总经理、会务监督、各分会副会长一人，辅助会长办理一切会务。

第四条　中国红十字会会长、副会长由大总统派充，分会长由分会推举，经会长认可后方得就任，并由会长报明内务、陆军、海军各部。

分会长就所在地范围内执行紧急职务时，得直接陈请于该地军事长官及地方长官，余均陈请总会转陈。

第五条　中国红十字会之资产及账簿，得由陆军部、海军部、内务部各就所管事项随时派员检查。

第六条　中国红十字会须于每年一月以内，将上年收支之计算、事业之成绩造具清册，报告陆军部、海军部及内务部。

第七条　中国红十字会战时随军救护人员之待遇与军属同，救护队之编制及其服装之定式暨阶级之比较，由陆军部、海军部协商核定。

第八条　中国红十字会战时随军救护人员及救护材料需用国有轮舶铁道时，得依陆海军人员及军用品例办理。

第九条　中国红十字会战时随军救护人员在战地应用房屋、粮食、船、车、马，得由会长分别陈请陆海军部转饬支给。

第十条　中国红十字会有功人员，得由会长分别陈请内务、陆军、海军各部审核，呈请大总统给奖。

中国红十字会奖励条例另定之。

第十一条　本条例自公布日施行。

——原载《内务公报》1914 年第 13 期。

中国红十字会条例施行细则

（1915 年 10 月 5 日）

第一章　总则

第一条　本规则所称本会者指中国红十字会及分会而言。

第二条　本会享受《日来弗条约》及其《推行于海战之条约》，并用白地红十字记章等权利。

第二章　事业

第三条　本会战时卫生勤务及本条例第七条之办法由陆军、海军两部另定之。

第四条　本会分任赈灾、施疗及其他之救护，临时受主管官厅之指定，酌派救护员办理。

第五条　本会养成救护及看护人才办法如下：

（一）总会设红十字会医学校，依教育部定章办理，但会长得酌定额数免收学费；

（二）资遣学生附学于中国国立、公立或外国医学校，其学费由本会支给；

（三）看护员之养成就本会医院行之，其学费由本会支给。

前项第一款及第二款之学生不得中途退学，毕业后归本会任用，违者责成保证人赔偿各费。又，第三款之看护员毕业后，四年之内归本会任使。

第六条　医学校教育细则、看护教育细则及看护教程由总会另定之。

第七条　本会救护材料分三种如下：

一、卫生材料如器械、药品、滋养品、治疗用消耗品、病者被服寝具及病者运搬用具均属之；

二、普通材料　如事务用品、被服、帐棚、食器、庖厨用品及杂品均属之。

三、赈济材料　如棉衣、粮食、棺具等均属之。

第八条　本会救护材料之储备由总会、分会协商分担之，每预算年度开始之日，会长应将本会前年度及本年度各分担之数报告内务、陆军、海军三部，其会计年度依现行会计年度办理。

第九条　总会医院均以"中国红十字会某地医院"称之，分会医院均以"中国红十字会某地分会医院"称之。

第十条　分会医院由分会长或理事长将医院办法及职员履历报经总会核准后，方可设立。凡本会医院，平时均得酌量收费。

第十一条　凡本会医院均由医院长管理之，医院长以专门医学毕业人员为限。

第十二条　本会医院病床日志、处方录由院长保存之。医院长每月应编患者统计表、病类统计表，报告于所属会长。

第十三条　中国红十字会医院通则及各医院办事细则由总会另定之。

第三章　机关

第十四条　本会机关除本条例第三条规定设立总会、分会外，因管理便利起见，另于上海设总会驻沪办事处。

第十五条　分会设于各省，称为"中国红十字某处分会"，中国红十字会分会以设立医院者为限，但特经总会认可者不在此限。

第十六条　分会会务每三月报告总会一次。

第十七条　总会将一切会务每年汇报内务、陆军、海军三部一次，依本条例第六条办理。

第十八条　总会自制图记由会长陈请内务、陆军、海军三部备案后启用之，分会执照及图记由总会颁发。

第十九条　总会有随时稽查分会会务及其资产账簿之权，认为不正常时得提付常议会议决行之。

第二十条　各机关办事细则由会长定之。

第四章　会员

第二十一条　本会会员分三种如下：

（一）名誉会员，以下列人员经常议会认可者充之：甲、独捐千元以上者；乙、募捐五千元以上者；丙、办事异常出力者。

（二）特别会员，以下列人员经常议会认可者充之：甲、独捐二百元以上者；乙、募捐一千元以上者；丙、办事一年以上者。

（三）正会员，以下列人员得在会会员二人以上之介绍者充之：甲、每年独捐五元满六年者；乙、一次独捐二十五元者。

第二十二条　本会会员均为终身会员，得佩带本会徽章。

第二十三条　本会会员如受公权褫夺，同时失其会员资格。

第二十四条　本会会员违背本会规则或有损本会名誉者，得由本会除名。

第二十五条　入会之拒绝及会员之除名均由常议会行之，得不宣告其理由，但对于正会员属于分会者，由分会议事会议决之。

第二十六条　凡失会员资格或被除名者，追缴本会徽章，但所纳会费概不发还。

第二十七条　名誉会员、特别会员经常议会认可后，由总会登册并颁布徽章分别报部立案，正会员由分会每月开单送请总会登册并颁发徽章。

第二十八条　本会会员增减数由总会按月报告常议会，按年报告内务、陆军、海军三部。

第二十九条　纳捐者如隐其名或用堂记，不得推为会员。

第三十条　入会者得以相当物品、材料、房屋、田地、股票、债券作为会费之代价，但不得以无完全所有权者充之。

第五章　议会

第三十一条　总会置常议会，常议会以常议员三十六人组织之。

第三十二条　常议员每年由大会选举之，前项当选者由会长报告内务、陆军、海军三部备案。

第三十三条　常议员每年选举十二人，其任期三年，但第一年选举常议员之任期分三种如下：

一、任期一年者十二人；

二、任期二年者十二人；

三、任期三年者十二人。

第三十四条　常议员得选举连任。

第三十五条　常议员职权如下：一、稽核预算决算；二、审决会员之除名及入会之准否（除本规则第二十五条但书规定外）；三、审核各项细则；四、选举资产监督及总会出纳会计员；五、议决其他重要事件。

第三十六条　常议员中互选议长一人，副议长一人，议长因事未能出席时以副议长代之。

第三十七条　常议员每月开会一次，由会长召集之。

第三十八条　常议会议事以过半数决之可否，同数时由议长决定之。

第三十九条　常议会除议长外，非全数议员三分之二以上出席不得开会，但战时及有紧急事件时不在此限。

第四十条　凡紧急事件不及待常议会议决者，会长得自裁决施行，但事后须交常议会请求追认。

第四十一条　本规则三十五条第四款选举用记名单举法行之，以得票满出席议员三分之二者充之。前项当选者姓名、年龄、籍贯、履历由议长报告会长转陈内务、陆军、海军三部。

第四十二条　战时或有事变时，会长得将常议会改组临时议会，临时议会人数由会长定之，除常议员继续充临时议员外，得由会长于会员中另选补充。

第四十三条　分会设议事会办理下列事项：

一、初审分会预算、决算；

二、议决分会正会员入会之准否；

三、选举分会会计员及分会职员，议决分会临时重要事件。

第四十四条　分会议事员定数十二人，由分会长或理事长召集该分会所在地会员开分会大会，用记名单记法选举之，以得票之最多数者为当选，当选者由分会长或理事长报告总会。

第四十五条　分会议事员任期准照本规则第三十三条之规定。

第四十六条　分会议事会准用本规则第三十四条、第三十六条及第三十八条之规定。

第四十七条　分会议事会每月开会一次，由分会长或理事长召集之。

第四十八条　分会议事会除议长外，非全数议员半数以上出席不得开会，但战时及有紧急事件时不在此限。

第四十九条　临时有紧急事件发生，分会长或理事长得对于议事会适用本规则第四十条之规定。

第五十条　本规则第四十三条第三款之选举依本规则第四十一条第一项行之，前项当选者籍贯、年龄、履历由该议事会议长报告分会长或理事长转陈总会。

第五十一条　常议会及分会议事会议事细则由各该会自定之。

第六章　职员

第五十二条　本会除本条例第三条及本规则第五章规定外，设职员如下：顾问、文牍长、文牍员、书记、资产监督、出纳会计员、医药长、医院长、医长、医员、调剂长、药剂员、药剂生、看护长、看护、理事长、理事、副理事、输送长、输送人，以上职员人数视事务之繁简定之，但分会不得设顾问、文牍长、医药长，其事业范围犹未扩大，不设分会长者，设理事长代之。

第七章　资产

第五十三条　本会资产如下：一、原有动产及不动产；二、政府补助金；三、会员捐；四、特别捐；五、遗赠；六、本会事业发生之收入；七、以上各项发生之利息。

第五十四条　前条所称捐或赠者金钱、物品、材料、房屋、田地、股票、债券均属之。

第五十五条　本会资产及其契据，由司纳会计员交由资产监督管理之。

第五十六条　本会不动产之管理细则由常议会议决后，送由会长陈请内务、陆军、海军三部核定之。

第五十七条　本会资产之动支由司出会计员按预算定数支配，经临时议事会或常议会认定后向资产监督支用。

第五十八条　本会资产等出纳账簿登记办法，均照审计院修正，普通官厅用簿记办理。

第五十九条　本会收捐概以盖用图记，经会长及副会长署名编号之收据为凭。金钱以外须以实收之物品种类、数量记入。收据为三联式，一交纳捐者，一交资产监督，一存司纳会计员。

第六十条　本会收捐每月分别登报一次。

第六十一条　本会所收现款以外之物除可留用或留为生利者外，按序陈请会长审定提付常议会认可后拍卖之。

第六十二条 每届预算终期，出纳会计员应将经理出纳决算账簿附以证据，按下列顺序送由资产监督转送会长、提付常议会稽核，报告大会通过后由会长汇送内务、陆军、海军三部备查，并登入征信录分送各会员查阅。一、属于总会者由会计员径送，二、属于分会者由该分会会计员送由会长或理事长付议事会初审后转送。

第六十三条 每届预算期前，总会由会计员，分会由分会长或理事长各就所管事项编制预算，按前条顺序送由会长审定，提交常议会稽核。报告大会通过后，由会长送交资产监督查照施行。

第六十四条 本会资产属于分会者，该分会用充岁出之数不得逾其岁入之半，余应归存总会。

第八章 大会

第六十五条 凡属本会会员均得出席大会。

第六十六条 本会每年开常年大会一次，会长认须开临时大会时，得临时召集之。常议会提出理由请求会长开临时大会时，会长自受请之日起五星期以内须召集之。

第六十七条 大会之召集及其会议之目的须登报通告之。

第六十八条 大会之表决以出席会员为限。

第六十九条 大会以会长为议长，以副会长为副议长，议长缺席时以副议长代之。

第七十条 大会之议事以过半数决之可否，同数时议长决之。

第七十一条 大会所议事件除临时发生事件外，依下列各项行之：一、报告会务；二、稽核决算；三、议决预算；四、选举常议员。前项之选举用记名法，以得票最多数者为当选。当选者姓名、年龄、籍贯、履历由会长报告内务、陆军、海军三部。

第九章 奖励

第七十二条 本会会员之奖励另定之。

第十章 附则

第七十三条 本规则自内务、陆军、海军三部会呈奉大总统批准之日施行。

第七十四条　本会从前所订经部立案之条议及章程与本规则抵触或重复者不适用之。

第七十五条　本规则如有应行修改之处，由常议会提出理由，会长陈请内务、陆军、海军三部会呈大总统修改之，其由内务、陆军、海军三部认为应修改时，亦同。

——原载《政府公报》1915 年第 1228 期。

中国红十字会条例

（1920 年）

第一条　中国红十字会依陆军部、海军部之指定，辅助陆海军战时后方卫生勤务，并依内务部之指定分任赈灾施药及其他救护事宜。

第二条　中国红十字会得募款设立医院，造就救护人材并储备救护材料。

第三条　中国红十字会设总会于北京，设分会于各省，各分会均隶属于总会。总会设会长一人，总理会务，监督各分会；副会长一人，辅助会长办理一切会务。

第四条　中国红十字会会长、副会长由大总统派充，任期三年，分会长任期二年，由分会推举，经会长认可后方得就任，并由会长报明内务、陆军、海军各部。分会长就所在地范围内执行紧急职务时，得直接陈请于该地军事长官及地方长官，余均陈请总会转陈。

第五条　中国红十字会之资产及账簿，得由陆军部、海军部、内务部各就所管事项，随时派员检查。

第六条　中国红十字会须于每年一月以内将上年收支之计算事业之成绩，造具清册报告陆军部、海军部及内务部。

第七条　中国红十字会战时随军救护人员之待遇与军属同，救护队之编制及其他服装之定式暨阶级之比较，由陆军部、海军部协商核定。

第八条　中国红十字会战时随军救护人员及救护材料需用国有轮舶、铁道时，得依陆海军人员及军用品例办理。

第九条　中国红十字会战时随军救护人员在阵地应用房屋、粮食、船车、马匹，得由会长分别陈请陆海军部转饬支给。

第十条　本条例未尽事宜以施行规则定之。

第十一条　本条例自公布之日施行。

——原载《中国红十字会月刊》1921 年第 3 期。

中国红十字会条例施行细则

（1920 年）

第一章 总则

第一条 本规则所称本会者指中国红十字会及分会而言。

第二条 本会享受《日来弗条约》及其推行于海战之条约，并用白地红十字记章等权利。

第二章 事业

第三条 本会战时卫生勤务及本条例第七条之办法，由陆军、海军两部另定之。

第四条 本会分任赈灾施疗及其他之救护，临时受主管官厅之指定，酌派救护员办理。

第五条 本会养成救护及看护人才办法如下：一、总会设红十字会医学校应依教育部定章办理，但会长得酌定额数免收学费；二、资遣学生、附学于中国国立、公立或外国医学校，其学费由本会支给；三、看护员之养成就本会医院行之，其学费由本会支给。前项第一款及第二款之学生，不得中途退学，毕业后归本会任用，违者责成保证人赔偿，各费又第三款之看护员，毕业后四年之内归本会任使。

第六条 医学校教育细则、看护教育细则及看护教程，由总会另定之。

第七条 本会救护材料分三种如下：一、卫生材料，如器械、药品、滋养品、治疗用消耗品，病者被服寝具及病者运搬用具均属之。二、普通材料，如事务用品、被服、帐篷、食器、庖厨用品及杂品均属之。三、赈济材料，如棉衣、粮食、棺具等均属之。

第八条　本会救护材料之储备，由总会、分会协商分担之，每预算年度开始之日，会长应将本会前年度及本年度各分担之数报告内务、陆军、海军三部，其会计年度依现行会计年度办理。

第九条　总会医院均以中国红十字会某地医院称之，分会医院均以中国红十字会某地分会医院称之。

第十条　分会医院由分会长将医院办法及职员履历报经总会核准，方可设立，凡本会医院平时均得酌量收费。

第十一条　凡本会医院，均由医院长管理之，医院长以专门医学毕业人员为限。

第十二条　本会医院病床日志处方录，由院长保存之，医院长每月应编患者统计表、病类统计表报告于所属会长。

第十三条　中国红十字会医院通则及各院办事细则，由总会另定之。

第十四条　本会分会设于各省，称为中国红十字会某处分会，中国红十字分会以设立医院者为限，但特经总会认可者不在此限。

第十五条　分会会务每三月报告总会一次。

第十六条　总会应由会长、副会长督率理事长及分任职务之会员办理会务并将一切会务每年汇报内务、陆军、海军三部一次，依本条例第六条办理。

第十七条　总会自制图记，由会长陈请内务、陆军、海军三部备案后启用之，分会执照及图记，由总会颁发。

第十八条　总会有随时稽查分会会务及其资产、账簿之权，认为不正当时得提付常议会议决行之。

第十九条　总分会办事细则由会长定之。

第三章　会员

第二十条　本会会员分五种如下：一、名誉会员　以下列人员经常会、议会认可者充之：甲独捐一千元以上者，乙募捐五千元以上者，丙办事异常出力者。二、特别会员　以下列人员经常议会认可者充之：甲独捐二百元以上者，乙募捐一千元以上者，丙办事一年以上著有成绩者。三、正会员以下列人员得在会会员二人以上之介绍者充之：甲每年独捐五元满六年者，乙一次独捐二十五元者。四、普通会员，纳捐十元以上者。五、学生会员纳捐一元者。

第二十一条　本会名誉会员、特别会员、正会员均为终身会员，普通会员以十年为限，学生会员以修业期内为限，均得佩戴本会徽章，但不得以会员名义在外招摇。

第二十二条　本会会员如受公权褫夺，同时失其会员资格。

第二十三条　入会之拒绝及会员之除名，均由常议会行之，得不宣告其理由，但对于正会员属于分会者，由分会议事会议决行之。

第二十四条　凡失会员资格或被除名者，追缴本会徽章，但所纳会费概不发还。

第二十五条　名誉会员、特别会员经常议会认可后，由总会发册并颁发徽章，分别报部立案。正会员、普通会员、学生会员由分会每年开单送请总会登册并颁发徽章。

第二十六条　本会会员增减总数，由总会按月报告常议会，按年报告内务、陆军、海军三部。

第二十七条　纳捐者如隐其名或用堂记，不得推为会员。

第二十八条　入会者得以相当物品、材料、房屋、田地、股票、债券作为会费，但不得以无完全所有权者充之。

第四章　议会

第二十九条　总会置常议会，常议会以常议员四十八人组织之。

第三十条　常议员每年由大会就名誉会员、特别会员、正会员中选举之。前项当选者，由会长报告内务、陆军、海军三部备案。

第三十一条　常议员每年选举十六人，其任期三年，但第一年选举常议员之任期分三种如下：（一）任期一年者十六人；（二）任期二年者十六人；（三）任期三年者十六人。

第三十二条　常议员得连选连任。

第三十三条　常议员职权如下：

一、稽核预算、决算；二、审决会员之除名及入会之准否（除本规则第二十三条但书（特殊）规定外）；三、审核各项细则；四、选举资产监督及总会出纳会计员；五、议决其他重要事件。

第三十四条　常议员中互选议长一人，副议长一人，议长因事未能出席时，以副议长代之。

第三十五条　常议员每月开会一次，由会长召集之。

第三十六条　常议员议事以过半数决之可否，同数时由议长决定之。

第三十七条　常议员除议长外，非全数议员三分之二以上出席，不得开会，但战时及有紧急事件时不在此限。

第三十八条　凡紧急事件不及待常议会议决者，会长得自裁决施行，但事后须经常议会追认。

第三十九条　本规则三十三条第四款选举，用记名单举法行之，以得票满出席议员三分之二者为当选，前项当选者姓名、年龄、籍贯、履历，由议长报告会长，转陈内务、陆军、海军三部。

第四十条　战时或有事变时，会长得将常议会改组，临时议会、临时议员人数由会长定之，除常议员继续充临时议员外，得由会长于会员中另选补充。

第四十一条　分会设议事会办理下列事项：

一、初审分会预算决算；二、议决分会正会员入会之准否；三、选举分会会计员及分会职员；四、议决分会临时重要事件。

第四十二条　分会议事员定数十二人，由分会长召集该分会所在地会员开分会，大会用记名单记法选举之，以得票最多数者为当选，当选者由分会长报告总会。

第四十三条　分会议事员任期准照本规则第三十一条之规定。

第四十四条　分会议事会准用本规则第三十二条、第三十四条及第三十六条之规定。

第四十五条　分会议事会每月开会一次，由分会长召集之。

第四十六条　分会议事会除议长外，非全数议员半数以上出席，不得开会，但战时及有紧急事件时不在此限。

第四十七条　临时有紧急事件发生，分会长得对于议会适用本规则第三十一条之规定。

第四十八条　本规则第四十一条第三款之选举，依本规第三十九条第一项行之，前项当选者姓名、籍贯、年龄、履历由该议事会议长报告分会长，转陈总会。

第四十九条　常议会及分会议事会细则，由各该议会自定之。

第五章　职员

第五十条　本会除本条例第三条及本规则第四章规定外，设职员如下：

一顾问，二咨议，三理事长，四理事，五资产监督，六文牍长，七会计长，八医药长，九调查员，十文牍员，十一会计会，十二医院长，十三医长，十四药长，十五医员，十六输送长，十七看护长，十八药剂长，十九书记，二十药剂生，二十一看护，二十二输送人。

以上职员人数，视事务之繁简定之。

第六章

第五十一条　本会资产如下：

一、基金。（自第二项至第八项所收之款，经本会指定作为基金，不为经常开支者均属之）；二、原有动产及不动产；三、政府补助金；四、会员捐；五、特别捐；六、遗赠；七、本会事业所生之收入；八、以上各项所生之利息。

第五十二条　基金应会同内、陆、海军三部存储妥实银行，非经三部核准不得动用。

第五十三条　第五十一条所称捐或赠者，金钱、物品、材料、房屋、田地、股票、债券均属之。

第五十四条　本会资产及其契据由司纳、会计员交由资产监督管理之。

第五十五条　本会不动产之管理细则，由常议会议议决后，送由会长陈请内务、陆军、海军三部核定之。

第五十六条　本会资产之动支，由司出会计员按预算定数支配，经临时议会或常议会认定后，向资产监督支用。

第五十七条　本会资产等出纳账簿，登记办法均照审计院修正，普通官厅用簿记办理。

第五十八条　本会收捐概以盖用图记，经会长及副会长署名编号之收据为凭，金钱以外须以实收之物品种类、数量记入收据，为三联式，一交纳捐者，一交资产监督，一存司纳会计员。

第五十九条　本会收捐每月分别登报一次。

第六十条　本会所收现款以外之物，除可留用或留为生利者外，按序陈请会长审定，提付常会认可后拍卖之。

第六十一条　每届预算终期，出纳、会计员应将经理出纳决算账簿附以证据，按下列顺序送由资产监督，转送会长，提付常议会稽核，报告大会通过后，由会长汇送内务、陆军、海军三部备查，并登入征信录，分送各会员察阅：

一、属于总会者，由会计员径送；二、属于分会者，由该分会会计员送由分会长付议事会初审后转送。

第六十二条　每届预算期前，总会由会计员、分会长各就所管事项，编制预算，按前条顺序，送由会长审定，提交常议会稽核，报告大会通过后，由会长送交资产监督查照施行。

第六十三条　本会资产属于分会者，该分会用充岁出之数，不得逾其岁入之半，余应归存总会。

第七章　大会

第六十四条　凡属于本会会员均得出席大会。

第六十五条　本会每年开常年大会一次，会长认须开临时大会时，得临时集之；常议会提出理由，请求会长开临时大会时，会长自受请之日起五星期以内须召集之。

第六十六条　大会之召集及其会议之目的须登报通告之。

第六十七条　大会之表决以出席会员为限。

第六十八条　大会以会长为议长，以副会长为副议长，议长缺席时以副议长代之。

第六十九条　大会之议事以过半数决之可否，同数时议长决之。

第七十条　大会所议事件除临时发生事件外，依下列各项行之：

一、报告会务；二、稽核决算；三、议决预算；四、选举常议员。

前项之选举用记名法以得票最多数为当选，当选者姓名、籍贯、年龄、履历由会长报告内务、陆军、海军三部。

第七十一条　各分会除每年召集所在地会员开大会一次，每届二年，开大会时并选举分会会长，其选举方法依据第三十九条办理，遇有必要情形时得开临时大会。

第八章　奖励及惩罚

第七十二条　奖励办法如下：

一、捐款在一千元以上及募捐五千元以上或对于会务著有特别劳绩者，由总会分别情由，陈由政府转呈奖励。二、捐款在一千元以下及募捐在五千元以下及对于会务著有成绩者，由总会分别奖励，并陈明各部备案。前项奖励办法由总会另定之。

第七十三条　惩罚办法如下：

一、本会会员中受刑事处分或其行为有违本会章程者，本会得褫夺其会员资格。二、假本会名义招摇撞骗者，得由总分会长就近通知地方官厅严行究办。三、分会会长如有品行不正或行为违背会章，一经总会查明，得知照该分会撤换另行选举。四、分会执行会务有不妥适者，得由总会分别令其更正或改组，或函请地方官厅，令其更正或改组之。

第九章　附则

第七十四条　本规则自内务、陆军、海军三部呈奉，大总统批准之日施行。

第七十五条　本会从前所订经部立案之条议及章程一律废止。

第七十六条　本规则如有应行修改之处，由常议会提出理由，会长陈请内务、陆军、海军三部会呈大总统修改之，其内务、陆军、海军三部认为应行修改时亦同。

——原载《中国红十字会月刊》1921 年第 3 期。

中华民国红十字会管理条例

（1932 年 12 月 16 日）

第一条　中华民国红十字会依军政部、海军部之指定，辅助陆海空军战时后方卫生勤务，并依内政部、外交部之指定，分任国内外赈灾施疗及其他救护事宜。

第二条　本会得募款设立医院，造就救护人才及储备救护材料。

前项募款每年得举行一次，其日期及办法应呈请内政部核准备案。

第三条　本会设总会及分会。

总会以内政部为主管官署，并受外交部、军政部、海军部之监督；分会隶属于总会，以所在地地方行政官署为主管官署。

第四条　本会置理事、监事各若干人，由全国会员大会就会员代表中选举之。

理事互选常务理事五人，监事互选常务监事三人，由本会呈请内政部转报行政院转呈国民政府聘任之。

第五条　分会置理事、监事各若干人，由分会会员大会选举之。

分会于理事、监事选出后，应分别陈报地方主管官署及总会，俟核准及认可后始得就任，并由总会于每年一月七日汇报内政部、外交部、军政部、海军部。

第六条　前二条理事、监事之额数及任期，于本条例施行细则中规定之。

第七条　本会之资产及账簿属于总会者，内政部得随时派员检查，于必要时并得会同外交部、军政部、海军部行之；属于分会者，地方主管官署及总会得随时分别派员检查。

第八条　本会总会应于每年一月、七月，将过去半年收支之计算、事业之成绩及将来工作进行之计划，报告内政、外交、军政、海军各部。

分会亦应于每年一月、七月，将前项所定事项报告地方主管官署及总会。

第九条　本会战时随军救护人员之待遇与军属同。

救护队之编制及其服装之定式，由军政部、海军部协商核定。

第十条　本会战时随军救护人员及救护材料之载运，准用军属及军用品办法。

第十一条　本会战时随军救护人员在战地应用房屋、粮食、舟车、马匹、飞机，得分别呈请军政部、海军部转饬拨给。

第十二条　办理红十字会，除本条例有规定者外，依其他法律之规定。

第十三条　本条例施行细则，由内政、外交、军政、海军各部会同拟定，呈请行政院核准公布，并转呈国民政府备案。

第十四条　本条例自公布日施行。

——原载《国民政府公报》1932 年第 1006 期。

中华民国红十字会管理条例施行细则

（1933 年 6 月 3 日）

第一章　总则

第一条　本细则依据中华民国红十字会管理条例第十三条制定之。

第二条　中华民国红十字会管理条例所称地方主管官署如下：

一、省会为民政厅；

二、市为市政府社会局；

三、县为县政府；

四、其他行政区域之地方行政官署。

第三条　本会以白地红十字为记章。

第四条　本会设总会于首都，设分会于各省市县，必要时总会或分会得分设办事处。

第五条　本会因建筑会所及兴办救护事业需用公有土地及房屋时，得呈请主管官署核准给与或贷与之。

第二章　事业

第六条　本会应设立医院，兼储备救护材料，造成救护人才，其详细计划由总会拟具大纲，呈请内政部核定施行，并分报外交、军政、海军三部备案。

第七条　本细则公布一年后，各地分会仍无相当卫生设施或未举办救济事业时，应由地方主管官署呈请内政部转饬总会派员督促进行或解散之。

第八条　各地方分会得受各地方救济院之委托，协助举办各种救济事业。

前项救济事业费用由救济院担负，不足时由分会酌量补助之。

第九条　本会战时卫生勤务及《中华民国红十字会管理条例》第九条第二

项之办法，由军政、海军两部分别另定之。

本会经军政、海军两部之核准，得举行战时救护演习。

第三章　资产

第十条　本会之资产如下：

一、基金；二、政府补助金；三、会员之会费；四、经募款项；五、遗赠；六、本会事业上所生之收入；七、本会所有之动产及不动产；八、以上各项之孳息。

名誉会员、特别会员所纳会费及其他不属于基金之募款，除经常费用开支暨特定用途外，一律作为总会基金。

第十一条　本会基金应存储国家银行或其他之本国妥实银行，并呈报内政、外交、军政、海军四部备案，非经四部核准不得动用。

第十二条　前条各项资产之收支及管理，应由本会理事会及监事会拟具规则，呈请内政部核定施行，并分报外交、军政、海军三部备案。

第十三条　每届预算之终期，理事会应将经理出纳决算账簿附以证据，送由会长提付监事会稽核无误后，由会长编具报告书分送内政、外交、军政、海军四部备案，并刊入征信录。

第十四条　前条账簿证据属于分会者，由分会理事会送由分会长付分会监事会初审后，分别呈报地方主管官署及总会备案，并由总会汇报内政、外交、军政、海军四部备案。

第十五条　本会每届预算应于期前三个月，由理事会就所管事项编制送由会长审定，提付监事会同意，报告大会通过后施行，并由会长分报内政、外交、军政、海军四部备案。

第十六条　本会每届募款呈请核准后，应预定起讫日期，造成捐簿送呈内政部盖印，募款结束后应将募捐结果及捐簿呈部分别查核发还。

分会以不募款为原则，所需一切救济费用应报由总会于募款内酌量拨给。其因灾情重大实有募款之必要者，应将事实理由报请总会，拟定募款区域暨起讫日期，并造成捐簿，呈请内政部核准盖印，仍由总会将募捐结果及捐簿呈部分别查核发还。

第十七条　本会购运救护材料得分别情形，呈由内政部转咨财政部核准免征海关税及各项杂税。

本会所用电报得照章免费者，应呈请交通部核准免费。

第四章　会员征求及会员大会

第十八条　本会每年征求会员一次，其期间以两个月为限，应先呈请主管官署核准，组织各地方征求会员委员会行之，并得聘请地方主管官署长官为委员长。

第十九条　本会每年于首都开全国会员代表大会一次，其间应在征求会员二月前举行，但因战事或非常事变时，得由主管官署命令延期开会。

会员大会应先分区召集之，称为某区全国会员大会，由区全国会员大会推选代表出席全国会员代表大会。

区会员大会推选代表规则由本会另定之。

第二十条　全国会员代表大会开会日期及会议之主要事项，应于两个月前通知各分会，并于指定之报纸公布之。

第二十一条　全国会员代表大会开会时，应由总会于两星期前呈请内政、外交、军政、海军四部派员监督。

第二十二条　全国会员代表大会所议事件依下列各项行之：

一、报告会务；二、稽核决算；三、议决预算及其他重要案件；四、选举理事及监事。

第二十三条　各分会每年召集所在地会员开常年大会一次。

第五章　理事及监事

第二十四条　本会置理事十五人至二十九人，组织理事会在全国会员代表大会闭会期间处理一切会务。

前项理事由全国会员代表大会就会员中选举之，并得就理事中推选下列各职员：会长一人，副会长二人。

第二十五条　理事互选常务理事五人处理日常事务。

第二十六条　本会置监事十五人至二十九人组织监事会。

前项监事由全国会员代表大会就会员中选举之。

第二十七条　监事互选常务监事三人处理日常事务。

第二十八条　理事及监事任期均为三年，但得连选连任。

第二十九条　理事及监事当选后，应由本会于五日内开具详细履历，分报内政、外交、军政、海军四部，并由内政部呈转府院备案。

第三十条　会长及副会长、理事及监事均为名誉职。

第三十一条　分会置理事及监事，除依照《中华民国红十字会管理条例》第五条之规定办理外，其组织、人数、任期及待遇由本会另定之。

第三十二条　本会理事会下得特设青年部及妇女部。

第三十三条　理事会及监事会办事规则由本会另定之。

第六章　战时之特例

第三十四条　战事及非常事变之际，本会得组织临时救护委员会，在军事长官管理之下执行救护事务。

第三十五条　战事及非常事变之际，理事及监事任期虽满，非至恢复常态时不得改选。

第三十六条　本会于必要时，得呈请当地政府酌量征集僧道、尼姑或其他团体协助办理救护工作。

第三十七条　战时本会得呈请军事长官拨给车辆、船舶、组织卫生列车及病院船。

第三十八条　战时本会应用卫生材料，于必要时得呈请军事长官酌量补充之，事后仍须据实报销。

第三十九条　其他团体担任战区卫生勤务时，须得军事长官之许可，与本会协商办理，如用红十字记章者，须先得本会之同意。

第四十条　本会恢复常态后，六个月以内解散临时救护委员会。

第七章　附则

第四十一条　本会服务人员奖励事项，除法令另有规定外，准用褒扬条例之规定。

第四十二条　本会经办赈务，在未订立单行规则前，应准用赈务委员会制发之会计规程，造册呈报内政部核准备案，属于分会经办者，应造册呈报地方主管官署及总会分别备案，并由总会汇报内政部备案。

第四十三条　本会于不抵触管理条例及施行细则范围内，得另订总会及分会章程，呈请内政部核准施行，并分报外交、军政、海军三部备案。

第四十四条　本细则自公布日施行。

　　　　　　　　　　　　——原载《法令周刊》1933 年第 155 期。

中华民国红十字会各地分会立案办法

（1934 年 8 月）

一、各地方红十字会分会，应依本办法向所在地主管官署呈请立案。

二、本办法所称主管官署如下：

1. 省会为民政厅；2. 市为市政府社会局；3. 县为县政府；4. 其他行政区域之地方行政官署。

三、呈请立案时，应备具正副呈请书，并附呈下列各文件：

1. 全体会员名册；2. 职员名册；3. 财产目录；4. 印鉴单；5. 总会承认书及其他各项足资证明之文件。

四、红十字会分会，以事务所之设置或迁移，立案事项之变更、消灭或废止，为立案或为立案之更正及涂销者，应向原立案官署声请之。

为前项声请者，应附具声请事由之证明文件。

五、各主管官署接受立案呈请书，应于详核无误后，即行立案，其有须调查者，应于两星期内调查完毕，但有特别事由者，不在此限。

六、各主管官署对于红十字会分会之呈请，查有违背法令及本办法者，应令其补正，始予立案。

七、各主管官署准许立案后，应即发给立案证书，并公告之。

八、红十字会分会于呈请立案时，所附呈各项证明文件及其他应行发还之文件，主管官署应盖印并记载立案号数、收件年月日、收件号数后，再行发还。

九、主管官署立案完毕后，发现立案有错误或遗漏时，应即通知原立案分会，于指定期限内补正之。

十、红十字会分会之主事务所或分事务所迁移至原立案官署管辖区域以外，为迁移之立案者，其原立案即行销结，立案证书应同时缴销。

十一、红十字会分会经依法解散后，原立案官署应即饬令缴销其立案证书并公告之。

十二、各地方红十字会分会立案后，主管官署应于三个月内呈转内政部备案。

十三、本办法所规定之立案证书及各项册式另定之。

——原载《内政公报》1934 年第 7 卷第 32 期。

中华民国红十字会各地分会申请各地高级党部备案办法

（1935 年 6 月 15 日）

一、中华民国红十字会各地分会设立时，应先向总会声请核准，由总会呈请中央执行委员会民众运动指导委员会转知该分会所在地方高级党部发给许可证，派员指导组织，并由分会将筹备情形，呈报主管官署备案。（以下简称各地分会）

二、各地分会依照《修正人民团体组织方案》第三节第五、第六两项，组织完成时，应将其章程呈请当地高级党部复核后，依照内政部颁《中华民国红十字会各地分会立案办法》第三项规定，一并呈请主管官署备案。

三、中华民国红十字会总会，及各地已经成立之分会，应补行备案手续。

总会应备具呈文，检同各项章则，呈请中央执行委员会民众运动指导委员会派员视察后补给许可证，并准予备案。

各地分会由总会汇呈中央执行委员会民众运动指导委员会核准，转知所在地方高级党部，发给许可证，并准予备案。

——原载《内政公报》1935 年第 8 卷第 16 期。

中华民国红十字会管理条例

（1935 年 7 月 27 日）

第一条　中华民国红十字会，依内政部、外交部、军政部、海军部之指定，办理下列事务：

一、辅佐陆海空军战时卫生勤务及平时军事人员之医疗与救护；

二、国内外灾变之救护、赈济及伤病之治疗。

第二条　本会应提倡服务精神，普遍征求会员，并完成妇女及青年组织，实施有效之服务与训练。

第三条　本会应设立医院，充实医药设备，造就救护人才，并预储各项救护材料。

第四条　本会经费，除会务收入及政府补助金外，每年得募款一次。其日期及办法，应先呈请内政部核准备案。

前项会务收入，于本条例施行细则中定之。

第五条　本会设总会及分会。

总会以内政部为主管官署，并依其事务之性质，受外交部、军政部、海军部之监督。分会隶属于总会，以所在地地方行政官署为主管官署。

第六条　总会置会长一人及副会长二人，由总会全体理事、监事推选，呈由内政部转报行政院转呈国民政府聘任之。

总会置理事、监事各若干人，由全国会员代表大会就会员中选举之。理事互选常务理事五人，监事互选常务监事三人，由本会呈请内政部转报行政院转呈国民政府聘任之。

第七条　前条理事、监事于必要时，得径由国民政府遴选相当人员聘任之。但不得超过全体理事、监事人数三分之一。

第八条　分会置理事、监事各若干人，由分会会员大会选举之，分会于理事、监事选出后，应陈报总会核准聘任之，并报请地方主管官署备案。

第九条　会长、副会长之任期，及总会、分会理事、监事之额数及任期，于本条例施行细则中定之。

第十条　本会之资产及账簿，属于总会者，内政部得随时派员检查，并于必要时，会同外交部、军政部、海军部行之。属于分会者，地方主管官署及总会，得随时分别派员检查。

第十一条　总会应于每年年度开始前，将下年度进行计划及收支预算，呈请内政部查核，于必要时，会同外交部、军政部、海军部行之。

分会应于每年年度开始前，将下年度进行计划及收支预算陈报总会查核，并报请地方主管官署备案。

第十二条　总会应于每年年度终了后，将上年度收支细数及事业成绩，编具报告，分报内政部、外交部、军政部、海军部查核。

分会应于每年年度终了后，将上年度收支细数及事业成绩，编具报告，陈报总会查核，并报请地方主管官署备案。

第十三条　本会战时随军救护人员之待遇，与军属同。

救护队之编制及其服装之定式，由总会呈请军政部、海军部协商核定。

第十四条　本会战时随军救护人员及救护材料之载运，准用军属及军用品办法。

第十五条　本会战时随军救护人员，在战地应用卫生材料、房屋、粮食、舟车、马匹、航空机，得分别呈请内政部、军政部、海军部转饬拨给。

第十六条　办理红十字会，除本条例有规定者外，依其他法律之规定，订有国际公约者，并准适用，但以经政府批准者为限。

第十七条　本条例施行细则，由内政部、外交部、军政部、海军部会同拟订，呈请行政院核准公布，并转呈国民政府备案。

第十八条　本条例自公布日施行。

——原载《国民政府公报》1935 年第 1805 期。

修正中华民国红十字会管理条例

（1936 年 7 月 23 日）

第一条　中华民国红十字会依卫生署及内政部、外交部、军政部、海军部之指定，办理下列事务：

一、辅佐陆海空军战时卫生勤务，及平时军事人员之医疗与救护；

二、国内外灾变之救护、赈济及伤病之治疗。

第二条　中华民国红十字会应提倡服务精神，普遍征求会员，并完成妇女及青年组织，实施有效之服务与训练。

第三条　中华民国红十字会应设立医院，充实医药设备，造就救护人材，并预储各项救护材料。

第四条　中华民国红十字会经费，除会务收入及政府补助金外，每年得募款一次。其日期及办法，应先呈请卫生署核准备案。

前项会务收入，于本条例施行细则中定之。

第五条　中华民国红十字会设总会于首都，设分会于各地。

总会以卫生署为主管官署，并依其事务之性质，受内政部、外交部、军政部、海军部之监督。

分会隶属于总会，以所在地地方行政官署为主管官署。

第六条　总会置会长一人及副会长二人，由总会全体理事监事推选，呈由卫生署转报行政院转呈国民政府聘任之。

总会置理事监事各若干人，由全国会员代表大会，就会员中选举之。理事互选常务理事五人，监事互选常务监事三人，由总会呈请卫生署转报行政院转呈国民政府聘任之。

第七条　前条理事监事于必要时，得径由国民政府遴选相当人员聘任之，但不得超过全体理事监事人数三分之一。

第八条　分会置理事、监事各若干人，由分会会员大会选举之。分会于理事、监事选出后，应陈报总会核准聘任之，并报请地方主管官署备案。

第九条　会长、副会长之任期，及总会分会理事、监事之额数及任期，于本条例施行细则中定之。

第十条　中华民国红十字会之资产及账簿，属于总会者，卫生署得随时派员检查，并于必要时会同内政部、外交部、军政部、海军部行之；属于分会者，地方主管官署及总会，得随时分别派员检查。

第十一条　总会应于每年度开始前，将下年度进行计划及收支预算，呈请卫生署查核。于必要时，会同内政部、外交部、军政部、海军部行之。

分会应于每年度开始前，将下年度进行计划及收支预算，陈报总会查核，并报请地方主管官署备案。

第十二条　总会应于每年度终了后，将上年度收支细数及事业成绩，编具报告，分报卫生署及内政部、外交部、军政部、海军部查核。

分会应于每年度终了后，将上年度收支系数及事业成绩，编具报告，陈报总会查核，并请地方主管官署备案。

第十三条　中华民国红十字会战时随军救护人员之待遇，与军属同。

救护队之编制及其服装之定式，由总会呈请军政部、海军部协商核定。

第十四条　战时随军救护人员及救护材料之载运，准用军属及军用品办法。

第十五条　战时随军救护人员在战地应用卫生材料、房屋、粮食、舟车、马匹、航空机，得分别呈请卫生署、军政部、海军部转行酌拨。

第十六条　办理红十字会，除本条例有规定者外，依其他法律之规定，订有国际公约者，并准适用，但以经政府批准者为限。

第十七条　本条例施行细则，由卫生署及内政部、外交部、军政部、海军部会同拟定，呈请行政院核准公布，并转呈国民政府备案。

第十八条　本条例自公布日施行。

——原载《内政公报》1936 年第 9 卷第 8 期。

北平特别市私立慈善机关补助规则

（1928 年 12 月 5 日）

第一条　凡市内各种慈善救济事业经社会局登记者，得依本规则请求补助及奖励。

第二条　补助费之支给需经社会局之调查，认为成绩优良者，核定金额，按月由请求机关具领。

第三条　补助金额标准依各机关收容人数，每人每月不得超过两元，但只有消费而毫无生产者，如育婴堂残废院等不在此限。

第四条　受补助各机关应由社会局派员监察及指导，倘事业退化或无法指导时即行停止补助。

第五条　已受补助各机关事业日进确有扩充之必要时，得由社会局于可能范围内特请专款协助，但以一次为限。

第六条　社会局得依各个事业收支之盈绌，将规定补助金额随时呈请增减之。

第七条　受补助机关应将年度预决算全部送社会局审查。

第八条　下列各项不得为补助之请求：

甲　虽具慈善性质，如平民学校、施医院等不在社会局管理范围内者；

乙　成立不足半年者；

丙　临时救济无固定机关者；

丁　收容不及五十人者。

第九条　各种慈善社团成绩卓著者，分别等级呈由市政府或转请内政部给予匾额、褒状等表彰之。

第十条　各慈善家热心公益者，得由社会局列举，呈由市政府核请内政部按等给予褒章。

第十一条　各慈善机关义务职教员工作在十年以上者，由社会局考核成绩，呈由市政府分别给予奖章或奖金。

第十二条　本规则如有未尽事宜，得由社会局提出呈请补充或修正之。

第十三条　本规则自呈准市政府公布之日施行。

——原载《北平特别市社会局救济专刊》，1930 年 10 月。

北平特别市公益慈善团体登记规则

（1929 年 3 月 7 日）

第一条 凡本市内各项公益慈善团体，应依本规则呈请社会局核准登记。

第二条 前经主管官署批准之各公益慈善团体，尚未呈报社会局立案或本规则施行以前已经社会局批准者，概应补行登记。

第三条 请求登记者须具备陈请书并附章程及代表人姓名、住址、印鉴缴呈社会局审核，前项请求团体如创办在半年以上者，应将以前办理状况及成绩一并报告。

第四条 凡创办公益慈善团体，其章程应载明下列各款：

一、名称；

二、地址；

三、宗旨；

四、创办及主办人；

五、基金由来及概数；

六、经费由来及概数；

七、现在举办事业种类；

八、职员之名称、人数、职权之选任改任之规定；

九、职员之资格限制及其权利、义务。

第五条 社会局接到登记请求书，经派员查明与本规则第三、四条规定相符并组织合法者即准登记。

第六条 社会局认为请求登记者手续不合或违背法令及与事实不符时，应更正后始行受理。

第七条 核准登记之团体应由社会局发给登记凭照并公告之，前项登记凭照式样另定之。

第八条　核准登记之团体每六个月须向社会局具领，表示将下列各款填明呈报社会局备案：

一、会员及职员变更状况；二、财产状况；三、事业经营成绩（前项表示另定之）。

第九条　核准登记之团体如有修正章程等情事，应随时开具二份呈报社会局核准备案。

第十条　核准登记之团体如有改选职员之情事，应随时开具新职员履历表二份，呈请社会局核准备案。

第十一条　核准登记之团体有违反法令情事，由社会局依法纠正之，再违反时应撤销登记并缴销凭照，其情节重大者得呈请市政府办理。

第十二条　登记及撤销登记事项之公告，除于社会局前揭示外，并送登市政公报。

第十三条　核准登记之团体于改组或解散时应声叙理由，呈报社会局核准备案，其已解散者并应撤销凭照。

但收容贫民之团体，非先呈请社会局设法安插完竣，不得自行解散。

第十四条　社会局依第九条、第十条、第十二条及第十三条规定所办之事项，均应汇呈市政府备案并通知各关系机关备查。

第十五条　本规则如有未尽事宜，得随时修正之。

第十六条　本规则自公布之日施行。

——原载《北平特别市社会局救济专刊》，1930 年 10 月。

北平特别市社会局附属慈善机关经理委员会章程

（1929 年 3 月 28 日）

第一条　本委员会承社会局长之命，专司各附属慈善机关及工厂之考查、统计、规划、改进事项。

第二条　本委员会开会时，局长或其指定之代理人为主席。

第三条　委员以下列各项人员充之：

甲、社会局长、主管科长、各院长厂长为当然委员；

乙、本局及各院各厂人员，由局令派充或函聘者。

第四条　本会因统筹各附属慈善机关业务之发展，分股办事，于前两项委员中以局令指派之，其名称及任务如下：

1. 食粮股：关于粮食之考查、统计、支配事项；

2. 被服用具股：关于被服用具之考查、统计及设备给与事项；

3. 料品保管股：关于原料出品之点验、登录及归类储藏事项；

4. 采办推销股：关于原料购置及成品推销，并交涉豁免税捐、减收运费事项；

5. 资金保管股：关于各院各厂经费以外各种收入之经理、存放及核算报告事项；

6. 筹募股：关于募集捐款物品、股本及请拨基金事项。

第五条　前条各股依事务之繁简，每股得由委员二人以上处理，或委员一人兼理之。

第六条　本会至少某月开常会一次，其时间由主席指定并召集之。

第七条　本会记录、缮写等事，由主席指定本局人员兼任。

第八条　本会章程如有未尽事宜，随时由本会提议修正，经社会局呈明核准。

第九条　本章程自呈奉市政府核准公布之日施行。

——原载《社会月刊》1929 年第 1 期。

北平特别市公益慈善基金委员会章程

（1930 年 2 月 13 日）

第一条　北平特别市政府为谋本市公益慈善事业之发展，及其基金之充实，特于社会局内设立公益慈善基金委员会。

第二条　本委员会职责如下：

一、公益慈善事业之筹画、考查、指导及其改善事项；

二、公益慈善基金之筹集、保管、支配及其公布事项。

第三条　本委员会设委员十五人至三十人，由市政府聘任之，均为名誉职。

第四条　本市社会局局长为本委员会当然委员。

第五条　本委员会设常务委员三人，除社会局局长为当然常务委员外，余由委员互选之，处理本会日常事务，并轮充会议主席。

互选之常务委员任期一年，期满改选，但得连选连任。

第六条　本委员会每月开常会一次，遇必要时得开临时会，均由常务委员会召集之。

第七条　本委员会会议以委员七人以上之出席开议，出席委员过半数之同意议决，可否同数时决于主席。

第八条　本委员会办理各项事务，得酌设事务员，由社会局人员兼任之。

第九条　本委员会每月工作情形及款项收支由委员会议决，编列表册呈报市政府核准备案，并刊登《市政公报》公布之。

第十条　本委员会办事细则另定之。

第十一条　本章程未尽事宜得随时修正。

第十二条　本章程自市政府公布之日施行。

——原载《北平特别市市政公报》1930 年第 34 期。

北平市娱乐场所附征慈善捐章程

（1932 年 7 月 30 日）

第一条　凡本市内戏院、电影院、游艺园、杂技场等娱乐场所，其所发售之戏券（电影券、游艺券）暨入场券等，每一张附征银洋一分作为娱乐慈善捐，由顾客于购券时随同价款缴纳，各该场所于每日结算后汇缴该管区署核收。

包厢券按位数征捐。

第二条　本捐以十分之五作为补助社会局救济事业经费之用，以十分之五作为补助公安局感化事业经费之用。

第三条　各区署收到捐款，随时制给收据，每届月终汇齐，按照第二条所定之数，分解公安局、社会局照收。

前项收据由社会局印制，编列字号，送交公安局会印后，转发各区署备用。

第四条　各娱乐场所代缴捐款，查与所售券数不符时，按照是日应缴之数加一倍处罚。

第五条　凡支架席棚开场演唱，及清茶馆带弹唱之场所，免征娱乐慈善捐。

第六条　凡本市公益慈善团体举办演唱、戏剧、电影或杂技暨其他各种游艺筹集款项者，得经公安局暨社会局核准，免予缴纳娱乐慈善捐。

第七条　本章程施行后，前收之包捐、合座捐即行取消。

第八条　本章程如有未尽事宜，得随时呈请修正之。

第九条　本章程自市政府核准公布之日施行。

——原载《北平市市政公报》1932 年第 160 期。

北京特别市公益慈善事业筹款限制办法

（1942 年）

第一条　凡本市市民因办理公益慈善事业举办各种筹款者，悉依本办法办理。

第二条　凡本市市民因办理公益慈善事业，举办义务戏或各种游艺筹款及普通劝募捐款，需详具正当理由及主办人员姓名，呈请社会局批准，如系教育机关，并须同时呈请教育局批准。

第三条　社会、教育两局对于前项呈请，应先派人员调查该事业办理成绩及实在情形，认为有筹款之必要者，方得批准。

第四条　凡呈请举办义务戏或各种游艺筹款，经批准后，须抄录批文，呈请警察局令饬该管区署到场监察，方得举行。

第五条　凡呈请普通劝募捐款，经批准后，需印制捐册，照录批文于册首，其捐册须经社会局加盖戳记方为有效，经手劝募人必须劝导乐输，不得假借名义加以强迫。

第六条　捐款收据需由经手劝募人签名盖章，收款时同时将款数照填于收据存根，由捐款人于款数上盖章证明。

第七条　如系公益慈善团体，非经社会局登记，逾一年以上者，不得举办各种筹款，但有特别情形者不在此限。

第八条　如系公益慈善团体，曾经举办各种筹款未满一年以上者，不得再行呈请举办。

第九条　凡呈请举办义务戏及各种游艺时，须报明下列事项：

一、演戏地点或游艺种类及场所；

二、剧目角色或开会表演项目；

三、票额及票价；

四、举办所需各种费用数目。

第十条　凡举办各种筹款时，应于事毕十五日内，将收支情形暨所筹款项数目、用途分别开单，呈报主管局查核，违者得禁止其再举行筹办。

第十一条　凡违犯以上各条规定者，警察局应随时制止，或没收其捐册及已经劝募之款，并处以五百元以下之罚金。

第十二条　凡各省市之公益慈善团体在本市内筹款者，亦适用本办法之规定。

第十三条　本办法如有未尽事宜，得随时修正之。

第十四条　本办法自公布之日施行。

——原载《市政公报》1942 年第 168 期。

北平市公益慈善事业筹款限制办法

（1946 年 3 月 8 日）

第一条　凡本市民众团体、学校办理慈善事业筹款者悉依本办法办理。

第二条　凡民众团体及公私立学校依下列各项方法筹款者，均须详具理由及负责人姓名呈请社会局批准，其属于公私立学校者，并须呈请教育局批准：

一、义务戏；

二、各种游艺；

三、普通劝募捐款；

四、其他。

第三条　社会局及教育局对于前项呈请应经过下列程序办理：

一、派员调查该事业办理成绩及实在情形，认为有筹款必要者方得批准；

二、关于第二条第一、二两项筹款批准后，应并饬知筹款人抄录批文，呈请警察局，令饬该管分局派警到场监视举行。

第四条　凡以个人名义办理慈善事业依第二条各项规定筹款者，不得核准。

第五条　凡呈准筹款者，应将收款捐册或收款票据加盖各该团体学校钤记，以昭慎重。

第六条　凡用捐册及收据募款者，应将批文照录捐册册首，并规定起讫期限，其捐款收据须由经手劝募人签名盖章，收款时将款数照填于收据存根。由捐款人于款数上盖章证明，经手劝募人不得对捐户施行强迫。

第七条　各团体学校等登记立案不逾一年或已举办筹款尚未满一年以上者均不得举办筹款，但因特殊情形经主管机关核准者不在此限。

第八条　凡呈请举办义务戏及各种游艺时，须于十五日前报明下列事项：

一、表演地点、日期时间；

二、游艺种类、演员及项目；

三、票额及票价；

四、收支预算。

第九条　凡举办筹款者，应于事毕十五日内，将收支情形暨所筹款项数目用途分别列表，呈报社会局查核并登报公布。

第十条　凡筹款人违犯以上各条规定者，除随时制止或于事后没收其捐册及已经劝募之款外，并处以五百元以下之罚金。

第十一条　本办法如有未尽事宜，得随时签请修正之。

第十二条　本办法自市政府公布之日施行。

——原载《北平市政府公报》1946 年第 1 卷第 1 期。

北平市寺庙兴办公益慈善事业委员会组织规程

（1947 年 10 月 30 日）

第一条　本委员会（以下简称本会）依据内政部颁《修正寺庙兴办公益慈善事业实施办法》（以下简称《部颁实施办法》）第三条之规定组织之。

第二条　本会委员以下列各代表充任，均为无给职。

一、民政局代表二人；

二、佛教会代表二人；

三、道教会代表一人；

四、城自治区代表二人；

五、郊自治区代表一人；

六、出资僧寺代表二人；

七、出资道庙代表一人。

前项委员，除民政局代表径由民政局以局令派充外，其余各代表均由各该团体开会公推，呈报民政局委派。

第三条　本会委员互推主席一人、常务委员二人，处理日常事务。

第四条　本会办事人员，由委员会就所属教会及寺庙调员兼任，得分组办事，必要时并得酌用雇员。

第五条　本会任务范围及处理程序，除主管官署交办事项外，悉依《部颁实施办法》之规定。

第六条　本会会议分下列二种：

一、常会：每月一日及十五日开会一次；

二、临时会：由主管官署训令，或主席认为有必要及委员半数以上之提议召开之。

第七条　本会办公费及雇员薪给，依照《部颁实施办法》第九条之规定，以所征收之款十分之一，划拨存储，撙节开支。

　　第八条　本会会址由委员会就城内各大寺庙选定之。

　　第九条　本规程自呈奉市政府核准之日施行，如有未尽事宜，得由民政局随时修正，并报市政府备案。

　　　　　　　　　　——原载《北平市政府公报》1947年第2卷第23期。

上海特别市市政府监督慈善机关暂行条例

（1927 年 10 月 14 日）

第一条 本条例依据《上海特别市暂行条例》第七条第十项之规定，在市公益局暂缓进行期间，由本市政府直接监督一切私立慈善机关。

第二条 凡慈善机关，需呈经本市政府核准注册给照后，方得设立。

旧有之各慈善机关，呈经本市政府查明确有成绩者，方准注册给照。

新创之慈善机关，需将发起人姓名、所在地址、所办事业、经费来源、收支预算、办事规则详细呈报本市政府核明后，准予试办三个月，经本市政府查明确有成绩者，方准注册给照。

如未经过上两项之手续者，所设机关经本市政府查出得勒令停办。

第三条 各慈善机关应设委员会，其办事主任员由委员会公举，呈请本市政府核定委任之，其他各职员由主任员负责选任之，呈报本市政府。

第四条 主任员如有才不胜任或竟营私舞弊，经本市政府调查属实，得令停止职务，重者另予处分。

第五条 各机关所任职员，如经本市政府查有溺职或舞弊情事，应令主任员辞退之，主任员或失察，或匿不检举，或通同舞弊，应另予处分。

第六条 各机关职员有任事三年以上确系著有成绩者，由本市政府予以奖励，奖章另订之。

第七条 各机关每届月终应将一月内收支款目及办理情形，按照本市政府颁发表式填报呈核，并于各该机关门首明白榜示，年终汇印征信录昭示大众。如本市政府对于所填表式疑义时，得令查复。

各机关办理事业，本市政府认为有不适当时，得随时派员指导之。

关于收支账目如有错误、遗漏、重复等情事，经本市政府复核发觉后，得随时纠正之。

第八条　关于补助各机关经费事宜，应由本市政府规定办法办理。

第九条　各机关如因经费不足须行捐募时，应先呈经本市政府核准，其现已办有成案者，亦须于本条例公布之日起一个月内，将一应手续及办法备文补呈候核。

第十条　各机关于本市政府核准之捐款，应将捐册、收据等编号送府盖印，方能有效。

第十一条　如因有特别事故组织临时救济机关，如募捐赈灾之类，应先呈经本市政府核准，其捐款用途应于事竣后造具清册，报候本市政府审核。

第十二条　各机关所办事业如有未能完善之处，由本市政府随时指导督饬改良，督饬无效得吊销其执照，勒令停办。如仅系局部事业，则令将某项事业停办，以免虚糜经费。

第十三条　各机关如有假慈善名义招摇敛财者，经本市政府查实，立即吊销执照，勒令停办。

第十四条　本条例如有未尽事宜，得随时修正之。

第十五条　本条例由公布之日施行。

——原载《上海特别市市政府市政公报》1927 年第 4 期。

上海特别市市政府公益局
监督慈善机关暂行条例
（1927 年）

第一条　本局依据《市政府暂行条例》第二十八条第二项，实行监督慈善机关之职责。

第二条　凡慈善机关，需呈经本局核准注册给照后，方得设立。

旧有之各慈善机关，呈经本局查明确有成绩者，方准注册给照。

新创之慈善机关，需将发起人姓名、所在地址、所办事业、经费来源、收支预算、办事规则详细呈报本局核明后，准予试办三个月，经本局查明确有成绩者，方准注册给照。

如未经过上两项之手续者，所设机关经本局查出得勒令停办。

第三条　各慈善机关应设委员会，其办事主任员由委员会公举，呈请本局核定委任之，其他各职员由主任员负责选任之，仍呈报本局。

第四条　主任员如有才不胜任或竟营私舞弊，经本局调查属实，得令停止职务，重者另予处分。

第五条　各机关所任职员，如经本局查有溺职或舞弊情事，应令主任员辞退之，主任员或失察，或匿不检举，或通同舞弊，应另予处分。

第六条　各机关职员有任事三年以上确系著有成绩者，由本局呈请市政府予以奖励，奖章另订之。

第七条　各机关每届月终，应将一月内收支款目及办理情形，按照本局颁发表式填报呈核，并于各该机关门首明白榜示，年终汇印征信录昭示大众。如本局对于所填表式有疑义时，得令查覆。

各机关办理事业，本局认为有不适当时，得随时派员指导。

关于收支账目如有错误、遗漏、重复等情事，经本局复核发觉后，得随时纠正之。

第八条　关于补助各机关经费事宜，悉遵市政府规定之《发给各机关补助费暂行条例》办理。

第九条　各机关如因经费不足需行捐募时，应先呈经本局核准，其现已办有成案者，亦需于本条例公布之日起一个月内，将一应手续及办法备文补呈候核。

第十条　各机关于本局核准之捐款，应将捐册收证等编号送局盖印，方能有效。

第十一条　如因有特别事故组织临时救济机关，如募捐赈灾之类，应先呈经本局核准其捐款用途，应于事竣后造具清册，报候本局审核。

第十二条　各机关所办事业如有未能完善之处，由本局随时指导、督饬改良，督饬无效得吊销其执照，勒令停办。如仅系局部事业，则令将某项事业停办，以免虚糜经费。

第十三条　各机关如有假慈善名义招摇敛财者，本局查实，立即吊销执照，勒令停办。

第十四条　本条例如有未尽事宜，经局务会议认为有增损之必要者，得随时修正呈请市长核定。

第十五条　本条例由市长公布之日施行。

——原载《上海特别市市政府市政公报》1927年第2期。

上海特别市市政府发给各机关补助费暂行条例

（1928 年）

第一条　上海特别市区域内受本政府补助经费各机关（以下简称各机关）悉依本条例规定办理。

第二条　凡本区域内私人或团体设立之教育、公益、慈善等各机关，其所办事务对于市民确有裨益，办理著有成绩并成立在三年以上者，得呈请发给补助费。

第三条　各机关呈请发给补助费时，应具呈声叙历年办理成绩，并附各项证明书类全年度收支详细预算书及财产目录，呈由主管局派员实地调查后，转呈本政府核夺。

第四条　凡受本政府补助费各机关，无论所受补助费为其收入之一部或全部，除本条例规定各款外，并应遵照本政府颁行各种规程办理。

第五条　各机关补助费经本政府核准后，应按月或分期填具请款三联单径送主管局核发，前项三联单应按格填写并经该主任人员署名盖章。

第六条　各机关收支各款应于次月十五日以前，造具收支计算书粘同一应单据，呈送主管局审核汇送本政府。

第七条　各主管局审查各机关收支计算书，如有疑义时，得令行查复。各机关遇有前项查询应于文到五日内呈复。

第八条　关于各机关之设备及会计事务主管局及财政局，得随时派员审查及指导。

第九条　各机关关于会计事项如有错误、遗漏、重复等情事，经审查察觉者得随时纠正之，惟情节较重者须呈明市长核办。

第十条　各机关如因经费不足须行捐募时，应于事前呈由主管局核定转呈本政府批准后，方得劝募。其现已办有成案者，亦须于本条例公布之日起一个月内，将一应手续及办法备文补呈候核。

第十一条　各机关除本政府或其他官厅拨给之补助费及呈准有案之捐款外，不得任意创立名目征收捐款。

第十二条　各机关收集经本政府核准之捐款时，其捐册及收据须呈由主管局加盖局印方能有效，一面由主管局知照财政局以备稽考。

第十三条　各机关关于公产之处分，应于事前呈由主管局核定，转呈本政府批准后方得举办。

第十四条　各机关如有违反本条例及本政府颁行各项章程或不能遵照各该机关设立本旨办理时，经主管局查明属实者，得斟酌情形呈请本政府停止其补助费或勒令停办。

第十五条　本条例如有未尽事宜，得随时修正之。

第十六条　本条例自公布之日施行。

——原载《上海特别市市政府市政公报》1928 年第 7 期。

上海特别市公益慈善团体注册暂行规则

（1928 年 9 月 19 日）

第一条　本特别市区内一切公益慈善团体，均应遵照本规则呈请市政府社会局核准注册后，方予保护。

第二条　凡本市内公益慈善团体及其附属机关，应由各该团体发起人或负责职员之连署，备具正副呈请书向社会局呈请注册，并附具章程办事规则、职员履历表、团体调查表及印鉴单各二份。

注册呈请书、职员履历表、团体调查表及印鉴单应由呈请人先向社会局具领。

第三条　公益慈善团体及其附属机关章程均应载明下列各款：

一、名称及办理之事业；

二、区域及所在地；

三、职员之名称人数、职权及选任解任之规定；

四、会议之组织及选举法；

五、财务之收支及整理法；

六、事业之处理法。

第四条　社会局接到注册呈请书，经派员调查该团体或其附属机关，依照本规则第二条所填具各项附件与事实相符，并经审核其组织合法后，如系旧有机关办有成绩者，当即准予注册。如系新创机关，当准予试办三月，经查明确有成绩者方准注册。

第五条　社会局对于公益慈善团体及其附属机关注册之呈请，查有手续不合，或违背法令，或附件内容简略，或与事实不符者，应令更正或补充，始行受理。

第六条　核准注册之公益慈善团体或其附属机关，应由社会局发给注册执照，并公告之。

第七条　公益慈善团体及其附属机关于核准注册后，应按照社会局颁发表式，每届月终将一月内收支款目及办理情形造具计算书及事实清册各二份，呈报社会局查核备案。

第八条　公益慈善团体及其附属机关于核准注册后，如有修正章程、改订规则等情事，应随时开具二份，呈报社会局核准后施行之。

第九条　公益慈善团体及其附属机关于核准注册后，如有改选职员情事，应随时开具新职员履历表二份，呈报社会局核准备案。

第十条　公益慈善团体及其附属机关于改组织或解散时，应声叙理由呈报社会局核准备案，其已解散者并应吊销执照及图记。

第十一条　注册及撤销注册事项之公告，除于社会局门前揭示外，并登市政公报。

第十二条　社会局依前第六条、第十条规定办理之事项，均应呈报市长备案，并请转咨内政部备案。

第十三条　本规则如有未尽事宜，得由社会局呈请市长提出市政会议修正之。

第十四条　本规则经市政会议通过，自市长公布之日施行。

——原载《上海特别市市政府市政公报》1929 年第 15 期。

上海特别市监督公益慈善团体暂行规则

（1928 年 11 月 30 日）

第一条　本特别市社会局依据组织细则第四条丁项第二款之规定，监督市内一切公益慈善团体。

第二条　凡市内公益慈善团体及其附属机关，应呈经社会局核准注册给照后，方得设立。

旧有之各公益慈善团体及其附属机关，呈经社会局查明确有成绩者，方准依照规则注册给照。

新创之公益慈善团体及其附属机关，应将发起人姓名、所在地址及所办事业、经费来源、收支预算、办事规则详细呈报社会局核明后，准予试办三个月，经社会局查明确有成绩者，方准依照规则注册给照。

如未经过上两项规定之手续者，所设公益慈善团体及其附属机关，经社会局查出得勒令停办。

第三条　市内公立慈善团体及其附属机关，其性质与事业有与内政部《各地方救济院规则》第二条所规定之各所相当者，应由社会局令改名称，隶属于本特别市救济院，就其地址与基金继续办理。

第四条　市内公立慈善团体及其附属机关无从改隶于救济院者，仍准其维持现状，但应受社会局指导，集中组织或改善事业，以收分工合作之效。

第五条　市内公益慈善事业，如由私人或私人团体集资办理并不向外募捐者，一律维持现状，但应遵照本规则受社会局之监督。

第六条　各公益慈善团体及其附属机关应设委员会，其办事主任人员由委员会公举后，呈请社会局核定委任之。其他各职员由主任负责选任之，并呈报社会局备案。

第七条　主任人员才不胜任，经社会局调查属实，得令停职改选，如有营私舞弊情事，应依法惩办。

第八条　各公益慈善团体或其附属机关所用职员，经社会局查有溺职或舞弊情事，得令主任分别撤惩之，主任失察或匿不检举应予以处分。

第九条　各慈善团体或其附属机关，职员任事三年以上确系著有成绩者，得由主任呈准社会局转呈市政府奖励之。

第十条　各慈善团体及其附属机关收支账目每届月终，除呈报社会局外，应于各该团体或其附属机关门首明白榜示，年终汇印征信录，昭示大众。

关于收支账目，如有错误、遗漏、重复等情事，经社会局复核发觉后，得随时纠正之。

第十一条　各公益慈善团体及其附属机关，如因经费不足举行募捐时，应先呈经社会局核准，其已办有成案者，亦应于本规则公布之日起一个月内，将一切手续及办法备文补呈候核。

第十二条　各公益慈善团体及其附属机关于社会局核准之捐款，应将捐册、收据等编号送局盖印。

第十三条　因特别事故组织临时救济机关，如募捐赈灾之类，应先呈经社会局核准其捐款用途及办理情形，亦应于事竣后造具计算书及事实清册，呈报社会局审核。

第十四条　各公益慈善团体或其附属机关所办事业如有未尽完善之处，由社会局随时指导督饬改良，如延不遵循，得勒令停办其事业之全部或一部。

第十五条　各公益慈善团体或其附属机关如有假借名义招摇敛财情事，经社会局查实后，除将主动人依法惩办，并吊销其执照，勒令停办。

第十六条　本规则如有未尽事宜，得随时呈请修正之。

第十七条　本规则自特别市政府公布之日施行。

——原载《上海特别市市政府市政公报》1928 年第 17 期。

上海特别市慈善团体登记规则

（1929 年 11 月 19 日公布）

第一条　本规则依据《监督慈善团体法施行规则》第三条之规定订定之。

第二条　凡本市区内慈善团体组织时，应由发起人备具呈请书，列举所办事业，并造经费收支预算书，呈请社会局许可。

第三条　慈善团体经许可后，试办三个月，确有成绩者，再由全体董事连署，呈送章程或捐助章程、办事规则，及会员名册、职员履历表、团体调查表暨印鉴单各二份，向社会局请求登记下列各款：

（一）目的；

（二）名称；

（三）主事务所及分事务所；

（四）董事之姓名及住所；

（五）财产之总额；

（六）设立许可之年月日；

（七）定有出资方法者，其方法；

（八）限制董事代表权者，其限制；

（九）定有成立时期者，其时期。

呈请登记自经设立许可之日起算，至迟应于六个月内行之。

第四条　慈善团体之管理方法，属于社团性质者，其章程内应载明下列各事项：

（一）目的；

（二）名称；

（三）董事之任免；

（四）总会召集之条件程序，及其决议证明之方法；

（五）社员之出资；

（六）社员之资格取得与丧失；

（七）所办事业。

第五条　慈善团体之管理方法，属于财团性质者，其捐助章程内应载明下列各事项：

（一）目的；

（二）名称；

（三）组织；

（四）所捐财产；

（五）管理方法。

第六条　社会局核准登记后，除发给登记执照并公告外，应呈由特别市政府转报内政部备案。

第七条　已经登记后之慈善团体，关于下列事项应呈请社会局核准备案，方生效力。

（一）修改章程；

（二）任免董事及其重要职员；

（三）职员成绩之考核；

（四）社员加入或告退；

（五）变更财产及收支情况；

（六）办理之经过情形；

（七）举行募捐；

（八）团体之改组或解散。

第八条　慈善团体于登记后如有违抗法令，及破坏善良风俗等情事，经社会局调查属实，应吊销其执照，并勒令停办。

第九条　《监督慈善团体法》施行以前市内已设立之慈善团体，未经遵照本市前定之《公益慈善团体注册暂行规则》呈请注册者，应于社会局公告限期内，遵照本规则第三条办理。

第十条　《监督慈善团体法》施行以前，市内各慈善团体已遵照本市前定之《公益慈善团体注册暂行规则》呈请注册者，认为有效，候应行补报各项限期呈报后，由社会局另给登记执照。

第十一条　本规则自特别市政府公布之日施行。

——原载《上海特别市市政府市政公报》1929 年第 38 期。

上海特别市慈善团体章程应行规定及载明事项一览

（1930年）

一、名称及性质

（1）定名：须依据性质及目的并参酌历史关系而定名称。

（2）性质：照下列各项明白规定：

（A）公立者：凡由地方人士公同倡议设立，或经费半数系受公款补助，或收益之产业大部分系属公产，或因捐助人年代久远并无遗嘱，又未定捐助章程者；

（B）同志集资设立者；

（C）同乡集资设立者；

（D）同业集资设立者（会馆公所如专为办理慈善事业者，即属于同乡同业集资性质）；

（E）私人捐资设立者。

二、目的及事业：以其所办理事业之性质规定。

（1）养育弃婴；

（2）收容迷拐妇孺；

（3）收容残废流民；

（4）养老；

（5）收养孤儿；

（6）教养妇女；

（7）习艺；

（8）救生；

（9）施医药；

（10）施棺、助殓、掩埋（会馆公所之寄棺、运柩、埋葬、赊棺等项，亦应载入）；

（11）施衣米等。

其事业不属于上列各项之性质，或事业甚多，未能枚举者，并依监督慈善团体法第一条规定，以济贫、救灾、养老、恤孤及其他救助事业为目的。

三、所在地

（1）主事务所；（2）分事务所。

团体与所办事业不在一处者，应以团体所在地为主事务所，事业所在地为分事务所。

若团体与所办事业同在一处，为对外接洽便利，另设办事处者，则以事业所在地为主事务所，办事局为分事务所。

四、职员：指团体最高机关之董事或委员而言。

（1）人数由各团体自行规定，惟人数在二十人以上者，应设常务董事会或委员会，自三人以至七人组织之。

（2）资格分一般的限制及特殊的限制。

（一）一般的限制，即凡有《监督慈善团体法》第五条之各项情事之一者，不得当选为董事。

（二）特殊的限制：

1）公立者，其董事须与《监督慈善团体法》第四条规定相符；

2）同志或同乡、同业集资设立者，其董事须具有会员之资格；

3）私人捐资设立者，其董事之资格，须不违背捐助章程之规定。

（3）职权

（一）关于事业兴革及变更事项；

（二）办理主管官署交办事项；

（三）聘任雇员并规定其职务；

（四）议决各项规则及订定办事细则；

（五）审议预算决算；

（六）筹画经费，惟募捐事项，须呈准官署；

（七）依法保管及处置所有资产（关于变更财产，应事前呈准主管官署，方生效力）；

（八）考核成绩；

（九）其他关于监督整理维持及改善事项。

凡董事职务，必须有上项规定，如因特殊情形，如限制董事代表权等，得在法令范围内，酌量增加。

（4）选任

（一）公立者，准暂照向章办理，待主管官署决定选任办法后，再行遵照。

（二）同志、同乡、同业集资设立者，由各该团体自行规定，惟不得违背民权初步及普通选举惯例。

（三）私人捐资设立者，照捐助定章。

（5）解任

除发现有《监督慈善团体法》第五条所规定之情事者外，得由各团体自行规定，惟由选举产生者，依照惯例，其任期不得过三年。

五、会员或社员

（1）资格

（一）消极的限制：依照《监督慈善团体法》第七条办理；

（二）积极的限制：其资格之取得与丧失，由各团体自行规定。

（2）权利及义务

在不违背《民法总则》第五十条至五十八条之规定范围内，由该团体自行规定。

凡公立及私人捐助设立者，无须有会员之规定。

六、会议之组织，会期之规定及其决议证明之方法。

（1）总会：社团性质，每年至少需开会员或社员总会二次（慈善法第八条）。

下列事项，须经决议，其决议除变更章程，有特别规定外，以出席会员过半数决之。

（一）变更章程（依据《民法总则》五十三条，应有全体会员过半数之出席，出席会员四分之三以上之同意，或有全体会员三分二以上书面之同意，方得决议并应得主管机关官署之许可）。

（二）任免董事（应呈请主管官署核准备案）。

（三）监督董事职务之进行。

（四）开除会员或社员。

（2）董事会由各团体于章程及法令范围内自行规定其组织法及分配职务、会议程序等项。

七、经费之来源：由各团体自行规定。

凡财团性质之慈善团体，应详细注明所捐财产及其管理方法。

八、会计：照本市《公益慈善团体会计通则》办理。

九、解散

（1）经全体会员三分之二以上之可决。

（2）定有存立时期者。

十、清算：依《民法总则》第三十七条至四十四条办理，遇有特别情形得酌量增加。

附录有关系之法令：

（1）《社会团体组织程序》；

（2）《民法总则》第二章第二节；

（3）《监督慈善团体法》；

（4）《上海市慈善团体登记规则》；

（5）《上海市公益慈善团体会计通则》。

——原载《上海市社会局业务特刊》1930年第4、5期。

上海特别市慈善团体登记规则

（1930 年 5 月 14 日）

第一条 凡市区内依法组织之慈善团体，均应遵照本规则，呈请社会局立案。

第二条 凡发起组织慈善团体者，应备具理由书，列举所办事业，并造送经费收支预算书，呈经上海特别市党部许可设立。组织筹备会后，应即由发起人备具连署之呈请书，列举所办事业，并造送经费收支预算书及筹备员履历表，检同市党部许可证、筹备会印鉴单等件，向社会局呈请备案。

第三条 慈善团体应于筹备会备案后三个月内组织完成，经上海特别市党部认为健全时，由全体董事备具连署之正副呈请书，附具章程或捐助章程、办事规则及会员名册（财团性质之慈善团体，可免送会员名册）、职员履历表及各项调查表各二份，并检同市党部证明组织健全之批令，呈请社会局立案。

第四条 慈善团体之管理方法，属于社团性质者，其章程内应载明下列各事项：

（一）名称及性质；（二）目的及职务；（三）区域及所在地；（四）职员之人数、职权及选任、解职之规定；（五）会员资格之取得与丧失及其权利义务；（六）会议之组织及其决议证明之方法；（七）会期之规定及其召集之条件程序；（八）经费之来源；（九）会计；（十）解散及清算；（十一）定有存立时期者，其时期。

第五条 慈善团体之管理方法，属于财团性质者，其捐助章程，应载明下列各事项：

（一）名称；（二）目的；（三）组织；（四）所捐财产；（五）管理方法；（六）会计；（七）解散及清算。

第六条 慈善团体自筹备会备案后，满三个月，尚未组织完成，呈请立案者，社会局得撤销其备案，并取缔之。

第七条　社会局核准慈善团体立案后，应即发给立案证书及图记，并公告之。

第八条　慈善团体立案后，如有修订章则等事，应随时呈报社会局核准备案，方生效力。

第九条　慈善团体立案后，有下列情事之一者，应先期十日呈报社会局核准备案：

（一）总会召集之日期；（二）改选董事或委员；（三）变更财产；（四）举行募捐；（五）声请清算；（六）声请改组或解散。

第十条　慈善团体立案后，每半年应将会务状况、收支款项编制报告，呈报社会局审核备案。

第十一条　慈善团体经改组或解散后，应即缴销立案证书及图记，并由社会局公告之。

第十二条　社会局依前第七条及第十一条之规定，所办理之事项，均应呈报市政府，转咨内政部备案。

第十三条　本规则如有未尽事宜，得随时修正之。

第十四条　本规则自特别市政府公布之日施行。

——原载《上海市社会局业务特刊》1930年第4、5期。

上海市慈善团体会计规程

（1931 年 9 月）

第一章 总则

第一条 本市各慈善团体关于会计上一切事宜，均应遵照本规程办理。

第二条 各慈善团体之会计年度，定为每年一月一日开始，十二月三十一日终止。

第三条 各慈善团体之会计，应分为收支会计与财产会计两种，凡关于捐款收益及各种经费之收支等，应编入收支会计，凡关于产业证券及存该款项之往来等，应编入财产会计。

第四条 各慈善团体之会计，以国币一圆为记账单位，遇有他种货币，应照市价合作国币入账。

第五条 各慈善团体分支机关之会计事务，事实上不便合并办理者，得分别办理之，但应按月报告总机关汇总入账。

第六条 各慈善团体应于每年一月，编制上年度之收支决算书、资产负债表、财产目录及本年度之收支预算书，提交该团体之总会或董事会议决后，呈报社会局备案。

第七条 各慈善团体每年度之收支决算书、资产负债表、财产目录及捐款者之户名与银数，有请会计师查核者，其报告书或证明书，应一并刊印征信录，分送各界，以资凭信。

第二章 收款付款

第八条 各慈善团体收入款项，应出具二联式收据，由董事或主任签印后，以一联存查，一联交付款人收执。

收据应编字号，自第一号起，继续填写，非至年度终了，不得更易。

第九条　凡经收之捐款、租息及其他收入等，均应随时解交管理现款出纳者点收，尽数存入银行或钱庄，不得留存借抵付款。

第十条　凡付出款项，须取得正当领款人或其他代理人之收据为凭，但事实上不能取得收据者，得由经手人声叙事由，开单证明。如遇有不识文字者，得由经手人开具清单，由收款人画押或盖印证明。

第十一条　凡支付经费，须根据预算并事前请得董事或主任核准者，方得付款，但例行或小额支款，得事后并案请求核准。

第十二条　各慈善团体存放款项之机关，应由董事会议决，支用款项时，其支票应由董事及主任会同签字为凭。

第十三条　各慈善团体留存现款，至多不得过一百元，此项现款专供零星付款之用，如遇大宗付款，应签发支票供用。

第三章　基本财产

第十四条　各慈善团体所收之捐助财产及募集之基金捐款，应全数编入基本财产，每年之收支剩余金，至少应以半数编入基本财产。

第十五条　基本财产由总会或董事会推选二人以上之基金监，共同保管之。其中现款，应以该团体印章及基金监签印为印鉴，存储于殷实之银行或钱庄，遇有收入，应随时存储，不得遗留。

第十六条　基本财产所生之息金，得充作各项经费之用，其本金除存储生息外，得投资于可靠证券、购置房地产、设备、建筑物及其附属物等之用。

第十七条　基本财产之运用及变更，须经该团体总会或董事会之议决并呈报社会局备案。

第十八条　各慈善团体所有之房屋、器具等，应照实值向殷实保险公司投保火险，并按期将保费付清。

第十九条　各慈善团体对于存款、证券、田地、房屋、器具、用品等，应有详细之记录，并应将契据图样及证券折据等，妥慎保管。

第四章　会计科目

第二十条　慈善团体之会计科目，分为二类如下：

一、收支类科目；二、财产类科目。

第二十一条 收支类科目如下：

甲、收入项下：

一、捐款收入 凡收入之捐款，得区别事由，分纳下列各目：

1. 常年捐款：凡自愿认定捐额，一次或按年、按季、按月缴纳，充作常年经费之用者均属之。

2. 临时捐款：凡临时募集捐款，充作临时发生事项经费之用者均属之。

3. 基金捐款：凡募集捐款，充作慈善团体基金，或自愿捐款，不指定用途者均属之。

4. 特别捐款：凡自愿捐助款项，指定用于某特种事业者均属之。

以上捐款，并得视其捐助之性质，分别细目记入之。

二、租金收入 凡关于不动产之收益，得区别事由，分纳下列各目：

1. 田租：凡因出租田产所收入之租金属之。

2. 地租：凡因出租地产所收入之租金属之。

3. 房租：凡因出租房产所收入之租金属之。

以上租金，并得视其产业之地段，分列细目记入之。

三、息金收入 凡收入之息金，得视其性质，分纳下列各目：

1. 存款利息：凡存出之款项，不论定期或活期，所收入之利息均属之。

2. 证券利息：凡购入公债或股票所收入之利息、红利或利益等均属之。

四、借款收入 凡向外界借用之款项均属之，并应区别借入之户名，分列细目。

五、补助费收入 凡政府拨付之补助费均属之，并得区别拨付机关，分列细目。

六、事业收入 凡因举办事业而获得之收益均属之，并应依照事业性质，分列细目。

七、变卖收入 凡因变卖田地、房屋、器具用品及有价证券买卖、还本等之收入均属之，并应依其种类，分列细目。

八、其他收入 凡不属于上列各科目之其他收入均属之，并得视其收入性质，分列细目。

九、本年度收支不敷数 凡本年度收支相抵后之不敷数属之。

十、本年度收支移转额 凡收入款项，属于减少资产或增加负债性质者，应用本科目分别转入财产会计。

乙、支出项下：

一、事务经费　凡支出之事务经费，得区别事由，分纳下列各目：

1. 薪俸：凡支给办事员之薪水及津贴等均属之。

2. 工资：凡支给工役之工资均属之。

3. 杂给：凡因嘱托特种事项所支付事务报酬及临时报酬均属之。

4. 文具：凡支付纸张、笔墨、簿册、表单及其他杂件等费用均属之。

5. 印刷：凡支付各种印刷品之费用均属之。

6. 邮电：凡支付邮费、电报、电话等通信费用均属之。

7. 消耗：凡支付烟茶、酒点、煤炭、油烛以及电灯、自来水等费用均属之。

8. 膳费：凡支付办事员役等之伙食费用均属之。

9. 车力：凡支付各种车费及各种送力均属之。

10. 房租：凡支付办公房屋之租金均属之。

11. 修缮：凡支付房屋及器具用品等之修理费均属之。

12. 保险费：凡支付房屋及器具、用品等之保险费均属之。

13. 广告费：凡支付日报、杂志及其他广告性质之费用均属之。

14. 交际费：凡因公所付之交际费用均属之。

15. 旅费：凡因公支付之旅行费用均属之。

16. 杂费：凡不能归入上列各科目之其他费用均属之。

二、事业经费　凡因举办各种事业而支付之一切经费均属之，并应依照事业性质，分列细目。

三、置产经费　凡因购置田地、房屋、器具用品及有价证券等所付之支出均属之，并应分别购置种类，分列细目。

四、补助经费　凡补助其他或附属慈善团体之经费均属之，并应分别团体名称，分列细目。

五、偿还借款　凡因偿还借用款项之支出均属之，并应区别偿还之户名，分列细目。

六、利息支出　凡因借入款项或收受存款而支付之利息均属之，并得视其性质，分列细目。

七、产业维持费　凡因产业所支付之赋税、保险、修缮及每年于总决算时提存之折旧金均属之，并应视其性质，分列细目。

八、本年度收支剩余金　凡本年度收支相抵后之剩余金属之。

九、本年度收支移转额　凡支出款项属于增加资产或减少负债性质者，应用本科目，分别转入财产会计。

第二十二条　财产类科目如下：

甲、负债项下：

一、存入款项　凡对于存入款项之收付，应分别户名，用本科目处理之。

二、借用款项　凡对于借用款项之收付，应分别户名，用本科目处理之。

三、往来透支　凡对于银行或钱庄透支之款项，应分别户名，用本科目处理之。

四、未付款项　凡对于未付或未结算之款项，应分别户名或事由，用本科目处理之。

五、暂收款项　凡对于预收或暂收之款项，应分别户名或事由，用本科目处理之。

六、折旧准备　凡房屋、器具用品等折旧费之提存与支销，应分别种类，用本科目处理之。

七、基金　凡应编入基本财产之收入，应由收支会计转入本科目处理之。

八、历年积余金　凡历年收支之余数，除过积亏并编入基金外，尚有盈余者，应滚结列入本科目。

九、本年度结余数　凡本年度之收支移转额（增加资产或减少负债）及收及支剩余金均属之。

乙、资产项下：

一、田产　凡可耕种而得收入之土地，应分别处所，登记其面积及价值。

二、地产　凡可使用而得收入之土地，应分别处所，登记其面积及价值。

三、房产　凡可使用而得收入之房屋，应分别处所，登记其间数及价值。

四、器具用品　凡所有之器具用品，应分别处所，登记其种类及价值。

五、有价证券　凡买入之股票、债券等，应分别种类，登记其票面金额及价值。

六、附属工场基金　凡拨付定额款项，充作附属工场之基金者，用本科目处理之。

七、附属工场（或机关）往来　凡与附属工场（或附属机关）日常往来收付之款项，用本科目处理之。

八、押租押柜　凡对于押租、押柜之收付，应分别户名，用本科目处理之。

九、基金存款　凡对于基金存款之收付，应分别户名，用本科目处理之。

十、定期存款　凡对于定期存款之收付，应分别户名，用本科目处理之。

十一、往来存款　凡对于往来存款之收付，应分别户名，用本科目处理之。

十二、未收款项　凡对于未收或未结算之款项，应分别户名或事由，用本科目处理之。

十三、暂付款项　凡对于预付或暂付之款项，应分别户名，用本科目处理之。

十四、现金　凡对于现款之收付，用本科目处理之。

十五、历年积亏数　凡历年收支之余数，除过积余后，属亏损者，应滚结列入本科目。

十六、本年度结亏数　凡本年度之收支移转额（减少资产或增加负债）及收支不敷数均属之。

第五章　账簿表单

第二十三条　各慈善团体，应备置下列各种账簿：

甲、主要簿

一、银钱日记簿；二、收支分类簿；三、财产分类簿。

乙、补助簿

一、田地房产明细簿；二、器具用品明细簿。

上列五种账簿，在规模较小、收支简单之慈善团体，已足适用，但在规模较大、收支频繁之慈善团体，并应酌设下列各种补助簿。此项增设之补助簿，除消耗品购入簿及支给簿外，并可代替主要簿中收支分类簿及财产分类簿内各该科目之用。

一、捐款收入簿；

二、租金收入簿；

三、事业收入簿；

四、事务经费簿；

五、事业经费簿；

六、往来存款簿；

七、定期存款簿；

八、存该分户簿；

九、暂记存欠簿;

十、有价证券明细簿;

十一、消耗品购入簿;

十二、消耗品支给簿。

第二十四条　各慈善团体,应备置下列各种表单。

一、收款凭单;

二、付款凭单;

三、科目余额表;

四、收支月计表;

五、财产月计表;

六、收支预算表;

七、收支决算书;

八、资产负债表;

九、财产目录;

十、捐款收据;

十一、租金收据;

十二、通用收据;

十三、薪津收据;

十四、工资清单;

十五、采办凭单;

十六、领用凭单。

第六章　登账规则

第二十五条　凡一切收付,不论其为现款或转账,均应将详细事由,分别性质,缮制收入或付出凭单,由关系人员签印证明后,方可根据登记。

第二十六条　收入及付出凭单,每张只列一种收付,但遇有账目过于零星繁琐者,对于此种收付,得每日汇结一总数,制成凭单。

第二十七条　凡与收付有关系之收据、发票等,均须附于凭单之后,并于凭单内注明附单据若干张。

第二十八条　已经记账之凭单及附属单据,应按照日期,顺次整理,装订成册,由主管人员慎重保管。

第二十九条　银钱日记簿及各种补助簿之入账，一律根据收付凭单，收支分类簿及财产分类簿之过账，一律根据银钱日记簿。

第三十条　账簿内记载之科目、金额及其他事实，应与凭单内之记载相符，如遇凭单由遗漏或不明了之处，应由原制单员补注清楚，然后记账。

第三十一条　账簿表单内之字迹，需缮写清楚，如遇缮写错误时，应于误写处注销另书，并由登记员盖章证明，不得涂改或擦去。

第三十二条　凡已经使用完结之账簿表单，均需分年编号，妥慎保存十年，并至目录备查。

第三十三条　账簿之面页或脊上，均须标明该账簿名称、团体名称及年份、册数，各种账簿，均须顺次编列页数，如系清账性质，并须加目录于首页。

第三十四条　各种账簿之首页，均应刊印启用账簿表，凡启用账簿时，需分别填写，署名盖章，并依法贴用印花。

第三十五条　各种账簿之末页，均应刊印经营本账人员簿，凡经管本账时，需署名盖章，注明接账日期，移交时，注明移交日期。

第三十六条　记账员更调时，应将经管之账簿，盖印于记载最末一笔之月日栏，新任者盖章于经管最初一笔之月日栏，以明责任之始末。

第三十七条　账簿每一年度更换一次，更换新簿，如旧簿中尚有空白页时，应于空白之第一页上，书明"自此以下各页作废"字样，并签印证明。

第三十八条　账簿表单每页记完后，所余空白，如系西式簿记，应划红色斜线以簿去之，如系中式簿记，应书"余白"二字，或盖"止"字戳记以销去之。又账簿如有重揭两页，致有空白时，应于空白页上，划红色交叉线，并由记账人员签印于中间交叉处，以证明之。

第三十九条　账簿表单内一页记完，应将数目总结，过入他页续记，并于该页末行摘要栏内，注明"过次页"或"转某页"字样，过入页之首行摘要栏内，注明"接前页"或"承某页"字样，但中式簿记得不记之。

第四十条　各种账簿记载完毕后，均须换人复核。

第四十一条　各种补助账各户余数之和，必须常与收支分类簿及财产分类簿各该科目之余数相对照。

第四十二条　银钱日记簿之结存数，每日必须与手头所存之现金数相对照，往来存款之余款，至少每月必向存款机关对照一次。

第七章　决算手续

第四十三条　各慈善团体，应于每月末日，将各种账簿结算一次，并编制收支月计表及财产月计表。每届年终，举行总决算一次，并编制收支决算书及资产负债表、财产目录。

第四十四条　每届总决算时，如有应收未收及应付未付各账款，均应查明实数，一方转入收支科目，一方转入财产科目。

第四十五条　每届总决算时，如有预收款项及预付款项，应由各该收支科目内转出，列入财产科目。

第四十六条　每届总决算时，应将房屋建筑及器具用品等，依照佑（估）计使用之年限，规定比率，计算折旧，一方列入支出项下，一方列入负债项下，用折旧准备科目以处理之。

第四十七条　每月末日，应就收支会计中，择其关于资产负债之收支，用"收支转移额"科目，分别过入财产会计。

第四十八条　每月末日，应将消耗品清查一次，对照簿据，编制消耗品月计表，每届总决算期，并应清查器具用品及消耗品一次，对照簿据，编制器具用品查存表及消耗品查存表。

第八章　附则

第四十九条　本规则所定之账簿表单，分为中式与西式两种，得由各慈善团体酌量情形，自由采用，其程式及说明，均附列于后。

第五十条　本规程如有未尽事宜，得由社会局呈请修正之。

——原载《会计杂志》1933 年第 1 卷第 2 期。

上海市社会局整理本市公益及慈善团体办法

（1945 年 11 月 21 日）

一、凡在本市内设有事务所，办理公益或慈善事业之团体，概须依照本办法之规定办理。

二、凡过去曾向政府主管官署申请立案之公益或慈善团体，均应向本局申请重新登记立案。

三、申请登记立案应由团体全部理事、董事署名，填具正副呈请书（书式由局印发），并附呈下列文件各一式二份：

（一）章程及捐助章程；

（二）登记清册；

（三）财产目录；

（四）印鉴单；

（五）全体会员名册或创立捐助人名册；

（六）职员履历表；

（七）登记表；

（八）经费收支预算。

（九）各项足资证明立案之文件。

四、前项章程及登记清册所有记载事项，应分别依照《民法总则》第四十七条、第四十八条、第六十条、第六十一条各规定办理。

五、申请重行登记，经本局核准立案之各公益或慈善团体，由本局重行颁给立案证书及图记。

六、凡过去未向政府主管官署申请立案之公益或慈善团体，统限自十一月一日起向本局申请许可组织。

七、申请许可需由发起人连名填具正副申请许可书（书式由局印发），并附呈下列之文件各一式二份：

（一）发起组织理由书；

（二）发起人略历表（表式由局印发）；

（三）事业计划书；

（四）经费收支预算书（公益团体得免填）。

八、经核准许可后须在三个月内筹备完成申请立案，逾期不申请立案者撤销其许可。

九、凡已向市党部申请核准许可者，得于筹备完成后，检具证明文件，迳向本局申请立案。

十、申请立案应由全体理事、董事连名填具申请立案书（书式由局印发），并附呈下列文件各一式二份：

（一）章程或捐助章程；

（二）登记清册；

（三）财产目录；

（四）全体会员名册（或创立捐助人名册）；

（五）职员履历表；

（六）各项足资证明文件。

十一、前条所定附呈之各项文件，得依本办法第四条、第五条之规定办理。

十二、凡在战后将事务所迁离本市之公益或慈善团体现须重回本市者，或在战后停止业务或被迫解散现欲恢复者，准依本法第二条之规定办理。

十三、原未在本市设立事务所现欲迁入本市之公益或慈善团体，准视其原来产生立案时情形，得依第二条规定办理。

十四、申请许可立案或重新登记立案之各公益或慈善团体，其负责发起人或理事董事有下列各条之一者，应由各公益或慈善团体自行剔除，并于申请时专案呈明备案：

（一）附逆有据者；

（二）有反革命之行动者；

（三）因财产上之犯罪受刑之宣告或犯赃有案者；

（四）受破产之宣告者；

（五）褫夺公权尚未复权者；

（六）吸食鸦片毒品者。

十五、本办法未规定之事项，得依《人民团体整理办法》之规定办理。

十六、本办法由社会局订定，呈请市政府核准施行。

——原载《上海市政府公报（本府法规补辑）》，1945年。

上海市私立救济设施统一募捐办法

（1946 年 1 月 11 日）

一、本办法参照《社会救济法》第四十六条、四十七条，《监督慈善团体法施行规则》第七条，及《统一捐募运动办法》第二条、第三条、第四条等各项规定订定之。

二、凡团体或私人在本市区内因办理救济设施而需向外筹募经费者，除法令别有规定外，概依本办法之规定。

三、凡未经立案或许可组织之团体，均不得向外募捐。

四、凡团体或私人筹募救济费用时，应先将下列各项详细填具申请表一式三份，向社会局申请，申请表格另定之。

1. 必需募捐之事实及理由；

2. 预定募捐数目；

3. 筹募方式；

4. 起讫日期；

5. 预计捐募开支；

6. 捐款用途；

7. 其他。

五、社会局得于募捐前后派员调查或考核之，其有与表填各项不符或违背法令时，应即予以纠正制止。

六、社会局于接获申请表后，应迅予核定批示，其有调查之必要者，其期间最多不得过两星期。

七、因纯粹办理义务教育或免费施诊给药而须申请募捐者，由社会局商同教育局或卫生局后核定之。

八、社会局核准团体或私人募捐后，应即分旬汇报市政府备查。

九、募捐之方式务须遵守下列各项之规定：

1. 应尊重应募人量力捐认之自由，不得以任何方式摊派，并不得以认募人之身份为捐募比例。

2. 不得沿街拦途或利用其他机会强迫捐募。

3. 以游艺或义卖等名义发售捐券，应当场或利用其他场会公开竞卖，不得派送。

4. 凡关于捐募财物、劝募时所发之临时收据券票，概应由经募机关团体盖印编号，额面有价格者不得折扣。

5. 开支在实募十万元以内者，以百分之五为限，超过十万元者，其超过数以百分之二为限，并不得支经募报酬。

6. 捐册及收据概须先期编号，呈请社会局盖印。

十、募捐结束后一个月内，应将募捐情形呈报社会局备查，并登报或用印刷品公布。

十一、本办法自公布日起施行。

——原载《上海市政府公报》1946 年第 2 卷第 6 期。

上海市社会局整理公益及慈善团体办法

（1947 年）

一、凡在本市内设有事务所办理公益或慈善事业之团体，概须依照本办法之规定办理。

二、凡过去曾向政府主管官署申请立案之公益或慈善团体，均限自十一月一日起半个月内向本局申请重新登记立案。

三、申请登记立案应由团体全部理事、董事署名填具正副呈请书（书式由局印发），并附呈下列文件各一式二份：

（一）章程及捐助章程；

（二）登记清册；

（三）财产目录；

（四）印鉴单；

（五）全体会员名册或创立捐助人名册；

（六）职员履历表；

（七）登记表；

（八）经费收支预算；

（九）各项足资证明立案之文件。

四、前项章程及登记清册所有记载事项，应分别依照《民法总则》第四十七条、第四十八条、第六十条、第六十一条各规定办理。

五、第三条所规定之三至八项表册书式，可向本局第五处索取。

六、申请重新登记，经本局核准立案之各公益或慈善团体，由本会重行颁给立案证书及图记。

七、凡过去未向政府主管官署申请立案之公益或慈善团体，统限自十一月一日起向本局申请许可组织。

八、申请许可须由发起人连名填具正副申请许可书（书式由局印发），并附呈下列之文件各一式二份：

（一）发起组织理由书；

（二）发起人略历表（表式由局印发）；

（三）事业计划书；

（四）经费收支预算书（公益团体得免填）。

九、经核准许可后须在五个月内筹备完成申请立案，逾期不申请立案者撤销其许可。

十、凡已向市党部申请核准许可者，得于筹备完成后，检具证明文件，径向本局申请立案。

十一、申请立案应由全体理事、董事连名填具申请立案书（书式由局印发），并附呈下列文件各一式二份：

（一）章程或捐助章程；

（二）登记清册；

（三）财产目录；

（四）全体会员名册（或创立捐助人名册）；

（五）职员履历表；

（六）各项足资证明文件。

十二、前条所定附呈之各项文件，得依本办法第四条、第五条之规定办理。

十三、凡在战后将事务所迁离本市之公益或慈善团体现须重回本市者，或在战后停止业务或被迫解散现欲恢复者，准依本办法第二条之规定办理。

十四、原未在本市设立事务所，现欲迁入本市之公益或慈善团体，准视其原来产生立案时情形，得依第二条规定办理。

十五、申请许可立案或重新登记立案之各公益或慈善团体，其负责发起人或理事董事有下列各条之一者，应由各公益或慈善团体自行剔除，并于申请时专案呈明备案：

（一）附逆有据者；

（二）有反革命之行动者；

（三）因财产上之犯罪受刑之宣告或犯赃有案者；

（四）受破产之宣告者；

（五）褫夺公权尚未复权者；

（六）吸食鸦片毒品者。

十六、本办法未规定之事项，得依《人民团体整理办法》之规定办理。

十七、本办法由上海市社会局订立施行，并呈报上海市政府备案。

——原载《商业月报》1947 年第 23 卷第 2 期。

广州市社会局管理私立慈善团体暂行规则

（1930 年 4 月 12 日）

第一条　凡本市私立慈善团体均适用本细则管理之。

第二条　本规则称慈善团体者，为济贫、救灾、养老、恤孤及其他以救助事业为目的之团体。

第三条　本市各慈善团体（以后简称善团），须依照本局所颁发之《私立慈善团体注册及取缔暂行章程》呈请社会局注册给照保护之。

第四条　本市各善团，需体察情形举办下列各项事业，其规则另定之。

（一）施医、施药、施赠、接生；

（二）施衣、施粥；

（三）施棺、施冢；

（四）义务学校；

（五）残废养老院；

（六）育婴院；

（七）救生船；

（八）消防队；

（九）妇女救济所；

（十）孤儿院；

（十一）借贷所；

（十二）贫民习艺所；

（十三）其他应办之慈善事业。

第五条　凡新请筹设之善团，需依照《私立慈善团体注册及取缔暂行章程》第三条之规定详细呈报，经查核后准予试办，认为确有成绩者，然后准予注册给照保护之。

第六条　各善团所办事业，社会局认为不适当时，得随时纠正并派员指导之。

第七条　各善团均应接受社会局所委人员之指导，但社会局所委人员如有包庇受贿不法等情，准各该善团据实呈诉社会局处分之。

第八条　各善团如因特别灾难，须组织或扩大救济机关时，应即呈报社会局备案，其募捐手续均依照《私立慈善团体注册及取缔章程》第七条之规定办理之。

第九条　各善团委员或职员，如有舞弊营私旷废职务等事，经查明确实者，社会局得依法惩办之。

第十条　各善团委员或职员有下列成绩之一，经查明确实者，得由社会局呈请市政府分别予以奖励。

（一）最短时间处理紧急救济事项足为市民称颂者；

（二）继续任事三年以上确有成绩者。

第十一条　各善团不得有提倡诵经、礼忏、假神惑众及设立乩坛治病等荒诞之举，违者处罚。

第十二条　各善团办理各项慈善事业细则另订之。

第十三条　本规则如有未尽事宜，得由社会局随时修正之。

第十四条　本规则自公布之日施行。

——原载《广州市市政公报》1930 年第 356 期。

广州市各善团设立残废养老院规则
（1930 年）

第一条　凡本市各善团有设立残废养老院者，除遵照《管理私立慈善团体暂行规则》之规定外，并须依照本规则之规定。

第二条　本市各善团其未有设立残废养老院者，本局认为必要时，得令其设立，仍须依照本规则之规定。

第三条　残废养老院以收容市内年迈无依及无住所之残废男女为限。

第四条　收容时须分别其有下列情形之一者方可收容：

（一）年在六十岁以上之男女而衰弱无依者；

（二）残废不能作业者。

第五条　残废者仍须视其智力如何授以相当特技。

第六条　各善团设立残废养老院，应先将院址、基金、经常费呈请社会局备案。

第七条　残废养老院每届月初，须将本月工作计划及上月工作之经过，分别呈报社会局查核。

第八条　残废养老院须将所收容之残废养老人姓名、籍贯、年龄、性别及收容之年月日详细登记，以备查考。

第九条　凡住院者之衣食及疾病之调养、死亡之葬殓，悉由院负责办理。

第十条　院内应设医生一名常川驻院。

第十一条　所收容之残废养老人如死亡时，应将其致死原因、所葬地址及医生证明书呈报社会局备案。

第十二条　本规则如有未尽事宜，得由社会局修订之。

第十三条　本规则自公布之日施行。

——原载《广州市市政规章集刊》，1930 年。

广州市各善团施棺施冢规则

（1930 年）

第一条　凡本市各善团有施棺施冢者，除遵照《管理私立慈善团体暂行规则》之规定外，并需依照本规则之规定。

第二条　本市各善团其未有施棺施冢者，本局认为必要时，得令其办理，仍需依本规则之规定。

第三条　施送棺木以严密坚固者为限。

第四条　各善团于施棺时，对于领取棺木者，需开明姓名、籍贯、年龄、地址、职业、与死者之关系。

第五条　施送棺木时，需调查确系贫困者方可发给。

第六条　施送棺木时，除依第四条之规定外，需向领取棺木者将死者之姓名、籍贯、年龄、性别、职业、致死原因详细呈报，并领卫生局所属该段之卫生区颁给死亡证明后，方准给领，并取具相当证明。

第七条　各善团每届月终，需将该月份施棺种类、数目、价值，及领取者、受施者之姓名、籍贯、年龄、性别、职业、住址分别造册，呈社会局、卫生局备案。

第八条　义冢以距离本市较远之旷野或山麓，与依照内政部所颁之公墓条例第三条之规定为限。

第九条　义冢地址择定后，需呈请社会局核定。

第十条　义冢地址由社会局核定后方得安葬，其在本规则未公布前不在此限。

第十一条　义冢深度至少需入土五尺方准安葬，但十岁以下儿童冢深至少五尺，如属传染病死亡者最少以八尺为限，葬后需立碑记。

第十二条　被葬者之姓名、籍贯、年龄、性别、职业及设葬之年月日，需详细登记以备查考。

第十三条　本规则如有未尽事宜，得由社会局、卫生局修订之。

第十四条　本规则自公布之日施行。

——原载《广州市市政规章集刊》，1930年。

广州市各善团设立育婴院规则

（1930 年）

第一条　凡本市各善团有设立育婴院者，除遵照《管理私立慈善团体暂行规则》之规定外，并须依照本规则之规定。

第二条　本市各善团其未有设立育婴院者，本局认为必要时得令其设立，仍需依本规则办理。

第三条　育婴院以收容婴孩、从事医理及抚育为目的。

第四条　育婴院收留婴孩以遗弃之婴孩为限。

第五条　各善团设立婴孩院，应先将院址、基金、经常费呈请社会局备案。

第六条　婴孩入院时，须将出生时日、性别、有无疾病、入院年月日及其他备考之事分别登记。

第七条　育婴院每届月终，须将收留婴孩人数及抚育情形呈报社会局核夺。

第八条　婴孩如因疾病夭亡，须将其疾病及诊断经过，连同医生证明书呈报社会局备案。

第九条　院内应设医生一名常川驻院。

第十条　婴孩年届学龄，应呈报社会局，送入义务学校求学。

第十一条　育婴院应有优质娱乐之设备及各种有益婴儿之用具玩品。

第十二条　育婴院得附设幼稚园，不收入园费。

第十三条　本规则如有未尽事宜，得由社会局修订之。

第十四条　本规则自公布之日施行。

——原载《广州市市政规章集刊》，1930 年。

广州市各善团施衣施粥规则

（1930 年）

第一条　凡本市各善团有施衣施粥者，除遵照《管理私立慈善团体暂行规则》之规定外，并需依照本规则之规定。

第二条　本市各善团其未有施衣施粥者，本局认为必要时得令其办理，仍需依照本规则规定之。

第三条　施衣施粥之前，应先调查或体察被施者是否赤贫，并规定其数量，以免冒滥而防取巧。

第四条　各善团应每月终将购置衣米之数量及施出之数量，呈报社会局备案。

第五条　被施衣者之姓名、性别、年岁、籍贯、住址、职业，均须登入簿册以备查考。

第六条　施医施粥得酌量情形，由二善团以上联合举办之。

第七条　施衣施粥如由二善团以上举办时，应呈报社会局备案。

第八条　施衣施粥以品质清洁者为限，并须于举办时先行呈请社会局派员监视，以杜浮滥。

第九条　本规则如有未尽事宜，得由社会局修订之。

第十条　本规则自公布之日施行。

——原载《广州市市政规章集刊》，1930 年。

广州市各善团施医施药施赠接生规则

（1930 年）

第一条　凡本市各善团有施医"施药"、"施赠"、"接生"者，除遵照《管理私立慈善团体暂行规则》之规定外，并需依照本规则之规定。

第二条　本市各善团其未有施医、"施药"、"施赠"、"接生"者，本局认为必要时得令其办理，仍需依本规则之规定。

第三条　各善团延聘之医师，应以精于世界新近医术者为原则。

第四条　各善团如因特别情形，得暂延聘中医。

第五条　各善团延聘之药剂师、助产士，须领有卫生局执照方得任用，并须将该医师、药剂师及助产士之姓名、籍贯、年龄、性别、出身、经历等，详细呈报社会局备案。

第六条　施医施药时间为每日上午七时至十二时，下午一时至五时，但急症不在此限。

第七条　各善团如有未设有留产室者，须派助产士或医师到该孕妇居住地接生。

第八条　各善团接生后，应将该小儿性别、出生之年月日、第几胎，及其父母之姓名、籍贯、职业详细登记以备查考。

第九条　凡施医接生，除赤贫者外，得酌收挂号费，但其数目至多不过一毫。

第十条　无论中药西药概不收费。

第十一条　各善团所施药品，须先由善团医师负责检验，已腐败之药品不得施送，违者严办。

第十二条　施医、"施药"及"施赠"、"接生"，均须编号登记，以备考查。

第十三条　各善团须于每月终，将施医、施药、施赠、接生情形填报社会局审查备案，其表式另定之。

第十四条　各善团如施种牛痘或注射防疫针等，届时得呈请社会局核准施行之。

第十五条　本规则如有未尽事宜，得由社会局、卫生局会同呈请市政府修订之。

第十六条　本规则自公布之日施行。

——原载《广州市市政规章集刊》，1930年。

广州市各善团设立消防队规则

（1930 年）

第一条　凡本市各善团有设立消防队者，除遵照《管理私立慈善团体暂行规则》之规定外，并须依照本规则之规定。

第二条　本市各善团其未有设立消防队者，本局认为必要时得令其设立，仍须依照本规则之规定。

第三条　各善团设立消防队，应将救火机之数目及地址，呈报社会局备案。

第四条　消防队队员姓名及组织情形，须详细呈报社会局备查。

第五条　市面发生火警时须立即饬队前往扑灭，并应与其他消防队联合。

第六条　消防队队员应择勇敢者充当之。

第七条　灾区发现有人在内时，应先设法拯救。

第八条　每遇发生火警，须将灾区范围、肇事原因及施救情形，随时呈报社会局备查。

第九条　消防队在冬防时期应特别戒备。

第十条　消防队队员每周至少须操练一次。

第十一条　本规则如有未尽事宜，得由社会局修订之。

第十二条　本规则自公布之日施行。

——原载《广州市市政规章集刊》，1930 年。

广州市私立慈善团体注册及取缔暂行章程

（1930 年）

第一条　本市之私立慈善团体（凡筹募款项成立之养老、恤孤、废疾、教养及赠医、施药、接生、保姆、育婴、消防、救伤等一切慈善公益事业属之），均需遵照本章程呈请核准注册。

第二条　慈善团体之注册，由各该发起人连署呈请之，其已成立者则须由当选职员及董事员连署。

第三条　呈请注册时除备具呈请书外，须备具下列文件：

一、组织章程；

二、办事细则；

三、发起人或筹备人名册（须详具履历、籍贯、年龄、职业、住址）；

四、现在董事及职员名册（须详具履历、籍贯、年龄、职业、住址）；

五、经常费及事业经费预算书。

第四条　呈请注册注时，除具备前条各项文件外，并须另表详开下列各项：

一、名称及所在地；

二、设立日期；

三、事业之种类及其设备情形；

四、沿革；

五、进行计划及最近工作成绩；

六、经费来源及资产实数；

七、职员之选任及解任法；

八、其他有关系事项。

第五条　各慈善团体呈请注册，每收注册费二元。

第六条 核准注册后由本局发给执照，并函公安局保护及公告之。

第七条 慈善团体如需募捐款时，须先呈本局核准，其捐款收据须用三联根票编列号善送由本局加印，该收据于收款后，以一联缴局，以备考核而杜滥冒。

第八条 慈善团体每月应将一月内收支数目造具计算书及工作报告书，呈报本局查核，并于年终汇印征信录昭示公众，本局对于上项表册如有疑义，得令查覆，于必要时得派员指导或整理之。

第九条 慈善团体本局得令饬调查，或处理与其本业有关各事项。

第十条 慈善团体变更或停办时，应备具理由，呈请本局核准备案，并须将执照缴销。

第十一条 凡市内原有慈善团体，于本章程核准施行日起一个月内呈请本局注册。

第十二条 慈善团体改选职员或修改章程时，均须随时呈请核准备案。

第十三条 本章程呈请市府核准施行。

附则 本章程如有未尽事宜，得呈请市政府核准修改之。

——原载《广州市市政公报》1930 年第 343 期。

广州市慈善团体财产整理委员会章程

（1931 年 5 月 16 日）

第一条　本委员会为整理广州市各慈善团体、产业，增加其收益而设定，名为广州市慈善团体财产整理委员会，会期以六个月为限。

第二条　本委员会由下列人员组织之，附设于广州市社会局。

（一）广州市社会、土地、工务、财政四局各指派代表一人；

（二）广州市各慈善团体联合选派代表三人；

（三）社会局就会计师、律师中聘任专家委员二人。

第三条　本委员会设主席一人，由委员会互推之，常务委员二人，由委员会互推之，各局代表二人，慈善团体代表一人充任之。

第四条　本委员会应于会期内办竣下列各事务：

（一）关于各慈善团体产业实况之调查；

（二）关于各慈善团体产业时价之估计；

（三）关于各慈善团体产业使用方法之设计；

（四）关于各慈善团体产业管理之改善；

（五）关于各慈善团体产业整理后收益之预算。

上列第三至第五款，委员会应征询产业取省者团体之意见。

第五条　本委员会得调阅与整理财产有关之文书簿据，遇必要时并得令该善团负责人员到会陈述。

第六条　关于慈善团体之财产，有隐匿不报或具保不实情事及违背第五条之规定者，本委员会得呈请社会局取缔之。

第七条　本委员会主席须常川驻会主持会务，常务委员需值日到会办公。

第八条　本委员会每周开会一次，临时会无定期，由主席召集之。

第九条　本委员会每月须将工作情形呈报社会局查核，并转市政府及有关系各局备案，但事关重要者，得随时请示办理。

第十条　本委员会委员均无给职，但专家委员得酌支公费。

第十一条　本委员会得设办事员、雇员若干人常川驻会，办理稽核、计算、调查、保管、缮写各事务，由主席呈报社会局备案。

第十二条　本委员会经费之预算决算，由社会局呈请市政府核定。

第十三条　本委员会期满即行裁撤，如有展期之必要时，须呈由社会局转呈市政府核准。

第十四条　本委员会裁撤后，应将一切卷宗及未了事务，呈请社会局保管及执行之。

第十五条　本章程如有未尽事宜，得呈请社会局转呈市政府核准修正之。

第十六条　本章程自市政府核准公布之日施行。

——原载《广州市市政公报》1931 年第 389、390 期合刊。

广州市人民团体募捐办法

（1932 年 9 月 22 日）

第一条　本市人民团体，无论用任何名义，向市内外募捐款项，均要将事由方式、举行地点、起止日期，及经手募捐人员姓名年籍册，呈报社会局核准，方得举行。

第二条　本市人民团体募捐收款时，要用三联收据，一联给与捐款人，一联缴社会局备核，一联存该团体备查，仍须针装成簿，编列号数，先送社会局加盖骑印，方得使用。

其筹款方法有类似募捐性质者，例如演戏、游艺会、展览会等筹款，所用入场券，要于券面刊明价额，即适用前项规定办理。

第三条　本市人民团体，于募捐完毕时，要将捐款总数，及支出数目，连同支出计算书、附属表及单据，呈社会局审核，并编印征信录，以昭大信，书、表各式另定之。

第四条　本市人民团体募捐结束时，要将用余收据，缴社会局注销。

其类似募捐之入场券，亦照前项办理。

第五条　本市人民团体，如再次募捐时，要将上次截存用余收据联根，缴社会局核明后，方准核盖第二次之募捐收据，但因特别故障情形，经呈报社会局许可者，不在此限。

第六条　本市人民团体举行募捐，虽未列原定结束日期，但社会局认为无募捐之必要时得中止之。

第七条　本市人民团体募捐，未经呈准而擅自举行，或须经呈准而捐得款项用途不明，及收支数目有虚伪情弊者，社会局得将该团体负责人依法惩究。

第八条　凡捐募经手收款人要于该收据各联，或入场券各联，分别签押。

第九条　本市各慈善团体募捐，除应遵照社会局颁行《慈善团体注册及取缔暂行章程》之规定外，并适用本办法之规定。

第十条　市外人民团体，如有在本市募捐者，要得该团体所在地之政府证明，并行文社会局照准，方得举行，但仍要遵照本办法第一、第二、第六、第七、第八各条之规定办理。

第十一条　本办法如有未尽事宜，得随时修正之。

第十二条　本办法自呈准市政府公布之日施行。

——原载《广州市政府市政公报》1932年第405期。

济南市社会局公益慈善团体注册暂行规则

（1929 年）

第一条　凡市内公益慈善团体及其附属机关，均应遵照本规则之规定呈请注册。

第二条　市内公益慈善团体及其附属机关注册时，应由各该团体发起人或主持人填具声请书、职员履历表各四份，呈请本局核办。

第三条　注册声请书应载明下列各款：

一、名称；

二、地址；

三、宗旨及沿革；

四、主持人姓名、年龄、性别、籍贯及略历；

五、工作；

六、经费来源及收支状况；

七、内部组织；

八、职员人数及其姓名、性别；

九、会员人数及其职业、性别之百分比较。

第四条　本局审查主持人之略历，有疑义时，得令其提出证明文件或取具保结。

第五条　市内公益慈善团体及其附属机关经核准注册后，由本局发给注册执照，以资凭证，并须由注册人交纳注册费一元。

第六条　本局收到此项注册声请书时，须派员考核其为组织及工作之实况，认为组织合法，确著成绩者，应即准予注册。

第七条　市内公益慈善团体及其附属机关于呈请本局核准注册后，如内部组织或职员有变更时，应缮具新组织法、新职员履历表四份，呈请本局另行注册。

第八条　市内公益慈善团体及其附属机关如解散时，应声叙理由，呈报本局备案，并应缴销其执照。

第九条　注册或撤销注册事项，除呈报市政府备案，及通知各关系机关外，并在市报公布。

第十条　本章程如有未尽事宜，得提出市政会议修正之。

第十一条　本规则经市政会议议决公布之日施行。

——原载《济南市市政月刊》1929 年第 1 卷第 2 期。

济南市检查公益慈善团体财产委员会规则

（1932 年 2 月 27 日）

第一条　济南市政府依据《监督慈善团体法》第十条之规定，特设委员会办理检查公益慈善团体财产事宜。

第二条　凡市属之公益慈善团体，均应受本会之检查。

第三条　本会由下列人员组织之：

一、市府秘书、主任、总务科长、社会股主任；

二、公安、财政、教育、工务四局各派一人；

三、专家委员会二人由市政府就会计师、律师中聘任之。

第四条　本会设常务委员三人，由委员互推之；主席一人，由常务委员互推之。

第五条　委员会得调阅与检查财产有关之文件簿据，遇必要时并得令该慈善团体负责人员到会陈述。

第六条　本会定每年春秋两季为开会检查时期，每周举行常会一次，但遇必要时得由主席召集临时会议。

第七条　检查期间主席需常川驻会主持会务，常务委员需逐日到会办公。

第八条　本会得设办事员、雇员若干人，办理文书、审核、调查、保管、缮写各事务。

第九条　本会委员均为无给职，办事员、雇员得酌支津贴。

第十条　本会在开会检查期间，每周须将工作情形呈报市政府备案。

第十一条　本会经费呈请市政府核定之。

第十二条　各公益慈善团体如有舞弊情事或违背第五条之规定者，得由本会呈请市政府酌予惩处。

第十三条　各公益慈善团体如办理著有成绩者，得由本会呈请市政府酌予奖励。

　　第十四条　本规则如有未尽事宜，得随时呈请修正之。

　　第十五条　本规则自呈准公布之日施行。

——原载《济南市市政月刊》1932年第5卷第2期。

修正济南公益慈善团体注册暂行规则
（1932 年 6 月 21 日）

第一条　凡本市公益慈善团体及其附属机关，均应遵照本规则注册。

第二条　本市公益慈善团体及其附属机关注册时，应由各该团体发起人或主持人填具声请书、职员履历表各四份，呈请市政府核办。

第三条　注册声请书应载明下列各款：

（一）名称；

（二）地址；

（三）宗旨及沿革；

（四）主持人姓名、年龄、性别、籍贯及略历；

（五）工作；

（六）经费来源及收支状况；

（七）内部组织；

（八）职员人数及其姓名、性别；

（九）会员人数及其职业、性别之百分比较。

第四条　主持人之略历经审查有疑义时，得令其提出证明文件或取具保结。

第五条　市政府收到注册声请书后，即派员考核其组织，如认为合法，应予注册。

第六条　本市公益慈善团体及其附属机关经核准注册后，发给注册执照，并由注册人交纳注册费一元。

第七条　本市公益慈善团体及其附属机关于呈请核准注册后，如内部组织或职员有变更时，应依照第二、第三两条之规定另行注册。

第八条　本市公益慈善团体及其附属机关如解散时，应声叙理由，呈请撤销注册，并缴销执照。

第九条　注册或撤销注册事项，除呈报民政厅备案及通知各关系机关外，并在市报公布之。

第十条　本规则如有未尽事宜，得随时提出修正之。

第十一条　本规则自公布之日施行。

——原载《济南市市政月刊》1932 年第 5 卷第 4 期。

济南市公益慈善团体会计通则

（1932 年 7 月 2 日）

第一条　本市公益慈善团体之会计，除法令另有规定外，悉依本通则办理。

第二条　会计年度以每年七月一日起，至翌年六月底止。

第三条　本市各慈善团体每半年度应将收支款项及办理经过情形，于七、一两月编造半年报告表及财产目录，连同各月收支月计表并附单据，于每年八、二两月上旬内呈报市政府查核，表式另定之。

第四条　会计科目分收入、支出两项，其组织另定之。

第五条　收支款项之登账应以单据或证明书单为根据。

第六条　事务经费之支付应以常务董事（或本团体主管人员）之签印为证，事业经费之支付，应以受领者之收据或相当之证明书单为凭。

第七条　捐款收入应备具两联式收据，先行编号，盖用骑缝图记，送请市政府盖章，一联存查，一联交付款人。

第八条　款项之收支均以国币为标准，遇有其他货币时，应折合国币计算。

第九条　会计责任以奉到市政府核准命令之日为解除期。

第十条　本市各慈善团体每届年度终了，应召集全体会员清查财产一次，编制财产状况报告书公布之。

第十一条　本通则如有未尽事宜，得随时呈请修正之。

第十二条　本通则自呈准公布之日施行。

——原载《济南市市政月刊》1932 年第 5 卷第 3 期。

济南市公益慈善团体会计组织

（1932 年 7 月 2 日）

一、会计科目

收支分类科目：

收入项下：

捐款收入　公益慈善团体收入之捐款，得区别事由分纳下列各目：

募集资金：凡向外界募集之捐款充作公益慈善团体之基金，有不能随时动用之性质者属之。

常年捐款：凡自愿认定捐额，按年或按月缴纳者属之。

特别捐款：凡外界自愿捐款，指定用于某种事业或特别捐助者属之。

临时捐款：凡因特种事项向外界临时募集或收受零星捐款，无子目可归者属之。

以上四项捐款，并得视捐助之性质，分别细目记入之。

租金收入　公益慈善团体关于不动产之收入，得区别事由，如下列各目：

田地租：凡可耕种及可使用而得收入之土地，其租金均属之。

房租：凡可使用而得收入之房屋，其租金均属之。

息金收入　公益慈善团体关于其他财产之收入，得区别事由如下列各目：

利息：凡定期及不定期存款之利息属之。

债息：凡各种债票所得之利息属之。

股息：凡各种股票所得之利息属之。

事业收入　公益慈善团体因举办事业而得相当之收入者属之，应依事业性质分列细目。

其他收入　凡不属于上列各科目之其他收入属之，并得依其性质分列细目。

流动积余金　凡流动积余金充本年度经费者属之。

支出项下：

事务经费　慈善团体一切经常费用，得区别事由如下列各目：

薪津：凡支给办事员之薪水津贴均属之。

工资：凡支夫役之工资均属之。

杂给：凡因嘱托特种事项所支付之事务报酬及临时报酬均属之。

文具：凡支付纸张、笔墨、簿册、表单、杂件等均属之。

印刷：凡支付印刷品费用均属之。

邮电：凡支付之邮票、电报、电话等通信费用均属之。

消耗：凡支付之电灯、自来水、煤炭、油烛、烟酒、茶点费用均属之。

膳食：凡支付办事员役之伙食费用均属之。

房租：凡支付之办公房屋租金均属之。

修缮：凡支付之房屋及器具等修理等费均属之。

广告：凡支付日报、杂志及其他有广告性质之费用均属之。

交际费：凡因公所付交际费用均属之。

杂费：凡不能列入以上各科目之支出费用均属之。

事业经费　凡因办理各种慈善事业所支付之费用，得区别事业分列细目。

置产经费　凡因购置可得租息收入之财产及器具所付之支出均属之，其下应分列细目。

补助经费　凡补助其他类似或附属之团体所付之支出均属之。

利息支出　凡因借用款项所付之利息均属之。

提存折旧准备　凡房屋器用等于每届结账时，应规定比率提存折旧准备，此项提存应分别种类用本账项以处理之。

本年度收支剩余金　凡本年度收支之剩余金属之。

二、报告表

（甲）半年度报告表

凡公益慈善团体每届半年度，应填造半年度报告表（表式另列），将会内职员之任免、成绩之考核、财产总额、收支状况、会员之加入或告退以及办理经过情形填入。

（乙）收支月计表

公益慈善团体于每月末日将账簿总结后，应即根据账簿内各科目之结数，编制收支月计表（表式另列）。收支月计表除科目外，收付两方各分为三栏，将各科目上月份之结数分别收付，记入上月数栏。本月份收付之数，记入本月数栏。然后分别计其本月与上月数之差额，载入差额栏内，如本月数多于上月数，则差额应书"多"字，否则书一"少"字，最后合计上月与本月收付各项科目数之和。除计算其差额外，并将上月收付与本月收付各各比较，如有收多于付，则书"余"字，将其数目记入上月之付方栏内，如付多于收，则书"绌"字，将其数目数记入上月收方栏内，本月收付亦同之平衡。

（丙）财产目录

每届决算期将账簿总结后，应即根据账簿内关于贷借各科之结数，编制财产目录表（表式另列），财产目录内分为资产类与负债类二部分。将账簿内关于贷借各科目之各户细数，记入细数栏内，每一科目之总数记入合计栏内，贷借两方相抵。如资产多于负债，则用朱笔记其差额于负债金额栏内，并注明"本年度积余金"字样；如负债多于资产，则用朱笔记其差额于资产金额栏内，并注明"本年度流用积余金"字样，俾借贷两方得以平衡。

——原载《济南市市政月刊》1932 年第 5 卷第 3 期。

青岛特别市公益慈善教育团体募款限制规则

（1929 年 12 月）

第一条　凡以公益慈善教育或临时救济事项向市民、商店或机关筹募款项者，均依本规则行之。

第二条　各慈善团体无论临时或固定者，于筹募款时，应先呈请社会局核准。

第三条　各学校或学生如为第一条所开事项组织团体筹募款项时，应先呈请教育局核准。

第四条　团体呈语募款时应声明下列各项：

一、团体名称；二、地址；三、宗旨；四、主办人之姓名、职业及住址；五、募款之原（缘）由；六、募款之方法。

第五条　凡未经呈请核准而径向市民、商店或机关筹募捐款者，得由主管机关会同公安局取缔之。

第六条　各团体如有必须筹募捐款情事，每一团体至多每一年度举行一次。

第七条　各团体呈请筹募款项，经主管机关核准后，如系捐募，应将收据册捐送，由主管机关编号盖印，如系会剧，应将入场票券送由主管机关登记盖章，方为有效。

第八条　各团体应于募款完结后一星期内，将收支款目及办事实况，连同收据捐册及未经售出之票券，呈送主管机关查核公布。

第九条　本规则如有未尽事宜，得险（随）时修正之。

第十条　本规则自市政府公布之日施行。

——原载《青岛特别市市政公报》1929 年第 5 期。

青岛特别市社会局监督私立公益慈善机关暂行规则

（1929年）

第一条　本规则依照内政部公布之《各地方救济院规则》第十二条及本特别市《社会局组织细则》第四条丁项第一款之规定订定之。

第二条　凡本市区内私立慈善机关，不论旧有新设，均应呈经本局核准注册给照，并依照本规则受本局之监督及指导，未经核准注册者，一经查出，得令停办。

第三条　各慈善机关得设委员会，其主任办事人员由委员会公举，呈请本局核委，其他各职员由主任选用，惟须呈报本局备案。

第四条　主任及其他职员有不称职或营私舞弊者，经本局调查属实，得令其改选或辞退，其情节较重者，另予分别处分。

第五条　主任及其职员任事二年以上确著成绩者，得由本局转呈市政府酌予奖励。

第六条　各私立慈善机关每届月终，应将一月内收支款目、办事实况呈报本局查核，年终汇编报告，昭示大众。

第七条　公益慈善团体及其附属机关于核准注册后，如有改订章程或更易职员等情，应随时将新章程及新职员履历各开二份，呈报本局备案。

第八条　公益慈善团体及其附属机关如须募捐集款时，应先呈经本局核准，其捐册收据，应分别编号，送由本局盖印。如已办有成案者，亦应于本条例公布之日起一个月内，将一切手续及办法补呈备核。

第九条　凡遇特别事件组织临时救济机关时，应先呈经本局核准，并于事后将其办理情形、收支款目造册呈核。

第十条　私立慈善机关所办事业，如有未能完善之处，经本局指导监督延不遵循，饬令停办。如系局部事业，则令其将一部事业停办，以免糜费。

第十一条　私立慈善机关有假借名义、招摇敛财等情，经本局查实，除将主动人及关系人依法惩办外，并得吊销执照图记，勒令停办。

第十二条　本规则未尽事宜，得由社会局呈请修正之。

第十三条　本规则自呈准市政府公布之日施行。

——原载《青岛特别市市政公报》1929年第2期。

青岛特别市私立慈善机关注册暂行规则

（1929 年）

第一条　凡本市内由私人或私人团体集资办理之慈善事业及其附属机关，应遵照本规则呈请社会局注册。

第二条　慈善机关之注册，应由各该发起人或负责职员之连署，备具正副呈请书，并附具章规、职员履历表及印鉴单各二分（份）。

第三条　注册呈请书应载明下列各款：

一、名称；二、所在地址；三、所办事业；四、主持人姓名；五、财产状况；六、内部组织；七、职员人数及姓名；八、沿革；九、附属机关。

第四条　社会局接到注册呈请书，依照本规则二、三两条之规定审核相符，如系旧设办有成绩者，应即准予注册。其新创立者，准予试办三月，如有成绩方准注册。

第五条　核准注册之公益慈善团体及其附属机关，应由社会局发给执照及图记。

第六条　社会局对于私立慈善机关及其附属机关之呈请注册，查有下列情形之一者，应令更正或补充，始行受理。

一、手续不合者；二、违背法令者；三、附件内容简略者；四、与事实不符者。

第七条　私立慈善机关及其附属机关于改组或解散时，应申叙理由，呈报社会局核准备案。其解散者，并吊销执照及图记。

第八条　注册及撤销注册事项，除呈报市政府备案暨函知本市各局备查外，并揭示公告及登载市政公报。

第九条　本规则未尽事宜，得由社会局呈请修正之。

第十条　本规则自呈准市政府公布之日施行。

——原载《青岛特别市市政公报》1929 年第 2 期。

汉口特别市管理本市各善堂暂行通则

（1929 年）

第一条　本通则依据社会局《组织细则》第四条第四项第七款之规定制定之。

第二条　本市各善堂，需将设立地点、成立沿革，及现在负责人姓名、所办事业、经费来源、收支预算书等事，详细呈报社会局查明确实后，由社会局注册给照保护之。新请设立之善堂，须将前项规定详细呈报，经查核后，准予试办两个月，确有成绩者，然后准予注册给照保护之。

第三条　各善堂之组织，须采用委员制，设委员会经理事务，其委员之名额，由各善堂自行酌定，但必须由会员中选举，主席委员由委员互选之，均为义务职。

前项会员，以出资该善堂之市民为限。

各善堂之委员会，每届年终改组一次，但委员连选得连任。

第四条　主席委员，如因故请假时，得指定其他委员代理，如请假在两个月以上者，应将事由及代理人姓名呈报社会局备查。

第五条　各善堂委员或职员，如有舞弊营私或旷废职务被人检举，或经社会局调查确实者，得依法惩办。

第六条　甲区与乙区毗连之处，如因善堂公务上发生纠葛，需将事实呈报社会局核示。

第七条　各善堂委员及职员，能于最短期间处理紧急救济事项，其成绩足为市民称颂者，或继续任事在三年以上确有成绩者，得由社会局呈请市政府分别予以奖励，其规程另定之。

第八条　本市各善堂，每届月初，需将本月工作之计划，及上月工作之经过，分别填具报告表，呈报社会局核夺，其表式另定之。

第九条　各善堂每届月终，需将收支款项造具报告表，呈经社会局核准后，榜示各善堂门首，以昭大公，而释群疑；每届年终，汇集每月收支状况，刊印征信录，分发各该善堂会员，如会员中有疑问者，得呈请社会局查核之。

第十条　社会局复核各善堂出纳赈项收据，如发现错讹遗漏等事，得派员纠正或依法办理。

第十一条　各善堂所办事业，社会局认为不适当者，得随时纠正，并派员指导之。

第十二条　各善堂均应接受社会局所委人员之指导，但社会局所委人员如有包庇受贿不法各情事，准各善堂据实呈诉社会局处分之。

第十三条　各善堂如因经费不足认为必须募集者，需先将募集理由及方法呈请社会局核准后，方可举办。

第十四条　各善堂依前条规定募集捐款，需制定收据，缴覆存根三联券册，呈送社会局加盖印信，收捐完毕，应将缴覆呈社会局备查。

第十五条　各善堂如因特别灾难，需组织或扩大救济机关时，应即呈报社会局备案，其募捐手续，均依第十三、第十四各条之规定办理之。

第十六条　各善堂办理各项慈善事业细则另订颁发之。

第十七条　各善堂绝对不准有诵经礼忏，假神惑众，及设立乩坛治病等荒诞之举。违者应予查封，并惩办其负责人员。

第十八条　本通则如有未尽事宜，得由社会局提请市政会议修改之。

第十九条　本通则自公布之日施行。

——原载《新汉口市市政公报》1929 年第 1 卷第 4 期。

汉口特别市善堂组织章程

（1929 年）

第一章　总纲

第一条　本市各善堂，均遵照本章程组织之。

第二条　本市各善堂，以办理一切公益慈善事业为宗旨。

第三条　本市各善堂，均受社会局之指导及监督。

第四条　本市各善堂，须有固定地点及充裕基金，经社会局审查合格者，始得设立。

第二章　会员

第五条　凡具有下列资格之一者，得为善堂会员。

一、办理慈善事业，著有成绩者；

二、捐助款项在五十元以上者；

三、捐助施用品价格在五十元以上者。

第六条　本市各善堂会员，均须遵守本章程及履行一切议案。

第七条　本市各善堂会员，不得以私人名义或假借善堂名义向外募捐。

第三章　组织

第八条　本市各善堂组织为委员制，由委员中推选执行委员五人或七人组织委员会，并由执行委员中推选主席委员一人，主持会中一切事务。

第九条　本市各善堂于委员会之下，分总务、财务、善务三股，各股设主任一人，由执行委员会推任之。

第十条　各股依事务之繁简，得酌用雇员，但需经委员会之通过。

第十一条　本本市各善堂委员及各股主任，均为义务职，但经委员会之通过，得酌给车马费。

第四章　职权

第十二条　本市各善堂执行委员会之职权如下：

一、办理堂务进行事宜；

二、编制预算决算；

三、审查收支账目；

四、召集会员大会；

五、堂内员役之考核及奖惩事宜。

第十三条　本市各善堂各股之职掌如下：

一、总务股办理文书、交际、庶务、统计及一切不属财、善两股事宜；

二、财务股办理收支及保管财产事宜；

三、善务股办理公益慈善事业之一切实施事宜。

第五章　任期与会期

第十四条　本市各善堂执行委员会，任期为一年，但得连选连任。

第十五条　本市各善堂会期如下：

一、会员大会，每年举行一次，由执行委员会召集之；

二、执行委员会至少每月开例会一次，遇必要时，由主席委员召集临时会议。

第六章　经费

第十六条　本市各善堂经费之来源，分下列三项：

一、原有财产之息金；

二、会员月捐；

三、个人捐助者。

第十七条　本市各善堂收入支出款项，每月终结算一次，经执行委员会审查公布后，呈报社会局备案。

第七章　附则

第十八条　本市各善堂举办公益慈善事业之规定则另定之。

第十九条　本市各善堂办事细则另定之。

第二十条　本市各善堂会议细则另定之。

第二一条　本章程如有未尽事宜，得由社会局提请市政会议议决修改之。

第二二条　本章程自公布之日施行。

——原载《新汉口市市政公报》1929 年第 1 卷第 4 期。

武汉市社会局取缔本市各善堂暂行通则

（1929 年）

第一条　本通则依据本局组织章程第六条第二项之规定组织之，本市各善堂均需切实遵循。

第二条　本市各善堂须将成立沿革及现在负责人姓名、所办事业、经费来源、收支预决算、办事规程、附设学校、义冢、救生厝屋等事详细呈报本局，以备查考，如所报不实，即科负责人隐瞒之罪，如所报经本局派员查明确实后，由本局注册给照保护之。

新请设立之善堂须照前项规定详细呈报，经查核后准暂行试办两月。确有成绩者，然后准予注册给照。

第三条　各善堂如有附设学校者，其组织章程应遵照本局或市教育局颁布之各项学校规程办理，不得违异。

第四条　本市各善堂对于善堂联合会往返公文，概用公函，善堂联合会对于本局用呈。

各善堂对于本局如有陈述请求事项，须函由善堂联合会备文转呈，不得自由直接呈递，违者概不批答，惟本局交办事件不在此例。

第五条　各善堂应采用委员制，其主席委员即由各该善堂会员公同举定，函请善堂联合会转呈本局查核备案，其余各职员得由主席选任之，亦应按照公文程序造具详册，呈报本局备案。

第六条　主席如因故缺席时，得指定相当委员代理，在两个月以上者，应将事由函请联合会转呈本局备案。

第七条　主席委员以公正廉明者为合格，如舞弊营私或旷废职务，被人检举或经本局调查确实者，得停职，并按所犯案情之轻重，予以相当之处分。

第八条　各善堂职员如有溺职或舞弊情事，经本局查明，得令主席辞退或处分之。

第九条　甲区与乙区毗连之处如发生轇葛，需将事实函请善堂联合会公平裁判解决之，并须呈报本局备查，如不服裁决者，即由联合会将本案经过详情呈送本局核办。

第十条　各善堂主席委员及职员概不准私自挪用公款。

第十一条　各善堂职员继续任事在三年以上确有成绩者，得由本局呈请市委会特别奖励，其规程另订之。

各善堂主席委员能于最短期间处理紧急救济事项，其勤劳足为市民称颂者，得由本局呈请特别褒扬，其规程另订之。

第十二条　各善堂每届月终，须将收支款项及所办事业实况，一面函请善堂联合会转呈本局，一面榜示各该善堂门首，以昭大公而释群疑。

每届年终汇集每月收支状况刊印征信录，分发各该善堂，区内市民如有疑问，得呈请本局查核之。

第十三条　各善堂收支账据，经本局复核发现错讹遗误等事，轻则派员纠正，重则以贪污论罪。

第十四条　各善堂所办事业，本局认为不适当者，得随时纠正并派员指导之。

第十五条　各善堂如因经费不足必须募捐者，需先将募集理由及方法函请善堂联合会转呈本局核准后，方可举办。

第十六条　各善堂募集捐款经本局核准者，需制定收据，缴核存根三联券册，呈送本局加盖印信，以昭郑重而免流弊，收捐完毕，应将缴核一联呈局备查。

第十七条　各善堂如因特别灾难组织临时救济机关，亦应呈报本局备案，其募捐手续，均依第十六条之规定办理之。

第十八条　各善堂均应接受本局所委人员之指导，如有违异，得由委员会呈明本局核办，本局所委人员倘有恣意横纵及包庇受贿各情事，准各善堂据实呈控，勿得瞻徇。

第十九条　本市各善堂例办事业亟应改良，兹暂行规定如下：

一、施米　以干洁之品资为主；

二、施衣　以棉衣完整者为主；

三、施棺　严密坚固者为主；

四、施医 以延聘经政府考查及格之中西医生为主，尤以施诊能及真正贫民为原则，多备药料概不取资；

五、施茶 以用清洁沸水及茶叶为主，夏令并参以解暑药料，茶具一律改用瓷碗及固封之放水筒，以重卫生而壮观瞻。

六、义冢 以距本市较远之旷野为主，其葬地须遵照内政部所颁之公墓条例计划之。

七、救生船 以坚固能冒大风雨救溺为主。

第二十条 各善堂如有假慈善名义招摇敛财者，一经本局查出或被人举发，除勒令主持人停职外，并科以应得之罪。

第廿一条 本通则如有未善之处，得随时呈请市委会修改之。

第廿二条 本通则自呈准武汉市政委员会公布之日实行。

——原载《武汉市社会局局务汇刊》1929年第1期。

天津特别市慈善机关注册暂行章程
（1929 年）

第一条　本市区内依法组织之慈善机关，需遵照本章程呈请社会局核准注册。

第二条　慈善机关之注册，由各该发起人连（联）署呈请之。

第三条　呈请注册时，除备具呈请书外，需附具下列文件：

一、章程；

二、规条；

三、发起人名册（需详具籍贯、年龄、职业、住址）；

四、办事人名册（需详具籍贯、年龄、职业、住址）；

五、其他有关系之文件。

第四条　呈请注册时，呈请书中需详开下列各项：

一、名称及所在地；

二、沿革；

三、事业主旨及设备情形；

四、经费来源及资产实数；

五、常年开支及事业经费概算；

六、其他有关系事项。

第五条　社会局核准注册后发给执照，并公告之。

第六条　慈善机关改选职员、修改章程、更订业务规条时，均需随时呈请社会局注册。

前项注册只须随呈附具应注册之文件。

第七条　慈善机关变更或解散，应叙明理由，呈请社会局注册，已解散之机关，并缴销执照。

第八条　注册事项之公告，除于社会局前揭示外，并登《市政公报》《社会周刊》，同时由社会局函知公安局特别一、二、三区公署查照保护。

第九条　各慈善机关呈请注册概不收费。

第十条　社会局依前第五条至第八条之规定所办理之事项，均需呈报市政府备案。

第十一条　慈善机关每六个月应将该机关之事业成绩、经费收支数目造具表册，呈请社会局备案，并于各该机关门首明白榜示，年终汇印征信录昭示公众，如本局对于所填表册有疑义时，得令查覆。

第十二条　凡核准注册之慈善机关，受本市政府各局之委托，调查或处理与其本业有关各事时，不得无故推诿。

第十三条　本章程如有未尽事宜，得随时修订，呈请市政府核准公布。

第十四条　本章程自公布日施行。

——原载《天津特别市社会局政务汇刊》1929 年第 2 期。

修正天津特别市慈善团体注册章程

（1930 年）

第一条　凡本市区内依法组织之慈善团体，均需遵照本章程之规定，呈请社会局核准注册。

第二条　在本章程施行前成立之慈善团体，应一律依法呈请社会局补行注册。

第三条　慈善团体之注册，由各该发起人连（联）署呈请之。

第四条　呈请注册时，除备具呈请书外，须附具下列文件：

一、章程；

二、规条；

三、发起人名册（需详具籍贯、年龄、职业、住址）；

四、办事人名册（需详具籍贯、年龄、职业、住址）；

五、其他有关系之文件。

第五条　呈请注册时，呈请书中需详开下列各项：

一、名称及所在地；

二、目的及沿革；

三、主事务所及分事务所地址并办理情形；

四、组织及设备；

五、募捐方法及经费来源；

六、常年收入及财产总额；

七、常年开支及事业经费概算；

八、其他有关系事项。

第六条　社会局核准注册后发给执照，并公告之。

第七条　慈善团体改选职员、修改章程、更订业务规条时，均须随时呈请社会局注册。

前项注册只需随呈附具应注册之文件。

第八条　慈善团体变更或解散，应叙明理由，呈请社会局注册，已解散之团体，并缴销执照。

第九条　注册事项之公告，除于社会局前揭示外，并登市政公报，同时由社会局函知公安局暨特别一、二、三区公署查照保护。

第十条　社会局于核准注册后，并颁发图记，以资遵守，但别有规定者不在此限。

前条规定之图记，社会局于颁发时，得各收刊制费一元。

第十一条　各慈善团体呈请注册时，除前条规定领用图记缴纳刊制费外，概不收费。

第十二条　社会局依本章程第六条至第十条之规定所办理之事项，均须呈报市政府备案。

第十三条　慈善团体每年至少应开总会二次或一次，并将每半年之事业成绩、经费收支数目公开报告，同时造具表册，呈请社会局备案，并于各该团体门首明白榜示，年终汇印征信录昭示公众，如社会局对于所填表册有疑义时，得令查复。

第十四条　凡核准注册之慈善团体，所办事业及财产状况应随时受社会局之监督。

第十五条　凡核准注册之慈善团体，受本市政府所属各局之委托调查或处理与其本业有关各事时，不得无故推诿。

第十六条　本章程如有未尽事宜，得随时修订，呈请市政府核准公布。

第十七条　本章程自公布日施行。

——原载《天津特别市市政公报》1930 年第 23 期。

南京特别市教育局监督私立慈善机关条例

（1928 年 4 月 13 日）

第一条　本条例根据《南京特别市暂行条例》第四章第二十一条第七项规定之。

第二条　凡本市区内新立之慈善机关，须呈报本局，经审查核准后方能设立，原有之各机关，亦需补行呈报备案。

第三条　各种新立及原有慈善机关于呈报本局时，需照下列事项列表详细填明：

（一）机关名称；

（二）机关地址；

（三）发起人姓名；

（四）创办年月；

（五）组织内容；

（六）指导委员会及主管人员姓名；

（七）职员人数；

（八）财产一览表；

（九）财产来源；

（十）本年度预算；

（十一）最近一年决算；

（十二）经办事业；

（十三）以前经办概况；

（十四）现在经办概况。

第四条　慈善机关应设指导委员会，保管财产及计划该机关一切事宜之进行。

第五条　慈善机关所拟一切章程条例，需呈报本局核准后方可施行。

第六条　慈善机关之主管人员如有更易时，应随时呈报本局备案。

第七条　慈善机关主管人员离职时，如有营私舞弊经本局调查确实者，本局得令该指导委员会立即停止其职权，或科以相当之处分，并由指导委员会另推人员主管之。

第八条　慈善机关主管人员以下之职员，如有溺职或舞弊情事，应由该主管人员分别处分呈报备案，如匿不检举、通同舞弊，本局得令该指导委员会按照第七条规定办理。

第九条　慈善机关随时得由本局派人视察指导之。

第十条　慈善机关之指导委员及主管人员任事日久确系著有成绩者，得由本局呈请市政府予以奖励，条例另定之。

第十一条　慈善机关每月收支账目，应于年度终了决算后分别呈报布告，但每月收支须编制对照表，按月呈报一次，于必要时并得由本局调阅单据账簿，以便审核。

第十二条　慈善机关募捐应先呈准本局，始得举行，募捐应用正式收据，本局得随时审核之。

第十三条　慈善机关经查有下列情事之一者，本局得责令另行改组。

（一）历年经办事项毫无成绩者；

（二）收支款项有弊端者；

（三）为私人所把持者；

（四）假托慈善而实行敛钱者。

第十四条　本条例如有未尽事宜，得由本局呈准市政府随时修正之。

第十五条　本条例自经市政府核准公布日施行。

——原载《南京特别市市政公报》1928 年第 14、15 期。

南京特别市市政府社会局监督市内公益慈善团体章程

（1929 年 3 月 6 日）

第一条　本章程根据内政部颁布之《管理各地方私立慈善机关规则》，及《社会局组织条例》第七条规定订定之。

第二条　凡市内一切公益慈善团体及其附属机关，依照本章程之规定，由社会局监督指导之。

社会局为便于监督指导，得派视察员随时视察之。

第三条　凡市内公益慈善团体及其附属机关，应呈请社会局注册，经核准给照后方得设立，凡未经社会局注册核准者，一经查出，得勒令停办，注册规则另定之。

第四条　凡各公益慈善团体及其附属机关，应公举主任一人或理事若干人，组设理事会、主任或理事会下各职员，由主任或理事会选任，均须呈报社会局备案。

第五条　凡公益慈善团体及其附属机关之主任或理事会，如有溺职舞弊情事，经调查属实得勒令改选之。

如主任或理事会下各职员有溺职舞弊情事时，得令主任或理事会分别撤惩，主任或理事会失察及匿不检举，应予以处分。

第六条　各公益慈善团体或其附属机关之职员，如任事二年以上确系著有成绩者，得由社会局呈准市政府奖励之。

第七条　各公益慈善团体及其附属机关每届月终，应将一月内收支款目及办事实况，分别造具清册，呈报社会局查核，并应于年终汇编报告书，昭示大众。

第八条　各公益慈善团体如需募集款项时，应先呈经社会局核准，其捐册收据等应编号送由社会局盖印，方为有效。

第九条　因特别事件组织临时救济机关者，应先呈经社会局核准其经办事项，并应予事竣时造册呈报社会局查核。

第十条　各公益慈善团体及其附属机关所办事业，如延不遵循社会局之监督指导者，得勒令停办其事业之一部或全部。

第十一条　各公益慈善团体及其附属机关，如有假借名义招摇敛财情事，一经调查属实，得吊销其执照，勒令停办，并将主动人依法惩处。

第十二条　本章程如有未尽事宜，得呈准市政府修正之。

第十三条　本章程自呈奉市政府核准公布之日施行。

——原载《首都市政公报》1929 年第 32 期。

南京特别市公益慈善团体注册规则

（1929 年 3 月 6 日）

第一条 本规则根据社会局《监督市内公益慈善团体章程》第三条之规定订定之。

第二条 凡市内一切公益慈善团体及其附属机关，均应遵照本规则呈请社会局注册。

第三条 凡市内公益慈善团体及其附属机关，应由各该慈善团体发起人或负责职员之连署备具正副声请书，连同办事章程、职员履历表及印鉴单各三份，向社会局呈请注册。

前项注册声请书、职员履历表及印鉴单，应由声请人向社会局具领。

第四条 注册声请书应载明下列各款：

（一）名称；

（二）所在地；

（三）所办事业；

（四）财产状况；

（五）内部组织；

（六）发起人姓名；

（七）职员人数及姓名。

第五条 社会局接到注册声请书，经派员调查属实，并经审核其组织合法后，如系旧有机关办有成绩者，当即准予注册，如系新创机关，当先准试办半年，经查明确有成绩者，方得注册。

第六条 社会局对于公益慈善团体及其附属机关注册之声请，查有下列情形之一者，应令其更正或补充后始得受理。

（一）手续不合者；

（二）违背法令者；

（三）附件内容简略者；

（四）与事实不符者。

第七条　凡公益慈善团体及其附属机关经核准注册后，应由社会局发给注册执照。

第八条　公益慈善团体及其附属机关于核准注册后，如有修正章程、改定规则等情事，应随时缮具三份，呈经社会局核准后始得施行。

第九条　公益慈善团体及其附属机关于核准注册后，如有改选职员情事，应随时开具新职员履历表三份，呈报社会局核准备案。

第十条　公益慈善团体及其附属机关于改组或解散时，应声叙理由，呈报社会局核准备案。

其已解散者并应撤销执照及图记。

第十一条　注册及撤销注册事项，除于社会局门前揭示、市政公报公告外，应呈报市政府，并转咨内政部备案。

第十二条　本规则如有未尽事宜，得呈准市政府修正之。

第十三条　本规则自呈奉市政府核准公布之日施行。

——原载《首都市政公报》1929 年第 32 期。

南京市公益慈善事业捐助褒奖守则

（1930 年 9 月 10 日）

第一条　凡捐资办理本市公益慈善事业者，依本规则之规定褒奖之。

第二条　捐资人得指定捐款用途，及建议其办法。

第三条　凡属捐资所办之事业，得勒碑记载捐资人之姓名，以示纪念。

第四条　捐资在五百元以上者，由市政府给予褒奖之。

第五条　褒章分金质、银质二种，视捐额多寡分别颁给之。

第六条　捐资在百元以上者，由市政府给予奖状褒奖之。

第七条　褒章褒状由市政府制定之。

第八条　公益慈善事业之捐款，由公益慈善事业基金保管委员会保管之。

第九条　前条委员会之组织章程另定之。

第十条　本规则自公布之日施行。

——原载《首都市政公报》1930 年第 68 期。

南京市统一本市筹募捐款办法

（1932 年 4 月 23 日）

一、任何团体，在本市筹募捐款时，需先确定捐款用途，拟具筹募办法，及支付预算，呈报市党部及市政府核准后，始得向本市地方筹募。

二、向本市筹募捐款，均以人民自由捐助为原则，不得挨户索捐。

三、捐款应填发收据，其收据式样，需先呈经市党部、市政府核准备案。

四、筹募所得捐款确数，分别呈报市党部及市政府备查，如遇必要时，得将收据存根，调阅对核。

五、凡在本市筹募捐款时，其有违反上列四项之规定者，经市党部、市政府察觉后，立即停止其筹募，并予其筹募经手人或筹募团体负责人以严惩。

六、凡筹募捐款在百元以上者，应存储银行或邮政储金局，不得由任何团体或个人保存。

七、凡捐款手续办理完毕，与支用捐款后，需将详细账目，呈报市党部及市政府核销，并公布周知。

八、凡募得捐款动用后之剩余金，均需一律存储银行或邮政储金局，并呈报市党部、市政府备案，以后如再动用是项剩余金，应先得市党部及市政府之核准。

九、无论任何团体，非经市党部及市政府核准，不得于本市各娱乐场所票价外筹征捐款。

各娱乐场所非经市党部及市政府核准，不得于票价外自行附征。

附征捐款，得分别适用上列各条之规定。

十、凡有不遵本办法而在本市假名募捐、藉资中饱者，无论何人，得向市党部、市政府检举之，一经查出，当予其负责人严厉处分。

十一、本办法除呈报中央党部及内政部备案外，并由南京市党部、南京市政府会衔公布之。

　　十二、本办法自公布之日实行。

——原载《南京市政府公报》1932 年第 106 期。

成都市监督慈善公益团体规则

（1929 年）

第一条　本规则基于国民政府内政部《管理地方私立慈善机关规则》及《成都市暂行条例》第六条六款、第十三条五款，及《社会局章程》第三条四款规定之，本市区域内一切公益慈善团体均应遵照，受本市社会局之监督。

第二条　凡本市区域内公益慈善团体，需呈经成都市社会局核准注册，给予执照后，方得设立。

第三条　凡呈请注册设立公益慈善团体时，需将下列各项详细呈报，不得遗漏：

一、发起人姓名、年龄、籍贯、住址、职业、履历；

二、慈善团体之名称；

三、慈善团体所在地点；

四、团体所办之事业（如送诊、施药、恤贫等事业须逐一开列）；

五、经费之来源及财产目录；

六、收支之预算；

七、办事之简章；

八、职员选任方法及任期；

九、职员姓名、年龄、籍贯、履历。

第四条　本市区域内旧有之各公益慈善团体，无论是否曾经呈报官厅有案，于本规则公布之日起一个月内，需一律遵照前条之规定补呈，并于文内将现在职员姓名、年龄、籍贯、住址逐一详列，经社会局核明，方准注册给照。

第五条　凡在本市区域内，逾限未经呈报社会局核准之公益慈善团体，一经查出，得勒令停办。

第六条　各公益慈善团体每届月终，应将一个月内收支款目及办理情形，按照社会局颁发表式填报呈核。

第七条　前条每月收支款目，各该团体需明白榜示门首，并于年终汇印征信录，昭示大众。

第八条　关于收支款目，如有错误、遗漏、重复等情事，经社会局查觉，得随时纠正之。

第九条　关于经费如不足需募捐时，应先呈经社会局核准，其旧有团体现已办有成案者，亦须于本规则公布之日起一个月内，将一应手续及办法补呈候核。

第十条　各公益慈善团体之捐册收据等，应编号送请社会局盖印方能有效。

第十一条　如有特别事件发生，组织临时救济部，需特别募捐时（如赈灾之类），亦应先呈经社会局核准其捐款用途，事竣后造具清册，呈报审核。

第十二条　各该团体办理事业之全部或一部，经社会局认为有不适当时，得随时指导之或督饬改良之。若屡经督饬无效，并无改良之可望，得由社会局停止其全部或一部，如停止其全部时，追缴执照。

第十三条　各街团体停办或内容有变更时，应呈报社会局备查，停办者应缴销执照。

第十四条　各该团体职员如有不胜任或竟营私舞弊时，经社会局查明或被人举发属实，得令其停职，情节重者另予处分。

第十五条　各该团体职员，有任事三年以上确有成绩者，由社会局呈请市长奖励之，其有特别成绩，得专案呈请特予优奖，以资激励。

第十六条　本规则如有未尽事宜，得由社会局呈请市长，提付市政会议议决增修之。

第十七条　本规则自公布之翌日施行。

——原载《成都市市政公报》1929 年第 3 期。

哈尔滨特别市征收慈善捐规则

（1927 年）

第一条　凡在特别市区域内设立电影园、戏园、音乐会、跳舞会、俱乐部、跑马场、竞走场、动物园、射击场、文艺早会或晚会以及各种观听娱乐等售票收款之所，本局得征收慈善捐用以办理本市区内各种慈善事宜（但举办民众讲演，启发教育智识等会不售票收款者，不在此例）。

第二条　慈善捐按照各娱乐场所售出票数总额抽取百分之十或百分之十五，如该娱乐场所并不售票而以其他地方纠集金钱者，亦应按其收入总数抽收百分之五或百分之十。

第三条　此种慈善捐由本局收捐员逐日征收，不得拖欠。

第四条　凡娱乐场所所售各种票券，须按坐位等级规定，票价券及存根应载明号数暨年月日并营业名称之戳记，以便收款员随时稽查。

第五条　各种票券须呈经本局核准，并于票面上加盖本局检查戳记方准出售。

第六条　凡旅馆饭店如举办音乐会、跳舞晚会等，须按章先期将票券送呈本局验明加盖戳记方准出售，并照章征收慈善捐。

第七条　违反本规则第三条至第六条之规定者依法罚办，按照应纳捐款处以一倍至五倍之过怠金。

第八条　本规则如有未尽事宜得随时修改之，并自公布之日施行。

——原载《哈尔滨特别市市政报告书》第五章，1927 年，第 37—38 页。

长春市公益慈善事业筹款限制办法

（1947 年 2 月 11 日）

第一条　凡本市民众、团体、学校办理公益慈善事业筹款，除法令则有规定外，悉依本办法办理之。

第二条　凡民众、团体、学校为办理公益慈善事业，依下列各项方法筹款者，均得详具理由及负责人姓名，呈准市民政局方得施行。

一、义务戏；

二、各种游艺；

三、普通劝募捐款。

第三条　民政局对于前项呈请，应经过下列程序办理：

一、派员调查其实在情形，认为有筹款必要者方予批准；

二、关于第二条第一、二两项筹款方式经批准后，并由民政局咨请警察局协助。

第四条　凡以个人名义办理慈善事业，不得依第二条各项规定筹款。

第五条　凡呈准举办筹款者，应将收款捐册或收款票据加盖各该团体钤记，以昭慎重，并将全部捐册数及收款票据数呈报民政局备查。

第六条　凡用捐册及收据募款者，应将批文照录捐册册首，并规定起讫期限，其捐款收据需由经手劝募人签名盖章，收款时将款数照填于收据存根，由捐款人于款数上盖章证明，经手劝募人不得以任何理由向捐户强迫捐募。

第七条　登记立案未满一年之团体或已经募举办筹款而尚未满一年者，均不得依第二条各项规定举办筹款，但因特殊情形经主管机关核准者不在此限。

第八条　凡呈请举办义务戏及各种游艺时，需于十五日以前向市民政局呈报下列事项：

一、表演地点、日期、时间；

二、游艺种类、演员及项目；

三、票额及票价；

四、收支预算（附表）。

第九条　凡举办筹款者，应于事毕十五日内将收支情形暨所筹款项数目、用途，分别列表呈报市民政局查核，并登报公布。

第十条　凡举办筹款不合以上各条之规定者，除由市民政局随予制止外，并得视情形之轻重，得送司法机关惩办之。

第十一条　本办法如有未尽事宜，得随时修改之。

第十二条　本办法自公布之日起施行。

——原载《长春市政府公报》1947年第2卷第8期。

安庆市政府慈善团体委员会章程

（1927 年 2 月 28 日）

第一条　安庆市政府为计划改良慈善事业，组织慈善团体委员会。

第二条　慈善团体委员会直隶于安庆市政府。

第三条　慈善团体委员会，除由市长选聘一人至三人外，由省党部、市党部、财政厅、市公安局、市财政局、市教育局、市商民协会、市妇女协会、市总工会、市农民协会、慈善联合会各推一人组织之。

第四条　慈善团体委员会主席由各委员公推，以多数当选。

第五条　慈善团体委员会设书记一名，由市教育局派科长兼任。

第六条　慈善事业改良计划，除由教育局拟定外，慈善团体委员会得提出议案，交会公决。

第七条　慈善团体委员会之责任在提出及审定改良慈善事业计划，及计议筹款方法，所有议决事项函报安庆市政府核夺。

第八条　慈善团体委员会每星期开会一次，遇有重要事件发生，得由主席临时召集之。

第九条　慈善团体委员会议事细则，由慈善团体委员会另行函报安庆市政府备案。

第十条　《慈善团体委员会章程》由市行政会议议决公布之，呈报安徽省政府备案。

——原载《安庆市政月刊》1928 年第 1 期。

浙江全省学生募捐赈灾办法

（1931 年）

一、全省各级学校及民众学校学生，均应依照本办法之规定，急起募捐赈济被难同胞。

二、学生募捐赈灾其工作分下二项：

1. 由自身节省平日生活用费助作赈款；

2. 向社会各界人士劝募赈款。

三、学生向社会方面劝募助赈，应由各县教育局会同民众教育馆为主持机关，各学校为分募机关，以谋一地方学生赈灾工作之整齐与划一，其在省会各学校学生，则以省立民众教育馆为主持机关，省会各学校为分募机关。

四、各县教育局县立（或省立）民众教育馆接到本办法后，应即联络各该县（或省会）所有学校，合组全县（省会）学生赈灾委员会，积极筹划赈灾进行事宜，其职务如下：

1. 向社会宣传全国灾情状况及遭灾同胞惨苦情形，以引起社会民众之同情；

2. 划分各学校学生募捐区域（学生募捐区域以学校所在地为范围）；

3. 制发捐款收据；

4. 暂时保管捐款；

5. 募捐结束后，将捐款送交县教育局报解，本厅汇解，并将募捐经过情形报告本厅备查。

五、各学校接到本办法后，应即与教育局县立（或省立）民众教育馆接洽，合组全县（或省会）学生赈灾委员会，并于校内组织分会，各校学生赈灾分会由校长、全体教职员及学生代表若干人组织之，负责指导本校学生赈灾事宜，其职务如下：

1. 向全校学生宣传全国灾情状况及遭灾同胞惨苦情形，以引起热烈的同情；

2. 指导学生，激勉学生从自身节省用费以助赈款（如定期素食、减少箓数、自己洗衣、节省零食车资等）；

3. 指导学生向社会募捐进行之步骤及方法；

4. 与全县（或省会）学生赈灾委员会接洽事宜。

六、凡捐款在二角以上者，应制给收据，此项收据由全县（或省会）学生赈灾委员会制定编号，盖具会戳，分拨各校学生应用。

七、各校学生募捐赈灾事宜，应于接到本办法后十日内举行，并于接到本办法后二十日内办理结束，报告全县（或省会）学生赈灾委员会。各县教育局或省立民众教育馆应于接到本办法后一月内，将全县（或省会）学生赈灾事宜办理结束，并将办理经过情形及各校学生募捐银额，造册报告本厅备核，其交通不便地方，募捐结束期限得量予展宽，但至多不得过十日必须报厅。

八、全县（或省会）学生赈灾委员会应于募捐结束后，即将所有捐款送交县教育局报解，本厅汇解。

九、本厅接到各县及省会学生赈灾委员会捐款及报告后，即将全部捐款汇转本省赈灾机关，并得将各校学生募捐成绩在本厅《教育行政周刊》上公布之。

十、本办法由浙江省教育厅公布施行，于全省学生募捐赈灾事宜结束后废止之。

——原载《萧山县政专刊》1931 年第 74 期。

江苏省各县市慈善救济事业基金管理办法

（1947 年 8 月 19 日）

第一条　各县市慈善救济事业基金，除法令另有规定外，悉依本办法管理之。

第二条　本办法所称慈善救济事业基金，为各县市中公私立救济院（所），及其他慈善事业之基金款产及其孳息。

第三条　各县市管理慈善救济事业基金，应于各该县公款公产管理委员会内附设，慈善救济事业基金管理委员会专司慈善救济事业基金管理之责。

第四条　各县市私立慈善救济事业基金，由各该董事会自行管理，受该管县市政府之监督审核。

第五条　各县市公立慈善救济事业基金，应依其性质各别立户管理，除充原指定用途外，不得变更用途，经管二种以上慈善救济事业基金，亦应分别立户存管，不得相互流用。

第六条　各县市公私立慈善救济事业基金内，现金、票据、证券之出纳、保管、转移，均应由县市公库代为办理。

第七条　各县市公立慈善救济事业基金之收入依第六条办理者，均应照收入数目分别科目，由该管机关及代理之公库按月报告县市政府。

第八条　各县市公立慈善救济事业基金之支用，应照各该基金预算或核定计划数目，由该基金户内支出之，除有特殊情形，经呈准变通办理者外，并应依法以支票为之。

前条收入之报告程序于本条支用之款准用之。

第九条　公立慈善救济事业基金预算及核定计划有变更时，应由各该经管机关报由县市政府，转送省社会处备查。

第十条　本办法由江苏省政府公布施行。

——原载《江苏省政府公报》1947 年第 2 卷第 25 期。

对于各种慈善机关之固有款产不得挪支

（1928 年 6 月 25 日）

国民政府内政部训令第四三〇号

令各省民政厅

为通令事。查国民政府《建国大纲》第十一条之规定，关于育幼、养老、济贫、救灾、医病等慈善事业，均为地方政府所应经营之要务。本部前将《各地方救济院规则》以部令公布，并颁行《管理各地方慈善机关规则》，通令各省民政厅一律遵办各在案。复查此项公立或私立之慈善机关，各省地方旧日已经办理者所在多有，虽原来之名称及办法未必即尽与颁定之规则相符，考其用意大致亦不相远，惟以管理经营向无一定办法，或徒具名目无裨实际，或主办非人发生流弊甚焉者。此项固有之款产，由他项机关任意挪用侵占以致事业废弛，尤非维护公益之道。此后各省地方关于公私立慈善机关，自应恪照颁定规则，分别整顿。其办理毫无实效者，必予以切实指正，督饬限期改良，并随时加以考查，勿令发生任何流弊。至于办理确著成绩者，对于其固有款产无论何项用途，一概不许藉词挪支，至其所有之房屋，亦不得假借名义自由占用，务使藉公肥己者得以取缔，切实办事者得所保障。除分行外，合亟令仰该厅查照并转饬所属一体遵照，切切此令。

内政部长薛笃弼

中华民国十七年六月二十五日

——原载《内政公报》1928 年第 1 卷第 3 期。

涤除善堂积弊布告

（1929 年 1 月）

为布告事。照得善堂及一切慈善团体，系本仁爱恻隐之心，为救灾恤贫之举，人类互助精神于焉表见，社会公益事业赖以完成，法美意善，尤宜嘉尚。乃查本市此种团体办理完善者固多，而内容腐败有名无实者亦复不少。董其事者，倘或诚心济世，拯苦救贫，怜寡恤孤，躬推衣解食之事，急公好义，宏养老慈幼之心，是诚劳而不怨好善乐施之君子，当与我市民共敬之爱之。若乃崇尚迷信，自惑惑人，扶鸾降乩，妄说灾祥，斋醮念经，横议祸福，甚者恣意唆讼，虚糜公款，把持操纵，植党营私，阳假慈善之名，阴行中饱之实，私心慆慆，黑幕重重，使神圣慈善机关竟成罪恶渊薮，是诚情所不恕，法所难容之小人。本局对于慈善事业负有监督指导之责，自应切实考查，分别赏罚，以昭激劝。除另制整理及褒奖条例颁布施行外，为此剀切布告，凡本市各慈善机关著有成绩者，务望益谋发展以宏善举，而假公济私之辈，尤当激发天良，痛改前非，勿得狃于旧习，稍涉偏私，致干咎戾，切切此布。

局长涂尤檀

——原载《武汉市社会局局务特刊》1929 年 1 月下。

教会所属公益慈善事业应另订规则

（1929 年 4 月 3 日）

中华民国国民政府行政院指令第八八五号

令上海特别市政府

呈为教会所属公益慈善事业应否遵照公益慈善团体注册规则及监督公益慈善团体暂行规则办理祈鉴核示遵由。

呈悉。查所陈各节，核与内政、外交、教育、卫生各部主管事务有关，当经交由该部等会同核议，去后兹据复称遵即会同核议，佥以原订《上海特别市公益慈善团体注册暂行规则》及《监督公益慈善团体暂行规则》系为管理内地一切公益慈善团体而设，以之施行于外侨在华所办公益慈善事业似难适用。如必须规定办法，拟请由钧院令行上海特别市政府转饬社会局，察酌情形另订规则，具报查核等情前来。应如所议办理，除指令外，仰即转饬遵照。此令。

国民政府行政院（印）

——原载《行政院公报》1929 年第 36 期。

为慈善团体募款时须得官署盖印方为
有效布告周知

为布告事。查救济院所属各机关如育婴所、养老所、掩埋所、残废所、乞丐收容所等，年中由各慈善家热心所助年捐、特捐、筵捐、物捐等等，扶助不少，本市长深为嘉尚。但查浙江省监督慈善团体法规，凡慈善团体需募款时须得主管官署之许可，其收据捐册并需编号送主管官署盖印方为有效等因，本市长为慎重捐款起见，除令救济院所属各所制一种三联票送由本府盖印发用，自五月一日用起外，特此布告，嗣后各善士无论在何所有所捐助，务须认明府印收据方允收受。如持无府印捐票在外捐募者，即属冒名撞骗，准民众指名控告追究，特此通告知之，此布。

市长杨子毅

1930 年 4 月 11 日

——原载《宁波市政月刊》1930 年第 3 卷第 3 期。

布告无业游民人等对于善堂毋得藉端强索致乱秩序

（1931 年）

　　为布告事。现据本市存心善堂呈称，呈为呈请出示保护事。窃属善堂办理善举，专以施棺赠葬、施医施药、救火、施衣施茶等事为宗旨。如经费充裕时，流民、挑夫、散兵等无力回乡者，酌量资送，现因经费缺乏，此项资送，停办已久，或有真实无告流民，度其情形送给船票，俾可得归乡里。乃近有形似散军之外方流民，来堂强索，及送给船票，又迫现金，甚或将船票转售他人，稍隔数日，又来强索，终日纠缠，三五成群，阻碍属善堂办事。用特呈请钧府发给布告，严禁强索，并请转知公安局饬区随时保护，俾利进行，而维善举，伏乞俯允，实为公便，等情前来。除令行公安局饬区随时保护外，合行布告，仰本市无业游民人等知悉，你等须知善堂系为办理慈善救济事业，自应同加爱护，何得藉端强索，致乱秩序，自示之后，如再有上项情事发生，定行拘究不贷，毋违，此布。

市长张纶

3 月 6 日

——原载《汕头市市政公报》1931 年第 67 期。

各地善堂不得改办救济院
（1935 年）

近查各县市因推行救济事业，间有将善堂改为救济院者。查救济院系属官办而善堂则属民办，欲发展救济事业，应官民合作，始易见效。故本堂第四次董事会议议决各地善堂，应妥为保存，爰于六月二十二日函请林董事翼中请以民政厅长名义，通令各县市遵照，经准林厅长复函照办。原函如下：现准贵堂本年六月二十二日广字第二五八号公函，关于本月十七日开第四次董事会议议决各地善堂应妥为保存一案，嘱以民政厅长名义，通令各县市政府参加，共同推进社会救济事业，等由准此。查上开议决事项，昨经敝厅以各县市办理救济事业及整理慈善机关，官办民办，应分别进行，以明权责，所有原有民办慈善机关应予保留，不可以办救济院，消灭其善堂名称等词，分函各县市长遵照切实办理在案。兹准前由，除分令外，相应将本案办理情形，函复贵堂查照为荷。

——原载《仁爱月刊》1935 年第 1 卷第 2 期。

第五编　慈善组织征信录选编

王江泾兴仁善堂征信录

（光绪二十二年）

吴江县盛泽镇种善堂董事王恩寿、仲廷机、洪文益、王家鼎等禀为邻境刁风未戢，吁恳详咨设堂会办事

　　窃治下吴江县盛泽镇为本邑近浙边境，向多阻葬刁风。每遇葬家到地，辄有乡愚无赖，鸣锣聚众，拦阻枢船，或需索灰料、酒食、钱文，不遂不止，或以损坏风水为辞，不许安葬，甚至劫船毁厂，殴伤葬属，抢夺器物，勒捐桥庙，恣意朋分。恶习相沿，不可枚举。职等董理善堂，遵奉宪谕，仿照省章，办理护葬代葬。每届冬令，禀请县示，随同督护。赖以安葬者，每岁辄数十起，遇有水陆路毙，由堂亲验分别，有伤填单，报县验殓详缉，无伤捐棺殓埋。赖此土棍不敢滋事，历届办理各有成案。惟盛泽东南五七里外，均属浙境，秀水县属万五庄之南来圩等处乡民阻葬转甚于前。附近新塍、王江泾等镇，未有分设善堂，无从请护。寄居盛泽归葬每多畏难，即于江邑边地安坟，亦时有刁民勾集。邻境棍徒恃强滋事，办葬愈形费力，停棺日以益多。又王江泾地居交界，遇有水陆毙尸时，有棍徒串通差役，扰诈居民，或地保畏累，昏夜移尸，致尸身惨不得殓。刁风滋蔓，尤属可虞。职等现与寄居盛泽浙绅公同商酌，惟有于浙境新塍、王江泾等镇，设立善堂，仿照苏章，一体会办，庶浙境刁风稍戢，江境交界处所亦可不致掣肘。但浙嘉普济育婴各善堂，未有护葬代葬报验收埋毙尸章程，无案可援，创办非易，必得仰恳宪恩，将苏省善堂章程，移咨浙省大宪，请饬府县宪举董劝办，方可仿照章程，因地制宜，设堂筹办。为此禀请大公祖大人俯念地方，迅赐咨请浙省大宪饬下秀水县，于新塍、王江泾等镇举董设堂，酌筹会办，以挽刁风而广善举，实为公便。上禀。

具禀职举生监杨恒、吴兆基、计饴孙、唐员、沈文钧、沈景修、李龄寿、陈元骥、徐廷梁、许受颐呈为遵谕议立善堂集议禀覆事

　　窃职等奉照会，同治十一年七月二十一日奉府宪许札开，六月二十二日奉臬宪蒯札，五月二十日奉江苏臬司咨开：据吴江县盛泽镇种善堂董事仲廷机等禀称，盛泽镇近浙边境，向有阻葬刁风，每遇葬家到地，辄有乡愚无赖借端拦阻需索。职等遵奉宪谕，仿照省章办理代葬护葬，赖以安妥，遇有路毙浮尸，分别有伤无伤，报县验殓，土棍不敢滋事，历经循办有案。惟盛泽东南五七里外均属浙境，秀水县属万五庄之南来圩等处乡民阻葬转甚于前，附近新塍、王江泾等镇未设善堂，无从请护，寄居盛泽之归葬者每多畏难。职等既与盛泽浙绅商酌添设善堂，仿照苏章，一体会办，但浙省无案可援，禀请咨送浙省饬县于新塍、王江泾等镇，举董设堂，酌筹会办等情到司。查核来禀，为遏绝刁风，推广善举起见，事属可行，合亟抄禀，并将所呈原案咨饬嘉兴府及秀水县核明，可否仿照苏省定章，于新塍、王江泾等镇，举董设立善堂，妥筹办理，望切施行等由到司，准此。札府即便督饬核明，妥筹办理，仍将核办缘由申报备案存查等因到县，谕饬职等妥为筹议，能否仿照苏章设立善堂之处，克日议禀，以凭详办等因奉此。窃王江泾镇与江苏之吴江县分辖镇之北市糟字等圩，为吴江境，西北毗连盛泽，其结字、中字等圩，为秀水境。两省交界，刁恶乡民易于滋事。盛泽之种善堂历办护葬代葬、验殓路毙浮尸，均有成法可循。然江浙交界之处，每患鞭长莫及。咸丰七八年间，故绅沈埙、许九安等合置西北结字基地二亩，议欲创立善堂，适遭兵燹，未及举办。今暂借绸业公所所建房屋一进，向时纯真观之关圣殿，拟名兴仁善堂。一俟筹有经费，建造堂屋。今将遵办缘由禀呈宪鉴，伏乞公祖大人酌夺，通详各上宪批准，一面先行备案，并赐给示晓谕，以便遵行。上具。

　　批：所禀设立善堂，诚为义举。惟前据朱廷元等以新塍设善堂议章具禀，业经据情转请宪示在案，该镇相离甚近，自应会办，以免岐（歧）异。着即会同朱廷元等仿照新塍章程，先行办理，余俟奉到宪批，再行遵饬可也。

具禀王江泾兴仁善堂职董杨恒、吴兆基、计饴孙、唐员、沈文钧、沈景修、李龄寿、陈元骥、徐廷梁、许受颐呈为创立善堂，情形不同，据陈管见事

窃职等奉照会筹设善堂，业将创设遵办缘由禀明在案。奉批：所禀设立善堂，诚为义举。惟前据朱廷元等以新塍设立善堂议章具禀，据情转请宪示在案，该镇相离甚近，自应会办，以免岐（歧）异。着会同朱廷元等仿照新塍章程，先行办理，余俟奉到宪批，再行饬遵可也等因。职等窃查新塍在县之南，王江泾在县之北，镇之北市即吴江县，管辖为江浙两省交界之处，且与吴江之盛泽镇相离甚近，必须会办，是王江泾与新塍地方各有不同，办理势难划一。现在就本镇情形，设立兴仁善堂，于丝绸米盐四业股户五项劝捐，办理会议章程十条，禀请公祖大人俯赐察核，转行通详立案。一面移请吴江饬知盛泽种善堂绅董会办，并移王江泾汛随时弹压，实为公便。上禀。

批：该绅吴兆基等所禀，系属实在情形，劝办善举，自应因地制宜，方称妥善而期久远。该职等实心筹划，劝设善堂，议章办理，洵属好义急公，殊堪嘉尚。除移吴江县王江泾汛分别饬知弹压外，仍候通详各大宪批示可也。

浙江嘉兴府秀水县为详请立案事

案奉府宪转奉宪台札，准江苏臬司咨开：吴江县盛泽镇董仲廷机等禀称，吴江县盛泽镇近浙边境，向有阻葬刁风，每遇葬家到地，辄有乡愚无赖拦阻需索。职等办理善堂，仿照省章，办理护葬代葬，赖以安妥。遇有路毙浮尸，照章分别有伤无伤，报县验殓，土棍不敢滋事，历经循办有案。惟盛泽东南五七里外均属浙境，秀水县属万五庄之南来圩等处乡民阻葬转甚于前，附近新塍、王江泾等镇未设善堂，无从请护，寄居盛泽之归葬者每多畏难。职等既与盛泽浙绅商酌添设善堂，仿照苏章，一体会办，但浙省无案可援，禀请咨送浙省，饬县于新塍、王江泾等镇，举董设堂，酌筹会办等情到司。查核来禀，为遏绝刁风，推广善举起见，事属可行，合亟抄禀，并将所呈原案咨饬嘉兴府及秀水

县核明，可否仿照苏省定章于新塍、王江泾等镇，举董设立善堂，妥筹办理等因。转行下县奉此，卑职遵即谕令新塍、王江泾等处绅士朱廷元、吴兆基等，会同妥议办理。去后旋据新塍镇职员朱廷元等，措垫经费，设立善堂，议章具禀，当经卑职请详藩臬宪暨宪台批示立案。嗣据该职等禀请通详各宪，又经查案补详督抚宪批示在案，一面谕催王江泾绅士吴兆基等，仿照新塍章程赶办。去后兹据王江泾职员吴兆基等禀称，窃查新塍在县之南，王江泾在县之北，镇之北市，即吴江县管辖，为江浙两省交界之处，且与吴江之盛泽镇相离甚近，必须会办，是王江泾与新塍地方各有不同，办理势难划一。现就本镇情形设立兴仁善堂，于丝绸米盐四业殷户五项劝捐，办理会议章程十条，禀请通详立案。一面移请吴江县饬知盛泽种善堂绅董会办，并移王江泾汛随时弹压等情。据此，卑职查该绅吴兆基所禀，系属实在情形，劝办善举，自应因地制宜，方称妥善而期久远。该职等实心筹划，劝设善堂，议章办理，洵属好义急公，殊堪加尚。除分移吴江县王江泾汛分别饬知弹压外，合将呈到章程十条开折详送，仰祈宪台大人察核批示遵行。

府宪许批：如详立案，清折存。此缴。

臬宪蒯批：查前据该绅吴兆基等开列善堂章程，来司具禀，当经批府转饬议办，通详立案。兹据议详，仰嘉兴府即饬查照该绅等禀批，妥为办理，具覆仍候两院宪暨藩司批示，缴折存。

抚宪杨批：如详立案，仰按察司转饬知照，仍候督部堂批示，缴折存。

督宪李批：秀水县详王江泾绅董设立善堂，据该职员吴兆基等劝设善堂，筹议章程，具见好义急公。仰按察司会同布政司核饬立案，仍候抚部院批示，缴折存。

章程十条

一、护葬。准葬家先期一月，开明葬主姓名、坟地坐落圩名、葬期月日，报堂请护。善堂备船一号，董事下乡传同地保督护。如有实在刁恶，地方预防滋事，应请移知汛地官到乡弹压。倘遇棍徒生事，许即捆获，由善堂董事将阻葬情形禀县惩办。

一、代葬。如有极贫之家无力营葬，又无亲族纠助葬费者，准报堂代葬。

由本家酌定日期，于一月前报堂，至期堂中代为安葬。如本家无人，由亲族代报。船只、堂夫工食，本堂开销，惟不助灰料。倘本家稍能自备，及亲族募助者听。

一、掩埋。凡各乡暴露棺木，每年于清明、冬至两届，随地埋葬。先期三月，由堂分路查看，传询圩甲地户，将朽烂暴露棺木用石灰笔标记。如无亲属到堂承认，即系无主棺骸，由堂就地埋讫。如棺盒上显有姓名，或朽烂中尚有字迹可认，照样注明堂簿备查，无字则已。其棺木朽坏者，检骨搭配，分别男女，装坛深埋，编号注册存记原棺有无字样。坛盖写明其原厝地面，或系公路要地，不便深埋者，移送义冢，分男左女右，仍编号立簿存记。骨坛制有某堂字样，以防偷窃他用。棺中有殉殓物件未毁，一并埋入，或有检出银钱，当地买灰加入坎内，堂夫私取者，送官究处。

一、拾骨须识骨之人，由堂设立堂夫。现当开办伊始，向盛泽善堂借雇熟手堂夫两名，俾本地堂夫随同学习，皆用本地农夫报名充当，每日给工食钱二百二十文，无事不给。其各顶脚夫及无业游民不准充当。

一、路毙浮尸先由圩甲报堂，堂董亲自验看。有伤者由堂报县请验，无伤本堂发出掮牌，立在尸处，招认收殓。三日后，无尸属出认，即由善堂捐棺殓埋，登簿存记，备注男女、年貌、衣服、月日、地址，并于埋处插竿标记，以备尸属查认。乞丐倒毙以有篮碗棒钵等物为据，着丐头领棺收殓。如棍徒串通地保，将毙尸移至富户门首，名为飞殃；河内浮尸，引至富户地界停止，名为打抬子；冒认尸亲，希图勒索等事，许被害之家告知堂董，禀请究办。

一、遇有阻葬情事，无论捆送，禀控堂董赴城，一切均由堂开支，与葬家无涉。所有宪差船饭，仿照苏章，由堂开支七折钱三两。

一、经理、董事不支薪水，另举干练诚实司事一人，常川住堂，支应一切，仍由董事会商施行薪水，按月支送，支销钱文刊刻征信录，以昭核实。

一、乾隆年间，本镇绅董创建昭三庄张字圩义冢一区，埋葬无属尸棺，尚有余地，日被侵削，现拟逐渐清理，踵前接办。

一、善堂拟名兴仁，将坐落秀邑东北结宇绸业捐建公所朝南房屋一进，暂作堂屋，再行筹建。

一、王江泾镇地跨江浙，北市坐落糟字圩，系苏省吴江县管辖。善堂办公遇有毗接江邑各圩事件，应由近镇之盛泽镇种善堂绅董会办。

钦加同知衔授嘉兴府秀水县正堂加六级记录
十二次记大功八次黄为晓谕事

据职贡生监吴兆基等禀称：职等奉谕于王江泾镇设立善堂，举办掩埋护葬各务，业经拟定章程，试办在案。即于东北结圩号内绸业所建房屋一所，改作善堂，拟名兴仁，今复集资建造头门一进，已及竣工。兹届冬腊，又将开办掩埋护葬，诚恐乡愚无知，仍有阻拦滋事。职等为重慎始事起见，即于是月涓吉环请驾临谕办，并请移汛弹压等情前来。据此，除批示并移请王江泾汛就近随时弹压外，合行出示晓谕，为此示仰该处居民地保人等知悉。现在兴仁堂业已建造工竣，时值冬令，亟应开办，择于本月二十三日开堂，该圩保人等至期齐集，务各伺候。本县亲诣谕办，其各遵照毋违。特示。

同治十三年十一月二十日给

王江泾兴仁堂职董杨恒、吴兆基、计饴孙、唐员、
沈文钧、沈景修、李龄寿、陈元骥、徐廷梁、
许受颐呈为劝定善堂经费，环请宪谕收办事

窃自上年奉皋宪札行，设立善堂，举办掩埋护葬各务，迭奉宪谕，与新塍一律举行等因，即于上冬禀呈试办在案。无如王江泾镇残破之后，民无殷富，市肆亦小，不及新塍镇十之二三。职等已经借垫举办，计自冬至春，掩埋附近骨殖二百九十余副，督护葬务五处，其垫经费二百余千，而应办善举甚多，非请筹之商力，难以持久。查本镇惟丝、绸两业为大宗，次者米行、襄饼。职等已劝募绸业，允助绸厘每两一文，每匹重五两上下，每年可消（销）八九万匹，约可得钱四五百千文。丝业通年可售二百包，现在议劝每包助洋一元，又可得钱二百千零。米行通年籴粜，襄饼专消（销）夏令，现已拟助每米一石助钱肆文，襄饼一张助钱二文，通年可得钱数十千文。总计三业每年可筹六百串左右，以之掩埋护葬，可再扩充众善。议经初定，应请仁宪给谕绸丝米业牙首，俾冀鼓励商情，善捐踊跃。除禀府宪外，为此环叩伏乞公祖大人鉴察准行，以

济善堂公用，仍俟开收起期，另议划一收支章程，请通详立案，以垂永久，实为公便。上呈。

批：据禀各业劝捐办理善举，洵为从长之计，事属可行，惟称并禀府宪，俟奉到宪遵办可也。

钦加同知衔特授嘉兴府秀水县正堂黄为查案示禁事

案据职举生监吴兆基等禀称，奉谕仿照苏省章程，在于王江泾镇设立兴仁善堂，办理附近一带护葬代葬及掩埋各务，恐有不法棍徒，借端阻扰，酌拟章程，禀请通详立案等情到县。据此，当经通详各宪，并出示严禁在案。现届冬令安葬之际，恐有地匪仍敢借端阻扰，合行查案示禁，为此示仰该处地保居民人等知悉。自示之后，如有匪徒仍敢借端阻葬，冀图讹索者，许卜葬之家会同堂董扭解来县，以凭从严究办，绝不姑宽。其各凛遵毋违，切切特示。

同治十三年十一月　日　给

秀水县正堂示，为随厂示禁事。照得本县赴厂相验毙尸，凡随带招刑值房、皂快、各班、仵作、随役、刑杖、中骄、马夫灯笼饭食，以及尸格结状、碌墨、笔布、苍术、烧酒、纸香各物钱文，并地保搭厂、土工抬尸、饭食均由王江泾兴仁堂绅董遵奉抚宪定章，照数给发，并给书差人等船价钱文，此外不准该书差等再向尸亲、被告、地主、邻右及该里地保索取分文。且遵守定章，不传地主、邻右，免致波累，并不准该差保私自擅传，转致扰害。合行随厂示禁，为此示仰尸场人等知悉。尔等务知宪定章程，各宜恪守，不得故违。兹将验费按款开明，以免该差互相侵隐。倘敢再有前项情弊，准被诈之人暨兴仁堂绅董，指名送县，以凭尽法惩治，决不姑宽。其各凛遵毋违。特示。

今开

刑招值房饭食钱一千二百文；

皂班管事饭食钱八百文；

快班管事饭食钱八百文；

仵作饭食三百二十文；

跟随各役饭食钱一千二百文；

刑杖各役饭食钱四百八十文；

中轿饭食钱一千二百文；

马夫灯笼饭食钱二百文；

随使钱七百文；

尸格结状钱一百六十文；

布二块钱一百文；

朱墨笔钱四十文；

苍术香草纸钱一百文；

烧酒钱七百文；

书差各役坐船六只，钱四千八百文。

以上各款由兴仁堂绅董随同联单送县，当堂给发。

地保报词钱二百四十文；

地保及伙役搭厂伺候饭食钱五百四十文；

土工抬看尸身收殓钱四百二十文。

以上三款由兴仁堂绅董在堂面给地保，亲领转给。凡附镇官塘士庶，深恩昭垂。万殷等庄，尽界为止，照章给发，验费毋庸分别加给，即由兴仁堂绅董送县当堂散给。尔等既经领费，不准逢埠封捉船只，并不准再向地主邻保人等索取分文。倘敢故违，应由堂董指名送究，决不姑宽。

光绪□年□月□日给

发　尸厂实贴

王江泾兴仁堂职董沈维镇、沈景修、李龄寿、许受颐禀为叩请出示晓谕，以息浮议事

窃各处善堂办理掩埋骨殖，概用骨坛，相沿已久，职等向办王江泾兴仁善堂，亦随众沿用骨坛。后江苏善士贡生余莲村名治劝办各处保婴掩埋，往来江南北数千里间，善名颇著，职等侨居盛泽镇，一再晤谈，每言骨坛不如木匣之善，特以相沿已久劝人改用未能悉信为憾。及余善士故后，有偕同办善之缪启泉，为吴江陈前邑尊延请在署督办地方善举，向职等每述余善士之说，云骨

坛系陶冶之器，入土不化，骨殖终在坛中，不能入土，无论久近，总为耕犁所及，将来仍必出土。坛式高直，储骨坛中，顶必在底，足必在面，如人倒置，亦属不安，不如改用木匣，骨可平置，入土易朽，骨亦愈入愈深，随与土化，即属入土为安。既非厚葬，自以圣人不如速朽之言为善云云。职等因其言深入情理，即于光绪五年起，改用木匣掩埋。无如局外之人少见多怪，或疑创所未闻，或疑因陋就简，良法美意，未能晓然于人，恐难持久。为此特请公祖大人，将王江泾兴仁善堂掩埋改用木匣缘由出示晓谕，以息浮议而全善举，戴德上禀。

批：据禀该镇善堂办理掩埋，向用骨坛，于光绪五年起，查照江苏余善士办法，改用木匣，具征乐善不倦，殊堪嘉尚，候即出示晓谕，仍将所用木料务选干洁，免滋浮议，是为至要。

王江泾镇兴仁堂收支清册

光绪二十一年

旧管实存洋四百八十五元四角三分；
钱五十三千七百七十九文。

光绪二十二年

新收

一收上海保息款，洋四百十三元七角；
一收丝厘，洋一百五十元
一收益记绸厘，洋一百二十一元六角、钱一千八十文；
一收余记绸厘，洋九十六元、钱六百三十三文；
一收三泰绸厘，洋八十八元四角、钱六百六十六文；
一收同盛绸厘，洋五十七元六角、钱六百四文；
一收瑞记绸厘，洋三十九元、钱一百五十七文；
一收豫泰米厘，洋七元；
一收泰源米厘，洋五元；
一收许大生米厘，洋四元；

一收信润米厘，钱二千文；

一收正大米厘，钱二千文；

一收厘局房租，钱七十二千文；

一收绸捐公所房租，洋四十八元、钱三千三百六十文；

一收绸捐公所贴膳连贴工，洋七十八元、钱一千四十文。

以上共收洋一千一百零八元三角，钱八十三千五百四十文。

名善士捐助

一收澄溪公所两次，助骨坛洋八十六元；

一收洪溪不留名，助骨坛洋三十二元；

一收胡丽生，助骨坛洋四十八元；

一收居易堂蔡，助骨坛洋四元；

一收古学堂沈，助骨坛洋二元。

以上共收洋一百七十二元。

各善士捐助骨坛，王访沂、钮少芄经募

一收王访沂，助洋四十元；

一收鲍萱寿堂，助洋十元；

一收达顺坊，助洋七元五角；

一收惜阴居士，助洋七元五角；

一收紫仲士，助洋五元；

一收凌蔼峰，助洋四元；

一收李浩如，助洋三元；

一收钮少芄，助洋三元；

一收王听樵，助洋二元；

一收王颂卿，助洋二元；

一收汝步云，助洋二元；

一收倪迪民，助洋二元；

一收毛大源，助洋一元；

一收王仲卿，助洋一元；

一收施嘉林，助洋一元；

一收平永兴，助洋一元；

一收王俊卿，助洋一元；

一收费百城，助洋一元；

一收吴坤扬，助洋一元；

一收陆叙顺，助洋一元；

一收汝梦卿，助洋一元；

一收有恒氏，助洋一元；

一收王恭寿，助洋一元；

一收松陵师，助洋一元；

一收蔡菊龄，助洋一元；

一收连太太，助洋一元；

一收施恩师，助洋一元。

以上共收洋一百三元。

一收王慕襄，捐助骨坛五十副。

开支

一支骨坛一千三百副，洋二百十七元；

一支时力坛连大小盖力，洋二十三元九角八分四厘；

一支骨坛船六次，洋九元五角、钱一千五百文；

一支重号施棺九具，洋二十七元；

一支春届掩埋本班堂夫一百五十六工每二百十，钱三十二千七百六十文；

一支春届掩埋震泽堂夫一百六十六工每一百八十，钱三十一千五百文；

一支春届掩埋贴震泽堂船三十二日，钱三千二百文；

一支春届掩埋贴本班施厚芳吃饭二十六日每六十，钱一千五百六十文；

一支春届掩埋停工贴饭二十八日每六十，钱一千六百四十文；

一支春届掩埋船用油烛等费，钱二千四百二十八文；

一支冬届掩埋开工祀神香烛鱼肉，洋一元；

一支冬届掩埋本班堂夫二百十六工每二百十，钱四十五千四百六十五文；

一支冬届掩埋震泽堂夫二百六十二工半每一百八十，钱四十七千九百五十文；

一支冬届掩埋贴饭施厚芳吃饭六十五日每六十，钱三千九百文；

一支冬届掩埋停工贴饭一百五日每六十，钱六千三百文；

一支冬届掩埋贴震泽堂船七十四日，钱六千三百八十文；

一支冬届掩埋船用油烛等费，钱四千二百十二文；

一支冬届往乡打圈补盖船工，洋四元、钱三千八十文；

一支春冬两届掩埋用沙灰，洋四角六分；

一支赏本堂班头统年照料，洋二元；

一支沈姓护葬堂班工，洋三元七角、钱七百文；

一支收路毙浮尸六处，钱三千二百二十文。

以上共支掩埋项下，洋二百八十八元六角四分四厘，钱一百九十五千七百九十五文。

一支置堂对门平屋两间坐北朝南下连基地，洋一百五十七元五角；

一支拨助积谷会置重一庄寒字圩田，洋一百元；

一支拨助保婴处丝厘捐，洋一百五十元；

一支拨助万寿庵，洋五十元；

一支拨助施医局，洋五十元；

一支拨助广仁会惜谷会，洋二十元；

一支拨助广仁会收字纸，洋十元；

一支买施衣六百件，洋一百九元七角；

一支岁米十石，洋三十六元；

一支保和丸十五料，洋四十二元；

一支礼忏禳灾香烛供果伙食，洋二十元、钱三千三百四十四文；

一支礼忏焰口超度孤魂，钱十六千文；

一支金楮锡箔素菜供果，洋一元、钱三千三百七十九文；

一支给看守一宿庵，钱六千文；

一支给寿生寺僧，洋九元六角；

一支贴南汇镇难民费，洋十元；

一支太平醮疏，洋五元；

一支赒济老年四次，洋五元；

一支连四荡会射鼍桥上搭栏杆、扶桥，钱五千九十六文；

一支拨助修葺施主古庙砖瓦灰沙泥水工，洋八元四角九分六厘、钱九千六百二十一文；

一支堂屋东边小天井内搭披屋二架，洋十元；

一支一宿庵造放生羊棚一间砖瓦木料，洋二十元、钱九千三百文。

以上共支拨助置产、造屋、岁米、施衣、施药、礼忏项下，洋八百十四元二角九分六厘，钱五十二千七百四十文。

一支演出龙犒龙手两次，钱十二千文；

一支贴永安龙奏乐半堂连香烛，钱二千文；

一支龙手蒲鞋茶资，钱一千二十六文；

一支灯烛，钱一千七百五十文；

一支永潜龙灯笼，钱五百八十八文；

一支杨日兴砖瓦灰沙，洋四元一角六分二厘；

一支钱木作工料，钱八千二百八十文；

一支袁泥作工，钱三千四百四十文；

一支杨聚盛铁器，钱一千九百四十文；

一支殷源兴铁皮钉，钱三千三百三十一文；

一支修船匠工，洋二元、钱八百八文；

一支堂班小工，钱八千八百文；

一支桐油一桶二十斤，洋十一元六角、钱三千七百三十文；

一支叶竹匠修篷子，钱一千一百五十文；

一支芦席篙子橹槟衣棕绳，洋一元、钱一千五百九十文；

一支石头五条，洋三元、钱一千文。

以上其支修理堂屋、堂船、一宿庵、水龙项下，洋二十一元七角六分二厘，钱五十一千四百三十三文。

一支施厚翁全年修金，钱三十六千文；

一支又剃头烟，钱二千四百文；

一支酬杨选翁堂中应酬宾客，洋十二元；

一支张司工正月至七月，洋十二元八角、钱十千五百文；

一支计司工八月至年终，钱十二千五百文；

一支老计司工，钱三千八百文；

一支沈司工，钱三千四百文；

一支于司工，钱六千四百五十文；

一支雇船，洋一元、钱二千六百六十文；

一支饭米十二石五斗，洋四十九元四角五分、钱三百二十六文；

一支柴，洋十二元二角、钱二千六百二十九文；

一支伙食，洋三十五元一角、钱四十八千三百文；

一支工人三节折菜，钱四百二十文。

以上共支修金工食项下，洋一百二十二元五角五分，钱一百二十九千三百八十五文。

一支刻二十一年征信录工资，钱三千四百十七文；

一支刷印征信录一百本，洋一元九角；

一支酬上海代收保息，洋十二元；

一支酬上海北卡司事，洋十六元；

一支又节仪，洋六元；

一支信力，洋三元三角、钱五百二十文；

一支酬西水营照管堂船，洋五元；

一支沈府房租，洋四元；

一支县礼房年例，洋二元；

一支完粮银，洋一元八角；

一支武帝圣诞三节祀神香烛供果，钱一千九百八十八文；

一支牛痘局赏痘客元糕，钱一千八百四十八文；

一支送分五次，洋二元六角；

一支客菜，钱七千六百文；

一支洋油一箱，洋二元四角；

一支竹器筛匾，钱四千一百八十文；

一支草席六条，钱八百四十文；

一支号灯笼布旗，钱八百七十二文；

一支账簿笔墨，钱四百文。

以上共支杂用项下洋五十七元，钱二十一千六百六十五文。

以上统共收洋一千三百八十三元三角，钱八十三千五百四十文。

收二十一年实存洋四百八十五元四角三分，钱五十三千七百七十九文。

以上统共支洋一千三百四元二角五分三厘，钱四百五十一千十八文。

付兑洋三百五十元。

收兑进钱三百二十五千五百文。

统其除支实存洋二百十四元四角七分七厘，钱十一千八百零一文。

——原载《王江泾兴仁善堂征信录（光绪二十二年份）》。

王江泾兴仁善堂征信录

（光绪二十三年）

吴江县盛泽镇种善堂董事王恩寿、仲廷机、洪文益、王家鼎等禀为邻境刁风未戢，吁恳详咨设堂会办事

　　窃治下吴江县盛泽镇为本邑近浙边境，向多阻葬刁风。每遇葬家到地，辄有乡愚无赖，鸣锣聚众，拦阻柩船，或需索灰料、酒食、钱文，不遂不止，或以损坏风水为辞，不许安葬，甚至劫船毁厂，殴伤葬属，抢夺器物，勒捐桥庙，恣意朋分。恶习相沿，不可枚举。职等董理善堂，遵奉宪谕，仿照省章，办理护葬代葬。每届冬令，禀请县示，随同督护。赖以安葬者，每岁辄数十起，遇有水陆路毙，由堂亲验分别，有伤填单，报县验殓详缮，无伤捐棺殓埋。赖此土棍不敢滋事，历届办理各有成案。惟盛泽东南五七里外，均属浙境，秀水县属万五庄之南来圩等处乡民阻葬转甚于前。附近新塍、王江泾等镇，未有分设善堂，无从请护。寄居盛泽归葬每多畏难，即于江邑边地安坟，亦时有刁民勾集。邻境棍徒恃强滋事，办葬愈形费力，停棺日以益多。又王江泾地居交界，遇有水陆毙尸时，有棍徒串通差役，扰诈居民，或地保畏累，昏夜移尸，致尸身惨不得殓。刁风滋蔓，尤属可虞。职等现与寄居盛泽浙绅公同商酌，惟有于浙境新塍、王江泾等镇，设立善堂，仿照苏章，一体会办，庶浙境刁风稍戢，江境交界处所亦可不致掣肘。但浙嘉普济育婴各善堂，未有护葬代葬报验收埋毙尸章程，无案可援，创办非易，必得仰恳宪恩，将苏省善堂章程，移咨浙省大宪，请饬府县宪举董劝办，方可仿照章程，因地制宜，设堂筹办。为此禀请大公祖大人俯念地方，迅赐咨请浙省大宪饬下秀水县，于新塍、王江泾等镇举董设堂，酌筹会办，以挽刁风而广善举，实为公便。上禀。

具禀职举生监杨恒、吴兆基、计饴孙、唐员、沈文钧、沈景修、李龄寿、陈元骥、徐廷梁、许受颐呈为遵谕议立善堂集议禀覆事

窃职等奉照会，同治十一年七月二十一日奉府宪许札开，六月二十二日奉臬宪蒯札，五月二十日奉江苏臬司咨开：据吴江县盛泽镇种善堂董事仲廷机等禀称，盛泽镇近浙边境，向有阻葬刁风，每遇葬家到地，辄有乡愚无赖借端拦阻需索。职等遵奉宪谕，仿照省章办理代葬护葬，赖以安妥，遇有路毙浮尸，分别有伤无伤，报县验殓，土棍不敢滋事，历经循办有案。惟盛泽东南五七里外均属浙境，秀水县属万五庄之南来圩等处乡民阻葬转甚于前，附近新塍、王江泾等镇未设善堂，无从请护，寄居盛泽之归葬者每多畏难。职等既与盛泽浙绅商酌添设善堂，仿照苏章，一体会办，但浙省无案可援，禀请咨送浙省饬县于新塍、王江泾等镇，举董设堂，酌筹会办等情到司。查核来禀，为遏绝刁风，推广善举起见，事属可行，合亟抄禀，并将所呈原案咨饬嘉兴府及秀水县核明，可否仿照苏省定章，于新塍、王江泾等镇，举董设立善堂，妥筹办理，望切施行等由到司，准此。札府即便督饬核明，妥筹办理，仍将核办缘由申报备案存查等因到县，谕饬职等妥为筹议，能否仿照苏章设立善堂之处，克日议禀，以凭详办等因奉此。窃王江泾镇与江苏之吴江县分辖镇之北市糟字等圩，为吴江境，西北毗连盛泽，其结字、中字等圩，为秀水境。两省交界，刁恶乡民易于滋事。盛泽之种善堂历办护葬代葬、验殓路毙浮尸，均有成法可循。然江浙交界之处，每患鞭长莫及。咸丰七八年间，故绅沈垍、许九安等合置西北结字基地二亩，议欲创立善堂，适遭兵燹，未及举办。今暂借绸业公所所建房屋一进，向时纯真观之关圣殿，拟名兴仁善堂。一俟筹有经费，建造堂屋。今将遵办缘由禀呈宪鉴，伏乞公祖大人酌夺，通详各上宪批准，一面先行备案，并赐给示晓谕，以便遵行。上具。

批：所禀设立善堂，诚为义举。惟前据朱廷元等以新塍设善堂议章具禀，业经据情转请宪示在案，该镇相离甚近，自应会办，以免岐（歧）异。着即会同朱廷元等仿照新塍章程，先行办理，余俟奉到宪批，再行遵饬可也。

具禀王江泾兴仁善堂职董杨恒、吴兆基、计饴孙、唐员、沈文钧、沈景修、李龄寿、陈元骥、徐廷梁、许受颐呈为创立善堂，情形不同，据陈管见事

窃职等奉照会筹设善堂，业将创设遵办缘由禀明在案。奉批：所禀设立善堂，诚为义举。惟前据朱廷元等以新塍设立善堂议章具禀，据情转请宪示在案，该镇相离甚近，自应会办，以免岐（歧）异。着会同朱廷元等仿照新塍章程，先行办理，余俟奉到宪批，再行饬遵可也等因。职等窃查新塍在县之南，王江泾在县之北，镇之北市即吴江县，管辖为江浙两省交界之处，且与吴江之盛泽镇相离甚近，必须会办，是王江泾与新塍地方各有不同，办理势难划一。现在就本镇情形，设立兴仁善堂，于丝绸米盐四业殷户五项劝捐，办理会议章程十条，禀请公祖大人俯赐察核，转行通详立案。一面移请吴江饬知盛泽种善堂绅董会办，并移王江泾汛随时弹压，实为公便。上禀。

批：该绅吴兆基等所禀，系属实在情形，劝办善举，自应因地制宜，方称妥善而期久远。该职等实心筹划，劝设善堂，议章办理，询属好义急公，殊堪嘉尚。除移吴江县王江泾汛分别饬知弹压外，仍候通详各大宪批示可也。

浙江嘉兴府秀水县为详请立案事

案奉府宪转奉宪台札，准江苏臬司咨开：吴江县盛泽镇董仲廷机等禀称，吴江县盛泽镇近浙边境，向有阻葬刁风，每遇葬家到地，辄有乡愚无赖拦阻需索。职等办理善堂，仿照省章，办理护葬代葬，赖以安妥。遇有路毙浮尸，照章分别有伤无伤，报县验殓，土棍不敢滋事，历经循办有案。惟盛泽东南五七里外均属浙境，秀水县属万五庄之南来圩等处乡民阻葬转甚于前，附近新塍、王江泾等镇未设善堂，无从请护，寄居盛泽之归葬者每多畏难。职等既与盛泽浙绅商酌添设善堂，仿照苏章，一体会办，但浙省无案可援，禀请咨送浙省，饬县于新塍、王江泾等镇，举董设堂，酌筹会办等情到司。查核来禀，为遏绝刁风，推广善举起见，事属可行，合亟抄禀，并将所呈原案咨饬嘉兴府及秀水

县核明，可否仿照苏省定章于新塍、王江泾等镇，举董设立善堂，妥筹办理等因。转行下县奉此，卑职遵即谕令新塍、王江泾等处绅士朱廷元、吴兆基等，会同妥议办理。去后旋据新塍镇职员朱廷元等，措垫经费，设立善堂，议章具禀，当经卑职请详藩臬宪暨宪台批示立案。嗣据该职等禀请通详各宪，又经查案补详督抚宪批示在案，一面谕催王江泾绅士吴兆基等，仿照新塍章程赶办。去后兹据王江泾职员吴兆基等禀称，窃查新塍在县之南，王江泾在县之北，镇之北市，即吴江县管辖，为江浙两省交界之处，且与吴江之盛泽镇相离甚近，必须会办，是王江泾与新塍地方各有不同，办理势难划一。现就本镇情形设立兴仁善堂，于丝绸米盐四业殷户五项劝捐，办理会议章程十条，禀请通详立案。一面移请吴江县饬知盛泽种善堂绅董会办，并移王江泾汛随时弹压等情。据此，卑职查该绅吴兆基所禀，系属实在情形，劝办善举，自应因地制宜，方称妥善而期久远。该职等实心筹划，劝设善堂，议章办理，洵属好义急公，殊堪加尚。除分移吴江县王江泾汛分别饬知弹压外，合将呈到章程十条开折详送，仰祈宪台大人察核批示遵行。

府宪许批：如详立案，清折存。此缴。

臬宪蒯批：查前据该绅吴兆基等开列善堂章程，来司具禀，当经批府转饬议办，通详立案。兹据议详，仰嘉兴府即饬查照该绅等禀批，妥为办理，具覆仍候两院宪暨藩司批示，缴折存。

抚宪杨批：如详立案，仰按察司转饬知照，仍候督部堂批示，缴折存。

督宪李批：秀水县详王江泾绅董设立善堂，据该职员吴兆基等劝设善堂，筹议章程，具见好义急公。仰按察司会同布政司核饬立案，仍候抚部院批示，缴折存。

章程十条

一、护葬。准葬家先期一月，开明葬主姓名、坟地坐落圩名、葬期月日，报堂请护。善堂备船一号，董事下乡传同地保督护。如有实在刁恶，地方预防滋事，应请移知汛地官到乡弹压。倘遇棍徒生事，许即捆获，由善堂董事将阻葬情形禀县惩办。

一、代葬。如有极贫之家无力营葬，又无亲族纠助葬费者，准报堂代葬。

由本家酌定日期，于一月前报堂，至期堂中代为安葬。如本家无人，由亲族代报。船只、堂夫工食，本堂开销，惟不助灰料。倘本家稍能自备，及亲族募助者听。

一、掩埋。凡各乡暴露棺木，每年于清明、冬至两届，随地埋葬。先期三月，由堂分路查看，传询圩甲地户，将朽烂暴露棺木用石灰笔标记。如无亲属到堂承认，即系无主棺骸，由堂就地埋讫。如棺盒上显有姓名，或朽烂中尚有字迹可认，照样注明堂簿备查，无字则已。其棺木朽坏者，检骨搭配，分别男女，装坛深埋，编号注册存记原棺有无字样。坛盖写明其原厝地面，或系公路要地，不便深埋者，移送义冢，分男左女右，仍编号立簿存记。骨坛制有某堂字样，以防偷窃他用。棺中有殉殓物件未毁，一并埋入，或有检出银钱，当地买灰加入坎内，堂夫私取者，送官究处。

一、拾骨须识骨之人，由堂设立堂夫。现当开办伊始，向盛泽善堂借雇熟手堂夫两名，俾本地堂夫随同学习，皆用本地农夫报名充当，每日给工食钱二百二十文，无事不给。其各顶脚夫及无业游民不准充当。

一、路毙浮尸先由圩甲报堂，堂董亲自验看。有伤者由堂报县请验，无伤本堂发出捐牌，立在尸处，招认收殓。三日后，无尸属出认，即由善堂捐棺殓埋，登簿存记，备注男女、年貌、衣服、月日、地址，并于埋处插竿标记，以备尸属查认。乞丐倒毙以有篮碗棒钵等物为据，着丐头领棺收殓。如棍徒串通地保，将毙尸移至富户门首，名为飞殃；河内浮尸，引至富户地界停止，名为打抒子；冒认尸亲，希图勒索等事，许被害之家告知堂董，禀请究办。

一、遇有阻葬情事，无论捆送，禀控堂董赴城，一切均由堂开支，与葬家无涉。所有宪差船饭，仿照苏章，由堂开支七折钱三两。

一、经理、董事不支薪水，另举干练诚实司事一人，常川住堂，支应一切，仍由董事会商施行薪水，按月支送，支销钱文刊刻征信录，以昭核实。

一、乾隆年间，本镇绅董创建昭三庄张字圩义冢一区，埋葬无属尸棺，尚有余地，日被侵削，现拟逐渐清理，跻前接办。

一、善堂拟名兴仁，将坐落秀邑东北结宇绸业捐建公所朝南房屋一进，暂作堂屋，再行筹建。

一、王江泾镇地跨江浙，北市坐落糟字圩，系苏省吴江县管辖。善堂办公遇有毗接江邑各圩事件，应由近镇之盛泽镇种善堂绅董会办。

钦加同知衔授嘉兴府秀水县正堂加六级记录十二次记大功八次黄为晓谕事

据职贡生监吴兆基等禀称：职等奉谕于王江泾镇设立善堂，举办掩埋护葬各务，业经拟定章程，试办在案。即于东北结圩号内绸业所建房屋一所，改作善堂，拟名兴仁，今复集资建造头门一进，已及竣工。兹届冬腊，又将开办掩埋护葬，诚恐乡愚无知，仍有阻拦滋事。职等为重慎始事起见，即于是月涓吉环请驾临谕办，并请移汛弹压等情前来。据此，除批示并移请王江泾汛就近随时弹压外，合行出示晓谕，为此示仰该处居民地保人等知悉。现在兴仁堂业已建造工竣，时值冬令，亟应开办，择于本月二十三日开堂，该圩保人等至期齐集，务各伺候。本县亲诣谕办，其各遵照毋违。特示。

同治十三年十一月二十日给

王江泾兴仁堂职董杨恒、吴兆基、计饴孙、唐员、沈文钧、沈景修、李龄寿、陈元骥、徐廷梁、许受颐呈为劝定善堂经费，环请宪谕收办事

窃自上年奉枭宪札行，设立善堂，举办掩埋护葬各务，迭奉宪谕，与新塍一律举行等因，即于上冬禀呈试办在案。无如王江泾镇残破之后，民无殷富，市肆亦小，不及新塍镇十之二三。职等已经借垫举办，计自冬至春，掩埋附近骨殖二百九十余副，督护葬务五处，其垫经费二百余千，而应办善举甚多，非请筹之商力，难以持久。查本镇惟丝、绸两业为大宗，次者米行、襄饼。职等已劝募绸业，允助绸厘每两一文，每匹重五两上下，每年可消（销）八九万匹，约可得钱四五百千文。丝业通年可售二百包，现在议劝每包助洋一元，又可得钱二百千零。米行通年籴籴，襄饼专消（销）夏令，现已拟助每米一石助钱肆文，襄饼一张助钱二文，通年可得钱数十千文。总计三业每年可筹六百串左右，以之掩埋护葬，可再扩充众善。议经初定，应请仁宪给谕绸丝米业牙首，俾冀鼓励商情，善捐踊跃。除禀府宪外，为此环叩伏乞公祖大人鉴察准行，以

济善堂公用，仍俟开收起期，另议划一收支章程，请通详立案，以垂永久，实为公便。上呈。

批：据禀各业劝捐办理善举，洵为从长之计，事属可行，惟称并禀府宪，俟奉到宪遵办可也。

钦加同知衔特授嘉兴府秀水县正堂黄为查案示禁事

案据职举生监吴兆基等禀称，奉谕仿照苏省章程，在于王江泾镇设立兴仁善堂，办理附近一带护葬代葬及掩埋各务，恐有不法棍徒，借端阻扰，酌拟章程，禀请通详立案等情到县。据此，当经通详各宪，并出示严禁在案。现届冬令安葬之际，恐有地匪仍敢借端阻扰，合行查案示禁，为此示仰该处地保居民人等知悉。自示之后，如有匪徒仍敢借端阻葬，冀图讹索者，许卜葬之家会同堂董扭解来县，以凭从严究办，绝不姑宽。其各凛遵毋违，切切特示。

同治十三年十一月　日　给

秀水县正堂示，为随厂示禁事。照得本县赴厂相验毙尸，凡随带招刑值房、皂快、各班、仵作、随役、刑杖、中轿、马夫灯笼饭食，以及尸格结状、硃墨、笔布、苍术、烧酒、纸香各物钱文，并地保搭厂、土工抬尸、饭食均由王江泾兴仁堂绅董遵奉抚宪定章，照数给发，并给书差人等船价钱文，此外不准该书差等再向尸亲、被告、地主、邻右及该里地保索取分文。且遵守定章，不传地主、邻右，免致波累，并不准该差保私自擅传，转致扰害。合行随厂示禁，为此示仰尸场人等知悉。尔等务知宪定章程，各宜恪守，不得故违。兹将验费按款开明，以免该差互相侵隐。倘敢再有前项情弊，准被诈之人暨兴仁堂绅董，指名送县，以凭尽法惩治，决不姑宽。其各凛遵毋违。特示。

今开

刑招值房饭食钱一千二百文；

皂班管事饭食钱八百文；

快班管事饭食钱八百文；

仵作饭食三百二十文；

跟随各役饭食钱一千二百文；

刑杖各役饭食钱四百八十文；

中轿饭食钱一千二百文；

马夫灯笼饭食钱二百文；

随使钱七百文；

尸格结状钱一百六十文；

布二块钱一百文；

朱墨笔钱四十文；

苍术香草纸钱一百文；

烧酒钱七百文；

书差各役坐船六只，钱四千八百文。

以上各款由兴仁堂绅董随同联单送县，当堂给发。

地保报词钱二百四十文；

地保及伙役搭厂伺候饭食钱五百四十文；

土工抬看尸身收殓钱四百二十文。

以上三款由兴仁堂绅董在堂面给地保，亲领转给。凡附镇官塘士庶，深恩昭垂。万殷等庄，尽界为止，照章给发，验费毋庸分别加给，即由兴仁堂绅董送县当堂散给。尔等既经领费，不准逢埠封捉船只，并不准再向地主邻保人等索取分文。倘敢故违，应由堂董指名送究，决不姑宽。

光绪□年□月□日给

发　尸厂实贴

王江泾兴仁堂职董沈维镇、沈景修、李龄寿、许受颐禀为叩请出示晓谕，以息浮议事

窃各处善堂办理掩埋骨殖，概用骨坛，相沿已久，职等向办王江泾兴仁善堂，亦随众沿用骨坛。后江苏善士贡生余莲村名治劝办各处保婴掩埋，往来江南北数千里间，善名颇著，职等侨居盛泽镇，一再晤谈，每言骨坛不如木匣之善，特以相沿已久劝人改用未能悉信为憾。及余善士故后，有偕同办善之缪启泉，为吴江陈前邑尊延请在署督办地方善举，向职等每述余善士之说，云骨

坛系陶冶之器，入土不化，骨殖终在坛中，不能入土，无论久近，总为耕犁所及，将来仍必出土。坛式高直，储骨坛中，顶必在底，足必在面，如人倒置，亦属不安，不如改用木匣，骨可平置，入土易朽，骨亦愈入愈深，随与土化，即属入土为安。既非厚葬，自以圣人不如速朽之言为善云云。职等因其言深入情理，即于光绪五年起，改用木匣掩埋。无如局外之人少见多怪，或疑创所未闻，或疑因陋就简，良法美意，未能晓然于人，恐难持久。为此特请公祖大人，将王江泾兴仁善堂掩埋改用木匣缘由出示晓谕，以息浮议而全善举，戴德上禀。

批：据禀该镇善堂办理掩埋，向用骨坛，于光绪五年起，查照江苏余善士办法，改用木匣，具征乐善不倦，殊堪嘉尚，候即出示晓谕，仍将所用木料务选干洁，免滋浮议，是为至要。

王江泾镇兴仁堂收支清册

光绪二十二年

旧管实存洋二百十四元四角七分七厘、钱十一千八百一文。

光绪二十三年

新收

一收上海保息款，洋二百三十二元五分；

一收丝厘，洋一百五十元；

一收益记绸厘，洋一百七十二元六角、钱一千三百二十五文；

一收瑞记绸厘，洋一百四十五元八角、钱二千二百二十二文；

一收同盛绸厘，洋一百二十一元五角、钱一百三十八文；

一收余记绸厘，洋八十八元、钱八百八十一文；

一收豫泰米厘，洋七元；

一收泰源米厘，洋五元；

一收许大生米厘，洋四元；

一收正大米厘，钱二千文；

一收厘局房租，钱七十九千文；

一收绸捐公所房租，洋四十八元、钱三千三百六十文；

一收绸捐公所贴膳连贴工，洋八十二元二角、钱五百二十文。

以上共收洋一千零五十六元一角五分，钱八十九千四百四十六文。

各善士捐助

一收善与人同，助骨坛洋三十元；

一收求身健，助骨坛洋十元；

一收吴姓，助骨坛洋二十元；

一收无名氏，助骨坛洋七元五角；

一收金隐名氏，助骨坛洋七元五角；

一收王畊绿，助骨坛洋十元；

一收王福昌，助骨坛洋五元；

一收王寿昌，助骨坛洋五元；

一收邱顺昌，助骨坛洋五元；

一收薛永茂，助骨坛洋五元。

以上其收洋一百五元。

各善士捐助骨坛，钮少芄、王韫山经募

一收王韫山，助洋十元；

一收鲍萱寿，助洋十元；

一收达顺园，助洋七元五角；

一收惜阴居士，助洋七元五角；

一收李晋生，助洋六元；

一收章仲宪，助洋四元；

一收王听樵，助洋三元；

一收钮少芄，助洋三元；

一收朱颐寿，助洋三元；

一收李浩如，助洋三元；

一收王蓝田，助洋二元；

一收倪迪民，助洋二元；

一收沈树谷，助洋二元；

一收蔡味谏，助洋二元；

一收李韵如，助洋一元；

一收王俊卿，助洋一元；

一收王颂卿，助洋一元；

一收毛大源，助洋一元；

一收范蔚伯，助洋一元；

一收徐树德，助洋一元；

一收丁行素，助洋一元；

一收汝怀古，助洋一元；

一收费百城，助洋一元；

一收康健人，助洋一元；

一收平永兴，助洋一元；

一收平锦堂，助洋一元；

一收施嘉林，助洋一元；

一收蔡世龄，助洋一元；

一收松陵师，助洋一元；

一收世恒师，助洋一元。

以上共收洋八十一元。

一收王慕襄，捐助骨坛五十副。

开支

一支骨坛六百八十五副，洋一百二十三元三角；

一支三元坛连大小盖力，洋十三元二角三分；

一支骨坛船装力，洋三元；

一支重号施棺十二具，洋三十六元；

一支春届掩埋本班堂夫二百四十九工每二百十，钱五十二千二百九十文；

一支春届掩埋震泽堂夫一百七十八工半每一百八十，钱三十二千九百十文；

一支春届掩埋贴震泽堂船三十七日，钱三千七百文；

一支春届掩埋贴堂班施厚芳吃饭，钱四千五百二十文；

一支春届掩埋停工贴饭，钱六千二百四十文；

一支春届掩埋船用油烛等费，钱二千八百八十一文；

一支清明节提棺堂班工，洋二元、钱九百文；

一支冬届掩埋开工祀神香烛鱼肉，洋一元；

一支冬届掩埋本班堂夫一百三十五工每二百十，钱二十八千三百五十文；

一支冬届掩埋震泽堂夫二百四十工，钱四十三千二百文；

一支冬届掩埋贴饭施厚芳吃饭，钱三千二百二十四文；

一支冬届掩埋停工贴饭，钱一千九百二十文；

一支冬届掩埋贴震泽堂船，钱四千二百文；

一支冬届掩埋船用油烛等费，钱一千九百二十文；

一支春冬两届掩埋用灰沙，洋一元二角七分；

一支赏本堂班头统年照料，洋二元；

一支收路毙浮尸十次，洋二元六角、钱一千九百九十二文。

以上共支掩埋项下洋一百八十四元四角，钱一百八十八千二百四十七文。

一支拨助保婴处丝厘捐，洋一百五十元；

一支拨助施医局，洋五十元；

一支助广仁会惜谷会，洋二十元；

一支拨助广仁会收字纸，洋十元；

一支买施衣五百件，洋一百元；

一支保和丸十五料，洋四十五元；

一支岁米五石，洋二十二元；

一支王云峰蒙翁来信小安代付，洋二十元；

一支修塘岸上小石桥石匠工，洋十元；

一支又木头十根，钱四千一百二十文；

一支贴南汇镇难民费，洋十元；

一支斜路桥卜少南来募，洋十元；

一支叶家板桥胡彬甫来募，洋五元；

一支吉庆寺卜希生来募，洋五元；

一支济急赎身，洋十元；

一支太平醮疏，洋五元；

一支西社庙疏，洋二元；

一支代赊棺五次，洋五元；

一支给看守一宿巷，钱六千文；

一支礼忏焰口超度孤魂，钱十六千文；

一支金楮锡箔素菜供果，钱五千三百五十六文；

一支连四荡会射鹰搭扶桥，钱四千三百六十八文。

以上共支拨助衣米医药礼忏项下，洋四百七十九元，钱三十五千八百四十四文。

一支演龙犒龙手，钱六千文；

一支贴永安龙奏乐半堂连香烛，钱二千文；

一支龙手蒲鞋茶资，钱九百四十二文；

一支永潜龙灯笼，钱一千五百五十四文；

一支又灯烛，钱一千一百五十六文；

一支同泰源木头，钱八千九百七十文；

一支杨日兴砖瓦灰砂，洋五元六角二分五厘；

一支竹器，钱三千九百十一文；

一支杨聚盛铁器，钱三千五百四十八文；

一支殷源兴铁皮钉，钱六千五百六十四文；

一支钱广兴木作工，钱八千三十文；

一支袁泥作工，钱七千三百八十四文；

一支桐油一桶又四十一斤，洋十二元四角二分、钱八千八百五十六文；

一支修船匠工，钱四千九百五十二文；

一支堂班小工，钱十三千八百三十文；

一支梓树一株，洋三元；

一支芦席篙子橹槟衣棕绳，钱二千七百三十二文；

一支石头石匠工，洋三元、钱四百文；

一支麻丝散灰，钱一千一百一文。

以上共支修理堂屋、堂船、巷门、水栅、一宿庵项，洋二十四元四分五厘，钱八十一千九百三十文。

一支施厚芳全年修金，钱三十六千文；

一支又剃头烟，钱二千四百文；

一支酬施二先生督办掩埋一月，洋三元；

一支计司务全年工，钱三十千文；

一支沈司工，钱四千七百文；

一支于司工，钱四千文；

一支雇船，钱三千三百二十文；

一支饭米十石，洋三十七元二角、钱二百六十文；

一支柴，洋十七元八角、钱七千一百四十九文；

一支伙食，洋三十一元、钱五十三千五百四十文；

一支陈四观一月工，洋一元；

一支工人三节折菜，钱四百二十文。

以上其支修金工食项下，洋九十元，钱一百四十一千七百八十九文。

一支刻二十二年征信录工资，钱二千八百四十二文；

一支刷印征信录一百本，洋一元九角；

一支酬上海代收保息，洋八元；

一支唐印生来募搭草棚，洋八元；

一支又送分，洋六元；

一支县礼房年例，洋二元；

一支完粮银，洋二元六角；

一支武帝圣诞三节祀神香烛供果，钱二千七百七十六文；

一支送分四次，钱一千一百五十文；

一支客菜，钱九百二十八文；

一支铁锁八具，钱一千四百五文；

一支洋油半箱，洋一元二角；

一支信力，钱一千一百文；

一支账簿笔墨收票，钱六百四十文；

一支草席一条，钱一百七十一文；

一支祭孤会三次，钱三百文；

一支地保年费，洋一元、钱二百文。

以上共支杂用项下，洋二十九元八角，钱十一千五百十二文。

以上统共收，洋一千二百四十二元一角五分，钱八十九千四百四十六文。

收二十二年实存，洋二百十四元四角七分七厘，钱十一千八百一文。

以上统其支，洋八百七元二角四分五厘，钱四百五十九千三百二十二文。

付兑洋四百元。

收兑进钱三百六十八千文。

统共除支实存，洋二百四十九元三角八分，钱九千九百二十五文。

具禀三品封典四品衔江苏候补直隶州州同王希曾、二品封典花翎前署福建兴化府知府李春辉、监生朱樾、监生钮光燕，为助地掩埋，环叩恩准立案，申详以成善举事

切（窃）职等世居治下北乡恩字昭字等庄，接壤江苏，离县治五十余里。近村一带，自遭兵燹后，地旷人稀，乡民瘠苦异常，死亡者多用薄板棺殓，随地浮厝，不砌不葬，以致经年累月，暴露如林。其有主者约十之三，无主者约十之七，不特骸骨抛弃，死者不安，而秽气薰蒸，田畔之农夫，往来之行旅，一经触受，多成疾疫。近年虽有治下王江泾兴仁善堂派人来乡掩埋，因无义冢，只得随地而葬。然近河畔者，深恐年深月久，骨坛易有落水之虞。职等目击心伤，不忍坐视。希曾因将自己名下昭四庄东潜圩沈德年户荒田三亩五分，又黄万全户荒田二亩一分五厘，捐助作为义冢，刊立石碑，拟于每年春冬两季，会同兴仁善堂，将近处之破柩朽骨，集款督工掩埋。其破柩上有姓名可考者，分别男女，插标为记。或逢兴仁堂工善事忙迫，无暇来乡，当另请别处善堂派人来乡办理，无使愈积愈多。且此两田荒芜有年，久不耕种，近岁粮银均系圩保赔垫，屡诉苦累，伏思劝捐作为义冢，则暴露既得入土为安。叩请饬该庄书，改户立案，豁免以后钱粮，则东潜圩保以免赔累之苦，一举两得。因此联名具禀，仰求公祖赐鉴，批准祈请，申详立案，即饬庄书按册改名广孝阡，并请颁给谕示。埋葬时，着该圩地保妥为照料，毋任匪类索诈霸阻，以成善举，以妥幽魂，则四乡存殁均感鸿恩于无既矣。沾仁上具。

光绪二十一年闰五月　日

县正堂宁批：候据情转详，一面谕饬地保随时查禁，并饬庄书查明立户可也。

附刻

光绪二十三年春季王访沂司马集款，由苏州康济局经办，广孝阡掩埋，收付各款谨列于下，以呈善鉴。

王访沂，助洋二十元；

又，续助洋五元四角八分；

王韫山，助洋二十元；

卜希深，助洋二十元；

闻溪洋绸领业，助洋十元；

殷定庐，助洋四元；

殷轶凡，助洋四元；

孙砚峰，助洋三元；

唐三余，助洋三元；

朱松山，助洋二元；

隐名氏，助洋二元；

柳祉君，助洋二元；

王听樵，助洋二元；

钮少芄，助洋二元；

平永兴，助洋二元；

杨陆氏，助洋二元；

王仲卿，助洋一元；

王珊记，助洋一元；

王华记，助洋一元。

以上共收洋一伯（百）六元四角八分。

付款

付运柩船，洋二元；

付芦席等，洋一元；

付骨匣，洋二十元；

付司事坐船，洋十元八角；

付又煤炭酒钱，洋一元。

以上共付洋三十四元八分。

付界石，钱二百六十文；

付山神盘，钱二百二文；

付箬帽，钱一百八文；

付铅粉，钱一百文；

付司事二人饭食每百十六日，钱三千二百文；

付原棺原葬二十八具每二百，钱五千六百文；

付原棺改葬阡二十三具每二百四十，钱五千五百二十文；

付骨匣原葬一百十三具每二百，钱二十二千六百文；

付骨匣改葬阡六十八具每二百四十，钱十六千三百二十文；

付甏二十五个每七十，钱一千七百五十文；

付培土工四十七工半每二百，钱九千五百文。

以上共付钱六十五千一百六十文，洋作，合洋七十二元四角。

两共合付洋一百六元四角八分，收付两清。

余多骨匣拨付康济局。

　　　　　　——原载《王江泾兴仁善堂征信录（光绪二十三年份）》。

嘉郡普济育婴堂征信录

（光绪卅三年正月起至卅四年七月杪止）

光绪三十三年普济育婴堂收支四柱总数

旧管

一千二百二十九元；

一千八百八十六角；

一百九十四千七百五十三文；

恒茂、成茂钱各七十五千文；

存文庙洋五百元洋龙款；

废票洋四十元；

牛痘局借洋二百八十元；

朱再生欠丝捐洋一百零二元。

新收

四千九百十四元；

九百三十五角；

一千一百七十三千七百四十五文；

兑二千一百二十六角，一千九百九十千一百二十五文。

开除

二千五百零五元；

三千二百四十八角；

三千一百九十三千六百三十三文；

兑二千零十元。

实在

一千六百二十八元；

一千六百九十九角；

一百六十四千九百九十文；

存款、废票仍旧。

光绪三十四年七月秒止普济育婴收支四柱总数

旧管

一千六百二十八元；

一千六百九十九角；

一百六十四千九百九十文；

存款、废票同上。

新收

一千四百三十六元；

三百零四角；

八百四十千零六十九文；

兑一千四百二十三角、一千一百五十八千五百零九文。

开除

一千五百二十三元；

二千零三角；

二千一百零八千零三十九文；

兑一千一百四十九元。

实在

三百九十二元；

一千四百二十三角；

五十五千五百二十九文；

存款、废票仍旧。

光绪三十三年新收

各业厘捐项下

典业（定章代抽买客每千一文现均认定）

大和，二十八千；

宝顺，二十八千；

大昌，二十四千；

茂盛丰，十八千；

万裕，十八千；

仁兴，十八千；

恒锝，十八千；

和同源，十八千；

全协兴，十八千；

会丰，十六千；

人和，十四千；

义昌，十四千；

康泰，十四千；

和顺，十四千；

鼎源，十二千；

阜康，十千；

同和代步，五千；

合和代步，五千。

树木行（定章代抽买客每元一厘现均认定）

震泰昌记，八千；

张泰丰，八千三百卅三；

同丰，七千；

同万昌，六千；

义昌，四元；

泰记，三千；

同泰祥，二元；

和泰，二元。

钱庄（定章现均认定）

元大，六元；

亿昌，六元；

裕大，五元；

通裕余记，六元；

德昌，五元。

绸缎（定章代抽买客每元一厘现均认定）

天孙锦，十六千；

人和源，十六千；

冯永昌，二元、二角；

永昌东号，一千五百。

洋布庄（定章代抽买客每元一厘现均认定）

永瑞兴，十九千二百；

义兴成，十六千；

益昌永，十六千；

正春和，十五千；

恒和源，六千。

油车（定章代抽买客每元一厘）

恒盛和，三千；

忻聚顺，六千。

酱园（成案认正缸一只每年捐钱一百文）

豫生，四千五百；

源丰，七千；

福康，三千；

高公升，六千；

同润，四千；

元号，一千七百；

永隆和，二千六百；

宏号，三千五百；

鼎兴，三千；

万同，三千；

恒瑞，五千五百；

万隆公，二千；

文和奎，二千五百；

豫大生，三千；

森和，一千五百；

张鼎升，二千；

长润，一千二百；

胡大隆，一千。

腌腊行（定章代抽买客每元一厘）

祥澧，二十四元；

源昌，三十五元；

义成，三十二元；

大成，十一元；

裕通公蛋行，六元。

纸行

升源，十二元；

复元，九元；

公利，二元。

烧酒行

张圣源，三十四元、一千四百四十；

公信，三元；

吴大成，五元；

鼎丰，三元；

同和，六元、十角。

麻皮（定章代客抽每元一厘）

恒泰兴，八千；

戚五丰，三千六百；

牲泰，一千五百；

合盛，一千五百；

鑫记，二元。

纱布花庄

张隆茂总捐，四十千；

德昌新，四元；

丁涌锟，三千五百；

裕昌，三元；

沈源昌，三角；

王恒森，二角；

程永茂，三百；

程永源，三百；

恒春源，三百；

冯仁记，二千；

同裕，七百。

铁行

敦泰，七千。

山货行

祥润森，十二元；

顺泰，六元；

公泰润记，九元；

恒泰永，五元。

小猪行

顾三成，二元、八百；

顾培心，一元；

徐广瑞，三元；

张元盛，三千六百；

顾永昌，一千五百；

丁大昌，一千五百；

蒋恒源，一千五百。

水果行

杨源发，六元；

源盛，三元、五角；

同昌发，三元；

泰兴，二千一百。

新篁各叶行

十角、六百。

米行（成案每石代抽买卖客六文与文庙各半现均认定）

鼎兴隆，六千；

鸿盛，六元、十八角；

永和，四元；

王复锠，四千四百；

顾顺锠，四角；

恒盛，四千；

星记，三千；

吴大昌，七千；

蒋恒信，一千六百二十；

方正泰，一千六百二十；

吴泰源，一千五百；

正大，二千四百；

泰源森，一千五百；

生茂震记，一元、七角、五十；

陈源泰，二元、八角；

何昌裕，二元；

同茂盈记，九千；

陈源昌，四千三百二十；

顺昌成，二千七百；

盛合升，二千七百；

张源盛，二千九百七十；

郑泰顺隆记，五千四百；

马信茂，六千四百八十；

戴隆昌，三千二百四十；

张万升，二千一百六十；

胡永泰，二元；

潘雅记，二元、十五角；

姚启盛，二元、十五角；

许大茂，四元；

鼎丰，三元、五角；

周万兴，二元；

振葆丰，二元；

袁甡茂，十四角；

义丰，十五角；

冯葆记，二元、五角；

张永兴，二元；

张万茂，二元、七百五十；

同义，二千八百；

同休，七千五百；

升泰，三千；

乾元成，四千八百；

信泰，十二千；

大和，六元；

信盛，十二千；

泰隆，三千；

升记，二元；

鼎昌兴，三千；

又昌记，二元；

森泰，六千；

又坤记，三元；

顺泰，二元、九百；

鑫记，十千；

源昌兴，十五千；

合顺，三千；

乾茂，二元；

中和，七千五百；

裕昌，九千；

源吉，四千八百；

三义，七千五百；

恒昌兴，四千八百；

同裕，二元；

双顺，一元；

恒昌，二元；

祥记，一元；

陈万和，六元；

恒盛义，六千；

裕丰，一千；

恒兴昌，二千；

泰丰裕，三千；

石源盛，一千；

沈思永，一元、五角；

衷和济，一元、五角；

协记，十二角；

冯兴记，二十角、一百；

大昌明记，四千五百；

吴德大，一千五百；

源记，五百；

方牲泰，四角；

顾云生，四角。

总共　三百四十八元，一百八十八角，七百八十六千七百八十三文。

丝捐项下

善后丝捐，二百八十八元，内上届廿七元、十二角；

出口丝捐，六十六元、八角、六十文。

房租项下

雷公馆，二百八十八元；

陆恒大，九十七元、十角、十二千一百文；

徐秋澄，十二元、廿七角、五千五百文；

庄子香，十二元、一百角、二千文；

吕茂生，顶首五元，阿金租九元；

汤云泉，顶三元、三千九百文，租一千三百五十文；

荀三房租，五百文；

陈永房，二元、二十九角；

陈少村，二十二角、三百文；

钱正荣，七百七十九文；

顾炳全，顶八元，租二元、六角、二千五百三十二文；

蒋寿发，四元、八百文

朱幼卿，二十八角、四百文

朱宝善，顶十元，租一元、十八角、七十二文；

徐、袁、詹姓，一元、四十三角、五百文；

胡鼎兴，三元、八角；

马祥和欠。

存息项下

成茂行，九千文；

恒茂行，九千文；

浮存庄息，三十一元、一千五百十九文。

田租项下

浙路田价永十四中八田二亩八分七厘六毛六丝，五十七元、四百七十七文；

又君四辰字圩六分七厘半，十三元、五百五十文；

贺世林、贺春园、顾嘉义善邑客民缴还田价，一百元；

销冬米，一千七百一元、廿二角、八千六百八十二文；

折租，一千零十四元、四百九角、九千一百四十三文；

销三米、糠秕，二百四十八元、五角、八千零九十四文。

票厘项下

嘉邑票厘，三百千文（三十二年份）；

秀邑票厘，二百六十九元、一千四百十文，合三百千文。

零捐项下

钱宧，十元；

隐名捐施材，十元；

嘉善求佑子，一百元；

捐布，一百四十四元；

肥租，六元、八千二百九十四文；

府房（李薛），二元；

濮院津贴，五十元；

祥澧、义成、源昌，货当给不计数。

总共　四千五百六十六元，七百四十七角，三百八十六千九百六十二文。

光绪三十三年开除

普济项下

保婴工，二十二千三百五十文；

正副任恤连并付，六角、八十八千九百文；

大小施棺，二百廿五元、四十七角、三千八百八十；

候恤（同上），一元、廿九角、六千三百文；

任恤折米，七千四百四十文；

丸散膏丹，四十一元、十八角、二千四十四文；

施送戒烟丸，三十二元、四十九角、一千五百四十九文；

老人折菜，四十八千七百七十文；

老人折荤年糕，一千九百五十八文；

收殓路毙，十四千八百文；

掩埋船资人工，三十四元、廿四角、四千四百廿二文；

掩埋石牌骨坛，二元、十四角、四千六百十文；

掩埋伙食零用，十四千五百八十文；

老人被袄，八百三十文；

收字纸工，五千八百十八文；

老人剃头沐浴，三千八百八十四文；

老人身故石灰、楮箔，三千六百十文；

助戒烟局，十元。

育婴项下

内堂乳工，二百九十四元、一千一百十八角、三十千四百五十八文；

外堂乳工，九角、九百四十七千六百八十三文；

内外堂媪赏，二元、廿角、四十七千七百七十文；

内外婴剃头，十九千四百九十三文；

门来婴力，四千八百三十文；

东堂婴力，一千零五十文；

惊药医金，二十九元、九十九角、二十三千九百四十八文；

病婴来堂船力，七百九十八文；

王店接婴费，三千三百六十文；

婴衣工料，八十八元、二十八角、十八千三百三十五文；

乳妪折荤，五十六千三百十九文；

酬荐乳妪，四千一百文；

洋牛乳，廿一元十角、三千八百九十六文。

银漕项下

上粮漕票驳力，廿四元、七角、五百六十文；

完善邑银漕，三十二元、五角、二十六文；

完嘉邑地丁零户折糙，八十三元、九角、三百千文；

完秀邑卅二年忙银，二百四十三元、二百八十六文。

买补田价

天一庄田八亩五分、咸五庄田四亩五厘，一百六十六元四角；

给贫佃许户退田，六元。

夫马薪水项下

许董夫马，九元、七十五角、三十三千七百六十一文；

金董夫马，六十千文；

严董夫马，四十八元（收租）、十一角、六十一千一百三十文；

司账严，四十八元（兼收租）、六十一千二百文；

司事陈管米栈，六十千文；

司事周（察内堂），六十千文；

司事周八月病故透支，六十六元、三百十五角、四十六千三百零五文；

司事沈司租，六十千文；十一月故透支，二十二元；

司事许（普济），四十五千二百八十文；

内司堂孙，二十四千文；

工人三名，七十二千文；

把门一名，十二千文；

工人唐病故透支，十一元、二十六角、四百六十五文。

收租栈用项下

春租船资伙食，九元、三十四角、十五千零十九文；

夏租船资伙食，十三元、六十一角、七千九百六十六文；

冬租船资伙食，三十七元、十八角、十五千五百三十一文；

收租酬保，九元、四十九角；

收租酬圩保，一元、二十六角；

租米驳船上力，三角、十四千五百五十九文；

添栈用器具，八元、二十一角、六十文；

添修又袋工料，十二元、三十二角、一千七百三十八文；

春工，廿二元、一百四十角、十六千一百二十一文；

上囤开囤杂用，十千五百五十四文；

栈司工，十八元、四角、四千三百十二文。

伙食项下

内外伙食节菜，二十元、九十一角、四百八十一千五百二十六文；

门丁、工人折荤等，六千八百文；

柴煤砻糠，二百卅八元、四百三十五角、七十八千一百二十九文；

冬菹菜，三元、九角、四千二百三十三文；

油盐、烛酒、洋油、烟茶等，一百七元、一百六角、四十二千八百十五文。

杂支项下

修理堂租屋，一百八十八元、一百七角、十六千四百七十四文；

各节礼物、楮烛等，十二元、七角、三十六千七百五十八文；

嘉秀号房地保节赏，一元、一千八百文；

丝捐领经承笔费，三十一元；

信力零用，一元、十六角、十千四十六文；

各司事剃头，二十千六百文；

刻印征信录，四十五元、十六角；

房捐，六千六百文；

水陆僧工楮箔，二十六元、七角、六千八百六十文；

待收捐酒筵，三十二元、十七角、九百三十二文；

收厘船资食用，十八元、十七千五百三十四文；

酬收厘行首，十一元、三千八百文；

添置器具，十七元、六十八角、廿五千六百九十一文；

粗纸笔墨账簿，六元、三十一角、十三千八百六十八文；

酬吴景乔，九元；

沈幼华，二元；

吴少含，三十六元；

洋龙会，二元；

张春波，二十一元（七月止）；

八月补司内堂，二十五千文；

张陈氏，十六千八百六十文；

帮佃椿垾，一元、十八角；

又兼司账，八元；

通年收房租茶，一千文；

洋亏少串，九角、二千六百四十一文；

朱幼卿贴迁费，四元。

总共　二千五百五元，三千二百四十八角，三千一百九十三千六百三十三文。

光绪三十三年米数查存

上存冬米，九石八斗五升；

又囤白米，三百九十石四斗（卸见九折）；

收毛米，五百八石一斗九升；

做净米，四百二十八石五斗；

完嘉邑粮米，一百石；

完秀邑粮米，七十四石七斗七升五合；

春见白米，二百十五石六斗六升；

发白岁米，十三石；

发月恤白米，十石二斗四升；

食用白米，七石九斗二升；

上囤白米，一百八十四石五斗；

卸见冬米，三百五十一石三斗六升；

粜出冬米，二百四十九石三斗；

发月恤冬米，二十四石七斗二升；

食用冬米，八十四石一斗九升；

实存囤白米一百八十四石五斗，冬米三石。

光绪三十三年婴数月给表

旧管

内堂：男七口，女廿三口

外堂：女一百二十口

新收

月份	门来	东堂	王店	濮院	新篁
正月	男四口 女廿口		女十口	女十口	女三口
二月	男一口 女十四口		男二口 女二口	女五口	
三月	男六口 女六口	女三口	男一口 女十七口	女五口	男二口 女二口
四月	男二口 女十二口	女一口	男一口 女二口	男一口 女四口	男一口 女一口
五月	男三口 女九口		男一口 女六口	女五口	
六月	男二口 女十八口	女一口	女二口	女五口	女二口
七月	男二口 女十二口	女一口	女十四口	女十口	男一口
八月	男三口 女十九口	女二口	女十四口	男二口 女四口	男一口 女一口
九月	男三口 女廿口		女十二口	男四口 女十口	
十月	男二口 女廿七口	女二口	男二口 女九口	女五口	男一口
十一月	男二口 女十九口	女一口	女十五口	女九口	女一口
十二月	男五口 女十八口	女四口	女六口	女十五口	男二口 女二口
总共	男五十七口，女四百十七口				
内有抱病进堂	男十四口，女一百二十三口				

开除

月份	出堂	病故
正月	男七口 女六口	男一口 女二十四口
二月	男二口 女十八口	男一口 女十四口
三月	男二口 女廿三口	女八口
四月	男四口 女九口	男六口 女十五口
五月	女十六口	女二十一口
六月	男一口 女十九口	男四口 女二十五口
七月	男二口 女六口	男二口 女十八口
八月	男二口 女十七口	男一口 女十八口
九月	男七口 女十六口	男二口 女二十六口
十月	男四口 女八口	男二口 女二十口
十一月	男一口 女十六口	男二口 女十九口
十二月	男七口 女十五口	男二口 女二十五口
总共	男三十九口 女一百六十九口	男二十三口 女二百三十三口

实在　内堂：男二口，女四十一口，外堂：女一百十七口

光绪三十三年月米姓氏（每名月给米四升）

陆张氏、许霁楼保；叶赵氏、倪衡庐保；高张氏、许霁楼保；

陈毛高、吴卓云保；沈蒋氏、盛达厂保；陆孙氏、严幼帆保；

姜七、朱云笙保；吴屠氏、陈梯云保；尤唐氏、顾培欣保；

陈戴氏、孙张氏保；周戴氏、沈鉴堂保；谭二、戴太太保；

陈王氏、沈子仙保；曹颜氏、严景商保；吴项氏、严景商保；

张徐氏、周筠乔保；庄周氏、陈梯云保；金闻氏、许芝方保；

陈计氏、许云山保；徐钟氏、楮吉初保；吴范氏、周筠乔保；

沈欧氏、朱顾氏保；朱钱氏、沈月村保；莫陶氏、许芝方保；

姚钱氏、张锦峰保；陆郑氏、俞蔼卿保；林钱氏、程叔畦保；

吴汤氏、陈寅初保；张张氏、殷王氏保；朱李氏、汤补庭保；

夏楮氏、丁家婶保；徐徐氏、陈友三保；邵滋文、李善元保；

李王氏、李幼周保；吴张氏、周筠乔保；沈王氏、许云山保；

陆张氏、张锦峰保；高屠氏、金励臣保；沈周氏、周筠乔保；

张陈氏、贺敬堂保；殳陆氏、沈少泉保；吴朱氏、严景商保；

张沈氏、钮晴江保；姚李氏、陈龙庆保；郑姚氏、陈友三保；

周陆氏、许霁楼保；沈张氏、沈鉴唐保；张王氏、周筠乔保；

丁王氏、楮吉初保；倪金氏、陆子芍保；于姚氏、周筠乔保；

吴何氏、朱仙槎保；顾张氏、汤辅廷保；陈张氏、许云山保；

吴唐氏、前内堂乳姬沈沈氏、严景商保；张周氏、朱季寅保；张关德、金子霞保；

沈范氏、朱仙槎保；徐陈氏、楮吉初保（四月起）；张夏氏、陈张氏保（六月起）；

朱顾氏、郁萱贤保四月起；钱胡氏、严景商保（九月起）；陈张氏、陈友三保四月起。

老人姓氏

沈云山、沈组斋保；周绍棠、周锡侯保；郁世锦、吴卓云保；

张春亭、敖梦姜保；高文荣、严景商保；陈顺福、金励臣保；

夏永寿、谭志贤保；程光明、沈菊人保（丁进）；徐晋斋、殷厚章保（丁进）。

正折（每年三千六百文、折米二百四十文）

王郭氏、陈米山保；徐吴氏、商蒋氏保；卜吴氏、吴润之保；

章沈氏、周筠乔保；徐赵氏、朱敬轩保；汤马氏、沈月村保；

朱顾氏、石英甫保；沈凌氏、程贻谷保；朱陈氏、严幼帆保；

朱万氏、朱仙槎保；倪王氏、倪少琴保；顾沈氏、严景商保；

陈吴氏、许霁楼保；陈戴氏、孙张氏保；沈钱氏、金励臣保；

杨黄氏、严景商保；王倪氏、倪亦山保。

副折（每年一千八百文、折米二百四十文）

施陈氏、程贻谷保；沈陆氏、周紫棠保；沈杨氏、程贻谷保；

欧顾氏、杜秋泉保；姚王氏、张锦峰保；周胡氏、张乐君保；

钟陈氏、钟少筠保；陈吴氏、朱玉和保；倪郎氏、倪亦山保；

卜万氏、丁子珍保；沈董氏、沈寅伯保；张欧氏、祖芝庭保；

潘陈氏、张万丰保；金孔氏、蔡吉甫保。

候恤（每年六百文）

沈姓、许云山保；沈姓、姜忆萱保；蒋王氏、沈谦山保；朱姓、俞楚香保；

吴朱氏、邵少华保；钱陶氏、倪亦山保；夏王氏、同上；吴储氏、英甫保；

朱姓、吴镜蓉保；郑李氏、倪亦山保。

光绪三十四年七月杪止新收

各业厘捐项下

典业

大和，二十八千文；

宝顺，二十八千文；

大昌，二十四千文；

全协兴，十八千文；

和同源，十八千文；

恒锠，十八千文；

万裕，十八千文；

仁兴，十八千文；

会丰，十六千文；

人和，十四千文；

康泰，十四千文；

义昌，十四千文；

和顺，十四千文；

鼎源，十二千文；

阜康，十千文；

同和代步，五千文；

合和代步，五千文。

树木行

同丰，七千文。

钱庄

元大，六元；

亿昌，六元；

通裕余记，六元；

裕大，五元；

德昌，五元；

鸿大，上年三元、本年三元；

豫源，三元。

绸缎

天孙锦（半年），八千文；

人和源（半年），八千文。

洋布庄

永瑞兴（半年），九千六百文；

益昌永（半年），八千文；

义兴成（半年），八千文；

正春和（半年），七千五百文；

恒和源（半年），三千文。

油车

恒盛和（半年），三千文。

酱园

同润，四千文；

豫生，四千五百文；

恒瑞，五千五百文；

源丰，七千文；

鼎兴，三千文；

宏号，三千五百文；

元号，一千七百文；

森和，一千五百文；

福康，三千文。

腌腊行

祥澧一节，七元；

义成（同），十元；

源昌（同），七元；

大成（同），三元；

裕通公蛋行（一节），二元。

纸行

升源（一节），四元；

复元（同），九元。

烧酒行

张圣源（一节），十六元，四百五十三文；

同和（同），二元、五角；

大成（同），二元；

公信鑫记，一元。

麻皮

恒泰兴（半年），五元。

纱布花庄

德昌新（半年），二元；

张隆茂（同），二十千文；

丁涌锠，三千五百文；

裕昌，一元、五角、七十文。

铁行

敦泰，七千文。

山货行

祥润森（一节），四元；

公泰润记仝，三元；

顺泰（同），二元；

恒泰永，一元。

小猪行

顺三成（一节），一千文；

顾永昌，五百文；

徐广瑞，一元；

丁大昌，五百文；

张元盛，一千二百文。

水果行

杨源发（一节），二元；

同昌发，一元；

源盛，一元；

泰兴，七百文。

新篁各叶行

三元。

米行

永和（半年），二元；

吴大昌，三千五百文；

同茂盈，四千五百文；

蒋恒信，八百一十文；

泰顺隆，二千七百文；

马信茂，三千二百四十文；

戴隆昌，一千六百二十文；

张源盛，一千八百九十文；

陈源昌，二千一百六十文；

顺昌成，一千三百五十文；

盛合升，一千三百五十文；

张万升，一千八十文；

泰源森，一千五百文；

吴泰源，一千五百文；

吴德大，一千五百文；

正大，二千四百文；

沈思永，一元、五角；

衷和济，一元、五角；

潘雅记，一元、七角、五十一文；

姚启盛，一元、七角、五十一文；

生茂震，一元、七角、五十一文；

胡永泰，一元；

何昌裕，一元；

陈源泰，一元、四角；

许大茂，二元；

周万兴，一元；

协记，六角；

张万茂，一元、三角、七十五文；

张永兴，一元；

义丰，七百五十文；

牲茂新，七角；

振葆丰，一元；

冯葆记，十三角；

鼎丰，一元、七角、五十一文；

冯兴记，十角、五十文；

信泰，四元；

同休，三元；

中和，三元；

鑫记，四元；

鼎兴隆，三千文；

鸿盛，三元、九角；

泰丰裕，一千五百文；

同义，一千四百文；

乾元成，二千四百文；

恒昌兴，二千四百文；

恒盛，二千文；

星记，一千五百文；

复锠，二千二百文；

顺锠，四角；

恒兴昌，一千文；

顺泰，一千文；

源昌兴，五千文；

合顺，一千文；

恒盛义，二千文；

森泰，二元；

恒源，一元；

徐保丰，一元；

坤记，一元；

同森，一千文；

大昌明，一千五百文；

升泰，一元；

泰隆，一元；

信盛，四元；

鼎昌兴，二元；

裕昌，四千五百文；

源吉，二千四百文；

三义，三千五百文；

同裕，一元；

恒昌，一元；

源记，五百文。

总共　一百六十九元，一百四角，四百七十六千七百二文。

房租项下

雷公馆半年，一百四十四元；

陆恒大七个月，五十五元、十角、五千七百十文；

徐秋澄，七元、二角、三千三百九十五文；

庄子香，六元、六千；

周阿隆，顶首一元；

张锦奎，顶十二元，租三元、三十角、一千一百文；

汤云泉，二千四百文；

陈永房，一元、十角；

陈少村，五角、五百文；

陈成衣，三角、一百文；

李老五，一元；

蒋寿发，二元；

顾炳全，一元、七百二十文；

朱宝善，八元、二十四角、一千八百八十二文；

朱姓，四角、四百文；

徐姓，顶一元，租二角、二千一百文；

李小和，顶二元，租二千二百文；

胡鼎兴，顶四千四百文，租二千八百文。

田租项下

销冬米，三十五元、二千四百二十九文；

销蚕豆，一千五百四十文；

销三米、糠粞，一百三十五元、二千四百五十文；

折租，六百六十四元、一百十角、十四千六百四十一文。

票厘项下

嘉邑票厘，三百千文（三十三年份）；

秀邑票厘，未揭。

零捐项下

秀邑尊秦，助洋一百元；

安徽王捐助施材，五元；

捐布，八十四元、小布四匹；

肥租，八千六百文；

许霁楼条石六块。

总共　一千二百六十七元，二百角，三百六十三千三百六十七文。

光绪三十四年七月杪止开除

普济项下

保婴工，十六千二百文；

正副任恤，四十三千八百文；

大小施棺，八十九元、十三角、八百三十二文；

候恤，三千文；

抚恤，十七角、四百文；

任恤折米，七百二十文；

丸散膏丹，三十九元、二十六角、二千七百二十二文；

老人折菜，二十八千六百十文；

老人剃头沐浴，二千九百七十二文；

收殓路毙，十三千零七十文；

掩埋船资人工，二十元、十六角、二千一百七十二文；

掩埋石牌骨坛，二元、十九角、八百七十文；

掩埋伙食零用，九千二百六十文；

老人帐子二顶，二元、八角；

收字纸工，八百五十文。

育婴项下

内堂乳媪工，二百四十九元、七百五十七角、二十四千八百九十五文；

外堂乳媪工，六百三十八千四百八十五文；

内外堂媪赏，十角、六十三千八十八文；

内外婴剃头，十三千九百十文；

门来婴力，二千七百文；

东堂婴力，七百文；

惊药医金，十一元、四十四角、十一千五百六十七文；

病婴来堂船力，五百十四文；

王店接婴费，二千四百七文；

婴衣工料，十二元、五千三百二十八文；

乳姬折荤，四十一千三百四十九文；

酬荐乳姬，二千八百文；

送病妪船钱，二元、二角、二百五文；

洋牛乳，七元、十九角、三千二百二文。

银漕项下

上粮漕票驳力，七元、十四角、六千五百九十七文；

秀由单费，二元、二百八十文；

完嘉邑地丁零户折糙，六十九元、三百千文（三十三年份）；

秀邑地丁，未揭；

完善邑银漕，三十八元、七百九十二文。

夫马薪水项下

许董夫马，五元、五千二百四十七文；

严董夫马，四十八元、收租三十五千二百五十五文；

金董夫马，三十五千文；

金董历年借宕，二百十六元、三百四十二角、七千五十八文；

司账严兼收租，四十八元、三十五千文；

司事张兼代账，四元、三十五千文；

又透支，二十二元、三十三千六百文；

又透支，二十四元、五十角、八千二百二十九文；

司事陈，三十五千文；

司事许，二十八千文；

又透支，二十九元、二千五百文；

又历年透用，十四元、十角、十三千七百八十文；

司事范，十五千文；

内司堂孙，十四千文；

工人三名，四十二千三百二十文；

把门一名，八千文；

工人张小悌掩埋透用，六元、十角。

收租栈用项下

春租船资伙食，十一元、十二角、十一千五百三十八文；

夏租船资伙食，七元、三十角、五千一百二十文；

收租酬保，六元、四十八角；

租米驳船上力，一千八百零二文；

添栈用芦菲，三元、一百二十六文；

春工，七元、七十角、九千六百九十四文；

上囤开囤杂用，三千四百四十八文；

栈司工，廿一元、八百十三文。

伙食项下

内外伙食节菜，十五元、一百二十九角、三百十一千九百五十六文；

门丁工人折荤等，三千二百文；

柴煤砻糠，三十九元、三十九角、十五千六百六十四文；

冬菜，三元、十角、五十文；

油盐烛酒、洋油烟茶等，九十四元、四十四角、三十三千四百四文。

杂支项下

修理堂租屋，一百廿四元、六十六角、七千五百六十三文

各节礼物、楮烛等，二元、二角、十三千七百十七文；

嘉秀号房地保节赏一节，八百四十文；

丝捐领费经承一节，二元；

信力零用，三元、五角、十一千一百三十四文；

各司事剃头，十一千文；

刻征信录找，二元、四角；

房捐，三千九百九文；

水陆僧工楮箔，廿七元、七角、十二千六百二十文；

收厘船资食用，十一元、二千九百廿九文；

酬收厘行首，二元、二千五百廿四文；

添置器具，二十二元、四十六角、十九千四百八十九文；

粗纸笔墨账簿，六元、三十九角、七千二百七十九文；

吴少含，廿一元、二角、三百六十三文；

张陈氏抚恤，三千文；

吴姓抚恤，七元；

陈董张氏抚恤，七千五百文；

刘天宝接婴船前宕，三元；

酬吴景乔，三元；

洋亏少串，十三元、七十三角、三千七百二十一文；

育婴小学堂借，一百元；

汤云泉完顶首，七千二百文；

丁子珍，二十角；

叶景洲造征信录预支，四元。

总共　一千五百二十三元，二千零三角，二千一百八千三十九文。

光绪三十四年七月抄止米数查存

上存闽白米，一百八十四石五斗；

冬米，三石；

发月恤冬米，十九石八斗四升；

粜出冬米，五石八斗；

食用冬米，四十六石二斗一升；

实存闽白米九十石二斗，冬米十六石零二升移交。

光绪三十二年三月，钱绅聪甫将自置秀邑祀三庄灵光坊东道弄坐西朝东五路楼房一间，下连基地一分，每月租价一元，与婴堂换取报忠坊观音堂东间壁五路平屋一间，下连基地一分，每月租价二百文。钱绅换后舍于观音堂中。此屋原系高第捐堂，未经收粮，故不书契，以登载征信录为凭。

光绪三十四年七月抄止婴数月给表

旧管

内堂：男二口，女四十一口

外堂：女一百十七口，内男一口

新收

月份	门来	东堂	王店	濮院	新篁
正月	男五口 女十口	女二口	男二口 女十七口	女四口	男一口 女二口
二月	男四口 女十二口	女一口	女十二口	男一口 女四口	女二口

月 份	门来	东堂	王店	濮院	新篁
三月	男二口 女十七口	女二口	女十一口	男一口 女九口	
四月	男二口 女七口	女三口	女三口		女二口
五月	男七口 女十五口		女四口	女五口	
六月	男五口 女十口	女二口	男一口 女九口		男一口 女一口
七月	男二口 女廿七口		男一口 女十六口		男一口 女一口
总共	男三十六口，女二百十二口				
内有抱病进堂	男七口，女九十口				

开除

月 份	出堂	病故
正月	男四口 女七口	男二口 女二十五口
二月	男四口 女十三口	男二口 女二十口
三月	男五口 女十八口	女十五口
四月	男一口 女十一口	男一口 女十八口
五月	男三口 女十四口	男二口 女十二口

月份	出堂	病故
六月	男三口 女二十口	男二口 女二十七口
七月	男二口 女十一口	男一口 女三十三口
总共	男二十二口 女九十四口	男十口 女一百五十口

实在　内堂男七口，女四十三口，外堂女八十二口。

光绪三十四年七月秒止月米姓氏（每名月给米四升）

陆张氏、许霁楼保；叶赵氏、倪衡庐保；高张氏、许霁楼保；
陈毛高、吴卓云保；沈蒋氏、盛达厂保；陆孙氏、严幼帆保；
姜七、朱云笙保；吴屠氏、陈梯云保；尤唐氏、顾培欣保；
陈戴氏、孙张氏保；周戴氏、沈鉴堂保；谭二、戴太太保；
陈王氏、沈子仙保；曹颜氏、严景商保；吴项氏、严景商保；
张徐氏、周筠乔保；庄周氏、陈梯云保；金闻氏、许芝方保；
陈计氏、许云山保；徐钟氏、楮吉初保；吴范氏、周筠乔保；
沈欧氏、朱顺氏保；朱钱氏、沈月村保；莫陶氏、许芝方保；
姚钱氏、张锦峰保；陆郑氏、俞蔼卿保；林钱氏、程叔畦保；
吴汤氏、陈寅初保；张张氏、殷王氏织；朱李氏、汤补庭保；
夏楮氏、丁家姊保；徐徐氏、陈友三保；邵滋文、李善元保；
李王氏、李幼周保；吴张氏、周筠乔保；沈王氏、许云山保；
陆张氏、张锦峰保；高屠氏、金励臣保；沈川氏、周筠乔保；
张陈氏、贺敬堂保；殳陆氏、沈少泉保；吴朱氏、严景商保；
张沈氏、钮晴江保；姚李氏、陈龙庆保；郑姚氏、陈友三保；
周陆氏、许霁楼保；沈张氏、沈鉴唐保；张王氏、周筠乔保；
丁王氏、楮吉初保；倪金氏、陆子芍保；于姚氏、周筠乔保；
吴何氏、朱仙槎保；顾张氏、汤辅廷保；陈张氏、许云山保；

吴唐氏、前内堂乳妪沈沈氏、严景商保；张周氏、朱季寅保；

张关德、金子霞保；沈范氏、朱仙槎保；徐陈氏、楮吉初保；

张夏氏、陈张氏保；朱顾氏、郁萱贤保；钱胡氏、严景商保；

陈张氏、陈友三保；陈金氏、陈友三保（六月起）；范姚氏、楮吉初保（三月起）；

胡朱氏、金励臣保（五月起）；吴顾氏、汤辅廷保（正月起）；李少波、高粹卿保（六月起）；

殳陆氏、许霁楼保（二月起）；王唐氏、周理安保（正月起）；柳莫氏、许云山保（正月起）；

王李氏、许云山保（六月起）；范李氏、孙太太保（正月起）；冯盛氏、殷厚庄保（十月起）；

章大、吴少含保（十二月起）。

老人姓氏

沈云山、沈组斋保；周绍棠、周锡侯保；郁世锦、吴卓云保；

张春亭、敖梦姜保；高文荣、严景商保；陈顺福、金励臣保；

夏永寿、谭志贤保；程光明、沈菊人保；徐晋斋、殷厚章保；

王茂仙、严幼帆保（戊进）。

光绪三十四年任恤姓氏

正折（每年三千六百文，折米二百四十文）

王郭氏、陈米山保；徐吴氏、商蒋氏保；卜吴氏、吴润之保；

章沈氏、周筠乔保；徐赵氏、朱敬轩保；汤马氏、沈月村保；

朱顾氏、石英甫保；沈凌氏、程贻谷保；朱陈氏、严幼帆保；

朱万氏、朱仙槎保；倪王氏、倪少琴保；顾沈氏、严景商保；

陈吴氏、许霁楼保；陈戴氏、孙张氏保；沈钱氏、金励臣保；

杨黄氏、严景商保；王倪氏、倪亦山保；周叶氏、曹厚之保（正月起）。

副折（每年一千八百文，折米二百四十文）

施陈氏、程贻谷保；沈陆氏、周紫棠保；沈杨氏、程贻谷保；

欧顾氏、杜秋泉保；姚王氏、张锦峰保；周胡氏、张乐君保；

钟陈氏、钟少筠保；陈吴氏、朱玉和保；倪郎氏、倪亦山保；

卜万氏、丁子珍保；沈董氏、沈寅伯保；张欧氏、祖芝庭保；

潘陈氏、张万丰保；金孔氏、蔡吉甫保；徐王氏、金嘉生保（戊起）。

候恤（每年六百文）

沈姓、许云山保；沈姓、姜忆萱保；蒋王氏、沈谦山保；朱姓、俞楚香保；

吴朱氏、邵少华保；钱陶氏、倪亦山保；夏王氏、同上；吴储氏、英甫保；

朱姓、吴镜蓉保；郑李氏、倪亦山保。

光绪三十三年冬季、三十四年春季经办普济掩埋工程自十一月十六开工至三十四年三月初九完

计开

收暴露棺检拾残骨掩埋穴数在咸一庄王坟山。

第一穴葬馨字棺四十二具；

第二穴葬普字左号棺四具；

第三穴葬明字左号棺三具；

第四穴葬普字左号棺四具；

第五穴葬惟字左号棺四具；

第六穴葬馨字棺四十二具；

第七穴葬惟字左号棺四具；

第八穴葬普字左号棺四具；

第九穴葬馨字棺四十二具；

第十穴葬普字左号棺四具；

第十一穴葬普字左号棺四具；

第十二穴葬馨字棺四十二具；

第十三穴葬普字右号棺四具；

第十四穴葬馨字棺四十具；

第十五穴葬普字左号棺四具；

第十六穴葬普字左号棺四具；

第十七穴葬普字左号棺四具；

第十八穴葬惟字右号棺一具、普字右号棺一具；

第十九穴葬普字左号棺四具；

第二十穴葬普字左号棺四具；

第二十一穴葬惟字左号棺四具；

第二十二穴葬馨字棺三十七具；

第二十三穴葬惟字左号棺二具、普字左号棺二具；

第二十四穴葬普字左号棺四具；

第二十五穴葬惟字左号棺三具、普字左号棺一具；

第二十六穴葬惟字右号棺二具、普字右号棺二具；

第二十七穴葬馨字棺三十一具；

第二十八穴葬惟字左号棺四具；

第二十九穴葬惟字左号棺三具；

第三十穴葬惟字左号棺一具、普字左号棺三具。

计开就地掩埋

真如寺街葬惟字左号棺三具；

东马桥葬骨坛四个；

豪古街葬惟字棺四具；

野猫洞葬惟字棺三具；

前横街葬惟字左号棺四具；

杉青闸葬惟字棺八具、骨坛十四个；

西门外马路上葬惟字棺四具；

真如寺前葬惟字棺三具；

大放生桥东首葬惟字左棺五具；

姚家荡滩口葬惟字棺四具；

南堰义冢葬惟字棺廿三具、骨坛十七个；

百步桥葬骨十三个；

小西门对河葬惟字棺十一具、骨坛十六个；

三塔背后葬惟字棺三具。

——原载《嘉郡普济育婴堂征信录（光绪卅三年正月起至

卅四年七月抄止）》。

嘉郡普济育婴堂征信录

（光绪三十四年八月朔起至宣统元年七月杪止）

光绪三十四年八月朔起至宣统元年七月杪止普济育婴收支四柱总数

旧管

三百九十二元、一千四百二十三角、五十五千五百二十九文；

恒茂、成茂，钱各七十五千文；

存文庙，洋五百元（洋龙款）；

废票，洋四十元；

牛痘局借，洋二百八十元；

朱再生欠丝捐，洋一百零二元。

开除

五千九百六十四元、六千七百十一角、九百十二千四百九十四文；

兑三百六十四元、五十九千六百三十六文。

新收

六千三百六十五元、七百六十五角、九百四十五千六百二十三文；

兑四千七百五十六角。

实在

四百二十九元（现五十五元，存亿昌三百七十四元）、二百三十三角、二十九千零二十二文；

存恒茂、成茂，钱各七十五千文；

存文庙，洋五百元（洋龙款）；

废票，洋四十元；

牛痘局借，洋二百八十元；

朱再生欠丝捐，洋一百零二元。

光绪三十四年八月朔起至宣统元年七月终止新收

各业厘捐项下

典业（定章代抽买客每千钱一文现均认定）

大和，二十八千文；

宝顺，二十八千文；

大昌，二十四千文；

茂盛丰二年，三十六千文；

全协兴，十八千文；

和同源，十八千文；

恒昌，十八千文；

万裕，十八千文；

仁兴，十八千文；

会丰，十六千文；

人和，十四千文；

康泰，十四千文；

义昌，十四千文；

和顺，十四千文；

鼎源，十二千文；

阜康，十千文；

同和代步，五千文；

合和代步，五千文。

共钱三百十千文。

树木行（定章代抽买客每元一厘现均认定）

震泰昌记，八元、一角、四千零六十文；

张泰丰，十二千五百文；

同丰，三千五百文；

同万昌，五元、四角、三千文；

义昌，四元；

泰记，三千文；

同泰祥，二元；

和泰，二元。

共大洋二十一元，小洋五角，钱二十六千零六十文。

钱庄

元大，四元；

亿昌，五元；

通裕，五元；

鸿大，四元；

豫源，四元；

复大，四元；

正裕，四元；

同庆，四元；

同康，二元。

共大洋三十六元。

绸缎（定章代抽买客每元一厘现均认定）

天孙锦，十六千文；

人和源，十六千文；

嘉福兴，六千文；

冯永昌，二元、二角；

永昌东号，一千五百文。

共大洋二元，小洋二角，钱三十九千五百文。

洋布庄（定章代抽买客每元一厘现均认定）

永瑞兴，十九千二百文；

益昌永，十六千文；

义兴成，十六千文；

正春和，十五千文；

义昌福，七千文；

恒和源，六千文。

共钱七十九千二百文。

油车（定章代抽买客每元一厘）

忻聚顺，六千文。

共钱六千文。

酱园（定章认定正缸一只每年捐钱一百文）

豫生，四千五百文；

源丰，七千文；

福康，三千文；

高公升，二元、七角、三千六十文；

同润，四千文；

元号，一千五百文；

永隆和，二千六百文；

宏号，三千五百文；

鼎兴，三千文；

万同，三千文；

恒瑞，五千五百文；

万隆公，二千文；

文和奎，二千五百文；

豫大生，三千文；

森和，一千五百文；

张鼎升，二千文；

长润，一千二百文；

胡大隆，一千文。

共大洋二元，小洋七角，钱五十三千八百六十文。

腌腊行（定章代抽买客每元一厘）

祥澧，二十元；

源昌，三十九元；

义成，二十八元；

大成，十二元。

共大洋九十九元。

蛋行（定章代抽买客每元一厘）

裕通公，六元。

共大洋六元。

纸行

升源，十二元；

复元 九元；

公利，四元。

共大洋二十五元。

烧酒行（定章代抽买客每钱一文）

张圣源，四十五元、一千零三十文；

同和，四元、五角；

大成，三元、五千文；

公信，三元；

鼎丰，三元。

共大洋五十八元，小洋五角，钱六千零三十文。

麻皮行（定章代抽买客每元一厘）

恒泰兴，五元、三千六百文；

戚五丰，一元、四千二百八十文；

鑫记，二元；

牲泰，一元、三百八十文；

合盛，一千五百文。

共大洋九元，钱九千七百六十文。

铁行（定章代抽买客每元一厘）

敦泰，七千文。

共钱七千文。

山货行（定章代抽买客每元一厘）

祥润森，八元；

顺泰，六元；

公泰，九元；

恒泰永，六元。

共大洋二十九元。

纱布花庄（定章代抽买客每元一厘）

德昌兴，四元；

张隆茂总捐，四十千文；

丁涌锠，三千五百文；

裕昌，一元、五角；

冯仁记，二千文；

同裕，七百文；

恒春源，四角；

沈源昌，三角；

程永茂，三百文；

程永源，三百文；

王恒森，二角。

共大洋五元，小洋十四角，钱四十六千八百文。

小猪行（定章代抽卖客每元一厘）

顾三成，三元；

徐广瑞，四元；

顾培心，一元；

顾永昌，一元、一千文；

张元盛，二千四百文；

丁大昌，二千文；

蒋恒源，一千六百文；

义聚兴，一千文。

共大洋九元，钱八千文。

水果行（定章代抽卖客每元一厘现均认定）

杨源发，六元；

源盛，三元、五角；

同昌发，三元；

泰兴仁，二千一百文。

共大洋十二元，小洋五角，钱二千一百文。

新篁各叶行　二元。

共大洋二元。

米行（定章每石代抽买卖客钱六文，与文庙各半现均认定）

鼎兴隆，七千文；

鸿盛，三元、七千一百文；

泰丰裕，三千文；

永和，四元；

王复锠，七千文；

恒盛，五千七百五十文；

兴记，三千五百文；

穗兴，二十四角、一千三百五十文；

顾顺锠，八百文；

吴大昌，八千文；

同茂盈记，十千文；

吴泰源，三千七百五十文；

吴德大，三千文；

祥记，一元、三千七百五十文；

定记，五角、一千五百文；

潘雅记，一元、七角、五十一文；

姚启盛，一元、七角、五十一文；

生茂，一元、七角、五十一文；

陈源泰，一元、四角；

许大茂，二元；

胡永泰，一元；

何昌裕，一元；

周万兴，一元；

冯葆记，一元、二角、五十文；

鼎丰，一元、七角、五十一文；

张万茂，一元、三角、七十五文；

张永兴，一元；

振葆丰，一元；

冯兴记，十角、五十一文；

周乂丰，七角、五十一文；

袁甡茂，七角；

何德裕，六角；

张万升，二千五百八十文；

陈源昌，四千六百八十文；

悦来，二千二百文；

顺昌，六千一百五十文；

张源盛，三千八百九十文；

盛合升，三千三百五十文；

蒋恒信，三千三百十文；

泰顺隆，二千七百文；

马信茂，七千七百四十文；

郑泰顺，四千二百文；

同升，一千三百文；

金记，一千二百文；

协记，一千一百文；

戴隆昌，五千五百二十文；

西合升，八百十文；

同泰，二千二百文；

衷和，四千五百文；

沈思永，四千五百文；

裕丰，二千五百文；

三义，七千七百五十文；

同裕，一元、一千五百文；

源记，一千五百五十文；

恒昌，一元；

裕昌，三千五百文；

元吉，八千一百文；

双顺，二元；

顾云生，一元、四角；

万茂，一千五百文；

恒昌兴，五千八百五十文；

乾元，五千八百五十文；

同义，三千五百文；

同休，二元、一千七百五十文；

中和，二元、七千七百五十文；

鑫记，三元、八千九百六十文；

源盛，三元；

正记，二元；

泰昌牲，一元；

公信，一元；

同裕，一元；

信泰，四元、九千八百四十文；

冯仁记，二千文；

鼎昌兴，一元、四千三百廿文；

大昌明记，一元、三角、四千零八十文；

升记，二元；

升泰，一元、三千二百文；

泰隆，一元、一千七百文；

信盛，四元、七千八百文；

陈万和，六元、五千二百文；

同森，三千文；

源锠兴，四元、五角、十一千零廿文；

森泰，四元、五千四百文；

坤记，二元；

蒋合顺，十角、二千文；

恒顺义，一元、八角、二千零八十文；

顺泰，二元、三千文；

恒源，一千八百二十文；

徐保丰，三千三百二十文；

恒盛和，二千五百文；

同茂顺，四百文；

俞季记，四百文；

方牲泰，八角。

共大洋七十五元，小洋一百三十四角，钱二百七十一千零一文。

药业

兰台，五元；

童天成，五元；

春生，三元；

大德生，三元；

大全堂，二元；

同善堂，二元。

共大洋二十元。

共收各业捐厘小洋一百七十二角，大洋四百十元，钱八百六十五千三百十一文。

丝捐项下

善后丝捐奉府宪拨提一成内之六，每年分上下二届领。

沪丝出口捐定章分育婴恤嫠两项，育婴每包提九八规银一钱六分五厘，拨分陶甄一半；恤嫠每包提九八规银三分，每银一两，均除去抄数，收捐俸食银二毫，本年共丝二百四十六包。

善后丝捐，六百五十四元、五角、一百三十二文；

沪丝出口捐，三十六元、四角、七十二文。

共大洋六百九十元，小洋九角，钱二百零四文。

票厘项下

嘉邑（三十四年）票厘，二百七十七元、八百四十文（价一千零八十文），合三百千文；

秀邑（卅三、卅四两年）票厘，五百三十五元、八百文（价一千一百二十文），合六百千文。

共大洋八百十二元，钱一千六百四十文。

存息项下

成茂行，九千文；

恒茂行，九千文；

浮存康泰庄息，五元、五角。

共大洋五元，小洋五角，钱十八千文。

田租项下

销冬米一百八十二石五斗，八百四十九元、十三角、一百九十文；

折租，九百零五元、二百三十三角、十四千三百七十九文；

销三米糠粞，三百六十元、一百十角、四千四百四十文；

收租布四十九匹、杜绸半匹、绵绸二十二两；

前存布六十匹、丝十两零五钱，除作婴衣用去外，存布十八匹、杜绸半匹、绵绸廿二两，丝十两零五钱。

共大洋二千一百十四元，小洋三百五十六角，钱十九千零九文。

房租项下

徐公馆，三百元；

陆恒大，一百零五元、十九角、四千七百零四文；

又房捐，六千九百三十文；

庄子香，十三元、十四千零七十文；

徐秋澄，十元、二十九角、四千六百四十六文；

陈永房，二十四角、一千六百七十文；

庄三宝，顶首十二元，租金九元；

徐高增，六元、九角、一千九百三十九文；

蒋寿发，三元、六百零四文；

俞燮林，顶首三元，租金三元、十二角、四百七十四文；

张叙顺，七元、二十角、一千八百三十文；

胡鼎兴，二元、四十八角、一千四百二十四文；

朱宝善，二元、九角、八百四十八文；

陈少村，九角、三百八十六文；

顾炳泉，二元、六角、八十四文；

朱二宝，四角、九百八十文；

徐廉甫，顶首十元，租金六元、十角、五十文；

李光元，顶首十元，租金四元、十八角；

陈成衣，六角；

周有成，顶首一元，地租五元；

章永顺，顶首十元，地租二十五元；

吕阿金，顶首五元，地租十元；

仇永坤，顶首八元，地租十八元；

吕茂生，地租五元；

吕阿小，顶首四元。

共大洋五百九十八元，小洋二百二十三角，钱四十千零六百三十九文。

特捐项下

嘉邑尊胡一百元认定，总理夫马按季分缴；

秀邑尊秦五十元认定，总理夫马按季分缴；

高幼笙，二百元；

沈道生，一百二十五元（认二百元，余续缴）；

沈师徐次宜，一百元；

唐文涛，一百元；

东皋堂高，一百元；

葛慕川，一百元；

时渭祥，一百元；

王幼樵，八十元；

王元长，三十元；

汪石臣，三十元；

沈联芳，三十元；

吴荣康，八元；

诸四益，八元；

叶菊生，六元；

褚慧僧，摇篮五十只；

隐名氏，万应散三十服；

陆费子芍，万应散二十服。

共大洋一千一百六十七元。

零捐项下

出堂男孩捐婴衣布，一百廿二元、五百文；

文明茶园，一百八十元；

府房李薛，二元；

清节堂拨来余款，二百十元；

育英学堂贴还膳资，三十九元；

肥租，十六元、三百二十文。

共大洋五百六十九元，钱八百二十文。

总共收小洋七百六十五角，大洋六千三百六十五元，钱九百四十五千六百二十三文。

内外科送诊

汪幼安先生、朱仙槎先生、福音医院、张圣源。

光绪三十四年八月朔起至宣统元年七月终止开除

普济项下

保婴工，十九角、二千文；

大小施棺，四百零四元、七十六角、九千二百五十九文；

正副任恤，五十四元、二百五十九角、三十千四百七十二文；

候恤，二千四百文；

任恤折米，六千七百二十文；

丸散膏丹，四十六元、二角、五百七十文；

老人折菜，五十七千五百十文；

老人折荤年糕，一千九百八十文；

老人剃头沐浴，四千六百八十八文；

老人身故石灰楮箔，四角、一千三百八十文；

收殓路毙费，九十八角、二十千八百零七文；

掩埋船资人工，三十一元、三角、三百零二文；

掩埋石牌骨坛，一元、八百十八文；

掩埋伙食杂用，三元、二角、一千四百零六文；

老人被袄，八角、四百八十二文；

收字纸辛工蒲包，二元、三十角、四千五百九十五文；

勘地舟资，一元、八百文。

共大洋五百四十二元，小洋五百零一角，钱一百四十六千一百八十九文。

育婴项下

内堂乳妪工，五百九十八元、九百八十角、七十五千一百九十七文；

外堂乳妪工，四百六十四元、一千三百零九角、九十二千五百七十一文；

内外堂妪赏，四元、二百七十八角、五十千五百零四文；

内外堂婴剃头，二角、十四千九百五十八文；

门来婴力，七千七百九十文；

东堂婴力，四百七十文；

惊药医金，九十七元、四百六十七角、十五千零七十文；

病婴来堂船力，十三角、二千七百六十六文；

王店接婴费，二千一百零九文；

婴衣工料，一百七十三元、一百六十八角、十五千五百七十八文；

乳姬折荤，一千六百八十文；

酬荐乳姬，十八角、四千二百十文；

送病姬船钱，三元五十九角、二千零三十文；

牛乳，三百零三元、五十三角、一千三百零四文。

共大洋一千六百四十二元，小洋三千三百四十七角，钱二百八十六千二百三十七文。

银漕项下

上粮漕费、驳力等，二十五元、八十二角、一千九百四十二文；

完嘉邑找卅三年地丁银，四十三元、九百九十五文；

完嘉邑卅四年地丁银，二百八十七元、五百三十六文；

完秀邑三十三年地丁银，二百零一元、一百六十三文；

完秀邑三十四年地丁银，二百二十八元、六百三十三文；

完嘉邑地丁零户折糙，十九元、十二角、一千五百零五文；

完秀邑地丁零户折糙，十七元、十角、七百四十八文；

完善邑银漕，三十一元、八角、一百十八文。

共大洋八百五十一元，小洋一百十二角，钱六千六百四十文。

夫马薪水项下

代总理沈夫马，二百十元（归两邑尊捐廉）；

协理时夫马，二百零八元；

收租兼完纳银漕彭，一百零四元；

副账兼收厘掩埋宋，一百零四元；

管婴兼副账许，九十七元、三角、七十三文；

书记兼庶务朱，九十七元、九角、七十文；

察婴兼书记沈，五十二元；

收租孔，四十八元；

司栈韩，二十元；

送丁子珍药本，二十四元；

租栈帮办司事陈，五十二元、四十八角、二千四百六十六文；

查账司事吴，三十九元；

顾问司事许，三十五元、三十角、一百三十六文；

顾问司事张，四十四元、二十三角、二百五十四文；

内堂董孙，一元、八角、八十文；

内堂董郑，五元；

内堂董沈，八十二元；

内堂董张，三十八元；

仆役厨灶工，六十七元、二百六十角、十七千三百十一文；

门丁一名，三十八角、九千一百五十四文；

零拆短工，一元、五十三角、三千一百三十三文。

共大洋一千三百二十八元，小洋四百七十二角，钱三十二千六百七十七文。

收租栈用项下

春租船资伙食，二十五元、三十一角、一千一百文；

夏租船资伙食，十元、三十角、一千六百九十一文；

冬租船资伙食，四十元、十五角、九千九百八十文；

收租酬保，八元、二十九角、九百文；

清查田地船资，八元、十四角、十六文；

佃户借椿霸，四元、二十九角；

租米驳船上力，一元、三十三角、十一千六百九十二文；

添栈用器具，十八元、三千五百七十文；

添修叉袋工料，九元、九角、二千四百卅六文；

春工，三十七元、十角、十五千二百四十八文；

上闿开闿杂用，三千七百三十八文；

栈司工，十六元、一千八百二十文。

共大洋一百七十六元，小洋二百角，钱五十二千一百九十一文。

伙食项下

内外伙食节菜，四百零六元、一千零三十角、二百二十九千三百九十二文；

门丁厨灶折荤等，二千一百二十文；

柴煤砻糠，二百四十三元、一百五十八角、四十千零八百十一文；

油烛烟盐、洋油茶叶等，一百八十七元、九十九角、二十五千九百七十一文；

冬菹菜，二十四元、五角、三百四十六文。

共大洋八百六十元，小洋一千二百九十二角，钱二百九十八千六百四十文。

杂支项下

修理堂屋租屋，二百六十二元、一百五十一角、八千五百八十二文；

各节礼物楮烛等，十六元、十三角、三千一百八十九文；

嘉秀号房地保节赏，五角、九百文；

丝捐领费普济育婴经承纸笔费，二十九元；

信力零用，一百三十一角、二十八千七百七十二文；

各司事剃头，一百三十二角、一千六百文；

房捐，六千九百三十文；

刻印传单选举票，八元、三十五角、一千一百二十五文；

清道捐，三十角、三百文；

日报，三十二角、一千二百八十五文；

水陆小经零碎，四十一角、五百二十一文；

永安洋龙疏，二元；

各行号收厘酒筵，四十元、十八角；

药业募捐酒筵，十六元、五角、二百六十文；

收厘船资伙食，十五元、三十三角、七千八百六十文；

酬收厘行首，十一元、四千四百文；

添置器具，四十六元、一百四十四角、十六千三百七十九文；

粗纸笔墨账簿，廿三元、十七角、二千七百九十六文；

搭凉棚，十元；

洋亏少串，五千零二十一文；

酬叶景洲造卅三年至卅四年七月止征信录找，二十元；

还朱吕庄、张俞姓顶首，四十一元；

亿昌庄息，二十六元（余九分六厘剩在庄折上）。

共大洋五百六十五元，小洋七百八十七角，钱八十九千九百二十文。

总共支小洋六千七百十一角，大洋五千九百六十四元，钱九百十二千四百九十四文。

施棺总数

前存施棺，六具；

买进施棺，一百十九具；

张泰丰捐施棺，三具；

同万昌捐施棺，三具；

万丰捐棺，三具；

用出施棺，一百二十二具；

实存施棺，十二具。

米数查存

上存冬米十六石零二升，闽白米九十石零二斗，卸见冬米八十石零二斗；

收毛租米八百三十八石五斗一升；

做净米七百零五石五斗；

完嘉邑粮米一百五十二石；

完秀邑粮米一百零九石二斗三升；

春见白米四百十四石五斗；

上囤白米三百七十五石；

卸见已开冬米二百七十七石零四升；

食用白米十五石二斗四升，冬米一百二十四石七斗二升；

发岁米十三石五斗白米；

发月恤白米十石零七斗六升，冬米二十五石五斗二升；

粜出冬米一百八十二石；

实存闽白米七十石，冬米四十一石零二升。

婴数月结表

旧管

内堂：男七口，女四十三口。

外堂：女八十二口。

新收

月份	门来	东堂	王店	新篁	濮院
八月	男三口 女廿六口		男三口 女八口	女二口	
九月	男四口 女廿五口	女一口	男五口 女十三口	女一口	
十月	男五口 女十八口	女二口	男三口 女十七口	女二口	
十一月	男六口 女十二口		女十六口	男二口 女二口	
十二月	男二口 女十六口	女三口	女十六口	女四口	
正月	男一口 女十口	女一口	男一口 女十六口	女一口	
二月	男一口 女十二口	女一口	女九口	男三口 女二口	
闰月	男二口 女六口	女一口	女七口	男一口	男一口 女二口
三月	男一口 女三口		女二口	女一口	男一口 女二口
四月	男二口 女四口	女一口	女七口	女一口	女三口
五月	男三口 女五口	女一口	女四口		女三口
六月	男三口 女三口		男三口 女七口	男二口 女一口	女三口
七月	女十二口		女八口	男三口	男一口 女二口
总共	男六十二口，女三百二十五口				

开除

月份	出堂	病故
八月	男二口 女九口	男三口 女二十四口
九月	男一口 女九口	男六口 女二十八口
十月	男三口 女十三口	男六口 女五十口
十一月	男七口 女十三口	男二口 女二十四口
十二月	男二口 女九口	男二口 女十九口
正月	男三口 女十四口	女十七口
二月	男三口 女二十二口	女十一口
闰月	男三口 女二十三口	女十口
三月	男三口 女十五口	女四口
四月	男一口 女十二口	男一口 女五口
五月	男二口 女十三口	女四口
六月	男三口 女五口	男三口 女七口
七月	男一口 女四口	男二口 女十四口
总共	男三十四口 女一百六十一口	男二十五口 女二百十七口

实在：内堂男十口，女三十八口；外堂女三十四口。

月米姓氏（每名月给米四升）

陆张氏、许霁楼保；叶赵氏、倪衡庐保；高张氏、许霁楼保；

陈金氏、陈友三保；沈蒋氏、盛达厂保；范姚氏、楮汲瑳保；

陆孙氏、严幼帆保；吴屠氏、陈梯云保；尤唐氏、顾培欣保；

陈戴氏、孙张氏保；周戴氏、沈鉴堂保；姜七、朱云笙保；

陈王、沈子仙保（十一月止）；胡朱氏、金励臣保；谭二、戴太太保；

吴顾氏、汤辅庭保；曹颜氏、严景商保；吴项氏、严景商保；

张徐、周筠乔保（八月止）；江吴氏、屠明波保（五月起）；庄周氏、陈梯云保；

金闻氏、许芝访保；陈计氏、许云山保；徐钟氏、楮汲瑳保；

吴范氏、周筠乔保；陈老高、吴卓云保（九月止）；沈欧氏、朱顾氏保；

朱钱氏、沈月村保；李少波、高粹卿保；杨云樵、谭志贤保（三月起）；

姚钱氏、张锦峰保；陆郑氏、俞蔼卿保；林钱氏、程叔畦保；

徐陈、楮汲瑳保（十二月止）；姚骆氏、朱仙槎保（四月起）；吴汤氏、陈寅初保；

张夏氏、陈张氏保；张张氏、殷王氏保（五月止）；沈杨氏、张宝保（六月起）；

朱李氏、汤辅庭保；陆龙、吴少含保（三月起）；殳陆氏、许霁楼保；

徐徐氏、陈友三保；邵滋文、李善元保；李王氏、李幼周保；

王唐氏、周理安保；吴张氏、周筠乔保；沈王氏、许云山保；

陆张氏、张锦峰保；高屠氏、金励臣保；沈周氏、周筠乔保；

张陈氏、贺敬堂保；柳莫氏、许云山保；储陆氏、沈少泉保；

朱顾氏、郁梦贤保；吴朱氏、严景商保；张沈氏、钮晴江保；

姚李氏、陈龙庆保；程姚、陈友三保（十二月止）；陈顾、朱仙槎保（六月起）；

周陆氏、许霁楼保；沈张氏、沈鉴唐保；张玉氏、周筠乔保；

钱胡氏、严景商保；丁王氏、楮汲瑳保；倪金氏、陆子芍保；

于姚氏、周筠乔保；吴唐氏、前乳姬；吴何氏、朱仙槎保；

顾张氏、汤辅庭保；陈张氏、许云舫保；谢沈、陶慧斧保（五月起）；

张周氏、朱季寅保；王李氏、许云山保；张关德、金子霞保；

范李氏、孙太太保；沈范氏、朱仙槎保；马汤、许云山保（十二月止）；

冯盛、殷厚庄保（十月起）；陈张氏、陈友三保；章大、吴少含保；

陈郭、于颂时保（正月起）；周胡、陆子芍保（正月起）；浦沈、张太太保

（正月起）。

老人姓氏

沈云山、沈组斋保；

程光潮、沈菊人保；

徐晋斋、殷厚庄保；

李少甫、石莲舫保；

魏秋田、陈子明保（十二月故）；

周绍荣、周锡侯保；

冯四寿、张希孟保（十一月故）；

郁世锦、吴卓云保；

张顺叙、严景商保（九月故）；

张春亭、敖梦江保；

高文荣、严景商保；

陈顺福、金励臣保；

陈来有、沈石苏保（三月故）；

王茂先、严幼帆保；

陈松林、沈组斋保（九月进）；

杨六、沈琴斋保（二月进）。

任恤姓氏

正折（每年三千六百文，折米二百四十文）

王郭氏、陈米山保；徐吴氏、商蒋氏保；卜吴氏、吴润之保；

章沈氏、周筠乔保；徐赵氏、朱敬轩保；汤马氏、沈月村保；

朱顾氏、石英甫保；沈凌氏、程贻谷保；朱陈氏、严幼帆保；

朱万氏、朱仙槎保；倪王氏、倪少琴保；顾沈氏、严景商保；

陈吴氏、许霁楼保；陈戴氏、孙太太保；沈钱、金励臣保（端节止）；

杨周、陈米山保（己酉起）；杨黄氏、严景商保；陈张氏、陈米山保；

陈张氏、陈米山保；萃王氏、严幼帆保。

副折（每年一千八百文，折米二百四十文）

施陈氏、程贻谷保；沈陆氏、周紫棠保；沈杨氏、程贻谷保；

欧顾氏、杜秋泉保；姚王氏、张锦峰保；周胡氏、张乐君保；

金孔氏、蔡吉甫保；钟陈、钟少筠保（年终止）；陈吴氏、朱玉和保；

倪郎氏、倪亦山保；卜万氏、沈月村保；沈董氏、沈寅伯保；

张欧氏、祖芝庭保；潘陈氏、张万丰保；徐汪氏、金嘉生保；

金章、沈子艺保（己酉起）。

候恤（每年六百文）

沈姓、许云山保；朱沈氏、俞楚香保；吴朱氏、邵少华保；

吴储氏、石英甫保；郑李氏、倪亦山保；朱沈氏、吴镜蓉保。

光绪卅四年冬季、宣统元年春季经办普济掩埋工程

计开

第一穴葬普字棺五具；第二穴葬普字棺五具；第三穴葬馨字棺卅二具；

第四穴葬普字棺五具；第五穴葬普字棺五具；第六穴葬普字棺五具；

第七穴葬普字棺五具；第八穴葬普字棺五具；第九穴葬普字棺五具；

第十穴葬普字棺五具；第十一穴葬馨字棺十八具；第十二穴葬馨字棺二十具；

第十三穴葬馨字棺十八具；第十四穴葬馨字棺二十四具；第十五穴葬馨字棺二十二具；

第十六穴葬馨字棺二十具；第十七穴葬馨字棺十四具；第十八穴葬馨字棺十六具；

第十九穴葬馨字棺十四具；第二十穴葬普字棺五具；第廿一穴葬普字棺五具；

第廿二穴葬普字棺五具；第廿三穴葬普字棺五具；第廿四穴葬明字左棺一具；

第廿五穴葬惟字左棺一具；第廿六穴葬骨坛一个；第廿七穴葬普字棺一具；

第廿八穴葬馨字棺十七具；第廿九穴葬馨字棺十八具；第三十穴葬馨字棺十二具；

第卅一穴葬普字棺五具；第卅二穴葬普字棺五具；第卅三穴葬普字棺五具；

第卅四穴葬普字棺五具；第卅五穴葬普字棺五具；第卅六穴葬普字棺五具；第卅七穴葬普字棺六具；第卅八穴葬普字棺五具；第卅九穴葬普字棺五具；第四十穴葬普字棺五具；第四十一穴葬普字棺五具。

以上穴数俱在咸一庄王坟山。

——原载《嘉郡普济育婴堂征信录（光绪卅四年八月朔起至宣统元年七月钞止）》。

华洋义赈会报告

光绪丁未腊月（1907 年 12 月）
英国窦乐安编译

序

华洋义赈之役，中西善士，慨解囊金，为数甚巨。而其不辞劳苦，以勤力于六阅月之赈务，出垂毙之民于沟壑者，其功亦非浅鲜。不有记载，则办赈诸君之热肠毅力，既阅时而归于湮没，而对于乐善好施之各捐户，亦无以慰其饥溺之怀，俾知有用之金钱，初非掷诸虚牝焉，此报告之所由作也。是役文牍浩繁，衰然成帙，时余方总理山西大学译书院事，承李德立君之命，属为整理，择其要者，以次排比，都为是编。复与译员许君默斋、张君铁民，译以华文，俾中西士夫，皆便观览，惟其中官场来电，大都由西文重译中文者，盖中文原稿已佚也，容有舛误之处，幸阅者鉴焉。

光绪三十三年十二月中国译科进士英国窦乐安序。

江北水灾记

中国不幸而灾祲屡告。当距今二十年前，在光绪十三四年，豫省黄河决口，该省北部，惨遭巨灾，漂没田庐、人口甚众，且其灾区波及于苏豫皖三省，其漂没情状，适与此届本会放赈区域相等。复前十年，即为晋省大饥，为近世全球莫大之奇荒，其灾区广大，虽曰晋饥，实则燕、豫、秦、陇皆同被斯灾。其时，上海即设立赈济会，由西人捐集二十万四千五百六十元，而李文忠公督募捐款二十八万九千三百九十四元，而前赴灾区放赈者，有西教士四人染饥馑疫疠而殁，其灾民饥毙者，共达九百万人，可谓巨灾矣。而今者江苏徐淮海之灾虽重，而未有若是其甚者，盖有三因焉。一、因灾区距通商海岸尚近，且有运河，直达长江，虽较古昔淤塞不少，然粮运其中，藉以运抵灾地。设无是河，则虽沪镇二埠粮食山积，亦不能远济待毙之哀鸿也。二、因此次江北办赈诸董，西教士之精华语而熟华情者，实倍蓰于晋省办赈之时，故得其助力不少。三、因灾情一播，则电传报载，立达各省，人皆知有此巨灾，故捐募迅速，以拯灾民，非若晋省之僻处边垂，消息沮滞之时可比。倘无是因，则恐淮徐数百万束手待毙之灾黎，其槁饿以填沟壑者，当不逊于晋灾也。

灾区之位置

　　江苏省面积三万八千六百方里，人口一千四百万，其地半属膏腴之平原，系长江黄河由上游所挟沙土，淤积而成，盖经数千万年矣。黄河本由苏省北部经流入海，至咸丰初年，忽渐徙而北，至山东省入海，长江经流该省腹部，至上海入海，依长江而区江苏一省，为江南、江北二部。江南富饶，远过于江北。至于江北江湖，则复有淮水发源于河南省之桐柏山，经安徽省北部，而汇入江北洪泽湖以达运河，而入于江。洪泽湖为江苏省北部联湖之一，其绵亘之运河，则由隋炀帝所开凿，元忽必烈汗所修浚而成。运河达瓜洲口，横贯长江，而接镇江之江南运河，极北至北京，极南至杭州，为世界最长之运河。而镇江则为长江一大商埠，此次运送赈济之粮食，皆屯积其地焉。

　　有人核算江北灾区面积，共有四万方里，被灾人口一千万人，实非过甚。而本会捐款不多，赈友亦少，势不能于地广人稠之大区域中，办理赈务，故但能择其受灾极重中心之区，竭力赈救，其宗旨但拯垂毙之饥民，而不能拯无告之贫民。

　　披中国地图，知江苏省北部，分为六属，其滨长江者三：曰海门厅、曰通州、曰扬州府。虽亦瘠土，然不若徐淮海三府之尤瘠。其地被灾区域之广，东达海滨，西北部循淮河低原，又西邻河南省，北界山东省。然本会济赈宗旨，但救饥民，不能偏救贫民，以故竭力以赈淮徐海灾区之中枢，然其区域已有四千方里，而灾民之额，已占三四百万人矣。

灾区之地形

被灾之地，状如上仰之茶碟。由西至东，有淤黄河之古道，古黄河北徙之原因，迄未明悉，或由其入海之岸高耸，故致北徙，未知确否，惟其屡经北徙，其时淹毙人口，奚啻亿万。南至北则其有运河流贯其中，河广七丈，深一丈五尺，有时广二十五丈，有处流入洪泽湖，则成大泽，不成河形。有人查勘运河情形，谓运河左右，护以长堤，河身高出左右陆地者，约二丈许，其堤旁有大城镇，如高邮、宝应、邵伯镇等处，则较河之地势尤低，故必善修堤岸，方可藉资保障，否则城镇之人，皆鱼鳖矣。其地形为一大低平原，自海岸以达山西省之山冈高原，约三千余里，中有丘陵土阜，突出其间，实占有平原腴土数万方里，尺土寸地，莫不宜于农殖，岁必再熟，物产兴盛，洵世界肥沃之地也。乃江苏北部，则为此大平原最瘠之地，因距海较近，平原淤成，以其地为最晚，在寻常年岁，其贫苦农民，恒栖居于海州斥卤之地及洪泽湖中，频有饥歉之患，而况凶年乎？且地既低洼，河道陡立，偶值夏日淫雨，或暴雨盛涨，则恒有溃堤决岸、灌没田庐之祸。

灾荒之原因

由前言地势，则被灾之原因可知矣。盖自客岁夏雨过多，淮水高涨，溃决两岸，漂没民居数万，溺毙无算，水遂汇入洪泽湖，湖以运河为尾闾，而运河入江之瓜洲口，狭窄不能速泄，于是水势倒灌，全地遂成泽国。河水本涨与堤岸相平，且有地低于河身者二丈之处，久雨堤崩，其势一泻千丈，不可收拾，万顷农田，遂一片汪洋，顿成湖泊矣。

灾状若是，其地人民所受之苦，有非言语所能尽者。民间屋宇，皆系土墙，水浸墙根，立即溃崩，屋亦随圮，幸屋有四柱，屋顶尚存，故其屋仅留四面檐际，兀立四柱，平地水深一尺，且其上大雨如注，凡衣服被褥薪炭等类，莫不尽湿，不能取用。田禾皆已霉烂，家中又乏储粮，如此情形，何以堪也。余侪恒议华人性情之缺点，然独处于危机万状、束手就毙之秋，尚能坚忍耐守，是实为华人性情之特别优点，为世界冠。然处汪洋泽国之中，欲逃无路，即有道路，亦无可通，无可奈何，但能坚心耐苦，一俟水退雨止而已。

本会曾派稽尔登游戎往堪灾区，调查被灾确情，得其报告函。函曰：此次可惨之大灾，由于大水，大水由于大雨，然必有他原因，若仅大雨，而能将四万方里之地而尽淹之，恐必无其事，然则其被灾之原因何在，盖其地河道失修，不能以新法浚之使深，又值江北地形洼下，其北部地势高耸，水向南注，宜有此灾矣。然其地今尚有居民数百万，可知其地非不可居人，而何以不知修其河道。若诿曰无浚河之款，无浚河之法，然则浚款不可设法募集，浚法不可设法聘人，而忍令苍生涂炭耶？

灾状之发见

客夏在江北之教士，已发见灾状，其时应收获之大麦、小麦、豆及油菜等，向系夏五月所收获者，今皆悉遭淹没，其向例秋间应收获之玉粟、稻禾、芝麻等，则均未栽种，且田园积水，一片汪洋，不见寸土，焉能栽种，即可耕种，而籽种充饥已罄，亦无法能栽种矣。

去秋九月，有英国副领事葛萧德君，由山东循运河至镇江，手撰游历日记，呈驻北京英钦使，转达英外部，印册颁交下议院各员传观，其日记所述江北灾情如下。

凡人见此灾状，不禁令人心悸。今年麦稻二熟，皆无收获之望，其灾状即可想见，其淹没区域，即在清江以北，直界山东省，全地成为泽国，其南之清江，仅为被淹区域之一方面。其灾象延及南部，以达长江，因斯灾荒致生扰乱情形，宛如山东曹州府相似，不独时有掠夺，且多手执军械，闯入人家劫夺财物而去，故其地居民率备火枪，虽旧式前膛，不能致远，然亦可以拒敌，故一遇抢劫，必致格斗，恒有伤毙等事。此间教会医院中，恒有刃伤求医者，即由是故。

此间灾状甚烈，传闻有为人母而淹毙小孩者，是非出于惨（残）忍，实出于不忍视其宛转待毙之心，俾得速死，免受斯苦，所有灾民逐队由清江南下者，如水之赴壑，然亦无可得食。

目下灾状，已难挽救，即立刻栽种，亦必明岁方可收获，但明岁获收恐必不佳，因所储粮种，均已食尽，而田亩尚宛在水中，最可虑者即由灾荒而酿成之疫疠，因不独灾区受害，即附近城镇，均被其祸，缘避难灾民回乡时，患病者甚多，倘由是传染，则灾害为尤大矣。

由是可见江北灾情之可惨，况地与山东素称盗薮之曹州相毗连，恐必大有扰乱，此间教士，计灾区有四万方里之面积，有灾民一千万人，因是恳求英美各教士，以拯斯疾苦之灾黎也。

华洋义赈会之设立

由上海达长江百里，而有镇江一大商埠也，人口二十万，地居长江运河之冲，洵要区也。办赈教士，即以是埠为灾区接济之粮台，由是可分运各地，九月镇江教士集一公会，劝募赈资，以为赈给之用。

由镇江渡江而北，入运河一百三十英里，为洪泽湖，湖河相交处，有大城曰清江浦。清江收接镇江发运之赈粮，屯积其地，以济灾黎，与镇江办赈教士相助为理，两地董事会办理事务异常劳瘁，竭智尽力，不顾生命，以拯穷黎，洵难能而可贵也。

本会司度支之伊德先生莅会后因事回国，上海华人因伊君尽力会务，特设祖饯以壮其行，伊德先生即席演说曰：

仆承诸君厚爱，饷以盛馔，余此时当念在灾区办赈之诸董事，其劳苦实倍蓰余等，余当将诸教士姓氏备细志之，兹但略述一二，以概其余。镇江办赈教士有名文格理者，其人才干迈人，渠非商人，未习转运之事，然其发运赈粮之迅速，胜于素有转运经验者数倍，其所行事，备极艰巨，不辞劳苦，然其所发愤语，但嫌粮食运送之迟缓而已。复有林医生者，彼于日间赴医院治事，复办理镇江所收粮食，分运各区赈局。二君所行各事，寻常非有多人不能任此，文、林二君洵有兼人之才智哉云云。

十一月，镇江教士公会请李德立先生在上海报告被灾惨状于旅沪西人，广劝赈款，而上海华洋义赈会之成立，亦恃李德立先生提倡之功为多焉。

设立赈会之困难

于上海公共租界而欲设立此大会，初非难事，然其中有困难之数端。

（一）为国际交涉之难。例如余等恳法总领事函达法总统，以劝募法国捐款，彼必询以英德各国君主，亦有是函欤？答曰无之，彼亦却拒。今幸各国领事皆踊跃乐助，试观本会姓氏单，即知上海各国领事亦皆列名，为本会董事也。

（二）为两教交涉之难。君等见有天主、耶稣两教人，相合办事者乎？有之，自本会始。两教中人，协力助理，始终敬爱，试观葛志崇司铎在本会尽力襄理，当回国时，曾致信本会，其函曰：（前略）余因回国在迩，应辞去贵会董事之职，尚希鉴宥而允许之。虽然，余今出离是会，不禁有感于中，虽各董事意见，略有歧异，然竭力办赈之意，则尽人同之，抑且彼此互相协助。本会由华洋人士会集而成，其所以感触余等之惟一目的，则曰援救灾民而已。余将远离，余愿各董事之在中国，时时行善，恒遇美满快乐之年华也。辱承厚许，余实感之，当没世而勿谖也云云。

（三）为华洋交涉之难。试问华洋人士，相合办事，果能拯救灾民否？答曰：是当分别论之。宏量卓识如盛宫保、沈仲礼、朱葆三观察等，则协助办理，固无难处，他若谨饬之大僚，恐北京守旧台谏，劾以放弃义务，私结外族等罪，因而间有不满于本会之所为。然两江督宪，固饥渴斯民者也，据云督宪于某日得饥民所食，向为刍牧肥料之豆饼，试以饮料食之，为午膳，是日即不他食，是可谓恫瘝在抱矣。惟于沮止本会催运赈粮一事，以极细之事，或可损及数十万灾民之生命也。试录江督致外部言外人放赈电文如下。

原电云：现在扬州有灾民四万人，南京三万，镇江二万，清江浦密迩灾区，独有四十万。多数灾民，皆来自皖北以就赈者，今赈以大口每日三十文，小口二十文，每日赈额约需千千，搭盖棚厂之费在外，嗣后尚须就棚厂施放食粥棉衣等项。惟闻有由海州窜至盗匪，亦潜迹灾黎，来就赈给，颇难区别良莠，虽已派兵防御，然须宽筹赈粮，以安灾氓，而免盗党窃发。方拟令灾民浚河修堤，以工代赈，然约估非二百万两不可。恤帑业已尽放，上海绅商尚有赈款二十万，直隶协赈四万，他省不能豫定其数，前奏请截留漕米十五万石，改赈灾民，复奏请开七项虚衔给奖，以款充赈等在案。兹有李德立君，倡设华洋义赈会于上海，复请各国领事电致该国政府善士，劝集捐款。天灾流行，何国蔑有，前我国亦赈给彼灾，今彼国亦皆愿助我国灾民，余颇嘉许之。惟李君来谒，意欲派员亲至灾区调查，以便放赈，余以恐滋事端拒之，余商李君可以捐资发交其地绅士，代为散给，李君颇韪余意。西人尚如是襄助为理，余等益当勉力，以免遗诮友邦，而损国威。方并饬令灾民无令南窜，倘办赈人员有舞弊侵蚀情事，必严惩不贷，且通饬各州县，认真办理，毋得怠忽，致干严究。所有放赈情形，即请大部代奏。端方、陈双龙、荫昌。

由是电奏观之，意谓灾区赈款当由其地绅董所赈给，不允由外人赈给。虽然，华绅士之公正廉明，刻苦尽力，在余等董事中者，实不乏其人，即华人之竭力募捐，佽助灾民者，亦甚多，教士在各地赈饥，倘乏其地华绅相助为理，则事必无成，故余侪不能轻言华人有侵蚀之通弊也。但鉴于以前中国办理赈务者，每有操守难信，其廉洁公正而孚众望者实鲜，迄今尚为谈赈务者所齿冷，是以余等董事，未能承认端制军所议，因函复江督翻译官以告制军，函曰：

（前略）是项赈款，大半为余等董事所募集，因外洋捐款各户，皆信由中国内地各西教士经赈是款，故慷慨乐输，意谓西教士旅华较久，且娴习华语，深知灾区习俗，以办赈务，必极胜任也。倘余董事承认江督意旨，款归各地华绅赈给，则必大违各捐户之心，既教士不预赈务，则余侪亦不能复向外洋募捐，至宪意谓赈务扰乱之际，恐有莠民滋事，有伤害西人生命，以致未便等情，则董事等可令教士等，但在本境办赈，勿深入荒僻之区，以便华官得以保护。宪委许观察所定办赈章程，余等皆可承认，该章程内容，先划灾区，每区由许道遴选当地华绅二人及洋董事二人，共四人，复与当地教士相合，即成一办赈所，华绅应造饥民册，详列灾户人口，册经教士调查核实，乃按户给发月票，票需填明每户每日应赈粮额，人给若干，随时酌定。愚意除赈粮米外，可酌量地方情形，参行工赈之法，以兴其地最紧要之工程，使灾民之强有力者任之，以工作所得银米，赡养其家，设在不宜工作之区，或饥疲不能任役者，当参用他法。许道曾谓政府日给灾民每人三十文之票，可持此票，向本会购麦粉一斤，所得粉资，当循环购备杂粮，如法贱粜，俾得持久。如是办法，由其地教士等所调查，已列入赈册者，给予一票，许其领粮，以至秋成，复与地方官商妥，防灾户兼领华官本会两处赈款。余等佥谓如是办法既可无碍中国主权及放赈西人之危险，且可与中政府赈局相辅而行，成效益著，并使余等不失信于外洋各捐户，用敢请贵大臣俯允所请为荷云云。

然江督终以教士放赈为不然，盖虞教士但赈教民，以博入教者之欢心耳。故本会董事即宣告，以此系慈善事业，不涉宗教，办赈各教士，亦意见相符。要知人当饥毙危难之际，奚暇研究教理，虽灾民得遇教士援手，心必感激，后必信从教士之言，然本会赈饥，初非具此宗旨，固已明定章程，但视灾民果系饥饿与否，不问其在教与否，而分厚薄，办赈各教士，固皆恪守此章程也。

前项意旨既达于江督，而江督仍未释然，但藉口于办赈，颇为危险，谓饥民穷迫，铤而走险，难免有劫夺西人赈粮等事，万一教士被害，要索赔款，不更倍蓰于赈款耶。余等因是商令各教士，自允如在办赈所，西教士或因传染疾病，及灾民所害而死，皆愿不向中国索赔，惟天主教士，颇不赞成是议。未几，被灾各地方即得西人在办赈地方被害，中国可不给赔款之电。是电至窑湾，适有其地棍徒闻之，有煽惑莠民图害教士之意，情形颇急。窑湾教士乃电致上海，述及江督电告州县之文，颇不合理，度非董事之意，其原电云：（江督致州县公文云，如西人在赈区被害，概可不论。其地莠民见此公文，恐激成变乱，即恳设法消弭其害云云。）余等即转电江督督宪，乃电谕窑湾晓谕，人心乃靖。除窑湾外其余被灾各区，则绝无浮议，且皆感激教士不置云。上海董事转电江督云：（前略）初一日，接窑湾办赈董事来函，述及其地棍徒，见江督致被灾各州县电云，倘西人在办赈地方被害，概不向中国要索赔款等语。棍徒等误会斯语，意谓地方官不保护教士，而使放赈教士等陷于危险，速请贵督电谕该处，申明前电本意，以免酿生他祸。

募集赈款之踊跃

上海华洋义赈会既成立，华官皆赞成是举，即在上海开募赈款。沪上各洋行，素有好善名誉，此次尤形踊跃。各轮船公司，除募集多金外，复承运本会粮米载至镇江，以达灾区，不收运费，以尽义务，并免收来往灾区办赈各员川费，各教士赈务既竣，前往烟台、牯岭等处避暑者，亦不纳轮资，本会均极感谢高谊。而中国电报局，免收本会赈务电费，若核其来往各埠及欧美等电费，其数甚巨。

旅沪华官及他埠善士，捐数甚巨，然本会所收之华人赈款，仅为华人赈款中之一小份，其他华人自设各赈会，捐集尤巨，其赈饥方法，亦与本会相似。

本会董事乃电致欧美各大城知府，及美国总统乞赈。余等恳伦敦府尹代设伦敦公捐，未蒙首肯，他处知府，亦均未允许，其复函有云：（公捐之设，所以拯救大灾患也。近因各地巨灾迭报，屡集公捐，穷于应付，故虽设公捐，恐仍无效，而与中国江北之灾无甚裨益也。）余等接阅其函，亦深韪之，惟中有一函，颇露微意，其函云：（前略）（凡各国有文化者，皆自赈其灾，余意中国政府，亦当若是。凡国内募集赈款，及国家颁恤之帑款，均由政府派员备办，庶几有济，国外筹募，为数必少，但能补助其不足而已。）其意亦是，然江北如此大灾，凡国民皆担责任，不能仅恃官款。且无论何国政府，公家办事，必甚迟缓，际此灾民瞬息就毙、急如星火之时，不及谋及政府，惟有大声呼援于各地好善君子，慷慨乐助，以解倒悬。如慨助巨款，以救灾黎，则本会当代灾黎九顿以谢生死肉骨之大德也。兹将领袖董事致美总统乞赈函稿录后，函曰：

（前略）前曾奉一电云，在上海各国领事、海关税务司、洋行经理、中国官绅等，设立华洋义赈会，募集江北赈款，业由美国亚细亚协会，电恳美国人民协力助赈，刻有灾民数百万，旦夕就毙，待赈甚急，余等敢乞总统恩准协助，代告美国善士集捐麦粉一舟为感。兹奉函禀，即系详述前电之意，目下拟再乞各国协助。本会会员姓氏，开单奉上，现拟在中国各商埠增设分会，以速其效，凡董事等所述灾状，均由教士华官及目击灾状者所知之实在情形，谨为总统陈之。论灾区之广，有六万方里，即狭言之，必占四万方里，实括三十州县及多数大镇，居民约一千万人。虽中国户部丁册，统计未确，然地大人稠，当有是数，纵不至全数饥毙，然以不及待赈而委沟壑者，必甚众，灾民之避荒南下而至清江、扬州等大埠者，有一百万人，如是大数灾民，皆恃赈给存活，倘无赈款，立见就毙。夫以如是多数灾民，而欲延其生命，以至明岁秋成，固为中国政府及人民之责任。然兹事体大，且需多数赈粮赈款，若仅由中国官民自行筹赈，恐难悉数存活，故余等借箸代筹，为乞赈于外洋各国，一体捐募。盖余等宗旨，非救助贫苦之灾民，实救助饥毙之灾民以为断。如由各国募集捐款赈粮等，悉数解赴灾区，令其地教士代为赈给，因教士等深悉华人情形，且娴华语，能与华绅协力办理，教士等皆乐成其美也。上海本会董事中有西人，有华人，如欲激劝华人信任外人之心，则不可无此大会，且既有西人任本会董事，复得慈善谙练之华人相助，如是不独办赈方法尽善尽美，且华洋人士协力办理，必可消弭中外嫌隙之私，而永相和好。其被灾之区，在安徽、江苏两省之北境，即河南省之东境、山东省之南境，亦被波及，惟与长江毗连一带，不列此区域，且有多数灾民避至其地，藉延喘息以自活。其被灾之原因，实缘夏令霪雨，十旬不绝，本系低洼之地，河堤溃决，田亩庐舍，尽成泽国，迄今积潦停淤，尚未尽退，故秋成无望，所冀明春夏秋，或有收获，然相距遥遥六月，此时食粒已尽，且不保暮，苟于此六月间乏人救援，则不堪设想矣。倘我外人能乘机拯此灾氓，则不独哀鸿感激没齿，凡属华人，同斯感篆。江督端方，素闻名于海外者也，闻外人愿协助灾民，颇为感谢，意欲于各国西文报中刊登广告，以志盛意。此时将届冬令，可悯数十万饥疲之灾民，身无蔽掩，处于席棚冷湿之地，困苦万状，但略加赈恤，必需多款，本会已与汇丰银行订立代存赈款之章程，余侪深知贵总统为美国国民所信仰，尚祈贵总统慨赐厚惠，一诺千金，而得美国人民之协助，则感且不朽。

美总统罗斯福既接本会乞赈函电，乃传谕其国民，其谕曰：

凡我美利坚人民知悉，今我友邦中国，天灾流行，灾情甚钜，民庐田亩，皆成泽国，灾区面积四万方里，灾民一千五百万，倾圮民庐，数以千计，凡此灾氓，既无栖息，势将饿毙，故有乞赈于我国人民之请。前者他国有乞赈于吾国者，吾国屡经赈恤，以尽救灾恤邻之谊，今吾国日臻富强，资力雄厚，且适逢基督圣诞，例行慈善事业，故吾等当竭力设法，以助中国灾民，况中美彼此素敦睦谊，尤当协助也。吾意于下议院开会第一日，即请下议院允准以海军运舰载运赈粮前往灾区，凡我美国人慨捐银米者，可送交美国红十字会，以便汇解至中国，美国各地捐款可就近送交其地红十字会，或民政部尚书为盼，总统罗斯福启。

美国人民所爱戴之罗斯福总统，既宣布乞赈函件，美国国人皆欢迎接受，于赈务大有效果，莫不慷慨乐施，顿集钜款。本会所收赈款总额，美国捐集者，计有三分之二，据《纽约基督教徒报》，载有募赈广告，所收捐款计四十五万金元。而美国下议院应允总统之请，以海军运舰运粮赴华，窃意运舰为海军运粮之物，今用以为拯救饥民之慈航，殊为可喜。《圣经》有云：时会将至，化兵器为农具，国家不事武功矣。

募集赈款之方法

至募捐之法，上海特设义赈赛会于张园，会为本会会计员伊德先生与其夫人所倡办，由中外官绅商人集合而成，洵为盛举。会中情形，有上海社会西文报载之綦详，并遍摄全会照片，特撰义赈赛会一书，以为纪念（会曰万国赛珍会，详载中外各报）。其时张园，成为美丽佳胜之园林，中外女士，列肆售物，以充赈款，并有名人淑女，演剧酿金，以助灾黎。名门闺秀，售物助赈，固为欧美所恒见，然在中国青年闺秀，深锁闺闼者，今亦往来售物，固生平所未经，殆亦未尝或见也。然亦井然有序，向人揽售时，人见其为贵族妇女，势难逶却，不得不略购其赈品也，全会所得约六万元，归入本会赈款。

本会书记员沈敦和观察，适届五旬寿诞。华俗寿诞，亲友必馈礼物，其家设宴酬答之。沈君预告，如亲友馈送寿礼，但送银圆，移充赈款，共收礼银千余元，并代筵之资百元，除此款外，悉数充赈。《圣经》有云：耶稣云，汝若宴客，勿延富贵亲友，当延穷民之跛者，因穷民力难酬报汝，故汝所施之恩惠，汝当于没世后，身受其报也云云。沈君非宗教中人，而其所为，则不侔而相合矣。

灾民居住棚厂之情状

前言江督电述避地南下之灾民，先避至清江，其地有五十万灾民，以外扬州四万人，南京、镇江各二万人。所谓灾区之地，凡在常年时，其贫民素有惯习，每逢秋收以后，明年种籽既下，即将其家具子女，载以小车，避至南方，乘冬令农作已毕之暇，乞食以度时日。

至灾民所居之棚厂，极为简陋，棚以芦席为之，长七尺，广四尺，数十文可购之，其破坏者，殆随处可索取，另以竹枝弯作半圆状，插两端入土，如穴窦，宽七尺长四尺，是为一环，数环相接，下铺以席，即成为棚，下铺以草，人见此棚，必为贫苦已极，然其佳者，亦不漏雨水，灾民居此，俨如鼠之入穴。在平常年岁，江苏南部各地，即见有是等棚厂之客民，今遇大灾，棚厂之数，倍蓰于前，实为灾民聚集之区。本会曾派稽尔登君前往灾区调查，著有西文书名之曰《无声之战》，书中详述，灾状如下：

曰灾状极苦，观灾民生活处室情形，即可概见。棚厂之前，即大小便处，与眠食之地相接连，冬令曝日，扪虱扒搔，或奔走觅食，或采薪木，或咳痰，或涕泣，倍极秽污，实则皆我同胞也，饥寒贫苦使之然耳，非人情嗜秽，有异于吾侪也，其尤苦者，惟妇孺耳。当余查勘时，尚系初灾情形，然百人中仅五人可藉免冻馁，以后悠悠五月，何以度此。余游历地方多矣，如满洲、直隶、山东、安徽各省之内地村落，余固遍历之矣，即高丽之贫民窟，窄秽如沟洫，印度各部未行卫生政治时之土人，及世界各种肤色人种之生活状态，余皆亲见之矣，而独未见有至贫极苦，有如江北灾民者。且余于死伤惨苦之事，已屡见之矣，若战阵刑戮疫疠等，凡世界可悲可惨之事，余皆目睹之矣，而独观于清江浦灾民之情形，其贫苦悲惨，实较以前种种为尤甚。余闻清江浦素号殷富，地非瘠土，亦非人满，因忽有五十万众之灾氓，麇集其地，其中百分之十，将成饿殍，百分之三十，尚饥而未毙，其余皆饔飧不继，时虞粮绝，身入其地，触目皆是，凄风惨雨，令人下泪。余生平固未遇有灾状，余军人也，间遇有减少粮食之时，然仅带围清减而已，而灾民则腹皮几贴近脊骨矣，至真饿情状，亦曾遇之，然较之饥饿垂毙者，固不可同日而语也。当战阵之际，炮弹冲击，骨肉飞扬，固为伤心怵目之景象，然余见此千万人，寂然无声，纷纷仆地，道殣载路，则较有声之战阵为尤惨。书至此，余忽忆及一事，令余久印脑中，不能消灭，余坿记之，或可释然于心。一日余至乡查勘，回至距城相近时，闻有儿啼声惨，先后相应，见有青年妇人，面目佳丽，手抱小孩，两目直视，其一种愁惨绝望之象，令人久而不忘，孩啼甚惨，因饿甚故，其母相对啜泣，呼天而已。余以不谙华语，无可慰藉，心实歉甚，余即策马前进，不禁仰天而呼曰："上帝乎，上帝乎，其怜悯斯人乎。"

放赈之方法

灾民麇集棚厂之际，上海西报恒以宜撤灾民棚厂，免滋疫疠为词，因疫疠传染，可酿成巨灾也。而华官亦主撤去棚厂，且以千万灾氓，麇集城外，颇碍其地治安，倘一旦溃变，何堪设想。然豫备撤棚遣散，灾民亦大不满意。因灾民由灾区逃亡迁流，而至棚厂之地，沿途备极艰辛，以为其地可得食耳，回首故乡，室如悬磬，家徒四壁，幸得艰苦旋里，亦置死地，华官谕以尔等回乡，即可得赈，而灾民皆以诳己而不深信。其时传言西商在灾区放赈，灾民颇为信悦，盖华人恒言，西人无诳语也，然欲遣散之，则非官吏权力不可。史载拿破仑率法军数十万，由俄京窜归，军行粮绝，传谓世界巨灾，深可悲惨，实则尚不如遣归此等失望灾民，为尤惨苦之甚。本会乃拟在灾民故土，运赈粮米，俾遣回灾民，得以存活。后列本会致美总领事函，详述本会办赈各员在灾区放赈方法，兹附录于下。

美国总领事罗君阁下：敬启者，承询本会办理方法，谨条列如下，奉告左右。

（一）目的

本会以赈救在灾区之各灾民为目的，灾民不论在教与否，凡属饥贫概当资助。

义赈分局：本会设立分局，以七区为限，如镇江、清江、淮安、宿迁、窑湾、徐州、安东等处。

义赈分会：凡灾区皆有分会，会员即由其地教士绅董组织而成，其地绅董，由教士及督宪派员所遴选，凡放赈各事，皆由分会担任，仍由上海本会监督而指挥之。教士所隶各会，有美国长老会、英国内地会、法国天主教会，凡诸教士，无不协力相助、竭尽心力者也。

（二）放赈方法

一、工赈：办赈之法有四端，以工代赈，其一也。本会曾屡告于中国政府，须大兴工程以代赈，如筑铁路、修道路、浚河道、筑堤堰等，工赈有数善焉：（一）可容多数贫民工作，以获资存活，不致束手待毙；（二）工程既毕，必与地方大有裨益；（三）浚河筑堤，可永免水灾之患。目下宿迁已开办工赈，他处亦当仿办。

二、低价籴粮：灾民赤贫如洗，而中政府所赈，但有铜元。本会乃决议购运麦粉六万包，以低价籴给灾民，麦粉每包五十斤，减价售银一两二钱三分，仅占成本三分之二，每包复区作小包，包约数斤，令灾民持票购粉。惟调查贫苦灾户，例许给票发粉，调查时颇形困难，灾民持票方许购粉（附票式）。

曾由华官及江督所允许，盖因政府赈钱，与本会枭粉，二者相辅而行，洵善法也。

三、赈给：至灾户之极贫而患病不能工作者，既未获得赈钱，赤手空拳，何从得食，其地分会董事查悉确实极贫之户，则给以钱米。

四、散给籽种：本会购备澳洲麦种五百石，运至灾区，散给田农，以供明年籽种。闻执事已代恳美国红十字会，允许运送美种麦五千石来此，不胜切祷之至。惟散给籽种之法颇难，因目下灾民饥饿已极，但以草类树皮充食料，故恐此时散给，灾民下种于腹，而不下种于田耳。

（三）运输赈粮

本会承各轮船公司美意，允许载运本会赈粮，由上海至镇江，免收运费水脚，但须付给搬运工力，及五成驳船费，至由镇江分运灾区，则由江督饬运，亦不取运费，至在本会办赈之教士人员，来往乘载，公司亦概免取费。

（四）开支

本会所购粮食物件，及一切开支，均由各董事商议决行，开支银钱，均由华洋二会计员签字核付，赈务告竣，复请查帐公司人员，令其覆查，以昭信实。二月初旬为本会发给各分局银米之第一次，嗣后随时解往分局。

（五）本会与官场之关系

本会一切章程，均禀告江督，皆蒙允准。虽与官场小有辩论，兹不赘述。惟本会所募赈款，须令教士经放，以副捐者之望，但非得地方官协助不可。

（六）本会与人民之关系

各地灾民，渴望本会西人放赈，其得沾润之灾民，感谢无极。

（七）镇江分会

镇江教士另行立设分会，名曰苏皖协赈会，募集赈款一万两。该会虽不与本会联合，然其所集赈款，亦赈给本会所赈之各灾区。其放赈方法，亦与本会相似，该会董事与本会协力办理，无分畛域，殊可感谢。

以上所述，皆本会办理方法，尚祈鉴及，执事尽力维持会务，本会深为感谢，并请执事代谢纽约红十字会，是为至祷。华洋义赈会会长李德立谨启。

本会函订各灾区之教士，嘱其办赈，并妥定章程。由是可知本会未开办赈务以前，已煞费经营，再四斟酌，庶一切不致紊乱，虽至开赈时，遇有难决琐事，随时商酌，然大概章程，固始终未尝改更也。兹将函订放赈各教士之函，并章程录下，其函曰：诸君阁下，余等皆担任华洋义赈会董事之职，公议放赈详细章程，现将议定章程，大概如下。

余侪敬恳诸君，协力襄助，均照章程办理施行，尚冀诸君详细察夺，照章核办，可与本会董事协力为之。华官颇以外人离镇放赈，或遇不测事变，致害外人生命，要索偿款为虑，华官已允准余等，竭力保护，多方襄助，如有危险等事，余等必与诸君共之也。

余等董事皆深信华官既允保护，必能实行，且以诸君办理赈务，灾民无不欢迎，当感谢之不遑，岂复有加害之理，或因灾区发生疫疠，不幸传染疫症，则亦势所宜有。本会董事以热心办赈，故曾告江督，如西人倘遇不测，则不向政府要索赔款等语，尚冀诸君裁夺。因种种危险，即在办赈之时，如诸君愿襄赈务，当必与本会董事表同情也。愚见放赈当择其为贫苦灾民以为衡，无民教之畛域也，且赈款非甚充裕，但能拯人垂绝之生命，非赈给于有粮之灾民，乃赈给于不可无粮之灾民，故但能救饥，不能救贫，所谓周急不济富也。董事议定，当于清江、宿迁、窑湾、徐州等处，设立分局，开办赈务，届时再当函告诸君，分解赈款。本会以银米解送尊处，各分局分别放给灾民，是为诸君之责任也。诸君当先与其地绅董，组织一义赈会，所以便办理赈务，所有组织会所章程，附录于下。

两江总督委派赈务员许观察办事公正，为余侪所公认。每一赈会所，由许观察选择当地衿绅二人，由承办西教士选择二人。诸君既组织赈会后，即将四华董姓氏开送本会，本会即可承认贵教士华绅等为当地义赈会之代表，如时限忽促，亦可电达。同人皆深信贵分会，办理赈务，必无私弊，并信诸君热心协助，必能和洽无间，尤望诸君殚心竭虑，以臻妥善，乘此中国天灾流行之时会，以表救灾恤邻、中外交亲之谊，使华人观感于吾侪之所为，则以后中外交涉，必少沮力矣。应解送各分会之赈品，或银或粮，此问题亦须预决。惟现闻中国政府，及华人赈饥会，亦皆以银钱运至灾区放给，而灾区独乏粮食，即稍储粮食，价必昂贵，故本会决议在上海采办麦粉，运解灾区，既可接济饥民，且令其地粮价稍抑，是为善策。本会已定购麦粉一万五千包，日内当可由轮船运解尊处矣。上海所购麦粉，由轮船运至镇江，交葛雷、文格理两君转解，江督饬常镇关道雇备小轮民船，由运河解送尊处收接。至放赈方法，余等以仿照海州办法为最妙，其法非将赈粮概行散给，但以低价发售于灾民耳。麦粉既达尊处，即请执事照收，徐州道宪已允饬州县备有粮栈，可先请华官预备栈房，以便随时储积。许观察云，届期华官商酌，晓谕出示，示中详述何地发粜粮米，粜价若干，应领粮之灾户，额定若干等，是虽琐务，然亦当精细审度，以免中外龃龉之端。各区赈会，当悬一牌，书明会中职员姓名，当地华官，于发放赈粮时，派有兵丁保护弹压，会董亦必躬亲督察照料，以免紊扰。余等闻其地丰年时，麦粉价值每斤三十五文，而此次中国政府所赈灾民钱数，每人三十文，本会乃酌定每斤麦粉三十文，低价平粜，若贫苦无力者，则酌量减价为二十五文或二十文，亦无不可。平粜所得之资，可汇解至上海，再购麦粉，运至原处，源源粜给，以余等少数之资，可拯多数之灾黎，以成莫大效果，且可延长其期，以至秋获，庶不致一散即尽也。放赈以村镇为要，然此事仍希诸君斟酌行之，因诸君身处灾地，固较上海为亲切也。当调查灾户时，必中西二董事随行，每户每口，应给赈米若干，按名给票，票上按书灾户花名，每户一票，每月一换。倘距赈所不远，灾户可每日持票购粮，票上盖有印章，另立册据，分别远近各户，如距赈所较远者，如五里、十里等处，则三日一购、五日一购，可以赈票色纸分别之。此项赈票，当即备寄应用可耳。如灾民无购粮之资，可即告本会，转电江督，以接济赈款。因许观察曾谓中国政府每日每人例发三十文，若照此章程办理，则本会粜粮之法，大可相辅而行，彼此相济而不相悖也。今送交尊处麦粉若干包，可按照调查入册之灾户，按户派给，不能过多，粜入之价，仍寄上海，循环购运，约下月当可再送粮食也。倘能多得赈款，当多购粮食，陆续运解，或改赈他区，以期普及。愚意办理赈务诸君，必当专事其职，不能兼顾他务，度执事必以是为要务，体天行善，悯此灾黎，亦吾人之义务也。办赈之初，如诸君各有意见，即请示教，余侪必乐闻知也。本会之妥拟章程，初非令办赈诸君有所束缚，倘有施行窒碍之处，可即示明，以便议改，而臻妥善。前接尊函，始稔其地被灾情形，至为感篆，愚意开赈后，请按时赐一报告，详述灾状，倘有事故，随时赐函，以便登报，藉可广募赈资，诸君热心任事，余等实深感激也。上海华洋义赈会董事李德立谨状。

各分会办赈章程颁发后，旋接各分会报告，照录于下。

镇江义赈分会报告

　　镇江位置于长江运河之交，凡上海赈粮，由上海运至镇江屯积，再由镇江转解灾区，转运起卸，事颇周折，皆由镇江本会董事文格理君独力任之，运驳艰辛，不辞劳瘁，洵可感也。本会办事董事于正月间，曾函致镇江教会赈董，原函曰：

　　愚意镇江为办赈枢要之地，倘其地乏人主持，殊为窒碍，幸蒙贵赈会诸君，协力相助，获益无量，敝会同人，不胜感谢钦佩之至，即灾区各教士，办理一切，亦大获诸君之赐也。余等固知若非诸君出而匡助，决难成斯美举，况敝会未成立之时，贵会早已开办，且敝处实由诸君而始悉灾状也，故余等所设华洋义赈会之目的，亦但推广贵会之赈务而已。华洋义赈会董事李德立谨启。

　　镇江教会赈济董事，悉灾区情形，恐较华官为明晰。因该会董事发见灾状最早，且因教会办事，恒莅灾区，或以舟车，或以步行，纵横游历，遍涉荒僻，故知之独详。当本会未成立时，该会已登告白，劝募赈款。除本会所募外，该会实已集有四十万元之多，其放赈之法，则颇为撙节，一无浮滥。

　　镇江本非灾区，因灾民避地南徙，麇集于是，实为灾民徙避最南之点。欲知避徙之灾民，来自何地，及镇江办赈方法，可观于后列各函，即了然矣。

　　某教士函云，余勘灾区淹地，约三礼拜而回，所至之地，在镇江以北，运河以南，距淮安相近，见大半尚被水淹，是处尚无饿莩，大约无庸赈给。余由泰州回镇，迂道至扬州，调查灾民棚厂，巡阅竟日，人非草木，能不伤感，见有多数灾黎，衣不完备，群至运河之滨捞拾漂流菜叶食之。某晨有十二龄女孩，赴厂领粥，因久饿不能行，忽然仆地，其母力不能抱，但扑之，曰不远即至粥厂矣，旋有人劝之，令抱孩以行，如此情形，触目皆是。是尚在粥厂近地情形，距离窎远者，可想见矣。此时如多施旧衣送赈最妙，如有慨赐者，余愿代为分给，灾民幸甚。

　　某教士函云，镇江素无特设灾民之棚厂，故散处数部，放赈委员，不给赈钱，但施食粥，每日领粥灾民，约有二三万人，余等赈法，亦复相似，但能赈给千余灾民。灾民中有最苦而不能领粥者，或因贫病，或因妇孺，力难赴领，每多饥毙，余等欲择是项灾民赈之，最为美事。

放赈时不幸有西士四人病卒，其中二人为医士，系镇江教会中人。一为内地会劳敬修医士，劳君亲莅灾民棚厂，诊病施药，偶染传灾民伤寒，一礼拜逝世。一为洋关林斯医士，因诊治劳君伤寒，亦染是症，即赴上海公济医院，就医而卒。劳君为人，和蔼诚实，华人之贫者乐就之，爱之如师友。林医士为天主教人，素在通商各埠行医，专治花柳病，人咸知之。二君宗教虽异，救人则同。林君染病时，自知不起，而神志甚清，极无惧容。耶稣有云，如人在世时见贫民而赐一杯水者，其人必得其赐。故二君者，皆为贫民而舍生命，其必得厚赐也明矣。

镇江赈会赈款总额四十五万元，该会尚拟不撤。今秋灾区虽熟，但无粮食御冬，故今冬灾地必有多数人陷于困苦，赈会中尚有赈余之资，拟于冬日择安东附近各地赈之也。

清江浦义赈分会报告

清江浦属淮安府管辖，为交通之要冲，上海之货自南来，山东、安徽之货自北来，皆荟萃于此。由是而运货之北，则由运河，运货往西，则由洪泽湖以达淮河合境，城中居民十四万，各教会人居住城内，已二十年于兹矣。

放赈之谷，由轮船运至镇江，改装驳船，由运河以至江清浦，交义赈董事接收，分运内地灾区。自镇江上运之粮食，既极累坠，而清江浦本地，又有一切施赈事务，皆由董事等力任其难。各处逃荒之民，现皆麇集于清江浦，计有五十万人，为筑一大围城处之，其中惨状，有令人目不忍睹者，观此可见灾况之一斑。去年十二月间，上海义赈会据长老会牧师米得安君由清江浦来函云，此乡之北，十室九空，所存者惟跛足瞽目及疲病不能出行之人，其壮健者，皆逃荒南下，为御冬之计。就目下计之，其栖宿于清江浦席棚中者，已有五十万人，而来者尚络绎不绝，他处亦有逃荒之难民，然尚不及此处之多。华官现定有章程以赈济之，每人日给钱三十文，抵一茶杯之米价，其势不能再增，盖以五个月计之，合五十万人，每人给铜元三枚，其数已不赀矣。吾基督教会中人，胞与为怀，对于此等灾荒，当必恻然动念，务望大发仁慈，力筹赈济，以此善举，表吾信心。其已由华官办理者，可以不必干涉，吾等所欲赈济者，即上所云疲病之人，不能出外逃荒者耳。再过一月，饥民之困，必将有不堪言状者。故赈济万难再缓，然必经尊处允许，得继续至五月之久，或至下次秋收为止，始可开手办理也。

未几，又接林医士来函云，余与米得安君于礼拜一下午，往见江北提督荫昌。荫提督以礼延见，谈及赈务，据称此甚费事云云，后言淮扬道将来会见吾等，然至今并无后命。吾等将于明晨，径行往见淮扬道。荫提督之意，似颇急急于求麦种，以为明春下种之需，鄙意能再得谷种为佳。盖变易籽种，于物产甚为有益，而求诸市上，几无谷种可觅，余意麦种、谷种，均为彼等所欲，荫帅又言有面粉运来甚好，可以赈济此地之饥民，至于经济，则铜元较银为佳，因此间铜钱颇缺少也。以上诸端，俟与华官商妥，方有把握，一俟稍有头绪，即当电告。逃荒之民，现均不愿回去，盖以图董、保正等，均不足恃耳。目下此间情形，栖宿席棚中之难民，日有加增，据云有四十万，然不知其确数，大抵面瘦而灰色，甚至卖鬻子女，以刍为食，犹相攘夺，然颇安静，并无扰乱之事，各种物价如故，芦苇及禾已渐长矣。惟安东灾况有加无已，其县官来此劝谕安东人回籍，安东人不愿，相与攻击县官，掷以泥土，并迫逐之，据云，该县因饥饿垂毙者甚多。

又一函云，吾等逐日所目击者，皆甚可怜，沿途乞食之民，惟存皮骨而已。绅士已就离城数里之某庙内，为吾等设一施米局，以拯救情状最苦之人，自五百人至九百人为额，或每日施给浓厚好米粥两次。昨日核计庙内席棚，已有一百三十座，此外尚有方从事于起盖者，厅外沿街栖止待救者亦不少，甚至鱼腹中物业已腐烂者，亦取以为食，幸疾病与死者尚不甚多，亦一奇事，所最可怜者，一般少年人，向极健壮，今则手足冻僵，悉成废物矣。

又某君函云，中国人太无慈善心，有儿童被弃死于道上者，人从而剥其衣服，有妇女痛其小孩之不得食，对之哭泣，其夫遽举小孩而投诸河者，或则鬻其子女以求一饱，或全家自尽，或久不得食，势已垂毙，种种惨状，死者盖已数千人，是此乡直为疾病与罪孽之滋生地矣。

同时又接林医士来电云，左近人民，来此求赈者，情殊迫切，欲请寄些麸皮或粗糙之食料，运往各该饥区济急，美国面粉未到之前，尊处能购些麸皮运来否，现在待赈孔殷者，非止一二处，但有食物寄来，不论何物，饥民均感。彼等如此苦求，势难拒绝，现吾等各局，于所赈之面粉，格外节省，以免青黄不接。

有在灾区附近之西国工程师某来函，谕及施赈办法，适与义赈会董事原议相合，未几，即在清江浦照此办理。函文如下。函云：余读各报，悉贵会欲访求办赈之良法，敢以鄙见奉尘左右，不知有可采择否？施赈之法，莫善于以工代赈，可免虚縻赈款之事，鄙意此次饥荒，既因水灾而致，则救灾之事，即当注意水道，以为善后之策，计惟开深各灾区之运河，挖取河底淤泥，以培高两岸之地，盖开深河道，当冬令水浅之时，于行船既有裨益，而培高两岸，使地高于水，又可免水溢之患也。

　　义赈始事记○清江浦义赈董事既陈以工代赈之策，请用饥民，开浚故河，约长十里，用费二万八千元，当经华官允诺，其费即以赈款，与镇江义董售去面粉之收入款，合成五千元抵用。○清江浦有数处地方放赈，董事于成人每日每人给以面粉半斤，小孩又减半，虽得此者，仅可免于饿死，然为广救多人计，不得不如此撙节也。据某君来信，言该处灾况，令人见而生怖，某日行村中，见田畔死二人，其一方乞食之际，遽行倒地而毙，死已三日，无人收殓，吾等当即为之掩埋，至于病人，五家中辄居其四，每家中又恒有数人，树皮、树根、烟草之茎以及枯叶，无不罗掘充饥，日望树汁与青青者之速长而已。饥民面色，向与常异，且因久饿之故，有浮肿者，其望赈之切，与得赈之感激，殆难言状。各处绅士皆向吾等呼将伯之助，其灾况最甚之区，所应预备出售之面粉，须比现在吾等所有者加至三倍。某村有房屋八所，其中五所，门牌等悉已无存，此处城外逃荒之民，其情状最惨者，约有八千人，多者一万人。昨日据人言三日前，有一小孩被食，确否不可知，然甚望其传之非真也。

　　绅等目之所接，觉可作以工代赈之事，不一而足，苦于经费难筹，不克举办。工赈之法，不特绅士赞成，饥民亦甚感激，彼等业已预备应募，每闻开工，即趋之若鹜。现乡间一面施赈，一面复由华官议定开浚近城河道，以安插此处五千左右之饥民，及左近灾区之民，一切布置，业已停当，不日可望开工矣。此举之利益有二：一则饥民可以得食；二则可使道路之间，不复有难民屯积，以免滋生疫疠，若再不设法，后患何堪设想。此种难民，大半无家可归，其中因受寒冻，致生疮疥者颇多，且常见有手足坠落残缺者，或仅存一段而已。余曾见一人，蜷伏道上，两足将脱，用绳系于腿上，现由吾等医治。凡此类之人，及其他不能工作者，吾等皆拟安置庙中，日给以食，此外兼收养无告之妇孺，业已渐次就绪，惟其他未经定妥之事尚多，缘华官办事迂缓，不能早为议妥耳。

　　林医士于赈务告竣后，报告当时工赈情形，略述如下。函云：清江浦所办义赈，所赈之地，系清河、桃源、山阳三县，及安东县之一部分，此等地方，去清江浦近者三十里，远者百六十里，合诸英里，即自十里至五十里也。所有工程，计开河一百九十九英里，筑路一百二十四英里，筑堤二十一英里，造桥三十七座，约用洋一万三千五百元有奇，粮食四万零三百六十四袋，所用工人、常工共九万三千二百六十八人，有仅作工一日或两日者，合而计之，曾经作工之人数，在十万以外，每人每日所得之工钱，可养家中二人。故只就工赈一端而论，其所救济者，盖已三十三万九千五百五十六人云。

所浚之河，大小不等，最大者，阔三丈五尺，深六尺，最小者，阔一丈五尺，深三尺。乡间道路，均修治完好，道旁开有沟渠，沿湖均筑石岸，数千亩之田地，向被水浸者，至是可免此患而便耕种。其跨河之要道，则筑桥以通之，苟无此等桥梁，势必堆积垃圾于沟中，以为通行之路，而水流遂由此阻碍，故筑桥亦万不可少之举也。

方此等工程开办之时，颇觉为难，其致此之故，初非一端，及既开至三十英里之河，众见其事之可行，异议渐息，于是各处工程，亦遂相继兴办。

顾所办之工，其中绝无创举之事，不过就旧有工程而修治之，使臻完备耳，河之淤塞者浚之，岸之坍塌者修之，如是而已，然非有该处绅士之请，亦不遽行。如所请办者，果系有益地方，而事属可行，则择妥实可靠之绅者，由彼等招集近处工人克期举办，每十人有一工头，每五十人又有一较大之工头，即委以约束工人之责任，每一工程局，一洋人董其事，华司事数人助之，一切事宜，由洋董与地方绅士商定，并监督工作，验收工程，及监视给发面粉或工钱等事，所办之工程，均订有合同，所给之工食，较华官所给者为优。初次募应时，即先给以工资，其后按工给食，并妥定章程，需眼见工人亲自领去，以免经手者之侵蚀。绅士颇多急公好义之人，竭力襄助赈务，不辞劳瘁，甚可嘉也。统观各处绅士，鲜有破坏此等义举者，人民亦皆乐于赴工，不啻蜂屯蚁聚，所作工程，均极稳妥，或小有违章，及龃龉之事，亦不足为患，其中间有一二侵蚀之弊，往往即被发觉，而处以惩罚。

有因开一十英里长之河，而能使多年积不相能之民，因同在一处工作，遂尔弃嫌归好者，有人民盗窃成风，愍不畏法之区，因此而不复肇事者。盖游民无赖之徒，得有所食，而后专心于工作，自不暇及于为恶矣。

有许多地方道路驳岸等工程，由寡妇及孤苦之妇女为之，其工头亦系妇女，工程亦复完好，据某绅言，且有胜于男子者。

清江浦自西五月起，早可开工，奈华官不甚赞成，顷始定议，开运河一段，筑路两条，于是栖宿草棚之乞丐，拥挤道路之难民，得作工于乡间者，大约有六千人左右。虽为时无几，不能将运河全开，然以开工之故，而逃荒难民得以分头安插，不至聚于一处，酿成传染之疫疠，死及多人，未始非计之善者也。

工赈之利益约有数端：

一、人民可以得食。

二、使民自食其力，不至仰给于恤款。

三、能使人民保存其自重之心。

四、操作于卫生有益，且可以免游惰而弥暴乱。

五、绅士与人民，皆能因此而生公益之观念。

六、所作之工程，可永为地方利益，而杜后日之水灾。

工赈之缺点亦有二端：

一、老弱废疾之人不能作工。

二、收获之际，及炎暑期内，作工者不易得。

吾等于是设法以济以上二端之穷，则有施给面粉票之法。先遣司事一人，将理应施票之人，亲往查明其住处，然后给予，以免浮滥，亦有半施半卖之票，售价极廉者，统计此两种票，共发去三万六千零五十四纸，被赈者十七万一千九百人。盖收获为民间第一要务，其势固无暇作工，而灾热之时，人又不易聚集，故面粉票亦万不可少。

此地初开工之时，颇极困难，吾等处以坚定，乃渐顺手，使当时毫无窒碍，则所有成绩，当不仅如今日已也。

吾等办赈局内，常川兼用妇女十一人，以供缝衽之役，盖面粉队当发往他处之前，皆须缝衽也。又挑夫四十五人，从驳船内将面粉挑至本局栈房，小车夫一千人，运粮食至乡间各局与盐河，另备船只，由盐河运送他局。当西五月一号时，吾等查得应办之事甚多，比力所能办者多至十倍，然不特人手不给，即以时间计之，势亦不及，故只能办其所办者而已。

地方董事咸以吾等所办工赈，使此间人民得有御冬之计，极为满意，吾等亦感激尊处之竭力襄助，运来之粮食，绵绵不绝，使吾等得以加惠于饥民，皆尊处之赐也，感谢隆仁，言不尽意。

西历一千九百零七年华洋义赈会清江浦赈务一览表

收到之面粉：一六八九一二袋。

面粉票：三六二五七张。

给面粉票之人：一七三五二四人。

开河：五九六又二分之一里。

筑路：三七三里。

筑驳：六二里。

造桥：三七座。

工人：九五二六八人。

统计所赈之民：三四二七五四人。

车夫：一〇〇〇人。

缝妇：一一人。

小工仆役：四五人。

工程用款（运面粉在内每袋值洋二十元）：三五二五九元八角八分（约数）。

善举：一七五七〇元四角五分（约数共三百二十八斤）。

助赈外国人：四九人。

华人：二七人。

办事各教会：一八会。

安东义赈分会报告

安东系一小县城，属淮安府，非商业交通之地，除土产谷种以外，别无所出，在江苏省内为最疮苦之区，与海州相似，即统中国而论之，其瘠苦亦不数见。

清江浦为灾区之尽处，安东则灾区之腹地也。中国内地会女教士李小姐，居该地已十余年，当灾荒之际，与女教友同往乡间，或住宿本地耶稣教民家，或借寓湫隘之小客栈，宿于妇女房中，所食之物，秽恶不堪下咽，其辛苦如此，然亦可因此而见该地居民之苦况，非是则无由知耳。

诸女教士目击乡民之受难，不胜怜悯，然其从事于赈务，而得以救人也，则又极欣快，虽万分辛苦，处饥民所处之地，而不以为嫌也。

安东所办之赈，其工颇钜，然非常顺手，盖幸有内地会车牧师，为之助力也。车君能督领许多工人，使悉听其指挥，殊为不易。君知中国内地已近二十年，熟悉华语，与华人相习有素，此次方赴烟台避暑，闻办赈之事，半途折回，不辞劳瘁，襄办义赈。向使两江总督知车君所办之事，为莫大之公益，而能以贤劳如车君者，任为河道，则终君之任，必能勤于修浚，使黄河无泛滥之虞，而即可为北江苏之人民造福不浅也。

李小姐自安东来函，具述该地开办义赈时所有一切情形，录载如下，函云：义赈会总董鉴，接奉手教，嘱某等与本地华董散放赈款，具征垂诿之雅，无任欣忭，当即遵命，已与本地公正绅士会议两次。此数绅士，皆吾等多年熟识，且以前亦尝同办赈务，彼等甚感贵会义举，踊跃相助。当七八年前，吾等曾与该绅士等协力办赈，惟当时灾区尚小，城内但开粥厂一处给钱与饥民，令往购粥，已足应其所求。今岁灾区之广，灾民之多，向非昔比，如仍用从前办法断难济事，且足以长饥民之惰，而养成其以乞食为业之心，于心志道德，两有所损，吾等以为宜令饥民安居于家，亲吾力之所能，以为施济，俾得度此困难之时日。彼绅士等亦同此意，如此则民间疾病，亦可稍减其力，能负贩者，则略予以资，劝其营业。（吾等曾开办一榨油生意，苦无销路，折阅而止。）近与绅士聚议，皆谓宜请贵会寄此赈款及面粉来为妙，主施赈之办法，亦已决定。查安东共分五十八图，各图均有图董，每图有人丁册，拟令绅士一二人，偕同图董，按查人丁册，酌量各户情形，给予一票，上载受赈者姓名，注明日期，及给钱若干，到期向该图图董处，呈票领钱，倘欲续领者，则于票上加盖戳印而给还之。惟绅士等以为寄来之赈款面粉，或他种赈物，均不可假手于本地人，甚至言彼等能信外国人，而不能信本地人，放赈之时，须有一外国人在场监察云云。吾等颇乐任其事，随时当将所办者报告贵会。兹就安东一隅所见情形而言，东西南北，直无一非被灾之地，且有多处其水至今未退，麦田不能下种。查安东人口，据最近之调查，共有五十万人，需赈者居其半，其最为困苦者，共十二万人，其所食之物，竟至食及树皮、树叶、干薯及冰冻地上所拔出之水草，亦不成为食物矣。以上所述之情形，皆某所目击者，缘某自水灾以来，常亲历各处灾区也。有几处人家，全被水没，河底尽是淤泥，又以大雨连绵，河流盛涨，水涌而下，淹没民房，不知凡几，此亦某所亲见者，盖某等礼拜堂两所，亦悉为水所扫荡，其一所方于去年新造者，其一为某所居之屋，是夕寝不成寐，但闻房屋倒塌之声，入耳不绝，杂以老幼号哭声，急趋出避之，相距不及十分钟，而某所居之屋壁亦倒矣。

至饥民之衣服，更有不可言状者。彼等已将所有各物，典质一空，以易粮食，甚至有鬻其子女者，或弃置不顾者，某日有两儿被其父母投诸河中，目击其沉下而死，以为如此，犹胜于其坐视其饿死也。其极老与极幼者，尤为不耐苦楚，未久即颓然垂毙，彼等内无一粒之食，外又无丝毫御寒之具，一倒地即不复起，令人见而心痛。上海盛宫保，曾委员来此放赈，奈饥民麇集城外，委员等无从措手，业已动身。地方官徐君颇力劝难民回籍，然以多所阻碍，且得处分。先是其前任曾禀报秋收丰稔，未几去任，不意徐君到任时，适遇大水，所有秋收，悉行淹没，闻徐已因此革去顶戴，其实彼固一贤吏，特遭时不造耳。如贵总会能将赈物寄来，以吾等办法为然，可否照寄奉之样，印些票子寄来，以备应用。吾等之意，倘尊处将面粉寄来，则由吾等于所定散放赈款之地，以面粉售与商人，为之定价，由商人按价转售饥民，亦可以稍鼓人民之兴。现难民毫无生气，市面萧条，每逢市集之日，赴市者寥寥，乡民甚为失望，吾等所欲赈济者，不特在教会中人，并冀普及教外之人，苟于饥民有济，虽劳不辞，但使贵会能接济吾等，其快慰之情，庸有极耶？

既而安东开办义赈，又接雷特女教士来函如下：

以前所报告之赈务，现仍陆续接办，非常顺手，华官及绅士等与本会办赈员共事，极形和洽，且甚敬重车君，故车君得以放手办事，绝无阻碍，现地方义赈分会恳催续寄粮食，以资接济，据云第一次寄去之物，业已告罄云。

极贫者每日方准其购粉二磅，余不得为例，俾受惠之人，可以较多，难民及官绅，均极赞成此法，故绅士及图董等，日助本会办事，彼此毫无间言。其有家无工作之人，或十分衰弱，并挑泥而亦不胜任者，吾等则另筹款项，以救济此等人家，多多益善。然仅恃吾等之棉（绵）力，恐尚不足以济事，不论如何，必有数千人不免于死，窃谓吾等于此惟有尽其力之所能及而已。目下作工之饥民，约有二千人，如是则被赈者，即有二千户，车君每日复加以五十户与百户粜出之面粉，只粜与此种作工之人，其他贫户，则给之以票，每户每日得粉二磅，其十分孱弱者，每日令以挑泥得钱，亦值二磅之粉价，而得钱之多寡，既视乎作工之迟速以为差，则欲得钱者，有不尽力以作工耶？吾等目睹灾民之勤力工作，耳听负担运物者之足声，纷纷不绝，又知彼等因工赈而得免于沟壑，而所成之工程，又足以永为办赈之纪念，诚不觉顾而乐之矣。由斯以言，设令经济充裕，足供凿深河道之费，则非特本城与四乡之水，不难退去，虽数十百年无复灾荒之患可也。

又函云：余见有许多难民，毁其所居房屋，将木料卖去，易钱度日。一日余问一贫妇云，汝拆卖此屋，可得钱若干，该妇答言，可得一吊钱，合墨西哥银洋六角，但此款早已用罄，又有多人告余言，彼等之房屋，已悉供口腹之食，今则无复寸椽，惟存所践之土而已矣。

又一函云：吾等曾经调查者，约在二千户以外，三千户以内，其中无物可食，惟以草类充饥者，大约十家而九，如是者盖已数礼拜矣。某日余至一人家，见有壮年者二人，卧于墙隅，其人气体素极强健，而其时已奄奄一息，势将饿毙，状甚凄惨，至今思之，殊令人不忍述及也。

又一函云：余等既在此间办赈，颇忙，每日所赈济者，约一万三千人，数日以后，其数当不止此。二日前三小时内，所赈者有八百三十五人，匀计每分钟约四人有余，每人给谷四磅，共计发去谷四吨半。余等目睹男女老幼，欣欣然，或携筐，或担袋，满载谷实以归，不觉顾而乐之。昔耶稣于一时之间，赒济贫穷至五千人之多，见余等所为当必为之愉快也。

车君来函，述安东所办工赈情形云，此间赈务，由余督办，而李女士记其事，第一件工程，系填平东门左近之水地，用工人一千五百人，开工之初，将上海寄来之面粉购（售）出，以充经费，所填之地，约三英亩（每英亩约华六亩），填高自八英尺至十英尺。

第二件工程，系筑东门外之大路，环绕房屋，而达黄河之岸，迤西过水地，逾石桥，一直向北，其下半段工程，均越水而过，工既竣，用工人三千人，浚深闶店河十英里，此河在城外向北流，同时复用工人千五百人，续办城内筑路工程。

第三件大工程，则为引退城内之积水，自北门至西门开一新河，经过水地及湖，由黄河支堤行灌河故道，以入盐河。

吾等所筑之路，一在城墙之周围，一自西门至县署，一自西门至南门，此外又有四条，自南向北，横贯北大路，两条在塔之旁，两条在县署之东西。邑中所有之沟河，均加修浚，使较前深广，其粜粉庙前之院子，亦复填高，城中四尺之积水，悉已流出城外，田地始复出现。从东门至北河，及从县署至西门之路，一律用石砌平，东街上用大石砌成沟渠，通至水地，复为石井，及暗沟二道。现方修筑毁坏之城墙，城顶上造一路，使城中筑路之挑夫数千人，每日可由此过，又自北门周围造一路，抵城中大街之后面，向西至人家尽处为止，此路以便运木料及柴薪等车之通行，可以直达各商家之后门，而大路上亦可免货车拥挤之患。

自城之东门至西门，沿途均植柳树，约共二千株，惟贫苦之民，辄将嫩枝折去，作为柴火之用。城内造成之大桥共三条，又沟渠之桥九条，另一大桥离城二英里半，在闵店河之上，所开新河，兼筑有石闸。

吾等复用教会之费，将内地会堂地基填高二尺，上砌以石，下筑暗沟，局前另辟一门，并盖以蔽雨之板。

北门庙现交由吾等管理，当将其中佛像迁去，修理一过，成一公众市场。该处地基，均为填高，并造有大桥二，遂俨然一宽大之市场矣。地方绅士尚拟将该庙盖屋，并扫除一切，周围造有避雨之处。该处在昔时本为盐市，一旦恢复旧观，地方官绅均以谓吾等此举，深合于古人之用心焉。

吾等掘出古棺数十具，棺内并无骨殖，遂以葬难民之尸骨，共葬去二十担。其后来之工程，计用工人万一千人，挑泥者自三千人至四千人，其中帮助挑泥者居其一半，盖皆彼等之亲戚，中途遇彼等力竭时，则为之代挑若干程。

以上所述安东办赈之情形，大略尽于是矣。

一千九百零七年六月五日发。

宿迁义赈分会报告

宿迁县，属徐州府，户口七十万人，其县治居民约五万，素号贫瘠，故今年灾状尤甚，其地教士函来求援，词颇凄恻，盖其厕身于饥寒宛转之稠人中，情实难堪也。观后列宿迁教士电致美国之文，即知身处其境者，心殊不安耳。

电云：吾美国人民，倘闻有小孩啼饥号寒，及有数十万饥寒号泣之人，夜卧冰雪，露坐雨中，身无衣被者，必立生义侠以尽拯之。目下此间灾情甚惨，有孕妇将就饿毙，而产儿于荒野者，老幼死者甚夥，几至无棺可殓，有父母因饥饿而弃其子女者，有疾病而乏人看护者，若某某数村，其中殆除树叶外，绝无充腹之物，共计悬釜待炊者，多至三百万人。若于是六月间无人接济粮食，则必宛转就毙，现在上海已设立华洋义赈会，会中董事，有各国驻沪领事，及中国官吏洋行经理、著名教士等，已商请美国教士前往灾区放赈，倘能运送美国麦粉，广为散给，甚为适宜等语。

宿迁教士灾情报告既达美国，美国各大报特派访员爱立师君来华，前往灾区查察灾状，以征教士报告之确否。既抵宿迁，即电致余等，其电文曰：宿迁情状，较教士所述更甚，其饥民皆面有菜色，倘逾月余，不堪设想，现已择其极苦者三百家，令操苦工，以待赈恤，复有数千人求为苦役，乃以额满见遗，遇教士外出，必环吁之，教士专力放赈，规则颇善，然饥民过多，设无援救，则必绝其生机。另呈一电，请美总领事代奏达美总统，代求助款，以救灾黎。

宿迁放赈情状

后余等汇赈款至宿迁，赈给灾民，感谢万状，如生死人而肉白骨，至正月初四日接其地教士来函云：

幸赖君等设法，拯救灾黎，此间绅民，皆大感激欢呼，君等所赈粮食，可救数千生灵，否则势必坐毙。余偶出游，见道旁三十一人，面有菜色者，约二十三人，前礼拜余等集款二百元，令最贫者操碎石工作，以赈给之，次日复增二十五人，皆予以备资，每日百文，但较曩日仅得半值。至第三日，门初辟，即有无数饥民突入，竞欲得票，因教士手仅百票，不能遍给，饥民拥挤，教士几晕，时尚在黎明，余意乘人未起，人少易办，而不知灾民等固已久待矣。其未得票之数百人，复徘徊门外，至数时，始涕泣散去，实其所希望者，非资也，票也，且为伊等曩日备值之半价也，而惶急若是，其贫窘可知矣。其灾状日甚一日，设无大工程以拯之，则死亡必众。然于此时赈资，则亦大难，因极贫者每日必有数百人，而赈款难以为继，请询上海董事，能否恳请苏省大员，兴一大工程，如津镇铁道，若开筑是路，必经是地，莫妙令灾民先筑土方，以工代赈，拯救多人，是使操有益之工程，以获其有益之资财也。

后复接一函云：前次由上海运来麦粉二千五百包，业已到宿迁，即于城外开赈一千二百包，人给一券，每家许以平价发给麦粉二斤半，势不能多给也。第一日，至夜半甫竣，办赈者殊增才识，其时灾民群集如堵，长约半里，自清晨至夜半，延候不去，得者无量感谢。盖平价售粉，较赈粮食银钱为佳，因其地粮米不致昂价，以重困灾民耳。有一老者，持券得粉，旁有无券者，欲以倍价七十五文一斤售（购）之，老者答曰，是即吾之生命，虽七百文不售。至是中产之家，已无产物可鬻，束手待毙，惟恃赈局扶助，故闻其凄楚号哭之哀诉，实为伤心怵目。此次散赈之法，定每斤麦粉三十文，限其区域，计长十五里，广二十五里，如是区域，尚有二十一区，其灾区之广，灾状之甚，皆相若。除宿迁外，尚有二县，距此甚迩，灾状亦与宿迁同，独无人为之赈给，可见灾民颠连之无告。常闻灾民得此麦粉者，实为有福，有麦粉，斯有生命，否则死耳。故余等立愿必拯此可悯之灾民，而望官吏亦竭力助余等而后可。

天主教葛志崇神父者，为上海义赈会董事之一，葛君亲至灾区察勘，复至宿迁，其地灾情大略，函告余等，其函曰：（前略）余由窑湾回，于礼拜四晚抵宿迁，次晨见李西步神父、鲍医士商议宿迁放赈事，复见鲍医士于赈所。其时巴君正在放赈，彼用以工代赈之法，初至时见有灾民三百人，修葺淤黄河桥工，其地河深面广，初非干涸，所以修桥之故，因当雨时，水大溜急，舟渡甚艰，然余未娴工程之学，且无管理工作之才，见巴君所为，余颇为心服，灾民亦皆勤勉作工，且有谙练华官董督之，而鲍医士尤著才干，一切工作，皆出其指挥，每日必莅工所督察，见其胸有成竹，人皆服之云云。

宿迁放赈将竣已届秋收时情状

宿邑赈务将竣，其地董事报告余等曰，邑放赈事务，可区为三端，略述如下：

一、所赈灾户，其为余等所素识之附近贫户，或恒至医院乞药者，余等时时周给之。余等所收入之赈款，区为二项，一由上海华洋义赈会董事所汇解，一由镇江基督教会赈济董事所筹解中提出数千金，以赈在教各灾户，既赈给后，余等已告接赈之华官，是项在教灾民，不必再赈，以节赈款。

二、参用以工代赈之法，择受灾较重者九百家，按名注册，令修筑道路，以给赈款。余恒见灾民，常因饥困难行，既授工作，复勉力从事，以谋一饱，此路修竣，实人人受其赐矣。

三、余等以所收之赈款，或赈以资，或赈以粮，受益者当夥，迄今尚未停赈。华官已在其地赈济，然华官赈款有限，余等乃与之商议，赈款既罄，不能遍，及其未放赈数地，请由余等前往接赈。其放赈之法，如欲赈某堡，必先亲诣调查，视各户有无存米，人口若干，以定赈给之多寡，其目的必以能延灾民生命至秋收时方妥。宿迁县属共有五十二堡，余等赈务局即设于三十二堡，有某灾妇虽得华官少数粮食，尚不能延数日之命，余等乃以券给之，渠以两手捧受，自慰曰：不图是券能济余饔飧以至秋成也。复有多人既领是券，疲饿至不能慰其感情，且有泣然出涕者。其地家必有驴，以磨麦，至是驴已食尽，故全恃余等之粮，每礼拜一放赈，灾户注册者共三千四百家，入册先后不同，其在西二月入册者，已得十次，嗣后有得四次者，得一二次者，共赈灾户七万四千六百四十户。余等初给钱票，人皆喜之，后改给粮票，因不独可救得粮者，且可令其地粮价稍低，以便有资者，虽不得余等之粮，亦可受间接之助也。此七万五千家灾户，调查时颇费时日，余等托迹灾户之乡几数月，每日由甲区至乙区，调查灾户之粮食、人口、贫富等，核定须给粮若干，方可延至秋成，于是昼热夜冷，风餐露宿于穷乡瘠苦之地，调查员每人每日但及百家。其在城之赈局，有百丁役弹压，计每日赴领粮食之灾民有二千五百人至五千人之数。当灾重时，灾民以野草和麦粉食之，饿莩数千，然较之光绪戊戌灾状略少，因其时灾区狭小，时间短促，比诸今日灾区广而灾期长者，则饥毙者尚为鲜少矣。幸上天垂悯，牖感百尔君子，以救灾黎，华洋义赈会赈捐之放解于宿迁者，得五十七万元，而余等补其不足，亦二十余万元，赈款虽较少，然余助以工作亦未尝非灾黎之厚幸焉。

同人颇感谢上海及外洋之筹赈诸公，并上海耶稣教士百年会，亦承电致各国，劝募赈款，同人尤所额手以谢也。

窑湾义赈分会报告

海州为江苏省东北一部，地素瘠贫，东滨大海，原野平衍，海岸线颇长，其地多河港，纷歧错乱，经运河至州入海。

海州无基督教士，惟天主教宣教多年，教友甚众。距州不远，有一大市镇曰窑湾，该镇距清江二百七十里，距山东省界九十里，去夏霪雨连绵，其地较东省为低，且系洼下，以故水泽灌注，况其地河流淤塞多年，水流不畅，堤岸崩摧，水势横溢，漂荡田庐，皆成泽国，汪洋万顷，面积二百余里，深约三尺至六尺，禾稼膏腴之地，荡决殆尽。地有某某等司铎五人，竭力设立赈局，以赈灾民，其能以受灾最钜之地，而奏放赈最优之效，可谓难矣。十二月接汤司铎函，报告灾情，知其所述窑湾灾状，与海州等，其函曰：

（前略）前承函询灾状，并此间地图，试检徐家汇学堂所印江苏地图，海州西部，即窑湾是也。其毗连之县有三：一邳州，二睢宁，三宿迁。三县被灾最重，洋汪一片，不见原野者，有二月之久，其间房屋器具人畜等，悉付波臣。平时除大镇市外，其余村落相聚，或三十家或五十家不等，此等居民，全恃禾稼以存活，因除沿运河数镇外，绝无商业，倘禾稼不登，即成灾祲。刻下灾状，例如有居民三十家者，其中十家，已避灾南下，二家勉力自存，此十八家中，八家则鬻售田园器物，以延生命，至极贫之十家，则已罗掘一空，枵腹待毙，倘乏外援，直置之死地，决无生机。总核每家老幼五六人，如欲延其生命，必每人月给二元，然延至秋成，尚距五月，且除此大村落外，尚有小村落，每县约二千，每村约十家，即二万家，每家六人，得灾民十二万，加以大村待毙之人，共约十八万至二十万人，是但计一县灾民之数耳。计人给每月二元，月计四十万元，延至五月计二百万元，合三县计之，共需赈款六百万元，方可遍给云云。

然本会固不能供给六百万钜款，但能筹集一小分，约万金而已，全恃放赈董事，办法极妥，亦其地人民能耐贫苦习惯，但得恒人食量之小分即可延命，故天主教司铎所得放赈之效果，令人可惊异者矣。

当放赈时，上海本会董事葛志崇司铎，亲莅灾区查察，函致余等，详述赈务，其地灾状如下，其函曰：

（前略）余于礼拜晚至窑湾，上海董事嘱余调查各节，已竣事矣。窃查窑湾地势，极为洼下，是为淮徐海灾区之中枢，河流荟萃，注入运河，突遇大水，漂没殆尽。余见其地灾状，颇可凄楚，见此等哀鸿，半无衣褐，或已蓝缕不堪，且僵卧雪地，或掩护小树，或栖歇门楼，以避寒威，故其灾状，不可言宣。余因调查既毕，欲离窑湾他去，余颇自私慰，盖目击此等惨苦之状，恐余脑力有不能任受之势矣。

观此间放赈之法，余意已臻完备，其储粮之所，派七人逻之，以其地绅董督理之，复有华兵弹压，放粮时以两大缸储麦粉，每缸数包，一人倾粉入缸，一人以斛挹之，每灾民得一斛，不复过秤。有二善焉，一可免灾民久候露立，多受风寒；二可免麦粉狼藉于地面。其灾民领粮，必鱼贯而入，其所入之门，有兵役督之，既领后，则由他户鱼贯而出，秩序井然，绝无扰乱之象。领粮时，必先验票，乃许入内，部署周密完备，以故其得粮者，皆系确实灾民，其非确实灾民，决难混入，而汤司铎复于粮票自盖图章，复签一西文，以杜伪制，其精审有如是。

余因知上海本会所定放解窑湾之赈款粮食，实万不敷用，窑湾应赈之数，实须倍于清江、徐州二处之数。余今遍历灾区，未有粮少灾重如窑湾者。盖其地所收赈款，仅得清江、徐州所赈数四分之一，然其所赈灾民，已达一万五千人，故其地办赈各员，但深自撙节，惟择其垂毙者拯之而已。余接见窑湾办赈绅董，皆温文明达，极赞华洋义赈会之热诚，且言汤司铎办赈之能，惟目下未能遍及，因粮运迟缓，待赈甚急，当迅速运解为嘱，故余等宜竭力助之。彼绅董与汤司铎，意见相侔，余虽甫莅其地，然颇信趸之。彼等因告窑湾致灾之由，由于其地禾稼悉数淹没，而清江浦致灾之由，则缘窑湾灾民避至其地，致清江有多数灾民之围城，架芦棚而麇居焉，是可知窑湾灾情，迥非他处所可比例。宜绅董言，上海本会之薄待窑湾矣。我法国人以干练俭约称，而汤司铎籍隶法国，干才卓著，故收款虽少，而成效独伟。前者余等在上海，以此间灾民所食野草示于众，佥谓非人类食品，皆大怜悯，今日诸君意此间灾民，可无草食矣，讵知余仍目击灾民，掘河畔草根草类以充饥也，故汤司铎赈济之宗旨，实见灾民草食者，寻皆病死，故设法以延其生命，但求其不死耳。奈所得之粮，仅及他处半额，仍令灾民以野草和粮以充饥，虽人皆目为至苦，惟其所得效果，仅仅不令饿毙而已，所惜野草究非人类食品，故灾民食之，多患恶疮，司铎复施药以疗之云云。

下列窑湾办赈董事所致每月报告单，到沪时，已将届秋成，其时灾象虽去，而新谷未登，亦即灾民最难度之时日也。虽然，忍之须臾，即可达其希望矣。其报告函云。

（前略）接尊处二十七日电信，承慰劳余等放赈之役，余等深为感谢上海诸董事，且敬谢领袖董事，勤劳筹赈，普济苍生，必蒙上帝锡之以福。盖非诸董尽心劝募，则无以感动输赈诸君子，倘无好善诸君子解囊乐施，则余等徒张空拳，何以助我灾民耶？迄今办理将毕，藉堪告谢诸董，方事之殷也，余侪虑饥困灾民，不免有抢劫斗杀等事，讵知安靖如常，绝无扰乱，是皆出自诸公接济粮食，及国家恤灾有方之力。至现在粮价尚为昂贵，佥谓设非有赈济粮食，则此间粮食必早飞涨，倘赈济改粮为钱，则亦倍涨，而放粮食，独可使其价较低，即非列籍之灾民，亦可沾其利益，华官放赈，亦颇明其理，而行钱米并放之法。今届秋谷将登，灾状已过，且禾稼结实累累，可卜丰年，惟尚有洼下之处，经夏多雨，复被淹没，其余尚佳，籽种如玉黍等，皆已种植，惟东省西米种，皆以不合土宜，不愿领种。是五月间，尤为灾民困难之秋，因逃荒灾氓皆已回乡，户口骤增，禾稼未登，值此青黄不接，粮食更难接济，以故回乡灾民饿毙颇众，即未垂毙者，亦不知何以存活，故余等若有所闻，必援救之，其感谢之状，至难言喻，可知诸君之厚惠，为不虚矣。

至余等仿行工赈之法，则尚未满意，至最重要之工作，与窑湾有大利益者，不能举行，因为华官沮格也。余等闻华官所言，颇为悒怏，事非秘密，余得略陈之。彼云，是项工程，本为余等官吏所应为者，若外人越分为之，则辱莫大焉。于是重大工程，格之不能行，余等乃为其较小之工程，如修筑堤岸、开浚河道、修治道路等，则可不必商诸华官。计工之法，以挖土一方，给资三百文，或给以粮，或给以钱。

目下余等尚在放赈，其法如前，每礼拜放赈二次，其列册最贫之灾民，共有四千五百八十家，皆给票领粮，余等已得小麦一百四十四包，平粜以济灾民，每麦一斤，钱二十五文，灾民得此麦，大半留为来岁籽种，复收到高粱三千二百十一包，诸公所馈遗之粮，以此为最佳，因与灾民食性相宜，盖此间素以高粱为常餐也。且所收之高粱，较此间所产为佳，每斗计重三十五斤，平粜价一元，余等与华官议定，凡灾民持有赈票者，无分官票义赈票，皆一律售给。于是购者麇集如堵，一散而空，因此项高粱，既佳且廉，缘是他处粮价亦因而稍低，藉以裨益灾民，殊非浅勘矣。

前接尊处来函云，欲续送粮食来此，甚善甚善。虽粮到必迟，然亦有大造于灾民，虽秋成将届且云大熟，然粮价必仍昂贵，因其田亩已尽淹没，必数年大熟，粮价始平。余等在此办赈之司铎共八人，益以勤干华友相助，果尊处粮食充裕，余等即可扩充赈额至二万人，列册赈给，惟望尊处速行决定示知，以便预备续赈也。

灾区限定应赈粮额，度必尊处裁定，甚佳，但届时尊处若送粮抵此，虽此间已届秋获，亦可以廉价平粜于灾民，即以粜价购耕牛，分给灾黎以兴农作，因灾农牛种早已宰尽，恐至山东方能购取耕牛，未知此策可行与否，尚希尊处议决施行。再者，诸君发此大愿力、大热心，以拯活无量灾民，彼等未能泥首台阶，敬由余等九顿首以谢高谊，由是义侠之恩，沦浃灾民肌髓，必可化除中外隔膜之意见，是即莫大之效果也。

徐州义赈分会报告

徐州为江苏省最北之一府，其府治所在，即名徐州府，称要区也。居民十三万人，平时尚号殷富，教士宣道其地者，已十二年，先后踵至，亦不乏人。地介四省冲要，致藏匿奸宄，盗贼时发，于客岁未放赈前，盗案尤夥，明火执械，扰及四境，官吏颇以放赈教士被害为虑，盖有以也。

去冬调查徐府灾情，其地居民，半有饥象，然放赈员初未知灾情之巨若是。据顾教士函述云，余初不信附近邻居有多数人势将就毙者，嗣询于华友，佥云洵然，若无外援赈济，则饥毙更多。其地居民，佥谓余侪或不至为道殣，然亲戚里党中，恐必难避此厄。矧余思其时，粮价甚高，民生贫苦若是，固知必有大祲矣云云。是函所述，尚在秋成前六月时情状，青黄不接，情更危迫，余等忝任义赈董事，得此消息后，当如何设法，拯彼饥民，延其生命，于此六越月之长时期，嗣后情形，日益棘手，其地灾状，阅下列某教士之函，即可知之。

某教士函云：余闻有可忧戚之事，即为人父母者，因饥饿而弃其子女。余仆人见有年约七八龄之小孩数人，皆执缚其手足，被弃路侧，时育婴堂已额满不收，而余屋门首适有四婴被弃，后即不见，殆已为人收去。但其时尚早，苟一至年关，城内必致粮绝，距秋收尚有四五月，目击数万饥民，无食可就，余虽略为筹赈，然无济于事。余意所筹之资，以工代赈，使之得食，惟欲管理数千饥民，颇匪（非）易易。于是礼拜内徐州道宪告余曰，两江已拨赈款六十万两，分赈淮徐海三属，以徐州应给三分之一核之，散给无数饥民，每人仅得二百五十文，但供数日之粮而已，然余所核饥民之数，其大半尚能自给者不复列入。闻徐道拟于开春时，以平粜米发售，是但能饮助少数有资各户，至多数贫户，仍无裨也。故恐饥毙必夥，倘欲广为赈给，非集资数百万不可，然谈何容易云云。

余等在徐州放赈之规则，与他处同，先函请其地董事协力办理，其董事有天主、耶稣两教教士，及其地华绅。当放赈时，仍电致上海云，现在灾情甚亟，虽余侪竭力办理，然秋成以前饿毙者必众。余等于开赈时，必先详细调查灾户确数，会在某乡设局，地方有司因他故嘱令撤局，乃于撤局时，倍给其粮。余等在乡间，共设二局，每日饥民就食者约二万余户，有某女教士，在城内设立放赈牛乳厂，以救乏乳小孩，每日必有小孩七百人前来就乳。

华友协助办赈之热心

余等撰是报告，恒代教士责备华官运赈粮食之迟缓，每将急于星火之赈米滞留于镇江等处。虽然，于华官、华绅之热心襄助者，本会固感佩之。兹录徐府葛教士来函，恒赞美中国官场之美德，余等尤宜亟载之。有范君瑞澜者，系由上海盛宫保与中国赈济会所派赴江北办赈之员，教士等在徐放赈，大获范君之助，旋由该会饬赴他区办赈，教士等闻之，大为惊愕，遂拟挽留范君，电告余等云，此间昨日开放麦粉，调查列册灾户有七千家，如欲将赈务办理妥善，则非有范瑞澜君襄助不可，缘范君才识果毅，耐劳不倦，希代电江督，留范君在徐，藉资臂助云云。余等即照电江督，蒙督宪允许范君留徐办赈，嗣复接徐府来函，咸称范君管理之才，殊为欣慰。此次华友协办赈务，竭力襄理者，颇不乏人，可见中国官绅热心赈灾之一斑。其教士之责备华官运粮濡滞者，颇不乏人，左右前后，目击灾状，宛转就毙，故心益焦灼，欲速得米以救涸鲋，实由于己饥己溺之心所激动，非好为此不情之责难也。且放赈华友，类多竭蹶相助，皆征救民水火之热诚，其殚心竭力，不亚西员，余等当详载报告册中，以表感忱。余等固知此次办赈，设无各华友相助为理，则虽十倍其赈款，亦恐无大裨也。

放赈义举不分民教

余等集会集议时，即议定此届办赈各员，无分民教，无论其为天主教人，耶稣教人，及非教会中人，皆当协助，但论其所赈给者，果系极贫与否以为衡，各地承办赈务之教士，亦公认恪守此旨施行。讵后有一谣言云，教士但赈非教民，而不赈教民，余等闻之，即电询其，旋接复电云，此间某司铎，适自灾区放赈回，余等集议，即询伊前情，知为虚妄不根之谈，或因兴谣之教民，适居住于放赈区域之外，致未得赈济，初非因其为教民也。余等办理各事，讵分畛域，每遇领米者，必亲诣其家，调查有无储藏，必极贫者，方予赈济，不致滥糜赈款，每事必与华绅商榷施行，且尚有干练之华委办，及西总办，办理清查赈济等事，想遗误必其鲜耳。以教士充放赈委员，而谓其祖非教民，而薄待己教，人必不信，然竟有此谣，是可知董事即慎守前章，而办理之难若是。故始终必以先赈极贫为目的，至于教民，固有未甚得放赈之利益者，因恐人言教士祖教，故教士另向亲友筹集，以赈给之而已。

无锡义赈分会报告

距无锡县城十五英里，而有礼社村，逼近长江，地势洼下，筑有江堤，以御江水灌入，否则每年江水盛涨时，即成泽国。其地腴田，皆宜禾稻，去年霖雨成灾，江水泛溢，江堤溃决，水势下注，瞬将民庐冲刷殆尽，所幸灾区，尚未甚大，灾户尚少，且距离无锡大埠甚近，以故锡绅闻之，即设立一赈会，筹款赈给，为数甚巨，略有不敷，乃驰函乞赈于本会。由美教士慕薛尔、聂柯来两君，为赈会代表人，放赈既竣，乃报告本会云。

礼社赈会共收玉粟五百零六包，麦子三百二十四包，共八百三十包，所赈灾户，共计八千三百七十四人，所收粮米，共九百五十一石三斗二升，赈余之粮，尚有八十六石一斗八升。

灾荒最后之情状

西人有恒言曰：守壶而候水沸，则水之沸也倍迟。此言凡人于盼望急切之物，其得之若倍迟也，因知江北之饥民，其渴望秋熟也，亦必如是。既而秋熟期届，所望幸而不虚。而当早谷将登未登之际，正饥民待哺孔亟之秋，深幸其时义赈会中，经费极为充裕。缘各教会西士及各西报主笔，先曾以灾荒情形，登诸报章，劝捐于本国。惟捐款到华，颇需时日，乃美政府非常出力，慨令民政部与兵部相助，凡运来之捐款及粮食，民政部既准其减税，兵部复为之派运船二艘，特任载运之役，以助成红十字会与基督教报之义举。二船到上海时，江北饥荒，将次告止矣。维时上海方开基督教百年大会，会中颇称赞义赈会之办事，并驰书各处，嘉勉办赈之诸教会。旋得报告，谓尚有需赈之处，于是大会中之教友，有自愿往灾区办赈者，遂令若干人往。当饥民极为困难之秋，而吾等适有此丰足之经费，诚彼等之大幸也。既而各处既开始收获，各局义赈董事，均拟将赈务停止，纷纷致函于本会，兹将窑湾来函节录于下，以见一斑。

函云：此次巨灾已届一年，现当秋熟之际，人民皆有喜色。自灾荒以来，民之困苦，亦已至矣，或逃荒于外，或食青草树根，以延数月之命，其死于饥，死于病者，颇不乏人，逃之远地者尤甚，其幸而存者，犹得于今日睹惨状之结局。此间秋收尚好，所得之谷，当可支数月之食，然亦不能一律如此，其有地形太低，加以近日数次大雨，田地又被水淹者，恐已枉费耕耨之力。又有去冬不能播种，以至下种过迟者，亦必无甚收获矣，此等地方，亦颇不少，吾等应为计及。且往往有鬻其田土牲畜一切器具，甚至卖及房屋，以救暂时之枵腹者，故米粉及米谷，相需尚甚亟也。

灾地之人，无一不感激义赈会者，因义赈会之给食于饥民，胜于官吏之给钱也。盖钱一到手，用之甚速，而面粉、米谷等，支持较久，使人受之不忘。且但赈以钱而不为之筹粮食，以补其缺乏，徒令物价腾贵，市侩得居奇以牟利，而其为益于饥民者，则甚微矣。虽粮食之转运及散放等事，颇为繁冗，然论实惠及民，则无过于此。本月吾等所赈之面粉，每二礼拜一次者，共计被赈之户，有五六千户。五月初苦状最剧，甚至此间窑湾之地，饥民亦赈不胜赈，择其最苦者而赈之，已有一千家，所赈物则豆饼与铜钱而已。

此次睢宁之灾甚重，故吾等之施赈，亦较他处为巨。其一切灾况，吾等曾目击之，一小儿仅售钱数文，售儿者道路相望，吾等施赈之时，亲往民家按户清查，见有极贫者，则给以高粱票数张，并钱一千文，令来窑湾购取高粱。

然就目下情形而论，则此间之灾象，亦日就销（消）灭矣。昔时屡闻饥民相语，谓吾等若非面粉与高粱，则饥死者当已不知凡几，彼等以上海义赈会尽心竭力办赈，约六月之久，所输之赈品，毫无间断，故不胜其感激焉。

西历一千九百零七年五月三十一号自窑湾发。

赈务既可告止，于是义赈会遂决议不复办赈，当即据情函陈于两江总督，其文如下（按此函原稿本系中文，业已失去，兹就西文转译之）。

端制军鉴：启者，江北灾荒，现已了结，不复需赈，敝会拟于七月中旬将赈务停办，理合奉闻。计此次镇江及其他各分会，收支赈款共一百六十万元，被赈者共一百万人，中外人士，通力合作，极为融洽，可见好善之心，中外皆同，故能和衷共济如此，而镇江官吏禀承大帅之训示，助敝会转输赈品，尤为敝会所深感。除奉函台端，展陈谢悃外，并已函致常镇道声谢。想目下各灾区，必能共庆丰登，足资粒食，而无复如去年之惨状矣。

西历一千九百零七年六月十五日华洋义赈会主席董事李德立顿首。

旋得端制军复函，谓江北灾荒，蒙贵会慨办义赈，良深感激，并望于办赈诸君子前，代达谢忱云。

七月二十二号，即星期一日，午后四时半，上海义赈会以赈务告竣，为最后之聚会于九江路卜内门公司。到会诸君，为主席李德立君、书记员沈仲礼君、伊德君、会计员朱葆三君、海格思君、施毕孟君。公议将义赈余款，送交英美两国领事收存，作为善后经费，如今秋或明春，仍有灾荒情事，或有尚须补支之款，则由本会主席签字，呈请领事，从该费内拨给。

于是会计员将所有收支清册，及罗君丙、韩君复核无误之结单，当众报告而散。

会中当即作函致英美两总领，旋得两总领复函照允。

致美领事函云：鲍德君鉴，此间义赈会于昨日集议，拟将义赈余款，呈请台端，及英领事华伦君收存，作为善后经费，当蒙慨允，拟由敝处会计员，将该款支票，送呈台收，以备今秋或明春仍有灾荒未了之处，及或有尚需补支之款，由鄙人签字，请尊处照付，所有敝会经办义赈，已决议即此告止矣。

西历一千九百零七年七月二十三号义赈会主席董事李德立启。

会董将赈款征信录，送交大小各捐户，并表感谢之意。

此次本会之办赈，不特百万饥民受其利益，而他种可贵之效果，尚有三端。

一、中西人能同心协力，共办善举也。不但上海本会之华董如此，即各灾区分会之办事人亦然，其地方绅董，均能与吾教会中人，和衷商榷，竭诚赞助，因共同办事之故，而得彼此相友相敬之效，此亦可贵之一事也。

一、本会之设，能劝勉华人援助其本国之饥民也。查以前中国之灾荒，非止一次，而华人之办赈，总未有如此次之踊跃者，此何故哉？盖由迩来华人，颇濡染爱国主义，又知欲自侪于文明诸国之列，即不应坐视其百万同胞之饿死，可救而不一援手，而本会之办事与热心诸君子之赞助，其所以为华人之先导者，亦非细故也。其华政府与华人之捐款，共有若干，吾等诚不得其详，然送交本会者，亦有多次，不然，以灾区之广，灾民之多，若仅恃吾会之赈济，则必有数百万人不免于为饿殍者矣。

一、本会办赈有方也。欲行施济于中国，其事甚难，而欲以钱财为施济，则尤难，至散给食物于饥民，则莠民孔多，事极危险，更不易办，惟用以工代赈之法，而其所谓难者，皆可无虑矣。盖使办赈者，但以发钱为赈，则得钱者，大半非当赈之人，而贫户转不得邀此实惠，贫民之受亏，在中国往往如此。今若以工代赈，则来应者必皆真实之饥民，而其素以乞丐为业者，与夫棍徒无赖，见有畚锸在前，已望而去之矣。不特此也，华官之发钱以为赈也，无非使营投机生意者，得因以为利，以益其富而已。若本会亦用此法，则彼等之因而致富者，当已不知若干人，且营此等投机生意者，往往出于富户，尤为可异，殊不知彼等所得之利益，皆饥民之生命也。故吾会恒运谷食于荒歉之区，使奸商无所用其垄断之术，不得不将所屯之物，贬价以出售，而无数灾黎，遂亦易于求食，得延其生命，以至于秋收之际矣。

工赈之益，实非浅鲜，因是而筑道路，而造桥梁，而开沟渠，而修堤防，而浚运河，皆由工赈而来也。但吾等深望华官，以后能续行之耳。盖朝廷既设官以司其职，又筹有大宗经费，以为此等工程之用。自今以后，身为道台而负浚黄河之责任者，当专以此等公款，用诸水利，以为未雨绸缪之计，毋徒恃临时赈济，使果因此而悟变计之不可缓，力矫旧习，则亦一莫大之益也。

附录中国官绅所筹赈款列下

江督奏截两年漕粮银三十万元。

盛宫保筹集六十八万七千八百十九元。

江督端方筹集十万元。

前粤督周馥筹集十万元。

沪绅曾少卿筹集五十万元。

共得赈款一百六十八万七千八百十九元。

附江督端奏请传旨嘉奖本会经办各员公牍

启者。本年十一月初七日准淮扬海道杨移奉督宪端，札开：照得上年江北水灾，在沪中西官商创办华洋义赈，劝募捐款赶运面粉等项，分赴灾区平粜，吁恳传旨嘉奖经办各西员一案。经本部堂于光绪三十三年八月二十日会同江苏巡抚部院陈、江北提督部堂荫专差附片具奏。除俟奉到朱批另录咨行外，合就抄片札行札道即便分致查照。又奉札开九月二十日差弁赍回原片，奉朱批：洋员李德立等着传旨嘉奖，钦此，恭录札道钦遵各等因奉此。相应抄片请分致查照等因，并准江南赈捐总局移同前因各到道，准此。用特抄粘函致，即祈贵善士查照分致钦遵为荷。此颂，日祉。

名另具。十一月十四日。

华洋义振会收支报销清册

收款（本会募收赈款总数已载上海《字林西报》）

收赈款银：五十五万九千五百七十四两七钱八分；

收赈款洋：十九万八千四百九十八元零四分；

每元作七钱二分九厘，合算银数得十四万四千七百零五两零七分。

两共收银七十万零四千二百七十九两八钱五分。

除款

付办赈特别费用银九千七百零八两四钱四分；

付作废邮票银七两三钱；

付张园赛珍会经费银六百四十二两七钱二分；

付大小银圆贴水银七百零六两一钱四分；

共付银一万一千零六十四两六钱。

应存银六十九万三千二百十五两二钱五分。

赈款

粮食项下：

付麦粉二十二万一千包；

付麦子三千一百吨；

付珍珠米七百吨；

付山薯一万二千五百五十石；

付高粱三万五千石；

共付银六十一万二千五百三十九两九钱四分。

工赈项下（由教士发放）

付赈银六千一百八十四两八钱五分。

总会开支项下

付西员办事人纸张笔墨等银七百二十八两，

又洋一百零八元；

付华员办事人纸张笔墨等银二十两，

洋一百五十五元五角六分；

付邮费银四百四十五两一钱，

洋二百零四元六角；

付药料费银十三两六钱九分，

洋二百四十九元七角五分；

付运粮小火轮工料费银一千五百四十五两二钱，

洋四千二百九十八元八角二分；

付电报费银十九两三钱五分，

洋二百八十七元四角七分；

付放赈员川费银三十三两三钱九分，

洋一千三百九十一元六角六分；

付印书费银二百五十三两九钱六分，

洋一千二百五十三元八角八分；

付告白费银三十五两九钱八分，

洋三百八十一元一角七分；

付运粮费用银二百五十一元九角六分；

以上各洋作七钱二分九厘，核算共银六千二百五十六两九钱一分。

洋银共付九千三百五十一两四钱八分。

购小火轮项下付银一万零九百两。

总共用银六十三万八千九百七十五两二钱七分。

存款

付存汇丰银行银五万四千二百三十九两九钱八分；

存付各款相合适符六十九万三千二百十五两二钱五分。

本会华会计员朱葆三

本会西会计员伊德

是册经查帐公司之查帐员罗丙、韩二君复核，二君曰：余等已将是册及华洋义赈会所有簿据票单及《字林西报》每日捐册，详细校核，确实无误。

华洋义赈会会员名单

会　　长：吕海寰，前外部尚书。

副　会　长：盛宣怀，商约大臣。

　　　　　　好博逊，江海关税务司。

干事部各员：干事部会长：李德立，卜内门公司总理。

书　记　员：李佳白，美国商会总董尚贤堂校长。

　　　　　　沈敦和（仲礼），通商银行总理华安火险公司。

会　计　员：伊德，保安洋行代表人。

　　　　　　朱佩珍（葆三），中国商会协理慎裕行。

干 事 董 事：拔维晏，拔维晏洋行总理。

　　　　　　卜德生，禅臣洋行总理、德国商会会长。

　　　　　　葛志崇，圣约瑟天主堂司铎。

　　　　　　贺璧理，商约随办二品衔前江汉关税务司。

　　　　　　海格思，上海教士会会长，美国圣书会总理。

　　　　　　殷立斯，怡和洋行代表人。

　　　　　　施毕孟，道胜银行。

　　　　　　陈河（彦卿）。

　　　　　　任锡汾（逢辛），前四川道。

　　　　　　施则敬（子英），中国商会董事，丝业商董。

　　　　　　曾铸（少卿），中国商会总理。

　　　　　　伍璜（子安），盛大臣书记员。

董　　　事：钟铎，《字林西报》主笔。

　　　　　　钟鲍德，驻沪美国副领事。

　　　　　　白克立，祥茂洋行。

卜利，驻沪德国领事。

古柏，担文馆律师。

达文德，斯天安堂牧师。

罗哲士，驻沪美国总领事。

永泷久吉，驻沪日本总领事。

福开森，盛大臣顾问官商约恭赞。

费鸿启，美华书馆总理。

嘉兰贝，邮政局邮政司。

第葛蕾，丰裕洋行。

阚锡克，前工部局总董及怡和洋行。

毛如尔，裕兴洋行。

梅克鲁，美最时洋行。

马斯，三品衔三等第二宝星造册税务司。

何兰，汇丰银行。

璞德，隆茂洋行总理。

巨籁达，驻沪法国总领事。

李提摩太，广学会书记。

罗卜生，太古洋行。

西孟，同孚洋行。

司葛德，麦加利银行。

花立嘉，三一礼拜堂牧师。

霍必兰，驻沪英国总领事。

张謇，季直，渔业公司。

周晋镳，金箴，中国电报局总办。

周万鹏，翼云，中国电报局总办。

焦发昱，乐山，户部银行总理。

徐润，雨之，招商局总办。

祝大椿，兰芳，怡和洋行。

陈作霖，润夫，钱业董事。

陈猷，辉庭，招商局总办。

钟文耀，紫垣，招商局总办沪宁铁路随办。

周廷弼，舜卿，铁业董事信成银行总理。

许鼎霖，九香，渔业公司，耀徐玻璃公司。

瑞澂，莘儒，苏松太道，现江西按察司。

顾肇熙，辑庭，招商局总办。

顾润章，咏诠，通商银行董事。

李经方，伯行，现出使英国大臣。

李厚祐，云书，造纸公司。

沈能虎，子梅，招商局总办。

苏德镳，葆森，洋货业董事。

邵廷松，琴涛，洋货业董事。

孙多森，荫庭，面粉公司董事。

施肇基，省之，沪宁铁路总理。

唐德熙，凤墀，招商局会办。

王存善，子展，通商银行。

虞和德，洽卿，荷兰银行。

谢纶辉，楞徽，通商银行总理。

华洋义赈分会会员名单

镇江分会会员名单

洋员：赛兆祥

　　　祁德辉

　　　包志登

　　　郎登

　　　文格理

徐州分会会员名单

洋员：顾多马

　　　方伟廉

李雅士

苏牧师

葛马可

罗牧师

戴世璜

韩牧师

马法典

唐多马

邓约瑟

克先生

华员：樊晓岚

沈维新

张龙骧

张凤仪

陈震山

陈玉珍

毕化龙

马景林

王含英

安东分会会员名单

洋员：车牧师

葛牧师

陶牧师

孟牧师

盖牧师

颜牧师

李女教士

杜女教士

巴牧师

华员：张子平

李顺仪

朱道生

刘问甫

胡白良

李洪来

彭治远

周瑞文

赵希亮

薛孟则

宿迁分会会员单名【名单】

洋员：鲍医士

　　　卜牧师

　　　司徒牧师

　　　任牧师

　　　马牧师

　　　田牧师

　　　闻牧师

　　　赛牧师

　　　富牧师

　　　法牧师

　　　叶牧师

　　　郑牧师

　　　爱牧师

　　　司米德

华员：蔡长玲（委办）

　　　吕懋辰（委办）

　　　黄在福（知县）

　　　张鸿鼎（委办）

　　　叶蔚（委办）

　　　柳暹（城董）

王光藻（城董）

张润生（局长）

张健卿（账员）

林德厚（仓员）

陆慕颜（城董）

朱延吉

陆景周

时瑞清

陈德富

李作哲

钱景奎

程鹏云

孟广馨

沙润章

张布昭

胡海峰

蔡克明

姚尚勤

孙乐坤

窑湾分会会员名单

洋员：汤执中

　　　夏之时

　　　苏继东

　　　毕洪勋

　　　蓝继敏

华员：闰承翰

　　　臧乐祥

　　　杨翰香

　　　陆德聚

　　　张懋亭

清江浦分会会员名单

洋员：邵乐尔

　　　查牧师

　　　高牧师

　　　米德安

　　　林嘉美

　　　慕赓扬

　　　戴德明

　　　司徒娄登

　　　花第生

　　　毕来思

　　　经馥兰

　　　陆长乐

　　　詹森

　　　来仪庭

　　　张牧师

　　　贾振邦

　　　安倍生

　　　林太际

　　　吴牧师

　　　华光增

　　　费雅谷

　　　达牧师

　　　范德馨

　　　秦德帅

　　　罗安德

　　　包志登

　　　马尔济

　　　康福安

　　　杜步西

　　　海厚堂

　　　高诚身

　　　丁仁德

　　　康明德

　　　傅尔祺

　　　毕竟成

　　　惠雅谷

　　　郝馥兰

　　　高臂福

　　　魏德谟

　　　雷福生

　　　松先生

　　　长孙维联

　　　潘先生

　　　雷比义

　　　罗先生

　　　罗先生

　　　巴牧师

　　　劳牧师

　　　伏格思

　　　马以恩

华员：朱宝山

　　　潘金海

　　　张长生

　　　蒋颂一

　　　蔡从修

　　　蒋则荣

　　　高子珍

　　　夏悦真

　　　葆先生

　　　杨宝庆

孙成起

胡信贵

顾子荣

陈成亭

谭汝房

周起兴

杨奇瑞

许培仁

杨国政

徐问一

陈达三

罗坤廷

桑春荣

潘金海

陆幼芹

张葆善

吴文灼

孙绍文

张文焕

王保和

吴衍祜

叶昌翠

李学彬

朱保惠

朱厚斋

孟继良

朱永苓

杜永香

朱振华

时澄清

韩文运

张道清

张符元（华董）

孙照環（华董）

高承裕（华董）

吴子良（渔沟）

曹先生

石海藩（大兴庄）

丁翰周（五里庄）

丁树勋（五里庄）

黄汉臣（桃源）

尹绍清

许云观

蒋明甫（渔沟）

刘立之（牛皮）

鲁质甫（大兴庄）

吴绍溪

陈钟英（郑楼）

陶绳武（顺河集）

马月潭（安东马圩）

石海藩（五里庄）

郑小辅

汤序林（沭阳）

徐先生

钱先生

——原载英国窦乐安编译：《华洋义振会报告》，1907 年。

上海慈善团事务所民国二年收支报告

慈善团事务所二年一月份收支报告

收款项下

本事务所

一市政厅拨商船善举捐，银六百八十元。

一花业公所棉花捐，银一百元。

一饼豆业年米捐，银五十元。

一南北钱业年米捐，银一百元。

一宏农氏捐，银二元。

一圣墓院棺捐，银一百二十元。

一平安堂让棺价，银七十三元九角三分五厘。

一让棺价，银三百十三元九角。

一赊棺价，银六十九元。

同仁辅元堂

一丝捐，银八百九十四元四角九分四厘。

一钱业捐，银十三元三角三分四厘。

一花业捐，银六元九角九厘。

一饼豆业捐，银四角九分六厘。

一房租，银四百五十九元二角五分。

一地租，银五百三十八元五角三分。

一叶同生顶首，银十六元四角四分。

果育堂

一丝捐，银三百三十五元四角三分七厘。

一钱业捐，银十三元三角三分四厘。

一花业捐，银六元九角九厘。

一房租，银二百九十三元一角六分八厘。

一寄殡费，银四十三元八角八分。

普育堂

一提回内地自来水公司存本（元一千五百两），合银二千四十元八角一分六厘。

一内地自来水公司息，银八十五元。

一丝捐，银三百三十三元六角一分。

一典捐，银三百元。

一蒋福堂等娶去妇女三人捐助经费，银一百元。

一李王氏等领去男女幼孩十五名助经费，银一百五十七元。

一丁赓尧君捐，银一元。

一房租，银一百五十八元九角六分。

一田租，银二元五角八分。

清保节堂

一钱业，银四十元。

一房租，银四元。

一王沈氏贴膳，银十六元。

育婴堂

一各善士捐，银十八元六角四分。

一房租，银二十一元四角三分八厘。

同仁辅元分堂

一招商局捐，银五十元。

一月捐，银十三元一角三分。

一房租，银四元。

一让棺价，银一百四十二元。

一除棺价，银四十九元。

后冈仓房

一田租，银八百八十元一角二分四厘。

一房租，银十二元三角二分。

一糠米变价，银四百十八元四分五厘。

方泰仓房

一田租，银一千一百三十二元八角九分一厘。

一房租，银三元三角三分三厘。

一米豆糠谷变价，银八百五十五元五角八分三厘。

一工人贴膳，银十二元九角六分八厘。

同善堂

一房租，银六元五角。

以上收银一万九百八十九元九角五分四厘。

支款项下

本事务所

一恤嫠月粮，银一百四十元五角。

一赡老残废月粮，银一百四十五元五角。

一矜孤月粮，银十一元二角。

一月恤贫妇，银三元。

一成棺锯木工资，银一百三十元六角八分三厘。

一漆棺工料，银八十九元二角。

一向圈毛竹，银十一元二角三分二厘。

一棺栈地租，银十四元二角八分六厘。

一义冢掩埋工费及载运棺枢船夫工食等，银一百七十元七角八分二厘。

一汤冢挂号地捐，银一千六元六角三分。

一仁元救火会，银四十一元七角七分五厘。

一果育救火会，银三十八元六角五分九厘。

一水神阁救火会水筹费，银四元三角六分五厘。

一经协理薪水，银五十四元。

一主任员二人薪水，银四十元。

一办事员薪水，银二百四十八元。

一仆人堂夫辛工，银三十七元。

一陶云卿、蒋如斋、杨粹夫三人一、二两个月退隐金，银三十元。

一新源记木作造安纳金路房屋续付造价，银三百元。

一租户修理，银五元七角。

一还曹元大顶首，银七十八元。

一房捐，银三十元二角二分七厘。

一完钱漕粮，银一百九十四元二角九厘。

一电灯电话自来水并租户自来水，银四十八元五角。

一伙食，银一百五十元一角五分六厘。

一杂费，银四十四元八分八厘。

一各渡口路灯油工，银五元八分。

普育堂

一日给贫民菜资，银一百九十九元二角一分一厘。

一贫民食籼（九十六石七斗四升），银六百二十八元八角一分。

一芦柴稻草，银一百六十元。

一女矜孤粮，银十五元二角。

一旧衣裤旧被絮，银一百元。

一资遣贫民，银一元四角三分二厘。

一运棺工资，银二元五角七分四厘。

一医生薪水，银三十二元。

一办事员薪水，银一百六元。

一工艺教师辛工，银九元六角。

一仆人所役辛工，银四十三元八角五分九厘。

一伙食，银五十元四角六分二厘。

一杂费，银七十五元九角一分二厘。

一救火联合会费，银二元。

清保节堂

一节妇子女月费，银四十五元八角五分。

一伙食油盐，银二百七十二元八分八厘。

一芦柴稻草，银六十元。

一医药，银十六元四角六厘。

一主任薪水，银二十元。

一内外办事员薪水，银八十二元。

一男女仆人辛工，银四十元三角。

一修理堂房工料，银六十元八角三分四厘。

一杂费，银十八元五角一分二厘。

同仁辅元分堂

一办事员薪水，银四十元。

一仆人堂夫辛工，银十四元。

一伙食，银四十六元。

一施衣，银二十一元。

一扛运棺柩工资收尸粗纸等，银二十三元二角六分。

一锯木成棺工资漆棺工料，银一百十六元五角五分。

一铜铁响圈铁钉刻天花板，银二十九元七角八分。

一杂费，银十二元七角五分。

救生局

一救获生人一名赏，银二元。

一办事员薪水，银十四元。

一仆役辛工，银四元五角。

一伙食，银十五元。

一杂费，银十一元八角二分。

育婴保赤堂

一主任薪水，银二十元。

一内外办事员薪水，银五十六元。

一男女仆人辛工，银十六元八角。

一乳妇工资，银五十元六角五分。

一外贴乳妇，银六十九元六角四分。

一医药，银十九元九角四分二厘。

一尿纳布，银十六元八分八厘。

一乳妇婴孩杂费，银九元六角八分七厘。

一伙食，银一百二十二元九角二分四分（厘）。

一修理堂房翻砌天井等工料，银一百二十九元六角七分二厘。

一添购器件，银十七元六角二分三厘。

一杂费，银十八元二角二分七厘。

一保赤哺费，银十四元八角。

一保赤产费，银六角。

后冈仓房

一办事员仆人薪水辛工，银九十四元五角。

一塾师薪水，银十五元六角。

一购进茅屋绝价，银二十七元。

一江苏公债，银一百元。

一金邑漕折，银二百元。

一芦课，银五元八角三分四厘。

一巡警冬防等捐，银十八元六角三分。

一亭林催征局费，银八元。

一华金催租吏及图保辛资，银二十七元一角。

一仓夫短工等，银十三元六角一分。

一各图数规，银十五元七角六分。

一机米轧工，银三十五元五角。

一修理帐船房屋用料，银一百二元三角一分。

一中认，银四十一元四角五分三厘。

一伙食，银一百二十七元七角五分二厘。

一杂费，银四十一元一角四分二厘。

一济贫月粮，银八角。

方泰仓房

一办事员薪水，银四十七元。

一船夫仓夫等辛工，银十七元三角一分五厘。

一完下忙，银二百九十八元三角一厘。

一置嘉邑田地二亩，银五十六元一角。

一砻碓米工，银二十五元五角二分。

一运米到申，银八元二角五分六厘。

一修造车具，银三十八元一角七分。

一伙食，银一百十五元四角八分八厘。

一杂费，银十二元一角九分六厘。

以上共支银七千五百二十二元四角七分二厘。

本月收支相抵应存银三千四百六十七元四角八分二厘。

贫民习艺所

一收市政厅经费，银九百五十一元。

一付司事薪水二十人，银二百四十六元。

一付工匠用人辛资二十七人，银一百八十三元。

一付伙食五十七人，银一百九十九元五角。

一付贫民伙食一百二十人，银三百六十元。

一付电灯费，银三十元。

一付杂项，银六十八元。

共付银一千八十六元五角。

——原载《上海市公报》1913 年第 5 期。

上海市政厅慈善团事务所二年二月份收支报告

收款项下

本事务所

一让棺价，银二百十三元五角。

一赊棺价，银六十四元五角。

一李妙林捐，银六元。

同仁辅元堂

一茶捐，银二百六十七元九角二分四厘。

一钱业捐，银十二元三角八分一厘。

一洋货业捐，银八元四角九分二厘。

一各业户捐，银四十元七角一分二厘。

一莫厘余庆堂捐，银二十三元八角一分。

一腌腊业捐，银六元三角二厘。

一赊棺捐，银二十一元一角七分五厘。

一放生捐，银六元一角九分。

一房租，银五百七十四元三角三分。

一地租，银一千三百九十六元八角七分二厘。

果育堂

一茶捐，银二百六十七元九角二分四厘。

一典捐，银六百五十五元七角八分四厘。

一钱业捐，银十二元三角八分一厘。

一木业捐，银三十一元九角四分四厘。

一洋货业捐，银九元二角六厘。

一洋广货业捐，银十二元八角五分七厘。

一酱园业捐，银四元九角二分一厘。

一药业捐，银八元二角五分四厘。

一南北货业捐，银四元三分二厘。

一皮货业捐，银三元一角七分五厘。

一米豆业捐，银三元九角六分八厘。

一煤炭业捐，银一元九角五厘。

一绸衣布业捐，银七角九分四厘。

一烟烛业捐，银四角七分六厘。

一各业、户捐，银二十七元一角九分二厘。

一一文愿，银六元五角。

一赊棺捐，银十二元四角七分六厘。

一增泰息，银三十元二角三分八厘。

一房租，银四百四十一元五角八分九厘。

一地租，银十九元。

一寄殡费，银三十六元。

清保节堂

一茶捐，银五十四元七角四分。

一典捐，银三百九十七元一角九分七厘。

一木业捐，银四十元。

一洋货业捐，银四十六元八分八厘。

一钱业捐，银二十四元七角六分二厘。

一酱园业捐，银十元八角八分八厘。

一糖果业捐，银四角七分六厘。

一各业、户捐，银二十九元八角七分三厘。

一房租，银六元。

一田租，银二十一元二角二分三厘。

普育堂

一典捐，银三百五十五元七角八分四厘。

一茶捐，银三百三十五元六角五分。

一仁谷堂捐，银四十九元一角三分四厘。

一花业捐，银三十五元七角六分二厘。

一水果行业捐，银十八元八角。

一徐华卿捐，银十二元。

一汪贺氏捐，银一元。

一沈锡生领娶妇女捐，银三十元。

一杨少卿等领男女小孩捐，银六十一元。

一房租，银三百三十三元一角六分五厘。

一田租，银七元一角四分三厘。

一棺木贴价，银十元。

同仁辅元分堂

一捐款，银二十五元九角六分九厘。

一赊让棺价，银二百三十四元。

育婴保赤堂

一善士捐，银十五元九分。

一木商捐，银三十四元六角四分。

一花业捐，银二十三元四角四分。

一糖业捐，银十七元八角八分。

一泉漳会馆捐，银八元八角五分。

一鲜鱼行业捐，银十一元四角四分。

一洋货业捐，银八元九角三分。

一窑货业捐，银三元九角七分。

一毡帽业捐，银六元三角五分。

一草货业捐，银六元三角五分。

一豆米业捐，银七元七角一分二厘。

一铁行业捐，银五元六角八厘。

一猪行业捐，银四元七角二分。

一顺兴树行捐，银三角五分。

一房租，银一百六十四元四角三分。

后冈仓房

一田租，银一百五十四元四角八分八厘。

一变粜米价，银一百一元五角。

一房租，银二十一元七角九分二厘。

一租户顶首，银四元。

一收回华邑透付忙余，银四十元二角五分三厘。

方泰仓房

一田租，银一百三元二角二分。

一米布米糠豆饼变价，银九十九元六角二分九厘。

一房租，银五元八分。

一碓坊工人贴膳，银一元三角九分五厘。

仁济堂

一木业捐，银五十八元四角四分。

一巽森木行捐，银九元九角二分一厘。

一各业、户捐，银十一元四角五分。

一季捐，银一元四角二分九厘。

同善堂

一房租，银三十二元六角六分。

全节堂

一西岩，银三十三元三角三分三厘。

一万豫捐，银三元七角九分二厘。

一萃秀堂赊葬，捐银九元五角二分四厘。

以上共收银七千三百八十五元一角二分四厘。

支款项下

本事务所

一恤嫠月粮，银一百四十元。

一赡老残废月粮，银一百四十四元五角。

一矜孤月粮，银十六元。

一月恤贫妇，银三元。

一阴历除夕给发瞽目，银二十七元二角二分二厘。

一支年米（二百石六斗六升），银一千四百二十四元七角四厘。

一棺柩木料，银七百四元五角一分四厘。

一铁钉，银二十六元五角二分八厘。

一义冢掩埋工费及扛运棺柩船夫工食等，银一百三十元二角七分八厘。

一仁元救火会，银二十二元七角一分八厘。

一果育救火会，银九元一分二厘。

一经协理薪水，银五十四元。

一主任二员薪水，银四十元。

一各办事员薪水，银二百三十八元。

一仆役辛工，银三十七元。

一同善堂看役工资，银九元六角。

一划还法华乡公所租地顶首，银一百四十元。

一还沈锦麒顶首，银九元。

一建造安纳金路房屋找付造价，银二百五十元。

一修理房屋水木工料，银二百四十四元三角九分八厘。

一房捐，银六十一元九角二分五厘。

一伙食，银一百三十八元二角。

一电话自来水，银三十四元五角五分六厘。

一印刷品，银三十八元六角一分六厘。

一杂费，银五十二元二角三分六厘。

一送黄海林君赙仪，银三十元。

一各渡口路灯油工，银四元九角二分一厘。

普育堂

一日给贫民菜资，银一百八十六元五角六分二厘。

一贫民食肉一天，银三十六元四角八分四厘。

一籼米（一百石），银六百六十元。

一芦柴稻草，银一百六十元。

一各办事员薪水，银九十七元五角。

一工艺教师辛工，银九元六角。

一仆人所役辛工，银四十二元三角三厘。

一伙食，银六十七元六角五分九厘。

一各所浆洗被帐棺力等工，银十二元七角四分二厘。

一杂费，银三十四元七角三分九厘。

一救火联合会，银二元。

一西门外出租房屋保火险费，银一百二十四元八角八分。

清保节堂

一食米（一百石），银七百二十元。

一伙食油盐，银二百八元九角二分。

一柴煤，银七十一元一角七分六厘。

一节妇子女月费，银四十五元七角五分。

一子女学费，银八十二元。

一陆曾氏子陆桂清习业押柜，银四元。

一节妇胡何氏殓费，银十六元二角三分。

一医药，银十六元七分五厘。

一主任薪水，银二十元。

一内外职员薪水，银八十二元。

一男女仆役辛工，银四十元三角。

一洋布公所代收捐费，银九元四角八分。

一杂费，银二十七元六分四厘。

一修理堂房工料，银三十四元三角二厘。

育婴保赤堂

一主任薪水，银二十元。

一内外职员薪水，银五十六元。

一男女仆人辛工，银十四元二角。

一乳妇工资，银二十元四角。

一外贴乳妇，银六十五元五角六分五厘。

一婴孩儿乳妇杂费，银八元三角八分三厘。

一伙食，银二十九元九角八分。

一杂费，银十九元一角八分二厘。

一保赤月粮，银十四元。

同仁辅元堂

一各办事员薪水，银四十元。

一仆役工食，银三十二元。

一伙食，银十六元。

一扛运棺柩工资粗纸棺钉等，银二十元一角。

一杂费，银六元六角。

一锯板成棺漆棺工资，银三十九元五角五分二厘。

救生局

一办事员薪水，银十四元。

一仆人辛工，银四元五角。

一伙食，银十五元。

一捞尸望夜工资，银一元四角四分。

一杂费，银九元六角五分。

后冈仓房

一办事员仆人薪水辛工，银九十一元二角五分。

一全年征租费用，银二百十四元八角三分。

一各图辛资，银二十八元四角七分二厘。

一金邑差费，银三元四角。

一赡老月粮，银一元一角八分四厘。

一各项捐款，银二元三角一分六厘。

一伙食，银六十元四分八厘。

一碾米工，银二十五元五角。

一杂费，银十一元五角二厘。

一还租户顶首，银三元二角。

方泰仓房

一办事员薪水，银三十二元。

一船夫仓夫辛工，银十五元五角七厘。

一酬各保租，银八十二元八角三分。

一碓米工资，银六元七角八分三厘。

一另雇驳船，银十一元七角。

一伙食，银六十六元九角四厘。

一揩车具桐油，银十三元六分二厘。

一杂费，银九元六角八厘。

以上共支银七千九百六十九元三角四分二厘。

本月收支相抵不敷银五百八十四元二角一分八厘。

——原载《上海市公报》1913 年第 6 期。

上海市政厅慈善团二年三月分收支报告

收款项下

事务所

一市政厅拨给，银一千五百元。

一陈子鸿经劝棺捐，银一百元。

一惜字公所唐君经募棺捐，银十九元二角三分一厘。

一让棺价，银三百十六元。

一赊棺价，银八十七元。

一让棺凳，银五角。

一王姓药捐，银一元。

同仁辅元堂

一市政厅还城自治公所公债，银五十四元七角九分四厘。

一公债息，银十三元一角五分一厘。

一房租，银五百二十二元三角。

一地租，银八十一元八角四分七厘。

一金郁氏捐，银八元。

一饼豆业捐，银二角二分三厘。

果育堂

一房租，银二百八十二元八角二分。

一寄殡费，银十七元。

一萃秀堂捐，银二元三角八厘。

普育堂

一房租，银一百五十元八角八分。

一地方检察厅拨来领娶妇孺捐助经费，银一百五十元。

一赵少山等领去男女小孩十二名捐助经费，银一百五十四元。

一张甫全等娶去妇女四名捐助经费，银一百四十元。

一售出米袋价，银三十五元六角。

清保节堂

一房租，银五元。

一金郁氏捐，银八元。

一顾张氏贴膳，银四十元。

育婴堂

一房租，银五十八元八角。

一凌仲仙捐，银二元。

同仁辅元分堂

一月捐，银十三元一角六分。

一房租，银四元。

一赊让棺价，银一百二元五角。

同善堂

一房租，银三元一角二分三厘。

仁济堂

一巽森木行捐，银九元六角一分五厘。

后冈仓房

一田租，银三百三十六元二角二分四厘。

一房租，银十一元四角二分。

一米糠泥秕变价，银五十九元九角六分。

方泰仓房

一田租，银二百八十九元九角四分二厘。

一白米米糠变价，银五十七元四角九分一厘。

一房租，银一元六角一分六厘。

一典户顾受甫赎回田价，银二十元。

一匠工贴膳，银十六元六角四分。

共收银四千六百七十六元一角四分五厘。

支款项下

事务所

一恤嫠月粮，银一百四十三元五角。

一赡老残废月粮，银一百五十元。

一矜孤月粮，银十六元。

一月恤贫妇，银二元。

一锯木成棺工资，银一百四元五角九分五厘。

一漆棺工料，银七十五元。

一棺栈杂项，银十五元五分六厘。

一载运掩埋棺柩工资，银七十三元八角三分一厘。

一冢地开沟号砖等，银十九元六角。

一法工部局地捐，银五十三元五角八分九厘。

一经协理薪水，银五十四元。

一主任二员薪水，银四十元。

一办事员十七人薪水，银二百三十八元。

一陶云卿、杨粹夫二人三四月分（份）退隐金，银二十元。

一茶厨门房堂夫十三名辛工，银三十七元。

一同善堂旧址建造房屋付第一期造价，银一千元。

一还租户顶首，银九十元五角。

一偿租户迁费，银二十二元五角。

一房捐，银十九元九角一分七厘。

一修理房屋工料，银十六元一角五分一厘。

一伙食，银一百五十三元七角四厘。

一电灯电话自来水，银二十七元五角八分八厘。

一杂费，银七十二元四角八分。

一仁元救火会，银十八元一分六厘。

一果育救火会，银二十三元八分三厘。

一水神阁救火会水筹费，银四元五角七分七厘。

普育堂

一日给贫民菜资，银一百九十五元三角一分三厘。

一米一百二十一石，银八百三十八元八角。

一芦柴稻草，银一百六十元。

一办事员九人薪水，银九十元。

一工艺教师三人辛工，银九元六角。

一仆人所役辛工，银四十二元三角四厘。

一伙食，银四十二元九角三分五厘。

一药水油纸棺力等，银七元四分。

一杂费，银四十八元八角三分八厘。

一救火联合会费，银二元。

清保节堂

一节妇子女月费，银四十五元五分。

一翁丁氏子翁保兴习业押柜，银四元。

一伙食洋油盐，银一百九十元四角四厘。

一柴煤，银八十三元二角六分四厘。

一医药炭，银三十元七角二分四厘。

一主任薪水，银二十元。

一内外办事员薪水，银八十二元。

一男女仆人辛工，银四十元三角。

一修理堂房，银十一元四角七分五厘。

一杂费，银三十五元六分七厘。

育婴堂

一主任薪水，银二十元。

一内外办事员六人薪水，银五十六元。

一男女仆人辛工，银十三元四角三分三厘。

一乳妇工资，银四十五元三角七厘。

一外育乳妇工，银六十四元四角四分五厘。

一医药，银二元九角二分五厘。

一乳妇婴孩杂用，银七元七角六分一厘。

一伙食，银一百十二元四角九分七厘。

一杂费，银十四元一角二分六厘。

一保赤月粮，银十四元。

一保赤产费，银一元二角。

同仁辅元分堂

一办事员四人薪水，银四十元。

一伙食，银十六元。

一堂夫厨茶房六人工食，银三十二元。

一收尸粗纸扛运棺柩工资，银十八元一角八分。

一购办锯木账桌茶几，银七元二角。

一杂费，银七元九角四分九厘。

一锯木成棺工资，银五十八元七角五分。

一漆棺工料，银二十五元二角。

一铁钉，银八元三角。

救生局

一办事员薪水，银十四元。

一仆人辛工，银四元五角。

一伙食，银十五元。

一救生捞尸赏，银四元八分。

一杂费，银九元九角四分。

后冈仓房

一赡老月粮，银一元八角九分二厘。

一各图圩水工费，银四十四元五角九分二厘。

一修造桥捐，银六元。

一亭林征租局公费，银八元。

一房捐，银二角六分。

一各图辛资户费，银二十五元五分四厘。

一薪水辛工，银九十二元五角。

一伙食，银八十九元八角一分五厘。

一杂费，银十五元三角二分五厘。

方泰仓房

一典进顾陈氏田四亩价，银九十四元五角。

一办事员薪水，银三十二元。

一船夫仓夫辛工，银十三元五角。

一修理车具车棚工料，银四十六元二角。

一伙食，银七十七元五角八分。

一杂费，银九元一角四厘。

一牵砻碓米工资，银九元八角八分六厘。

共支银五千六百四十八元八角二厘。

本月收支相抵不敷银九百七十二元六角五分七厘。

　　　　　　　　　　——原载《上海市公报》1913 年第 7 期。

上海市政厅慈善团民国二年四月份收支报告

收入项下

事务所

一让棺价，银二百八十七元五角。

一赊棺价，银六十七元五角。

一让材凳，银四角四分。

一惜字局棺，银十元。

同仁辅元堂

一南北钱业捐，银二十七元六角九分二厘。

一洋货业捐，银四元七角六分九厘。

一花业捐，银二元四角五分四厘。

一各业捐，银十二元三角七分五厘。

一赊棺捐，银五元九角二分三厘。

一放生捐，银一元七分七厘。

一灰船公所捐，银八十元。

一电灯公司股息，银三十五元一角七分六厘。

一地租，银四百五十五元六角二分三厘。

一房租，银七百六十七元七角。

一租户顶首，银八十七元。

果育堂

一提回存典（银二千两）合，银二千七百十元二分八厘。

一典息，银四十七元四角二分六厘。

一南北钱业捐，银二十七元六角九分二厘。

一洋货业捐，银八元六角一分五厘。

一洋广货业捐，银十元九角二分三厘。

一米业捐，银三元八角四分六厘。

一酱园业捐，银四元七角六分九厘。

一药业捐，银二元四角六分二厘。

一皮货业捐，银二元三角八厘。

一煤炭业捐，银一元八角四六厘。

一南北货业捐，银八角三分一厘。

一绸衣布业捐，银七角六分九厘。

一烟烛业捐，银四角六分二厘。

一各业捐，银八元八角六分八厘。

一花业捐，银二元四角五分四厘。

一赊棺捐，银一元六角九分二厘。

一寄殡费，银二十元。

一地租，银三十五元。

一房租，银四百十九元二角五分六厘。

一租户顶首，银十五元五角二分八厘。

清保节堂

一南北钱业捐，银七十元一角五分四厘。

一酱园业捐，银八元。

一糖果业捐，银四角六分二厘。

一各业捐，银二十四元一角一分一厘。

一房租，银五元。

一顾张氏贴膳，银十元。

普育堂

一房租，银一百十四元五角。

一电灯公司股息，银七元四角六分。

一詹莆庭等领去男女孩四人捐助经费，银八十三元。

一金子香等娶去妇人四人捐助经费，银一百五十元。

一周鸿云贴膳，银三元。

同仁辅元分堂

一捐款，银二十二元五角三分。

一房租，银四元。

一赊让棺价，银一百三十元。

育婴堂

一捐款，银二十八元三角三分九厘。

一房租，银三十六元五角。

后冈仓房

一田租，银一百三十七元八角二分。

一租米变价，银三百十九元二角。

一房租，银十元三角六厘。

方泰仓房

一田租，银四百三十五元三角七分五厘。

一米豆糠秚变价，银七十五元六角二分四厘。

一房租，银六元五角九分四厘。

一匠工贴膳，银三元七角九分二厘。

仁济堂

一巽森木行捐，银九元六角一分五厘。

一各业捐，银五元七角一分六厘。

全节堂

一房租，银七元一角。

共收银六千八百七十八元二角二厘。

支出项下

事务所

一恤嫠月粮，银一百四十五元。

一赡老残废月粮，银一百五十元。

一矜孤月粮，银十六元。

一孤贫月粮，银六十元。

一月恤贫妇，银二元。

一锯木工资，银三十四元四角三分。

一成棺工资，银六十元八分。

一漆棺工料，银六十二元八角。

一棺钉毛竹，银十元一角四分四厘。

一浦东购置冢地五亩余，银五百二十五元一角七分六厘。

一收埋渡迁棺柩工资，银一百三十九元四角一分一厘。

一经协理薪水，银五十四元。

一主任二人薪水，银四十元。

一办事员十七人薪水，银二百三十八元。

一蒋如斋三四两月退隐金，银十元。

一茶厨门房堂夫十三名辛工，银三十七元。

一梅园空地看役工，银三元五分四厘。

一蟾酥油纸，银十一元七角四厘。

一伙食，银一百五十元二角八分六厘。

一电灯电话自来水，银二十七元五角。

一房捐，银三十三元五角二分。

一还租户顶首，银五十七元。

一通沟修砌等，银十三元八分八厘。

一各渡口路灯油工，银四元九角二分四厘。

一杂费，银五十二元四角四分九厘。

一仁元救火会，银十四元三角三分一厘。

一果育救火会，银十元五角。

一水神阁救火会水筹费，银三元三分一厘。

清保节堂

一节妇子女月费，银四十五元。

一节妇嫁女二人奁金，银十元。

一伙食油盐，银二百三十七元七角六分六厘。

一柴煤，银七十七元一角七分五厘。

一医药，银二十三元三角四分。

一主任薪水，银二十元。

一内外办事员八人薪水，银六十六元。

一男女仆人二十二名辛工，银四十元三角。

一杂费，银三十九元四角七分九厘。

普育堂

一日给贫民菜资，银一百八十八元二分二厘。

一籼米（二百八石六斗），银一千四百十六元一角八分四厘。

一芦柴稻草，银一百元。

一办事员九人薪水，银八十九元五角。

一仆人所役辛工，银三十八元七角二分四厘。

一伙食，银四十二元三角八分一厘。

一杂费，银三十五元二角五分四厘。

一租户自来水，银十元。

同仁辅元分堂

一办事员薪水，银四十元。

一茶厨房堂夫工食，银三十七元。

一伙食，银十六元。

一收埋棺枢工资，银七十三元二角。

一修理堂房工料，银二百二十五元一角。

一装自来火自来水，银四十三元四角。

一杂费，银十三元六角三分。

一成棺漆棺工料铜响圈等，银四十八元四角。

育婴保赤堂

一主任薪水，银二十元。

一内外办事员六人薪水，银五十六元。

一男女仆人辛工，银十三元二角。

一乳妇工资，银四十八元二角一分三厘。

一外育乳资，银六十四元一角二厘。

一乳妇婴孩杂费，银十元六角七厘。

一医药，银三元八角四分六厘。

一伙食，银四十六元七角七分八厘。

一杂费，银十四元四角二分九厘。

一保赤月粮，银十四元。

一保赤产费，银六角。

救生局

一办事员二人薪水，银十四元。

一仆人辛工，银四元五角。

一伙食，银十五元。

一捞尸望夜工资，银一元六角四分。

一杂费，银十元四角。

后冈仓房

一各图河工戽水费，银十二元九角六分七厘。

一警捐，银四元六角一分五厘。

一办事员及仆人薪水辛工，银九十二元五角。

一伙食，银五十九元五角四分五厘。

一济贫，银一元二角二分二厘。

一杂费，银十二元六角七分。

方泰仓房

一忙漕并完税过户，银十二元六角九分五厘。

一办事员薪水，银三十二元。

一仓夫船夫辛工，银十三元六角三分八厘。

一伙食，银六十四元四角三分九厘。

一运米到申船资，银七元九角六分二厘。

一碓米工，银六元九角八分四厘。

一修理车具车棚，银五十元三角八分八厘。

一杂费，银五元八角四分三厘。

共支银五千六百五十六元六分六厘。

本月收支相抵应存银一千二百二十二元一角三分六厘。

—— 原载《上海市公报》1913 年第 8 期。

上海市政厅慈善团民国二年五月份收支报告

收入项下

事务所

一让棺价，银三百五十五元。

一赊棺价，银七十九元八角。

一让棺凳，银一元四角四分。

一历年尸毙遗存，银七十三元二角六分六厘。

一惜字局代募孩棺捐，银十元。

一陈美东捐，银二元。

同仁辅元堂

一南北钱业捐，银二十七元六角九分二厘。

一洋货业捐，银一元一角五分四厘。

一赊棺捐，银十二元三角八分五厘。

一房租，银六百三元五角。

一地租，银九十元三角八分五厘。

果育堂

一南北钱业捐，银二十七元六角九分二厘。

一银楼业捐，银十三元四角六分一厘。

一萃秀堂捐，银二元三角八厘。

一洋货业捐，银九角二分三厘。

一一文愿捐，银六元三角。

一解金记棺捐，银十元。

一房租，银二百五十三元三角四分六厘。

一蔡韫卿顶首，银六十六元。

一寄殡费，银六元。

清保节堂

一南北钱业捐，银七十元一角五分四厘。

一洋货业捐，银四十五元二分九厘。

一房租，银五元。

一嘉善田租，银三十四元。

普育堂

一市政厅拨给经费，银一千五百元。

一花业捐，银二十三元三角八厘。

一水果业捐，银十五元三角。

一叶荫甫等领娶妇女三人捐助经费，银一百五十元。

一房租，银二百九十八元五角三分八厘。

一裕新顶首，银二十四元。

一旧物变价，银八十一元。

育婴保赤堂

一各户捐，银一百五十四元二角四分八厘。

一保赤捐，银一百三十九元三角七分九厘。

一房租，银六十二元五角。

同仁辅元分堂

一捐款，银三十三元九角九分。

一赊棺价，银十二元。

一让棺价，银一百七十五元。

后冈仓房

一田租，银四百八十四元二分六厘。

一房租，银九元八角四厘。

一米布变价，银六百三十七元五角四分。

一回赎田价，银十三元八分六厘。

方泰仓房

一田租，银六十元七角七厘。

一米牺豆布变价，银一千四百七十一元四角四分七厘。

仁济堂

一巽森木行，银九元六角一分五厘。

一季捐，银九角二分三厘。

共收银七千一百五十三元二角四分六厘。

支出项下

事务所

一恤嫠月粮，银一百四十五元。

一赡老残废月粮，银一百五十元。

一矜孤月粮，银十六元。

一孤贫月粮，银六十元。

一月恤贫妇，银二元。

一锯木工资，银四十九元六角六分四厘。

一成棺工资，银四十六元七角一分。

一漆棺工料，银五十六元四角。

一铁钉刻天花板毛竹，银十六元二角四分八厘。

一收渡埋迁棺柩工资，银一百十一元五角八分五厘。

一号砖石阡冢地开沟，银二十二元七角九分二厘。

一痧药料瓶三万个灯草紫苏等，银五十六元七角五分一厘。

一经协理薪水，银五十四元。

一主任二人薪水，银四十元。

一办事员十七人薪水，银二百三十四元。

一杨粹夫五六月份退隐金，银十元。

一茶厨门房堂夫等十四名，银四十元五角。

一伙食，银一百五十四元。

一电灯电话本所及租户自来水，银二十七元五角。

一杂费，银三十二元五角二分六厘。

一同善堂旧址翻造房屋付第二期价，银一千元。

一老白渡出租房屋保火险，银二百三十一元七角五分。

一修理房屋，银七元四角四分。

一房捐，银六元六角四分五厘。

一各渡口路灯油工，银三元六角九分三厘。

一平安堂代费，银二元五角五分四厘。

一仁元救火会，银七十二元七角一分。

一果育救火会，银十八元九角六分三厘。

一水神阁救火会水筹费，银二元四角五分五厘。

清保节堂

一食米（一百九十三石），银一千三百十二元四角。

一伙食油盐，银二百四十九元六角。

一柴草煤炭，银九十六元七角九分四厘。

一节妇子女月费，银四十五元五分。

一学生操衣帽裤八套，银十四元。

一医药，银二十元一角九分二厘。

一主任薪水，银二十元。

一内外办事员八人薪水，银六十六元。

一男女佣人二十二名辛工，银四十元三角。

一修理堂房，银五十二元二角五分一厘。

一杂费，银二十元三角七分三厘。

普育堂

一日给贫民菜资，银三十八元五角五分五厘。

一食米（三十石零），银一百九十六元。

一芦柴稻草，银一百五十元。

一煤炭，银八十二元四角。

一药帐，银五十八元二角。

一办事员八人薪水，银一百十一元五角。

一仆人辛工，银二十五元三角六分二厘。

一伙食，银五十一元四角九厘。

一杂费，银三十二元五角七分八厘。

一租户自来水，银十元。

育婴保赤堂

一主任薪水，银二十元。

一内外办事员六人薪水，银五十六元。

一男女佣人七名辛工，银十三元七角。

一乳妇工资，银二十八元三角七分六厘。

一外育乳资，银五十九元四分。

一乳妇婴孩杂费，银十八元一角六分六厘。

一医药，银一元五角九分三厘。

一伙食，银五十一元七角一厘。

一齐堂验婴费用，银二十五元七角六分七厘。

一杂费，银十七元二角一分一厘。

一保赤月粮，银十二元八角。

一保赤产费，银六角。

同仁辅元分堂

一办事员四人薪水，银四十元。

一茶厨房堂夫等工食，银三十七元。

一伙食，银十六元。

一收埋棺柩工资石灰粗纸，银二百五十九元六角。

一杂费，银十元七角六分。

一锯板成棺漆棺工资，银二十六元七角。

救生局

一办事员二人薪水，银十四元。

一仆人辛工，银四元五角。

一伙食，银十五元。

一捞尸望夜工资，银一元六角八分。

一杂费，银十一元九角一分。

后冈仓房

一添置田亩契价中费，银六百六十元。

一零完忙漕，银十五元六角一分六厘。

一桥捐警捐，银六元三角。

一房捐，银九角三分。

一济贫，银一元五角六分一厘。

一还租户顶首，银三元九角七厘。

一办事员及佣人薪水辛工，银九十二元五角。

一各图辛资户费及差费，银十八元七角七分。

一伙食，银七十二元九角四分五厘。

一杂费，银十元五角七分三厘。

方泰仓房

一办事员薪水，银三十二元。

一仓夫船夫辛工，银十三元七角八厘。

一伙食，银五十九元八角五分六厘。

一修理佃房车棚车具，银四十六元一分一厘。

一杂费，银十九元三分九厘。

共支银七千一百六十元六角七分。

本月收支相抵不敷，银七元四角二分四厘。

——原载《上海市公报》1913 年第 9 期。

上海市政厅慈善团二年六月份收支报告

收入项下

事务所

一让棺价，银二百二十元。

一赊棺价，银九十九元九角三分七厘。

一平安堂让棺价，银四十五元。

一平安堂代费，银五元八角三分一厘。

一让棺凳，银九角四分。

一惜字局孩棺捐，银八元八角四分六厘。

一傅锦松棺捐，银三元。

一益昌典息，银五十七元二分五厘。

一同昌典息，银十二元四角一分四厘。

一退还郁姓租地拆屋变价，银七十元。

一收回未领恤嫠月粮，银三十元。

一收回未领赡老残废月粮，银十七元。

一收回未领孤贫月粮，银二十五元五角。

一收回未领矜孤月粮，银八元。

同仁辅元堂

一丝捐，银三百六十三元六角八分。

一洋货业捐，银四元七角六分九厘。

一花业捐，银一元六角三分二厘。

一各业捐，银十二元三角七分五厘。

一赊棺捐，银十六元一角五分四厘。

一放生捐，银一元七分七厘。

一金郁氏捐，银八元。

一张妙生捐，银八元。

一内地自来水公司股息，银一百九十元五角七分九厘。

一房租，银八百二十一元九角。

一地租，银三百十八元七分一厘。

一恤赡各典息，银六十二元七角三分七厘。

果育堂

一丝捐，银一百三十六元三角八分一厘。

一豆米业捐，银三元八角四分六厘。

一南北货业捐，银一元六角。

一绸衣布业捐，银七角六分九厘。

一烟烛业捐，银四角六分二厘。

一药业捐，银二元四角六分二厘。

一酱园业捐，银四元七角六分九厘。

一煤炭业捐，银一元八角四分六厘。

一洋广货业捐，银十元九角二分三厘。

一洋货业捐，银八元。

一花业捐，银一元六角三分二厘。

一各业捐，银八元八角六分八厘。

一赊棺捐，银八元一角五分四厘。

一房租，银五百七十四元七角。

一地租，银三十五元。

一寄殡费，银十二元。

清保节堂

一酱园业捐，银八元。

一银楼业捐，银六元一角五分四厘。

一糖果业捐，银四角六分二厘。

一金郁氏捐，银八元。

一各业捐，银十七元九角五分七厘。

一房租，银三元

一同昌典息，银四十三元一角三厘。

一王沈氏贴膳，银十六元。

育婴堂

一房租，银八十五元五角。

一各户捐，银十八元七角八厘。

同仁辅元分堂

一赊让棺价，银一百六十一元五角。

一月捐，银十四元四角。

一房租，银八元。

一地租，银四十元。

后冈仓房

一田租，银九十八元八角六分七厘。

一花米变价，银二百四十九元七角。

一房租，银十元五角。

一租户顶首，银四元。

方泰仓房

一房租，银六元六角一分五厘。

一米豆变价，银二十四元七角五分九厘。

一匠工贴膳，银七元七角五分三厘。

仁济堂

一巽森木行捐，银九元六角一分五厘。

一各业捐，银五元八角二分六厘。

全节堂

一源来典息，银二十五元八角六分二厘。

共收银四千九十八元一角六分。

支出项下

事务所

一恤嫠月粮，银一百四十五元。

一赡老残废月粮，银一百五十元。

一矜孤月粮，银十六元。

一孤贫月粮，银六十元。

一月恤贫妇，银二元。

一棺用木料，银一千五百十七元七厘。

一锯木工资，银十九元八角一分七厘。

一成棺工资，银九十九元六角六分。

一漆棺工料，银七十九元二角。

一响圈铁钉等，银三十八元六角。

一收渡埋迁棺枢工资，银一百八十元七角一分一厘。

一大佛厂冢地加泥工，银十二元八角。

一二十五保九图冢地年租，银五元三角八分五厘。

一痧药磁瓶等，银三十二元一角二分二厘。

一经协理薪水，银五十四元。

一主任两人薪水，银四十元。

一办事员十七人薪水，银二百三十四元。

一陶云卿、蒋如斋五六月份退隐金，银二十元。

一茶厨门房堂夫等十四名辛工，银四十元五角。

一伙食，银一百四十八元五角二分八厘。

一电灯电话本所及租户自来水，银二十八元二分八厘。

一印刷品及杂费，银一百二十二元一角七分八厘。

一同善堂旧址付第三期造价，银一千元。

一修理覆漆出租房屋工料通沟水落等，银五百七十四元三角二分六厘。

一完上忙，银二十九元九角九分五厘。

一房捐，银四十三元九角。

一出租房屋保火险费，银九十九元五角九分二厘。

一还陈春山顶首，银六十元。

一各渡口路灯油工，银二元四角六分二厘。

一补助三知堂经费，银十九元二角三分一厘。

一仁元救火会，银二十一元一角七分二厘。

一果育救火会，银二十二元五角。

一果育救火会添购皮带费，银二百元。

一水神阁救火会水筹费，银二元三角九分六厘。

清保节堂

一伙食油盐，银二百六元五角一分九厘。

一柴煤，银一百元五角二分。

一节妇子女月费，银四十五元八角。

一周仇氏之子出外习业押柜，银四元。

一夏帐草席，银四十七元七角三分。

一医药炭，银三十一元一角三分四厘。

一主任薪水，银二十元。

一内外办事员八人薪水，银六十六元。

一男女佣人二十二名辛工，银四十元三角。

一修理堂房工料，银一百七十三元七角四分六厘。

一杂费，银二十二元七角三分四厘。

育婴保赤堂

一主任薪水，银二十元。

一内外办事员六人薪水，银五十六元。

一男女佣人七名辛工，银十四元二角。

一乳妇工资，银三十六元八角六分九厘。

一外育乳资，银五十一元三角八分五厘。

一坐车十乘眠篮十五只，银五元三角五分二厘。

一添置蚊帐（十三顶），银五十七元一角五分。

一乳妇婴孩杂费，银九元六角六分五厘。

一医药，银二十一元三角九分二厘。

一伙食，银一百七十七元五角五分二厘。

一修理堂房工料，银一百十三元五角一分六厘。

一杂费，银二十四元二角七分四厘。

一保赤月粮，银十二元八角。

一保赤产费，银一元六角。

同仁辅元分堂

一办事员薪水，银四十元。

一茶厨房堂夫等工食，银三十七元。

一伙食，银十六元。

一收埋棺柩工资粗纸麻绳等，银十八元五角。

一修理房屋工料，银一百四十九元。

一杂费，银十一元五角七分。

一锯板成棺工资漆棺工资，银七十四元一角八分。

救生局

一办事员二人薪水，银十四元。

一仆人二名辛工，银四元五角。

一捞尸望夜工资，银十一元六角八分。

一伙食，银十五元。

一杂费，银十三元八角五分。

后冈仓房

一完漕粮，银五元一角八分三厘。

一桥捐警捐房捐，银五元七角四厘。

一济贫，银八角四分六厘。

一补助医社药资，银五元。

一办事员薪水，银八十三元。

一佣人辛工，银十九元五角。

一伙食，银四十七元六角七分三厘。

一杂费，银二十一元二角七分五厘。

一桐油漆工，银三十四元五角。

一麻布苎麻，银三十三元三角。

一藤椅二只，银四元。

方泰仓房

一完米，银二百三十四元一角四厘。

一办事员薪水，银三十二元。

一仓夫船夫辛工，银八元一角六分。

一伙食，银三十三元一角七分七厘。

一修理佃房车棚，银三十元五角一分五厘。

一杂费，银七元二角九分八厘。

共支银七千四百九十一元八角六分三厘。

本月收支相抵不敷银三千三百九十三元七角三厘。

新普育堂

收入项下

一市政厅拨给经费，银一千五百元。

一淞沪警察厅拨给经费，银四十元。

一丝捐（元一百两二钱三分九厘），合银一百三十六元五角六分五厘。

一房租，银一百五十七元一角二分六厘。

一陶凤泉领女孩杨胜毛捐，银十五元。

共收银一千八百四十八元六角九分一厘。

支出项下

一销毁次洋、废票洋、次小洋、杂色小洋、铁钱、私板铜元等，计银一百三十二元八分六厘。

一三月三十日起、六月三十日止伙食，银六百五元八角一厘。

一各力，银十五元七角四分九厘。

一杂项，银四十七元九分四厘。

一出租房屋及本堂并老普育堂用五月份自来水，银四十四元。

一电话费，银三元。

一药水，银五元。

一查缉物件并捉痴子赏款，银三元二角一分七厘。

一修理出租房屋及老普育堂未付工料，银三十五元六角八厘。

一置办器具，银六百五十元二角六分。

一备办衣裤被褥鞋袜及缝纴工料等，银一千四百一十三元七角一分八厘。

一办事员七人薪水及补给上月薪水，银七十六元。

一药房薪水，银十四元。

一佣人工资，银一百二十一元。

一席扇，银二百二十二元三角。

一米，银六百九十元。

共支银四千七十八元八角三分七厘。

——原载《上海市公报》1913 年第 10 期。

上海市政厅慈善团民国二年七月份收支报告

收入项下

事务所

一法工部局偿还分堂屋价（元二千两）合，银二千七百十七元三角九分二厘。

一松林和尚捐负贩经费，银五十元。

一瑰璋、瑰珊捐施棺费，银五十元。

一杨善士捐施棺费，银五十元。

一惜字局孩棺捐，银九元二角三分一厘。

一让棺价，银四百十元三角。

一赊棺价，银一百四元五角。

一平安堂棺价，银二十八元三角八分。

同仁辅元堂

一房租，银五百六十三元四角。

一地租，银一百二十九元八角七分七厘。

一金桂生顶首，银四十六元。

一饼豆提捐，银二角六分九厘。

果育堂

一房租，银二百元五角。

一寄殡费，银一元。

一南北钱业药捐，银三十八元四角六分一厘。

一厚仁堂药捐，银十元。

一萃秀堂捐，银二元三角八厘。

清保节堂

一节妇奚徐氏捐，银四百元。

一王沈氏膳费，银八元。

一房租，银八元。

育婴堂

一各户捐，银十一元七角一分。

一房租，银十元三角。

同仁辅元分堂

一赊让棺价，银三百二十三元。

一捐款，银十四元三角一分。

一房租，银八元。

后冈仓房

一田租，银六十五元三角。

一变粜米价，银五百五十九元六角。

一房租，银九元五角七分。

方泰仓房

一田租，银一百十一元六角一分五厘。

一米豆变价，银七十七元三角五分四厘。

一房租，银一元六角一分五厘。

一匠工贴膳，银十四元三角六分四厘。

仁济堂

一巽森木行捐，银九元六角一分六厘。

全节堂

一房租，银七元二角。

共收银六千四十九元一角七分二厘。

支出项下

事务所

一恤嫠月粮，银一百三十九元五角。

一赡老残废月粮，银一百四十七元。

一补发前月未领矜孤月粮，银四角。

一补发前月未领孤贫月粮，银二元五角。

一月恤贫妇，银二元。

一锯木工资，银十六元七分。

一成棺工资，银四十二元二角四分五厘。

一漆棺工料，银四十五元二角。

一铁钉毛竹，银七元五角八分八厘。

一收渡埋迁棺柩工资，银一百七十九元八角一分一厘。

一施医费，银一百四十五元六角二分八厘。

一施药费，银四十八元三角五分二厘。

一暑药费，银五十九元六角五分六厘。

一制造局战后退兵一百二十人遣回原籍购给船票，银一百二元。

一又雇驳过渡费，银五元。

一流弹毙尸照相费，银六元。

一同善堂旧址第四、五期建筑费，银一千四百元。

一白莲泾内冢地重做木驳，银二百五十元。

一白家墓冢地围筑竹笆，银六十六元一角。

一经协理薪水，银五十四元。

一主任两人薪水，银四十元。

一办事员十七人薪水，银二百三十四元。

一杨粹夫七八月份退隐金，银十元。

一茶厨门房堂夫等十四名辛工，银四十元五角。

一伙食，银一百五十二元八角。

一电灯电话，银十六元。

一刷印元年份决算册（六百本），银七十七元。

一杂费，银七十五元七角八分六厘。

一还陈泮林顶首，银一百二十元。

一还沈云亭顶首，银四十六元一角五分四厘。

一房捐，银十八元八角八分五厘。

一同善里装自来水管，银八十九元六角。

一出租房屋修理费，银一百十九元二角九分二厘。

一各渡口路灯油工，银六元七角七分。

一平安堂代费，银三元二角三分四厘。

一仁元救火会，银十二元九角五分六厘。

清保节堂

一伙食油盐，银一百九十四元四角七分。

一芦柴稻草，银四十元。

一节妇子女月费，银四十六元八角五分。

一节妇之子女学校用品，银十一元二角三分。

一医金，银九元。

一主任薪水，银二十元。

一内外办事员八人薪水，银六十六元。

一男女佣人二十二名辛工，银四十元三角。

一杂费，银十七元二角五分三厘。

育婴保赤堂

一主任薪水，银二十元。

一内外办事员六人薪水，银五十六元。

一男女佣人七名辛工，银十四元二角。

一乳妇工资，银三十一元。

一外育乳资，银四十九元四角六分六厘。

一医药，银四元九分五厘。

一乳妇婴孩杂费，银七元六角二分五厘。

一伙食，银九十六元四角五分一厘。

一临时房租，银三十七元。

一杂费，银九元七分二厘。

一保赤月粮，银十一元二角。

一保赤产费，银六角。

同仁辅元分堂

一办事员薪水，银四十元。

一茶厨房堂夫工食，银三十七元。

一伙食，银十六元。

一扛收棺枢工资，银十元六角四分。

一杂费，银二十二元二分。

一锯板成棺漆棺工资，银七十六元五角二分。

救生局

一办事员二人薪水，银十四元。

一佣人二名辛工，银四元五角。

一伙食，银十五元。

一巡船捞尸望夜辛工，银十一元五角四分。

一杂费，银十三元四角六分。

后冈仓房

一华邑上忙，银三百元。

一华邑漕找，银五十二元四角三分二厘。

一保卫团及巡警捐，银二十二元三角五分四厘。

一济贫，银一元七角四分六厘。

一办事员薪水，银七十一元。

一佣人工资，银十九元五角。

一伙食，银五十五元九角二分二厘。

一菜油，银四十五元六角。

一麻皮麻丝麻布，银五十六元二角。

一杂费，银九元三角一分四厘。

一华金差费，银十三元一角六分四厘。

方泰仓房

一青邑漕粮，银九元三角五分六厘。

一添造车具，银三十七元六角五分八厘。

一办事员薪水，银三十二元。

一仓夫船夫辛工，银八元九角八分六厘。

一伙食，银四十二元八角五分。

一帐船收租伙食杂用，银八元一分四厘。

一杂费，银七元二角四分四厘。

共支银五千六百十七元八角五分九厘。

本月收支相抵结余银四百三十一元三角一分三厘。

新普育堂

收款

一县知事署拨给经费，银五百元。

一淞沪警察厅拨给经费，银四十元。

一地方监狱贴费，银八元一角一分八厘。

一房租，银一百三十一元九角七分二厘。

一捐款，银一百二元。

一贴膳，银三元。

一旧絮变价，银三角四分六厘。

共收银七百八十五元四角三分六厘。

支款

一伙食，银二百八十四元一角二分三厘。

一制办衣服等，银一百八十元七角七分一厘。

一置办器具，银二百七元八角四分七厘。

一修理出租房屋，银五十八元一角三分八厘。

一电话自来水，银三十三元。

一办事员薪水，银七十元。

一佣人工资，银五十五元一角四分。

一西方庵竖石界并看守伙食，银三十一元。

一杂费，银六十六元一角八分一厘。

共支银九百八十六元二角。

——原载《上海市公报》1913 年第 11 期。

上海市政厅慈善团民国二年八月份收支报告

收入项下

事务所

一市政厅拨给，银五百元。

一惜字局棺捐，银十一元五角三分八厘。

一让棺价，银二百二十五元。

一赊棺价，银五十四元。

同仁辅元堂

一房租，银一百九元。

一地租，银一千四百十三元五角一分四厘。

一租户顶首，银一百三十五元。

果育堂

一房租，银一百四十五元。

一寄殡费，银十一元四角四分。

育婴堂

一房租，银二元三角。

一租户顶首，银十三元七角四厘。

一捐款，银三角八厘。

同仁辅元分堂

一捐款，银十六元四分。

一赊让棺价，银一百二十九元。

后冈仓房

一田租，银九元。

一变粜米价，银六百二十九元八角。

一房租，银十一元四角二分三厘。

方泰仓房

一田租，银五元。

一米布麦豆变价，银九十四元二角九厘。

共收银三千五百十五元二角七分六厘。

支出项下

事务所

一恤嫠月粮，银一百二十八元。

一赡老残废月粮，银一百三十九元。

一矜孤月粮七、八月份，银二十八元四角。

一孤贫月粮七、八月份，银一百二元五角。

一月恤贫妇，银二元。

一锯木工资，银三十三元八角一分八厘。

一成棺工资，银八十九元六角七分。

一漆棺工料，银四十一元六角。

一铁钉毛竹刻天花板，银二十九元一角五分七厘。

一收渡埋迁棺枢工资，银一百四十二元二角八分五厘。

一白家墓地迁葬费，银五百元。

一白家墓地法工部局地捐，银五十二元一角七分三厘。

一改做石签，银四十元。

一修理渡船，银九十元一角一分五厘。

一施医费，银一百十元。

一经协理薪水，银五十四元。

一主任二人薪水，银四十元。

一办事员十七人薪水，银二百三十四元。

一陶云卿七、八月份退隐金，银十元。

一茶厨门房堂夫等十四名辛工，银四十元五角。

一伙食，银一百五十二元七角四厘。

一电话，银六元。

一自来水，银十一元五角。

一杂费，银四十四元八角六分六厘。

一还租户顶首，银二十二元八角四分。

一房捐，银三元一角五分。

一修理出租房屋，银二十五元三分二厘。

一难民五人购给船票遣回原籍，银十二元四角四分。

一临时防护费，银五十一元。

一各渡口路灯油工，银六元一角五分五厘。

一平安堂代费，银二角七分七厘。

一仁元救火会，银八元二角二分三厘。

清保节堂

一伙食油盐，银一百八十四元九角。

一芦柴稻草，银四十元。

一煤炭，银四十五元一角八分六厘。

一节妇子女月费，银四十五元六角。

一医药，银十五元八角七分八厘。

一节妇避灾临时费用，银七十三元八角八分。

一主任薪水，银二十元。

一内外办事员八人薪水，银六十六元。

一男女佣人二十二名辛工，银四十元三角。

一修理堂房，银十六元八角九分四厘。

一杂费，银十元二角八分一厘。

育婴保赤堂

一主任薪水，银二十元。

一内外办事员六人薪水，银五十六元。

一男女佣人六名辛工，银十三元二角。

一乳妇工资，银十元。

一外育乳资，银四十三元六角三分。

一医药，银一元八角三分七厘。

一婴孩杂费，银九元六角九厘。

一伙食，银四十五元四角七分七厘。

一补助二铺团防费，银十三元五角。

一杂费，银二十五元三角四厘。

一保赤月粮，银十一元二角。

一保赤产费，银一元八角。

同仁辅元分堂

一办事员薪水，银四十元。

一茶厨房堂夫工食，银三十七元。

一伙食，银十六元。

一扛运棺枢工资，银十六元五角八分。

一杂费，银十九元。

一锯木成棺漆棺等工资，银八十五元二角。

救生局

一办事员二人薪水，银十四元。

一佣人二名辛工，银四元五角。

一伙食，银十五元。

一巡船捞尸望夜辛工，银六元三角二分。

一杂费，银二十一元八角。

后冈仓房

一办事员薪水，银七十七元。

一佣人工资，银十九元五角。

一济贫，银二元四角二分。

一警捐房捐，银三元九角五分五厘。

一亭林征收费，银四元。

一伙食，银四十九元四角七分。

一匠工，银十六元六分二厘。

一杂费，银四十元五分一厘。

方泰仓房

一办事员薪水，银三十二元。

一仓夫船夫辛工，银八元三角五分四厘。

一伙食，银三十三元三角三分六厘。

一修理仓廒，银五元一角一分五厘。

一杂费，银六元八分八厘。

共支银三千六百三十四元六角三分二厘。

本月收支相不敷银一百十九元三角五分六厘。

新普育堂

收款

一县知事拨给经费，银五百元。

一淞沪警察厅拨给经费，银八十元。

一房租，银二百五十元三角二分六厘。

一捐款，银二百九十五元。

共收银一千一百二十五元三角二分六厘。

支款

一米，银八百十二元。

一煤，银八元五角。

一伙食，银二百九十四元八角九分四厘。

一置办器件，银一百十元四角。

一制办衣料，银一百八十元七角七分一厘。

一药房用药，银二百八元九角一分五厘。

一电话自来水，银十八元。

一电灯料并五个月灯费，银六百七十四元二角五分八厘。

一席，银一百元。

一西方庵图费及伙食，银一百十四元。

一办事员薪水，银七十四元。

一佣人及车夫工资，银一百二十五元一角五分二厘。

一杂项，银二百六十元一分九厘。

共支银二千九百八十元九角九厘。

七、八两月收支相抵不敷银二千五十六元三角四分七厘。

——原载《上海市公报》1913 年第 12 期。

上海市政厅慈善团民国二年九月份收支报告

收入项下

事务所

一法工部局给分堂让地价（银四千七百八十二两），合银六千四百十元一角八分八厘。

一法工部局给罗家湾冢地迁葬费（银三百两），合银四百二元六角八分五厘。

一兵灾善后事务所津贴棺木埋葬费，银二千元。

一让棺价，银四百八十四元一角。

一赊棺价，银七十二元五角。

一平安堂让棺价，银一百六十六元六角二分。

一平安堂代费，银十六元五角一分一厘。

一陆云秋棺捐，银一元。

一让材凳，银四角四分。

同仁辅元堂

一房租，银七百四十八元四厘。

一地租，银五百十八元一角。

一租户顶首，银十五元。

一丝捐，银一百十二元二角五分四厘。

一南、北钱业药捐，银六十元。

一饼豆业药捐，银二十元。

一绪纶公所药捐，银十元七角六分九厘。

一南、北钱业捐，银五十五元三角八分四厘。

一洋货业捐，银十三元。

一各业捐，银四十八元一角三分五厘。

一放生捐，银六元三角八厘。

一赊棺捐，银五十元八角七分七厘。

一饼豆业提捐，银四角三厘。

果育堂

一房租，银三百七十六元一分六厘。

一地租，银三十五元。

一丝捐，银四十二元九分。

一南、北钱业捐，银五十五元三角八分四厘。

一米豆业捐，银十元。

一南、北货业捐，银五元五角八厘。

一绸衣布业捐，银一元二角三分一厘。

一烟烛业捐，银九角二分三厘。

一药业捐，银四元九角二分三厘。

一皮货业捐，银七角六分九厘。

一酱园业捐，银九元五角三分九厘。

一煤炭业捐，银三元六角九分二厘。

一洋广货业捐，银二十一元八角四分六厘。

一洋货业捐，银十六元。

一各业捐，银十二元四分四厘。

一银楼业捐，银十三元四角六分二厘。

一赊棺捐，银十六元九角八厘。

一寄殡费，银五元。

清保节堂

一房租，银五元。

一南、北钱业捐，银一百三十五元六角九分二厘。

一洋货业捐，银四十四元七角一分九厘。

一金业捐，银三十元一角五分四厘。

一银楼业捐，银十二元三角八厘。

一酱园业捐，银十六元六角一分六厘。

一糖果业捐，银九角二分三厘。

一各业捐，银五元七角六分。

一顾张氏贴膳，银十元。

新普育堂

一市政厅转兵灾善后事务所拨留养费，银三千元。

一县知事署拨给经费，银五百元。

一淞沪警察厅拨给经费，银四十元。

一法总领事拨助法界临时救济会余款（银三千五百两），合银四千七百五元八角八分二厘。

一又，银五十七元五角二分一厘。

一丝捐，银四十二元八分六厘。

一花业捐，银十九元五角。

一房租并顶首，银二百三十一元七角六厘。

一福隆久记捐（银三百两），合银四百二元一分。

一金桂生捐，银一百元。

一颜阿华捐，银五十元。

一顾阿全捐，银三十元。

一张丽泉捐，银二十元。

一梅平生捐，银二十元。

一金荣桂捐，银二十五元。

一吴陈氏捐，银四十元。

一贴膳，银五十元。

育婴保赤堂

一各户捐，银十四元八角二分。

一保赤捐，银九十九元二角四分八厘。

一房租，银六十九元五角。

同仁辅元分堂

一各户月捐，银十六元一角五分。

一棺捐，银五角。

一房租，银八元。

一赊让棺价，银二百三十三元。

仁济堂

一巽森木行捐，银二十八元八角四分六厘。

一各业捐，银十三元一角四分八厘。

全节堂

一西岩捐，银三十二元三角八厘。

一萃秀堂赊葬捐，银九元二角三分一厘。

后冈仓房

一田租，银三十八元九角四分六厘。

一变粜米价，银二百十三元五角。

一房租，银十四元九角二分三厘。

一租房顶首，银十一元六角九分二厘。

方泰仓房

一米布变价，银三十一元七角六分。

一房租，银四元一角五分四厘。

一匠工贴膳，银十六元二角九分一厘。

共收银二万二千二百九十三元五角七厘。

支出项下

事务所

一恤嫠月粮，银一百六十四元。

一赡老残废月粮，银一百五十九元五角。

一矜孤月粮，银十四元八角。

一孤贫月粮，银五十三元。

一月恤贫妇，银二元。

一棺用木料，银二千三百四十二元二角八分二厘。

一锯木工资，银四十五元一角七分七厘。

一成棺工资，银五十五元二角八分。

一漆棺工料，银六十元四角。

一松板，银一百二十六元五角。

一铁钉毛竹刻天花板，银十六元八角七分二厘。

一收渡埋迁棺柩工资，银一百四十六元五分六厘。

一罗家湾迁葬费，银一百三十二元。

一石签号砖等，银十五元一角六分八厘。

一法界汤冢地捐，银九百七十三元五角五分七厘。

一挂号费，银二十元一角三分四厘。

一施医费，银一百四元。

一施药费，银五百二十四元。

一痧暑药料，银四百六十二元三角九分三厘。

一经协理薪水，银五十四元。

一主任二人薪水，银四十元。

一办事员十七人薪水，银二百三十四元。

一杨粹夫九、十月份退隐金，银十元。

一茶厨门房堂夫等辛工，银三十八元七角九分二厘。

一法界宁波路建造三幢两厢出租住房一所，价银二千一百四十四元七角七分二厘。

一改建分堂绘图照会费，银一百元。

一棺栈内搭盖平披三间价，银一百九十元。

一修理出租房屋水木工料，银一百八十二元二角二分八厘。

一还租户顶首，银三十九元。

一房捐，银六元四角七分二厘。

一伙食，银一百四十八元。

一电灯电话，银二十四元二角九分八厘。

一本所及租户自来水，银二十五元三角六分五厘。

一丈绘费，银二十六元。

一租户欠租诉讼费，银十二元九分二厘。

一杂费，银八十元一角七分一厘。

一各渡口路灯油工，银六元七角七分。

一平安堂代费，银十五元一角五分二厘。

一奚徐氏存款息，银三十五元九角四分五厘。

一仁元救火会，银十二元七角五分九厘。

清保节堂

一食米（三十石），银二百十元。

一伙食油盐，银一百五十五元二角五分六厘。

一柴煤炭，银一百七元七角八分。

一节妇子女杂费，银四十五元五角五分。

一子女学费，银八十四元。

一医药，银二十六元九角八分六厘。

一主任薪水，银二十元。

一内外办事员八人薪水，银六十六元。

一男女佣人二十二名辛工，银四十元三角。

一修理堂房，银二十九元三角四分。

一杂费，银三十三元七分三厘。

新普育堂

一米，银八百九十八元。

一煤，银一百一元一角七分三厘。

一伙食，银三百四十四元六角七分七厘。

一置办器件，银一百八十二元三角。

一药料，银二百五十二元七角三分。

一看护修女卸职摄影，银八十七元七角七分三厘。

一建筑零款，银三千九十四元五角三分二厘。

一自来水电话，银三十三元。

一办事员薪水，银六十六元。

一佣人工资，银六十六元。

一修理，银五十元九角一分三厘。

一杂项各力等，银二百六十一元七角六分七厘。

一补助土山湾育婴堂，银一百元。

一补助徐家汇圣母院育婴堂，银二百元。

一补助安老院，银一百元。

一补助安当医院，银一百元。

育婴堂

一主任薪水，银二十元。

一内外办事员薪水，银五十六元。

一男女佣人工资，银十三元二角。

一乳妇工资，银十七元一角六分九厘。

一外育乳资，银五十二元一角一厘。

一医药，银十九元四分二厘。

一乳妇婴孩杂用，银七元七角八分四厘。

一伙食，银一百二十七元三角八分六厘。

一小煤，银八元一角。

一杂费，银十一元一角五分五厘。

一保赤月粮，银十二元四角。

一保赤产费，银一元二角。

同仁辅元分堂

一办事员薪水，银四十元。

一茶厨房堂夫等工食，银三十七元。

一伙食，银十六元。

一扛运棺柩工资，银十一元一角六分。

一运葬费，银一百三十六元八角。

一搭盖芦席厂房三间，银四十八元。

一改造房屋临时房租，银一百十七元。

一杂费，银三十八元三角三分。

一松板（七十四丈），银一百七十元。

一成棺工资漆棺工料铁钉等，银三十一元九角五分。

救生局

一办事员薪水，银十四元。

一佣人辛工，银四元五角。

一伙食，银十五元。

一捞尸望夜工资等，银十元四角四分。

一杂费，银十三元八角四分。

一救起生人一名赏，银二元。

后冈仓房

一办事员薪水，银七十四元。

一佣人辛工，银二十一元五角。

一济贫，银一元二角六分一厘。

一保卫团费，银三十元。

一巡警捐，银二元三角八厘。

一伙食，银五十四元一分九厘。

一各匠工资，银二十一元二角六分三厘。

一杂费，银十元八角四厘。

方泰仓房

一办事员薪水，银三十二元。

一船夫仓夫辛工，银七元八角。

一伙食，银四十六元四角六分。

一修理船只并厫仓器具，银五十三元六角一分六厘。

一杂费，银三元五分五厘。

共支银一万七千九元七角二分八厘。

本月收支相抵余存银五千二百八十三元七角七分九厘。

——原载《上海市公报》1913 年第 13 期。

上海市政厅慈善团民国二年十月份收支报告

收入项下

事务所

一法工部局捐（银五百两合），银六百七十五元六角七分六厘。

一惜字局棺捐，银九元六角一分五厘。

一让棺价，银三百六十一元五角。

一赊棺价，银六十一元五角。

一让棺凳，银四角四分。

一租户顶首，银一百八十一元四角四分。

同仁辅元堂

一房租，银九百六十五元六角。

一地租，银一百二十元。

一花业提捐，银二元四角二分三厘。

一饼豆提捐，银七角六分六厘。

一洋货业捐，银一元一角五分四厘。

果育堂

一房租，银三百四十一元一角。

一萃秀堂捐，银二元三角八厘。

一皮货业捐，银七角六分九厘。

一洋货业捐，银一元八角四分六厘。

一各业捐，银八元。

一花业提捐，银二元四角二分三厘。

一寄殡费，银十八元。

清保节堂

一钱业捐，银四元六角一分六厘。

一房租，银一元。

育婴保赤堂

一房租，银一百十元三角。

一捐款，银八元六角。

一花业捐，银二十二元九角八厘。

同仁辅元分堂

一捐款，银二十三元一角三分。

一房租，银四元。

一赊让棺价，银一百二十九元。

仁济堂

一巽森木行捐，银九元六角一分五厘。

一季捐，银一元八角四分七厘。

后冈仓房

一田租，银四千七百六十元二角五分二厘。

一房租，银二十六元四角六分一厘。

一糠米变价，银八元一角八分。

方泰仓房

一田租，银四元。

一房租，银十元一角五分三厘。

一变售米价，银十二元四角。

一匠工贴膳，银四元六分二厘。

共收银七千八百九十五元八分四厘。

支出项下

事务所

一恤嫠月粮，银一百四十五元五角。

一赡老残废月粮，银一百四十五元。

一矜孤月粮，银十五元六角。

一孤贫月粮，银五十三元。

一月恤贫妇，银二元。

一锯木工资，银二十元一角八分四厘。

一成棺工资，银七十五元一角三分。

一漆棺工料，银五十四元二角。

一响圈雕天花板铁钉毛竹等，银四十二元三角二分四厘。

一收渡埋迁棺柩工资，银一百二十元五角三分八厘。

一施医费，银一百六元三角五分二厘。

一施药费，银一百八十八元九角八厘。

一痧暑药料，银二百二十五元一角七分六厘。

一经协理薪水，银五十四元。

一主任两人薪水，银四十元。

一各办事员薪水，银二百三十四元。

一陶云卿月九、十月份退隐金，银十元。

一茶厨门房堂夫等辛工，银三十七元。

一改建法租界分堂第一期造价（银二千两）合，银二千七百元八角八分。

一还租户顶首，银七十五元。

一房捐，银十一元四角八分七厘。

一修理出租房屋，银三十九元九角六分八厘。

一完下忙，银二十九元四角七分五厘。

一伙食，银一百五十四元一角四分四厘。

一电灯电话自来水，银三十三元六角。

一杂费，银五十八元一角四分八厘。

一各渡口路灯油工，银三元六角九分三厘。

一平安堂代费，银二元六角九分四厘。

一高桥三知堂，银十九元二角三分一厘。

一仁元救火会，银二百五十六元一角七分三厘。

清保节堂

一伙食油盐，银二百五十九元三分六厘。

一柴煤炭，银七十六元五角一分六厘。

一节妇子女月费，银四十六元八角五分。

一医药，银三十八元三角四分八厘。

一主任薪水，银二十元。

一内外办事员薪水，银六十六元。

一男女佣人辛工，银四十元三角。

一杂费，银二十八元九角一分。

育婴保赤堂

一主任薪水，银二十元。

一内外办事员薪水，银五十六元。

一男女佣人工资，银十三元二角。

一乳妇工资，银八元一角一分五厘。

一外育乳资，银三十二元三角八厘。

一婴孩杂费，银三元五角五分五厘。

一伙食，银五十元六角一分九厘。

一杂费，银十二元一角二分六厘。

一保赤月粮，银十三元二角。

一保赤产费，银二元四角。

同仁辅元分堂

一办事员薪水，银四十元。

一茶厨门房堂夫工食，银三十七元。

一伙食，银十六元。

一扛运棺柩工资，银二十七元三角六分。

一杂费，银二十六元二角五分。

救生局

一办事员薪水，银十四元。

一佣人辛工，银四元五角。

一伙食，银十五元。

一捞获尸身给，银二元五角六分。

一杂费，银十三元九角六分。

后冈仓房

一办事员薪水，银八十二元。

一佣人辛工，银二十三元六分六厘。

一伙食，银七十四元三角三分九厘。

一保卫团费，银二十三元七角。

一警捐房捐，银二元九角五分四厘。

一田租送力，银二十二元五角六分二厘。

一杂费，银三十六元六角六厘。

方泰仓房

一办事员薪水，银三十二元。

一佣工辛工，银九元四分七厘。

一伙食，银二十七元九角一分六厘。

一修造车具，银十元八角三分一厘。

一杂费，银四元九角九分六厘。

共支银六千二百八十七元五角三分五厘。

本月收支相抵余存银一千六百七元五角四分九厘。

新普育堂

收入项下

一市政厅转兵灾善后事务所拨留养费，银五千元。

一县知事署拨给经费，银五百元。

一淞沪警察厅拨给经费，银四十元。

一红十字会移拨，银五百元。

一水果业捐，银八元八角六分九厘。

一房田租，银二百七十一元九角七分二厘。

一无名氏捐，银十八元。

一裕昌煤行捐，银一百五十五元一角九厘。

一潘太太捐，银十元。

一源记捐，银一百元。

一无名氏捐，银一百五十七元五角。

一胜家公司捐，银二元。

一无名氏捐，银五十元。

一龚教士捐，银三元。

一李姓妇贴膳，银二十五元三角二分一厘。

一秦月珍贴膳，银二十元。

一病故凫民存，银二十七元四角九分五厘（内次银六元）。

一顾阿全捐，银二十元。

一杨南堂捐，银十五元。

一周庆云捐，银四十元。

一范林庆捐，银三十元。

一陆品三捐，银五十元。

一许祥端捐，银三十元。

一冯勤身捐，银二十五元。

一黄仲根捐，银五十元。

一求新厂贴还学徒衣被费，银六十二元。

一泔脚粪料，银五元。

共收银七千二百十六元二角六分六厘。

支出项下

一米，银五百二十九元六角。

一煤，银五百五十一元八角四分二厘。

一伙食，银三百十三元六分五厘。

一制办衣料，银七百五十元四角八分九厘。

一备办器具，银五百四十二元。

一电灯电话自来水，银九十三元六角。

一药房用药，银四十元四分。

一办事员薪水，银六十七元。

一佣人及常用水木作车夫工资，银八十八元。

一西方庵伙食，银十五元。

一杂项，银三百十八元七角六分一厘。

一还前欠建筑费，银五千元。

一建筑零款，银七百八十三元三角三分三厘。

一还润号顶首，银七十二元。

共支银九千一百六十四元七角三分。

本月收支相抵不敷银一千九百四十八元四角六分四厘。

———原载《上海市公报》1913 年第 14 期。

上海市政厅慈善团民国二年十一月份收支报告

收入项下

事务所

一惜字局棺捐，银九元二角三分一厘。

一让棺价，银六百二十五元。

一赊棺价，银一百六元五角。

一棺凳，银九角四分。

同仁辅元堂

一房租，银五百五十四元八角。

一地租，银三百五十八元三分八厘。

一陈开银顶首，银三元二角六分四厘。

一市政厅还公债本息，银一百元八角一分三厘。

一钱业捐，银二十六元七角六分九厘。

一洋货业捐，银四元七角六分九厘。

一各业捐，银九元二角九分九厘。

一赊棺捐，银十五元七分七厘。

一放生捐，银九角二分三厘。

果育堂

一房租，银四百二十四元三角七分五厘。

一市政厅还公债本息，银三十三元六角四厘。

一寄殡费，银九元。

一钱业捐，银二十六元七角六分九厘。

一洋货业捐，银八元。

一洋广货业捐，银十元九角二分三厘。

一酱园业捐，银四元七角六分九厘。

一米豆业捐，银三元八角四分六厘。

一皮货业捐，银三元七分七厘。

一药业捐，银二元四角六分二厘。

一煤炭业捐，银一元八角四分六厘。

一南北货业捐，银一元六角。

一绸衣布业捐，银一元七分七厘。

一烟烛业捐，银四角六分二厘。

一各业捐，银八元八角六分八厘。

一赊棺捐，银三元六角六分二厘。

一银楼业捐，银十三元四角六分一厘。

一一文愿捐，银十一元一角四分五厘。

一南北钱业棉衣捐，银三十八元四角六分二厘。

清保节堂

一嘉善田租，银一百元。

一房租，银六元。

一钱业捐，银六十七元三角八分六厘。

一酱园业捐，银八元。

一糖果业捐，银四角六分二厘。

一各业捐，银九元三分三厘。

一金业捐，银十五元七分七厘。

一洋货业捐，银四十四元六角。

一售出粞粢，银十一元。

新普育堂

一县知事署拨给经费，银五百元。

一市政厅拨给八、九、十三个月经费，银四千五百元。

一市政厅还公债本息，银六十七元四角八分二厘。

一房田租，银四百五十四元二分一厘。

一龚教士捐，银二元三角四分七厘。

一唐何氏贴膳，银十元。

一何西医贴还铁床铺陈，银八十元。

一看护修女经手洋水，银二十元。

一李姓妇旧物变价，银六元。

一木花，银二元。

育婴保赤堂

一房租，银二十一元五角。

一各善士捐，银十三元七角九分五厘。

一各业保赤捐，银一百元三角一厘。

同仁辅元分堂

一捐款，银八十八元二角四分。

一让棺价，银一百七十元。

一地租，银四十元。

一房租，银四元。

后冈仓房

一田租，银三千三百二十二元七角三分。

一房租，银七元一角九分。

方泰仓房

一田租，银二百六十一元六角五分三厘。

一房租，银一元六角二分八厘。

一花米变价，银二百六元七角七分。

仁济堂

一巽森木行捐，银九元六角一分五厘。

一各业捐，银五元一角八分八厘。

共收银一万二千五百七十八元八角四分九厘。

支出项下

事务所

一恤嫠月粮，银一百三十八元。

一赡老残废月粮，银一百四十八元五角。

一矜孤月粮，银十三元六角。

一孤贫月粮，银四十九元五角。

一月恤贫妇，银二元。

一锯木工资，银五十七元四角七分三厘。

一成棺工资，银一百八元七角。

一漆棺工料，银六十四元。

一铁钉刻天花板等，银三十四元二厘。

一收渡埋迁各棺工资，银一百二十一元三角二分八厘。

一义冢修盖草房，银九元七角。

一经协理薪水，银五十四元。

一主任二人薪水，银四十元。

一各办事员薪水，银二百三十四元。

一杨粹夫十一、十二月份退隐金，银十元。

一茶厨门房堂夫等辛工，银三十七元。

一改建法租界分堂续付造价（银一千八百两），合银二千四百四十元四角七分八厘。

一汤冢年租，银五十三元四角五分三厘。

一房捐，银六元一角七分一厘。

一竹笆工料接通阴沟等，银四十四元二角六分七厘。

一伙食，银一百四十八元。

一电灯电话自来水，银四十七元二角四厘。

一杂费，银五十六元三角二分。

一各渡口路灯油工，银四元九角二分四厘。

一平安堂代费，银一元一角三分九厘。

一仁元救火会，银十四元七角五分四厘。

一水神阁水筹费，银一元五角七厘。

清保节堂

一食米（四十八石），银三百二十二元四角三分。

一伙食油盐，银二百三十四元一角七分。

一柴煤炭，银八十六元五角九分。

一节妇子女月费，银四十六元八角五分。

一医药，银十九元九角一分。

一主任薪水，银二十元。

一内外办事员薪水，银六十六元。

一男女佣人辛工，银四十元三角。

一杂费，银二十六元二角四分。

新普育堂

一食米，银二千二百五十元七角四分六厘。

一煤，银一百八十七元八角。

一伙食，银四百八元一角一分。

一置办器具，银六十九元二角。

一制办衣料，银二百七元四角七分。

一西药，银四十九元七角五分。

一建筑零款，银一千一百二十六元九角五分四厘。

一修理房屋，银四十三元二角。

一电灯电话，银七十五元三角。

一自来水及改装龙头，银一百一元五角五分。

一办事员薪水，银六十六元。

一佣人园工车夫工资，银八十七元。

一杂费，银二百七十六元五分七厘。

育婴保赤堂

一主任薪水，银二十元。

一内外办事员薪水，银五十六元。

一男女佣人工资，银十二元八角九分八厘。

一乳妇工资，银十八元一角九分三厘。

一外育乳资，银二十八元七角九分五厘。

一婴孩杂费，银五元七角五分九厘。

一伙食，银四十五元七角二分二厘。

一杂费，银十一元六角四分八厘。

一保赤月粮，银十三元二角。

一保赤产费，银二元八角。

同仁辅元分堂

一办事员薪水，银四十元。

一茶厨房堂夫工食，银三十七元。

一伙食，银十六元。

一扛运棺柩工资，银八元九角八分。

一杂费，银三十六元六角。

救生局

一办事员薪水，银十四元。

一用人辛工，银四元五角。

一伙食，银十五元。

一捞尸望夜，银一元九角六分。

一杂费，银十六元二角八分。

后冈仓房

一办事员薪水，银七十四元。

一佣人辛工，银十九元五角。

一伙食，银九十九元三角。

一购进田价，银五百六元。

一警捐桥捐，银四元六角四分八厘。

一租力，银十二元五角。

一杂费，银三十六元五角九分五厘。

方泰仓房

一办事员薪水，银三十二元。

一佣人辛工，银十三元一角九分九厘。

一伙食，银五十六元一角二分二厘。

一杂费，银十一元八角五分。

共支银一万一千二十二元六角九分六厘。

本月收支相抵余存银一千五百五十六元一角五分三厘。

更正：本公报第十二期市议员一览表内所载沈议员健侯籍贯，为手民误排作南汇，查原系上海合行，更正以昭核实。

——原载《上海市公报》1913 年第 15 期。

上海市政厅慈善团民国二年十二月份收支报告

收入项下

事务所

一本自强园捐，银四元。

一惜字局捐，银十二元三角八厘。

一让出屈家桥地价，银一千八百二十四元。

一法工部局偿还分堂尖角拆屋费银七十五两，合银一百一元六角二分六厘。

一各典息款，银一百五十六元二角一分三厘。

一让棺价，银五百三十六元六角。

一赊棺价，银一百八十四元五角。

一让棺凳，银四角四分。

同仁辅元堂

一房租，银五百四十七元四角。

一地租，银四十一元七角七分。

一席业捐，银六元一角五分四厘。

一花业提捐，银二元五角四分五厘。

果育堂

一房租，银四百四十四元九角七分二厘。

一地租，银三十五元。

一寄殡费，银三十五元。

一质业捐，银六十元。

一萃秀堂捐，银二元三角八厘。

一花业提捐，银二元五角四分五厘。

清保节堂

一房租，银二元。

一质业捐，银一百二十元。

一典息，银四十三元一角二厘。

新普育堂

一县知事署拨给经费，银五百元。

一市政厅拨给经费，银一千五百元。

一淞沪警察厅拨给经费，银八十元。

一法公堂派罚款，银一千元。

一房租，银二百二十三元五角三分八厘。

一质业捐，银六十元。

一花业捐，银二十三元二角三分三厘。

一水果业捐，银七元六角九分五厘。

一俞瞿记捐，银四百元。

一敬芹高捐，银三百元。

一赵毓绥捐（银一百两合），银一百三十六元七角九分九厘。

一盛石华捐（银一百七十六两合），银二百四十元七角六分六厘。

一隐名氏捐，银十三元。

一龚司铎捐，银五元五角二分一厘。

一周新安捐，银十元。

一春记栈捐，银六元。

一无名氏捐，银五十元。

一沈耕莘捐，银二十元。

一应竹梅捐，银五十元。

一贴膳，银二元。

一杂收，银十七元七角九厘。

育婴保赤堂

一房租，银二十三元三角。

一花业捐，银二十三元七分七厘。

一善士捐，银十二元三角八厘。

同仁辅元分堂

一房租，银七元。

一捐款，银十三元四角一分。

一棺价，银四元。

后冈仓房

一田租，银二千九百六十元六角七分。

一房租，银十八元三角。

一布糠变价，银四元六角。

方泰仓房

一田租，银七百八十八元五角一分四厘。

一房租，银二元七角六分九厘。

一米豆变价，银七百二十六元七角五分七厘。

一工人贴膳，银六元六角七分三厘。

仁济堂

一巽森木行捐，银九元六角一分六厘。

共收银一万三千四百九元七角七分八厘。

支出项下

事务所

一恤嫠月粮，银一百四十四元。

一赡老残废月粮，银一百四十七元。

一矜孤月粮，银十五元六角。

一孤贫月粮，银五十三元五角。

一月恤贫妇，银二元。

一巽森源茂两木行木价，银二千元。

一锯木工资，银五十六元五角八分五厘。

一成棺工资，银一百八元五角九分。

一漆棺工料，银一百二十八元六角。

一刻天花板铁钉，银三十五元三角。

一收渡埋迁各棺工资，银一百二十四元五角。

一罗家湾迁冢费，银三十四元二角六分四厘。

一冢地竹笆椿木工料，银四十元八角。

一经协理薪水，银五十四元。

一主任二人薪水，银四十元。

一各办事员薪水，银二百三十四元。

一郑少田退隐金全年，银五十五元三角八分五厘。

一陶云卿退隐金十一二月份，银十元。

一茶厨门房堂夫等辛工，银三十七元。

一改建法界分堂又续付造价（银一千五百两），合银二千四十元。

一还租户顶首，银二十二元五角。

一房捐，银二十二元三角四厘。

一修理出租房屋，银二十六元八角八分。

一同善里出租房屋让倪姓后路给，银六十元。

一伙食，银一百五十二元八角。

一电话自来水，银二十三元五角。

一杂费，银七十五元一角六分五厘。

一各渡口路灯油工，银三元六角九分三厘。

一平安堂代费，银二元四角九分二厘。

一仁元救火会，银十一元七角一分六厘。

一果育救火会半年常费，银八十一元。

清保节堂

一食米（一百二十一石），银七百七十八元。

一伙食油盐，银二百六十八元二角五分四厘。

一柴煤炭，银九十四元三角八分。

一节妇子女月费，银四十七元九角五分。

一医药，银二十五元二角五分六厘。

一子女学校用品，银七元二角九分。

一徐吴氏之女奁金，银五元。

一主任薪水，银二十元。

一内外办事员薪水，银六十六元。

一男女佣人辛工，银四十元三角。

一修理堂房，银三十七元三角一分四厘。

一杂费，银三十七元四角三分一厘。

一添置被褥，银七元八角一分五厘。

新普育堂

一食米，银一千一百五十元九角。

一柴煤，银二百十二元三角七分八厘。

一伙食，银三百七十五元四角三分一厘。

一置办器具，银四十二元七角。

一制办衣料，银二百三十八元三角五分八厘。

一电灯费灯料并自来水及改装龙头，银一百十九元四角。

一药品，银七十元五角八分二厘。

一办事员薪水，银六十六元。

一佣人园工车夫工资，银一百四元。

一还租户顶首，银三百六十九元。

一杂经，银二百四十二元二角九分二厘。

育婴保赤堂

一主任薪水，银二十元。

一内外办事员薪水，银五十六元。

一男女佣人工资，银十三元二角。

一乳妇工资，银二十元二角七分七厘。

一外育乳资，银二十三元八角四分六厘。

一乳妇婴孩杂费，银七元六角四分八厘。

一伙食，银七十五元四角二分一厘。

一杂费，银十六元六角二分七厘。

一司事顾东侯病故在堂收殓费，银六十六元。

一保赤月粮，银十三元六角。

一保赤产费，银四元八角。

同仁辅元分堂

一驻理薪水，银二十元。

一办事员薪水，银四十元。

一茶厨房堂夫工食，银三十七元。

一伙食，银二十三元七角四分。

一暂租房金，银三十五元。

一扛棺力，银十三元二角四分。

一杂费，银三十六元六厘。

救生局

一办事员薪水，银十四元。

一佣人辛工，银四元五角。

一伙食，银十五元。

一捞尸望夜，银五角六分。

一杂费，银二十元五角八分。

后冈仓房

一办事员薪水，银七十四元。

一佣人辛工，银二十三元七角五分。

一华金两邑忙漕，银一千八百九十六元三角八分。

一添置田价，银三百八元。

一征租费用，银三十五元五角五分。

一警捐桥捐房捐，银四元七角六分。

一还租户顶首，银五元五分。

一仓房及帐船伙食，银一百十六元九角九分。

一稻柴砻糠，银二十六元九角九分。

一杂费，银二十三元四角。

方泰仓房

一办事员薪水，银三十二元。

一佣人辛工，银十四元一角九分六厘。

一嘉邑上下忙，银五百五十七元七角八分。

一添造车具，银五十三元四角二分五厘。

一仓房及帐船伙食，银九十七元五角七分一厘。

一砻碓米工，银三十元三角六分九厘。

一杂费，银二十四元三角五分三厘。

共支银一万四千一百七十元八角一分三厘。

本月收支相抵不敷银七百六十一元三分五厘。

——原载《上海市公报》1913 年第 16 期。

中国红十字会第八届征信录

（1922 年）

叙

自本年六月二十五日大会修正章程后，晟谬承公选，复膺大总统特加任命，驻沪服务。旋蒙简充吾国代表，赴暹罗国预议万国红十字会联合大会，行有日矣。适本会第八届征信录刊成，是录起于民国十年八月一日，止于十一年六月三十日。一期之数，计不足者一月，则承前第七届而留后第九届之故也。十一年七月八日议决，嗣后征信录，一年一报告，不用连年并计。每年以七月始，今届止于六月，职是之故。年来天灾人患，酷烈于前，竭蹶以图，幸无陨越。各大善士将伯之助，本会实嘉赖之，用昭实录，以供众览。

中华民国十一年十月杨晟谨识

中国红十字会第八届征信录　民国十年八月一号起至十一年六月三十号止

收支总报告

旧管项下：

前届实存中国银行　元四千一百二十五两一钱六分五厘；

前届实存中国银行　洋一万一千二百六十一元一角四分八厘；

前届实存兴业银行　元二千零三十六两九钱三分六厘；

前届实存与（兴）业银行　洋八千六百二十一元四角零八厘；

前届实存上海银行　洋一万八千二百零五元八角二分；

前届实存交通银行　洋四百十一元九角一分；

前届实存制药部药品　洋三千元；

前届实存本会总办事处　洋一千八百五十二元三角六分一厘；

前届实存本会总办事处　小洋一千九百十九角；

前届实存本会总办事处　铜元二百四十五枚；

前届实存本会总办事处　公债一万五千零十元；

前届实存本会总办事处　盐引票三百二十九元四角；

前届实存本会总办事处　印花税四十六元；

前届实存本会总办事处　罗卜票一百元；

前届实存本会总办事处　涂改杂钞票一百元；

前届实存本会总办事处　日金六百九十九元；

前届实存本会总办事处　对开八枚；

前届实存本会总办事处　铜洋九百五十九元，铅角二万零八百十五角。

共收洋四万三千三百五十二元六角四分七厘；

共收元六千一百六十二两一钱零一厘；

共收小洋一千九百十九角；

共收铜元一百四十五枚；

共收公债票一万五千零十元；

共收盐引票三百二十九元四角；

共收印花税四十六元；

共收罗卜票一百元；

共收日金六百九十九元；

共收涂改杂钞票一百元；

共收对开八枚；

共收铜元九百五十九元；

共收铅角二万零八百十五角。

杂收项下：

一收公债中签　洋六千零五十元；

一收月刊告白费　洋二百二十六元六角二分；

一收息金　洋四千二百十四元九角一分；

一收息金　元二千一百七十五两二钱四分；

一收南市医院　洋三百七十一元九角二分；

一收吴淞防疫医院　洋六十一元二角；

一收报本堂房租　洋二百元；

一收看护生保证金　洋二十元；

一收章照费　洋四百二十五元三角。

共收洋一万一千五百六十九元九角五分；

共收元二千一百七十五两二钱四分。

捐款项下：

一收本会南市医院捐款　洋七百零三元；

一收本会南市医院捐款　小洋五百六十八角；

一收本会南市医院捐款　铜洋二十二元；

一收本会南市卫院捐款　铅角五百九十六角；

一收本会北市药院捐款　洋二百七十五元；

一收本会北市医院捐款　小洋二角；

一收本会北勿医院捐款　铜洋六圆；

一收本会北市医院捐款　铅角六角；

一收本会时疫医院捐款　洋二千八百三十七元；

一收本会时疫医院捐款　小洋五角；

一收本会总办事处捐款　洋六万九千一百二十九元二角九分二厘；

一收本会总办事处捐款　元二千八百零四两四钱七分；

一收本会总办事处捐款　小洋七百零四角；

一收本会总办事处捐款　铜元三百七十五枚；

一收本会总办事处捐款　公债四十九元；

一收本会总办事处捐款　日金六百六十九元九角；

一收本会总办事处捐款　美金五元；

一收本会总办事处捐款　铜洋四百九十元；

一收本会总办事处捐款　铅角七千六百七十九角五分。

共收洋七万二千九百四十四元二角九分二厘；

共收元二千八百零四两四钱七分；

共收小洋一千二百七十九角；

共收铜元三百七十五枝；

共收公债票面四十九元；

共收日金六百六十九元九角；

共收美金五元；

共收铜洋五百十八元；

共收铅角八千二百八十一角五分。

兑换项下：

一收兑入　洋五百四十七元七角三分；

一收兑入　元四千零八十五两八钱七分。

共收洋五百四十七元七角三分；

共收元四千零八十五两八钱七分。

以上总共收洋十二万八千四百十四元六角一分九厘；

以上总共收元一万五千二百二十七两六钱八分一厘；

以上总共收小洋三千一百九十八角；

以上总共收铜元五百二十枚；

以上总共收公债一万五千零五十九元；

以上总共收日金一千三百六十八元九角；

以上总共收美金五元；

以上总共收印花税四十六元；

以上总共收罗卜票一百元；

以上总共收盐引票三百二十九元四角；

以上总共收涂改废票一百元；

以上总共收铜洋一千四百七十七元；

以上总共收铅角二万九千零九十六角五分；

以上总共收对开八枚。

开支项下：

总医院开支

一支修理房屋并篱笆工料　洋一千四百零四元；

一支补助经费　洋五千元；

一支购用何元通各种布匹　洋六百九十元零一角五分；

一支购铁床六十只并床垫被胎　洋五百六十四元；

一支装电浴间各项电料电灯　洋四百二十元零三分；

一支装热汽管及自来水　洋六百零三元二角；

一支添置台子棕榈开刀器具　洋三百五十八元五角五分；

一支购珠罗纱橡皮布铁丝布　洋二百零八元；

一支巡捕捐　元三十六两，洋二十五元一角；

一支院役及巡捕辛工　洋六十二元五角；

一支联保公司保险　元九十两。

共支洋九千三百三十五元五角三分，元一百二十六两。

南市医院开支

一支购各药房药料　洋一千四百七十四元八角五分；

一支购用原布　洋六百七十元零三角一分；

一支购用药水棉花　洋三百五十元；

一支购用凡士令　洋九十元；

一支购用药水瓶　洋六十三元五角；

一支房地租　洋一千二百六十元；

一支员役薪伙　洋五千九百四十四元六角；

一支号衣工料　洋六十五元二角五分；

一支联保公司保险　元二十三两九钱一分。

共支洋九千九百十八元五角一分，元二十三两九钱一分。

北市医院开支

一支购各药房药料　洋一千三百六十六元四角六分；

一支购原布洋纱　洋七百十八元三角九分；

一支购药棉花及药方簿　洋五百十一元；

一支购凡士令并臭药水　洋一百八十五元四角九分；

一支购玻璃盅并药水瓶　洋六十六元二角；

一支修理房屋工料　元二百二十两，洋一百六十七元；

一支员役薪伙　洋五千五百三十四元五角三分；

一支房租电灯　洋五百三十五元二角；

一支电话费　元四十三两七钱五分；

一支号衣工料　洋八十三元二角；

一支联保公司保险　元十八两；

一支购用煤炭　洋八十元。

共支洋九千二百四十七元四角七分，元二百八十一两七钱五分。

时疫医院开支

一支购各药房药料　洋三百三十元零一角五分；

一支宝德力医生薪水　元一千两；

一支员役薪伙　洋一千七百十八元三角五分；

一支房租　元一千二百两，洋一百六十七元四角；

一支巡捕捐　洋六十元零四角八分；

一支电灯电话　元三百六十四两六钱；

一支购沙漏灯壶　洋五十八元七角五分；

一支广告　洋七十八元；

一支闭幕酬劳员役　洋四百三十五元。

共支洋二千八百四十八元一角三分，元二千五百六十四两六钱。

吴淞防疫医院开支

一支员役薪伙并药品修理等　洋二千七百三十二元四角九分。

共支洋二千七百三十二元四角九分。

赈济救护开支

一支本埠邢家木桥、胡家木桥二处火灾赈济　洋二千六百十元零六角；

一支拨交贵洲义赈会散放灾赈　洋六千元；

一支拨交建阳、盐城二分会散放灾赈　洋一千元；

一支拨交寿县、太和、凤台、樊城四分会散放灾赈　洋二千元；

一支拨交临淮、平江二分会散放灾赈　洋一千元；

一支拨交宁波、正阳关二分会散放灾赈　洋一千元；

一支拨交来阳分会散放灾赈　洋三百元；

一支拨交武进、沙州灾赈公所赈济　洋五百元；

一支拨交广仁善堂冯梦华君贵州赈济　洋一千四百六十一元；

一支本埠冬赈　洋一百元；

一支出发寿州救护医队　洋八百十五元；

一支补助陨县分会散放灾赈　洋五百五十元；

一支补助灌云分会　洋三十元；

一支补助常州分会灾赈　洋一百七十八元一角五分；

一支补助桂林分会救护　洋五百元；

一支补助新都分会救护　洋二百五十五元；

一支本会救护队添置制服水壶等　洋七十二元二角；

一支遣送残废难民至天津船票　洋十元。

共支洋一万八千三百八十一元九角五分。

总办事处开支

一支补助各分会基本金　洋八千九百二十九元五角；

一支赠送捐户会员金银佩章　洋二千四百元；

一支专员赴瑞士万国红十字会联合会出席公旅费津贴　洋二千四百七十四元七角一分，元四百两；

一支本会总办事处房租、电话、电灯、巡捕捐　元二千四百九十八两八钱三分，洋五百九十五元九角三分；

一支本会总办事处邮费、电报、电料、器具　洋四百三十四元四角五分；

一支本会总办事处印刷、文具、报纸、修理　洋一千六百三十六元八角八分；

一支本会总办事处汇费、运费、旅费　洋一千五百零四元九角八分；

一支本会总办事处员役薪工、伙食杂项　洋一万三千八百五十元零一角八分；

一支本会总办事处同上　元四百十六两七钱三分；

一支本会总办事处救护车、物品、保险、交际　元二百五十四两八钱五分，洋四百四十七元九角七分；

一支本会总办事处酬劳捐税，内有大会用费一百三十五元，以后归入下届征信录　洋五百三十五元，元二百十八两五钱一分；

一支北京总会经费　洋三千三百元；

一支捐款志谢及募捐等广告　洋一千一百九十五元零三分；

一支暂记各户　洋一万一千六百五十八元二角，元五千两。

共支元八千七百八十八两九钱二分，洋四万八千九百六十二元八角三分。

兑换项下

一支兑出　洋五千元；

一支兑出　元三百九十二两四钱七分；

一支兑出　美金五元；

一支兑出　日金六百六十九元九角。

共支洋五千元；

共支元三百九十二两四钱七分；

共支美金五元；

共支日金六百六十九元九角。

以上总共支洋十万零六千四百二十六元九角一分；

以上总共支元一万二千一百七十七两六钱五分；

以上总共支美金五元；

以上总共支日金六百六十九元九角。

实存项下

一存中国银行　洋五千二百八十七元三角八分八厘；

一存中国银行　元一千五百五十五两二钱四分五厘；

一存兴业银行　元一千四百九十四两七钱八分六厘；

一存兴业银行　洋二千八百九十一元七角五分八厘；

一存上海银行　洋六千六百六十七元六角七分；

一存交通银行　洋四百十八元零九分；

一存制药部药品　洋三千元；

一存本会总办事处　洋三千七百廿二元八角零三厘；

一存本会总办事处　小洋三千一百九十八角；

一存本会总办事处　铜元五百二十枚；

一存本会总办事处　公债九千零九元；

一存本会总办事处　盐引票三百二十九元四角；

一存本会总办事处　印花税四十六元；

一存本会总办事处　罗卜票一百元；

一存本会总办事处　涂改废钞一百元；

一存本会总办事处　日金六百九十九元；

一存本会总办事处　对开八枚；

一存本会总办事处　铜洋一千四百七十七元，铅角二万九千零九十六角五分。

查上开中国红十字会收支报告，业经敝人将该会一应收支簿据细账收条发票各件逐项稽核，又应行查询之处亦详细考问，均无错讹。

中华民国十一年六月三十日查账员李馥荪代表谢牧臣谨白

民国十一年冬月出版

编辑者　青浦陆士谔

校订者　珠溪张遂初

发行者　竞存图书馆

印刷者　江南印刷局

总发行所　中华图书馆

经售处　本外埠各大书局

——原载陆士谔编辑：《中国红十字会第八届征信录》，

竞存图书馆发行，1922年。

《北平贫民救济会征信录》第四期
（1936 年 8 月）

目　录

三、本会冬赈赈品暨受赈贫户数目统计表。

四、本会月米暨捐款收支数目统计表（自二十四年七月起至二十五年四月十五日止）。

纪事

纪事一（本会立案经过）。

纪事二（吴幼权先生捐助房产）。

纪事三（王主任干事泽民历年捐助圆煤及煤末）。

题 名

北平贫民救济会现任职员题名

常务董事兼董事长：秦绍文先生德纯

常务董事兼副董事长：赵剑秋先生椿年

雷季尚先生嗣尚

陈希文先生继淹

常务董事兼总务部主任干事：彦明允先生惪

常务董事兼筹募部主任干事：吴甘侯先生承湜

常务董事兼基金部主任干事：王泽民先生毓霖

常务董事兼审核部主任干事：赵剑秋先生椿年

北平贫民救济会前任职员题名

前会长：

何克之先生其巩

张桐轩先生荫梧

王敬三先生韬

胡若愚先生若愚

周华章先生大文

前副会长：

王聘卿先生士珍（已故）

娄穆清先生学熙

鲍书征先生毓麟

前总务部主任干事：张季才先生允恺

前基金部主任干事：谈丹崖先生荔孙（已故）

前常务董事兼董事长：袁文钦先生良

前常务董事兼副董事长：

熊秉三先生希龄

蔡彬轮先生元

余幼庚先生晋龢

祝雨人先生瑞霖

张介人先生维藩

前常务董事兼筹募部主任干事：熊秉三先生希龄

帐　目

北平贫民救济会自民国二十四年五月起至二十五年四月十五日止收支赈款（月米捐款在内）数目单

计开

旧管项下

结至上年四月底止净存洋二万三千九百六十六元八角一分三厘八毫。

内计基金二万元、股票一千三百九十二元零四分。

实存洋二千五百七十四元七角七分三厘八毫（内有拨充购买月米洋七百三十八元八角四分）。

新收项下

月米捐款洋四百五十九元。

赈款洋一万零一百二十一元。

大陆、金城、盐业、农工保商银行利息洋二千一百二十九元六角四分。

共洋一万二千七百零九元六角四分。

连旧存总共洋一万五千二百八十四元四角一分三厘八毫。

开除项下

登大公报、世界日报、群强报洋七十六元三角八分。

印征信录会章洋五十一元。

印煤、面、衣裤票并粥厂表洋三十八元八角六分。

购小米洋八千九百四十八元。

购月米洋七百七十元。

购玉米面洋一千三百二十元。

放月米贫户一次洋二百四十元（捐款人指定每户八角，共三百户）。

春节奖各粥厂粥头、粥夫及驻厂警察洋三十八元。

购邮票洋三元。

匾架工料彩亭乐队等洋三十六元二角（送吴君幼权）。

冬赈调查费暨会员饭费洋五十五元一角。

查看净土寺房并赴西郊区署汽车洋三元二角。

税契官纸、颜色刷子洋五元七角。

扛米人工运费洋三十二元三角二分。

粥厂开办费、经常费并监理稽查员等薪金洋三千一百四十七元五角一分九厘八毫。

共支洋一万四千七百六十五元二角七分九厘八毫。

实在项下

净存月米款洋四百二十七元八角四分。

赈款洋九十一元二角九分四厘。

（合计共洋五百十九元一角三分四厘）

外基金二万元、股票一千三百九十二元零四分。

北平贫民救济会民国二十四年五月起至二十五年四月十五日止收入捐款数目详单

北平市银行同业公会捐助洋五千元。

杨昧云先生捐助洋二十元（赵副董事长代募）。

北平市社会局捐助洋五十元。

北宁铁路管理局捐助洋五十元。

绍宅捐助洋四元（住金鱼胡同一号）。

何前会长克之捐助洋四十元。

徐菊人先生捐助洋一百元（北平市政府函送）。

嘉荫堂老太太捐助洋五十元（彦主任干事明允代募）。

北海公园委员会捐助洋一百元。

北平自来水公司捐助洋二百元。

中山公园委员会捐助洋一百元。

铁宝臣先生捐助洋一百元（赵元方先生代募）。

北平市政府交由公安局指拨振大银号案款洋三千元。

北平市财政局拨助冬赈临时补助费洋一千元（由上年十二月起至本年三月止分四个月拨）。

无名氏捐助洋十元。

基金利息洋二千元（二十三年十一月起至二十四年十一月止）。

无名氏捐助洋二百四十五元（捐款人指定放给领月米贫户三百户，每户八角，余洋五元，归入赈款，张子英先生代交）。

北平市商会代募洋五十二元。

大陆、盐业银行存款利息洋一百二十九元六角四分。

以上共收洋一万二千二百五十元零六角四分。

北平贫民救济会民国二十四年五月起至二十五年四月十五日止收入月米捐款数目详单

北平市政府捐洋一百元。

李亚权先生捐洋五元。

冷展其先生捐洋四十五元（二十四年七月起至二十五年三月止，每月五元）。

交通大学北平铁道管理学院捐洋十元。

北平市管理颐和园事务所捐洋五元。

北海公园委员会捐洋五十元。

北平市社会局捐洋八十元。

中山公园委员会捐洋五十元。

北平自来水公司捐洋五十四元（二十四年七月起至二十五年三月止，每月六元）。

彦主任干事明允代募洋六十元。

遵照二十四年七月九日大会决议由春赈项下拨移充月米用银七百三十八元八角四分。

以上共收洋一千一百九十七元八角四分。

北平贫民救济会自民国二十三年七月起至二十五年四月十五日止月米收支数目单

计开

（一）二十三年六月由救国捐联合会捐助小米，内划拨月米五百石，由七月起施放，至二十四年六月止，共放米四百九十二石零六升六合，除放下存米七石九斗三升四合。

（二）二十四年春粥厂结束后存米二百零八石五斗零九合，又法源寺米库历次起运洒落余米一百五十石。

购米一百石。

以上共存米四百六十六石四斗四升三合。

（三）二十四年七月起至二十五年四月十五日共放米三百九十二石四斗六升七合。

预算四月下半月、五月、六月共需米九十九石三斗。

除存不敷米二十五石三斗二升四合。

本年粥厂结束后存米三百二十一石四斗六升。

补足月米不敷二十五石三斗二升四合（七月六日大会通过）。

实存米二百九十六石一斗三升六合（七月六日大会通过拨充月米）。

由七月起继续施放月米一年，下欠二百零四石（七月六日大会议决将所存麻袋除留用外尽数变价购米补欠）。

北平贫民救济会民国二十四年五月起至二十五年四月十五日止接受捐助房产赈品及开办粥厂施赈等支用米粮赈品数目单

旧管项下

棉衣二百六十四件。

棉裤一百九十七条。

小米二百零八石五斗零九合（拨放月米）。

新收项下

彦主任干事明允捐助普济驱瘟丹五百包，代募玉米面四千斤。

萧主席仙阁捐助棉衣八百件、棉裤八百条。

王主任干事泽民捐助圆煤十万斤。

无名氏捐助小米七十斤（合四斗六升），住地安门外三座桥毡子房三号张宅代交。

无名氏捐助棉衣四十件、棉裤四十条，小米二十石。

周宅捐助棉衣四十件、棉裤四十条，小米二十石。

张寰斋先生捐助棉衣六十四件、棉裤六十四条（住东四前拐棒胡同七号）。

傅董事沅叔代募吴幼权先生捐助房产一所（地安门外净土寺六号）。

吴幼权先生捐助棉衣一百件、棉裤一百条。

汪宅、潘宅捐助棉衣五十件、棉裤五十条，小米四十石。

许幼芝先生捐助大小单夹、棉衣裤四十三件。

购小米一千二百四十石。

购玉米面三万斤。

支出项下

西郊衍法寺粥厂小米二百二十四石。

西郊四王府粥厂小米一百八十石。

西郊蓝靛厂粥厂小米一百石。

南郊永定关厢粥厂小米二百二十石。

北郊华严寺粥厂小米二百十五石。

施放平西大觉寺附近各村冬赈小米六十石。

施放各区贫户玉米面三万四千斤。

施放各区贫户圆煤十万斤。

施放城郊各区贫户棉衣一千二百件、棉裤一千一百六十条。

拨放月米二百零八石五斗零九合。

施放普济驱瘟丹五百包。

以上共用小米一千二百零七石五斗零九合。

以上共用玉米面三万四千斤。

以上共用圆煤十万斤。

以上共用棉衣一千二百件、棉裤一千一百六十条。

以上共用普济驱瘟丹五百包。

实在项下

净存小米三百二十一石四斗六升。

棉衣一百五十八件。

棉裤一百三十一条。

大小单夹棉衣裤四十三件。

房产一所。

表式（略）

纪　事

纪事一（本会立案经过）

本会自民国十七年秋季组织成立，其时，因地方当局发起参加，自无呈请立案之必要。上年八月间，社会局连次询催依照各地方慈善团体立案办法之规定补行立案手续，本会为平市善团之一，自应从同。爰于九月间正式具呈请准立案，十一月间，奉局指令，业已呈府转部，并由局先行填发立案证书。续奉训令，已由府转部，十二月再奉训令，府准部复原送章程等件，尚无不合，应准备案，饬即知照。

附录

（一）本会呈社会局文及章程、登记清册、财产目录、捐助人名册、职员名册暨续补之董事名册（印鉴单暨第一、第二、第三期征信录从略）

（甲）呈

窃本会自十七年秋季由市政府发起，联合市内绅耆商学各界共同组织成立。历年认办粥厂，施放月米，冬春两季散放衣粮、元煤，常年施赠药品，并对于灾歉兵燹之地，如太舟坞、亮马桥、大觉寺、东壩、汤山等处散放急赈。会中赈款，悉恃募集，经费则由市政府每月补助二百元（冬赈期内补助四百元，以四个月为限），勉维开支。兹谨遵章缮附本会章程、登记清册、财产目录、印鉴单、捐助人名册、职员名册各三份，暨先后编印之第一、第二期征信录六册及第三期钞本三份，备文呈请核转立案，发给证书，实为公便。

谨呈北平市社会局。

附件

北平贫民救济会常务董事兼董事长袁良。

常务董事兼副董事长、筹募部主任干事熊希龄。

常务董事兼副董事长蔡元。

常务董事兼副董事长余晋龢。

常务董事兼总务部主任干事彦悳。

常务董事兼基金部主任干事王毓霖。

常务董事兼审核部主任干事赵椿年。

中华民国二十四年九月十八日

（乙）北平贫民救济会章程

第一章　总则

第一条　本会由本市各机关法团领袖及各慈善家公同组织，专以救济北平贫民为宗旨，故定名曰北平贫民救济会。

第二条　本会筹足市款二万元作为基金，存本动利，用资赈济，不足时临时设法筹募。

第三条　本会设在北平。

第二章　会务

第四条　本会会务大纲如下。

（甲）办理临时急赈。

（乙）筹办贫民救济事业。

第五条　本会实施救济时得就本市原有之慈善团体委托办理之。

第六条　本会对于下列各款应于每年六月及十二月呈报主管官署查核。

（一）职员之更动。

（二）职员成绩之考核。

（三）财产总额及收支状况。

（四）办理经过情形。

第三章　组织

第七条　本会会务由全体董事会计划并监督之，其职权如下。

（一）编制章程。

（二）审核预计算书。

（三）选举。

（四）变动基金。

（五）考核会务。

第八条　有下列资格之一者由本会聘为董事。

（一）各机关各法团领袖。

（二）办理慈善事业著有成效者。

（三）纳捐五十元以上者。

第九条　本会设常务董事八人，董事长一人，副董事长三人，总理一切会务，并决定聘请市长为常务董事兼董事长，社会、公安两局长为常务董事兼副董事长，其余常务董事五席及副董事长一席，由全体董事会公推之。

第十条　本会会务分设下列四部办理之。

（一）总务部，专司规划实施救济并编制预计算及收发文件、保管卷宗等事宜。

（二）筹募部，专司筹款募捐事宜。

（三）基金部，专司基金之保管及动用事宜。

（四）审核部，专司审核收支事宜。

第十一条　本会每部设主任干事一人，干事若干人，承董事长之指挥办理各本部事务，主任干事由选举之常务董事兼充，干事由主任干事就董事中选聘之，干事以下职员由会派用。

第十二条　本会选举之副董事长、常务董事及各部干事任期一年，但得连选连任。

第十三条　本会董事长、副董事长、董事及各部职员均为名誉职。

第四章　会期

第十四条　本会全体董事大会每年于五、九两月各开会一次，由董事长召集之，如遇有紧急事项得召集临时会议。

第十五条　本会董事大会开会时须有全体董事过半数之出席，决议事项须有出席董事过半数之同意。

第十六条　本会董事大会开会时以董事长为主席，各部主任干事应报告收支数目并办理会务经过情形。

第十七条　本会常务董事每月应开会一次。

第五章　经费

第十八条　本会办理赈济费用以基金利息及募集捐款充之。

日常支用经费就市政府补助费（每月二百元，惟十二月至三月四个月各四百元）额内撙节开支。

第十九条　本会收支之款项物品应逐日登入账簿，所有单据一律保存。

第二十条　本会办理募捐时均先将收据捐册编号送由主管官署核准盖印。

第六章　附则

第二十一条　本会办事细则另定之。

第二十二条　本章程如有未尽事宜，应由全体董事会修正之，并呈报备案。

第二十三条　本章程自经主管官署核准立案后施行。

（丙）北平贫民救济会登记清册

目的	救济贫民
名称	北平贫民救济会
主事务所及分事务所	主事务所设北平和平门内吕祖阁东夹道悟善社旧址内，未设分事务所
财产之总额	基金二万元，房屋家具合共约三千四百十元
受许可之年月日	民国十七年秋季由市政府发起组织
董事之姓名及住所	常务董事袁良、熊希龄、余晋龢、蔡元、彦憙、赵椿年、王毓霖，均住北平
限制董事代表权者其限制	无
定有存立时期者其时期	无
附记	

（丁）北平贫民救济会财产目录

摘要	金额		附注
	细数	合计	
基金		银二万元	北平市各界救国团体募集救国捐联合会捐助。
会址房屋、楼房、平房三十二间		约值银三千二百元	会址初设在北海画舫斋，十七年十二月准市政府函拨悟善社旧址为本会会址，因于十八年一月间接收今址迁入（计院内西边上下楼房合共三十二间）
粗细家具二百七十三件		约值银二百十元	
合计		二万三千四百十元	

（戊）北平贫民救济会捐助人名册

姓名	别号	年龄	籍贯	经历	住所或通信处	捐助款额
北平市政府						悟善社旧址房屋（约合银三千二百元）
北平市各界救国团体募集救国捐联合会					本市中山公园董事会	基金二万元
附记	历年捐助人姓名详见第一、第二、第三期征信录内					

（己）北平贫民救济会职员名册（略——编者注）
（庚）北平贫民救济会董事名册

姓名	年龄	籍贯	住址
袁良	五十三	浙江杭县	北平市政府
蔡元	四十一	浙江崇德	小羊宜宾胡同八号
熊希龄	六十九	湖南凤凰	石驸马大街
余晋龢	四十七	浙江绍兴	东堂子胡同二十五号
祝瑞霖	五十四	河北大兴	翟家口二十三号
赵椿年	六十八	江苏武进	米市胡同四十八号
彦愙	六十	北平	西城东观音寺十二号
吴承湜	四十八	浙江杭县	翠花胡同甲四号
王毓霖	四十四	江苏淮阴	弘通观甲四号
赵汝谦	四十	江苏兴化	西单北武功卫四号
董恒奎	五十	北平	屯绢胡同十八号
傅立佩	六十二	北平	广宁伯街锦帽胡同四号
冷家骥	五十二	山东招远	浸水河
陶履谦	五十	浙江杭县	干面胡同

续表

姓名	年龄	籍贯	住址
岳乾斋	五十五	北平	盐业银行
傅增湘	六十四	四川江安	石老娘胡同
徐森玉	五十五	浙江	都城隍庙街十二号
关燕平	六十	北平	沙井胡同五号
赵元方	三十六	北平	大茶业胡同
梅畹华	四十二	江苏泰县	无量大人胡同
冯幼伟	五十	广东	东四九条胡同
祥瑞年	五十一	北平	西直门内南草厂
柯世五	四十九	北平	皮库胡同三十七号
崇岱	五十九	北平	受璧胡同三十三号
汪逢春	五十五	江苏	五斗斋
萧训	四十五	江苏	绒线胡同
何筱湘	六十	江苏	大陆银行
杨绍业	五十五	山东	商会
刘毓瑚	四十六	河北天津	西四大拐棒胡同
高理亭	五十六	山东	商会
胡恩光	六十	北平	红卍字总会
何其鞏	四十	安徽桐城	北池子
江朝宗	七十五	安徽旌德	南湾子
穆博宸	五十	北平	天津英界英国马号对过
桂菊岩	五十八	北平	西四北后纱络胡同五号
张允恺	六十	河北丰润	东四六条三十八号
陆振华	六十	河北	西安门内光明殿八号
张庚楼	四十六	河北丰润	东四六条三十八号

续表

姓名	年龄	籍贯	住址
方行维	五十六	福建闽侯	细瓦厂
徐仲琳	四十六	河北	崇外兴隆街
杨子功	五十八	北平	五台山普济佛教会
周肇祥	五十五	浙江山阴	头发胡同
朱深	五十九	河北	东四六条胡同
杨味云	六十二	江苏无锡	太平桥鸭子庙
方石珊	五十三	北平	首善医院
孟玉双	六十	河北宛平	和平门内中街

（二）社会局指令及立案证书

（甲）北平市社会局指令第八六七一号

令北平贫民救济会

二十四年九月十八日，第一六二三七号，呈一件，呈送章程、表册暨征信录请重行核定立案并发给立案证书由。

呈件均悉。查该会呈送章程表册，大致尚无不合，应准立案，并准发给立案证书，除呈市政府咨部备案外，仰即知照。此令。

附发立案证书一件。

中华民国二十四年十一月二日

（乙）慈字第二三号立案证书

兹据北平贫民救济会董事长袁良等依法呈请立案，经审查结果尚无不合，应准立案。此证。

北平市社会局局长蔡元
中华民国二十四年十一月二日

（三）北平市社会局训令第七一号

令北平贫民救济会

案查前据该会呈送章程表册等件，请重行核定立案，业经指令并转报在案。

兹奉市政府二十四年十一月十四日北字第七九号指令内开："呈件均悉，已分别存转矣，仰即转饬知照。"等因奉此。合行令仰该会知照。此令。

中华民国二十四年十一月二十五日

（四）北平社会局训令第六六七号

令北平贫民救济会

案奉市政府二十四年十二月七日北字第三六一号训令内开："案查前据该局呈送北平贫民救济会章程、清册等件，当经转咨内政部查核备案，并指令在案。兹准内政部民国二十四年十一月二十五日发，一六七四五号咨开：查核原送该救济会章程等件大致尚无不合，应准备案，相应复请查照转饬知照，等因准此。合行令仰该局转饬该救济会知照。"等因奉此，合行令仰该会知照。此令。

中华民国二十四年十二月十四日

纪事二（吴幼权先生捐助房产）

民国二十四年十一月间，准董事傅沅叔先生来函，介绍吴幼权先生捐助北锣鼓巷净土寺街六号房产一所到会，嘱设法脱售现金，存本支息，按年办理本市贫民冬赈。当即具函复谢，并函请公安局及该管区署饬警照料。本年一月间循例立契，声请转移，函准财政局复允免费税契过户。三月，函达市政府胪叙捐产事实，请转部褒扬，准复照办。七月间第一次董事大会提案报告，并讨论脱售方法，当经议决接收后登报宣传，租售得价并入基金，存本支息。八月间准市政府复函褒案，已奉题颁义举仁风匾额，一方当即转送收领，一面函复查照。

附录

（一）傅董事增湘来函

敬启者。前因门人吴幼权拟捐房产助赈，曾与贵会赵君愚、彦明允二君面谈，兹据吴幼权由其平津两宅检齐坐落北平市北锣鼓巷净土寺街六号旧德王府全部房产契据一份，计本身红契二张，随带老契十一张，一并交来，随函附上，敬祈察收。按此项房产，吴宅原置价六万元，修理之费尚不在内，既据发愿助赈，洵属难能，究应如何由贵会设法脱售现金，存本支息，按年办理本市民冬赈，以及吴君惠济穷黎，慨输巨产，应如何申谢及酌予表彰之处，统祈贵会转陈市长核夺办理，仍将办理情形随时见示，以便转告前途为盼。

此致，北平贫民救济会。

傅增湘拜启，十一月二日

（二）本会谢函

敬启者。接准大函，内开：前因门人吴幼权拟捐房产助赈，曾与贵会赵君愚、彦明允二君面谈，兹据吴幼权由其平津两宅检齐坐落北平市北锣鼓巷净土寺街六号旧德王府全部房产契据一份，计本身红契二张，随带老契十一张，一并交来随附上，敬祈察收。按此项房产吴宅原置价六万元，修理之费尚不在内，既据发愿助赈，洵属难能，究应如何由由贵会设法脱售现金，存本支息，按年办理本市贫民冬赈，以及吴君惠济穷黎，慨输巨产，应如何申谢及酌予表彰之处，统祈贵会转陈市长核夺办理，仍将办理情形随时见示，以便转告前途等因。准此，并附全契十三件到会所，嘱由会设法脱售现金，存本支息，按年办理本市贫民冬赈各节，自应完全照办。将来脱售所得，当归入本会基金，永远存本动利，用充本市冬赈之用。先生力为挽介，捐此巨产，本会基础得以益臻巩固，匪特本市贫民额手称庆，本会同人亦同声感荷于无穷，除函谢吴君及另案提会讨论表扬办法暨脱售进行如何随时函达外，谨先具函申谢，至希察照。

此致，傅董事沅叔。

中华民国二十四年十一月十一日

（三）本会致吴幼权先生函，萧字第一一八号

敬启者。接准本会董事傅先生沅叔函开：前因门人吴幼权拟捐房产助赈，曾与贵会赵君愚、彦明允二君面谈，兹据吴幼权由其平津两宅检齐坐落北平市北锣鼓巷净土寺街六号旧德王府全部房产契据一份，计本身红契二张，随带老契十一张，一并交来，随函附上，敬祈察收。按此项房产，吴宅原置价六万元，修理之费尚不在内，既据发愿助赈，洵属难能，究应如何由贵会设法脱售现金，存本支息，按年办理本市贫民冬赈，以及吴君惠济穷黎，慨输巨产，应如何申谢及酌予表彰之处，统祈贵会转陈市长核夺办理，仍将办理情形随时见

示，以便转告前途等因。准此，并附全契十三件到会，所嘱由会设法脱售现金，存本支息，按年办理本市贫民冬赈各节，自应完全照办，将来脱售所得，当归入本会基金，永远存本动利，用充本市冬赈之用。执事慨捐重产，乐善好施，嘉惠市民，允称万家生佛，除俟下届大会专案提议如何表扬善举暨谢傅董事外，谨先具申谢，即希察照。此致，吴先生幼权。

中华民国二十四年十一月十一日

（四）本会致公安局及内五区署函

径启者。本会近承吴幼权先生捐助地安门北锣鼓巷净土寺街六号旧德王府房产一所，全套契纸十三件，业已交送到会，本会正在召集大会议定手续，实行接收。该房近寄住多户，诚虑良莠不齐，屋内门窗树石或有短失，除径函该管内五区署函公安局外，相应专函奉达，至祈查照，饬由该区属随时注意照看，事关慈善救济，谅荷许可，不胜盼企感祷之至。

此致，北平市公安局、北平市公安局内五区署。

北平贫民救济会启
二十四年十一月二十七日

（五）财政局来函

案准北平市政府公安局函开："案准北平贫民救济会函开：'查吴幼权先生捐助本会旧德王府房产充赈，该房坐落在内五区界净土寺街门牌六号，请查照转知该管区署'等因，准此，除令区知照并分函外，相应函达查照"等因，准此。查本市区内，公私房地产权移转均应照章领单税契，准函前因，相应函达，即希查照，派员来局办理为荷。此致，北平贫民救济会。

北平市财政局启
十二月十四日

（六）本会致财政局请免费税契函

北平贫民救济会公函萧字第一四三号

径启者。准十二月十四日贵局公函内开：案准北平市政府公安局函开，查吴幼权先生捐助本会旧德王府房产充赈，该房坐落在内五区界净土寺街门牌六号，请查照转知该管区署，等因准此。除令区知照并分函外，相应函达查照，等因准此。查本市区内公私房地产权移转，均应照章领单税契，准函前因，相应函达，即希查照办理等因准此。查此项房产系由吴君捐助，本会变价用充赈款基金，永远存本动利，自应一体领单税契完成手续，事关慈善，希照章豁免一切费用，以襄义举，合先专函奉达，即希查照，俯允照办见复，实级公谊。

此致，北平市财政局。

中华民国二十四年十二月二十六日

（七）财政局复函及通知

（甲）函

接准贵会来函，以吴幼权捐助旧德王府房产充赈，事关慈善，希免费领单税契，以襄义举，等因准此。查公益团体，置产不以收益为目的者，照章准免契税及凭单费，准函前因，相应函复查照，派员来局填具声请书，以便查勘办理。此致，北平贫民救济会。

中华民国二十四年十二月三十一日

（乙）通知

北平市财政局第三科补税通知			
业户姓名	房产坐落	门牌号数	此项通知由审核股填交业户，俟转移手续由登记股办竣，业户领到临时凭证后，赴捐税股投税时照章补税，再行发给凭单买契。
吴长麟堂	内五区净土寺胡同	六号及车门	
应补房间			中华民国二十五年一月十四日
原契与现状间数不符，应行补税添盖瓦房三间，垂花门一座，平台一间，砖水井一眼			
第三科审查股填发			

（八）本会致财政局请免补税函肴字第一六号

关于本会净土寺房产免费税契一案，准一月十四日贵局第三科审查股通知有应补税之瓦房、垂花门、平台、水井等四项，嘱速补税等因。查此类建置悉属原业主所办理，捐到本会后，绝未增加工程。此房已准贵局上年十二月三十一日公函核定免征契税及凭单费在案，兹准通知前因，拟请惠予一体豁免，用襄义举，相应专函奉达，即希查照办理见复，实级公谊。此致，北平市财政局。

中华民国二十五年一月二十日

（九）财政局复函

接准来函，以净土寺房产免费税契一案，其原业主尚有应补税之瓦房、垂花门、平台、水井等四项，请予一体豁免，等因准此。查该房既经捐助慈善机关，所有应行补税部分，姑予豁免，以襄义举。准函前因，相应函复贵会查照为荷。此致，北平贫民救济会。

北平市财政局启，一月二十八日

（十）本会致市政府请褒扬函肴字第三二号

本会于上年十一月间，准傅董事沅叔介绍吴幼权先生捐助净土寺街旧德王府房产一所，嘱设法脱售现金，存本支息，按年办理本市贫民冬赈，附送全套契件到会。除循例立契，照章向财政局声请转移外，此案原捐助人慨捐六万余金之巨产，洵晚近所难能，拟请贵府依照褒奖条例之规定，转咨内政部酌予奖叙，俾资旌劝，相应钞同傅董事原函，具函奉达，即希查酌办理，并见复为荷。此致，北平市政府。附钞函一件。

中华民国二十五年三月十三日

（十一）清册

今将请求褒扬事实造具清册呈请鉴核。

计开

受褒扬人吴君幼权，年二十五岁，山东省历城县人，现存右开：受褒扬人于民国二十四年十一月间，捐助北平贫民救济会房产一所，坐落北平德胜门内净土寺街六号（即旧德王府），嘱由会设法脱售现金，存本支息，按年办理北平贫民冬赈。据原介绍人傅君增湘来函云，该房原置价六万元，修理之费尚不在内等语，右列事实合于褒扬条例第一条第二款，拟请颁给匾额褒章，以资褒扬，谨呈。

中华民国二十五年三月　日
北平贫民救济会谨呈

（十二）市政府复函

案准贵会来函，以吴君幼权捐助净土寺街房产一所，并嘱脱售现金，存本支息，按年办理本市贫民冬赈，请依照褒扬条例，咨部奖叙，附抄傅董事原函一件，及清册四份，嘱为查照办理，等因准此。查吴君幼权，慨捐巨产，救济本市贫民，洵属热心公益，已检同原清册四份，转咨内政部查照办理，相应函复查照。

此致，北平贫民救济会。

北平市政府启，四月四日

（十三）第一次董事大会会议记录

（甲）报告事项

（三）上年十一月间，准傅董事沅叔介绍，吴幼权先生捐助净土寺六号旧德王府房产一所到会，嘱设法脱售现金，存本支息，按年办理，本市贫民冬赈，当经具函复谢，循例立契，声请转移，由财政局登报公告，并函达公安局及该管区署代为照料，一面函叙经过，造具事实清册，送请市政府出具证明，咨转内政部请予褒扬，刻已照案咨转，尚未接准部复。

（乙）讨论事项

（一）吴幼权先生捐助房产，嘱设法售现金，存本支息，办理冬赈，自应售价并入基金，用充冬赈，究应如何设法脱售，提请讨论公决案。

决议：先行接收，派人看守，如有相当租售召开临时大会讨论，并可登报宣传，以期早日解决，并入基金存本支息。

（十四）北平市政府来函及内政部褒扬证书

（甲）函

前准贵会来函，以吴幼权君捐助净土寺街房产一所，为按年办理本市贫民冬赈之用，请依照褒扬条例，咨部奖叙等因，业经转咨内政部查照办理在案。兹准咨复，案经转呈行政院核示，奉训令转发国民政府题颁义举仁风匾额一方，饬部转给具领，相应填具褒扬证书一纸，检同原题字，请查照转给具领，并行见复，等因准此。相应检同原附证书及题字，请为查照转给，并希见复为荷。

此致，北平贫民救济会。

附证书一件、题字全份。

北平市政府启，八月八日

（乙）证书

褒扬证书

姓名：吴幼权。

年岁：二十六岁。

籍贯：山东历城。

右受褒扬人经本部审核合于褒扬条例第一条第二款之规定，呈奉

行政院转呈国民政府核准给予义举仁风匾额一方，合行发给证书。

此证

内政部长蒋作宾

中华民国二十五年七月十五日

礼字第四七九号

纪事三（王主任干事泽民历年捐助圆煤及煤末）

基金部主任干事王先生泽民，自本会组织成立以还，年捐本会圆煤或煤末，煤末二十万斤，圆煤已共达四十二万斤。缘此，本会对于施放燃料斥资自购者甚少，残冬岁暮，啼饥号寒，饥得米而寒，无煤不可以温，亦不可以饱。泽民先生好施乐善，久而益坚，人无堕指之虞，得挟纩之惠，是宜大书深纪者也。佩荷之余，特志于此。

——原载《北平贫民救济会征信录》第四期，1936 年。

世界红卍字会全鲁各分会联合救济办事处
救济水灾兵灾总报告

（1938 年）

目　录

一　兵灾工作

（1）招待

（2）收容

（3）遣送

（4）掩埋

一　医务工作

一　赈务工作

丙编　征信录

一　捐助救济经费姓氏表

一　捐助赈济款项姓氏表

一　捐助物品姓氏表

一　收支款项清册

一　附注

序

鲁省北接幽燕，南连苏皖，胶济路东通渤海，津浦路直贯济阃，因地势之重要，交通之便利，邻省偶起战端，吾鲁辄陷漩涡，又兼黄河由冀豫入鲁，势极险恶，十余年来鲁民遭受兵劫、水灾已属数见不鲜。乃客岁夏秋之交，鲁西之菏泽、汶上、寿张、东平等县，地震、水患相继发生，未几，玉符河决口，黄河下游又告出险，益以河北战事紧急，逐渐南移，灾区日见扩大，难民日见增多，其啼饥号寒之惨，颠沛流离之苦，真令人言之而泪下，闻之而伤心焉。本会为全鲁之枢纽，居省垣之要冲，本人类互助之精神，负救灾弭劫之义务，职责所在，岂敢漠焉视之。爰于去年七月间筹备救济，积极工作，截至本年六月，正值一年度届满。虽在过去一年中，关于水灾、兵灾各项救济每月均有报告，分送各界公览，但门类不清，统计不详，深恐阅者未能一目了然，特再分类统计，编成总报告，并将救济摄影百余张，列诸报告之前，以昭翔实。其总报告之内容，共分甲、乙、丙三编。

甲编组织概要。本会为山东各卍字分会组织而成，名曰世界红卍字会全鲁各分会联合救济办事处，简称全鲁卍联处，与历城卍字分会设置于同一地址者也。平时设有施诊所、因利局，除治疗贫苦病民、接济小本营业商人外，并办施药、施棺、施衣、施粮种种慈务，遇有兵燹水旱灾劫，随时组织救济队实施救护赈济。自成立迄今已届十年。去岁七月间，本会遵照北京总会所编联队之规定，组成世界红卍字会第二联合救济队全鲁联处第二队，简称全鲁联处第二队，次第扩充为九组队，改组施诊总所为临时医院，水灾兵灾赓续救济，设总办事处于全鲁卍联处内，主持办理收容、遣送等事。为救济便利起见，又分四路设立办事处，东路设于青岛，西路设于长清，北路设于洛口，南路设于泰安，并在泰安办事处设置监理部，所有服务人员自总监理督队长以至队员、管理员等均义务职也。

乙编救济报告。内分四项：一曰水灾工作。去年八月间，长清之玉符河决口，水势澎湃东下，济市北境东西百余里之村庄尽成泽国，被害人民十余万之众。本会派督队长朱璞如，督副队长李灵涟、吴平璇，队长殷净和、刘清笠等，分带队员队夫出发救济，匝月之间，计救护收容一万九千五百零三人。其在水区暂居不愿他避者，本会派员调查，分别施放食物，有患病者随时由医生医治，计八万三千五百零一人。复因黄河下游决口，被淹区域达八九县之大，本会派队长刘清笠、医务主任孙宪慈、队员队夫携带食物、药品由洛口乘船东去，经过齐东、济阳、蒲台、利津、博兴、广饶、青城、高苑等县，随地施放食品，兼为患病之灾民医治，计九千三百二十一人，连前救护赈济统共十一万二千三百二十五人。至鲁西之地震、水灾，本会系拨助赈款，委托菏泽、汶上、寿张、东平各卍会代为赈济，其受赈之人数不在此报告之内。

一曰兵灾工作。去年九月中旬，河北战事日急，静海、青县、东光、沧州一带难民纷纷逃济，初因官府不准收容，本会仅可随时周济，劝令他往。嗣因人数日多，饥寒堪怜，再四代向官府呼吁始准设所暂收，转送邹、滕各县收容，连同平津转济各省流亡学生，计共招待六万四千八百一十五人。本会因难民避居济市坚不南去者，尚有数万之众，沿街乞讨惨不忍睹，遂于十月初旬设立收容所，陆续成立三十九处，共收难民三万九千七百零九人，外有泰安、羊楼、范镇各队设所十八处，收容难民一万余人。本会所收之难民，俱由本会供给饮食，并备棉衣、棉被等物，以资御寒。该难民等思家心切，要求设法遣送，绕道返回河北。当经本会商准胶济路局免费乘车，复派队长刘清笠、主任袁华品等赴青与英商太古、怡和两轮船公司交涉，允许成年者半价，儿童免费，由胶济路乘车赴青岛搭轮转津回籍。本会派队长刘清笠等驻青岛办事处，办理东路招待护送事宜，共由胶济车东运难民十三批，计一万零一百四十九人。除有千余难民在周村下车，承周村卍字会招待陆行回籍者外，余俱由青乘轮北归，其中半数因轮船发生波折在青候轮，所有食住两项，皆赖青岛市府及万国慈善救济会担任供给。本会又派督副队长李灵涟等在西路长清办事处设立招待所，由济陆行护送难民，至长清时，在该处暂住一宿，再送过河北去，计送难民一万零三百二十一人。嗣后战事南移，本会遂派主任李净福等驻北路洛口办事处，照料遣送北上难民，旋因津浦路北段通车，准予免费乘车，接续护送回籍，共为一万二千四百八十三人。又南路泰安办事处遣送难民三百八十五人，除收容黄河迤南附近之难民于收容所，结束时酌给川资遣散不计外，以上四路共送难民三万三千三百三十八人。

一曰医务工作。本会附设医院一处，由责任院长杨育生，副院长崔初华、匡善和督率医务主任孙宪慈、杨宪文、李源临暨医士十余人，分任内外两科，再加第一施诊所、第二施诊所，总共治疗一万五千三百零六人，又泰安、羊楼两处施诊所诊治五千八百余人。

一曰赈务工作。自去年事变后，济市及四郊居民大半不能维持生活，时届冬尽，尤感困难，本会于本年一月中旬派员分班调查，施放米面等物一次，后因北乡居民既罹水灾，复遭兵燹，更极惨苦，又放赈米一次，先后受赈者共计十二万六千零六十四人。其由本会临时零星周济，或善团善士托代赈济，与夫第五组队在泰安赈济者，均未列入上项统计中也。

丙编征信录。内列各表乃此次救济之总收支，在总报告中关系至为重要，故特列为专编。回忆本会办理救济之初，正当大劫勃发之时，农村濒于破产，商业陷于停顿，本会同仁虽抱救人自救之决心，发博施济众之宏愿，然自揣材力绵薄，深惧难收圆满之效。幸荷仁人义士、各地善团对于本会救济工作极表同情，慨助慈款，乐输义粟，共集款项物品价值约十二万元有奇，加以泰安、羊楼、范镇、汶口、青岛、周村、长清各地救容招待赈济所需之款六万余元，总共约在十八万元以上，并蒙官府及各友邦人士关于难民乘车乘轮，或收半价，或全免费，热忱赞助，共襄善举，前后统计全活人数在四十万以上。此功此德，岂可限量，是尤本会同仁私衷钦佩，谨代受惠灾黎深为感谢者也。兹因总报告编成，行将付刊，特书数行，略述经过，藉表谢悃，尚望诸大善士、大君子赐予鉴察，进而指导之，则本会同仁更为欣幸矣。

中华民国二十七年七月一日

灵泳张星五谨志

摄影（略）

甲编　组织概要

世界红卍字会以促进和平、救济灾患为宗旨，民国十一年成立总会于北京，旋即推设分会于各地，山东先后设立分会七十余处。至十七年十一月，山东各卍字分会因连年灾劫频仍，几遍全省，非合群策群力不足救大灾大难，遂由各分会推举代表来济研讨联合救济办法，议定组设世界红卍字会全鲁各分会联合救济办事处，简称全鲁卍联处。公订简章（附后），推定历城卍会会长张星五为总监理，周悟坦、李智和、张修如、王承晏、刘承中、步圆辉、贺善果、沈斐笃、毛精悟、刘佛真等为监理（职员表附后），并组全鲁卍联施诊总所及全鲁卍联第一施诊所、第二施诊所，兼施各种药品，以治疗贫苦病民，设立全鲁卍联因利局以接济小本营业商人。全鲁卍联处内设历城红卍字分会（职员表附后），凡历会所办之施药、施棺、施衣、施粮之种种慈务，亦即包括全鲁卍联处范围以内，如遇兵燹、水旱、灾劫发生，临时组织全鲁卍联救济队实施救护赈济，并设临时医院及难民收容所等等。本会于二十六年七月间，遵照总会所编联队之规定，筹组世界红卍字会第二联合救济队全鲁联处第二队，简称全鲁联处救济第二队（办事规则附后）。至八月六日正式成立，先办水灾救济，续办兵灾救济，依照全鲁联处第二队办事规则，应在历城红卍字会内设总办事处，处内设总监理一人，公推卍联处总监理张星五兼任，朱立悟、李智和、徐鸣芝、张觉悟、员极谷、于极须、崔初华、宋墨诚、苗兰亭、张宏声、张英临、孔惠化、张英德、梁琴轩、宋涵华等为监理，吴平璇为总监察（职员表附后）。第二队共分九组队，朱璞如为督队长，李灵涟、吴平璇、李峻默为副督队长，每组各设有队长一人分负责任（队长员表附后）。泰安卍会为第五组队，范镇卍会为第六组队，羊楼卍会为第七组队，汶口卍会为第八组队，长清卍会为第九组队。为办理救济便利起见，分四路设立办事处：东路设于青岛，西路设于长清，北路设于洛口，南路设于泰安，并在泰安办事处设立监理部，公推泰安卍会李会长智和为首席监理，徐会长鸣芝、员会长极谷、于会长极须、宋会长墨诚、刘会长如修等为常务监理，吴源琦、屈圆修、侯峻六、史笃慈、陈峻爽、仇极因、高乂养、李峻默、杨复真、王毓原、郭希天、温昭敏、刘之思、杨昭明、张和斋、赵昭然、王乐知、李峻符、贾乐同等为监理。改全鲁卍联施诊所为临时医院，由张会长星五兼任院长，杨育生为责任院长，崔初华、匡善和为副院长（职员表附后）。第一施诊所所长为楚充符，第二施诊所所长为郭法藏，临时收容所三十九处，泰安、羊楼、范镇各队设收容所十八处。每所设主任一人，管理员数人（职员表附后），分任救济工作。兹将各项章则及职员表分别列后。

一　章则

世界红卍字会全鲁各分会联合救济办事处简章

第一条　本办事处由全鲁各卍字分会人员联合组织之，故定名为世界红卍字会全鲁各分会联合救济办事处。

第二条　本办事处以救灾恤难、赈济饥民为宗旨，凡处内举措一切事宜推定驻处职员公议行之。

第三条　本办事处设于济南魏家庄民康里。

第四条　本办事处设总监理一人，监理十二人，副监理若干人，俱由大会公选之，其未被选之会及以后成会续入者，均准由各该会推选副监理一人，每部设主任一人，副主任一人或二人，干事若干人，书记若干人。

第五条　本办事处之组织分部如下：

一、总务部　凡关于救济事宜、应行筹议规画及不属于他部一切事务均属之。

二、文牍部　凡关于文电收发、起草缮写、保管图记册籍、编纂报告及征信录、会议录各事均属之。

三、会计部　凡关于款项之收支保管，登记账簿，制造表册各事均属之。

四、庶务部　凡关于购办物品及各项用品之保管、编号、修理、登记等事均属之。

五、交际部　凡关于对外接洽、劝募慈款、招待来宾、联合通译、运输等事均属之。

六、调查部　凡关于访查救济应办各项及考察各地救济成绩等事均属之。

七、奖惩部　凡关于各分会办理救济人员之奖劳纠惩、功过登记及审核奖惩款目事项均属之。

第六条　本办事处简章如有未尽事宜，得由各卍字分会提出公议修正之。

世界红卍字会第二联合救济队全鲁联处第二队办事规则

第一条　本队定名为世界红卍字会第二联合救济队全鲁联处第二队。

第二条　本队依据世界红卍字会全鲁各分会联合救济简章第二条之规定，设总办事处于济南市魏家庄民康里历城红卍字分会。

第三条　总办事处设总监理一人，监理若干人，副监理若干人，总监察一人，监察若干人，下设总务、文牍、会计、庶务、交际、调查、奖惩七部，每部设主任一人，副主任一人或二人，干事若干人。

第四条　总办事处各部之职务如下：

一、总务部　凡关于救济事宜应行筹议规画及不属于他部一切事务均属之。

二、文牍部　凡关于文电收发、起草缮写、保管图记册籍、编纂报告及征信录等事均属之。

三、会计部　凡关于款项之收支保管、登记账簿、制造表册各事均属之。

四、庶务部　凡关于购办物件及各项用品之保管、编号、修理、登记等事均属之。

五、交际部　凡关于对外接洽、劝募慈款、招待来宾、联合通译、运输等事均属之。

六、调查部　凡关于访查救济应办各项及考察各地救济成绩等事均属之。

七、奖惩部　凡关于办理救济人员之奖劳纠惩、功过登记及审核奖惩款目事项均属之。

第五条　本队设督队长一人，副督队长若干人。

第六条　本队得分若干组队，每组队设队长一人，副队长一人或二人。

第七条　本队有二组队以上之救济队，为办理救济便利起见，酌设办事处，即以办事处所在地之卍会会长为首席监理，各组队之卍会会长及其他重要职员参照本规则办理之。

第八条　有二组队以上之救济人员办理救济事务，应如何分任之处，酌量情形互商进行，如各组办理救济有特别情形，因灾情重大赈款不足时，总办事处得函商他组合力协助以扩慈施。

第九条　本队每月收支救济款项应行于月终造具报告清册，逐月公布，以昭信实。

第十条　本规则如有未尽事宜，得提出公议修正之。

世界红卍字会历城分会附设临时医院章程

第一条　本院以疗养伤病为宗旨。

第二条　本院定名为世界红卍字会历城分会附设临时医院。

第三条　本院设于济南魏家庄树德里路东九号

第四条　本院设职员如下：

一、院长一人，主持全院一切事务，副院长二人协助之。

二、事务主任一人，总管本院各项任务，事务员五人，分别担任文牍、会计、庶务、卫生、医药及登记、挂号、稽查、出入事务。

三、内外科主任、医士各一人，各科医士若干人，医助若干人。

四、看护、女看护各若干人。

五、夫役若干人。

第五条　凡经救济队救护之伤病军民，除随时急施治疗外，其情形较重者得运送本院疗养，并在本院逐日施诊。

第六条　本院对于入院疗养者，应将姓名、籍贯、年龄、职业、住址、伤病情状等项填注册内，发给编号盖戳之，识别布条悬于左襟。

第七条　凡入院疗养者，勿论何人，除随身衣物外，不得携带违禁及珍贵物品，违者不收。

第八条　凡入院疗养者，均应遵守本院养病规则，其规则另订之。

第九条　凡入院疗养者，所有饮食、医药各费均由本院供给，但因特别情形，以致给养不济时，得由卍会请求军民长官辅助之。

第十条　本院职员对于伤病男女，应本道慈宗旨，随时演讲感化，俾得精神上之安慰，其医士看护对于病人之言语举动尤应加意体贴。

第十一条　来宾入院参观者，需得医士许可，由事务员引导之，否则婉言拒绝，病人亲属要求接见者亦同。

第十二条　凡病人亲友经医士许可接见者，必须照章挂号，由事务员引导接见，但不得多时流连或高声谈话。

第十三条　本院职员除照章服务外，不得对于病人谈论时事或允其袒护之请求。

第十四条　本院事务员及医士看护均须分班轮流值夜，其巡更由夫役任之。

第十五条　凡入院疗养者，愈后应即行出院。

第十六条　凡有对于本院输助财物者，应立时报告卍会，填给收据并修函致谢。

第十七条　关于本院之成立、结束及日报、月报、册报、奖惩各事均参照救济队章程规定办法办理之。

第十八条　本章程如有未尽事宜，得提交卍会大会修正之。

世界红卍字会历城分会临时难民收容所章程

第一条　收容所以收容被灾难民为宗旨。

第二条　收容所第几字样以成立之先后定之。

第三条　本会所设之收容所由本会直接管辖之。

第四条　收容所事务之繁简得设后列各职员。

（一）主任管理员一人。

（二）管理员、女管理员各若干人，除分别管理男丁、妇孺两部分外，兼任文牍、会计、庶务、卫生及登记、挂号、稽查、出入等事。

（三）夫役若干人。

第五条　收容所内设男丁、妇孺两部，分别收容管理，其难民中有携眷者亦不得男女同居。

第六条　凡入所难民之饮食，由收容所设法供给之。

第七条　收容所应将收入难民姓名、籍贯、年龄、住址及有无疾病、怀孕或携带眷属、妇孺等情详登册籍发给编号，并盖用戳记之，识别布条悬于左襟。

第八条　凡入所难民除随身衣物外，不得携带多数箱笼或违禁及珍贵物品，违者不收。

第九条　凡入所难民均应遵守收容所管理规则（管理规则另定之）。

第十条　入所难民有疾病者，收容所须报告本会派医士治疗之，或送入临时医院疗养，其孕妇将产者并应迁入避风室为之设备安全。

第十一条　凡参观收容所者，由管理员引导之，如认为情节可疑，须婉言拒绝之。

第十二条　对于入所难民，须随时询其家境及被灾情形，登入调查册内，以备赈济之参考。

第十三条　管理员对于入所难民，应本道慈宗旨，演讲化感，俾得精神上之安慰。

第十四条　凡入所难民，俟危险解除时，须立即出所回籍。

第十五条　凡有对收容所输助财物者，得先给予临时收证，再报告本会填给正式收据，并修函致谢。

第十六条　关于收容所之成立、结束及日报、月报、奖惩各事项，均参照救济队章程规定办法办理之。

一　职员

世界红卍字会全鲁各分会联合救济办事处职员表

职称	姓名	原号	道名	籍贯	备考
总监理	张星五	原名思纬	灵泳	山东滕县	历城卍会会长 滕县卍会会长
名誉总监理	何素璞		素璞	山东益都	济南卍会会长
	澹台宝莲	玉田	盛冲	山东福山	烟台卍会会长
名誉监理	苗世远	杏村	慈华	山东桓台	成丰公司经理 成记公司经理
	冯念鲁		圆渤	山东桓台	东纲公所经理
	马伯声			山东泰安	仁丰公司经理
	刘福缘		福缘	安徽凤阳	
	白惠然		惠然	直隶献县	
	杨悟瑜		悟瑜	江苏武进	
	郝静存		静存	山东夏津	
	成妙空		妙空	山东桓台	
	丛良悟		良悟	山东栖霞	青岛卍会会长
	曹石屏		承虔	山东牟平	牟平卍会会长
	王鸿远	渐五	道撰	山东莱阳	烟台卍会会长
	戴净松		净松	安徽寿县	济宁卍会会长

职称	姓名	原号	道名	籍贯	备考
监理	周嘉坦	履安	悟坦	山东长山	周村卍会会长
	李恩泰	洗陈	智和	山东泰安	泰安卍会会长
	辛铸九		志新	山东章邱	章邱卍会会长
	步允诺	季然	圆辉	山东章邱	章邱卍会会长
	李子英		净原	山东肥城	
	张彦臣	枚青	修如	山东沂水	沂水卍会会长
	王孟泽	浩生	承宴	山东牟平	牟平卍会会长
	刘曦	穆如	承中	山东福山	
	沈斐笃		裴笃	山东淄川	淄川卍会会长
	朱道华		道华	山东寿光	寿光卍会会长
	贺英杰	俊生	善果	山东牟平	青岛卍会责任会长
	毛精悟		精悟	山东潍县	博山卍会会长
	刘佛真		佛真	山东临清	临清卍会会长
副监理	商增祥	福卿	开诚	山东临清	
	王宪焘	叔怡	慧诚	山东诸城	潍县卍会会长
	任松年	寿山	惟登	直隶天津	
	韩纯一	纯一	惟须	山东邹平	邹平卍会会长
	朱希龄	鹤卿	声超	山东德县	德县卍会会长
	郑宝慈	幼岩	婴芝	江苏江宁	
	谢鸿焘	一尘	涤尘	山东栖霞	栖霞卍会会长
	员极谷		极谷	山东泰安	范镇卍会会长
	张鸿洁		鸿洁	山东淄川	淄川卍会会长
	方继鹏	象鹤	妙成	山东邹县	邹县卍会副会长
	曹敦玉	季相	泰一	山东济宁	滋阳卍会会长
	刘星阶	星阶	声静	山东德县	德县卍会会长
	尹垲	爽轩	知归	山东广饶	广饶卍会会长
	张思绪	效武	英临	山东滕县	柴胡店卍会会长
	黄惟圣		惟圣	山东茌平	茌平卍会会长
	苏源吉		源吉	山东临清	
	于福和		福和	山东莱芜	莱芜卍会会长
	张思九	兰溪	英德	山东滕县	滕县卍会会长

续表

职称	姓名	原号	道名	籍贯	备考
副监理	许福惠		福惠	山东莱芜	
	荣建义		建义	山东长山	长山卍会会长
	胡培熙	备五	乾一	山东汶上	汶上卍会会长
	姚体培	鑫泉	实福	山东滋阳	聊城卍会会长
	萧树棠	苹南	穌悟	山东福山	福山卍会会长
	褚文郁	宗南	文郁	山东莱阳	莱阳卍会会长
	路元善		元善	山东堂邑	堂邑卍会会长
	李缘觉		缘觉	山东东平	东平卍会会长
	姜诚觉		诚觉	山东昌邑	昌邑卍会会长
	梁继轸	琴轩		山东峄县	峄县枣庄卍会会长
	艾人性		人性	山东济阳	济阳卍会会长
	于极须		极须	山东泰安	泰安羊楼镇卍会会长
	苏蕴玉		蕴玉	山东东阿	东阿卍会会长
	宋墨诚		墨诚	山东泰安	泰安大汶口卍会会长
	王福荣		福荣	山东荣城	荣城卍会会长
监察	朱玉崐	璞如	玄悟	江苏铜山	历城卍会副会长
	张继善	葆真	觉悟	山东郓城	郓城卍会会长
	孔庆浚	洙源	惠化	山东曲阜	历城卍会会监
	崔锡庚	少莲	初华	山东寿光	历城卍会首席责任副会长
	吴钟楹	栋材	平璇	直隶南官	历城卍会责任副会长
	朱星甫		元修	山东历城	
	苗兰亭		辉华	山东桓台	济南市商会会长
总务部主任	匡钧	子和	善和	山东胶县	
总务部副主任	殷茂相	子良	法原	山东滕县	
	耿殿甲	仲乙	净龙	山东长山	
总务部干事	吉金声	玉堂	润宜	山东历城	
	张伯铭	冠九	法龙	山东泰安	
	王近光	晋三	净经	山东寿光	
	杨乙宸		清璇	山东历城	
文牍部主任	袁環	匡来	华品	江苏常州	
	张利锋		源笠	直隶卢龙	

续表

职称	姓名	原号	道名	籍贯	备考
文牍部副主任	谢书文	钦尧	耀麟	直隶宁津	
	邵斌	抡卿	伽仁	山东历城	
文牍部干事	孙贵恒	警南	英玄	山东滕县	
	王良朗		良朗	山东郓城	
会计部主任	李瑞麟	子信	英新	山东滕县	
会计部副主任	王性箴	善亭	天润	山东滕县	
庶务部主任	殷茂焕	尧章	净和	山东滕县	
庶务部副主任	张永升	子远	清圣	山东潍县	
庶务部干事	吴宪方		明真	山东泰安	
	李祥麟	玉符	净福	山东滕县	
	张旸谷		旸谷	山东历城	
交际部主任	张世铭	文新	东临	山东滕县	
交际部副主任	马芝田	秀坡	清岭	山东寿光	
	李建功	蓝芝	净抱	山东桓台	
交际部干事	吴文皋	鹤村	昭六	山东泰安	
	李镇英	育之	灵元	山东历城	
	张伽慧		伽慧	山东长清	
调查部主任	刘长顺	寿臣	清笠	山东历城	
调查部副主任	张世钊	化北	晋智	山东滕县	
	杨培荣	秀生	源新	山东历城	
调查部干事	杨清东		清东	山东历城	
	张培成	德甫	宪慧	山东济阳	
	宋献林	子美	清定	山东章邱	
	杨道赞	抚卿	道赞	安徽合肥	
	董兆焜	殿臣	伽道	河南禹县	
奖惩部主任	赵长福	言五	博馨	山东章邱	
奖惩部副主任	刘华亭		绍尘	山东邹县	
奖惩部干事	孙怡才	伯奇	函尘	山东长山	
	段继善		净雨	山东长山	
	吕世瑛	修吾	智善	河南潢县	
	阎经典	叙五	清调	山东黄县	

世界红卍字会第二联合救济队全鲁联处第二队总办事处职员表

职称	姓名	别号	道名	籍贯	备考
总监理	张星五	原名思纬	灵泳	山东滕县	历城卍会会长
监理	朱玉崐	璞如	玄悟	江苏铜山	历城卍会副会长
	李恩泰	洗陈	智和	山东泰安	泰安卍会会长
	徐鸣芝		鸣芝	山东泰安	泰安卍会责任会长
	张继善	葆真	觉悟	山东郓城	郓城卍会会长
	员极谷		极谷	山东泰安	范镇卍会会长
	于极须		极须	山东泰安	羊楼镇卍会会长
	崔锡庚	少莲	初华	山东寿光	历城卍会首席责任副会长
	宋墨诚		墨诚	山东泰安	大汶口卍会会长
	苗兰亭		辉华	山东桓台	历城卍会副会长
	张振铺	宏声	清雨	山东长山	
	张思绪	效武	英临	山东滕县	柴胡店卍会会长
	张思九	兰溪	英德	山东滕县	滕县卍会会长
	孔庆浚	洙源	惠化	山东曲阜	
	梁继轸	琴轩	琴轩	山东峄县	峄县枣庄卍会会长
	宋绍衡		涵华	山东长清	长清卍会会长
总监察	吴钟楹	栋材	平璇	河北南宫	
监察	匡钧	子和	善和	山东胶县	
	施中执	心一	志修	安徽桐城	
	张冠三		康华	河北南宫	
	赵博馨	言五	博馨	山东章邱	
	纪毓璜	玉符	德华	山东章邱	
	张永升	子远	清圣	山东潍县	
	袁瓛	匡来	华品	江苏武进	
	马芝田	秀坡	清岭	山东寿光	

世界红卍字会第二联合救济队全鲁联处第二队队长员表

督队长	朱璞如				
副督队长	李灵涟	吴平璇	李峻默		
第一组队长	殷净和				
队员主任	吉润宜	张宪慧	孙宪慈	张伽慧	杨源新	王清上
	朱净树	吴宪方				
第二组队长	刘清笠				
队员主任	殷法原	杨清东	董伽道	赵声大	潘源虚	王良朗
	王道善	杨清璇				
第三组队长	马南真				
队员主任	杨道赞	纪德华	马清岭	张晋智	赵源宽	李源临
	王和悟	李英新	刘清治			
第四组队长	吴平璇				
队员主任	李净福	李田虔	阎净阐	张净宣	徐净扬	张复玄
	李法慎	孔虚真	史清树			
第五组队长	李峻默				
队员主任	李又观	杨峻都	李峻光	刘峻玉	陈又正	仇峻化
	仇峻洹	吴霞冲				
第六组队长	张又蕴				
队员主任	刘天慈	何又豫	王昭化	赵昭然	王又慎	张昭竹
	李本炎	杨昭松	陈极珠	刘极符		
第七组队长	吴极澈				
队员主任	郭广垣	侯希明	侯继俊	卢方苓	侯培山	侯杰存
	史成祉	侯培德				
第八组队长					
队员主任	侯希德	程振尧	侯培刚	侯培果	王仲达	刘笃琦
	侯逸民	陈兆琨	张金鼎			
第九组队长	鲁原光				
队员主任	张吉光	张一大	张福大	段成清	陈善光	周成大
	韩德大	卢吉大	任德光			

附全鲁卍联处救济队队夫表

第一组队班长　王云亭

队夫　张耀忠　王凤山　张岐宸　杨建章　王会山　邸富山
　　　刘春先　郭梅轩　谢葆英　刘长贵　张世聚　李毓亭
　　　张松山　孟宪文　王存标　潘长生　杨恩山　卢德香
　　　赵宝珊　张松亭

第二组队班长　刘作清

队夫　王泽荣　段崇辅　孙庆趾　康文卿　李连德　孔昭海
　　　杨宝贵　宋其昌　白汝汉　苏宝庆　杨恩玉　贺云生
　　　李万有　高连贵　彭连枝　周连捷　杜敬德　李天福
　　　徐鸿才　梁　栋

第三组队班长　孔宪德

队夫　于清田　霍郁轩　单德棠　翟荣阁　杜永福　张继存
　　　张希曾　宋禄芝　赵振华　刘景昌　黄乃仁　卫祖光
　　　赵福连　董步云　赛　圻　孙光顺　李福海　冯桂林
　　　田道恩　王金禄

第四组队班长　杜鸿发

队夫　周之栋　齐东臣　任玉堂　林斯文　孙茂泉　田介臣
　　　方安国　刘东海　李鸿儒　王来运　柳庭祥　路可有
　　　梁桂亭　钱振堃　李月明　张文明　贾百材　李庆全
　　　薄家骏

第五组队班长

第六组队班长

第七组队班长

第八组队班长

第九组队班长　周长江

队夫　赵玉海　张鸿斋　宋福臣　刘焕章　周光全　曹金庭
　　　司成东　齐凤云　司香亭　周建安

世界红卍字会历城分会职员表

职称	姓名	别号	道名	籍贯	备考
会长	张星五	原名思纬	灵泳	山东滕县	
名誉会长	任居建	筱英		山东长山	
	胡绩	章甫	宏化	浙江镇海	
	苗世远	杏村	慈华	山东桓台	
	冯念鲁		圆渤	山东桓台	
	马伯声			山东泰安	
责任会长	白璞臣	荣卿	惠然	河北献县	
	侯永魁	占梅	馨宜	山东即墨	
	辛铸九		志新	山东章邱	
副会长	朱玉崐	璞如	玄悟	江苏铜山	
	张继善	葆真	觉悟	山东郓城	
	苗兰亭		辉华	山东桓台	
首席责任副会长	崔锡庚	少莲	初华	山东寿光	
责任副会长	吴钟楹	栋材	平璇	河北南宫	
	张振镛	宏声	清雨	山东长山	
	朱星甫		元修	山东历城	
	沙明远	月波	果真	山东临清	
	张冠三		康华	河北南宫	
会监	孔庆浚	洙源	惠化	山东曲阜	
	李建功	营之	净抱	山东桓台	
	张永升	子远	清圣	山东潍县	
	纪毓璜	玉符	德华	山东章邱	
	孙康	逢吉	元机	山东禹城	
	姜鹏超	腾九	鹏超	山东掖县	
名誉会监	路兆骥	骧忱	道易	山东章邱	
	匡钧	子和	善和	山东胶县	
	刘伦茂	彝如	清宜	山西洪洞	
总务股主任干事	袁環	匡来	华品	江苏武进	
副主任干事	殷茂焕	尧章	净和	山东滕县	
	耿殿甲	仲乙	净龙	山东长山	

职称	姓名	别号	道名	籍贯	备考
干事	邵斌	抡卿	伽仁	山东历城	
	殷茂相	子良	法原	山东滕县	
	谢书文	钦尧	耀麟	河北宁津	
	杨培荣	秀生	源新	山东历城	
	张伯铭	冠九	法龙	山东泰安	
慈业股主任干事	刘福同		法凡	河北枣强	
	吴斐立	建元	净干	广东中山	
副主任干事	高方成	晓然	义养	山东泰安	
干事	王继尧	勋甫	宪仁	山东郓城	
	王近光	晋三	净经	山东寿光	
	赵明琛	叔玉	声大	山东长清	
	段继善		净雨	山东长山	
	徐延贵		清藏	河北南宫	
	孙怡才	伯奇	函尘	山东长山	
	孙毓骧	伯骏	宪慈	山东肥城	
防灾股主任干事	茅镇汉	季皋	泽宜	山东历城	
副主任干事	赵长福	言五	博馨	山东章丘	
干事	杨连义	云波	源蕴	河北盐山	
	李祥麟	玉符	净福	山东滕县	
	王伟堂	少鲁	道善	山东历城	
救济股主任干事	茅镇严	乂岩	岚宜	山东历城	
副主任干事	刘长顺	寿臣	清笠	河北宁津	
	马星南		南真	山东历城	
干事	李锡章	印卿	清荻	山东长山	
	杨义德	志卿	清东	山东历城	
	张培成	德甫	宪慧	山东济阳	
	王允善	宝卿	良朗	山东郓城	
储计股主任干事	李瑞麟	子信	英新	山东滕县	
副主任干事	王性箴	善亭	天润	山东滕县	
	吉金声	玉堂	润宜	山东历城	

职称	姓名	别号	道名	籍贯	备考
干事	孔繁仑	冠西	善性	山东曲阜	
	吴宪方		明真	山东泰安	
交际股主任干事	张世铭	文新	东临	山东滕县	
副主任干事	郭长有	庆堂	明宜	山东历城	
	马芝田	秀坡	清岭	山东寿光	
干事	杨乙宸		清璇	山东历城	
	阎经典	叙五	清调	山东黄县	
	孔庆兰	级九	法东	山东长清	
	张世钊	化北	晋智	山东滕县	
	狄法曾	省三	净高	山东德平	
	和原	仲平	净轩	山东新泰	
	张世锦	幼五	复玄	山东滕县	

世界红卍字会历城分会附设临时医院职员表

职称	姓名	别号	道名	籍贯	备考
院长	张星五	原名思纬	灵泳	山东滕县	
责任院长	杨育生	育生	惟霖	山东寿张	
副院长	崔锡庚	少莲	初华	山东寿光	
	匡钧	子和	善和	山东胶县	
监察	朱玉崐	璞如	玄悟	江苏铜山	
	苗兰亭		辉华	山东桓台	
	吴钟楹	栋材	平璇	河北南宫	
	张继善	葆真	觉悟	山东郓城	
	张振镛	宏声	清雨	山东长山	
	孔庆浚	洙源	惠化	山东曲阜	
	李建功	营之	净抱	山东桓台	
	张永升	子远	清圣	山东潍县	
	赵长福	言五	博馨	山东章邱	
	纪毓璸	玉符	德华	山东章邱	

职称	姓名	别号	道名	籍贯	备考
监察	马芝田	秀坡	清岭	山东寿光	
	魏金宽	子厚	灵恬	山东历城	
	吴文皋	鹤村	昭六	山东泰安	
	李瑞麟	子信	英新	山东滕县	
事务主任	赵景尧	文甫	源宽	山东历城	
事务副主任	张文炳	润之	旸谷	山东历城	
事务员	王子扬	孟武	和悟	山东东阿	
	邵斌	抡卿	伽仁	山东历城	
	王允善	宝卿	良朗	山东郓城	
	吴宪方		明真	山东泰安	
外科主任	孙毓骧	伯骏	宪慈	山东肥城	
内科主任	杨宪文		净东	山东寿张	
医员	张子丰		净国	山东潍县	
	高立生		源开	河北天津	
	潘长祯		源虚	山东历城	
	李略三			山东历城	
医助	彭载虔		载虔	河北交河	
女医助	马济卿		介导	山东寿光	
	王璟			山东即墨	
	张宝云		谨仁	山东历城	
中医主任	李昭颐	朵云	源临	山东茌平	
医士	吕世瑛	修吾	智善	河南潢县	
	刘汉卿		清着	山东长清	
看护长	张松山			山东长清	
看护	彭连枝			河北交河	
	赵宝恒			山东齐河	
女看护长	郑界清		界清	江苏江宁	
女看护	彭宿氏			河北交河	
	彭周氏			河北交河	

乙编 救济报告

一 水灾工作

本会于民国二十六年八月六日成立世界红卍字会第二联合救济队全鲁联处第二队，简称世界红卍字会全鲁联处第二队，继续扩充为九组队。成立伊始，适值济南市西北长清县境之玉符河决口，水势凶猛澎湃东流，因津浦铁路由济市北至洛口，南北成一直线，水至该路西侧被阻，又兼连日倾盆大雨，铁路迤西之村庄都被淹没，二百余村之居民约有十余万扶老携幼争避于凤凰山、标山、药山、金牛山、无影山、匡山、马鞍山、黄岗山、黄河大堤等处，尤以凤凰山、标山一带为最多。

本会派副督队长吴平璇，队长殷净和、刘清笠等率队员、医士、队夫等，于十三日开始出发，赈救兼施，先由凤凰山至津浦铁路赶修木桥一座以便救护，并雇船只分路救济，至十五日济南市任市长与本会会长张星五协商结果，由市府设灾民收容所四处，本会担任救护工作并帮同办理收容遣送事宜。本会遂添雇船只，增加队夫，派督队长朱璞如，督队副李灵涟、吴平璇，队长殷净和、刘清笠等分组出发，连日冒雨救护。

至十八日，水越津浦铁路东下，势更险恶，所过之地，尽成汪洋，水之深处二三丈，浅亦十数尺不等。铁路东百余里村庄之老幼民众大半逃避于黄台山、华山、卧牛山、驴山、黄台、板桥等处。因水势过大，小船不能适用，添雇华通济渤汽轮数艘，急赴各地救济，截至九月十四日，计救护灾民一万九千五百零三人。在水区暂能栖身不愿他避之灾民，经本会分别施放食物兼为医治者，计八万三千五百零一人。复因黄河下游决口，被淹区域达八九县之大，本会派队长刘清笠率医务主任孙宪慈，队员杨清东、李净福、王良朗及队夫等携带食物药品，由洛口乘船东去，经过齐东、济阳、蒲台、利津、广饶、博兴、青城、高苑等县，随地施放食品兼为患病之灾民医治，计九千三百二十一人。连前救出赈济之灾民，统共十一万二千三百二十五人。又鲁西之菏泽、汶上、寿张、东平等县或遭地震或被水灾，本会亦均拨给赈款，委托各该地卍字分会代为赈济。再市府于八月三十一日复函嘉许，蒲台县王县长于九月十四日致电道谢，兹将函电录后，并将救护、收容、赈济各项分别说明列表，以资考证。

附录济南市市政府八月三十一日复函：

顷准贵处来牍，敬悉连日组织救护队，不分昼夜冒雨出发赈抚兼施，救出难民一万七千余人，诊治赈济人数约达三万之众，扶危济急，拯斯民于水深火热之中，义勇高风，曷深景佩。除转呈山东省政府鉴核外，相应函复，用表谢忱。此致，世界红卍字会全鲁各分会联合救济办事处（函内所称人数，系截至八月二十五日之数目）。济南市市政府启。八月三十一日。

附录蒲台县政府王县长原电：

济南魏家庄民康里历城红卍字会张会长星五先生勋鉴：弟奉命摄篆蒲台，甫及一月即遭逢黄灾，个人命蹇而灾及蒲民，良用疚心，承派刘队长带下面食、药品发放灾黎，谨代阖邑人士泥首以谢。弟王麟阁叩。寒。

（1）救护

本会因玉符河决口，被灾村庄二百余处，自民国二十六年八月十三日开始救护工作，截至九月十三日，计三十一天，共救男女大小灾民一万九千五百零三人，列表如下：

世界红卍字会全鲁各分会联合救济队办事处水灾救护表

救护日期	灾民地点	灾民人数	队长姓名	备考
民国二十六年八月十三日	凤凰山	六一一人	吴平璇 殷净和 刘清笠	带队员十人，队夫二十人，搭修木桥一座
八月十四日	凤凰山、标山	五七二人	吴平璇 殷净和 刘清笠	带队员十二人，队夫二十人，加修木桥
八月十五日	凤凰山、标山	七八二人	吴平璇 殷净和 刘清笠	带队员十二人，队夫二十人，修理木桥并雇船二只
八月十六日	金牛山、无影山、凤凰山、标山、五三桥、黄河大堤	六六七五人	朱璞如 李灵涟 吴平璇 殷净和 刘清笠	带队员三十六人，队夫六十八人，船二十只，分四组队出发

救护日期	灾民地点	灾民人数	队长姓名	备考
八月十七日	金牛山、无影山、大辛庄、匡山、马鞍山、侯家庄、袁家庄、凤凰山、标山	四六五一人	朱璞如 李灵涟 吴平璇 刘清笠	带队员三十二人，队夫六十三人，船二十三只，分四组队出发
八月十八日	北大辛庄、匡山、黄岗山、王炉、北园、黄台桥、黄台山	二六三五人	朱璞如 李灵涟 吴平璇	带队员二十八人，队夫五十八人，汽轮一艘，船十三只，分三组队出发
八月十九日	黄台桥、华山、还乡店、卧牛山、驴山、菜园、杨家庄	三五九人	李灵涟 殷净和 刘清笠	带队员十六人，队夫二十二人，汽轮一艘，对槽二只
八月二十日	北园、黄台桥	二二八人	殷法源	带队员八人，队夫十八人
八月二十一日	金牛山、闸子庄、王炉、北辛庄、黄台山、家庄、前后王庄、石门、李庄	二八三人	朱璞如 李灵涟 殷净和 刘清笠	带队员二十六人，队夫四十二人，船三只，汽轮一艘，对槽二只，分二组队出发
八月二十二日	凤凰山、标山、五三桥	四三九人	吴平璇	带队员八人，队夫十六人，船二只
八月二十三日	标山、药山、南芦家庄、马鞍山、匡山、王芦北、辛庄	一四〇人	李灵涟 殷净和	带队员十六人，队夫二十六人，大船二只
八月二十四日	黄台、前后街、南北全福庄、柳行头、花园庄	三一人	吴平璇 刘清笠	带队员八人，队夫二十人，大船二只
八月二十五日	侯家庄、袁家庄、东西新沙王庄、南沙王庄、南吴庄铺	一五人	朱璞如 刘清笠	带队员九人，队夫十五人，船三只
八月二十六日	林家桥、毛家林子、石灰坝、藏家屯、段家圈、张公坟、贾家庄	三一人	殷净和	带队员八人，队夫十二人，大船二只

救护日期	灾民地点	灾民人数	队长姓名	备考
八月二十七日	全福庄、板桥、张家庙	八人	李灵涟 刘清笠	带队员七人，队夫十三人
八月二十八日	刘家桥、侯家场、边家庄、师家庄	七六人	殷净和 刘清笠	带队员八人，队夫十二人，大船二只
八月二十九日	黄台山、驴山、板桥	六七人	朱璞如	带队员九人，队夫十五人
八月三十日	角楼庄、大赵庄、苇闸庄、赵家庄、史家庄	九人	李灵涟	带队员九人，队夫二十人
八月三十一日	金牛山、闸子庄、袁家庄	一三人	殷净和 刘清笠	带队员八人，队夫十六人
九月一日	黄台山、驴山	三三人	朱璞如	带队员八人，队夫十五人
九月二日	大李庄、辛庄、小孙庄、大孙庄、梁家庄、马坝庄	五四人	朱璞如 殷净和	带队员十人，队夫十六人，汽轮一艘，对槽二只
九月三日	王家闸、蔡家庄、朱家庄、朱家桥	五三人	李灵涟 刘清笠	带队员八人，队夫十八人，汽轮一艘，对槽三只
九月四日	马家庄、刘家庄	一七人	朱璞如 殷净和	带队员九人，队夫十八人，汽轮一艘，对槽二只
九月五日	洛口大堤大坝	一〇七人	殷净和	带队员七人，队夫八人
九月六日	张家庄、小街子庄、黄家庄、颜头镇、祁家庄、史家庄	六四人	殷法原	带队员六人，队夫九人
九月七日	华山迤北、洛口小街子庄	九九人	朱璞如	带队员八人，队夫十二人
九月八日	凤凰山、林家桥、王府庄	五二人	刘清笠	带队员七人

续表

救护日期	灾民地点	灾民人数	队长姓名	备考
九月九日	王家闸、李家庄、义和庄、毕家洼、汪家庄	四三人	李灵涟 殷净和	带队员八人，队夫二十人
九月十日	东平县灾民由洛口下船	一二九九人	朱璞如 刘清笠	带队员十八人，队夫二十二人，分两组队出发
九月十一日	魏家庄、前后刘庄、前后大小王庄、狮子张庄、石门李庄	一七人	李灵涟	带队员八人，队夫十五人，船四只
九月十三日	洛口、赵家庄	四〇人	张宪慧	带队员四人，队夫六人
总计救护灾民	一九五〇三人			
附记	一、表列救济之灾民共施放馒首九千八百斤。二、表列人数大男占十分之三，大女占十分之五，小孩占十分之二。			

（2）收容

本会办理玉符河水灾救济，与济南市政府商定，由市府设立灾民收容所四处，第一所设于中华戏园，第二所设于振业火柴公司，第三所设于安徽乡祠，第四所设于洪太火柴公司。本会除担任救济外，并帮同市府办理收容事宜，收容灾民到所招待二三日，转送泰安、兖州等县收容，自二十六年八月十六日起，至九月十四日结束，共送入收容所之灾民为五千五百三十四人，列表如下：

世界红卍字会全鲁各分会联合救济办事处水灾收容表

收容日期	收容人数	送入何所	转送何地	
民国二十六年八月十六日	一六四一人	第一所、第二所、第四所	泰安、兖州	
八月十七日	七九一人	第三所、第四所	泰安、兖州	
八月十八日	六九七人	第二所、第三所	泰安、兖州	

收容日期	收容人数	送入何所	转送何地	
八月十九日	一四一人	第一所	泰安	
八月二十日	二八人	第二所	泰安	
八月二十一日	五三人	第二所	泰安	
八月二十二日	五六人	第一所	兖州	
八月二十三日	一六人	第四所	兖州	
八月二十四日	一六人	第四所	兖州	
八月二十五日	一五人	第三所	兖州	
八月二十六日	三〇人	第三所	兖州	
八月二十七日	八人	第三所	兖州	
八月二十八日	七六人	第四所	兖州	
八月二十九日	六七人	第四所	兖州	
八月三十日	九人	第三所	兖州	
八月三十一日	一三人	第三所	兖州	
九月一日	三二人	第三所	泰安	
九月二日	五四人	第二所	泰安	
九月三日	五三人	第二所	泰安	
九月四日	一七人	第二所	泰安	
九月五日	一〇七人	第四所	泰安	
九月六日	六四人	第四所	泰安	
九月七日	九九人	第二所	泰安	
九月八日	五二人	第二所	兖州	
九月九日	四三人	第二所	兖州	
九月十日	一二九九人	第一所、第二所	泰安、兖州	
九月十一日	一七人	第一所	泰安	
九月十三日	四〇人	第一所	泰安	
总合收容灾民五千五百三十四人				
附记	一、表列收容之灾民系由市政府供给饮食，本会接济馒首二千二百斤。 二、共施送十滴水一千二百瓶，救济丹三百包。			

（3）赈济

本会自二十六年八月十五日至九月十四日办理水灾赈济，计分五区。一、济南市区；二、历城西北区；三、历城东北区；四、黄河下游区；五、鲁西灾区。除鲁西灾民不计外，共赈济灾民九万二千八百二十二人，计施放赈米五万八千七百斤，馒首、锅饼等食物八万四千一百斤，十滴水等药品七千八百余瓶，救济丹一千二百余包，国币五百元，列表如下：

世界红卍字会全鲁各分会联合救济办事处水灾赈济表

被灾区域	受赈人数	赈品数量			查放队长员
		赈米	食物	药品	
济南市区	一〇一四五人	八四〇〇斤	馒首二四〇〇〇斤	十滴水一千四百瓶，救济丹三百包	督队长朱璞如，队长殷净和，队员张宪慧、董伽道、杨道赞、王清上、王良朗、张伽慧、张复玄、李法慎、潘源虚、朱净树
历城西北区	四一三五二人	二九一〇〇斤	馒首二八六〇〇斤	十滴水二千瓶，救济丹三百余包	督队长朱璞如，督队副吴平璇，主任殷法原、吉润宜、孙宪慈，队员杨源新、吴宪方、杨清东、王道善、李田虔、阎净阐、张净宣、徐净扬
历城东北区	三二〇〇四人	二一二〇〇斤	馒首二一三〇〇斤	十滴水二千余瓶，救济丹二百余包	督队副李灵涟，队长殷净和、刘清笠、马南真，队员孙宪慈、潘源虚、杨清东、吴宪方、王道善、杨道赞、孔虚真、李田虔、王和悟

被灾区域	受灾人数	赈品数量			查放队长员
		赈米	食物	药品	
黄河下游区	九三二一人	斤	锅饼一〇二〇〇斤	十滴水一千四百瓶，救济丹四百包	队长刘清笠、主任孙宪慈，队员杨清东、李净福、王良朗
鲁西灾区	未详	国币五〇〇元			菏泽、汶上、东平、寿张四县卍字分会代为查放
总计	九二八二二人	赈米	五八七〇〇斤	馒首、锅饼八四一〇〇斤	十滴水六八〇〇瓶，救济丹一二〇〇包
		国币	五〇〇元		
附记	一、以上五区共放赈米五万八千七百斤，馒首、锅饼八万四千一百斤，国币五百元，十滴水六千八百瓶，救济丹一千二百包。 二、受赈人数九万二千八百二十二人，鲁西之灾民本会系托菏泽、汶上、寿张、东平各卍字会代赈，赈济之人数若干，并未列入。 三、济南市及历城东西区均系赈济二三四次不等，黄河下游区仅赈济一次。				

一　兵灾工作

本会于民国二十六年九月十四日，随同济南市市政府结束水灾救济工作后，正值河北战事日益紧急，静海、马厂、青县、沧州、东光一带难民陆续逃避到济，日有数起，或数十人或百余人不等。当因官府不准收容，本会只好随时遣派队员赈济，劝令他往。至二十五日、二十六日、二十七日三日，由陆地步行及津浦车来济之唐官屯、沧州等处难民约共五千七百余人，纷纷前来本会要求收容。虽经本会派员招待，多方安慰，但该民等坚决不去。本会会长张星五为难民等请命，与省政府民政厅连日磋商，允许在济设立临时收容所，令该难民暂住一二日，再转送邹县、滕县等处，民政厅李厅长与本会会长商定由市长负责承办，本会协助办理。复经市长与本会会长协商，设收容所二处，一在中华戏园，一在安徽乡祠，自二十八日开始收容，旋即由津浦车转送南去，计共招待过境难民六万三千九百七十三人。又自十月九日至十一月三日止，招待平津流亡学生共八百四十二人，二共招待六万四千八百一十五人。

本会因北来难民见战事稍为沉寂，逗留济南坚不他去，遂于十一日一面设所收容，一面向官府陈明难民惨况，后经官府谅解，始准在济扩大收容。本会先后设立收容所三十九处，又分所二处，先后共收容难民三万九千七百零九人，外有泰安、羊楼、范镇各队设收容所十八处，收容难民一万零四百四十五人。

本会收容之难民俱由本会供给饮食，并备棉衣、棉被等物以资御寒，该难民等思家心切，要求设法遣送，绕道返回河北。当经本会向胶济路局交涉，准予免费运送。复派队长刘清笠，主任袁华品、王绥庭等先后赴青岛与英商太古、怡和两轮船公司交涉，结果成年之难民乘船以半价购票，十岁以上、十五岁以下者系属半价之半价，十岁以下者概不收费。护送难民乘胶济车赴青岛搭轮船转天津各回原籍，派队长刘清笠同主任殷法原，队员吴宪方驻青岛办事处办理招待及护送上船等事，总共由东路胶济火车向东运送之难民共十三批，计一万零一百四十九人。内有第二批及第十三批之难民一千余在周村车站下车，承周村卍字分会招待陆行回籍，余均由青岛乘轮北归。其中半数因轮船发生波折，在青等候轮船，所有该难民食住问题均由青岛市政府及万国慈善救济会担任供给，并经德国苏牧师、美国安牧师、樊牧师，救世军英国魏校官，青年会郭总干事，崇德中学王校长诸君设招待所四处照料一切。又各界善士热心捐助款项、物品，演戏赞助，前后逗留四五十日之久，共约费款二万余元之巨。本会又派督副队长李灵涟同队员张伽慧等，驻西路长清办事处，并在长清东关设立临时难民招待所，约容二千人之谱，由济南陆行至长清时，在该所暂住一宿，兼备饮食招待，次早护送至董家寺、姚家河门等处上船过河北去，计西路运送难民一万零三百二十一人。嗣后战事向南移动，泰安、兖州、济宁、曲阜、滕县、邹县各卍字分会又将所收难民送交本会转送，遂派主任李净福等驻洛口办事处照料，由洛陆行北上，旋因津浦铁路北段通车，本会代该难民等要求免费乘车回籍，允准照办，计由北路运送难民一万二千四百八十三人。又有南路第五组队泰安办事处遣送河北难民十四批，计三百八十五人。本会除收容黄河迤南附近之难民于收容所，结束时酌给川资，分别遣送不计外，以上东西北南四路共送难民三万三千三百三十八人。又关于掩埋工作，自兵灾救济以来，经本会救济统共掩埋尸体四十一具，并施棺三十八口。兹将招待、收容、遣送、掩埋四项分别说明列表，以资考证。

（1）招待

本会自二十六年九月十四日结束水灾救济，即于是日起分派队长员带领夫役等开始招待过境之难民，或供食物，或给川资，截至十月八日，统共招待过境难民六万三千九百七十三人，自十月九日至十一月十三日共招待平津流亡学生八百四十二人，二共招待六万四千八百一十五人，列表如下：

世界红卍字会全鲁各分会联合救济办事处招待难民表

日期	何处难民	人数	队长员姓名	备考
民国二十六年九月十四日	潍县、高密、胶县、东平、寿张等县	五四六人	主任吉润宜、殷法原、杨道赞、队员张宪慧、吴宪方	潍县、高密之难民三十一人因沪战逃济，护送胶济路回籍，余系东平、寿张难民，护送津浦车南下
九月十五日	寿张、东平、范县	五二〇人	队员张宪慧、张伽慧、杨源新	
九月十六日	静海、东平	二三二人	主任吉润宜、队员董伽道、王清上、王道善	静海难民二批十三人，其余均系东平被灾之难民
九月十七日	静海、沧州	二〇一人	主任吉润宜、杨道赞，队员李净福、吴宪方	
九月十八日	沧州、东光	三二〇人	队长殷净和，队员杨源新、孔虚真、徐净扬	
九月十九日	沧州、静海	四三〇人	队长殷净和，主任孙宪慈，队员潘源虚、张净宣	
九月二十日	沧州、青县	三八一人	主任吉润宜，队员王道善、王良朗	
九月二十一日	沧州、静海、青县	四六三人	主任殷法原、吉润宜，队员李田虔、阎净阐	
九月二十二日	沧州、静海、青县	五〇八人	主任吉润宜，队员李净福、杨清璇、朱净树	
九月二十三日	沧州、静海、青县	六一四人	主任吉润宜，队员李净福、杨清东、王良朗	

续表

日期	何处难民	人数	队长员姓名	备考
九月二十四日	沧州、静海、青县	八九七人	主任殷法原，队员张伽慧、张宪慧、王道善、董伽道	
九月二十五日	沧州、唐官屯、青县、泊头	一三八六人	队长李灵涟，队员李净福、杨源新、王清上、王道善、张宪慧	由津浦站下车
九月二十六日	沧州、唐官屯、青县、泊头	二二七一人	队长朱璞如、殷净和，队员王道善、杨道赞、李净福	由津浦站下车
九月二十七日	沧州、唐官屯、青县、泊头	二三九二人	队长李灵涟、殷净和、刘清笠，队员杨清东、张宪慧	由沧州徒步逃济
九月二十八日	沧州、静海	八三三一人	队长朱璞如、殷净和，队员张宪慧、杨道赞、王良朗、吴宪方、王清上	是日已设收容所，送入所者一千五百人，转送上车南去五千五百人，余在车站内外卧息，本会在车站设办事处
九月二十九日	沧州、泊头	一一六〇九人	队长吴平璇、刘清笠，队员杨清东、张伽慧、王道善、李净福、吴宪方、王良朗	送入收容所六百余人，投奔亲友者四千人，余均转车南去
九月三十日	沧州、泊头	一三五九一人	队长朱璞如、李灵涟，队员殷法原、吉润宜、董伽道、王道善、王良朗、李净福	北来难民车三次，招待转车南下者四千余人，送中国银行仓库者一千三百五十人，余均送入收容所

日期	何处难民	人数	队长员姓名	备考
十月一日	马厂、沧州、青县	七三五三人	队长李灵涟、殷净和，队员殷法原、吉润宜、张宪慧、张伽慧、杨源新	北来难民车二次，一车八百余人，转送南下；二车送入中国银行仓库收容
十月二日	德州、禹城	一二一〇人	队长殷净和，队员殷法原、吉润宜、王良朗、王清上、赵声大	北来难民车一次，送入中国银行仓库收容
十月三日	德州、平原	七五二九人	队长刘清笠、李灵涟，队员殷法原、赵声大、张伽慧、王清上、王良朗、李净福	北来难民车二次，送入中国银行仓库一千八百余人，余均送入各收容所
十月四日	德州、平原	三一五五人	队长吴平璇、刘清笠，队员李田虔、张净宣、李净福	北来难民车一次，招待转车南下者一千余人，余均送入收容所
十月八日	德州、平原	三四人	队长刘清笠，队员吉润宜、张伽慧、董伽道、李净福、王道善	北来难民车一次
十月九日至十一月十三日止	平津流亡学生	八四二人		代表刘耀华等
总合		六四八一五人		
附记	一、共计招待人数为六万四千八百一十五人，内有本省难民一千二百九十五人，余均河北籍，尤以沧州、静海各县居大多数。 二、流亡学生为八百四十二人，在招待人数中占八分之一强，籍隶本省者占十分之一，余系江苏、河南、浙江、江西、湖南、湖北、陕西、四川、福建等省人。 三、招待需用物品，计馒首五万零二百四十斤，稀粥一千五百余桶。			

（2）收容

本会自民国二十六年十月十一日设立临时难民收容所，先后成立三十九处，分所二处，至二十七年三月三十一日遣送完毕，办理结束，共计收容难民三万九千七百零九人。外有泰安卍会第五组队收容所六处，共收难民六千三百十八人；羊楼卍会第七组队设收容所八处，收难民三千五百六十一人；范镇卍会第七组队设收容所五处，收难民五百六十六人。分别列表于下：

世界红卍字会全鲁各分会联合救济办事处收容难民表

难民收容第几所	地址	收容若干人	主任姓名	管理员姓名	备考
第一所	魏家庄中间路北	一九六一人	张法龙	徐百川 刘和卿	
第二所	麟祥南街 一百六十八号	一八七六人	马清岭	贾厚育 杨抚卿	
第三所	麟祥街路南	五九三人	张旸谷	李净福 赵芳斋	
第三分所	麟祥街登州会馆	四一五人	张旸谷	毕信五 刘雅泉	
第四所	纬一路一〇五号	一七九七人	王英华	赵声大 邵伽仁	
第五所	纬一路福增里 二四八三四九号	一三〇五人	孔惠化	杨乙宸	
第六所	纬一路福增里 二四七号	二一二四人	张清圣	孔祥印 张兴尧	
第七所	经四路纬六路 寿康里	七六三人	徐清藏	赵汇川 王作云	
第八所	经三路纬六路西	一二三〇人	徐清藏	李田虔	
第九所	经三路纬八路 东森昌花行	一〇四二人	路静华	张净境	
第十所	经三路纬八路 西大成花行	一一七八人	吴平璇	郝净圣 阎净阐	

难民收容第几所	地址	收容若干人	主任姓名	管理员姓名	备考
第十一所	五大马路路南	一〇六六人	苗辉华	苗秀生 袁子明	
第十一分所	人爱街珍珠里	三八一人	苗辉华	苗秀生 张荆山	
第十二所	西关至德院街	八五一人	孙函坐	段净雨 马春粹	
第十三所	纬二路路东	一一三二人	苗兰亭	王晋三 高汉臣	
第十四所	魏家庄树德里六号	七三一人	赵寿虔	徐仁斋	
第十五所	经四路公园后致康花行	五四〇人	张芳圃	傅汉卿	
第十六所	南魏家胡同二号	四九四人	李源临	王坤庭	
第十七所	南大槐树	一二七九人	罗净岩	管登升 任凤鸣	
第十八所	后营坊东首路南一四四号	八七三人	李素富	勾瑞卿 李肯堂	
第十九所	纬十一路南大槐树西头	一四〇九人	吴乂达	孔庆云 陈文信	
第二十所	官扎营粮业公会	一一三五人	付子真	李恩禧 袁树森	
第二十一所	经六路纬二路阜杨里	七二一人	张少清	张仁甫	
第二十二所	官扎营中街五十号	六七三人	张少甫	杨善臣 王殿林	
第二十三所	万盛街四十号	七六四人	王绶庭	唐慎言	
第二十四所	刘家庄七十一号	六八六人	王道善	范子安 张兰茹	

续表

难民收容第几所	地址	收容若干人	主任姓名	管理员姓名	备考
第二十五所	官扎营大桥东寿康里	一五八一人	王净经	王普宜	
第二十六所	官扎营大桥东寿康里	一四六三人	李净抱	许汉卿	
第二十七所	魏家庄长生里	六七六人	张伽慧	魏儒珍	
第二十八所	纬北路镇兴公司	六五五人	杨鸿道	宋森如 真圆汶	
第二十九所	南关广智院街	五四三人	徐灵峄	王法麟	
第三十所	魏家庄奎盛街	八〇八人	王寿山	刘芳海 李长奎	
第三十一所	长清王府庄	八二一人	任奉之	王冠一	
第三十二所	东关天一水会公局	六一三人	陈仲明	乔德臣	
第三十三所	经四路纬八路晋丰花行	五二四人	郝西山	赵芳圃	
第三十四所	西关太虎石太湖寺巷	七一一人	耿净龙	韩征祥	
第三十五所	丁家堰安仁里五号	五三一人	马兴群	王寿彭 谢敬轩 王学忠	
第三十六所	长清郑家庄	八二三人	李寿山	吴玉峰 王宝山	
第三十七所	宽厚所街浙闽江南同乡会馆	七六三人	沈绍南	宋佑民 张彬如	
第三十八所	对关街五号	八二八人	张荩臣	王鸿章 韩子华	
第三十九所	鹊华桥东路西	三五〇人	刘德三	王宜生 张玉华	

续表

难民收容 第几所	地址	收容若干人	主任姓名	管理员姓名	备考
总合三十九所	共收难民三九七○九人				
附记	一、各收容所主任管理员等办理收容所事宜均系义务职。 一、共收容所三十九处，分所二处，计收容难民三万九千七百零九人，其中难民以妇孺占十分之七五，老弱占十分之二五。 一、共用面粉五千三百二十六袋，小米十万零一千斤，小米面三万四千九百二十七斤，大米一百三十六包，煤炭一百三十六吨，咸菜二千五百三十斤，木柴三千斤，煤油五筒，卍灵丹五百袋。 一、共用棉衣四千一百一十七件，棉被五百一十五床。				

附录　泰安羊楼范镇各队收容所

泰安卍会第五队收容所五处	六三一八人	
羊楼卍会第七队收容所八处	三五六一人	
范镇卍会第六队收容所五处	五六六人	
总合泰羊范三会十八所共收难民	一○四四五人	
附记	一、共收容难民一万零四百四十五人，俱系妇孺，河北籍人占十分之九，本省人占十分之一。 一、共收容所十八处，所收难民俱由泰羊范各会供给饮食。 一、所有收容所之供给费用，以及施诊所赈济各项用款共约二万余元，另由各该会分别详细报告，合并声明。	

（3）遣送

本会自民国二十六年十月十一日设立收容所，着手收容河北来济之难民，增加收容所，积极收容该难民，程致中、鲁继卿、陶玉璋、马树斌等三百五十九人均系静海县籍，因战事沉寂，思家心切，首先要求本会设法遣送，由胶济路乘车赴青岛搭轮转津绕道回里。本会一面向胶济路局交涉免费，一面派员赴青与英商太古、怡和两轮船公司交涉半价购票，当均圆满办到，于十月二十八日开始由东路运送，先后乘胶济火车东去，计送十三批，共一万零一百四十九人，除第二批及第十一批一千余人在周村车站下车，承周村卍字会招待陆行回籍外，其余俱在青岛乘轮船赴天津绕道回籍。嗣因轮船发生障碍，改由西路长清遣送，陆行过河北归者一万零三百二十一人，后因战事南移，复在北路洛口遣送返回河北之难民一万二千四百八十三人。又有南路第五组队，泰安办事处遣送河北难民十四批，计三百八十五人，总共四路遣送河北难民三万三千三百三十八人。兹分东西北南四路，列表如下：

世界红卍字会全鲁各分会联合救济办事处遣送难民表

何路遣送	遣送几次	遣送人数	遣送方法	护送人员	备考
胶济东路	一三批	一〇一四九人	运送难民十三批，均由济南胶济车站上车，免费东行，除第二批及第十一批一部分难民在周村车站下车，陆行回籍外，余俱由青岛半价购票，搭乘英商太古、怡和轮船赴津绕路返里	队长朱璞如、吴平璇、殷净和，队员李净福、张宪慧、王良朗、杨清东、杨源新等，夫役四十余人轮班护送	队长刘清笠，主任队员殷法原，队员吴宪方等驻东路青岛办事处办理护送事宜，自二十六年十月二十八日成立，至二十七年一月九日结束。队长刘清笠等因胶济路不能通车，乘轮赴津，由津浦路于一月十八日返回本会
长清西路		一〇三二一人	由济南陆行至长清东关招待所住一宿，次早再送黄河，上船渡过，陆行各返回籍	队长殷净和，队员董伽道、王道善、杨道赞、吉润宜、朱净树、李法慎等，夫役四十余人轮班护送	副督队长李灵涟，主任队员李净福，队员张伽慧等驻西路长清办事处办理护送事宜，自二十六年十二月十二日成立，至本月二十九日结束

何路遣送	遣送几次	遣送人数	遣送方法	护送人员	备考
津浦北路		一二四八三人	由济南至洛口上船过河北上者七千五百一十二人，由洛口乘军用车北去者四千八百二十四人，在济南车站免费乘车回河北原籍者一百四十七人	队长殷净和、刘清笠，队员吴宪方、吉润宜、杨清东、赵声大、王道善、孔虚真等，夫役五十余人轮班护送	主任队员李净福、安德顺等驻北路洛口办事处办理护送事宜
津浦南路	一四批	三八五人	由泰安护送到济南，再由济南乘津浦火车运送河北回籍	队长李峻默，队员吴极澈、张义蕴、张昭竹、李峻光、刘峻玉、王昭化等，夫役二十余人轮班护送	泰安办事处首席监理李智和等主持南路遣送事宜
总合四路遣送		三三三三八人			
附记	一、东西北南四路遣送难民三万三千三百三十八人，妇孺占十分之七，老弱占十分之三，俱系河北籍人。 一、东路遣送难民一万零一百四十九人，计分十三批，由胶济路东运，系完全免费乘车。 一、东路遣送难民在青岛搭轮北上，十五岁以上者按船票原价十二元减交半价六元，十五岁以下十岁以上者减交半价之半数三元，十岁以下一概免费乘船，共分二十四次搭乘太古、怡和两公司轮船赴津转回原籍。 一、东路遣送第二批之难民陈万林等一百三十二人，均籍隶河北吴桥县，由本会派队员乘胶济车，护送到周村车站下车，承周村卐会招待转送返回吴桥原籍。又东路遣送第十一批难民，一部份约二千余人，乘胶济车东去，至周村站因军队不准东开，即在该站下车，承周村卐会招待五日，经本会交涉，车辆运至青岛，尚有数百逗留不去，复由周村卐会设法遣送。周村卐会对于本会遣送难民两次招待俱极周到，花费颇多。				

续表

何路遣送	遣送几次	遣送人数	遣送方法	护送人员	备考
附记	一、东路运送青岛之难民，因到青候船，曾由青岛市府及各善团协助设立临时收容所四处，一在齐燕会馆，一在宁波会馆，一在东镇小学，一在中山路小学，嗣因轮船发生波折，停止售票，承市府及善团供给饮食五十余日，需款约二万余元之谱。 一、西路遣送难民一万零三百二十一人，系由本会派员，由陆行至长清东关招待暂住一宿，次日护送过河北归，除本会供给饮食外，长清善团及各善士均极力照料，所费款项亦颇不少。 一、北路遣送之难民因洛口办事处距离济垣甚近，一切用费俱由本会供给。 一、南路遣送难民完全泰安办事处负担，连同第六七八组队之收容赈济等费约需二万余元。				

（4）掩埋

本会自救济队成立后，对于兵灾救济，凡属受伤之难民即时抬入本会临时医院疗治，其死亡者则随时掩埋之，并酌量施以棺木，共掩埋尸体四十一具，共施棺木三十八口，列表如下：

世界红卍字会全鲁各分会联合救济办事处掩埋尸体表

第几救济队	掩埋尸体几具	需用棺木几口	队长员姓名	
第一组队	一二具		队长殷净和，队员吉润宜、张宪慧、张伽慧、杨源新、吴宪方	
第二组队	七具		队长刘清笠，队员杨清东、董伽道、李净福、潘源虚、王良朗	
第三组队	四具		队长马南真，队员赵源宽、赵声大	
第四组队	五具		队长吴平璇，队员李田虔、阎净阐、张静宣	
第五组队	一〇具		队长李峻默，队员李义观、杨峻都、李峻光、刘峻玉	

续表

第几救济队	掩埋尸体几具	需用棺木几口	队长员姓名	
第六组队	三具		队长吴极澈，队员郭广垣、侯希明	
总合　掩埋尸体 需用棺木	四一具	三八口		
附记	一、掩埋之尸体因炸伤死者占十分之六，因病身死者占十分之四。 一、掩埋之尸体均高筑土坟并竖立竹签以为标志。			

一　医务工作

本会原设有全鲁卍联施诊总所一处，施诊分所二处。因战事日急，北来受伤之难民无处收留疗治，遂于民国二十六年九月初旬，将施诊总所改为历城卍会临时医院。截至二十七年六月底，计治住院伤民二百八十四人，门诊一万二千七百四十一人。第一施诊所计诊治七百九十六人，第二施诊所诊治一千四百八十五人，计共治疗一万五千三百零六人。又泰安卍会第五组队设施诊所一处，计诊治五千三百四十八人。羊楼卍会第七组队设施诊所一处，计诊治四百九十五人。列表于后，以资考证。

世界红卍字会全鲁各分会联合救济办事处医院施诊所治疗伤民表

名称	住院人数	门诊人数	院长所长	医士	备考
历城卍会临时医院	二八四人	一二七四一人	院长张星五，责任院长杨育生，副院长崔初华、匡善和	主任孙宪慈、杨宪文、李源临，医士张子丰、高立生、潘源虚、李略三、马济卿、王璟、张宝云、吕智善、刘清着	
全鲁卍联第一施诊所		七九六人	所长楚充符		
全鲁卍联第二施诊所		一四八五人	所长郭法藏		

续表

名称	住院人数	门诊人数	院长所长	医士	备考
总合	住院治疗二八四人 门诊一五〇二二人		共计疗治伤民 一万五千三百 零六人		
附记	一、住院治疗之伤民受炮炸各伤者占百分之九五，患其他病症者占百分之五。 一、门诊以受伤寒瘟疹占百分之六十，疬疫等病占百分之二五，炸炮伤占百分之一五。 一、医院施诊所所用药品由本会购置者占十分之三，由各界捐助者占十分之七。				

附录　泰安羊楼卍会施诊所治疗伤民表

泰安卍会施诊所		五三四八人	所长李智和		
羊楼卍会施诊所		四九五人	所长于极须		
总合		五八四三人			
附记	一、治疗人数以炮炸各伤占百分之五十，以其他各症占百分之五十。 一、函所需用药品均泰羊两会自备。				

一　赈务工作

本会救济队自水灾救济结束后，即接续办理赈济工作，济南市及四郊居民，因民国二十六年十二月间遭逢事变，米珠薪桂，大半不能维持生活。本会随时酌量赈济，以济急需，时届冬令，尤感困难，本会于本年一月十一日遭派队员等先行分班调查，填发赈票一万七千四百九十二户，至一月二十五日起接连六日施放赈米赈面等物，计受赈者七万八千三百二十四人。嗣因北乡历城县境居民先罹水灾，后遭兵燹，困苦情形，更极可惨，遂派队员等择尤调查，填发赈票九千九百八十八户，计受赈者四万七千七百四十人。共计受赈者二万七千四百八十户——男女大小十二万六千零六十四人。前后共用赈米二十六万八千零三十六斤，赈面二百七十袋，赈衣一千三百七十件，卍灵丹五百袋，救济丹一千六百付，其由本会临时零星周济，或由善团与个人托代赈以及第五组队在泰安赈济。难民九千一百八十人，均不在前述之统计数内也。

兹特列表于后，以资考证：

世界红卍字会全鲁各分会联合救济办事处赈济表

赈济地点	户数	人数	赈品数量				查放员	备考
			赈衣	赈米	赈面	药品		
济南市内	一七四九二户	七八三二四人	一三七〇件	一三四〇〇斤	二七〇袋	卍灵丹五百袋，救济丹一千六百付	孙函尘、张法龙、殷法原、杨道赞、耿净龙、张宪慧、张伽慧、杨清东、杨源新、王普宜、宿慈清、于法洹、孔虚真、刘雅泉、吴宪方、阎净阐	
历城县境	九九八八户	四七七四〇人		一四五六三六斤			殷法原、李净福、董伽道、吴宪方、吉润宜、张宪慧、杨源新、杨道赞、张伽慧、杨清东、刘清治、李法慎	
总合	二七四八〇户	一二六〇六四人	一三七〇件	二六八〇三六斤	二七〇袋			
附记	一、本会共赈济贫民二万七千四百八十户，男女大小十二万六千零六十四人，计用赈米二十六万八千零三十六斤，面粉二百七十袋，合一千三百五十斤，棉衣一千三百七十件，卍灵丹、救济丹二千一百付。 一、本会放赈手续，先派调查员分区查明贫民若干户，每户大小若干口，再另派员复查确实后，填发赈票，以便领取。 一、本会施放棉衣、药品数量无多，系由查放员酌量情形，择其最需要者始行发给。							

附录　泰安第五组队赈济表

泰安过境难民		四五八九人	一一三二件	三一三〇四斤			
泰安春赈	一五六三户	四五九一人		二九一二斤			
总合	一五六三户	九一八〇人	一一三二件	六一二一六斤			
附记	一、泰安两次赈济共计九千一百八十人，计用赈米六万一千二百一十六斤，棉衣一千一百三十二件。 一、赈米棉衣等物俱由泰安卍会购置所需之款，连同羊范两会收容遣送等费约有二万余元。						

丙编　征信录

捐助救济经费姓氏表

张会长灵泳	捐洋四百一十元
苗会长慈华	捐洋五百元
崔会长初华	捐洋五百元
历城卍会同仁	捐洋五千二百七十四元六角九分

共捐洋六千六百八十四元六角九分

捐助赈济款项姓氏表

历城红卍字会	捐洋一万一千三百六十一元六毛
烟台慈光社	捐洋四千元
山东赈务委员会	捐洋二千元，灵泳经募
历城善堂	捐洋二千元，华品经募
曹敏士先生	经募洋一千六百二十三元三角五分
胶东卍会联合办事处	捐洋一千五百元
济南红卍字会	捐洋一千元
历城妇女红卍字会苗芸淑女士	捐洋一千元
张清雨先生	捐洋七百元
崔初华先生	捐洋六百六十元

苗慈华先生	捐洋六百二十元
吴净千先生	捐洋五百二十元
张介常女士	捐洋五百元
成大纱厂	捐洋五百元，慈华经募
成丰面粉厂	捐洋五百元，同上
成通纱厂	捐洋五百元，同上
李荫轩先生	捐洋五百元，灵泳经募
历城妇女红卍字会	捐洋三百二十五元四角
无名氏	捐洋三百二十四元，圆渤经募
冯圆渤先生	捐洋三百元
无名氏	捐洋三百元
仁丰纱厂	捐洋三百元，辉华经募
津浦铁路同仁	捐洋二百十元
吴平璇先生	捐洋二百元
无名氏	捐洋二百元
田净来先生	捐洋二百元
无名氏	捐洋二百元，平璇经募
森昌花行	捐洋二百元，平璇经募
李蒙山先生	捐洋二百元，净抱经募
惠丰公司	捐洋二百元，辉华经募
成通纱厂	捐洋二百元，辉华经募
成大纱厂	捐洋二百元，同上
无名氏	捐洋二百元，同上
王玉岩先生	捐洋二百元，同上
宝丰公司	捐洋二百元，同上
成丰公司	捐洋二百元，同上
成记公司	捐洋二百元，同上
恒聚成	捐洋二百元，同上
张冠三先生	捐洋一百九十元，同上
孙函尘先生	捐洋一百五十五元
翰记	捐洋一百五十元

初记	捐洋一百五十元
李净抱先生	捐洋一百四十五元
苗辉华先生	捐洋一百四十元
西关曹家巷各商家	捐洋一百三十元，函尘经募
钱业公会全体会员	捐洋一百二十五元八角，清雨经募
隗玉玺先生	捐洋一百十元
成丰公司	捐洋一百元，初华经募
富棉花行	捐洋一百元，平璇经募
致康花行	捐洋一百元，同上
粮业公会	捐洋一百元，辉华经募
苗李洁华女士	捐洋一百元，同上
成丰公司	捐洋一百元
东纲公所	捐洋一百元
成通纱厂	捐洋一百元，净抱经募
王玉岩先生	捐洋一百元，平璇经募
复成信东西记	捐洋一百元，同上
大东裕记花行	捐洋一百元，同上
庆祥货栈	捐洋一百元，同上
义中花行	捐洋一百元，同上
协记棉栈	捐洋一百元，同上
森昌花行	捐洋一百元，辉华经募
宏信花行	捐洋一百元，同上
李文金先生	捐洋一百元，源新经募
青岛苏买办	捐洋一百元
苗海南先生	捐洋一百元，辉华经募
兴顺福	捐洋一百元，同上
张韶采先生	捐洋一百元，同上
丰年公司	捐洋一百元，同上
孙墨村先生	捐洋一百元，同上
华庆面粉厂	捐洋一百元，同上
苗星垣先生	捐洋一百元，同上

同聚长	捐洋一百元，同上
无名氏	捐洋一百元，平璇经募
李协五先生	捐洋一百元，净抱经募
同聚长	捐洋一百元，同上
李世和先生	捐洋一百元
耿净龙先生	捐洋一百元
孙明华先生	捐洋一百元
段净雨先生	捐洋七十五元
冯圆渤先生	经募洋七十五元
孔惠化先生	捐洋七十元
王赵秋芙女士	捐洋七十元，圆渤经募
吴源境先生	捐洋六十三元
赵博馨先生	捐洋六十二元
无名氏	捐洋六十元
华老太太	捐洋六十元
无名氏	捐洋五十六元八角六分，博馨经募
张清圣	捐洋五十元
李太太	捐洋五十元，玄悟经募
张耕腴先生	捐洋五十元，初华经募
田子厚先生	捐洋五十元
苗星垣先生	捐洋五十元
恒记炭栈	捐洋五十元，清圣经募
森昌花行	捐洋五十元，平璇经募
狄净高先生	捐洋五十元
穆希信女士	捐洋五十元，玄悟经募
鲁兴火柴公司	捐洋五十元，平璇经募
王子衡先生	捐洋五十元，同上
张净莱先生	捐洋五十元
恒顺泰	捐洋五十元，净抱经募
马春粹先生	捐洋五十元
郑家庄	捐洋五十元

石伯海先生	捐洋五十元
同聚东	捐洋五十元，初华经募
袁瑞卿先生	捐洋五十元，同上
协泰福	捐洋五十元，同上
李素富先生	捐洋五十元
李素富先生	经募洋五十元
晋泰公司	捐洋五十元
信昌银号	捐洋五十元，圆渤经募
王文阁先生	捐洋五十元
高翰臣先生	捐洋五十元，辉华经募
聚太栈	捐洋五十元，同上
张荫三先生	捐洋五十元，同上
马清岭先生	捐洋四十元
李清荻先生	捐洋四十元
阎清调先生	捐洋四十元
穆太太	捐洋四十元，玄悟经募
李璞如先生等	捐洋四十元
无名氏	捐洋四十元
恒顺泰	捐洋四十元，净抱经募
元泰安先生	捐洋四十元
池满泰先生	捐洋三十五元
王清凡先生	捐洋三十五元
傅净着先生	捐洋三十三元
袁华品先生	捐洋三十元
泰生东	捐洋三十元，少采经募
兴顺福	捐洋三十元，同上
聚义号等	捐洋三十元，福庆长王先芳经募，共四十户
王建周先生	捐洋三十元
无名氏	捐洋三十元，妙显经募
无名氏	捐洋三十元

刘宾庭先生	捐洋三十元，平璇经募
东莱银行	捐洋三十元
宝丰公司	捐洋三十元
协盛公	捐洋三十元，净龙经募
福益和	捐洋三十元，博馨经募
益成油坊	捐洋三十元，初华经募
王桐馨先生	捐洋三十元，同上
张兰初先生	捐洋三十元，同上
王子振先生	捐洋三十元，同上
明裔一先生	捐洋二十七元
慎昌洋行	捐洋二十五元
张旸谷先生	捐洋二十四元
徐清藏先生	捐洋二十二元
无名氏	捐洋二十元
王净蓬先生	捐洋二十元
王净经先生	捐洋二十元
郭瑞智先生	捐洋二十元
于德贤女士	捐洋二十元
张霭如先生	捐洋二十元
国佐庭先生	捐洋二十元
和济煤油行	捐洋二十元，初华经募
徐聘三先生	捐洋二十元，耀麟经募
中绵历记	捐洋二十元，平璇经募
杨源蕴先生	捐洋二十元
陆廷撰先生	捐洋二十元
朱受卿先生	捐洋二十元
长记号	捐洋二十元，清雨经募
张太太	捐洋二十元，玄悟经募
孙致斋先生	捐洋二十元，初华经募
张少采先生	捐洋二十元
春和顺	捐洋二十元，少采经募

王宪仁先生	捐洋二十元
张觉昌先生	经募洋二十元
济南电话公司	捐洋二十元
济南电话公司职工等	捐洋二十元
许翰卿先生	捐洋二十元，净抱经募
高翰臣先生	捐洋二十元
无名氏	捐洋二十元，玄悟经募
复聚义	捐洋二十元，初华经募
陈隽人先生	捐洋二十元
中央银行济南分行	捐洋二十元
南星颜料厂	捐洋十七元八角三分
陈自明先生	捐洋十五元，南真经募
刘清笠先生	捐洋十三元
杨育生先生	捐洋十二元
徐源斯先生	捐洋十二元
李源阐先生	捐洋十二元
张清圣先生	经募洋十一元
长盛公银号	捐洋十元，清荻经募
公祥顺号	捐洋十元，同上
张宪慧先生	捐洋十元
无名氏	捐洋十元，平璇经募
刘和宜先生	捐洋十元
恒顺成	捐洋十元，初华经募
恒顺泰	捐洋十元，同上
复聚泰	捐洋十元，同上
同顺泰	捐洋十元，同上
协成栈	捐洋十元，同上
无名氏	捐洋十元，少采经募
锦丰庆	捐洋十元，同上
解心斋先生	捐洋十元，同上
谭王氏	捐洋十元，同上

腴记	捐洋十元，同上
韩纯一先生	捐洋十元
宋子玉先生	捐洋十元，平璇经募
陈德冈先生	捐洋十元，妙显经募
刘蔓亭先生	捐洋十元，初华经募
崔鸿先生	捐洋十元，同上
元康银号	捐洋十元，博馨经募
瑞兴公银号	捐洋十元，同上
义兴公	捐洋十元，同上
三义太	捐洋十元，同上
敦益厚	捐洋十元，同上
麟祥	捐洋十元，同上
庆泰昌银号	捐洋十元，同上
三合恒	捐洋十元，同上
福庆长	捐洋十元，同上
鸿兴永	捐洋十元，同上
沈清界先生	捐洋十元，同上
王淑兰女士	捐洋十元，玄悟经募
齐东德成花店	捐洋十元，平璇经募
王子丰先生	捐洋十元
邵锡忱先生	捐洋十元
李清泉先生	捐洋十元，玄悟经募
裕新宝号	捐洋十元，平璇经募
刘归梻先生	捐洋十元
义泰办公处	捐洋十元，初华经募
贾钴斋先生	捐洋十元，同上
成盈庭先生	捐洋十元，同上
董永吉先生	捐洋十元，耀麟经募
杨端甫先生	捐洋十元，灵泳经募
无名氏	捐洋十元，瑞智经募
张惟冠先生	捐洋十元，同上

成大纱厂	捐洋十元，辉华经募
成记面粉厂	捐洋十元，同上
恒聚成	捐洋十元，同上
柴东生先生	捐洋十元
李桐华先生	捐洋十元
济南电气公司	捐洋十元
王耕三先生	捐洋十元，平璇经募
赵素榛先生	捐洋十元
东元盛	捐洋十元，净龙经募
耿仲乙先生	捐洋十元，同上
周韬甫先生	捐洋十元
郭秉稣先生	捐洋十元
弨月舫先生	捐洋十元
刘栋臣先生	捐洋十元，函尘经募
聚兴厂等	捐洋十元，同上
任奉之先生	捐洋十元
王贯一先生	捐洋十元
高少复先生	捐洋十元
刘万才先生	捐洋十元
王兴群先生	经募洋十元
余慎斋先生	捐洋十元
萧华阁先生	捐洋十元
郝明斋先生	捐洋十元
冯笃斋先生	捐洋十元
马太太	捐洋十元
黄复永先生	捐洋十元
宋源扬先生	捐洋十元
张法圣先生	捐洋十元
王源抱先生	捐洋十元
孙源临先生	捐洋十元
黄鼎臣先生	捐洋十元，清调经募

鸿兴永	捐洋十元，博馨经募
毕源荷先生	捐洋十元
赵梅存先生	捐洋十元
永庆堂	捐洋十元
巩明恒先生	捐洋十元
谢耀麟先生	捐洋十元
李君实先生	捐洋八元，玄悟经募
孔法东先生	捐洋八元
仁德益	捐洋五元，清荻经募
裕兴昌	捐洋五元，同上
公记栈	捐洋五元，同上
任安贞先生	捐洋五元，同上
恒祥银号	捐洋五元，同上
张慎修先生	捐洋五元，同上
德和永	捐洋五元，同上
福庆昌	捐洋五元，同上
长兴公	捐洋五元，同上
鸿昌义	捐洋五元，同上
瑞祥义	捐洋五元，同上
鸿丰祥	捐洋五元，同上
兴元永	捐洋五元，同上
协盛公	捐洋五元，同上
聚义号	捐洋五元，同上
恒祥号	捐洋五元，同上
复昌恒	捐洋五元，同上
元兴号	捐洋五元，同上
东元盛	捐洋五元，同上
鸿生东	捐洋五元，同上
孙捷臣先生	捐洋五元，同上
福庆长	捐洋五元，同上
宋华峰先生	捐洋五元，同上

裕庆永	捐洋五元，同上
利民工厂	捐洋五元，同上
致和祥	捐洋五元，同上
无名氏	捐洋五元
王介臣先生	捐洋五元，平璇经募
韩道福先生	捐洋五元，妙显经募
郭有章先生	捐洋五元，同上
陈长九先生	捐洋五元，同上
曲树桢先生	捐洋五元，同上
隗毓芝先生	捐洋五元，博馨经募
王君孚先生	捐洋五元，同上
荣源	捐洋五元，同上
裕同祥	捐洋五元，同上
裕庆长	捐洋五元，同上
同心诚	捐洋五元，同上
德兴长	捐洋五元，同上
大东裕	捐洋五元，清雨经募
公庆	捐洋五元，同上
和盛公	捐洋五元，同上
戴太太	捐洋五元，玄悟经募
吴白秀莲女士	捐洋五元，同上
邓子盛先生	捐洋五元，初华经募
信成公司德记	捐洋五元，同上
天兴东	捐洋五元，矞一经募
瑞兴东	捐洋五元，同上
兴源永	捐洋五元，瑞智经募
同心诚	捐洋五元，同上
元盛	捐洋五元，同上
协兴昶	捐洋五元，同上
周绍唐先生	捐洋五元
宫志和先生	捐洋五元

无名氏	捐洋五元，博馨经募
陶峻南先生	捐洋五元
李佑宸先生	捐洋五元
张鞠斯先生	捐洋五元
陈筱田先生	捐洋五元，南真经募
南京汇成行	捐洋五元，同上
马星南先生	捐洋五元，同上
杨德忱先生	捐洋五元，净龙经募
邹恩普先生	捐洋五元，同上
沈兴五先生	捐洋五元，同上
宁文宗先生	捐洋五元，同上
高砚农先生	捐洋五元，同上
张子亭先生	捐洋五元
马振元先生	捐洋五元，函尘经募
孙明斋先生	捐洋五元
麟祥街无名氏	捐洋五元
沈净荻先生	捐洋五元
益聚恒布庄	捐洋五元，法东经募
王君孚先生	捐洋五元，同上
贾子彬先生	捐洋五元，同上
张进之先生	捐洋五元，源常经募
张崇纲先生	捐洋五元，同上
马灵虔先生	捐洋五元，同上
邹毓华先生	捐洋五元，同上
潘荫南先生	捐洋五元，同上
李子章先生	捐洋五元
岛村一郎先生	捐洋五元
孙清君先生	捐洋五元
孙源藏先生	捐洋五元
吴惟塘先生	捐洋五元
冯连科先生	捐洋四元，妙显经募

武鑫山先生	捐洋三元，初华经募
王笃卿先生	捐洋二元，同上
赵季澄先生	捐洋三元
马寿泉先生	捐洋三元，南真经募
天津聚沅祥	捐洋三元，同上
元盛号	捐洋三元，净龙经募
耿效文先生	捐洋三元，同上
袁豫亭先生	捐洋三元，同上
沈象九先生	捐洋三元，同上
石惠孚先生	捐洋三元，同上
曲揆斋先生	捐洋三元，同上
周晋升先生	捐洋三元，法东经募
马俊臣先生	捐洋三元
蚨昶源	捐洋二元，清获经募
王世扶先生	捐洋二元，妙显经募
张广华先生	捐洋二元，同上
杜荫菔先生	捐洋二元，同上
刘颐鸿先生	捐洋二元，同上
周宇辉先生	捐洋二元，同上
俞云源先生	捐洋二元，同上
赵庆献先生	捐洋二元，同上
无名氏	捐洋二元，同上
耿雪堂先生	捐洋二元，初华经募
恒益号	捐洋二元，清雨经募
孟瑞契先生	捐洋二元
邱灵樛先生	捐洋二元
冯遹斋先生	捐洋二元，裔一经募
蔡斐村先生	捐洋二元，同上
曹丹廷先生	捐洋二元
马韩氏	捐洋二元，南真经募
周廷章先生	捐洋二元，同上

吕景元先生	捐洋二元，清岭经募
王效萍先生	捐洋二元，净龙经募
高书元先生	捐洋二元
纪太太	捐洋二元，法东经募
双盛太	捐洋二元，同上
翟焕东、李丽亭先生	捐洋二元，同上
赵源宣先生	捐洋二元
张清我先生	捐洋二元
王广德先生	捐洋二元
隗厚阐先生	捐洋二元
魏源佛先生	捐洋二元
宫源万先生	捐洋二元
程圆繁先生	捐洋二元
吴净佛先生	捐洋二元
王法引先生	捐洋二元
吕净引先生	捐洋二元
山春霆先生	捐洋一元，平璇经募
冯仲符先生	捐洋一元，清雨经募
鸿祥永	捐洋一元，同上
吉太号	捐洋一元，同上
丰利号	捐洋一元，同上
鸿兴永	捐洋一元，同上
聚兴永	捐洋一元，同上
协聚祥	捐洋一元，同上
德成布庄	捐洋一元，同上
同祥益	捐洋一元，同上
裕同祥	捐洋一元，同上
义盛恒	捐洋一元，同上
裕庆长	捐洋一元，同上
同心成	捐洋一元，同上
鸿庆号	捐洋一元，同上

同兴义	捐洋一元，同上
益泰号	捐洋一元，同上
谦祥永	捐洋一元，同上
同庆西	捐洋一元，同上
恒义和	捐洋一元，同上
义同成	捐洋一元，同上
同善成	捐洋一元，同上
同聚成	捐洋一元，同上
宏华永	捐洋一元，同上
双成合	捐洋一元，同上
同庆号	捐洋一元，同上
同聚泰	捐洋一元，同上
聚圣	捐洋一元，同上
德兴裕	捐洋一元，同上
同善成东记	捐洋一元，同上
李林祥先生	捐洋一元
曲东海先生	捐洋一元
张仁甫先生	捐洋一元，裔一经募
公兴号	捐洋一元，同上
于又龄先生	捐洋一元，同上
董桃村先生	捐洋一元，同上
张茂森先生	捐洋一元，南真经募
于岳东先生	捐洋一元，同上
马叔范先生	捐洋一元，同上
赵梦泉先生	捐洋一元，同上
高东明先生	捐洋一元，净龙经募
赵守功先生	捐洋一元，同上
赵子琴先生	捐洋一元，同上
高希签先生	捐洋一元，同上
王聿伦先生	捐洋一元，同上
无名车夫	捐洋五角

共捐洋四万三千七百四十八元三角四分

捐助物品姓氏表

粮业公会　捐助面粉一千九百袋，合洋九千一百二十元

历城妇女卍会苗芸淑女士　捐助通面五百袋，合洋二千一百五十元

成大纱厂　捐助面粉四百四十袋，合洋二千一百一十二元

王净蓬先生　捐助面粉三百五十袋，合洋一千六百八十元

王道善、范子安、张法万先生　经募面粉三百袋，合洋一千四百四十元

张灵泳先生　捐助面粉三百袋，合洋一千四百四十元

苗芸淑女士　捐助通面三百袋，合洋一千二百九十元

王净经先生　经募面粉二百六十五袋，合洋一千二百七十二元

任奉之先生　经募面粉二百五十袋，合洋一千二百元

段净雨、孙函尘先生　捐助面粉二百袋，合洋九百六十元

罗净岩先生　捐助面粉二百袋，合洋九百六十元

李净抱先生　经募面粉一百四十五袋，合洋六百九十六元

汪明真先生　捐助通面一百四十袋，合洋六百零二元

孙明华先生　捐助头等面一百袋，合洋四百九十元

张清雨先生　捐助面粉一百袋，合洋四百八十五元

崔初华先生　捐助面粉一百袋，合洋四百八十元

朱立悟先生　捐助面粉一百袋，合洋四百八十元

吴永清、李寿山先生　经募面粉一百袋，合洋四百八十元

苗辉华先生　捐助面粉九十袋，合洋四百三十二元

苗芸慧女士　捐助通面一百袋，合洋四百三十元

苗芸贤女士　捐助通面一百袋，合洋四百三十元

广智院街　捐助面粉七十五袋，合洋三百六十元

冯兴群先生　捐助面粉七十袋，合洋三百三十六元

张少清先生　经募面粉五十四袋，合洋二百五十九元二角

王寿山先生　捐助面粉五十袋，合洋二百四十元

东关一里各街　捐助面粉五十袋，合洋二百四十元

张少甫先生　经募面粉五十袋，合洋二百四十元

杨鸿道先生　捐助面粉四十五袋，合洋二百一十六元

吴乂达、陈文信、孔庆云先生　经募面粉四十袋，合洋一百九十二元

苗辉华先生　捐助面粉三十五袋，合洋一百六十八元

协盛公　捐助面粉三十袋，合洋一百四十四元

大成花行　捐助面粉二十六袋，合洋一百二十四元八角

森昌花行　捐助面粉十袋，合洋四十八元

致康花行　捐助面粉十袋，合洋四十八元

李源临先生　捐助面粉十袋，合洋四十八元

赵寿虔先生　捐助面粉八袋，合洋三十八元四角

张清圣先生　捐助面粉八袋，合洋三十八元四角

徐清藏先生　捐助面粉六袋，合洋二十八元八角

富绵花行　捐助面粉五袋，合洋二十四元

青岛李祖模先生　捐助面粉五袋，合洋二十四元

刘德三先生　捐助面粉四袋，合洋十九元二角

穆太太　捐助通面四袋，合洋十六元四角

　共捐助面粉六千六百七十五袋，合洋三万一千四百八十二元二角

振记　捐助小米八万九千三百八十七斤，合洋七千一百五十元零九角六分

无名氏　捐助小米三百包，合洋四千八百元

济记　捐助小米五万六千二百四十九斤，合洋四千四百九十九元九角二分

隐记　捐助小米一百包，合洋一千六百元

王道善、范子安、张法万先生　捐助小米一百包，合洋一千六百元

少年监狱　捐助杂粮一百包，合洋九百六十元

张伽慧、魏儒珍先生　经募小米面一万二千斤，合洋九百六十元

张芰臣先生　捐助小米面一万零一百二十五斤，合洋八百一十元

张少清先生　捐助小米四十包，合洋六百四十元

赈务会　捐助红粮六十一包，合洋五百四十九元

张伽慧、魏儒珍先生　经募小米六千斤，合洋四百八十元

张少清先生　经募小米三十包，合洋四百八十元

沈绍南先生　经募小米四千一百三十斤，合洋三百三十元零四角

李源临先生　捐助小米三千斤，合洋二百四十元

任奉之先生　经募小米十五包，合洋二百四十元

后营坊街　捐助小米面三千斤，合洋二百四十元

张清圣先生　捐助小米面二千五百斤，合洋二百元

粮业公会　捐助小米十二包，合洋一百九十二元

冯兴群先生　捐助小米十二包，合洋一百九十二元

孙函尘、段净雨先生　捐助小米二千斤，合洋一百六十元

致康花行　捐助小米十包，合洋一百六十元

后营坊全街　捐助小米二千斤，合洋一百六十元

广智院街　捐助小米十包，合洋一百六十元

东关一里各街　捐助小米二千斤，合洋一百六十元

协盛公　捐助小米十包，合洋一百六十元

无名氏　捐助小米一千九百三十五斤，合洋一百五十四元八角

无名氏　捐助小米一千八百九十五斤，合洋一百五十一元六角

王净蓬先生　捐助小米八包，合洋一百一十八元

吴永清、李寿山先生　经募小米一千五百斤，合洋一百二十元

大成花行　捐助小米六包，合洋九十六元

罗净岩先生　捐助小米六包，合洋九十六元

张少甫先生　经募小米一千二百斤，合洋九十六元

无名氏　捐助小米一千二百斤，合洋九十六元

徐清藏先生　捐助小米一千斤，合洋八十元

吴乂达、陈文信、孔庆云先生　经募小米五包，合洋八十元

王寿山先生　捐助小米一千斤，合洋八十元

张莛臣先生　捐助小米七百六十四斤，合洋六十一元一角二分

张清圣先生　捐助小米五百斤，合洋四十元

富绵花行　捐助小米二包，合洋三十二元

赵寿虔先生　捐助小米二包，合洋三十二元

杨鸿道先生　捐助小米三百五十斤，合洋二十八元

刘德三先生　经募小米五十斤，合洋四元

共捐助小米杂粮三十五万七千三百八十五斤，合洋二万八千四百九十九元八角

王道善、范子安、张法万先生　捐助大米五十包，合洋一千元

吴乂达、陈文信、孔庆云先生　经募大米二十包，合洋四百元

东关一里各街　捐助大米三千四百斤，合洋三百四十元

罗净岩先生　捐助大米七包，合洋一百四十元

森昌花行　捐助大米五包，合洋一百元

广智院街　捐助大米五包，合洋一百元

大成花行　捐助大米五包，合洋八十元

致康花行　捐助大米四包，合洋八十元

徐清藏先生　捐助大米六百斤，合洋六十元

赵寿虔先生　捐助大米二包，合洋四十元

富绵花行　捐助大米一包，合洋二十元

　　　　共捐助大米九十八包又四千斤，合洋二千三百六十元

无名氏　捐助煤炭三十吨，合洋七百二十元

杨鸿道先生　捐助焦炭十二吨，合洋三百三十六元

无名氏　捐助煤炭十吨，合洋二百四十元

成大纱厂　捐助煤炭二万斤，合洋二百四十元

罗净岩先生　捐助煤炭十吨，合洋二百四十元

吴义达、陈文信、孔庆云先生　经募煤炭十吨，合洋二百四十元

粮业公会　捐助煤炭十吨，合洋二百四十元

任奉之先生　捐募煤炭十吨，合洋二百四十元

杨鸿道先生　捐助煤炭八吨，合洋一百九十二元

王净蓬先生　捐助煤炭七吨，合洋一百六十八元

少年监狱　捐助煤炭六吨，合洋一百四十四元

致康花行　捐助煤炭一万斤，合洋一百二十元

张荩臣先生　捐助煤炭六千二百斤，合洋七十四元四角

大成花行　捐助煤炭六千斤，合洋七十二元

段净雨、孙函尘先生　捐助煤炭三吨，合洋七十二元

张少清先生　经募煤炭三吨，合洋七十二元

广智院街　捐助煤炭三吨，合洋七十二元

东关一里各街　捐助煤炭三吨，合洋七十二元

王道善、范子安、张法万先生　经募煤炭三吨，合洋七十二元

协盛公　捐助煤炭五千斤，合洋六十元

赵寿虔先生　捐助煤炭二吨，合洋四十八元

王寿山先生　捐助煤炭二吨，合洋四十八元

张清圣先生　捐助煤炭二吨，合洋四十八元

吴永清、李寿山先生　经募煤炭二吨，合洋四十八元

富绵花行　捐助焦炭三千斤，合洋四十二元

沈绍南先生　经募煤炭三千二百七十斤，合洋三十九元一角四分

徐清藏先生　捐助煤炭三千斤，合洋三十六元

张伽慧、魏儒珍先生　经募煤炭三千斤，合洋三十六元

森昌花行　捐助焦炭二千斤，合洋二十八元

李源临先生　捐助煤炭一吨，合洋二十四元

王净经先生　经募煤炭二千斤，合洋二十四元

张少甫先生　经募煤炭一吨，合洋二十四元

李净抱先生　经募煤炭一千六百斤，合洋十九元二角

苗辉华先生　捐助煤炭一千斤，合洋十二元

后营坊全街　捐助煤炭七百斤，合洋八元四角

苗辉华先生　捐助煤炭五百斤，合洋六元

刘德三先生　经募煤炭一百斤，合洋一元二角

共捐助煤炭三十四万三千三百七十斤，合洋四千一百七十八元三角四分

民政厅　捐助棉夹衣三千八百零三件，合洋三千八百零三元

苗耀华先生　捐助蓝布新棉衣五百套，合洋一千元

无名氏　捐助蓝布新棉衣一百八十五套，合洋三百七十元

大陆银行　捐助棉衣一百套，合洋二百元

李厅长　捐助单衣二百七十件，合洋一百六十二元

协盛公　捐助棉衣一百套，合洋一百五十元

穆太太　捐助蓝布新棉衣二十套，合洋四十元

聚合成鞋店　捐助帆布鞋二十双，合洋三十元

王承浩先生　捐助夹单衣二十三件，合洋二十三元

阎清调先生　捐助棉夹衣二十二件，合洋二十二元

无名氏　捐助小孩被二十床，合洋十元

路公馆　捐助单衣十四件，合洋八元八角

刘太太　捐助棉夹衣七件，合洋八元五角

共捐助棉夹衣五千九百六十九件，鞋二十双，合洋五千八百二十七元三角

苗辉华先生　捐助白洋布一百匹，合洋八百元

成大纱厂　捐助棉花二十包，重一千八百四十斤，合洋八百二十八元

共捐助洋布一百匹，棉花二十包，合洋一千六百二十八元

青年会：捐助药纱布一百四十磅，药棉花二百磅，胶布三筒，火酒一筒，莱苏水四磅，石炭酸二磅，绷带布五匹，亚铅华八磅

青年会：捐助药棉花一百七十八磅，药纱布五十磅，石炭酸二磅，绷带布四匹，里皂儿二磅，胶布二筒，亚铅华十磅，华士林一筒，两次共合洋一千五百二十元

省立医院：捐助药纱布二麻包，药棉花二麻包，南糖浆一磅，石炭酸一磅，大黄酒一磅，乳纱末半磅，硫磺钠半磅，灰碘末二两，甘草末一磅，利尿素半磅，双养（氧）水四两，甘草硫膏四磅，磁方盘一个，磁药瓶二个，二百瓦药瓶十八个，沙淋筒一个，大药瓶四个，五百瓦量杯一个，一千瓦量杯一个，二十瓦量杯一个，小乳钵三个，百瓦大秤一套，亚细亚铁丸二百粒，绿养水二两，盐剥末半磅，硼酸粉一磅，亚皮酸丸一百粒，共口瓶十个，甘松酒五磅，那钠林一磅，大方盘一个，六十瓦药瓶四十四个，合洋九百一十七元

钦浩医院：捐助玻璃药橱一对，整磅木塞药瓶五十四个，铁盒药膏二筒，试验管三支，缝合线一把，玻璃棒二支，整磅药膏罐三个，半磅药膏罐三个，百瓦天秤一套，铁压木塞器一具，点眼台一架，整磅药水抹口瓶五个，半磅药水抹口瓶十二个，四两药水抹口瓶三十二个，二两药水抹口瓶八个，整磅小口药瓶十五个，半磅小口药瓶十一个，百瓦量杯二个，小药盘二个，四两小抹口药水瓶十一个，二两小抹口药水瓶二十四个，木塞小药瓶五十八个，小点眼瓶十八个，能用注射药样品十九盒，亚铅华粉一磅，小胶布二筒，合洋六百七十四元

山东共合药房：捐助药棉花二百包，合洋四百三十六元

共捐助药品器具合洋三千五百四十七元

历城卍字会同仁	捐助十滴水八千瓶，合洋二百元
历城妇女卍字会	捐助观音救济丹二千五百瓶，合洋一百五十元
郭法藏先生	捐助卍灵丹一千包，合洋一百元

共捐助救济药品合洋四百五十元

历城妇女卍字会	捐助咸菜一千斤，合洋一百元
罗净岩先生	捐助咸菜二百斤，合洋二十元
张清圣先生	捐助咸菜一百五十斤，合洋十五元
杨鸿道先生	捐助咸菜一百三十斤，合洋十三元
赵寿虔先生	捐助咸菜五十斤，合洋五元
青岛李庆瑞、郭金恒先生	捐助食物六包，合洋三元六角

共捐助咸菜一千五百三十斤，食物六包，合洋一百五十六元六角

吴乂达、陈文信、孔庆云先生	经募煤油三筒，合洋二十七元
任奉之先生	经募木柴二千斤，合洋二十四元
罗净岩先生	捐助煤油二筒，合洋十八元
吴永清、李寿山先生	经募木柴一百斤，合洋十二元

共捐助木柴二千一百斤，煤油五筒，合洋八十一元

世界红卍字会全鲁各分会联合救济办事处救济水灾兵灾收支款项清册

一、收入项下共计国币十二万八千六百四十三元二角七分		
科目	金额	备考
第一款　捐助现款	五〇四三三　〇三	此款系各善团善士及历城卍会会长、会员捐助之现金
第一项　捐助救济经费	六六八四　六九	此项系历城卍会及各会长捐助备充救济所需之各项开支
第二项　捐助赈济款项	四三七四八　三四	此项系各善团善士及历城卍会会长、会员捐助办理赈济专款
第二款　捐助物品作价	七八二一〇　二四	此项系各善团善士及历城卍会会长、会员捐助各项物品作价

一、收入项下共计国币十二万八千六百四十三元二角七分			
科目	金额		备考
第一项　面粉价款	三五一五	九〇	购买面粉之价款
第二项　小米杂粮作价	二八四九九	八〇	统计捐助之小米杂粮作价如上数
第三项　大米作价	二三六〇	〇〇	统计捐助之大米作价如上数
第四项　煤炭作价	四一七八	三四	统计捐助之煤炭作价如上数
第五项　赈衣作价	五八二七	三〇	统计捐助之棉衣单夹衣布鞋等作价如上数
第六项　洋布棉花作价	一六二八	〇〇	统计捐助之棉花洋布作价如上数
第七项　西药器具作价	三五四七	〇〇	统计捐助之西药器具作价如上数
第八项　救济药品作价	四五〇	〇〇	统计捐助之救济药品作价如上数
第九项　咸菜食物作价	一五六	六〇	统计捐助各难民收容所之咸菜食物作价如上数
第十项　木柴煤油作价	八一	〇〇	统计捐助之木柴煤油作价如上数
二、支出项下共计国币十二万六千四百六十四元零四分			
科目	金额		备考
第一款　支出救济经费	四四八二	六四	本处办理救济所支出之各项办公费均在内
第一项　工资	一〇七六	五〇	本处临时医院各医士看护车资及各救济队所雇用夫役之辛工均在内
第二项　邮电	二三三	八六	本处办理救济所用邮电各费均属之
第三项　文具印刷	一二五〇	〇〇	本处办理救济所用文具及救济照片并工作报告印刷等费均属之
第四项　服装	六五三	〇〇	本处办理救济所备之队员夫役等制服各费均属之
第五项　购置杂费	一二六九	二八	本处办理救济及收容所购置各件及一切杂费均属之
第二款　支出赈济费用	四三七七一	一六	本处办理救济所支出之购买各种粮食及资助难民等费用均在内
第一项　面粉价款	三五一五	九〇	购买面粉之价款
第二项　小米价款	一一二五一	七〇	购买小米之价款
第三项　大米价款	四四六九	一〇	购买大米之价款
第四项　药品价款	一〇六一	四四	购买药品之价款

二、支出项下共计国币十二万六千四百六十四元零四分			
科目	金额		备考
第五项　棺木价款	六六〇	〇〇	购买棺木之价款
第六项　补助难民船票	一六六三六	二九	遣送难民补助船票之价款
第七项　资助过境难民	二五八一	〇〇	过境难民之零星资助款
第八项　遣送难民旅费	五七七	六〇	遣送难民发给之用旅费
第九项　协助各会赈款	一三〇〇	〇〇	协助菏泽、寿张、东平、汶上、泰安、羊楼、范镇、章邱各卍字分会之赈款
第十项　施赈运输各费	九三二	四八	运输赈粮赈物之运送费
第十一项　第二组队杂费	五二六	六〇	本处派队驻青岛办事处一切救济费用均属之
第十二项　第一组队杂费	一四〇	一五	本处派队驻长清办事处一切救济费用均属之
第十三项　第四组队杂费	一一八	九〇	本处派队驻洛口办事处一切救济费用均属之
第三款　支出捐助物品作价	七八二一〇	二四	捐助物品随时赈济难民及各收容所应用之物品作价总数
第一项　面粉作价	三一四八二	二〇	此项面粉由本处赈济难民及各收容所食用作价如上数
第二项　小米作价	二八四九九	八〇	此项小米由本处赈济难民及各收容所食用作价如上数
第三项　大米作价	二三六〇	〇〇	此项大米由本处赈济难民及各收容所食用作价如上数
第四项　煤炭作价	四一七八	三四	此项煤炭由本处发给各收容所应用作价如上数
第五项　赈衣作价	五八二七	三〇	此项赈衣由本处发给难民及各收容所领用作价如上数
第六项　洋布棉花作价	一六二八	〇〇	此项洋布棉花系本处作难民棉被之用作价如上数
第七项　西药器具作价	三五四七	〇〇	此项西药器具由本处发给临时医院应用作价如上数
第八项　救济药品作价	四五〇	〇〇	此项药品由本处发给救济队应用作价如上数

续表

二、支出项下共计国币十二万六千四百六十四元零四分			
科目	金额		备考
第九项　咸菜食物作价	一五六	六〇	此项咸菜食物由本处发给各收容所难民食用作价如上数
第十项　木柴煤油作价	八一	〇〇	此项木柴煤油由本处发给各收容所应用作价如上数
第四款　除付实存现款	二一七九	二三	此款系救济经费节余金
第一项　现金	二一七九	二三	此项现金即除付实存款项

附注

一、本报告书关于历城卍字分会之工作均附于全鲁卍联处内，不另列表，至历城卍字分会会内之经常开支并不在本报告开支之列。

一、本报告书救济用款共计十二万元有奇，系指全鲁卍联处及第一、二、三、四队所需之款而言。其关于第五、六、七、八、九队及在周村、青岛招待难民共用六万余元，则由泰安、羊楼、范镇、汶口、周村、长清各卍会与青岛各慈善团体支付，均不在本报告书开支范围以内。

一、本报告书因年度结账关系，所有一年内之收支，悉数结算清楚，但救济工作尚未结束，所余救济经费以及报告以后收支各款，容俟下期报告再行编入。

一、本报告书内助款诸公姓氏、款数，俱照册簿抄写，似应无讹，但因仓卒付印，校对稍有疏忽，鱼鲁之误深恐在所不免，尚祈鉴原为荷。

——原载《世界红卍字会全鲁各分会联合救济办事处

救济水灾兵灾总报告》，1938 年。

上海市通志馆收藏图书目录第一号征信录目录

（截至 1936 年 7 月）

叙言和凡例

征信录是一种公共机关的账目：哪个机关向公众征募了经费，去开办公益事业，到了年终（或是年度结束，或是事业结束）的时候，它就应该把收支的总账以及事业的成绩开列出来，分送捐款的各家，做一个交代，这就是征信录的来历。至于股份公司对于股东们每年的营业损益报告书，自治机关对于公民们每年的行政报告和收支预算决算案，我们也可以把他们归入征信录的一类书里。

征信录本来的功效，只是事业的执行人员向支持事业的公众宣布他们经手账款的来踪去迹及出款所获得的效果，以清手续和责任。但是历年的各种征信录，聚集到了编撰或研究历史者处，却具了一种副作用——成了一种很有用的史料，因为征信录里对于一件事业的经过，或是一个机关的工作，常有详细的记录，可以供给参考，而它所开列的账目，又是统计的资料，况且我国的史籍，向来是注重于上层的、政治的记述，而忽略于一般的、社会的描写。征信录所记录的团体，都是各种的社会组织，这些社会组织，是依着极多数的人支拄的，举办的事业也是适应着社会上一般所需要的，所以它的记录实在是补充旧时历史的缺点的良好史料之一种。

本馆成立以后，对于关于上海的各种史料——包括公报、档案、书籍、报纸、杂志、照片、地图、碑拓等等——非常用功的去搜集；把搜集史料的工作是看做和编纂通志的工作一样地重要的。虽然，馆中经济并不充裕，而时间亦感到不敷用，所以同人之中，有几位是时常用了业余时间去走旧书摊，访问旧家，为馆中搜集史料、文献的。在民国二十三年的春天，因为察觉了征信录在史料上的价值，就也开始留心搜集：一方面去向现在的各种公益慈善机关去征集，一方面更尽力购求。征集所得的为数很少，而且大都是限于近年的；只有徽宁思恭堂特地搜索了好些该堂的陈年的征信录送给我们，是使我们很感谢的。至于购置方面，因为我们用了长久的工夫，所以成绩并不算坏。截至目下止，我们所得的各种征信录，已有二百五十四种，计七百十五册，以时间论，则最早的已经收到清道光十一年的同仁堂征信录，而咸丰同治间的征信录也有了好几种。这些征信录，全数是关于上海的。

上海在近代的发展，完全是因为它成了全国商业中心的缘故。至于支拄这个商业中心的各帮商人，他们势力分布的状况，经营行业与原来籍贯的地理关系，他们的社会观念与公益工作，只有从他们所组织的"基尔特"里才观察得出强烈的表现，而征信录则是各种基尔特的可靠的记录。比如我们现在收到连续二十一年的四明公所征信录，对于这二十一年里在上海商业界中极有权威的宁波帮的活动的经过，就可以明晰的看出来；我们收到了间缺的六十年的徽宁思恭堂征信录，而以丝茶为业的徽帮商人于六十年间如何在上海发展的经过，也可以抽绎而得其大概了。

根据征信录，还可以订补旧邑志的缺失，举一个例：同治《上海县志》对于普育堂的起源的记载云："初，巡道应宝时在淘沙场陈公祠延董设局，旋就半段泾茶商旧所派员设堂"，并没有说明创立的确切年代。我们从职官表中查出应宝时于清同治三年至八年在任，也仅能够推算而知普育堂是在同治初年创立而已。现在得到了普育堂征信录，乃确知该堂是在同治六年十一月二十七日开办的，并且所谓茶商旧所实在是丝茶公所。诸如此类，非常的多，现在只是随便举一个例罢了。

本馆对于收到的征信录，是很留心的保存的，凡是每一机关的信征录，年份能够连续了，就把它们合订起来，用硬纸布面做书衣，现在已经装好五十多本了。

现在为了征求和检阅方便起见，就把本馆所藏的征信录，编印这一本目录。并且说明征信录的史料价值和我们收集征信录的目的如右。希望各界和各团体帮助我们，常常把新刊的或旧有的征信录送给我们，让本馆能有一个更为完备的收藏，那实在是我们所企待的。至于各界如因研究上的需要而欲阅览本馆所藏的征信录，我们也是竭诚欢迎的。

本目录编目的体例，有须说明者几点：

（一）本目录专登录上海市通志馆所已收藏的各种征信录。共分十二类：

子、市县行政类

丑、学校类

寅、公司类

卯、商会类（另依业别分小类）

辰、宗教类

巳、同乡团体类（另依省别分小类）

午、工会类（另依业别分小类）

未、自由职业团体类

申、医院类

酉、赈灾类

戌、慈善机关类

亥、其他类

同类之中，以书名计四角号码排列，但不标明号码。（凡逢书名之以"上海"二字起首者，以第三字作为第一字计号排列）

（二）书名后所注的年份，指该年份征信录已经本馆收藏。每一本占年份栏一行地位；其数年合订于一本者，写作"某年至某年"，也只占一行地位。同一年份而分订几本的，则在年份下注明"共装几本"。

（三）征信录之原来标明届次者，现在也将届次录于年份之上。

（四）从前的征信录，有许多只标干支，以代年份。逢到此种情形，本目录除检出年份登录外，并于年份下兼录干支，以便与原书核对。

（五）书名或年份上注有"〇"符号者，指该书该年份已经本馆重装。年份左偏之短线，系指以右各年份经合装于一册。

（六）书名或年份下注有（+）符号者，指该书该年份本馆藏有复本，注（++）符号者，指藏有两部复本。

（七）本目录末附有四角号码书名索引。

（子）市县行政类

（保卫团及救火会附）

上海市预算总册

民国十四年度（+）

民国十五年度

上海市政厅继续城自治公所决算册

清宣统三年

上海市政厅慈善团决算册

民国元年（+）

民国二年（其后改名"上海慈善团征信录"，另见慈善事业机关类）

上海市经董事办事处收支报告册

民国十一年至十二年

上海市沪南区救火联合会决算册

民国十九年度

民国二十二年七月至二十三年六月

上海市决算表

民国十四年度

上海特别市沪南区救火联合会报告册

民国十七年度

（其后改名"上海市沪南区救火联合会决算册"）

上海保安会会务报告

上海官契总局经收学费报告书

清光绪三十四年至宣统元年

沪军都督府收支报告清册

（第一及第二次）民国前一年九月至十一月

上海浦东塘工善后局收支四柱清册

（第一次）清光绪三十二年至三十三年

（第五次）清宣统三年（+）

（第六次）民国元年（+）

（第七次）民国二年一月至六月

上海南市保卫团报销清册

民国十三年度（++）

上海南市保卫团四柱清册

民国十四年度

上海南区救火会报告册

民国十四年

城东平安救火会报告单

民国六年至十年

上海救火联合会报告

○民国十三年（共六本）

民国十四年至十五年

上海县议事会报告

民国元年第二册

上海县保卫团第二团四柱清册

民国十五年至十六年

上海县地方费决算册

民国二年度

上海县教育经费决算册

民国十年度

闸北自治公所收支清册

清宣统三年辛亥十月至民国元年壬子三月

（丑）学校类

中华职业学校筑舍募金征信录

民国二十年至二十三年

中等商业学校征信录

清光绪三十三年丁未

上海金业商业学校报销册

民国十六年丁卯上半年

（寅）公司类

仁济和保险公司账略

章程

（第一届）清光绪十二年

（第六届）清光绪十七年

（第七届）清光绪十八年

（第八届）清光绪十九年

（第九届）清光绪二十年

（第十届）清光绪二十一年

（第十一届）清光绪二十二年

（第二十届）清光绪三十一年

（第二十八届）民国三年

（第三十二届）民国六年

（第三十八届）民国十二年

积余产业公司账略

（第十届）民国十二年

（第十一届）民国十三年

（第十二届）民国十四年

（第十三届）民国十五年

上海溥益纱厂账略

（第一届）民国七年戊午

宁绍商轮股份有限公司账略

（第十五届）民国十二年癸亥

（第十六届）民国十三年甲子

（第十八届）民国十五年丙寅

家庭工业社营业状况报告书

民国九年庚申：四月，六月，七月，九月，十月，十一月

民国十年辛酉：一月，二月，三月，四月，六月，七月，八月，九月，十月，十一月

民国十一年壬戌：二月，三月，四月，五月，六月，七月，八月，九月，十月，十一月，十二月

民国十八年：六月，九月

上海华商纱布交易所股份有限公司营业报告书

（第四届）民国十二年

世界书局总经理报告书提议书

（第十届）民国二十年十月

世界书局股份有限公司结彩报告草案

（第十届）民国十九年七月至二十年六月

中华书局股东常会纪略

（第七次）民国五年

（第十五次）民国十四年

中华书局临时股东会纪略

民国六年

轮船招商局账略

（第一年至第七年）清同治十三年至光绪六年（＋）

（第九年）清光绪七年至八年（＋）

（第十年）清光绪八年至九年（＋）

（第十一年）清光绪九年至十年（＋）

（第十四届）清光绪十三年（＋）

（第十五届）清光绪十四年（＋）

（第十六届）清光绪十五年

（第十七届）清光绪十六年

（第十八届）清光绪十七年

（第二三届）清光绪二十二年

（第二九届）清光绪二十八年

（第三二届）清光绪三十一年

（第三三届）清光绪三十二年

（第三六届）清宣统元年

（第三七届）清宣统二年

（第三八届）清宣统三年

（第三九届）民国元年

（第四十届）民国二年（＋）

（第四一届）民国三年

（第四二届）民国四年

（第四三届）民国五年

（第四四届）民国六年

（第四五届）民国七年

（第四六届）民国八年

（第四七届）民国九年

（第四八届）民国十年

（第五十届）民国十二年

（第五一届）民国十三年

（第五二届）民国十四年

（第五三届）民国十五年

（卯）商会类

（实业组织附）

A 总组织

旅沪商帮协会收支报告

民国二年癸丑

民国三年甲寅

民国七年戊午

民国九年

民国十年至十二年（＋）

民国十三年至十六年

民国十七年至十九年

民国二十年至二十二年

上海总商会各项收支报告

○（虞方会长任内）民国十四年至十五年

○（傅袁会长任内）民国十五年至十六年（＋）

上海总商会办事报告

（第一册）民国二年

民国十七年第五次

民国十五年六月五日至七月三日

民国十五年七月三十一日

沪南商务分会报告题名册

清宣统元年己酉六月至二年庚戌十二月

（其后改名《上海南商会报告题名册》）

上海南商会报告提名册

民国元年壬子

华商旅沪维持会征信录

民国二年癸丑至六年丁巳

上海县商会收支报告

民国十七年至二十三年

B 机制工业

上海机制国货工厂联合会会务报告

○（第一册）民国十六年

○（第二册）民国十七年

○（第三册）民国十八年

○（第四册）民国十九年

C 粮食业

嘉谷堂征信录

清光绪二十六年（＋）

（其后改名"米业嘉谷堂征信录"）

上海华商杂粮油豆饼同业公会征信录

（第一届）民国六年至十年

米业嘉谷堂征信录

民国十一年壬戌

民国十六年丁卯

民国十六年至十九年

D 布业

上海市沙布号同业公会征信录

民国二十年至二十二年

上海市棉布业同业公会会务收支报告

民国二十三年七月至二十四年六月

上海棉布公会征信录

民国十八年

（其后改名《上海市棉布业同业公会会务收支报告》）

洋布公会征信录

（第二届）民国二年癸丑至六年丁巳

（第三届）民国七年戊午至十年辛酉

振华堂棉布公所征信录

民国十七年戊辰

E 丝绸业

丝业会馆征信录

〇（上册）清咸丰十年至同治元年

〇（下册）清同治二年至光绪五年

杭绍绸业联合会征信录

（第一届）民国十年七月至十一年（旧历）闰五月

上海钱江杭绸会馆同仁集报告录

民国十四年乙丑

民国十六年丁卯

民国十七年戊辰

F 花业

通崇海棉花业章程清册

（初编）清光绪二十六年庚子

（续编）清光绪二十七年辛丑

（三编）清光绪二十八年壬寅

（四编）清光绪二十九年癸卯

（五编）清光绪三十年甲辰

G 履业

上海市履业同业公会各项收支报告

民国二十二年五月至二十三年四月

上海履业公所征信录

民国十七年戊辰（+）

民国十八年一月至十九年四月

H 营造业

上海市营造厂业同业公会报销册

（第二四届）民国十九年

（第二六届）民国二十一年

I 纸业

上海纸业公会征信录

民国十二年癸亥至十四年乙丑

民国十五年丙寅至十七年戊辰

上海景伦堂纸业公所征信录

民国十三年甲子

民国十六年丁卯

J 茶业

驻沪路庄公磅事务所征信录

民国十年辛酉

民国十六年丁卯

民国十八年至十九年

K 南货业

上海市南货业同业公会收支报告册

民国二十年

民国二十一年

L 酒菜馆业

上海市酒菜馆业同业公会征信录

（第四次）民国二十二年

M 药业

上海药业信义堂饮片公所征信录

民国十二年癸亥

N 煤炭业

上海煤炭公所征信录

（初镌）民国十一年

O 砖灰业

砖灰公所永谐堂征信录

民国十一年壬戌

P 洋货业

洋货商业公会全录

清光绪三十四年戊申

民国十年辛酉

民国十七年戊辰

Q 栈业

上海市栈业公义会征信录

民国二十二年

R 金业

上海市金业同业公会报销清册

民国二十三年

金业公会报销清册

民国十五年丙寅

民国十六年丁卯

（其后改名《上海市金业同业公会报销清册》）

上海金业交易所经纪人公会报销清册

民国十七年度戊辰

S 钱业

沪北钱业同庆会报告册

民国十二年癸亥至十四年乙丑

T 典业

上海市典业公会纪事录

民国十九年

民国二十年

上海典质业公所纪事录

〇民国六年丁巳

〇民国七年戊午（＋）

〇民国八年己未

〇民国九年庚申

〇民国十年辛酉

〇民国十一年壬戌

〇民国十二年癸亥（＋）

〇民国十三年甲子

江苏典业公会沪宁苏事务所报告总册

民国七年至八年

民国九年至十年

民国十二年至十三年

江苏省典业同业公会联合会纪事录

（第一届）民国二十二年（＋）

江苏全省典业公会纪事录

（第六年）民国八年

（第七年）民国九年

（第九年）民国十一年

（第十年）民国十二年

（第十一年）民国十三年

（第十二年）民国十四年

（第十七至十九届）民国二十一年

（辰）宗教类

佛化只园法会征信录

民国二十二年癸酉

上海清真西寺记

民国二十二年六月

上海清真寺征信录

清宣统元年己酉至三年辛亥（＋）

上海清真寺成立董事会志

清宣统二年（缺下册）

慕尔堂建筑新堂捐款征信录

慕尔堂各项捐款征信录

民国二十一年度

中国回教学会征信录

民国十五年

青年会全国协会征信录

民国二十一年

上海日晖港回教公茔坟墙筒捐征信录

（巳）同乡团体类

A 广东

旅沪香山同乡会征信录

民国十年至十一年

上海广肇公所征信录

（第一刊）清光绪二十五年（＋）

清宣统二年

民国元年壬子

民国二年癸丑至四年乙卯

民国五年丙辰

民国八年己未

民国九年庚申

民国十年辛酉

上海番邑禺山堂征信录

民国十四年乙丑

上海粤侨商业联合会征信录

○民国七年戊午至八年己未

○民国九年庚申

○民国十年辛酉

○民国十一年壬戌

○民国十二年癸亥

潮州旅沪同乡会年刊

民国二十三年

大埔旅沪同乡会征信录

民国十三年甲子至十五年丙寅

B 山东

上海山东至道堂征信录

○清光绪二十九年癸卯夏至三十四年戊申

○清宣统元年己酉

民国十年辛酉

○民国十二年癸亥

○民国十三年甲子

○民国十四年乙丑

○民国十五年丙寅

○民国十六年丁卯

○民国十七年戊辰

○民国十八年己巳

○民国十九年

民国二十年

民国二十一年

民国二十二年

民国二十三年

C 安徽

上海市徽宁会馆报告书

（第一期）民国二十三年

徽宁旅沪同乡会报告书

（第二届）民国十三年十月至十四年十二月

徽宁思恭堂茶捐征信录

清光绪二十九年

清光绪三十一年

上海徽宁会馆特刊

民国二十一年

徽宁会馆思恭堂征信录

清同治十三年至光绪二年

○（第二四刻）清光绪十四年至十六年

○（第二五刻）清光绪十七年至十九年

○（第二六刻）清光绪二十年至二十二年

○（第二七刻）清光绪二十三年至二十五年

（第二九刻）清光绪二十九年至三十一年

（第三十刻）清光绪三十二年至三十四年

（第三一刻）清宣统元年至三年

（第三四刻）民国三年

○（第三八刻）民国七年

○（第三九刻）民国八年

○（第四十刻）民国九年

○（第四六刊）民国十五年

○（第四七刊）民国十六年（＋）

○（第四八刊）民国十七年

○（第四九刊）民国十八年

○（第五十刊）民国十九年

○（第五一刊）民国二十年

○（第五二刊）民国二十一年

○（第五三刊）民国二十二年

○（第五四刊）民国二十三年

星江敦梓堂征信录

民国十五年丙寅

歙县旅沪同乡会报告书

（第九届）民国二十年

（第十届）民国二十一年

D 江西

上海江西会馆征信录

民国十五年

E 江苏

上海市洞庭西山金庭会馆董事会报告册

（第四届）民国二十年至二十三年

京江公所征信录

民国十一年至十六年

上海江宁六县公所出入各款四柱清册

民国三年甲寅

民国二十一年

民国二十二年

江宁七邑公所征信录

清光绪三十一年

江阴公所征信录

（第一刊）清宣统三年（＋）

（其后改名《上海江阴公所收支报告录》）

上海江阴公所收支报告录

民国十三年甲子

浦东同乡会年报

民国二十三年

浦东公所征信录

（第一届）民国八年

（第三届）民国十年

（第四届）民国十一年

（第五届）民国十二年

（第六届）民国十三年

（第七届）民国十四年

（第八届至第九届）民国十五年至十六年

（第十一届至第十二届）民国十八年至十九年

洞庭东山旅沪同乡会报告册

（第十次）民国十年辛酉

（第二十一次至二十二次）民国二十二年至二十三年

洞庭东山会馆报告书

〇民国四年至八年

通如崇海启五县旅沪同乡会征信录

（第七届至八届）民国十七年至十九年（+）

（第九届至十届）民国十九年至二十一年

通如崇海同乡会报告书

（第一届）民国八年己未至十一年壬戌

（第二届）民国十三年

（民国十七年起改名"通如崇海启五县旅沪同乡会征信录"）

苏州旅沪同乡会选举名录并收支报告书

（第八届）民国十九年

扬州八邑公所征信录

民国十四年

驻沪莫厘三善堂征信录

清光绪二十九年至三十年

清光绪三十二年

清光绪三十三年

民国十二年癸亥

民国十三年甲子

民国二十年辛未

民国二十一年壬申

民国二十二年癸酉

上海金庭会馆征信录

（第一次）清光绪三十四年七月至民国三年甲寅六月

镇江五邑旅沪同乡会征信录

民国十四年乙丑

锡金公所征信录

民国十二年

民国十四年

民国十八年

民国十九年

民国二十年

民国二十一年

民国二十二年

F 河南

河南旅沪同乡会工作报告

民国二十二年

G 福建

旅沪福建同乡会征信录

（第八届）民国十七年四月至十八年三月

（第九届）民国十九年

沪北三山福宁会馆征信录

（第一册）民国四年乙卯

（第二册）民国五年丙辰

（第三册）民国六年丁巳

（第四册）民国七年戊午

（第五册）民国八年己未

闽南旅沪同乡会年刊

民国二十二年

H 浙江

旅沪湖州会馆征信录

民国二年

民国三年

民国十年

民国十二年

民国十三年

民国十四年

民国十五年

民国十七年

民国二十一年至二十二年

旅沪嘉郡会馆征信录

（第一届）民国八年

（第七届）民国十四年

（第八届）民国十五年

（第九届）民国十六年

（第十四届）民国二十一年

绍兴七县旅沪同乡会报告

（第十二届）民国十一年七月至十二年六月

（第二十二届）民国二十二年

宁波旅沪同乡会纪念册

民国十年

定海旅沪同乡会报告

（第三届）民国十三年

（第七届）民国十七年至二十三年

上海浙台公所征信录

（汇编）清光绪二十七年至民国十年辛酉

浙绍公所永锡堂征信录

（第六镌）民国二年至四年

（第十镌）民国十年至十一年（上下二册）

（第十二镌）民国十四年至十五年（上下二册）

（第十三刊）民国十六年

（第十六刊）民国十九年

（第十七刊）民国二十年

（第十九刊）民国二十二年（＋）

（第二十刊）民国二十三年

浙绍公所永锡堂置产建筑捐支总报告（＋）

湖社基金全案

民国二十年六月

海昌公所征信录

（初集）清光绪二十八年至三十一年

（二集）清光绪三十二年至三十三年

（四集）清宣统三年至民国二年

○（五集）民国三年至五年

○（六集）民国六年至八年

○（七集）民国九年至十四年（＋）

○（八集）民国十五年至十七年

（九集）民国十八年至二十二年（＋）

海盐旅沪同乡会征信录

民国十二年癸亥至十三年甲子

上海四明公所汇结清账录

○民国二年癸丑

○民国三年甲寅

○民国四年乙卯

○民国五年丙辰

○民国六年丁巳

○民国七年戊午

○民国八年己未

○民国九年庚申

○民国十年辛酉（＋）

（民国十一年起改名"上海四明公所征信录"）

上海四明公所征信录

○民国十一年壬戌

○民国十二年癸亥（＋＋）

○民国十三年甲子

○民国十四年乙丑（＋）

○民国十五年丙寅（＋＋）

○民国十六年丁卯（＋）

○民国十七年戊辰

○民国十八年己巳

民国二十年

民国二十一年

民国二十二年（＋）

民国二十三年

上海四明公所四大建筑征信全录

〇民国十四年（全三册）（＋）

全浙公会会务报告

民国二十二年

（午）工会类

A 铁业

上海邑庙锡金铁业公所世春堂征信录

民国十四年乙丑

民国十七年戊辰

B 水木业

浙宁水木工业公所征信录

民国二年癸丑

C 漆业

漆业泡力水永义会同人录

（未）自由职业团体类

上海律师公会报告书

（第三十二期）民国二十二年

（申）医院类

席畹卿封翁寿礼筵资移助建造便旅医院报告册

上海广肇医院征信录

民国六年丁巳

民国七年戊午

民国十九年庚午

民国二十一年壬申

民国二十二年

上海广东医院征信录

○（汇刊）民国九年至二十二年

集义善会虹口时疫医院报告兼征信录

民国二十二年（+）

上海急救时疫医院征信录

（第三届）民国十七年戊辰至十八年己巳

徽宁医治寄宿所征信录

（第一刻）民国元年壬子

（第七刻）民国七年

○（第十五刊）民国十五年

○（第十六刊）民国十六年

○（第十七刊）民国十七年

○（第十八刊）民国十八年

○（第十九刊）民国十九年

○（第二十刊）民国二十年

○（第二十一刊）民国二十一年

○（第二十二刊）民国二十二年

○（第二十三刊）民国二十三年

徽宁会馆征募医院基金报告册

上海复恩堂牛痘局征信录

民国十六年丁卯至十八年己巳

福履医院征信录

章程

（第一届）民国十八年己巳

沪北钱业养疴院征信录

民国十五年至十九年（++）

沪南北广益中医院征信录

（第二届）民国八年己未至九年庚申

（第四届）民国十二年癸亥至十三年甲子

（第七届）民国二十年至二十二年

沪南神州医院征信录

（第三届）民国十一年至十三年（+）

（第四届）民国十四年至十六年

（第五届）民国十七年戊辰

（第六届）民国十八年己巳

（第七届）民国十九年庚午

（第八届）民国二十年辛未

（第九届）民国二十一年

浦东医院征信录

民国八年至十二年

中国红十字会时疫医院征信录

○民国四年乙卯

○民国五年丙辰

○民国六年丁巳

民国八年己未

民国十二年癸亥

民国十九年

中国公立医院征信录

○（第一届）清宣统二年至三年（+）

○（第二届）民国元年壬子至四年乙卯

○（第三届）民国五年丙辰至八年己未

○（第四届）民国九年庚申至十三年甲子

东沟义社戒烟所报告

（第一次）清宣统二年

惠旅养病院报告

○清宣统三年辛亥至民国十三年甲子

○民国十四年乙丑

上海时疫医院报告兼征信录

清宣统元年己酉

民国八年己未

上海医院征信录

（第一卷）清宣统二年（+）

（酉）赈灾类

上海市收容灾民报告

民国二十年

旅沪广东潮汕风灾筹赈处劝募壬戌潮汕风灾赈款进支征信录

上海广肇公所粤侨联合会广东水灾筹赈处

民国二十年广东水灾赈款进支征信录

川沙县筹赈委员会征信录

民国二十年

上海山东会馆筹募鲁省水灾赈捐征信录

上海收解直豫秦晋赈捐征信录

○清光绪三年至五年（共四本）

浙江台属奇灾

民国十八年

浦东公所丁卯年劝募南汇春赈报告

南汇县团区水利会辛酉工赈征信册

民国十年至十六年

嘉定旅沪同乡会临时救济委员会征信录

民国二十一年（+）

华洋义赈会灾振文件汇录

国民政府救济水灾委员会征信录

○民国二十二年十二月

国民政府救济水灾委员会报告书

○民国二十二年十二月

上海战区难民临时救济会工作报告书

民国二十一年

全浙救灾会征信录

民国十八年

（戊）慈善机关类

高昌庙同善材会征信录

民国十三年甲子

育婴堂征信录

清同治八年至九年

广潮惜字公益社征信录

广东同乡救济会征信录

民国二十一年（+）

上海市存德施材善会征信录

民国十九年

上海市慈善团体财产整理委员会报告册

○民国二十年八月

上海新普育堂征信录

○民国二年四月至三年十二月（+）

○民国四年至五年

○民国六年至七年（+）

○民国八年至十年（+）

民国十七年

上海元济善堂征信录

民国二年癸丑

民国二十二年度

民国二十三年度

上海平安堂太平棺征信录

民国元年

百寿赊棺善会征信录

民国元年壬子

上海联益善会征信录

（第三次）民国九年庚申

（第六次）民国十二年癸亥

（第七次）民国十三年甲子

上海联义善会征信录

民国七年戊午

民国八年

民国九年

民国十年

民国十二年

民国十九年

位育堂征信录

（第九刻）清光绪二十三年丁酉

（第十刻）清光绪二十四年戊戌

（第十六刻）清光绪三十年甲辰

上海集云轩收支报告册

○民国十三年甲子

○民国十四年乙丑

○民国十五年丙寅

（以上三年与中国济生会收支报告册合订）

○民国十六年丁卯

上海集仁助材会报告征信录

民国十年辛酉

上海维善山庄同仁集征信录

民国十九年庚午

上海仁济留婴堂征信录

清光绪十四年戊子至十七年辛卯

上海仁济堂征信录

○堂规章程（+）

○清光绪九年

○清光绪十年至十一年

○清光绪十二年

○清光绪十三年

○清光绪十四年戊子

○清光绪十五年己丑

○清光绪十六年庚寅

○清光绪十七年辛卯

○清光绪十八年壬辰

○清光绪十九年癸巳

○清光绪二十年甲午

○清光绪二十一年乙未

○清光绪二十二年丙申

○清光绪二十三年丁酉

○清光绪二十四年戊戌

○清光绪二十五年己亥

○清光绪二十六年庚子

清光绪三十四年戊申

清宣统二年庚戌

上海儒寡会征信录

（第三刊）民国十八年至二十三年

丝业会馆施材征信录

清光绪五年

保息局征信录

清光绪三年

清光绪七年

清光绪十六年

清光绪三十三年

民国五年（＋）

民国七年（＋）

民国八年（＋）

民国九年

民国十年（＋）

民国十一年

民国十五年

民国十六年

民国十八年至十九年

民国十九年（＋）

民国二十年至二十一年

上海保赤局征信录

清光绪三十二年

清光绪三十四年

清宣统二年

清宣统三年至民国元年（＋）

上海保婴总局征信录

○清同治十三年至光绪九年

复善堂征信录

民国十七年

上海济□会征信录

民国十五年至十七年

民国十九年至二十年

上海安老院报告册

民国十七年

江湾仁德所征信录

（第十年）民国四年五月至五年七月

（第十一年）民国六年（＋）

（第十七年）民国十三年

沪西静安寺涌泉施材会征信录

民国六年至九年

沪北栖流公所养和堂征信录

○现行章程

○清光绪六年

○清光绪七年辛巳

○清光绪八年壬午

清光绪十七年辛卯

○清光绪三十年甲辰至三十一年乙巳

○清光绪三十二年至三十三年

○清光绪三十四年

○清宣统元年

○清宣统二年庚戌至三年辛亥

民国十二年癸亥至十四年乙丑

○民国十六年丁卯

○民国十七年

○民国十八年至十九年

沪南位中善堂征信录

民国十一年壬戌

民国十三年甲子

民国十四年乙丑

民国十六年丁卯

民国十七年

民国二十年

民国二十二年

沪城义济善材会明德堂报告清册

（第三册）民国十六年丁卯

沪南慈善会征信录

（第一届）民国九年（+）

（第三届）民国十一年壬戌

（第五届）民国十三年甲子

（第七届）民国十五年丙寅

（第八届）民国十六年丁卯

（第九届）民国十七年至十八年

（第十二届）民国二十年七月至二十一年十二月

（第十三届）民国二十二年

浦滨公益会征信录

（第一届）民国十年

上海清节堂征信录

咨部章程

清光绪三年

清光绪十四年

（清光绪十六年起改名"上海清节保节堂征信录"）

上海清节保节堂征信录

○清光绪十六年

○清光绪十七年至十八年

○清光绪十九年

○清光绪二十年

○清光绪二十一年

○清光绪二十二年

清光绪三十三年至三十四年

清宣统元年

上海游民习勤所报告

（第一届）民国二十年

上海存善堂储材善会义务小学征信录

民国十一年壬戌

上海博济善会征信录

民国十八年

上海栈业公义会征信录

民国二十四年

上海慈善团征信录

民国四年

民国八年

民国十四年度

民国十五年度

民国十七年度

民国二十年度

民国二十一年下半年

世界红卍字会上海办事处征信录

民国十九年庚午

中国红十字会征信录

（第二届）民国元年五月至八月

（第三届）民国元年九月至三年六月

上海中国济生会收支报告册

○民国十三年甲子

○民国十四年乙丑

○民国十五年丙寅

（以上三年与集云轩收支报告册合订）

○民国十六年丁卯

○民国二十年

○民国二十一年

○民国二十二年

中国救济妇孺总会报告册

（第一届）民国二年癸丑

（第五届）民国六年丁巳

民国七年戊午

民国九年庚申

民国十九年庚午至二十一年壬申

民国二十三年甲戌

惠然轩报告册

○（第一期）清光绪二十九年癸卯至宣统二年庚戌（+）

○（第二次）清宣统三年辛亥

○（第三次）民国元年壬子

○（第四次）民国二年癸丑

○（第五次）民国三年甲寅

○（第六次）民国四年乙卯

○（第七次）民国五年丙辰

○（第八次）民国六年丁巳

○（第九次）民国七年戊午

○（第十次）民国八年己未

○（第十一次）民国九年庚申

○（第十二次）民国十年辛酉

○（第十三次）民国十一年壬戌

○（第十四次）民国十二年癸亥

○（第十五次）民国十三年甲子

○（第十六次）民国十四年乙丑

上海四明公济同益会征信录

民国十六年丁卯

民国十七年戊辰

民国十九年

果育堂征信录

清同治十二年

清光绪三年

清光绪四年

清光绪五年

○清光绪七年

○清光绪八年

○清光绪九年

清光绪十二年

○清光绪十三年

○清光绪十四年

○清光绪十五年

清光绪十八年

○清光绪十九年

○清光绪二十年

○清光绪二十一年

清光绪二十三年

清光绪二十四年

上海同仁保安堂征信录

清光绪十一年至十二年

清光绪十六年至十八年

清光绪二十三年至二十四年

民国十二年至十五年

同仁堂征信录

清道光十一年

上海同仁辅元堂征信录

清同治十一年

○清光绪元年

○清光绪二年

清光绪九年

清光绪十七年

上海同仁辅元堂募置义地征信录

清光绪二十九年

同愿善堂征信录

民国十二年癸亥

民国十三年甲子

民国十四年乙丑

同善会征信录

民国八年己未

（第二八次）民国十六年丁卯

闵行救生局征信录

清光绪四年至五年

上海闵行普安堂征信录

（第四刻）清光绪七年至九年

闸北育婴堂征信录

民国十七年戊辰至十八年己巳

闸北慈善团征信录

民国七年至九年

上海金庭会馆大椿材会征信录

（第五集）民国四年至十五年（+）

（第六集）民国十九年至二十年（本集系附刻在《上海市洞庭西山金庭会馆董事会第四届报告册》后）

金业育伦善会报销清册

民国十五年丙寅

民国十六年丁卯

善长公所征信录

民国十三年甲子

民国十七年戊辰

普育堂征信录

清光绪三年

清光绪十一年

清光绪三十年

清宣统三年至民国元年

普普习艺所征信录

民国元年至十年

上海普善山庄征信录

民国十一年壬戌

民国十二年癸亥

民国十三年甲子

民国十四年乙丑（+）

民国二十年至二十二年

上海公济同益会

民国十三年甲子

民国十四年乙丑

上海食米平价局征信录

民国九年

上海贫儿院五年来之纪念报告

○民国三年一月

上海贫儿院

○民国十六年春

惜米公所清册

清光绪二十四年

（亥）其他类

席氏续修宗祠先辈升祔增发义米汇录

民国七年

集云轩慈善团祈祷世界和平大会报告书

民国六年

吴淞江水利协会修浚新闸桥东段报告

民国十六年

上海总商会经收五卅捐款收支报告册

民国十五年九月

修浚慈东横大河征信录

民国十九年

中国航空协会上海市征募成绩总报告

○民国二十三年四月

中国崇文会慈善团祈祷会报告册

暂设新闸浮桥案由附刊征信录

锚地挖坭费征信录

（第八届）民国十七年

光绪十五年己丑恩科上海县宝兴征信录

★总计二五四种，七一五册。

注一：家庭工业社营业状况报告书系每月一册。

注二：集云轩与济生会收支报告册之合订者，每年只作一本计。

上海市通志馆收藏征信录目录索引（略——编者注）

——原载上海市通志馆编：《上海市通志馆收藏图书目录
第一号征信录目录》，1936年。

后　记

　　本书是山东师范大学科研创新团队"中国近代慈善组织公信力研究创新团队"的成果之一，山东师范大学为此书的编写和出版提供了经费支持。在此，深表谢意。

　　本书由王林、祝介梅主编。参加史料选择、文字录入和校对的人员是山东师范大学历史文化学院的部分师生：王林、祝介梅、姜伟韬、杜德峰、沙元军、韩新媛、贾梦晔、祖琦、吴智辰、李伟笑、芦梦琳、王源、王雨晴、刘芝琪、陈柳余。全书最后由王林、祝介梅统改定稿。

　　本书是我们第一次大规模的整理史料，由于缺乏经验，再加上时间紧迫，在选编、标点和校对方面难免会有不当或错误之处，敬请学界批评指正。更希望学界同仁整理出版更多更好的史料，共同推动近代慈善史的研究。

责任编辑:赵圣涛

封面设计:胡欣欣

图书在版编目(CIP)数据

中国近代慈善组织公信力史料选编／王林,祝介梅
主编. --北京:人民出版社,2024.9 -- ISBN 978-7-01-
026686-2

Ⅰ. D693.66

中国国家版本馆 CIP 数据核字第 2024SB8102 号

中国近代慈善组织公信力史料选编
ZHONGGUO JINDAI CISHAN ZUZHI GONGXINLI SHILIAO XUANBIAN

王林　祝介梅　主编

人民出版社 出版发行
(100706　北京市东城区隆福寺街 99 号)

北京中科印刷有限公司印刷　新华书店经销

2024 年 9 月第 1 版　2024 年 9 月北京第 1 次印刷
开本:710 毫米×1000 毫米 1/16　印张:141.75　字数:2400 千字

ISBN 978-7-01-026686-2　定价:599.00 元(全三卷)

邮购地址 100706　北京市东城区隆福寺街 99 号
人民东方图书销售中心　电话 (010)65250042　65289539